W9-BIU-560

BIBLIA SACRA

IUXTA VULGATAM VERSIONEM

I

GENESIS–PSALMI

Phillips

BIBLIA SACRA

IUXTA VULGATAM VERSIONEM

ADIUVANTIBUS

BONIFATIO FISCHER OSB, IOHANNE GRIBOMONT OSB,

H. F. D. SPARKS, W. THIELE

RECENSUIT

ET BREVI APPARATU INSTRUXIT

ROBERTUS WEBER OSB

EDITIO TERTIA EMENDATA

QUAM PARAVIT

BONIFATIUS FISCHER OSB

CUM SOCIIS H. I. FREDE, IOHANNE GRIBOMONT OSB,

H. F. D. SPARKS, W. THIELE

TOMUS I

GENESIS–PSALMI

DEUTSCHE BIBELGESELLSCHAFT

STUTTGART

Erste Auflage 1969
Zweite Auflage 1975
Dritte, verbesserte Auflage 1983

ISBN 3 438 05302 0

Vulgata

Gesamtherstellung Biblia-Druck Stuttgart

Printed in Germany

PRAEFATIO

Vulgata editio ex consuetudine sermonis quae nunc est ea latina S. Scripturae versio appellatur, quam Ecclesia occidentalis post saeculum septimum in communi omnium usu habet. Quae non opus simplex et unum est, quod ab uno auctore vel uno tenore perfectum sit, immo vero corpus ex pluribus versionibus origine ac momento diversis compositum, quippe quo congesti sint et Veteris Testamenti plerique libri per S. Hieronymum ex ipsa hebraica veritate translati, unus liber Psalmorum, cuius textus quidam vetus ab eodem ad hexapla exemplaria graeca Origenis correctus est, libri Sapientiae Iesuque Sirach et Baruch atque Macchabeorum, quorum antiqua forma integra vel corrupta perseverat, cum ab illo numquam retractati sint; et rursus Novi Testamenti libri, quorum omnium textus ex vetere quodam latino assumptus ad graeci normam regulamque emendatus est, ut Evangeliorum levius sed sine dubio ab ipso S. Hieronymo, ita ceterorum multo diligentius ab uno vel pluribus ignotis. Ita fit, ut Vulgata neque aequalis sibique constans sit neque hieronymiana dici possit nisi notione latiore, id est ex parte maiore.

Verba Vulgatae multi frequentesque libri manuscripti praebent, quorum varietatibus atque dissimilitudine dilucide manifestatur, per quot vicissitudines mutationesque rerum illa semper et ubique non solum lecta, sed etiam refecta et renovata, accommodata et mutata sint, ita ut pro varietate regionum diversa ferrentur exemplaria et Italia, Hispania, Gallia, Scottia suas quisque editiones legeret et laudaret. Carolo Magno regnante Theodulphus, aurelianensis episcopus, corpus Scripturarum latinarum in unum redegit, correxit, emendavit, cuius sub cura elaborata volumina aliquot nunc usque servantur. Hos tamen et numero et auctoritate superant apographa, quae de pandecte ab Alcuino composito fluxerunt, sane validissima in tradenda Vulgata, praesertim in edendis exemplaribus Universitatis litterarum, quam dicunt, parisiensis saeculo XIII° et postea longe lateque diffusis. Quamquam vitiis multis gravibusque laborabant, editio princeps typis exscripta unum aliquod ex illis presse secuta est, ipsam denique fere solam typographi posteri repetebant et ne typica quidem editio sixto-clementina multa emendavit.

Habes ergo, benevole lector, in hisce tomis omnes utriusque Testamenti libros, quot illa complectitur editio, quam Clemens Papa VIII^{us} anno 1592° Romae publici iuris fieri iussit, similiter in appendice additis Oratione quae fertur Manasse regis et tertio quartoque libro Esdrae. Quibus in eadem appendice Psalmum CLI^{um} et epistulam ad Laodicenses missam adiunximus.

Ordinem librorum cum codices valde varient vel immutent, talem servare melius utiliusve duximus, qualem editio clementina sequitur. Ordo vero temporum et annorum, quibus S. Hieronymus illos libros emendavit et transtulit, hic est: anno 383° Evangelia; post 386um Psalterium iuxta LXX interpretes et hexapla; inter 390um et 405um libros Regum, Psalterium iuxta Hebraeos, quod nostris temporibus in Vulgata non annumeratur, volumina Prophetarum,

Iob, Ezrae, Verba dierum seu Paralipomenon, libros tres Salomonis, Pentateuchum, Iosue cum libro Iudicum et Ruth, librum Hester, iisdemque extremis, ut videtur, annis libros Tobiae et Iudith. Haec de S. Hieronymo auctore. Ceterorum librorum Novi Testamenti forma Vulgata apud Pelagium vel asseclas eius saeculo quinto ineunte primum invenitur; sed librorum Sapientiae, Iesu Sirach, Baruch, Macchabeorum apud Latinos fata disserere cum longum sit, breviter dicere sufficiat volumen Baruch secundum speciem figuramque Vulgatam repperiri primum in pandecte Theodulphi episcopi aurelianensis, reliquos libros iam in codice Amiatino, qui primis in annis saeculi octavi scriptus omnium bibliothecarum sacrarum est antiquissima, quae integra permanet.

Praeterea de Psalterio libri manuscripti Vulgatae traditionis inter se discrepare animadvertuntur. In bibliothecis enim S. Scripturae ante Alcuinum Psalterium iuxta Hebraeos habebatur neque post eum codices Hispaniae dissentiunt. Ipse tamen liturgia aevo carolino instaurata ductus illud loco movit et in vicem Psalmos iuxta LXX emendatos subrogavit, quibus Francogalli temporum illorum utebantur. Quo factum est, ut Psalterium gallicanum, quod dicitur, inter libros editionis Vulgatae confirmaretur. Hac re sine dubitatione concessa, nihilominus iuxta illud Gallicanum etiam Psalterium ex Hebraeo translatum ponere historiae consentaneum et lecturo gratum esse putabamus.

Praefationes S. Hieronymi, quas editio clementina anno 1592° omiserat et annis 1593° et 1598° in unum collectas in principio voluminis posuerat, suis locis restituimus et ante libros, quorum sunt, inseruimus. Epistulis autem S. Pauli prologum antiquum praefiximus, qui ab omnibus fere codicibus suppeditatur et eidem tribuendus esse videtur, qui corrigendo vel emendando Vulgatam Apostoli traditionem instituit. Ubi prologo non singuli libri, sed plures inducuntur, ut libri Pentateuchi, Iosue et Iudicum et Ruth, Samuhel et Regum, Proverbiorum et Ecclesiastae et Cantici Canticorum, Duodecim Prophetarum, Evangeliorum, Epistularum S. Pauli, titulos interpositos non grandioribus typis expressimus, ne dispositio ordinum obscuraretur. Idem secuti sumus, quod ad Epistulas Catholicas pertinet. Porro S. Hieronymo planissime indicante Samuhelis, Regum, Paralipomenon, Ezrae bini libri singuli nobis sunt, etiam si neque in verbis ipsis neque in annotatis neque in titulis paginarum divisiones editionis clementinae omittere voluimus, ut lecturis bene consuleretur (I–II Sm, III–IV Rg, I–II Par, I–II Esr).

Capita versusque, in quae libri partiuntur, praeter paucissima cum editione clementina concordant. Loci similes ibidem anno 1592° non commemorati, annis 1593° et 1598° in imis paginis positi, hic per moniales Abbatiae Mariendonk, habita verborum eorundem et congruentium potissimum ratione, ab integro renovati et in lateribus paginarum collocati sunt, cum partes inferiores commentariis criticis essent repletae. Numeri capitulorum canonumque, quos S. Hieronymus Eusebium secutus in Evangeliis apposuit, ab editione clementina neglecti, a nobis ex libris manuscriptis restituti sunt.

Recte prorsus ac merito cura textus recensendi et apparatus componendi nobis ingens et maxima fuit.

Ipse *textus* non verba editionis clementinae repetit, sed secundum praecepta scientiae artisque criticae constitutus est, fide codicum manuscriptorum accepta, succurrentibus editionibus maioribus, quae sunt: Veteris Testamenti editio romana monachorum Abbatiae S. Hieronymi in Urbe O. S. B. nondum expleta, cum libri Prophetarum et Macchabeorum desiderentur, et Novi Testamenti editio oxoniensis Iohannis Wordsworth et Henrici Iuliani White. A quibus quotquot hucusque libri publicati sunt, omnium verba retinuimus, sed examinata, probata, correcta vel emendata; eodemque modo editionem Psalterii iuxta Hebraeos auctore Henrico de Sainte-Marie vulgatam in rem nostram convertimus. Contra librorum qui supersunt, id est Prophetarum, Macchabeorum, Orationis Manasse, tertii quartique libri Ezrae, epistulae ad Laodicenses missae verba funditus instauravimus, cum imaginibus et collationibus manuscriptorum codicum aliisque rebus paratis uteremur, quas vel Abbatia S. Hieronymi in Urbe vel Institutum Veteris Latinae beuronense pro sua benevolentia nobis promptas expositasque praebebant, neque has editiones neglegeremus, quas adornaverunt Donatianus De Bruyne librorum Macchabeorum, Robertus L. Bensly et Bruno Violet libri quarti Ezrae, Ioseph B. Lightfoot et Adolfus Harnack epistulae ad Laodicenses. Ceterum libenter concedimus recensionem textus non omnibus numeris absolutam et perfectam esse, sed quibusdam in locis emendari posse, ut editio romana consummata erit.

Secundum exemplum editionis oxoniensis et romanae distinctionibus omissis cola et commata, ut aiunt, expressimus, quae in exemplaribus vetustioribus repperiuntur; solos prologos et libros apocryphos, quos instar appendicis subiunximus, signis distinximus. A litteris autem quadratis non exorsi sumus nisi nomina divina vel propria, praeterea capitula Evangeliorum eusebiana, sicut mos erat antiquariorum. Quorum etiam leges atque rationem scribendi in tantum retinuimus, quantum permitti posse nobis videbatur, unde non semper una est sibive constans.

Maxime tamen haec editio manualis et editiones illae maiores in *apparatu critico* discrepant, quoniam haec ex illarum abundantia paucas tantum varias lectiones et paucos testes selegit. Nam varias lectiones minores omittere placitum est, quae sunt vel in sola ratione scribendi, nominibus propriis non praetermissis, vel in formis verborum saepius immutatis, ut *adversus/adversum, sicut/sicuti, dextera/dextra, circumeo/circueo, Nepthali/Nepthalim, Iordanen/Iordanem, infantum/infantium, transiebat/transibat, exivi/exii* et his similia. Praeterea neglegendas eas putavimus, quarum etiam in editionibus maioribus unus tantum erat testis Vulgatae traditionis. Si in codicibus scripta correcta vel mutata erant, quae ab ipso facta erant antiquario primo, iis taciti consentiebamus, quae ab alio, omittebamus praeter paucissimos locos ibique priorem lectionem stellula *, posteriorem numero ² notabamus.

Testium delegendorum haec erat ratio:

a) Testes graviores pro quolibet libro pauci codices manuscripti, ut auctoritate ita fere aetate maiores, admissi sunt atque semper in testimonium vocati, nisi de lectionibus agebatur, quae neglegenda esse iam supra placuit.

b) Testes leviores libri quidam manuscripti vel hispani vel alcuiniani vel sangallenses vel corbeienses vel alii citati sunt, sed in iis tantum locis, ubicumque testimonium aut testium graviorum, quos appellavimus, aut editionum typis impressarum datum erat, et eo consilio, ut suspicari posset prudens lector, quam late vel quo usque talis lectio varia divulgata esset. Sic illas publicas parumque definitas voces vitavimus, quae in editionibus manualibus percipi solent, ut *pauci* vel *multi* vel his similia.

c) Accedunt editiones criticae maiores et clementina, quarum omnis varietas, etiam nullo congruente manuscripto, in apparatum inserta est, nisi esset minor et omittenda, sicut supra dictum est.

Codicibus manuscriptis ea signa tribuere voluimus, quibus in editionibus maioribus notati sunt. At cum non solum illae aliquando inter se dissentirent, sed etiam uniuscuiusque codicis signum idem semper per omnes libros S. Scripturae servandum esset, inviti pauca mutavimus. Notas litterarum maiorum vel quadratarum codicibus manuscriptis plus minus integris, minorum autem vel communium romanarum manuscriptis truncis, minorum denique gothicarum vel angulose fractarum, quas dicunt, libris typis editis assignavimus.

Quoties post haec signa punctum additum est, scito ne maioribus quidem ab editionibus de tali lectione varia produci aliud testimonium ullius codicis manuscripti Vulgatae traditionis, immo nobis quoque non manuscripta, sed impressa tantum citantibus, nullum omnino tale testimonium adhuc innotuisse praeter solas editiones.

Variarum lectionum in apparatu scribendarum rationem simpliciorem brevioremque reddebamus, exempli gratia *israhele CTMS* dicto contenti pro *israhele TM; srahele C; israele S.*

Quoniam omnibus libris S. Scripturarum idoneos codices manuscriptos et impressos delegimus, sed aliis alios, singulos initio apparatus critici cuiusvis libri triplici serie testium graviorum *et* leviorum *ac* editionum enumeravimus. Si quaedam in codicibus desunt, in ipso apparatu memoravimus, et ubi incipiant et ubi desinant lacunae. Praeterea lecturi commodo consulentes illam triplicem seriem testium ex latere apparatus in singulis paginis huius editionis repetebamus, omissis pro casu iis qui paginae nihil, et inter uncinos positis iis qui paginae partem tantum praebent.

Attamen hoc monemus et flagitamus, ne ex silentio apparatus nostri, quippe qui consilio non omnia, sed selecta quaedam contineat, umquam ullum argumentum concludatur, sive varia lectio taceatur sive testis, praesertim testis levior. Quotiens re vera secundum leges artis scientiaeque criticae litteris studendum est, totiens utique sine exceptione maiores editiones manibus volvendae et sunt et erunt, vel etiam si ratio ponatur, utrum recte lectionem aliquam receperimus an reiecerimus, quandoquidem in iudicio textus non testimonia sola testium maiorum, sed omnia omnino, quae in apparatibus editionum maiorum habentur, audivimus, cognovimus, iudicavimus.

Verum si vel index codicum manuscriptorum percurritur, manifestum fit nos interdum novis uti, ad quos illae maiores editiones cur non respexerint nihil interest, novis testibus ut causa rectius iudicetur. Codices quoque, quorum ab illis testimonia data sunt, non paucos iterum de novo contulimus, imprimis cum de libris Novi Testamenti ageretur. Propterea quaecumque huius editionis apparatus criticus aliter ac editiones illae constare affirmat, non per nostrum errorem falsa esse reputa, sed diligenter a nobis emendata concede. Minor ergo sit haec editio manualis, tamen non nullo profectu ut textus sic apparatus maiores superare videtur.

Hoc opus inter eas editiones manuales secundum leges scientiae paratas numeratur, quas Societas Biblica Stuttgartiensis iam publici iuris fecit, quae sunt Biblia Hebraica Rudolphi Kittel et aliorum, Septuaginta Alfredi Rahlfs formaque minore Novum Testamentum ab Eberhardo Nestle primo curatum.

Idcirco priusquam finem faciamus dicendi, cl. viros qui societati illi praesunt satis grato animo a nobis aestimari vere decet. Nam ipsi priores coeperant consilium inire de hac editione Vulgatae; ipsi quosdam invitaverunt, qui sive Vulgatae maioribus editionibus romanae oxoniensique operam dabant sive Veterum Latinarum versionum editioni beuronensi. Sic quinque editorum, qui non unam eandemque religionem colebant, consortium ortum est, auctoritate ecclesiastica consentiente atque permittente archiepiscopi friburgensis officio, ut liber talis imprimatur. Illi quinqueviri opus una fecerunt, animo fidenti, communi omnium studio consilio iudicio; quod commercium ut iucundum ita perutile semper erat. Finito tandem diuturno labore non possunt non gratias agere quam maximas cum omnibus, quicumque non uno modo multisque rebus eos adiuvabant, tum praecipue moderatoribus Societatis Biblicae Stuttgartiensis pro comitate assidua et officiosa erga se voluntate atque pro diligentia indefessa strenuaque opera, quas in hos tomos conferebant, ut vere digni essent virtutibus ceterorum Societatis illius librorum.

AD EDITIONEM TERTIAM

Robertus Weber, cum editionem hanc manualem anno 1975° iterum publici iuris faceret, collegis adiuvantibus eas partes examinavit et correxit, quas absoluta interea volumina praebebant editionis romanae (= 𝔯), scil. Isaias (anno 1969°) et Hieremias cum Lamentationibus et Baruch (anno 1972°), vel editionis beuronensis (= 𝔟) Epistula ad Colossenses (anno 1971°). Praeterea leviora quaedam emendavit.

Illo mortuo Bonifatius Fischer curam editionis suscepit et H. I. Frede in editorum numerum relatus est. Editioni tertiae parandae praesto erant nova volumina editionis romanae, in quibus habentur Ezechiel (anno 1978°) et Daniel (1981°), vel beuronensis, in quibus Epistulae binae ad Thessalonicenses Timotheumque leguntur (annis a 1975° ad 1982um), unde criticus noster apparatus istorum librorum auctus et limatus est. Sed etiam leviora quaedam variis in locis vel emendata vel expolita sunt, quorum partem detexit Bonifatius Fischer, cum concordantias quas dicunt secundae huius operis editionis conficeret et anno 1977° publici iuris faceret sub titulo: *Novae Concordantiae Bibliorum Sacrorum iuxta Vulgatam versionem critice editam*, Stuttgart (frommann-holzboog), 5 tomi.

VORWORT

Nach dem heutigen Sprachgebrauch versteht man unter *(Editio) Vulgata* die lateinische Übersetzung der gesamten Bibel, wie sie seit dem 7. Jahrhundert in der lateinischen Kirche allgemein gebräuchlich ist. Sie ist nicht von einem einzigen Autor in einem Wurf geschaffen worden, sondern stellt eine Sammlung von Übersetzungen dar, die nach Ursprung und Wert ganz verschieden sind. Im Alten Testament sind die meisten Bücher der Vulgata direkte Übersetzungen des hl. Hieronymus aus dem Hebräischen. Der Psalter aber ist ein altlateinischer Text, den er nur nach der griechischen Hexapla des Origenes korrigiert hat. Und andere Bücher, nämlich Weisheit, Sirach, Baruch und Makkabäer, bieten noch heute eine altlateinische Form, da Hieronymus sie nie bearbeitet hat. Im Neuen Testament liegt allen Büchern ein altlateinischer Text zugrunde, der durchweg nach dem Griechischen verbessert worden ist, in den Evangelien flüchtig, in den übrigen Teilen wesentlich genauer. Die Bearbeitung der Evangelien stammt sicher vom hl. Hieronymus; für die anderen Bücher bzw. Büchergruppen ist der Urheber unbekannt. Zusammengenommen ist also die Vulgata keineswegs einheitlich, und man kann sie nur in einem weiteren Sinne als Werk des hl. Hieronymus bezeichnen, da von ihm der größere Teil stammt.

Der Text der Vulgata ist uns in sehr vielen Handschriften erhalten. Die mannigfachen Lesarten darin erzählen vom bewegten Schicksal eines lebendigen Textes, der immer wieder aufs neue bearbeitet wurde. Das führte dazu, daß Italien, Spanien, Gallien und Irland je ihre eigenen Rezensionen überliefern, die sich deutlich voneinander abheben. Zur Zeit Karls des Großen unternimmt Theodulf von Orléans eine Revision der lateinischen Bibel, die in einigen Handschriften erhalten ist. Größer ist aber die Zahl der Handschriften, die sich von Alkuin herleiten; und dieser Text hat die weitere Entwicklung bestimmt bis hin zur Pariser Bibel der Sorbonne im 13. Jahrhundert und ihren zahlreichen Abschriften. Eine davon wurde die Vorlage der ersten gedruckten Bibel, von der wiederum fast ohne Änderungen die folgenden Bibeldrucke abhängen, sogar die offizielle Editio Sixto-Clementina. Leider hat dieser Text viele Mängel.

Die vorliegende Ausgabe enthält alle biblischen Bücher, die in der römischen Ausgabe stehen, die Papst Clemens VIII. 1592 erscheinen ließ; die Oratio Manasse und das dritte und vierte Buch Esra stehen wie dort in einem Anhang am Schluß, und ebendort sind außerdem der 151. Psalm und der Brief an die Laodicener beigefügt.

Die Reihenfolge der biblischen Bücher ist in den Handschriften sehr verschieden; deshalb wurde aus praktischen Gründen die Ordnung der Clementina beibehalten. Zeitlich kommen die Übersetzungen bzw. Revisionen des hl. Hieronymus folgendermaßen hintereinander: 383 die Evangelien; nach 386 die Revision der Psalmen nach dem hexaplarischen Text; zwischen 390 und 405 die Königsbücher, Psalmenübersetzung aus dem Hebräischen («Psalterium iuxta Hebraeos», gehört nicht zur heutigen Vulgata), Propheten, Ijob, Esra,

Chronik, Weisheitsbücher, Pentateuch, Josua–Richter–Rut, Ester; die Bücher Tobit und Judit sind wohl gegen Ende desselben Zeitabschnittes anzusetzen. Von den Büchern, die nicht vom hl. Hieronymus stammen, ist die Vulgataform des Neuen Testaments zuerst bei Pelagius und seinen Anhängern zu Anfang des 5. Jahrhunderts bezeugt. Auf die Textgeschichte von Weisheit, Sirach, Baruch und Makkabäer im einzelnen einzugehen, würde zu weit führen. Hier sei nur soviel gesagt, daß der Vulgatatext von Baruch sich erst bei Theodulf von Orléans findet; bei Weisheit, Sirach und Makkabäer dagegen steht die jetzige Textform schon in der ältesten lateinischen Vollbibel, die uns erhalten ist, dem «codex Amiatinus» aus den ersten Jahren des 8. Jahrhunderts.

Ein Sonderfall ist der Psalter, da die Vulgata-Handschriften für ihn verschiedene Texte überliefern. Bis Alkuin stand in den Vollbibeln das Psalterium iuxta Hebraeos; in den spanischen Bibeln hält es sich auch nachher noch lange Zeit. An seine Stelle setzte Alkuin im Zusammenhang mit der karolingischen Liturgiereform die hexaplarische Revision, die damals in Gallien der gebräuchliche Text war. Infolge seiner Entscheidung hat sich dann dieses sogenannte «Psalterium Gallicanum» als Psaltertext der Vulgata durchgesetzt. Gewiß soll dem Gallicanum nicht sein angestammter Platz als Psaltertext der Vulgata streitig gemacht werden; angesichts der geschichtlichen Entwicklung erschien es jedoch angemessen, dem Gallicanum das Iuxta Hebraeos an die Seite zu stellen.

Die Vorreden des hl. Hieronymus zu seinen Bibelübersetzungen sind in der vorliegenden Ausgabe an ihren ursprünglichen Platz jeweils zu Anfang der betreffenden Bücher gesetzt, während sie in der Clementina von 1592 ganz fehlen und in den Drucken von 1593 und 1598 alle beieinander am Anfang des Bandes stehen. Darüber hinaus wurde der alte Prolog zu den Paulusbriefen gegeben, der in fast allen Handschriften steht und vielleicht vom Urheber dieses Teiles der Vulgata stammt. Soweit die Vorreden zu Büchergruppen gehören (Pentateuch, Josua–Richter–Rut, Samuel–Könige, Sprüche–Prediger–Hohes Lied, Zwölfprophetenbuch, Evangelien, Paulusbriefe), wurden die Zwischentitel absichtlich weniger hervorgehoben, um das Zusammengehören der Gruppe nicht zu verwischen. Ebenso hielten wir es bei den Katholischen Briefen. Weiter bilden Samuel, Könige, Chronik und Esra jeweils nur ein einziges Buch, wie der hl. Hieronymus ausdrücklich feststellt; unsere Ausgabe gibt jedoch aus praktischen Gründen in Text, Apparat und Seitentiteln die Einteilung der Clementina an (also I–II Sm, III–IV Rg, I–II Par, I–II Esr).

Die Einteilung in Kapitel und Verse folgt der Clementina bis auf seltene Ausnahmen. Verweisungen auf Parallelstellen gibt es in der Clementina von 1592 nicht, in den Drucken von 1593 und 1598 stehen sie jeweils unten auf der Seite. Für die vorliegende Ausgabe sind sie von den Benediktinerinnen der Abtei Mariendonk ganz neu erarbeitet, wobei die Übereinstimmung im lateinischen Wortlaut entscheidend war. Weil unten auf den Seiten der kritische Apparat steht, wurden die Parallelen auf den seitlichen Rändern untergebracht. In den Evangelien wurden die Zahlen der eusebianischen Abschnitte und Kanones, die in der Clementina fehlen, nach den Handschriften eingesetzt.

Selbstverständlich war es aber vor allem die Herstellung des Textes und die Abfassung des kritischen Apparates, denen besondere Sorgfalt zugewandt wurde.

Der Text gibt nicht die Clementina wieder, sondern ist eine wissenschaftliche Rezension nach den Handschriften mit Hilfe der großen kritischen Ausgaben; das sind für das Alte Testament die Edition der Benediktiner von S. Girolamo in Rom (unvollständig, Propheten und Makkabäer sind noch nicht erschienen) und für das Neue Testament die Oxforder Ausgabe von J. Wordsworth und H. J. White. Soweit der Text in diesen Ausgaben von Rom und Oxford ediert ist, wurde er in unsere Handausgabe übernommen, zuvor aber sorgfältig kontrolliert und, wo es notwendig war, verbessert. In gleicher Weise wurde für das Psalterium iuxta Hebraeos die Ausgabe von H. de Sainte-Marie benützt. Dagegen mußte der Text für die Propheten, Makkabäer, Oratio Manasse, III–IV Esra und den Laodicenerbrief neu erstellt werden auf Grund von Photokopien der Handschriften, von Kollationen und anderen Vorarbeiten, die freundlicherweise von der Abtei S. Girolamo in Rom und vom Vetus Latina Institut in Beuron zur Verfügung gestellt worden sind; benützt wurde auch die Edition der Makkabäerbücher von D. De Bruyne und für IV Esra die von R. L. Bensly und B. Violet, für den Laodicenerbrief die von J. B. Lightfoot und A. Harnack. Natürlich wird man unseren kritischen Text, der ja nur provisorisch sein kann, an manchen Stellen verbessern müssen, wenn einmal die betreffenden Bücher in der großen römischen Ausgabe erscheinen.

Wir folgen dem Vorbild der Ausgaben von Rom und Oxford und drucken den Text ohne Satzzeichen «per cola et commata», wie er in den alten Handschriften erscheint. Satzzeichen stehen also nur in den Prologen und in den Apokryphen des Anhangs. Großbuchstaben sind beschränkt auf die Nomina Sacra und die Eigennamen; dazu kommen in den Evangelien entsprechend den Handschriften die Anfänge der eusebianischen Abschnitte. Die Orthographie richtet sich möglichst weitgehend nach den Handschriften und ist deshalb nicht immer einheitlich.

Der Hauptunterschied zu den großen Ausgaben zeigt sich im kritischen Apparat, da in unserer Handausgabe nur eine kleine Auswahl aus den vielfältigen Varianten und den zahlreichen Zeugen erscheint, die dort gesammelt sind. Bei den Varianten wurden grundsätzlich die weniger wichtigen nicht aufgenommen, nämlich rein orthographische – auch bei Eigennamen –, und gewisse häufig vorkommende Wechsel der Wortformen, z. B. *adversus/adversum, sicut/sicuti, dextera/dextra, circumeo/circueo, Nepthali/Nepthalim, Iordanen/Iordanem, infantum/infantium, transiebat/transibat, exivi/exii* usw. Weiter wurden auch die Lesarten regelmäßig weggelassen, die nur in einer einzigen Handschrift stehen. Bei Korrekturen in den Handschriften werden solche einer zweiten Hand nur in seltenen Ausnahmefällen genannt, wobei die ursprüngliche Lesart mit * und die verbesserte mit ² bezeichnet wird; die Korrekturen der ersten Hand dagegen werden stillschweigend angenommen.

Auch bei den Zeugen war eine Auswahl zu treffen. Sie richtet sich nach folgenden Gesichtspunkten:

a) Als Hauptzeugen gelten in jedem Buch einige wenige Handschriften, die für die Herstellung des Textes wichtig sind; meist sind sie zugleich die ältesten. Aus ihnen werden alle Varianten aufgenommen außer solchen, die prinzipiell nicht berücksichtigt werden, wie eben gesagt wurde.

b) Als Nebenzeugen werden verschiedene Handschriften aus Spanien, der Alkuinbibel, aus St. Gallen, Corbie usw. herangezogen. Sie erscheinen im Ap-

parat nur als zusätzliche Zeugen zu solchen Varianten, die schon wegen ihres Vorkommens in Hauptzeugen oder Ausgaben genannt werden. Sie sollen eine ungefähre Vorstellung vermitteln, wie weit und wo eine Variante verbreitet ist. Sie stehen also anstatt der arg verschwommenen Ausdrücke «pauci», «multi» oder dgl., wie man sie gewöhnlich in Handausgaben findet.
c) Dazu kommen die großen kritischen Ausgaben und die Clementina. Aus ihnen werden alle Abweichungen des Textes aufgeführt, auch wenn keine Handschrift sie bietet, abgesehen von den Wortformen und den orthographischen Varianten.

Für alle Handschriften haben wir an sich die Sigel der großen Ausgaben beibehalten. Weil aber diese nicht ganz übereinstimmen und möglichst jede Handschrift durchgehend das gleiche Sigel behalten sollte, ließen sich einige Änderungen nicht vermeiden. Majuskeln stehen bei uns für mehr oder weniger vollständige Handschriften, lateinische Minuskeln für Fragmente und Fraktur-Minuskeln für die Ausgaben.

Als besonderes Zeichen verwenden wir einen Punkt nach den Sigeln. Er besagt, daß für die betreffende Lesart keine weitere Vulgata-Handschrift in den großen Ausgaben angeführt wird. Wenn also vor dem Punkt keine Handschriften, sondern nur Ausgaben genannt sind, findet sich die Lesart überhaupt in keiner Vulgata-Handschrift.

Die verschiedenen Schreibweisen einer Variante werden im Apparat vereinfacht; z. B. steht statt *israhele TM; srahele C; israele S* nur *israhele CTMS*.

Für die biblischen Bücher werden jeweils verschiedene Handschriften und Ausgaben herangezogen. Am Anfang der Bücher steht immer im Apparat die Liste, unterschieden in Hauptzeugen, Nebenzeugen und Ausgaben. Aus praktischen Gründen wird sie auf jeder Seite am Rande neben dem Apparat wiederholt; dabei werden die Lücken, deren Anfang und Ende jeweils im Apparat angegeben ist, berücksichtigt, indem die Handschriften weggelassen werden, die gar nichts von dem Text der betreffenden Seite bewahrt haben, und die Handschriften in Klammern stehen, die nur einen Teil des Textes bieten.

Man darf aber nie aus dem Auge verlieren, daß der Apparat unserer Ausgabe bewußt unvollständig ist. Wenn eine Handschrift nicht genannt oder keine Variante verzeichnet ist, darf man daraus keinesfalls Schlüsse «ex silentio» ziehen, am allerwenigsten bei Nebenzeugen. Wer auf textkritischem Gebiet ernsthaft und wissenschaftlich arbeiten will, muß nach wie vor unbedingt die großen Ausgaben benützen. Dies gilt schon dann, wenn man nur nachprüfen will, ob wir uns mit Recht für diese oder jene Lesart entschieden haben. Tatsächlich beruht nämlich unser Text nicht bloß auf den Handschriften, die unsere Hauptzeugen sind, sondern auf einer Beurteilung der gesamten handschriftlichen Überlieferung, wie sie im kritischen Apparat der großen Ausgaben erscheint.

Andererseits ergibt sich schon aus der Liste unserer Handschriften, daß wir gegebenenfalls weitere Handschriften herangezogen haben, die in den großen Ausgaben aus irgendwelchen Gründen nicht berücksichtigt sind, um dadurch deren Apparat nach neueren Erkenntnissen zu verbessern. Besonders im Neuen Testament ist ein beträchtlicher Teil unserer Handschriften neu kollationiert worden; wenn also die positiven Angaben unseres Apparates vom Apparat der großen Ausgaben abweichen, so handelt es sich nicht um Fehler, sondern um notwendig gewordene Korrekturen. Damit bringt unsere Handausgabe trotz ihrer absichtlichen Beschränkung doch einen Fortschritt gegenüber den bisherigen Ausgaben nicht nur im Text, sondern sogar im kritischen Apparat.

Das vorliegende Werk soll neben die anderen wissenschaftlichen Handausgaben treten, die schon bei der Württembergischen Bibelanstalt in Stuttgart erschienen sind, die Biblia Hebraica von Kittel, die Septuaginta von Rahlfs und in kleinerem Format das Neue Testament von Nestle-Aland. Bevor wir die Einleitung schließen, sei daher der Leitung dieser Anstalt die gebührende Anerkennung ausgesprochen. Es ist ihrer Initiative zu verdanken, daß die vorliegende Handausgabe der Vulgata überhaupt in Angriff genommen wurde. Sie trat an Mitarbeiter der Vulgata-Ausgaben von Rom und Oxford sowie der Beuroner Vetus Latina, der entsprechenden Ausgabe für die altlateinischen Bibeltexte, heran. So wurde eine interkonfessionelle Arbeitsgemeinschaft von fünf Herausgebern gebildet. Die zuständigen kirchlichen Stellen erklärten sich einverstanden und dementsprechend erteilte das Erzbischöfliche Ordinariat Freiburg/Breisgau der Ausgabe das Imprimatur. Die Zusammenarbeit der fünf Herausgeber war eng und vertrauensvoll; während der ganzen Zeit tauschten sie freundschaftlich Meinungen und Anregungen aus, was der Ausgabe sehr zustatten kam. Am Ziel ihrer mehrjährigen Arbeit angelangt, möchten sie aufrichtig und herzlich all denen danken, die ihnen auf mancherlei Weise geholfen haben, vor allem der Leitung der Württembergischen Bibelanstalt für ihr verständnisvolles Entgegenkommen, das sie stets bewiesen hat, und für ihr Bemühen um die Gestaltung der beiden Bände, die sich würdig den anderen Druckausgaben der Bibelanstalt anschließen.

ZUR DRITTEN AUFLAGE

In der zweiten Auflage dieser Handausgabe hat Robert Weber mit den anderen Herausgebern 1975 die inzwischen erschienenen Bände Jesaja (1969) und Jeremia mit Klageliedern und Baruch (1972) der großen kritischen Ausgabe von Rom (= 𝔯) und den Kolosserbrief (1971) der Beuroner Vetus Latina (= 𝔟) eingearbeitet und einige kleinere Fehler und Versehen korrigiert.

Nach seinem Tode hat Bonifatius Fischer die Betreuung der Ausgabe übernommen, und H. J. Frede trat in den Kreis der Herausgeber ein. Für die dritte Auflage wurden die neuen Bände Ezechiel (1978) und Daniel (1981) der römischen Ausgabe berücksichtigt, von der Beuroner Ausgabe die Briefe I Th, II Th, I Tim, II Tim (1975–1982). Außerdem wurden einige Kleinigkeiten berichtigt und Unebenheiten beseitigt, wobei die Wortkonkordanz von Nutzen war, die B. Fischer zur zweiten Auflage dieser Ausgabe erstellte und 1977 herausgab: *Novae Concordantiae Bibliorum Sacrorum iuxta Vulgatam versionem critice editam*, Stuttgart (frommann-holzboog), 5 tomi.

INTRODUCTION

Dans son sens actuel l'expression «editio vulgata» désigne une traduction latine de toute la Bible communément en usage dans l'Eglise latine depuis le septième siècle. Ce n'est pas une œuvre d'un seul jet, produite par un seul auteur, mais, au contraire, une collection de traductions d'origine et de valeur fort diverses. Pour l'Ancien Testament la Vulgate comprend, à côté de livres que saint Jérôme a traduits directement sur l'hébreu et qui sont de beaucoup les plus nombreux, un livre, le Psautier, dont le texte est celui d'une ancienne version latine simplement revue par le saint Docteur sur le texte grec des Hexaples d'Origène, et d'autres livres, Sagesse, Ecclésiastique, Baruch, Macchabées, qui conservent le texte plus ou moins corrompu d'anciennes versions latines n'ayant fait l'objet d'aucune révision hiéronymienne. Le fond de tous les livres du Nouveau Testament est celui d'une ancienne version latine, mais celle-ci a toujours été revue sur le grec, un peu hâtivement pour les Evangiles, beaucoup plus minutieusement pour les autres livres, sans que l'identité du réviseur soit connue pour chaque livre ou groupe de livres à l'exception des Evangiles où l'intervention de saint Jérôme est certaine. La Vulgate forme donc un ensemble assez peu homogène, et ce n'est que d'une façon assez large qu'on peut la qualifier de hiéronymienne, du nom de son auteur principal.

De très nombreux manuscrits nous ont conservé le texte de la Vulgate. Dans leurs multiples variantes se reflètent les vicissitudes d'un texte vivant et sans cesse retouché. L'Italie, l'Espagne, la Gaule, l'Irlande, finissent ainsi par avoir des recensions qui diffèrent sensiblement les unes des autres. Au temps de Charlemagne Théodulphe d'Orléans entreprend une révision de la Bible latine qui nous est conservée par quelques manuscrits. D'autres manuscrits, plus nombreux, se réclament d'Alcuin et ont eu pour cela une grande influence sur l'histoire postérieure de la Vulgate. Le texte qui a eu les honneurs de l'édition «princeps», et dont les éditions subséquentes, y compris l'édition officielle sixto-clémentine, dépendent presque exclusivement, est celui qu'avait fini par adopter au treizième siècle l'Université de Paris; il laisse beaucoup à désirer.

La présente édition contient tous les livres bibliques qui se lisent dans l'édition romaine de 1592, publiée par ordre du pape Clément VIII, y compris l'«Oratio Manasse» et les troisième et quatrième livres d'Esdras, donnés en appendice. Nous y avons seulement ajouté, également en appendice, le psaume 151 et l'épître aux Laodicéens.

Comme l'ordre dans lequel se suivent ces livres n'est ni constant ni uniforme dans les manuscrits, on a préféré, pour des raisons pratiques, les maintenir ici dans le même ordre que dans l'édition clémentine. Mais on voudra bien se rappeler que les livres traduits ou revus par saint Jérôme se placent chronologiquement dans l'ordre suivant: Evangiles (383); Psautier revu sur le texte hexaplaire (après 386); Rois, Psautier traduit directement sur l'hébreu ou «iuxta Hebraeos» (qui ne fait pas partie de la Vulgate actuelle), Prophètes, Job, Esdras,

Paralipomènes, Livres sapientiaux, Pentateuque, Josué, Juges, Ruth, Esther (entre 390 et 405) et, probablement vers la fin de la même période, Tobie et Judith. Quant aux autres livres, la révision du Nouveau Testament qui est devenue le texte de la Vulgate est attestée pour la première fois chez Pélage et ses partisans au début du cinquième siècle. Il serait trop long d'entrer ici dans les détails de la chronologie du texte latin de la Sagesse, de l'Ecclésiastique, de Baruch et des Macchabées; disons seulement qu'à l'exception de Baruch tous ces livres se trouvent déjà insérés, avec leur texte actuel, dans la plus ancienne des Bibles complètes qui nous ait été conservée, le «codex Amiatinus», écrit dans les premières années du huitième siècle. Baruch, au contraire, dans la teneur qu'il a dans la Vulgate, apparaît seulement chez Théodulphe d'Orléans.

Notons à ce propos un flottement dans la tradition manuscrite de la Vulgate au sujet du texte du Psautier. Avant Alcuin, les Bibles complètes comportent le Psautier «iuxta Hebraeos», qui se maintiendra encore longtemps après lui dans les Bibles espagnoles. L'intervention d'Alcuin, qui, en dépendance de la réforme liturgique carolingienne, lui a substitué le texte de la révision hexaplaire du Psautier, alors en usage en Gaule, a fini par assurer, dans la Vulgate, le triomphe de ce Psautier qui a reçu le nom de «gallican». Pour tenir compte de ces faits, et sans vouloir dénier au Psautier gallican le nom de «Psautier de la Vulgate» qu'il porte maintenant, on a jugé convenable de placer à côté de lui le Psautier «iuxta Hebraeos».

Contrairement à l'édition clémentine de 1592 qui omet les prologues de saint Jérôme pour ses traductions bibliques, et aux éditions de 1593 et 1598 qui les groupent ensemble en tête du volume, ces prologues ont été placés ici à leur place originale en tête des livres qu'ils concernent. Pour saint Paul on a reproduit une ancienne préface qui se trouve dans presque tous les manuscrits et semble bien avoir pour auteur le réviseur de ces épîtres. Lorsque ces prologues s'appliquent à des groupes de livres, à savoir le Pentateuque, Josué, Juges et Ruth, Samuel et Rois, Proverbes, Ecclésiaste et Cantique, Douze Prophètes, Evangiles, Paul, on a évité de donner trop d'importance aux titres intermédiaires de façon à faire ressortir l'unité de chaque groupement. Un procédé analogue a été employé pour les épîtres Catholiques. De même, en conformité avec les indications formelles de saint Jérôme, les livres de Samuel, des Rois, des Paralipomènes, d'Esdras, ne forment, chacun, qu'un seul livre, mais, pour la commodité des références, les divisions de la Clémentine ont été indiquées dans le texte, l'apparat et le titre courant (I–II Sm, III–IV Rg, I–II Par, I–II Esr).

La division du texte en chapitres et versets reproduit, sauf exception, celle de la Clémentine. Les renvois aux passages parallèles que les éditions clémentines de 1593 et 1598 placent au bas des pages (celle de 1592 les omet complètement), ont été ici repris sur nouveaux frais. Ce travail est dû aux moniales bénédictines de Mariendonk qui ont relevé avant tout les passages dont la teneur littérale est identique. Le bas des pages étant réservé à l'apparat critique, on a assigné à ces renvois les marges latérales. Dans les Evangiles, les numéros des sections et des canons eusébiens, omis par la Clémentine, ont été restitués après contrôle sur les manuscrits.

Comme il convenait, c'est le texte même des livres bibliques et l'apparat critique qui ont fait l'objet de soins particuliers.

Le texte n'est pas celui de l'édition clémentine, mais une recension scientifiquement établie à partir des manuscrits et à l'aide des grandes éditions critiques, à savoir, pour l'Ancien Testament, celle des moines bénédictins de l'Abbaye de Saint-Jérôme de Rome (encore incomplète, puisque les Prophètes et les Macchabées n'y ont pas paru), pour le Nouveau Testament, celle de J. Wordsworth et H. J. White, éditée à Oxford. Pour tous les livres déjà parus dans les éditions de Rome et d'Oxford, c'est leur texte qui est ici reproduit, mais après avoir été soigneusement contrôlé et, le cas échéant, corrigé. Il en est de même pour le Psautier «iuxta Hebraeos», édité par Dom de Sainte-Marie. Par contre, le texte des Prophètes, des Macchabées, de l'«Oratio Manasse», des troisième et quatrième livres d'Esdras, de l'épître aux Laodicéens est établi à l'aide de photographies de manuscrits, de collations et d'autres travaux préparatoires, mis aimablement à notre disposition par l'Abbaye de Saint-Jérôme de Rome et l'Institut de la Vetus Latina de Beuron, sans oublier les éditions de Dom De Bruyne pour les Macchabées, de R. L. Bensly et de B. Violet pour IV Esdras, de J. B. Lightfoot et A. Harnack pour l'épître aux Laodicéens. Il va sans dire qu'une fois la grande édition romaine des Prophètes et des Macchabées parue, notre texte, encore provisoire, devra sans doute subir quelques retouches.

A l'exemple des éditions de Rome et d'Oxford, notre texte est imprimé «per cola et commata» d'après d'anciens manuscrits et sans ponctuation. Celle-ci n'est employée que pour les prologues et les textes apocryphes de l'appendice. L'emploi des majuscules se limite aux noms divins et aux noms propres et, pour les Evangiles, à l'exemple des manuscrits, au premier mot des sections eusébiennes.

L'orthographe s'inspire autant que possible de celle des manuscrits et peut, à l'occasion, varier d'un passage à l'autre.

C'est par l'apparat critique surtout que la présente édition se distingue des grandes éditions. Un petit nombre seulement de leurs multiples variantes et de leurs nombreux témoins reparaissent dans notre apparat. En ce qui concerne les variantes, ont été exclues, en principe, celles qui sont peu importantes, à savoir les variantes purement orthographiques, même celles des noms propres, ainsi que certaines variations fréquentes qui concernent la morphologie, comme p. ex. *adversus/adversum, sicut/sicuti, dextera/dextra, circumeo/circueo, Nepthali/Nepthalim, Iordanen/Iordanem, infantum/infantium, transiebat/transibat, exivi/exii* et d'autres semblables. Ont été également éliminées les variantes qui ne sont attestées que par un seul manuscrit. Dans le cas d'une correction, si elle est due à une deuxième main, elle n'est citée qu'exceptionnellement; dans ce cas, la leçon primitive est indiquée par un astérisque en exposant, p. ex. A*, et la correction par un chiffre, p. ex. A^2. Lorsque la première main se corrige elle-même, la leçon citée est la leçon corrigée.

En ce qui concerne les témoins cités dans l'apparat, leur choix répond aux principes suivants:

a) Un petit nombre de manuscrits importants pour l'établissement du texte, et qui sont généralement les plus anciens, sont retenus pour chaque livre. Leurs variantes sont toujours citées (à moins qu'il ne s'agisse des variantes exclues en principe comme il vient d'être indiqué). Ce sont les témoins principaux.

b) Quelques manuscrits des familles espagnole, alcuinienne, des textes de Saint-

Gall, de Corbie etc., sont cités à titre de témoins secondaires. Leur témoignage est donné uniquement pour accompagner les variantes des manuscrits principaux ou des éditions et donner ainsi une certaine idée de la divulgation plus ou moins large de ces variantes, divulgation que d'autres éditions manuelles indiquent par des termes comme «pauci», «multi» etc., qui restent forcément très vagues. c) A l'exception des variantes exclues en principe, sont également toujours citées les variantes de l'édition clémentine et des éditions critiques, même si aucun manuscrit ne les donne.

Tous les témoins sont désignés dans notre édition par les mêmes sigles que dans les grandes éditions. On a cependant veillé à donner le même sigle à un même manuscrit, ce qui a obligé à quelques changements. Les majuscules désignent les manuscrits plus ou moins complets, les minuscules romaines les fragments de manuscrits, les minuscules gothiques les éditions.

Une particularité de notre édition est l'emploi d'un point après les sigles; il indique que, pour la leçon en question, aucun autre témoin manuscrit de la Vulgate ne figure dans l'apparat des grandes éditions. Au cas où l'attestation d'une leçon se réduit à une ou plusieurs éditions, le point certifie qu'aucun manuscrit n'a cette leçon.

Une autre particularité consiste à simplifier la présentation des différentes formes orthographiques des variantes dans l'apparat. Ainsi au lieu de: *israhele TM; srahele C; israele S*, on se contente d'écrire: *israhele CTMS*.

La liste des manuscrits et des éditions employés varie d'un livre à l'autre. Elle est toujours donnée dans l'apparat au début de chaque livre, en distinguant témoins principaux, témoins secondaires et éditions. Le commencement et la fin des lacunes éventuelles sont indiqués dans l'apparat même. Pour plus de commodité, la liste des manuscrits est reproduite en marge de l'apparat à chaque page et en tenant compte des lacunes, les sigles des manuscrits n'existant pas pour une page donnée étant omis, ceux des manuscrits n'existant que pour une partie de la page étant mis entre parenthèses. Cependant le lecteur n'oubliera jamais que notre apparat est délibérément incomplet; il se gardera de tirer de l'absence d'un sigle ou d'une variante une conclusion «ex silentio», surtout lorsque le sigle sera celui d'un témoin secondaire. Pour un travail de critique textuelle vraiment scientifique le recours aux grandes éditions est et reste toujours indispensable. Cela est vrai même s'il s'agit simplement de vérifier le bien-fondé des leçons auxquelles nous avons donné la préférence. Notre texte, en effet, ne repose pas uniquement sur les manuscrits que nous appelons principaux, mais bien sur l'ensemble de la tradition manuscrite dont les variantes sont consignées dans l'apparat des grandes éditions.

Par ailleurs on notera, en parcourant la liste des manuscrits, qu'à l'occasion on a utilisé de nouveaux manuscrits pour mettre à jour l'apparat des grandes éditions auxquelles ces témoins, pour une raison ou une autre, avaient échappé. On a aussi collationné à nouveau une bonne partie des manuscrits, surtout pour le Nouveau Testament. Si donc les indications positives de notre apparat diffèrent de celles de l'apparat des grandes éditions, on voudra bien admettre qu'il ne s'agit pas de fautes, mais de corrections intentionnelles. De cette façon notre édition entend, malgré son caractère voulu d'édition manuelle, marquer un certain progrès sur les éditions précédentes, non seulement quant à l'établissement du texte, mais même en ce qui concerne l'apparat critique.

Le présent travail prend place dans la série des éditions manuelles scientifiques de la Bibelanstalt de Stuttgart qui comprend déjà la «Biblia Hebraica» de Kittel, la Septante de Rahlfs et, dans un format plus petit, le Nouveau Testament de Nestle-Aland. Il convient, en terminant cette introduction, de rendre aux dirigeants de cet établissement un juste hommage. C'est à eux, en effet, que revient le mérite d'avoir pris l'initiative de cette édition manuelle de la Vulgate. Pour la réaliser, ils ont fait appel à quelques-uns des collaborateurs des éditions de Rome et d'Oxford et de la «Vetus Latina» de Beuron, entreprise parallèle qui a pour objet les anciennes versions latines de la Bible. Un groupe interconfessionnel de cinq éditeurs a été ainsi constitué, avec l'accord des autorités religieuses compétentes, dont témoigne l'«Imprimatur» qu'a bien voulu accorder à cette édition la Curie archiépiscopale de Fribourg-en-Brisgau. Les cinq éditeurs ont travaillé d'un commun accord dans une collaboration étroite et confiante, un échange de vues incessant, agréable et fructueux. Au terme de leur long labeur commun ils tiennent à exprimer leur profonde reconnaissance à tous ceux qui, d'une façon ou d'une autre, ont bien voulu les aider efficacement, mais avant tout aux dirigeants de la Bibelanstalt pour l'empressement et la compréhension dont ils ont fait preuve tout au long de l'élaboration de cette édition et pour leurs efforts patients et compétents au cours de l'impression des deux volumes qui font pleinement honneur à une réputation technique et artistique déjà bien établie.

POUR LA TROISIEME EDITION

La deuxième édition (1975) tint compte des éditions critiques publiées depuis 1969, c'est à dire les livres d'Isaïe et de Jérémie (avec les Lamentations et Baruch) de l'édition romaine (= 𝔯, 1969 et 1972) et l'Epître aux Colossiens de celle de Beuron (= 𝔟, 1971).

Après la mort de dom Robert Weber, dom Boniface Fischer a été chargé de la présente réédition, et H. J. Frede est entré dans le cercle des coéditeurs. Cette fois, les volumes d'Ezéchiel et de Daniel (1978 et 1981) de l'édition romaine, et les Epîtres aux Thessaloniciens et à Timothée (1975–1982) de celle de Beuron ont pu être pris en considération. Quelques détails ont été corrigés et améliorés, grâce à la préparation des *Novae Concordantiae Bibliorum Sacrorum iuxta Vulgatam versionem critice editam*, publiées par Boniface Fischer en cinq tomes, Stuttgart 1977 (frommann-holzboog).

PREFACE

The term 'Vulgate' normally means the Latin Bible that has been in common use in the Western Church since the seventh century. This Bible is not the work of one author: nor is it the product of any one age. It is a collection of translations which differ both in origin and in character. In the Old Testament, most books are Jerome's translations made from the Hebrew; but the Psalter is an Old-Latin text which was corrected by Jerome to agree with the Greek text of Origen's Hexapla, while some books (Wisdom, Ecclesiasticus, Baruch, and Maccabees) are pure Old-Latin and untouched by Jerome. In the New Testament, all books have an Old-Latin base; but this base has been revised in the light of the Greek with varying degrees of thoroughness – in the Gospels rather hurriedly, in most other books more carefully. The reviser of the Gospels was certainly Jerome: the reviser(s) of the other books, or groups of books, are altogether unknown. The Vulgate, therefore, is far from being a unity, and the only justification for calling it 'Jerome's Vulgate' (as we often do) is that there is more of his work in it than there is of anyone else's.

The text of the Vulgate is attested by a very large number of manuscripts indeed, and the many differences between the manuscripts reflect the fortunes of a 'living' text that has been continually adapted and revised. Italy, Spain, Gaul, Ireland, all had their own recensions which differed the one from the other. In the time of Charles the Great Theodulph of Orleans undertook a revision, the text of which is preserved in several of the manuscripts. However, most manuscripts of this period preserve a text associated with the name of Alcuin, which exercised no small influence in later Vulgate history. It was a development of this 'Alcuinian' text that provided the basis for the Paris Bible of the thirteenth century: the 'Paris' text, in turn, was used for the first printed Bible; and it appeared subsequently, with but minor variations, in all the early printed editions, including even the official Roman edition published under the authority of Pope Clement VIII in Rome in 1592. Unfortunately, as a text, it left much to be desired.

The present edition contains all the Biblical books that are found in the Roman edition. Clement printed The Prayer of Manasseh and III and IV Esdras (I and II Esdras in the English Bible) in an appendix. We have followed Clement in this; and we have added Psalm cli and The Epistle to the Laodiceans.

In the manuscripts the order of the Biblical books differs considerably: hence, for purely practical reasons, we have kept to Clement's order. So far as Jerome's work is concerned, the chronological order is as follows: his revision of the Gospels (383); his revision of the Psalter on the basis of the Hexapla (after 386); his translations from the Hebrew – the Books of Samuel and Kings, the Psalter (i. e. the *Psalterium iuxta Hebraeos*, or 'Hebrew' Psalter, which is not part of the modern Vulgate), the Prophets, Job, Ezra, Nehemiah, Chronicles,

Proverbs, Ecclesiastes, The Song of Songs, the Pentateuch, Joshua, Judges, Ruth, and Esther (between 390 and 405) – and probably towards the end of the same period, Tobit and Judith. Of those books in the New Testament which are not Jerome's, the first trace of the Vulgate text appears in the writings of Pelagius and his circle at the beginning of the fifth century. To go into the details of the textual history of the books of Wisdom, Ecclesiasticus, Baruch, and Maccabees, would be impossible here: we need only remark that the text of Baruch, in the form it assumes in the modern Vulgate, is not found before Theodulph: the present form of the text of Wisdom, Ecclesiasticus, and Maccabees, however, can be traced back to the oldest complete Latin Bible – the celebrated *Codex Amiatinus*, written in Northumbria soon after 700.

A special difficulty arises with the Psalter, since the evidence of the manuscripts is conflicting. In the complete Bibles up to the time of Alcuin Jerome's 'Hebrew' Psalter was the accepted Psalter text, and this was the tradition in Spanish Bibles for a long time afterwards. But Alcuin, as part of his liturgical reforms, substituted for it Jerome's earlier revision of the Old-Latin on the basis of the Hexapla, which was the Psalter text in common use in Gaul in Alcuin's day (hence the epithet 'Gallican' generally applied to it); and Alcuin's influence was so strong that it soon became the regular Psalter text in almost all later Vulgate manuscripts. Consequently, we have thought it advisable to print both 'Gallican' and 'Hebrew' Psalters side by side, on opposite pages – though we would not have it thought that by doing so we wish to question in any way the 'Gallican' Psalter's established place as 'the Vulgate Psalter'!

Jerome's prologues we have printed in their proper places – i. e. in front of the books to which they belong (in the Clementine edition of 1592 the prologues were not printed at all, and in the editions of 1593 and 1598 they were all printed together at the beginning): so, too, we have printed in front of St. Paul's Epistles the ancient prologue ('*Primum quaeritur* . . .') that is found in nearly all the manuscripts and may very well be the work of the reviser of this part of the Vulgate. When prologues belong to groups of books (i. e. the Pentateuch, Joshua–Judges–Ruth, Samuel–Kings, Proverbs–Ecclesiastes–Song of Songs, the Minor Prophets, the Gospels, and the Pauline Epistles) we have deliberately avoided giving prominence to the titles of individual books, so as not to obscure the principle of the group. And we have done the same with the Catholic Epistles. Further, for Jerome, I and II Samuel, I and II Kings, I and II Chronicles, and Ezra-Nehemiah, each constituted a single book; but in order not to complicate references we have followed Clement and current practice in dividing them (I–II Sm, III–IV Rg, I–II Par, I–II Esr).

The chapter and verse divisions follow Clement with but few exceptions. References to parallel passages were absent from the Clementine edition of 1592, but they appeared at the foot of the page in the editions of 1593 and 1598: for this edition a fresh selection has been made, for which we are indebted to the nuns of Mariendonk; and, since the foot of the page is occupied by the *apparatus criticus*, the references have been printed in the margins at the side. In the Gospels the numbers of the Eusebian Sections and Canons, omitted by Clement, have been inserted in accordance with the manuscripts.

Throughout our work our first concern has been to present the reader with as sound a Biblical text as we can and a satisfactory *apparatus criticus* to go with it.

Our text is a new text, established from the evidence of the manuscripts with the help of the two big modern critical editions – for the Old Testament, the edition of the Benedictines of St. Jerome's monastery in Rome (as yet incomplete: the Prophets and Maccabees have still to appear), and, for the New Testament, the Oxford edition of J. Wordsworth and H. J. White. Where it exists, we have leaned heavily on the text of these editions; but their text has always been carefully controlled by the evidence of the manuscripts and not infrequently (we hope) improved. Similarly, for the *Psalterium iuxta Hebraeos* we have used the edition of H. de Sainte-Marie. For the text of the Prophets, of Maccabees, of The Prayer of Manasseh, of III and IV Esdras, and of The Epistle to the Laodiceans, however, we have been dependent on photographs of manuscripts and on collations and other preparatory material kindly placed at our disposal by the monks of St. Jerome's monastery in Rome and by the workers in the Vetus-Latina Institute in Beuron: we have also used, for Maccabees the edition of D. De Bruyne, for IV Esdras those of R. L. Bensly and B. Violet, and for The Epistle to the Laodiceans those of J. B. Lightfoot and A. Harnack. When the big Roman edition is complete our text in some of these books may well need some revision – especially in the Prophets: it should, therefore, be regarded in this area as no more than a provisional text.

In printing our text *per cola et commata* without punctuation we have followed both the Roman and Oxford editions and the ancient manuscripts. We have, however, punctuated the prologues and also the apocrypha in the appendix. Capitals are reserved for *nomina sacra* and proper names, and (as in the manuscripts) for the beginning of the Eusebian Sections in the Gospels. Orthography is as far as possible in accordance with the manuscripts and consequently not always consistent.

In the *apparatus criticus* we have been able to find space for only a small selection of the variants that are found in the big editions, and we have, of course, cited far fewer witnesses.

As regards the variants, our principle of selection has been to ignore the less important – that is, all purely orthographic variants (including, even, proper names) and also certain of the more frequent morphological variants (e. g. *adversus/adversum*, *sicut/sicuti*, *dextera/dextra*, *circumeo/circueo*, *Nepthali/Nepthalim*, *Iordanen/Iordanem*, *infantum/infantium*, *transiebat/transibat*, *exivi/exii*, etc.). Further, we have also ignored readings attested only by a single manuscript. The rule about corrections is that corrections by a second hand are only cited very exceptionally: in these instances the reading of the first hand is indicated by a supralineal asterisk (e. g. A*) and the reading of the corrector by a supralineal 2 (e. g. A^2): when the first hand has corrected himself, the reading cited is the correction.

The witnesses cited are:

a) a small number of manuscripts ('primary witnesses'), important for the establishment of the text in each book. These are for the most part the most ancient manuscripts. We have cited them for every variant, except for such variants as are excluded under the provisions of the preceding paragraph.

b) certain 'secondary witnesses' – i. e. certain Spanish manuscripts, certain manuscripts that preserve the text of Alcuin's recension, and others from St. Gall, Corbie, etc. These are cited only when they support variants in the primary witnesses or in the editions; and in this way they help to give at least some idea of how well known a variant was and sometimes, perhaps, where it was known. In effect, they take the place of those vague expressions like '*pauci*' or '*multi*' so often found in modern editions.

c) the Clementine edition and the big critical editions. These are cited consistently when they differ from our text, and they are cited even when they are supported by no manuscript. Only their variations in orthography and morphology are ignored.

So far as possible all witnesses in our edition have been given the same *sigla* as in the big editions. But inasmuch as the editions are not entirely uniform in this respect, and because we think it important to use the same *sigla* for the same manuscripts wherever they occur, some changes have been necessary. Capital letters are used for manuscripts that are complete or almost complete, small Roman for manuscript fragments, and small Gothic for the editions.

When a point is placed after the *sigla* it means that in the big editions no further Vulgate manuscripts are cited for a reading beyond what we have cited. If no manuscripts at all are cited before the point, but only editions, it means that the reading is found in no manuscripts despite its presence in the editions.

As noted above, we have ignored purely orthographic variants. Consequently, when there are differences of orthography within a variant that we have recorded for other reasons, we have regularly simplified the orthography. For example, instead of '*israhele TM; srahele C; israele S*' we have printed simply '*israhele CTMS*'.

Inevitably the witnesses vary from book to book. A list of what is being used for a book is accordingly printed at the beginning of the apparatus to that book and arranged so as to bring out the distinction between primary witnesses, secondary witnesses, and editions. For convenience, this information is repeated in the margin by the side of the apparatus on each page. The reader can thus see at a glance precisely what is being cited anywhere. When any of the *sigla* in the list at the beginning of the book are on any later page printed in brackets, the reader should understand that the manuscripts to which those *sigla* refer are not extant for the whole of the text on that particular page – i. e. there are gaps (and details will be found in the apparatus): when any of the usual *sigla* are absent altogether on a page, he should understand that the manuscripts they refer to are not extant for any of the text on that page – i. e. that the gaps extend beyond the page.

And once again, our apparatus is designedly selective; and it should not be assumed either that because no variant is recorded in a verse there therefore is no variant, or that because a particular manuscript is not mentioned as supporting a variant it therefore necessarily supports the text (especially is this so if the manuscript belongs to our 'secondary' category). Thus, the serious textual student will still be just as dependent on the big editions as he was before. Moreover, the material assembled in them will provide the standard by which our own choice of readings will be judged. In any case, in determining our text we have not relied on our primary witnesses only: whenever there has been any serious doubt about which reading we ought to choose, we have always made our decision in the light of the whole of the relevant evidence available in the editions.

Even so, we have from time to time cited manuscripts that for one reason or another were not cited in the editions. Also, especially in the New Testament, not a few of the manuscripts have been freshly collated; so that the reader should not hastily jump to the conclusion that a difference between us and the editions is a mistake on our part – it is much more likely to be a correction! We accordingly dare to hope that although our edition is no more than a 'manual edition' it may none the less prove in some degree to be an advance on previous editions both in text and apparatus.

It appears in the series of manual editions published by the Württemberg Bible Society, alongside Kittel's *Biblia Hebraica*, Rahlfs's *Septuaginta*, and (in smaller format) the Nestle-Aland Greek New Testament. To the officials of the Society we would pay a tribute richly deserved. It was they who conceived the idea of the edition and assembled collaborators from Rome and Oxford and Beuron to realize it. An international and interconfessional team of five editors was thus constituted with the full approval of the religious authorities involved and the work now bears the *Imprimatur* of the Curial Office of the Archbishop of Freiburg-im-Breisgau. For the editors their common labour has been a most pleasant and rewarding experience.

It now only remains for us to thank all those who have helped us in any way. In this connection we feel bound to mention once more the officials of the Württemberg Bible Society: they have shown us the greatest possible consideration from the very beginning; and while the two volumes were going through the press they have shown themselves more than ordinarily patient and understanding. And, last of all, a special word of thanks is due to those members of the Society's staff, who have given so freely of their technical and artistic skill, and have thus enhanced the already high reputation of the Society which they serve.

PREFACE TO THE THIRD EDITION

In our second edition, published in 1975, full account was taken of the additional evidence that had been made available since the appearance of the first edition, both in the big Roman Vulgate edition (= 𝔯: Isaiah, published in 1969; Jeremiah with Lamentations and Baruch in 1972), and in the Beuron edition of the Old Latin (= 𝔟: Colossians published in 1971). There were also a few minor corrections made outside these books.

Since Robert Weber's death in 1980, B. Fischer has assumed the responsibility of Chief Editor and H. J. Frede has become one of the Assistant Editors.

For the more significant improvements in this third edition two further volumes in the Roman edition are responsible (Ezekiel, 1978; Daniel, 1981), and also the fascicules containing the two Epistles to the Thessalonians and the two Epistles to Timothy from Beuron (1975–1982). Changes elsewhere, whether in text or apparatus, result for the most part from attention to inconsistencies and other blemishes brought to light by work on Fischer's own concordance to the Vulgate (*Novae Concordantiae Bibliorum Sacrorum iuxta Vulgatam versionem critice editam*, 5 vols.; Stuttgart (frommann-holzboog), 1977), which was based on our second edition.

INDEX CODICUM ET EDITIONUM
PRO VETERE TESTAMENTO

nos	sigla codicum apud 𝔯	𝔟	𝔡	𝔥	𝔰	citatur in	designatio codicum
A	A	A	A	A	A	VT	*Amiatinus*, Firenze, Bibl. Mediceo-Laurenz., Amiatino I, s. VIII in. in Northumbria.
C	C	C	K	—	C	VT	*Cavensis*, Cava, Archivio della Badia 1 (14), s. IX^{2} in Hispania.
D	D	—	—	—	—	Sm Rg Par	Lyon, Bibl. de la Ville 401 (327), s. VIII ex. Lugduni.
D	D	—	—	—	—	Iob	Leningrad, GPB., F. v. I, 3, s. VIII^{2} in Northumbria.
F	F	—	—	—	—	Dt—Rt	Paris, Bibl. Nat., n. acq. lat. 1740, s. VIII^{1} in Gallia.
F	F	—	—	—	F	Ps (G+H)	*Psalt. Corbeiense triplex*, Leningrad, GPB., F. v. I, 5, s. VIII med. in monasterio Corbeiensi.
G	G	G	—	—	—	Gn—Nm	*Pentateuchus Turonensis*, Paris, Bibl. Nat., n. acq. lat. 2334, s. VI—VII.
G	N/G	—	(G)	—	—	Par Esr Est Prv Sap Sir	*Sangermanensis*, Paris, Bibl. Nat., lat. 11553, s. IX in. Parisiis (*apud* 𝔯 *citatur siglo* N *in* Par Esr Est; *in* Mcc *vet. vers. lat. praebet*).
H	C	—	—	—	—	Ps (G)	*Cathach S. Columbae*, Dublin, R. I. Academy sine num., s. VII^{1} in Hibernia.
I	I	—	—	—	I	Ps (G+H)	Rouen, Bibl. mun. 24, s. X.
K	K	—	—	—	—	Esr—Iob	Köln, Dombibl. 43, s. VIII ex. in Italia.
K	K	—	—	—	K	Ps (G+H)	*Psalt. Augiense triplex*, Karlsruhe, Landesbibl., Aug. XXXVIII, s. IX^{1} in Augia.
L	L	—	—	—	—	Dt—Rt	Oxford, Bodl. Libr., Laud. lat. 92, s. IX med. Wirceburgi.
L	L	—	(L)	—	—	Esr	Lyon, Bibl. de la Ville 430 (356), s. IX in. Lugduni (*in* Mcc *et* Est *vet. vers. lat. praebet*).
L	L	—	—	—	—	Tb—Iob	*Laureshamensis* (Lorsch), Città del Vaticano, Bibl. Apost., Pal. lat. 24, s. VI—VII in Italia meridionali.
L	L	—	—	—	—	Ps (G)	*Psalt. Lugdunense*, Lyon, Bibl. de la Ville 425 (351) + Paris, Bibl. Nat., n. acq. lat. 1585, s. V—VI Lugduni.
L	—	—	—	B	L	Ps (H)	London, Brit. Mus., Harley 2793, s. IX in. Turonis.
M	M	M	—	—	—	Gn—Dt	*Maurdramni*, Amiens, Bibl. mun. 6, s. VIII^{2} (*inter a.* 772 *et* 781) in monasterio Corbeiensi.
M	M	—	—	—	—	Ios—Rt	*Maurdramni*, Amiens, Bibl. mun. 7, *ut supra*.
M	M	—	—	—	—	Dn—Mal	,, ,, ,, ,, 9, ,, ,,
M	—	—	M	—	—	Mcc	,, ,, ,, ,, 11, ,, ,,
M	M	—	—	—	—	Prv—Sir	,, ,, ,, ,, 12, ,, ,,
M	M	—	—	—	—	Ez	Amiens, Bibl. mun. 8, s. IX in. in monasterio Corbeiensi.
M	M	—	—	—	—	Esr	Amiens, Bibl. mun. 10, s. IX in. ibidem.
O	O	O	—	—	—	Gn—Idc	*Ottobonianus*, Città del Vaticano, Bibl. Apost., Ottob. lat. 66, s. VII—VIII in Italia (*partim vet. vers. lat. praebet, unde* = 102 *apud* 𝔟).
O	O	—	—	—	—	Is—Mal	Orléans, Bibl. mun. 17 (14), s. VIII—IX Floriaci.

nos	sigla codicum apud 𝔯	𝔟	𝔡	𝔥	𝔰	citatur in	designatio codicum
R	R	—	—	—	—	Sm Rg	Verona, Bibl. Capitolare II (2), s. VII in. in Italia.
R	R	—	—	—	R	Ps (G+H)	*Psalt. Reginense duplex*, Città del Vaticano, Bibl. Apost., Regin. lat. 11, s. VIII med. in Gallia.
S	S	—	—	—	—	Nm Dt	St. Gallen, Stiftsbibl. 2, s. VIII^{2} in monasterio S. Galli.
S	—	—	—	—	—	Ios Idc	Kynžvart, Bibl. castelli 92 (25 C 5), s. IX^{1} in monasterio S. Galli.
S	—	—	—	—	—	Rt	St. Gallen, Stiftsbibl. 11, s. VIII^{2} ibidem.
S	U	—	—	—	—	ParTb—Est	,, ,, 6, s. VIII ex. ibidem.
S	S	—	—	—	—	Esr Iob	,, ,, 14, s. IX^{1} ibidem.
S	—	—	—	—	G	Ps (H)	,, ,, 19, s. IX^{2} ibidem.
S	G	—	—	—	—	Ps (G)	,, ,, 20, s. IX^{1} ibidem.
S	S	—	—	—	—	Prv—Sir	,, ,, 28, s. IX^{1} ibidem.
S	S	—	—	—	—	Is Ier Lam	,, ,, 40, s. VIII^{2} ibidem.
S	S	—	—	—	—	Ez—Mal	,, ,, 44, s. VIII^{2} ibidem.
S	—	—	G	—	—	Mcc	,, ,, 12, s. VIII ex. ibidem.
T	T	T	—	—	—	Gn—Idc	Tours, Bibl. mun. 10, s. VIII—IX Turonis.
T	T	—	—	—	—	Prv Ecl Sap Sir	Salzburg, Stiftsarchiv St. Peter a. IX. 16, s. VIII ex. Salisburgi (*in* Ct *vet. vers. lat. praebet*).
T	T	—	—	—	—	Is—Ez	Paris, Bibl. Nat., n. acq. lat. 1586, s. VIII^{2} Turonis.
V	V	—	—	—	—	Idc Rt	Città del Vaticano, Bibl. Apost., Vatic. lat. 5763 + Wolfenbüttel, Herzog-August-Bibl., Weissenb. 64, s. V^{2}, *codex rescriptus.*
V	V	—	—	—	—	Iob	Vat. lat. 5763 + Wolfenb. Weiss. 64 *ut supra*, s. VI, *item rescriptus.*
W	W	—	—	—	—	Ps (G)	Wien, Nationalbibl., lat. 1861, s. VIII ex. Aquisgrani.
Z	Z	—	D	—	—	Prv—Sir Dn Mcc	Metz, Bibl. mun. 7 (*deperditus*), s. VIII ex. Metis.
Θ	Θ	—	—	—	Θ	Ps (H) Bar	= *consensus codicum* Θ, *curis Theodulphi episcopi aurelianensis scriptorum.*
Θ^{S}	Θ^{S}	—	—	—	—	Bar	*Weingartensis*, Stuttgart, Landesbibl., HB. II. 16, s. VIII—IX.
Θ^{H}	Θ^{H}	—	—	H	Θ^{H}	Ps (H) Bar	*Hubertianus*, London, Brit. Mus., Add. 24142, s. VIII—IX.
Θ^{A}	Θ^{A}	—	—	—	—	Bar	*Aniciensis*, Le Puy, Trésor de la cathédrale, s. IX in.
Θ^{M}	Θ^{M}	—	—	—	—	Bar	*Mesmianus*, Paris, Bibl. Nat., lat. 9380, s. IX in.
Θ^{G}	Θ^{G}	—	—	—	Θ^{G}	Ps (H) Bar	*Sangermanensis*, Paris, Bibl. Nat., lat. 11937, s. IX^{1}.
Θ^{K}	—	—	—	—	Θ^{K}	Ps (H)	*Carcassonensis*, København, Kgl. Bibl., Ny Kgl. Saml. 1, s. IX^{1}.
Λ	Λ^{L}	Λ^{L}	—	—	—	VT (*exc.* Ps—Ct)	*Legionensis*[2], León, S. Isidoro, codex gothicus, a. 960 in monasterio Valeranicensi.
Σ	Σ^{T}	Σ^{T}	—	T	Σ^{T}	VT	*Toletanus*, Madrid, Bibl. Nac., Vitr. 13-1 (Tol. 2-1), s. X in Hispania.
Φ	Φ	Φ	—	—	—	VT	*consensus codicum* Φ *secundum exemplar Alcuini scriptorum.*
Φ^{E}	Φ^{E}	—	—	—	—	Ier—Dn	Paris, Bibl. Nat., lat. 8847, s. VIII—IX Turonis.
Φ^{A}	Φ^{A}	Φ^{A}	—	—	—	Gn—Rt	Paris, Bibl. Nat., lat. 11514, s. IX^{1} Turonis.

nos	sigla codicum apud 𝔯	𝔟	𝔡	𝔥	𝔰	citatur in	designatio codicum
ΦZ	ΦZ	ΦZ	—	—	—	Gn—Rg	Zürich, Zentralbibl., Car. C. 1, s. IX[1] Turonis.
ΦR	ΦR	ΦR	—	—	—	VT	*Rorigonis*, Paris, Bibl. Nat., lat. 3, s. IX[1] Turonis.
ΦG	ΦG	ΦG	—	—	—	VT	*Grandivallensis*, London, Brit. Mus., Add. 10546, s. IX[1] Turonis.
ΦV	ΦV	ΦV	V	—	—	Gn—Ps Mcc	*Vallicellianus*, Roma, Bibl. Vallicelliana B. 6, s. IX[2] in regione Remensi.
ΦP	ΦP	ΦP	—	—	—	VT	*Paulinus*, Roma, S. Paolo f. l. m. sine num., s. IX[2] in regione Remensi.
b	b	—	—	—	—	Ct	Città del Vaticano, Bibl. Apost., Barb. lat. 671, s. VIII[2] in Tuscia.
h	h	—	—	—	—	Sm	Verona, Bibl. Capit. III (3), s. VIII Veronae.
i	i	—	—	—	—	Par	Milano, Bibl. Ambros. D. 84 inf., s. VII in monasterio Bobiensi.
k	k	—	—	—	—	Sm Rg	Orléans, Bibl. mun. 19 (16) + Città del Vaticano, Bibl. Apost., Regin. lat. 1462, s. VI ex. in Italia.
k	k	—	—	—	—	Ps (G)	Karlsruhe, Landesbibl., Aug. CXII, s. VIII—IX, *codex rescriptus*.
k	k	—	—	—	—	Ecl Ct Sap	Orléans, Bibl. mun. 19 (16), s. VI in Italia.
k	k	—	—	—	—	Is Ier Ez Za Mal	Orléans, Bibl. mun. 19 (16) + Den Haag, Museum Meermanno-Westreenianum 10 B 1, s. VI in Italia.
l	l	—	—	—	—	VT *passim*	León, Archivo catedralicio 15, s. VII in Hispania, *codex rescriptus* (*in* Mcc *vet. vers. lat. praebet*).
m	m	—	—	—	—	Sm Rg	Milano, Bibl. Ambros. G. 82 sup., s. VII ab Hiberno quodam et s. VII—VIII in monasterio Bobiensi.
m	m	—	—	—	—	Prv—Sir	St. Gallen, Stiftsbibl. 194, s. VII—VIII in Hispania vel Gallia meridionali, *codex rescriptus*.
s	n/x	—	—	—	—	Iob Sir	St. Gallen, Stiftsbibl. 11, s. VIII[2] in monasterio S. Galli (*apud* 𝔯 = n *in* Iob, = x *in* Sir).
s	f	—	—	—	—	Ez—Mal	St. Gallen, Stiftsbibl. 193 + 567, s. V in Italia, *codex rescriptus*.

Editiones

sigla	citatur in	designatio editionum
𝔟	Gn	Vetus Latina. Die Reste der altlateinischen Bibel nach Petrus Sabatier neu gesammelt und herausgegeben von der Erzabtei Beuron, 2. Genesis, hg. von Bonifatius Fischer, Freiburg, 1951—1954.
𝔠	VT	*(Sixto-) Clementina*, Biblia Sacra Vulgatae Editionis Sixti Quinti iussu recognita (et auctoritate Clementis Octavi edita), Romae, 1592 et 1593 et 1598.
𝔡	Mcc	Donatien De Bruyne et Bonaventure Sodar, Les anciennes traductions latines des Machabées (= Anecdota Maredsolana vol. IV), Maredsous, 1932.
𝔥	Ps (H)	J. M. Harden, Psalterium iuxta Hebraeos Hieronymi, London, 1922.
𝔯	Gn—Dn	Biblia Sacra iuxta latinam vulgatam versionem ad codicum fidem cura et studio monachorum Pont. Abbatiae S. Hieronymi in Urbe edita, Romae, 1926 ss.
𝔰	Ps (H)	Henri de Sainte-Marie, Sancti Hieronymi Psalterium iuxta Hebraeos (= Collectanea Biblica Latina vol. XI), Roma, 1954.

INDEX CODICUM ET EDITIONUM
PRO NOVO TESTAMENTO

sigla codicum apud				citatur in	designatio codicum
nos	𝔬	𝔴	𝔟		
A	A	A	A	NT	*Amiatinus* (*vide* A *in* VT).
C	C	C	C	Ev—Paul Apc	*Cavensis* (*vide* C *in* VT).
D	—	—	—	Ev	*Durmachensis* (Durrow), Dublin, Trinity College 57 (A. IV. 5), s. VII^{2} in Hibernia vel Northumbria (*alius ac* D *apud* 𝔬).
F	F	F	F	NT	*Fuldensis* vel *Victoris*, Fulda, Landesbibl., Bonifatianus 1, a. 547 Capuae.
G	g_1G	G	G	NT	*Sangermanensis* (*vide* G *in* VT) (*apud* 𝔬 = g_1 *in* Mt, *ubi passim vet. lat. vers. exhibet*).
I	I	—	I	Act Cath Apc	Roma, Bibl. Vallicelliana B. 25^{II}, s. VIII—IX in Latio vel Romae.
K	—	—	K	Paul	Karlsruhe, Landesbibl., Aug. CLXXXV, s. IX in Augia (*alius ac* K *apud* 𝔬).
L	—	—	251	Cath	*Lectionarium Luxoviense*, Paris, Bibl. Nat., lat. 9427, s. VII—VIII Luxovii (*alius ac* L *apud* 𝔬 *et* 𝔟).
M	M	M	—	Ev	*Mediolanensis*, Milano, Bibl. Ambros. C. 39 inf., s. VI^{2} in Italia septentrionali.
N	—	—	—	Ev	Autun, Bibl. mun. 21 (S. 24) + Paris, Bibl. Nat., n. acq. lat. 1628, s. V in Italia, *codex rescriptus*.
P	—	—	—	Ev	Split, Bibl. Capituli sine num., s. VI—VII in Italia (*alius ac* P *apud* 𝔬).
R	R	—	R	Paul	*Reginensis*, Città del Vaticano, Bibl. Apost., Regin. lat. 9, s. VIII med. in regione Ravennati.
R	—	—	R	Cath	Verona, Bibl. Capitolare X (8), s. VII—VIII Veronae.
S	—	—	—	Ev	*Sangallensis*, St. Gallen, Stiftsbibl. 1395 + Stadtbibl. sine num. (*olim in* 292) + St. Paul in Kärnten 25. 4. 21a + Zürich, Staatsarchiv A. G. 19, No. II + Zürich, Zentralbibl. C 43 + C 79 b + Z XIV 5, s. V^{1} in Italia (*alius ac* S *apud* 𝔬 *in* Io).
S	S	—	—	Act Apc	St. Gallen, Stiftsbibl. 2, s. VIII^{2} in monasterio S. Galli (*apud* 𝔬 *non citatur pro* Apc).
S	—	—	S	Paul	St. Gallen, Stiftsbibl. 70, s. VIII^{2} ibidem (*alius ac* S *apud* 𝔬).
S	—	—	S	Cath	St. Gallen, Stiftsbibl. 907, s. VIII^{2} ibidem.
Z	Z	Z	—	Ev	*Harleianus*, London, Brit. Mus., Harley 1775, s. VI in Italia.
Λ	—	—	Λ^{L}	Act—Apc	*Legionensis*^{2} (*vide* Λ *in* VT).
Φ	—	—	Φ	NT	*consensus codicum* Φ *iuxta exemplar Alcuini exaratorum.*
Φ^{E}	—	—	Φ^{E}	Phil—II Tim	Paris, Bibl. Nat., lat. 8847, s. VIII—IX Turonis.
Φ^{T}	—	—	Φ^{T}	NT	St. Gallen, Stiftsbibl. 75, s. VIII—IX Turonis.
Φ^{B}	B	—	Φ^{B}	Act—Cath	Bamberg, Staatliche Bibl., Ms. Bibl. 1 (A. I. 5), s. IX^{1} Turonis.
Φ^{G}	K	—	Φ^{G}	NT	*Grandivallensis* (*vide* Φ^{G} *in* VT).
Φ^{V}	V	V	Φ^{V}	NT	*Vallicellianus* (*vide* Φ^{V} *in* VT).
k	—	—	J	Paul	Orléans, Bibl. mun. 19 (16) + Paris, Bibl. Nat., lat. 2389, s. VI^{2} in Italia.
k	—	—	—	Iac	Karlsruhe, Landesbibl., Fragm. Aug. 15, s. VII^{1}.

sigla codicum apud nos	𝔬	𝔴	𝔟	citatur in	designatio codicum
l	—	—	67	Act Paul	León, Arch. cat. 15 (*vide* l *in* VT; *in* Cath *et partim in* Act *vet. vers. lat. exhibet*).
r	—	—	J	Act I Io Apc	Ravenna, Archivio arcivescovile sine num., s. VI[2] in regione Ravennati.
s	—	—	—	Ev	Fulda, Landesbibl. Aa 11, s. IX[1] in Augia (*nobis supplet codicem* S *deficientem*).
s	—	—	I	Paul	St. Gallen, Stiftsbibl. 908, s. VI[1] in Italia septentrionali, *codex rescriptus*.

Editiones

sigla	citatur in	designatio editionum
𝔟	Eph—II Tim Cath	Vetus Latina (*vide* 𝔟 *in* VT). 24/1 Epistula ad Ephesios, hg. von H. J. Frede, Freiburg, 1962—1964; 24/2 Epistulae ad Philippenses et ad Colossenses, hg. von H. J. Frede, ib. 1966—1971; 25 Epistulae ad Thessalonicenses, Timotheum, Titum, Philemonem, Hebraeos, hg. von H. J. Frede, ib. 1975—1982; 26/1 Epistulae Catholicae, hg. von W. Thiele, ib. 1956—1969.
𝔠	NT	*Editio Clementina* (*vide* 𝔠 *in* VT).
𝔬	NT	I. Wordsworth, H. I. White, H. F. D. Sparks, Novum Testamentum Domini nostri Iesu Christi latine secundum editionem S. Hieronymi, Oxford, 1889—1954.
𝔴	I Cor—Eph	H. I. White, Novum Testamentum Latine Secundum Editionem S. Hieronymi, Editio Minor, Oxford, 1911 (in *cet. libris ab* 𝔬 *non discrepat*).

INDEX CODICUM ET EDITIONUM PRO APPENDICE

sigla codicum apud nos	𝔯	𝔟	𝔳	citatur in	designatio codicum
A	A	—	—	Ps CLI	*Amiatinus* (*vide* A *in* VT).
A	—	A	A	III—IV Esr	Amiens, Bibl. mun. 10, s. IX in. in monasterio Corbeiensi (= M *in* I—II Esr).
B	—	—	—	Laod	*Abiascensis* (Biasca), Milano, Bibl. Ambros. E. 53 inf., s. X in regione Mediolanensi.
C	—	C	C	IV Esr	*Complutensis*[1], Madrid, Bibl. de la Univ. Centr. 31, s. X in. in Hispania.
C	—	—	—	Laod	*Cavensis* (*vide* C *in* VT).
D	—	—	—	Laod	*Ardmachanus* (Armagh), Dublin, Trinity College 52, s. IX in. in Hibernia.
E	—	—	(E)	IV Esr	*Epternacensis*, Luxemburg, Bibl. Nat. 264, s. XI[2] in monasterio Epternacensi (*apud* 𝔳 *in vol.* II *describitur*).
F	—	—	—	Laod	*Fuldensis* (*vide* F *in* NT).
K	K	—	—	Ps CLI	*Augiensis* XXXVIII (*vide* K *in* VT).
M	—	M	M	IV Esr	Paris, Bibl. Mazarine 4, s. XI in Gallia.
M	—	—	—	Laod	*Frisingensis*, München, Bayer. Staatsbibl. Clm 6229, s. VIII[2] in scriptorio Frisingensi.
Q	—	—	—	III Esr	Paris, Bibl. Nat., lat. 9, s. XI—XII.
Q	—	—	—	Laod	Milano, Bibl. Ambros. B. 48 sup., s. IX in Italia.
R	R	—	—	Ps CLI	*Reginensis* 11 (*vide* R *in* VT).

sigla codicum apud nos	𝔯	𝔟	𝔳	citatur in	designatio codicum
S	—	S	S	III—IV Esr	*Sangermanensis*, Paris, Bibl. Nat., lat. 11505, a. 822 in territorio Parisiensi (*in* III Esr *fragmentum tantum* 1,1—2,15 *exhibet, capp. autem* 3 *et* 4 *aliam vers. lat. praebet*).
Λ	—	—	—	Laod	*Legionensis*2 (*vide* Λ *in* VT).
Φ	Φ	—	—	Ps CLI	= $Φ^{RGVP}$ *in* VT.
Ω	—	—	—	Or Man III Esr	*consensus codicum* Ω, *Parisiis s.* XIII *scriptorum.*
$Ω^M$	—	—	—	Or Man	Paris, Bibl. Mazarine 5, a. 1231 Parisiis.
$Ω^J$	—	—	—	Or Man III Esr	*S. Iacobi*, Paris, Bibl. Nat., lat. 16721, s. XIII med. ibidem.
$Ω^S$	—	—	—	Or Man III Esr	*Sorbonicus*, Paris, Bibl. Nat., lat. 15467, a. 1270 ibidem.
l	—	—	—	IV Esr	León, Arch. cat. 15 (*vide* l *in* VT).

Editiones

sigla	citatur in	designatio editionum
𝔟	IV Esr	R. L. Bensly, The Fourth Book of Ezra (= Texts and Studies vol. III, No. 2), Cambridge, 1895.
𝔠	Or Man III—IV Esr	*Editio Clementina* (*vide* 𝔠 *in* VT).
𝔥	Laod	A. Harnack, Apocrypha. IV. Die apokryphen Briefe des Paulus an die Laodicener und Korinther (= Kleine Texte für Vorlesungen und Übungen 12), Berlin, 1931, *ex quo textum sumpsit* E. Nestle *in editionibus* Novi Testamenti *latina et graeco-latina*, Stuttgart, Württemb. Bibelanstalt.
𝔯	Ps CLI	*Editio romana monachorum S. Hieronymi, in fine Psalmorum* (*vide* 𝔯 *in* VT).
𝔳	IV Esr	B. Violet, Die Esra-Apokalypse (IV. Esra) Erster Teil. Die Überlieferung (= Die griech. christl. Schriftsteller, Bd. 18), Leipzig, 1910. *Cf. etiam*: Die Apokalypsen des Esra und des Baruch in deutscher Gestalt (= id., Bd. 32), ib. 1924.

DECLARATIO SIGNORUM

cod., codd.	codex, codices
coni.	coniecit
ed., edd.	editio, editiones
om.	omittit, omittunt
praem.	praemittit, praemittunt
+	addit, addunt
~	transponit, transponunt
.	post sigla codicum et editionum indicat ne unum quidem alium Vulgatae codicem pro hac lectione in maioribus editionibus citari
!	ad locos parallelos remittit ubi alii vel omnes loci proferuntur
****	litterae erasae vel quae legi nequeunt
※ ÷ :	asteriscus, obelus, metobelus, de quibus cf. praefationem S. Hieronymi in libro Psalmorum, p. 767 istius editionis.
A* A2	prima, secunda manus codicis A
𝔐	textus hebraicus
𝔊	textus graecus

COMPENDIA LIBRORUM

Gn Ex Lv Nm Dt Ios Idc Rt
I—II Sm III—IV Rg I—II Par I—II Esr Tb Idt Est
Iob Ps (G) Ps (H) Prv Ecl Ct Sap Sir
Is Ier Lam Bar Ez Dn
Os Ioel Am Abd Ion Mi Na Hab So Agg Za Mal
I—II Mcc
Mt Mc Lc Io Act
Rm I—II Cor Gal Eph Phil Col I—II Th I—II Tim Tit Phlm Hbr
Iac I—II Pt I—III Io Iud Apc
Or Man III—IV Esr Ps CLI Laod

VETUS TESTAMENTUM

ORDO LIBRORUM VETERIS TESTAMENTI

PENTATEUCHUS id est GENESIS · EXODUS · LEVITICUS · NUMERI · DEUTERONOMIUM

IOSUE · IUDICUM · RUTH

SAMUHEL · MALACHIM seu REGUM

VERBA DIERUM seu PARALIPOMENON

EZRAS

TOBIAS

IUDITH

HESTER

IOB

PSALMI

LIBRI SALOMONIS id est PROVERBIA · ECCLESIASTES · CANTICUM CANTICORUM

SAPIENTIA

SIRACH seu ECCLESIASTICUS

ISAIAS

HIEREMIAS · THRENI seu LAMENTATIONES · BARUCH

HIEZECHIEL

DANIHEL

XII PROPHETAE qui sunt OSEE · IOHEL · AMOS · ABDIAS · IONAS · MICHA · NAUM · ABACUC · SOFONIAS · AGGEUS · ZACCHARIAS · MALACHI

MACCHABEORUM

INCIPIT PROLOGUS SANCTI HIERONYMI PRESBYTERI IN PENTATEUCHO

Desiderii mei desideratas accepi epistulas, qui quodam praesagio futurorum cum Danihele sortitus est nomen, obsecrantis ut translatum in latinam linguam de hebraeo sermone Pentateuchum nostrorum auribus traderem. Periculosum opus certe, obtrectatorum latratibus patens, qui me adserunt in Septuaginta interpretum suggillationem nova pro veteribus cudere, ita ingenium quasi vinum probantes, cum ego saepissime testatus sim me pro virili portione in tabernaculum Dei offerre quae possim, nec opes alterius aliorum paupertate foedari. Quod ut auderem, Origenis me studium provocavit, qui editioni antiquae translationem Theodotionis miscuit, asterisco et obelo, id est stella et veru, opus omne distinguens, dum aut inlucescere facit quae minus ante fuerant aut superflua quaeque iugulat et confodit, maximeque Evangelistarum et Apostolorum auctoritas, in quibus multa de Veteri Testamento legimus quae in nostris codicibus non habentur, ut est illud: «Ex Aegypto vocavi filium meum», et: «Quoniam Nazareus vocabitur», et: «Videbunt in quem conpunxerunt», et: «Flumina de ventre eius fluent aquae vivae», et: «Quae nec oculus vidit, nec auris audivit, nec in cor hominis ascenderunt quae praeparavit Deus diligentibus se», et multa alia quae proprium συνταγμα desiderant. Interrogemus ergo eos ubi haec scripta sint, et cum dicere non potuerint, de libris hebraicis proferamus. Primum testimonium est in Osee, secundum in Isaia, tertium in Zaccharia, quartum in Proverbiis, quintum aeque in Isaia; quod multi ignorantes apocriforum deliramenta sectantur et hiberas nenias libris authenticis praeferunt. Causas erroris non est meum exponere. Iudaei prudenti factum dicunt esse consilio, ne Ptolomeus, unius dei cultor, etiam apud Hebraeos duplicem divinitatem deprehenderet, quos maximi idcirco faciebat, quia in Platonis dogma cadere videbantur. Denique ubicumque sacratum aliquid Scriptura testatur de Patre et Filio et Spiritu Sancto, aut aliter interpretati sunt aut omnino tacuerunt, ut et regi satisfacerent et arcanum fidei non vulgarent. Et nescio quis primus auctor septuaginta cellulas Alexandriae mendacio suo extruxerit, quibus divisi eadem scriptitarint, cum Aristheus eiusdem Ptolomei υπερασπιστης et multo post tempore Iosepphus nihil tale rettulerint, sed in una basilica congregatos contulisse scribant, non prophetasse. Aliud est enim vatem, aliud esse interpretem: ibi spiritus ventura praedicit, hic eruditio et verborum copia ea quae intellegit transfert; nisi forte

Mt 2,15
Mt 2,23
Io 19,37
Io 7,38
I Cor 2,9

Os 11,1; Is 11,1
Za 12,10
Prv 18,4
Is 64,4

Prologus. *Citantur* ΑΛΤΜΦ *et* c(*edd.* 1593 *et* 1598)r. [*adv. Ruf.* = *Hieronymus, Apologia adv. Rufinum* II, 25]. *Tit.* praefatio sancti hieronymi presbyteri in pentateuchum moysi ad desiderium c | 4 certe + et Λ c *adv. Ruf.* | obtrectatorum + meorum M c | 6 uirili] uili TM Φ *adv. Ruf.* (*var. lect.*) | in tabernaculum ΑΛr] in tabernaculo *cet.* | 9 id est stella et ueru *om.* c | 11 maxime quae ΛΜΦc; maximeque quae *adv. Ruf.* | auctoritas + promulgauit ΤΜΦc *adv. Ruf.* | 15 ascendit Φ *adv. Ruf.* | 17 sunt TM | 22 quos maximi r.] quod maxime *cet.* | faciebant TM c *adv. Ruf.* | 23 uidebantur TMr] uidebatur *cet.* | 27 aristeas cr *adv. Ruf.* | 29 aliud² + est c |

ΑΛΤΜΦ
cr

putandus est Tullius Oeconomicum Xenofontis et Platonis Protagoram et Demosthe-
nis Pro Ctesifonte afflatus rethorico spiritu transtulisse, aut aliter de hisdem libris per
Septuaginta interpretes, aliter per Apostolos Spiritus Sanctus testimonia texuit, ut
quod illi tacuerunt, hii scriptum esse mentiti sint. Quid igitur? Damnamus veteres?
Minime; sed post priorum studia in domo Domini quod possumus laboramus. Illi
interpretati sunt ante adventum Christi et quod nesciebant dubiis protulere sententiis,
nos post passionem et resurrectionem eius non tam prophetiam quam historiam scribimus; aliter enim audita, aliter visa narrantur: quod melius intellegimus, melius et
proferimus. Audi igitur, aemule, obtrectator ausculta: non damno, non reprehendo Septuaginta, sed confidenter cunctis illis Apostolos praefero. Per istorum os mihi Christus
I Cor 12,28 sonat, quos ante prophetas inter spiritalia charismata positos lego, in quibus ultimum
paene gradum interpretes tenent. Quid livore torqueris? Quid inperitorum animos
contra me concitas? Sicubi tibi in translatione videor errare, interroga Hebraeos, diver-
sarum urbium magistros consule: quod illi habent de Christo, tui codices non habent.
Aliud est, si contra se postea ab Apostolis usurpata testimonia probaverunt, et emen-
datiora sunt exemplaria latina quam graeca, graeca quam hebraea! Verum haec contra
invidos. Nunc te precor, Desideri carissime, ut qui tantum opus me subire fecisti et a
Genesi exordium capere, orationibus iuves, quo possim eodem spiritu quo scripti sunt
libri, in latinum eos transferre sermonem. EXPLICIT PROLOGUS

INCIPIT LIBER BRESITH ID EST GENESIS

1—30: IV Esr 6,38–54 2,4; 14,19; Ex 20,11! Idt 13,24! Est 13,10! Ps 101,26! 120,2! 133,3! Ier 4,23

In principio creavit Deus caelum et terram
2 terra autem erat inanis et vacua
et tenebrae super faciem abyssi
et spiritus Dei ferebatur super aquas
6.9.14.20.24.29 3 dixitque Deus
II Cor 4,6 fiat lux et facta est lux
10.12.18.21.25.31! 4 et vidit Deus lucem quod esset bona
et divisit lucem ac tenebras
5 appellavitque lucem diem et tenebras noctem
8.13.19.23.31 factumque est vespere et mane dies
unus
3! 6 dixit quoque Deus
fiat firmamentum in medio aquarum
et dividat aquas ab aquis
7 et fecit Deus firmamentum
divisitque aquas quae erant sub firmamento ab his quae erant super
firmamentum
et factum est ita 9.11.15.24.30
8 vocavitque Deus firmamentum caelum
et factum est vespere et mane dies 5!
secundus
9 dixit vero Deus 3!
congregentur aquae quae sub caelo
sunt in locum unum et appareat
arida
factumque est ita 7!
10 et vocavit Deus aridam terram
congregationesque aquarum appellavit maria
et vidit Deus quod esset bonum 11 et 4!
ait
germinet terra herbam virentem et
facientem semen
et lignum pomiferum faciens fructum iuxta genus suum

ΑΛΤΜΦ cr 31 pytagoram ΛΤΜΦ | 32 pro thesifonte ΑΤΦ; pro thesifontem Μ; + orationem c *adv. Ruf.* | eisdem Μr; isdem Τ | 34 sunt ΤΜΦ | 43 ~ in translatione tibi c | 46 hebraica c | 47 qui] quia ΤΜΦc | ~ me quia tantum opus c ||

AOC ΛΤΜΦ crb **Genesis.** *Citantur* GAOC *et* ΣΛΤΜΦ *ac* crb. *Tit.* liber genesis hebraice beresith c || **1,1** [*desunt* G (*usque ad* 3,11) *et* Σ (*usque ad* 1,22)] | 2 tenebrae + erant Ac | 4 a tenebras C; a tenebris ΤΦc | 9 et factum est c. |

cuius semen in semet ipso sit super
terram
7! et factum est ita
12 et protulit terra herbam virentem et
adferentem semen iuxta genus suum
lignumque faciens fructum
et habens unumquodque sementem
secundum speciem suam
4! et vidit Deus quod esset bonum
5! 13 factumque est vespere et mane dies
tertius
3! 14 dixit autem Deus
fiant luminaria in firmamento caeli
ut dividant diem ac noctem
et sint in signa et tempora et dies et
annos
15 ut luceant in firmamento caeli et in-
luminent terram
7! et factum est ita
Ps 135,7–9 16 fecitque Deus duo magna luminaria
Ier 31,35 luminare maius ut praeesset diei
et luminare minus ut praeesset nocti
et stellas
17 et posuit eas in firmamento caeli
ut lucerent super terram 18 et prae-
essent diei ac nocti
et dividerent lucem ac tenebras
4! et vidit Deus quod esset bonum
5! 19 et factum est vespere et mane dies
quartus
3! 20 dixit etiam Deus
producant aquae reptile animae viventis
et volatile super terram sub firmamento caeli
21 creavitque Deus cete grandia
et omnem animam viventem atque
motabilem
quam produxerant aquae in species
suas
et omne volatile secundum genus
suum
4! et vidit Deus quod esset bonum

22 benedixitque eis dicens 28; 9,1
crescite et multiplicamini et replete 8,17; 9,7; 35,9–11
aquas maris
avesque multiplicentur super terram
23 et factum est vespere et mane dies 5!
quintus
24 dixit quoque Deus 3!
producat terra animam viventem in
genere suo
iumenta et reptilia et bestias terrae
secundum species suas
factumque est ita 7!
25 et fecit Deus bestias terrae iuxta
species suas
et iumenta et omne reptile terrae in
genere suo
et vidit Deus quod esset bonum 26 et 4!
ait
faciamus hominem ad imaginem et
similitudinem nostram
et praesit piscibus maris et volatili- Sap 9,2! Sir 17,4!
bus caeli
et bestiis universaeque terrae
omnique reptili quod movetur in
terra
27 et creavit Deus hominem ad imagi- 2,7! Dt 4,32! **27.28:** 5,1! 2
nem suam 9,6; Sap 2,23; Sir 17,1
ad imaginem Dei creavit illum
masculum et feminam creavit eos Mt 19,4; Mc 10,6
28 benedixitque illis Deus et ait
crescite et multiplicamini et replete 22! 9,1.7; 35,11; Ex 1,7
terram et subicite eam
et dominamini piscibus maris et vo- Ps 8,8.9
latilibus caeli 30; 7,8! 9,2
et universis animantibus quae moventur super terram
29 dixitque Deus 3!
ecce dedi vobis omnem herbam adferentem semen super terram
et universa ligna quae habent in semet ipsis sementem generis sui
ut sint vobis in escam 30 et cunctis 6,21; 9,3
animantibus terrae
omnique volucri caeli et universis 28!

12 et ferentem TMΦ; et facientem c | 13 et factum est Λ c. | 14 ut] et C c | 16 ~ luminaria magna C c | 17 eas + deus OMΦ | 18 a tenebras C | 20 reptilia CΦ. | 21 motabilem TMΦ cb] mobilem O.; mutabilem ACΛ r | produxerunt CM r | 22 [*incipit* Σ] | 26 uniuersae terrae OCΣ | 29 sementem] semen A |

AOC (Σ)ΛTMΦ crb

quae moventur in terra
et in quibus est anima vivens ut habeant ad vescendum
7! et factum est ita
4! Ecl 3,11; Sir 39,21.39; Mc 7,37 31 viditque Deus cuncta quae fecit et
erant valde bona
5! et factum est vespere et mane dies
sextus
Or Man 2 **2** igitur perfecti sunt caeli et terra et
omnis ornatus eorum
2 conplevitque Deus die septimo opus
suum quod fecerat
Ex 20,11; Hbr 4,4 et requievit die septimo ab universo
opere quod patrarat
3 et benedixit diei septimo et sanctificavit illum
Ex 31,17 quia in ipso cessaverat ab omni opere suo quod creavit Deus ut faceret
4 istae generationes caeli et terrae
quando creatae sunt
1,1! in die quo fecit Dominus Deus caelum et terram
5 et omne virgultum agri antequam
oreretur in terra
omnemque herbam regionis priusquam germinaret
non enim pluerat Dominus Deus
super terram
et homo non erat qui operaretur terram
6 sed fons ascendebat e terra inrigans
universam superficiem terrae
1,27! Tb 8,8; Sir 17,1! 7 formavit igitur Dominus Deus hominem de limo terrae
Sap 15,11; IV Esr 3,5.6 et inspiravit in faciem eius spiraculum vitae
I Cor 15,45 et factus est homo in animam viventem
8 plantaverat autem Dominus Deus
paradisum voluptatis a principio
in quo posuit hominem quem forma-
verat
9 produxitque Dominus Deus de humo omne lignum pulchrum visu et
ad vescendum suave
lignum etiam vitae in medio paradisi
lignumque scientiae boni et mali
10 et fluvius egrediebatur de loco voluptatis ad inrigandum paradisum
qui inde dividitur in quattuor capita
11 nomen uni Phison
ipse est qui circuit omnem terram
Evilat
ubi nascitur aurum
12 et aurum terrae illius optimum est
ibique invenitur bdellium et lapis
onychinus
13 et nomen fluvio secundo Geon
ipse est qui circuit omnem terram
Aethiopiae
14 nomen vero fluminis tertii Tigris
ipse vadit contra Assyrios
fluvius autem quartus ipse est Eu-
frates
15 tulit ergo Dominus Deus hominem 3,23
et posuit eum in paradiso voluptatis
ut operaretur et custodiret illum
16 praecepitque ei dicens 3,1.3
ex omni ligno paradisi comede
17 de ligno autem scientiae boni et mali
ne comedas 3,11.17
in quocumque enim die comederis
ex eo morte morieris
18 dixit quoque Dominus Deus
non est bonum esse hominem solum
faciamus ei adiutorium similem sui Tb 8,8; Sir 17,5; 36,26
19 formatis igitur Dominus Deus de
humo cunctis animantibus terrae
et universis volatilibus caeli
adduxit ea ad Adam ut videret quid
vocaret ea
omne enim quod vocavit Adam animae viventis ipsum est nomen eius
20 appellavitque Adam nominibus suis
cuncta animantia
et universa volatilia caeli et omnes
bestias terrae

AOC ΣΛΤΜΦ crb
31 fecerat c ‖ **2**,2 uniuerso] omni OCTMΦ | pararat A. | 4 istae + sunt c | creata O crb | dominus *om.* C | 12 ibi ΑΛc | 13 fluuii secundi CΣΛ c | 15 illud C | 18 adiutorium similem ΑΛΤΜΦ, *cf.* b (*app.*)] adiutorium simile O c; adiutorem similem CΣ rb | sui] sibi C c | 19 est *om.* O |

Adam vero non inveniebatur adiutor similis eius
21 inmisit ergo Dominus Deus soporem in Adam
cumque obdormisset tulit unam de
costis eius et replevit carnem pro ea
22 et aedificavit Dominus Deus costam
quam tulerat de Adam in mulierem
et adduxit eam ad Adam
29,14; 37,27; Idc 9,2; 23 dixitque Adam
II Sm 5,1; 19,12.13; hoc nunc os ex ossibus meis et caro
I Par 11,1; Eph 5,30 de carne mea
haec vocabitur virago quoniam de
viro sumpta est
Mt 19,5; Mc 10,7.8; 24 quam ob rem relinquet homo patrem
Eph 5,31; III Esr 4,20.25 suum et matrem
I Cor 6,16 et adherebit uxori suae et erunt duo
in carne una
25 erant autem uterque nudi
Adam scilicet et uxor eius et non
erubescebant
3 sed et serpens erat callidior cunctis
animantibus terrae quae fecerat
Dominus Deus
qui dixit ad mulierem
3; 2,16 cur praecepit vobis Deus ut non
comederetis de omni ligno paradisi
2 cui respondit mulier
de fructu lignorum quae sunt in paradiso vescemur
3 de fructu vero ligni quod est in medio paradisi
1; 2,16.17 praecepit nobis Deus ne comedere-
mus et ne tangeremus illud ne forte
moriamur
4 dixit autem serpens ad mulierem
nequaquam morte moriemini
5 scit enim Deus quod in quocumque
die comederitis ex eo
aperientur oculi vestri et eritis sicut
dii scientes bonum et malum
6 vidit igitur mulier quod bonum esset
lignum ad vescendum
et pulchrum oculis aspectuque de-
lectabile
et tulit de fructu illius et comedit
deditque viro suo
qui comedit 7 et aperti sunt oculi
amborum
cumque cognovissent esse se nudos
consuerunt folia ficus et fecerunt sibi
perizomata
8 et cum audissent vocem Domini Dei
deambulantis in paradiso ad auram
post meridiem
abscondit se Adam et uxor eius a
facie Domini Dei in medio ligni
paradisi
9 vocavitque Dominus Deus Adam et
dixit ei ubi es
10 qui ait vocem tuam audivi in paradiso et timui eo quod nudus essem
et abscondi me
11 cui dixit quis enim indicavit tibi quod
nudus esses
nisi quod ex ligno de quo tibi prae- 17; 2,17
ceperam ne comederes comedisti
12 dixitque Adam mulier quam dedisti
sociam mihi dedit mihi de ligno et
comedi
13 et dixit Dominus Deus ad mulierem
quare hoc fecisti
quae respondit serpens decepit me et II Cor 11,3
comedi
14 et ait Dominus Deus ad serpentem
quia fecisti hoc maledictus es inter
omnia animantia et bestias terrae
super pectus tuum gradieris
et terram comedes cunctis diebus vitae tuae
15 inimicitias ponam inter te et mulierem
et semen tuum et semen illius
ipsa conteret caput tuum
et tu insidiaberis calcaneo eius
16 mulieri quoque dixit
multiplicabo aerumnas tuas et conceptus tuos

20 adam[2]] adae C𝔠 | 25 erat AM𝔠 | nudus AΣM𝔠 || **3,2** uescimur Φ𝔠; edemus A. | 3 deus] dominus C | 5 sicut] ut ACΣ | 7 amborum] eorum A | ~ se esse ΛTΦ𝔠 | 9 ei + adam C | 11 dixit + deus CΣ | [*incipit* G] | ~ praeceperam tibi TMΦ𝔠 | 12 ~ mihi sociam OΣ𝔠 | 14 es] eris O | cunctis] omnibus GC. | 15 ipse OΣT𝔟 | calcaneum OCΛΦ |

(G)AOC ΣΛTMΦ 𝔠𝔯𝔟

Eph 5,22; Col 3,18; Tit 2,5; I Pt 3,1 in dolore paries filios et sub viri potestate eris et ipse dominabitur tui
17 ad Adam vero dixit
quia audisti vocem uxoris tuae
11; 2,17 et comedisti de ligno ex quo praeceperam tibi ne comederes
5,29 maledicta terra in opere tuo
in laboribus comedes eam cunctis
diebus vitae tuae
Iob 31,40; Hbr 6,8 18 spinas et tribulos germinabit tibi et
comedes herbas terrae
19 in sudore vultus tui vesceris pane
Ecl 3,20! 12,7! donec revertaris in terram de qua
sumptus es
18,27! Iob 10,9! quia pulvis es et in pulverem reverteris
20 et vocavit Adam nomen uxoris suae
Hava eo quod mater esset cunctorum viventium
21 fecit quoque Dominus Deus Adam
et uxori eius tunicas pellicias
et induit eos 22 et ait
ecce Adam factus est quasi unus ex
nobis sciens bonum et malum
nunc ergo ne forte mittat manum
suam
Apc 2,7! et sumat etiam de ligno vitae
et comedat et vivat in aeternum
2,15 23 emisit eum Dominus Deus de paradiso voluptatis
ut operaretur terram de qua sumptus est
24 eiecitque Adam
et conlocavit ante paradisum voluptatis
cherubin et flammeum gladium atque versatilem
ad custodiendam viam ligni vitae
17,25! **4** Adam vero cognovit Havam uxorem suam
quae concepit et peperit Cain dicens
possedi hominem per Dominum
2 rursusque peperit fratrem eius Abel
fuit autem Abel pastor ovium et
Cain agricola
3 factum est autem post multos dies
ut offerret Cain de fructibus terrae
munera Domino
4 Abel quoque obtulit de primogenitis
gregis sui et de adipibus eorum
et respexit Dominus ad Abel et ad
munera eius
5 ad Cain vero et ad munera illius non
respexit
iratusque est Cain vehementer et
concidit vultus eius
6 dixitque Dominus ad eum
quare maestus es et cur concidit facies tua
7 nonne si bene egeris recipies
sin autem male statim in foribus
peccatum aderit
sed sub te erit appetitus eius et tu
dominaberis illius
8 dixitque Cain ad Abel fratrem suum
egrediamur foras I Sm 20,11
cumque essent in agro
consurrexit Cain adversus Abel fratrem suum et interfecit eum 25; I Io 3,12
9 et ait Dominus ad Cain ubi est Abel
frater tuus
qui respondit nescio num custos fratris mei sum
10 dixitque ad eum quid fecisti
vox sanguinis fratris tui clamat ad II Mcc 8,3; IV Esr 15,8
me de terra
11 nunc igitur maledictus eris super terram
quae aperuit os suum et suscepit sanguinem fratris tui de manu tua
12 cum operatus fueris eam non dabit
tibi fructus suos

GAOC ΣΛΤΜΦ crb 16 tui] tibi O | 17 ad adam GAOrb] adae *cet.* | eam] ex ea M c; de ea C. | 18 herbam A c | 19 panem CΣΦ | in terra C | 20 haua GArb.] heua c.; aeua M; eua *cet.* | 21 adae OCΣM c; ad adam G | 22 ~ quasi unus ex nobis factus est c. | 23 et emisit OΣ c | deus *om.* CΣ. || **4**,1 hauam Gr.] haeuam A; aeuam M; heuam c.; heua O; euam CΣΛTΦb | ~ uxorem suam heuam c | per deum CΛMΦ c | 5 illius] eius GOCΣrb | 6 mestus GArb.] iratus *cet.* | 8 ~ fratrem suum abel c | 9 numquid OT | sum] *praem.* ego OΛ; + ego CΣ c |

14 vagus et profugus eris super terram
13 dixitque Cain ad Dominum
Lam 4,6 maior est iniquitas mea quam ut veniam merear
14 ecce eicis me hodie a facie terrae
et a facie tua abscondar
12 et ero vagus et profugus in terra
omnis igitur qui invenerit me occidet me
15 dixitque ei Dominus
nequaquam ita fiet
24 sed omnis qui occiderit Cain septuplum punietur
posuitque Dominus Cain signum ut non eum interficeret omnis qui invenisset eum
16 egressusque Cain a facie Domini habitavit in terra profugus ad orientalem plagam Eden
1! 17 cognovit autem Cain uxorem suam
quae concepit et peperit Enoch
et aedificavit civitatem vocavitque nomen eius ex nomine filii sui Enoch
18 porro Enoch genuit Irad
et Irad genuit Maviahel
et Maviahel genuit Matusahel
et Matusahel genuit Lamech
19 qui accepit uxores duas
nomen uni Ada et nomen alteri Sella
20 genuitque Ada Iabel qui fuit pater habitantium in tentoriis atque pastorum
21 et nomen fratris eius Iubal ipse fuit pater canentium cithara et organo
22 Sella quoque genuit Thubalcain
qui fuit malleator et faber in cuncta opera aeris et ferri
soror vero Thubalcain Noemma
23 dixitque Lamech uxoribus suis Adae et Sellae
audite vocem meam uxores Lamech
auscultate sermonem meum
quoniam occidi virum in vulnus meum
et adulescentulum in livorem meum
24 septuplum ultio dabitur de Cain 15
de Lamech vero septuagies septies
25 cognovit quoque adhuc Adam uxorem suam et peperit filium 1! 16,11! 15; 19,37.38; 21,2.3! I Sm 1,20
vocavitque nomen eius Seth dicens 5,3
posuit mihi Deus semen aliud pro Abel quem occidit Cain 8!
26 sed et Seth natus est filius quem vocavit Enos Lc 3,38
iste coepit invocare nomen Domini
5 hic est liber generationis Adam
in die qua creavit Deus hominem **1.2:** 1,27! 28!
ad similitudinem Dei fecit illum Iac 3,9
2 masculum et feminam creavit eos
et benedixit illis et vocavit nomen eorum Adam in die qua creati sunt
3 vixit autem Adam centum triginta annis
et genuit ad similitudinem et imaginem suam
vocavitque nomen eius Seth 4,25
4 et facti sunt dies Adam postquam genuit Seth octingenti anni **4—31:** I Par 1,1–4 Lc 3,36–38
genuitque filios et filias
5 et factum est omne tempus quod vixit Adam anni nongenti triginta et mortuus est
6 vixit quoque Seth centum quinque annos et genuit Enos
7 vixitque Seth postquam genuit Enos octingentis septem annis
genuitque filios et filias
8 et facti sunt omnes dies Seth nongentorum duodecim annorum et mortuus est
9 vixit vero Enos nonaginta annis et genuit Cainan
10 post cuius ortum vixit octingentis quindecim annis

12 super terra OΛ.; + omnibus diebus uitae tuae C | 14 in terram C.; super terram Σ | 15 in septuplum O; in septuplo Σ. | ~ interficeret eum c. | 16 ~ profugus in terra c | 19 ~ duas uxores c. | 25 eius] illius GΣΛ ‖ **5**,2 quo AΣΛTΦc | 3 annos O | ~ ad similitudinem suam et imaginem G.; ~ ad imaginem et similitudinem suam ΛMc | 4 sunt + omnes O | 6 annis ΛΦc | 7 DCCCVII annos C |

GAOC ΣΛTMΦ crb

et genuit filios et filias
11 factique sunt omnes dies Enos nongentorum quinque annorum et
mortuus est
12 vixit quoque Cainan septuaginta annis et genuit Malalehel
13 et vixit Cainan postquam genuit Malalehel octingentos quadraginta annos
genuitque filios et filias
14 et facti sunt omnes dies Cainan nongenti decem anni et mortuus est
15 vixit autem Malalehel sexaginta
quinque annos et genuit Iared
16 et vixit Malalehel postquam genuit
Iared octingentis triginta annis
et genuit filios et filias
17 et facti sunt omnes dies Malalehel
octingenti nonaginta quinque anni
et mortuus est
18 vixitque Iared centum sexaginta duobus annis et genuit Enoch
19 et vixit Iared postquam genuit Enoch
octingentos annos
et genuit filios et filias
20 et facti sunt omnes dies Iared nongenti sexaginta duo anni et mortuus est
21 porro Enoch vixit sexaginta quinque
annis et genuit Mathusalam
24; 6,9; 24,40; 48,15 22 et ambulavit Enoch cum Deo postquam genuit Mathusalam trecentis
annis
et genuit filios et filias
23 et facti sunt omnes dies Enoch trecenti sexaginta quinque anni
22; Sir 44,16! Hbr 11,5 24 ambulavitque cum Deo et non apparuit quia tulit eum Deus
25 vixit quoque Mathusalam centum
octoginta septem annos et genuit
Lamech
26 et vixit Mathusalam postquam genuit Lamech septingentos octoginta
duos annos
et genuit filios et filias
27 et facti sunt omnes dies Mathusalae
nongenti sexaginta novem anni et
mortuus est
28 vixit autem Lamech centum octoginta duobus annis
et genuit filium 29 vocavitque nomen
eius Noe dicens
iste consolabitur nos ab operibus et
laboribus manuum nostrarum in
terra cui maledixit Dominus 3,17
30 vixitque Lamech postquam genuit
Noe quingentos nonaginta quinque
annos
et genuit filios et filias
31 et facti sunt omnes dies Lamech septingenti septuaginta septem anni et
mortuus est
Noe vero cum quingentorum esset
annorum genuit Sem et Ham et 6,10; 9,18; 10,1
Iafeth
6 cumque coepissent homines multi- IV Esr 3,12
plicari super terram et filias pro-
creassent
2 videntes filii Dei filias eorum quod 12,14
essent pulchrae
acceperunt uxores sibi ex omnibus
quas elegerant
3 dixitque Deus non permanebit spiritus meus in homine in aeternum
quia caro est Ps 77,39
eruntque dies illius centum viginti
annorum
4 gigantes autem erant super terram
in diebus illis
postquam enim ingressi sunt filii Dei
ad filias hominum illaeque genu-
erunt

GAOC ΣΛΤΜΦ crb

11 nongenti quinque anni c. | 13 octingentis quadr. annis ΛΜΦ c | 15 quinque *om.* C | annis CΛΜΦ c | 18 CLXII annos C | 19 octingentis annis ΛΜΦ c | 22 deo + et uixit c.; + et uixit enoch CΣΛ | 25 annis CΛΤΜΦ c | 26 septingentis octoginta duobus annis ΛΤ ΜΦ c | duos *om.* O | 27 mathusala c. | nungentis sexaginta nouem annis G | 30 quingentis nonaginta quinque annis ΛΜΦ c | 31 septuaginta + et O | uero *om.* C | genuit + tres filios C | et[3] *om.* CΣΛΜΦ c || **6,**1 filios CΣ | 2 eorum] hominum ΑΦ c | ~ sibi uxores CΣ c | 3 deus] dominus O | erantque OΛΤ |

isti sunt potentes a saeculo viri fa-
mosi
5 videns autem Deus quod multa malitia hominum esset in terra
8,21 et cuncta cogitatio cordis intenta esset ad malum omni tempore
6 paenituit eum quod hominem fecisset in terra
et tactus dolore cordis intrinsecus
13! 7,4.23 7 delebo inquit hominem quem creavi
a facie terrae
ab homine usque ad animantia
a reptili usque ad volucres caeli
paenitet enim me fecisse eos
18,3! 19,19; Ex 33,12! Prv 12,2! Lc 1,30! 8 Noe vero invenit gratiam coram Domino
9 hae generationes Noe
7,1; 17,1; Dt 18,13; Sir 44,17 Noe vir iustus atque perfectus fuit in
generationibus suis
5,22! cum Deo ambulavit
5,31; 9,18; 10,1 10 et genuit tres filios Sem Ham et Iafeth
11 corrupta est autem terra coram Deo
et repleta est iniquitate
12 cumque vidisset Deus terram esse
corruptam
omnis quippe caro corruperat viam
suam super terram
7! 17! 13 dixit ad Noe finis universae carnis
venit coram me
repleta est terra iniquitate a facie
eorum
et ego disperdam eos cum terra
Hbr 11,7; I Pt 3,20 14 fac tibi arcam de lignis levigatis
mansiunculas in arca facies
et bitumine linies intrinsecus et extrinsecus 15 et sic facies eam
trecentorum cubitorum erit longitudo arcae
quinquaginta cubitorum latitudo
et triginta cubitorum altitudo illius
16 fenestram in arca facies et in cubito
consummabis summitatem

ostium autem arcae pones ex latere
deorsum
cenacula et tristega facies in ea
17 ecce ego adducam diluvii aquas su- 13! 7,4.10.17! IV Esr 3,9
per terram
ut interficiam omnem carnem
in qua spiritus vitae est subter cae- 7,22
lum
universa quae in terra sunt consu- 7,21
mentur
18 ponamque foedus meum tecum 9,9! 11; 17,2.21
et ingredieris arcam tu et filii tui 7,1.7.13!
uxor tua et uxores filiorum tuorum 8,16.18
tecum
19 et ex cunctis animantibus universae 19.20: 7,8.9.14–16
carnis
bina induces in arcam ut vivant tecum
masculini sexus et feminini
20 de volucribus iuxta genus suum
et de iumentis in genere suo
et ex omni reptili terrae secundum
genus suum
bina de omnibus ingredientur tecum
ut possint vivere
21 tolles igitur tecum ex omnibus escis
quae mandi possunt et conportabis
apud te
et erunt tam tibi quam illis in cibum 1,29
22 fecit ergo Noe omnia quae praece- 7,5
perat illi Deus
7 dixitque Dominus ad eum
ingredere tu et omnis domus tua ar- 7.13! 6,18!
cam
te enim vidi iustum coram me in ge- 6,9! Sir 44,17
neratione hac
2 ex omnibus animantibus mundis tolle septena septena masculum et
feminam
de animantibus vero non mundis
duo duo masculum et feminam
3 sed et de volatilibus caeli septena
septena masculum et feminam

6 [*deest* G *usque ad* 7,21] | 9 haec OC; + sunt AO crb. | [*deest* O *usque ad* 7,11] | 10 et[2] *om.* AΛ | 11 deo] domino CΣ | 13 dixitque C | 16 summitatem + eius ΛΤΜΦ c | 17 ~ aquas diluuii c. | ut] et CΣ | consummentur CΛΜ | 22 ergo] igitur c. | deus] dominus A || 7,1 in arcam ΣΤΜΦ c | 2 tolles CΣ rb | septena[1] + et ΤΜΦ c, *item v.* 3 | non mundis] immundis c | duo[1] + et ΤΜΦ c |

(G)A(O)C ΣΛΤΜΦ crb

ut salvetur semen super faciem universae terrae
6,17! 4 adhuc enim et post dies septem ego
12 pluam super terram
quadraginta diebus et quadraginta
noctibus
23; 6,7 et delebo omnem substantiam quam
feci de superficie terrae
6,22 5 fecit ergo Noe omnia quae mandaverat ei Dominus
6 eratque sescentorum annorum quando diluvii aquae inundaverunt super terram
1,13! 6,18! 7 et ingressus est Noe et filii eius
uxor eius et uxores filiorum eius cum
eo in arcam propter aquas diluvii
14–16; 6,19.20 8 de animantibus quoque mundis et
inmundis
1,28! et de volucribus et ex omni quod movetur super terram
9 duo et duo ingressa sunt ad Noe in
arcam masculus et femina
sicut praeceperat Deus Noe
10 cumque transissent septem dies a-
6,17! quae diluvii inundaverunt super
terram
11 anno sescentesimo vitae Noe mense
secundo septimodecimo die mensis
8,2 rupti sunt omnes fontes abyssi magnae
Ps 77,23; Is 24,18 et cataractae caeli apertae sunt
4 12 et facta est pluvia super terram quadraginta diebus et quadraginta noctibus
1,7; 6,18! Mt 24,38 13 in articulo diei illius ingressus est
Noe et Sem et Ham et Iafeth filii
eius
uxor illius et tres uxores filiorum
eius cum eis in arcam
8,19 14 ipsi et omne animal secundum genus
14–16: 8,9; 6,19.20 suum
universaque iumenta in genus suum
et omne quod movetur super terram
in genere suo
cunctumque volatile secundum genus suum
universae aves omnesque volucres
15 ingressae sunt ad Noe in arcam bina
et bina
ex omni carne in qua erat spiritus
vitae
16 et quae ingressa sunt masculus et femina ex omni carne introierunt
sicut praeceperat ei Deus
et inclusit eum Dominus de foris
17 factumque est diluvium quadraginta 6,17! Sir 44,18
diebus super terram
et multiplicatae sunt aquae et elevaverunt arcam in sublime a terra
18 vehementer inundaverunt et omnia
repleverunt in superficie terrae
porro arca ferebatur super aquas
19 et aquae praevaluerunt nimis super
terram
opertique sunt omnes montes excelsi
sub universo caelo
20 quindecim cubitis altior fuit aqua
super montes quos operuerat
21 consumptaque est omnis caro quae 6,17
movebatur super terram
volucrum animantium bestiarum omniumque reptilium quae reptant
super terram
universi homines 22 et cuncta in qui- 6,17
bus spiraculum vitae est in terra
mortua sunt
23 et delevit omnem substantiam quae 4; 6,7
erat super terram ab homine us-
que ad pecus
tam reptile quam volucres caeli
et deleta sunt de terra
remansit autem solus Noe et qui cum
eo erant in arca
24 obtinueruntque aquae terras cen- 8,3
tum quinquaginta diebus
8 recordatus autem Deus Noe cunc-

(G)A(O)C ΣΛΤΜΦ crb 7 eius[3]] illius AΣ | 8 et[3] *om.* CΣ | 9 deus] dominus ACMc | 10 super *om.* AΣΛ | 11 [*iterum adest* O] | 13 et[1.2] *om.* C | 14 uniuersaque iumenta in genere suo c; *om.* CΦ | 15 ingressaeque O.; ingressi C.; ingressa r. | in arca O | 17 et leuauerunt OΦ | 18 uehementer + enim Oc | 19 operti sunt C | 21 consummataque O | [*iterum adest* G] | 23 in arcam OC | 24 terram c || **8,**1 recordatus + est GACrb |

tarumque animantium
et omnium iumentorum quae erant
cum eo in arca
adduxit spiritum super terram et inminutae sunt aquae
7,11.12 [2]et clausi sunt fontes abyssi et cataractae caeli
et prohibitae sunt pluviae de caelo
[3]reversaeque aquae de terra euntes et
redeuntes
7,24 et coeperunt minui post centum quinquaginta dies
[4]requievitque arca mense septimo vicesima septima die mensis super
montes Armeniae
[5]at vero aquae ibant et decrescebant
usque ad decimum mensem
decimo enim mense prima die mensis apparuerunt cacumina montium
[6]cumque transissent quadraginta dies
aperiens Noe fenestram arcae quam
fecerat dimisit corvum
[7]qui egrediebatur et revertebatur donec siccarentur aquae super terram
[8]emisit quoque columbam post eum
11 ut videret si iam cessassent aquae
super faciem terrae
[9]quae cum non invenisset ubi requiesceret pes eius reversa est ad eum in
arcam
aquae enim erant super universam
terram
extenditque manum et adprehensam
intulit in arcam
[10]expectatis autem ultra septem diebus
aliis rursum dimisit columbam ex
arca
[11]at illa venit ad eum ad vesperam
portans ramum olivae virentibus foliis in ore suo
8 intellexit ergo Noe quod cessassent
aquae super terram
[12]expectavitque nihilominus septem
alios dies et emisit columbam
quae non est reversa ultra ad eum
[13]igitur sescentesimo primo anno primo mense prima die mensis
inminutae sunt aquae super terram
et aperiens Noe tectum arcae aspexit viditque quod exsiccata esset
superficies terrae
[14]mense secundo septima et vicesima
die mensis arefacta est terra
[15]locutus est autem Deus ad Noe dicens
[16]egredere de arca tu et uxor tua 18! 6,18
filii tui et uxores filiorum tuorum tecum
[17]cuncta animantia quae sunt apud
te ex omni carne
tam in volatilibus quam in bestiis
et in universis reptilibus quae reptant super terram
educ tecum et ingredimini super terram
crescite et multiplicamini super eam 1,22!
[18]egressus est ergo Noe et filii eius 16! 9,18
uxor illius et uxores filiorum eius
cum eo
[19]sed et omnia animantia iumenta et 7,14
reptilia quae repunt super terram
secundum genus suum arcam egressa sunt
[20]aedificavit autem Noe altare Do- 12,7! 8! 13,18; 22,9; 35,3
mino
et tollens de cunctis pecoribus et vo 46,1! Ex 10,25! Ex 20,24! Lv 1,14.15! Ex 29,25!
lucribus mundis obtulit holocausta
super altare
[21]odoratusque est Dominus odorem
suavitatis et ait ad eum
nequaquam ultra maledicam terrae
propter homines

1 cunctarumque animantium ΟΛΤΦ] cunctarum animantium Σ.; cunctorumque animantium GACM crb, *sed cf.* Nm 31,30 | 2 clausae CΛ | 3 reuersaeque + sunt O c | 4 uicesima et septima O; uigesimo septimo c | 5 primo OTMΦ | 7 et + non c | 8 uiderent O | 9 in arca GC | adprehendens eam CΛ. | 11 ergo] igitur A | 13 exsiccasset GCΣ. | 14 septimo et uigesimo c. | 17 uolatilibus] uolucribus C | in[3] *om.* ΟΛΤΜΦ c | super eam] super terram GO r | 19 reptant C c | arca T; de arca O c; *om.* Σ | egressae AO. | ~ egr. sunt de arca c | 21 ad eum *om.* c. | terram O |

GAOC ΣΛΤΜΦ crb

6,5 sensus enim et cogitatio humani cordis in malum prona sunt ab adulescentia sua
9,11 non igitur ultra percutiam omnem
animantem sicut feci
22 cunctis diebus terrae sementis et
messis frigus et aestus
aestas et hiemps nox et dies non re-
quiescent
1,22! **9** benedixitque Deus Noe et filiis eius
et dixit ad eos
crescite et multiplicamini et implete
terram
2 et terror vester ac tremor sit super
cuncta animalia terrae
1,28! et super omnes volucres caeli cum
universis quae moventur in terra
omnes pisces maris manui vestrae
traditi sunt
3 et omne quod movetur et vivit erit
1,29 vobis in cibum
quasi holera virentia tradidi vobis
omnia
Lv 3,17! 7,26; 17,12.14; Dt 12,16! 4 excepto quod carnem cum sanguine
non comedetis
42,22; Dt 32,43! Ps 9,13; Ez 3,18! 5 sanguinem enim animarum vestrarum requiram de manu cunctarum
bestiarum et de manu hominis
de manu viri et fratris eius requiram
animam hominis
Ex 21,12! 6 quicumque effuderit humanum sanguinem fundetur sanguis illius
1,27! ad imaginem quippe Dei factus est
homo
1,22! 7 vos autem crescite et multiplicamini
et ingredimini super terram et implete eam
8 haec quoque dixit Deus ad Noe et
ad filios eius cum eo
6,18! 17,7. 10.19; Dt 5,2! 9 ecce ego statuam pactum meum vobiscum et cum semine vestro post
vos
10 et ad omnem animam viventem quae
est vobiscum
tam in volucribus quam in iumentis
et pecudibus terrae
cunctis quae egressa sunt de arca et
universis bestiis terrae
11 statuam pactum meum vobiscum 6,18!
et nequaquam ultra interficietur om- 15; 8,21; Sir 44,19; Is 54,9
nis caro aquis diluvii neque erit
deinceps diluvium dissipans terram
12 dixitque Deus
hoc signum foederis quod do inter 13.17; 17,11; Ex 31,13!
me et vos
et ad omnem animam viventem quae
est vobiscum in generationes sem-
piternas
13 arcum meum ponam in nubibus 16
et erit signum foederis inter me et 12!
inter terram
14 cumque obduxero nubibus caelum
apparebit arcus meus in nubibus Ez 1,28
15 et recordabor foederis mei vobiscum Ex 2,24! Lv 26,45 Ps 104,8!
et cum omni anima vivente quae
carnem vegetat
et non erunt ultra aquae diluvii ad 11!
delendam universam carnem
16 eritque arcus in nubibus et videbo 13
illum et recordabor foederis sempi-
terni
quod pactum est inter Deum et inter
omnem animam viventem universae carnis quae est super terram
17 dixitque Deus Noe
hoc erit signum foederis quod con- 12!
stitui inter me et inter omnem carnem super terram
18 erant igitur filii Noe qui egressi sunt 5,31; 6,10; 8,18; 10,1
de arca Sem Ham et Iafeth
porro Ham ipse est pater Chanaan
19 tres isti sunt filii Noe et ab his dis- 10,32; 11,4.8!

(G)AOC ΣΛΤΜΦ crb

21 animantem] animam uiuentem c || **9**,1 replete c | 2 animalia] animantia C | in terram G.; super terram Ac | 3 uiuet GAC | 4 comeditis O | 6 ~ sanguinem humanum C | effundetur C; effunditur O. | illius] ipsius C | 10 pecoribus OC | egressae O | 11 ab aquis CM | 13 inter[2] *om.* O | 15 carne[1] OΣ | ad delendum c. | 16 arcus + meus OΣΛΜΦ | illud A | inter[2] *om.* c | 17 ad noe GOΣ crb | erit *om.* O | inter[2] *om.* CΣΤΜΦc | 18 igitur] ergo c. | [*deest* G *usque ad v.* 19] | 19 ~ filii sunt c. |

seminatum est omne hominum genus super universam terram
20 coepitque Noe vir agricola exercere
terram
43,34 et plantavit vineam 21 bibensque vi-
Lam 4,21 num inebriatus est et nudatus in
tabernaculo suo
22 quod cum vidisset Ham pater Chanaan
verenda scilicet patris sui esse nuda
nuntiavit duobus fratribus suis foras
23 at vero Sem et Iafeth pallium inposuerunt umeris suis
et incedentes retrorsum operuerunt
verecunda patris sui
faciesque eorum aversae erant et
patris virilia non viderunt
24 evigilans autem Noe ex vino
cum didicisset quae fecerat ei filius
suus minor 25 ait
maledictus Chanaan
servus servorum erit fratribus suis
26 dixitque
benedictus Dominus Deus Sem
sit Chanaan servus eius
27 dilatet Deus Iafeth et habitet in tabernaculis Sem
sitque Chanaan servus eius
28 vixit autem Noe post diluvium trecentis quinquaginta annis
29 et impleti sunt omnes dies eius nongentorum quinquaginta annorum
et mortuus est
5,31; 6,10; 9,18 **10** hae generationes filiorum Noe Sem
Ham Iafeth
natique sunt eis filii post diluvium
2–4: I Par 1,5–7 2 filii Iafeth Gomer Magog et Madai
Iavan et Thubal et Mosoch et Thiras
3 porro filii Gomer Aschenez et Rifath
et Thogorma
4 filii autem Iavan Elisa et Tharsis
Cetthim et Dodanim
5 ab his divisae sunt insulae gentium 20.31.32
in regionibus suis
unusquisque secundum linguam et
familias in nationibus suis
6 filii autem Ham Chus et Mesraim et 6–8: I Par 1,8–10
Fut et Chanaan
7 filii Chus Saba et Hevila et Sabatha
et Regma et Sabathaca
filii Regma Saba et Dadan
8 porro Chus genuit Nemrod
ipse coepit esse potens in terra
9 et erat robustus venator coram Domino
ab hoc exivit proverbium quasi Nemrod robustus venator coram Domino
10 fuit autem principium regni eius Babylon et Arach et Archad et Cha-
lanne in terra Sennaar
11 de terra illa egressus est Assur
et aedificavit Nineven et plateas civitatis et Chale
12 Resen quoque inter Nineven et Chale haec est civitas magna
13 at vero Mesraim genuit Ludim et 13–18: I Par 1,11–16
Anamim et Laabim
Nepthuim 14 et Phetrusim et Cesluim
de quibus egressi sunt Philisthim et
Capthurim
15 Chanaan autem genuit Sidonem primogenitum suum
Ettheum 16 et Iebuseum et Amorreum 15,20.21!
Gergeseum 17 Eveum et Araceum
Sineum 18 et Aradium Samariten et
Amatheum
et post haec disseminati sunt populi
Chananeorum
19 factique sunt termini Chanaan
venientibus a Sidone Geraram usque
Gazam

19 omne *om.* ACΣΛ | [*iterum adest* G] | hominum *om.* Σ.; ~ genus hominum c | 21 nudatus + est GOr; + iacuit ΣΛ | 22 nuda GOr.] nudata *cet.* | foris O | 23 uerecunda GArb] uerenda *cet.* | patris2 + sui GOr | 25 chanaan] cham G, *item v.* 26 | 27 sit OΣ | 29 dies + uitae G || **10**,1 haec GOCr; + sunt c | ham + et CΣΛ TMΦc | ei O | 2 gomer + et c | madai + et c | 5 linguam + suam Oc | familias + suas c | 7 filii + autem OCM | et2 *om.* G | 9 ab] ad G; ob cr. | 11 nineue OΣ; niniue C | 12 nineue OΣ | 16 gergeseum + et CΛ | 18 samaritem OCΣ; samaraeum c. |

(G)AOC ΣΛΤΜΦ crb

donec ingrediaris Sodomam et Gomorram et Adama et Seboim usque
Lesa
5.31.32 20 hii filii Ham in cognationibus et linguis et generationibus terrisque et
gentibus suis
21 de Sem quoque nati sunt patre omnium filiorum Eber fratre Iafeth
maiore
22—29: I Par 1,17–23 22 filii Sem Aelam et Assur et Arfaxad
22—25: 11,10–16 et Lud et Aram
23 filii Aram Us et Hul et Gether et Mes
24 at vero Arfaxad genuit Sala de quo
ortus est Eber
25 natique sunt Eber filii duo
nomen uni Faleg eo quod in diebus
eius divisa sit terra
et nomen fratris eius Iectan
26 qui Iectan genuit Helmodad et Saleph et Asarmoth
Iare 27 et Aduram et Uzal
Decla 28 et Ebal et Abimahel
Saba 29 et Ophir et Evila et Iobab
omnes isti filii Iectan
30 et facta est habitatio eorum de Messa
pergentibus usque Sephar montem
orientalem
5.20.32 31 isti filii Sem secundum cognationes
et linguas et regiones in gentibus
suis
5.20.31 32 hae familiae Noe iuxta populos et
nationes suas
9,19! ab his divisae sunt gentes in terra
post diluvium
6 **11** erat autem terra labii unius et sermonum eorundem
2 cumque proficiscerentur de oriente
invenerunt campum in terra Sennaar
et habitaverunt in eo
3 dixitque alter ad proximum suum
venite faciamus lateres et coquamus
eos igni
habueruntque lateres pro saxis
et bitumen pro cemento
4 et dixerunt venite faciamus nobis civitatem et turrem cuius culmen per-
tingat ad caelum
et celebremus nomen nostrum antequam dividamur in universas terras 9,19!
5 descendit autem Dominus ut videret 18,21
civitatem et turrem quam aedificabant filii Adam 6 et dixit
ecce unus est populus et unum labi- 1
um omnibus
coeperuntque hoc facere nec desis-
tent a cogitationibus suis donec
eas opere conpleant
7 venite igitur descendamus et confun-
damus ibi linguam eorum Ps 54,10
ut non audiat unusquisque vocem
proximi sui
8 atque ita divisit eos Dominus ex illo 9,19! Dt 32,8
loco in universas terras
et cessaverunt aedificare civitatem
9 et idcirco vocatum est nomen eius
Babel
quia ibi confusum est labium universae terrae
et inde dispersit eos Dominus super
faciem cunctarum regionum
10 hae generationes Sem 10—26: I Par 1,24–27
Sem centum erat annorum quando Lc 3,34–36
genuit Arfaxad biennio post dilu- 10—16: 10,22–25
vium
11 vixitque Sem postquam genuit Arfaxad quingentos annos
et genuit filios et filias
12 porro Arfaxad vixit triginta quinque
annos et genuit Sale
13 vixitque Arfaxad postquam genuit
Sale trecentis tribus annis
et genuit filios et filias
14 Sale quoque vixit triginta annis et
genuit Eber
15 vixitque Sale postquam genuit Eber
quadringentis tribus annis

(G)AOC ΣΛΤΜΦ crb

19 adamam ΛΤΜΦ crb; hadam C. | 20 hii + sunt c. | 21 pater C.; patres O | frater OCM.; fratres G. | 25 ~ duo filii O | 27 uzal + et c || **11**,4 diuidamur in uniuersa terra G.; diuidamus uniuersas terras O | 5 [*deest* G *usque ad v.* 21] | 7 lingua O.; linguas AC | 10 haec OC.; + sunt c. | ~ erat centum c | 11 quingentis annis ΛΜΦ c | 12 annis ΛΜΦ c | 14 annos C |

et genuit filios et filias
16 vixit autem Eber triginta quattuor
annis et genuit Faleg
17 et vixit Eber postquam genuit Faleg
quadringentis triginta annis
et genuit filios et filias
18 vixit quoque Faleg triginta annis et
genuit Reu
19 vixitque Faleg postquam genuit Reu
ducentis novem annis
et genuit filios et filias
20 vixit autem Reu triginta duobus annis et genuit Sarug
21 vixitque Reu postquam genuit Sarug
ducentis septem annis
et genuit filios et filias
22 vixit vero Sarug triginta annis et genuit Nahor
23 vixitque Sarug postquam genuit Nahor ducentos annos
et genuit filios et filias
24 vixit autem Nahor viginti novem annis et genuit Thare
25 vixitque Nahor postquam genuit
Thare centum decem et novem annos
et genuit filios et filias
Ios 24,2 26 vixitque Thare septuaginta annis et
genuit Abram et Nahor et Aran
27 hae sunt autem generationes Thare
Thare genuit Abram et Nahor et
Aran
porro Aran genuit Loth
28 mortuusque est Aran ante Thare patrem suum
in terra nativitatis suae in Ur Chaldeorum
29 duxerunt autem Abram et Nahor
uxores
nomen autem uxoris Abram Sarai
et nomen uxoris Nahor Melcha
filia Aran patris Melchae et patris
Ieschae
30 erat autem Sarai sterilis nec habebat 25,21; Idc 13,3; Lc 1,7
liberos
31 tulit itaque Thare Abram filium suum et Loth filium Aran filium filii
sui
et Sarai nurum suam uxorem Abram
filii sui
et eduxit eos de Ur Chaldeorum ut 12,5; 15,7; Ios 24,3; II Esr 9,7
irent in terram Chanaan
veneruntque usque Haran et habita- Idt 5,9; Act 7,4
verunt ibi
32 et facti sunt dies Thare ducentorum
quinque annorum et mortuus est in
Haran
12 dixit autem Dominus ad Abram Act 7,3
egredere de terra tua et de cognatione
tua et de domo patris tui
in terram quam monstrabo tibi
2 faciamque te in gentem magnam 17,20; 18,18; 21,13.18!
et benedicam tibi et magnificabo no- 24,35; 27,33
men tuum erisque benedictus
3 benedicam benedicentibus tibi et 27,29!
maledicam maledicentibus tibi
atque in te benedicentur universae 18,18; 22,18; 26,4;
cognationes terrae 28,14; Ps 71,17; Act 3,25; Gal 3,8
4 egressus est itaque Abram sicut praeceperat ei Dominus et ivit cum eo
Loth
septuaginta quinque annorum erat
Abram cum egrederetur de Haran
5 tulitque Sarai uxorem suam et Loth 13,1; 36,6
filium fratris sui
universamque substantiam quam 31,18
possederant
et animas quas fecerant in Haran
et egressi sunt ut irent in terram 11,31!
Chanaan
cumque venissent in eam
6 pertransivit Abram terram usque ad
locum Sychem usque ad convallem
Inlustrem
Chananeus autem tunc erat in terra 13,7; 34,30; Nm 14,25
7 apparuitque Dominus Abram et 13.15.17; 15,7. 18; 17,8! 26,3.4;

17 annos C | 21 uixit quoque c | 22 [*iterum adest* G] | 23 ducentis annis ΑΛΤΜΦ c | 24 annos CΣ. | 25 decem *om.* G | annis ΣΛΤΜΦ c | 27 haec GO. | et[1] *om.* c | 29 autem[2] *om.* ΣΛΜΦ c | 31 iret OCTMΦ | in terra GCT || **12**, 1 tui + et ueni OCΣ ΛΜ c | monstrauero C | 5 et[3] *om.* OC. | in terra G | 6 sychem + et O | 7 apparuit autem c |

(G)AOC
ΣΛΤΜΦ
crb

28,13; 35,12; 48,4; Ex 6,4; 32,13! Gal 3,16 dixit ei
semini tuo dabo terram hanc
8,20! 35,1.7 qui aedificavit ibi altare Domino qui
apparuerat ei
8 et inde transgrediens ad montem qui
erat contra orientem Bethel teten-
13,3 dit ibi tabernaculum suum
ab occidente habens Bethel et ab
oriente Ai
8,20! Ios 8,30! 13,4; 26,25 33,20; Ex 17,15 aedificavit quoque ibi altare Domino
et invocavit nomen eius
20,1 9 perrexitque Abram vadens et ultra
progrediens ad meridiem
26,1; 42,5; 45,6 Rt 1,1! Act 7,11 10 facta est autem fames in terra
descenditque Abram in Aegyptum ut
peregrinaretur ibi
41,30.54.56; 43,1 47,13; Idt 5,9 praevaluerat enim fames in terra
11 cumque prope esset ut ingrederetur
Aegyptum
dixit Sarai uxori suae
novi quod pulchra sis mulier
12 et quod cum viderint te Aegyptii dic-
turi sunt uxor ipsius est
et interficient me et te reservabunt
20,2.5.12; 24,60; 26,7 13 dic ergo obsecro te quod soror mea
sis
ut bene sit mihi propter te et vivat
anima mea ob gratiam tui
14 cum itaque ingressus esset Abram
Aegyptum
6,2 viderunt Aegyptii mulierem quod
esset pulchra nimis
15 et nuntiaverunt principes Pharaoni
et laudaverunt eam apud illum
et sublata est mulier in domum Pharaonis
16 Abram vero bene usi sunt propter
illam
20,14; 24.35; 26,14; 30,43! 32,5 fueruntque ei oves et boves et asini et
servi et famulae et asinae et cameli
17 flagellavit autem Dominus Pharaonem plagis maximis et domum eius
propter Sarai uxorem Abram

18 vocavitque Pharao Abram et dixit ei
quidnam est quod fecisti mihi
quare non indicasti quod uxor tua
esset
19 quam ob causam dixisti esse soro- 26,9
rem tuam ut tollerem eam mihi in
uxorem
nunc igitur ecce coniux tua accipe
eam et vade
20 praecepitque Pharao super Abram
viris
et deduxerunt eum et uxorem illius
et omnia quae habebat
13 ascendit ergo Abram de Aegypto 12,5!
ipse et uxor eius et omnia quae
habebat
et Loth cum eo ad australem plagam
2 erat autem dives valde in possessione 26,13! 36,7; II Par 32,27
argenti et auri
3 reversusque est per iter quo venerat 33,16
a meridie in Bethel
usque ad locum ubi prius fixerat ta- 12,8
bernaculum inter Bethel et Ai
4 in loco altaris quod fecerat prius 12,8!
et invocavit ibi nomen Domini
5 sed et Loth qui erat cum Abram fue- Nm 32,1; II Par 32,29
runt greges ovium et armenta et ta-
bernacula
6 nec poterat eos capere terra ut habitarent simul
erat quippe substantia eorum multa
et non quibant habitare communiter 36,7
7 unde et facta est rixa inter pastores 26,20
gregum Abram et Loth
eo autem tempore Chananeus et 12,6; 34,30; Nm 14,25
Ferezeus habitabant in illa terra
8 dixit ergo Abram ad Loth ne quaeso
sit iurgium inter me et te
et inter pastores meos et pastores
tuos
fratres enim sumus
9 ecce universa terra coram te est 20,15! 34,10; 47,6
recede a me obsecro

(G)AOC ΣΛΤΜΦ crb

7 ibi *om.* ΟΣ. | 8 qui erat contra orientem *om.* C | aedificauitque ibi C | 10 in terram[1] C | 12 seruabunt GΛ | 16 famulae] familiae CΣ; familia O. | et asinae *om.* OTΜΦ | 18 [*deest* G *usque ad* 13,10] | est + hoc Cc | indicasti + mihi C | 19 ~ sororem tuam esse CΣ || **13**,2 ~ auri et argenti Mc | 3 iter quod C | 5 fuerunt + ei O | 6 non quibant OΛ.; nequibant c. | 7 ~ in terra illa Ac |

si ad sinistram ieris ego ad dexteram
tenebo
si tu dexteram elegeris ego ad sinistram pergam
10 elevatis itaque Loth oculis
vidit omnem circa regionem Iordanis quae universa inrigabatur
19,25! antequam subverteret Dominus Sodomam et Gomorram
Ioel 2,3 sicut paradisus Domini et sicut
Aegyptus venientibus in Segor
11 elegitque sibi Loth regionem circa
Iordanem et recessit ab oriente
divisique sunt alterutrum a fratre suo
16,3; 37,1 12 Abram habitavit in terra Chanaan
Loth moratus est in oppidis quae
14,12. erant circa Iordanem et habitavit
in Sodomis
13 homines autem Sodomitae pessimi
erant et peccatores coram Domino
nimis
14 dixitque Dominus ad Abram postquam divisus est Loth ab eo
Dt 3,27 leva oculos tuos et vide a loco in quo
nunc es
28,14 ad aquilonem et ad meridiem ad
orientem et ad occidentem
12,7! Act 7,5 15 omnem terram quam conspicis tibi
dabo et semini tuo usque in sempi-
ternum
28,14 16 faciamque semen tuum sicut pulverem terrae
Nm 23,10 si quis potest hominum numerare
pulverem
semen quoque tuum numerare poterit
17 surge et perambula terram in longi-
12,7! tudine et in latitudine sua quia tibi
daturus sum eam
18 movens igitur Abram tabernaculum
suum
14,13 35,27 venit et habitavit iuxta convallem
Mambre quod est in Hebron
aedificavitque ibi altare Domino 8,20!
14 factum est autem in illo tempore ut
Amrafel rex Sennaar
et Arioch rex Ponti
et Chodorlahomor rex Aelamitarum
et Thadal rex Gentium
2 inirent bellum contra Bara regem
Sodomorum
et contra Bersa regem Gomorrae
et contra Sennaab regem Adamae
et contra Semeber regem Seboim
contraque regem Balae ipsa est Segor
3 omnes hii convenerunt in vallem Silvestrem quae nunc est mare Salis
4 duodecim enim annis servierant
Chodorlahomor
et tertiodecimo anno recesserunt ab
eo
5 igitur anno quartodecimo venit Cho- Dt 2,10–12
dorlahomor et reges qui erant cum
eo
percusseruntque Rafaim in Astha-
rothcarnaim
et Zuzim cum eis
et Emim in Savecariathaim
6 et Chorreos in montibus Seir
usque ad campestria Pharan quae
est in solitudine
7 reversique sunt et venerunt ad fontem Mesfat ipsa est Cades
et percusserunt omnem regionem
Amalechitarum
et Amorreum qui habitabat in Asasonthamar
8 et egressi sunt rex Sodomorum et
rex Gomorrae
rexque Adamae et rex Seboim
nec non et rex Balae quae est Segor
et direxerunt contra eos aciem in
valle Silvestri
9 scilicet adversum Chodorlahomor

9 ad² *om.* Φ𝔠 | 10 inrigabantur C | 11 [*iterum adest* G] | 12 loth + uero 𝔠 | 14 ~ ab eo loth Σ𝔠 | ad³ *om.* OTΦ𝔠 | meridiem + et C | ad⁵ *om.* C𝔠 | 15 usque *om.* GΣ. | 16 puluerem² + terrae 𝔠 | numerare² + non O | 17 in longitudinem GOCT | in² *om.* GΣTΦ | latitudinem suam CT | 18 ~ tabern. suum abram 𝔠. | quod] quae C𝔠 || **14**,4 enim *om.* C | seruierunt CΛTΦ | recesserant ACΣ | 5 ~ quartodecimo anno A𝔠 | 6 seir + pilosus dicitur mons C | 8 rex² *om.* O | ~ aciem contra eos TΦ𝔠 |

(G)AOC ΣΛTMΦ 𝔠𝔯𝔟

regem Aelamitarum
et Thadal regem Gentium
et Amrafel regem Sennaar
et Arioch regem Ponti
quattuor reges adversus quinque
10 vallis autem Silvestris habebat puteos multos bituminis
itaque rex Sodomorum et Gomorrae terga verterunt cecideruntque ibi
et qui remanserant fugerunt ad montem
11 tulerunt autem omnem substantiam Sodomorum et Gomorrae
et universa quae ad cibum pertinent et abierunt
12 nec non et Loth et substantiam eius
13,12 filium fratris Abram qui habitabat in Sodomis
13 et ecce unus qui evaserat nuntiavit Abram Hebraeo
13,18; 35,27 qui habitabat in convalle Mambre Amorrei
fratris Eschol et fratris Aner
hii enim pepigerant foedus cum Abram
14 quod cum audisset Abram captum videlicet Loth fratrem suum
numeravit expeditos vernaculos suos trecentos decem et octo
et persecutus est eos usque Dan
Ios 10,9 15 et divisis sociis inruit super eos nocte
percussitque eos et persecutus est usque Hoba quae est ad levam Damasci
I Sm 30,19 16 reduxitque omnem substantiam et Loth fratrem suum cum substantia illius
mulieres quoque et populum
17 egressus est autem rex Sodomorum in occursum eius
postquam reversus est a caede Chodorlahomor et regum qui cum eo erant
in valle Save quae est vallis Regis

18 at vero Melchisedech rex Salem proferens panem et vinum 18—20: Hbr 7,1.2
erat enim sacerdos Dei altissimi
19 benedixit ei et ait
benedictus Abram Deo excelso qui creavit caelum et terram 1,1!
20 et benedictus Deus excelsus quo protegente hostes in manibus tuis sunt
et dedit ei decimas ex omnibus 28,22! Nm 18,21!
21 dixit autem rex Sodomorum ad Abram
da mihi animas cetera tolle tibi
22 qui respondit ei levo manum meam ad Dominum Deum excelsum possessorem caeli et terrae Ex 9,22! 29! I Esr 9,5! Iob 11,13 Lam 2,19! 3,41
23 quod a filo subteminis usque ad corrigiam caligae non accipiam ex omnibus quae tua sunt
ne dicas ego ditavi Abram
24 exceptis his quae comederunt iuvenes
et partibus virorum qui venerunt mecum Aner Eschol et Mambre
isti accipient partes suas
15 his itaque transactis
factus est sermo Domini ad Abram per visionem dicens
noli timere Abram
ego protector tuus sum et merces tua magna nimis
2 dixitque Abram Domine Deus quid dabis mihi
ego vadam absque liberis
et filius procuratoris domus meae iste Damascus Eliezer
3 addiditque Abram
mihi autem non dedisti semen et ecce vernaculus meus heres meus erit
4 statimque sermo Domini factus est ad eum dicens
non erit hic heres tuus sed qui egredietur de utero tuo ipsum habebis heredem
5 eduxitque eum foras et ait illi

(G)AOC ΣΛΤΜΦ crb 10 remanserunt OΣ | 13 in conuallem CΣ | pepigerunt G | 14 eos *om.* C c. | 15 eos[2] *om.* CΛ | est[1] + eos c | est[2] + usque C | 16 [*deest* G *usque ad* 15,7] | 18 panes O CΛ. | enim] autem O | 19 benedixitque CM | 22 et] ac CΣ | 23 filo] filio OC || **15**,1 factum est O | 3 erit] est C | 4 egreditur CΛ |

Ier 33,22 suspice caelum et numera stellas si potes
Rm 4,18 et dixit ei sic erit semen tuum
Ps 105,31; I Mcc 2,52; Rm 4,3.9.22; Gal 3,6; Iac 2,23 6 credidit Domino et reputatum est ei ad iustitiam
7 dixitque ad eum
11,31! ego Dominus qui eduxi te de Ur Chaldeorum
12,7! ut darem tibi terram istam et possideres eam
8 at ille ait Domine Deus unde scire possum quod possessurus sim eam
9 respondens Dominus
sume inquit mihi vaccam triennem
et capram trimam et arietem annorum trium
turturem quoque et columbam
Ier 34,18 10 qui tollens universa haec divisit per medium
et utrasque partes contra se altrinsecus posuit aves autem non divisit
11 descenderuntque volucres super cadavera et abigebat eas Abram
17 12 cumque sol occumberet sopor inruit super Abram
et horror magnus et tenebrosus invasit eum
13 dictumque est ad eum
23,4! Dt 23,7; Act 7,6.7 scito praenoscens quod peregrinum futurum sit semen tuum in terra non sua
et subicient eos servituti et adfligent quadringentis annis
14 verumtamen gentem cui servituri sunt ego iudicabo
et post haec egredientur cum magna substantia
25,8! 15 tu autem ibis ad patres tuos in pace sepultus in senectute bona
16 generatione autem quarta revertentur huc
necdum enim conpletae sunt iniquitates Amorreorum usque ad praesens tempus
17 cum ergo occubuisset sol facta est caligo tenebrosa 12
et apparuit clibanus fumans et lampas ignis transiens inter divisiones illas Ez 1,13 Ier 34,18
18 in die illo pepigit Dominus cum Abram foedus dicens Ex 2,24!
semini tuo dabo terram hanc 12,7!
a fluvio Aegypti usque ad fluvium magnum flumen Eufraten Ex 23,31! I Mcc 3,32
19 Cineos et Cenezeos et Cedmoneos
20 et Hettheos et Ferezeos 10,15.16!
Rafaim quoque 21 et Amorreos et Chananeos et Gergeseos et Iebuseos Ex 3,8! Nm 13,30! II Esr 9,8

16 igitur Sarai uxor Abram non genuerat liberos
sed habens ancillam aegyptiam nomine Agar 2 dixit marito suo
ecce conclusit me Dominus ne parerem 20,18; I Sm 1,5.6
ingredere ad ancillam meam si forte saltem ex illa suscipiam filios 30,3
cumque ille adquiesceret deprecanti
3 tulit Agar Aegyptiam ancillam suam
post annos decem quam habitare coeperant in terra Chanaan 13,12; 37,1
et dedit eam viro suo uxorem 30,4.9.18
4 qui ingressus est ad eam Rt 4,13
at illa concepisse se videns despexit dominam suam
5 dixitque Sarai ad Abram
inique agis contra me
ego dedi ancillam meam in sinum tuum
quae videns quod conceperit despectui me habet 31,37.49.53;
iudicet Dominus inter me et te I Sm 24,13.16; Idt 7,13
6 cui respondens Abram
ecce ait ancilla tua in manu tua est

6 domino] abram domino OM; abram deo Σc; deo abram Λ. | ei] illi MΦc | 7 [*iterum adest* G] | 9 et respondens TMΦc | mihi *om.* A | 10 diuisit + ea CΛc | 12 inuasit + super O | 18 illa CΣ | ~ illo die c. | ~ foedus cum abram c | fluuium] flumen GΣ | magnum flumen *om.* TΦ; flumen *om.* ΣMc | 19 et[2] *om.* TΦc | 20 et[1] *om.* CΣ || **16**,2 dominus] deus GAr | 3 coeperat OΣ | 5 in sinu tuo CTΦ | 6 ait *om.* GO |

(G)AOC ΣΛΤΜΦ cr𝔟

utere ea ut libet
adfligente igitur eam Sarai fugam
iniit
7 cumque invenisset illam angelus Domini iuxta fontem aquae in solitudine qui est in via Sur 8 dixit ad eam
Agar ancilla Sarai unde venis et quo
vadis
quae respondit a facie Sarai dominae
meae ego fugio
9 dixitque ei angelus Domini
revertere ad dominam tuam et humi-
liare sub manibus ipsius
17,2.20! 22,17! 26,24; Ios 24,3; Iob 5,25; Idt 5,9 10 et rursum multiplicans inquit multiplicabo semen tuum et non nume-
rabitur prae multitudine
4,25! 17,19; Idc 13,3! Is 7,14! 11 ac deinceps ecce ait concepisti et
paries filium
vocabisque nomen eius Ismahel
eo quod audierit Dominus adflictionem tuam
12 hic erit ferus homo
manus eius contra omnes et manus
omnium contra eum
et e regione universorum fratrum
suorum figet tabernacula
13 vocavit autem nomen Domini qui
loquebatur ad eam Tu Deus qui
vidisti me
Ex 33,23 dixit enim profecto hic vidi posteriora videntis me
24,62; 25,11 14 propterea appellavit puteum illum
puteum Viventis et videntis me
ipse est inter Cades et Barad
4,25! 25,12 15 peperitque Abrae filium qui vocavit
nomen eius Ismahel
16 octoginta et sex annorum erat quando peperit ei Agar Ismahelem
17 postquam vero nonaginta et novem
annorum esse coeperat
apparuit ei Dominus dixitque ad
eum
ego Deus omnipotens ambula coram 6,9!
me et esto perfectus
2 ponamque foedus meum inter me 6,18!
et te
et multiplicabo te vehementer nimis 16,10!
3 cecidit Abram pronus in faciem 4 dixitque ei Deus
ego sum et pactum meum tecum
erisque pater multarum gentium Sir 44,20
5 nec ultra vocabitur nomen tuum
Abram
sed appellaberis Abraham II Esr 9,7
quia patrem multarum gentium con- Rm 4,17
stitui te
6 faciamque te crescere vehementis- 20! 28,3; 41,52; 48,4
sime
et ponam in gentibus regesque ex te 16; 35,11
egredientur
7 et statuam pactum meum inter me 9,9! Idc 2,1; IV Esr 3,15
et te
et inter semen tuum post te
in generationibus suis foedere sempiterno
ut sim Deus tuus et seminis tui post
te
8 daboque tibi et semini tuo terram 12,7! 24,7; 28,4!
peregrinationis tuae
omnem terram Chanaan in possessionem aeternam eroque Deus eorum
9 dixit iterum Deus ad Abraham
et tu ergo custodies pactum meum
et semen tuum post te in generationibus suis
10 hoc est pactum quod observabitis 9,9!
inter me et vos et semen tuum post
te
circumcidetur ex vobis omne mas- 34,15; Ex 12,48
culinum
11 et circumcidetis carnem praeputii 23
vestri
ut sit in signum foederis inter me et 9,12!

(G)AOC ΣΛΤΜΦ 𝔠𝔯𝔟

6 ea] eam ATΦ; illam C | 7 illam] eam C𝔠 | in uia sur Σ𝔯𝔟𝔐𝔊] in uia sur in deserto TMΦ𝔠; in deserto in uia sur OC; in uia in deserto sur Λ; in deserto sur GA | 8 eam] illam TMΦ𝔠 | 9 sub manibus GAO𝔯] sub manu *cet.* | ipsius] illius 𝔠; eius Σ | 11 ait] inquit A.; *om.* 𝔯 | 14 me *om.* C | 15 peperitque + agar O𝔠 | 16 et *om.* CΣ | erat + abram Σ𝔠 | ei *om.* C || **17,1** [*deest* G *usque ad v.* 14] | 6 ponam + te O𝔠 | 7 seminis tui] semini tuo CΣ | 10 pactum + meum O𝔠 | obseruabis A | 11 in *om.* A |

vos
21,4! Lv 12,3; Lc 1,59; 2,21 12 infans octo dierum circumcidetur in
vobis
27 omne masculinum in generationibus
vestris
Ex 12,44 tam vernaculus quam empticius circumcidetur
et quicumque non fuerit de stirpe
vestra
13 eritque pactum meum in carne vestra
in foedus aeternum
14 masculus cuius praeputii caro cir-
cumcisa non fuerit
Ex 12,15! 31,14; Lv 7,20! 19,8! delebitur anima illa de populo suo
quia pactum meum irritum fecit
15 dixit quoque Deus ad Abraham
Sarai uxorem tuam non vocabis Sarai sed Sarram
16 et benedicam ei et ex illa dabo tibi
filium cui benedicturus sum
6! 35,11 eritque in nationes et reges populorum orientur ex eo
17 cecidit Abraham in faciem et risit dicens in corde suo
putasne centenario nascetur filius et
Sarra nonagenaria pariet
18 dixitque ad Deum utinam Ismahel
vivat coram te
19 et ait Deus ad Abraham
16,11! 18,10! 21,3; Lc 1,13 Sarra uxor tua pariet tibi filium vocabisque nomen eius Isaac
9,9! et constituam pactum meum illi in
foedus sempiternum et semini eius
post eum
20 super Ismahel quoque exaudivi te
6! 16,10! 47,27! 48,19; Ps 104,24; 106,38 ecce benedicam ei et augebo et multiplicabo eum valde
25,16 12,2! duodecim duces generabit et faciam
illum in gentem magnam
6,18! 21 pactum vero meum statuam ad Isaac
quem pariet tibi Sarra tempore isto
in anno altero
22 cumque finitus esset sermo loquentis
cum eo
ascendit Deus ab Abraham
23 tulit autem Abraham Ismahelem filium suum
et omnes vernaculos domus suae uni-
versosque quos emerat
cunctos mares ex omnibus viris domus suae
et circumcidit carnem praeputii eo- 11
rum
statim in ipsa die sicut praeceperat
ei Deus
24 nonaginta novem erat annorum
quando circumcidit carnem prae- Idt 14,6
putii sui
25 et Ismahel filius eius tredecim annos
impleverat tempore circumcisionis
suae
26 eadem die circumcisus est Abraham
et Ismahel filius eius
27 et omnes viri domus illius 12
tam vernaculi quam empticii et ali- Ex 12,44
enigenae pariter circumcisi sunt
18 apparuit autem ei Dominus in convalle Mambre
sedenti in ostio tabernaculi sui in ipso fervore diei
2 cumque elevasset oculos apparu- Ios 5,13
erunt ei tres viri stantes propter eum
quos cum vidisset cucurrit in occur- 19,1; IV Rg 2,15
sum eorum de ostio tabernaculi Ex 34,8.9 Rt 2,10
et adoravit in terra 3 et dixit II Sm 14,22 6,8! Ex 33,13.16;
Domine si inveni gratiam in oculis Nm 11,15; II Sm 15,25;
tuis ne transeas servum tuum II Tim 1,18; IV Esr 8,42; 12,7
4 sed adferam pauxillum aquae et la- 19,2; 24,32!
vate pedes vestros et requiescite sub Idc 19,21; Io 13,14;
arbore I Tim 5,10
5 ponam buccellam panis et confor- Idc 19,5; I Sm 28,22
tate cor vestrum
postea transibitis
idcirco enim declinastis ad servum
vestrum
qui dixerunt fac ut locutus es

14 [*iterum adest* G] | 17 faciem + suam ΟΣΛc | 19 deus] dominus G | 22 ab] ad O ΣΜ | 23 ismahel Λc | uniuersos quos C | in ipso die CΣΛΤ | deus] dominus GOT ΜΦrb | 24 abraham nonaginta ΟΜΦc; + et c | 25 eius *om.* c || **18**,1 in conuallem CΣ | 2 propter] prope ACΣΛc | occurrit C | tabernaculi + sui O | in terram Tc | 5 ponamque OMc |

(G)AOC ΣΛΤΜΦ crb

6 festinavit Abraham in tabernaculum
ad Sarram dixitque ei
Ex 12,39 adcelera tria sata similae commisce
et fac subcinericios panes
7 ipse vero ad armentum cucurrit
et tulit inde vitulum tenerrimum et
optimum
deditque puero qui festinavit et coxit illum
8 tulit quoque butyrum et lac et vitulum quem coxerat et posuit coram
eis
ipse vero stabat iuxta eos sub arbore
9 cumque comedissent dixerunt ad
eum
ubi est Sarra uxor tua
ille respondit ecce in tabernaculo
est 10 cui dixit
14; IV Rg 4,16; Rm 9,9 revertens veniam ad te tempore isto
vita comite
17,19 et habebit filium Sarra uxor tua
quo audito Sarra risit post ostium
tabernaculi
24,1; Ios 13,1! Lc 1,7.18 11 erant autem ambo senes provectaeque aetatis
et desierant Sarrae fieri muliebria
12 quae risit occulte dicens
postquam consenui et dominus meus
vetulus est voluptati operam dabo
13 dixit autem Dominus ad Abraham
quare risit Sarra dicens num vere
paritura sum anus
Ier 32,17; Za 8,6! Lc 1,37 14 numquid Deo est quicquam difficile
iuxta condictum revertar ad te
10! hoc eodem tempore vita comite et
habebit Sarra filium
15 negavit Sarra dicens non risi timore
perterrita
Dominus autem non est inquit ita
sed risisti
16 cum ergo surrexissent inde viri direxerunt oculos suos contra Sodomam
et Abraham simul gradiebatur de-
ducens eos
17 dixitque Dominus
num celare potero Abraham quae
gesturus sum
18 cum futurus sit in gentem magnam 12,2!
ac robustissimam
et benedicendae sint in illo omnes 12,3!
nationes terrae
19 scio enim quod praecepturus sit filiis
suis et domui suae post se
ut custodiant viam Domini et faciant 26,5! Lv 18,26! Dt 33,21!
iustitiam et iudicium Prv 8,20; Za 3,7
ut adducat Dominus propter Abraham omnia quae locutus est ad eum
20 dixit itaque Dominus
clamor Sodomorum et Gomorrae 19,13
multiplicatus est
et peccatum earum adgravatum est
nimis
21 descendam et videbo utrum clamo- 11,5
rem qui venit ad me opere conple-
verint
an non est ita ut sciam
22 converteruntque se inde et abierunt 19,1
Sodomam
Abraham vero adhuc stabat coram 19,27
Domino
23 et adpropinquans ait 23—32: IV Esr 7,106
numquid perdes iustum cum impio
24 si fuerint quinquaginta iusti in civitate peribunt simul
et non parces loco illi propter quinquaginta iustos si fuerint in eo
25 absit a te ut rem hanc facias et occi- Ps 25,9!
das iustum cum impio
fiatque iustus sicut impius
non est hoc tuum qui iudicas omnem terram nequaquam facies iudicium
26 dixitque Dominus ad eum
si invenero Sodomis quinquaginta
iustos in medio civitatis
dimittam omni loco propter eos
27 respondens Abraham ait

(G)AOC ΣΛΤΜΦ crb — 7 tenerum C | 13 uere] uero OCM | 14 ~ quidquam est c. | 16 consurrexissent O.; exissent CΛ | suos *om.* TMΦc | 17 [*deest* G *usque ad v.* 30] | 19 ~ iudicium et iustitiam c. | 20 dixitque dominus CMΦ | gomorreorum OT | eorum OCΣTc | 24 in ea C | 25 et] ut C | facias O | iudicium + hoc c. | 27 respondensque c |

3,19! Iob 30,19; Sir 17,31 quia semel coepi loquar ad Dominum meum cum sim pulvis et cinis
28 quid si minus quinquaginta iustis
quinque fuerint
delebis propter quinque universam
urbem
et ait non delebo si invenero ibi quadraginta quinque
29 rursumque locutus est ad eum
sin autem quadraginta inventi fuerint quid facies
ait non percutiam propter quadraginta
30 ne quaeso inquit indigneris Domine
si loquar
quid si inventi fuerint ibi triginta
respondit non faciam si invenero ibi
triginta
31 quia semel ait coepi loquar ad Dominum meum
quid si inventi fuerint ibi viginti
dixit non interficiam propter viginti
Idc 6,39 32 obsecro inquit ne irascaris Domine
si loquar adhuc semel
quid si inventi fuerint ibi decem
dixit non delebo propter decem
33 abiit Dominus postquam cessavit loqui ad Abraham
31,55; II Sm 19,39 et ille reversus est in locum suum
18,22 **19** veneruntque duo angeli Sodomam
vespere
Rt 4,1! sedente Loth in foribus civitatis
18,2! IV Rg 2,15 qui cum vidisset surrexit et ivit obviam eis
adoravitque pronus in terra 2 et dixit
2—8: Idc 19,21–24 obsecro domini declinate in domum
pueri vestri et manete ibi
18,4! lavate pedes vestros et mane profi-
ciscimini in viam vestram
qui dixerunt minime sed in platea
manebimus
3 conpulit illos oppido ut deverterent
ad eum
ingressisque domum illius fecit con- 21,8! 43,16; Idt 6,19
vivium
coxit azyma et comederunt
4 prius autem quam irent cubitum
viri civitatis vallaverunt domum
a puero usque ad senem omnis populus simul
5 vocaveruntque Loth et dixerunt ei
ubi sunt viri qui introierunt ad te
nocte
educ illos huc ut cognoscamus eos
6 egressus ad eos Loth post tergum ad-
cludens ostium ait
7 nolite quaeso fratres mei nolite malum hoc facere
8 habeo duas filias quae necdum cognoverunt virum
educam eas ad vos et abutimini eis
sicut placuerit vobis
dummodo viris istis nihil faciatis
mali
quia ingressi sunt sub umbraculum
tegminis mei
9 at illi dixerunt recede illuc
et rursus ingressus es inquiunt ut advena numquid ut iudices
te ergo ipsum magis quam hos ad-
fligemus
vimque faciebant Loth vehementissime
iam prope erat ut refringerent fores
10 et ecce miserunt manum viri et introduxerunt ad se Loth cluseruntque
ostium
11 et eos qui erant foris percusserunt IV Rg 6,18; Sap 19,16
caecitate a minimo usque ad ma-
ximum

(G)AOC (Σ)ΛΤΜΦ cτb

29 si autem C | quadraginta[1] + ibi c | 30 inquit *om.* AT; ~ indigneris inquit C | ~ ibi inuenti fuerint c, *item v.* 31 | [*iterum adest* G] | 31 ait *om.* C | dixit] ait c.; *om.* G | 32 decem + et c | 33 abiitque c. ‖ **19,** 1 uespere + et c | uidisset + eos M c | in terram ΟΣΛΤΜΦ c | 2 domine ΟΛΜ | proficiscemini CΛM c | 3 diuerterent GCΣT c | ingressique CΣΛΤ | conuiuium + et c | 5 illos] eos C | ut] et GC. | 6 egressus + est G | occludens c. | ostium + et O | 8 nondum G | [*deest* Σ *passim usque ad* 22,3] | eis] eas O | ~ uobis placuerit Φ c | ~ mali faciatis c | sub umbraculum tegminis GAO τb] sub umbra culminis *cet.* | 9 iamque c | erant OCΛΦ | refringerent A τb.] refrangerent G.; effringerent OCΛT c; infringerent MΦ | 11 ~ foris erant c | caecitatem GO |

ita ut ostium invenire non possent
12 dixerunt autem ad Loth
habes hic tuorum quempiam generum aut filios aut filias
omnes qui tui sunt educ de urbe hac
13 delebimus enim locum istum
18,20 eo quod increverit clamor eorum coram Domino
qui misit nos ut perdamus illos
14 egressus itaque Loth locutus est ad generos suos
qui accepturi erant filias eius et dixit
Nm 16,45 surgite egredimini de loco isto
quia delebit Dominus civitatem hanc
et visus est eis quasi ludens loqui
15 cumque esset mane cogebant eum angeli dicentes
surge et tolle uxorem tuam et duas filias quas habes
ne et tu pariter pereas in scelere civitatis
16 dissimulante illo adprehenderunt manum eius et manum uxoris ac duarum filiarum eius
eo quod parceret Dominus illi
17 et eduxerunt eum posueruntque extra civitatem
ibi locutus est ad eum
salva animam tuam noli respicere post tergum
nec stes in omni circa regione
sed in monte salvum te fac ne et tu simul pereas
18 dixitque Loth ad eos
6,8! quaeso Domine mi 19 quia invenit servus tuus gratiam coram te
Lc 1,58 et magnificasti misericordiam tuam quam fecisti mecum
ut salvares animam meam
nec possum in monte salvari ne forte adprehendat me malum et moriar
20 est civitas haec iuxta ad quam possum fugere parva et salvabor in ea
numquid non modica est et vivet anima mea
21 dixitque ad eum
ecce etiam in hoc suscepi preces tuas
ut non subvertam urbem pro qua locutus es
22 festina et salvare ibi quia non potero facere quicquam donec ingrediaris illuc
idcirco vocatum est nomen urbis illius Segor
23 sol egressus est super terram et Loth ingressus est in Segor
24 igitur Dominus pluit super Sodomam et Gomorram sulphur et ignem a Domino de caelo Dt 29,23; Ps 10,7; Lc 17,29
25 et subvertit civitates has et omnem circa regionem 13,10; Ier 49,18! II Pt 2,6!
universos habitatores urbium et cuncta terrae virentia
26 respiciensque uxor eius post se versa est in statuam salis Sap 10,7
27 Abraham autem consurgens mane ubi steterat prius cum Domino 18,22
28 intuitus est Sodomam et Gomorram
et universam terram regionis illius
viditque ascendentem favillam de terra quasi fornacis fumum Apc 9,2
29 cum enim subverteret Deus civitates regionis illius
recordatus est Abrahae et liberavit Loth de subversione urbium in quibus habitaverat
30 ascenditque Loth de Segor et mansit in monte
duae quoque filiae eius cum eo
timuerat enim manere in Segor
et mansit in spelunca ipse et duae filiae eius
31 dixitque maior ad minorem
pater noster senex est et nullus viro-

(G)AOC (Σ)ΛΤΜΦ ϲrb

12 ~ quempiam tuorum ϲ | 15 et[1] *om.* ΑΣΛΤϲ | 16 illi] illis C | 17 et duxerunt A; eduxeruntque ϲ. | et posuerunt ϲ. | ibique ϲ; ubi GΛ. | locuti sunt ΛΤΜΦϲ; + dominus O | ad eum + dicentes ΜΦϲ | in omnem OT. | regionem GT | in montem OΦ | 20 uiuit ΣΜ; uiuat O; + in ea C | 23 [*deest* G *usque ad* 21,12] | in *om.* CΛΤΜΦϲ | 26 respiciens uxor OΣ. | 29 ciuitates + et AO | regiones AΛ | recordatus abr. liberauit ΑΣΛϲ | 30 eius[2] + cum eo Oϲ |

rum remansit in terra
qui possit ingredi ad nos iuxta morem universae terrae
32 veni inebriemus eum vino dormiamusque cum eo
ut servare possimus ex patre nostro semen
33 dederunt itaque patri suo bibere vinum nocte illa
et ingressa est maior dormivitque cum patre
at ille non sensit nec quando accubuit filia nec quando surrexit
34 altera quoque die dixit maior ad minorem
ecce dormivi heri cum patre meo
demus ei bibere vinum etiam hac nocte
et dormies cum eo ut salvemus semen de patre nostro
35 dederunt et illa nocte patri vinum
ingressaque minor filia dormivit cum eo
et nec tunc quidem sensit quando concubuerit vel quando illa surrexerit
36 conceperunt ergo duae filiae Loth de patre suo
4,25! 37 peperitque maior filium et vocavit nomen eius Moab
ipse est pater Moabitarum usque in praesentem diem
4,25! 38 minor quoque peperit filium et vocavit nomen eius Ammon id est filius populi mei
ipse est pater Ammanitarum usque hodie
12,9 **20** profectus inde Abraham in terram australem
habitavit inter Cades et Sur
26,6 et peregrinatus est in Geraris
12,13! 2 dixitque de Sarra uxore sua soror mea est
misit ergo Abimelech rex Gerarae
et tulit eam
3 venit autem Deus ad Abimelech per somnium noctis et ait ei 46,2; Nm 12,6! III Rg 3,5; Mt 1,20!
en morieris propter mulierem quam tulisti habet enim virum
4 Abimelech vero non tetigerat eam
et ait Domine num gentem ignorantem et iustam interficies
5 nonne ipse dixit mihi soror mea est 12,13!
et ipsa ait frater meus est
in simplicitate cordis mei et munditia manuum mearum feci hoc
6 dixitque ad eum Deus
et ego scio quod simplici corde feceris
et ideo custodivi te ne peccares in me
et non dimisi ut tangeres eam
7 nunc igitur redde uxorem viro suo
quia propheta est et orabit pro te et vives
si autem nolueris reddere scito quod morte morieris tu et omnia quae tua sunt
8 statimque de nocte consurgens Abimelech vocavit omnes servos suos
et locutus est universa verba haec in auribus eorum
timueruntque omnes viri valde
9 vocavit autem Abimelech etiam Abraham et dixit ei
quid fecisti nobis quid peccavimus in te 26,10; Ex 32,21
quia induxisti super me et super regnum meum peccatum grande
quae non debuisti facere fecisti nobis
10 rursusque expostulans ait quid vidisti ut hoc faceres
11 respondit Abraham
cogitavi mecum dicens forsitan non est timor Dei in loco isto
et interficient me propter uxorem meam
12 alias autem et vere soror mea est 12,13!
filia patris mei et non filia matris

35 dederuntque et O; dederunt etiam et ¢; + in A | patri + suo bibere ¢ | nec] ne Λ ¢ | surrexit CΣΛM | 38 ammon id est *om.* C || **20**,3 nocte TMΦ ¢ | ei] illi TMΦ ¢ | morere AΛ. | 5 et^{2} + in O | mearum *om.* ACΛ | 6 et^{2} *om.* C | 7 igitur] ergo ¢. | ~ uiro suo uxorem ¢. | orauit AOCΣ | 11 dei] domini CT | 12 et^{1} *om.* CΣΛT | mei + est OΦ |

AOC (Σ)ΛTMΦ crb

meae et duxi eam uxorem
13 postquam autem eduxit me Deus de
domo patris mei dixi ad eam
hanc misericordiam facies mecum
in omni loco ad quem ingrediemur
dices quod frater tuus sim
12,16! 21,27 14 tulit igitur Abimelech oves et boves
et servos et ancillas et dedit Abra-
ham
reddiditque illi Sarram uxorem suam
15 et ait
13,9! Ier 40,4 terra coram vobis est ubicumque
tibi placuerit habita
16 Sarrae autem dixit
ecce mille argenteos dedi fratri tuo
hoc erit tibi in velamen oculorum
ad omnes qui tecum sunt et quocumque perrexeris
mementoque te deprehensam
17 orante autem Abraham sanavit Deus
Abimelech et uxorem ancillasque
eius et pepererunt
16,2! 18 concluserat enim Deus omnem vulvam domus Abimelech
propter Sarram uxorem Abraham
I Sm 2,21 **21** visitavit autem Dominus Sarram
sicut promiserat et implevit quae
locutus est
4,25! 24,36; IV Rg 4,17; Lc 1,36 2 concepitque et peperit filium in senectute sua
tempore quo praedixerat ei Deus
17,19 3 vocavitque Abraham nomen filii sui
quem genuit ei Sarra Isaac
17,12! Act 7,8; Phil 3,5 4 et circumcidit eum octavo die sicut
praeceperat ei Deus
Rm 4,19 5 cum centum esset annorum
44,20 hac quippe aetate patris natus est
Isaac
6 dixitque Sarra risum fecit mihi Deus
quicumque audierit conridebit mihi
7 rursumque ait
quis auditurum crederet Abraham
quod Sarra lactaret filium
quem peperit ei iam seni
8 crevit igitur puer et ablactatus est
fecitque Abraham grande convivium 19,3! 40,20!
in die ablactationis eius
9 cumque vidisset Sarra filium Agar
Aegyptiae ludentem
dixit ad Abraham
10 eice ancillam hanc et filium eius Gal 4,30
non enim erit heres filius ancillae
cum filio meo Isaac
11 dure accepit hoc Abraham pro filio
suo
12 cui dixit Deus
non tibi videatur asperum super puero et super ancilla tua
omnia quae dixerit tibi Sarra audi
vocem eius
quia in Isaac vocabitur tibi semen Rm 9,7; Hbr 11,18
13 sed et filium ancillae faciam in gen- 12,2!
tem magnam
quia semen tuum est
14 surrexit itaque Abraham mane
et tollens panem et utrem aquae inposuit scapulae eius
tradiditque puerum et dimisit eam
quae cum abisset errabat in solitudine Bersabee
15 cumque consumpta esset aqua in
utre
abiecit puerum subter unam arborum quae ibi erant
16 et abiit seditque e regione procul
quantum potest arcus iacere
dixit enim non videbo morientem
puerum
et sedens contra levavit vocem suam 29,11! Nm 14,1!
et flevit
17 exaudivit autem Deus vocem pueri
vocavitque angelus Domini Agar de
caelo dicens
quid agis Agar noli timere

(G)AOC (Σ)ΛTMΦ crb

12 eam + in c | 13 deus] dominus CΣM | sum O | 14 illi] ei C | 16 tibi uelamentum O. | 18 deus] dominus c | abrahae Λ c || **21**,1 autem *om.* C | 2 deus] dominus C | 6 ~ mihi fecit CΣΛT | deus] dominus C | 7 auditorum OCΣΛ; auditurus Φ | 9 ludentem + cum isaac O; + cum filio suo Σ.; + cum isaac filio suo (eius A) AΛ c | 10 ~ heres erit CT | 12 [*iterum adest* G] | 15 consummata GΣ. | arborem OC | erat GCΣ | 17 domini] dei c. |

exaudivit enim Deus vocem pueri de
loco in quo est
Mt 2,13! 18 surge tolle puerum et tene manum
illius
12,2! 46,3; Ex 32,10; Dt 26,5 quia in gentem magnam faciam eum
Nm 22,31; IV Rg 6,17.20 19 aperuitque oculos eius Deus
quae videns puteum aquae abiit et
implevit utrem deditque puero bibere
20 et fuit cum eo
qui crevit et moratus est in solitudine
et factus est iuvenis sagittarius
21 habitavitque in deserto Pharan
et accepit illi mater sua uxorem de
terra Aegypti
22—24: 26,26–29 22 eodem tempore dixit Abimelech et
Fichol princeps exercitus eius ad
Abraham
39,2! I Sm 18,14! Deus tecum est in universis quae agis
I Sm 24,22 23 iura ergo per Dominum ne noceas
mihi et posteris meis stirpique meae
sed iuxta misericordiam quam feci
tibi
23,4! facies mihi et terrae in qua versatus
es advena
24 dixitque Abraham ego iurabo
25 et increpavit Abimelech
propter puteum aquae quem vi abs-
tulerant servi illius
26 respondit Abimelech
nescivi quis fecerit hanc rem
sed et tu non indicasti mihi et ego
non audivi praeter hodie
20,14 27 tulit itaque Abraham oves et boves
et dedit Abimelech
percusseruntque ambo foedus
28 et statuit Abraham septem agnas
gregis seorsum
29 cui dixit Abimelech
quid sibi volunt septem agnae istae
quas stare fecisti seorsum

30 at ille septem inquit agnas accipies
de manu mea
ut sint in testimonium mihi quoniam Ios 22,27
ego fodi puteum istum
31 idcirco vocatus est locus ille Bersa- 26,33
bee
quia ibi uterque iuraverunt 32 et inierunt foedus pro puteo Iuramenti
33 surrexit autem Abimelech et Fichol
princeps militiae eius
reversique sunt in terram Palestinorum
Abraham vero plantavit nemus in
Bersabee
et invocavit ibi nomen Domini Dei
aeterni
34 et fuit colonus terrae Philisthinorum
diebus multis
22 quae postquam gesta sunt
temptavit Deus Abraham et dixit
ad eum
Abraham ille respondit adsum
2 ait ei tolle filium tuum unigenitum IV Rg 3,27!
quem diligis Isaac
et vade in terram Visionis atque offer 10!
eum ibi holocaustum
super unum montium quem mon- Ex 3,12
stravero tibi
3 igitur Abraham de nocte consurgens
stravit asinum suum
ducens secum duos iuvenes et Isaac
filium suum
cumque concidisset ligna in holocaustum
abiit ad locum quem praeceperat ei
Deus
4 die autem tertio elevatis oculis vidit
locum procul
5 dixitque ad pueros suos
expectate hic cum asino Ex 24,14; Mt 26,36
ego et puer illuc usque properantes

17 deus[2]] dominus G | 18 surge + et O | 20 est[1] *om.* ΛT | et factus] factusque CΣ Mc; factus ΛTΦ | 23 ergo + mihi C | per deum c | 25 illius] eius c. | 26 responditque CΛMc | 30 ~ mihi in testimonium c. | 31 iurauerunt GOrb] iurauit *cet.* | 33 militiae] exercitus c. | palestinorum] philistinorum AOTrb; philisthinorum G | 34 palaestinorum c || **22,**1 abraham[2] + abraham CΛMc | ille] et ille G; at ille c | 2 ei] illi CΛTMc | offeris ibi eum O.; offers eum michi C.; ibi offeres eum c. | in holocaustum Tc | 3 [*iterum adest* Σ] | 5 asina O |

GAOC (Σ)ΛTMΦ crb

postquam adoraverimus revertemur ad vos
6 tulit quoque ligna holocausti et inposuit super Isaac filium suum
ipse vero portabat in manibus ignem et gladium
cumque duo pergerent simul
7 dixit Isaac patri suo pater mi
at ille respondit quid vis fili
ecce inquit ignis et ligna ubi est victima holocausti
8 dixit Abraham Deus providebit sibi
victimam holocausti fili mi
pergebant ergo pariter
9 veneruntque ad locum quem ostenderat ei Deus
8,20! in quo aedificavit altare et desuper
ligna conposuit
cumque conligasset Isaac filium
suum
Iac 2,21 posuit eum in altari super struem
lignorum
2! Dt 12,31! IV Rg 3,27 10 extenditque manum et arripuit gladium ut immolaret filium
15 11 et ecce angelus Domini de caelo clamavit dicens
Abraham Abraham
qui respondit adsum
12 dixitque ei non extendas manum
tuam super puerum neque facias
illi quicquam
nunc cognovi quod timeas Dominum et non peperceris filio tuo unigenito propter me
13 levavit Abraham oculos viditque
post tergum arietem inter vepres
herentem cornibus
Ex 29,15.16! Lv 8,18! quem adsumens obtulit holocaustum pro filio
14 appellavitque nomen loci illius Dominus videt
unde usque hodie dicitur in monte
Dominus videbit
15 vocavit autem angelus Domini Abra- 11
ham secundo de caelo dicens
16 per memet ipsum iuravi dicit Domi- Ex 32,13; Hbr 6,13.14
nus Is 45,23!
quia fecisti rem hanc et non peper- Rm 8,32
cisti filio tuo unigenito
17 benedicam tibi et multiplicabo se- 16,10! 26,4! Dn 3,36!
men tuum sicut stellas caeli et velut Hbr 11,12
harenam quae est in litore maris 32,12! 41,49!
possidebit semen tuum portas inimi- 24,60
corum suorum
18 et benedicentur in semine tuo om- 12,3!
nes gentes terrae
quia oboedisti voci meae 26,5
19 reversus est Abraham ad pueros suos
abieruntque Bersabee simul et habitavit ibi
20 his itaque gestis nuntiatum est Abraham quod Melcha quoque genuisset filios Nahor fratri suo
21 Hus primogenitum et Buz fratrem
eius
Camuhel patrem Syrorum 22 et Cha-
sed et Azau
Pheldas quoque et Iedlaph 23 ac Bathuel de quo nata est Rebecca 24,15.47
octo istos genuit Melcha Nahor fratri Abraham
24 concubina vero illius nomine Roma
peperit Tabee et Gaom et Thaas et
Maacha
23 vixit autem Sarra centum viginti
septem annis
2 et mortua est in civitate Arbee quae
est Hebron in terra Chanaan
venitque Abraham ut plangeret et
fleret eam
3 cumque surrexisset ab officio funeris
locutus est ad filios Heth dicens

(G)AOC (Σ)ΛΤΜΦ crb 7 fili + mi C | 8 dixit + autem O c. | 9 et uenerunt ad c | alligasset c | in altare GΛ Tc | 10 filium + suum GOMΦ crb | 11 et *om.* C | 12 illi] ei A | times c. | dominum] deum ΣΛΤΜΦ c | pepercisti c | ~ unigenito filio tuo c. | 13 oculos + suos GTM c | cornibus + suis OC | filio + suo O | 14 in montem O | 16 ~ hanc rem c. | unigenito + propter me Λ c | 17 harena OC | [*deest* Σ *usque ad* 25,11] | 20 ita ΛΤΜΦ c | abrahae c. | 21 eius + et c | 23 abrahae c. || **23**,1 [*deest* G *usque ad* 24,37] | uiginti + et AC |

15,13! 21,23; Ex 2,22; 6,4; I Par 29,15! 4 advena sum et peregrinus apud vos
date mihi ius sepulchri vobiscum ut
sepeliam mortuum meum
5 responderuntque filii Heth
Ex 7,1 6 audi nos domine princeps Dei es
apud nos
in electis sepulchris nostris sepeli
mortuum tuum
nullusque prohibere te poterit quin
in monumento eius sepelias mortuum tuum
12 7 surrexit Abraham et adoravit populum terrae
filios videlicet Heth
8 dixitque ad eos
si placet animae vestrae ut sepeliam
mortuum meum
audite me et intercedite apud Ephron filium Soor
9 ut det mihi speluncam duplicem
quam habet in extrema parte agri
sui
pecunia digna tradat mihi eam coram vobis in possessionem sepulchri
10 habitabat autem Ephron in medio
filiorum Heth
respondítque ad Abraham cunctis
34,20 audientibus qui ingrediebantur portam civitatis illius dicens
11 nequaquam ita fiat domine mi sed
magis ausculta quod loquor
agrum trado tibi et speluncam quae
in eo est praesentibus filiis populi
mei
sepeli mortuum tuum
7 12 adoravit Abraham coram populo
terrae
13 et locutus est ad Ephron circumstante plebe
quaeso ut audias me
dabo pecuniam pro agro
suscipe eam et sic sepeliam mortuum
meum in eo
14 respondit Ephron 15 domine mi audi
terram quam postulas quadringentis
argenti siclis valet
istud est pretium inter me et te
sed quantum est hoc sepeli mortuum
tuum
16 quod cum audisset Abraham adpendit pecuniam quam Ephron postulaverat audientibus filiis Heth
quadringentos siclos argenti et probati monetae publicae
17 confirmatusque est ager quondam
Ephronis in quo erat spelunca duplex respiciens Mambre
tam ipse quam spelunca et omnes
arbores eius in cunctis terminis per
circuitum 18 Abrahae in possessionem
videntibus filiis Heth et cunctis qui
intrabant portam civitatis illius
19 atque ita sepelivit Abraham Sarram
uxorem suam in spelunca agri duplici 49,29.30; 50,31; 25,9
qui respiciebat Mambre haec est
Hebron in terra Chanaan
20 et confirmatus est ager et antrum
quod erat in eo Abrahae in possessionem monumenti a filiis Heth
24 erat autem Abraham senex dierumque multorum 18,11!
et Dominus in cunctis benedixerat ei
2 dixitque ad servum seniorem domus
suae
qui praeerat omnibus quae habebat 39,4
pone manum tuam subter femur meum 9; 47,29
3 ut adiurem te per Dominum Deum
caeli et terrae 3–27: 37–49

4 ut] et C | 5 responderunt filii heth dicentes c | 6 ~ te prohibere c | quin] qui OC | 8 intercedite + pro me O c | 9 ~ eam mihi c | 10 responditque + ephron OΛ c | ad *om.* C | porta O | 11 fiet OΦ | sed + tu c | loquar A | tradam O | 12 coram + domino et O | 14 responditque c | 15 audi + me c | terra ΛTMΦ c | argenteis C | ~ siclis argenti c | 16 et *om.* c | probatae CΛ c | 17 terminis + eius c | 19 in speluncam OΛ | duplice C; duplicem Λ | quae M cr || **24**,2 dixit ad OC. | subter] sub CT; super O |

AOC ΛTMΦ crb

27,46; Ex 34,16! Dt 7,3! ut non accipias uxorem filio meo de
filiabus Chananeorum inter quos
habito
28,1.2.6 4 sed ad terram et ad cognationem
meam proficiscaris
et inde accipias uxorem filio meo
Isaac
5 respondit servus
si noluerit mulier venire mecum in
terram hanc
num reducere debeo filium tuum ad
locum de quo egressus es
6 dixit Abraham cave nequando reducas illuc filium meum
7 Dominus Deus caeli qui tulit me de
Rt 2,11 domo patris mei et de terra nativitatis meae
qui locutus est mihi et iuravit dicens
12,7; 17,8! semini tuo dabo terram hanc
Ex 23,20.23! 32,34; Mal 3,1! ipse mittet angelum suum coram te
et accipies inde uxorem filio meo
8 sin autem noluerit mulier sequi te
non teneberis iuramento
filium tantum meum ne reducas illuc
2.3; 47,29 9 posuit ergo servus manum sub femore Abraham domini sui
et iuravit illi super sermone hoc
III Rg 10,2 10 tulitque decem camelos de grege domini sui et abiit
ex omnibus bonis eius portans secum
profectusque perrexit Mesopotamiam ad urbem Nahor
11 cumque camelos fecisset accumbere
extra oppidum iuxta puteum aquae
vespere
Ex 2,16; I Sm 9,11; Io 4,7 eo tempore quo solent mulieres egredi ad hauriendam aquam dixit
12 Domine Deus domini mei Abraham
occurre obsecro hodie mihi et fac
misericordiam cum domino meo
Abraham

13 ecce ego sto propter fontem aquae
et filiae habitatorum huius civitatis
egredientur ad hauriendam aquam
14 igitur puella cui ego dixero inclina
hydriam tuam ut bibam
et illa responderit bibe quin et came- 19
lis tuis dabo potum
ipsa est quam praeparasti servo tuo
Isaac
et per hoc intellegam quod feceris
misericordiam cum domino meo
15 necdum intra se verba conpleverat
et ecce Rebecca egrediebatur
filia Bathuel filii Melchae uxoris Na- 47; 22,23
hor fratris Abraham
habens hydriam in scapula
16 puella decora nimis virgoque pul-
cherrima et incognita viro
descenderat autem ad fontem et im- 20
pleverat hydriam ac revertebatur
17 occurritque ei servus et ait
pauxillum mihi ad sorbendum prae- 43.45! Idc 4,19; III Rg 17,10
be aquae de hydria tua
18 quae respondit
bibe domine mi
celeriterque deposuit hydriam super
ulnam suam et dedit ei potum
19 cumque ille bibisset adiecit
quin et camelis tuis hauriam aquam 14
donec cuncti bibant
20 effundensque hydriam in canalibus re-
currit ad puteum ut hauriret aquam 16
et haustam omnibus camelis dedit
21 ille autem contemplabatur eam tacitus
scire volens utrum prosperum fecisset iter suum Dominus an non
22 postquam ergo biberunt cameli
protulit vir inaures aureas adpenden-
tes siclos duos
et armillas totidem pondo siclorum

AOC ΛTMΦ crb 3 ut[2]] et OCT. | 4 ad[2] *om.* TMΦc | 5 numquid c. | quo + tu CΛc | est O | 6 dixitque c | ~ filium meum illuc Φc | 7 iurauit + mihi c | 8 ~ mulier noluerit c. | ~ meum tantum c. | 10 perrexit + in c. | 11 eo *om.* c. | 12 ~ obsecro mihi hodie c; ~ hodie obsecro mihi MΦ | 13 propter] prope Cc | 15 filii] filia C | in scapulam OΛ; + sua c | 17 pauxillulum AΛ; pusillum C. | mihi — aquae] aquae mihi ad bibendum praebe c | 19 quin etiam et O | 21 ille] ipse c. | ~ iter suum fecisset c. | 22 ergo] uero AC.; autem c | biberant AΛMΦ |

decem
23 dixitque ad eam cuius es filia indica
mihi
est in domo patris tui locus ad manendum
24 quae respondit filia Bathuelis sum
filii Melchae quem peperit Nahor
25 et addidit dicens
palearum quoque et faeni plurimum
est apud nos
et locus spatiosus ad manendum
26 inclinavit se homo et adoravit Dominum 27 dicens
I Sm 25,32! benedictus Dominus Deus domini
mei Abraham
Ps 65,20! qui non abstulit misericordiam et
veritatem suam a domino meo
Ps 106,7 et recto me itinere perduxit in domum fratris domini mei
29,12 28 cucurrit itaque puella et nuntiavit in
domum matris suae omnia quae
audierat
29 habebat autem Rebecca fratrem nomine Laban
qui festinus egressus est ad hominem
ubi erat fons
30 cumque vidisset inaures et armillas
in manibus sororis suae
et audisset cuncta verba referentis
haec locutus est mihi homo
venit ad virum qui stabat iuxta camelos et propter fontem aquae 31 dixitque ad eum
ingredere benedicte Domini cur foris
stas
praeparavi domum et locum camelis
43,24; Idc 19,21 32 et introduxit eum hospitium ac de-
stravit camelos
deditque paleas et faenum et aquam
18,4! ad lavandos pedes camelorum et
virorum qui venerant cum eo

33 et adpositus est in conspectu eius
panis
qui ait non comedam donec loquar
sermones meos
respondit ei loquere
34 at ille servus inquit Abraham sum
35 et Dominus benedixit domino meo 12,2
valde
magnificatusque est et dedit ei oves 12,16!
et boves argentum et aurum servos
et ancillas camelos et asinos
36 et peperit Sarra uxor domini mei fi- 21,2; Lc 1,36
lium domino meo in senectute sua
deditque illi omnia quae habuerat 25,5
37 et adiuravit me dominus meus dicens 37—49: 3–27
non accipies uxorem filio meo de filiabus Chananeorum in quorum
terra habito
38 sed ad domum patris mei perges
et de cognatione mea accipies uxorem filio meo
39 ego vero respondi domino meo
quid si noluerit venire mecum mulier
40 Dominus ait in cuius conspectu am- 5,22!
bulo
mittet angelum suum tecum et diriget viam tuam
accipiesque uxorem filio meo de cognatione mea et de domo patris mei
41 innocens eris a maledictione mea
cum veneris ad propinquos meos
et non dederint tibi
42 veni ergo hodie ad fontem et dixi
Domine Deus domini mei Abraham
si direxisti viam meam in qua nunc
ambulo
43 ecce sto iuxta fontem aquae
et virgo quae egredietur ad hauriendam aquam audierit a me 17!
da mihi pauxillum aquae ad biben-

23 in domu O.; in domum A | 24 ~ sum bathuelis c. | filii] filia O | peperit + ei ΑΛΜΦ; + ipsi c. | 27 ~ itinere me c | in domo O | 28 in domo OM. | 30 et[3] *om.* ATrb. | propter AΛTrb.] prope *cet.* | 31 praeparauit C | 32 eum + in Φc | camelorum] eius cr, *erronee*, *cum* camelorum *ad* paleas et faenum, uirorum *ad* aquam ad lauandos pedes *referantur*, *cf.* A. Vaccari *in* Biblica 7 (1926) p. 439—443 | 37 ~ filio meo uxorem CΛ | [*iterum adest* G] | 41 dederint + eam C | 42 fontem + aquae c | 43 pauxillulum AΛ; pusillum C. | (G)AOC ΛΤΜΦ crb

dum ex hydria tua
44 et dixerit mihi et tu bibe et camelis
tuis hauriam
ipsa est mulier quam praeparavit
Dominus filio domini mei
45 dum haec mecum tacitus volverem
apparuit Rebecca veniens cum hydria quam portabat in scapula
descenditque ad fontem et hausit
aquam
et aio ad eam
17! Ex 17,2; Io 4,7 da mihi paululum bibere
46 quae festina deposuit hydriam de
umero et dixit mihi
et tu bibe et camelis tuis potum tribuam
bibi et adaquavit camelos
47 interrogavique eam et dixi cuius es
filia
quae respondit
15; 22,23 filia Bathuelis sum filii Nahor quem
peperit illi Melcha
Ez 16,11.12! suspendi itaque inaures ad ornan-
dam faciem eius et armillas posui
in manibus
48 pronusque adoravi Dominum benedicens Domino Deo domini mei
Abraham
qui perduxisset me recto itinere
ut sumerem filiam fratris domini mei
filio eius
49 quam ob rem si facitis misericordiam
et veritatem cum domino meo indicate mihi
sin autem aliud placet et hoc dicite
ut vadam ad dextram sive ad sinistram
50 responderunt Laban et Bathuel
a Domino egressus est sermo
non possumus extra placitum eius
quicquam aliud tecum loqui
51 en Rebecca coram te est tolle eam et
proficiscere
et sit uxor filii domini tui sicut locutus est Dominus
52 quod cum audisset puer Abraham
adoravit in terra Dominum
53 prolatisque vasis argenteis et aureis
ac vestibus dedit ea Rebeccae pro
munere
fratribus quoque eius et matri dona
obtulit
54 initoque convivio vescentes pariter
et bibentes manserunt ibi
surgens autem mane locutus est puer
dimittite me ut vadam ad dominum 30,25!
meum
55 responderunt fratres eius et mater
maneat puella saltem decem dies
apud nos et postea proficiscetur
56 nolite ait me retinere quia Dominus
direxit viam meam
dimittite me ut pergam ad dominum
meum
57 dixerunt vocemus puellam et quaeramus ipsius voluntatem
58 cumque vocata venisset sciscitati
sunt
vis ire cum homine isto
quae ait vadam
59 dimiserunt ergo eam et nutricem illius servumque Abraham et comi-
tes eius
60 inprecantes prospera sorori suae atque dicentes
soror nostra es 12,13!
crescas in mille milia et possideat 22,17
semen tuum portas inimicorum suorum
61 igitur Rebecca et puellae illius as-
censis camelis secutae sunt virum
qui festinus revertebatur ad dominum suum
62 eo tempore Isaac deambulabat per

GAOC ΛTMΦ crb 45 dumque c. | ~ tacitus mecum c | 46 festinans GMΦ c; festinauit O. | ~ tribuam potum c. | adaquaui GO; aquauit M. | 47 illi] ei T c. | manibus + eius O c | 48 perduxit OΛTMΦ c | 49 dicite + mihi c | 50 responderuntque O c | ~ loqui tecum c | 51 filio OC | 52 abrahae CΛ; + procidens c | in terram c | 54 inito c. | 55 responderuntque c. | ~ saltem puella C | 57 et dixerunt c | 60 sororis suae GCM | 61 puella OT; puellam G. | illius] eius O | 62 eo + autem c | ~ deambulabat isaac c |

viam quae ducit ad puteum cuius
16,14; 25,11 nomen est Viventis et videntis
habitabat enim in terra australi
63 et egressus fuerat ad meditandum in agro inclinata iam die
cumque levasset oculos vidit camelos venientes procul
64 Rebecca quoque conspecto Isaac descendit de camelo
65 et ait ad puerum quis est ille homo qui venit per agrum in occursum nobis
dixit ei ipse est dominus meus
at illa tollens cito pallium operuit se
66 servus autem cuncta quae gesserat narravit Isaac
67 qui introduxit eam in tabernaculum Sarrae matris suae et accepit uxorem
et in tantum dilexit ut dolorem qui ex morte matris acciderat temperaret
1—4: I Par 1,32.33 **25** Abraham vero aliam duxit uxorem nomine Cetthuram
2 quae peperit ei Zamram et Iexan et Madan et Madian et Iesboch et Sue
3 Iexan quoque genuit Saba et Dadan
filii Dadan fuerunt Assurim et Lathusim et Loommim
4 at vero ex Madian ortus est Epha et Opher et Enoch et Abida et Eldaa
omnes hii filii Cetthurae
24,36 5 deditque Abraham cuncta quae possederat Isaac
6 filiis autem concubinarum largitus est munera
et separavit eos ab Isaac filio suo dum adhuc ipse viveret ad plagam orientalem
7 fuerunt autem dies vitae eius centum septuaginta quinque anni
8 et deficiens mortuus est in senectute bona 15,15; Idc 8,32; I Par 29,28; Iob 42,16
provectaeque aetatis et plenus dierum
congregatusque est ad populum suum 35,29; 49,32
9 et sepelierunt eum Isaac et Ismahel filii sui 23,19; 49,29.30; 50,13; Act 7,16
in spelunca duplici quae sita est in agro Ephron filii Soor Hetthei e regione Mambre
10 quem emerat a filiis Heth
ibi sepultus est ipse et Sarra uxor eius 49,31
11 et post obitum illius benedixit Deus Isaac filio eius
qui habitabat iuxta puteum nomine Viventis et videntis 16,14; 24,62
12 hae sunt generationes Ismahel filii Abraham 12—16: I Par 1,28–31
quem peperit ei Agar Aegyptia famula Sarrae 16,15
13 et haec nomina filiorum eius in vocabulis et generationibus suis
primogenitus Ismahelis Nabaioth
dein Cedar et Abdeel et Mabsam
14 Masma quoque et Duma et Massa
15 Adad et Thema
Itur et Naphis et Cedma
16 isti sunt filii Ismahel
et haec nomina per castella et oppida eorum
duodecim principes tribuum suarum 17,20
17 anni vitae Ismahel centum triginta septem
deficiens mortuus est et adpositus ad populum suum
18 habitavit autem ab Evila usque Sur quae respicit Aegyptum introeuntibus Assyrios I Sm 15,7; 27,8
coram cunctis fratribus suis obiit
19 hae quoque sunt generationes Isaac

GAOC (Σ)ΛΤΜΦ crb

63 inclinato C | eleuasset Λ c | oculos + suos O | 65 dixitque GM c | ei *om.* O | 67 in tabernaculo C (*et* r *lapsu*) | accepit + eam GO crb | dilexit + eam O c | matris + eius c. || **25**,7 autem + omnes C | eius] abrahae ΤΜΦ c | annis O.; annorum GA rb. | 8 dierum *om.* GΛ. | 9 sita] posita O | 11 [*iterum adest* Σ] | 12 haec OCM | abrahae ΤΜΦ c | 13 dein GA rb] deinde *cet.* | adbeel C c | 15 adad] hadar c. | thema + et c | 16 ismaelis c | 17 et facti sunt anni c; + uero O | ismahelis ΣΛ c | triginta + et GΦ | deficiensque O c | adpositus + est GO r | 19 haec GOC | sunt *om.* O |

filii Abraham
I Par 1,34; Mt 1,2; Lc 3,34 Abraham genuit Isaac
20 qui cum quadraginta esset annorum
duxit uxorem Rebeccam filiam Bathuel Syri de Mesopotamiam sororem Laban
21 deprecatusque est Dominum pro
11,30! uxore sua eo quod esset sterilis
qui exaudivit eum
et dedit conceptum Rebeccae
22 sed conlidebantur in utero eius parvuli
quae ait si sic mihi futurum erat quid necesse fuit concipere
perrexitque ut consuleret Dominum
23 qui respondens ait
duae gentes in utero tuo sunt
et duo populi ex ventre tuo dividentur
populusque populum superabit et
Rm 9,12 maior minori serviet
24 iam tempus pariendi venerat
38,27 et ecce gemini in utero repperti sunt
25 qui primus egressus est rufus erat et
27,11 totus in morem pellis hispidus
vocatumque est nomen eius Esau
IV Esr 6,8 protinus alter egrediens plantam fratris tenebat manu
27,36 et idcirco appellavit eum Iacob
26 sexagenarius erat Isaac quando nati sunt parvuli
27 quibus adultis factus est Esau vir gnarus venandi et homo agricola
Iacob autem vir simplex habitabat in tabernaculis
28 Isaac amabat Esau eo quod de venationibus illius vesceretur
et Rebecca diligebat Iacob
29 coxit autem Iacob pulmentum
ad quem cum venisset Esau de agro
lassus 30 ait
da mihi de coctione hac rufa quia
oppido lassus sum
quam ob causam vocatum est nomen eius Edom
31 cui dixit Iacob vende mihi primogenita tua
32 ille respondit en morior quid mihi proderunt primogenita
33 ait Iacob iura ergo mihi
iuravit Esau et vendidit primogenita Hbr 12,16
34 et sic accepto pane et lentis edulio comedit et bibit
et abiit parvipendens quod primogenita vendidisset
26 orta autem fame super terram 12,10!
post eam sterilitatem quae acciderat in diebus Abraham
abiit Isaac ad Abimelech regem Palestinorum in Gerara
2 apparuitque ei Dominus et ait
ne descendas in Aegyptum sed quiesce in terra quam dixero tibi
3 et peregrinare in ea
eroque tecum et benedicam tibi
tibi enim et semini tuo dabo universas regiones has 12,7!
conplens iuramentum quod spopondi Abraham patri tuo 28,15; Lc 1,73
4 et multiplicabo semen tuum sicut stellas caeli 22,17! Dt 1,10; 10,22; II Esr 9,23
daboque posteris tuis universas regiones has 12,7!
et benedicentur in semine tuo omnes gentes terrae 12,3!
5 eo quod oboedierit Abraham voci meae et custodierit praecepta et mandata mea 22,18; 18,19! Ex 15,26! Ex 16,28! Dt 4,40!
et caerimonias legesque servaverit
6 mansit itaque Isaac in Geraris 20,1
7 qui cum interrogaretur a viris loci illius super uxore sua
respondit soror mea est 12,13!
timuerat enim confiteri quod sibi es-

GAOC ΣΛΤΜΦ crb 20 rebecca A | bathuelis c | de mesopotamiam A] de mesopotamia *cet.*, *sed cf. infra* 33,18; 35,9; 48,7 | 21 dominum ΑΛΤrb] dominum isaach G.; isaac dominum ΟCΣΜ Φc | 23 ~ sunt in utero tuo c | ~ seruiet minori CΛc | 24 aduenerat Cc; + ei O | utero + eius CΜΦc | 25 primus] prior c; prius ΤΜΦ | est[2] *om.* ΑΛ. | manum G.; in manu O | 26 sunt + ei CΣΛc | 29 ad quem] adque O | 33 ergo *om.* O. | iurauit + ei c || **26**,1 fames AOT. | 2 in terram C | 3 in eam O | 5 praecepta + mea A |

set sociata coniugio
reputans ne forte interficerent eum
propter illius pulchritudinem
8 cumque pertransissent dies plurimi
et ibi demoraretur
prospiciens Abimelech Palestinorum
rex per fenestram
vidit eum iocantem cum Rebecca
uxore sua 9 et accersito ait
perspicuum est quod uxor tua sit
12,19 cur mentitus es sororem tuam esse
respondit timui ne morerer propter
eam
10 dixitque Abimelech quare inposuisti
nobis
potuit coire quispiam de populo cum
uxore tua
20,9; Ex 32,21 et induxeras super nos grande peccatum
praecepitque omni populo dicens
11 qui tetigerit hominis huius uxorem
morte morietur
12 seruit autem Isaac in terra illa et invenit in ipso anno centuplum
benedixitque ei Dominus 13 et locu-
pletatus est homo
et ibat proficiens atque succrescens
13,2! 30,30.43; 31,1; Ex 11,3; I Sm 25,2 donec magnus vehementer effectus
est
12,16! 14 habuit quoque possessionem ovium
et armentorum
et familiae plurimum
ob haec invidentes ei Palestini
18 15 omnes puteos quos foderant servi
patris illius Abraham illo tempore
obstruxerunt implentes humo
16 in tantum ut ipse Abimelech diceret
ad Isaac
recede a nobis quoniam potentior
nostri factus es valde
17 et ille discedens veniret ad torrentem Gerarae habitaretque ibi
18 rursum fodit alios puteos quos fode- 15
rant servi patris sui Abraham
et quos illo mortuo olim obstruxe-
rant Philisthim
appellavitque eos hisdem nominibus
quibus ante pater vocaverat
19 foderunt in torrente et reppererunt
aquam vivam
20 sed et ibi iurgium fuit pastorum Ge- 13,7
rarae adversum pastores Isaac dicentium nostra est aqua
quam ob rem nomen putei ex eo Ex 17,7; Nm 20,13
quod acciderat vocavit Calumniam
21 foderunt et alium et pro illo quoque
rixati sunt
appellavitque eum Inimicitias
22 profectus inde fodit alium puteum
pro quo non contenderunt
itaque vocavit nomen illius Latitudo
dicens
nunc dilatavit nos Dominus et fecit
crescere super terram
23 ascendit autem ex illo loco in Bersabee
24 ubi apparuit ei Dominus in ipsa
nocte dicens
ego sum Deus Abraham patris tui 28,13; Ex 3,6!
noli metuere quia tecum sum Nm 14,9; II Par 20,17
benedicam tibi et multiplicabo se- 16,10! Dt 1,11; Sir 44,24
men tuum propter servum meum
Abraham
25 itaque aedificavit ibi altare et invo- 12,8!
cato nomine Domini extendit tabernaculum
praecepitque servis suis ut foderent
puteum
26 ad quem locum cum venissent de 26—29: 21,22–24
Geraris
Abimelech et Ochozath amicus illius
et Fichol dux militum

GAOC ΣΛΤΜΦ crb

8 ibidem moraretur ΣΤΜΦ c | ~ rex palaestinorum c | 9 accersito + eo c | es + eam O c | 11 ~ huius hominis O | 12 seruit GACb] seuit TΦ cr; seminauit ΛM; creuit O.; *legi nequit* Σ | 13 proficiscens A | 14 possessiones Λ c | ob hoc G crb; ab hoc O. | 15 in illo O | 16 nostri] nobis ΣΛ c | 17 descendens GAOΣM | ueniret ACrb] ut iret O.; ut ueniret ΣΛΤΜΦ c; cum ueniret G. | 18 eisdem c | 19 foderuntque c. | in torrentem GOCΛ | 21 foderunt + autem M c.; foderuntque Σ. | 22 illius] eius MΦ c | 23 autem + et C | 24 deus] dominus AT. | metuere] timere c | quia + ego c | et benedicam CMΦ; benedicamque O. | 25 inuocato nomen A; inuocauit nomen O. |

Idc 11,7 27 locutus est eis Isaac
Mt 26,50 quid venistis ad me hominem quem
odistis et expulistis a vobis
28 qui responderunt vidimus tecum esse
Dominum et idcirco nunc diximus
31,44; Ios 9,11 sit iuramentum inter nos et ineamus
foedus
42,11! 29 ut non facias nobis quicquam mali
sicut et nos nihil tuorum adtigimus
nec fecimus quod te laederet sed
cum pace dimisimus auctum benedictione Domini
30 fecit ergo eis convivium et post cibum et potum 31 surgentes mane
iuraverunt sibi mutuo
dimisitque eos Isaac pacifice in locum suum
32 ecce autem venerunt in ipso die servi Isaac
adnuntiantes ei de puteo quem foderant
atque dicentes invenimus aquam
33 unde appellavit eum Abundantiam
21,31 et nomen urbi inpositum est Bersabee usque in praesentem diem
36,2.3 34 Esau vero quadragenarius duxit uxores
Iudith filiam Beeri Hetthei
et Basemath filiam Helon eiusdem
loci
35 quae ambae offenderant animum
Isaac et Rebeccae
48,10; I Sm 3,2! Ps 118,82; Is 38,14; Lam 5,17 **27** senuit autem Isaac et caligaverunt
oculi eius et videre non poterat
vocavitque Esau filium suum maiorem et dixit ei fili mi
qui respondit adsum
2 cui pater vides inquit quod senuerim
et ignorem diem mortis meae
3 sume arma tua faretram et arcum
et egredere foras
cumque venatu aliquid adprehen-
deris
4 fac mihi inde pulmentum sicut velle 9.14
me nosti
et adfer ut comedam et benedicat 10; Dt 33,1
tibi anima mea antequam moriar
5 quod cum audisset Rebecca
et ille abisset in agrum ut iussionem
patris expleret
6 dixit filio suo Iacob
audivi patrem tuum loquentem cum
Esau fratre tuo et dicentem ei
7 adfer mihi venationem tuam et fac
cibos ut comedam
et benedicam tibi coram Domino
antequam moriar
8 nunc ergo fili mi adquiesce consiliis
meis
9 et pergens ad gregem adfer mihi duos
hedos optimos
ut faciam ex eis escas patri tuo qui- 4!
bus libenter vescitur
10 quas cum intuleris et comederit benedicat tibi priusquam moriatur
11 cui ille respondit
nosti quod Esau frater meus homo
pilosus sit et ego lenis 25,25
12 si adtractaverit me pater meus et
senserit
timeo ne putet sibi voluisse inludere
et inducat super me maledictionem
pro benedictione
13 ad quem mater in me sit ait ista maledictio fili mi
tantum audi vocem meam et perge
adferque quae dixi
14 abiit et adtulit deditque matri
paravit illa cibos sicut noverat velle 4!
patrem illius
15 et vestibus Esau valde bonis quas
apud se habebat domi induit eum
16 pelliculasque hedorum circumdedit
manibus et colli nuda protexit
17 dedit pulmentum et panes quos coxerat tradidit

GAOC ΣΛΤΜΦ crb 28 nunc] nos c; *om.* T | 29 adtingimus GA; adtetigimus O. | auctum] actum G; ac cum ΣΛ | 31 ~ pacifice isaach G | 33 abundantia O ‖ **27**,3 uenatum O | 5 impleret Σc | 7 de uenatione tua OCTMΦc | 12 sibi + me A; me sibi Λc | inducam c. | 13 ait *om.* G | perge adfer quae CΣT; pergens adfer quae Λc | 14 ~ uelle nouerat c | 17 deditque c |

18 quibus inlatis dixit pater mi
et ille respondit audio quis tu es fili
mi
32 19 dixitque Iacob ego sum Esau primogenitus tuus
feci sicut praecepisti mihi
25.31 surge sede et comede de venatione
mea
ut benedicat mihi anima tua
20 rursum Isaac ad filium suum
quomodo inquit tam cito invenire
potuisti fili mi
qui respondit voluntatis Dei fuit ut
cito mihi occurreret quod volebam
21 dixitque Isaac accede huc ut tangam
te fili mi
et probem utrum tu sis filius meus
Esau an non
22 accessit ille ad patrem et palpato eo
dixit Isaac
vox quidem vox Iacob est sed manus
manus sunt Esau
23 et non cognovit eum quia pilosae
manus similitudinem maioris ex-
presserant
benedicens ergo illi 24 ait
tu es filius meus Esau
respondit ego sum
19! 25 at ille offer inquit mihi cibos de venatione tua fili mi
ut benedicat tibi anima mea
quos cum oblatos comedisset obtulit
ei etiam vinum
quo hausto 26 dixit ad eum
accede ad me et da mihi osculum
fili mi
29,13! Ex 4,27 27 accessit et osculatus est eum
statimque ut sensit vestimentorum
illius flagrantiam benedicens ait
ecce odor filii mei sicut odor agri cui
benedixit Dominus
39; Dt 33,13–16 28 det tibi Deus de rore caeli et de
pinguedine terrae
abundantiam frumenti et vini
29 et serviant tibi populi et adorent te
tribus 49,8
esto dominus fratrum tuorum et incurventur ante te filii matris tuae
qui maledixerit tibi sit maledictus 12,3: Nm 22,6; Nm 24,9
et qui benedixerit benedictionibus
repleatur
30 vix Isaac sermonem impleverat
et egresso Iacob foras venit Esau
31 coctosque de venatione cibos intulit
patri dicens
surge pater mi et comede de venati- 19!
one filii tui ut benedicat mihi anima
tua
32 dixitque illi Isaac quis enim es tu
qui respondit ego sum primogenitus 19
filius tuus Esau
33 expavit Isaac stupore vehementi et
ultra quam credi potest admirans
ait
quis igitur ille est qui dudum captam
venationem adtulit mihi
et comedi ex omnibus priusquam tu
venires
benedixique ei et erit benedictus 12,2
34 auditis Esau sermonibus patris inru-
giit clamore magno et consternatus
ait
benedic etiam mihi pater mi
35 qui ait venit germanus tuus fraudulenter et accepit benedictionem
tuam
36 at ille subiunxit
iuste vocatum est nomen eius Iacob 25,25
subplantavit enim me en altera vice Os 12,3
primogenita mea ante tulit
et nunc secundo subripuit benedictionem meam
rursumque ad patrem
numquid non reservasti ait et mihi

18 et] at ΣΤΜΦ c | ~ es tu Σ c | 19 ~ primogenitus tuus esau c. | sede *om.* O | 20 rursumque c | uoluntas ΟΣΜΦ c | ~ occurreret mihi c | 25 affer mihi inquit c | etiam + et CΣΛ | 27 fraglantiam CΣΛ; fragrantiam crb | benedicens + illi c | agri + pleni OCΣΛ M c | 28 deus] dominus GACrb | uini + et olei CΣΛ | 29 sit + ille c | benedixerit + tibi CΛTMΦ c | 30 et *om.* O rb | 31 ut] et A | 32 ~ filius tuus primogenitus OCΛTM Φ c | 34 consternatus + in terram C | etiam + et ΣΛΜΦ c | 36 rursumque + ait C |

GAOC ΣΛΤΜΦ crb

benedictionem
37 respondit Isaac dominum tuum illum
constitui
et omnes fratres eius servituti illius
subiugavi
frumento et vino stabilivi eum
tibi post haec fili mi ultra quid faciam
38 cui Esau num unam inquit tantum
benedictionem habes pater
mihi quoque obsecro ut benedicas
cumque heiulatu magno fleret
39 motus Isaac dixit ad eum
28! in pinguedine terrae et in rore caeli
desuper 40 erit benedictio tua
vives gladio et fratri tuo servies
tempusque veniet cum excutias et
solvas iugum eius de cervicibus tuis
41 oderat ergo semper Esau Iacob
pro benedictione qua benedixerat ei
pater
dixitque in corde suo
veniant dies luctus patris mei ut occidam Iacob fratrem meum
42 nuntiata sunt haec Rebeccae
quae mittens et vocans Iacob filium
suum dixit ad eum
ecce Esau frater tuus minatur ut occidat te
43 nunc ergo fili audi vocem meam
et consurgens fuge ad Laban fratrem
meum in Haran
44 habitabisque cum eo dies paucos donec requiescat furor fratris tui
45 et cesset indignatio eius
obliviscaturque eorum quae fecisti
in eum
postea mittam et adducam te inde
huc
Rt 1,5 cur utroque orbabor filio in una die
46 dixit quoque Rebecca ad Isaac
taedet me vitae meae propter filias
Heth
si acceperit Iacob uxorem de stirpe 24,3!
huius terrae nolo vivere
28 vocavit itaque Isaac Iacob et bene- 24,3.4!
dixit praecepitque ei dicens
noli accipere coniugem de genere
Chanaan
2 sed vade et proficiscere in Mesopo- 5
tamiam Syriae
ad domum Bathuel patrem matris
tuae
et accipe tibi inde uxorem de filiabus
Laban avunculi tui
3 Deus autem omnipotens benedicat
tibi
et crescere te faciat atque multiplicet 17,6! 48,4
ut sis in turbas populorum
4 et det tibi benedictiones Abraham et
semini tuo post te 17,8!
ut possideas terram peregrinationis Ios 21,41
tuae quam pollicitus est avo tuo
5 cumque dimisisset eum Isaac
profectus venit in Mesopotamiam 2
Syriae
ad Laban filium Bathuel Syri fratrem Rebeccae matris suae
6 videns autem Esau quod benedixisset pater suus Iacob
et misisset eum in Mesopotamiam 24,3.4!
Syriae ut inde uxorem duceret
et quod post benedictionem praece-
pisset ei dicens
non accipies coniugem de filiabus
Chanaan
7 quodque oboediens Iacob parentibus isset in Syriam
8 probans quoque quod non libenter
aspiceret filias Chanaan pater suus
9 ivit ad Ismahelem et duxit uxorem 36,2.3
absque his quas prius habebat
Maeleth filiam Ismahel filii Abraham sororem Nabaioth

GAOC ΣΛΤΜΦ cr𝔟

37 eius] illius GΣ. | illius] eius G | eum + et MΦ𝔠 | 38 esau + ait MΦ; dixit esau C | 40 in gladio 𝔠 | 41 uenient GM𝔠 | ut] et OT𝔠 | 42 sunt autem haec uerba C | tibi ut te occidat C | 43 fili + mi Σ𝔠 | 45 in2 *om.* ΑΣΛ | uno 𝔠 | 46 dixitque Λ𝔠 || **28**,1 benedixit + eum C𝔠 | 2 patris O𝔠 | 3 te *om.* G | 4 abrahae ΣT𝔠 | 5 bathuelis OΣ | 6 et quod] eo quod OΣΛ. | coniugem] uxorem 𝔠 | 7 parentibus + suis 𝔠 | 9 et duxit] adduxit O; duxit Λ. | iis 𝔠 |

10 igitur egressus Iacob de Bersabee
pergebat Haran
11 cumque venisset ad quendam locum
et vellet in eo requiescere post solis
occubitum
tulit de lapidibus qui iacebant
et subponens capiti suo dormivit in
eodem loco
12 viditque in somnis scalam stantem
super terram et cacumen illius tangens caelum
Io 1,51 angelos quoque Dei ascendentes et
descendentes per eam
13 et Dominum innixum scalae dicentem sibi
26,24! ego sum Dominus Deus Abraham
patris tui et Deus Isaac
12,7! terram in qua dormis tibi dabo et
semini tuo
13,16 14 eritque germen tuum quasi pulvis
terrae
13,14; Dt 3,27 dilataberis ad occidentem et orientem septentrionem et meridiem
12,3! et benedicentur in te et in semine tuo
cunctae tribus terrae
Ios 1,9! 31,3; 32,9 15 et ero custos tuus quocumque perrexeris
31,13; 48,21 et reducam te in terram hanc
Dt 31,6.8! 26,3 nec dimittam nisi conplevero universa quae dixi
16 cumque evigilasset Iacob de somno
ait
vere Dominus est in loco isto et ego
nesciebam
17 pavensque quam terribilis inquit est
locus iste
non est hic aliud nisi domus Dei et
porta caeli
31,45; 35,14.15 18 surgens ergo mane tulit lapidem
quem subposuerat capiti suo
35,20 et erexit in titulum
fundens oleum desuper
35,6; Ios 16,2; 18,13; Idc 1,23 19 appellavitque nomen urbis Bethel
quae prius Luza vocabatur

20 vovit etiam votum dicens
si fuerit Deus mecum et custodierit
me in via per quam ambulo
et dederit mihi panem ad vescendum
et vestem ad induendum
21 reversusque fuero prospere ad domum patris mei
erit mihi Dominus in Deum
22 et lapis iste quem erexi in titulum
vocabitur Domus Dei 35,7
cunctorumque quae dederis mihi 14,20! Ex 22,29! Lv 27,30!
decimas offeram tibi Lc 18,12
29 profectus ergo Iacob venit ad terram orientalem
2 et vidit puteum in agro
tresque greges ovium accubantes
iuxta eum
nam ex illo adaquabantur pecora
et os eius grandi lapide claudebatur
3 morisque erat ut cunctis ovibus congregatis devolverent lapidem
et refectis gregibus rursum super os
putei ponerent
4 dixitque ad pastores
fratres unde estis
qui responderunt de Haran
5 quos interrogans
numquid ait nostis Laban filium
Nahor
dixerunt novimus
6 sanusne est inquit
valet inquiunt
et ecce Rahel filia eius venit cum
grege suo
7 dixitque Iacob adhuc multum diei
superest
nec est tempus ut reducantur ad caulas greges
date ante potum ovibus et sic ad
pastum eas reducite
8 qui responderunt non possumus donec omnia pecora congregentur
et amoveamus lapidem de ore putei
ut adaquemus greges

10 egressus + est GOM. | 12 caelum + et C | 14 germen] semen Λ c | orientem + et c; + et ad G. | 17 ~ est inquit ΟΣΛ c | portae ΑΣ.; portas O | 18 ergo + iacob c | 20 quam + ego c | uestimentum ΜΦ c || **29**,1 ad] in ΜΦ c | 2 tres quoque c. | 7 ~ eas ad pastum A c. | 8 et moueamus C |

GAOC ΣΛΤΜΦ crb

9 adhuc loquebantur
et ecce Rahel veniebat cum ovibus
patris sui
nam gregem ipsa pascebat
10 quam cum vidisset Iacob et sciret
consobrinam suam ovesque Laban
avunculi sui
amovit lapidem quo puteus claudebatur
Rt 1,9! I Sm 20,41 11 et adaquato grege osculatus est eam
21,16! Tb 7,6 elevataque voce flevit 12 et indicavit
ei quod frater esset patris eius et
filius Rebeccae
24,28 at illa festinans nuntiavit patri suo
13 qui cum audisset venisse Iacob filium
27,27! 33,4; 45,14.15; 46,29! sororis suae cucurrit obviam
48,10; Ex 18,7; Lc 15,20 conplexusque eum et in oscula ruens
duxit in domum suam
auditis autem causis itineris 14 respondit
2,23! os meum es et caro mea
et postquam expleti sunt dies mensis
unius 15 dixit ei
num quia frater meus es gratis servies mihi
30,28 dic quid mercedis accipias
16 habebat vero filias duas nomen maioris Lia minor appellabatur Rahel
17 sed Lia lippis erat oculis
39,6; I Sm 16,12! II Sm 11,2! Rahel decora facie et venusto aspectu
Idt 8,7 18 quam diligens Iacob ait
serviam tibi pro Rahel filia tua minore septem annis
19 respondit Laban melius est ut tibi
eam dem quam viro alteri
mane apud me
20 servivit igitur Iacob pro Rahel septem annis
et videbantur illi pauci dies prae
amoris magnitudine
21 dixitque ad Laban
da mihi uxorem meam quia iam
tempus expletum est ut ingrediar
ad eam
22 qui vocatis multis amicorum turbis Tb 8,22
ad convivium fecit nuptias
23 et vespere filiam suam Liam introduxit ad eum
24 dans ancillam filiae Zelpham nomine
ad quam cum ex more Iacob fuisset
ingressus
facto mane vidit Liam 25 et dixit ad
socerum
quid est quod facere voluisti
nonne pro Rahel servivi tibi quare
inposuisti mihi
26 respondit Laban non est in loco
nostro consuetudinis ut minores
ante tradamus ad nuptias
27 imple ebdomadem dierum huius co-
pulae
et hanc quoque dabo tibi pro opere
quo serviturus es mihi septem annis
aliis
28 adquievit placito et ebdomade transacta Rahel duxit uxorem
29 cui pater servam Balam dederat
30 tandemque potitus optatis nuptiis
amorem sequentis priori praetulit
serviens apud eum septem annis aliis
31 videns autem Dominus quod despi-
ceret Liam aperuit vulvam eius 30,22
sorore sterili permanente
32 quae conceptum genuit filium vocavitque nomen eius Ruben dicens
vidit Dominus humilitatem meam 31,42! Ex 4,31! I Sm 1,11!
nunc amabit me vir meus Idt 6,15!
33 rursumque concepit et peperit filium
et ait
quoniam audivit Dominus haberi
me contemptui dedit etiam istum
mihi

GAOC ΣΛΤΜΦ crb 9 loquebatur AT | 11 et eleuata c | 12 eius] sui c | 13 obuiam + ei CM c | conplexusque + est C | 14 ~ et caro mea es G | impleti c.; conpleti Σ | 16 ~ duas filias c | nomine G | minor + uero c | 19 ~ alteri uiro c. | 20 igitur] ergo c. | 21 ad[1] *om.* O | impletum Σ c | ad illam TMΦ c | 23 et *om.* O | ~ liam filiam suam c | 24 filiae + suae C | 25 socerum + suum GC c | mihi + liam O | 27 hebdomadam c | 28 ebdomada T c | 29 dederat] tradiderat c | 32 dominus] deus O | amauit GOΣΛT | 33 ~ me dominus haberi c |

vocavitque nomen illius Symeon
[34] concepit tertio et genuit alium dixitque
nunc quoque copulabitur mihi maritus meus
eo quod pepererim illi tres filios
et idcirco appellavit nomen eius Levi
[35] quarto concepit et peperit filium et
ait
modo confitebor Domino
30,9; 38,5 et ob hoc vocavit eum Iudam cessavitque parere
30 cernens autem Rahel quod infecunda esset invidit sorori et ait
marito suo
da mihi liberos alioquin moriar
[2] cui iratus respondit Iacob
num pro Deo ego sum qui privavit
te fructu ventris tui
[3] at illa habeo inquit famulam Balam
16,2 ingredere ad eam
ut pariat super genua mea et habeam
ex ea filios
16,3! [4] deditque illi Balam in coniugium
quae [5] ingresso ad se viro concepit et
peperit filium
[6] dixitque Rahel iudicavit mihi Dominus et exaudivit vocem meam
dans mihi filium
et idcirco appellavit nomen illius
Dan
[7] rursumque Bala concipiens peperit
alterum
[8] pro quo ait Rahel
conparavit me Deus cum sorore mea
et invalui
vocavitque eum Nepthalim
29,35; 38,5 [9] sentiens Lia quod parere desisset
16,3! Zelpham ancillam suam marito tradidit
[10] qua post conceptum edente filium
[11] dixit feliciter
et idcirco vocavit nomen eius Gad

[12] peperit quoque Zelpha alterum [13] dixitque Lia
hoc pro beatitudine mea
beatam quippe me dicent mulieres Prv 31,28; Lc 1,48
propterea appellavit eum Aser
[14] egressus autem Ruben tempore messis triticeae
in agro repperit mandragoras quos
matri Liae detulit
dixitque Rahel da mihi partem de
mandragoris filii tui
[15] illa respondit parumne tibi videtur
quod praeripueris maritum mihi
nisi etiam mandragoras filii mei tuleris
ait Rahel dormiat tecum hac nocte
pro mandragoris filii tui
[16] redeuntique ad vesperam de agro
Iacob
egressa est in occursum Lia
et ad me inquit intrabis quia mercede conduxi te pro mandragoris
filii mei
dormivit cum ea nocte illa [17] et exaudivit Deus preces eius
concepitque et peperit filium quintum [18] et ait
dedit Deus mercedem mihi quia dedi 16,3!
ancillam meam viro meo
appellavitque nomen illius Isachar
[19] rursum Lia concipiens peperit sextum filium [20] et ait
ditavit me Deus dote bona etiam
hac vice
mecum erit maritus meus eo quod
genuerim ei sex filios
et idcirco appellavit nomen eius Zabulon
[21] post quem peperit filiam nomine
Dinam
[22] recordatus quoque Dominus Rahelis
exaudivit eam et aperuit vulvam 29,31

33 illius] eius ΣΜΦ c | 34 concepitque c | alium + filium c. | illi] ei c || **30**,1 sorori + suae c | 2 fructum GOC | 3 eam] illam ΛΤΜΦ c | ex illa C c | 4 illi] ei A | 6 dansque C | illius] eius ΣΤ c | 14 in agro AO rb] in agrum *cet.* | quas CΣΛΤΜΦ c | 16 ~ iacob de agro c | occursum + eius CM c | et + ait CΛΤΜΦ c; + ait et O. | dormiuitque c | 18 illius] eius OC c | 20 dotauit c. | deus] dominus G |

GAOC ΣΛΤΜΦ crb

illius
23 quae concepit et peperit filium dicens
Ios 5,9; Tb 3,15! Is 4,1; Lc 1,25 abstulit Deus obprobrium meum
24 et vocavit nomen illius Ioseph di-
cens
35,17 addat mihi Dominus filium alterum
25 nato autem Ioseph dixit Iacob socero suo
24,54; III Rg 11,21 dimitte me ut revertar in patriam et
ad terram meam
26 da mihi uxores et liberos meos pro
quibus servivi tibi ut abeam
tu nosti servitutem qua servivi tibi
27 ait ei Laban inveniam gratiam in
conspectu tuo
experimento didici quod benedixerit
mihi Deus propter te
29,15; Ex 2,9 28 constitue mercedem tuam quam
dem tibi
29 at ille respondit
31,6 tu nosti quomodo servierim tibi et
quanta in manibus meis fuerit possessio tua
30 modicum habuisti antequam veni-
rem
26,13! et nunc dives effectus es
benedixitque tibi Dominus ad introitum meum
iustum est igitur ut aliquando pro-
videam etiam domui meae
31 dixitque Laban quid dabo tibi
at ille ait nihil volo
sed si feceris quod postulo
iterum pascam et custodiam pecora
tua
35 32 gyra omnes greges tuos et separa
cunctas oves varias et sparso vellere
et quodcumque furvum et maculo-
sum variumque fuerit tam in ovibus quam in capris erit merces mea

33 respondebitque mihi cras iustitia
mea quando placiti tempus advenerit coram te
et omnia quae non fuerint varia et
maculosa et furva
tam in ovibus quam in capris furti
me arguent
34 dixit Laban gratum habeo quod
petis
35 et separavit in die illo capras et oves 32
hircos et arietes varios atque maculosos
cunctum autem gregem unicolorem
id est albi et nigri velleris
tradidit in manu filiorum suorum
36 et posuit spatium itineris inter se et
generum dierum trium
qui pascebat reliquos greges eius
37 tollens ergo Iacob virgas populeas
virides et amigdalinas et ex platanis
ex parte decorticavit eas
detractisque corticibus in his quae
spoliata fuerant candor apparuit
illa vero quae integra erant viridia
permanserunt
atque in hunc modum color effectus
est varius
38 posuitque eas in canalibus ubi effun- 41
debatur aqua
ut cum venissent greges ad bibendum
ante oculos haberent virgas
et in aspectu earum conciperent
39 factumque est ut in ipso calore coitus
oves intuerentur virgas
et parerent maculosa et varia et di- 31,8
verso colore respersa
40 divisitque gregem Iacob et posuit
virgas ante oculos arietum
erant autem alba quaeque et nigra
Laban
cetera vero Iacob separatis inter se

(G)AOC ΣΛΤΜΦ crb

22 illius] eius c | 24 illius] eius Σc | 25 ut] et r *lapsu* | ad patriam OC; + meam G | 26 seruitute O | quam G; quia M | 27 ei] illi c.; *om.* Σ | quod] quia c | 29 [*deest* G *usque ad* 31,26] | 30 uenirem + ad te c | 31 ~ tibi dabo c. | 32 fuluum AΛ; rufum MΦ | 33 fulua AΛ; fuba O.; rufa MΦ | furtim me AΛ | 34 dixitque Cc | 35 illa c | oues + et c | in manum T.; in manus C | 36 ~ trium dierum inter se et generum c. | 37 decoriauit O | erant] fuerant c. | 39 calore] colore OΛ | 40 uirgas + in canalibus c | ~ et nigra quaeque c. |

gregibus
38 41 igitur quando primo tempore ascen-
debantur oves
ponebat Iacob virgas in canalibus
aquarum ante oculos arietum et
ovium
ut in earum contemplatione conciperent
42 quando vero serotina admissura erat
et conceptus extremus non ponebat eas
factaque sunt ea quae erant serotina
Laban et quae primi temporis Iacob
26,13! Iob 1,3 43 ditatusque est homo ultra modum
12,16! Ecl 2,7 et habuit greges multos ancillas et
servos camelos et asinos
31 postquam autem audivit verba filiorum Laban dicentium
tulit Iacob omnia quae fuerunt patris nostri
26,13! et de illius facultate ditatus factus
est inclitus
5 2 animadvertit quoque faciem Laban
quod non esset erga se sicut heri et
nudius tertius
3 maxime dicente sibi Domino
28,15! revertere in terram patrum tuorum
et ad generationem tuam eroque
tecum
4 misit et vocavit Rahel et Liam in
agrum ubi pascebat greges 5 dixitque eis
2 video faciem patris vestri quod non
sit erga me sicut heri et nudius tertius
Deus autem patris mei fuit mecum
30,29 6 et ipsae nostis quod totis viribus
meis servierim patri vestro
7 sed pater vester circumvenit me
41 et mutavit mercedem meam decem
vicibus
Ps 104,14 et tamen non dimisit eum Deus ut
noceret mihi

8 si quando dixit variae erunt merce-
des tuae
pariebant omnes oves varios fetus 30,39
quando vero e contrario ait
alba quaeque accipies pro mercede
omnes greges alba pepererunt
9 tulitque Deus substantiam patris 16
vestri et dedit mihi
10 postquam enim conceptus ovium
tempus advenerat
levavi oculos meos et vidi in somnis
ascendentes mares super feminas
varios et maculosos et diversorum
colorum
11 dixitque angelus Dei ad me in somnis
Iacob et ego respondi adsum
12 qui ait leva oculos tuos et vide universos masculos ascendentes super
feminas
varios respersos atque maculosos
vidi enim omnia quae fecit tibi Laban
13 ego sum Deus Bethel ubi unxisti lapidem et votum vovisti mihi
nunc ergo surge et egredere de terra
hac revertens in terram nativitatis 28,15!
tuae
14 responderunt Rahel et Lia
numquid habemus residui quicquam
in facultatibus et hereditate domus
patris nostri
15 nonne quasi alienas reputavit nos
et vendidit comeditque pretium nostrum
16 sed Deus tulit opes patris nostri et 9
nobis eas tradidit ac filiis nostris
unde omnia quae praecepit fac
17 surrexit itaque Iacob et inpositis liberis et coniugibus suis super camelos abiit
18 tulitque omnem substantiam et gre- 12,5!
ges et quicquid in Mesopotamiam
quaesierat
pergens ad Isaac patrem suum in

42 erat] erant OCΣΜΦ || **31**,1 autem *om.* C | 7 sed + et Σc | 8 merces C | 11 et *om.* C | 12 ~ maculosos atque respersos c. | 14 responderuntque c | domus *om.* O | 16 opes] oues O | ~ eas tradidit nobis c | praecepit + tibi ΣΛ; + tibi deus c; + dominus M | 17 et2] ac Oc | 18 substantiam + suam c | in mesopotamia Mcrb | adquisierat CΛΤΜΦc |

AOC ΣΛΤΜΦ crb

terram Chanaan
19 eo tempore Laban ierat ad tondendas oves
32; Idc 18,18.20 et Rahel furata est idola patris sui
20 noluitque Iacob confiteri socero quod fugeret
21 cumque abisset tam ipse quam omnia quae iuris eius erant
et amne transmisso pergeret contra montem Galaad
22 nuntiatum est Laban die tertio quod fugeret Iacob
23 qui adsumptis fratribus suis persecutus est eum diebus septem
et conprehendit in monte Galaad
24 viditque in somnis dicentem sibi Dominum
cave ne quicquam aspere loquaris contra Iacob
25 iamque Iacob extenderat in monte tabernaculum
cum ille consecutus eum cum fratribus suis in eodem monte Galaad fixit tentorium
26 et dixit ad Iacob
quare ita egisti ut clam me abigeres filias meas quasi captivas gladio
27 cur ignorante me fugere voluisti
nec indicare mihi ut prosequerer te
III Esr 5,2 cum gaudio et canticis et tympanis et cithara
28 non es passus ut oscularer filios meos ac filias
stulte operatus es
et nunc 29 valet quidem manus mea reddere tibi malum
sed Deus patris vestri heri dixit mihi
cave ne loquaris cum Iacob quicquam durius
30 esto ad tuos ire cupiebas et desiderio tibi erat domus patris tui
cur furatus es deos meos Idc 18,24
31 respondit Iacob
quod inscio te profectus sum
timui ne violenter auferres filias tuas
32 quod autem furti arguis
apud quemcumque inveneris deos tuos necetur coram fratribus nostris 44,9
scrutare quicquid tuorum apud me inveneris et aufer
haec dicens ignorabat quod Rahel furata esset idola 19!
33 ingressus itaque Laban tabernaculum Iacob et Liae et utriusque famulae non invenit
cumque intrasset tentorium Rahelis
34 illa festinans abscondit idola subter stramen cameli et sedit desuper
scrutantique omne tentorium et nihil invenienti 35 ait
ne irascatur dominus meus quod coram te adsurgere nequeo
quia iuxta consuetudinem feminarum nunc accidit mihi
sic delusa sollicitudo quaerentis est
36 tumensque Iacob cum iurgio ait
quam ob culpam meam et ob quod peccatum sic exarsisti post me
37 et scrutatus es omnem supellectilem meam
quid invenisti de cuncta substantia domus tuae
pone hic coram fratribus meis et fratribus tuis
et iudicent inter me et te 16,5!
38 idcirco viginti annis fui tecum 41
oves tuae et caprae steriles non fuerunt
arietes gregis tui non comedi
39 nec captum a bestia ostendi tibi Ex 22,12.13
ego damnum omne reddebam
quicquid furto perierat a me exi-

(G)AOC ΣΛΤΜΦ ϲrb

19 ~ ierat laban T ϲ | 20 socero + suo CMΦ ϲ | 21 eius] sui ϲ | 23 ~ septem diebus O | conprehendit + eum Φ ϲ | in montem OCΣ | 24 domino O; deum CΣΛMΦ ϲ | 25 cum[1]] tum Φ; cumque TM ϲ | consecutus + fuisset ϲ; + esset M. | suis + fuisset C. | 26 [*iterum adest* G] | 27 ignorantem me O | citharis ΛM ϲ | 28 ac] et ϲ. | 29 ~ quidem ualet GOΦ ϲrb | cum] contra ϲ | 30 esto] tu O.; et si tu CΣΛ | ~ erat tibi ϲ | 32 furtim A; + me OΣΛMΦ ϲrb | 33 ingressus + est GA. | tabernacula OCΣΛT | familiae O | intrasset + in OCT | 34 stramenta ΣTMΦ ϲ | 36 peccatum + meum ϲ | 38 annos OCΣΦ | 39 periebat AMΦ; peribat ϲ |

gebas
40 die noctuque aestu urebar et gelu
fugiebat somnus ab oculis meis
38 41 sic per viginti annos in domo tua servivi tibi
quattuordecim pro filiabus et sex pro
gregibus tuis
7 inmutasti quoque mercedem meam
decem vicibus
42 nisi Deus patris mei Abraham et Timor Isaac adfuisset mihi
forsitan modo nudum me dimisisses
29,32! Dt 26,7; Ps 9,35; 24,18; II Mcc 1,27 adflictionem meam et laborem manuum mearum respexit Deus et
arguit te heri
43 respondit ei Laban
filiae et filii et greges tui et omnia
quae cernis mea sunt
quid possum facere filiis et nepotibus
meis
26,28 44 veni ergo et ineamus foedus ut sit
testimonium inter me et te
28,18; 35,14.20 45 tulit itaque Iacob lapidem et erexit
illum in titulum
46 dixitque fratribus suis adferte lapides
qui congregantes fecerunt tumulum
comederuntque super eum
47 quem vocavit Laban tumulus Testis
et Iacob acervum Testimonii
uterque iuxta proprietatem linguae
suae
48 dixitque Laban
Ios 24,27 tumulus iste testis erit inter me et te
hodie
et idcirco appellatum est nomen eius
Galaad id est tumulus Testis
16,5! 49 intueatur Dominus et iudicet inter
nos quando recesserimus a nobis
50 si adflixeris filias meas
et si introduxeris uxores alias super
eas
nullus sermonis nostri testis est absque Deo qui praesens respicit
51 dixitque rursus ad Iacob
en tumulus hic et lapis quem erexi
inter me et te 52 testis erit
tumulus inquam iste et lapis sint in
testimonio
si aut ego transiero illum pergens
ad te
aut tu praeterieris malum mihi co- 50,20
gitans
53 Deus Abraham et Deus Nahor iudi- 16,5!
cet inter nos Deus patris eorum
iuravit Iacob per Timorem patris sui
Isaac
54 immolatisque victimis in monte vo- Ex 18,12; Idc 16,23; III Rg 1,9!
cavit fratres suos ut ederent panem
qui cum comedissent manserunt ibi
55 Laban vero de nocte consurgens osculatus est filios et filias suas
et benedixit illis reversus in locum 18,33; II Sm 19,39
suum
32 Iacob quoque abiit itinere quo coeperat
fueruntque ei obviam angeli Dei
2 quos cum vidisset ait castra Dei sunt Lv 26,11
haec
et appellavit nomen loci illius Manaim id est Castra
3 misit autem et nuntios ante se ad
Esau fratrem suum in terram Seir 36,8; Dt 2,4.22
regionis Edom
4 praecepitque eis dicens
sic loquimini domino meo Esau
haec dicit frater tuus Iacob
apud Laban peregrinatus sum et fui
usque in praesentem diem
5 habeo boves et asinos oves et servos 12,16!
atque ancillas
mittoque nunc legationem ad dominum meum
ut inveniam gratiam in conspectu
tuo

40 fugiebatque c | 41 sicque c. | 43 filiae + meae MΦ c | 44 sit + in c | 47 tumulum GΛ c | aceruus O | 48 ~ erit testis c. | 49 ~ et iudicet dominus c | 50 ~ alias uxores c | 52 sint *om.* O rb | in testimonium OΣΛ c | si autem G | praeteriens ATMΦ | 53 iurauit + ergo c | 55 et¹] ac AΣ | reuersus GAΣ r] reuersus est T; reuersusque O.; reuersusque est CMΦ cb; reuertens Λ || **32**, 3 in terra GAΣT rb | regionis] in regionibus GA rb.; in regione Λ; in regionem c | 5 asinos + et Λ c | atque] et c |

GAOC ΣΛΤΜΦ crb

6 reversi sunt nuntii ad Iacob dicentes
33,1 venimus ad Esau fratrem tuum
et ecce properat in occursum tibi
cum quadringentis viris
7 timuit Iacob valde et perterritus divisit populum qui secum erat
greges quoque et oves et boves et
camelos in duas turmas 8 dicens
si venerit Esau ad unam turmam et
percusserit eam
alia turma quae reliqua est salvabitur
9 dixitque Iacob
Deus patris mei Abraham et Deus
patris mei Isaac
Domine qui dixisti mihi
28,15! revertere in terram tuam et in locum
nativitatis tuae
et benefaciam tibi
10 minor sum cunctis miserationibus et
veritate quam explesti servo tuo
in baculo meo transivi Iordanem
istum
et nunc cum duabus turmis regredior
11 erue me de manu fratris mei de manu
Esau
quia valde eum timeo
ne forte veniens percutiat matrem
cum filiis
Nm 10,29 12 tu locutus es quod bene mihi faceres
22,17! II Sm 17,11! Is 10,22! Os 1,10 et dilatares semen meum sicut harenam maris
quae prae multitudine numerari non
potest
13 cumque dormisset ibi nocte illa
separavit de his quae habebat munera Esau fratri suo
14 capras ducentas hircos viginti
oves ducentas arietes viginti
15 camelos fetas cum pullis suis triginta
vaccas quadraginta et tauros viginti
asinas viginti et pullos earum decem
16 et misit per manus servorum suorum
singulos seorsum greges
dixitque pueris suis
antecedite me et sit spatium inter
gregem et gregem
17 et praecepit priori dicens
si obvium habueris Esau fratrem
meum
et interrogaverit te cuius es et quo Idc 19,17; Idt 10,11
vadis et cuius sunt ista quae se-
queris
18 respondebis servi tui Iacob
munera misit domino meo Esau
ipse quoque post nos venit
19 similiter mandata dedit secundo ac
tertio et cunctis qui sequebantur
greges dicens
hisdem verbis loquimini ad Esau
cum inveneritis eum
20 et addetis ipse quoque servus tuus
Iacob iter nostrum insequitur
dixit enim placabo illum muneribus
quae praecedunt et postea videbo
forsitan propitiabitur mihi
21 praecesserunt itaque munera ante
eum
ipse vero mansit nocte illa in Castris
22 cumque mature surrexisset
tulit duas uxores suas et totidem famulas cum undecim filiis
et transivit vadum Iaboc
23 transductisque omnibus quae ad se
pertinebant 24 remansit solus
et ecce vir luctabatur cum eo usque Os 12,3
mane
25 qui cum videret quod eum superare
non posset
tetigit nervum femoris eius et statim
emarcuit
26 dixitque ad eum dimitte me iam enim
ascendit aurora
respondit non dimittam te nisi benedixeris mihi

GAOC ΣΛΤΜΦ crb 6 reuersique ΣΛ c | ~ tibi in occursum c. | 7 et[3]] ac Σ; *om.* ATM. | 10 minor] memor AΛ | miserationibus + tuis c | ueritati C; ueritatem OΣ; + tua c | expleuisti c. | 11 de manu[2] *om.* c | 12 ~ benefaceres mihi c | harena GCΛT | 14 ducentas[2] + et c | 15 camelas A | 17 ~ fratrem meum esau Cc | et[3]] aut ΣΛTc | et[4]] aut c | 18 meo] suo OT | 19 ~ dedit mandata c; *om.* O. | ac] et OΣc | iisdem c | 20 uidebo + illum c; eum uidebo MΦ | 22 iaboc crb 𝔐𝔊] iacob *cet.* | 24 mansit c | 26 respondit *om.* G |

27 ait ergo quod nomen est tibi
respondit Iacob
35,10; III Rg 18,31; IV Rg 17,34 28 at ille nequaquam inquit Iacob ap-
pellabitur nomen tuum sed Israhel
quoniam si contra Deum fortis fuisti
quanto magis contra homines prae-
valebis
29 interrogavit eum Iacob
Idc 13,6.17.18 dic mihi quo appellaris nomine
respondit cur quaeris nomen meum
et benedixit ei in eodem loco
30 vocavitque Iacob nomen loci illius
Phanuhel dicens
Idc 6,22; Is 6,5 vidi Deum facie ad faciem et salva
facta est anima mea
31 ortusque est ei statim sol postquam
transgressus est Phanuhel
ipse vero claudicabat pede
32 quam ob causam non comedunt filii
Israhel nervum qui emarcuit in femore Iacob usque in praesentem
diem
eo quod tetigerit nervum femoris
eius et obstipuerit
32,6 **33** levans autem Iacob oculos suos
vidit venientem Esau
et cum eo quadringentos viros
divisitque filios Liae et Rahel am-
barumque famularum
2 et posuit utramque ancillam et liberos earum in principio
Liam vero et filios eius in secundo
loco
Rahel autem et Ioseph novissimos
I Sm 20,41! 3 et ipse praegrediens adoravit pronus
in terram septies
donec adpropinquaret frater eius
29,13! 4 currens itaque Esau obviam fratri
suo amplexatus est eum
stringensque collum et osculans flevit

5 levatisque oculis vidit mulieres et 48,8.9
parvulos earum et ait
quid sibi volunt isti et si ad te pertinent
respondit parvuli sunt quos donavit Is 8,18!
mihi Deus servo tuo
6 et adpropinquantes ancillae et filii
earum incurvati sunt
7 accessitque Lia cum liberis suis
et cum similiter adorassent
extremi Ioseph et Rahel adoraverunt
8 quaenam sunt inquit istae turmae
quas obvias habui
respondit ut invenirem gratiam coram domino meo
9 et ille habeo ait plurima frater mi
sint tua tibi
10 dixit Iacob noli ita obsecro
sed si inveni gratiam in oculis tuis
accipe munusculum de manibus
meis
sic enim vidi faciem tuam quasi vi-
derim vultum Dei
esto mihi propitius 11 et suscipe benedictionem quam adtuli tibi I Sm 25,27; IV Rg 5,15
et quam donavit mihi Deus tribuens
omnia
vix fratre conpellente suscipiens 12 ait
gradiamur simul eroque socius itineris tui
13 dixit Iacob nosti domine mi quod
parvulos habeam teneros
et oves ac boves fetas mecum
quas si plus in ambulando fecero laborare
morientur una die cuncti greges
14 praecedat dominus meus ante servum suum
et ego sequar paulatim vestigia eius
sicut videro posse parvulos meos
donec veniam ad dominum meum in

28 deum] dominum C | 29 mihi + tu C | meum + quod est mirabile C | 30 faciem ad faciem GO | 32 ~ neruum filii israel c. ‖ **33**,1 eleuans c | 3 progrediens GΣΜΦ c | in terra GΣ | 4 collum + eius ΜΦ c | 7 accessit quoque GCΛ c | liberis] pueris c | 8 quaenam] *praem.* ait esau ΑΣΦ; *praem.* et ait esau M; *praem.* dixitque esau Λ c | inquit *om.* ΣΛ c; ~ inquit sunt O. | obuiam ΟΛΦ c | 9 et] at CΛ c | ait] inquit C.; *om.* O; ~ ait habeo c | 10 dixitque c. | 12 eroque] et ero ΟΣΦ | 13 dixitque ΜΦ c | ac] et Σ c | 14 ~ paruulos meos posse c |

GAOC ΣΛΤΜΦ crb

Seir
15 respondit Esau oro te ut de populo
qui mecum est saltem socii remaneant viae tuae
non est inquit necesse
hoc uno indigeo ut inveniam gratiam in conspectu domini mei
13,3 16 reversus est itaque illo die Esau itinere quo venerat in Seir
17 et Iacob venit in Soccoth
ubi aedificata domo et fixis tentoriis
appellavit nomen loci illius Soccoth
id est Tabernacula
18 transivitque in Salem urbem Sycimorum quae est in terra Chanaan
postquam regressus est de Mesopotamiam Syriae
et habitavit iuxta oppidum
Ios 24,32; Act 7,16 19 emitque partem agri in qua fixerat
tabernaculum
a filiis Emor patris Sychem centum
agnis
12,8! 20 et erecto ibi altari invocavit super
illud Fortissimum Deum Israhel
34 egressa est autem Dina filia Liae
ut videret mulieres regionis illius
8.19 2 quam cum vidisset Sychem filius
Emor Evei princeps terrae illius
II Sm 13,14 adamavit et rapuit et dormivit cum
illa vi opprimens virginem
3 et conglutinata est anima eius cum ea
tristemque blanditiis delinivit
Idc 14,2.3 4 et pergens ad Emor patrem suum
8.12 accipe mihi inquit puellam hanc coniugem
5 quod cum audisset Iacob
absentibus filiis et in pastu occupatis
pecorum
siluit donec redirent
6 egresso autem Emor patre Sychem
ut loqueretur ad Iacob
7 ecce filii eius veniebant de agro
auditoque quod acciderat irati sunt
valde
eo quod foedam rem esset operatus Idc 19,30; 20,6
in Israhel
et violata filia Iacob rem inlicitam
perpetrasset
8 locutus est itaque Emor ad eos
Sychem filii mei adhesit anima filiae 2!
vestrae
date eam illi uxorem 9 et iungamus 4!
vicissim conubia
filias vestras tradite nobis et filias 16.21
nostras accipite 10 et habitate nobiscum
terra in potestate vestra est exercete 13,9!
negotiamini et possidete eam
11 sed et Sychem ad patrem et ad fratres eius ait
inveniam gratiam coram vobis et
quaecumque statueritis dabo
12 augete dotem munera postulate libens tribuam quod petieritis
tantum date mihi puellam hanc uxo- 4! Ex 22,16
rem
13 responderunt filii Iacob Sychem et
patri eius in dolo
saevientes ob stuprum sororis
14 non possumus facere quod petitis
nec dare sororem nostram homini
incircumciso
quod inlicitum et nefarium est apud
nos
15 sed in hoc valebimus foederari
si esse volueritis nostri similes
et circumcidatur in vobis omne mas- 17,10; Ex 12,48
culini sexus
16 tunc dabimus et accipiemus mutuo 9.10!
filias nostras ac vestras
et habitabimus vobiscum erimusque 23
unus populus

(G)AOC ΣΛΤΜΦ crb 15 hoc unum OCΣM; + tantum c | tuo domine mi ΣΦ c | 18 in[1] *om.* O | egressus T; reuersus GΣMΦ c | de mesopotamiam GCΦ] de mesopotamia *cet.*, *sed cf. supra* 25,20 | 19 in quam G.; in quo O | tabernaculum GArb] tabernacula *cet.* ‖ **34**,2 adamauit + eam c | 3 blanditus C | ~ deliniuit blanditiis c | 4 ~ inquit mihi Σ c. | 5 ~ pecorum occupatis G c | 7 ~ operatus esset c | 8 animae GΣΦ | 9 coniungamus C | 11 ad[2] *om.* O | 12 dotem + et c. | postulate + et c | libenter C c | 13 [*deest* G *usque ad* 35,9] | 15 ~ si uolueritis esse similes nostri c. | 16 ~ uestras ac nostras c |

[17]sin autem circumcidi nolueritis tol-
lemus filiam nostram et recedemus
[18]placuit oblatio eorum Emor et Sychem filio eius
[19]nec distulit adulescens quin statim
quod petebatur expleret
2! amabat enim puellam valde
et ipse erat inclitus in omni domo
patris sui
23,10 [20]ingressique portam urbis locuti sunt
populo
9,10! [21]viri isti pacifici sunt et volunt habitare nobiscum
negotientur in terra et exerceant eam
quae spatiosa et lata cultoribus indiget
filias eorum accipiemus uxores et
nostras illis dabimus
[22]unum est quod differtur tantum bonum
si circumcidamus masculos nostros
ritum gentis imitantes
[23]et substantia eorum et pecora et
cuncta quae possident nostra erunt
tantum in hoc adquiescamus
16 et habitantes simul unum efficiemus
populum
[24]adsensi sunt omnes circumcisis cunctis maribus
[25]et ecce die tertio quando gravissimus
vulnerum dolor est
arreptis duo Iacob filii Symeon et
Levi fratres Dinae gladiis
ingressi sunt urbem confidenter
Ex 1,16! interfectisque omnibus masculis [26]E-
mor et Sychem pariter necaverunt
tollentes Dinam de domo Sychem
sororem suam
[27]quibus egressis inruerunt super oc-
cisos ceteri filii Iacob
et depopulati sunt urbem in ultionem stupri
[28]oves eorum et armenta et asinos
cunctaque vastantes quae in domibus et in agris erant
[29]parvulos quoque et uxores eorum Idt 9,3
duxere captivas
[30]quibus patratis audacter Iacob dixit
ad Symeon et Levi
turbastis me et odiosum fecistis
Chananeis et Ferezeis habitatoribus 12,6; 13,7; Nm 14,25
terrae huius
nos pauci sumus illi congregati per- I Par 16,19; Ps 104,12!
cutient me et delebor ego et domus Ps 106,39
mea
[31]responderunt numquid ut scorto
abuti debuere sorore nostra
35 interea locutus est Deus ad Iacob
surge et ascende Bethel et habita ibi
facque altare Deo qui apparuit tibi 12,7!
quando fugiebas Esau fratrem tuum
[2]Iacob vero convocata omni domo
sua ait
abicite deos alienos qui in medio Ios 24,23!
vestri sunt
et mundamini ac mutate vestimenta
vestra
[3]surgite et ascendamus in Bethel
ut faciamus ibi altare Deo 8,20!
qui exaudivit me in die tribulationis
meae
et fuit socius itineris mei
[4]dederunt ergo ei omnes deos alienos
quos habebant
et inaures quae erant in auribus eo- Ex 32,3! 35,22
rum
at ille infodit ea subter terebinthum
quae est post urbem Sychem
[5]cumque profecti essent
terror Dei invasit omnes per circui- Ex 15,16! Ios 2,9!
tum civitates II Par 14,14

17 si autem Oc | tollimus O; tollamus M. | recedimus AC; recedamus O | 20 ad populum c | 21 in terram CΣ | 22 quod] quo CΛTΦc | 23 efficiamus CΛ; efficiamur Σ | 24 assensique c | 25 ~ filii iacob c | 29 ~ eorum et uxores c. | duxere AC] duxerunt *cet.* | 30 turbasti O | fecistis + me c; me fecistis C | 31 scortu T.; scortum OCΣ | sororem nostram AOCΣM || **35**,1 deus] dominus OTMΦ | 2 mutate] mundate O | 3 deo] domino CΛMΦ | ~ socius fuit c | 4 eas OCT | sub AOΣrb | 5 ciuitatis ACTM |

AOC ΣΛTMΦ crb

et non sunt ausi persequi recedentes
28,19! 48,3 6 venit igitur Iacob Luzam quae est
in terra Chanaan cognomento Beth-
el
ipse et omnis populus cum eo
12,7! 7 aedificavitque ibi altare et appellavit
28,22 nomen loci Domus Dei
ibi enim apparuit ei Deus cum fugeret fratrem suum
8 eodem tempore mortua est Debbora
nutrix Rebeccae
et sepulta ad radices Bethel subter
quercum
vocatumque est nomen loci quercus
Fletus
9 apparuit autem iterum Deus Iacob
postquam reversus est de Mesopotamiam Syriae
1,22! benedixitque ei 10 dicens
32,28! non vocaberis ultra Iacob sed Israhel erit nomen tuum
et appellavit eum Israhel
11 dixitque ei ego Deus omnipotens
1,22! cresce et multiplicare
17,6! 16 gentes et populi nationum erunt ex
te
reges de lumbis tuis egredientur
12,7! 12 terramque quam dedi Abraham et
Isaac dabo tibi et semini tuo post te
13 et recessit ab eo
28,18.19; 31,45 14 ille vero erexit titulum lapideum in
loco quo locutus ei fuerat Deus
libans super eum libamina et effun-
dens oleum 15 vocansque nomen loci
Bethel
16 egressus inde venit verno tempore
ad terram quae ducit Efratham
in qua cum parturiret Rahel 17 ob
difficultatem partus periclitari coepit
dixitque ei obsetrix noli timere quia
30,24 et hunc habebis filium

18 egrediente autem anima prae dolore
et inminente iam morte
vocavit nomen filii sui Benoni id est
filius doloris mei
pater vero appellavit eum Beniamin
id est filius dexterae
19 mortua est ergo Rahel et sepulta in 48,7
via quae ducit Efratham haec est
Bethleem
20 erexitque Iacob titulum super sepul- 28,18; 31,45
chrum eius
hic est titulus monumenti Rahel usque in praesentem diem
21 egressus inde fixit tabernaculum trans
turrem Gregis
22 cumque habitaret in illa regione
abiit Ruben et dormivit cum Bala II Sm 3,8; 16,22
concubina patris sui quod illum
minime latuit
erant autem filii Iacob duodecim
23 filii Liae primogenitus Ruben et Sy- **23—26:** 46,9–19; Ex 1,1–4; I Par 2,1.2
meon et Levi et Iudas et Isachar et
Zabulon
24 filii Rahel Ioseph et Beniamin
25 filii Balae ancillae Rahelis Dan et
Nepthalim
26 filii Zelphae ancillae Liae Gad et
Aser
hii filii Iacob qui nati sunt ei in Mesopotamiam Syriae
27 venit etiam ad Isaac patrem suum in 13,18; 14,13
Mambre civitatem Arbee haec est
Hebron
in qua peregrinatus est Abraham et 37,1
Isaac
28 et conpleti sunt dies Isaac centum
octoginta annorum
29 consumptusque aetate mortuus est
et adpositus populo suo senex et 25,8.9!
plenus dierum
et sepelierunt eum Esau et Iacob filii sui

(G)AOC ΣΛΤΜΦ ϲrb 7 loci + illius ϲ | ei] illi C | 8 sepulta + est ACϲ | sub O.; super ϲ *lapsu* | loci + illius ϲ | 9 [*iterum adest* G] | de mesopotamiam ΑΣΦ] de mesopotamia *cet.*, *sed cf. supra* 25,20 | 11 crescere et multiplicari te faciam C | ~ ex te erunt ϲ | 14 ~ fuerat ei ΣMϲ | 15 loci + illius CΣϲ | 16 egressus + autem Λϲ; + autem iacob C. | 17 ei *om.* O | 19 sepulta + est ϲ | 26 hii + sunt ϲ. | in mesopotamiam GAC] in mesopotamia *cet.*, *sed cf. supra* 25,20 | 29 adpositus + est Σϲ ||

36 hae sunt autem generationes Esau
ipse est Edom
26,34; 28,9 2 Esau accepit uxores de filiabus Chanaan
Ada filiam Elom Hetthei et Oolibama filiam Anae filiae Sebeon Evei
3 Basemath quoque filiam Ismahel sororem Nabaioth
I Par 1,35 4 peperit autem Ada Eliphaz
Basemath genuit Rauhel
14.18 5 Oolibama edidit Hieus et Hielom et Core
hii filii Esau qui nati sunt ei in terra Chanaan
12,5! 6 tulit autem Esau uxores suas et filios et filias et omnem animam domus suae
et substantiam et pecora et cuncta quae habere poterat in terra Chanaan
et abiit in alteram regionem recessitque a fratre suo Iacob
13,2; II Par 32,27 13,6 7 divites enim erant valde et simul habitare non poterant
nec sustinebat eos terra peregrinationis eorum prae multitudine gregum
32,3; Dt 2,4.22 8 habitavitque Esau in monte Seir ipse est Edom
9 hae sunt generationes Esau patris Edom in monte Seir
10—43: I Par 1,35–54 10 et haec nomina filiorum eius
Eliphaz filius Ada uxoris Esau
Rauhel quoque filius Basemath uxoris eius
15 11 fueruntque filii Eliphaz Theman Omar Sephu et Gatham et Cenez
12 erat autem Thamna concubina Eliphaz filii Esau quae peperit ei Amalech
hii sunt filii Adae uxoris Esau
13 filii autem Rauhel Naath et Zara Semma et Meza 17
hii filii Basemath uxoris Esau
14 isti quoque erant filii Oolibama filiae Ana filiae Sebeon uxoris Esau 5.18
quos genuit ei Hieus et Hielom et Core
15 hii duces filiorum Esau
filii Eliphaz primogeniti Esau 11
dux Theman dux Omar dux Sephu
dux Cenez 16 dux Core dux Gatham dux Amalech
hii filii Eliphaz in terra Edom et hii filii Adae
17 hii quoque filii Rauhel filii Esau 13
dux Naath dux Zara dux Semma dux Meza
hii duces Rauhel in terra Edom
isti filii Basemath uxoris Esau
18 hii autem filii Oolibama uxoris Esau 5.14
dux Hieus dux Hielom dux Core
hii duces Oolibama filiae Ana uxoris Esau
19 isti filii Esau et hii duces eorum ipse est Edom
20 isti filii Seir Horrei habitatores terrae 29.30
Lotham et Sobal et Sebeon et Anan
21 Dison et Eser et Disan
hii duces Horrei filii Seir in terra Edom
22 facti sunt autem filii Lotham Horrei et Heman
erat autem soror Lotham Thamna
23 et isti filii Sobal Alvam et Maneeth et Hebal Sephi et Onam
24 et hii filii Sebeon Ahaia et Anam
iste est Ana qui invenit aquas calidas in solitudine
cum pasceret asinos Sebeon patris sui
25 habuitque filium Disan et filiam

GAOC ΣΛΤΜΦ ϲrb

36,1 haec GO | autem *om.* O | 2 elom] edom O | filiae] filia Λ.; filii Σ; filiam r | 5 edidit] genuit ϲ | 6 et²] ac C | potuerat Σr | alteram] aliam O | 9 haec OC; + autem ϲ | 10 adae r | quoque *om.* ACΣ | 11 ~ eliphaz filii ϲ. | et homar et C | cenez + et chore CΣΛ | 12 ada Λϲ | 13 zara + et C | 14 filiae¹] filia C.; filii GO | anae Λ ϲr | filiae²] fili C | 16 ada ϲ | 17 hii² + autem ϲ | 18 anae O ϲrb | 19 isti + sunt ϲ, *item v.* 20 | 20 ana ϲ. | 21 et dison ϲ | 22 orri Σ; hori ϲ | et heman] et theman GAOΣM; theman Φ | 23 hebal + et Cϲ | 24 anam] ana Cϲr |

Oolibama
26 et isti filii Disan Amdan et Esban et
Iethran et Charan
27 hii quoque filii Eser
Balaan et Zevan et Acham
28 habuit autem filios Disan Hus et
Aran
20.21 29 isti duces Horreorum
dux Lothan dux Sobal dux Sebeon
dux Ana 30 dux Dison dux Eser dux
Disan
isti duces Horreorum qui imperaverunt in terra Seir
31 reges autem qui regnaverunt in terra
Edom
antequam haberent regem filii Israhel fuerunt hii
32 Bale filius Beor
nomenque urbis eius Denaba
33 mortuus est autem Bale et regnavit
pro eo Iobab filius Zare de Bosra
34 cumque mortuus esset Iobab regnavit pro eo Husan de terra Themanorum
35 hoc quoque mortuo regnavit pro eo
Adad filius Badadi
qui percussit Madian in regione
Moab
et nomen urbis eius Ahuith
36 cumque mortuus esset Adad regnavit pro eo Semla de Maserecha
37 hoc quoque mortuo regnavit pro eo
Saul de fluvio Rooboth
38 cumque et hic obisset successit in
regnum Baalanam filius Achobor
39 isto quoque mortuo regnavit pro eo
Adad
nomenque urbis eius Phau
et appellabatur uxor illius Meezabel
filia Matred filiae Mizaab
40 haec ergo nomina Esau in cognationibus et locis et vocabulis suis
dux Thamna dux Alva dux Ietheth
41 dux Oolibama dux Ela dux Phinon
42 dux Cenez dux Theman dux Mabsar
43 dux Mabdiel dux Iram
hii duces Edom habitantes in terra
imperii sui
ipse est Esau pater Idumeorum
37 habitavit autem Iacob in terra Cha- 13.12; 16.3
naan in qua peregrinatus est pater 35.27
suus
2 et hae sunt generationes eius
Ioseph cum sedecim esset annorum
pascebat gregem cum fratribus suis
adhuc puer
et erat cum filiis Balae et Zelphae
uxorum patris sui
accusavitque fratres suos apud patrem crimine pessimo
3 Israhel autem diligebat Ioseph super 44.20
omnes filios suos
eo quod in senectute genuisset eum
fecitque ei tunicam polymitam
4 videntes autem fratres eius quod a
patre plus cunctis filiis amaretur
oderant eum
nec poterant ei quicquam pacificum
loqui
5 accidit quoque ut visum somnium
referret fratribus
quae causa maioris odii seminarium
fuit
6 dixitque ad eos
audite somnium meum quod vidi
7 putabam ligare nos manipulos in
agro
et quasi consurgere manipulum meum et stare
vestrosque manipulos circumstantes
adorare manipulum meum
8 responderunt fratres eius
numquid rex noster eris aut subici-
emur dicioni tuae
haec ergo causa somniorum atque
sermonum invidiae et odii fomitem

GAOC ΣΛΤΜΦ crb

28 disan + et C | 29 isti] hi c | 32 nomen quoque G | 35 badad ΣTc | 39 adad] adar c. | nomen quoque GArb | illius] eius Σc | 40 nomina + ducum Φcrb | 43 magdiel c | in terram GAΣ || **37**,1 ~ pater suus est peregrinatus r. *lapsu*; ~ pater suus peregrinatus est c | 2 haec GAO | 4 pacifici Λ; pacifice c | 5 fratribus + suis Φc | 7 ~ nos manipulos legare O.; ~ nos ligare manipulos ΣΛc |

ministravit
9 aliud quoque vidit somnium quod
narrans fratribus ait
vidi per somnium quasi solem et lunam et stellas undecim adorare me
10 quod cum patri suo et fratribus rettulisset
increpavit eum pater et dixit
quid sibi vult hoc somnium quod
vidisti
42,6 num ego et mater tua et fratres adorabimus te super terram
11 invidebant igitur ei fratres sui
I Sm 21,12! pater vero rem tacitus considerabat
12 cumque fratres illius in pascendis
gregibus patris morarentur in Sychem
13 dixit ad eum Israhel
fratres tui pascunt oves in Sycimis
veni mittam te ad eos
quo respondente 14 praesto sum ait
I Sm 17,18.22 vade et vide si cuncta prospera sint
erga fratres tuos et pecora
et renuntia mihi quid agatur
missus de valle Hebron venit in Sychem
15 invenitque eum vir errantem in agro
et interrogavit quid quaereret
16 at ille respondit
fratres meos quaero
indica mihi ubi pascant greges
17 dixitque ei vir recesserunt de loco
isto
IV Rg 6,13 audivi autem eos dicentes eamus in
Dothain
perrexit ergo Ioseph post fratres
suos et invenit eos in Dothain
18 qui cum vidissent eum procul
antequam accederet ad eos cogita-
x2,15; Ps 36,32; Mc 14,1! verunt illum occidere 19 et mutuo
loquebantur
ecce somniator venit 20 venite occidamus eum
et mittamus in cisternam veterem
dicemusque fera pessima devoravit 44,28
eum
et tunc apparebit quid illi prosint
somnia sua
21 audiens hoc Ruben nitebatur liberare eum de manibus eorum et dicebat
22 non interficiamus animam eius nec
effundatis sanguinem
sed proicite eum in cisternam hanc
quae est in solitudine
manusque vestras servate innoxias 27
hoc autem dicebat volens eripere
eum de manibus eorum et reddere
patri suo
23 confestim igitur ut pervenit ad fratres
nudaverunt eum tunica talari et polymita
24 miseruntque in cisternam quae non
habebat aquam
25 et sedentes ut comederent panem
viderunt viatores Ismahelitas venire
de Galaad
et camelos eorum portare aromata
et resinam et stacten in Aegyptum
26 dixit ergo Iudas fratribus suis
quid nobis prodest si occiderimus
fratrem nostrum et celaverimus
sanguinem ipsius
27 melius est ut vendatur Ismahelitis et
manus nostrae non polluantur 22
frater enim et caro nostra est 2,23!
adquieverunt fratres sermonibus eius
28 et praetereuntibus Madianitis negotiatoribus extrahentes eum de cis-

9 fratribus + suis O | 10 pater + suus Σ c | numquid CT | fratres + tui CΣΛΦ c | 11 ~ ei igitur c. | 14 ait + ei c.; + dixitque ei Φ | sunt OΣΛ | 15 interrogauit + eum GΣ | 16 pascunt CΣΛ | 17 dixit ei OT. | autem] enim GΣ | 20 diceremusque Σ.; dicamusque GA rb (*ubi cf. app.*). | 21 audiens + autem C c | 22 interficiamus ... effundatis C b 𝔐𝔊] interficiamus ... effundamus GO(interficiemus)TΦ r; interficiatis ... effundatis AΣ ΛM c | 23 ut *om.* O | fratres + suos G c | 24 miseruntque + eum Σ c | cisternam + ueterem c | 25 uiatores] negotiatores C | ~ ismahelitas uiatores G c | portantes O ΛMΦ c | 27 uendatur] uenundetur c | [*deest* O, *qui usque ad v. 35 antiquam versionem lat. praebet*] | eius] illius c. |

GA(O)C ΣΛΤΜΦ crb

terna
vendiderunt Ismahelitis viginti argenteis
39,1! 45,4! qui duxerunt eum in Aegyptum
29 reversusque Ruben ad cisternam non
invenit puerum
30 et scissis vestibus pergens ad fratres
ait
44,28 puer non conparet et ego quo ibo
31 tulerunt autem tunicam eius et in
sanguinem hedi quem occiderant
tinxerunt
32 mittentes qui ferrent ad patrem et
dicerent
hanc invenimus vide utrum tunica
filii tui sit an non
33 quam cum agnovisset pater ait
tunica filii mei est fera pessima comedit eum
bestia devoravit Ioseph
Est 4,1! Is 37,1; I Mcc 2,14 34 scissisque vestibus indutus est cilicio
lugens filium multo tempore
35 congregatis autem cunctis liberis
eius ut lenirent dolorem patris
noluit consolationem recipere et ait
descendam ad filium meum lugens
in infernum
et illo perseverante in fletu
39,1! 36 Madianei vendiderunt Ioseph in
Aegypto
Putiphar eunucho Pharaonis ma-
gistro militiae
38 eo tempore descendens Iudas a
fratribus suis
divertit ad virum odollamitem nomine Hiram
2—7: I Par 2,3 2 viditque ibi filiam hominis chananei
vocabulo Suae
et uxore accepta ingressus est ad eam
3 quae concepit et peperit filium vocavitque nomen eius Her
4 rursum concepto fetu natum filium
nominavit Onam
5 tertium quoque peperit quem appellavit Sela
quo nato parere ultra cessavit 29,35; 30,9
6 dedit autem Iudas uxorem primogenito suo Her nomine Thamar
7 fuitque Her primogenitus Iudae nequam in conspectu Domini et ab 10
eo occisus est
8 dixit ergo Iudas ad Onam filium
suum
ingredere ad uxorem fratris tui et so-
ciare illi ut suscites semen fratri tuo Dt 25,5!
9 ille sciens non sibi nasci filios
introiens ad uxorem fratris sui semen
fundebat in terram
ne liberi fratris nomine nascerentur
10 et idcirco percussit eum Dominus 7
quod rem detestabilem faceret
11 quam ob rem dixit Iudas Thamar
nurui suae
esto vidua in domo patris tui donec
crescat Sela filius meus
timebat enim ne et ipse moreretur
sicut fratres eius
quae abiit et habitavit in domo patris Lv 22,13; Idc 19,2
sui
12 evolutis autem multis diebus mortua
est filia Suae uxor Iudae
qui post luctum consolatione suscepta
ascendebat ad tonsores ovium sua- I Sm 25,4; II Sm 13,23
rum
ipse et Hiras opilio gregis Odollamita
in Thamnas
13 nuntiatumque est Thamar quod socer illius ascenderet in Thamnas ad
tondendas oves
14 quae depositis viduitatis vestibus adsumpsit theristrum

(G)A(O)C ΣΛΤΜΦ crb 28 uendiderunt + eum c | 30 fratres + suos ΤΜΦ c | et² *om.* GΣΛ | 31 in sanguine ΛΤ ΜΦ c | 32 ferret ... et diceret GΣ | 33 cognouisset ΑΣΛ | 34 filium + suum c | 35 accipere sed ait c | [*iterum adest* O] | 36 madianitae C c | in aegyptum AOCM | putipharae ΑΛ; putiphari c | militum c. || **38**,1 eodem tempore c | deuertit OCΛΤΜΦ | 2 ~ accepta uxore c | 3 et uocauit Λ c | 4 rursumque c | nominauit] uocauit c. | 6 [*deest* O *usque ad v.* 11 (*ant. vers.*)] | 7 fuit quoque ΜΦ c; fuit autem T. | 9 ille + autem C | 11 [*iterum adest* O; *deest* G *usque ad* 40,17] | sicut + et CΣ | 12 odollamites c. |

21; Bar 6,42 et mutato habitu sedit in bivio itineris quod ducit Thamnam
eo quod crevisset Sela et non eum accepisset maritum
15 quam cum vidisset Iudas suspicatus est esse meretricem
operuerat enim vultum suum ne cognosceretur
16 ingrediensque ad eam ait
dimitte me ut coeam tecum
nesciebat enim quod nurus sua esset
qua respondente quid mihi dabis ut fruaris concubitu meo
23; Idc 15,1 17 dixit mittam tibi hedum de gregibus
rursum illa dicente patiar quod vis si dederis mihi arrabonem donec mittas quod polliceris
18 ait Iudas quid vis tibi pro arrabone dari
respondit anulum tuum et armillam et baculum quem manu tenes
II Sm 11,5 ad unum igitur coitum concepit mulier
19 et surgens abiit
depositoque habitu quem adsumpserat induta est viduitatis vestibus
20 misit autem Iudas hedum per pastorem suum Odollamitem
ut reciperet pignus quod dederat mulieri
qui cum non invenisset eam
21 interrogavit homines loci illius
14! ubi est mulier quae sedebat in bivio
respondentibus cunctis non fuit in loco isto meretrix
22 reversus est ad Iudam et dixit ei non inveni eam
sed et homines loci illius dixerunt mihi numquam ibi sedisse scortum
23 ait Iudas habeat sibi certe mendacii nos arguere non poterit
17! ego misi hedum quem promiseram
et tu non invenisti eam
24 ecce autem post tres menses nuntiaverunt Iudae dicentes
fornicata est Thamar nurus tua
et videtur uterus illius intumescere
dixit Iudas producite eam ut conburatur
25 quae cum educeretur ad poenam
misit ad socerum suum dicens
de viro cuius haec sunt concepi
cognosce cuius sit anulus et armilla et baculus
26 qui agnitis muneribus ait
iustior me est quia non tradidi eam Sela filio meo I Sm 24,18
attamen ultra non cognovit illam
27 instante autem partu apparuerunt gemini in utero 25,24
atque in ipsa effusione infantum unus protulit manum
in qua obsetrix ligavit coccinum dicens
28 iste egreditur prior
29 illo vero retrahente manum egressus est alter
dixitque mulier
quare divisa est propter te maceria
et ob hanc causam vocavit nomen eius Phares
30 postea egressus est frater in cuius manu erat coccinum quem appellavit Zara
39 igitur Ioseph ductus est in Aegyptum 37,28! 36
emitque eum Putiphar eunuchus Pharaonis princeps exercitus vir aegyptius
de manu Ismahelitarum a quibus perductus erat
2 fuitque Dominus cum eo 21,22! Act 7,9
et erat vir in cunctis prospere agens Ps 1,3
habitabatque in domo domini sui
3 qui optime noverat esse Dominum cum eo
et omnia quae gereret ab eo dirigi in

15 agnosceretur c | 16 ~ dabis mihi c. | 17 rursumque TMΦ c | 18 ~ tibi uis c | ~ mulier concepit c. | 19 sumpserat c. | 22 ~ sedisse ibi c. | 23 ~ arguere nos c | potest c.; potuit Λ. | 24 dixitque c | 25 duceretur A c | 26 illam] ille eam O.; eam ΣΤ ΜΦ c | 27 in quo OCΣ | 28 egredietur ΣΛΤΜΦ c | 30 frater + eius CΛΜΦ c | zaram CΛ || **39,**1 phutiphares O | 2 habitauitque O c | 3 ~ dominum esse c |

AOC ΣΛΤΜΦ crb

manu illius
[4] invenitque Ioseph gratiam coram domino suo et ministrabat ei
24,2 a quo praepositus omnibus gubernabat creditam sibi domum et universa quae tradita fuerant
[5] benedixitque Dominus domui Aegyptii propter Ioseph
et multiplicavit tam in aedibus quam in agris cunctam eius substantiam
[6] nec quicquam aliud noverat nisi panem quo vescebatur
29,17! I Sm 16,12! erat autem Ioseph pulchra facie et decorus aspectu
[7] post multos itaque dies iecit domina oculos suos in Ioseph et ait dormi mecum
[8] qui nequaquam adquiescens operi nefario dixit ad eam
ecce dominus meus omnibus mihi traditis ignorat quid habeat in domo sua
[9] nec quicquam est quod non in mea sit potestate vel non tradiderit mihi praeter te quae uxor eius es
quomodo ergo possum malum hoc facere et peccare in Deum meum
[10] huiuscemodi verbis per singulos dies et mulier molesta erat adulescenti
et ille recusabat stuprum
[11] accidit autem ut quadam die intraret Ioseph domum et operis quippiam absque arbitris faceret
[12] et illa adprehensa lacinia vestimenti eius diceret dormi mecum
18 qui relicto in manu illius pallio fugit et egressus est foras
[13] cumque vidisset mulier vestem in manibus suis et se esse contemptam
[14] vocavit homines domus suae et ait ad eos
en introduxit virum hebraeum ut inluderet nobis 17
ingressus est ad me ut coiret mecum
cumque ego succlamassem [15] et audisset vocem meam
reliquit pallium quod tenebam et fugit foras
[16] in argumentum ergo fidei retentum pallium ostendit marito revertenti domum [17] et ait
ingressus est ad me servus hebraeus quem adduxisti ut inluderet mihi 14
[18] cumque vidisset me clamare reliquit pallium et fugit foras 12
[19] his auditis dominus et nimium credulus verbis coniugis iratus est valde
[20] tradiditque Ioseph in carcerem ubi vincti regis custodiebantur et erat ibi clausus 40,3; 41,10
[21] fuit autem Dominus cum Ioseph et misertus illius dedit ei gratiam in conspectu principis carceris Ex 3,21! Tb 1,1 II Esr 1,11; Dn 1,9; Act 7,1
[22] qui tradidit in manu ipsius universos vinctos qui in custodia tenebantur 40,4
et quicquid fiebat sub ipso erat
[23] nec noverat aliquid cunctis ei creditis
Dominus enim erat cum illo et omnia eius opera dirigebat
40 his ita gestis accidit ut peccarent duo eunuchi pincerna regis Aegypti et pistor domino suo
[2] iratusque Pharao contra eos
nam alter pincernis praeerat alter pistoribus
[3] misit eos in carcerem principis militum 39,20; 41,10
in quo erat vinctus et Ioseph
[4] at custos carceris tradidit eos Ioseph qui et ministrabat eis 39,22
aliquantum temporis fluxerat et illi

AOC ΣΛΤΜΦ crb 3 in manibus C | 4 illi tradita fuerant C.; ei trad. fu. Λ crb; trad. sibi fu. Σ.; trad. fu. ei A. | 6 pane ΟΣΛ. | 7 iniecit ΛΤΜΦ c | domina + sua c | 9 ~ hoc malum A c | in dominum CΣΛ | 10 et[1] *om.* A r. | et[2]] at ΑΣΛr | 11 ~ quadam die ut Λ c | 12 et[1]] at AMΦ | illius] eius Λ c | 14 uocauit + ad se c. | 17 et *om.* A | 18 uidisset] audisset M c | pallium + quod tenebam c | 21 ei] illi C | 22 ipsius] illius O c | 23 ~ opera eius ΟΣ c || **40,**1 itaque CΛΜΦ | aegyptii O | 2 ~ contra eos pharao c. | praeerat + et O | 3 et *om.* A | 4 aliquantulum Σ c |

in custodia tenebantur
41,11 5 videruntque ambo somnium nocte
una iuxta interpretationem congruam sibi
6 ad quos cum introisset Ioseph mane
et vidisset eos tristes 7 sciscitatus
est dicens
II Esr 2,2! cur tristior est hodie solito facies vestra
8 qui responderunt
41,15.24; Dn 2,11 somnium vidimus et non est qui interpretetur nobis
dixitque ad eos Ioseph
Dn 2,28! numquid non Dei est interpretatio
referte mihi quid videritis
9 narravit prior praepositus pincernarum somnium
videbam coram me vitem 10 in qua
erant tres propagines
crescere paulatim gemmas et post flores uvas maturescere
11 calicemque Pharaonis in manu mea
II Esr 2,1 tuli ergo uvas et expressi in calicem quem tenebam et tradidi poculum Pharaoni
12 respondit Ioseph
Dn 2,36 haec est interpretatio somnii
tres propagines tres adhuc dies sunt
13 post quos recordabitur Pharao magisterii tui
et restituet te in gradum pristinum
dabisque ei calicem iuxta officium tuum sicut facere ante consueveras
Lc 23,42 14 tantum memento mei cum tibi bene fuerit
et facies mecum misericordiam
ut suggeras Pharaoni et educat me de isto carcere
15 quia furto sublatus sum de terra Hebraeorum
et hic innocens in lacum missus sum
16 videns pistorum magister quod prudenter somnium dissolvisset ait
et ego vidi somnium quod haberem
tria canistra farinae super caput meum
17 et in uno canistro quod erat excelsius
portare me omnes cibos qui fiunt arte pistoria
avesque comedere ex eo
18 respondit Ioseph
haec est interpretatio somnii
tria canistra tres adhuc dies sunt
19 post quos auferet Pharao caput tuum ac suspendet te in cruce
et lacerabunt volucres carnes tuas
20 exin dies tertius natalicius Pharaonis erat Mc 6,21
qui faciens grande convivium pueris suis 21,8! III Rg 3,15; Idt 12,10; Est 1,3! III Esr 3,1
recordatus est inter epulas magistri pincernarum et pistorum principis
21 restituitque alterum in locum suum 41,13
ut porrigeret regi poculum
22 alterum suspendit in patibulo ut coniectoris veritas probaretur Dt 21,22! Est 2,23; 7,10!
23 et tamen succedentibus prosperis praepositus pincernarum oblitus est interpretis sui
41 post duos annos vidit Pharao somnium 1–8: 17–24
putabat se stare super fluvium 2 de Ex 7,15!
quo ascendebant septem boves pulchrae et crassae nimis
et pascebantur in locis palustribus
3 aliae quoque septem emergebant de flumine foedae confectaeque macie
et pascebantur in ipsa amnis ripa in locis virentibus
4 devoraveruntque eas quarum mira species et habitudo corporum erat
expergefactus Pharao 5 rursum dormivit et vidit alterum somnium
septem spicae pullulabant in culmo

7 est[1] + eos c | 8 uideritis] uidistis CΣ | 9 somnium + suum AMΦ crb | 10 paulatim + in c | 13 magisterii] ministerii O c | antea C; ~ ante facere T c | consueras A | 14 ~ bene tibi ΣΛMΦ c | fuerit] fecerit O | facias T c | et[2]] ut Φ c | 16 ~ tria canistra farinae haberem c. | 17 [*iterum adest* G] | 19 aufert G; auferat O. | te *om.* GA. | in crucem A | 20 exinde OM crb; et exinde G. | 21 regi] ei c || **41**,1 [*deest* O *usque ad v.* 5 (*ant. vers.*)] | 4 experrectus AΦ; expertusque T. | (G)A(O)C ΣΛTMΦ crb

uno plenae atque formonsae
6 aliae quoque totidem spicae tenues
et percussae uredine oriebantur
7 devorantes omnem priorum pulchritudinem
Dn 2,1.2; 4,1–4 evigilans post quietem 8 et facto mane
pavore perterritus
Ex 7,11 misit ad coniectores Aegypti cunctosque sapientes
et accersitis narravit somnium nec
erat qui interpretaretur
9 tunc demum reminiscens pincerna-
43,9! Ex 9,27! Lv 26,40! Nm 5,7! rum magister ait
confiteor peccatum meum
10 iratus rex servis suis me et magis-
39,20; 40,3 trum pistorum retrudi iussit in carcerem principis militum
40,5 11 ubi una nocte uterque vidimus somnium praesagum futurorum
12 erat ibi puer hebraeus eiusdem ducis
militum famulus
cui narrantes somnia 13 audivimus
quicquid postea rei probavit eventus
40,21.22! ego enim redditus sum officio meo
et ille suspensus est in cruce
14 protinus ad regis imperium eductum
de carcere Ioseph totonderunt
ac veste mutata obtulerunt ei
15 cui ille ait
40,8! vidi somnia nec est qui edisserat
quae audivi te prudentissime coni-
cere
16 respondit Ioseph
absque me Deus respondebit prospera Pharaoni
17—24: 1–8 17 narravit ergo ille quod viderat
putabam me stare super ripam fluminis
18 et septem boves de amne conscendere pulchras nimis et obesis carnibus
quae in pastu paludis virecta carpebant
19 et ecce has sequebantur aliae septem
boves
in tantum deformes et macilentae ut
numquam tales in terra Aegypti vi-
derim
20 quae devoratis et consumptis prioribus 21 nullum saturitatis dedere vestigium
sed simili macie et squalore torpe-
bant
evigilans rursum sopore depressus
22 vidi somnium
septem spicae pullulabant in culmo
uno plenae atque pulcherrimae
23 aliae quoque septem tenues et percussae uredine oriebantur stipula
24 quae priorum pulchritudinem devo-
rarunt
narravi coniectoribus somnium et
nemo est qui edisserat 40,8!
25 respondit Ioseph somnium regis
unum est
quae facturus est Deus ostendit Pha- 49,1! Dn 2,29.45; Io 16,13
raoni
26 septem boves pulchrae et septem spicae plenae septem ubertatis anni
sunt
eandemque vim somnii conprehendunt
27 septem quoque boves tenues atque
macilentae quae ascenderunt post
eas
et septem spicae tenues et vento
urente percussae
septem anni sunt venturae famis II Sm 24,13; IV Rg 8,1
28 qui hoc ordine conplebuntur
29 ecce septem anni venient fertilitatis magnae in universa terra Aegypti
30 quos sequentur septem anni alii tantae sterilitatis
ut oblivioni tradatur cuncta retro

GA(O)C ΣΛΤΜΦ crb 5 [*iterum adest* O] | 7 euigilans + pharao ΛΜΦc | 8 ad + omnes c | 10 iussisti AC. | 14 [*deest* O *usque ad v.* 20 (*ant. vers.*)] | ~ totonderunt ioseph AM | 15 de te G | prudentissime] sapientissime c. | 17 ille] pharao ΤΜΦc | 19 in² + uniuersa A | 20 [*iterum adest* O] | 23 stipulae G; e stipula Ac; enim stipula Λ.; *om.* Φ | 24 deuorauerunt Oc; deuorabant Σ. | somniorum OCTM | 27 ~ uenturae sunt c. | 30 tradantur AΛ. |

abundantia
12,10! consumptura est enim fames omnem
terram
31 et ubertatis magnitudinem perditura
inopiae magnitudo
32 quod autem vidisti secundo ad eandem rem pertinens somnium firmitatis indicium est
Is 46,11 eo quod fiat sermo Dei et velocius
impleatur
33 nunc ergo provideat rex virum sapientem et industrium
et praeficiat eum terrae Aegypti
34 qui constituat praepositos per singulas regiones
et quintam partem fructuum per septem annos fertilitatis
35 qui iam nunc futuri sunt congreget in horrea
et omne frumentum sub Pharaonis potestate condatur
serveturque in urbibus
36 et paretur futurae septem annorum fami quae pressura est Aegyptum
et non consumetur terra inopia
Est 1,21 37 placuit Pharaoni consilium et cunctis
ministris eius
38 locutusque est ad eos
num invenire poterimus talem virum
Act 6,5! qui spiritu Dei plenus sit
39 dixit ergo ad Ioseph
quia ostendit Deus tibi omnia quae locutus es
numquid sapientiorem et similem tui invenire potero
45,8; Est 8,2; Ps 104,21; Act 7,10 40 tu eris super domum meam
et ad tui oris imperium cunctus populus oboediet
uno tantum regni solio te praecedam
41 dicens quoque rursum Pharao ad
45,26; Ps 44,17; Dn 2,48; I Mcc 6,14.15 Ioseph
ecce constitui te super universam
terram Aegypti
42 tulit anulum de manu sua et dedit in Est 3,10; 8,2
manu eius
vestivitque eum stola byssina et collo Dn 5,7! 29
torquem auream circumposuit
43 fecitque ascendere super currum su- Est 10,3!
um secundum clamante praecone
ut omnes coram eo genu flecterent Est 3,2
et praepositum esse scirent universae terrae Aegypti
44 dixit quoque rex ad Ioseph ego sum Pharao
absque tuo imperio non movebit quisquam manum aut pedem in omni terra Aegypti
45 vertitque nomen illius et vocavit eum lingua aegyptiaca Salvatorem mundi
dedit quoque illi uxorem Aseneth filiam Putiphare sacerdotis Heliopoleos
egressus itaque Ioseph ad terram Aegypti
46 triginta autem erat annorum quando Dn 1,19
stetit in conspectu regis Pharaonis
circuivit omnes regiones Aegypti
47 venitque fertilitas septem annorum
et in manipulos redactae segetes congregatae sunt in horrea Aegypti
48 omnis etiam frugum abundantia in singulis urbibus condita est
49 tantaque fuit multitudo tritici ut
harenae maris coaequaretur 22,17! Ios 11,4!
et copia mensuram excederet
50 nati sunt autem Ioseph filii duo ante- 48,5 **50—52:** 46,20
quam veniret fames
quos ei peperit Aseneth filia Putiphare sacerdotis Heliopoleos
51 vocavitque nomen primogeniti Manasse dicens
oblivisci me fecit Deus omnium la- Ps 44,11

31 [*deest* G *usque ad* 42,5] | magnitudine O | perditura + est Λ c | 32 dei] domini CΣ | 34 singulas] cunctas c | 36 praeparetur c | oppressura c | consummetur OΣ | 39 ~ tibi deus ΣΜΦ c | consimilem c | 41 dixit quoque Λ; dixitque c. | 42 tulitque c | dedit + eum c | stolam byssinam CΣΦ | aureum A | 43 fecitque + eum c | 44 quispiam CΛ | 45 illius] eius c | deditque ΣΛ c | illi] ei O | putiphares CΤΜΦ | egressus + est c | 46 ~ annorum erat Σ c | pharaonis + et ΤΜΦ c | 49 multitudo] abundantia c | harena OTM | copiam A | 50 ~ peperit ei c | putiphares ACΣΤΜΦ |

(G)AOC ΣΛΤΜΦ crb

borum meorum et domum patris
mei
52 nomen quoque secundi appellavit
Ephraim dicens
17,6! crescere me fecit Deus in terra paupertatis meae
53 igitur transactis septem annis ubertatis qui fuerant in Aegypto
54 coeperunt venire septem anni inopiae quos praedixerat Ioseph
12,10! et in universo orbe fames praevaluit
in cuncta autem terra Aegypti erat
panis
55 qua esuriente clamavit populus ad
Pharaonem alimenta petens
quibus ille respondit
Io 2,5 ite ad Ioseph et quicquid vobis dixerit facite
12,10! 56 crescebat autem cotidie fames in omni terra
aperuitque Ioseph universa horrea
et vendebat Aegyptiis
nam et illos oppresserat fames
42,3.5.10; 43,20 57 omnesque provinciae veniebant in
Aegyptum ut emerent escas
et malum inopiae temperarent
Act 7,12 **42** audiens autem Iacob quod alimenta
venderentur in Aegypto dixit filiis
suis
quare neglegitis 2 audivi quod triticum venundetur in Aegypto
43,4.22 descendite et emite nobis necessaria
43,8 ut possimus vivere et non consuma-
mur inopia
3 descendentes igitur fratres Ioseph
41,57! decem ut emerent frumenta in
Aegypto
4 Beniamin domi retento ab Iacob qui
dixerat fratribus eius
44,29 ne forte in itinere quicquam patiatur
mali
41,57! 5 ingressi sunt terram Aegypti cum
aliis qui pergebant ad emendum
erat autem fames in terra Chanaan 12,10!
6 et Ioseph princeps Aegypti atque ad I Mcc 2,53
illius nutum frumenta populis ven-
debantur
cumque adorassent eum fratres sui 37,10
7 et agnovisset eos
quasi ad alienos durius loquebatur
interrogans eos unde venistis
qui responderunt de terra Chanaan
ut emamus victui necessaria
8 et tamen fratres ipse cognoscens non
est agnitus ab eis
9 recordatusque somniorum quae aliquando viderat ait
exploratores estis ut videatis infir- 12; Ios 2,3
miora terrae venistis
10 qui dixerunt non est ita domine
sed servi tui venerunt ut emerent ci- 41,57!
bos **10—16:** 30–34
11 omnes filii unius viri sumus
pacifici venimus nec quicquam famu- 31; 26,29
li tui machinantur mali
12 quibus ille respondit aliter est
inmunita terrae huius considerare 9!
venistis
13 et illi duodecim inquiunt servi tui
fratres sumus filii viri unius in terra
Chanaan
minimus cum patre nostro est alius
non est super
14 hoc est ait quod locutus sum exploratores estis
15 iam nunc experimentum vestri capiam
per salutem Pharaonis non egrediemini hinc donec veniat frater vester minimus
16 mittite e vobis unum et adducat eum
vos autem eritis in vinculis donec
probentur quae dixistis utrum falsa
an vera sint

(G)AOC ΣΛΤΜΦ crb

51 domum ΑΣΦ] de domu O.; domus CΛΤΜ crb | 53 ~ ubertatis annis c. | 54 erat panis rb 𝔐𝔊] panis erat c.; non erat panis ACΛ; erat famis OTM; erat fames ΣΦ | 55 quicquid + ipse c. || **42**,2 in aegyptum OΣ | consummemur O. | 5 sunt + in OC | [*iterum adest* G] | 6 et ioseph erat princeps in terra aegypti c | illius] eius c. | 8 agnitus] cognitus c. | 9 ait + ad eos TΦ c | 12 inminuta GC; immunitatem O. | 13 et] at c. | 14 et ioseph hoc C | 15 uestrum GT. | pharaonis + quia C | 16 adducite GAr | ~ uera an falsa c. |

alioquin per salutem Pharaonis exploratores estis
17 tradidit ergo eos custodiae tribus
diebus
18 die autem tertio eductis de carcere ait
facite quod dixi et vivetis Deum enim
timeo
19 si pacifici estis frater vester unus li-
getur in carcere
vos autem abite et ferte frumenta
quae emistis in domos vestras
43,3! 7 20 et fratrem vestrum minimum ad me
adducite
ut possim vestros probare sermones
et non moriamini
fecerunt ut dixerat 21 et locuti sunt
invicem
merito haec patimur quia peccavimus in fratrem nostrum
videntes angustiam animae illius
cum deprecaretur nos et non audivimus
III Rg 9,9 idcirco venit super nos ista tribulatio
22 e quibus unus Ruben ait
numquid non dixi vobis nolite peccare in puerum et non audistis me
9,5! en sanguis eius exquiritur
23 nesciebant autem quod intellegeret
Ioseph eo quod per interpretem loquebatur ad eos
24 avertitque se parumper et flevit
et reversus locutus est ad eos
36 25 tollens Symeon et ligans illis praesentibus
44,1 iussitque ministris ut implerent saccos eorum tritico
et reponerent pecunias singulorum
in sacculis suis datis supra cibariis
in via
qui fecerunt ita
26 at illi portantes frumenta in asinis

profecti sunt
27 apertoque unus sacco ut daret iumento pabulum in diversorio
contemplatus pecuniam in ore sac-
culi 28 dixit fratribus suis
reddita est mihi pecunia en habetur
in sacco
et obstupefacti turbatique dixerunt 43,18; 50,15
mutuo
quidnam est hoc quod fecit nobis
Deus
29 veneruntque ad Iacob patrem suum
in terra Chanaan
et narraverunt ei omnia quae acci- 45,27; Ex 18,8; Ios 2,23;
dissent sibi dicentes Mt 28,11; Lc 24,35
30 locutus est nobis dominus terrae **30–34:** 10–16
dure
et putavit nos exploratores provinciae
31 cui respondimus
pacifici sumus nec ullas molimur in- 11!
sidias
32 duodecim fratres uno patre geniti
sumus
unus non est super
minimus cum patre versatur in terra
Chanaan
33 qui ait nobis sic probabo quod pacifici sitis
fratrem vestrum unum dimittite
apud me
et cibaria domibus vestris necessaria
sumite et abite
34 fratremque vestrum minimum adducite ad me
ut sciam quod non sitis exploratores
et istum qui tenetur in vinculis recipere possitis
ac deinceps emendi quae vultis habeatis licentiam
35 his dictis cum frumenta effunderent

17 tradidit ergo] et tradidit Φ; tradidit ΟΣ | eos] illos c | 18 de] e CΛΜΦ | quod] quae Tc | 19 in carcerem C | 20 possimus AC. | moriemini ATrb; moremini O. | 21 sunt + ad M c | cum] dum c | 23 per *om.* GM | loqueretur AΛΦc | 24 se *om.* O | 25 tollensque MΦc; et extollens C. | iussit c | ~ eorum saccos c. | suis] eorum C | in uiam A c. | 26 asinis + suis c | 27 uno O | 28 ~ mihi est A | in sacculo GΣ | ~ mutuo dixerunt c. | 29 iacob *om.* r *lapsu* | in terram TMΦc | 30 exploratores + esse c | 32 patre² + nostro c | uersatur] est c. | 33 sitis] estis GΦ | 34 sitis] estis G | ~ quae uultis emendi c. |

GAOC ΣΛΤΜΦ crb

singuli
43,21; 44,8 reppererunt in ore saccorum ligatas
pecunias
exterritisque simul omnibus [36]dixit
pater Iacob
absque liberis me esse fecistis
Ioseph non est super Symeon tenetur
in vinculis Beniamin auferetis
in me haec mala omnia reciderunt
[37]cui respondit Ruben
43,9 duos filios meos interfice si non reduxero illum tibi
trade in manu mea et ego eum restituam
[38]at ille non descendet inquit filius
meus vobiscum
frater eius mortuus est ipse solus remansit
44,29 si quid ei adversi acciderit in terra
ad quam pergitis
44,31; Tb 6,15 deducetis canos meos cum dolore
ad inferos
12,10! **43** interim fames omnem terram vehementer premebat
[2]consumptisque cibis quos ex Aegypto detulerant dixit Iacob ad filios
suos
44,25 revertimini et emite pauxillum escarum
[3]respondit Iudas
denuntiavit nobis vir ille sub testifi-
catione iurandi dicens
7; 42,20; 44,23 non videbitis faciem meam nisi fratrem vestrum minimum adduxeritis
vobiscum
44,26 [4]si ergo vis mittere eum nobiscum
pergemus pariter
22; 42,2 et ememus tibi necessaria
[5]si autem non vis non ibimus
vir enim ut saepe diximus denuntiavit nobis dicens
non videbitis faciem meam absque
fratre vestro minimo
[6]dixit eis Israhel
in meam hoc fecistis miseriam ut
indicaretis ei et alium habere vos
fratrem
[7]at illi responderunt
interrogavit nos homo per ordinem
nostram progeniem
si pater viveret si haberemus fratrem
et nos respondimus ei consequenter
iuxta id quod fuerat sciscitatus
numquid scire poteramus quod dic-
turus esset adducite vobiscum frat- 3! 42,20
rem vestrum
[8]Iudas quoque dixit patri suo
mitte puerum mecum ut proficisca- 42,2
mur et possimus vivere
ne moriamur nos et parvuli nostri
[9]ego suscipio puerum de manu mea
require illum
nisi reduxero et tradidero eum tibi 42,37; 44,32; 41,9!
ero peccati in te reus omni tempore
[10]si non intercessisset dilatio iam vice
altera venissemus
[11]igitur Israhel pater eorum dixit ad
eos
si sic necesse est facite quod vultis
sumite de optimis terrae fructibus in
vasis vestris et deferte viro munera
modicum resinae et mellis et styra-
cis et stactes et terebinthi et amig-
dalarum
[12]pecuniamque duplicem ferte vobiscum
et illam quam invenistis in sacculis
reportate ne forte errore factum sit
[13]sed et fratrem vestrum tollite et ite
ad virum
[14]Deus autem meus omnipotens faciat
vobis eum placabilem

GAOC ΣΛΤΜΦ crb

36 uinculis + et c. | aufertis GAΛrb | recederunt A; ceciderunt OC; acciderunt ΣT | ~ omnia mala (re)cid. Tc; omnia rec. mala Λ | 37 trade + illum c | eum + tibi MΦc | 38 descendit AT | est + et Ac || **43**,2 emite + nobis AΛc | 3 sub attestatione iurisiurandi c | 4 ~ eum mittere Oc | pergimus AT; proficiscemur G.; *om.* O. | 5 sin autem AΣΛTΦc | 7 ~ fratrem uestrum uobiscum c. | 9 tradidero] reddidero c. | eum] illum CΣ | ~ reus in te c | 11 storacis AΣΛc | et[4] *om.* c. | 12 pecuniam quoque TMc; pecuniam G. | ne forte *om.* O | 14 ~ eum uobis AΣ |

et remittat vobiscum fratrem vestrum quem tenet et hunc Beniamin
ego autem quasi orbatus absque liberis ero
15 tulerunt ergo viri munera et pecuniam duplicem et Beniamin
descenderuntque in Aegyptum et
steterunt coram Ioseph
16 quos cum ille vidisset et Beniamin
simul
44,1 praecepit dispensatori domus suae
dicens
19,3! introduc viros domum et occide victimas et instrue convivium
quoniam mecum sunt comesuri meridie
17 fecit ille sicut fuerat imperatum et
introduxit viros domum
42,28; 50,15 18 ibique exterriti dixerunt mutuo
propter pecuniam quam rettulimus
prius in saccis nostris introducti
sumus
ut devolvat in nos calumniam
et violenter subiciat servituti et nos
et asinos nostros
19 quam ob rem in ipsis foribus accedentes ad dispensatorem 20 locuti
sunt
oramus domine ut audias
41,57! iam ante descendimus ut emeremus
escas
21 quibus emptis cum venissemus ad
diversorium
42,35; 44,8 aperuimus sacculos nostros et invenimus pecuniam in ore saccorum
quam nunc eodem pondere reporta-
mus
22 sed et aliud adtulimus argentum ut
4; 42,2 emamus quae necessaria sunt
non est in nostra conscientia quis
eam posuerit in marsuppiis nostris
Tb 12,17! 23 at ille respondit pax vobiscum nolite
timere

Deus vester et Deus patris vestri dedit vobis thesauros in sacculis vestris
nam pecuniam quam dedistis mihi
probatam ego habeo
eduxitque ad eos Symeon
24 et introductis domum adtulit aquam 24,32!
et laverunt pedes suos
deditque pabula asinis eorum
25 illi vero parabant munera donec ingrederetur Ioseph meridie
audierant enim quod ibi comesuri
essent panem
26 igitur ingressus est Ioseph domum
suam
obtuleruntque ei munera tenentes in Mt 2,11
manibus
et adoraverunt proni in terram
27 at ille clementer resalutatis eis interrogavit dicens
salvusne est pater vester senex de
quo dixeratis mihi adhuc vivit
28 qui responderunt sospes est servus
tuus pater noster adhuc vivit
et incurvati adoraverunt eum
29 adtollens autem oculos Ioseph vidit
Beniamin fratrem suum uterinum
et ait
iste est frater vester parvulus de quo
dixeratis mihi
et rursum Deus inquit misereatur
tui fili mi
30 festinavitque quia commota fuerant
viscera eius super fratre suo et
erumpebant lacrimae
et introiens cubiculum flevit
31 rursusque lota facie egressus con-
tinuit se et ait ponite panes
32 quibus adpositis seorsum Ioseph et
seorsum fratribus
Aegyptiis quoque qui vescebantur
simul seorsum
inlicitum est enim Aegyptiis come-

14 et[2] *om.* O | 16 in domum G | strue GO𝔯𝔟. | 17 sicut] quod sibi A𝔠. | 18 tulimus G | prius *om.* GOM. | 19 dispensatorem + domus A𝔠. | 20 audias + nos A𝔠 | 21 saccos 𝔠. | reportauimus CΣTMΦ𝔠; portamus G. | 22 quae + nobis 𝔠. | ~ posuerit eam 𝔠. | 23 in saccis 𝔠. | 24 pabulum 𝔠. | 26 est *om.* O | manibus + suis 𝔠. | in terra C | 27 interrogauit + eos 𝔠 | 28 eum *om.* OM | 29 ~ ioseph oculos 𝔠 | 30 fuerant] sunt O ||

GAOC ΣΛTMΦ 𝔠𝔯𝔟

dere cum Hebraeis
et profanum putant huiuscemodi convivium
33 sederunt coram eo
primogenitus iuxta primogenita sua
et minimus iuxta aetatem suam
et mirabantur nimis 34 sumptis partibus quas ab eo acceperant
maiorque pars venit Beniamin
ita ut quinque partibus excederet
9,21 biberuntque et inebriati sunt cum eo
42,25; 43.16 **44** praecepit autem Ioseph dispensatori domus suae dicens
imple saccos eorum frumento quantum possunt capere
et pone pecuniam singulorum in summitate sacci
2 scyphum autem meum argenteum et pretium quod dedit tritici pone in ore sacci iunioris
factumque est ita
3 et orto mane dimissi sunt cum asinis suis
4 iamque urbem exierant et processerant paululum
tum Ioseph arcessito dispensatore domus
surge inquit persequere viros et adprehensis dicito
Ps 34,12! 108,5 quare reddidistis malum pro bono
5 scyphum quem furati estis ipse est in quo bibit dominus meus et in quo augurari solet
pessimam rem fecistis
6 fecit ille ut iusserat
et adprehensis per ordinem locutus est
7 qui responderunt quare sic loquitur dominus noster ut servi tui tantum flagitii commiserint
42,25; 43,21 8 pecuniam quam invenimus in summitate saccorum
reportavimus ad te de terra Chanaan
et quomodo consequens est ut furati simus de domo domini tui aurum vel argentum
9 apud quemcumque fuerit inventum servorum tuorum quod quaeris moriatur 31,32
et nos servi erimus domini nostri
10 qui dixit fiat iuxta vestram sententiam
apud quem fuerit inventum ipse sit servus meus vos autem eritis innoxii 17
11 itaque festinato deponentes in terram saccos aperuerunt singuli
12 quos scrutatus incipiens a maiore usque ad minimum
invenit scyphum in sacco Beniamin
13 at illi scissis vestibus oneratisque rursum asinis reversi sunt in oppidum
14 primusque Iudas cum fratribus ingressus est ad Ioseph
necdum enim de loco abierat
omnesque ante eum in terra pariter corruerunt
15 quibus ille ait cur sic agere voluistis
an ignoratis quod non sit similis mei in augurandi scientia
16 cui Iudas
quid respondebimus inquit domino meo vel quid loquemur
aut iusti poterimus obtendere
Deus invenit iniquitatem servorum tuorum
en omnes servi sumus domini mei et nos et apud quem inventus est scyphus Ios 9,8!
17 respondit Ioseph absit a me ut sic agam
qui furatus est scyphum ipse sit servus meus 10
vos autem abite liberi ad patrem vestrum

GAOC ΣΛΤΜΦ crb **44**,1 in summitatem GT | saccorum C | 2 sacculi A | 4 urbe ΟΣΦ | praecesserant G A. | tum] tunc ACΛ c; cum M | inquit + et c | 5 scyphus AΣΛT c | 8 in summitatem O | sumus G; essemus Φ | 9 ~ erimus serui c. | 10 dixit + eis MΦ c | apud quemcumque C c | 14 abierant AC | in terram OCTMΦ c | ~ pariter in terr. GC c | 16 respondeamus G. | loquamur GA; loquimur TΦ | iuste CΣTMΦ cb |

[18]accedens propius Iudas confidenter
ait
1Sm 8,21; 25,24! oro domine mi loquatur servus tuus
verbum in auribus tuis et ne iras-
caris famulo tuo
tu es enim post Pharaonem [19]domi-
nus meus
interrogasti prius servos tuos habetis patrem aut fratrem
[20]et nos respondimus tibi domino meo
est nobis pater senex et puer parvu-
21,5 lus qui in senecta illius natus est
cuius uterinus frater est mortuus
et ipsum solum habet mater sua
37,3 pater vero tenere diligit eum
[21]dixistique servis tuis adducite eum
ad me
et ponam oculos meos super illum
[22]suggessimus domino meo non potest
puer relinquere patrem suum
si enim illum dimiserit morietur
[23]et dixisti servis tuis
43,3! nisi venerit frater vester minimus vobiscum
non videbitis amplius faciem meam
[24]cum ergo ascendissemus ad famulum tuum patrem nostrum
narravimus ei omnia quae locutus
est dominus meus
[25]et dixit pater noster
43,2 revertimini et emite nobis parum tritici
[26]cui diximus ire non possumus
43,4 si frater noster minimus descendet
nobiscum proficiscemur simul
alioquin illo absente non audemus
videre faciem viri
[27]atque ille respondit
vos scitis quod duos genuerit mihi
uxor mea
37,20 [28]egressus est unus et dixistis bestia
devoravit eum
37,30 et hucusque non conparet
[29]si tuleritis et istum et aliquid ei in via 42,4.38!
contigerit
deducetis canos meos cum maerore
ad inferos
[30]igitur si intravero ad servum tuum
patrem nostrum et puer defuerit
cum anima illius ex huius anima pen-
deat
[31]videritque eum non esse nobiscum
morietur
et deducent famuli tui canos eius 42,38!
cum dolore ad inferos
[32]ego proprie servus tuus qui in meam
hunc recepi fidem et spopondi dicens
nisi reduxero eum peccati reus ero 43,9!
in patrem meum omni tempore
[33]manebo itaque servus tuus pro puero
in ministerium domini mei
et puer ascendat cum fratribus suis
[34]non enim possum redire ad patrem
absente puero
ne calamitatis quae oppressura est
patrem meum testis adsistam
45 non se poterat ultra cohibere Ioseph multis coram adstantibus
unde praecepit ut egrederentur cuncti foras
et nullus interesset alienus agnitioni
mutuae
[2]elevavitque vocem cum fletu
quam audierunt Aegyptii omnisque
domus Pharaonis
[3]et dixit fratribus suis
ego sum Ioseph
adhuc pater meus vivit
nec poterant respondere fratres nimio timore perterriti
[4]ad quos ille clementer accedite inquit ad me
et cum accessissent prope
ego sum ait Ioseph frater vester
quem vendidistis in Aegypto 37,28! Act 7,9

18 accedens + autem Λ c | 20 in senectute TM c | ~ mortuus est c | 24 meus] noster A | 26 si] nisi G | discendat O; descenderit GΛ c | 27 adque OC; ad quae TΦ c | 28 et hucusque] adhuc usque O | 32 tuus + sim c | 33 in ministerio AT c | 34 possumus G AC | patrem + meum C c; + nostrum G. || **45**,3 nec] non c | timore] terrore T c | 4 in aegyptum GΛMΦ c |

GAOC ΣΛΤΜΦ crb

5 nolite pavere nec vobis durum esse
videatur quod vendidistis me in his
regionibus
Ps 104,17 pro salute enim vestra misit me Deus
ante vos in Aegyptum
12,10! 6 biennium est quod fames esse coepit
in terra
11 et adhuc quinque anni restant quibus
nec arari poterit nec meti
7 praemisitque me Deus ut reservemini
super terram
et escas ad vivendum habere possitis
8 non vestro consilio sed Dei huc voluntate missus sum
qui fecit me quasi patrem Pharaonis
41,40.41 et dominum universae domus eius
ac principem in omni terra Aegypti
9 festinate et ascendite ad patrem meum et dicetis ei
haec mandat filius tuus Ioseph
Deus me fecit dominum universae
terrae Aegypti
descende ad me ne moreris 10 et ha-
46,34; 47,1.6.27 bita in terra Gessen
erisque iuxta me tu et filii tui et filii
filiorum tuorum
oves tuae et armenta tua et universa
quae possides
11 ibique te pascam
6 adhuc enim quinque anni residui
sunt famis
ne et tu pereas et domus tua et omnia quae possides
12 en oculi vestri et oculi fratris mei
Beniamin vident quod os meum loquatur ad vos
13 nuntiate patri meo universam gloriam meam
et cuncta quae vidistis in Aegypto
festinate et adducite eum ad me
29,3! 14 cumque amplexatus recidisset in collum Beniamin fratris sui flevit
illo quoque flente similiter super collum eius
15 osculatusque est Ioseph omnes fratres suos et ploravit super singulos
post quae ausi sunt loqui ad eum
16 auditumque est et celebri sermone
vulgatum in aula regis
venerunt fratres Ioseph
et gavisus est Pharao atque omnis
familia eius
17 dixitque ad Ioseph
ut imperaret fratribus suis dicens
onerantes iumenta ite in terram Chanaan
18 et tollite inde patrem vestrum et cognationem et venite ad me
et ego dabo vobis omnia bona Aegypti
ut comedatis medullam terrae
19 praecipe etiam ut tollant plaustra de 46,5
terra Aegypti
ad subvectionem parvulorum suorum et coniugum ac dicito
tollite patrem vestrum et properate
quantocius
venientes 20 ne dimittatis quicquam
de supellectili vestra
quia omnes opes Aegypti vestrae
erunt
21 fecerunt filii Israhel ut eis mandatum
fuerat
quibus dedit Ioseph plaustra secundum Pharaonis imperium et cibaria
in itinere
22 singulisque proferri iussit binas sto- IV Rg 5,22
las
Beniamin vero dedit trecentos argenteos cum quinque stolis optimis
23 tantundem pecuniae et vestium mittens patri suo

GAOC ΣΛΤΜΦ crb 5 nec] neque c.; sed nec C. | 6 est + enim c; enim est C. | ~ fames coepit esse GΛ; ~ coepit fames esse c | 8 ~ uoluntate huc GO crb | 9 dicitis GΛ; dicite A. | ~ fecit me c | 10 habitabis c | tua *om.* AO rb | 11 ~ sunt residui O | 13 uidetis CΛ | 14 ~ similiter flente c. | 15 post quae Φ cb] postque GΣΛ r; postquam AOTM; posteaquam C. | 17 in terra A | 19 ac coniugum et c. | 20 nec c | 21 feceruntque GA c | 22 singulis quoque c | cum quinque] cumque C | 23 tantumque O | uestimentum A |

addens eis asinos decem qui subve-
herent ex omnibus divitiis Aegypti
et totidem asinas triticum in itinere
panesque portantes
24 dimisit ergo fratres suos et proficis-
centibus ait
ne irascamini in via
25 qui ascendentes ex Aegypto venerunt
in terram Chanaan ad patrem suum
Iacob
26 et nuntiaverunt ei dicentes
41,41! Mc 16,11 Ioseph vivit et ipse dominatur in omni terra Aegypti
quo audito quasi de gravi somno
evigilans tamen non credebat eis
42,29! 27 illi contra referebant omnem ordinem rei
cumque vidisset plaustra et universa
quae miserat revixit spiritus eius
28 et ait
sufficit mihi si adhuc Ioseph filius
meus vivit
vadam et videbo illum antequam
moriar
46 profectusque Israhel cum omnibus
quae habebat venit ad puteum
Iuramenti
20! Lv 1,2! 7,8! III Rg 8,62! II Par 30,22! et mactatis ibi victimis Deo patris
sui Isaac
20,3 2 audivit eum per visionem nocte
vocantem se et dicentem sibi Iacob
Iacob
cui respondit ecce adsum
3 ait illi Deus ego sum Fortissimus
Deus patris tui
noli timere et descende in Aegyptum
21,18! quia in gentem magnam faciam te
ibi
4 ego descendam tecum illuc
et ego inde adducam te revertentem
Ioseph quoque ponet manum suam
super oculos tuos
5 surrexit Iacob a puteo Iuramenti
tuleruntque eum filii cum parvulis et 45,19
uxoribus suis
in plaustris quae miserat Pharao ad
portandum senem 6 et omnia quae
possederat in terra Chanaan
venitque in Aegyptum cum omni se- I Sm 12,8; Ps 104,23; Act 7,15
mine suo
7 filii eius et nepotes filiae et cuncta
simul progenies
8 haec sunt autem nomina filiorum Is- Ex 1,1
rahel qui ingressi sunt in Aegyptum
ipse cum liberis suis
primogenitus Ruben
9 filii Ruben Enoch et Phallu et Esrom I Par 5,3
et Charmi **9—11:** Ex 6,14–16;
10 filii Symeon Iemuhel et Iamin et I Par 4,24 **9—19:** 35,23–26
Ahod et Iachin et Saher et Saul fi- **9—24:**
lius Chananitidis Nm **26,5–49**
11 filii Levi Gerson Caath et Merari Nm 3,17! 26,57!
12 filii Iuda Her et Onan et Sela et Pha- Nm 26,19.20; I Par 2,3–5; 4,1
res et Zara
mortui sunt autem Her et Onan in
terra Chanaan
natique sunt filii Phares Esrom et
Amul
13 filii Isachar Thola et Phua et Iob et I Par 7,1
Semron
14 filii Zabulon Sared et Helon et Ia-
helel
15 hii filii Liae quos genuit in Mesopotamiam Syriae cum Dina filia sua
omnes animae filiorum eius et filiarum triginta tres
16 filii Gad Sephion et Haggi
Suni et Esebon
Heri et Arodi et Areli
17 filii Aser Iamne et Iesua et Iesui et I Par 7,30.31
Beria
Sara quoque soror eorum

23 eis] ei GΦ𝔯𝔟; et T𝔠 | asinas] asinos GAO | ~ in itinere triticum G | 25 in terra OT | 26 ioseph + filius tuus 𝔠 | audito + iacob TMΦ𝔠 | 27 illi e contra G𝔠 | uidissent A | 28 ~ filius meus ioseph ACΣΛTMΦ ‖ **46**,2 noctis A𝔠; *om.* M | 3 et *om.* AΣ𝔠 | 4 ~ adducam te inde AO | manus suas 𝔠 | 5 surrexit + autem 𝔠. | filii + sui A | 6 possiderant O; possidebat A. | 7 [*deest* G *usque ad v.* 28] | nepotis O | 8 ipsi AOΣ𝔯𝔟 | 11 gerson + et C𝔠 | 12 ~ autem sunt OC | 13 [*deest* O *usque ad v.* 18 (*ant. vers.*)] | 15 lia 𝔠 (*lapsu*?) | in mesopotamiam ACΣ] in mesopotamia *cet.* | 16 et thaggi AΦ; + et C𝔠 | esebon + et C𝔠 |

(G)A(O)C ΣΛTMΦ 𝔠𝔯𝔟

filii Beria Heber et Melchihel
[18]hii filii Zelphae quam dedit Laban
Liae filiae suae
et hos genuit Iacob sedecim animas
[19]filii Rahel uxoris Iacob Ioseph et
Beniamin
41,50–52 [20]natique sunt Ioseph filii in terra
Aegypti quos genuit ei Aseneth fi-
lia Putiphare sacerdotis Heliopoleos Manasses et Ephraim
I Par 7,6; 8,1–5 [21]filii Beniamin Bela et Bechor et Asbel
Gera et Naaman et Ehi et Ros
Mophim et Opphim et Ared
[22]hii filii Rahel quos genuit Iacob omnes animae quattuordecim
[23]filii Dan Usim
I Par 7,13 [24]filii Nepthalim Iasihel et Guni et
Hieser et Sallem
[25]hii filii Balae quam dedit Laban Raheli filiae suae
et hos genuit Iacob omnes animae
septem
[26]cunctae animae quae ingressae sunt
cum Iacob in Aegyptum
et egressae de femore illius absque
uxoribus filiorum sexaginta sex
[27]filii autem Ioseph qui nati sunt ei in
terra Aegypti animae duae
Ex 1,5; Dt 10,22; Act 7,14 omnis anima domus Iacob quae ingressa est Aegyptum fuere septua-
ginta
[28]misit autem Iudam ante se ad Ioseph ut nuntiaret ei et ille occurreret in Gessen
29,13! Act 20,37 [29]quo cum pervenisset iuncto Ioseph
curru suo ascendit obviam patri ad
eundem locum
vidensque eum inruit super collum
eius et inter amplexus flevit
Tb 11,9 Lxx [30]dixitque pater ad Ioseph
Lc 2,29.30 iam laetus moriar quia vidi faciem
tuam et superstitem te relinquo
[31]et ille locutus est ad fratres et ad omnem domum patris sui
ascendam et nuntiabo Pharaoni di- 47,1
camque ei
fratres mei et domus patris mei qui 47,5
erant in terra Chanaan venerunt
ad me
[32]et sunt viri pastores ovium curam-
que habent alendorum gregum
pecora sua et armenta et omnia quae
habere potuerunt adduxerunt secum
[33]cumque vocaverit vos et dixerit quod 47,3
est opus vestrum
[34]respondebitis viri pastores sumus 47,3
servi tui ab infantia nostra usque
in praesens et nos et patres nostri
haec autem dicetis ut habitare possi- 45,10!
tis in terra Gessen
quia detestantur Aegyptii omnes pastores ovium
47 ingressus ergo Ioseph nuntiavit 45,10; 46,31
Pharaoni dicens
pater meus et fratres oves eorum et
armenta et cuncta quae possident
venerunt de terra Chanaan
et ecce consistunt in terra Gessen
[2]extremos quoque fratrum suorum
quinque viros statuit coram rege
[3]quos ille interrogavit quid habetis 46,33
operis
responderunt pastores ovium sumus 46,34
servi tui et nos et patres nostri
[4]ad peregrinandum in terra tua venimus
quoniam non est herba gregibus servorum tuorum
ingravescente fame in regione Chanaan
petimusque ut esse nos iubeas ser-

(G)A(O)C ΣΛΤΜΦ crb

18 [*iterum adest* O] | 20 putiphares CΣΛΤΜΦ | 21 asbel + et c. | et[4] *om.* OΦrb | ros + et Cc | 25 rahel O.; rachel **ΜΦ** | 26 ingressi O | in *om.* ΑΣ | egressae + sunt c | filiorum + eius OMc | 27 omnes animae OTMcrb | ingressae sunt OMcrb; + in Oc | fuere] fere O | 28 autem + iacob C | [*iterum adest* G] | ille *om.* c. | 29 quod cum GAC; quod eo r. | peruenissent OTMb | patri + suo c | 31 at ille c | fratres[1] + suos c | 32 poterunt OM | adduxere ΑΣ | 34 in[1]] ad A; *om.* Σ. | in terram C || **47**,2 statuit] constituit c. | 4 in regione ΟΛΜΦ cb] in terra *cet.* |

vos tuos in terra Gessen
5 dixit itaque rex ad Ioseph
46,31 pater tuus et fratres tui venerunt ad
te
13,9! 6 terra Aegypti in conspectu tuo est
45,10! in optimo loco fac habitare eos et
trade eis terram Gessen
quod si nosti esse in eis viros industrios constitue illos magistros pecorum meorum
7 post haec introduxit Ioseph patrem suum ad regem et statuit eum coram eo
qui benedicens illi
8 et interrogatus ab eo quot sunt dies annorum vitae tuae
9 respondit dies peregrinationis vitae
IV Esr 4,33 meae centum triginta annorum sunt
parvi et mali
et non pervenerunt usque ad dies patrum meorum quibus peregrinati sunt
10 et benedicto rege egressus est foras
11 Ioseph vero patri et fratribus suis
III Rg 11,18 dedit possessionem in Aegypto
in optimo loco terrae solo Ramesses ut praeceperat Pharao
50,21 12 et alebat eos omnemque domum patris sui praebens cibaria singulis
13 in toto enim orbe panis deerat
12,10! et oppresserat fames terram maxime
Aegypti et Chanaan
14 e quibus omnem pecuniam congregavit pro venditione frumenti
et intulit eam in aerarium regis
15 cumque defecisset emptoris pretium
venit cuncta Aegyptus ad Ioseph dicens
da nobis panes quare morimur coram te deficiente pecunia
16 quibus ille respondit
adducite pecora vestra et dabo vobis pro eis cibos si pretium non habetis
17 quae cum adduxissent
dedit eis alimenta pro equis et ovibus et bubus et asinis
sustentavitque eos illo anno pro commutatione pecorum
18 veneruntque anno secundo et dixe- II Esr 5,2–5
runt ei
non celamus dominum nostrum quod deficiente pecunia pecora simul defecerint
nec clam te est quod absque corporibus et terra nihil habeamus
19 cur ergo morimur te vidente
et nos et terra nostra tui erimus
eme nos in servitutem regiam
et praebe semina ne pereunte cultore redigatur terra in solitudinem
20 emit igitur Ioseph omnem terram Aegypti
vendentibus singulis possessiones suas prae magnitudine famis
subiecitque eam Pharaoni
21 et cunctos populos eius
a novissimis terminis Aegypti usque ad extremos fines eius
22 praeter terram sacerdotum quae a rege tradita fuerat eis
quibus et statuta cibaria ex horreis publicis praebebantur
et idcirco non sunt conpulsi vendere possessiones suas
23 dixit ergo Ioseph ad populos
en ut cernitis et vos et terram vestram Pharao possidet
accipite semina et serite agros
24 ut fruges habere possitis
quintam partem regi dabitis quattuor reliquas permitto vobis

(G)AOC ΣΛTMΦ crb

6 ~ eos habitare Λc | ~ in eis esse c | 9 respondit + iacob GM. | peregrinationis + et GCΛ | uitae *om.* Acr | 11 loco terrae solo GAOCr] terrae loco c.; terrae solo ΣΛMΦb; solo terrae T. | 14 ea GA | 15 emptoribus Cc | moriemur CΣ | 18 uenerunt quoque MΦc | celabimus cr; celauimus AO | domino nostro OCΣΛ M | pecunia + et AΣΛMΦ | defecerunt OTΦc | et terram AOC | habemus OT | 19 moriemur Λc; moriamur O | [*deest* G *usque ad v.* 31] | in solitudine A OΦ |

in sementem et in cibos famulis et
liberis vestris
Ps 30,16 25 qui responderunt salus nostra in
manu tua est
respiciat nos tantum dominus noster
et laeti serviemus regi
26 ex eo tempore usque in praesentem
diem in universa terra Aegypti regibus quinta pars solvitur
et factum est quasi in legem
absque terra sacerdotali quae libera
ab hac condicione fuit
45,10 27 habitavit ergo Israhel in Aegypto
id est in terra Gessen et possedit eam
17,20! Ex 1,7! 20; Act 7,17 auctusque est et multiplicatus nimis
28 et vixit in ea decem et septem annis
factique sunt omnes dies vitae illius
centum quadraginta septem annorum
29 cumque adpropinquare cerneret
mortis diem
vocavit filium suum Ioseph et dixit
ad eum
24,2.9 si inveni gratiam in conspectu tuo
pone manum sub femore meo
Ios 2,14; Idc 1,24 et facies mihi misericordiam et veritatem
ut non sepelias me in Aegypto 30 sed
dormiam cum patribus meis
49,29; 50,5! 24 et auferas me de hac terra condasque
in sepulchro maiorum
cui respondit Ioseph ego faciam
quod iussisti
31 et ille iura ergo inquit mihi
quo iurante adoravit Israhel Deum
conversus ad lectuli caput
48 his ita transactis nuntiatum est Ioseph quod aegrotaret pater eius
qui adsumptis duobus filiis Manasse
et Ephraim ire perrexit
2 dictumque est seni ecce filius tuus
Ioseph venit ad te
qui confortatus sedit in lectulo 3 et
ingresso ad se ait
Deus omnipotens apparuit mihi in
Luza quae est in terra Chanaan 35,6
benedixitque mihi 4 et ait
ego te augebo et multiplicabo et fa- 17,6! 28,3
ciam in turbas populorum
daboque tibi terram hanc et semini 12,7!
tuo post te in possessionem sempiternam
5 duo igitur filii tui qui nati sunt tibi 41,50
in terra Aegypti antequam huc ve-
nirem ad te mei erunt
Ephraim et Manasses sicut Ruben et
Symeon reputabuntur mihi
6 reliquos autem quos genueris post
eos tui erunt
et nomine fratrum suorum vocabun-
tur in possessionibus suis
7 mihi enim quando veniebam de Me- 35,19
sopotamiam mortua est Rahel in
terra Chanaan in ipso itinere
eratque vernum tempus et ingrediebar Ephratam
et sepelivi eam iuxta viam Ephratae
quae alio nomine appellatur Bethleem
8 videns autem filios eius dixit ad eum 33,5!
qui sunt isti
9 respondit filii mei sunt quos dedit
mihi Deus in hoc loco
adduc inquit eos ad me ut benedicam illis
10 oculi enim Israhel caligabant prae 27,1!
nimia senectute et clare videre non
poterat
adplicitosque ad se deosculatus et 29,13!
circumplexus 11 dixit ad filium

(G)AOC ΣΛΤΜΦ cr𝔟

24 in cibum ¢; in cibis Σ.; cibos A. | familiis ΣΛΤΜΦ ¢ | 25 seruiamus O | 26 in lege C | 28 quadraginta + et AC | 29 ~ diem mortis Σ¢.; + suae ¢. | manum + tuam A¢ | facias OTMr | 30 ~ terra hac ¢ | maiorum + meorum ¢ | 31 [*iterum adest* G] | adorauit] adiurauit OT. || **48**,1 itaque OΣ | eius] suus ¢. | filiis + suis CΣTM | 4 faciam + te ¢. | in turmas AΣ | 5 igitur] ergo ¢ | 7 de mesopotamiam A] de mesopotamia *cet.* | rahel + mater tua C | ingrediebatur GC | sepelliuit G; sepeli A. | 9 donauit ¢ | deus] dominus GΣ | ~ loco hoc G; loco isto Σ | ~ eos inquit OΛ | 10 caliginabant O.; caligauerant Σ; caliginauerant AΦ | adplicatosque A | deosculatos M.; osculatus AΣTΦ; + est CΣT | et[2]] est O | circumplexos OM; + eos ¢ | 11 filium + suum ¢. |

non sum fraudatus aspectu tuo
insuper ostendit mihi Deus semen
tuum
12 cumque tulisset eos Ioseph de gremio
patris
adoravit pronus in terram
13 et posuit Ephraim ad dexteram suam
id est ad sinistram Israhel
Manassen vero in sinistra sua ad
dexteram scilicet patris
adplicuitque ambos ad eum
14 qui extendens manum dextram posuit super caput Ephraim iunioris
fratris
sinistram autem super caput Manasse qui maior natu erat commutans
manus
Hbr 11,21 15 benedixitque Ioseph filio suo et ait
5,22! Deus in cuius conspectu ambulaverunt patres mei Abraham et Isaac
Deus qui pascit me ab adulescentia
mea usque in praesentem diem
I Sm 10,19! 16 angelus qui eruit me de cunctis malis
benedicat pueris et invocetur super
eos nomen meum
nomina quoque patrum meorum
Abraham et Isaac
et crescant in multitudinem super
terram
17 videns autem Ioseph quod posuisset
pater suus dexteram manum super
caput Ephraim
graviter accepit et adprehensam patris manum levare conatus est de
capite Ephraim
et transferre super caput Manasse
18 dixitque ad patrem
Ios 17,1 non ita convenit pater quia hic est
primogenitus
pone dexteram tuam super caput eius
19 qui rennuens ait scio fili mi scio
et iste quidem erit in populos et mul- 17,20!
tiplicabitur
sed frater eius iunior maior illo erit
et semen illius crescet in gentes Ios 17,14
20 benedixitque eis in ipso tempore dicens
in te benedicetur Israhel atque dicetur
faciat tibi Deus sicut Ephraim et
sicut Manasse
constituitque Ephraim ante Manassen
21 et ait ad Ioseph filium suum
en ego morior et erit Deus vobiscum
reducetque vos ad terram patrum 28,15!
vestrorum
22 do tibi partem unam extra fratres
tuos
quam tuli de manu Amorrei in gladio et arcu meo
49 vocavit autem Iacob filios suos et
ait eis
congregamini ut adnuntiem quae 41,25! Nm 24,14; Dn 2,28; 10,14
ventura sunt vobis diebus novis-
simis
2 congregamini et audite filii Iacob
audite Israhel patrem vestrum Tb 14,10! Ps 33,12!
3 Ruben primogenitus meus
tu fortitudo mea et principium doloris mei
prior in donis maior imperio Dt 33,6
4 effusus es sicut aqua non crescas II Sm 14,14; Ps 21,15
quia ascendisti cubile patris tui et
maculasti stratum eius I Par 5,1
5 Symeon et Levi fratres vasa iniquitatis bellantia
6 in consilio eorum ne veniat anima
mea
et in coetu illorum non sit gloria mea
quia in furore suo occiderunt virum
et in voluntate sua suffoderunt mu-

GA(O)C ΣΛΤΜΦ crb

11 aspectui ACΣ; conspectui T. | 12 in terra A | 13 [*deest* O *usque ad v.* 14 (*ant. vers.*)] | adplicauitque ACT | 14 [*iterum adest* O] | iunioris] minoris c | maior natus GC | 15 ~ filio suo ioseph AM.; iacob filiis ioseph c | 16 eruit] eripuit C | pueris + istis ATMΦ c; + his Σ | in multitudine CΣΛΤΜΦ | 17 ~ manum patris Tc | de caput CΣ. | 19 mi *om.* A | iunior] minor c. | ~ erit illo c. | 20 [*deest* O *usque ad* 50,25 (*ant. vers.*)] | in tempore illo c. | deus] dominus G | manasse[2] AΛT || **49**,1 in diebus c | 3 in imperio Tc | 4 quia] qui CΛ | 6 in consilium GCcrb; in concilium Σ. | ne] non CΣMc |

rum
7 maledictus furor eorum quia pertinax
et indignatio illorum quia dura
dividam eos in Iacob et dispergam illos in Israhel
8 Iuda te laudabunt fratres tui
Dt 33,7 manus tua in cervicibus inimicorum tuorum
27,29 adorabunt te filii patris tui
Os 5,14 9 catulus leonis Iuda a praeda fili mi ascendisti
Nm 24,9 requiescens accubuisti ut leo et quasi leaena quis suscitabit eum
10 non auferetur sceptrum de Iuda et
Ier 30,21 dux de femoribus eius donec veniat qui mittendus est et ipse erit expectatio gentium
11 ligans ad vineam pullum suum et ad vitem o fili mi asinam suam
Apc 7,14! lavabit vino stolam suam et sanguine uvae pallium suum
12 pulchriores oculi eius vino et dentes lacte candidiores
Ios 19,29; Idc 5,17 13 Zabulon in litore maris habitabit et in statione navium pertingens usque ad Sidonem
Idc 5,16 14 Isachar asinus fortis accubans inter terminos
15 vidit requiem quod esset bona et terram quod optima
Sir 6,26 et subposuit umerum suum ad portandum
factusque est tributis serviens
16 Dan iudicabit populum suum sicut et alia tribus Israhel
17 fiat Dan coluber in via cerastes in semita
mordens ungulas equi ut cadat ascensor eius retro
Ps 118,166.174; Mi 7,7! 18 salutare tuum expectabo Domine
19 Gad accinctus proeliabitur ante eum
et ipse accingetur retrorsum
20 Aser pinguis panis eius et praebebit delicias regibus
21 Nepthalim cervus emissus et dans eloquia pulchritudinis
22 filius adcrescens Ioseph filius adcrescens et decorus aspectu
filiae discurrerunt super murum
23 sed exasperaverunt eum
et iurgati sunt invideruntque illi habentes iacula
24 sedit in forti arcus eius et dissoluta sunt vincula brachiorum et manuum illius per manus potentis Iacob
inde pastor egressus est lapis Israhel
25 Deus patris tui erit adiutor tuus et Omnipotens benedicet tibi
benedictionibus caeli desuper Dt 33,13
benedictionibus abyssi iacentis deorsum
benedictionibus uberum et vulvae
26 benedictiones patris tui confortatae sunt benedictionibus patrum eius
donec veniret desiderium collium aeternorum
fiant in capite Ioseph et in vertice Dt 33,16
nazarei inter fratres suos
27 Beniamin lupus rapax mane comedet praedam et vespere dividet spolia Ez 22,27
28 omnes hii in tribubus Israhel duodecim Sir 44,26
haec locutus est eis pater suus
benedixitque singulis benedictionibus propriis
29 et praecepit eis dicens
ego congregor ad populum meum
sepelite me cum patribus meis in spelunca duplici 47,30; 23,19.20; 25,9.10; 50,13
quae est in agro Ephron Hetthei
30 contra Mambre in terra Chanaan
quam emit Abraham cum agro ab Ephron Hettheo in possessionem

GAC (Σ)ΛTMΦ crb

7 illorum] eorum GΣ c | illos] eos Φ c | 9 a praeda G r., *cf.* 𝔐𝔊] ad praedam *cet.* | suscitauit ACΣT | 10 de femore c | 11 lauauit GACT | in uino GTM c | et in sanguine GC c | 12 pulchriores + sunt c | dentes + eius c | 13 habitauit ACΣΛT | 14 inter terminos AM crb] in terminos *cet.* | 15 terra G | est *om.* G | 16 [*deest* Σ *usque ad v.* 18] | iudicauit GACΛ | et *om.* AC | tribus + in GCΛ c | 17 ungulam A | 18 [*iterum adest* Σ] | 22 discurrunt A; discurrent Λ. | 24 per manum G | 26 suos] tuos C |

sepulchri
25,10 31 ibi sepelierunt eum et Sarram uxorem eius
ibi sepultus est Isaac cum Rebecca
coniuge
ibi et Lia condita iacet
32 finitisque mandatis quibus filios in-
struebat
collegit pedes suos super lectulum et
obiit
25,8 adpositusque est ad populum suum
50 quod cernens Ioseph ruit super faciem patris
flens et deosculans eum
2 praecepitque servis suis medicis ut
aromatibus condirent patrem
3 quibus iussa explentibus transierunt
quadraginta dies
iste quippe mos erat cadaverum con-
ditorum
flevitque eum Aegyptus septuaginta
diebus
4 et expleto planctus tempore locutus
est Ioseph ad familiam Pharaonis
si inveni gratiam in conspectu vestro
loquimini in auribus Pharaonis
5 eo quod pater meus adiuraverit me
dicens
47,30! II Par 16,14 en morior in sepulchro meo quod fodi mihi in terra Chanaan sepelies
me
ascendam igitur et sepeliam patrem
meum ac revertar
6 dixitque ei Pharao
ascende et sepeli patrem tuum sicut
adiuratus es
7 quo ascendente ierunt cum eo omnes senes domus Pharaonis
cunctique maiores natu terrae Aegypti
8 domus Ioseph cum fratribus suis
absque parvulis et gregibus atque
armentis quae dereliquerant in terra Gessen
9 habuit quoque in comitatu currus et
equites
et facta est turba non modica
10 veneruntque ad aream Atad quae
sita est trans Iordanem
ubi celebrantes exequias planctu Idt 16,29; Sir 22,13
magno atque vehementi impleve-
runt septem dies
11 quod cum vidissent habitatores terrae Chanaan dixerunt
planctus magnus est iste Aegyptiis
et idcirco appellaverunt nomen loci
illius Planctus Aegypti
12 fecerunt ergo filii Iacob sicut praeceperat eis
13 et portantes eum in terram Chanaan
sepelierunt in spelunca duplici 23,19.20; 25,9.10; 49,29.30
quam emerat Abraham cum agro
in possessionem sepulchri ab Ephron Hettheo contra faciem Mambre
14 reversusque est Ioseph in Aegyptum
cum fratribus suis et omni comitatu sepulto patre
15 quo mortuo timentes fratres eius et 42,28; 43,18
mutuo conloquentes
ne forte memor sit iniuriae quam
passus est
et reddat nobis malum omne quod
fecimus
16 mandaverunt ei pater tuus praecepit
nobis antequam moreretur
17 ut haec tibi verbis illius diceremus
obsecro ut obliviscaris sceleris frat- Ex 32,31; Nm 12,11; II Sm 19,19
rum tuorum
et peccati atque malitiae quam exer-
cuerunt in te
nos quoque oramus ut servis Dei
patris tui dimittas iniquitatem hanc
quibus auditis flevit Ioseph
18 veneruntque ad eum fratres sui II Sm 9,6
et proni in terram dixerunt servi tui
sumus

31 coniuge + sua c | 32 lectum G || **50**,3 diebus] dies AΦ | 4 et *om.* C | pharaonis[1] + dicens A | 5 et] ac A | meum *om.* GTΦ | 6 ei *om.* G | 10 atad Λ crb 𝔐𝔊] acath C.; *om. cet.* | 11 appellauerunt] uocatum est c. | 13 in terra GΣT | sepelierunt + eum Σ c | in possessione C | 15 ~ omne malum c | 16 ei + fratres G.; + dicentes c | 18 proni + adorantes c. | in terra A; + adorauerunt et AΦ |

GAC ΣΛΤΜΦ crb

19 quibus ille respondit
II Par 20,6! Est 13.9! Rm 9,19 nolite timere num Dei possumus
rennuere voluntatem
31,52 20 vos cogitastis de me malum et Deus
vertit illud in bonum
ut exaltaret me sicut inpraesentiarum cernitis
et salvos faceret multos populos
47,12 21 nolite metuere ego pascam vos et
parvulos vestros
consolatusque est eos et blande ac
leniter est locutus
22 et habitavit in Aegypto cum omni
domo patris sui
vixitque centum decem annis
Tb 9,11! et vidit Ephraim filios usque ad tertiam generationem
filii quoque Machir filii Manasse nati
sunt in genibus Ioseph
23 quibus transactis locutus est fratribus suis
23.24: Hbr 11,22 post mortem meam Deus visitabit vos et ascendere faciet de terra
ista
Ex 6,8! 13,5.11! Ex 33,1! Dt 34,4 ad terram quam iuravit Abraham
Isaac et Iacob
Ex 13,19 24 cumque adiurasset eos atque dixisset
Deus visitabit vos
47,30 asportate vobiscum ossa mea de loco
isto
Ios 24,29 25 mortuus est expletis centum decem
vitae suae annis
2 et conditus aromatibus repositus est
in loculo in Aegypto

EXPLICIT LIBER BRESITH

ID EST GENESIS

INCIPIT LIBER ELLESMOTH

ID EST EXODUS

Haec sunt nomina filiorum Isra- Gn 46,8 **1—4:** Gn 35,23–26; I Par 2,1.2
hel
qui ingressi sunt Aegyptum cum
Iacob
singuli cum domibus suis introierunt
2 Ruben Symeon Levi Iuda 3 Isachar
Zabulon et Beniamin
4 Dan et Nepthalim Gad et Aser
5 erant igitur omnes animae eorum Gn 46,27!
qui egressi sunt de femore Iacob
septuaginta
Ioseph autem in Aegypto erat
6 quo mortuo et universis fratribus
eius omnique cognatione illa
7 filii Israhel creverunt et quasi ger- Gn 47,27! Ez 16,7
minantes multiplicati sunt
ac roborati nimis impleverunt terram
8 surrexit interea rex novus super Act 7,18
Aegyptum qui ignorabat Ioseph
9 et ait ad populum suum
ecce populus filiorum Israhel multus 5,5
et fortior nobis
10 venite sapienter opprimamus eum
ne forte multiplicetur
et si ingruerit contra nos bellum
addatur inimicis nostris
expugnatisque nobis egrediatur e
terra
11 praeposuit itaque eis magistros ope- Dt 26,6; Idt 5,10
rum ut adfligerent eos oneribus
aedificaveruntque urbes tabernaculorum Pharaoni Phiton et Ramesses
12 quantoque opprimebant eos tanto
magis multiplicabantur et crescebant
13 oderantque filios Israhel Aegyptii
et adfligebant inludentes eis
14 atque ad amaritudinem perducebant Idt 5,10
vitam eorum

GAC ΣΛΤΜΦ 𝔠𝔯𝔟 19 timere] metuere AC | rennuere] resistere T𝔠 | uoluntati ΣΛΤΜΦ𝔠 | 20 et[1]] sed 𝔠. | facerem GT | 21 metuere] timere 𝔠 | 22 annos ACΣTM | in gentibus G | 23 ascendere + uos 𝔠 | 24 uisitauit GAΣΛT | ~ ossa mea uobiscum A𝔠 | 25 conditus + est A ||

GAOC ΣΛΤΜΦ 𝔠𝔯 **Exodus.** *Citantur* GAOC *et* ΣΛΤΜΦ *ac* 𝔠𝔯. *Tit.* liber exodus hebraice ueelle semoth 𝔠 || **1**,1 sunt[2] + in GOTMΦ𝔠𝔯 | 2 iudas CΛ𝔠𝔯 | 5 egressi] ingressi GC | 8 interea] in terra CΛ | 9 nobis + est AΣΛΤΜΦ𝔠 | 10 inruerit GO𝔯; increberit Λ. | egrediantur O | de terra Λ𝔠 |

operibus duris luti et lateris
omnique famulatu quo in terrae operibus premebantur
15 dixit autem rex Aegypti obsetricibus Hebraeorum
quarum una vocabatur Sephra altera Phua 16 praecipiens eis
quando obsetricabitis Hebraeas et partus tempus advenerit
22; Gn 34,25 si masculus fuerit interficite illum si femina reservate
17 timuerunt autem obsetrices Deum
et non fecerunt iuxta praeceptum regis Aegypti sed conservabant mares
18 quibus ad se accersitis rex ait
quidnam est hoc quod facere voluistis ut pueros servaretis
19 quae responderunt
non sunt hebraeae sicut aegyptiae mulieres
ipsae enim obsetricandi habent scientiam
et priusquam veniamus ad eas pariunt
20 bene ergo fecit Deus obsetricibus
Gn 47,27! et crevit populus confortatusque est nimis
21 et quia timuerant obsetrices Deum aedificavit illis domos
22 praecepit autem Pharao omni populo suo dicens
16! quicquid masculini sexus natum fuerit in flumen proicite
quicquid feminei reservate
6,20; Nm 26,59 **2** egressus est post haec vir de domo Levi accepta uxore stirpis suae
Hbr 11,23 2 quae concepit et peperit filium
et videns eum elegantem abscondit tribus mensibus
3 cumque iam celare non posset
sumpsit fiscellam scirpeam et linivit eam bitumine ac pice
posuitque intus infantulum et exposuit eum in carecto ripae fluminis
4 stante procul sorore eius et considerante eventum rei
5 ecce autem descendebat filia Pharaonis ut lavaretur in flumine
et puellae eius gradiebantur per crepidinem alvei
quae cum vidisset fiscellam in papyrione
misit unam e famulis suis
et adlatam 6 aperiens cernensque in ea parvulum vagientem
miserta eius ait
de infantibus Hebraeorum est
7 cui soror pueri vis inquit ut vadam et vocem tibi hebraeam mulierem quae nutrire possit infantulum
8 respondit vade
perrexit puella et vocavit matrem eius
9 ad quam locuta filia Pharaonis
accipe ait puerum istum et nutri mihi
ego tibi dabo mercedem tuam Gn 30,28
suscepit mulier et nutrivit puerum
adultumque tradidit filiae Pharaonis
10 quem illa adoptavit in locum filii Act 7,21
vocavitque nomen eius Mosi dicens quia de aqua tuli eum
11 in diebus illis postquam creverat Moses
egressus ad fratres suos vidit adflictionem eorum Act 7,23.24
et virum aegyptium percutientem quendam de Hebraeis fratribus suis
12 cumque circumspexisset huc atque illuc
et nullum adesse vidisset
percussum Aegyptium abscondit sabulo

14 quod G | in terra C | 15 hebraeorum] eorum C | sephra + et OT | 16 illum] eum c | 18 reseruaretis O | 19 quae] qui CΛ. | ~ habent obsetricandi O | 21 timuerunt CΣΛT c; timebant O. | illis] eis c. | 22 autem] ergo Φ c | in flumine CΣT | feminini T c || **2**,1 accepta uxore] et accepit uxorem C c | 3 celare + eum C | leniuit T; linuit Λ; leuit AO r. | 5 autem *om.* O | famulabus c | 6 in eam CM | miserata A | est + hic ΣTMΦ c | 7 ut *om.* CΛ | ~ mulierem hebraeam c. | 8 eius] suam c | 9 locuta + est A | ait] inquid Σ; *om.* O | ~ dabo tibi c | 10 mosi ACΣ r] moysi OΛTΦ; moyses GM c | 11 moyses c, *et sic semper* | egressus + est G c | uiditque c. |

GAOC ΣΛTMΦ cr

13—15: Act 7,26–29 13 et egressus die altero conspexit duos
Hebraeos rixantes
dixitque ei qui faciebat iniuriam
quare percutis proximum tuum
Lc 12,14; Act 7,27.35 14 qui respondit quis constituit te principem et iudicem super nos
num occidere me tu dicis sicut occidisti Aegyptium
timuit Moses et ait quomodo palam
factum est verbum istud
15 audivitque Pharao sermonem hunc
Gn 37,18! et quaerebat occidere Mosen
qui fugiens de conspectu eius mora-
Io 4,6 tus est in terra Madian et sedit iuxta
puteum
16 erant sacerdoti Madian septem filiae
Gn 24,11! quae venerunt ad hauriendas aquas
et impletis canalibus adaquare cupie-
bant greges patris sui
17 supervenere pastores et eiecerunt eas
surrexitque Moses et defensis puellis
adaquavit oves earum
18 quae cum revertissent ad Raguhel
patrem suum dixit ad eas
cur velocius venistis solito
19 responderunt vir aegyptius liberavit
nos de manu pastorum
insuper et hausit aquam nobiscum
potumque dedit ovibus
20 at ille ubi est inquit quare dimisistis
hominem
vocate eum ut comedat panem
21 iuravit ergo Moses quod habitaret
cum eo
accepitque Sefforam filiam eius
18,3; Gn 23,4! 22 quae peperit filium quem vocavit
Gersam
dicens advena fui in terra aliena
23 post multum temporis mortuus est
rex Aegypti
et ingemescentes filii Israhel propter
opera vociferati sunt
ascenditque clamor eorum ad Deum 3,9; I Sm 9,16; 12,8; II Sm 22,7; Ps 17,7; Iac 5,4; Dt 26,7
ab operibus
24 et audivit gemitum eorum
ac recordatus foederis quod pepige- Gn 9,15! 15,18
rat cum Abraham et Isaac et Iacob 32,13! Lv 26,42! IV Rg 13,23
25 respexit filios Israhel et cognovit eos
3 Moses autem pascebat oves Iethro
cognati sui sacerdotis Madian
cumque minasset gregem ad interiora deserti
venit ad montem Dei Horeb
2 apparuitque ei Dominus in flamma Act 7,30; IV Esr 14,3
ignis de medio rubi
et videbat quod rubus arderet et non
conbureretur
3 dixit ergo Moses vadam et videbo
visionem hanc magnam quare non
conburatur rubus
4 cernens autem Dominus quod pergeret ad videndum
vocavit eum de medio rubi et ait IV Esr 14,2
Moses Moses qui respondit adsum
5 at ille ne adpropies inquit huc
solve calciamentum de pedibus tuis Ios 5,16
locus enim in quo stas terra sancta 5—8: Act 7,32–34
est
6 et ait ego sum Deus patris tui 15! Gn 26,24! III Rg 18,36; Mt 22,32! Mc 12,26; Lc 20,37
Deus Abraham Deus Isaac Deus Ia-
cob
abscondit Moses faciem suam non
enim audebat aspicere contra Deum
7 cui ait Dominus vidi adflictionem Nm 20,15.16; II Esr 9,9
populi mei in Aegypto
et clamorem eius audivi
propter duritiam eorum qui praesunt operibus

GAOC ΣΛΤΜΦ 𝔠𝔯

14 ~ te constituit A𝔠 | numquid GO (*et* 𝔯, *ubi erronee* num *legitur*) | dicis GO𝔯, *cf.* 𝔐] uis *cet.* | occidisti] *praem.* heri 𝔠; + heri ΣΛΤΜΦ | 16 erant + autem CM𝔠 | ad hauriendam aquam Φ𝔠 | 17 superuenerunt AC; superuenire TΦ | 21 eius + uxorem C𝔠 | 22 peperit + ei ΛMΦ𝔠 | aliena OC𝔯 𝔐𝔊] + alterum uero (alterumque T; alium uero G A; + peperit quem ΣΛΤΜΦ𝔠) uocauit (genuit A) eliezer dicens (*om.* G) deus enim patris mei (pater meus erit Σ) adiutor meus et (*om.* GA𝔠) eripuit (eruit T) me de manu pharaonis GAΣΛΤΜΦ𝔠, *cf. infra* 18,4 | 23 multum + autem GΣ.; + uero T𝔠 | ad dominum CΣ | 24 recordatus + est GC𝔠 | pepigit 𝔠. | et^2 *om.* AΣTMΦ𝔠 | 25 respexitque C; et respexit MΦ𝔠; + dominus TMΦ𝔠 | cognouit] liberauit TMΦ || **3**,1 cognati] soceri TMΦ𝔠 | 5 adpropinques GC | 6 isaac + et CΣΛΜΦ𝔠 | absconditque C | respicere CTMΦ |

8 et sciens dolorem eius descendi ut
14,30! liberarem eum de manibus Aegyptiorum
Dt 8,7; Jos 5,6! Dt 26,9.15! et educerem de terra illa in terram
Nm 13,28 bonam et spatiosam
in terram quae fluit lacte et melle
17; 13,5! 33,2.3 ad loca Chananei et Hetthei et Amor-
23,23! Gn 15,20.21! rei
Ferezei et Evei et Iebusei
2,23! 9 clamor ergo filiorum Israhel venit
ad me
vidique adflictionem eorum qua ab
Aegyptiis opprimuntur
Act 7,34 10 sed veni mittam te ad Pharaonem
17! 6,13! 26! 12,17! 14,11! 32,1! Lv 11,45! ut educas populum meum filios Isra-
Dt 29,25! Ier 16,14 hel de Aegypto
11 dixit Moses ad Deum
quis ego sum ut vadam ad Pharaonem et educam filios Israhel de
Aegypto
Idc 6,16.17! Dt 18,22; 12 qui dixit ei ero tecum et hoc habebis
I Sm 2,34; III Rg 13,3! signum quod miserim te
cum eduxeris populum de Aegypto
Gn 22,2 immolabis Deo super montem istum
13 ait Moses ad Deum
ecce ego vadam ad filios Israhel et
dicam eis
Deus patrum vestrorum misit me ad
vos
si dixerint mihi quod est nomen eius
quid dicam eis
14 dixit Deus ad Mosen ego sum qui
sum
ait sic dices filiis Israhel qui est misit
me ad vos
15 dixitque iterum Deus ad Mosen
haec dices filiis Israhel
6! Or Man 1 Dominus Deus patrum vestrorum
Deus Abraham Deus Isaac et Deus
Iacob misit me ad vos
Ps 101,13; 134,13; Os 12,5 hoc nomen mihi est in aeternum
et hoc memoriale meum in genera-
tionem et generatione
16 vade congrega seniores Israhel et 4,29; 12,21; 17,5; 19,7!
dices ad eos
Dominus Deus patrum vestrorum 4,5; 6,2.3
apparuit mihi
Deus Abraham et Deus Isaac et
Deus Iacob dicens
visitans visitavi vos et omnia quae 4,31
acciderunt vobis in Aegypto
17 et dixi ut educam vos de adflictione 10! 6,6! 7! 20,2; Dt 4,20! 5,6!
Aegypti Dt 13,10; Ios 24,17;
in terram Chananei et Hetthei et Idc 6,8.9!
Amorrei 8!
Ferezei et Evei et Iebusei
ad terram fluentem lacte et melle
18 et audient vocem tuam
ingredierisque tu et seniores Israhel
ad regem Aegypti et dices ad eum
Dominus Deus Hebraeorum vocavit 5,3
nos
ibimus viam trium dierum per soli- 8,27
tudinem
ut immolemus Domino Deo nostro 5,8.17
19 sed ego scio quod non dimittet vos 6,1!
rex Aegypti ut eatis
nisi per manum validam
20 extendam enim manum meam et 7,4; 9,15; 10,12. 13
percutiam Aegyptum
in cunctis mirabilibus meis quae fac- 9,3.4; Ios 24,5
turus sum in medio eorum
post haec dimittet vos 11,1
21 daboque gratiam populo huic coram Gn 39,21! 11,3; 12,36;
Aegyptiis III Rg 8,50!
et cum egrediemini non exibitis vacui
22 sed postulabit mulier a vicina sua et 11,2; 12,35
ab hospita vasa argentea et aurea
ac vestes
ponetisque eas super filios et filias
vestras et spoliabitis Aegyptum

8 ut liberem ΣΛ c | educam Λ c | amorrei + et OCΣM c | 10 ueni + et c. | 11 dixitque CM c | ad dominum GΣTM; ad eum O. | ∼ sum ego c. | 12 ei + ego ΛTMΦ c | populum + meum ΣΛTMΦ c | deo] domino C | 14 dices] dicis AT | 15 dices] dicis A T. | abraham + et AΣMΦ | et[1] *om.* OCΛT | in generatione ACΣΛM | et generationem AΛTMΦ c | 16 uade + et O c | et[2] *om.* CT c | uisitauit GOΣ | et[4] + uidi TMΦ c | acciderint O | aegypto + uidi ACΣΛ | 17 in terra GΛ | amorrei + et OC c | et euei *om.* AΛ. | 18 per] in c | 20 [*deest* G *usque ad* 5,10] | 21 egredimini AΛΦ | 22 hospita + sua ΣΛMΦ c ||

(G)AOC ΣΛTMΦ cr

4 respondens Moses ait
non credent mihi neque audient vocem meam
sed dicent non apparuit tibi Dominus
2 dixit ergo ad eum
20; 17,9 quid est hoc quod tenes in manu tua
respondit virga
7,9.10.12 3 ait proice eam in terram
proiecit et versa est in colubrum ita
ut fugeret Moses
4 dixitque Dominus extende manum
tuam et adprehende caudam eius
extendit et tenuit versaque est in virgam
3,16; 6,2.3 5 ut credant inquit quod apparuerit
tibi Dominus Deus patrum tuorum
Deus Abraham Deus Isaac Deus
Iacob
6 dixitque Dominus rursum mitte manum in sinum tuum
Nm 12,10; IV Rg 5,27 quam cum misisset in sinum protulit
leprosam instar nivis
7 retrahe ait manum in sinum tuum
retraxit et protulit iterum et erat similis carni reliquae
8 si non crediderint inquit tibi neque
audierint sermonem signi prioris
credent verbo signi sequentis
9 quod si nec duobus quidem his signis crediderint neque audierint vocem tuam
7,17! 19! sume aquam fluminis et effunde eam
super aridam
et quicquid hauseris de fluvio vertetur
in sanguinem
Ier 1,6 10 ait Moses obsecro Domine non sum
eloquens
ab heri et nudius tertius et ex quo
locutus es ad servum tuum
inpeditioris et tardioris linguae sum
11 dixit Dominus ad eum
quis fecit os hominis aut quis fabricatus est mutum et surdum videntem et caecum nonne ego
12 perge igitur et ego ero in ore tuo Dt 18,18; Ier 1,7 Ier 1,9! 5,14; Mt 10,19!
doceboque te quid loquaris
13 at ille obsecro inquit Domine mitte
quem missurus es
14 iratus Dominus in Mosen ait
Aaron frater tuus Levites scio quod
eloquens sit
ecce ipse egreditur in occursum tuum
vidensque te laetabitur corde
15 loquere ad eum et pone verba mea
in ore eius
ego ero in ore tuo et in ore illius
et ostendam vobis quid agere debeatis
16 ipse loquetur pro te ad populum et
erit os tuum
tu autem eris ei in his quae ad Deum 18,19
pertinent
17 virgam quoque hanc sume in manu 7,15
tua in qua facturus es signa
18 abiit Moses et reversus est ad Iethro
cognatum suum
dixitque ei vadam et revertar ad
fratres meos in Aegyptum
ut videam si adhuc vivunt
cui ait Iethro vade in pace
19 dixit ergo Dominus ad Mosen in
Madian
vade revertere in Aegyptum Mt 2,20
mortui sunt omnes qui quaerebant
animam tuam
20 tulit Moses uxorem et filios suos
et inposuit eos super asinum
reversusque est in Aegyptum
portans virgam Dei in manu sua 2; 17,9
21 dixitque ei Dominus revertenti in

AOC ΣΛΤΜΦ cr **4**,2 hoc *om.* ΛΤΜΦ c | 3 ait] dixit dominus T.; dixitque dominus Φ c | proiecit + eam C | 5 patrum suorum c. | abraham + et ΑΣΜΦ | isaac + et ΑΣΜΦ c | 6 manum + tuam CΣΛΜ c | 7 manum + tuam C c | carnis C | 9 et funde ΟΛΦ | 10 et[2] *om.* CΣ | 11 dixitque CM | quis[1]] qui O | 14 egreditur ΑΛ cr] egredietur *cet.* | 15 eius + et ΛΤ ΜΦ c | 17 in manum tuam OCΛ | 18 cognatum] socerum c | uiuant Φ c | 19 uade + et ΤΜΦ c | mortui enim sunt ΑΦ; mortui sunt enim CΣΛΤ c | 20 tulit + ergo c | uxorem + suam ΜΦ c |

Aegyptum
30! vide ut omnia ostenta quae posui in
7,3! 10,1! 11,10; 7,14; 8,32! 9,35; 10,20.27; 13,15; 14,4! manu tua facias coram Pharaone
ego indurabo cor eius et non dimittet
populum
22 dicesque ad eum haec dicit Dominus
Sir 36,14; Ier 2,3 filius meus primogenitus meus Israhel
23 dixi tibi dimitte filium meum ut serviat mihi
et noluisti dimittere eum
11,5! ecce ego interficiam filium tuum primogenitum
24 cumque esset in itinere in diversorio
occurrit ei Dominus et volebat occidere eum
25 tulit ilico Seffora acutissimam petram
et circumcidit praeputium filii sui
tetigitque pedes eius et ait
sponsus sanguinum tu mihi es
26 et dimisit eum postquam dixerat
sponsus sanguinum ob circumcisionem
27 dixit autem Dominus ad Aaron
vade in occursum Mosi in deserto
Gn 27,27! qui perrexit ei obviam in montem Dei et osculatus est eum
28 narravitque Moses Aaron omnia verba Domini quibus miserat eum
et signa quae mandaverat
3,16! 29 veneruntque simul et congregaverunt cunctos seniores filiorum Israhel
II Sm 7,21; IV Rg 20,9; 30 locutusque est Aaron omnia verba quae dixerat Dominus ad Mosen
21! Ios 3,5 et fecit signa coram populo 31 et credidit populus
3,16 audieruntque quod visitasset Dominus filios Israhel
Gn 29,32! II Sm 16,12; IV Rg 13,4! II Esr 9,32; Lam 1.9.11; 5,1 et quod respexisset adflictionem eorum
et proni adoraverunt

5 post haec ingressi sunt Moses et Aaron et dixerunt Pharaoni 10,3
haec dicit Dominus Deus Israhel 8,1.8! 20; 7,16; 9,1.13; 10,7
dimitte populum meum ut sacrificet mihi in deserto
2 at ille respondit
quis est Dominus ut audiam vocem eius et dimittam Israhel
nescio Dominum et Israhel non dimittam
3 dixerunt Deus Hebraeorum vocavit nos 3,18!
ut eamus viam trium dierum in solitudinem
et sacrificemus Domino Deo nostro
ne forte accidat nobis pestis aut gladius
4 ait ad eos rex Aegypti
quare Moses et Aaron sollicitatis populum ab operibus suis
ite ad onera vestra
5 dixitque Pharao multus est populus terrae videtis quod turba succreverit 1,9
quanto magis si dederitis eis requiem ab operibus
6 praecepit ergo in die illo praefectis operum et exactoribus populi dicens
7 nequaquam ultra dabitis paleas populo 10.11.16.18
ad conficiendos lateres sicut prius
sed ipsi vadant et colligant stipulam
8 et mensuram laterum quos prius faciebant inponetis super eos nec minuetis quicquam
vacant enim et idcirco vociferantur dicentes
eamus et sacrificemus Deo nostro 3,18!
9 opprimantur operibus et expleant ea
ut non adquiescant verbis mendacibus
10 igitur egressi praefecti operum et ex-

22 filius meus primogenitus meus O𝔯.𝔐] fil. meus prim. AΣ𝔠; fil. prim. meus CΛTMΦ | 23 dixit AT | 27 in desertum Λ𝔠 | ei *om.* O𝔯.; ~ obuiam ei A𝔠 | in monte OC | 28 ad aaron C | domini + de C.; + pro Φ | 29 seniores filiorum] filios A.; seniores CΣ | 31 adflictiones A | eorum] illorum Σ𝔠. ‖ **5**,3 dixeruntque AC𝔠 | 5 ei O | 7 stipulas 𝔠 | 8 mensuras TMΦ | quas TΦ; quam 𝔠 | enim + otio C |

AOC ΣΛTMΦ 𝔠𝔯

actores ad populum dixerunt
7.8! sic dicit Pharao non do vobis paleas
11 ite et colligite sicubi invenire potueritis
nec minuetur quicquam de opere
vestro
12 dispersusque est populus per omnem
terram Aegypti ad colligendas paleas
13 praefecti quoque operum instabant
dicentes
conplete opus vestrum cotidie
ut prius facere solebatis quando da-
bantur vobis paleae
14 flagellatique sunt qui praeerant operibus filiorum Israhel
ab exactoribus Pharaonis dicentibus
quare non impletis mensuram laterum sicut prius nec heri nec hodie
15 veneruntque praepositi filiorum Israhel
et vociferati sunt ad Pharaonem dicentes
cur ita agis contra servos tuos
7! 16 paleae non dantur nobis et lateres
similiter imperantur
en famuli tui flagellis caedimur
et iniuste agitur contra populum
tuum
17 qui ait vacatis otio et idcirco dicitis
3,18! eamus et sacrificemus Domino
18 ite ergo et operamini
7! paleae non dabuntur vobis
et reddetis consuetum numerum laterum
19 videbantque se praepositi filiorum
Israhel in malo
eo quod diceretur eis non minuetur
quicquam de lateribus per singulos
dies
20 occurreruntque Mosi et Aaron qui
stabant ex adverso egredientes a
Pharaone
21 et dixerunt ad eos videat Dominus
et iudicet
quoniam fetere fecistis odorem nostrum coram Pharao et servis eius
et praebuistis ei gladium ut occideret
nos
22 reversusque Moses ad Dominum ait
Domine cur adflixisti populum istum
quare misisti me
23 ex eo enim quo ingressus sum ad
Pharaonem ut loquerer nomine tuo
adflixit populum tuum et non liberasti eos
6 dixit Dominus ad Mosen
nunc videbis quae facturus sum Pha- 3,19
raoni
per manum enim fortem dimittet eos 11,1
et in manu robusta eiciet illos de
terra sua
2 locutusque est Dominus ad Mosen
dicens
ego Dominus 3 qui apparui Abraham 3,16; 4,5
Isaac et Iacob in Deo omnipotente
et nomen meum Adonai non indicavi eis
4 pepigique cum eis foedus ut darem Gn 12,7! II Esr 9,8
illis terram Chanaan
terram peregrinationis eorum in qua Gn 23,4!
fuerunt advenae
5 ego audivi gemitum filiorum Israhel
quo Aegyptii oppresserunt eos
et recordatus sum pacti mei
6 ideo dic filiis Israhel ego Dominus 7,5;
qui educam vos de ergastulo Aegyp- 3,17! 13,3! 9.14 16; 32,11;
tiorum
et eruam de servitute Dt 5,15; 7,8! Dt 9,26.29; IV Rg 17,36
ac redimam in brachio excelso
et iudiciis magnis 7,4
7 et adsumam vos mihi in populum 19,5! Lv 26,12 13! II Sm 7,24
et ero vester Deus scietisque quod 7,5! 17! 8,10! 20,5.6; 29,46; Ez 20,42
ego sim Dominus Deus vester

(G)AOC ΣΛTMΦ 𝔠𝔯 10 sic dixit A | [*iterum adest* G] | 11 poteritis G𝔠 | minuitur AC.; minuetis Σ | 14 dicentes O | implestis 𝔯 | 18 paleae + autem OC. | 20 egredientibus A𝔠. | 21 coram pharao GACΛT𝔯.] coram pharaone *cet.* | 22 reuersusque + est G𝔠 | et ait M𝔠 | 23 nomine tuo GA𝔯] in nom. tuo OΣΛ𝔠; ex nom. tuo C; de nom. tuo TMΦ | non *om.* O ‖ **6,1** dixitque Λ𝔠 | sim AC𝔠 | illos] eos GAT𝔯 | 3 abraham + et ACΛTMΦ | in deum omnipotentem O | 4 ~ foedus cum eis 𝔠 | illis] eis Σ𝔠 | 7 et scietis TMΦ𝔠 | sum ΣTMΦ𝔠 |

3,17! qui eduxerim vos de ergastulo Aegyptiorum
,25! Gn 50,23! Nm 14,30! II Esr 9,15; Ez 47,14 8 et induxerim in terram super quam
levavi manum meam
ut darem eam Abraham Isaac et Iacob
daboque illam vobis possidendam
ego Dominus
9 narravit ergo Moses omnia filiis
Israhel
qui non adquieverunt ei
propter angustiam spiritus et opus
durissimum
10—12: 28–30; 8,1; 10,1 10 locutusque est Dominus ad Mosen
dicens
7,2 11 ingredere et loquere ad Pharao regem Aegypti
ut dimittat filios Israhel de terra sua
12 respondit Moses coram Domino
ecce filii Israhel non me audiunt
et quomodo audiet me Pharao
praesertim cum sim incircumcisus
labiis
13 locutus est Dominus ad Mosen et
Aaron
et dedit mandatum ad filios Israhel
et ad Pharao regem Aegypti
7; 3,10! 12,42; 16,6.32; 18,1! ut educerent filios Israhel de terra
Aegypti
14 isti sunt principes domorum per familias suas
Nm 26,5.6; I Par 5,3 filii Ruben primogeniti Israhelis
14—16: Gn 46,9–11 Enoch et Phallu Aesrom et Charmi
15 hae cognationes Ruben
Nm 26,12.13; I Par 4,24 filii Symeon Iamuhel et Iamin et Aod
Iachin et Soer et Saul filius Chana-
nitidis
hae progenies Symeon
16—19: Nm 3,17–20! I Par 6,16–19 16 et haec nomina filiorum Levi per
cognationes suas
Par 6,1; 23,6 Gerson et Caath et Merari

anni autem vitae Levi fuerunt centum triginta septem
17 filii Gerson Lobeni et Semei per co- I Par 23,7
gnationes suas
18 filii Caath Amram et Isuar et Hebron I Par 6,2; 23,12!
et Ozihel
annique vitae Caath centum triginta
tres
19 filii Merari Mooli et Musi
hae cognationes Levi per familias
suas
20 accepit autem Amram uxorem Ioca- 2,1.2; Nm 26,59
bed patruelem suam
quae peperit ei Aaron et Mosen I Par 6,3
fueruntque anni vitae Amram centum triginta septem
21 filii quoque Isuar Core et Napheg et
Zechri
22 filii quoque Ozihel Misahel et Elsa-
phan et Sethri
23 accepit autem Aaron uxorem Elisabe
filiam Aminadab sororem Naasson
quae peperit ei Nadab et Abiu et 28,1; Nm 3,2; 26,60;
Eleazar et Ithamar I Par 6,3; 24,1
24 filii quoque Core Asir et Helcana et I Par 6,23
Abiasab
hae sunt cognationes Coritarum
25 at vero Eleazar filius Aaron accepit
uxorem de filiabus Phutihel
quae peperit ei Finees
hii sunt principes familiarum leviticarum per cognationes suas
26 iste est Aaron et Moses quibus praecepit Dominus
ut educerent filios Israhel de terra 3,10! 12,51;
Aegypti per turmas suas Nm 33,1
27 hii sunt qui loquuntur ad Pharao regem Aegypti
ut educant filios Israhel de Aegypto 13!
iste Moses et Aaron
28 in die qua locutus est Dominus ad **28—30:** 10–12

8 in terra GO. | ~ uobis illam OΣ | 11 ad pharao GAMr.] ad pharaonem *cet.* | 12 audierunt O | ~ audiunt me c. | me[2] *om.* CTMΦc | ~ incircumcisus sim c. | 13 locutusque OCTc | ad pharao GAr.] ad pharaonem *cet.* | 14 aesrom *scripsimus cum paucis codd.*] esrom GΣΛΦr; asrom AOCTM; hesron c. | 15 haec[1.2] GCΛ | aod + et ΣTc | 16 uitae *om.* C; ~ leui uitae O | 18 anni quoque c | 19 haec GCΛ | 20 mosen + et mariam GΣΛ | 21 filiique O | isuar AM] isoar G.; isaar Σcr; isacar Λ.; isachar OTΦ; ysahar C. | 22 filiique OΛ | sechri GOC | 23 elisabeth Oc | 24 abiasaph Σcr; habiasaph C. | haec GC | 27 ad pharao GACr] ad pharaonem *cet.*, *item v.* 29 | iste + est c |

GAOC ΣΛTMΦ cr

Mosen in terra Aegypti
29 et locutus est Dominus ad Mosen dicens
7,2 ego Dominus loquere ad Pharao regem Aegypti omnia quae ego loquor tibi
30 et ait Moses coram Domino
en incircumcisus labiis sum
quomodo audiet me Pharao
7 dixitque Dominus ad Mosen
Gn 23,6 ecce constitui te Deum Pharaonis
Aaron frater tuus erit propheta tuus
6,29 2 tu loqueris omnia quae mando tibi
6,11 ille loquetur ad Pharaonem
ut dimittat filios Israhel de terra sua
4,21! Ios 11,20 3 sed ego indurabo cor eius
8,22! 9,4! 11,9! Ps 77,43! et multiplicabo signa et ostenta mea
in terra Aegypti
13.22; 8,15.19; 9,12 4 et non audiet vos
3,20! inmittamque manum meam super
Aegyptum
6,6! et educam exercitum et populum meum filios Israhel de terra Aegypti
per iudicia maxima
6,7! 14,4! I Sm 17,46! Ps 82,19! Bar 2,31! 5 et scient Aegyptii quod ego sim Dominus
6,6! qui extenderim manum meam super
Aegyptum
et eduxerim filios Israhel de medio
eorum
10.20; Nm 8,20; 31,31 6 fecit itaque Moses et Aaron
sicut praeceperat Dominus ita ege-
runt
7 erat autem Moses octoginta annorum
et Aaron octoginta trium
quando locuti sunt ad Pharaonem
8 dixitque Dominus ad Mosen et Aaron
9 cum dixerit vobis Pharao ostendite
signa
19! 8,16 4,3! dices ad Aaron tolle virgam tuam et
proice eam coram Pharao ac verta-
tur in colubrum
10 ingressi itaque Moses et Aaron ad
Pharaonem
fecerunt sicut praeceperat Dominus 6!
tulitque Aaron virgam coram Pharao et servis eius
quae versa est in colubrum
11 vocavit autem Pharao sapientes et Gn 41,8!
maleficos
et fecerunt etiam ipsi per incantati- 22; 8,7.18
ones aegyptias et arcana quaedam
similiter
12 proieceruntque singuli virgas suas 4,3!
quae versae sunt in dracones
sed devoravit virga Aaron virgas eorum
13 induratumque est cor Pharaonis 3.4!
et non audivit eos sicut praeceperat
Dominus
14 dixit autem Dominus ad Mosen
ingravatum est cor Pharaonis non 4,21!
vult dimittere populum
15 vade ad eum mane 8,20; 9,13
ecce egredietur ad aquas Gn 41,1
et stabis in occursum eius super ripam fluminis
et virgam quae conversa est in draconem
tolles in manu tua 16 dicesque ad eum 4,17
Dominus Deus Hebraeorum misit me
ad te dicens
dimitte populum meum ut mihi sac- 5,1!
rificet in deserto
et usque ad praesens audire noluisti
17 haec igitur dicit Dominus 6,7! 8,22! Is 45 Ez 6,7! 13,14! Ez 22,16! 29,9
in hoc scies quod Dominus sim
ecce percutiam virga quae in manu 20! 17,5
mea est aquam fluminis
et vertetur in sanguinem 4,9!
18 pisces quoque qui sunt in fluvio mo- 21; Ps 104,29
rientur

GAOC ΣΛΤΜΦ cr 29 ego2 *om.* G ‖ 7,1 dominum pharaoni C; + et ΤΜΦ c | 2 loqueris + ei c | mandabo C | tibi + et Λ c | 3 ostenta mea] ostendam ea GOTM | 5 quod] quia C c | sum CΣ ΛΤΦ c | 7 octoginta2 + et GC | 9 coram pharao GATr] coram pharaone *cet.* | conuertatur O.; reuertatur Λ; uertetur A c | 10 tulit itaque A | coram pharao GAΣTr.] coram pharaone *cet.* | 11 aegyptiacas G c | 15 egreditur AOTr | uirga GC | 16 ~ sacrificet mihi ACΣ c | 17 ~ sim dominus c. | uirgam O | 18 fluuio] flumine O |

et conputrescent aquae
24 et adfligentur Aegyptii bibentes
aquam fluminis
9! 8,5 19 dixit quoque Dominus ad Mosen
8,6.16; 14,16. 21.26.27 dic ad Aaron
Apc 16,4 tolle virgam tuam et extende manum
tuam super aquas Aegypti
et super fluvios eorum et rivos ac paludes et omnes lacus aquarum
4,9! ut vertantur in sanguinem
et sit cruor in omni terra Aegypti
tam in ligneis vasis quam in saxeis
6! 20 feceruntque ita Moses et Aaron sicut
praeceperat Dominus
17! 17,5 et elevans virgam percussit aquam
fluminis coram Pharao et servis eius
Ps 77,44; 104,29; Apc 11,6 quae versa est in sanguinem
18! 21 et pisces qui erant in flumine mortui
sunt
conputruitque fluvius
et non poterant Aegyptii bibere
aquam fluminis
et fuit sanguis in tota terra Aegypti
11; 8,7.18 22 feceruntque similiter malefici Aegyptiorum incantationibus suis
3.4! et induratum est cor Pharaonis
nec audivit eos sicut praeceperat Dominus
23 avertitque se et ingressus est domum suam
nec adposuit cor etiam hac vice
24 foderunt autem omnes Aegyptii per
circuitum fluminis aquam ut biberent
18 non enim poterant bibere de aqua
fluminis
25 impletique sunt septem dies postquam percussit Dominus fluvium
6,10.11; 10,1 **8** dixitque Dominus ad Mosen
ingredere ad Pharao et dices ad eum
5,1! haec dicit Dominus
dimitte populum meum ut sacrificet
mihi
2 sin autem nolueris dimittere
ecce ego percutiam omnes terminos 5.7; Ps 77,45; 104,30
tuos ranis
3 et ebulliet fluvius ranas 6; Sap 19,10
quae ascendent et ingredientur domum tuam
et cubiculum lectuli tui
et super stratum tuum
et in domos servorum tuorum
et in populum tuum et in furnos tuos
et in reliquias ciborum tuorum
4 et ad te et ad populum tuum 10,6
et ad omnes servos tuos intrabunt
ranae
5 dixitque Dominus ad Mosen dic 7,19!
Aaron
extende manum tuam super fluvios
et super rivos ac paludes
et educ ranas super terram Aegypti 2!
6 extendit Aaron manum super aquas 7,19!
Aegypti
et ascenderunt ranae operueruntque 3; 10,14.15; Sap 19,10
terram Aegypti
7 fecerunt autem et malefici per incantationes suas similiter 18; 7,11.22
eduxeruntque ranas super terram Aegypti 2!
8 vocavit autem Pharao Mosen et Aaron et dixit 25; 10,8! 16,24
orate Dominum ut auferat ranas a
me et a populo meo
et dimittam populum ut sacrificet 28; 5,1! 10,11
Domino
9 dixitque Moses Pharaoni
constitue mihi quando deprecer pro
te et pro servis tuis et pro populo
tuo
ut abigantur ranae a te et a domo tua
et tantum in flumine remaneant

(G)AOC ΣΛΤΜΦ cr

19 tuam[1] *om.* AΛ | tuam[2] *om.* OΣ | ac] et G | ut] et GOr. | reuertantur O | 20 ita *om.* Σc | aquas A. | coram pharao GAOTr] coram pharaone *cet.* | uersae sunt GAO. | 21 in totam terram O; in omni terra A. | 24 de aqua] aquam O || **8,1** dixit quoque A CΣΛc | ad pharao GAOr] ad pharaonem *cet.* | 3 domos] domo OT | 5 [*huc refert* 𝔐 *initium cap.* 8] | dixit quoque A | aaron AOTr] ad aaron *cet.* | [*deest* G *usque ad* 12,29] | et[1]] ac c. | ac] et c. | 6 et extendit CΛc | 7 fecerunt autem] feceruntque AT.; fecerunt quoque Σ | et *om.* A | 8 dixit + eis TMΦc | 9 ad pharaonem c. | tua + et a seruis tuis et a populo tuo c |

10 qui respondit cras
at ille iuxta verbum inquit tuum
6,7! 9,14! 16,12! 31,13! Dt 4,35! Is 45,3! ut scias quoniam non est sicut Dominus Deus noster
11 et recedent ranae a te et a domo tua
et a servis tuis et a populo tuo
tantum in flumine remanebunt
30; 10,18 12 egressique sunt Moses et Aaron a
Pharaone
et clamavit Moses ad Dominum pro
sponsione ranarum quam condi-
xerat Pharaoni
31 13 fecitque Dominus iuxta verbum
Mosi
et mortuae sunt ranae de domibus
et de villis et de agris
14 congregaveruntque eas in inmensos
aggeres et conputruit terra
15 videns autem Pharao quod data esset requies
7,3.4! ingravavit cor suum et non audivit
eos sicut praeceperat Dominus
16 dixitque Dominus ad Mosen loquere
ad Aaron
7,9.19 extende virgam tuam et percute pulverem terrae
Ps 104,31 et sint scinifes in universa terra
Aegypti
17 feceruntque ita
et extendit Aaron manu virgam tenens
percussitque pulverem terrae
et facti sunt scinifes in hominibus
et in iumentis
Sap 19,10 omnis pulvis terrae versus est in scinifes per totam terram Aegypti
7; 7,11.22 18 feceruntque similiter malefici incantationibus suis
ut educerent scinifes et non potuerunt
erantque scinifes tam in hominibus
quam in iumentis
19 et dixerunt malefici ad Pharao digitus Dei est
induratumque est cor Pharaonis et 7,3.4!
non audivit eos sicut praeceperat
Dominus
20 dixit quoque Dominus ad Mosen
consurge diluculo et sta coram Pha- 7,15; 9,13
raone
egreditur enim ad aquas
et dices ad eum haec dicit Dominus 5,1!
dimitte populum meum ut sacrificet
mihi
21 quod si non dimiseris eum
ecce ego inmittam in te et in servos
tuos
et in populum tuum et in domos tuas 24!
omne genus muscarum
et implebuntur domus Aegyptiorum Ps 77,45
muscis diversi generis
et in universa terra in qua fuerint
22 faciamque mirabilem in die illa ter- 7,3! 10,2 9,26
ram Gessen in qua populus meus
est
ut non sint ibi muscae
et scias quoniam ego Dominus in 7,17! Ios 3,10; III Rg 20,13.28; Ps 45,11; 55,10; 58,14; 99,3
medio terrae
23 ponamque divisionem inter populum meum et populum tuum
cras erit signum istud 9,5
24 fecitque Dominus ita
et venit musca gravissima in domos 21! Ps 104,31; Sap 16,9
Pharaonis et servorum eius
et in omnem terram Aegypti
corruptaque est terra ab huiuscemodi
muscis
25 vocavit Pharao Mosen et Aaron et 8!
ait eis
ite sacrificate Deo vestro in terra
26 et ait Moses non potest ita fieri
abominationes enim Aegyptiorum

AOC ΣΛΤΜΦ cr 10 ~ inquit uerbum c. | tuum Or𝔐𝔊] + faciam *cet.* | 11 tuo + et Cc | 12 condixerat] dixerat C | 17 manum OMΦc | scinifes[2]] scinifas OC | 18 fecerunt similiter OΣΛ. | scinifas[1] OC | 19 ad pharao AOr] ad pharaonem CTMΦc; pharaoni ΣΛ | est[1] + hic c; + hoc ΛTMΦ | induratum est ΣΛM | 20 egreditur AOΛTr.] egredietur *cet.* | 21 et[2] *om.* OCΛ | in[5] *om.* ΣTΦc | 22 mirabilem CΣΛcr] mirabile *cet.* | terram] terra OΣ | quoniam] quia AΣTMΦ | 24 in domo ACTΦ | 25 uocauitque Cc | ite + et c | terra + hac Φc |

immolabimus Domino Deo nostro
quod si mactaverimus ea quae colunt Aegyptii coram eis
lapidibus nos obruent
3,18! 27 via trium dierum pergemus in solitudine
et sacrificabimus Domino Deo nostro sicut praeceperit nobis
8! 28 dixitque Pharao
ego dimittam vos ut sacrificetis Domino Deo vestro in deserto
verumtamen longius ne abeatis rogate pro me
29 et ait Moses egressus a te orabo Dominum
et recedet musca a Pharaone et a servis et a populo eius cras
verumtamen noli ultra fallere
ut non dimittas populum sacrificare Domino
12 30 egressusque Moses a Pharao oravit Dominum
13 31 qui fecit iuxta verbum illius
et abstulit muscas a Pharao et a servis et a populo eius
non superfuit ne una quidem
4,21! 9,7; I Sm 6,6 32 et ingravatum est cor Pharaonis
ita ut ne hac quidem vice dimitteret populum

9 dixit autem Dominus ad Mosen
ingredere ad Pharaonem et loquere ad eum
haec dicit Dominus Deus Hebraeorum
5,1! dimitte populum meum ut sacrificet mihi
17; 10,4 2 quod si adhuc rennuis et retines eos
3,20 3 ecce manus mea erit super agros tuos
et super equos et asinos et camelos et
boves et oves pestis valde gravis
4 et faciet Dominus mirabile inter possessiones Israhel et possessiones Aegyptiorum 7,3! 11,7; Nm 26,10.11
ut nihil omnino intereat ex his quae pertinent ad filios Israhel 7
5 constituitque Dominus tempus dicens
cras faciet Dominus verbum istud in terra 8,23
6 fecit ergo Dominus verbum hoc altero die
mortuaque sunt omnia animantia Aegyptiorum Ps 77,50
de animalibus vero filiorum Israhel nihil omnino periit
7 et misit Pharao ad videndum
nec erat quicquam mortuum de his quae possidebat Israhel 4!
ingravatumque est cor Pharaonis et non dimisit populum 8,32!
8 et dixit Dominus ad Mosen et Aaron
tollite plenas manus cineris de camino
et spargat illud Moses in caelum coram Pharao
9 sitque pulvis super omnem terram Aegypti
erunt enim in hominibus et in iumentis vulnera et vesicae turgentes
in universa terra Aegypti
10 tuleruntque cinerem de camino et steterunt contra Pharao
et sparsit illud Moses in caelum
factaque sunt vulnera vesicarum turgentium in hominibus et in iumentis Apc 16,2
11 nec poterant malefici stare coram Mosen
propter vulnera quae in illis erant et in omni terra Aegypti

26 immolauimus OC | 27 uia AOΣr] uiam *cet.* | pergimus O | in solitudine AΣr] in solitudinem *cet.* | sacrificauimus AOCΣ | praeceperit ACΣΛr] praecepit *cet.* | 29 seruis + eius ATM; + suis c | ~ ultra noli A | dominum[2] OΣM | 30 a pharao AOr] a pharaone *cet.* | 31 a pharao AOTr] a pharaone *cet.* | seruis + suis c. | 32 ne] nec c || **9**,1 sacrificent O | 2 rennues OΣ | 3 et[1] *om.* CΣΛTMΦ | 4 intereat AOCΣr] pereat *cet.* | 5 in terram A | 6 altera CMΦc | 8 illum OΛΦc | coram pharao AOΛr] coram pharaone *cet.* | 9 in[2] *om.* Φc | uulnera] ulcera c | 10 contra] coram AΦc | pharao AOΣr] pharaonem ΛTM; pharaone CΦc | illum OΛMΦc | uulnera] ulcera c, *item v.* 11 | in[3] *om.* ΣTc | 11 coram] contra ΣT | mosen AC.] moysen ΣT; moysi O.; mosi r.; moyse ΛMΦc |

AOC ΣΛTMΦ cr

7,3.4! 12 induravitque Dominus cor Pharaonis
et non audivit eos sicut locutus est
Dominus ad Mosen
13 dixit quoque Dominus ad Mosen
7,15; 8,20 mane consurge et sta coram Pharao
et dices ad eum
haec dicit Dominus Deus Hebraeo-
5,1! rum
dimitte populum meum ut sacrificet
mihi
14 quia in hac vice mittam omnes plagas meas super cor tuum
super servos tuos et super populum
tuum
8,10! Dt 4,39 ut scias quod non sit similis mei in
omni terra
3,20! 15 nunc enim extendens manum percutiam te et populum tuum peste
peribisque de terra
Rm 9,17 16 idcirco autem posui te ut ostendam
in te fortitudinem meam
et narretur nomen meum in omni
terra
2; 10,4 17 adhuc retines populum meum et non
vis eum dimittere
23! 24! 18 en pluam hac ipsa hora cras grandinem multam nimis
qualis non fuit in Aegypto
a die qua fundata est usque in praesens tempus
19 mitte ergo iam nunc et congrega iumenta tua et omnia quae habes in
agro
homines enim et iumenta et universa
quae inventa fuerint foris
nec congregata de agris
ceciderit que super ea grando morientur
20 qui timuit verbum Domini de servis
Pharao
fecit confugere servos suos et iumenta in domos

21 qui autem neglexit sermonem Domini
dimisit servos suos et iumenta in
agris
22 et dixit Dominus ad Mosen 10,21.22; Gn 14,22!
extende manum tuam in caelum ut III Rg 8,22; Sir 51,26
fiat grando in universa terra Ae- 25!
gypti
super homines et super iumenta
et super omnem herbam agri in terra
Aegypti
23 extenditque Moses virgam in caelum
et Dominus dedit tonitrua et grandinem
ac discurrentia fulgura super terram
pluitque Dominus grandinem super 18; Ps 104,32; Sap 16,16
terram Aegypti
24 et grando et ignis inmixta pariter fe- 18; Ps 17,14! Sap 16,22
rebantur
tantaeque fuit magnitudinis
quanta ante numquam apparuit in
universa terra Aegypti
ex quo gens illa condita est
25 et percussit grando in omni terra 22
Aegypti
cuncta quae fuerunt in agris
ab homine usque ad iumentum Ps 77,48
cunctam herbam agri percussit grando
et omne lignum regionis confregit Ps 104,33
26 tantum in terra Gessen ubi erant filii 8,22
Israhel grando non cecidit
27 misitque Pharao et vocavit Mosen et 10,16!
Aaron dicens ad eos
peccavi etiam nunc Gn 41,9! Is 42,24!
Dominus iustus ego et populus meus
impii
28 orate Dominum et desinant tonitrua
Dei et grando
ut dimittam vos et nequaquam hic
ultra maneatis
29 ait Moses cum egressus fuero de ur- 33; Gn 14,22!
be extendam palmas meas ad Do-

AOC ΣΛΤΜΦ cr

13 dixitque dominus c | coram pharao AOr] coram pharaonem Λ.; coram pharaone *cet.* | 14 tuum¹ + et Cc | 15 manum + meam ΑΣ | 17 ~ dimittere eum c. | 18 ~ cras hac ipsa hora c | 19 grando + et A | 20 pharao AOΛTr] pharaonis *cet.* | 22 in caelo O | in terram CT | 23 in caelo O | 24 et¹ *om.* A | mixta AΛMΦ; mista c | 25 cunctamque herbam ACc | 27 ego + autem ΑΣ. | 28 et¹] ut CΣΛΦc |

minum
et cessabunt tonitrua et grando non
erit
19,5! Dt 10,14! ut scias quia Domini est terra
30 novi autem quod et tu et servi tui
necdum timeatis Dominum Deum
31 linum ergo et hordeum laesum est
eo quod hordeum esset virens
et linum iam folliculos germinaret
32 triticum autem et far non sunt laesa
quia serotina erant
29 33 egressusque Moses a Pharaone et ex
urbe
tetendit manus ad Dominum
et cessaverunt tonitrua et grando
nec ultra stillavit pluvia super terram
34 videns autem Pharao quod cessasset
pluvia et grando et tonitrua
auxit peccatum 35 et ingravatum est
4,21! 10,1! cor eius et servorum illius et induratum nimis
nec dimisit filios Israhel sicut praeceperat Dominus per manum Mosi
6,10.11; 8,1 **10** et dixit Dominus ad Mosen ingredere ad Pharao
4,21! 9,35; Dt 2,30 ego enim induravi cor eius et servorum illius
ut faciam signa mea haec in eo
2 et narres in auribus filii tui et nepotum tuorum
quotiens contriverim Aegyptios
8,22! et signa mea fecerim in eis
et sciatis quia ego Dominus
5,1! 3 introierunt ergo Moses et Aaron ad
Pharaonem et dixerunt ad eum
haec dicit Dominus Deus Hebraeorum
usquequo non vis subici mihi
dimitte populum meum ut sacrificet
mihi
9,2.17 4 sin autem resistis et non vis dimittere
eum

ecce ego inducam cras lucustam in
fines tuos
5 quae operiat superficiem terrae
nec quicquam eius appareat
sed comedatur quod residuum fuit 12.15
grandini
conrodet enim omnia ligna quae germinant in agris
6 et implebunt domos tuas et servo- 8,4
rum tuorum et omnium Aegyptiorum
quantam non viderunt patres tui et
avi
ex quo orti sunt super terram usque
in praesentem diem
avertitque se et egressus est a Pharaone
7 dixerunt autem servi Pharaonis ad
eum
usquequo patiemur hoc scandalum
dimitte homines ut sacrificent Do- 5,1!
mino Deo suo
nonne vides quod perierit Aegyptus
8 revocaveruntque Mosen et Aaron ad 8,8! 12,31.32
Pharaonem
qui dixit eis
ite sacrificate Domino Deo vestro
quinam sunt qui ituri sunt
9 ait Moses cum parvulis nostris et se- 24
nibus pergemus cum filiis et filiabus
cum ovibus et armentis 26
est enim sollemnitas Domini nostri 12,14! 16! 13,6
10 et respondit
sic Dominus sit vobiscum quomodo
ego dimittam vos et parvulos vestros
cui dubium est quod pessime cogitetis
11 non fiet ita
sed ite tantum viri et sacrificate Do- 8,8!
mino
hoc enim et ipsi petistis
statimque eiecti sunt de conspectu

33 et[1] *om.* AΦ𝔠 | 35 et[3] *om.* A | induratum + est A || **10**,1 ad pharao AO𝔯] ad pharaonem *cet.* | 2 in aures CΦ | 3 ad eum] ei Λ𝔠 | 5 super faciem OΛ | nec] ne O𝔠 | fuerit T𝔠 | 7 dixerunt ergo O.; dixeruntque C. | patiamur O.; patimur C | 9 senioribus Φ𝔠 | domini dei ΣΛ𝔠; dei OC. | 10 respondit + pharao CTMΦ𝔠 | dubium + non CT | 11 fiat OCΛ |

AOC ΣΛTMΦ 𝔠𝔯

Pharaonis
12 dixit autem Dominus ad Mosen
3,20! extende manum tuam super terram
Aegypti ad lucustam ut ascendat
super eam
5.15 et devoret omnem herbam quae residua fuit grandini
3,20! 13 extendit Moses virgam super terram
Aegypti
et Dominus induxit ventum urentem
tota illa die ac nocte
Ps 104,34 et mane facto ventus urens levavit
lucustas
8,6 14 quae ascenderunt super universam
terram Aegypti
et sederunt in cunctis finibus Aegyptiorum innumerabiles
quales ante illud tempus non fuerant
nec postea futurae sunt
15 operueruntque universam superficiem terrae vastantes omnia
5.12; Ps 104,35 devorata est igitur herba terrae
et quicquid pomorum in arboribus
fuit quae grando dimiserat
nihilque omnino virens relictum est
in lignis et in herbis terrae in cuncta
Aegypto
8,8! 16 quam ob rem festinus Pharao vocavit Mosen et Aaron et dixit eis
9,27! Ios 7,20 peccavi in Dominum Deum vestrum
et in vos
17 sed nunc dimittite peccatum mihi
etiam hac vice
et rogate Dominum Deum vestrum
ut auferat a me mortem istam
8,12! 18 egressusque est de conspectu Pharaonis et oravit Dominum
19 qui flare fecit ventum ab occidente
vehementissimum
et arreptam lucustam proiecit in
mare Rubrum
non remansit ne una quidem in cunctis finibus Aegypti

20 et induravit Dominus cor Pharaonis 4,21!
nec dimisit filios Israhel
21 dixit autem Dominus ad Mosen
extende manum tuam in caelum 9,22!
et sint tenebrae super terram Aegypti
tam densae ut palpari queant
22 extendit Moses manum in caelum 9,22!
et factae sunt tenebrae horribiles in
universa terra Aegypti
tribus diebus 23 nemo vidit fratrem Ps 104,28
suum
nec movit se de loco in quo erat
ubicumque autem habitabant filii Is- Sap 18,1
rahel lux erat
24 vocavitque Pharao Mosen et Aaron 8,8!
et dixit eis
ite sacrificate Domino
oves tantum vestrae et armenta remaneant
parvuli vestri eant vobiscum 9
25 ait Moses
hostias quoque et holocausta dabis 18,12! 40,27! Gn 8,20!
nobis Lv 7,38! 10,19!
quae offeramus Domino Deo nostro
26 cuncti greges pergent nobiscum 9; 12,32
non remanebit ex eis ungula
quae necessaria sunt in cultum Domini Dei nostri
praesertim cum ignoremus quid debeat immolari
donec ad ipsum locum perveniamus
27 induravit autem Dominus cor Pha- 4,21!
raonis
et noluit dimittere eos
28 dixitque Pharao ad eum
recede a me cave ne ultra videas faciem meam
quocumque die apparueris mihi morieris
29 respondit Moses ita fiat ut locutus es
non videbo ultra faciem tuam
11 et dixit Dominus ad Mosen
adhuc una plaga tangam Pharao-

AOC ΣΛΤΜΦ cr
12 et] ut A | fuerit c | 13 et extendit TΦc | tota die illa et Ac | 15 nihil quoque TΦ; nihil A | 17 ~ mihi peccatum AΦ | 18 egressus est O | est *om.* Ac; + moses Cc | et *om.* Ac. | 19 abreptam lucustam OC.; arrepta lucusta A | 21 et] ut O | 22 extenditque c | 23 de + eo CTΦ | 24 domino + deo uestro A | maneant A | 28 ad eum] ad moysen TMΦc | me + et TMΦc | 29 fiet Cc || **11,1** unam plagam OT |

nem et Aegyptum
3,20; 6,1! et post haec dimittet vos et exire con-
pellet
2 dices ergo omni plebi
3,22; 12,35 ut postulet vir ab amico suo et mulier a vicina sua vasa argentea et
aurea
3,21! 3 dabit autem Dominus gratiam populo coram Aegyptiis
Gn 26,13! fuitque Moses vir magnus valde in
terra Aegypti
coram servis Pharao et omni populo
4 et ait
haec dicit Dominus
12,12 media nocte egrediar in Aegyptum
4,23: Nm 3,13; 33,4; Ps 135,10 5 et morietur omne primogenitum in
12,29; 13,15; Ps 77,50.51! terra Aegyptiorum
Ps 134,8 a primogenito Pharaonis qui sedet
in solio eius
usque ad primogenitum ancillae
quae est ad molam
et omnia primogenita iumentorum
12,30! 6 eritque clamor magnus in universa
terra Aegypti
qualis nec ante fuit nec postea futurus est
7 apud omnes autem filios Israhel non
muttiet canis
ab homine usque ad pecus
9,4! ut sciatis quanto miraculo dividat
Dominus Aegyptios et Israhel
8 descendentque omnes servi tui isti
ad me
et adorabunt me dicentes
12,31 egredere tu et omnis populus qui
subiectus est tibi
post haec egrediemur
9 et exivit a Pharaone iratus nimis
dixit autem Dominus ad Mosen
Nm 14,11.22! Io 12,37 non audiet vos Pharao
7,3! ut multa signa fiant in terra Aegypti
10 Moses autem et Aaron fecerunt om-
4,21! nia ostenta quae scripta sunt coram
Pharaone

et induravit Dominus cor Pharaonis
nec dimisit filios Israhel de terra sua
12 dixit quoque Dominus ad Mosen
et Aaron in terra Aegypti
2 mensis iste vobis principium mensuum
primus erit in mensibus anni
3 loquimini ad universum coetum filiorum Israhel et dicite eis
decima die mensis huius
tollat unusquisque agnum per fami- 21
lias et domos suas
4 sin autem minor est numerus
ut sufficere possit ad vescendum agnum
adsumet vicinum suum qui iunctus
est domui eius
iuxta numerum animarum quae sufficere possunt ad esum agni
5 erit autem agnus absque macula Lv 22,19
masculus anniculus
iuxta quem ritum tolletis et hedum
6 et servabitis eum usque ad quartam- 18
decimam diem mensis huius
immolabitque eum universa multi- 47; Dt 16,6
tudo filiorum Israhel ad vesperam
7 et sument de sanguine ac ponent su- 22
per utrumque postem
et in superliminaribus domorum in
quibus comedent illum
8 et edent carnes nocte illa assas igni II Par 35,13
et azymos panes cum lactucis agres- Nm 9,11
tibus
9 non comedetis ex eo crudum quid
nec coctum aqua
sed assum tantum igni
caput cum pedibus eius et intestinis
vorabitis
10 nec remanebit ex eo quicquam usque 16,19; 23,18; 29,34! 34,25;
mane Lv 7,15! Dt 16,4
si quid residui fuerit igne conburetis
11 sic autem comedetis illum
renes vestros accingetis IV Rg 4,29! Iob 38,3!
calciamenta habebitis in pedibus Eph 6,14.15!

3 populo[1] + suo OTMΦ c | pharao AOΛT r] pharaonis *cet.* | 4 ingrediar CΣΛM | in *om.* C | 5 in terram AC. || **12,** 3 dicetis A.; dices O. | eis] ad eos AO r. | 4 eius] suae c. | 6 ad uesperum CTΦ | 7 sanguine + eius c | 9 ~ tantum assum A c | 10 ~ quicquam ex eo c | residuum CT c | 11 accingetis + et Σ c | AOC ΣΛTMΦ cr

tenentes baculos in manibus
et comedetis festinantes
27 est enim phase id est transitus Domini
11,4.5! [12]et transibo per terram Aegypti nocte
illa
percutiamque omne primogenitum
in terra Aegypti
ab homine usque ad pecus
et in cunctis diis Aegypti faciam iudicia ego Dominus
[13]erit autem sanguis vobis in signum
in aedibus in quibus eritis
23! et videbo sanguinem ac transibo vos
nec erit in vobis plaga disperdens
quando percussero terram Aegypti
42 [14]habebitis autem hanc diem in monumentum
17; 10,9! 13,10 et celebrabitis eam sollemnem Domino
in generationibus vestris cultu sempiterno
13,6; 23,15; 34,18! [15]septem diebus azyma comedetis
19; 13,7; Dt 16,4 in die primo non erit fermentum in
domibus vestris
quicumque comederit fermentatum
Gn 17,14! peribit anima illa de Israhel
a primo die usque ad diem septimum
10,9! Lv 23,7.8! Lv 23,21; Nm 28,18.25 [16]dies prima erit sancta atque sollemnis
et dies septima eadem festivitate venerabilis
nihil operis facietis in eis exceptis his
quae ad vescendum pertinent
[17]et observabitis azyma
41; 3,10! 23,15! in eadem enim ipsa die educam exercitum vestrum de terra Aegypti
14! et custodietis diem istum in generationes vestras ritu perpetuo
[18]primo mense quartadecima die mensis ad vesperam comedetis azyma
6 usque ad diem vicesimam primam
eiusdem mensis ad vesperam

[19]septem diebus fermentum non in- 15! 13,7; Dt 16,4
venietur in domibus vestris
qui comederit fermentatum peribit
anima eius de coetu Israhel
tam de advenis quam de indigenis
terrae
[20]omne fermentatum non comedetis 13,3; Dt 16,3; 1 Cor 5,8
in cunctis habitaculis vestris edetis
azyma
[21]vocavit autem Moses omnes senio- 3,16!
res filiorum Israhel et dixit ad eos
ite tollentes animal per familias ves- 3
tras immolate phase
[22]fasciculumque hysopi tinguite sanguine qui est in limine
et aspergite ex eo superliminare et 7
utrumque postem
nullus vestrum egrediatur ostium domus suae usque mane
[23]transibit enim Dominus percutiens 13.27
Aegyptios
cumque viderit sanguinem in super-
liminari et in utroque poste
transcendet ostium et non sinet percussorem ingredi domos vestras et
laedere
[24]custodi verbum istud legitimum tibi 13,9
et filiis tuis usque in aeternum
[25]cumque introieritis terram quam 6,8! Lv 23,10! Dt 4,1! 31,21
Dominus daturus est vobis ut pol-
licitus est
observabitis caerimonias istas
[26]et cum dixerint vobis filii vestri quae 13,14; Dt 6,20
est ista religio
[27]dicetis eis victima transitus Domini 11
est
quando transivit super domos filio- 23!
rum Israhel in Aegypto
percutiens Aegyptios et domos nostras liberans
incurvatusque populus adoravit
[28]et egressi filii Israhel fecerunt sicut 50; 39,31; Lv 24,23; Nm 1,54; 2,34; 9,5
praeceperat Dominus Mosi et Aa-

AOC ΣΛΤΜΦ cr

11 et *om.* O | festinanter ΛTc | 12 et pertransibo per A | omnem A | 13 ac] et ATΦc | 14 hunc c. | 15 fermentum] fermentatum OCΣ | de + populo C | ~ a die primo A | 17 in generationibus uestris CΣΦ | 18 ad uesperum O | 19 fermentum] fermentatum CΣΛMΦ | 21 uestras + et c | 22 sanguine ΣΛMΦr] sanguinem OT; in sanguinem AC.; in sanguine c | 23 in[2] *om.* OΛ | ostium + domus c | 24 istum AC |

ron
Sap 18,14 29 factum est autem in noctis medio
11,5! Sap 18,11 percussit Dominus omne primogenitum in terra Aegypti
a primogenito Pharaonis qui sedebat in solio eius
usque ad primogenitum captivae quae erat in carcere
et omne primogenitum iumentorum
30 surrexitque Pharao nocte et omnes servi eius cunctaque Aegyptus
11,6; Sap 18,10 et ortus est clamor magnus in Aegypto
neque enim erat domus in qua non iaceret mortuus
10,8.9! 31 vocatisque Mosen et Aaron nocte ait
11,8 surgite egredimini a populo meo et vos et filii Israhel
ite immolate Domino sicut dicitis
10,26 32 oves vestras et armenta adsumite ut petieratis
et abeuntes benedicite mihi
39; Idt 5,11 33 urguebantque Aegyptii populum de terra exire velociter dicentes omnes moriemur
34 tulit igitur populus conspersam farinam antequam fermentaretur
et ligans in palliis posuit super umeros suos
35 feceruntque filii Israhel sicut praeceperat Moses
3,22; 11,2 et petierunt ab Aegyptiis vasa argentea et aurea vestemque plurimam
3,21! 36 dedit autem Dominus gratiam populo coram Aegyptiis ut commodarent eis
Sap 10,19 et spoliaverunt Aegyptios
Nm 33,3.5 37 profectique sunt filii Israhel de Ramesse in Soccoth
Nm 11,21 sescenta ferme milia peditum virorum absque parvulis

38 sed et vulgus promiscuum innumerabile ascendit cum eis Nm 11,4
oves et armenta et animantia diversi generis multa nimis
39 coxeruntque farinam quam dudum conspersam de Aegypto tulerant
et fecerunt subcinericios panes azymos Gn 18,6
neque enim poterant fermentari
cogentibus exire Aegyptiis et nullam facere sinentibus moram 33!
nec pulmenti quicquam occurrerant praeparare
40 habitatio autem filiorum Israhel qua Nm 20,15
manserant in Aegypto fuit quadringentorum triginta annorum Idt 5,9
41 quibus expletis eadem die egressus est omnis exercitus Domini de terra Aegypti 17!
42 nox est ista observabilis Domini 14!
quando eduxit eos de terra Aegypti 6,13!
hanc observare debent omnes filii Israhel in generationibus suis
43 dixitque Dominus ad Mosen et Aaron
haec est religio phase
omnis alienigena non comedet ex eo 29,33; Lv 22,10.13
44 omnis autem servus empticius circumcidetur et sic comedet Gn 17,12.27; Lv 22,11!
45 advena et mercennarius non edent ex eo Lv 22,10
46 in una domo comedetur
nec efferetis de carnibus eius foras
nec os illius confringetis Nm 9,12; Io 19,36
47 omnis coetus filiorum Israhel faciet illud 6
48 quod si quis peregrinorum in vestram voluerit transire coloniam et Nm 9,14
facere phase Domini
circumcidetur prius omne masculinum eius et tunc rite celebrabit Gn 17,10; 34,15

29 [*iterum adest* G] | omne[1]] omnem AOCт, *sed cf. supra* 11,5 | ~ in solio eius sedebat c. | 31 uocatisque] uocauitque т.; + pharao M c | mosen ACт] moysen ΣΛΤΜ; moysi O; moyse Φ c; *legi nequit* G | nocte + et Aт | surgite + et c. | et[2] *om.* c. | 35 fecerunt O | moses] dominus mosi C.; dominus moysi Λ | uestesque plurimas GΣ. | 36 ~ dominus autem dedit c. | 37 ferme GAOт] fere *cet.* | 39 ~ de aegypto conspersam c. | tulerunt C | quiquam GA.; quidam Σ. | occurrerunt Σ; occurrerat c | 40 manserunt CΛ c | 42 ~ ista est c | [*deest* G *usque ad* 13,9] | 46 efferetur O | (G)AOC ΣΛΤΜΦ cт

eritque sicut indigena terrae
si quis autem circumcisus non fuerit
non vescetur ex eo
Lv 24,22! Nm 9,14 49 eadem lex erit indigenae et colono
qui peregrinatur apud vos
28! 50 fecerunt omnes filii Israhel sicut
praeceperat Dominus Mosi et Aaron
6,26! 51 et in eadem die eduxit Dominus filios Israhel de terra Aegypti per
turmas suas
13 locutusque est Dominus ad Mosen
dicens
12! 15; 22,29.30! Lc 2,23 2 sanctifica mihi omne primogenitum
quod aperit vulvam in filiis Israhel
Lv 27,26; Nm 3,12! 13! tam de hominibus quam de iumentis
mea sunt enim omnia
3 et ait Moses ad populum
6,6! Dt 16,3 mementote diei huius in qua egressi
estis de Aegypto et de domo ser-
vitutis
14,8! Dt 4,37; 6,21; 26,8! quoniam in manu forti eduxit vos
Dominus de loco isto
12,20! ut non comedatis fermentatum panem
23,15; 34,18 4 hodie egredimini mense novarum
frugum
5 cumque te introduxerit Dominus
3,8! in terram Chananei et Hetthei et
Amorrei et Evei et Iebusei
Gn 50,23! Lv 20,24 quam iuravit patribus tuis ut daret
tibi
Nm 14,8; 16,14; Bar 1,20 terram fluentem lacte et melle
celebrabis hunc morem sacrorum
mense isto
12,15! 6 septem diebus vesceris azymis
10,9! et in die septimo erit sollemnitas Domini
12,15! 7 azyma comedetis septem diebus
12,19; Dt 16,4 non apparebit apud te aliquid fermentatum nec in cunctis finibus
tuis
8 narrabisque filio tuo in die illo dicens
hoc est quod fecit Dominus mihi
quando egressus sum de Aegypto
9 et erit quasi signum in manu tua 16; Dt 6,8; 11,1
et quasi monumentum ante oculos
tuos
et ut lex Domini semper in ore tuo 12,24
in manu enim forti eduxit te Domi- 6,6!
nus de Aegypto
10 custodies huiuscemodi cultum sta- 12,14!
tuto tempore a diebus in dies
11 cumque introduxerit te in terram Gn 50,23! Lv 14,34!
Chananei
sicut iuravit tibi et patribus tuis
et dederit eam tibi
12 separabis omne quod aperit vulvam 2! 34,19
Domino
et quod primitivum est in pecoribus Dt 15,19; II Esr 10,36
tuis
quicquid habueris masculini sexus
consecrabis Domino
13 primogenitum asini mutabis ove 34,20
quod si non redemeris interficies
omne autem primogenitum hominis Nm 18,15
de filiis tuis pretio redimes
14 cumque interrogaverit te filius tuus 12,26; Dt 6,20
cras dicens quid est hoc responde-
bis ei
in manu forti eduxit nos Dominus 6,6!
de Aegypto de domo servitutis
15 nam cum induratus esset Pharao et 4,21!
nollet nos dimittere
occidit Dominus omne primogeni- 2! 11,5!
tum in terra Aegypti
a primogenito hominis usque ad primogenitum iumentorum
idcirco immolo Domino omne quod
aperit vulvam masculini sexus
et omnia primogenita filiorum meorum redimo
16 erit igitur quasi signum in manu tua 9!
et quasi adpensum quid ob recordationem inter oculos tuos
eo quod in manu forti eduxerit nos 6,6!
Dominus de Aegypto

(G)AOC ΣΛΤΜΦ cr 49 peregrinantur C | 50 feceruntque Cc | 51 in *om.* c. ‖ **13**,2 de²] in ΑΣ. | 5 ~ introduxerit te c | 8 ~ mihi dominus c | 9 [*iterum adest* G] | semper] *praem.* sit C; + sit c | 11 te + dominus Σc | ~ tibi eam c | 13 ouem OTM. | 14 de terra aegypti ΤΦc | 16 eduxit c |

17 igitur cum emisisset Pharao populum
non eos duxit Dominus per viam
terrae Philisthim quae vicina est
reputans ne forte paeniteret eum si
vidisset adversum se bella consurgere
et reverteretur in Aegyptum
Ps 135,16 18 sed circumduxit per viam deserti
quae est iuxta mare Rubrum
et armati ascenderunt filii Israhel de
terra Aegypti
19 tulit quoque Moses ossa Ioseph secum
Gn 50,24! eo quod adiurasset filios Israhel dicens
visitabit vos Deus efferte ossa mea
hinc vobiscum
Nm 33,6 20 profectique de Soccoth castrametati
sunt in Etham in extremis finibus
solitudinis
14,19; Dt 1,33! Nm 14,14 21 Dominus autem praecedebat eos ad
ostendendam viam
14,24; 40,36! Nm 10,34! per diem in columna nubis
II Esr 9,12 et per noctem in columna ignis
Ps 79,10 ut dux esset itineris utroque tempore
22 numquam defuit columna nubis per
diem
nec columna ignis per noctem coram
populo
14 locutus est autem Dominus ad Mosen dicens
2 loquere filiis Israhel
Nm 33,7 reversi castrametentur e regione
Phiahiroth
quae est inter Magdolum et mare
contra Beelsephon
9 in conspectu eius castra ponetis super mare
3 dicturusque est Pharao super filiis
Israhel
coartati sunt in terra
conclusit eos desertum
8.17.18; 4,21! 4 et indurabo cor eius ac persequetur
vos
et glorificabor in Pharao et in omni
exercitu eius
scientque Aegyptii quia ego sum Do- 7,5! Ez 29,6
minus
feceruntque ita
5 et nuntiatum est regi Aegyptiorum
quod fugisset populus
inmutatumque est cor Pharaonis et
servorum eius super populo et dixerunt
quid voluimus facere ut dimitteremus
Israhel ne serviret nobis
6 iunxit ergo currum et omnem populum suum adsumpsit secum
7 tulitque sescentos currus electos
quicquid in Aegypto curruum fuit
et duces totius exercitus
8 induravitque Dominus cor Phara- 4!
onis regis Aegypti
et persecutus est filios Israhel **I Mcc 4,9**
at illi egressi erant in manu excelsa 13,3! Nm 33,3
9 cumque persequerentur Aegyptii ve- Ios 24,6
stigia praecedentium
reppererunt eos in castris super mare 2
omnis equitatus et currus Pharaonis **Idt 9,6**
et universus exercitus
erant in Ahiroth contra Beelsephon
10 cumque adpropinquasset Pharao
levantes filii Israhel oculos viderunt
Aegyptios post se et timuerunt valde
clamaveruntque ad Dominum 11 et Ios 24,7; Idc 4,3
dixerunt ad Mosen
forsitan non erant sepulchra in Aegypto
ideo tulisti nos ut moreremur in solitudine
quid hoc facere voluisti ut educeres 3,10! Nm 11,20; 21,5!
nos ex Aegypto
12 nonne iste est sermo quem loquebamur ad te in Aegypto dicentes
recede a nobis ut serviamus Aegyptiis
multo enim melius est servire eis

17 deus ΟΛΤΜΦ c | 19 uisitauit ΑΟΣΛΤ. | deus] dominus O; + et GTΦ || **14**,1 autem *om.* O | 3 filios ΑCΣΛ | 4 persequitur GA. | in pharao GAOTr] in pharaone *cet.* | 7 electos + et c | 9 erat OCΣΛ | in ahiroth] in phiahiroth r.; in phihahiroth c.; in phiayroth C; in phiaroth Λ; in fiaroht Σ., *cf. supra v.* 2 | 10 clamauerunt ad G | 12 est2] erat c. |

GAOC ΣΛΤΜΦ cr

quam mori in solitudine
13 et ait Moses ad populum nolite timere
state et videte magnalia Domini quae
facturus est hodie
Aegyptios enim quos nunc videtis
nequaquam ultra videbitis usque in
sempiternum
25; Dt 1,30! Ios 10,14! 23,10; Is 51,22 14 Dominus pugnabit pro vobis et vos
tacebitis
15 dixitque Dominus ad Mosen quid
clamas ad me
loquere filiis Israhel ut proficiscantur
7,19! 16 tu autem eleva virgam tuam et extende manum super mare et divide
illud
22! 15,19; Nm 33,8: Sap 10,18! ut gradiantur filii Israhel in medio
mari per siccum
4! 17 ego autem indurabo cor Aegyptiorum ut persequantur vos
et glorificabor in Pharaone et in omni exercitu eius
in curribus et in equitibus illius
18 et scient Aegyptii quia ego sum Dominus
cum glorificatus fuero in Pharaone
et in curribus atque in equitibus
eius
13,21! Ps 33,8 19 tollensque se angelus Dei qui praecedebat castra Israhel abiit post eos
et cum eo pariter columna nubis
priora dimittens post tergum 20 stetit
inter castra Aegyptiorum et castra
Israhel
Ios 24,7 et erat nubes tenebrosa et inluminans noctem
ut ad se invicem toto noctis tempore
accedere non valerent
7,19! 21 cumque extendisset Moses manum
super mare
Ios 2,10! 4,23! II Esr 9,11; Idt 5,12 abstulit illud Dominus flante vento
vehementi et urente tota nocte
Ps 65,6; 77,13; 105,9; 135,13.14 16! 29; Is 63,12.13 et vertit in siccum divisaque est aqua
22 et ingressi sunt filii Israhel per me-
dium maris sicci
erat enim aqua quasi murus a dextra Ios 3,16!
eorum et leva
23 persequentesque Aegyptii ingressi 28
sunt post eos
omnis equitatus Pharaonis currus 15,19
eius et equites per medium maris
24 iamque advenerat vigilia matutina
et ecce respiciens Dominus super Idt 9,6
castra Aegyptiorum per columnam 13,21!
ignis et nubis
interfecit exercitum eorum
25 et subvertit rotas curruum fereban-
turque in profundum
dixerunt ergo Aegyptii fugiamus Israhelem
Dominus enim pugnat pro eis contra 14!
nos
26 et ait Dominus ad Mosen
extende manum tuam super mare ut 7,19!
revertantur aquae ad Aegyptios
super currus et equites eorum
27 cumque extendisset Moses manum 7,19!
contra mare
reversum est primo diluculo ad
priorem locum
fugientibusque Aegyptiis occurrerunt aquae
et involvit eos Dominus in mediis 15,1.4! Ios 24,7 Ps 135,15; Sap 10,19; 18,5
fluctibus
28 reversaeque sunt aquae
et operuerunt currus et equites cuncti Idt 5,13
exercitus Pharaonis
qui sequentes ingressi fuerant mare 23; 15,19; Dt 11,4; Ps 77,5 Ps 105,11
ne unus quidem superfuit ex eis
29 filii autem Israhel perrexerunt per 22!
medium sicci maris
et aquae eis erant quasi pro muro a
dextris et a sinistris
30 liberavitque Dominus in die illo Is- 3,8; 18,9.10; Idc 6,9; I Sm 10,18
rahel de manu Aegyptiorum
31 et viderunt Aegyptios mortuos super
litus maris
et manum magnam quam exercuerat

GAOC ΣΛΤΜΦ cr

13 usque *om.* GΦ | 14 pugnauit AOCΣΛ; pugnat TΦ | 16 manum + tuam TMΦc | 17 eius + et c | 20 ita ut AΦc | 22 ~ sicci maris c | ad dextra GC; ad dextram Σ; ad dexteram Φ; dextra O | leuam ΣΦ | 23 eos + et c. | 26 tuam *om.* CΣΛ | 27 reuersus est O | fugientibus O | 28 nec unus Cc | 29 a[2] *om.* CΛM | 30 illa c. | srahelem G ||

Dominus contra eos
II Par 20,20! timuitque populus Dominum et crediderunt Domino et Mosi servo
eius
Idc 5,1; Idt 16,1 **15** tunc cecinit Moses et filii Israhel
Sap 10,20 carmen hoc Domino et dixerunt
21 Cantemus Domino gloriose enim
magnificatus est
14,27! equum et ascensorem deiecit in mare
Ps 117,14! Is 12,2 2 fortitudo mea et laus mea Dominus
et factus est mihi in salutem
iste Deus meus et glorificabo eum
Ps 144,1; Is 25,1 Deus patris mei et exaltabo eum
Is 42,13; Ier 20,11 3 Dominus quasi vir pugnator Omnipotens nomen eius
14,27! IV Esr 1,10; Ps 135,15 4 currus Pharaonis et exercitum eius
proiecit in mare
electi principes eius submersi sunt in
mari Rubro
Idt 9,8 5 abyssi operuerunt eos
II Esr 9,11 descenderunt in profundum quasi
lapis
88,14; 117,16; Is 26,11! 6 dextera tua Domine magnifice in
fortitudine
6.7: Sir 36,7–9 dextera tua Domine percussit inimicum
7 et in multitudine gloriae tuae depo-
suisti adversarios meos
Is 5,24! 47,14! misisti iram tuam quae devoravit eos
ut stipulam
8 et in spiritu furoris tui congregatae
sunt aquae
stetit unda fluens
congregatae sunt abyssi in medio
mari
9 dixit inimicus persequar et conprehendam
dividam spolia implebitur anima
mea
evaginabo gladium meum interficiet
eos manus mea
10 flavit spiritus tuus et operuit eos
mare
submersi sunt quasi plumbum in
aquis vehementibus
11 quis similis tui in fortibus Domine I Sm 2,2! II Sm 7,22; Iob 36,22! Ps 82,2! 85,8!
quis similis tui
magnificus in sanctitate
terribilis atque laudabilis et faciens
mirabilia
12 extendisti manum tuam et devoravit
eos terra
13 dux fuisti in misericordia tua populo
quem redemisti
et portasti eum in fortitudine tua ad
habitaculum sanctum tuum
14 adtenderunt populi et irati sunt
dolores obtinuerunt habitatores Philisthim
15 tunc conturbati sunt principes Edom
robustos Moab obtinuit tremor Nm 22,3
obriguerunt omnes habitatores Cha- Ios 2,9!
naan
16 inruat super eos formido et pavor in Gn 35,5! Ps 104,38
magnitudine brachii tui
fiant inmobiles quasi lapis
donec pertranseat populus tuus Domine
donec pertranseat populus tuus iste Ps 73,2
quem possedisti
17 introduces eos et plantabis in monte Ps 77,54
hereditatis tuae
firmissimo habitaculo tuo quod operatus es Domine
sanctuarium Domine quod firmaverunt manus tuae
18 Dominus regnabit in aeternum et Tb 9,11! Ps 9,8! 144,13! Sap 3,8! Dn 6,26!
ultra
19 ingressus est enim equus Pharao cum 14,23.28
curribus et equitibus eius in mare

15, 1 magnificatus] honorificatus AO | deiecit] proiecit AOM | 2 fortitudo—dominus et] adiutor et protector O | 6 dexteram tuam[1] G | magnifice in 𝔯 *cum cod. Vat. Reg. lat. 11, cf.* 𝔐] magnificem in GAOT; magnifica Λ.; magnificemini in C.; magnificet mihi in Σ.; magnificetur in Φ; magnificata est in M𝔠 | 7 meos] tuos 𝔠. | ut] sicut ΣΤΜΦ𝔠 | 11 [*deest* G *usque ad v.* 24] | tui[1]] tibi AΣ. | tui[2]] tibi AC.; *om.* Λ. | et *om.* O𝔠 | 13 tua[1] *om.* O | 14 adtenderunt 𝔯., *cf.* 𝔐] ascenderunt *cet.* | 15 principes] duces CΣ. | 16 in magnitudine] magnitudinis AΤΦ | pertranseat[1]] transeat AΛ | 17 in montem CΣ | sanctuarium + tuum OCΣ𝔠𝔯 | 18 regnauit ACΣΛM | 19 eques Φ𝔠 | pharaonis CΣ | eius[1] *om.* CΤΦ |

(G)AOC ΣΛΤΜΦ 𝔠𝔯

et reduxit super eos Dominus aquas
maris
14,16! filii autem Israhel ambulaverunt per
siccum in medio eius
20 sumpsit ergo Maria prophetis soror
Aaron tympanum in manu
I Sm 18,6.7; Idc 11,34; 21,21 egressaeque sunt omnes mulieres
post eam cum tympanis et choris
21 quibus praecinebat dicens
1! cantemus Domino gloriose enim
magnificatus est
equum et ascensorem eius deiecit in
mare
22 tulit autem Moses Israhel de mari
Rubro et egressi sunt in desertum
Sur
ambulaveruntque tribus diebus per
17,1! Dt 8,15 solitudinem et non inveniebant
aquam
Nm 33,8 23 et venerunt in Marath
nec poterant bibere aquas de Mara
eo quod essent amarae
unde et congruum loco nomen inposuit
Rt 1,20 vocans illud Mara id est amaritudinem
16,2! Nm 11,1! 24 et murmuravit populus contra Mosen dicens quid bibemus
25 at ille clamavit ad Dominum qui
ostendit ei lignum
Idt 5,15; Sir 38,5; IV Esr 1,23 quod cum misisset in aquas in dulce-
dinem versae sunt
ibi constituit ei praecepta atque iudicia
et ibi temptavit eum 26 dicens
Gn 26,5! Dt 6,18! 13,18! III Rg 11,38! Lv 18,4.5! si audieris vocem Domini Dei tui
et quod rectum est coram eo feceris
et oboedieris mandatis eius
custodierisque omnia praecepta illius
cunctum languorem quem posui in
Aegypto non inducam super te
ego enim Dominus sanator tuus
27 venerunt autem in Helim Nm 33,9
ubi erant duodecim fontes aquarum
et septuaginta palmae
et castrametati sunt iuxta aquas
16 profectique sunt de Helim Nm 33,10.11
et venit omnis multitudo filiorum
Israhel in desertum Sin
quod est inter Helim et Sinai
quintodecimo die mensis secundi
postquam egressi sunt de terra Aegypti
2 et murmuravit omnis congregatio 15,24! Nm 14,; 16,41; 20,2.3
filiorum Israhel
contra Mosen et contra Aaron in solitudine
3 dixeruntque ad eos filii Israhel Nm 20,3–5
utinam mortui essemus per manum Nm 14,3
Domini in terra Aegypti
quando sedebamus super ollas carnium
et comedebamus panes in saturitate
cur eduxistis nos in desertum istud Nm 16,13
ut occideretis omnem multitudinem
fame
4 dixit autem Dominus ad Mosen 8! Ps 77,24; Sap 16,20; Io 6,31
ecce ego pluam vobis panes de caelo
egrediatur populus et colligat quae 16.18.21
sufficiunt per singulos dies
ut temptem eum utrum ambulet in
lege mea an non
5 die autem sexta parent quod inferant
et sit duplum quam colligere sole- 22.29
bant per singulos dies
6 dixeruntque Moses et Aaron ad omnes filios Israhel
vespere scietis quod Dominus edu- 6,13!
xerit vos de terra Aegypti
7 et mane videbitis gloriam Domini Lv 9,4! 6! Nm 14,10
audivit enim murmur vestrum con- 12
tra Dominum

(G)AOC ΣΛΤΜΦ cr 19 in[2]] per CΣ. | 20 prophetes Φ; prophetissa CΣΛΤΜ c | manu + sua AM cr | 21 eius *om.* ΣΛΤΦ | deiecit] proiecit CΣ | 22 egressi] ingressi C | 23 marath] mara T c. | mara[1]] mare O.; marath A r; marat C | illum ΣΛ c | 25 [*iterum adest* G] | 26 mandata C | enim + sum A | 27 in helim] *praem.* filii israhel A; + filii israel c | et[2] *om.* A || **16**,2 contra[2] *om.* GΣΛ c | 3 ~ filii israel ad eos c. | panem c | eduxistis G cr] eduxisti AOCΣΛ; induxistis TΦ; induxisti M | istum GΦ | 4 colligant G | sufficiant CM | 5 sexto c | et] ut G |

Nm 16,11 nos vero quid sumus quia mussitatis contra nos
8 et ait Moses
12; Nm 11,18 dabit Dominus vobis vespere carnes edere
4! 15; Dt 8,3! II Esr 9,15; Ps 104,40; Io 6,32 et mane panes in saturitate
eo quod audierit murmurationes vestras
quibus murmurati estis contra eum
nos enim quid sumus
nec contra nos est murmur vestrum sed contra Dominum
9 dixitque Moses ad Aaron
Nm 16,16 dic universae congregationi filiorum Israhel
accedite coram Domino audivit enim murmur vestrum
10 cumque loqueretur Aaron ad omnem coetum filiorum Israhel
respexerunt ad solitudinem
et ecce gloria Domini apparuit in nube
11 locutus est autem Dominus ad Mosen dicens
7 12 audivi murmurationes filiorum Israhel
loquere ad eos
8! vespere comedetis carnes et mane saturabimini panibus
8,10! Dt 7,9; 29,6; Dn 3,45; Ioel 3,17 scietisque quod sim Dominus Deus vester
Nm 11,31! Ps 104,40 13 factum est ergo vespere et ascendens coturnix operuit castra
Nm 11,9 mane quoque ros iacuit per circuitum castrorum
14 cumque operuisset superficiem terrae
apparuit in solitudine minutum et quasi pilo tunsum
in similitudinem pruinae super terram
15 quod cum vidissent filii Israhel
dixerunt ad invicem man hu quod significat quid est hoc 31; Dt 8,3
ignorabant enim quid esset
quibus ait Moses
iste est panis quem dedit Dominus vobis ad vescendum 8!
16 hic est sermo quem praecepit Dominus
colligat ex eo unusquisque quantum sufficiat ad vescendum 4!
gomor per singula capita
iuxta numerum animarum vestrarum quae habitant in tabernaculo sic tolletis
17 feceruntque ita filii Israhel
et collegerunt alius plus alius minus
18 et mensi sunt ad mensuram gomor
nec qui plus collegerat habuit amplius II Cor 8,15
nec qui minus paraverat repperit minus
sed singuli iuxta id quod edere poterant congregarunt 4!
19 dixitque Moses ad eos
nullus relinquat ex eo in mane 12,10!
20 qui non audierunt eum
sed dimiserunt quidam ex eis usque mane
et scatere coepit vermibus atque conputruit
et iratus est contra eos Moses
21 colligebant autem mane singuli quantum sufficere poterat ad vescendum 4!
cumque incaluisset sol liquefiebat Sap 16,27
22 in die vero sexta collegerunt cibos duplices 5.29
id est duo gomor per singulos homines
venerunt autem omnes principes multitudinis
et narraverunt Mosi

7 mussitastis CΣ c | 8 ~ uobis dominus Σ c | in saturitatem OCM | 9 dixit quoque c | 11 autem *om.* G | 12 murmurationem A | ego sim TΦ; ego sum Σ c | 13 ergo] autem A | ascendit G | et operuit G; cooperuit A c. | castra] terra A.; terram C. | 14 super faciem O | in similitudine GTΦ | 15 ~ dedit uobis dominus Σ; ~ dominus dedit uobis c | 16 [*deest* O *usque ad* 17,11 (*ant. vers.*)] | ~ unusquisque ex eo c. | sufficit AΣTΦ c | 18 congregauerunt GCΛTM cr | 19 usque in mane C | 22 uero] autem c |

GA(O)C ΣΛTMΦ cr

23 qui ait eis hoc est quod locutus est
Dominus
26! 20,8! requies sabbati sanctificata erit Domino
cras quodcumque operandum est facite
et quae coquenda sunt coquite
quicquid autem reliquum fuerit reponite usque in mane
24 feceruntque ita ut praeceperat Moses
et non conputruit neque vermis inventus est in eo
25 dixitque Moses
comedite illud hodie quia sabbatum est Domino
non invenietur hodie in agro
20,9.10! 26 sex diebus colligite
23! in die autem septimo sabbatum est Domino
idcirco non invenietur
27 venit septima dies
et egressi de populo ut colligerent non invenerunt
28 dixit autem Dominus ad Mosen
Gn 26,5! Dt 8,2; Idc 2,22; 3,4 usquequo non vultis custodire mandata mea et legem meam
29 videte quod Dominus dederit vobis sabbatum
5.22 et propter hoc tribuerit vobis die sexto cibos duplices
maneat unusquisque apud semet ipsum
nullus egrediatur de loco suo die septimo
30 et sabbatizavit populus die septimo
15 31 appellavitque domus Israhel nomen eius man
Nm 11,7 quod erat quasi semen coriandri album
gustusque eius quasi similae cum melle
32 dixit autem Moses
iste est sermo quem praecepit Dominus
imple gomor ex eo et custodiatur in futuras retro generationes
ut noverint panem quo alui vos in solitudine
quando educti estis de terra Aegypti 6,13!
33 dixitque Moses ad Aaron
sume vas unum et mitte ibi man
quantum potest capere gomor
et repone coram Domino ad servandum in generationes vestras
34 sicut praecepit Dominus Mosi
posuitque illud Aaron in tabernaculo reservandum
35 filii autem Israhel comederunt man II Esr 9,21; Idt 5,15
quadraginta annis donec venirent in terram habitabilem
hoc cibo aliti sunt usquequo tangerent fines terrae Chanaan Ios 5,12
36 gomor autem decima pars est oephi
17 igitur profecta omnis multitudo filiorum Israhel de deserto Sin
per mansiones suas iuxta sermonem Domini
castrametata est in Raphidim Nm 33,14
ubi non erat aqua ad bibendum populo 15,22! Nm 20,
2 qui iurgatus contra Mosen ait
da nobis aquam ut bibamus Gn 24,45!
quibus respondit Moses
quid iurgamini contra me cur temptatis Dominum
3 sitivit ergo populus ibi pro aquae penuria
et murmuravit contra Mosen dicens
cur nos exire fecisti de Aegypto
ut occideres et nos et liberos nostros ac iumenta siti Nm 21,5!
4 clamavit autem Moses ad Dominum dicens

(G)AC ΣΛΤΜΦ cr

23 erit] est ΛΤΦ c; sit C. | in *om.* GΛ | 25 domini ΤΜΦ c | 26 domini AΛΤΜΦ c; domini dei C. | 27 uenitque c | colligerent + et CM | 29 die sexta tribuit uobis c. | 30 sabbatizabit GCTMΦ | 32 retro] uestras r. | panem quod GΣM | aluit C | 34 [*deest* G *usque ad* 17,12] | 36 oephi] oephae ACΛ; ephae TΦ r || **17**,1 castrametati sunt M Φ c | 3 ~ ibi populus c | pro] prae c. | ~ nos fecisti exire A.; ~ fecisti nos exire c. | et[2] *om.* CΣ c |

quid faciam populo huic
Nm 14,10! adhuc pauxillum et lapidabunt me
Nm 20,7.8 5 ait Dominus ad Mosen
3,16! antecede populum et sume tecum de
senibus Israhel
7,17.20 et virgam qua percussisti fluvium
tolle in manu tua et vade
6 en ego stabo coram te ibi super petram Horeb
Nm 20,11! Dt 8,15; II Esr 9,15; Ps 77,15.16! Sap 11,4! percutiesque petram et exibit ex ea
aqua ut bibat populus
fecit Moses ita coram senibus Israhel
Gn 26,20; Nm 20,13! 7 et vocavit nomen loci illius Temptatio
propter iurgium filiorum Israhel
Ps 94,9 et quia temptaverunt Dominum dicentes
estne Dominus in nobis an non
Dt 25,17! 8 venit autem Amalech et pugnabat
contra Israhel in Raphidim
9 dixitque Moses ad Iosue
elige viros et egressus pugna contra
Amalech
cras ego stabo in vertice collis
4,2.20 habens virgam Dei in manu mea
10 fecit Iosue ut locutus ei erat Moses
et pugnavit contra Amalech
24,13 Moses autem et Aaron et Hur
ascenderunt super verticem collis
11 cumque levaret Moses manus vince-
bat Israhel
sin autem paululum remisisset superabat Amalech
12 manus autem Mosi erant graves
sumentes igitur lapidem posuerunt
subter eum in quo sedit
Aaron autem et Hur sustentabant
manus eius ex utraque parte
Ios 8,26 et factum est ut manus ipsius non
lassarentur usque ad occasum solis
I Sm 15,7.8 13 fugavitque Iosue Amalech et populum eius in ore gladii

14 dixit autem Dominus ad Mosen
scribe hoc ob monumentum in libro
et trade auribus Iosue
delebo enim memoriam Amalech Dt 25,19!
sub caelo
15 aedificavitque Moses altare Gn 12,8!
et vocavit nomen eius Dominus ex-
altatio mea dicens
16 quia manus solii Domini et bellum
Dei erit contra Amalech a generatione in generationem
18 cumque audisset Iethro sacerdos
Madian cognatus Mosi
omnia quae fecerat Deus Mosi et
Israhel populo suo
eo quod eduxisset Dominus Israhel 6,13! 33,1; Lv 19,36; 23,43; 25,38.42! 26,45
de Aegypto
2 tulit Sefforam uxorem Mosi quam
remiserat 3 et duos filios eius
quorum unus vocabatur Gersan 2,22; Gn 15,13! I Par 23,15
dicente patre advena fui in terra ali-
ena
4 alter vero Eliezer
Deus enim ait patris mei adiutor
meus
et eruit me de gladio Pharaonis Ps 21,21; 143,10
5 venit ergo Iethro cognatus Mosi
et filii eius et uxor ad Mosen in desertum
ubi erat castrametatus iuxta montem
Dei
6 et mandavit Mosi dicens
ego cognatus tuus Iethro venio ad te
et uxor tua et duo filii tui cum ea
7 qui egressus in occursum cognati sui Gn 29,13!
adoravit et osculatus est eum
salutaveruntque se mutuo verbis pacificis
cumque intrasset tabernaculum
8 narravit Moses cognato suo Gn 42,29!
cuncta quae fecerat Deus Pharaoni

4 pauxillum] pusillum M; paululum c | lapidabunt ACΣr.] lapidabit *cet.* | 5 et ait c. | senibus ACΣ] senioribus *cet.*, *item v.*6 | quam CT | 6 ~ ibi coram te c. | supra Φc | 7 temptauerant A | 9 in uerticem AC | 10 ei *om.* Φc | 12 [*iterum adsunt* GO] | sustinebant AC | ipsius] illius ΣTc | 14 trade + in A | memoria G | 16 soli GA; solius CΣΛ | dei] domini c | in generatione AOΣ || **18**,1 deus] dominus GAΣr | israheli Gc | eo] et c. | 4 ait *om.* G | 5 uxor + eius AΣΛΦc | 6 ~ iethro cognatus tuus c | ueni G | 8 deus] dominus Ac |

(G)A(O)C ΣΛΤΜΦ cr

et Aegyptiis propter Israhel
universum laborem qui accidisset
eis in itinere
quo liberarat eos Dominus
III Rg 8,66; II Par 7,10! 9 laetatusque est Iethro super omnibus
bonis quae fecerat Dominus Isra-
heli
14,30! eo quod eruisset eum de manu Aegyptiorum 10 et ait
14,30! benedictus Dominus qui liberavit
vos de manu Aegyptiorum et de
manu Pharaonis
qui eruit populum suum de manu
Aegypti
Dt 10,17! II Par 2,5! Ps 134,5! 11 nunc cognovi quia magnus Dominus
super omnes deos
eo quod superbe egerint contra illos
10,25! Nm 15,3; Idc 2,5! I Sm 6,15; III Rg 3,4 12 obtulit ergo Iethro cognatus Mosi
holocausta et hostias Deo
veneruntque Aaron et omnes senes
Israhel
Gn 31,54! Dt 12,7! 14,23! 27,7 ut comederent panem cum eo coram
Domino
13 altero autem die sedit Moses ut iudi-
caret populum
qui adsistebat Mosi de mane usque
ad vesperam
14 quod cum vidisset cognatus eius
omnia scilicet quae agebat in populo
ait
quid est hoc quod facis in plebe
cur solus sedes
et omnis populus praestolatur de
mane usque ad vesperam
15 cui respondit Moses
venit ad me populus quaerens sententiam Dei
16 cumque acciderit eis aliqua disceptatio
veniunt ad me ut iudicem inter eos
et ostendam praecepta Dei et leges
eius
17 at ille non bonam inquit rem facis
18 stulto labore consumeris et tu et populus iste qui tecum est
ultra vires tuas est negotium Nm 11,14; Dt 1,12
solus illud non poteris sustinere Nm 11,17; Dt 1,10
19 sed audi verba mea atque consilia
et erit Deus tecum
esto tu populo in his quae ad Deum 4,16
pertinent
ut referas quae dicuntur ad eum
20 ostendasque populo caerimonias et
ritum colendi
viamque per quam ingredi debeant
et opus quod facere
21 provide autem de omni plebe viros Nm 11,16! Dt 1,13
potentes et timentes Deum
in quibus sit veritas et qui oderint
avaritiam
et constitue ex eis tribunos et centu- 25.26; Dt 1,15; 16,18; I Esr 7,25
riones et quinquagenarios et de-
canos
22 qui iudicent populum omni tempore
quicquid autem maius fuerit refe- Dt 1,17
rant ad te
et ipsi minora tantummodo iudicent
leviusque tibi sit partito in alios onere Nm 11,17
23 si hoc feceris implebis imperium Dei
et praecepta eius poteris sustentare
et omnis hic populus revertetur cum
pace ad loca sua
24 quibus auditis Moses fecit omnia
quae ille suggesserat
25 et electis viris strenuis de cuncto Is- Nm 1,16; III Esr 5,1
rahel
constituit eos principes populi
tribunos et centuriones et quinqua- 21.22
genarios et decanos
26 qui iudicabant plebem omni tempore
quicquid autem gravius erat referebant ad eum

(G)AOC ΣΛΤΜΦ cr

8 uniuersumque c | ei GCΛ | quo] et quod c. | liberauerat CM c; liberabat O. | 9 bonis *om.* C | dominus] deus OC; *om.* G | 10 uos] nos G | 11 magnus + est C | 12 deo] domino G | aaron et] ad aaron C | seniores ΛΤΜΦ c | domino] deo c | 13 altera ΤΜΦ c | adsistebant CM | de] a c. | uesperum CΣ | 14 facis] agis C | 19 consilium C | deus AO cr] dominus *cet.* | 20 uiam per AC | facere + debeant c. | 21 praeuide CΛ | 22 ~ sit tibi c | 23 sustinere G | ~ ad loca sua cum pace c. | 24 illi C | 25 [*deest* G *usque ad* 19,12] |

faciliora tantummodo iudicantes
27 dimisitque cognatum qui reversus
abiit in terram suam
19 mense tertio egressionis Israhel de
terra Aegypti in die hac
venerunt in solitudinem Sinai
Nm 33,15; Idt 5,14 2 nam profecti de Raphidim et pervenientes usque in desertum Sinai
castrametati sunt in eodem loco
ibique Israhel fixit tentoria e regione
montis
3 Moses autem ascendit ad Deum
Act 7,38 vocavitque eum Dominus de monte
et ait
haec dices domui Iacob et adnuntiabis filiis Israhel
Dt 4,34! 4 vos ipsi vidistis quae fecerim Aegyptiis
Dt 32,11 quomodo portaverim vos super alas
aquilarum et adsumpserim mihi
Ier 7,23 5 si ergo audieritis vocem meam
et custodieritis pactum meum
6,7! Dt 7,6! Mal 3,17! eritis mihi in peculium de cunctis populis
9,29! I Sm 2,8! Ps 23,1! mea est enim omnis terra
,31; 23,22 Lxx; 61,6! I Pt 2,9; Apc 1,6! 6 et vos eritis mihi regnum sacerdotale
et gens sancta
haec sunt verba quae loqueris ad filios Israhel
3,16! Dt 33,5 7 venit Moses et convocatis maioribus
natu populi
Nm 30,1.2 exposuit omnes sermones quos mandaverat Dominus
24,3; Nm 32,25.31 8 responditque universus populus simul
24,7 cuncta quae locutus est Dominus faciemus
cumque rettulisset Moses verba populi ad Dominum
20,21; 24,16; III Rg 8,12; II Par 6,1; Dt 4,12! 9 ait ei Dominus iam nunc veniam ad
te in caligine nubis
Dt 4,10 ut audiat me populus loquentem ad
te
et credat tibi in perpetuum
nuntiavit ergo Moses verba populi
ad Dominum
10 qui dixit ei vade ad populum et sanc- Nm 11,18! Ios 7,13 **10.11:** 14.15
tifica illos hodie et cras
laventque vestimenta sua
11 et sint parati in diem tertium
die enim tertio descendet Dominus
coram omni plebe super montem
Sinai
12 constituesque terminos populo per 21.23
circuitum et dices
cavete ne ascendatis in montem 24; 34,3; Hbr 12,18
nec tangatis fines illius
omnis qui tetigerit montem morte
morietur
13 manus non tanget eum
sed lapidibus opprimetur aut confo- Hbr 12,20
dietur iaculis
sive iumentum fuerit sive homo non
vivet
cum coeperit clangere bucina tunc
ascendant in montem
14 descenditque Moses de monte ad po- 25 **14.15:** 10.11!
pulum et sanctificavit eum
cumque lavissent vestimenta sua 15 ait
ad eos
estote parati in diem tertium
ne adpropinquetis uxoribus vestris
16 iam advenerat tertius dies et mane
inclaruerat
et ecce coeperunt audiri tonitrua ac
micare fulgura
et nubes densissima operire montem
clangorque bucinae vehementius per-
strepebat
timuit populus qui erat in castris
17 cumque eduxisset eos Moses in occursum Dei de loco castrorum
steterunt ad radices montis Dt 4,11
18 totus autem mons Sinai fumabat 24,17
eo quod descendisset Dominus super
eum in igne

27 cognatum + suum M c ‖ **19,** 1 in solitudine OT | 3 deum] dominum O | 6 mihi + in TMΦ c | 8 uniuersus] omnis C c. | ad deum A | 11 in diem tertiam Λ.; in die tertio O; + in TMΦ c | tertia c. | 12 dices + ad eos c | in monte O | [*iterum adest* G] | nec] ne G; et nec O. | 13 tangent GTMΦ | 14 lauassent OΣTMΦ | 15 et ne c | 16 iamque c | ~ dies tertius AOΣΛ r | timuitque ΣΛ; et timuit c |

(G)AOC ΣΛTMΦ cr

et ascenderet fumus ex eo quasi de fornace
eratque mons omnis terribilis
19 et sonitus bucinae paulatim crescebat in maius et prolixius tendebatur
Moses loquebatur et Dominus respondebat ei
Dt 33,2; II Esr 9,13 20 descenditque Dominus super montem Sinai in ipso montis vertice
34,2 et vocavit Mosen in cacumen eius
quo cum ascendisset 21 dixit ad eum
12! descende et contestare populum
ne forte velint transcendere terminos ad videndum Dominum
et pereat ex eis plurima multitudo
22 sacerdotes quoque qui accedunt ad Dominum sanctificentur ne percutiat eos
23 dixitque Moses ad Dominum
12! non poterit vulgus ascendere in montem Sinai
tu enim testificatus es et iussisti dicens
pone terminos circa montem et sanctifica illum
24 cui ait Dominus vade descende
24,1.2 ascendesque tu et Aaron tecum
12! sacerdotes autem et populus ne transeant terminos
nec ascendant ad Dominum ne forte interficiat illos
14 25 descendit Moses ad populum et omnia narravit eis
20 locutus quoque est Dominus cunctos sermones hos
Ps 49,7 2 ego sum Dominus Deus tuus qui
3,17! **2—17:** Dt 5,6–21 eduxi te de terra Aegypti de domo servitutis
34,14; Dt 6,14! 3 non habebis deos alienos coram me
23; 34,17; Lv 19,4; 26,1; Dt 4,16–18.23; 16,22; 27,15! 4 non facies tibi sculptile
neque omnem similitudinem quae est in caelo desuper et quae in terra deorsum I Cor 10,7!
nec eorum quae sunt in aquis sub terra
5 non adorabis ea neque coles 23,24!
ego sum Dominus Deus tuus fortis zelotes 34,14; Dt 4,24; 6,15; Ios 24,19
visitans iniquitatem patrum in filiis 34,7! Ier 32,18
in tertiam et quartam generationem eorum qui oderunt me
6 et faciens misericordiam in milia Dt 5,10; 6,25; 7,9! Lc 1,50!
his qui diligunt me et custodiunt praecepta mea
7 non adsumes nomen Domini Dei tui in vanum Lv 19,12! Sir 23,10
nec enim habebit insontem Dominus eum qui adsumpserit nomen Domini Dei sui frustra
8 memento ut diem sabbati sanctifices 16,23! 31,13! 31,14! Lv 19,3!
9 sex diebus operaberis et facies omnia opera tua 16,26! 23,12; 31,15! 34,21; Lv 23,3; Ez 46 Lc 13,14
10 septimo autem die sabbati Domini Dei tui non facies omne opus Ier 17,22
tu et filius tuus et filia tua
servus tuus et ancilla tua
iumentum tuum et advena qui est intra portas tuas
11 sex enim diebus fecit Dominus caelum et terram et mare et omnia quae in eis sunt 31,17; Gn 1,1! II Mcc 7,28; II Esr 9,6! Ps 145,6; Act 4,24!
et requievit in die septimo Gn 2,2.3
idcirco benedixit Dominus diei sabbati et sanctificavit eum **12—16:** Mt 19,18.19; Mc 10,19; Lc 18,20
12 honora patrem tuum et matrem tuam Dt 5,16! Tb 4 Sir 3,7.8! Mt 15,4; Mc 7,10
ut sis longevus super terram quam Dominus Deus tuus dabit tibi Dt 4,40! **13—17:** Rm 13,9
13 non occides 23,7! Mt 5,21 Iac 2,11
14 non moechaberis Tb 4,13! Mt 5
15 non furtum facies Lv 19,11
16 non loqueris contra proximum tuum 23,1; Dt 19,1

GA(O)C ΣΛΤΜΦ cr 18 ~ omnis mons c. | 19 dominus] deus c | 20 quo] qui C | 21 uelit AOΛ cr | [*deest* O *usque ad v.* 25 (*ant. vers.*)] | 22 ascendunt GC | 23 dixit quoque GC. | iussisti] iurasti C | 24 ascendeque G.; ascendensque A | transeat A; transcendant G. | 25 descenditque c | [*iterum adest* O] ‖ **20,**1 locutusque est GTMΦ cr | dominus] deus OMΦ | 2 aegypti + et C | 5 iniquitates ACΣ | in filios Λ c | 7 dei² *om.* A | 9 operaueris GAOC | 10 septima A | sabbatum c | tui + est c. | opus + in eo c. | 11 dominus¹] deus GΣΛ TMΦ | in² *om.* AΣTΦ | diei] die GCΦ; diem O | 12 tuam *om.* AΣΛ | 14 moechaueris GAOCΣ |

falsum testimonium
17 non concupisces domum proximi tui
Sir 41,27 nec desiderabis uxorem eius
non servum non ancillam non bovem non asinum nec omnia quae illius sunt
18 cunctus autem populus videbat voces et lampadas et sonitum bucinae montemque fumantem
Dt 5,5 et perterriti ac pavore concussi
steterunt procul
19 dicentes Mosi
Dt 5,25.27; 18,16 loquere tu nobis et audiemus
non loquatur nobis Dominus ne forte moriamur
20 et ait Moses ad populum nolite timere
Dt 4,10! ut enim probaret vos venit Deus
et ut terror illius esset in vobis et non peccaretis
21 stetitque populus de longe
19,9! Moses autem accessit ad caliginem in qua erat Deus
22 dixit praeterea Dominus ad Mosen
haec dices filiis Israhel
Dt 4,36 vos vidistis quod de caelo locutus sum vobis
4! 23 non facietis mecum deos argenteos
nec deos aureos facietis vobis
24 altare de terra facietis mihi
…,5! 29,38! 32,6! …n 8,20! Lv 1,2! et offeretis super eo holocausta et pacifica vestra
3,6! 9,3! oves vestras et boves in omni loco in quo memoria fuerit nominis mei
veniam ad te et benedicam tibi
Dt 27,5.6! 25 quod si altare lapideum feceris mihi
non aedificabis illud de sectis lapidibus
si enim levaveris cultrum tuum super eo polluetur
26 non ascendes per gradus ad altare meum

ne reveletur turpitudo tua
21 haec sunt iudicia quae propones eis
2 si emeris servum hebraeum Dt 15,12; Ier 34,14!
sex annis serviet tibi Lv 25,40.41
in septimo egredietur liber gratis
3 cum quali veste intraverit cum tali exeat
si habens uxorem et uxor egredietur simul
4 sin autem dominus dederit illi uxorem
et pepererit filios et filias
mulier et liberi eius erunt domini sui
ipse vero exibit cum vestitu suo
5 quod si dixerit servus diligo dominum meum et uxorem ac liberos non egrediar liber Dt 15,16.17
6 offeret eum dominus diis
et adplicabitur ad ostium et postes
perforabitque aurem eius subula
et erit ei servus in saeculum
7 si quis vendiderit filiam suam in famulam
non egredietur sicut ancillae exire consuerunt
8 si displicuerit oculis domini sui cui tradita fuerit dimittet eam
populo autem alieno vendendi non habet potestatem si spreverit eam
9 sin autem filio suo desponderit eam
iuxta morem filiarum faciet illi
10 quod si alteram ei acceperit
providebit puellae nuptias
et vestimenta et pretium pudicitiae non negabit
11 si tria ista non fecerit egredietur gratis absque pecunia
12 qui percusserit hominem volens occidere morte moriatur 22,3; Gn 9,6; Lv 24,17.21; Nm 35,16.31
13 qui autem non est insidiatus Nm 35,11!
sed Deus illum tradidit in manu eius

18 lampades OCΦ c | 19 et non OΣ | 20 deus] dominus AΛ | 22 dominus] deus OΣ | uidetis A | sim OCTMΦ c | 23 mecum *om.* OTMΦ c | 24 de terra *om.* O | 25 tuum *om.* c. | super eum GAΣM || **21**,1 proponis A; praepones GΛ | 2 seruiat C | septimo + autem G | 3 egrediatur A; egrediebatur O. | 4 dominus + eius G. | pepererit CΛTΦ c | exiuit GAOΣ | 5 egredietur O | 6 ei *om.* AΣ; ~ seruus ei G. | 7 consueuerunt AOΣ cr | 8 fuerat c; fuit CΛ | habet GO r] habeat Σ; habebit *cet.* | 9 si autem GΣΛ | sponderit A.; spoponderit Σ | 12 morietur OT. | 13 in manus GOTMΦ cr |

GAOC ΣΛTMΦ cr

Nm 35,6! constituam tibi locum quo fugere
debeat
Nm 35,20.21; Dt 19,11.12 14 si quis de industria occiderit proximum suum et per insidias
IV Rg 11,15 ab altari meo evelles eum ut moriatur
15 qui percusserit patrem suum et matrem morte moriatur
Dt 24,7 16 qui furatus fuerit hominem et vendiderit eum
convictus noxae morte moriatur
Lv 20,9! Prv 20,20; Mt 15,4; Mc 7,10 17 qui maledixerit patri suo et matri morte moriatur
18 si rixati fuerint viri
et percusserit alter proximum suum lapide vel pugno
et ille mortuus non fuerit sed iacuerit in lectulo
19 si surrexerit et ambulaverit foris super baculum suum
innocens erit qui percussit
ita tamen ut operas eius et inpensas in medicos restituat
20 qui percusserit servum suum vel ancillam virga
et mortui fuerint in manibus eius criminis reus erit
21 sin autem uno die supervixerit vel duobus
non subiacebit poenae quia pecunia illius est
22 si rixati fuerint viri et percusserit quis mulierem praegnantem
et abortivum quidem fecerit sed ipsa vixerit
subiacebit damno quantum expetierit maritus mulieris et arbitri iudicarint
23 sin autem mors eius fuerit subsecuta
Dt 19,21 reddet animam pro anima
24 oculum pro oculo dentem pro dente Lv 24,20; Mt 5,38
manum pro manu pedem pro pede
25 adustionem pro adustione vulnus pro vulnere
livorem pro livore
26 si percusserit quispiam oculum servi sui aut ancillae et luscos eos fecerit
dimittet liberos pro oculo quem eruit
27 dentem quoque si excusserit servo vel ancillae suae
similiter dimittet eos liberos
28 si bos cornu petierit virum aut mulierem et mortui fuerint
lapidibus obruetur et non comedentur carnes eius
dominusque bovis innocens erit
29 quod si bos cornipeta fuerit ab heri 36
et nudius tertius
et contestati sunt dominum eius nec reclusit eum
occideritque virum aut mulierem
et bos lapidibus obruetur et dominum illius occident
30 quod si pretium ei fuerit inpositum
dabit pro anima sua quicquid fuerit postulatus
31 filium quoque et filiam si cornu percusserit simili sententiae subiacebit
32 si servum ancillamque invaserit
triginta siclos argenti dabit domino
bos vero lapidibus opprimetur
33 si quis aperuerit cisternam et foderit et non operuerit eam
ceciderit que bos vel asinus in eam
34 dominus cisternae reddet pretium iumentorum
quod autem mortuum est ipsius erit
35 si bos alienus bovem alterius vulnerarit
et ille mortuus fuerit

GAOC ΣΛΤΜΦ cr

13 quo] in quem c. | 14 per industriam ΤΦc | altario GΣ | auelles ΟΣΛΤΦ | 15 et] aut c | 16 noxia C | 17 et] aut ΤΜΦ; uel Λc | 19 percusserit ΤΜΦc | opera ΟΦ | 21 si autem G | superuixerint Gr | ~ uel duobus superuixerit c. | 22 abortum G | ~ maritus mulieris expetierit c | iudicauerint CΛΤc | 23 si autem G | eius] ei CΣ | 26 dimittet + eos Mc; + illos Σ. | 27 eos] illos Σ.; *om.* AM.; ~ eos dimittet Φ | 28 cornu percusserit c | dominus quoque Ac | 29 fuit GΛ | recluserit c | illius] eius Σc | 30 ~ fuerit ei c | postulatum O | 31 sententia ΑCΣΤΦ | 32 ~ domino dabit c. | 33 uel] aut Λc | in ea GΛ | 34 reddat C | ~ reddet dominus cisternae c. | 35 uulnerauit r *lapsu*; uulnerauerit CΛΤΜΦc ||

vendent bovem vivum et divident
pretium
cadaver autem mortui inter se dis-
pertient
29 [36]sin autem sciebat quod bos cornipeta esset ab heri et nudius tertius
et non custodivit eum dominus suus
reddet bovem pro bove et cadaver
integrum accipiet
22 si quis furatus fuerit bovem aut
ovem
et occiderit vel vendiderit
II Sm 12,6 quinque boves pro uno bove restituet
et quattuor oves pro una ove
[2]si effringens fur domum sive suffo-
diens fuerit inventus
et accepto vulnere mortuus fuerit
percussor non erit reus sanguinis
[3]quod si orto sole hoc fecerit
21,12! homicidium perpetravit et ipse morietur
si non habuerit quod pro furto reddat venundabitur
[4]si inventum fuerit apud eum quod
furatus est vivens sive bos sive asinus sive ovis
duplum restituet
[5]si laeserit quispiam agrum vel vineam
et dimiserit iumentum suum ut de-
pascatur aliena
quicquid optimum habuerit in agro
suo vel in vinea
pro damni aestimatione restituet
[6]si egressus ignis invenerit spinas
et conprehenderit acervos frugum
sive stantes segetes in agris
reddet damnum qui ignem succen-
derit
[7]si quis commendaverit amico pecuniam aut vas in custodiam
et ab eo qui susceperat furto ablata
fuerint
si invenitur fur duplum reddet
[8]si latet dominus domus adplicabitur
ad deos
et iurabit quod non extenderit ma- 11
num in rem proximi sui [9]ad per-
petrandam fraudem
tam in bove quam in asino et ove ac
vestimento
et quicquid damnum inferre potest
ad deos utriusque causa perveniet
et si illi iudicaverint duplum restituet proximo suo
[10]si quis commendaverit proximo suo
asinum bovem ovem et omne iumentum ad custodiam
et mortuum fuerit aut debilitatum
vel captum ab hostibus
nullusque hoc viderit
[11]iusiurandum erit in medio
quod non extenderit manum ad rem 8
proximi sui
suscipietque dominus iuramentum
et ille reddere non cogetur
[12]quod si furto ablatum fuerit restituet Gn 31,39
damnum domino
[13]si comestum a bestia
deferet ad eum quod occisum est et
non restituet
[14]qui a proximo suo quicquam horum
mutuo postularit
et debilitatum aut mortuum fuerit
domino non praesente reddere con-
pelletur
[15]quod si inpraesentiarum fuit dominus non restituet
maxime si conductum venerat pro
mercede operis sui
[16]si seduxerit quis virginem necdum Dt 22,28.29
desponsatam et dormierit cum ea
dotabit eam et habebit uxorem Gn 34,12

22,1 ~ ouem aut bouem CTΦ | 2 mortuus est OT. | 3 reddat + ipse M c | 5 restituat OΣ. | 8 latet + fur c | dominum ATMΦ | ad deos] ad eos C | iurauit GAOCΣΛTM | 9 inferri G | ad deos] ad eos OC | 11 suscipiatque O | 13 defert GΣ; deferat ΛM c; proferat Φ | 14 mutuum GΣΛTMΦ | postulauerit ACΣΛΦ c | conpellentur OΣ. | 15 fuerit dominus Λ; dominus fuit T; dominus fuerit Σ c | 16 sponsatam A | et dormierit] dormieritque ΛTΦ c; et dormieritque M. | dotauit GAOΣΛ | habebit + eam MΦ c |

GAOC ΣΛTMΦ cr

17 si pater virginis dare noluerit
reddet pecuniam iuxta modum dotis
quam virgines accipere consuerunt
Lv 20,27! 18 maleficos non patieris vivere
Lv 18,23; 20,15. 16; Dt 27,21 19 qui coierit cum iumento morte moriatur
20 qui immolat diis occidetur praeter
Domino soli
23,9; Lv 19,33. 34; Dt 10,19; Prv 22,22; Dt 24,17.18; 27,19; Za 7,10! 21 advenam non contristabis neque ad-
fliges eum
advenae enim et ipsi fuistis in terra
Aegypti
22 viduae et pupillo non nocebitis
23 si laeseritis eos
vociferabuntur ad me et ego audiam
clamorem eorum
24 et indignabitur furor meus
percutiamque vos gladio
et erunt uxores vestrae viduae
et filii vestri pupilli
Lv 25,35–37; Dt 15,8! 10; 23,19.20; Ez 18,8.17 25 si pecuniam mutuam dederis populo
meo pauperi qui habitat tecum
non urgues eum quasi exactor nec
usuris opprimes
Dt 24,12.13 26 si pignus a proximo tuo acceperis
vestimentum
ante solis occasum redde ei
27 ipsum enim est solum quo operitur
indumentum carnis eius
nec habet aliud in quo dormiat
si clamaverit ad me exaudiam eum
quia misericors sum
Ecl 10,20; Act 23,5 28 diis non detrahes et principi populi
tui non maledices
23,19! 35,5! Gn 28,22! Tb 1,6 Nm 18,26! II Par 31,12 29 decimas tuas et primitias non tardabis offerre
13,2! Dt 12,6! primogenitum filiorum tuorum dabis
mihi
30 de bubus quoque et ovibus similiter
facies
Lv 22,27 septem diebus sit cum matre sua
die octavo reddes illum mihi
31 viri sancti eritis mihi 19,6
carnem quae a bestiis fuerit praegus- Lv 7,24; 17,15; 22,8!
tata non comedetis sed proicietis
canibus
23 non suscipies vocem mendacii 7; 20,16; Lv 19,11; Dt 19,18!
nec iunges manum tuam ut pro im-
pio dicas falsum testimonium
2 non sequeris turbam ad faciendum
malum
nec in iudicio plurimorum adquies-
ces sententiae ut a vero devies
3 pauperis quoque non misereberis in 6; Lv 19,15
negotio
4 si occurreris bovi inimici tui aut asi- Dt 22,1
no erranti reduc ad eum
5 si videris asinum odientis te iacere Dt 22,4!
sub onere
non pertransibis sed sublevabis cum
eo
6 non declinabis in iudicio pauperis 3!
7 mendacium fugies 1!
insontem et iustum non occides 20,13! Dt 27,25 Dn 13,53
quia aversor impium
8 nec accipias munera quae excaecant Dt 16,19; Ps 14,5! Sir 20,31
etiam prudentes
et subvertunt verba iustorum
9 peregrino molestus non eris 22,21!
scitis enim advenarum animas
quia et ipsi peregrini fuistis in terra
Aegypti
10 sex annis seminabis terram tuam et Lv 25,3.4
congregabis fruges eius
11 anno autem septimo dimittes eam et
requiescere facies
ut comedant pauperes populi tui
et quicquid reliqui fuerit edant bestiae agri
ita facies in vinea et in oliveto tuo
12 sex diebus operaberis 20,9.10!
septima die cessabis

GA(O)C ΣΛΤΜΦ cr 17 consueuerunt GOCcr | 18 patiaris A | 19 morietur CΛ | 20 occidatur C | praeterquam c. | 23 uociferabunt O | exaudiam OΣ | 25 urguebis r.; urgebis c; argues O | 26 reddes GTMc | 27 quo] quod OCT | operietur AC | 29 primitias + tuas Ac | offerre] reddere c. | 30 octaua CTMΦc | [*deest* O *usque ad* 27,6 (*partim ant. vers.*)] | 31 proicitis CΛ || **23**,3 in negotio] in iudicio c | 6 in iudicium ΛTc | 8 accipies ΣΛ Mc | ~ etiam excaecant c. | 10 eius] tuas A | 11 reliquum c | 12 operaueris AC | septimo c |

ut requiescat bos et asinus tuus
et refrigeretur filius ancillae tuae et
advena
13 omnia quae dixi vobis custodite
Ios 23,7 et per nomen externorum deorum
non iurabitis
neque audietur ex ore vestro
14 tribus vicibus per singulos annos mihi festa celebrabitis
15—19: 34,18–26 15 sollemnitatem azymorum custodies
12,15! 17! septem diebus comedes azyma sicut
praecepi tibi
13,4! tempore mensis novorum quando
egressus es de Aegypto
Dt 16,16; Sir 35,6 non apparebis in conspectu meo vacuus
16 et sollemnitatem messis primitivorum operis tui quaecumque seru-
eris in agro
Lv 23,39! sollemnitatem quoque in exitu anni
quando congregaveris omnes fruges
tuas de agro
Dt 16,16; 31,11 17 ter in anno apparebit omne masculinum tuum coram Domino Deo
18 non immolabis super fermento sanguinem victimae meae
12,10! nec remanebit adeps sollemnitatis
meae usque mane
22,29! Lv 2,14; 23,10; Nm 15,20. 19 primitias frugum terrae tuae deferes
21! 18,12.13! Dt 26,2! 10 in domum Domini Dei tui
Dt 14,21 nec coques hedum in lacte matris
suae
Gn 24,7! Bar 6,6; Za 3,7 20 ecce ego mittam angelum meum qui
20—33: Dt 7,12–26 praecedat te et custodiat in via
et introducat ad locum quem paravi
21 observa eum et audi vocem eius nec
contemnendum putes
quia non dimittet cum peccaveritis
et est nomen meum in illo
22 quod si audieris vocem eius et feceris omnia quae loquor
II Mcc 10,26 inimicus ero inimicis tuis
et adfligam adfligentes te

23 praecedetque te angelus meus 33,2; 34,11; Gn 24,7!
et introducet te ad Amorreum et 3,8! Lv 18,3; Dt 7,1; 20,17;
Hettheum et Ferezeum Ios 3,10; 24,11
Chananeumque et Eveum et Iebuseum
quos ego contribo
24 non adorabis deos eorum nec coles 20,5; Dt 12,30! IV Rg 17,35
eos
non facies opera eorum
sed destrues eos et confringes statuas 34,13! Lv 26,30! Nm 33,52
eorum
25 servietisque Domino Deo vestro
ut benedicam panibus tuis et aquis
et auferam infirmitatem de medio tui
26 non erit infecunda nec sterilis in ter- Dt 28,4!
ra tua
numerum dierum tuorum implebo
27 terrorem meum mittam in praecur- Dt 2,25; 11,25
sum tuum
et occidam omnem populum ad Dt 4,38! 7,1!
quem ingredieris
cunctorumque inimicorum tuorum II Sm 22,41!
coram te terga vertam
28 emittens crabrones prius Dt 7,20; Ios 24,12;
qui fugabunt Eveum et Chananeum Sap 12,8
et Hettheum antequam introeas
29 non eiciam eos a facie tua anno uno
ne terra in solitudinem redigatur
et crescant contra te bestiae
30 paulatim expellam eos de conspectu
tuo
donec augearis et possideas terram
31 ponam autem terminos tuos a mari Gn 15,18! Dt 11,24!
Rubro usque ad mare Palestinorum Ps 71,8!
et a deserto usque ad Fluvium
tradam manibus vestris habitatores
terrae
et eiciam eos de conspectu vestro
32 non inibis cum eis foedus nec cum 34,12.15! Dt 7,2; Idc 2,2
diis eorum
33 non habitent in terra tua
ne forte peccare te faciant in me Dt 7,4!
si servieris diis eorum quod tibi certo

12 aduenae GCΛ | 15 dierum GΣT | 16 messis G cr 𝔐] mensis *cet.* | serueris] seueris TMΦ; seminaueris c. | 17 deo + tuo Cc | 19 nec] ne G; non Mc | 20 mitto GT. | meum *om.* ΛTMΦr | ad] in c | paraui + tibi C | 21 peccaueris Φc | 23 te[1] *om.* G | te[2] *om.* ΣΛ | contribo] conteram MΦcr | 26 in *om.* AΣ | 29 in solitudine GΣT | 31 tradam + in Λc | 33 certe TMΦc ||

GAC ΣΛTMΦ cr

erit in scandalum
24 Mosi quoque dixit
9;19,24! ascende ad Dominum tu et Aaron
Nadab et Abiu
et septuaginta senes ex Israhel
et adorabitis procul
2 solusque Moses ascendet ad Dominum
et illi non adpropinquabunt
nec populus ascendet cum eo
19,8! 3 venit ergo Moses et narravit plebi
omnia verba Domini atque iudicia
responditque cunctus populus una
voce
omnia verba Domini quae locutus
est faciemus
34,27; Dt 31,9 4 scripsit autem Moses universos sermones Domini
et mane consurgens aedificavit altare
ad radices montis
et duodecim titulos per duodecim
tribus Israhel
5 misitque iuvenes de filiis Israhel
20,24! 29,36! Lv 1,5! 3,1; 9,4; Nm 15,8! et obtulerunt holocausta
immolaveruntque victimas pacificas
Domino vitulos
6 tulit itaque Moses dimidiam partem
sanguinis et misit in crateras
29,12! 16! partem autem residuam fudit super
altare
Dt 31,11! IV Rg 23,2 7 adsumensque volumen foederis legit
audiente populo
19,8! qui dixerunt
omnia quae locutus est Dominus faciemus
et erimus oboedientes
Hbr 9,19.20; II Par 35,11 8 ille vero sumptum sanguinem re-
spersit in populum et ait
Mt 26,28! hic est sanguis foederis quod pepigit
Dominus vobiscum
super cunctis sermonibus his
1 9 ascenderuntque Moses et Aaron Nadab et Abiu
et septuaginta de senioribus Israhel
10 et viderunt Deum Israhel
sub pedibus eius quasi opus lapidis Ez 1,26
sapphirini
et quasi caelum cum serenum est
11 nec super eos qui procul recesserant
de filiis Israhel misit manum suam
videruntque Deum et comederunt ac
biberunt
12 dixit autem Dominus ad Mosen
ascende ad me in montem et esto ibi
daboque tibi tabulas lapideas 31,18! 34,28! Dt 5,22! 9,11
et legem ac mandata quae scripsi ut
doceas eos
13 surrexerunt Moses et Iosue minister
eius
ascendensque Moses in montem Dei 17,10
14 senioribus ait
expectate hic donec revertamur ad Gn 22,5
vos
habetis Aaron et Hur vobiscum
si quid natum fuerit quaestionis re-
feretis ad eos
15 cumque ascendisset Moses operuit
nubes montem
16 et habitavit gloria Domini super Sinai tegens illum nube sex diebus
septimo autem die vocavit eum de 19,9! Dt 5,23
medio caliginis
17 erat autem species gloriae Domini 19,18
quasi ignis ardens
super verticem montis in conspectu
filiorum Israhel
18 ingressusque Moses medium nebu-
lae ascendit in montem
et fuit ibi quadraginta diebus et 34,28! Dt 9,25; 10,10; Mc 1,13; IV Esr 14,4
quadraginta noctibus
25 locutusque est Dominus ad Mosen 1—7: 35,4–9
dicens
2 loquere filiis Israhel ut tollant mihi 2—8: 35,11–28
primitias
ab omni homine qui offert ultroneus
accipietis eas
3 haec sunt autem quae accipere debetis

GAC ΣΛΤΜΦ cr **24**,1 ad deum G | 2 moses] tu C | ascendet[1]] ascendat ΑΛΤ; accedes C. | 3 cunctus] omnis c | 9 de senibus Λ; senibus Σ; senes ex A. | 10 israhel + et Λc | sapphiri A | 14 refertis ACM | 16 eum + dominus A | 18 dies ... noctes GΣ || **25**,2 offeret c | 3 debeatis CΣ. |

aurum et argentum et aes
26,1! 28,5.8.15; 35,35! 4 hyacinthum et purpuram coccumque bis tinctum et byssum
pilos caprarum 5 et pelles arietum
26,14 rubricatas
pelles ianthinas et ligna setthim
Nm 4,16 6 oleum ad luminaria concinnanda
aromata in unguentum et thymiama
boni odoris
7 lapides onychinos et gemmas ad or-
nandum ephod ac rationale
29,45! 8—9: 40! Sap 9,8 8 facientque mihi sanctuarium et habitabo in medio eorum
Nm 8,4 9 iuxta omnem similitudinem tabernaculi quod ostendam tibi
et omnium vasorum in cultum eius
sicque facietis illud
Dt 10,1.3 10 arcam de lignis setthim conpingite
10—39: 37,1–24 cuius longitudo habeat duos semis
cubitos
latitudo cubitum et dimidium
altitudo cubitum similiter ac semissem
Hbr 9,4 11 et deaurabis eam auro mundissimo
intus et foris
faciesque supra coronam auream per
circuitum
12 et quattuor circulos aureos
quos pones per quattuor arcae angulos
duo circuli sint in latere uno et duo
in altero
13 facies quoque vectes de lignis setthim
et operies eos auro
14 inducesque per circulos qui sunt in
arcae lateribus ut portetur in eis
15 qui semper erunt in circulis nec umquam extrahentur ab eis
21; 40,18; Dt 10,5 16 ponesque in arcam testificationem
quam dabo tibi
17 facies et propitiatorium de auro
mundissimo
duos cubitos et dimidium tenebit
longitudo eius
cubitum ac semissem latitudo
18 duos quoque cherubin aureos et pro-
ductiles facies ex utraque parte oraculi
19 cherub unus sit in latere uno et alter
in altero
20 utrumque latus propitiatorii tegant
expandentes alas et operientes ora- III Rg 8,7; I Par 28,18; II Par 5,8; Hbr 9,5
culum
respiciantque se mutuo versis vultibus in propitiatorium
quo operienda est arca
21 in qua pones testimonium quod dabo 16!
tibi
22 inde praecipiam et loquar ad te 29,42.43; Nm 7,89; 17,4
supra propitiatorio scilicet ac medio I Sm 4,4!
duorum cherubin
qui erunt super arcam testimonii
cuncta quae mandabo per te filiis
Israhel
23 facies et mensam de lignis setthim
habentem duos cubitos longitudinis
et in latitudine cubitum
et in altitudine cubitum ac semissem
24 et inaurabis eam auro purissimo
faciesque illi labium aureum per circuitum
25 et ipsi labio coronam interrasilem
altam quattuor digitis
et super illam alteram coronam aureolam
26 quattuor quoque circulos aureos
praeparabis
et pones eos in quattuor angulis eiusdem mensae per singulos pedes
27 subter coronam erunt circuli aurei
ut mittantur vectes per eos et possit
mensa portari
28 ipsosque vectes facies de lignis setthim
et circumdabis auro ad subvehen-
dam mensam

5 pelles[2]] pellesque c | ianthinas G cr] hyacinthinas *cet.* | 6 in *om.* AΦ. | thymiamata MΦ c | 9 in cultu A | 10 duos et semis c | 16 in arca CΣΛ c | 17 et cubitum ac semissem c.; semisse et cubitum G | [*deest* G *usque ad* 26,12] | 19 cherubin AΛ | 22 supra propitiatorium CTM c | scilicet *om.* c. | de medio c; medium C | super] supra AT | 23 in altitudinem AΦ | 28 ipsos quoque C c; ipsos M | (G)AC ΣΛΤΜΦ cr

Nm 7,13! 29 parabis et acetabula ac fialas turibula et cyatos
in quibus offerenda sunt libamina
ex auro purissimo
40,21; Lv 24,5.6; III Rg 7,48; II Par 4,19 30 et pones super mensam panes propositionis in conspectu meo semper
Nm 8,4 31 facies et candelabrum ductile de auro mundissimo
hastile eius et calamos
scyphos et spherulas ac lilia ex ipso procedentia
32 sex calami egredientur de lateribus
tres ex uno latere et tres ex altero
33 tres scyphi quasi in nucis modum per calamos singulos
spherulaque simul et lilium
et tres similiter scyphi instar nucis in calamo altero
spherulaque et lilium
hoc erit opus sex calamorum qui producendi sunt de hastili
34 in ipso autem candelabro erunt quattuor scyphi in nucis modum
spherulaeque per singulos et lilia
35 spherula sub duobus calamis per tria loca
qui simul sex fiunt procedentes de hastili uno
36 et spherae igitur et calami ex ipso erunt
universa ductilia de auro purissimo
Za 4,2 37 facies et lucernas septem et pones eas super candelabrum ut luceant ex adverso
38 emunctoria quoque et ubi quae emuncta sunt extinguantur fient de auro purissimo
39 omne pondus candelabri cum universis vasis suis
habebit talentum auri mundissimi
8.9! 26,30; Act 7,44; Hbr 8,5 40 inspice et fac secundum exemplar quod tibi in monte monstratum est
1—37: 36,8–38 **26** tabernaculum vero ita fiet
31.36! 25,4! 28,6; 36,35.37; 39,2.3; decem cortinas de bysso retorta et hyacintho ac purpura coccoque bis tincto II Par 3,14
variatas opere plumario facies
2 longitudo cortinae unius habebit viginti octo cubitos
latitudo quattuor cubitorum erit
unius mensurae fient universa tentoria
3 quinque cortinae sibi iungentur mutuo
et aliae quinque nexu simili coherebunt
4 ansulas hyacinthinas in lateribus ac summitatibus facies cortinarum
ut possint invicem copulari
5 quinquagenas ansulas cortina habebit in utraque parte
ita insertas ut ansa contra ansam veniat
et altera alteri possit aptari
6 facies et quinquaginta circulos aureos
quibus cortinarum vela iungenda sunt ut unum tabernaculum fiat
7 facies et saga cilicina undecim ad operiendum tectum tabernaculi
8 longitudo sagi unius habebit triginta cubitos
et latitudo quattuor
aequa erit mensura sagorum omnium
9 e quibus quinque iunges seorsum
et sex sibi mutuo copulabis
ita ut sextum sagum in fronte tecti duplices
10 facies et quinquaginta ansas in ora sagi unius ut coniungi cum altero queat
et quinquaginta ansas in ora sagi alterius ut cum altero copuletur
11 quinquaginta fibulas aeneas quibus iungantur ansae
et unum ex omnibus operimentum fiat

AC ΣΛΤΜΦ cr 33 spherulaque[1]] spherulaeque ΣΤΜΦ; sperulasque A | spherulaque[2]] sperolaeque M; sfereque Σ.; + simul Λ c | 35 sphaerulae c; sperolae M.; sphera Λ | 36 spherae CΣΛΤ] spherulae AMΦ cr | 38 fiant CΣΦ c | 39 mundissimi] purissimi Σ c || **26,**1 fiet] facies A c | retorto C | 10 in ore A (*bis*) | 11 quinquaginta] *praem.* facies et c. | et] ut c |

12 quod autem superfuerit in sagis quae parantur tecto
id est unum sagum quod amplius est
ex medietate eius operies posteriora tabernaculi
13 et cubitus ex una parte pendebit et alter ex altera
qui plus est in sagorum longitudine
utrumque latus tabernaculi protegens
25,5; 39,33 14 facies et operimentum aliud tecto de pellibus arietum rubricatis
et super hoc rursum aliud operimentum de ianthinis pellibus
15 facies et tabulas stantes tabernaculi de lignis setthim
16 quae singulae denos cubitos in longitudine habeant
et in latitudine singulos ac semissem
17 in lateribus tabulae duae incastraturae fient
quibus tabula alteri tabulae conectatur
atque in hunc modum cunctae tabulae parabuntur
18 quarum viginti erunt in latere meridiano quod vergit ad austrum
38,26 19 quibus quadraginta bases argenteas fundes
ut binae bases singulis tabulis per duos angulos subiciantur
20 in latere quoque secundo tabernaculi quod vergit ad aquilonem
viginti tabulae erunt
21 quadraginta habentes bases argenteas
binae bases singulis tabulis subponentur
22 ad occidentalem vero plagam tabernaculi facies sex tabulas
23 et rursum alias duas
quae in angulis erigantur post tergum tabernaculi
24 eruntque coniunctae a deorsum usque sursum
et una omnes conpago retinebit
duabus quoque tabulis quae in angulis ponendae sunt similis iunctura servabitur
25 et erunt simul tabulae octo
bases earum argenteae sedecim
duabus basibus per unam tabulam supputatis
26 facies et vectes de lignis setthim quinque
ad continendas tabulas in uno latere tabernaculi
27 et quinque alios in altero
et eiusdem numeri ad occidentalem plagam
28 qui mittentur per medias tabulas a summo usque ad summum
29 ipsasque tabulas deaurabis
et fundes eis anulos aureos
per quos vectes tabulata contineant
quos operies lamminis aureis
30 et eriges tabernaculum iuxta exemplum quod tibi in monte monstratum est 25,40!
31 facies et velum de hyacintho et purpura 1!
coccoque bis tincto et bysso retorta
opere plumario et pulchra varietate contextum
32 quod adpendes ante quattuor columnas de lignis setthim
quae ipsae quidem deauratae erunt
et habebunt capita aurea
sed bases argenteas
33 inseretur autem velum per circulos 27,21! 40,3.19
intra quod pones arcam testimonii
et quo sanctuarium et sanctuarii sanctuaria dividentur
34 pones et propitiatorium super arcam testimonii in sancta sanctorum Lv 16,2
35 mensamque extra velum 40,20.22

12 [*iterum adest* G] | 13 longitudinem GCΣ; magnitudine TΦ | 14 ianthinis G cr] hyacinthinis *cet.* | 16 in longitudinem C | in latitudinem CΣ | 17 fiant CΣ | 18 erant A | 21 subponuntur G | 24 omnes Σ cr] omnis *cet.* | 27 et[2] *om.* GAC. | 29 ipsas quoque c | in eis TMΦ c | 30 exemplar c | 31 retorto ATΦ | 32 sed] et C | 33 et quo] et quod G; quo et c. | 34 in sancto sanctorum ACΛ cr. |

GAC ΣΛΤΜΦ cr

et contra mensam candelabrum in latere tabernaculi meridiano
mensa enim stabit in parte aquilonis
40,5! 27,16; 38,18 36 facies et tentorium in introitu tabernaculi
1! de hyacintho et purpura
coccoque bis tincto et bysso retorta opere plumarii
37 et quinque columnas deaurabis lignorum setthim
ante quas ducetur tentorium
quarum erunt capita aurea et bases aeneae
27 facies et altare de lignis setthim
quod habebit quinque cubitos in longitudine
et totidem in latitudine id est quadrum
et tres cubitos in altitudine
2 cornua autem per quattuor angulos ex ipso erunt
et operies illud aere
3 faciesque in usus eius lebetas ad suscipiendos cineres
et forcipes atque fuscinulas et ignium receptacula
omnia vasa ex aere fabricabis
4 craticulamque in modum retis aeneam
per cuius quattuor angulos erunt quattuor anuli aenei
5 quos pones subter arulam altaris
eritque craticula usque ad altaris medium
6 facies et vectes altaris de lignis setthim duos
quos operies lamminis aeneis
7 et induces per circulos
eruntque ex utroque latere altaris ad portandum
8 non solidum sed inane et cavum intrinsecus facies illud
sicut tibi in monte monstratum est
40,31 9 facies et atrium tabernaculi in cuius plaga australi contra meridiem
erunt tentoria de bysso retorta
centum cubitos unum latus tenebit in longitudine
10 et columnas viginti cum basibus totidem aeneis
quae capita cum celaturis suis habebunt argentea
11 similiter in latere aquilonis per longum erunt tentoria centum cubitorum
columnae viginti et bases aeneae eiusdem numeri
et capita earum cum celaturis suis argentea
12 in latitudine vero atrii quod respicit ad occidentem
erunt tentoria per quinquaginta cubitos
et columnae decem basesque totidem
13 in ea quoque atrii latitudine quae respicit ad orientem quinquaginta cubiti erunt
14 in quibus quindecim cubitorum tentoria lateri uno deputabuntur
columnaeque tres et bases totidem
15 et in latere altero erunt tentoria cubitos obtinentia quindecim
columnas tres et bases totidem
16 in introitu vero atrii fiet tentorium cubitorum viginti 26,36! 40,31
ex hyacintho et purpura
coccoque bis tincto et bysso retorta opere plumarii
columnas habebit quattuor cum basibus totidem
17 omnes columnae atrii per circuitum vestitae erunt argenti lamminis
capitibus argenteis et basibus aeneis
18 in longitudine occupabit atrium cubitos centum
in latitudine quinquaginta
altitudo quinque cubitorum erit

GA(O)C ΣΛΤΜΦ cr 35 tabernaculi + in C | 36 in introitum Cr | plumario A || **27,**1 in latitudinem C | 3 lebetes ΛTc | fabricaberis CΣT; fabricaueris GM. | 5 ad *om.* A | 7 [*iterum adest* O] | 9 ~ australi plaga c. | 11 similiter + et c | 14 latere GT | 15 columnae c | 16 in introitum AOr; introitu Σ. | 17 argenti] argenteis CΣΛc | 18 occupauit GAOΣΛ |

fietque de bysso retorta et habebit
bases aeneas
19 cuncta vasa tabernaculi in omnes
usus et caerimonias
35,18 tam paxillos eius quam atrii ex aere
facies
Lv 24,2.3! 20 praecipe filiis Israhel
ut adferant tibi oleum de arboribus
olivarum
purissimum piloque contusum
ut ardeat lucerna semper 21 in tabernaculo testimonii
26,33! 35,12 extra velum quod oppansum est testimonio
30,8! et conlocabunt eam Aaron et filii
eius
ut usque mane luceat coram Domino
perpetuus erit cultus per successiones eorum a filiis Israhel
I Par 23,13 **28** adplica quoque ad te Aaron fratrem tuum cum filiis suis de medio
filiorum Israhel
ut sacerdotio fungantur mihi
6,23! Aaron Nadab et Abiu Eleazar et
Ithamar
Sir 45,9! 2 faciesque vestem sanctam fratri tuo
in gloriam et decorem
31,6; 36,2 3 et loqueris cunctis sapientibus corde
quos replevi spiritu prudentiae
35 ut faciant vestes Aaron in quibus
sanctificatus ministret mihi
4 haec autem erunt vestimenta quae
facient
rationale et superumerale
tunicam et lineam strictam
cidarim et balteum
31,10; 35,19; 39,1 facient vestimenta sancta Aaron fratri tuo et filiis eius
ut sacerdotio fungantur mihi
25,4! 5 accipientque aurum et hyacinthum
et purpuram
coccumque bis tinctum et byssum
6—12: 39,2–7 6 facient autem superumerale de auro
26,1! et hyacintho ac purpura
coccoque bis tincto et bysso retorta
opere polymito
7 duas oras iunctas habebit in utroque
latere summitatum ut in unum red-
eant
8 ipsaque textura et cuncta operis varietas
erit ex auro et hyacintho et purpura 25,4!
coccoque bis tincto et bysso retorta
9 sumesque duos lapides onychinos et
sculpes in eis nomina filiorum Israhel
10 sex nomina in lapide uno
et sex reliqua in altero
iuxta ordinem nativitatis eorum
11 opere sculptoris et celatura gem-
marii
sculpes eos nominibus filiorum Israhel
inclusos auro atque circumdatos
12 et pones in utroque latere superumeralis memoriale filiis Israhel
portabitque Aaron nomina eorum
coram Domino
super utrumque umerum ob recordationem
13 facies et uncinos ex auro
14 et duas catenulas auri purissimi
sibi invicem coherentes quas inseres
uncinis
15 rationale quoque iudicii facies opere 15—28: 39,8–12
polymito
iuxta texturam superumeralis
ex auro hyacintho et purpura 25,4!
coccoque bis tincto et bysso retorta
16 quadrangulum erit et duplex
mensuram palmi habebit tam in longitudine quam in latitudine
17 ponesque in eo quattuor ordines lapidum
in primo versu erit lapis sardius et
topazius et zmaragdus
18 in secundo carbunculus sapphyrus
et iaspis

20 offerant A; afferent Σ. | 21 oppansum] appensum GAOΣ | ut] et A || **28**,1 abiu + et GΣ | 2 sanctam + aaron ϲ | 3 repleuit O | 4 ~ fratri tuo aaron ϲ. | 5 purpura OC. | coccoque bis tincto O | 6 ac] et GOϲr | 8 ipsa quoque Mϲ | et³] ac CΦ | 12 portabitque + ea C | 14 auro purissimo A.; ex auro purissimo ϲ. | 16 mensura GAΣ. |

GAOC ΣΛΤΜΦ ϲr

19 in tertio ligyrius achates et amethistus
20 in quarto chrysolitus onychinus et
berillus
inclusi auro erunt per ordines suos
21 habebuntque nomina filiorum Israhel
duodecim nominibus celabuntur
Sir 45,13 singuli lapides nominibus singulorum per duodecim tribus
22 facies in rationali catenas sibi invicem coherentes ex auro purissimo
23 et duos anulos aureos
quos pones in utraque rationalis
summitate
24 catenasque aureas iunges anulis qui
sunt in marginibus eius
25 et ipsarum catenarum extrema duobus copulabis uncinis
in utroque latere superumeralis quod
rationale respicit
26 facies et duos anulos aureos
quos pones in summitatibus rationalis
et in oris quae e regione sunt superumeralis
et posteriora eius aspiciunt
27 nec non et alios duos anulos aureos
qui ponendi sunt in utroque latere
superumeralis deorsum
quod respicit contra faciem iunctu-
rae inferioris
ut aptari possit cum superumerali
28 et stringatur rationale anulis suis
cum anulis superumeralis vitta hyacinthina
ut maneat iunctura fabrefacta
et a se invicem rationale et superumerale nequeant separari
29 portabitque Aaron nomina filiorum
Israhel
in rationali iudicii super pectus suum quando ingreditur sanctuarium
memoriale coram Domino in aeternum
30 pones autem in rationali iudicii doc- Lv 8,8
trinam et veritatem
quae erunt in pectore Aaron quando
ingreditur coram Domino
et gestabit iudicium filiorum Israhel
in pectore suo in conspectu Domini
semper
31 facies et tunicam superumeralis to- 31—40: 39,20–30
tam hyacinthinam
32 in cuius medio supra erit capitium
et ora per gyrum eius textilis
sicut fieri solet in extremis vestium
partibus ne facile rumpatur
33 deorsum vero ad pedes eiusdem tunicae per circuitum
quasi mala punica facies
ex hyacintho et purpura et cocco bis
tincto
mixtis in medio tintinabulis
34 ita ut tintinabulum sit aureum et malum
rursumque tintinabulum aliud aureum et malum punicum
35 et vestietur ea Aaron in officio minis- 3
terii
ut audiatur sonitus quando ingreditur et egreditur sanctuarium in conspectu Domini et non moriatur
36 facies et lamminam de auro puris- 36—38: Lv 8,9
simo
in qua sculpes opere celatoris Sanctum Domino
37 ligabisque eam vitta hyacinthina
et erit super tiaram 38 inminens fronti
pontificis
portabitque Aaron iniquitates eorum Nm 18,1
quae obtulerint et sanctificaverint
filii Israhel
in cunctis muneribus et donariis suis
erit autem lammina semper in fronte
eius

GAOC ΣΛΤΜΦ cr 26 et[2] *om.* 𝔠. | 29 portauitque ΟΛ | in rationale GΣΛ | ingredietur 𝔠 | 30 in rationale ΟΣΛ | ingredietur 𝔠 | gestauit AΟΛ | 32 medium ΟΜ | rumpantur A | 33 et coccoque C; cocco O. | 34 ut + in G | malum[1] + punicum ΛΤΜΦ𝔠 | rursumque + et T.; + et in O. | 35 in conspectum G | 37 ea GO | 38 portauitque ΟΛ | obtulerunt et sanctificauerunt 𝔠 | filiis A |

ut placatus eis sit Dominus
39 stringesque tunicam bysso
et tiaram byssinam facies
et balteum opere plumarii
29,8.9; Lv 16,4 40 porro filiis Aaron tunicas lineas parabis
et balteos ac tiaras in gloriam et decorem
29,5! 40,13 41 vestiesque his omnibus Aaron fratrem tuum et filios eius cum eo
30,30; Lv 16,32; 21,10; Nm 3,3! et cunctorum consecrabis manus
sanctificabisque illos ut sacerdotio fungantur mihi
Ez 44,18 42 facies et feminalia linea
ut operiant carnem turpitudinis suae
a renibus usque ad femina
43 et utentur eis Aaron et filii eius
29,30 quando ingredientur tabernaculum testimonii
vel quando adpropinquant ad altare
ut ministrent in sanctuario
ne iniquitatis rei moriantur
30,21; Lv 3,17! 6,18; 10,9! Sir 45,19 legitimum sempiternum erit Aaron
et semini eius post eum
1—34: Lv 8,1-32 **29** sed et hoc facies ut mihi in sacerdotio consecrentur
tolle vitulum de armento
et arietes duos inmaculatos
23; Lv 2,4; 7,12! Nm 6,15.16 2 panesque azymos et crustula absque fermento
quae conspersa sint oleo
lagana quoque azyma oleo lita
de simila triticea cuncta facies
3 et posita in canistro offeres
vitulum autem et duos arietes
Nm 8,9 4 et Aaron ac filios eius adplicabis ad
4—9: 40,12.13 ostium tabernaculi testimonii
cumque laveris patrem cum filiis aqua
28,41! Lv 6,10; Sir 45,9.10! 5 indues Aaron vestimentis suis
id est linea et tunica et superumerali
et rationali quod constringes balteo
6 et pones tiaram in capite eius
et lamminam sanctam super tiaram
7 et oleum unctionis fundes super caput eius Lv 10,7!
atque hoc ritu consecrabitur
8 filios quoque illius adplicabis 28,40.41
et indues tunicis lineis cingesque balteo
9 Aaron scilicet et liberos eius
et inpones eis mitras
eruntque sacerdotes mei in religione perpetua Nm 25,13!
postquam initiaveris manus eorum
10 adplicabis et vitulum coram tabernaculo testimonii **10—13:** 15–18.19–22; Lv 1,4–9! Lv 4,24–26!
inponentque Aaron et filii eius manus super caput illius 15! Lv 4,4!
11 et mactabis eum in conspectu Domini
iuxta ostium tabernaculi testimonii
12 sumptumque de sanguine vituli pones super cornua altaris digito tuo Lv 4,5–7!
reliquum autem sanguinem fundes iuxta basim eius 24,6! Lv 1,11! 17,6!
13 sumes et adipem totum qui operit intestina Lv 4,8–12!
et reticulum iecoris ac duos renes
et adipem qui super eos est Lv 6,12!
et offeres incensum super altare
14 carnes vero vituli et corium et fimum Lv 4,21; 16,27
conbures foris extra castra
eo quod pro peccato sit
15 unum quoque arietum sumes 19.20; Gn 22,13! Lv 5,15.16! 8,22 10!
super cuius caput ponent Aaron et filii eius manus **15—18:** 10–13!
16 quem cum mactaveris **16—18:** Lv 9,12–14
tolles de sanguine eius et fundes circa altare 24,6! Lv 9,18
17 ipsum autem arietem secabis in frusta
lotaque intestina eius ac pedes pones super concisas carnes et super caput illius
18 et offeres totum arietem in incensum

38 ei sit OTMΦ; sit eis Λc | 39 stringensque GΣTΦ | 40 in gloria A | 42 femina] feminalia ΛTΦ: femora Cc | 43 propinquant CT || **29**,1 in sacerdotium GΛM | duo OΣ. | 2 crustulam AMΦc | sit AΛc | 4 filiis + suis c | 9 mei] mihi c | in *om.* OΣMc | 10 inponent O | 12 de sanguinem A (de *in ras.*); sanguinem CΣΛ | cornu O | 15 arietum GOCr] arietem *cet.* |

GAOC ΣΛTMΦ cr

super altare
Eph 5,2; Phil 4,18 oblatio est Domini odor suavissimus
victimae Dei
15.16! 19 tolles quoque arietem alterum
19—22: 10-13! super cuius caput Aaron et filii eius
ponent manus
Lv 14,14! 20 quem cum immolaveris sumes de
sanguine ipsius
Lv 14,17.25.28 et pones super extremum dextrae
auriculae Aaron et filiorum eius
et super pollices manus eorum et
pedis dextri
fundesque sanguinem super altare
per circuitum
21 cumque tuleris de sanguine qui est
super altare et de oleo unctionis
asperges Aaron et vestes eius
filios et vestimenta eorum
consecratisque et ipsis et vestibus
22—24: Nm 6,19 22 tolles adipem de ariete et caudam
et arvinam quae operit vitalia ac reticulum iecoris
et duos renes atque adipem qui super eos est
armumque dextrum
eo quod sit aries consecrationum
2.3! 23 tortam panis unius
crustulum conspersum oleo
laganum de canistro azymorum quod
positum est in conspectu Domini
Lv 7,30; 9,21; Nm 3,3! 24 ponesque omnia super manus Aaron
et filiorum eius
et sanctificabis eos elevans coram
Domino
25 suscipiesque universa de manibus
eorum
Gn 8,20.21! Lv 2,2! 6,21 et incendes super altare in holocaustum
odorem suavissimum in conspectu
Domini quia oblatio eius est
Lv 9,21 26 sumes quoque pectusculum de ariete
26—28: Lv 10,14.15 quo initiatus est Aaron
sanctificabisque illud elatum coram
Domino
et cedet in partem tuam
27 sanctificabis et pectusculum consec- Lv 7,31–34; Nm 18,18.19; Dt 18,3
ratum
et armum quem de ariete separasti
28 quo initiatus est Aaron et filii eius Nm 5,9.10; 18,8!
cedentque in partem Aaron et filio-
rum eius
iure perpetuo a filiis Israhel
quia primitiva sunt et initia de victimis eorum pacificis quae offerunt
Domino
29 vestem autem sanctam qua utitur
Aaron habebunt filii eius post eum
ut unguantur in ea et consecrentur
manus eorum
30 septem diebus utetur illa qui pontifex pro eo fuerit constitutus de filiis
eius
et qui ingredietur tabernaculum testi- 28,43
monii ut ministret in sanctuario
31 arietem autem consecrationum tolles
et coques carnes eius in loco sancto
32 quibus vescetur Aaron et filii eius Lv 21,22.23; 24,9
panes quoque qui sunt in canistro
in vestibulo tabernaculi testimonii
comedent
33 ut sit placabile sacrificium
et sanctificentur offerentium manus
alienigena non vescetur ex eis quia 12,43; Lv 22,10–13
sancti sunt
34 quod si remanserit de carnibus con- 12,10! Lv 8,32
secratis
sive de panibus usque mane
conbures reliquias igni
non comedentur quia sanctificata
sunt
35 omnia quae praecepi tibi facies super
Aaron et filiis eius
septem diebus consecrabis manus
eorum

GAOC ΣΛΤΜΦ cr 18 domino ΛΤΦ c | uictima GTMΦ | dei] domini O c | 20 ipsius] eius c | ~ auriculae dextrae c. | et[4]] ac A c | 21 et[4] *om.* c. | et[5] *om.* M | 22 consecrationis ΣΤΜΦ c | 23 tortamque c | crustulam conspersam GΣΤΜΦ c; crustulam conspersum C | in conspectum G | 25 suscipiensque G | 26 delatum A.; eleuatum ΛΤΦ c | 27 sanctificabisque ΣΛΤΜΦ c | et[1] *om.* M | 29 utetur OCΣΛΜ c | 31 consecrationis Φ c | 34 sanctificati sunt O | 35 filios ΑΣΤΜ; filii Λ |

24,5! Lv 4,3.14; 8,14! 9,2.8; 16,3! 36 et vitulum pro peccato offeres per
singulos dies ad expiandum
Ez 43,19.20 mundabisque altare cum immolaris
expiationis hostiam
et ungues illud in sanctificationem
Ez 43,26 37 septem diebus expiabis altare et
30,29 sanctificabis
et erit sanctum sanctorum
Lv 6,18.27 omnis qui tetigerit illud sanctificabitur
38—42: Nm 28,3–8 38 hoc est quod facies in altari
20,24! Lv 3,7; 4,32! 12,6! 14,10 agnos anniculos duos per singulos
dies iugiter
39 unum agnum mane et alterum vespere
Lv 23,13; Nm 15,4! 40 decimam partem similae conspersae
oleo tunso
quod habeat mensuram quartam partem hin
et vinum ad libandum eiusdem mensurae in agno uno
41 alterum vero agnum offeres ad vesperam
iuxta ritum matutinae oblationis
et iuxta ea quae diximus
in odorem suavitatis 42 sacrificium
Domino
Ez 46,14 oblatione perpetua in generationes
vestras
ad ostium tabernaculi testimonii coram Domino
25,22! ubi constituam ut loquar ad te
43 ibique praecipiam filiis Israhel
et sanctificabitur altare in gloria mea
44 sanctificabo et tabernaculum testimonii cum altari
et Aaron cum filiis eius ut sacerdotio fungantur mihi
25,8; Nm 35,34; III Rg 6,13 45 et habitabo in medio filiorum Israhel
6,7! Agg 2,6 eroque eis Deus 46 et scient quia ego
Dominus Deus eorum
qui eduxi eos de terra Aegypti
ut manerem inter illos ego Dominus
Deus ipsorum
30 facies quoque altare in adolendum **1—5:** 37,25–28
thymiama de lignis setthim
2 habens cubitum longitudinis et alterum latitudinis
id est quadrangulum
et duos cubitos in altitudine
cornua ex ipso procedent
3 vestiesque illud auro purissimo
tam craticulam eius quam parietes
per circuitum et cornua
faciesque ei coronam aureolam per gyrum
4 et duos anulos aureos sub corona
per singula latera
ut mittantur in eos vectes et altare
portetur
5 ipsos quoque vectes facies de lignis
setthim et inaurabis
6 ponesque altare contra velum quod 40,24.25
ante arcam pendet testimonii
coram propitiatorio quo tegitur testimonium ubi loquar tibi
7 et adolebit incensum super eo Aaron 40,5; Lv 21,6! I Par 6,49! II Par 2,4; 26,16
suave fraglans mane
quando conponet lucernas incendet
illud
8 et quando conlocat eas ad vesperum 20! 27,21; Dt 33,10
uret thymiama sempiternum coram
Domino in generationes vestras
9 non offeretis super eo thymiama
conpositionis alterius
nec oblationem et victimam nec liba
libabitis
10 et deprecabitur Aaron super cornua
eius semel per annum
in sanguine quod oblatum est pro
peccato
et placabit super eo in generationibus vestris
sanctum sanctorum erit Domino
11 locutusque est Dominus ad Mosen
dicens

36 immolaueris CΣTMΦ c | 40 conspersa G; consparsa O.; conspersam A. | mensura[1] G; *om.* Σ. | 41 ad uesperum OΣ; uespere A. | 42 sacrificium + est AΦ c | ut] et OT | 44 eius] suis c. | 46 ego[1] + sum GO r | ipsorum] eorum AOC r || **30,** 1 in] ad Φ c | 2 cornu O | procedunt G | 7 fraglans GΣT] fragrans O cr; flagrans *cet.* | 8 collocabit c. | 9 liba libabitis OΣΛ r] libabitis libamina c.; libabitis *cet.* |

GAOC ΣΛTMΦ cr

Nm 1,2.3! 12 quando tuleris summam filiorum Israhel
iuxta numerum dabunt singuli pretium pro animabus suis Domino
et non erit plaga in eis cum fuerint
recensiti
38,25 13 hoc autem dabit omnis qui transit
ad nomen
Lv 5,15! 27,25; Nm 3,47; 18,16 dimidium sicli iuxta mensuram templi
Ez 45,12 siclus viginti obolos habet
media pars sicli offeretur Domino
Nm 14,29 14 qui habetur in numero a viginti annis
et supra dabit pretium
15 dives non addet ad medium sicli
et pauper nihil minuet
Nm 31,54; II Par 24,6 16 susceptamque pecuniam quae con-
lata est a filiis Israhel
trades in usus tabernaculi testimonii
ut sit monumentum eorum coram
Domino
et propitietur animabus illorum
17 locutusque est Dominus ad Mosen
dicens
38,8 18 facies et labium aeneum cum basi
18—20: 40,28–30 sua ad lavandum
40,7 ponesque illud inter tabernaculum
testimonii et altare
et missa aqua 19 lavabunt in eo Aaron
et filii eius manus suas ac pedes
8! I Sm 2,28; III Rg 12,33 20 quando ingressuri sunt tabernaculum testimonii
et quando accessuri ad altare
ut offerant in eo thymiama Domino
21 ne forte moriantur
28,43! legitimum sempiternum erit ipsi et
semini eius per successiones
22 locutusque est Dominus ad Mosen
23 dicens
sume tibi aromata prima
et zmyrnae electae quingentos siclos
et cinnamomi medium id est ducentos quinquaginta
calami similiter ducentos quinquaginta
24 cassiae autem quingentos siclos in
pondere sanctuarii
olei de olivetis mensuram hin
25 faciesque unctionis oleum sanctum 35; 37,29
unguentum conpositum opere unguentarii
26 et ungues ex eo tabernaculum testi- **26—29:** 40,9–11!
monii et arcam testamenti **26—28:** 31,7–9
27 mensamque cum vasis suis
candelabrum et utensilia eius
altaria thymiamatis 28 et holocausti
et universam supellectilem quae ad
cultum eorum pertinent
29 sanctificabisque omnia et erunt sanc- 29,37!
ta sanctorum
qui tetigerit ea sanctificabitur
30 Aaron et filios eius ungues 28,41!
sanctificabisque eos ut sacerdotio
fungantur mihi
31 filiis quoque Israhel dices
hoc oleum unctionis sanctum erit
mihi in generationes vestras
32 caro hominis non unguetur ex eo
et iuxta conpositionem eius non facietis aliud
quia sanctificatum est et sanctum
erit vobis
33 homo quicumque tale conposuerit
et dederit ex eo alieno exterminabitur de populo suo
34 dixitque Dominus ad Mosen
sume tibi aromata stacten et onycha
galbanen boni odoris et tus lucidissimum
aequalis ponderis erunt omnia
35 faciesque thymiama conpositum 25; 37,29
opere unguentarii
mixtum diligenter et purum et sanctificatione dignissimum

GAOC ΣΛΤΜΦ cr

13 ~ habet obolos ΣΛΤΜΦ | offertur G | 16 conlata] congregata G | in usum G(*vid.*) Ar. | illorum] eorum ΤΜΦc | 18 labrum Σc | in tabernaculum ΑΣΛΜ; in tabernaculo O | et[2]] ad AM | 19 in ea Ac | 20 accessuri + sunt Σc | 23 prima et GAOCr] prima Σ; primae ΛΤΜΦc | smyrnae r; myrrhae c | electae GACr] et electae *cet.* | quinquaginta[1] + siclos ΤΜΦc | 24 oleum GΣΛΤΜΦ | 27 uasibus O.; basibus G. | altare GA Tr | 28 pertinet GΑΛcr | 34 galbanum c. |

36 cumque in tenuissimum pulverem
universa contuderis
pones ex eo coram testimonio tabernaculi
in quo loco apparebo tibi
sanctum sanctorum erit vobis thymiama
37 talem conpositionem non facietis in
usus vestros quia sanctum est Domino
38 homo quicumque fecerit simile ut
odore illius perfruatur peribit de
populis suis
1—6: 35,30–36,1 **31** locutusque est Dominus ad Mosen
dicens
38,22; I Par 2,20 2 ecce vocavi ex nomine Beselehel fi-
2—4: II Par 1,5 lium Uri filii Hur de tribu Iuda
Nm 24,2! Dt 34,9! 3 et implevi eum spiritu Dei
Idc 3,10! Is 11,2! III Rg 3,12! sapientia intellegentia et scientia in
omni opere
4 ad excogitandum fabre quicquid fieri
potest
ex auro et argento et aere
5 marmore et gemmis et diversitate
lignorum
6—11: 35,10–19 6 dedique ei socium Hooliab filium
Achisamech de tribu Dan
28,3; 36,2 et in corde omnis eruditi posui sapientiam
ut faciant cuncta quae praecepi tibi
7—9: 30,26–28 7 tabernaculum foederis et arcam testimonii
et propitiatorium quod super eam
est
et cuncta vasa tabernaculi
8 mensamque et vasa eius
candelabrum purissimum cum vasis
suis
et altaria thymiamatis 9 et holocausti
et omnia vasa eorum
labium cum basi sua
28,4! 10 vestes sanctas in ministerio Aaron
sacerdoti et filiis eius
ut fungantur officio suo in sacris

11 oleum unctionis et thymiama aromatum in sanctuario
omnia quae praecepi tibi facient
12 et locutus est Dominus ad Mosen
dicens
13 loquere filiis Israhel et dices ad eos
videte ut sabbatum meum custodiatis 20,8! Ez 20,12.20
quia signum est inter me et vos in 17; Gn 9,12! III Rg 13,3!
generationibus vestris
ut sciatis quia ego Dominus qui 8,10! Ez 5,13; 7,4! 36,23! Lv 21,8!
sanctifico vos
14 custodite sabbatum 20,8! Lv 25,2; Is 56,2!
sanctum est enim vobis
qui polluerit illud morte morietur
qui fecerit in eo opus peribit anima Gn 17,14!
illius de medio populi sui
15 sex diebus facietis opus 20,9.10! 35,2
in die septimo sabbatum est requies
sancta Domino
omnis qui fecerit opus in hac die
morietur
16 custodiant filii Israhel sabbatum
et celebrent illud in generationibus
suis
pactum est sempiternum 17 inter me
et filios Israhel
signumque perpetuum 13!
sex enim diebus fecit Dominus cae- 20,11!
lum et terram
et in septimo ab opere cessavit Gn 2,3
18 dedit quoque Mosi conpletis huiuscemodi sermonibus in monte Sinai
duas tabulas testimonii lapideas 24,12! 32,15.16
scriptas digito Dei
32 videns autem populus quod moram
faceret descendendi de monte Moses
congregatus adversus Aaron ait
surge fac nobis deos qui nos praece- 23; Act 7,40
dant
Mosi enim huic viro qui nos eduxit 4! 7! 3,10!
de terra Aegypti ignoramus quid
acciderit
2 dixitque ad eos Aaron

36 coram tabernaculo testimonii c. ‖ **31**,1 locutus est G | 3 sapientia + et ΣΤΜ c | et[2] *om.* O | 4 ~ quicquid fabrefieri c. | 5 et marmore G | 6 deditque G | 8 altare ΣΤΦ | 9 labrum c | 13 ego + sum A | 14 sabbatum + meum AΦ c | 18 dedit quoque] deditque dominus c. ‖ **32**,1 ait] dixit c. | acciderit + ei G(*vid.*)ΤΜΦ |

GAOC ΣΛΤΜΦ cr

Idc 8,24 tollite inaures aureas de uxorum filiorumque et filiarum vestrarum auri-
bus et adferte ad me
3 fecit populus quae iusserat deferens
24; 35,22; Gn 35,4 inaures ad Aaron
4 quas cum ille accepisset formavit
8! Act 7,41; III Rg 12,28! opere fusorio
II Esr 9,18 et fecit ex eis vitulum conflatilem
dixeruntque hii sunt dii tui Israhel
1! qui te eduxerunt de terra Aegypti
5 quod cum vidisset Aaron aedificavit
altare coram eo
et praeconis voce clamavit dicens
cras sollemnitas Domini est
20,24! Lv 7,29! Ios 8,31! 6 surgentesque mane obtulerunt holo-
II Sm 6,17.18! Act 7,41 causta et hostias pacificas
I Cor 10,7 et sedit populus comedere ac bibere
et surrexerunt ludere
7 locutus est autem Dominus ad Mosen
IV Rg 17,7; Dt 9,16 vade descende peccavit populus tuus
1! quem eduxisti de terra Aegypti
7—10: Dt 9,12–14 8 recesserunt cito de via quam ostendisti eis
4! feceruntque sibi vitulum conflatilem
et adoraverunt
atque immolantes ei hostias dixerunt
isti sunt dii tui Israhel qui te eduxerunt de terra Aegypti
9 rursumque ait Dominus ad Mosen
33,3.5; 34,9; Dt 9,6; 31,27! cerno quod populus iste durae cervicis sit
Dt 9,8.19! Nm 14,12 10 dimitte me ut irascatur furor meus
contra eos et deleam eos
Gn 21,18! faciamque te in gentem magnam
11 Moses autem orabat Dominum Deum suum dicens
cur Domine irascitur furor tuus con-
Ez 9,8! 6,6! tra populum tuum quem eduxisti
de terra Aegypti
in fortitudine magna et in manu robusta
12 ne quaeso dicant Aegyptii
callide eduxit eos ut interficeret in
montibus et deleret e terra
quiescat ira tua et esto placabilis super nequitia populi tui
13 recordare Abraham Isaac et Israhel 2,24! Dt 9,27
servorum tuorum
quibus iurasti per temet ipsum dicens Gn 22,16.17!
multiplicabo semen vestrum sicut
stellas caeli
et universam terram hanc de qua lo- 33,1; Gn 12,7! Dt 34,4;
cutus sum dabo semini vestro I Par 16,18; Ps 104,11
et possidebitis eam semper
14 placatusque est Dominus ne faceret
malum quod locutus fuerat adversus populum suum
15 et reversus est Moses de monte Dt 9,15
portans duas tabulas testimonii 31,18
manu
scriptas ex utraque parte 16 et factas
opere Dei
scriptura quoque Dei erat sculpta in
tabulis
17 audiens autem Iosue tumultum populi vociferantis dixit ad Mosen
ululatus pugnae auditur in castris
18 qui respondit
non est clamor adhortantium ad
pugnam
neque vociferatio conpellentium ad
fugam
sed vocem cantantium ego audio
19 cumque adpropinquasset ad castra
vidit vitulum et choros
iratusque valde proiecit de manu ta- Dt 9,17
bulas
et confregit eas ad radices montis
20 arripiensque vitulum quem fecerant Dt 9,21
conbusit et contrivit usque ad pulverem
quem sparsit in aqua et dedit ex eo
potum filiis Israhel
21 dixitque ad Aaron
quid tibi fecit hic populus ut indu- Gn 20,9; 26,10
ceres super eum peccatum maxi-
mum

GAOC ΣΛΤΜΦ cr

3 fecitque T c | 6 comedere] manducare GAΣ c, *cf.* I Cor 10,7 | ac] et OΛ c | 7 locutusque est dominus G | mosen + dicens CΣ c | 11 in² *om.* O | 13 abraham + et A | 15 in manu ACΣΦ; in manu sua c. | 19 ad radicem C c | 20 in aquam OΣΛM cr |

22 cui ille respondit ne indignetur dominus meus
tu enim nosti populum istum quod
pronus sit ad malum
1! 23 dixerunt mihi fac nobis deos qui
praecedant nos
huic enim Mosi qui nos eduxit de
terra Aegypti nescimus quid acciderit
3! 24 quibus ego dixi quis vestrum habet
aurum
tulerunt et dederunt mihi
et proieci illud in ignem
egressusque est hic vitulus
25 videns ergo Moses populum quod
esset nudatus
spoliaverat enim eum Aaron propter
ignominiam sordis
et inter hostes nudum constituerat
26 et stans in porta castrorum ait
si quis est Domini iungatur mihi
congregatique sunt ad eum omnes
filii Levi
27 quibus ait haec dicit Dominus Deus
Israhel
ponat vir gladium super femur suum
ite et redite de porta usque ad portam per medium castrorum
Nm 25,5 et occidat unusquisque fratrem et
amicum et proximum suum
28 fecerunt filii Levi iuxta sermonem
Mosi
cecideruntque in die illo quasi tria
milia hominum
29 et ait Moses
II Par 29,31 consecrastis manus vestras hodie
Domino unusquisque in filio et
fratre suo ut detur vobis benedictio
30 facto autem die altero
locutus est Moses ad populum
Dt 9,18; IV Esr 7,106 peccastis peccatum maximum
ascendam ad Dominum
si quo modo eum quivero deprecari
pro scelere vestro
31 reversusque ad Dominum ait
obsecro peccavit populus iste pecca- Gn 50,17; Nm 12,11; II Sm 19,19
tum magnum
feceruntque sibi deos aureos
aut dimitte eis hanc noxam
32 aut si non facis dele me de libro tuo Nm 11,15
quem scripsisti
33 cui respondit Dominus
qui peccaverit mihi delebo eum de Ps 68,29! Apc 22,19
libro meo
34 tu autem vade et duc populum istum 33,1!
quo locutus sum tibi
angelus meus praecedet te Gn 24,7!
ego autem in die ultionis visitabo et
hoc peccatum eorum
35 percussit ergo Dominus populum
pro reatu vituli quem fecit Aaron
33 locutusque est Dominus ad Mosen
vade ascende de loco isto 32,34; Dt 10,11
tu et populus tuus quem eduxisti de 18,1!
terra Aegypti
in terram quam iuravi Abraham Gn 50,23! Idc 2,1 Dt 1,21! 6,10.23 32,13! Dt 1,8! Dt 19,8; 30,20
Isaac et Iacob dicens
semini tuo dabo eam
2 et mittam praecursorem tui angelum 23,23!
ut eiciam Chananeum et Amorreum 3,8! Ios 24,18
et Hettheum et Ferezeum et Eveum
et Iebuseum
3 et intres in terram fluentem lacte et
melle
non enim ascendam tecum quia po- 32,9!
pulus durae cervicis est
ne forte disperdam te in via
4 audiens populus sermonem hunc
pessimum luxit
et nullus ex more indutus est cultu
suo
5 dixitque Dominus ad Mosen 32,9!
loquere filiis Israhel populus durae
cervicis es
semel ascendam in medio tui et delebo te

23 ~ nos praecedant ¢ | 26 [*deest* G *usque ad* 33,17] | 28 feceruntque M¢ | illa ¢ | quasi + uiginti ATMΦ¢, *cf.* I Cor 10,8 | 29 et² + in ¢ | 30 ~ altero die ¢. | peccasti A | ~ quiuero eum ¢ | 31 magnum] maximum O¢ | 32 facies OΣM | 34 quo] quod OC | 35 pro + hoc A | fecerat ¢. || **33**,1 mosen + dicens ¢. | 3 est] es ΣΛ¢ | 4 audiensque ¢.; audiens autem A |

(G)AOC ΣΛΤΜΦ cr

iam nunc depone ornatum tuum ut
sciam quid faciam tibi
6 deposuerunt ergo filii Israhel ornatum suum a monte Horeb
7 Moses quoque tollens tabernaculum
tetendit extra castra procul
vocavitque nomen eius tabernaculum foederis
et omnis populus qui habebat aliquam quaestionem egrediebatur ad
tabernaculum foederis extra castra
Nm 16,27 8 cumque egrederetur Moses ad tabernaculum
surgebat universa plebs
et stabat unusquisque in ostio papilionis sui
aspiciebantque tergum Mosi donec
ingrederetur tentorium
Nm 7,89 9 ingresso autem illo tabernaculum
foederis
Nm 12,5! Dt 31,14.15; Ps 98,7 descendebat columna nubis et stabat
ad ostium
loquebaturque cum Mosi
10 cernentibus universis quod columna
nubis staret ad ostium tabernaculi
stabantque ipsi et adorabant per fores tabernaculorum suorum
Nm 12,8; Dt 5,4; 34,10 11 loquebatur autem Dominus ad Mosen facie ad faciem sicut loqui solet
homo ad amicum suum
cumque ille reverteretur in castra
minister eius Iosue filius Nun puer
non recedebat de tabernaculo
12 dixit autem Moses ad Dominum
praecipis ut educam populum istum
et non indicas mihi quem missurus
es mecum
17; Gn 6,8! praesertim cum dixeris novi te ex
nomine et invenisti gratiam coram
me
Idc 6,17 13 si ergo inveni gratiam in conspectu
tuo ostende mihi viam tuam
Gn 18,3! ut sciam te et inveniam gratiam ante
oculos tuos

respice populum tuum gentem hanc
14 dixitque Dominus facies mea praecedet te
et requiem dabo tibi
15 et ait Moses si non tu ipse praecedes
ne educas nos de loco isto
16 in quo enim scire poterimus ego et
populus tuus invenisse nos gratiam Gn 18,3!
in conspectu tuo
nisi ambulaveris nobiscum ut glorificemur ab omnibus populis qui
habitant super terram
17 dixit autem Dominus ad Mosen
et verbum istud quod locutus es faciam
invenisti enim gratiam coram me 12!
et te ipsum novi ex nomine
18 qui ait ostende mihi gloriam tuam Sir 45,3
19 respondit ego ostendam omne bonum tibi
et vocabo in nomine Domini coram
te
et miserebor cui voluero Rm 9,15
et clemens ero in quem mihi placuerit
20 rursumque ait non poteris videre faciem meam 23
non enim videbit me homo et vivet Idc 13,22; Io 1,18! I Tim 6,16
21 et iterum ecce inquit est locus apud
me
stabis super petram
22 cumque transibit gloria mea ponam
te in foramine petrae
et protegam dextera mea donec
transeam
23 tollamque manum meam et videbis
posteriora mea
faciem autem meam videre non poteris 20!
34 ac deinceps praecide ait tibi duas 1–4: Dt 10,1–3
tabulas lapideas instar priorum
et scribam super eas verba quae habuerunt tabulae quas fregisti Ier 36,28
2 esto paratus mane ut ascendas sta- 19,20

(G)AOC ΣΛΤΜΦ 𝔠𝔯 5 ornamentum A, *item v.* 6 | 9 ostium + tabernaculi O | cum moyse Σ𝔠 | 11 ~ solet loqui 𝔠 | 12 ut ducam O | es] sis AΣΛ | 13 uiam] gloriam A.; faciem Φ𝔠 | 15 praecedis AC; praecedas 𝔠 | 17 [*iterum adest* G] | 19 ~ tibi omne bonum O | domini] dei A | 21 me + et Λ𝔠 | supra 𝔠 | 22 protegam + te O𝔯; protegat te A. ||

tim in montem Sinai
stabisque mecum super verticem
montis
IV Esr 14,36 3 nullus ascendat tecum
19,12! nec videatur quispiam per totum
montem
boves quoque et oves non pascantur
e contra
4 excidit ergo duas tabulas lapideas
quales ante fuerant
et de nocte consurgens ascendit in
montem Sinai sicut ei praeceperat
Dominus
portans secum tabulas
Nm 11,25; 12,5! 5 cumque descendisset Dominus per
nubem stetit Moses cum eo invo-
cans nomen Domini
6 quo transeunte coram eo ait
Nm 14,18; II Esr 9,17! Ps 85,15! Dominator Domine Deus misericors
et clemens patiens et multae mise-
rationis ac verus
20,5.6! 7 qui custodis misericordiam in milia
Mi 7,18 qui aufers iniquitatem et scelera atque peccata
nullusque apud te per se innocens
est
Iob 21,19; Is 14,21 qui reddis iniquitatem patrum in
filiis ac nepotibus
in tertiam et quartam progeniem
Gn 18,2.3; Rt 2,10; II Sm 14,22 8 festinusque Moses curvatus est pronus in terram et adorans 9 ait
si inveni gratiam in conspectu tuo
Domine
obsecro ut gradiaris nobiscum
32,9! populus enim durae cervicis est
Nm 14,19! Dt 9,27! Ps 84,3! Mt 12,31! et auferas iniquitates nostras atque
peccata nosque possideas
10 respondit Dominus ego inibo pactum
videntibus cunctis signa faciam
quae numquam sunt visa super terram nec in ullis gentibus
ut cernat populus in cuius es medio Dt 10,21! Ps 65,3!
opus Domini terribile quod facturus
sum
11 observa cuncta quae hodie mando
tibi
ego ipse eiciam ante faciem tuam
Amorreum et Chananeum et Het- 23,33!
theum
Ferezeum quoque et Eveum et Iebuseum
12 cave ne umquam cum habitatoribus 23,32!
terrae illius iungas amicitias quae
tibi sint in ruinam
13 sed aras eorum destrue 23,24! Dt 7,5; 12,3; Idc 2,2;
confringe statuas lucosque succide 6,25! IV Rg 18,4!
14 noli adorare deum alienum 20,3!
Dominus Zelotes nomen eius Deus 20,5!
est aemulator
15 ne ineas pactum cum hominibus il- 23,32! Ios 9,7
larum regionum
ne cum fornicati fuerint cum diis
suis et adoraverint simulacra eorum Nm 25,1.2
vocet te quispiam ut comedas de immolatis
16 nec uxorem de filiabus eorum acci- Gn 24,3! III Rg 11,2
pies filiis tuis
ne postquam ipsae fuerint fornicatae
fornicari faciant et filios tuos in deos
suos
17 deos conflatiles non facies tibi 20,4!
18 sollemnitatem azymorum custodies II Par 30,21!
septem diebus vesceris azymis 12,15! Lv 23,6; Nm 28,17!
sicut praecepi tibi in tempore mensis 13,4!
novorum **18—26:** 23,15–19
mense enim verni temporis egressus
es de Aegypto
19 omne quod aperit vulvam generis 13,12!
masculini meum erit
de cunctis animantibus tam de bubus
quam de ovibus meum erit

34,2 super uertice GO | 3 ~ oues quoque et boues ΟΣΛ | 4 antea ΣΤΜΦ c | in *om.* A ΤΦ | ei *om.* GA r.; ~ praeceperat ei c. | 6 ac] et AΣ | uerus] uerax Φ c | 7 aufers ΤΜΦ cr] auferes *cet.* | reddis GCΛT cr] reddes *cet.* | in[2] *om.* GΣΛΤΜΦ c | progeniem] generationem GΣ | 8 in terra GACΣ r | 10 ~ uisa sunt c | in[1] *om.* A | nullis GTM | populus + iste A c | 11 mandaui ΟΛΤΜΦ | 12 sunt O | ~ sint tibi c. | 13 concide C | 14 zelotis ΟΤΜΦ; zeloti Σ. | 15 ~ regionum illarum A | ut] et CT | 16 accipias GCΣ ΛT | et *om.* ΟΣ |

GAOC ΣΛΤΜΦ cr

13,13 20 primogenitum asini redimes ove
sin autem nec pretium pro eo dederis
occidetur
Nm 18,15 primogenitum filiorum tuorum redimes
nec apparebis in conspectu meo vacuus
20,9.10! 21 sex diebus operaberis
die septimo cessabis arare et metere
Lv 23,15! 22 sollemnitatem ebdomadarum facies
tibi in primitiis frugum messis tuae
triticeae
et sollemnitatem quando redeunte
anni tempore cuncta conduntur
23 tribus temporibus anni apparebit
omne masculinum tuum in conspectu omnipotentis Domini Dei
Israhel
24 cum enim tulero gentes a facie tua
Dt 12,20! et dilatavero terminos tuos
nullus insidiabitur terrae tuae
ascendente te et apparente in conspectu Domini Dei tui ter in anno
25 non immolabis super fermento sanguinem hostiae meae
12,10! neque residebit mane de victima sollemnitatis phase
26 primitias frugum terrae tuae offeres
in domum Domini Dei tui
non coques hedum in lacte matris
suae
27 dixitque Dominus ad Mosen
24,4 scribe tibi verba haec quibus et tecum et cum Israhel pepigi foedus
24,18! Dt 9,9.18; Mt 4,2! 28 fecit ergo ibi cum Domino quadraginta dies et quadraginta noctes
I Esr 10,6 panem non comedit et aquam non
bibit
24,12! Dt 4,13; 10,2.4 et scripsit in tabulis verba foederis
decem
29 cumque descenderet Moses de monte
Sinai
tenebat duas tabulas testimonii
et ignorabat quod cornuta esset facies sua ex consortio sermonis Dei
30 videntes autem Aaron et filii Israhel 35
cornutam Mosi faciem timuerunt
prope accedere
31 vocatique ab eo reversi sunt
tam Aaron quam principes synagogae
et postquam locutus est 32 venerunt
ad eum etiam omnes filii Israhel
quibus praecepit cuncta quae audierat a Domino in monte Sinai
33 impletisque sermonibus posuit velamen super faciem suam II Cor 3,13
34 quod ingressus ad Dominum et loquens cum eo auferebat donec exiret II Cor 3,16
et tunc loquebatur ad filios Israhel
omnia quae sibi fuerant imperata
35 qui videbant faciem egredientis Mosi 30
esse cornutam
sed operiebat rursus ille faciem suam si quando loquebatur ad eos
35 igitur congregata omni turba filiorum Israhel dixit ad eos
haec sunt quae iussit Dominus fieri
2 sex diebus facietis opus 31,15!
septimus dies erit vobis sanctus
sabbatum et requies Domini
qui fecerit opus in eo occidetur
3 non succendetis ignem in omnibus
habitaculis vestris per diem sabbati
4 et ait Moses ad omnem catervam filiorum Israhel 4–9: 25,1–7
iste est sermo quem praecepit Dominus dicens
5 separate apud vos primitias Domino 22,29! Lv 2,12; 7,14; Sir 7,35; Ez 45,1!
omnis voluntarius et proni animi
offerat eas Domino
aurum et argentum et aes
6 hyacinthum purpuram coccumque
bis tinctum et byssum
pilos caprarum 7 et pelles arietum

GAOC ΣΛΤΜΦ cr

21 operaueris GAOCΣ; operabis Φ | 24 te *om.* Λ; ~ et apparente te C. | 26 afferes r. | in domum GAΣr] in domo *cet.* | 28 fecit] fuit c | 29 dei] domini CΣc | 30 ~ faciem moysi OΣM | 31 est + ad eos c. | 35 ~ ille rursus c; ~ ille rursum Λ | si *om.* O || **35**,2 ~ in eo opus C | 5 prono animo c; pronto animo Σ | offerant M.; offeret ΑΣΛ | et² *om.* OTΦ | 6 hyacinthum + et MΦc | 7 et pelles] pellesque c. |

rubricatas et ianthinas
ligna setthim 8 et oleum ad luminaria concinnanda
et ut conficiatur unguentum et thymiama suavissimum
9 lapides onychinos et gemmas ad ornatum superumeralis et rationalis
10—19: 31,6–11 10 quisquis vestrum est sapiens veniat
et faciat quod Dominus imperavit
11—28: 25,2–8 11 tabernaculum scilicet et tectum eius
atque operimentum
anulos et tabulata cum vectibus
paxillos et bases 12 arcam et vectes
27,21! propitiatorium et velum quod ante
illud oppanditur
13 mensam cum vectibus et vasis et propositionis panibus
14 candelabrum ad luminaria susten-
tanda
vasa illius et lucernas et oleum ad
nutrimenta ignium
15 altare thymiamatis et vectes
oleum unctionis et thymiama ex aromatibus
tentorium ad ostium tabernaculi
16 altare holocausti et craticulam eius
aeneam cum vectibus et vasis suis
labrum et basim eius
17 cortinas atrii cum columnis et basibus
tentorium in foribus vestibuli
27,19 18 paxillos tabernaculi et atrii cum funi-
culis suis
28,4! 19 vestimenta quorum usus est in ministerio sanctuarii
vestes Aaron pontificis ac filiorum
eius ut sacerdotio fungantur mihi
20 egressaque omnis multitudo filiorum
Israhel de conspectu Mosi
21 obtulit mente promptissima atque
devota primitias Domino
ad faciendum opus tabernaculi testimonii
quicquid in cultum et ad vestes sanctas necessarium erat
22 viri cum mulieribus praebuerunt 32,3! Gn 35,4
armillas et inaures anulos et dextralia
omne vas aureum in donaria Domini
separatum est
23 si quis habuit hyacinthum purpuram
coccumque bis tinctum
byssum et pilos caprarum
pelles arietum rubricatas et ianthinas
24 argenti et aeris metalla obtulerunt
Domino
lignaque setthim in varios usus
25 sed et mulieres doctae dederunt quae
neverant
hyacinthum purpuram et vermiculum ac byssum
26 et pilos caprarum sponte propria
cuncta tribuentes
27 principes vero obtulerunt lapides
onychinos et gemmas
ad superumerale et rationale
28 aromataque et oleum ad luminaria
concinnanda
et ad praeparandum unguentum
ac thymiama odoris suavissimi con-
ponendum
29 omnes viri et mulieres mente devota
obtulerunt donaria
ut fierent opera quae iusserat Dominus per manum Mosi
cuncti filii Israhel voluntaria Domino dedicaverunt
30 dixitque Moses ad filios Israhel 30—36,1: 31,1–6
ecce vocavit Dominus ex nomine Be-
selehel filium Uri filii Hur de tribu
Iuda
31 implevitque eum spiritu Dei sapientiae et intellegentiae et scientiae
omni doctrina 32 ad excogitandum

7 ianthinas G 𝔠𝔯] hyacinthinas *cet.* | 9 ad ornandum AC | 10 ~ sapiens est 𝔠. | 12 appenditur O | 15 et altare C; in altare O. | uectes + et 𝔠 | 21 obtulerunt 𝔠 | in] ad 𝔠 | 23 habebat 𝔠 | hyacinthum + et ΤΜΦ𝔠 | ianthinas GOCT 𝔠𝔯] hyacinthinas *cet.* | 24 argenti + et auri ΣΛ | et aeris] aerisque 𝔠.; aeris GΛ. | ligna quoque O | 25 neuerant] nouerant ACΣΤΜ | ~ quae neuerant dederunt 𝔠. | 29 cunctis filiis GAΣΛ | 31 spiritum G; spiritus 𝔯. | sapientia et intellegentia et scientia Φ𝔠; + et 𝔠 |

GAOC ΣΛΤΜΦ 𝔠𝔯

II Par 2,14 et faciendum opus in auro et argento et aere
33 sculpendisque lapidibus et opere car-
pentario
38,23 quicquid fabre adinveniri potest 34 dedit in corde eius
Hooliab quoque filium Achisamech
de tribu Dan
35 ambos erudivit sapientia
ut faciant opera abietarii polymitarii
ac plumarii
25,4! II Par 2,14 de hyacintho et purpura coccoque
bis tincto et bysso
et texant omnia ac nova quaeque rep-
periant
36 fecit ergo Beselehel et Hooliab et
omnis vir sapiens
quibus dedit Dominus sapientiam
et intellectum
ut scirent fabre operari quae in usus
sanctuarii necessaria sunt
et quae praecepit Dominus
2 cumque vocasset eos Moses
28,3; 31,6 et omnem eruditum virum cui dederat Deus sapientiam
et qui sponte sua obtulerant se ad
faciendum opus
3 tradidit eis universa donaria filiorum
Israhel
qui cum instarent operi
cotidie mane vota populus offerebat
4 unde artifices venire conpulsi 5 dixerunt Mosi
plus offert populus quam necessarium est
6 iussit ergo Moses praeconis voce can-
tari
nec vir nec mulier quicquam ultra
offerat in opere sanctuarii
sicque cessatum est a muneribus of-
ferendis
7 eo quod oblata sufficerent et super-
abundarent
8–38: 26,1–37 8 feceruntque omnes corde sapientes
ad explendum opus tabernaculi cor-
tinas decem
de bysso retorta et hyacintho et purpura coccoque bis tincto
opere vario et arte polymita
9 quarum una habebat in longitudine
viginti octo cubitos
et in latitudine quattuor
una mensura erat omnium cortinarum
10 coniunxitque cortinas quinque alteram alteri
et alias quinque sibi invicem copulavit
11 fecit et ansas hyacinthinas in ora
cortinae unius ex utroque latere
et in ora cortinae alterius similiter
12 ut contra se invicem venirent ansae
et mutuo iungerentur
13 unde et quinquaginta fudit circulos
aureos
qui morderent cortinarum ansas et
fieret unum tabernaculum
14 fecit et saga undecim de pilis caprarum ad operiendum tectum tabernaculi
15 unum sagum habebat in longitudine
cubitos triginta
et in latitudine cubitos quattuor
unius mensurae erant omnia saga
16 quorum quinque iunxit seorsum
et sex alia separatim
17 fecitque ansas quinquaginta in ora
sagi unius
et quinquaginta in ora sagi alterius
ut sibi invicem iungerentur
18 et fibulas aeneas quinquaginta quibus necteretur tectum
et unum pallium ex omnibus sagis
fieret
19 fecit et opertorium tabernaculi de
pellibus arietum rubricatis
aliudque desuper velamentum de
pellibus ianthinis

GAOC ΣΛΤΜΦ cr 35 et[1]] ac TΦc | et[2]] ac G. ‖ **36,**1 dominus[1]] deus A | 2 deus] dominus GTMΦc | obtulerunt AOr; obtulerint Σ. | 3 cum starent GΣ | 5 offeret AΣ | 6 ~ offerat ultra Oc. | in opera GOCr. | 15 ~ in longitudine habebat TΦc | 16 alias AO; aliae CΣ. | 17 iungerentur] necterentur AΛ | 18 et[2]] ut ΛΦc | 19 ianthinis GOTcr] hyacinthinis *cet.* |

20 fecit et tabulas tabernaculi de lignis
setthim stantes
21 decem cubitorum erat longitudo tabulae unius
et unum ac semis cubitum latitudo retinebat
22 binae incastraturae erant per singulas tabulas ut altera alteri iungeretur
sic fecit in omnibus tabulis tabernaculi
23 e quibus viginti ad plagam meridianam erant contra austrum
24 cum quadraginta basibus argenteis
duae bases sub una tabula ponebantur
ex utraque angulorum parte
ubi incastraturae laterum in angulis terminantur
25 ad plagam quoque tabernaculi quae respicit ad aquilonem
fecit viginti tabulas
26 cum quadraginta argenteis basibus
duas bases per singulas tabulas
27 contra occidentem vero id est ad eam partem tabernaculi quae mare respicit
fecit sex tabulas
28 et duas alias per singulos angulos tabernaculi retro
29 quae iunctae erant deorsum usque sursum
et in unam conpagem pariter ferebantur
ita fecit ex utraque parte per angulos
30 ut octo essent simul tabulae
et haberent bases argenteas sedecim
binas scilicet bases sub singulis tabulis
31 fecit et vectes de lignis setthim quinque
ad continendas tabulas unius lateris tabernaculi
32 et quinque alios ad alterius lateris tabulas coaptandas
et extra hos quinque alios vectes
ad occidentalem plagam tabernaculi contra mare
33 fecit quoque vectem alium
qui per medias tabulas ab angulo usque ad angulum perveniret
34 ipsa autem tabulata deauravit
et circulos eorum fecit aureos per quos vectes induci possint
quos et ipsos aureis lamminis operuit
35 fecit et velum de hyacintho purpura 26,1!
vermiculo ac bysso retorta
opere polymitario varium atque distinctum
36 et quattuor columnas de lignis setthim
quas cum capitibus deauravit
fusis basibus earum argenteis
37 fecit et tentorium in introitu tabernaculi
ex hyacintho purpura vermiculo bys- 26,1!
soque retorta opere plumarii
38 et columnas quinque cum capitibus suis quas operuit auro
basesque earum fudit aeneas
37 fecit autem Beselehel et arcam de 1—24: 25,10–39
lignis setthim
habentem duos semis cubitos in longitudinem
et cubitum ac semissem in latitudinem
altitudo quoque uno cubito fuit et dimidio
vestivitque eam auro purissimo intus ac foris
2 et fecit illi coronam auream per gyrum

GAOC ΣΛΤΜΦ cr

22 iungerentur OΣ | ~ tabernaculi tabulis c. | 24 ~ parte angulorum c. | 26 ~ basibus argenteis c | 29 erant + a OCΣcr | usque + ad O | conpaginem TΦc | 30 scilicet + et C | 31 fecitque et C | 32 ~ coaptandas tabulas c. | et[2] *om.* AΣ | 34 deurauit + fusis basibus earum argenteis Σc | possent Λc; possunt O | ~ lamminis aureis Gc | 35 hyacintho + et Λc | purpura + et C | retorto CΦ | 36 de lignis *om.* OCM | 37 et *om.* OC. | in introitum GACr | retorto CMΦ | plumarii] polymetarii AC. || **37,**1 et[1] *om.* A | in longitudine ACΛΦc | ac semissem] semis A. | in latitudine CΛΦc | unius cubiti fuit et dimidii Φc |

3 conflans quattuor anulos aureos per quattuor angulos eius
duos anulos in latere uno et duos in altero
4 vectes quoque fecit de lignis setthim quos vestivit auro
5 et quos misit in anulos qui erant in lateribus arcae ad portandum eam
6 fecit et propitiatorium id est oraculum de auro mundissimo
duorum cubitorum et dimidio in longitudine
et cubito ac semisse in latitudine
7 duos etiam cherubin ex auro ductili
quos posuit ex utraque parte propitiatorii
8 cherub unum in summitate huius partis
et cherub alterum in summitate partis alterius
II Par 3,13 duos cherubin in singulis summitatibus propitiatorii
9 extendentes alas et tegentes propitiatorium
seque mutuo et illud respectantes
10 fecit et mensam de lignis setthim
in longitudine duorum cubitorum
et in latitudine unius cubiti
quae habebat in altitudine cubitum ac semissem
11 circumdeditque eam auro mundissimo
et fecit illi labium aureum per gyrum
12 ipsique labio coronam interrasilem quattuor digitorum
et super eandem alteram coronam auream
13 fudit et quattuor circulos aureos quos posuit in quattuor angulis
per singulos pedes mensae
14 contra coronam
misitque in eos vectes ut possit mensa portari
15 ipsos quoque vectes fecit de lignis setthim
et circumdedit eos auro
16 et vasa ad diversos usus mensae
acetabula fialas cyatos et turibula ex auro puro
in quibus offerenda sunt liba
17 fecit et candelabrum ductile de auro mundissimo
de cuius vecte calami scyphi spherulae ac lilia procedebant
18 sex in utroque latere
tres calami ex parte una et tres ex altera
19 tres scyphi in nucis modum per calamos singulos
spherulaeque simul et lilia
et tres scyphi instar nucis in calamo altero
spherulaeque simul et lilia
aequum erat opus sex calamorum
qui procedebant de stipite candelabri
20 in ipso autem vecte erant quattuor scyphi in nucis modum
spherulaeque per singulos et lilia
21 et spherae sub duobus calamis per loca tria
qui simul sex fiunt calami procedentes de vecte uno
22 et spherae igitur et calami ex ipso erant
universa ductilia de auro purissimo
23 fecit et lucernas septem cum emunctoriis suis
et vasa ubi quae emuncta sunt ex-

GAOC ΣΛΤΜΦ cr

6 mundissimo] purissimo A | duobus cubitis r.; duo cubiti O. | demedium O; dimidii Φ c | cubitum ac semissem A.; cubiti ac semis Φ c | 8 cherub[1]] cherubim A; cherubin O ΛΦ | huius] unius ΣΛΜΦ c | cherub[2]] cherubim A; cherubin OCΛΦ | duo CTM. | singulis *om.* G | 9 respicientes OΦ c | 10 in longitudinem O | 11 mundissimo] purissimo O | per — 12 coronam[1] *om.* O | per] in A | 12 coronam[1] + auream CΣΛΜ c | 13 angulos OΣΤΜΦ | 16 fialas + et ΟΜΦ c | purissimo O | liba GOΣ r] libamina *cet.* | 17 sphaerulaeque ac c | 18 ex alia ΑΣ | 20 per singulos] simul Λ; + simul AC c | 21 spherae] spherulae ΑΤΜΦ c, *item v.* 22 | ~ tria loca G | 22 de] ex ACΛΤΦ c | 23 ubi + ea Φ c | extinguantur ΤΜΦ cr |

tinguuntur de auro mundissimo
24 talentum auri adpendebat candelabrum cum omnibus vasis suis
25—28: 30,1–5 25 fecit et altare thymiamatis de lignis
setthim
habens per quadrum singulos cubitos et in altitudine duos
e cuius angulis procedebant cornua
26 vestivitque illud auro purissimo
cum craticula ac parietibus et cornibus
27 fecitque ei coronam aureolam per
gyrum
et duos anulos aureos sub corona
per singula latera
ut mittantur in eos vectes et possit
altare portari
28 ipsos autem vectes fecit de lignis setthim
et operuit lamminis aureis
30,25.35 29 conposuit et oleum ad sanctificationis unguentum
et thymiama de aromatibus mundis-
simis opere pigmentarii
38 fecit et altare holocausti de lignis
setthim
quinque cubitorum per quadrum et
trium in altitudine
2 cuius cornua de angulis procedebant
operuitque illud aeneis lamminis
3 et in usus eius paravit ex aere vasa
diversa
lebetas forcipes fuscinulas uncinos et
ignium receptacula
4 craticulamque eius in modum retis
fecit aeneam
et subter eam in altaris medio arulam
5 fusis quattuor anulis per totidem re-
tiaculi summitates
ad inmittendos vectes ad portandum
6 quos et ipsos fecit de lignis setthim
et operuit lamminis aeneis
7 induxitque in circulos qui in altaris
lateribus eminebant
ipsum autem altare non erat solidum
sed cavum ex tabulis et intus vacuum
8 fecit et labrum aeneum cum base sua 30,18!
de speculis mulierum quae excuba- I Sm 2,22
bant in ostio tabernaculi
9 et atrium in cuius australi plaga erant
tentoria de bysso retorta cubitorum
centum
10 columnae aeneae viginti cum basibus suis
capita columnarum et tota operis celatura argentea
11 aeque ad septentrionalis plagam
tentoria columnae basesque et capita
columnarum
eiusdem et mensurae et operis ac
metalli erant
12 in ea vero plaga quae occidentem
respicit
fuere tentoria cubitorum quinquaginta
columnae decem cum basibus suis
aeneae
et capita columnarum celata argentea
13 porro contra orientem quinquaginta
cubitorum paravit tentoria
14 e quibus quindecim cubitos columnarum trium cum basibus suis u-
num tenebat latus
15 et in parte altera quia utraque introitum tabernaculi facit
quindecim aeque cubitorum erant
tentoria
columnae tres et bases totidem
16 cuncta atrii tentoria byssus torta te-
xuerat

GAOC ΣΛΤΜΦ cr

25 ~ per quadrum singulos habens c. | 27 in] per O | et[2]] ut A || **38**,2 aereis AMΦ; aureis OC. | ~ laminis aeneis c | 3 lebetes c | 5 fusisque C | reticuli CΛ; retiaculis G; reticulis O.; retinaculis Σ | 7 ~ lateribus altaris c. | ex tabulatis GCTMΦ | 8 excubant ATMΦ | 9 fecit et atrium c | 11 a septentrionali A.; ad septemtrionalem c; ad septentrionis G(*vid.*)r | plaga G | et[2] *om.* AΣTMΦc | ac] et AΣ. | 12 quae + ad c | fuerunt TΦc | celata] celatura GM; cum caelatura r.; et tota operis celatura Ac | 14 cubitorum A | 15 quia] qui TΦ; + ab M; + inter c | fecit OCc; faciat TΦ | columnaeque c | 16 retorta ATMΦc |

17 bases columnarum fuere aeneae
capita autem earum cum celaturis suis argentea
sed et ipsas columnas atrii vestivit argento
26,36! 18 et in introitu eius opere plumario fecit tentorium
ex hyacintho purpura vermiculo ac bysso retorta
quod habebat viginti cubitos in longitudine
altitudo vero quinque cubitorum erat
iuxta mensuram quam cuncta atrii habebant tentoria
19 columnae autem ingressus fuere quattuor cum basibus aeneis
capitaque earum et celaturae argenteae
20 paxillos quoque tabernaculi et atrii per gyrum fecit aeneos
21 haec sunt instrumenta tabernaculi testimonii
quae numerata sunt iuxta praeceptum Mosi
in caerimonias Levitarum
Nm 4,28! per manum Ithamar filii Aaron sacerdotis
31,2! 22 quas Beselehel filius Uri filii Hur de tribu Iuda
Domino per Mosen iubente conpleverat
35,34.35! 23 iuncto sibi socio Hooliab filio Achisamech de tribu Dan
qui et ipse artifex lignorum egregius fuit
et polymitarius atque plumarius
ex hyacintho purpura vermiculo et bysso
24 omne aurum quod expensum est in opere sanctuarii et quod oblatum in donariis viginti novem talentorum fuit
et septingentorum triginta siclorum
ad mensuram sanctuarii
25 oblatum est autem ab his qui transierant ad numerum 30,13
a viginti annis et supra
de sescentis tribus milibus et quingentis quinquaginta armatorum Nm 1,46
26 fuerunt praeterea centum talenta argenti
e quibus conflatae sunt bases sanctuarii 26,19
et introitus ubi velum pendet
27 centum bases factae sunt de talentis centum
singulis talentis per bases singulas supputatis
28 de mille autem septingentis et septuaginta quinque fecit capita columnarum quas et ipsas vestivit argento
29 aeris quoque oblata sunt talenta septuaginta duo milia et quadringenti supra sicli
30 ex quibus fusae sunt bases in introitu tabernaculi testimonii
et altare aeneum cum craticula sua
omniaque vasa quae ad usum eius pertinent
31 et bases atrii tam in circuitu quam in ingressu eius
et paxilli tabernaculi atque atrii per gyrum
39 de hyacintho vero et purpura vermiculo ac bysso
fecit vestes quibus indueretur Aaron 28,4!
quando ministrabat in sanctis
sicut praecepit Dominus Mosi
2 fecit igitur superumerale 2–7: 28,6–12
de auro hyacintho et purpura coc- 26,1!

(G)AOC ΣΛΤΜΦ 𝔠𝔯 17 cum + cunctis 𝔠 | 18 in[1] *om.* O | ~ tentoria habebant 𝔠 | 19 ingressus G𝔯] ingressu O; in ingressus AC.; in ingressu *cet.* | basibus + suis G | 21 strumenta GO | enumerata ΣΦ𝔠 | in caerimoniis GCΦ𝔠 | [*deest* G *usque ad v.* 24] | 22 quae A(*vid.*)𝔠𝔯 | 24 [*iterum adest* G] | oblatum + est A𝔠 | uiginti + et CTMΦ | sanctuarii[2] + numerus autem argenti de donariis populi centum talentorum et mille septingentorum septuaginta quinque siclorum ad mensuram sanctuarii medium sicli per capita singula 𝔯, *ex nota marg. quorumdam codd. recent. iuxta* 𝔐 *correctorum* | 25 transierunt ΣΛΤΦ𝔠 | 26 fuerunt—quibus] e centum talentis argenti 𝔯. | 29 quadringentis OΣ ||

coque bis tincto et bysso retorta
3 opere polymitario
inciditque bratteas aureas et extenuavit in fila
ut possint torqueri cum priorum colorum subtemine
4 duasque oras sibi invicem copulatas
in utroque latere summitatum
5 et balteum ex hisdem coloribus
sicut praeceperat Dominus Mosi
6 paravit et duos lapides onychinos
adstrictos et inclusos auro
et sculptos arte gemmaria nominibus filiorum Israhel
7 posuitque eos in lateribus superumeralis
in monumentum filiorum Israhel
sicut praeceperat Dominus Mosi
8—12: 28,15–28 8 fecit et rationale opere polymito iuxta opus superumeralis
ex auro hyacintho purpura coccoque bis tincto et bysso retorta
9 quadrangulum duplex mensurae palmi
10 et posuit in eo gemmarum ordines quattuor
in primo versu erat sardius topazius zmaragdus
11 in secundo carbunculus sapphyrus iaspis
12 in tertio ligyrius achates amethistus
13 in quarto chrysolitus onychinus berillus
circumdati ct inclusi auro per ordines suos
14 ipsique lapides duodecim sculpti erant nominibus duodecim tribuum Israhel
singuli per nomina singulorum
15 fecerunt in rationali et catenulas sibi invicem coherentes de auro purissimo
16 et duos uncinos totidemque anulos aureos
porro anulos posuerunt in utroque latere rationalis
17 e quibus penderent duae catenae aureae quas inseruerunt uncinis
qui in superumeralis angulis eminebant
18 haec et ante et retro ita conveniebant sibi
ut superumerale et rationale mutuo necterentur
19 stricta ad balteum et anulis fortius copulata
quos iungebat vitta hyacinthina
ne laxe fluerent et a se invicem moverentur
sicut praecepit Dominus Mosi
20 fecerunt quoque tunicam superumeralis totam hyacinthinam 20—30: 28,31–40
21 et capitium in superiori parte contra medium
oramque per gyrum capitii textilem
22 deorsum autem ad pedes mala punica
ex hyacintho purpura vermiculo ac bysso retorta
23 et tintinabula de auro mundissimo
quae posuerunt inter mala granata
in extrema parte tunicae per gyrum
24 tintinabulum aureum et malum punicum Sir 45,10.11
quibus ornatus incedebat pontifex
quando ministerio fungebatur
sicut praecepit Dominus Mosi
25 fecerunt et tunicas byssinas opere textili Aaron et filiis eius
26 et mitras cum coronulis suis ex bysso Ez 44,18
27 feminalia quoque linea byssina
28 cingulum vero de bysso retorta hyacintho purpura ac vermiculo distinctum arte plumaria
sicut praecepit Dominus Mosi

39,2 retorto O | 3 possint AOΣ] possit ΛΤΜΦ; possent GCcr | 4 duas quoque G | 5 isdem GO; eisdem c | 6 scalptos G | 10 topazius + et A | 11 sapphyrus + et c | 12 achates + et c | 13 onychinus + et Mc | 14 scalpti G | tribuum + filiorum C | 17 angulis *om.* O | 19 laxa c | praeceperat OCΣ | 23 mundissimo] purissimo Oc | malogranata ΣΛc | 24 tintinabulum + autem c | praeceperat AΣc | 28 distinctum] bis tincto Ac. | praeceperat Cc |

GAOC ΣΛΤΜΦ cr

29 fecerunt et lamminam sacrae vene-
rationis de auro purissimo
scripseruntque in ea opere gemmario
Sanctum Domini
30 et strinxerunt eam cum mitra vitta
hyacinthina
sicut praecepit Dominus Mosi
31 perfectum est igitur omne opus tabernaculi et tecti testimonii
12,28! feceruntque filii Israhel cuncta quae
praeceperat Dominus Mosi
32 et obtulerunt tabernaculum et tectum et universam supellectilem
anulos tabulas vectes columnas ac
bases
26,14 33 opertorium de pellibus arietum rubricatis
et aliud operimentum de ianthinis
pellibus
34 velum arcam vectes propitiatorium
35 mensam cum vasis et propositionis
panibus
36 candelabrum lucernas et utensilia
eorum cum oleo
37 altare aureum et unguentum
thymiama ex aromatibus 38 et tentorium in introitu tabernaculi
39 altare aeneum retiaculum vectes et
vasa eius omnia
labrum cum basi sua
tentoria atrii et columnas cum basibus suis
40 tentorium in introitu atrii funiculos-
que illius et paxillos
nihil ex vasis defuit quae in ministerium tabernaculi et in tectum foederis iussa sunt fieri
41 vestes quoque quibus sacerdotes u-
tuntur in sanctuario Aaron scilicet
et filii eius
42 obtulerunt filii Israhel sicut praeceperat Dominus
43 quae postquam Moses cuncta vidit
expleta benedixit eis
40 locutusque est Dominus ad Mosen
dicens
2 mense primo die prima mensis 2–7: 15–28!
eriges tabernaculum testimonii 3 et
pones in eo arcam 26,33!
dimittesque ante illam velum
4 et inlata mensa pones super eam
quae rite praecepta sunt
candelabrum stabit cum lucernis suis
5 et altare aureum in quo adoletur in- 30,7!
censum coram arca testimonii
tentorium in introitu tabernaculi po- 26; 26,36!
nes
6 et ante illud altare holocausti 27
7 labrum inter altare et tabernaculum 30,18!
quod implebis aqua
8 circumdabisque atrium tentoriis et
ingressum eius
9 et adsumpto unctionis oleo ungues Nm 7,1
tabernaculum cum vasis suis ut 9–11: 30,26–29!
sanctificentur Lv 8,10.11
10 altare holocausti et omnia vasa eius
11 labrum cum basi sua
omnia unctionis oleo consecrabis ut
sint sancta sanctorum
12 adplicabisque Aaron et filios eius ad 12.13: 29,4–9
fores tabernaculi testimonii
et lotos aqua 13 indues sanctis vestibus 28,41!
ut ministrent mihi et unctio eorum
in sacerdotium proficiat sempiternum
14 fecitque Moses omnia quae praece- Lv 8,4; Nm 13,4;
perat Dominus 17,11; 20,27; 27,22
15 igitur mense primo anni secundi in 15–28: 2–7!
prima die mensis conlocatum est Nm 7,1
tabernaculum
16 erexitque illud Moses

GAOC ΣΛΤΜΦ cr

30 praeceperat Σc | 31 praecepit AOr | 33 ianthinis GTcr] hyacinthinis *cet.* | 35 uasis + suis Ac | 36 eorum GOCr] earum *cet.* | 37 unguentum + et Cc | 38 in introitum GAr | 39 reticulum OT | 40 in introitum GAr | 41 uestes] uectes O | 43 conpleta Ac.; *om.* T. ‖ **40**,2 ~ primo prima die GAMcr | 3 demittesque O; demittisque M. | 4 inlatam mensam CΛΤΦ | 5 coram arcam OCT | in introitum O | 7 aquam O | 8 tentorii GA | 9 ~ oleo unctionis A | 13 in sacerdotio OΣ | sempiterno Σ | ~ sempiternum proficiat c. | 15 in *om.* AMc | 16 ~ moyses illud c |

et posuit tabulas ac bases et vectes
statuitque columnas 17 et expandit
tectum super tabernaculum
inposito desuper operimento sicut
Dominus imperarat
25,16 18 posuit et testimonium in arca
subditis infra vectibus et oraculum
desuper
26,33! 19 cumque intulisset arcam in tabernaculum
adpendit ante eam velum ut expleret
Domini iussionem
26,35 20 posuit et mensam in tabernaculo testimonii
ad plagam septentrionalem extra velum
25,30! 21 ordinatis coram propositionis panibus
sicut praeceperat Dominus Mosi
26,35 22 posuit et candelabrum in tabernaculum testimonii
e regione mensae in parte australi
23 locatis per ordinem lucernis iuxta
praeceptum Domini
30,6 24 posuit et altare aureum sub tecto testimonii contra velum
30,7! 25 et adolevit super eo incensum aromatum sicut iusserat Dominus
5! 26 posuit et tentorium in introitu tabernaculi
6 27 et altare holocausti in vestibulo testimonii
10,25! Lv 23,37! Ios 22,23! IV Rg 16,15; II Par 32,23! Idt 4,16 offerens in eo holocaustum et sacrificia ut Dominus imperarat
28—30: 30,18–20 28 labrum quoque statuit inter tabernaculum testimonii et altare implens
illud aqua
29 laveruntque Moses et Aaron ac filii
eius manus suas et pedes
30 cum ingrederentur tectum foederis
et accederent ad altare sicut praeceperat Dominus
31 erexit et atrium per gyrum taberna- 27,9.16!
culi et altaris
ducto in introitu eius tentorio
postquam cuncta perfecta sunt
32 operuit nubes tabernaculum testi- Nm 9,15; 16,43; III Rg 8,10.11! II Par 5,13.14; 7,1.2
monii
et gloria Domini implevit illud Ez 43,5!
33 nec poterat Moses ingredi tectum
foederis
nube operiente omnia Lv 16,2
et maiestate Domini coruscante II Mcc 2,8
quia cuncta nubes operuerat
34 si quando nubes tabernaculum de- Nm 9,17.18; 10,11.12
serebat
proficiscebantur filii Israhel per turmas suas
35 si pendebat desuper manebant in eo- Nm 9,19.22
dem loco
36 nubes quippe Domini incubabat per 13,21! Nm 9,15.16; Is 4,5
diem tabernaculo
et ignis in nocte
videntibus populis Israhel per cunctas mansiones suas

EXPLICIT LIBER ELLESMOTH

ID EST EXODUS

INCIPIT LIBER VAIECRA

ID EST LEVITICUS

Vocavit autem Mosen et locutus
est ei Dominus de tabernaculo
testimonii dicens
2 loquere filiis Israhel et dices ad eos
homo qui obtulerit ex vobis hostiam 10!
Domino de pecoribus
id est de bubus et ovibus offerens Gn 46,1! Ex 20,24! 22,21! 23,18! Dt 18,3
victimas
3 si holocaustum fuerit eius oblatio ac Idc 6,26!
de armento

17 imperauerat A c; imperabat O. | 18 infra] intra GA r. | 20 in tabernaculum AΣΤΦ | 22 in tabernaculo CΣΛ cr | 25 super eum GΣM | [*deest* G *usque ad v.* 36] | dominus + moysi c. | 26 tabernaculi + testimonii c. | 27 sacrificium O r | imperauerat AC c | 28 inter] in CΛTM | 30 dominus + moysi c | 31 cuncta] omnia c. | 36 incumbebat A | in noctem C | uidentibus + cunctis c. | per cuncta O || (G)AOC ΣΛΤΜΦ cr

Leviticus. *Citantur* GAOC *et* ΣΛΤΜΦl *ac* cr. *Tit.* liber leuiticus hebraice uaicra c || **1,**1 [*deest* l *usque ad* 11,5] | 2 dic GΣΛ | de² *om.* A | et² + de GOΣ r |

masculum inmaculatum offeret ad
ostium tabernaculi testimonii
ad placandum sibi Dominum
4—9: 11–13; 3,2–5. 8–11.13–16; Ex 29,10–13! 4 ponetque manus super caput hostiae
et acceptabilis erit atque in expiatio-
nem eius proficiens
Ex 24,5! I Sm 1,25; II Par 35,12; Ps 50,21 5 immolabitque vitulum coram Domino
et offerent filii Aaron sacerdotes sanguinem eius
Nm 18,17! fundentes super altaris circuitum
quod est ante ostium tabernaculi
6 detractaque pelle hostiae
artus in frusta concident
7 et subicient in altari ignem
strue lignorum ante conposita
8 et membra quae caesa sunt desuper
ordinantes
caput videlicet et cuncta quae adherent iecori
9 intestinis et pedibus lotis aqua
Nm 18,17! adolebitque ea sacerdos super altare
Nm 28,27! in holocaustum et suavem odorem
Domino
2.3! 3,12; 4,23! 4,28; 5,6; Nm 15,27; Idc 13,19 10 quod si de pecoribus oblatio est
de ovibus sive de capris holocaustum
anniculum et absque macula offeret
11—13: 4–9! 11 immolabitque ad latus altaris quod
respicit ad aquilonem coram Do-
mino
9,9; Ex 29,12! sanguinem vero illius fundent super
altare filii Aaron per circuitum
12 dividentque membra
caput et omnia quae adherent iecori
et inponent super ligna quibus sub-
iciendus est ignis
13 intestina vero et pedes lavabunt aqua
et oblata omnia adolebit sacerdos
super altare
in holocaustum et odorem suavissimum Domino
14,4; Gn 8,20! 14 sin autem de avibus holocausti oblatio fuerit Domino

de turturibus et pullis columbae **14—17:** 5,7–10!
15 offeret eam sacerdos ad altare
et retorto ad collum capite ac rupto
vulneris loco
decurrere faciet sanguinem super
crepidinem altaris
16 vesiculam vero gutturis et plumas
proiciet propter altare ad orientalem plagam in loco in quo cineres
effundi solent
17 confringetque ascellas eius
et non secabit nec ferro dividet eam
et adolebit super altare lignis igne
subposito
holocaustum est et oblatio suavissimi odoris Domino
2 anima cum obtulerit oblationem sacrificii Domino
simila erit eius oblatio 11; 5,11! 9,4; 14,10!
fundetque super eam oleum et ponet 15
tus
2 ac deferet ad filios Aaron sacerdotes 8.9.16; 5,12; 6,15.16!
quorum unus tollet pugillum plenum Nm 5,26
similae et olei ac totum tus
et ponet memoriale super altare in Ex 29,25!
odorem suavissimum Domino
3 quod autem reliquum fuerit de sacri- 10; 5,13
ficio
erit Aaron et filiorum eius 7,9; Nm 18,9
sanctum sanctorum de oblationibus
Domini
4 cum autem obtuleris sacrificium coctum in clibano de simila
panes scilicet absque fermento con- Ex 29,2
spersos oleo
et lagana azyma oleo lita
5 si oblatio tua fuerit de sartagine 6,21
similae conspersae oleo et absque
fermento
6 divides eam minutatim et fundes
supra oleum
7 sin autem de craticula sacrificium
aeque simila oleo conspergetur

GAOC ΣΛΤΜΦ cr

4 manum A c | in expiatione GC | 5 sacerdotis CΣΛΤΦ | super AOr] per *cet.* | 8 ∼ sunt caesa c | 10 de[3] *om.* AΣ | anniculum] masculum c. | et *om.* Σ c | 12 inponent] ponent A c. | 14 si autem GΣ c | et] aut c. | 16 propter] prope c; preter C | 17 nec] neque AΣ c. | et[3] *om.* G || **2,**2 sacerdotis ΣΛΤΦ | 4 consperso O | 6 supra] super eam c | 7 craticula + fuerit c |

2! [8]quam offeres Domino tradens manibus sacerdotis
[9]qui cum obtulerit eam
tollet memoriale de sacrificio
et adolebit super altare in odorem suavitatis Domino
3! [10]quicquid autem reliquum est erit Aaron et filiorum eius
sanctum sanctorum de oblationibus Domini
1! 6,17 [11]omnis oblatio quae offertur Domino absque fermento fiet
nec quicquam fermenti ac mellis adolebitur in sacrificio Domini
Ex 35,5! [12]primitias tantum eorum offeretis et munera
super altare vero non ponentur in odorem suavitatis
Mc 9,48 [13]quicquid obtuleris sacrificii sale condies
Nm 18,19 nec auferes sal foederis Dei tui de sacrificio tuo
Ez 43,24 in omni oblatione offeres sal
Ex 23,19! [14]sin autem obtuleris munus primarum frugum tuarum Domino
de spicis adhuc virentibus
torres eas igni et confringes in morem farris
et sic offeres primitias tuas Domino
1; 24,7 [15]fundens supra oleum et tus inponens quia oblatio Domini est
2! [16]de qua adolebit sacerdos in memoriam muneris
partem farris fracti et olei ac totum tus
Ex 24,5! **3** quod si hostia pacificorum fuerit eius oblatio
et de bubus voluerit offerre marem sive feminam
inmaculata offeret coram Domino
2–5: 1,4–9! [2]ponetque manum super caput victimae suae
quae immolabitur in introitu tabernaculi
fundentque filii Aaron sacerdotes sanguinem per circuitum altaris
[3]et offerent de hostia pacificorum in oblationem Domini adipem qui operit vitalia
et quicquid pinguedinis intrinsecus est
[4]duos renes cum adipe quo teguntur ilia
et reticulum iecoris cum renunculis
[5]adolebuntque ea super altare in holocaustum
lignis igne subposito
in oblationem suavissimi odoris Domino
[6]si vero de ovibus fuerit eius oblatio 23,19; Ex 20,24! Nm 7,17; Ez 46,4
et pacificorum hostia
sive masculum sive feminam obtulerit inmaculata erunt
[7]si agnum obtulerit coram Domino Ex 29,38! I Esr 7,17
[8]ponet manum super caput victimae suae **8–11:** 1,4–9!
quae immolabitur in vestibulo tabernaculi testimonii
fundentque filii Aaron sanguinem eius per altaris circuitum
[9]et offerent de pacificorum hostia sacrificium Domino
adipem et caudam totam [10]cum renibus 9,10
et pinguedinem quae operit ventrem atque universa vitalia
et utrumque renunculum cum adipe qui est iuxta ilia
reticulumque iecoris cum renunculis
[11]et adolebit ea sacerdos super altare in pabulum ignis et oblationis Domini

GAOC ΣΛΤΜΦ cr

8 offerens domino trades ΣΤΦ c | 10 domino C | 11 ac] nec AO r. | domino[2] c | 12 et] ac c | ponetur CΣ; ponuntur A.; imponentur c | 13 dei] domini G | oblatione + tua A c | 14 si autem c. | primarum] primitiarum GΣΦ | torrebis cr | ea OT.; *om.* c. | confringens A | 15 supra] super G; super ea OTΜΦ || **3**,1 inmaculatam ΣΛΜ; inmaculatum A | 2 caput *om.* O | inmolatur GΣ | in introitum G | tabernaculi + testimonii c. | sacerdotis ΣΛΤΦ | ~ altaris circuitum c. | 3 domino CΣΤΜΦ c | ~ est intrinsecus c | 5 in oblatione G | 6 ~ obtulerit siue feminam c. | 8 manum + suam c | ~ per circuitum altaris c | 9 hostias AOΛ; + ac O. | 10 qui] quae OM |

1,10! 12 si capra fuerit eius oblatio et obtulerit eam Domino 13 ponet manum
13—16: 1,4–9! suam super caput eius
immolabitque eam in introitu tabernaculi testimonii
et fundent filii Aaron sanguinem eius
per altaris circuitum
14 tollentque ex ea in pastum ignis do-
minici
adipem qui operit ventrem et qui te-
git universa vitalia
15 duos renunculos cum reticulo qui est
super eos iuxta ilia
et arvinam iecoris cum renunculis
16 adolebitque ea sacerdos super altare
in alimoniam ignis et suavissimi odoris
7,36; 23,14.21! Ex 28,43! omnis adeps Domini erit 17 iure perpetuo
in generationibus et cunctis habitaculis vestris
19,26; Gn 9,4! Act 15,20! nec adipes nec sanguinem omnino
comedetis
4 locutusque est Dominus ad Mosen
dicens
2 loquere filiis Israhel
13! 5,15; Nm 15,27 anima cum peccaverit per ignorantiam
et de universis mandatis Domini
quae praecepit ut non fierent quippiam fecerit
3 si sacerdos qui est unctus peccaverit
delinquere faciens populum
Ex 29,36! offeret pro peccato suo vitulum inmaculatum Domino
15; Ex 29,10.11! 4 et adducet illum ad ostium tabernaculi testimonii coram Domino
ponetque manum super caput eius
et immolabit eum Domino
6,30! **5—7:** 16–18; 8,15! 16,14.15.18.19 5 hauriet quoque de sanguine vituli
inferens illud in tabernaculum testi-
Ex 29,12! monii

6 cumque intinxerit digitum in sangui- 14,16
nem
asperget eo septies coram Domino
contra velum sanctuarii
7 ponetque de eodem sanguine super 5,9
cornua altaris thymiamatis gratis-
simi Domino
quod est in tabernaculo testimonii
omnem autem reliquum sanguinem
fundet in basim altaris holocausti
in introitu tabernaculi
8 et adipem vituli auferet pro peccato 16,25 **8—10:** 7,3–5
tam eum qui operit vitalia **8—12:**
quam omnia quae intrinsecus sunt 9,10.11; Ex 29,13.14!
9 duos renunculos et reticulum quod 9,19
est super eos iuxta ilia
et adipem iecoris cum renunculis
10 sicut aufertur de vitulo hostiae pacificorum
et adolebit ea super altare holocausti
11 pellem vero et omnes carnes cum
capite et pedibus
et intestinis et fimo 12 et reliquo corpore
efferet extra castra in locum mundum ubi cineres effundi solent
incendetque ea super lignorum struem
quae in loco effusorum cinerum cre-
mabuntur
13 quod si omnis turba Israhel ignora- 2! Nm 15,22 **13.14:** 22.23.27.28
verit
et per inperitiam fecerit quod contra 5,17
mandatum Domini est
14 et postea intellexerit peccatum suum
offeret vitulum pro peccato Ex 29,36!
adducetque eum ad ostium tabernaculi
15 et ponent seniores populi manus su- 4!
per caput eius coram Domino
immolatoque vitulo in conspectu
Domini

GAOC ΣΛΤΜΦ cr

13 suam *om.* O | in introitum O | et effundent G | 14 tegit] tetigit O | 15 qui] quod Σ c | 16 ∼ super altare sacerdos c. | in alimonia A | 17 adipem ΤΜΦ c; adeps G. | ∼ nec sanguinem nec adipem c || **4**,2 cum] quae A c. | quispiam C | 3 ∼ unctus est c | 4 illud AO | 5 illum GΛ cr | 6 in sanguine ΣΛΤΦ c | eo] eos O; eum ΣΤΜΦ | 7 cornu CΛ | in basi OCΛ | 8 ∼ uitalia operit c | 10 auferetur A; offertur ΜΦ | 12 incendentque CM | eam ΟΦ; *om.* G r | in locum ΑΣΛ. | 14 pro peccato suo uitulum c. | 15 manus + suas ΟΣΛ |

16—18: 5–7! 16 inferet sacerdos qui unctus est de
sanguine eius in tabernaculum testimonii
17 tincto digito aspergens septies contra
velum
18 ponetque de eodem sanguine in cornibus altaris quod est coram Domino in tabernaculo testimonii
reliquum autem sanguinem fundet
iuxta basim altaris holocaustorum
quod est in ostio tabernaculi testimonii
19 omnemque eius adipem tollet et adolebit super altare
20 sic faciens et de hoc vitulo quomodo
fecit et prius
26! 5,6! Is 53,12! et rogante pro eis sacerdote propitius erit Dominus
16,27; Ex 29,14 21 ipsum autem vitulum efferet extra
castra atque conburet
sicut et priorem vitulum
quia pro peccato est multitudinis
22.23: 13.14! 22 si peccaverit princeps
et fecerit unum e pluribus per ignorantiam quod Domini lege prohi-
betur
23 et postea intellexerit peccatum suum
1,10! 9,3! 15; 10,16; 16,5.20; offeret hostiam Domino
23,19; Nm 7,16 hircum de capris inmaculatum
II Par 29,23 24—26: 24 ponetque manum suam super caput
29–31.33–35 Ex 29,10–13! eius
6,25; 7,2! cumque immolaverit eum in loco ubi
solet mactari holocaustum coram
Domino quia pro peccato est
25 tinguet sacerdos digitum in sanguine hostiae pro peccato
tangens cornua altaris holocausti
et reliquum fundens ad basim eius
20! 5,10!18! 26 adipem vero adolebit supra sicut in
victimis pacificorum fieri solet
rogabitque pro eo et pro peccato eius
ac dimittetur ei
27.28: 13.14! 27 quod si peccaverit anima per ignorantiam de populo terrae
ut faciat quicquam ex his quae Domini lege prohibentur atque delinquat
28 et cognoverit peccatum suum
offeret capram inmaculatam 1,10!
29 ponetque manum super caput hos- 29—31: 24–26!
tiae quae pro peccato est
et immolabit eam in loco holocausti
30 tolletque sacerdos de sanguine in digito suo et tangens cornua altaris
holocausti
reliquum fundet ad basim eius
31 omnem autem auferens adipem sicut
auferri solet de victimis pacificorum
adolebit super altare in odorem suavitatis Domino
rogabitque pro eo et dimittetur ei
32 sin autem de pecoribus obtulerit vic- 14,12.13.21;
timam pro peccato ovem scilicet Ex 29,38! Nm 6,12.14!
inmaculatam
33 ponet manum super caput eius 33—35: 24–26!
et immolabit eam in loco ubi solent
holocaustorum caedi hostiae
34 sumetque sacerdos de sanguine eius
digito suo
et tangens cornua altaris holocausti
reliquum fundet ad basim eius
35 omnem quoque auferens adipem sicut auferri solet adeps arietis qui
immolatur pro pacificis
et cremabit super altare in incensum
Domini
rogabitque pro eo et pro peccato eius
et dimittetur illi
5 si peccaverit anima
et audierit vocem iurantis testisque
fuerit
quod aut ipse vidit aut conscius est
nisi indicaverit portabit iniquitatem
suam
2 anima quae tetigerit aliquid inmun- 11,24!
dum Nm 19,11! 22!
sive quod occisum a bestia est aut

16 infert AΣ | 20 erit + eis c | 21 ~ est pro peccato c | 24 suam *om.* GOr. | in locum CT Φ. | 25 in sanguinem GAr; sanguine M. | cornu OΣ | 26 eo + sacerdos c. | ac] et c.; *om.* O. | 27 ex] de c. | 30 fundens O | 31 ~ adipem auferens c | 33 ~ caedi holocaustorum c | 34 cornu OΣ | 35 ~ adipem auferens c. | et[1] *om.* c | illi] ei c || **5**,2 est[1] *om.* O |

GAOC ΣΛTMΦ cr

per se mortuum vel quodlibet aliud
reptile
et oblita fuerit inmunditiae suae rea
est et deliquit
3 et si tetigerit quicquam de inmunditia hominis
iuxta omnem inpuritatem qua pollui
solet
oblitaque cognoverit postea subiacebit delicto
Sir 23,13.14 4 anima quae iuraverit et protulerit
labiis suis
ut vel male quid faceret vel bene
et id ipsum iuramento et sermone
firmaverit
oblitaque postea intellexerit delictum suum
II Par 7,14! Ez 18,30! 5 agat paenitentiam pro peccato
1,10! 6 et offerat agnam de gregibus sive
capram
13; 4,20! 14,19 orabitque pro eo sacerdos et pro peccato eius
7—10: 1,14–17! 12,6–8! 14,22.23.30.31 7 sin autem non potuerit offerre pecus
offerat duos turtures vel duos pullos
columbarum Domino
unum pro peccato et alterum in holocaustum
8 dabitque eos sacerdoti
qui primum offerens pro peccato
retorquebit caput eius ad pinnulas
ita ut collo hereat et non penitus ab-
rumpatur
4,7 9 et asperget de sanguine eius parietem altaris
quicquid autem reliquum fuerit
faciet destillare ad fundamentum
eius quia pro peccato est
10 alterum vero adolebit holocaustum
ut fieri solet
16! 4,26! 6,7; Nm 15,25 rogabitque pro eo sacerdos et pro
peccato eius et dimittetur ei
11 quod si non quiverit manus eius offerre duos turtures vel duos pullos
columbae
offeret pro peccato similam partem 2,1! 6,20; Nm 5,15
oephi decimam
non mittet in eam oleum nec turis
aliquid inponet quia pro peccato
est
12 tradetque eam sacerdoti qui plenum 2,2!
ex toto pugillum hauriens
cremabit super altare in monumentum eius qui obtulit 13 rogans pro 6!
illo et expians
reliquam vero partem ipse habebit 2,3!
in munere
14 locutus est Dominus ad Mosen dicens
15 anima si praevaricans caerimonias 4,2!
per errorem in his quae Domino
sunt sanctificata peccaverit
offeret pro delicto suo arietem in- 18; Ex 29,15.16! Nm 5,8;
maculatum de gregibus II Par 29,21! I Esr 10,19
qui emi potest duobus siclis iuxta 27,3; Ex 30,13!
pondus sanctuarii
16 ipsumque quod intulit damni resti- 6,4.5! I Sm 6,3
tuet
et quintam partem ponet supra tra- 22,14; 27,13!
dens sacerdoti
qui rogabit pro eo offerens arietem 10! 6,6.7; 19,21.22
et dimittetur ei
17 anima si peccaverit per ignorantiam 4,13.14!
feceritque unum ex his quae Domini
lege prohibentur
et peccati rea intellexerit iniquitatem
suam
18 offeret arietem inmaculatum de gre- 15!
gibus sacerdoti
iuxta mensuram aestimationemque
peccati
qui orabit pro eo quod nesciens fe- 4,26! Nm 15,28
cerit et dimittetur ei
19 quia per errorem deliquit in Dominum

GAOC ΣΛTMΦ cr

2 uel] aut c | deliquit ATM cr] delinquit *cet.* | 4 fecerit A | id] ad O; *om.* GΣ | 6 agnum GOΛTΦ | ~ de gregibus agnam c | pro ea A c | 7 offerat] offeret A | uel] aut A | 8 cbrumpatur G | 10 adolebit + in CTΦ c | 11 ~ duos offerre c | uel] aut Σ c. | columbarum GC c | offerat OCΣ | peccato + suo c | similae Φ c | oephae Λ.; ephae O CTMΦ r | 12 toto] eo ATΦ; ea c. | obtulerit c | 14 locutusque est C c | 18 quod] quia c; qui G. | 19 delinquit GAOC. | in domino CΛTMΦ; in deum Σ ||

6 locutus est Dominus ad Mosen dicens
2 anima quae peccaverit et contempto
Domino negaverit depositum proximo suo
quod fidei eius creditum fuerat
vel vi aliquid extorserit aut calumniam fecerit
3 sive rem perditam invenerit
et infitians insuper peierarit
Nm 5,6 et quodlibet aliud ex pluribus fecerit
in quibus peccare solent homines
4 convicta delicti reddet 5 omnia quae
per fraudem voluit obtinere integra
5,16! Nm 5,7 et quintam insuper partem domino
cui damnum intulerat
5,16! 6 pro peccato autem suo offeret arietem inmaculatum de grege et dabit
eum sacerdoti
iuxta aestimationem mensuramque
delicti
5,10! 7 qui rogabit pro eo coram Domino et
dimittetur illi
pro singulis quae faciendo peccaverit
8 locutus est Dominus ad Mosen dicens
9 praecipe Aaron et filiis eius
haec est lex holocausti
cremabitur in altari tota nocte usque
mane
ignis ex eodem altari erit
Ex 29,5! 10 vestietur sacerdos tunica et feminalibus lineis
tolletque cineres quos vorans ignis
exusit
et ponens iuxta altare
16,23.24; Ez 42,14! 11 spoliabitur prioribus vestimentis
indutusque aliis efferet eos extra cas-
tra
Nm 19,9 et in loco mundissimo usque ad favillam consumi faciet
12 ignis autem in altari semper ardebit
quem nutriet sacerdos subiciens lig- II Esr 10,34
na mane per singulos dies
et inposito holocausto desuper ado- 7,31.33! 9,20; Ex 29,13!
lebit adipes pacificorum
13 ignis est iste perpetuus qui numquam
deficiet in altari
14 haec est lex sacrificii et libamentorum quae offerent filii Aaron
coram Domino et coram altari 2,2.3!
15 tollet sacerdos pugillum similae quae
conspersa est oleo
et totum tus quod super similam positum est
adolebitque illud in altari in monumentum odoris suavissimi Domino
16 reliquam autem partem similae com- 10,12.13
edet Aaron cum filiis suis absque
fermento
et comedet in loco sancto atrii taber- 26! 10,18; Nm 18,10
naculi
17 ideo autem non fermentabitur 2,11
quia pars eius in Domini offertur incensum
sanctum sanctorum erit sicut pro 7,7!
peccato atque delicto
18 mares tantum stirpis Aaron come- 29; 7,6; Nm 18,10
dent illud
legitimum ac sempiternum est in Ex 28,43!
generationibus vestris de sacrificiis
Domini
omnis qui tetigerit illa sanctificabitur Ex 29,37!
19 et locutus est Dominus ad Mosen dicens
20 haec est oblatio Aaron et filiorum
eius
quam offerre debent Domino in die
unctionis suae
decimam partem oephi offerent si- 5,11!
milae in sacrificio sempiterno

6,1 locutusque est C | 2 ~ proximo suo depositum c | 3 peierarit M r] perperierarit G.; perierit O.; peierauerit c; periurarit ΣΦ; periurauerit ACΛT | ~ solent peccare c. | 5 integram GOC | 7 peccauerit GACr] peccauit *cet.* | 8 [*hic incip. cap.* 6 𝔐] | locutusque est Cc | 9 est *om.* GA r. | 10 tunicam OTΦ | ~ tunica sacerdos c. | tollentque C.; tollensque GΣ | 11 indutisque G | efferat OΣ. | 15 in monimento A | 16 sancto atrii] sanctuarii CTMΦ | 17 in domino C | offeretur G | [*deest* O *usque ad* 10,18] | 18 est] erit Cc. | 19 locutusque est c | 20 [*deest* G *usque ad* 7,25] | ephae CΛTMΦr |

(G)A(O)C ΣΛΤΜΦ cr

medium eius mane et medium vespere
2,5 21 quae in sartagine oleo conspersa fri-
getur
Ex 29,25! offeret autem eam calidam in odorem suavissimum Domino
22 sacerdos qui patri iure successerit
et tota cremabitur in altari
23 omne enim sacrificium sacerdotum
igne consumetur
nec quisquam comedet ex eo
24 locutus est Dominus ad Mosen dicens
4,24! 25 loquere Aaron et filiis eius
ista est lex hostiae pro peccato
in loco ubi offertur holocaustum immolabitur coram Domino sanctum
sanctorum est
16! Ez 42,13; I Cor 9,13 26 sacerdos qui offert comedet eam
in loco sancto in atrio tabernaculi
Ex 29,37! 27 quicquid tetigerit carnes eius sanctificabitur
si de sanguine illius vestis fuerit a-
spersa
lavabitur in loco sancto
11,33; 15,12 28 vas autem fictile in quo cocta est confringetur
quod si vas aeneum fuerit defricabi-
tur et lavabitur aqua
18! 29 omnis masculus de genere sacerdotali vescetur carnibus eius quia
sanctum sanctorum est
30 hostia enim quae caeditur pro peccato
4,5; 16,27; Hbr 13,11 cuius sanguis infertur in tabernaculum testimonii ad expiandum in
sanctuario
non comedetur sed conburetur igni
7 haec quoque est lex hostiae pro delicto
sancta sanctorum est
7! 4,24! 9,7! 10,19! Ez 45,17! 2 idcirco ubi immolatur holocaustum
mactabitur et victima pro delicto
sanguis eius per gyrum fundetur altaris
3 offerent ex ea caudam et adipem qui 3–5: 4,8–10!
operit vitalia
4 duos renunculos et pinguedinem
quae iuxta ilia est
reticulumque iecoris cum renunculis
5 et adolebit ea sacerdos super altare
incensum est Domini pro delicto
6 omnis masculus de sacerdotali ge- 6,18!
nere
in loco sancto vescetur his carnibus
quia sanctum sanctorum est
7 sicut pro peccato offertur hostia ita 2! 6,17! 14,13; Ez 44,29; Hbr 7,27; 10,12
et pro delicto
utriusque hostiae lex una erit
ad sacerdotem qui eam obtulerit pertinebit
8 sacerdos qui offert holocausti victi- 9,12; Gn 46,1! Nm 15,4
mam habebit pellem eius
9 et omne sacrificium similae quod co-
quitur in clibano
et quicquid in craticula vel in sartagine praeparatur
eius erit sacerdotis a quo offertur 2,3!
10 sive oleo conspersa sive arida fuerit
cunctis filiis Aaron aequa mensura
per singulos dividetur
11 haec est lex hostiae pacificorum quae
offertur Domino
12 si pro gratiarum actione fuerit ob- 22,29
latio
offerent panes absque fermento con- 21,6; Ex 29,2.3
spersos oleo
et lagana azyma uncta oleo
coctamque similam et collyridas olei
admixtione conspersas
13 panes quoque fermentatos cum hos- Am 4,5
tia gratiarum quae immolatur pro
pacificis
14 ex quibus unus pro primitiis offere- Ex 35,5!
tur Domino
et erit sacerdotis qui fundet hostiae

AC
ΣΛΤΜΦ
cr

20 medium[2] + eius c | 22 ~ iure patri A c | 23 consumitur AT | quicquam AC | 24 locutusque est A; + autem c | 25 loquere + ad C | 27 illius] eius AT | 29 uescetur + de c. || 7,1 est *om.* c | 2 immolabitur CTΦ c | ~ altaris fundetur c | 6 ~ genere sacerdotali A | 10 fuerint c | ~ mensura aequa c. | 12 fuerit + eius A | ~ oblatio fuerit c. | 14 offertur AΣM |

sanguinem
22,30 15 cuius carnes eadem comedentur die
Ex 12,10! Nm 9,12 nec remanebit ex eis quicquam usque mane
22,21! Dt 23,21 16 si voto vel sponte quisquam obtule-
16—18: 19,5-8 rit hostiam
eadem similiter edetur die
sed et si quid in crastinum remanserit vesci licitum est
17 quicquid autem tertius invenerit dies
ignis absumet
18 si quis de carnibus victimae pacificorum die tertio comederit
irrita fiet oblatio nec proderit offe-
renti
quin potius quaecumque anima tali
se edulio contaminarit praevaricationis rea erit
19 caro quae aliquid tetigerit inmundum non comedetur sed conburetur
igni
qui fuerit mundus vescetur ea
25.27! 20 anima polluta quae ederit de carnibus hostiae pacificorum quae ob-
Gn 17,14! lata est Domino peribit de populis
suis
21 et quae tetigerit inmunditiam hominis vel iumenti
sive omnis rei quae polluere potest
et comederit de huiuscemodi carnibus
interibit de populis suis
22 locutusque est Dominus ad Mosen
dicens
23 loquere filiis Israhel
adipem bovis et ovis et caprae non
comedetis
Ex 22,31! 24 adipem cadaveris morticini et eius
animalis quod a bestia captum est
habebitis in usus varios
20! 25 si quis adipem qui offerri debet in
incensum Domini comederit peribit
de populo suo
26 sanguinem quoque omnis animalis Gn 9,4!
non sumetis in cibo
tam de avibus quam de pecoribus
27 omnis anima quae ederit sanguinem 20! 17,10! 14
peribit de populis suis
28 locutus est Dominus ad Mosen dicens
29 loquere filiis Israhel
qui offert victimam pacificorum Do- 17,5; 19,5; Ex 32,6! Dt 27,7; I Sm 10,8; 11,15
mino
offerat simul et sacrificium id est
libamenta eius
30 tenebit manibus adipem hostiae et Ex 29,24
pectusculum
cumque ambo oblata Domino con-
secrarit tradet sacerdoti
31 qui adolebit adipem super altare 6,12!
pectusculum autem erit Aaron et fi- **31—34:** Ex 29,27.28!
liorum eius
32 armus quoque dexter de pacificorum
hostiis
cedet in primitias sacerdotis
33 qui obtulerit sanguinem et adipem 6,12! Ez 44,15
filiorum Aaron
ipse habebit et armum dextrum in
portione sua
34 pectusculum enim elationis et armum separationis tuli a filiis Israhel
de hostiis eorum pacificis
et dedi Aaron sacerdoti ac filiis eius
lege perpetua ab omni populo Israhel
35 haec est unctio Aaron et filiorum eius
in caerimoniis Domini
die qua obtulit eos Moses ut sacerdotio fungerentur
36 et quae praecepit dari eis Dominus
a filiis Israhel
religione perpetua in generationibus 3,17!
suis
37 ista est lex holocausti et sacrificii pro
peccato atque delicto
et pro consecratione et pacificorum

16 quispiam ¢ | 17 assumet ΑΣ; adsumet CT | 18 contaminauerit ΜΦ cr | 19 ex ea M ¢ | 21 quae[1]] qui C | 23 ~ ouis et bouis Λ ¢ | 24 ~ uarios usus ¢ | 25 [*iterum adest* G] | 26 non consumetis C | 27 quae] qui G | de sanguine A | 28 locutusque est CM ¢ | 29 israhel + dicens ΤΦ ¢ | est + et C | 30 consecrauerit ΤΦ ¢; consecrarint C. | 34 eleuationis Φ ¢ | ac] et ¢ | 36 ~ eis dari dominus ¢; dominus dari ei T. |

(G)AC ΣΛΤΜΦ cr

victimis 38 quas constituit Dominus
Mosi in monte Sinai
Ex 10,25! I Esr 6,10! Tb 8,19! quando mandavit filiis Israhel ut offerrent oblationes suas Domino in
deserto Sinai
1—32: Ex 29,1–34 **8** locutusque est Dominus ad Mosen
dicens
2 tolle Aaron cum filiis suis
vestes eorum et unctionis oleum
vitulum pro peccato duos arietes
canistrum cum azymis
3 et congregabis omnem coetum ad
ostium tabernaculi
Ex 40,14! 4 fecit Moses ut Dominus imperarat
congregataque omni turba ante fores
5 ait
iste est sermo quem iussit Dominus
fieri
6 statimque obtulit Aaron et filios eius
cumque lavisset eos 7 vestivit pontificem subucula linea
accingens eum balteo et induens tunica hyacinthina
et desuper umerale inposuit
Ex 28,30 8 quod adstringens cingulo aptavit rationali
in quo erat doctrina et veritas
9 cidarim quoque texit caput
Ex 28,36–38 et super eam contra frontem posuit
lamminam auream
consecratam in sanctificationem sicut praeceperat ei Dominus
10.11: Ex 40,9–11! 10 tulit et unctionis oleum quo levit tabernaculum cum omni supellectili
sua
11 cumque sanctificans aspersisset altare septem vicibus
unxit illud et omnia vasa eius
labrumque cum basi sua sanctificavit oleo
12 quod fundens super caput Aaron unxit eum et consecravit
13 filios quoque eius oblatos vestivit tunicis lineis et cinxit balteo
inposuitque mitras ut iusserat Dominus
14 obtulit et vitulum pro peccato Ex 29,36! Nm 8,12
cumque super caput eius posuissent
Aaron et filii eius manus suas
15 immolavit eum hauriens sanguinem 4,5–7! Ez 43,20!
et tincto digito tetigit cornua altaris
per gyrum
quo expiato et sanctificato fudit reliquum sanguinem ad fundamenta
eius
16 adipem autem qui erat super vitalia
et reticulum iecoris
duosque renunculos cum arvinulis
suis adolevit super altare
17 vitulum cum pelle carnibus et fimo
cremans extra castra sicut praeceperat Dominus
18 obtulit et arietem in holocaustum 9,2.4! 16,3.5; 23,18! Gn 22,13!
super cuius caput cum inposuissent Iob 42,8
Aaron et filii eius manus suas
19 immolavit eum et fudit sanguinem
eius per altaris circuitum
20 ipsumque arietem in frusta concidens
caput eius et artus et adipem adolevit igni
21 lotis prius intestinis et pedibus
totumque simul arietem incendit super altare
eo quod esset holocaustum suavissimi odoris Domino sicut praeceperat ei
22 obtulit et arietem secundum in consecrationem sacerdotum Ex 29,15.16!
posueruntque super caput illius Aaron et filii eius manus suas
23 quem cum immolasset Moses sumens de sanguine tetigit extremum

GAC ΣΛΤΜΦ cr
38 quas] quam C cr; quae G. | in montem GΣ || **8**,4 imperauerat Λ c | fores + tabernaculi c | 7 linea + et C | balteum G | inducens G; + eum c | tunicam hyacintinam C· | 8 quod stringens A | 9 cidari G cr; citharis Σ. | in sanctificatione ΑΤΦ c | dominus] deus A | 10 quo] quod G; qui C | leuit] linuit CΛ; liniuit Φ c | 13 balteis c | mitram GA r. | 14 posuisset c | 15 et intincto G | cornu G | fundamentum C | 16 autem] uero c; quoque Σ | 17 pelle + et A c | 19 ~ circuitum altaris c. | 22 in consecratione ΑΣΤΦ c; consecrationem G. | illius] eius c | 23 sanguine + eius c.; + et Σ. |

auriculae dextrae Aaron
et pollicem manus eius dextrae similiter et pedis
24 obtulit et filios Aaron
cumque de sanguine arietis immolati tetigisset extremum auriculae singulorum dextrae
et pollices manus ac pedis dextri
reliquum fudit super altare per circuitum
25 adipem vero et caudam omnemque pinguedinem quae operit intestina
reticulumque iecoris et duos renes cum adipibus suis et armo dextro separavit
26 tollens autem de canistro azymorum quod erat coram Domino panem absque fermento
et collyridam conspersam oleo laganumque posuit super adipes et armum dextrum
27 tradens simul omnia Aaron et filiis eius
qui postquam levaverunt ea coram Domino
28 rursum suscepta de manibus eorum
adolevit super altare holocausti
II Mcc 2,9 eo quod consecrationis esset oblatio
in odorem suavitatis sacrificii Domini
29 tulit et pectusculum elevans illud coram Domino
de ariete consecrationis in partem suam
sicut praeceperat ei Dominus
30 adsumensque unguentum et sanguinem qui erat in altari
aspersit super Aaron et vestimenta eius
et super filios illius ac vestes eorum
31 cumque sanctificasset eos in vestitu suo
praecepit eis dicens
coquite carnes ante fores tabernaculi
et ibi comedite eas
panes quoque consecrationis edite
qui positi sunt in canistro
sicut praecepit mihi dicens
Aaron et filii eius comedent eos
32 quicquid autem reliquum fuerit de Ex 29,34!
carne et panibus ignis absumet
33 de ostio quoque tabernaculi non exibitis septem diebus
usque ad diem quo conplebitur tempus consecrationis vestrae
septem enim diebus finitur consecratio
34 sicut et inpraesentiarum factum est
ut ritus sacrificii conpleretur
35 die ac nocte manebitis in tabernaculo
observantes custodias Domini ne moriamini
sic enim mihi praeceptum est
36 feceruntque Aaron et filii eius cuncta quae locutus est Dominus per manum Mosi
9 facto autem octavo die vocavit Moses Aaron et filios eius ac maiores natu Israhel
dixitque ad Aaron
2 tolle de armento vitulum pro peccato 8,18! Ex 29,36!
et arietem in holocaustum utrumque inmaculatos
et offer illos coram Domino
3 et ad filios Israhel loqueris
tollite hircum pro peccato 4,23! 22,18.19; Ex 20,24!
et vitulum atque agnum anniculos Iob 42,8; Ps 65,15
et sine macula in holocaustum 18; 8,18!
4 bovem et arietem pro pacificis Ex 24,5! Nm 6,14.17;
et immolate eos coram Domino in 7,17! II Par 7,5
sacrificio singulorum similam oleo 2,1!
conspersam offerentes
hodie enim Dominus apparebit vobis 23! Ex 16,7!
5 tulerunt ergo cuncta quae iusserat
Moses ad ostium tabernaculi Nm 16,19
ubi cum omnis staret multitudo
6 ait Moses
iste est sermo quem praecepit Do-

26 panes A | collyram GA | 27 et] ac GC | filii A | liuauerunt Λ.; libauerunt A | eam C | 28 domino ¢ | 29 tulit et] tulitque ¢. | 31 comedetis A | mihi + dominus AC¢; + deus Λ; + dominus deus Σ. | 32 adsumet AΣT | 33 finitur] erit A.; *om.* Σ. | 34 conpleatur C || **9**,2 immaculatum ¢ | 4 ~ conspersam oleo ¢. | apparuit A | 5 multitudo astaret ¢. |

GAC ΣΛΤΜΦ cr

minus
Ex 16,7! facite et apparebit vobis gloria eius
7 dixit et ad Aaron accede ad altare
7,2! et immola pro peccato tuo
16,6.11.17.24; Hbr 5,3 offer holocaustum et deprecare pro
te et pro populo
cumque mactaveris hostiam populi
ora pro eo sicut praecepit Dominus
8 statimque Aaron accedens ad altare
Ex 29,36! immolavit vitulum pro peccato suo
1,11! 9 cuius sanguinem obtulerunt ei filii
sui
in quo tinguens digitum tetigit cornua altaris
et fudit residuum ad basim eius
3,9.10 **10.11**: 4,8–12! 10 adipemque et renunculos ac reticulum iecoris quae sunt pro peccato
adolevit super altare sicut praeceperat Dominus Mosi
11 carnes vero et pellem eius extra castra conbusit igni
7,8! 12 immolavit et holocausti victimam
12—14: Ex 29,16–18! obtuleruntque ei filii sui sanguinem
eius
quem fudit per altaris circuitum
13 ipsam etiam hostiam in frusta concisam
cum capite et membris singulis obtulerunt
quae omnia super altare cremavit
igni
14 lotis prius aqua intestinis et pedibus
4,23! 15 et pro peccato populi offerens mactavit hircum
expiatoque altari 16 fecit holocaustum
17 addens in sacrificio libamenta quae
pariter offeruntur
et adolens ea super altare
absque caerimoniis holocausti matutini
4! 18 immolavit et bovem atque arietem
hostias pacificas populi
obtuleruntque ei filii sui sanguinem Ex 29,16!
quem fudit super altare in circuitu
19 adipes autem bovis et caudam arietis 4,9!
renunculosque cum adipibus suis
et reticulum iecoris 20 posuerunt super pectora
cumque cremati essent adipes in altari 6,12!
21 pectora eorum et armos dextros separavit Aaron elevans coram Domino sicut praeceperat Moses Ex 29,24.26.27
22 et tendens manum contra populum
benedixit eis Nm 6,23; Ios 8,33
sicque conpletis hostiis pro peccato
et holocaustis et pacificis descendit
23 ingressi autem Moses et Aaron tabernaculum testimonii
et deinceps egressi benedixerunt populo
apparuitque gloria Domini omni multitudini 4! Nm 20,6
24 et ecce egressus ignis a Domino Idc 6,21; III Rg 18,38; I Par 21,26; II Par 7,1! 3
devoravit holocaustum et adipes qui
erant super altare
quod cum vidissent turbae laudaverunt Dominum ruentes in facies suas
10 arreptisque Nadab et Abiu filii Aaron turibulis 16,1; Nm 3,4! 16,6.7.17.46
posuerunt ignem et incensum desuper
offerentes coram Domino ignem alienum
quod eis praeceptum non erat
2 egressusque ignis a Domino devoravit eos Nm 11,1; 16,35; IV Rg 1,10
et mortui sunt coram Domino
3 dixitque Moses ad Aaron
hoc est quod locutus est Dominus
sanctificabor in his qui adpropinquant mihi Ps 148,14

GAC ΣΛΤΜΦ cr 7 dixitque et ΤΦ.; dixitque ΛΜ; et dixit c. | populo + tuo C | 9 cornu G | 12 immolauitque et A | 14 ~ aqua prius c. | 17 additis A | libamentis AC | 18 quem] quod G | altare in circuitum ΑCΣc; altaris circuitum Λ | 19 adipem ΑΣΛc | et[1] + arietis r, *ubi dein textus ad vocem* caudam *dividitur* | 20 super altare c. | 22 et tendens G ATr] et extendens *cet.* | manus Ac | contra] ad ΛΤΜΦc | ei ΑCΣΛc | 23 aaron + in c || **10**, 1 turibulis + suis ΤΜΦ | inposuerunt C | 3 in iis c |

et in conspectu omnis populi glorificabor
quod audiens tacuit Aaron
4 vocatis autem Moses Misahel et Elsa-
phan filios Ozihel patrui Aaron ait
ad eos
ite et colligite fratres vestros de conspectu sanctuarii et asportate extra
castra
5 confestimque pergentes tulerunt eos
sicut iacebant vestitos lineis tunicis
et eiecerunt foras ut sibi fuerat imperatum
6 locutus est Moses ad Aaron et ad
Eleazar atque Ithamar filios eius
21,10; Bar 6,30 capita vestra nolite nudare et vestimenta nolite scindere
Nm 1,53! 16,22! ne forte moriamini et super omnem
coetum oriatur indignatio
fratres vestri et omnis domus Israhel
plangant incendium quod Dominus suscitavit
21,12 7 vos autem non egredimini fores tabernaculi
alioquin peribitis
21,10! Ex 29,7 oleum quippe sanctae unctionis est
super vos
qui fecerunt omnia iuxta praeceptum Mosi
8 dixit quoque Dominus ad Aaron
Ez 44,21 9 vinum et omne quod inebriare potest
non bibetis tu et filii tui quando intratis tabernaculum testimonii ne
moriamini
16,29; 17,7; Ex 28,43! Nm 10,8; 18,23 quia praeceptum est sempiternum in
generationes vestras
11,47; 14,57; 15,31; Dt 21,5; Ez 22,26; 44,23 10 et ut habeatis scientiam discernendi
inter sanctum et profanum
inter pollutum et mundum
Sir 45,21 11 doceatisque filios Israhel omnia legitima mea quae locutus est Dominus
ad eos per manum Mosi
12 locutusque est Moses ad Aaron et
ad Eleazar atque Ithamar filios eius
qui residui erant
tollite sacrificium quod remansit de 6,16!
oblatione Domini
et comedite illud absque fermento
iuxta altare
quia sanctum sanctorum est
13 comedetis autem in loco sancto quod
datum est tibi et filiis tuis de oblationibus Domini sicut praeceptum
est mihi
14 pectusculum quoque quod oblatum 14.15: Ex 29,26–28
est
et armum qui separatus est
edetis in loco mundissimo tu et filii
tui ac filiae tuae tecum
tibi enim ac liberis tuis reposita sunt
de hostiis salutaribus filiorum Israhel
15 eo quod armum et pectus et adipes
qui cremantur in altari elevaverint
coram Domino
et pertineant ad te et ad filios tuos
lege perpetua sicut praecepit Dominus
16 inter haec hircum qui oblatus fuerat 4,23!
pro peccato
cum quaereret Moses exustum repperit
iratusque contra Eleazar et Ithamar
filios Aaron qui remanserant ait
17 cur non comedistis hostiam pro pec- II Mcc 2,11
cato in loco sancto
quae sancta sanctorum est
et data vobis ut portetis iniquitatem
multitudinis
et rogetis pro ea in conspectu Domini
18 praesertim cum de sanguine illius

4 misahelem GC; misahele ΛM c | filios ACΣΛM] filii G.; filiis TΦ cr | colligite GA r] tollite *cet.* | 6 locutusque est C c | atque] et c. | uestimenta + uestra AM | omnes domus A | 7 egrediemini ACΣM c | 9 inebriari AΣΦ | intrabitis G; + in c | ~ sempiternum est c. | 10 profanum + et C | 11 mea *om.* r. | 12 atque] et c. | ~ erant residui c | 14 oblatum] ablatum ACΣΛ | separatum A | [*deest* G *usque ad* 11,10] | tui *om.* AΣΛ | ac[1]] et c; *om.* C. | seposita AΣT | 15 eleuarint C; eleuauerunt Λ c; eleuabis A.; eleuauerit Φ. | 16 fuerat + domino C | 17 comeditis C | (G)AC ΣΛTMΦ cr

non sit inlatum intra sancta
6,16! et comedere eam debueritis in sanctuario
sicut praeceptum est mihi
[19]respondit Aaron
7,2! Ex 10,25! Dt 27,6; I Par 16,40; II Par 29,24! oblata est hodie victima pro peccato
et holocaustum coram Domino
mihi autem accidit quod vides
quomodo potui comedere eam aut
placere Domino in caerimoniis
mente lugubri
[20]quod cum audisset Moses recepit
satisfactionem
11 locutus est Dominus ad Mosen et
Aaron dicens [2]dicite filiis Israhel
2—19: Dt 14,4–19 haec sunt animalia quae comedere
debetis
de cunctis animantibus terrae
[3]omne quod habet divisam ungulam
et ruminat in pecoribus comedetis
[4]quicquid autem ruminat quidem et
habet ungulam
sed non dividit eam sicut camelus et
8.42; 19,23 cetera non comedetis illud
et inter inmunda reputabitis
[5]chyrogryllius qui ruminat ungulam-
que non dividit inmundus est
[6]lepus quoque nam et ipse ruminat
sed ungulam non dividit
[7]et sus qui cum ungulam dividat non
ruminat
4! [8]horum carnibus non vescemini nec
cadavera contingetis quia inmunda
sunt vobis
[9]haec sunt quae gignuntur in aquis et
vesci licitum est
omne quod habet pinnulas et squamas
tam in mari quam in fluminibus et
stagnis comedetis
[10]quicquid autem pinnulas et squamas
non habet
eorum quae in aquis moventur et vivunt
abominabile vobis [11]et execrandum
erit
carnes eorum non comedetis et morticina vitabitis
[12]cuncta quae non habent pinnulas et
squamas in aquis polluta erunt
[13]haec sunt quae de avibus comedere
non debetis et vitanda sunt vobis
aquilam et grypem et alietum
[14]milvum ac vulturem iuxta genus
suum
[15]et omne corvini generis in similitudinem suam
[16]strutionem et noctuam et larum et
accipitrem iuxta genus suum
[17]bubonem et mergulum et ibin
[18]cycnum et onocrotalum et porphirionem
[19]erodionem et charadrion iuxta genus
suum
opupam quoque et vespertilionem
[20]omne de volucribus quod graditur
super quattuor pedes
abominabile erit vobis
[21]quicquid autem ambulat quidem super quattuor pedes
sed habet longiora retro crura per
quae salit super terram [22]comedere
debetis
ut est brucus in genere suo
et attacus atque ophiomachus ac lucusta
singula iuxta genus suum
[23]quicquid autem ex volucribus quattuor tantum habet pedes
execrabile erit vobis
[24]et quicumque morticina eorum teti- 28.31.39; 5,2! 22,5.6
gerit polluetur et erit inmundus us-
que ad vesperum
[25]et si necesse fuerit ut portet quip- 28.40
piam horum mortuum
lavabit vestimenta sua et inmundus 13.6! 15,5.6! 17,15;

(G)AOC ΣΛΤΜΦ(l) cr

18 [*iterum adest* O] | ea C | ~ debueritis eam c. | 19 aut + quomodo C || **11**,1 locutusque est Cc | 5 choerogryllus c | [*adest* l *usque ad* 18,27, *sed passim legi nequit*] | diuidet OCΣ | inmundum C | 6 diuidet OΣl | 8 uescimini OΣM | 10 [*iterum adest* G] | 11 et execrandum] execrandumque c | 13 sunt[2]] sint O | 14 et miluum lc | 18 et cycnum Ac | 19 charadrionem AOr | 21 quidem *om.* AΣ |

Nm 19,10 erit usque ad solis occasum
26 omne animal quod habet quidem
ungulam
sed non dividit eam nec ruminat inmundum erit
et quicquid tetigerit illud contaminabitur
27 quod ambulat super manus ex cunctis animantibus quae incedunt
quadrupedia inmundum erit
qui tetigerit morticina eorum polluetur usque ad vesperum
24! 25! 28 et qui portaverit huiuscemodi cadavera lavabit vestimenta sua
et inmundus erit usque ad vesperum
quia omnia haec inmunda sunt vobis
29 hoc quoque inter polluta reputabitur
44; 20,25 de his quae moventur in terra
mustela et mus et corcodillus
singula iuxta genus suum
30 migale et cameleon et stelio ac la-
certa et talpa
24! 31 omnia haec inmunda sunt
qui tetigerit morticina eorum inmundus erit usque ad vesperum
32 et super quod ceciderit quicquam de
morticinis eorum polluetur
tam vas ligneum et vestimentum
quam pelles et cilicia et in quocumque fit opus
tinguentur aqua et polluta erunt usque ad vesperum
et sic postea mundabuntur
6,28! 33 vas autem fictile in quo horum quicquam intro ceciderit polluetur
et idcirco frangendum est
34 omnis cibus quem comeditis si fusa
fuerit super eum aqua inmundus
erit
et omne liquens quod bibitur de universo vase inmundum erit
35 et quicquid de morticinis istiusmodi
ceciderit super illud inmundum erit
sive clibani sive cytropodes destru-
entur et inmundi erunt
36 fontes vero et cisternae et omnis
aquarum congregatio munda erit
qui morticinum eorum tetigerit polluetur
37 si ceciderint super sementem non polluent eam
38 sin autem quispiam aqua sementem
perfuderit
et postea morticinis tacta fuerit ilico
polluetur
39 si mortuum fuerit animal quod licet
vobis comedere
qui cadaver eius tetigerit inmundus 24!
erit usque ad vesperum
40 et qui comederit ex eo quippiam sive
portaverit 25!
lavabit vestimenta sua et inmundus
erit usque ad vesperum
41 omne quod reptat super terram abominabile erit nec adsumetur in cibum
42 quicquid super pectus quadrupes
graditur
et multos habet pedes sive per humum trahitur non comedetis quia 4!
abominabile est
43 nolite contaminare animas vestras
nec tangatis quicquam eorum ne inmundi sitis
44 ego enim sum Dominus Deus vester 19,2! 20,7; I Pt 1,16!
sancti estote quoniam et ego sanctus 20,25.26
sum
ne polluatis animas vestras in omni
reptili quod movetur super terram
45 ego sum Dominus qui eduxi vos de 22,32.33; Ex 3,10!
terra Aegypti ut essem vobis in Nm 15,40.41;
Deum 23,22! Os 12,9!
sancti eritis quia et ego sanctus sum
46 ista est lex animantium et volucrum

25 ∼ occasum solis c | 26 diuidet GAOCΣT1 | quisquis OΣ; qui A1c. | 29 hoc] haec T MΦc | reputabuntur Φc | in terram C | 30 ac] et OΣTΦc | 32 super quo O | tinguetur G | 33 in quod GCMc | 34 comedetis ΣΛc | 35 huiuscemodi c.; istiuscemodi O. | 36 erunt AΛ.; est O. | 37 ceciderit AOTΦc | polluet eam c; polluetur Σ | 38 si autem c | aquam G | 42 quadrupedes GΛ. | comeditur A | 44 quoniam] quia c | et GACΣ1] *om. cet.* | 45 ego[1] + enim ATMΦ1c | eritis] estote GΣ | et *om.* c | 46 et[1]] ac ΣΛTMΦc |

GAOC ΣΛTMΦl cr

et omnis animae viventis
quae movetur in aqua et reptat in terra
10,10! 47 ut differentias noveritis mundi et inmundi
et sciatis quid comedere et quid respuere debeatis
12 locutus est Dominus ad Mosen dicens
2 loquere filiis Israhel et dices ad eos
15,19 mulier si suscepto semine pepererit masculum
inmunda erit septem diebus
iuxta dies separationis menstruae
Gn 17,12! 3 et die octavo circumcidetur infantulus
4 ipsa vero triginta tribus diebus manebit in sanguine purificationis suae
omne sanctum non tanget
nec ingredietur sanctuarium donec impleantur dies purificationis eius
5 sin autem feminam pepererit inmunda erit duabus ebdomadibus
iuxta ritum fluxus menstrui
et sexaginta ac sex diebus manebit in sanguine purificationis suae
Lc 2,22 6 cumque expleti fuerint dies purificationis eius pro filio sive pro filia
23,12.18; Ex 29,38! Nm 6,14; 28,9.10; I Sm 7,9! deferet agnum anniculum in holocaustum
6—8: 5,7–10! 15,14.15; 29.30 Nm 6,10.11 et pullum columbae sive turturem pro peccato
ad ostium tabernaculi testimonii et tradet sacerdoti
7 qui offeret illa coram Domino et rogabit pro ea
et sic mundabitur a profluvio sanguinis sui
ista est lex parientis masculum ac feminam
8 quod si non invenerit manus eius
nec potuerit offerre agnum
sumet duos turtures vel duos pullos columbae Lc 2,24
unum in holocaustum et alterum pro peccato
orabitque pro ea sacerdos et sic mundabitur
13 locutus est Dominus ad Mosen et Aaron dicens
2 homo in cuius carne et cute ortus fuerit diversus color 9.10 **2—7:** 29–36
sive pustula aut quasi lucens quippiam id est plaga leprae
adducetur ad Aaron sacerdotem
vel ad unum quemlibet filiorum eius
3 qui cum viderit lepram in cute et pilos in album mutatos colorem
ipsamque speciem leprae humiliorem cute et carne reliqua
plaga leprae est et ad arbitrium eius separabitur 44
4 sin autem lucens candor fuerit in cute 21
nec humilior carne reliqua
et pili coloris pristini
recludet eum sacerdos septem diebus
5 et considerabit die septimo
et siquidem lepra ultra non creverit
nec transierit in cute priores terminos
rursum includet eum septem diebus aliis
6 et die septimo contemplabitur
si obscurior fuerit lepra et non creverit in cute
mundabit eum quia scabies est
lavabitque homo vestimenta sua et mundus erit 34; 11,25! 14, 15,13
7 quod si postquam a sacerdote visus est et redditus munditiae iterum
lepra creverit 14.15.22
adducetur ad eum 8 et inmunditiae condemnabitur
9 plaga leprae si fuerit in homine **9.10:** 2.3

GAOC ΣΛΤΜΦl cr 46 mouentur GAΣr | reptant GAr. | 47 et[2]] ut G || **12,**1 locutusque est c | 4 ingredietur + in c | purificationis[2]] purgationis CTMΦ | eius] suae Ac | 5 peperit OΣ | ac] et Φ; *om.* GAΛcr | 6 purgationis ACT | eius] suae Σc; *om.* G. | defert GCl. | 7 illam G | rogabit] orabit Λc | ac] aut c. | 8 poterit G | columbarum c. | pro eo C || **13,**1 locutusque est c | 2 ~ cute et carne c | 3 colore O | ad arbitrium] arbitrio GΣ; arbitrium M. | 4 pilo GA | 5 recludet Ac | 7 et iterum O |

adducetur ad sacerdotem 10 et videbit
eum
cumque color albus in cute fuerit
et capillorum mutarit aspectum
ipsa quoque caro viva apparuerit
11 lepra vetustissima iudicabitur atque
inolita cuti
contaminabit itaque eum sacerdos et
non recludet
quia perspicue inmunditia est
12 sin autem effloruerit discurrens lepra
in cute et operuerit omnem carnem
a capite usque ad pedes
quicquid sub aspectu oculorum cadit
13 considerabit eum sacerdos
et teneri lepra mundissima iudicabit
eo quod omnis in candorem versa sit
et idcirco homo mundus erit
7.8! 14 quando vero caro vivens in eo apparuerit
15 tunc sacerdotis iudicio polluetur
et inter inmundos reputabitur
caro enim viva si lepra aspergatur
inmunda est
16 quod si rursum versa fuerit in alborem
et totum hominem operuerit
17 considerabit eum sacerdos et mundum esse decernet
18–23: 24–28 18 caro et cutis in qua ulcus natum est
et sanatum
19 et in loco ulceris cicatrix apparuerit
49 alba sive subrufa
adducetur homo ad sacerdotem
20 qui cum viderit locum leprae humiliorem carne reliqua
et pilos versos in candorem contaminabit eum
plaga enim leprae orta est in ulcere
21 quod si pilus coloris est pristini
et cicatrix subobscura
et vicina carne non est humilior

recludet eum septem diebus 4.50.51
22 et siquidem creverit adiudicabit eum 7.8!
leprae
23 sin autem steterit in loco suo ulceris
est cicatrix
et homo mundus erit
24 caro et cutis quam ignis exuserit 24–28: 18–23
et sanata albam sive rufam habuerit
cicatricem
25 considerabit eam sacerdos
et ecce versa est in alborem
et locus eius reliqua cute humilior
contaminabit eum quia plaga leprae
in cicatrice orta est
26 quod si pilorum color non fuerit in-
mutatus
nec humilior plaga carne reliqua
et ipsa leprae species fuerit subobscura
recludet eum septem diebus
27 et die septimo contemplabitur
si creverit in cute lepra contaminabit
eum
28 sin autem in loco suo candor steterit
non satis clarus plaga conbustionis
est
et idcirco mundabitur quia cicatrix
est conbusturae
29 vir sive mulier in cuius capite vel 29–36: 2–7
barba germinarit lepra
videbit eos sacerdos
30 et siquidem humilior fuerit locus
carne reliqua
et capillus flavus solitoque subtilior
contaminabit eos quia lepra capitis
ac barbae est
31 sin autem viderit et locum maculae
aequalem vicinae carni et capillum
nigrum
recludet eos septem diebus
32 et die septimo intuebitur
si non creverit macula et capillus sui

10 mutauerit ΛΦ ¢ | 11 cutis C; cute M. | perspicuae inmunditiae AΛTΦ ¢ | 12 et floruerit G; refluerit A. | carnem] cutem Al¢. | sub aspectum T¢ | cadet O | 13 in candore GO | 15 aspergitur Λ¢; spargatur O | 18 caro + autem ¢ | 19 ~ alba apparuerit ¢. | rufa A | 21 ~ est coloris AΦ | 24 caro + autem ¢ | sanatam G | 25 eam] eum G | cute + est ¢. | 29 germinauerit GΣΛΦl¢ | 30 capillos OMΦ | flauos Φ | 31 et[1] *om.* OΛTΦ ¢ | eos] eum ATΦ ¢ |

GAOC ΣΛTMΦl cr

coloris est
et locus plagae carni reliquae aequalis
33 radetur homo absque loco maculae
et includetur septem diebus aliis
34 si die septimo visa fuerit stetisse plaga in loco suo
nec humilior carne reliqua mundabit eum
6! lotisque vestibus mundus erit
35 sin autem post emundationem rursus creverit macula in cute
36 non quaeret amplius utrum capillus in flavum colorem sit commutatus
quia aperte inmundus est
37 porro si steterit macula et capilli nigri fuerint
noverit hominem esse sanatum
et confidenter eum pronuntiet mundum
38 vir et mulier in cuius cute candor apparuerit
39 intuebitur eos sacerdos
si deprehenderit subobscurum alborem lucere in cute
sciat non esse lepram sed maculam coloris candidi et hominem mundum
40 vir de cuius capite capilli fluunt calvus ac mundus est
41 et si a fronte ciciderint pili
recalvaster et mundus est
42 sin autem in calvitio sive in recalvatione
albus vel rufus color fuerit exortus
43 et hoc sacerdos viderit condemnabit eum
haut dubiae leprae quae orta est in calvitio
3 44 quicumque ergo maculatus fuerit lepra
et separatus ad arbitrium sacerdotis
45 habebit vestimenta dissuta caput nudum os veste contectum
contaminatum ac sordidum se clamabit
46 omni tempore quo leprosus est et inmundus — Nm 5,2–4! IV Rg 7,3; 15,5 II Par 26,21
solus habitabit extra castra
47 vestis lanea sive linea quae lepram habuerit 48 in stamine atque subtemine
aut certe pellis vel quicquid ex pelle confectum est
49 si alba aut rufa macula fuerit infecta 19
lepra reputabitur ostendeturque sacerdoti
50 qui consideratam recludet septem diebus 21.22
51 et die septimo rursus aspiciens 14,39.44
si crevisse deprehenderit lepra perseverans est
pollutum iudicabit vestimentum et omne in quo fuerit inventa
52 et idcirco conburetur flammis
53 quod si eam viderit non crevisse
54 praecipiet et lavabunt id in quo lepra est
recludetque illud septem diebus aliis
55 et cum viderit faciem quidem pristinam non reversam nec tamen crevisse lepram
inmundum iudicabit et igne conburet
eo quod infusa sit in superficie vestimenti vel per totum lepra
56 sin autem obscurior fuerit locus leprae postquam vestis est lota
abrumpet eum et a solido dividet
57 quod si ultra apparuerit in his locis quae prius inmaculata erant
lepra volatilis et vaga debet igne conburi
58 si cessaverit lavabit ea quae pura sunt secundo et munda erunt
59 ista est lex leprae
vestimenti lanei et linei staminis at-

GAOC ΣΛΤΜΦl cr 34 uestibus + suis c | 36 inmutatus A1(*vid.*)c | 37 ~ sanatum esse c. | 38 et] siue c | 39 in cutem C | 40 ~ fluunt capilli GAr. | ac] et c. | est] erit A | 41 et2] ac A | 43 haut] aut AOC | dubie Mc | 44 separatus + est c. | 46 quo] quod GC | 49 aut] uel ΣΤΦc; et A.; ut Λ. | 51 ~ deprehenderit creuisse c. | est] erit GΛ | 56 a solo G | 57 lepra + est CΣΛ | 58 lauabit + aqua c. ||

que subteminis omnisque supellectilis pelliciae
quomodo mundari debeat vel con-
taminari
14 locutusque est Dominus ad Mosen
dicens
2—4: Mt 8,4; Mc 1,44; Lc 5,14 2 hic est ritus leprosi quando mundandus est
adducetur ad sacerdotem
3 qui egressus e castris cum invenerit
lepram esse mundatam
4—7: 49–53 4 praecipiet ei qui purificatur
1,14.15! ut offerat pro se duos passeres vivos
quos vesci licitum est
Nm 19,6 et lignum cedrinum vermiculumque
et hysopum
5 et unum e passeribus immolari iubebit in vase fictili super aquas viventes
6 alium autem vivum cum ligno cedrino et cocco et hysopo tinguet in
sanguine passeris immolati
7 quo asperget illum qui mundandus
est septies ut iure purgetur
et dimittet passerem vivum ut in agrum avolet
13,6! 16,26.28! Nm 19,7; 31,24 8 cumque laverit homo vestimenta sua
radet omnes pilos corporis et lava-
bitur aqua
purificatusque ingredietur castra
ita dumtaxat ut maneat extra tabernaculum suum septem diebus
9 et die septimo radat capillos capitis
barbamque et supercilia ac totius
corporis pilos
et lotis rursum vestibus et corpore
Ex 29,38! 10 die octavo adsumet duos agnos inmaculatos
et ovem anniculam absque macula
21; 2,1! et tres decimas similae in sacrificium
quae conspersa sit oleo
et seorsum olei sextarium
11 cumque sacerdos purificans hominem
statuerit eum et haec omnia coram
Domino
in ostio tabernaculi testimonii
12 tollet agnum et offeret eum pro de- 24; 4,32!
licto
oleique sextarium
et oblatis ante Dominum omnibus
13 immolabit agnum ubi immolari solet
hostia pro peccato et holocaustum
id est in loco sancto
sicut enim pro peccato ita et pro de- 7,7!
licto
ad sacerdotem pertinet hostia
sancta sanctorum est
14 adsumensque sacerdos de sanguine Ex 29,20!
hostiae quae immolata est pro de- 14—18: 25–29
licto
ponet super extremum auriculae
dextrae eius qui mundatur
et super pollices manus dextrae et
pedis
15 et de olei sextario mittet in manum
suam sinistram
16 tinguetque digitum dextrum in eo 4,6
et asperget septies contra Dominum
17 quod autem reliquum est olei in leva
manu
fundet super extremum auriculae Ex 29,20!
dextrae eius qui mundatur
et super pollices manus ac pedis
dextri
et super sanguinem qui fusus est pro
delicto 18 et super caput eius
19 rogabitque pro eo coram Domino 5,6!
et faciet sacrificium pro peccato
tunc immolabit holocaustum 20 et po- 23,18
net illud in altari cum libamentis
suis
et homo rite mundabitur
21 quod si pauper est et non potest manus eius invenire quae dicta sunt
adsumet agnum pro delicto ad ob- 4,32!

14,3 e] a O.; de A c | 4 praecipiat O | ~ duos passeres uiuos pro se c. | quibus c | 7 in *om.* O | euolet O | 8 lauauerit GΦ | ingreditur GCT | 9 radet OM cr | 13 ~ solet immolari c | 14 et[2]] ac ΑΣ | 15 oleo O | 16 coram domino septies c | 17 [*deest* O *usque ad v.* 28] | effusus c | 21 ~ pro delicto assumet agnum c. |

GA(O)C ΣΛΤΜΦΙ cr

lationem
ut roget pro eo sacerdos
10! decimamque partem similae conspersae oleo in sacrificium et olei
sextarium
22.23: 5,7–10! 22 duosque turtures sive duos pullos
columbae
quorum sit unus pro peccato et alter
in holocaustum
23 offeretque ea die octavo purificationis suae sacerdoti
ad ostium tabernaculi testimonii coram Domino
12 24 qui suscipiens agnum pro delicto et
sextarium olei levabit simul
Ex 29,20! 25 immolatoque agno de sanguine eius
25–29: 14–18 ponet super extremum auriculae
dextrae illius qui mundatur
et super pollices manus eius ac pedis
dextri
26 olei vero partem mittet in manum
suam sinistram
27 in quo tinguens digitum dextrae manus
asperget septies contra Dominum
Ex 29,20! 28 tangetque extremum dextrae auriculae illius qui mundatur
et pollices manus ac pedis dextri
in loco sanguinis qui effusus est pro
delicto
29 reliquam autem partem olei quae
est in sinistra manu
mittet super caput purificati ut placet pro eo Dominum
30.31: 5,7–10! 30 et turturem sive pullum columbae
offeret
31 unum pro delicto et alterum in holocaustum cum libamentis suis
32 hoc est sacrificium leprosi
qui habere non potest omnia in
emundationem sui
33 locutus est Dominus ad Mosen et
Aaron dicens
34 cum ingressi fueritis terram Cha- Ex 13,11! Dt 1,39; 17,14!
naan quam ego dabo vobis in pos-
sessionem
si fuerit plaga leprae in aedibus
35 ibit cuius est domus nuntians sacerdoti et dicet
quasi plaga leprae videtur mihi esse
in domo mea
36 at ille praecipiet ut efferant universa
de domo
priusquam ingrediatur eam et videat
utrum lepra sit
ne inmunda fiant omnia quae in domo sunt
intrabitque postea ut consideret domus lepram
37 et cum viderit in parietibus illius
quasi valliculas pallore sive rubore
deformes
et humiliores superficie reliqua
38 egredietur ostium domus et statim
claudet eam septem diebus
39 reversusque die septimo considerabit 13,51!
eam
si invenerit crevisse lepram
40 iubebit erui lapides in quibus lepra
est
et proici eos extra civitatem in loco
inmundo
41 domum autem ipsam radi intrinsecus per circuitum
et spargi pulverem rasurae extra urbem in loco inmundo
42 lapidesque alios reponi pro his qui
ablati fuerint
et luto alio liniri domum
43 sin autem postquam eruti sunt lapides
et pulvis elatus et alia terra lita
44 ingressus sacerdos viderit reversam 13,51!
lepram

GA(O)C ΣΛTMΦl cr

21 conspersa GΣ | 22 ~ unus sit c | 27 coram domino G c. | 28 ~ auriculae dextrae A | [*iterum adest* O] | 29 placeat A | domino O | 32 in mundationem A; in emundatione OT | 33 locutus est GOT r] locutusque est *cet.* | 36 efferat AΣ; auferat C. | et] ut O | lepra] leprosa OTM c | ~ lepram domus c | 38 eum G; illam c. | 40 eos *om.* A | in locum immundum c. | 41 spargit G | in locum immundum c. | 43 elatus] erasus c |

et parietes aspersos maculis
lepra est perseverans et inmunda domus
45 quam statim destruent
40.41 et lapides eius ac ligna atque universum pulverem
proicient extra oppidum in loco inmundo
46 qui intraverit domum quando clausa
est inmundus erit usque ad vesperum
47 et qui dormierit in ea et comederit
quippiam
lavabit vestimenta sua
48 quod si introiens sacerdos
viderit lepram non crevisse in domo
postquam denuo lita est
purificabit eam reddita sanitate
49—53: 4–7 49 et in purificationem eius sumet duos
passeres
lignumque cedrinum et vermiculum
atque hysopum
50 et immolato uno passere in vase fictili super aquas vivas
51 tollet lignum cedrinum et hysopum
et coccum et passerem vivum
et intinguet omnia in sanguine passeris immolati atque in aquis viventibus
et asperget domum septies 52 purifi-
cabitque eam
tam in sanguine passeris quam in
aquis viventibus
et in passere vivo lignoque cedrino
et hysopo atque vermiculo
53 cumque dimiserit passerem avolare
in agrum libere
orabit pro domo et iure mundabitur
54 ista est lex omnis leprae et percus-
surae
55 leprae vestium et domorum
56 cicatricis et erumpentium papularum
lucentis maculae et in varias species
coloribus inmutatis
57 ut possit sciri quo tempore mundum 10,10!
quid vel inmundum sit
15 locutusque est Dominus ad Mosen
et Aaron dicens
2 loquimini filiis Israhel et dicite eis
vir qui patitur fluxum seminis inmundus erit
3 et tunc iudicabitur huic vitio sub-
iacere
cum per momenta singula adheserit
carni illius atque concreverit foedus
humor
4 omne stratum in quo dormierit in- 26.27
mundum erit et ubicumque sederit 4—6: 21–23
5 si quis hominum tetigerit lectum eius 10.11; 11,25!
lavabit vestimenta sua
et ipse lotus aqua inmundus erit usque ad vesperum
6 si sederit ubi ille sederat
et ipse lavabit vestimenta sua
et lotus aqua inmundus erit usque 16.17.18
ad vesperum
7 qui tetigerit carnem eius lavabit vestimenta sua
et ipse lotus aqua inmundus erit usque ad vesperum
8 si salivam huiuscemodi homo iecerit
super eum qui mundus est
lavabit vestem suam
et lotus aqua inmundus erit usque
ad vesperum
9 sagma super quo sederit inmundum
erit
10 et quicquid sub eo fuerit qui fluxum
seminis patitur pollutum erit usque
ad vesperum
qui portaverit horum aliquid
lavabit vestem suam 5!
et ipse lotus aqua inmundus erit usque ad vesperum

44 respersos c | 45 in locum immundum c. | 47 sua + et inmundus erit usque ad uesperum O | 48 introierit GC | uideritque AC; et uiderit G | est] fuerit c. | 49 in purificatione GOMΦ | 51 et tinguet GOΣΛ cr | 57 possitis GO | scire OCM || **15**,3 ~ singula momenta c | illius] eius Σ c. | 5 lectulum GOΣΛ | 8 uestimenta sua C c | 9 super quod G; super quam A r.; super quas O. | inmunda A r.; inmundus O. | 10 uestimenta sua A c |

GAOC ΣΛΤΜΦΙ cr

11 omnis quem tetigerit qui talis est non
lotis ante manibus
5! lavabit vestimenta sua
et lotus aqua inmundus erit usque
ad vesperum
6,28! 12 vas fictile quod tetigerit confringetur
vas autem ligneum lavabitur aqua
13 si sanatus fuerit qui huiuscemodi sustinet passionem
28 numerabit septem dies post emundationem sui
13,6! et lotis vestibus ac toto corpore in
aquis viventibus erit mundus
12,6.7! 14 die autem octavo sumet duos turtures aut duos pullos columbae
et veniet in conspectu Domini ad
ostium tabernaculi testimonii dabitque eos sacerdoti
15 qui faciet unum pro peccato et alterum in holocaustum
rogabitque pro eo coram Domino ut
emundetur a fluxu seminis sui
22,4! Dt 23,10.11 16 vir de quo egreditur semen coitus
6! lavabit aqua omne corpus suum
et inmundus erit usque ad vesperum
6! 17 vestem et pellem quam habuerit
lavabit aqua et inmunda erit usque
ad vesperum
18 mulier cum qua coierit lavabitur
6! aqua et inmunda erit usque ad vesperum
12,2 19 mulier quae redeunte mense patitur
fluxum sanguinis
septem diebus separabitur
20 omnis qui tetigerit eam inmundus
erit usque ad vesperum
21—23: 4–6! 21 et in quo dormierit vel sederit diebus
separationis suae polluetur
22 qui tetigerit lectum eius lavabit vestimenta sua
et ipse lotus aqua inmundus erit usque ad vesperum
23 omne vas super quo illa sederit quisquis adtigerit
lavabit vestimenta sua
et lotus aqua pollutus erit usque ad
vesperum
24 si coierit cum ea vir tempore sangui- 18,19! 20,18
nis menstrualis inmundus erit sep-
tem diebus
et omne stratum in quo dormierit
polluetur
25 mulier quae patitur multis diebus Mt 9,20; Mc 5,25; Lc 8,
fluxum sanguinis non in tempore
menstruali
vel quae post menstruum sanguinem
fluere non cessat
quamdiu huic subiacet passioni
inmunda erit quasi sit in tempore
menstruo
26 omne stratum in quo dormierit 4.5!
et vas in quo sederit pollutum erit
27 quicumque tetigerit eam lavabit vestimenta sua
et ipse lotus aqua inmundus erit usque ad vesperum
28 si steterit sanguis et fluere cessarit
numerabit septem dies purificationis 13
suae
29 et octavo die offeret pro se sacerdoti
duos turtures vel duos pullos co- 12,6.7!
lumbae
ad ostium tabernaculi testimonii
30 qui unum faciet pro peccato et alterum in holocaustum
rogabitque pro ea coram Domino
et pro fluxu inmunditiae eius
31 docebitis ergo filios Israhel ut cave- 10,10.11!
ant inmunditiam
et non moriantur in sordibus suis
cum polluerint tabernaculum meum
quod est inter eos
32 ista est lex eius qui patitur fluxum
seminis
et qui polluitur coitu
33 et quae menstruis temporibus sepa-

GAOC ΣΛΤΜΦl cr 11 omnis qui G; omne quod Σ | 13 ac] et c. | 14 in conspectum AM c | 17 erunt C | 22 lectulum OCΛM | 23 super quod AΣM l | sedit GOΛ; sedet r. | et + ipse c | 25 ~ subiacet huic c. | 27 eam] ea c | 28 cessauerit CΛΦ c | purgationis A | 29 ~ die octauo c. | uel] aut c | columbarum c | 30 pro eo O; + sacerdos A | 33 separabitur G |

ratur
vel quae iugi fluit sanguine
et hominis qui dormierit cum ea
16 locutusque est Dominus ad Mosen
10,1.2! post mortem duum filiorum Aaron
quando offerentes ignem alienum interfecti sunt
2 et praecepit ei dicens
loquere ad Aaron fratrem tuum
Ex 26,34 ne omni tempore ingrediatur sanctuarium quod est intra velum coram propitiatorio quo tegitur arca
ut non moriatur
Ex 40,33! quia in nube apparebo super oraculum
3 nisi haec ante fecerit
6! 8,18! Ex 29,36! Ez 43,21; 45,22 vitulum offeret pro peccato et arietem in holocaustum
Ex 28,40.41 4 tunica linea vestietur
feminalibus lineis verecunda celabit
accingetur zona linea
cidarim lineam inponet capiti
haec enim vestimenta sunt sancta
quibus cunctis cum lotus fuerit induetur
5 suscipietque ab universa multitudine
4,23! 8,18! filiorum Israhel duos hircos pro peccato et unum arietem in holocaus-
tum
3! 11; 9,7! 6 cumque obtulerit vitulum et oraverit
pro se et pro domo sua
7 duos hircos stare faciet coram Domino in ostio tabernaculi testimonii
8 mittens super utrumque sortem
unam Domino et alteram capro
emissario
9 cuius sors exierit Domino offeret illum pro peccato
10 cuius autem in caprum emissarium
statuet eum vivum coram Domino
21 ut fundat preces super eo et emittat
illum in solitudinem

11 his rite celebratis offeret vitulum 6!
et rogans pro se et pro domo sua im- 9,7!
molabit eum
12 adsumptoque turibulo quod de pru-
nis altaris impleverit
et hauriens manu conpositum thymiama in incensum
ultra velum intrabit in sancta
13 ut positis super ignem aromatibus
nebula eorum et vapor operiat oraculum quod est super testimonium
et non moriatur
14 tollet quoque de sanguine vituli et **14.15:** 4,5–7!
asperget digito septies contra propitiatorium ad orientem
15 cumque mactaverit hircum pro peccato populi
inferet sanguinem eius intra velum
sicut praeceptum est de sanguine vituli
ut aspergat e regione oraculi
16 et expiet sanctuarium ab inmunditiis 19; Ez 45,18
filiorum Israhel
et a praevaricationibus eorum cunctisque peccatis
iuxta hunc ritum faciet tabernaculo
testimonii
quod fixum est inter eos in medio
sordium habitationis eorum
17 nullus hominum sit in tabernaculo
quando pontifex ingreditur sanctuarium
ut roget pro se et pro domo sua et 9,7!
pro universo coetu Israhel donec
egrediatur
18 cum autem exierit ad altare quod coram Domino est oret pro se
et sumptum sanguinem vituli atque **18.19:** 4,5–7!
hirci fundat super cornua eius per
gyrum
19 aspergensque digito septies expiet et 16!
sanctificet illud ab inmunditiis filio-

33 sanguinem C | hominis] omnis GOr. || **16,**1 duorum OCTMΦc | 2 eis OCT | quo] quod GTM | 3 ~ pro peccato offeret c. | 4 uerenda MΦc | lotus] locutus OCΛ | 8 mittensque c. | unum A. | alterum AO. | 9 ~ exierit sors c. | 10 et mittat GΦ | illum] eum c. | 13 super[2]] supra c. | et[2]] ut AOr | 16 faciet + et A | tabernaculum AOCΛ; tabernaculi Σ | sordium cr𝔐] sortium *cet.* | 17 ingreditur + in GTΦ | ~ sanctuarium ingreditur c. | uniuersa OΛ. | egrediatur] ingrediatur GC | 18 cornu OΣ. |

GAOC ΣΛΤΜΦl cr

rum Israhel
20 postquam emundarit sanctuarium et
tabernaculum et altare
4,23! tunc offerat hircum viventem
21 et posita utraque manu super caput
eius
26,40! confiteatur omnes iniquitates filiorum Israhel
et universa delicta atque peccata eorum
quae inprecans capiti eius
emittet illum per hominem paratum
in desertum
22 cumque portaverit hircus omnes iniquitates eorum in terram solitariam
et dimissus fuerit in deserto
23 revertetur Aaron in tabernaculum
testimonii
6,11! et depositis vestibus quibus prius indutus erat cum intraret sanctuarium
relictisque ibi 24 lavabit carnem suam
in loco sancto
indueturque vestimentis suis
9,7! et postquam egressus obtulerit holocaustum suum ac plebis
rogabit tam pro se quam pro populo
4,8! 25 et adipem qui oblatus est pro peccatis adolebit super altare
26 ille vero qui dimiserit caprum emissarium
14,8! lavabit vestimenta sua et corpus
aqua
et sic ingredietur in castra
6,30! 27 vitulum autem et hircum qui pro
peccato fuerant immolati
et quorum sanguis inlatus est ut in
sanctuario expiatio conpleretur
4,21; Ex 29,14 asportabunt foras castra et conbu-
rent igni
tam pelles quam carnes eorum et fimum
14,8! Nm 19,8 28 et quicumque conbuserit ea
lavabit vestimenta sua et carnem
aqua
et sic ingredietur in castra
29 eritque hoc vobis legitimum sempi- 10,9!
ternum **29–31:** 23,27–31
mense septimo decima die mensis Nm 29,7
adfligetis animas vestras nullumque
facietis opus
sive indigena sive advena qui peregrinatur inter vos
30 in hac die expiatio erit vestri atque
mundatio
ab omnibus peccatis vestris coram
Domino mundabimini
31 sabbatum enim requietionis est
et adfligetis animas vestras religione
perpetua
32 expiabit autem sacerdos
qui unctus fuerit et cuius initiatae Ex 28,41!
manus ut sacerdotio fungatur pro
patre suo
indueturque stola linea et vestibus
sanctis
33 et expiabit sanctuarium et tabernaculum testimonii atque altare
sacerdotes quoque et universum populum
34 eritque hoc vobis legitimum sempiternum
ut oretis pro filiis Israhel
et pro cunctis peccatis eorum semel
in anno
fecit igitur sicut praeceperat Dominus Mosi
17 et locutus est Dominus ad Mosen
dicens
2 loquere Aaron et filiis eius
et cunctis filiis Israhel et dices ad eos
iste est sermo quem mandavit Dominus dicens
3 homo quilibet de domo Israhel
si occiderit bovem aut ovem sive

GAOC ΣΛΤΜΦl cr

20 emundauerit ΣΛΤΜΦ c | 21 et mittet ΟΤΜΦl. | 23 reuertetur + ad O | 24 induiturque ΟΣ. | uestibus c | 26 ingreditur G | 27 ut *om.* O *et, ante corr. 1. man.*, GC | in sanctuarium ut c. | expiato GT | foras] extra AM | et⁴] ac c; *om.* G. | 28 eam O | 29 ~ uobis hoc c | decimo ΑΛ | ~ opus facietis c | peregrinantur A | 32 initiatae + sunt ΛΜ c; initiata est ΤΦ; initiata O. | ~ manus initiatae sunt c | fungantur GT | 34 ~ uobis hoc c | praecepit A || **17,**1 et *om.* O | 2 et dices] dicens c |

capram in castris vel extra castra
9 [4]et non obtulerit ad ostium tabernaculi oblationem Domino sanguinis
reus erit
quasi sanguinem fuderit sic peribit
de medio populi sui
[5]ideo offerre debent sacerdoti filii Israhel hostias suas quas occidunt in
agro
ut sanctificentur Domino ante ostium tabernaculi testimonii
7,29! et immolent eas hostias pacificas Domino
Ex 29,12.13! Nm 18,17 [6]fundetque sacerdos sanguinem super
altare Domini
ad ostium tabernaculi testimonii
et adolebit adipem in odorem suavitatis Domino
Dt 32,17 [7]et nequaquam ultra immolabunt
hostias suas daemonibus cum quibus fornicati sunt
10,9! legitimum sempiternum erit illis et
posteris eorum
[8]et ad ipsos dices
13; 22,18 homo de domo Israhel et de advenis
qui peregrinantur apud vos
qui obtulerit holocaustum sive victimam
[9]et ad ostium tabernaculi testimonii
4 non adduxerit eam ut offeratur Domino interibit de populo suo
[10]homo quilibet de domo Israhel et de
advenis qui peregrinantur inter eos
7,27! 20,3.5.6 si comederit sanguinem obfirmabo
faciem meam contra animam illius
et disperdam eam de populo suo
14 [11]quia anima carnis in sanguine est
et ego dedi illum vobis ut super altare in eo expietis pro animabus
vestris
Dt 12,23 et sanguis pro animae piaculo sit
[12]idcirco dixi filiis Israhel

omnis anima ex vobis non comedet Gn 9,4!
sanguinem
nec ex advenis qui peregrinantur inter vos
[13]homo quicumque de filiis Israhel et 8!
de advenis qui peregrinantur apud
vos
si venatione atque aucupio ceperit
feram vel avem quibus vesci licitum
est
fundat sanguinem eius et operiat il- Ez 24,7
lum terra
[14]anima enim omnis carnis in sanguine
est
unde dixi filiis Israhel
sanguinem universae carnis non com- 7,27! Gn 9,4!
edetis
quia anima carnis in sanguine est 11!
et quicumque comederit illum interibit
[15]anima quae comederit morticinum Ex 22,31!
vel captum a bestia
tam de indigenis quam de advenis
lavabit vestes suas et semet ipsum 11,25!
aqua
et contaminatus erit usque ad vesperum
et hoc ordine mundus fiet
[16]quod si non laverit vestimenta sua
nec corpus
portabit iniquitatem suam
18 locutusque est Dominus ad Mosen
dicens
[2]loquere filiis Israhel et dices ad eos
ego Dominus Deus vester
[3]iuxta consuetudinem terrae Aegypti 24! Ez 20,7
in qua habitastis non facietis
et iuxta morem regionis Chanaan ad Ex 23,23.24!
quam ego introducturus sum vos
non agetis
nec in legitimis eorum ambulabitis
[4]facietis iudicia mea et praecepta ser- 19,37; 20,8! 25,18! Ex 15,26!

4 quasi si c.; qualiter si l.; quia Σ. | 5 ~ sacerdoti offerre debent c | occident c. | et] ut GO. | 6 domini + et GAC. | et *om.* A | 7 demoniis GCl. | 10 eos] uos GΛT1 | eam] eum AOr; ea Φ.; *om.* T. | 12 inter] apud CΣ1c | 13 apud] inter AΣ | illud G ACΛ. | 14 comeditis A | illud OC | 15 uestimenta sua AΛTMΦ1c | se ipsum A1 | 16 lauauerit G | nec] et Ac; uel ΛTMΦ || **18**,1 locutus est Σc | 2 ego + sum G | 3 [*deest* G *usque ad* 19,22] | uos *om.* AT. | 4 praecepta + mea 1c |

(G)AOC ΣΛTMΦl cr

Dt 11,1! III Rg 8,58! Ez 18,17! vabitis et ambulabitis in eis
ego Dominus Deus vester
20,22; Dt 4,1! Prv 4,4! Bar 4,1; Rm 10,5! II Esr 9,29 5 custodite leges meas atque iudicia
quae faciens homo vivet in eis ego
Dominus
6 omnis homo ad proximam sanguinis
sui non accedet
ut revelet turpitudinem eius ego Dominus
7 turpitudinem patris et turpitudinem
matris tuae non discoperies
mater tua est non revelabis turpitudinem eius
20,11! Dt 22,30! 8 turpitudinem uxoris patris tui non
discoperies turpitudo enim patris
tui est
20,17! 9 turpitudinem sororis tuae ex patre
sive ex matre quae domi vel foris
genita est non revelabis
10 turpitudinem filiae filii tui vel neptis
ex filia non revelabis quia turpitudo
tua est
11 turpitudinem filiae uxoris patris tui
quam peperit patri tuo et est soror
tua non revelabis
20,19 12 turpitudinem sororis patris tui non
discoperies quia caro est patris tui
13 turpitudinem sororis matris tuae non
revelabis eo quod caro sit matris
tuae
20,20 14 turpitudinem patrui tui non revelabis
nec accedes ad uxorem eius quae tibi
adfinitate coniungitur
15 turpitudinem nurus tuae non revelabis quia uxor filii tui est
nec discoperies ignominiam eius
20,21! 16 turpitudinem uxoris fratris tui non
revelabis quia turpitudo fratris tui
est
17 turpitudinem uxoris tuae et filiae
eius non revelabis
filiam filii eius et filiam filiae illius
non sumes
ut reveles ignominiam eius
quia caro illius sunt et talis coitus
incestus est
18 sororem uxoris tuae in pelicatum
illius non accipies
nec revelabis turpitudinem eius adhuc illa vivente
19 ad mulierem quae patitur menstrua 15,24! Ez 18,6
non accedes
nec revelabis foeditatem eius
20 cum uxore proximi tui non coibis 20,10!
nec seminis commixtione maculaberis
21 de semine tuo non dabis ut consec- 20,2.3; Dt 18,10!
retur idolo Moloch
nec pollues nomen Dei tui ego Dominus
22 cum masculo non commisceberis 20,13
coitu femineo
quia abominatio est
23 cum omni pecore non coibis 20,15.16; Ex 22,19!
nec maculaberis cum eo
mulier non subcumbet iumento nec
miscebitur ei quia scelus est
24 ne polluamini in omnibus his 3! 27.30; 20,23 Dt 12,30; 18,9 III Rg 14,24
quibus contaminatae sunt universae
gentes
quas ego eiciam ante conspectum
vestrum
25 et quibus polluta est terra
cuius ego scelera visitabo
ut evomat habitatores suos Gn 18,19!
26 custodite legitima mea atque iudicia Ps 104,45; 105,3! Is 56,1
et non faciat ex omnibus abominatio- Dt 12,31
nibus istis
tam indigena quam colonus qui peregrinatur apud vos
27 omnes enim execrationes istas 24.25!
fecerunt accolae terrae qui fuerunt
ante vos
et polluerunt eam
28 cavete ergo ne et vos similiter evomat cum paria feceritis
sicut evomuit gentem quae fuit ante
vos

AOC ΣΛΤΜΦ(l) cr 14 patrui] patris OCl | 17 illius[1]] eius AΣr | 19 menstruam OΦ | foeditatem] turpitudinem AΣ | 20 maculaueris AOC | 21 nomen + domini OΣM | 22 commiscearis c; commisceris ACl. | 23 maculaueris AOΛ | 24 ne] nec AΣTMΦlc | 26 faciat AClr] faciet OΣ; faciatis ΛTΦc; facietis M | peregrinantur Σc | 28 [*deest* l *usque ad* 27,34] |

29 omnis anima quae fecerit de abominationibus his quippiam peribit
de medio populi sui
30 custodite mandata mea
24! nolite facere quae fecerunt hii qui
fuerunt ante vos et ne polluamini
in eis
ego Dominus Deus vester
19 locutus est Dominus ad Mosen dicens
2 loquere ad omnem coetum filiorum
Israhel et dices ad eos
11,44! Mt 5,48! sancti estote quia ego sanctus sum
Dominus Deus vester
3 unusquisque matrem et patrem suum
timeat
30! Ex 20,8! Ier 17,22 sabbata mea custodite ego Dominus
Deus vester
Ex 20,4! 4 nolite converti ad idola nec deos conflatiles faciatis vobis ego Dominus
Deus vester
7,29! 5 si immolaveritis hostiam pacifico-
5–8: 7,16–18 rum Domino ut sit placabilis
6 eo die quo fuerit immolata comedetis eam et die altero
quicquid autem residuum fuerit in
diem tertium igne conburetis
7 si quis post biduum comederit ex ea
profanus erit et impietatis reus
Nm 9,13 8 portabit iniquitatem suam quia sanctum Domini polluit
Gn 17,14! et peribit anima illa de populo suo
3,22; Dt 24,19 9 cum messueris segetes terrae tuae
non tondebis usque ad solum super-
ficiem terrae
nec remanentes spicas colliges
Dt 24,21 10 neque in vinea tua racemos et grana
decidentia congregabis
sed pauperibus et peregrinis carpen-
da dimittes ego Dominus Deus vester

11 non facietis furtum Ex 20,15.16!
non mentiemini Ex 23,1!
nec decipiet unusquisque proximum
suum
12 non peierabis in nomine meo Mt 5,33
nec pollues nomen Dei tui ego Do- Ex 20,7!
minus
13 non facies calumniam proximo tuo 25,43! Ier 22,13
nec vi opprimes eum
non morabitur opus mercennarii Dt 24,15; Tb 4,15; Sir 7,22
apud te usque mane
14 non maledices surdo
nec coram caeco pones offendiculum Dt 27,18
sed timebis Deum tuum quia ego 32; 25,17!
sum Dominus
15 non facies quod iniquum est 35
nec iniuste iudicabis Ex 23,3! Dt 1,17! Prv 18,5; 28,21; Sir 42,1; III Esr 4,39
nec consideres personam pauperis
nec honores vultum potentis
iuste iudica proximo tuo Dt 1,16!
16 non eris criminator et susurro in populis
non stabis contra sanguinem proximi tui ego Dominus
17 ne oderis fratrem tuum in corde tuo
sed publice argue eum ne habeas super illo peccatum
18 non quaeres ultionem nec memor
eris iniuriae civium tuorum
diliges amicum tuum sicut temet ip- 34; Mt 5,43; 19,19!
sum ego Dominus
19 leges meas custodite
iumenta tua non facies coire cum alterius generis animantibus
agrum non seres diverso semine Dt 22,9
veste quae ex duobus texta est non Dt 22,11
indueris
20 homo si dormierit cum muliere coitu
seminis
quae sit ancilla etiam nubilis et tamen pretio non redempta nec liber-

29 his] istis C | 30 et *om.* OΣ. || **19**,2 quia + et A | 3 patrem suum et matrem suam c. | 4 facietis A | 6 eam] ea O | 8 portabitque c | illa] illius O | 9 cumque c *lapsu* | tondes OCΣ | 11 decipiat CΣΛMΦ | 12 nec] non C | nomen + domini OΣM | 13 mercennarii + tui CTMΦc | 14 deum] dominum ΛT; dominum deum Oc | 15 nec[2]] ne OCr; non c | nec[3]] ne O. | 16 et] nec ΣΛc | in populo Σc | 17 ne[1]] nec TΦ; non c | ne[2]] nec ACTΦ | super illum O | 18 quaeras AMΦc | te ipsum CΣΛMΦc | 19 iumentum tuum c. | coire] commisceri C | agrum + tuum c | non[3]] ne O | 20 coitus OΛ | nubilis A cr, *cf.* 𝔐] nobilis *cet.* | AOC ΣΛTMΦ cr

tate donata
vapulabunt ambo et non morientur
quia non fuit libera
[21]pro delicto autem suo offeret Domino ad ostium tabernaculi testimonii
21.22: 5,16! arietem
[22]orabitque pro eo sacerdos et pro delicto eius coram Domino
et repropitiabitur ei dimitteturque
peccatum
[23]quando ingressi fueritis terram
et plantaveritis in ea ligna pomifera
auferetis praeputia eorum
11,4! poma quae germinant inmunda erunt
vobis nec edetis ex eis
[24]quarto anno omnis fructus eorum
sanctificabitur laudabilis Domino
[25]quinto autem anno comedetis fructus congregantes poma quae pro-
ferunt
ego Dominus Deus vester
3,17! [26]non comedetis cum sanguine
Dt 18,10! non augurabimini nec observabitis
somnia
21,5; Ez 44,20; Dt 14,1! [27]neque in rotundum adtondebitis comam
nec radatis barbam
[28]et super mortuo non incidetis carnem vestram
neque figuras aliquas et stigmata facietis vobis ego Dominus
Dt 23,17 [29]ne prostituas filiam tuam et contaminetur terra et impleatur piaculo
3! 26,2; II Mcc 15,4 [30]sabbata mea custodite
et sanctuarium meum metuite ego
Dominus
20,6; Dt 18,10! [31]ne declinetis ad magos
nec ab ariolis aliquid sciscitemini ut
polluamini per eos
ego Dominus Deus vester
[32]coram cano capite consurge
14! et honora personam senis et time
Deum tuum
ego sum Dominus
[33]si habitaverit advena in terra vestra
et moratus fuerit inter vos
ne exprobretis ei [34]sed sit inter vos Ex 22,21!
quasi indigena
et diligetis eum quasi vosmet ipsos 18!
fuistis enim et vos advenae in terra
Aegypti
ego Dominus Deus vester
[35]nolite facere iniquum aliquid in iu- 15
dicio
in regula in pondere in mensura
[36]statera iusta et aequa sint pondera Dt 25,15; Prv 11,1! 16,11
iustus modius aequusque sextarius Ez 45,10
ego Dominus Deus vester qui eduxi Ex 18,1!
vos de terra Aegypti
[37]custodite omnia praecepta mea 18,4!
et universa iudicia et facite ea ego
Dominus
20 locutusque est Dominus ad Mosen
dicens
[2]haec loqueris filiis Israhel
homo de filiis Israhel et de advenis
qui habitant in Israhel
si quis dederit de semine suo idolo 18,21!
Moloch morte moriatur
populus terrae lapidabit eum
[3]et ego ponam faciem meam contra 17,10!
illum
succidamque eum de medio populi
sui
eo quod dederit de semine suo Mo- 18,21!
loch
et contaminaverit sanctuarium meum
ac polluerit nomen sanctum meum
[4]quod si neglegens populus terrae
et quasi parvipendens imperium meum
dimiserit hominem qui dederit de semine suo Moloch nec voluerit eum

(G)AOC ΣΛΤΜΦ cr 22 delicto] peccato c. | [*iterum adest* G] | 24 quarto + autem c | laudabilis Φ cr, *cf.* 𝔐] laudabi G.; laudabili *cet.* | 26 auguramini GAO | 27 attondetis Σ; adtonditis G. | nec] ne OCΣ. | radetis TM cr | 28 super mortuum OΣ | et[2]] aut c | 29 ne] nec GC. | et[1]] ne GC c | 31 ne] non c. | 32 deum] dominum O; dominum deum TM Φ c | 33 ne] non c || **20,**2 loquere O | morietur AΣ. | 3 eum] illum G | 4 dedit C TMΦ c |

occidere
17,10! 5 ponam faciem meam super hominem illum et cognationem eius
succidamque et ipsum et omnes qui consenserunt ei ut fornicarentur cum Moloch de medio populi sui
19,31! 6 anima quae declinaverit ad magos et ariolos
et fornicata fuerit cum eis
17,10! ponam faciem meam contra eam
et interficiam illam de medio populi sui
11,44! 7 sanctificamini et estote sancti quia ego Dominus Deus vester
18,4! 22,9.31; Nm 15,40 8 custodite praecepta mea et facite ea
Ex 31,13! ego Dominus qui sanctifico vos
Ex 21,17! Dt 27,16! 9 qui maledixerit patri suo et matri morte moriatur
patri matrique maledixit
sanguis eius sit super eum
18,20! Dt 22,22 10 si moechatus quis fuerit cum uxore alterius
et adulterium perpetrarit cum coniuge proximi sui
Dn 13,41 morte moriantur et moechus et adultera
18,8! Dt 27,20 11 qui dormierit cum noverca sua et revelaverit ignominiam patris sui
morte moriantur ambo
sanguis eorum sit super eos
12 si quis dormierit cum nuru sua
uterque moriantur quia scelus operati sunt
sanguis eorum sit super eos
,22! Rm 1,27 13 qui dormierit cum masculo coitu femineo
uterque operati sunt nefas morte moriantur
sit sanguis eorum super eos
Dt 27,23 14 qui supra uxorem filiam duxerit matrem eius
scelus operatus est vivus ardebit cum eis
nec permanebit tantum nefas in medio vestri
15 qui cum iumento et pecore coierit morte moriatur 18,23; Ex 22,19!
pecus quoque occidite
16 mulier quae subcubuerit cuilibet iumento simul interficietur cum eo
sanguis eorum sit super eos
17 qui acceperit sororem suam filiam patris sui vel filiam matris suae 18,9; Dt 27,22
et viderit turpitudinem eius
illaque conspexerit fratris ignominiam
nefariam rem operati sunt
occidentur in conspectu populi sui
eo quod turpitudinem suam mutuo revelarint
et portabunt iniquitatem suam
18 qui coierit cum muliere in fluxu menstruo et revelaverit turpitudinem eius 15,24!
ipsaque aperuerit fontem sanguinis sui
interficientur ambo de medio populi sui
19 turpitudinem materterae tuae et amitae tuae non discoperies 18,12.13
qui hoc fecerit ignominiam carnis suae nudavit
portabunt ambo iniquitatem suam
20 qui coierit cum uxore patrui vel avunculi sui 18,14
et revelaverit ignominiam cognationis suae
portabunt ambo peccatum suum
absque liberis morientur
21 qui duxerit uxorem fratris sui rem facit inlicitam 18,16; Mt 14,3.4; Mc 6,18
turpitudinem fratris sui revelavit
absque filiis erunt
22 custodite leges meas atque iudicia et facite ea 18,5!

5 hominem *om.* O | et[1] + super A c. | consenserint AΛ | fornicaretur M c | 7 ego + sum c | 9 et] aut A c; uel CT | 10 perpetrauerit ΛΦ c | coniuge] uxore O | moriatur GΣ | 12 moriatur c | 13 operatus est OCΣΛM c | ~ sanguis eorum sit C | 14 cum ea A | 15 moriantur CT | 17 ~ ignominiam fratris AO r. | reuelauerint GOΣTΦ cr | 18 reuelarit T; reuelauit O. | 19 tuae[1] *om.* OTMΦ c | tuae[2] *om.* G | nudabit AΛTMΦ | 20 reuelarit TM; reuelauit O. | 21 ~ inlicitam facit O | reuelabit GAΛ | filiis] liberis T c |

GAOC ΣΛTMΦ cr

ne et vos evomat terra quam intra-
turi estis et habitaturi
18,24! 23 nolite ambulare in legitimis nationum quas ego expulsurus sum ante
vos
omnia enim haec fecerunt et abominatus sum eos
24 vobis autem loquor
Ex 13,5! possidete terram eorum quam dabo
vobis in hereditatem
terram fluentem lacte et melle
ego Dominus Deus vester
qui separavi vos a ceteris populis
25 separate ergo et vos iumentum mundum ab inmundo
et avem mundam ab inmunda
11,44! ne polluatis animas vestras in pecore
et in avibus et cunctis quae moventur in terra
et quae vobis ostendi esse polluta
26 eritis sancti mihi quia sanctus ego
sum Dominus
et separavi vos a ceteris populis ut
essetis mei
Ex 22,18; Dt 18,10.11 27 vir sive mulier in quibus pythonicus
vel divinationis fuerit spiritus morte
moriantur
lapidibus obruent eos
sanguis eorum sit super illos
21 dixit quoque Dominus ad Mosen
1—3: Ez 44,25 loquere ad sacerdotes filios Aaron
et dices eis
11! 22,4! ne contaminetur sacerdos in mortibus civium suorum
2 nisi tantum in consanguineis ac pro-
pinquis
id est super matre et patre et filio ac
filia
fratre quoque 3 et sorore virgine quae
non est nupta viro
4 sed nec in principe populi sui contaminabitur
5 non radent caput nec barbam 19,27.28! Bar 6,30
neque in carnibus suis facient inci-
suras
6 sancti erunt Deo suo et non polluent I Esr 8,28
nomen eius
incensum enim Domini et panes Dei 7,12! Ex 30,7! Nm 16,7.17; 28,2
sui offerunt
et ideo sancti erunt
7 scortum et vile prostibulum non du- 14!
cet uxorem
nec eam quae repudiata est a marito
quia consecratus est Deo suo
8 et panes propositionis offert
sit ergo sanctus quia et ego sanctus 15.23; 22,16; Ex 31,13!
sum Dominus qui sanctifico vos
9 sacerdotis filia si deprehensa fuerit
in stupro
et violaverit nomen patris sui
flammis exuretur
10 pontifex id est sacerdos maximus inter fratres suos
super cuius caput fusum est unctio- 10,7! Nm 35,25
nis oleum
et cuius manus in sacerdotio consec- Ex 28,41!
ratae sunt
vestitusque est sanctis vestibus
caput suum non discoperiet 10,6!
vestimenta non scindet
11 et ad omnem mortuum non ingre- 1.2! Nm 6,6.7
dietur omnino
super patre quoque suo et matre non
contaminabitur
12 nec egredietur de sanctis ne polluat 10,7!
sanctuarium Domini
quia oleum sanctae unctionis Dei sui
super eum est ego Dominus
13 virginem ducet uxorem
14 viduam et repudiatam et sordidam 7! Ez 44,22
atque meretricem non accipiet
sed puellam de populo suo

GAOC ΣΛΤΜΦ cr

23 eos GACr] eas *cet.* | 25 in^{2} *om.* c | et^{4} + in GΛΤΜΦ | 26 et eritis A | ∼ mihi sancti c | ∼ sanctus sum ego c; ego sanctus sum ego A. | 27 moriatur O; morientur T. | illos] eos AC || **21**,1 eis] ad eos Σc | 2 ac^{1}] ad O.; et AΣ | super patre ac matre G.; super patre et matre OΣTc | ac^{2}] et Ac | 5 scissuras GC. | 6 deo suo] domino G | 7 ducent c. | consecrati sunt c. | 8 offeret CΛ; offerunt c. | sint ergo sancti c. | uos] eos c. | 10 ∼ caput cuius A | in sacerdotium OTΜΦ | discoperiat O | 14 uiduam + autem c. | et sordidam *om.* O |

15 ne commisceat stirpem generis sui
vulgo gentis suae
8! quia ego Dominus qui sanctifico eum
16 locutusque est Dominus ad Mosen
dicens
17 loquere ad Aaron
21 homo de semine tuo per familias
qui habuerit maculam
non offeret panes Deo suo
18 nec accedet ad ministerium eius
22,22 si caecus fuerit si claudus
si vel parvo vel grandi et torto naso
19 si fracto pede si manu
20 si gibbus si lippus
si albuginem habens in oculo
si iugem scabiem
si inpetiginem in corpore vel hirnio-
sus
17 21 omnis qui habuerit maculam de semine Aaron sacerdotis
non accedet offerre hostias Domino
nec panes Deo suo
Ex 29,32 22 vescetur tamen panibus qui offeruntur in sanctuario
23 ita dumtaxat ut intra velum non ingrediatur
nec accedat ad altare
quia maculam habet et contaminare
non debet sanctuarium meum
8! ego Dominus qui sanctifico eos
24 locutus est ergo Moses ad Aaron et
filios eius et ad omnem Israhel
cuncta quae sibi fuerant imperata
22 locutus quoque est Dominus ad
Mosen dicens
15 2 loquere ad Aaron et ad filios eius
ut caveant ab his quae consecrata
sunt filiorum Israhel
et non contaminent nomen sanctifi-
catorum mihi quae ipsi offerunt
ego Dominus
3 dic ad eos et ad posteros eorum
omnis homo qui accesserit de stirpe
vestra
ad ea quae consecrata sunt et quae
obtulerunt filii Israhel Domino
in quo est inmunditia peribit coram
Domino
ego sum Dominus
4 homo de semine Aaron qui fuerit
leprosus aut patiens fluxum seminis
non vescetur de his quae sanctificata
sunt mihi donec sanetur
qui tetigerit inmundum super mor- 21,1! Nm 5,2; 19,11! 13
tuo et ex quo egreditur semen quasi 15,16!
coitus
5 et qui tangit reptile et quodlibet in- 11,24!
mundum cuius tactus est sordidus
6 inmundus erit usque ad vesperum
et non vescetur his quae sanctificata
sunt
sed cum laverit carnem suam aqua
7 et occubuerit sol
tunc mundatus vescetur de sanctificatis quia cibus illius est
8 morticinum et captum a bestia non Ex 22,31; Dt 14,21; Ez 4,14; 44,31
comedent nec polluentur in eis
ego sum Dominus
9 custodient praecepta mea ut non 20,8!
subiaceant peccato
et moriantur in sanctuario cum polluerint illud
ego Dominus qui sanctifico eos
10 omnis alienigena non comedet de 13; Ex 12,43.45; 29,33
sanctificatis
inquilinus sacerdotis et mercennarius non vescentur ex eis
11 quem autem sacerdos emerit et qui Ex 12,44! Nm 18,11.13
vernaculus domus eius fuerit hii
comedent ex eis
12 si filia sacerdotis cuilibet ex populo
nupta fuerit
de his quae sanctificata sunt et de
primitiis non vescetur
13 sin autem vidua vel repudiata et abs- Gn 38,11; Idc 19,2
que liberis reversa fuerit ad do-

15 ne] nec C | qui] quia G | 17 offerat GΣ; offert T | 18 uel¹ *om.* A c. | et] uel GCΣ c | 23 accedet A | eos] uos A | 24 et¹ + ad AOM cr | ~ fuerant sibi c ‖ **22**,1 locutusque est O | 2 ad² *om.* O | 3 sum *om.* OΣ | 4 egredietur GC | 6 ex his AC. | 8 ne polluantur O | sum *om.* OΣ | 9 custodiant ΣM c; custodite O. | eos] uos A | 10 uescetur AO r | ex *om.* OΣΛ | 13 si autem O | uel] et O |

GAOC ΣΛΤΜΦ cr

mum patris sui
sicut puella consuerat aletur cibis
patris sui
10; Ex 12,43; 29,33 omnis alienigena comedendi ex eis
non habet potestatem
[14] qui comederit de sanctificatis per ig-
5,16! norantiam addet quintam partem
cum eo quod comedit
et dabit sacerdoti in sanctuarium
2 [15] nec contaminabunt sanctificata fili-
Idt 11,12 orum Israhel quae offerunt Domino
[16] ne forte sustineant iniquitatem delicti
sui cum sanctificata comederint
21,8! ego Dominus qui sanctifico eos
[17] locutus est Dominus ad Mosen dicens
[18] loquere ad Aaron et filios eius
et ad omnes filios Israhel dicesque
ad eos
17,8! homo de domo Israhel et de advenis
qui habitant apud vos
qui obtulerit oblationem suam
vel vota solvens vel sponte offerens
9,3! quicquid illud obtulerit in holocaustum Domini [19] ut offeratur per vos
Ex 12,5 masculus inmaculatus erit ex bubus
et ex ovibus et ex capris
Dt 15,21! Sir 35,14; Mal 1,14 [20] si maculam habuerit non offeretis
neque erit acceptabile
1,2! Nm 15,3.8; III Rg 8,63 [21] homo qui obtulerit victimam pacificorum Domino
7,16! vel vota solvens vel sponte offerens
tam de bubus quam de ovibus
inmaculatum offeret ut acceptabile
sit
omnis macula non erit in eo
21,18–20; Mal 1,8 [22] si caecum fuerit si fractum
si cicatricem habens si papulas
aut scabiem vel inpetiginem
non offeretis ea Domino
neque adolebitis ex eis super altare
Domini
[23] bovem et ovem aure et cauda amputatis voluntarie offerre potes
votum autem ex his solvi non potest
[24] omne animal quod vel contritis vel
tunsis vel sectis ablatisque testiculis
est
non offeretis Domino
et in terra vestra hoc omnino ne faciatis
[25] de manu alienigenae non offeretis
panes Deo vestro et quicquid aliud
dare voluerint
quia corrupta et maculata sunt omnia
non suscipietis ea
[26] locutusque est Dominus ad Mosen
dicens
[27] bos ovis et capra cum genita fuerint
septem diebus erunt sub ubere matris Ex 22,30
suae
die autem octavo et deinceps offerri
poterunt Domino
[28] sive illa bos sive ovis non immola-
buntur una die cum fetibus suis
[29] si immolaveritis hostiam pro gratia- 7,12
rum actione Domino ut possit esse
placabilis
[30] eodem die comedetis eam 7,15!
non remanebit quicquam in mane
alterius diei
ego Dominus
[31] custodite mandata mea et facite ea 20,8!
ego Dominus
[32] ne polluatis nomen meum sanctum
ut sanctificer in medio filiorum Israhel
ego Dominus qui sanctifico vos 11,45!
[33] et eduxi de terra Aegypti ut essem
vobis in Deum ego Dominus
23 locutus est Dominus ad Mosen di-

GAOC ΣΛΤΜΦ cr 13 consuerat GAΦr] consueuerat *cet.* | habeat T; habebit C. | 14 comedit] comederat GCΣ | in sanctuario A | 15 offeruntur A | 16 eos] uos A | 17 locutusque est c | 18 et[1] + ad CΣ | uos] eos A | domino CM | 19 et[1] *om.* ATΦ | ex[2] *om.* Σc | 21 offeret] offerat Λ.; offert A.; offeretur O.; erit Σ. | 22 uel] aut c | neque] nec Mc | domino[2] O | 23 aurem GCΛ | caudam GΛ | his] eis CΛc | 24 uel[1] *om.* Ar | est *om.* O | non faciatis Σ; non facietis AC | 25 uoluerit TMΦc | 27 sub ubera CT | 28 ille A C | siue[2] + illa GCΣΛ | uno AΣ | 30 eum O.; ea AΣ | 33 eduxi + uos O || **23**,1 locutusque est Oc |

cens
2 loquere filiis Israhel et dices ad eos
hae sunt feriae Domini quas vocabitis sanctas
Ex 20,9.10! 3 sex diebus facietis opus
3—9: Dt 7,12–16 dies septimus quia sabbati requies
est vocabitur sanctus
omne opus non facietis in eo
sabbatum Domini est in cunctis habitationibus vestris
4 hae sunt ergo feriae Domini sanctae
quas celebrare debetis temporibus
suis
Nm 9,2–5! 10.11 5 mense primo quartadecima die men-
5—8: Nm 28,16–19 sis ad vesperum phase Domini est
6 et quintadecima die mensis huius
sollemnitas azymorum Domini est
Ex 34,18! septem diebus azyma comedetis
24.25! 27.28. 35.36! Ex 12,16! 7 dies primus erit vobis celeberrimus
sanctusque
omne opus servile non facietis in eo
8 sed offeretis sacrificium in igne Domino septem diebus
dies autem septimus erit celebrior et
sanctior
nullumque servile opus fiet in eo
9 locutusque est Dominus ad Mosen
dicens
25,2; Nm 15,2. 17.18; 34,2 Ex 12,25! Dt 18,9 10 loquere filiis Israhel et dices ad eos
cum ingressi fueritis terram quam
ego dabo vobis
et messueritis segetem
Ex 23,19! feretis manipulos spicarum
primitias messis vestrae ad sacerdotem
11 qui elevabit fasciculum coram Domino ut acceptabile sit pro vobis
altero die sabbati et sanctificabit illum
12 atque in eodem die quo manipulus
consecratur
12,6! caedetur agnus inmaculatus anniculus in holocaustum Domini
13 et libamenta offerentur cum eo
duae decimae similae conspersae oleo Ex 29,40!
in incensum Domini odoremque
suavissimum
liba quoque vini quarta pars hin
14 panem et pulentam et pultes non comedetis ex segete
usque ad diem qua offeratis ex ea
Deo vestro
praeceptum est sempiternum in ge- 3,17!
nerationibus cunctisque habitaculis
vestris
15 numerabitis ergo ab altero die sab- Ex 34,22! Dt 16,9
bati 15—21: Nm 28,26–31
in quo obtulistis manipulum primitiarum
septem ebdomadas plenas
16 usque ad alteram diem expletionis
ebdomadae septimae id est quinquaginta dies
et sic offeretis sacrificium novum
Domino 17 ex omnibus habitaculis
vestris
panes primitiarum duos
de duabus decimis similae fermen-
tatae
quos coquetis in primitias Domini
18 offeretisque cum panibus
septem agnos inmaculatos anniculos 1,2! 8,18! 12,6! Nm 7,15! 28,11!
et vitulum de armento unum et arie- II Sm 6,13! Ez 43,25! 46,4
tes duos
et erunt in holocausto cum libamen- 14,19.20; Nm 28,31
tis suis
in odorem suavissimum Domino
19 facietis et hircum pro peccato
duosque agnos anniculos hostias pa- 3,6! 4,23!
cificorum
20 cumque elevaverit eos sacerdos cum
panibus primitiarum coram Domino
cedent in usum eius

2 haec GOCr, *item v.* 4 | 4 celebrare debetis] celebrabitis O | 5 phase] pasca OC. | 8 celeberrimus CΣΛ | ~ opus seruile O | fiet] fit A.; faciatis O.; facietis TMΦc | 10 fertis GA. | 11 leuabit G | acceptabilis GCΛTΦ | illud A | 13 offeruntur A | duo G | domino C | 14 pulenta OΣ. | offeretis GOΦcr | deo] domino AO. | 15 in qua OTΦ | manipulos CΛ | 16 ~ domino nouum A | 17 domino C | 18 in holocaustum AΦc; in holocausta Σ. | 19 duos quoque GΣ; duos M | 20 leuaberit G; libaberit Σ. | eas GC |

GAOC ΣΛΤΜΦ cr

Ex 12,16! 21 et vocabitis hunc diem celeberrimum
atque sanctissimum
omne opus servile non facietis in eo
31.41; 3,17! legitimum sempiternum erit in cunctis habitaculis et generationibus
vestris
19,9.10! 22 postquam autem messueritis segetem
terrae vestrae
non secabitis eam usque ad solum
nec remanentes spicas colligetis
sed pauperibus et peregrinis dimit-
tetis eas
ego Dominus Deus vester
23 locutusque est Dominus ad Mosen
dicens
24 loquere filiis Israhel
7.8! 25,9 mense septimo prima die mensis
Nm 10,10! Nm 29,1.12 erit vobis sabbatum memorabile
clangentibus tubis
et vocabitur sanctum
25 omne opus servile non facietis in eo
et offeretis holocaustum Domino
26 locutusque est Dominus ad Mosen
dicens
27 decimo die mensis huius septimi
7.8! dies expiationum erit celeberrimus
27—31: 16,29–31 et vocabitur sanctus
adfligetisque animas vestras in eo
et offeretis holocaustum Domino
28 omne opus non facietis in tempore
diei huius
quia dies propitiationis est
Dt 21,8! III Rg 21,3; Ps 98,8; I Mcc 2,21 ut propitietur vobis Dominus Deus
vester
29 omnis anima quae adflicta non fuerit die hoc peribit de populis suis
30 et quae operis quippiam fecerit delebo eam de populo suo
31 nihil ergo operis facietis in eo
21! legitimum sempiternum erit vobis
in cunctis generationibus et habitationibus vestris

32 sabbatum requietionis est
adfligetis animas vestras
die nono mensis a vespero usque ad
vesperum celebrabitis sabbata vestra
33 et locutus est Dominus ad Mosen
dicens
34 loquere filiis Israhel
a quintodecimo die mensis huius 39! Nm 29,12; Ez 45,25
septimi
erunt feriae tabernaculorum septem 41; I Esr 3,4; Za 14,16; II Mcc 10,6
diebus Domino
35 dies primus vocabitur celeberrimus 7.8!
atque sanctissimus
omne opus servile non facietis
36 et septem diebus offeretis holocausta
Domino
dies quoque octavus erit celeberri- Nm 29,35; II Esr 8,18
mus atque sanctissimus
et offeretis holocaustum Domino
est enim coetus atque collectae
omne opus servile non facietis in eo
37 hae sunt feriae Domini quas vocabitis celeberrimas et sanctissimas
offeretisque in eis oblationes Domino
holocausta et libamenta iuxta ritum Ex 40,27! IV Rg 16,12.13
uniuscuiusque diei 15; II Par 29,35
38 exceptis sabbatis Domini donisque
vestris
et quae offertis ex voto vel quae
sponte tribuitis Domino
39 a quintodecimo ergo die mensis sep- 34! Ex 23,16!
timi
quando congregaveritis omnes fruc- Dt 16,13
tus terrae vestrae
celebrabitis ferias Domini septem Dt 16,15
diebus
die primo et die octavo erit sabbatum id est requies
40 sumetisque vobis die primo fructus
arboris pulcherrimae
spatulasque palmarum

GAOC ΣΛΤΜΦ cr 22 peregrinis + carpenda ΑΣ. | ego + sum c | 23 locutus est G | 24 memoriabile Σ; memoriale ΑΤΜΦ c | sanctus C | 26 locutus est ΟΣ; locutus quoque est GCr | 27 decima OM | 28 opus + seruile c. | 29 hac Cc | 30 eum O | 32 est + et Λ c | a uespera M c; a uespere ΣΛ | ad uesperam c. | 33 locutusque est C.; locutus est GOr | 35 facietis + in eo CΣΤΜΦ c | 37 haec OC | et¹] atque G c | 38 offeretis GCΛΜΦ c | tribuetis M c; tribuistis GAOr ||

et ramos ligni densarum frondium
et salices de torrente
et laetabimini coram Domino Deo
vestro
34! 41 celebrabitisque sollemnitatem eius
septem diebus per annum
21! legitimum sempiternum erit in generationibus vestris
mense septimo festa celebrabitis
42 et habitabitis in umbraculis septem
diebus
omnis qui de genere est Israhel manebit in tabernaculis
II Esr 8,14 43 ut discant posteri vestri quod in tabernaculis habitare fecerim filios
Israhel
Ex 18,1! cum educerem eos de terra Aegypti
ego Dominus Deus vester
44 locutusque est Moses super sollemnitatibus Domini ad filios Israhel
24 et locutus est Dominus ad Mosen
dicens
Ex 27,20.21! 2 praecipe filiis Israhel
ut adferant tibi oleum de olivis
purissimum ac lucidum
II Par 13,11 ad concinnandas lucernas iugiter
3 extra velum testimonii in tabernaculo
foederis
ponetque eas Aaron a vespere usque
in mane coram Domino
cultu rituque perpetuo in generationibus vestris
4 super candelabro mundissimo ponentur semper in conspectu Domini
5 accipies quoque similam
Ex 25,30! et coques ex ea duodecim panes
qui singuli habebunt duas decimas
II Par 13,11 6 quorum senos altrinsecus super mensam purissimam coram Domino
statues
2,15.16! 7 et pones super eos tus lucidissimum
I Sm 21,6 ut sit panis in monumentum oblationis Domini
8 per singula sabbata mutabuntur coram Domino I Par 9,32
suscepti a filiis Israhel foedere sempiterno
9 eruntque Aaron et filiorum eius Ex 29,32.33
ut comedant eos in loco sancto
quia sanctum sanctorum est de sacrificiis Domini iure perpetuo
10 ecce autem egressus filius mulieris
israhelitis
quem pepererat de viro aegyptio inter filios Israhel
iurgatus est in castris cum viro israhelite
11 cumque blasphemasset nomen et
maledixisset ei
adductus est ad Mosen
vocabatur autem mater eius Salumith filia Dabri de tribu Dan
12 miseruntque eum in carcerem donec 12—14: Nm 15,34.35
nossent quid iuberet Dominus
13 qui locutus est ad Mosen 14 dicens
educ blasphemum extra castra 23; Dt 17,5!
et ponant omnes qui audierunt manus suas super caput eius Dt 13,9.10; Dn 13,34
et lapidet eum populus universus Ios 7,25; III Rg 21,13
15 et ad filios Israhel loqueris
homo qui maledixerit Deo suo portabit peccatum suum
16 et qui blasphemaverit nomen Domini morte moriatur
lapidibus opprimet eum omnis multitudo Dt 21,21; II Sm 12,14
sive ille civis seu peregrinus fuerit
qui blasphemaverit nomen Domini Mt 26,65.66; Io 10,33
morte moriatur
17 qui percusserit et occiderit hominem Ex 21,12!
morte moriatur
18 qui percusserit animal reddat vicarium
id est animam pro anima
19 qui inrogaverit maculam cuilibet ci-

24,2 ut offerant AΣ. | 3 in tabernaculum AOCΣ | usque ad O c | 4 super candelabrum mundissimum Σ c | ponetur A | 7 in monumento AT | 10 egressus + est G | israhelitidis ΣΛ c | peperat O | israhelita ΣΛ c | 11 nomen] *praem.* dei M; + dei CΣ; + domini Φ | 14 ~ uniuersus populus A | 16 [*usque ad v.* 19 *legi nequit* G] | seu] siue OΣΛ c | 18 reddet C c |

(G)AOC ΣΛΤΜΦ cr

vium suorum
sicut fecit fiet ei
Ex 21,24! 20 fracturam pro fractura oculum pro
oculo dentem pro dente restituet
qualem inflixerit maculam talem sustinere cogetur
21 qui percusserit iumentum reddet
aliud
Ex 21,12! qui percusserit hominem punietur
Ex 12,49! Nm 15,15.29 22 aequum iudicium sit inter vos
sive peregrinus sive civis peccaverit
quia ego sum Dominus Deus vester
23 locutusque est Moses ad filios Israhel
14! et eduxerunt eum qui blasphemave-
rat extra castra
ac lapidibus oppresserunt
Ex 12,28! feceruntque filii Israhel sicut praeceperat Dominus Mosi
25 locutusque est Dominus ad Mosen
in monte Sinai dicens
23,10! 2 loquere filiis Israhel et dices ad eos
quando ingressi fueritis terram quam
Ex 31,14! ego dabo vobis sabbatizet sabbatum Domini
Ex 23,10.11 3 sex annis seres agrum tuum
et sex annis putabis vineam tuam
colligesque fructus eius
4 septimo autem anno sabbatum erit
terrae requietionis Domini
agrum non seres et vineam non putabis
11.12 5 quae sponte gignit humus non metes
et uvas primitiarum tuarum non colliges quasi vindemiam
annus enim requietionis terrae est
6 sed erunt vobis in cibum
tibi et servo tuo ancillae et mercen-
nario tuo et advenae qui peregrinantur apud te
7 iumentis tuis et pecoribus
omnia quae nascuntur praebebunt
cibum
8 numerabis quoque tibi septem eb-
domades annorum
id est septem septies quae simul faciunt annos quadraginta novem
9 et clanges bucina mense septimo de- 23,24!
cima die mensis
propitiationis tempore in universa
terra vestra
10 sanctificabisque annum quinquage- Nm 36,4
simum
et vocabis remissionem cunctis habitatoribus terrae tuae
ipse est enim iobeleus 13.28!
revertetur homo ad possessionem 41
suam
et unusquisque rediet ad familiam
pristinam
11 quia iobeleus est et quinquagesimus
annus
non seretis neque metetis 5.6
sponte in agro nascentia et primitias
vindemiae non colligetis
12 ob sanctificationem iobelei
sed statim ablata comedetis
13 anno iobelei redient omnes ad pos- 10! 41
sessiones suas
14 quando vendes quippiam civi tuo 50
vel emes ab eo
ne contristes fratrem tuum
sed iuxta numerum annorum iobelei 27,18!
emes ab eo
15 et iuxta supputationem frugum ven- 27
det tibi
16 quanto plus anni remanserint post
iobeleum tanto crescet et pretium
et quanto minus temporis numera-
veris tanto minoris et emptio con-
stabit
tempus enim frugum vendet tibi
17 nolite adfligere contribules vestros 43

(G)AOC ΣΛΤΜΦ cr

19 fecit + sic ΣΤΜΦ c | fiat OCΛ r | [*iterum adest* G] | 20 inflixerat A.; infixerat GΣ. | 21 reddat OCM | 22 peccauerint OC | sum *om.* A | 23 locutus est A || **25**,1 locutus est ΟΛΦ | 2 sabbatizes c. | domino c | 3 fructum G | 5 gignet c. | 6 tuo¹ + et O | peregrinatur CΣΤΜΦ | 8 ~ tibi quoque O | hebdomadas Cc | ~ septies septem Σc | 9 clangens O; clangentes G. | decimo AO r. | 10 tuae *om.* G | redeat OΣ; redit GA r. | familiam + suam O | 11 et] id est C.; *om.* A | 12 oblata AΦ c | 16 quando¹ GOT | plures c | et³ *om.* A | 17 contribulos GΤΦ |

19,14! sed timeat unusquisque Deum suum
quia ego Dominus Deus vester
18,4! 26,3–5; Ps 98,7; 118,121! Is 1,19 18 facite praecepta mea et iudicia custodite et implete ea
ut habitare possitis in terra absque
ullo pavore
Dt 11,14.15; Ps 66,7! Ez 34,27 19 et gignat vobis humus fructus suos
quibus vescamini usque ad saturita-
tem
nullius impetum formidantes
20 quod si dixeritis quid comedemus
anno septimo
si non seuerimus neque collegeri-
mus fruges nostras
21 dabo benedictionem meam vobis anno sexto
et faciet fructus trium annorum
22 seretisque anno octavo et comedetis
veteres fruges usque ad nonum annum
donec nova nascantur edetis vetera
23 terra quoque non veniet in perpetuum
quia mea est et vos advenae et coloni mei estis
24 unde cuncta regio possessionis vestrae
sub redemptionis condicione vendetur
25 si adtenuatus frater tuus vendiderit
possessiunculam suam
Rt 4,4; Ier 32,7.8 et voluerit propinquus eius potest
redimere quod ille vendiderat
26 sin autem non habuerit proximum
et ipse pretium ad redimendum potuerit invenire
15 27 conputabuntur fructus ex eo tempore quo vendidit
et quod reliquum est reddet emptori
sicque recipiet possessionem suam
28 quod si non invenerit manus eius ut
reddat pretium
10! 27,24; Ez 46,17 habebit emptor quod emerat usque
ad annum iobeleum
in ipso enim omnis venditio redit ad
dominum et ad possessorem pristinum
29 qui vendiderit domum intra urbis
muros habebit licentiam redimendi
donec unus impleatur annus
30 si non redemerit et anni circulus fuerit evolutus
emptor possidebit eam et posteri
eius in perpetuum
et redimi non poterit etiam in iobeleo
31 sin autem in villa fuerit domus quae
muros non habet agrorum iure vendetur
si ante redempta non fuerit in iobeleo revertetur ad dominum
32 aedes Levitarum quae in urbibus sunt
semper possunt redimi
33 si redemptae non fuerint in iobeleo
revertentur ad dominos
quia domus urbium leviticarum pro
possessionibus sunt inter filios Israhel
34 suburbana autem eorum non venient
quia possessio sempiterna est
35 si adtenuatus fuerit frater tuus et infirmus manu
et susceperis eum quasi advenam et Ex 22,25
peregrinum et vixerit tecum
36 ne accipias usuras ab eo nec amplius
quam dedisti
time Deum tuum ut vivere possit frater tuus apud te
37 pecuniam tuam non dabis ei ad usu- Ps 14,5
ram
et frugum superabundantiam non
exiges
38 ego Dominus Deus vester qui eduxi Ex 18,1!
vos de terra Aegypti
ut darem vobis terram Chanaan et
essem vester Deus
39 si paupertate conpulsus vendiderit

20 seuerimus OTMΦ cr | 21 faciat O.; facietis AC. | 22 nonum] nouum OΛ | annum *om.* O | 23 uenit OΣ; uendetur TΦ c; uenundetur Λ | 25 potest] postea Λ; poste A. | 27 quod] quo GΛ | recipiat O | 28 redibit c; reddit Σ; reddet Λ. | 31 uenditur AO r. | 33 leuitarum CΣΛ c | 34 ueniant T; ueneant Φ c; uendent CΣΛ | 36 ne] nec O; non C. | accipies OT | 38 et] ut GΣTMΦ |

GAOC ΣΛTMΦ cr

se tibi frater tuus
non eum opprimes servitute famulorum
40 sed quasi mercennarius et colonus
erit
Ex 21,2! usque ad annum iobeleum operabitur apud te
10! 13 41 et postea egredietur cum liberis suis
et revertetur ad cognationem et ad
possessionem patrum suorum
Ex 18,1! Dt 1,27 Nm 20,16; Dt 16,1; 20,1! Ios 24,6; Idc 6,13 42 mei enim servi sunt et ego eduxi eos
de terra Aegypti
non venient condicione servorum
17! 19,13 43 ne adfligas eum per potentiam sed
metuito Deum tuum
44 servus et ancilla sint vobis de nationibus quae in circuitu vestro sunt
45 et de advenis qui peregrinantur apud
vos
vel qui ex his nati fuerint in terra
vestra
hos habebitis famulos 46 et heredita-
rio iure transmittetis ad posteros ac
possidebitis in aeternum
fratres autem vestros filios Israhel ne
opprimatis per potentiam
47 si invaluerit apud vos manus advenae atque peregrini
et adtenuatus frater tuus vendiderit
se ei aut cuiquam de stirpe eius
48 post venditionem potest redimi
qui voluerit ex fratribus suis redimet
eum
49 et patruus et patruelis et consanguineus et adfinis
sin autem et ipse potuerit redimet se
14! 50 supputatis dumtaxat annis
a tempore venditionis suae usque ad
annum iobeleum
et pecunia qua venditus fuerat
iuxta annorum numerum et rationem mercennarii supputata
51 si plures fuerint anni qui remanent
usque ad iobeleum
secundum hos reddet et pretium
52 si pauci ponet rationem cum eo iuxta
annorum numerum
et reddet emptori quod reliquum est
annorum 53 quibus ante servivit mer-
cedibus inputatis
non adfliget eum violenter in conspectu tuo
54 quod si per haec redimi non potuerit
anno iobeleo egredietur cum liberis
suis
55 mei sunt enim servi filii Israhel quos
eduxi de terra Aegypti
26 ego Dominus Deus vester Ex 20,4.5!
non facietis vobis idolum et sculptile
nec titulos erigetis
nec insignem lapidem ponetis in terra
vestra ut adoretis eum
ego enim sum Dominus Deus vester
2 custodite sabbata mea et pavete ad 19,30!
sanctuarium meum ego Dominus
3 si in praeceptis meis ambulaveritis **3–5:** 25,18.19!
et mandata mea custodieritis et fe-
ceritis ea
dabo vobis pluvias temporibus suis Dt 11,14! 28,12 Ez 34,26
4 et terra gignet germen suum
et pomis arbores replebuntur
5 adprehendet messium tritura vinde- Am 9,13
miam
et vindemia occupabit sementem
et comedetis panem vestrum in saturitatem
et absque pavore habitabitis in terra
vestra
6 dabo pacem in finibus vestris Ez 34,25!
dormietis et non erit qui exterreat Iob 11,19; Is 17,2; So 3,13
auferam malas bestias Is 35,9
et gladius non transibit terminos vestros
7 persequemini inimicos vestros et cor- Dt 28,7!
ruent coram vobis
8 persequentur quinque de vestris cen-

(G)AOC ΣΛTMΦ cr

42 ueneant c; + in A | 43 adfliges A | 45 fuerint] sunt A | 49 redimere se O | 50 usque in CΛTMΦ | [*deest* G *usque ad* 26,11] | ratione OTΦ | 51 et *om.* AOCΣ | 52 ponent O | et *om.* O | 54 poterit A | 55 ~ enim sunt ATΦ cr || **26**,1 et] nec A | 2 ad] a Σ; *om.* TΦ | sanctuario meo CΣ | 5 in saturitate ΣΛ cr; in satietate O. | 7 persequemini O cr] persequimini *cet.* |

tum alienos
et centum ex vobis decem milia
cadent inimici vestri in conspectu
vestro gladio
9 respiciam vos et crescere faciam
multiplicabimini et firmabo pactum
meum vobiscum
10 comedetis vetustissima veterum
et vetera novis supervenientibus
proicietis
Gn 32,2; Idt 16,4 Ez 37,27! II Cor 6,16; Apc 21,3 11 ponam tabernaculum meum in medio vestri
et non abiciet vos anima mea
Ex 6,7! Dt 29,13; Ier 24,7! 12 ambulabo inter vos et ero vester
Deus
vosque eritis populus meus
13 ego Dominus Deus vester qui eduxi
vos de terra Aegyptiorum ne serviretis eis
et qui confregi catenas cervicum
vestrarum ut incederetis erecti
Dt 28,15! 58! 14 quod si non audieritis me nec feceritis omnia mandata mea
43; II Par 7,19 15 si spreveritis leges meas et iudicia
mea contempseritis
ut non faciatis ea quae a me constituta sunt
et ad irritum perducatis pactum meum
16—19: Dt 28,20–25 16 ego quoque haec faciam vobis
visitabo vos velociter in egestate et
ardore
qui conficiat oculos vestros et consumat animas
Dt 28,33! Iob 31,8 frustra seretis sementem quae ab
hostibus devorabitur
17 ponam faciem meam contra vos
et corruetis coram hostibus vestris
et subiciemini his qui oderunt vos
fugietis nemine persequente
21.27.28 18 sin autem nec sic oboedieritis mihi
24 addam correptiones vestras septuplum propter peccata vestra
19 et conteram superbiam duritiae vestrae Ier 13,9
daboque caelum vobis desuper sicut
ferrum et terram aeneam
20 consumetur in cassum labor vester
non proferet terra germen nec arbores poma praebebunt
21 si ambulaveritis ex adverso mihi nec 18!
volueritis audire me
addam plagas vestras usque in septuplum propter peccata vestra
22 emittamque in vos bestias agri Dt 32,24; Sir 39,36; Is 56,9!
quae consumant et vos et pecora
vestra
et ad paucitatem cuncta redigant
desertaeque fiant viae vestrae
23 quod si nec sic volueritis recipere
disciplinam
sed ambulaveritis ex adverso mihi 27.28
24 ego quoque contra vos adversus incedam
et percutiam vos septies propter peccata vestra 18!
25 inducamque super vos gladium ultorem foederis mei Dt 32,25! Sir 39,36; Ez 6,3 **25.26:** Ier 14,12!
cumque confugeritis in urbes mittam Nm 14,12
pestilentiam in medio vestri
et trademini hostium manibus
26 postquam confregero baculum panis Ps 104,16! Ez 4,16; 5,16!
vestri
ita ut decem mulieres in uno clibano
coquant panes
et reddant eos ad pondus
et comedetis et non saturabimini Is 9,20!
27 sin autem nec per haec audieritis me 18! 23.24
sed ambulaveritis contra me
28 et ego incedam adversum vos in furore contrario
et corripiam vos septem plagis propter peccata vestra
29 ita ut comedatis carnes filiorum et Dt 28,53! IV Rg 6,28.29!

8 ex] de c. | ~ gladio in conspectu uestro c | 11 [*iterum adest* G] | 12 ~ deus uester c. | 13 et ego C | seruieritis G | incederitis recti AO | 16 animas + uestras AΛTMΦc | 17 hostibus] inimicis A | 19 duritiam superbiae A | ~ uobis caelum Mc | 20 consummetur OΛ | 21 usque in] in c; *om.* A. | 22 inmittamque Σc. | in uobis GC | et[1] *om.* TMΦc | 25 fugeritis GΛ; fugetis A. | in medium GΛTMΦ | et—26 uestri *om.* OΣ. | in hostium manibus AΛT; in manibus hostium c. | 29 filiorum + uestrorum GCΣMc | (G)AOC ΣΛTMΦ cr

filiarum vestrarum
Ex 23,24! [30]destruam excelsa vestra et simulacra
30.31: Ez 6,3–6 confringam
cadetis inter ruinas idolorum vestrorum
et abominabitur vos anima mea
[31]in tantum ut urbes vestras redigam
in solitudinem
et deserta faciam sanctuaria vestra
nec recipiam ultra odorem suavissimum
III Rg 9,8; Ier 18,16! [32]disperdamque terram vestram
et stupebunt super ea inimici vestri
cum habitatores illius fuerint
Dt 4,27! Ier 9,16 [33]vos autem dispergam in gentes
et evaginabo post vos gladium
eritque terra vestra deserta et civitates dirutae
42.43; II Par 36,21 [34]tunc placebunt terrae sabbata sua
cunctis diebus solitudinis suae
quando fueritis [35]in terra hostili
sabbatizabit et requiescet in sabbatis
solitudinis suae
eo quod non requieverit in sabbatis
vestris quando habitabatis in ea
39 [36]et qui de vobis remanserint
Dt 28,65 dabo pavorem in cordibus eorum in
regionibus hostium
terrebit eos sonitus folii volantis
et ita fugient quasi gladium
cadent nullo sequente
[37]et corruent singuli super fratres suos
quasi bella fugientes
nemo vestrum inimicis audebit resistere
[38]peribitis inter gentes et hostilis vos
terra consumet
36 [39]quod si et de his aliqui remanserint
Ez 33,10 tabescent in iniquitatibus suis in terra inimicorum suorum
et propter peccata patrum suorum et
sua adfligentur
[40]donec confiteantur iniquitates suas 16,21; Gn 41,9! II Par 29,6; II Esr 9,2! Ier 3,25; 14,20
et maiorum suorum
quibus praevaricati sunt in me
et ambulaverunt ex adverso mihi
[41]ambulabo igitur et ego contra eos
et inducam illos in terram hostilem
donec erubescat incircumcisa mens
eorum
tunc orabunt pro impietatibus suis
[42]et recordabor foederis mei Ex 2,24! II Mcc 1,2
quod pepigi cum Iacob et Isaac et
Abraham
terrae quoque memor ero 34.35; II Par 36,21
[43]quae cum relicta fuerit ab eis
conplacebit sibi in sabbatis suis patiens solitudinem propter illos
ipsi vero rogabunt pro peccatis suis
eo quod abiecerint iudicia mea et 15!
leges meas despexerint
[44]et tamen etiam cum essent in terra
hostili non penitus abieci eos
neque sic despexi ut consumerentur
et irritum facerem pactum meum
cum eis
ego enim sum Dominus Deus eorum
[45]et recordabor foederis mei pristini Gn 9,15!
quando eduxi eos de terra Aegypti Ex 18,1!
in conspectu gentium
ut essem Deus eorum ego Dominus
Deus
haec sunt praecepta atque iudicia et 27,34
leges
quas dedit Dominus inter se et inter
filios Israhel in monte Sinai per
manum Mosi
27 locutusque est Dominus ad Mosen
dicens
[2]loquere filiis Israhel et dices ad eos
homo qui votum fecerit et spopon- Nm 30,3! 4
derit Deo animam suam

GAOC ΣΛΤΜΦ cr 31 ~ odorem ultra ΟΤΦ | 32 super eam GΛ | 33 ciuitates + uestrae O c | dirutae] dirruptae G; destructae AC. | 34 placebunt] plangebunt AO | 35 habitabitis GAT | 36 persequente c | 37 ~ audebit inimicis CΣ | 39 his] iis c.; is Λ. | 42 cum abraham isaac et iacob GT; cum abraham et isaac et iacob Λ | 44 et tamen etiam A cr.] et tamen GΣ; attamen etiam *cet.* | 45 eos] uos GC | deus[1]] dominus deus A. | deus[2] *om.* A c | ~ iudicia atque praecepta c. | dominus[2]] deus Σ.; dominus deus O. | inter[2] *om.* AO cr | in montem CΣ | per manus G.; in manu CΣ. ||

sub aestimatione dabit pretium
3 si fuerit masculus
a vicesimo usque ad sexagesimum annum
5,15! dabit quinquaginta siclos argenti ad mensuram sanctuarii
4 si mulier triginta
5 a quinto autem anno usque ad vicesimum
masculus dabit viginti siclos femina decem
6 ab uno mense usque ad annum quintum
pro masculo dabuntur quinque sicli pro femina tres
7 sexagenarius et ultra masculus dabit quindecim siclos femina decem
8 si pauper fuerit et aestimationem reddere non valebit
stabit coram sacerdote
et quantum ille aestimaverit et viderit eum posse reddere tantum dabit
9 animal autem quod immolari potest Domino si quis voverit sanctum erit
33 10 et mutari non poterit
id est nec melius malo nec peius bono
quod si mutaverit
et ipsum quod mutatum est et illud pro quo mutatum est consecratum erit Domino
11 animal inmundum quod immolari Domino non potest si quis voverit
adducetur ante sacerdotem
12 qui diiudicans utrum bonum an malum sit statuet pretium
19.27.31 13 quod si dare voluerit is qui offert
5,16! addet supra aestimationis quintam partem
14 homo si voverit domum suam et sanctificaverit Domino
considerabit eam sacerdos utrum bona an mala sit
et iuxta pretium quod ab eo fuerit constitutum venundabitur
15 sin autem ille qui voverat voluerit redimere eam
dabit quintam partem aestimationis supra et habebit domum
16 quod si agrum possessionis suae voverit et consecraverit Domino
iuxta mensuram sementis aestimabitur pretium
si triginta modiis hordei seritur terra
quinquaginta siclis veniet argenti
17 si statim ab anno incipientis iobelei voverit agrum
quanto valere potest tanto aestimabitur
18 sin autem post aliquantum temporis
supputabit sacerdos pecuniam 23
iuxta annorum qui reliqui sunt numerum usque ad iobeleum 25,14!
et detrahetur ex pretio
19 quod si voluerit redimere agrum ille qui voverat 13!
addet quintam partem aestimatae pecuniae et possidebit eum
20 sin autem noluerit redimere
sed alteri cuilibet fuerit venundatus
ultra eum qui voverat redimere non poterit
21 quia cum iobelei venerit dies sanctificatus erit Domino Nm 18,14!
et possessio consecrata ad ius pertinet sacerdotum
22 si ager emptus et non de possessione maiorum sanctificatus fuerit Domino
23 supputabit sacerdos iuxta annorum numerum usque ad iobeleum pretium 18!
et dabit ille qui voverat eum Domino
24 in iobeleo autem revertetur ad priorem dominum qui vendiderat eum 25,28!
et habuerat in sortem possessionis

27,3 uicesimo + anno ΛΤΜΦ c | 8 ualuerit Σ; ualuit A. | 12 iudicans AT c | 13 noluerit G | offeret AT r; offert et Λ. | aestimationes G; aestimationem ΟΣΜ cr | 16 consecrauerit + illum GC; + illud A. | hordei *om.* O | ueniet GΛ r] uenietur OTM; uendetur ΑCΣΦ; uenundetur c | 17 quantum ΟΣ | tantum ΑΣΤ | 22 emptus + est ΤΦ c | maiorum] malorum GT; aliorum C; eorum M. | 24 in sorte GΣΜ c |

GAOC ΣΛΤΜΦ cr

suae
Ex 30,13! 25 omnis aestimatio siclo sanctuarii ponderabitur
siclus viginti obolos habet
Ex 13,2! 26 primogenita quae ad Dominum pertinent
nemo sanctificare poterit et vovere
sive bos sive ovis fuerit Domini sunt
27 quod si inmundum est animal
13! redimet qui obtulit iuxta aestimationem tuam
et addet quintam partem pretii
si redimere noluerit vendetur alteri
quantocumque a te fuerit aestimatum
Nm 18,17; Ez 48,14 28 omne quod Domino consecratur
sive homo fuerit sive animal sive ager
non veniet nec redimi poterit
quicquid semel fuerit consecratum
sanctum sanctorum erit Domino
29 et omnis consecratio quae offertur ab homine
non redimetur sed morte morietur
Gn 28,22! Dt 14,22.28! II Par 31,5! 30 omnes decimae terrae
sive de frugibus sive de pomis arborum
Domini sunt et illi sanctificantur
13! 31 si quis autem voluerit redimere decimas suas
addet quintam partem earum
II Par 31,6 32 omnium decimarum boves et oves et caprae
quae sub pastoris virga transeunt
quicquid decimum venerit sanctificabitur Domino
33 non eligetur nec bonum nec malum
nec altero commutabitur
si quis mutaverit
et quod mutatum est et pro quo mutatum est
sanctificabitur Domino et non redimetur
34 haec sunt praecepta quae mandavit 26,45
Dominus Mosi ad filios Israhel in monte Sinai

EXPLICIT LIBER VAIECRA

ID EST LEVITICUS

INCIPIT LIBER VAIEDABBER

ID EST NUMERI

Locutusque est Dominus ad Mosen in deserto Sinai 9,1
in tabernaculo foederis
prima die mensis secundi
anno altero egressionis eorum ex Aegypto dicens
2 tollite summam universae congregationis filiorum Israhel 17.18! 26,2; Ex 30,12!
per cognationes et domos suas et nomina singulorum
quicquid sexus est masculini
3 a vicesimo anno et supra omnium virorum fortium ex Israhel
et numerabitis eos per turmas suas
tu et Aaron
4 eruntque vobiscum principes tribuum ac domorum in cognationibus suis
5 quorum ista sunt nomina 2,10; 7,30
de Ruben Elisur filius Sedeur 5—15: 10,14–27
6 de Symeon Salamihel filius Surisaddai 2,12; 7,36
7 de Iuda Naasson filius Aminadab 2,3; 7,12; Rt 4,20
8 de Isachar Nathanahel filius Suar 2,5; 7,18
9 de Zabulon Heliab filius Helon 2,7; 7,24
10 filiorum autem Ioseph
de Ephraim Helisama filius Ammiud 2,18; 7,48
de Manasse Gamalihel filius Phadassur 2,20; 7,54

GAOC ΣΛΤΜΦ cr — 27 tuam GCΣ cr 𝔐] suam *cet.* | quantumcumque OΣ | 28 fuerit] erit AOCΛ | ueniet GOr] uenietur AM; uendetur CΣTΦ c; uenundetur Λ. | 29 moriatur AO. | 31 redimere *om.* O; ~ redimere uoluerit A | 32 bouis et ouis TΦ c | 33 et pro quo mutatum est *om.* OΣΛTΦ | 34 in montem GCΣ ||

GAOC ΣΛSTMΦ cr — **Numeri.** *Citantur* GAOC *et* ΣΛSTMΦl *ac* cr. *Tit.* liber numeri hebraice uaiedabber c || **1,1** [*deest* l *usque ad* 6,14] | 5 de + tribu CS |

2,22; 7,60 11 de Beniamin Abidan filius Gedeonis
2,25; 7,66 12 de Dan Ahiezer filius Amisaddai
2,27; 7,72 13 de Aser Phegihel filius Ochran
2,14; 7,42 14 de Gad Heliasaph filius Duhel
2,29; 7,78 15 de Nepthali Ahira filius Henan
Ex 18,25; III Esr 5,1 16 hii nobilissimi principes multitudinis
per tribus et cognationes suas et capita exercitus Israhel
2,3! 44 17 quos tulerunt Moses et Aaron cum omni vulgi multitudine
18 et congregaverunt primo die mensis secundi
II Par 25,5 recensentes eos per cognationes et domos ac familias et capita et nomina singulorum
a vicesimo anno et supra
19 sicut praeceperat Dominus Mosi
26,64 numeratique sunt in deserto Sinai
26,7 20 de Ruben primogenito Israhelis
per generationes et familias ac domos suas et nomina capitum singulorum
omne quod sexus est masculini
a vicesimo anno et supra
2,11 procedentium ad bellum
21 quadraginta sex milia quingenti
26,14 22 de filiis Symeon per generationes et familias ac domos cognationum suarum
recensiti sunt per nomina et capita singulorum
omne quod sexus est masculini
a vicesimo anno et supra
2,13 procedentium ad bellum
23 quinquaginta novem milia trecenti
26,18 24 de filiis Gad per generationes et familias ac domos cognationum suarum
recensiti sunt per nomina singulorum
a viginti annis et supra
2,15 omnes qui ad bella procederent
25 quadraginta quinque milia sescenti quinquaginta
26,22 26 de filiis Iuda per generationes et familias ac domos cognationum suarum
per nomina singulorum
a vicesimo anno et supra
omnes qui poterant ad bella procedere
27 recensiti sunt septuaginta quattuor milia sescenti 2,4
28 de filiis Isachar per generationes et familias ac domos cognationum suarum 26,25
per nomina singulorum
a vicesimo anno et supra
omnes qui ad bella procederent
29 recensiti sunt quinquaginta quattuor milia quadringenti 2,6
30 de filiis Zabulon per generationes et familias ac domos cognationum suarum 26,27
recensiti sunt per nomina singulorum
a vicesimo anno et supra
omnes qui poterant ad bella procedere 2,8
31 quinquaginta septem milia quadringenti
32 de filiis Ioseph filiorum Ephraim 26,37
per generationes et familias ac domos cognationum suarum
recensiti sunt per nomina singulorum
a vicesimo anno et supra
omnes qui poterant ad bella procedere 2,19
33 quadraginta milia quingenti
34 porro filiorum Manasse 26,34
per generationes et familias ac domos cognationum suarum
recensiti sunt per nomina singulorum
a viginti annis et supra
omnes qui poterant ad bella procedere 2,21
35 triginta duo milia ducenti
36 de filiis Beniamin per generationes et familias ac domos cognationum su- 26,41

GAOC ΣΛSTMΦ cr

18 prima die GOr. | anno *om.* ΑΛ.; ~ et supra anno Σ. | 28 qui poterant ad bella procedere GC | 32 ~ ac familias et GΣ. | 34 a uicesimo anno G |

arum
recensiti sunt nominibus singulorum
a vicesimo anno et supra
2,23 omnes qui poterant ad bella procedere
37 triginta quinque milia quadringenti
26,42.43 38 de filiis Dan per generationes et familias ac domos cognationum suarum
recensiti sunt nominibus singulorum
a vicesimo anno et supra
2,26 omnes qui poterant ad bella procedere
39 sexaginta duo milia septingenti
26,47 40 de filiis Aser per generationes et familias ac domos cognationum suarum
recensiti sunt per nomina singulorum
a vicesimo anno et supra
2,28 omnes qui poterant ad bella procedere
41 quadraginta milia et mille quingenti
26,50 42 de filiis Nepthali per generationes et familias ac domos cognationum suarum
recensiti sunt nominibus singulorum
a vicesimo anno et supra
2,30 omnes qui poterant ad bella procedere
43 quinquaginta tria milia quadringenti
17.18! 44 hii sunt quos numeraverunt Moses et Aaron et duodecim principes Israhel
singulos per domos cognationum suarum
2,32; 26,51 45 fueruntque omnes filiorum Israhel
per domos et familias suas
a vicesimo anno et supra
qui poterant ad bella procedere
Ex 38,25 46 sescenta tria milia virorum quingenti quinquaginta
2,33; 26,62 47 Levitae autem in tribu familiarum suarum non sunt numerati cum eis
48 locutusque est Dominus ad Mosen dicens
49 tribum Levi noli numerare
neque ponas summam eorum cum filiis Israhel
50 sed constitue eos super tabernaculum testimonii 3,7.8! 18,3.4; I Par 23,28.32
cuncta vasa eius et quicquid ad caerimonias pertinet
ipsi portabunt tabernaculum et omnia utensilia eius
et erunt in ministerio 16,9
ac per gyrum tabernaculi metabuntur 53!
51 cum proficiscendum fuerit deponent Levitae tabernaculum
cum castra metanda erigent
quisquis externorum accesserit occidetur 3,10! 38; 17,13; 18,7
52 metabuntur autem castra filii Israhel 2,2.34
unusquisque per turmas et cuneos atque exercitum suum
53 porro Levitae per gyrum tabernaculi 50; 3,38
figent tentoria
ne fiat indignatio super multitudinem filiorum Israhel 18,5; Lv 10,6!
et excubabunt in custodiis tabernaculi testimonii 3,25! 31,30.47
54 fecerunt ergo filii Israhel iuxta omnia quae praeceperat Dominus Mosi Ex 12,28!
2 locutusque est Dominus ad Mosen et Aaron dicens
2 singuli per turmas signa atque vexilla 1,52.53; 24,2
et domos cognationum suarum
castrametabuntur filiorum Israhel
per gyrum tabernaculi foederis
3 ad orientem Iudas figet tentoria per turmas exercitus sui
eritque princeps filiorum eius Naasson filius Aminadab 1,7!
4 et omnis de stirpe eius summa pugnantium 1,27
septuaginta quattuor milia sescen-

GAOC ΣΛSTMΦ cr

44 et[2] *om.* OSTΦ | 45 omnes filii GΣ; omnis numerus filiorum c.; simul filiorum Λ | 47 in tribus CΣSTM | 49 pones c | 50 testimonii + et c | 51 cum[1]] cumque G | castrametandum A c; castrametandam Λ. | exterorum GO. ‖ **2**,2 filii AΦ c | 4 omnes GTΦ; omne M. | sexcenti c |

torum
5 iuxta eum castrametati sunt de tribu
1,8; 7,18 Isachar
quorum princeps fuit Nathanahel filius Suar
1,29 6 et omnis numerus pugnatorum eius
quinquaginta quattuor milia quadringenti
1,9; 7,24 7 in tribu Zabulon princeps fuit Heliab filius Helon
1,30.31 8 omnis de stirpe eius exercitus pugnatorum
quinquaginta septem milia quadringenti
9 universi qui in castris Iudae adnumerati sunt
fuerunt centum octoginta sex milia quadringenti
10,5.13.14 et per turmas suas primi egredientur
1,5; 7,30 10 in castris filiorum Ruben ad meridianam plagam
erit princeps Elisur filius Sedeur
11 et cunctus exercitus pugnatorum eius
1,20.21 qui numerati sunt
quadraginta sex milia quingenti
12 iuxta eum castrametati sunt de tribu
1,6; 7,36 Symeon
quorum princeps fuit Salamihel filius Surisaddai
1,22.23 13 et cunctus exercitus pugnatorum eius
qui numerati sunt
quinquaginta novem milia trecenti
1,14; 7,42 14 in tribu Gad princeps fuit Heliasaph filius Duhel
1,24.25 15 et cunctus exercitus pugnatorum eius
qui numerati sunt
quadraginta quinque milia sescenti quinquaginta
16 omnes qui recensiti sunt in castris Ruben
centum quinquaginta milia et mille quadringenti quinquaginta
per turmas suas in secundo loco proficiscentur

17 levabitur autem tabernaculum testimonii
per officia Levitarum et turmas eorum
quomodo erigetur ita et deponetur
singuli per loca et ordines suos proficiscentur
18 ad occidentalem plagam erunt castra filiorum Ephraim
quorum princeps fuit Helisama filius 1,10; 7,48
Ammiud
19 cunctus exercitus pugnatorum eius 1,32.33
qui numerati sunt
quadraginta milia quingenti
20 et cum eis tribus filiorum Manasse 1,10; 7,54
quorum princeps fuit Gamalihel filius Phadassur
21 cunctus exercitus pugnatorum eius 1,34.35
qui numerati sunt
triginta duo milia ducenti
22 in tribu filiorum Beniamin princeps 1,11; 7,60
fuit Abidan filius Gedeonis
23 et cunctus exercitus pugnatorum eius 1,36.37
qui recensiti sunt
triginta quinque milia quadringenti
24 omnes qui numerati sunt in castris Ephraim
centum octo milia centum
per turmas suas tertii proficiscentur
25 ad aquilonis partem castrametati
sunt filii Dan 1,12; 7,66
quorum princeps fuit Ahiezer filius Amisaddai
26 cunctus exercitus pugnatorum eius 1,38.39
qui numerati sunt
sexaginta duo milia septingenti
27 iuxta eum fixere tentoria de tribu 1,13; 7,72
Aser
quorum princeps fuit Phegihel filius Ochran
28 cunctus exercitus pugnatorum eius 1,40.41
qui numerati sunt
quadraginta milia et mille quingenti
29 de tribu filiorum Nepthalim prin- 1,15; 7,78
ceps fuit Ahira filius Henan

8 omnes GO | 11 quingentorum A | 16 recensiti] numerati C | 17 et[2] *om.* G | 19 [*deest* G *usque ad* 4,6] | 21 cunctusque c. | 22 in tribus OC | 23 recensiti] numerati AC. | 24 centum[2] *om.* C |

(G)AOC ΣΛSTMΦ cr

1,42.43 30 cunctus exercitus pugnatorum eius
quinquaginta tria milia quadringenti
31 omnes qui numerati sunt in castris Dan
fuerunt centum quinquaginta septem milia sescenti
10,25 et novissimi proficiscentur
1,45.46 32 hic numerus filiorum Israhel
per domos cognationum suarum
et turmas divisi exercitus
sescenta tria milia quingenti quinquaginta
1,47 33 Levitae autem non sunt numerati inter filios Israhel
sic enim praecepit Dominus Mosi
Ex 12,28! 34 feceruntque filii Israhel iuxta omnia quae mandaverat Dominus
1,52 castrametati sunt per turmas suas
et profecti per familias ac domos patrum suorum
3 haec sunt generationes Aaron et Mosi
in die qua locutus est Dominus ad Mosen in monte Sinai
26,60; Ex 6,23! I Par 6,3 2 et haec nomina filiorum Aaron
primogenitus eius Nadab dein Abiu et Eleazar et Ithamar
3 haec nomina filiorum Aaron sacerdotum
Ex 28,41! 29,24! Idc 17,5! Sir 45,18 qui uncti sunt et quorum repletae et consecratae manus ut sacerdotio fungerentur
26,61 4 mortui sunt Nadab et Abiu
Lv 10,1.2! cum offerrent ignem alienum in conspectu Domini in deserto Sinai absque liberis
I Par 24,2 functique sunt sacerdotio Eleazar et Ithamar coram Aaron patre suo
5 locutus est Dominus ad Mosen dicens
8,13; 18,2; Dt 10,8! 6 adplica tribum Levi et fac stare in conspectu Aaron sacerdotis
6—8: I Par 23,32 ut ministrent ei et excubent 7 et observent
1,50! quicquid ad cultum pertinet multitudinis
coram tabernaculo testimonii
8 et custodiant vasa tabernaculi servientes in ministerio eius 8—10: 8,19; 18,6.7
9 dabisque dono Levitas 10 Aaron et filiis eius
quibus traditi sunt a filiis Israhel
Aaron autem et filios eius constitues super cultum sacerdotii I Sm 2,28
externus qui ad ministrandum accesserit morietur 1,51! 18,22
11 locutusque est Dominus ad Mosen dicens
12 ego tuli Levitas a filiis Israhel 41! 8,14; 16,9; 8,16.17; Ex 13,2!
pro omni primogenito qui aperit vulvam in filiis Israhel
eruntque Levitae mei
13 meum est enim omne primogenitum Ex 13,2!
ex quo percussi primogenitos in terra Aegypti Ex 11,5!
sanctificavi mihi quicquid primum nascitur in Israhel
ab homine usque ad pecus mei sunt
ego Dominus
14 locutus est Dominus ad Mosen in deserto Sinai dicens
15 numera filios Levi per domos patrum suorum et familias 39!
omnem masculum ab uno mense et supra
16 numeravit Moses ut praeceperat Dominus
17 et inventi sunt filii Levi per nomina sua 26,57; Gn 46, Ex 6,16; I Par 6,1.16; 2
Gerson et Caath et Merari 17—20: Ex 6,17–19
18 filii Gerson Lebni et Semei
19 filii Caath Amram et Iessaar Hebron et Ozihel
20 filii Merari Mooli et Musi
21 de Gerson fuere familiae duae lebnitica et semeitica
22 quarum numeratus est populus sexus masculini ab uno mense et supra
septem milia quingentorum

AOC ΣΛST(M)Φ cr
33 praeceperat c. || 3,1 hae ΛTMΦ c | 2 deinc C; deinde TM c | 4 sunt¹ + enim c. | 5 locutusque est CΣΛS c | 10 aaroni¹ A | exterus AΛ.; extraneus CS. | 11 locutus est AΣΛS | 12 in] a C | 13 primo C | 14 locutusque est C c | 15 omne CΛ; *om.* S. | 17 [*deest* M *usque ad* 4,19] | 19 iessaar + et C | 21 fuerunt OS | 22 quingenti c. |

23 hii post tabernaculum metabuntur
ad occidentem
24 sub principe Eliasaph filio Lahel
,53! IV Rg 11,7; Ez 40,45; 44,11 25 et habebunt excubias in tabernaculo
foederis
4,25.26 26 ipsum tabernaculum et operimentum
eius
tentorium quod trahitur ante fores
tecti foederis et cortinas atrii
tentorium quoque quod adpenditur
in introitu atrii tabernaculi
et quicquid ad ritum altaris pertinet
funes tabernaculi et omnia utensilia
eius
27 cognatio Caath habebit populos
Amramitas et Iessaaritas et Hebronitas et Ozihelitas
hae sunt familiae Caathitarum
recensitae per nomina sua
28 omnes generis masculini ab uno mense et supra
octo milia sescenti
habebunt excubias sanctuarii
29 et castrametabuntur ad meridianam
plagam
30 princepsque eorum erit Elisaphan filius Ozihel
31 et custodient arcam mensamque et
candelabrum
altaria et vasa sanctuarii in quibus
ministratur
et velum cunctamque huiuscemodi
supellectilem
32 princeps autem principum Levitarum
Eleazar filius Aaron sacerdotis
erit super excubitores custodiae
sanctuarii
33 at vero de Merari erunt populi Moolitae et Musitae
recensiti per nomina sua
34 omnes generis masculini ab uno
mense et supra
sex milia ducenti
35 princeps eorum Surihel filius Abiahihel
in plaga septentrionali castrametabuntur
36 erunt sub custodia eorum 4,31.32
tabulae tabernaculi et vectes et columnae ac bases earum
et omnia quae ad cultum huiuscemodi pertinent
37 columnaeque atrii per circuitum
cum basibus suis
et paxilli cum funibus
38 castrametabuntur ante tabernaculum foederis id est ad orientalem 1,53!
plagam
Moses et Aaron cum filiis suis
habentes custodiam sanctuarii in
medio filiorum Israhel
quisquis alienus accesserit morietur 1,51!
39 omnes Levitae quos numeraverunt 15; 26,62
Moses et Aaron iuxta praeceptum
Domini
per familias suas in genere masculino
a mense uno et supra
fuerunt viginti duo milia
40 et ait Dominus ad Mosen
numera primogenitos sexus masculini de filiis Israhel a mense uno et
supra
et habebis summam eorum
41 tollesque Levitas mihi pro omni primogenito filiorum Israhel 12! 45
ego sum Dominus
et pecora eorum pro universis primogenitis pecoris filiorum Israhel
42 recensuit Moses sicut praeceperat
Dominus primogenitos filiorum Israhel
43 et fuerunt masculi per nomina sua a
mense uno et supra
viginti duo milia ducenti septuaginta
tres
44 locutusque est Dominus ad Mosen
45 tolle Levitas pro primogenitis filiorum Israhel 41!

26 ante foras OS | 27 haec OC | 28 omnis OS; omne Σ | 31 huiusmodi OΛS | 34 omne OΣΛ | 35 castrametabitur OΣΛST | 40 ab uno mense O c. | 41 pecoris filiorum] pecorum O.; pecorum filiorum S c | 43 masculini CΣ | 44 mosen + dicens ΣΛ c | 45 pro[1] *om.* O |

AOC ΣΛSTΦ cr

et pecora Levitarum pro pecoribus
eorum
eruntque Levitae mei
ego sum Dominus
46 in pretio autem ducentorum septuaginta trium
qui excedunt numerum Levitarum
18,15.16 de primogenitis filiorum Israhel
47 accipies quinque siclos per singula
Ex 30,13! capita ad mensuram sanctuarii
siclus habet obolos viginti
48 dabisque pecuniam Aaron et filiis
eius
pretium eorum qui supra sunt
49 tulit igitur Moses pecuniam eorum
qui fuerant amplius
et quos redemerant a Levitis 50 pro
primogenitis filiorum Israhel
mille trecentorum sexaginta quinque
siclorum
iuxta pondus sanctuarii
51 et dedit eam Aaroni et filiis eius
iuxta verbum quod praeceperat sibi
Dominus
1—3: 21–23 **4** locutusque est Dominus ad Mosen
et Aaron dicens
29.30.38.39. 42.43.46.47! 2 tolle summam filiorum Caath de medio Levitarum
per domos et familias suas
3 a tricesimo anno et supra usque ad
quinquagesimum annum
8,15.22.24.25 omnium qui ingrediuntur ut stent et
ministrent in tabernaculo foederis
4 hic est cultus filiorum Caath
tabernaculum foederis et sanctum
sanctorum 5 ingredientur Aaron et
filii eius
quando movenda sunt castra
et deponent velum quod pendet ante
fores
involventque eo arcam testimonii

6 et operient rursum velamine ianthinarum pellium
extendentque desuper pallium totum 10.11.12.14
hyacinthinum
et inducent vectes
7 mensam quoque propositionis involvent hyacinthino pallio
et ponent cum ea turibula et mortariola cyatos et crateras ad liba fundenda
panes semper in ea erunt
8 extendentque desuper pallium coccineum
quod rursum operient velamento
ianthinarum pellium
et inducent vectes
9 sument et pallium hyacinthinum
quo operient candelabrum cum lucernis et forcipibus suis
et emunctoriis et cunctis vasis olei
quae ad concinnandas lucernas necessaria sunt
10 et super omnia ponent operimentum 6!
ianthinarum pellium
et inducent vectes
11 nec non et altare aureum involvent
hyacinthino vestimento
et extendent desuper operimentum 6!
ianthinarum pellium
inducentque vectes
12 omnia vasa quibus ministratur in
sanctuario
involvent hyacinthino pallio
et extendent desuper operimentum 6!
ianthinarum pellium
inducentque vectes
13 sed et altare mundabunt cinere et involvent illud purpureo vestimento
14 ponentque cum eo omnia vasa quibus in ministerio eius utuntur
id est ignium receptacula

(G)AOC ΣΛSTΦ cr 47 ~ uiginti obolos c | 50 pro *om.* O | 51 aaroni AOSr] aaron *cet.* | sibi] ei AΣ. || **4**,1 locutus est CΛS | 5 ingrediuntur CS. | 6 [*iterum adest* G] | ianthinarum GAST cr] hyacinthinarum *cet.* | extendetque Σ.; extenditque OS. | 8 extendetque O. | ianthinarum GAT cr] hyacinthinarum *cet.* | pellium] pallium G | 9 quo operiunt Σ.; cohoperient C | et[3] *om.* GCTΦ | 10 ianthinarum GACT cr] hyacinthinarum *cet.* | 11 et extendent — 12 pallio *om.* C. | ianthinarum GAT cr] hyacinthinarum *cet.*, *item v.* 12 | 12 uasa + in GAr. |

fuscinulas ac tridentes
uncinos et vatilla
6! cuncta vasa altaris operient simul velamine ianthinarum pellium
et inducent vectes
15 cumque involverint Aaron et filii eius sanctuarium et omnia vasa eius in commotione castrorum
tunc intrabunt filii Caath
19 ut portent involuta et non tangant vasa sanctuarii ne moriantur
ista sunt onera filiorum Caath in tabernaculo foederis
16 super quos erit Eleazar filius Aaron sacerdotis
Ex 25,6 ad cuius pertinet curam oleum ad concinnandas lucernas
et conpositionis incensum
et sacrificium quod semper offertur
et oleum unctionis
et quicquid ad cultum tabernaculi pertinet
omniumque vasorum quae in sanctuario sunt
17 locutusque est Dominus ad Mosen et Aaron dicens
18 nolite perdere populum Caath de medio Levitarum
15 19 sed hoc facite eis ut vivant et non moriantur si tetigerint sancta sanctorum
Aaron et filii eius intrabunt
ipsique disponent opera singulorum
et divident quid portare quis debeat
20 alii nulla curiositate videant quae sunt in sanctuario priusquam involvantur
alioquin morientur
21—23: 1–3 21 locutus est Dominus ad Mosen dicens
22 tolle summam etiam filiorum Gerson per domos ac familias et cognationes suas
23 a triginta annis et supra usque ad annos quinquaginta numera
omnes qui ingrediuntur et ministrant in tabernaculo foederis
24 hoc est officium familiae Gersonitarum
25 ut portent cortinas tabernaculi et tectum foederis 3,26
operimentum aliud et super omnia velamen ianthinum
tentoriumque quod pendet in introitu foederis tabernaculi
26 cortinas atrii et velum in introitu quod est ante tabernaculum
omnia quae ad altare pertinent
funiculos et vasa ministerii
27 iubente Aaron et filiis eius portabunt filii Gerson
et scient singuli cui debeant oneri mancipari
28 hic est cultus familiae Gersonitarum 33
in tabernaculo foederis
eruntque sub manu Ithamar filii Aaron sacerdotis 7,8; Ex 38,21
29 filios quoque Merari per familias et 2.3!
domos patrum suorum recensebis
30 a triginta annis et supra usque ad annos quinquaginta
omnes qui ingrediuntur ad officium ministerii sui et cultum foederis testimonii
31 haec sunt onera eorum 3,36.37
portabunt tabulas tabernaculi et vectes eius
columnas et bases earum
32 columnas quoque atrii per circuitum
cum basibus et paxillis et funibus suis
omnia vasa et supellectilem ad numerum accipient sicque portabunt
33 hoc est officium familiae Meraritarum 28!

14 uatilla] quatilla GC; batilla TΦ cr | ianthinarum GACT cr] hyacinthinarum *cet.* | 15 in commutione O; in conmutatione GS. | tangent c | in tabernaculum G | 16 ~ curam pertinet c. | 19 [*iterum adest* M] | diuident] uident O | 20 moriantur O | 21 locutusque est c | 25 ianthinum GAT cr] hyacinthinum *cet.* | in introitum OΛ | ~ tabernaculi foederis c | 27 sciant CΣ | oneri] operi OTM; ordini C. | 29 recensebitis CΣ | 31 et[2]] ac c. |

GAOC ΣΛST(M)Φ cr

rum
et ministerium in tabernaculo foederis
eruntque sub manu Ithamar filii Aaron sacerdotis
34 recensuerunt igitur Moses et Aaron et principes synagogae
filios Caath per cognationes et domos patrum suorum
35 a triginta annis et supra usque ad annum quinquagesimum
omnes qui ingrediuntur ad ministerium tabernaculi foederis
36 et inventi sunt duo milia septingenti quinquaginta
37 hic est numerus populi Caath qui intrat tabernaculum foederis
hos numeravit Moses et Aaron
iuxta sermonem Domini per manum Mosi
2.3! 38 numerati sunt et filii Gerson per cognationes et domos patrum suorum
39 a triginta annis et supra usque ad annum quinquagesimum
omnes qui ingrediuntur ut ministrent in tabernaculo foederis
40 et inventi sunt duo milia sescenti triginta
41 hic est populus Gersonitarum
quos numeraverunt Moses et Aaron
iuxta verbum Domini
2.3! 42 numerati sunt et filii Merari per cognationes et domos patrum suorum
43 a triginta annis et supra usque ad annum quinquagesimum
omnes qui ingrediuntur ad explendos ritus tabernaculi foederis
44 et inventi sunt tria milia ducenti
45 hic est numerus filiorum Merari
quos recensuerunt Moses et Aaron
iuxta imperium Domini per manum Mosi
2.3! I Par 23,3.24! 46 omnes qui recensiti sunt de Levitis
et quos fecit ad nomen Moses et Aaron et principes Israhel
per cognationes et domos patrum suorum II Par 31,16.17
47 a triginta annis et supra usque ad annum quinquagesimum
ingredientes ad ministerium tabernaculi et onera portanda
48 fuerunt simul octo milia quingenti octoginta
49 iuxta verbum Domini recensuit eos Moses
unumquemque iuxta officium et onera sua
sicut praeceperat ei Dominus
5 locutusque est Dominus ad Mosen dicens
2 praecipe filiis Israhel ut eiciant de castris 2—4: 12,14.15; Lv 13,46!
omnem leprosum et qui semine fluit Lv 22,4!
pollutusque est super mortuo
3 tam masculum quam feminam eicite de castris
ne contaminent ea cum habitaverim vobiscum
4 feceruntque ita filii Israhel
et eiecerunt eos extra castra
sicut locutus erat Dominus Mosi
5 locutus est Dominus ad Mosen dicens
6 loquere ad filios Israhel
vir sive mulier cum fecerint ex omnibus peccatis quae solent hominibus accidere Lv 6,3
et per neglegentiam transgressi fuerint mandatum Domini atque deliquerint
7 confitebuntur peccatum suum Gn 41,9! II Sm 19,20! Ps 31,5! Lv 6,4.5!
et reddent ipsum caput quintamque partem desuper ei in quem peccaverint
8 sin autem non fuerit qui recipiat
dabunt Domino et erit sacerdotis

GAOC ΣΛSTMΦ cr 33 et] in GO. | ministerio O | in *om.* OS | tabernaculi O | 35 usque ad annos quinquaginta A | 37 intrant c | hos] hoc O.; quos C | 39 ~ quinquagesimum annum c | in tabernaculum AO | 46 fecit] fecerunt Σ; recenseri fecit c || **5**,3 ne] nec O | habitauerim cr.𝔐] habitauerint *cet.* | 4 ita *om.* O | 5 locutusque est ΟΛΤΜΦ c | 6 ad filios] filiis OΛ | 7 quintam partem G | peccauerunt A |

Lv 5,15! excepto ariete qui offertur pro expiatione ut sit placabilis hostia
18,8! Ex 29,28! 9 omnes quoque primitiae quas offerunt filii Israhel
ad sacerdotem pertinent
10 et quicquid in sanctuarium offertur a singulis
et traditur manibus sacerdotis ipsius erit
11 locutus est Dominus ad Mosen dicens
12 loquere ad filios Israhel et dices ad eos
vir cuius uxor erraverit
maritumque contemnens 13 dormierit cum altero viro
et hoc maritus deprehendere non quiverit
sed latet adulterium
et testibus argui non potest quia non est inventa in stupro
14 si spiritus zelotypiae concitaverit virum contra uxorem suam
quae vel polluta est vel falsa suspicione appetitur
Lv 5,11! 15 adducet eam ad sacerdotem et offeret oblationem pro illa
decimam partem sati farinae hordiaciae
non fundet super eam oleum nec inponet tus
quia sacrificium zelotypiae est et oblatio investigans adulterium
16 offeret igitur eam sacerdos et statuet coram Domino
17 adsumetque aquam sanctam in vase fictili
et pauxillum terrae de pavimento tabernaculi mittet in eam
18 cumque steterit mulier in conspectu Domini
discoperiet caput eius et ponet super manus illius sacrificium recordationis et oblationem zelotypiae
ipse autem tenebit aquas amarissimas
in quibus cum execratione maledicta congessit
19 adiurabitque eam et dicet
si non dormivit vir alienus tecum
et si non polluta es deserto mariti toro
non te nocebunt aquae istae amarissimae in quas maledicta congessi
20 sin autem declinasti a viro tuo atque polluta es 27.29
et concubuisti cum altero
21 his maledictionibus subiacebis Is 65,15
det te Dominus in maledictionem exemplumque cunctorum in populo suo
putrescere faciat femur tuum et tumens uterus disrumpatur
22 ingrediantur aquae maledictae in ventrem tuum Ps 108,18
et utero tumescente putrescat femur
et respondebit mulier amen amen
23 scribetque sacerdos in libello ista maledicta
et delebit ea aquis amarissimis in quas maledicta congessit
24 et dabit ei bibere
quas cum exhauserit
25 tollet sacerdos de manu eius sacrificium zelotypiae
et elevabit illud coram Domino inponetque super altare
ita dumtaxat ut prius 26 pugillum
sacrificii tollat de eo quod offertur Lv 2,2!
et incendat super altare
et sic potum det mulieri aquas amarissimas
27 quas cum biberit
si polluta est et contempto viro adulterii rea 20.21
pertransibunt eam aquae maledictionis
et inflato ventre conputrescet femur

8 excepto—hostia *transpon.* CΛ *infra v.* 10 *post vocem* singulis | 9 ad sacerdotes CΛ | 11 locutusque est OΛ c | 13 altero] alio ASTΦ | 15 offerat Σ.; offert G.; offer O. | 16 offert G | 20 altero + uiro GΛΦ c | 21 in maledictione GS | uterus + tuus ΣΛΤΦ c | 25 inponetque + illud c. | 26 quod] quo O | 27 rea + est C | conputrescit GOΣ. |

GAOC ΣΛSTMΦ cr

eritque mulier in maledictionem et in
exemplum omni populo
28 quod si polluta non fuerit
erit innoxia et faciet liberos
29 ista est lex zelotypiae si declinaverit
mulier a viro suo et si polluta fuerit
30 maritusque zelotypiae spiritu concitatus
adduxerit eam in conspectu
Domini
et fecerit ei sacerdos iuxta omnia
quae scripta sunt
31 maritus absque culpa erit et illa recipiet
iniquitatem suam
6 locutus est Dominus ad Mosen dicens
2 loquere ad filios Israhel et dices ad
eos
vir sive mulier cum fecerit votum ut
sanctificentur
et se voluerint Domino consecrare
Idc 13,4! I Sm 1,15; Lc 1,15 3 vino et omni quod inebriare potest
abstinebunt
acetum ex vino et ex qualibet alia
potione
et quicquid de uva exprimitur non
bibent
uvas recentes siccasque non comedent
4 cunctis diebus quibus ex voto Domino
consecrantur
Idc 13,14 quicquid ex vinea esse potest ab uva
passa usque ad acinum non comedent
Idc 13,5! 5 omni tempore separationis suae novacula
non transibit super caput
eius
usque ad conpletum diem quo Domino
consecratur
sanctus erit crescente caesarie capitis
eius
6 omni tempore consecrationis suae
super mortuum non ingredietur Lv 21,11!
7 nec super patris quidem et matris et
fratris sororisque funere contaminabitur
quia consecratio Dei sui super caput
eius est
8 omnes dies separationis suae sanctus
erit Domino
9 sin autem mortuus fuerit subito
quispiam coram eo
polluetur caput consecrationis eius
quod radet ilico et in eadem die purgationis
suae et rursum septima
10 in octavo autem die offeret duos turtures Lv 12,6.7!
vel duos pullos columbae sacerdoti
in introitu foederis testimonii
11 facietque sacerdos unum pro peccato
et alterum in holocaustum
et deprecabitur pro eo quia peccavit
super mortuo
sanctificabitque caput eius in die illo
12 et consecrabit Domino dies separationis
illius
offerens agnum anniculum pro peccato Lv 4,32!
ita tamen ut dies priores irriti fiant
quoniam polluta est sanctificatio eius
13 ista est lex consecrationis cum dies Act 21,26
quos ex voto decreverat conplebuntur
adducet eum ad ostium tabernaculi
foederis
14 et offeret oblationem eius Domino
agnum anniculum inmaculatum in Lv 12,6!
holocaustum
et ovem anniculam inmaculatam pro Lv 4,32!
peccato
et arietem inmaculatum hostiam pacificam Lv 9,4!
15 canistrum quoque panum azymo- Ex 29,2.3!

GAOC ΣΛSTMΦ(l) cr

27 in maledictione GΛS | 30 spiritus GOΣ | ~ spir. zelotypiae CΣS. | in conspectum GC || **6**,1 locutusque est ΣΛS c | 2 fecerint AΛTMΦ c | sanctificetur r. | se] si OS | uoluerit r | 3 a uino c | et omne AOΣΛSTMΦ | inebriari CΣ | abstinebit ... bibet ... comedet r. | 4 quibus *om.* O | consecratur ... comedet r. | 5 super] per AOΣ cr | 7 nec] ne AΛS. | 8 omnibus diebus c | 9 polluitur GOTM | et[1] *om.* ΣΛ c | 10 octaua c | 11 quia] qui G | sanctificauitque AOΛST | 12 die OTM | 14 [*adest passim* l *usque ad* 11,10] |

rum qui conspersi sunt oleo
et lagana absque fermento uncta oleo
ac libamina singulorum
16 quae offeret sacerdos coram Domino
et faciet tam pro peccato quam in
holocaustum
Lv 9,4! 17 arietem vero immolabit hostiam pacificam Domino
offerens simul canistrum azymorum
et libamenta quae ex more debentur
18 tunc radetur nazareus ante ostium
tabernaculi foederis caesarie consecrationis suae
tolletque capillos eius et ponet super
ignem qui est subpositus sacrificio
pacificorum
Ex 29,22–24 19 et armum coctum arietis
tortamque absque fermento unam de
canistro et laganum azymum unum
et tradet in manibus nazarei postquam rasum fuerit caput eius
20 susceptaque rursum ab eo elevabit in
conspectu Domini
et sanctificata sacerdotis erunt
sicut pectusculum quod separari iussum est et femur
post haec potest bibere nazareus vinum
21 ista est lex nazarei cum voverit oblationem suam Domino tempore
consecrationis suae
exceptis his quae invenerit manus
eius
iuxta quod mente devoverat ita faciet ad perfectionem sanctificationis suae
22 locutus est Dominus ad Mosen dicens
23 loquere Aaron et filiis eius
Lv 9,22! sic benedicetis filiis Israhel et dicetis
eis
Ps 66,2 24 benedicat tibi Dominus et custodiat
te

25 ostendat Dominus faciem suam tibi Ps 30,17! 79,4!
et misereatur tui
26 convertat Dominus vultum suum ad Ps 4,7
te et det tibi pacem II Th 3,16!
27 invocabunt nomen meum super filios Dt 28,10; Bar 2,15;
Israhel et ego benedicam eis Dn 9,18.19
7 factum est autem in die qua conple- Ex 40,15.16!
vit Moses tabernaculum et erexit
illud
unxitque et sanctificavit cum omni- Ex 40,9.10
bus vasis suis
altare similiter et vasa eius
2 obtulerunt principes Israhel et capita
familiarum qui erant per singulas
tribus
praefecti eorum qui numerati fuerant 3 munera coram Domino
sex plaustra tecta cum duodecim bubus
unum plaustrum obtulere duo duces
et unum bovem singuli
obtuleruntque ea in conspectu tabernaculi
4 ait autem Dominus ad Mosen
5 suscipe ab eis ut serviant in ministerio tabernaculi
et tradas ea Levitis iuxta ordinem ministerii sui
6 itaque cum suscepisset Moses plaustra et boves tradidit eos Levitis
7 duo plaustra et quattuor boves dedit
filiis Gerson
iuxta id quod habebant necessarium
8 quattuor alia plaustra et octo boves
dedit filiis Merari
secundum officia et cultum suum
sub manu Ithamar filii Aaron sacer- 4,28!
dotis
9 filiis autem Caath non dedit plaustra
et boves
quia in sanctuario serviunt et onera
propriis portant umeris
10 igitur obtulerunt duces in dedicatio- 84.88

15 sint ΑΛΤΦc | 17 [*deest* G *usque ad* 7,5] | 18 caesariem CM | 19 azimorum O | et[3] *om.* C | in manus c.; manibus S. | 20 susceptamque CΣ | 22 locutusque est ΛSc | 23 aaroni O; ad aaron CSl | filiis[1]] filii O; filios S | filiis[2]] filios C | 27 inuocabuntque c. || 7,1 suis] eius CS. | et[3] + omnia c. | 2 praefectique Ac | 5 [*iterum adest* G] | trades CΣΛMlc | (G)AOC ΣΛSTMΦl cr

nem altaris die qua unctum est
oblationem suam ante altare
11 dixitque Dominus ad Mosen
singuli duces per singulos dies offerant munera in dedicationem altaris
12 primo die obtulit oblationem suam
1,7! Naasson filius Aminadab de tribu
Iuda
Ex 25,29 13 fueruntque in ea acetabulum argen-
13—17: 19–23.25–29. 31–35.37–41. 43–47.49–53. 55–59.61–65. 67–71.73–77. 79–83.84–88 teum pondo centum triginta siclorum
fiala argentea habens septuaginta siclos iuxta pondus sanctuarii
utrumque plenum simila conspersa
oleo in sacrificium
14 mortariolum ex decem siclis aureis
plenum incenso
Lv 23,18! I Par 29,21; II Par 29,21! 32; Ez 43,23.24 15 bovem et arietem et agnum anniculum in holocaustum
15,24; 28,15! Lv 4,23! 16 hircumque pro peccato
Lv 3,6! 9,4! 17 et in sacrificio pacificorum boves duos arietes quinque hircos quinque
agnos anniculos quinque
haec est oblatio Naasson filii Aminadab
1,8; 2,5 18 secundo die obtulit Nathanahel filius
Suar dux de tribu Isachar
19—23: 13–17! 19 acetabulum argenteum adpendens
centum triginta siclos
fialam argenteam habentem septuaginta siclos iuxta pondus sanctuarii
utrumque plenum simila conspersa
oleo in sacrificium
20 mortariolum aureum habens decem
siclos plenum incenso
21 bovem de armento et arietem et agnum anniculum in holocaustum
22 hircumque pro peccato
23 et in sacrificio pacificorum boves duos arietes quinque hi cos quinque
agnos anniculos quinque
haec fuit oblatio Nathanahel filii
Suar
1,9; 2,7 24 tertio die princeps filiorum Zabulon
Heliab filius Helon
25 obtulit acetabulum argenteum ad- **25—29:** 13–17!
pendens centum triginta siclos
fialam argenteam habentem septuaginta siclos ad pondus sanctuarii
utrumque plenum simila conspersa
oleo in sacrificium
26 mortariolum aureum adpendens decem siclos plenum incenso
27 bovem de armento et arietem et agnum anniculum in holocaustum
28 hircumque pro peccato
29 et in sacrificio pacificorum boves duos arietes quinque hircos quinque
agnos anniculos quinque
haec est oblatio Heliab filii Helon
30 die quarto princeps filiorum Ruben 1,5; 2,10
Helisur filius Sedeur
31 obtulit acetabulum argenteum ad- **31—35:** 13–17!
pendens centum triginta siclos
fialam argenteam habentem septuaginta siclos ad pondus sanctuarii
utrumque plenum simila conspersa
oleo in sacrificium
32 mortariolum aureum adpendens decem siclos plenum incenso
33 bovem de armento et arietem et agnum anniculum in holocaustum
34 hircumque pro peccato
35 et in hostias pacificorum boves duos
arietes quinque hircos quinque
agnos anniculos quinque
haec fuit oblatio Helisur filii Sedeur
36 die quinto princeps filiorum Symeon 1,6; 2,12
Salamihel filius Surisaddai
37 obtulit acetabulum argenteum ad- **37—41:** 13–17!
pendens centum triginta siclos
fialam argenteam habentem septuaginta siclos ad pondus sanctuarii
utrumque plenum simila conspersa
oleo in sacrificium
38 mortariolum aureum adpendens decem siclos plenum incenso
39 bovem de armento et arietem et ag-

GAOC ΣΛSTMΦl cr 11 in dedicatione GΛS | 15 bouem + de armento ACc | 17 in sacrificium r | 20 incensum GOC | 23 in sacrificium r | 24 tertio — 83 henan] similiter cuncti duces XII per singulos dies munera obtulere l. | 29 in sacrificium r | 33 in holocausto OTΦ. | 35 in *om.* GTΦ |

num anniculum in holocaustum
40 hircumque pro peccato
41 et in hostias pacificorum boves duos
arietes quinque hircos quinque agnos anniculos quinque
haec fuit oblatio Salamihel filii Surisaddai
1,14; 2,14 42 die sexto princeps filiorum Gad Heliasaph filius Duhel
43—47: 13–17! 43 obtulit acetabulum argenteum adpendens centum triginta siclos
fialam argenteam habentem septuaginta siclos ad pondus sanctuarii
utrumque plenum simila conspersa
oleo in sacrificium
44 mortariolum aureum adpendens siclos decem plenum incenso
45 bovem de armento et arietem et agnum anniculum in holocaustum
46 hircumque pro peccato
47 et in hostias pacificorum boves duos
arietes quinque hircos quinque agnos anniculos quinque
haec fuit oblatio Heliasaph filii Duhel
1,10; 2,18 48 die septimo princeps filiorum Ephraim Helisama filius Ammiud
49—53: 13–17! 49 obtulit acetabulum argenteum adpendens centum triginta siclos
fialam argenteam habentem septuaginta siclos ad pondus sanctuarii
utrumque plenum simila conspersa
oleo in sacrificium
50 mortariolum aureum adpendens decem siclos plenum incenso
51 bovem de armento et arietem et agnum anniculum in holocaustum
52 hircumque pro peccato
53 et in hostias pacificas boves duos arietes quinque hircos quinque agnos
anniculos quinque
haec fuit oblatio Helisama filii Ammiud
1,10; 2,20 54 die octavo princeps filiorum Manasse
Gamalihel filius Phadassur
55 obtulit acetabulum argenteum ad- 55—59: 13–17!
pendens centum triginta siclos
fialam argenteam habentem septuaginta siclos ad pondus sanctuarii
utrumque plenum simila conspersa
oleo in sacrificium
56 mortariolum aureum adpendens decem siclos plenum incenso
57 bovem de armento et arietem et agnum anniculum in holocaustum
58 hircumque pro peccato
59 et in hostias pacificorum boves duos
arietes quinque hircos quinque agnos anniculos quinque
haec fuit oblatio Gamalihel filii Phadassur
60 die nono princeps filiorum Benia- 1,11; 2,22
min Abidan filius Gedeonis
61 obtulit acetabulum argenteum ad- 61—65: 13–17!
pendens centum triginta siclos
fialam argenteam habentem septuaginta siclos ad pondus sanctuarii
utrumque plenum simila conspersa
oleo in sacrificium
62 mortariolum aureum adpendens decem siclos plenum incenso
63 bovem de armento et arietem et agnum anniculum in holocaustum
64 hircumque pro peccato
65 et in hostias pacificorum boves duos
arietes quinque hircos quinque agnos anniculos quinque
haec fuit oblatio Abidan filii Gedeonis
66 die decimo princeps filiorum Dan 1,12; 2,25
Ahiezer filius Amisaddai
67 obtulit acetabulum argenteum ad- 67—71: 13–17!
pendens centum triginta siclos
fialam argenteam habentem septuaginta siclos ad pondus sanctuarii
utrumque plenum simila conspersa
oleo in sacrificium
68 mortariolum aureum adpendens decem siclos plenum incenso
69 bovem de armento et arietem et ag-

44 ∼ decem siclos GOcr | 49 in sacrificio OSTΦ | 53 pacificas GOΣTΦr.] pacificorum *cet.* | 62 et mortariolum Oc | 65 in *om.* G | GAOC ΣΛSTMΦl cr

num anniculum in holocaustum
70 hircumque pro peccato
71 et in hostias pacificorum boves duos
arietes quinque hircos quinque agnos anniculos quinque
haec fuit oblatio Ahiezer filii Amisaddai
1,13; 2,27 72 die undecimo princeps filiorum Aser
Phagaihel filius Ochran
73—77: 13–17! 73 obtulit acetabulum argenteum adpendens centum triginta siclos
fialam argenteam habentem septuaginta siclos ad pondus sanctuarii
utrumque plenum simila conspersa oleo in sacrificium
74 mortariolum aureum adpendens decem siclos plenum incenso
75 bovem de armento et arietem et agnum anniculum in holocaustum
76 hircumque pro peccato
77 et in hostias pacificorum boves duos
arietes quinque hircos quinque agnos anniculos quinque
haec fuit oblatio Phagaihel filii Ochran
1,15; 2,29 78 die duodecimo princeps filiorum Nepthalim Achira filius Henan
79—83: 13–17! 79 obtulit acetabulum argenteum adpendens centum triginta siclos
fialam argenteam habentem septuaginta siclos ad pondus sanctuarii
utrumque plenum simila conspersa oleo in sacrificium
80 mortariolum aureum adpendens decem siclos plenum incenso
81 bovem de armento et arietem et agnum anniculum in holocaustum
82 hircumque pro peccato
83 et in hostias pacificorum boves duos
arietes quinque hircos quinque agnos anniculos quinque
haec fuit oblatio Achira filii Henan

84 haec in dedicatione altaris oblata sunt a principibus Israhel in die qua consecratum est 10!
acetabula argentea duodecim 84—88: 13–17!
fialae argenteae duodecim
mortariola aurea duodecim
85 ita ut centum triginta argenti siclos haberet unum acetabulum
et septuaginta siclos una fiala
id est in commune vasorum omnium ex argento
sicli duo milia quadringenti pondere sanctuarii
86 mortariola aurea duodecim plena incenso
denos siclos adpendentia pondere sanctuarii
id est simul auri sicli centum viginti
87 boves de armento in holocaustum duodecim
arietes duodecim agni anniculi duodecim et libamenta eorum
hirci duodecim pro peccato
88 hostiae pacificorum boves viginti quattuor
arietes sexaginta hirci sexaginta agni anniculi sexaginta
haec oblata sunt in dedicatione altaris quando unctum est 10!
89 cumque ingrederetur Moses tabernaculum foederis ut consuleret oraculum Ex 33,9!
audiebat vocem loquentis ad se de propitiatorio
quod erat super arcam testimonii inter duos cherubin unde et loquebatur ei Ex 25,22!
8 locutus est Dominus ad Mosen dicens
2 loquere Aaroni et dices ad eum
cum posueris septem lucernas
contra eam partem quam candelab-

GAOC ΣΛSTMΦl cr 77 in *om.* G | 79 ~ oleo conspersa G ¢. | in sacrificio G | 84 in dedicationem CMΦl | 85 ~ siclos argenti Σl ¢ | siclos^2 + haberet ¢ | 87 agnos anniculos O. | hircos GA. | 88 hostiae] in hostias M ¢.; et in hostias C. | hircos G l || **8**, 1 locutusque est ¢; et locutus est Σ. | 2 aaroni AOΣS.] ad aaron Cl; aaron *cet.* | lucernas + candelabrum (candelabrorum Φ) in australi parte erigatur (erigat TΦ) hoc igitur praecipe (praecepit Φ) ut lucernae contra boream e regione respiciant ad mensam panum propositionis TMΦ ¢, *cf.* Ex 26,35; 40,22 |

rum respicit lucere debebunt
3 fecitque Aaron et inposuit lucernas
super candelabrum ut praeceperat
Dominus Mosi
Ex 25,31 4 haec autem erat factura candelabri
ex auro ductili tam medius stipes
quam cuncta ex utroque calamorum
latera nascebantur
Ex 25,9 iuxta exemplum quod ostendit Dominus Mosi ita operatus est candelabrum
5 et locutus est Dominus ad Mosen
dicens
6 tolle Levitas de medio filiorum Israhel
et purificabis eos 7 iuxta hunc ritum
aspergantur aqua lustrationis et ra-
dant omnes pilos carnis suae
cumque laverint vestimenta sua et
mundati fuerint
8 tollant bovem de armentis et libamentum eius similam oleo conspersam
bovem autem alterum de armento tu
accipies pro peccato
Ex 29,4 9 et adplicabis Levitas coram tabernaculo foederis
convocata omni multitudine filiorum
Israhel
10 cumque Levitae fuerint coram Domino
ponent filii Israhel manus suas super
eos
21 11 et offeret Aaron Levitas munus in
conspectu Domini a filiis Israhel
ut serviant in ministerio eius
Lv 8,14! 12 Levitae quoque ponent manus suas
super capita boum
e quibus unum facies pro peccato
Idc 6,26 et alterum in holocaustum Domini
ut depreceris pro eis
3,6! 13 statuesque Levitas in conspectu Aaron et filiorum eius
et consecrabis oblatos Domino
14 ac separabis de medio filiorum Isra- 3,12!
hel ut sint mei
15 et postea ingrediantur tabernaculum 4,3!
foederis ut serviant mihi
sicque purificabis et consecrabis eos
in oblationem Domini
quoniam dono donati sunt mihi a
filiis Israhel
16 pro primogenitis quae aperiunt om- 3,12.13!
nem vulvam in Israhel accepi eos
17 mea sunt omnia primogenita filiorum Israhel
tam ex hominibus quam ex iumentis
ex die quo percussi omnem primogenitum in terra Aegypti sanctificavi eos mihi
18 et tuli Levitas pro cunctis primogenitis filiorum Israhel
19 tradidique eos dono Aaroni et filiis 3,8–10!
eius de medio populi
ut serviant mihi pro Israhel in tabernaculo foederis
et orent pro eis ne sit in populo plaga
si ausi fuerint accedere ad sanctuarium
20 feceruntque Moses et Aaron et om- Ex 7,6!
nis multitudo filiorum Israhel super
Levitas
quae praeceperat Dominus Mosi
21 purificatique sunt et laverunt vestimenta sua
elevavitque eos Aaron in conspectu 11
Domini
et oravit pro eis 22 ut purificati ingrederentur ad officia sua in taber- 4,3!
naculum foederis
coram Aaron et filiis eius
sicut praeceperat Dominus Mosi de
Levitis ita factum est
23 locutus est Dominus ad Mosen dicens
24 haec est lex Levitarum

GAOC ΣΛSTMΦl cr

4 ex utraque G; quae ex utroque c; quae A. | latere ASTMΦ cr | 7 aspergatur O | 8 tollent c | 11 munus] manus Al | a] et S.; pro O | 12 domino CS. | 15 ingredientur c | in oblatione GO | dono *om.* O | 17 sunt + enim Λ c | omnem] omne ΛM c | 19 dono *om.* Gl. | aaroni AΣΛS.] aaron *cet.* | 20 super leuitis A c | 22 in tabernaculo CΛ; in tabernacula O. | praecepit ACΛS1 | 23 locutusque est c |

4,3! a viginti quinque annis et supra ingredientur ut ministrent in tabernaculo foederis
25 cumque quinquagesimum annum
aetatis impleverint servire cessabunt
26 eruntque ministri fratrum suorum in
tabernaculo foederis
ut custodiant quae sibi fuerint com-
mendata
opera autem ipsa non faciant
sic dispones Levitas in custodiis suis
1,1 **9** locutus est Dominus ad Mosen in
deserto Sinai anno secundo
postquam egressi sunt de terra Aegypti mense primo dicens
Dt 16,1! Ios 5,10; II Par 35,1; I Esr 6,19; Ez 45,21 2—5: Lv 23,5! 2 faciant filii Israhel phase in tempore
suo
3 quartadecima die mensis huius ad
vesperam
iuxta omnes caerimonias et iustificationes eius
4 praecepitque Moses filiis Israhel ut
facerent phase
5 qui fecerunt tempore suo
quartadecima die mensis ad vesperam in monte Sinai
Ex 12,28! iuxta omnia quae mandaverat Dominus Mosi fecerunt filii Israhel
6 ecce autem quidam inmundi super
animam hominis
qui non poterant facere pascha in
die illo
accedentes ad Mosen et Aaron 7 dixerunt eis
inmundi sumus super animam hominis
quare fraudamur ut non valeamus
13 offerre oblationem Domino in tempore suo inter filios Israhel
8 quibus respondit Moses
IV Rg 22,13 state ut consulam quid praecipiat
Dominus de vobis
9 locutusque est Dominus ad Mosen
dicens
10 loquere filiis Israhel
homo qui fuerit inmundus super anima sive in via procul in gente vestra
faciat phase Domino 11 mense se- Lv 23,5! II Par 30,2.15
cundo
quartadecima die mensis ad vesperam
cum azymis et lactucis agrestibus Ex 12,8
comedent illud
12 non relinquent ex eo quippiam us- Lv 7,15!
que mane
et os eius non confringent Ex 12,46!
omnem ritum phase observabunt
13 si quis autem et mundus est et in itinere non fuit
et tamen non fecit phase
exterminabitur anima illa de populis Lv 19,8!
suis
quia sacrificium Domino non obtulit 7
tempore suo
peccatum suum ipse portabit
14 peregrinus quoque et advena si fue- Ex 12,48
rit apud vos
faciet phase Domini iuxta caerimonias et iustificationes eius
praeceptum idem erit apud vos tam Ex 12,49
advenae quam indigenae
15 igitur die qua erectum est taberna- Ex 40,32!
culum operuit illud nubes
a vespere autem super tentorium
erat quasi species ignis usque mane
16 sic fiebat iugiter
per diem operiebat illud nubes Ex 40,36!
et per noctem quasi species ignis
17 cumque ablata fuisset nubes quae Ex 40,34.35
tabernaculum protegebat
tunc proficiscebantur filii Israhel
et in loco ubi stetisset nubes ibi cas-
trametabantur

GAOC ΣΛSTMc cr
26 leuitis c. ‖ **9**,1 sinai + in GMl. | 3 ad uesperum GΣΛ | 6 super anima ΣΛSc | pascha] phase GCSc | 7 super anima OCΛSMΦc | ~ oblationem offerre c | 10 super animam G | 11 in mense c. | ad uesperum OΣ | 12 usque + in CS. | 13 et[1] *om.* GΦ | inmundus O | 14 fuerint Σc | faciat GΣΛ; facient c | domino c | eius + praeceptum sempiternum erit hoc in generationibus uestris GC., *cf. infra* 10,8 | 17 in locum C | castrametabuntur OT |

[18]ad imperium Domini proficiscebantur et ad imperium illius figebant
tabernaculum
cunctis diebus quibus stabat nubes
super tabernaculum manebant in
eodem loco
Ex 40,35! [19]et si evenisset ut multo tempore maneret super illud
erant filii Israhel in excubiis Domini
et non proficiscebantur [20]quotquot
diebus fuisset nubes super tabernaculum
23 ad imperium Domini erigebant tentoria et ad imperium illius depone-
bant
[21]si fuisset nubes a vespere usque mane
et statim diluculo tabernaculum re-
liquisset proficiscebantur
et si post diem et noctem recessisset
dissipabant tentoria
[22]si biduo aut uno mense vel longiori
tempore fuisset super tabernaculum
Ex 40,35! manebant filii Israhel in eodem loco
et non proficiscebantur
statim autem ut recessisset movebant
castra
20 [23]per verbum Domini figebant tentoria
et per verbum illius proficiscebantur
erantque in excubiis Domini iuxta
imperium eius per manum Mosi
10 locutus est Dominus ad Mosen dicens
[2]fac tibi duas tubas argenteas ductiles
quibus convocare possis multitudinem quando movenda sunt castra
[3]cumque increpueris tubis
congregabitur ad te omnis turba ad
ostium foederis tabernaculi
[4]si semel clangueris venient ad te principes et capita multitudinis Israhel
Ios 6,5! [5]sin autem prolixior atque concisus
clangor increpuerit
2,9! movebunt castra primi qui sunt ad
orientalem plagam
[6]in secundo autem sonitu et pari ululatu tubae
levabunt tentoria qui habitant ad
meridiem
et iuxta hunc modum reliqui facient
ululantibus tubis in profectione
[7]quando autem congregandus est populus
simplex tubarum clangor erit et non
concise ululabunt
[8]filii Aaron sacerdotes clangent tubis Ios 6,4! I Par 15,24!
eritque hoc legitimum sempiternum II Par 13,12.14 Lv 10,9!
in generationibus vestris
[9]si exieritis ad bellum de terra vestra 31,5.6; Dt 20,1; 21,10
contra hostes qui dimicant adversum
vos
clangetis ululantibus tubis
et erit recordatio vestri coram Domino Deo vestro
ut eruamini de manibus inimicorum
vestrorum
[10]si quando habebitis epulum et dies Lv 23,24! I Par 23,30.31!
festos et kalendas
canetis tubis super holocaustis et pa- II Par 29,27; Sir 50,18
cificis victimis
ut sint vobis in recordationem Dei
vestri ego Dominus Deus vester
[11]anno secundo mense secundo vicesima die mensis
elevata est nubes de tabernaculo foe- Ex 40,34!
deris
[12]profectique sunt filii Israhel per tur- 13,1
mas suas de deserto Sinai
et recubuit nubes in solitudine Pharan
[13]moveruntque castra primi iuxta im- 2,9!
perium Domini in manu Mosi [14]filii
Iuda per turmas suas **14—27:** 1,5–15
quorum princeps erat Naasson filius
Aminadab
[15]in tribu filiorum Isachar fuit princeps Nathanahel filius Suar

20 quot diebus ¢. | 21 reliquissent CS. | 22 si biduo ΣSMΦr𝔐] si bidue l.; si ibi duo T.; sibeduo C.; siue duo GAO; si uero duo Λ.; si uero biduo ¢. | super *om.* O | 23 erantque— mosi *transpon.* Cl *ad v. praeced. post vocem* proficiscebantur || **10**,1 locutusque est ¢ | 3 ~ tabernaculi foederis Ml¢ | 4 [*deest* G *usque ad* 11,1] | 5 si autem ¢ | 6 faciunt C | in profectionem CTl¢ | 8 filii + autem ¢ | sacerdotis CΣΛMΦl | 11 [*deest* Λ *usque ad* 13,20] |

(G)AOC Σ(Λ)STMΦl cr

16 in tribu Zabulon erat princeps Heliab
filius Helon
17 depositumque est tabernaculum
quod portantes egressi sunt filii Gerson et Merari
18 profectique sunt et filii Ruben per
turmas et ordinem suum
quorum princeps erat Helisur filius
Sedeur
19 in tribu autem filiorum Symeon princeps fuit Salamihel filius Surisaddai
20 porro in tribu Gad erat princeps Heliasaph filius Duhel
21 profectique sunt et Caathitae portantes sanctuarium
tamdiu tabernaculum portabatur donec venirent ad erectionis locum
22 moverunt castra et filii Ephraim per
turmas suas
in quorum exercitu princeps erat Helisama filius Ammiud
23 in tribu autem filiorum Manasse
princeps fuit Gamalihel filius Phadassur
24 et in tribu Beniamin dux Abidan filius Gedeonis
2,31 25 novissimi castrorum omnium profecti sunt filii Dan per turmas suas
in quorum exercitu princeps fuit Ahiezer filius Amisaddai
26 in tribu autem filiorum Aser erat
princeps Phagaihel filius Ochran
27 et in tribu filiorum Nepthalim princeps Achira filius Henan
28 haec sunt castra et profectiones filiorum Israhel
per turmas suas quando egrediebantur
Idc 4,11 29 dixitque Moses Hobab filio Rahuhel
Madianiti cognato suo
proficiscimur ad locum quem Dominus daturus est nobis
Gn 32,12 veni nobiscum ut benefaciamus tibi
quia Dominus bona promisit Israheli
30 cui ille respondit
non vadam tecum sed revertar in terram meam in qua natus sum
31 et ille noli inquit nos relinquere
tu enim nosti in quibus locis per desertum castra ponere debeamus
et eris ductor noster
32 cumque nobiscum veneris
quicquid optimum fuerit ex opibus
quas nobis traditurus est Dominus
dabimus tibi
33 profecti sunt ergo de monte Domini
via trium dierum
arcaque foederis Domini praecedebat eos per dies tres providens castrorum locum
34 nubes quoque Domini super eos erat Ex 13,21! I Cor 10,1
per diem cum incederent
35 cumque elevaretur arca dicebat Moses
surge Domine et dissipentur inimici Ps 67,2
tui
et fugiant qui oderunt te a facie tua
36 cum autem deponeretur aiebat
revertere Domine ad multitudinem
exercitus Israhel
11 interea ortum est murmur populi Ex 15,24! Idt 8,24
quasi dolentium pro labore contra
Dominum
quod cum audisset iratus est Ps 77,21
et accensus in eos ignis Domini de- Lv 10,2!
voravit extremam castrorum par-
tem
2 cumque clamasset populus ad Mosen
oravit Moses Dominum et absortus
est ignis
3 vocavitque nomen loci illius Incensio
eo quod succensus fuisset contra eos
ignis Domini
4 vulgus quippe promiscuum quod a- Ex 12,38
scenderat cum eis

(G)AOC ΣSTMΦl cr

24 dux] *praem.* erat c; + erat C; + fuit l. | 25 nouissime CΣ | 26 phegihel r; phegiel c | 27 princeps fuit Al(*vid.*) c; erat princeps T | 29 raguel c | madianitidi C; madianitae S c. | israhel O | 31 et] at C | 33 uiam Mlc | ~ tres dies A || **11**,1 [*iterum adest* G] | audisset + dominus c | in eis S.; in eo O | 2 moses + ad Mlc | 3 succensus] incensus c |

4,1! Idc 20,26! flagravit desiderio sedens et flens iunc-
tis sibi pariter filiis Israhel et ait
18 quis dabit nobis ad vescendum carnes
5 recordamur piscium quos comedebamus in Aegypto gratis
in mentem nobis veniunt cucumeres
et pepones porrique et cepae et alia
21,5 6 anima nostra arida est
nihil aliud respiciunt oculi nostri nisi
man
Ex 16,31 7 erat autem man quasi semen coriandri coloris bdellii
8 circuibatque populus et colligens illud frangebat mola sive terebat in
mortario
coquens in olla et faciens ex eo tor-
tulas
saporis quasi panis oleati
Ex 16,13 9 cumque descenderet nocte super castra ros
descendebat pariter et man
25,6 10 audivit ergo Moses flentem populum
per familias
singulos per ostia tentorii sui
iratusque est furor Domini valde
sed et Mosi intoleranda res visa est
11 et ait ad Dominum
cur adflixisti servum tuum
quare non invenio gratiam coram te
et cur inposuisti pondus universi populi huius super me
12 numquid ego concepi omnem hanc
multitudinem vel genui eam
1,31! Os 11,3 ut dicas mihi porta eos in sinu tuo
sicut portare solet nutrix infantulum
et defer in terram pro qua iurasti patribus eorum
13 unde mihi carnes ut dem tantae multitudini
flent contra me dicentes
da nobis carnes ut comedamus

14 non possum solus sustinere omnem Ex 18,18!
hunc populum quia gravis mihi est
15 sin aliter tibi videtur obsecro ut inter- Ex 32,32
ficias me
et inveniam gratiam in oculis tuis Gn 18,3!
ne tantis adficiar malis
16 et dixit Dominus ad Mosen
congrega mihi septuaginta viros de 24
senibus Israhel
quos tu nosti quod senes populi sint Ex 18,21!
ac magistri
et duces eos ad ostium tabernaculi
foederis
faciesque ibi stare tecum
17 ut descendam et loquar tibi 25!
et auferam de spiritu tuo tradamque
eis
ut sustentent tecum onus populi et Ex 18,18! 22!
non tu solus graveris
18 populo quoque dices Ex 19,10! Ios 3,5
sanctificamini cras comedetis carnes
ego enim audivi vos dicere
quis dabit nobis escas carnium
bene nobis erat in Aegypto
ut det vobis Dominus carnes et com- 4; Ex 16,8!
edatis
19 non uno die nec duobus vel quinque
aut decem
nec viginti quidem
20 sed usque ad mensem dierum
donec exeat per nares vestras et vertatur in nausiam
eo quod reppuleritis Dominum qui
in medio vestri est
et fleveritis coram eo dicentes
quare egressi sumus ex Aegypto Ex 14,11!
21 et ait Moses sescenta milia peditum Ex 12,37
huius populi sunt
et tu dicis dabo eis esum carnium
mense integro
22 numquid ovium et boum multitudo
caedetur

4 fraglauit Gl | 5 in mente OCΣl | et² *om.* Gl | 8 circuibat populus G | 10 familias + suas G | 11 [*deest* l *usque ad* 19,14] | 12 in terra C | 13 contra] coram OΣ | 14 ~ est mihi c. | 16 senioribus GΣSTΦ | 17 tibi] tecum O | ut²] et C | 18 populoque dices O | comedetis] comedite GOr. | 19 nec¹] uel GOr | 20 uertatur + uobis GC | aegypto + ut pereamus in solitudine G.; + ut periremus in solitudinem C, *cf.* Ex. 14,11 | 21 [*deest* G *usque ad* 13,26] | moses + ad dominum OCTMΦ |

(G)AOC ΣSTMΦ(l) cr

ut possit sufficere ad cibum
vel omnes pisces maris in unum congregabuntur ut eos satient
23 cui respondit Dominus
Is 50,2! numquid manus Domini invalida est
iam nunc videbis utrum meus sermo opere conpleatur
24 venit igitur Moses et narravit populo verba Domini
16! congregans septuaginta viros de senibus Israhel
quos stare fecit circa tabernaculum
17; Ex 34,5! 25 descenditque Dominus per nubem et locutus est ad eum
auferens de spiritu qui erat in Mosen
29; 24,2.3! et dans septuaginta viris
I Sm 10,6! II Esr 9,20; Ioel 2,28! Act 19,6! cumque requievisset in eis spiritus
prophetaverunt nec ultra cessarunt
26 remanserant autem in castris duo viri
quorum unus vocabatur Heldad et alter Medad
super quos requievit spiritus
nam et ipsi descripti fuerant et non exierant ad tabernaculum
27 cumque prophetarent in castris
cucurrit puer et nuntiavit Mosi dicens
Heldad et Medad prophetant in castris
28 statim Iosue filius Nun minister Mosi et electus e pluribus ait
domine mi Moses prohibe eos
29 at ille quid inquit aemularis pro me
25! I Cor 14,5 quis tribuat ut omnis populus prophetet
et det eis Dominus spiritum suum
30 reversusque est Moses et maiores natu Israhel in castra
Sap 19,12 31 ventus autem egrediens a Domino
Ps 77,27.28 arreptas trans mare coturnices
Ex 16,13! detulit et dimisit in castra
itinere quantum uno die confici potest
ex omni parte castrorum per circuitum
volabantque in aere duobus cubitis altitudine super terram
32 surgens ergo populus toto die illo et nocte ac die altero
congregavit coturnicum qui parum decem choros
et siccaverunt eas per gyrum castrorum
33 adhuc carnes erant in dentibus eorum nec defecerat huiuscemodi cibus Ps 77,30.31
et ecce furor Domini concitatus in populum percussit eum plaga magna nimis 16,46
34 vocatusque est ille locus sepulchra Concupiscentiae
ibi enim sepelierunt populum qui desideraverat
egressi autem de sepulchris Concupiscentiae venerunt in Aseroth et manserunt ibi 33,17
12 locutaque est Maria et Aaron contra Mosen
propter uxorem eius aethiopissam
2 et dixerunt
num per solum Mosen locutus est Dominus
nonne et nobis similiter est locutus
quod cum audisset Dominus
3 erat enim Moses vir mitissimus super omnes homines qui morabantur in terra
4 statim locutus est ad eum et ad Aaron et Mariam
egredimini vos tantum tres ad tabernaculum foederis
cumque fuissent egressi
5 descendit Dominus in columna nubis et stetit in introitu tabernaculi Ex 33,9! 34,5 Dt 31,15
vocans Aaron et Mariam
qui cum issent 6 dixit ad eos
audite sermones meos

AOC ΣSTMΦ cr 24 circa] iuxta A | 25 in mose Ar.; in moyse ΣMΦc | cessauerunt STΦc | 26 remanserunt OCΣST | fuerant] erant OC. | 28 moses] mosi O.; moyse TΦ | 29 at] et A TΦ | 30 in castris C | 31 demisit OSc | 32 tota CΣ | illa C | 34 sepelierant AT | **12**,2 num] non S; numquid C | dominus[2] + iratus est OTMΦ; + iratus est ualde Σ | 4 eum + dominus C | ad[2] *om.* OΣ |

si quis fuerit inter vos propheta Domini
Gn 20,3! Iob 33,15.16! Ier 23,28 in visione apparebo ei vel per somnium loquar ad illum
7 at non talis servus meus Moses
Hbr 3,2.5 qui in omni domo mea fidelissimus
est
Ex 33,11; Dt 5,4; 34,10 8 ore enim ad os loquor ei
et palam non per enigmata et figuras
Dominum videt
quare igitur non timuistis detrahere
servo meo Mosi
9 iratusque contra eos abiit
10 nubes quoque recessit quae erat super tabernaculum
Ex 4,6; IV Rg 5,27 et ecce Maria apparuit candens lepra
quasi nix
cumque respexisset eam Aaron et vidisset perfusam lepra 11 ait ad Mosen
Gn 50,17; Ex 32,31; II Sm 19,19 obsecro domine mi ne inponas nobis
hoc peccatum quod stulte commisi-
mus
Ps 57,9 H 12 ne fiat haec quasi mortua et ut abortivum quod proicitur de vulva mat-
ris suae
ecce iam medium carnis eius devora-
tum est lepra
13 clamavitque Moses ad Dominum dicens
Deus obsecro sana eam
14 cui respondit Dominus
si pater eius spuisset in faciem illius
nonne debuerat saltem septem dierum rubore suffundi
5,2–4! separetur septem diebus extra castra
et postea revocabitur
15 exclusa est itaque Maria extra castra
septem diebus
et populus non est motus de loco
illo donec revocata est Maria
10,12 **13** profectus est de Aseroth fixis tentoriis in deserto Pharan
2 ibi locutus est Dominus ad Mosen
dicens
3 mitte viros qui considerent terram Dt 1,22.23
Chanaan quam daturus sum filiis
Israhel
singulos de singulis tribubus ex principibus
4 fecit Moses quod Dominus impera- Ex 40,14!
rat
de deserto Pharan mittens principes
viros
quorum ista sunt nomina
5 de tribu Ruben Semmua filium Zecchur
6 de tribu Symeon Saphat filium Huri
7 de tribu Iuda Chaleb filium Iep- 34,19
phonne
8 de tribu Isachar Igal filium Ioseph
9 de tribu Ephraim Osee filium Nun
10 de tribu Beniamin Phalti filium
Raphu
11 de tribu Zabulon Geddihel filium
Sodi
12 de tribu Ioseph sceptri Manasse
Gaddi filium Susi
13 de tribu Dan Ammihel filium Ge-
malli
14 de tribu Aser Sthur filium Michahel
15 de tribu Nepthali Naabbi filium
Vaphsi
16 de tribu Gad Guhel filium Machi
17 haec sunt nomina virorum quos misit Moses ad considerandam terram
vocavitque Osee filium Nun Iosue
18 misit ergo eos Moses ad consideran- 22,23; 32,8; Ios 2,1! 14,7
dam terram Chanaan et dixit ad eos
ascendite per meridianam plagam
cumque veneritis ad montes Dt 1,24
19 considerate terram qualis sit
et populum qui habitator est eius
utrum fortis sit an infirmus
pauci numero an plures
20 ipsa terra bona an mala
urbes quales muratae an absque muris

6 uel] et O | 8 palam + et c | igitur] ergo c | 12 est + a CT c. | 14 expuisset CΣ | dierum] diebus Σ c | 15 reuocaretur CΣ || **13**,1 profectusque est M c; + populus CM c | 2 ibique c | 4 imperauerat c | 9 osee] iosue CST | 19 infirmus + si A c. | 20 [*iterum adest* Λ] |

AOC Σ(Λ)STMΦ cr

21 humus pinguis an sterilis
nemorosa an absque arboribus
Dt 1,25 confortamini et adferte nobis de
fructibus terrae
erat autem tempus quando iam prae-
coquae uvae vesci possunt
18 22 cumque ascendissent exploraverunt
terram
a deserto Sin usque Roob intranti-
bus Emath
18 23 ascenderuntque ad meridiem et venerunt in Hebron
Ios 15,14! Idc 1,10 ubi erant Ahiman et Sisai et Tholmai
filii Enach
nam Hebron septem annis ante Ta-
nim urbem Aegypti condita est
32,9; Dt 1,24 24 pergentesque usque ad torrentem
Botri absciderunt palmitem cum
uva sua
quem portaverunt in vecte duo viri
de malis quoque granatis et de ficis
loci illius tulerunt
25 qui appellatus est Neelescol id est
torrens Botri
eo quod botrum inde portassent filii
Israhel
26 reversique exploratores terrae post
quadraginta dies
omni regione circuita
20,1! 27 venerunt ad Mosen et Aaron et ad
omnem coetum filiorum Israhel
in desertum Pharan quod est in Cades
locutique eis et omni multitudini
ostenderunt fructus terrae 28 et narraverunt dicentes
venimus in terram ad quam misisti
nos
Ex 3,8! quae re vera fluit lacte et melle ut ex
his fructibus cognosci potest
33.34; Dt 1,28! 29 sed cultores fortissimos habet
Ios 14,12 et urbes grandes atque muratas
stirpem Enach vidimus ibi
30 Amalech habitat in meridie
Hettheus et Iebuseus et Amorreus in Gn 15,20.21! Dt 1,7; Ios 9,1!
montanis
Chananeus vero moratur iuxta mare
et circa fluenta Iordanis
31 inter haec Chaleb conpescens murmur populi qui oriebatur contra
Mosen ait
ascendamus et possideamus terram
quoniam poterimus obtinere eam
32 alii vero qui fuerant cum eo dicebant
nequaquam ad hunc populum vale-
mus ascendere quia fortior nobis est
33 detraxeruntque terrae quam inspe- 14,36
xerant apud filios Israhel dicentes
terram quam lustravimus devorat
habitatores suos
populum quem aspeximus procerae 29!
staturae est
34 ibi vidimus monstra quaedam filiorum Enach de genere giganteo
quibus conparati quasi lucustae vi-
debamur
14 igitur vociferans omnis turba flevit 11,4! 25,6; Gn 21,16! Idc 2,4; 20,23; I Sm 11,4
nocte illa
2 et murmurati sunt contra Mosen et Ex 16,2!
Aaron cuncti filii Israhel dicentes
3 utinam mortui essemus in Aegypto Ex 16,3
et non in hac vasta solitudine
utinam pereamus et non inducat nos
Dominus in terram istam
ne cadamus gladio et uxores ac liberi
nostri ducantur captivi
nonne melius est reverti in Aegyp- Ier 42,14
tum
4 dixeruntque alter ad alterum
constituamus nobis ducem et revertamur in Aegyptum
5 quo audito Moses et Aaron cecide- 16,4; 20,6
runt proni in terram
coram omni multitudine filiorum Israhel
6 at vero Iosue filius Nun et Chaleb 30! 38!
filius Iepphonne
qui et ipsi lustraverant terram

(G)AOC ΣΛSTMΦ cr 25 ~ portassent inde c. | 26 [*iterum adest* G] | 28 misistis GΣ | ut] et G | 32 ad hunc] adhuc O | 33 terram GCΛr] terra *cet.* | populum GΛr] populus *cet.* || **14**,2 murmurauerunt O | 3 non[1] *om.* cr. | in aegypto[2] CΛ | 4 alterum] alterutrum G | 5 in terra G | 6 lustrauerunt GO |

sciderunt vestimenta sua
7 et ad omnem multitudinem filiorum
Israhel locuti sunt
Dt 1,25; Idc 18,9 terram quam circuivimus valde bona
est
8 si propitius fuerit Dominus inducet
nos in eam
Ex 13,5! et tradet humum lacte et melle manantem
9 nolite rebelles esse contra Dominum
neque timeatis populum terrae huius
quia sicut panem ita eos possumus
devorare
recessit ab illis omne praesidium
Gn 26,24; II Par 20,17 Dominus nobiscum est nolite metuere
10 cumque clamaret omnis multitudo
Ex 17,4; I Sm 30,6 et lapidibus eos vellet opprimere
Ex 16,7! apparuit gloria Domini super tectum
foederis cunctis filiis Israhel
11 et dixit Dominus ad Mosen
usquequo detrahet mihi populus iste
Ex 11,9! Ps 77,32 quousque non credent mihi in omnibus signis quae feci coram eis
Lv 26,25 12 feriam igitur eos pestilentia atque
consumam
Ex 32,10 te autem faciam principem super
gentem magnam et fortiorem quam
haec est
13 et ait Moses ad Dominum
ut audiant Aegyptii de quorum medio eduxisti populum istum
14 et habitatores terrae huius
qui audierunt quod tu Domine in
populo isto sis
et facie videaris ad faciem
et nubes tua protegat illos
Ex 13,21! et in columna nubis praecedas eos
per diem
et in columna ignis per noctem
15 quod occideris tantam multitudinem
quasi unum hominem
et dicant 16 non poterat introducere
populum in terram pro qua iura- Dt 9,28
verat
idcirco occidit eos in solitudine
17 magnificetur ergo fortitudo Domini Iob 36,22!
sicut iurasti dicens
18 Dominus patiens et multae miseri- Ex 34,6.7!
cordiae
auferens iniquitatem et scelera
nullumque innoxium derelinquens
qui visitas peccata patrum in filios Iob 21,19
in tertiam et quartam generationem
19 dimitte obsecro peccatum populi tui Ex 34,9!
huius
secundum magnitudinem misericor- Ps 50,3!
diae tuae
sicut propitius fuisti egredientibus
de Aegypto usque ad locum istum
20 dixitque Dominus dimisi iuxta verbum tuum
21 vivo ego et implebitur gloria Domini Ps 71,19!
universa terra
22 attamen omnes homines qui vide- Dt 4,34! 10,21! 29,2.3! Ps 45,9; Mt 21,15! Io 2,23!
runt maiestatem meam
et signa quae feci in Aegypto et in Ex 11,9!
solitudine
et temptaverunt me iam per decem
vices
nec oboedierunt voci meae
23 non videbunt terram pro qua iuravi 32,11!
patribus eorum
nec quisquam ex illis qui detraxit mihi intuebitur eam
24 servum meum Chaleb qui plenus
alio spiritu secutus est me Ios 14,8.9!
inducam in terram hanc quam circuivit
et semen eius possidebit eam Sir 46,11
25 quoniam Amalechites et Chananeus Gn 12,6; 34,30
habitant in vallibus
cras movete castra et revertimini in 21,4; Dt 1,40; 2,1; Idc 11,16
solitudinem per viam maris Rubri
26 locutusque est Dominus ad Mosen
et Aaron dicens

7 terra TMΦc | 8 propitius + nobis C | in ea G | 9 contra deum AM; coram domino G. | possimus GSM. | illis] eis c | metuere] timere OC | 10 uellent C | ∼ uellet eos GS | 11 credet GS | 12 pestilentiam O | 16 poterant A | in terra GΣ | in solitudinem OΛ | 18 in filiis OCΣΛSM | 19 tui *om.* CΣSc | huius *om.* O | 23 detraxerunt G | [*deest* G *usque ad* 15,10] | 25 moue OSTMΦ | in solitudine OS |

(G)AOC ΣΛSTMΦ cr

27 usquequo multitudo haec pessima
murmurat contra me
querellas filiorum Israhel audivi
28 dic ergo eis
vivo ego ait Dominus
sicut locuti estis audiente me sic faciam vobis
32; 26,65! I Cor 10,5; Hbr 3,17 29 in solitudine hac iacebunt cadavera
vestra
Ex 30,14 omnes qui numerati estis a viginti
annis et supra
et murmurastis contra me
20,12! 24; 32,9. 11.12! Dt 1,37! Ex 6,8! Ios 18,3; Ez 13,9! 20,15 30 non intrabitis terram super quam levavi manum meam ut habitare vos
facerem
6! praeter Chaleb filium Iepphonne et
Iosue filium Nun
Dt 1,39 31 parvulos autem vestros de quibus dixistis quod praedae hostibus forent
introducam ut videant terram quae
vobis displicuit
29! 32 vestra cadavera iacebunt in solitudine
32,13 33 filii vestri erunt vagi in deserto annis
quadraginta
et portabunt fornicationem vestram
donec consumantur cadavera patrum in deserto
34 iuxta numerum quadraginta dierum
quibus considerastis terram
Ez 4,6 annus pro die inputabitur
Ps 94,10 et quadraginta annis recipietis iniquitates vestras
et scietis ultionem meam
Dt 2,14 35 quoniam sicut locutus sum ita faciam omni multitudini huic pessimae
quae consurrexit adversum me
26,65! in solitudine hac deficiet et morietur
36 igitur omnes viri quos miserat Moses
ad contemplandam terram
36.37: Idt 8,24.25 et qui reversi murmurare fecerant
contra eum omnem multitudinem
13,33 detrahentes terrae quod esset mala
37 mortui sunt atque percussi in conspectu Domini
38 Iosue autem filius Nun et Chaleb filius Iepphonne 6! 26,65
vixerunt ex omnibus qui perrexerant
ad considerandam terram
39 locutusque est Moses universa verba
haec ad omnes filios Israhel
et luxit populus nimis
40 et ecce mane primo surgentes
ascenderunt verticem montis atque Dt 1,41
dixerunt
parati sumus ascendere ad locum de
quo Dominus locutus est quia peccavimus
41 quibus Moses cur inquit transgredimini verbum Domini quod vobis
non cedet in prosperum
42 nolite ascendere non enim est Dominus vobiscum Dt 1,42
ne corruatis coram inimicis vestris
43 Amalechites et Chananeus ante vos
sunt
quorum gladio corruetis
eo quod nolueritis adquiescere Domino
nec erit Dominus vobiscum
44 at illi contenebrati ascenderunt in Dt 1,43
verticem montis
arca autem testamenti Domini et
Moses non recesserunt de castris
45 descenditque Amalechites et Chananeus qui habitabant in monte Dt 1,44
et percutiens eos atque concidens
persecutus est usque Horma

15 locutus est Dominus ad Mosen dicens
2 loquere ad filios Israhel et dices ad Lv 23,10!
eos
cum ingressi fueritis terram habitationis vestrae quam ego dabo vobis
3 et feceritis oblationem Domino in Ex 18,12! Lv 22,21!
holocaustum aut victimam
vota solventes vel sponte offerentes
munera

AOC ΣΛSTMΦ cr 28 dices CS. | 29 murmurasti S; murmuratis O | 32 uestra + autem C | 33 patrum] uestra C; *om.* Σ. | 38 perrexerunt C | 42 enim *om.* OΣ | 45 habitabat c; habitant M | in montem CΛ. | est + eos c | usque + ad CS || **15**,3 uictimam AO cr𝔐] + pacificam *cet.* |

aut in sollemnitatibus vestris adolen-
tes odorem suavitatis Domino
III Rg 8,5; II Par 29,33 de bubus sive de ovibus
Lv 7,8! 4—12: 28,12–14! 4 offeret quicumque immolaverit victimam
28,5; Ex 29,40! sacrificium similae decimam partem
oephi conspersae oleo
quod mensuram habebit quartam
partem hin
5 et vinum ad liba fundenda eiusdem
mensurae
dabit in holocausto sive in victima
per agnos singulos
6 et arietis erit sacrificium similae duarum decimarum
quae conspersa sit oleo tertiae partis
hin
7 et vinum ad libamentum tertiae partis eiusdem mensurae
offeret in odorem suavitatis Domino
Ex 24,5! Lv 22,21! 8 quando vero de bubus feceris holocaustum aut hostiam
ut impleas votum vel pacificas victimas
9 dabis per singulos boves similae tres
decimas
conspersae oleo quod habeat medium mensurae hin
10 et vinum ad liba fundenda eiusdem
mensurae
in oblationem suavissimi odoris Domino
11 sic facietis 12 per singulos boves et
arietes et agnos et hedos
13 tam indigenae quam peregrini 14 eodem ritu offerent sacrificia
15 unum praeceptum erit atque iudi-
Lv 24,22! cium
tam vobis quam advenis terrae
16 locutus est Dominus ad Mosen dicens
Lv 23,10! 17 loquere filiis Israhel et dices ad eos
18 cum veneritis in terram quam dabo
vobis

19 et comederitis de panibus regionis
illius
separabitis primitias Domino 20 de
cibis vestris Ex 23,19! II Esr 10,37
sicut de areis primitias separatis
21 ita et de pulmentis dabitis primitiva
Domino
22 quod si per ignorantiam praeterieri- Lv 4,13!
tis quicquam horum quae locutus
est Dominus ad Mosen
23 et mandavit per eum ad vos a die
qua coepit iubere et ultra
24 oblitaque fuerit facere multitudo 7,16!
offeret vitulum de armento holocaustum in odorem suavissimum Domino
et sacrificium eius ac liba ut caerimoniae postulant
hircumque pro peccato
25 et rogabit sacerdos pro omni multi- Lv 5,10!
tudine filiorum Israhel et dimitte-
tur eis
quoniam non sponte peccaverunt
nihilominus offerentes incensum Domino
pro se et pro peccato atque errore suo
26 et dimittetur universae plebi filiorum
Israhel
et advenis qui peregrinantur inter
vos
quoniam culpa est omnis populi per
ignorantiam
27 quod si anima una nesciens pecca- Lv 4,2!
verit
offeret capram anniculam pro pec- Lv 1,10!
cato suo
28 et deprecabitur pro ea sacerdos Lv 5,18.19!
quod inscia peccaverit coram Do-
mino
inpetrabitque ei veniam et dimittetur illi
29 tam indigenis quam advenis Lv 24,22!
una lex erit omnium qui peccaverint
ignorantes

4 offert OS | conspersam OSTMΦ | 5 in holocaustum ΣΛMc | in uictimam CSMc | 6 et arietis r, *cf.* 𝔐] et arietes *cet.* | 8 feceritis CS | 10 [*iterum adest* G] | 11 facies c. | 21 primitias CΣS | 24 in holocaustum G | 26 uos] eos OCΛc |

(G)AOC ΣΛSTMΦ cr

Dt 17,12 30 anima vero quae per superbiam aliquid commiserit
sive civis sit ille sive peregrinus
quoniam adversum Dominum rebellis fuit peribit de populo suo
II Sm 12,9 31 verbum enim Domini contempsit et
praeceptum illius fecit irritum
idcirco delebitur et portabit iniquitatem suam
32 factum est autem cum essent filii Israhel in solitudine
et invenissent hominem colligentem
ligna in die sabbati
33 obtulerunt eum Mosi et Aaron et
universae multitudini
34.35: Lv 24,12–14 34 qui recluserunt eum in carcerem
nescientes quid super eo facere de-
berent
35 dixitque Dominus ad Mosen
morte moriatur homo iste
obruat eum lapidibus omnis turba
extra castra
36 cumque eduxissent eum foras obrue-
runt lapidibus
et mortuus est sicut praeceperat Dominus
37 dixit quoque Dominus ad Mosen
38 loquere filiis Israhel et dices ad eos
Dt 22,12 ut faciant sibi fimbrias per angulos
palliorum
ponentes in eis vittas hyacinthinas
39 quas cum viderint recordentur omnium mandatorum Domini
nec sequantur cogitationes suas et
oculos per res varias fornicantes
Lv 20,8! 40 sed magis memores praeceptorum
Domini faciant ea
Lv 11,45! sintque sancti Deo suo
41 ego Dominus Deus vester qui eduxi
vos de terra Aegypti
ut essem vester Deus
Sir 45,22 **16** ecce autem Core filius Isaar filii
Caath filii Levi
12; 26,8.9; Dt 11,6 et Dathan atque Abiram filii Heliab
Hon quoque filius Pheleth de filiis
Ruben
2 surrexerunt contra Mosen
aliique filiorum Israhel ducenti quinquaginta viri
proceres synagogae et qui tempore
concilii per nomina vocabantur
3 cumque stetissent adversum Mosen
et Aaron dixerunt
sufficiat vobis quia omnis multitudo
sanctorum est et in ipsis est Dominus
cur elevamini super populum Domini
4 quod cum audisset Moses cecidit 14,5; 20,6
pronus in faciem
5 locutusque ad Core et ad omnem
multitudinem
mane inquit notum faciet Dominus
qui ad se pertineant
et sanctos adplicabit sibi et quos ele- Ier 30,21
gerit adpropinquabunt ei
6 hoc igitur facite tollat unusquisque 17; Lv 10,1!
turibula sua
tu Core et omne concilium tuum
7 et hausto cras igne ponite desuper Lv 21,6!
thymiama coram Domino
et quemcumque elegerit ipse erit
sanctus
multum erigimini filii Levi
8 dixitque rursum ad Core
audite filii Levi
9 num parum vobis est quod separa- 3,12!
vit vos Deus Israhel ab omni populo et iunxit sibi
ut serviretis ei in cultu tabernaculi 1,50! Ez 44,11
et staretis coram frequentia populi
et ministraretis ei
10 idcirco ad se fecit accedere te et omnes fratres tuos filios Levi
ut vobis etiam sacerdotium vindicetis
11 et omnis globus tuus stet contra Dominum
quid est enim Aaron ut murmuretis Ex 16,7

(G)AOC ΣΛSTMΦ cr 31 fecerit G | 32 in solitudinem C | in[2] *om.* G | 41 uester deus] deus uester c || **16,**2 alii quoque G; ubique Σ. | filii G | 3 est[1] + cum domino GC | 5 locutusque + est GΣΛM | 9 numquid G; non S. | [*deest* G *usque ad* 18,20] | in cultum C | 10 te *om.* O |

contra eum
1! 12 misit ergo Moses ut vocaret Dathan
et Abiram filios Heliab
qui responderunt non venimus
13 numquid parum est tibi quod edu-
Ex 16,3! xisti nos de terra quae lacte et melle
manabat ut occideres in deserto
nisi et dominatus fueris nostri
Ex 13,5! 14 re vera induxisti nos in terram quae
fluit rivis lactis et mellis
et dedisti nobis possessiones agrorum et vinearum
an et oculos nostros vis eruere
non venimus
15 iratusque Moses valde ait ad Dominum
ne respicias sacrificia eorum
tu scis quod ne asellum quidem umquam acceperim ab eis
nec adflixerim quempiam eorum
16 dixitque ad Core
Ex 16,9 tu et omnis congregatio tua state seorsum coram Domino
et Aaron die crastino separatim
6.7; Lv 10,1 17 tollite singuli turibula vestra
Lv 21,6! et ponite super ea incensum
offerentes Domino ducenta quinquaginta turibula
Aaron quoque teneat turibulum suum
18 quod cum fecissent stantibus Mosen
et Aaron
19 et coacervassent adversum eos om-
Lv 9,5.6! nem multitudinem ad ostium tabernaculi
apparuit cunctis gloria Domini
20 locutusque Dominus ad Mosen et
Aaron ait
45 21 separamini de medio congregationis
huius
ut eos repente disperdam
22 qui ciciderunt proni in faciem atque
dixerunt
,16; Iob 12,10; Ier 32,27! fortissime Deus spirituum universae
carnis
num uno peccante contra omnes tua Lv 10,6! Ios 22,18
ira desaeviet
23 et ait Dominus ad Mosen
24 praecipe universo populo ut separetur a tabernaculis Core et Dathan
et Abiram
25 surrexitque Moses et abiit ad Dathan
et Abiram
et sequentibus eum senioribus Israhel 26 dixit ad turbam
recedite a tabernaculis hominum im- Is 52,11!
piorum
et nolite tangere quae ad eos pertinent
ne involvamini in peccatis eorum
27 cumque recessissent a tentoriis eorum per circuitum
Dathan et Abiram egressi stabant in
introitu papilionum suorum Ex 33,8
cum uxoribus et liberis omnique frequentia
28 et ait Moses
in hoc scietis quod Dominus miserit
me ut facerem universa quae cernitis
et non ex proprio ea corde protule-
rim
29 si consueta hominum morte interie-
rint
et visitaverit eos plaga qua et ceteri
visitari solent
non misit me Dominus
30 sin autem novam rem fecerit Dominus
ut aperiens terra os suum degluttiat
eos et omnia quae ad illos pertinent
descenderintque viventes in infer- Ps 54,16
num
scietis quod blasphemaverint Dominum
31 confestim igitur ut cessavit loqui
disrupta est terra sub pedibus eorum 26,10; Dt 11,6!
32 et aperiens os suum devoravit illos
cum tabernaculis suis et universa
substantia

AOC ΣΛSTMΦ cr

14 in terra C | 18 mose A r; moyse ΛMΦ c; moysi ST | 20 locutusque + est AΣΛ | aaron + et A | 22 ~ ira tua OS c | 24 separentur C | 29 et² *om.* OΣ | 32 substantia + eorum Φ c |

Ps 54,16 33 descenderuntque vivi in infernum
operti humo
et perierunt de medio multitudinis
34 at vero omnis Israhel qui stabat per
gyrum fugit ad clamorem pereuntium dicens
ne forte et nos terra degluttiat
26,10; Lv 10,2! Ps 105,18 35 sed et ignis egressus a Domino interfecit ducentos quinquaginta viros
qui offerebant incensum
36 locutusque est Dominus ad Mosen
dicens
37 praecipe Eleazaro filio Aaron sacerdotis
ut tollat turibula quae iacent in incendio
et ignem huc illucque dispergat
quoniam sanctificata sunt 38 in mortibus peccatorum
producatque ea in lamminas et adfigat altari
eo quod oblatum sit in eis incensum
Domino et sanctificata sint
17,10 ut cernant ea pro signo et monumento filii Israhel
39 tulit ergo Eleazar sacerdos turibula
aenea in quibus obtulerant hii quos
incendium devoravit
et produxit ea in lamminas adfigens
altari
40 ut haberent postea filii Israhel quibus
commonerentur
II Par 26,18 ne quis accedat alienigena et qui non
est de semine Aaron
ad offerendum incensum Domino
ne patiatur sicut passus est Core et
omnis congregatio eius
loquente Domino ad Mosen
Ex 16,2! 41 murmuravit autem omnis multitudo
filiorum Israhel sequenti die
contra Mosen et Aaron dicens
vos interfecistis populum Domini
42 cumque oreretur seditio et tumultus
incresceret
43 Moses et Aaron fugerunt ad tabernaculum foederis
quod postquam ingressi sunt operuit nubes et apparuit gloria Domini Ex 40,32!
44 dixitque Dominus ad Mosen
45 recedite de medio huius multitudinis 21; Gn 19,14
etiam nunc delebo eos
cumque iacerent in terra 46 dixit Moses ad Aaron
tolle turibulum et hausto igne de Lv 10,1!
altari mitte incensum desuper
pergens cito ad populum ut roges
pro eis
iam enim egressa est ira a Domino 11,33
et plaga desaevit
47 quod cum fecisset Aaron et cucurrisset ad mediam multitudinem
quam iam vastabat incendium
obtulit thymiama 48 et stans inter Sap 18,21
mortuos ac viventes
pro populo deprecatus est et plaga
cessavit
49 fuerunt autem qui percussi sunt
quattuordecim milia hominum et
septingenti
absque his qui perierant in seditione
Core
50 reversusque est Aaron ad Mosen ad
ostium tabernaculi foederis postquam quievit interitus
17 et locutus est Dominus ad Mosen
dicens
2 loquere ad filios Israhel et accipe ab 6
eis virgas singulas per cognationes
suas
a cunctis principibus tribuum virgas
duodecim
et uniuscuiusque nomen superscribes virgae suae
3 nomen autem Aaron erit in tribu
Levi
et una virga cunctas eorum familias
continebit
4 ponesque eas in tabernaculo foederis 7
coram testimonio ubi loquar ad te Ex 25,22!

AOC
ΣΛSTMΦ
cr
34 stabant C | fugiunt C. | dicentes C | 36 [*hic incip. cap.* 17 𝔐] | 37 sacerdoti Λ c | 50 mosen + et ΟΣΛΤΜ || **17**,3 eorum] seorsum ΑΤΦ c |

5 quem ex his elegero germinabit virga
eius
et cohibebo a me querimonias filiorum Israhel quibus contra vos mur-
murant
6 locutusque est Moses ad filios Israhel
2 et dederunt ei omnes principes virgas
per singulas tribus
fueruntque virgae duodecim absque
virga Aaron
4 7 quas cum posuisset Moses coram
Domino in tabernaculo testimonii
8 sequenti die regressus invenit ger-
minasse virgam Aaron in domo
Levi
et turgentibus gemmis eruperant flores
qui foliis dilatatis in amigdalas de-
formati sunt
9 protulit ergo Moses omnes virgas de
conspectu Domini ad cunctos filios
Israhel
videruntque et receperunt singuli
virgas suas
10 dixitque Dominus ad Mosen
refer virgam Aaron in tabernaculum
16,38 testimonii ut servetur ibi
in signum rebellium filiorum
et quiescant querellae eorum a me
ne moriantur
Ex 40,14! 11 fecitque Moses sicut praeceperat
Dominus
12 dixerunt autem filii Israhel ad Mosen
cccc consumpti sumus omnes peri-
vimus
1,51! 13 quicumque accedit ad tabernaculum
Domini moritur
num usque ad internicionem cuncti
delendi sumus
18 dixitque Dominus ad Aaron
tu et filii tui et domus patris tui tecum
Ex 28,38 portabitis iniquitatem sanctuarii
et tu et filii tui simul sustinebitis peccata sacerdotii vestri
2 sed et fratres tuos de tribu Levi et 3,6!
sceptro patris tui sume tecum
praestoque sint et ministrent tibi
tu autem et filii tui ministrabitis in
tabernaculo testimonii
3 excubabuntque Levitae ad praecepta 1,50!
tua et ad cuncta opera tabernaculi
ita dumtaxat ut ad vasa sanctuarii
et altare non accedant
ne et illi moriantur et vos pereatis
simul
4 sint autem tecum et excubent in custodiis tabernaculi
et in omnibus caerimoniis eius
alienigena non miscebitur vobis
5 excubate in custodia sanctuarii et in 1,53!
ministerio altaris
ne oriatur indignatio super filios Israhel
6 ego dedi vobis fratres vestros Levitas **6.7:** 3,8–10!
de medio filiorum Israhel
et tradidi donum Domino ut serviant II Par 29,11
in ministeriis tabernaculi eius
7 tu autem et filii tui custodite sacerdotium vestrum
et omnia quae ad cultum altaris pertinent et intra velum sunt
per sacerdotes administrabuntur
si quis externus accesserit occidetur 1,51!
8 locutus est Dominus ad Aaron
ecce dedi tibi custodiam primitiarum 11; 5,9; 31,29.41; Ex 29,28! I Sm 2,28
mearum
omnia quae sanctificantur a filiis Israhel tibi tradidi et filiis tuis
pro officio sacerdotali legitima sempiterna
9 haec ergo accipies de his quae sanctificantur et oblata sunt Domino
omnis oblatio et sacrificium Lv 2,3!
et quicquid pro peccato atque delicto redditur mihi et cedet in sancta
sanctorum
tuum erit et filiorum tuorum

8 egressus O; ingressus S. | dilatati AOΛ | 10 filiorum OS r 𝔐] + israhel *cet.* | 12 periuimus AO c r] peribimus *cet.* | 13 morietur AΛ ‖ **18**,2 sceptrum AΣΛS c | 3 et^2 + ad ACΛS c | 8 locutusque est c | ~ tradidi tibi c. | 9 cedit c; cecidit Σ. |

AOC ΣΛSTMΦ cr

Lv 6,16! 10 in sanctuario comedes illud
Lv 6,18! mares tantum edent ex eo quia consecratum est tibi
8! 11 primitias autem quas voverint et obtulerint filii Israhel
tibi dedi et filiis ac filiabus tuis iure perpetuo
Lv 22,11! qui mundus est in domo tua vescetur eis
27.28; Ex 23,19! Dt 18,3.4; Ez 44,30 12 omnem medullam olei et vini ac frumenti
quicquid offerunt primitiarum Domino tibi dedi
Sir 45,25 13 universa frugum initia quas gignit humus et Domino deportantur cedent in usus tuos
Lv 22,11! qui mundus est in domo tua vescetur eis
Lv 27,21; Ez 44,29 14 omne quod ex voto reddiderint filii Israhel tuum erit
15 quicquid primum erumpet e vulva cunctae carnis quam offerunt Domino
sive ex hominibus sive de pecoribus fuerit tui iuris erit
3,46.47; Ex 13,13; 34,20 ita dumtaxat ut pro hominis primogenito pretium accipias
et omne animal quod inmundum est redimi facias
16 cuius redemptio erit post unum mensem
Ex 30,13! siclis argenti quinque pondere sanctuarii
siclus viginti obolos habet
Lv 27,28! 17 primogenitum autem bovis et ovis et caprae non facies redimi
quia sanctificata sunt Domino
Lv 1,5! 17,6! Dt 12,27 sanguinem tantum eorum fundes super altare
Lv 1,9! et adipes adolebis in suavissimum odorem Domino
Ex 29,27.28! 18 carnes vero in usum tuum cedent
sicut pectusculum consecratum et armus dexter tua erunt
19 omnes primitias sanctuarii quas offerunt filii Israhel Domino
tibi dedi et filiis ac filiabus tuis iure perpetuo
pactum salis est sempiternum coram Domino tibi ac filiis tuis Lv 2,13! II Par 13,5
20 dixitque Dominus ad Aaron
in terra eorum nihil possidebitis Dt 10,9! 12,12; 14,27; Ios 14,3; Sir 45,27; Ez 44,28
nec habebitis partem inter eos
ego pars et hereditas tua in medio filiorum Israhel
21 filiis autem Levi dedi omnes decimas Israhelis in possessionem 24.26; Gn 14,20; II Par 31,4; II Esr 10,37
pro ministerio quo serviunt mihi in tabernaculo foederis
22 ut non accedant ultra filii Israhel ad tabernaculum 3,10!
nec committant peccatum mortiferum
23 solis filiis Levi mihi in tabernaculo servientibus
et portantibus peccata populi
legitimum sempiternum erit in generationibus vestris Lv 10,9!
nihil aliud possidebunt 24 decimarum oblatione contenti 21!
quas in usus eorum et necessaria separavi
25 locutusque est Dominus ad Mosen dicens
26 praecipe Levitis atque denuntia
cum acceperitis a filiis Israhel decimas quas dedi vobis 21! Ex 22,29! II Esr 10,38
primitias earum offerte Domino
id est decimam partem decimae
27 ut reputetur vobis in oblationem primitivorum 30
tam de areis quam de torcularibus 12
28 et universis quorum accipitis primitias
offerte Domino et date Aaron sacerdoti

(G)AOC ΣΛSTMΦ ct

10 comedet O.; comeditis AS. | 11 filiis + tuis c. | ex eis C | 13 portantur O; deputantur T | 15 erumpit ATMΦc | accipies CM. | 17 adipem OTMΦt | 18 tuae erunt CΛS | 19 salis] salutis ΣΛ; pacis Φ | 20 [*iterum adest* G] | possedebis S | habebis G | 21 israhel GΣ | 22 tabernaculum + foederis TMΦt | 26 eorum GCΣ | 27 in oblatione GΛS | 28 date + ea GM |

29 omnia quae offertis ex decimis et in donaria Domini separatis
optima et electa erunt
27 30 dicesque ad eos
si praeclara et meliora quaeque obtuleritis ex decimis
reputabitur vobis quasi de area et torculari dederitis primitias
31 et comedetis eas in omnibus locis vestris
tam vos quam familiae vestrae
quia pretium est pro ministerio quo servitis in tabernaculo testimonii
32 et non peccabitis super hoc
egregia vobis et pinguia reservantes
ne polluatis oblationes filiorum Israhel et moriamini
19 locutusque est Dominus ad Mosen et Aaron dicens
2 ista est religio victimae quam constituit Dominus
Dt 21,3; I Sm 6,7 praecipe filiis Israhel ut adducant ad te vaccam rufam aetatis integrae
in qua nulla sit macula nec portaverit iugum
3 tradetisque eam Eleazaro sacerdoti
Lv 4,4! qui eductam extra castra immolabit in conspectu omnium
4 et tinguens digitum in sanguine eius
asperget contra fores tabernaculi septem vicibus
5 conburetque eam cunctis videntibus
tam pelle et carnibus eius quam sanguine et fimo flammae traditis
Lv 14,4 6 lignum quoque cedrinum et hysopum coccumque bis tinctum
sacerdos mittet in flammam quae vaccam vorat
Lv 14,8! 7 et tunc demum lotis vestibus et corpore suo ingredietur in castra
commaculatusque erit usque ad vesperam
Lv 16,28! 8 sed et ille qui conbuserit eam
lavabit vestimenta sua et corpus
et inmundus erit usque ad vesperam
9 colliget autem vir mundus cineres vaccae
et effundet eos extra castra in loco purissimo Lv 6,11
ut sint multitudini filiorum Israhel
in custodiam et in aquam aspersionis
quia pro peccato vacca conbusta est
10 cumque laverit qui vaccae portaverat cineres vestimenta sua Lv 11,25!
inmundus erit usque ad vesperum
habebunt hoc filii Israhel et advenae
qui habitant inter eos sanctum iure perpetuo
11 qui tetigerit cadaver hominis et propter hoc septem diebus fuerit inmundus 16; 31,19! Lv 5,2! 22,4!
12 aspergetur ex hac aqua die tertio et septimo et sic mundabitur 19
si die tertio aspersus non fuerit septimo non poterit emundari
13 omnis qui tetigerit humanae animae morticinum 20; Lv 22,4!
et aspersus hac commixtione non fuerit
polluet tabernaculum Domini et peribit ex Israhel
quia aqua expiationis non est aspersus
inmundus erit et manebit spurcitia eius super eum
14 ista est lex hominis qui moritur in tabernaculo
omnes qui ingrediuntur tentorium illius
et universa vasa quae ibi sunt polluta erunt septem diebus
15 vas quod non habuerit operculum
nec ligaturam desuper inmundum erit
16 si quis in agro tetigerit cadaver oc- 11!

29 offeretis ... separabitis Σ c | 30 et² + de O | 31 comeditis OS. | ea C || **19**,1 locutus est OΣ | 2 portauit OS. | 4 et intingens O | 5 tradatis S; tradetis CΣΛT | 6 in flamma G | 7 uesperum ΣTMΦ c | 8 uesperum GTMΦ c | 10 portauerit GΣS | uesperam CΣΛ; uesperem S. | eos] uos A | 12 potest O | 14 [*adest* l *passim usque ad* 23,4] | uasa *om.* G |

GAOC ΣΛSTMΦ(l) cr

cisi hominis aut per se mortui
sive os illius vel sepulchrum inmundus erit septem diebus
17 tollent de cineribus conbustionis atque peccati
et mittent aquas vivas super eos in
vas
18 in quibus cum homo mundus tinxe-
rit hysopum
asperget eo omne tentorium et cunctam supellectilem
et homines huiuscemodi contagione
pollutos
12! 19 atque hoc modo mundus lustrabit
inmundum tertio et septimo die
expiatusque die septimo lavabit et se
et vestimenta sua et mundus erit ad
vesperam
13 20 si quis hoc ritu non fuerit expiatus
peribit anima illius de medio ecclesiae
quia sanctuarium Domini polluit et
non est aqua lustrationis aspersus
21 erit hoc praeceptum legitimum sempiternum
ipse quoque qui aspergit aquas lavabit vestimenta sua
omnis qui tetigerit aquas expiationis
inmundus erit usque ad vesperam
Lv 5,2! Agg 2,14 22 quicquid tetigerit inmundus inmundum faciet
et anima quae horum quippiam tetigerit inmunda erit usque ad vesperum
13,27; 33,36 **20** veneruntque filii Israhel et omnis
multitudo in desertum Sin mense
primo
Dt 1,46; Idc 11,17 et mansit populus in Cades
mortuaque est ibi Maria et sepulta
in eodem loco
Ex 16,2! 17,1! 2 cumque indigeret aqua populus co-
ierunt adversum Mosen et Aaron
3 et versi in seditionem dixerunt 3–5: Ex 16,3
utinam perissemus inter fratres nostros coram Domino
4 cur eduxistis ecclesiam Domini in 21,5! IV Esr 1,18
solitudinem
ut et nos et nostra iumenta moriantur
5 quare nos fecistis ascendere de Aegypto
et adduxistis in locum istum pessimum qui seri non potest
qui nec ficum gignit nec vineas nec
mala granata
insuper et aquam non habet ad bi- Ex 17,1!
bendum
6 ingressusque Moses et Aaron dimissa multitudine tabernaculum foederis
corruerunt proni in terram 14,5; 16,4
et apparuit gloria Domini super eos Lv 9,23!
7 locutusque est Dominus ad Mosen Ex 17,5.6
dicens
8 tolle virgam et congrega populum tu
et Aaron frater tuus
et loquimini ad petram coram eis et
illa dabit aquas
cumque eduxeris aquam de petra bi- I Cor 10,4
bet omnis multitudo et iumenta
eius
9 tulit igitur Moses virgam quae erat
in conspectu Domini sicut praeceperat ei
10 congregata multitudine ante petram
dixitque eis
audite rebelles et increduli
num de petra hac vobis aquam poterimus eicere
11 cumque elevasset Moses manum
percutiens virga bis silicem Ex 17,6!
egressae sunt aquae largissimae

GAOC ΣΛSTMΦl cr 17 tollentque c | 18 eo] ex eo TMΦ c; *om.* O | 19 mundus2] inmundus ΣΦ c | erit + usque ΣTMΦl c | uesperum T c | 21 asperget C | uesperum ΛT c | 22 uesperam OCΣΛSMΦ || **20**,2 coierunt] conuenerunt c | 4 eduxisti OS | ~ iumenta nostra Cl | moriamur CΣM c | 5 malogranata AΣT c; malum granatum C. | 6 terram + clamaueruntque ad dominum atque dixerunt domine deus audi clamorem populi huius (~ huius populi c) et aperi (aperies MΦ) eis (*om.* MΦ) thesaurum tuum fontem aquae uiuae ut satiati cesset murmuratio eorum ΛTMΦ c | 11 uirgam O; *om.* S |

Is 43,20; 49,10! IV Esr 1,20 ita ut et populus biberet et iumenta
12 dixitque Dominus ad Mosen et Aaron
27,14; Dt 32,51.52! quia non credidistis mihi ut sanctificaretis me coram filiis Israhel
14,30! Dt 4,21 non introducetis hos populos in terram quam dabo eis
27,14; Ex 17,7; Gn 26,20; Dt 32,51; Ps 105,32 13 haec est aqua Contradictionis ubi iurgati sunt filii Israhel contra Dominum
et sanctificatus est in eis
Idc 11,17 14 misit interea nuntios Moses de Cades ad regem Edom qui dicerent
haec mandat frater tuus Israhel
nosti omnem laborem qui adprehendit nos
15 quomodo descenderint patres nostri in Aegyptum
Ex 12,40 et habitaverimus ibi multo tempore
Ex 3,7! Dt 26,6 adflixerintque nos Aegyptii et patres nostros
16 et quomodo clamaverimus ad Dominum et exaudierit nos
Lv 25,42! miseritque angelum qui eduxerit nos de Aegypto
ecce in urbe Cades quae est in extremis finibus tuis positi
21,22; Dt 2,27! Idc 11,17 17 obsecramus ut nobis transire liceat per terram tuam
non ibimus per agros nec per vineas
non bibemus aquas de puteis tuis
sed gradiemur via publica
nec ad dextram nec ad sinistram declinantes
donec transeamus terminos tuos
18 cui respondit Edom
non transibis per me alioquin armatus occurram tibi
19 dixeruntque filii Israhel
per tritam gradiemur viam
Dt 2,6 et si biberimus aquas tuas nos et pecora nostra
dabimus quod iustum est
nulla erit in pretio difficultas
tantum velociter transeamus
20 at ille respondit non transibis
statimque egressus est obvius cum infinita multitudine et manu forti
21 nec voluit adquiescere deprecanti
ut concederet transitum per fines suos II Par 20,10
quam ob rem devertit ab eo Israhel
22 cumque castra movissent de Cades 33,37
venerunt in montem Or qui est in finibus terrae Edom
23 ubi locutus est Dominus ad Mosen
24 pergat inquit Aaron ad populos suos 27,13!
non enim intrabit terram quam dedi filiis Israhel 14,30!
eo quod incredulus fuerit ori meo ad aquas Contradictionis
25 tolle Aaron et filium eius cum eo et duces eos in montem Or 33,38!
26 cumque nudaveris patrem veste sua
indues ea Eleazarum filium eius Is 22,21
et Aaron colligetur et morietur ibi
27 fecit Moses ut praeceperat Dominus Ex 40,14!
et ascenderunt in montem Or coram omni multitudine 33,38!
28 cumque Aaron spoliasset vestibus suis
induit eis Eleazarum filium eius
29 illo mortuo in montis supercilio descendit cum Eleazaro
30 omnis autem multitudo videns occubuisse Aaron I Sm 25,1!
flevit super eo triginta diebus per cunctas familias suas Dt 34,8
21 quod cum audisset Chananeus rex 33,40
Arad qui habitabat ad meridiem Idc 1,16
venisse scilicet Israhel per exploratorum viam
pugnavit contra illum et victor existens duxit ex eo praedam

11 et[1] *om.* ACΛSM1c | 12 eis] uobis GT. | 15 adflixeruntque CTΦ1 | 18 transibitis ΣTMΦ | 19 nullaque C | 20 transibis GAO cr 𝔐] transibitis *cet.* | 21 diuertit CΣ1 cr | 22 mouisset G | in monte GΣ | 24 fuit CS1 | 25 in monte GΣ | 26 ea *om.* GCS1 | et[1] *om.* c. | 27 in monte G | 28 aaronem O | 30 obisse S.; quia occubuisset C. | super eum AΣS | suas *om.* G || **21**,1 in meridie G |

GAOC ΣΛSTMΦ1 cr

2 at Israhel voto se Domino obligans ait
si tradideris populum istum in manu mea delebo urbes eius
3 exaudivitque Dominus preces Israhel et tradidit Chananeum
quem ille interfecit subversis urbibus eius
Idc 1,17 et vocavit nomen loci illius Horma id est anathema
14,25! 4 profecti sunt autem et de monte Or per viam quae ducit ad mare Rubrum
Idc 11,18 ut circumirent terram Edom
et taedere coepit populum itineris ac laboris
5 locutusque contra Deum et Mosen ait
20,4! Ex 14,11; 17,3 cur eduxisti nos de Aegypto ut moreremur in solitudine
deest panis non sunt aquae
11,6 anima nostra iam nausiat super cibo isto levissimo
Dt 8,15; Sap 16,5 6 quam ob rem misit Dominus in populum ignitos serpentes
ad quorum plagas et mortes plurimorum
7 venerunt ad Mosen atque dixerunt
peccavimus quia locuti sumus contra Dominum et te
ora ut tollat a nobis serpentes
oravit Moses pro populo 8 et locutus est Dominus ad eum
fac serpentem et pone eum pro signo
qui percussus aspexerit eum vivet
IV Rg 18,4; Io 3,14 9 fecit ergo Moses serpentem aeneum et posuit pro signo
quem cum percussi aspicerent sanabantur
33,43.44 10 profectique filii Israhel castrametati sunt in Oboth
11 unde egressi fixere tentoria in Hieabarim
in solitudine quae respicit Moab contra orientalem plagam Dt 2,8; Idc 11,18
12 et inde moventes venerunt ad torrentem Zared Dt 2,13
13 quem relinquentes castrametati sunt contra Arnon
quae est in deserto et prominet in finibus Amorrei
siquidem Arnon terminus est Moab dividens Moabitas et Amorreos 22,36; Idc 11,18
14 unde dicitur in libro bellorum Domini
sicut fecit in mari Rubro sic faciet in torrentibus Arnon
15 scopuli torrentium inclinati sunt
ut requiescerent in Ar et recumberent in finibus Moabitarum
16 ex eo loco apparuit puteus super quo locutus est Dominus ad Mosen
congrega populum et dabo ei aquam
17 tunc cecinit Israhel carmen istud
ascendat puteus concinebant
18 puteus quem foderunt principes et paraverunt duces multitudinis
in datore legis et in baculis suis
de solitudine Matthana
19 de Matthana Nahalihel
de Nahalihel in Bamoth
20 de Bamoth vallis est in regione Moab in vertice Phasga 23,28
et quod respicit contra desertum
21 misit autem Israhel nuntios ad Seon regem Amorreorum dicens **21—24:** Idc 11,19–22 **21—26:** Dt 2,26–36
22 obsecro ut transire mihi liceat per terram tuam 20,17!
non declinabimus in agros et vineas
non bibemus aquas ex puteis
via regia gradiemur donec transeamus terminos tuos

(G)AOC ΣΛSTMΦl cr 2 domino obligans] obligans domino ΣS; offerens domino C.; obligans G | 4 populus G | 5 locutusque + est C | deum] dominum GCΣTMΦ | 7 dominum] deum A | orauitque ϲ | 8 serpentem + aeneum GΦϲ | aspexit O | 9 posuit + eum CSMϲ | cum percussi aspicerent] percussi aspicientes CΣΛ | 11 in solitudinem OM | 16 et ex eo O | 18 in[2] *om.* O | suis + profectique C; + profecitque G. | 19 de[1]] et de C | matthana + in ϲ | 20 et *om.* Σϲ | quod] quo ꝛ. | 21 [*deest* G *usque ad* 23,2] | 22 bibimus AS | puteis + quia Cl. |

23 qui concedere noluit ut transiret Israhel per fines suos
Dt 29,7.8! quin potius exercitu congregato e-
gressus est obviam in desertum
et venit in Iasa pugnavitque contra
eum
24 a quo percussus est in ore gladii et
possessa est terra eius
Dt 2,37; Ios 12,2 ab Arnon usque Iebboc et filios Ammon
quia forti praesidio tenebantur termini Ammanitarum
25 tulit ergo Israhel omnes civitates eius
31; Ios 13,10 et habitavit in urbibus Amorrei
Ios 13,17; Idc 11,26 in Esebon scilicet et viculis eius
26 urbs Esebon fuit regis Seon Amorrei
qui pugnavit contra regem Moab
et tulit omnem terram quae dicionis
illius fuerat usque Arnon
27 idcirco dicitur in proverbio
32,37 venite in Esebon aedificetur et con-
struatur civitas Seon
28.29: Ier 48,45.46 28 ignis egressus est de Esebon flamma
de oppido Seon
Is 15,1 et devoravit Ar Moabitarum et habitatores excelsorum Arnon
29 vae tibi Moab peristi popule Chamos
dedit filios eius in fugam et filias in
captivitatem regi Amorreorum Seon
30 iugum ipsorum disperiit ab Esebon
usque Dibon
lassi pervenerunt in Nophe et usque
Medaba
25! 31 habitavit itaque Israhel in terra
Amorrei
32 misitque Moses qui explorarent Iazer
cuius ceperunt viculos et possederunt habitatores
33—35: Dt 3,1–3 33 verteruntque se et ascenderunt per
viam Basan
29,7; Ios 8,14; II Esr 9,22; Ps 134,11.12; 135,19–22 et occurrit eis Og rex Basan cum
omni populo suo pugnaturus in
Edrai
34 dixitque Dominus ad Mosen
ne timeas eum quia in manu tua tra- Dt 2,24!
didi illum
et omnem populum ac terram eius
faciesque illi sicut fecisti Seon regi
Amorreorum habitatori Esebon
35 percusserunt igitur et hunc cum filiis Dt 7,2! Ios 10,33
suis
universumque populum eius usque Idc 4,16
ad internicionem
et possederunt terram illius
22 profectique castrametati sunt in 26,3! 31,12; 33,48.49; 35,1!
campestribus Moab
ubi trans Iordanem Hierichus sita
est
2 videns autem Balac filius Sepphor
omnia quae fecerat Israhel Amorreo
3 et quod pertimuissent eum Moabitae Ex 15,15
et impetum eius ferre non possent
4 dixit ad maiores natu Madian
ita delebit hic populus omnes qui in
nostris finibus commorantur
quomodo solet bos herbas usque ad
radices carpere
ipse erat eo tempore rex in Moab
5 misit ergo nuntios ad Balaam filium Dt 23,4!
Beor ariolum
qui habitabat super flumen terrae filiorum Ammon
ut vocarent eum et dicerent
ecce egressus est populus ex Aegypto 11
qui operuit superficiem terrae sedens
contra me
6 veni igitur et maledic populo huic 17; 23,7; Gn 27,29!
quia fortior me est
si quo modo possim percutere et eicere eum de terra mea
novi enim quod benedictus sit cui
benedixeris
et maledictus in quem maledicta
congesseris
7 perrexerunt seniores Moab et maio-

23 ut transiret] transire O | 24 usque + in A l | 26 ~ seon regis l c | 30 in nophe CS cr𝔐] in ophe OΣΛ l; in iophe ATMΦ | 34 illum] eum O ‖ **22**,1 hiericho ΣΛΜΦ cr | 6 quia] qui OCSTΦ l; qua Σ. | 7 perrexeruntque c. |

AOC ΣΛSTMΦl cr

res natu Madian
habentes divinationis pretium in manibus
cumque venissent ad Balaam et narrassent ei omnia verba Balac 8 ille
respondit
19 manete hic nocte et respondebo quicquid mihi dixerit Dominus
manentibus illis apud Balaam venit Deus et ait ad eum
9 quid sibi volunt homines isti apud te
10 respondit Balac filius Sepphor rex
Moabitarum misit ad me 11 dicens
5.6! ecce populus qui egressus est de Aegypto operuit superficiem terrae
veni et maledic ei si quo modo possim pugnans abicere eum
12 dixitque Deus ad Balaam
noli ire cum eis neque maledicas populo quia benedictus est
13 qui mane consurgens dixit ad principes
ite in terram vestram quia prohibuit me Deus venire vobiscum
14 reversi principes dixerunt ad Balac
noluit Balaam venire nobiscum
15 rursum ille multo plures et nobiliores quam ante miserat misit
16 qui cum venissent ad Balaam dixerunt
sic dicit Balac filius Sepphor ne cuncteris venire ad me
24,11 17 paratum honorare te et quicquid volueris dare
6! veni et maledic populo isti
18 respondit Balaam
24,13! si dederit mihi Balac plenam domum suam argenti et auri
38! non potero inmutare verbum Domini Dei mei
ut vel plus vel minus loquar
8! 19 obsecro ut hic maneatis etiam hac
nocte
et scire queam quid mihi rursum respondeat Dominus
20 venit ergo Deus ad Balaam nocte et ait ei
si vocare te venerunt homines isti
surge et vade cum eis 35!
ita dumtaxat ut quod tibi praecepero facias
21 surrexit Balaam mane
et strata asina profectus est cum eis
22 et iratus est Deus stetitque angelus Domini in via contra Balaam
qui sedebat asinae et duos pueros habebat secum
23 cernens asina angelum stantem in 31
via evaginato gladio
avertit se de itinere et ibat per agrum
quam cum verberaret Balaam et vellet ad semitam reducere
24 stetit angelus in angustiis duarum maceriarum quibus vineae cingebantur
25 quem videns asina iunxit se parieti et adtrivit sedentis pedem
at ille iterum verberabat
26 et nihilominus angelus ad locum angustum transiens
ubi nec ad dextram nec ad sinistram poterat deviari obvius stetit
27 cumque vidisset asina stantem angelum concidit sub pedibus sedentis
qui iratus vehementius caedebat fuste latera
28 aperuitque Dominus os asinae et lo- II Pt 2,16
cuta est
quid feci tibi cur percutis me ecce iam tertio
29 respondit Balaam
quia commeruisti et inlusisti mihi
utinam haberem gladium ut te percuterem

AOC ΣΛSTMΦl cr

11 abigere CΣΛTMΦ c | 12 deus] dominus OΣ | 13 deus] dominus Σ c | 16 dixerunt + ei C.; + ad eum M | 17 paratum habeo Λ; paratus sum CΣ c; *alterutram lect. habere vid.* l | dare] dabo CM l(*vid.*); dabo tibi Φ c | 20 deus] dominus CT | 21 asina + sua TMΦ c | 22 insidebat c | asinam CΦ; asina S. | 24 angustis OTΦ | 25 uerberabat + eam ΣS c | 26 deuiare OΛS c | 27 concidit] cecidit OTMΦ r | latera + eius AΣΛM cr; + ei S. | 29 commeruisti] conteruisti Σ.; teruisti Λ.; conminuisti C | ~ percuterem te O |

30 dixit asina nonne animal tuum sum
cui semper sedere consuesti usque
in praesentem diem
dic quid simile umquam fecerim tibi
at ille ait numquam
Gn 21,19! 31 protinus aperuit Dominus oculos
Balaam
23; Ios 5,13 et vidit angelum stantem in via evaginato gladio
adoravitque eum pronus in terram
32 cui angelus cur inquit tertio verberas
asinam tuam
ego veni ut adversarer tibi
quia perversa est via tua mihique
contraria
33 et nisi asina declinasset de via dans
locum resistenti
te occidissem et illa viveret
34 dixit Balaam
peccavi nesciens quod tu stares contra me
et nunc si displicet tibi ut vadam revertar
20; 24,13! 35 ait angelus vade cum istis et cave ne
aliud quam praecepero tibi loquaris
ivit igitur cum principibus
36 quod cum audisset Balac egressus
est in occursum eius
21,13! in oppido Moabitarum quod situm
est in extremis finibus Arnon
37 dixitque ad Balaam
misi nuntios ut vocarent te
cur non statim venisti ad me
an quia mercedem adventui tuo reddere nequeo
38 cui ille respondit
ecce adsum
18! 23,12 numquid loqui potero aliud nisi
quod Deus posuerit in ore meo
39 perrexerunt ergo simul et venerunt
in urbem quae in extremis regni
eius finibus erat
40 cumque occidisset Balac boves et
oves
misit ad Balaam et principes qui
cum eo erant munera
41 mane autem facto duxit eum ad excelsa Baal 23,14!
et intuitus est extremam partem populi
23 dixitque Balaam ad Balac 29.30
aedifica mihi hic septem aras 1—7: 14–18
et para totidem vitulos eiusdemque
numeri arietes
2 cumque fecisset iuxta sermonem Balaam
inposuerunt simul vitulum et arietem
super aram
3 dixitque Balaam ad Balac
sta paulisper iuxta holocaustum tuum donec vadam
si forte occurrat mihi Dominus
et quodcumque imperaverit loquar
tibi
4 cumque abisset velociter occurrit ei
Deus
locutusque ad eum Balaam
septem inquit aras erexi et inposui
vitulum et arietem desuper
5 Dominus autem posuit verbum in
ore eius et ait
revertere ad Balac et haec loqueris
6 reversus invenit stantem Balac iuxta
holocaustum suum
et omnes principes Moabitarum
7 adsumptaque parabola sua dixit 24,3.15! 20.21
de Aram adduxit me Balac rex Moabitarum de montibus orientis Dt 23,4!
veni inquit et maledic Iacob 22,6!
propera et detestare Israhel
8 quomodo maledicam cui non maledixit Deus
qua ratione detester quem Dominus
non detestatur
9 de summis silicibus videbo eum 24,17
et de collibus considerabo illum
populus solus habitabit et inter gentes non reputabitur Dt 33,28!

30 tuus CΣΛ | consueuisti STΦ c | 31 euaginatum gladium Φ; + tenentem O; + in manu tenentem TΦ | 35 principibus + moab C | 37 uocarem te A c || **23**,3 [*iterum adest* G] | 4 ei] illi Σ c | [*deest* l *usque ad* 26,64] | 8 dominus] deus CΣS | 9 illum] eum O |

(G)AOC ΣΛSTMΦ(l) cr

Gn 13,16 10 quis dinumerare possit pulverem Iacob et nosse numerum stirpis Isra-
hel
moriatur anima mea morte iustorum
et fiant novissima mea horum similia
11 dixitque Balac ad Balaam
quid est hoc quod agis
24,10; Dt 23,5 ut malediceres inimicis vocavi te
et tu e contrario benedicis eis
12 cui ille respondit
22,38! num aliud possum loqui nisi quod
iusserit Dominus
27 13 dixit ergo Balac
veni mecum in alterum locum
unde partem Israhelis videas et totum videre non possis
inde maledicito ei
28; 22,41 14 cumque duxisset eum in locum sub-
14—18: 1–7 limem super verticem montis Phasga
aedificavit Balaam septem aras
et inpositis supra vitulo atque ariete
15 dixit ad Balac
sta hic iuxta holocaustum tuum donec ego pergam obvius
16 cui cum Dominus occurrisset po-
suissetque verbum in ore eius ait
revertere ad Balac et haec loqueris ei
17 reversus invenit eum stantem iuxta
holocaustum suum
et principes Moabitarum cum eo
ad quem Balac quid inquit locutus
est Dominus
18 at ille adsumpta parabola sua ait
sta Balac et ausculta audi fili Sepphor
Is 31,2; Os 11,9; Hbr 6,18 19 non est Deus quasi homo ut mentia-
tur
I Sm 15,29 nec ut filius hominis ut mutetur
dixit ergo et non faciet locutus est et
non implebit
20 ad benedicendum adductus sum benedictionem prohibere non valeo

21 non est idolum in Iacob nec videtur
simulacrum in Israhel
Dominus Deus eius cum eo est et
clangor victoriae regis in illo
22 Deus eduxit eum de Aegypto 24,8; Lv 11,45!
cuius fortitudo similis est rinocerotis
23 non est augurium in Iacob nec divi-
natio in Israhel
temporibus suis dicetur Iacob et Israheli quid operatus sit Deus
24 ecce populus ut leaena consurget et
quasi leo erigetur
non accubabit donec devoret praedam et occisorum sanguinem bibat
25 dixitque Balac ad Balaam
nec maledicas ei nec benedicas
26 et ille nonne ait dixi tibi quod quicquid mihi Deus imperaret hoc facerem
27 et ait Balac ad eum 13
veni et ducam te ad alium locum
si forte placeat Deo ut inde maledicas eis
28 cumque duxisset eum super verti- 14! 21,20
cem montis Phogor qui respicit solitudinem
29 dixit ei Balaam 1.2
aedifica mihi hic septem aras
et para totidem vitulos eiusdemque
numeri arietes
30 fecit Balac ut Balaam dixerat
inposuitque vitulos et arietes per singulas aras
24 cumque vidisset Balaam quod placeret Domino ut benediceret Israheli
nequaquam abiit ut ante perrexerat
ut augurium quaereret
sed dirigens contra desertum vultum
suum 2 et elevans oculos
vidit Israhel in tentoriis commoran- 2,2!
tem per tribus suas
et inruente in se spiritu Dei 3 ad- Ex 31,3! Idc 6 11,25! Ez 11,

GAOC ΣΛSTMΦ cr 11 inimicis + meis CΣSTΦ c | 13 israhel GΣS c | 14 uitulos atque arietes GTΦ | 15 ~ obuius pergam c. | 16 posuitque C | ei *om.* G | 18 sumpta O | 19 adinpleuit C | 21 eius *om.* G | 22 eum] illum Σ c | 23 israheli] israhel GOSΦ | 26 ~ ait nonne TΦ c; nonne ait nonne S. | 27 eis] ei GΛS | 29 hic *om.* GOM | 30 per] super A || **24**,1 israhel O | 2 et leuans AΣΛS |

23,7! sumpta parabola ait
15.16 dixit Balaam filius Beor
dixit homo cuius obturatus est oculus
4 dixit auditor sermonum Dei
qui visionem Omnipotentis intuitus est
qui cadit et sic aperiuntur oculi eius
Ps 83,2 5 quam pulchra tabernacula tua Iacob et tentoria tua Israhel
6 ut valles nemorosae
Ps 1,3; Ier 17,8! ut horti iuxta fluvios inrigui
Hbr 8,2 ut tabernacula quae fixit Dominus
quasi cedri propter aquas
7 fluet aqua de situla eius et semen illius erit in aquas multas
I Sm 15,8 tolletur propter Agag rex eius et auferetur regnum illius
23,22! 8 Deus eduxit illum de Aegypto
cuius fortitudo similis est rinocerotis
devorabunt gentes hostes illius ossaque eorum confringent et perforabunt sagittis
Gn 49,9 9 accubans dormivit ut leo et quasi leaena quam suscitare nullus audebit
Gn 27,29! qui benedixerit tibi erit ipse benedictus
qui maledixerit in maledictione reputabitur
10 iratusque Balac contra Balaam conplosis manibus ait
23,11! ad maledicendum inimicis meis vocavi te
quibus e contrario tertio benedixisti
11 revertere ad locum tuum
22,17 decreveram quidem magnifice honorare te
sed Dominus privavit te honore disposito
12 respondit Balaam ad Balac
nonne nuntiis tuis quos misisti ad me dixi
22,18! 13 si dederit mihi Balac plenam domum suam argenti et auri
non potero praeterire sermonem Domini Dei mei
ut vel boni quid vel mali proferam ex corde meo
sed quicquid Dominus dixerit hoc loquar 22,35! Dt 18,18; III Rg 22,14; II Par 18,13
14 verumtamen pergens ad populum meum
dabo consilium quid populus tuus huic populo faciat extremo tempore Gn 49,1!
15 sumpta igitur parabola rursum ait 23; 23,7!
dixit Balaam filius Beor 3,4
dixit homo cuius obturatus est oculus
16 dixit auditor sermonum Dei
qui novit doctrinam Altissimi
et visiones Omnipotentis videt
qui cadens apertos habet oculos
17 videbo eum sed non modo 23,9
intuebor illum sed non prope
orietur stella ex Iacob et consurget virga de Israhel Is 11,1
et percutiet duces Moab vastabitque omnes filios Seth
18 et erit Idumea possessio eius II Sm 8,14; Ps 59,10
hereditas Seir cedet inimicis suis
Israhel vero fortiter aget
19 de Iacob erit qui dominetur et perdat reliquias civitatis
20 cumque vidisset Amalech adsumens parabolam ait 23,7!
principium gentium Amalech cuius extrema perdentur I Sm 15,3.18
21 vidit quoque Cineum et adsumpta parabola ait 23,7!
robustum est quidem habitaculum tuum
sed si in petra posueris nidum tuum Ier 49,16; Abd 3
22 et fueris electus de stirpe Cain
quamdiu poteris permanere
Assur enim capiet te
23 adsumptaque parabola iterum locutus est 15!
heu quis victurus est quando ista fa-

4 uisiones C | 6 propter] prope GCΣΛ𝔠 | 7 fluit aqua OS.; fluent aquae C | 8 illum] eum G | 9 erit + et 𝔠 | 13 dei *om.* G | 14 ~ populo huic 𝔠. | 16 uisionem G | 21 ~ quidem est 𝔠 | 22 cain] cin 𝔠; cham Φ | 23 eheu AOSM. ||

GAOC ΣΛSTMΦ 𝔠𝔯

ciet Deus
24 venient in trieribus de Italia
superabunt Assyrios
vastabuntque Hebraeos
et ad extremum etiam ipsi peribunt
25 surrexitque Balaam et reversus est
in locum suum
Balac quoque via qua venerat rediit
33,49 **25** morabatur autem eo tempore Israhel in Setthim
Ex 34,15.16 et fornicatus est populus cum filiabus
Moab
2 quae vocaverunt eos ad sacrificia sua
Ps 105,28 at illi comederunt et adoraverunt deos earum
Ios 22,17; Os 9,10 3 initiatusque est Israhel Beelphegor
et iratus Dominus 4 ait ad Mosen
tolle cunctos principes populi et sus-
pende eos contra solem in patibulis
ut avertatur furor meus ab Israhel
5 dixitque Moses ad iudices Israhel
Ex 32,27 occidat unusquisque proximos suos
qui initiati sunt Beelphegor
6 et ecce unus de filiis Israhel intravit
coram fratribus suis ad scortum
madianitin
11,10; 14,1! vidente Mose et omni turba filiorum
Israhel
qui flebant ante fores tabernaculi
31,6! Idc 20,28 7 quod cum vidisset Finees filius Eleazari filii Aaron sacerdotis
surrexit de medio multitudinis
et arrepto pugione 8 ingressus est post
virum israhelitem in lupanar
et perfodit ambos simul
virum scilicet et mulierem in locis
genitalibus
II Sm 24,25; Ps 105,30 cessavitque plaga a filiis Israhel
I Cor 10,8 9 et occisi sunt viginti quattuor milia
homines
10 dixitque Dominus ad Mosen
11 Finees filius Eleazari filii Aaron sacerdotis
avertit iram meam a filiis Israhel
quia zelo meo commotus est contra
eos
ut non ipse delerem filios Israhel in
zelo meo
12 idcirco loquere ad eos
ecce do ei pacem foederis mei Sir 45,30! Mal 2,5;
13 et erit tam ipsi quam semini illius Ez 37,26! Ex 29,9
pactum sacerdotii sempiternum I Mcc 2,54
quia zelatus est pro Deo suo III Rg 19,10
et expiavit scelus filiorum Israhel
14 erat autem nomen viri israhelitae
qui occisus est cum Madianitide
Zambri filius Salu dux de cognatione
et tribu Symeonis
15 porro mulier madianitis quae pariter
interfecta est vocabatur Chozbi
filia Sur principis nobilissimi Madia-
nitarum
16 locutusque est Dominus ad Mosen
dicens
17 hostes vos sentiant Madianitae et
percutite eos
18 quia et ipsi hostiliter egerunt contra 31,16
vos
et decepere insidiis per idolum Phogor et Chozbi filiam ducis Madian
sororem suam
quae percussa est in die plagae pro
sacrilegio Phogor
26 postquam noxiorum sanguis effusus est
dixit Dominus ad Mosen et Eleazarum filium Aaron sacerdotem
2 numerate omnem summam filiorum 1,2.3!
Israhel
a viginti annis et supra
per domos et cognationes suas
cunctos qui possunt ad bella procedere
3 locuti sunt itaque Moses et Eleazar 63
sacerdos
in campestribus Moab super Iorda- 22,1!
nem contra Hierichum
ad eos qui erant 4 a viginti annis et

GAOC ΣΛSTMΦ cr

25,6 mazianitis G; madianiten SM; madianitidem c. | 8 israhelitam G | 9 hominum AΛS c | 12 ad eum O c | ecce + ego AC. | 13 illius] eius S c | sacerdotis G | 18 deceperunt uos C. || **26**,1 et + ad CΣ | aaronis AO r | 2 cunctosque qui OTΦ | 3 hiericho CΣΛ cr |

supra sicut Dominus imperarat
quorum iste est numerus
Ex 6,14; I Par 5,3 5 Ruben primogenitus Israhel
5—49: Gn 46,9–24 huius filius Enoch a quo familia Enochitarum
et Phallu a quo familia Phalluitarum
6 et Esrom a quo familia Esromitarum
et Charmi a quo familia Charmitarum
1,20.21 7 hae sunt familiae de stirpe Ruben
quarum numerus inventus est quadraginta tria milia et septingenti triginta
16,1! 8 filius Phallu Heliab
9 huius filii Namuhel et Dathan et Abiram
isti sunt Dathan et Abiram principes populi
qui surrexerunt contra Mosen et Aaron in seditione Core
quando adversum Dominum rebellaverunt
16,31.32! 10 et aperiens terra os suum devoravit Core morientibus plurimis
16,35! quando conbusit ignis ducentos quinquaginta viros
Ex 9,4! et factum est grande miraculum
11 ut Core pereunte filii illius non perirent
Ex 6,15; I Par 4,24 12 filii Symeon per cognationes suas
Namuhel ab hoc familia Namuhelitarum
Iamin ab hoc familia Iaminitarum
Iachin ab hoc familia Iachinitarum
13 Zare ab hoc familia Zareitarum
Saul ab hoc familia Saulitarum
1,22.23 14 hae sunt familiae de stirpe Symeon
quarum omnis numerus fuit viginti duo milia ducentorum
15 filii Gad per cognationes suas
Sephon ab hoc familia Sephonitarum
Aggi ab hoc familia Aggitarum
Suni ab hoc familia Sunitarum
16 Ozni ab hoc familia Oznitarum
Heri ab hoc familia Heritarum
17 Arod ab hoc familia Aroditarum
Arihel ab hoc familia Arihelitarum
18 istae sunt familiae Gad 1,24.25
quarum omnis numerus fuit quadraginta milia quingentorum
19 filii Iuda Her et Onan qui ambo mortui sunt in terra Chanaan Gn 46,12; I Par 2,3
20 fueruntque filii Iuda per cognationes suas
Sela a quo familia Selanitarum
Phares a quo familia Pharesitarum I Par 2,5.6
Zare a quo familia Zareitarum
21 porro filii Phares
Esrom a quo familia Esromitarum
et Amul a quo familia Amulitarum
22 istae sunt familiae Iuda 1,26.27
quarum omnis numerus fuit septuaginta milia quingentorum
23 filii Isachar per cognationes suas 23—25: I Par 7,1–5
Thola a quo familia Tholaitarum
Phua a quo familia Phuaitarum
24 Iasub a quo familia Iasubitarum
Semran a quo familia Semranitarum
25 hae sunt cognationes Isachar 1,28.29
quarum numerus fuit sexaginta quattuor milia trecentorum
26 filii Zabulon per cognationes suas
Sared a quo familia Sareditarum
Helon a quo familia Helonitarum
Ialel a quo familia Ialelitarum
27 hae sunt cognationes Zabulon 1,30.31
quarum numerus fuit sexaginta milia quingentorum
28 filii Ioseph per cognationes suas
Manasse et Ephraim
29 de Manasse ortus est Machir a quo familia Machiritarum 36,1
Machir genuit Galaad a quo familia Galaaditarum 29—33: Ios 17,1–3; I Par 7,14–19
30 Galaad habuit filios Hiezer a quo

4 imperauerat c | 5 familiae *bis* G | 6 familiae *bis* GS. | 7 haec CΣ | et *om.* GO | 9 aduersum] contra CS | rebellarunt ΑΣΛ | 10 core] eos GC. | 14 haec CS | quorum GC. | ducenti GSc | 15 filii + autem CS | 16 heri] her OTMΦc | 17 arodi GCΣ | 18 sunt *om.* O | quingenti Sc | 22 septuaginta + sex cr𝔐 | quingenti Sc | 25 haec C | trecenti Sc | 26 iahel ... iahelitarum OCS | 27 haec C | quingenti Sc |

GAOC ΣΛSTMΦ cr

familia Hiezeritarum
et Elec a quo familia Elecarum
31 et Asrihel a quo familia Asrihelita-
rum
et Sechem a quo familia Sechemita-
rum
32 et Semida a quo familia Semidata-
rum
et Epher a quo familia Epheritarum
27,1; 36,10.11 33 fuit autem Epher pater Salphaad qui
filios non habebat sed tantum filias
quarum ista sunt nomina
Maala et Noa et Egla et Melcha et
Thersa
1,34.35 34 hae sunt familiae Manasse
et numerus earum quinquaginta duo
milia septingentorum
I Par 7,20.21 35 filii autem Ephraim per cognationes
suas fuerunt hii
Suthala a quo familia Suthalitarum
Becher a quo familia Becheritarum
Tehen a quo familia Tehenitarum
36 porro filius Suthala fuit Heran a quo
familia Heranitarum
1,32.33 37 hae sunt cognationes filiorum Ephraim
quarum numerus triginta duo milia
quingentorum
38—40: I Par 7,6–10; 8,1–5 38 isti sunt filii Ioseph per familias suas
filii Beniamin in cognationibus suis
Bale a quo familia Baleitarum
Azbel a quo familia Azbelitarum
Ahiram a quo familia Ahiramitarum
39 Supham a quo familia Suphamita-
rum
Hupham a quo familia Huphamita-
rum
40 filii Bale Hered et Noeman
de Hered familia Hereditarum
de Noeman familia Noemitarum
1,36.37 41 hii sunt filii Beniamin per cognationes suas
quorum numerus quadraginta quin-

que milia sescentorum
42 filii Dan per cognationes suas
Suham a quo familia Suhamitarum
hae cognationes Dan per familias 1,38.39
suas
43 omnes fuere Suhamitae
quorum numerus erat sexaginta
quattuor milia quadringentorum
44 filii Aser per cognationes suas I Par 7,30.31
Iemna a quo familia Iemnaitarum
Iessui a quo familia Iessuitarum
Brie a quo familia Brieitarum
45 filii Brie Haber a quo familia Haberi-
tarum
et Melchihel a quo familia Melchi-
helitarum
46 nomen autem filiae Aser fuit Sara
47 hae cognationes filiorum Aser 1,40.41
et numerus eorum quinquaginta tria
milia quadringentorum
48 filii Nepthalim per cognationes suas
Iessihel a quo familia Iessihelitarum
Guni a quo familia Gunitarum
49 Iesser a quo familia Iesseritarum I Par 7,13
Sellem a quo familia Sellemitarum
50 hae sunt cognationes filiorum Nep- 1,42.43
thalim per familias suas
quorum numerus quadraginta quinque milia quadringentorum
51 ista est summa filiorum Israhel qui 1,45.46
recensiti sunt
sescenta milia et mille septingenti
triginta
52 locutusque est Dominus ad Mosen Ios 11,23!
dicens
53 istis dividetur terra iuxta numerum
vocabulorum in possessiones suas **53—55:** 33,53.54
54 pluribus maiorem partem dabis et 35,8
paucioribus minorem
singulis sicut nunc recensiti sunt tradetur possessio
55 ita dumtaxat ut sors terram tribubus 36,2; Ios 14,2
dividat et familiis

(G)AOC ΣΛSTMΦ cr

30 elecitarum CSMΦ cr; helecaitrum G.; elecatarum T. | 34 haec C | septingenti Λ c; septingenta S. | 35 [*deest* G *usque ad v.* 56] | 37 haec C | numerus + fuit OM c | quingenti S c | 38 ahirama AOΛ | 40 noemanitarum CΣM c | 41 numerus + fuit c | sexcenti S c | 42 haec CT; + sunt c | 43 quadringenti S c | 47 quadringenti S c | 50 haec CΛ | quadringenti S c |

56 quicquid sorte contigerit hoc vel plu-
res accipient vel pauciores
Gn 46,11 **57.58:** 3,17–20! Ex 6,16–18; I Par 6,16–19! 57 hic quoque est numerus filiorum Levi per familias suas
Gerson a quo familia Gersonitarum
Caath a quo familia Caathitarum
Merari a quo familia Meraritarum
58 hae sunt familiae Levi
familia Lobni familia Hebroni familia Mooli familia Musi familia Cori
at vero Caath genuit Amram
Ex 2,1.2; 6,20 59 qui habuit uxorem Iochabed filiam
Levi quae nata est ei in Aegypto
I Par 6,3 haec genuit viro suo Amram filios
Aaron et Mosen et Mariam soro-
rem eorum
3,2; Ex 6,23! I Par 24,1 60 de Aaron orti sunt Nadab et Abiu
et Eleazar et Ithamar
3,4! 61 quorum Nadab et Abiu mortui sunt
cum obtulissent ignem alienum coram Domino
3,39! 62 fueruntque omnes qui numerati sunt
viginti tria milia generis masculini
ab uno mense et supra
1,47 quia non sunt recensiti inter filios Israhel
nec eis cum ceteris data possessio
63 hic est numerus filiorum Israhel
3! qui descripti sunt a Mosen et Eleazaro sacerdote
in campestribus Moab supra Iordanem contra Hiericho
64 inter quos nullus fuit eorum qui ante
1,19 numerati sunt a Mose et Aaron in
deserto Sinai
65 praedixerat enim Dominus quod
14,29! 35! Ps 105,26 omnes morerentur in solitudine
14,38! nullusque remansit ex eis nisi Chaleb
filius Iepphonne et Iosue filius Nun
,33; Ios 17.3.4 **27** accesserunt autem filiae Salphaad
36,1 filii Epher filii Galaad filii Machir
filii Manasse qui fuit filius Ioseph
quarum sunt nomina Maala et Noa 36,10.11
et Egla et Melcha et Thersa
2 steteruntque coram Mosen et Eleazaro sacerdote
et cunctis principibus populi
ad ostium tabernaculi foederis atque
dixerunt
3 pater noster mortuus est in deserto
nec fuit in seditione quae concitata
est contra Dominum sub Core
sed in peccato suo mortuus est
hic non habuit mares filios
cur tollitur nomen illius de familia
sua quia non habet filium
date nobis possessionem inter co- 6; Ios 17,4
gnatos patris nostri
4 rettulitque Moses causam earum ad
iudicium Domini
5 qui dixit ad eum
6 iustam rem postulant filiae Salphaad
da eis possessionem inter cognatos 3; Ios 17,4
patris sui
et ei in hereditate succedant
7 ad filios autem Israhel loqueris haec
8 homo cum mortuus fuerit absque
filio
ad filiam eius transibit hereditas
9 si filiam non habuerit habebit suc-
cessores fratres suos
10 quod si et fratres non fuerint dabitis
hereditatem fratribus patris eius
11 sin autem nec patruos habuerit dabitur hereditas his qui ei proximi
sunt
eritque hoc filiis Israhel sanctum lege
perpetua
sicut praecepit Dominus Mosi
12 dixit quoque Dominus ad Mosen **12—14:** Dt 32,48–51
ascende in montem istum Abarim 33,47; Dt 3,27!
et contemplare inde terram quam da-

56 accipiant ΣΛΦ ϲ; accipiunt T. | [*iterum adest* G] | 58 haec CΛ | lomni A; lobeni Σ. | core ϲ. | 59 ei *om.* G | ~ amram uiro suo ϲ | 62 quia] qui ASM r | data possessio GΣ r] data est poss. S.; est data poss. ACΛTMΦ; data poss. est O ϲ | 63 a moysi M; a mose AC r; a moyse ΣTΦ ϲ | hierichum GS | 64 [*adest passim* l *usque ad* 31,28] | a moysen S || **27,**2 coram mosen OC] coram moisen l.; coram mose A r; coram moyse *cet.* | 3 habet] habuit ACΣΛ ϲ; habebat S. | possessiones CS. | 6 in hereditatem AST l ϲ | 10 fuerint] habuerint O; habuerit Λ | 11 praeceperat G |

(G)AOC ΣΛSTMΦ(l) ϲr

turus sum filiis Israhel
20,24; 31,2 13 cumque videris eam ibis et tu ad populum tuum
sicut ivit frater tuus Aaron
20,12 14 quia offendistis me in deserto Sin in contradictione multitudinis
nec sanctificare me voluistis coram ea super aquas
20,13! hae sunt aquae Contradictionis in Cades deserti Sin
15 cui respondit Moses
16,22! 16 provideat Dominus Deus spirituum omnis carnis
hominem qui sit super multitudinem hanc
17 et possit exire et intrare ante eos
et educere illos vel introducere
III Rg 22,17! ne sit populus Domini sicut oves absque pastore
18 dixitque Dominus ad eum
22.23; Dt 34,9 tolle Iosue filium Nun virum in quo est spiritus
et pone manum tuam super eum
19 qui stabit coram Eleazaro sacerdote et omni multitudine
20 et dabis ei praecepta cunctis videntibus et partem gloriae tuae
ut audiat eum omnis synagoga filiorum Israhel
21 pro hoc si quid agendum erit Eleazar
Idc 18,5; I Sm 22,9.10! sacerdos consulet Dominum
ad verbum eius egredietur et ingredietur
ipse et omnes filii Israhel cum eo et cetera multitudo
Ex 40,14! 22 fecit Moses ut praeceperat Dominus
18; Dt 34,9 cumque tulisset Iosue statuit eum coram Eleazaro sacerdote et omni frequentia populi
23 et inpositis capiti eius manibus cuncta replicavit quae mandaverat Dominus
28 dixit quoque Dominus ad Mosen
2 praecipe filiis Israhel et dices ad eos
oblationem meam et panes et incensum odoris suavissimi offerte per tempora sua Lv 21,6!
3 haec sunt sacrificia quae offerre debetis **3—8:** Ex 29,38–42
agnos anniculos inmaculatos duos
cotidie in holocaustum sempiternum IV Rg 16,15; I Par 16,40; II Par 2,4; 13,11; 31,3; I Esr 3,3
4 unum offeretis mane et alterum ad vesperam
5 decimam partem oephi similae quae conspersa sit oleo purissimo 15,4!
et habeat quartam partem hin
6 holocaustum iuge est quod obtulistis in monte Sinai
in odorem suavissimum incensi Domini
7 et libabitis vini quartam partem hin
per agnos singulos in sanctuario Domini
8 alterumque agnum similiter offeretis ad vesperam
iuxta omnem ritum sacrificii matutini et libamentorum eius
oblationem suavissimi odoris Domino
9 die autem sabbati offeretis duos agnos anniculos inmaculatos Lv 12,6!
et duas decimas similae oleo conspersae in sacrificio
et liba 10 quae rite funduntur per singula sabbata in holocausto sempiterno
11 in kalendis autem id est in mensuum Ez 46,6
exordiis offeretis holocaustum Domino Lv 23,18! **11—15:** 19–22.27–30; 29,2–5.8–38
vitulos de armento duos
arietem unum
agnos anniculos septem inmaculatos
12 et tres decimas similae oleo conspersae in sacrificio per singulos vitulos **12—14:** 15,4–12!
et duas decimas similae oleo con-

GAOC ΣΛSTMΦl cr 13 iuit] ibit GAOCΣΛST | 14 quia] qui G | offendisti AS | me[2] *om.* OΣ | uoluisti A. | coram eis GC | haec CS | deserto T; in deserto OM | 17 illos] eos c | 18 spiritus + dei OTMΦ | 20 ut] et OTΦ | 21 ~ ingredietur et egredietur G ‖ **28**,3 hae G | 4 ad uesperum ΛSc | 6 in montem C | suauissimi Cl | 8 domini OΣM | 10 in holocaustum sempiternum GTMΦc | 11 in kalendas CS. | id est in mensuum exordiis *om.* c. |

spersae per singulos arietes
13 et decimam decimae similae ex oleo
in sacrificio per agnos singulos
holocaustum suavissimi odoris atque
incensi est Domino
14 libamenta autem vini quae per singulas fundenda sunt victimas ista
erunt
media pars hin per vitulos singulos
tertia per arietem
quarta per agnum
hoc erit holocaustum per omnes
menses qui sibi anno vertente suc-
cedunt
7,16! 15 hircus quoque offeretur Domino pro
peccatis in holocaustum sempiternum cum libamentis suis
16—19: Lv 23,5–8 16 mense autem primo quartadecima
die mensis phase Domini erit
Ex 34,18! Dt 16,8; Ez 45,21 17 et quintadecima die sollemnitas
septem diebus vescentur azymis
Ex 12,16! 18 quarum dies prima venerabilis et
sancta erit
omne opus servile non facietis in ea
19—22: 11–15! 19 offeretisque incensum holocaustum
Domino
vitulos de armento duos
arietem unum
agnos anniculos inmaculatos septem
20 et sacrificia singulorum ex simila
quae conspersa sit oleo
tres decimas per singulos vitulos
et duas decimas per arietem
21 et decimam decimae per agnos singulos id est per septem agnos
22 et hircum pro peccato unum ut expietur pro vobis
23 praeter holocaustum matutinum
quod semper offertis
24 ita facietis per singulos dies septem
dierum
in fomitem ignis et in odorem suavissimum Domino
qui surget de holocausto et de libationibus singulorum
25 dies quoque septimus celeberrimus et Ex 12,16!
sanctus erit vobis
omne opus servile non facietis in eo
26 dies etiam primitivorum Dt 16,10
quando offertis novas fruges Domi- 26—31: Lv 23,15–21
no expletis ebdomadibus
venerabilis et sancta erit
omne opus servile non facietis in ea
27 offeretisque holocaustum in odorem 29,2.8.13.36; Lv 1,9!
suavissimum Domino 27—30: 11–15!
vitulos de armento duos
arietem unum
et agnos anniculos inmaculatos septem
28 atque in sacrificiis eorum
similae oleo conspersae tres decimas
per singulos vitulos
per arietes duas
29 per agnos decimam decimae qui simul sunt agni septem
hircum quoque 30 qui mactatur pro
expiatione
praeter holocaustum sempiternum et
liba eius
31 inmaculata offeretis omnia cum liba- Lv 23,18!
tionibus suis
29 mensis etiam septimi prima dies ve- Lv 23,24.25!
nerabilis et sancta erit vobis
omne opus servile non facietis in ea
quia dies clangoris est et tubarum
2 offeretisque holocaustum in odorem 28,27!
suavissimum Domino 2—5: 28,11–15!
vitulum de armento unum
arietem unum
agnos anniculos inmaculatos septem
3 et in sacrificiis eorum similae oleo
conspersae tres decimas per singulos vitulos
duas decimas per arietem
4 unam decimam per agnum qui simul
sunt agni septem

13 ex oleo] consparsae oleo l.; + conspersae G | 14 ~ singulos uitulos c | tertiam GO | quartam G | erit + in C | 17 sollemnitas + azimorum CΣΛ | uescetur GCl(*vid.*). | 19 in incensum ΛΛTMΦ | in holocaustum O | ~ holocaustum incensum G. | duos + et GTMΦ | anniculos + et A | 23 offeretis GCTMc; offeritis S. | 26 offeretis GCΣMc; offeritis S. | 31 offertis AΣ || **29**,2 unum² + et c. |

GAOC ΣΛSTMΦl cr

5 et hircum pro peccato qui offertur in
expiationem populi
6 praeter holocaustum kalendarum
cum sacrificiis suis
et holocaustum sempiternum cum
libationibus solitis
hisdem caerimoniis offeretis in odorem suavissimum incensum Domino
Lv 16,29 7 decima quoque dies mensis huius
septimi
erit vobis sancta atque venerabilis
et adfligetis animas vestras
omne opus servile non facietis in ea
28,27! 8—38: 28,11–15! 8 offeretisque holocaustum Domino
in odorem suavissimum
vitulum de armento unum
arietem unum
agnos anniculos inmaculatos septem
9 et in sacrificiis eorum similae oleo
conspersae tres decimas per vitulos
singulos
duas decimas per arietem
10 decimam decimae per agnos singulos
qui sunt simul septem agni
11 et hircum pro peccato
absque his quae offerri pro delicto
solent
in expiationem et holocaustum sempiternum
in sacrificio et libaminibus eorum
Lv 23,34 12 quintadecima vero die mensis septimi
Lv 23,24.25! quae vobis erit sancta atque venerabilis
omne opus servile non facietis in ea
sed celebrabitis sollemnitatem Domino septem diebus
28,27! 13 offeretisque holocaustum in odorem
suavissimum Domino
vitulos de armento tredecim
arietes duos
agnos anniculos quattuordecim inmaculatos
14 et in libamentis eorum similae oleo
conspersae tres decimas
per vitulos singulos qui sunt simul
vituli tredecim
et duas decimas arieti uno id est simul arietibus duobus
15 et decimam decimae agnis singulis
qui sunt simul agni quattuordecim
16 et hircum pro peccato
absque holocausto sempiterno et
sacrificio et libamine eius
17 in die altero offeres vitulos de armento duodecim
arietes duos
agnos anniculos inmaculatos quattuordecim
18 sacrificiaque et libamina singulorum 21.24.27.30.33.37
per vitulos et arietes et agnos rite celebrabis
19 et hircum pro peccato
absque holocausto sempiterno sacri-
ficioque eius et libamine
20 die tertio offeres vitulos undecim
arietes duos
agnos anniculos inmaculatos quattuordecim
21 sacrificiaque et libamina singulorum 18!
per vitulos et arietes et agnos rite celebrabis
22 et hircum pro peccato
absque holocausto sempiterno et
sacrificio et libamine eius
23 die quarto offeres vitulos decem
arietes duos
agnos anniculos inmaculatos quattuordecim
24 sacrificiaque eorum et libamina sin- 18!
gulorum

(G)AOC ΣΛSTMΦl cr

5 in expiatione GOΣ | 6 solitis] suis GO | isdem OM; eisdem Φ c | [*deest* G *usque ad* 32,2] | 9 uitulos *om.* O.; ~ singulos uitulos ΣΛS c | 10 ~ agni septem AOl(*vid.*) cr | 11 in[2]] cum c. | 12 ~ uobis sancta erit S c.; ~ erit uobis sancta Σ. | in ea *om.* ACS | 13 ~ inmaculatos quattuordecim C c | 17 offeretis M c | 18 celebrabitis C l(*vid.*) c | 19 ~ et libamine eius ΛTΦl c | 20 offeritis S.; offeretis Σ c | 21 celebrabitis C c | 22 et sacrificio] sacrificioque CSl c; sacrificiaque Σ | ~ eius et libamine CSl; eius et libamina singulorum Σ. | 23 offeretis c | 24 eorum] eius Σ.; *om.* c |

per vitulos et arietes et agnos rite celebrabis
25 et hircum pro peccato
absque holocausto sempiterno sacri-
ficioque eius et libamine
26 die quinto offeres vitulos novem
arietes duos
agnos anniculos inmaculatos quattuordecim
18! 27 sacrificiaque et libamina singulorum
per vitulos et arietes et agnos rite celebrabis
28 et hircum pro peccato
absque holocausto sempiterno sacri-
ficioque eius et libamine
29 die sexto offeres vitulos octo
arietes duos
agnos anniculos inmaculatos quattuordecim
18! 30 sacrificiaque et libamina singulorum
per vitulos et arietes et agnos rite celebrabis
31 et hircum pro peccato
absque holocausto sempiterno sacri-
ficioque eius et libamine
32 die septimo offeres vitulos septem
arietes duos
agnos anniculos inmaculatos quattuordecim
18! 33 sacrificiaque et libamina singulorum
per vitulos et arietes et agnos rite celebrabis
34 et hircum pro peccato
absque holocausto sempiterno sacri-
ficioque eius et libamine
Lv 23,36! 35 die octavo qui est celeberrimus
omne opus servile non facietis
28,27! 36 offerentes holocaustum in odorem
suavissimum Domino
vitulum unum
arietem unum
agnos anniculos inmaculatos septem
18! 37 sacrificiaque et libamina singulorum

per vitulos et arietes et agnos rite celebrabis
38 et hircum pro peccato
absque holocausto sempiterno sacri-
ficioque eius et libamine
39 haec offeretis Domino in sollemnitatibus vestris
praeter vota et oblationes sponta-
neas
in holocausto in sacrificio in libamine et in hostiis pacificis
30 narravitque Moses filiis Israhel om- Ex 19,7!
nia quae ei Dominus imperarat
2 et locutus est ad principes tribuum
filiorum Israhel
iste est sermo quem praecepit Dominus
3 si quis virorum votum Domino vo- Lv 27,2! Dt 23,21!
verit
aut se constrinxerit iuramento
non faciet irritum verbum suum Idc 11,35; Mt 5,33
sed omne quod promisit implebit
4 mulier si quippiam voverit et se con- Lv 27,2!
strinxerit iuramento
quae est in domo patris sui et in aetate adhuc puellari
si cognoverit pater votum quod pol- Dt 23,21!
licita est
et iuramentum quo obligavit animam suam
et tacuerit voti rea erit 12
5 quicquid pollicita est et iuravit opere
conplebit
6 sin autem statim ut audierit contra- 9.13
dixerit pater
et vota et iuramenta eius irrita erunt
nec obnoxia tenebitur sponsioni
eo quod contradixerit pater
7 si maritum habuerit et voverit aliquid
et semel verbum de ore eius egrediens animam illius obligaverit iuramento

24 celebrabitis Σlc | 26 offeretis c | 27 celebrabitis lc | 29 offeretis c | octo + et TM Φl | 30 celebrabitis c | 31 sacrificiaque eius et libamina O | 32 offeretis c | septem + et c. | 33 celebrabitis c | 37 sacrificiaque + eius OTΦ | celebrabitis Clc || **30**,3 uerbum] uotum Λ; iuramentum CSl. | 4 quo] quod OΣΛTMΦ | 6 sponsionis Al(*vid.*) | 7 ~ de ore eius uerbum c. | illius] eius c |

AOC ΣΛSTMΦl cr

8 quo die audierit vir et non contradixerit
voti rea erit reddet quodcumque promiserat
6.13 9 sin autem audiens statim contradixerit
et irritas fecerit pollicitationes eius
verbaque quibus obstrinxerat animam suam
propitius ei erit Dominus
10 vidua et repudiata quicquid voverint reddent
11 uxor in domo viri cum se voto constrinxerit et iuramento
4.5 12 si audierit vir et tacuerit nec contradixerit sponsioni
reddet quodcumque promiserat
6.9 13 sin autem extemplo contradixerit
non tenebitur promissionis rea
quia maritus contradixit
et Dominus ei propitius erit
14 si voverit et iuramento se constrinxerit
ut per ieiunium vel ceterarum rerum abstinentiam adfligat animam suam
in arbitrio viri erit ut faciat sive non faciat
15 quod si audiens vir tacuerit
et in alteram diem distulerit sententiam
quicquid voverat atque promiserat reddet
quia statim ut audivit tacuit
16 sin autem contradixerit postquam rescivit
portabit ipse iniquitatem eius
17 istae sunt leges quas constituit Dominus Mosi
inter virum et uxorem
inter patrem et filiam
quae in puellari adhuc aetate est
vel quae manet in parentis domo
31 locutusque est Dominus ad Mosen dicens
2 ulciscere prius filios Israhel de Madianitis
et sic colligeris ad populum tuum 27,13!
3 statimque Moses armate inquit ex vobis viros ad pugnam
qui possint ultionem Domini expetere de Madianitis
4 mille viri de singulis tribubus eligantur Israhel qui mittantur ad bellum
5 dederuntque millenos de cunctis tribubus
id est duodecim milia expeditorum ad pugnam 10,9
6 quos misit Moses cum Finees filio Eleazari sacerdotis 25,7! Ios 22,13!
vasa quoque sancta et tubas ad clangendum tradidit ei
7 cumque pugnassent contra Madianitas atque vicissent omnes mares occiderunt 17! Dt 20,13
8 et reges eorum Evi et Recem et Sur et Ur et Rebe quinque principes gentis Ios 13,21.22
Balaam quoque filium Beor interfecerunt gladio
9 ceperuntque mulieres eorum et parvulos Dt 20,14; I Mcc 1,34; 5,1 8,10
omniaque pecora et cunctam supellectilem
quicquid habere potuerant depopulati sunt
10 tam urbes quam viculos et castella flamma consumpsit
11 et tulerunt praedam et universa quae ceperant
tam ex hominibus quam ex iumentis
12 et adduxerunt ad Mosen et Eleazarum sacerdotem
et ad omnem multitudinem filiorum Israhel
reliqua etiam utensilia portaverunt ad castra
in campestribus Moab iuxta Iordanem contra Hiericho 22,1!

AOC ΣΛSTMΦl cr
8 reddetque c | promiserit O | 9 obstrinxerit O | ei *om.* S; ~ erit ei OΣΛ cr | dominus] deus ATΦ | 12 promiserit O | 17 uxorem + et CM. | manet—domo] in parentis domo est O. ‖ **31**,4 eligantur + ex ΛTMΦ c | 5 cunctis] singulis c | 9 potuerunt Σ; poterant OSl | 12 et² + ad ACΣΛ r | etiam] autem AS c |

13 egressi sunt autem Moses et Eleazar
sacerdos et omnes principes synagogae in occursum eorum extra
castra
48 14 iratusque Moses principibus exercitus tribunis et centurionibus qui
venerant de bello 15 ait
cur feminas reservastis
25,18 16 nonne istae sunt quae deceperunt filios Israhel ad suggestionem Ba-
laam
et praevaricari vos fecerunt in Domino super peccato Phogor
unde et percussus est populus
7; Idc 21,11 17 ergo cunctos interficite quicquid est
generis masculini etiam in parvulis
et mulieres quae noverunt viros in
coitu iugulate
18 puellas autem et omnes feminas virgines reservate vobis
19 et manete extra castra septem diebus
19,11.12! qui occiderit hominem vel occisum
tetigerit
II Mcc 12,38 lustrabitur die tertio et septimo
20 et de omni praeda sive vestimentum
fuerit sive vas
et aliquid in utensilia praeparatum
de caprarum pellibus et pilis et ligno
expiabitur
21 Eleazar quoque sacerdos ad viros
exercitus qui pugnaverant sic locutus est
hoc est praeceptum legis quod mandavit Dominus Mosi
22 aurum et argentum et aes et ferrum
et stagnum et plumbum
23 et omne quod potest transire per
flammas igne purgabitur
quicquid autem ignem non potest
sustinere
aqua expiationis sanctificabitur
Lv 14,8! 24 et lavabitis vestimenta vestra die septimo
et purificati postea castra intrabitis

25 dixitque Dominus ad Mosen
26 tollite summam eorum quae capta
sunt ab homine usque ad pecus
tu et Eleazar sacerdos et principes
vulgi
27 dividesque ex aequo praedam Dt 20,14; Ios 22,8; I Sm 30,24
inter eos qui pugnaverunt et egressi
sunt ad bellum
et inter omnem reliquam multitudinem
28 et separabis partem Domino ab his **28—30:** 41–47
qui pugnaverunt et fuerunt in bello
unam animam de quingentis
tam ex hominibus quam ex bubus et
asinis et ovibus
29 et dabis eam Eleazaro sacerdoti quia 18,8!
primitiae Domini sunt
30 ex media quoque parte filiorum Israhel
accipies quinquagesimum caput
hominum et boum et asinorum et
ovium cunctarumque animantium
et dabis ea Levitis qui excubant in 1,53!
custodiis tabernaculi Domini
31 feceruntque Moses et Eleazar sicut Ex 7,6!
praeceperat Dominus
32 fuit autem praeda quam exercitus ceperat
ovium sescenta septuaginta quinque
milia
33 boum septuaginta duo milia
34 asinorum sexaginta milia et mille
35 animae hominum sexus feminei quae
non cognoverant viros triginta duo
milia
36 dataque est media pars his qui in
proelio fuerant
ovium trecenta triginta septem milia
quingenta
37 e quibus in partem Domini suppu-
tatae sunt oves sescentae septuaginta quinque
38 et de bubus triginta sex milibus boves septuaginta duo

16 ~ fecerunt uos AΛTΦ | 17 norunt AΣSTl | 22 ~ plumbum et stannum c. | 25 dixit quoque c. | 26 tolle Ol | et² + omnes O | 27 et egressi] egressique c. | 29 [*deest* l *usque ad* 36,13] | ea A; *om.* Σ | 30 cunctorumque ΛSΦr; cunctorum c | 36 quingentae cr; quingenti AS; D Σ | 38 septuaginta + et c. |

AOC ΣΛSTMΦ(l) cr

39 de asinis triginta milibus quingentis
asini sexaginta unus
40 de animabus hominum sedecim milibus cesserunt in partem Domini
triginta duae animae
18,8! 41 traditque Moses numerum primi-
41—47: 28–30 tiarum Domini Eleazaro sacerdoti
sicut ei fuerat imperatum
42 ex media parte filiorum Israhel
quam separaverat his qui in proelio
fuerant
43 de media vero parte quae contigerat
reliquae multitudini
id est de ovium trecentis triginta septem milibus quingentis
44 et de bubus triginta sex milibus
45 et de asinis triginta milibus quingentis
46 et de hominibus sedecim milibus
47 tulit Moses quinquagesimum caput
1,53! et dedit Levitis qui excubant in tabernaculo Domini
sicut praeceperat Dominus
14 48 cumque accessissent principes exercitus ad Mosen
et tribuni centurionesque dixerunt
49 nos servi tui recensuimus numerum
pugnatorum quos habuimus sub
manu nostra
et ne unus quidem defuit
50 ob hanc causam offerimus in donariis
Domini
singuli quod in praeda auri potui-
mus invenire
periscelides et armillas anulos et
dextralia ac murenulas
ut depreceris pro nobis Dominum
51 susceperuntque Moses et Eleazar sacerdos
omne aurum in diversis speciebus
52 pondo sedecim milia septingentos
quinquaginta siclos
a tribunis et centurionibus
53 unusquisque enim quod in praeda
rapuerat suum erat
54 et susceptum intulerunt in taberna- Ex 30,16; II Par 24,6
culum testimonii
in monumentum filiorum Israhel coram Domino

32 filii autem Ruben et Gad habebant
pecora multa Gn 13,5.6; II Par 32,29
et erat illis in iumentis infinita substantia
cumque vidissent Iazer et Galaad Ios 13,25; II Sm 24,6
aptas alendis animalibus
2 venerunt ad Mosen et ad Eleazarum
sacerdotem et principes multitudinis atque dixerunt
3 Atharoth et Dibon et Iazer et Nemra 34–36
Esbon et Eleale et Sabam et Nebo 37.38
et Beon
4 terram quam percussit Dominus in
conspectu filiorum Israhel
regionis uberrimae est ad pastum
animalium
et nos servi tui habemus iumenta Dt 3,19
plurima
5 precamurque si invenimus gratiam
coram te
ut des nobis famulis tuis eam in possessionem
ne facias nos transire Iordanem
6 quibus respondit Moses
numquid fratres vestri ibunt ad pugnam et vos hic sedebitis
7 cur subvertitis mentes filiorum Israhel
ne transire audeant in locum quem
eis daturus est Dominus
8 nonne ita egerunt patres vestri
quando misi de Cadesbarne ad ex- 13,18!
plorandam terram

(G)AOC ΣΛSTMΦ cr

39 asini] asinos S.; asinae CΣ | unum AST | 41 ei *om.* S; ~ fuerat ei c | 43 ouibus ΣSTMΦ cr | 44 et *om.* C | milibus + et quingentis OS. | 47 excubabant CΣΛSM c | 54 in monumento A || **32,** 1 alendis animalibus] animalibus alendis c.; + terras TMΦ c; + regiones Σ; + regionibus Λ. | 2 et[2] + ad C | [*iterum adest* G] | 3 astaroth AΛTMΦ | nemra + et CΣS | 4 terra quam MΦ c | regiones ΣS; regio c | uberrima est CTM c; uberrimae sunt ΣΛ | 5 nec GAΣTMΦ c | 7 subuertistis C; subuertis S |

13,24; Dt 1,24 9 cumque venissent usque ad Vallem Botri
Dt 1,28 lustrata omni regione subverterunt cor filiorum Israhel
14,30! ut non intrarent fines quos eis Dominus dedit
10 qui iratus iuravit dicens
11 si videbunt homines isti qui ascenderunt ex Aegypto a viginti annis et supra
terram quam sub iuramento pollicitus sum Abraham Isaac et Iacob
14,23.30! Dt 1,35.36; Ios 14,6 et noluerunt sequi me
12 praeter Chaleb filium Iepphonne Cenezeum et Iosue filium Nun
isti impleverunt voluntatem meam
13 iratusque Dominus adversum Israhel
14,33; Dt 2,7! Dt 8,2; 29,5! Am 2,10 circumduxit eum per desertum quadraginta annis
donec consumeretur universa generatio quae fecerat malum in conspectu eius
14 et ecce inquit vos surrexistis pro patribus vestris
incrementa et alumni hominum peccatorum
ut augeretis furorem Domini contra Israhel
15 qui si nolueritis sequi eum
in solitudine populum derelinquet
et vos causa eritis necis omnium
24.36 16 at illi prope accedentes dixerunt
caulas ovium fabricabimus et stabula iumentorum
parvulis quoque nostris urbes munitas
26.27.29! 32; Ios 1,14.15! 17 nos autem ipsi armati et accincti pergemus ad proelium ante filios Israhel
donec introducamus eos ad loca sua
parvuli nostri et quicquid habere possumus
erunt in urbibus muratis propter habitatorum insidias
18 non revertemur in domos nostras usquequo possideant filii Israhel hereditatem suam
19 nec quicquam quaeremus trans Iordanem 32! Ios 12,1
quia iam habemus possessionem nostram in orientali eius plaga
20 quibus Moses ait 17! Ios 4,12
si facitis quod promittitis expediti pergite coram Domino ad pugnam
21 et omnis vir bellator armatus Iordanem transeat
donec subvertat Dominus inimicos suos Dt 3,20
22 et subiciatur ei omnis terra
tunc eritis inculpabiles et apud Dominum et apud Israhel
et obtinebitis regiones quas vultis coram Domino
23 sin autem quod dicitis non feceritis
nulli dubium quin peccetis in Dominum
et scitote quoniam peccatum vestrum adprehendet vos
24 aedificate ergo urbes parvulis vestris 16.36
et caulas ac stabula ovibus ac iumentis
et quod polliciti estis implete
25 dixeruntque filii Gad et Ruben ad Mosen 31
servi tui sumus faciemus quod iubet dominus noster Ex 19,8!
26 parvulos nostros et mulieres et pecora ac iumenta relinquemus in urbibus Galaad 17!
27 nos autem famuli tui omnes expediti pergemus ad bellum sicut tu domine loqueris
28 praecepit ergo Moses Eleazaro sacerdoti et Iosue filio Nun

9 usque ad] ad OΣ; in G. | 11 abraham + et OCS | 13 iratusque + est GS | 15 qui] quod c | in solitudinem A | 16 fabricauimus AOCΣTM | 17 pergimus GO | 18 usquequo dum TΦ; usque dum Λ c; quousque G | 19 quaerimus OΛSTMΦ; requirimus G. | ~ nostram possessionem c. | 22 et[2] *om.* GΣ c | 23 dubium + est ΣΛ c | in domino GΣ; in deum S c | adprehendit OS | 24 ac[1]] et GΣΛM c | 25 facimus GA | 26 relinquimus G | 27 pergimus GOS |

GAOC ΣΛSTMΦ cr

et principibus familiarum per tribus
Israhel et dixit ad eos
Ios 22,9 29 si transierint filii Gad et filii Ruben
vobiscum Iordanem
17! omnes armati ad bellum coram Domino
Dt 3,16.18 et vobis fuerit terra subiecta
date eis Galaad in possessionem
30 sin autem noluerint transire vobiscum in terram Chanaan
inter vos habitandi accipiant loca
25; Ex 19,8! 31 responderuntque filii Gad et filii Ruben
sicut locutus est Dominus servis suis
ita faciemus
17! 32 ipsi armati pergemus coram Domino
in terram Chanaan
19! 34,15! et possessionem iam suscepisse nos
confitemur trans Iordanem
Dt 3,12.13! 29,8; Ios 12,6 33 dedit itaque Moses filiis Gad et Ruben
et dimidiae tribui Manasse filii Ioseph
regnum Seon regis Amorrei
et regnum Og regis Basan
et terram eorum cum urbibus suis
per circuitum
34–36: 3; Ios 13,24–27 34 igitur extruxerunt filii Gad Dibon et
Atharoth et Aroer
35 Etrothsophan et Iazer
Iecbaa 36 et Bethnemra et Betharan
16.24 urbes munitas
et caulas pecoribus suis
21,27 37 filii vero Ruben aedificaverunt
3; Ios 13,15–23 Esbon et Eleale et Cariathaim
38 et Nabo et Baalmeon versis nominibus
Sabama quoque
inponentes vocabula urbibus quas
extruxerant
39 porro filii Machir filii Manasse
perrexerunt in Galaad et vastaverunt eam
interfecto Amorreo habitatore eius
40 dedit ergo Moses terram Galaad Ios 13,31; 17,1; Dt 3,15
Machir filio Manasse qui habitavit
in ea
41 Iair autem filius Manasse abiit et oc- Dt 3,14! I Par 2,22
cupavit vicos eius
quos appellavit Avothiair id est villas Iair
42 Nobe quoque perrexit et adprehendit I Par 2,23
Canath cum viculis suis
vocavitque eam ex nomine suo Nobe
33 hae sunt mansiones filiorum Israhel Ex 6,26!
qui egressi sunt de Aegypto per tur-
mas suas in manu Mosi et Aaron
2 quas descripsit Moses iuxta castrorum loca
quae Domini iussione mutabant
3 profecti igitur de Ramesse Ex 12,37
mense primo quintadecima die mensis primi altera die phase
filii Israhel in manu excelsa Ex 14,8!
videntibus cunctis Aegyptiis
4 et sepelientibus primogenitos quos Ex 11,5!
percusserat Dominus
nam et in diis eorum exercuerat ultionem
5 castrametati sunt in Soccoth Ex 12,37
6 et de Soccoth venerunt in Aetham Ex 13,20
quae est in extremis finibus solitudinis
7 inde egressi venerunt contra Phiahi- Ex 14,2
roth quae respicit Beelsephon
et castrametati sunt ante Magdolum
8 profectique de Phiahiroth transierunt per medium mare in solitudi- Ex 14,16!
nem
et ambulantes tribus diebus per de- Ex 15,22.23
sertum Aetham castrametati sunt
in Mara
9 profectique de Mara venerunt in He- Ex 15,27
lim
ubi erant duodecim fontes aquarum
et palmae septuaginta

(G)AOC ΣΛSTMΦ cr 30 transire + armati c. | in terra Oτ(*ubi textus ante has voces dividitur*) | 32 pergimus O | in terra G | trans] cis AS; ante ΣΛ | 33 filii] filio CΛ | 34 astaroth AΛTMΦ; aroth G | 35 et etroth et sophan c; etroth et sophan GΣ; et ramoth et saphon C. | et *om.* C. | iazer + et Cc | 36 beth et nemra G | munitas] muratas O | 37 cariatharim GOΣ; cariathiarim M | 38 extruxerunt A. | 39 [*deest* G *usque ad* 33,51] || **33**,1 haec CΛS |

ibique castrametati sunt
10 sed et inde egressi fixere tentoria super mare Rubrum
Ex 16,1 profectique de mari Rubro 11 castrametati sunt in deserto Sin
12 unde egressi venerunt in Dephca
13 profectique de Dephca castrametati
sunt in Alus
Ex 17,1! 14 egressi de Alus Raphidim fixere tentoria
ubi aqua populo defuit ad bibendum
15 profectique de Raphidim castrame-
Ex 19,2; Idt 5,14 tati sunt in deserto Sinai
16 sed et de solitudine Sinai egressi venerunt ad sepulchra Concupiscentiae
11,34 17 profectique de sepulchris Concupiscentiae castrametati sunt in Aseroth
18 et de Aseroth venerunt in Rethma
19 profectique de Rethma castrametati
sunt in Remmonphares
20 unde egressi venerunt in Lebna
21 et de Lebna castrametati sunt in
Ressa
22 egressi de Ressa venerunt in Ceelatha
23 unde profecti castrametati sunt in
monte Sepher
24 egressi de monte Sepher venerunt in
Arada
25 inde proficiscentes castrametati sunt
in Maceloth
26 profectique de Maceloth venerunt
in Thaath
27 de Thaath castrametati sunt in Thare
28 unde egressi fixerunt tentoria in
Methca
29 et de Methca castrametati sunt in
Esmona
Dt 10,6 30 profectique de Esmona venerunt in
Moseroth
31 et de Moseroth castrametati sunt in
Baneiacan
32 egressique de Baneiacan venerunt Dt 10,7
in montem Gadgad
33 unde profecti castrametati sunt in
Hietebatha
34 et de Hietebatha venerunt in Ebrona
35 egressique de Ebrona castrametati
sunt in Asiongaber Dt 2,8
36 inde profecti venerunt in desertum 20,1!
Sin haec est Cades
37 egressique de Cades castrametati 20,22
sunt in monte Hor
in extremis finibus terrae Edom
38 ascenditque Aaron sacerdos montem 20,25.26.27; Dt 32,50
Hor iubente Domino
et ibi mortuus est Dt 10,6
anno quadragesimo egressionis filiorum Israhel ex Aegypto
mense quinto prima die mensis
39 cum esset annorum centum viginti
trium
40 audivitque Chananeus rex Arad 21,1
qui habitabat ad meridiem in terra
Chanaan
venisse filios Israhel
41 et profecti de monte Hor castrametati sunt in Salmona
42 unde egressi venerunt in Phinon
43 profectique de Phinon castrametati 21,10.11
sunt in Oboth
44 et de Oboth venerunt in Ieabarim
quae est in finibus Moabitarum
45 profectique de Ieabarim fixere tentoria in Dibongad
46 unde egressi castrametati sunt in Elmondeblathaim
47 egressi de Elmondeblathaim venerunt ad montes Abarim contra Na- 27,12!
bo
48 profectique de montibus Abarim
transierunt ad campestria Moab 22,1!
super Iordanem contra Hiericho

10 fixerunt ΟΣΛS c | profecti de ΑΛΤΦ | 13 profecti de O | 14 egressique c | alus + in c | fixerunt ΟΣS | ~ populo defuit aqua c.; ~ populo aqua defuit O | 21 et *om.* Σc | 22 egressique c | 28 fixere AC c | 32 egressique] profectique c | in monte OCT | 37 terrae *om.* O | 38 in montem OCM c; in monte Σ | 40 in terram OTΦ c | 47 egressique SM c | 48 transierunt] uenerunt CΣS | super] supra c. |

AOC ΣΛSTMΦ cr

25,1 49 ibique castrametati sunt
de Bethsimon usque ad Belsattim in planioribus locis Moabitarum
50 ubi locutus est Dominus ad Mosen
51 praecipe filiis Israhel et dic ad eos
Dt 9,1! quando transieritis Iordanem intrantes terram Chanaan
Ex 23,24! 52 disperdite cunctos habitatores regionis illius
confringite titulos et statuas comminuite
atque omnia excelsa vastate
53.54: 26,53–55 53 mundantes terram et habitantes in ea
ego enim dedi vobis illam in possessionem
54 quam dividetis vobis sorte
pluribus dabitis latiorem et paucis angustiorem
singulis ut sors ceciderit ita tribuetur hereditas
per tribus et familias possessio dividetur
55 sin autem nolueritis interficere habitatores terrae
Ios 23,13 qui remanserint erunt vobis quasi clavi in oculis et lanceae in lateribus
et adversabuntur vobis in terra habitationis vestrae
56 et quicquid illis facere cogitaram vobis faciam
34 locutus est Dominus ad Mosen
Lv 23,10! 2 praecipe filiis Israhel et dices ad eos
cum ingressi fueritis terram Chanaan
Ios 13,6 et in possessionem vobis sorte ceciderit
his finibus terminabitur
3—5: Ios 15,1–4 3 pars meridiana incipiet a solitudine Sin quae est iuxta Edom
et habebit terminos contra orientem mare Salsissimum
4 qui circumibunt australem plagam per ascensum Scorpionis
ita ut transeant Senna et perveniant Ez 47,19
in meridiem usque ad Cadesbarne
unde egredientur confinia ad villam nomine Addar
et tendent usque Asemona
5 ibitque per gyrum terminus ab Asemona usque ad torrentem Aegypti
et maris Magni litore finietur
6 plaga autem occidentalis a mari Magno incipiet et ipso fine cludetur
7 porro ad septentrionalem plagam 7—9: Ez 47,15–17
a mari Magno termini incipient pervenientes usque ad montem Altissimum
8 a quo venies in Emath usque ad terminos Sedada
9 ibuntque confinia usque Zephrona et villam Henan
hii erunt termini in parte aquilonis
10 inde metabuntur fines contra orientalem plagam 10—12: Ez 47,18
de villa Henan usque Sephama
11 et de Sephama descendent termini in Rebla contra fontem
inde pervenient contra orientem ad mare Chenereth Dt 3,17! Ios 12,3; 13,2
12 et tendent usque Iordanem
et ad ultimum Salsissimo cludentur mari
hanc habebitis terram per fines suos in circuitu
13 praecepitque Moses filiis Israhel dicens
haec erit terra quam possidebitis sorte Ios 14,2
et quam iussit dari Dominus novem tribubus et dimidiae tribui
14 tribus enim filiorum Ruben per fa-

(G)AOC ΣΛSTMΦ cr 49 bethsimoth c | ad abelsatim c | 51 dice C | [*iterum adest* G] | 52 regiones OS; terrae c | 53 in eam OCΣS | 54 diuiditis GAS | 55 nolueris ATM; noluerit S. | 56 cogitaueram GATΦ cr; cogitauerim M. | ~ cogit. facere c || **34**,1 locutusque est ΣS c | mosen + dicens G c | 4 transeat O; + in OTMΦ c | ad meridiem CS; in meridie GΛ.; a meridie c | egrediuntur GCS | usque ad asemona Σ c; usque ad semona GCSM | 5 ibique GS | 6 et + in GS. | 7 plagam] partem GCΣ | 8 uenies AΣTΦ r, *cf.* 𝔐] uenient c; ueniens *cet.* | 9 usque + ad O c | 11 [sephama—12 tendent *deest partim* G] | fontem + daphnim CΣΛSM c | 12 usque + ad MΦ c | in circuitum CS | 13 ~ dominus dari CΛS c |

milias suas
et tribus filiorum Gad iuxta cognationum numerum
media quoque tribus Manasse
Ios 14,3 15 id est duae semis tribus
32,32! acceperunt partem suam trans Iordanem contra Hiericho ad orientalem plagam
16 et ait Dominus ad Mosen
17 haec sunt nomina virorum qui terram vobis divident
Ios 14,1! Eleazar sacerdos et Iosue filius Nun
18 et singuli principes de tribubus
singulis
19 quorum ista sunt vocabula
13,7 de tribu Iuda Chaleb filius Iepphonne
20 de tribu Symeon Samuhel filius Ammiud
21 de tribu Beniamin Helidad filius
Chaselon
22 de tribu filiorum Dan Bocci filius
Iogli
23 filiorum Ioseph de tribu Manasse
Hannihel filius Ephod
24 de tribu Ephraim Camuhel filius
Sephtan
25 de tribu Zabulon Elisaphan filius
Pharnach
26 de tribu Isachar dux Faltihel filius
Ozan
27 de tribu Aser Ahiud filius Salomi
28 de tribu Nepthali Phedahel filius
Ameiud
29 hii sunt quibus praecepit Dominus
ut dividerent filiis Israhel terram
Chanaan
1—3: Ios 21,2 **35** haec quoque locutus est Dominus
36,13 ad Mosen
22,1! in campestribus Moab super Iordanem contra Hiericho
Ios 14,4! 2 praecipe filiis Israhel ut dent Levitis
de possessionibus suis
3 urbes ad habitandum et suburbana
earum per circuitum
ut ipsi in oppidis maneant et suburbana sint pecoribus ac iumentis
4 quae a muris civitatum forinsecus
per circuitum
mille passuum spatio tendentur
5 contra orientem duo milia erunt cubiti
et contra meridiem similiter duo
milia
ad mare quoque quod respicit occidentem eadem mensura erit
et septentrionalis plaga aequali termino finietur
eruntque urbes in medio et foris suburbana
6 de ipsis autem oppidis quae Levitis
dabitis
sex erunt in fugitivorum auxilia se- 13; Ex 21,13!
parata
ut fugiat ad ea qui fuderit sanguinem 15!
exceptis his alia quadraginta duo oppida
7 id est simul quadraginta octo cum Ios 21,39.40
suburbanis suis
8 ipsaeque urbes quae dabuntur de
possessionibus filiorum Israhel
ab his qui plus habent plures aufe- 26,54
rentur et qui minus pauciores
singuli iuxta mensuram hereditatis
suae dabunt oppida Levitis
9 ait Dominus ad Mosen
10 loquere filiis Israhel et dices ad eos **10—15:** Dt 19,1-10
quando transgressi fueritis Iordanem
in terram Chanaan
11 decernite quae urbes esse debeant in Ex 21,13! Ios 20,2.3
praesidia fugitivorum qui nolentes
sanguinem fuderint
12 in quibus cum fuerit profugus
cognatus occisi eum non poterit occidere
donec stet in conspectu multitudinis 24
et causa illius iudicetur

14 cognationem GΛSTΦ | tribu³ GΣ | 28 ammiud c ‖ **35**,1 super] supra c | 4 passus GS. | tendetur G; tendantur S.; tenduntur TΦ | 5 similiter + erunt c | respicit + ad Σc | occidentem] orientem C | septentrionali G | 6 sanguinem + et ΛΛTMΦc; + ut O. | 8 de] in G; ex S | 10 in terra GOCΣ | 12 fuerit] fugerit Ar; fugerint O. | ~ non poterit eum c. |

GAOC ΣΛSTMΦ cr

6 13 de ipsis autem urbibus quae ad fu-
13—15: Dt 4,41.42 gitivorum subsidia separantur
14 tres erunt trans Iordanem et tres in
terra Chanaan
15 tam filiis Israhel quam advenis atque peregrinis
6; Dt 19,5; Ios 20,9 ut confugiat ad eas qui nolens sanguinem fuderit
Ex 21,12! 16 si quis ferro percusserit et mortuus
fuerit qui percussus est
reus erit homicidii et ipse morietur
17 si lapidem iecerit et ictus occubuerit
similiter punietur
18 si ligno percussus interierit
percussoris sanguine vindicabitur
27; Dt 19,12 19 propinquus occisi homicidam interficiet
statim ut adprehenderit eum percutiet
20.21: Dt 19,11.12; Ex 21,14 20 si per odium quis hominem inpulerit
vel iecerit quippiam in eum per insi-
dias
21 aut cum esset inimicus manu percusserit
et ille mortuus fuerit
Mt 5,21! percussor homicidii reus erit
cognatus occisi statim ut invenerit
eum iugulabit
22 quod si fortuito et absque odio 23 et
inimicitiis quicquam horum fecerit
12 24 et hoc audiente populo fuerit con-
probatum
atque inter percussorem et propinquum sanguinis quaestio ventilata
25 liberabitur innocens de ultoris manu
et reducetur per sententiam in urbem ad quam confugerat
Lv 21,10! Ios 20,6 manebitque ibi donec sacerdos magnus qui oleo sancto unctus est mo-
riatur
26 si interfector extra fines urbium quae
exulibus deputatae sunt 27 fuerit inventus
19! Ios 20,3 et percussus ab eo qui ultor est sanguinis
absque noxa erit qui eum occiderit
28 debuerat enim profugus usque ad Ios 20,6
mortem pontificis in urbe residere
postquam autem ille obierit homicida revertetur in terram suam
29 haec sempiterna erunt et legitima in
cunctis habitationibus vestris
30 homicida sub testibus punietur
ad unius testimonium nullus con- Dt 17,6! 19,15!
demnabitur
31 non accipietis pretium ab eo qui reus Ex 21,12!
est sanguinis
statim et ipse morietur
32 exules et profugi ante mortem pontificis nullo modo in urbes suas reverti poterunt
33 ne polluatis terram habitationis vestrae
quae insontium cruore maculatur
nec aliter expiari potest
nisi per eius sanguinem qui alterius
sanguinem fuderit
34 atque ita emundabitur vestra possessio me commorante vobiscum
ego enim sum Dominus qui habito Ex 29,45!
inter filios Israhel
36 accesserunt autem et principes fa- Ios 17,4
miliarum Galaad 26,29; 27,1
filii Machir filii Manasse
de stirpe filiorum Ioseph
locutique sunt Mosi coram principibus Israhel atque dixerunt
2 tibi domino nostro praecepit Dominus
ut terram sorte divideres filiis Israhel 26,55
et ut filiabus Salphaad fratris nostri
dares possessionem debitam patri
3 quas si alterius tribus homines uxores acceperint
sequetur possessio sua
et translata ad aliam tribum de nostra hereditate minuetur
4 atque ita fiet ut cum iobeleus id est Lv 25,10!

GAOC ΣΛSTMΦ cr 13 separantur] praeparantur O | 16 percussus est] percussor est C; percusserit GΦ | 19 percutiet] interficiet c | 22 fortuitu ΣΛSM c | 24 quaestio + fuerit GΣΛ | uentilata] inuenta C | 34 ita mundabitur GT || **36**,1 galaad] gad O.; gaad GA | 2 patri] patris C | 3 translatam C |

quinquagesimus annus remissionis
adveneril
confundatur sortium distributio
et aliorum possessio ad alios transeat
5 respondit Moses filiis Israhel et Domino praecipiente ait
recte tribus filiorum Ioseph locuta
est
6 et haec lex super filiabus Salphaad a
Domino promulgata est
nubant quibus volunt tantum ut suae
tribus hominibus
7 ne commisceatur possessio filiorum
Israhel de tribu in tribum
Tb 1,9; 7,14 omnes enim viri ducent uxores de
tribu et cognatione sua
8 et cunctae feminae maritos de eadem
tribu accipient
Tb 6,12 ut hereditas permaneat in familiis
9 nec sibi misceantur tribus
sed ita maneant 10 ut a Domino separatae sunt
feceruntque filiae Salphaad ut fuerat
imperatum
26,33; 27,1 11 et nupserunt Maala et Thersa et Egla
11.12: Ios 17,3.4 et Melcha et Noa
filiis patrui sui 12 de familia Manasse
qui fuit filius Ioseph
et possessio quae illis fuerat adtri-
buta
mansit in tribu et familia patris earum
35,1.2! 13 haec sunt mandata atque iudicia
quae praecepit Dominus per ma-
num Mosi ad filios Israhel
in campestribus Moab super Iordanem contra Hiericho

EXPLICIT LIBER VAIEDABBER

ID EST NUMERI

INCIPIT LIBER HELLEADDABARIM

ID EST DEUTERONOMIUM

Haec sunt verba quae locutus est
Moses ad omnem Israhel
trans Iordanem in solitudine campestri contra mare Rubrum
inter Pharan et Thophel et Laban et
Aseroth
ubi auri est plurimum
2 undecim diebus de Horeb per viam
montis Seir usque Cadesbarne
3 quadragesimo anno undecimo mense
prima die mensis
locutus est Moses ad filios Israhel
omnia quae praeceperat illi Dominus
ut diceret eis
4 postquam percussit Seon regem Nm 21,33.34! Ios 12,2; III Rg 4,19; Ps 134,10.11; 135,17–20
Amorreorum qui habitavit in Ese-
bon
et Og regem Basan qui mansit in 3,10; Ios 12,4; 13,12.31
Aseroth et in Edrai 5 trans Iorda-
nem in terra Moab
coepitque Moses explanare legem et
dicere
6 Dominus Deus noster locutus est ad
nos in Horeb dicens
sufficit vobis quod in hoc monte
mansistis
7 revertimini et venite ad montem Nm 13,30! Ios 9,1
Amorreorum
et ad cetera quae ei proxima sunt
campestria atque montana et humi- Ios 10,40; Idc 1,9
liora loca
contra meridiem et iuxta litus maris
terram Chananeorum et Libani usque ad flumen magnum Eufraten
8 en inquit tradidi vobis ingredimini 2,29; Ex 33,1!
et possidete eam
super qua iuravit Dominus patribus
vestris Abraham et Isaac et Iacob

4 confundantur CS; confunduntur Λ. | distributio] descriptio CS | 6 [*deest* G *usque ad* *v.* 13] | 8 ~ de eadem tribu maritos c. | 13 praecepit] mandauit c. | super] supra c || (G)AOC ΣΛSTMΦ cr

Deuteronomium. *Citantur* AOC *et* ΣΛLFSTMΦl *ac* cr. *Tit.* liber deuteronomii hebraice elle haddebarim c || **1**,1 [*adest passim* l *usque ad* 4,12] | 2 usque + ad Flc | 3 ad filios] filiis OL. | 4 habitabat ACLc | astharoth cr𝔐 | 6 domine O | 7 ei proxima *om.* l.; ei *om.* OF | 8 super quam CΣSl; supra quam O | et[2] *om.* ΣSMc | AOC ΣΛLFSTMΦ lcr

ut daret illam eis et semini eorum
post eos
9 dixique vobis illo in tempore
Ex 18,18! 10 non possum solus sustinere vos
Gn 26,4! quia Dominus Deus vester multiplicavit vos
28,62 et estis hodie sicut stellae caeli plurimae
Gn 26,24! 11 Dominus Deus patrum vestrorum
addat ad hunc numerum multa milia
et benedicat vobis sicut locutus est
Ex 18,18! 12 non valeo solus vestra negotia sustinere et pondus ac iurgia
Ex 18,21! 13 date e vobis viros sapientes et gnaros
et quorum conversatio sit probata in tribubus vestris
ut ponam eos vobis principes
14 tunc respondistis mihi
bona res est quam vis facere
Ex 18,21.22! 15 tulique de tribubus vestris viros sapientes et nobiles
et constitui eos principes
tribunos et centuriones et quinquagenarios ac decanos
qui docerent vos singula
16 praecepique eis dicens
16,18; Lv 19,15; Iob 6,29; Io 7,24 audite illos et quod iustum est iudicate
sive civis sit ille sive peregrinus
10,17! Lv 19,15! Iob 32,21; Prv 24,23; Act 10,34! **Iac 2,1.9** 17 nulla erit distantia personarum
ita parvum audietis ut magnum
nec accipietis cuiusquam personam
quia Dei iudicium est
Ex 18,22 quod si difficile vobis aliquid visum fuerit
referte ad me et ego audiam
18 praecepique omnia quae facere deberetis
19 profecti autem de Horeb transivimus
8,15! per heremum terribilem et maximam quam vidistis
per viam montis Amorrei
sicut praeceperat Dominus Deus noster nobis
cumque venissemus in Cadesbarne
20 dixi vobis
venistis ad montem Amorrei quem Dominus Deus noster daturus est nobis
21 vide terram quam Dominus Deus tuus dat tibi 9,5.23; 26,3; 27,3; Ex 33,1!
ascende et posside eam
sicut locutus est Dominus Deus patribus tuis
noli metuere nec quicquam paveas 29! Ios 8,1
22 et accessistis ad me omnes atque dixistis
mittamus viros qui considerent terram Nm 13,3
et renuntient per quod iter debeamus ascendere
et ad quas pergere civitates
23 cumque mihi sermo placuisset
misi e vobis duodecim viros singulos de tribubus suis Nm 13,3
24 qui cum perrexissent et ascendissent in montana Nm 13,18.19!
venerunt usque ad **vallem Botri** Nm 13,24; 32,9
et considerata terra 25 sumentes de fructibus eius ut ostenderent ubertatem Nm 13,21
adtulerunt ad nos atque dixerunt
bona est terra quam Dominus Deus noster daturus est nobis Nm 14,7.8!
26 et noluistis ascendere
sed increduli ad sermonem Domini Dei nostri 9,23.24; Ps 105,24.25
27 murmurati estis in tabernaculis vestris atque dixistis IV Esr 1,15
odit nos Dominus et idcirco eduxit nos de terra Aegypti Lv 25,42!
ut traderet in manu Amorrei atque deleret
28 quo ascendemus nuntii terruerunt cor nostrum dicentes Nm 32,9

AOC ΣΛLFSTMΦ lcr

9 dixitque AOL; dixi quoque Σ | in *om.* ΟΣΛΜ; ~ in illo S | 10 plurimi Φc | 11 ad hunc] adhuc CΣLS | 12 ~ negotia uestra c. | 13 ignaros OS | 15 tulitque O | constituit O | 16 praecepitque OL | 17 ~ uisum aliquid c. | 19 uenissemus ΛSTMΦlcr𝔐] uenissetis *cet.* | 21 dabit CΣLSMl | tibi + et O | deus² + noster AOTMΦ cr | tuis] nostris O | metuere] timere c | 27 murmurastis ΣΛLMlc | traderet + nos OLc | 28 ascendimus OLFl |

2,21; 9,1.2; Nm 13,29! maxima multitudo est et nobis in
statura procerior
urbes magnae et ad caelum usque
munitae
filios Enacim vidimus ibi
29 et dixi vobis
21! 3,22; 20,3.4! 31,8 nolite metuere nec timeatis eos
30 Dominus Deus qui ductor est vester
pro vobis ipse pugnabit
Ex 14,14! II Esr 4,20 sicut fecit in Aegypto videntibus
cunctis
31 et in solitudine ipse vidisti
Nm 11,12! Is 46,3 portavit te Dominus Deus tuus
ut solet homo gestare parvulum filium
suum in omni via per quam
ambulasti
donec veniretis ad locum istum
32 et nec sic quidem credidistis Domino
Deo vestro
Ex 13,21! 33 qui praecessit vos in via
et metatus est locum in quo tentoria
figere deberetis
II Esr 9,19; 's 77,14; 104,39 nocte ostendens vobis iter per ignem
ap 10,17; 18,3! et die per columnam nubis
34 cumque audisset Dominus vocem
sermonum vestrorum iratus iuravit
et ait
Nm 32,11.12! 35 non videbit quispiam de hominibus
generationis huius pessimae
terram bonam quam sub iuramento
pollicitus sum patribus vestris
36 praeter Chaleb filium Iepphonne
1,24! Ios 14,9 ipse enim videbit eam et ipsi dabo
terram quam calcavit et filiis eius
quia secutus est Dominum
37 nec miranda indignatio in populum
3,26; 4,21 cum mihi quoque iratus Dominus
propter vos dixerit
3,27; 31,2; Nm 14,30! nec tu ingredieris illuc 38 sed Iosue
3,28; 31,3 filius Nun minister tuus ipse intrabit
pro te
31,7! hunc exhortare et robora et ipse terram
sorte dividat Israheli
Nm 14,31 39 parvuli vestri de quibus dixistis quod
captivi ducerentur
et filii qui hodie boni ac mali ignorant distantiam Ecl 6,5; Is 7,16
ipsi ingredientur et ipsis dabo terram Lv 14,34!
et possidebunt eam
40 vos autem revertimini et abite in solitudinem Nm 14,25!
per viam maris Rubri
41 et respondistis mihi peccavimus Domino Nm 14,40
ascendemus atque pugnabimus sicut
praecepit Dominus Deus noster
cumque instructi armis pergeretis in
montem
42 ait mihi Dominus dic ad eos
nolite ascendere neque pugnetis Nm 14,42
non enim sum vobiscum ne cadatis
coram inimicis vestris
43 locutus sum et non audistis sed adversantes
imperio Domini et tumentes
superbia ascendistis in montem Nm 14,44
44 itaque egressus Amorreus qui habitabat Nm 14,45
in montibus et obviam veniens
persecutus est vos sicut solent apes Ps 117,12
persequi
et cecidit de Seir usque Horma
45 cumque reversi ploraretis coram Domino
non audivit vos nec voci vestrae voluit
adquiescere
46 sedistis ergo in Cadesbarne multo Nm 20,1!
tempore
2 profectique inde venimus in solitudinem Nm 14,25!
quae ducit ad mare Rubrum
sicut mihi dixerat Dominus
et circumivimus montem Seir longo
tempore
2 dixitque Dominus ad me
3 sufficit vobis circumire montem istum
ite contra aquilonem
4 et populo praecipe dicens
transibitis per terminos fratrum ves-

28 in *om.* AΣSlc | 30 pugnauit AOΣSTl | ~ cunctis uidentibus c. | 31 ambulastis c | 32 nec] ne AΛFTΦ | quidem *om.* O | 33 diem Ol | 38 ~ sorte terram Σc | diuidet Σc | 39 ac] aut CΛLF; et Σ | 41 ascendimus AOCLS; ascendamus F | atque] et c | pugnauimus OCS ||

AOC ΣΛLFSTMΦ lcr

22; Gn 32,3; 36,8 trorum filiorum Esau
qui habitant in Seir et timebunt vos
5 videte ergo diligenter ne moveamini
contra eos
Act 7,5 neque enim dabo vobis de terra eorum quantum potest unius pedis
calcare vestigium
Ios 24,4 quia in possessionem Esau dedi montem Seir
6 cibos emetis ab eis pecunia et comedetis
Nm 20,19 aquam emptam haurietis et bibetis
7 Dominus Deus tuus benedixit tibi in
omni opere manuum tuarum
Nm 32,13! Ios 5,6; II Esr 9,21; Act 13,18 novit iter tuum quomodo transieris
solitudinem hanc magnam per
quadraginta annos
habitans tecum Dominus Deus tuus
et nihil tibi defuit
8 cumque transissemus fratres nostros
filios Esau qui habitabant in Seir
Nm 33,35.36 per viam campestrem de Helath et
de Asiongaber
Nm 21,11; Idc 11,18 venimus ad iter quod ducit in desertum Moab
9 dixitque Dominus ad me
Idc 11,15 non pugnes contra Moabitas nec
ineas adversum eos proelium
non enim dabo tibi quicquam de terra eorum
quia filiis Loth tradidi Ar in possessionem
10—12: Gn 14,5.6 10 Emim primi fuerunt habitatores eius
populus magnus et validus
et tam excelsus ut de Enacim stirpe
11 quasi gigantes crederentur
et essent similes filiorum Enacim
denique Moabitae appellant eos
Emim
12 in Seir autem prius habitaverunt Ho-
rim
quibus expulsis atque deletis habitaverunt filii Esau

sicut fecit Israhel in terra possessionis suae quam dedit ei Dominus
13 surgentes ergo ut transiremus tor- Nm 21,12
rentem Zared venimus ad eum
14 tempus autem quo ambulavimus de
Cadesbarne usque ad transitum torrentis Zared
triginta octo annorum fuit
donec consumeretur omnis generatio Nm 14,35!
hominum bellatorum de castris
sicut iuraverat Dominus
15 cuius manus fuit adversum eos
ut interirent de castrorum medio
16 postquam autem universi ceciderunt Ios 5,4
pugnatores
17 locutus est Dominus ad me dicens
18 tu transibis hodie terminos Moab
urbem nomine Ar
19 et accedens in vicina filiorum Ammon
cave ne pugnes contra eos nec movearis ad proelium
non enim dabo tibi de terra filiorum Idc 11,15
Ammon
quia filiis Loth dedi eam in possessionem
20 terra gigantum reputata est
et in ipsa olim habitaverunt gigantes
quos Ammanitae vocant Zomzom-
mim
21 populus magnus et multus et proce- 1,28!
rae longitudinis
sicut Enacim quos delevit Dominus
a facie eorum
et fecit illos habitare pro eis
22 sicut fecerat filiis Esau qui habitant 4; Gn 32,3; 36,8
in Seir
delens Horreos et terram eorum illis
tradens
quam possident usque in praesens
23 Eveos quoque qui habitabant in Ase-
rim usque Gazam
Cappadoces expulerunt

AOC Σ(Λ)LFSTM Φl cr

2,8 habitant CΣΛLFS | 9 ar] has T; ea O.; eam Cl | 10 emim] etenim S; hec enim C.; en l. | 12 horim] horrei A ¢ | in terram OTΦ | ei] illi ¢ | 13 ergo] autem AL | 14 triginta + et ΣTl¢ | 16 ceciderant A | 19 accedes ΛFSTl; accedas Σ; ascendens OLM | uicinia OΣΛL | 21 [*deest* Λ *usque ad* 4,23] | 22 habitabant CL | 23 habitabant] habitant CFl |

qui egressi de Cappadocia deleverunt eos et habitaverunt pro illis
24 surgite et transite torrentem Arnon
31; Nm 21,34! Ios 24,8; Am 2,9 ecce tradidi in manu tua Seon regem Esebon Amorreum et terram eius
incipe possidere et committe adversum eum proelium
Ex 23,27! 25 hodie incipiam mittere terrorem atque formidinem tuam
in populos qui habitant sub omni caelo
ut audito nomine tuo paveant
Ps 47,7; Sir 48,21; Is 13,8! et in morem parturientium contremescant et dolore teneantur
I Mcc 5,47.48 26 misi ergo nuntios de solitudine Cademoth
26—36: Nm 21,21–26; Idc 11,19–22 ad Seon regem Esebon
verbis pacificis dicens
Nm 20,17! 27 transibimus per terram tuam
publica gradiemur via
non declinabimus neque ad dextram neque ad sinistram
28 alimenta pretio vende nobis ut vescamur
aquam pecunia tribue et sic bibemus
tantum est ut nobis concedas transitum
29 sicut fecerunt filii Esau qui habitant in Seir
et Moabitae qui morantur in Ar
1,8! donec veniamus ad Iordanem et transeamus in terram quam Dominus Deus noster daturus est nobis
I Mcc 5,48 30 noluitque Seon rex Esebon dare nobis transitum
Ex 10,1! quia induraverat Dominus Deus tuus spiritum eius et obfirmaverat cor illius
ut traderetur in manus tuas sicut nunc vides
31 dixitque Dominus ad me
24! ecce coepi tradere tibi Seon et terram eius
incipe possidere eam

32 egressusque est Seon obviam nobis cum omni populo suo ad proelium in Iesa
33 et tradidit eum Dominus Deus noster nobis
percussimusque eum cum filiis et omni populo suo
34 cunctasque urbes in tempore illo cepimus 3,6.7
interfectis habitatoribus earum viris ac mulieribus et parvulis
non reliquimus in eis quicquam
35 absque iumentis quae in partem venere praedantium
et spoliis urbium quas cepimus
36 ab Aroer quae est super ripam torrentis Arnon 3,12; 4,48; Ios 12,2; 13,16
oppido quod in valle situm est usque Galaad
non fuit vicus et civitas quae nostras effugeret manus 3,4
omnes tradidit Dominus Deus noster nobis
37 absque terra filiorum Ammon ad quam non accessimus Nm 21,24!
et cunctis quae adiacent torrenti Ieboc
et urbibus montanis universisque locis
a quibus nos prohibuit Dominus Deus noster
3 itaque conversi ascendimus per iter Basan **1—3:** Nm 21,33–35
egressusque est Og rex Basan in occursum nobis cum populo suo ad bellandum in Edrai
2 dixitque Dominus ad me
ne timeas eum quia in manu tua traditus est cum omni populo ac terra sua
faciesque ei sicut fecisti Seon regi Amorreorum qui habitavit in Esebon
3 tradidit ergo Dominus Deus noster

23 illis] eis O | 24 in manus tuas AOCr | amorreorum OCFSΦ | 29 morabantur O | in[3]] ad c | 31 ~ tibi tradere c | 33 filiis + suis lc | 35 uenire Ol | 36 effugerit AOFS T | 37 absque terram CΣLFSl || **3,2** populo + suo AL |

AOC ΣLFSTMΦl cr

in manibus nostris
etiam Og regem Basan et universum populum eius
percussimusque eos usque ad internicionem
4 vastantes cunctas civitates illius uno tempore
2,36 non fuit oppidum quod nos effugeret
III Rg 4,13 sexaginta urbes omnem regionem Argob regni Og in Basan
5 cunctae urbes erant munitae muris altissimis portisque et vectibus
absque oppidis innumeris quae non habebant muros
2,34.35 6 et delevimus eos sicut feceramus Seon regi Esebon
disperdentes omnem civitatem virosque ac mulieres et parvulos
7 iumenta autem et spolia urbium diripuimus
8—10: 4,47–49 8 tulimusque illo in tempore terram de manu duorum regum Amorreorum qui erant trans Iordanem
a torrente Arnon usque ad montem Hermon
9 quem Sidonii Sarion vocant et Amorrei Sanir
10 omnes civitates quae sitae sunt in planitie
et universam terram Galaad et Basan
1,4! usque Selcha et Edrai
civitates regni Og in Basan
11 solus quippe Og rex Basan restiterat de stirpe gigantum
monstratur lectus eius ferreus qui est in Rabbath filiorum Ammon
novem cubitos habens longitudinis et quattuor latitudinis
ad mensuram cubiti virilis manus
Ios 13,15.16 12 terramque possedimus in tempore illo
2,36! ab Aroer quae est super ripam torrentis Arnon
usque ad mediam partem montis Galaad
et civitates illius dedi Ruben et Gad Nm 32,33!
13 reliquam autem partem Galaad et omnem Basan regni Og Ios 13,29–31
tradidi mediae tribui Manasse Ios 22,7
omnem regionem Argob
cuncta Basan vocatur terra gigantum
14 Iair filius Manasse possedit omnem regionem Argob Nm 32,41!
usque ad terminos Gesuri et Machathi
vocavitque ex nomine suo Basan Ios 13,30; Idc 10,4
Avothiair id est villas Iair usque in praesentem diem
15 Machir quoque dedi Galaad Nm 32,40!
16 et tribubus Ruben et Gad dedi terram Galaad usque ad torrentem Arnon Nm 32,29!
medium torrentis et finium
usque ad torrentem Ieboc qui est terminus filiorum Ammon
17 et planitiem solitudinis atque Iordanem 4,49; Nm 34,11.12!
et terminos Chenereth usque ad mare Deserti quod est Salsissimum
ad radices montis Phasga contra orientem
18 praecepique vobis in tempore illo dicens Nm 32,29! 18—20: Ios 1,12–15
Dominus Deus vester dat vobis terram hanc in hereditatem
expediti praecedite fratres vestros filios Israhel omnes viri robusti
19 absque uxoribus et parvulis ac iumentis
novi enim quod plura habeatis pecora Nm 32,4
et in urbibus remanere debebunt quas tradidi vobis
20 donec requiem tribuat Dominus fratribus vestris sicut vobis tribuit Nm 32,21.22
et possideant etiam ipsi terram quam

AOC ΣLFSTMΦl cr

4 in *om.* C | 8 in *om.* OΣ; ~ in illo L | 9 sidones arion CFl | et *om.* AF | 10 usque + ad c | in^{2}] et OΣ.; et in F. | 12 in *om.* c. | 13 tradidi dimidiae O | cunctaque c. | 14 possidet CFl | 16 terram] de terra c | et confinium c | 18 expedite A | 19 ac] atque c | 20 ~ ipsi etiam lc. |

daturus est eis trans Iordanem
tunc revertetur unusquisque in possessionem suam quam dedi vobis
21 Iosue quoque in tempore illo praecepi dicens
oculi tui viderunt quae fecit Dominus Deus vester duobus his regibus
sic faciet omnibus regnis ad quae transiturus es
1,29.30! 22 ne timeas eos Dominus enim Deus vester pugnabit pro vobis
23 precatusque sum Dominum in tempore illo dicens
24 Domine Deus tu coepisti ostendere
Ier 10,6! servo tuo magnitudinem tuam manumque fortissimam
,39! III Rg 8,23; II Par 6,14 neque enim est alius Deus vel in caelo vel in terra
qui possit facere opera tua et conparari fortitudini tuae
25 transibo igitur et videbo terram hanc optimam trans Iordanem
et montem istum egregium et Libanum
1,37 26 iratusque est Dominus mihi propter vos
nec exaudivit me sed dixit mihi
sufficit tibi nequaquam ultra loquaris de hac re ad me
4,1; Nm 27,12! 27 ascende cacumen **Phasgae**
Gn 13,14; 28,14 et oculos tuos circumfer ad occidentem et aquilonem austrumque et orientem et aspice
1,37! 4,22 nec enim transibis Iordanem istum
1,38! 28 praecipe Iosue et corrobora eum atque conforta
quia ipse praecedet populum istum et dividet eis terram quam visurus es
4,46 29 mansimusque in valle contra fanum Phogor
5.6! 5,1; 6,1; s 77,1! Bar 3,9 **4** et nunc Israhel audi praecepta et iudicia quae ego doceo te
8,1; 11,31.32! 12,1; Lv 18,5! ut faciens ea vivas

et ingrediens possideas terram quam Dominus Deus patrum vestrorum daturus est vobis Ex 12,25! Ez 36,27.28
2 non addetis ad verbum quod vobis loquor neque auferetis ex eo 12,32; Prv 30,6!
custodite mandata Domini Dei vestri quae ego praecipio vobis
3 oculi vestri viderunt omnia quae fecit Dominus contra Beelphegor
quomodo contriverit omnes cultores eius de medio vestri
4 vos autem qui adheretis Domino Deo vestro vivitis universi usque in praesentem diem Ps 62,9; 72,28
5 scitis quod docuerim vos praecepta atque iustitias 1.2! 14; 5,31
sicut mandavit mihi Dominus Deus meus
sic facietis ea in terra quam possessuri estis 6 et observabitis et implebitis opere I Par 28,7.8
haec est enim vestra sapientia et intellectus coram populis I Par 22,12; Prv 10,8; 28,7; Sir 6,37
ut audientes universa praecepta haec dicant
en populus sapiens et intellegens gens magna
7 nec est alia natio tam grandis quae habeat deos adpropinquantes sibi 33,29
sicut Dominus Deus noster adest cunctis obsecrationibus nostris Ps 144,18
8 quae est enim alia gens sic inclita ut habeat caerimonias iustaque iudicia Ps 147,20
et universam legem quam ego proponam hodie ante oculos vestros
9 custodi igitur temet ipsum et animam tuam sollicite 15
ne obliviscaris verborum quae viderunt oculi tui 6,6.7! 32,46!
et ne excedant de corde tuo cunctis diebus vitae tuae
docebis ea filios ac nepotes tuos
10 diem in quo stetisti coram Domino Deo tuo in Horeb

21 ad quae] ad quem CΣ | 26 ~ mihi dominus CΣL | tibi] mihi O1 | 27 et[2]] ad O.; et ad ΣLS𝔠 | 29 in uallem AF1 || **4**,2 neque] nec 𝔠 | 5 in terram OCΣT1 | 6 uniuersa L cr𝔐] uniuersi *cet.* | gens *om.* OCΣF1 | 7 neque C | dominus CΣLFM1𝔐] *om. cet.* | 9 excidant CΣ𝔠 | tuae + et A | 10 die 1; a die 𝔠. |

AOC ΣLFSTMΦ1 cr

quando Dominus locutus est mihi
dicens
Ex 19,9 congrega ad me populum ut audiat
sermones meos
14,23; Ex 20,20! et discat timere me omni tempore
quo vivit in terra
doceantque filios suos
Ex 19,17.18 11 et accessistis ad radices montis qui
ardebat usque ad caelum
II Sm 22,12; Ps 17,12; 96,2 erantque in eo tenebrae nubes et caligo
33; 5,4! 22.24.26 12 locutusque est Dominus ad vos de
medio ignis
Ex 19,9; Sap 18,1; Act 9,7! vocem verborum eius audistis et for-
mam penitus non vidistis
13 et ostendit vobis pactum suum quod
praecepit ut faceretis
Ex 34,28! et decem verba quae scripsit in duabus tabulis lapideis
5! 5,31 14 mihique mandavit in illo tempore ut
docerem vos caerimonias et iudicia
quae facere deberetis in terra quam
possessuri estis
9 15 custodite igitur sollicite animas vestras
non vidistis aliquam similitudinem
in die qua locutus est Dominus vobis in Horeb de medio ignis
Ez 16,17! 16 ne forte decepti faciatis vobis sculp-
16—18: Ex 20,4! tam similitudinem aut imaginem
Ez 8,10 masculi vel feminae
17 similitudinem omnium iumentorum
quae sunt super terram
vel avium sub caelo volantium
18 atque reptilium quae moventur in
terra
sive piscium qui sub terra morantur
in aquis
17,3; Sap 13,2 19 ne forte oculis elevatis ad caelum videas solem et lunam et omnia astra
caeli
et errore deceptus adores ea et colas
quae creavit Dominus Deus tuus in
ministerium cunctis gentibus quae
sub caelo sunt
20 vos autem tulit Dominus et eduxit Ex 3,17! Ier 11,4
de fornace ferrea Aegypti 9,29; III Rg 8,51
ut haberet populum hereditarium 32,9! Est 14,5; Ps 32,12
sicut est in praesenti die
21 iratusque est Dominus contra me 1,37!
propter sermones vestros
et iuravit ut non transirem Iordanem
nec ingrederer terram optimam Nm 20,12!
quam daturus est vobis
22 ecce morior in hac humo non trans- 3,27!
ibo Iordanem
vos transibitis et possidebitis terram
egregiam
23 cave nequando obliviscaris pacti Domini Dei tui quod pepigit tecum
et facias tibi sculptam similitudinem Ex 20,4!
eorum quae fieri Dominus prohi-
buit
24 quia Dominus Deus tuus ignis con- 9,3; Ex 20,5! Hbr 12,29
sumens est Deus aemulator
25 si genueritis filios ac nepotes
et morati fueritis in terra
deceptique feceritis vobis aliquam
similitudinem
patrantes malum coram Domino II Par 29,6! Ps 50,6!
Deo vestro 9,18; 31,29! Or Man 10
ut eum ad iracundiam provocetis 9,7! 32,16! Idc 2,12
26 testes invoco hodie caelum et terram 30,19; 31,28! IV Esr 2,14
cito perituros vos esse de terra 30,18
quam transito Iordane possessuri
estis
non habitabitis in ea longo tempore
sed delebit vos Dominus 27 atque disperget in omnes gentes 28,64; Lv 26,33 Ps 43,12!
et remanebitis pauci in nationibus
ad quas vos ducturus est Dominus
28 ibique servietis diis qui hominum 28,36; IV Rg 19,18; Is 37,19; 44,11
manu fabricati sunt Ps 113,12–14; 134,15–17;
ligno et lapidi qui non vident non Sap 15,15
audiunt non comedunt non odo-

AOC Σ(Λ)LFSTM Φ(l) cr

10 ut] et OF | audiant M c. | discant CFM c. | uiuunt M c. | 11 radicem CΣLS | tenebrae + et c | 13 [*deest* l *usque ad* 8,1] | scripsit + uobis C | 15 ~ uobis dominus c. | 16 scalptam ATM | 19 ~ eleuatis oculis c | in ministerio CF | 21 est^{1} *om.* O | et *om.* O | 23 scalptam AT | 24 [*iterum adest* Λ] | 26 iordanem O; iordanen CΣ | 28 non$^{2.3.4}$] nec c |

rantur
30,2 29 cumque quaesieris ibi Dominum Deum tuum invenies eum
si tamen toto corde quaesieris et tota tribulatione animae tuae
30 postquam te invenerint omnia quae praedicta sunt
novissimo tempore reverteris ad Dominum Deum tuum et audies vocem eius
31 quia Deus misericors Dominus Deus tuus est
non dimittet te nec omnino delebit
neque obliviscetur pacti in quo iuravit patribus tuis
32,7 32 interroga de diebus antiquis qui fuerunt ante te
Gn 1,27! Is 45,12 ex die quo creavit Deus hominem super terram
Ps 18,7 a summo caeli usque ad summum eius
si facta est aliquando huiuscemodi res aut umquam cognitum est
12! 33 ut audiret populus vocem Dei loquentis de medio ignis
sicut tu audisti et vixisti
II Sm 7,23! 34 si fecit Deus ut ingrederetur et tolleret sibi gentem de medio nationum
,22! 7,19; 29,3; 34,11.12! per temptationes signa atque portenta
per pugnam et robustam manum
extentumque brachium et horribiles visiones
Ex 19,4! Nm 14,22! iuxta omnia quae fecit pro vobis Dominus Deus vester in Aegypto videntibus oculis tuis
32,39; Ex 8,10; I Sm 2,2! III Rg 8,60! 45,6! Mc 12,32 35 ut scires quoniam Dominus ipse est Deus et non est alius praeter unum
Ex 20,22 36 de caelo te fecit audire vocem suam ut doceret te
et in terra ostendit tibi ignem suum maximum
et audisti verba illius de medio ignis
7,8! 10,15 37 quia dilexit patres tuos et elegit semen eorum post eos
eduxitque te praecedens in virtute sua magna ex Aegypto Ex 13,3!
38 ut deleret nationes maximas et fortiores te in introitu tuo 7,1; 9,1.3! 11,23! 12,29! 18,12 Ex 23,27
et introduceret te daretque tibi terram earum in possessionem sicut cernis in praesenti die
39 scito ergo hodie et cogitato in corde tuo
quod Dominus ipse sit Deus in caelo sursum et in terra deorsum et non sit alius 3,24! Ex 9,14! Ios 2,11; III Rg 8,23
40 custodi praecepta eius atque mandata quae ego praecipio tibi Gn 26,5! 5,29! 32,33! 6,2.3! 17.18! 11,8.9; 32,46.47;
ut bene sit tibi et filiis tuis post te
et permaneas multo tempore super terram Ex 20,12
quam Dominus Deus tuus daturus est tibi
41 tunc separavit Moses tres civitates trans Iordanem ad orientalem plagam **41.42:** Nm 35,13–15!
42 ut confugiat ad eas qui occiderit nolens proximum suum
nec fuerit inimicus ante unum et alterum diem
et ad harum aliquam urbium possit evadere
43 Bosor in solitudine quae sita est in terra campestri de tribu Ruben Ios 20,8; I Par 6,78
et Ramoth in Galaad quae est in tribu Gad Ios 21,37; I Par 6,80
et Golam in Basan quae est in tribu Manasse Ios 21,27; I Par 6,71
44 ista est lex quam proposuit Moses coram filiis Israhel
45 et haec testimonia et caerimoniae atque iudicia
quae locutus est ad filios Israhel
quando egressi sunt de Aegypto
46 trans Iordanem in valle contra fanum Phogor 3,29
in terra Seon regis Amorrei qui habitavit in Esebon quem percussit

31 deus[1]] dominus CΣ | 32 caelo A c | 33 dei] domini CΣL | tu *om.* O | uixisti] uidisti OSΦ | 35 unum] eum OΣ c | 39 cogita OFΦ | sit[1]] est OCΦ | 42 nec + sibi c. |

AOC ΣΛLFSTMΦ cr

Moses
filii quoque Israhel egressi ex Aegyp-
47—49: 3,8–10 to 47 possederunt terram eius
et terram Og regis Basan
duorum regum Amorreorum qui
erant trans Iordanem ad solis ortum
2,36! 48 ab Aroer quae sita est super ripam
torrentis Arnon
usque ad montem Sion qui est et
Hermon
3,17! 49 omnem planitiem trans Iordanem ad
orientalem plagam
usque ad mare Solitudinis et usque
ad radices montis Phasga
4,1! **5** vocavitque Moses omnem Israhelem
et dixit ad eum
audi Israhel caerimonias atque iudicia
quae ego loquor in auribus vestris
hodie
discite ea et opere conplete
29,1; Gn 9,9! 2 Dominus Deus noster pepigit nobiscum foedus in Horeb
3 non cum patribus nostris iniit pactum
sed nobiscum qui inpraesentiarum
sumus et vivimus
34,10; Ex 33,11; Nm 12,8 4 facie ad faciem locutus est nobis in
22; 4,12! monte de medio ignis
5 ego sequester et medius fui inter Dominum et vos in tempore illo
ut adnuntiarem vobis verba eius
Ex 20,18 timuistis enim ignem et non ascendistis in montem
6—21: Ex 20,2–17 et ait 6 ego Dominus Deus tuus qui
6,13! Ex 3,17! Ps 80,11; IV Esr 1,7 eduxi te de terra Aegypti de domo
servitutis
Ps 80,10 7 non habebis deos alienos in conspectu meo
8 non facies tibi sculptile nec similitudinem omnium
quae in caelo sunt desuper et quae
in terra deorsum et quae versantur
in aquis sub terra
9 non adorabis ea et non coles
ego enim sum Dominus Deus tuus
Deus aemulator
reddens iniquitatem patrum super
filios in tertiam et quartam generationem his qui oderunt me
10 et faciens misericordiam in multa Ex 20,6!
milia diligentibus me et custodien-
tibus praecepta mea
11 non usurpabis nomen Domini Dei
tui frustra
quia non erit inpunitus qui super re
vana nomen eius adsumpserit
12 observa diem sabbati ut sanctifices
eum sicut praecepit tibi Dominus
Deus tuus
13 sex diebus operaberis et facies omnia opera tua
14 septimus dies sabbati est id est requies Domini Dei tui
non facies in eo quicquam operis Mt 12,2!
tu et filius tuus et filia
servus et ancilla et bos et asinus et
omne iumentum tuum
et peregrinus qui est intra portas tuas
ut requiescat servus et ancilla tua sicut et tu
15 memento quod et ipse servieris in 15,15! 16,12; 24,22
Aegypto
et eduxerit te inde Dominus Deus Ex 6,6!
tuus in manu forti et brachio extento
idcirco praecepit tibi ut observares
diem sabbati
16 honora patrem tuum et matrem sic- Ex 20,12! Sir 3,9! Eph 6,2
ut praecepit tibi Dominus Deus tuus
ut longo vivas tempore et bene sit 22,7
tibi in terra quam Dominus Deus
tuus daturus est tibi
17 non occides
18 neque moechaberis
19 furtumque non facies
20 nec loqueris contra proximum tuum

AOC ΣΛLFSTMΦ cr 46 filii quoque] filiique OCLS | 48 et *om.* ACΣΛF || **5**,4 in montem OCS; de monte M | 5 dominum] deum C | 9 deus² *om.* O | 11 domini *om.* C | super rem uanam LT; super uana C | 13 operaueris AOCLS. | 14 requiei AO | seruus² + tuus c | 18 moechaueris AOCLS. |

falsum testimonium
21 non concupisces uxorem proximi tui
non domum non agrum non servum
non ancillam
non bovem non asinum et universa
quae illius sunt
4! 4,12! 9,10 22 haec verba locutus est Dominus ad
omnem multitudinem vestram in
monte
de medio ignis et nubis et caliginis
voce magna
nihil addens amplius
Ex 24,12! et scripsit ea in duabus tabulis lapideis quas tradidit mihi
Ex 24,16.17! 23 vos autem postquam audistis vocem
de medio tenebrarum et montem
ardere vidistis
accessistis ad me omnes principes
tribuum et maiores natu atque dixistis
24 ecce ostendit nobis Dominus Deus
noster maiestatem et magnitudinem suam
4,12! vocem eius audivimus de medio ignis
et probavimus hodie quod loquente
Deo cum homine vixerit homo
25 cur ergo morimur et devorabit nos
ignis hic maximus
8,16; Ex 20,19 si enim audierimus ultra vocem Domini Dei nostri moriemur
4,12! 26 quid est omnis caro ut audiat vocem
Dei viventis qui de medio ignis loquitur sicut nos audivimus et possit vivere
27 tu magis accede et audi cuncta quae
dixerit Dominus Deus noster tibi
Ex 20,19 loquerisque ad nos et nos audientes
faciemus ea
28 quod cum audisset Dominus ait ad
me
audivi vocem verborum populi huius
18,17 quae locuti sunt tibi bene omnia sunt
locuti
29 quis det talem eos habere mentem ut
timeant me 31,12; Tb 2,13; Ps 118,63; Ecl 12,13; Sir 2,21!
et custodiant universa mandata mea
in omni tempore 4,40! Ps 118,44
ut bene sit eis et filiis eorum in sempiternum
30 vade et dic eis
revertimini in tentoria vestra
31 tu vero hic sta mecum
et loquar tibi omnia mandata et cae- 4,5! 14
rimonias atque iudicia quae doce-
bis eos
ut faciant ea in terra quam dabo illis
in possessionem
32 custodite igitur et facite quae prae- 4,40! 28,13.14! Ios 1,7.8!
cepit Dominus Deus vobis IV Rg 22,2! Iob 23,11.12
non declinabitis neque ad dextram Is 30,21
neque ad sinistram
33 sed per viam quam praecepit Domi- Ier 7,23
nus Deus vester ambulabitis
ut vivatis et bene sit vobis et prote-
lentur dies in terra possessionis
vestrae
6 haec sunt praecepta et caerimoniae 4,1!
atque iudicia quae mandavit Do-
minus Deus vester
ut docerem vos et faciatis ea in terra
ad quam transgredimini possidendam
2 ut timeas Dominum Deum tuum 24; 8,6; 10,12.13! 17,19
et custodias omnia mandata et prae- 4,40! III Rg 3,14
cepta eius
quae ego praecipio tibi et filiis ac
nepotibus tuis cunctis diebus vitae
tuae
ut prolongentur dies tui
3 audi Israhel et observa ut facias et 8,1; 30,16
bene sit tibi et multipliceris amplius
sicut pollicitus est Dominus Deus 26,15!
patrum tuorum tibi
terram lacte et melle manantem
4 audi Israhel Dominus Deus noster Mc 12,29.30.32!
Dominus unus est
5 diliges Dominum Deum tuum ex to- 11,1! 13,3; 30,6; Sir 7,32;
to corde tuo et ex tota anima tua et Mt 22,37; Lc 10,27

22 in montem OCΣΛ | 25 morimur] moriemur ΛLF c | 26 dei] domini L; domini dei OM | 28 audiui] audi OΣΛLF | 31 mandata + mea c. || 6,1 uester] noster C | transgrediemini O | 3 facias + quae praecepit tibi dominus LM c | 4 dominus[2]] deus OCΛ; *om.* F |

AOC ΣΛLFSTMΦ cr

ex tota fortitudine tua
4,9! 30,2 6 eruntque verba haec quae ego praecipio tibi hodie in corde tuo
11,19; 17,19! 7 et narrabis ea filiis tuis
et meditaberis sedens in domo tua
et ambulans in itinere dormiens atque consurgens
11,18; Ex 13,9! 8 et ligabis ea quasi signum in manu
tua
eruntque et movebuntur inter oculos
tuos
11,20 9 scribesque ea in limine et ostiis domus tuae
Ex 33,1! 10 cumque introduxerit te Dominus
Deus tuus in terram
pro qua iuravit patribus tuis Abraham Isaac et Iacob
Ios 24,13 et dederit tibi civitates magnas et
optimas quas non aedificasti
11–13: 8,12–14 11 domos plenas cunctarum opum quas
non extruxisti
cisternas quas non fodisti
vineta et oliveta quae non plantasti
12 et comederis et saturatus fueris
8,11.14 13 cave diligenter ne obliviscaris Domini
5,6! qui eduxit te de terra Aegypti de domo servitutis
10,20! Ios 4,25; Mt 4,10; Lc 4,8 Dominum Deum tuum timebis et
ipsi servies
ac per nomen illius iurabis
8,19; 11,16.28; 28,14; Ex 20,3! 14 non ibitis post deos alienos cunctarum gentium quae in circuitu vestro
sunt
Ex 20,5! 15 quoniam Deus aemulator Dominus
7,21 Deus tuus in medio tui
nequando irascatur furor Domini
Dei tui contra te
et auferat te de superficie terrae
Is 7,12; Mt 4,7! Lc 4,12 16 non temptabis Dominum Deum tuum
Ps 94,9 sicut temptasti in loco temptationis
4,40! 12,28 17 custodi praecepta Domini Dei tui
ac testimonia et caerimonias quas
praecepit tibi
18 et fac quod placitum est et bonum 12,25; Ex 15,26
in conspectu Domini
ut bene sit tibi et ingressus possideas 15,4; 23,20
terram optimam
de qua iuravit Dominus patribus
tuis
19 ut deleret omnes inimicos tuos co- 7,1!
ram te sicut locutus est
20 cum interrogaverit te filius tuus cras Ex 12,26; 13,14
dicens
quid sibi volunt testimonia haec et
caerimoniae atque iudicia
quae praecepit Dominus Deus noster
nobis 21 dices ei
servi eramus Pharaonis in Aegypto
et eduxit nos Dominus de Aegypto Ex 13,3!
in manu forti
22 fecitque signa atque prodigia magna 4,34! 11,3! Ios 24,17; I Par 16,12! Dn 3,99.100! Act 6,8
et pessima in Aegypto
contra Pharaonem et omnem domum illius in conspectu nostro
23 et eduxit nos inde
ut introductis daret terram super Ex 33,1!
qua iuravit patribus nostris
24 praecepitque nobis Dominus ut fa- 2!
ciamus omnia legitima haec
et timeamus Dominum Deum nostrum
et bene sit nobis cunctis diebus vitae
nostrae sicut est hodie
25 eritque nostri misericors Ex 20,6!
si custodierimus et fecerimus omnia
praecepta eius coram Domino Deo
nostro
sicut mandavit nobis
7 cum introduxerit te Dominus Deus
tuus in terram quam possessurus 4,38! Idt 5,20
ingredieris
et deleverit gentes multas coram te 6,19; Ex 23,23! 27,
Hettheum et Gergeseum et Amor-
reum
Chananeum et Ferezeum et Eveum IV Esr 1,21
et Iebuseum

AOC ΣΛLFSTMΦ cr 7 meditaberis + in eis Ac. | 9 et + in OΣ | 10 in terra CS | 11 opus O | extruxistis OC. | fodistis OC. | plantastis C. | 13 domini] dominum CΣFTMΦ; + dei tui A | ipsi soli ΣLΦ; illi soli c | 20 cumque Ac | 23 super quam CLS; pro qua Σ. | 24 et[2]] ut CΛLFc || **7**,1 ingrederis LSTc |

septem gentes multo maioris numeri
quam tu es et robustiores te
23! 20,16.17! 31,5; Nm 21,35! 2 tradideritque eas Dominus Deus tuus tibi
II Par 14,13 percuties eas usque ad internicionem
Ex 23,32! non inibis cum eis foedus
os 11,20; 23,12! I Esr 9,12 nec misereberis earum
Gn 24,3! II Esr 10,30; 13,25 3 neque sociabis cum eis coniugia
filiam tuam non dabis filio eius
nec filiam illius accipies filio tuo
4 quia seducet filium tuum ne sequa-
Ex 23,33; Ios 23,16! tur me et ut magis serviat diis alienis
irasceturque furor Domini et delebit
te cito
5 quin potius haec facietis eis
Ex 34,13! aras eorum subvertite
confringite statuas lucosque succi-
dite
et sculptilia conburite
14,2 6 quia populus sanctus es Domino
Deo tuo
,18! Ex 19,5.6! I Sm 12,22 te elegit Dominus Deus tuus ut sis ei
populus peculiaris de cunctis popu-
lis qui sunt super terram
7 non quia cunctas gentes numero vin-
cebatis
vobis iunctus est Dominus et elegit
vos
cum omnibus sitis populis pauciores
4,37; Mal 1,2! Ps 104,8–10 8 sed quia dilexit vos Dominus
et custodivit iuramentum quod iura-
vit patribus vestris
13,5; Ex 6,6! n 9,15; Mi 6,4 eduxitque vos in manu forti et redemit de domo servitutis
de manu Pharaonis regis Aegypti
Ex 16,12! Esr 1,5; 9,32; Dn 9,4 9 et scies quia Dominus Deus tuus ipse
est Deus fortis et fidelis
1.12! Ex 20,6! II Par 6,14 custodiens pactum et misericordiam
diligentibus se
et his qui custodiunt praecepta eius
in mille generationes
32,41! 10 et reddens odientibus se statim ita
ut disperdat eos et ultra non differat
protinus eis restituens quod meren-
tur
11 custodi ergo praecepta et caerimo- 9! 8,11; Ez 43,11
nias atque iudicia
quae ego mando tibi hodie ut facias
12 si postquam audieris haec iudicia 12—16: 28,1–11; Lv 23,3–9
custodieris ea et feceris
custodiet et Dominus Deus tuus tibi 12—26: Ex 23,20–33
pactum et misericordiam quam iu- 8,18
ravit patribus tuis
13 et diliget te ac multiplicabit
benedicetque fructui ventris tui et
fructui terrae tuae
frumento tuo atque vindemiae
oleo et armentis gregibus ovium tuarum super terram
pro qua iuravit patribus tuis ut daret
eam tibi
14 benedictus eris inter omnes populos
non erit apud te sterilis utriusque
sexus
tam in hominibus quam in gregibus
tuis
15 auferet Dominus a te omnem languorem
et infirmitates Aegypti pessimas quas
novisti
non inferet tibi sed cunctis hostibus
tuis
16 devorabis omnes populos quos Dominus Deus tuus daturus est tibi
non parcet eis oculus tuus
nec servies diis eorum ne sint in rui- Idc 2,3
nam tui
17 si dixeris in corde tuo plures sunt
gentes istae quam ego
quomodo potero delere eas
18 noli metuere sed recordare quae fecerit Dominus Deus tuus Pharaoni
et cunctis Aegyptiis
19 plagas maximas quas viderunt oculi 4,34!
tui
et signa atque portenta manumque
robustam et extentum brachium
ut educeret te Dominus Deus tuus

1 maioris AOF cr] maiores *cet.* | 5 et confringite c; confringiteque C. | 6 es] est OF | 12 ~ pactum tibi c | 13 fructus[1] CΣ | fructus[2] C | armentis + et C | 15 ~ a te dominus C |

AOC ΣΛLFSTMΦ cr

sic faciet cunctis populis quos metuis
Ex 23,28; Ios 24,12; 20 insuper et crabrones mittet Dominus
Sap 12,8 Deus tuus in eos
donec deleat omnes atque disperdat
qui te fugerint et latere potuerint
21 non timebis eos quia Dominus Deus
6,15 tuus in medio tui est
Ps 46,3! Deus magnus et terribilis
II Esr 1,5! 22 ipse consumet nationes has in conspectu tuo
paulatim atque per partes
non poteris delere eas pariter
ne forte multiplicentur contra te bestiae terrae
2! Ios 11,6 23 dabitque eos Dominus Deus tuus in conspectu tuo
Ios 10,20 et interficiet illos donec penitus deleantur
Ios 6,2! 10,8! 10,24.42; 11,12 24 tradet reges eorum in manus tuas
et disperdes nomina eorum sub caelo
Ios 1,5; 12,1 nullus poterit resistere tibi donec conteras eos
25 sculptilia eorum igne conbures
Ios 7,21 non concupisces argentum et aurum de quibus facta sunt
neque adsumes ex eis tibi quicquam
ne offendas propter ea
quia abominatio est Domini Dei tui
13,17! II Mcc 12,40 26 nec inferes quippiam ex idolo in domum tuam
ne fias anathema sicut et illud est
quasi spurcitiam detestaberis
et velut inquinamentum ac sordes abominationi habebis quia anathema est
4,1! 6,3! **8** omne mandatum quod ego praecipio tibi hodie cave diligenter ut facias
ut possitis vivere et multiplicemini
ingressique possideatis terram pro qua iuravit Dominus patribus vestris
2 et recordaberis cuncti itineris per
quod adduxit te Dominus Deus tuus quadraginta annis per desertum Nm 32,13!
ut adfligeret te atque temptaret
et nota fierent quae in tuo animo versabantur
utrum custodires mandata illius an non Ex 16,28!
3 adflixit te penuria et dedit tibi cibum 16; Ex 16,8!
manna Ex 16,15
quem ignorabas tu et patres tui
ut ostenderet tibi quod non in solo Sap 16,26; Mt 4,4; Lc 4,4
pane vivat homo sed in omni verbo
quod egreditur ex ore Domini
4 vestimentum tuum quo operiebaris 29,5; II Esr 9,21
nequaquam vetustate defecit
et pes tuus non est subtritus
en quadragesimus annus est
5 ut recogites in corde tuo
quia sicut erudit homo filium suum Prv 3,12; Sap 11,11
sic Dominus Deus tuus erudivit te
6 ut custodias mandata Domini Dei tui 6,2!
et ambules in viis eius et timeas eum
7 Dominus enim Deus tuus introducet 11,10.11; Ex 3,
te in terram bonam Ez 17,8
terram rivorum aquarumque et fontium
in cuius campis et montibus erumpunt fluviorum abyssi
8 terram frumenti hordei vinearum
in qua ficus et mala granata et oliveta nascuntur
terram olei ac mellis
9 ubi absque ulla penuria comedes panem tuum Ier 2,7
et rerum omnium abundantia perfrueris
cuius lapides ferrum sunt
et de montibus eius aeris metalla fodiuntur
10 ut cum comederis et satiatus fueris
benedicas Domino Deo tuo pro terra
optima quam dedit tibi
11 observa et cave nequando oblivis- 6,13!

AOC ΣΛLFSTMΦ (l) ϲr 22 ~ eas delere ϲ. | 24 tradetque ϲ | disperdet CΣ; disperdens F. || **8**,1 [*adest passim* l *usque ad* 22,14] | 2 adduxerit CL. | 3 quem] quod ϲ; quae OLSl; quam F. | uiuit CL Ml; uiuet Σ | egredietur ASΦ; procedit l. | de ore dei ϲ | 4 quo] quod OCF | 5 ~ filium suum homo ϲ. | 8 hordei OCr] + et AΣLSl; + ac ΛFTMΦ ϲ | malogranata AC Σϲ | 9 comedas CLl | perfruaris CΣl |

caris Domini Dei tui
7,11! et neglegas mandata eius atque iudicia et caerimonias quas ego praecipio tibi hodie
12–14: 6,11–13 12 ne postquam comederis et satiatus
domos pulchras aedificaveris et
habitaveris in eis
13 habuerisque armenta et ovium greges
argenti et auri cunctarumque rerum
copiam
6,13! Os 13,6 14 elevetur cor tuum et non reminiscaris Domini Dei tui
qui eduxit te de terra Aegypti de domo servitutis
1,19; 32,10! Ex 15,22! Ier 2,6 15 et ductor tuus fuit in solitudine magna atque terribili
Nm 21,6! in qua erat serpens flatu adurens
et scorpio ac dipsas et nullae omnino aquae
Ex 17,6! qui eduxit rivos de petra durissima
3! 16 et cibavit te manna in solitudine quod
nescierunt patres tui
et postquam adflixit ac probavit
ad extremum misertus est tui
32,27 17 ne diceres in corde tuo
fortitudo mea et robur manus meae
haec mihi omnia praestiterunt
18 sed recorderis Domini Dei tui
quod ipse tibi vires praebuerit
7,12 ut impleret pactum suum super quo
iuravit patribus tuis
sicut praesens indicat dies
IV Esr 1,6 19 sin autem oblitus Domini Dei tui se-
6,14! cutus fueris alienos deos
coluerisque illos et adoraveris
ecce nunc praedico tibi quod omnino
dispereas
20 sicut gentes quas delevit Dominus in
introitu tuo
ita et vos peribitis si inoboedientes
fueritis voci Domini Dei vestri
31! Nm 33,51 **9** audi Israhel tu transgredieris hodie
Iordanem
ut possideas nationes maximas et 1,28! 4,38!
fortiores te
civitates ingentes et ad caelum usque
muratas
2 populum magnum atque sublimem
filios Enacim quos ipse vidisti et audisti
quibus nullus potest ex adverso resistere
3 scies ergo hodie quod Dominus Deus
tuus ipse transibit ante te
ignis devorans atque consumens 4,24; Hbr 12,29
qui conterat eos et deleat atque dis- 4,38! 31,3
perdat ante faciem tuam velociter
sicut locutus est tibi
4 ne dicas in corde tuo
cum deleverit eos Dominus Deus tuus in conspectu tuo
propter iustitiam meam introduxit
me Dominus ut terram hanc possi-
derem
cum propter impietates suas istae
deletae sint nationes
5 neque enim propter iustitias tuas et 1,21!
aequitatem cordis tui ingrederis ut
possideas terras eorum
sed quia illae egerunt impie te introeunte deletae sunt
et ut conpleret verbum suum Dominus
quod sub iuramento pollicitus est Ier 11,5
patribus tuis Abraham Isaac et Iacob
6 scito igitur quod non propter iustitias tuas Dominus Deus tuus dederit tibi terram hanc optimam in
possessionem
cum durissimae cervicis sis populus Ex 32,9!
7 memento et ne obliviscaris quomodo 4,25!
ad iracundiam provocaveris Domi- Ps 77,17.40
num Deum tuum in solitudine
ex eo die quo es egressus ex Aegypto

12 satiatus AOFr] saturatus fueris CL; satiatus fueris *cet.* | 13 armenta + boum c. | 18 tibi] tui O | ~ uires tibi c | super quod OCΣSTΦ | 19 ~ deos alienos ΣΛL c | 20 delebit ASTΦ | non oboedientes OS. ‖ **9**,1 transgrederis CΛLFS | 4 introduxerit Cl | dominus2] deus OTMΦ | 5 ingrederis AΛLFS | earum OL c | ~ introeunte te TMΦ c | 6 igitur] ergo c | 7 ~ egressus es Tl c |

AOC ΣΛLFSTMΦ lcr

31,27 usque ad locum istum semper adversum Dominum contendisti
19! Ex 32,10 8 nam et in Horeb provocasti eum et
iratus delere te voluit
9 quando ascendi in montem ut acci-
perem tabulas lapideas
tabulas pacti quod pepigit vobiscum
Dominus
Ex 34,28! et perseveravi in monte quadraginta
diebus ac noctibus
panem non comedens et aquam non
bibens
5,22! 10 deditque mihi Dominus duas tabulas lapideas scriptas digito Dei
et continentes omnia verba quae vobis in monte locutus est de medio
ignis
quando contio populi congregata est
11 cumque transissent quadraginta dies
et totidem noctes
Ex 24,12 dedit mihi Dominus duas tabulas
lapideas tabulas foederis
12—14: Ex 32,7–10! 12 dixitque mihi surge et descende hinc
cito
quia populus tuus quos eduxisti de
Aegypto
deseruerunt velociter viam quam de-
monstrasti eis
Idc 17,3.4; III Rg 14,9! feceruntque sibi conflatile
13 rursumque ait Dominus ad me
cerno quod populus iste durae cervicis sit
Sir 41,14! 14 dimitte me ut conteram eum et deleam nomen eius sub caelo
et constituam te super gentem quae
hac maior et fortior sit
Ex 32,15 15 cumque de monte ardente descenderem
et duas tabulas foederis utraque te-
nerem manu
Ex 32,7.8! 16 vidissemque vos peccasse Domino
Deo vestro
et fecisse vobis vitulum conflatilem
ac deseruisse velociter viam eius
quam vobis ostenderat
17 proieci tabulas de manibus meis Ex 32,19
confregique eas in conspectu vestro
18 et procidi ante Dominum sicut prius Ex 32,30! 34,28!
quadraginta diebus et noctibus
panem non comedens et aquam non
bibens
propter omnia peccata vestra quae 4,25!
gessistis contra Dominum
et eum ad iracundiam provocastis
19 timui enim indignationem et iram 8,25! 10,10; Ex 32,10
illius qua adversum vos concitatus
delere vos voluit
et exaudivit me Dominus etiam hac
vice
20 adversum Aaron quoque vehementer iratus voluit eum conterere
et pro illo similiter deprecatus sum
21 peccatum autem vestrum quod fece- Ex 32,20
ratis id est vitulum arripiens igne
conbusi
et in frusta comminuens omninoque
in pulverem redigens
proieci in torrentem qui de monte
descendit
22 in Incendio quoque et in Temptatione et in sepulchris Concupiscentiae provocastis Dominum
23 et quando misit vos de Cadesbarne
dicens
ascendite et possidete terram quam 1,21!
dedi vobis
et contempsistis imperium Domini
Dei vestri
et non credidistis ei neque vocem 1,26.27!
eius audire voluistis
24 sed semper fuistis rebelles
a die qua nosse vos coepi
25 et iacui coram Domino quadraginta Ex 24,18!
diebus ac noctibus
quibus eum suppliciter deprecabar
ne deleret vos ut fuerat comminatus 19! Ps 105,23
26 et orans dixi
Domine Deus ne disperdas populum

AOC ΣΛLFSTMΦ lcr

9 in montem² Cl | 10 in montem C | ∼ locutus est in monte c | 12 quos] quem ΛΦc | 14 eius + de c | 18 et²] ac OΛF | contra] coram C | 19 ∼ et illius iram ΛF.; ∼ illius et iram O | 20 ∼ conterere eum C | 23 dedit AS | eius] illius CΣΛLFSM |

tuum
et hereditatem tuam quam redemisti
in magnitudine tua
Ex 6,6! quos eduxisti de Aegypto in manu
forti
Ex 32,13! 27 recordare servorum tuorum Abraham Isaac et Iacob
Ex 34,9! Tb 3,3! Ps 50,11 ne aspicias duritiam populi huius et
impietatem atque peccatum
28 ne forte dicant habitatores terrae de
qua eduxisti nos
Nm 14,16 non poterat Dominus introducere
eos in terram quam pollicitus est
eis et oderat illos
idcirco eduxit ut interficeret eos in
solitudine
4,20! 29 qui sunt populus tuus et hereditas
tua
Ex 6,6! Ps 76,16 quos eduxisti in fortitudine tua magna et in brachio tuo extento
1—3: Ex 34,1–4 **10** in tempore illo dixit Dominus ad
me
dola tibi duas tabulas lapideas sicut
priores fuerunt
et ascende ad me in montem
Ex 25,10 faciesque arcam ligneam
Ex 34,28! 2 et scribam in tabulis verba quae fuerunt in his quas ante confregisti
ponesque eas in arca
Ex 25,10 3 feci igitur arcam de lignis setthim
cumque dolassem duas tabulas lapideas instar priorum
ascendi in montem habens eas in
manibus
Ex 34,28! 4 scripsitque in tabulis iuxta id quod
prius scripserat
verba decem quae locutus est Dominus ad vos in monte de medio ignis
quando populus congregatus est et
dedit eas mihi
Ex 25,16! II Par 5,10! 5 reversusque de monte descendi
et posui tabulas in arcam quam feceram
quae hucusque ibi sunt sicut mihi
praecepit Dominus
6 filii autem Israhel castra moverunt
ex Beroth filiorum Iacan
in Musera ubi Aaron mortuus ac sepultus est Nm 33,30.38!
pro quo sacerdotio functus est filius
eius Eleazar
7 inde venerunt in Gadgad Nm 33,32
de quo loco profecti castrametati
sunt in Ietabatha
in terra aquarum atque torrentium
8 eo tempore separavit tribum Levi 21,5; Nm 3,6!
ut portaret arcam foederis Domini 31,9! I Par 15,2
et staret coram eo in ministerio I Par 23,13
ac benediceret in nomine illius usque
in praesentem diem
9 quam ob rem non habuit Levi partem neque possessionem cum fratribus suis 18,1.2! Nm 18,20! Ios 13,33; 18,7
quia ipse Dominus possessio eius est
sicut promisit ei Dominus Deus tuus
10 ego autem steti in monte sicut prius
quadraginta diebus ac noctibus Ex 24,18!
exaudivitque me Dominus etiam hac
vice 9,19!
et te perdere noluit
11 dixitque mihi vade et praecede populum Ex 33,1!
ut ingrediatur et possideat terram
quam iuravi patribus eorum ut traderem eis
12 et nunc Israhel quid Dominus Deus
tuus petit a te Mi 6,8
nisi ut timeas Dominum Deum tuum et ambules in viis eius 6,2.3! 11,22! 13,4! Ios 24,14! Ps 118,1! 2; Sir 2,18!
et diligas eum ac servias Domino
Deo tuo 11,13!
in toto corde tuo et in tota anima tua 26,16!
13 custodiasque mandata Domini et
caerimonias eius quas ego hodie
praecipio ut bene sit tibi
14 en Domini Dei tui caelum est et caelum caeli Ex 9,29; Iob 41,2; Ps 88,12!
terra et omnia quae in ea sunt

27 abraham + et CΛS ‖ **10**,1 ascendes CΣ | 3 tabulas lapideas tabulas AOTΦ; lapideas tabulas S | 4 ~ de monte in medio OΣ. | 5 descendit OS. | in arca OCS | 6 ~ mouerunt castra c. | ~ eleazar filius eius l c | 8 et] ut OF. | 10 in montem ACΣS | 11 iurauit OFS. | 13 domini *om.* A | praecipio + tibi Σ c |

AOC ΣΛLFSTMΦ l cr

4,37 15 et tamen patribus tuis conglutinatus
est Dominus et amavit eos
elegitque semen eorum post eos id
est vos de cunctis gentibus sicut hodie conprobatur
30,6! Ier 4,4 16 circumcidite igitur praeputium cordis vestri
et cervicem vestram ne induretis
amplius
Ex 18,11! Dn 2,47 17 quia Dominus Deus vester ipse est
I Tim 6,15! Deus deorum et Dominus domi-
nantium
Deus magnus et potens et terribilis
1,17! I Sm 16,7! II Par 19,7! Mt 22,16! qui personam non accipit nec munera
Ps 145,9! 18 facit iudicium pupillo et viduae
amat peregrinum et dat ei victum
atque vestitum
Ex 22,21! 19 et vos ergo amate peregrinos quia
et ipsi fuistis advenae in terra Aegypti
6,13! 13,4; I Sm 7,3 20 Dominum Deum tuum timebis et ei
servies
ipsi adherebis iurabisque in nomine
illius
Ier 17,14 21 ipse est laus tua et Deus tuus
Ex 34,10! qui fecit tibi haec magnalia et terri-
Nm 14,22! Ps 71,18! bilia quae viderunt oculi tui
Gn 46,27! 22 in septuaginta animabus descenderunt patres tui in Aegyptum
Gn 26,4! et ecce nunc multiplicavit te Dominus Deus tuus sicut astra caeli
6,5! 30,16.20; Io 14,15; I Io 5,2 **11** ama itaque Dominum Deum tuum
Lv 18,4! et observa praecepta eius et caerimo-
nias iudicia atque mandata omni
tempore
2 cognoscite hodie quae ignorant filii
vestri
qui non viderunt disciplinam Domini Dei vestri
magnalia eius et robustam manum
extentumque brachium
6,22! 34,11! II Esr 9,10! Ps 134,9 3 signa et opera quae fecit in medio
Aegypti
Pharaoni regi et universae terrae eius
4 omnique exercitui Aegyptiorum et Ex 14,28!
equis ac curribus
quomodo operuerint eos aquae Rubri maris cum vos persequerentur
et deleverit eos Dominus usque in
praesentem diem
5 vobisque quae fecerit in solitudine
donec veniretis ad hunc locum
6 et Dathan atque Abiram filiis Heliab Nm 16,1! Ps 105,17
qui fuit filius Ruben
quos aperto ore suo terra absorbuit Nm 16,31.32!
cum domibus et tabernaculis et universa substantia eorum quam habebant
in medio Israhelis
7 oculi vestri viderunt omnia opera
Domini magna quae fecit
8 ut custodiatis universa mandata il- 4,40!
lius quae ego hodie praecipio vobis
et possitis introire et possidere terram ad quam ingredimini
9 multoque in ea vivatis tempore
quam sub iuramento pollicitus est
Dominus patribus vestris et semini
eorum
lacte et melle manantem
10 terra enim ad quam ingredieris pos- 8,7
sidendam
non est sicut terra Aegypti de qua
existi
ubi iacto semine in hortorum morem
aquae ducuntur inriguae
11 sed montuosa est et campestris
de caelo expectans pluvias
12 quam Dominus Deus tuus semper
invisit
et oculi illius in ea sunt a principio
anni usque ad finem eius
13 si ergo oboedieritis mandatis meis 27! 10,12.13! Ios 24,24; Io 14,21!
quae hodie praecipio vobis
ut diligatis Dominum Deum vestrum Ios 22,5; 23,11
et serviatis ei
in toto corde vestro et in tota ani-

AOC ΣΛLFSTMΦ lcr 20 ei] ipsi CΛFl.; + soli Lc | illius] eius O || **11**,1 caerimonias + et ACΛSM | 4 ac] et O | operuerunt OL | ~ maris rubri c. | 5 uobisque] uobis Al | in solitudinem C | 6 israhel ΣLc | 10 terram CS | ingrederis LTMc | existis Al | more CΣLSl | 13 quae + ego CΣMlc | ~ ei seruiatis O |

ma vestra
…v 26,3! Ier 5,24; Ioel 2,23.24! 14 dabo pluviam terrae vestrae tempo-
rivam et serotinam
Lv 25,19! ut colligatis frumentum et vinum et
oleum
15 faenum ex agris ad pascenda iumenta
et ut ipsi comedatis ac saturemini
16 cavete ne forte decipiatur cor vestrum et recedatis a Domino servia-
6,14! tisque diis alienis et adoretis eos
17 iratusque Dominus claudat caelum
et pluviae non descendant nec terra
det germen suum
pereatisque velociter de terra optima
quam Dominus daturus est vobis
18 ponite haec verba mea in cordibus et
in animis vestris
6,8; Ex 13,9! et suspendite ea pro signo in manibus et inter vestros oculos conlo-
cate
6,7! 19 docete filios vestros ut illa meditentur
quando sederis in domo tua et ambulaveris in via et accubueris atque
surrexeris
6,9 20 scribes ea super postes et ianuas domus tuae
21 ut multiplicentur dies tui et filiorum
tuorum
in terra quam iuravit Dominus patribus tuis ut daret eis
quamdiu caelum inminet terrae
10,12.13! 19,9; 26,17! Ios 22,5; II Par 14,4; III Rg 3,3; IV Rg 18,6 22 si enim custodieritis mandata quae
ego praecipio vobis et feceritis ea
ut diligatis Dominum Deum vestrum
et ambuletis in omnibus viis eius ad-
herentes ei
…38! IV Esr 1,11 23 disperdet Dominus omnes gentes
istas ante faciem vestram
et possidebitis eas quae maiores et
fortiores vobis sunt
24 omnis locus quem calcaverit pes ves- 1,36; Ios 1,3.4; 14,9
ter vester erit
a deserto et Libano a flumine magno Ex 23,31!
Eufraten usque ad mare occidentale
erunt termini vestri
25 nullus stabit contra vos
terrorem vestrum et formidinem Ex 23,27!
dabit Dominus Deus vester super
omnem terram quam calcaturi estis
sicut locutus est vobis
26 en propono in conspectu vestro ho- 30,1.19
die benedictionem et maledictio-
nem
27 benedictionem si oboedieritis man- 13! 15,5; 28,2
datis Domini Dei vestri quae ego
praecipio vobis
28 maledictionem si non audieritis 28,15!
mandata Domini Dei vestri
sed recesseritis de via quam ego nunc
ostendo vobis
et ambulaveritis post deos alienos 6,14!
quos ignoratis
29 cum introduxerit te Dominus Deus
tuus in terram ad quam pergis ha-
bitandam
pones benedictionem super montem 27,12.13!
Garizim
maledictionem super montem Hebal
30 qui sunt trans Iordanem post viam
quae vergit ad solis occubitum
in terra Chananei qui habitat in
campestribus
contra Galgalam quae est iuxta val- Ios 4,19!
lem tendentem et intrantem procul
31 vos enim transibitis Iordanem ut 9,1! 12,10; 27,2; Ios 1,2.11
possideatis terram quam Dominus
Deus vester daturus est vobis
et habeatis ac possideatis illam 4,1!
32 videte ergo ut impleatis caerimonias
atque iudicia quae ego hodie ponam in conspectu vestro

14 dabit ACLTMΦ c | temporinam C.; temporaneam Ll(*vid.*) c; temporalem S. | et2 *om.* AΣ | 15 faenumque AΣ c | ~ ut et A | ac] et A(*sic*) | 18 ~ oculos uestros AΣl c | 21 in terram OΣΛFST | 23 ~ sunt uobis C | 24 et + a c | a2] et CΛFTΦl | eufrate ΛLFTMΦ cr | 26 ~ hodie in conspectu uestro CΣLl | 27 ego praecipio hodie uobis O.; ego hodie praec. uobis ΣΛT c; hodie ego praec. uobis MΦ | 28 non oboedieritis mandatis L c. | 29 cum + uero c | habitandum OM. | 30 habitant AΛ | 31 et] ut T c | ac] et OL c | 32 proponam AS. ||

AOC ΣΛLFSTMΦ l cr

4,1! **12** haec sunt praecepta atque iudicia
quae facere debetis
in terra quam Dominus Deus patrum tuorum daturus est tibi
ut possideas eam cunctis diebus quibus super humum gradieris
2 subvertite omnia loca in quibus coluerunt gentes quas possessuri estis deos suos
super montes excelsos et colles et subter omne lignum frondosum
Ex 34,13! 3 dissipate aras earum et confringite statuas
lucos igne conburite et idola comminuite
disperdite nomina eorum de locis illis
4 non facietis ita Domino Deo vestro
21; 14,23! 16,2. 11; 17,8; 26,2; III Rg 8,29! II Par 7,16 5 sed ad locum quem elegerit Dominus Deus vester de cunctis tribubus vestris
ut ponat nomen suum ibi et habitet in eo
venietis 6 et offeretis in illo loco holo-
11; Ex 22,29.30! I Sm 2,29 causta et victimas vestras
decimas et primitias manuum vestrarum et vota atque donaria
primogenita boum et ovium
12! 18; 14,26; Ex 18,12! 7 et comedetis ibi in conspectu Domini Dei vestri
16,15 ac laetabimini in cunctis ad quae miseritis manum
vos et domus vestrae in quibus benedixerit vobis Dominus Deus vester
8 non facietis ibi quae nos hic facimus hodie singuli quod sibi rectum videtur
Mi 2,10 9 neque enim usque in praesens tempus venistis ad requiem et possessionem quam Dominus Deus daturus est vobis
11,31! 10 transibitis Iordanem et habitabitis in
terram quam Dominus Deus vester daturus est vobis
ut requiescatis a cunctis hostibus per circuitum 25,19!
et absque ullo timore habitetis
11 in loco quem elegerit Dominus Deus vester 5.6!
ut sit nomen eius in eo
illuc omnia quae praecipio conferetis
holocausta et hostias ac decimas et primitias manuum vestrarum
et quicquid praecipuum est in muneribus quae vovistis Domino
12 ibi epulabimini coram Domino Deo vestro 7! 18; 16,11!
vos filii ac filiae vestrae
famuli et famulae atque Levites qui in vestris urbibus commorantur
neque enim habet aliam partem et possessionem inter vos Nm 18,20!
13 cave ne offeras holocausta tua in omni loco quem videris
14 sed in eo quem elegerit Dominus in una tribuum tuarum
offeres hostias et facies quaecumque praecipio tibi
15 sin autem comedere volueris et te esus carnium delectarit **15.16: 21–23**
occide et comede iuxta benedictionem Domini Dei tui 15,22
quam dedit tibi in urbibus tuis
sive inmundum fuerit hoc est maculatum et debile
sive mundum hoc est integrum et sine macula quod offerri licet sicut capream et cervum comedes
16 absque esu dumtaxat sanguinis quod super terram quasi aquam effundes 23.24; 15,23; Gn 9,4!
17 non poteris comedere in oppidis tuis
decimam frumenti et vini et olei tui
primogenita armentorum et pecorum

AOC ΣΛLFSTMΦ l cr **12**, 1 in terram AOΣS | 3 earum] eorum ATΦ c | eorum] earum O | 6 ~ loco illo c | 7 ac] et A | ad quae] atque AOΛLM | uobis] uos CΛLFl | 8 facimus] faciemus OΣ l(*vid.*). | 9 deus + uester Σ c | 10 in terra ΛLTMΦ cr | deus *om.* OM | 11 uobitis AΣl; uouebitis c | 12 epulamini OCS | uos[1] + et ALS c | leuitae AΣ | ~ urbibus uestris M c. | commoratur cr𝔐 | 15 delectarit OΛF] delectaret S.; delectauerit *cet.* | 16 absque esum Cl | quod] quem SM c; que Σ. |

et omnia quae voveris et sponte offerre volueris et primitias manuum
tuarum
7! 12! 18 sed coram Domino Deo tuo comedes ea
in loco quem elegerit Dominus Deus
tuus
tu et filius tuus ac filia
servus et famula atque Levites qui
manet in urbibus tuis
et laetaberis et reficieris coram Domino Deo tuo
in cunctis ad quae extenderis manum tuam
14,27 19 cave ne derelinquas Leviten omni
tempore quo versaris in terra
19,8; Ex 34,24! 20 quando dilataverit Dominus Deus
tuus terminos tuos sicut locutus
est tibi
et volueris vesci carnibus quas desiderat anima tua
5! 14,24 21 locus autem quem elegerit Dominus
21—23: 15.16 Deus tuus ut sit nomen eius ibi si
procul fuerit
occides de armentis et pecoribus
quae habueris sicut praecepi tibi
et comedes in oppidis tuis ut tibi
placet
22 sicut comeditur caprea et cervus ita
vesceris eis
et mundus et inmundus in commune
vescentur
16! 23 hoc solum cave ne sanguinem comedas
Lv 17,11! sanguis enim eorum pro anima est
et idcirco non debes animam comedere cum carnibus
24 sed super terram fundes quasi aquam
6,18! 25 ut sit tibi bene et filiis tuis post te
cum feceris quod placet in conspectu
Domini
26 quae autem sanctificaveris et voveris
Domino
tolles et venies ad locum quem elegerit Dominus
27 et offeres oblationes tuas
carnem et sanguinem super altare
Domini Dei tui
sanguinem hostiarum fundes in altari Nm 18,17!
carnibus autem ipse vesceris
28 observa et audi omnia quae ego 6,17.18!
praecipio tibi
ut bene sit tibi et filiis tuis post te in
sempiternum
cum feceris quod bonum est et placitum in conspectu Domini Dei tui
29 quando disperderit Dominus Deus 4,38! 19,1; Ios 23,5
tuus ante faciem tuam gentes ad
quas ingredieris possidendas 17,14!
et possederis eas atque habitaveris
in terra earum
30 cave ne imiteris eas postquam te fu- Ex 23,23.24! Lv 18,24!
erint introeunte subversae
et requiras caerimonias earum dicens
sicut coluerunt gentes istae deos suos
ita et ego colam
31 non facies similiter Domino Deo tuo Lv 18,26
omnes enim abominationes quas
aversatur Dominus fecerunt diis
suis Gn 22,10! IV Rg 16,3! 17,17! 31! Ps 105,37! 38; Ier 7,31! Ez 16,20!
offerentes filios et filias et conburen-
tes igne
32 quod praecipio tibi hoc tantum fa- 4,2
cito Domino
nec addas quicquam nec minuas Prv 30,6!
13 si surrexerit in medio tui prophetes Mt 24,24! Mc 13,22!
aut qui somnium vidisse se dicat
et praedixerit signum atque portentum
2 et evenerit quod locutus est
et dixerit tibi eamus et sequamur
deos alienos quos ignoras et serviamus eis
3 non audies verba prophetae illius aut
somniatoris

18 ac] et Olc | filia + tua A; + tua et c. | 19 leuiten + in TΦc | in terram CΣl | 21 praecepi tibi cr.𝔐] praecepit tibi *cet.* | 22 uescuntur AF.; uescetur l. | 24 funde OΛFS | 25 ~ bene sit tibi c. | 27 altari] altare AS | 29 disperdiderit ACΛlcr; disperserit Σ | ingrederis OΣTM | eorum C | 30 ~ fuerint te A | 31 filios + suos O | in igne T.; in ignem O. || **13,**3 audias AΣΛF |

AOC ΣΛLFSTMΦ lcr

Idt 8,21 quia temptat vos Dominus Deus
vester
6,5! ut palam fiat utrum diligatis eum an
non in toto corde et in tota anima
vestra
10,12.13! 20! 4 Dominum Deum vestrum sequimini
et ipsum timete
mandata illius custodite et audite
vocem eius
ipsi servietis et ipsi adherebitis
18,20 5 propheta autem ille aut fictor somniorum interficietur
quia locutus est ut vos averteret a
Domino Deo vestro
7,8! qui eduxit vos de terra Aegypti et
redemit de domo servitutis
ut errare te faceret de via quam tibi
praecepit Dominus Deus tuus
21,21! I Cor 5,13! et auferes malum de medio tui
6 si tibi voluerit persuadere frater tuus
filius matris tuae
aut filius tuus vel filia sive uxor quae
est in sinu tuo
aut amicus quem diligis ut animam
tuam clam dicens
13 eamus et serviamus diis alienis quos
ignoras tu et patres tui
7 cunctarum in circuitu gentium quae
iuxta vel procul sunt ab initio usque
ad finem terrae
8 non adquiescas ei nec audias
neque parcat ei oculus tuus ut miserearis et occultes eum 9 sed statim
interficies
sit primum manus tua super eum et
Lv 24,14! post te omnis populus mittat manum
10 lapidibus obrutus necabitur
quia voluit te abstrahere a Domino
Deo tuo
Ex 3,17! qui eduxit te de terra Aegypti de domo servitutis
21,21 11 ut omnis Israhel audiens timeat
et nequaquam ultra faciat quippiam
huius rei simile
12 si audieris in una urbium tuarum
quas Dominus Deus tuus dabit tibi
ad habitandum dicentes aliquos
13 egressi sunt filii Belial de medio tui Idc 19,22! I Sm 2,12;
et averterunt habitatores urbis tuae II Sm 16,7; III Rg 21,10
atque dixerunt
eamus et serviamus diis alienis quos 6
ignoratis
14 quaere sollicite et diligenter rei veri- 17,4
tate perspecta
si inveneris certum esse quod dicitur
et abominationem hanc opere per-
petratam
15 statim percuties habitatores urbis il- Ios 6,21!
lius in ore gladii Idc 20,48; 21,10
et delebis eam omniaque quae in illa
sunt usque ad pecora
16 quicquid etiam supellectilis fuerit Ios 6,24; 7,25;
congregabis in medium platearum 8,28; Idc 1,8
eius
et cum ipsa civitate succendes
ita ut universa consumas Domino
Deo tuo
et sit tumulus sempiternus
non aedificabitur amplius
17 et non adherebit de illo anathemate 7,26! Ios 6,18
quicquam in manu tua
ut avertatur Dominus ab ira furoris Ios 7,26
sui
et misereatur tui multiplicetque te
sicut iuravit patribus tuis
18 quando audieris vocem Domini Dei 30,8! Ex 15,26
tui
custodiens omnia praecepta eius quae 27,1
ego praecipio tibi hodie
ut facias quod placitum est in conspectu Domini Dei tui
14 filii estote Domini Dei vestri
non vos incidetis nec facietis calvi- Lv 19,27.28!
tium super mortuo Ier 16,6
2 quoniam populus sanctus es Domino 7,6!
Deo tuo
et te elegit ut sis ei in populum pe- III Rg 8,53

AOC ΣΛLFSTMΦ lcr 3 fiat] faciat L; faciam O. | 4 timete + et c | 5 redemit + uos c | 9 post te] postea A c. | 13 tuae] suae cr𝔐 | 15 et omnia quae l.; ac omnia quae c.; omnia quae A | 16 in medio ATMΦc | succendens OΛF | 18 custodies CΣl ||

culiarem
de cunctis gentibus quae sunt super
terram
3 ne comedatis quae inmunda sunt
4—19: Lv 11,2–19! 4 hoc est animal quod comedere debetis
bovem et ovem et capram
5 cervum capream bubalum
tragelaphum pygargon orygem ca-
melopardalum
6 omne animal quod in duas partes
ungulam findit et ruminat comedetis
7 de his autem quae ruminant et ungulam non findunt haec comedere
non debetis
camelum leporem choerogyllium
quia ruminant et non dividunt ungulam
inmunda erunt vobis
8 sus quoque quoniam dividit ungulam et non ruminat inmunda erit
carnibus eorum non vescemini
et cadavera non tangetis
9 haec comedetis ex omnibus quae
morantur in aquis
quae habent pinnulas et squamas
comedite
10 quae absque pinnulis et squamis
sunt ne comedatis quia inmunda
sunt
11 omnes aves mundas comedite
12 inmundas ne comedatis
aquilam scilicet et grypem et alietum
13 ixon et vulturem ac milvum iuxta genus suum
14 et omne corvini generis
15 strutionem ac noctuam et larum atque accipitrem iuxta genus suum
16 herodium et cycnum et ibin 17 ac mergulum
porphirionem et nycticoracem 18 onocrotalum et charadrium
singula in genere suo
upupam quoque et vespertilionem
19 et omne quod reptat et pinnulas
habet
inmundum erit nec comedetur
20 omne quod mundum est comedite
21 quicquid morticinum est ne vesca- Lv 22,8!
mini ex eo
peregrino qui intra portas tuas est
da ut comedat aut vende ei
quia tu populus sanctus Domini Dei
tui es
non coques hedum in lacte matris Ex 23,19
suae
22 decimam partem separabis de cunc- Lv 27,30!
tis frugibus tuis quae nascuntur in
terra per annos singulos 15,20
23 et comedes in conspectu Domini Dei Ex 18,12! Is 62,9
tui
in loco quem elegerit ut in eo nomen 12,5!
illius invocetur
decimam frumenti tui et vini et olei
et primogenita de armentis et ovibus
tuis
ut discas timere Dominum Deum tu- 4,10!
um omni tempore
24 cum autem longior fuerit via et locus 12,21!
quem elegerit Dominus Deus tuus
tibique benedixerit
nec potueris ad eum haec cuncta portare
25 vendes omnia et in pretium rediges
portabisque manu tua et proficisceris
ad locum quem elegerit Dominus
Deus tuus
26 et emes ex eadem pecunia quicquid
tibi placuerit
sive ex armentis sive ex ovibus
vinum quoque et siceram et omne

AOC ΣΛLFSTMΦ lcr

14,5 ceruum + et ACΛFS c | capream + et AΣ | 6 ~ findit ungulam c | 7 quae] qui C | haec *om.* A c. | debetis + ut c. | choerogryllum c; chyrogryllium r; corcodillum A.; + haec c. | 8 inmundus OTM | uescimini AOLFSM | 9 morantur] mouentur AΛF1 | 10 ne] non A | 12 et inmundas OC. | 13 cyxon ΛF.; cynox C | 14 omnem C; omnis O.; omni A1 | 15 et strutionem 1 c | 16 et[1]] ac c. | 18 et onocrotalum CΣΛF1 | 19 nec] ne LS; et non c | 21 quicquid + autem c | 22 frugibus tuis quae ΣΛFS1r] fructibus tuis qui c; fructibus tuis quae *cet.* | 23 illius] eius OM | et[5] + de CLT | 24 poteris AF |

quod desiderat anima tua
12,7! et comedes coram Domino Deo tuo
et epulaberis tu et domus tua 27 et
Levita qui intra portas tuas est
12,19; Nm 18,20! cave ne derelinquas eum quia non
habet aliam partem in possessione
tua
26,12; Lv 27,30! 28 anno tertio separabis aliam decimam
ex omnibus quae nascuntur tibi eo
tempore
et repones intra ianuas tuas
26,13 29 venietque Levites qui aliam non habet partem nec possessionem tecum
Lc 14,13 et peregrinus et pupillus ac vidua qui
intra portas tuas sunt
et comedent et saturabuntur
ut benedicat tibi Dominus Deus tuus
in cunctis operibus manuum tuarum
quae feceris
31,10 **15** septimo anno facies remissionem
2 quae hoc ordine celebrabitur
cui debetur aliquid ab amico vel proximo ac fratre suo
repetere non poterit quia annus remissionis est Domini
3 a peregrino et advena exiges
civem et propinquum repetendi non
habes potestatem
Act 4,34 4 et omnino indigens et mendicus non
erit inter vos
6,18! ut benedicat tibi Dominus in terra
quam traditurus est tibi in possessionem
5 si tamen audieris vocem Domini Dei
11,27! tui et custodieris universa quae iussit
et quae ego hodie praecipio tibi
benedicet tibi ut pollicitus est
28,12.13! 6 fenerabis gentibus multis et ipse a
nullo accipies mutuum
dominaberis nationibus plurimis et
tui nemo dominabitur

7 si unus de fratribus tuis qui morantur intra portas civitatis tuae
in terra quam Dominus Deus tuus
daturus est tibi
ad paupertatem venerit
non obdurabis cor tuum nec contra-
hes manum
8 sed aperies eam pauperi et dabis mu- 11; Ex 22,25! Sir 7,36; 29,2;
tuum quod eum indigere perspe- Mt 5,42; Lc 6,3
xeris
9 cave ne forte subripiat tibi impia cogitatio et dicas in corde tuo
adpropinquat septimus annus remissionis
et avertas oculos a paupere fratre tuo Tb 4,7! Sir 4,1.4
nolens ei quod postulat mutuum
commodare
ne clamet contra te ad Dominum et
fiat tibi in peccatum
10 sed dabis ei nec ages quippiam cal- Ex 22,25! Sir 4,1
lide in eius necessitatibus sublevan-
dis
ut benedicat tibi Dominus Deus tuus 23,20
in omni tempore
et in cunctis ad quae manum miseris
11 non deerunt pauperes in terra habi- Mt 26,11!
tationis tuae
idcirco ego praecipio tibi ut aperias 8!
manum fratri tuo
egeno et pauperi qui tecum versatur
in terra
12 cum tibi venditus fuerit frater tuus Ex 21,2!
hebraeus aut hebraea et sex annis
servierit tibi
in septimo anno dimittes eum liberum
13 et quem libertate donaveris nequa- Sir 7,23; 29,12
quam vacuum abire patieris
14 sed dabis viaticum de gregibus et de
area et torculari tuo
quibus Dominus Deus tuus benedixerit tibi

AOC ΣΛLFSTMΦ lcr

26 epulaueris AOCΛLFS | 27 leuites A c. | ne relinquas AΣΛF | possessionem tuam O | 29 ~ ac pupillus et OLTΦ c ‖ **15**,3 habet A.; habebis c | 4 dominus + deus tuus c | 7 moratur ALM | manum + tuam OL | 8 quod] quo ΛLFTM c | 9 obripiat A.; subrepat c | oculos + tuos ACS c | 11 uersantur AΣSTMΦl; ferantur L. | 12 dimittis AO.; demitte S. | 13 libertati Σl; libertatem OM. | 14 de[2] *om.* AS | et[2] + de CΣΛL FMl |

5,15! 24,18 15 memento quod et ipse servieris in
terra Aegypti
et liberaverit te Dominus Deus tuus
et idcirco ego nunc praecipiam tibi
Ex 21,5.6 16 sin autem dixerit nolo egredi
eo quod diligat te et domum tuam
et bene sibi apud te esse sentiat
17 adsumes subulam et perforabis aurem eius in ianua domus tuae
et serviet tibi usque in aeternum
ancillae quoque similiter facies
18 non avertes ab eis oculos tuos quando dimiseris eos liberos
quoniam iuxta mercedem mercennarii per sex annos servivit tibi
ut benedicat tibi Dominus Deus tuus
in cunctis operibus quae agis
Ex 13,12! 19 de primogenitis quae nascuntur in
armentis et ovibus tuis
quicquid sexus est masculini sanctificabis Domino Deo tuo
non operaberis in primogenito bovis
et non tondebis primogenita ovium
14,22.23! 20 in conspectu Domini Dei tui comedes ea per annos singulos
in loco quem elegerit Dominus tu et
domus tua
7,1; Lv 22,20! 21 sin autem habuerit maculam
et vel claudum fuerit vel caecum
aut in aliqua parte deforme vel debile
non immolabitur Domino Deo tuo
12,15 22 sed intra portas urbis tuae comedes
illud
tam mundus quam inmundus similiter vescentur eis quasi caprea et
cervo
12,16! 23 hoc solum observabis ut sanguinem
eorum non comedas sed effundas in
terram quasi aquam
16 observa mensem novarum frugum
Nm 9,2! et verni primum temporis ut facias
Rg 23,21.23 phase Domino Deo tuo
Lv 25,42! quoniam in isto mense eduxit te Dominus Deus tuus de Aegypto nocte
2 immolabisque phase Domino Deo
tuo de ovibus et de bubus
in loco quem elegerit Dominus Deus 12,5!
tuus ut habitet nomen eius ibi
3 non comedes in eo panem fermen- Ex 12,20!
tatum
septem diebus comedes absque fermento adflictionis panem
quoniam in pavore egressus es de Ex 13,3!
Aegypto
ut memineris diei egressionis tuae de
Aegypto omnibus diebus vitae tuae
4 non apparebit fermentum in omni- Ex 12,19; 13,7
bus terminis tuis septem diebus
et non manebit de carnibus eius quod Ex 12,10! 15
immolatum est vesperi in die primo
mane
5 non poteris immolare phase in qualibet urbium tuarum quas Dominus
Deus tuus daturus est tibi
6 sed in loco quem elegerit Dominus
Deus tuus ut habitet nomen eius ibi
immolabis phase vesperi ad solis oc- Ex 12,6
casum quando egressus es de Ae-
gypto
7 et coques et comedes in loco quem
elegerit Dominus Deus tuus
maneque consurgens vades in tabernacula tua
8 sex diebus comedes azyma Nm 28,17!
et in die septimo quia collecta est
Domini Dei tui non facies opus
9 septem ebdomadas numerabis tibi Lv 23,15!
ab ea die qua falcem in segetem miseris
10 et celebrabis diem festum ebdoma- Nm 28,26
darum Domino Deo tuo
oblationem spontaneam manus tuae
quam offeres iuxta benedictionem
Domini Dei tui
11 et epulaberis coram Domino Deo 14; 12,12! 26,11
tuo

15 mementote A | praecipiam OCTΦr] praecipio *cet.* | 16 dixerit + tibi OC | esse *om.* O l | 18 auertas Σ c; auertis OS l | 19 primogenitis + tuis OTΦ | et[1] + in A c | ∼ est sexus c | sanctificabitur A | 20 tui *om.* C | dominus + deus C | 21 et *om.* c | in *om.* O | 23 effundes ASM c || **16**,2 de[2] *om.* OΣLSM | 3 diei] die C; diem l | 4 remanebit CΣΛFΦ c | immolatur CΣ l | primo + usque c | 7 mane quoque AΣS. | 8 septima S c. |

AOC
ΣΛLFSTMΦ
l cr

tu et filius tuus et filia tua et servus
tuus et ancilla
et Levites qui est intra portas tuas et
advena ac pupillus et vidua qui morantur vobiscum
12,5! in loco quem elegerit Dominus Deus
tuus ut habitet nomen eius ibi
5,15! 12 et recordaberis quoniam servus fueris in Aegypto
custodiesque ac facies quae praecepta sunt
13 sollemnitatem quoque tabernaculo-
Lv 23,39! rum celebrabis per septem dies
quando collegeris de area et torculari fruges tuas
11! 14 et epulaberis in festivitate tua
tu et filius tuus et filia et servus tuus
et ancilla
Levites quoque et advena et pupillus
ac vidua qui intra portas tuas sunt
Lv 23,39! 15 septem diebus Domino Deo tuo festa celebrabis
in loco quem elegerit Dominus
12,7! benedicetque tibi Dominus Deus
tuus
in cunctis frugibus tuis et in omni
opere manuum tuarum erisque in
laetitia
Ex 23,17! 16 tribus vicibus per annum
apparebit omne masculinum tuum
in conspectu Domini Dei tui in loco
quem elegerit
in sollemnitate azymorum
et in sollemnitate ebdomadarum
et in sollemnitate tabernaculorum
Ex 23,15; Sir 35,6 non apparebit ante Dominum vacuus
17 sed offeret unusquisque secundum
quod habuerit
iuxta benedictionem Domini Dei sui
quam dederit ei

18 iudices et magistros constitues Ex 18,21.22! I Esr 7,25
in omnibus portis tuis quas Domi-
nus Deus tuus dederit tibi per singulas tribus tuas
ut iudicent populum iusto iudicio 1,16! I Sm 8,3
19 nec in alteram partem declinent
non accipies personam nec munera Ex 23,8!
quia munera excaecant oculos sapientium et mutant verba iustorum
20 iuste quod iustum est persequeris
ut vivas et possideas terram quam
Dominus Deus tuus dederit tibi
21 non plantabis lucum et omnem arborem iuxta altare Domini Dei tui
22 nec facies tibi atque constitues sta- Ex 20,4!
tuam
quae odit Dominus Deus tuus
17 non immolabis Domino Deo tuo 15,21!
bovem et ovem in quo est macula
aut quippiam vitii
quia abominatio est Domini Dei tui
2 cum repperti fuerint apud te intra
unam portarum tuarum quas Do- 29,18
minus Deus tuus dabit tibi
vir aut mulier qui faciant malum in
conspectu Domini Dei tui
et transgrediantur pactum illius
3 ut vadant et serviant diis alienis et
adorent eos 4,19!
solem et lunam et omnem militiam
caeli quae non praecepi
4 et hoc tibi fuerit nuntiatum 13,14
audiensque inquisieris diligenter et
verum esse reppereris
et abominatio facta est in Israhel
5 educes virum ac mulierem qui rem 22,24; Lv 24,
sceleratissimam perpetrarunt ad
portas civitatis tuae
et lapidibus obruentur
6 in ore duorum aut trium testium per- 19,15! Nm 35
ibit qui interficietur Hbr 10,28

AOC ΣΛLFSTMΦ lcr

11 et^2 *om.* c. | et^4 *om.* A c | ancilla + tua CSTMΦl c | et^7 *om.* c. | 13 quoque *om.* O | 14 et^2 *om.* c. | et^4 *om.* A c | et^7 *om.* c. | 15 tuo *om.* O | 16 tuum *om.* OΣFTΦl | in sollemnitatem^1 AΣl | et^1 *om.* c | in sollemnitatem^2 ACF | in sollemnitatem^3 ACSl. | apparebis OS | 17 offeres O. | 18 magistratus l | 22 tibi *om.* A l. | atque] neque A c. || **17**,1 ~ ouem et bouem c. | domino deo tuo^2 OLTMΦ c | 2 intra] in terra OF.; infra Σ. | faciunt OFTMΦ | 3 praecepit AF | 4 repperieris A; repperis S. | 5 scelestissimam OL. | 6 interficitur OΣS |

nemo occidatur uno contra se dicente testimonium
7 manus testium prima interficiet eum
et manus reliqui populi extrema mittetur
ut auferas malum de medio tui
8 si difficile et ambiguum apud te iudicium esse perspexeris
inter sanguinem et sanguinem causam et causam lepram et non lepram
et iudicum intra portas tuas videris
verba variari
12,5! surge et ascende ad locum quem elegerit Dominus Deus tuus
19,17; II Par 19,8 9 veniesque ad sacerdotes levitici generis
et ad iudicem qui fuerit illo tempore
quaeresque ab eis qui indicabunt tibi
iudicii veritatem
10 et facies quodcumque dixerint
qui praesunt loco quem elegerit Dominus
et docuerint te 11 iuxta legem eius
sequeris sententiam eorum nec declinabis ad dextram vel ad sinistram
Nm 15,30; Idc 20,13 12 qui autem superbierit nolens oboedire sacerdotis imperio
qui eo tempore ministrat Domino
Deo tuo
et decreto iudicis
morietur homo ille et auferes malum
de Israhel
13 cunctusque populus audiens timebit
ut nullus deinceps intumescat superbia
12,29! 26,1; ,16; Lv 14,34! 14 cum ingressus fueris terram quam
Dominus Deus tuus dabit tibi
et possederis eam habitaverisque in
illa
m 8,5! 19.20! et dixeris constituam super me regem
sicut habent omnes per circuitum
nationes
15 eum constitues quem Dominus Deus
tuus elegerit de numero fratrum
tuorum
non poteris alterius gentis hominem
regem facere qui non sit frater tuus
16 cumque fuerit constitutus
non multiplicabit sibi equos
nec reducet populum in Aegyptum
equitatus numero sublevatus
praesertim cum Dominus praeceperit vobis
ut nequaquam amplius per eandem Ier 42,19!
viam revertamini
17 non habebit uxores plurimas quae III Rg 11,4! II Esr 13,26
inliciant animum eius
neque argenti et auri inmensa pondera
18 postquam autem sederit in solio regni sui
describet sibi deuteronomium legis Ios 8,32!
huius in volumine
accipiens exemplar a sacerdotibus II Par 23,11; 34,18
leviticae tribus
19 et habebit secum legetque illud om- 6,7! Ios 1,8; Ps 1,2!
nibus diebus vitae suae
ut discat timere Dominum Deum 6,2! Sir 7,31
suum
et custodire verba et caerimonias
eius quae lege praecepta sunt
20 nec elevetur cor eius in superbiam
super fratres suos
neque declinet in partem dextram vel
sinistram
ut longo tempore regnet ipse et filii
eius super Israhel
18 non habebunt sacerdotes et Levitae 10,9! Ios 13,14
et omnes qui de eadem tribu sunt
partem et hereditatem cum reliquo
Israhel
quia sacrificia Domini et oblationes
eius comedent
2 et nihil aliud accipient de possessione

8 praespexeris OCΣ1 | non *om.* Λ c | iudicum] iudicium OΣLFST | 9 ueniensque CF | fuerit + in CΣΛF | 11 sequerisque c | uel] neque c. | 12 de + medio AC | 14 cumque O | 17 inlicitant O.; allicitant c. | animam CΣΛF1 | 19 ut] et AL. | quae + in CLTM Φ c | praeceptae OΣ. | 20 ~ dextram partem CF1 | uel + in CS | filii] filius OΣLTΦ || **18,** 1 reliquo + populo AC | 2 et *om.* CΛF. |

AOC ΣΛLFSTMΦ l cr

fratrum suorum
Dominus enim ipse est hereditas eorum sicut locutus est illis
3 hoc erit iudicium sacerdotum a po-
Lv 1,2! pulo et ab his qui offerunt victimas
sive bovem sive ovem immolaverint
Ex 29,27.28! dabunt sacerdoti armum ac ventri-
culum
Nm 18,12! 4 primitias frumenti vini et olei
et lanarum partem ex ovium tonsi-
one
5 ipsum enim elegit Dominus Deus tuus de cunctis tribubus tuis
ut stet et ministret nomini Domini
ipse et filii eius in sempiternum
6 si exierit Levites de una urbium tuarum ex omni Israhel in qua habitat
et voluerit venire desiderans locum
quem elegerit Dominus
7 ministrabit in nomine Dei sui
sicut omnes fratres eius Levitae qui
stabunt eo tempore coram Domino
8 partem ciborum eandem accipiet
quam et ceteri
excepto eo quod in urbe sua ex pa-
terna ei successione debetur
Lv 23,10! 9 quando ingressus fueris terram quam
Dominus Deus tuus dabit tibi
20,18; Lv 18,24! cave ne imitari velis abominationes
illarum gentium
Lv 18,21! IV Rg 17,17! 10 nec inveniatur in te qui lustret filium
suum aut filiam ducens per ignem
Lv 19,26.31! aut qui ariolos sciscitetur et observet
somnia atque auguria
Lv 20,27! ne sit maleficus 11 ne incantator
ne pythones consulat ne divinos
et quaerat a mortuis veritatem
12 omnia enim haec abominatur Dominus
4,38! et propter istiusmodi scelera delebit
eos in introitu tuo
Gn 6,9! 13 perfectus eris et absque macula cum
Domino Deo tuo
14 gentes istae quarum possidebis terram augures et divinos audiunt
tu autem a Domino Deo tuo aliter
institutus es
15 prophetam de gente tua et de fratri- 18; Act 3,22; 7,37
bus tuis sicut me suscitabit tibi
Dominus Deus tuus
ipsum audies 16 ut petisti a Domino
Deo tuo in Horeb
quando contio congregata est atque
dixisti
ultra non audiam vocem Domini Dei 5,25; Ex 20,19
mei
et ignem hunc maximum amplius
non videbo ne moriar
17 et ait Dominus mihi bene omnia sunt 5,28
locuti
18 prophetam suscitabo eis de medio 15!
fratrum suorum similem tui
et ponam verba mea in ore eius Ex 4,12!
loqueturque ad eos omnia quae prae- Nm 24,13!
cepero illi
19 qui autem verba eius quae loquetur Ier 29,19; Act 3,23
in nomine meo audire noluerit ego
ultor existam
20 propheta autem qui arrogantia de- 13,5; Za 13,3
pravatus
voluerit loqui in nomine meo quae Ier 28,16
ego non praecepi illi ut diceret
aut ex nomine alienorum deorum
interficietur
21 quod si tacita cogitatione respon-
deris
quomodo possum intellegere verbum quod non est locutus Dominus
22 hoc habebis signum Ex 3,12! Ier 28,9
quod in nomine Domini propheta
ille praedixerit et non evenerit
hoc Dominus non locutus est
sed per tumorem animi sui propheta III Rg 22,28
confinxit

AOC ΣΛLFSTMΦ lcr

5 enim *om.* OΣ. | filii] filius OΣ | 6 de] ex Σ c. | in quo habitas C | 7 nomine + domini CΣΛLS c | eo] omni OΣ | 8 et *om.* AΛ | ei] et O; *om.* A. | 9 imitare ACSl | 10 ne] nec AΣL c | 11 ne[1]] nec AΛLS c; aut CΣ | ne[2]] nec AL; nec qui c. | ne[3]] nec O c; neque AL | et] aut c. | 12 abominabitur A | deleuit OCΛ | 14 a *om.* OF | 15 suscitauit AC | 21 ~ dominus non est locutus c. | 22 non uenerit CΣΛLFSl. | ~ est locutus AS c | confinxerit OTMΦ; confixerit S ||

et idcirco non timebis eum
12,29! **19** cum disperderit Dominus Deus tu-
1—10: Nm 35,10–15 us gentes quarum tibi traditurus
est terram
et possederis eam habitaverisque in
urbibus eius et in aedibus
9 [2]tres civitates separabis tibi in medio
terrae quam Dominus Deus tuus
dabit tibi in possessionem
[3]sternens diligenter viam
et in tres aequaliter partes totam terrae tuae provinciam divides
ut habeat e vicino qui propter homicidium profugus est quo possit evadere
[4]haec erit lex homicidae fugientis cuius vita servanda est
Ios 20,5 qui percusserit proximum suum nesciens
et qui heri et nudius tertius nullum
contra eum habuisse odium conprobatur
[5]sed abisse simpliciter cum eo in silvam ad ligna caedenda
et in succisione lignorum securis fugerit manu
ferrumque lapsum de manubrio
Nm 35,15! amicum eius percusserit et occiderit
hic ad unam supradictarum urbium
confugiet et vivet
[6]ne forsitan proximus eius cuius effusus est sanguis
dolore stimulatus persequatur et adprehendat eum si longior via fuerit
et percutiat animam eius qui non est
reus mortis
quia nullum contra eum qui occisus
est odium prius habuisse monstratur
[7]idcirco praecipio tibi ut tres civitates
aequalis inter se spatii dividas
2,20! Ex 33,1! [8]cum autem dilataverit Dominus
Deus tuus terminos tuos sicut iura-
vit patribus tuis
et dederit tibi cunctam terram quam
eis pollicitus est
[9]si tamen custodieris mandata eius et 11,22!
feceris quae hodie praecipio tibi
ut diligas Dominum Deum tuum
et ambules in viis eius omni tempore
addes tibi tres alias civitates 2
et supradictarum trium urbium numerum duplicabis
[10]ut non effundatur sanguis innoxius
in medio terrae quam Dominus Deus
tuus dabit tibi possidendam
nec sis sanguinis reus
[11]si quis autem odio habens proximum 11.12: Ex 21,14; Nm 35,20.21
suum insidiatus fuerit vitae eius
surgensque percusserit illum et mortuus fuerit
fugeritque ad unam de supradictis
urbibus
[12]mittent seniores civitatis illius et ar-
ripient eum de loco effugii
tradentque in manu proximi cuius Nm 35,19! II Sm 14,7
sanguis effusus est et morietur
[13]nec misereberis eius
et auferes innoxium sanguinem de
Israhel ut bene sit tibi
[14]non adsumes et transferes terminos 27,17; Prv 22,28; 23,10
proximi tui
quos fixerunt priores in possessione
tua
quam Dominus Deus tuus dabit tibi
in terra quam acceperis possidendam
[15]non stabit testis unus contra aliquem 17,6! Nm 35,30
quicquid illud peccati et facinoris
fuerit
sed in ore duorum aut trium testium Mt 18,16; Io 8,17; II Cor 13,1; I Tim 5,19
stabit omne verbum
[16]si steterit testis mendax contra hominem
accusans eum praevaricationis
[17]stabunt ambo quorum causa est ante

19,1 disperdiderit ACΣΛ1cr | et[2] *om.* O | 3 quo] qui S; quomodo OL | 4 ~ odium habuisse Σc | 5 ~ cum eo simpliciter Σc | in silua CΣF | successione OLF | manum CTM1 | 6 proximum O | 7 aequales AOΛT1 | 9 quae + ego C1(*vid.*) | ~ alias tres AΣS | 10 nec] ne LΦc | 11 eius] illius OL | 12 mittens OS | arripiens C | in manus C | 13 nec] ne A.; non c. | noxium AS1 | 14 in terram CΣΛFS1 |

AOC ΣΛLFSTMΦ 1cr

Dominum
17,9 in conspectu sacerdotum et iudicum
qui fuerint in diebus illis
Prv 19,5! 18 cumque diligentissime perscrutantes
Ex 20,16; 23,1; Dn 13,49.61 invenerint falsum testem dixisse contra fratrem suum mendacium
19 reddent ei sicut fratri suo facere cogitavit
et auferes malum de medio tui
20 ut audientes ceteri timorem habeant
et nequaquam talia audeant facere
Ex 21,23.24! 21 non misereberis eius sed animam pro
anima
oculum pro oculo dentem pro dente
manum pro manu pedem pro pede
exiges
Nm 10,9! **20** si exieris ad bellum contra hostes
tuos
et videris equitatum et currus
et maiorem quam tu habes adversarii
exercitus multitudinem
non timebis eos quia Dominus Deus
Lv 25,42! I Sm 12,6; tuus tecum est
III Rg 8,53; Ier 2,6! qui eduxit te de terra Aegypti
2 adpropinquante autem iam proelio
stabit sacerdos ante aciem et sic loquetur ad populum
3 audi Israhel vos hodie contra inimicos vestros pugnam committitis
1,29.30! 31,6! II Par 20,17! non pertimescat cor vestrum
nolite metuere nolite cedere nec for-
midetis eos
23,14 4 quia Dominus Deus vester in medio
vestri est
et pro vobis contra adversarios di-
micabit
II Mcc 2,19! ut eruat vos de periculo
5—8: I Mcc 3,55.56 5 duces quoque per singulas turmas
audiente exercitu proclamabunt
quis est homo qui aedificavit domum
novam et non dedicavit eam
vadat et revertatur in domum suam
ne forte moriatur in bello et alius de-
dicet illam
6 quis est homo qui plantavit vineam
et necdum eam fecit esse communem et de qua vesci omnibus liceat
vadat et revertatur in domum suam
ne forte moriatur in bello
et alius homo eius fungatur officio
7 quis est homo qui despondit uxorem 24,5
et non accepit eam
vadat et revertatur in domum suam
ne forte moriatur in bello
et alius homo accipiat eam
8 his dictis addent reliqua et loquen- Idc 7,3
tur ad populum
quis est homo formidolosus et corde
pavido
vadat et revertatur in domum suam
ne pavere faciat corda fratrum suorum
sicut ipse timore perterritus est
9 cumque siluerint exercitus duces et
finem loquendi fecerint
unusquisque suos ad bellandum cuneos praeparabit
10 si quando accesseris ad expugnan-
dam civitatem
offeres ei primum pacem
11 si receperit et aperuerit tibi portas
cunctus populus qui in ea est salvabitur et serviet tibi sub tributo
12 sin autem foedus inire noluerint
et receperint contra te bellum
obpugnabis eam
13 cumque tradiderit Dominus Deus 21,10
tuus illam in manu tua
percuties omne quod in ea generis Nm 31,7! I Mcc 5,28!
masculini est in ore gladii
14 absque mulieribus et infantibus iu- Nm 31,9!
mentis et ceteris quae in civitate
sunt
omnem praedam exercitui divides Nm 31,27! Ios 8,2!
et comedes de spoliis hostium tuo-
rum

AOC ΣΛLFSTMΦ lcr

17 fuerunt OF. | 18 praescrutantes CΣl | 20 audeant] audiant OS. || **20,**1 equitatus c | quam tu] quantum OL. | habeas c. | ~ exercitus aduersarii OL | 2 autem *om.* OΣl. | 5 illam] eam lc. | 6 ~ fecit eam OΣlc | et[2] *om.* Σc. | 7 desponsauit OTΦ | 8 et[2]] in CFl. | 9 ~ duces exercitus OLc | 10 expugnandum O | 11 si receperint et aperuerint A. | 12 noluerit ASlc. | receperit l; coeperint Φ; coeperit c. |

quae Dominus Deus tuus dederit tibi
15 sic facies cunctis civitatibus quae a
te procul valde sunt
et non sunt de his urbibus quas in
possessionem accepturus es
Ios 10,28! 30 16 de his autem civitatibus quae dabuntur tibi
7,2! Ios 10,40! nullum omnino permittes vivere
Ex 23,23! 17 sed interficies in ore gladii
Hettheum videlicet et Amorreum et
Chananeum
Ferezeum et Eveum et Iebuseum
sicut praecepit tibi Dominus Deus
tuus
18,9! 18 ne forte doceant vos facere cunctas
abominationes quas ipsi operati
sunt diis suis
et peccetis in Dominum Deum vestrum
19 quando obsederis civitatem multo
tempore
et munitionibus circumdederis ut ex-
pugnes eam
non succides arbores de quibus vesci
potest
nec securibus per circuitum debes
vastare regionem
quoniam lignum est et non homo
nec potest bellantium contra te au-
gere numerum
20 si qua autem ligna non sunt pomifera sed agrestia et in ceteros apta
usus
succide et extrue machinas
donec capias civitatem quae contra
te dimicat
21 quando inventum fuerit in terra
quam Dominus Deus tuus daturus
est tibi
hominis cadaver occisi et ignoratur
caedis reus
2 egredientur maiores natu et iudices
tui
et metientur a loco cadaveris singularum per circuitum spatia civitatum
3 et quam viciniorem ceteris esse perspexerint
seniores civitatis eius tollent vitulam Nm 19,2; I Sm 6,7
de armento
quae non traxit iugum nec terram
scidit vomere
4 et ducent eam ad vallem asperam atque saxosam
quae numquam arata est nec sementem recepit
et caedent in ea cervices vitulae
5 accedentque sacerdotes filii Levi 10,8!
quos elegerit Dominus Deus tuus ut
ministrent ei
et benedicant in nomine eius
et ad verbum eorum omne negotium Lv 10,10!
et quicquid mundum vel inmundum
est iudicetur
6 et maiores natu civitatis illius ad in-
terfectum
lavabuntque manus suas super vitulam quae in valle percussa est 7 et
dicent
manus nostrae non effuderunt hunc
sanguinem
nec oculi viderunt
8 propitius esto populo tuo Israhel Lv 23,28! III Rg 8,50! II Mcc 7,37
quem redemisti Domine
et non reputes sanguinem innocen- Ion 1,14
tem in medio populi tui Israhel
et auferetur ab eis reatus sanguinis
9 tu autem alienus eris ab innocentis
cruore qui fusus est
cum feceris quod praecepit Dominus
10 si egressus fueris ad pugnam contra Nm 10,9!
inimicos tuos
et tradiderit eos Dominus Deus tuus 20,13
in manu tua captivosque duxeris
11 et videris in numero captivorum mulierem pulchram
et adamaveris eam voluerisque habere uxorem

15 in possessione CΣΛFSTΦl | 16 permittas l; permittis AOC. | 19 potes Cl | 20 in] inter CΣLFMl | et extrue] et strue O; extrue A.; et instrue TΦ c || **21**,1 in terram AOCΣ | ignorabitur c | 3 prespexerint CΣl | eius] illius c | 5 et¹] ut O | 6 et + uenient Λ c; + ueniant Φ | lauabunt manus C | 7 ~ sanguinem hunc c | 8 non] ne c. | 9 effusus CΣl |

AOC ΣΛLFSTMΦ lcr

12 introduces in domum tuam
quae radet caesariem et circumcidet
ungues 13 et deponet vestem in qua
capta est
sedensque in domo tua flebit patrem
et matrem suam uno mense
et postea intrabis ad eam
dormiesque cum illa et erit uxor tua
14 sin autem postea non sederit animo
tuo
dimittes eam liberam
nec vendere poteris pecunia
nec opprimere per potentiam quia
humiliasti eam
15 si habuerit homo uxores duas
unam dilectam et alteram odiosam
genuerintque ex eo liberos
et fuerit filius odiosae primogenitus
16 volueritque substantiam inter filios
suos dividere
non poterit filium dilectae facere primogenitum et praeferre filio odiosae
17 sed filium odiosae agnoscet primogenitum
Iob 42,10! dabitque ei de his quae habuerit
cuncta duplicia
iste est enim principium liberorum
eius
et huic debentur primogenita
18 si genuerit homo filium contumacem
et protervum
qui non audiat patris aut matris imperium
et coercitus oboedire contempserit
19 adprehendent eum et ducent ad seniores civitatis illius et ad portam
iudicii 20 dicentque ad eos
filius noster iste protervus et contu-
max est
monita nostra audire contemnit
Mt 24,49 comesationibus vacat et luxuriae atque conviviis
22,21; Lv 24,16! 21 lapidibus eum obruet populus civitatis et morietur
ut auferatis malum de medio vestri 13,5! 24,7
et universus Israhel audiens perti- 13,11
mescat
22 quando peccaverit homo quod morte
plectendum est
et adiudicatus morti adpensus fuerit Gn 40,22! Ios 8,29; 10,26.27
in patibulo
23 non permanebit cadaver eius in ligno Io 19,31
sed in eadem die sepelietur
quia maledictus a Deo est qui pen- Gal 3,13
det in ligno
et nequaquam contaminabis terram
tuam quam Dominus Deus tuus
dederit tibi in possessionem
22 non videbis bovem fratris tui aut Ex 23,4
ovem errantem et praeteribis sed
reduces fratri tuo
2 etiam si non est propinquus tuus frater nec nosti eum
duces in domum tuam et erunt apud
te
quamdiu quaerat ea frater tuus et
recipiat
3 similiter facies de asino et de vestimento et de omni re fratris tui quae
perierit si inveneris eam
ne neglegas quasi alienam
4 si videris asinum fratris tui aut bo- Ex 23,5; Mt 12,11; Lc 14,5
vem cecidisse in via
non despicies sed sublevabis cum eo
5 non induetur mulier veste virili
nec vir utetur veste feminea
abominabilis enim apud Deum est
qui facit haec
6 si ambulans per viam in arbore vel
in terra nidum avis inveneris
et matrem pullis vel ovis desuper in-
cubantem
non tenebis eam cum filiis
7 sed abire patieris captos tenens filios
ut bene sit tibi et longo vivas tempore 5,16!
8 cum aedificaveris domum novam
facies murum tecti per circuitum

AOC ΣΛLFSTMΦ lcr 12 introduces + eam Sc | 14 si autem Σc | 16 suos *om.* C; ~ diuidere suos l. | 18 aut] ac OSTMΦ | 19 et educent ΣL; et adducent O | 21 moriatur CSl. | 23 pendit OSM || **22,**2 ~ propinquus frater tuus TΦc | 3 facies + et CΣ | ea A | aliena AL | 4 in uiam OCF | 6 in arborem OCΣl | in terram CΣl |

ne effundatur sanguis in domo tua
et sis reus labente alio et in praeceps
ruente
Lv 19,19 9 non seres vineam tuam altero semine
ne et sementis quam sevisti et quae
nascuntur ex vinea pariter sanctificentur
II Cor 6,14 10 non arabis in bove simul et asino
Lv 19,19 11 non indueris vestimento quod ex la-
na linoque contextum est
Nm 15,38 12 funiculos in fimbriis facies per quattuor angulos pallii tui quo operieris
13 si duxerit vir uxorem et postea eam
odio habuerit
14 quaesieritque occasiones quibus dimittat eam
17 obiciens ei nomen pessimum et dixerit
uxorem hanc accepi et ingressus ad
eam non inveni virginem
15 tollent eam pater et mater eius
et ferent secum signa virginitatis eius
ad seniores urbis qui in porta sunt
16 et dicet pater filiam meam dedi huic
uxorem
14 quam quia odit 17 inponet ei nomen
pessimum
ut dicat non inveni filiam tuam virginem
et ecce haec sunt signa virginitatis
filiae meae
expandent vestimentum coram senibus civitatis
18 adprehendentque senes urbis illius
virum et verberabunt illum
19 condemnantes insuper centum siclis
argenti
quos dabit patri puellae
quoniam diffamavit nomen pessimum super virginem Israhel
habebitque eam uxorem et non poterit dimittere omni tempore vitae
suae
20 quod si verum est quod obicit
et non est in puella inventa virginitas
21 eicient eam extra fores domus patris
sui
et lapidibus obruent viri civitatis eius 21,21!
et morietur
quoniam fecit nefas in Israhel
ut fornicaretur in domo patris sui
et auferes malum de medio tui
22 si dormierit vir cum uxore alterius Lv 20,10!
uterque morientur
id est adulter et adultera
et auferes malum de Israhel
23 si puellam virginem desponderit vir
et invenerit eam aliquis in civitate
et concubuerit cum illa
24 educes utrumque ad portam civitatis 17,5!
illius et lapidibus obruentur
puella quia non clamavit cum esset
in civitate
vir quia humiliavit uxorem proximi
sui
et auferes malum de medio tui
25 sin autem in agro reppererit vir puellam quae desponsata est
et adprehendens concubuerit cum
illa ipse morietur solus
26 puella nihil patietur nec est rea mortis
quoniam sicut latro consurgit contra
fratrem suum et occidit animam
eius
ita et puella perpessa est
27 sola erat in agro
clamavit et nullus adfuit qui liberaret
eam
28 si invenerit vir puellam virginem Ex 22,16
quae non habet sponsum
et adprehendens concubuerit cum ea
et res ad iudicium venerit
29 dabit qui dormivit cum ea patri pu-

9 seuisti] seruisti AL1 | 12 operueris C; operiris OΛFSTΦ1 | 13 ∼ odio habuerit eam c | 14 inueni + eam C | [*deest* 1 *usque ad* 34,12] | 17 inponit ΣSTΦ cr | senioribus CΣ STMΦ c | 19 siclos CΣ | dimittere + eam CF c | omni tempore] omnibus diebus c | 20 obiecit CΛFS; dicit O. | ∼ inuenta in puella A | 21 eius] illius Λ c | in domum AS. | 22 moriuntur F.; morietur S c | 23 cum ea c | 24 ciuitate + et AM | 25 repperit AOS. | cum ea c. | 26 occidet AΛF | 28 cum illa C c |

AOC ΣΛLFSTMΦ (l) cr

ellae quinquaginta siclos argenti
et habebit eam uxorem
quia humiliavit illam non poterit
dimittere cunctis diebus vitae suae
Lv 18,8! I Cor 5,1 30 non accipiet homo uxorem patris sui
nec revelabit operimentum eius
23 non intrabit eunuchus adtritis vel
amputatis testiculis et absciso ve-
retro ecclesiam Domini
2 non ingredietur mamzer hoc est de
scorto natus in ecclesiam Domini
usque ad decimam generationem
3–5: II Esr 13,1.2 3 Ammanites et Moabites etiam post
decimam generationem non intra-
bunt ecclesiam Domini in aeternum
4 quia noluerunt vobis occurrere cum
pane et aqua in via quando egressi
estis de Aegypto
Nm 22,5.6! 23,7; Ios 24,9.10 et quia conduxerunt contra te Balaam filium Beor de Mesopotami-
am Syriae ut malediceret tibi
Nm 23,11! 5 et noluit Dominus Deus tuus audire
Balaam
vertitque maledictionem eius in benedictionem tuam eo quod diligeret te
6 non facies cum eis pacem
nec quaeres eis bona cunctis diebus
vitae tuae in sempiternum
7 non abominaberis Idumeum quia
frater tuus est
Gn 15,13! nec Aegyptium quia advena fuisti in
terra eius
8 qui nati fuerint ex eis tertia generatione intrabunt ecclesiam Domini
9 quando egressus fueris adversus hostes tuos in pugnam
custodies te ab omni re mala
Lv 15,16! 10 si fuerit inter vos homo qui nocturno
pollutus sit somnio
egredietur extra castra 11 et non revertetur
priusquam ad vesperam lavetur aqua
et post solis occasum regredietur in
castra
12 habebis locum extra castra ad quem
egrediaris ad requisita naturae 13 ge-
rens paxillum in balteo
cumque sederis fodies per circuitum
et egesta humo operies 14 quo releva-
tus es
Dominus enim Deus tuus ambulat 20,4!
in medio castrorum
ut eruat te et tradat tibi inimicos
tuos
ut sint castra tua sancta
et nihil in eis appareat foeditatis nec
derelinquat te
15 non trades servum domino suo qui
ad te confugerit
16 habitabit tecum in loco qui ei placuerit
et in una urbium tuarum requiescet
nec contristes eum
17 non erit meretrix de filiabus Israhel Lv 19,29
neque scortator de filiis Israhel
18 non offeres mercedem prostibuli nec
pretium canis in domum Domini
Dei tui
quicquid illud est quod voverint
quia abominatio est utrumque apud
Dominum Deum tuum
19 non fenerabis fratri tuo ad usuram Ex 22,25!
pecuniam
nec fruges nec quamlibet aliam rem
20 sed alieno
fratri autem tuo absque usura id
quod indiget commodabis
ut benedicat tibi Dominus Deus tuus 6,18; 15,10
in omni opere tuo
in terra ad quam ingredieris possidendam

AOC ΣΛLFSTMΦ cr

29 quinquaginta] centum OLTM | illam] eam AΣ | dimittere + eam OΣLTMΦ c || **23**,1 abscisso c | 2 in *om.* AΣ | 3 domini + usque CΣ | 4 panibus OL. | de mesopotamiam ACΣS] de mesopotamia *cet.* | 6 quaeras Φ c | 7 abominaueris AOCLS | 8 intrabunt + in OSTMΦ cr | 11 ad uesperum ACΣS r | lauerit CF. | 13 pauxillum A | fodiens CΛF.; foderis S. | 14 quo] quod CΣ | releuatus AM cr] reuelatum Σ.; reuelatus *cet.* | ut^2] et c | nec] ne AΣLS c | 16 nec] ne OΣLTM c | 17 neque] nec c. | 18 in domo S c | uouerit A r; uoueris ΣΛ c | 20 absque usuram OCS. | quo c | in terram ACΣF. | ingrederis OΣTM |

Lv 7,16! Nm 30,3! 4; Iob 22,27! Ps 21,26! Ecl 5,3 21 cum voveris votum Domino Deo tuo
non tardabis reddere
quia requiret illud Dominus Deus
tuus
et si moratus fueris reputabit tibi in
peccatum
22 si nolueris polliceri absque peccato
eris
Ps 65,13.14; Ier 17,16 23 quod autem semel egressum est de
labiis tuis
observabis et facies sicut promisisti
Domino Deo tuo
et propria voluntate et ore tuo locutus es
24 ingressus vineam proximi tui comede
uvas quantum tibi placuerit
foras autem ne efferas tecum
25 si intraveris in segetem amici tui
Mt 12,1; Lc 6,1 franges spicas et manu conteres
falce autem non metes
1—4: Ier 3,1 **24** si acceperit homo uxorem et habuerit eam
Mal 2,16 et non invenerit gratiam ante oculos
eius propter aliquam foeditatem
Mt 5,31; 19,7; Mc 10,4 scribet libellum repudii et dabit in
manu illius et dimittet eam de do-
mo sua
2 cumque egressa alterum maritum duxerit
3 et ille quoque oderit eam dederitque
ei libellum repudii
et dimiserit de domo sua vel certe
mortuus fuerit
4 non poterit prior maritus recipere
eam in uxorem
quia polluta est et abominabilis facta
est coram Domino
ne peccare facias terram tuam
quam Dominus Deus tuus tibi tradiderit possidendam
20,7 5 cum acceperit homo nuper uxorem
non procedet ad bellum nec ei quippiam necessitatis iniungetur publicae
sed vacabit absque culpa domui suae
ut uno anno laetetur cum uxore sua
6 non accipies loco pignoris inferiorem et superiorem molam
quia animam suam adposuit tibi
7 si deprehensus fuerit homo sollici- Ex 21,16
tans fratrem suum de filiis Israhel
et vendito eo accipiens pretium
interficietur et auferes malum de me- 21,21!
dio tui
8 observa diligenter ne incurras in plagam leprae
sed facies quaecumque docuerint te
sacerdotes levitici generis
iuxta id quod praecepi eis et imple
sollicite
9 mementote quae fecerit Dominus
Deus vester Mariae in via cum egre-
deremini de Aegypto
10 cum repetes a proximo tuo rem aliquam quam debet tibi
non ingredieris domum eius ut pignus auferas
11 sed stabis foris et ille tibi proferet
quod habuerit
12 sin autem pauper est non pernocta- Ex 22,26
bit apud te pignus
13 sed statim reddes ei ante solis occasum
ut dormiens in vestimento suo benedicat tibi
et habeas iustitiam coram Domino
Deo tuo
14 non negabis mercedem indigentis et Sir 34,27; Mt 10,10; Lc 10,7!
pauperis fratris tui
sive advenae qui tecum moratur in
terra et intra portas tuas est
15 sed eadem die reddes ei pretium la- Lv 19,13!
boris sui ante solis occasum
quia pauper est et ex eo sustentat
animam suam
ne clamet contra te ad Dominum et

21 ~ uotum uoueris OTΦ c | reputabitur CLΦ c; inputauit O. | 24 comedes A | 25 frange ΑΛF | contere ΑΣΛΜ | metas ΑΣ || **24,**4 tibi dederit O; ~ tradiderit tibi c. | 5 procedat ΑΣ; procedit M. | iniungitur CS. | publice ACΛLF | domi Λ c.; domus OF | 6 opposuit c | 7 acceperit TMΦ c | 8 in *om.* c | quodcumque C | 9 egredimini O | 10 ingredieris + in C | 11 profert A; proferat ΣL. | 12 si autem OCLM |

AOC ΣΛLFSTMΦ cr

reputetur tibi in peccatum
IV Rg 14,6; II Par 25,4; Ez 18,20! 16 non occidentur patres pro filiis nec
filii pro patribus
sed unusquisque pro suo peccato
morietur
27,19; Ex 22,21.22! 17 non pervertes iudicium advenae et
pupilli
Iob 24,3 nec auferes pignoris loco viduae vestimentum
15,15! 18 memento quod servieris in Aegypto
et eruerit te Dominus Deus tuus inde
idcirco praecipio tibi ut facias hanc
rem
Lv 19,9! 19 quando messueris segetem in agro
tuo
et oblitus manipulum reliqueris
non reverteris ut tollas eum
sed advenam et pupillum et viduam
auferre patieris
ut benedicat tibi Dominus Deus tuus
in omni opere manuum tuarum
20 si fruges colliges olivarum quicquid
remanserit in arboribus non reverteris ut colligas
sed relinques advenae pupillo ac viduae
Lv 19,10 21 si vindemiaveris vineam tuam non
colliges remanentes racemos
sed cedent in usus advenae pupilli ac
viduae
5,15! 22 memento quod et tu servieris in Aegypto
et idcirco praecipiam tibi ut facias
hanc rem
25 si fuerit causa inter aliquos et inter-
pellaverint iudices
quem iustum esse perspexerint illi
iustitiae palmam dabunt
quem impium condemnabunt impietatis
2 sin autem eum qui peccavit dignum
viderint plagis
prosternent et coram se facient ver-
berari
pro mensura peccati erit et plaga-
rum modus
3 ita dumtaxat ut quadragenarium nu- II Cor 11,24
merum non excedant
ne foede laceratus ante oculos tuos
abeat frater tuus
4 non ligabis os bovis terentis in area I Cor 9,9; I Tim 5,18
fruges tuas
5 quando habitaverint fratres simul
et unus ex eis absque liberis mortuus Mt 22,24; Mc 12,19; Lc 20,28
fuerit
uxor defuncti non nubet alteri Rt 4,5
sed accipiet eam frater eius Rt 4,10
et suscitabit semen fratris sui Gn 38,8
6 et primogenitum ex ea filium nomine
illius appellabit
ut non deleatur nomen eius ex Israhel
7 sin autem noluerit accipere uxorem
fratris sui quae ei lege debetur
perget mulier ad portam civitatis
et interpellabit maiores natu dicetque
non vult frater viri mei suscitare nomen fratris sui in Israhel nec me in
coniugium sumere
8 statimque accersiri eum facient et
interrogabunt
si responderit nolo eam uxorem accipere
9 accedet mulier ad eum coram senioribus
et tollet calciamentum de pede eius Rt 4,7
spuetque in faciem illius et dicet
sic fit homini qui non aedificat domum fratris sui
10 et vocabitur nomen illius in Israhel
domus Disculciati
11 si habuerint inter se iurgium viri
et unus contra alterum rixari coeperit
volensque uxor alterius eruere virum

AOC ΣΛLFSTMΦ cr
16 patribus] parentibus O | ~ peccato suo c | 19 eum] illum Σ c; illud ASM | opere] tempore O | 20 collegeris c; colligens Σ. | 21 pupillo O | 22 praecipio AΣΛSM c ‖ **25,** 1 praespexerint OC | 2 si autem O | uiderint] audierint CF. | 3 abeat] obeat S.; habeat CΛL; iaceat A. | 4 terentis] triturantis A | 7 nomen] semen OLTΦ | in coniugem A c. | 9 de pedes C.; de pedibus ΣT. | illius] eius AS | fiat Λ; fiet OLFTMΦ c | 10 illius] eius AL | 11 uiri + duo c | rixare ACΣS | coeperint OCΣΛF |

suum de manu fortioris
miserit manum et adprehenderit verenda eius
12 abscides manum illius nec flecteris
super eam ulla misericordia
13 non habebis in sacculo diversa pondera maius et minus
14 nec erit in domo tua modius maior
et minor
Lv 19,36! 15 pondus habebis iustum et verum
et modius aequalis et verus erit tibi
ut multo vivas tempore super terram
quam Dominus Deus tuus dederit
tibi
16 abominatur enim Dominus eum qui
facit haec
et aversatur omnem iniustitiam
Ex 17,8! I Sm 15,2 17 memento quae fecerit tibi Amalech
in via
quando egrediebaris ex Aegypto
18 quomodo occurrerit tibi
et extremos agminis tui qui lassi re-
sidebant ceciderit
quando tu eras fame et labore con-
fectus
et non timuerit Deum
12,10; Ios 1,13! 19 cum ergo Dominus Deus tuus dederit tibi requiem
et subiecerit cunctas per circuitum
nationes
in terra quam tibi pollicitus est
29,20; Ex 17,14 delebis nomen eius sub caelo
cave ne obliviscaris
17,14! **26** cumque intraveris terram quam
Dominus Deus tuus tibi daturus
est possidendam
et obtinueris eam atque habitaveris
in illa
Ex 23,19! II Par 31,5! Prv 3,9! 2 tolles de cunctis frugibus primitias
et pones in cartallo
12,5! pergesque ad locum quem Dominus
Deus tuus elegerit
ut ibi invocetur nomen eius
3 accedesque ad sacerdotem qui fuerit 1,21!
in diebus illis et dices ad eum
profiteor hodie coram Domino Deo
tuo
quod ingressus sim terram pro qua
iuravit patribus nostris ut daret
eam nobis
4 suscipiensque sacerdos cartallum de
manu eius
ponet ante altare Domini Dei tui
5 et loqueris in conspectu Domini Dei
tui
Syrus persequebatur patrem meum
qui descendit in Aegyptum et ibi per- Ps 104,12
egrinatus est in paucissimo numero
crevitque in gentem magnam et ro- Gn 21,18!
bustam et infinitae multitudinis
6 adflixeruntque nos Aegyptii et per- Ex 1,11! Nm 20,15
secuti sunt
inponentes onera gravissima
7 et clamavimus ad Dominum Deum Ex 2,23.24
patrum nostrorum
qui exaudivit nos et respexit humili- Gn 31,42!
tatem nostram et laborem atque
angustias
8 et eduxit nos de Aegypto in manu Ex 13,3! Ps 135,11.12; Act 13,17; IV Esr 15,11
forti et brachio extento
in ingenti pavore in signis atque por- Ier 32,21; Bar 2,11
tentis
9 et introduxit ad locum istum Ex 3,8! I Sm 12,8
et tradidit nobis terram lacte et melle
manantem
10 et idcirco nunc offero primitias fru- Ex 23,19!
gum terrae quam dedit Dominus
mihi
et dimittes eas in conspectu Domini
Dei tui
adorato Domino Deo tuo
11 et epulaberis in omnibus bonis quae 16,11!
Dominus Deus tuus dederit tibi et
domui tuae

11 de manibus AS. | miseritque Φc | 12 super ea AF | 15 et uerus *om.* AΣ. | 16 abominabitur AOFT | dominus + tuus c. | 18 ceciderint A; ceciderunt S.; cederit L | 19 in terram AFS || **26**,1 ~ daturus est tibi OC | in illam O; in ea c. | 2 frugibus + tuis TM Φc | pergensque A | 3 sum c; + in OCLc | 4 de manus O.; de manibus A | eius] tua c | 5 et[3]] ac Cc. | 7 angustiam OΛLFc | 10 ~ dominus dedit CΛFTMΦc; dominus deus dedit Σ | tui + et AΛSMc | 11 et[1] *om.* ΛM |

AOC ΣΛLFSTMΦ cr

tu et Levites et advena qui tecum est
12 quando conpleveris decimam cunctarum frugum tuarum
14,28.29! anno decimarum tertio
dabis Levitae et advenae et pupillo
et viduae
ut comedant intra portas tuas et sa-
turentur
13 loquerisque in conspectu Domini
Dei tui
14,29! abstuli quod sanctificatum est de domo mea
et dedi illud Levitae et advenae pupillo et viduae sicut iussisti mihi
non praeterivi mandata tua nec sum
oblitus imperii
14 non comedi ex eis in luctu meo
nec separavi ea in qualibet inmunditia
nec expendi ex his quicquam in re
funebri
oboedivi voci Domini Dei mei
et feci omnia sicut praecepisti mihi
Is 63,15! Bar 2,16 15 respice de sanctuario tuo
III Rg 8,39! Ps 32,13.14! de excelso caelorum habitaculo
et benedic populo tuo Israhel
et terrae quam dedisti nobis
6,3; Ex 3,8! sicut iurasti patribus nostris
Ier 11,5! terrae lacte et melle mananti
16 hodie Dominus Deus tuus praecepit
10,12.13! 30,10; III Rg 2,4! tibi ut facias mandata haec atque
iudicia
IV Rg 23,3.25; II Par 31,21; 34,31 et custodias et impleas ex toto corde
tuo et ex tota anima tua
27,9.10; Ios 24,22 17 Dominum elegisti hodie ut sit tibi
Deus et ambules in viis eius
11,22! et custodias caerimonias illius
et mandata atque iudicia
et oboedias eius imperio
7,6! 28,9! III Rg 11,34 18 et Dominus elegit te hodie ut sis ei
populus peculiaris sicut locutus est
tibi

et custodias omnia praecepta eius 28,1
19 et faciat te excelsiorem cunctis gen- Ier 13,11; 33,9
tibus quas creavit in laudem et no-
men et gloriam suam
ut sis populus sanctus Domini Dei
tui sicut locutus est
27 praecepit autem Moses et seniores
Israhel populo dicentes
custodite omne mandatum quod 13,18!
praecipio vobis hodie
2 cumque transieritis Iordanem in ter- 11,31!
ram quam Dominus Deus tuus da-
bit tibi
eriges ingentes lapides et calce levi- Ios 8,32
gabis eos
3 ut possis in eis scribere omnia verba 8
legis huius Iordane transmisso
ut introeas terram quam Dominus 1,21!
Deus tuus dabit tibi
terram lacte et melle manantem
sicut iuravit patribus tuis
4 quando ergo transieritis Iordanem
erige lapides quos ego hodie praecipio vobis in monte Hebal et levi-
gabis calce
5 et aedificabis ibi altare Domino Deo Ex 20,25
tuo 5—7: Ios 8,30.31!
de lapidibus quos ferrum non tetigit
6 et de saxis informibus et inpolitis Lv 10,19!
et offeres super eo holocausta Do-
mino Deo tuo
7 et immolabis hostias pacificas Lv 7,29!
comedesque ibi et epulaberis coram Ex 18,12!
Domino Deo tuo
8 et scribes super lapides omnia verba 3
legis huius plane et lucide
9 dixeruntque Moses et sacerdotes levitici generis ad omnem Israhelem
adtende et audi Israhel
hodie factus es populus Domini Dei 26,17!
tui
10 audies vocem eius et facies mandata

AOC ΣΛFSTMΦ cr

12 decimas AC | annum O | et[1] *om.* OL. | 13 abstuli cr.𝔐] adtuli *cet.* | aduenae + et LMc; + ac S. | et[3]] ac c. | imperii + tui c | 14 his] eis AC | 15 tuo[1] + et Σc | terram[1] C. | terram[2] C; terra T | manantem CM | 16 et[1]] ut OLFSTMΦ | 18 et[1]] en OTΦ; *om.* S. | et[2]] ut OL. | eius] illius c. | 19 tui] sui OL. || **27**,1 dicens O | 2 transieris AL | in terra OCST | 4 transieris AS | erige OCr] elige A.; eriges F; erigite *cet.* | leuigabis + eos OTMΦc | 9 israhelem] israhel OΛFS | 10 audiens ... faciens CΣ. |

atque iustitias quas ego praecipio
tibi
11 praecepitque Moses populo in die
illo dicens
11,29! Ios 8,33.34 12 hii stabunt ad benedicendum Domino super montem Garizim Iordane
transmisso
Symeon Levi Iudas Isachar Ioseph
et Beniamin
13 et e regione isti stabunt ad maledicendum in monte Hebal
Ruben Gad et Aser Zabulon Dan et
Nepthalim
14 et pronuntiabunt Levitae dicentque
ad omnes viros Israhel excelsa voce
Ex 20,4! Sap 14,8 15 maledictus homo qui facit sculptile
et conflatile abominationem Domi-
ni
opus manuum artificum ponetque
illud in abscondito
et respondebit omnis populus et dicet amen
Lv 20,9! Prv 30,11.17; Sir 3,18 16 maledictus qui non honorat patrem
suum et matrem
et dicet omnis populus amen
19,14! 17 maledictus qui transfert terminos
proximi sui
et dicet omnis populus amen
Lv 19,14 18 maledictus qui errare facit caecum
in itinere
et dicet omnis populus amen
24,17; Ex 22,21.22! 19 maledictus qui pervertit iudicium advenae pupilli et viduae
et dicet omnis populus amen
Lv 20,11! 20 maledictus qui dormit cum uxore
patris sui et revelat operimentum
lectuli eius
et dicet omnis populus amen
Ex 22,19! 21 maledictus qui dormit cum omni iumento
et dicet omnis populus amen
Lv 20,17! 22 maledictus qui dormit cum sorore
sua filia patris sui sive matris suae
et dicet omnis populus amen
23 maledictus qui dormit cum socru sua Lv 20,14
et dicet omnis populus amen
24 maledictus qui clam percusserit proximum suum
et dicet omnis populus amen
25 maledictus qui accipit munera ut per- Ex 23,7!
cutiat animam sanguinis innocentis
et dicet omnis populus amen
26 maledictus qui non permanet in ser- Ps 118,21; Ier 11,3;
monibus legis huius nec eos opere Gal 3,10
perficit
et dicet omnis populus amen
28 sin autem audieris vocem Domini **1—11:** 7,12–15
Dei tui
ut facias atque custodias omnia man- 26,18.19!
data eius quae ego praecipio tibi
hodie
faciet te Dominus Deus tuus excelsiorem cunctis gentibus quae versantur in terra
2 venientque super te universae bene- 11,27!
dictiones istae et adprehendent te
si tamen praecepta eius audieris
3 benedictus tu in civitate et benedictus in agro
4 benedictus fructus ventris tui et fruc- 11! Ex 23,26;
tus terrae tuae fructusque iumen- Lc 1,42
torum tuorum
greges armentorum et caulae ovium
tuarum
5 benedicta horrea tua et benedictae
reliquiae tuae
6 benedictus eris et ingrediens et egre- Ps 120,8
diens
7 dabit Dominus inimicos tuos qui 25; Lv 26,7
consurgunt adversum te corruentes
in conspectu tuo
per unam viam venient contra te et
per septem fugient a facie tua
8 emittet Dominus benedictionem super cellaria tua et super omnia opera manuum tuarum

12 dominum ΣΦ; populo cr𝔐 | et *om.* O | 13 isti *om.* A | in montem A | et2 *om.* CΣ | aser + et c | 15 faciet CΣΛLF | 16 honorificat CΣF | 17 transferet CF | 20 dormierit AS. | 21 dormierit A, *item vv.* 22.23 | 22 siue] uel TMΦc | 26 perfecit OTM.; perfecerit A. || **28,**1 si autem Oc | 4 armentorum + tuorum CFTMΦc | 6 et1] tu Ac.; *om.* CΛL Tr | 7 consurgent AL |

AOC ΣΛLFSTMΦ cr

benedicetque tibi in terra quam acceperis
26,18! 29,13 9 suscitabit te Dominus sibi in populum sanctum sicut iuravit tibi
si custodieris mandata Domini Dei
tui et ambulaveris in viis eius
10 videbuntque omnes terrarum populi
Nm 6,27! quod nomen Domini invocatum sit
super te et timebunt te
4! 30,9 11 abundare te faciet Dominus omnibus
bonis
fructu uteri tui et fructu iumentorum
tuorum
fructu terrae tuae quam iuravit Dominus patribus tuis ut daret tibi
12 aperiet Dominus thesaurum suum
optimum caelum
Lv 26,3! Iob 5,10; Is 30,23 ut tribuat pluviam terrae tuae in
tempore suo
benedicet cunctis operibus manuum
tuarum
44; 15,6 et fenerabis gentibus multis et ipse
a nullo fenus accipies
Is 9,14 13 constituet te Dominus in caput et
non in caudam
Bar 2,5 et eris semper supra et non subter
5,32! IV Rg 17,37; Ier 35,18 si audieris mandata Domini Dei tui
quae ego praecipio tibi hodie
et custodieris et feceris 14 ac non de-
Prv 4,27 clinaveris ab eis nec ad dextram nec
ad sinistram
6,14 nec secutus fueris deos alienos neque
colueris eos
45; Lv 26,14.15! Ier 26,4! 15 quod si audire nolueris vocem Domini Dei tui
11,28; Bar 1,19.20 ut custodias et facias omnia mandata
eius et caerimonias quas ego prae-
cipio tibi hodie
venient super te omnes maledictiones istae et adprehendent te
16 maledictus eris in civitate maledictus
in agro
17 maledictum horreum tuum et maledictae reliquiae tuae
18 maledictus fructus ventris tui et fructus terrae tuae
armenta boum tuorum et greges
ovium tuarum
19 maledictus eris ingrediens et maledictus egrediens
20 mittet Dominus super te famem et 20—25: Lv 26,16–19
esuriem et increpationem in omnia
opera tua quae facies
donec conterat te et perdat velociter
propter adinventiones tuas pessimas
in quibus reliquisti me
21 adiungat Dominus tibi pestilentiam
donec consumat te de terra ad quam 63
ingredieris possidendam
22 percutiat te Dominus egestate febri
et frigore
ardore et aestu et aere corrupto ac
robigine
et persequatur donec pereas
23 sit caelum quod supra te est aeneum
et terra quam calcas ferrea
24 det Dominus imbrem terrae tuae
pulverem
et de caelo descendat super te cinis
donec conteraris
25 tradat te Dominus corruentem ante 7
hostes tuos
per unam viam egrediaris contra eos
et per septem fugias
et dispergaris per omnia regna terrae
26 sitque cadaver tuum in escam cunc- I Sm 17,44.46; Ps 78,2; Ier 7,33
tis volatilibus caeli et bestiis terrae
et non sit qui abigat
27 percutiat te Dominus ulcere Aegypti 35.60; I Sm 5,6!
et parte corporis per quam stercora
digeruntur
scabie quoque et prurigine ita ut cu-
rari nequeas
28 percutiat te Dominus amentia et So 1,17
caecitate ac furore mentis
29 et palpes in meridie sicut palpare so- Iob 5,14; 12,2 Is 59,10!

AOC ΣΛLFSTMΦ cr

9 ~ dominus te C | sicut iurauit tibi *om.* O | 11 dominus[1] + in A | uteri] uentris A | 12 tuae AOL cr𝔐] *om.* Σ.; suae *cet.* | benedicetque c; et benedicet OS. | 13 si + tamen c | 14 eos *om.* OC | 15 ~ nolueris audire O | quas] quae CΛF | 16 ciuitate + et CΣL | 18 uentris] uteri OL | 20 quae + tu c | 21 ~ tibi dominus AΣ c | 23 super te C | 25 tradet AOCΣS | 26 cunctis *om.* O | 27 partem CΣSM c | egeruntur c; egerentur S. |

let caecus in tenebris et non dirigas
vias tuas
omnique tempore calumniam susti-
neas
et opprimaris violentia nec habeas
qui liberet te
30 uxorem accipias et alius dormiat
cum ea
Am 5,11! domum aedifices et non habites in ea
39 plantes vineam et non vindemies eam
31 bos tuus immoletur coram te et non
comedas ex eo
asinus tuus rapiatur in conspectu tuo
et non reddatur tibi
oves tuae dentur inimicis tuis et non
sit qui te adiuvet
32 filii tui et filiae tuae tradantur alteri
populo
videntibus oculis tuis et deficientibus
ad conspectum eorum tota die
et non sit fortitudo in manu tua
51! Lv 26,16! II Esr 9,37; Is 1,7! IV Esr 16,46.47 33 fructus terrae tuae et omnes labores
tuos comedat populus quem igno-
ras
Os 5,11 et sis semper calumniam sustinens et
oppressus cunctis diebus
34 et stupens ad terrorem eorum quae
videbunt oculi tui
27; Iob 2,7 35 percutiat te Dominus ulcere pessimo
in genibus et in suris
sanarique non possis a planta pedis
usque ad verticem tuum
Idt 5,18! 36 ducet Dominus te et regem tuum
quem constitueris super te
64 in gentem quam ignoras tu et patres
tui
4,28! et servies ibi diis alienis ligno et lapidi
III Rg 9,7; II Par 7,20; Tb 3,4 37 et eris perditus in proverbium ac fabulam omnibus populis ad quos te
introduxerit Dominus
Ier 12,13; Agg 1,6! **38—40:** Mi 6,15! 38 sementem multam iacies in terram
et modicum congregabis
quia lucustae omnia devorabunt

39 vineam plantabis et fodies 30!
et vinum non bibes nec colliges ex ea
quippiam
quoniam vastabitur vermibus
40 olivas habebis in omnibus terminis
tuis
et non ungueris oleo quia defluent
et peribunt
41 filios generabis et filias et non frueris Iob 27,14; Lam 1,18; Os 9,12
eis quoniam ducentur in captivita-
tem
42 omnes arbores tuas et fruges terrae
tuae robigo consumet
43 advena qui tecum versatur in terra
ascendet super te eritque sublimior
tu autem descendes et eris inferior
44 ipse fenerabit tibi et tu non fenerabis 12!
ei
ipse erit in caput et tu eris in caudam 13!
45 et venient super te omnes maledicti- 15!
ones istae
et persequentes adprehendent te donec intereas
quia non audisti vocem Domini Dei
tui
nec servasti mandata eius et caerimonias quas praecepit tibi
46 et erunt in te signa atque prodigia et
in semine tuo usque in sempiternum
47 eo quod non servieris Domino Deo Ier 5,19!
tuo in gaudio cordisque laetitia
propter rerum omnium abundantiam
48 servies inimico tuo quem inmittet
Dominus tibi
in fame et siti et nuditate et omnium
penuria
et ponet iugum ferreum super cervi- Ier 28,14
cem tuam donec te conterat
49 adducet Dominus super te gentem Ier 5,15; Bar 4,15.16
de longinquo et de extremis finibus
terrae
in similitudinem aquilae volantis Hab 1,8

33 et[2]] ut O | 35 in[2] *om.* OM | 36 ~ te dominus OLTΦ c | 38 ~ deuorabunt omnia c | 43 supra te CΛFS | 44 eris *om.* AS | 48 ~ tibi dominus c. | omni AΛM c | 49 ~ terrae finibus c | in similitudine OCΛF; *om.* S. |

AOC ΣΛLFSTMΦ cr

cum impetu
Is 33,19! cuius linguam intellegere non possis
50—52: Ier 5,17 [50] gentem procacissimam
quae non deferat seni nec misereatur parvulo
33! Is 62,8 [51] et devoret fructum iumentorum tuorum ac fruges terrae tuae donec intereas
et non relinquat tibi triticum vinum et oleum
armenta boum et greges ovium
donec te disperdat [52] et conterat in cunctis urbibus tuis
et destruantur muri tui firmi atque sublimes in quibus habebas fiduciam in omni terra tua
obsideberis intra portas tuas in omni terra quam dabit tibi Dominus Deus tuus
57 [53] et comedes fructum uteri tui
Lv 26,29! Ier 19,9; Bar 2,3; Ez 5,10 et carnes filiorum et filiarum tuarum
quas dedit tibi Dominus Deus tuus
in angustia et vastitate qua opprimet te hostis tuus
[54] homo delicatus in te et luxuriosus valde
invidebit fratri suo et uxori quae cubat in sinu suo
IV Esr 15,58 [55] ne det eis de carnibus filiorum suorum quas comedet
eo quod nihil habeat aliud in obsidione et penuria
qua vastaverint te inimici tui intra omnes portas tuas
[56] tenera mulier et delicata
quae super terram ingredi non valebat
nec pedis vestigium figere propter mollitiem et teneritudinem nimiam
invidebit viro suo qui cubat in sinu eius
super filii et filiae carnibus
[57] et inluvie secundarum quae egrediuntur de medio feminum eius

et super liberis qui eadem hora nati sunt
comedent enim eos clam 53!
propter rerum omnium penuriam
in obsidione et vastitate qua opprimet te inimicus tuus intra portas tuas
[58] nisi custodieris et feceris omnia verba legis huius Lv 26,14.15! Mal 2,2
quae scripta sunt in hoc volumine
et timueris nomen eius gloriosum et terribile hoc est Dominum Deum tuum
[59] augebit Dominus plagas tuas et plagas seminis tui
plagas magnas et perseverantes
infirmitates pessimas et perpetuas
[60] et convertet in te omnes adflictiones 27
Aegypti quas timuisti et adherebunt tibi
[61] insuper et universos languores et plagas quae non sunt scriptae in volumine legis huius
inducet Dominus super te donec te conterat
[62] et remanebitis pauci numero qui II Esr 7,4; Ier 42,2!
prius eratis sicut astra caeli prae 1,10!
multitudine
quoniam non audisti vocem Domini Dei tui
[63] et sicut ante laetatus est Dominus Ier 32,41
super vos bene vobis faciens vosque multiplicans
sic laetabitur disperdens vos atque subvertens
ut auferamini de terra ad quam in- 21
gredieris possidendam
[64] disperget te Dominus in omnes populos 4,27.28! II Esr 1,8; Ez 20,32; Lc 21,24!
a summitate terrae usque ad terminos eius
et servies ibi diis alienis 36!
quos et tu ignoras et patres tui lignis et lapidibus

AOC ΣΛLFSTMΦ 𝔠𝔯 50 deferat] differat C | paruuli ΛFSTMΦ 𝔠 | 52 habebis CΣΛFSM | terra[2] + tua Σ 𝔠 | 53 uteri] uentris A | filiorum + tuorum 𝔠 | dederit TMΦ 𝔠 | 55 eis] ei C; *om.* Σ. | ~ aliud habeat 𝔠. | 57 super liberos C | comedet 𝔯.𝔐 | 61 super uniuersos O. | 64 disperdet C | et[4]] ac CΛF |

Lam 1,3 65 in gentibus quoque illis non quiesces
neque erit requies vestigio pedis tui
Lv 26,36 dabit enim tibi Dominus ibi cor pa-
vidum et deficientes oculos et animam maerore consumptam
66 et erit vita tua quasi pendens ante te
timebis nocte et die et non credes vitae tuae
67 mane dices quis mihi det vesperum
et vespere quis mihi det mane
propter cordis tui formidinem qua
terreberis
et propter ea quae tuis videbis oculis
68 reducet te Dominus classibus in Aegyptum
per viam de qua dixi tibi ut eam
amplius non videres
ibi venderis inimicis tuis in servos et
ancillas et non erit qui emat
29 haec sunt verba foederis quod praecepit Dominus Mosi ut feriret cum
filiis Israhel in terra Moab
5,2! praeter illud foedus quod cum eis
pepigit in Horeb
2 vocavitque Moses omnem Israhelem
et dixit ad eos
Nm 14,22! Ios 9,9; 24,7 vos vidistis universa quae fecit Dominus coram vobis in terra Aegypti
Pharaoni et omnibus servis eius universaeque terrae illius
4,34! 3 temptationes magnas quas viderunt
oculi tui
signa illa portentaque ingentia
Rm 11,8! 4 et non dedit Dominus vobis cor intellegens et oculos videntes et aures
quae possint audire
usque in praesentem diem
Nm 32,13! II Esr 9,21 5 adduxi vos quadraginta annis per
desertum
8,4 non sunt adtrita vestimenta vestra
nec calciamenta pedum tuorum vetustate consumpta sunt
6 panem non comedistis vinum et siceram non bibistis
ut sciretis quia ego sum Dominus Ex 16,12!
Deus vester
7 et venistis ad locum hunc
egressusque est Seon rex Esebon et 31,4; Nm 21,23.24; Ios 2,10
Og rex Basan occurrens nobis ad Nm 21,33!
pugnam
et percussimus eos 8 et tulimus terram eorum
ac tradidimus possidendam Ruben Nm 32,33!
et Gad et dimidiae tribui Manasse
9 custodite ergo verba pacti huius et
implete ea
ut intellegatis universa quae facitis
10 vos statis hodie cuncti coram Domi- 31,11.12! Ios 24,1
no Deo vestro
principes vestri ac tribus 31,28!
et maiores natu atque doctores omnis populus Israhel
11 liberi et uxores vestrae
et advena qui tecum moratur in castris
exceptis lignorum caesoribus et his Ios 9,21! 23
qui conportant aquas
12 ut transeas in foedere Domini Dei
tui
et in iureiurando quod hodie Dominus Deus tuus percutit tecum
13 ut suscitet te sibi in populum et ipse 28,9! Lv 26,12!
sit Deus tuus
sicut locutus est tibi et sicut iuravit
patribus tuis Abraham Isaac et Iacob
14 nec vobis solis ego hoc foedus ferio
et haec iuramenta confirmo
15 sed cunctis praesentibus et absentibus
16 vos enim nostis ut habitaverimus in
terra Aegypti
et quomodo transierimus per medium nationum
quas transeuntes 17 vidistis abominationes et sordes id est idola eorum

65 ~ consumptam moerore c | 68 dixi tibi M𝔐] dixit tibi *cet.* ‖ **29**,2 israhel CTMΦ c | 4 ~ uobis dominus CΛF c | possent C; possunt c. | 5 adduxi OFST r𝔐] adduxit *cet.* | tuorum] uestrorum CΣLΦ c | 7 ~ ad hunc locum c | est *om.* AM. | occurrentes AC c | 9 fecistis C | 10 ~ et tribus ac c. | omnisque AΣLTM; et omnis C. | 12 percutiet AL | 14 haec] hoc C | 16 ut] quod A.; quomodo Φ c | habitaremus OL. |

AOC ΣΛLFSTMΦ cr

lignum et lapidem argentum et aurum quae colebant
17,2.3 18 ne forte sit inter vos vir aut mulier
familia aut tribus
cuius cor aversum est hodie a Domino Deo vestro
ut vadat et serviat diis illarum gentium
Hbr 12,15 et sit inter vos radix germinans fel et
amaritudinem
19 cumque audierit verba iuramenti huius benedicat sibi in corde suo dicens
pax erit mihi et ambulabo in pravitate cordis mei
et adsumat ebria sitientem
20 et Dominus non ignoscat ei
27 sed tunc quam maxime furor eius
fumet et zelus contra hominem illum
et sedeant super eo omnia maledicta
Ios 8,31 quae scripta sunt in hoc volumine
25,19! et deleat nomen eius sub caelo
21 et consumat eum in perditionem ex
omnibus tribubus Israhel
iuxta maledictiones quae in libro legis huius ac foederis continentur
22 dicetque sequens generatio et filii qui
nascentur deinceps
et peregrini qui de longe venerint
Is 34,9 videntes plagas terrae illius et infirmitates quibus eam adflixerit Do-
minus
23 sulphure et salis ardore conburens
ita ut ultra non seratur nec virens
quippiam germinet
Gn 19,24.25! Is 1,9! Ier 49,18! Os 11,8 in exemplum subversionis Sodomae
et Gomorrae Adamae et Seboim
quas subvertit Dominus in ira et furore suo
24—26: Ier 22,8.9 24 et dicent omnes gentes
quare sic fecit Dominus terrae huic 24—27: III Rg 9,8.9; II Par 7,21.22
quae est haec ira furoris eius inmensa
25 et respondebunt
quia dereliquerunt pactum Domini Ier 11,3.4.7; 31,32; 34,13
quod pepigit cum patribus eorum
quando eduxit eos de terra Aegypti Ex 3,10! Idc 2,12!
26 et servierunt diis alienis et adorave- I Sm 8,8! IV Rg 17,7; 22,17
runt eos quos nesciebant et quibus
non fuerant adtributi
27 idcirco iratus est furor Domini con- 20; Is 24,6! Dn 9,11
tra terram istam
ut induceret super eam omnia maledicta quae in hoc volumine scripta
sunt
28 et eiecit eos de terra sua in ira et furore et indignatione maxima
proiecitque in terram alienam sicut
hodie conprobatur
29 abscondita Domino Deo nostro
quae manifesta sunt nobis et filiis
nostris usque in aeternum
ut faciamus universa legis huius
30 cum ergo venerint super te omnes
sermones isti
benedictio sive maledictio quam pro- 19; 11,26
posui in conspectu tuo
et ductus paenitudine cordis tui
in universis gentibus in quas disper-
serit te Dominus Deus tuus
2 reversus fueris ad eum et oboedieris 4,29
eius imperiis
sicut ego hodie praecipio tibi cum 6,6.7!
filiis tuis
in toto corde tuo et in tota anima tua
3 reducet Dominus Deus tuus captivitatem tuam ac miserebitur tui
et rursum congregabit te de cunctis Ps 105,47! Ez 11,17!
populis in quos te ante dispersit II Mcc 1,27
4 si ad cardines caeli fueris dissipatus
inde te retrahet Dominus Deus tuus
5 et adsumet atque introducet in ter- Bar 2,34!

AOC ΣΛLFSTMΦ cr

18 uestro] nostro c | ut] et OS | 19 absumat c. | ebrius O | 20 et² *om.* OS. | super eum ΣTMΦ c | deleat + dominus L c | 21 in perditione ACΣM | in² *om.* OΛFSM | 22 nascuntur OS | uenerunt AO | infirmitates + illius C | 23 salis OC cr. 𝔐] solis *cet.* | 28 et² + in STMΦ c | et³ + in ALSMΦ c | 29 usque *om.* OL. | aeternum] sempiternum OL c | uniuersa + uerba c || **30**, 1 proposuit A; praeposui Σ. | dispersit OLTΦ; disperdiderit A. | te² + ante C | 2 et reuersus MΦ c | ~ hodie ego A | 3 reducet] relinquet C; + te OTMΦ | tuus *om.* C | de captiuitate tua OTMΦ | tui] tibi CF | disperserit C | 4 te trahet S; detrahet te A. |

ram quam possederunt patres tui
et obtinebis eam
et benedicens tibi maioris numeri esse te faciet quam fuerunt patres tui
10,16; Ier 4,4; Rm 2,29; Col 2,11 6 circumcidet Dominus Deus tuus cor
tuum et cor seminis tui
6,5! ut diligas Dominum Deum tuum in
toto corde tuo et in tota anima tua
et possis vivere
7 omnes autem maledictiones has convertet super inimicos tuos
et eos qui oderunt te et persequuntur
13,18! II Esr 1,9; Tb 13,8 8 tu autem reverteris et audies vocem
Domini Dei tui
faciesque universa mandata quae
ego praecipio tibi hodie
28,11! 9 et abundare te faciet Dominus Deus
tuus
in cunctis operibus manuum tuarum
in subole uteri tui et in fructu iumentorum tuorum
in ubertate terrae tuae et in rerum
omnium largitate
revertetur enim Dominus ut gaudeat
super te in omnibus bonis
sicut gavisus est in patribus tuis
10 si tamen audieris vocem Domini Dei
tui
26,16! et custodieris praecepta eius et caerimonias quae in hac lege conscrip-
tae sunt
et revertaris ad Dominum Deum tuum in toto corde tuo et in tota anima tua
11 mandatum hoc quod ego praecipio
tibi hodie
non supra te est neque procul positum 12 nec in caelo situm
Prv 30,4! Bar 3,29.30 12—14: Rm 10,6–8 ut possis dicere quis nostrum ad caelum valet conscendere
ut deferat illud ad nos et audiamus

atque opere conpleamus
13 neque trans mare positum ut cause-
ris et dicas
quis e nobis transfretare poterit mare
et illud ad nos usque deferre
ut possimus audire et facere quod
praeceptum est
14 sed iuxta te est sermo valde in ore
tuo et in corde tuo ut facias illum
15 considera quod hodie proposuerim 19!
in conspectu tuo vitam et bonum Sir 15,18!
et e contrario mortem et malum
16 ut diligas Dominum Deum tuum et 11,1!
ambules in viis eius
et custodias mandata illius et caeri- 6,3!
monias atque iudicia
et vivas ac multiplicet te benedicat-
que tibi in terra ad quam ingredieris
possidendam
17 sin autem aversum fuerit cor tuum
et audire nolueris
atque errore deceptus adoraveris deos alienos et servieris eis
18 praedico tibi hodie quod pereas 4,26
et parvo tempore moreris in terra
ad quam Iordane transmisso ingredieris possidendam
19 testes invoco hodie caelum et terram 4,26!
quod proposuerim vobis vitam et 1.15; 11,26; Sir 15,18!
mortem bonum et malum benedic-
tionem et maledictionem
elige ergo vitam ut et tu vivas et se- IV Esr 7,129
men tuum
20 ct diligas Dominum Dcum tuum at- 11,1!
que oboedias voci eius et illi adhe-
reas
ipse est enim vita tua et longitudo
dierum tuorum
ut habites in terra pro qua iuravit Ex 33,1!
Dominus patribus tuis Abraham
Isaac et Iacob ut daret eam illis

AOC ΣΛLFSTMΦ cr

5 maiores O | numero S.; numeris O | ~ te esse c | 6 deus tuus *om.* AS. | et[3]] ut TMΦc | 7 persequentur AΣTMΦ | 10 hac *om.* CF | conscripta ACTMΦc | 12 ualeat ad caelum A.; ualet ad caelum c | ascendere c. | 13 ~ poterit transfretare c. | 14 illud A | 15 proposuerim Ocr𝔐] praeposuerit Λ.; proposuerit *cet.* | 16 et[2] *om.* O | et[3]] ac c. | ac] et A.; atque c. | 17 si autem CΣc | aduersum CF | 18 in terram CF | 19 uitam et mortem bonum et malum ALM] uitam et mortem cr𝔐; uitam et bonum *cet.*, *cf. supra v.* 15 | et tu *om.* A | 20 ipsa OΛF ||

31 abiit itaque Moses et locutus est
omnia verba haec ad universum Israhel [2]et dixit ad eos
34,7 centum viginti annorum sum hodie
non possum ultra egredi et ingredi
praesertim cum et Dominus dixerit
mihi
1,37! non transibis Iordanem istum
9,3! [3]Dominus ergo Deus tuus transibit
ante te
ipse delebit omnes gentes has in conspectu tuo et possidebis eas
1,38! et Iosue iste transibit ante te sicut
locutus est Dominus
29,7! [4]facietque Dominus eis sicut fecit Seon et Og regibus Amorreorum et
terrae eorum delebitque eos
7,2! [5]cum ergo et hos tradiderit vobis similiter
facietis eis sicut praecepi vobis
Ios 1,18; Ps 26,14! [6]viriliter agite et confortamini
20,3.4! Ios 10,25; I Par 22,13; Is 35,4 nolite timere nec paveatis a conspectu eorum
Gn 28,15! quia Dominus Deus tuus ipse est
ductor tuus
8! et non dimittet nec derelinquet te
[7]vocavitque Moses Iosue et dixit ei
coram omni Israhel
23; 1,38! Ios 1,6.7 confortare et esto robustus
tu enim introduces populum istum
in terram quam daturum se patribus eorum iuravit Dominus
et tu eam sorte divides
1,29.30! 32,12! Gn 28,15! [8]et Dominus qui ductor vester est ipse
erit tecum
6; Ios 1,5; Hbr 13,5 non dimittet nec derelinquet te
noli timere nec paveas
24–26; Ex 24,4 [9]scripsit itaque Moses legem hanc
10,8! Ios 3,3! 8,33 et tradidit eam sacerdotibus filiis
Levi
I Par 15,14.15 qui portabant arcam foederis Domini
et cunctis senioribus Israhelis
[10]praecepitque eis dicens
post septem annos anno remissionis 15,1
in sollemnitate tabernaculorum
[11]convenientibus cunctis ex Israhel
ut appareant in conspectu Domini Ex 23,17!
Dei tui in loco quem elegerit Dominus
leges verba legis huius coram omni Ex 24,7; II Esr 8,18
Israhel 29,10.11; Ios 8,34.35;
audientibus eis [12]et in unum omni IV Rg 23,2; II Esr 8,2.3!
populo congregato tam viris quam
mulieribus
parvulis et advenis qui sunt intra
portas tuas
ut audientes discant et timeant Do- 5,29!
minum Deum vestrum
et custodiant impleantque omnes
sermones legis huius
[13]filii quoque eorum qui nunc ignorant
audire possint et timeant Dominum
Deum suum
cunctis diebus quibus versantur in
terra
ad quam vos Iordane transito pergitis obtinendam
[14]et ait Dominus ad Mosen
ecce prope sunt dies mortis tuae
voca Iosue et state in tabernaculo Ex 33,9!
testimonii ut praecipiam ei
abierunt ergo Moses et Iosue et steterunt in tabernaculo testimonii
[15]apparuitque Dominus ibi in colum- Nm 12,5!
na nubis quae stetit in introitu tabernaculi
[16]dixitque Dominus ad Mosen
ecce tu dormies cum patribus tuis
et populus iste consurgens fornica- 20; Ier 11,10
bitur post deos alienos
in terra ad quam ingredietur et ha- 17,14!
bitabit in ea
ibi derelinquet me et irritum faciet

AOC ΣΛLFSTMΦ cr

31,2 ~ ingredi et egredi AM | et[3] *om.* OΣ | 3 ergo] enim Σ; *om.* OL | 5 uobis[1]] tibi O | praecepit AS | 6 ad conspectum CLTΦ c | dimittet + te AΣS | 7 daturum se] daturus est C | eorum + et C. | 8 ~ est uester M c | dimittet + te ASM | 9 israhel ΣLSTM Φ c | 10 anno *om.* C | 13 ignorant + ut LTMΦ c | tuum O | in terram CΣ. | transito] transmisso OΣLTMΦ c | 16 dormis CΛF | in terram CF | ingreditur OLFTΦ c | ut habitet c |

foedus quod pepigi cum eo
Is 57,17! 17 et irascetur furor meus contra eum
in die illo
32,20 et derelinquam eum et abscondam
faciem meam ab eo et erit in devo-
rationem
21; 32,23 invenient eum omnia mala et adflictiones
ita ut dicat in illo die
vere quia non est Deus mecum invenerunt me haec mala
Ez 39,24 18 ego autem abscondam et celabo faciem meam in die illo propter om-
nia mala quae fecit
quia secutus est deos alienos
22 19 nunc itaque scribite vobis canticum
istud
et docete filios Israhel
ut memoriter teneant et ore decan-
tent
et sit mihi carmen istud pro testimonio inter filios Israhel
20 introducam enim eum in terram pro
qua iuravi patribus eius lacte et
melle manantem
Prv 30,9 cumque comederint et saturati cras-
sique fuerint
16! avertentur ad deos alienos et servient eis
et detrahent mihi et irritum facient
pactum meum
17; 32,23 21 postquam invenerint eum mala multa et adflictiones
respondebit ei canticum istud pro
testimonio
quod nulla delebit oblivio ex ore seminis tui
scio enim cogitationes eius quae facturus sit hodie
Ex 12,25! antequam introducam eum in terram quam ei pollicitus sum
19 22 scripsit ergo Moses canticum et docuit filios Israhel

23 praecepitque Iosue filio Nun et ait
confortare et esto robustus 7!
tu enim introduces filios Israhel in
terram quam pollicitus sum et ego
ero tecum
24 postquam ergo scripsit Moses verba Ios 24,26
legis huius in volumine atque con- 24—26: 9!
plevit
25 praecepit Levitis qui portabant arcam foederis Domini dicens
26 tollite librum istum et ponite eum in
latere arcae foederis Domini Dei
vestri
ut sit ibi contra te in testimonio Ios 24,27
27 ego enim scio contentionem tuam et Ex 32,9! Is 48,4;
cervicem tuam durissimam Bar 2,30
adhuc vivente me et ingrediente vobiscum
semper contentiose egistis contra 9,7
Dominum
quanto magis cum mortuus fuero
28 congregate ad me omnes maiores 29,10! Ios 23,2!
natu per tribus vestras atque doc-
tores
et loquar audientibus eis sermones 32,1!
istos
et invocabo contra eos caelum et 4,26! Idt 7,17;
terram I Mcc 2,37
29 novi enim quod post mortem meam
inique agetis
et declinabitis cito de via quam praecepi vobis
et occurrent vobis mala in extremo
tempore
quando feceritis malum in conspectu 4,25! Idc 2,11!
Domini
ut inritetis eum per opera manuum
vestrarum
30 locutus est ergo Moses audiente universo coetu Israhel verba carminis
huius et ad finem usque conplevit
32 Audite caeli quae loquor 31,28; Is 1,2!
audiat terra verba oris mei Ier 22,29

17 dicant AΣ | deus meus mecum C.; deus meus F; mecum deus L. | 18 abscondam + me C | 19 ut] et A | 20 eius] eorum C | crassatique ACS | et detrahent] detrahentque c | 21 ei] eis A; *om.* Σ | sui L cr𝔐 | 22 ergo *om.* O | 23 praecepitque + dominus ΛΦc | in terra O | 26 eum] illum CΛF | in testimonium ΣLSTMΦc | 27 contemptionem CΣ | adhuc + enim A | 29 agatis AO. | tempore] terrae CF. ||

AOC ΣΛLFSTMΦ cr

2 concrescat in pluvia doctrina mea
Iob 29,22; Sir 39,9; Is 55,10.11 fluat ut ros eloquium meum
quasi imber super herbam et quasi
stillae super gramina
I Par 16,28.29! Ps 65,2; 67,35; Sir 39,20; Dn 4,34 3 quia nomen Domini invocabo
date magnificentiam Deo nostro
II Sm 22,31; Ps 17,31; Apc 15,3 4 Dei perfecta sunt opera et omnes
viae eius iudicia
Ps 91,16! 144,17! Deus fidelis et absque ulla iniquitate
iustus et rectus
5 peccaverunt ei non filii eius in sordibus
20! Ps 77,8; Phil 2,15 generatio prava atque perversa
28! 6 haecine reddis Domino popule stulte
et insipiens
Is 63,16; 64,8; Ier 3,19; 31,9; Mal 1,6 numquid non ipse est pater tuus qui
possedit et fecit et creavit te
4,32; Ps 76,6! 7 memento dierum antiquorum
Iob 8,8.10; Ps 43,2! cogita generationes singulas
interroga patrem tuum et adnuntia-
bit tibi
maiores tuos et dicent tibi
Gn 11,8! 8 quando dividebat Altissimus gentes
Act 17,26 quando separabat filios Adam
constituit terminos populorum iuxta
numerum filiorum Israhel
4,20! Ps 46,5; Is 19,25; Ier 10,16 9 pars autem Domini populus eius Iacob funiculus hereditatis eius
8,15! Os 13,5 10 invenit eum in terra deserta
in loco horroris et vastae solitudinis
Ps 16,8; Is 31,5 circumduxit eum et docuit et custodivit quasi pupillam oculi sui
11 sicut aquila provocans ad volandum
pullos suos et super eos volitans
Ex 19,4 expandit alas suas et adsumpsit eum
atque portavit in umeris suis
31,8! IV Esr 16,76 12 Dominus solus dux eius fuit et non
erat cum eo deus alienus
Is 58,14 13 constituit eum super excelsam terram
Ps 80,17 ut comederet fructus agrorum
Iob 29,6 ut sugeret mel de petra oleumque de
saxo durissimo
14 butyrum de armento et lac de ovibus
cum adipe agnorum et arietum filiorum Basan
et hircos cum medulla tritici et sanguinem uvae biberet meracissimum
15 incrassatus est dilectus et recalcitra- Ier 5,28!
vit incrassatus inpinguatus dilata-
tus
dereliquit Deum factorem suum et
recessit a Deo salutari suo
16 provocaverunt eum in diis alienis et 19! 21; 4,25; II Par 34,25! Ps 77,58; Ier 8,19!
in abominationibus ad iracundiam
concitaverunt
17 immolaverunt daemonibus et non Lv 17,7; Bar 4,7; I Cor 10,20
Deo diis quos ignorabant
novi recentesque venerunt quos non
coluerunt patres eorum
18 Deum qui te genuit dereliquisti et
oblitus es Domini creatoris tui Ier 2,32! Bar
19 vidit Dominus et ad iracundiam con- 16! Is 30,9
citatus est
quia provocaverunt eum filii sui et
filiae
20 et ait abscondam faciem meam ab 31,17
eis et considerabo novissima eorum
generatio enim perversa est et infide- 5! Mt 17,16!
les filii
21 ipsi me provocaverunt in eo qui non 16!
erat Deus
et inritaverunt in vanitatibus suis Rm 10,19
et ego provocabo eos in eo qui non
est populus
et in gente stulta inritabo illos
22 ignis succensus est in furore meo et II Sm 22,8.9 Ps 17,9; Ier 15,14! Lam 4,11
ardebit usque ad inferni novissima
devorabitque terram cum germine
suo et montium fundamenta conburet
23 congregabo super eos mala et sagit- 31,17.21; II Sm 22,15 Ps 7,14; 17,
tas meas conplebo in eis 37,3! 143,6
24 consumentur fame et devorabunt eos

AOC ΣΛLFSTMΦ cr

32,2 in pluuiam OCΛLT; ut pluuia c. | 3 magnitudinem OΣS. | 5 ei + et L c | 6 reddes AΣ; reddedisti S | et fecit] te et fecit TΦ c; te fecit te C; te et fecit te OF; fecit L. | 9 funiculum OST | 10 custodiuit + eum O | 13 fructum A | ut^2] et OΛFS | 14 biberent ΣL; bibere ACF | 15 incrassatus^2 + est O | deum] dominum OΣ | salutare FS.; saluatore ACΣ | 17 daemoniis ΛLSM c | 18 reliquisti CΛF. | 21 qui^1] quia Λ.; quod A | illos] eos AF | 22 et exardebit O | terra O |

aves morsu amarissimo
Lv 26,22! Ier 8,17 dentes bestiarum inmittam in eos
cum furore trahentium super terram atque serpentium
Lv 26,25! Lam 1,20 25 foris vastabit eos gladius et intus
pavor
iuvenem simul ac virginem lactantem cum homine sene
26 dixi ubinam sunt
Sir 10,20! cessare faciam ex hominibus memoriam eorum
27 sed propter iram inimicorum distuli
ne forte superbirent hostes eorum et dicerent
8,17 manus nostra excelsa et non Dominus fecit haec omnia
6; Is 27,11 28 gens absque consilio est et sine prudentia
Is 42,23; Ier 9,12! 29 utinam saperent et intellegerent ac novissima providerent
Is 30,17 30 quomodo persequatur unus mille et duo fugent decem milia
nonne ideo quia Deus suus vendidit eos et Dominus conclusit illos
31 non enim est Deus noster ut deus eorum et inimici nostri sunt iudices
32 de vinea Sodomorum vinea eorum
et de suburbanis Gomorrae uva eorum
uva fellis et botri amarissimi
33 fel draconum vinum eorum et venenum aspidum insanabile
34 nonne haec condita sunt apud me et signata in thesauris meis
93,1! Is 34,8! Ier 51,6; Rm 12,19; Hbr 10,30 35 mea est ultio et ego retribuam in tempore ut labatur pes eorum
iuxta est dies perditionis et adesse festinant tempora
Ps 89,13; 134,14! II Mcc 7,6; Hbr 10,30 36 iudicabit Dominus populum suum et in servis suis miserebitur
videbit quod infirmata sit manus et
clausi quoque defecerint residuique consumpti sint
37 et dicet ubi sunt dii eorum in quibus habebant fiduciam Ier 2,28
38 de quorum victimis comedebant adipes et bibebant vinum libaminum
surgant et opitulentur vobis et in necessitate vos protegant Ier 2,28
39 videte quod ego sim solus et non sit alius deus praeter me 4,35!
ego occidam et ego vivere faciam I Sm 2,6! IV Rg 5,7; Tb 13,2!
percutiam et ego sanabo Sap 16,13
et non est qui de manu mea possit eruere Iob 10,7; Sap 16,15; Is 43,13; Io 10,28
40 levabo ad caelum manum meam et dicam vivo ego in aeternum Dn 12,7!
41 si acuero ut fulgur gladium meum et arripuerit iudicium manus mea
reddam ultionem hostibus meis et his qui oderunt me retribuam 43! 7,10; Ps 30,24! Sir 12,4! Is 1,24; I Mcc 2,68
42 inebriabo sagittas meas sanguine et gladius meus devorabit carnes Ier 46,10!
de cruore occisorum et de captivitate nudati inimicorum capitis
43 laudate gentes populum eius Rm 15,10 Gn 9,5!
quia sanguinem servorum suorum ulciscetur IV Rg 9,7! Ps 78,10; Apc 19,2! IV Esr 15,9
et vindictam retribuet in hostes eorum et propitius erit terrae populi sui 41! Idt 16,20! Sir 35,23; Is 59,18! II Sm 24,25
44 venit ergo Moses et locutus est omnia verba cantici huius in auribus populi
ipse et Iosue filius Nun
45 conplevitque omnes sermones istos loquens ad universum Israhel
46 et dixit ad eos
ponite corda vestra in omnia verba quae ego testificor vobis hodie
ut mandetis ea filiis vestris 4,9! 40! Ps 77,5
custodire et facere et implere uni-

AOC ΣΛLFSTMΦ cr

25 lactentem c; + simul O | 28 est *om.* O | 29 praeuiderent OΣ. | 30 persequitur ACΣ; persequebatur LSM | duos Φ | fugent CΛFS cr] fugarent LM; fugient ΣTΦ; fugiant A.; facerent O. | 31 deus[2]] dii Σ c; diis C.; deos M. | 32 botri amarissimi A (botrui) Φ cr 𝔐] botrus amarissimus CS; botrus amaritudinis Σ. 𝔊; botrus amarissimi *cet.* | 36 in *om.* OL. | defecerint ... sint Λ r] defecerint ... sunt ACΣLFS; defecerunt ... sunt OTMΦ c | 37 dicet AC cr. 𝔐] dicent *cet.* | 40 meam + et iurabo per dexteram meam A | 42 meas + in OS. | deuorabit] manducauit A | et[2] *om.* A | 44 et locutus] locutusque O |

versa quae scripta sunt legis huius
47 quia non in cassum praecepta sunt
vobis
sed ut singuli in eis viverent
quae facientes longo perseveretis
tempore
in terra ad quam Iordane transmisso
ingredimini possidendam
48—51: Nm 27,12–14 48 locutusque est Dominus ad Mosen
in eadem die dicens
49 ascende in montem istum Abarim id
est transituum
in montem Nebo qui est in terra
Moab contra Hiericho
et vide terram Chanaan quam ego
tradam filiis Israhel obtinendam
et morere in monte 50 quem conscendens iungeris populis tuis
Nm 33,38! sicut mortuus est Aaron frater tuus
in monte Hor
et adpositus populis suis
Nm 20,13! 51 quia praevaricati estis contra me in
medio filiorum Israhel ad aquas
Contradictionis in Cades deserti Sin
Nm 20,12! et non sanctificastis me inter filios
Israhel
34,4 52 e contra videbis terram et non ingredieris in eam
quam ego dabo filiis Israhel
Gn 27,4; Ps 89,1 **33** haec est benedictio qua benedixit
Moses homo Dei filiis Israhel ante
mortem suam 2 et ait
Ex 19,20! Idc 5,4 Dominus de Sina venit et de Seir ortus est nobis
Hab 3,3; Za 14,5! apparuit de monte Pharan et cum eo
Iud 14 sanctorum milia
in dextera eius ignea lex 3 dilexit populos
Sap 3,1 omnes sancti in manu illius sunt
Lc 10,39 et qui adpropinquant pedibus eius
accipient de doctrina illius
Sir 24,33; Io 1,17; 7,19 4 legem praecepit nobis Moses
hereditatem multitudinis Iacob
Ex 19,7! 5 erit apud rectissimum rex congregatis principibus populi cum tribubus
Israhel
6 vivat Ruben et non moriatur et sit Gn 49,3.4
parvus in numero
7 haec est Iudae benedictio
audi Domine vocem Iudae et ad populum suum introduc eum
manus eius pugnabunt pro eo et ad- Gn 49,8
iutor illius contra adversarios eius
erit
8 Levi quoque ait
perfectio tua et doctrina tua viro
sancto tuo
quem probasti in Temptatione et iu- Ps 80,8
dicasti ad aquas Contradictionis
9 qui dixit patri suo et matri suae nescio vos
et fratribus suis ignoro illos
et nescierunt filios suos
hii custodierunt eloquium tuum et
pactum tuum servaverunt
10 iudicia tua o Iacob et legem tuam o Ps 80,5
Israhel
ponent thymiama in furore tuo Ex 30,8!
et holocaustum super altare tuum
11 benedic Domine fortitudini eius et
opera manuum illius suscipe
percute dorsa inimicorum eius et qui
oderunt eum non consurgant
12 et Beniamin ait
amantissimus Domini habitabit confidenter in eo
quasi in thalamo tota die morabitur
et inter umeros illius requiescet
13 Ioseph quoque ait 13—16: Gn 27,28!
de benedictione Domini terra eius Gn 49,25
de pomis caeli et rore atque abysso
subiacente
14 de pomis fructuum solis ac lunae
15 de vertice antiquorum montium
de pomis collium aeternorum
16 et de frugibus terrae et plenitudine
eius
benedictio illius qui apparuit in rubo Gn 49,26

AOC ΣΛLFSTMΦ cr

47 in terram OΣFS | 49 transituum FM cr] transitum *cet.* | in montem[3] AOΣΛ | 50 conscendes iungerisque C. | adpositus + est O ‖ **33**,1 quam AC | filios OCΣL | 2 synaa C.; sinai A c | 3 populus ALS | 7 eris r𝔐 | 8 tua[2] + a OTM; + leui Σ. | 9 uos] eos r𝔐 | illos] uos A c | pactum] praeceptum OC | tuum[2] *om.* C | 16 et[2] + de CΦ c |

veniat super caput Ioseph
et super verticem nazarei inter fratres suos
17 quasi primogeniti tauri pulchritudo eius
cornua rinocerotis cornua illius
Ps 43,6; Ier 15,7! in ipsis ventilabit gentes usque ad terminos terrae
hae sunt multitudines Ephraim et haec milia Manasse
18 et Zabulon ait
laetare Zabulon in exitu tuo
et Isachar in tabernaculis tuis
19 populos ad montem vocabunt
Ps 4,6! ibi immolabunt victimas iustitiae
qui inundationem maris quasi lac sugent et thesauros absconditos harenarum
20 et Gad ait
benedictus in latitudine Gad quasi leo requievit
cepitque brachium et verticem
21 et vidit principatum suum quod in parte sua doctor esset repositus
Gn 18,19! II Sm 8,15! Ier 22,3; Ez 45,9 qui fuit cum principibus populi et fecit iustitias Domini et iudicium suum cum Israhel
22 Dan quoque ait
Dan catulus leonis fluet largiter de Basan
23 et Nepthalim dixit
Nepthalim abundantia perfruetur
et plenus erit benedictione Domini
mare et meridiem possidebit
24 Aser quoque ait
benedictus in filiis Aser
sit placens fratribus suis
tinguat in oleo pedem suum
25 ferrum et aes calciamentum eius
sicut dies iuventutis tuae ita et senectus tua
26 non est alius ut Deus rectissimi
ascensor caeli auxiliator tuus Ps 67,34
magnificentia eius discurrunt nubes
27 habitaculum eius sursum et subter brachia sempiterna
eiciet a facie tua inimicum dicetque conterere
28 habitabit Israhel confidenter et solus Nm 23,9; Ier 23,6
oculus Iacob in terra frumenti et vini
caelique caligabunt rore
29 beatus tu Israhel quis similis tui 4,7; Ps 32,12; 143,15!
popule qui salvaris
in Domino scutum auxilii tui et gladius gloriae tuae
negabunt te inimici tui et tu eorum colla calcabis Ios 10,24; Bar 4,25

34 ascendit ergo Moses de campestribus Moab super montem Nebo in verticem Phasga contra Hiericho 3,27! II Mcc 2,4
ostenditque ei Dominus omnem terram Galaad usque Dan
2 et universum Nepthalim
terramque Ephraim et Manasse
et omnem terram usque ad mare Novissimum
3 et australem partem
et latitudinem campi Hiericho civitatis **Palmarum** usque Segor Idc 1,16!
4 dixitque Dominus ad eum
haec est terra pro qua iuravi Abraham Isaac et Iacob dicens Gn 50,23! Ex 32,13!
semini tuo dabo eam
vidisti eam oculis tuis et non transibis ad illam 32,52!
5 mortuusque est ibi Moses servus Domini in terra Moab iubente Domino Ios 1,2
6 et sepelivit eum in valle terrae Moab contra Phogor
et non cognovit homo sepulchrum eius usque in praesentem diem
7 Moses centum et viginti annorum erat quando mortuus est 31,2
non caligavit oculus eius nec dentes

AOC ΣΛLFSTMΦ cr

17 primogenita CΣΛ | hae] haec ACΣΛLT cr | 19 ~ uocabunt ad montem c. | inundatione OCΣSΦ; inundatio T | 20 benedictus + ille OC. | 23 benedictionibus M c; benedictionis ΛLFSΦ; benedictiones T.; benedictio Σ. | mare] mane OΣMΦ | meridie OCΣF SΦ | 24 placens + in C | suis + et ΣTΦ c | 26 est + deus FΦ c | rectissimus CΣFM; rectissime L. | 28 et^1 *om.* AS | 29 beatus + es TΦ c || **34**,2 terram + iuda cr𝔐 | 3 ciuitates AO | 4 transibis] intrabis ACS | 6 et^1 *om.* O |

illius moti sunt
Nm 20,30; I Sm 25,1! [8] fleveruntque eum filii Israhel in campestribus Moab triginta diebus
et conpleti sunt dies planctus lugen-
tium Mosen
Ex 31,3! Nm 27,18; Sap 7,7; Sir 47,16 [9] Iosue vero filius Nun repletus est
spiritu sapientiae
Nm 27,22.23 quia Moses posuit super eum manus
suas
Ios 1,17; 22,2! et oboedierunt ei filii Israhel
feceruntque sicut praecepit Dominus
Mosi
[10] et non surrexit propheta ultra in Israhel sicut Moses
quem nosset Dominus facie ad fa- 5,4; Ex 33,11; Nm 12,8
ciem [11] in omnibus signis atque por-
tentis quae misit per eum 4,34! 11,3! Act 2,43!
ut faceret in terra Aegypti
Pharaoni et omnibus servis eius
universaeque terrae illius
[12] et cunctam manum robustam
magnaque mirabilia quae fecit Moses coram universo Israhel

EXPLICIT LIBER HELLEADDABARIM

ID EST DEUTERONOMIUM

AOC ΣΛLFSTMΦ cr

10 ultra *om.* O.; ~ ultra propheta Ac ||

INCIPIT PRAEFATIO SANCTI HIERONYMI IN LIBRO IOSUE

Tandem finita Pentateucho Mosi, velut grandi fenore liberati, ad Iesum filium Nave manum mittimus, quem Hebraei Iosue Bennun id est Iosue filium Nun vocant, et ad Iudicum librum, quem Sopthim appellant, ad Ruth quoque et Hester, quos hisdem nominibus efferunt. Monemusque lectorem, ut silvam hebraicorum nominum et distinctiones per membra divisas diligens scriptura conservet, ne et noster labor et illius studium pereat; et ut in primis, quod saepe testatus sum, sciat me non in reprehensionem veterum nova cudere, sicut amici mei criminantur, sed pro virili parte offerre linguae meae hominibus, quos tamen nostra delectant, ut pro Graecorum εξαπλοις, quae et sumptu et labore maximo indigent, editionem nostram habeant et, sicubi in antiquorum voluminum lectione dubitarint, haec illis conferentes inveniant quod requirunt, maxime cum apud Latinos tot sint exemplaria quot codices, et unusquisque pro arbitrio suo vel addiderit vel subtraxerit quod ei visum est, et utique non possit verum esse quod dissonet. Unde cesset arcuato vulnere contra nos insurgere scorpius et sanctum opus venenata carpere lingua desistat, vel suscipiens si placet vel contemnens si displicet, memineritque illorum versuum: «Os tuum abundavit malitia et lingua tua concinnabat dolos; sedens adversus fratrem tuum loquebaris et adversus filium matris tuae ponebas scandalum. Haec fecisti et tacui; existimasti inique quod ero tui similis; arguam te et statuam contra faciem tuam». Quae enim audientis utilitas est nos labore sudare et alios detrahendo laborare, dolere Iudaeos quod calumniandi eis et inridendi Christianos sit ablata occasio, et Ecclesiae homines id despicere, immo lacerare, unde adversarii torqueantur? Quod si vetus eis tantum interpretatio placet, quae et mihi non displicet, et nihil extra recipiendum putant, cur ea quae sub asteriscis et obelis vel addita sunt vel amputata, legunt et non legunt? Quare Danihelem iuxta Theodotionis translationem ecclesiae susceperunt? Cur Origenem mirantur et Eusebium Pamphili cunctas editiones similiter disserentes? Aut quae fuit stultitia, postquam vera dixerint, proferre quae falsa sunt? Unde autem in Novo Testamento probare poterunt adsumpta testimonia, quae in libris veteribus non habentur? Haec dicimus, ne omnino calumniantibus tacere videamur. Ceterum, post sanctae Paulae dormitionem, cuius vita virtutis exemplum est, et hos libros, quos Eustochiae virgini Christi negare non potui, decrevimus «dum spiritus hos regit artus» Prophe-

Ps 49,19–21

Vergil. Aen. IV, 336

Praefatio. *Citantur* AOC *et* ΣΛLFSTMΦ *ac* c (*edd.* 1593 *et* 1598) r. *Tit.* eiusdem in iosue praefatio c | 1 sic tandem CL | finito TMΦ c | mose C; moyse F. | 2 iosue bennun *hebr. litteris scr.* c | 3 sopthim *item hebr. litt. scr.* c | 4 hisdem AFT] eisdem c; idem CΛSM; isdem *cet.* | 5 scripturas LT; scriptor MΦ c | 7 in reprehensione OΛLΦ | 13 dissonat CΣLSTMΦ c | 14 ~ lingua carpere OT | desistat *om.* c. | suscipiant O | 15 abundabat A | 16 malitia] nequitia OΣTΦ *cum Psalt. Rom.* | concinnauit CL *cum Psalt. Rom.* | dolum A *cum Psalt. Rom.* | 18 tui] tibi O | audientis + uel legentis AL M c | 19 labore] laborare CF; laborando LMΦ c | 20 id] ad id CΛF | 23 non legunt] non eas legunt O; neglegunt STMΦ c | 26 dixerunt O | 27 potuerunt AS | 29 eustochio c |

AOC
ΣΛLFSTMΦ
cr

tarum explanationi incumbere, et omissum iam diu opus quodam postliminio repetere, praesertim cum et admirabilis sanctusque vir Pammachius hoc idem litteris flagitet, et
nos ad patriam festinantes mortiferos sirenarum cantus surda debeamus aure trans- 33
ire. EXPLICIT PRAEFATIO

INCIPIT LIBER IOSUE BENNUN ID EST IESU NAVE

Et factum est ut post mortem Mosi servi Domini loqueretur Dominus ad Iosue filium Nun ministrum Mosi et diceret ei
Dt 34,5 2 Moses servus meus mortuus est
Dt 11,31! surge et transi Iordanem istum tu et omnis populus tecum in terram quam ego dabo filiis Israhel
Dt 11,24! 3 omnem locum quem calcaverit vestigium pedis vestri vobis tradam sicut locutus sum Mosi
4 a deserto et Libano usque ad fluvium magnum Eufraten
omnis terra Hettheorum usque ad mare Magnum contra solis occasum erit terminus vester
Dt 7,24! 5 nullus vobis poterit resistere cunctis diebus vitae tuae
17; 3,7; Dt 31,8! sicut fui cum Mose ero et tecum
non dimittam nec derelinquam te
Dt 31,7! 6 confortare et esto robustus
tu enim sorte divides populo huic terram
pro qua iuravi patribus suis ut traderem eam illis
23,6; I Par 22,13; I Mcc 2,64 7 confortare igitur et esto robustus valde
Dt 5,32.33! III Rg 2,3 ut custodias et facias omnem legem quam praecepit tibi Moses servus meus
ne declines ab ea ad dextram vel ad sinistram ut intellegas cuncta quae agis
8 non recedat volumen legis huius de ore tuo
sed meditaberis in eo diebus ac noctibus Dt 17,19! Ps 1,2!
ut custodias et facias omnia quae scripta sunt in eo
tunc diriges viam tuam et intelleges eam Prv 23,19
9 ecce praecipio tibi confortare et esto robustus
noli metuere et noli timere Gn 28,15! Ier 1,8!
quoniam tecum est Dominus Deus tuus in omnibus ad quaecumque perrexeris
10 praecepitque Iosue principibus populi dicens
transite per medium castrorum et imperate populo ac dicite 3,2.3
11 praeparate vobis cibaria quoniam post diem tertium transibitis Iordanem Dt 11,31!
et intrabitis ad possidendam terram quam Dominus Deus vester daturus est vobis
12 Rubenitis quoque et Gadditis et dimidiae tribui Manasse ait 12–15: Dt 3,18–20
13 mementote sermonis quem praecepit vobis Moses famulus Domini dicens
Dominus Deus vester dedit vobis requiem et omnem terram Dt 25,19; IV Esr 2,24
14 uxores vestrae et filii ac iumenta manebunt in terra quam tradidit vobis Moses trans Iordanem
vos autem transite armati ante frat- Nm 32,17.18!

AOC ΣΛLFSTMΦ 31 omisso O | iam dudum AL. | opus + quasi c | 32 flagitat C ||

cr **Iosue.** *Citantur* AOC *et* ΣΛLFSTMΦ *ac* cr. *Tit.* liber iosue hebraice iehosua c || **1,1** ~ post mortem mosi serui domini ut ALTM c | 2 in terra OΣF | 5 ~ poterit uobis c | mose + ita c | et *om.* AΣ c | 6 suis cr.𝔐] uestris AO.; tuis *cet.* | 7 ne] nec CΛST | 8 de] ab c | 12 tribu OΣ; tribus C | 14 in terram OCΛFST |

res vestros omnes fortes manu
et pugnate pro eis [15]donec det re-
22,4 quiem Dominus fratribus vestris
sicut et vobis dedit
13,8! et possideant ipsi quoque terram
quam Dominus Deus vester daturus est eis
et sic revertemini in terram possessionis vestrae et habitabitis in ea
quam vobis dedit Moses famulus
Domini trans Iordanem contra solis ortum
[16]responderuntque ad Iosue atque dixerunt
omnia quae praecepisti nobis faciemus
et quocumque miseris ibimus
Dt 34,9 [17]sicut oboedivimus in cunctis Mosi
ita oboediemus et tibi
5 tantum sit Dominus Deus tecum sicut fuit cum Mose
[18]qui contradixerit ori tuo et non oboedierit cunctis sermonibus quos
praeceperis ei moriatur
Dt 31,6! tu tantum confortare et viriliter age
Nm 13,18.19! Idc 18,2 **2** misit ergo Iosue filius Nun de Setthim duos viros exploratores abs-
condito et dixit eis
7,2 ite et considerate terram urbemque
Hiericho
qui pergentes ingressi sunt domum
mulieris meretricis nomine Raab et
quieverunt apud eam
[2]nuntiatumque est regi Hiericho et
dictum
ecce viri ingressi sunt huc per noctem de filiis Israhel ut explorarent
terram
[3]misitque rex Hiericho ad Raab dicens
educ viros qui venerunt ad te et ingressi sunt domum tuam
exploratores quippe sunt et omnem Gn 42,9!
terram considerare venerunt
[4]tollensque mulier viros abscondit et 6,17!
ait
fateor venerunt ad me sed nesciebam
unde essent
[5]cumque porta clauderetur in tenebris et illi pariter exierunt
nescio quo abierunt
persequimini cito et conprehendetis
eos
[6]ipsa autem fecit ascendere viros in
solarium domus suae
operuitque eos lini stipula quae ibi
erat
[7]hii autem qui missi fuerant secuti Idc 3,28!
sunt eos per viam quae ducit ad va-
dum Iordanis
illisque egressis statim porta clausa
est
[8]necdum obdormierant qui latebant
et ecce mulier ascendit ad eos et ait
[9]novi quod tradiderit Dominus vobis 24! 9,24
terram
etenim inruit in nos terror vester Gn 35,5! Ex 15,15.16!
et elanguerunt omnes habitatores
terrae
[10]audivimus quod siccaverit Dominus 4,24; 9,9.10; Ex 14,21.22!
aquas maris Rubri ad vestrum in-
troitum
quando egressi estis ex Aegypto
et quae feceritis duobus Amorreo- Dt 29,7!
rum regibus qui erant trans Iordanem
Seon et Og quos interfecistis
[11]et haec audientes pertimuimus et 5,1
elanguit cor nostrum
nec remansit in nobis spiritus ad introitum vestrum
Dominus enim Deus vester ipse est Dt 4,39!
Deus in caelo sursum et in terra
deorsum

15 ∼ dominus requiem SM c | reuertemini FMΦ cr] reuertimini *cet.* | habitatis O | in eam OT | 16 ad *om.* O | 17 deus *om.* OL.; + tuus AΣ c ‖ **2**,1 ergo] igitur c. | abscondite ALM; absconditos C; in abscondito c | 2 explorent CΛTΦ | 5 abierint OΦ | conprehenditis OFT; comprehendistis L.; conprehendite C. | 6 uiros] eos C | ∼ stipula lini c | 9 ∼ tradiderit uobis dominus CΣΛFSM; ∼ dominus tradiderit uobis c | 10 feceritis + hic C |

AOC ΣΛLFSTMΦ cr

12 nunc ergo iurate mihi per Dominum
ut quomodo ego feci vobiscum misericordiam
ita et vos faciatis cum domo patris
mei
Tb 5,2 detisque mihi signum verum 13 et sal-
6,23 vetis patrem meum et matrem
fratres ac sorores meas et omnia
quae eorum sunt
et eruatis animas nostras de morte
14 qui responderunt ei
anima nostra sit pro vobis in mortem
si tamen non prodideris nos
cumque tradiderit nobis Dominus
terram
Gn 47,29; Idc 1,24 faciemus in te misericordiam et veritatem
I Sm 19,12; Act 9,25; II Cor 11,33 15 dimisit ergo eos per funem de fenestra
domus enim eius herebat muro
16 dixitque ad eos
ad montana conscendite ne forte oc-
currant vobis revertentes
ibique latete diebus tribus donec red-
eant
et sic ibitis per viam vestram
17 qui dixerunt ad eam
20 innoxii erimus a iuramento hoc quo
adiurasti nos
18 si ingredientibus nobis terram sig-
21 num fuerit funiculus iste coccineus
et ligaveris eum in fenestra per quam
nos dimisisti
et patrem tuum ac matrem fratresque et omnem cognationem tuam
congregaveris in domum tuam
19 qui ostium domus tuae egressus fuerit
sanguis ipsius erit in caput eius et
nos erimus alieni
cunctorum autem sanguis qui tecum
fuerint in domo
redundabit in caput nostrum si eos
aliquis tetigerit
20 quod si nos prodere volueris et sermonem istum proferre in medium
erimus mundi ab hoc iuramento quo 17
adiurasti nos
21 et illa respondit sicut locuti estis ita
fiat
dimittensque eos ut pergerent
adpendit funiculum coccineum in 18
fenestra
22 illi vero ambulantes pervenerunt ad
montana
et manserunt ibi tres dies
donec reverterentur qui fuerant persecuti
quaerentes enim per omnem viam
non reppererunt eos
23 quibus urbem ingressis reversi sunt
et descenderunt exploratores de
monte
et Iordane transmisso venerunt ad
Iosue filium Nun
narraveruntque ei omnia quae acci- Gn 42,29
derant sibi 24 atque dixerunt
tradidit Dominus in manus nostras 9! 6,2! Idc 1,2
omnem terram hanc
et timore prostrati sunt cuncti habitatores eius
3 igitur Iosue de nocte consurgens movit castra
egredientesque de Setthim venerunt
ad Iordanem
ipse et omnes filii Israhel
et morati sunt ibi per tres dies
2 quibus evolutis transierunt praeco- 1,10
nes per castrorum medium 3 et clamare coeperunt
quando videritis arcam foederis Do- 14
mini Dei vestri
et sacerdotes stirpis leviticae portan- 8! Dt 31,9! II Sm 15,24; III Rg 8,3.4
tes eam

AOC ΣΛLFSTMΦ cr

12 ~ misericordiam feci uobiscum c | ~ uerum signum c | 13 et[1]] ut S c | eorum] illorum c; meorum Σ | de] a c | 14 in morte OCLM | 15 demisit c | adherebat CΣ. | 16 latitate S c. | ~ tribus diebus ASM c | 18 in fenestram AΣT | demisisti O c | ~ demisisti nos c. | ac] et CS. | 19 alieni] innoxii CS | fuerit CS | in domum CF | ~ in domo fuerint c | 21 in fenestram OCΛF. | 23 ~ transmisso iordane c | 24 ~ omnem terram hanc in manus nostras c || **3**,1 promouit C | per *om.* A c |

vos quoque consurgite et sequimini
praecedentes
4 sitque inter vos et arcam spatium cubitorum duum milium
ut procul videre possitis et nosse per
quam viam ingrediamini
quia prius non ambulastis per eam
et cavete ne adpropinquetis ad arcam
5 dixitque Iosue ad populum
Ex 4,30! Nm 11,18! sanctificamini cras enim faciet Dominus inter vos mirabilia
6 et ait ad sacerdotes
14; 6,6! tollite arcam foederis et praecedite
populum
qui iussa conplentes tulerunt et ambulaverunt ante eos
7 dixitque Dominus ad Iosue
4,14 hodie incipiam exaltare te coram omni Israhel
1,5 ut sciant quod sicut cum Mosi fui ita
et tecum sim
3! 13.17 8 tu autem praecipe sacerdotibus qui
portant arcam foederis et dic eis
cum ingressi fueritis partem aquae
Iordanis state in ea
9 dixitque Iosue ad filios Israhel
accedite huc et audite verba Domini
Dei vestri
Ex 8,22! 10 et rursum in hoc inquit scietis quod
Dominus Deus vivens in medio
vestri est
et disperdat in conspectu vestro
Ex 23,23! Chananeum Hettheum Eveum et
Ferezeum
Gergeseum quoque et Amorreum et
Iebuseum
4,11 11 ecce arca foederis Domini omnis terrae antecedet vos per Iordanem
4,2.4 12 parate duodecim viros de tribubus
Israhel
singulos per singulas tribus

13 et cum posuerint vestigia pedum suo- 15.16
rum sacerdotes qui portant arcam 8!
Domini Dei universae terrae in
aquis Iordanis
aquae quae inferiores sunt decurrent 4,7!
atque deficient
quae autem desuper veniunt in una
mole consistent
14 igitur egressus est populus de taber- 3!
naculis suis ut transirent Iordanem
et sacerdotes qui portabant arcam 6
foederis pergebant ante eum
15 ingressisque eis Iordanem et pedibus 13; I Par 12,15
eorum tinctis in parte aquae
cum Iordanis autem ripas alvei sui Sir 24,36
tempore messis impleret
16 steterunt aquae descendentes in uno Ex 14,22; Sir 39,22
loco
et instar montis intumescentes apparebant procul
ab urbe quae vocatur Adom usque
ad locum Sarthan
quae autem inferiores erant in mare
Solitudinis quod nunc vocatur Mortuum descenderunt
usquequo omnino deficerent
17 populus autem incedebat contra Ior- 4,13
danem
et sacerdotes qui portabant arcam 8! 4,10
foederis Domini
stabant super siccam humum in me- 4,3.9
dio Iordanis accincti
omnisque populus per arentem al- 4,22! Ps 65,6
veum transiebat
4 quibus transgressis dixit Dominus
ad Iosue
2 elige duodecim viros singulos per 3,12
singulas tribus
3 et praecipe eis ut tollant de medio 8; 3,17!
Iordanis alveo
ubi steterunt sacerdotum pedes
duodecim durissimos lapides 20

4 duorum S; duo C | 7 sum CΣT | 9 uerbum L𝔠 | 10 et[2]] ut O𝔯 | disperdet CMΦ𝔠 | chananeum + et TMΦ𝔠 | ~ iebusaeum et amorrhaeum 𝔠 | 13 portabant A | 14 transiret CΣΛLF𝔠 | ante eam AO | 15 in partem AΛS | ~ in parte aquae tinctis 𝔠 | cum] cumque L; *post* sui *transpon.* ΣΛ; *post* autem *transpon.* S.; *om.* TMΦ𝔠 | autem *om.* CL | impleuerat ΛTMΦ𝔠 | 16 ~ in loco uno M𝔠 | et ad instar OCLFS𝔠 | 17 contra iordanem] contra hiericho 𝔠𝔯.𝔐𝔊 | transiebant OΣT || **4,3** ~ pedes sacerdotum 𝔠 |

AOC ΣΛLFSTMΦ 𝔠𝔯

quos ponetis in loco castrorum ubi
fixeritis hac nocte tentoria
3,12 4 vocavitque Iosue duodecim viros
quos elegerat de filiis Israhel
singulos de tribubus singulis 5 et ait
ad eos
ite ante arcam Domini Dei vestri ad
Iordanis medium
et portate singuli singulos lapides in
umeris vestris
iuxta numerum filiorum Israhel
6 ut sit signum inter vos
21 et quando interrogaverint vos filii
vestri cras dicentes
quid sibi volunt isti lapides
7 respondebitis eis
3,13! Ps 113,3.5 defecerunt aquae Iordanis ante arcam foederis Domini cum transiret
eum
idcirco positi sunt lapides isti in monumentum filiorum Israhel usque
in aeternum
8 fecerunt ergo filii Israhel sicut eis
praecepit Iosue
3.20 portantes de medio Iordanis alveo
duodecim lapides ut ei Dominus
imperarat
iuxta numerum filiorum Israhel
usque ad locum in quo castrametati
sunt
ibique posuerunt eos
9 alios quoque duodecim lapides posuit Iosue in medio Iordanis alveo
3,17! ubi steterunt sacerdotes qui portabant arcam foederis
et sunt ibi usque in praesentem diem
3,17! 10 sacerdotes autem qui portabant arcam stabant in Iordanis medio
donec omnia conplerentur quae Iosue ut loqueretur ad populum praeceperat Dominus et dixerat ei Moses
festinavitque populus et transiit
11 cumque transissent omnes transivit
et arca Domini 3,11
sacerdotesque pergebant ante populum
12 filii quoque Ruben et Gad et dimi- Nm 32,20!
diae tribus Manasse
armati praecedebant filios Israhel
sicut eis praeceperat Moses
13 et quadraginta pugnatorum milia
per turmas et cuneos incedebant 3,17
per plana atque campestria urbis
Hiericho
14 in illo die magnificavit Dominus Io- 3,7
sue coram omni Israhel
ut timerent eum sicut timuerant Mosen dum adviveret
15 dixitque ad eum
16 praecipe sacerdotibus qui portant
arcam foederis ut ascendant de Iordane
17 qui praecepit eis dicens ascendite de
Iordane
18 cumque ascendissent portantes arcam foederis Domini
et siccam humum calcare coepissent
reversae sunt aquae in alveum suum
et fluebant sicut ante consueverant
19 populus autem ascendit de Iordane
decimo mensis primi die
et castrametati sunt in Galgalis 5,10; 9,6! Dt 11,30
contra orientalem plagam urbis Hie-
richo
20 duodecim quoque lapides quos de 3.8
Iordanis alveo sumpserant
posuit Iosue in Galgalis
21 et dixit ad filios Israhel
quando interrogaverint filii vestri 6
cras patres suos et dixerint eis

AOC ΣΛLFSTMΦ cr

4 ~ singulis tribubus Σ c | 5 portantes O; + inde ASM c | 6 isti *om.* O.; ~ lapides isti A | 8 ergo] enim CS. | ~ praecepit eis SM c | ~ dominus ei c. | 9 steterant OC | 10 ut loqueretur] adloqueretur O; loquebatur L. | populum + quae O | 11 sacerdotes quoque CΣ | 12 dimidia ΣL c | 13 per[2]] super CΣSTΦ | 14 ~ die illo A c | aduiueret ASTΦ cr] aduiuerent O.; adhuc uiueret *cet.* | 19 decimo mensis primi die AFS r] decimo mensis primo (prima T) die LT; decimo mense prima die O; decimo mense prima die mensis ΣΛ; decimo die primi mensis Φ; decimo die mensis primi c.; decimo die mensis prima die C. |

quid sibi volunt isti lapides
22 docebitis eos atque dicetis
3,17! IV Rg 2,8 per arentem alveum transivit Israhel
Iordanem istum
5,1; Ex 14,21.22! 23 siccante Domino Deo vestro aquas
eius in conspectu vestro donec
transiretis
2,10! 24 sicut fecerat prius in mari Rubro
quod siccavit donec transiremus
25 ut discant omnes terrarum populi
fortissimam Domini manum
Dt 6,13! et ut vos timeatis Dominum Deum
vestrum omni tempore
5 postquam ergo audierunt omnes reges Amorreorum
qui habitabant trans Iordanem ad
occidentalem plagam
et cuncti reges Chanaan qui propin-
qua possidebant Magno mari loca
4,23! quod siccasset Dominus fluenta Iordanis coram filiis Israhel donec
transirent
2,11 dissolutum est cor eorum et non remansit in eis spiritus
timentium introitum filiorum Israhel
2 eo tempore ait Dominus ad Iosue
fac tibi cultros lapideos et circum-
cide secundo filios Israhel
3 fecit quod iusserat Dominus et circumcidit filios Israhel in colle Prae-
putiorum
4 haec autem causa est secundae circumcisionis
omnis populus qui egressus est ex
Aegypto generis masculini
Dt 2,16 universi bellatores viri mortui sunt
in deserto
per longissimos viae circuitus
5 qui omnes circumcisi erant
populus autem qui natus est in deserto
Dt 2,7! 6 per quadraginta annos itineris latissimae solitudinis incircumcisus fuit
donec consumerentur qui non audierant vocem Domini
et quibus ante iuraverat ut ostenderet Ex 3,8! Ez 20,6
eis terram lacte et melle manantem
7 horum filii in locum successerunt
patrum
et circumcisi sunt ab Iosue
quia sicut nati fuerant in praeputio
erant
nec eos in via aliquis circumciderat
8 postquam autem omnes circumcisi
sunt
manserunt in eodem castrorum loco
donec sanarentur
9 dixitque Dominus ad Iosue
hodie abstuli obprobrium Aegypti a Gn 30,23!
vobis
vocatumque est nomen loci illius
Galgala usque in praesentem diem
10 manseruntque filii Israhel in Galgalis 4,19!
et fecerunt phase quartadecima die Nm 9,2.3!
mensis ad vesperum in campestri-
bus Hiericho
11 et comederunt de frugibus terrae die
altero azymos panes et pulentam
eiusdem anni
12 defecitque manna postquam comederunt de frugibus terrae
nec usi sunt ultra illo cibo filii Israhel
sed comederunt de frugibus praesen- Ex 16,35
tis anni terrae Chanaan
13 cum autem esset Iosue in agro urbis
Hiericho
levavit oculos et vidit virum stantem Gn 18,2; Nm 22,31!
contra se
et evaginatum tenentem gladium
perrexitque ad eum et ait
noster es an adversariorum
14 qui respondit nequaquam
sed sum princeps exercitus Domini
et nunc venio
15 cecidit Iosue pronus in terram et adorans ait

21 ∼ lapides isti c | 23 uestro[1]] nostro OTMΦ | transiremus OTMΦ | 25 ∼ manum domini C | ∼ ut et CLFMc ‖ **5**,1 magno maris O.; magni maris LTMΦc | timentes C | 4 ex] de Lc | masculi OFM. | 6 audierunt CL | ut + non c | 10 ad uesperam OΣSM | 11 fructibus CΛLFS, *item bis v.seq.* | 12 ∼ cibo illo Ac | 13 et[2] *om.* c | 15 in terra C |

AOC ΣΛLFSTMΦ cr

quid dominus meus loquitur ad servum suum
Ex 3,5 16 solve inquit calciamentum de pedibus tuis
locus enim in quo stas sanctus est
fecitque Iosue ut sibi fuerat imperatum
6 Hiericho autem clausa erat atque
munita timore filiorum Israhel
et nullus egredi audebat aut ingredi
2 dixitque Dominus ad Iosue
2,24! 8,1.7! Dt 7,24! ecce dedi in manus tuas Hiericho et
regem eius omnesque fortes viros
3 circuite urbem cuncti bellatores semel per diem
sic facietis sex diebus
8 4 septimo autem die sacerdotes tollant
septem bucinas quarum usus est in
iobeleo
et praecedant arcam foederis
septiesque circuibitis civitatem
Nm 10,8! et sacerdotes clangent bucinis
20 5 cumque insonuerit vox tubae longior
Nm 10,5 atque concisior
et in auribus vestris increpuerit
conclamabit omnis populus vociferatione maxima
Hbr 11,30 et muri funditus corruent civitatis
ingredienturque singuli per locum
contra quem steterint
6 vocavit ergo Iosue filius Nun sacerdotes et dixit ad eos
12.13; 3,6! tollite arcam foederis
et septem alii sacerdotes tollant septem iobeleorum bucinas
et incedant ante arcam Domini
7 ad populum quoque ait
vadite et circuite civitatem armati
praecedentes arcam Domini
8 cumque Iosue verba finisset
4! et septem sacerdotes septem bucinis
clangerent ante arcam foederis Domini
13 9 omnisque praecederet armatus exercitus
reliquum vulgus arcam sequebatur
ac bucinis omnia concrepabant
10 praeceperat autem Iosue populo dicens
non clamabitis nec audietur vox vestra
neque ullus sermo ex ore vestro egredietur
donec veniat dies in quo dicam vobis
clamate et vociferamini
11 circuivit ergo arca Domini civitatem 14
semel per diem
et reversa in castra mansit ibi
12 igitur Iosue de nocte consurgente tulerunt sacerdotes arcam Domini 6!
13 et septem ex eis septem bucinas
quarum in iobeleis usus est
praecedebantque arcam Domini ambulantes atque clangentes
et armatus populus ibat ante eos 9
vulgus autem reliquum sequebatur
arcam et bucinis personabat
14 circumieruntque civitatem secundo 11
die semel
et reversi sunt in castra
sic fecerunt sex diebus
15 die autem septimo diluculo consurgentes
circumierunt urbem sicut dispositum
erat septies
16 cumque septimo circuitu clangerent
bucinis sacerdotes
dixit Iosue ad omnem Israhel
vociferamini tradidit enim vobis Dominus civitatem
17 sitque civitas haec anathema et omnia quae in ea sunt Domino
sola Raab meretrix vivat cum uni- 25; Hbr 11,31
versis qui cum ea in domo sunt
abscondit enim nuntios quos direxi- 2,4; Iac 2,25
mus
18 vos autem cavete ne de his quae Dt 13,17!
praecepta sunt quippiam contin-

AOC ΣΛLFSTMΦ cr

16 calciamentum + tuum ΑΣLTMΦc ‖ **6**,2 in manu tua LTMΦc | 4 quorum AT | 5 insonauerit CΣ. | 7 uadite] ite ΛTΦc; audite F. | armati + et OΣLF | 8 bucinas CΣ | 10 egrediatur C | in qua AOr. | 11 reuersa + est ATMΦ | mansitque TMΦ | 13 in iubileo Tc | personabant OLS | 16 omnem + populum AT. |

gatis
et sitis praevaricationis rei
et omnia castra Israhel sub peccato
sint atque turbentur
24 19 quicquid autem auri et argenti fuerit
et vasorum aeneorum ac ferri
Domino consecretur repositum in
thesauris eius
5! 20 igitur omni vociferante populo et
clangentibus tubis
postquam in aures multitudinis vox
sonitusque increpuit
II Mcc 12,15.16 muri ilico corruerunt
et ascendit unusquisque per locum
qui contra se erat
ceperuntque civitatem 21 et interfece-
Dt 13,15! Idc 21,10; runt omnia quae erant in ea
Sm 15,3; 22,19; Ez 9,6 a viro usque ad mulierem ab infante
usque ad senem
boves quoque et oves et asinos in ore
gladii percusserunt
22 duobus autem viris qui exploratores
missi fuerant dixit Iosue
ingredimini domum mulieris meretricis
et producite eam omniaque quae illius sunt
sicut illi iuramento firmastis
2,13 23 ingressique iuvenes eduxerunt Raab
et parentes eius
fratres quoque et cunctam supellectilem ac cognationem illius
et extra castra Israhel manere fecerunt
Dt 13,16! 24 urbem autem et omnia quae in ea
sunt succenderunt
19 absque argento et auro et vasis aeneis ac ferro
quae in aerarium Domini consecra-
runt
17! 25 Raab vero meretricem et domum
Idc 1,25 patris eius atque omnia quae habebat fecit Iosue vivere
et habitaverunt in medio Israhel usque in praesentem diem
eo quod absconderit nuntios quos
miserat ut explorarent Hiericho
in tempore illo inprecatus est Iosue
dicens
26 maledictus vir coram Domino qui III Rg 16,34
suscitaverit et aedificaverit civitatem Hiericho
in primogenito suo fundamenta illius iaciat
et in novissimo liberorum ponat
portas eius
27 fuit ergo Dominus cum Iosue et nomen eius in omni terra vulgatum est
7 filii autem Israhel praevaricati sunt 11
mandatum
et usurpaverunt de anathemate 13; 22,20; I Par 2,7
nam Achan filius Charmi filii Zabdi
filii Zare de tribu Iuda
tulit aliquid de anathemate
iratusque est Dominus contra filios
Israhel
2 cumque mitteret Iosue de Hiericho
viros contra Ahi quae est iuxta
Bethaven ad orientalem plagam oppidi Bethel
dixit eis ascendite et explorate ter- 2,1!
ram
qui praecepta conplentes exploraverunt Ahi
3 et reversi dixerunt ei
non ascendat omnis populus
sed duo vel tria milia virorum pergant et deleant civitatem
quare omnis populus frustra vexatur I Mcc 12,44
contra hostes paucissimos
4 ascenderunt ergo tria milia pugnatores
qui statim terga vertentes 5 percussi
sunt a viris urbis Ahi

20 uociferanti OΣMΦ | ~ populo uociferante ¢. | 21 ~ in ea erant O | 22 ingredimini + in AO𝔯 | et omnia quae Λ ¢; et omnia quaeque CM | 23 ac] atque C | 24 in ea erant Σ; erant in ea ¢; in ea inuenta sunt ΛLM𝔯 | ~ auro et argento ¢ | 25 atque] et ¢ | 26 in primogenitorum (suo *om.*) CF | iaceat ACΣSTΦ; iaceant OL | 27 ~ uulgatum est in omni terra ¢ || 7,2 hai ΛFSTMΦ ¢, *et sic in seqq.* | 3 uexatur AC𝔯] uexabitur ¢; uexetur *cet.* | 4 pugnatorum ΣΛSM ¢ |

AOC ΣΛLFSTMΦ ¢𝔯

Idc 20,31 et corruerunt ex eis triginta et sex homines
persecutique sunt eos adversarii de porta usque Sabarim
et ceciderunt per prona fugientes
pertimuitque cor populi et instar aquae liquefactum est
I Sm 4,12! Iob 2,12; I Mcc 4,39 6 Iosue vero scidit vestimenta sua
et cecidit pronus in terram coram arca Domini usque ad vesperum
tam ipse quam omnes senes Israhel
Idt 4,16! I Mcc 3,47! miseruntque pulverem super capita sua
IV Esr 7,107 7 et dixit Iosue
heu Domine Deus quid voluisti transducere populum istum Iordanem fluvium
ut traderes nos in manus Amorrei et perderes
utinam ut coepimus mansissemus trans Iordanem
8 mi Domine Deus quid dicam
videns Israhelem hostibus suis terga vertentem
9 audient Chananei et omnes habitatores terrae
ac pariter conglobati circumdabunt nos atque delebunt nomen nostrum de terra
et quid facies magno nomini tuo
10 dixitque Dominus ad Iosue
surge cur iaces pronus in terra
1! 11 peccavit Israhel et praevaricatus est pactum meum
tuleruntque de anathemate et furati sunt atque mentiti
et absconderunt inter vasa sua
12 nec poterit Israhel stare ante hostes suos eosque fugiet
quia pollutus est anathemate
non ero ultra vobiscum
donec conteratis eum qui huius sceleris reus est
Ex 19,10! 13 surge sanctifica populum et dic eis
sanctificamini in crastinum
haec enim dicit Dominus Deus Israhel
anathema in medio tui est Israhel 1!
non poteris stare coram hostibus tuis
donec deleatur ex te qui hoc contaminatus est scelere
14 accedetisque mane singuli per tribus vestras I Sm 10,19
et quamcumque tribum sors invenerit
accedet per cognationes suas
et cognatio per domos domusque per viros
15 et quicumque ille in hoc facinore fuerit deprehensus I Sm 14,38
conburetur igni cum omni substantia sua
quoniam praevaricatus est pactum Domini et fecit nefas in Israhel
16 surgens itaque Iosue mane adplicavit Israhel per tribus suas I Sm 10,20; 14,38
et inventa est tribus Iuda
17 quae cum iuxta familias suas esset oblata
inventa est familia Zarai
illam quoque per viros offerens repperit Zabdi
18 cuius domum in singulos dividens viros
invenit Achan filium Charmi filii Zabdi filii Zare de tribu Iuda
19 et ait ad Achan I Sm 6,5;
fili mi da gloriam Domino Deo Israhel I Par 16,29! Is 42,12! Ier 13,16; Io 9,24!
et confitere atque indica mihi quid feceris ne abscondas I Sm 14,43
20 responditque Achan Iosue et dixit ei
vere ego peccavi Domino Deo Israhel et sic et sic feci Ex 10,16!
21 vidi enim inter spolia pallium coccineum valde bonum
et ducentos siclos argenti Dt 7,25

AOC ΣΛLFSTMΦ cr

5 et2 *om.* A c. | usque + ad ACF c | et ad instar CΛLFS | 6 ~ pronus cecidit c | coram arcam OFS | ad uesperam ΛTMΦ c | senes *om.* O | 8 israhel ACL | 9 ac] et c | 10 in terram CFM | 13 dices ei O.; dices eis LM | 16 adplicuit LM c | 17 uiros] domos c. | 19 ait + iosue c. | 20 et sic2 *om.* C |

regulamque auream quinquaginta
siclorum
et concupiscens abstuli et abscondi
in terra contra medium tabernaculi
mei
argentumque fossa humo operui
22 misit ergo Iosue ministros
qui currentes ad tabernaculum illius
reppererunt cuncta abscondita in
eodem loco et argentum simul
23 auferentesque de tentorio tulerunt ea
ad Iosue et ad omnes filios Israhel
proieceruntque ante Dominum
24 tollens itaque Iosue Achan filium
Zare
argentumque et pallium et auream
regulam
filiosque eius et filias
boves et asinos et oves
ipsumque tabernaculum et cunctam
supellectilem
et omnis Israhel cum eo
duxerunt eos ad vallem Achor
25 ubi dixit Iosue
quia turbasti nos exturbet te Dominus in die hac
Lv 24,14! lapidavitque eum omnis Israhel
Dt 13,16! et cuncta quae illius erant igne consumpta sunt
8,29; 10,27; II Sm 18,17 26 congregaverunt quoque super eum
acervum magnum lapidum
qui permanet usque in praesentem
diem
Dt 13,17 et aversus est furor Domini ab eis
vocatumque est nomen loci illius
vallis Achor usque hodie
Dt 1,21! **8** dixit autem Dominus ad Iosue
ne timeas neque formides
tolle tecum omnem multitudinem
pugnatorum
et consurgens ascende in oppidum
Ahi
6,2! ecce tradidi in manu tua regem eius
et populum urbemque et terram
2 faciesque urbi Ahi et regi eius
sicut fecisti Hiericho et regi illius
praedam vero et omnia animantia 27; 11,14; Dt 20,14!
diripietis vobis
pone insidias urbi post eam
3 surrexitque Iosue et omnis exercitus
bellatorum cum eo ut ascenderent
in Ahi
et electa triginta milia virorum fortium misit nocte
4 praecepitque eis dicens
ponite insidias post civitatem nec Idc 20,29
longius recedatis
et eritis omnes parati
5 ego autem et reliqua multitudo quae
mecum est accedemus ex adverso 11
contra urbem
cumque exierint contra nos sicut
ante fecimus fugiemus et terga ver- 15; Idc 20,32
temus
6 donec persequentes ab urbe longius 16
protrahantur
putabunt enim fugere nos sicut prius
7 nobis ergo fugientibus et illis sequentibus
consurgetis de insidiis et vastabitis
civitatem
tradetque eam Dominus Deus vester 6,2! 10,19.30
in manus vestras
8 cumque ceperitis succendite eam
sic omnia facietis ut iussi
9 dimisitque eos et perrexerunt ad insidiarum locum
sederuntque inter Bethel et Ahi ad
occidentalem plagam urbis Ahi
Iosue autem nocte illa in medio mansit populi
10 surgensque diluculo recensuit socios
et ascendit cum senioribus in fronte
exercitus
vallatus auxilio pugnatorum
11 cumque venissent et ascendissent ex 5
adverso civitatis
steterunt ad septentrionalem urbis

21 regulam quoque CΛF | 24 filios quoque et filias eius c | 26 congregaueruntque CΣS c | lapidem O || **8**,5 accedimus AOLS; ascendemus Φ | fecerunt C | 6 ∼ nos fugere LM c | 7 persequentibus L c | 8 eam + et c. | 9 ∼ ad locum insidiarum c | ahi ad] abiatha CF |

AOC ΣΛLFSTMΦ cr

plagam
inter quam et eos vallis media erat
12 quinque milia autem viros elegerat
et posuerat in insidiis inter Bethaven et Ahi ex occidentali parte
eiusdem civitatis
13 omnis vero reliquus exercitus ad
aquilonem aciem dirigebat
ita ut novissimi multitudinis occidentalem plagam urbis adtingerent
abiit ergo Iosue nocte illa et stetit in
vallis medio
14 quod cum vidisset rex Ahi
festinavit mane et egressus est cum
Nm 21,33 omni exercitu civitatis
direxitque aciem contra desertum
ignorans quod post tergum laterent
insidiae
15 Iosue vero et omnis Israhel cesserunt
loco
5.6! simulantes metum et fugientes per
viam solitudinis
16 at illi vociferantes pariter et se mu-
6 tuo cohortantes persecuti sunt eos
cumque recessissent a civitate
17 et ne unus quidem in urbe Ahi et
Bethel remansisset qui non persequeretur Israhel
sicut eruperant aperta oppida relinquentes
18 dixit Dominus ad Iosue
26 leva clypeum qui in manu tua est
contra urbem Ahi quoniam tibi tradam eam
19 cumque elevasset clypeum ex adverso civitatis
insidiae quae latebant surrexerunt
confestim
et pergentes ad civitatem ceperunt
et succenderunt eam
20—22: Idc 20,39–43 20 viri autem civitatis qui persequebantur Iosue
respicientes et videntes fumum urbis
ad caelum usque conscendere
non potuerunt ultra huc illucque dif-
fugere
praesertim cum hii qui simulaverant
fugam et tendebant ad solitudinem
contra persequentes fortissime re-
stitissent
21 vidensque Iosue et omnis Israhel
quod capta esset civitas et fumus urbis ascenderet
reversus percussit viros Ahi
22 siquidem et illi qui ceperant et succenderant civitatem
egressi ex urbe contra suos medios
hostium ferire coeperunt
cum ergo ex utraque parte adversarii caederentur
ita ut nullus de tanta multitudine
salvaretur
23 regem quoque urbis Ahi adprehen-
dere viventem et obtulerunt Iosue
24 igitur omnibus interfectis qui Israhelem ad deserta tendentem fuerant persecuti
et in eodem loco gladio corruentibus
reversi filii Israhel percusserunt civitatem
25 erant autem qui in eo die concide-
rant a viro usque ad mulierem
duodecim milia hominum omnes
urbis Ahi
26 Iosue vero non contraxit manum Ex 17,12
quam in sublime porrexerat tenens 18
clypeum
donec interficerentur omnes habitatores Ahi
27 iumenta autem et praedam civitatis 2! 11,14
diviserunt sibi filii Israhel
sicut praeceperat Dominus Iosue
28 qui succendit urbem et fecit eam tu- Dt 13,16!
mulum sempiternum
29 regem quoque eius suspendit in pati- 10,26.27; Dt 21,22.23!
bulo usque ad vesperum et solis

AOC ΣΛLFSTMΦ cr 11 ~ erat uallis media c. | 12 ~ autem milia Sc | bethauen] bethel c | ex] et C | 13 nouissimi + illius c. | 15 ~ solitudinis uiam c. | 17 in urbem O | remansissent AT M | persequerentur OS. | 19 leuasset AΣLSM | 20 simulauerunt O | 23 adprehenderunt CΛFTMΦc | obtulere ΣL | 24 israhel[1] C | 25 in eodem die CLSMc | omnis OΣΛF | 29 ad uesperam OΣFSTMΦc |

occasum
praecepitque et deposuerunt cadaver eius de cruce
proieceruntque in ipso introitu civitatis
7,26; II Sm 18,17 congesto super eum magno acervo lapidum qui permanet usque in praesentem diem
Gn 12,8! Idc 6.24.26! III Rg 18.32 **30.31:** Dt 27,5–7! 30 tunc aedificavit Iosue altare Domino Deo Israhel in monte Hebal
31 sicut praeceperat Moses famulus Domini filiis Israhel
Dt 29,20 et scriptum est in volumine legis Mosi
I Mcc 4,47 altare de lapidibus inpolitis quos ferrum non tetigit
Ex 32,6! Idc 20,26; 21,4; III Rg 3,15 et obtulit super eo holocausta Domino
immolavitque pacificas victimas
Dt 17,18; 27,2.3 32 et scripsit super lapides deuteronomium legis Mosi
quod ille digesserat coram filiis Israhel
33 omnis autem populus et maiores natu ducesque ac iudices
stabant ex utraque parte arcae
Dt 31,9! in conspectu sacerdotum qui portabant arcam foederis Domini
Dt 27,12.13! ut advena ita et indigena
Lv 9,22! media eorum pars iuxta montem Garizim et media iuxta montem Hebal
sicut praeceperat Moses famulus Domini
et primum quidem benedixit populo Israhel
Dt 31,11.12! 34 post haec legit omnia verba benedictionis et maledictionis
et cuncta quae scripta erant in legis volumine
35 nihil ex his quae Moses iusserat reliquit intactum
sed universa replicavit coram omni multitudine Israhel
mulieribus ac parvulis et advenis qui inter eos morabantur

9 quibus auditis cuncti reges trans Iordanem 11,2.3; Nm 13,30! Dt 1,7
qui versabantur in montanis et in campestribus
in maritimis ac litore maris Magni
hii quoque qui habitabant iuxta Libanum
Hettheus et Amorreus et Chananeus 10,6; 12,8; III Rg 9,20; II Par 8,7
Ferezeus et Eveus et Iebuseus
2 congregati sunt pariter ut pugnarent contra Iosue et Israhel 11,5
uno animo eademque sententia
3 at hii qui habitabant in Gabaon 10,1
audientes cuncta quae fecerat Iosue Hiericho et Ahi 4 et callide cogitantes
tulerunt sibi cibaria
saccos veteres asinis inponentes
et utres vinarios scissos atque consutos 13
5 calciamentaque perantiqua quae ad indicium vetustatis pittaciis consuta erant 13
induti veteribus vestimentis
panes quoque quos portabant ob viaticum duri erant et in frusta comminuti 12
6 perrexeruntque ad Iosue qui tunc morabatur in castris Galgalae 10,6 4,19!
et dixerunt ei atque omni simul Israheli
de terra longinqua venimus pacem vobiscum facere cupientes 9!
responderuntque viri Israhel ad eos atque dixerunt
7 ne forsitan in terra quae nobis sorte debetur habitetis
et non possimus foedus inire vobiscum Ex 34,15!

29 praecepitque + iosue c (*edd.* 1593 *et* 1598) | 31 altare + uero c. | super eum OL | holocaustum O | 33 et[1] + omnes OΣSTMΦ | ~ pars eorum c | israheli AΣFΦ || 9,1 in[2] *om.* CΛLFTΦc | in[3]] et AOr | ~ magni maris c | et[3] *om.* c | et[4] *om.* A | 6 galgalae] in galgala AΣΛF | israhel[1] CT | ~ simul omni israheli Tc; ~ israheli omni simul L. | ad eos *om.* OΦ; ~ ad eos uiri israhel T. | 7 ne forte Lc | qua O | possumus ACΣFSMΦ |

AOC ΣΛLFSTMΦ cr

11; Gn 44,16 8 at illi ad Iosue servi inquiunt tui sumus
quibus Iosue quinam ait estis et unde venistis
6.22 9 responderunt de terra longinqua valde venerunt servi tui in nomine Domini Dei tui
2,10; Dt 29,2! audivimus enim famam potentiae eius
cuncta quae fecit in Aegypto
10 et duobus Amorreorum regibus trans Iordanem
Seon regi Esebon et Og regi Basan qui erat in Astharoth
11 dixeruntque nobis seniores et omnes habitatores terrae nostrae
tollite in manibus cibaria ob longissimam viam
et occurrite eis ac dicite
8! Gn 26,28 servi vestri sumus foedus inite nobiscum
12 en panes quando egressi sumus de domibus nostris ut veniremus ad vos calidos sumpsimus
5 nunc sicci facti sunt et vetustate nimia comminuti
4 13 utres vini novos implevimus nunc rupti sunt et soluti
5 vestes et calciamenta quibus induimur et quae habemus in pedibus
ob longitudinem largioris viae trita sunt et paene consumpta
14 susceperunt igitur de cibariis eorum
et os Domini non interrogaverunt
15 fecitque Iosue cum eis pacem
et inito foedere pollicitus est quod non occiderentur
18.19; II Sm 21,2 principes quoque multitudinis iuraverunt eis
16 post dies autem tres initi foederis
22 audierunt quod in vicino habitarent et inter eos futuri essent
17 moveruntque castra filii Israhel
et venerunt in civitates eorum die tertio
quarum haec vocabula sunt
Gabaon et Caphira et Beroth et Cariathiarim 18,25–28; I Esr 2,25.26; II Esr 7,29.30
18 et non percusserunt eos
eo quod iurassent eis principes multitudinis in nomine Domini Dei Israhel 15!
murmuravit itaque omne vulgus contra principes
19 qui responderunt eis
iuravimus illis in nomine Domini Dei Israhel 15!
et idcirco non possumus eos contingere
20 sed hoc faciemus eis
reserventur quidem ut vivant
ne contra nos ira Domini concitetur si peieraverimus
21 sed sic vivant ut in usus universae 27
multitudinis ligna caedant aquasque conportent Dt 29,11
quibus haec loquentibus 22 vocavit Gabaonitas Iosue et dixit eis
cur nos decipere fraude voluistis
ut diceretis procul valde habitamus a vobis 9! 16
cum in medio nostri sitis
23 itaque sub maledictione eritis
et non deficiet de stirpe vestra ligna caedens aquasque conportans in domum Dei mei Dt 29,11
24 qui responderunt
nuntiatum est nobis servis tuis quae promisisset Dominus Deus tuus Mosi servo suo
ut traderet vobis omnem terram 2,9!
et disperderet cunctos habitatores eius
timuimus igitur valde et providimus animabus nostris vestro terrore conpulsi
et hoc consilium inivimus
25 nunc autem in manu tua sumus

AOC ΣΛLFSTMΦ cr 8 ∼ quinam estis ait CS.; ∼ ait quinam estis c; + uos OTMΦc | 10 ∼ regibus amorreorum Lc; + qui fuerunt c.; + qui fuerant LM. | 11 ac] et Lc | 13 largioris] longioris C ΛFc | 18 omnis uulgus OΛF | 23 domum + domini CS | 24 quae] quod c; quia Σ |

quod tibi bonum et rectum videtur
fac nobis
26 fecit ergo Iosue ut dixerat
et liberavit eos de manibus filiorum
Israhel ut non occiderentur
27 decrevitque in illo die esse eos in ministerium cuncti populi et altaris
Domini
21! caedentes ligna et aquas conportan-
tes usque in praesens tempus
in loco quem Dominus elegisset
9,3 **10** quae cum audisset Adonisedec rex
Hierusalem
quod scilicet cepisset Iosue Ahi et
subvertisset eam
28.30.39 sicut enim fecerat Hiericho et regi
eius sic fecit Ahi et regi illius
et quod transfugissent Gabaonitae
ad Israhel et essent foederati eorum
2 timuit valde
urbs enim magna erat Gabaon
et una regalium civitatum et maior
oppido Ahi
omnesque bellatores eius fortissimi
3 misit ergo Adonisedec rex Hierusalem
12,10–13 ad Oham regem Hebron et ad Pha-
ram regem Hieremoth
ad Iaphie quoque regem Lachis et
ad Dabir regem Eglon dicens
4 ascendite ad me et ferte praesidium
ut expugnemus Gabaon
quare transfugerit ad Iosue et filios
Israhel
5 congregati igitur ascenderunt quinque reges Amorreorum
23; 12,10–12 rex Hierusalem rex Hebron rex Hieremoth rex Lachis rex Eglon
simul cum exercitibus suis
et castrametati sunt circa Gabaon
obpugnantes eam
6 habitatores autem Gabaon urbis ob-
sessae

miserunt ad Iosue qui tunc moraba- 9,6!
tur in castris apud Galgalam et dixerunt ei
ne retrahas manus tuas ab auxilio
servorum tuorum
ascende cito et libera nos ferque
praesidium
convenerunt enim adversum nos om- 9,1!
nes reges Amorreorum qui habitant in montanis
7 ascenditque Iosue de Galgalis et omnis exercitus bellatorum cum eo
viri fortissimi
8 dixitque Dominus ad Iosue
ne timeas eos in manus enim tuas 21,42; Dt 7,24!
tradidi illos
nullus tibi ex eis resistere poterit 23,9
9 inruit itaque Iosue super eos repente Gn 14,15
tota ascendens nocte de Galgalis
10 et conturbavit eos Dominus a facie
Israhel
contrivitque plaga magna in Gabaon Is 28,21
ac persecutus est per viam ascensus I Sm 13,18
Bethoron
et percussit usque Azeca et Maceda
11 cumque fugerent filios Israhel et essent in descensu Bethoron
Dominus misit super eos lapides Sir 46,6; Is 30,30!
magnos de caelo usque Azeca Ez 13,11! Apc 16,21
et mortui sunt multo plures lapidibus
grandinis quam quos gladio percusserant filii Israhel
12 tunc locutus est Iosue Domino
in die qua tradidit Amorreum in
conspectu filiorum Israhel
dixitque coram eis
sol contra Gabaon ne movearis et
luna contra vallem Ahialon
13 steteruntque sol et luna donec ulcis- Idc 5,20; Sir 46,5;
ceretur se gens de inimicis suis Hab 3,11
nonne scriptum est hoc in libro Ius- II Sm 1,18
torum
stetit itaque sol in medio caeli

26 de manu AL c | 27 ~ eos esse c | in ministerio ΣLTMΦ c | in locum O || **10**,2 ~ ciuitatum regalium c | 4 ~ ad me ascendite c | transfugerint O | et² + ad ΣLS c | 6 habitabant A | 8 tradam C | nullus + enim A | ~ ex eis tibi c | 9 ~ nocte ascendens c | 10 est + eos c | 11 in descensu] in ascensu C; in ascensum F. | usque + ad c | percusserunt CL | 12 amorreum] amorreorum CS; + reges C |

AOC ΣΛLFSTMΦ cr

et non festinavit occumbere spatio
unius diei
14 non fuit ante et postea tam longa
dies
42; 23,3; Ex 14,14! Idt 5,16 oboediente Domino voci hominis et
pugnante pro Israhel
43 15 reversusque est Iosue cum omni Israhel in castra Galgalae
16 fugerant enim quinque reges et se
absconderant in spelunca urbis Maceda
17 nuntiatumque est Iosue quod inventi
22.23 essent quinque reges latentes in spelunca Maceda
18 qui praecepit sociis et ait
volvite saxa ingentia ad os speluncae
et ponite viros industrios qui clausos
custodiant
19 vos autem nolite stare
sed persequimini hostes et extremos
quosque fugientium caedite
ne dimittatis eos urbium suarum intrare praesidia
8,7! quos tradidit Dominus Deus in manus vestras
Dt 7,23! 20 caesis igitur adversariis plaga magna
et usque ad internicionem paene
consumptis
hii qui Israhel effugere potuerunt ingressi sunt civitates munitas
21 reversusque est omnis exercitus ad
Iosue in Maceda ubi tunc erant
castra
sani et integro numero
nullusque contra filios Israhel mut-
tire ausus est
22 praecepitque Iosue dicens
17 aperite os speluncae et producite ad
me quinque reges qui in ea latitant
23 fecerunt ministri ut sibi fuerat imperatum
17 et eduxerunt ad eum quinque reges
de spelunca
regem Hierusalem regem Hebron 5; 12,10–12
regem Hieremoth regem Lachis regem Eglon
24 cumque educti essent ad eum
vocavit omnes viros Israhel
et ait ad principes exercitus qui secum erant
ite et ponite pedes super colla regum Dt 7,24!
istorum
qui cum perrexissent et subiectorum Dt 33,29!
pedibus colla calcarent
25 rursum ait ad eos
nolite timere nec paveatis conforta- Dt 31,6!
mini et estote robusti
sic enim faciet Dominus cunctis hostibus vestris adversum quos dimi-
catis
26 percussitque Iosue et interfecit eos
atque suspendit super quinque sti- 8,29; Dt 21,22.23!
pites
fueruntque suspensi usque ad vesperum
27 cumque occumberet sol praecepit
sociis ut deponerent eos de patibulis
qui depositos proiecerunt in speluncam in qua latuerant
et posuerunt super os eius saxa in- 7,26; II Sm 18,17
gentia quae permanent usque in
praesens
28 eodem die Macedam quoque cepit
Iosue et percussit in ore gladii 32.35.37.39; Dt 20,16.17!
regemque illius interfecit et omnes
habitatores eius
non dimisit in ea saltim parvas reliquias
fecitque regi Maceda sicut fecerat re- 1!
gi Hiericho
29 transivit cum omni Israhel de Maceda in Lebna et pugnabat contra
eam
30 quam tradidit Dominus cum rege 8,7!

AOC ΣΛLFSTMΦ cr

14 ante et] antea nec c | 15 israhele AΛF | 16 fugerunt OCSTΦ | absconderunt OCTΦ | 17 spelunca + urbis M c | 19 ne] nec STMΦ c | 20 igitur] ergo c. | israhelem A | potuerant T.; poterant O.; poterunt S | 21 erat CTM | integri OΣ | 23 feceruntque OΛLFT c | 24 ~ colla pedibus c. | 25 nec] neque O; ne SMΦ | 27 occubuisset C | os] eos C | 28 ~ quoque die macedam c | percussit + eam c. | 29 transiuitque Σ; + autem c. |

suo in manu Israhel
Dt 20,16.17! percusseruntque urbem in ore gladii
et omnes habitatores eius
non dimiserunt in ea ullas reliquias
1! feceruntque regi Lebna sicut fecerant regi Hiericho
31 de Lebna transivit in Lachis
et exercitu per gyrum disposito ob-
pugnabat eam
32 tradiditque Dominus Lachis in manu Israhel
28! et cepit eam die altero atque percussit in ore gladii
omnemque animam quae fuerat in
ea sicut fecerat Lebna
33 eo tempore ascendit Hiram rex Gazer ut auxiliaretur Lachis
Nm 21,35! quem percussit Iosue cum omni populo eius usque ad internicionem
34 transivitque de Lachis in Eglon
et circumdedit 35 atque expugnavit
eam eadem die
28! percussitque in ore gladii omnes animas quae erant in ea
iuxta omnia quae fecerat Lachis
36 ascendit quoque cum omni Israhele
Idc 1,8.25 de Eglon in Hebron et pugnavit
contra eam
28! 37 cepitque et percussit in ore gladii
regem quoque eius et omnia oppida
regionis illius
universasque animas quae in ea fuerant commoratae
non reliquit in ea ullas reliquias
sicut fecerat Eglon sic fecit et Hebron
cuncta quae in ea repperit consumens gladio
15,15 38 inde reversus in Dabir 39 cepit eam
atque vastavit
regem quoque eius et omnia per cir-
28! cuitum oppida percussit in ore gladii
non dimisit in ea ullas reliquias
sicut fecerat Hebron et Lebna et re- 1!
gibus earum
sic fecit Dabir et regi illius
40 percussit itaque Iosue omnem ter- **40—42: 11,16.17**
ram montanam et meridianam at- Dt 1,7
que campestrem
et Asedoth cum regibus suis
non dimisit in ea ullas reliquias 11,8.11! Dt 20,16.17!
sed omne quod spirare poterat inter-
fecit
sicut praeceperat ei Dominus Deus
Israhel
41 a Cadesbarne usque Gazam
omnem terram Gosen usque Gabaon
42 universos reges et regiones eorum Dt 7,24!
uno cepit impetu atque vastavit
Dominus enim Deus Israhel pugna- 14!
bat pro eo
43 reversusque est cum omni Israhele 15
ad locum castrorum in Galgala
11 quae cum audisset Iabin rex Asor Idc 4,2
misit ad Iobab regem Madon 12,19.20
et ad regem Someron atque ad regem Acsaph
2 ad reges quoque aquilonis qui habi- 9,1!
tabant in montanis et in planitie
contra meridiem Cheneroth
in campestribus quoque et in regio- 12,23
nibus Dor iuxta mare
3 Chananeumque ab oriente et occidente
et Amorreum atque Hettheum ac Ferezeum et Iebuseum in montanis
Eveum quoque qui habitabat ad radices Hermon in terra Masphe
4 egressique sunt omnes cum turmis
suis populus multus nimis
sicut harena quae est in litore maris Gn 41,49! Idc 7,12;
equi quoque et currus inmensae mul- I Sm 13,5

30 in manum F.; in manus Cc | fecerant] fecerunt OCΣ; fecit T. | 31 in lachis] *praem.* cum omni israhel MΦ; + cum omni israel c | 32 in manus Tc | omnem animam C | 33 horam c | 35 omnia *om.* C | 36 israhele AΛFr] israhel et O.; israhel *cet.* | 37 cepitque eam et C.; cepit eam et c. | 38 in dabira CΣTMΦ; in dabiram S | 39 et[1]] atque c | earum] eorum C | 40 ei *om.* AS | 41 usque[1] + ad O | 42 uniuersosque c | ~ impetu cepit Fc | pugnauit OCc | 43 israhel CLSTΦc || **11**,3 chananeum quoque Cc; chananeum OΛ | habitant C | 4 cum turbis AΣ |

AOC ΣΛLFSTMΦ cr

titudinis
9,2 5 conveneruntque omnes reges isti in
unum ad aquas Merom ut pugnarent contra Israhel
6 dixitque Dominus ad Iosue ne timeas eos
Dt 7,23 cras enim hac eadem hora ego tradam omnes istos vulnerandos in
conspectu Israhel
9 equos eorum subnervabis et currus
igne conbures
7 venitque Iosue et omnis exercitus
cum eo adversum illos ad aquas
Merom subito
et inruerunt super eos
8 tradiditque illos Dominus in manu
Israhel
qui percusserunt eos et persecuti sunt
13,6 usque ad Sidonem magnam et
aquas Maserefoth
campumque Masphe qui est ad orientalem illius partem
10,40! ita percussit omnes ut nullas dimitteret ex eis reliquias
9 fecit sicut praeceperat ei Dominus
6 equos eorum subnervavit currusque
conbusit
10 reversusque statim cepit Asor
et regem eius percussit gladio
Asor enim antiquitus inter omnia
regna haec principatum tenebat
11 percussitque omnes animas quae ibidem morabantur
10,40! I Sm 15,18; II Sm 2,26 non dimisit in ea ullas reliquias
sed usque ad internicionem universa
vastavit
ipsamque urbem permisit incendio
12 et omnes per circuitum civitates regesque earum
Dt 7,24! cepit percussit atque delevit
sicut praeceperat ei Moses famulus
Domini
13 absque urbibus quae erant in collibus et in tumulis sitae
ceteras succendit Israhel
unam tantum Asor munitissimam
flamma consumpsit
14 omnemque praedam istarum urbium 8,2! 27
ac iumenta diviserunt sibi filii Israhel
cunctis hominibus interfectis
15 sicut praeceperat Dominus Mosi servo suo
ita praecepit Moses Iosue
et ille universa conplevit
non praeteriit de universis mandatis
ne unum quidem verbum quod iusserat Dominus Mosi
16 cepit itaque Iosue omnem terram 16.17: 10,40–42; 12,7.8
montanam et meridianam
terramque Gosen et planitiem et occidentalem plagam
montemque Israhel et campestria
eius
17 et partem montis quae ascendit Seir
usque Baalgad per planitiem Libani 13,5
subter montem Hermon
omnes reges eorum cepit percussit
occidit
18 multo tempore pugnavit Iosue contra reges istos
19 non fuit civitas quae se non traderet
filiis Israhel
praeter Eveum qui habitabat in Gabaon omnes bellando cepit
20 Domini enim sententiae fuerat ut in- Ex 7,3!
durarentur corda eorum
et pugnarent contra Israhel et cade-
rent
et non mererentur ullam clementiam Dt 7,2!
ac perirent
sicut praeceperat Dominus Mosi
21 in tempore illo venit Iosue et inter- 14,12
fecit Enacim
de montanis Hebron et Dabir et
Anab

AOC ΣΛLFSTMΦ cr 6 ~ istos omnes uulnerandos CS; ~ omnes uuln. istos LM. | 8 in manibus Φ; in manus CΣΛLF c | 9 fecitque LSMΦ c; + eis M. | conbusit + igni L c(*edd.* 1593 *et* 1598). | 11 permisit] percussit AO; peremit Φ c | 15 praecepit] praeceperat C | ne] nec C c | 17 subter] super A | percussit + et Σ c | 19 non2 *om.* cr | omnes + enim c. | 20 sententia ΣM c | 21 ~ in illo tempore c. ||

et de omni monte Iuda et Israhel
urbesque eorum delevit
22 non reliquit ullum de stirpe Enacim
in terra filiorum Israhel
13,3 absque civitatibus Gaza et Geth et
Azoto in quibus solis relicti sunt
14,1.2! 23 cepit ergo Iosue omnem terram sicut
Nm 26,52.53! locutus est Dominus ad Mosen
12,7; 23,4! et tradidit eam in possessionem filiis
Israhel
secundum partes et tribus suas
14,15 quievitque terra a proeliis
Dt 7,24! **12** hii sunt reges quos percusserunt filii
Israhel
Nm 32,19! et possederunt terram eorum trans
Iordanem ad solis ortum
a torrente Arnon usque ad montem
Hermon
et omnem orientalem plagam quae
respicit solitudinem
Dt 1,4! 2 Seon rex Amorreorum qui habitavit
2—5: 13,9–13 in Esebon
dominatus est ab Aroer quae sita est
Dt 2,36! super ripam torrentis Arnon
et mediae partis in valle dimidiique
Galaad
Nm 21,24! usque ad torrentem Iaboc qui est terminus filiorum Ammon
13,27; Nm 34,11.12! 3 et a solitudine usque ad mare Cheneroth contra orientem
et usque ad mare **Deserti** quod est
mare Salsissimum ad orientalem
plagam
13,20 per viam quae ducit Bethesimoth
et ab australi parte quae subiacent
Asedothphasga
Dt 1,4! 4 terminus Og regis Basan de reliquiis
Rafaim
qui habitavit in Astharoth et in Ed-
rain
et dominatus est in monte Hermon
et in Salacha atque in universa Basan
usque ad terminos 5 Gesuri et Machathi et dimidiae partis Galaad
terminos Seon regis Esebon
6 Moses famulus Domini et filii Israhel
percusserunt eos
tradiditque terram eorum Moses in
possessionem
Rubenitis et Gadditis et dimidiae tri- Nm 32,33!
bui Manasse
7 hii sunt reges terrae quos percussit 11,16.17
Iosue et filii Israhel
trans Iordanem ad occidentalem plagam
a Baalgad in campo Libani usque ad
montem cuius pars ascendit in Seir
tradiditque eam Iosue in possessio- 11,23!
nem tribubus Israhel singulis partes suas
8 tam in montanis quam in planis atque campestribus
in Aseroth et solitudine ac meridie 13,4
Hettheus fuit et Amorreus 9,1!
Chananeus et Ferezeus
Eveus et Iebuseus
9 rex Hiericho unus
rex Ahi quae est ex latere Bethel unus
10 rex Hierusalem unus **10—13:** 10,3.5.23
rex Hebron unus
11 rex Hierimoth unus
rex Lachis unus
12 rex Eglon unus
rex Gazer unus
13 rex Dabir unus
rex Gader unus
14 rex Horma unus
rex Hered unus
15 rex Lebna unus
rex Odollam unus
16 rex Maceda unus
rex Bethel unus
17 rex Thaffua unus
rex Afer unus
18 rex Afec unus
rex Saron unus
19 rex Madon unus 11,1

12,1 a solis ortum C; a solis ortu Σ | a torrentem OΛF | respicit + ad CΛ | 2 dimidiaeque SM c | 3 subiacet S c | 4 terminos OM | edrai cr | 5 galaad + ad C | terminus AΛF; terminum TΦ | 6 tribu C; tribus O. | 8 asedoth cr𝔐𝔊 | et¹ + in c | ac + in c. | amorreus + et C | ferezeus + et C | 9 est *om.* C | 17 opher c |

AOC ΣΛLFSTMΦ cr

rex Asor unus
20 rex Someron unus
rex Acsaph unus
21 rex Thenach unus
rex Mageddo unus
22 rex Cades unus
rex Iachanaem Chermeli unus
11,2 23 rex Dor et provinciae Dor unus
rex gentium Galgal unus
24 rex Thersa unus
omnes reges triginta et unus
Gn 18,11! I Sm 2,22 **13** Iosue senex provectaeque aetatis
erat
et dixit Dominus ad eum
23,1! senuisti et longevus es
terraque latissima derelicta est quae
necdum est sorte divisa
2 omnis videlicet Galilea Philisthim et
universa Gesuri
15,45–47 3 a fluvio turbido qui inrigat Aegyptum
usque ad terminos Accaron contra
aquilonem
3–6: Idc 3,3 terra Chanaan quae in quinque re-
gulos Philisthim dividitur
11,22; I Sm 6,17 Gazeos Azotios Ascalonitas Get-
theos et Accaronitas
12,8 4 ad meridiem vero sunt Evei
omnis terra Chanaan et Maara Sidoniorum
usque Afeca et terminos Amorrei
5 eiusque confinia
11,17 Libani quoque regio contra orientem
a Baalgad sub monte Hermon donec
ingrediaris Emath
6 omnium qui habitant in monte
11,8 a Libano usque ad aquas Masrefoth
universique Sidonii
Nm 34,2 ego sum qui delebo eos a facie filiorum Israhel
veniat ergo in parte hereditatis Israhel sicut praecepi tibi
7 et nunc divide terram in possessio- 14,2
nem
novem tribubus et dimidiae tribui
Manasse
8 cum qua Ruben et Gad possederunt 1,15! 18,7
terram
quam tradidit eis Moses famulus
Domini
trans fluenta Iordanis ad orientalem
plagam
9 ab Aroer quae sita est in ripa torren- II Sm 24,5
tis Arnon et in vallis medio **9–13:** 12,2–5
universaque campestria Medaba us-
que Dibon
10 et cunctas civitates Seon regis Amor- Nm 21,25.26!
rei qui regnavit in Esebon
usque ad terminos filiorum Ammon
11 et Galaad ac terminum Gesuri et
Machathi
omnemque montem Hermon et universam Basan usque Saleca
12 omne regnum Og in Basan qui regna- Dt 1,4!
vit in Astharoth et Edraim
ipse fuit de reliquiis Rafaim
percussitque eos Moses atque delevit
13 nolueruntque disperdere filii Israhel
Gesuri et Machathi
et habitaverunt in medio Israhel usque in praesentem diem
14 tribui autem Levi non dedit posses- Dt 18,1!
sionem
sed sacrificia et victimae Domini Dei
Israhel
ipsa est eius hereditas sicut locutus
est illi
15 dedit ergo Moses possessionem tri- Dt 3,12
bui filiorum Ruben iuxta cognatio- **15–23:** Nm 32,37.38
nes suas
16 fuitque terminus eorum
ab Aroer quae sita est in ripa tor- Dt 2,36!
rentis Arnon

AOC ΣΛLFSTMΦ cr

22 cades ACΣc] caedes *cet.* | iachanaem + unus rex OCL | 23 dor[1] + unus O | gentium + rex C | 24 triginta unus Λc; triginta tres O; triginta quattuor C || **13,1** ~ sorte diuisa est c | 3 terram O | gazeos + et TMΦc | 5 eiusque] et usque in F.; usque OΦ | 6 habitabant ATΦ | in montem CF | in partem ΛLSTMΦcr | 8 cum qua] cumque ACLS | possiderent CS; possiderint L | 11 omnemque] et omnem c | uniuersa OTΦ | usque + ad Σc. | 12 omneque CL | edrai TΦcr |

et in valle eiusdem torrentis media
universam planitiem quae ducit Medaba 17 et Esebon
Nm 21,25 cunctosque viculos earum qui sunt in campestribus
Dibon quoque et Bamothbaal et oppidum Baalmaon
18 Iessa et Cedmoth et Mepheeth
19 Cariathaim et Sebama et Sarathasar in monte convallis
12,3 20 Bethpheor et Asedothphasga et Bethaisimoth
21 omnes urbes campestres
universaque regna Seon regis Amorrei qui regnavit in Esebon
quem percussit Moses cum principibus Madian
Nm 31,8 Eveum et Recem et Sur et Ur et Rabee duces Seon habitatores terrae
22 et Balaam filium Beor ariolum occiderunt filii Israhel gladio cum ceteris interfectis
23 factusque est terminus filiorum Ruben Iordanis fluvius
haec est possessio Rubenitarum per cognationes suas urbium et viculorum
24—27: Nm 32,34–36 24 deditque Moses tribui Gad et filiis eius per cognationes suas possessionem
cuius haec divisio est
Nm 32,1; II Sm 24,6 25 terminus Iazer et omnes civitates Galaad dimidiamque partem terrae filiorum Ammon
usque ad Aroer quae est contra Rabba
26 et ab Esebon usque Ramoth Masphe et Batanim
et a Manaim usque ad terminos Dabir
27 in valle quoque Betharaam et Bethnemra et Soccoth et Saphon
reliquam partem regni Seon regis Esebon
huius quoque Iordanis finis est usque ad extremam partem maris Chenereth 12,3; Nm 34,11.12!
trans Iordanem ad orientalem plagam
28 haec est possessio filiorum Gad per familias suas
civitates et villae earum
29 dedit et dimidiae tribui Manasse filiisque eius **29—31:** Dt 3,13!
iuxta cognationes suas possessionem
30 cuius hoc principium est
a Manaim universam Basan Dt 3,14!
et cuncta regna Og regis Basan
omnesque vicos Air qui sunt in Basan
sexaginta oppida 31 et dimidiam partem Galaad
Astharoth et Edrai urbes regni Og in Basan Dt 1,4!
filiis Machir filii Manasse Nm 32,40
dimidiae parti filiorum Machir iuxta cognationes suas
32 hanc possessionem divisit Moses in campestribus Moab
trans Iordanem contra Hiericho ad orientalem plagam
33 tribui autem Levi non dedit possessionem Dt 10,9!
quoniam Dominus Deus Israhel ipse est possessio eius ut locutus est illi
14 hoc est quod possederunt filii Israhel in terra Chanaan 11,23; 19,51!
quam dederunt eis Eleazar sacerdos et Iosue filius Nun 17,4; Nm 34,17.18
et principes familiarum per tribus Israhel
2 sorte omnia dividentes 13,7; Nm 26,55!
sicut praeceperat Dominus in manu Mosi Nm 34,13
novem tribubus et dimidiae tribui
3 duabus enim tribubus et dimidiae dederat Moses trans Iordanem possessionem Nm 34,15!

17 qui] quae CΣF | 18 et iassa 𝔠 | 19 et cariathaim L𝔠 | 21 et omnes 𝔠. | eueum] eui 𝔯 𝔐𝔊 | 25 dimidiamque] et dimidiam 𝔠 | 26 a *om.* AΛS | 27 ~ finis iordanis 𝔠 | 30 uniuersamque AL. | iair L𝔠𝔯 | 31 galaad + et 𝔠 | urbis OFTΦ | filii] filiis CΛFSTΦ | parti] partis AΛSTMΦ | 33 ut] sicuti C.; et O || **14**,1 in terram C |

AOC ΣΛLFSTMΦ 𝔠𝔯

Nm 18,20! absque Levitis qui nihil terrae acceperunt inter fratres suos
4 sed in eorum successerant locum filii
Ioseph in duas divisi tribus Manasse et Ephraim
21,3; Nm 35,2.3! nec acceperunt Levitae aliam in terra partem
nisi urbes ad habitandum et suburbana earum
ad alenda iumenta et pecora sua
5 sicut praecepit Dominus Mosi ita fecerunt filii Israhel et diviserunt terram
6 accesserunt itaque filii Iuda ad Iosue
in Galgala
Nm 32,12 locutusque est ad eum Chaleb filius
Iepphonne Cenezeus
nosti quid locutus sit Dominus ad
Mosen hominem Dei de me et te in
Cadesbarne
7 quadraginta annorum eram quando
Nm 13,18! me misit Moses famulus Domini de
Cadesbarne ut considerarem ter-
ram
nuntiavique ei quod mihi verum videbatur
8 fratres autem mei qui ascenderant
mecum dissolverunt cor populi
Nm 14,24! et nihilominus ego secutus sum Dominum Deum meum
9 iuravitque Moses in die illo dicens
Dt 1,36; 11,24 terram quam calcavit pes tuus erit
possessio tua et filiorum tuorum in
aeternum
quia secutus es Dominum Deum
meum
10 concessit ergo Dominus vitam mihi
sicut pollicitus est usque in praesentem diem
quadraginta et quinque anni sunt ex
quo locutus est Dominus verbum
istud ad Mosen
quando ambulabat Israhel per solitudinem
hodie octoginta quinque annorum
sum
11 sic valens ut eo valebam tempore
quando ad explorandum missus
sum
illius in me temporis fortitudo usque Sir 46,11
hodie perseverat
tam ad bellandum quam ad gradien-
dum
12 da ergo mihi montem istum quem
pollicitus est Dominus te quoque
audiente
in quo Enacim sunt et urbes magnae 11,21; Nm 13,29!
atque munitae
si forte sit Dominus mecum et potuero delere eos sicut promisit mihi
13 benedixitque ei Iosue et tradidit Heb- 15,13! 21,12; Idc 1,20
ron in possessionem
14 atque ex eo fuit Hebron Chaleb filio
Iepphonne Cenezeo usque in praesentem diem
quia secutus est Dominum Deum Israhel
15 nomen Hebron antea vocabatur Ca- 15,13! 54; Idc 1,10
riatharbe
Adam maximus ibi inter Enacim si-
tus est
et terra cessavit a proeliis 11,23
15 igitur sors filiorum Iudae per co- 20
gnationes suas ista fuit **1–4:** Nm 34,3–5
a termino Edom desertum Sin con-
tra meridiem
et usque ad extremam partem aus-
tralis plagae
2 initium eius a summitate maris Salsissimi et a lingua eius quae respicit
meridiem
3 egrediturque contra ascensum Scorpionis et pertransit in Sina
ascenditque in Cadesbarne et pervenit in Esrom
ascendens Addara et circumiens Ca-

AOC ΣΛLFSTMΦ cr

3 acceperant CLS | 4 successerunt CΣΛS c | filiis OΣΦ | in terram OCF | 5 praeceperat C c | 6 accesserunt] ascenderunt CS | in galgal AFT | quid locutus sit] quod loc. est AC. | et + de CΛF | in² *om.* OF. | 7 ~ misit me c | 9 terra ACΣSM c | 10 istum C | octoginta + et OSM | 13 ei *om.* C | tradidit + ei C c | 14 est] es C | 15 antea] ante ΣTMΦ c | inter] in terra CΣΛFT; in terram S. ‖ **15**,2 et *om.* OS. | 3 egredieturque CΛ | ad addar c. |

ricaa
4 atque inde pertransiens in Asemona
et perveniens ad torrentem Aegypti
eruntque termini eius mare Magnum
hic erit finis meridianae plagae
5 ab oriente vero erit initium mare Salsissimum usque ad extrema Iordanis
et ea quae respiciunt aquilonem
a lingua maris usque ad eundem Iordanem fluvium
18,19.21.22 6 ascenditque terminus in Bethagla et transit ab aquilone in Betharaba
18,18 ascendens ad lapidem Boem filii Ruben
7—9: 18,14–18 7 et tendens usque ad terminos Debera
de valle Achor contra aquilonem respiciens Galgala
quae est ex adverso ascensionis Adommim ab australi parte torrentis
transitque aquas quae vocantur **fons Solis**
III Rg 1,9 et erunt exitus eius ad fontem Rogel
8 ascenditque per convallem filii Ennom ex latere Iebusei ad meridiem
haec est Hierusalem
et inde se erigens ad verticem montis qui est contra Gehennom ad occidentem
in summitate vallis Rafaim contra aquilonem
9 pertransitque a vertice montis usque ad fontem aquae Nepthoa
et pervenit usque ad vicos montis Ephron
60 inclinaturque in Bala quae est Cariathiarim id est **urbs Silvarum**
10 et circuit de Bala contra occidentem usque ad montem Seir
transitque iuxta latus montis Iarim
ad aquilonem in Cheslon
et descendit in Bethsames
transitque in Thamna
11 et pervenit contra aquilonem partis Accaron ex latere
inclinaturque Sechrona et transit montem Baala
pervenitque in Iebnehel
et maris Magni contra occidentem fine concluditur
12 hii sunt termini filiorum Iuda per circuitum in cognationibus suis
13 Chaleb vero filio Iepphonne dedit partem in medio filiorum Iuda 14,13! 19,1.2; 21,11.12 13—19: Idc 1,10–15
sicut praeceperat ei Dominus
Cariatharbe patris Enach ipsa est Hebron 14,15! 20,7
14 delevitque ex ea Chaleb tres filios Enach Nm 13,23! Idc 1,20
Sesai et Ahiman et Tholmai de stirpe Enach
15 atque inde conscendens venit ad habitatores Dabir 49; 10,38
quae prius vocabatur Cariathsepher id est Civitas litterarum
16 dixitque Chaleb
qui percusserit Cariathsepher et ceperit eam
dabo illi Axam filiam meam uxorem
17 cepitque eam Othonihel filius Cenez frater Chaleb iunior Idc 3,9!
deditque ei Axam filiam suam uxorem
18 quae cum pergerent simul suasit viro ut peteret a patre suo agrum
suspiravitque ut sedebat in asino
cui Chaleb quid habes inquit
19 at illa respondit
da mihi benedictionem
terram australem et arentem dedisti mihi
iunge et inriguam

AOC ΣΛLFSTMΦ cr

5 respiciunt + ad c | iordanem] iordanis S (*vid.*) c | 6 boen Σ cr; bohen C | 7 ex aduerso] aduersus C | torrentis] orientis CLF | 8 ascendit per C | qui] quae CL | 9 aquae *om.* OC | 10 descendit + inde CLS | 11 peruenitque] peruenit O | ~ magni maris c | 13 filio] filius AΣ | 16 illi] ei c | 18 quae] qui CΣL; quam S. | suasit uiro AO (uero) TΦ r 𝔐𝔊] suasit uir suus S; suasit ei uir eius ΣLM; suasa a uiro CΛF; suasa est a uiro suo c. |

dedit itaque ei Chaleb inriguum su-
perius et inferius
1 20 haec est possessio tribus filiorum Iuda per cognationes suas
21 erantque civitates ab extremis partibus filiorum Iuda iuxta terminos
Edom a meridie
Cabsehel et Eder et Iagur 22 et Cina
et Dimona
Adeda 23 et Cedes et Asor Iethnan
24 Zif et Thelem
Baloth 25 et Asor nova et Carioth-
26—32: 19,2–7; I Par 4,28–32 esrom haec est Asor 26 Aman
Same et Molada 27 et Asergadda et
Asemon
Bethfeleth 28 et Asersual et Bersabee
et Baziothia 29 Bala et Hiim
Esem 30 et Heltholad Exiil et Harma
31 Siceleg et Medemena et Sensenna
32 Lebaoth et Selim et Aenremmon
omnes civitates viginti novem et villae earum
19,41; Idc 13,25! 33 in campestribus vero Esthaul et Saraa et Asena 34 et Azanoe
et Aengannim Thaffua et Aenaim
35 et Hierimoth
I Sm 17,1 Adulam Soccho et Azeca 36 et Saraim
Adithaim et Gedera et Giderothaim
urbes quattuordecim et villae earum
37 Sanan et Adesa et Magdalgad
38 Delean et Mesfa et Iecthel
39 Lachis et Bascath et Aglon
40 Thebbon et Lehemas et Chethlis 41 et
Gideroth
Bethdagon et Neema et Maceda
civitates sedecim et villae earum
42 Labana et Aether et Asan
43 Ieptha et Esna et Nesib
44 Ceila et Achzib et Maresa
civitates novem et villae earum
45 Accaron cum vicis et villulis suis 45—47: 13,3
46 ab Accaron usque ad mare omnia
quae vergunt ad Azotum et viculos
eius
47 Azotus cum vicis et villulis suis
Gaza cum viculis et villulis suis usque ad torrentem Aegypti
mare Magnum terminus eius
48 et in monte Samir et Iether et Soccho
49 et Edenna
Cariathsenna haec est Dabir 15
50 Anab et Isthemo et Anim
51 Gosen et Olon et Gilo
civitates undecim et villae earum
52 Arab et Roma et Esaan
53 Ianum et Bethafua et Afeca
54 Ammatha et Cariatharbe haec est 14,15!
Hebron et Sior
civitates novem et villae earum
55 Maon et Chermel et Zif et Iotae
56 Iezrehel et Iucadam et Zanoe
57 Accaim Gebaa et Thamna
civitates decem et villae earum
58 Alul et Bethsur et Gedor
59 Mareth et Bethanoth et Elthecen
civitates sex et villae earum
60 Cariathbaal haec est Cariathiarim 9
urbs Silvarum et Arebba
civitates duae et villae earum
61 in deserto Betharaba Meddin et
Schacha
62 Anepsan et civitas Salis et Engaddi
civitates sex et villae earum
63 Iebuseum autem habitatorem Hie- Idc 1,21

AOC ΣΛLFSTMΦ cr

19 inriguum] inriguam OCΣTMΦ | 22 dimona + et c | 23 asor + et c | 24 thelem + et Σc | 25 et[1] *om.* c. | 27 asemon + et c | 29 et baala c | hiim + et c. | 30 et exiil CΣΛLFS M; et xiil Φ; et cesil c. | 31 et siceleg Cc | 32 aen et remon c. | uiginti + et ASM | 34 et zanoe c | aengannim + et Σc | 35 hierimoth + et c. | adulam + et AS. | 36 sarim OΛLFSTMΦr; + et c | 38 masepha c. | 39 et lachis OLT. | 40 thebbon] chebbon c | leheman c. | 41 gideroth + et c | 44 et ceila c | 45 cum uicis et uillis ΣST; cum uillis et uicis O | 46 ad[2] *om.* OT. | 47 uicis et uillulis ACFSM cr] uicis et uiculis L; uicis et uillis Λ; uiculis et uillulis Σ; uiculis et uillis O; uiculis TΦ | uiculis et uillis[2] L; uicis et uillulis A cr | aegypti + et Φc | terminos OFM | 48 soccoth Ac | 49 et danna c.; + et Fc | 53 et ianum c | 55 maon et chermel] *ad v.* 54 *transpon.* C(*post* cariatharbe)F(*inter* cariath *et* arbe) | 61 betharaba + et ACLSM | sachacha c. | 62 nebsan Σ; et nepsan F; et nebsan c | ciuitas solis ΣΛ; ciuitates salis OFSMΦ | earum + fiunt simul centum quindecim OT |

rusalem non potuerunt filii Iuda
delere
II Sm 5,6; I Par 11,4 habitavitque Iebuseus cum filiis Iuda
in Hierusalem usque in praesentem
diem
16 cecidit quoque sors filiorum Ioseph
ab Iordane contra Hiericho et
aquas eius ab oriente
solitudo quae ascendit de Hiericho
ad montana Bethel 2 et egreditur de
18,13; Gn 28,19! Bethel Luzam
transitque terminum Archiatharoth
3 et descendit ad occidentem iuxta terminum Ieflethi
18,13 usque ad terminos Bethoron inferioris et Gazer
finiunturque regiones eius mari Magno
4 possederuntque filii Ioseph Manasse
et Ephraim
5 et factus est terminus filiorum Ephraim per cognationes suas et possessio eorum
18,13 contra orientem Atharothaddar usque Bethoron superiorem
6 egrediunturque confinia in mare
Machmethath vero aquilonem respicit
et circuit terminus contra orientem
in Thanathselo
et pertransit ab oriente Ianoe
7 descenditque de Ianoe in Atharoth
et Noaratha
et pervenit in Hiericho
et egreditur ad Iordanem 8 de Taffua
17,9 pertransitque contra mare in valle
Harundineti
suntque egressus eius in mare Salsissimum
haec est possessio tribus filiorum
Ephraim per familias suas

9 urbesque quae separatae sunt filiis 17,9
Ephraim in medio possessionis filiorum Manasse et villae earum
10 et non interfecerunt filii Ephraim Idc 1,29
Chananeum qui habitabat in Gazer III Rg 9,16
habitavitque Chananeus in medio
Ephraim usque in diem hanc tributarius
17 cecidit autem sors tribui Manasse Gn 48,17.18
ipse est enim primogenitus Ioseph
Machir primogenito Manasse patri Nm 32,40!
Galaad qui fuit vir pugnator 1—3: Nm 26,29–33;
habuitque possessionem Galaad et I Par 7,14–19
Basan
2 et reliquis filiorum Manasse iuxta
familias suas
filiis Abiezer et filiis Elech et filiis
Esrihel
et filiis Sechem et filiis Epher et filiis
Semida
isti sunt filii Manasse filii Ioseph mares per cognationes suas
3 Salphaad vero filio Epher filii Ga- 3.4: Nm 27,1.2;
laad filii Machir filii Manasse 36,11.12
non erant filii sed solae filiae
quarum ista sunt nomina
Maala et Noa Egla et Melcha et
Thersa
4 veneruntque in conspectu Eleazari 14,1! Nm 36,1.2
sacerdotis et Iosue filii Nun et principum dicentes
Dominus praecepit per manum Mosi
ut daretur nobis possessio in medio
fratrum nostrorum
deditque eis iuxta imperium Domini Nm 27,3.6
possessionem in medio fratrum patris earum
5 et ceciderunt funiculi Manasse de- 22,7
cem
absque terra Galaad et Basan trans
Iordanem

63 habitauit A || **16**,1 ascendit] descendit AC. | de *om.* OTΦ | ad montem 𝔠 | 3 inferiores OF.; in inferioribus TΦ | 6 circumiit OC | terminus AOF𝔯𝔐] terminos *cet.* | pertransiit O. | 7 in² *om.* CΣ | et egreditur] egrediturque 𝔠. | 8 pertransit contra 𝔠 | in uallem 𝔠 | 9 urbesque quae *restituimus, cf.* 𝔐] urbesque ACT𝔠𝔯; urbes quae *cet.* | 10 habitabat] habitauit C || **17**,1 enim *om.* Σ; ∼ enim est 𝔠 | primogenitus² AL | 2 et⁶ *om.* OT. | filio ioseph AOLST; filiorum ioseph M. | 3 noa + et CLM𝔠 | 4 in conspectum OCM | et²] ac C |

AOC
ΣΛLFSTMΦ
𝔠𝔯

6 filiae enim Manasse possederunt hereditatem in medio filiorum eius
terra autem Galaad cecidit in sortem filiorum Manasse qui reliqui
erant
7 fuitque terminus Manasse ab Aser
Machmathath quae respicit Sychem
et egreditur ad dextram iuxta habitatores fontis Taffuae
8 etenim in sorte Manasse ceciderat
terra Taffuae
quae est iuxta terminos Manasse filiorum Ephraim
16,8 9 descenditque terminus vallis Harun-
16,9 dineti in meridiem torrentis civitatum Ephraim quae in medio sunt
urbium Manasse
terminus Manasse ab aquilone torrentis
et exitus eius pergit ad mare
10 ita ut ab austro sit possessio Ephraim
et ab aquilone Manasse
et utramque claudat mare
et coniungantur sibi in tribu Aser ab
aquilone
et in tribu Isachar ab oriente
I Par 1,29 11 fuitque hereditas Manasse in Isachar
et in Aser
11—13: Idc 1,27.28 Bethsan et viculi eius
et Ieblaam cum villulis suis
et habitatores Dor cum oppidis suis
habitatores quoque Hendor cum villulis suis
similiterque habitatores Thanach
cum villulis suis
et habitatores Mageddo cum viculis
suis
et tertia pars urbis Nofeth
12 nec potuerunt filii Manasse has subvertere civitates
sed coepit Chananeus habitare in
terra ista
13 postquam autem convaluerunt filii
Israhel
subiecerunt Chananeos et fecerunt III Rg 9,21; II Par 8,8
sibi tributarios nec interfecerunt
eos
14 locutique sunt filii Ioseph ad Iosue
atque dixerunt
quare dedisti mihi possessionem sortis et funiculi unius
cum sim tantae multitudinis et bene- Gn 48,19.20
dixerit mihi Dominus
15 ad quos Iosue ait
si populus multus es ascende in silvam
et succide tibi spatia in terra Ferezei
et Rafaim
quia angusta est tibi possessio montis
Ephraim
16 cui responderunt filii Ioseph
non poterimus ad montana conscendere
cum ferreis curribus utantur Chana- Idc 1,19; 4,3
nei
qui habitant in terra campestri
in qua sitae sunt Bethsan cum viculis suis
et Iezrahel mediam possidens vallem Idc 6,33
17 dixitque Iosue ad domum Ioseph
Ephraim et Manasse
populus multus es et magnae fortitudinis
non habebis sortem unam 18 sed
transibis ad montem
et succides tibi atque purgabis ad habitandum spatia
et poteris ultra procedere
cum subverteris Chananeum
quem dicis ferreos habere currus et
esse fortissimum
18 congregatique sunt omnes filii Isra- 22,12; Idc 18,31
hel in Silo

AOC ΣΛLFSTMΦ cr

6 in sorte OΣ | 7 quae] qui A | 9 in meridie CF | 10 ~ possessio ephraim sit ab austro c | utrumque T; utraque C | 11 uiculi] uiculis AΣFST; uillis L. | uillulis[1] ASMr] uillis CΛFTΦ; uiculis OΣLc | uillulis[2] ASTMΦr] uillis CΛLF; uiculis OΣc | uillulis[3] ASTMΦr] uillis CΣΛLF; uiculis Oc | uiculis] uillulis Ar; uillis ΛF | 12 ~ has ciuitates subuertere c; ~ ciuitates has subuertere S. | ista] sua TMΦc | 14 atque] et c | 15 es] est O | in silua OΣ ||

Idc 20,27 ibique fixerunt tabernaculum testimonii
et fuit eis terra subiecta
[2]remanserant autem filiorum Israhel
septem tribus
quae necdum acceperant possessiones suas
[3]ad quos Iosue ait
usquequo marcetis ignavia
Nm 14,30! et non intratis ad possidendam terram quam Dominus Deus patrum
vestrorum dedit vobis
[4]eligite de singulis tribubus ternos viros
ut mittam eos et pergant atque circumeant terram
8 et describant eam iuxta numerum
uniuscuiusque multitudinis
referantque ad me quod descripse-
rint
[5]dividite vobis terram in septem partes
Iudas sit in terminis suis ab australi
plaga
et domus Ioseph ab aquilone
9.10! [6]mediam inter hos terram in septem
partes describite
et huc venietis ad me
8 ut coram Domino Deo vestro mittam vobis hic sortem
Dt 10,9! [7]quia non est inter vos pars Levitarum
13,8! sed sacerdotium Domini est eorum
hereditas
Gad autem et Ruben et dimidia tribus Manasse
iam acceperant possessiones suas
trans Iordanem ad orientalem plagam
quas dedit eis Moses famulus Domini
[8]cumque surrexissent viri ut perge-
4 rent ad describendam terram
praecepit eis Iosue dicens
circuite terram et describite eam ac
revertimini ad me
ut hic coram Domino Deo in Silo 6!
mittam vobis sortem
[9]itaque perrexerunt et lustrantes eam
in septem partes diviserunt scriben-
tes in volumine
reversique sunt ad Iosue in castra
Silo
[10]qui misit sortes coram Domino in 19,51!
Silo
divisitque terram filiis Israhel in septem partes
[11]et ascendit sors prima filiorum Beniamin per familias suas
ut possiderent terram inter filios Iuda
et filios Ioseph
[12]fuitque terminus eorum contra aquilonem ab Iordane
pergens iuxta latus Hiericho septentrionalis plagae
et inde contra occidentem ad montana conscendens
et perveniens in solitudinem Bethaven
[13]atque pertransiens iuxta Luzam ad 16,2; Gn 28,19!
meridiem ipsa est Bethel
descenditque in Atharothaddar 16,5
in montem qui est ad meridiem Beth- 16,3
oron inferioris
[14]et inclinatur circumiens contra mare **14—18:** 15,7–9
a meridie montis qui respicit Beth-
oron contra africum
suntque exitus eius in Cariathbaal
quae vocatur et Cariathiarim urbem filiorum Iuda
haec est plaga contra mare et occidentem
[15]a meridie autem ex parte Cariathiarim egreditur terminus contra mare
et pervenit usque ad fontem aquarum Nepthoa
[16]descenditque in partem montis qui
respicit vallem filiorum Ennom
et est contra septentrionalem pla-

18,2 remanserunt ΟΣΣΤΦ | 7 sacerdotum ΑΤΦ | dimidiam Σ; dimidium CΛFΦ | 8 deo *om.* c.; + uestro C | 12 in] ad Fc | 14 ad meridie Λ; ad meridiem CFc | et[2] *om.* ALF SM | et[3]] ad c |

AOC ΣΛLFSTMΦ cr

gam in extrema parte vallis Rafaim
descenditque Gehennom id est vallis
Ennom iuxta latus Iebusei ad austrum
et pervenit ad fontem Rogel
[17]transiens ad aquilonem et egrediens
ad Aensemes id est fontem Solis
[18]et pertransit usque ad tumulos qui
sunt e regione ascensus Adommim
15,6 descenditque ad Abenboen id est lapidem Boen filii Ruben
et pertransit ex latere aquilonis ad
campestria
descenditque in planitiem [19]et prae-
15,6 tergreditur contra aquilonem Bethagla
suntque exitus eius contra linguam
maris Salsissimi ab aquilone
in fine Iordanis ad australem plagam
[20]qui est terminus illius ab oriente
28 haec est possessio filiorum Beniamin
per terminos suos in circuitu et familias singulas
[21]fueruntque civitates eius Hiericho et
15,6 Bethagla et vallis Casis
[22]Betharaba et Semaraim et Bethel
[23]Avim et Affara et Ofra
[24]villa Emona et Ofni et Gabee
civitates duodecim et villae earum
25—28: 9,17! [25]Gabaon et Rama et Beroth [26]et
Mesfe
Cafera et Ammosa [27]et Recem
Iarafel et Tharala [28]et Sela
15,8; Idc 19,10! Eleph et Iebus quae est Hierusalem
Gabaath et Cariath
civitates quattuordecim et villae earum
20 haec est possessio filiorum Beniamin
iuxta familias suas
19 et egressa est sors secunda filiorum
Symeon per cognationes suas
fuitque hereditas [2]eorum in medio 9; 15,13!
possessionis filiorum Iuda 2—7: 15,26–32
Bersabee et Sabee et Molada [3]et 2—9: I Par 4,28–33
Asersual
Bala et Asem [4]et Heltholath
Bethul Arma [5]et Seceleg et Bethmarchaboth
Asersusa [6]et Bethlebaoth et Saroen
civitates tredecim et villae earum
[7]Ahin et Remmon et Athar et Asan
civitates quattuor et villae earum
[8]omnes viculi per circuitum urbium
istarum
usque ad Balaath Berrameth contra
australem plagam
haec est hereditas filiorum Symeon
iuxta cognationes suas
[9]in funiculo et possessione filiorum 1.2!
Iuda quia maior erat
et idcirco possederunt filii Symeon
in medio hereditatis eorum
[10]cecidit quoque sors tertia filiorum
Zabulon per cognationes suas
et factus est terminus possessionis
eorum usque Sarith
[11]ascenditque de mari et Medala ac
pervenit in Debbaseth
usque ad torrentem qui est contra
Iecennam
[12]et revertitur de Sarith contra orientem in fines Ceseleththabor
et egreditur ad Dabereth
ascenditque contra Iafie
[13]et inde pertransit ad orientalem plagam Getthefer Etthacasin
et egreditur in Remmon Ampthar et
Noa
[14]et circuit ad aquilonem et Nathon
suntque egressus eius vallis Iepthahel

AOC ΣΛLFSTMΦ cr

16 descenditque[2] + in c. | uallis[2]] uallem c. | 18 pertransiit[1] AC. | pertransiit[2] AO | 20 illius *om.* O | singulas] suas c | 23 et auim AΛSM c | 26 mesfe + et c | 28 sela + et AOS | hierusalem + et AS | earum + fiunt omnes ciuitates uiginti sex AS. || **19**,1 et *om.* AΣL | 3 asersual Cr𝔐] hasersual c.; asersua *cet.* | 4 bethul + et Σc | 5 bethmarchaboth + et S c | asersua AOΣΛLS | 8 berrameth] et ramoth CΣ.; beer ramath c. | plagam + fiunt omnes ciuitates decem et septem (octo S.) OS | 9 ~ in possessione et funiculo c | ~ filii simeon possederunt c | 10 ceciditque sors ΣΛF c | 11 et + de A | medala] merala c.; marala Σ | ac] et c | 12 ceseleth et thabor ALSM | 13 pertransit + usque L c | et thacasin c. | 14 et nathon] ennathon CΣ; hanathon c. | ualles AF |

15 et Catheth et Nehalal et Semron et
Iedala et Bethleem
civitates duodecim et villae earum
16 haec est hereditas tribus filiorum Zabulon per cognationes suas urbes
et viculi earum
17 Isachar egressa est sors quarta per
cognationes suas
18 fuitque eius hereditas Hiezrahel et
Chasaloth et Sunem
19 et Afaraim
Seon et Anaarath
20 et Rabbith et
Cesion
Abes
21 et Rameth et Engannim et
Enadda et Bethfeses
22 et pervenit terminus usque Thabor
et Seesima et Bethsemes
eruntque exitus eius Iordanes
civitates sedecim et villae earum
23 haec est possessio filiorum Isachar
per cognationes suas urbes et viculi earum
24 cecidit sors quinta tribui filiorum
Aser per cognationes suas
25 fuitque terminus eorum
Alchath et Oali et Beten et Axab
26 Elmelech et Amaad et Messal
et pervenit usque ad Carmelum maris et Siorlabanath
27 ac revertitur contra orientem Bethdagon
et pertransit usque Zabulon et vallem Iepthahel contra aquilonem in
Bethemech et Neihel
egrediturque ad levam Chabul
28 et
Achran et Roob et Amon et Canae
usque ad Sidonem magnam
29 revertiturque in Orma usque ad civitatem munitissimam Tyrum et usque Osa
Gn 49,13; Idc 5,17 eruntque exitus eius in mare
de funiculo Acziba
30 et Amma et Idc 1,31
Afec et Roob
civitates viginti duae et villae earum
31 haec est possessio filiorum Aser per
cognationes suas urbes et viculi earum
32 filiorum Nepthalim sexta pars cecidit per familias suas
33 et coepit terminus de Heleb et Helon
in Sananim et Adami quae est Ne-
ceb et Iebnahel usque Lecum
et egressus eorum usque ad Iordanem
34 revertiturque terminus contra occidentem in Aznoththabor
atque inde egreditur in Ucoca
et pertransit in Zabulon contra meridiem
et in Aser contra occidentem
et in Iuda ad Iordanem contra ortum solis
35 civitates munitissimae
Aseddim Ser et Ammath et Recchath
Chenereth
36 et Edema et Arama
Asor
37 et Cedes et Edrai
Nasor
38 et Ieron et Magdalel
Horem et Bethanath et Bethsemes Idc 1,33
civitates decem et novem et villae
earum
39 haec est possessio tribus filiorum
Nepthali per cognationes suas urbes et viculi earum
40 tribui filiorum Dan per familias suas
egressa est sors septima
41 et fuit terminus possessionis eius
Saraa et Esthaol et Ahirsemes id est 15,33!
civitas Solis
42 Selebin et Ahialon et Iethela Idc 1,35
43 Helon et Themna et Acron
44 Helthecen et Gebthon et Baalath 21,23.24

AOC ΣΛLFSTMΦ cr

15 iedala] ierala c. | 16 urbis AF.; urbi Σ.; *om.* O. | 18 hiezrahel et chasaloth] saloth iezrahel et chiana AS. | 19 afaraim + et c | 21 engannim CΣcr𝔐] enganni *cet.* | 22 terminus + eius ΣLSTMΦc | 24 ceciditque c | tribus AL | 25 olia AS.; chali c. | axaph Σc; axath O. | 26 et elmelech c; et lammelech C.; et melech A; et meleth L. | sior et labanath Σc | 27 orientem] occidentem AS. | 28 achran] abran c | canae Sr] cane A ΛF; cana c.; canaa CΣ; chananae OTMΦ; chanane L. | magnum OF | 30 afeca AOFT; afeci L. | 31 urbesque ΛFc | 32 pars] sors Ccr𝔐𝔊 | 33 heleph Cc; aleph ΣS; hebeth L. | 35 emath c | recchath + et c | 37 nasor] enhasor c. | 39 uiculi] uillae AS | 41 hirsemes c. | 44 et[1] *om.* c |

45 Iud et Benebarach et Gethremmon
46 aquae Hiercon et Areccon cum termino qui respicit Ioppen
Idc 18,27–29 47 et ipso fine concluditur
ascenderuntque filii Dan et pugnaverunt contra Lesem
ceperuntque eam et percusserunt in ore gladii
ac possederunt et habitaverunt in ea
vocantes nomen eius Lesemdan
ex nomine Dan patris sui
48 haec est possessio tribus filiorum Dan per cognationes suas urbes et viculi earum
49 cumque conplesset terram sorte dividere singulis per tribus suas
dederunt filii Israhel possessionem Iosue filio Nun in medio sui
50 iuxta praeceptum Domini urbem quam postulavit
24,30; Idc 2,9 Thamnathseraa in monte Ephraim
et aedificavit civitatem habitavitque in ea
14,1.2! 18,10! 51 hae sunt possessiones quas sorte diviserunt
21,1.2 Eleazar sacerdos et Iosue filius Nun
et principes familiarum ac tribuum filiorum Israhel
in Silo coram Domino ad ostium tabernaculi testimonii partitique sunt terram
20 et locutus est Dominus ad Iosue dicens
loquere filiis Israhel et dic eis
Nm 35,11.12! 2 separate urbes fugitivorum de quibus locutus sum ad vos per manum Mosi
3 ut confugiat ad eas quicumque animam percusserit nescius
Nm 35,27! et possit evadere iram proximi qui ultor est sanguinis
4 cum ad unam harum confugerit civitatum
stabitque ante portam civitatis
et loquetur senioribus urbis illius ea quae se conprobent innocentem
sicque suscipient eum et dabunt ei locum ad habitandum
5 cumque ultor sanguinis eum fuerit persecutus non tradent in manus eius
quia ignorans percussit proximum eius Dt 19,4
nec ante biduum triduumve eius probatur inimicus
6 et habitabit in civitate illa
donec stet ante iudicium causam reddens facti sui
et moriatur sacerdos magnus qui fuerit in illo tempore Nm 35,25.28
tunc revertetur homicida et ingredietur civitatem et domum suam de qua fugerat
7 decreveruntque Cedes in Galilea montis Nepthali
et Sychem in monte Ephraim 21,21
et Cariatharbe ipsa est Hebron in monte Iuda 15,13!
8 et trans Iordanem contra orientalem plagam Hiericho
statuerunt Bosor quae sita est in campestri solitudine de tribu Ruben Dt 4,43
et Ramoth in Galaad de tribu Gad 21,37
et Gaulon in Basan de tribu Manasse 21,27
9 hae civitates constitutae sunt cunctis filiis Israhel Nm 35,15!
et advenis qui habitant inter eos
ut fugeret ad eas qui animam nescius percussisset
et non moreretur in manu proximi effusum sanguinem vindicare cupientis
donec staret ante populum expositurus causam suam

AOC ΣΛLFSTMΦ cr

45 et iud c | benebarach] bane et barach c. | 46 aquae hiercon] atque hiercon AΣLSM; et meiarcon c. | 47 et[1] + in ASMΦ | percusserunt + eam c | ac] et c | in eam A | 49 ~ sorte diuidere terram c. | 50 in montem OΛFTΦ | 51 haec ACΣΛLST || **20**,1 dic] dices C; dicis A. | 3 confugiant CF | et] ut A | 4 ciuitatem[1] OT | stabit c.; statuitque O | 5 eius[2]] suum C | 6 ingreditur ACSM. | fugerit OΣ. | 9 haec ACΛLS | habitabant OΣLTΦc | cupientes OFT. ||

21 accesseruntque principes familiarum Levi
19,51 ad Eleazar sacerdotem et Iosue filium Nun
et ad duces cognationum per singulas tribus filiorum Israhel
2 locutique sunt ad eos in Silo terrae Chanaan atque dixerunt
Nm 35,1–3! Dominus praecepit per manum Mosi
ut darentur nobis urbes ad habitandum
et suburbana earum ad alenda iumenta
14,4! 3 dederuntque filii Israhel de possessionibus suis iuxta imperium Domini
civitates et suburbana earum
9.10 4 egressaque est sors in familiam Caath filiorum Aaron sacerdotis
de tribubus Iuda et Symeon et Beniamin civitates tredecim
20.21 5 et reliquis filiorum Caath id est Levitis
5—8: I Par 6,61–64 qui superflui erant
de tribubus Ephraim et Dan et dimidia tribu Manasse civitates decem
27 6 porro filiis Gerson egressa est sors ut acciperent de tribubus Isachar et Aser et Nepthalim
dimidiaque tribu Manasse in Basan civitates numero tredecim
34 7 et filiis Merari per cognationes suas
de tribubus Ruben et Gad et Zabulon urbes duodecim
8 dederuntque filii Israhel Levitis civitates et suburbana earum
sicut praecepit Dominus per manum Mosi singulis sorte tribuentes
4 9 de tribubus filiorum Iuda et Symeon
9—19: I Par 6,54–60 dedit Iosue civitates quarum ista sunt nomina
10 filiis Aaron per familias Caath levitici generis
prima enim sors illis egressa est
11 Cariatharbe patris Enach quae vocatur Hebron in monte Iuda et suburbana eius per circuitum 15,13!
12 agros vero et villas eius dederat Chaleb filio Iepphonne ad possidendum 14,13!
13 dedit ergo filiis Aaron sacerdotis Hebron confugii civitatem ac suburbana eius
et Lebnam cum suburbanis suis
14 et Iether et Isthimon 15 et Helon
Dabir 16 et Ahin et Iethan et Bethsemes
cum suburbanis suis civitates novem
de tribubus ut dictum est duabus
17 de tribu autem filiorum Beniamin Ier 1,1
Gabaon et Gabee 18 et Anathoth et Almon
cum suburbanis suis civitates quattuor
19 omnes simul civitates filiorum Aaron sacerdotis tredecim cum suburbanis suis
20 reliquis vero per familias filiorum Caath levitici generis haec est data possessio
21 de tribu Ephraim urbs confugii Sychem cum suburbanis suis in monte Ephraim 20,7
et Gazer 22 et Cebsain et Bethoron
cum suburbanis suis civitates quattuor
23 de tribu quoque Dan
Elthece et Gebbethon 24 et Ahialon et Gethremmon 19,44.45
cum suburbanis suis civitates quattuor
25 porro de dimidia tribu Manasse
Thanach et Gethremmon cum suburbanis suis civitates duae
26 omnes civitates decem et suburbana

21,1 familiarum] filiorum AS | ad eleazarum AS c | 2 terra AΣ | eorum OL | 4 in familia OΣLTΦ | caathi OLS | de tribu CΣLT | 5 superflui erant] superfuerant ΣΛT MΦ c | dimidia tribui Φ; dimidiae tribu CF; dimidiae tribui LTM; dimidiae tribus Σ | 6 tribu] tribui OT | 8 filiis israhel OΣS | singuli sorte ACFTΦ | 10 caathi OLS | 13 lebna AOΣ.; lobnam c. | 15 helon + et Σ c | 20 [*deest* L *usque ad* 22,5] | 21 urbes Σ M c; urbis TΦ | 25 duas AC |

AOC ΣΛ(L)FSTM Φ cr

earum datae sunt filiis Caath inferi-
27—40: I Par 6,71–81 oris gradus
6 27 filiis quoque Gerson levitici generis
20,8; Dt 4,43 dedit de dimidia tribu Manasse confugii civitatem Gaulon in Basan
et Bosram cum suburbanis suis civitates duas
28 porro de tribu Isachar Cesion et Dabereth 29 et Iaramoth et Engannim
cum suburbanis suis civitates quattuor
30 de tribu autem Aser Masal et Abdon
31 et Elacoth et Roob
cum suburbanis suis civitates quattuor
32 de tribu quoque Nepthali civitatem
confugii Cedes in Galilea
et Ammothdor et Charthan cum suburbanis suis civitates tres
33 omnes urbes familiarum Gerson tredecim cum suburbanis suis
7 34 filiis autem Merari Levitis inferioris
gradus per familias suas
data est de tribu Zabulon Iechenam
et Chartha 35 et Damna et Nalol
civitates quattuor cum suburbanis
suis
20,8; Dt 4,43 37 et de tribu Gad civitates confugii
Ramoth in Galaad
et Manaim et Esebon et Iazer
civitates quattuor cum suburbanis
suis
38 omnes urbes filiorum Merari per familias et cognationes suas duodecim
39 itaque universae civitates Levitarum
in medio possessionis filiorum Israhel

fuerunt quadraginta octo 40 cum sub- Nm 35,7
urbanis suis singulae per familias
distributae
41 deditque Dominus Israheli omnem Gn 28,4!
terram quam traditurum se patri-
bus eorum iuraverat
et possederunt illam atque habitaverunt in ea
42 dataque est ab eo pax in omnes per 23,1; II Sm 7,1
circuitum nationes
nullusque eis hostium resistere ausus 10,8!
est
sed cuncti in eorum dicionem redacti
sunt
43 ne unum quidem verbum quod illis 23,14.15
praestaturum se esse promiserat irritum fuit
sed rebus expleta sunt omnia
22 eodem tempore vocavit Iosue Ru-
benitas et Gadditas et dimidiam
tribum Manasse 2 dixitque ad eos
fecistis omnia quae vobis praecepit Dt 34,9; IV Rg 21,8; II Par 33,8
Moses famulus Domini
mihi quoque in omnibus oboedistis
3 nec reliquistis fratres vestros longo
tempore usque in praesentem diem
custodientes imperium Domini Dei
vestri
4 quia igitur dedit Dominus Deus ves- 1,15!
ter fratribus vestris quietem ac pacem sicut pollicitus est
revertimini et ite in tabernacula vestra
et in terram possessionis quam tradidit vobis Moses famulus Domini
trans Iordanem
5 ita dumtaxat ut custodiatis adtente Dt 11,22!
et opere conpleatis

AOC ΣΛFSTMΦ 𝔠𝔯

27 de *om.* AOCΛFT | dimidiae CΣ; decima O. | tribui CS; tribus ΣΛ | ciuitates 𝔠 | duae A | 30 et abdon ΣM 𝔠𝔯𝔐] et achom et abdon acron O.; et aachom achron et abdon F.; et achom et abchrondon A.; et achom et abdon *cet.* | 31 helcath 𝔠 | roob + acron C | 32 ciuitates CS𝔠 | 34 ~ de tribu zabulon data est O | 36 *versum om.* AOΛFTMΦ𝔯, *cf.* 𝔐 (*codd.*), *habent vero* CΣS𝔠 *et legunt*: de tribu quoque ruben ciuitates (ciuitatem Σ) confugii bosor in solitudine et (*om.* Σ) cedson et misor et ocho ciuitates quattuor cum suburbanis suis C(*ante v.* 37)Σ(*post v.* 37); et (*om.* 𝔠) de tribu ruben ultra iordanem contra hiericho ciuitatem (ciuitates 𝔠) refugii bosor in solitudine misor et iazer et iethson et masfa (mephaath 𝔠.) ciuitates quattuor cum suburbanis suis S𝔠 (*ante v.* 37) | 37 et de tribu] de tribu M𝔠; de tribu quoque Σ | ciuitates¹] ciuitatem ΣΛ; ciuitas 𝔯 | 38 familias + suas A | 39 ~ ciuitates uniuersae 𝔠 | 41 dominus + deus O𝔠 | 42 dicione CΣΦ; condicione O. || **22**,2 ~ praecepit uobis 𝔠 | 4 ac] et ΛF𝔠 |

mandatum et legem quam praecepit
vobis Moses servus Domini
ut diligatis Dominum Deum vestrum
et ambuletis in omnibus viis eius
Dt 11,13! et observetis mandata illius adhere-
atisque ei ac serviatis in omni corde
et in omni anima vestra
6 benedixitque eis Iosue et dimisit eos
qui reversi sunt in tabernacula sua
Dt 3,13 7 tribui autem Manasse mediae possessionem Moses dederat in Basan
17,5 et idcirco mediae quae superfuit dedit Iosue sortem inter ceteros fratres suos
trans Iordanem ad occidentalem eius
plagam
cumque dimitteret eos in tabernacula sua et benedixisset illis 8 dixit
ad eos
in multa substantia atque divitiis revertimini ad sedes vestras
cum argento et auro aere ac ferro et
veste multiplici
Nm 31,27! dividite praedam hostium cum fratribus vestris
Nm 32,29! 9 reversique sunt et abierunt filii Ruben et filii Gad et dimidia tribus
Manasse a filiis Israhel
de Silo quae sita est in Chanaan
ut intrarent Galaad terram possessionis suae
quam obtinuerant iuxta imperium
Domini in manu Mosi
10 cumque venissent ad tumulos Iordanis in terra Chanaan
aedificaverunt iuxta Iordanem altare
infinitae magnitudinis
11 quod cum audissent filii Israhel et ad
eos certi nuntii detulissent
aedificasse filios Ruben et Gad et dimidiae tribus Manasse altare
in terra Chanaan super Iordanis tumulos contra filios Israhel
12 convenerunt omnes in Silo ut ascen- 18,1
derent et dimicarent contra eos
13 et interim miserunt ad illos in terram 30.31; Nm 31,6; I Par 9,20
Galaad Finees filium Eleazar sacer-
dotem
14 et decem principes cum eo singulos
de tribubus singulis
15 qui venerunt ad filios Ruben et Gad
et dimidiae tribus Manasse in terram Galaad
dixeruntque ad eos
16 haec mandat omnis populus Domini
quae est ista transgressio
cur reliquistis Dominum Deum Is- II Par 12,5! Ier 15,6!
rahel
aedificantes altare sacrilegum et a 19!
cultu illius recedentes
17 an parum vobis est quod peccastis Nm 25,3!
in Beelphegor
et usque in praesentem diem macula
huius sceleris in nobis permanet
multique de populo corruerunt
18 et vos hodie reliquistis Dominum Idc 10,13!
et cras in universum Israhel eius ira Nm 16,22!
desaeviet
19 quod si putatis inmundam esse terram possessionis vestrae
transite ad terram in qua tabernaculum Domini est et habitate inter nos
tantum ut a Domino et a nostro consortio non recedatis
aedificato altari praeter altare Do- 16,29
mini Dei vestri
20 nonne Achan filius Zare praeteriit 7,1!
mandatum Domini
et super omnem populum Israhel ira
eius incubuit
et ille erat unus homo
atque utinam solus perisset in sce-

5 seruus] famulus OS𝔠 | [*iterum adest* L] | 7 mediae[1]] mediam C.; dimidiae ΣΛS𝔠 | ∼ dimidiae autem tribui manasse 𝔠 | eius *om.* TΦ𝔠 | illis] eis 𝔠 | 8 ac] et CΣ | 9 dimidiae ACS | intrarent + in C; + terram L. | obtinuerunt ALS | 10 tumulum CS(*vid.*) | in terram 𝔠 | 11 dimidia OΛFS; dimidiam L | tribum L | 13 in terra AΣLF | eleazari ΛFMΦ𝔠 | sacerdotis 𝔠 | 14 ∼ de singulis tribubus 𝔠 | 15 in terra OLFTΦ | 18 dereliquistis AΣSM | ∼ ira eius L𝔠 | 19 ad] in AS. | uestri] nostri 𝔠r𝔐 | 20 omnem] uniuersum AS. |

AOC ΣΛ(L)FSTM Φ 𝔠r

lere suo
21 responderuntque filii Ruben et Gad
et dimidiae tribus Manasse principibus legationis Israhel
22 fortissimus Deus Dominus fortissimus Deus Dominus ipse novit
et Israhel simul intelleget
si praevaricationis animo hoc altare construximus
non custodiat nos sed puniat in praesenti
27.29; Ex 40,27! 23 et si ea mente fecimus ut holocausta
III Rg 8,64! et sacrificium et pacificas victimas super eo inponeremus
ipse quaerat et iudicet
24 et non ea magis cogitatione atque tractatu ut diceremus
27 cras dicent filii vestri filiis nostris
Mt 8,29! Mc 5,7! quid vobis et Domino Deo Israhel
25 terminum posuit Dominus inter nos et vos o filii Ruben et filii Gad Iordanem fluvium
et idcirco partem non habetis in Domino
et per hanc occasionem avertent filii vestri filios nostros a timore Domini
putavimus itaque melius 26 et diximus
34 extruamus nobis altare
non in holocausta neque ad victimas offerendas
Gn 21,30 27 sed in testimonium inter nos et vos
et subolem nostram vestramque progeniem
ut serviamus Domino et iuris nostri
23! sit offerre holocausta et victimas et pacificas hostias
24 et nequaquam dicant cras filii vestri filiis nostris
non est vobis pars in Domino
28 quod si voluerint dicere respondebunt eis
ecce altare Domini quod fecerunt
patres nostri
non in holocausta neque in sacrificium sed in testimonium vestrum ac nostrum
29 absit a nobis hoc scelus
ut recedamus a Domino et eius vestigia relinquamus
extructo altari ad holocausta et sacrificia et victimas offerendas 19! 23!
praeter altare Domini Dei nostri
quod extructum est ante tabernaculum eius
30 quibus auditis Finees sacerdos et 13.14!
principes legationis Israhel qui erant cum eo placati sunt
et verba filiorum Ruben et Gad et dimidiae tribus Manasse libentissime susceperunt
31 dixitque Finees filius Eleazari sacer- 13!
dos ad eos
nunc scimus quod nobiscum sit Dominus
quoniam alieni estis a praevaricatione hac
et liberastis filios Israhel de manu Domini
32 reversusque est cum principibus a filiis Ruben et Gad de terra Galaad finium Chanaan ad filios Israhel et rettulit eis
33 placuitque sermo cunctis audientibus
et laudaverunt Deum filii Israhel
et nequaquam ultra dixerunt ut ascenderent contra eos atque pugnarent
et delerent terram possessionis eorum
34 vocaveruntque filii Ruben et filii Gad
altare quod extruxerant 26.27!
Testimonium nostrum quod Dominus ipse sit Deus
23 evoluto autem multo tempore post- 21,42!

AOC ΣΛLFSTMΦ cr 21 dimidia AΦc | 22 ~ dominus deus¹ CΣ | puniat + nos c | 23 sacrificia OL. | super eum CΣ | 25 habebitis OL | 27 domino¹ + deo nostro AO. | offerre + et c. | 28 holocaustum ASM. | ac] et C | ~ nostrum ac uestrum Lc | 29 ~ hoc a nobis CS | derelinquamus AS. | 31 eleazar CL | dominus] deus A | 32 galaad + ad CLS | 33 deum] dominum AΛLFSM | 34 filii² *om.* AΣS. | extruxerunt AS | sit] est A ||

quam pacem Dominus dederat Israheli
subiectis in gyro nationibus universis
13,1! Sm 4,18; 17,12; III Rg 1,1! et Iosue iam longevo et persenilis
aetatis
24,1.2! Dt 31,28! 2 vocavit Iosue omnem Israhelem ma-
ioresque natu et principes ac duces
et magistros dixitque ad eos
ego senui et progressioris aetatis sum
3 vosque cernitis omnia quae fecerit
Dominus Deus vester cunctis per
circuitum nationibus
10,14! quomodo pro vobis ipse pugnaverit
1,23! Ps 77,54; Act 13,19 4 et nunc quia vobis sorte divisit omnem terram
ab orientali parte Iordanis usque ad
mare Magnum
multaeque adhuc supersunt nationes
Dt 12,29! 5 Dominus Deus vester disperdet eas
et auferet a facie vestra
et possidebitis terram sicut vobis pollicitus est
1,7! 6 tantum confortamini et estote solli-
citi
ut custodiatis cuncta quae scripta
sunt in volumine legis Mosi
et non declinetis ab eis nec ad dextram nec ad sinistram
7 ne postquam intraveritis ad gentes
quae inter vos futurae sunt
Ex 23,13 iuretis in nomine deorum earum
et serviatis eis et adoretis illos
8 sed adhereatis Domino Deo vestro
quod fecistis usque in diem hanc
9 et tunc auferet Dominus in conspectu vestro gentes magnas et robustis-
10,8! simas et nullus vobis resistere poterit
10 unus e vobis persequetur hostium
mille viros
Ex 14,14! quia Dominus Deus vester pro vobis
ipse pugnabit sicut pollicitus est
11 hoc tantum diligentissime praeca-
vete
ut diligatis Dominum Deum vestrum Dt 11,13!
12 quod si volueritis gentium harum Idc 3,5.6!
quae inter vos habitant erroribus
adherere
et cum eis miscere conubia atque Dt 7,2.3!
amicitias copulare
13 iam nunc scitote quod Dominus De-
us vester non eas deleat ante faciem Idc 2,3.23
vestram
sed sint vobis in foveam ac laqueum Nm 33,55
et offendiculum ex latere vestro
et sudes in oculis vestris
donec vos auferat atque disperdat 16
de terra hac optima quam tradidit
vobis
14 en ego hodie ingrediar viam univer- III Rg 2,2
sae terrae et toto animo cognoscetis
quod de omnibus verbis quae se Do- 21,43
minus praestaturum nobis esse pollicitus est unum non praeterierit
in cassum
15 sicut ergo implevit opere quod promisit et prospera cuncta venerunt
sic adducet super vos quicquid malorum comminatus est
donec vos auferat atque disperdat de
terra hac optima quam tradidit vobis
16 eo quod praeterieritis pactum Do- Idc 2,20; IV Rg 17,38
mini Dei vestri quod pepigit vobis-
cum
et servieritis diis alienis et adorave- 24,20; Dt 7,4! Idc 2,17
ritis eos
cito atque velociter consurget in vos
furor Domini
et auferemini de terra hac optima 13
quam tradidit vobis
24 congregavitque Iosue omnes tribus 23,2! Dt 29,10!
Israhel in Sychem
et vocavit maiores natu ac principes
et iudices et magistros
steteruntque in conspectu Domini

23,1 ~ pacem dederat dominus Σ c; ~ dominus pacem dederat L | israhel AT; in israhel O. | iam] erat CFS | longeuus CΛFS | 2 uocauitque C | 4 diuisi r𝔐 | 6 nec[1]] neque c | nec[2]] neque LM c. | 7 eorum OΣ; ipsorum L. | 9 dominus + deus ΛF c | 13 et[1] + in CLF | 14 ingredior O c | ~ dominus praestaturum se C; se dom. praest. se S. | uobis Σ cr𝔐 | 16 ab hac terra c || **24,**1 in conspectum C |

AOC ΣΛLFSTMΦ cr

2 et ad populum sic locutus est
haec dicit Dominus Deus Israhel
14! trans fluvium habitaverunt patres
vestri ab initio
Gn 11,26 Thare pater Abraham et Nahor
servieruntque diis alienis
Gn 11,31! 3 tuli ergo patrem vestrum Abraham
de Mesopotamiae finibus
et adduxi eum in terram Chanaan
Gn 16,10! multiplicavique semen eius 4 et dedi
IV Esr 3,15 ei Isaac
illique rursum dedi Iacob et Esau
Dt 2,5 e quibus Esau dedi montem Seir ad
possidendum
Iacob vero et filii eius descenderunt
in Aegyptum
5 misique Mosen et Aaron et percussi
Ex 3,20 Aegyptum multis signis atque portentis
6 eduxique vos et patres vestros de
Lv 25,42! Aegypto et venistis ad mare
Ex 14,9! persecutique sunt Aegyptii patres
vestros cum curribus et equitatu
usque ad mare Rubrum
Ex 14,10; Idc 4,3 7 clamaverunt autem ad Dominum filii Israhel
Ex 14,20 qui posuit tenebras inter vos et Ae-
Ex 14,27! gyptios et adduxit super eos mare
et operuit illos
Dt 29,2! viderunt oculi vestri cuncta quae in
Aegypto fecerim
et habitastis in solitudine multo tempore
Dt 2,24! 8 et introduxi vos ad terram Amorrei
qui habitabat trans Iordanem
cumque pugnarent contra vos tradidi eos in manus vestras
et possedistis terram eorum atque
interfecistis illos
Dt 23,4.5! Idc 11,25 9 surrexit autem Balac filius Sepphor
rex Moab et pugnavit contra Israhelem
misitque et vocavit Balaam filium
Beor ut malediceret vobis
10 et ego nolui audire eum sed e contrario per illum benedixi vobis
et liberavi vos de manu eius
11 transistisque Iordanem et venistis ad
Hiericho
pugnaveruntque contra vos viri civitatis eius
Amorreus et Ferezeus et Chananeus Ex 23,23!
et Hettheus et Gergeseus et Eveus et
Iebuseus
et tradidi illos in manus vestras
12 misique ante vos crabrones et eieci Ex 23,28; Dt 7,20; Sap 12,8
eos de locis suis duos reges Amorreorum non in gladio et arcu tuo
13 dedique vobis terram in qua non laborastis Dt 6,10.11
et urbes quas non aedificastis ut habitaretis in eis
vineas et oliveta quae non plantastis
14 nunc ergo timete Dominum et servite ei perfecto corde atque verissimo Dt 10,12! I Sm 7,3; 12,24! Tb 14,10
et auferte deos quibus servierunt pat- 2; Idt 5,7
res vestri in Mesopotamia et in Aegypto ac servite Domino
15 sin autem malum vobis videtur ut
Domino serviatis
optio vobis datur eligite hodie quod
placet
cui potissimum servire debeatis
utrum diis quibus servierunt patres
vestri in Mesopotamia
an diis Amorreorum in quorum terra
habitatis
ego autem et domus mea serviemus
Domino
16 responditque populus et ait
absit a nobis ut relinquamus Dominum et serviamus diis alienis II Par 13,10; Idc 10,13!
17 Dominus Deus noster ipse eduxit Ex 3,17!
nos et patres nostros de terra Aegypti de domo servitutis

AOC ΣΛLFSTMΦ cr 3 tulit F | adduxit O | in terra OCF | multiplicauitque OF | 4 uero *om.* OM. | filiis OΣ. | 5 misitque AO | percussit A | 6 eduxitque A | 7 adduxi C | eos] illos A. | operui C. | illos] eos A c | 8 introduxit O | ad] in ΣL c | habitabant CSTM | illos] eos c | 11 ad] in C; *om.* Λ | et⁴ *om.* AΛFTM | 12 misitque OL | et²] nec c.; + in AΛFMΦ c | 15 ~ seruire potissimum OΣSMΦ c | in mesopotamiam OC |

Dt 6,22! fecitque videntibus nobis signa ingentia
et custodivit nos in omni via per
quam ambulavimus et in cunctis
populis per quos transivimus
Ex 33,2.3! 18 et eiecit universas gentes
Amorreum habitatorem terrae quam
nos intravimus
serviemus igitur Domino quia ipse
est Deus noster
19 dixitque Iosue ad populum
non poteritis servire Domino
Ex 20,5! Deus enim sanctus et fortis aemulator est
nec ignoscet sceleribus vestris atque
peccatis
23,16! 20 si dimiseritis Dominum et servieritis
diis alienis
convertet se et adfliget vos atque subvertet postquam vobis praestiterit
bona
21 dixitque populus ad Iosue
nequaquam ita ut loqueris erit sed
Domino serviemus
22 et Iosue ad populum
Dt 26,17! testes inquit vos estis quia ipsi elege-
ritis vobis Dominum ut serviatis ei
responderuntque testes
Gn 35,2; Idc 10,16; I Sm 7,3 23 nunc ergo ait auferte deos alienos de
medio vestrum
et inclinate corda vestra ad Dominum Deum Israhel
24 dixitque populus ad Iosue
Dt 11,13! Domino Deo nostro serviemus oboedientes praeceptis eius
25 percussit igitur Iosue in die illo foedus
et proposuit populo praecepta atque
iudicia in Sychem
Dt 31,24 26 scripsitque omnia verba haec in volumine legis Dei
et tulit lapidem pergrandem posuit- I Sm 7,12
que eum subter quercum quae erat Idc 9,6
in sanctuario Domini
27 et dixit ad omnem populum
en lapis iste erit vobis in testimonium Gn 31,48; Dt 31,26
quod audierit omnia verba Domini
quae locutus est vobis
ne forte postea negare velitis et mentiri Domino Deo vestro
28 dimisitque populum singulos in pos- **28—31:** Idc 2,6–9
sessionem suam
29 et post haec mortuus est Iosue filius Gn 50,25; I Sm 25,1!
Nun servus Domini centum decem
annorum
30 sepelieruntque eum in finibus possessionis suae in Thamnathsare 19,50
quae sita est in monte Ephraim
a septentrionali parte montis Gaas
31 servivitque Israhel Domino cunctis
diebus Iosue
et seniorum qui longo vixerunt tempore post Iosue
et qui noverant omnia opera Domini
quae fecerat in Israhel
32 ossa quoque Ioseph quae tulerant
filii Israhel de Aegypto sepelierunt
in Sychem
in parte agri quem emerat Iacob a Gn 33,19!
filiis Emmor patris Sychem centum
novellis ovibus
et fuit in possessione filiorum Ioseph Io 4,5
33 Eleazar quoque filius Aaron mortuus
est et sepelierunt eum in Gaab Finees filii eius quae data est ei in
monte Ephraim

EXPLICIT LIBER IOSUE BENNUN

ID EST IESU NAVE

INCIPIT LIBER SOPTHIM

ID EST IUDICUM

18 amorreorum AC | habitatores C | est + dominus AOLr | 21 ita *om.* A | 22 testis OF. | ut] et OL. | 23 uestrum] uestri ΣΛLTMc | 24 nostro *om.* C | oboedientes AOCΣSr] et oboedientes erimus *cet.* | 25 igitur] ergo Tc. | 26 scripsit quoque MΦc | ~ uerba omnia CS | dei] domini OTΦc | quae] qui AC. | in sanctuarium O | 27 audieritis CΣΛSΦ | 29 centum + et c. | 30 in finibus] in terram AS(*vid.*). | ~ est sita Fc | in montem OF. | 31 nouerunt Σc | 32 in partem OSTMΦ | in possessionem TMΦc | 33 gaba S; gabaam O.; gabaad CT; gabaath ΣLc | filii ΣMcr𝔐] et filii L; et filius T; filius *cet.* ||

AOC
ΣΛLFSTMΦ
cr

20,18 Post mortem Iosue consuluerunt
filii Israhel Dominum dicentes
quis ascendet ante nos contra Chananeum et erit dux belli
2 dixitque Dominus Iudas ascendet
Ios 2,24! ecce tradidi terram in manus eius
3 et ait Iudas Symeoni fratri suo
ascende mecum in sorte mea et pugna contra Chananeum
ut et ego pergam tecum in sorte tua
et abiit cum eo Symeon
4 ascenditque Iudas et tradidit Dominus Chananeum ac Ferezeum in
manus eorum
et percusserunt in Bezec decem milia
virorum
5 inveneruntque Adonibezec in Bezec
et pugnaverunt contra eum ac percusserunt Chananeum et Ferezeum
6 fugit autem Adonibezec
quem secuti conprehenderunt caesis
summitatibus manuum eius ac pedum
7 dixitque Adonibezec
septuaginta reges amputatis manuum ac pedum summitatibus
colligebant sub mensa mea ciborum
reliquias
sicut feci ita reddidit mihi Deus
adduxeruntque eum in Hierusalem
et ibi mortuus est
Ios 10,36.37! 8 obpugnantes ergo filii Iuda Hierusalem ceperunt eam
Dt 13,16! et percusserunt in ore gladii traden-
tes cunctam incendio civitatem
9 et postea descendentes pugnaverunt
contra Chananeum
Dt 1,7! qui habitabat in montanis et ad meridiem et in campestribus
10—15: Ios 15,13–19 10 pergensque Iudas contra Chanane-
Ios 14,15! um qui habitabat in Hebron
cui nomen fuit antiquitus Cariatharbe
percussit Sisai et Ahiman et Tholmai Nm 13,23!
11 atque inde profectus abiit ad habitatores Dabir
cuius nomen vetus erat Cariathsepher
id est civitas Litterarum
12 dixitque Chaleb
qui percusserit Cariathsepher et vas-
taverit eam
dabo ei Axam filiam meam uxorem
13 cumque cepisset eam Othonihel filius 3,9!
Cenez frater Chaleb minor
dedit ei filiam suam coniugem
14 quam pergentem in itinere monuit
vir suus
ut peteret a patre suo agrum
quae cum suspirasset sedens asino
dixit ei Chaleb quid habes
15 at illa respondit
da mihi benedictionem
quia terram arentem dedisti mihi
da et inriguam aquis
dedit ergo ei Chaleb inriguum supe-
rius et inriguum inferius
16 filii autem Cinei cognati Mosi
ascenderunt de civitate Palmarum 3,13; Dt 34,3; II Par 28,15
cum filiis Iuda
in desertum sortis eius quod est ad Nm 21,1
meridiem Arad
et habitaverunt cum eo
17 abiit autem Iudas cum Symeone fratre suo
et percusserunt simul Chananeum
qui habitabat in Sephath et interfecerunt eum
vocatumque est nomen urbis Horma Nm 21,3
id est anathema
18 cepitque Iudas Gazam cum finibus
suis
et Ascalonem atque Accaron cum
terminis suis

(V)AOC ΣΛL(F)STM Φ cr

Iudicum. *Citantur* VAOC *et* ΣΛLFSTMΦl *ac* cr. *Tit.* liber iudicum hebraice sophetim c ‖ **1,**1 [*desunt* V *usque ad v.* 7, F *usque ad v.* 9, l *usque ad* 20,41] | 2 ascendat C; ascendit OL S | 3 in sortem meam c | in sortem tuam c | 5 ac] et AT; *om.* Σ. | 6 quem persecuti c | 7 reddit O | deus] dominus CΣLSTMΦ | [*incipit* V] | 9 [*iterum adest* F] | et[3] *om.* OS | 10 cui VOCFr] cuius *cet.* | 13 minor] iunior C | ei + axam c | 14 in asino OC ΣΛLSMc | 15 in superius VF. |

19 fuitque Dominus cum Iuda et montana possedit
Ios 17,16 nec potuit delere habitatores vallis
4,3 quia falcatis curribus abundabant
Ios 14,13! 20 dederuntque Chaleb Hebron sicut dixerat Moses
Ios 15,14! qui delevit ex ea tres filios Enach
Ios 15,63! 21 Iebuseum autem habitatorem Hierusalem non deleverunt filii Beniamin
II Sm 5,6 habitavitque Iebuseus cum filiis Beniamin in Hierusalem usque in praesentem diem
22 domus quoque Ioseph ascendit in Bethel
fuitque Dominus cum eis
Gn 28,19! 23 nam cum obsiderent urbem quae prius Luza vocabatur
24 viderunt hominem egredientem de civitate
dixeruntque ad eum
ostende nobis introitum civitatis et
Gn 47,29; Ios 2,14 faciemus tecum misericordiam
25 qui cum ostendisset eis
Ios 10,36.37! percusserunt urbem in ore gladii
Ios 6,25 hominem autem illum et omnem cognationem eius dimiserunt
26 qui dimissus abiit in terram Etthim et aedificavit ibi civitatem
vocavitque eam Luzam
quae ita appellatur usque in praesentem diem
27.28: Ios 17,11–13 27 Manasses quoque non delevit Bethsan et Thanach cum viculis suis
et habitatores Dor et Ieblaam et Mageddo cum viculis suis
coepitque Chananeus habitare cum eis
28 postquam autem confortatus est Israhel
III Rg 9,21; II Par 8,8 fecit eos tributarios et delere noluit
Ios 16,10 29 Ephraim etiam non interfecit Chananeum qui habitabat in Gazer
III Rg 9,16 sed habitavit cum eo

30 Zabulon non delevit habitatores Cetron et Naalon
sed habitavit Chananeus in medio eius
factusque est ei tributarius
31 Aser quoque non delevit habitatores Achcho et Sidonis
Alab et Achazib et Alba et Afec et Roob Ios 19,29.30
32 habitavitque in medio Chananei habitatoris illius terrae nec interfecit eum
33 Nepthali non delevit habitatores Bethsemes et Bethanath Ios 19,38
et habitavit inter Chananeum habitatorem terrae
fueruntque ei Bethsemitae et Bethanitae tributarii
34 artavitque Amorreus filios Dan in monte
nec dedit eis locum ut ad planiora descenderent
35 habitavitque in monte Hares quod interpretatur testaceo Ios 19,42
in Ahilon et Salabim
et adgravata est manus domus Ioseph
factusque est ei tributarius
36 fuit autem terminus Amorrei
ab ascensu Scorpionis Petra et superiora loca
2 ascenditque angelus Domini de Galgal ad locum Flentium et ait
eduxi vos de Aegypto et introduxi in terram Ex 33,1!
pro qua iuravi patribus vestris et pollicitus sum
ut non facerem irritum pactum meum vobiscum in sempiternum Gn 17,7!
2 ita dumtaxat ut non feriretis foedus cum habitatoribus terrae huius et Ex 23,32!
aras eorum subverteretis Ex 34,13!
et noluistis audire vocem meam 16; 6,10
cur hoc fecistis

27 et[2] *om.* O | uiculis[2]] uillis VT; uillulis S | 30 naalol c. | 33 nepthali + quoque c. | 34 in montem VCT | planitiora AL. | 35 in montem VCF | 36 scorpionis + et C | petrae OM || **2,**1 galgala ΛFTMΦ; galgalis c. | 2 et[1]] ut O.; sed c. | cur] quum V |

VAOC ΣΛLFSTMΦ cr

23; Ios 23,13 3 quam ob rem nolui delere eos a facie
vestra
Dt 7,16 ut habeatis hostes et dii eorum sint
vobis in ruinam
I Sm 11,4 4 cumque loqueretur angelus Domini
verba haec ad omnes filios Israhel
Nm 14,1! elevaverunt vocem suam et fleverunt
5 et vocatum est nomen loci illius Flentium sive Lacrimarum
Ex 18,12! I Sm 1,21! II Par 1,6 immolaveruntque ibi hostias Domino
6—9: Ios 24,28–31 6 dimisit ergo Iosue populum
et abierunt filii Israhel unusquisque
in possessionem suam ut obtinerent eam
7 servieruntque Domino cunctis diebus eius
et seniorum qui longo post eum vixerunt tempore
et noverant omnia opera Domini
quae fecerat cum Israhel
8 mortuus est autem Iosue filius Nun
famulus Domini centum et decem
annorum
9 et sepelierunt eum in finibus posses-
Ios 19,50 sionis suae in Thamnathsare in
monte Ephraim
a septentrionali plaga montis Gaas
10 omnisque illa generatio congregata
est ad patres suos
et surrexerunt alii qui non noverant
Dominum et opera quae fecerat
cum Israhel
3,12; 4,1; 6,1; 13,1; Dt 31,29! II Esr 9,28 11 feceruntque filii Israhel malum in
conspectu Domini
3,7! 10,6 et servierunt Baalim
III Rg 9,9; II Par 7,22 12 ac dimiserunt Dominum Deum patrum suorum
Dt 29,25.26! qui eduxerat eos de terra Aegypti
et secuti sunt deos alienos
deos quoque populorum qui habitabant in circuitu eorum
et adoraverunt eos
et ad iracundiam concitaverunt Do- Dt 4,25!
minum
13 dimittentes eum et servientes Baal 3,7! 8,33; 10,6.10!
et Astharoth
14 iratusque Dominus contra Israhel 3,8; 10,7
tradidit eos in manibus diripientium
qui ceperunt eos et vendiderunt hos- II Esr 9,28
tibus qui habitabant per gyrum
nec potuerunt resistere adversariis
suis
15 sed quocumque pergere voluissent
manus Domini erat super eos
sicut locutus est et iuravit eis
et vehementer adflicti sunt
16 suscitavitque Dominus iudices qui 3,9! Act 13,20
liberarent eos de vastantium mani- I Sm 12,11
bus
sed nec illos audire voluerunt 2!
17 fornicantes cum diis alienis et ado- 8,33! Ios 23,16
rantes eos
cito deseruerunt viam per quam ingressi fuerant patres eorum
et audientes mandata Domini omnia
fecere contraria
18 cumque Dominus iudices suscitaret
in diebus eorum flectebatur misericordia
et audiebat adflictorum gemitus
et liberabat eos de caede vastantium
19 postquam autem mortuus esset iudex 8,33
revertebantur et multo maiora faciebant quam fecerant patres sui
sequentes deos alienos et servientes
eis et adorantes illos
non dimiserunt adinventiones suas
et viam durissimam per quam ambulare consueverant
20 iratusque est furor Domini in Israhel Ios 23,16!
et ait

(V)AOC ΣΛLFSTMΦ cr 4 ~ haec uerba c | eleuauerunt + ipsi c. | 5 uocatumque est AM | illius + locus c. | 8 ~ mortuus autem est VΛF; mortuusque est A. | 10 nouerunt VS | 12 eduxit AO | deos quoque] deosque AΣSTΦ cr; deos O | 14 [*deest* V *usque ad* 3,2] | in manus ACΣM c; manibus O | 15 erat *om.* S.; ~ super eos erat A c | 16 illos] eos c. | 17 fuerunt O | mandatum C | fecerunt ΛFM; facere OCLT | 18 adflictionem AO. | 19 esset] est C; est et F. | maiora faciebant] faciebant peiora c | sui AOTr] eorum *cet.* | et[2] *om.* c. | consuerant AF.; consueuerunt Λ c |

quia irritum fecit gens ista pactum
meum quod pepigeram cum patribus eorum
et vocem meam audire contempsit
3,1 21 et ego non delebo gentes quas dimisit Iosue et mortuus est
22 ut in ipsis experiar Israhel
Ex 16,28! utrum custodiant viam Domini et ambulent in ea
sicut custodierunt patres eorum an non
3; Ios 23,13 23 dimisit ergo Dominus omnes has nationes et cito subvertere noluit
nec tradidit in manibus Iosue
2,21.22 **3** hae sunt gentes quas Dominus dereliquit
ut erudiret in eis Israhelem et omnes qui non noverant bella Chananeorum
2 et postea discerent filii eorum certare cum hostibus
et habere consuetudinem proeliandi
Ios 13,3–6 3 quinque satrapas Philisthinorum
omnemque Chananeum et Sidonium
atque Eveum qui habitabat in monte Libano
de monte Baalhermon usque ad introitum Emath
4 dimisitque eos ut in ipsis experiretur Israhelem
Ex 16,28! utrum audiret mandata Domini quae praeceperat patribus eorum per manum Mosi an non
Ios 23,12! Ps 105,35.36 5 itaque filii Israhel habitaverunt in medio Chananei et Hetthei et Amorrei et Ferezei et Evei et Iebusei
6 et duxerunt uxores filias eorum
I Esr 9,2! ipsique filias suas eorum filiis tradiderunt
et servierunt diis eorum
2,11! 7 feceruntque malum in conspectu Domini et obliti sunt Dei sui 2,13; IV Esr 1,6
servientes Baalim et Astharoth
8 iratusque Dominus contra Israhel 2,14!
tradidit eos in manus Chusanrasathaim regis Mesopotamiae
servieruntque ei octo annis
9 et clamaverunt ad Dominum qui suscitavit eis salvatorem et liberavit eos 15; II Esr 9,27; Is 19,20 2,16! IV Rg 13,5
Othonihel videlicet filium Cenez fratrem Chaleb minorem 1,13; Ios 15,17
10 fuitque in eo spiritus Domini et iudicavit Israhel 13,25; 14,6! Ex 31,3!
egressusque est ad pugnam et tradidit Dominus in manu eius Chusanrasathaim regem Syriae et oppressit eum
11 quievitque terra quadraginta annis 30; 5,32; 8,28
et mortuus est Othonihel filius Cenez
12 addiderunt autem filii Israhel facere malum in conspectu Domini 2,11! 4,1; II Sm 12,9
qui confortavit adversum eos Eglon regem Moab quia fecerunt malum in conspectu eius
13 et copulavit ei filios Ammon et Amalech
abiitque et percussit Israhel atque possedit Urbem palmarum 1,16! II Par 28,15
14 servieruntque filii Israhel Eglon regi Moab decem et octo annis
15 et postea clamaverunt ad Dominum 9!
qui suscitavit eis salvatorem vocabulo Ahoth filium Gera filii Iemini
qui utraque manu utebatur pro dextera 20,16
miseruntque filii Israhel per illum munera Eglon regi Moab
16 qui fecit sibi gladium ancipitem habentem in medio capulum longitudinis palmae manus
et accinctus est eo subter sagum in dextro femore

(V)AOC ΣΛLFSTMΦ cr

22 in eam OF | 23 ~ nationes has c | in manus SM c; in manu A. || **3**,1 haec C | israhel C | nouerunt AO | 2 et[1]] ut AΣSM c | [*iterum adest* V] | haberent AΣ | 3 habitabant VAΣFSTΦ | 4 israhel ATΦ | mandatum CS; praecepta L | 5 et ferezei *om.* VT | 6 ~ filiis eorum c; eorum filiis eorum O. | 8 ~ contra israel dominus c. | in manu VΣ Λ | 10 in manus OΣLSTMΦ c | 12 quia] qui A | 13 ei] eis VO; eos C | 15 eis *om.* A | ~ pro dextera utebatur c | 16 [*deest* V *usque ad v.* 28] | longitudine O |

17 obtulitque munera Eglon regi Moab
erat autem Eglon crassus nimis
18 cumque obtulisset ei munera
prosecutus est socios qui cum eo venerant
26 19 et reversus de Galgalis ubi erant idola dixit ad regem
verbum secretum habeo ad te o rex
et ille imperavit silentium
egressisque omnibus qui circa eum erant
20 ingressus est Ahoth ad eum
sedebat autem in aestivo cenaculo solus
dixitque verbum Dei habeo ad te
qui statim surrexit de throno
21 extenditque Ahoth manum sinistram
et tulit sicam de dextro femore suo
infixitque eam in ventre eius
22 tam valide ut capulus ferrum sequeretur in vulnere
ac pinguissimo adipe stringeretur
nec eduxit gladium sed ita ut percusserat reliquit in corpore
statimque per secreta naturae alvi stercora proruperunt
23 Ahoth autem clausis diligentissime ostiis cenaculi et obfirmatis sera
24 per posticam egressus est
servique regis ingressi viderunt clausas fores cenaculi atque dixerunt
forsitan purgat alvum in aestivo cubiculo
25 expectantesque diu donec erubescerent
et videntes quod nullus aperiret tulerunt clavem
Idt 14,14 et aperientes invenerunt dominum suum iacentem in terra mortuum
26 Ahoth autem dum illi turbarentur effugit
19 et pertransiit locum Idolorum unde reversus fuerat
venitque in Seirath
27 et statim insonuit bucina in monte Ephraim
descenderuntque cum eo filii Israhel
ipso in fronte gradiente
28 qui dixit ad eos
sequimini me tradidit enim Dominus 4,7.14; 7,9!
inimicos nostros Moabitas in manus nostras
descenderuntque post eum 7,24; 12,5; Ios 2,7
et occupaverunt vada Iordanis quae transmittunt in Moab
et non dimiserunt transire quemquam
29 sed percusserunt Moabitas in tempore illo circiter decem milia
omnes robustos et fortes viros
nullus eorum evadere potuit
30 humiliatusque est Moab die illo sub manu Israhel 8,28
et quievit terra octoginta annis 11!
31 post hunc fuit Samgar filius Anath 5,6
qui percussit de Philisthim sescentos viros vomere
et ipse quoque defendit Israhel
4 addideruntque filii Israhel facere malum in conspectu Domini post mortem Ahoth 2,11! 3,12
2 et tradidit illos Dominus in manu Iabin regis Chanaan qui regnavit in Asor Ios 11,1
habuitque ducem exercitus sui nomine Sisaram 7; I Sm 12,9
ipse autem habitabat in Aroseth gentium
3 clamaveruntque filii Israhel ad Dominum Ex 14,10; Ios 24,7
nongentos enim habebat falcatos currus 1,19; Ios 17,16
et per viginti annos vehementer oppresserat eos
4 erat autem Debbora prophetis uxor
Lapidoth quae iudicabat populum

(V)AOC ΣΛLFSTMΦ cr

21 ∼ sinistram manum c | 22 ∼ sequeretur ferrum Sc | aluei O | 24 per posticum ΣΛ c; et postica C. | 25 ∼ in terra iacentem c | 26 dum] cum CF | 29 [*iterum adest* V] | 30 moab + in Σc | sub manus VF | 31 uiros + de AS. || **4**,2 in manus VMc | 3 clamauerunt filii V | falcarios V | 4 prophetes VCΣTM | quae] qui C | populo VF |

in illo tempore
[5]et sedebat sub palma quae nomine
illius vocabatur
inter Rama et Bethel in monte Ephraim
ascendebantque ad eam filii Israhel
in omne iudicium
[6]quae misit et vocavit Barac filium
Abinoem de Cedes Nepthalim
dixitque ad eum praecepit tibi Dominus Deus Israhel
vade et duc exercitum in montem
Thabor
tollesque tecum decem milia pugnatorum
de filiis Nepthalim et de filiis Zabulon
13; III Rg 18,40 [7]ego autem ducam ad te in loco torrentis Cison
2! Sisaram principem exercitus Iabin
et currus eius atque omnem multitudinem
14; 3,28! et tradam eos in manu tua
[8]dixitque ad eam Barac
si venis mecum vadam
si nolueris venire non pergam
[9]quae dixit ad eum
ibo quidem tecum sed in hac vice tibi
victoria non reputabitur
Idt 9,15! 16,7! quia in manu mulieris tradetur Sisara
surrexit itaque Debbora et perrexit
cum Barac in Cedes
6 [10]qui accitis Zabulon et Nepthalim
ascendit cum decem milibus pugnatorum
habens Debboram in comitatu suo
[11]Aber autem Cineus recesserat quondam a ceteris Cineis fratribus suis
Nm 10,29 filiis Obab cognati Mosi
et tetenderat tabernacula usque ad
vallem quae vocatur Sennim et erat
iuxta Cedes
[12]nuntiatumque est Sisarae quod a-
scendisset Barac filius Abinoem in
montem Thabor
[13]et congregavit nongentos falcatos 7
currus omnemque exercitum
de Aroseth gentium ad torrentem
Cison
[14]dixitque Debbora ad Barac
surge haec est enim dies in qua tradidit Dominus Sisaram in manus 7; 3,28!
tuas
en ipse ductor est tuus
descendit itaque Barac de monte
Thabor
et decem milia pugnatorum cum eo
[15]perterruitque Dominus Sisaram et
omnes currus eius universamque
multitudinem in ore gladii ad conspectum Barac
in tantum ut Sisara de curru desili-
ens pedibus fugeret
[16]et Barac persequeretur fugientes currus et exercitum usque ad Aroseth
gentium
et omnis hostium multitudo usque Nm 21,35!
ad internicionem caderet
[17]Sisara autem fugiens pervenit ad tentorium Iahel uxoris Aber Cinei 5,24
erat enim pax inter Iabin regem Asor
et domum Aber Cinei
[18]egressa igitur Iahel in occursum Sisarae dixit ad eum
intra ad me domine mi intra ne timeas
qui ingressus tabernaculum eius et
opertus ab ea pallio [19]dixit ad eam
da mihi obsecro paululum aquae 5,25; Gn 24,17!
quia valde sitio
quae aperuit utrem lactis et dedit ei

(V)AOC ΣΛLFSTMΦ cr

4 in *om.* A | 5 nomen O | in montem O | 6 praecipit O | in monte OΛLM | 7 adducam Φ c; educam AM | 8 uenire + mecum c | 9 ~ uictoria non reputabitur tibi c; uict. tibi non reput. S | in manus C | 10 accitis ΛΦ cr, *cf.* 𝔐] accinctis *cet.* | 11 [*deest* V *usque ad v.* 16] | cognatis CS; cognatus Σ. | uocabatur OLSTMΦ | 12 in monte ALFS | 13 omnemque] et omnem c. | 14 doctor C | ~ est ductor OΣSM | 15 resiliens C.; exiliens A | 16 et[2] *om.* O | exercitus OΣ. | [*iterum adest* V] | 18 ne timeas *om.* VC. | ingressus + est A | 19 ~ sitio ualde c |

bibere et operuit illum
20 dixitque Sisara ad eam
sta ante ostium tabernaculi
et cum venerit aliquis interrogans te et dicens
numquid hic est aliquis
respondebis nullus est
5,26 21 tulit itaque Iahel uxor Aber clavum tabernaculi
adsumens pariter malleum
et ingressa abscondite et cum silentio posuit supra tempus capitis eius clavum
percussumque malleo defixit in cerebrum usque ad terram
qui soporem morti socians defecit et mortuus est
22 et ecce Barac sequens Sisaram veniebat
egressaque Iahel in occursum eius dixit ei
veni et ostendam tibi virum quem quaeris
qui cum intrasset ad eam vidit Sisaram iacentem mortuum
et clavum infixum in tempore eius
23 humiliavit ergo Deus in die illo Iabin regem Chanaan coram filiis Israhel
24 qui crescebant cotidie et forti manu opprimebant Iabin regem Chanaan donec delerent eum
Ex 15,1! **5** cecineruntque Debbora et Barac filius Abinoem in die illo dicentes
9.18; 9,17 2 qui sponte obtulistis de Israhel animas vestras ad periculum benedicite Domino
3 audite reges percipite auribus principes
I Par 16,9! Ps 46,7! 74,10; 80,2 ego sum ego sum quae Domino canam psallam Domino Deo Israhel
Dt 33,2 4 Domine cum exires de Seir et transires per regiones Edom
terra mota est caelique ac nubes stillaverunt aquis II Sm 22,8! Ps 67,9
5 montes fluxerunt a facie Domini et Sinai a facie Domini Dei Israhel Ps 45,4! 96,5! Is 64,1.3
6 in diebus Samgar filii Anath in diebus Iahel quieverunt semitae 3,31 Is 33,8
et qui ingrediebantur per eas ambulaverunt per calles devios
7 cessaverunt fortes in Israhel et quieverunt
donec surgeret Debbora surgeret mater in Israhel
8 nova bella elegit Dominus et portas hostium ipse subvertit
clypeus et hasta si apparuerint in quadraginta milibus Israhel
9 cor meum diligit principes Israhel
qui propria voluntate obtulistis vos discrimini benedicite Domino 2! 15
10 qui ascenditis super nitentes asinos
et sedetis in iudicio et ambulatis in via loquimini
11 ubi conlisi sunt currus et hostium est suffocatus exercitus
ibi narrentur iustitiae Domini et clementia in fortes Israhel
tunc descendit populus Domini ad portas et obtinuit principatum
12 surge surge Debbora surge surge et loquere canticum
surge Barac et adprehende captivos tuos fili Abinoem
13 salvatae sunt reliquiae populi Dominus in fortibus dimicavit
14 ex Ephraim delevit eos in Amalech
et post eum ex Beniamin
in populos tuos o Amalech de Machir principes descenderunt
et de Zabulon qui exercitum ducerent ad bellandum

VAOC ΣΛLFSTMΦ cr

21 pariter + et OLM c | egressa VOCΛLF | absconse VCΛFS | sopore OCLM | mortis OΣS | consocians A c. | 22 et[2] *om.* O | in tempora VCΛLF | 23 deus] dominus O CS | 24 crescebat OΣ. | opprimebat ... deleret O. || **5**,1 ~ illo die c. | 2 dominum O | 3 ~ auribus percipite c | 4 distillauerunt Σ c; destillauerunt TΦ | 6 anach A.; anaph VCΛFM; enach L. | 7 in[1] *om.* VO. | 9 diliget AOT | qui] quia VF | dominum C | 11 conlisi] conclusi A | ~ suffocatus est c | 12 surge[4] *om.* CΣΛLM | filii VAΛLFS; filios C | 14 ex[2]] est VCΣ; in Φ |

15 duces Isachar fuere cum Debbora et
Barac vestigia sunt secuti
9! qui quasi in praeceps ac baratrum
se discrimini dedit
diviso contra se Ruben magnanimo-
rum repperta contentio est
Gn 49,14 16 quare habitas inter duos terminos ut
audias sibilos gregum
diviso contra se Ruben magnanimo-
rum repperta contentio est
17 Galaad trans Iordanem quiescebat
et Dan vacabat navibus
Gn 49,13; Ios 19,29 Aser habitabat in litore maris et in
portibus morabatur
18 Zabulon vero et Nepthalim obtule-
2! runt animas suas morti in regione
Merome
19 venerunt reges et pugnaverunt
pugnaverunt reges Chanaan in Thanach iuxta aquas Mageddo
et tamen nihil tulere praedantes
20 de caelo dimicatum est contra eos
Ios 10,13! stellae manentes in ordine et cursu
suo adversum Sisaram pugnave-
runt
Idt 16,5 21 torrens Cison traxit cadavera eorum
torrens Cadumim torrens Cison
conculca anima mea robustos
22 ungulae equorum ceciderunt fugientibus impetu et per praeceps ruenti-
bus fortissimis hostium
23 maledicite terrae Meroz dixit angelus Domini maledicite habitatoribus eius
quia non venerunt ad auxilium Domini in adiutorium fortissimorum
eius
Idt 13,23; Lc 1,28! 24 benedicta inter mulieres Iahel uxor
4,17 Aber Cinei benedicatur in taberna-
culo suo
4,19! 25 aquam petenti lac dedit et in fiala
principum obtulit butyrum
26 sinistram manum misit ad clavum et 4,21
dexteram ad fabrorum malleos
percussitque Sisaram quaerens in capite vulneri locum et tempus valide
perforans
27 inter pedes eius ruit defecit et mortuus est
ante pedes illius volvebatur et iacebat exanimis et miserabilis
28 per fenestram prospiciens ululabat
mater eius et de cenaculo loquebatur
cur moratur regredi currus eius quare tardaverunt pedes quadrigarum
illius
29 una sapientior ceteris uxoribus eius
haec socrui verba respondit
30 forsitan nunc dividit spolia et pul-
cherrima feminarum eligitur ei
vestes diversorum colorum Sisarae
traduntur in praedam
et supellex varia ad ornanda colla
congeritur
31 sic pereant omnes inimici tui Do- Ps 9,4! 6! 91,10
mine
qui autem diligunt te sicut sol in ortu II Sm 23,4; Dn 12,3!
suo splendet ita rutilent Mt 13,43; IV Esr 7,97
32 quievitque terra per quadraginta an- 3,11!
nos
6 fecerunt autem filii Israhel malum in 2,11!
conspectu Domini
qui tradidit eos in manu Madian sep- 13
tem annis
2 et oppressi sunt valde ab eis 10,8.9; I Sm 13,6!
feceruntque sibi antra et speluncas
in montibus
et munitissima ad repugnandum loca
3 cumque sevisset Israhel ascendebat
Madian et Amalech et ceteri orien- 33; 7,12
talium nationum

VAOC ΣΛLFSTMΦ cr

15 magna animorum VF | contemptio CΣ | ~ est contentio c. | 16 diuiso—est *om.* A CΣT | magna animorum VF. | ~ est contentio c | 17 galaad] gad AΛSM; gath C | uagabat O; uocabat T. | 18 in regione merome cr., *cf.* 𝔐] in regionem rome VO(prome)Λ; in regionem romae ACST; in regione romae MΦ; in regione ramae ΣL.; in regionem romem F. | 19 reges[1] *om.* A. | pugnauerunt[2] *om.* VA | 20 in ordinem VC | 22 impetum AO. | 24 cinei + et MΦc | 25 in *om.* A | 26 uulneris ACΣ | 27 uoluebatur ante pedes eius c | exanimus VO. | 28 respiciens VCΛLFTc | 30 diuidet VOCΣFS | 31 splendenti VF. | 32 ~ annos quadraginta A || **6**,1 eos] illos c | 3 seruisset A. | et ceteri] ceterique c. |

4 et apud eos figentes tentoria sicut
erant in herbis cuncta vastabant
usque ad introitum Gazae
nihilque omnino ad vitam pertinens
relinquebant in Israhel
non oves non boves non asinos
5 ipsi enim et universi greges eorum
veniebant cum tabernaculis
7,12; Idt 2,11; Ier 46,23 et instar lucustarum universa con-
plebant
innumera multitudo hominum et camelorum quicquid tetigerant devas-
10,9; Ps 37,9! tantes
II Par 13,18; 28,19 6 humiliatusque est Israhel valde in
conspectu Madian
7 et clamavit ad Dominum postulans
auxilium contra Madianitas
8 qui misit ad eos virum prophetam
et locutus est
haec dicit Dominus Deus Israhel
ego vos feci conscendere de Aegypto
Ex 3,17! I Sm 10,18 et eduxi de domo servitutis
Ex 14,30! 9 et liberavi de manu Aegyptiorum et
omnium inimicorum qui adflige-
bant vos
eiecique eos ad introitum vestrum
et tradidi vobis terram eorum 10 et
dixi
ego Dominus Deus vester
ne timeatis deos Amorreorum in
quorum terra habitatis
2,2! et noluistis audire vocem meam
11 venit autem angelus Domini et sedit
8,32 sub quercu quae erat in Ephra
et pertinebat ad Ioas patrem familiae
Ezri
cumque Gedeon filius eius excuteret
atque purgaret frumenta in torculari ut fugeret Madian
12 apparuit ei et ait
II Par 15,2; Lc 1,28 Dominus tecum virorum fortissime

13 dixitque ei Gedeon
obsecro Domine si Dominus nobiscum est cur adprehenderunt nos
haec omnia
ubi sunt mirabilia eius quae narraverunt patres nostri atque dixerunt
de Aegypto eduxit nos Dominus Lv 25,42!
nunc autem dereliquit nos et tradidit 1
in manibus Madian
14 respexitque ad eum Dominus et ait
vade in hac fortitudine tua et libera- 8,22; 9,17
bis Israhel de manu Madian
scito quod miserim te
15 qui respondens ait
obsecro Domine mi in quo liberabo
Israhel
ecce familia mea infima est in Ma- I Sm 9,21
nasse
et ego minimus in domo patris mei Ps 151,1
16 dixitque ei Dominus
ego ero tecum et percuties Madian Ex 3,12!
quasi unum virum
17 et ille si inveni inquit gratiam coram Ex 33,13!
te
da mihi signum quod tu sis qui lo- III Rg 13,3! Is 7,11; Mt 12,38!
quaris ad me
18 ne recedas hinc donec revertar ad te
portans sacrificium et offerens tibi 13,16
qui respondit ego praestolabor adventum tuum
19 ingressus est itaque Gedeon et coxit 13,15
hedum et de farinae modio azymos
panes
carnesque ponens in canistro
et ius carnium mittens in ollam
tulit omnia sub quercum et obtulit ei
20 cui dixit angelus Domini
tolle carnes et panes azymos 13,19
et pone super petram illam et ius
desuper funde
cumque fecisset ita

VAOC ΣΛLFSTMΦ 𝔠𝔯

5 tabernaculis + suis ΣLMΦ 𝔠 | tetigerat O | 6 ~ ualde israhel ASM. | 8 eduxi + uos 𝔠 | 11 sub quercum OCST; super quaercum A. | ephra] epharan V; epharam C. | 12 ei + angelus domini LM 𝔠 | 13 domine] *praem.* mi 𝔠.; + mi M | ~ nobiscum est dominus V CS | omnia + mala CΣΛ | nos[3] + dominus O 𝔠. | in manus O; in manu AΣL 𝔠 | 14 ~ dominus ad eum AT | 15 ~ mi domine 𝔠. | infima OΣSTΦ 𝔠𝔯] infirma *cet.* | 17 loqueris ΣLF 𝔠 | 18 ne] nec S 𝔠 | 19 est *om.* AΦ | et[1] *om.* A | tulitque CL. | sub quercu LΦ 𝔠 | 20 domini] dei A | ~ azymos panes 𝔠. | pones super O; pone supra C 𝔠 |

21 extendit angelus Domini summitatem virgae quam tenebat in manu
et tetigit carnes et azymos panes
Lv 9,24 ascenditque ignis de petra et carnes
azymosque consumpsit
Tb 12,21! angelus autem Domini evanuit ex
oculis eius
13,21.22 22 vidensque Gedeon quod esset angelus Domini ait
Gn 32,30; Is 6,5 heu mihi Domine Deus quia vidi angelum Domini facie ad faciem
Tb 12,17! 23 dixitque ei Dominus pax tecum ne
timeas non morieris
Ios 8,30! 24 aedificavit ergo ibi Gedeon altare
Domino
vocavitque illud Domini pax usque
in praesentem diem
cum adhuc esset in Ephra quae est
familiae Ezri
25 nocte illa dixit Dominus ad eum
tolle taurum patris tui et alterum
taurum annorum septem
30; Ex 34,13! IV Rg 11,18! II Par 34,4! destruesque aram Baal quae est patris tui
et nemus quod circa aram est succide
Ios 8,30! Sm 7,17; 14,35 26 et aedificabis altare Domino Deo tuo
in summitate petrae huius super
quam sacrificium ante posuisti
v 1,3! Nm 8,12; I Sm 6,14 tollesque taurum secundum et offeres holocaustum super lignorum
struem
quae de nemore succideris
27 adsumptis igitur Gedeon decem viris
de servis suis
fecit sicut praeceperat Dominus
timens autem domum patris sui et
homines illius civitatis
per diem facere noluit sed omnia
nocte conplevit
28 cumque surrexissent viri oppidi eius
mane
viderunt destructam aram Baal lu-
cumque succisum
et taurum alterum inpositum super
altare quod tunc aedificatum erat
29 dixeruntque ad invicem quis hoc fecit
cumque perquirerent auctorem facti
dictum est
Gedeon filius Ioas fecit haec omnia
30 et dixerunt ad Ioas
produc filium tuum ut moriatur
quia destruxit aram Baal et succidit 25!
nemus
31 quibus ille respondit
numquid ultores estis Baal et pug-
natis pro eo
qui adversarius eius est moriatur
antequam lux crastina veniat
si deus est vindicet se de eo qui suffodit aram eius
32 ex illo die vocatus est Gedeon Hie- 7,1
robbaal
eo quod dixisset Ioas ulciscatur se
de eo Baal qui suffodit altare eius
33 igitur omnis Madian et Amalech et 3.4
orientales populi congregati sunt
simul
et transeuntes Iordanem castrame- Ios 17,16
tati sunt in valle Iezrahel
34 spiritus autem Domini induit Ge- 11,29; 14,6! Nm 24,2!
deon
qui clangens bucina convocavit domum Abiezer ut sequeretur
35 misitque nuntios in universum Manassen
qui et ipse secutus est eum
et alios nuntios in Aser et Zabulon
et Nepthalim
qui occurrerunt ei
36 dixitque Gedeon ad Dominum

21 ~ panes azymos c. | azymosque + panes ALF c; azymos panesque C. | 22 mihi] mi ATMΦ c | domini 2] dei O | faciem ad faciem A | 24 domini] dominus VA.; *om.* L. | cumque LST c; cum autem AM | 26 ~ ante sacrificium c | tollensque AT | ~ struem lignorum c | 27 igitur] ergo c. | praeceperat + ei c | id facere noluit A.; noluit id facere c. | 30 tuum + huc c | quia] qui OΣ | 31 ut pugnetis Φ c | ~ est eius C c | 32 se de eo] se deo O; sed deo L. | ~ baal de eo AΣM | altare] aram c | 33 omnes OM | 34 sequeretur] *praem.* se LTMΦ; + se c | 36 dominum] deum c. |

VAOC ΣΛLFSTMΦ cr

si salvum facis per manum meam Israhel sicut locutus es
37 ponam vellus hoc lanae in area
si ros in solo vellere fuerit et in omni terra siccitas
sciam quod per manum meam sicut locutus es liberabis Israhel
38 factumque est ita
et de nocte consurgens expresso vellere concam rore conplevit
39 dixitque rursus ad Dominum
Gn 18,32 ne irascatur furor tuus contra me si adhuc semel temptavero signum quaerens in vellere
oro ut solum vellus siccum sit et omnis terra rore madens
40 fecitque Dominus nocte illa ut postulaverat
et fuit siccitas in solo vellere et ros in omni terra
6,32 **7** igitur Hierobbaal qui est et Gedeon de nocte consurgens et omnis populus cum eo venit ad fontem qui vocatur Arad
8 erant autem castra Madian in valle ad septentrionalem plagam collis Excelsi
2 dixitque Dominus ad Gedeon
multus tecum est populus nec tradetur Madian in manus eius
ne glorietur contra me Israhel et dicat meis viribus liberatus sum
Dt 20,8 3 loquere ad populum et cunctis audientibus praedica
qui formidolosus et timidus est revertatur
recesseruntque de monte Galaad
et reversa sunt ex populo viginti duo milia virorum
et tantum decem milia remanserunt
4 dixitque Dominus ad Gedeon
adhuc populus multus est
duc eos ad aquas et ibi probabo illos
et de quo dixero tibi ut tecum vadat ipse pergat
quem ire prohibuero revertatur
5 cumque descendisset populus ad aquas
dixit Dominus ad Gedeon
qui lingua lambuerint aquas sicut solent canes lambere separabis eos seorsum
qui autem curvatis genibus biberint in altera parte erunt
6 fuit itaque numerus eorum qui manu ad os proiciente aquas lambuerant trecenti viri
omnis autem reliqua multitudo flexo poplite biberat
7 et ait Dominus ad Gedeon
in trecentis viris qui lambuerunt aquas liberabo vos
et tradam Madian in manu tua
omnis autem reliqua multitudo revertatur in locum suum 9,55
8 sumptis itaque pro numero cibariis et tubis
omnem reliquam multitudinem abire praecepit ad tabernacula sua
et ipse cum trecentis viris se certamini dedit
castra autem Madian erant subter in valle 1
9 eadem nocte dixit Dominus ad eum
surge et descende in castra quia tradidi eos in manu tua 14.15; 3,28!
10 sin autem solus ire formidas descendat tecum Phara puer tuus
11 et cum audieris quid loquantur
tunc confortabuntur manus tuae
et securior ad hostium castra descendes
descendit ergo ipse et Phara puer eius in partem castrorum ubi erant armatorum vigiliae
12 Madian autem et Amalech et omnes orientales populi 6,3
fusi iacebant in valle ut lucustarum 6,5; Idt 2,11

VAOC ΣΛLFSTMΦ cr
36 facies VΣ | 37 ~ hoc uellus c | 38 impleuit c | 39 dominum] deum O c | 40 dominus] deus c. || 7,1 est *om.* ΣTMΦ c | et[1] *om.* O | 2 gedeonem V | 3 reuersi AS c | ex] de A c. | 6 proicientes AS | ~ lambuerant aquas c. | 7 gedeonem V | ~ in manu tua madian c | 8 erat OT | 11 in parte OMΦ | 12 orientalium AS. |

multitudo
cameli quoque innumerabiles erant
Ios 11,4! sicut harena quae iacet in litoribus
maris
13 cumque venisset Gedeon narrabat
aliquis somnium proximo suo
et in hunc modum referebat quod viderat
vidi somnium et videbatur mihi quasi
subcinericius panis ex hordeo
volvi et in Madian castra descendere
cumque pervenisset ad tabernaculum
percussit illud atque subvertit et terrae funditus coaequavit
14 respondit is cui loquebatur
non est hoc aliud nisi gladius Gedeonis filii Ioas viri israhelitae
9! tradidit Deus in manu eius Madian
et omnia castra eius
15 cumque audisset Gedeon somnium
et interpretationem eius adoravit
et reversus ad castra Israhel ait
9! surgite tradidit enim Dominus in
manus nostras castra Madian
16 divisitque trecentos viros in tres partes
et dedit tubas in manibus eorum
lagoenasque vacuas ac lampadas in
medio lagoenarum
17 et dixit ad eos
quod me facere videritis hoc facite
ingrediar partem castrorum et quod
fecero sectamini
18 quando personaverit tuba in manu
mea
vos quoque per castrorum circuitum
20 clangite et conclamate Domino et
Gedeoni
19 ingressusque est Gedeon et trecenti
viri qui erant cum eo in parte castrorum
incipientibus vigiliis noctis mediae
et custodibus suscitatis coeperunt
bucinis clangere et conplodere inter
se lagoenas
20 cumque per gyrum castrorum in tribus personarent locis et hydrias
confregissent
tenuerunt sinistris manibus lampadas et dextris sonantes tubas
clamaveruntque gladius Domini et 18
Gedeonis
21 stantes singuli in loco suo per circuitum castrorum hostilium
omnia itaque castra turbata sunt I Sm 14,19
et vociferantes ululantesque fugerunt
22 et nihilominus insistebant trecenti
viri bucinis personantes
inmisitque Dominus gladium in omnibus castris
et mutua se caede truncabant I Sm 14,20
23 fugientes usque Bethseta et crepidinem Abelmeula in Tebbath
conclamantes autem viri Israhel
de Nepthali et Aser et omni Manasse
persequebantur Madian
24 misitque Gedeon nuntios in omnem
montem Ephraim dicens
descendite in occursum Madian et 3,28! 12,5
occupate aquas usque Bethbera atque Iordanem
clamavitque omnis Ephraim
et praeoccupavit aquas atque Iordanem usque Bethbera
25 adprehensosque duos viros Madian
Oreb et Zeb interfecit
Oreb in petra Oreb Zeb vero in torculari Zeb
et persecuti sunt Madian
capita Oreb et Zeb portantes ad Gedeon trans fluenta Iordanis
8 dixeruntque ad eum viri Ephraim 12,1
quid est hoc quod facere voluisti
ut non nos vocares cum ad pugnam

12 in litore OTΦ𝔠 | 13 in[1] *om.* O | ~ castra madian L𝔠 | uenisset AΣ | 14 hoc *om.* AO. | tradidit + enim LSTM𝔠 | deus] dominus VCΣΛFST𝔠 | in manus OΣΛLFST𝔠; in manum C. | 15 reuersus + est TΦ𝔠 | israhel + et FTΦ𝔠 | 18 personuerit OΣLTM𝔠 | ~ circuitum castrorum A | 19 in partem AΛSTM𝔠 | 23 usque + ad C𝔠 | madian + et (rex L.) dedit dominus uictoriam populo israhel (suo C.) in die illa (illo M.) CLM | 25 madian[1] + et VF. || **8**,1 ~ nos non A𝔠 |

VAOC ΣΛLFSTMΦ 𝔠𝔯

pergeres contra Madian
iurgantes fortiter et prope vim inferentes
[2] quibus ille respondit
quid enim tale facere potui quale vos fecistis
nonne melior est racemus Ephraim vindemiis Abiezer
[3] in manus vestras tradidit Dominus
Ps 82,1 principes Madian Oreb et Zeb
quid tale facere potui quale vos fecistis
quod cum locutus esset requievit spiritus eorum quo tumebant contra eum
[4] cumque venisset Gedeon ad Iordanem
transivit eum cum trecentis viris qui secum erant
et prae lassitudine fugientes persequi non poterant
[5] dixitque ad viros Soccoth
date obsecro panes populo qui me-
I Sm 14,31! cum est quia valde defecerunt
ut possimus persequi Zebee et Salmana reges Madian
[6] responderunt principes Soccoth
15 forsitan palmae manuum Zebee et Salmana in manu tua sunt
et idcirco postulas ut demus exercitui tuo panes
[7] quibus ille ait
cum ergo tradiderit Dominus Zebee et Salmana in manus meas
16 conteram carnes vestras cum spinis tribulisque deserti
[8] et inde conscendens venit in Phanuhel
locutusque est ad viros eius loci similia
cui et illi responderunt sicut responderant viri Soccoth
[9] dixit itaque et eis
cum reversus fuero victor in pace destruam turrem hanc
[10] Zebee autem et Salmana requiescebant cum omni exercitu suo
quindecim milia enim viri remanserant ex omnibus turmis orientalium populorum
caesis centum viginti milibus bellatorum et educentium gladium
[11] ascendensque Gedeon per viam eorum qui in tabernaculis morabantur
ad orientalem partem Nobee et Iecbaa
percussit castra hostium
qui securi erant et nihil adversi suspicabantur
[12] fugeruntque Zebee et Salmana
quos persequens Gedeon conprehendit turbato omni exercitu eorum
[13] revertensque de bello ante solis or-
tum [14] adprehendit puerum de viris Soccoth
interrogavitque eum nomina principum et seniorum Soccoth
et descripsit septuaginta septem viros
[15] venitque ad Soccoth et dixit eis
en Zebee et Salmana super quibus exprobrastis mihi dicentes
forsitan manus Zebee et Salmana in 6
manibus tuis sunt
et idcirco postulas ut demus viris qui lassi sunt et defecerunt panes
[16] tulit ergo seniores civitatis et spinas 7
deserti ac tribulos
et contrivit cum eis atque comminuit viros Soccoth
[17] turrem quoque Phanuhel subvertit occisis habitatoribus civitatis
[18] dixitque ad Zebee et Salmana
quales fuerunt viri quos occidistis in Thabor
qui responderunt similes tui et unus ex eis quasi filius regis
[19] quibus ille ait
fratres mei fuerunt filii matris meae

VAOC ΣΛLF(S)TM Φ cr

2 potuit A | 3 uestras] nostras CΣ. | ~ dominus tradidit c | tumebat CΣF. | 4 uenissent O | 5 possemus AO. | 8 eius loci] loci illius ASM c | et[2] *om.* A | responderant[1] AM. | 9 et *om.* OΣ | [*deest* S *usque ad* 9,16] | in pacem C | 10 ~ enim milia ΣΦ c | et[2] *om.* OΣ c | 11 aduerse CΣ | 19 ait] respondit c |

vivit Dominus si servassetis eos non
vos occiderem
20 dixitque Ietther primogenito suo
surge et interfice eos
qui non eduxit gladium
timebat enim quia adhuc puer erat
Ps 82,12 21 dixeruntque Zebee et Salmana
tu surge et inrue in nos
quia iuxta aetatem robur est hominis
surrexit Gedeon et interfecit Zebee
et Salmana
et tulit ornamenta ac bullas quibus
colla regalium camelorum decorari
solent
22 dixeruntque omnes viri Israhel ad
Gedeon
dominare nostri tu et filius tuus et
filius filii tui
6,14; 9,17 quia liberasti nos de manu Madian
23 quibus ille ait
non dominabor vestri nec dominabitur in vos filius meus sed dominabitur Dominus
24 dixitque ad eos unam petitionem
postulo a vobis
Ex 32,2 date mihi inaures ex praeda vestra
inaures enim aureas Ismahelitae habere consuerant
25 qui responderunt libentissime dabimus
expandentesque super terram pallium
proiecerunt in eo inaures de praeda
26 et fuit pondus postulatarum inau-
rium mille septingenti auri sicli
absque ornamentis et monilibus et
veste purpurea
quibus Madian reges uti soliti erant
et praeter torques aureos camelorum
17,5! 27 fecitque ex eo Gedeon ephod et posuit illud in civitate sua Ephra
fornicatusque est omnis Israhel in eo
et factum est Gedeoni et omni domui
eius in ruinam
28 humiliatus est autem Madian coram 3,30
filiis Israhel
nec potuerunt ultra elevare cervices
sed quievit terra per quadraginta an- 3,11!
nos quibus praefuit Gedeon
29 abiit itaque Hierobbaal filius Ioas et 9,2.5
habitavit in domo sua
30 habuitque septuaginta filios qui IV Rg 10,1
egressi sunt de femore eius
eo quod plures haberet uxores
31 concubina autem illius quam habebat in Sychem
genuit ei filium nomine Abimelech
32 mortuusque est Gedeon filius Ioas in Gn 25,8! I Par 29,28
senectute bona
et sepultus in sepulchro Ioas patris
sui in Ephra de familia Ezri 6,11
33 postquam autem mortuus est Ge- 2,19!
deon
aversi sunt filii Israhel et fornicati 2,13! 17!
cum Baalim
percusseruntque cum Baal foedus ut 9,46
esset eis in deum
34 nec recordati sunt Domini Dei sui
qui eruit eos de manu omnium ini- I Sm 12,11
micorum suorum per circuitum
35 nec fecerunt misericordiam cum domo Hierobbaal Gedeon
iuxta omnia bona quae fecerat Israheli
9 abiit autem Abimelech filius Hierobbaal in Sychem ad fratres matris
suae
et locutus est ad eos et ad omnem
cognationem domus patris matris
suae dicens
2 loquimini ad omnes viros Sychem
quid vobis est melius ut dominentur

19 dominus + quia CΣc | 20 ietther] ieptae V.; ihepte C. | 23 dominabitur[2] + uobis Λc | 24 consueuerant OLMΦc; consuerunt ΛT | 26 auri] aurei C.; *om.* O | ~ reges madian c | aureos VOLr] *om.* F.; aureas *cet.* | 27 fornicatus est VO. | in ruina VΛ | 28 leuare AL | ~ ceruices eleuare c | per *om.* AOΣ. | ~ gedeon praefuit c | 29 itaque] quoque VC | 32 sepultus + est OCc | in[3] *om.* V | 33 fornicati + sunt AT MΦc | 34 de manu VOΣr] de manibus *cet.* | omnium *om.* A; ~ inimicorum suorum omnium c ||

VAOC ΣΛLFTMΦ cr

5; 8,29.30 vestri septuaginta viri omnes filii
Hierobbaal
an ut dominetur vobis unus vir
Gn 2,23! simulque considerate quia os vestrum et caro vestra sum
[3]locutique sunt fratres matris eius de
eo ad omnes viros Sychem universos sermones istos
et inclinaverunt cor eorum post Abimelech dicentes frater noster est
[4]dederuntque illi septuaginta pondo
argenti de fano Baalbrith
11,3; I Sm 22,2; III Rg 11,24 qui conduxit sibi ex eo viros inopes
et vagos
secutique sunt eum
8,29.30 [5]et venit in domum patris sui Ephra
2.18.24.56; IV Rg 10,7 et occidit fratres suos filios Hierobbaal septuaginta viros super lapi-
dem unum
remansitque Ioatham filius Hierobbaal minimus et absconditus est
[6]congregati sunt autem omnes viri
Sychem
et universae familiae urbis Mello
16.18 abieruntque et constituerunt regem
Ios 24,26 Abimelech iuxta quercum quae stabat in Sychem
[7]quod cum nuntiatum esset Ioatham
ivit et stetit in vertice montis Garizim
elevataque voce clamavit et dixit
audite me viri Sychem ita audiat vos
Deus
[8]ierunt ligna ut unguerent super se
regem
dixeruntque olivae impera nobis
[9]quae respondit
numquid possum deserere pinguedinem meam qua et dii utuntur et
homines
et venire ut inter ligna promovear
[10]dixeruntque ligna ad arborem ficum 14
veni et super nos regnum accipe
[11]quae respondit eis
numquid possum deserere dulcedi-
nem meam fructusque suavissimos
et ire ut inter cetera ligna commovear
[12]locuta sunt quoque ligna ad vitem
veni et impera nobis
[13]quae respondit
numquid possum deserere vinum Ps 103,15!
meum quod laetificat Deum et homines
et inter ligna cetera commoveri
[14]dixeruntque omnia ligna ad ramnum 10
veni et impera super nos
[15]quae respondit eis
si vere me regem vobis constituitis
venite et sub mea umbra requiescite
sin autem non vultis egrediatur ignis
de ramno et devoret cedros Libani
[16]nunc igitur si recte et absque peccato
constituistis super vos regem Abi- 6
melech
et bene egistis cum Hierobbaal et
cum domo eius
et reddidistis vicem beneficiis eius
qui pugnavit pro vobis [17]et animam
suam dedit periculis 5,2!
ut erueret vos de manu Madian 6,14; 8,22
[18]qui nunc surrexistis contra domum 5!
patris mei
et interfecistis filios eius septuaginta
viros super unum lapidem
et constituistis regem Abimelech fili- 6
um ancillae eius super habitatores
Sychem
eo quod frater vester sit
[19]si ergo recte et absque vitio egistis
cum Hierobbaal et domo eius
hodie laetamini in Abimelech et ille

VAOC ΣΛLF(S)TM Φ cr **9**,2 hierobbaal + id est gedeon O | ut[2] *om.* C | uobis[2]] uestri ALM.; *om.* c. | quia] quod c | 5 in domo ΑΣ | sui + in c | 6 autem *om.* A | et[2] *om.* VL. | 7 in uerticem AOCΣTM | ita + ut AΛTMΦ | deus] dominus VCΛF | 9 respondit + eis A | et[1] *om.* VCΛF | 11 ut *om.* O | promouear Σc; commoueri O. | 12 ~ locuta quoque sunt Σ.; locutaque sunt c | ligna + et AΣT | 13 respondit + eis c | promoueri c | 15 uobis constituistis VOF; constituistis uobis A | ~ sub umbra mea c; sub meam umbram LΦ; sub mea arbore O. | si autem LMΦc | 16 [*iterum adest* S] | beneficii VL | 19 laetemini VCΣTMΦ |

laetetur in vobis
[20] sin autem perverse
egrediatur ignis ex eo et consumat
6 habitatores Sychem et oppidum
Mello
egrediaturque ignis de viris Sychem
et de oppido Mello et devoret Abimelech
[21] quae cum dixisset fugit et abiit in
Bera
habitavitque ibi metu Abimelech
fratris sui
[22] regnavit itaque Abimelech super Israhel tribus annis
I Sm 16,15 [23] misitque Deus spiritum pessimum
inter Abimelech et habitatores Sy-
chem
qui coeperunt eum detestari
5! [24] et scelus interfectionis septuaginta
filiorum Hierobbaal et effusionem
sanguinis eorum
conferre in Abimelech fratrem suum
et in ceteros Sycimarum principes
qui eum adiuverant
[25] posueruntque insidias adversum eum
in montium summitate
et dum illius praestolantur adventum
exercebant latrocinia agentes praedas de praetereuntibus
nuntiatumque est Abimelech
31 [26] venit autem Gaal filius Obed cum
fratribus suis et transivit in Sycimam
ad cuius adventum erecti habitatores
Sychem [27] egressi sunt in agros
vastantes vineas uvasque calcantes
46 et factis cantantium choris ingressi
sunt fanum dei sui
et inter epulas et pocula maledicebant Abimelech
[28] clamante Gaal filio Obed
quis est Abimelech et quae est Sy- 38
chem ut serviamus ei
numquid non est filius Hierobbaal
et constituit principem Zebul servum
suum super viros Emmor patris
Sychem
cur igitur servimus ei
[29] utinam daret aliquis populum istum
sub manu mea ut auferrem de medio Abimelech
dictumque est Abimelech
congrega exercitus multitudinem et
veni
[30] Zebul enim princeps civitatis auditis
sermonibus Gaal filii Obed iratus
est valde
[31] et misit clam ad Abimelech nuntios
dicens
ecce Gaal filius Obed venit in Syci- 26
mam cum fratribus suis
et obpugnat adversum te civitatem
[32] surge itaque nocte cum populo qui
tecum est et latita in agro
[33] et primo mane oriente sole inrue super civitatem
illo autem egrediente adversum te
cum populo suo fac ei quod potueris
[34] surrexit itaque Abimelech cum omni
exercitu suo nocte
et tetendit insidias iuxta Sycimam in
quattuor locis
[35] egressusque est Gaal filius Obed et
stetit in introitu portae civitatis
surrexit autem Abimelech et omnis
exercitus cum eo de insidiarum loco
[36] cumque vidisset populum Gaal dixit
ad Zebul
ecce de montibus multitudo descendit
cui ille respondit

20 mello[1] + eo quod frater uester sit C | egrediaturque—mello[2] *om.* O | egrediatur ignis VL | 21 metu] ob metum M c. | 23 deus] dominus ΛFS c; dominus deus L. | 24 effusionis VA.; effusione L | sycimorum ΣLΦ cr | adiuuauerant AC; adiuuarunt S.; adirauerant Σ. | 25 in montium summitatem ACT; in summitate montium c | praestolabantur c; praestolarentur M | 26 in sycima VF; in sichima C.; in sichem L. | 28 clamantes AO | obedi V.; houedi C. | quis] qui AOF. | igitur] ergo c. | seruimus] seruiemus OCM c | 30 filio VΛ | obede V.; houedi C. | 31 in sycima O.; in sychima C. | 35 in introitum CS | 36 [*deest* S *usque ad* 11,2] |

VAOC ΣΛLF(S)TM Φ cr

umbras montium vides quasi hominum capita et hoc errore deciperis
37 rursumque Gaal ait
ecce populus de umbilico terrae descendit
et unus cuneus venit per viam quae
respicit quercum
38 cui dixit Zebul
ubi est nunc os tuum quo loquebaris
28 quis est Abimelech ut serviamus ei
nonne iste est populus quem despi-
ciebas
egredere et pugna contra eum
39 abiit ergo Gaal spectante Sycimarum populo
et pugnavit contra Abimelech
40 qui persecutus est eum fugientem et
in urbem conpulit
cecideruntque ex parte eius plurimi
usque ad portam civitatis
41 et Abimelech sedit in Ruma
Zebul autem Gaal et socios eius ex-
pulit de urbe nec in ea passus est
commorari
42 sequenti ergo die egressus est populus in campum
quod cum nuntiatum esset Abimelech
43 tulit exercitum suum et divisit in tres
turmas
tendens insidias in agris
vidensque quod egrederetur populus
de civitate
surrexit et inruit in eos 44 cum cuneo
suo
obpugnans et obsidens civitatem
duae autem turmae palantes per
campum adversarios sequebantur
45 porro Abimelech omni illo die ob-
pugnabat urbem
quam cepit interfectis habitatoribus
eius
ipsaque destructa ita ut sal in ea dispergeret
46 quod cum audissent qui habitabant
in turre Sycimorum
ingressi sunt fanum dei sui Berith 27; 8,33
ubi foedus cum eo pepigerant et ex
eo locus nomen acceperat
qui erat valde munitus
47 Abimelech quoque audiens viros turris Sycimorum pariter conglobatos
48 ascendit in montem Selmon cum omni populo suo
et arrepta securi praecidit arboris
ramum
inpositumque ferens umero dixit ad
socios
quod me vidistis facere cito facite
49 igitur certatim ramos de arboribus
praecidentes sequebantur ducem
quos circumdantes praesidio succenderunt
atque ita factum est ut fumo et igne
mille hominum necarentur
viri pariter ac mulieres habitatorum
turris Sychem
50 Abimelech autem inde proficiscens
venit ad oppidum Thebes
quod circumdans obsidebat exercitu
51 erat autem turris excelsa in media
civitate
ad quam confugerant viri simul ac
mulieres et omnes principes civitatis
clausa firmissime ianua et super turris tectum stantes per propugnacula
52 accedensque Abimelech iuxta turrem
pugnabat fortiter
et adpropinquans ostio ignem sub-
ponere nitebatur
53 et ecce una mulier fragmen molae II Sm 11,21; Idt 9,15! 13,19
desuper iaciens inlisit capiti Abi-

VAOC ΣΛLFTMΦ cr 36 ∼ capita hominum c. | et *om.* A | 38 quo] quod CΣTΦ; qui L. | iste] hic c | ∼ populus est c | 39 expectante FMΦ; speculante ΣΛ; expectantes CL | sycimorum OCΣLΦ cr | 41 roma V.; rama CΣ | autem + et CL | 44 persequebantur AΛΦ c | 45 ∼ die illo c | in eam C | 46 in turrem C; in turres VTΦ | qui²] quia VM | ∼ munitus ualde c | 48 uidetis TMΦ c; uideritis A | 49 quos] qui c | praesidium CΦ c | homines ALM c. | ac] et c | habitatores A | 50 exercitum VOC; exercitus ΛF | 51 ∼ simul uiri TΦ c | 52 nitebantur O | 53 ∼ mulier una OTΦ | fragmentum ATΦ |

melech
et confregit cerebrum eius
I Sm 31,4; I Par 10,4 54 qui vocavit cito armigerum suum et
ait ad eum
evagina gladium tuum et percute me
ne forte dicatur quod a femina inter-
fectus sim
qui iussa perficiens interfecit eum
55 illoque mortuo omnes qui cum eo
7,7 erant de Israhel reversi sunt in sedes suas
56 et reddidit Deus malum quod fecerat
Abimelech contra patrem suum
5! interfectis septuaginta fratribus suis
57 Sycimitis quoque quod operati erant
retributum est
et venit super eos maledictio Ioatham filii Hierobbaal
10 post Abimelech surrexit dux in Israhel Thola filius Phoa patrui Abimelech vir de Isachar
qui habitavit in Sanir montis Ephraim
2 et iudicavit Israhel viginti et tribus
annis
mortuusque ac sepultus est in Sanir
3 huic successit Iair Galaadites qui iudicavit Israhel per viginti et duos
annos
12,14 4 habens triginta filios sedentes super
triginta pullos asinarum
et principes triginta civitatum
Dt 3,14! quae ex nomine eius appellatae sunt
Avothiair id est oppida Iair usque
in praesentem diem in terra Galaad
5 mortuusque est Iair ac sepultus in
loco cui est vocabulum Camon
6 filii autem Israhel peccatis veteribus
iungentes nova
2,11! 13 fecerunt malum in conspectu Domini
et servierunt idolis Baalim et Astharoth
et diis Syriae ac Sidonis et Moab et
filiorum Ammon et Philisthim
dimiseruntque Dominum et non colebant eum
7 contra quos iratus tradidit eos in 2,14! 13,1! I Sm 12,9
manu Philisthim et filiorum Am-
mon
8 adflictique sunt et vehementer op- 6,2!
pressi per annos decem et octo
omnes qui habitabant trans Iordanem in terra Amorrei quae est in
Galaad
9 in tantum ut filii Ammon Iordane
transmisso vastarent Iudam et Beniamin et Ephraim
adflictusque est Israhel nimis 6,2! 6!
10 et clamantes ad Dominum dixerunt
peccavimus tibi quia dereliquimus 2,13! I Sm 12,10; III Rg 18,18!
Deum nostrum et servivimus Ba-
alim
11 quibus locutus est Dominus
numquid non Aegyptii et Amorrei
filiique Ammon et Philisthim
12 Sidonii quoque et Amalech et Chanaan oppresserunt vos
et clamastis ad me et erui vos de ma- I Sm 12,10; II Sm 22,4; Ps 17,4; Bar 4,21; I Mcc 9,46
nu eorum
13 et tamen reliquistis me et coluistis Ios 22,18; 24,16; I Par 5,25!
deos alienos
idcirco non addam ut ultra vos libe-
rem
14 ite et invocate deos quos elegistis Is 57,13!
ipsi vos liberent in tempore angus- Ier 2,28!
tiae
15 dixeruntque filii Israhel ad Dominum
peccavimus redde tu nobis quicquid
tibi placet
tantum nunc libera nos
16 quae dicentes omnia de finibus suis
alienorum deorum idola proiece- Ios 24,23!

56 deus] dominus V | 57 sycimites V.; sychimis C; sichimi Σ. || **10**,2 israelem c. | et² *om.* A | tres V | ~ est ac sepultus AO cr | 3 dair VF. | israelem c. | per *om.* AΣ | 4 supra C | ~ sunt appellatae c | [*deest* F *usque ad* 13,8] | 5 sepultus + est VOCL | 6 sydoniis C | coluerunt c. | 7 quos + dominus c. | in manu AOΛ r(*cf. errata corr.*)] in manus *cet.* | 8 quae] qui A c. | 10 deum] dominum CΛ; dominum deum c | 11 filii quoque AC. | 13 ut ultra uos liberem] ultra uos liberare AL. | 15 tu *om.* A | 16 quae dicentes] qui haec dicentes CΣ; qui eicientes L.; qui aedificantes V. |

VAOC ΣΛL(F)TM Φ cr

runt
et servierunt Deo
qui doluit super miseriis eorum
17 itaque filii Ammon conclamantes in
Galaad fixere tentoria
20,1! I Sm 7,5; 10,17 contra quos congregati filii Israhel in
Maspha castrametati sunt
18 dixeruntque principes Galaad singuli ad proximos suos
11,8 qui primus e nobis contra filios Ammon coeperit dimicare erit dux populi Galaad
11 fuit illo tempore Iepthae Galaadites vir fortissimus atque pugnator
filius meretricis mulieris qui natus
est de Galaad
2 habuit autem Galaad uxorem de qua
suscepit filios
qui postquam creverant eiecerunt
Iepthae dicentes
heres in domo patris nostri esse non
poteris quia de altera matre generatus es
3 quos ille fugiens atque devitans habitavit in terra Tob
9,4; I Sm 22,2; III Rg 11,24 congregatique sunt ad eum viri inopes et latrocinantes
et quasi principem sequebantur
4 in illis diebus pugnabant filii Ammon contra Israhel
5 quibus acriter instantibus perrexerunt maiores natu de Galaad
ut tollerent in auxilium sui Iepthae
de terra Tob
6 dixeruntque ad eum
veni et esto princeps noster et pugna
contra filios Ammon
7 quibus ille respondit
Gn 26,27 nonne vos estis qui odistis me et eiecistis de domo patris mei
et nunc venistis ad me necessitate
conpulsi
8 dixeruntque principes Galaad ad
Iepthae
ob hanc igitur causam nunc ad te
venimus
ut proficiscaris nobiscum et pugnes 10,18
contra filios Ammon
sisque dux omnium qui habitant in
Galaad
9 Iepthae quoque dixit eis
si vere venistis ad me ut pugnem pro I Sm 8,20
vobis contra filios Ammon
tradideritque eos Dominus in manus
meas ego ero princeps vester
10 qui responderunt ei
Dominus qui haec audit ipse media- Ier 42,5
tor ac testis est quod nostra promissa faciamus
11 abiit itaque Iepthae cum principibus
Galaad
fecitque eum omnis populus principem sui
locutusque est Iepthae omnes sermones suos coram Domino in Maspha
12 et misit nuntios ad regem filiorum
Ammon qui ex persona sua dicerent
quid mihi et tibi est quia venisti Io 2,4!
contra me ut vastares terram meam
13 quibus ille respondit
quia tulit Israhel terram meam
quando ascendit de Aegypto
a finibus Arnon usque Iaboc atque
Iordanem
nunc igitur cum pace redde mihi eam
14 per quos rursum mandavit Iepthae
et imperavit eis ut dicerent regi Ammon
15 haec dicit Iepthae
non tulit Israhel terram Moab nec Dt 2,9.19
terram filiorum Ammon
16 sed quando de Aegypto conscende-
runt
ambulavit per solitudinem usque ad Nm 14,25!

(V)AOC ΣΛL(S)TMΦ cr

16 deo] domino ΣLTMΦ; domino deo c. | super miserias O | 17 fixerunt O | masphat VCΛ || **11**,1 [*deest* V *usque ad v.* 8] | ~ mulieris meretricis AΣM c | 2 altera CLTΦ cr, *cf.* 𝔐𝔊(*codd.* AN, ετερας)] adultera AOΣΛM, *cf.* 𝔊(*codd.* BM, εταιρας) | [*iterum adest* S] | generatus] natus OΣ c | 5 tollerent] colligerent C | 6 et¹ *om.* CΛ | 8 [*iterum adest* V] | 9 ~ uester princeps Λ c | 10 faciemus c | 11 sui] sibi A | 13 igitur] ergo c. |

mare Rubrum et venit in Cades
Nm 20,14 17 misitque nuntios ad regem Edom di-
cens
Nm 20,17! dimitte ut transeam per terram tuam
qui noluit adquiescere precibus eius
misit quoque et ad regem Moab
qui et ipse transitum praebere contempsit
Nm 20,1! mansit itaque in Cades 18 et circuivit
Nm 21,4 ex latere terram Edom et terram
Moab
Nm 21,11; Dt 2,8 venitque contra orientalem plagam
terrae Moab
Nm 21,13! et castrametatus est trans Arnon
nec voluit intrare terminos Moab
Arnon quippe confinium est terrae
Moab
19—22: Nm 21,21–24; Dt 2,26–36 19 misit itaque Israhel nuntios ad Seon
regem Amorreorum qui habitabat
in Esebon et dixerunt ei
dimitte ut transeam per terram tuam
usque ad fluvium
20 qui et ipse Israhel verba despiciens
non dimisit eum transire per terminos suos
sed infinita multitudine congregata
egressus est contra eum in Iassa et
fortiter resistebat
21 tradiditque eum Dominus in manu
Israhel cum omni exercitu suo
qui percussit eum et possedit omnem
terram Amorrei habitatoris regionis illius
22 et universos fines eius de Arnon usque Iaboc
et de solitudine usque ad Iordanem
23 Dominus ergo Deus Israhel subvertit
Amorreum pugnante contra illum
populo suo Israhel
et tu nunc vis possidere terram eius
24 nonne ea quae possedit Chamos deus
tuus tibi iure debentur
quae autem Dominus Deus noster
victor obtinuit in nostram cedent
possessionem
25 nisi forte melior es Balac filio Sep- Ios 24,9
phor rege Moab
aut docere potes quod iurgatus sit
contra Israhel et pugnaverit contra
eum
26 quando habitavit in Esebon et vicu- Nm 21,25!
lis eius
et in Aroer et villis illius
vel in cunctis civitatibus iuxta Iordanem per trecentos annos
quare tanto tempore nihil super hac
repetitione temptastis
27 igitur non ego pecco in te sed tu
contra me male agis indicens mihi
bella non iusta
iudicet Dominus arbiter huius diei
inter Israhel et inter filios Ammon
28 noluitque adquiescere rex filiorum
Ammon verbis Iepthae quae per
nuntios mandaverat
29 factus est ergo super Iepthae spiritus 6,34!
Domini
et circumiens Galaad et Manasse
Maspha quoque Galaad
et inde transiens ad filios Ammon
30 votum vovit Domino dicens
si tradideris filios Ammon in manus
meas
31 quicumque primus fuerit egressus de
foribus domus meae
mihique occurrerit revertenti cum
pace a filiis Ammon
eum holocaustum offeram Domino
32 transivitque Iepthae ad filios Ammon ut pugnaret contra eos
quos tradidit Dominus in manus eius
33 percussitque ab Aroer usque dum
venias in Mennith viginti civitates
et usque ad Abel quae est vineis con-

VAOC ΣΛL(S)TMΦ cr

17 dimitte + me ASM c | et[1] *om.* ALS c | 19 israhel *om.* AOΣ.; ~ nuntios israhel V | dimitte + me A | 20 israhelis A | 21 in manus CΛTMΦ c | 22 [*deest* S *usque ad* 19,9] | 23 pugnantem VCΣLT | 24 possidet ΣΛ c | 25 es] est VC. | filius VC | regem OΣTM; rex C. | 26 eius] suis O | illius] eius AC | 27 indices O; incidens Σ. | 29 factusque est AM | 31 ~ primus egressus fuerit AM.; ~ fuerit primus egressus Σ | mihi quoque A CM | 33 percussit itaque A | ueniens C |

sita plaga magna nimis
humiliatique sunt filii Ammon a filiis Israhel
Ex 15,20; I Sm 18,6 34 revertenti autem Iepthae in Maspha domum suam
occurrit unigenita filia cum tympanis et choris
non enim habebat alios liberos
35 qua visa scidit vestimenta sua et ait
heu filia mi decepisti me et ipsa decepta es
aperui enim os meum ad Dominum et aliud facere non potero
36 cui illa respondit
pater mi si aperuisti os tuum ad Dominum fac mihi quodcumque pollicitus es
concessa tibi ultione atque victoria de hostibus tuis
37 dixitque ad patrem hoc solum mihi praesta quod deprecor
dimitte me ut duobus mensibus circumeam montes
et plangam virginitatem meam cum sodalibus meis
38 cui ille respondit vade et dimisit eam duobus mensibus
cumque abisset cum sociis ac sodalibus suis
flebat virginitatem suam in montibus
39 expletisque duobus mensibus reversa est ad patrem suum
Lc 1,34 et fecit ei sicut voverat quae ignorabat virum
exinde mos increbuit in Israhel et consuetudo servata est
40 ut post anni circulum conveniant in unum filiae Israhel
et plangant filiam Iepthae Galaaditae diebus quattuor
12 ecce autem in Ephraim orta seditio est
nam transeuntes contra aquilonem dixerunt ad Iepthae
quare vadens ad pugnam contra filios Ammon vocare nos noluisti ut pergeremus tecum 8,1
igitur incendimus domum tuam
2 quibus ille respondit
disceptatio erat mihi et populo meo contra filios Ammon vehemens
vocavique vos ut mihi praeberetis auxilium et facere noluistis
3 quod cernens posui in manibus meis animam meam I Sm 19,5; 28,2 Iob 13,14!
transivique ad filios Ammon
et tradidit eos Dominus in manus meas
quid commerui ut adversum me consurgatis in proelium
4 vocatis itaque ad se cunctis viris Galaad pugnabat contra Ephraim
percusseruntque viri Galaad Ephraim
quia dixerat fugitivus est Galaad de Ephraim
et habitat in medio Ephraim et Manasse
5 occupaveruntque Galaaditae vada Iordanis per quae Ephraim reversurus erat 3,28! 7,24
cumque venisset ad ea de Ephraim numero fugiens atque dixisset
obsecro ut me transire permittas
dicebant ei Galaaditae
numquid Ephrateus es
quo dicente non sum
6 interrogabant eum
dic ergo sebboleth quod interpretatur spica
qui respondebat tebboleth
eadem littera spicam exprimere non

(V)AOC ΣΛ(L)TMΦ cr 34 reuertente A c | occurrit + ei ATMΦ c | filia + sua c. | 35 [*deest* V *usque ad* 12,1] | heu + me c | mi] mea c; *om.* C | 36 quaecumque C | 39 increbuit OΛ r] increbruit A LT c; increuit CΣMΦ | 40 filiae] filii O || **12**,1 ~ est seditio TΦ c | [*iterum adest* V] | incendemus ΣΛL c | 2 ~ praeberetis mihi auxilium c.; ~ mihi auxilium praeberitis A. | 3 ~ animam meam in manibus meis c. | 4 [*deest* L *usque ad* 13,11] | uiri] filii AC | galaad[2] + de O | dixerunt V | 5 permittatis A c.; dimittas Λ | numquid] num A | 6 sedbolech VC.; scibboleth c. | tebbolech C; tebblech V.; gebboleth Φ; sebboleth T; sibboleth c. |

valens
statimque adprehensum iugulabant
in ipso Iordanis transitu
et ceciderunt in illo tempore de Ephraim quadraginta duo milia
7 iudicavitque Iepthae Galaadites Israhel sex annis
et mortuus est ac sepultus in civitate
sua Galaad
8 post hunc iudicavit Israhel Abessan
de Bethleem
9 qui habuit triginta filios et totidem
filias
quas emittens foras maritis dedit
et eiusdem numeri filiis suis accepit
uxores introducens in domum suam
qui septem annis iudicavit Israhel
10 mortuusque est ac sepultus in Bethleem
11 cui successit Ahialon Zabulonites
et iudicavit Israhelem decem annis
12 mortuusque est ac sepultus in Zabulon
13 post hunc iudicavit in Israhel Abdon
filius Hellel Farathonites
10,4 14 qui habuit quadraginta filios et triginta ex eis nepotes
ascendentes super septuaginta pullos
asinarum
et iudicavit in Israhel octo annis
15 mortuusque est ac sepultus in Fara-
thon terrae Ephraim in monte Amalech
2,11! **13** rursumque filii Israhel fecerunt malum in conspectu Domini
10,7! 14,4! qui tradidit eos in manus Philisthinorum quadraginta annis
2 erat autem vir quidam de Saraa et de
stirpe Dan nomine Manue
habens uxorem sterilem
3 cui apparuit angelus Domini et dixit
ad eam
sterilis es et absque liberis Gn 11,30!
sed concipies et paries filium 7; Gn 16,11!
4 cave ergo ne vinum bibas ac siceram 14; Nm 6,3! I Sm 1,15
ne inmundum quicquam comedas
5 quia concipies et paries filium cuius
non tanget caput novacula 16,17; Nm 6,5; I Sm 1,11
erit enim nazareus Dei ab infantia 7
sua et ex matris utero
et ipse incipiet liberare Israhel de I Sm 7,3! 14; 9,16; II Sm 19,9
manu Philisthinorum
6 quae cum venisset ad maritum dixit
ei
vir Dei venit ad me habens vultum I Sm 2,27!
angelicum terribilis nimis
quem cum interrogassem quis esset 17.18; Gn 32,29
et unde venisset et quo nomine vocaretur
noluit mihi dicere 7 sed hoc respondit
ecce concipies et paries filium 3!
cave ne vinum bibas et siceram 4!
et ne aliquo vescaris inmundo
erit enim puer nazareus Dei ab in- 5!
fantia sua et ex utero matris usque
ad diem mortis suae
8 oravit itaque Manue Deum et ait
obsecro Domine ut vir Dei quem misisti veniat iterum
et doceat nos quid debeamus facere
de puero qui nasciturus est
9 exaudivitque Dominus precantem
Manue
et apparuit rursum angelus Domini
uxori eius sedenti in agro
Manue autem maritus eius non erat
cum ea
quae cum vidisset angelum 10 festinavit et cucurrit ad virum suum
nuntiavitque ei dicens
ecce apparuit mihi vir quem ante vi-
deram
11 qui surrexit et secutus est uxorem
suam

7 iudicauit itaque c | et *om.* VC. | 8 iudicauit + in A | 9 ~ accepit uxores filiis suis VC (*om.* suis). | 11 israhel VCΣTM c | 13 in *om.* CΣΛTΦ c | 14 in *om.* VΣΛT c | 15 terra VC || **13**,1 in manu AΣ | 2 ~ quidam uir c | 3 et[2] *om.* VC | 4 ~ bibas uinum c | ne[2]] nec c | 6 maritum + suum ALM c | 7 et[2] VOΣr] ac C.; nec *cet.* | sicera VOC. | et[4] *om.* A c | matris + suae c | 8 deum] dominum ATMΦ c; ad dominum Σ | [*iterum adest* F] | 9 deprecantem C c; precem A. | domini] dei OTMΦ c | 10 ei] illi Σ; *om.* A | 11 [*iterum adest* L] |

VAOC ΣΛ(LF)TM Φ cr

veniensque ad virum dixit ei
tu es qui locutus es mulieri
et ille respondit ego sum
12 cui Manue
quando inquit sermo tuus fuerit expletus
quid vis ut faciat puer aut a quo se observare debebit
13 dixitque angelus Domini ad Manue
ab omnibus quae locutus sum uxori tuae abstineat se
4! Nm 6,4 14 et quicquid ex vinea nascitur non comedat
vinum et siceram non bibat
nullo vescatur inmundo
et quod ei praecepi impleat atque custodiat
15 dixitque Manue ad angelum Domini
obsecro te ut adquiescas precibus meis
6,19 et faciamus tibi hedum de capris
16 cui respondit angelus
si me cogis non comedam panes tuos
6,18 sin autem vis holocaustum facere offer illud Domino
et nesciebat Manue quod angelus Dei esset
6; Gn 32,29 17 dixitque ad eum quod est tibi nomen
ut si sermo tuus fuerit expletus honoremus te
18 cui ille respondit
cur quaeris nomen meum quod est mirabile
6,20; Lv 1,10! 19 tulit itaque Manue hedum de capris et libamenta
et posuit super petram
offerens Domino qui facit mirabilia
ipse autem et uxor eius intuebantur
20 cumque ascenderet flamma altaris in caelum
angelus Domini in flamma pariter ascendit
quod cum vidisset Manue et uxor eius proni ceciderunt in terram
21 et ultra non eis apparuit angelus Domini
statimque intellexit Manue angelum 6,22
esse Domini 22 et dixit ad uxorem suam
morte moriemur quia vidimus Deum Ex 33,20; Is 6,
23 cui respondit mulier
si Dominus nos vellet occidere
de manibus nostris holocaustum et libamenta non suscepisset
nec ostendisset nobis haec omnia
neque ea quae sunt ventura dixisset
24 peperit itaque filium et vocavit nomen eius Samson
crevitque puer et benedixit ei Dominus I Sm 2,21.26; 3,19; Lc 1,80; 2,40!
25 coepitque spiritus Domini esse cum 3,10!
eo in castris Dan inter Saraa et Esthaol 16,31; 18,11; Ios 15,33!
14 descendit igitur Samson in Thamnatha
vidensque ibi mulierem de filiabus Philisthim
2 ascendit et nuntiavit patri suo et matri dicens Gn 34,4!
vidi mulierem in Thamnatha de filiabus Philisthinorum
quam quaeso ut mihi accipiatis uxorem
3 cui dixerunt pater et mater sua Gn 34,4!
numquid non est mulier in filiabus fratrum tuorum et in omni populo meo
quia vis accipere uxorem de Philisthim qui incircumcisi sunt
dixitque Samson ad patrem suum
hanc mihi accipe quia placuit oculis meis
4 parentes autem eius nesciebant quod res a Domino fieret
et quaereret occasionem contra Philisthim
eo enim tempore Philisthim dominabantur Israheli 13,1! 15,11

VA(O)C ΣΛLFTMΦ cr

12 ∼ expletus fuerit O | a *om.* O | 14 sicera VOF | 15 faciemus O; faciam Σ | 16 si autem c | dei] domini AOCcr𝔐 | 19 fecit O | 20 ascenderet] ascendisset V | ∼ pariter in flamma c | [*deest* O *usque ad* 21,24] | uidissent ΑΣΛFΦc | 21 ∼ eis non c | ∼ domini esse LMc || **14**,1 igitur] ergo c. | 2 matri + suae c | 4 eo—philisthim] qui VCF | israhel VCMΦ |

5 descendit itaque Samson cum patre
suo et matre in Thamnatha
cumque venissent ad vineas oppidi
apparuit catulus leonis saevus rugiens et occurrit ei
19; 3,10! 6,34! 15,14; I Sm 11,6.7! 6 inruit autem spiritus Domini in Samson
et dilaceravit leonem quasi hedum
in frusta concerperet nihil omnino
habens in manu
9.16 et hoc patri et matri noluit indicare
7 descenditque et locutus est mulieri
quae placuerat oculis eius
8 et post aliquot dies revertens ut acciperet eam
declinavit ut videret cadaver leonis
et ecce examen apium in ore leonis
erat ac favus mellis
9 quem cum sumpsisset in manibus
comedebat in via
veniensque ad patrem suum et matrem dedit eis partem
qui et ipsi comederunt
6.16 nec tamen eis voluit indicare quod
mel de corpore leonis adsumpserat
10 descendit itaque pater eius ad mulierem et fecit filio suo Samson convivium
sic enim iuvenes facere consuerant
11 cum igitur cives loci vidissent eum
dederunt ei sodales triginta qui essent cum eo
12 quibus locutus est Samson
proponam vobis problema
quod si solveritis mihi intra septem
dies convivii
dabo vobis triginta sindones et totidem tunicas
13 sin autem non potueritis solvere
vos dabitis mihi triginta sindones et
eiusdem numeri tunicas
qui responderunt ei propone problema ut audiamus
14 dixitque eis
de comedente exivit cibus et de forte
est egressa dulcedo
nec potuerunt per tres dies propositionem solvere
15 cumque adesset dies septimus
dixerunt ad uxorem Samson
blandire viro tuo et suade ei ut indicet tibi quid significet problema
quod si facere nolueris incendimus 15,6
et te et domum patris tui
an idcirco nos vocastis ad nuptias ut
spoliaretis
16 quae fundebat apud Samson lacrimas et querebatur dicens
odisti me et non diligis
idcirco problema quod proposuisti
filiis populi mei non vis mihi exponere
at ille respondit
patri meo et matri nolui dicere et 6.9
tibi indicare potero
17 septem igitur diebus convivii flebat
apud eum
tandemque die septimo cum ei molesta esset exposuit
quae statim indicavit civibus suis
18 et illi dixerunt ei die septimo ante
solis occubitum
quid dulcius melle et quid leone fortius
qui ait ad eos
si non arassetis in vitula mea non
invenissetis propositionem meam
19 inruit itaque in eo spiritus Domini 6!
descenditque Ascalonem et percussit
ibi triginta viros

5 uenisset VCF | saeuus + et c | eis ALTMΦ | 6 decerperet Φ; concerpens LT.; discerpens A c. | 8 aliquos AΣ | 9 et[1] + ad A | 10 consuerant VAΛFr.] consueuerant *cet.* | 11 igitur] ergo c. | loci + illius Σc | qui] ut A c. | 12 problemam Σ.; problema προβλημα A.; προβλημα quaestionem V; problemae quaestionem C. | quod] quam C | 13 problemam Σ.; προβλημα VL.; problemae quaestionem C. | 14 est *om.* L; ~ egressa est ACTΦc | 15 προβλημα VL; problema quaestio C | incendemus ΣΛLMΦc | et[2] *om.* ALc | ~ uocastis nos c | 17 apud] ante c. | ~ esset molesta c | 18 ~ fortius leone c | in uitulam meam CΣ. | inueniretis A; inuenistis V. | 19 in eum A c | [*deest* V *usque ad* 15,5] |

(V)AC ΣΛLFTMΦ cr

quorum ablatas vestes dedit his qui problema solverant
iratusque nimis ascendit in domum patris sui
15,2! 20 uxor autem eius accepit maritum unum de amicis eius et pronubis
15 post aliquantum autem temporis cum dies triticeae messis instarent
venit Samson invisere volens uxorem
Gn 38,17! suam et adtulit ei hedum de capris
cumque cubiculum eius solito vellet intrare prohibuit eum pater illius dicens
2 putavi quod odisses eam et ideo tra-
6; 14,20 didi illam amico tuo
sed habet sororem quae iunior et pulchrior illa est sit tibi pro ea uxor
3 cui respondit Samson
ab hac die non erit culpa in me contra Philistheos faciam enim vobis mala
4 perrexitque et cepit trecentas vulpes
caudasque earum iunxit ad caudas et faces ligavit in medio
II Sm 14,30; Idt 2,17 5 quas igne succendens dimisit ut huc illucque discurrerent
quae statim perrexerunt in segetes Philisthinorum
quibus succensis et conportatae iam fruges et adhuc stantes in stipula concrematae sunt
in tantum ut vineas quoque et oliveta flamma consumeret
6 dixeruntque Philisthim quis fecit hanc rem
quibus dictum est Samson gener Thamnathei
2! quia tulit uxorem eius et alteri tradidit haec operatus est
ascenderuntque Philisthim et con-
buserunt tam mulierem quam pat- 14,15
rem eius
7 quibus ait Samson
licet haec feceritis tamen adhuc ex vobis expetam ultionem et tunc quiescam
8 percussitque eos ingenti plaga I Sm 23,5
ita ut stupentes suram femori inponerent
et descendens habitavit in spelunca 11
petrae Aetham
9 igitur ascendentes Philisthim in terra Iuda castrametati sunt
et in loco qui postea vocatus est Lehi 17
id est Maxilla eorum est fusus exercitus
10 dixeruntque ad eos de tribu Iuda
cur ascendistis adversum nos
qui responderunt
ut ligemus Samson venimus et reddamus ei quae in nos operatus est
11 descenderunt ergo tria milia virorum 8
de Iuda ad specum silicis Aetham dixeruntque ad Samson
nescis quod Philisthim imperent no- 14,4!
bis quare hoc facere voluisti
quibus ille ait sicut fecerunt mihi feci eis
12 ligare inquiunt te venimus et tradere in manus Philisthinorum
iurate respondit mihi quod non me occidatis
13 dixerunt non te occidimus sed vinctum tradimus
ligaveruntque eum duobus novis fu- 16,11
nibus et tulerunt de petra Aetham
14 qui cum venisset ad locum Maxillae
et Philisthim vociferantes occurris-

(V)AC ΣΛLFTMΦ cr

19 his] eis A.; iis c. ‖ **15**,1 aliquantulum c | adstarent Σ.; instaret ATΦ; insisteret C. | 3 ~ samson respondit c | 5 conportatae] confortatae ACTMΦ; portatae Σ. | [*iterum adest* V] | 8 aetham *om.* VCF | 9 in terram ΑΛΦ c | et *om.* ΣΤΦ c | maxilla + ibi V; + ubi Lc | ~ fusus est AC; est effusus TMΦ; effusus est c | 10 de tribu] tribus A | et] ut VC FT | quae] quod A | 11 [*deest* V *usque ad* 16,14] | imperant ΑΣΜ | mihi + sic c | 12 iurate respondit CLr.] respondit iurate Σ; iurate et respondete FT; iurate et spondite Φ; respondit iurate ayt et spondite Λ; quibus respondit iurate respondentes (et spondite M) AM; quibus samson iurate ait et spondete c. | ~ me non occidatis A; ~ non occidatis me c | 13 occidemus ΣΛc | trademus Σc | tulerunt + eum ΤΦc | 14 uenissent A |

sent ei
14,6! inruit spiritus Domini in eum
16,9 et sicut solent ad odorem ignis lina
consumi
ita vincula quibus ligatus erat dissipata sunt et soluta
15 inventamque maxillam id est mandibulam asini quae iacebat arripiens
interfecit in ea mille viros 16 et ait
in maxilla asini in mandibula pulli
asinarum delevi eos et percussi
mille viros
17 cumque haec canens verba conplesset
9 proiecit mandibulam de manu et vocavit nomen loci illius Ramathlehi
quod interpretatur **elevatio Maxillae**
18 sitiensque valde clamavit ad Dominum et ait
tu dedisti in manu servi tui salutem
hanc maximam atque victoriam
et en siti morior incidamque in manus incircumcisorum
19 aperuit itaque Dominus molarem
dentem in maxilla asini
et egressae sunt ex eo aquae
quibus haustis refocilavit spiritum et
vires recepit
idcirco appellatum est nomen loci
illius Fons invocantis de maxilla
usque in praesentem diem
16,31 20 iudicavitque Israhel in diebus Philisthim viginti annis
16 abiit quoque in Gazam et vidit ibi
meretricem mulierem ingressus-
que est ad eam
2 quod cum audissent Philisthim et
percrebruisset apud eos intrasse urbem Samson
circumdederunt eum positis in porta
civitatis custodibus
et ibi tota nocte cum silentio prae-
stolantes ut facto mane exeuntem
occiderent
3 dormivit autem Samson usque ad
noctis medium
et inde consurgens adprehendit ambas portae fores cum postibus suis
et sera
inpositasque umeris portavit ad verticem montis qui respicit Hebron
4 post haec amavit mulierem quae habitabat in valle Sorech et vocabatur
Dalila
5 veneruntque ad eam principes Philisthinorum atque dixerunt
decipe eum et disce ab illo in quo
tantam habeat fortitudinem
et quomodo eum superare valeamus
et vinctum adfligere
quod si feceris dabimus tibi singuli
mille centum argenteos
6 locuta est ergo Dalila ad Samson
dic mihi obsecro in quo sit tua ma- 15
xima fortitudo
et quid sit quo ligatus erumpere nequeas
7 cui respondit Samson
si septem nervicis funibus necdum
siccis et adhuc humentibus ligatus
fuero
infirmus ero ut ceteri homines
8 adtuleruntque ad eam satrapae Philisthinorum septem funes ut dixerat
quibus vinxit eum 9 latentibus apud 12
se insidiis et in cubiculo finem rei
expectantibus
clamavitque ad eum Philisthim su- 14.20
per te Samson
qui rupit vincula quomodo si rum- 15,14
pat quis filum de stuppae tortum
putamine cum odorem ignis acceperit
et non est cognitum in quo esset fortitudo eius
10 dixitque ad eum Dalila 13
ecce inlusisti mihi et falsum locutus
es

14 in] super C | lina cr𝔐] ligna *cet.* | 16 asinarum] asinorum A | 17 ~ uerba canens c. | 18 et² *om.* c. | 19 idcircoque CF || **16**,1 ~ mulierem meretricem ALc | 2 apud] ad A | in portam C | 3 ~ medium noctis c | umeris + suis c. | 5 ~ habeat tantam c | mille + et c. | 6 quo² ΣΛFcr] quod *cet.* | 9 si erumpat C | stuppa CΣLM |

AC
ΣΛLFTMΦ
cr

saltim nunc indica quo ligari debeas
11 cui ille respondit
15,13 si ligatus fuero novis funibus qui numquam fuerunt in opere
infirmus ero et aliorum hominum similis
8 12 quibus rursum Dalila vinxit eum et clamavit
9.14.20 Philisthim super te Samson
in cubiculo insidiis praeparatis
qui ita rupit vincula quasi fila telarum
10 13 dixitque Dalila rursum ad eum
usquequo decipis me et falsum loqueris
ostende quo vinciri debeas
si inquit septem crines capitis mei cum licio plexueris et clavum his circumligatum terrae fixeris infirmus ero
14 quod cum fecisset Dalila dixit ad eum
9.12.20 Philisthim super te Samson
qui consurgens de somno extraxit clavum cum crinibus et licio
15 dixitque ad eum Dalila
quomodo dicis quod ames me cum animus tuus non sit mecum
per tres vices mentitus es mihi et noluisti dicere in quo sit tua maxima
6 fortitudo
16 cumque molesta ei esset et per multos dies iugiter adhereret
spatium ad quietem non tribuens
defecit anima eius et ad mortem usque lassata est
17 tunc aperiens veritatem rei dixit ad eam
13,5! ferrum numquam ascendit super caput meum
quia nazareus id est consecratus Deo sum de utero matris meae
si rasum fuerit caput meum recedet a me fortitudo mea et deficiam
eroque ut ceteri homines
18 videns illa quod confessus ei esset omnem animum suum
misit ad principes Philisthinorum atque mandavit
ascendite adhuc semel quia nunc mihi aperuit cor suum
qui ascenderunt adsumpta pecunia quam promiserant
19 at illa dormire eum fecit super genua sua et in sinu suo reclinare caput
vocavitque tonsorem et rasit septem crines eius
et coepit abicere eum et a se repellere
statim enim ab eo fortitudo discessit
20 dixitque Philisthim super te Samson 9.12.14
qui de somno consurgens dixit in animo suo
egrediar sicut ante feci et me excutiam
nesciens quod Dominus recessisset ab eo
21 quem cum adprehendissent Philisthim statim eruerunt oculos eius
et duxerunt Gazam vinctum catenis
et clausum in carcere molere fecerunt
22 iamque capilli eius renasci coeperant
23 et principes Philisthinorum convenerunt in unum
ut immolarent hostias magnificas Gn 31,54!
Dagon deo suo et epularentur dicentes
tradidit deus noster inimicum nostrum Samson in manus nostras
24 quod etiam populus videns laudabat deum suum eademque dicebat
tradidit deus noster in manus nostras adversarium qui delevit terram nostram et occidit plurimos

(V)AC ΣΛLFTMΦ cr 10 indica + mihi in AM.; + mihi Φ c | 13 uinci A | debeas + cui respondit samson L M c | inquit *om.* c. | 14 [*iterum adest* V] | 15 dices VCΛF | amas L c | ~ maxima fortitudo tua c | 16 ~ esset ei c. | 17 ~ sum deo AM | ut] sicut c | 18 uidensque T c | atque] ac c. | ascendite + et VCF. | [*deest* V *usque ad v.* 29] | 19 abigere c | 20 discessisset A; recessit F | ~ recessisset ab eo dominus c | 23 magnificas] pacificas A | 24 aduersarium + nostrum M c | ~ aduersarium (nostrum) in manus nostras Σ c. |

25 laetantesque per convivia sumptis
iam epulis praeceperunt ut vocaretur Samson et ante eos luderet
qui adductus de carcere ludebat ante
eos
feceruntque eum stare inter duas columnas
26 qui dixit puero regenti gressus suos
dimitte me ut tangam columnas quibus omnis inminet domus
ut recliner super eas et paululum requiescam
27 domus autem plena erat virorum ac
mulierum
et erant ibi omnes principes Philisthinorum
ac de tecto et solario circiter tria milia utriusque sexus spectabant ludentem Samson
28 at ille invocato Domino ait
Domine Deus memento mei
et redde nunc mihi pristinam fortitudinem Deus meus
ut ulciscar me de hostibus meis
et pro amissione duorum luminum
unam ultionem recipiam
29 et adprehendens ambas columnas
quibus innitebatur domus
alteramque earum dextera et alteram
leva tenens 30 ait
moriatur anima mea cum Philisthim
concussisque fortiter columnis cecidit domus
super omnes principes et ceteram
multitudinem quae ibi erat
multoque plures interfecit moriens
quam ante vivus occiderat
31 descendentes autem fratres eius et
universa cognatio
tulerunt corpus eius et sepelierunt
13,25! inter Saraa et Esthaol in sepulchro
patris Manue
iudicavitque Israhel viginti annis 15,20

17 fuit eo tempore vir quidam de monte Ephraim nomine Michas
2 qui dixit matri suae
mille centum argenteos quos separa-
veras tibi
et super quibus me audiente iura-
veras
ecce ego habeo et apud me sunt
cui illa respondit
benedictus filius meus Domino
3 reddidit ergo eos matri suae quae dixerat ei
consecravi et vovi argentum hoc Domino
ut de manu mea suscipiat filius meus
et faciat sculptile atque conflatile Dt 9,12! III Rg 14,9!
et nunc trado illud tibi
4 reddidit igitur matri suae
quae tulit ducentos argenteos et dedit eos argentario
ut faceret ex eis sculptile atque con- Dt 9,12!
flatile quod fuit in domo Micha
5 qui aediculam quoque in ea Deo separavit
et fecit ephod ac therafin id est ves- 8,27; 18,14.17
tem sacerdotalem et idola
implevitque unius filiorum suorum 12; Nm 3,3! III Rg 13,33!
manum et factus est ei sacerdos
6 in diebus illis non erat rex in Israhel 18,1.31; 21,24
sed unusquisque quod sibi rectum
videbatur hoc faciebat
7 fuit quoque alter adulescens de Bethleem Iuda et cognatione eius
eratque ipse Levites et habitabat ibi
8 egressusque de civitate Bethleem
peregrinari voluit ubicumque sibi
commodum repperisset
cumque venisset in monte Ephraim 18,2! I Sm 9,3
iter faciens
et declinasset parumper in domum
Micha

(V)AC ΣΛLFTMΦ cr

26 ut2] et A c | 27 ~ erat plena c | et2 + de A | expectabant CΣΛFM; spectantes c | 28 ~ mihi nunc CΛF c | ~ fortitudinem pristinam c. | 29 [*iterum adest* V] | dexteram C; dextram T | 30 cetera multitudine CL | erant C | 31 patris + sui ΛTΦ c | israhel + centum VF. ‖ **17**,2 mille + et c. | 3 ~ hoc argentum c. | 4 igitur + eos c | michae L Φ c; micae Σ. | 5 in eam C | ac] et A c | 7 et1] ex ΛF c | habitauit A | 8 in montem CΛLMΦ c | michae CLMΦ c; micae Σ. |

9 interrogatus est ab eo unde venis
qui respondit Levita sum de Bethleem Iuda
et vado ut habitem ubi potuero et utile mihi esse perspexero
18,19 10 mane inquit apud me et esto mihi parens ac sacerdos
daboque tibi per annos singulos decem argenteos ac vestem duplicem
et quae ad victum necessaria sunt
11 adquievit et mansit apud hominem
fuitque illi quasi unus de filiis
5! 12 implevitque Micha manum eius et habuit apud se puerum sacerdotem
13 nunc scio dicens quod bene mihi faciat Deus habenti levitici generis sacerdotem
17,6! **18** in diebus illis non erat rex in Israhel
et tribus Dan quaerebat possessionem sibi ut habitaret in ea
usque ad illum enim diem inter ceteras tribus sortem non acceperat
2 miserunt igitur filii Dan stirpis et familiae suae
quinque viros fortissimos de Saraa et Esthaol
14; Ios 2,1! ut explorarent terram et diligenter inspicerent
dixeruntque eis ite et considerate terram
13.15; 17,8; I Sm 9,3 qui cum pergentes venissent in montem Ephraim et intrassent domum Micha requieverunt ibi
3 et agnoscentes vocem adulescentis Levitae
utentesque illius diversorio dixerunt ad eum
quis te huc adduxit quid hic agis quam ob causam huc venire voluisti
4 qui respondit eis haec et haec praestitit mihi Michas et me mercede conduxit ut sim ei sacerdos
5 rogaveruntque eum ut consuleret Dominum Nm 27,21
et scire possent an prospero itinere pergerent et res haberet effectum
6 qui respondit eis ite cum pace
Dominus respicit viam vestram et iter quo pergitis
7 euntes itaque quinque viri venerunt Lais
videruntque populum habitantem in ea absque ullo timore
iuxta Sidoniorum consuetudinem securum et quietum nullo eis penitus resistente
magnarumque opum et procul a Sidone atque a cunctis hominibus separatum
8 reversique ad fratres suos in Saraa et Esthaol et quid egissent sciscitantibus responderunt
9 surgite et ascendamus ad eos
vidimus enim terram valde opulentam et uberem Nm 14,7!
nolite neglegere nolite cessare
eamus et possideamus eam
nullus erit labor 10 intrabimus ad securos in regionem latissimam
tradetque nobis Dominus locum in quo nullius rei est penuria eorum quae gignuntur in terra
11 profecti igitur sunt de cognatione Dan id est de Saraa et Esthaol 13,25!
sescenti viri accincti armis bellicis
12 ascendentesque manserunt in Cariathiarim Iudae
qui locus ex eo tempore castrorum Dan nomen accepit et est post tergum Cariathiarim
13 inde transierunt in montem Ephraim 2!

VAC ΣΛLFTMΦ cr

9 uenisset c | praespexero VACΣT; prospexero M | 10 mane inquit] dixitque michas mane c. | ~ sunt necessaria c | 12 michas c; micam Σ | ~ puerum sacerdotem apud se c | 13 benefaciet mihi c ‖ **18**,2 igitur] ergo CΣc | suae *om.* C | in monte AT | michae CLMΦc; micae Σ. | 4 me *om.* VCΣ | mercedem A | 5 rogauerunt autem ΛFc | et[1]] ut c | 6 in pace Ac | 7 itaque] igitur c. | ~ consuetudinem sidoniorum c. | eis] ei c | opum] operum V | a[2] *om.* C | 8 reuersique + sunt A | 9 et[1] *om.* Fc. | 10 in terram VC. | 11 accinctis A | 12 iudeae C | 13 et inde C |

cumque venissent ad domum Micha
2! 14 dixerunt quinque viri qui prius missi
fuerant ad considerandam terram
Lais ceteris fratribus suis
17,5! nostis quod in domibus istis sit ephod
et therafin et sculptile atque conflatile
videte quid vobis placeat
15 et cum paululum declinassent
2.3 ingressi sunt domum adulescentis
Levitae qui erat in domo Micha
salutaveruntque eum verbis pacificis
16 sescenti autem viri ita ut erant armati
stabant ante ostium
17 at illi qui ingressi fuerant domum iuvenis
17,5! sculptile et ephod et therafin atque
conflatile tollere nitebantur
et sacerdos stabat ante ostium sescentis viris fortissimis haut procul
expectantibus
Gn 31,19! 18 tulerunt igitur qui intraverant sculptile ephod et idola atque conflatile
quibus dixit sacerdos quid facitis
19 cui responderunt tace et pone digitum super os tuum
17,10 venique nobiscum ut habeamus te
patrem et sacerdotem
quid tibi melius est ut sis sacerdos in
domo unius viri
an in una tribu et familia in Israhel
20 quod cum audisset adquievit sermonibus eorum
Gn 31,19! et tulit ephod et idola ac sculptile
et cum eis profectus est
21 qui cum pergerent et ante se ire fecissent parvulos et iumenta et omne
quod erat pretiosum
22 iamque a domo Michae essent procul
viri qui habitabant in aedibus Michae conclamantes secuti sunt
23 et post tergum clamare coeperunt
qui cum respexissent dixerunt ad Mi-
cham
quid tibi vis cur clamas
24 qui respondit deos meos quos mihi Gn 31,30
feci tulistis et sacerdotem et omnia
quae habeo
et dicitis quid tibi est
25 dixeruntque ei filii Dan
cave ne ultra loquaris ad nos
et veniant ad te viri animo concitati
et ipse cum omni domo tua pereas
26 et sic coepto itinere perrexerunt
videns autem Micha quod fortiores
se essent reversus est in domum
suam
27 sescenti autem viri tulerunt sacerdo- 27—29: Ios 19,47
tem et quae supra diximus
veneruntque in Lais ad populum
quiescentem atque securum
et percusserunt eos in ore gladii
urbemque incendio tradiderunt
28 nullo penitus ferente praesidium
eo quod procul habitarent a Sidone
et cum nullo hominum haberent
quicquam societatis ac negotii
erat autem civitas sita in regione
Roob
quam rursum extruentes habitaverunt in ea
29 vocato nomine civitatis Dan
iuxta vocabulum patris sui quem genuerat Israhel
quae prius Lais dicebatur
30 posueruntque sibi sculptile
et Ionathan filium Gersan filii Mosi
ac filios eius sacerdotes in tribu Dan
usque ad diem captivitatis suae
31 mansitque apud eos idolum Michae
omni tempore quo fuit domus Dei 21,2; Ios 18,1
in Silo
in diebus illis non erat rex in Israhel 17,6!
19 fuit quidam vir Levites habitans in

13 michae Φ c; mice Σ. | 14 terram *om.* VC | 15 qui] quae VF. | michae Φ c; micae Σ. | 17 [*deest* L *usque ad* 19,5] | 19 ut[1]] et VCF | et[2]] ac C c | in[3] *om.* VCF | 20 ~ profectus est cum eis c. | 21 et[2]] ac c | 22 iamque] et iam c. | micheae *bis* VΛF; micaeae *bis* C | 23 [*deest* V *usque ad v.* 28] | 25 ei *om.* CF | 26 michas FΦ c | se *om.* A | 28 struentes ΛF; instruentes C. | [*iterum adest* V] | 31 micheae V | in diebus—israhel *om.* VC || **19**,1 in latere montis] in monte VC |

(V)AC ΣΛ(L)FTM Φ cr

latere montis Ephraim
qui accepit uxorem de Bethleem Iuda
Gn 38,11; Lv 22,13 2 quae reliquit eum et reversa est in
domum patris sui Bethleem
mansitque apud eum quattuor mensibus
3 secutusque est eam vir suus
volens ei reconciliari atque blandiri
et secum reducere
habens in comitatu puerum et duos
asinos
quae suscepit eum et introduxit in
domum patris sui
quod cum audisset socer eius eum-
que vidisset
occurrit ei laetus 4 et amplexatus est
hominem
mansitque gener in domo soceri tribus diebus
comedens cum eo et bibens familia-
riter
8 5 die autem quarto de nocte consurgens proficisci voluit
quem tenuit socer et ait ad eum
Gn 18,5; I Sm 28,22 gusta prius pauxillum panis et conforta stomachum et sic proficisceris
6 sederuntque simul et comederunt ac
biberunt
dixitque pater puellae ad generum
suum
quaeso te ut hodie hic maneas pariterque laetemur
7 at ille consurgens coepit velle proficisci
et nihilominus obnixe eum socer tenuit et apud se fecit manere
5 8 mane facto parabat Levites iter
cui rursum socer
oro te inquit ut paululum cibi capias
et adsumptis viribus donec increscat
dies postea proficiscaris
comederunt ergo simul

9 surrexitque adulescens ut pergeret
cum uxore sua et puero
cui rursum locutus est socer
considera quod dies ad occasum de- Lc 24,29
clivior sit et propinquet ad vesperum
mane apud me etiam hodie et duc II Sm 11,12
laetum diem
et cras proficisceris ut vadas in domum tuam
10 noluit gener adquiescere sermonibus
eius
sed statim perrexit et venit contra
Iebus Ios 15,8; 18,28 I Par 11,4
quae altero nomine vocabatur Hierusalem
ducens secum duos asinos onustos
et concubinam
11 iamque aderant iuxta Iebus et dies
mutabatur in noctem
dixitque puer ad dominum suum
veni obsecro declinemus ad urbem II Sm 5,6
Iebuseorum et maneamus in ea
12 cui respondit dominus
non ingrediar oppidum gentis alie-
nae quae non est de filiis Israhel
sed transibo usque Gabaa
13 et cum illuc pervenero manebimus
in ea
aut certe in urbe Rama
14 transierunt igitur Iebus et coeptum
carpebant iter
occubuitque eis sol iuxta Gabaa 20,4
quae est in tribu Beniamin
15 deverteruntque ad eam ut manerent
ibi
quo cum intrassent sedebant in pla-
tea civitatis et nullus eos recipere 18; Lc 2,7
volebat hospitio
16 et ecce apparuit homo senex revertens de agro et de opere suo vespere
qui et ipse erat de monte Ephraim

(V)AC ΣΛ(L)F(S)T MΦ cr 2 sui + in ΣT c | 3 ~ reconciliari ei c | 5 [*deest* V *usque ad v.* 10] | pauxillum] pusillum C; pauxillulum ΛΦ | [*iterum adest* L] | 6 ~ ac comederunt et c. | 7 at] et C | 8 mane + autem c | ~ socer rursum c | comederuntque ergo CF | 9 [*iterum adest* S] | propinquat C c. | 10 [*iterum adest* V] | uocatur CΛF c | 11 aderat TΦ; erant c | in nocte A | 14 igitur] ergo c | ei sol VΣS | 15 diuerteruntque VCΣSM c | quo] quod CFSTM; quam L. | uoluit c | 16 ~ de monte erat c |

et peregrinus habitabat in Gabaa
homines autem regionis illius erant
filii Iemini
17 elevatisque oculis vidit senex sedentem hominem cum sarcinulis suis in
platea civitatis et dixit ad eum
Gn 32,17; Idt 10,11 unde venis et quo vadis
18 qui respondit ei
Rt 1,1 profecti sumus de Bethleem Iuda et
pergimus ad locum nostrum qui
est in latere montis Ephraim unde
ieramus Bethleem
et nunc vadimus ad domum Dei
15! nullusque nos sub tectum suum vult
recipere
19 habentes paleas et faenum in asinorum pabulum
et panem ac vinum in meos et ancillae tuae usus et pueri qui mecum
est
nulla re indigemus nisi hospitio
20 cui respondit senex
pax tecum sit ego praebebo omnia
quae necessaria sunt
tantum quaeso ne in platea maneas
Gn 24,32! 21 introduxitque eum in domum suam
21—24: Gn 19,2–8 et pabulum asinis praebuit
Gn 18,4! ac postquam laverunt pedes suos recepit eos in convivium
22 illis epulantibus et post laborem itineris cibo ac potu reficientibus corpora
Dt 13,13! I Sm 25,17 venerunt viri civitatis illius filii Belial
id est absque iugo
20,5 et circumdantes domum senis fores
pulsare coeperunt
clamantes ad dominum domus atque
dicentes
educ virum qui ingressus est domum
tuam ut abutamur eo
23 egressusque est ad eos senex et ait
nolite fratres nolite facere malum
hoc
quia ingressus est homo hospitium
meum et cessate ab hac stultitia
24 habeo filiam virginem et hic homo
habet concubinam
educam eas ad vos ut humilietis eas
et vestram libidinem conpleatis
tantum obsecro ne scelus hoc contra
naturam operemini in virum
25 nolebant adquiescere sermonibus
eius
quod cernens homo eduxit ad eos
concubinam suam et eis tradidit
inludendam
qua cum tota nocte abusi essent di- 20,5
miserunt eam mane
26 at mulier recedentibus tenebris venit
ad ostium domus ubi manebat dominus suus et ibi corruit
27 mane facto surrexit homo et aperuit
ostium ut coeptam expleret viam
et ecce concubina eius iacebat ante
ostium sparsis in limine manibus
28 cui ille putans eam quiescere loquebatur
surge ut ambulemus
qua nihil respondente intellegens
quod erat
tulit eam et inposuit asino
reversusque est in domum suam
29 quam cum esset ingressus arripuit
gladium
et cadaver uxoris cum ossibus suis in 20,6
duodecim partes ac frusta conci- I Sm 11,7
dens
misit in omnes terminos Israhel
30 quod cum vidissent singuli concla-
mabant
numquam res talis facta est in Isra- Gn 34,7!
hel
ex eo die quo ascenderunt patres 20,7
nostri de Aegypto usque in praesens tempus
ferte sententiam et in commune decernite quid facto opus sit
20 egressi sunt itaque omnes filii Isra-

16 [*deest* V *usque ad v.* 27] | 17 ~ senex uidit CS | 18 ieramus + in TMΦ c; + de Σ | ~ sub tectum suum nos c | 19 panes C | est] sunt C | 21 lauerant A | 22 ac] et c | 25 eius] illius c | qua] quam ACLSM | abusissent CT | 27 [*iterum adest* V] | sparsas Σ.; expansis C | 28 ut] et L c | quod erat VATr] + mortua *cet.* || **20**,1 ~ itaque sunt c |

(V)AC ΣΛLFSTMΦ cr

13

I Sm 11,7 hel et pariter congregati quasi vir
unus
I Sm 3,20! II Sm 3,10! 17,11! de Dan usque Bersabee et terra Ga-
10,17! I Mcc 3,46 laad ad Dominum in Maspha
2 omnesque anguli populorum et cunc-
I Mcc 3,13; 5,16 tae tribus Israhel in ecclesiam populi Dei convenerunt
quadringenta milia peditum pugnatorum
3 nec latuit filios Beniamin quod a-
scendissent filii Israhel in Maspha
interrogatusque Levita maritus mulieris interfectae
quomodo tantum scelus perpetra-
tum esset 4 respondit
19,14.15 veni in Gabaa Beniamin cum uxore
mea illucque deverti
19,22 5 et ecce homines civitatis illius circumdederunt nocte domum in qua
manebam
19,25 volentes me occidere et uxorem meam incredibili libidinis furore ve-
xantes
denique mortua est
19,29.30 6 quam arreptam in frusta concidi
misique partes in omnes terminos
possessionis vestrae
Gn 34,7! quia numquam tantum nefas et tam
grande piaculum factum est in Israhel
19,30 7 adestis omnes filii Israhel decernite
quid facere debeatis
8 stansque omnis populus quasi unius
hominis sermone respondit
non recedemus in tabernacula nostra
nec suam quisquam intrabit domum
9 sed hoc contra Gabaa in commune
faciemus
10 decem viri eligantur e centum
ex omnibus tribubus Israhel
et centum de mille
et mille de decem milibus
ut conportent exercitui cibaria
et possimus pugnantes contra Gabaa Beniamin reddere ei pro scelere quod meretur
11 convenitque universus Israhel ad civitatem quasi unus homo eadem
mente unoque consilio
12 et miserunt nuntios ad omnem tribum Beniamin qui dicerent
cur tantum nefas in vobis reppertum
est
13 tradite homines de Gabaa qui hoc Dt 17,12!
flagitium perpetrarunt ut morian-
tur et auferatur malum de Israhel
qui noluerunt fratrum suorum filiorum Israhel audire mandatum
14 sed ex cunctis urbibus quae suae sortis erant convenerunt in Gabaa ut
illis ferrent auxilium
et contra universum Israhel populum dimicarent
15 inventique sunt viginti quinque milia
de Beniamin educentium gladium
praeter habitatores Gabaa
16 qui septingenti erant viri fortissimi
ita sinistra ut dextra proeliantes 3,15
et sic fundis ad certum iacientes lapides
ut capillum quoque possent percutere et nequaquam in alteram partem ictus lapidis deferretur
17 virorum quoque Israhel absque filiis
Beniamin inventa sunt quadringenta milia educentium gladios et
paratorum ad pugnam
18 qui surgentes venerunt in domum 1,1.2; I Sm 1,24!
Dei hoc est in Silo
consulueruntque eum atque dixerunt
quis erit in exercitu nostro princeps
certaminis contra filios Beniamin
quibus respondit Dominus Iudas sit

(V)AC ΣΛLFSTMΦ 𝔠𝔯

2 quadringenta CFΦ 𝔠𝔯𝔐𝔊] quadringenti Σ.; quadraginta *cet.*, *sed cf. infra v.* 17 | 4 diuerti CΣLSM 𝔠 | 5 ~ furore libidinis 𝔠 | denique + et AS. | 8 populus + et C | recedimus VALFT | quisque VTΦ | 9 faciamus A 𝔠. | 10 cibariam VC. | possemus A | pugnare ... et reddere 𝔠 | 11 ~ homo unus 𝔠 | 12 in nobis VΛ | 14 ~ sortis suae 𝔠 | ~ populum israhel S 𝔠 | 16 [*deest* V *usque ad v.* 22] | ~ lapides ad certum iacientes 𝔠 | ictus] iactus A | 17 quadringenta] quadraginta AST | 18 eum] deum CL 𝔠.; dominum S |

dux vester
19 statimque filii Israhel surgentes mane
castrametati sunt iuxta Gabaa
20 et inde procedentes ad pugnam contra Beniamin urbem obpugnare
coeperunt
25 21 egressique filii Beniamin de Gabaa
occiderunt de filiis Israhel die illo
viginti duo milia viros
22 rursum filii Israhel et fortitudine et
numero confidentes
in eodem loco in quo prius certave-
rant aciem direxerunt
21,2; Nm 14,1! 23 ita tamen ut prius ascenderent et fle-
rent coram Domino usque ad noc-
tem
consulerentque eum et dicerent
28 debeo ultra procedere ad dimican-
dum contra filios Beniamin fratres
meos an non
quibus ille respondit
ascendite ad eum et inite certamen
24 cumque filii Israhel altero die contra
Beniamin ad proelium processis-
sent
21 25 eruperunt filii Beniamin de portis
Gabaa
et occurrentes eis tanta in illos caede
baccati sunt
ut decem et octo milia virorum educentium gladium prosternerent
26 quam ob rem omnes filii Israhel ve-
21,2 nerunt in domum Dei
Nm 11,4! II Sm 15,23 et sedentes flebant coram Domino
ieiunaveruntque illo die usque ad
vesperam
Ios 8,31! et obtulerunt ei holocausta et pacificas victimas
27 et super statu suo interrogaverunt
Ios 18,1 eo tempore ibi erat arca foederis Dei
28 et Finees filius Eleazari filii Aaron Nm 25,7!
praepositus domus
consuluerunt igitur Dominum atque
dixerunt
exire ultra debemus ad pugnam con- 23
tra filios Beniamin fratres nostros
an quiescere
quibus ait Dominus ascendite
cras enim tradam eos in manus vestras
29 posueruntque filii Israhel insidias Ios 8,4
per circuitum urbis Gabaa
30 et tertia vice sicut semel et bis contra
Beniamin exercitum produxerunt
31 sed et filii Beniamin audacter eruperunt de civitate
et fugientes adversarios longius persecuti sunt
ita ut vulnerarent ex eis sicut primo
et secundo die
et caederent per duas semitas terga
vertentes
quarum una ferebat in Bethel
altera in Gabaa
atque prosternerent triginta circiter Ios 7,5
viros
32 putaverunt enim solito eos more cedere
qui fugam arte simulantes iniere con- Ios 8,5.6!
silium
ut abstraherent eos de civitate et
quasi fugientes ad supradictas semitas perducerent
33 omnes itaque filii Israhel surgentes
de sedibus suis
tetenderunt aciem in loco qui vocatur Baalthamar
insidiae quoque quae circa urbem
erant paulatim se aperire coeperunt 34 et ab occidentali urbis parte

21 uirorum TMΦ c | 22 rursumque CS | [*iterum adest* V] | 23 consulueruntque CM | beniamin + et CΛF. | ad eum] ad eos ΛΛΦ c | 24 altera L c. | contra + filios L c. | 26 dei] domini C; *om.* S | ~ die illo S c | et³] atque c. | 27 dei] domini VCLFST | 28 eleazar VCΛLF | domus + dei C; + domini A. | 31 ~ die et secundo c | cederent ΣLSTΦ; ceciderunt A | ~ uertentes terga c | ferebatur CLTMΦ c | bethleem AL; + et TMΦ c | gabaad Σ; gabaath VCTM | 32 solito eos more (morte F) ΣΛFΦ cr] solito more eos VLTM; eos solito more AC; eos more solito S. | caedere VCΛF | inire VCΣLSTM; inierunt c | eos² *om.* VC. | et *om.* S.; ~ quasi fugientes et C | 33 [*deest* V *usque ad v.* 43] | quae] qui C |

(V)AC ΣΛLFSTMΦ cr

procedere
sed et alia decem milia virorum de universo Israhel habitatores urbis ad certamina provocabant
ingravatumque est bellum contra filios Beniamin
et non intellexerunt quod ex omni parte illis instaret interitus
35 percussitque eos Dominus in conspectu filiorum Israhel
46 et interfecerunt ex eis in illo die viginti quinque milia et centum viros
omnes bellatores et educentes gladium
36 filii autem Beniamin cum se inferiores esse vidissent coeperunt fugere
quod cernentes filii Israhel dederunt eis ad fugiendum locum
ut ad praeparatas insidias devenirent quas iuxta urbem posuerant
37 qui cum repente de latibulis surrexissent
et Beniamin terga caedentibus daret
ingressi sunt civitatem et percusserunt eam in ore gladii
38 signum autem dederant filii Israhel his quos in insidiis conlocaverant
ut postquam urbem cepissent ignem accenderent
et ascendente in altum fumo captam urbem demonstrarent
39—43: Ios 8,20–22 39 quod cum cernerent filii Israhel in ipso certamine positi
putaverunt enim filii Beniamin eos fugere
et instantius sequebantur caesis de exercitu eorum triginta viris
40 et viderent quasi columnam fumi de civitate conscendere
Beniamin quoque retro aspiciens captam cerneret civitatem et flammas in sublime ferri
41 qui prius simulaverant fugam versa facie fortius resistebant
quod cum vidissent filii Beniamin in fugam versi sunt
42 et ad viam deserti ire coeperunt
illuc quoque eos adversariis persequentibus
sed et hii qui urbem succenderant occurrerunt eis
43 atque ita factum est ut ex utraque parte ab hostibus caederentur
nec erat ulla morientium requies
ceciderunt atque prostrati sunt ad orientalem plagam urbis Gabaa
44 fuerunt autem qui in eodem loco interfecti sunt decem et octo milia virorum
omnes robustissimi pugnatores
45 quod cum vidissent qui remanserant de Beniamin 21,13
fugerunt in solitudinem et pergebant ad petram cuius vocabulum est Remmon
in illa quoque fuga palantes et in diversa tendentes occiderunt quinque milia viros
et cum ultra tenderent persecuti sunt eos
et interfecerunt etiam alios duo milia
46 et sic factum est ut omnes qui ceciderant de Beniamin in diversis locis 35
essent viginti quinque milia pugnatores ad bella promptissimi
47 remanserunt itaque de omni numero Beniamin qui evadere potuerant et 21,13
fugere in solitudinem sescenti viri
sederuntque in petra Remmon mensibus quattuor

(V)AC ΣΛLFSTMΦ (l) cr

35 ex illis CΛF; *om.* A. | in[2] *om.* CΣΛLFSM | 37 darent CF | 38 dederunt CTMΦ | in[1] *om.* AΛ | et] ut TMΦ c | ~ fumo in altum A | 39 putauerant CΣLTMΦ | persequebantur L c. | 40 uiderent AS cr, *cf. v.* 39 cernerent] uiderunt *cet.* | ~ aspiciens retro c.; + cum CΣΛL c | 41 [*adest passim* l *usque ad* 21,24] | 43 [*iterum adest* V] | ulla] ultra C | ~ requies morientium c | ceciderüntque atque AF; ceciderunt itaque L. | 44 eodem] eo VCFS | pugnatores] bellatores AL. | 45 in solitudine C | uirorum LS c | alia L STMΦ c | 46 sic *om.* V | ceciderant] occiderant VC | pugnatorum AL | 47 potuerunt ATMΦ c; poterant ΣL | in solitudine ATΦ | ~ et fugere in solitudinem potuerunt c. | in petre C.; petrae V ||

Dt 13,15! 48 regressi autem filii Israhel omnes reliquias civitatis a viris usque ad iumenta gladio percusserunt
cunctasque urbes et viculos Beniamin vorax flamma consumpsit
21 iuraverunt quoque filii Israhel in
Maspha et dixerunt
nullus nostrum dabit filiis Beniamin
de filiabus suis uxorem
18,31; 20,26! 2 veneruntque omnes ad domum Dei
in Silo
20,23 et in conspectu eius sedentes usque
ad vesperam
II Sm 15,23 levaverunt vocem et magno ululatu
coeperunt flere dicentes
3 quare Domine Deus Israhel factum
est hoc malum in populo tuo
6 ut hodie una tribus auferretur ex nobis
4 altera autem die diluculo consurgentes extruxerunt altare
Ios 8,31! obtuleruntque ibi holocausta et pacificas victimas et dixerunt
8 5 quis non ascendit in exercitu Domini
de universis tribubus Israhel
grandi enim se iuramento constrin-
xerant cum essent in Maspha
interfici eos qui defuissent
15 6 ductique paenitentia filii Israhel
super fratre suo Beniamin coeperunt
dicere
3 ablata est una tribus de Israhel
7 unde uxores accipient
18 omnes enim in commune iuravimus
non daturos nos his filias nostras
5 8 idcirco dixerunt quis est de universis
tribubus Israhel qui non ascendit
ad Dominum in Maspha
et ecce inventi sunt habitatores Iabisgalaad in illo exercitu non fuisse
9 eo quoque tempore cum essent in
Silo nullus ex eis ibi reppertus est
10 miserunt itaque decem milia viros
robustissimos et praeceperunt eis
ite et percutite habitatores Iabisga- Dt 13,15! Ios 6,21
laad in ore gladii tam uxores quam
parvulos eorum
11 et hoc erit quod observare debetis
omne generis masculini et mulieres Nm 31,17.18!
quae cognoverunt viros interficite
12 inventaeque sunt de Iabisgalaad
quadringentae virgines quae nescierunt viri torum
et adduxerunt eas in castra in Silo in
terra Chanaan
13 miseruntque nuntios ad filios Ben- 20,45.47
iamin qui erant in petra Remmon
et praeceperunt eis ut eos in pace
susciperent
14 veneruntque filii Beniamin in illo
tempore
et datae sunt eis uxores de filiabus
Iabisgalaad
alias autem non reppererunt quas simili modo traderent
15 universusque Israhel valde doluit et 6
egit paenitudinem
super interfectione unius tribus ex
Israhel
16 dixeruntque maiores natu
quid faciemus reliquis qui non acceperunt uxores
omnes in Beniamin feminae conciderunt
17 et magna nobis cura ingentique studio providendum est
ne una tribus deleatur ex Israhel
18 filias nostras eis dare non possumus 7
constricti iuramento et maledictione
qua diximus
maledictus qui dederit de filiabus
suis uxorem Beniamin

21,1 iurauerant VCΛLF | dixerant CΛL | 2 eleuauerunt AS | 5 quis] qui VCFS | ~ iuramento se T𝔠 | constrixerunt V | 6 [*deest* V *usque ad v.* 13] | ~ tribus una 𝔠. | 7 ~ filias nostras his A | 11 debeatis MΦ; debebitis ΣΛLFST1𝔠 | omnes CΣΛLFS | interficite + uirgines reseruate ΣΛM1; + uirgines autem reseruate 𝔠 | 12 ad castra ΛLSTMΦ𝔠 | in terram M𝔠 | 13 [*iterum adest* V] | ~ susciperent in pace 𝔠 | 14 reppererunt] receperunt VF. | 15 poenitentiam 𝔠 | super interfectionem ACΣSTΦ | ex] in C.; *om.* AM | 18 filias + enim 𝔠. | possimus AS. |

(V)AC ΣΛLFSTMΦ l𝔠𝔯

19 ceperuntque consilium atque dixerunt
ecce sollemnitas Domini est in Silo anniversaria
quae sita est ad septentrionem urbis Bethel
et ad orientalem plagam viae quae de Bethel tendit ad Sycimam
et ad meridiem oppidi Lebona
20 praeceperuntque filiis Beniamin atque dixerunt
ite et latete in vineis
Ex 15,20; I Sm 18,6 21 cumque videritis filias Silo ad ducendos choros ex more procedere
exite repente de vineis et rapite eas singuli uxores singulas
et pergite in terram Beniamin
22 cumque venerint patres earum ac fratres
et adversum vos queri coeperint atque iurgari
dicemus eis misereminі eorum
non enim rapuerunt eas iure bellantium atque victorum
sed rogantibus ut acciperent non dedistis
et a vestra parte peccatum est
23 feceruntque filii Beniamin ut sibi fuerat imperatum
et iuxta numerum suum rapuerunt sibi de his quae ducebant choros uxores singulas
abieruntque in possessionem suam aedificantes urbes et habitantes in eis
24 filii quoque Israhel reversi sunt per tribus et familias in tabernacula sua
17,6! in diebus illis non erat rex in Israhel
sed unusquisque quod sibi rectum videbatur hoc faciebat

EXPLICIT LIBER SOPTHIM

ID EST IUDICUM

INCIPIT LIBER RUTH

In diebus unius iudicis quando iudices praeerant facta est fames in terra Gn 12,10! IV Rg 4,38
abiitque homo de Bethleem Iuda ut peregrinaretur in regione moabitide cum uxore sua ac duobus liberis Idc 19,18
2 ipse vocabatur Helimelech uxor eius Noemi
e duobus filiis alter Maalon et alter Chellion
Ephrathei de Bethleem Iuda I Sm 17,12
ingressique regionem moabitidem morabantur ibi
3 et mortuus est Helimelech maritus Noemi
remansitque ipsa cum filiis
4 qui acceperunt uxores moabitidas
quarum una vocabatur Orpha altera Ruth
manseruntque ibi decem annis 5 et ambo mortui sunt
Maalon videlicet et Chellion
remansitque mulier orbata duobus liberis ac marito Gn 27,45
6 et surrexit ut in patriam pergeret cum utraque nuru sua de regione moabitide
audierat enim quod respexisset Dominus populum suum et dedisset eis escas
7 egressa est itaque de loco peregrinationis suae cum utraque nuru
et iam in via posita revertendi in terram Iuda 8 dixit ad eas

VAC ΣΛLFS(T)M Φl cr 19 ad septentrionalem VΣSM | 20 latitate LSTMΦ c | 21 de repente C | eas] ex eis L M c. | 22 [*deest* T *usque ad v.* 24] | earum] eorum V | ac] aut VCΣ | iurgare CΛF1 | rapuerant A | 23 suum *om.* VC ||

(V)AC ΣΛLFSMΦl cr **Ruth**. *Citantur* VAC *et* ΣΛLFSMΦl *ac* cr. *Tit.* liber ruth c || **1**,1 [*deest* V *usque ad v.* 7, *adest passim* l *usque ad* 4,5] | 2 et uxor CΣc; uxor autem M | e duobus filiis ΣΛr] et duobus filiis CLΦl; et duobus filii F; et duo filii c; et duo filii eius AM; filii uero eius S. | alter¹] unus CLS. | 4 et altera ACΣS; altera uero c. | 6 et¹ *om.* CΣLl | in *om.* A | ei C | 7 positae AΣΛ | [*adest* V] | reuertenti CΣS | ~ reuertendi posita c | 8 dixitque A |

ite in domum matris vestrae
2,20 faciat Dominus vobiscum misericordiam
sicut fecistis cum mortuis et mecum
9 det vobis invenire requiem in domibus virorum quos sortiturae estis
14; Gn 29,11! et osculata est eas
quae elevata voce flere coeperunt
10 et dicere
tecum pergemus ad populum tuum
11 quibus illa respondit
revertimini filiae mi cur venitis mecum
num ultra habeo filios in utero meo
ut viros ex me sperare possitis
12 revertimini filiae mi abite
iam enim senectute confecta sum nec apta vinculo coniugali
etiam si possem hac nocte concipere et parere filios
13 si eos expectare velitis donec crescant et annos impleant pubertatis
ante eritis vetulae quam nubatis
nolite quaeso filiae mi quia vestra angustia me magis premit
et egressa est manus Domini contra me
9! 14 elevata igitur voce rursum flere coeperunt
Orpha osculata socrum est ac reversa
Ruth adhesit socrui suae
15 cui dixit Noemi
en reversa est cognata tua ad populum suum et ad deos suos vade cum ea
16 quae respondit
ne adverseris mihi ut relinquam te et abeam
II Sm 15,21! quocumque perrexeris pergam
ubi morata fueris et ego pariter morabor
populus tuus populus meus et Deus tuus Deus meus
17 quae te morientem terra susceperit in ea moriar
ibique locum accipiam sepulturae
haec mihi faciat Deus et haec addat
si non sola mors me et te separaverit
18 videns ergo Noemi quod obstinato Ruth animo decrevisset secum pergere
adversari noluit nec ultra ad suos reditum persuadere
19 profectaeque sunt simul et venerunt in Bethleem 22!
quibus urbem ingressis velox apud cunctos fama percrebuit
dicebantque mulieres haec est illa Noemi
20 quibus ait ne vocetis me Noemi id est pulchram
sed vocate me Mara hoc est amaram Ex 15,23
quia valde me amaritudine replevit Omnipotens Iob 9,18; Lam 3,15
21 egressa sum plena et vacuam reduxit me Dominus
cur igitur vocatis me Noemi
quam humiliavit Dominus et adflixit Omnipotens Ps 37,9!
22 venit ergo Noemi cum Ruth Moabitide nuru sua de terra peregrinationis suae 19; 2,6
ac reversa est in Bethleem quando primum hordea metebantur
2 erat autem vir Helimelech consanguineus 3,2!
homo potens et magnarum opum nomine Booz

8 matris uestrae] patris uestri AΣΛFS | ~ uobiscum dominus CL c | mortuis + meis AL | 9 quae leuata VAΣL | 11 mi] meae c | habebo CΣΛFM l; habere potero L. | 12 mi abite VAΛF r] mi et abite CΣLSM; meae et abite c; moabitae Φ | 13 uelletis VCL.; uellitis ΛS | ~ pubertatis impleant c | mi] meae c | ~ magis me c | 14 [*deest* V *usque ad* 2,15] | ~ est socrum ΣSMΦ c | reuersa + est S c | 16 auerseris A | quocumque + enim c. | pergam + et c | et[3] *om.* ALS. | 17 moriente CΛ | ~ terra morientem c | deus] dominus c | me a te CM | 18 ~ animo ruth c | auersari A | ~ ad suos ultra c | 20 hoc] id AS c | amara CSΦ | ~ amaritudine ualde repleuit me c | 21 igitur] ergo c. | ~ dominus humiliauit c | 22 ergo] igitur AC. || **2**,1 uiro c.; uiri LMΦ | et] ac AS. |

(V)AC ΣΛLFSMΦl cr

2 dixitque Ruth Moabitis ad socrum
suam
si iubes vadam in agrum et colligam
spicas quae metentium fugerint manus
ubicumque clementis in me patris
familias repperero gratiam
cui illa respondit vade filia mi
15 3 abiit itaque et colligebat spicas post
terga metentium
accidit autem ut ager ille haberet dominum Booz qui erat de cognatione
Helimelech
4 et ecce ipse veniebat de Bethleem
dixitque messoribus Dominus vobiscum
qui responderunt ei benedicat tibi
Dominus
5 dixitque Booz iuveni qui messoribus
praeerat
cuius est haec puella
6 qui respondit
1.22! haec est Moabitis quae venit cum
Noemi de regione moabitide
7 et rogavit ut spicas colligeret remanentes sequens messorum vestigia
et de mane usque nunc stat in agro
et ne ad momentum quidem domum
reversa est
8 et ait Booz ad Ruth
audi filia ne vadas ad colligendum in
alterum agrum nec recedas ab hoc
loco
21.23; 3,2 sed iungere puellis meis 9 et ubi mes-
suerint sequere
15 mandavi enim pueris meis ut nemo
tibi molestus sit
sed etiam si sitieris vade ad sarcinulas
et bibe aquas de quibus et pueri bi-
bunt
Gn 18,2.3; Ex 34,8.9; 10 quae cadens in faciem suam et adorans super terram dixit ad eum I Sm 25,23! II Sm 14,22
unde mihi hoc ut invenirem gratiam
ante oculos tuos
et nosse me dignareris peregrinam
mulierem
11 cui ille respondit
nuntiata sunt mihi omnia quae feceris socrui tuae post mortem viri
tui
et quod dereliqueris parentes tuos et Gn 24,7
terram in qua nata es
et veneris ad populum quem ante
nesciebas
12 reddat tibi Dominus pro opere tuo
et plenam mercedem recipias a Do- II Io 8
mino Deo Israhel
ad quem venisti et sub cuius confu-
gisti alas
13 quae ait
inveni gratiam ante oculos tuos domine mi
qui consolatus es me et locutus es ad
cor ancillae tuae
quae non sum similis unius puellarum tuarum
14 dixitque ad eam Booz
quando hora vescendi fuerit
veni huc et comede panem et intin-
gue buccellam tuam in aceto
sedit itaque ad messorum latus et
congessit pulentam sibi
comeditque et saturata est et tulit
reliquias
15 atque inde surrexit ut spicas ex more 3
colligeret
praecepit autem Booz pueris suis di- 9
cens
etiam si vobiscum metere voluerit ne
prohibeatis eam
16 et de vestris quoque manipulis proicite de industria et remanere per-

(V)AC ΣΛLFSMΦl cr

2 moabitidis ACM; moabitides ΣL | ~ fugerint manus metentium c | clementis in me] clementissime l.; clementissimi CΣL | patris familiae CΛFSl | mi] mea c | 3 post tergum CΛLF | dominum + nomine ALMΦc | 5 ~ haec est CLF | 6 qui] cui c. | moabitidis M; *om.* CL | 7 usque + ad C | ne] nec C | 8 ~ in alterum agrum ad colligendum c | 9 ~ molestus sit tibi c | 11 ille *om.* A | reliqueris MΦc | uenires A | antea SMΦc | 12 recipies C; accipias ΣM | 13 ante] apud ΛLFΦc | mi quia C; tu S. | es² *om.* CL SΦ | 16 [*iterum adest* V] |

mittite
ut absque rubore colligat
et colligentem nemo corripiat
17 collegit ergo in agro usque ad vesperam
et quae collegerat virga caedens et excutiens
invenit hordei quasi oephi mensuram id est tres modios
3,15 18 quos portans reversa est in civitatem et ostendit socrui suae
insuper protulit et dedit ei de reliquiis cibi sui quo saturata fuerat
19 dixitque ei socrus
ubi hodie collegisti et ubi fecisti opus
sit benedictus qui misertus est tui
indicavitque ei apud quem esset operata
et nomen dixit viri quod Booz vocaretur
20 cui respondit Noemi
benedictus sit a Domino
1,8 quoniam eandem gratiam quam praebuerat vivis servavit et mortuis
3,2! rursumque propinquus ait noster est homo
21 et Ruth hoc quoque inquit praecepit mihi
8.9! ut tamdiu messoribus eius iungerer
donec omnes segetes meterentur
22 cui dixit socrus
melius est filia mi ut cum puellis eius exeas ad metendum
ne in alieno agro quispiam resistat tibi
8! 3,2 23 iuncta est itaque puellis Booz
et tamdiu cum eis messuit donec hordea et triticum in horreis conderentur
3 postquam autem reversa est ad socrum suam audivit ab ea
filia mi quaeram tibi requiem et providebo ut bene sit tibi
2 Booz iste cuius puellis in agro iuncta 2,8! 23
es propinquus est noster 2,1.20
et hac nocte aream hordei ventilat
3 lava igitur et unguere et induere cultioribus vestimentis ac descende in aream Idt 10,3
non te videat homo donec esum potumque finierit
4 quando autem ierit ad dormiendum
nota locum in quo dormiat
veniesque et discoperies pallium quo operitur a parte pedum 7
et proicies te et ibi iacebis
ipse autem dicet tibi quid agere debeas
5 quae respondit quicquid praeceperis faciam
6 descenditque in aream et fecit omnia quae sibi imperaverat socrus
7 cumque comedisset Booz et bibisset et factus esset hilarior
issetque ad dormiendum iuxta acervum manipulorum
venit abscondite et discoperto a pedibus eius pallio se proiecit 4
8 et ecce nocte iam media expavit homo et conturbatus est
viditque mulierem iacentem ad pedes suos
9 et ait illi quae es
illaque respondit
ego sum Ruth ancilla tua
expande pallium tuum super famulam tuam quia propinquus es Ez 16,8
10 et ille benedicta inquit es Domino filia
et priorem misericordiam posteriore superasti
quia non es secuta iuvenes pauperes sive divites
11 noli ergo metuere sed quicquid dixeris mihi faciam tibi
scit enim omnis populus qui habitat

17 ad uesperum A | [*deest* L *usque ad* 3,16] | 19 socrus + sua VCΣM c | esset] fuisset A c. | 20 ~ ait propinquus CΣ c | 21 [*deest* V *usque ad* 4,22] | 22 mi] mea c.; *om.* S | 23 itaque] igitur CΣΛF || **3**,1 mi] mea c. | 2 ~ noster est AΣ c | 3 laua ACSΦlr] lauare *cet.* | ac] et c | 4 operietur AΣ | 5 praeceperis + mihi C | 7 ~ pallio a pedibus eius c | 9 illa respondit CΣ | 10 es[1] + a AΣ cr | posteriorem AC |

(V)AC
ΣΛ(L)FSMΦ
lcr

intra portas urbis meae mulierem
te esse virtutis
4,1 [12] nec abnuo me propinquum
sed est alius me propinquior
[13] quiesce hac nocte et facto mane si te
4,4! voluerit propinquitatis iure retinere
bene res acta est
sin autem ille noluerit ego te absque
ulla dubitatione suscipiam vivit
Dominus
dormi usque mane
[14] dormivit itaque ad pedes eius usque
ad noctis abscessum
surrexitque antequam homines se
cognoscerent mutuo
et dixit Booz
cave ne quis noverit quod huc veneris
[15] et rursum expande inquit palliolum
tuum quo operiris et tene utraque
manu
qua extendente et tenente mensus
est sex modios hordei et posuit super eam
2,18 quae portans ingressa est civitatem
[16] et venit ad socrum suam
quae dixit ei quid egisti filia
narravitque ei omnia quae sibi fecisset homo [17] et ait
ecce sex modios hordei dedit mihi
et ait
nolo vacuam te reverti ad socrum
tuam
[18] dixitque Noemi expecta filia donec
videamus quem res exitum habeat
neque enim cessabit homo nisi conpleverit quod locutus est
Gn 19,1; IISm 18,24; 19,8; Iob 29,7; Ier 26,10! **4** ascendit ergo Booz ad portam et sedit ibi
3,12 cumque vidisset propinquum praeterire de quo prius sermo habitus
est dixit ad eum
declina paulisper et sede hic vocans
eum nomine suo
qui devertit et sedit
[2] tollens autem Booz decem viros de
senioribus civitatis dixit ad eos se-
dete hic
[3] quibus residentibus locutus est ad
propinquum
partem agri fratris nostri Helimelech
vendit Noemi quae reversa est de
regione moabitide
[4] quod audire te volui et tibi dicere 3,13; Lv 25,25! Ier 32,7
coram cunctis sedentibus et maio-
ribus natu de populo meo
si vis possidere iure propinquitatis
eme et posside
sin autem tibi displicet hoc ipsum
indica mihi ut sciam quid facere
debeam
nullus est enim propinquus excepto
te qui prior es et me qui secundus
sum
at ille respondit ego agrum emam
[5] cui dixit Booz
quando emeris agrum de manu mulieris
Ruth quoque Moabitidem quae uxor 10; Dt 25,5!
defuncti fuit debes accipere
ut suscites nomen propinqui tui in
hereditate sua
[6] qui respondit
cedo iure propinquitatis
neque enim posteritatem familiae
meae delere debeo
tu meo utere privilegio quo me libenter carere profiteor
[7] hic autem erat mos antiquitus in Israhel inter propinquos
et si quando alter alteri suo iure cedebat
ut esset firma concessio
solvebat homo calciamentum suum Dt 25,9
et dabat proximo suo
hoc erat testimonium cessionis in

AC ΣΛ(LF)SMΦ (l) ϲr

13 sin] si C | ille *om.* CΣS | 14 surrexit itaque AMΦ ϲ | 15 pallium ΣS ϲ | 16 [*iterum adest* L] || **4**,1 diuertit CΣSMΦ ϲ | 3 sedentibus ϲ; respondentibus F | uendet C ϲ; uendidit L | 4 ~ displicet tibi ϲ. | enim *om.* ΛF; ~ enim est ϲ. | 5 tui *om.* A | 6 [*deest* l *usque ad v.* 22] | iuri ϲ., *item v.* 7 | [*deest* F *usque ad v.* 22] | 7 et si] si CΣL; ut si ϲ; ut S. |

Israhel
8 dixit ergo propinquus Booz
tolle calciamentum quod statim solvit de pede suo
9 at ille maioribus natu et universo populo
testes inquit vos estis hodie
quod possederim omnia quae fuerunt Helimelech et Chellion et Maalon tradente Noemi
5; Dt 25,5.6! 10 et Ruth Moabitidem uxorem Maalon in coniugium sumpserim
ut suscitem nomen defuncti in hereditate sua
ne vocabulum eius de familia sua ac fratribus et populo deleatur
vos inquam huius rei testes estis
11 respondit omnis populus qui erat in porta et maiores natu nos testes sumus
faciat Dominus hanc mulierem quae ingreditur domum tuam
sicut Rachel et Liam quae aedificaverunt domum Israhel
ut sit exemplum virtutis in Ephrata
et habeat celebre nomen in Bethleem
I Par 2,4 12 fiatque domus tua sicut domus Phares quem Thamar peperit Iudae de semine quod dederit Dominus tibi ex hac puella
13 tulit itaque Booz Ruth et accepit uxorem
ingressusque est ad eam et dedit illi Dominus ut conciperet et pareret filium Gn 16,4
14 dixeruntque mulieres ad Noemi
benedictus Dominus qui non est passus ut deficeret successor familiae tuae
et vocaretur nomen eius in Israhel
15 et habeas qui consoletur animam tuam et enutriat senectutem
de nuru enim tua natus est quae te diligit et multo tibi est melior quam si septem haberes filios
16 susceptumque Noemi puerum posuit in sinu suo
et nutricis ac gerulae officio fungebatur
17 vicinae autem mulieres congratulantes ei et dicentes natus est filius Noemi vocaverunt nomen eius Obed Lc 1,58!
hic est pater Isai patris David
18 hae sunt generationes Phares **18—22:** I Par 2,9–12; Mt 1,3–5; Lc 3,31–33
Phares genuit Esrom
19 Esrom genuit Aram
Aram genuit Aminadab
20 Aminadab genuit Naasson Nm 1,7!
Naasson genuit Salma
21 Salma genuit Booz
Booz genuit Obed
22 Obed genuit Isai
Isai genuit David

EXPLICIT LIBER RUTH

8 propinquo CΣΛΦ c; + suo c | calciamentum + tuum Λ c | 9 ~ uos inquit L c | 10 moabitide CS. | 12 ~ tibi dederit dominus c; ~ dederit tibi dominus L | 15 consolaretur A | quae A cr. 𝔐] qui *cet.* | [*deest* L *usque ad v.* 22] | ~ melior est A c; melius est S | 16 ~ fungebatur officio A c. | 18 haec CS | 19 ram *bis* S𝔐 | 20 salmo S., *item v.* 21; salmon CΣMΦ c, *item v.* 21; salomon Λ., *item v.* 21 | 22 dauid + regem AΦ ||

AC ΣΛ(L)SMΦ cr

INCIPIT PROLOGUS SANCTI HIERONYMI IN LIBRO REGUM

Viginti et duas esse litteras apud Hebraeos, Syrorum quoque et Chaldeorum lingua testatur, quae hebraeae magna ex parte confinis est; nam et ipsi viginti duo elementa habent eodem sono, sed diversis caracteribus. Samaritani etiam Pentateuchum Mosi totidem litteris scriptitant, figuris tantum et apicibus discrepantes. Certumque est Ezram scribam legisque doctorem post captam Hierosolymam et instaurationem templi sub Zorobabel alias litteras repperisse, quibus nunc utimur, cum ad illud usque tempus idem Samaritanorum et Hebraeorum Nm 3,39 caracteres fuerint. In libro quoque Numerorum haec eadem supputatio sub Levitarum ac sacerdotum censu mystice ostenditur. Et nomen Domini tetragrammaton in quibusdam graecis voluminibus usque hodie antiquis expressum litteris invenimus. Sed et psalmi tricesimus sextus, et centesimus decimus, et centesimus undecimus, et centesimus octavus decimus, et centesimus quadragesimus quartus, quamquam diverso scribantur metro, tamen eiusdem numeri texuntur alfabeto. Et Hieremiae Lamentati- Prv 31,10 ones et oratio eius, Salomonis quoque in fine Proverbia ab eo loco in quo ait: «Mulierem fortem quis inveniet», hisdem alfabetis vel incisionibus supputantur. Porro quinque litterae duplices apud eos sunt: chaph, mem, nun, phe, sade; aliter enim per has scribunt principia medietatesque verborum, aliter fines. Unde et quinque a plerisque libri duplices aestimantur: Samuhel, Malachim, Dabreiamin, Ezras, Hieremias cum Cinoth, id est Lamentationibus suis. Quomodo igitur viginti duo elementa sunt, per quae scribimus hebraice omne quod loquimur, et eorum initiis vox humana conprehenditur, ita viginti duo volumina supputantur, quibus quasi litteris et exordiis, in Dei doctrina, tenera adhuc et lactans viri iusti eruditur infantia.

Primus apud eos liber vocatur Bresith, quem nos Genesim dicimus; secundus Hellesmoth, qui Exodus appellatur; tertius Vaiecra, id est Leviticus; quartus Vaiedabber, quem Numeros vocamus; quintus Addabarim, qui Deuteronomium praenotatur. Hii sunt quinque libri Mosi, quos proprie Thorath, id est Legem appellant.

Secundum Prophetarum ordinem faciunt, et incipiunt ab Iesu filio Nave, qui apud eos Iosue Bennum dicitur. Deinde subtexunt Sopthim, id est Iudicum librum; et in eundem conpingunt Ruth, quia in diebus Iudicum facta narratur historia. Tertius sequitur Samuhel, quem nos Regnorum primum et secundum dicimus. Quartus Malachim, id est Regum, qui tertio et quarto Regnorum volumine continetur; meliusque multo est Malachim, id est Regum, quam Malachoth, id est Regnorum dicere, non

RAC ΣΛΦ cr **Prologus**. *Citantur* RAC *et* ΣΛΦ *ac* c(*edd.* 1593 *et* 1598)r. *Tit.* hieronymi prologus galeatus c | 1 ~ litteras esse Σc | ~ lingua et chaldeorum Φc | 3 uiginti + et C | 8 fuerunt R Σ | 12 ~ decimus octauus c. | 16 eos] hebraeos ΛΦc | 17 scribuntur Σc; ~ scrib. per has c | 22 lactens c | 23 bresith] *praem. nomen hebr. litteris scriptum* c., *et sic in sequentibus nominibus* | ueelle semoth c. | 25 numerum CΦ; numerorum Λ | helleaddabarim RΛc | 26 thora c | 27 ~ ordinem prophetarum RC | 29 facta + eius c | 30 regnorum] regum c, *item l.* 31 |

enim multarum gentium regna describit, sed unius israhelitici populi qui tribubus duodecim continetur. Quintus est Esaias, sextus Hieremias, septimus Hiezecihel, octavus liber duodecim Prophetarum, qui apud illos vocatur Thareasra.

Tertius ordo αγιογραφα possidet, et primus liber incipit ab Iob, secundus a David, quem quinque incisionibus et uno Psalmorum volumine conprehendunt. Tertius est Salomon, tres libros habens: Proverbia, quae illi Parabolas, id est Masaloth appellant, et Ecclesiasten, id est Accoeleth, et Canticum canticorum, quem titulo Sirassirim praenotant. Sextus est Danihel, septimus Dabreiamin, id est Verba dierum, quod significantius χρονικον totius divinae historiae possumus appellare, qui liber apud nos Paralipomenon primus et secundus scribitur; octavus Ezras, qui et ipse similiter apud Graecos et Latinos in duos libros divisus est, nonus Hester.

Atque ita fiunt pariter veteris legis libri viginti duo, id est Mosi quinque, Prophetarum octo, Agiograforum novem. Quamquam nonnulli Ruth et Cinoth inter Agiografa scriptitent et libros hos in suo putent numero supputandos, ac per hoc esse priscae legis libros viginti quattuor, quos sub numero viginti quattuor seniorum Apocalypsis Io- Apc 4,4–10
hannis inducit adorantes Agnum et coronas suas prostratis vultibus offerentes, stantibus coram quattuor animalibus oculatis retro et ante, id est et in praeteritum et in futurum, et indefessa voce clamantibus: «Sanctus, sanctus, sanctus Dominus Deus omni- Apc 4,8
potens, qui erat et qui est et qui futurus est».

Hic prologus Scripturarum quasi galeatum principium omnibus libris, quos de hebraeo vertimus in latinum, convenire potest, ut scire valeamus, quicquid extra hos est, inter apocrifa seponendum. Igitur Sapientia, quae vulgo Salomonis inscribitur, et Iesu filii Sirach liber et Iudith et Tobias et Pastor non sunt in canone. Macchabeorum primum librum hebraicum repperi, secundus graecus est, quod et ex ipsa φρασιν probari potest.

Quae cum ita se habeant, obsecro te lector, ne laborem meum reprehensionem aestimes antiquorum. In tabernaculum Dei offert unusquisque quod potest: alii aurum Ex 25,2–7; 35,5–9
et argentum et lapides pretiosos, alii byssum et purpuram, coccum offerunt et hyacinthum; nobiscum bene agetur, si obtulerimus pelles et caprarum pilos. Et tamen Apos- I Cor 12,22
tolus contemptibiliora nostra magis necessaria iudicat. Unde et tota illa tabernaculi Ex 26,7–14; 36,14–19
pulchritudo et per singulas species Ecclesiae praesentis futuraeque distinctio pellibus tegitur et ciliciis, ardoremque solis et iniuriam imbrium ea quae viliora sunt prohibent. Lege ergo primum Samuhel et Malachim meum; meum, inquam, meum: quicquid enim crebrius vertendo et emendando sollicitius et didicimus et tenemus, nostrum est. Et cum intellexeris quod antea nesciebas, vel interpretem me aestimato, si gratus es, vel παραφραστην, si ingratus, quamquam mihi omnino conscius non sim mutasse me quippiam de hebraica veritate. Certe si incredulus es, lege graecos codices et latinos et confer cum his opusculis, et ubicumque inter se videris discrepare, inter-

33 ~ describit regna c. | 35 there asar c. | 38 masaloth] misle c. | ~ misle id est parabolas c. | 39 et[1]] quartus CΛΦc | coheleth c | et[2]] quintus CΛΦc | 40 dibre haiamim c. | 42 inscribitur ΛΦc | 44 quinque + et c | 46 scriptitant C | ~ hos libros c | ~ putent in suo R | 47 quos] quod C | 49 ~ ante et retro c | et[2] *om.* RΣΦc | 50 futurum + respicientes CΣΛΦ; + respicientibus c | 51 futurus] uenturus CΣΛc | 53 uertimur C | 54 seponendum] esse ponendum ΣΛc | scribitur RC. | 56 et *om.* ΣΛΦc | ipsa + quoque c. | φρασι A; phrasi c; historia R; *praem.* storia C.; + id est storia ΣΛ | 59 extimes CΣ; existimes Rc. | in tabernaculo CΛΦ; in templo c | 60 et[1] *om.* c. | coccumque Σ; et coccum CΛΦc | 61 agitur RΣΛΦc | 65 primo RΣ | meum[2] *om.* C | 66 et didicimus] edidicimus A; edidimus C. | 67 ante C | 68 parafrasten Λc; historiografum R | sum R | 70 iis c | opusculis + quae nuper emendauimus c. | ~ discrepare inter se uideris c |

RAC ΣΛΦ cr

roga quemlibet Hebraeorum cui magis accomodare debeas fidem, et si nostra firmaverit, puto quod eum non aestimes coniectorem, ut in eodem loco mecum similiter divinarit.

Mt 26,7; Mc 14,3 Sed et vos famulas Christi rogo, quae Domini discumbentis pretiosissimo fidei
Io 20,15–17 myro unguitis caput, quae nequaquam Salvatorem quaeritis in sepulchro, quibus iam
Ps 58,7.15 ad Patrem Christus ascendit, ut contra latrantes canes, qui adversum me rabido ore desaeviunt et circumeunt civitatem atque in eo se doctos arbitrantur, si aliis detrahant, orationum vestrarum clypeos opponatis. Ego sciens humilitatem meam, illius semper
Ps 38,2–3 sententiae recordabor: «Custodiam vias meas, ut non delinquam in lingua mea; posui ori meo custodiam, cum consisteret peccator adversum me; obmutui et humiliatus sum, et silui a bonis». EXPLICIT PROLOGUS

INCIPIT LIBER SAMUHELIS
ID EST REGUM PRIMUS ET SECUNDUS

Fuit vir unus de Ramathaimsophim de monte Ephraim
et nomen eius Helcana
I Par 6,27.34.35 filius Hieroam filii Heliu filii Thau filii Suph Ephratheus
2 et habuit duas uxores
nomen uni Anna et nomen secundae Fenenna
fueruntque Fenennae filii
Annae autem non erant liberi
21! 24 3 et ascendebat vir ille de civitate sua statutis diebus
ut adoraret et sacrificaret Domino exercituum in Silo
2,34! 4,4; 14,3 erant autem ibi duo filii Heli Ofni et Finees sacerdotes Domini
4 venit ergo dies et immolavit Helcana
deditque Fenennae uxori suae et cunctis filiis eius et filiabus partes
5 Annae autem dedit partem unam tristis
quia Annam diligebat Dominus autem concluserat vulvam eius Gn 16,2!
6 adfligebat quoque eam aemula eius
et vehementer angebat
in tantum ut exprobraret quod conclusisset Dominus vulvam eius Gn 16,2!
7 sicque faciebat per singulos annos
cum redeunte tempore ascenderent templum Domini
et sic provocabat eam
porro illa flebat et non capiebat cibum
8 dixit ergo ei Helcana vir suus
Anna cur fles et quare non comedis III Rg 21,5
et quam ob rem adfligitur cor tuum Ps 41,6!
numquid non ego melior sum tibi quam decem filii
9 surrexit autem Anna postquam comederat in Silo et biberat
et Heli sacerdote sedente super sellam ante postes templi Domini
10 cum esset amaro animo IV Esr 9,41
oravit Dominum flens largiter 11 et votum vovit dicens Ps 119,1!
Domine exercituum
si respiciens videris adflictionem famulae tuae Gn 29,32! Lc 1,48; IV Esr 9,45
et recordatus mei fueris nec oblitus

RAC ΣΛΦ cr 71 hebraeum RC | 72 extimes CΣ; existimes R | 74 rogo] oro C | pretiosissima fidei myrrha c | 78 clipeis obponatis C.; clypeo subponatis RA | semper *om.* R | 79 recordabor + dixi CΛΦc | 80 cum] dum RC | consistit C | ~ aduersum me peccator A | 81 a] de AΦ ||

Samuhel. *Citantur* RAC *et* ΣΛDΦhkm *ac* cr. *Tit.* liber primus samuelis quem nos primum regum dicimus c || **1**,1 [*desunt* D *usque ad* 2,5, h *usque ad* 18,4, k *usque ad* 8,19, m *usque ad* 13,14] | 6 ~ dominus conclusisset c. | 7 ascenderent + ad c | capiebat] accipiebat C | 8 ~ tibi sum c. | 9 ~ et biberat in silo c | 10 esset + anna Φc | domino Σ; ad dominum c |

ancillae tuae
dederisque servae tuae sexum virilem
28 dabo eum Domino omnes dies vitae
eius
Idc 13,5! et novacula non ascendet super caput eius
12 factum est ergo cum illa multiplica-
ret preces coram Domino
ut Heli observaret os eius
13 porro Anna loquebatur in corde
suo
tantumque labia illius movebantur
et vox penitus non audiebatur
aestimavit igitur eam Heli temulen-
tam
14 dixitque ei usquequo ebria eris
digere paulisper vinum quo mades
15 respondens Anna nequaquam inquit
domine mi
nam mulier infelix nimis ego sum
Nm 6,3! Idc 13,4! vinumque et omne quod inebriare
potest non bibi
Idt 6,14! Ps 41,5; 61,9; Lam 2,19 sed effudi animam meam in conspectu Domini
16 ne reputes ancillam tuam quasi unam
de filiabus Belial
quia ex multitudine doloris et maeroris mei locuta sum usque in praesens
17 tunc Heli ait ei
27; I Esr 7,6! Ps 19,7; 36,4; 105,15 vade in pace et Deus Israhel det tibi
petitionem quam rogasti eum
18 et illa dixit utinam inveniat ancilla
tua gratiam in oculis tuis
et abiit mulier in viam suam et comedit
vultusque eius non sunt amplius in
diversa mutati
19 et surrexerunt mane et adoraverunt
coram Domino
2,11 reversique sunt et venerunt in domum suam Ramatha
cognovit autem Helcana Annam
uxorem suam
et recordatus est eius Dominus
20 et factum est post circulum dierum
concepit Anna et peperit filium Gn 4,25!
vocavitque nomen eius Samuhel eo
quod a Domino postulasset eum
21 ascendit autem vir Helcana et omnis 3
domus eius
ut immolaret Domino hostiam sol- 2,19; Idc 2,5! Ion 1,16; II Mcc 3,35
lemnem et votum suum
22 et Anna non ascendit
dixit enim viro suo
non vadam donec ablactetur infans
et ducam eum et appareat ante conspectum Domini et maneat ibi iugiter
23 et ait ei Helcana vir suus
fac quod bonum tibi videtur 3,18; 14,36.40
et mane donec ablactes eum
precorque ut impleat Dominus verbum suum
mansit ergo mulier et lactavit filium
suum donec amoveret eum a lacte
24 et adduxit eum secum postquam ab-
lactaverat
in vitulis tribus et tribus modiis fa- 3
rinae et amphora vini
et adduxit eum ad domum Domini Idc 20,18
in Silo
puer autem erat adhuc infantulus
25 et immolaverunt vitulum et obtule- Lv 1,5!
runt puerum Heli
26 et ait obsecro mi domine
vivit anima tua domine
ego sum illa mulier quae steti coram
te hic orans Dominum 27 pro puero
isto
oravi et dedit Dominus mihi petitio- 17!
nem meam quam postulavi eum
28 idcirco et ego commodavi eum Do- 11; 2,20
mino cunctis diebus quibus fuerit
accommodatus Domino
et adoraverunt ibi Dominum
et oravit Anna et ait

11 omnibus diebus c | 12 ergo] autem ΛΦc | 13 illius] eius R | igitur] ergo ΛΦc | 17 ei *om.* A | petitionem + tuam c. | 18 eius] illius ΛΦc | 21 uir *om.* ΛΦ; + eius c | 22 et³] ut c | 24 anforae R.; amphoram C | ~ adhuc erat R | 26 ait + anna ΛΦc | 27 ~ mihi dominus CΛΦc | 28 commendaui C | commodatus c. ||

RAC ΣΛΦ cr

Ps 34,9; 83,3; 88,18! Za 10,7 **2** Exultavit cor meum in Domino
Ps 74,11! exaltatum est cornu meum in Do-
mino
dilatatum est os meum super inimicos meos
Ps 9,16! Is 25,9; 61,10! Lc 1,47 quia laetata sum in salutari tuo
Dt 4,35! II Sm 7,22; 2 non est sanctus ut est Dominus
Ex 15,11! II Sm 22,32! neque enim est alius extra te
Iob 36,22! et non est fortis sicut Deus noster
Ps 16,10! 3 nolite multiplicare loqui sublimia
gloriantes
recedant vetera de ore vestro
quoniam Deus scientiarum Dominus est
et ipsi praeparantur cogitationes
Ps 36,15; 45,10; 75,4 4 arcus fortium superatus est
et infirmi accincti sunt robore
5 saturati prius pro pane se locaverunt
et famelici saturati sunt
donec sterilis peperit plurimos
Is 54,1! Ier 15,9 et quae multos habebat filios infir-
mata est
IV Esr 8,13 Dt 32,39! Sap 16,13; 6 Dominus mortificat et vivificat
Ps 15,10! 70,20! Tb 13,2 deducit ad infernum et reducit
Ps 74,8; 146,6! Iob 5,11! 7 Dominus pauperem facit et ditat
Sir 7,12; Ez 21,26 humiliat et sublevat
Ps 112,7.8 8 suscitat de pulvere egenum et de ster-
Ps 9,10 H core elevat pauperem
Iob 36,7 ut sedeat cum principibus et solium
gloriae teneat
Ex 19,5! Ps 71,8; 92,1! Domini enim sunt cardines terrae et
posuit super eos orbem
Ps 120,3! 9 pedes sanctorum suorum servabit
et impii in tenebris conticescent
quia non in fortitudine roborabitur
vir
7,10! II Sm 22,14; Ps 17,14! 10 Dominum formidabunt adversarii
eius super ipsos in caelis tonabit
Ps 9,9! I Par 16,33 Dominus iudicabit fines terrae et dabit imperium regi suo
Ps 131,17! Ez 29,21 et sublimabit cornu christi sui
1,19 11 et abiit Helcana Ramatha in domum
suam
18; 3,1 puer autem erat minister in conspectu Domini ante faciem Heli sacerdotis
12 porro filii Heli filii Belial Dt 13,13!
nescientes Dominum 13 neque officium sacerdotum ad populum
sed quicumque immolasset victimam
veniebat puer sacerdotis dum coque-
rentur carnes
et habebat fuscinulam tridentem in
manu sua
14 et mittebat eam in lebetem vel in cal-
dariam
aut in ollam sive in caccabum
et omne quod levabat fuscinula tollebat sacerdos sibi
sic faciebant universo Israheli venientium in Silo
15 etiam antequam adolerent adipem
veniebat puer sacerdotis et dicebat
immolanti
da mihi carnem ut coquam sacerdoti
non enim accipiam a te carnem coc-
tam sed crudam
16 dicebatque illi immolans
incendatur primum iuxta morem hodie adeps
et tolle tibi quantumcumque desiderat anima tua
qui respondens aiebat ei nequaquam
nunc enim dabis alioquin tollam vi
17 erat ergo peccatum puerorum grande
nimis coram Domino
quia detrahebant homines sacrificio
Domini
18 Samuhel autem ministrabat ante fa- 11; 3,1
ciem Domini puer
accinctus ephod lineo II Sm 6,14; I Par 15,27
19 et tunicam parvam faciebat ei mater
sua
quam adferebat statutis diebus a-
scendens cum viro suo ut immola- 1,21!
ret hostiam sollemnem
20 et benedixit Heli Helcanae et uxori
eius

RAC ΣΛ(D)Φ cr **2**,1 domino[1] + et ΣΛΦ c | cornu] cor R | domino[2] + meo Σ; deo meo RC c | laetatus C | 3 quoniam] quia c | deus] dominus R | 5 saturati] repleti c | panibus c | [*adest* D] | 6 inferos RΛ c | 9 fortitudine + sua ΣΛD c | 10 eius + et c | 14 israhel CD | 16 aiebat] agebat CΣΛD | uim C | 17 retrahebant c. | homines + a c | 20 helcana ΑΣ |

dixitque reddat Dominus tibi semen
de muliere hac
1,28! pro fenore quod commodasti Domino
et abierunt in locum suum
Gn 21,1.2 21 visitavit ergo Dominus Annam
et concepit et peperit tres filios et
duas filias
Idc 13,24! et magnificatus est puer Samuhel
apud Dominum
Ios 13,1! 22 Heli autem erat senex valde
et audivit omnia quae faciebant filii
sui universo Israheli
Ex 38,8 et quomodo dormiebant cum mulieribus quae observabant ad ostium
tabernaculi
23 et dixit eis quare facitis res huiuscemodi
quas ego audio res pessimas ab omni
populo
24 nolite filii mi
non enim est bona fama quam ego
audio
ut transgredi faciatis populum Domini
25 si peccaverit vir in virum placari ei
potest Deus
si autem in Domino peccaverit vir
quis orabit pro eo
et non audierunt vocem patris sui
quia voluit Dominus occidere eos
,19; Idc 13,24 26 puer autem Samuhel proficiebat atque crescebat
Tb 14,17! Prv 3,4; Sir 46,16; Lc 2,52! et placebat tam Deo quam hominibus
Idc 13,6; Rg 2,27; 13,1 27 venit autem vir Dei ad Heli
et ait ad eum haec dicit Dominus
numquid non aperte revelatus sum
domui patris tui
cum essent in Aegypto in domo Pharaonis
Nm 3,10 28 et elegi eum ex omnibus tribubus Israhel mihi in sacerdotem
Ex 30,20! ut ascenderet altare meum et adoleret mihi incensum
et portaret ephod coram me
et dedi domui patris tui omnia de Nm 18,8!
sacrificiis filiorum Israhel
29 quare calce abicitis victimam me- Dt 12,5.6!
am
et munera mea quae praecepi ut offerrentur in templo
et magis honorasti filios tuos quam
me
ut comederetis primitias omnis sacrificii Israhel populi mei
30 propterea ait Dominus Deus Israhel
loquens locutus sum
ut domus tua et domus patris tui
ministraret in conspectu meo usque
in sempiternum
nunc autem dicit Dominus absit hoc
a me
sed quicumque glorificaverit me glo- Mt 10,32.33!
rificabo eum
qui autem contemnunt me erunt
ignobiles
31 ecce dies veniunt
et praecidam brachium tuum et brachium domus patris tui
ut non sit senex in domo tua
32 et videbis aemulum tuum in templo
in universis prosperis Israhel
et non erit senex in domo tua omnibus diebus
33 verumtamen non auferam penitus
virum ex te ab altari meo
sed ut deficiant oculi tui et tabescat
anima tua
et pars magna domus tuae morietur
cum ad virilem aetatem venerit
34 hoc autem erit tibi signum Ex 3,12!
quod venturum est duobus filiis tuis 1,3! 4,11
Ofni et Finees
in die uno morientur ambo
35 et suscitabo mihi sacerdotem fide- Hbr 2,17; 3,1.2
lem
qui iuxta cor meum et animam me-

20 dixitque] et dixit RΣ; dicens D.; + ei c | ∼ tibi dominus Λc | 22 israhel RAD | 24 mi] mei c | ∼ est enim CΣΛΦ | 25 in dominum AΣΛDc | 26 deo] domino c | 27 esset CΛ | 28 ascenderet + ad ΣΦc | 29 abiecistis RΛc; abitis C | 32 uidebis + christum RΣΛ | 33 ∼ penitus ex te uirum C; ∼ uirum penitus ex te ΛDΦ | ab altario RΣ |

RAC ΣΛDΦ cr

25,28; III Rg 11,38; I Par 17,10 am faciat
et aedificabo ei domum fidelem
et ambulabit coram christo meo
cunctis diebus
36 futurum est autem ut quicumque remanserit in domo tua
veniat ut oretur pro eo
et offerat nummum argenteum et
tortam panis
dicatque dimitte me obsecro ad
unam partem sacerdotalem
ut comedam buccellam panis
2,11.18 **3** puer autem Samuhel ministrabat
Domino coram Heli
et sermo Domini erat pretiosus in
diebus illis
Ps 73,9! non erat visio manifesta
2 factum est ergo in die quadam
Heli iacebat in loco suo
4,15; Gn 27,1! III Rg 14,4 et oculi eius caligaverant nec poterat
videre
3 lucerna Dei antequam extingueretur
Samuhel autem dormiebat in templo
Domini ubi erat arca Dei
4 et vocavit Dominus Samuhel
qui respondens ait ecce ego
8.9 5 et cucurrit ad Heli et dixit
ecce ego vocasti enim me
qui dixit non vocavi revertere dormi
et abiit et dormivit
6 et adiecit Dominus vocare rursum
Samuhel
consurgensque Samuhel abiit ad
Heli et dixit
ecce ego quia vocasti me
qui respondit non vocavi te fili mi
revertere et dormi
7 porro Samuhel necdum sciebat Dominum
neque revelatus fuerat ei sermo Domini
8 et adiecit Dominus et vocavit adhuc
Samuhel tertio
qui consurgens abiit ad Heli
9 et ait
ecce ego quia vocasti me
intellexit igitur Heli quia Dominus
vocaret puerum
et ait ad Samuhel vade et dormi
et si deinceps vocaverit te
dices loquere Domine quia audit
servus tuus
abiit ergo Samuhel et dormivit in
loco suo
10 et venit Dominus et stetit
et vocavit sicut vocaverat secundo
Samuhel Samuhel
et ait Samuhel loquere quia audit
servus tuus
11 et dixit Dominus ad Samuhel
ecce ego facio verbum in Israhel
quod quicumque audierit tinnient
ambae aures eius
12 in die illo suscitabo adversum Heli
omnia quae locutus sum super do- III Rg 2,27
mum eius
incipiam et conplebo
13 praedixi enim ei quod iudicaturus
essem domum eius in aeternum
propter iniquitatem
eo quod noverat indigne agere filios
suos et non corripuit eos
14 idcirco iuravi domui Heli
quod non expietur iniquitas domus
eius victimis et muneribus usque in
aeternum
15 dormivit autem Samuhel usque mane
aperuitque ostia domus Domini
et Samuhel timebat indicare visionem Heli
16 vocavit ergo Heli Samuhelem et dixit
Samuhel fili mi
qui respondens ait praesto sum
17 et interrogavit eum
quis est sermo quem locutus est ad te
oro te ne celaveris me
haec faciat tibi Deus et haec addat

RAC ΣΛDΦ cr 35 faciet Λ c ‖ **3**,3 autem *om.* c. | 5 reuertere + et c | et[3] *om.* A | 6 ~ rursum uocare c | samuelem[1] c | quia] quoniam CD. | 7 ~ ei fuerat R | 8 samuelem c | 9 igitur] ergo c. | ad samuelem c | 10 loquere + domine ΣΛDΦ c | 11 ad samuelem Σ c | 12 illa c | 13 corripuerit c. | 15 usque + in CΣ. | ~ timebat uisionem indicare R; ~ indicare timebat uisionem Σ | 17 est[2] + dominus ΣΛ c ‖

si absconderis a me sermonem ex
omnibus verbis quae dicta sunt tibi
18 indicavit itaque ei Samuhel universos
sermones
et non abscondit ab eo
1,23! et ille respondit Dominus est quod
bonum est in oculis suis faciat
2,26; Idc 13,24 19 crevit autem Samuhel et Dominus
erat cum eo
et non cecidit ex omnibus verbis eius
in terram
Idc 20,1! II Sm 24,2.15 20 et cognovit universus Israhel a Dan
usque Bersabee
ir 46,16; 48,25 quod fidelis Samuhel propheta esset
Domini
21 et addidit Dominus ut appareret in
Silo
quoniam revelatus fuerat Dominus
Samuheli in Silo iuxta verbum Domini
et evenit sermo Samuhelis universo
Israheli
28,1; 29,1 **4** egressus est namque Israhel obviam
Philisthim in proelium
et castrametatus est iuxta lapidem
Adiutorii
31,1; III Rg 20,26 porro Philisthim venerunt in Afec
2 et instruxerunt aciem contra Israhel
17 inito autem certamine terga vertit
Israhel Philistheis
et caesa sunt in illo certamine pas-
sim per agros quasi quattuor milia
virorum
3 et reversus est populus ad castra
dixeruntque maiores natu de Israhel
quare percussit nos Dominus hodie
coram Philisthim
adferamus ad nos de Silo arcam foederis Domini
et veniat in medium nostri
ut salvet nos de manu inimicorum
nostrorum
4 misit ergo populus in Silo
et tulerunt inde arcam foederis Do- Ex 25,22! II Sm 6,2; IV Rg 19,15; Ps 98,1! Is 37,16
mini exercituum sedentis super che-
rubin
erantque duo filii Heli cum arca foe- 1,3!
deris Domini Ofni et Finees
5 cumque venisset arca foederis Do- 14,18
mini in castra
vociferatus est omnis Israhel clamore
grandi et personuit terra
6 et audierunt Philisthim vocem clamoris
dixeruntque quaenam haec est vox 14!
clamoris magni in castris Hebraeorum
et cognoverunt quod arca Domini
venisset in castra
7 timueruntque Philisthim dicentes venit Deus in castra
et ingemuerunt 8 vae nobis
non enim fuit tanta exultatio heri et
nudius tertius
vae nobis quis nos servabit de manu
deorum sublimium istorum
hii sunt dii qui percusserunt Aegyp- Idt 5,10; Is 19,22
tum omni plaga in deserto
9 confortamini et estote viri Philisthim
ne serviatis Hebraeis sicut illi servierunt vobis
confortamini et bellate
10 pugnaverunt ergo Philisthim et caesus est Israhel
et fugit unusquisque in tabernaculum suum
et facta est plaga magna nimis 17
et ceciderunt de Israhel triginta milia
peditum
11 et arca Dei capta est 19.21
duoque filii Heli mortui sunt Ofni et 17; 2,34!
Finees
12 currens autem vir de Beniamin ex 16; II Sm 1,2
acie
venit in Silo in die illo scissa veste Ios 7,6! II Sm 13,19!
et conspersus pulvere caput

4,1 egressus] *praem.* et factum est in diebus illis conuenerunt philisthim in pugnam (+ et c.) ΣΛc𝔊 | namque *om.* c. | 2 israhel² + a CΣ | 3 nostri] nostrum C | ut] et RΣ | 4 domini²] dei ΛΦc | 6 ~ est haec DΦc | 7 ingemuerunt + dicentes c | 8 seruabit] saluabit c | 9 sicut + et c | uobis] nobis R | 11 duoque RAr] duo quoque *cet.* | 12 in die illa c; die illo A; *om.* Σ |

RAC ΣΛDΦ cr

13 cumque ille venisset Heli sedebat super sellam contra viam aspectans
erat enim cor eius pavens pro arca
Domini
vir autem ille postquam ingressus
est nuntiavit urbi
et ululavit omnis civitas
14 et audivit Heli sonitum clamoris
6; III Rg 1,41 dixitque quis est hic sonitus tumultus huius
at ille festinavit et venit et adnuntiavit Heli
15 Heli autem erat nonaginta et octo
annorum
3,2! et oculi eius caligaverant et videre
non poterat
16 et dixit ad Heli
12; II Sm 1,3.4 ego sum qui veni de proelio
et ego qui de acie fugi hodie
cui ille ait quid actum est fili mi
17 respondens autem qui nuntiabat
2 fugit inquit Israhel coram Philisthim
10 et ruina magna facta est in populo
11 insuper et duo filii tui mortui sunt
Ofni et Finees
et arca Dei capta est
18 cumque ille nominasset arcam Dei
cecidit de sella retrorsum iuxta ostium
et fractis cervicibus mortuus est
senex enim erat vir et grandevus
17,12; Ios 23,1! et ipse iudicavit Israhel quadraginta
annis
19 nurus autem eius uxor Finees prae-
gnans erat vicinaque partui
11 et audito nuntio quod capta esset
arca Dei
et mortuus socer suus et vir suus
incurvavit se et peperit
inruerant enim in eam dolores subiti
20 in ipso autem momento mortis eius
dixerunt ei quae stabant circa eam
ne timeas quia filium peperisti
quae non respondit eis neque animadvertit
21 et vocavit puerum Hicabod
dicens translata est gloria de Israhel Is 17,4; Ez 23,2
quia capta est arca Dei 11
et pro socero suo et pro viro suo
22 et ait translata est gloria ab Israhel
eo quod capta esset arca Dei
5 Philisthim autem tulerunt arcam Dei
et asportaverunt eam a lapide Adiutorii in Azotum
2 tulerunt Philisthim arcam Dei et intulerunt eam in templum Dagon
et statuerunt eam iuxta Dagon
3 cumque surrexissent diluculo Azotii
altera die
ecce Dagon iacebat pronus in terram
ante arcam Domini
et tulerunt Dagon et restituerunt
eum in loco suo
4 rursumque mane die alio consurgentes
invenerunt Dagon iacentem super
faciem suam in terram coram arca
Domini
caput autem Dagon et duae palmae
manuum eius abscisae erant super
limen
5 porro Dagon truncus solus remanserat in loco suo
propter hanc causam non calcant sacerdotes Dagon et omnes qui ingrediuntur templum eius
super limen Dagon in Azoto usque
in hodiernum diem
6 adgravata autem est manus Domini 9.12
super Azotios et demolitus est eos Dt 28,27
et percussit in secretiori parte nati- Ps 77,66
um Azotum et fines eius

RAC ΣΛDΦ cr

13 aspectans RCΛr] spectans AΦ c; espectans D.; expectans Σ | domini] dei c | 14 et nuntiauit Σ c | 15 poterant RA | 17 autem + ille A c | 19 mortuus + esset c; + est D || **5**,2 tuleruntque D c | 3 in terra ΣΛΦ c | in locum suum c | 4 alio] altero ΛDΦ; altera c. | in terra AΣΛDΦ c | abscissae c | 5 ~ solus truncus c | 6 ~ est autem CΛ DΦ c | azotos CΣΛDΦ | eos + et ebullierunt uillae et agri in medio regionis illius et nati sunt mures et facta est confusio mortis magnae (magna Λ) in ciuitate ΣΛ𝔊; *eadem habet* c *post* eius |

7 videntes autem viri azotii huiuscemodi plagam dixerunt
non maneat arca Dei Israhel apud nos
quoniam dura est manus eius super nos et super Dagon deum nostrum
11; 6,16 8 et mittentes congregaverunt omnes satrapas Philisthinorum ad se et dixerunt
6,2 quid faciemus de arca Dei Israhel
responderuntque Getthei
circumducatur arca Dei Israhel
et circumduxerunt arcam Dei Israhel
9 illis autem circumducentibus eam
6.12 fiebat manus Dei per singulas civitates interfectionis magnae nimis
et percutiebat viros uniuscuiusque urbis a parvo usque ad maiorem
et conputrescebant prominentes extales eorum
10 miserunt ergo arcam Dei in Accaron
cumque venisset arca Dei in Accaron
exclamaverunt Accaronitae dicentes
adduxerunt ad nos arcam Dei Israhel
ut interficiat nos et populum nostrum
8 11 miserunt itaque et congregaverunt omnes satrapas Philisthinorum
6,2; I Par 15,3! qui dixerunt dimittite arcam Dei Israhel et revertatur in locum suum
et non interficiat nos cum populo nostro
12 fiebat enim pavor mortis in singulis urbibus
6.9 et gravissima valde manus Dei
viri quoque qui mortui non fuerant
percutiebantur in secretiori parte natium
et ascendebat ululatus uniuscuiusque civitatis in caelum
6 fuit ergo arca Domini in regione Philisthinorum septem mensibus
2 et vocaverunt Philisthim sacerdotes et divinos dicentes
quid faciemus de arca Dei indicate nobis 5,8
quomodo remittemus eam in locum suum 5,11!
qui dixerunt 3 si remittitis arcam Dei Israhel
nolite dimittere eam vacuam
sed quod debetis reddite ei pro peccato Lv 5,16!
et tunc curabimini
et scietis quare non recedat manus eius a vobis
4 qui dixerunt quid est quod pro delicto reddere debeamus ei
responderuntque illi
5 iuxta numerum provinciarum Philisthim
quinque anos aureos facietis
et quinque mures aureos
quia plaga una fuit omnibus vobis et satrapis vestris
facietisque similitudines anorum vestrorum
et similitudines murium qui demoliti sunt terram
et dabitis Deo Israhel gloriam Ios 7,19!
si forte relevet manum suam a vobis et a diis vestris et a terra vestra
6 quare gravatis corda vestra
sicut adgravavit Aegyptus et Pharao cor suum Ex 8,32!
nonne postquam percussus est tunc dimisit eos et abierunt
7 nunc ergo arripite et facite plaustrum novum unum
et duas vaccas fetas quibus non est inpositum iugum iungite in plaustro 10.11; Nm 19,2; Dt 21,3
et recludite vitulos earum domi
8 tolletisque arcam Domini et ponetis in plaustro II Sm 6,3
et vasa aurea quae exsolvistis ei pro delicto
ponetis in capsella ad latus eius

7 azoti CΛΔΦ | 9 dei] domini CΛΔΦ c | eorum + inieruntque getthei consilium et fecerunt sibi sedes pellicias Σ c | 12 dei] domini CD || **6,**1 mensibus + et ebulliuit terra illorum mures R., *cf.* 𝔊 | 2 dei] domini Σ c | remittamus c; dimittemus C. | 3 remiseritis C | 4 debemus R; debeatis D. | 5 philisthinorum ΛΔΦ c | eleuet R | 6 aggrauatis c | grauauit R | 8 exsoluetis R | in capsellam c |

RAC ΣΛΔΦ cr

et dimittite eam ut vadat 9 et aspicietis
et si quidem per viam finium suorum
ascenderit contra Bethsames
ipse fecit nobis malum hoc grande
sin autem minime
sciemus quia nequaquam manus
eius tetigit nos sed casu accidit
10 fecerunt ergo illi hoc modo
7.8 et tollentes duas vaccas quae lacta-
bant vitulos iunxerunt ad plaustrum
vitulosque earum concluserunt domi
II Sm 6,3; I Par 13,7 11 et posuerunt arcam Dei super plaustrum
et capsellam quae habebat mures
aureos et similitudinem anorum
12 ibant autem in directum vaccae per
viam quae ducit Bethsames
et itinere uno gradiebantur pergentes et mugientes
et non declinabant neque ad dextram
neque ad sinistram
sed et satrapae Philisthinorum sequebantur usque ad terminos Bethsames
13 porro Bethsamitae metebant triticum in valle
et elevantes oculos viderunt arcam
et gavisi sunt cum vidissent
14 et plaustrum venit in agrum Iosue
Bethsamitae et stetit ibi
erat autem ibi lapis magnus
Idc 6,26 et conciderunt ligna plaustri
vaccasque inposuerunt super ea holocaustum Domino
15 Levitae autem deposuerunt arcam
Dei
8 et capsellam quae erat iuxta eam in
qua erant vasa aurea
et posuerunt super lapidem grandem
viri autem bethsamitae obtulerunt
holocausta
Ex 18,12! et immolaverunt victimas in die illa
Domino

16 et quinque satrapae Philisthinorum 5,8
viderunt
et reversi sunt in Accaron in die illa
17 hii sunt autem ani aurei quos reddi-
derunt Philisthim pro delicto Domino
Azotus unum Gaza unum Ascalon Ios 13,3
unum Geth unum Accaron unum
18 et mures aureos secundum numerum
urbium Philisthim quinque provinciarum
ab urbe murata usque ad villam quae
erat absque muro
et usque ad Abel magnum super
quem posuerunt arcam Domini
quae erat usque in illa die in agro
Iosue Bethsamitis
19 percussit autem de viris bethsamiti-
bus eo quod vidissent arcam Domini
et percussit de populo septuaginta
viros et quinquaginta milia plebis
luxitque populus quod percussisset
Dominus plebem plaga magna
20 et dixerunt viri bethsamitae
quis poterit stare in conspectu Domini Dei sancti huius
et ad quem ascendet a nobis
21 miseruntque nuntios ad habitatores
Cariathiarim dicentes
reduxerunt Philisthim arcam Domini
descendite et ducite eam ad vos
7 venerunt ergo viri Cariathiarim et
duxerunt arcam Domini
et intulerunt eam in domum Abina- II Sm 6,3
dab in Gabaa
Eleazarum autem filium eius sanctificaverunt ut custodiret arcam Domini
2 et factum est ex qua die mansit arca
in Cariathiarim
multiplicati sunt dies
erat quippe iam annus vicesimus

RAC ΣΛΔΦ cr

9 confinium CΣ | ~ hoc malum c | 11 similitudines c | 12 philisthiim c. | 13 oculos + suos c | 14 iosue] hiesu A; ihesu C | 15 dei] domini R | illo ΑΛ | 18 in illo die RΦ; in illum diem c.; in die illa Σ | iosue] ihesu C. | bethsamites C; bethsamite Σ. | 19 populus + eo c | ~ dominus percussisset c. | 21 ducite] reducite ΛΦc || **7**,1 reduxerunt ΛΦc | abinadab Acr𝔐] aminadab *cet.* | 2 arca + domini RΣc |

et requievit omnis domus Israhel
post Dominum
3 ait autem Samuhel ad universam domum Israhel dicens
Ios 24,14! si in toto corde vestro revertimini ad
Dominum
Ios 24,23! auferte deos alienos de medio vestrum et Astharoth
et praeparate corda vestra Domino
Dt 10,20! et servite ei soli
8; 17,37; Idc 13,5! et eruet vos de manu Philisthim
II Sm 3,18 4 abstulerunt ergo filii Israhel Baalim
et Astharoth
et servierunt Domino soli
5 dixit autem Samuhel
10,17; Idc 10,17! congregate universum Israhel in
Masphat
ut orem pro vobis Dominum
6 et convenerunt in Masphat
II Sm 23,16 hauseruntque aquam et effuderunt in
conspectu Domini
et ieiunaverunt in die illa
et dixerunt ibi peccavimus Domino
16 iudicavitque Samuhel filios Israhel in
Masphat
7 et audierunt Philisthim quod congregati essent filii Israhel in Masphat
et ascenderunt satrapae Philisthinorum ad Israhel
quod cum audissent filii Israhel timuerunt a facie Philisthinorum
8 dixeruntque ad Samuhel
12,23; IV Rg 19,4; Is 37,4! Ier 37,3 ne cesses pro nobis clamare ad Dominum Deum nostrum
3! ut salvet nos de manu Philisthinorum
9.10: Sir 46,19–21 9 tulit autem Samuhel agnum lactantem unum
Lv 12,6! I Par 29,21; Ez 46,13.15 et obtulit illum holocaustum integrum Domino

et clamavit Samuhel ad Dominum 12,18; **IV Esr 7,107**
pro Israhel
et exaudivit eum Dominus
10 factum est ergo cum Samuhel offerret holocaustum
Philistheos inire proelium contra Israhel
intonuit autem Dominus fragore 2,10! IV Rg 7,6
magno in die illa super Philisthim
et exterruit eos et caesi sunt a filiis
Israhel
11 egressique viri Israhel de Masphat
persecuti sunt Philistheos
et percusserunt eos usque ad locum
qui erat subter Bethchar
12 tulit autem Samuhel lapidem unum Ios 24,26
et posuit eum inter Masphat et inter
Sen
et vocavit nomen eius **lapis Adiutorii**
dixitque hucusque auxiliatus est nobis Dominus
13 et humiliati sunt Philisthim
nec adposuerunt ultra ut venirent in
terminos Israhel
facta est itaque manus Domini super
Philistheos cunctis diebus Samuhel
14 et redditae sunt urbes quas tulerant
Philisthim ab Israhel Israheli
ab Accaron usque Geth
et terminos suos liberavit Israhel de Idc 13,5!
manu Philisthinorum
eratque pax inter Israhel et Amorreum
15 iudicabat quoque Samuhel Israhel
cunctis diebus vitae suae
16 et ibat per singulos annos circumiens Bethel et Galgal et Masphat
et iudicabat Israhelem in supradictis 6
locis
17 revertebaturque in Ramatha 15,34; 16,13

RAC ΣΛDΦ cr

3 uestrum] uestri c; + baalim Cc | 6 fuderunt RDΦ | et[4]] atque c. | ibi peccauimus domino Σcr𝔐] tibi pecc. domino ADΦ; tibi pecc. domine RCΛ | 8 ad samuhelem Φc | ~ clamare pro nobis CΣ | 9 lactentem c | 10 ergo] autem ΣDΦc | philisthei inierunt D.; philisthiim iniere c. | illo C | a filiis] a facie Φc | 11 uiri] filii CΣΛ | subter] super RA | 12 eius] illius Σ; loci eius D.; loci illius Φc | est *om.* C | dominus] deus R | 13 samuelis Σc; samuheli C. | 14 ab israhel *om.* CD. | israheli *om.* Σ | liberauitque Φc | 15 iudicabit Σ.; iudicauit RC | israelem c.; *om.* Λ | 16 galgala Cc | iudicauit C ||

ibi enim erat domus eius
et ibi iudicabat Israhelem
Idc 6,26! II Sm 24,25 aedificavit etiam ibi altare Domino
8 factum est autem cum senuisset Sa-
muhel
posuit filios suos iudices Israhel
2 fuitque nomen filii eius primogeniti
Iohel
et nomen secundi Abia iudicum in
Bersabee
Dt 16,18.19 3 et non ambulaverunt filii illius in viis
eius
sed declinaverunt post avaritiam
acceperuntque munera et perverte-
runt iudicium
4 congregati ergo universi maiores natu Israhel
venerunt ad Samuhel in Ramatha
5 dixeruntque ei
ecce tu senuisti et filii tui non ambulant in viis tuis
10! 19.20! 10,19; Dt 17,14 constitue nobis regem ut iudicet nos
sicut universae habent nationes
6 displicuitque sermo in oculis Samuhelis
eo quod dixissent da nobis regem ut
iudicet nos
et oravit Samuhel Dominum
22 7 dixit autem Dominus ad Samuhel
12,1 audi vocem populi in omnibus quae
loquuntur tibi
non enim te abiecerunt sed me ne
regnem super eos
8 iuxta omnia opera sua quae fecerunt
II Sm 7,6; I Par 17,5; II Par 6,5; Ier 11,7; Bar 1,19 a die qua eduxi eos de Aegypto usque
ad diem hanc
Dt 29,25.26! sicut dereliquerunt me et servierunt
diis alienis
sic faciunt etiam tibi
9 nunc ergo audi vocem eorum
verumtamen contestare eos
et praedic eis ius regis qui regnaturus
est super eos

10 dixit itaque Samuhel omnia verba 10,25
Domini ad populum qui petierat a 5! Act 13,21
se regem 11 et ait
hoc erit ius regis qui imperaturus est
vobis
filios vestros tollet et ponet in curri- II Sm 15,1; III Rg 1,5
bus suis
facietque sibi equites et praecursores
quadrigarum suarum
12 et constituet sibi tribunos et centuriones
et aratores agrorum suorum et messores segetum
et fabros armorum et curruum suorum
13 filias quoque vestras faciet sibi un-
guentarias et focarias et panificas
14 agros quoque vestros et vineas et oliveta optima tollet et dabit servis
suis
15 sed et segetes vestras et vinearum
reditus addecimabit
ut det eunuchis et famulis suis
16 servos etiam vestros et ancillas et iuvenes optimos et asinos auferet et
ponet in opere suo
17 greges vestros addecimabit
vosque eritis ei servi
18 et clamabitis in die illa a facie regis Prv 1,28!
vestri quem elegistis vobis
et non exaudiet vos Dominus in die
illa
19 noluit autem populus audire vocem
Samuhel
sed dixerunt nequaquam rex enim 5! 10,19; 12,12; Dt 17,14; Os 13,10
erit super nos
20 et erimus nos quoque sicut omnes
gentes
et iudicabit nos rex noster Idc 11,9
et egredietur ante nos et pugnabit
bella nostra pro nobis
21 et audivit Samuhel omnia verba po- Gn 44,18!
puli et locutus est ea in auribus Domini

RAC ΣΛDΦ(k) cr **8**,1 israheli R | 3 illius] eius R | 4 ad samuelem c | 5 ut] et C | sicut + et ΑΣΛΦ c | 6 displicuit c. | samuhel + ad ΛDΦ c | 7 ad samuhelem ΛΦ c | audiui CD | 8 ad] in C | 9 ~ uocem eorum audi c. | 17 greges + quoque ΛDΦ c | 18 illa² + quia petistis uobis regem Σ c 𝔊 | 19 [*adest* k *usque ad* 11,8] | ~ audire populus R | samuelis Σ c |

7 22 dixit autem Dominus ad Samuhel
12,1 audi vocem eorum et constitue super
eos regem
et ait Samuhel ad viros Israhel
10,25! vadat unusquisque in civitatem suam
10,21 **9** et erat vir de Beniamin nomine Cis
filius Abihel
filii Seror filii Bechoreth
filii Afia
filii viri Iemini fortis robore
14,51; Par 8,33; 9,39; 26,28 2 et erat ei filius vocabulo Saul electus
et bonus
II Sm 14,25! et non erat vir de filiis Israhel melior
illo
10,23 ab umero et sursum eminebat super
omnem populum
3 perierant autem asinae Cis patris
Saul
et dixit Cis ad Saul filium suum
tolle tecum unum de pueris et consurgens vade et quaere asinas
Idc 17,8; 18,2! qui cum transissent per montem
Ephraim
4 et per terram Salisa et non invenissent
transierunt etiam per terram Salim et
non erant
sed et per terram Iemini et minime
reppererunt
5 cum autem venissent in terram Suph
dixit Saul ad puerum suum qui erat
cum eo
veni et revertamur ne forte dimiserit
10,2! pater meus asinas et sollicitus sit
pro nobis
10 6 qui ait ei ecce est vir Dei in civitate
hac vir nobilis
omne quod loquitur absque ambi-
guitate venit
nunc ergo eamus illuc
si forte indicet nobis de via nostra
propter quam venimus
7 dixitque Saul ad puerum suum
ecce ibimus quid feremus ad virum
panis defecit in sitarciis nostris
et sportulam non habemus ut demus
homini Dei nec quicquam aliud
8 rursum puer respondit Sauli et ait
ecce inventa est in manu mea quarta
pars stateris argenti
demus homini Dei ut indicet nobis
viam nostram
9 olim in Israhel sic loquebatur unusquisque vadens consulere Deum
venite et eamus ad videntem
qui enim propheta dicitur hodie vo- II Sm 24,11; IV Rg 17,13
cabatur olim videns
10 et dixit Saul ad puerum suum
optimus sermo tuus veni eamus
et ierunt in civitatem in qua erat vir 6
Dei
11 cumque ascenderent clivum civitatis
invenerunt puellas egredientes ad
hauriendam aquam Gn 24,11!
et dixerunt eis num hic est videns
12 quae respondentes dixerunt illis hic
est
ecce ante te festina nunc
hodie enim venit in civitate
quia sacrificium est hodie populo in
excelso
13 ingredientes urbem statim invenietis
eum antequam ascendat excelsum
ad vescendum
neque enim comesurus est populus
donec ille veniat
quia ipse benedicit hostiae et deinceps comedunt qui vocati sunt
nunc ergo conscendite quia hodie
repperietis eum
14 et ascenderunt in civitatem
cumque illi ambularent in medio urbis
apparuit Samuhel egrediens obviam
eis ut ascenderet in excelsum
15 Dominus autem revelaverat auricu-

22 ad samuhelem ΛDΦc | audiui CD || 9,1 seror ADcr𝔐] sareth C., *cf.* 𝔊; seor *cet.* | 3 perierunt C | 5 suum *om.* c. | 6 est *om.* DΦ; ~ uir dei est c | nobilis + et C | absque] sine c. | 7 uirum + dei ΣΛc | 8 saul ADΦ | 9 et *om.* CΣD | 10 in ciuitate A | 12 in ciuitate RACkr] in ciuitatem *cet.* | populo RDk𝔐𝔊] populi *cet.* | 13 benedicet RΣ |

RAC ΣΛDΦk cr

lam Samuhel ante unam diem quam
veniret Saul dicens
16 hac ipsa quae nunc est hora cras mittam ad te virum de terra Beniamin
10,1! 15,1.17! III Rg 1,34! 19,16! et ungues eum ducem super populum meum Israhel
Idc 13,5! II Sm 19,9 et salvabit populum meum de manu
Philisthinorum
quia respexi populum meum
Ex 2,23! venit enim clamor eorum ad me
17 cumque aspexisset Samuhel Saulem
Dominus ait ei ecce vir quem dixeram tibi iste dominabitur populo
meo
18 accessit autem Saul ad Samuhelem
in medio portae et ait
indica oro mihi ubi est domus videntis
19 et respondit Samuhel Sauli dicens
ego sum videns ascende ante me in
excelsum
ut comedatis mecum hodie et dimittam te mane
et omnia quae sunt in corde tuo indicabo tibi
10,2.16 20 et de asinis quas perdidisti nudius
tertius
ne sollicitus sis quia inventae sunt
et cuius erunt optima quaeque Israhel
nonne tibi et omni domui patris tui
21 respondens autem Saul ait
numquid non filius Iemini ego sum
de minima tribu Israhel
Idc 6,15 et cognatio mea novissima inter omnes familias de tribu Beniamin
quare ergo locutus es mihi sermonem istum
22 adsumens itaque Samuhel Saulem
et puerum eius
introduxit eos in triclinium
et dedit eis locum in capite eorum
qui fuerant invitati
erant enim quasi triginta viri
23 dixitque Samuhel coco
da partem quam dedi tibi et praecepi
ut reponeres seorsum apud te
24 levavit autem cocus armum et posuit ante Saul
dixitque Samuhel ecce quod remansit pone ante te et comede
quia de industria servatum est tibi
quando populum vocavi
et comedit Saul cum Samuhel in die
illa
25 et descenderunt de excelso in oppidum
et locutus est cum Saul in solario
26 cumque mane surrexissent et iam
dilucesceret
vocavit Samuhel Saul in solarium
dicens
surge ut dimittam te
et surrexit Saul egressique sunt ambo
ipse videlicet et Samuhel
27 cumque descenderent in extrema
parte civitatis
Samuhel dixit ad Saul
dic puero ut antecedat nos et transeat
tu autem subsiste paulisper ut indicem tibi verbum Domini
10 tulit autem Samuhel lenticulam olei 16,13! III Rg 1,39! IV Rg 9,3.6
et effudit super caput eius
et deosculatus eum ait
ecce unxit te Dominus super heredi- 9,16! 15,17! IV Rg 9,12
tatem suam in principem
2 cum abieris hodie a me
invenies duos viros iuxta sepulchrum
Rachel in finibus Beniamin in meridie
dicentque tibi inventae sunt asinae 16; 9,5.20
ad quas ieras perquirendas

RAC ΣΛDΦk cr

15 samuelis c | 16 quae] qua C | ~ hora quae nunc est c | ~ uirum ad te c. | 17 ait] dixit c | 18 oro mihi] mihi horo te C. | 20 ~ nudiustertius perdidisti c | 24 cum samuhele ΣΛDΦkc | 25 cum saule CΛΦc | solario + strauitque saul (+ in solario Σc) et dormiuit CΣc𝔊 | 26 cum enim AΣD | delucesceret RCDk; elucesceret c. | saulem[1] c | in solario RΣkc | ut] et Dkc || **10**,1 eum] est eum et RΣkc | principem + et liberabis populum eius (suum c.) de manibus inimicorum eius (*om.* Λ) qui in circuitu eius (*om.* Σ) sunt et hoc tibi signum quia unxit te dominus (deus c) in principem ΣΛc𝔊 | 2 in[2] *om.* RΛDΦ |

et intermissis pater tuus asinis sollicitus est pro vobis
et dicit quid faciam de filio meo
3 cumque abieris inde et ultra transieris
et veneris ad quercum Thabor
invenient te ibi tres viri ascendentes
ad Deum in Bethel
unus portans tres hedos
et alius tres tortas panis
et alius portans lagoenam vini
4 cumque te salutaverint dabunt tibi
duos panes
et accipies de manu eorum
5 post haec venies in collem Domini
ubi est statio Philisthinorum
et cum ingressus fueris ibi urbem
obviam habebis gregem prophetarum descendentium de excelso
I Par 13,8; 15,16! 25,1! IV Rg 3,15 et ante eos psalterium et tympanum
et tibiam et citharam ipsosque pro-
phetantes
0! 11,6; 19,23; IV Rg 19,7! Nm 11,25! 6 et insiliet in te spiritus Domini et
prophetabis cum eis
et mutaberis in virum alium
7 quando ergo evenerint signa haec
omnia tibi
fac quaecumque invenerit manus tua
quia Dominus tecum est
8 et descendes ante me in Galgala
ego quippe descendam ad te
1,15; Lv 7,29! ut offeras oblationem et immoles
victimas pacificas
13,8 septem diebus expectabis donec veniam ad te
et ostendam tibi quae facias
9 itaque cum avertisset umerum suum
ut abiret a Samuhele
Ps 50,12! inmutavit ei Deus cor aliud
et venerunt omnia signa haec in die
illa
10 veneruntque ad praedictum collem
19,20 et ecce cuneus prophetarum obvius
ei
et insilivit super eum spiritus Dei et 6! 16,13
prophetavit in medio eorum 19,24
11 videntes autem omnes qui noverant
eum heri et nudius tertius
quod esset cum prophetis et prophe-
taret
dixerunt ad invicem
quaenam res accidit filio Cis num et 19,24
Saul in prophetis
12 responditque alius ad alterum dicens
et quis pater eorum
propterea versum est in proverbium 19,24
num et Saul inter prophetas
13 cessavit autem prophetare et venit
ad excelsum
14 dixitque patruus Saul ad eum et ad
puerum eius quo abistis
qui responderunt quaerere asinas
quas cum non repperissemus venimus ad Samuhelem
15 et dixit ei patruus suus
indica mihi quid dixerit tibi Samuhel
16 et ait Saul ad patruum suum
indicavit nobis quia inventae essent 2; 9,20
asinae
de sermone autem regni non indicavit ei quem locutus illi fuerat Samuhel
17 et convocavit Samuhel populum ad 7,5; Idc 10,17! 20,1!
Dominum in Maspha
18 et ait ad filios Israhel
haec dicit Dominus Deus Israhel
ego eduxi Israhel de Aegypto Idc 6,8.9
et erui vos de manu Aegyptiorum Ex 14,30!
et de manu omnium regum qui adfligebant vos
19 vos autem hodie proiecistis Deum
vestrum
qui solus salvavit vos de universis 26,24! Gn 48,16! II Sm 22,3! Tb 3,11.21!
malis et tribulationibus vestris
et dixistis nequaquam
sed regem constitue super nos 8,5! 19! 12,12

3 deum] dominum RΛ | 5 domini] dei c | obuium DΦc | 7 ~ tibi signa haec omnia R | 8 quae] quid Φc | 9 ut iret Ck. | 10 insiliuit RCr] insiluit *cet.* | dei] domini Λc | 11 in prophetis] inter prophetas CΣkc | 12 in prophetis RΛ | 15 pater suus C | 16 ei fuerat ΛDΦ; fuerat ei c | 19 dominum deum ΣΛ; dominum Rk | constitues CD. |

RAC ΣΛDΦk cr

Ios 7,14 nunc ergo state coram Domino per
tribus vestras et per familias
Ios 7,16 20 et adplicuit Samuhel omnes tribus
Israhel
et cecidit sors tribus Beniamin
9,1.2! 21 et adplicuit tribum Beniamin et cognationes eius
et cecidit cognatio Metri et pervenit
usque ad Saul filium Cis
quaesierunt ergo eum et non est inventus
22 et consuluerunt post haec Dominum
utrumnam venturus esset illuc
responditque Dominus ecce absconditus est domi
23 cucurrerunt itaque et tulerunt eum
inde
stetitque in medio populi
9,2 et altior fuit universo populo ab
umero et sursum
24 et ait Samuhel ad omnem populum
certe videtis quem elegit Dominus
quoniam non sit similis ei in omni
populo
III Rg 1,39! et clamavit cunctus populus et ait
vivat rex
8,10.11 25 locutus est autem Samuhel ad populum legem regni
et scripsit in libro et reposuit coram
Domino
8,22; 13,2; II Sm 6,19! III Rg 8,66 et dimisit Samuhel omnem populum
singulos in domum suam
15,34 26 sed et Saul abiit in domum suam in
Gabaath
et abiit cum eo pars exercitus quorum tetigerat Deus corda
27 filii vero Belial dixerunt
11,12 num salvare nos poterit iste
et despexerunt eum et non adtulerunt ei munera
ille vero dissimulabat se audire

11 ascendit autem Naas Ammonites 12,12
et pugnare coepit adversus Iabesgalaad
dixeruntque omnes viri Iabes ad
Naas
habeto nos foederatos et serviemus
tibi
2 et respondit ad eos Naas Ammonites
in hoc feriam vobiscum foedus
ut eruam omnium vestrum oculos
dextros
ponamque vos obprobrium in universo Israhel
3 et dixerunt ad eum seniores Iabes
concede nobis septem dies ut mittamus nuntios in universos terminos
Israhel
et si non fuerit qui defendat nos egrediemur ad te
4 venerunt ergo nuntii in Gabaath
Saulis
et locuti sunt verba audiente populo Idc 2,4
et levavit omnis populus vocem su- Nm 14,1!
am et flevit
5 et ecce Saul veniebat sequens boves
de agro
et ait quid habet populus quod plo-
rat
et narraverunt ei verba virorum Iabes
6 et insilivit spiritus Domini in Saul 10,6! Idc 14,6!
cum audisset verba haec
et iratus est furor eius nimis
7 et adsumens utrumque bovem concidit in frusta Idc 19,29
misitque in omnes terminos Israhel
per manum nuntiorum dicens
quicumque non exierit secutusque
fuerit Saul et Samuhelem
sic fiet bubus eius
invasit ergo timor Domini populum
et egressis unt quasi vir unus Idc 20,1

RAC ΣΛDΦk cr

19 familias] milia ADk | 20 applicauit C | 21 adplicauit CD | tribus AΣ.; tribu R; tribuum Λ. | 24 sit] est RΣΛk | ei] illi DΦ c | ~ ei similis C | cunctus] omnis k c | 26 gabaa c | 27 ~ poterit nos CΣ || **11**,1 ascendit] *praem.* et factum est quasi post mensem Σ c 𝔊 | autem] uero C.; *om.* Σ c | aduersus] contra C | 3 in] ad DΦ c | 4 gabaa c | uerba + haec c | et leuabit AΣ; eleuauit R | 6 insiluit AΛDΦ | domini] dei CΣ | 7 et secutus fuerit c | samuel c |

8 et recensuit eos in Bezec
fueruntque filiorum Israhel trecenta
milia
virorum autem Iuda triginta milia
9 et dixerunt nuntiis qui venerant
sic dicetis viris qui sunt in Iabesgalaad
cras erit vobis salus cum incaluerit
sol
venerunt ergo nuntii et adnuntiaverunt viris Iabes
qui laetati sunt 10 et dixerunt mane
exibimus ad vos
et facietis nobis omne quod placuerit vobis
11 et factum est cum venisset dies cras-
tinus
constituit Saul populum in tres partes
et ingressus est media castra in vigilia matutina
et percussit Ammon usque dum inca-
lesceret dies
reliqui autem dispersi sunt ita ut non
relinquerentur in eis duo pariter
12 et ait populus ad Samuhel
10,27 quis est iste qui dixit Saul non regnabit super nos
date viros et interficiemus eos
II Sm 19,22 13 et ait Saul non occidetur quisquam
in die hac
14,23; 19,5; II Sm 23,10 quia hodie fecit Dominus salutem in
Israhel
14 dixit autem Samuhel ad populum
venite et eamus in Galgala et inno-
vemus ibi regnum
15 et perrexit omnis populus in Galgala
et fecerunt ibi regem Saul coram Domino in Galgala
0,8; Lv 7,29! et immolaverunt ibi victimas pacificas coram Domino
et laetatus est ibi Saul et cuncti viri
Israhel nimis
8,7.22 **12** dixit autem Samuhel ad universum
Israhel
ecce audivi vocem vestram iuxta omnia quae locuti estis ad me et constitui super vos regem
2 et nunc rex graditur ante vos
ego autem senui et incanui
porro filii mei vobiscum sunt
itaque conversatus coram vobis ab
adulescentia mea usque ad diem
hanc ecce praesto sum
3 loquimini de me coram Domino et Sir 46,22
coram christo eius
utrum bovem cuiusquam tulerim an
asinum
si quempiam calumniatus sum
si oppressi aliquem
si de manu cuiusquam munus accepi
et contemnam illud hodie restituam-
que vobis
4 et dixerunt non es calumniatus nos
neque oppressisti
neque tulisti de manu alicuius quippiam
5 dixitque ad eos
testis Dominus adversus vos et testis
christus eius in die hac
quia non inveneritis in manu mea
quippiam
et dixerunt testis
6 et ait Samuhel ad populum
Dominus qui fecit Mosen et Aaron
et eduxit patres nostros de terra Ae- Dt 20,1!
gypti
7 nunc ergo state ut iudicio contendam
adversum vos coram Domino
de omnibus misericordiis Domini
quas fecit vobiscum et cum patribus
vestris
8 quomodo ingressus est Iacob in Ae- Gn 46,6!
gyptum
et clamaverunt patres vestri ad Do- Ex 2,23
minum
et misit Dominus Mosen et Aaron
et eduxit patres vestros ex Aegypto Dt 26,8.9!

9 [*deest* k *usque ad* II Sm 2,13] | in *om.* CΣ | 11 ~ dies crastinus uenisset c. | ex eis C | 12 ad samuhelem CΛΦ c; ad saul A | non] num c.; *om.* AΛ | 14 et[1] *om.* C || **12**, 2 ~ hanc diem c. | 3 an] aut Σ c | 5 testis[1] + est D c | christus eius] christus est RA; est christus D. | 8 ~ iacob ingressus est c | uestros] nostros C | ex] de D c |

RAC ΣΛDΦ(k) cr

et conlocavit eos in loco hoc
9 qui obliti sunt Domini Dei sui
Idc 4,2! et tradidit eos in manu Sisarae magistri militiae Asor
Idc 3,12; 10,7! et in manu Philisthinorum et in manu
regis Moab
et pugnaverunt adversum eos
Idc 10,12! 10 postea autem clamaverunt ad Dominum et dixerunt
Idc 10,10! peccavimus quia dereliquimus Dominum
et servivimus Baalim et Astharoth
Lc 1,74 nunc ergo erue nos de manu inimicorum nostrorum et serviemus tibi
Hbr 11,32 11 et misit Dominus Hierobaal et Be-
dan et Ieptha et Samuhel
Idc 2,16! 8,34 et eruit vos de manu inimicorum
vestrorum per circuitum
et habitastis confidenter
11,1 12 videntes autem quod Naas rex filiorum Ammon venisset adversum vos
8,19! 10,19 dixistis mihi nequaquam sed rex im-
perabit nobis
cum Dominus Deus vester regnaret
in vobis
13 nunc ergo praesto est rex vester quem
elegistis et petistis
ecce dedit vobis Dominus regem
14 si timueritis Dominum et servieritis
ei
et audieritis vocem eius et non exasperaveritis os Domini
eritis et vos et rex qui imperat vobis
sequentes Dominum Deum vestrum
15 si autem non audieritis vocem Domini
sed exasperaveritis sermonem Domini
erit manus Domini super vos et super patres vestros
16 sed et nunc state et videte rem istam
grandem quam facturus est Dominus in conspectu vestro
17 numquid non messis tritici est hodie
invocabo Dominum et dabit voces
et pluvias
et scietis et videbitis quia grande malum feceritis vobis in conspectu
Domini petentes super vos regem
18 et clamavit Samuhel ad Dominum 7,9
et dedit Dominus voces et pluviam
in die illa
19 et timuit omnis populus nimis Dominum et Samuhelem
dixitque universus populus ad Samuhel
ora pro servis tuis ad Dominum De- II Esr 1,6; Bar 1,13;
um tuum ut non moriamur Dn 9,20; Iac 5,16
addidimus enim universis peccatis
nostris malum ut peteremus nobis
regem
20 dixit autem Samuhel ad populum
nolite timere
vos fecistis universum malum hoc
verumtamen nolite recedere a tergo
Domini
et servite Domino in omni corde
vestro
21 et nolite declinare post vana quae
non proderunt vobis
neque eruent vos quia vana sunt
22 et non derelinquet Dominus popu- Ps 93,14!
lum suum propter nomen suum
magnum
quia iuravit Dominus facere vos sibi Dt 7,6!
populum
23 absit autem a me hoc peccatum in
Domino ut cessem orare pro vobis 7,8!
et docebo vos viam bonam et rec- II Par 6,27! Ps 24,9; 118,2
tam
24 igitur timete Dominum et servite ei Ios 24,14!
in veritate et ex toto corde vestro
vidistis enim magnifica quae in vobis
gesserit
25 quod si perseveraveritis in malitia
et vos et rex vester pariter peribitis

RAC ΣΛDΦ cr

9 in manus[1] C | 11 benedan A; barach C.; + et barach ΣΦ | 13 ~ dedit dominus uobis AD; ~ dominus dedit uobis Σ | 15 sermones c; os Σ | domini[2]] eius c | 18 pluuias ΛDΦc; pluuia R. | ~ in illa die Cc. | 19 samuhel[1] ADΦ | et dixit c | ad samuhelem Φc | 20 et] sed Cc | 23 in domino RΣΦr] in dominum *cet.* | 24 et ex] ex RΣ; et A ||

13 filius unius anni Saul cum regnare
coepisset
duobus autem annis regnavit super
Israhel
2 et elegit sibi Saul tria milia de Israhel
et erant cum Saul duo milia in Machmas et in monte Bethel
mille autem cum Ionathan in Gabaath Beniamin
10,25! porro ceterum populum remisit
unumquemque in tabernacula sua
3 et percussit Ionathan stationem Philisthim quae erat in Gabaa
quod cum audissent Philisthim
Saul cecinit bucina in omni terra dicens audiant Hebraei
4 et universus Israhel audivit huiuscemodi famam
percussit Saul stationem Philisthinorum
et erexit se Israhel adversum Philisthim
clamavit ergo populus post Saul in
Galgala
17,1! 5 et Philisthim congregati sunt ad
proeliandum contra Israhel
triginta milia curruum et sex milia
equitum
Ios 11,4! et reliquum vulgus sicut harena quae
est in litore maris plurima
11.16 et ascendentes castrametati sunt in
Machmas ad orientem Bethaven
6 quod cum vidissent viri Israhel se in
arto sitos
Idc 6,2! adflictus est enim populus
14,11.22; Is 2,19! absconderunt se in speluncis et in
abditis
in petris quoque et in antris et in cisternis
7 Hebraei autem transierunt Iordanem
terram Gad et Galaad
cumque adhuc esset Saul in Galgal
universus populus perterritus est qui
sequebatur eum
8 et expectavit septem diebus iuxta 10,8
placitum Samuhel
et non venit Samuhel in Galgala 11
dilapsusque est populus ab eo
9 ait ergo Saul adferte mihi holocaustum et pacifica
et obtulit holocaustum
10 cumque conplesset offerens holocaustum
ecce Samuhel veniebat
et egressus est Saul obviam ei ut salutaret eum
11 locutusque est ad eum Samuhel quid
fecisti
respondit Saul
quia vidi quod dilaberetur populus 8
a me
et tu non veneras iuxta placitos dies
porro Philisthim congregati fuerant 5.16
in Machmas
12 dixi nunc descendent Philisthim ad
me in Galgala
et faciem Domini non placavi
necessitate conpulsus obtuli holocaustum
13 dixitque Samuhel ad Saul
stulte egisti nec custodisti mandata I Par 10,13
Domini Dei tui quae praecepit tibi
quod si non fecisses iam nunc prae-
parasset Dominus regnum tuum
super Israhel in sempiternum
14 sed nequaquam regnum tuum ultra 15,23! 28! 28,17!
consurget
quaesivit sibi Dominus virum iuxta Act 13,22
cor suum
et praecepit ei Dominus ut esset dux 25,30; II Sm 5,2! 6,21!
super populum suum
eo quod non servaveris quae praecepit Dominus
15 surrexit autem Samuhel et ascendit

13,1 anni + erat c | 2 ionathan] *sic semper* r, *exc.* 19,6; 20,38(2° *loco*); 23,18; *in* c *hoc nomen declinatur*: -as, -a, -ae, -am *vel* -an, -a | gabaa c | 3 philisthinorum[1] ΛΦc | 4 ergo] autem R | 6 uidissent] audissent A | sitos] positos Σc | erat enim Φ; enim erat c; est C. | populus + et AC | 7 iordanem + in Λc | in galgal RAΣ𝔐] in galgat D.; in galgala *cet.* | 8 samuhel[1] R r.] samuhelem AΛDΦ; samuhelis CΣc | 11 ~ populus dilaberetur c. | 14 [*adest* m *usque ad* 25,3] | ~ dominus sibi AΣc | esset] sit C | praeceperit[2] RDΦ |

RAC
ΣΛDΦ(m)
cr

de Galgalis in Gabaa Beniamin
14,2 et recensuit Saul populum qui inventi fuerant cum eo quasi sescentos viros
16 et Saul et Ionathan filius eius
populusque qui inventus fuerat cum eis erat in Gabaa Beniamin
5,11 porro Philisthim consederant in Machmas
17 et egressi sunt ad praedandum de castris Philisthim tres cunei
unus cuneus pergebat contra viam Ephra ad terram Saul
Ios 10,10 18 porro alius ingrediebatur per viam Bethoron
tertius autem verterat se ad iter termini inminentis valli Seboim contra desertum
19 porro faber ferrarius non inveniebatur in omni terra Israhel
caverant enim Philisthim ne forte facerent Hebraei gladium aut lanceam
20 descendebat ergo omnis Israhel ad Philisthim
ut exacueret unusquisque vomerem suum et ligonem et securim et sarculum
21 retunsae itaque erant acies vomerum et ligonum et tridentum et securium usque ad stimulum corrigendum
22 cumque venisset dies proelii
non est inventus ensis et lancea in manu totius populi qui erat cum Saul et cum Ionathan
excepto Saul et Ionathan filio eius
23 egressa est autem statio Philisthim ut transcenderet in Machmas
14 et accidit quadam die ut diceret Ionathan filius Saul ad adulescentem armigerum suum
veni et transeamus ad stationem Philisthim quae est trans locum illum 6
patri autem suo hoc ipsum non indicavit
2 porro Saul morabatur in extrema parte Gabaa
sub malogranato quae erat in Magron
et erat populus cum eo quasi sescentorum virorum 13,15
3 et Ahias filius Achitob fratris Ichabod filii Finees 1,3!
qui ortus fuerat ex Heli sacerdote Domini in Silo portabat ephod
sed et populus ignorabat quod isset Ionathan
4 erant autem inter ascensus per quos nitebatur Ionathan transire ad stationem Philisthinorum
eminentes petrae ex utraque parte
et quasi in modum dentium scopuli hinc inde praerupti
nomen uni Boses et nomen alteri Sene
5 unus scopulus prominens ad aquilonem ex adverso Machmas
et alter a meridie contra Gabaa
6 dixit autem Ionathan ad adulescentem armigerum suum
veni transeamus ad stationem incircumcisorum horum 1
si forte faciat Dominus pro nobis
quia non est Domino difficile salvare II Par 14,11; I Mcc 3,18
vel in multitudine vel in paucis
7 dixitque ei armiger suus
fac omnia quae placent animo tuo
perge quo cupis ero tecum ubicumque volueris
8 et ait Ionathan ecce nos transimus ad viros istos

RAC ΣΛDΦm 𝔠𝔯 15 beniamin + et reliqui populi ascenderunt post saul obuiam populo qui expugnabant eos uenientes ex (de 𝔠.) galgala in gabaa in colle beniamin Σ𝔠𝔊 | 17 philisthinorum 𝔠 | saul] sual 𝔠𝔯𝔐, *cf.* 𝔊 | 18 uallis eboim A; uallis seboim Cm | 19 hebraeis R | 22 erant Rm | cum saule 𝔠 | cum[2] *om.* ΛDΦ𝔠 | 23 transcenderent CΣDΦ || **14**,1 philisthinorum ΣΛ𝔠 | 2 in magron] in agrum gabaa R.; in agro gabaa ΣΦ | 3 quod] quo DΦ𝔠 | 4 erat C | inter] iter CΣ | hinc + et A𝔠. | 5 ad meridiem Φ𝔠 | 6 multitudine] multis 𝔠 | 7 ei *om.* Cm | cupis + et 𝔠 |

cumque apparuerimus eis
9 si taliter locuti fuerint ad nos manete
donec veniamus ad vos
stemus in loco nostro nec ascendamus ad eos
10 si autem dixerint ascendite ad nos
ascendamus quia tradidit eos Dominus in manibus nostris
hoc erit nobis signum
11 apparuit igitur uterque stationi Philisthinorum
dixeruntque Philisthim
13,6! en Hebraei egrediuntur de cavernis in
quibus absconditi fuerant
12 et locuti sunt viri de statione ad Ionathan et ad armigerum eius
dixeruntque ascendite ad nos et
ostendimus vobis rem
et ait Ionathan ad armigerum suum
ascendamus sequere me
tradidit enim eos Dominus in manu
Israhel
I Mcc 4,30 13 ascendit autem Ionathan reptans manibus et pedibus
et armiger eius post eum
itaque alii cadebant ante Ionathan
alios armiger eius interficiebat sequens eum
14 et facta est plaga prima quam percussit Ionathan et armiger eius
quasi viginti virorum in media parte
iugeri
quam par boum in die arare consuevit
15 et factum est miraculum in castris
per agros
sed et omnis populus stationis eorum qui ierant ad praedandum
obstipuit et conturbata est terra
et accidit quasi miraculum a Deo
16 et respexerunt speculatores Saul qui
erant in Gabaa Beniamin
et ecce multitudo prostrata et huc illucque diffugiens
17 et ait Saul populo qui erat cum eo
requirite et videte quis abierit ex nobis
cumque requisissent reppertum est
non adesse Ionathan et armigerum
eius
18 et ait Saul ad Ahiam adplica arcam
Dei
erat enim ibi arca Dei in die illa cum 4,5
filiis Israhel
19 cumque loqueretur Saul ad sacerdotem
tumultus magnus exortus est in cas- Idc 7,21
tris Philisthinorum
crescebatque paulatim et clarius re-
boabat
et ait Saul ad sacerdotem
contrahe manum tuam
20 conclamavit ergo Saul et omnis populus qui erat cum eo
et venerunt usque ad locum certaminis
et ecce versus fuerat gladius unius- Idc 7,22
cuiusque ad proximum suum
et caedes magna nimis
21 sed et Hebraei qui fuerant cum Philisthim heri et nudius tertius
ascenderantque cum eis in castris
reversi sunt ut essent cum Israhele
qui erant cum Saul et Ionathan
22 omnes quoque Israhelitae qui se abs- 13,6!
conderant in monte Ephraim
audientes quod fugissent Philisthim
sociaverunt se cum suis in proelio
23 et salvavit Dominus in die illa Isra- 11,13!
hel
pugna autem pervenit usque Bethaven
24 et vir Israhel sociatus sibi est in die
illa
adiuravit autem Saul populum di- 28; II Sm 3,35
cens

10 eos] illos Cm. | 12 ostendemus ΛΦ c | ~ dominus eos c | in manus ΑΣΦ c | 13 ~ manibus et pedibus reptans c. | 14 quam¹] qua c | 15 ierant] erant ΑΣ | 18 dei¹] domini RΣΦ | 19 reboabat] resonabat ACΣ c | 21 cum israhel ΣΛΦ c | erat RA; fuit C. | 22 philisthaei c | proelio + et erant cum saul quasi decem milia uirorum Σ c 𝔊 | 23 usque + ad R c | 24 uiri¹ c | ~ sociatus est sibi ΛDΦ; sociatus est ibi m.; sociati sunt sibi c |

RAC
ΣΛDΦm
cr

maledictus vir qui comederit panem
usque ad vesperam
donec ulciscar de inimicis meis
et non manducavit universus populus panem
25 omneque terrae vulgus venit in saltum
in quo erat mel super faciem agri
26 ingressus est itaque populus saltum
et apparuit fluens mel
nullusque adplicuit manum ad os
suum
timebat enim populus iuramentum
27 porro Ionathan non audierat cum
adiuraret pater eius populum
43 extenditque summitatem virgae
quam habebat in manu
et intinxit in favo mellis
et convertit manum suam ad os suum et inluminati sunt oculi eius
28 respondensque unus de populo ait
24! iureiurando constrinxit pater tuus
populum dicens
maledictus qui comederit panem hodie
defecerat autem populus
29 dixitque Ionathan
turbavit pater meus terram
vidistis ipsi quia inluminati sunt oculi
mei
eo quod gustaverim paululum de
melle isto
30 quanto magis si comedisset populus
de praeda inimicorum suorum
quam repperit
nonne maior facta fuisset plaga in
Philisthim
31 percusserunt ergo in die illa Philistheos a Machmis usque in Ahialon
Idc 8,5; II Sm 16,14 defatigatus est autem populus nimis
32 et versus ad praedam tulit oves et bo-
ves et vitulos
et mactaverunt in terra comeditque
populus cum sanguine
33 nuntiaverunt autem Saul dicentes
quod populus peccasset Domino
comedens cum sanguine
qui ait praevaricati estis volvite ad
me iam nunc saxum grande
34 et dixit Saul dispergimini in vulgus
et dicite eis
ut adducat ad me unusquisque bovem suum et arietem
et occidite super istud et vescimini
et non peccabitis Domino comedentes cum sanguine
adduxit itaque omnis populus unusquisque bovem in manu sua usque
ad noctem et occiderunt ibi
35 aedificavit autem Saul altare Domini Idc 6,26!
tuncque primum coepit aedificare al-
tare Domini
36 et dixit Saul inruamus super Philisthim nocte
et vastemus eos usque dum inlucescat mane
nec relinquamus de eis virum
dixitque populus omne quod bonum 1,23!
videtur in oculis tuis fac
et ait sacerdos accedamus huc ad
Deum
37 et consuluit Saul Deum 23,2; 28,6! 30,8; II Sm 5,19
num persequar Philisthim
si trades eos in manu Israhel
et non respondit ei in die illa
38 dixitque Saul adplicate huc univer- Ios 7,16
sos angulos populi
et scitote et videte per quem acciderit Ios 7,15
peccatum hoc hodie
39 vivit Dominus salvator Israhel quia
si per Ionathan filium meum factum
est
absque retractatione morietur
ad quod nullus contradixit ei de omni populo
40 et ait ad universum Israhel

RAC ΣΛDΦm ϲr 25 omnisque RDΦ | 26 est *om.* C | 27 uirgulae DΦm | in fauum Dϲ; fauo Λ | 28 maledictus + uir ϲ | 30 ~ plaga facta fuisset ϲ.; ~ plaga fuisset facta C; fuisset plaga RDΦ | 33 sauli Σϲ | comedens cum] comedentes C. | grandem AC | 35 domini[1] RAr] domino *cet.* | domini[2]] domino Σϲ | 36 philisthaeos ϲ | dum lucescat Rm | de] ex ϲ | deum] dominum RCΣr | 37 deum] dominum RΣϲ | in manus Λϲ | 39 israhelis RΣm |

separamini vos in partem unam
et ego cum Ionathan filio meo ero in
parte una
respondit populus ad Saul
1,23! quod bonum videtur in oculis tuis
fac
41 et dixit Saul ad Dominum Deum Israhel
da indicium
et deprehensus est Ionathan et Saul
populus autem exivit
Ion 1,7 42 et ait Saul mittite sortem inter me et
inter Ionathan filium meum
et captus est Ionathan
Ios 7,19! 43 dixit autem Saul ad Ionathan indica
mihi quid feceris
et indicavit ei Ionathan et ait
27 gustans gustavi in summitate virgae
quae erat in manu mea paululum
mellis
et ecce ego morior
44 et ait Saul haec faciat mihi Deus et
haec addat
quia morte morieris Ionathan
45 dixitque populus ad Saul
ergone Ionathan morietur qui fecit
salutem hanc magnam in Israhel
hoc nefas est
vivit Dominus si ceciderit capillus
de capite eius in terram
quia cum Deo operatus est hodie
liberavit ergo populus Ionathan ut
non moreretur
46 recessitque Saul nec persecutus est
Philisthim
porro Philisthim abierunt in loca sua
47 at Saul confirmato regno super Israhel
pugnabat per circuitum adversum
omnes inimicos eius
contra Moab et filios Ammon II Sm 8,2
et Edom et reges Suba et Philistheos
et quocumque se verterat superabat
48 congregatoque exercitu percussit
Amalech
et eruit Israhel de manu vastatorum
eius
49 fuerunt autem filii Saul Ionathan et 31,2; I Par 8,33; 9,39
Iesui et Melchisua
nomina duarum filiarum eius
nomen primogenitae Merob et no- 18,17
men minoris Michol 18,20
50 et nomen uxoris Saul Ahinoem filia
Ahimaas
et nomina principum militiae eius 26,5; II Sm 2,8; III Rg 2,5.32
Abner filius Ner patruelis Saul
51 Cis fuerat pater Saul et Ner pater 9,2!
Abner filius Abihel
52 erat autem bellum potens adversum
Philistheos omnibus diebus Saul
nam quemcumque viderat Saul virum fortem et aptum ad proelium
sociabat eum sibi
15 et dixit Samuhel ad Saul
me misit Dominus ut unguerem te in 9,16!
regem super populum eius Israhel
nunc ergo audi vocem Domini
2 haec dicit Dominus exercituum
recensui quaecumque fecit Amalech Dt 25,17!
Israheli
quomodo restitit ei in via cum a-
scenderet de Aegypto
3 nunc igitur vade et percute Amalech 18; Nm 24,20
et demolire universa eius
non parcas ei sed interfice a viro us- 22,19; Ios 6,21!
que ad mulierem
et parvulum atque lactantem
bovem et ovem camelum et asinum

40 in partem unam² C; in parte altera Λ c | responditque ΛΦ c | 41 deum] domine deus ΛΦ | israhel + domine deus Σ; + domine deus israel c | indicium + quid est quod non responderis seruo tuo hodie si in me aut in ionathan filio meo haec iniquitas est (∼ est iniq. haec c) da ostensionem aut si ita (*om.* c) est in populo tuo haec iniquitas (∼ haec iniq. est in pop. tuo c.) da sanctitatem Σ c 𝔊 | 42 inter² *om.* RΣm | ∼ filium meum ionathan R | 43 in summitatem RΣ | et³ *om.* AΛDm | 44 deus] dominus R | 45 hanc *om.* C | deo] domino C | 47 at] et C c | 49 melchisua + et D c | 50 nomen principis Σ cr 𝔐𝔊 | 51 cis] *praem.* porro ΣΛΦ c | fuit c | 52 uidebat CΛ || **15**,3 igitur] ergo RΣ c | ei] eis ACΣ; + et non concupisces ex ipsis aliquid Σ; + et non concupiscas ex rebus ipsius aliquid c. | lactentem c | ouem + et R |

RAC ΣΛDΦm cr

4 praecepit itaque Saul populo
et recensuit eos quasi agnos
ducenta milia peditum et decem milia virorum Iuda
5 cumque venisset Saul usque ad civitatem Amalech
tetendit insidias in torrente
6 dixitque Saul Cineo
abite recedite atque descendite ab Amalech
ne forte involvam te cum eo
tu enim fecisti misericordiam cum omnibus filiis Israhel cum ascenderent de Aegypto
et recessit Cineus de medio Amalech
Ex 17,13 7 percussitque Saul Amalech
27,8; Gn 25,18 ab Evila donec venias Sur quae est e regione Aegypti
Nm 24,7 8 et adprehendit Agag regem Amalech vivum
omne autem vulgus interfecit in ore gladii
Ps 7,5 H 9 et pepercit Saul et populus Agag
15! et optimis gregibus ovium et armentorum
et vestibus et arietibus et universis quae pulchra erant
nec voluerunt disperdere ea
quicquid vero vile fuit et reprobum hoc demoliti sunt
10 factum est autem verbum Domini ad Samuhel dicens
11 paenitet me quod constituerim Saul regem
quia dereliquit me et verba mea opere non implevit
contristatusque est Samuhel et clamavit ad Dominum tota nocte
12 cumque de nocte surrexisset Samuhel ut iret ad Saul mane
nuntiatum est Samuheli eo quod venisset Saul in Carmelum
et erexisset sibi fornicem triumphalem
et reversus transisset descendissetque in Galgala
venit ergo Samuhel ad Saul et 13 dixit ei Saul
benedictus tu Domino implevi verbum Domini
14 dixitque Samuhel
et quae est haec vox gregum quae resonat in auribus meis
et armentorum quam ego audio
15 et ait Saul de Amalech adduxerunt ea
pepercit enim populus melioribus ovibus et armentis 9.21
ut immolarentur Domino Deo tuo
reliqua vero occidimus
16 dixit autem Samuhel ad Saul
sine me et indicabo tibi quae locutus sit Dominus ad me nocte
dixitque ei loquere
17 et ait Samuhel
nonne cum parvulus esses in oculis tuis
caput in tribubus Israhel factus es
unxitque te Dominus regem super Israhel 9,16! 10,1! II Sm 12,7; III Rg 16,2!
18 et misit te Dominus in via et ait
vade et interfice peccatores Amalech 3; Nm 24,20; Ios 11,11!
et pugnabis contra eos usque ad internicionem eorum
19 quare ergo non audisti vocem Domini
sed versus ad praedam es
et fecisti malum in oculis Domini
20 et ait Saul ad Samuhelem
immo audivi vocem Domini et ambulavi in via per quam misit me Dominus
et adduxi Agag regem Amalech et Amalech interfeci
21 tulit autem populus de praeda oves 15!

RAC ΣΛDΦm cr 5 in torrentem CΣ; ad torrente D. | 6 descendite] discedite CΣΛΦ | 7 uenias sur RAm r𝔐] uenias ad sur c.; ueniat sur D; ueniat assur Λ; uenit assur CΣΦ | e *om.* R | 12 et[3] + saul offerebat holocaustum domino de initiis praedarum quae adtulerat ex amalech [13] et dum (cum c) uenisset samuhel ad saul ΣΛ c𝔊 | 13 tu + a C | 16 dixit] ait ΛΦ c | me[1] *om.* C | 17 in tribus CΣDm | regem ACm r] in regem *cet.* | 18 in uiam c | et[3] *om.* CΣD | 20 audi Am | 21 ~ de praeda populus c |

et boves
primitias eorum quae caesa sunt
ut immolet Domino Deo suo in Galgalis
22 et ait Samuhel
Ps 39,7–9! Ecl 4,17; Os 6,6! numquid vult Dominus holocausta aut victimas
et non potius ut oboediatur voci Domini
melior est enim oboedientia quam victimae
et auscultare magis quam offerre adipem arietum
23 quoniam quasi peccatum ariolandi est repugnare
et quasi scelus idolatriae nolle adquiescere
26; 28,17.18 pro eo ergo quod abiecisti sermonem Domini
13,14; 16,1 abiecit te ne sis rex
24 dixitque Saul ad Samuhel
II Esr 13,27 peccavi quia praevaricatus sum sermonem Domini et verba tua
timens populum et oboediens voci eorum
25 sed nunc porta quaeso peccatum meum
et revertere mecum ut adorem Dominum
26 et ait Samuhel ad Saul
23! non revertar tecum quia proiecisti sermonem Domini
et proiecit te Dominus ne sis rex super Israhel
27 et conversus est Samuhel ut abiret
ille autem adprehendit summitatem pallii eius quae et scissa est
28 et ait ad eum Samuhel
13,14; 28,17; II Sm 3,10! III Rg 11,11! I Par 12,23 scidit Dominus regnum Israhel a te hodie
et tradidit illud proximo tuo meliori te
29 porro Triumphator in Israhel non parcet
et paenitudine non flectetur
neque enim homo est ut agat paenitentiam Nm 23,19!
30 at ille ait peccavi sed nunc honora me coram senibus populi mei et coram Israhel
et revertere mecum ut adorem Dominum Deum tuum
31 reversus ergo Samuhel secutus est Saulem
et adoravit Saul Dominum
32 dixitque Samuhel adducite ad me Agag regem Amalech
et oblatus est ei Agag pinguissimus
et dixit Agag
sicine separat amara mors
33 et ait Samuhel
sicut fecit absque liberis mulieres gladius tuus
sic absque liberis erit inter mulieres mater tua
et in frusta concidit Samuhel Agag coram Domino in Galgalis
34 abiit autem Samuhel in Ramatha 7,17; 16,13
Saul vero ascendit in domum suam in Gabaath 10,26
35 et non vidit Samuhel ultra Saul usque ad diem mortis suae
verumtamen lugebat Samuhel Saul 16,1
quoniam Dominum paenitebat quod constituisset regem Saul super Israhel 11
16 dixitque Dominus ad Samuhel
usquequo tu luges Saul cum ego proiecerim eum ne regnet super Israhel 15,35 15,23!
imple cornu tuum oleo et veni ut mittam te ad Isai Bethleemitem
providi enim in filiis eius mihi regem
2 et ait Samuhel quomodo vadam
audiet enim Saul et interficiet me
et ait Dominus vitulum de armento tolles in manu tua

22 aut] et ΣDΦ c | 23 idololatriae A c. | te + dominus Φ c | 24 ad samuhelem ΛΦ c | 30 senioribus ΛΦm c; *om.* D. | 32 pinguissimus + tremens Σ; + et tremens c | 33 samuhel agag] eum samuhel ΛΦ c; samuhel D. | 34 gabaa c; + saul R; + sauli D. | 35 saulem[1] C | saulem[2] C c | ~ saul regem Σ; eum regem C c. || **16**,1 ad samuhelem Λ c | ut *om.* RΛ | ~ mihi in filiis eius CΣD |

RAC ΣΛDΦm cr

et dices ad immolandum Domino
veni
3 et vocabis Isai ad victimam
et ego ostendam tibi quid facias
12 et ungues quemcumque monstravero
tibi
4 fecit ergo Samuhel sicut locutus est
ei Dominus
venitque in Bethleem
et admirati sunt seniores civitatis occurrentes ei
III Rg 2,13 dixeruntque pacificus ingressus tuus
5 et ait pacificus
ad immolandum Domino veni
sanctificamini et venite mecum ut
immolem
sanctificavit ergo Isai et filios eius et
vocavit eos ad sacrificium
6 cumque ingressi essent vidit Heliab
et ait
num coram Domino est christus eius
7 et dixit Dominus ad Samuhel
Dt 10,17! I Pt 1,17 ne respicias vultum eius neque altitudinem staturae eius
quoniam abieci eum
nec iuxta intuitum hominis iudico
homo enim videt ea quae parent
Dominus autem intuetur cor
8 et vocavit Isai Abinadab
et adduxit eum coram Samuhel
qui dixit nec hunc elegit Dominus
9 adduxit autem Isai Samma de quo
ait
etiam hunc non elegit Dominus
10 adduxit itaque Isai septem filios suos
coram Samuhel
et ait Samuhel ad Isai
non elegit Dominus ex istis
11 dixitque Samuhel ad Isai
numquid iam conpleti sunt filii
19 qui respondit adhuc reliquus est parvulus et pascit oves
et ait Samuhel ad Isai

mitte et adduc eum
nec enim discumbemus priusquam
ille huc venerit
12 misit ergo et adduxit eum
erat autem rufus et pulcher aspectu 17,42; Gn 29,17! 39,6; II Sm 14,25; III Rg 1,6; Est 2,7
decoraque facie
et ait Dominus
surge ungue eum ipse est enim 3
13 tulit igitur Samuhel cornu olei 10,1!
et unxit eum in medio fratrum eius II Sm 2,4! 5,3! Ps 88,21
et directus est spiritus Domini in Da- 10,10!
vid a die illa et in reliquum
surgensque Samuhel abiit in Rama- 7,17; 15,34
tha
14 spiritus autem Domini recessit a Saul 18,12; 28,15.16
et exagitabat eum spiritus nequam a 18,10; 19,9
Domino
15 dixeruntque servi Saul ad eum
ecce spiritus Dei malus exagitat te Idc 9,23
16 iubeat dominus noster 18,10; 19,9
et servi tui qui coram te sunt
quaerant hominem scientem psallere
cithara
ut quando arripuerit te spiritus Dei 23
malus
psallat manu sua et levius feras
17 et ait Saul ad servos suos
providete mihi aliquem bene psal-
lentem et adducite eum ad me
18 et respondens unus de pueris ait
ecce vidi filium Isai Bethleemitem
scientem psallere et fortissimum robore
et virum bellicosum et prudentem in
verbis
et virum pulchrum et Dominus est 18,12
cum eo
19 misit ergo Saul nuntios ad Isai dicens
mitte ad me David filium tuum qui 11
est in pascuis
20 tulitque Isai asinum plenum panibus
et lagoenam vini et hedum de capris
unum

RAC ΣΛDΦm cr 4 dixeruntque + ei C | pacificusne CΛΦ; pacificusne est c | 7 ad samuhelem CΦm c | hominis + ego c | 8 coram samuele c, *item v.* 10 | 11 ~ huc ille c; huc *om.* D | ueniat DΦ c | 13 igitur] ergo c; itaque C. | ~ a die illa in dauid c. | in reliquum] deinceps c | 15 dei] domini C; *om.* D. | 16 noster + rex CΣ | quaerent AΛΦ c | citharam RΣ | dei] domini Σ c | 17 prouidete + ergo c | 20 tulit itaque CΛΦ c; tulit Σ. |

et misit per manum David filii sui
Saul
19,7 21 et venit David ad Saul et stetit coram
eo
at ille dilexit eum nimis
et factus est eius armiger
22 misitque Saul ad Isai dicens
stet David in conspectu meo
invenit enim gratiam in oculis meis
16; 18,10; 19,9 23 igitur quandocumque spiritus Dei ar-
ripiebat Saul
Ps 151,2 tollebat David citharam et percutiebat manu sua
et refocilabatur Saul et levius habebat
recedebat enim ab eo spiritus malus
13,5; I Par 11,13 **17** congregantes vero Philisthim agmina sua in proelium convenerunt
in Soccho Iudae
Ios 15,35 et castrametati sunt inter Soccho et
Azeca in finibus Dommim
19 2 porro Saul et viri Israhel congregati
venerunt in valle Terebinthi
et direxerunt aciem ad pugnandum
contra Philisthim
3 et Philisthim stabant super montem
ex hac parte
26,13 et Israhel stabat super montem ex
altera parte
vallisque erat inter eos
23 4 et egressus est vir spurius de castris
Philisthinorum
nomine Goliath de Geth
altitudinis sex cubitorum et palmo
5 et cassis aerea super caput eius
et lorica hamata induebatur
porro pondus loricae eius quinque
milia siclorum aeris
6 et ocreas aereas habebat in cruribus
et clypeus aereus tegebat umeros eius
II Sm 21,19 7 hastile autem hastae eius erat quasi
liciatorium texentium
ipsum autem ferrum hastae eius sescentos siclos habebat ferri
et armiger eius antecedebat eum
8 stansque clamabat adversum falan-
gas Israhel et dicebat eis
quare venitis parati ad proelium
numquid ego non sum Philistheus et
vos servi Saul
eligite ex vobis virum et descendat
ad singulare certamen
9 si quiverit pugnare mecum et percusserit me erimus vobis servi
si autem ego praevaluero et percussero eum vos servi eritis et servietis
nobis
10 et aiebat Philistheus
ego exprobravi agminibus Israhelis
hodie
date mihi virum et ineat mecum singulare certamen
11 audiens autem Saul et omnes viri israhelitae sermones Philisthei huiuscemodi
stupebant et metuebant nimis
12 David autem erat filius viri ephra- Rt 1,2
thei de quo supra dictum est de
Bethleem Iuda
cui erat nomen Isai
qui habebat octo filios
et erat vir in diebus Saul senex et 4,18; Ios 23,1!
grandevus inter viros
13 abierunt autem tres filii eius maiores
post Saul in proelium
et nomina trium filiorum eius qui
perrexerant ad bellum
Heliab primogenitus et secundus I Par 2,13
Abinadab tertiusque Samma
14 David autem erat minimus Ps 151,1
tribus ergo maioribus secutis Saulem
15 abiit David et reversus est a Saul ut Ps 151,1

RAC ΣΛDΦm cr

20 saul ACDr] sauli *cet.* | 23 dei] domini c; + malus CΛΦ c | ~ dauid tollebat c | cithara RCD || **17**,1 uero] autem c | 2 uiri] filii c | in uallem Λ c | 3 ~ parte hac Λ Φ c | super[2]] supra c | 4 palmi c. | 5 hamata AΛmr] amata RΣDΦ; armata C; squamata c. | aeris + erat ΣΛ c | 7 ~ habebat siclos R | 8 uenitis RAr] uenistis *cet.* | 10 aiebat] agebat CΣD | israhel CΛ c; israhel his R. | 11 uiri *om.* DΦ c | sermonem C | 12 uiri *om.* CD. | iudae R | ~ nomen erat C c | 13 perrexerunt RΛDΦ c | aminadab CΣ | 15 a saule Σ; ad saul C |

34 pasceret gregem patris sui in Bethleem
16 procedebat vero Philistheus mane et
vespere et stabat quadraginta diebus
17 dixit autem Isai ad David filium suum
accipe fratribus tuis oephi pulentae
et decem panes istos
et curre in castra ad fratres tuos
18 et decem formellas casei has deferes
ad tribunum
22; Gn 37,14 et fratres tuos visitabis si recte agant
et cum quibus ordinati sint disce
2 19 Saul autem et illi et omnes filii Israhel in valle Terebinthi pugnabant
adversum Philisthim
20 surrexit itaque David mane et com-
mendavit gregem custodi
et onustus abiit sicut praeceperat ei
Isai
et venit ad locum Magala
et ad exercitum qui egressus ad pugnam vociferatus erat in certamine
21 direxerat enim aciem Israhel
sed et Philisthim ex adverso fuerant
praeparati
22 derelinquens ergo David vasa quae
adtulerat
sub manu custodis ad sarcinas
cucurrit ad locum certaminis
18; Gn 37,14 et interrogabat si omnia recte agerentur erga fratres suos
23 cumque adhuc ille loqueretur eis
4 apparuit vir ille spurius ascendens
Goliath nomine Philistheus de Geth
ex castris Philisthinorum
et loquente eo haec eadem verba audivit David
24 omnes autem Israhelitae cum vidissent virum fugerunt a facie eius timentes eum valde
25 et dixit unus quispiam de Israhel
num vidisti virum hunc qui ascendit
ad exprobrandum enim Israheli 10
ascendit
virum ergo qui percusserit eum dita-
bit rex divitiis magnis
et filiam suam dabit ei
et domum patris eius faciet absque
tributo in Israhel
26 et ait David ad viros qui stabant secum dicens
quid dabitur viro qui percusserit 36
Philistheum hunc
et tulerit obprobrium de Israhel Sir 47,4
quis est enim hic Philistheus incircumcisus
qui exprobravit acies Dei viventis
27 referebat autem ei populus eundem
sermonem dicens
haec dabuntur viro qui percusserit
eum
28 quod cum audisset Heliab frater eius
maior
loquente eo cum aliis iratus est contra David et ait
quare venisti et quare dereliquisti
pauculas oves illas in deserto
ego novi superbiam tuam et nequitiam cordis tui
quia ut videres proelium descendisti
29 et dixit David quid feci numquid non
verbum est
30 et declinavit paululum ab eo ad
alium
dixitque eundem sermonem
et respondit ei populus verbum sicut
et prius
31 audita sunt autem verba quae locutus est David
et adnuntiata in conspectu Saul
32 ad quem cum fuisset adductus locutus est ei
non concidat cor cuiusquam in eo
ego servus tuus vadam et pugnabo
adversus Philistheum
33 et ait Saul ad David

RAC ΣΛDΦm cr

16 uero] ergo C | 18 agunt R. | sunt R𝔠 | 19 illi et] illi DΦ; *om.* C | 23 ille[1] *om.* C; ~ ille adhuc m | ex] de 𝔠 | 25 uidistis 𝔠 | israheli RAm𝔠r] israhel *cet.* | uirum[2] *om.* C. | ditauit ΣD; dabit C | 26 ~ enim est 𝔠. | 30 et[3] *om.* ΛDΦ𝔠 |

non vales resistere Philistheo isti
nec pugnare adversum eum quia puer es
hic autem vir bellator ab adulescentia sua
34 dixitque David ad Saul
15 pascebat servus tuus patris sui gregem
Sir 47,3 et veniebat leo vel ursus
tollebatque arietem de medio gregis
35 et sequebar eos et percutiebam
eruebamque de ore eorum
et illi consurgebant adversum me
et adprehendebam mentum eorum
et suffocabam interficiebamque eos
36 nam et leonem et ursum interfeci ego servus tuus
26 erit igitur et Philistheus hic incircumcisus quasi unus ex eis
quia ausus est maledicere exercitum Dei viventis
37 et ait David
Dominus qui eruit me de manu leonis et de manu ursi
7,3! ipse liberabit me de manu Philisthei huius
dixit autem Saul ad David
vade et Dominus tecum sit
38 et induit Saul David vestimentis suis
et inposuit galeam aeream super caput eius
et vestivit eum lorica
39 accinctus ergo David gladio eius super veste sua
coepit temptare si armatus posset incedere
non enim habebat consuetudinem
dixitque David ad Saul
non possum sic incedere quia nec usum habeo
et deposuit ea 40 et tulit baculum suum quem semper habebat in manibus
et elegit sibi quinque limpidissimos lapides de torrente
et misit eos in peram pastoralem quam habebat secum
et fundam manu tulit
et processit adversum Philistheum
41 ibat autem Philistheus incedens et adpropinquans adversum David
et armiger eius ante eum
42 cumque inspexisset Philistheus et vidisset David despexit eum
erat enim adulescens rufus et pulcher aspectu 16,12!
43 et dixit Philistheus ad David
numquid ego canis sum quod tu venis ad me cum baculo II Sm 3,8
et maledixit Philistheus David in diis suis
44 dixitque ad David
veni ad me et dabo carnes tuas volatilibus caeli et bestiis terrae Dt 28,26!
45 dixit autem David ad Philistheum
tu venis ad me cum gladio et hasta et clypeo
ego autem venio ad te in nomine Domini exercituum Dei agminum Israhel quibus exprobrasti 46 hodie
et dabit te Dominus in manu mea
et percutiam te et auferam caput tuum a te 51
et dabo cadaver castrorum Philisthim hodie volatilibus caeli et bestiis terrae Dt 28,26!
ut sciat omnis terra quia est Deus in Israhel Ex 7,5! IV Rg 5,15; Sir 36,19; Bar 2,15; Ez 36,23
47 et noverit universa ecclesia haec
quia non in gladio nec in hasta salvat Dominus
ipsius est enim bellum et tradet vos in manus nostras
48 cum ergo surrexisset Philistheus et veniret et adpropinquaret contra David

33 bellator + est c | 34 tollebantque AΣm; et tollebat c | 35 et persequebar c | 36 eis + nunc uadam et auferam obprobrium populi (+ quoniam quis est iste philisthaeus incircumcisus c) ΣΛc𝔊 | quia RCDr𝔐] qui *cet.* | exercitui AΣc | 37 eruit] eripuit c | ~ me liberabit c | 38 loricam Rm | 39 super uestem suam DΦc | possit CD | nec] non c. | 40 philysthim R | 46 cadauera CΦc | philisthinorum C | 47 ~ enim est ΛDΦc |

RAC ΣΛDΦm cr

festinavit David et cucurrit ad pugnam ex adverso Philisthei
49 et misit manum suam in peram
tulitque unum lapidem et funda iecit
et percussit Philistheum in fronte
et infixus est lapis in fronte eius
et cecidit in faciem suam super terram
19,5; Sir 47,5; I Mcc 4,30 50 praevaluitque David adversus Philistheum in funda et in lapide
percussumque Philistheum interfecit
cumque gladium non haberet in manu David
51 cucurrit et stetit super Philistheum
et tulit gladium eius et eduxit de vagina sua
46 et interfecit eum praeciditque caput
eius
videntes autem Philisthim quod mortuus esset fortissimus eorum fugerunt
52 et consurgentes viri Israhel et Iuda
vociferati sunt et persecuti Philistheos usque dum venirent in vallem
et usque ad portas Accaron
cecideruntque vulnerati de Philisthim in via Sarim usque ad Geth et
usque Accaron
53 et revertentes filii Israhel postquam
persecuti fuerant Philistheos
invaserunt castra eorum
54 adsumens autem David caput Philisthei
adtulit illud in Hierusalem
arma vero eius posuit in tabernaculo
suo
55 eo autem tempore quo viderat Saul
David egredientem contra Philistheum
ait ad Abner principem militiae
de qua stirpe descendit hic adulescens Abner
dixitque Abner
vivit anima tua rex si novi
56 et ait rex interroga tu cuius filius sit
iste puer
57 cumque regressus esset David percusso Philistheo
tulit eum Abner et introduxit coram
Saul
caput Philisthei habentem in manu
58 et ait ad eum Saul
de qua progenie es o adulescens
dixitque David
filius servi tui Isai Bethleemitae ego
sum
18 et factum est cum conplesset loqui
ad Saul
anima Ionathan conligata est animae 19,1
David
et dilexit eum Ionathan quasi ani- 20,17!
mam suam
2 tulitque eum Saul in die illa
et non concessit ei ut reverteretur in
domum patris sui
3 inierunt autem Ionathan et David 20,16; 22,8; 23,18
foedus
diligebat enim eum quasi animam 19,1; 20,17
suam
4 nam expoliavit se Ionathan tunicam
qua erat vestitus
et dedit eam David
et reliqua vestimenta sua usque ad
gladium et arcum suum et usque ad
balteum
5 egrediebatur quoque David ad om- 14!
nia quaecumque misisset eum Saul
et prudenter se agebat
posuitque eum Saul super viros belli
et acceptus erat in oculis universi po- 16
puli
maximeque in conspectu famulorum
Saul
6 porro cum reverteretur percusso Phi-

RAC ΣΛDΦ(h)m cr

48 ex aduerso philistheum Rm; aduerso philisthiim D. | 49 iecit et + circumducens ΣΛ c | 50 in² RACmr𝔐] *om. cet.* | 51 eduxit + eum c | 52 persecuti + sunt Φ c | sarim + et DΦ c | ad² *om.* Am | usque ad accaron Σ c; usque ad charon R. | 57 coram saule c; coram sauli D. | 58 o *om.* CD || **18**,1 conligata] conglutinata c | 3 ~ dauid et ionathas c. | 4 [*adest* h *usque ad* 20,38] | tunica Λ c | qua] quam D.; quae RCΣΛ | uestitus] indutus c |

listheo David
Ex 15,20.21; Idc 11,34; 21,21 egressae sunt mulieres de universis
urbibus Israhel
Idt 3,10 cantantes chorosque ducentes in occursum Saul regis
in tympanis laetitiae et in sistris
7 et praecinebant mulieres ludentes atque dicentes
21,11; 29,5 percussit Saul mille et David decem
milia
8 iratus est autem Saul nimis
et displicuit in oculis eius iste sermo
dixitque dederunt David decem milia et mihi dederunt mille
quid ei superest nisi solum regnum
9 non rectis ergo oculis Saul aspiciebat
David ex die illa et deinceps
16,14! 16.23; 19,9.10 10 post diem autem alteram invasit spiritus Dei malus Saul
et prophetabat in medio domus suae
David autem psallebat manu sua sicut per singulos dies
20,33 tenebatque Saul lanceam 11 et misit
eam putans quod configere posset
David cum pariete
et declinavit David a facie eius secundo
28.29 12 et timuit Saul David eo quod esset
16,14.18; 28,15.16 Dominus cum eo et a se recessisset
13 amovit ergo eum Saul a se
et fecit eum tribunum super mille
viros
16 et egrediebatur et intrabat in conspectu populi
5; Gn 21,22! IV Rg 18,7 14 in omnibus quoque viis suis David
prudenter agebat et Dominus erat
cum eo
15 vidit itaque Saul quod prudens esset
nimis
et coepit cavere eum
5 16 omnis autem Israhel et Iuda diligebat David

ipse enim egrediebatur et ingredie- 13
batur ante eos
17 dixit autem Saul ad David
ecce filia mea maior Merob 14,49
ipsam dabo tibi uxorem
tantummodo esto vir fortis et proe-
liare bella Domini
Saul autem reputabat dicens 25
non sit manus mea in eo sed sit su- 21
per illum manus Philisthinorum
18 ait autem David ad Saul 23
quis ego sum aut quae est vita mea
aut cognatio patris mei in Israhel
ut fiam gener regis
19 factum est autem tempus cum deberet dari Merob filia Saul David
data est Hadrihel Molathitae uxor II Sm 21,8
20 dilexit autem Michol filia Saul al- 14,49
tera David
et nuntiatum est Saul et placuit ei
21 dixitque Saul dabo eam illi ut fiat ei
in scandalum
et sit super eum manus Philisthino- 17.25
rum
dixit ergo Saul ad David
in duabus rebus gener meus eris hodie
22 et mandavit Saul servis suis
loquimini ad David clam me dicentes
ecce places regi et omnes servi eius
diligunt te
nunc ergo esto gener regis
23 et locuti sunt servi Saul in auribus
David omnia verba haec
et ait David 18
num parum vobis videtur generum
esse regis
ego autem sum vir pauper et tenuis
24 et renuntiaverunt servi Saul dicentes
huiuscemodi verba locutus est David
25 dixit autem Saul sic loquimini ad
David

RAC ΣΛDΦhm cr

6 ducentes] docentes Σ.; dicentes C | in[3] *om.* CΣΛDΦ | 7 dicebant ADΦ | 8 ~ sermo iste c | ~ mille dederunt c | 9 ex] a ΛΦhc | 10 alterum C | malus + in ΑΣ | 11 possit ΣΛDΦm | 12 dauid *om.* C | ~ dominus esset c. | 13 tribunum + et centurionem C | 16 ~ ingrediebatur et egrediebatur DΦc | 17 dixitque saul c | in eum c | super eum RΛDΦhc | 19 tempus + et RΛ | hadrieli c | 20 ~ dauid michol filia saul altera c | 21 dixit ergo] dixit autem Ch; dixitque c. | 23 ~ uidetur uobis Λc |

non habet necesse rex sponsalia
nisi tantum centum praeputia Philisthinorum
ut fiat ultio de inimicis regis
17.21 porro Saul cogitabat tradere David
in manibus Philisthinorum
26 cumque renuntiassent servi eius David verba quae diximus
placuit sermo in oculis David ut fieret gener regis
27 et post dies paucos surgens David
abiit cum viris qui sub eo erant
et percussis Philisthim ducentis viris
II Sm 3,14 adtulit praeputia eorum et adnumeravit ea regi ut esset gener eius
25,44 dedit itaque ei Saul Michol filiam
suam uxorem
12 28 et vidit Saul et intellexit quia Dominus esset cum David
Michol autem filia Saul diligebat eum
29 et Saul magis coepit timere David
factusque est Saul inimicus David
cunctis diebus
30 et egressi sunt principes Philisthinorum
a principio autem egressionis eorum
prudentius se gerebat David quam
omnes servi Saul
et celebre factum est nomen eius nimis
19 locutus est autem Saul ad Ionathan
filium suum
et ad omnes servos suos ut occiderent David
18,1.3; 20,17 porro Ionathan filius Saul diligebat
David valde
2 et indicavit Ionathan David dicens
quaerit Saul pater meus occidere te
quapropter observa te quaeso mane
et manebis clam et absconderis
3 ego autem egrediens stabo iuxta patrem meum in agro ubicumque fueris
et ego loquar de te ad patrem meum
et quodcumque videro nuntiabo tibi
4 locutus est ergo Ionathan de David
bona ad Saul patrem suum
dixitque ad eum
ne pecces rex in servum tuum David
quia non peccavit tibi
et opera eius bona sunt tibi valde
5 et posuit animam suam in manu sua Idc 12,3!
et percussit Philistheum 17,50!
et fecit Dominus salutem magnam 11,13! II Sm 23,10
universo Israhel
vidisti et laetatus es
quare ergo peccas in sanguine inno-
xio
interficiens David qui est absque
culpa
6 quod cum audisset Saul placatus voce Ionathae iuravit
vivit Dominus quia non occidetur
7 vocavit itaque Ionathan David
et indicavit ei omnia verba haec
et introduxit Ionathan David ad 16,21
Saul
et fuit ante eum sicut fuerat heri et
nudius tertius
8 motum est autem rursus bellum
et egressus David pugnavit adversus
Philisthim
percussitque eos plaga magna et fugerunt a facie eius
9 et factus est spiritus Domini malus 16,14! 16.23; 18,10.11
in Saul
sedebat autem in domo sua et tenebat lanceam
porro David psallebat in manu sua
10 nisusque est Saul configere lancea 20,33

RAC ΣΛDΦhm cr

25 sponsalia] spolia C | ~ rex necesse sponsalia R; ~ rex sponsalia necesse c. | in manus c; in manu CΛ | 26 diximus RADhmr] dixit C.; dixerat ΛΦ; dixerat saul Σc | 27 ~ paucos dies c. | percussis Am] percussit *cet.*; + ex Φc | in ducentis uiris h; ducentos uiros ΣΦc; + et Σhc | ~ eorum praeputia c. | eius] regis CΣD | ei *om.* C; ~ saul ei c | uxorem + dauid C. | 28 quia] quod c | 30 et regressi CDΦh | gerebat] agebat AΦm || **19**,1 occideret AD | 3 fuerit RCΣΛh | 5 sua] tua CΛ | uniuerso israhel RCr] uniuerso israheli ΣΛhc; in uniuerso israhel ADm; in uniuerso israheli Φ | 8 philistheum R | 9 domini] dei Ahm | in[3] *om.* c | 10 lanceam R |

David in pariete
et declinavit David a facie Saul
lancea autem casso vulnere perlata
est in parietem
et David fugit et salvatus est nocte
illa
Ps 58,1 [11] misit ergo Saul satellites suos in domum David ut custodirent eum et
interficeretur mane
quod cum adnuntiasset David Michol uxor sua dicens
nisi salvaveris te nocte hac cras morieris
Ios 2,15! [12] deposuit eum per fenestram
18 porro ille abiit et aufugit atque salvatus est
16 [13] tulit autem Michol statuam et posuit eam super lectum
et pellem pilosam caprarum posuit
ad caput eius et operuit eam vestimentis
20 [14] misit autem Saul apparitores qui raperent David
et responsum est quod aegrotaret
[15] rursumque misit Saul nuntios ut viderent David dicens
adferte eum ad me in lecto ut occidatur
[16] cumque venissent nuntii
13 inventum est simulacrum super lectum
et pellis caprarum ad caput eius
[17] dixitque Saul ad Michol
quare sic inlusisti mihi
et dimisisti inimicum meum ut fugeret
et respondit Michol ad Saul
quia ipse locutus est mihi dimitte me
alioquin interficiam te
12 [18] David autem fugiens salvatus est et
venit ad Samuhel in Ramatha
et nuntiavit ei omnia quae fecerat sibi Saul
et abierunt ipse et Samuhel et morati
sunt in Nahioth
[19] nuntiatum est autem Sauli a dicentibus
ecce David in Nahioth in Rama 22
[20] misit ergo Saul lictores ut raperent 14
David
qui cum vidissent cuneum prophe- 10,10!
tarum vaticinantium
et Samuhel stantem super eos
factus est etiam in illis spiritus Domini
et prophetare coeperunt etiam ipsi
[21] quod cum nuntiatum esset Sauli misit alios nuntios
prophetaverunt autem et illi
et rursum Saul misit tertios nuntios
qui et ipsi prophetaverunt
[22] abiit autem etiam ipse in Ramatha
et venit usque ad cisternam magnam
quae est in Soccho
et interrogavit et dixit
in quo loco sunt Samuhel et David
dictumque est ei ecce in Nahioth 19
sunt in Rama
[23] et abiit in Nahioth in Rama
et factus est etiam super eum spiritus 10,6!
Dei
et ambulabat ingrediens et prophetabat usque dum veniret in Nahioth
in Rama
[24] et expoliavit se etiam ipse vestimentis
suis
et prophetavit cum ceteris coram Sa- 10,10!
muhel
et cecidit nudus tota die illa et nocte
unde et exivit proverbium
num et Saul inter prophetas 10,11.12

10 ~ dauid lancea Σ𝔠. | in parietem[1] C | in pariete[2] DΦh | 12 et fugit CD | 15 eum] illum C | 16 pelles Φm | 19 in ramatha 𝔠 | 20 samuelem 𝔠 | ~ spiritus domini in illis 𝔠. | 21 misit[1] + et 𝔠 | ~ rursum misit saul C𝔠 | prophetauerunt[2] + et iratus iracundia saul Σ𝔠𝔊 | 22 autem *om.* Σ𝔠 | etiam] et Ah | in rama] in ramatha 𝔠, *item v.* 23 *bis* | 23 in[1] *om.* AΣ | super eo Rh. | dei] domini ΣΛh𝔠 | in[3] *om.* Am | 24 ~ etiam ipse se 𝔠. | coram samuele 𝔠 | cecidit RADm𝔠𝔯𝔐𝔊] cecinit *cet.* | et[5] *om.* CDh ||

RAC ΣΛDΦhm 𝔠𝔯

20 fugit autem David de Nahioth quae erat in Rama
veniensque locutus est coram Ionathan
26,18 quid feci quae est iniquitas mea
et quod peccatum meum in patrem tuum
quia quaerit animam meam
2 qui dixit ei absit non morieris
neque enim faciet pater meus quicquam grande vel parvum nisi prius indicaverit mihi
hunc ergo celavit me pater meus sermonem tantummodo
nequaquam erit istud
3 et iuravit rursum David
et ille ait
scit profecto pater tuus quia inveni gratiam in oculis tuis
et dicet nesciat hoc Ionathan ne forte tristetur
quinimmo vivit Dominus et vivit anima tua
quia uno tantum ut ita dicam gradu ego morsque dividimur
4 et ait Ionathan ad David
quodcumque dixerit mihi anima tua faciam tibi
5 dixit autem David ad Ionathan
ecce kalendae sunt crastino
et ego ex more sedere soleo iuxta regem ad vescendum
dimitte ergo me ut abscondar in agro usque ad vesperam diei tertiae
6 si requisierit me pater tuus respondebis ei
28.29 rogavit me David ut iret celeriter in Bethleem civitatem suam
quia victimae sollemnes ibi sunt universis contribulibus eius
7 si dixerit bene pax erit servo tuo
si autem fuerit iratus scito quia conpleta est malitia eius
8 fac ergo misericordiam in servum tuum
quia foedus Domini me famulum tuum tecum inire fecisti 42!
si autem est in me aliqua iniquitas tu me interfice
et ad patrem tuum ne introducas me
9 et ait Ionathan absit hoc a te
neque enim fieri potest
ut si certo cognovero conpletam patris mei esse malitiam contra te 13
non adnuntiem tibi
10 responditque David ad Ionathan
quis nuntiabit mihi si quid forte responderit tibi pater tuus dure
11 et ait Ionathan ad David
veni egrediamur in agrum Gn 4,8
cumque exissent ambo in agrum
12 ait Ionathan ad David
Domine Deus Israhel
si investigavero sententiam patris mei crastino vel perendie
et aliquid boni fuerit super David
et non statim misero ad te et notum tibi fecero
13 haec faciat Dominus Ionathan et haec augeat
si autem perseveraverit patris mei malitia adversum te 9
revelabo aurem tuam et dimittam te ut vadas in pace
et sit Dominus tecum sicut fuit cum patre meo
14 et si vixero facies mihi misericordiam Domini II Sm 9,3
si vero mortuus fuero
15 non auferas misericordiam tuam a domo mea usque in sempiternum 24,22; II Sm 9,1
quando eradicaverit Dominus inimi-

RAC ΣΛ(D)Φhm cr

20,1 erat] est CΛDΦm c | in ramatha c | ionathan + dicens C | 2 me] a me RΣΛ | 3 dauidi c. | 6 si + respiciens Σc | eius] suis Cc; *om.* D. | 7 quia] quoniam C | 8 sin autem C | [*deest* D *usque ad v.* 24] | ~ in me est aliqua iniquitas CΣ; ~ est iniq. aliq. in me c. | 9 certe c | ~ esse patris mei malitiam ΛΦ c; ~ malitiam patris mei esse h.; esse *om.* Σ | 10 renuntiabit ΛΦh c; annuntiauit Σ. | dure + de me Σc | 11 ueni + et R c | egrediamur + foras c | 13 faciat + mihi C. | dominus[1]] deus CΛΦ | in ionathan RΣ; ionathae m c; *om.* C. | augeat] addat c | 15 auferes AΛΦh c |

cos David unumquemque de terra
18,3! 23,18 16 pepigit ergo foedus Ionathan cum domo David
et requisivit Dominus de manu inimicorum David
17 et addidit Ionathan deierare David eo quod diligeret illum
18,1.3; 19,1 sicut animam enim suam ita diligebat eum
18 dixitque ad eum Ionathan
cras kalendae sunt et requireris
19 requiretur enim sessio tua usque perendie
descendes ergo festinus et venies in locum ubi celandus es in die qua operari licet
et sedebis iuxta lapidem cui est nomen Ezel
20 et ego tres sagittas mittam iuxta eum
et iaciam quasi exercens me ad signum
36 21 mittam quoque et puerum dicens ei
vade et adfer mihi sagittas
22 si dixero puero ecce sagittae intra te sunt tolle eas
tu veni ad me quia pax tibi est et nihil est mali vivit Dominus
37 si autem sic locutus fuero puero
ecce sagittae ultra te sunt
vade quia dimisit te Dominus
23 de verbo autem quod locuti fuimus ego et tu
sit Dominus inter me et te usque in sempiternum
24 absconditus est ergo David in agro
et venerunt kalendae
et sedit rex ad comedendum panem
25 cumque sedisset rex super cathedram suam
secundum consuetudinem quae erat iuxta parietem
surrexit Ionathan et sedit Abner ex latere Saul
vacuusque apparuit locus David
26 et non est locutus Saul quicquam in die illa
cogitabat enim quod forte evenisset ei ut non esset mundus nec purificatus
27 cumque inluxisset dies secunda post kalendas
rursum vacuus apparuit locus David
dixitque Saul ad Ionathan filium suum
cur non venit filius Isai nec heri nec hodie ad vescendum
28 et respondit Ionathan Sauli
rogavit me obnixe ut iret in Bethleem 6
29 et ait dimitte me quoniam sacrificium sollemne est in civitate
unus de fratribus meis accersivit me
nunc ergo si inveni gratiam in oculis tuis
vadam cito et videbo fratres meos
ob hanc causam non venit ad mensam regis
30 iratus autem Saul adversus Ionathan dixit ei
fili mulieris virum ultro rapientis
numquid ignoro quia diligis filium Isai
in confusionem tuam et in confusionem ignominiosae matris tuae
31 omnibus enim diebus quibus filius Isai vixerit super terram
non stabilieris tu neque regnum tuum
itaque iam nunc mitte et adduc eum ad me quia filius mortis est 26,16!
32 respondens autem Ionathan Sauli patri suo ait
quare moritur quid fecit

RAC ΣΛ(D)Φhm cr

15 dauid] tuos C | terra + auferat ionathan de domo sua et requirat dominus de manu ininicorum dauid Σ c 𝔊 | 16 ∼ ionathan foedus ΛΦ c | 17 deierare] iurare RC | illum] eum CΛΦh | enim *om.* CΣ; ∼ enim animam c | ita] sic C | 19 requiritur C | descende C | in loco R; ad locum h. | ∼ nomen est ΣΛΦ c | 22 est¹] erit C | ∼ mali est A.; est *om.* Σ | uade + in pace c | 23 fuerimus R.; sumus c | 24 [*iterum adest* D] | 26 uenisset A | 27 ∼ apparuit uacuus c | 28 responditque c. | 30 iratus + est C | dixitque C | fili] filius Rh | 31 stabilis eris ACΣΛ | 32 moritur RAr] moriatur C; morietur *cet.* |

18.10.11; 19.10 33 et arripuit Saul lanceam ut percuteret eum
et intellexit Ionathan quod defini-
tum esset patri suo ut interficeret
David
34 surrexit ergo Ionathan a mensa in ira
furoris
et non comedit in die kalendarum
secunda panem
contristatus est enim super David
eo quod confudisset eum pater suus
35 cumque inluxisset mane
venit Ionathan in agrum iuxta placitum David
et puer parvulus cum eo
21 36 et ait ad puerum suum
vade et adfer mihi sagittas quas ego
iacio
cumque puer cucurrisset iecit aliam
sagittam trans puerum
37 venit itaque puer ad locum iaculi
quod miserat Ionathan
22 et clamavit Ionathan post tergum
pueri et ait
ecce ibi est sagitta porro ultra te
38 clamavitque Ionathan post tergum
pueri
festina velociter ne steteris
collegit autem puer Ionathae sagittas et adtulit ad dominum suum
39 et quid ageretur penitus ignorabat
tantummodo enim Ionathan et David rem noverant
40 dedit igitur Ionathan arma sua puero
et dixit ei vade defer in civitatem
41 cumque abisset puer
surrexit David de loco qui vergebat
ad austrum
24,9! Gn 33,3.4! et cadens pronus in terram adoravit
tertio
Gn 29,11! et osculantes alterutrum fleverunt
pariter
David autem amplius
42 dixit ergo Ionathan ad David
vade in pace
quaecumque iuravimus ambo in no- 8; II Sm 21,7
mine Domini dicentes
Dominus sit inter me et te et inter
semen meum et semen tuum usque
in sempiternum
43 et surrexit et abiit
sed et Ionathan ingressus est civitatem
21 venit autem David in Nobe ad Ahi- 22,9!
melech sacerdotem
et obstipuit Ahimelech eo quod venisset David et dixit ei
quare tu solus et nullus est tecum
2 et ait David ad Ahimelech sacerdotem
rex praecepit mihi sermonem et dixit
nemo sciat rem propter quam a me
missus es
et cuiusmodi tibi praecepta dederim
nam et pueris condixi in illum et illum locum
3 nunc igitur si quid habes ad manum
vel quinque panes da mihi aut quicquid inveneris
4 et respondens sacerdos David ait ei
non habeo panes laicos ad manum
sed tantum panem sanctum
si mundi sunt pueri maxime a mulieribus
5 et respondit David sacerdoti et dixit ei
equidem si de mulieribus agitur
continuimus nos ab heri et nudius
tertius quando egrediebamur
et fuerunt vasa puerorum sancta
porro via haec polluta est
sed et ipsa hodie sanctificabitur in
vasis
6 dedit ergo ei sacerdos sanctificatum 22,10; Mt 12,4 par.

RAC ΣΛDΦ(h)m cr 33 a patre Φ c | 34 pane Rh. | 38 clamauitque + iterum c | pueri + dicens ΣΛ c; + et ait h | [*deest* h *usque ad* 21,8] | 40 igitur] ergo c.; enim D. | uade + et ΣΛ c | defers RC.; fer m. | in ciuitate R | 41 in terra R | osculantes + se c | 43 surrexit + dauid c || **21**,2 ~ missus es a me c | ~ praecepta tibi c | conduxi C | et illum] et in illum RΣ; *om.* D | 3 igitur] ergo c.; autem Σ | 4 ad dauid C c | ei] illi c | ~ laicos panes c. | a muliere D; cum muliere R. | 5 uasis + meis CΛ |

panem
neque enim erat ibi panis nisi tan-
Lv 24,7.8 tum panes propositionis
qui sublati fuerant a facie Domini
ut ponerentur panes calidi
7 erat autem ibi vir de servis Saul in
die illa intus in tabernaculo Domini
et nomen eius Doec Idumeus
22,9.22 potentissimus pastorum Saul
8 dixit autem David ad Ahimelech
si habes hic ad manum hastam aut
gladium
quia gladium meum et arma mea non
tuli mecum
sermo enim regis urguebat
9 et dixit sacerdos
22,10 gladius Goliath Philisthei quem percussisti in valle Terebinthi
est involutus pallio post ephod
si istum vis tollere tolle
neque enim est alius hic absque eo
et ait David non est huic alter similis
da mihi eum
10 surrexit itaque David et fugit in die
illa a facie Saul
27,2; III Rg 2,39.40 et venit ad Achis regem Geth
11 dixeruntque ei servi Achis
numquid non iste est David rex terrae
nonne huic cantabant per choros dicentes
18,7; 29,5 percussit Saul mille et David decem
milia
Gn 37,11; Dn 7,28; Lc 2,19.51 12 posuit autem David sermones istos
in corde suo
et extimuit valde a facie Achis regis
Geth
13 et inmutavit os suum coram eis
et conlabebatur inter manus eorum
et inpingebat in ostia portae
defluebantque salivae eius in barbam
14 et ait Achis ad servos suos
vidistis hominem insanum
quare adduxistis eum ad me
15 an desunt nobis furiosi
quod introduxistis istum ut fureret
me praesente
hicine ingredietur domum meam
22 abiit ergo inde David et fugit in II Sm 23,13; Ps 56,1!
speluncam Odollam
quod cum audissent fratres eius et
omnis domus patris eius
descenderunt ad eum illuc
2 et convenerunt ad eum omnes qui Idc 9,4; 11,3; III Rg 11,24
erant in angustia constituti
et oppressi aere alieno et amaro animo
et factus est eorum princeps
fueruntque cum eo quasi quadrin- 25,13
genti viri
3 et profectus est David inde in Maspha quae est Moab
et dixit ad regem Moab
maneat oro pater meus et mater mea
vobiscum
donec sciam quid faciat mihi Deus
4 et reliquit eos ante faciem regis Moab
manseruntque apud eum cunctis die-
bus quibus David fuit in praesidio II Sm 5,17; 23,14
5 dixitque Gad propheta ad David noli II Sm 24,11.12.18; I Par 21,11.18
manere in praesidio
proficiscere et vade in terram Iuda
et profectus David venit in saltum
Hareth
6 et audivit Saul quod apparuisset David et viri qui erant cum eo
Saul autem cum maneret in Gabaa
et esset in nemore quod est in Rama
hastam manu tenens
cunctique socii eius circumstarent
eum
7 ait ad servos suos qui adsistebant ei
audite filii Iemini
numquid omnibus vobis dabit filius

6 panes[1]] panis C | 7 uir + quidam ΛΦ c | 8 urguebat + me R | 9 [*adest* h *usque ad* 22,8] | sacerdos + ecce hic ΣΛ c | ~ hic est alius Σ c.; ~ est hic alius h | dauid + si C | 11 ei *om.* c | achis + ad eum cum uidissent dauid c; + cum uidissent dauid ΣΛ | 15 hicine] hicne CΛDΦ; dimittite illum hinc et ne Σ || **22,** 1 inde *om.* ΑΣ.; ~ dauid inde c | 2 aere] a rege CΣ. | 3 deus] dominus CD | 5 profectus est dauid et c | 6 socii] serui ΛDΦ c | 7 audite + nunc Σ c; + me ΛDΦ |

RAC ΣΛDΦ(h)m cr

Isai agros et vineas
et universos vos faciet tribunos et
centuriones
8 quoniam coniurastis omnes adversum me
et non est qui mihi renuntiet
18,3! maxime cum et filius meus foedus
iunxerit cum filio Isai
non est qui vicem meam doleat ex
vobis
nec qui adnuntiet mihi
eo quod suscitaverit filius meus servum meum adversum me insidian-
tem mihi usque hodie
21,7; Ps 51,2 9 respondens autem Doec Idumeus
qui adsistebat et erat primus inter
servos Saul
21,1 vidi inquit filium Isai in Nobe apud
Ahimelech filium Achitob
Nm 27,21! IV Rg 8,8! 10 qui consuluit pro eo Dominum et
13; 21,6 cibaria dedit ei
21,9 sed et gladium Goliath Philisthei dedit illi
11 misit ergo rex ad accersiendum Ahimelech filium Achitob sacerdotem
et omnem domum patris eius sacerdotum qui erant in Nobe
qui venerunt universi ad regem
12 et ait Saul
audi fili Achitob
qui respondit praesto sum domine
13 dixitque ad eum Saul
quare coniurastis adversum me tu et
filius Isai
10 et dedisti ei panes et gladium
et consuluisti pro eo Deum
ut consurgeret adversum me insi-
diator usque hodie permanens
14 respondensque Ahimelech regi ait
et quis in omnibus servis tuis sicut
David fidelis
et gener regis et pergens ad imperium
tuum
et gloriosus in domo tua
15 num hodie coepi consulere pro eo
Deum
absit hoc a me
ne suspicetur rex adversus servum
suum rem huiuscemodi in universa
domo patris mei
non enim scivit servus tuus quicquam super hoc negotio vel modicum vel grande
16 dixitque rex morte morieris Ahimelech tu et omnis domus patris tui
17 et ait rex emissariis qui circumsta-
bant eum
convertimini et interficite sacerdotes 21
Domini
nam manus eorum cum David est
scientes quod fugisset non indicaverunt mihi
noluerunt autem servi regis extendere manum suam in sacerdotes
Domini
18 et ait rex Doec
convertere tu et inrue in sacerdotes
conversusque Doec Idumeus inruit
in sacerdotes
et trucidavit in die illa octoginta
quinque viros vestitos ephod lineo
19 Nobe autem civitatem sacerdotum
percussit in ore gladii
viros et mulieres parvulos et lactan- 15,3; Ios 6,21!
tes
bovem et asinum et ovem in ore
gladii
20 evadens autem unus filius Ahime- 23,6
lech filii Achitob
cuius nomen erat Abiathar fugit ad
David
21 et adnuntiavit ei quod occidisset 17
Saul sacerdotes Domini
22 et ait David ad Abiathar

RAC ΣΛDΦ(h)m cr 8 iunxerit] inierit CΣΛ c | [*desinit* h] | 9 achitob + sacerdotem Λ c | 11 ~ sacerdotem filium achitob c. | erat R | ~ uniuersi uenerunt c | 12 saul + ad achimelech ΣΛ c | 13 deum] dominum RΛDΦ | 15 ~ pro eo consulere c | deum] dominum RΣΛDΦ | 17 fugisset + et ΛΦm c | manus suas c | 18 ad doec[1] CΣΛΦ c; + idumeo A | sacerdotes[1] + domini CΣ | et trucidauit] domini dauit C. | 19 mulieres + et c. | lactentes bouemque c |

21,7 sciebam in die illa quod cum ibi esset Doec Idumeus procul dubio ad-
nuntiaret Saul
ego sum reus omnium animarum
patris tui
[23] mane mecum ne timeas
si quis quaesierit animam meam
quaeret et animam tuam mecum-
que servaberis
23 et nuntiaverunt David dicentes
ecce Philisthim obpugnant Ceila et
diripiunt areas
14,37! 30,8; I Sm 2,1; 21,1; 5,19 [2] consuluit igitur David Dominum dicens
num vadam et percutiam Philistheos
istos
et ait Dominus ad David
vade et percuties Philistheos et salvabis Ceila
[3] et dixerunt viri qui erant cum David
ad eum
ecce nos hic in Iudaea consistentes
timemus
quanto magis si ierimus in Ceila adversum agmina Philisthinorum
[4] rursum ergo David consuluit Dominum
qui respondens ei ait
surge et vade in Ceila
ego enim tradam Philistheos in manu tua
[5] abiit David et viri eius in Ceila
et pugnavit adversum Philistheos
Idc 15,8 et abegit iumenta eorum et percussit
eos plaga magna
et salvavit David habitatores Ceilae
22,20 [6] porro eo tempore quo fugiebat Abiathar filius Ahimelech ad David in
Ceila
ephod secum habens descenderat
[7] nuntiatum est autem Saul quod venisset David in Ceila
et ait Saul
tradidit eum Deus in manus meas
conclususque est introgressus urbem
in qua portae et serae
[8] et praecepit Saul omni populo ut ad
pugnam descenderet in Ceila
et obsideret David et viros eius
[9] quod cum rescisset David quia praepararet ei Saul clam malum
dixit ad Abiathar sacerdotem 30,7
adplica ephod
[10] et ait David
Domine Deus Israhel
audivit famam servus tuus
quod disponat Saul venire ad Ceila
ut evertat urbem propter me
[11] si tradent me viri Ceila in manus eius
et si descendet Saul sicut audivit servus tuus
Domine Deus Israhel indica servo
tuo
et ait Dominus descendet
[12] dixitque David
si tradent viri Ceilae me et viros qui
sunt mecum in manu Saul
et dixit Dominus tradent
[13] surrexit ergo David et viri eius quasi 27,2! 30,9
sescenti
et egressi de Ceila huc atque illuc va-
gabantur incerti
nuntiatumque est Saul quod fugisset
David de Ceila
quam ob rem dissimulavit exire
[14] morabatur autem David in deserto
in locis firmissimis
mansitque in monte solitudinis Ziph
quaerebat tamen eum Saul cunctis
diebus
et non tradidit eum Deus in manus
eius

22 sauli ΣΛ c || **23**,1 et adnuntiauerunt DΦ c | ceilam c, *item vv.* 2.3.4 | 2 igitur] ergo c. | ~ ceilam saluabis c. | 4 ei ait ACm r] ait ei ΣΛ c; ait RDΦ | 5 abiit + ergo c | in ceilam c, *item vv.* 6.7.8 | 7 sauli[1] Λ c | serae + sunt ΛΦ c | 8 descenderent C | 9 ~ dauid rescisset c. | 10 ad ceilam ADΦ; in ceila ΣΛ.; in ceilam c | 11 ceilae ΣΛDΦ c | in manu ΑΛDΦ m | descendit[1] RCm | 12 ~ me uiri ceilae c | in manus c | 13 sauli Λ c | ceila[2] + et saluatus est (esset c) ΣΛ c 𝔊 | 14 ziph + in monte opaco Σ c | ~ eum tamen C c | deus] dominus R |

RAC ΣΛDΦm cr

9 15 et vidit David quod egressus esset
Saul ut quaereret animam eius
porro David erat in deserto Ziph in
silva
16 et surrexit Ionathan filius Saul
et abiit ad David in silva
et confortavit manus eius in Deo
dixitque ei 17 ne timeas
neque enim inveniet te manus Saul
patris mei
24,21 et tu regnabis super Israhel
et ego ero tibi secundus
sed et Saul pater meus scit hoc
18,3! 20,16 18 percussit igitur uterque foedus coram Domino
mansitque David in silva
Ionathas autem reversus est in domum suam
26,1; Ps 53,2 19 ascenderunt autem Ziphei ad Saul in
Gabaa dicentes
nonne David latitat apud nos in locis
tutissimis silvae
in colle Achilae quae est ad dexteram deserti
20 nunc ergo sicut desideravit anima
tua ut descenderes descende
nostrum autem erit ut tradamus eum
in manus regis
21 dixitque Saul
Ps 113,23! benedicti vos a Domino quia doluis-
tis vicem meam
22 abite oro et diligentius praeparate et
curiosius agite
et considerate locum ubi sit pes eius
vel quis viderit eum ibi
recogitat enim de me quod callide
insidier ei
23 considerate et videte omnia latibula
eius in quibus absconditur
Mt 2,8 et revertimini ad me ad rem certam
ut vadam vobiscum
quod si etiam in terra se abstruserit
perscrutabor eum in cunctis milibus
Iuda

24 at illi surgentes abierunt in Ziph ante 26,2
Saul
David autem et viri eius erant in de- 25,2
serto Maon in campestribus ad dextram Iesimuth
25 ivit ergo Saul et socii eius ad quae- 24,3; 26,2
rendum
et nuntiatum est David
statimque descendit ad petram et
versabatur in deserto Maon
quod cum audisset Saul persecutus
est David in deserto Maon
26 et ibat Saul ad latus montis ex parte
una
David autem et viri eius erant in latere montis ex parte altera
porro David desperabat se posse
evadere a facie Saul
itaque Saul et viri eius
in modum coronae cingebant David
et viros eius ut caperent eos
27 et nuntius venit ad Saul dicens festina et veni
quoniam infuderunt se Philisthim
super terram
28 reversus est ergo Saul desistens persequi David
et perrexit in occursum Philisthino- 24,2
rum
propter hoc vocaverunt locum illum
petram Dividentem
24 ascendit ergo David inde et habitavit in locis tutissimis Engaddi
2 cumque reversus esset Saul post- 23,28
quam persecutus est Philistheos
nuntiaverunt ei dicentes
ecce David in deserto est Engaddi
3 adsumens ergo Saul tria milia elec- 23,25; 26,2
torum virorum ex omni Israhel
perrexit ad investigandum David et
viros eius
etiam super abruptissimas petras
quae solis hibicibus perviae sunt
4 et venit ad caulas quoque ovium

RAC ΣΛDΦm cr

16 in siluam ΣΛϲ | 18 igitur] ergo ϲ. | ionathas RAΦcr] ionatha CD.; ionathan *cet.* | 19 nonne + ecce ΣΛΦϲ | in collem RD. | hachila ϲ | 20 in manu RΛ | 21 a *om.* R | 22 oro] ergo ΛDΦ; ergo oro ϲ; *om.* C. | 23 in terram ΛΦϲ | 24 iesimon ϲ | 25 quaerendum + eum CΣΛΦϲ || **24**,4 quoque *om.* CΛΦϲ |

quae se offerebant vianti
eratque ibi spelunca quam ingressus est Saul ut purgaret ventrem
porro David et viri eius in interiori parte speluncae latebant
[5]et dixerunt servi David ad eum
ecce dies de qua locutus est Dominus ad te
ego tradam tibi inimicum tuum ut facias ei sicut placuerit in oculis tuis
12 surrexit ergo David et praecidit oram clamydis Saul silenter
[6]post haec percussit cor suum David eo quod abscidisset oram clamydis Saul
[7]dixitque ad viros suos
26,11; II Sm 23,17 propitius mihi sit Dominus ne faciam hanc rem domino meo christo Domini
11; 26,9.23; II Sm 1,14; Ps 104,15! ut mittam manum meam in eum quoniam christus Domini est
[8]et confregit David viros suos sermonibus
et non permisit eos ut consurgerent in Saul
porro Saul exsurgens de spelunca pergebat coepto itinere
[9]surrexit autem et David post eum
II Sm 18,28 et egressus de spelunca clamavit post tergum Saul dicens
III Rg 1,23.24 domine mi rex
et respexit Saul post se
20,41! et inclinans se David pronus in terram adoravit
[10]dixitque ad Saul
quare audis verba hominum loquentium
David quaerit malum adversum te
26,23 [11]ecce hodie viderunt oculi tui quod tradiderit te Dominus in manu mea in spelunca
et cogitavi ut occiderem te sed percit tibi oculus meus
dixi enim non extendam manum meam in domino meo quia christus Domini est 7! 26,9.11; II Sm 1,14
[12]quin potius pater mi
vide et cognosce oram clamydis tuae in manu mea
quoniam cum praeciderem summitatem clamydis tuae 5
nolui extendere manum meam in te
animadverte et vide quoniam non est in manu mea malum neque iniquitas neque peccavi in te Ps 7,4
tu autem insidiaris animae meae ut auferas eam
[13]iudicet Dominus inter me et te Gn 16,5!
et ulciscatur me Dominus ex te Ps 53,3 H
manus autem mea non sit in te
[14]sicut et in proverbio antiquo dicitur II Sm 20,18
ab impiis egredietur impietas
manus ergo mea non sit in te
[15]quem sequeris rex Israhel quem persequeris 26,20
canem mortuum sequeris et pulicem unum
[16]sit Dominus iudex et iudicet inter me et te Gn 16,5!
et videat et diiudicet causam meam
et eruat me de manu tua
[17]cum autem conplesset David loquens sermones huiuscemodi ad Saul
dixit Saul numquid vox haec tua est fili mi David 26,17
et levavit Saul vocem suam et flevit
[18]dixitque ad David
iustior tu es quam ego Gn 38,26
tu enim tribuisti mihi bona ego autem reddidi tibi mala
[19]et tu indicasti hodie quae feceris mihi bona
quomodo tradiderit me Dominus in manu tua et non occideris me
[20]quis enim cum invenerit inimicum

4 ut purgaret] purgare CD | 7 ∼ sit mihi Σ c | ∼ rem hanc C | quoniam] quia Σ c; qui Λ. | 9 in terra RDm | 10 loquentium + et dicentium C | 11 in dominum meum c | 12 praescinderem c | meam *om.* ADm | 15 sequeris[1] RAΣmr] queris CD.; persequeris ΛΦc | sequeris[2]] queris C.; persequeris c | 16 diiudicet RAr] iudicet *cet.* | 17 ∼ haec uox C | 19 in manum tuam Ac |

RAC ΣΛDΦm cr

suum dimittet eum in via bona
sed Dominus reddat tibi vicissitudinem hanc
pro eo quod hodie operatus es in me
[21] et nunc quia scio quod certissime
23,17 regnaturus sis
et habiturus in manu tua regnum Israhel
Gn 21,23 [22] iura mihi in Domino ne deleas semen meum post me
20,15! neque auferas nomen meum de domo patris mei
[23] et iuravit David Sauli
abiit ergo Saul in domum suam
et David et viri eius ascenderunt ad tutiora loca
28,3; Ios 24,29.30 **25** mortuus est autem Samuhel
Nm 20,30 et congregatus est universus Israhel
Dt 34,8; III Rg 14,13! Idt 16,29; I Mcc 2,70! et planxerunt eum et sepelierunt in domo sua in Rama
consurgensque David descendit in desertum Pharan
23,24 [2] erat autem vir quispiam in solitudine Maon
et possessio eius in Carmelo
Gn 26,13.14! et homo ille magnus nimis
erantque ei oves tria milia et mille caprae
et accidit ut tonderetur grex eius in Carmelo
[3] nomen autem viri illius erat Nabal
et nomen uxoris eius Abigail
II Sm 11,2! eratque mulier illa prudentissima et speciosa
porro vir eius durus et pessimus et malitiosus
erat autem de genere Chaleb
[4] cum ergo audisset David in deserto
Gn 38,12; II Sm 13,23 quod tonderet Nabal gregem suum
[5] misit decem iuvenes et dixit eis
ascendite in Carmelum et venietis ad Nabal
et salutabitis eum ex nomine meo
pacifice
[6] et dicetis sic fratribus meis et tibi pax
et domui tuae pax
et omnibus quaecumque habes sit pax
[7] audivi quod tonderent pastores tui
qui erant nobiscum in deserto
numquam eis molesti fuimus
nec aliquando defuit eis quicquam 21
de grege omni tempore quo fuerunt nobiscum in Carmelo
[8] interroga pueros tuos et indicabunt tibi
nunc ergo inveniant pueri gratiam in oculis tuis
in die enim bona venimus
quodcumque invenerit manus tua da servis tuis et filio tuo David
[9] cumque venissent pueri David
locuti sunt ad Nabal omnia verba haec ex nomine David et siluerunt
[10] respondens autem Nabal pueris David ait
quis est David et quis est filius Isai
hodie increverunt servi qui fugiunt dominos suos
[11] tollam ergo panes meos et aquas meas et carnes pecorum quae occidi tonsoribus meis
et dabo viris quos nescio unde sint
[12] regressi sunt itaque pueri David per viam suam
et reversi venerunt et nuntiaverunt ei omnia verba quae dixerat
[13] tunc David ait viris suis
accingatur unusquisque gladio suo
et accincti sunt singuli gladio suo
accinctusque est et David ense suo
et secuti sunt David quasi quadringenti viri 22,2
porro ducenti remanserunt ad sarcinas
[14] Abigail autem uxori Nabal nuntia-

RAC ΣΛDΦ(m) cr

20 reddet R ‖ **25**,1 sepelierunt + eum c | in domum suam CΣ. | ramaa RC.; ramatha ΣΛDΦ c | 3 eius[1]] illius A | [*deest* m *usque ad v.* 13] | ~ illa mulier CΛDΦ | 6 dicetis + ei C | sic CDΦ] sit *cet.* | 7 ~ quicquam eis Σ c | 8 pueri + tui ΣΛDΦ c | da *om.* R AD. | 10 fugiant RΛ; fugerant A. | 13 ~ ait dauid c | uiris] pueris c | et[1]—suo[2] *om.* R | gladiis suis[2] c | 14 [*adest* m *usque ad* 27,5] |

vit unus de pueris dicens
ecce misit David nuntios de deserto
ut benedicerent domino nostro
et aversus est eos
15 homines isti boni satis fuerunt nobis
et non molesti
nec quicquam aliquando periit omni
tempore quo sumus conversati cum
eis in deserto
16 pro muro erant nobis tam in nocte
quam in die
omnibus diebus quibus pavimus
apud eos greges
17 quam ob rem considera et recogita
quid facias
quoniam conpleta est malitia adversum virum tuum et adversus domum tuam
Idc 19,22! et ipse filius est Belial
ita ut nemo ei possit loqui
18 festinavit igitur Abigail
II Sm 16,1 et tulit ducentos panes
et duos utres vini
et quinque arietes coctos
et quinque sata pulentae
et centum ligaturas uvae passae
et ducentas massas caricarum
et inposuit super asinos
19 dixitque pueris suis
praecedite me ecce ego post tergum
sequar vos
viro autem suo Nabal non indicavit
20 cum ergo ascendisset asinum et descenderet ad radices montis
David et viri eius descendebant in
occursum eius
quibus et illa occurrit
21 et ait David
vere frustra servavi omnia quae huius erant in deserto
7 et non periit quicquam de cunctis
quae ad eum pertinebant
et reddidit mihi malum pro bono
22 haec faciat Deus inimicis David et
haec addat
si reliquero de omnibus quae ad eum 34! III Rg 16,11
pertinent usque mane mingentem
ad parietem
23 cum autem vidisset Abigail David
festinavit et descendit de asino
et procidit coram David super faci- 41; Rt 2,10! II Sm 14,4
em suam
et adoravit super terram
24 et cecidit ad pedes eius et dixit
in me sit domine mi haec iniquitas II Sm 14,9
loquatur obsecro ancilla tua in auri- Gn 44,18! II Sm 14,12
bus tuis
et audi verba famulae tuae
25 ne ponat oro dominus meus rex cor
suum super virum istum iniquum
Nabal
quia secundum nomen suum stultus
est
et est stultitia cum eo
ego autem ancilla tua non vidi pueros tuos domine mi quos misisti
26 nunc ergo domine mi vivit Dominus
et vivit anima tua
qui prohibuit te ne venires in san- 33
guine
et salvavit manum tuam tibi
et nunc fiant sicut Nabal inimici tui
et qui quaerunt domino meo malum
27 quapropter suscipe benedictionem Gn 33,11; IV Rg 5,15
hanc
quam adtulit ancilla tua tibi domino
meo
et da pueris qui sequuntur te domi- II Sm 17,29
num meum
28 aufer iniquitatem famulae tuae
faciens enim faciet tibi Dominus do- 2,35!
mino meo domum fidelem
quia proelia Domini domine mi tu
proeliaris
malitia ergo non inveniatur in te omnibus diebus vitae tuae

14 pueris + suis ¢ | ~ dauid misit m ¢ | auersatus Φ ¢; aduersatus Λm | 15 sumus] fuimus ¢. | 17 ~ est filius ¢ | ei *om.* CD.; ~ possit ei Σ ¢ | 18 et posuit ¢. | 19 sequor R | 20 descendisset[1] RC. | radicem RΣΛDΦ | 22 deus] dominus R | eum] ipsum ¢. | 24 mi *om.* C | 25 iniquissimum RΣ | quia] quoniam ¢ | ~ stultitia est ¢ | 26 in sanguinem C ¢ | 28 ~ dominus tibi ADΦ cr |

RAC ΣΛDΦm cr

29 si enim surrexerit aliquando homo
persequens te et quaerens animam
tuam
erit anima domini mei custodita
quasi in fasciculo viventium apud
Dominum Deum tuum
porro anima inimicorum tuorum ro-
tabitur quasi in impetu et circulo
fundae
II Sm 3,9 30 cum ergo fecerit tibi Dominus domino meo omnia quae locutus est bo-
na de te
13,14! et constituerit te ducem super Israhel
31 non erit tibi hoc in singultum et in
scrupulum cordis domino meo
quod effuderis sanguinem innoxium
aut ipse te ultus fueris
et cum benefecerit Dominus domino
meo
recordaberis ancillae tuae
Gn 24,27; III Rg 1,48; Ps 40,14! Lc 1,68 32 et ait David ad Abigail
benedictus Dominus Deus Israhel
qui misit te hodie in occursum meum
et benedictum eloquium tuum
26 33 et benedicta tu quae prohibuisti me
hodie ne irem ad sanguinem
et ulciscerer me manu mea
34 alioquin vivit Dominus Deus Israhel
qui prohibuit me malum facere tibi
nisi cito venisses in occursum mihi
22! III Rg 14,10! non remansisset Nabal usque ad lucem matutinam mingens ad parie-
tem
35 suscepit ergo David de manu eius
omnia quae adtulerat ei
dixitque ei vade pacifice in domum
tuam
ecce audivi vocem tuam et honoravi
faciem tuam
36 venit autem Abigail ad Nabal
et ecce erat ei convivium in domo
eius quasi convivium regis
et cor Nabal iucundum
erat enim ebrius nimis
et non indicavit ei verbum pusillum
aut grande usque in mane
37 diluculo autem cum digessisset vinum Nabal
indicavit ei uxor sua verba haec
et emortuum est cor eius intrinsecus
et factus est quasi lapis
38 cumque pertransissent decem dies
percussit Dominus Nabal et mortuus est
39 quod cum audisset David mortuum
Nabal ait
benedictus Dominus qui iudicavit
causam obprobrii mei de manu
Nabal
et servum suum custodivit a malo
et malitiam Nabal reddidit Dominus
in caput eius
misit ergo David et locutus est ad
Abigail
ut sumeret eam sibi in uxorem
40 et venerunt pueri David ad Abigail
in Carmelum
et locuti sunt ad eam dicentes
David misit nos ad te ut accipiat te
sibi in uxorem
41 quae consurgens adoravit prona in 23!
terram et ait
ecce famula tua sit in ancillam ut la-
vet pedes servorum domini mei
42 et festinavit et surrexit Abigail
et ascendit super asinum
et quinque puellae ierunt cum ea pe-
disequae eius
et secuta est nuntios David
et facta est illi uxor
43 sed et Ahinoem accepit David de 27,3! 30,5
Iezrahel
et fuit utraque uxor eius
44 Saul autem dedit Michol filiam su- 18,27
am uxorem David
Falti filio Lais qui erat de Gallim II Sm 3,15
26 et venerunt Ziphei ad Saul in Ga- 23,19; Ps 53,2
baa dicentes

RAC ΣΛDΦm cr
29 ~ inimicorum tuorum anima c | in² *om.* Cm | 30 ~ dominus tibi RAΛcr | 32 ~ hodie te c. | 34 me ne malum facerem ΣΛDΦ c | 35 pacifica C.; in pace R | 36 in² *om.* ΣΛ c | 37 et mortuum RC | 39 dominus²] deus D.; *om.* C | in² *om.* CD | 40 in² *om.* RC | 41 in terra R ||

ecce David absconditus est in colle
Achilae quae est ex adverso solitudinis
23,24 2 et surrexit Saul et descendit in desertum Ziph
23,25; 24,3 et cum eo tria milia virorum de electis Israhel
ut quaereret David in deserto Ziph
3 et castrametatus est Saul in Gabaa
Achilae quae erat ex adverso solitudinis in via
David autem habitabat in deserto
videns autem quod venisset Saul
post se in desertum
4 misit exploratores et didicit quod venisset certissime
5 et surrexit David et venit ad locum
ubi erat Saul
cumque vidisset locum in quo dormiebat Saul
14,50! et Abner filius Ner princeps militiae
eius
Saulem dormientem in tentorio et
reliquum vulgus per circuitum eius
6 ait David ad Ahimelech Cettheum
Sm 2,18! 18,2; 21,17; 23,18 et Abisai filium Sarviae fratrem Ioab dicens
quis descendet mecum ad Saul in
castra
dixitque Abisai ego descendam tecum
7 venerunt ergo David et Abisai ad
populum nocte
et invenerunt Saul iacentem et dormientem in tentorio
11 et hastam fixam in terra ad caput
eius
Abner autem et populum dormientes in circuitu eius
8 dixitque Abisai ad David
conclusit Deus hodie inimicum tuum in manus tuas

nunc ergo perfodiam eum lancea in
terra semel et secundo opus non erit
9 et dixit David ad Abisai ne interfi-
cias eum
quis enim extendit manum suam in 24,7! 11! II Sm 1,14
christum Domini et innocens erit
10 et dixit David
vivit Dominus quia nisi Dominus
percusserit eum
aut dies eius venerit ut moriatur
aut in proelium descendens perierit
11 propitius mihi sit Dominus ne ex- 24,7! 11! II Sm 1,14
tendam manum meam in christum
Domini
nunc igitur tolle hastam quae est ad 7
caput eius
et scyphum aquae et abeamus
12 tulit ergo David hastam et scyphum 16
aquae qui erat ad caput Saul et abierunt
et non erat quisquam qui videret et
intellegeret et vigilaret
sed omnes dormiebant quia sopor
Domini inruerat super eos
13 cumque transisset David ex adverso
et stetisset in vertice montis de longe 17,3
et esset grande intervallum inter eos
14 clamavit David ad populum
et ad Abner filium Ner dicens
nonne respondebis Abner
et respondens Abner ait
quis es tu qui clamas et inquietas regem
15 et ait David ad Abner
numquid non vir tu es et quis alius
similis tui in Israhel
quare ergo non custodisti dominum
tuum regem
ingressus est enim unus de turba ut
interficeret regem dominum tuum
16 non est bonum hoc quod fecisti
vivit Dominus quoniam filii mortis 20,31; II Sm 12,5

RAC ΣΛDΦm cr

26,1 hachila c., *item v.* 3 | 4 quod + huc Φ; + illuc c | 5 dauid + clam ΣΛΦc | eius[1] + et c | 6 gettheum C; hettheum m; hethaeum c. | 8 deus] dominus R | ~ inimicum tuum hodie c | perfodiam eum ΣΛΦcr𝔐𝔊] perfodi eum RACDm | in terram RΣ | 9 ad *om.* A | extendet ΛΦc | 11 ~ sit mihi Σc | habeamus CΣD | 12 ergo] igitur Rc | qui[1]] quae R | quispiam C | et euigilaret AΛDΦc | 14 nonne] non CD. | 15 ~ dominum tuum regem[2] CΣ | 16 quoniam] quia RΣ |

estis vos
qui non custodistis dominum vestrum christum Domini
12 nunc ergo vide ubi sit hasta regis
et ubi scyphus aquae qui erat ad caput eius
17 cognovit autem Saul vocem David
et dixit
24,17 num vox tua est haec fili mi David
et David vox mea domine mi rex
20,1 18 et ait quam ob causam dominus meus persequitur servum suum
quid feci aut quod est in manu mea
malum
19 nunc ergo audi oro domine mi rex
verba servi tui
si Dominus incitat te adversum me
odoretur sacrificium
si autem filii hominum maledicti
sunt in conspectu Domini
II Sm 14,16 qui eiecerunt me hodie ut non habitem in hereditate Domini dicentes
vade servi diis alienis
20 et nunc non effundatur sanguis meus
in terra coram Domino
24,15 quia egressus est rex Israhel ut quaerat pulicem unum
sicut persequitur perdix in montibus
21 et ait Saul peccavi revertere fili mi
David
nequaquam enim ultra male tibi faciam
Ps 71,14 H eo quod pretiosa fuerit anima mea in
oculis tuis hodie
II Sm 24,10 apparet quod stulte egerim et igno-
raverim multa nimis
22 et respondens David ait
ecce hasta regis transeat unus de pueris et tollat eam
II Sm 22,21! Ps 17,21! 61,13! 23 Dominus autem retribuet unicuique
secundum iustitiam suam et fidem
tradidit enim te Dominus hodie in
manu mea 24,11!
et nolui levare manum meam in
christum Domini 24,7!
24 et sicuti magnificata est anima tua
hodie in oculis meis
sic magnificetur anima mea in oculis
Domini 10,19! II Sm 4, III Rg 1,29; Iob 36,15.16; Prv 11,8
et liberet me de omni angustia
25 ait ergo Saul ad David
benedictus tu fili mi David
et quidem faciens facies et potens
poteris
abiit autem David in viam suam
et Saul reversus est in locum suum
27 et ait David in corde suo
aliquando incidam in uno die in manu Saul
nonne melius est ut fugiam et salver
in terra Philisthinorum
ut desperet Saul cessetque me quaerere in cunctis finibus Israhel
fugiam ergo manus eius
2 et surrexit David et abiit ipse et sescenti viri cum eo 23,13; 30,9; II Sm 15,18
ad Achis filium Mahoc regem Geth 21,10; III Rg 2,39.40
3 et habitavit David cum Achis in
Geth ipse et viri eius vir et domus
eius
David et duae uxores eius 25,43; 30,5; II Sm 2,2
Ahinoem Iezrahelites et Abigail uxor
Nabal Carmeli II Sm 3,2.3; I Par 3,1
4 et nuntiatum est Saul quod fugisset
David in Geth
et non addidit ultra ut quaereret eum
5 dixit autem David ad Achis
si inveni gratiam in oculis tuis
detur mihi locus in una urbium regionis huius ut habitem ibi
cur enim manet servus tuus in civitate regis tecum

RAC ΣΛDΦ(m) cr 16 ubi[2] + sit Cc | 17 dixit] ait R | numquid c | ~ tua haec est ΛDΦ; haec tua c. | et[2] + ait c | 18 meus + rex RC | ~ persequitur dominus meus rex C | ~ in mea manu malum R.; ~ malum in manu mea Σc | 19 sint C | in hereditatem AC | 20 in terram ACcr | 21 enim *om.* RΣ | ~ tibi malefaciam c | apparet + enim Λc | 22 pueris + regis ΛDΦc | 23 in manum meam c | leuare] extendere c || **27**,1 in[2] *om.* c | una die c | in manus AΛDΦc | 3 eius[2] + et c. | iezrahelitis Dc | 4 sauli c | ut quaereret] quaerere ΛDΦc | [*deest* m *usque ad* 28,2] |

[6]dedit itaque ei Achis in die illa Siceleg
propter quam causam facta est Siceleg regum Iuda usque in diem hanc
[7]fuit autem numerus dierum quibus
habitavit David in regione Philisthinorum quattuor mensuum
[8]et ascendit David et viri eius
et agebant praedas de Gesuri et de
Gedri et de Amalechitis
hii enim pagi habitabantur in terra
antiquitus
15,7; Gn 25,18 euntibus Sur usque ad terram Aegypti
[9]et percutiebat David omnem terram
nec relinquebat viventem virum et
mulierem
tollensque oves et boves et asinos et
camelos et vestes
revertebatur et veniebat ad Achis
[10]dicebat autem ei Achis
in quem inruisti hodie
respondebatque David contra meridiem Iudae
30,29 et contra meridiem Hiramel
et contra meridiem Ceni
[11]virum et mulierem non vivificabat
David nec adducebat in Geth dicens
ne forte loquantur adversum nos
haec fecit David
et hoc erat decretum illi omnibus
diebus quibus habitavit in regione
Philisthinorum
[12]credidit ergo Achis David dicens
multa mala operatus est contra populum suum Israhel
erit igitur mihi servus sempiternus
4,1! 29,1 **28** factum est autem in diebus illis
congregaverunt Philisthim agmina
sua
ut praepararentur ad bellum contra
Israhel
29,2 dixitque Achis ad David
sciens nunc scito quoniam mecum
egredieris in castris tu et viri tui
[2]dixitque David ad Achis
nunc scies quae facturus est servus
tuus
et ait Achis ad David
et ego custodem capitis mei ponam
te cunctis diebus
[3]Samuhel autem mortuus est planxit- 25,1!
que eum omnis Israhel
et sepelierunt eum in Rama urbe sua
et Saul abstulit magos et ariolos de 9
terra
[4]congregatique sunt Philisthim
et venerunt et castrametati sunt in
Sunam
congregavit autem et Saul universum Israhel
et venit in Gelboe
[5]et vidit Saul castra Philisthim et timuit et expavit cor eius nimis
[6]consuluitque Dominum et non re- 14,37!
spondit ei
neque per somnia neque per sacer- 15
dotes neque per prophetas
[7]dixitque Saul servis suis
quaerite mihi mulierem habentem I Par 10,13; Act 16,16
pythonem
et vadam ad eam et sciscitabor per
illam
et dixerunt servi eius ad eum
est mulier habens pythonem in Aendor
[8]mutavit ergo habitum suum vestitusque est aliis vestimentis
abiit ipse et duo viri cum eo
veneruntque ad mulierem nocte
et ait divina mihi in pythone
et suscita mihi quem dixero tibi
[9]et ait mulier ad eum
ecce tu nosti quanta fecerit Saul
et quomodo eraserit magos et ariolos 3
de terra
quare ergo insidiaris animae meae ut

8 gedri] gerzi c. | pagi] uagi CΦ | 10 inruistis R | respondebat dauid c | iuda AΔΦ | 11 loquatur R | omnibus] cunctis RΣ || **28**,2 [*adest* m *usque ad* II Sm 22,34] | 3 in ramatha c | 5 philisthinorum R | 7 ~ pythonem habens c. | 8 est *om.* AΔΦm | uestimentis + et c | ait + illi c. | in pythonem RCΣm |

RAC ΣΛΔΦ(m) cr

occidar
10 et iuravit ei Saul in Domino dicens
vivit Dominus quia non veniet tibi quicquam mali propter hanc rem
11 dixitque ei mulier
quem suscitabo tibi
qui ait Samuhelem suscita mihi
12 cum autem vidisset mulier Samuhelem
exclamavit voce magna et dixit ad Saul
quare inposuisti mihi tu es enim Saul
13 dixitque ei rex noli timere quid vidisti
et ait mulier ad Saul
deos vidi ascendentes de terra
14 dixitque ei qualis est forma eius
quae ait vir senex ascendit et ipse amictus est pallio
intellexit Saul quod Samuhel esset
et inclinavit se super faciem suam in terra et adoravit
15 dixit autem Samuhel ad Saul
quare inquietasti me ut suscitarer
et ait Saul
II Sm 24,14 coartor nimis siquidem Philisthim pugnant adversum me
16,14; 18,12 et Deus recessit a me et exaudire me noluit
6 neque in manu prophetarum neque per somnia
vocavi ergo te ut ostenderes mihi quid faciam
16 et ait Samuhel
16,14; 18,12 quid interrogas me cum Dominus recesserit a te
et transierit ad aemulum tuum
17 faciet enim Dominus tibi sicut locutus est in manu mea
13,14; 15,23! 28; II Sm 3,10; I Par 12,23 et scindet regnum de manu tua
et dabit illud proximo tuo David
18 quia non oboedisti voci Domini
neque fecisti iram furoris eius in Amalech
idcirco quod pateris fecit tibi Dominus hodie
19 et dabit Dominus etiam Israhel tecum in manu Philisthim
cras autem tu et filii tui mecum eritis
sed et castra Israhel tradet Dominus in manu Philisthim
20 statimque Saul cecidit porrectus in terram
extimuerat enim verba Samuhel
et robur non erat in eo
quia non comederat panem tota die illa
21 ingressa est itaque mulier ad Saul et ait
conturbatus enim erat valde
dixitque ad eum
ecce oboedivit ancilla tua voci tuae
et posui animam meam in manu mea Idc 12,3!
et audivi sermones tuos quos locutus es ad me
22 nunc igitur audi et tu vocem ancillae tuae
ut ponam coram te buccellam panis Gn 18,5; Idc 19,5
et comedens convalescas
ut possis iter facere
23 qui rennuit et ait non comedam
coegerunt autem eum servi sui et mulier
et tandem audita voce eorum
surrexit de terra et sedit super lectum
24 mulier autem illa habebat vitulum pascualem in domo
et festinavit et occidit eum
tollensque farinam miscuit eam et coxit azyma
25 et posuit ante Saul et ante servos eius
qui cum comedissent surrexerunt
et ambulaverunt per totam noctem illam

RAC ΣΛDΦm cr

10 non eueniet AΛDΦ c | 11 ~ mihi suscita c. | 13 uidisti + indica mihi C | 14 pallio + et c | 16 recessit R | 17 deus tibi R.; tibi dominus C c | regnum + tuum c | 19 in manum[1] A.; in manus R c | philisthinorum[1] R | in manus[2] c | 20 in terra R | samuhelis ΣΛ c | 21 mulier + illa Σ c | et ait *om.* Σ c | 22 ut[1]] et RΛΦ c | et[2]] ut CΛ c | ut[2]] et RΣΛDΦ c | facere] agere ΛDΦ c | 23 sui *om.* Rm | 25 per—illam] tota nocte illa C ||

4,1.2! 28,1 **29** congregata sunt ergo Philisthim universa agmina in Afec
sed et Israhel castrametatus est super fontem qui erat in Iezrahel
2 et satrapae quidem Philisthim incedebant in centuriis et milibus
28,1 David autem et viri eius erant in novissimo agmine cum Achis
3 dixeruntque principes Philisthim
quid sibi volunt Hebraei isti
et ait Achis ad principes Philisthim
num ignoratis David qui fuit servus Saul regis Israhel
et est apud me multis diebus vel annis
6 et non inveni in eo quicquam
ex die qua transfugit ad me usque ad diem hanc
4 irati sunt autem adversus eum principes Philisthim
et dixerunt ei
revertatur vir et sedeat in loco suo in quo constituisti eum
9 et non descendat nobiscum in proelium
ne fiat nobis adversarius cum proeliari coeperimus
I Par 12,19 quomodo enim aliter placare poterit dominum suum
nisi in capitibus nostris
5 nonne iste est David cui cantabant in choro dicentes
18,7; 21,11 percussit Saul in milibus suis
et David in decem milibus suis
6 vocavit ergo Achis David et ait ei
vivit Dominus quia rectus es tu
et bonus in conspectu meo
et exitus tuus et introitus tuus mecum est in castris
3 et non inveni in te quicquam mali
ex die qua venisti ad me usque ad diem hanc
sed satrapis non places
7 revertere ergo et vade in pace
et non offendes oculos satraparum Philisthim
8 dixitque David ad Achis
quid enim feci et quid invenisti in me servo tuo
a die qua fui in conspectu tuo usque in diem hanc
ut non veniam et pugnem contra inimicos domini mei regis
9 respondens autem Achis locutus est ad David
scio quia bonus es tu in oculis meis sicut angelus Dei II Sm 14,17!
sed principes Philisthim dixerunt
non ascendet nobiscum in proelium 4
10 igitur consurge mane tu et servi domini tui qui venerunt tecum
et cum de nocte surrexeritis et coeperit dilucescere pergite
11 surrexit itaque de nocte David
ipse et viri eius ut proficiscerentur mane
et reverterentur ad terram Philisthim
Philisthim autem ascenderunt in Iezrahel
30 cumque venissent David et viri eius in Siceleg die tertia 26; I Par 12,20
Amalechitae impetum fecerant ex parte australi in Siceleg
et percusserant Siceleg
et succenderant eam igni
2 et captivas duxerant mulieres ex ea
et a minimo usque ad magnum
et non interfecerant quemquam
sed secum duxerant et pergebant in itinere suo
3 cum ergo venisset David et viri eius ad civitatem
et invenissent eam succensam igni
et uxores suas et filios suos et filias

29,2 milibus] militibus C | 3 philisthim[1] + ad achis CΣΛc | usque in C | 4 uir + iste Ac. | ~ potarit placare c | 5 in choris ΛDΦc; in choros Σ; *om.* R. | 6 usque in c | 7 offendas AΣc | satrapum RΣΛΦ | 8 usque ad R | 9 philisthinorum c || **30**,1 uenisset Rm | fecerunt RCm | percusserunt RCm | succenderunt RCm; succenderent Σ. | 2 duxerunt[1] RCΣD | et[2] *om.* ΣDΦc | interfecerunt RΣ | duxerunt[2] R | in ACr𝔐𝔊] *om. cet.* | 3 uenisset] uenissent c |

RAC ΣΛDΦm cr

ductas esse captivas
4 levaverunt David et populus qui erat
cum eo voces suas
et planxerunt donec deficerent in eis
lacrimae
5 siquidem et duae uxores David captivae ductae fuerant
25,43; 27,3! Ahinoem Iezrahelites et Abigail uxor
Nabal Carmeli
6 et contristatus est David valde
Nm 14,10! volebat enim eum populus lapidare
quia amara erat anima uniuscuiusque viri super filiis suis et filiabus
confortatus est autem David in Domino Deo suo
23,9 7 et ait ad Abiathar sacerdotem filium
Ahimelech
adplica ad me ephod
et adplicuit Abiathar ephod ad David
14,37! 23,2! II Sm 2,1 8 et consuluit David Dominum dicens
persequar an non latrunculos hos et
conprehendam eos
dixitque ei persequere
absque dubio enim conprehendes
eos et excuties praedam
23,13; 27,2! 9 abiit ergo David ipse et sescenti viri
qui erant cum eo
et venerunt usque ad torrentem Besor
et lassi quidam substiterunt
10 persecutus est autem David ipse et
quadringenti viri
substiterant enim ducenti qui lassi
transire non poterant torrentem
Besor
11 et invenerunt virum aegyptium in
agro
et adduxerunt eum ad David
dederuntque ei panem ut comederet
et ut biberet aquam
12 sed et fragmen massae caricarum
et duas ligaturas uvae passae
quae cum comedisset reversus est
spiritus eius et refocilatus est
non enim comederat panem neque
biberat aquam tribus diebus et tribus noctibus
13 dixit itaque ei David
cuius es tu vel unde quo pergis
qui ait ei puer aegyptius ego sum
servus viri amalechitae
dereliquit autem me dominus meus
quia aegrotare coepi nudius tertius
14 siquidem nos erupimus ad australem partem Cerethi
et contra Iudam et ad meridiem
Chaleb
et Siceleg succendimus igni
15 dixitque ei David
potes me ducere ad istum cuneum
qui ait iura mihi per Deum quod
non occidas me
et non tradas me in manu domini
mei
et ducam te ad cuneum istum
16 qui cum duxisset eum ecce illi dis-
cumbebant super faciem universae
terrae
comedentes et bibentes et quasi festum celebrantes diem Is 9,3
pro cuncta praeda et spoliis quae ceperant de terra Philisthim et de
terra Iuda
17 et percussit eos David a vespere usque ad vesperam alterius diei
et non evasit ex eis quisquam
nisi quadringenti viri adulescentes
qui ascenderant camelos et fugerant
18 eruit ergo David omnia quae tulerant Amalechitae
et duas uxores suas eruit
19 nec defuit quicquam a parvo usque
ad magnum
tam de filiis quam de filiabus et de Gn 14,16
spoliis

RAC ΣΛDΦm cr 7 adplicauit CΛDΦ c; applicabit Σ | 8 ~ latrunculos hos et comprehendam eos an non c | ei + dominus Σ c | 10 potuerant ΛDΦ; potuerunt A | 11 ut[2] *om.* ΣΛΦm c | 13 unde + et ΣΦ c | ei[2] *om.* DΦ c | 14 partem] plagam c | 15 ~ cuneum istum c | me[3] *om.* A | in manum C; in manus c | et[2] + ego c | istum[2] + et iurauit ei dauid ΣΛ c | 16 celebrabant Am | 17 a uespera RDΦ; uespere Σ | 19 quisquam RΛ; *om.* DΦ |

et quaecumque rapuerant omnia reduxit David
20 et tulit universos greges et armenta
et minavit ante faciem suam
dixeruntque haec est praeda David
21 venit autem David ad ducentos viros
qui lassi substiterant nec sequi potuerant David
et residere eos iusserat in torrente
Besor
qui egressi sunt obviam David et populo qui erat cum eo
accedens autem David ad populum
salutavit eos pacifice
22 respondensque omnis vir pessimus
et iniquus
de viris qui ierant cum David dixit
quia non venerunt nobiscum
non dabimus eis quicquam de praeda
quam eruimus
sed sufficiat unicuique uxor sua et
filii
quos cum acceperint recedant
23 dixit autem David
non sic facietis fratres mei de his
quae tradidit Dominus nobis
et custodivit nos et dedit latrunculos
qui eruperant adversum nos in manu nostra
24 nec audiet vos quisquam super sermone hoc
Nm 31,27! aequa enim pars erit
descendentis ad proelium et rema-
nentis ad sarcinas
et similiter divident
25 et factum est hoc ex die illa et deinceps
constitutum et praefinitum et quasi
lex in Israhel usque ad diem hanc
1; I Par 12,20 26 venit ergo David in Siceleg et misit
dona de praeda senioribus Iuda
proximis suis dicens
accipite benedictionem de praeda
hostium Domini
27 his qui erant in Bethel et qui in Ramoth ad meridiem
et qui in Iether 28 et qui in Aroer
et qui in Sefamoth et qui in Esthama
29 et qui in Rachal et qui in urbibus Ie- 27,10
rameli et qui in urbibus Ceni
30 et qui in Arama et qui in lacu Asan
et qui in Athac 31 et qui in Hebron
et reliquis qui erant in his locis
in quibus commoratus fuerat David
ipse et viri eius
31 Philisthim autem pugnabant ad- 4,1.2!
versum Israhel 1—13: I Par 10,1–12
et fugerunt viri Israhel ante faciem
Philisthim
et ceciderunt interfecti in monte Gelboe
2 inrueruntque Philisthim in Saul et
filios eius
et percusserunt Ionathan et Abina- 14,49; I Par 8,33; 9,39
dab et Melchisue filios Saul
3 totumque pondus proelii versum est
in Saul
et consecuti sunt eum viri sagittarii
et vulneratus est vehementer a sagittariis
4 dixitque Saul ad armigerum suum Idc 9,54
evagina gladium tuum et percute me
ne forte veniant incircumcisi isti et
interficiant me inludentes mihi
et noluit armiger eius
fuerat enim nimio timore perterritus
arripuit itaque Saul gladium et inruit super eum
5 quod cum vidisset armiger eius
videlicet quod mortuus esset Saul
inruit etiam ipse super gladium suum
et mortuus est cum eo
6 mortuus est ergo Saul et tres filii eius
et armiger illius et universi viri eius
in die illa pariter
7 videntes autem viri Israhel qui erant
trans vallem et trans Iordanem
quod fugissent viri israhelitae

21 poterant CΣΛ | in torrentem RΣDΦ | 22 omnis] unus CΣ | ierant A cr] erat Σ; erant *cet.* | 23 ~ nobis dominus R c | in manum nostram C.; in manus nostras c | 25 usque in c | 27 bethel] bethlem C | 28 esthamo c. | 30 arama] rama RΣ; herma Am. || **31**,2 et¹ + in c | 4 timore] terrore c |

RAC ΣΛDΦm cr

et quod mortuus esset Saul et filii eius
reliquerunt civitates suas et fugerunt
veneruntque Philisthim et habitaverunt ibi
8 facta autem die altera venerunt Philisthim ut spoliarent interfectos
et invenerunt Saul et tres filios eius iacentes in monte Gelboe
9 et praeciderunt caput Saul et expoliaverunt eum armis
et miserunt in terram Philisthinorum per circuitum
ut adnuntiaretur in templo idolorum et in populis
10 et posuerunt arma eius in templo Astharoth
corpus vero eius suspenderunt in muro Bethsan
II Sm 21,12 11 quod cum audissent habitatores Iabesgalaad
quaecumque fecerant Philisthim Saul
12 surrexerunt omnes viri fortissimi et ambulaverunt tota nocte
II Sm 2,4 et tulerunt cadaver Saul et cadavera filiorum eius de muro Bethsan
veneruntque Iabes et conbuserunt ea ibi
13 et tulerunt ossa eorum et sepelierunt in nemore Iabes
et ieiunaverunt septem diebus

II Regum Factum est autem postquam mortuus est Saul
ut David reverteretur a caede Amalech
et maneret in Siceleg dies duos
2 in die autem tertia apparuit homo veniens de castris Saul
I Sm 4,12! veste conscissa et pulvere aspersus caput
et ut venit ad David cecidit super faciem suam et adoravit
3 dixitque ad eum David unde venis
qui ait ad eum de castris Israhel fugi I Sm 4,16.17
4 et dixit ad eum David
quod est verbum quod factum est indica mihi Lc 2,15
qui ait fugit populus e proelio
et multi corruentes e populo mortui sunt
sed et Saul et Ionathan filius eius interierunt
5 dixitque David ad adulescentem qui nuntiabat
unde scis quia mortuus est Saul et Ionathan filius eius
6 ait adulescens qui narrabat ei
casu veni in montem Gelboe
et Saul incumbebat super hastam suam
porro currus et equites adpropinquabant ei
7 et conversus post tergum suum vidensque me vocavit
cui cum respondissem adsum
8 dixit mihi quisnam es tu
et aio ad eum Amalechites sum
9 et locutus est mihi
sta super me et interfice me
quoniam tenent me angustiae
et adhuc tota anima in me est
10 stansque super eum occidi illum
sciebam enim quod vivere non poterat post ruinam
et tuli diadema quod erat in capite eius
et armillam de brachio illius
et adtuli ad te dominum meum huc
11 adprehendens autem David vestimenta sua scidit 3,31
omnesque viri qui erant cum eo
12 et planxerunt et fleverunt et ieiunaverunt usque ad vesperam 17
super Saul et super Ionathan filium

RAC ΣΛDΦm cr 8 expoliarent CΣΛΦ; explorarent D | 9 spoliauerunt D c | in terra A | 12 cadauera] cadauer2 R | iabes + galaad c | 13 dies R ||
II Regum. *Tit.* liber secundus samuelis quem nos secundum regum dicimus c || **1**,1 ~ duos dies c | 2 conspersus c | ut *om.* CΣ | 4 e1] de C; a Σm | 5 nuntiabat + ei CΛDΦ c | 6 et ait CΛΦ c | narrabat] nunciabat c | in monte AΣ | 8 ego sum c. | 9 anima + mea RΣΛDΦ c | 10 illum] eum Rm | 11 omnes uiri R |

eius
et super populum Domini
et super domum Israhel quod cor-
ruissent gladio
13 dixitque David ad iuvenem qui nuntiaverat ei unde es
qui respondit filius hominis advenae
amalechitae ego sum
14 et ait ad eum David
I Sm 24,7! 11! 26,9.11 quare non timuisti mittere manum
tuam ut occideres christum Domini
4,12 15 vocansque David unum de pueris ait
accedens inrue in eum
qui percussit illum et mortuus est
16 et ait ad eum David
sanguis tuus super caput tuum
Iob 9,20; 15,6; Lc 19,22! os enim tuum locutum est adversum
te dicens
ego interfeci christum Domini
12 17 planxit autem David planctum huiuscemodi super Saul et super Ionathan filium eius
18 et praecepit ut docerent filios Iuda
arcum
Ios 10,13! sicut scriptum est in libro Iustorum
19 incliti Israhel super montes tuos interfecti sunt
25.27; I Par 10,1 quomodo ceciderunt fortes
Mi 1,10 20 nolite adnuntiare in Geth
neque adnuntietis in conpetis Asca-
lonis
ne forte laetentur filiae Philisthim
ne exultent filiae incircumcisorum
21 montes Gelboe nec ros nec pluviae
veniant super vos
neque sint agri primitiarum
quia ibi abiectus est clypeus fortium
clypeus Saul
quasi non esset unctus oleo
Is 34,6! 22 a sanguine interfectorum ab adipe
fortium
sagitta Ionathan numquam rediit retrorsum
et gladius Saul non est reversus inanis
23 Saul et Ionathan amabiles et decori
in vita sua
in morte quoque non sunt divisi
aquilis velociores leonibus fortiores
24 filiae Israhel super Saul flete
qui vestiebat vos coccino in deliciis
qui praebebat ornamenta aurea cul-
tui vestro
25 quomodo ceciderunt fortes in proelio 19!
Ionathan in excelsis tuis occisus est
26 doleo super te frater mi Ionathan
decore nimis et amabilis super amorem mulierum
27 quomodo ceciderunt robusti et perie- 19!
runt arma bellica
2 igitur post haec consuluit David Do- I Sm 23,2! 30,8
minum dicens
num ascendam in unam de civitatibus Iuda
et ait Dominus ad eum ascende
dixitque David quo ascendam
et respondit ei in Hebron
2 ascendit ergo David et duae uxores I Sm 27,3!
eius
Ahinoem Iezrahelites et Abigail uxor
Nabal Carmeli
3 sed et viros qui erant cum eo duxit
David singulos cum domo sua
et manserunt in oppidis Hebron
4 veneruntque viri Iuda et unxerunt 5,3.17; I Sm 16,13!
ibi David ut regnaret super domum
Iuda
et nuntiatum est David quod viri Ia- I Sm 31,12
besgalaad sepelissent Saul
5 misit ergo David nuntios ad viros
Iabesgalaad dixitque ad eos
benedicti vos Domino
qui fecistis misericordiam hanc cum
domino vestro Saul et sepelistis eum
6 et nunc retribuet quidem vobis Dominus misericordiam et veritatem

12 eo quod c | 13 es + tu CΛc | respondit + ei Am. | 15 pueris + suis ΛΦc | 18 iustorum + et ait considera israel pro his qui mortui sunt super excelsa tua uulnerati c𝔊 | 21 pluuia RΣc | 25 est] es RCΣΛD | 26 mulierum mr𝔐𝔊] mulieris R.; mulierum sicut mater unicum amat filium (+ suum D) AΛD; mulierum sicut mater unicum amat filium (+ suum Φ c) ita ego (*om.* Φ) te diligebam CΣΦc || **2,**1 ei *om.* C | 6 ~ uobis quidem Σc; quidem *om.* D |

RAC ΣΛDΦm cr

sed et ego reddam gratiam eo quod
feceritis verbum istud
7 confortentur manus vestrae et estote
filii fortitudinis
licet enim mortuus sit dominus vester Saul
tamen me unxit domus Iuda regem
sibi
I Sm 14,50! 8 Abner autem filius Ner princeps exercitus Saul
tulit Hisboseth filium Saul et circumduxit eum per Castra
9 regemque constituit super Galaad et
super Gesuri
et super Iezrahel et super Ephraim
et super Beniamin et super Israhel
universum
10 quadraginta annorum erat Hisboseth filius Saul cum regnare coepisset super Israhel
et duobus annis regnavit
sola autem domus Iuda sequebatur
David
11 et fuit numerus dierum quos commoratus est David imperans in
5,5; III Rg 2,11; I Par 3,4; 29,27 Hebron super domum Iuda
septem annorum et sex mensuum
12 egressusque Abner filius Ner
et pueri Hisboseth filii Saul de Castris in Gabaon
13 porro Ioab filius Sarviae et pueri
David egressi sunt
et occurrerunt eis iuxta piscinam
Gabaon
et cum in unum convenissent e regione sederunt
hii ex una parte piscinae et illi ex altera
14 dixitque Abner ad Ioab
surgant pueri et ludant coram nobis
et respondit Ioab surgant
15 surrexerunt ergo et transierunt numero duodecim de Beniamin ex
parte Hisboseth filii Saul
et duodecim de pueris David
16 adprehensoque unusquisque capite
conparis sui
defixit gladium in latus contrarii et
ceciderunt simul
vocatumque est nomen loci illius
ager Robustorum in Gabaon
17 et ortum est bellum durum satis in
die illa
fugatusque est Abner et viri Israhel 18,7
a pueris David
18 erant autem ibi tres filii Sarviae Ioab 1 Sm 26,6! I Par 2,16
et Abisai et Asahel
porro Asahel cursor velocissimus
fuit
quasi unus ex capreis quae morantur
in silvis
19 persequebatur autem Asahel Abner
et non declinavit ad dexteram sive
ad sinistram omittens persequi Abner
20 respexit itaque Abner post tergum
suum et ait
tune es Asahel
qui respondit ego sum
21 dixitque ei Abner
vade ad dextram sive ad sinistram
et adprehende unum de adulescentibus et tolle tibi spolia eius
noluit autem Asahel omittere quin
urgueret eum
22 rursumque locutus est Abner ad Asahel
recede noli me sequi ne conpellar
confodere te in terra
et levare non potero faciem meam ad
Ioab fratrem tuum
23 qui audire contempsit et noluit declinare
percussit ergo eum Abner aversa 3,27; 4,6; 20,1
hasta in inguine et transfodit
et mortuus est in eodem loco
omnesque qui transiebant per locum
in quo ceciderat Asahel et mortuus

RAC ΣΛDΦ(k)m cr 6 fecistis c | 7 iuda + in c | 12 egressusque + est ΣΛDΦm c | in *om.* R | 13 [*adest* k *usque ad* 4,9] | 17 satis *om.* R | 18 ex] de c. | 19 autem *om.* R | siue] neque ΛΦ c | 21 ei *om.* C | 22 in terram ΛDΦ c | 23 locum + illum c. |

erat subsistebant
24 persequentibus autem Ioab et Abisai fugientem Abner sol occubuit
et venerunt usque ad collem Aquaeductus qui est ex adverso vallis et itineris deserti in Gabaon
25 congregatique sunt filii Beniamin ad Abner
et conglobati in unum cuneum steterunt in summitate tumuli unius
26 et exclamavit Abner ad Ioab et ait
Ios 11,11! num usque ad internicionem tuus mucro desaeviet
an ignoras quod periculosa sit desperatio
usquequo non dicis populo ut omittat persequi fratres suos
27 et ait Ioab
vivit Dominus si locutus fuisses mane recessisset populus persequens fratrem suum
18,16 28 insonuit ergo Ioab bucina et stetit omnis exercitus
nec persecuti sunt ultra Israhel neque iniere certamen
29 Abner autem et viri eius abierunt per campestria tota nocte illa et transierunt Iordanem
et lustrata omni Bethoron venerunt ad Castra
30 porro Ioab reversus omisso Abner congregavit omnem populum
et defuerunt de pueris David decem et novem viri excepto Asahele
31 servi autem David percusserunt de Beniamin et de viris qui erant cum Abner
trecentos sexaginta qui et mortui sunt
32 tuleruntque Asahel et sepelierunt eum in sepulchro patris sui in Bethleem
et ambulaverunt tota nocte Ioab et viri qui erant cum eo
et in ipso crepusculo pervenerunt in Hebron
3 facta est ergo longa concertatio inter domum Saul et inter domum David 6
David proficiens et semper se ipso robustior
domus autem Saul decrescens cotidie
2 nati quoque sunt filii David in Hebron **2—5:** I Par 3,1–4
fuitque primogenitus eius Amnon de Ahinoem Iezrahelitide 13,1; I Sm 27,3!
3 et post eum Chelaab de Abigail uxore Nabal Carmeli
porro tertius Absalom filius Maacha filiae Tholomai regis Gessur 13,37; I Par 3,2
4 quartus autem Adonias filius Aggith III Rg 1,5.11
et quintus Safathia filius Abital
5 sextus quoque Iethraam de Agla uxore David
hii nati sunt David in Hebron
6 cum ergo esset proelium inter domum Saul et domum David 1
Abner filius Ner regebat domum Saul
7 fuerat autem Sauli concubina nomine Respha filia Ahia 21,8
dixitque Hisboseth ad Abner
8 quare ingressus es ad concubinam patris mei 16,22; Gn 35,22
qui iratus nimis propter verba Hisboseth ait
numquid caput canis ego sum adversum Iuda hodie I Sm 17,43
qui fecerim misericordiam super domum Saul patris tui
et super fratres et proximos eius
et non tradidi te in manu David
et tu requisisti in me quod argueres pro muliere hodie
9 haec faciat Deus Abner et haec addat ei
nisi quomodo iuravit Dominus David sic faciam cum eo I Sm 25,30
10 ut transferatur regnum de domo Saul I Sm 15,28! 28,17!

24 et³ *om.* D c | 26 deseuit C | dices Ck | 28 bucinam R | inire RCΣDk | 30 asahel RΣΛΦ || 3,1 inter² *om.* RCr | proficiscens c | 2 natique sunt ΛDΦm c | 3 uxorem R; uxor Σ | 5 egla c | 8 iudam ΣDΦ c | in manus Σk c | RAC ΣΛDΦkm cr

I Par 10,14; 12,23 Idc 20,1! III Rg 4,25 et elevetur thronus David super Israhel et super Iudam a Dan usque Bersabee
11 et non potuit respondere ei quicquam quia metuebat illum
12 misit ergo Abner nuntios ad David pro se dicentes cuius est terra
21 et loquerentur fac mecum amicitias et erit manus mea tecum
et reducam ad te universum Israhel
13 qui ait optime ego faciam tecum amicitias
sed unam rem peto a te dicens
non videbis faciem meam antequam adduxeris Michol filiam Saul
et sic venies et videbis me
14 misit autem David nuntios ad Hisboseth filium Saul dicens
I Sm 18,27 redde uxorem meam Michol
quam despondi mihi centum praeputiis Philisthim
15 misit ergo Hisboseth et tulit eam a
I Sm 25,44 viro suo Faltihel filio Lais
16 sequebaturque eam vir suus plorans usque Baurim
et dixit ad eum Abner vade revertere qui reversus est
17 sermonem quoque intulit Abner ad seniores Israhel dicens
tam heri quam nudius tertius quaerebatis David ut regnaret super vos
18 nunc ergo facite quoniam Dominus locutus est ad David dicens
in manu servi mei David salvabo populum meum Israhel
I Sm 7,3! de manu Philisthim et omnium inimicorum eius
19 locutus est autem Abner etiam ad Beniamin
et abiit ut loqueretur ad David in Hebron omnia quae placuerant Israhel et universo Beniamin
20 venitque ad David in Hebron cum viginti viris
et fecit David Abner et viris eius qui venerant cum eo convivium
21 et dixit Abner ad David
surgam ut congregem ad te dominum meum regem omnem Israhel 12
et ineam tecum foedus et imperes omnibus sicut desiderat anima tua
cum ergo deduxisset David Abner
et ille isset in pace
22 statim pueri David et Ioab venerunt caesis latronibus cum praeda magna nimis
Abner autem non erat cum David in Hebron
quia iam dimiserat eum et profectus fuerat in pace
23 et Ioab et omnis exercitus qui erat cum eo postea venerant
nuntiatum est itaque Ioab a narrantibus
venit Abner filius Ner ad regem et dimisit eum et abiit in pace
24 et ingressus est Ioab ad regem et ait
quid fecisti ecce venit Abner ad te quare dimisisti eum et abiit et recessit
25 ignoras Abner filium Ner quoniam ad hoc venit ut deciperet te
et sciret exitum tuum et introitum tuum et nosset omnia quae agis
26 egressus itaque Ioab a David
misit nuntios post Abner et reduxit eum a cisterna Sira ignorante David
27 cumque redisset Abner in Hebron
seorsum abduxit eum Ioab ad medium portae ut loqueretur ei in dolo
et percussit illum ibi in inguine et 2,23!
mortuus est in ultionem sanguinis 30; III Rg 2,5.32
Asahel fratris eius
28 quod cum audisset David rem iam gestam ait
mundus ego sum et regnum meum apud Dominum usque in sempiter-

RAC ΣΛDΦkm cr 10 iuda RCr | 12 et[1] + ut ΣΛΦc | 16 uade + et c | 19 placuerunt C; placuerat R | israheli Σkc | 23 uenerunt Ckcr | 25 uenit + ad te c | 27 adduxit RCkcr | illum] eum C | in inguinem CD. | 28 apud deum R; *om.* D |

num
a sanguine Abner filii Ner
III Rg 2,32! 33 [29]et veniat super caput Ioab et super
omnem domum patris eius
nec deficiat de domo Ioab fluxum seminis sustinens et leprosus
tenens fusum et cadens gladio et indigens pane
[30]igitur Ioab et Abisai frater eius inter-
27! fecerunt Abner
eo quod occidisset Asahel fratrem
eorum in Gabaon in proelio
[31]dixit autem David ad Ioab et ad omnem populum qui erat cum eo
1,11.12! scindite vestimenta vestra et accingimini saccis
et plangite ante exequias Abner
porro rex David sequebatur feretrum
4,12 [32]cumque sepelissent Abner in Hebron
levavit rex vocem suam et flevit super
tumulum Abner
flevit autem et omnis populus
[33]plangensque rex Abner ait
nequaquam ut mori solent ignavi
mortuus est Abner
[34]manus tuae non sunt ligatae et pedes
tui non sunt conpedibus adgravati
sed sicut solent cadere coram filiis
iniquitatis corruisti
congeminansque omnis populus flevit super eum
[35]cumque venisset universa multitudo
cibum capere cum David clara adhuc die iuravit David dicens
haec faciat mihi Deus et haec addat
I Sm 14,24! si ante occasum solis gustavero panem vel aliud quicquam
[36]omnisque populus audivit et placuerunt eis cuncta quae fecit rex in
conspectu totius populi
[37]et cognovit omne vulgus et universus
Israhel in die illa
quoniam non actum fuisset a rege ut
occideretur Abner filius Ner
[38]dixit quoque rex ad servos suos
num ignoratis quoniam princeps et
maximus cecidit hodie in Israhel
[39]ego autem adhuc delicatus et unctus
rex
porro viri isti filii Sarviae duri mihi
sunt
retribuat Dominus facienti malum
iuxta malitiam suam
4 audivit autem filius Saul quod cecidisset Abner in Hebron
et dissolutae sunt manus eius omnisque Israhel perturbatus est
[2]duo autem viri principes latronum
erant filio Saul
nomen uni Baana et nomen alteri
Rechab
filii Remmon Berothitae de filiis Beniamin
siquidem et Beroth reputata est in
Beniamin
[3]et fugerunt Berothitae in Getthaim
fueruntque ibi advenae usque in
tempus illud
[4]erat autem Ionathan filio Saul filius 9,3.13!
debilis pedibus
quinquennis enim fuit quando venit
nuntius de Saul et Ionathan ex Iezrahel
tollens itaque eum nutrix sua fugit
cumque festinaret ut fugeret cecidit
et claudus effectus est
habuitque vocabulum Mifiboseth 9,6! I Par 8,34; 9,40
[5]venientes igitur filii Remmon Berothitae Rechab et Baana
ingressi sunt fervente die domum
Hisboseth
qui dormiebat super stratum suum
meridie
[6]ingressi sunt autem domum adsumentes spicas tritici
et percusserunt eum in inguine 2,23!
Rechab et Baana frater eius et fugerunt

29 leprosus + et c. | panem CDΦk | 32 rex + dauid c | 33 rex + et lugens Σk c | est] es CΣΛk | 34 ~ ligatae non sunt c. | iniquitatis + sic c | 39 ~ sunt mihi c || **4**,1 autem + isboseth c | 3 usque ad Σ c | 4 quinque annis C | tollensque eum CΣDΦm | 5 meridie + et ostiaria purgans triticum obdormiuit ΣΛΦk(*vid.*)c𝔊 | 6 domum + latenter c |

RAC
ΣΛDΦkm
cr

7 cum autem ingressi fuissent domum
ille dormiebat super lectulum suum
in conclavi
et percutientes interfecerunt eum
sublatoque capite eius abierunt per
viam deserti tota nocte
8 et adtulerunt caput Hisboseth ad
David in Hebron
dixeruntque ad regem
ecce caput Hisboseth filii Saul inimici tui qui quaerebat animam
tuam
et dedit Dominus domino meo regi
ultiones hodie de Saul et de semine
eius
9 respondens autem David Rechab et
Baana fratri eius filiis Remmon Be-
rothei dixit ad eos
I Sm 26,24! vivit Dominus qui eruit animam meam de omni angustia
10 quoniam eum qui adnuntiaverat mihi et dixerat mortuus est Saul
qui putabat se prospera nuntiare te-
nui et occidi in Siceleg
cui oportebat me dare mercedem
pro nuntio
11 quanto magis nunc cum homines
impii interfecerint virum innoxium
in domo sua super lectulum suum
non quaeram sanguinem eius de manu vestra
et auferam vos de terra
1,15 12 praecepit itaque David pueris et interfecerunt eos
praecidentesque manus et pedes eorum
suspenderunt eos super piscinam in
Hebron
caput autem Hisboseth tulerunt et
3,32 sepelierunt in sepulchro Abner in
Hebron
1—3: I Par 11,1–3 **5** et venerunt universae tribus Israhel
ad David in Hebron dicentes
ecce nos os tuum et caro tua sumus Gn 2,23!
2 sed et heri et nudius tertius cum esset
Saul rex super nos
tu eras educens et reducens Israhel
dixit autem Dominus ad te tu pasces Ez 34,23! Io 21,17!
populum meum Israhel 6,21! 7,8!
et tu eris dux super Israhel I Sm 13,14! I Par 28,4!
3 venerunt quoque et senes de Israhel
ad regem in Hebron
et percussit cum eis rex David foedus
in Hebron coram Domino
unxeruntque David in regem super 17; 2,4; I Sm 16,13!
Israhel
4 filius triginta annorum erat David
cum regnare coepisset
et quadraginta annis regnavit III Rg 2,11; I Par 29,27
5 in Hebron regnavit super Iudam sep- 2,11; I Par 3,4
tem annis et sex mensibus **5—10:** I Par 11,4–9
in Hierusalem autem regnavit tri-
ginta tribus annis super omnem
Israhel et Iudam
6 et abiit rex et omnes viri qui erant 6,2
cum eo in Hierusalem ad Iebuseum Ios 15,63! Idc 1,21; 19,11
habitatorem terrae
dictumque est ad David ab eis
non ingredieris huc nisi abstuleris
caecos et claudos dicentes
non ingredietur David huc
7 cepit autem David arcem Sion I Mcc 1,35; Is 29,1
haec est civitas David
8 proposuerat enim in die illa praemium
qui percussisset Iebuseum et tetigisset domatum fistulas
et claudos et caecos odientes animam
David
idcirco dicitur in proverbio
caecus et claudus non intrabunt
templum
9 habitavit autem David in arce et vocavit eam civitatem David
et aedificavit per gyrum a Mello et III Rg 9,15! 24
intrinsecus

RAC ΣΛDΦ(k)m cr

7 lectum ΣΛDΦkm c | caput Rk. | 8 ultionem Σ c | 9 berotitei Σ.; berothitae c | 10 [*desinit* k] | occidi + eum DΦc | mercedem me (*om.* c.) dare ΛΦ c | 11 cum *om.* AΣ | interfecerunt AΣΛDΦ c | lectum CΣΛDΦ c | 12 pueris + suis c || **5**,3 seniores C c | de *om.* c | 6 ad² *om.* Λ c | 8 enim + dauid ΛΦ c | et² + abstulisset ΛΦ c | ~ caecos et claudos Σ c | intrabunt + in R c |

10 et ingrediebatur proficiens atque
succrescens
et Dominus Deus exercituum erat
cum eo
III Rg 5,1; I Par 14,1.2; II Par 2,3 11 misit quoque Hiram rex Tyri nuntios ad David et ligna cedrina
et artifices lignorum artificesque lapidum ad parietes
et aedificaverunt domum David
12 et cognovit David quoniam confirmasset eum Dominus regem super
Israhel
et quoniam exaltasset regnum eius
super populum suum Israhel
13—16: I Par 14,3–7 13 accepit ergo adhuc concubinas et
uxores de Hierusalem
postquam venerat de Hebron
natique sunt David et alii filii et filiae
14—16: I Par 3,5–8 14 et haec nomina eorum qui nati sunt
ei in Hierusalem
Samua et Sobab et Nathan et Salomon 15 et Ibaar et Helisua
et Nepheg 16 et Iafia et Helisama et
Helida et Helifeleth
17—25: I Par 14,8–16 17 audierunt vero Philisthim quod un-
3! 2,4! xissent David regem super Israhel
et ascenderunt universi ut quaererent David
23,14; I Sm 22,4 quod cum audisset David descendit
in praesidium
22; 23,13; I Par 11,15! 18 Philisthim autem venientes diffusi
sunt in valle Raphaim
Sm 14,37! 23,2! 19 et consuluit David Dominum dicens
si ascendam ad Philisthim et si dabis
eos in manu mea
et dixit Dominus ad David ascende
quia tradens dabo Philisthim in manu tua
20 venit ergo David in Baalpharasim
et percussit eos ibi
Is 28,21 et dixit divisit Dominus inimicos meos coram me sicut dividuntur aquae
propterea vocatum est nomen loci
illius Baalpharasim
21 et reliquerunt ibi sculptilia sua quae
tulit David et viri eius
22 et addiderunt adhuc Philisthim ut 18!
ascenderent et diffusi sunt in valle
Raphaim
23 consuluit autem David Dominum
qui respondit non ascendas sed gyra
post tergum eorum
et venies ad eos ex adverso pirorum
24 et cum audieris sonitum gradientis
in cacumine pirorum tunc inibis
proelium
quia tunc egredietur Dominus ante
faciem tuam ut percutiat castra
Philisthim
25 fecit itaque David sicut ei praeceperat Dominus
et percussit Philisthim de Gabee us- 8,1! I Par 20,4
que dum venias Gezer
6 congregavit autem rursum David **1—11:** I Par 13,5–14
omnes electos ex Israhel triginta
milia
2 surrexitque et abiit 12; 5,6
et universus populus qui erat cum eo I Sm 4,4! III Rg 8,5; I Par 15,3!
de viris Iuda ut adducerent arcam
Dei
super quam invocatum est nomen
Domini exercituum sedentis in cherubin super eam
3 et inposuerunt arcam Domini super I Sm 6,8.11
plaustrum novum
tuleruntque eam de domo Abinadab I Sm 7,1
qui erat in Gabaa
Oza autem et Haio filii Abinadab
minabant plaustrum novum
4 cumque tulissent eam de domo Abinadab qui erat in Gabaa custodiens
arcam Dei

RAC ΣΛDΦm cr

10 proficiscens RC. | 13 ergo + dauid ΛΦc | 15 iebahar c. | 16 elioda c | 17 uero] ergo c | dauid[1] + in c | 23 dominum + si ascendam contra philistheos et tradas eos in manus meas ΣΛc | ascendas + obuiam eis Σ; + contra eos c | 24 et percutiet Σ; ut percutias R | 25 ~ praeceperat ei ΛΦc; praecepit ei D | gabaa ΛΦc | uenies R || **6,**2 surrexit itaque R; + dauid c | super qua RA. | 3 domini] dei Σc | abinadab[1] R cr] aminadab *cet.* | abinadab[2] RADcr] aminadab *cet.* | 4 abinadab RAcr] aminadab *cet.* | dei] domini R |

Haio praecedebat arcam
14 5 David autem et omnis Israhel ludebant coram Domino
in omnibus lignis fabrefactis et citharis et lyris et tympanis et sistris et cymbalis
6 postquam autem venerunt ad aream Nachon
extendit manum Oza ad arcam Dei et tenuit eam quoniam calcitrabant boves
7 iratusque est indignatione Dominus contra Ozam et percussit eum super temeritate
qui mortuus est ibi iuxta arcam Dei
8 contristatus autem est David eo quod percussisset Dominus Ozam
et vocatum est nomen loci illius Percussio Oza usque in diem hanc
9 et extimuit David Dominum in die illa dicens
quomodo ingredietur ad me arca Domini
10 et noluit devertere ad se arcam Domini in civitate David
sed devertit eam in domo Obededom Getthei
11 et habitavit arca Domini in domo Obededom Getthei tribus mensibus
et benedixit Dominus Obededom et omnem domum eius
12—19: I Par 15,25–16,3 12 nuntiatumque est regi David
benedixit Dominus Obededom et omnia eius propter arcam Dei
2! abiit ergo David et adduxit arcam Dei de domo Obededom in civitatem David cum gaudio
13 cumque transcendissent qui portabant arcam Domini sex passus
Lv 23,18! II Par 5,6; 15,11; I Esr 7,17 immolabat bovem et arietem
14 et David saltabat totis viribus ante Dominum
porro David erat accinctus ephod lineo I Sm 2,18
15 et David et omnis domus Israhel
ducebant arcam testamenti Domini
in iubilo et in clangore bucinae
16 cumque intrasset arca Domini civitatem David
Michol filia Saul prospiciens per fenestram
vidit regem David subsilientem atque saltantem coram Domino
et despexit eum in corde suo
17 et introduxerunt arcam Domini et posuerunt eam in loco suo III Rg 8,6! I Par 15,1; II Par 5,7
in medio tabernaculi quod tetenderat ei David
et obtulit David holocausta coram Domino et pacifica 24,25! Ex 32,6! III Rg 8,62.63; I Par 16,1.2; II Par 7,7; Ez 43,27; 46,2.12
18 cumque conplesset offerens holocaustum et pacifica
benedixit populo in nomine Domini exercituum
19 et partitus est multitudini universae Israhel
tam viro quam mulieri
singulis collyridam panis unam
et assaturam bubulae carnis unam
et similam frixam oleo
et abiit omnis populus unusquisque in domum suam I Sm 10,25! I Par 16,43
20 reversusque est et David ut benediceret domui suae
et egressa Michol filia Saul in occursum David ait
quam gloriosus fuit hodie rex Israhel
discoperiens se ante ancillas servorum suorum
et nudatus est quasi si nudetur unus de scurris
21 dixitque David ad Michol

RAC ΣΛDΦm cr

6 ∼ oza manum c. | boues + et declinauerant eam ΛΦ; + et declinauerunt eam Σc | 7 super temeritatem ΛDΦ | 8 ∼ est autem ΣΛDΦc | uocauit nomen R | ozae[2] c; ozam D | 9 dauid *om.* R | 10 diuertere Rc | in ciuitatem ΛDc | diuertit RΣc | in domum Λc | 12 benedixit] quia benedixit Σ; quia benedixisset CΛΦ; quod benedixisset c | dei[1]] domini RΛ | in ciuitate RCr | gaudio + et erant cum dauid septem chori et uictima uituli Σc𝔊 | 13 immolabant CΛDΦ | 14 ∼ accinctus erat RΛDΦ | 16 ciuitate C.; in ciuitatem Φc; in ciuitate RD | 17 et imposuerunt c | ∼ et pacifica coram domino c | 18 holocausta Σc | 19 ∼ uniuersae multitudini ΛDΦc | 20 et[1] *om.* ΣDΦc | dauid[2] + et R |

ante Dominum qui elegit me potius
quam patrem tuum
et quam omnem domum eius
5,2! 7,7.8; I Sm 13,14! I Par 17,6 et praecepit mihi ut essem dux super
populum Domini Israhel
22 et ludam et vilior fiam plus quam
factus sum
et ero humilis in oculis meis
et cum ancillis de quibus locuta es
gloriosior apparebo
23 igitur Michol filiae Saul non est natus filius usque ad diem mortis suae
1—29: I Par 17,1–27 **7** factum est autem cum sedisset rex in
domo sua
11; Ios 21,42! III Rg 4,24; 5,4; I Par 22,9; II Par 15,15! et Dominus dedisset ei requiem undique ab universis inimicis suis
2 dixit ad Nathan prophetam
videsne quod ego habitem in domo
cedrina
et arca Dei posita sit in medio pellium
3 dixitque Nathan ad regem
III Rg 8,18 omne quod est in corde tuo vade fac
quia Dominus tecum est
12,1; 24,11.12! Sir 47,1 4 factum est autem in nocte illa et ecce
sermo Domini ad Nathan dicens
5 vade et loquere ad servum meum
David
haec dicit Dominus
III Rg 8,18! numquid tu aedificabis mihi domum
ad habitandum
6 neque enim habitavi in domo
I Sm 8,8! III Rg 8,16 ex die qua eduxi filios Israhel de terra
Aegypti usque in diem hanc
sed ambulans ambulabam in tabernaculo et in tentorio
7 per cuncta loca quae transivi cum
omnibus filiis Israhel
numquid loquens locutus sum ad
unam de tribubus Israhel
6,21! cui praecepi ut pasceret populum
meum Israhel dicens
quare non aedificastis mihi domum
cedrinam

8 et nunc haec dices servo meo David
haec dicit Dominus exercituum 5,2!
ego tuli te de pascuis sequentem gre- Ps 77,70.71! Am 7,15; Ps 151,4
ges
ut esses dux super populum meum 6,21!
Israhel
9 et fui tecum in omnibus ubicumque 8,6.14
ambulasti
et interfeci universos inimicos tuos
a facie tua
fecique tibi nomen grande iuxta nomen magnorum qui sunt in terra
10 et ponam locum populo meo Israhel
et plantabo eum et habitabit sub eo
et non turbabitur amplius
nec addent filii iniquitatis ut adfli- Ps 88,23; IV Esr 2,28
gant eum sicut prius
11 ex die qua constitui iudices super
populum meum Israhel
et requiem dabo tibi ab omnibus ini- 1!
micis tuis
praedicitque tibi Dominus quod do- 27
mum faciat tibi Dominus
12 cumque conpleti fuerint dies tui et
dormieris cum patribus tuis III Rg 1,21; 2,1.10!
suscitabo semen tuum post te quod Ier 23,5!
egredietur de utero tuo III Rg 8,19!
et firmabo regnum eius
13 ipse aedificabit domum nomini meo III Rg 5,5! I Par 28,6.7!
et stabiliam thronum regni eius us- II Mcc 14,35 16! III Rg 2,12!
que in sempiternum Ps 88,5! I Mcc 2,57
14 ego ero ei in patrem et ipse erit mihi II Cor 6,18; Hbr 1,5; Apc 21,7
in filium
qui si inique aliquid gesserit
arguam eum in virga virorum et in Ps 88,33
plagis filiorum hominum
15 misericordiam autem meam non au- Ps 88,34; Is 54,10
feram ab eo
sicut abstuli a Saul quem amovi a
facie tua
16 et fidelis erit domus tua et regnum 26; 23,5
tuum usque in aeternum ante fa- 13! Sir 47,13; Is 9,7; Lc 1,32.33
ciem tuam
et thronus tuus erit firmus iugiter

21 domini + in RDc | 23 usque in c || 7,2 dixitque R | 3 quia] quoniam RΣ | 4 ~ illa nocte c. | 6 die + illa c. | usque ad C | ambulans ACmr] *om. cet.* | 8 dicis RA | 11 praedicetque CΣΔΦ | dominus[2]] deus C; *om.* Σ | 15 tua] mea Φc | 16 firmissimus C |

RAC ΣΛΔΦm cr

17 secundum omnia verba haec
et iuxta universam visionem istam
sic locutus est Nathan ad David
18 ingressus est autem rex David et sedit coram Domino et dixit
quis ego sum Domine Deus
et quae domus mea
quia adduxisti me hucusque
19 sed et hoc parum visum est in conspectu tuo Domine Deus
nisi loquereris etiam de domo servi
tui in longinquum
ista est enim lex Adam Domine
Deus
20 quid ergo addere poterit adhuc David ut loquatur ad te
tu enim scis servum tuum Domine
Deus 21 propter verbum tuum
Ex 4,30! Ps 76,14.15! et secundum cor tuum fecisti omnia
magnalia haec
ita ut notum faceres servo tuo
Ps 103,1; 138,14; Is 33,5 22 idcirco magnificatus es Domine Deus
Ex 15,11! I Sm 2,2! quia non est similis tui
neque est deus extra te
in omnibus quae audivimus auribus
nostris
Dt 4,34! Est 10,9! 23 quae est autem ut populus tuus Israhel gens in terra
propter quam ivit Deus ut redimeret
Is 63,14 eam sibi in populum
et poneret sibi nomen faceretque eis
magnalia et horribilia super terram
Est 13,16 a facie populi tui quem redemisti tibi
ex Aegypto
gentem et deum eius
Ex 6,7! 24 et firmasti tibi populum tuum Israhel in populum sempiternum
et tu Domine factus es eis in Deum
III Rg 2,4 25 nunc ergo Domine Deus
verbum quod locutus es super servum tuum et super domum eius
suscita in sempiternum et fac sicut
locutus es
I Par 17,24; Ps 85,12; 26 et magnificetur nomen tuum usque
in sempiternum atque dicatur Ez 36,23; Mt 6,9!
Dominus exercituum Deus super Israhel
et domus servi tui David erit stabilita 16!
coram Domino
27 quia tu Domine exercituum Deus
Israhel revelasti aurem servi tui dicens
domum aedificabo tibi 11
propterea invenit servus tuus cor suum ut oraret te oratione hac
28 nunc ergo Domine Deus
tu es Deus et verba tua erunt vera
locutus es enim ad servum tuum bona haec
29 incipe igitur et benedic domui servi
tui
ut sit in sempiternum coram te
quia tu Domine Deus locutus es
et benedictione tua benedicetur domus servi tui in sempiternum
8 factum est autem post haec **1—14:** I Par 18,1–13
percussit David Philisthim et humi- 5,25! 21,15; I Par 20,4
liavit eos
et tulit David frenum tributi de manu Philisthim
2 et percussit Moab et mensus est eos I Sm 14,47
funiculo coaequans terrae
mensus est autem duos funiculos
unum ad occidendum et unum ad
vivificandum
factusque est Moab David serviens 6
sub tributo
3 et percussit David Adadezer filium 12; 10,6; III Rg 11,23
Roob regem Soba
quando profectus est ut dominare-
tur super flumen Eufraten
4 et captis David ex parte eius mille
septingentis equitibus et viginti milibus peditum
subnervavit omnes iugales curruum
dereliquit autem ex eis centum currus
5 venit quoque Syria Damasci ut praesidium ferret Adadezer regi Soba

RAC ΣΛDΦm cr 18 usque huc CΣ. | 22 neque + enim RΣ | 23 ibit ACΣΛ | 24 et firmasti] firmasti enim c. | domine + deus c. | ei R | 26 et[1]] ut c | super *om.* C | 27 te *om.* RΣ | 29 igitur] ergo c | domui] domum RΦ ||

10,18 et percussit David de Syria viginti
duo milia virorum
6 et posuit David praesidium in Syria
Damasci
2 factaque est Syria David serviens sub
tributo
14; 7,9 servavit Dominus David in omnibus
ad quaecumque profectus est
7 et tulit David arma aurea quae habebant servi Adadezer
et detulit ea in Hierusalem
8 et de Bete et de Beroth civitatibus
Adadezer
tulit rex David aes multum nimis
9 audivit autem Thou rex Emath quod
percussisset David omne robur
Adadezer
10 et misit Thou Ioram filium suum ad
regem David
ut salutaret eum congratulans et gratias ageret
eo quod expugnasset Adadezer et
percussisset eum
hostis quippe erat Thou Adadezer
III Rg 7,51; II Par 5,1 et in manu eius erant vasa argentea
et vasa aurea et vasa aerea
I Par 26,26 11 quae et ipsa sanctificavit rex David
Domino
cum argento et auro quae sanctificaverat de universis gentibus quas
subegerat
12 de Syria et Moab et filiis Ammon et
Philisthim et Amalech
3! et de manubiis Adadezer filii Roob
regis Soba
13 fecit quoque sibi David nomen cum
reverteretur capta Syria
IV Rg 14,7; II Par 25,11! Ps 59,2 in valle Salinarum caesis duodecim
milibus
14 et posuit in Idumea custodes statuitque praesidium
Nm 24,18! et facta est universa Idumea serviens
David
6; 7,9 et servavit Dominus David in omnibus ad quaecumque profectus est 15—18: III Rg 4,1–6; I Par 18,14–17
15 et regnavit David super omnem Israhel III Rg 10,9; I Par 18,14; II Par 9,8; Ier 23,5! Dt 33,21! Prv 21,21! Ier 33,15
faciebat quoque David iudicium et
iustitiam omni populo suo
16 Ioab autem filius Sarviae erat super I Par 11,6; 18,15
exercitum 16—18: 20,23–26
porro Iosaphat filius Ahilud erat a
commentariis
17 et Sadoc filius Achitob et Ahimelech filius Abiathar sacerdotes I Par 6,8; 24,6!
et Saraias scriba
18 Banaias autem filius Ioiada super 23,20; III Rg 1,38.44; I Par 27,5!
Cherethi et Felethi
filii autem David sacerdotes erant
9 et dixit David
putasne est aliquis qui remanserit de
domo Saul
ut faciam cum eo misericordiam 7; I Sm 20,15!
propter Ionathan
2 erat autem de domo Saul servus nomine Siba 16,1; 19,17
quem cum vocasset rex ad se dixit
ei tune es Siba
et ille respondit ego sum servus tuus
3 et ait rex num superest aliquis de
domo Saul
ut faciam cum eo misericordiam Dei I Sm 20,14
dixitque Siba regi
superest filius Ionathan debilis pedibus 13! 4,4
4 ubi inquit est
et Siba ad regem
ecce ait in domo est Machir filii Amihel in Lodabar 17,27
5 misit ergo rex David et tulit eum de
domo Machir filii Amihel de Lodabar
6 cum autem venisset Mifiboseth filius 4,4! 19,24; 21,7
Ionathan filii Saul ad David
corruit in faciem suam et adoravit Gn 50,18
dixitque David Mifiboseth
qui respondit adsum servus tuus
7 et ait ei David ne timeas quia faciens 1!

8,6 seruauitque c | 10 ~ uasa aurea et uasa argentea c | 12 manubiis] manibus R | 13 ~ dauid sibi R | duodecim] duodeuiginti r.; decem et octo c | 15 faciebatque dauid C | suo *om.* C | 17 abimelech RCΣ | abiathar + erant c | sacerdotis RADΦ | 18 ioiadae ΣΛ c; ioiadab D. || **9**,1 ut] et CΦ | 3 numquid c | 7 ei *om.* R |

RAC ΣΛDΦm cr

faciam in te misericordiam
propter Ionathan patrem tuum
et restituam tibi omnes agros Saul patris tui
10.11.13; 19,28; III Rg 2,7; IV Rg 25,29 et tu comedes panem in mensa mea semper
8 qui adorans eum dixit
quis ego sum servus tuus
quoniam respexisti super canem mortuum similem mei
9 vocavit itaque rex Sibam puerum Saul et dixit ei
omnia quaecumque fuerunt Saul et universam domum eius dedi filio domini tui
10 operare igitur ei terram tu et filii tui et servi tui
et inferes filio domini tui cibos ut alatur
Mifiboseth autem filius domini tui
7! comedet semper panem super mensam meam
19,17 erant autem Sibae quindecim filii et viginti servi
11 dixitque Siba ad regem
sicut iussisti domine mi rex servo tuo sic faciet servus tuus
7! et Mifiboseth comedet super mensam tuam quasi unus de filiis regis
I Par 8,34 12 habebat autem Mifiboseth filium parvulum nomine Micha
omnis vero cognatio domus Siba serviebat Mifiboseth
13 porro Mifiboseth habitabat in Hierusalem
7! quia de mensa regis iugiter vescebatur
3; 4,4! 19,26 et erat claudus utroque pede
1—19: I Par 19,1–19 **10** factum est autem post haec ut moreretur rex filiorum Ammon
et regnaret Anon filius eius pro eo
2 dixitque David faciam misericordiam cum Anon filio Naas
sicut fecit pater eius mecum misericordiam
misit ergo David consolans eum per servos suos super patris interitu
cum autem venissent servi David in terram filiorum Ammon
3 dixerunt principes filiorum Ammon ad Anon dominum suum
putas quod propter honorem patris tui David miserit ad te consolatores
et non ideo ut investigaret et exploraret civitatem et everteret eam
misit David servos suos ad te
4 tulit itaque Anon servos David
rasitque dimidiam partem barbae eorum
et praecidit vestes eorum medias usque ad nates et dimisit eos
5 quod cum nuntiatum esset David misit in occursum eorum
erant enim viri confusi turpiter valde
et mandavit eis David
manete Hiericho donec crescat barba vestra et tunc revertimini
6 videntes autem filii Ammon quod iniuriam fecissent David
miserunt et conduxerunt mercede Syrum Roob et Syrum Soba viginti milia peditum 8,3!
et a rege Maacha mille viros
et ab Histob duodecim milia virorum
7 quod cum audisset David misit Ioab 11,1
et omnem exercitum bellatorum
8 egressi sunt ergo filii Ammon et direxerunt aciem ante ipsum introitum portae
Syrus autem Soba et Roob et Histob et Maacha seorsum erant in campo
9 videns igitur Ioab quod praeparatum esset adversum se proelium et ex adverso et post tergum
elegit ex omnibus electis Israhel
et instruxit aciem contra Syrum

RAC ΣΛDΦm c r 8 quoniam] quia Cm. | 9 siba R | 11 tuam] meam c. | 12 sibae c || **10**,1 regnauit c | 2 interitum RΣD | in terra RCr | 3 ~ miserit dauid c | 4 praescidit c. | 5 manete + in Dc | 8 ergo] autem RΣ | ipsum + in CΣ | 9 et[1] *om.* R | electos AΣD |

18,2 10 reliquam autem partem populi tradidit Abisai fratri suo
qui direxit aciem adversum filios
Ammon
11 et ait Ioab si praevaluerint adversum
me Syri eris mihi in adiutorium
si autem filii Ammon praevaluerint
adversum te auxiliabor tibi
12 esto vir fortis et pugnemus pro populo nostro et civitate Dei nostri
Dominus autem faciet quod bonum
est in conspectu suo
13 iniit itaque Ioab et populus qui erat
cum eo certamen contra Syros
18 qui statim fugerunt a facie eius
14 filii autem Ammon videntes quod
fugissent Syri
fugerunt et ipsi a facie Abisai et ingressi sunt civitatem
reversusque est Ioab a filiis Ammon
et venit Hierusalem
15 videntes igitur Syri quoniam cor-
ruissent coram Israhel
congregati sunt pariter
16 misitque Adadezer et eduxit Syros
qui erant trans Fluvium
et adduxit exercitum eorum
Sobach autem magister militiae
Adadezer erat princeps eorum
17 quod cum nuntiatum esset David
contraxit omnem Israhelem et transivit Iordanem venitque in Helema
et direxerunt aciem Syri ex adverso
David et pugnaverunt contra eum
13 18 fugeruntque Syri a facie Israhel
8,5; Ps 59,2 et occidit David de Syris septingentos currus et quadraginta milia
equitum
et Sobach principem militiae percussit qui statim mortuus est
19 videntes autem universi reges qui
erant in praesidio Adadezer
victos se ab Israhel
fecerunt pacem cum Israhel et servierunt eis
timueruntque Syri auxilium praebere
filiis Ammon
11 factum est ergo vertente anno
eo tempore quo solent reges ad bella I Par 20,1
procedere
misit David Ioab et servos suos cum 10,7; 12,26
eo et universum Israhel
et vastaverunt filios Ammon et ob- Ez 25,5
sederunt Rabba
David autem remansit in Hierusalem
2 dum haec agerentur accidit ut surgeret David de stratu suo post meridiem
et deambularet in solario domus regiae
viditque mulierem se lavantem ex
adverso super solarium suum Gn 29,17! I Sm 25,3; III Rg 1,4; Est 1,11
erat autem mulier pulchra valde
3 misit ergo rex et requisivit quae esset
mulier
nuntiatumque ei est quod ipsa esset
Bethsabee filia Heliam uxor Uriae I Par 3,5
Hetthei
4 missis itaque David nuntiis tulit eam
quae cum ingressa esset ad illum 12,24
dormivit cum ea
statimque sanctificata est ab inmunditia sua
5 et reversa est domum suam concepto Gn 38,18.19
fetu
mittensque nuntiavit David et ait
concepi
6 misit autem David ad Ioab dicens
mitte ad me Uriam Hettheum
misitque Ioab Uriam ad David
7 et venit Urias ad David
quaesivitque David quam recte ageret Ioab et populus
et quomodo administraretur bellum
8 et dixit David ad Uriam
vade in domum tuam et lava pedes

14 quod] quia c. | est + et A | 16 ~ eorum exercitum c | 17 israhel CΣ | helama R; helima C.; helam c | 19 uictos se] se uictos esse c | israhel + expauerunt et fugerunt quinquaginta et octo milia coram israhel et Σc | praebere + ultra c || **11**,1 ergo] autem ΛΦc | 3 ei *om.* R.; ~ est ei ΛDΦc | 4 est + mulier C | 5 domum RΛDΦ] in domum *cet.* |

RAC ΣΛDΦm cr

tuos
egressus est Urias de domo regis
secutusque est eum cibus regius
13 9 dormivit autem Urias ante portam
domus regiae
cum aliis servis domini sui
et non descendit ad domum suam
10 nuntiatumque est David a dicentibus
non ivit Urias ad domum suam
et ait David ad Uriam
numquid non de via venisti
quare non descendisti ad domum
tuam
11 et ait Urias ad David
arca et Israhel et Iuda habitant in
papilionibus
et dominus meus Ioab et servi domini mei super faciem terrae ma-
nent
et ego ingrediar domum meam
ut comedam et bibam et dormiam
cum uxore mea
per salutem tuam et per salutem animae tuae quod non faciam rem
hanc
12 ait ergo David ad Uriam
Idc 19,9 mane hic etiam hodie et cras dimittam te
mansit Urias in Hierusalem die illa
et altera
13 et vocavit eum David ut comederet
coram se et biberet et inebriavit
eum
9 qui egressus vespere dormivit in stratu suo cum servis domini sui
et in domum suam non descendit
14 factum est ergo mane et scripsit David epistulam ad Ioab
misitque per manum Uriae 15 scribens in epistula
ponite Uriam ex adverso belli ubi
fortissimum proelium est
et derelinquite eum ut percussus intereat

16 igitur cum Ioab obsideret urbem
posuit Uriam in loco quo sciebat
viros esse fortissimos
17 egressique viri de civitate bellabant
adversum Ioab
et ceciderunt de populo servorum 24
David
et mortuus est etiam Urias Het- 21
theus
18 misit itaque Ioab et nuntiavit David
omnia verba proelii
19 praecepitque nuntio dicens
cum conpleveris universos sermones
belli ad regem
20 si eum videris indignari et dixerit
quare accessistis ad murum ut proe-
liaremini
an ignorabatis quod multa desuper
ex muro tela mittantur
21 quis percussit Abimelech filium Hie- Idc 9,53!
roboseth
nonne mulier misit super eum fragmen molae de muro
et interfecit eum in Thebes
quare iuxta murum accessistis
dices etiam servus tuus Urias Het- 17.24
theus occubuit
22 abiit ergo nuntius et venit et narravit David omnia quae ei praeceperat Ioab
23 et dixit nuntius ad David
praevaluerunt adversum nos viri
et egressi sunt ad nos in agrum
nos autem facto impetu persecuti
eos sumus usque ad portam civitatis
24 et direxerunt iacula sagittarii ad servos tuos ex muro desuper
mortuique sunt de servis regis 17
quin etiam servus tuus Urias Het- 21
theus mortuus est
25 et dixit David ad nuntium haec dices Ioab
non te frangat ista res

RAC ΣΛDΦm 𝔠𝔯

8 et egressus est 𝔠; egressusque C. | 10 ad$^{1.3}$] in 𝔠 | 11 arca + dei ΣΛ𝔠 | ut] et CD | quod] quia Λ; *om.* 𝔠 | 12 in die 𝔠 | 15 ~ est proelium 𝔠 | 16 quo RΣ𝔯] in quo A; ubi CΛDΦ𝔠 | 18 dauid *om.* C | 21 hieroboseth] hierobaal ΣΛ𝔠 | 22 quae praeceperat R; quae praecepit ei C. | 23 ad^{2}] aduersum RΛD |

varius enim eventus est proelii
et nunc hunc nunc illum consumit
gladius
conforta bellatores tuos adversum
urbem
ut destruas eam et exhortare eos
26 audivit autem uxor Uriae quod mortuus esset Urias vir suus et planxit
eum
27 transactoque luctu misit David et
introduxit eam domum suam
12,9.10.14.15 et facta est ei uxor peperitque ei filium
et displicuit verbum hoc quod fecerat David coram Domino
7,4.5! Sir 47,1 **12** misit ergo Dominus Nathan ad David
qui cum venisset ad eum dixit ei
duo viri erant in civitate una
unus dives et alter pauper
2 dives habebat oves et boves plurimos
valde
3 pauper autem nihil habebat omnino
praeter ovem unam parvulam
quam emerat et nutrierat et quae
creverat apud eum cum filiis eius
simul
de pane illius comedens et de calice
eius bibens
et in sinu illius dormiens
eratque illi sicut filia
4 cum autem peregrinus quidam venisset ad divitem
parcens ille sumere de ovibus et de
bubus suis ut exhiberet convivium
peregrino illi qui venerat ad se
tulit ovem viri pauperis et praeparavit cibos homini qui venerat ad se
5 iratus autem indignatione David adversus hominem illum nimis dixit
ad Nathan
I Sm 26,16! vivit Dominus quoniam filius mortis
est vir qui fecit hoc
Ex 22,1 6 ovem reddet in quadruplum eo quod
fecerit verbum istud et non peper-
cerit
7 dixit autem Nathan ad David tu es
ille vir
haec dicit Dominus Deus Israhel
ego unxi te in regem super Israhel I Sm 15,17!
et ego erui te de manu Saul
8 et dedi tibi domum domini tui
et uxores domini tui in sinu tuo
dedique tibi domum Israhel et Iuda
et si parva sunt ista adiciam tibi multo maiora
9 quare ergo contempsisti verbum Do- Nm 15,31
mini ut faceres malum in conspectu
meo
Uriam Hettheum percussisti gladio
et uxorem illius accepisti uxorem 11,27
et interfecisti eum gladio filiorum
Ammon
10 quam ob rem non recedet gladius de
domo tua usque in sempiternum
eo quod despexeris me et tuleris
uxorem Uriae Hetthei ut esset uxor 11,27
tua
11 itaque haec dicit Dominus
ecce ego suscitabo super te malum
de domo tua
et tollam uxores tuas in oculis tuis
et dabo proximo tuo
et dormiet cum uxoribus tuis in ocu- 16,22
lis solis huius
12 tu enim fecisti abscondite
ego vero faciam verbum istud in
conspectu omnis Israhel et in conspectu solis
13 et dixit David ad Nathan peccavi 24,10!
Domino
dixitque Nathan ad David
Dominus quoque transtulit pecca- Sir 47,13
tum tuum non morieris
14 verumtamen quoniam blasphemare Lv 24,16!
fecisti inimicos Domini propter
verbum hoc
filius qui natus est tibi morte morie- 11,27

25 proelii] belli c | hunc + et m; ~ nunc hunc et c. | consumet R | 27 transactoque] RAC
transacto autem A c. | eam + in CΣΛΦ c | ei² *om.* R || **12**, 6 reddat CΣ | 7 uir + qui fecisti ΣΛDΦm
hanc rem CΣΛ𝔊 | 8 iudam C | multa RC | 9 uxorem²] in uxorem tibi c. | 12 uero] cr
autem c |

tur
15 et reversus est Nathan domum suam
11,27 percussitque Dominus parvulum
quem pepererat uxor Uriae David
et desperatus est
16 deprecatusque est David Dominum
pro parvulo
et ieiunavit David ieiunio et ingressus seorsum iacuit super terram
17 venerunt autem seniores domus eius
cogentes eum ut surgeret de terra
qui noluit neque comedit cum eis cibum
18 accidit autem die septima ut moreretur infans
timueruntque servi David nuntiare
ei quod mortuus esset parvulus
dixerunt enim ecce cum parvulus adhuc viveret
loquebamur ad eum et non audiebat
vocem nostram
quanto magis si dixerimus mortuus
est puer se adfliget
19 cum ergo vidisset David servos suos
musitantes
intellexit quod mortuus esset infantulus
dixitque ad servos suos
num mortuus est puer
qui responderunt ei mortuus est
20 surrexit igitur David de terra et lotus
unctusque est
cumque mutasset vestem ingressus
est domum Domini et adoravit et
venit in domum suam
petivitque ut ponerent ei panem et
comedit
21 dixerunt autem ei servi sui
quis est sermo quem fecisti propter
infantem
cum adhuc viveret ieiunasti et flebas
mortuo autem puero surrexisti et
comedisti panem
22 qui ait propter infantem dum adhuc
viveret ieiunavi et flevi
dicebam enim quis scit si forte donet
eum mihi Dominus et vivet infans
23 nunc autem quia mortuus est quare
ieiuno
numquid potero revocare eum amplius
ego vadam magis ad eum ille vero Iob 7,10
non revertetur ad me
24 et consolatus est David Bethsabee
uxorem suam
ingressusque ad eam dormivit cum 11,4
ea
quae genuit filium et vocavit nomen Mt 1,6
eius Salomon
et Dominus dilexit eum 25 misitque
in manu Nathan prophetae
et vocavit nomen eius Amabilis Domino
eo quod diligeret eum Dominus
26 igitur pugnabat Ioab contra Rab- 11,1; I Par 20,1
bath filiorum Ammon
et expugnabat urbem regiam
27 misitque Ioab nuntios ad David dicens
dimicavi adversum Rabbath et ca-
pienda est urbs Aquarum
28 nunc igitur congrega reliquam partem populi
et obside civitatem et cape eam
ne cum a me vastata fuerit urbs
nomini meo adscribatur victoria
29 congregavit itaque David omnem
populum
et profectus est adversum Rabbath
cumque dimicasset cepit eam
30 et tulit diadema regis eorum de ca- IV Rg 11,12; Ps 20,4!
pite eius pondo auri talentum **30.31:** I Par 20,2.3
habens gemmas pretiosissimas
et inpositum est super caput David
sed et praedam civitatis asportavit
multam valde
31 populum quoque eius adducens ser-
ravit

RAC ΣΛDΦm cr 15 nathan + in Cc | percussit quoque c. | 17 neque] nec c | 18 si *om.* RD | 19 uidisset] audisset RΣΦ | ~ dauid uidisset c. | 20 igitur] ergo c | 21 ei *om.* A | 22 qui scit CΣ. | uiuat c | 23 ieiunem c | 28 nomine CΛ | 30 pondus A | 31 populum autem Σ.; populumque C |

et circumegit super eos ferrata carpenta
divisitque cultris et transduxit in ty-
po laterum
sic fecit universis civitatibus filiorum
Ammon
et reversus est David et omnis exercitus Hierusalem
13 factum est autem post haec
I Par 3,9 ut Absalom filii David sororem spe-
ciosissimam vocabulo Thamar
3,2 adamaret Amnon filius David 2 et
deperiret eam valde
ita ut aegrotaret propter amorem
eius
quia cum esset virgo difficile ei videbatur ut quippiam inhoneste ageret
cum ea
3 erat autem Amnonis amicus nomine
32 Ionadab filius Semaa fratris David
vir prudens valde 4 qui dixit ad eum
quare sic adtenuaris macie fili regis
per singulos dies
cur non indicas mihi
dixitque ei Amnon
Thamar sororem Absalom fratris
mei amo
5 cui respondit Ionadab
cuba super lectulum tuum et languorem simula
cumque venerit pater tuus ut visitet
te dic ei
veniat oro Thamar soror mea ut det
mihi cibum
et faciat pulmentum ut comedam de
manu eius
6 accubuit itaque Amnon et quasi
aegrotare coepit
cumque venisset rex ad visitandum
eum
ait Amnon ad regem
veniat obsecro Thamar soror mea
ut faciat in oculis meis duas sorbitiunculas et cibum capiam de manu
eius
7 misit ergo David ad Thamar domum
dicens
veni in domum Amnon fratris tui et
fac ei pulmentum
8 venitque Thamar in domum Amnon
fratris sui
ille autem iacebat
quae tollens farinam commiscuit
et liquefaciens in oculis eius coxit
sorbitiunculas
9 tollensque quod coxerat effudit et
posuit coram eo
et noluit comedere
dixitque Amnon eicite universos a
me
cumque eiecissent omnes
10 dixit Amnon ad Thamar
infer cibum in conclave ut vescar de
manu tua
tulit ergo Thamar sorbitiunculas
quas fecerat
et intulit ad Amnon fratrem suum in
conclave
11 cumque obtulisset ei cibum adprehendit eam et ait
veni cuba mecum soror mea
12 quae respondit ei
noli frater mi noli opprimere me
neque enim hoc fas est in Israhel
noli facere stultitiam hanc
13 et ego enim ferre non potero obprobrium meum
et tu eris quasi unus de insipientibus
in Israhel
quin potius loquere ad regem et non
negabit me tibi
14 noluit autem adquiescere precibus
eius
sed praevalens viribus oppressit eam Gn 34,2
et cubavit cum illa
15 et exosam eam habuit Amnon magno

31 exercitus + in ΛΦ c || **13**, 1 filii] filius C; filio ΣΛ | sororem speciosissimam] esset soror speciosissima Σ | adamaretque eam amnon ΣΛ | 2 ~ propter amorem eius aegrotaret c | ei *om.* R | 3 amnon ΣΦ c | 4 ~ fratris mei absalom ΛDΦ c | 5 lectum CΛ c | ut[2]] et RΣDm | faciet C | 6 aegrotari R | ut] et A | et[2]] ut A. | 13 et[1] *om.* Σ c | 14 autem] itaque C | illa] ea c | 15 ~ odio magno c |

RAC ΣΛDΦm cr

odio nimis
ita ut maius esset odium quo oderat
eam amore quo ante dilexerat
dixitque ei Amnon surge vade
16 quae respondit ei
maius est hoc malum quod nunc agis
adversum me quam quod ante fecisti expellens me
et noluit audire eam
17 sed vocato puero qui ministrabat ei
dixit
eice hanc a me foras et claude ostium
post eam
18 quae induta erat talari tunica
huiuscemodi enim filiae regis virgines vestibus utebantur
eiecit itaque eam minister illius foras
clausitque fores post eam
I Sm 4,12! Est 4,1! 19 quae aspergens cinerem capiti suo
IV Esr 9,38 scissa talari tunica
Ier 2,37 inpositisque manibus super caput
suum
ibat ingrediens et clamans
20 dixit autem ei Absalom frater suus
num Amnon frater tuus concubuit
tecum
sed nunc soror tace frater tuus est
neque adfligas cor tuum pro re hac
mansit itaque Thamar contabescens
in domo Absalom fratris sui
21 cum autem audisset rex David verba
haec contristatus est valde
22 porro non est locutus Absalom ad
Amnon nec malum nec bonum
oderat enim Absalom Amnon eo
quod violasset Thamar sororem
suam
23 factum est autem post tempus biennii
Gn 38,12; I Sm 25,4 ut tonderentur oves Absalom in
Baalasor quae est iuxta Ephraim
et vocavit Absalom omnes filios regis
24 venitque ad regem et ait ad eum
ecce tondentur oves servi tui
veniat oro rex cum servis suis ad
servum suum
25 dixitque rex ad Absalom
noli fili mi noli rogare ut veniamus
omnes et gravemus te
cum autem cogeret eum et noluisset
ire benedixit ei
26 et ait Absalom si non vis venire veniat obsecro nobiscum saltem Amnon frater meus
dixitque ad eum rex non est necesse
ut vadat tecum
27 coegit itaque eum Absalom et dimisit cum eo Amnon et universos filios regis
28 praeceperat autem Absalom pueris
suis dicens
observate cum temulentus fuerit Amnon vino
et dixero vobis percutite eum et interficite nolite timere
ego enim sum qui praecepi vobis
roboramini et estote viri fortes
29 fecerunt ergo pueri Absalom adversum Amnon sicut praeceperat eis
Absalom
surgentesque omnes filii regis ascenderunt singuli mulas suas et fugerunt
30 cumque adhuc pergerent in itinere
fama praevenit ad David dicens
percussit Absalom omnes filios regis
et non remansit ex eis saltem unus
31 surrexit itaque rex et scidit vestimenta sua et cecidit super terram
et omnes servi ipsius qui adsistebant
ei sciderunt vestimenta sua
32 respondens autem Ionadab filius Sa- 3
maa fratris David dixit
ne aestimet dominus meus quod omnes pueri filii regis occisi sint

RAC ΣΛDΦm cr

15 quo[1]] quod ACΣD | surge + et CΣΛDΦc | 20 numquid Ac | ~ hac re c | 21 ualde + et noluit contristari (contristare Φc) spiritum amnon (*om.* Φ) filii sui quoniam diligebat eum quia primogenitus erat ei ΣΦc𝔊 | 22 ~ nec bonum nec malum RΣ | suam] eius R | 26 uadat] ueniat C | 27 ~ absalom eum c | regis + feceratque absalom conuiuium quasi conuiuium regis Λc𝔊 | 28 praecepi RACr𝔐] praecipio *cet.* | 30 peruenit CΣc | 31 ipsius] illius c; eius C | 32 meus + rex ΣΛc |

Amnon solus mortuus est
quoniam in ore Absalom erat positus ex die qua oppressit Thamar
sororem eius
33 nunc ergo ne ponat dominus meus
rex super cor suum verbum istud
dicens
omnes filii regis occisi sunt
quoniam Amnon solus mortuus est
34 fugit autem Absalom
et levavit puer speculator oculos suos
et aspexit
et ecce populus multus veniebat per
iter devium ex latere montis
35 dixit autem Ionadab ad regem
ecce filii regis adsunt iuxta verbum
servi tui sic factum est
36 cumque cessasset loqui apparuerunt
et filii regis
et intrantes levaverunt vocem suam
et fleverunt
sed et rex et omnes servi eius fleverunt ploratu magno nimis
37 porro Absalom fugiens abiit ad Tho-
3,3; I Par 3,2 lomai filium Amiur regem Gessur
luxit ergo David filium suum cunctis
diebus
38 Absalom autem cum fugisset et ve-
15,8 nisset in Gessur fuit ibi tribus annis
39 cessavitque David rex persequi Absalom
eo quod consolatus esset super Amnon interitu
14 intellegens autem Ioab filius Sarviae
quod cor regis versum esset ad
Absalom
2 misit Thecuam et tulit inde mulierem
sapientem dixitque ad eam
lugere te simula et induere veste lugubri et ne unguaris oleo
ut sis quasi mulier plurimo iam tempore lugens mortuum
3 et ingredieris ad regem et loqueris ad
eum sermones huiuscemodi
posuit autem Ioab verba in ore eius
4 itaque cum ingressa fuisset mulier
thecuites ad regem
cecidit coram eo super terram et ado- I Sm 25,23!
ravit et dixit serva me rex
5 et ait ad eam rex quid causae habes
quae respondit heu mulier vidua ego
sum
mortuus est enim vir meus
6 et ancillae tuae erant duo filii
qui rixati sunt adversum se in agro
nullusque erat qui eos prohibere posset
et percussit alter alterum et interfecit
eum
7 et ecce consurgens universa cognatio
adversum ancillam tuam dicit
trade eum qui percussit fratrem su- Dt 19,12!
um
ut occidamus eum pro anima fratris
sui quem interfecit
et deleamus heredem
et quaerunt extinguere scintillam meam quae relicta est
ut non supersit viro meo nomen et
reliquiae super terram
8 et ait rex ad mulierem
vade in domum tuam et ego iubebo
pro te
9 dixitque mulier thecuites ad regem
in me domine mi rex iniquitas et in I Sm 25,24
domum patris mei
rex autem et thronus eius sit innocens
10 et ait rex qui contradixerit tibi adduc
eum ad me et ultra non addet ut
tangat te
11 quae ait recordetur rex Domini Dei
sui
ut non multiplicentur proximi sanguinis ad ulciscendum
et nequaquam interficient filium meum
qui ait vivit Dominus quia non cadet Lc 21,18!

34 et eleuauit c | per iter] pariter CD | 36 et[1] *om.* CΣ | 37 ammiud c | 39 ~ rex dauid c | interitum CDΦ || **14**,2 ~ iam plurimo c | 3 huiusmodi AD | 4 thecuitis RDΦc | 5 heu heu C | 7 eum[2]] illum AΣΛ | derelicta R | 9 thecuitis RDc | rex[1] + sit c | 10 addet] audet RΣ | 11 ut] et RΦ | interficiant c |

RAC ΣΛDΦm cr

de capillis filii tui super terram
I Sm 25,24! 12 dixit ergo mulier loquatur ancilla tua
ad dominum meum regem verbum
et ait loquere
13 dixitque mulier
quare cogitasti istiusmodi rem contra populum Dei
et locutus est rex verbum istud ut
peccet et non reducat eiectum suum
Gn 49,4; Ps 21,15 14 omnes morimur et quasi aquae delabimur in terram quae non revertuntur
Ez 18,23; 33,11! nec vult perire Deus animam
sed retractat cogitans ne penitus pereat qui abiectus est
15 nunc igitur veni ut loquar ad regem
dominum meum verbum hoc praesente populo
et dixit ancilla tua loquar ad regem
si quo modo faciat rex verbum ancillae suae
16 et audivit rex ut liberaret ancillam
suam
I Sm 26,19 de manu omnium qui volebant delere me et filium meum simul de
hereditate Dei
17 dicat ergo ancilla tua ut fiat verbum
domini mei regis quasi sacrificium
20; 19,27; I Sm 29,9; Est 15,16; Za 12,8 sicut enim angelus Dei sic est dominus meus rex
ut nec benedictione nec maledictione
moveatur
unde et Dominus Deus tuus est tecum
18 et respondens rex dixit ad mulierem
ne abscondas a me verbum quod te
interrogo
dixitque mulier loquere domine mi
rex
19 et ait rex numquid manus Ioab tecum est in omnibus istis
respondit mulier et ait
per salutem animae tuae domine mi
rex
nec ad dextram nec ad sinistram est
ex omnibus his quae locutus est dominus meus rex
servus enim tuus Ioab ipse praecepit mihi
et ipse posuit in os ancillae tuae omnia verba haec
20 ut verterem figuram sermonis huius
servus tuus Ioab praecepit istud
tu autem domine mi sapiens es sicut 17!
habet sapientiam angelus Dei
ut intellegas omnia super terram
21 et ait rex ad Ioab ecce placatus feci
verbum tuum
vade igitur et revoca puerum Absalom
22 cadensque Ioab super faciem suam Gn 18,2.3; Ex 34,8.9; Rt 2,10
in terram
adoravit et benedixit regi
et dixit Ioab
hodie intellexit servus tuus quia inveni gratiam in oculis tuis domine
mi rex
fecisti enim sermonem servi tui
23 surrexit ergo Ioab et abiit in Gessur
et adduxit Absalom in Hierusalem
24 dixit autem rex revertatur in domum
suam et faciem meam non videat
reversus est itaque Absalom in domum suam et faciem regis non vidit
25 porro sicut Absalom vir non erat I Sm 9,2; 16,12; III Rg 1,6
pulcher in omni Israhel et decorus
nimis
a vestigio pedis usque ad verticem
non erat in eo ulla macula
26 et quando tondebatur capillum
semel autem in anno tondebatur
quia gravabat eum caesaries
ponderabat capillos capitis sui ducentis siclis pondere publico

RAC ΣΛDΦm cr

11 de capillis] capillus C | 13 huiuscemodi c | 14 delabimur RAr] dilabimur *cet.* | reuertantur R; reuertentur ΛDΦ | ~ deus perire ΛΦc | 15 ~ dominum meum regem CΣc | uerba[2] RC. | 16 dei] domini CΛDΦ | ~ de hereditate (dei) delere me et filium meum simul ΛDΦc | 17 fiat] faciat CD | quasi] sicut DΦc | 18 dixitque + ei Cc | 19 ~ ad sinistram nec ad dexteram c | 20 mi + rex ΣΛc | 21 igitur] ergo c. | 22 ~ in faciem suam super terram C. | intellexi CD | 26 tondebat capillum c; tondebat capillos Φ |

[27] nati sunt autem Absalom filii tres
et filia una nomine Thamar eleganti
forma
[28] mansitque Absalom Hierusalem duobus annis et faciem regis non vidit
[29] misit itaque ad Ioab ut mitteret eum
ad regem qui noluit venire ad eum
cumque secundo misisset et ille noluisset venire [30] dixit servis suis
scitis agrum Ioab iuxta agrum meum
habentem messem hordei
ite igitur et succendite eum igni
Idc 15,5; Idt 2,17 succenderunt ergo servi Absalom segetem igni
[31] surrexitque Ioab et venit ad Absalom in domum eius et dixit
quare succenderunt servi tui segetem
meam igni
[32] et respondit Absalom ad Ioab
misi ad te obsecrans ut venires ad me
et mitterem te ad regem ut diceres
ei quare veni de Gessur
melius mihi erat ibi esse
obsecro ergo ut videam faciem regis
quod si memor est iniquitatis meae
interficiat me
[33] ingressus Ioab ad regem nuntiavit ei
vocatusque Absalom intravit ad regem
et adoravit super faciem terrae coram eo
osculatusque est rex Absalom
I Sm 8,11; III Rg 1,5 **15** igitur post haec fecit sibi Absalom
currum et equites et quinquaginta
viros qui praecederent eum
8,4; Iob 29,7! [2] et mane consurgens Absalom stabat
iuxta introitum portae
et omnem virum qui habebat negotium ut veniret ad regis iudicium
vocabat Absalom ad se et dicebat
de qua civitate es tu
qui respondens aiebat ex una tribu
Israhel ego sum servus tuus
[3] respondebatque ei Absalom
videntur mihi sermones tui boni et
iusti
sed non est qui te audiat constitutus
a rege
dicebatque Absalom
[4] quis me constituat iudicem super
terram
ut ad me veniant omnes qui habent
negotium et iuste iudicem
[5] sed et cum accederet ad eum homo
ut salutaret illum
extendebat manum suam et adprehendens osculabatur eum
[6] faciebatque hoc omni Israhel qui
veniebat ad iudicium ut audiretur
a rege
et sollicitabat corda virorum Israhel
[7] post quattuor autem annos dixit Absalom ad regem
vadam et reddam vota mea quae vovi
Domino in Hebron
[8] vovens enim vovit servus tuus cum 13,38
esset in Gessur Syriae dicens
si reduxerit me Dominus in Hierusalem sacrificabo Domino
[9] dixitque ei rex vade in pace
et surrexit et abiit in Hebron
[10] misit autem Absalom exploratores
in universas tribus Israhel dicens
statim ut audieritis clangorem bucinae dicite regnavit Absalom in Hebron
[11] porro cum Absalom ierunt ducenti
viri de Hierusalem vocati
euntes simplici corde et causam penitus ignorantes
[12] accersivit quoque Absalom Ahitofel 23,34; I Par 27,33
Gilonitem consiliarium David de

27 elegantis formae Φ c; eliganti formae CD. | 28 absalom + in C c | 29 uenire² + ad eum c | 30 igni² + et uenientes serui ioab scissis uestibus suis dixerunt succenderunt serui (pueri Σ) absalom partem agri igni Σ c 𝔊 | 31 ad *om.* R | 32 et²] ut R | ut²] et ΛDΦ c | 33 ingressus + itaque c | ei + omnia c | absalom¹] est absalom Σ; est absalom et c || **15**,1 currus Σ c | 2 sum *om.* C; ~ sum ego Σ. | 4 [*deest* D *usque ad* 22,16] | 6 israheli¹ AΣ | qui ueniebat] uenienti c. | 7 quattuor] quadraginta A c 𝔐 | regem + dauid ΣΛΦ c | 8 essem R | 9 rex + dauid Σ c |

RAC ΣΛ(D)Φm cr

civitate sua Gilo
cum immolaret victimas
IV Rg 14,19 et facta est coniuratio valida
populusque concurrens augebatur
cum Absalom
13 venit igitur nuntius ad David dicens
toto corde universus Israhel sequitur Absalom
14 et ait David servis suis qui erant cum
eo in Hierusalem
surgite fugiamus neque enim erit nobis effugium a facie Absalom
festinate egredi ne forte veniens occupet nos
et inpellat super nos ruinam
et percutiat civitatem in ore gladii
15 dixeruntque servi regis ad eum
omnia quaecumque praeceperit dominus noster rex libenter exsequimur servi tui
16 egressus est ergo rex et universa domus eius pedibus suis
16,21; 20,3 et dereliquit rex decem mulieres concubinas ad custodiendam domum
17 egressusque rex et omnis Israhel pedibus suis
stetit procul a domo
18 et universi servi eius ambulabant
iuxta eum
IV Rg 11,19 et legiones Cherethi et Felethi
I Sm 27,2! et omnes Getthei sescenti viri qui
secuti eum fuerant de Geth praecedebant regem
18,2 19 dixit autem rex ad Ethai Gettheum
cur venis nobiscum
revertere et habita cum rege
quia peregrinus es et egressus de loco tuo
20 heri venisti et hodie inpelleris nobiscum egredi
ego autem vadam quo iturus sum
revertere et reduc tecum fratres tuos
ostendisti gratiam et fidem

21 et respondit Ethai regi dicens
vivit Dominus et vivit dominus meus
rex
quoniam in quocumque loco fueris Rt 1,16; Io 12,26!
domine mi rex
sive in morte sive in vita
ibi erit servus tuus
22 et ait David Ethai veni et transi
et transivit Ethai Gettheus
et omnes viri qui cum eo erant
et reliqua multitudo
23 omnesque flebant voce magna Idc 20,26! 21,
et universus populus transiebat
rex quoque transgrediebatur torrentem Cedron Io 18,1
et cunctus populus incedebat contra
viam quae respicit ad desertum
24 venit autem et Sadoc et universi Levitae cum eo
portantes arcam foederis Dei Ios 3,3! III Rg 8,3.4
et deposuerunt arcam Dei
et ascendit Abiathar
donec expletus est omnis populus
qui egressus fuerat de civitate
25 et dixit rex ad Sadoc
reporta arcam Dei in urbem
si invenero gratiam in oculis Domini Gn 18,3!
reducet me et ostendet mihi eam et
tabernaculum suum
26 si autem dixerit non places
praesto sum faciat quod bonum est
coram se
27 et dixit rex ad Sadoc sacerdotem
o videns revertere in civitatem in pace
et Achimaas filius tuus et Ionathan 36; 17,17; III Rg 1,42
filius Abiathar
duo filii vestri sint vobiscum
28 ecce ego abscondar in campestribus 17,16
deserti
donec veniat sermo a vobis indicans
mihi
29 reportaverunt igitur Sadoc et Abiathar arcam Dei Hierusalem et man- III Rg 2,26

RAC ΣΛΦm cr 12 cum[1]] cumque Φ c | et *om.* Φ c | 15 exsequemur Φ c | 18 getthei + pugnatores (+ et Σ) ualidi ΣΛΦ c | geth + pedites c | 19 egressus + es c | 20 compelleris c | tuos + et dominus faciet tecum misericordiam et ueritatem (+ quia c) ΣΛ c 𝔊 | 22 ~ erant cum eo R | 24 sadoc + sacerdos ΣΛ c | dei[1]] domini R | est] esset A c | 26 dixerit + mihi Λ c | 27 in ciuitate RCr | 29 igitur] ergo c.; *om.* Σ. | dei] domini R; + in RΣ c |

serunt ibi
30 porro David ascendebat clivum
Olivarum scandens et flens
operto capite et nudis pedibus incedens
sed et omnis populus qui erat cum eo
operto capite ascendebat plorans
31 nuntiatum est autem David quod et
Ahitofel esset in coniuratione cum Absalom
34; 17,14 dixitque David infatua quaeso consilium Ahitofel Domine
16,1 32 cumque ascenderet David summitatem montis
in quo adoraturus erat Dominum
ecce occurrit ei Husai Arachites
scissa veste et terra pleno capite
33 et dixit ei David
19,35 si veneris mecum eris mihi oneri
34 si autem in civitatem revertaris et dixeris Absalom servus tuus sum rex
16,19 sicut fui servus patris tui sic ero servus tuus
31; 17,14 dissipabis consilium Ahitofel
17,15 35 habes autem tecum Sadoc et Abiathar sacerdotes
et omne verbum quodcumque audieris de domo regis
indicabis Sadoc et Abiathar sacerdotibus
36 sunt autem cum eis duo filii eorum
27; 17,17; III Rg 1,42 Achimaas Sadoc et Ionathan Abiathar
17,16 et mittetis per eos ad me omne verbum quod audieritis
16,16; I Par 27,33 37 veniente ergo Husai amico David in civitatem
16,15 Absalom quoque ingressus est Hierusalem
15,32 **16** cumque David transisset paululum montis verticem
9,2; 19,17 apparuit Siba puer Mifiboseth in occursum eius cum duobus asinis I Sm 25,18
qui onerati erant ducentis panibus
et centum alligaturis uvae passae
et centum massis palatarum et utribus vini
2 et dixit rex Sibae quid sibi volunt haec
responditque Siba asini domestici regis ut sedeant
et panes et palatae ad vescendum pueris tuis
vinum autem ut bibat si quis defecerit in deserto
3 et ait rex ubi est filius domini tui
responditque Siba regi
remansit in Hierusalem dicens
hodie restituet mihi domus Israhel regnum patris mei
4 et ait rex Sibae
tua sint omnia quae fuerunt Mifiboseth
dixitque Siba adoro
inveniam gratiam coram te domine mi rex
5 venit ergo rex David usque Baurim 19,16; III Rg 2,8
et ecce egrediebatur inde vir de cognatione domus Saul nomine Semei filius Gera
procedebat egrediens et maledicebat
6 mittebatque lapides contra David et contra universos servos regis David
omnis autem populus et universi bellatores
a dextro et sinistro latere regis incedebant
7 ita autem loquebatur Semei cum malediceret regi
egredere egredere vir sanguinum et vir Belial Dt 13,13!
8 reddidit tibi Dominus universum sanguinem domus Saul
quoniam invasisti regnum pro eo

30 ∼ nudis pedibus incedens et operto capite c. | 31 ∼ domine consilium ahitofel ΛΦ c | 34 sin autem ΑΛΦm | in ciuitate CΣ | 36 achimaas + filius Σ c | ionathan + filius Σ c || **16**,1 alligaturas RCΦ; ligaturis ΣΛ | massas R | utre c. | 2 domesticis ΑΛ c | et² *om.* c | 4 adoro] oro ΛΦ c; + ut Σ c | 5 usque + in C; + ad Σ | procedebatque c. | 6 et³ + a ΛΦ c | 8 reddet RΛ |

RAC ΣΛΦm cr

et dedit Dominus regnum in manu Absalom filii tui
et ecce premunt te mala tua
quoniam vir sanguinum es
19,21 9 dixit autem Abisai filius Sarviae regi
quare maledicit canis hic moriturus domino meo regi
vadam et amputabo caput eius
19,22 10 et ait rex
quid mihi et vobis filii Sarviae
dimittite eum maledicat
Dominus enim praecepit ei ut malediceret David
et quis est qui audeat dicere quare sic fecerit
11 et ait rex Abisai et universis servis suis
ecce filius meus qui egressus est de utero meo quaerit animam meam
quanto magis nunc filius Iemini
dimittite eum ut maledicat iuxta praeceptum Domini
Ex 4,31! 12 si forte respiciat Dominus adflictionem meam
et reddat mihi bonum pro maledictione hac hodierna
13 ambulabat itaque David et socii eius per viam cum eo
Semei autem per iugum montis ex latere contra illum gradiebatur maledicens
et mittens lapides adversum eum terramque spargens
I Sm 14,31! 14 venit itaque rex et universus populus cum eo lassus et refocilati sunt ibi
15,37 15 Absalom autem et omnis populus Israhel ingressi sunt Hierusalem
sed et Ahitofel cum eo
15,37; I Par 27,33 16 cum autem venisset Husai Arachites amicus David ad Absalom
locutus est ad eum salve rex salve rex
17 ad quem Absalom
haec est inquit gratia tua ad amicum tuum
quare non isti cum amico tuo
18 responditque Husai ad Absalom
nequaquam quia illius ero quem elegit Dominus
et omnis hic populus et universus Israhel
et cum eo manebo
19 sed ut et hoc inferam
cui ego serviturus sum nonne filio regis 15,34
sicut parui patri tuo sic parebo et tibi
20 dixit autem Absalom ad Ahitofel
inite consilium quid agere debeamus
21 et ait Ahitofel ad Absalom
ingredere ad concubinas patris tui quas dimisit ad custodiendam domum 15,16; 20,3
ut cum audierit omnis Israhel quod foedaveris patrem tuum
roborentur manus eorum tecum
22 tetenderunt igitur Absalom tabernaculum in solario
ingressusque est ad concubinas patris sui coram universo Israhel 3,8; 12,11; Gn 35,22
23 consilium autem Ahitofel quod dabat in diebus illis
quasi si quis consuleret Deum sic erat omne consilium Ahitofel
et cum esset cum David et cum esset cum Absalom
17 dixit igitur Ahitofel ad Absalom
eligam mihi duodecim milia virorum
et consurgens persequar David hac nocte
2 et inruens super eum quippe qui lassus est et solutis manibus percutiam eum
cumque fugerit omnis populus qui cum eo est percutiam regem desolatum
3 et reducam universum populum quo-

RAC ΣΛΦm cr 9 mortuus R c | 10 uobis + est Φ c | eum + et Σ; + ut CΛΦ c | 11 dimitte AC | 12 dominus] deus R | mihi + dominus c. | 15 israhel] eius c | 17 iuisti c; uenisti Σ | 18 et[3] *om.* R | 19 sic] ita c | 20 autem] ergo R | 21 ~ tecum manus eorum c | 22 igitur] ergo c. | 23 si quis] qui R || **17**,1 igitur] ergo c. |

modo omnis reverti solet
Io 11,50 unum enim virum tu quaeris
et omnis populus erit in pace
4 placuitque sermo eius Absalom et
cunctis maioribus natu Israhel
5 ait autem Absalom
vocate et Husai Arachiten
et audiamus quid etiam ipse dicat
6 cumque venisset Husai ad Absalom
ait Absalom ad eum
huiuscemodi sermonem locutus est
Ahitofel
facere debemus an non
quod das consilium
7 et dixit Husai ad Absalom
non bonum consilium quod dedit
Ahitofel hac vice
8 et rursum intulit Husai
tu nosti patrem tuum et viros qui
cum eo sunt esse fortissimos et
amaro animo
Prv 17,12; Os 13,8 veluti si ursa raptis catulis in saltu
saeviat
sed et pater tuus vir bellator est
nec morabitur cum populo
9 forsitan nunc latitat in foveis aut in
uno quo voluerit loco
et cum ceciderit unus quilibet in
principio
audiet quicumque audierit et dicet
facta est plaga in populo qui sequebatur Absalom
10 et fortissimus quoque cuius cor est
quasi leonis pavore solvetur
scit enim omnis populus Israhel
fortem esse patrem tuum et robustos
omnes qui cum eo sunt
11 sed hoc mihi videtur rectum esse consilium
congregetur ad te universus Israhel
Idc 20,1! II Par 30,5 Gn 32,12! III Rg 4,20 a Dan usque Bersabee quasi harena
maris innumerabilis

et tu eris in medio eorum
12 et inruemus super eum in quocumque loco fuerit inventus
et operiemus eum sicut cadere solet
ros super terram
et non relinquemus de viris qui cum
eo sunt ne unum quidem
13 quod si urbem aliquam fuerit ingressus
circumdabit omnis Israhel civitati
illi funes
et trahemus eam in torrentem
ut non repperiatur nec calculus quidem ex ea
14 dixitque Absalom et omnis vir Israhel
melius consilium Husai Arachitae
consilio Ahitofel
Domini autem nutu dissipatum est 15,31.34
consilium Ahitofel utile
ut induceret Dominus super Absalom malum
15 et ait Husai Sadoc et Abiathar sacer- 15,35
dotibus
hoc et hoc modo consilium dedit
Ahitofel Absalom et senibus Israhel
et ego tale et tale dedi consilium
16 nunc ergo mittite cito et nuntiate 15,36
David dicentes
ne moremini nocte hac in campestri- 15,28
bus deserti
sed absque dilatione transgredere
ne forte absorbeatur rex et omnis
populus qui cum eo est
17 Ionathan autem et Achimaas sta- 15,27! 36!
bant iuxta fontem Rogel
abiit ancilla et nuntiavit eis
et illi profecti sunt ut referrent ad
regem David nuntium
non enim poterant videri aut introire
civitatem
18 vidit autem eos quidam puer et indicavit Absalom

3 omnis reuerti solet R r] omne reu. solet A; omnes reu. solent C; amnis reu. solet Φm; omnis unus reu. solet Λ.; unus homo reu. solet c; unus homo reuertenti solet Σ. | 5 et[1] *om.* c | 6 sermonem + quem R | 7 non + est c | 9 forsan RA. | 10 quoque] quique CΛ; quisque c | 12 ~ inuentus fuerit c | 13 nec] ne A c | 14 omnis uir RΛΦ.𝔐𝔊] omnes uiri *cet.* | melius + est Σ c | 15 senioribus ΣΛΦ c | ~ consilium dedi R | 16 ne moreris Σ c; + in C | 17 introire + in R |

RAC ΣΛΦm cr

illi vero concito gradu ingressi sunt
domum cuiusdam viri in Baurim
qui habebat puteum in vestibulo suo
et descenderunt in eum
19 tulit autem mulier et expandit velamen super os putei quasi siccans ptisanas
et sic res latuit
20 cumque venissent servi Absalom ad mulierem in domum
dixerunt ubi est Achimaas et Ionathan
et respondit eis mulier
transierunt gustata paululum aqua
at hii qui quaerebant cum non repperissent reversi sunt Hierusalem
21 cumque abissent ascenderunt illi de puteo
et pergentes nuntiaverunt regi David atque dixerunt
surgite transite cito fluvium
quoniam huiuscemodi dedit consilium contra vos Ahitofel
22 surrexit ergo David et omnis populus qui erat cum eo
et transierunt Iordanem donec dilucesceret
et ne unus quidem residuus fuit qui non transisset fluvium
23 porro Ahitofel videns quod non fuisset factum consilium suum
stravit asinum suum et surrexit et abiit in domum suam et in civitatem suam
et disposita domo sua suspendio interiit
et sepultus est in sepulchro patris sui
27 24 David autem venit in Castra
et Absalom transivit Iordanem
ipse et omnis vir Israhel cum eo
25 Amasam vero constituit Absalom pro Ioab super exercitum
III Rg 2,5.32 Amasa autem erat filius viri qui vocabatur Iethra de Hiesreli
qui ingressus est ad Abigail filiam Naas I Par 2,16.17
sororem Sarviae quae fuit mater Ioab
26 et castrametatus est Israhel cum Absalom in terra Galaad
27 cumque venisset David in Castra 24
Sobi filius Naas de Rabbath filiorum Ammon
et Machir filius Ammihel de Lodabar 9,4
et Berzellai Galaadites de Rogelim 19,31
28 obtulerunt ei stratoria et tappetia et vasa fictilia
frumentum et hordeum et farinam
pulentam et fabam et lentem
frixum cicer 29 et mel et butyrum
oves et pingues vitulos
dederuntque David et populo qui cum eo erat ad vescendum I Sm 25,27
suspicati enim sunt populum fame et siti fatigari in deserto
18 igitur considerato David populo suo
constituit super eum tribunos et centuriones
2 et dedit populi tertiam partem sub manu Ioab
et tertiam in manu Abisai filii Sarviae fratris Ioab 10,10; I Sm 26,6!
et tertiam sub manu Ethai qui erat de Geth 15,19
dixitque rex ad populum
egrediar et ego vobiscum
3 et respondit populus non exibis
sive enim fugerimus non magnopere ad eos de nobis pertinebit
sive media pars ceciderit e nobis non satis curabunt
quia tu unus pro decem milibus conputaris
melius est igitur ut sis nobis in urbe praesidio

RAC ΣΛΦm cr 19 ~ latuit res ΛΦ c | 20 in domo R | ~ in domum ad mulierem c. | transierunt] *praem.* festinanter Σ; + festinanter c; + festinantes Λ | at] et C | sunt + in c | 21 atque] et c | surgite + et AΣ c | 22 ~ cum eo erat c | 23 et surrexit] surrexitque c; *om.* Σ. | 24 omnis uir RΛ𝔐𝔊] omnes uiri *cet.* | 28 farinam + et Σ c | lentem + et ΛΦ c | 29 erant CΛΦ || **18**,1 eum] eos A c | 2 tertiam 2.3 + partem c | in] sub ΣΦ c | 3 magno opere R |

4 ad quos rex ait
quod vobis rectum videtur hoc faciam
15,2! stetit ergo rex iuxta portam
egrediebaturque populus per turmas suas centeni et milleni
12 5 et praecepit rex Ioab et Abisai et Ethai dicens
servate mihi puerum Absalom
et omnis populus audiebat praecipientem regem cunctis principibus pro Absalom
6 itaque egressus est populus in campum contra Israhel
et factum est proelium in saltu Ephraim
2,17 7 et caesus est ibi populus Israhel ab exercitu David
factaque est ibi plaga magna in die illa viginti milium
8 fuit autem ibi proelium dispersum super faciem omnis terrae
et multo plures erant quos saltus consumpserat de populo
quam hii quos voraverat gladius in die illa
9 accidit autem ut occurreret Absalom servis David sedens mulo
cumque ingressus fuisset mulus subter condensam quercum et magnam
adhesit caput eius quercui
et illo suspenso inter caelum et terram
mulus cui sederat pertransivit
10 vidit autem hoc quispiam et nuntiavit Ioab dicens
vidi Absalom pendere de quercu
11 et ait Ioab viro qui nuntiaverat ei
si vidisti quare non confodisti eum cum terra
et ego dedissem tibi decem argenti siclos et unum balteum
12 qui dixit ad Ioab
si adpenderes in manibus meis mille argenteos
nequaquam mitterem manum meam in filium regis
audientibus enim nobis praecepit rex 5
tibi et Abisai et Ethai dicens
custodite mihi puerum Absalom
13 sed et si fecissem contra animam meam audacter
nequaquam hoc regem latere potuisset et tu stares ex adverso
14 et ait Ioab non sicut tu vis sed adgrediar eum coram te
tulit ergo tres lanceas in manu sua et infixit eas in corde Absalom
cumque adhuc palpitaret herens in quercu
15 cucurrerunt decem iuvenes armigeri Ioab
et percutientes interfecerunt eum
16 cecinit autem Ioab bucina 2,28
et retinuit populum ne persequeretur fugientem Israhel
volens parcere multitudini
17 et tulerunt Absalom et proiecerunt Ios 10,27
eum in saltu in foveam grandem
et conportaverunt super eum acervum lapidum magnum nimis Ios 7,26; 8,29
omnis autem Israhel fugit in tabernacula sua 19,8
18 porro Absalom erexerat sibi cum adhuc viveret titulum qui est in valle Regis
dixerat enim non habeo filium et hoc erit monumentum nominis mei
vocavitque titulum nomine suo
et appellatur manus Absalom usque ad hanc diem
19 Achimaas autem filius Sadoc ait
curram et nuntiabo regi
quia iudicium fecerit ei Dominus de 31
manu inimicorum eius
20 ad quem Ioab dixit
non eris nuntius in hac die sed nun-

4 ∼ uidetur rectum c | 7 ibi² ACmr𝔐] *om. cet.* | 8 illo AΣΛΦ | 9 sedebat C; insederat c; insedebat Σ | 12 et² *om.* C | 14 sicut tu] sicuti A; sicut Rr | in quercum CΛ | 17 in saltum R | 18 appellauit A |

RAC ΣΛΦm cr

tiabis in alia
hodie nolo te nuntiare
filius enim regis est mortuus
21 et ait Ioab Chusi vade et nuntia regi
quae vidisti
adoravit Chusi Ioab et cucurrit
22 rursum autem Achimaas filius Sadoc
dixit ad Ioab
quid inpedit si etiam ego curram
post Chusi
dixitque Ioab
quid vis currere fili mi
non eris boni nuntii baiulus
23 qui respondit quid enim si cucurrero
et ait ei curre
currens ergo Achimaas per viam
conpendii transivit Chusi
19,8; Rt 4,1! 24 David autem sedebat inter duas portas
speculator vero qui erat in fastigio
portae super murum
elevans oculos vidit hominem currentem solum
25 et exclamans indicavit regi
dixitque rex si solus est bonus est
nuntius in ore eius
properante autem illo et accedente
propius
26 vidit speculator hominem alterum
currentem
et vociferans in culmine ait
apparet mihi homo currens solus
dixitque rex et iste bonus est nuntius
27 speculator autem contemplor ait
cursum prioris quasi cursum Achimaas filii Sadoc
et ait rex vir bonus est et nuntium
portans bonum venit
28 clamans autem Achimaas dixit ad
I Sm 24,9! regem salve
et adorans regem coram eo pronus
in terram ait
benedictus Dominus Deus tuus qui
conclusit homines qui levaverunt
manus suas contra dominum meum regem
29 et ait rex estne pax puero Absalom 32
dixitque Achimaas
vidi tumultum magnum cum mitteret
Ioab servus tuus o rex me servum
tuum nescio aliud
30 ad quem rex transi ait et sta hic
cumque ille transisset et staret
31 apparuit Chusi et veniens ait
bonum adporto nuntium domine mi
rex
iudicavit enim pro te Dominus hodie 19
de manu omnium qui surrexerunt
contra te
32 dixit autem rex ad Chusi
estne pax puero Absalom 29
cui respondens Chusi
fiant inquit sicut puer inimici domini
mei regis
et universi qui consurgunt adversum
eum in malum
33 contristatus itaque rex ascendit cenaculum portae
et flevit et sic loquebatur vadens
fili mi Absalom fili mi Absalom 19,4
quis mihi tribuat ut ego moriar pro te
Absalom fili mi fili mi
19 nuntiatum est autem Ioab quod rex
fleret et lugeret filium suum
2 et versa est victoria in die illa in luctum omni populo
audivit enim populus in die illa dici
dolet rex super filio suo
3 et declinabat populus in die illa ingredi civitatem
quomodo declinare solet populus
versus et fugiens de proelio
4 porro rex operuit caput suum et clamabat voce magna
fili mi Absalom Absalom fili mi fili mi 18,33
5 ingressus ergo Ioab ad regem in do-

RAC ΣΛΦm cr

21 et^2 *om.* C | 22 dixitque + ei ΑΛΦ c | 23 ei *om.* RC | 26 homo] *praem.* alter c; + alter CΛ | 28 salue + rex CΣΛΦ c | in terra R | 29 tumultum] tumulum C | 30 ille transiret R | 31 surrexerant A | 32 puer + absalom R | 33 fili mi absalom^2] absalom fili mi ΛΦ c | fili mi^4 *om.* m.; + absalom ΣΛΦ c || **19**,2 in luctu R | ~ in luctum in die illa ΛΦ c | 3 declinabit m; declinauit CΛΦ c |

mo dixit
confudisti hodie vultus omnium servorum tuorum
qui salvam fecerunt animam tuam
et animam filiorum tuorum et filiarum tuarum
et animam uxorum tuarum et animam concubinarum tuarum
6 diligis odientes te et odio habes diligentes te
et ostendisti hodie quia non curas de ducibus tuis et de servis tuis
et vere cognovi modo quia si Absalom viveret et nos omnes occubuissemus tunc placeret tibi
7 nunc igitur surge et procede et adloquens satisfac servis tuis
iuro enim tibi per Dominum quod si non exieris ne unus quidem remansurus sit tecum nocte hac
et peius erit hoc tibi quam omnia mala quae venerunt super te ab adulescentia tua usque in praesens
18,24; Rt 4,1! 8 surrexit ergo rex et sedit in porta
et omni populo nuntiatum est quod rex sederet in porta
venitque universa multitudo coram rege
18,17 Israhel autem fugit in tabernacula sua
9 omnis quoque populus certabat in cunctis tribubus Israhel dicens
rex liberavit nos de manu inimicorum nostrorum
Idc 13,5! I Sm 9,16 ipse salvavit nos de manu Philisthinorum
et nunc fugit de terra propter Absalom
10 Absalom autem quem unximus super nos mortuus est in bello
usquequo siletis et non reducitis regem
11 rex vero David misit ad Sadoc et ad Abiathar sacerdotes dicens
loquimini ad maiores natu Iuda dicentes
cur venitis novissimi ad reducendum regem in domum suam
sermo autem omnis Israhel pervenerat ad regem in domo eius
12 fratres mei vos os meum et caro mea vos Gn 2,23!
quare novissimi reducitis regem
13 et Amasae dicite nonne os meum es et caro mea Gn 2,23!
haec faciat mihi Deus et haec addat
si non magister militiae fueris coram me omni tempore pro Ioab
14 et inclinavit cor omnium virorum Iuda quasi viri unius
miseruntque ad regem dicentes
revertere tu et omnes servi tui
15 et reversus est rex et venit usque ad Iordanem
et Iuda venit in Galgala
ut occurreret regi et transduceret eum Iordanem
16 festinavit autem Semei filius Gera filii Iemini de Baurim 16,5; III Rg 2,8
et descendit cum viris Iuda in occursum regis David
17 cum mille viris de Beniamin
et Siba puer de domo Saul et quindecim filii eius ac viginti servi erant cum eo 9,2.10; 16,1
et inrumpentes Iordanem ante regem
18 transierunt vada
ut transducerent domum regis et facerent iuxta iussionem eius
Semei autem filius Gera prostratus coram rege cum iam transisset Iordanem
19 dixit ad eum
ne reputes mihi domine mi iniquitatem Gn 50,17; Ex 32,31; Nm 12,11
neque memineris iniuriam servi tui
in die qua egressus es domine mi rex de Hierusalem
neque ponas rex in corde tuo

5 in domum Λ c; + et ACΣ | 6 diliges A.; diligens RC. | habens C | ~ omnes nos c | 7 quae euenerunt A | 9 omnisque RCr | 10 reducetis R | 11 ad² *om.* CΛ c | uenistis RΛΦ | 13 ~ et caro mea es c | 15 et³ + omnis ΣΛ c | uenit² + usque c | in galgalam R c. | 17 et² *om.* RA. | 18 transisset] transissent A | 19 iniuriarum AΛΦ c |

RAC ΣΛΦm cr

24,10; Nm 5,7! 20 agnosco enim servus tuus peccatum
meum
et idcirco hodie primus veni de omni
domo Ioseph
descendique in occursum domini mei
regis
16,9 21 respondens vero Abisai filius Sarviae
dixit
numquid pro his verbis non occidetur
Semei quia maledixit christo
Domini
16,10 22 et ait David quid mihi et vobis filii
Sarviae
cur efficimini mihi hodie in Satan
I Sm 11,13 ergone hodie interficietur vir in Israhel
an ignoro hodie me factum regem
super Israhel
III Rg 2,8 23 et ait rex Semei non morieris iuravitque
ei
9,6! 24 Mifiboseth quoque filius Saul descendit
in occursum regis inlotis
pedibus et intonsa barba
vestesque suas non laverat a die qua
egressus fuerat rex usque ad diem
reversionis eius in pace
25 cumque Hierusalem occurrisset regi
dixit ei rex
quare non venisti mecum Mifiboseth
26 qui respondens ait
domine mi rex servus meus contempsit
me
dixi ei ego famulus tuus ut sterneret
mihi asinum et ascendens abirem
cum rege
9,13! claudus enim sum servus tuus
27 insuper et accusavit me servum tuum
ad te dominum meum regem
14,17! Est 15,16 tu autem domine mi rex sicut angelus
Dei
fac quod placitum est tibi
28 neque enim fuit domus patris mei
nisi morti obnoxia domino meo
regi
tu autem posuisti me servum tuum 9,7!
inter convivas mensae tuae
quid igitur habeo iustae querellae
aut quid possum ultra vociferari ad
regem
29 ait ergo ei rex
quid ultra loqueris fixum est quod
locutus sum
tu et Siba dividite possessiones
30 responditque Mifiboseth regi
etiam cuncta accipiat postquam reversus
est dominus meus rex pacifice
in domum suam
31 Berzellai quoque Galaadites descendens 17,27
de Rogelim transduxit regem
Iordanem
paratus etiam ultra fluvium prosequi
eum
32 erat autem Berzellai Galaadites senex
valde id est octogenarius
et ipse praebuit alimenta regi cum
moraretur in Castris
fuit quippe vir dives nimis
33 dixit itaque rex ad Berzellai
veni mecum ut requiescas secure mecum
in Hierusalem
34 et ait Berzellai ad regem
quot sunt dies annorum vitae meae Ps 118,84
ut ascendam cum rege Hierusalem
35 octogenarius sum hodie
numquid vigent sensus mei ad discernendum
suave aut amarum
aut delectare potest servum tuum cibus
et potus
vel audire ultra possum vocem cantorum
atque cantricum
quare servus tuus fit oneri domino 15,33
meo regi
36 paululum procedam famulus tuus ab
Iordane tecum
nec indigeo hac vicissitudine
37 sed obsecro ut revertar servus tuus
et moriar in civitate mea iuxta sepulchrum
patris mei et matris meae

RAC ΣΛΦ𝔪 𝔠𝔯 20 omni *om.* RC | 21 quia] qui CΣΛΦ | 22 ~ hodie mihi A; mihi *om.* Σ | 26 qui] et 𝔠 | dixique CΦ𝔠 | 27 dei + es 𝔠 | 28 igitur] ergo 𝔠 | 33 securus Φ𝔠 | mecum² *om.* CΣ | 34 rege + in Σ𝔠 | 35 ultra *om.* Σ; ~ possum ultra 𝔠 | cantricium R.; cantatricum CΣΦ𝔠 | fit] sit 𝔠 | 36 nec] non 𝔠 | 37 mea + et sepeliar ΣΛΦ𝔠 |

est autem servus tuus Chamaam
ipse vadat tecum domine mi rex
et fac ei quod tibi bonum videtur
38 dixitque rex mecum transeat Chamaam
et ego faciam ei quicquid tibi placuerit
et omne quod petieris a me inpetrabis
39 cumque transisset universus populus et rex Iordanem
osculatus est rex Berzellai et benedixit ei
Gn 18,33; 31,55 et ille reversus est in locum suum
40 transivit ergo rex in Galgalam et Chamaam cum eo
omnis autem populus Iuda transduxerat regem
et media tantum pars adfuerat de populo Israhel
41 itaque omnes viri Israhel concurrentes ad regem dixerunt ei
quare te furati sunt fratres nostri viri Iuda
et transduxerunt regem et domum eius Iordanem
omnesque viros David cum eo
42 et respondit omnis vir Iuda ad viros Israhel
quia propior mihi est rex
cur irasceris super hac re
numquid comedimus aliquid ex rege
aut munera nobis data sunt
43 et respondit vir Israhel ad viros Iuda et ait
decem partibus maior ego sum apud regem
magisque ad me pertinet David quam ad te
cur mihi fecisti iniuriam
et non mihi nuntiatum est priori ut reducerem regem meum
durius autem responderunt viri Iuda viris Israhel
21 **20** accidit quoque ut ibi esset vir Belial
nomine Seba filius Bochri vir iemineus
et cecinit bucina et ait
non est nobis pars in David neque hereditas in filio Isai III Rg 12,16; II Par 10,16
vir in tabernacula tua Israhel
2 et separatus est omnis Israhel a David
secutusque est Seba filium Bochri
viri autem Iuda adheserunt regi suo a Iordane usque Hierusalem
3 cumque venisset rex in domum suam Hierusalem
tulit decem mulieres concubinas quas dereliquerat ad custodiendam domum 15,16; 16,21
et tradidit eas in custodiam alimenta eis praebens
et non est ingressus ad eas
sed erant clausae usque ad diem mortis suae in viduitate viventes
4 dixit autem rex Amasae
convoca mihi omnes viros Iuda in diem tertium et tu adesto praesens
5 abiit ergo Amasa ut convocaret Iudam
et moratus est extra placitum quod ei constituerat
6 ait autem David ad Abisai
nunc magis adflicturus est nos Seba filius Bochri quam Absalom
tolle igitur servos domini tui et persequere eum
ne forte inveniat civitates munitas et effugiat nos
7 egressi sunt ergo cum eo viri Ioab
Cherethi quoque et Felethi et omnes robusti exierunt de Hierusalem
ad persequendum Seba filium Bochri
8 cumque illi essent iuxta lapidem grandem qui est in Gabaon
Amasa veniens occurrit eis
porro Ioab vestitus erat tunica stricta ad mensuram habitus sui

37 quod] quidquid c. | 38 dixit itaque ei rex c | 42 ~ mihi propior c | 43 ~ ego maior R | ~ fecisti mihi c || **20**,1 in[1] + domo RΣ | uir[3] RAmr] redi uir C.; uade Σ; reuertere ΛΦc | 2 usque + ad CΛΦ; + in Σ | 3 suam + in ΣΛΦc | concubinas + suas CΛΦ | ~ ingressus est RΦ | usque in c | 5 constituerat + rex ΣΛΦc | 8 qui[1]] quae C | RAC ΣΛΦm cr

et desuper accinctus gladio depen-
dente usque ad ilia in vagina
qui fabrefactus levi motu egredi poterat et percutere
Mt 26,49! 9 dixit itaque Ioab ad Amasa salve mi
frater
et tenuit manu dextra mentum Amasae quasi osculans eum
10 porro Amasa non observavit gladium quem habebat Ioab
2,23! qui percussit eum in latere et effudit
intestina eius in terram
nec secundum vulnus adposuit
Ioab autem et Abisai frater eius persecuti sunt Seba filium Bochri
11 interea quidam viri cum stetissent
iuxta cadaver Amasae de sociis
Ioab dixerunt
ecce qui esse voluit pro Ioab comes
David pro Ioab
12 Amasa autem conspersus sanguine
iacebat in media via
vidit hoc quidam vir quod subsiste-
ret omnis populus ad videndum
eum
et amovit Amasam de via in agrum
operuitque eum vestimento ne sub-
sisterent transeuntes propter eum
13 amoto igitur illo de via
transiebat omnis vir sequens Ioab
ad persequendum Seba filium Bochri
14 porro ille transierat per omnes tribus
Israhel in Abelam et in Bethmacha
omnesque electi congregati fuerant
ad eum
15 venerunt itaque et obpugnabant eum
in Abela et in Bethmacha
et circumdederunt munitionibus civitatem et obsessa est urbs
omnis autem turba quae erat cum
Ioab
moliebatur destruere muros
16 et exclamavit mulier sapiens de civitate
audite audite dicite Ioab adpropin-
qua huc et loquar tecum
17 qui cum accessisset ad eam ait illi
tu es Ioab et ille respondit ego
ad quem sic locuta est
audi sermones ancillae tuae
qui respondit audio
18 rursumque illa
sermo inquit dicebatur in veteri pro- I Sm 24,14
verbio
qui interrogant interrogent in Abela
et sic perficiebant
19 nonne ego sum quae respondeo veritatem Israhel
et tu quaeris subruere civitatem et
evertere matrem in Israhel
quare praecipitas hereditatem Domini
20 respondensque Ioab ait
absit absit hoc a me
non praecipito neque demolior
21 non se sic habet res
sed homo de monte Ephraim Seba 1
filius Bochri cognomine
levavit manum contra regem David
tradite illum solum et recedemus a
civitate
et ait mulier ad Ioab
ecce caput eius mittetur ad te per
murum
22 ingressa est ergo ad omnem populum
et locuta est eis sapienter
qui abscisum caput Seba filii Bochri
proiecerunt ad Ioab
et ille cecinit tuba et recesserunt ab
urbe unusquisque in tabernacula
sua
Ioab autem reversus est Hierusalem
ad regem
23 fuit ergo Ioab super omnem exerci- 23—26: 8,16–18; III Rg 4,3–6; I Par 18,15–1
tum Israhel
Banaias autem filius Ioiadae super

RAC ΣΛΦm cr

8 fabrefactus] fabricatus c | 9 ad amasam Φ c | 10 adposuit + et mortuus est c | 11 ~ uoluit esse C | pro ioab comes dauid pro ioab Am(*vid.*)r, *cf.* 𝔐] pro ioab R.; pro ioab comes dauid ΣΛΦ c; comes dauid pro ioab C | 13 igitur] ergo c. | 14 transiebat C | in[2] *om.* RC cr | omnesque + uiri ΣΛ c | 15 in[2] *om.* C | 19 ueritatem + in AΣ c | quaeres R | subruere RA r] subuertere *cet.* | 21 ~ sic se C c | manum + suam Φ c | 22 abscissum c |

Cheretheos et Feletheos
III Rg 12,18; II Par 10,18! 24 Aduram vero super tributa
porro Iosaphat filius Ahilud a commentariis
25 Sia autem scriba
III Rg 4,4; I Par 24,6! Sadoc vero et Abiathar sacerdotes
26 Hira autem Hiaiarites erat sacerdos David
21 facta est quoque fames in diebus David tribus annis iugiter
I Sm 23,2! et consuluit David oraculum Domini
dixitque Dominus propter Saul et domum eius et sanguinem
quia occidit Gabaonitas
2 vocatis ergo Gabaonitis rex dixit ad eos
porro Gabaonitae non sunt de filiis Israhel
sed reliquiae Amorreorum
Ios 9,15! filii quippe Israhel iuraverant eis
et voluit Saul percutere eos zelo quasi pro filiis Israhel et Iuda
3 dixit ergo David ad Gabaonitas
quid faciam vobis et quod erit vestri piaculum
ut benedicatis hereditati Domini
4 dixeruntque ei Gabaonitae
non est nobis super argento et auro quaestio contra Saul et contra domum eius
neque volumus ut interficiatur homo de Israhel
ad quos ait quid ergo vultis ut faciam vobis
5 qui dixerunt regi
virum qui adtrivit nos et oppressit inique
ita delere debemus ut ne unus quidem residuus sit de stirpe eius in cunctis finibus Israhel
6 dentur nobis septem viri de filiis eius
et crucifigamus eos Domino in Gabaath Saul quondam electi Domini
et ait rex ego dabo
7 pepercitque rex Mifiboseth filio Ionathan filii Saul 9,6!
propter iusiurandum Domini quod fuerat inter David et inter Ionathan filium Saul I Sm 20,42!
8 tulit itaque rex duos filios Respha filiae Ahia quos peperit Saul Armoni et Mifiboseth 3,7
et quinque filios Michol filiae Saul quos genuerat Hadriheli filio Berzellai qui fuit de Molathi I Sm 18,19
9 et dedit eos in manu Gabaonitarum
qui crucifixerunt illos in monte coram Domino
et ceciderunt hii septem simul
occisi in diebus messis primis incipiente messione hordei
10 tollens autem Respha filia Ahia cilicium substravit sibi super petram
ab initio messis donec stillaret aqua super eos de caelo
et non dimisit aves lacerare eos per diem neque bestias per noctem
11 et nuntiata sunt David quae fecerat Respha filia Ahia concubina Saul
12 et abiit David et tulit ossa Saul et ossa Ionathan filii eius I Sm 31,11.12
a viris Iabesgalaad qui furati fuerant ea de platea Bethsan in qua suspenderant eos Philisthim
cum interfecissent Saul in Gelboe
13 et asportavit inde ossa Saul et ossa Ionathan filii eius
et colligentes ossa eorum qui adfixi fuerant
14 sepelierunt ea cum ossibus Saul et Ionathan filii eius
in terra Beniamin in latere in sepulchro Cis patris eius
feceruntque omnia quae praeceperat rex

25 sia RAmr.] siua c.; siba *cet.* | uero] autem C ‖ **21**,1 et[3]] est R.; *om.* c | sanguinum c | 2 sunt] erant Φ c | 4 quaestio + sed CΣΛΦ c | contra[2] *om.* C | ait] *praem.* rex Σ c; + rex ΛΦ | 6 et[1]] ut ΣΛΦ c | gabaa c | 8 sauli[1] c | michel RA; merob CΣΛ | 9 in manus Σ c | illos] eos ΣΛΦ c | 10 super[1]] supra c | petram] terram C | 14 et sepelierunt C | in sepulchro] sepulchri ΑΦ | RAC ΣΛΦm cr

et repropitiatus est Deus terrae post
haec
8,1! 15 factum est autem rursum proelium
Philisthinorum adversum Israhel
et descendit David et servi eius cum
eo et pugnabant contra Philisthim
deficiente autem David
16 Iesbidenob qui fuit de genere Arafa
cuius ferrum hastae trecentas uncias
adpendebat
et accinctus erat ense novo
nisus est percutere David
I Sm 26,6! 17 praesidioque ei fuit Abisai filius Sarviae
et percussum Philistheum interfecit
tunc iuraverunt viri David dicentes
non egredieris nobiscum in bellum
ne extinguas lucernam Israhel
18—22: I Par 20,4–8 18 secundum quoque fuit bellum in
23,27; I Par 11,29; 27,11 Gob contra Philistheos
tunc percussit Sobbochai de Usathi
Seph de stirpe Arafa
19 tertium quoque fuit bellum in Gob
contra Philistheos
in quo percussit Adeodatus filius Saltus polymitarius bethleemites Goliath Gettheum
I Sm 17,7 cuius hastile hastae erat quasi liciatorium texentium
20 quartum bellum fuit in Geth
in quo vir excelsus qui senos in manibus pedibusque habebat digitos id
est viginti et quattuor
et erat de origine Arafa
21 blasphemavit Israhel
percussit autem eum Ionathan filius
Sammaa fratris David
22 hii quattuor nati sunt de Arafa in
Geth
et ceciderunt in manu David et servorum eius
Ps 17,1 **22** locutus est autem David Domino
verba carminis huius

in die qua liberavit eum Dominus
de manu omnium inimicorum suorum
et de manu Saul 2 et ait
Dominus petra mea et robur meum **2—51:** Ps 17,3–51
et salvator meus
3 Deus meus fortis meus sperabo in
eum
scutum meum et cornu salutis meae
elevator meus et refugium meum Ps 58,17! I Sm 10,19!
salvator meus de iniquitate liberabis I Esr 9,13; Ps 38,9; Tit 2,1
me
4 laudabilem invocabo Dominum et Idc 10,12!
ab inimicis meis salvus ero
5 quia circumdederunt me contritio- Ps 54,5
nes mortis torrentes Belial terru- **5—7:** Ps 114,3.4
erunt me
6 funes inferi circumdederunt me praevenerunt me laquei mortis
7 in tribulatione mea invocabo Domi- Ex 2,23! Ps 101,2
num et ad Deum meum clamabo
et exaudiet de templo suo vocem meam et clamor meus veniet ad aures
eius
8 commota est et contremuit terra Idc 5,4! Ps 17,8!
fundamenta montium concussa sunt Dt 32,22! Idt 16,18!
et conquassata quoniam iratus est
9 ascendit fumus de naribus eius et
ignis de ore eius voravit 13
carbones incensi sunt ab eo
10 et inclinavit caelos et descendit et Ps 143,5
caligo sub pedibus eius
11 et ascendit super cherubin et volavit
et lapsus est super pinnas venti
12 posuit tenebras in circuitu suo lati- Dt 4,11! Ps 96
bulum
cribrans aquas de nubibus caelorum
13 prae fulgore in conspectu eius suc- 9
censi sunt carbones ignis
14 tonabit de caelis Dominus et Excel- I Sm 2,10!
sus dabit vocem suam
15 misit sagittas et dissipavit eos fulgur Dt 32,23! Ps 143,6
et consumpsit eos

RAC ΣΛΦm cr 14 et propitiatus CΛ | deus] dominus ΑΛΦ | 16 nisusque est C | 17 iam non Σ𝔠 | lucernam + in R | 18 ∼ bellum fuit 𝔠 | arafa + de genere gigantum Φ𝔠 | 20 uir + fuit 𝔠 | et[1] *om.* Σ𝔠 | 21 blasphemauit] *praem.* et ΛΦ𝔠; *praem.* qui m || **22,** 1 suorum] eius C | 3 meus[1] *om.* 𝔠 | in eo ΑΣ | 6 inferni 𝔠 | 8 est[2] + eis 𝔠 | 9 uorabit RΣΛΦ𝔠 | succensi C𝔠 | 10 et[1] *om.* Σ𝔠 | 14 de caelo ΣΛΦ𝔠 |

16 et apparuerunt effusiones maris et
revelata sunt fundamenta orbis
ab increpatione Domini ab inspiratione spiritus furoris eius
Ps 143,7 17 misit de excelso et adsumpsit me extraxit me de aquis multis
18 liberavit me ab inimico meo poten-
tissimo
Ps 68,15; 105,10; 141,7; Lc 1,71 ab his qui oderant me quoniam robustiores me erant
19 praevenit me in die adflictionis meae
et factus est Dominus firmamentum meum
20 et eduxit me in latitudinem liberavit
me quia placuit ei
25; I Sm 26,23! Ps 7,9! 21 retribuet mihi Dominus secundum
iustitiam meam
et secundum munditiam manuum
mearum reddet mihi
22 quia custodivi vias Domini et non
egi impie a Deo meo
23 omnia enim iudicia eius in conspectu
meo
Ps 118,102 et praecepta eius non amovi a me
24 et ero perfectus cum eo et custodiam
me ab iniquitate mea
21! 25 et restituet Dominus mihi secundum
iustitiam meam
et secundum munditiam manuum
mearum in conspectu oculorum
suorum
26 cum sancto sanctus eris et cum ro-
busto perfectus
27 cum electo electus eris et cum perverso perverteris
28 et populum pauperem salvum facies
oculisque tuis excelsos humiliabis
29 quia tu lucerna mea Domine et Domine inluminabis tenebras meas
30 in te enim curram accinctus in Deo
meo transiliam murum

31 Deus inmaculata via eius Dt 32,4! Ps 144,17!
eloquium Domini igne examinatum Ps 11,7; Prv 30,5!
scutum est omnium sperantium in
se
32 quis est deus praeter Dominum et I Sm 2,2! Ps 88,9
quis fortis praeter Deum nostrum
33 Deus qui accingit me fortitudine et
conplanavit perfectam viam meam
34 coaequans pedes meos cervis et su- Hab 3,19
per excelsa mea statuens me
35 docens manus meas ad proelium et Ps 143,1
conponens quasi arcum aereum
brachia mea
36 dedisti mihi clypeum salutis tuae et
mansuetudo mea multiplicavit me
37 dilatabis gressus meos subtus me et
non deficient tali mei
38 persequar inimicos meos et conteram et non revertar donec consumam eos
39 consumam eos et confringam ut non
consurgant cadent sub pedibus meis
40 accinxisti me fortitudine ad proelium
incurvabis resistentes mihi sub me
41 inimicos meos dedisti mihi dorsum Ex 23,27; Ps 20,13
odientes me et disperdam eos
42 clamabunt et non erit qui salvet ad
Dominum et non exaudiet eos
43 delebo eos ut pulverem terrae
quasi lutum platearum comminuam Is 10,6; Mi 7,10
eos atque conpingam
44 salvabis me a contradictionibus populi mei
custodies in caput gentium
populus quem ignoro serviet mihi
45 filii alieni resistent mihi auditu auris Iob 42,5!
oboedient mihi
46 filii alieni defluxerunt et contrahentur in angustiis suis
47 vivit Dominus et benedictus Deus Ps 143,1
meus et exaltabitur Deus fortis sa-

16 [*iterum adest* D] | 17 et extraxit CΣ𝔠 | 18 ab[1]] de R | potentissimo + et 𝔠 | oderunt CΣ | 20 in latitudine RΣ | placui ΣΛΦ; complacui 𝔠 | 21 retribuit RCDΦ | reddit D.; reddidit C | 25 ~ mihi dominus ΣΛDΦ𝔠 | 26 cum[2] + uiro C | 27 cum[1]] *praem.* et RΛDΦ | subuerteris R | 29 et domine RΦm𝔯] et tu domine CΛ𝔠; domine A.; et Σ.; *om.* D. | 33 accinget m.; accinxit Σ𝔠 | fortitudinem ACDΦ | 34 [*deest* m *usque ad* 23,1] | 36 mea] tua 𝔠𝔯𝔐𝔊 | 38 reuertatur Σ.; conuertar 𝔠 | 40 incuruasti ΛDΦ𝔠 | sub] subtus 𝔠 | 43 conpingam] confringam C𝔠 | 44 custodies + me C𝔠 |

RAC ΣΛ(D)Φ(m) 𝔠𝔯

lutis meae
Ps 143,2 48 Deus qui das vindictas mihi et deicis
populos sub me
Ps 17,48.49! 58,2.3! 49 qui educis me ab inimicis meis et a
resistentibus mihi elevas me
a viro iniquo liberabis me
I Par 16,35! I Esr 10,11! 50 propterea confitebor tibi Domine in
Ps 17,50! gentibus et nomini tuo cantabo
Ps 17,51! 19,7 51 magnificanti salutes regis sui et facienti misericordiam christo suo
III Rg 2,33! David et semini eius in sempiternum
23 haec autem sunt verba novissima
quae dixit David filius Isai
dixit vir cui constitutum est de christo Dei Iacob
egregius psalta Israhel
Mt 10,20! 2 spiritus Domini locutus est per me et
sermo eius per linguam meam
3 dixit Deus Israhel mihi locutus est
Fortis Israhel
dominator hominum iustus
dominator in timore Dei
Idc 5,31! 4 sicut lux aurorae oriente sole mane
absque nubibus rutilat
et sicut pluviis germinat herba de
terra
7,16! 5 nec tanta est domus mea apud Deum
ut pactum aeternum iniret mecum
firmum in omnibus atque munitum
cuncta enim salus mea et omnis voluntas nec est quicquam ex ea quod
non germinet
6 praevaricatores autem quasi spinae
evellentur universi
quae non tolluntur manibus
7 et si quis tangere voluerit eas
armabitur ferro et ligno lanceato
igneque succensae conburentur usque ad nihilum
8–39: I Par 11,10–41 8 haec nomina fortium David
Sedens in cathedra sapientissimus
princeps inter tres
ipse est quasi tenerrimus ligni vermi-
culus
qui octingentos interfecit impetu uno
9 post hunc Eleazar filius patrui eius
Ahoi
inter tres fortes qui erant cum David
quando exprobraverunt Philisthim
et congregati sunt illuc in proelium
10 cumque ascendissent viri Israhel
ipse stetit et percussit Philistheos donec deficeret manus eius et obriges-
ceret cum gladio
fecitque Dominus salutem magnam I Sm 19,5; 11,13!
in die illa
et populus qui fugerat reversus est
ad caesorum spolia detrahenda
11 et post hunc Semma filius Age de 33
Arari
et congregati sunt Philisthim in statione
erat quippe ibi ager plenus lente
cumque fugisset populus a facie Philisthim
12 stetit ille in medio agri et tuitus est
eum
percussitque Philistheos et fecit Dominus salutem magnam
13 nec non ante descenderant tres qui
erant principes inter triginta
et venerant tempore messis ad David in speluncam Odollam I Sm 22,1!
castra autem Philisthim erant posita 5,18!
in valle Gigantum
14 et David erat in praesidio 5,17; I Sm 22,4
porro statio Philisthinorum tunc
erat in Bethleem
15 desideravit igitur David et ait
si quis mihi daret potum aquae de
cisterna quae est in Bethleem iuxta
portam
16 inruperunt ergo tres fortes castra
Philisthinorum
et hauserunt aquam de cisterna Beth- I Sm 7,6
leem quae erat iuxta portam et adtulerunt ad David
at ille noluit bibere sed libavit illam

RAC ΣΛΔΦ(m) cr 51 magnificans ΔΦ c | salutem C | facientis R; faciens ΔΦ c || **23**,1 uerba + dauid Λ c | quae *om.* ΑΔΦ c | psaltes c | [*adest* m *usque ad* 24,25] | 5 deum] dominum A | 9 ahoi] ahohites c; *om.* Δ | 10 deficerent AC | obrigescerent C | 11 ~ lente plenus c. | 13 nec non + et ΣΛ c | philisthinorum c | 15 igitur] ergo c | ait + o c | 16 illam] eam c |

Domino 17 dicens
I Sm 24,7 propitius mihi sit Dominus ne faciam hoc
num sanguinem hominum istorum qui profecti sunt et animarum periculum bibam
noluit ergo bibere
haec fecerunt tres robustissimi
I Sm 26,6! 18 Abisai quoque frater Ioab filius Sarviae princeps erat de tribus
ipse est qui elevavit hastam suam contra trecentos quos interfecit
nominatus in tribus 19 et inter tres nobilior
eratque eorum princeps
sed usque ad tres primos non pervenerat
8,18! 20 et Banaias filius Ioiada viri fortissimi magnorum operum de Capsehel
ipse percussit duos leones Moab
et ipse descendit et percussit leonem in media cisterna diebus nivis
21 ipse quoque interfecit virum aegyptium
virum dignum spectaculo
habentem in manu hastam
itaque cum descendisset ad eum in virga
vi extorsit hastam de manu Aegyptii
et interfecit eum hasta sua
I Par 27,5.6! 22 haec fecit Banaias filius Ioiadae
23 et ipse nominatus inter tres robustos qui erant inter triginta nobiliores
verumtamen usque ad tres non pervenerat
fecitque eum David sibi auricularium a secreto
I Par 27,7 24 Asahel frater Ioab inter triginta
Eleanan filius patrui eius de Bethleem
25 Semma de Arari
Helica de Arodi
I Par 27,10 26 Helas de Felthi
Hira filius Aces de Thecua
27 Abiezer de Anathoth 21,18; I Par 11,28.29; 27,12.11
Mobonnai de Usathi
28 Selmon Aohites
Maharai Netophathites
29 Heled filius Banaa et ipse Netophathites
Hithai filius Ribai de Gebeeth filiorum Beniamin
30 Banahi Aufrathonites I Par 27,14
Heddai de torrente Gaas
31 Abialbon Arbathites
Azmaveth de Beromi
32 Eliaba de Salboni
filii Iasen Ionathan
33 Semma de Horodi 11
Haiam filius Sarar Arorites
34 Elifeleth filius Aasbai filii Maachathi
Heliam filius Ahitofel Gelonites 15,12
35 Esrai de Carmelo
Farai de Arbi
36 Igaal filius Nathan de Soba
Bonni de Gaddi
37 Selech de Ammoni
Naharai Berothites armiger Ioab filii Sarviae
38 Hira Hiethrites
Gareb et ipse Hiethrites
39 Urias Hettheus
omnes triginta septem
24 et addidit furor Domini irasci contra Israhel I Par 27,24
commovitque David in eis dicentem **1—25:** I Par 21,1-26
vade numera Israhel et Iudam
2 dixitque rex ad Ioab principem exercitus sui
perambula omnes tribus Israhel a Dan usque Bersabee 15; I Sm 3,20!
et numerate populum ut sciam numerum eius
3 dixitque Ioab regi
adaugeat Dominus Deus tuus ad populum quantus nunc est
iterumque centuplicet in conspectu domini mei regis

17 ~ sit mihi c | 18 qui leuauit ΛDΦ c; qui leuabit Σ | 20 ioiadae ΣΛ c | in diebus D Φ c | 23 ~ sibi dauid RΣΛDΦ c | 24 triginta + et C | 25 arari . . . arodi] harodi . . . harodi c(*edd.* 1593 *et* 1598).; harodi . . . arori c(*ed.* 1592). | 29 de gabaath C c | 30 pharathonites c | 33 horodi] orori c. | 37 filius RΛ || **24**,3 deus *om.* RA | populum + tuum ΣΛ c | quantum CΣΛD |

RAC ΣΛDΦm cr

sed quid sibi dominus meus rex vult
in re huiuscemodi
4 obtinuit autem sermo regis verba
Ioab et principum exercitus
I Par 27,24 egressusque est Ioab et principes militum a facie regis ut numerarent
populum Israhel
5 cumque pertransissent Iordanem ve-
Ios 13,9 nerunt in Aroer
ad dextram urbis quae est in valle
Gad
Nm 32,1; Ios 13,25 6 et per Iazer transierunt in Galaad et
in terram inferiorem Hodsi
et venerunt in Dan silvestria
circumeuntesque iuxta Sidonem
7 transierunt propter moenia Tyri
et omnem terram Hevei et Chananei
veneruntque ad meridiem Iuda in
Bersabee
8 et lustrata universa terra adfuerunt
post novem menses et viginti dies
in Hierusalem
9 dedit ergo Ioab numerum descripti-
onis populi regi
et inventa sunt de Israhel octingenta
milia virorum fortium qui educerent gladium
et de Iuda quingenta milia pugnatorum
10 percussit autem cor David eum postquam numeratus est populus
et dixit David ad Dominum
12,13; 19,20! peccavi valde in hoc facto
sed precor Domine ut transferas ini-
I Sm 26,21 quitatem servi tui quia stulte egi
nimis
11 surrexit itaque David mane
7,4.5! I Sm 9,9; 22,5; I Par 21,18 et sermo Domini factus est ad Gad
propheten et videntem David di-
cens
12 vade et loquere ad David
haec dicit Dominus
trium tibi datur optio
elige unum quod volueris ex his ut
faciam tibi
13 cumque venisset Gad ad David nuntiavit ei dicens
aut septem annis veniet tibi fames Gn 41,27; IV Rg 8,1
in terra tua
aut tribus mensibus fugies adversarios tuos et illi persequentur
aut certe tribus diebus erit pestilentia
in terra tua
nunc ergo delibera et vide quem respondeam ei qui me misit sermonem
14 dixit autem David ad Gad artor ni- I Sm 28,15
mis
sed melius est ut incidam in manu I Par 21,13! Mt 17,21!
Domini
multae enim misericordiae eius sunt
quam in manu hominis
15 inmisitque Dominus pestilentiam in
Israhel
de mane usque ad tempus constitutum
et mortui sunt ex populo a Dan us- 2; I Sm 3,20!
que Bersabee septuaginta milia
virorum
16 cumque extendisset manum angelus
Dei super Hierusalem ut disperderet eam
misertus est Dominus super adflictione
et ait angelo percutienti populum
sufficit nunc contine manum tuam
erat autem angelus Domini iuxta
aream Areuna Iebusei
17 dixitque David ad Dominum cum IV Esr 7,108
vidisset angelum caedentem popu-
lum
ego sum qui peccavi ego inique egi III Rg 8,47! I Par 21,17; Dn 9,15
isti qui oves sunt quid fecerunt
vertatur obsecro manus tua contra
me et contra domum patris mei
18 venit autem Gad ad David in die illa I Sm 22,5! I Par 21,11
et dixit ei

RAC ΣΛDΦm cr 4 principes] princeps CΣ. | 6 circueuntes R | iuxta] per C | 7 propter] prope c | 10 est] esset R | 11 prophetam Cc | et[2] *om.* C | 13 illi + te ΣΛc | 14 coartor ΛΦ c | in manu[1]] in manum AC; in manus ΣΛc | in manu[2]] in manum AC; in manus Rc | hominum c | 15 inmisit itaque C | usque[2] + ad c | 16 manum + suam ΛΦc | dei] domini RΛDΦc | super adflictionem RΣDΦ | 18 autem] itaque C; *om.* Σ. |

II Par 3,1! ascende constitue Domino altare in
area Areuna Iebusei
19 et ascendit David iuxta sermonem
Gad quem praeceperat ei Dominus
20 conspiciensque Areuna animadvertit
regem et servos eius transire ad se
21 et egressus adoravit regem prono
vultu in terra et ait
quid causae est ut veniat dominus
meus rex ad servum suum
cui David ait
ut emam a te aream et aedificem altare Domino
et cesset interfectio quae grassatur
in populo
22 et ait Areuna ad David
accipiat et offerat dominus meus rex
sicut ei placet
habes boves in holocaustum
et plaustrum et iuga boum in usum
lignorum
23 omnia dedit Areuna rex regi
dixitque Areuna ad regem
Dominus Deus tuus suscipiat votum
tuum
24 cui respondens rex ait
nequaquam ut vis sed emam pretio
a te
et non offeram Domino Deo meo
holocausta gratuita
emit ergo David aream et boves argenti siclis quinquaginta
I Sm 7,17! III Rg 9,25; I Par 21,26 25 et aedificavit ibi David altare Domino
6,17.18! et obtulit holocausta et pacifica
Dt 32,43 et repropitiatus est Dominus terrae
Nm 25,8! et cohibita est plaga ab Israhel

EXPLICIT LIBER SAMUHELIS

ID EST REGUM PRIMUS ET SECUNDUS

INCIPIT LIBER MALACHIM

ID EST REGUM TERTIUS ET QUARTUS

Et rex David senuerat habebatque Ios 23,1! I Par 23,1
aetatis plurimos dies
cumque operiretur vestibus non ca-
lefiebat
2 dixerunt ergo ei servi sui Est 2,2
quaeramus domino nostro regi adulescentulam virginem
et stet coram rege et foveat eum
dormiatque in sinu tuo et calefaciat
dominum nostrum regem
3 quaesierunt igitur adulescentulam Est 2,3
speciosam in omnibus finibus Israhel
et invenerunt Abisag Sunamitin et
adduxerunt eam ad regem
4 erat autem puella pulchra nimis II Sm 11,2!
dormiebatque cum rege et ministrabat ei
rex vero non cognovit eam
5 Adonias autem filius Aggith eleva- 11.18; II Sm 3,4
batur dicens ego regnabo
fecitque sibi currum et equites I Sm 8,11; II Sm 15,1
et quinquaginta viros qui ante eum
currerent
6 nec corripuit eum pater suus aliquando dicens quare hoc fecisti
erat autem et ipse pulcher valde se- I Sm 16,12! II Sm 14,25!
cundus natu post Absalom
7 et sermo ei cum Ioab filio Sarviae et 19; 2,22
cum Abiathar sacerdote
qui adiuvabant partes Adoniae
8 Sadoc vero sacerdos et Banaias filius Ioiadae
et Nathan propheta et Semei et
Rhei
et robur exercitus David non erat
cum Adonia
9 immolatis ergo Adonias arietibus et 19.25; Gn 31,54!

18 ascende + et Σ ¢ | ~ altare domino ¢ | 21 in terram ΣΛD ¢ | causa R | [*deest* D *usque ad v.* 25] | 22 ~ placet ei Φ ¢ | in usu R | 23 rex ACm cr 𝔐] *om. cet.* | 25 propitiatus ¢ || RAC ΣΛ(D)Φm cr

Malachim. *Citantur* RAC *et* ΣΛDΦkm *ac* cr. *Tit.* liber regum tertius secundum hebraeos primus malachim ¢ || **1**,1 [*adest* m *usque ad* IV, 23,25; *deest* k *usque ad* 7,27] | 2 tuo] suo ΛDΦ ¢ | 3 sunamitidem ¢. | 5 currus ΣΛ ¢; curros C. | ~ currerent ante eum ¢. | 8 banaia RA | et rhei] ethrei RΣm |

vitulis et universis pinguibus
Ios 15,7 iuxta lapidem Zoheleth qui erat vicinus fonti Rogel
vocavit universos fratres suos filios regis
et omnes viros Iuda servos regis
26 10 Nathan autem prophetam et Banaiam et robustos quosque et Salo-
19 monem fratrem suum non vocavit
11 dixit itaque Nathan ad Bethsabee matrem Salomonis
5.18; II Sm 3,4 num audisti quod regnaverit Adonias filius Aggith
et dominus noster David hoc ignorat
12 nunc ergo veni accipe a me consilium
et salva animam tuam filiique tui Salomonis
13 vade et ingredere ad regem David et dic ei
17.18.30! nonne tu domine mi rex iurasti mihi ancillae tuae dicens
quod Salomon filius tuus regnabit post me
et ipse sedebit in solio meo
quare ergo regnavit Adonias
14 et adhuc ibi te loquente cum rege
ego veniam post te et conplebo sermones tuos
15 ingressa est itaque Bethsabee ad regem in cubiculo
rex autem senuerat nimis
et Abisag Sunamitis ministrabat ei
31 16 inclinavit se Bethsabee et adoravit regem
ad quam rex quid tibi inquit vis
17 quae respondens ait
13.30! domine mi tu iurasti per Dominum Deum tuum ancillae tuae
Salomon filius tuus regnabit post me
et ipse sedebit in solio meo
11! 18 et ecce nunc Adonias regnavit te domine mi rex ignorante
9! 25 19 mactavit boves et pinguia quaeque et arietes plurimos
et vocavit omnes filios regis
Abiathar quoque sacerdotem et Ioab principem militiae 7; 2,22
Salomonem autem servum tuum non vocavit 10.26
20 verumtamen domine mi rex in te oculi respiciunt totius Israhel
ut indices eis qui sedere debeat in solio tuo domine mi rex post te
21 eritque cum dormierit dominus meus rex cum patribus suis 2,10! II Sm 7,12!
erimus ego et filius meus Salomon peccatores
22 adhuc illa loquente cum rege Nathan prophetes venit
23 et nuntiaverunt regi dicentes adest Nathan propheta
cumque introisset ante conspectum regis
et adorasset eum pronus in terram I Sm 24,9!
24 dixit Nathan
domine mi rex tu dixisti
Adonias regnet post me et ipse sedeat super thronum meum
25 quia descendit hodie et immolavit 9! 19
boves et pinguia et arietes plurimos
et vocavit universos filios regis et principes exercitus
Abiathar quoque sacerdotem
illisque vescentibus et bibentibus coram eo
et dicentibus vivat rex Adonias
26 me servum tuum et Sadoc sacerdo- 10
tem et Banaiam filium Ioiadae
et Salomonem famulum tuum non 19
vocavit
27 numquid a domino meo rege exivit hoc verbum
et mihi non indicasti servo tuo
qui sessurus esset super thronum domini mei regis post eum
28 et respondit rex David dicens
vocate ad me Bethsabee
quae cum fuisset ingressa coram rege

RAC ΣΛDΦm cr 12 ~ consilium a me c | 13 quod *om.* c. | regnauit[1] ACΣΛ | regnabit[2] Λ; regnat Σc | 15 in cubiculum c | 18 et *om.* Rm. | regnat Σc | 19 regis + et C | 20 qui] quis Σc | 21 ~ salomon filius meus C | 22 prophetis RD.; propheta c | 23 in conspectu c | in terra CΦ | 27 qui] quis Ac |

et stetisset ante eum
29 iuravit rex et ait
I Sm 26,24! vivit Dominus qui eruit animam meam de omni angustia
13.17 30 quia sicut iuravi tibi per Dominum
Deum Israhel dicens
Salomon filius tuus regnabit post me
35! 46! 48! 2,12! et ipse sedebit super solium meum
pro me
sic faciam hodie
16 31 submissoque Bethsabee in terram
vultu adoravit regem dicens
II Esr 2,3! vivat dominus meus rex David in
aeternum
32—37: 44–47 32 dixit quoque rex David
vocate mihi Sadoc sacerdotem et
Nathan propheten et Banaiam filium Ioiadae
qui cum ingressi fuissent coram rege
33 dixit ad eos
tollite vobiscum servos domini vestri
et inponite Salomonem filium meum
super mulam meam
et ducite eum in Gion
39; I Sm 9,16! 34 et unguat eum ibi Sadoc sacerdos et
Nathan propheta in regem super
Israhel
IV Rg 9,13 et canetis bucina atque dicetis
vivat rex Salomon
35 et ascendetis post eum et veniet
30! I Par 28,5! et sedebit super solium meum et ipse
regnabit pro me
43; I Par 23,1 illique praecipiam ut sit dux super
Israhel et super Iudam
36 et respondit Banaias filius Ioiadae
regi dicens amen
sic loquatur Dominus Deus domini
mei regis
37 quomodo fuit Dominus cum domino
meo rege sic sit cum Salomone
et sublimius faciat solium eius a solio
domini mei regis David
38 descendit ergo Sadoc sacerdos et
II Sm 8,18! Nathan propheta et Banaias filius
Ioiadae
et Cherethi et Felethi IV Rg 11,19
et inposuerunt Salomonem super
mulam regis David
et adduxerunt eum in Gion
39 sumpsitque Sadoc sacerdos cornu 34! I Sm 10,1!
olei de tabernaculo et unxit Salo- I Par 29,22
monem
et cecinerunt bucina IV Rg 9,13
et dixit omnis populus vivat rex Sa- I Sm 10,24
lomon
40 et ascendit universa multitudo post
eum
et populus canentium tibiis et lae- IV Rg 11,14! Is 30,29!
tantium gaudio magno
et insonuit terra ad clamorem eorum
41 audivit autem Adonias et omnes qui
invitati fuerant ab eo
iamque convivium finitum erat
sed et Ioab audita voce tubae ait
quid sibi vult clamor civitatis tumul- I Sm 4,14!
tuantis
42 adhuc illo loquente Ionathan filius II Sm 15,27! 36!
Abiathar sacerdotis venit
cui dixit Adonias ingredere quia vir
fortis es et bona nuntians
43 responditque Ionathan Adoniae
nequaquam dominus enim noster 35! I Par 23,1
rex David regem constituit Salomonem
44 misitque cum eo Sadoc sacerdotem 44—47: 32–37
et Nathan prophetam et Banaiam II Sm 8,18!
filium Ioiadae
et Cherethi et Felethi
et inposuerunt eum super mulam regis
45 unxeruntque eum Sadoc sacerdos et
Nathan propheta regem in Gion
et ascenderunt inde laetantes et insonuit civitas
haec est vox quam audistis
46 sed et Salomon sedit super solio regni 30! 2,12! IV Rg 11,19
47 et ingressi servi regis benedixerunt
domino nostro regi David dicentes

31 in terra RD | rex *om.* D c.; ~ dauid rex Σ | 32 prophetam RΣc | 35 ueniet cr𝔐] uenietis *cet.* | 36 domino meo regi RC. | 37 sit + et R | 38 cherethei ACΣ | felethei A CΣ | 40 a clamore ΣΛΦc | 46 sedit ACDr] sedet *cet.* | super solio RAr] super solium *cet.* |

RAC ΣΛDΦm cr

amplificet Deus nomen Salomonis
super nomen tuum
et magnificet thronum eius super
thronum tuum
et adoravit rex in lectulo suo
48 insuper et haec locutus est
I Sm 25,32! benedictus Dominus Deus Israhel
30! 3,6 qui dedit hodie sedentem in solio
meo videntibus oculis meis
49 territi sunt ergo et surrexerunt omnes qui invitati fuerant ab Adonia
et ivit unusquisque in viam suam
50 Adonias autem timens Salomonem
2,28 surrexit et abiit tenuitque cornu altaris
51 et nuntiaverunt Salomoni dicentes
ecce Adonias timens regem Salomonem tenuit cornu altaris dicens
iuret mihi hodie rex Salomon quod
non interficiat servum suum gladio
52 dixitque Salomon
si fuerit vir bonus non cadet ne unus
quidem capillus eius in terram
sin autem malum inventum fuerit in
eo morietur
53 misit ergo rex Salomon et eduxit
eum ab altari
et ingressus adoravit regem Salomonem
dixitque ei Salomon vade in domum
tuam
II Sm 7,12! 2 adpropinquaverant autem dies David ut moreretur
praecepitque Salomoni filio suo dicens
Ios 23,14 2 ego ingredior viam universae terrae
confortare et esto vir
Ios 1,7! 3 et observa custodias Domini Dei tui
ut ambules in viis eius
et custodias caerimonias eius et
praecepta eius
et iudicia et testimonia
sicut scriptum est in lege Mosi

ut intellegas universa quae facis
et quocumque te verteris
4 ut confirmet Dominus sermones suos 6,12! 8,25! II Sm 7,25; II Par 6,16
quos locutus est de me dicens
si custodierint filii tui viam suam
et ambulaverint coram me in veritate 3,6; Dt 26,16!
in omni corde suo et in omni anima
sua
non auferetur tibi vir de solio Israhel Ier 33,17
5 tu quoque nosti quae fecerit mihi
Ioab filius Sarviae
quae fecerit duobus principibus exercitus Israhel 32; I Sm 14,50!
Abner filio Ner et Amasa filio Iether II Sm 17,25
quos occidit et effudit sanguinem
belli in pace
et posuit cruorem proelii in balteo
suo qui erat circa lumbos eius
et in calciamento suo quod erat in
pedibus eius
6 facies ergo iuxta sapientiam tuam
et non deduces canitiem eius pacifice
ad inferos
7 sed et filiis Berzellai Galaaditis reddes gratiam
eruntque comedentes in mensa tua II Sm 9,7!
occurrerunt enim mihi quando fugiebam a facie Absalom fratris tui
8 habes quoque apud te Semei filium II Sm 16,5; 19,16
Gera filii Iemini de Baurim
qui maledixit mihi maledictione pessima quando ibam ad Castra
sed quia descendit mihi in occursum
cum transirem Iordanem
et iuravi ei per Dominum dicens non II Sm 19,23
te interficiam gladio
9 tu noli pati esse eum innoxium
vir autem sapiens es et scies quae
facias ei
deducesque canos eius cum sanguine
ad infernum
10 dormivit igitur David cum patribus 1,21; 11,21.43! II Sm 7,12!
suis

RAC ΣΛDΦm cr

47 deus] dominus RΣ | in lecto CD | 48 insuper et haec] insuper haec Σ; et c. | 50 cornua A | 51 cornua RAD | ~ rex salomon hodie c || 2,1 adpropinquauerunt CΣΛDΦ c | 3 et[2]] ut Dc | 4 uias suas c.; uias meas ΣΛ | israhel] suo C | 5 amasae CΣΛDc | in pacem RD. | 6 ergo + ei CΣΛ | 7 galaaditidis RΣΛ | 9 ~ eum pati innoxium esse R.; ~ eum pati esse innoxium C.; ~ pati eum esse innoxium ΣΛΦc | ut scias c. | facies ΣΛDc | ad inferos c |

2,29; 13,36 et sepultus est in civitate David
II Sm 5,4.5; Par 29,27.28 [11]dies autem quibus regnavit David
super Israhel quadraginta anni sunt
II Sm 2,11; I Par 3,4 in Hebron regnavit septem annis
in Hierusalem triginta tribus
24; 1,30! 46! I Par 29,23 [12]Salomon autem sedit super thronum
David patris sui
II Sm 7,13! II Par 1,1 et firmatum est regnum eius nimis
[13]et ingressus est Adonias filius Aggith ad Bethsabee matrem Salomonis
I Sm 16,4.5 quae dixit ei pacificusne ingressus
tuus
qui respondit pacificus [14]addiditque
sermo mihi est ad te
cui ait loquere
et ille [15]tu inquit nosti quia meum
erat regnum
et me proposuerat omnis Israhel sibi
in regem
sed translatum est regnum et factum
est fratris mei
a Domino enim constitutum est ei
20 [16]nunc ergo petitionem unam deprecor a te ne confundas faciem meam
quae dixit ad eum loquere
[17]et ille ait
precor ut dicas Salomoni regi
neque enim negare tibi quicquam
potest
21 ut det mihi Abisag Sunamitin uxorem
[18]et ait Bethsabee bene ego loquar pro
te regi
[19]venit ergo Bethsabee ad regem Salomonem ut loqueretur ei pro Adonia
et surrexit rex in occursum eius
adoravitque eam et sedit super thronum suum
positus quoque est thronus matri
regis
quae sedit ad dexteram eius [20]dixitque ei

petitionem unam parvulam ego deprecor a te 16
ne confundas faciem meam
dixit ei rex pete mater mi
neque enim fas est ut avertam faciem tuam
[21]quae ait detur Abisag Sunamitis 17
Adoniae fratri tuo uxor
[22]responditque rex Salomon et dixit
matri suae
quare postulas Abisag Sunamitin
Adoniae
postula ei et regnum
ipse est enim frater meus maior me
et habet Abiathar sacerdotem et Ioab 1,7.19
filium Sarviae
[23]iuravit itaque rex Salomon per Dominum dicens
haec faciat mihi Deus et haec addat
quia contra animam suam locutus
est Adonias verbum hoc
[24]et nunc vivit Dominus qui firmavit
me et conlocavit super solium David patris mei 12!
et qui fecit mihi domum sicut locutus est
quia hodie occidetur Adonias
[25]misitque rex Salomon per manum
Banaiae filii Ioiadae 34.46
qui interfecit eum et mortuus est
[26]Abiathar quoque sacerdoti dixit rex
vade in Anathot ad agrum tuum
es quidem vir mortis sed hodie te
non interficiam
quia portasti arcam Domini Dei coram David patre meo II Sm 15,29
et sustinuisti laborem in omnibus in
quibus laboravit pater meus
[27]eiecit ergo Salomon Abiathar ut non
esset sacerdos Domini
ut impleretur sermo Domini quem I Sm 2,27! 3,12
locutus est super domum Heli in
Silo

11 anni sunt] annis R | annis + et CΣ | 13 quae] qui R | pacificusne + est c | 15 praeposuerat c | 16 precor c | 17 sunamitidem c., *item v.* 22 | in uxorem Am | 19 positusque est CΣc | matris AΣDΦ | 20 dixit] dixitque CΣ; et dixit c. | mi] mea c | 24 conlocauit + me DΦc | 25 filio ioiadae CDΦ | 26 equidem uir mortis es c. |

RAC ΣΛDΦm cr

28 venit autem nuntius ad Ioab
quod Ioab declinasset post Adoniam
et post Absalom non declinasset
1,50 fugit ergo Ioab in tabernaculum Domini et adprehendit cornu altaris
29 nuntiatumque est regi Salomoni
quod fugisset Ioab in tabernaculum Domini et esset iuxta altare
misitque Salomon Banaiam filium Ioiadae dicens vade interfice eum
30 venit Banaias ad tabernaculum Domini et dixit ei
haec dicit rex egredere
qui ait non egrediar sed hic moriar
renuntiavit Banaias regi sermonem dicens
haec locutus est Ioab et haec respondit mihi
31 dixitque ei rex fac sicut locutus est et interfice eum et sepeli
et amovebis sanguinem innocentem qui effusus est a Ioab
a me et a domo patris mei
37; II Sm 3,29; Mt 23,35! 32 et reddat Dominus sanguinem eius super caput eius
5 quia interfecit duos viros iustos melioresque se
II Sm 3,27! et occidit eos gladio patre meo David ignorante
I Sm 14,50! Abner filium Ner principem militiae Israhel
II Sm 17,25 et Amasa filium Iether principem exercitus Iuda
II Sm 3,29 33 et revertetur sanguis illorum in caput Ioab
et in caput seminis eius in sempiternum
45; II Sm 22,51! Ps 17,51! David autem et semini eius et domui et throno illius sit pax usque in aeternum a Domino
25.46 34 ascendit itaque Banaias filius Ioiadae et adgressus eum interfecit
sepultusque est in domo sua in deserto

35 et constituit rex Banaiam filium Ioiadae pro eo super exercitum 4,4
et Sadoc sacerdotem posuit pro Abiathar I Par 29,22
36 misit quoque rex et vocavit Semei dixitque ei
aedifica tibi domum in Hierusalem et habita ibi
et non egredieris inde huc atque illuc
37 quacumque autem die egressus fueris et transieris torrentem Cedron 42
scito te interficiendum
sanguis tuus erit super caput tuum 32!
38 dixitque Semei regi bonus sermo
sicut locutus est dominus meus rex sic faciet servus tuus
habitavit itaque Semei in Hierusalem diebus multis
39 factum est autem post annos tres
ut fugerent servi Semei ad Achis filium Maacha regem Geth I Sm 21,10; 27,2
nuntiatumque est Semei quod servi eius essent in Geth
40 et surrexit Semei et stravit asinum suum
ivitque in Geth ad Achis ad requirendos servos suos I Sm 21,10; 27,2
et adduxit eos de Geth
41 nuntiatum est autem Salomoni quod isset Semei in Geth de Hierusalem et redisset
42 et mittens vocavit eum dixitque illi
nonne testificatus sum tibi per Dominum et praedixi tibi
quacumque die egressus ieris huc et illuc scito te esse moriturum 37
et respondisti mihi bonus sermo audivi
43 quare ergo non custodisti iusiurandum Domini
et praeceptum quod praeceperam tibi
44 dixitque rex ad Semei
tu nosti omne malum cuius tibi con-

RAC ΣΛDΦm cr 28 ad ioab RADm cr] ad salomonem *cet.* | post absalom Am r 𝔐] post salomon C.; post salomonem *cet.* | cornua ADm | 30 et uenit c | 31 ei *om.* R | 32 reddet Σ c | amasam CΣ c | 33 aeternum] sempiternum RΣ | 39 essent] issent Φ c | 40 ~ ad achis in geth c | ad requirendum Σ c | 42 ieris] fueris CΦ | sermo + quem ΣΦ c |

scium est cor tuum
quod fecisti David patri meo
reddidit Dominus malitiam tuam in
caput tuum
45 et rex Salomon benedictus
33! et thronus David erit stabilis coram
Domino usque in sempiternum
25.34 46 iussit itaque rex Banaiae filio Ioiadae
qui egressus percussit eum et mor-
tuus est
2,12! II Par 1,1 3 confirmatum est igitur regnum in
manu Salomonis
et adfinitate coniunctus est Pharaoni
regi Aegypti
7,8! accepit namque filiam eius et adduxit in civitatem David
7,1; 9,1.10.15; II Par 8,1 donec conpleret aedificans domum
suam et domum Domini
et murum Hierusalem per circuitum
2 et tamen populus immolabat in excelsis
non enim aedificatum erat templum
nomini Domini usque in die illo
Dt 11,22! 3 dilexit autem Salomon Dominum
ambulans in praeceptis David patris sui
excepto quod in excelsis immolabat
et accendebat thymiama
II Par 1,3 4 abiit itaque in Gabaon ut immolaret
4—15: II Par 1,3–13 ibi
illud quippe erat excelsum maximum
Ex 18,12! I Par 16,39.40; II Par 1,6! mille hostias in holocaustum obtulit
Salomon super altare illud
in Gabaon 5 apparuit Dominus Sa-
9,2; Gn 20,3! lomoni per somnium nocte dicens
IV Rg 2,9! postula quod vis ut dem tibi
6 et ait Salomon
tu fecisti cum servo tuo David patre
meo misericordiam magnam
2,4! sicut ambulavit in conspectu tuo in
veritate et iustitia et recto corde tecum

custodisti ei misericordiam tuam
grandem
et dedisti ei filium sedentem super 1,48
thronum eius sicut et hodie
7 et nunc Domine Deus tu regnare fecisti servum tuum pro David patre
meo
ego autem sum puer parvus et igno- I Par 22,5; 29,1; Sap 9,5
rans egressum et introitum meum
8 et servus tuus in medio est populi
quem elegisti
populi infiniti qui numerari et sup-
putari non potest prae multitudine
9 dabis ergo servo tuo cor docile 12!
ut iudicare possit populum tuum et
discernere inter malum et bonum
quis enim potest iudicare populum
istum populum tuum hunc multum
10 placuit ergo sermo coram Domino
quod Salomon rem huiuscemodi
postulasset
11 et dixit Deus Salomoni
quia postulasti verbum hoc et non
petisti tibi dies multos
nec divitias aut animam inimicorum
tuorum
sed postulasti tibi sapientiam ad discernendum iudicium
12 ecce feci tibi secundum sermones
tuos 9; 4,29! 5,12; 10,23.24; Ex 31,3! Sap 7,7; Is 11,2!
et dedi tibi cor sapiens et intellegens
in tantum ut nullus ante te similis
tui fuerit
nec post te surrecturus sit
13 sed et haec quae non postulasti dedi
tibi
divitias scilicet et gloriam 10,23; I Par 29,25; II Par 1,12! 9,22; Sap 7,11
ut nemo fuerit similis tui in regibus
cunctis retro diebus
14 si autem ambulaveris in viis meis
et custodieris praecepta mea et man- Dt 6,2!
data mea

44 tuam *om.* R ‖ 3,1 in ciuitate C | 2 attamen RΣΛΦc | in die illa R; in diem illum Λc | 4 illud[1]] illuc RΣ | 5 apparuit + autem Σc | 6 ei] enim C | et[5]] est CΣΛΦc; *om.* D. | 7 paruulus ΛΦc | 9 docibile CΛDΦ | ~ populum tuum iudicare possit c. | ~ bonum et malum RΣc | potest] poterit c | populum tuum] populum CΣ.; *om.* D. | 10 ~ postulasset huiuscemodi rem c. | 11 deus] dominus RAcr | animas RΣc | 12 te[1] *om.* RD. | 13 et[1] *om.* R |

RAC ΣΛDΦm cr

sicut ambulavit pater tuus
longos faciam dies tuos
15 igitur evigilavit Salomon
et intellexit quod esset somnium
cumque venisset Hierusalem
stetit coram arca foederis Domini
Ios 8,31! et obtulit holocausta
et fecit victimas pacificas et grande
Gn 40,20! convivium
universis famulis suis
16 tunc venerunt duae mulieres meretrices ad regem
steteruntque coram eo
17 quarum una ait obsecro mi domine
ego et mulier haec habitabamus in domo una et peperi apud eam in cubiculo
18 tertia vero die postquam ego peperi
peperit et haec et eramus simul
nullusque alius in domo nobiscum exceptis nobis duabus
19 mortuus est autem filius mulieris huius nocte
dormiens quippe oppressit eum
20 et consurgens intempesta nocte silentio
tulit filium meum de latere meo ancillae tuae dormientis
et conlocavit in sinu suo
suum autem filium qui erat mortuus posuit in sinu meo
21 cumque surrexissem mane ut darem lac filio meo apparuit mortuus
quem diligentius intuens clara luce
deprehendi non esse meum quem genueram
22 responditque altera mulier non est ita
sed filius tuus mortuus est meus autem vivit
e contrario illa dicebat mentiris
filius quippe meus vivit et filius tuus mortuus est
atque in hunc modum contendebant
coram rege
23 tunc rex ait
haec dicit filius meus vivit et filius tuus mortuus est
et ista respondit non
sed filius tuus mortuus est et filius meus vivit
24 dixit ergo rex
adferte mihi gladium
cumque adtulissent gladium coram rege
25 dividite inquit infantem vivum in duas partes
et date dimidiam partem uni et dimidiam partem alteri
26 dixit autem mulier cuius filius erat vivus ad regem
commota sunt quippe viscera eius super filio suo
obsecro domine date illi infantem vivum et nolite interficere eum
contra illa dicebat
nec mihi nec tibi sit dividatur
27 respondens rex ait
date huic infantem vivum et non occidatur
haec est mater eius
28 audivit itaque omnis Israhel iudicium quod iudicasset rex et timuerunt regem
videntes sapientiam Dei esse in eo ad faciendum iudicium
4 erat autem rex Salomon regnans super omnem Israhel 1—6: II Sm 8,15–18; I Par 18,14–17
2 et hii principes quos habebat
Azarias filius Sadoc sacerdos I Par 6,8.9
3 Helioreph et Ahia filii Sesa scribae 3—6: II Sm 20,23–26
Iosaphat filius Ahilud a commentariis
4 Banaias filius Ioiadae super exercitum 2,35!
Sadoc autem et Abiathar sacerdotes II Sm 20,25!
5 Azarias filius Nathan super eos qui adsistebant regi

RAC ΣΛDΦm cr 18 uero] autem c | ~ nobiscum in domo c | 20 intempestae noctis c | 22 ita + ut dicis ΣΛc | 23 et filius meus] meus autem Σc | 26 e contra CΛ; e contrario ΣΦc | sit] sed ΣΛ; sit sed Φc | 27 respondens rex] respondit rex et c | est + enim ΛΦc; + autem Σ || **4**,2 sacerdotis CΣc |

Zabud filius Nathan sacerdos amicus regis
6 et Ahisar praepositus domus
5,14; II Par 10,18! et Adoniram filius Abda super tributa
7 habebat autem Salomon duodecim
praefectos super omnem Israhel
27 qui praebebant annonam regi et domui eius
per singulos enim menses in anno
singuli necessaria ministrabant
8 et haec nomina eorum
Benhur in monte Ephraim
9 Bendecar in Macces
et in Salebbim et in Bethsemes et Helon Bethanan
10 Benesed in Araboth
ipsius erat Soccho et omnis terra
Epher
11 Benabinadab cuius omnis Nepthad
Dor Tapheth filiam Salomonis habebat uxorem
12 Bana filius Ahilud regebat Thanac
et Mageddo et universam Bethsan
quae est iuxta Sarthana
subter Hiezrahel a Bethsan usque
Abelmeula e regione Iecmaan
13 Bengaber in Ramoth Galaad habebat Avothiair filii Manasse in Galaad
Dt 3,4.5 ipse praeerat in omni regione Argob
quae est in Basan sexaginta civitatibus magnis atque muratis quae habebant seras aereas
14 Ahinadab filius Addo praeerat in
Manaim
15 Ahimaas in Nepthali
sed et ipse habebat Basmath filiam
Salomonis in coniugio
16 Baana filius Usi in Aser et in Balod
17 Iosaphat filius Pharue in Isachar
18 Semei filius Hela in Beniamin
19 Gaber filius Uri in terra Galaad in
Dt 1,4! terra Seon regis Amorrei et Og regis Basan super omnia quae erant
in illa terra
20 Iuda et Israhel innumerabiles sicut II Sm 17,11!
harena maris in multitudine
comedentes et bibentes atque laetantes
21 Salomon autem erat in dicione sua II Par 9,26
habens omnia regna
sicut a flumine terrae Philisthim usque ad terminum Aegypti
offerentium sibi munera et servien-
tium ei cunctis diebus vitae eius
22 erat autem cibus Salomonis per dies
singulos
triginta chori similae et sexaginta
chori farinae
23 decem boves pingues et viginti boves
pascuales et centum arietes
excepta venatione cervorum caprea-
rum atque bubalorum et avium alti-
lium
24 ipse enim obtinebat omnem regionem quae erat trans flumen
quasi a Thapsa usque Gazam
et cunctos reges illarum regionum
et habebat pacem ex omni parte in 5,4; II Sm 7,1! I Par 22,9
circuitu
25 habitabatque Iudas et Israhel absque
timore ullo
unusquisque sub vite sua et sub ficu I Mcc 14,12!
sua
a Dan usque Bersabee cunctis diebus II Sm 3,10!
Salomonis
26 et habebat Salomon quadraginta mi- 10,26; II Par 1,14; 9,25
lia praesepia equorum currulium
et duodecim milia equestrium
27 nutriebantque eos supradicti regis
praefecti
sed et necessaria mensae regis Salo- 7
monis cum ingenti cura praebebant
in tempore suo
28 hordeum quoque et paleas equorum
et iumentorum
deferebant in locum ubi erat rex

9 et helon] et in elon et in c; + de C | 12 usque ad belmeula A | et regione A; regionem D | 21 [*hic incip. cap.* 5 𝔐] | sicut] secum ΣΛ; *om.* c | 24 quasi *om.* c | usque gaza C; usque ad gazan c | 25 iuda CΦc | 26 currulium RAmr] currilium *cet.* |

RAC ΣΛDΦm cr

iuxta constitutum sibi
3,12! 5,12; Sir 47,16 29 dedit quoque Deus sapientiam Salomoni et prudentiam multam nimis
et latitudinem cordis quasi harenam
quae est in litore maris
10,23 30 et praecedebat sapientia Salomonis
sapientiam omnium Orientalium et
Aegyptiorum
31 et erat sapientior cunctis hominibus
sapientior Aethan Ezraita et Heman
et Chalcal et Dorda filiis Maol
et erat nominatus in universis gentibus per circuitum
Prv 1,1! Sir 47,18 32 locutus est quoque Salomon tria milia parabolas
et fuerunt carmina eius quinque et
mille
33 et disputavit super lignis
a cedro quae est in Libano usque ad
hysopum quae egreditur de pariete
et disseruit de iumentis et volucribus
et reptilibus et piscibus
10,24; II Par 9,23 34 et veniebant de cunctis populis ad
audiendam sapientiam Salomonis
et ab universis regibus terrae qui audiebant sapientiam eius
II Sm 5,11; I Par 14,1 **5** misit quoque Hiram rex Tyri servos
suos ad Salomonem
audivit enim quod ipsum unxissent
regem pro patre eius
quia amicus fuerat Hiram David
omni tempore
2—11: II Par 2,3–16 2 misit autem et Salomon ad Hiram
dicens
3 tu scis voluntatem David patris mei
I Par 22,8; 28,3 et quia non potuerit aedificare domum nomini Domini Dei sui
propter bella inminentia per circuitum
donec daret Dominus eos sub vestigio pedum eius
4,24; II Sm 7,1! I Par 22,9 4 nunc autem requiem dedit Deus meus mihi per circuitum
non est Satan neque occursus malus
5 quam ob rem cogito aedificare tem- 8,18; I Par 22,7! 28,2! II Par 2,1
plum nomini Domini Dei mei
sicut locutus est Dominus David 8,20! I Par 28,5.6
patri meo dicens
filius tuus quem dabo pro te super
solium tuum ipse aedificabit do- II Sm 7,13! I Par 22,10
mum nomini meo 6,14!
6 praecipe igitur ut praecidant mihi
cedros de Libano
et servi mei sint cum servis tuis
mercedem autem servorum tuorum
dabo tibi quamcumque praeceperis
scis enim quoniam non est in populo
meo vir qui noverit ligna caedere
sicut Sidonii
7 cum ergo audisset Hiram verba Salomonis
laetatus est valde et ait
benedictus Dominus hodie 10,9; II Par 9,8
qui dedit David filium sapientissi- Sir 47,14
mum
super populum hunc plurimum
8 et misit Hiram ad Salomonem dicens
audivi quaecumque mandasti mihi
ego faciam omnem voluntatem tuam
in lignis cedrinis et abiegnis
9 servi mei deponent ea de Libano ad
mare
et ego conponam ea in ratibus in
mari
usque ad locum quem significaveris
mihi
et adplicabo ea ibi et tu tolles ea
praebebisque necessaria mihi ut detur cibus domui meae
10 itaque Hiram dabat Salomoni ligna
cedrina et ligna abiegna iuxta omnem voluntatem eius
11 Salomon autem praebebat Hiram viginti milia chororum tritici in cibum domui eius
et viginti choros purissimi olei

RAC ΣΛDΦm 𝔠𝔯

29 deditque deus C | 30 sapientia² AC | 31 in *om.* R | 32 quinque et mille] quinque milia CΣΦ || **5**,2 et *om.* 𝔠. | 3 potuerat D; potuit R | 4 dedit + dominus 𝔠 | circuitum + et ΛΦ𝔠 | 6 mihi + serui tui 𝔠 | praeceperis] petieris ΛDΦ𝔠 | quoniam] quia Σm; quomodo 𝔠. | 7 dominus + deus C𝔠 | 8 omnem *om.* C | 11 choruum Σ; coros 𝔠 | ~ coros tritici uiginti millia 𝔠. |

haec tribuebat Salomon Hiram per annos singulos
3,12! 4,29! 12 dedit quoque Dominus sapientiam Salomoni sicut locutus est ei
et erat pax inter Hiram et Salomonem
et percusserunt foedus ambo
13 legitque rex Salomon operas de omni Israhel
et erat indictio triginta milia virorum
14 mittebatque eos in Libanum
decem milia per menses singulos vicissim
ita ut duobus mensibus essent in domibus suis
5; II Par 10,18! et Adoniram erat super huiuscemodi indictione
II Par 2,2.18 15 fuerunt itaque Salomoni septuaginta milia eorum qui onera portabant
et octoginta milia latomorum in monte
9,23 16 absque praepositis qui praeerant singulis operibus numero trium milium et trecentorum
praecipientium populo et his qui faciebant opus
17 praecepitque rex ut tollerent lapides grandes
lapides pretiosos in fundamentum templi et quadrarent eos
6,7 18 quos dolaverunt cementarii Salomonis et cementarii Hiram
porro Biblii praeparaverunt ligna et lapides ad aedificandam domum
1–3: II Par 3,2–4 **6** factum est igitur quadringentesimo et octogesimo anno egressionis filiorum Israhel de terra Aegypti
37 in anno quarto mense zio ipse est mensis secundus regis Salomonis super Israhel
aedificare coepit domum Domino
2 domus autem quam aedificabat rex Salomon Domino
habebat sexaginta cubitos in longitudine
et viginti cubitos in latitudine
et triginta cubitos in altitudine
3 et porticus erat ante templum viginti cubitorum longitudinis Ez 40,49; 41,2
iuxta mensuram latitudinis templi
et habebat decem cubitos latitudinis ante faciem templi
4 fecitque in templo fenestras obliquas Ez 40,16!
5 et aedificavit super parietem templi tabulata per gyrum
in parietibus domus per circuitum templi et oraculi
et fecit latera in circuitu
6 tabulatum quod subter erat quinque cubitos habebat latitudinis
et medium tabulatum sex cubitorum latitudinis
et tertium tabulatum septem habens cubitos latitudinis
trabes autem posuit in domo per circuitum forinsecus
ut non hererent muris templi
7 domus autem cum aedificaretur lapidibus dedolatis atque perfectis aedificata est 5,18
et malleus et securis et omne ferramentum non sunt audita in domo cum aedificaretur
8 ostium lateris medii in parte erat domus dexterae Ez 41,7
et per cocleam ascendebant in medium cenaculum
et a medio in tertium
9 et aedificavit domum et consummavit eam 14!
texit quoque domum laquearibus cedrinis
10 et aedificavit tabulatum super omnem domum quinque cubitis alti-

11 ∼ singulos annos Σ c | 12 deditque CΣDΦm | ei *om.* R | ∼ ambo foedus c | 13 legitque AΛDmr] elegitque *cet.* | rex *om.* C | operas] operarios Φ c | 14 in libano A | 15 fueruntque c | eorum] equorum RΦ; uirorum C | latomorum] lapidariorum C | 18 biblii] giblii c. || **6**,1 igitur] ergo c.; autem DΦ; *om.* Σ. | regis] regni c; salomonis Σ. | aedificari coepit domus c. | 6 subter] super AC | 7 de lapidibus dolatis c | 9 texitque domum C |

RAC ΣΛDΦm cr

tudinis
et operuit domum lignis cedrinis
11 et factus est sermo Domini ad Salomonem dicens
12 domus haec quam aedificas
2,4! 8,24; 9,4! si ambulaveris in praeceptis meis
et iudicia mea feceris
et custodieris omnia mandata mea
gradiens per ea
firmabo sermonem meum tibi quem
locutus sum ad David patrem tuum
Ex 29,45! 13 et habitabo in medio filiorum Israhel
et non derelinquam populum meum
Israhel
9; 5,5! Act 7,47 14 igitur aedificavit Salomon domum et
consummavit eam
15 et aedificavit parietes domus intrinsecus tabulatis cedrinis
a pavimento domus usque ad summitatem parietum et usque ad la-
quearia operuit lignis intrinsecus
et texit pavimentum domus tabulis
abiegnis
16 aedificavitque viginti cubitorum ad
posteriorem partem templi tabulata cedrina
a pavimento usque ad superiora
et fecit interiorem domum oraculi in
sanctum sanctorum
17 porro quadraginta cubitorum erat
ipsum templum pro foribus oraculi
18 et cedro omnis domus intrinsecus
vestiebatur
habens tornaturas suas et iuncturas
fabrefactas et celaturas eminentes
omnia cedrinis tabulis vestiebantur
nec omnino lapis apparere poterat
in pariete
19—21: II Par 3,8.9 19 oraculum autem in medio domus in
8,6! interiori parte fecerat
ut poneret ibi arcam foederis Domini
Ez 41,4 20 porro oraculum habebat viginti cubitos longitudinis
et viginti cubitos latitudinis
et viginti cubitos altitudinis
et operuit illud atque vestivit auro
purissimo
sed et altare vestivit cedro
21 domum quoque ante oraculum operuit auro purissimo
et adfixit lamminas clavis aureis
22 nihilque erat in templo quod non
auro tegeretur
sed et totum altare oraculi texit auro
23 et fecit in oraculo duo cherubin de 23—28: II Par 3,10–13
lignis olivarum
decem cubitorum altitudinis
24 quinque cubitorum ala cherub una
et quinque cubitorum ala cherub altera
id est decem cubitos habentes
a summitate alae usque ad alae alterius summitatem
25 decem quoque cubitorum erat cherub secundus mensura pari
et opus unum erat in duobus cherubin
26 id est altitudinem habebat unus cherub decem cubitorum
et similiter cherub secundus
27 posuitque cherubin in medio templi
interioris
extendebant autem alas suas cherubin
et tangebat ala una parietem
et ala cherub secundi tangebat parietem alterum
alae autem alterae in media parte
templi se invicem contingebant
28 texit quoque cherubin auro
29 et omnes parietes templi per circuitum scalpsit variis celaturis et torno
et fecit in eis cherubin et palmas et 32.35; II Par 3
picturas varias Ez 41,18
quasi prominentes de pariete et egredientes
30 sed et pavimentum domus texit auro
intrinsecus et extrinsecus

RAC ΣΛDΦm cr 15 lignis + cedrinis c | 18 ~ et iuncturas suas ΛΦc | 19 in[2] *om.* R | 23 duos ΣΛc; duae D. | 24 cherub] cherubin CD *utroque loco, item vv.* 25. 26(*bis*). 27 | alae[1] + unius c. | 25 in mensura c | 27 tangebant[1] R | 29 sculpsit c; sclupsit ΣΛ. |

31 et in ingressu oraculi fecit ostiola de
lignis olivarum
postesque angulorum quinque
32 et duo ostia de lignis olivarum
29! 35 et scalpsit in eis picturam cherubin
et palmarum species et anaglyfa valde prominentia
et texit ea auro
et operuit tam cherubin quam palmas et cetera auro
33 fecitque in introitum templi postes
de lignis olivarum quadrangulatos
Ez 41,24.25 34 et duo ostia de lignis abiegnis altrinsecus
et utrumque ostium duplex erat
et se invicem tenens aperiebatur
29! 32 35 et scalpsit cherubin et palmas et celaturas valde eminentes
operuitque omnia lamminis aureis opere quadro ad regulam
7,12 36 et aedificavit atrium interius tribus
I Esr 6,4 ordinibus lapidum politorum
et uno ordine lignorum cedri
1 37 anno quarto fundata est domus Domini in mense zio
38 et in anno undecimo mense bul
ipse est mensis octavus
perfecta est domus in omni opere suo et in universis utensilibus
aedificavitque eam annis septem
3,1! 7 domum autem suam aedificavit Salomon tredecim annis
et ad perfectum usque perduxit
2 aedificavit quoque domum saltus Libani
centum cubitorum longitudinis
et quinquaginta cubitorum latitudinis
et triginta cubitorum altitudinis
et quattuor deambulacra inter columnas cedrinas
ligna quippe cedrina exciderat in columnas
3 et tabulatis cedrinis vestivit totam
cameram
quae quadraginta quinque columnis sustentabatur
unus autem ordo habebat columnas
quindecim 4 contra se invicem positas
5 et e regione se respicientes aequali spatio inter columnas
et super columnas quadrangulata ligna in cunctis aequalia
6 et porticum columnarum fecit
quinquaginta cubitorum longitudinis
et triginta cubitorum latitudinis
et alteram porticum in facie maioris porticus
et columnas et epistylia super columnas
7 porticum quoque solii in qua tribunal est fecit
et texit lignis cedrinis a pavimento usque ad summitatem
8 et domuncula in qua sedetur ad iudicandum erat in media porticu simili opere
domum quoque fecit filiae Pharao- 3,1; 9,24; II Par 8,11
nis quam uxorem duxerat Salomon
tali opere quali et hanc porticum
9 omnia lapidibus pretiosis
qui ad normam quandam atque mensuram
tam intrinsecus quam extrinsecus serrati erant
a fundamento usque ad summitatem parietum
et intrinsecus usque ad atrium maius
10 fundamenta autem de lapidibus pretiosis lapidibus magnis
decem sive octo cubitorum
11 et desuper lapides pretiosi aequalis mensurae secti erant similiterque de cedro
12 et atrium maius rotundum trium or- 6,36
dinum de lapidibus sectis I Esr 6,4

32 sculpsit Λ c; sclupsit Σ., *item v.* 35 | 33 in introitu CΣΛ c | 34 aperiebantur R | 38 utensilibus + suis c. || 7,2 quippe] quoque C | 3 sustinebatur R; sustinebitur D. | 5 se inuicem conspicientes C. | 6 in faciem R | 8 domunculam C | sederetur C; sedebatur ΛΦc | porticus[1] R; porticum Dm | 9 intrinsecus[2]] extrinsecus cr | 11 aequales CD. |

RAC ΣΛDΦm cr

et unius ordinis dolata cedro
nec non et in atrio domus Domini interiori et in porticu domus
II Par 2,13.14 13 misit quoque rex Salomon et tulit
Hiram de Tyro
14 filium mulieris viduae de tribu Nepthali patre Tyrio
artificem aerarium et plenum sapientia et intellegentia et doctrina
ad faciendum omne opus ex aere
II Par 4,11 qui cum venisset ad regem Salomonem fecit omne opus eius
II Par 3,15.16; Ier 52,21 15 et finxit duas columnas aereas
decem et octo cubitorum altitudinis
columnam unam
IV Rg 25,17 et linea duodecim cubitorum ambiebat columnam utramque
Ier 52,22 16 duo quoque capitella fecit quae ponerentur super capita columnarum
fusili aere
quinque cubitorum altitudinis capitellum unum
et quinque cubitorum altitudinis
capitellum alterum
17 et quasi in modum retis et catenarum
sibi invicem miro opere contexta-
rum
utrumque capitellum columnarum
fusile erat
septena versuum retiacula in capitello uno
et septena retiacula in capitello altero
IV Rg 25,17; Ier 52,22.23 18 et perfecit columnas et duos ordines
per circuitum retiaculorum singu-
lorum
II Par 3,16 ut tegerent capitella quae erant super summitatem malogranatorum
eodem modo fecit et capitello secundo
19 capitella autem quae erant super capita columnarum
quasi opere lilii fabricata erant in
porticu quattuor cubitorum
20 et rursum alia capitella in summitate
columnarum desuper
iuxta mensuram columnae contra
retiacula
malogranatorum autem ducenti ordines erant in circuitu capitelli secundi
21 et statuit duas columnas in porticum II Par 3,17!
templi
cumque statuisset columnam dexteram vocavit eam nomine Iachin
similiter erexit columnam secundam
et vocavit nomen eius Booz
22 et super capita columnarum opus in
modum lilii posuit
perfectumque est opus columnarum
23 fecit quoque mare fusile **23—26:** II Par 4,2–5
decem cubitorum a labio usque ad
labium
rotundum in circuitu
quinque cubitorum altitudo eius
et resticula triginta cubitorum cinge-
bat illud per circuitum
24 et scalptura subter labium circumi-
bat illud decem cubitis ambiens
mare
duo ordines scalpturarum histriata-
rum erant fusiles
25 et stabat super duodecim boves II Par 4,15; Ier 52,20
e quibus tres respiciebant ad aquilo-
nem
et tres ad occidentem et tres ad meridiem et tres ad orientem
et mare super eos desuper erat
quorum posteriora universa intrinsecus latitabant
26 grossitudo autem luteris trium un-
ciarum erat

RAC ΣΛDΦm cr

12 de dolata c | in interiori C | in porticum CDΦ | 15 lineam RC | 16 fusilia RΛD Φ c | aere] aerea R.; ex aere ΛΦ c | 19 in porticum C | 20 in summitatem A | 21 in porticu AΛD c | statuissent R | iachin + firmitas AΣ; + id est firmitas C | booz + in robore AΣ; + id est robore C | 23 in circuitum CΣ | 24 sculptura Λ c; scalpturas D; sclupturas Σ. | subter] super RΣD | sculpturarum Λ c; sclupturarum Σ. | histriarum R; striatarum Σ c; *om.* C. | 25 stabant CΣΛDΦ | super[2]] desuper RΣ | 26 luteris] lateris RCDΦ |

labiumque eius quasi labium calicis
et folium repandi lilii
duo milia batos capiebat
37 [27] et fecit bases decem aereas quattuor
cubitorum longitudinis bases singulas
et quattuor cubitorum latitudinis
et trium cubitorum altitudinis
[28] et ipsum opus basium interrasile erat
et scalpturae inter iuncturas
[29] et inter coronulas et plectas leones et
boves et cherubin
et in iuncturis similiter desuper
et subter leones et boves
quasi lora ex aere dependentia
[30] et quattuor rotae per bases singulas
et axes aerei
et per quattuor partes quasi umeruli
subter luterem fusiles contra se invicem respectantes
[31] os quoque luteris intrinsecus erat in
capitis summitate
et quod forinsecus apparebat unius
cubiti erat totum rotundum
pariterque habebat unum cubitum et
dimidium
in angulis autem columnarum variae
celaturae erant
et media intercolumnia quadrata non
rotunda
[32] quattuor quoque rotae quae per
quattuor angulos basis erant cohe-
rebant subter basi
una rota habebat altitudinis cubitum
et semis
[33] tales autem rotae erant quales solent
in curru fieri
et axes earum et radii et canti et mo-
dioli omnia fusilia
[34] nam et umeruli illi quattuor per singulos angulos basis unius ex ipsa
basi fusiles et coniuncti erant
[35] in summitate autem basis erat quaedam rotunditas dimidii cubiti
ita fabrefacta ut luter desuper possit
inponi
habens celaturas suas et scalpturas
varias ex semet ipso
[36] scalpsit quoque in tabulatis illis quae
erant ex aere et in angulis
cherubin et leones et palmas quasi in
similitudinem stantis hominis
ut non celata sed adposita per circuitum viderentur
[37] in hunc modum fecit decem bases 27
fusura una et mensura scalpturaque
consimili
[38] fecit quoque decem luteres aereos
quadraginta batos capiebat luter
unus eratque quattuor cubitorum
singulosque luteres per singulas id
est decem bases posuit
[39] et constituit decem bases quinque ad II Par 4,6
dexteram partem templi et quinque
ad sinistram
mare autem posuit ad dexteram par- II Par 4,10
tem templi contra orientem ad meridiem
[40] fecit ergo Hiram lebetas et scutras et 40—50: II Par 4,11–22
amulas
et perfecit omne opus regis Salomonis in templo Domini
[41] columnas duas et funiculos capitulorum super capitella columnarum
duos
et retiacula duo ut operirent duos
funiculos qui erant super capita columnarum
[42] et malogranata quadringenta in duobus retiaculis
duos versus malogranatorum in retiaculis singulis

RAC ΣΛDΦ(k)m cr

26 labium quoque R | 27 ~ decem bases c. | aeneas ΛDΦ c | [*adest* k *usque ad* 8,15] | 28 sculpturae c; sclupture Σ. | 29 subter] super CΣΛDΦm | 32 bases[1] A | coherebant + sibi c | subter basi RAkm r] subter basim *cet.* | et *om.* Ck. | 35 dimidii ADm cr.] unius et dimidii *cet.* | posset Φ c | et scalpt. uarias] uariasque sculpt. c | sculpturas R c; sclupturas Σ. | ipsa ΣΛ cr | 36 sculpsit D c; sclupsit Σ. | in similitudine C | ~ hominis stantis c | 37 sculpturaque c; sclupturaque Σ. | 38 aeneos ΛDΦ c | singulos quoque c | 40 lebetes Σ c | 41 capitellorum ΛDΦ c | super[1]] subter A | 42 mala granata R | quadraginta RΣk |

ad operiendos funiculos capitello-
rum qui erant super capita columnarum
43 et bases decem et luteres decem super bases
44 et mare unum et boves duodecim
subter mare
45 et lebetas et scutras et amulas
omnia vasa quae fecit Hiram regi
Salomoni in domo Domini de auri-
chalco erant
46 in campestri regione Iordanis fudit
ea rex in argillosa terra inter Socchoth et Sarthan
47 et posuit Salomon omnia vasa
propter multitudinem autem nimiam
non erat pondus aeris
48 fecitque Salomon omnia vasa in domo Domini
altare aureum et mensam super quam
Ex 25,30! ponerentur panes propositionis auream
II Par 4,7 49 et candelabra aurea quinque ad dexteram et quinque ad sinistram con-
tra oraculum ex auro primo
et quasi lilii flores et lucernas desuper aureas et forcipes aureos
50 et hydrias et fuscinulas et fialas et
mortariola et turibula de auro purissimo
et cardines ostiorum domus interioris sancti sanctorum et ostiorum domus templi ex auro erant
II Par 5,1 51 et perfecit omne opus quod faciebat
Salomon in domo Domini
II Sm 8,10.11 et intulit quae sanctificaverat David
pater suus
I Par 26,26 argentum et aurum et vasa reposuit-
que in thesauris domus Domini
1—10: II Par 5,2–11 **8** tunc congregavit omnes maiores natu Israhel cum principibus tribuum
et duces familiarum filiorum Israhel
ad regem Salomonem in Hierusalem
ut deferrent arcam foederis Domini
de civitate David id est de Sion
2 convenitque ad regem Salomonem
universus Israhel
in mense hethanim in sollemni die
ipse est mensis septimus
3 veneruntque cuncti senes ex Israhel Ios 3,3! II Sm 15,24
et tulerunt sacerdotes arcam
4 et portaverunt arcam Domini et tabernaculum foederis
et omnia vasa sanctuarii quae erant
in tabernaculo
et ferebant ea sacerdotes et Levitae
5 rex autem Salomon et omnis multi- II Sm 6,2!
tudo Israhel quae convenerat ad
eum gradiebatur cum illo ante arcam
et immolabant oves et boves absque Nm 15,3!
aestimatione et numero
6 et intulerunt sacerdotes arcam foe- 6,19; II Sm 6,[illegible] I Par 22,19
deris Domini in locum suum
in oraculum templi in sanctum sanctorum subter alas cherubin
7 siquidem cherubin expandebant alas Ex 25,20!
super locum arcae
et protegebant arcam et vectes eius
desuper
8 cumque eminerent vectes et appare-
rent summitates eorum foris sanctuarium ante oraculum
non apparebant ultra extrinsecus
qui et fuerunt ibi usque in praesentem diem
9 in arca autem non est aliud nisi duae
tabulae lapideae quas posuerat in
ea Moses in Horeb
quando pepigit foedus Dominus cum 21
filiis Israhel cum egrederentur de
terra Aegypti
10 factum est autem cum exissent sa-
cerdotes de sanctuario Is 6,4; Apc 1[illegible] Ex 40,32.33! Ez 10,4
nebula implevit domum Domini
11 et non poterant sacerdotes stare et II Par 5,14
ministrare propter nebulam
impleverat enim gloria Domini do-

RAC ΣΛDΦkm cr
45 lebetes c | 49 primo] puro CΣΛc || **8**,1 congregati sunt ΛΦc | 3 ex] de c; *om.* Λ. | ~ arcam sacerdotes c | 5 conuenerant RDk | gradiebantur RD; egrediebatur A. | 7 expandebat CD | 9 est] erat c | domini RD. | ~ dominus foedus Cc |

mum Domini
12—49: II Par 6,1–39 12 tunc ait Salomon
Ex 19,9! Dominus dixit ut habitaret in nebula
13 aedificans aedificavi domum in habitaculum tuum
firmissimum solium tuum in sempiternum
14 convertitque rex faciem suam et benedixit omni ecclesiae Israhel
omnis enim ecclesia Israhel stabat
15 et ait
benedictus Dominus Deus Israhel
qui locutus est ore suo ad David patrem meum
et in manibus eius perfecit dicens
II Sm 7,6.7! 16 a die qua eduxi populum meum Israhel de Aegypto
non elegi civitatem de universis tribubus Israhel
ut aedificaretur domus et esset nomen meum ibi
sed elegi David ut esset super populum meum Israhel
Par 22,7! 28,2; II Par 6,7 17 voluitque David pater meus aedificare domum nomini Domini Dei Israhel
18 et ait Dominus ad David patrem meum
5! II Sm 7,3.5; I Par 22,7! IV Esr 3,24 quod cogitasti in corde tuo aedificare domum nomini meo bene fecisti hoc ipsum mente tractans
19 verumtamen tu non aedificabis domum
II Sm 7,12.13! I Par 17,11.12 sed filius tuus qui egredietur de renibus tuis
I Par 22,10 ipse aedificabit domum nomini meo
20 confirmavit Dominus sermonem suum quem locutus est
stetique pro David patre meo
5,5! I Par 28,5.6 et sedi super thronum Israhel sicut locutus est Dominus
Sap 9,7.8 et aedificavi domum nomini Domini Dei Israhel

21 et constitui ibi locum arcae in qua foedus est Domini 9
quod percussit cum patribus nostris
quando egressi sunt de terra Aegypti
22 stetit autem Salomon ante altare Domini in conspectu ecclesiae Israhel 22—30: Sir 52,1–13 IV Esr 7,108
et expandit manus suas in caelum Ex 9,22!
23 et ait
Domine Deus Israhel non est similis tui Deus in caelo desuper et super terra deorsum Dt 3,24! 4,39! Ps 85,8! 88,7
qui custodis pactum et misericordiam servis tuis
qui ambulant coram te in toto corde suo
24 qui custodisti servo tuo David patri meo quae locutus es ei 6,12!
ore locutus es et manibus perfecisti ut et haec dies probat
25 nunc igitur Domine Deus Israhel
conserva famulo tuo David patri meo quae locutus es ei dicens 2,4! 9,4.5
non auferetur de te vir coram me qui sedeat super thronum Israhel II Par 7,18 Ps 131,12
ita tamen si custodierint filii tui viam suam ut ambulent coram me sicut tu ambulasti in conspectu meo
26 et nunc Deus Israhel firmentur verba tua quae locutus es servo tuo David patri meo
27 ergone putandum est quod vere Deus habitet super terram
si enim caelum et caeli caelorum te capere non possunt quanto magis domus haec quam aedificavi II Par 2,6
28 sed respice ad orationem servi tui et ad preces eius Domine Deus meus
audi hymnum et orationem quam servus tuus orat coram te hodie
29 ut sint oculi tui aperti super domum hanc nocte et die 52; 9,3! 11,36! II Par 6,20; Za 12,4
super domum de qua dixisti erit nomen meum ibi Dt 12,5! IV Rg 21,4; II Par 33,4
ut exaudias orationem qua orat te

15 ait + salomon c | [*deest* k *usque ad* 11,15] | 17 nominis RDm. | 18 pertractans CΣ; tractare D. | 19 domum[1]] *praem.* mihi ΛDΦ c; + michi C. | 20 stetitque RD | 21 ~ domini est c | 23 super terram ADΦ c; sub terra Σ | 24 et[2] *om.* RΣΛDΦ c | 26 nunc + domine CΦ c | 28 quam] qua RD. | 29 et] ac c | qua[2]] quam CΣΛΦ c | te] ad te Φ c; *om.* R |

RAC ΣΛDΦ(k)m cr

servus tuus in loco isto
30 ut exaudias deprecationem servi tui
et populi tui Israhel
quodcumque oraverint in loco isto
et exaudies in loco habitaculi tui in
caelo
et cum exaudieris propitius eris
31 si peccaverit homo in proximum suum
et habuerit aliquod iuramentum quo
teneatur adstrictus
et venerit propter iuramentum coram altari tuo in domum tuam
32 tu exaudies in caelo et facies
et iudicabis servos tuos
condemnans impium et reddens viam
suam super caput eius
iustificansque iustum et retribuens ei
secundum iustitiam suam
33 si fugerit populus tuus Israhel inimicos suos
quia peccaturus est tibi
et agentes paenitentiam et confitentes nomini tuo
venerint et oraverint et deprecati te
fuerint in domo hac
Mt 6,12! 34 exaudi in caelo et dimitte peccatum
populi tui Israhel
et reduces eos in terram quam dedisti patribus eorum
35 si clausum fuerit caelum et non plue-
rit propter peccata eorum
et orantes in loco isto paenitentiam
egerint nomini tuo
et a peccatis suis conversi fuerint
propter adflictionem suam
36 exaudi eos in caelo et dimitte peccata servorum tuorum et populi tui
Israhel
et ostende eis viam bonam per quam
ambulent
et da pluviam super terram tuam
quam dedisti populo tuo in possessionem

37 fames si oborta fuerit in terra aut **37–39:** II Par 20,9!
pestilentia aut corruptus aer
aurugo lucusta rubigo et adflixerit
eum
et inimicus eius portas obsidens
omnis plaga universa infirmitas
38 cuncta devotatio et inprecatio quae
acciderit omni homini de populo
tuo Israhel
si quis cognoverit plagam cordis sui
et expanderit manus suas in domo Ps 27,2!
hac
39 tu audies in caelo in loco habitationis 43.45.49! Dt 26,15!
tuae et repropitiaberis
et facies ut des unicuique secundum Sir 16,15! Ier 17,10! 32,19
omnes vias suas
sicut videris cor eius quia tu nosti
solus cor omnium filiorum hominum
40 ut timeant te cunctis diebus quibus
vivunt super faciem terrae quam
dedisti patribus nostris
41 insuper et alienigena qui non est de **41–43:** Is 56,6.7!
populo tuo Israhel
cum venerit de terra longinqua propter nomen tuum
audietur enim nomen tuum magnum
et manus tua fortis et brachium tuum 42 extentum ubique
cum venerit ergo et oraverit in loco
hoc
43 tu exaudies in caelo in firmamento 39!
habitaculi tui
et facies omnia pro quibus invoca-
verit te alienigena
ut discant universi populi terrarum Ps 101,16!
nomen tuum timere sicut populus
tuus Israhel
et probent quia nomen tuum invo- I Mcc 7,37
catum est super domum hanc quam
aedificavi
44 si egressus fuerit populus tuus ad
bellum contra inimicos suos per
viam quocumque miseris eos

RAC ΣΛDΦm cr 29 ~ in loco isto ad te seruus tuus c. | 31 altario CΣ | 36 exaudi eos] exaudies CΣ | 37 aurugo Amr.] aurigo D.; aut rugo R.; aut aerugo CΣΛΦ; aut aerugo aut c | lucusta + uel c | et[2] *om.* c | 39 audias Σ.; exaudies CΛDΦc | ~ solus nosti R | 42 ~ hoc loco c. | 44 quodcumque D.; quamcumque RΛ |

orabunt te contra viam civitatis
quam elegisti
et contra domum quam aedificavi
nomini tuo
39! 45 et exaudies in caelo orationem eorum et preces eorum
et facies iudicium eorum
II Par 6,36; Prv 20,9; [E]cl 7,21; Sir 8,6; Rm 3,23! 46 quod si peccaverint tibi
non est enim homo qui non peccet
et iratus tradideris eos inimicis suis
et capti ducti fuerint in terram inimicorum longe vel prope
47 et egerint paenitentiam in corde suo
in loco captivitatis
II Par 6,37 et conversi deprecati te fuerint in
captivitate sua dicentes
II Sm 24,17! Idt 7,19; Ps 105,6! Bar 2,12 peccavimus inique egimus impie ges-
simus
48 et reversi fuerint ad te in universo
corde suo et tota anima sua
in terra inimicorum suorum ad quam
captivi ducti sunt
et oraverint te contra viam terrae
suae quam dedisti patribus eorum
et civitatis quam elegisti et templi
quod aedificavi nomini tuo
39! [II] Par 6,25; 7,14 49 exaudies in caelo in firmamento solii
tui orationem eorum et preces
et facies iudicium eorum
Dt 21,8! [P]s 24,11! 77,38! 50 et propitiaberis populo tuo qui peccavit tibi
Ier 31,34! et omnibus iniquitatibus eorum quibus praevaricati sunt in te
Ex 3,21! Ps 105,46 et dabis misericordiam coram eis qui
eos captivos habuerint ut misere-
antur eis
51 populus enim tuus est et hereditas
tua
Dt 4,20! quos eduxisti de terra Aegypti de
medio fornacis ferreae
29! 52 ut sint oculi tui aperti ad deprecationem servi tui et populi tui Israhel
et exaudias eos in universis pro quibus invocaverint te

53 tu enim separasti eos tibi in heredi- Dt 14,2!
tatem de universis populis terrae
sicut locutus es per Mosen servum
tuum
quando eduxisti patres nostros de Dt 20,1!
Aegypto Domine Deus
54 factum est autem cum conplesset Sa- II Par 7,1
lomon orans Dominum omnem
orationem et deprecationem hanc
surrexit de conspectu altaris Domini
utrumque enim genu in terram fixerat I Esr 9,5!
et manus expanderat ad caelum
55 stetit ergo et benedixit omni ecclesiae Israhel voce magna dicens
56 benedictus Dominus qui dedit requiem populo suo Israhel iuxta omnia quae locutus est
non cecidit ne unus quidem sermo ex
omnibus bonis quae locutus est per
Mosen servum suum
57 sit Dominus Deus noster nobiscum
sicut fuit cum patribus nostris non
derelinquens nos neque proiciens
58 sed inclinet corda nostra ad se Ps 118,36
ut ambulemus in universis viis eius 61! Lv 18,4! Ez 11,20; 20,19
et custodiamus mandata eius et cae-
rimonias et iudicia
quaecumque mandavit patribus nostris
59 et sint sermones mei isti quibus deprecatus sum coram Domino
adpropinquantes Domino Deo nostro die et nocte
ut faciat iudicium servo suo et populo suo Israhel per singulos dies
60 et sciant omnes populi terrae quia Dt 4,35! IV Rg 19,19! Tb 8,19; 13,4!
Dominus ipse est Deus
et non est ultra absque eo
61 sit quoque cor nostrum perfectum I Par 29,19; II Par 30,12; I Esr 7,10! Ps 107,2
cum Domino Deo nostro
ut ambulemus in decretis eius et cus- 58! Ps 118,5.6
todiamus mandata eius sicut et
hodie
62 igitur rex et omnis Israhel cum eo **62—66:** II Par 7,4–10

45 orationes D c | 46 capti RAm r.] captiui *cet.* | 47 te *om.* RD | 48 et² + in C | sunt] fuerint ΛΦ c | 49 orationes C c | preces + eorum c | 50 peccauerit C | 54 in terra R C r | ad] in c. | 58 caerimonias + eius Σ c. | 59 et²] ac c | 60 et¹] ut c |

RAC ΣΛΔΦm cr

Gn 46,1! II Sm 6,17! I Par 29,21; II Par 9,4; 11,16; immolabant victimas coram Domino
II Esr 12,42; II Mcc 2,9 [63]mactavitque Salomon hostias paci-
Lv 22,21! ficas quas immolavit Domino
boum viginti duo milia
ovium centum viginti milia
I Esr 6,16 et dedicaverunt templum Domini
rex et filii Israhel
[64]in die illa sanctificavit rex medium
atrii quod erat ante domum Domini
Ios 22,23! Ier 17,26; 33,18 fecit quippe ibi holocaustum et sacrificium et adipem pacificorum
IV Rg 16,14 quia altare aereum quod erat coram
Domino minus erat
et capere non poterat holocausta et
sacrificium et adipem pacificorum
II Mcc 2,12 [65]fecit ergo Salomon in tempore illo
festivitatem celebrem et omnis Is-
rahel cum eo multitudo magna
ab introitu Emath usque ad rivum
Aegypti coram Domino Deo nostro
septem diebus et septem diebus id
est quattuordecim diebus
I Sm 10,25! [66]et in die octava dimisit populos
qui benedicentes regi profecti sunt
in tabernacula sua
Ex 18,9! laetantes et alacri corde
super omnibus bonis quae fecerat
Dominus David servo suo et Israhel populo suo
1—9: II Par 7,11–22 **9** factum est autem cum perfecisset
10: 3,1! II Par 8,1 Salomon aedificium domus Domini et aedificium regis et omne
quod optaverat et voluerat facere
3,5! 11,9 [2]apparuit Dominus ei secundo sicut
apparuerat ei in Gabaon
[3]dixitque Dominus ad eum
8,29! exaudivi orationem tuam et deprecationem tuam qua deprecatus es
coram me
sanctificavi domum hanc quam aedificasti
ut ponerem nomen meum ibi in sem- I Esr 6,12
piternum
et erunt oculi mei et cor meum ibi
cunctis diebus
[4]tu quoque si ambulaveris coram me 6,12! 8,25.26! 11,38!
sicut ambulavit pater tuus
in simplicitate cordis et in aequitate Ps 24,21 H
et feceris omnia quae praecepi tibi
et legitima mea et iudicia mea servaveris
[5]ponam thronum regni tui super Israhel in sempiternum
sicut locutus sum David patri tuo
dicens
non auferetur de genere tuo vir de
solio Israhel
[6]si autem aversione aversi fueritis vos
et filii vestri
non sequentes me nec custodientes
mandata mea et caerimonias quas 11,10
proposui vobis
sed abieritis et colueritis deos alienos
et adoraveritis eos
[7]auferam Israhel de superficie terrae
quam dedi eis
et templum quod sanctificavi nomini Ps 45,5
meo proiciam a conspectu meo
eritque Israhel in proverbium et in Dt 28,37!
fabulam cunctis populis
[8]et domus haec erit in exemplum **8.9:** Dt 29,24–27; Ier 22,8.9
omnis qui transierit per eam stupe-
bit et sibilabit et dicet Lv 26,32!
quare fecit Dominus sic terrae huic
et domui huic
[9]et respondebunt quia dereliquerunt
Dominum Deum suum Idc 2,12!
qui eduxit patres eorum de terra Aegypti
et secuti sunt deos alienos
et adoraverunt eos et coluerunt
idcirco induxit Dominus super eos Gn 42,21
omne malum hoc
[10]expletis autem annis viginti post-

RAC ΣΛDΦm cr 63 milia[1] + et Φc | 64 ~ holocaustum ibi c; ibi *om.* m. | adipe[1.2] A | quia] quoniam c | aeneum CΛDΦm | holocaustum[2] c ‖ **9**,1 uoluerat] uouerat RCr | 2 ~ ei dominus Σmc | 3 qua AΛmr] quae RΣ; quam CDΦc | 5 ~ uir de genere tuo c; tibi uir Σ | 6 caerimonias + meas c. | 7 de superfacie Cr; de superfacia D.; de super faciem R | in fabula R | 9 coluerunt + eos c |

1; 3,1! quam aedificaverat Salomon duas domos
id est domum Domini et domum regis
11 Hiram rege Tyri praebente Salomoni
ligna cedrina et abiegna et aurum
iuxta omne quod opus habuerat
tunc dedit Salomon Hiram viginti
oppida in terra Galileae
12 egressusque est Hiram de Tyro ut videret oppida quae dederat ei Salomon et non placuerunt ei
13 et ait haecine sunt civitates quas dedisti mihi frater
et appellavit eas terram Chabul usque in diem hanc
14 misit quoque Hiram ad regem centum viginti talenta auri
3,1! II Sm 5,9! II Par 32,5 15 haec est summa expensarum quam obtulit rex Salomon ad aedificandam domum Domini et domum suam et Mello et murum Hierusalem
et Eser et Mageddo et Gazer
16 Pharao rex Aegypti ascendit et cepit
Ios 16,10; Idc 1,29 Gazer succenditque eam igni
et Chananeum qui habitabat in civitate interfecit
et dedit eam in dote filiae suae uxori Salomonis
II Par 8,4.5 17 aedificavit ergo Salomon Gazer et Bethoron inferiorem
18 et Baalath et Palmyram in terra solitudinis
19—23: II Par 8,6–10 19 et omnes vicos qui ad se pertinebant
et erant absque muro munivit
et civitates curruum et civitates equitum
et quodcumque ei placuit ut aedificaret in Hierusalem et in Libano et in omni terra potestatis suae
20 universum populum qui remanserat
Ios 9,1! de Amorreis et Hettheis et Ferezeis et Eveis et Iebuseis
qui non sunt de filiis Israhel
21 horum filios qui remanserant in terra
quos scilicet non potuerant filii Israhel exterminare Ios 17,13; Idc 1,28
fecit Salomon tributarios usque ad diem hanc
22 de filiis autem Israhel non constituit Salomon servire quemquam
sed erant viri bellatores et ministri eius et principes et duces
et praefecti curruum et equorum
23 erant autem principes super omnia 5,16
opera Salomonis praepositi quingenti quinquaginta
qui habebant subiectum populum et statutis operibus imperabant
24 filia autem Pharaonis ascendit de 7,8! II Par 8,11.12
civitate David in domum suam quam aedificaverat ei
tunc aedificavit Mello 11,27; II Sm 5,9!
25 offerebat quoque Salomon tribus vicibus per annos singulos
holocausta et pacificas victimas super altare quod aedificaverat Domino II Sm 24,25!
et adolebat thymiama coram Domino
perfectumque est templum
26 classem quoque fecit rex Salomon in 22,49
Asiongaber 26—28: II Par 8,17.18
quae est iuxta Ahilam in litore maris Rubri in terra Idumea
27 misitque Hiram in classe illa servos 10,11.22!
suos viros nauticos et gnaros maris
cum servis Salomonis II Par 9,10
28 qui cum venissent in Ophir sumptum inde aurum quadringentorum 22,49; I Par 29,4
viginti talentorum detulerunt ad regem Salomonem
10 sed et regina Saba audita fama Sa- Mt 12,42!
lomonis in nomine Domini 1—13: II Par 9,1–12
venit temptare eum in enigmatibus
2 et ingressa Hierusalem multo comitatu et divitiis

11 regem CΦ | 12 et egressus est D c | 13 terra CΣ | 14 regem + salomonem c | 15 est *om.* R | 16 in dotem ΣΛΦc | 21 poterant A | usque in c | 24 ei + salomon ΛΦc | 26 ahilam] ailath c. | idumeae ΣΛ c || **10**,2 multo + cum c. |

RAC ΣΛDΦm cr

Gn 24,10 camelis portantibus aromata et aurum infinitum nimis et gemmas
pretiosas
venit ad Salomonem et locuta est ei
universa quae habebat in corde suo
3 et docuit eam Salomon omnia verba
quae proposuerat
non fuit sermo qui regem posset latere et non responderet ei
4 videns autem regina Saba omnem
sapientiam Salomonis
et domum quam aedificaverat 5 et
cibos mensae eius
et habitacula servorum et ordinem
ministrantium vestesque eorum et
pincernas
et holocausta quae offerebat in domo Domini
non habebat ultra spiritum
6 dixitque ad regem
verus est sermo quem audivi in terra
mea
7 super sermonibus tuis et super sapientia tua
et non credebam narrantibus mihi
donec ipsa veni et vidi oculis meis et
probavi
quod media pars mihi nuntiata non
fuerit
maior est sapientia et opera tua
quam rumor quem audivi
8 beati viri tui et beati servi tui hii qui
stant coram te semper et audiunt
sapientiam tuam
5,7; II Par 2,11.12 9 sit Dominus Deus tuus benedictus
cui placuisti et posuit te super thro-
num Israhel
eo quod dilexerit Dominus Israhel in
sempiternum
II Sm 8,15! et constituit te regem ut faceres iudicium et iustitiam
10 dedit ergo regi centum viginti talenta
auri
et aromata multa nimis et gemmas
pretiosas
non sunt adlata ultra aromata tam
multa quam ea quae dedit regina
Saba regi Salomoni
11 sed et classis Hiram quae portabat 9,27.28! II Par 8,18!
aurum de Ophir
adtulit ex Ophir ligna thyina multa
nimis et gemmas pretiosas
12 fecitque rex de lignis thyinis fulchra
domus Domini et domus regiae
et citharas lyrasque cantoribus
non sunt adlata huiuscemodi ligna
thyina neque visa usque in praesentem diem
13 rex autem Salomon dedit reginae Saba omnia quae voluit et petivit
ab eo
exceptis his quae ultro obtulerat ei
munere regio
quae reversa est et abiit in terram
suam cum servis suis
14 erat autem pondus auri quod adfe- **14—28:** II Par 9,13–28
rebatur Salomoni per annos singu-
los
sescentorum sexaginta sex talentorum auri
15 excepto eo quod offerebant viri qui
super vectigalia erant
et negotiatores universique scruta
vendentes et omnes reges Arabiae
ducesque terrae
16 fecit quoque rex Salomon ducenta 14,26; II Par 12,9
scuta de auro puro
sescentos auri siclos dedit in lamminas scuti unius
17 et trecentas peltas ex auro probato
trecentae minae auri unam peltam
vestiebant
posuitque ea rex in domo silvae Libani
18 fecit etiam rex Salomon thronum de
ebore grandem
et vestivit eum auro fulvo nimis
19 qui habebat sex gradus

RAC ΣΛDΦm cr 2 ad + regem c | 3 possit ΑΣDΦ | 5 ordine R.; ordines c | 7 super sapientiam tuam C | 8 hii *om.* c | 9 cui complacuisti Φc | 10 ~ ultra adlata C | 15 afferebant Φc | scruta] scuta ΑΦ; scrutamina Λ | 16 purissimo c | 17 probato + et C | ea] eas Φc; *om.* D | siluae] saltus ΛΦc | 18 grande ΑΣ |

et summitas throni rotunda erat in
parte posteriori
et duae manus hinc atque inde tenentes sedile
et duo leones stabant iuxta manus
singulas
20 et duodecim leunculi stantes super
sex gradus hinc atque inde
non est factum tale opus in universis
regnis
21 sed et omnia vasa de quibus potabat
rex Salomon erant aurea
et universa supellex domus saltus
Libani de auro purissimo
non erat argentum nec alicuius pretii
putabatur in diebus Salomonis
9,27; Par 8,18; 9,21; 20,36 22 quia classis regis per mare cum classe
Hiram semel per tres annos ibat in
Tharsis
deferens inde aurum et argentum
dentes elefantorum et simias et pavos
3,12! 13! 4,30; I Par 29,25! II Par 1,1 23 magnificatus est ergo rex Salomon
super omnes reges terrae divitiis et
sapientia
4,34; Ps 44,13 24 et universa terra desiderabat vultum
Salomonis
3,12! Mt 12,42 ut audiret sapientiam eius quam dederat Deus in corde eius
Ps 67,30! 25 et singuli deferebant ei munera
vasa argentea et aurea
vestes et arma bellica
aromata quoque et equos et mulos
per annos singulos
26—29: II Par 1,14–17 26 congregavitque Salomon currus et
equites
26; II Par 9,25 et facti sunt ei mille quadringenti
currus et duodecim milia equitum
et disposuit eos per civitates munitas
et cum rege in Hierusalem
27 fecitque ut tanta esset abundantia
argenti in Hierusalem quanta lapidum
et cedrorum praebuit multitudinem
quasi sycomoros quae nascuntur in
campestribus
28 et educebantur equi Salomoni de
Aegypto et de Coa
negotiatores enim regis emebant de
Coa et statuto pretio perducebant
29 egrediebatur autem quadriga ex Aegypto sescentis siclis argenti
et equus centum quinquaginta
atque in hunc modum cuncti reges
Hettheorum et Syriae equos venun-
dabant
11 rex autem Salomon amavit mulie- Sir 47,21
res alienigenas multas
filiam quoque Pharaonis et Moabitidas et Ammanitidas Idumeas et
Sidonias et Chettheas
2 de gentibus super quibus dixit Do- Ex 34,16!
minus filiis Israhel
non ingrediemini ad eas
neque de illis ingredientur ad vestras
certissimo enim avertent corda vestra ut sequamini deos earum
his itaque copulatus est Salomon
ardentissimo amore
3 fueruntque ei uxores quasi reginae
septingentae et concubinae trecentae
et averterunt mulieres cor eius
4 cumque iam esset senex depravatum Dt 17,17; II Esr 13,26; Sir 9,9!
est per mulieres cor eius ut seque-
retur deos alienos
nec erat cor eius perfectum cum Domino Deo suo sicut cor David patris eius
5 sed colebat Salomon Astharthen de- 33; IV Rg 23,13
am Sidoniorum
et Moloch idolum Ammanitarum
6 fecitque Salomon quod non placuerat coram Domino
et non adimplevit ut sequeretur Dominum sicut pater eius
7 tunc aedificavit Salomon fanum 12,31; 14,23; IV Rg 23,13
Chamos idolo Moab in monte qui
est contra Hierusalem

21 de[1] *om.* c. | portabat CΣ | 22 argentum + et Σc | 27 quanta + et c | 29 equus[1]] equis R; equos C || **11**,1 adamauit c; amabat Σ. | hetthaeas c | 2 certissime CΛΦc | 4 ~ cor eius per mulieres c | 6 sicut + dauid Φc | 7 idolum[1] RΛ |

RAC ΣΛDΦm cr

et Moloch idolo filiorum Ammon
8 atque in hunc modum fecit universis
uxoribus suis alienigenis
quae adolebant tura et immolabant
diis suis
9 igitur iratus est Dominus Salomoni
quod aversa esset mens eius a Domino Deo Israhel
9,2! qui apparuerat ei secundo
9,6 10 et praeceperat de verbo hoc ne sequeretur deos alienos
et non custodivit quae mandavit ei
Dominus
11 dixit itaque Dominus Salomoni
quia habuisti hoc apud te
31; 14,8; I Sm 15,28! et non custodisti pactum meum et
praecepta mea quae mandavi tibi
disrumpens scindam regnum tuum
et dabo illud servo tuo
35; 21,29 12 verumtamen in diebus tuis non faciam propter David patrem tuum
de manu filii tui scindam illud
34 13 nec totum regnum auferam
12,20 sed tribum unam dabo filio tuo propter David servum meum et Hierusalem quam elegi
14 suscitavit autem Dominus adversarium Salomoni Adad Idumeum de
semine regio qui erat in Edom
I Par 18,12! 15 cum enim esset David in Idumea
et ascendisset Ioab princeps militiae
ad sepeliendos eos qui fuerant interfecti
et occidisset omne masculinum in
Idumea
16 sex enim mensibus ibi moratus est
Ioab et omnis Israhel
donec interimerent omne masculinum in Idumea
17 fugit Adad ipse et viri idumei de servis patris eius cum eo ut ingrederetur Aegyptum
erat autem Adad puer parvulus
18 cumque surrexissent de Madian venerunt in Pharan
tuleruntque secum viros de Pharan
et introierunt Aegyptum ad Pharaonem regem Aegypti
qui dedit ei domum et cibos consti- Gn 47,11.12
tuit et terram delegavit
19 et invenit Adad gratiam coram Pharao valde
in tantum ut daret ei uxorem sororem uxoris suae germanam Tafnes
reginae
20 genuitque ei soror Tafnes Genebath
filium
et nutrivit eum Tafnes in domo Pharaonis
eratque Genebath habitans apud
Pharaonem cum filiis eius
21 cumque audisset Adad in Aegypto
dormisse David cum patribus suis 2,10! Gn 30,25
et mortuum esse Ioab principem militiae
dixit Pharaoni dimitte me ut vadam
in terram meam
22 dixitque ei Pharao qua enim re apud
me indiges ut quaeras ire ad terram
tuam
at ille respondit nulla sed obsecro ut
dimittas me
23 suscitavit quoque ei Deus adversarium Razon filium Heliada qui fugerat Adadezer regem Soba domi- II Sm 8,3!
num suum
24 et congregavit contra eum viros Idc 9,4; 11,3; I Sm 22,2
et factus est princeps latronum cum
interficeret eos David
abieruntque Damascum et habitaverunt ibi
et constituerunt eum regem in Damasco
25 eratque adversarius Israhel cunctis
diebus Salomonis
et hoc est malum Adad et odium
contra Israhel regnavitque in Syria
26 Hieroboam quoque filius Nabath 12,2; II Par 13,6

RAC ΣΛDΦ(k)m cr

7 idolum[2] CΣ | 13 quem C | 15 ad sepeliendum c | [*adest* k *usque ad v.* 33] | omnem RΣDk | masculum R | 16 interimeret c; interficerent R; interficeret Σ | omnem RΣD | 19 coram pharaone Σc | 20 in domum RΣ | 21 in aegyptum RD | 22 obsecro + te c | 25 israeli[1] c. |

Ephratheus de Sareda
cuius mater erat nomine Sarva mulier vidua servus Salomonis
levavit manum contra regem
27 et haec causa rebellionis adversus eum
9,24! quia Salomon aedificavit Mello
et coaequavit voraginem civitatis David patris sui
28 erat autem Hieroboam vir fortis et potens
vidensque Salomon adulescentem bonae indolis et industrium
constituerat eum praefectum super tributa universae domus Ioseph
29 factum est igitur in tempore illo ut Hieroboam egrederetur de Hierusalem
14,2 et inveniret eum Ahias Silonites propheta in via opertus pallio novo
erant autem duo tantum in agro
30 adprehendensque Ahia pallium suum novum quo opertus erat scidit in duodecim partes
12,15! 31 et ait ad Hieroboam tolle tibi decem scissuras
haec enim dicit Dominus Deus Israhel
11! 14,8 ecce ego scindam regnum de manu Salomonis
35 et dabo tibi decem tribus
32 porro una tribus remanebit ei propter servum meum David et Hierusalem civitatem
14,21! quam elegi ex omnibus tribubus Israhel
33 eo quod dereliquerint me
5,6! et adoraverint Astharoth deam Sidoniorum
et Chamos deum Moab
et Melchom deum filiorum Ammon
et non ambulaverint in viis meis
ut facerent iustitiam coram me et praecepta mea et iudicia sicut David pater eius
34 nec auferam omne regnum de manu eius 13
sed ducem ponam eum cunctis diebus vitae suae
propter David servum meum quem elegi Dt 26,18!
qui custodivit mandata mea et praecepta mea
35 auferam autem regnum de manu filii eius 12
et dabo tibi decem tribus 31
36 filio autem eius dabo tribum unam
ut remaneat lucerna David servo meo cunctis diebus coram me 15,4! IV Rg 8,19
in Hierusalem civitatem quam elegi ut esset nomen meum ibi 8,29! 14,21; IV Rg 21,7; 23,27; II Par 6,6!
37 te autem adsumam et regnabis super omnia quae desiderat anima tua
erisque rex super Israhel
38 si igitur audieris omnia quae praecepero tibi Ex 15,26! Ps 80,14
et ambulaveris in viis meis 9,4! II Esr 10,29
et feceris quod rectum est coram me 14,8! IV Rg 22,2!
custodiens mandata mea et praecepta mea sicut fecit David servus meus
ero tecum et aedificabo tibi domum fidelem I Sm 2,35!
quomodo aedificavi David
et tradam tibi Israhel
39 et adfligam semen David super hoc
verumtamen non cunctis diebus
40 voluit ergo Salomon interficere Hieroboam 12,2
qui surrexit et aufugit in Aegyptum II Par 10,2
ad Susac regem Aegypti 14,25; II Par 12,2.9
et fuit in Aegypto usque ad mortem Salomonis
41 reliquum autem verborum Salomonis 41—43: II Par 9,29–31
et omnia quae fecit et sapientia eius
ecce universa scripta sunt in libro

26 seruus salomonis] *ante* cuius *transpon.* c | 27 haec + est c | 30 ahias c | quo] quod Ck; *om.* Λ | coopertus AΛΦm c | 33 dereliquerunt ... adorauerunt R.; dereliquerit ... adorauerit ΣΛDΦ c | astarthen CΛΦ c | [*desinit* k] | melchom] moloch RΦ c; molocho Σ.; meihco D. | ambulauerunt R.; ambulauerit CΣΛDΦ c | faceret CΣΛDΦ c | 36 ciuitate AΛ c | 38 dauid²] *praem.* domum ΣΛΦ; + domum c |

RAC ΣΛDΦ(k)m cr

verborum Salomonis
42 dies autem quos regnavit Salomon in
Hierusalem super omnem Israhel
quadraginta anni sunt
2,10! Sir 47,26 43 dormivitque Salomon cum patribus
suis
et sepultus est in civitate David patris sui
regnavitque Roboam filius eius pro
eo
1—19: II Par 10,1–19 **12** venit autem Roboam in Sychem
illuc enim congregatus erat omnis
Israhel ad constituendum eum regem
11,26.40 2 at Hieroboam filius Nabath cum adhuc esset in Aegypto profugus a facie regis Salomonis
audita morte eius reversus est de Aegypto
3 miseruntque et vocaverunt eum
venit ergo Hieroboam et omnis multitudo Israhel
et locuti sunt ad Roboam dicentes
4 pater tuus durissimum iugum inposuit nobis
tu itaque nunc inminue paululum de
imperio patris tui durissimo
et de iugo gravissimo quod inposuit
nobis et serviemus tibi
5 qui ait eis
12 ite usque ad tertium diem et revertimini ad me
cumque abisset populus 6 iniit consilium rex Roboam cum senibus
qui adsistebant coram Salomone patre eius dum adviveret
et ait quod mihi datis consilium ut
respondeam populo
7 qui dixerunt ei
si hodie oboedieris populo huic et
servieris
et petitioni eorum cesseris
locutusque fueris ad eos verba lenia
erunt tibi servi cunctis diebus
8 qui dereliquit consilium senum quod 13
dederant ei
et adhibuit adulescentes qui nutriti
fuerant cum eo et adsistebant illi
9 dixitque ad eos quod mihi datis consilium ut respondeam populo huic
qui dixerunt mihi levius fac iugum
quod inposuit pater tuus super nos
10 et dixerunt ei iuvenes qui nutriti fuerant cum eo
sic loquere populo huic qui locuti
sunt ad te dicentes
pater tuus adgravavit iugum nostrum tu releva nos
sic loqueris ad eos
minimus digitus meus grossior est
dorso patris mei
11 et nunc pater meus posuit super vos 14
iugum grave
ego autem addam super iugum vestrum
pater meus cecidit vos flagellis ego
autem caedam scorpionibus
12 venit ergo Hieroboam et omnis populus ad Roboam die tertia
sicut locutus fuerat rex dicens
revertimini ad me die tertia 5
13 responditque rex populo dura
derelicto consilio seniorum quod ei 8
dederant
14 et locutus est eis secundum consilium
iuvenum dicens
pater meus adgravavit iugum ves- 11
trum
ego autem addam iugo vestro
pater meus cecidit vos flagellis et ego
caedam scorpionibus
15 et non adquievit rex populo II Par 10,15
quoniam aversatus eum fuerat Dominus
ut suscitaret verbum suum 14,18; 15,29
quod locutus fuerat in manu Ahiae 11,30.31
Silonitae ad Hieroboam filium Nabath

RAC ΣΛDΦm cr 41 uerborum² + dierum c ‖ **12**,2 at + uero ΛΦ c | 6 cum senioribus DΦ c | dum] cum c | aduiueret] adhuc uiueret CΣΛΦ c | quid R | ~ datis mihi c | populo + huic c | 10 loquere] loqueris A c | 11 caedam + uos AΛΦ c | 14 et ego] ego Σ; ego autem Λ c | caedam + uos ΣΛDΦ c | 15 ~ fuerat eum CΛDΦ c |

16 videns itaque populus quod noluisset eos audire rex
respondit ei dicens
II Sm 20,1 quae nobis pars in David
vel quae hereditas in filio Isai
in tabernacula tua Israhel
nunc vide domum tuam David
et abiit Israhel in tabernacula sua
17 super filios autem Israhel quicumque
14,21 habitabant in civitatibus Iuda regnavit Roboam
II Sm 20,24 18 misit igitur rex Roboam Aduram qui erat super tributum
et lapidavit eum omnis Israhel et mortuus est
porro rex Roboam festinus ascendit currum et fugit in Hierusalem
IV Rg 17,21 19 recessitque Israhel a domo David usque in praesentem diem
20 factum est autem cum audisset omnis Israhel quod reversus esset Hieroboam
miserunt et vocaverunt eum congregato coetu
IV Rg 17,21 et constituerunt regem super omnem Israhel
11,13 nec secutus est quisquam domum David praeter tribum Iuda solam
21—24: II Par 11,1–4 21 venit autem Roboam Hierusalem
et congregavit universam domum Iuda et tribum Beniamin
centum octoginta milia electorum virorum et bellatorum
ut pugnaret contra domum Israhel
et reduceret regnum Roboam filio Salomonis
II Par 12,5.7 22 factus est vero sermo Domini ad Semeiam virum Dei dicens
23 loquere ad Roboam filium Salomonis regem Iuda
et ad omnem domum Iuda et Beniamin et reliquos de populo dicens
24 haec dicit Dominus
non ascendetis nec bellabitis contra fratres vestros filios Israhel
revertatur vir in domum suam
a me enim factum est verbum hoc
audierunt sermonem Domini et reversi sunt de itinere
sicut eis praeceperat Dominus
25 aedificavit autem Hieroboam Sychem in monte Ephraim et habitavit ibi
et egressus inde aedificavit Phanuhel
26 dixitque Hieroboam in corde suo
nunc revertetur regnum ad domum David
27 si ascenderit populus iste ut faciat sacrificia in domo Domini in Hierusalem
et convertetur cor populi huius ad dominum suum Roboam regem Iuda
interficientque me et revertentur ad eum
28 et excogitato consilio fecit duos vitulos aureos et dixit eis Ex 32,4! IV Rg 17,16; II Par 11,15; 13,8!
nolite ultra ascendere Hierusalem
ecce dii tui Israhel qui eduxerunt te de terra Aegypti
29 posuitque unum in Bethel et alterum in Dan IV Rg 10,29
30 et factum est verbum hoc in peccatum
ibat enim populus ad adorandum vitulum usque in Dan Os 13,2
31 et fecit fana in excelsis 11,7; 13,32! 33! 14,23;
et sacerdotes de extremis populi qui non erant de filiis Levi IV Rg 17,32; II Par 11,15; 13,9
32 constituitque diem sollemnem in mense octavo quintadecima die mensis
in similitudinem sollemnitatis quae celebratur in Iuda
et ascendens altare similiter fecit in Bethel

16 isai + uade CΛΦc; + reuertere Σ | 18 igitur] ergo c | tributa c | 20 constituerunt + eum Cc | 21 tribu R | et³ *om.* RΣc | pugnarent Λc | reducerent ΣΛc | 22 factum est RΛ | uero] ergo Λm; igitur C.; autem c; *om.* Φ | domini] dei Am | 24 nec] neque Rc | audierunt + enim C | 28 in ierusalem c | ~ te eduxerunt c | 31 populis CD | 32 celebrabatur CDΦc |

RAC ΣΛDΦm cr

Os 10,5 ut immolaret vitulis quos fabricatus
erat
constituitque in Bethel sacerdotes
excelsorum quae fecerat
IV Rg 23,15 33 et ascendit super altare quod extruxerat in Bethel
quintadecima die mensis octavi
quem finxerat de corde suo
et fecit sollemnitatem filiis Israhel
13,1; Ex 30,20! et ascendit super altare ut adoleret
incensum
20,35; I Sm 2,27! IV Rg 23,17 **13** et ecce vir Dei venit de Iuda in sermone Domini in Bethel
12,33! Hieroboam stante super altare et tus
iaciente
2 et exclamavit contra altare in sermone Domini et ait
altare altare haec dicit Dominus
ecce filius nascetur domui David Iosias nomine
IV Rg 23,20 et immolabit super te sacerdotes excelsorum
qui nunc in te tura succendunt
II Par 34,5 et ossa hominum incendet super te
3 deditque in die illa signum dicens
Ex 3,12! 31,13! IV Rg 19,29! 20,9! Idc 6,17! hoc erit signum quod locutus est Dominus
ecce altare scinditur et effunditur cinis qui in eo est
4 cumque audisset rex sermonem hominis Dei quem inclamaverat contra altare in Bethel
extendit manum suam de altari dicens adprehendite eum
et exaruit manus eius quam extenderat contra eum
nec valuit retrahere eam ad se
5 altare quoque scissum est et effusus
cinis de altari
iuxta signum quod praedixerat vir
Dei in sermone Domini
6 et ait rex ad virum Dei
deprecare faciem Domini Dei tui et
ora pro me
ut restituatur manus mea mihi
oravit vir Dei faciem Domini et reversa est manus regis ad eum et
facta est sicut prius fuerat
7 locutus est autem rex ad virum Dei
veni mecum domum ut prandeas
et dabo tibi munera
8 responditque vir Dei ad regem
si dederis mihi mediam partem domus tuae non veniam tecum
nec comedam panem neque bibam
aquam in loco isto
9 sic enim mandatum est mihi in sermone Domini praecipientis
non comedes panem neque bibes
aquam
nec reverteris per viam qua venisti
10 abiit ergo per aliam viam et non est Mt 2,12
reversus per iter quo venerat in
Bethel
11 prophetes autem quidam senex ha- IV Rg 23,17
bitabat in Bethel
ad quem venit filius suus
et narravit ei omnia opera quae fecerat vir Dei illa die in Bethel
et verba quae locutus fuerat ad re- 32
gem
et narraverunt patri suo
12 et dixit eis pater eorum
per quam viam abiit
ostenderunt ei filii sui viam per quam
abierat vir Dei qui venerat de Iuda
13 et ait filiis suis 27.28
sternite mihi asinum
qui cum stravissent ascendit 14 et abiit
post virum Dei
et invenit eum sedentem subtus terebinthum
et ait illi tune es vir Dei qui venisti
de Iuda
respondit ille ego sum
15 dixit ad eum veni mecum domum ut 15—17: IV Rg 13,7–9

RAC ΣΛDΦm cr 32 erat] fuerat DΦ𝔠 ‖ **13**,1 stantem RΣD | iacientem R; iacentem D. | 2 ~ super te incendet 𝔠 | 3 ~ illa die 𝔠 | scindetur ... effundetur RΣΛDΦ𝔠 | 5 effusus + est RΣ𝔠 | 6 orauitque 𝔠 | 9 qua] quam RD; in quo m. | 10 quo] quod RΛD | 11 uenit filius eius et narrauit R.; uenerunt filii sui et narrauerunt Σ𝔠 | in illa die Σ; in die illa R | et[3] *om.* Σ𝔠 | 14 qui uenit RD | 15 dixitque 𝔠 |

comedas panem
16 qui ait non possum reverti neque venire tecum
nec comedam panem nec bibam aquam in loco isto
17 quia locutus est Dominus ad me in sermone Domini dicens
non comedes panem et non bibes ibi aquam nec reverteris per viam qua ieris
18 qui ait illi et ego propheta sum similis tui
et angelus locutus est mihi in sermone Domini dicens
reduc eum tecum in domum tuam
et comedat panem et bibat aquam
fefellit eum 19 et reduxit secum
comedit ergo panem in domo eius et bibit aquam
20 cumque sederent ad mensam
factus est sermo Domini ad prophetam qui reduxerat eum
26 21 et exclamavit ad virum Dei qui venerat de Iuda dicens
haec dicit Dominus quia inoboediens fuisti ori Domini
et non custodisti mandatum quod praecepit tibi Dominus Deus tuus
22 et reversus es et comedisti panem et bibisti aquam
in loco in quo praecepit tibi ne comederes panem neque biberes aquam
non inferetur cadaver tuum in sepulchrum patrum tuorum
23 cumque comedisset et bibisset
stravit asinum prophetae quem reduxerat
20,36 24 qui cum abisset invenit eum leo in via et occidit
et erat cadaver eius proiectum in itinere
asinus autem stabat iuxta illum
et leo stabat iuxta cadaver
25 et ecce viri transeuntes viderunt cadaver proiectum in via 28
et leonem stantem iuxta cadaver
et venerunt et divulgaverunt in civitate in qua prophetes senex ille habitabat
26 quod cum audisset propheta ille qui reduxerat eum de via ait
vir Dei est qui inoboediens fuit ori Domini 21
et tradidit eum Dominus leoni
et confregit eum et occidit
iuxta verbum Domini quod locutus est ei
27 dixitque ad filios suos 13
sternite mihi asinum
qui cum stravissent 28 et ille abisset
invenit cadaver eius proiectum in via 25
et asinum et leonem stantes iuxta cadaver
non comedit leo de cadavere nec laesit asinum
29 tulit ergo prophetes cadaver viri Dei et posuit illud super asinum
et reversus intulit in civitatem prophetae senis ut plangerent eum
30 et posuit cadaver eius in sepulchro suo
et planxerunt eum heu frater
31 cumque planxissent eum dixit ad filios suos
cum mortuus fuero sepelite me in sepulchro in quo vir Dei sepultus est IV Rg 23,17
iuxta ossa eius ponite ossa mea
32 profecto enim veniet sermo quem praedixit in sermone Domini 11; IV Rg 23,16.17
contra altare quod est in Bethel 12,31! IV Rg 17,29; 23,19
et contra omnia fana excelsorum quae sunt in urbibus Samariae
33 post verba haec non est reversus Hieroboam de via sua pessima

16 neque] nec R | nec[2]] neque R 𝔠 | 17 ~ aquam ibi ΛDΦ 𝔠; ibi *om.* Σ | qua] quam CΣ | 18 et[3]] ut 𝔠 | 21 quia non oboediens DΦ 𝔠 | tibi *om.* R | 22 praecepit tibi Λ 𝔠r, *cf.* 𝔐𝔊] praeceperam tibi R.; praecepi tibi *cet.* | in sepulchro C | 23 asinum prophetae A r, *cf.* 𝔐𝔊] as. prophetae illi C.; as. suum prophetae RD 𝔠 (*edd.* 1593 *et* 1598); as. suum propheta ΣΛΦ 𝔠 (*ed.* 1592) | 25 in ciuitatem CΣD | ~ ille senex 𝔠 | 29 et inposuit C | plangeret 𝔠 | 30 eheu m.; + heu Σ; + heu mi ΛΦ 𝔠 |

RAC ΣΛDΦm 𝔠r

12,31! II Par 13,9 sed e contrario fecit de novissimis
populi sacerdotes excelsorum
Idc 17,5! quicumque volebat implebat manum
suam et fiebat sacerdos excelsorum
14,10; 15,29.30 34 et propter hanc causam peccavit domus Hieroboam
et eversa est et deleta de superficie
terrae
14 in tempore illo aegrotavit Abia filius Hieroboam
2 dixitque Hieroboam uxori suae
surge et commuta habitum ne co-
gnoscaris quod sis uxor Hieroboam
11,29 et vade in Silo ubi est Ahia propheta
qui locutus est mihi quod regnaturus essem super populum hunc
3 tolle quoque in manu tua decem panes et crustula et vas mellis et vade
ad illum
ipse indicabit tibi quid eventurum
sit huic puero
4 fecit ut dixerat uxor Hieroboam
et consurgens abiit in Silo
et venit in domum Ahia
I Sm 3,2! at ille non poterat videre quia caligaverant oculi eius prae senectute
5 dixit autem Dominus ad Ahiam
ecce uxor Hieroboam ingreditur ut
consulat te super filio suo qui aegro-
tat
haec et haec loqueris ei
cum ergo illa intraret et dissimularet
se esse quae erat
6 audivit Ahias sonitum pedum eius
introeuntis per ostium et ait
ingredere uxor Hieroboam
quare aliam esse te simulas
ego autem missus sum ad te durus
nuntius
7 vade et dic Hieroboam
haec dicit Dominus Deus Israhel
16,2 quia exaltavi te de medio populi
et dedi te ducem super populum meum Israhel
8 et scidi regnum domus David et dedi 11,11! 31
illud tibi
et non fuisti sicut servus meus David 15,5
qui custodivit mandata mea 11,38!
et secutus est me in toto corde suo
faciens quod placitum esset in conspectu meo
9 sed operatus es male super omnes
qui fuerunt ante te
et fecisti tibi deos alienos et confla- Dt 9,12! Idc 17,3; Os 13,
tiles
ut me ad iracundiam provocares
me autem proiecisti post corpus tuum
10 idcirco ecce ego inducam mala super 13,34!
domum Hieroboam
et percutiam de Hieroboam mingen- 15,29; 21,21; I Sm 25,34!
tem ad parietem IV Rg 9,8
et clausum et novissimum in Israhel
et mundabo reliquias domus Hieroboam
sicut mundari solet fimus usque ad
purum
11 qui mortui fuerint de Hieroboam in 16,4; 21,24
civitate comedent eos canes
qui autem mortui fuerint in agro vo-
rabunt eos aves caeli
quia Dominus locutus est
12 tu igitur surge et vade in domum tuam et in ipso introitu pedum tuorum in urbem
morietur puer 13 et planget eum omnis Israhel et sepeliet 18; I Sm 25,1!
iste enim solus infertur de Hieroboam in sepulchrum
quia inventus est super eo sermo bonus ad Dominum Deum Israhel in
domo Hieroboam
14 constituet autem sibi Dominus regem super Israhel
qui percutiat domum Hieroboam in
hac die et in hoc tempore

RAC ΣΛDΦm cr

33 populis C | 34 de superfacie RCDr || **14**,2 ahias Cc | hunc] israhel C | 3 crustulam ΣΛDΦc | ipse + enim c | quod uenturum C | ~ puero huic c | 4 ahiae Σc | caligauerunt R | 5 ad ahia AD. | qui] quia ΑΣΛΦ | dissimulasset C | 6 ahia ΑΣDΦm | ~ te esse CΣΛDΦc | 9 mala Ac | 10 ecce] et D.; *om.* RΣ | 13 plangent R | infertur RCr] ingredietur Σ; inferetur *cet.* | a domino deo Λc | 14 percutiet Σc |

15 et percutiet Dominus Israhel
sicut moveri solet harundo in aqua
et evellet Israhel de terra bona hac
quam dedit patribus eorum
IV Rg 17,23 et ventilabit eos trans Flumen
23! quia fecerunt sibi lucos ut inritarent
Dominum
16 et tradet Dominus Israhel propter
15,30! Sir 47,29 peccata Hieroboam qui peccavit et
peccare fecit Israhel
17 surrexit itaque uxor Hieroboam et
abiit et venit in Thersa
cumque illa ingrederetur limen domus puer mortuus est
13! 18 et sepelierunt eum
12,15! 15,29 et planxit illum omnis Israhel iuxta
sermonem Domini quem locutus
est in manu servi sui Ahiae prophetae
19 reliqua autem verborum Hieroboam
quomodo pugnaverit et quomodo
regnaverit
ecce scripta sunt in libro verborum
dierum regum Israhel
20 dies autem quibus regnavit Hieroboam viginti duo anni sunt
et dormivit cum patribus suis
15,25 regnavitque Nadab filius eius pro eo
12,17 21 porro Roboam filius Salomonis regnavit in Iuda
21.22: II Par 12,13.14
quadraginta et unius anni erat Roboam cum regnare coepisset
et decem et septem annis regnavit in
11,32.36! Hierusalem civitatem quam elegit
Dominus
ut poneret nomen suum ibi ex omnibus tribubus Israhel
31 nomen autem matris eius Naama
Ammanites
22 et fecit Iudas malum coram Domino
et inritaverunt eum super omnibus
quae fecerant patres eorum
in peccatis suis quae peccaverant

23 aedificaverunt enim et ipsi sibi aras 15; 11,7; 12,31! 16,32.33!
et statuas et lucos IV Rg 17,10.16!
super omnem collem excelsum et IV Rg 16,4!
subter omnem arborem frondosam Is 57,5!
24 sed et effeminati fuerunt in terra Lv 18,24!
feceruntque omnes abominationes
gentium
quas adtrivit Dominus ante faciem
filiorum Israhel
25 in quinto autem anno regni Roboam II Par 12,2
ascendit Sesac rex Aegypti in Hierusalem 11,40!
26 et tulit thesauros domus Domini 10,16; 15,18; IV Rg 12,18; 14,14; 16,8!
et thesauros regios et universa diripuit
26—28: II Par 12,9–11
scuta quoque aurea quae fecerat Salomon
27 pro quibus fecit rex Roboam scuta
aerea
et tradidit ea in manu ducum scutariorum et eorum qui excubabant
ante ostium domus regis
28 cumque ingrederetur rex in domum
Domini
portabant ea qui praeeundi habebant
officium
et postea reportabant ad armamentarium scutariorum
29 reliqua autem sermonum Roboam 29—31: II Par 12,15.16
et omnium quae fecit
ecce scripta sunt in libro verborum
dierum regum Iuda
30 fuitque bellum inter Roboam et Hieroboam cunctis diebus 15,6
31 dormivit itaque Roboam cum patribus suis et sepultus est cum eis in
civitate David
nomen autem matris eius Naama 21
Ammanites
et regnavit Abiam filius eius pro eo
15 igitur in octavodecimo anno regni II Par 13,1.2
Hieroboam filii Nabath
regnavit Abiam super Iudam
2 tribus annis regnavit in Hierusalem

15 dominus + deus ΣΛΦ c | 18 illum] eum c | 21 et² *om.* c. | annos² c. | ciuitate ΑΛ D c | ammanitis m c | 22 peccauerunt CΣ c | 23 sibi *om.* C | 27 in manum c | 28 reportabant + ea CΛ | 29 omnia ΛΦ c | uerborum] sermonum c | 31 dormiuitque roboam ΣΛDΦ c | ammanitis Σ c | abia RCΣΛDΦ || **15**,1 abia CΣΛDΦ |

RAC ΣΛDΦm cr

10; II Par 11,20 nomen matris eius Maacha filia Absalom
3 ambulavitque in omnibus peccatis
patris sui quae fecerat ante eum
nec erat cor eius perfectum cum Domino Deo suo sicut cor David patris eius
11,36! IV Rg 8,19; 19,34! Is 37,35; II Par 21,7 4 sed propter David dedit ei Dominus
Deus suus lucernam in Hierusalem
ut suscitaret filium eius post eum et
staret Hierusalem
14,8! 5 eo quod fecisset David rectum in
oculis Domini
et non declinasset ab omnibus quae
praeceperat ei cunctis diebus vitae
suae
excepto sermone Uriae Hetthei
14,30 6 attamen bellum fuit inter Roboam
et inter Hieroboam omni tempore
vitae eius
II Par 13,22 7 reliqua autem sermonum Abiam et
omnia quae fecit
nonne haec scripta sunt in libro verborum dierum regum Iuda
II Par 13,2 fuitque proelium inter Abiam et inter
Hieroboam
II Par 14,1 8 et dormivit Abiam cum patribus suis
et sepelierunt eum in civitate David
regnavitque Asa filius eius pro eo
9 in anno ergo vicesimo Hieroboam
regis Israhel regnavit Asa rex Iuda
10 et quadraginta uno anno regnavit in
Hierusalem
2! nomen matris eius Maacha filia Absalom
II Par 14,2 11 et fecit Asa rectum ante conspectum
Domini sicut David pater eius
22,47; IV Rg 23,7 12 et abstulit effeminatos de terra
purgavitque universas sordes idolo-
rum quae fecerant patres eius
13—16: II Par 15,16–19 13 insuper et Maacham matrem suam
amovit
ne esset princeps in sacris Priapi et in
luco eius quem consecraverat
subvertitque specum eius et confregit simulacrum turpissimum
et conbusit in torrente Cedron
14 excelsa autem non abstulit 22,43.44!
verumtamen cor Asa perfectum erat
cum Deo cunctis diebus suis
15 et intulit ea quae sanctificaverat pater suus et voverat in domum Domini argentum et aurum et vasa
16 bellum autem erat inter Asa et Baasa 32
regem Israhel cunctis diebus eorum
17 ascendit quoque Baasa rex Israhel in **17—22:** II Par 16,6–10
Iudam
et aedificavit Rama ut non possit
quispiam egredi vel ingredi de parte
Asa regis Iudae
18 tollens itaque Asa omne argentum et 14,26; IV Rg 12,18; 14,14; 16,8!
aurum quod remanserat in thesau-
ris domus Domini et in thesauris
domus regiae
dedit illud in manu servorum suorum
et misit ad Benadad filium Tabrem-
mon filii Ezion regem Syriae qui
habitabat in Damasco dicens
19 foedus est inter me et te
et inter patrem meum et patrem tuum
ideo misi tibi munera argentum et IV Rg 15,19
aurum
et peto ut venias et irritum facias foedus quod habes cum Baasa rege Israhel et recedat a me
20 adquiescens Benadad regi Asa misit 20,1; IV Rg 6,24
principes exercitus sui in civitates
Israhel
et percusserunt Ahion et Dan et IV Rg 15,29
Abel domum Maacha
et universam Cenneroth omnem scilicet terram Nepthalim
21 quod cum audisset Baasa intermisit
aedificare Rama

RAC ΣΛDΦm cr 2 abessalom RΦc | 4 staret] statueret Σc | 6 inter[2] *om.* RΣc | 7 abia[1] CΣΛΦ | abia[2] CΛD | inter[2] *om.* R | 8 abia CΣΛDΦ | 10 quadraginta + et c | abessalom RΦc | 13 in lucos Σ; in loco RD | in torrentem RΣ | 14 cum domino c; coram domino R.; cum domino deo suo Σ | 17 in iuda C | posset ΣΛc | iuda c | 18 regiae + et c | in manus AΛDΦc | 20 in ciuitates ΛΦcr] in ciuitatem Σ; in ciuitate RACDm |

et reversus est in Thersa
22 rex autem Asa nuntium misit in omnem Iudam nemo sit excusatus
et tulerunt lapides Rama et ligna eius quibus aedificaverat Baasa
et extruxit de eis rex Asa Gaba Beniamin et Maspha
23.24: II Par 16,11–14 23 reliqua autem omnium sermonum Asa
et universae fortitudines eius et cuncta quae fecit
et civitates quas extruxit
nonne haec scripta sunt in libro verborum dierum regum Iuda
verumtamen in tempore senectutis suae doluit pedes
24 et dormivit cum patribus suis et sepultus est cum eis in civitate David patris sui
22,41; II Par 17,1 regnavitque Iosaphat filius eius pro eo
14,20 25 Nadab vero filius Hieroboam regnavit super Israhel anno secundo Asa regis Iuda
regnavitque super Israhel duobus annis
34! 16,19 26 et fecit quod malum est in conspectu Domini
et ambulavit in viis patris sui et in peccatis eius quibus peccare fecit Israhel
27 insidiatus est autem ei Baasa filius Ahia de domo Isachar
16,15 et percussit eum in Gebbethon quae est urbs Philisthinorum
siquidem Nadab et omnis Israhel obsidebant Gebbethon
16,10; IV Rg 15,10! 28 interfecit igitur illum Baasa
in anno tertio Asa regis Iuda et regnavit pro eo
13,34; 14,10 29 cumque regnasset percussit omnem domum Hieroboam
non dimisit ne unam quidem animam de semine eius
donec deleret eum iuxta verbum Domini quod locutus fuerat in manu servi sui Ahiae Silonitis 12,15! 14,18; 16,12.13
30 propter peccata Hieroboam quae peccaverat 13,34; 14,16!
et quibus peccare fecerat Israhel
et propter delictum quo inritaverat Dominum Deum Israhel
31 reliqua autem sermonum Nadab et omnia quae operatus est
nonne haec scripta sunt in libro verborum dierum regum Israhel
32 fuitque bellum inter Asa et Baasa regem Israhel cunctis diebus eorum 16
33 anno tertio Asa regis Iuda
regnavit Baasa filius Ahia super omnem Israhel in Thersa viginti quattuor annis
34 et fecit malum coram Domino 26; 16,19; 22,53!
ambulavitque in via Hieroboam 16,26; IV Rg 3,3
et in peccatis eius quibus peccare fecit Israhel
16 factus est autem sermo Domini ad Hieu filium Anani contra Baasa dicens 7 II Par 19,2
2 pro eo quod exaltavi te de pulvere et posui ducem super populum meum Israhel 14,7; I Sm 15,17!
tu autem ambulasti in via Hieroboam
et peccare fecisti populum meum Israhel
ut me inritares in peccatis eorum
3 ecce ego demetam posteriora Baasa 21,22
et posteriora domus eius
et faciam domum tuam sicut domum Hieroboam filii Nabath 7; IV Rg 9,9
4 qui mortuus fuerit de Baasa in civitate comedent eum canes 14,11; 21,24
et qui mortuus fuerit ex eo in regione comedent eum volucres caeli
5 reliqua autem sermonum Baasa et quaecumque fecit et proelia eius
nonne haec scripta sunt in libro ver-

22 iudam + dicens ΣΛ c | rama] darama Λ.; de rama Σ c | 23 ~ sermonum omnium C; omnium *om.* Σ | 27 est[1] *om.* C | ahiae c | 28 igitur] ergo c. | 30 fecit R | 33 ahiae c | 34 in uiis R || **16**,2 posui + te c | RAC ΣΛDΦm cr

borum dierum regum Israhel
6 dormivit ergo Baasa cum patribus
suis sepultusque est in Thersa
et regnavit Hela filius eius pro eo
1; II Par 19,2 7 cum autem in manu Hieu filii Anani
prophetae
verbum Domini factum esset contra
3! Baasa et contra domum eius et
contra omne malum quod fecerat
coram Domino
ad inritandum eum in operibus manuum suarum
ut fieret sicut domus Hieroboam
ob hanc causam occidit eum
8 anno vicesimo sexto Asa regis Iuda
regnavit Hela filius Baasa super Israhel in Thersa duobus annis
9 et rebellavit contra eum servus suus
Zamri
dux mediae partis equitum
erat autem Hela in Thersa bibens et
temulentus in domo Arsa praefecti
Thersa
15,28; IV Rg 9,31; 15,10! 10 inruens ergo Zamri percussit et occidit eum
anno vicesimo septimo Asa regis
Iuda
et regnavit pro eo
11 cumque regnasset et sedisset super
solium eius
percussit omnem domum Baasa
I Sm 25,22! et non dereliquit ex eo mingentem
ad parietem
et propinquos et amicos eius
12 delevitque Zamri omnem domum
Baasa
15,29.30! iuxta verbum Domini quod locutus
fuerat ad Baasa in manu Hieu prophetae
13 propter universa peccata Baasa et
peccata Hela filii eius
qui peccaverunt et peccare fecerunt
Israhel
provocantes Dominum Deum Israhel in vanitatibus suis
14 reliqua autem sermonum Hela et
omnia quae fecit
nonne haec scripta sunt in libro verborum dierum regum Israhel
15 anno vicesimo et septimo Asa regis
Iuda
regnavit Zamri septem diebus in
Thersa
porro exercitus obsidebat Gebbe- 15,27
thon urbem Philisthinorum
16 cumque audisset rebellasse Zamri et
occidisse regem
fecit sibi regem omnis Israhel Amri
qui erat princeps militiae super Israhel in die illa in castris
17 ascendit ergo Amri et omnis Israhel
cum eo de Gebbethon et obsidebant Thersa
18 videns autem Zamri quod expugnan-
da esset civitas
ingressus est palatium et succendit
secum domum regiam
et mortuus est 19 in peccatis suis quae
peccaverat
faciens malum coram Domino et 15,26.34!
ambulans in via Hieroboam
et in peccato eius quo fecit peccare
Israhel
20 reliqua autem sermonum Zamri
et insidiarum eius et tyrannidis
nonne haec scripta sunt in libro verborum dierum regum Israhel
21 tunc divisus est populus Israhel in
duas partes
media pars populi sequebatur Thebni filium Gineth ut constitueret
eum regem
et media pars Amri
22 praevaluit autem populus qui erat
cum Amri populo qui sequebatur
Thebni filium Gineth
mortuusque est Thebni et regnavit
Amri

RAC ΣΛDΦm cr 7 eum[2] RAmr𝔐𝔊] + hoc est hieu filium anani prophetam *cet.* | 11 ex ea ΛΦc | 15 et *om.* Rc | 18 se cum domo regia Σc | 19 in uiam RC | ~ peccare fecit RΣ | 21 constituerent CΦ | 22 mortuus est CD.; mortuus est autem ΛΦ |

23 anno tricesimo primo Asa regis Iuda
regnavit Amri super Israhel duodecim annis
in Thersa regnavit sex annis
24 emitque montem Samariae a Somer duobus talentis argenti
et aedificavit eam et vocavit nomen civitatis quam extruxerat nomine Somer domini montis Samariae
25 fecit autem Amri malum in conspectu Domini
et operatus est nequiter super omnes qui fuerant ante eum
15,34! 26 ambulavitque in omni via Hieroboam filii Nabath
et in peccatis eius quibus peccare fecerat Israhel
ut inritaret Dominum Deum Israhel in vanitatibus suis
27 reliqua autem sermonum Amri et proelia eius quae gessit
nonne haec scripta sunt in libro verborum dierum regum Israhel
28 et dormivit Amri cum patribus suis et sepultus est in Samaria
regnavitque Ahab filius eius pro eo
29 Ahab vero filius Amri regnavit super Israhel anno tricesimo octavo Asa regis Iuda
et regnavit Ahab filius Amri super Israhel in Samaria viginti et duobus annis
21,25 30 et fecit Ahab filius Amri malum in conspectu Domini
super omnes qui fuerunt ante eum
31 nec suffecit ei ut ambularet in peccatis Hieroboam filii Nabath
insuper duxit uxorem Hiezabel filiam Ethbaal regis Sidoniorum
18,18! 22,54; IV Rg 10,18 et abiit et servivit Baal et adoravit eum
IV Rg 3,2 32 et posuit aram Baal in templo Baal
14,23! IV Rg 21,3! quod aedificaverat in Samaria

33 et plantavit lucum
et addidit Ahab in opere suo inritans Dominum Deum Israhel
super omnes reges Israhel qui fuerant ante eum
34 in diebus eius aedificavit Ahiel de Bethel Hiericho Ios 6,26
in Abiram primitivo suo fundavit eam
et in Segub novissimo suo posuit portas eius
iuxta verbum Domini quod locutus fuerat in manu Iosue filii Nun
17 et dixit Helias Thesbites de habitatoribus Galaad ad Ahab 18,15
vivit Dominus Deus Israhel in cuius conspectu sto IV Rg 3,14; 5,16
si erit annis his ros et pluvia nisi iuxta oris mei verba Is 5,6; Agg 1,10; Iac 5,17; Apc 11,6
2 et factum est verbum Domini ad eum dicens
3 recede hinc et vade contra orientem
et abscondere in torrente Charith qui est contra Iordanem
4 et ibi de torrente bibes
corvisque praecepi ut pascant te ibi
5 abiit ergo et fecit iuxta verbum Domini
cumque abisset sedit in torrente Charith qui est contra Iordanem
6 corvi quoque deferebant panem et carnes mane
similiter panem et carnes vesperi
et bibebat de torrente
7 post dies autem siccatus est torrens
non enim pluerat super terram
8 factus est igitur sermo Domini ad eum dicens
9 surge et vade in Sareptha Sidoniorum et manebis ibi Lc 4,26
praecepi enim ibi mulieri viduae ut pascat te
10 surrexit et abiit Sareptham

24 eam] eum C𝔠 | samariam² 𝔠 | 25 fuerunt C𝔠; erant Σ | 27 gessit] fecit C | 28 et dormiuit] dormiuitque 𝔠 | 29 ∼ in samaria super israhel C | et² *om.* C | 31 sufficuit Σ; sufficit ADΦ | ethbaal A cr𝔐] methbaal RCΣΛD; methabaal Φ | 33 fuerunt AΣΛDΦ𝔠 | 34 ahiel] hiel 𝔠. ‖ **17**,2 eum] heliam C | 3 in torrentem RΣ | 5 in torrentem RΣΛ | 6 deferebant + ei D𝔠 | 8 igitur] ergo 𝔠.; *om.* C. | 10 abiit + in RCΣcr | sareptha Φ; sarephta 𝔠. | RAC ΣΛDΦm cr

cumque venisset ad portam civitatis
apparuit ei mulier vidua colligens
ligna
et vocavit eam dixitque
Gn 24,17! da mihi paululum aquae in vase ut
bibam
11 cumque illa pergeret ut adferret
clamavit post tergum eius dicens
adfer mihi obsecro et buccellam panis in manu tua
12 quae respondit
vivit Dominus Deus tuus quia non
habeo panem nisi quantum pugillus
capere potest farinae in hydria
et paululum olei in lecytho
en colligo duo ligna ut ingrediar et
faciam illud mihi et filio meo ut
comedamus et moriamur
13 ad quam Helias ait noli timere
sed vade et fac sicut dixisti
verumtamen mihi primum fac de
ipsa farinula subcinericium panem
parvulum et adfer ad me
tibi autem et filio tuo facies postea
14 haec autem dicit Dominus Deus Israhel
hydria farinae non deficiet
nec lecythus olei minuetur
usque ad diem in qua daturus est
Dominus pluviam super faciem terrae
15 quae abiit et fecit iuxta verbum Heliae
et comedit ipse et illa et domus eius
et ex illa die 16 hydria farinae non
defecit
et lecythus olei non est inminutus
iuxta verbum Domini quod locutus
fuerat in manu Heliae
17 factum est autem post verba haec
aegrotavit filius mulieris matris familiae
et erat languor fortis nimis ita ut non
remaneret in eo halitus
18 dixit ergo ad Heliam
quid mihi et tibi vir Dei
ingressus es ad me ut rememoraren-
tur iniquitates meae
et interficeres filium meum
19 et ait ad eam da mihi filium tuum
tulitque eum de sinu illius
et portavit in cenaculum ubi ipse
manebat
et posuit super lectulum suum
20 et clamavit ad Dominum et dixit
Domine Deus meus etiamne viduam
apud quam ego utcumque susten-
tor adflixisti ut interficeres filium
eius
21 et expandit se atque mensus est super IV Rg 4,34.35!
puerum tribus vicibus
clamavitque ad Dominum et ait IV Esr 7,109
Domine Deus meus revertatur oro
anima pueri huius in viscera eius
22 exaudivit Dominus vocem Heliae et
reversa est anima pueri intra eum
et revixit
23 tulitque Helias puerum et deposuit
eum de cenaculo in inferiorem domum
et tradidit matri suae et ait illi
en vivit filius tuus Io 4,50
24 dixitque mulier ad Heliam
nunc in isto cognovi quoniam vir
Dei es tu
et verbum Domini in ore tuo verum
est
18 post dies multos verbum Domini 21,17.18!
factum est ad Heliam in anno ter-
tio dicens
vade et ostende te Ahab ut dem pluviam super faciem terrae
2 ivit ergo Helias ut ostenderet se Ahab
erat autem fames vehemens in Sa- IV Rg 6,25; Lc 4,25
maria
3 vocavitque Ahab Abdiam dispensa-

RAC ΣΛDΦm cr 10 dixitque + ei ΛΦc | 12 illud] illum c. | 14 ~ dominus daturus est c. | 17 uerba *om.* c.; ~ haec uerba Φ | matris familias Cc | fortis nimis] fortissimis D; fortissimus c | 19 eam + helias Φc | illius] eius c | lectum RΛDΦ | 21 clamauitque] et clamauit c | oro] obsecro c; *om.* m. | 22 et exaudiuit c | 23 en] ecce C || **18**,1 ~ factum est uerbum domini c |

torem domus suae
Abdias autem timebat Dominum
valde
13; 19,10! 14 4 nam cum interficeret Hiezabel prophetas Domini
tulit ille centum prophetas et abscondit eos quinquagenos in speluncis
et pavit eos pane et aqua
5 dixit ergo Ahab ad Abdiam
vade in terram ad universos fontes
aquarum et in cunctas valles
si forte invenire possimus herbam
et salvare equos et mulos
et non penitus iumenta intereant
6 diviseruntque sibi regiones ut circui-
rent eas
Ahab ibat per viam unam et Abdias
per viam alteram seorsum
7 cumque esset Abdias in via Helias
occurrit ei
qui cum cognovisset eum cecidit super faciem suam et ait
num tu es domine mi Helias
8 cui ille respondit ego
11.14 vade dic domino tuo adest Helias
9 et ille quid peccavi inquit quoniam
trades me servum tuum in manu
Ahab ut interficiat me
10 vivit Dominus Deus tuus non est
gens aut regnum quo non miserit
dominus meus te requirens
et respondentibus cunctis non est
hic
adiuravit regna singula et gentes eo
quod minime repperireris
8.14 11 et nunc dicis mihi vade et dic domino
tuo adest Helias
12 cumque recessero a te spiritus Domini asportabit te in locum quem
ego ignoro
ingressus nuntiabo Ahab et non inveniet te et interficiet me
servus autem tuus timet Dominum
ab infantia sua
13 numquid non indicatum est tibi domino meo quid fecerim
cum interficeret Hiezabel prophetas 4
Domini
quod absconderim de prophetis Domini centum viros quinquagenos et
quinquagenos in speluncis
et paverim eos pane et aqua
14 et nunc tu dicis vade et dic domino 8.11
tuo adest Helias ut interficiat me
15 dixit Helias 17,1!
vivit Dominus exercituum ante cuius
vultum sto quia hodie apparebo ei
16 abiit ergo Abdias in occursum Ahab
et indicavit ei
venitque Ahab in occursum Heliae
17 et cum vidisset eum ait
tunc es ille qui conturbas Israhel Lc 23,2!
18 et ille ait
non turbavi Israhel sed tu et domus
patris tui qui dereliquistis mandata Idc 10,10!
Domini et secuti estis Baalim 16,31!
19 verumtamen nunc mitte et congrega 22,6; IV Rg 10,19
ad me universum Israhel in monte
Carmeli
et prophetas Baal quadringentos 22
quinquaginta
prophetasque lucorum quadringentos
qui comedunt de mensa Hiezabel
20 misit Ahab ad omnes filios Israhel et
congregavit prophetas in monte
Carmeli
21 accedens autem Helias ad omnem
populum ait
usquequo claudicatis in duas partes
si Dominus est Deus sequimini eum
si autem Baal sequimini illum
et non respondit ei populus verbum
22 et ait rursum Helias ad populum
ego remansi propheta Domini solus 19,10! 14
prophetae autem Baal quadringenti 19!

4 quinquagenos + et quinquagenos Λ c | 5 possumus R | ~ possimus inuenire Σ c | 8 uade + et c | 9 et] at RΣ | tradis ΑΦ c | 10 tuus + quia c | quo] quod RΣD | 11 nunc + tu c. | et[2] *om.* A | 12 ignoro + et Φ c | inueniens ΛΦ c | et[2] *om.* ΛDΦ c | 15 et dixit Σ c | 18 non + ego ΣΛDΦ c | 19 in montem Rm | 20 in montem Am |

RAC ΣΛDΦm cr

et quinquaginta viri sunt
23 dentur nobis duo boves
et illi eligant bovem unum
et in frusta caedentes ponant super ligna
ignem autem non subponant
et ego faciam bovem alterum
et inponam super ligna
ignemque non subponam
24 invocate nomina deorum vestrorum
et ego invocabo nomen Domini
et deus qui exaudierit per ignem ipse sit Deus
respondens omnis populus ait optima propositio
25 dixit ergo Helias prophetis Baal
eligite vobis bovem unum
et facite primi quia vos plures estis
24.23 et invocate nomina deorum vestrorum
ignemque non subponatis
26 qui cum tulissent bovem quem dederat eis
fecerunt et invocabant nomen Baal de mane usque ad meridiem dicentes
Baal exaudi nos
et non erat vox nec qui responderet
transiliebantque altare quod fecerant
27 cumque esset iam meridies
inludebat eis Helias dicens
clamate voce maiore
deus enim est et forsitan loquitur
aut in diversorio est aut in itinere
aut certe dormit ut excitetur
28 clamabant ergo voce magna et incidebant se iuxta ritum suum cultris et lanceolis
donec perfunderentur sanguine
29 postquam autem transiit meridies et illis prophetantibus venerat tempus
IV Rg 3,20 quo sacrificium offerri solet
nec audiebatur vox neque aliquis respondebat nec adtendebat orantes
30 dixit Helias omni populo venite ad me
et accedente ad se populo
curavit altare Domini quod destructum fuerat
31 et tulit duodecim lapides iuxta numerum tribuum filiorum Iacob
ad quem factus est sermo Domini dicens
Israhel erit nomen tuum Gn 32,28! IV Rg 17,34
32 et aedificavit lapidibus altare in nomine Domini Ios 8,30!
fecitque aquaeductum quasi per duas aratiunculas in circuitu altaris
33 et conposuit ligna
divisitque per membra bovem
et posuit super ligna 34 et ait
implete quattuor hydrias aqua
et fundite super holocaustum et super ligna
rursumque dixit etiam secundo hoc facite
qui cum fecissent et secundo ait
etiam tertio id ipsum facite
feceruntque et tertio 35 et currebant aquae circa altare
et fossa aquaeductus repleta est
36 cumque iam tempus esset ut offerretur holocaustum
accedens Helias propheta ait
Domine Deus Abraham Isaac et Israhel Ex 3,6!
hodie ostende quia tu es Deus Israhel et ego servus tuus
et iuxta praeceptum tuum feci omnia verba haec
37 exaudi me Domine exaudi me
ut discat populus iste quia tu es Dominus Deus
et tu convertisti cor eorum iterum
38 cecidit autem ignis Domini et vora- Lv 9,24!

RAC ΣΛΔΦm cr 22 sunt + et prophetae lucorum quadringenti A | 23 eligant + sibi c. | ignemque] ignem autem c | 24 domini + mei c; + dei mei Σ | 27 eis] illis c. | et *om.* R | 29 neque] nec c. | 30 se + omni C | 31 tribuum *om.* C | 32 aedificauit + de Σc; + ex ΛΦ | 34 aquae Rm | et effundite CΛΔΦ | et[4] *om.* Σc | et[5] *om.* c | 35 circum c | 36 abraham + et ΛΔΦc; + deus Σ. | ~ ostende hodie c. |

vit holocaustum et ligna et lapides
pulverem quoque et aquam quae
erat in aquaeductu lambens
39 quod cum vidisset omnis populus
cecidit in faciem suam et ait
Dominus ipse est Deus Dominus ipse
est Deus
40 dixitque Helias ad eos
adprehendite prophetas Baal et ne
unus quidem fugiat ex eis
19,1 quos cum conprehendissent
Idc 4,7 duxit eos Helias ad torrentem Cison
et interfecit eos ibi
41 et ait Helias ad Ahab
ascende comede et bibe quia sonus
multae pluviae est
42 ascendit Ahab ut comederet et biberet
Helias autem ascendit in vertice
Carmeli
et pronus in terram posuit faciem inter genua sua
43 et dixit ad puerum suum
ascende et prospice contra mare
qui cum ascendisset et contemplatus
esset ait non est quicquam
et rursum ait illi revertere septem
vicibus
44 in septima autem vice ecce nubicula
parva quasi vestigium hominis a-
scendebat de mari
qui ait ascende et dic Ahab iunge et
descende ne occupet te pluvia
45 cumque se verterent huc atque illuc
ecce caeli contenebrati sunt et nubes
Iac 5,18; IV Esr 7,109 et ventus et facta est pluvia grandis
ascendens itaque Ahab abiit in Hiez-
rahel
46 et manus Domini facta est super Heliam
accinctisque lumbis currebat ante
Ahab donec veniret in Hiezrahel
19 nuntiavit autem Ahab Hiezabel
omnia quae fecerat Helias

et quomodo occidisset universos pro- 18,40
phetas gladio
2 misitque Hiezabel nuntium ad Heliam dicens
haec mihi faciant dii et haec addant
nisi hac hora cras posuero animam
tuam sicut animam unius ex illis
3 timuit ergo Helias et surgens abiit
quocumque eum ferebat voluntas
venitque in Bersabee Iuda
et dimisit ibi puerum suum 4 et perrexit in desertum via unius diei
cumque venisset et sederet subter
unam iuniperum
petivit animae suae ut moreretur et Ion 4,8
ait
sufficit mihi Domine tolle animam
meam
neque enim melior sum quam patres
mei
5 proiecitque se et obdormivit in umbra iuniperi
et ecce angelus tetigit eum et dixit Act 12,7
illi surge comede
6 respexit et ecce ad caput suum subcinericius panis et vas aquae
comedit ergo et bibit et rursum obdormivit
7 reversusque est angelus Domini secundo et tetigit eum dixitque illi
surge comede grandis enim tibi re-
stat via
8 qui cum surrexisset comedit et bibit
et ambulavit in fortitudine cibi illius
quadraginta diebus et quadraginta
noctibus
usque ad montem Dei Horeb
9 cumque venisset illuc mansit in spelunca
et ecce sermo Domini ad eum dixit- 13.14
que illi
quid hic agis Helia
10 at ille respondit
zelo zelatus sum pro Domino Deo Nm 25,13!

38 in aquaeductum RΣDΦ | 40 effugiat c | apprehendissent c | 41 ascende + et RΣ | sonus] sonitus Cm. | 42 in uerticem AΣΛΦm c | faciem + suam c | 44 iunge + currum tuum ΛΦ c | 45 uerteret c ‖ **19**,1 prophetas + baal C | 4 in deserto R | uiam AΣΛ DΦm c | 5 angelus + domini ΣΛΦ c | surge + et ΛDΦ c |

RAC ΣΛDΦm cr

exercituum
quia dereliquerunt pactum Domini filii Israhel
18,4; II Esr 9,26! Ier 2,30; Rm 11,3! altaria tua destruxerunt et prophetas tuos occiderunt gladio
18,22! et derelictus sum ego solus et quaerunt animam meam ut auferant eam
11 et ait ei egredere et sta in monte coram Domino
et ecce Dominus transit
et spiritus grandis et fortis subvertens montes et conterens petras ante Dominum
non in spiritu Dominus
et post spiritum commotio non in commotione Dominus
12 et post commotionem ignis non in igne Dominus
et post ignem sibilus aurae tenuis
13 quod cum audisset Helias operuit vultum suum pallio
et egressus stetit in ostio speluncae
9.10! et ecce vox ad eum dicens
quid agis hic Helia
14 et ille respondit
zelo zelatus sum pro Domino Deo exercituum
quia dereliquerunt pactum tuum filii Israhel
18,4 altaria tua destruxerunt et prophetas tuos occiderunt gladio
18,22! et derelictus sum ego solus et quaerunt animam meam ut auferant eam
15 et ait Dominus ad eum
vade et revertere in viam tuam per desertum in Damascum
IV Rg 8,13; Sir 48,8 cumque perveneris ungues Azahel regem super Syriam
I Sm 9,16! IV Rg 9,3.6.12 16 et Hieu filium Namsi ungues regem super Israhel
Heliseum autem filium Saphat qui est de Abelmaula ungues prophetam pro te
17 et erit quicumque fugerit gladium Azahel occidet eum Hieu
et qui fugerit gladium Hieu interficiet eum Heliseus
18 et derelinquam mihi in Israhel septem milia Rm 11,4
universorum genua quae non sunt incurvata Baal
et omne os quod non adoravit eum osculans manum
19 profectus ergo inde repperit Heliseum filium Saphat arantem duodecim iugis boum
et ipse in duodecim arantibus unus erat
cumque venisset Helias ad eum
misit pallium suum super illum
20 qui statim relictis bubus cucurrit post Heliam et ait
osculer oro te patrem meum et matrem meam et sic sequar te Lc 9,61
dixitque ei vade et revertere
quod enim meum erat feci tibi
21 reversus autem ab eo tulit par boum et mactavit illud
et in aratro boum coxit carnes et dedit populo et comederunt
consurgensque abiit et secutus est Heliam et ministrabat ei
20 porro Benadad rex Syriae congregavit omnem exercitum suum 15,20
et triginta et duos reges secum et equos et currus 16; 22,31; IV Rg 6,24
et ascendens pugnabat contra Samariam et obsidebat eam
2 mittensque nuntios ad Ahab regem Israhel in civitatem 3 ait
haec dicit Benadad
argentum tuum et aurum tuum me-

RAC Σ(Λ)DΦm cr

10 domini] tuum c | et^{1} *om.* c | et^{2} *om.* c. | 12 tenuis + in eo dominus A. | 13 ~ hic agis RΣΛ c | 14 et^{2} *om.* C c | et^{3} *om.* c. | 15 [*deest* Λ *usque ad* 22,54] | et^{2} *om.* R | uiam] domum CΣ | perueneris + illuc Φ c | 16 abelmeula c | 17 qui] quicumque C c | 18 uniuersorum genua quae] uirorum quorum genua Φ c | incuruata + ante C c | manus c.; manu CΣ | 19 inde + elias C c | arantem + in Σ c | duodecim^{2} + iugis boum Φ c | suum *om.* A | 20 te^{1} *om.* c || **20**,1 et^{2} *om.* c | 2 in ciuitate RDΦ | 3 tuum^{1} *om.* C |

um est
et uxores tuae et filii tui optimi mei
sunt
4 responditque rex Israhel
iuxta verbum tuum domine mi rex
tuus sum ego et omnia mea
5 revertentesque nuntii dixerunt
haec dicit Benadad qui misit nos ad te
argentum tuum et aurum tuum et
uxores tuas et filios tuos dabis mihi
6 cras igitur hac eadem hora mittam
servos meos ad te
et scrutabuntur domum tuam et domum servorum tuorum
et omne quod eis placuerit ponent in
manibus suis et auferent
7 vocavit autem rex Israhel omnes
seniores terrae et ait
animadvertite et videte quoniam in-
sidietur nobis
misit enim ad me pro uxoribus meis
et filiis
et pro argento et auro et non abnui
8 dixeruntque omnes maiores natu et
universus populus ad eum
non audias neque adquiescas illi
9 respondit itaque nuntiis Benadad
dicite domino meo regi
omnia propter quae misisti ad me
servum tuum initio faciam
hanc autem rem facere non possum
10 reversique nuntii rettulerunt ei
qui remisit et ait
haec faciant mihi dii et haec addant
si suffecerit pulvis Samariae pugillis
omnis populi qui sequitur me
11 et respondens rex Israhel ait
dicite ei ne glorietur accinctus aeque
ut discinctus
12 factum est autem cum audisset verbum istud
16 bibebat ipse et reges in umbraculis
et ait servis suis
circumdate civitatem
et circumdederunt eam
13 et ecce propheta unus accedens ad 22
Ahab regem Israhel ait
haec dicit Dominus
certe vidisti omnem multitudinem
hanc nimiam
ecce ego tradam eam in manu tua
hodie
ut scias quia ego sum Dominus Ex 8,22!
14 et ait Ahab per quem
dixitque ei haec dicit Dominus
per pedisequos principum provinciarum
et ait quis incipiet proeliari
et ille dixit tu
15 recensuit ergo pueros principum provinciarum
et repperit numerum ducentorum
triginta duum
et post eos recensuit populum omnes filios Israhel septem milia
16 et egressi sunt meridie
Benadad autem bibebat temulentus 12
in umbraculo suo
et reges triginta duo cum eo qui ad 1; 22,31
auxilium eius venerant
17 egressi sunt autem pueri principum
provinciarum in prima fronte
misit itaque Benadad qui nuntiaverunt ei dicentes
viri egressi sunt de Samaria
18 at ille sive ait pro pace veniunt adprehendite eos vivos
sive ut proelientur vivos eos capite
19 egressi sunt ergo pueri principum
provinciarum ac reliquus exercitus
sequebatur
20 et percussit unusquisque virum qui
contra se venerat
fugeruntque Syri et persecutus est
eos Israhel
fugit quoque Benadad rex Syriae in
equo cum equitibus
21 nec non et egressus rex Israhel per-

4 sum + et C | 6 hac] haec C | domos[2] R | 7 insidiatur CΣ | 9 in initio c | 10 sequuntur RΣ | 12 audisset + benadad Φc | 13 ait + ei c | 15 duorum c | ~ recensuit post eos c | 18 at] et c. | ~ ait siue c | 20 ueniebat Φc | equitibus + suis c | 21 et[1] *om.* RΣc |

RAC ΣΔΦm cr

cussit equos et currus
et percussit Syriam plaga magna
13 22 accedens autem propheta ad regem
Israhel dixit ei
vade et confortare et scito et vide
quid facias
sequenti enim anno rex Syriae a-
scendet contra te
23 servi vero regis Syriae dixerunt ei
dii montium sunt dii eorum ideo su-
peraverunt nos
sed melius est ut pugnemus contra
eos in campestribus et obtinebimus
eos
24 tu ergo verbum hoc fac
amove reges singulos ab exercitu suo
et pone principes pro eis
25 et instaura numerum militum qui ceciderunt de tuis
et equos secundum equos pristinos
et currus secundum currus quos ante
habuisti
et pugnabimus contra eos in campestribus et videbis quod obtinebimus
eos
credidit consilio eorum et fecit ita
26 igitur postquam annus transierat
I Sm 4,1 recensuit Benadad Syros et ascendit
in Afec
ut pugnaret contra Israhel
27 porro filii Israhel recensiti sunt et
acceptis cibariis profecti ex adverso
castraque metati contra eos quasi
duo parvi greges caprarum
Syri autem repleverunt terram
28 et accedens unus vir Dei dixit ad
regem Israhel
haec dicit Dominus
quia dixerunt Syri deus montium est
Dominus et non est deus vallium
dabo omnem multitudinem grandem
hanc in manu tua
et scietis quia ego Dominus Ex 8,22!
29 dirigebant septem diebus ex adverso
hii atque illi acies
septima autem die commissum est
bellum
percusseruntque filii Israhel de Syris IV Rg 13,17
centum milia peditum in die una
30 fugerunt autem qui remanserant in
Afec in civitatem
et cecidit murus super viginti septem
milia hominum qui remanserant
porro Benadad fugiens ingressus est
civitatem in cubiculum quod erat
intra cubiculum
31 dixeruntque ei servi sui
ecce audivimus quod reges domus
Israhel clementes sint
ponamus itaque saccos in lumbis
nostris et funiculos in capitibus nostris
et egrediamur ad regem Israhel
forsitan salvabit animas nostras
32 accinxerunt saccis lumbos suos et
posuerunt funes in capitibus
veneruntque ad regem Israhel et dixerunt
servus tuus Benadad dicit vivat oro
te anima mea
et ille ait si adhuc vivit frater meus
est
33 quod acceperunt viri pro omine
et festinantes rapuerunt verbum ex
ore eius atque dixerunt
frater tuus Benadad
et dixit eis ite et adducite eum
egressus est ergo ad eum Benadad
et levavit eum in currum suum
34 qui dixit ei
civitates quas tulit pater meus a patre
tuo reddam
et plateas fac tibi in Damasco sicut
fecit pater meus in Samaria

RAC ΣDΦm cr

21 syria RΦ | 24 ergo] uero AC | suo] tuo Σc | 27 metati + sunt Σc | 28 ~ hanc grandem Σc; grandem *om.* R. | scies C | ego + sum ΣDΦc | 29 dirigebantque c.; et dirigebant C. | 30 in ciuitate[1] R; ciuitatem Σ | uiginti + et Cm | 31 domus *om.* C | 32 funiculos Φc | capitibus + suis CΣDΦc | dixerunt + ei Σc | te *om.* R | 33 pro homine RΣDΦm; pro nomine C | et[3] *om.* RD | eum[1] + ad me c | est *om.* RD | et leuauit] eleuauit R |

et ego foederatus recedam a te
pepigit ergo foedus et dimisit eum
13,1! 35 tunc vir quidam de filiis prophetarum dixit ad socium suum in ser-
mone Domini percute me
at ille noluit percutere
36 cui ait
quia noluisti audire vocem Domini
13,24 ecce recedes a me et percutiet te leo
cumque paululum recessisset ab eo
invenit eum leo atque percussit
37 sed et alterum conveniens virum
dixit ad eum percute me
qui percussit eum et vulneravit
38 abiit ergo propheta et occurrit regi
in via
et mutavit aspersione pulveris os et
oculos suos
39 cumque rex transiret clamavit ad regem et ait
servus tuus egressus est ad proeliandum comminus
IV Rg 10,24 cumque fugisset vir unus
adduxit eum quidam ad me et ait
custodi virum istum
qui si lapsus fuerit erit anima tua pro
anima eius aut talentum argenti adpendes
40 dum autem ego turbatus huc illucque
me verterem
subito non conparuit
et ait rex Israhel ad eum
hoc est iudicium tuum quod ipse de-
crevisti
41 at ille statim abstersit pulverem de
facie sua
et cognovit eum rex Israhel quod esset de prophetis
42 qui ait ad eum
haec dicit Dominus
quia dimisisti virum dignum morte
de manu tua
erit anima tua pro anima eius
et populus tuus pro populo eius
43 reversus est igitur rex Israhel in domum suam
audire contemnens et furibundus venit Samariam
21 post verba autem haec vinea erat
Naboth Hiezrahelitae qui erat in
Hiezrahel
iuxta palatium Ahab regis Samariae
2 locutus est ergo Ahab ad Naboth dicens
da mihi vineam tuam ut faciam mihi 6
hortum holerum
quia vicina est et prope domum meam
daboque tibi pro ea vineam meliorem
aut si tibi commodius putas argenti
pretium quanto digna est
3 cui respondit Naboth
propitius mihi sit Dominus Lv 23,28!
ne dem hereditatem patrum meorum
tibi
4 venit ergo Ahab in domum suam indignans et frendens super verbo
quod locutus fuerat ad eum Naboth
Hiezrahelites dicens
non do tibi hereditatem patrum meorum
et proiciens se in lectulum suum
avertit faciem ad parietem et non Is 38,2
comedit panem
5 ingressa est autem ad eum Hiezabel
uxor sua dixitque ei
quid est hoc unde anima tua contris- I Sm 1,8!
tata est et quare non comedis pa-
nem
6 qui respondit ei
locutus sum Naboth Hiezrahelitae
et dixi ei
da mihi vineam tuam accepta pecu- 2
nia
aut si tibi placet dabo tibi vineam

37 conueniens] inueniens Φ c | 39 transisset c | 40 illucque] atque illuc C | conparauit AD | 42 ~ morte dignum C | 43 samaria R; in samaria Φ; in samariam c || **21**,1 haec + tempore illo Φ c | qui] *sic* c *in tribus edd.*; quae c *in indice err. corrig. ed.* 1598 | 2 et *om.* R | ~ commodius tibi c | 3 ~ sit mihi c | 4 dabo DΦ c | faciem + suam AΣDΦ c | 5 comedes RΣD | 6 uineam[2] + meliorem ΣD c |

RAC ΣDΦm cr

pro ea
et ille ait non do tibi vineam meam
7 dixit ergo ad eum Hiezabel uxor eius
grandis auctoritatis es et bene regis
regnum Israhel
surge et comede panem et aequo
esto animo
ego dabo tibi vineam Naboth Hiezrahelitae
8 scripsit itaque litteras ex nomine
Ahab
et signavit eas anulo eius
et misit ad maiores natu et ad optimates
qui erant in civitate eius et habitabant cum Naboth
9 litterarum autem erat ista sententia
praedicate ieiunium
et sedere facite Naboth inter primos
populi
13; Dt 13,13! 10 et submittite duos viros filios Belial
contra eum
Mt 26,60 et falsum testimonium dicant
benedixit Deum et regem
et educite eum et lapidate sicque moriatur
11 fecerunt ergo cives eius maiores natu
et optimates qui habitabant cum eo
in urbe
sicut praeceperat eis Hiezabel
et sicut scriptum erat in litteris quas
miserat ad eos
12 praedicaverunt ieiunium et sedere
fecerunt Naboth inter primos populi
10! 13 et adductis duobus viris filiis diaboli
fecerunt eos sedere contra eum
at illi scilicet ut viri diabolici dixerunt contra eum testimonium coram multitudine
benedixit Naboth Deo et regi
Lv 24,14! quam ob rem eduxerunt eum extra
civitatem et lapidibus interfecerunt
14 miseruntque ad Hiezabel dicentes
lapidatus est Naboth et mortuus est
15 factum est autem cum audisset Hiezabel lapidatum Naboth et mortuum
locuta est ad Ahab surge posside vineam Naboth Hiezrahelitae
qui noluit tibi adquiescere et dare
eam accepta pecunia
non enim vivit Naboth sed mortuus
est
16 quod cum audisset Ahab mortuum
videlicet Naboth
surrexit et descendebat in vineam
Naboth Hiezrahelitae ut possideret
eam
17 factus est igitur sermo Domini ad 18,1; IV Rg 1,3.15
Heliam Thesbiten dicens
18 surge et descende in occursum Ahab
regis Israhel qui est in Samaria
ecce ad vineam Naboth descendit ut
possideat eam
19 et loqueris ad eum dicens haec dicit
Dominus
occidisti insuper et possedisti
et post haec addes haec dicit Dominus
in loco hoc in quo linxerunt canes 22,38
sanguinem Naboth
lambent tuum quoque sanguinem
20 et ait Ahab ad Heliam
num invenisti me inimice mee
qui dixit inveni
eo quod venundatus sis ut faceres
malum in conspectu Domini
21 ecce ego inducam super te malum 21—23: IV Rg 9,8–10
et demetam posteriora tua
et interficiam de Ahab mingentem 14,10!
ad parietem et clausum et ultimum
in Israhel
22 et dabo domum tuam sicut domum 16,3!

RAC ΣDΦm cr

6 do] dabo ΣDΦ c | 7 es et] est et m.; est R. | reges RD. | ~ animo esto c | 8 ad[2] *om.* Σ c | 9 erat ista] haec erat c | 11 fecerunt ergo] feceruntque C | eius *om.* A | in urbem C | 13 filii RΣ | deo et regi A r] deum et regi R; deo et regem Σ.; deum et regem *cet.* | 15 surge + et RΣ c | 18 et *om.* AΦ m | 19 ~ quoque tuum sanguinem ΣΦ; ~ quoque sanguinem tuum c | 20 inimice mee m] inimice meae ACD; inimice mei Σ r; inimice meus R; inimicum tibi Φ c |

Hieroboam filii Nabath
et sicut domum Baasa filii Ahia
quia egisti ut me ad iracundiam provocares et peccare fecisti Israhel
IV Rg 9,36 23 sed et de Hiezabel locutus est Dominus dicens
IV Rg 9,10 canes comedent Hiezabel in agro Hiezrahel
14,11; 16,4 24 si mortuus fuerit Ahab in civitate comedent eum canes
si autem mortuus fuerit in agro comedent eum volucres caeli
16,30 25 igitur non fuit alter talis ut Ahab
qui venundatus est ut faceret malum in conspectu Domini
concitavit enim eum Hiezabel uxor sua
26 et abominabilis effectus est
in tantum ut sequeretur idola quae fecerant Amorrei
quos consumpsit Dominus a facie filiorum Israhel
27 itaque cum audisset Ahab sermones istos
scidit vestem suam
et operuit cilicio carnem suam
ieiunavitque et dormivit in sacco
et ambulabat dimisso capite
28 factus est autem sermo Domini ad Heliam Thesbiten dicens
29 nonne vidisti humiliatum Ahab coram me
quia igitur humiliatus est mei causa
11,12 non inducam malum in diebus eius
sed in diebus filii sui inferam malum domui eius
22 transierunt igitur tres anni absque bello inter Syriam et Israhel
2—35: II Par 18,2–34 2 in anno autem tertio descendit Iosaphat rex Iuda ad regem Israhel
3 dixitque rex Israhel ad servos suos
ignoratis quod nostra sit Ramoth Galaad
et neglegimus tollere eam de manu regis Syriae
4 et ait ad Iosaphat IV Rg 3,7
veniesne mecum ad proeliandum in Ramoth Galaad
5 dixitque Iosaphat ad regem Israhel
sicut ego sum ita et tu
populus meus et populus tuus unum sunt
et equites mei et equites tui
dixitque Iosaphat ad regem Israhel
quaere oro te hodie sermonem Domini
6 congregavit ergo rex Israhel prophetas quadringentos circiter viros 18,19! IV Rg 10,19
et ait ad eos
ire debeo in Ramoth Galaad ad bellandum an quiescere 12.15
qui responderunt ascende et dabit Dominus in manu regis
7 dixit autem Iosaphat IV Rg 3,11
non est hic propheta Domini quispiam ut interrogemus per eum
8 et ait rex Israhel ad Iosaphat
remansit vir unus per quem possimus interrogare Dominum
sed ego odi eum quia non prophetat mihi bonum sed malum 18
Micheas filius Hiemla
cui Iosaphat ait
ne loquaris ita rex
9 vocavit ergo rex Israhel eunuchum quendam et dixit ei
festina adducere Micheam filium Hiemla
10 rex autem Israhel et Iosaphat rex Iuda sedebat unusquisque in solio suo
vestiti cultu regio in area iuxta ostium portae Samariae
et universi prophetae prophetabant in conspectu eorum
11 fecit quoque sibi Sedecias filius Chanaan cornua ferrea et ait
haec dicit Dominus his ventilabis

23 de *om.* RΣ | 25 ut[1]] sicut Σc | 26 effectus] factus Cc | 27 uestimenta sua c | ambulauit Φc | demisso c | 28 factus est autem] et factus est c. || **22**,5 et[4] *om.* c | quaero A | 6 dabit + eam ΣΦc | 8 possumus CΦc | ita] ista RD. | 10 sedebant Φc | 11 chanaana c; chanana m | his] in his C | RAC ΣDΦm cr

Syriam donec deleas eam
12 omnesque prophetae similiter prophetabant dicentes
6.15 ascende in Ramoth Galaad et vade
prospere et tradet Dominus in manu regis
13 nuntius vero qui ierat ut vocaret Micheam
locutus est ad eum dicens
ecce sermones prophetarum ore uno
Is 30,10 bona regi praedicant
sit ergo et sermo tuus similis eorum
et loquere bona
14 cui Micheas ait
Nm 24,13! vivit Dominus quia quodcumque dixerit mihi Dominus hoc loquar
15 venit itaque ad regem et ait illi rex
6.12 Michea ire debemus in Ramoth Galaad ad proeliandum an cessare
cui ille respondit
ascende et vade prospere et tradet
Dominus in manu regis
16 dixit autem rex ad eum
iterum atque iterum adiuro te ut non
loquaris mihi nisi quod verum est
in nomine Domini
II Par 18,16! 17 et ille ait
Nm 27,17; Idt 11,15; Is 53,6! Ier 50,6! Mt 9,36; Mc 6,34 vidi cunctum Israhel dispersum in
montibus quasi oves non habentes
pastorem
et ait Dominus non habent dominum isti
36; IV Esr 12,49 revertatur unusquisque in domum
suam in pace
18 dixit ergo rex Israhel ad Iosaphat
numquid non dixi tibi quia non pro-
8 phetat mihi bonum sed semper malum
19 ille vero addens ait
propterea audi sermonem Domini
Is 6,1! Dn 7,9! vidi Dominum sedentem super solium suum
et omnem exercitum caeli adsisten-
tem ei a dextris et a sinistris
20 et ait Dominus quis decipiet Ahab
regem Israhel
ut ascendat et cadat in Ramoth Galaad
et dixit unus verba huiuscemodi et
alius aliter
21 egressus est autem spiritus et stetit
coram Domino et ait
ego decipiam illum
cui locutus est Dominus in quo
22 et ille ait egrediar et ero spiritus mendax in ore omnium prophetarum
eius
et dixit Dominus decipies et praeva-
lebis egredere et fac ita
23 nunc igitur ecce dedit Dominus spiritum mendacii in ore omnium prophetarum tuorum qui hic sunt
et Dominus locutus est contra te malum
24 accessit autem Sedecias filius Chanaan et percussit Micheam in ma- Iob 16,11!
xillam et dixit
mene ergo dimisit spiritus Domini
et locutus est tibi
25 et ait Micheas
visurus es in die illa quando ingredieris cubiculum intra cubiculum
ut abscondaris
26 et ait rex Israhel
tollite Micheam et maneat apud
Amon principem civitatis
et apud Ioas filium Ammelech
27 et dicite eis haec dicit rex
mittite virum istum in carcerem II Par 16,10!
et sustentate eum pane tribulationis Is 30,20!
et aqua angustiae
donec revertar in pace
28 dixitque Micheas
si reversus fueris in pace non est locutus Dominus in me Dt 18,22
et ait audite populi omnes

RAC ΣDΦm cr 12 in manus c | 13 ut uocaret] uocare R | ~ regi bona c | et[1] *om.* D c | 15 tradet + eam c(*ed.* 1598); + eum c(*edd.* 1592 *et* 1593). | in manus D c | 17 ~ isti dominum c | 18 prophetet ADΦ | 24 chanaana c; chanana m | mene] me AC | 25 michea RAΣ | 26 amo RA; amos D. | 27 in carcere RΦ | panem CD. | aquam CD | 28 ~ in me dominus c |

29 ascendit itaque rex Israhel et Iosaphat rex Iuda in Ramoth Galaad
30 dixitque rex Israhel ad Iosaphat
sume arma et ingredere proelium et induere vestibus tuis
porro rex Israhel mutavit habitum et ingressus est bellum
20,1.16 31 rex autem Syriae praeceperat principibus curruum triginta duobus dicens
non pugnabitis contra minorem et maiorem quempiam
nisi contra regem Israhel solum
32 cum ergo vidissent principes curruum Iosaphat
suspicati sunt quod ipse esset rex Israhel
et impetu facto pugnabant contra eum
et exclamavit Iosaphat
33 intellexeruntque principes curruum quod non esset rex Israhel
et cessaverunt ab eo
34 unus autem quidam tetendit arcum in incertum sagittam dirigens
et casu percussit regem Israhel inter pulmonem et stomachum
at ille dixit aurigae suo
II Par 35,23 verte manum tuam et eice me de exercitu
quia graviter vulneratus sum
35 commissum est ergo proelium in die illa
et rex Israhel stabat in curru suo contra Syros et mortuus est vesperi
fluebat autem sanguis plagae in sinum currus
36 et praeco personuit in universo exercitu antequam sol occumberet dicens
17! unusquisque revertatur in civitatem et in terram suam
37 mortuus est autem rex et perlatus est Samariam
sepelieruntque regem in Samaria
38 et laverunt currum in piscina Samariae
et linxerunt canes sanguinem eius 21,19
et habenas laverunt iuxta verbum Domini quod locutus fuerat
39 reliqua vero sermonum Ahab
et universa quae fecit
et domus eburneae quam aedificavit
cunctarumque urbium quas extruxit
nonne scripta sunt haec in libro verborum dierum regum Israhel
40 dormivit ergo Ahab cum patribus suis
et regnavit Ohozias filius eius pro eo 52
41 Iosaphat filius Asa regnare coeperat super Iudam anno quarto Ahab regis Israhel 15,24; II Par 17,1 **41—50:** II Par 20,31–37
42 triginta quinque annorum erat cum regnare coepisset
et viginti et quinque annos regnavit in Hierusalem
nomen matris eius Azuba filia Salai
43 et ambulavit in omni via Asa patris sui et non declinavit ex ea II Par 17,3
fecitque quod rectum est in conspectu Domini 15,14; IV Rg 12,2.3; 14,3.4; 15,3.4. 34.35
44 verumtamen excelsa non abstulit
adhuc enim populus sacrificabat et adolebat incensum in excelsis IV Rg 16,4; 17,11
45 pacemque habuit Iosaphat cum rege Israhel
46 reliqua autem verborum Iosaphat
et opera eius quae gessit et proelia
nonne haec scripta sunt in libro verborum dierum regum Iuda
47 sed et reliquias effeminatorum qui remanserant in diebus Asa patris eius abstulit de terra 15,12; IV Rg 23,7
48 nec erat tunc rex constitutus in Edom
49 rex vero Iosaphat fecerat classes in 9,26
mari quae navigarent in Ophir 9,28! II Par 8,18!

30 dixit itaque c | tuis] meis C | habitum + suum c | 32 currum A | 34 unus] uir c | sagitta C | 35 in sinu RΣD | 36 insonuit c | 37 samaria[1] RΣ; in samariam Φc | 38 currum + eius Σc | 39 uero] autem c | eburnea Σc | ~ haec scripta sunt Φc | uerborum] sermonum DΦc | 41 iosaphat + uero c | 42 et[2] *om.* Φc | annis[2] Σc | 43 est] erat DΦc |

RAC ΣDΦm cr

propter aurum
et ire non potuerunt quia confractae
sunt in Asiongaber
50 tunc ait Ohozias filius Ahab ad Iosaphat
vadant servi mei cum servis tuis in
navibus
et noluit Iosaphat
II Par 21,1 51 dormivitque cum patribus suis
IV Rg 8,16 et sepultus est cum eis in civitate
David patris sui
regnavitque Ioram filius eius pro eo
52 Ohozias autem filius Ahab regnare
coeperat super Israhel in Samaria
anno septimodecimo Iosaphat regis
Iuda
regnavitque super Israhel duobus annis
15,34! IV Rg 13,2! 53 et fecit malum in conspectu Domini
et ambulavit in via patris sui et mat-
ris suae
et in via Hieroboam filii Nabath qui
peccare fecit Israhel
16,31! 54 servivit quoque Baal et adoravit eum
et inritavit Dominum Deum Israhel
iuxta omnia quae fecerat pater eius
3,5 **IV Regum** Praevaricatus est autem
Moab in Israhel postquam mortuus
est Ahab
Act 20,9 2 ceciditque Ohozias per cancellos cenaculi sui quod habebat in Samaria
et aegrotavit misitque nuntios dicens
ad eos
ite consulite Beelzebub deum Accaron
8,8 utrum vivere queam de infirmitate
mea hac
15.16; III Rg 21,17.18! 3 angelus autem Domini locutus est ad
Heliam Thesbiten
surge ascende in occursum nuntiorum regis Samariae et dices ad eos
6! numquid non est Deus in Israhel ut
eatis ad consulendum Beelzebub deum Accaron
4 quam ob rem haec dicit Dominus
de lectulo super quem ascendisti non
descendes sed morte morieris
et abiit Helias 5 reversique sunt nuntii ad Ohoziam
qui dixit eis quare reversi estis
6 at illi responderunt ei
vir occurrit nobis et dixit ad nos
ite revertimini ad regem qui misit vos
et dicetis ei haec dicit Dominus 16
numquid quia non erat Deus in Isra- 3
hel mittis ut consulatur Beelzebub
deus Accaron
idcirco de lectulo super quem ascendisti non descendes sed morte morieris
7 qui dixit eis cuius figurae et habitu
est vir qui occurrit vobis
et locutus est verba haec
8 at illi dixerunt vir pilosus et zona pel- Mt 3,4!
licia accinctis renibus
qui ait Helias Thesbites est
9 misitque ad eum quinquagenarium
principem et quinquaginta qui erant
sub eo
qui ascendit ad eum sedentique in
vertice montis ait
homo Dei rex praecepit ut descendas
10 respondensque Helias dixit quinqua-
genario
si homo Dei sum descendat ignis e
caelo et devoret te et quinquaginta
tuos
descendit itaque ignis e caelo et de- Lv 10,2! Lc 9,54;
voravit eum et quinquaginta qui Apc 20,9
erant cum eo
11 rursum misit ad eum principem quinquagenarium alterum et quinquaginta cum eo
qui locutus est illi
homo Dei haec dicit rex festina descende

RAC Σ(Λ)DΦm cr 51 dormiuitque + iosaphat c | 52 iudae CΣm | 54 seruiuitque baal CΣ || **IV Regum.** *Tit.* liber regum quartus secundum hebraeos malachim secundus c || **1**,1 [*iterum adest* Λ] | 2 queam] possum C | 3 thesbiten + dicens Σm c | surge + et c | 6 ite + et AΛDΦm c | quia] *post* israhel *transpon.* C; *om.* m | deum² A | 7 habitus CΣΛ c | uir + ille c | 8 accinctus DΦ c | 10 e caelo *bis* RA r] de caelo *bis cet.* | 11 rursumque c |

[12]respondens Helias ait
si homo Dei ego sum descendat ignis
e caelo et devoret te et quinquaginta
tuos
descendit ergo ignis Dei e caelo et
devoravit illum et quinquaginta
eius
[13]iterum misit principem quinquagenarium tertium et quinquaginta qui
erant cum eo
qui cum venisset curvavit genua contra Heliam
et precatus est eum et ait
homo Dei noli despicere animam
meam et animam servorum tuorum
qui mecum sunt
[14]ecce descendit ignis de caelo
et devoravit duos principes quinquagenarios primos
et quinquagenos qui cum eis erant
sed nunc obsecro ut miserearis animae meae
3,4; III Rg 21,17! [15]locutus est autem angelus Domini ad
Heliam dicens
descende cum eo ne timeas
surrexit igitur et descendit cum eo
ad regem
6! [16]et locutus est ei haec dicit Dominus
quia misisti nuntios ad consulendum
Beelzebub deum Accaron
quasi non esset Deus in Israhel a quo
possis interrogare sermonem
ideo de lectulo super quem ascendisti non descendes sed morte morieris
[17]mortuus est ergo iuxta sermonem
Domini quem locutus est Helias
et regnavit Ioram frater eius pro eo
anno secundo Ioram filii Iosaphat
regis Iudae
non enim habebat filium
[18]reliqua autem verborum Ohoziae
quae operatus est
nonne haec scripta sunt in libro sermonum dierum regum Israhel
2 factum est autem cum levare vellet
Dominus Heliam per turbinem in 11!
caelum
ibant Helias et Heliseus de Galgalis
[2]dixitque Helias ad Heliseum
sede hic quia Dominus misit me usque Bethel
cui ait Heliseus vivit Dominus et vi- 4,30
vit anima tua quia non derelinquam
te
cumque descendissent Bethel
[3]egressi sunt filii prophetarum qui 5,22; 6,1
erant Bethel ad Heliseum et dixe-
runt ei
numquid nosti quia hodie Dominus
tollat dominum tuum a te
qui respondit et ego novi silete
[4]dixit autem Helias ad Heliseum
sede hic quia Dominus misit me in
Hiericho
et ille ait vivit Dominus et vivit anima tua quia non derelinquam te
cumque venissent Hierichum
[5]accesserunt filii prophetarum qui 15
erant in Hiericho ad Heliseum et
dixerunt ei
numquid nosti quia hodie Dominus
tollet dominum tuum a te
et ait et ego novi silete
[6]dixit autem ei Helias
sede hic quia Dominus misit me ad
Iordanem
qui ait vivit Dominus et vivit anima
tua quia non derelinquam te
ierunt igitur ambo pariter
[7]et quinquaginta viri de filiis prophetarum secuti sunt
qui et steterunt e contra longe
illi autem ambo stabant super Iordanem

12 e caelo[1] RAmr] de caelo *cet.* | dei[2] *om.* CΣΛDc | e caelo[2] RAΣr] de caelo *cet.* | 13 genua + sua A | animas[2] Σc | 14 e caelo A | 16 posses RΛc || **2**,2 usque + in C Φc | 3 erant + in ΣDc; + de C | ~ dominus hodie A | tollet ΣΛΦc; tollit D | silete] tacete C. | 4 hierichum RAr] in hiericho D; hiericho *cet.* | 5 ~ hodie tollet dominus R; ~ dominus hodie tollet c | silete] tacete C | 6 ad] usque Σ; usque ad Cc | igitur] ergo A | 7 sunt + eos ΣΛc | et[2] *om.* CD | e contra longe] contra e longe R |

RAC ΣΛDΦm cr

14 [8]tulitque Helias pallium suum et involvit illud et percussit aquas
Ios 4,22.23! quae divisae sunt in utramque partem
et transierunt ambo per siccum
[9]cumque transissent Helias dixit ad Heliseum
4,2! III Rg 3,5 postula quod vis ut faciam tibi antequam tollar a te
dixitque Heliseus
obsecro ut fiat duplex spiritus tuus in me
[10]qui respondit rem difficilem postulasti
attamen si videris me quando tollor a te erit quod petisti
si autem non videris non erit
[11]cumque pergerent et incedentes sermocinarentur
ecce currus igneus et equi ignei diviserunt utrumque
1; Sir 48,9.13; I Mcc 2,58 et ascendit Helias per turbinem in caelum
[12]Heliseus autem videbat et clamabat
13,14 pater mi pater mi currus Israhel et auriga eius
et non vidit eum amplius
adprehenditque vestimenta sua et scidit illa in duas partes
[13]et levavit pallium Heliae quod ceciderat ei
reversusque stetit super ripam Iordanis
8! [14]et pallio Heliae quod ceciderat ei percussit aquas
et dixit ubi est Deus Heliae etiam nunc
percussitque aquas et divisae sunt huc atque illuc et transiit Heliseus
5 [15]videntes autem filii prophetarum qui erant in Hiericho de contra dixerunt
requievit spiritus Heliae super Heliseum Sir 48,13
et venientes in occursum eius adoraverunt eum proni in terram Gn 18,2! 19,1!
[16]dixeruntque illi
ecce cum servis tuis sunt quinquaginta viri fortes
qui possint ire et quaerere dominum tuum
ne forte tulerit eum spiritus Domini
et proiecerit in uno montium aut in una vallium
qui ait nolite mittere
[17]coegeruntque eum donec adquiesceret et diceret mittite
et miserunt quinquaginta viros
qui cum quaesissent tribus diebus non invenerunt [18]et reversi sunt ad eum
at ille habitabat in Hiericho
dixitque eis numquid non dixi vobis nolite ire
[19]dixerunt quoque viri civitatis ad Heliseum
ecce habitatio civitatis huius optima est
sicut tu ipse domine perspicis
sed aquae pessimae sunt et terra sterilis
[20]at ille ait adferte mihi vas novum et mittite in illud sal
qui cum adtulissent [21]egressus ad fontem aquarum misit in eum sal et ait
haec dicit Dominus sanavi aquas has
et non erit ultra in eis mors neque sterilitas
[22]sanatae sunt ergo aquae usque ad diem hanc iuxta verbum Helisei quod locutus est
[23]ascendit autem inde Bethel
cumque ascenderet per viam

RAC ΣΛDΦm cr
8 in utraque parte RΣ | 9 ~ in me duplex spiritus tuus c | 10 tollar CΣΛDΦc | erit[1] + tibi c | 14 aquas[1] + et (quae Λ) non sunt diuisae CΛΦc | 15 de] e c | in terra C | 16 possunt ΛΦc | proiecerit + eum Σc | in unum Λc | in unam Λc | 17 coegerunt eum C | 18 in *om.* R | dixitque] et dixit c. | ire] mittere CΣΛDΦc | 19 domine *om.* C | 20 qui] quod c | 21 eum] illum c; illud Φ | ~ in eis ultra CD | 22 usque in c | ~ hanc diem R | est] fuerat C | 23 inde + in c |

pueri parvi egressi sunt de civitate et inludebant ei dicentes
ascende calve ascende calve
24 qui cum se respexisset vidit eos
et maledixit eis in nomine Domini
egressique sunt duo ursi de saltu
et laceraverunt ex eis quadraginta duos pueros
4,25 25 abiit autem inde in montem Carmeli
et inde reversus est Samariam
3 Ioram vero filius Ahab regnavit super Israhel in Samaria
anno octavodecimo Iosaphat regis Iudae
regnavitque duodecim annis
2 et fecit malum coram Domino
III Rg 16,32! sed non sicut pater suus et mater
tulit enim statuas Baal quas fecerat pater eius
III Rg 15,34! 3 verumtamen in peccatis Hieroboam filii Nabath
qui peccare fecit Israhel adhesit
nec recessit ab eis
4 porro Mesa rex Moab nutriebat pecora multa
et solvebat regi Israhel centum milia agnorum
et centum milia arietum cum velleribus suis
1,1 5 cumque mortuus fuisset Ahab
praevaricatus est foedus quod habebat cum rege Israhel
6 egressus est igitur rex Ioram in die illa de Samaria et recensuit universum Israhel
III Rg 22,4.5 7 misitque ad Iosaphat regem Iuda dicens
rex Moab recessit a me
veni mecum contra Moab ad proelium
qui respondit ascendam
qui meus est tuus est
populus meus populus tuus equi mei equi tui
8 dixitque per quam viam ascendemus
at ille respondit per desertum Idumeae
9 perrexerunt igitur rex Israhel et rex Iuda et rex Edom 12
et circumierunt per viam septem dierum
nec erat aqua exercitui et iumentis quae sequebantur eos
10 dixitque rex Israhel
eheu eheu eheu
congregavit nos Dominus tres reges
ut traderet in manu Moab
11 et ait Iosaphat estne hic propheta Domini ut deprecemur Dominum per eum III Rg 22,7; II Par 18,6
et respondit unus de servis regis Israhel
est hic Heliseus filius Saphat qui fundebat aquam super manus Heliae
12 et ait Iosaphat est apud eum sermo Domini
descenditque ad eum rex Israhel et Iosaphat et rex Edom 9
13 dixit autem Heliseus ad regem Israhel
quid mihi et tibi est vade ad prophetas patris tui et matris tuae
et ait illi rex Israhel
quare congregavit Dominus tres reges hos ut traderet eos in manu Moab
14 dixit autem Heliseus
vivit Dominus exercituum in cuius conspectu sto III Rg 17,1!
quod si non vultum Iosaphat regis Iudae erubescerem
ne adtendissem quidem te nec respexissem
15 nunc autem adducite mihi psalten I Sm 10,5.6!
cumque caneret psaltes
facta est super eum manus Domini et ait
16 haec dicit Dominus

24 se ACr] post se Σ; *om. cet.* | quadraginta + et ΑΣΛΦ | 25 est + in c || 3,1 decimo octauo c | 7 iudae ΑΛDΦ | moab[2]] eum c | tuus[2] + et Φc | mei + et C | 10 heu *ter* ΑΣΦc | in manus c | 12 iosaphat[2] + rex iuda c | 13 in manus c | 14 dixit autem] dixitque ad eum c | ne] nec Σ; non c. |

RAC ΣΛDΦm cr

facite alveum torrentis huius fossas
et fossas
17 haec enim dicit Dominus
non videbitis ventum neque pluviam
et alveus iste replebitur aquis
et bibetis vos et familiae vestrae et
iumenta vestra
18 parumque hoc est in conspectu Domini
insuper tradet etiam Moab in manu
vestra
25! 19 et percutietis omnem civitatem munitam et omnem urbem electam
et universum lignum fructiferum
succidetis
cunctosque fontes aquarum obtura-
bitis
et omnem agrum egregium operietis
lapidibus
III Rg 18,29 20 factum est igitur mane quando sacrificium offerri solet
et ecce aquae veniebant per viam
Edom et repleta est terra aquis
21 universi autem Moabitae audientes
quod ascendissent reges ut pugnarent adversum eos
convocaverunt omnes qui accincti
erant balteo desuper
et steterunt in terminis
22 primoque mane surgentes et orto iam
sole ex adverso aquarum
viderunt Moabitae contra aquas rub-
ras quasi sanguinem
23 dixeruntque sanguis est gladii
pugnaverunt reges contra se et caesi
sunt mutuo
nunc perge ad praedam Moab
24 perrexeruntque in castra Israhel
porro consurgens Israhel percussit
Moab
at illi fugerunt coram eis
venerunt igitur qui vicerant et percusserunt Moab
19 25 et civitates destruxerunt
et omnem agrum optimum mittentes
singuli lapides repleverunt
et universos fontes aquarum obturaverunt
et omnia ligna fructifera succiderunt Idt 2,17
ita ut muri tantum fictiles remanerent
et circumdata est civitas a fundiba-
lariis
et magna ex parte percussa
26 quod cum vidisset rex Moab praeva-
luisse scilicet hostes
tulit secum septingentos viros educentes gladium
ut inrumperet ad regem Edom et non
potuerunt
27 arripiensque filium suum primoge- Gn 22,2! 10; Sir 34,24;
nitum Is 57,5
qui regnaturus erat pro eo
obtulit holocaustum super murum
et facta est indignatio magna in Israhel
statimque recesserunt ab eo et reversi sunt in terram suam
4 mulier autem quaedam de uxoribus
prophetarum
clamabat ad Heliseum dicens
servus tuus vir meus mortuus est
et tu nosti quia servus tuus fuit timens Dominum
et ecce creditor venit ut tollat duos
filios meos ad serviendum sibi
2 cui dixit Heliseus 13.14; 2,9! Mt 20,32!
quid vis ut faciam tibi dic mihi
quid habes in domo tua
at illa respondit non habeo ancilla
tua quicquam in domo mea
nisi parum olei quo unguear
3 cui ait vade pete mutuo ab omnibus
vicinis tuis vasa vacua non pauca
4 et ingredere et claude ostium cum intrinsecus fueris tu et filii tui
et mitte inde in omnia vasa haec
et cum plena fuerint tolles

RAC ΣΛDΦm cr 17 enim *om.* C | 18 ~ est hoc c; est *om.* Σ | in manus uestras ΛΦc | 22 contra] e contra RΣΛΦc | 23 ~ gladii est c | pugnaueruntque C | 24 percusserant RΣ. | 26 inrumperent ΣΛΦc || **4**,1 dominum] deum CΣ | 4 ostium + tuum c | et[4] *om.* R |

5 ivit itaque mulier et clusit ostium
super se et super filios suos
illi offerebant vasa et illa infundebat
6 cumque plena fuissent vasa dixit ad
filium suum
adfer mihi adhuc vas
et ille respondit non habeo
stetitque oleum
7 venit autem illa et indicavit homini
Dei
et ille vade inquit vende oleum et
redde creditori tuo
tu autem et filii tui vivite de reliquo
8 facta est autem quaedam dies et
transiebat Heliseus per Sunam
erat autem ibi mulier magna quae
tenuit eum ut comederet panem
cumque frequenter inde transiret
devertebat ad eam ut comederet panem
9 quae dixit ad virum suum
animadverto quod vir Dei sanctus
est iste qui transit per nos frequenter
10 faciamus ergo cenaculum parvum
et ponamus ei in eo lectulum et mensam et sellam et candelabrum
ut cum venerit ad nos maneat ibi
11 facta est igitur dies quaedam et veniens devertit in cenaculum et requievit ibi
12 dixitque ad Giezi puerum suum voca
Sunamitin istam
qui cum vocasset eam et illa stetisset
coram eo 13 dixit ad puerum
loquere ad eam ecce sedule in omnibus ministrasti nobis
2! quid vis ut faciam tibi
numquid habes negotium et vis ut
loquar regi sive principi militiae
quae respondit in medio populi mei
habito
2! 14 et ait quid ergo vult ut faciam ei
dixitque Giezi ne quaeras
filium enim non habet et vir eius
senex est
15 praecepit itaque ut vocaret eam
quae cum vocata fuisset et stetisset
ad ostium 16 dixit ad eam
in tempore isto et in hac eadem hora Gn 18,10!
si vita comes fuerit habebis in utero
filium
at illa respondit noli quaeso domine
mi vir Dei noli mentiri ancillae tuae
17 et concepit mulier et peperit filium Gn 21,2!
in tempore et in hora eadem quam
dixerat Heliseus
18 crevit autem puer et cum esset quaedam dies et egressus isset ad patrem suum ad messores
19 ait patri suo caput meum caput meum
at ille dixit puero tolle et duc eum ad
matrem suam
20 qui cum tulisset et adduxisset eum ad
matrem suam
posuit eum illa super genua sua usque ad meridiem et mortuus est
21 ascendit autem et conlocavit eum super lectulum hominis Dei
et clusit ostium et egressa 22 vocavit
virum suum et ait
mitte mecum obsecro unum de pueris et asinam
ut excurram usque ad hominem Dei
et revertar
23 qui ait illi quam ob causam vadis ad
eum hodie
non sunt kalendae neque sabbatum
quae respondit vale
24 stravitque asinam et praecepit puero
mina et propera ne mihi moram facias in eundo
et hoc age quod praecipio tibi
25 profecta est igitur et venit ad virum 2,25
Dei in montem Carmeli

7 inquit + et R | 8 diuertebat RΣΛ𝔠 | 9 est] sit A; *om.* Λ | 10 ergo + ei 𝔠 | lectum A Σ | 11 igitur] ergo 𝔠. | diuertit RΣΛ𝔠 | 12 sunamitidem 𝔠. | 13 puerum + suum Σ𝔠 | 15 ad] ante 𝔠. | 17 quam RA𝔯] qua *cet.* | 19 meum 1.2 + doleo Φ𝔠 | 20 et duxisset 𝔠 | 21 lectulo R.; lectum AΛDΦm | 22 asinum C | excurramus usque RA | 23 uale] uadam Σ𝔠 | 24 asinum C | 25 in monte RD |

RAC ΣΛDΦm 𝔠𝔯

cumque vidisset eam vir Dei de contra
ait ad Giezi puerum suum
ecce Sunamitis illa 26 vade ergo in
occursum eius et dic ei
rectene agitur circa te et circa virum
tuum et circa filium tuum
quae respondit recte
27 cumque venisset ad virum Dei in
monte
adprehendit pedes eius
et accessit Giezi ut amoveret eam
et ait homo Dei dimitte illam
anima enim eius in amaritudine est
et Dominus celavit me et non indicavit mihi
28 quae dixit illi numquid petivi filium
a domino meo
numquid non dixi tibi ne inludas me
9,1; Ex 12,11! Ier 1,17 29 et ille ait ad Giezi accinge lumbos
tuos
et tolle baculum meum in manu tua
et vade
si occurrerit tibi homo non salutes
eum
Lc 10,4 et si salutaverit te quispiam non re-
spondeas illi
et pones baculum meum super faciem pueri
30 porro mater pueri ait
2,2 vivit Dominus et vivit anima tua non
dimittam te
surrexit ergo et secutus est eam
31 Giezi autem praecesserat eos et posuerat baculum super faciem pueri
et non erat vox neque sensus
reversusque est in occursum eius et
nuntiavit ei dicens non surrexit puer
32 ingressus est ergo Heliseus domum
et ecce puer mortuus iacebat in lectulo eius
Mt 6,6 33 ingressusque clusit ostium super se
et puerum
et oravit ad Dominum
34 et ascendit et incubuit super puerum III Rg 17,21
posuitque os suum super os eius
et oculos suos super oculos eius
et manus suas super manus eius
et incurvavit se super eum et cale-
facta est caro pueri
35 at ille reversus deambulavit in domo
semel huc et illuc
et ascendit et incubuit super eum III Rg 17,21; Act 20,10
et oscitavit puer septies aperuitque
oculos
36 et ille vocavit Giezi et dixit ei voca
Sunamitin hanc
quae vocata ingressa est ad eum
qui ait tolle filium tuum
37 venit illa et corruit ad pedes eius et
adoravit super terram
tulitque filium suum et egressa est
38 et Heliseus reversus est in Galgala
erat autem fames in terra Rt 1,1!
et filii prophetarum habitabant co- 6,1
ram eo
dixitque uni de pueris suis pone ollam grandem et coque pulmentum
filiis prophetarum
39 et egressus est unus in agrum ut colligeret herbas agrestes
invenitque quasi vitem silvestrem et
collegit ex ea colocyntidas agri
et implevit pallium suum et reversus
concidit in ollam pulmenti
nesciebat enim quid esset
40 infuderunt ergo sociis ut comederent
cumque gustassent de coctione
exclamaverunt dicentes mors in olla
vir Dei
et non potuerunt comedere
41 at ille adferte inquit farinam
et misit in ollam et ait
infunde turbae et comedat
et non fuit amplius quicquam amari-

RAC ΣΛDΦm cr 25 e contra c | 27 in montem ΛΦc | me ADmr] a me *cet.* | 30 tua + quia C | 31 ante eos c | 33 et super puerum Σc | ad *om.* R | 34 puerum] eum RΦ | 35 et[1]] atque ΛΦc | oculos + suos R | 36 at ille ΛDΦc | sunamitidem c. | 39 in olla C | 40 clamauerunt c. | 41 et[1]] cumque attulissent Λ; cumque tulissent c. | in olla[1] RCr; illam D. | et comedant m; ut comedat ΣΛ; ut comedant c |

tudinis in olla
[42] vir autem quidam venit de Balsalisa
42—44: Mt 14,19.20; Io 6,9–13 deferens viro Dei panes primitiarum et viginti panes hordiacios et frumentum novum in pera sua
at ille dixit da populo ut comedat
[43] responditque ei minister eius
quantum est hoc ut adponam coram centum viris
rursum ille da ait populo ut comedat
haec enim dicit Dominus comedent et supererit
[44] posuit itaque coram eis
qui comederunt et superfuit iuxta verbum Domini
5 Naaman princeps militiae regis Syriae
erat vir magnus apud dominum suum et honoratus
per illum enim dedit Dominus salutem Syriae
erat autem vir fortis et dives sed leprosus
6,23 [2] porro de Syria egressi fuerant latrunculi
et captivam duxerant de terra Israhel puellam parvulam
quae erat in obsequio uxoris Naaman
[3] quae ait ad dominam suam
utinam fuisset dominus meus ad prophetam qui est in Samaria
profecto curasset eum a lepra quam habet
[4] ingressus est itaque Naaman ad dominum suum et nuntiavit ei dicens
sic et sic locuta est puella de terra Israhel
[5] dixitque ei rex Syriae
vade et mittam litteras ad regem Israhel
qui cum profectus esset et tulisset secum decem talenta argenti et sex milia aureos et decem mutatoria vestimentorum
[6] detulit litteras ad regem Israhel in haec verba
cum acceperis epistulam hanc
scito quod miserim ad te Naaman servum meum ut cures eum a lepra sua
[7] cumque legisset rex Israhel litteras scidit vestimenta sua et ait
numquid Deus sum ut occidere possim et vivificare Dt 32,39!
quia iste misit ad me ut curem hominem a lepra sua
animadvertite et videte quod occasiones quaerat adversum me
[8] quod cum audisset Heliseus vir Dei
scidisse videlicet regem Israhel vestimenta sua
misit ad eum dicens
quare scidisti vestimenta tua
veniat ad me et sciat esse prophetam in Israhel
[9] venit ergo Naaman cum equis et curribus
et stetit ad ostium domus Helisei
[10] misitque ad eum Heliseus nuntium dicens
vade et lavare septies in Iordane et 14
recipiet sanitatem caro tua atque mundaberis
[11] iratus Naaman recedebat dicens
putabam quod egrederetur ad me et stans invocaret nomen Domini Dei sui
et tangeret manu sua locum leprae et curaret me
[12] numquid non meliores sunt Abana et Pharphar fluvii Damasci omnibus aquis Israhel ut laver in eis et munder
cum ergo vertisset se et abiret indignans
[13] accesserunt ad eum servi sui et locuti sunt ei

41 in ollam[2] RΣ | 42 et[1] *om.* c | 43 coram *om.* Ac | ~ ait da Σc | comedant CD || RAC
5,1 naaman + autem C | 7 deus + ego c | 10 in iordanem CDΦ | 11 manum ΣΛDΦm
suam R | cr

pater si rem grandem dixisset tibi
propheta certe facere debueras
quanto magis quia nunc dixit tibi
lavare et mundaberis
14 descendit et lavit in Iordane septies
iuxta sermonem viri Dei
et restituta est caro eius sicut caro
pueri parvuli et mundatus est
15 reversusque ad virum Dei cum universo comitatu suo
venit et stetit coram eo et ait
I Sm 17,46! vere scio quod non sit Deus in universa terra nisi tantum in Israhel
Gn 33,11; I Sm 25,27 obsecro itaque ut accipias benedictionem a servo tuo
16 at ille respondit
III Rg 17,1! vivit Dominus ante quem sto quia
non accipiam
cumque vim faceret penitus non adquievit
17 dixitque Naaman ut vis
sed obsecro concede mihi servo tuo
ut tollam onus duorum burdonum
de terra
non enim faciet ultra servus tuus holocaustum aut victimam diis alienis
nisi Domino
18 hoc autem solum est de quo depreceris Dominum pro servo tuo
quando ingreditur dominus meus
templum Remmon ut adoret
et illo innitente super manum meam
si adoravero in templo Remmon
adorante me in eodem loco
ut ignoscat mihi Dominus servo tuo
pro hac re
19 qui dixit ei vade in pace
abiit ergo ab eo electo terrae tempore
20 dixitque Giezi puer viri Dei
pepercit dominus meus Naaman Syro isti
ut non acciperet ab eo quae adtulit
vivit Dominus quia curram post eum
et accipiam ab eo aliquid
21 et secutus est Giezi post tergum Naaman
quem cum vidisset ille currentem ad se
desilivit de curru in occursum eius et
ait rectene sunt omnia
22 et ille ait recte
dominus meus misit me dicens
modo venerunt ad me duo adulescentes de monte Ephraim ex filiis 2,3
prophetarum
da eis talentum argenti et vestes mutatorias duplices Gn 45,22
23 dixitque Naaman
melius est ut accipias duo talenta
et coegit eum ligavitque duo talenta
argenti in duobus saccis
et duplicia vestimenta
et inposuit duobus pueris suis qui et
portaverunt coram eo
24 cumque venisset iam vesperi
tulit de manu eorum et reposuit in
domo
dimisitque viros et abierunt
25 ipse autem ingressus stetit coram domino suo
et dixit Heliseus unde venis Giezi
qui respondit non ivit servus tuus
quoquam
26 at ille nonne ait cor meum in praesenti erat
quando reversus est homo de curru
suo in occursum tui
nunc igitur accepisti argentum et accepisti vestes
ut emas oliveta et vineta et oves et
boves et servos et ancillas
27 sed et lepra Naaman adherebit tibi
et semini tuo in sempiternum
et egressus est ab eo leprosus quasi Ex 4,6; Nm 12,10
nix
6 dixerunt autem filii prophetarum ad 2,3
Heliseum
ecce locus in quo habitamus coram 4,38

RAC ΣΛDΦm cr
13 si] et si c | 15 deus] *praem.* alius c; + alius Φ | 18 ingredietur c. | adorante me r.𝔐] adorantem C.; adorante R.; adorante eo *cet.* | tuo[2]] suo R | 21 desiluit AΛD; desiliit c | 22 me[1]] ad te Σ; + ad te c | 26 non aitne D.; ait nonne ait Σ.; ait nonne ΛΦc; ait m. | uineta] uineas Φc | 27 in] usque in c ||

te angustus est nobis
2 eamus usque ad Iordanem
et tollant singuli de silva materias singulas
ut aedificemus nobis ibi locum ad habitandum
qui dixit ite
3 et ait unus ex illis veni ergo et tu cum servis tuis
respondit ego veniam 4 et abiit cum eis
cumque venissent ad Iordanem caedebant ligna
5 accidit autem ut cum unus materiem succidisset
caderet ferrum securis in aquam
exclamavitque ille et ait
eheu eheu eheu domine mi et hoc ipsum mutuo acceperam
6 dixit autem homo Dei ubi cecidit
at ille monstravit ei locum
praecidit ergo lignum et misit illuc
natavitque ferrum 7 et ait tolle
qui extendit manum et tulit illud
8 rex autem Syriae pugnabat contra Israhel
consiliumque iniit cum servis suis dicens
in loco illo et illo ponamus insidias
9 misit itaque vir Dei ad regem Israhel dicens
cave ne transeas in loco illo quia ibi Syri in insidiis sunt
10 misit rex Israhel ad locum quem dixerat ei vir Dei
et praeoccupavit eum
et observavit se ibi non semel neque bis
11 conturbatumque est cor regis Syriae pro hac re
et convocatis servis suis ait
quare non indicastis mihi quis proditor mei sit apud regem Israhel
12 dixitque unus servorum eius nequaquam domine mi rex
sed Heliseus propheta qui est in Israhel
indicat regi Israhel omnia verba quaecumque locutus fueris in conclavi tuo
13 dixit eis ite et videte ubi sit ut mittam et capiam eum
adnuntiaveruntque ei dicentes ecce in Dothan Gn 37,17
14 misit ergo illuc equos et currus et robur exercitus
qui cum venissent nocte circumdederunt civitatem
15 consurgens autem diluculo minister viri Dei egressus est
viditque exercitum in circuitu civitatis et equos et currus
nuntiavitque ei dicens
eheu eheu domine mi quid faciemus
16 at ille respondit noli timere II Par 32,7
plures enim nobiscum sunt quam cum illis
17 cumque orasset Heliseus ait
Domine aperi oculos huius ut videat 20
et aperuit Dominus oculos pueri et vidit
et ecce mons plenus equorum et curruum igneorum in circuitu Helisei
18 hostes vero descenderunt ad eum
porro Heliseus oravit Dominum dicens
percute obsecro gentem hanc caecitate Gn 19,11
percussitque eos Dominus ne viderent iuxta verbum Helisei
19 dixit autem ad eos Heliseus
non est haec via nec ista est civitas
sequimini me et ostendam vobis virum quem quaeritis
duxit ergo eos in Samariam
20 cumque ingressi fuissent in Samaria
dixit Heliseus

6,2 ~ ibi nobis C; ibi *om.* D | locum] domum AΦ | 5 materiaem RD.; materiam CΣΦ c | in aqua C | heu *ter* ΣΦ c | 9 in locum illum c | 10 misit + itaque c; + ergo Σ | 11 indicatis ΛΛΦ c | 12 israhel¹ + ipse C | 13 dixitque c | 15 est uiditque] uidit c | ei *om.* RΛ. | eheu *ter* D.; heu *bis* AΣΛ; heu *ter* Φ c | 18 orauit + ad c | caecitatem RCΣD | 19 nec] neque c. | 20 in samariam ΣΛDΦ c; samariam R |

RAC ΣΛDΦm cr

17 Domine aperi oculos istorum ut videant
Gn 21,19! aperuitque Dominus oculos eorum et viderunt esse se in medio Samariae
21 dixitque rex Israhel ad Heliseum cum vidisset eos
numquid percutiam eos pater mi
22 at ille ait non percuties
neque enim cepisti eos gladio et arcu tuo ut percutias
Prv 25,21! pone panem et aquam coram eis
ut comedant et bibant et vadant ad dominum suum
23 adpositaque est eis ciborum magna praeparatio
et comederunt et biberunt et dimisit eos
abieruntque ad dominum suum
5,2 et ultra non venerunt latrones Syriae in terram Israhel
III Rg 15,20; 20,1 24 factum est autem post haec
congregavit Benadad rex Syriae universum exercitum suum
et ascendit et obsidebat Samariam
III Rg 18,2! 25 factaque est fames magna in Samaria
et tamdiu obsessa est donec venundaretur caput asini octoginta argenteis
et quarta pars cabi stercoris columbarum quinque argenteis
26 cumque rex Israhel transiret per murum
mulier exclamavit ad eum dicens
salva me domine mi rex
27 qui ait non te salvet Dominus
unde salvare te possum
de area an de torculari
dixitque ad eam rex quid tibi vis
quae respondit
Lv 26,29! 28 mulier ista dixit mihi da filium tuum ut comedamus eum hodie
et filium meum comedemus cras
29 coximus ergo filium meum et comedimus Lv 26,29! Lam 2,20; 4,10
dixique ei die altera da filium tuum ut comedamus eum
quae abscondit filium suum
30 quod cum audisset rex scidit vestimenta sua
et transiebat super murum
viditque omnis populus cilicium quo vestitus erat ad carnem intrinsecus
31 et ait haec mihi faciat Deus et haec addat si steterit caput Helisei filii Saphat super eum hodie
32 Heliseus autem sedebat in domo sua
et senes sedebant cum eo
praemisit itaque virum
et antequam veniret nuntius
ille dixit ad senes
numquid scitis quod miserit filius homicidae hic ut praecidatur caput meum
videte ergo cum venerit nuntius cludite ostium
et non sinatis eum introire
ecce enim sonitus pedum domini eius post eum est
33 et adhuc illo loquente eis apparuit nuntius qui veniebat ad eum
et ait ecce tantum malum a Domino est
quid amplius expectabo a Domino
7 dixit autem Heliseus
audite verbum Domini haec dicit Dominus
in tempore hoc cras modius similae uno statere erit 16.18
et duo modii hordei statere uno in porta Samariae
2 respondens unus de ducibus super cuius manum rex incumbebat homini Dei ait 17
si Dominus fecerit etiam cataractas in caelo 19

RAC ΣΛDΦm cr

20 ~ se esse RΣΛDΦ c | 22 percutias + sed Λ c | 23 in terra RCr | 25 magna *om.* R | cabi] caui RC; capi D | 26 mulier + quaedam ΛΦ c | 27 saluat c. | ~ te saluare possum C; ~ te possum saluare c | an] uel c | 28 comedemus] comedimus RA.; comedamus ΛD | 30 super] per CΣDΦ c | uidit omnis CD. | 31 ait + rex Σ c | eum] ipsum c | 32 sonitum Σ.; sonus Cm. | 33 et[1] *om.* RΣΛDΦ c || **7**,2 dei + et C |

numquid poterit esse quod loqueris
qui ait videbis oculis tuis et inde non comedes
Lv 13,46! 3 quattuor ergo viri erant leprosi iuxta introitum portae
qui dixerunt ad invicem
quid hic esse volumus donec moriamur
4 sive ingredi voluerimus civitatem fame moriemur
sive manserimus hic moriendum nobis est
venite igitur et transfugiamus ad castra Syriae
si pepercerint nobis vivemus
si autem occidere voluerint nihilominus moriemur
5 surrexerunt igitur vesperi ut venirent ad castra Syriae
cumque venissent ad principium castrorum Syriae
nullum ibidem reppererunt
I Sm 7,10! 6 siquidem Dominus sonitum audiri fecerat in castris Syriae
curruum et equorum et exercitus plurimi
dixeruntque ad invicem
ecce mercede conduxit adversum nos rex Israhel reges Hettheorum et Aegyptiorum
et venerunt super nos
7 surrexerunt ergo et fugerunt in tenebris
et dereliquerunt tentoria sua et equos et asinos in castris
fugeruntque animas tantum suas salvare cupientes
8 igitur cum venissent leprosi illi ad principium castrorum
ingressi sunt unum tabernaculum et comederunt et biberunt
tuleruntque inde argentum et aurum et vestes
et abierunt et absconderunt
et rursum reversi sunt ad aliud tabernaculum
et inde similiter auferentes absconderunt
9 dixeruntque ad invicem non recte facimus
haec enim dies boni nuntii est
si tacuerimus et noluerimus nuntiare usque mane sceleris arguemur
venite eamus et nuntiemus in aula regis
10 cumque venissent ad portam civitatis
narraverunt eis dicentes
ivimus ad castra Syriae et nullum ibidem repperimus hominum
nisi equos et asinos alligatos et fixa tentoria
11 ierunt ergo portarii et nuntiaverunt in palatio regis intrinsecus
12 qui surrexit nocte et ait ad servos suos
dico vobis quid fecerint nobis Syri
sciunt quia fame laboramus et idcirco egressi sunt de castris et latitant in agris dicentes
cum egressi fuerint de civitate capiemus eos viventes
et tunc civitatem ingredi poterimus
13 respondit autem unus servorum eius
tollamus quinque equos qui remanserunt in urbe
quia ipsi tantum sunt in universa multitudine Israhel
alii enim consumpti sunt
et mittentes explorare poterimus
14 adduxerunt ergo duos equos
misitque rex ad castra Syrorum dicens ite videte
15 qui abierunt post eos usque ad Iordanem
ecce autem omnis via plena erat vestibus et vasis quae proiecerant Syri cum turbarentur
reversique nuntii indicaverunt regi

4 igitur] ergo c, *item v.* 5 | 7 ∼ suas tantum R | 10 ibidem] ibi Cm | hominem ΣΛ Φc | 12 fecerunt RΣΛ | uiuentes] uiuos Φc | 13 eius + et ait C | 14 in castra c | ite + et ΣΛΦc |

RAC ΣΛDΦm cr

16 et egressus populus diripuit castra Syriae
1 factusque est modius similae statere uno
et duo modii hordei statere uno iuxta verbum Domini
2 17 porro rex ducem illum in cuius manu incubuerat constituit ad portam
20 quem conculcavit turba in introitu et mortuus est
iuxta quod locutus fuerat vir Dei quando descenderat rex ad eum
18 factumque est secundum sermonem viri Dei quem dixerat regi
1 quando ait duo modii hordei statere uno erunt
et modius similae statere uno
hoc eodem tempore cras in porta Samariae
19 quando responderat dux ille viro Dei et dixerat
2 etiam si Dominus fecerit cataractas in caelo
numquid fieri poterit quod loqueris
et dixit ei videbis oculis tuis et inde non comedes
20 evenit ergo ei sicut praedictum erat
17 et conculcavit eum populus in porta et mortuus est
8 Heliseus autem locutus est ad mulierem
5 cuius vivere fecerat filium dicens
surge vade tu et domus tua et peregrinare ubicumque reppereris
Ps 104,16! vocavit enim Dominus famem et ve-
Gn 41,27; II Sm 24,13 niet super terram septem annis
2 quae surrexit et fecit iuxta verbum hominis Dei
et vadens cum domo sua peregrinata est in terra Philisthim diebus multis
3 cumque finiti essent anni septem
reversa est mulier de terra Philisthim
et egressa est ut interpellaret regem pro domo sua et agris suis
4 rex autem loquebatur cum Giezi puero viri Dei dicens
narra mihi omnia magnalia quae fecit Heliseus
5 cumque ille narraret regi quomodo mortuum suscitasset
apparuit mulier cuius vivificaverat filium 1
clamans ad regem pro domo sua et pro agris suis
dixitque Giezi
domine mi rex haec est mulier et hic filius eius quem suscitavit Heliseus
6 et interrogavit rex mulierem quae narravit ei
deditque ei rex eunuchum unum dicens
restitue ei omnia quae sua sunt
et universos reditus agrorum
a die qua reliquit terram usque ad praesens
7 venit quoque Heliseus Damascum
et Benadad rex Syriae aegrotabat
nuntiaveruntque ei dicentes venit vir Dei huc
8 et ait rex ad Azahel
tolle tecum munera et vade in occursum viri Dei I Sm 22,9.10
et consule Dominum per eum dicens 1,2
si evadere potero de infirmitate mea hac
9 ivit igitur Azahel in occursum eius
habens secum munera et omnia bona Damasci
onera quadraginta camelorum
cumque stetisset coram eo ait
filius tuus Benadad rex Syriae misit me ad te dicens
si sanari potero de infirmitate mea hac
10 dixitque ei Heliseus vade dic ei sanaberis 14
porro ostendit mihi Dominus quia morte morietur

RAC ΣΛDΦm cr 17 incumbebat ΛΦc | introitu + portae c | 19 caelo + aperire C | ~ poterit fieri c | 20 erat] fuerat ΛDΦc || **8**,1 uocabit RΣΦ | 3 et² + pro c | 5 dixitque + regi A; + ei Σ | hic + est ΛDΦc | 9 sanare C | 10 uade + et CΣ | quia] qua A |

11 stetitque cum eo et conturbatus est
Lc 19,41! usque ad suffusionem vultus flevitque vir Dei
12 cui Azahel ait quare dominus meus
flet
10,32! 13,22 at ille respondit quia scio quae facturus sis filiis Israhel mala
Is 13,16! civitates eorum munitas igne succendes
et iuvenes eorum interficies gladio
15,16 et parvulos eorum elides et praegnantes divides
13 dixitque Azahel
quid enim sum servus tuus canis ut
faciam rem istam magnam
et ait Heliseus
III Rg 19,15 ostendit mihi Dominus te regem Syriae fore
14 qui cum recessisset ab Heliseo venit
ad dominum suum
qui ait ei quid tibi dixit Heliseus
at ille respondit
10 dixit mihi recipiet sanitatem
15 cumque venisset dies altera
tulit sagulum et infudit aqua et expandit super faciem eius
quo mortuo regnavit Azahel pro eo
16 anno quinto Ioram filii Ahab regis
Israhel et Iosaphat regis Iuda
III Rg 22,51; II Par 21,1 regnavit Ioram filius Iosaphat rex
Iuda
17—22: II Par 21,5–10 17 triginta duorum erat annorum cum
regnare coepisset
et octo annis regnavit in Hierusalem
18 ambulavitque in viis regum Israhel
sicut ambulaverat domus Ahab
filia enim Ahab erat uxor eius
et fecit quod malum est coram Domino
19 noluit autem Dominus disperdere Iudam propter David servum suum
III Rg 11,36; 15,4! sicut promiserat ei ut daret illi lucernam et filiis eius cunctis diebus
20 in diebus eius recessit Edom ne esset
sub Iuda
et constituit sibi regem
21 venitque Ioram Seira et omnis currus cum eo
et surrexit nocte percussitque Idumeos qui eum circumdederant et
principes curruum
populus autem fugit in tabernacula 14,12
sua
22 recessit ergo Edom ne esset sub Iuda
usque ad diem hanc
tunc recessit et Lobna in tempore illo
23 reliqua autem sermonum Ioram et
universa quae fecit
nonne haec scripta sunt in libro verborum dierum regum Iuda
24 et dormivit Ioram cum patribus suis
sepultusque est cum eis in civitate
David
et regnavit Ahazias filius eius pro eo
25 anno duodecimo Ioram filii Ahab re- 9,29
gis Israhel 25—29: II Par 22,1–6
regnavit Ahazias filius Ioram regis
Iudae
26 viginti duorum annorum erat Ahazias cum regnare coepisset
et uno anno regnavit in Hierusalem
nomen matris eius Athalia filia Amri 11,1
regis Israhel
27 et ambulavit in viis domus Ahab
et fecit quod malum est coram Domino sicut domus Ahab
gener enim domus Ahab fuit
28 abiit quoque cum Ioram filio Ahab 9,14.15
ad proeliandum contra Azahel re-
gem Syriae in Ramoth Galaad
et vulneraverunt Syri Ioram
29 qui reversus est ut curaretur in Hiez- 9,16
rahel
quia vulneraverant eum Syri in Rama
proeliantem contra Azahel regem
Syriae
porro Ahazias filius Ioram rex Iuda
descendit invisere Ioram filium Ahab

12 respondit] dixit c. | 13 fore] futurum C | 14 ~ dixit tibi c | recipies Φ c | 15 stragulum ΣΛDΦ c | aquam C c | 17 ~ annorum erat c | 18 coram domino] in conspectu domini c | 21 omnis currus ΣΛDΦ𝔐𝔊] omnes currus *cet.* | 24 ochozias c, *et sic semper pro rege Iuda* | 26 duo Σ; duum CΛD | 29 in ramoth c |

RAC ΣΛDΦm cr

in Hiezrahel quia aegrotabat
9 Heliseus autem prophetes vocavit
unum de filiis prophetarum et ait illi
4,29! accinge lumbos tuos et tolle lenticulam olei hanc in manu tua
et vade in Ramoth Galaad
2 cumque veneris illuc
videbis Hieu filium Iosaphat filii
Namsi
et ingressus suscitabis eum de medio
fratrum suorum
et introduces interius cubiculum
I Sm 10,1! 3 tenensque lenticulam olei fundes super caput eius
et dices haec dicit Dominus
III Rg 19,16! unxi te regem super Israhel
aperiesque ostium et fugies et non ibi
subsistes
4 abiit ergo adulescens puer prophetae
Ramoth Galaad 5 et ingressus est
ecce autem principes exercitus sedebant
et ait verbum mihi ad te princeps
dixitque Hieu ad quem ex omnibus
nobis
at ille dixit ad te o princeps
6 et surrexit et ingressus est cubiculum
I Sm 10,1! at ille fudit oleum super caput eius
et ait
haec dicit Dominus Deus Israhel
III Rg 19,16! II Par 22,7 unxi te regem super populum Domini Israhel
7 et percuties domum Ahab domini tui
Dt 32,43! Lc 11,50 ut ulciscar sanguinem servorum meorum prophetarum
et sanguinem omnium servorum Domini de manu Hiezabel
10,11.17 8 perdamque omnem domum Ahab
III Rg 14,10! et interficiam de Ahab mingentem
8—10: III Rg 21,21–23 ad parietem
et clausum et novissimum in Israhel
III Rg 16,3! 9 et dabo domum Ahab sicut domum
Hieroboam filii Nabath
et sicut domum Baasa filii Ahia

10 Hiezabel quoque comedent canes in 36; III Rg 21,23
agro Hiezrahel
nec erit qui sepeliat eam
aperuitque ostium et fugit
11 Hieu autem egressus est ad servos
domini sui
qui dixerunt ei rectene sunt omnia
quid venit insanus iste ad te
qui ait eis nostis hominem et quid
locutus sit
12 at illi responderunt falsum est sed
magis narra nobis
qui ait eis haec et haec locutus est
mihi
et ait haec dicit Dominus
unxi te regem super Israhel I Sm 10,1! III Rg 19,16!
13 festinaverunt itaque et unusquisque
tollens pallium suum Mt 21,8!
posuerunt sub pedibus eius in similitudinem tribunalis
et cecinerunt tuba atque dixerunt III Rg 1,34.39
regnavit Hieu
14 coniuravit ergo Hieu filius Iosaphat 10,9
filii Namsi contra Ioram
porro Ioram obsederat Ramoth Ga- 8,28.29
laad ipse et omnis Israhel contra
Azahel regem Syriae
15 et reversus fuerat ut curaretur in
Hiezrahel propter vulnera
quia percusserant eum Syri proeliantem contra Azahel regem Syriae
dixitque Hieu
si placet vobis nemo egrediatur profugus de civitate
ne vadat et nuntiet in Hiezrahel
16 et ascendit et profectus est in Hiez- 8,29
rahel
Ioram enim aegrotabat ibi
et Ahazia rex Iuda descenderat ad
visitandum Ioram
17 igitur speculator qui stabat super
turrem Hiezrahel
vidit globum Hieu venientis et ait
video ego globum

RAC ΣΛDΦm cr

29 aegrotabat + ibi Λ c ‖ **9**,2 in interius Λ c; interius in C. | 3 funde CDm; fundens R | 4 prophetae + in CΣ c | 5 est + illuc ΣΛ c | te¹ + o c | 7 ut] et D c | hiezabel] hiezrahel CD | 11 sit] est C | 16 ahazias R; ochozias c |

dixitque Ioram tolle currum et mitte
in occursum eorum
et dicat vadens rectene sunt omnia
18 abiit igitur qui ascenderat currum in
occursum eius
et ait haec dicit rex pacata sunt omnia
dixitque ei Hieu quid tibi et paci
transi et sequere me
nuntiavit quoque speculator dicens
venit nuntius ad eos et non revertitur
19 misit etiam currum equorum secundum
venitque ad eos et ait
haec dicit rex num pax est
et ait Hieu quid tibi et paci
transi et sequere me
20 nuntiavit autem speculator dicens
venit usque ad eos et non revertitur
est autem incessus quasi incessus
Hieu filii Namsi
praeceps enim graditur
21 et ait Ioram iunge currum
iunxeruntque currum eius
et egressus est Ioram rex Israhel
et Ahazias rex Iuda singuli in curribus suis
II Par 22,7 egressique sunt in occursum Hieu
et invenerunt eum in agro Naboth
Hiezrahelitis
22 cumque vidisset Ioram Hieu dixit
pax est Hieu
at ille respondit quae pax
adhuc fornicationes Hiezabel matris
tuae et veneficia eius multa vigent
23 convertit autem Ioram manum suam
et fugiens ait ad Ahaziam insidiae
Ahazia
24 porro Hieu tetendit arcum manu et
percussit Ioram inter scapulas
et egressa est sagitta per cor eius statimque corruit in curru suo
25 dixitque Hieu ad Baddacer ducem
tolle proice eum in agro Naboth
Hiezrahelitae
memini enim quando ego et tu sedentes in curru sequebamur Ahab
patrem huius
quod Dominus onus hoc levaverit
super eum dicens
26 si non pro sanguine Naboth et pro
sanguine filiorum eius quem vidi
heri ait Dominus
reddam tibi in agro isto dicit Dominus
nunc igitur tolle proice eum in agro
iuxta verbum Domini
27 Ahazias autem rex Iuda videns hoc
fugit per viam domus horti
persecutusque est eum Hieu et ait
etiam hunc percutite in curru suo in
ascensu Gaber qui est iuxta Ieblaam
qui fugit in Mageddo et mortuus est
ibi
28 et inposuerunt eum servi eius super
currum suum et tulerunt Hierusalem
sepelieruntque in sepulchro cum patribus suis in civitate David
29 anno undecimo Ioram filii Ahab re- 8,25
ge Ahazia super Iudam 30 venit Hieu II Par 22,1
Hiezrahel
porro Hiezabel introitu eius audito
depinxit oculos suos stibio et ornavit Ier 4,30
caput suum
et respexit per fenestram 31 ingredi-
entem Hieu per portam et ait
numquid pax esse potest Zamri qui III Rg 16,10
interfecit dominum suum
32 levavitque Hieu faciem suam ad fenestram et ait quae est ista
et inclinaverunt se ad eum duo vel
tres eunuchi

18 igitur] ergo ¢. | pacatane sunt Λ ¢ | ei *om.* Σ ¢ | 19 num] numquid D ¢ | 20 autem[2]] enim R | 21 ahazia AΛDΦ; ochozias ¢ | hiezrahelites CΣ; hiezrahelitae ΛDΦ ¢ | 22 beneficia AΣΛ | 26 igitur] ergo ¢. | tolle + et Λ ¢ | in agrum ¢ | 27 suo + et percusserunt eum ¢ | 28 tulerunt + in Σ ¢ | sepelieruntque + eum ΣDΦ ¢ | 29 rege r] regis RACΦ; regnauit Σ ¢; regnante ΛD | ahazias RΣ; ochozias ¢; ahaziae Φ | 30 uenitque ¢ | hieu + in ΛDΦ ¢ | despexit A | 31 ~ potest esse ΛDΦ ¢ |

RAC ΣΛDΦm ¢r

33 at ille dixit eis praecipitate eam deorsum
et praecipitaverunt eam
aspersusque est sanguine paries
et equorum ungulae qui conculcaverunt eam
34 cumque ingressus esset et comederet
bibissetque ait
ite videte maledictam illam et sepelite eam quia filia regis est
35 cumque issent ut sepelirent eam
non invenerunt nisi calvariam et pedes et summas manus
36 reversique nuntiaverunt ei
et ait Hieu sermo Domini est quem
locutus est per servum suum Heliam Thesbiten dicens
10; III Rg 21,23 in agro Hiezrahel comedent canes
carnes Hiezabel
Is 5,25! 37 et erunt carnes Hiezabel sicut stercus
super faciem terrae in agro Hiez-
rahel
ita ut praetereuntes dicant haecine
est illa Hiezabel
Idc 8,30 **10** erant autem Ahab septuaginta filii
in Samaria
scripsit ergo Hieu litteras et misit in
Samariam ad optimates civitatis et
ad maiores natu et ad nutricios
Ahab dicens
2 statim ut acceperitis litteras has
qui habetis filios domini vestri et
currus et equos et civitates firmas et
arma
3 eligite meliorem et eum qui vobis
placuerit de filiis domini vestri
et ponite eum super solium patris sui
et pugnate pro domo domini vestri
4 timuerunt illi vehementer et dixerunt
ecce duo reges non potuerunt stare
coram eo
et quomodo nos valebimus resistere
5 miserunt ergo praepositus domus et
praefectus civitatis et maiores natu
et nutricii ad Hieu dicentes
servi tui sumus quaecumque iusseris
faciemus
nec constituemus regem
quodcumque tibi placet fac
6 rescripsit autem eis litteras secundo
dicens
si mei estis et oboeditis mihi
tollite capita filiorum domini vestri
et venite ad me hac eadem hora cras
in Hiezrahel
porro filii regis septuaginta viri apud
optimates civitatis nutriebantur
7 cumque venissent litterae ad eos
tulerunt filios regis et occiderunt sep- Idc 9,5!
tuaginta viros
et posuerunt capita eorum in cofinis
et miserunt ad eum in Hiezrahel
8 venit autem nuntius et indicavit ei
dicens
adtulerunt capita filiorum regis
qui respondit ponite ea duos acervos
iuxta introitum portae usque mane
9 cumque diluxisset egressus est
et stans dixit ad omnem populum
iusti estis si ego coniuravi contra do- 9,14
minum meum et interfeci eum
quis percussit omnes hos
10 videte ergo nunc quoniam non cecidit de sermonibus Domini in terram
quos locutus est Dominus super domum Ahab
et Dominus fecit quod locutus est in 17
manu servi sui Heliae
11 percussit igitur Hieu omnes qui reli- 9,8
qui erant de domo Ahab in Hiez-
rahel
et universos optimates eius et notos
et sacerdotes
donec non remanerent ex eo reliquiae
12 et surrexit et venit in Samariam

RAC ΣΛDΦm cr

33 qui *om.* c | 34 introgressus c | et[1]] ut ΣΛDΦ c | et bibissetque C; biberetque c; et biberetque D. | ite + et AΣΛΦ c | 36 hieu + hic C ‖ **10**,1 in samariam[1] C | ad[2] *om.* R | 2 qui] quia AD | 3 ~ eum ponite c | 5 praepositi ΣΦ c; praepositos AC | praefecti Σ c; praefectos C | constituemus + nobis c | quaecumque tibi placent c. | 6 hac] haec RD | 8 ea + in Σ; + ad ΛΦ c | 9 quis] qui AΣD | 12 in samaria R |

cumque venisset ad Camaram pastorum in via
II Par 22,8 [13]invenit fratres Ahaziae regis Iuda
dixitque ad eos quinam estis vos
at illi responderunt fratres Ahaziae sumus
et descendimus ad salutandos filios regis et filios reginae
[14]qui ait conprehendite eos vivos
quos cum conprehendissent vivos
iugulaverunt eos in cisterna iuxta Camaram quadraginta duos viros
et non reliquit ex eis quemquam
[15]cumque abisset inde
23; Ier 35,6.8 invenit Ionadab filium Rechab in occursum sibi et benedixit ei
et ait ad eum
numquid est cor tuum rectum sicut cor meum cum corde tuo
et ait Ionadab est
si est inquit da manum tuam
qui dedit manum suam
at ille levavit eum ad se in curru
[16]dixitque ad eum
veni mecum et vide zelum meum pro Domino
et inpositum currui suo [17]duxit in Samariam
10.11; 9,8 et percussit omnes qui reliqui fuerant de Ahab in Samaria usque ad unum
iuxta verbum Domini quod locutus est per Heliam
[18]congregavit ergo Hieu omnem populum et dixit ad eos
III Rg 16,31! Ahab coluit Baal parum ego autem colam eum amplius
III Rg 18,19! III Rg 22,6 [19]nunc igitur omnes prophetas Baal et universos servos eius
et cunctos sacerdotes ipsius vocate ad me
nullus sit qui non veniat
sacrificium enim grande est mihi Baal
quicumque defuerit non vivet
porro Hieu faciebat hoc insidiose ut disperderet cultores Baal
[20]dixit sanctificate diem sollemnem Baal
vocavitque [21]et misit in universos terminos Israhel
et venerunt cuncti servi Baal 11,18
non fuit residuus ne unus quidem qui non veniret
et ingressi sunt templum Baal et repleta est domus Baal a summo usque ad summum
[22]dixitque his qui erant super vestes
proferte vestimenta universis servis Baal
et protulerunt eis vestes
[23]ingressusque Hieu et Ionadab filius Rechab templum Baal 15!
et ait cultoribus Baal
perquirite et videte ne quis forte vobiscum sit de servis Domini sed ut sint soli servi Baal
[24]ingressi sunt igitur ut facerent victimas et holocausta
Hieu autem praeparaverat sibi foris octoginta viros et dixerat eis
quicumque fugerit de hominibus his quos ego adduxero in manus vestras III Rg 20,39
anima eius erit pro anima illius
[25]factum est ergo cum conpletum esset holocaustum
praecepit Hieu militibus et ducibus suis
ingredimini et percutite eos nullus evadat
percusseruntque eos ore gladii et proiecerunt milites et duces
et ierunt in civitatem templi Baal
[26]et protulerunt statuam de fano Baal 11,18! II Par 23,17
et conbuserunt [27]et comminuerunt

RAC ΣΛDΦm cr

13 fratrem[1] ADΦ | eos] eum ADΦ | at illi] qui c. | 14 in cisternam CD | duo R | 15 dedit + ei Σc | in currum Λc | 16 currui] in curru c | 17 in samaria[1] RΣ | fuerunt A; erant D. | 18 eos] eum RΛDΦ | 19 me + et C | 20 et dixit c; dixitque R | 23 et[2] *om.* RΣΛc | ~ serui baal soli c.; soli *om.* D | 24 foras R | hominibus] omnibus C | 25 ergo] autem ΛDΦc | in ore CΣΛΦcr |

eam
destruxerunt quoque aedem Baal et
fecerunt pro ea latrinas usque ad
diem hanc
28 delevit itaque Hieu Baal de Israhel
29 verumtamen a peccatis Hieroboam
filii Nabath qui peccare fecerat Israhel non recessit
III Rg 12,29 nec dereliquit vitulos aureos qui erant
in Bethel et in Dan
15,12 30 dixit autem Dominus ad Hieu
quia studiose fecisti quod rectum
erat et placebat in oculis meis
et omnia quae erant in corde meo
fecisti contra domum Ahab
filii tui usque ad quartam generationem sedebunt super thronum Israhel
31 porro Hieu non custodivit ut ambularet in lege Domini Dei Israhel
in toto corde suo
non enim recessit a peccatis Hieroboam qui peccare fecerat Israhel
13,3 32 in diebus illis coepit Dominus taedere
super Israhel
8,12; 13,22 percussitque eos Azahel in universis
finibus Israhel
33 a Iordane contra orientalem plagam
omnem terram Galaad et Gad et Ruben et Manasse
ab Aroer quae est super torrentem
Arnon et Galaad et Basan
34 reliqua autem verborum Hieu et universa quae fecit et fortitudo eius
nonne haec scripta sunt in libro verborum dierum regum Israhel
35 et dormivit Hieu cum patribus suis
sepelieruntque eum in Samaria
13,1 et regnavit Ioachaz filius eius pro eo
36 dies autem quos regnavit Hieu super
Israhel
viginti et octo anni sunt in Samaria
8,26 **11** Athalia vero mater Ahaziae videns
1–3: II Par 22,10–12 mortuum filium suum
surrexit et interfecit omne semen regium
2 tollens autem Iosaba filia regis Ioram soror Ahaziae
Ioas filium Ahaziae I Par 3,11
furata est eum de medio filiorum regis qui interficiebantur
et nutricem eius de triclinio
et abscondit eum a facie Athaliae ut
non interficeretur
3 eratque cum ea in domo Domini
clam sex annis
porro Athalia regnavit super terram
4 anno autem septimo misit Ioiada 4–16: II Par 23,1–15
et adsumens centuriones et milites
introduxit ad se in templum Domini
pepigitque cum eis foedus
et adiurans eos in domo Domini
ostendit eis filium regis
5 et praecepit illis dicens
iste sermo quem facere debetis
6 tertia pars vestrum introeat sabbato
et observet excubitum domus regis
tertia autem pars sit ad portam Sir
et tertia pars ad portam quae est post
habitaculum scutariorum
et custodietis excubitum domus
Messa
7 duae vero partes e vobis omnes egredientes sabbato
custodiant excubias domus Domini Nm 3,25!
circum regem
8 et vallabitis eum habentes arma in
manibus vestris
si quis autem ingressus fuerit septum
templi interficiatur
eritisque cum rege introeunte et egrediente
9 et fecerunt centuriones iuxta omnia
quae praeceperat eis Ioiada sacerdos
et adsumentes singuli viros suos qui
ingrediebantur sabbatum cum his
qui egrediebantur e sabbato

RAC ΣΛDΦm cr 27 destruxeruntque aedem CΣ | usque in AΣΛDΦ c | 29 fecit ΣΛΦ c | 30 fecisti[1]] egisti c | 36 annis CΣD || **11**,3 ~ sex annis clam in domo domini c. | 4 templum] domum C | 5 iste + est CΣΛΦ c | 6 sabbatum R | excubias *utraque vice* c | sir] sur c.; seir ΣΦ | pars[3] + sit c | 7 circa regem c | 8 introeuntes et egredientes C | 9 e *om.* c |

venerunt ad Ioiada sacerdotem
10 qui dedit eis hastas et arma regis David quae erant in domo Domini
11 et steterunt singuli habentes arma in
manu sua
a parte templi dextra usque ad partem sinistram altaris et aedis circum regem
II Sm 12,30! 12 produxitque filium regis et posuit
super eum diadema et testimonium
feceruntque eum regem et unxerunt
et plaudentes manu dixerunt vivat
rex
13 audivit Athalia vocem currentis populi
et ingressa ad turbas in templum Domini
14 vidit regem stantem super tribunal
iuxta morem
et cantores et tubas propter eum
20; III Rg 1,40! omnemque populum terrae laetantem et canentem tubis
et scidit vestimenta sua clamavitque
coniuratio coniuratio
15 praecepit autem Ioiada centurionibus qui erant super exercitum et
ait eis
educite eam extra consepta templi
et quicumque secutus eam fuerit feri-
atur gladio
Ex 21,14 dixerat enim sacerdos non occidatur
in templo Domini
16 inposueruntque ei manus et inpege-
runt eam per viam introitus equorum iuxta palatium et interfecta est
ibi
II Par 15,12 17 pepigit igitur Ioiada foedus inter Do-
17—20: II Par 23,16–21 minum et inter regem et inter populum
ut esset populus Domini
et inter regem et populum
10,21.26.27! 18 ingressusque est omnis populus terrae templum Baal
Idc 6,25! et destruxerunt aras eius et imagines
contriverunt valide
Matthan quoque sacerdotem Baal
occiderunt coram altari
et posuit sacerdos custodias in domo
Domini
19 tulitque centuriones et Cherethi et II Sm 15,18; III Rg 1,38
Felethi legiones
et omnem populum terrae
deduxeruntque regem de domo Domini
et venerunt per viam portae scutariorum in palatium
et sedit super thronum regum III Rg 1,46!
20 laetatusque est omnis populus terrae 14!
et civitas conquievit
Athalia autem occisa est gladio in
domo regis
21 septemque annorum erat Ioas cum **21—12,14:** II Par 24,1–14
regnare coepisset
12 anno septimo Hieu regnavit Ioas
quadraginta annis regnavit in Hierusalem
nomen matris eius Sebia de Bersabee
2 fecitque Ioas rectum coram Domino III Rg 22,43.44!
cunctis diebus quibus docuit eum Io-
iada sacerdos
3 verumtamen excelsa non abstulit
adhuc populus immolabat et adolebat in excelsis incensum
4 dixitque Ioas ad sacerdotes
omnem pecuniam sanctorum quae 10; 22,4
inlata fuerit in templum Domini a
praetereuntibus
quae offertur pro pretio animae
et quam sponte et arbitrio cordis sui
inferunt in templum Domini
5 accipiant illam sacerdotes iuxta or- 22,5
dinem suum
et instaurent sarta tecta domus
si quid necessarium viderint instau-
ratione
6 igitur usque ad vicesimum tertium
annum regis Ioas non instaurave-
runt sacerdotes sarta tecta templi

9 ad ioiadae ACDΦ; ad ioiadam ΣΛ c | 13 audiuit + autem Φ c | ~ populi currentis c | in templum] in domo R | 14 propter] prope c | 15 extra septa c | ~ eam secutus C c | dixerunt enim sacerdotes C | 17 igitur] ergo c | 20 est[1] *om.* C || **12,**1 ioas + et c | 3 adhuc + enim C c | 4 in templo[1] R |

RAC ΣΛDΦm cr

7 vocavitque rex Ioas Ioiada pontificem et sacerdotes dicens eis
quare sarta tecta non instaurastis
templi
nolite ergo amplius accipere pecuniam iuxta ordinem vestrum
sed ad instaurationem templi reddite
eam
8 prohibitique sunt sacerdotes ultra accipere pecuniam a populo
et instaurare sarta tecta domus
9 et tulit Ioiada pontifex gazofilacium
unum
aperuitque foramen desuper
et posuit illud iuxta altare ad dexteram ingredientium domum Domini
mittebantque in eo sacerdotes qui
custodiebant ostia omnem pecuniam quae deferebatur ad templum
Domini
10 cumque viderent nimiam pecuniam
esse in gazofilacio
ascendebat scriba regis et pontifex
4! effundebantque et numerabant pecuniam quae inveniebatur in domo
Domini
11.12: 22,5.6 11 et dabant eam iuxta numerum atque
mensuram
in manu eorum qui praeerant cementariis domus Domini
qui inpendebant eam in fabris lignorum et in cementariis
his qui operabantur in domo Domini 12 et sarta tecta faciebant
et in his qui caedebant saxa
et ut emerent ligna et lapides qui ex-
cidebantur
ita ut impleretur instauratio domus
Domini
in universis quae indigebant expensa
ad muniendam domum
13 verumtamen non fiebant ex eadem
pecunia hydriae templi Domini
et fuscinulae et turibula et tubae
omne vas aureum et argenteum
de pecunia quae inferebatur in templum Domini
14 his enim qui faciebant opus dabatur
ut instauraretur templum Domini
15 et non fiebat ratio his hominibus qui 22,7
accipiebant pecuniam
ut distribuerent eam artificibus
sed in fide tractabant eam
16 pecuniam vero pro delicto et pecuniam pro peccatis
non inferebant in templum Domini
quia sacerdotum erat
17 tunc ascendit Azahel rex Syriae II Par 24,23
et pugnabat contra Geth cepitque
eam
et direxit faciem suam ut ascenderet
in Hierusalem
18 quam ob rem tulit Ioas rex Iuda
omnia sanctificata quae consecraverant Iosaphat et Ioram et Ahazia
patres eius reges Iuda
et quae ipse obtulerat
et universum argentum quod inveniri III Rg 14,26; 15,18;
potuit in thesauris templi Domini 14,14; 16,8!
et in palatio regis
misitque Azaheli regi Syriae et recessit ab Hierusalem
19 reliqua autem sermonum Ioas et uni- **19—21:** II Par 24,25–27
versa quae fecit
nonne haec scripta sunt in libro verborum dierum regum Iuda
20 surrexerunt autem servi eius et con- 14,5; 21,23; II Par 33,24
iuraverunt inter se
percusseruntque Ioas in domo Mello
in descensu Sela
21 Iozachar namque filius Semath et Iozabad filius Somer servi eius
percusserunt eum et mortuus est
et sepelierunt eum cum patribus suis
in civitate David
regnavitque Amasias filius eius pro 14,1
eo

RAC ΣΛDΦm cr

7 ioiadam ΣΛ c | instauratis CΣΦ c | 10 uideret C | 11 his] iis c., *item vv.* 12. 14. 15 | 12 in[1] *om.* R | et[3] *om.* CΣ. | 13 tubae + et c | 18 consecrauerat R | ochozias c | pater R ||

13 anno vicesimo tertio Ioas filii Ahaziae regis Iudae
10,35; II Par 28,27 regnavit Ioachaz filius Hieu super Israhel in Samaria decem et septem
annis
11: 14.24: 15,9. 7! III Rg 22,53! 2 et fecit malum coram Domino
secutusque est peccata Hieroboam
Ier 4,23 6.9.14.20.24.29 3! filii Nabath
qui peccare fecit Israhel
non declinavit ab eis
120,2! 133,3! 3 iratusque est furor Domini contra
Israhel
et tradidit eos in manu Azahelis regis
Syriae
et in manu Benadad filii Azahel
cunctis diebus
4 deprecatus est autem Ioachaz faciem
Domini et audivit eum Dominus
14,26; Ex 4,31! Ps 135,7–9 Act 7,34 vidit enim angustiam Israhel qua ad-
triverat eos rex Syriae
5 et dedit Dominus Israheli salvatorem
20,6! Idc 3,9 et liberatus est de manu Syriae
habitaveruntque filii Israhel in tabernaculis suis sicut heri et nudius tertius
6 verumtamen non recesserunt a peccatis domus Hieroboam
qui peccare fecit Israhel
in ipsis ambulaverunt
siquidem et lucus permansit in Samaria
7—9: III Rg 13,15–17 7 et non sunt derelicti Ioachaz de populo
nisi quinquaginta equites et decem
currus et decem milia peditum
interfecerat enim eos rex Syriae et
redegerat quasi pulverem in tritura
areae
8 reliqua autem sermonum Ioachaz
et universa quae fecit sed et fortitudo
eius
nonne haec scripta sunt in libro sermonum dierum regum Israhel
9 dormivitque Ioachaz cum patribus
suis et sepelierunt eum in Samaria
regnavitque Ioas filius eius pro eo
10 anno tricesimo septimo Ioas regis
Iuda
regnavit Ioas filius Ioachaz super Israhel in Samaria sedecim annis
11 et fecit quod malum est in conspectu 2!
Domini
non declinavit ab omnibus peccatis 3!
Hieroboam filii Nabath
qui peccare fecit Israhel
in ipsis ambulavit
12 reliqua autem sermonum Ioas et uni- Dt 17,17; II Esr 13,26; Sir 9,9!
versa quae fecit
sed et fortitudo eius quomodo pug- 35,9–11 9,12! 7!
naverit contra Amasiam regem Iuda 2,7! Dt 4,32!
nonne haec scripta sunt in libro sermonum regum Israhel
13 et dormivit Ioas cum patribus suis
Hieroboam autem sedit super solium eius 33; IV Rg 23,13
porro Ioas sepultus est in Samaria
cum regibus Israhel
14 Heliseus autem aegrotabat infirmitate qua et mortuus est
descenditque ad eum Ioas rex Israhel 28; 9,1
et flebat coram eo dicebatque
pater mi pater mi currus Israhel et 2,12
auriga eius
15 et ait illi Heliseus
adfer arcum et sagittas
cumque adtulisset ad eum arcum et 8,17; 9,7;
sagittas 16 dixit ad regem Israhel
pone manum tuam super arcum
et cum posuisset ille manum suam
superposuit Heliseus manus suas manibus regis
17 et ait aperi fenestram orientalem 4,25! 17,19; 6,9! 23
cumque aperuisset dixit Heliseus
iace sagittam et iecit
et ait Heliseus sagitta salutis Domini
et sagitta salutis contra Syriam
percutiesque Syriam in Aphec donec III Rg 20,29.30

13,1 iuda D c | 2 israhel + et c | 3 in manu hazael c | 4 qua] quia ΣΛΔΦ c | 5 ~ saluatorem israeli c | manu + regis Φ c | 6 israhel + sed Λ c | 8 sed *om.* c. | 11 israhel + sed c. | 12 sed *om.* c | sermonum + dierum ΛΔΦ cr |

RAC ΣΛΔΦm cr

consumas eam
18 et ait tolle sagittas
qui cum tulisset rursum dixit ei
percute iaculo terram
et cum percussisset tribus vicibus et
stetisset
19 iratus est contra eum vir Dei et ait
si percussisses quinquies aut sexies
sive septies
percussisses Syriam usque ad consummationem
25 nunc autem tribus vicibus percuties
eam
20 mortuus est ergo Heliseus et sepelierunt eum
latrunculi quoque de Moab venerunt in terra in ipso anno
21 quidam autem sepelientes hominem
viderunt latrunculos
et proiecerunt cadaver in sepulchro
Helisei
quod ambulavit et tetigit ossa Helisei
et revixit homo et stetit super pedes
suos
8,12; 10,32! 22 igitur Azahel rex Syriae adflixit Israhel cunctis diebus Ioachaz
23 et misertus est Dominus eorum
et reversus est ad eos
Ex 2,24! propter pactum suum quod habebat
cum Abraham Isaac et Iacob
et noluit disperdere eos neque proi-
cere penitus usque in praesens tempus
24 mortuus est autem Azahel rex Syriae
et regnavit Benadad filius eius pro eo
25 porro Ioas filius Ioachaz
tulit urbes de manu Benadad filii
Azahel
quas tulerat de manu Ioachaz patris
sui iure proelii
19 tribus vicibus percussit eum Ioas
et reddidit civitates Israheli
14 anno secundo Ioas filii Ioachaz regis Israhel
regnavit Amasias filius Ioas regis 12,21
Iuda
2 viginti quinque annorum erat cum 2—6: II Par 25,1–4
regnare coepisset
viginti autem et novem annis regnavit in Hierusalem
nomen matris eius Ioaden de Hierusalem
3 et fecit rectum coram Domino III Rg 22,43.44!
verumtamen non ut David pater eius
iuxta omnia quae fecit Ioas pater
suus fecit
4 nisi hoc tantum quod excelsa non
abstulit
adhuc enim populus immolabat et
adolebat in excelsis
5 cumque obtinuisset regnum
percussit servos suos qui interfece- 12,20!
rant regem patrem suum
6 filios autem eorum qui occiderant Dt 24,16!
non occidit
iuxta quod scriptum est in libro legis
Mosi
sicut praecepit Dominus dicens
non morientur patres pro filiis
neque filii morientur pro patribus
sed unusquisque in peccato suo morietur
7 ipse percussit Edom in valle Salina- II Sm 8,13; II Par 25,11! Ps 59,2
rum decem milia
et adprehendit Petram in proelio
vocavitque nomen eius Iecethel usque in praesentem diem
8 tunc misit Amasias nuntios ad Ioas 8—14: II Par 25,17–24
filium Ioachaz filii Hieu regis Isra-
hel dicens
veni et videamus nos
9 remisitque Ioas rex Israhel ad Amasiam regem Iuda dicens
carduus Libani misit ad cedrum quae
est in Libano dicens
da filiam tuam filio meo uxorem
transieruntque bestiae saltus quae
sunt in Libano et conculcaverunt

RAC ΣΛDΦm cr 19 ∼ uir dei contra eum c | consumptionem Ac. | 20 quoque] autem c. | in terram RΛ DΦc | 21 quod — helisei² *om.* C | ambulauit et tetigit] dum tetigit Φ; cum tetigisset c | et³ *om.* Φc | 23 abraham + et ΛDΦc | 25 israhel Rc || **14**,1 in anno c | 2 ioadan c. | 4 adolebat + incensum ΛΦc |

carduum
10 percutiens invaluisti super Edom et
sublevavit te cor tuum
contentus esto gloria et sede in domo
tua
quare provocas malum ut cadas tu
et Iuda tecum
11 et non adquievit Amasias
ascenditque Ioas rex Israhel
et viderunt se ipse et Amasias rex
Iuda in Bethsames oppido Iudae
12 percussusque est Iuda coram Israhel
8,21 et fugerunt unusquisque in tabernacula sua
13 Amasiam vero regem Iuda filium
Ioas filii Ahaziae
cepit Ioas rex Israhel in Bethsames
et adduxit eum in Hierusalem
et interrupit murum Hierusalem
a porta Ephraim usque ad portam
Anguli quadringentis cubitis
12,18; 16,8! III Rg 14,26; 15,18 14 tulitque omne aurum et argentum et
universa vasa quae inventa sunt in
domo Domini et in thesauris regis
et obsides
et reversus est Samariam
15.16: 13,12.13 15 reliqua autem verborum Ioas quae
fecit
et fortitudo eius qua pugnavit contra
Amasiam regem Iuda
nonne haec scripta sunt in libro sermonum dierum regum Israhel
16 dormivitque Ioas cum patribus suis
et sepultus est in Samaria cum regibus Israhel
23 et regnavit Hieroboam filius eius pro
eo
17–22: I Par 25,25–26,2 17 vixit autem Amasias filius Ioas rex
Iuda
postquam mortuus est Ioas filius Ioachaz regis Israhel
viginti quinque annis
18 reliqua autem sermonum Amasiae
nonne haec scripta sunt in libro sermonum dierum regum Iuda
19 factaque est contra eum coniuratio II Sm 15,12
in Hierusalem
at ille fugit in Lachis
miseruntque post eum in Lachis
et interfecerunt eum ibi
20 et asportaverunt in equis
sepultusque est in Hierusalem cum
patribus suis in civitate David
21 tulit autem universus populus Iudae **21.22:** II Par 26,1.2
Azariam annos natum sedecim
et constituerunt eum regem pro pat- 15,1
re eius Amasia
22 ipse aedificavit Ahilam
et restituit eam Iudae
postquam dormivit rex cum patribus
suis
23 anno quintodecimo Amasiae filii Ioas regis Iuda
regnavit Hieroboam filius Ioas regis 16; 13,13
Israhel in Samaria quadraginta et
uno anno
24 et fecit quod malum est coram Do- 13,2!
mino
non recessit ab omnibus peccatis
Hieroboam filii Nabath
qui peccare fecit Israhel
25 ipse restituit terminos Israhel
ab introitu Emath usque ad mare
Solitudinis
iuxta sermonem Domini Dei Israhel
quem locutus est per servum suum Ion 1,1
Ionam filium Amathi prophetam
qui erat de Geth quae est in Opher
26 vidit enim Dominus adflictionem Is- 13,4!
rahel amaram nimis
et quod consumpti essent usque ad
clausos carcere et extremos
et non esset qui auxiliaretur Israhel
27 nec locutus est Dominus ut deleret
nomen Israhel sub caelo
sed salvavit eos in manu Hieroboam
filii Ioas
28 reliqua autem sermonum Hierobo-

10 contemtus esto gloriae C | 14 samaria RΛ.; in samariam Σ𝔠 | 15 dierum *om.* C | 17 quindecim 𝔠𝔯 | 18 regis AD. | 19 miseruntque—lachis2 *om.* C | 21 amasiam R | 22 ahilam] aelath 𝔠 | 25 israheli1 Am. | 26 israheli2 Σ𝔠 | 27 sub] de sub C𝔠 |

RAC ΣΛDΦm 𝔠𝔯

am et universa quae fecit
et fortitudo eius qua proeliatus est
et quomodo restituit Damascum et
Emath Iudae in Israhel
nonne haec scripta sunt in libro sermonum dierum regum Israhel
29 dormivitque Hieroboam cum patribus suis regibus Israhel
15,8 et regnavit Zaccharias filius eius pro
eo
15 anno vicesimo septimo Hieroboam
regis Israhel
14,21; I Par 3,12 regnavit Azarias filius Amasiae regis
Iudae
II Par 26,3.4 2 sedecim annorum erat cum regnare
coepisset
et quinquaginta duobus annis regnavit in Hierusalem
nomen matris eius Iecelia de Hierusalem
III Rg 22,43.44! 3 fecitque quod erat placitum coram
Domino
iuxta omnia quae fecit Amasias pater eius
4 verumtamen excelsa non est demolitus
adhuc populus sacrificabat et adolebat incensum in excelsis
5–7: II Par 26,21–23 5 percussit autem Dominus regem
Lv 13,46! et fuit leprosus usque in diem mortis
suae
et habitabat in domo libera seorsum
Ioatham vero filius regis gubernabat
palatium
et iudicabat populum terrae
6 reliqua autem sermonum Azariae et
universa quae fecit
nonne haec scripta sunt in libro verborum dierum regum Iuda
7 et dormivit Azarias cum patribus
suis
sepelieruntque eum cum maioribus
suis in civitate David
32 et regnavit Ioatham filius eius pro eo

8 anno tricesimo octavo Azariae regis
Iudae
regnavit Zaccharias filius Hieroboam 14,29
super Israhel in Samaria sex mensibus
9 et fecit quod malum est coram Domi- 13,2!
no sicut fecerant patres eius
non recessit a peccatis Hieroboam
filii Nabath qui peccare fecit Israhel
10 coniuravit autem contra eum Sellum 25.30
filius Iabes
percussitque eum palam et interfecit 14; III Rg 15,28; 16,10
regnavitque pro eo
11 reliqua autem verborum Zacchariae
nonne haec scripta sunt in libro sermonum dierum regum Israhel
12 ipse est sermo Domini quem locutus 10,30
est ad Hieu dicens
filii usque ad quartam generationem
sedebunt de te super thronum Israhel
factumque est ita
13 Sellum filius Iabes regnavit tricesimo
nono anno Azariae regis Iudae
regnavit autem uno mense in Samaria
14 et ascendit Manahem filius Gaddi de
Thersa venitque Samariam
et percussit Sellum filium Iabes in 10!
Samaria et interfecit eum regnavitque pro eo
15 reliqua autem verborum Sellum
et coniuratio eius per quam tetendit
insidias
nonne haec scripta sunt in libro sermonum dierum regum Israhel
16 tunc percussit Manahem Thapsam
et omnes qui erant in ea et terminos
eius de Thersa
noluerant enim aperire ei
et interfecit omnes praegnantes eius 8,12
et scidit eas
17 anno tricesimo nono Azariae regis
Iuda

RAC ΣΛDΦm cr 29 zaccharias] hazarias C ‖ **15**,1 iuda c | 8 azariae] hoziae C | iuda ΛΦc | 9 fecerant] fecerunt C | 12 ipse] iste c. | filii + tui ΣΛΦc | de te *om.* c. | 13 iuda Dc. | 14 samaria[1] R.; in samariam Φc | in samariam[2] CΣD | 16 in eam R | 17 iudae RΣ |

regnavit Manahem filius Gaddi super
Israhel decem annis in Samaria
13,2! 18 fecitque quod erat malum coram
Domino
non recessit a peccatis Hieroboam
filii Nabath qui peccare fecit Israhel
cunctis diebus eius 19 veniebat Phul
rex Assyriorum in terram
III Rg 15,19 et dabat Manahem Phul mille talenta argenti
ut esset ei in auxilio et firmaret regnum eius
20 indixitque Manahem argentum super Israhel cunctis potentibus et
divitibus
ut daret regi Assyriorum
quinquaginta siclos argenti per singulos
reversusque est rex Assyriorum et
non est moratus in terra
21 reliqua autem sermonum Manahem
et universa quae fecit
nonne haec scripta sunt in libro sermonum dierum regum Israhel
22 et dormivit Manahem cum patribus
suis
regnavitque Phaceia filius eius pro eo
23 anno quinquagesimo Azariae regis
Iudae
regnavit Phaceia filius Manahem super Israhel in Samaria biennio
13,2! 24 et fecit quod erat malum coram Domino
non recessit a peccatis Hieroboam
filii Nabath qui peccare fecit Israhel
10! 25 coniuravit autem adversum eum
Phacee filius Romeliae dux eius
et percussit eum in Samaria in turre
domus regiae iuxta Argob et iuxta
Ari
et cum eo quinquaginta viros de filiis
Galaaditarum
et interfecit eum regnavitque pro eo

26 reliqua autem sermonum Phaceia et
universa quae fecit
nonne haec scripta sunt in libro sermonum dierum regum Israhel
27 anno quinquagesimo secundo Azariae regis Iudae
regnavit Phacee filius Romeliae super Israhel in Samaria viginti annis
28 et fecit quod malum erat coram Do- 13,2!
mino
non recessit a peccatis Hieroboam
filii Nabath qui peccare fecit Israhel
29 in diebus Phacee regis Israhel
venit Theglathfalassar rex Assur I Par 5,26!
et cepit Aiom et Abel domum Maa- III Rg 15,20
cha
et Ianoe et Cedes et Asor
et Galaad et Galileam universam
terram Nepthalim
et transtulit eos in Assyrios 17,6; 18,11
30 coniuravit autem et tetendit insidias 10!
Osee filius Hela contra Phacee filium Romeliae
et percussit eum et interfecit
regnavitque pro eo vicesimo anno
Ioatham filii Oziae
31 reliqua autem sermonum Phacee et
universa quae fecit
nonne haec scripta sunt in libro sermonum dierum regum Israhel
32 anno secundo Phacee filii Romeliae
regis Israhel
regnavit Ioatham filius Oziae regis 7
Iuda
33 viginti quinque annorum erat cum **33—38:** II Par 27,1–9
regnare coepisset
et sedecim annis regnavit in Hierusalem
nomen matris eius Hierusa filia Sadoc
34 fecitque quod erat placitum coram **34.35:** III Rg 22,43.44!
Domino
iuxta omnia quae fecerat Ozias pater

RAC ΣΛDΦm cr

18 ~ malum erat CΣ | 19 terram AΛm cr 𝔐𝔊] thersam RΣ; thersa CΦ; *legi nequit* D. | in auxilium Σ c | 20 terra AΛ cr 𝔐𝔊] thersa RCΣΦ; *legi nequit* D. | 23 iuda c. | regnauitque A | 24 ~ malum erat C | 25 arie c.; arib Φ; aribet Σ | 27 iuda c | 28 ~ erat malum c | 29 aion ΛΦ c; ayzom C.; ioam Σ. | galileam + et c | 32 iudae C | 34 fecit quod RD |

suus operatus est
35 verumtamen excelsa non abstulit
adhuc populus immolabat et adolebat incensum in excelsis
ipse aedificavit portam domus Domini sublimissimam
36 reliqua autem sermonum Ioatham et universa quae fecit
nonne haec scripta sunt in libro verborum dierum regum Iuda
16,5 37 in diebus illis coepit Dominus mit-
Is 7,1 tere in Iudam Rasin regem Syriae
et Phacee filium Romeliae
38 et dormivit Ioatham cum patribus suis
sepultusque est cum eis in civitate David patris sui
16,1 et regnavit Ahaz filius eius pro eo
16 anno septimodecimo Phacee filii
15,38 Romeliae regnavit Ahaz filius Ioatham regis Iuda
2—5: II Par 28,1-5 2 viginti annorum erat Ahaz cum regnare coepisset
et sedecim annis regnavit in Hierusalem
non fecit quod erat placitum in conspectu Domini Dei sui sicut David pater eius
3 sed ambulavit in via regum Israhel
Dt 12,31! II Par 28,3 insuper et filium suum consecravit
17,8! 11; 21,2 transferens per ignem secundum idola gentium quae dissipavit Dominus coram filiis Israhel
III Rg 14,23! 22,44! 4 immolabat quoque victimas et ado-
Ez 6,13! 20,28 lebat incensum in excelsis et in collibus et sub omni ligno frondoso
15,37; Is 7,1 5 tunc ascendit Rasin rex Syriae et Phacee filius Romeliae rex Israhel in Hierusalem ad proeliandum
cumque obsiderent Ahaz non valuerunt superare eum
6 in tempore illo restituit Rasin rex Syriae Ahilam Syriae
et eiecit Iudaeos de Ahilam
et Idumei venerunt in Ahilam et habitaverunt ibi usque in diem hanc
7 misit autem Ahaz nuntios ad Theg- II Par 28,16
lathfalassar regem Assyriorum dicens
servus tuus et filius tuus ego sum
ascende et salvum me fac de manu regis Syriae et de manu regis Israhel
qui consurrexerunt adversum me
8 et cum collegisset argentum et au- 12,18; 14,14; 18,15; III Rg 14,26; 15,18
rum
quod invenire potuit in domo Domini et in thesauris regis
misit regi Assyriorum munera II Par 28,21
9 qui et adquievit voluntati eius
ascendit enim rex Assyriorum in Damascum et vastavit eam
et transtulit habitatores eius Cyrenen Is 8,4; Am 1,5
Rasin autem interfecit
10 perrexitque rex Ahaz in occursum Theglathfalassar regis Assyriorum in Damascum
cumque vidisset altare Damasci
misit rex Ahaz ad Uriam sacerdotem exemplar eius et similitudinem iuxta omne opus eius
11 extruxitque Urias sacerdos altare iuxta omnia quae praeceperat rex Ahaz de Damasco ita fecit Urias sacerdos
donec veniret rex Ahaz de Damasco
12 cumque venisset rex de Damasco
vidit altare et veneratus est illud
ascenditque et immolavit holocausta Lv 23,37!
et sacrificium suum
13 et libavit libamina et fudit sanguinem pacificorum quae obtulerat super altare
14 porro altare aeneum quod erat co- III Rg 8,64
ram Domino
transtulit de facie templi et de loco altaris et de loco templi Domini
posuitque illud ex latere altaris ad aquilonem

RAC ΣΛDΦm cr 37 in iuda R ‖ **16**,1 decimo septimo c. | iudae RΣ | 6 idumei RΣc𝔐𝔊] syri ACDr; + et syri ΛΦ | 8 inueniri ΣΛDΦc | in thesauro Σ; in thesauros R | regiis ADΦ | 10 regis] regi CΦc | 11 ~ sacerdos urias[2] c; sacerdos *om.* Σ. | 12 cumque—damasco *om.* C | 14 aereum RΣΛDΦc, *item v. seq.* |

15 praecepit quoque rex Ahaz Uriae
sacerdoti dicens
Ex 40,27! Nm 28,3.4! super altare maius offer holocaustum
matutinum et sacrificium vesperti-
num
et holocaustum regis et sacrificium
eius
Lv 23,37! et holocaustum universi populi terrae et sacrificia eorum et libamina
eorum
et omnem sanguinem holocausti
et universum sanguinem victimae super illud effundes
altare vero aeneum erit paratum ad
voluntatem meam
16 fecit igitur Urias sacerdos iuxta omnia quae praeceperat rex Ahaz
17 tulit autem rex Ahaz celatas bases et
luterem qui erat desuper
et mare deposuit de bubus aeneis qui
sustentabant illud
et posuit super pavimentum stratum
lapide
18 Musach quoque sabbati quod aedificaverat in templo
et ingressum regis exterius convertit
in templo Domini propter regem
Assyriorum
II Par 28,26.27 19 reliqua autem verborum Ahaz quae
fecit
nonne haec scripta sunt in libro sermonum dierum regum Iuda
20 dormivitque Ahaz cum patribus suis
et sepultus est cum eis in civitate David
18,1 et regnavit Ezechias filius eius pro eo
17 anno duodecimo Ahaz regis Iuda
regnavit Osee filius Hela in Samaria
super Israhel novem annis
2 fecitque malum coram Domino sed
non sicut reges Israhel qui ante eum
fuerant
18,9; Tb 1,2; IV Esr 13,40 3 contra hunc ascendit Salmanassar
rex Assyriorum
et factus est ei Osee servus reddebat-
que illi tributa
4 cumque deprehendisset rex Assyriorum Osee
quod rebellare nitens misisset nuntios ad Sua regem Aegypti
ne praestaret tributa regi Assyriorum sicut singulis annis solitus erat
obsedit eum et vinctum misit in carcerem
5 pervagatusque est omnem terram
et ascendens Samariam obsedit eam 18,9.10
tribus annis
6 anno autem nono Osee cepit rex Assyriorum Samariam I Par 5,26!
et transtulit Israhel in Assyrios 15,29; 18,11
posuitque eos in Ala et in Habor
iuxta fluvium Gozan in civitatibus
Medorum
7 factum est enim cum peccassent filii
Israhel Domino Deo suo
qui eduxerat eos de terra Aegypti de Ex 32,7! Dt 29,25.26!
manu Pharaonis regis Aegypti
coluerunt deos alienos 8 et ambulaverunt iuxta ritum gentium 11; 16,3! I Par 5,25
quas consumpserat Dominus in conspectu filiorum Israhel
et regum Israhel quia similiter fecerant
9 et operuerunt filii Israhel verbis non
rectis Dominum Deum suum
et aedificaverunt sibi excelsa in cunctis urbibus suis
a turre custodum usque ad civitatem
munitam
10 feceruntque sibi statuas et lucos in 16! III Rg 14,23!
omni colle sublimi et subter omne
lignum nemorosum
11 et adolebant ibi incensum super aras III Rg 22,44!
in more gentium quas transtulerat 8! 16,3
Dominus a facie eorum
feceruntque verba pessima inritantes
Dominum
12 et coluerunt inmunditias

17 aereis RΣc | lapidem C | 18 aedificauerant R. | in templum² Λc || **17**,3 tributum R | 5 praeuagatusque RΣ(*vid.*); preuaricatusque C. | 7 enim] autem CΣ | 8 fecerunt C | 9 operuerunt] offenderunt c; irritauerunt Σ | 11 in more ACr] in morem *cet.* |

RAC ΣΛDΦm cr

15 de quibus praecepit Dominus eis ne
facerent verbum hoc
13 et testificatus est Dominus in Israhel
et in Iuda
I Sm 9,9 per manum omnium prophetarum
et videntum dicens
revertimini a viis vestris pessimis
et custodite praecepta mea et caerimonias
iuxta omnem legem quam praecepi
patribus vestris
et sicut misi ad vos in manu servorum meorum prophetarum
II Par 36,13; II Esr 9,16.29; Ier 7,26! 14 qui non audierunt sed induraverunt
cervicem suam
iuxta cervicem patrum suorum qui
noluerunt oboedire Domino Deo
suo
I Par 5,25! 15 et abiecerunt legitima eius
et pactum quod pepigit cum patribus
eorum
et testificationes quibus contestatus
est eos
secutique sunt vanitates et vane egerunt
et secuti sunt gentes quae erant per
circuitum eorum
12 super quibus praeceperat Dominus
eis ut non facerent sicut et illae faciebant
16 et dereliquerunt omnia praecepta
Domini Dei sui
10; 21,3! III Rg 12,28! feceruntque sibi conflatiles duos vi-
III Rg 14,23! tulos et lucos
23,5 et adoraverunt universam militiam
caeli
21,6; Dt 12,31! 18,10! II Par 28,3; 33,6 servieruntque Baal 17 et consecrabant
ei filios suos et filias suas per ignem
et divinationibus inserviebant et au-
guriis
et tradiderunt se ut facerent malum
coram Domino et inritarent eum
18 iratusque est Dominus vehementer
Israhel
et abstulit eos de conspectu suo
et non remansit nisi tribus Iuda tantummodo
19 sed nec ipse Iuda custodivit mandata Domini Dei sui
verum ambulavit in erroribus Israhel
quos operatus fuerat
20 proiecitque Dominus omne semen Israhel
et adflixit eos et tradidit in manu diripientium
donec proiceret eos a facie sua
21 ex eo iam tempore quo scissus est III Rg 12,19
Israhel a domo David
et constituerunt sibi regem Hiero- III Rg 12,20
boam filium Nabath
separavit enim Hieroboam Israhel a
Domino et peccare eos fecit peccatum magnum
22 et ambulaverunt filii Israhel in universis peccatis Hieroboam quae fecerat
non recesserunt ab eis
23 usquequo auferret Dominus Israhel
a facie sua
sicut locutus fuerat in manu omnium
servorum suorum prophetarum
translatusque est Israhel de terra sua III Rg 14,15
in Assyrios usque in diem hanc
24 adduxit autem rex Assyriorum
de Babylone et de Chutha et de Ha-
iath
et de Emath et de Sepharvaim
et conlocavit eos in civitatibus Sa- I Esr 4,10
mariae pro filiis Israhel
qui possederunt Samariam et habitaverunt in urbibus eius
25 cumque ibi habitare coepissent non
timebant Dominum
et inmisit eis Dominus leones qui
interficiebant eos
26 nuntiatumque est regi Assyriorum et
dictum
gentes quas transtulisti et habitare

RAC ΣΛDΦm cr 12 ~ eis dominus c | 14 noluerant AD | 17 consecrauerunt c | ei *om.* c | seruiebant R | et inritauerunt RΣ; ut irritarent c | 18 israheli CΣΛDΦc | de] a c | 20 tradidit + eos Cc | 22 non] et non c | 23 ~ dominus auferret c | usque ad R | 24 haiath] auah c. | 25 eis] in eos Σc | 26 dictum + est ei C |

fecisti in civitatibus Samariae
ignorant legitima Dei terrae
et inmisit in eos Dominus leones et
ecce interficiunt eos
eo quod ignorent ritum Dei terrae
27 praecepit autem rex Assyriorum dicens
ducite illuc unum de sacerdotibus
quos inde captivos adduxistis
et vadat et habitet cum eis et doceat
eos legitima Dei terrae
28 igitur cum venisset unus de sacerdotibus his qui captivi ducti fuerant
de Samaria
habitavit in Bethel et docebat eos
quomodo colerent Dominum
29 et unaquaeque gens fabricata est deum suum
III Rg 13,32! posueruntque eos in fanis excelsis
quae fecerant Samaritae
gens et gens in urbibus suis in quibus
habitabant
30 viri enim babylonii fecerunt Soc-
chothbenoth
viri autem chutheni fecerunt Nergel
et viri de Emath fecerunt Asima
31 porro Evei fecerunt Nebaaz et Thar-
thac
hii autem qui erant de Sepharvaim
Dt 12,31! Ier 19,5 conburebant filios suos igni
Adramelech et Anamelech diis Sepharvaim
I Esr 4,2 32 et nihilominus colebant Dominum
III Rg 12,31! fecerunt autem sibi de novissimis sacerdotes excelsorum
et ponebant eos in fanis sublimibus
41 33 et cum Dominum colerent diis quoque suis serviebant
iuxta consuetudinem gentium de quibus translati fuerant Samariam
34 usque in praesentem diem morem
sequuntur antiquum
non timent Dominum neque custodiunt caerimonias eius

et iudicia et legem et mandatum
quod praeceperat Dominus filiis Ia-
cob quem cognominavit Israhel Gn 32,28! III Rg 18,31
35 et percusserat cum eis pactum et
mandaverat eis dicens
nolite timere deos alienos
et non adoretis eos neque colatis Ex 23,24!
et non immoletis eis
36 sed Dominum Deum vestrum qui Ex 6,6!
eduxit vos de terra Aegypti
in fortitudine magna et in brachio
extento
ipsum timete illum adorate et ipsi
immolate
37 caerimonias quoque et iudicia et le- Dt 28,13.14!
gem et mandatum quod scripsit vo-
bis custodite
ut faciatis cunctis diebus et non timeatis deos alienos
38 et pactum quod percussi vobiscum Ios 23,16!
nolite oblivisci
nec colatis deos alienos
39 sed Dominum Deum vestrum timete
et ipse eruet vos de manu omnium
inimicorum vestrorum
40 illi vero non audierunt
sed iuxta consuetudinem suam pristinam perpetrabant
41 fuerunt igitur gentes istae timentes 33
quidem Dominum sed nihilominus
et idolis suis servientes
nam et filii eorum et nepotes
sicut fecerunt parentes sui ita faciunt
usque in praesentem diem
18 anno tertio Osee filii Hela regis Is- 1—3: II Par 29,1.2
rahel
regnavit Ezechias filius Ahaz regis 16,20
Iuda
2 viginti quinque annorum erat cum
regnare coepisset
et viginti et novem annis regnavit in
Hierusalem
nomen matris eius Abi filia Zacchariae

26 in eos] in eis C | 29 habitabat c. | 30 chutheni] chutaei c | et *om.* C | 34 et[1] *om.* c | 35 colatis + eos Λ c | 36 timete + et ΣΦc | 38 percussit c; pepigit Σ | nec] ne CD | 41 suis *om.* CD. | seruiebant R | et[2] *om.* CDm | parentes] patres c | usque *om.* C || **18**,2 et[2] *om.* CΣc | abi] abia CΣΛ |

RAC ΣΛDΦm cr

20,3; II Par 31,20; Sir 48,25 3 fecitque quod erat bonum coram Domino
iuxta omnia quae fecerat David pater suus
21,3 4 ipse dissipavit excelsa et contrivit
Ex 34,13! II Par 31,1! 34,4! statuas et succidit lucos
Nm 21,9! confregitque serpentem aeneum
quem fecerat Moses
siquidem usque ad illud tempus filii
Israhel adolebant ei incensum
vocavitque eum Naasthan
5 in Domino Deo Israhel speravit
23,25 itaque post eum non fuit similis ei de
cunctis regibus Iuda
sed neque in his qui ante eum fuerunt
6 et adhesit Domino et non recessit a
vestigiis eius
Dt 11,22! fecitque mandata eius quae praeceperat Dominus Mosi
I Sm 18,14! 7 unde et erat Dominus cum eo
et in cunctis ad quae procedebat sapienter se agebat
rebellavit quoque contra regem Assyriorum et non servivit ei
8 ipse percussit Philistheos usque Gazam et omnes terminos eorum
a turre custodum usque ad civitatem
muratam
9 anno quarto regis Ezechiae qui erat
annus septimus Osee filii Hela regis
Israhel
17,3! 5! 6 ascendit Salmanassar rex Assyriorum Samariam et obpugnavit eam
10 et cepit
nam post annos tres anno sexto Ezechiae id est nono anno Osee regis
Israhel capta est Samaria
15,29; 17,6; I Par 5,26! 11 et transtulit rex Assyriorum Israhel
in Assyrios
conlocavitque eos in Ala et in Habor
fluviis Gozan in civitatibus Medorum

12 quia non audierunt vocem Domini
Dei sui
sed praetergressi sunt pactum eius
omnia quae praeceperat Moses servus Domini non audierunt neque
fecerunt
13 anno quartodecimo regis Ezechiae Is 36,1; II Par 32,1;
ascendit Sennacherib rex Assyrio- Sir 48,20
rum ad universas civitates Iuda munitas et cepit eas
14 tunc misit Ezechias rex Iuda nuntios
ad regem Assyriorum Lachis dicens
peccavi recede a me et omne quod
inposueris mihi feram
indixit itaque rex Assyriorum Ezechiae regi Iudae
trecenta talenta argenti
et triginta talenta auri
15 deditque Ezechias omne argentum 16,8!
quod reppertum fuerat in domo Domini et in thesauris regis
16 in tempore illo confregit Ezechias
valvas templi Domini
et lamminas auri quas ipse adfixerat
et dedit eas regi Assyriorum
17 misit autem rex Assyriorum II Par 32,9;
Tharthan et Rabsaris et Rabsacen Sir 48,20; Is 20,1
de Lachis ad regem Ezechiam cum **17—37:**
manu valida Hierusalem Is 36,2–22
qui cum ascendissent venerunt in
Hierusalem et steterunt iuxta aquae- Is 7,3
ductum piscinae superioris
quae est in via agri Fullonis
18 vocaveruntque regem
egressus est autem ad eos Eliachim 26.37; 19,2;
filius Helciae praepositus domus Is 22,20
et Sobna scriba et Ioahe filius Asaph
a commentariis
19 dixitque ad eos Rabsaces
loquimini Ezechiae
haec dicit rex magnus rex Assyrio- 28; II Par 32,
rum quae est ista fiducia qua niteris
20 forsitan inisti consilium ut praepares

RAC ΣΛΦm cr 3 fecitque] fecit CD | coram domino] in conspectu domini R | suus] eius ΣΛΦc | 4 aereum RΣΛDΦ | eum] nomen eius c | noesthan Φ; nohestan c. | 5 fuerant R | 8 usque[1] + ad Σc | muratam] munitam Cc | 9 samaria R; in samariam c | 11 gazam RD | 14 assyriorum + in Cc | feram] faciam C | triginta] trecenta C | 15 regiis AD Φ | 17 ualida + in R | in[1] *om.* ΛDΦc | 18 sobnas CΣ; somna R; somnas ΛDΦ. |

te ad proelium
in quo confidis ut audeas rebellare
Is 30,2.3! Ez 29,6.7! 21 an speras in baculo harundineo atque confracto Aegypto
super quem si incubuerit homo
comminutus ingreditur manum eius
et perforabit eam
sic est Pharao rex Aegypti omnibus
qui confidunt in se
22 quod si dixeritis mihi in Domino
Deo nostro habemus fiduciam
II Par 32,12 nonne iste est cuius abstulit Ezechias
excelsa et altaria
et praecepit Iudae et Hierusalem
ante altare hoc adorabitis in Hierusalem
23 nunc igitur transite ad dominum meum regem Assyriorum
et dabo vobis duo milia equorum
et videte an habere valeatis ascenso-
res eorum
24 et quomodo potestis resistere
ante unum satrapam de servis domini mei minimis
Is 31,1! an fiduciam habes in Aegypto propter currus et equites
25 numquid sine Domini voluntate a-
scendi ad locum istum ut demo-
lirer eum
Is 10,6! Dominus dixit mihi ascende ad terram hanc et demolire eam
18! 26 dixerunt autem Eliachim filius Helciae et Sobna et Ioahe Rabsaci
precamur ut loquaris nobis servis
tuis syriace
siquidem intellegimus hanc linguam
et non loquaris nobis iudaice audiente populo qui est super murum
27 responditque eis Rabsaces
numquid ad dominum tuum et ad te
II Par 32,18 misit me dominus meus ut loquerer
sermones hos
et non ad viros qui sedent super murum

ut comedant stercora sua et bibant
urinam suam vobiscum
28 stetit itaque Rabsaces et clamavit
voce magna iudaice et ait
audite verba regis magni regis Assy- 19
riorum
29 haec dicit rex
non vos seducat Ezechias II Par 32,15
non enim poterit eruere vos de manu
mea
30 neque fiduciam vobis tribuat super 19,10
Domino dicens
eruens liberabit nos Dominus
et non tradetur civitas haec in manu
regis Assyriorum
31 nolite audire Ezechiam haec enim dicit rex Assyriorum
facite mecum quod vobis est utile
et egredimini ad me
et comedet unusquisque de vinea sua I Mcc 14,12!
et de ficu sua
et bibetis aquas de cisternis vestris
32 donec veniam et transferam vos in
terram quae similis terrae vestrae
est
in terram fructiferam et fertilem vini
terram panis et vinearum
terram olivarum et olei ac mellis
et vivetis et non moriemini
nolite audire Ezechiam qui vos decipit dicens Dominus liberabit nos
33 numquid liberaverunt dii gentium 19,12; II Par 32,13
terram suam de manu regis Assy-
riorum
34 ubi est deus Emath et Arfad 19,13; Is 10,9!
ubi est deus Sepharvaim Ana et Ava
numquid liberaverunt Samariam de
manu mea
35 quinam illi sunt in universis diis ter- II Par 32,14.22; Is 36,20
rarum qui eruerunt regionem suam
de manu mea
ut possit eruere Dominus Hierusalem de manu mea
36 tacuit itaque populus et non respon-

20 confides R | 21 ingredietur Σ c | in se] in eo C; in eum Φ | 22 ezechias + rex C | 24 satrapem RΣD. | 27 eis] ei ADΦ; *om.* C | rabsaces + dicens Φ c | non + potius Σ c | 28 et exclamauit c | 29 ~ uos eruere R | 30 super dominum ΣΦ c | 32 ~ est terrae uestrae C c | liberauit CΛD | 34 est[2] *om.* C |

RAC ΣΛDΦm cr

dit ei quicquam
siquidem praeceptum regis acceperant ut non responderent ei
18! 37 venitque Eliachim filius Helciae
praepositus domus
et Sobna scriba et Ioahe filius Asaph
a commentariis
ad Ezechiam scissis vestibus et nuntiaverunt ei verba Rabsacis
1–7: Is 37,1–7 **19** quae cum audisset rex Ezechias
scidit vestimenta sua et opertus est
sacco
ingressusque est domum Domini
18,18! 2 et misit Eliachim praepositum domus
et Sobnam scribam
et senes de sacerdotibus
opertos saccis ad Esaiam prophetam
filium Amos
Is 22,5 3 qui dixerunt haec dicit Ezechias
Is 26,18! dies tribulationis et increpationis et
blasphemiae dies iste
venerunt filii usque ad partum et vires non habet parturiens
4 si forte audiat Dominus Deus tuus
universa verba Rabsacis
quem misit rex Assyriorum dominus
suus
ut exprobraret Deum viventem
et argueret verbis quae audivit Dominus Deus tuus
I Sm 7,8! et fac orationem pro reliquiis quae
reppertae sunt
5 venerunt ergo servi regis Ezechiae
ad Esaiam
6 dixitque eis Esaias
haec dicetis domino vestro
haec dicit Dominus
noli timere a facie sermonum quos
audisti
23; I Mcc 7,41 quibus blasphemaverunt pueri regis
Assyriorum me
I Sm 10,6! I Par 12,18! Ez 37,5! 7 ecce ego inmittam ei spiritum et audiet nuntium
et revertetur in terram suam et dei- II Par 32,21!
ciam eum gladio in terra sua
8 reversus est igitur Rabsaces et inve- 8–13: Is 37,8–13
nit regem Assyriorum expugnan-
tem Lobnam
audierat enim quod recessisset de
Lachis
9 cumque audisset de Tharaca rege
Aethiopiae dicentes
ecce egressus est ut pugnet adversum
te
et iret contra eum
misit nuntios ad Ezechiam dicens
10 haec dicite Ezechiae regi Iudae
non te seducat Deus tuus in quo ha- 18,30
bes fiduciam
neque dicas non tradetur Hierusalem in manu regis Assyriorum
11 tu enim ipse audisti quae fecerint re- 17
ges Assyriorum universis terris
quomodo vastaverint eas
num ergo solus poteris liberari
12 numquid liberaverunt dii gentium 18,33; II Par 32,13
singulos quos vastaverunt patres
mei
Gozan videlicet et Aran et Reseph
et filios Eden qui erant in Thelassar
13 ubi est rex Emath 18,34; Is 10,9!
et rex Arfad et rex civitatis Sepharvaim Ana et Ava
14 itaque cum accepisset Ezechias lit- 14–19: Is 37,14–20
teras de manu nuntiorum et legis-
set eas
ascendit in domum Domini et expandit eas coram Domino
15 et oravit in conspectu eius dicens
Domine Deus Israhel qui sedes super I Sm 4,4!
cherubin
tu es Deus solus regum omnium terrae
tu fecisti caelum et terram Est 13,10!
16 inclina aurem tuam et audi II Par 6,40! Is 37,17
aperi Domine oculos tuos et vide Bar 2,16.17; Dn 9,18
et audi omnia verba Sennacherib IV Esr 7,110

RAC ΣΛDΦm cr

37 sobnas C; somnas ΛDΦ || **19**,1 ~ ezechias rex c | 4 reliquis A | 7 ego mittam C | in terram suam2 C | 8 igitur] ergo c. | audierant C | 10 iuda Dc | in manus c | 11 fecerunt CΣc | uastauerunt RΣc | 13 et1] ubi C | 16 domine *om.* R | et audi2] exaudi D.; audi c. |

qui misit ut exprobraret nobis Deum
viventem
11 [17]vere Domine dissipaverunt reges Assyriorum gentes et terras omnium
[18]et miserunt deos eorum in ignem
Dt 4,28! non enim erant dii sed opera manuum hominum e ligno et lapide
et perdiderunt eos
Is 37,20; Ez 13,21! [19]nunc igitur Domine Deus noster salvos nos fac de manu eius
III Rg 8,60! Idt 9,19 ut sciant omnia regna terrae quia tu
es Dominus Deus solus
20—34: Is 37,21–35 [20]misit autem Esaias filius Amos ad
Ezechiam dicens
haec dicit Dominus Deus Israhel
quae deprecatus es me super Sennacherib rege Assyriorum audivi
[21]iste est sermo quem locutus est Dominus de eo
sprevit te et subsannavit virgo filia
Sion
Iob 16,5! post tergum tuum caput movit filia
Hierusalem
Is 1,4! [22]cui exprobrasti et quem blasphemasti
contra quem exaltasti vocem
et elevasti in excelsum oculos tuos
contra Sanctum Israhel
6! [23]per manum servorum tuorum exprobrasti Domino et dixisti
in multitudine curruum meorum
ascendi excelsa montium in summitate Libani
et succidi sublimes cedros eius elec-
tas abietes eius
et ingressus sum usque ad terminos
eius
saltum Carmeli eius [24]ego succidi
et bibi aquas alienas et siccavi vestigiis pedum meorum omnes aquas
clausas
[25]numquid non audisti quid ab initio
fecerim
ex diebus antiquis plasmavi illud et
nunc adduxi
eruntque in ruinam collium pugnantium civitates munitae
[26]et qui sedent in eis humiles manu
contremuerunt et confusi sunt
facti sunt quasi faenum agri et virens Ps 128,6!
herba tectorum
quae arefacta est antequam veniret
ad maturitatem
[27]habitaculum tuum et egressum tuum Ps 120,8
et viam tuam ego praescivi et furo- Ps 138,4
rem tuum contra me
[28]insanisti in me et superbia tua a-
scendit in aures meas
ponam itaque circulum in naribus Ez 38,4!
tuis et camum in labris tuis
et reducam te in viam per quam ve- 33
nisti
[29]tibi autem Ezechia hoc erit signum III Rg 13,3!
comede hoc anno quod reppereris
in secundo autem anno quae sponte
nascuntur
porro in anno tertio seminate et me-
tite
plantate vineas et comedite fructum
earum
[30]et quodcumque reliquum fuerit de
domo Iuda
mittet radicem deorsum et faciet Ps 79,10!
fructum sursum
[31]de Hierusalem quippe egredientur
reliquiae et quod salvetur de monte
Sion
zelus Domini exercituum faciet hoc Is 9,7!
[32]quam ob rem haec dicit Dominus de
rege Assyriorum
non ingredietur urbem hanc
nec mittet in eam sagittam
nec occupabit eam clypeus

18 e] de C; et DΦ; *om.* Σ | 19 eius] eorum CDΦ | 20 regem RΣ | 21 subsannauit RAr] + te *cet.* | 22 uocem + tuam Φc | et leuasti CΛ | 23 in multitudinem CD | eius[1] + et RAΛc | eius[2]] illius c | eius[3] + et ΛDΦc | 25 in ruina R | 26 quasi] uelut c | 27 tuum[2] *om.* CΣΛDΦ | et[2] Rr𝔐] + introitum A; + introitum et ΣΛDΦ; + introitum tuum et Cc | 28 labris] labiis CΦc | in uia per R.; per uiam per C.; per uiam Λ | 29 quod] quae Cc. | ~ tertio anno c | 31 quippe] quoque C | egredietur Σ.; egrediuntur R |

RAC ΣΛDΦm cr

nec circumdabit eam munitio
28 33 per viam qua venit revertetur
et civitatem hanc non ingredietur dicit Dominus
20,6; Idt 13,7; III Rg 15,4! 34 protegamque urbem hanc et salvabo eam
propter me et propter David servum meum
35—37: Is 37,36–38 II Par 32,21; Tb 1,21; Is 31,8; Sir 48,24; I Mcc 7,41; II Mcc 8,19; 15,22 35 factum est igitur in nocte illa
venit angelus Domini et percussit castra Assyriorum
centum octoginta quinque milia
cumque diluculo surrexisset
vidit omnia corpora mortuorum
et recedens abiit 36 et reversus est Sen-
Tb 1,21 nacherib rex Assyriorum et mansit in Nineve
II Par 32,21 37 cumque adoraret in templo Neserach deum suum
Tb 1,24 Adramelech et Sarasar filii eius percusserunt eum gladio
fugeruntque in terram Armeniorum
et regnavit Eseraddon filius eius pro eo
II Par 32,24 **20** in diebus illis aegrotavit Ezechias
1—6: Is 38,1–6 usque ad mortem
et venit ad eum Esaias filius Amos prophetes
dixitque ei haec dicit Dominus Deus
praecipe domui tuae morieris enim et non vives
2 qui convertit faciem suam ad parietem
et oravit Dominum dicens
3 obsecro Domine
memento quomodo ambulaverim coram te in veritate et in corde perfecto
18,3! II Par 29,2; 31,20 et quod placitum est coram te fecerim
flevit itaque Ezechias fletu magno
4 et antequam egrederetur Esaias mediam partem atrii
factus est sermo Domini ad eum dicens
5 revertere et dic Ezechiae duci populi mei
haec dicit Dominus Deus David patris tui
audivi orationem tuam
vidi lacrimam tuam et ecce sanavi te
die tertio ascendes templum Domini
6 et addam diebus tuis quindecim annos
sed et de manu regis Assyriorum liberabo te et civitatem hanc 13,5; II Par 32,11!
et protegam urbem istam propter me 19,34!
et propter David servum meum
7 dixitque Esaias adferte massam ficorum Is 38,21.22
quam cum adtulissent et posuissent super ulcus eius curatus est
8 dixerat autem Ezechias ad Esaiam
quod erit signum quia Dominus me sanabit
et quia ascensurus sum die tertio templum Domini
9 cui ait Esaias 9—11: Is 38,7.8 III Rg 13,3! Mc 13,4; Io 2,18 Ex 4,30!
hoc erit signum a Domino quod facturus sit Dominus sermonem quem locutus est
vis ut accedat umbra decem lineis
an ut revertatur totidem gradibus
10 et ait Ezechias
facile est umbram crescere decem lineis
nec hoc volo ut fiat
sed ut revertatur retrorsum decem gradibus
11 invocavit itaque Esaias propheta Dominum
et reduxit umbram per lineas quibus iam descenderat in horologio Ahaz retrorsum decem gradibus
12 in tempore illo misit Berodach Baladan filius Baladan rex Babylonio- 12—19: Is 39,1–8

RAC ΣΛDΦm cr
33 quam ṘΛD | 35 in *om.* C | castra] in castris c | 37 nesroch c | in terra C || **20**,1 et uenit ad eum] uenit autem C | propheta c | deus *om.* CΛ | enim + tu c | 3 memento + quaeso c. | 5 deus *om.* C | tuam[1] + et c | lacrymas tuas c | 7 curatus] sanatus C | 8 sanauit C | tertia Σ c; + in R | 9 accedat] ascendat Φ c; descendat Σ. | 10 umbra A | 12 filium C |

rum litteras et munera ad Ezechiam
audierat enim quod aegrotasset Ezechias
13 laetatus est autem in adventum eorum Ezechias
et ostendit eis domum aromatum
II Par 32,27 et aurum et argentum et pigmenta
varia
unguenta quoque et domum vasorum suorum
et omnia quae habere potuerat in
thesauris suis
non fuit quod non monstraret eis
Ezechias
in domo sua et in omni potestate sua
14 venit autem Esaias propheta ad regem Ezechiam dixitque ei
quid dixerunt viri isti aut unde venerunt ad te
cui ait Ezechias
de terra longinqua venerunt de Babylone
15 at ille respondit
quid viderunt in domo tua
ait Ezechias
omnia quae sunt in domo mea viderunt
nihil est quod non monstraverim eis
in thesauris meis
16 dixit itaque Esaias Ezechiae
audi sermonem Domini
24,13! Ier 20,5 17 ecce dies venient et auferentur omnia quae sunt in domo tua
et quae condiderunt patres tui usque
in diem hanc in Babylone
non remanebit quicquam ait Dominus
18 sed et de filiis tuis qui egredientur ex
te quos generabis tollentur et erunt
eunuchi in palatio regis Babylonis
19 dixit Ezechias ad Esaiam
bonus sermo Domini quem locutus
est
sit pax et veritas in diebus meis

20 reliqua autem sermonum Ezechiae II Par 32,30! 32.33
et omnis fortitudo eius
et quomodo fecerit piscinam et Is 22,9
aquaeductum
et introduxerit aquas in civitatem Sir 48,19!
nonne haec scripta sunt in libro sermonum dierum regum Iuda
21 dormivitque Ezechias cum patribus
suis
et regnavit Manasses filius eius pro
eo
21 duodecim annorum erat Manasses 1—10: II Par 33,1–10
cum regnare coepisset
et quinquaginta quinque annis regnavit in Hierusalem
nomen matris eius Aphsiba
2 fecitque malum in conspectu Domini
iuxta idola gentium quas delevit Do- 16,3!
minus a facie filiorum Israhel
3 conversusque est et aedificavit excelsa quae dissipaverat Ezechias 18,4! II Par 33,3
pater eius
et erexit aras Baal et fecit lucos sicut 17,16! III Rg 16,32.33!
fecerat Ahab rex Israhel
et adoravit omnem militiam caeli et 23,5
coluit eam
4 extruxitque aras in domo Domini Ier 7,30!
de qua dixit Dominus III Rg 8,29!
in Hierusalem ponam nomen meum
5 et extruxit altaria universae militiae 23,12
caeli in duobus atriis templi Domini
6 et transduxit filium suum per ignem 17,17!
et ariolatus est et observavit auguria
et fecit pythones et aruspices multi
plicavit
ut faceret malum coram Domino et
inritaret eum
7 posuit quoque idolum luci quem fecerat in templo Domini
super quo locutus est Dominus ad
David et ad Salomonem filium eius
in templo hoc et in Hierusalem quam III Rg 11,36!
elegi de cunctis tribubus Israhel
ponam nomen meum in sempiter-

13 in aduentu ΑΛDΦc | poterat RΣΛΦc | 14 uenerunt² + ad me c | 15 quae] quae-
cumque CDΦc | 17 ueniunt C | in babylonem ΑΣΛDc | 19 dixitque R; dixit itaque
C. | bonus + est C | locutus es c || **21**,7 posuitque idolum C | super quod Σc |

RAC ΣΛDΦm cr

num
II Par 33,8 8 et ultra non faciam commoveri pedem Israhel de terra quam dedi patribus eorum
Ios 22,2! sic tamen si custodierint opere omnia quae praecepi eis
et universam legem quam mandavit
eis servus meus Moses
9 illi vero non audierunt sed seducti
sunt a Manasse
ut facerent malum super gentes quas
contrivit Dominus a facie filiorum
Israhel
10 locutusque est Dominus in manu
servorum suorum prophetarum dicens
23,26; 24,3; Ier 15,4 11 quia fecit Manasses rex Iuda abominationes istas pessimas super
omnia quae fecerunt Amorrei ante
eum
16 et peccare fecit etiam Iudam in inmunditiis suis
12 propterea haec dicit Dominus Deus
Israhel
ecce ego inducam mala super Hierusalem et Iudam
ut quicumque audierit tinniant ambae aures eius
13 et extendam super Hierusalem funiculum Samariae et pondus domus
Ahab et delebo Hierusalem sicut
deleri solent tabulae
delens vertam et ducam crebrius stilum super faciem eius
14 dimittam vero reliquias hereditatis
meae
Ier 20,5 et tradam eas in manu inimicorum
eius
eruntque in vastitate et rapina cunctis adversariis suis
15 eo quod fecerint malum coram me et
perseveraverint inritantes me
ex die qua egressi sunt patres eorum
ex Aegypto usque ad diem hanc
16 insuper et sanguinem innoxium fudit 24,4; Ier 19,4
Manasses multum nimis
donec impleret Hierusalem usque
ad os
absque peccatis suis quibus peccare 11
fecit Iudam
ut faceret malum coram Domino
17 reliqua autem sermonum Manasse **17.18:** II Par 33,18–20
et universa quae fecit et peccatum
eius quod peccavit
nonne haec scripta sunt in libro sermonum dierum regum Iuda
18 dormivitque Manasses cum patribus
suis et sepultus est in horto domus
suae in horto Aza
et regnavit Amon filius eius pro eo
19 viginti et duo annorum erat Amon **19—24:** II Par 33,21–25
cum regnare coepisset
duobusque annis regnavit in Hierusalem
nomen matris eius Mesallemeth filia
Arus de Iethba
20 fecitque malum in conspectu Domini sicut fecerat Manasses pater
eius
21 et ambulavit in omni via per quam
ambulaverat pater eius
servivitque inmunditiis quibus ser-
vierat pater suus et adoravit eas
22 et dereliquit Dominum Deum patrum suorum et non ambulavit in
via Domini
23 tetenderuntque ei insidias servi sui et 12,20!
interfecerunt regem in domo sua
24 percussit autem populus terrae omnes qui coniuraverant contra regem
Amon
et constituerunt sibi regem Iosiam
filium eius pro eo
25 reliqua autem sermonum Amon quae
fecit
nonne haec scripta sunt in libro ser-

RAC ΣΛDΦm cr 8 sic tamen si] si tamen R c | opera AΦ; per Σ | moysi A | 11 iuda[2] R; *om.* D. | 12 malum R | iuda R | 13 et[1] *om.* R | tabulae + et c. | 14 in manus c | in uastitatem c | et[2] + in CΛDΦ c | rapinam c | 15 perseuerauerunt R | ~ hanc diem c. | 16 iuda R. | 18 azam Φ; oza Σ c | 19 et duo] duo R; duorum c | duobus quoque c; et duobus C | 21 suus] eius R c | 22 reliquit R | 23 ei *om.* R |

monum dierum regum Iuda
26 sepelieruntque eum in sepulchro suo
in horto Aza
et regnavit Iosias filius eius pro eo
1.2: II Par 34,1.2 **22** octo annorum erat Iosias cum regnare coepisset
et triginta uno anno regnavit in Hierusalem
nomen matris eius Idida filia Phadaia de Besecath
III Rg 11,38! 2 fecitque quod placitum erat coram Domino
Dt 5,32.33! et ambulavit per omnes vias David patris sui
non declinavit ad dextram sive ad sinistram
3–6: II Par 34,8–11 3 anno autem octavodecimo regis Iosiae
misit rex Saphan filium Aslia filii Mesullam scribam templi Domini dicens ei
4 vade ad Helciam sacerdotem magnum
12,4! ut confletur pecunia quae inlata est in templum Domini
quam collegerunt ianitores a populo
12,5.11.12; II Par 24,12 5 deturque fabris per praepositos in domo Domini
qui et distribuent eam his qui operantur in templo Domini
ad instauranda sarta tecta templi
6 tignariis videlicet et cementariis
et his qui interrupta conponunt
et ut emantur ligna et lapides de lapidicinis ad instaurandum templum
12,15 7 verumtamen non supputetur eis argentum quod accipiunt
sed in potestate habeant et in fide
8–20: II Par 34,15–28 8 dixit autem Helcias pontifex ad Saphan scribam
23,24 librum legis repperi in domo Domini
deditque Helcias volumen Saphan
qui et legit illud
9 venit quoque Saphan scriba ad regem et renuntiavit ei quod praeceperat et ait
conflaverunt servi tui pecuniam quae repperta est in domo Domini
et dederunt ut distribueretur fabris a praefectis operum templi Domini
10 narravitque Saphan scriba regi dicens
librum dedit mihi Helcias sacerdos
quem cum legisset Saphan coram rege
11 et audisset rex verba libri legis Domini
scidit vestimenta sua
12 et praecepit Helciae sacerdoti
et Ahicham filio Saphan 25,22! Ier 26,24
et Achobor filio Micha
et Saphan scribae
et Asaiae servo regis dicens
13 ite et consulite Dominum Nm 9,8
super me et super populo et super omni Iuda
de verbis voluminis istius quod inventum est
magna enim ira Domini succensa est contra nos
quia non audierunt patres nostri verba libri huius
ut facerent omne quod scriptum est nobis
14 ierunt itaque Helcias sacerdos et Ahicham et Achobor et Saphan et Asaia
ad Oldam propheten uxorem Sellum filii Thecue
filii Araas custodis vestium
quae habitabat in Hierusalem in secunda
locutique sunt ad eam
15 et illa respondit eis
haec dicit Dominus Deus Israhel
dicite viro qui misit vos ad me 16 haec

26 azam Φ; oza RΣDc ‖ **22**,1 et *om.* c. | triginta + et AΣc | phadaia] hadaia Rc | 2 siue] neque C | 3 ei *om.* RD | 4 ianitores + templi c | 5 in domo] domus ΛDΦc | distribuant ΣΛΦc | ad] et A | 6 iis c. | lapidiciniis R; lapicidinis Cc | templum + domini ΛΦc | 9 uenitque saphan A | 10 narrauit quoque c | 12 scriba R | 14 prophetem AΣ; prophetam D; prophetidem c. | quae] qui C | RAC ΣΛDΦm cr

dicit Dominus
ecce ego adducam mala super locum
hunc
et super habitatores eius omnia verba legis quae legit rex Iuda
17 quia dereliquerunt me
Dt 29,26.27! et sacrificaverunt diis alienis
inritantes me in cunctis operibus
manuum suarum
Ier 7,20! et succendetur indignatio mea in loco hoc et non extinguetur
18 regi autem Iuda qui misit vos ut con-
suleretis Dominum sic dicetis
haec dicit Dominus Deus Israhel
pro eo quod audisti verba voluminis
19 et perterritum est cor tuum
et humiliatus es coram Domino
auditis sermonibus contra locum istum et habitatores eius
quo videlicet fierent in stuporem et
in maledictum
et scidisti vestimenta tua et flevisti
coram me
et ego audivi ait Dominus
Is 57,1! 20 idcirco colligam te ad patres tuos
et colligeris ad sepulchrum tuum in
pace
ut non videant oculi tui omnia mala
quae inducturus sum super locum
istum
1—3: II Par 34,29–31 **23** et renuntiaverunt regi quod dixerat
qui misit et congregati sunt ad eum
omnes senes Iuda et Hierusalem
2 ascenditque rex templum Domini et
omnes viri Iuda universique qui habitant in Hierusalem cum eo
Dt 31,11.12! sacerdotes et prophetae et omnis populus a parvo usque ad magnum
Ex 24,7 legitque cunctis audientibus omnia
verba libri foederis
qui inventus est in domo Domini
3 stetitque rex super gradum
et percussit foedus coram Domino
ut ambularent post Dominum
et custodirent praecepta eius et testi- Dt 26,16!
monia et caerimonias
in omni corde et in tota anima
et suscitarent verba foederis huius
quae scripta erant in libro illo
adquievitque populus pacto
4 et praecepit rex Helciae pontifici
et sacerdotibus secundi ordinis et
ianitoribus
ut proicerent de templo Domini
omnia vasa quae facta fuerant Baal
et in luco
et universae militiae caeli
et conbusit ea foris Hierusalem in
convalle Cedron
et tulit pulverem eorum in Bethel
5 et delevit aruspices quos posuerant
reges Iuda ad sacrificandum in excelsis
per civitates Iuda et in circuitu Hierusalem
et eos qui adolebant incensum Baal 17,16; 21,3!
et soli et lunae et duodecim signis et
omni militiae caeli
6 et efferri fecit lucum de domo Domini foras Hierusalem in convalle Cedron
et conbusit eum ibi et redegit in pulverem
et proiecit super sepulchrum vulgi
7 destruxit quoque aediculas effemina- III Rg 15,12; 22,47
torum quae erant in domo Domini
pro quibus mulieres texebant quasi
domunculas luci
8 congregavitque omnes sacerdotes de
civitatibus Iuda
et contaminavit excelsa ubi sacrifica-
bant sacerdotes
de Gabaa usque Bersabee
et destruxit aras portarum in introitu
ostii Iosue principis civitatis
quod erat ad sinistram portae civitatis
9 verumtamen non ascendebant sacer-

RAC ΣΛDΦm cr 16 hunc] istum c | 19 quo RCr] quod *cet.* | in stupore R | ait] dicit R || **23**,2 uniuersique qui] uniuersi quique D.; uniuersi qui C; uniuersique Σ. | habitabant ΣΛDΦc | 3 ~ foedus percussit c | 5 posuerunt R | 6 sepulchrum RC𝔯𝔐] sepulchra *cet.* | 8 portam² C |

dotes excelsorum ad altare Domini in Hierusalem
sed tantum comedebant azyma in medio fratrum suorum
Ier 7,31.32; 19,6 10 contaminavit quoque Thafeth quod est in convalle filii Ennom
ut nemo consecraret filium suum aut filiam per ignem Moloch
11 abstulit quoque equos quos dederant reges Iudae soli in introitu templi Domini
iuxta exedram Nathanmelech eunuchi qui erat in Farurim
currus autem solis conbusit igni
21,5 12 altaria quoque quae erant super tecta cenaculi Ahaz
quae fecerant reges Iuda
et altaria quae fecerat Manasses in duobus atriis templi Domini destruxit rex
et cucurrit inde et dispersit cinerem eorum in torrentem Cedron
13 excelsa quoque quae erant in Hierusalem ad dexteram partem montis Offensionis
III Rg 11,5! 7 quae aedificaverat Salomon rex Israhel Astharoth idolo Sidoniorum
et Chamos offensioni Moab
et Melchom abominationi filiorum Ammon
Ez 6,4 polluit rex 14 et contrivit statuas et succidit lucos
replevitque loca eorum ossibus mortuorum
III Rg 12,33 15 insuper et altare quod erat in Bethel
excelsum quod fecerat Hieroboam filius Nabath qui peccare fecit Israhel
et altare illud et excelsum destruxit atque conbusit
et comminuit in pulverem
succenditque etiam lucum
16 et conversus Iosias vidit ibi sepulchra quae erant in monte
misitque et tulit ossa de sepulchris
et conbusit ea super altare et polluit illud
iuxta verbum Domini quod locutus est vir Dei qui praedixerat verba haec III Rg 13,32!
17 et ait quis est titulus ille quem video
responderuntque ei cives illius urbis
sepulchrum est hominis Dei qui venit de Iuda III Rg 13,1! 11. 31.32!
et praedixit verba haec quae fecisti super altare Bethel
18 et ait dimittite eum nemo commoveat ossa eius
et intacta manserunt ossa illius cum ossibus prophetae qui venerat de Samaria
19 insuper et omnia fana excelsorum quae erant in civitatibus Samariae III Rg 13,32! II Par 34,6
quae fecerant reges Israhel ad inritandum Dominum abstulit Iosias
et fecit eis secundum omnia opera quae fecerat in Bethel
20 et occidit universos sacerdotes excelsorum qui erant ibi super altaria
et conbusit ossa humana super ea III Rg 13,2; II Par 34,5
reversusque est Hierusalem
21 et praecepit omni populo dicens
facite phase Domino Deo vestro Dt 16,1!
secundum quod scriptum est in libro foederis huius
22 nec enim factum est phase tale a diebus iudicum qui iudicaverunt Israhel **22.23:** II Par 35,18.19
et omnium dierum regum Israhel et regum Iuda
23 sicut in octavodecimo anno regis Iosiae factum est phase istud Domino in Hierusalem Dt 16,1!
24 sed et pythones et ariolos et figuras idolorum
et inmunditias abominationesque quae fuerant in terra Iuda et in Hierusalem abstulit Iosias

10 filiam + suam A | 11 iuda Σ c | erant CΣ | 15 bethel + et RΣΛDΦ c | et³ *om.* CΣΛ DΦ | 17 ei *om.* C | ~ urbis illius c | 18 dimitte AΣDΦ | 19 fecerant³ A | 23 domino + deo R | 24 et abominationes c. | fuerunt RΛDΦ | in² *om.* CΛΦ c | RAC ΣΛDΦm cr

22,8 ut statueret verba legis quae scripta
sunt in libro quem invenit Helcias
sacerdos in templo Domini
18,5 25 similis illi non fuit ante eum rex
Dt 26,16! II Par 30,19 qui reverteretur ad Dominum
in omni corde suo et in tota anima
sua et in universa virtute sua
iuxta omnem legem Mosi
neque post eum surrexit similis illi
24,20 26 verumtamen non est aversus Dominus
nus ab ira furoris sui magni
21,11.12; 24,3; Ier 15,4 quo iratus est furor eius contra Iudam
dam
propter inritationes quibus provocaverat
verat eum Manasses
27 dixit itaque Dominus
24,3 etiam Iudam auferam a facie mea
sicut abstuli Israhel
III Rg 11,36! et proiciam civitatem hanc quam elegi
gi Hierusalem
et domum de qua dixi erit nomen
meum ibi
II Par 35,26.27 28 reliqua autem verba Iosiae et universa
versa quae fecit
nonne haec scripta sunt in libro verborum
borum dierum regum Iuda
II Par 35,20; Ier 46,2 29 in diebus eius ascendit Pharao Necho
cho rex Aegypti contra regem Assyriorum
syriorum ad flumen Eufraten
et abiit Iosias rex in occursum eius
et occisus est in Mageddo cum vidisset
set eum
II Par 35,24 30 et portaverunt eum servi sui mortuum
30—37: II Par 36,1–5 tuum de Mageddo
et pertulerunt in Hierusalem
et sepelierunt eum in sepulchro suo
tulitque populus terrae Ioahaz filium
um Iosiae
et unxerunt eum et constituerunt
eum regem pro patre suo
31 viginti trium annorum erat Ioahaz
cum regnare coepisset
et tribus mensibus regnavit in Hierusalem
salem
nomen matris eius Amithal filia Hieremiae 24,18
remiae de Lobna
32 et fecit malum coram Domino iuxta
omnia quae fecerant patres eius
33 vinxitque eum Pharao Necho in 25,21
Rebla quae est in terra Emath ne
regnaret in Hierusalem
et inposuit multam terrae centum
talentis argenti et talento auri
34 regemque constituit Pharao Necho
Eliachim filium Iosiae pro Iosia
patre eius
vertitque nomen eius Ioiachim
porro Ioahaz tulit et duxit in Aegyptum Ier 22,12
tum
35 argentum autem et aurum dedit Ioiachim
iachim Pharaoni
cum indixisset terrae per singulos ut
conferretur iuxta praeceptum Pharaonis
raonis
et unumquemque secundum vires
suas exegit
tam argentum quam aurum de populo
pulo terrae ut daret Pharaoni Necho
cho
36 viginti quinque annorum erat Ioiachim
chim cum regnare coepisset
et undecim annis regnavit in Hierusalem
salem
nomen matris eius Zebida filia Phadaia
daia de Ruma
37 et fecit malum coram Domino iuxta
omnia quae fecerant patres eius
24 in diebus eius ascendit Nabuchodonosor II Par 36,6!
donosor rex Babylonis
et factus est ei Ioiachim servus tribus
bus annis
et rursum rebellavit contra eum
2 inmisitque ei Dominus latrunculos
Chaldeorum et latrunculos Syriae
latrunculos Moab et latrunculos filiorum
orum Ammon

RAC ΣΛDΦ(m) cr

25 [*deest* m *usque ad* 25,30] | in[3] *om.* A | 28 uerba] uerborum RCΛ; sermonum c | 29 nechao CΦ c, *item vv.* 33.34.35; nechac Σ., *item vv.* 33.34, *sed v.* 35 necao | 33 reblatha CΛΦ | talento] talentum CD; talenti Σ. | 34 ioakim c., *item vv.* 35.36 | aegyptum + et mortuus est ibi c. | 35 secundum] iuxta c || **24**,1 ioakim c., *item v.* 5 (*bis*) | 2 syriae + et ΣΛ c |

et inmisit eos in Iudam ut disperderent eum iuxta verbum Domini
quod locutus erat per servos suos
prophetas
23,26.27 3 factum est autem hoc per verbum
Domini contra Iudam
ut auferret eum coram se
21,11.12; Ier 15,4 propter peccata Manasse universa
quae fecit
21,16 4 et propter sanguinem innoxium
quem effudit
et implevit Hierusalem cruore inno-
centium
et ob hanc rem noluit Dominus pro-
pitiari
II Par 36,8 5 reliqua autem sermonum Ioiachim
et universa quae fecit
nonne haec scripta sunt in libro sermonum dierum regum Iuda
et dormivit Ioiachim cum patribus
suis
6 regnavitque Ioiachin filius eius pro
eo
7 et ultra non addidit rex Aegypti ut
egrederetur de terra sua
tulerat enim rex Babylonis a rivo
Aegypti usque ad fluvium Eufraten
omnia quae fuerant regis Aegypti
8—10: II Par 36,9.10 8 decem et octo annorum erat Ioiachin cum regnare coepisset
et tribus mensibus regnavit in Hierusalem
nomen matris eius Naestha filia Helnathan de Hierusalem
9 et fecit malum coram Domino iuxta
omnia quae fecerat pater eius
10 in tempore illo ascenderunt servi Nabuchodonosor regis Babylonis in
Hierusalem
et circumdata est urbs munitionibus
11 venitque Nabuchodonosor rex Babylonis ad civitatem cum servi eius
obpugnarent eam
12 egressusque est Ioiachin rex Iuda ad
regem Babylonis
ipse et mater eius et servi eius et
principes eius et eunuchi eius
et suscepit eum rex Babylonis anno II Par 36,6.7!
octavo regni sui
13 et protulit inde omnes thesauros do- 20,17; II Par 36,18;
mus Domini et thesauros domus Is 39,6; Ier 20,5
regiae
et concidit universa vasa aurea quae
fecerat Salomon rex Israhel in
templo Domini iuxta verbum Domini
14 et transtulit omnem Hierusalem I Par 6,15; Ier 24,1!
et universos principes et omnes for- Is 3,2.3
tes exercitus decem milia in captivitatem
et omnem artificem et clusorem
nihilque relictum est exceptis pau- 25,12; Ier 40,7
peribus populi terrae
15 transtulit quoque Ioiachin in Baby- Est 2,6; 11,4; Ier 27,20!
lonem
et matrem regis et uxores regis et eu- Ier 22,26
nuchos eius et iudices terrae
duxit in captivitatem de Hierusalem
in Babylonem
16 et omnes viros robustos septem milia et artifices et clusores mille
omnes viros fortes et bellatores
duxitque eos rex Babylonis captivos I Par 9,1
in Babylonem
17 et constituit Matthaniam patruum II Par 36,10; Ier 37,1
eius pro eo
inposuitque nomen ei Sedeciam
18 vicesimum et primum annum aetatis **18—20:** II Par 36,11–13; Ier 52,1–3
habebat Sedecias cum regnare coe-
pisset
et undecim annis regnavit in Hierusalem
nomen matris eius erat Amithal filia 23,31
Hieremiae de Lobna

2 in iuda R | erat] est C; fuerat Σ c | 3 manasse + et C | 4 cruorem R | 6 et regnauit c. | ioiachim R.; ioachim D | 8 ioiachim R.; ioacim D | nohesta c. | 9 fecerant patres C; fecerat patres Σ.; fecerunt patres D | 11 cum serui eius] cum seruis suis ut CΣ Φ c | 12 ioiachim R.; iohachim C | octauo + decimo RC. | 15 ioiachim RA.; ihoachim C. | uxorem CΣΦ | eius] regis C | in captiuitate R | in babylone² R. | 16 in babylone R |

RAC ΣΛDΦ cr

19 et fecit malum coram Domino
iuxta omnia quae fecerat Ioiachim
23,26.27 20 irascebatur enim Dominus contra
Hierusalem et contra Iudam
donec proiceret eos a facie sua
recessitque Sedecias a rege Babylonis
Ez 24,1.2 **25** factum est autem anno nono regni
1—12: Ier 39,1–10; 52,4–16 eius mense decimo decima die
mensis
Ier 32,2! 34,1 venit Nabuchodonosor rex Babylonis
ipse et omnis exercitus eius in Hierusalem
Is 29,3! et circumdederunt eam
et extruxerunt in circuitu eius munitiones
2 et clausa est civitas atque vallata
usque ad undecimum annum regis
Sedeciae 3 nona die mensis
praevaluitque fames in civitate
nec erat panis populo terrae
4 et interrupta est civitas
et omnes viri bellatores nocte fugerunt
per viam portae quae est inter duplicem murum ad hortum regis
porro Chaldei obsidebant in circuitu
civitatem
fugit itaque per viam quae ducit ad
campestria solitudinis
5 et persecutus est exercitus Chaldeorum regem
conprehenditque eum in planitie Hiericho
et omnes bellatores qui erant cum eo
dispersi sunt et reliquerunt eum
Ier 32,4! 6 adprehensum ergo regem duxerunt
ad regem Babylonis in Reblatha
qui locutus est cum eo iudicium
7 filios autem Sedeciae occidit coram
eo et oculos eius effodit
vinxitque eum catenis et adduxit in
Babylonem
8 mense quinto septima die mensis Bar 1,2
ipse est annus nonusdecimus regis
Babylonis
venit Nabuzardan princeps exercitus
servus regis Babylonis Hierusalem
9 et succendit domum Domini et domum regis et domos Hierusalem II Par 36,19! Sir 49,8!
omnemque domum conbusit igni
10 et muros Hierusalem in circuitu destruxit omnis exercitus Chaldeorum II Esr 1,3!
qui erat cum principe militum
11 reliquam autem populi partem qui
remanserat in civitate
et perfugas qui transfugerant ad regem Babylonis
et reliquum vulgus transtulit Nabuzardan princeps militiae
12 et de pauperibus terrae reliquit vinitores et agricolas 24,14; Ier 40,7
13 columnas autem aereas quae erant Ier 27,19
in templo Domini et bases **13—17:** Ier 52,17–23
et mare aereum quod erat in domo
Domini
confregerunt Chaldei et transtulerunt aes omnium in Babylonem Ier 27,22
14 ollas quoque aereas et trullas et tridentes et scyphos
et omnia vasa aerea in quibus ministrabant tulerunt
15 nec non turibula et fialas
quae aurea aurea et quae argentea
argentea
tulit princeps militiae
16 id est columnas duas mare unum et
bases quas fecerat Salomon in
templo Domini
non erat pondus aeris omnium vasorum
17 decem et octo cubitos altitudinis habebat columna una III Rg 7,15!
et capitellum aereum super se altitu-

RAC ΣΛDΦ cr

19 ioakim c.(*edd.* 1593 *et* 1598); ioachin ΛDΦ; ioacin Σ; ioakin c.(*ed.* 1592) ‖ **25**,1 autem + in R | 4 itaque + rex RC.; + sedecias ΛΦc | 7 effudit RD | 8 babylonis² + in CΣc | 9 domos] domum CΣ | 11 ~ reliquam autem partem populi R; reliquum autem populi C. | qui¹] quae ΣΦc | remanserant R | 13 domo] templo C | aes omne Φc; omnem aes C. | 14 tridentes et scyphos] *praem.* mortariola et Σ; + mortariola C; + et mortariola ΛΦc | 15 nec non + et Σc |

dinis trium cubitorum
III Rg 7,18! et reticulum et malogranata super
capitellum columnae omnia aerea
similem et columna secunda habebat
ornatum
18—21: Ier 52,24–27 18 tulit quoque princeps militiae Serai-
an sacerdotem primum
et Sophoniam sacerdotem secundum
et tres ianitores
19 et de civitate eunuchum unum qui
erat praefectus super viros bellatores
et quinque viros de his qui steterant
coram rege quos repperit in civitate
et Sopher principem exercitus qui
probabat tirones de populo terrae
et sex viros e vulgo qui inventi fuerant in civitate
20 quos tollens Nabuzardan princeps
militum duxit ad regem Babylonis
in Reblatha
21 percussitque eos rex Babylonis et in-
23,33 terfecit in Reblatha in terra Emath
et translatus est Iuda de terra sua
22 populo autem qui relictus erat in terra Iuda
quem dimiserat Nabuchodonosor
rex Babylonis
,12! Ier 39,14; 40,5.6; 41,18 praefecit Godoliam filium Ahicham
filii Saphan
23.24: Ier 40,7–9 23 quod cum audissent omnes duces
militum
ipsi et viri qui erant cum eis
videlicet quod constituisset rex Babylonis Godoliam
venerunt ad Godoliam in Maspha
Ismahel filius Nathaniae
et Iohanan filius Caree
et Sareia filius Thenaameth Netho-
phathites
et Iezonias filius Maachathi
ipsi et socii eorum
24 iuravitque eis Godolias et sociis eorum dicens
nolite timere servire Chaldeis
manete in terra et servite regi Babylonis et bene erit vobis
25 factum est autem in mense septimo Ier 41,1–3
venit Ismahel filius Nathaniae filii
Elisama de semine regio et decem
viri cum eo
percusseruntque Godoliam qui mor- Ier 41,18
tuus est
sed et Iudaeos et Chaldeos qui erant
cum eo in Maspha
26 consurgens autem omnis populus a
parvo usque ad magnum et princi- Ier 43,5.6
pes militum
venerunt in Aegyptum timentes Ier 41,17.18; 43,7
Chaldeos
27 factum est vero anno tricesimo sep- 27—30: Ier 52,31–34
timo transmigrationis Ioiachin re-
gis Iudae
mense duodecimo vicesima septima
die mensis
sublevavit Evilmerodach rex Babylonis anno quo regnare coeperat
caput Ioiachin regis Iuda de carcere
28 et locutus est ei benigna
et posuit thronum eius super thronum regum qui erant cum eo in Babylone
29 et mutavit vestes eius quas habuerat
in carcere
et comedebat panem semper in con- II Sm 9,7!
spectu eius cunctis diebus vitae suae
30 annonam quoque constituit ei abs- Idt 12,1; Dn 1,5
que intermissione
quae et dabatur ei a rege per singulos dies omnibus diebus vitae suae

EXPLICIT LIBER MALACHIM

ID EST REGUM TERTIUS ET QUARTUS

17 retiaculum CΛc | 19 [*deest* R *usque ad v.* 30] | ~ bellatores uiros c | sex] sexaginta c | 21 interfecit + eos c | ~ in reblata et interfecit C | 23 thanehumeth c. | 24 eis godolias] godolias ipsis c. | in terram C | 25 [*deest* D *usque ad v.* 30] | qui[1] + et c | 26 consurgensque omnis ΛΦc | 27 uero] autem C; + in Φc | ihoachim[1.2] C | iuda[1] c | 28 benigne ΣΛΦc | 30 absque] sine c ||

(R)AC ΣΛ(D)Φ cr

INCIPIT PROLOGUS SANCTI HIERONYMI IN LIBRO PARALIPOMENON

Si Septuaginta interpretum pura et ut ab eis in graecum versa est editio permaneret, superflue me, mi Cromati, episcoporum sanctissime atque doctissime, inpelleres, ut hebraea volumina latino sermone transferrem. Quod enim semel aures hominum occupaverat et nascentis Ecclesiae roboraverat fidem, iustum erat etiam nostro silentio conprobari. Nunc vero cum pro varietate regionum diversa ferantur exemplaria et germana illa antiquaque translatio corrupta sit atque violata, nostri arbitrii putas, aut e pluribus iudicare quid verum sit, aut novum opus in veteri [Cic. Mur. 25] opere condere, inludentibusque Iudaeis «cornicum», ut dicitur, «oculos configere». Alexandria et Aegyptus in Septuaginta suis Hesychium laudat auctorem, Constantinopolis usque Antiochiam Luciani martyris exemplaria probat, mediae inter has provinciae palestinos codices legunt, quos ab Origene elaboratos Eusebius et Pamphilius vulgaverunt, totusque orbis hac inter se trifaria varietate conpugnat. Et certe Origenes non solum exempla conposuit quattuor editionum e regione singula verba describens, ut unus dissentiens statim ceteris inter se consentientibus arguatur, sed, quod maioris audaciae est, in editione Septuaginta Theodotionis editionem miscuit, asteriscis designans quae minus fuerint, et virgulis quae ex superfluo videantur adposita. Si igitur aliis licuit non tenere quod semel susceperant, et post septuaginta cellulas, quae vulgo sine auctore iactantur, singulas cellulas aperuere, hocque in ecclesiis legitur quod Septuaginta nescierunt, cur me non suscipiant Latini mei, qui inviolata editione veteri ita novam condidi, ut laborem meum Hebraeis et, quod his maius est, Apostolis auctoribus [Ep. 57 ad Pammachium] probem? Scripsi nuper librum De optimo genere interpretandi, ostendens illa de Evan- [Mt 2,15.23] gelio: «Ex Aegypto vocavi filium meum» et: «Quoniam Nazareus vocabitur» et: [Io 19,37 I Cor 2,9] «Videbunt in quem conpunxerunt» et illud Apostoli: «Quae oculus non vidit, nec auris audivit, et in cor hominis non ascenderunt, quae praeparavit Deus diligentibus se» ceteraque his similia in Hebraeorum libris inveniri. Certe Apostoli et Evangelistae Septuaginta interpretes noverant, et unde eis haec dicere quae in Septuaginta non habentur? Christus Deus noster utriusque Testamenti conditor in Evangelio secun- [Io 7,38] dum Iohannem, «Qui credit», inquit, «in me, sicut dixit Scriptura, flumina de ventre eius fluent aquae vivae». Utique scriptum est quod Salvator scriptum esse testatur.

AGC ΣΛDSΦ cr

Prologus. *Citantur* AG(= N *apud* r)C *et* ΣΛDS(= U *apud* r)Φ *ac* c(*edd.* 1593 *et* 1598)r. [*adv. Ruf.* = *Hieronymus, Apologia adv. Rufinum* II,27]. *Tit.* eiusdem in librum paralipomenon praefatio c | 2 me mi r *adv. Ruf.*] me CΣc.; mi *cet.* | 3 inpelleris AS | hebraea] *praem.* tibi AS *adv. Ruf.*; + tibi c. | 7 indicare C | 8 condere] cudere ASc *adv. Ruf.* | 10 usque + ad *adv. Ruf.* | 11 laboratos CΣ | pamphilus Λc | 13 exemplum D.; exemplaria A; exapla GΛ | 14 inter] in A | ~ inter se consentientibus ceteris CΣ. | 15 asteriscis + uidelicet *adv. Ruf.* | 16 fuerant CΣc *adv. Ruf.* | uidebantur CΣc *adv. Ruf.* | 18 hoc quoque AS; hoc quia CΣ. | 19 nouum G | 21 comprobem c. | 24 et] nec CΣΛDΦc *adv. Ruf.* | non *om.* ΛDΦc *adv. Ruf.* | deus] dominus *adv. Ruf.* | se] illum c. | 25 inuenire S.; inueni CΣ. | apostolus *adv. Ruf.* | et *om.* A | 26 haec] hoc D *adv. Ruf.* | diceretur Σ.; *om.* c. | quae] quod *adv. Ruf.* | septuaginta + interpretibus c | 27 habetur et *adv. Ruf.* | deus] dominus c *adv. Ruf.* | 28 dicit AΦc *adv. Ruf.* |

Ubi scriptum est? Septuaginta non habent, apocrifa nescit Ecclesia; ad Hebraeos igitur revertendum est, unde et Dominus loquitur et discipuli exempla praesumunt. Haec pace veterum loquar et obtrectatoribus meis tantum respondeo, qui canino dente me rodunt, in publico detrahentes, legentes in angulis, idem et accusatores et defensores, cum in aliis probent quod in me reprobant, quasi virtus et vitium non in rebus sit, sed cum auctore mutetur. Ceterum memini editionem Septuaginta translatorum olim de graeco emendatam tribuisse me nostris, nec inimicum debere aestimari eorum quos in conventu fratrum semper edissero. Et quod nunc Dabreiamin, id est Verba dierum, interpretatus sum, idcirco feci, ut inextricabiles moras et silvam nominum, quae scriptorum confusa sunt vitio, sensuumque barbariem apertius et per versuum cola digererem, «mihimet ipsi et meis» iuxta Hismenium «canens», si aures surdae sunt ceterorum. EXPLICIT PROLOGUS Cic. Brut. 187 Val. Max. 3,7

INCIPIT LIBER DABREIAMIN ID EST VERBA DIERUM QUI GRAECE DICITUR PARALIPOMENON

1—4: Gn 5,4–31! Adam Seth Enos 2 Cainan Malelehel Iared 3 Enoch Matusale Lamech 4 Noe Sem Ham et Iafeth
5—7: Gn 10,2–4 5 filii Iafeth Gomer Magog Madai et Iavan
Thubal Mosoch Thiras
6 porro filii Gomer Aschenez et Rifath et Thogorma
7 filii autem Iavan Elisa et Tharsis Cetthim et Dodanim
8—10: Gn 10,6–8 8 filii Ham Chus et Mesraim Phut et Chanaan
9 filii autem Chus Saba et Evila
Sabatha et Rechma et Sabathaca
porro filii Rechma Saba et Dadan
10 Chus autem genuit Nemrod
iste coepit esse potens in terra
11—16: Gn 10,13–18 11 Mesraim vero genuit Ludim et Anamim et Laabim et Nepthuim
12 Phethrosim quoque et Chasluim
de quibus egressi sunt Philisthim et Capthurim
13 Chanaan vero genuit Sidonem primogenitum et Heth
14 Iebuseum quoque et Amorreum et Gergeseum
15 Evheumque et Aruceum et Asineum
16 Aradium quoque et Samareum et Ematheum
17 filii Sem Aelam et Assur et Arfaxad et Lud et Aram 17—23: Gn 10,22–29
et Us et Hul et Gothor et Mosoch
18 Arfaxad autem genuit Sala qui et ipse genuit Heber
19 porro Heber nati sunt duo filii
nomen uni Phaleg quia in diebus eius divisa est terra
et nomen fratris eius Iectan
20 Iectan autem genuit Helmodad et Saleph et Asermoth et Iare
21 Aduram quoque et Uzal et Decla
22 Ebal etiam et Abimahel et Saba
nec non 23 et Ophir et Evila et Iobab
omnes isti filii Iectan
24 Sem Arfaxad Sale 25 Heber Phaleg 24—27: Gn 11,10–26; Lc 3,34–36
Raau 26 Serug Nahor Thare 27 Abram

31 est *om. adv. Ruf.* | 32 loquar AC.] loquor *cet. et adv. Ruf.* | 33 detrahentes + et c. | 36 deberi CΣD | existimari c *adv. Ruf.* | 37 in conuentum AS | dabreiamin *litteris hebr. scr.* c. | 40 ismeniam c *adv. Ruf.* | surdae sunt] surdescunt C || AGC ΣΛDSΦ cr

Verba Dierum. *Citantur* AG(= N *apud* r)C *et* ΣΛDS(= U *apud* r)Φil *ac* cr. *Tit.* liber primus paralipomenon hebraice dibre haiamim c || **1**,1 [*desunt* i *usque ad* II,5,9, *et* l *usque ad* I,21,22] | 5 gomer + et c. | magog + et c | 8 mesraim + et c | 13 primogenitum + suum Φc | et *om.* c. | hettheum GCΣc | 14 quoque et iebusaeum et c. | 15 sineum Ac | 17 et[5]] filii aram CΣ, *cf.* Gn 10,23; hii sunt filii aram A. | 22 ebal] et bal CΣS. |

iste est Abraham
28—31: Gn 25,12–16 28 filii autem Abraham Isaac et Ismahel
29 et hae generationes eorum
primogenitus Ismahelis Nabaioth et
Cedar et Adbeel et Mabsam
30 Masma et Duma Massa Adad et
Thema 31 Iathur Naphis Cedma
hii sunt filii Ismahelis
32.33: Gn 25,1–4 32 filii autem Cetthurae concubinae
Abraham quos genuit
Zamram Iecsan Madan Madian Ies-
boc Sue
porro filii Iecsan Saba et Dadan
33 filii autem Madian Epha et Apher et
Enoch et Abida et Eldaa
omnes hii filii Cetthurae
Gn 25,19! 34 generavit autem Abraham Isaac cuius fuerunt filii Esau et Israhel
Gn 36,4.5! 35 filii Esau Eliphaz Rauhel Iaus Ialam
35—54: Gn 36,10–43 Core
36 filii Eliphaz Theman Omer Sepphu
Gethem Cenez Thamna Amalech
37 filii Rauhel Naath Zara Samma Ma-
za
38 filii Seir Lothan Sobal Sebeon Ana
Dison Eser Disan
39 filii Lothan Horri Humam
soror autem Lothan fuit Thamna
40 filii Sobal Alian et Manaath et Ebal
et Sepphi et Onam
filii Sebeon Aia et Ana
filii Ana Dison
41 filii Dison Amaran et Eseban et Iethran et Charan
42 filii Eser Balaan et Zaban et Iacan
filii Dison Us et Aran
43 isti sunt reges qui imperaverunt in
terra Edom
antequam esset rex super filios Israhel
Bale filius Beor et nomen civitatis
eius Denaba
44 mortuus est autem Bale et regnavit
pro eo Iobab filius Zare de Bosra
45 cumque et Iobab fuisset mortuus
regnavit pro eo Husam de terra
Themanorum
46 obiit quoque et Husam et regnavit
pro eo Adad filius Badad
qui percussit Madian in terra Moab
et nomen civitatis eius Avith
47 cumque et Adad fuisset mortuus
regnavit pro eo Semla de Masreca
48 sed et Semla mortuus est et regnavit
pro eo Saul de Rooboth quae iuxta
amnem sita est
49 mortuo quoque Saul regnavit pro eo
Baalanan filius Achobor
50 sed et hic mortuus est et regnavit pro
eo Adad cuius urbis fuit nomen
Phou
et appellata est uxor eius Mehetabel
filia Matred filiae Mezaab
51 Adad autem mortuo duces pro regibus in Edom esse coeperunt
dux Thamna dux Alva dux Ietheth
52 dux Oolibama dux Hela dux Phinon
53 dux Cenez dux Theman dux Mabsar
54 dux Magdihel dux Iram
hii duces Edom
2 filii autem Israhel Ruben Symeon 1.2: Gn 35,23–26; Ex 1,1–4
Levi Iuda Isachar et Zabulon
2 Dan Ioseph Beniamin Nepthali Gad
Aser
3 filii Iuda Her Aunan Sela tres nati Gn 38,2–7; Nm 26,19.20
sunt ei de filia Sue Chananitidis 3—5: Gn 46,12
fuit autem Her primogenitus Iuda
malus coram Domino et occidit
eum
4 Thamar autem nurus eius peperit ei Rt 4,12
Phares et Zara
omnes ergo filii Iuda quinque

AGC ΣΛDSΦ cr 30 et masma Φc | 32 iesboc + et c | dadan + filii autem dadan asurim et latussim et laomim CΣΛ(*om.* et lat.)c, *cf.* Gn 25,3 | 34 genuit Φc | 35 ialam + et c. | 36 thamna] de thamna (tamar Σ) autem (*om.* Σ) concubina genuit CΣ, *cf.* Gn 36,12 | 38 disan + filii sobal alian et hebul CΣ, *ex v.* 40 | 40 et³ *om.* c. | dison + oolibama CΣ, *cf.* Gn 36,25 | 41 filii dison *om.* A | 42 disan CΣc | 43 in terram C | 44 de + matre CΣ. | 45 pro eo *om.* A | 46 obiit quoque] obiitque A | et¹ *om.* AΛ | 49 mortuo autem S.; mortuusque CΣ. | 50 ~ nomen fuit ΛDΦc | 51 ~ esse coeperunt in edom CΣ. || **2**,2 gad + et c. | 3 onan c; + et CΣc | sela + hii CΣc | chananitide CΣc. |

Nm 26,20.21 5 filii autem Phares Esrom et Hamul
6 filii quoque Zarae Zamri et Ethan et
Eman
Chalchal quoque et Darda simul
quinque
Ios 7,1! 7 filii Carmi Achar qui turbavit Israhel et peccavit in furto anathematis
8 filii Ethan Azarias
9—12: Rt 4,18–22 9 filii autem Esrom qui nati sunt ei Ie-
remahel et Ram et Chalubi
10 porro Ram genuit Aminadab
Aminadab autem genuit Naasson
principem filiorum Iuda
11 Naasson quoque genuit Salma de
quo ortus est Boez
12 Boez vero genuit Obed qui et ipse
genuit Isai
I Sm 17,13 13 Isai autem genuit primogenitum Heliab secundum Abinadab
tertium Samaa 14 quartum Nathanahel quintum Raddai
15 sextum Asom septimum David
16 quorum sorores fuerunt Sarvia et
Abigail
II Sm 2,18! 17,25 filii Sarviae Abisai Ioab et Asahel
tres
17 Abigail autem genuit Amasa cuius
pater fuit Iether Ismahelites
18 Chaleb vero filius Esrom accepit
uxorem nomine Azuba de qua genuit Ierioth
fueruntque filii eius Iesar et Sobab
et Ardon
19 cumque mortua fuisset Azuba accepit uxorem Chaleb Ephrath quae
peperit ei Ur
Ex 31,2! 20 porro Ur genuit Uri et Uri genuit
Beselehel
21 post haec ingressus est Esrom ad filiam Machir patris Galaad
et accepit eam cum esset annorum
sexaginta quae peperit ei Segub
Nm 32,41! 22 sed et Segub genuit Iair et possedit
viginti tres civitates in terra Galaad
23 cepitque Gessur et Aram oppida Iair
et Canath et viculos eius sexaginta Nm 32,42
civitatum
omnes isti filii Machir patris Galaad
24 cum autem mortuus esset Esrom ingressus est Chaleb ad Ephrata
habuit quoque Esrom uxorem Abia
quae peperit ei Assur patrem The- 4,5
cue
25 nati sunt autem filii Hieramehel primogeniti Esrom
Ram primogenitus eius et Buna et
Aran et Asom et Ahia
26 duxit quoque uxorem alteram Hieramehel nomine Atara quae fuit
mater Onam
27 sed et filii Ram primogeniti Hieramehel fuerunt Moos et Iamin et
Achar
28 Onam autem habuit filios Semmei et
Iada
filii autem Semmei Nadab et Abisur
29 nomen vero uxoris Abisur Abiail
quae peperit Ahobban et Molid
30 filii autem Nadab fuerunt Saled et
Apphaim
mortuus est autem Saled absque liberis
31 filius vero Apphaim Iesi qui Iesi genuit Sesan
porro Sesan genuit Oholi
32 filii autem Iada fratris Semmei Iether et Ionathan
sed et Iether mortuus est absque liberis
33 porro Ionathan genuit Phaleth et
Ziza
isti fuerunt filii Hieramehel
34 Sesan autem non habuit filios sed filias et servum aegyptium nomine
Ieraa
35 deditque ei filiam suam uxorem quae
peperit ei Eththei
36 Eththei autem genuit Nathan et Na-

6 et[1] *om.* GΛS | 7 filii carmi achar] filius zabdi charmi filius charmi achan CΣ, *cf.* Ios 7,1 | 12 uero] autem A | 13 ~ primogenitum genuit CΣ. | 23 aram + et CΣS. | septuaginta ciuitates A | 27 et[2] *om.* c. | 28 et[1] *om.* A | 29 peperit + ei c | 35 ei[1] *om.* G |

AGC ΣΛDSΦ cr

than genuit Zabad
37 Zabad quoque genuit Ophlal et
Ophlal genuit Obed
38 Obed genuit Ieu
Ieu genuit Azariam
39 Azarias genuit Helles
Helles genuit Elasa
40 Elasa genuit Sisamoi
Sisamoi genuit Sellum
41 Sellum genuit Icamian
Icamian genuit Elisama
42 filii autem Chaleb fratris Hieramehel
Mosa primogenitus eius ipse est pater Ziph
et filii Maresa patris Hebron
43 porro filii Hebron Core et Thapphu
et Recem et Samma
44 Samma autem genuit Raam patrem
Iercaam et Recem genuit Semmei
45 filius Semmei Maon et Maon pater
Bethsur
46 Epha autem concubina Chaleb peperit Arran et Musa et Gezez
porro Arran genuit Gezez
47 filii Iadai Regom et Iotham et Ge-
sum et Phaleth et Epha et Saaph
48 concubina Chaleb Maacha peperit
Saber et Tharana
49 genuit autem Saaph pater Madmena
Sue patrem Machbena et patrem
Gabaa
filia vero Chaleb fuit Achsa
50 hii erant filii Chaleb
filii Ur primogeniti Ephrata
Sobal pater Cariathiarim
51 Salma pater Bethleem
Ariph pater Bethgader
52 fuerunt autem filii Sobal patris Cariathiarim qui videbat dimidium
requietionum
53 et de cognatione Cariathiarim Ieth-
rei et Apphutei et Semathei et Ma-
serei
ex his egressi sunt Saraitae et Estha-
olitae
54 filii Salma Bethleem et Netophathi
coronae domus Ioab et dimidium
requietionis Sarai
55 cognationes quoque scribarum habitantium in Iabis canentes atque
resonantes et in tabernaculis com-
morantes
hii sunt Cinei qui venerunt de calore
patris domus Rechab
3 David vero hos habuit filios qui ei **1—4:** II Sm 3,2–5
nati sunt in Hebron
primogenitum Amnon ex Achinaam I Sm 27,3!
Iezrahelitide
secundum Danihel de Abigail Car-
melitide
2 tertium Absalom filium Maacha filiae Tholmei regis Gessur II Sm 3,3; 13,3
quartum Adoniam filium Aggith
3 quintum Saphatiam ex Abital
sextum Iethraam de Egla uxore sua
4 sex ergo nati sunt ei in Hebron ubi
regnavit septem annis et sex mensi- 29,27; II Sm 2,11; 5,5; III Rg 2,11
bus
triginta autem et tribus annis regnavit in Hierusalem
5 porro in Hierusalem nati sunt ei filii **5—8:** 14,4–7; II Sm 5,14–16
Samaa et Sobab et Nathan et Sa-
lomon quattuor de Bethsabee filia II Sm 11,3
Amihel
6 Iebaar quoque et Elisama 7 et Eliphalet et Noge et Napheg et Iaphie
8 nec non Elisama et Heliade et Eliphalet novem
9 omnes hii filii David absque filiis
concubinarum habuerunt sororem II Sm 13,1
Thamar
10 filius autem Salomonis Roboam cu- **10—19:** Mt 1,7–12
ius Abia filius genuit Asa
de hoc quoque natus est Iosaphat
11 pater Ioram IV Rg 11,2
qui Ioram genuit Ohoziam ex quo
ortus est Ioas
12 et huius Amasias filius genuit Aza- IV Rg 15,1

AGC ΣΛDSΦ cr 39 helles[2]] *praem.* et c; + autem A. | 41 icamian[2] + autem c | 47 filii + autem c. | 52 autem *om.* G || **3**,1 ~ nati sunt ei CΣS | primogenitus CΣ. | iezrahelitide Λ cr 𝔐] israhelitide *cet.* | 5 in *om.* G | et[1.2] *om.* CΣ. | 7 et[2] *om.* GCΣ | 8 nec non + et CΣ | 9 habueruntque c. | 11 ochoziam CΛ c; oziam AD |

riam
porro Azariae filius Ioatham 13 pro-
creavit Achaz patrem Ezechiae de
quo natus est Manasses
14 sed et Manasses genuit Amon patrem Iosiae
15 filii autem Iosiae fuerunt primogenitus Iohanan secundus Ioiacim tertius Sedecias quartus Sellum
Ier 22,24 16 de Ioiacim natus est Iechonias et Sedecias
17 filii Iechoniae fuerunt Asir Salathihel 18 Melchiram Phadaia
Sennaser et Iecemia Sama et Na-
dabia
19 de Phadaia orti sunt Zorobabel et
Semei
Zorobabel genuit Mosollam Ana-
niam et Salomith sororem eorum
20 Asabamque et Ohol et Barachiam
et Asadiam Iosabesed quinque
21 filius autem Ananiae Phaltias pater
Ieseiae cuius filius Raphaia
huius quoque filius Arnam de quo
natus est Obdia cuius filius fuit Sechenia
II Esr 3,29 22 filius Secheniae Semeia
cuius filii Attus et Iegal et Baria et
Naaria et Saphat sex numero
23 filius Naariae Helioenai et Ezechias
et Ezricam tres
24 filii Helioenai Oduia et Heliasub et
Pheleia et Accub et Iohanan et Dalaia et Anani septem
Gn 46,12 **4** filii Iuda Phares Esrom et Carmi et
Ur et Subal
2 Reaia vero filius Subal genuit Ieth
de quo nati sunt Ahimai et Laed
hae cognationes Sarathi
3 ista quoque stirps Hetam Iezrahel et
Iesema et Iedebos
nomenque sororis eorum Asalel-
phuni
4 Phunihel autem pater Gedor et Ezer
pater Osa
isti sunt filii Ur primogeniti Ephrata
patris Bethleem
5 Asur vero patris Thecue erant duae 2,24
uxores Halaa et Naara
6 peperit autem ei Naara Oozam et
Epher et Themani et Asthari
isti sunt filii Naara
7 porro filii Halaa Sereth Isaar et Eth-
nan
8 Cos autem genuit Anob et Sobaba
et cognationem Aral filii Arum
9 fuit autem Iabes inclitus prae fratribus suis
et mater eius vocavit nomen illius Iabes dicens
quia peperi eum in dolore
10 invocavit vero Iabes Deum Israhel
dicens
si benedicens benedixeris mihi et di-
lataveris terminos meos
et fuerit manus tua mecum et feceris
me a malitia non opprimi
et praestitit Deus quae precatus est
11 Chaleb autem frater Suaa genuit
Machir qui fuit pater Esthon
12 porro Esthon genuit Bethrapha et
Phesse et Thena patrem urbis Naas
hii sunt viri Recha
13 filii autem Cenez Othonihel et Saraia
porro filii Othonihel Athath 14 et Ma-
onathi genuit Ophra
Saraias autem genuit Ioab patrem
vallis Artificum
ibi quippe artifices erant
15 filii vero Chaleb filii Iephonne Hir et
Hela et Nahem
filiique Hela et Cenez
16 filii quoque Iallelel Ziph et Zipha
Thiria et Asrahel
17 et filii Ezra Iether et Mered et Epher

15 ioa(c)im ACΣΛΦ cr, *item v.* 16 | 18 phadaias et CΣ. | 20 asabamque] hasaban quoque c | 21 abdia AΛDr | 22 saphat + sessa ACΣ, *cf. in* 𝔐 *vocem quae* sex *significat* | ~ numero sex AΛ | 23 filii A | 24 septem] octo A || **4**,3 istae quoque stirpes CΣ. | nomen quoque GΣΛ c | 5 patri c | 6 ahasthari c | 8 aral] aharehel c. | 9 illius] eius A | 10 a *om.* A | 13 athath + et maonathi c | 14 et *om.* c | 15 filiique] filii quoque G c; filii Λ; filius CΣ. | et[3] *om.* CΣΛ c | 16 filius CΣ. | 17 et[1] *om.* A |

AGC ΣΛDSΦ cr

et Ialon
genuitque Mariam et Sammai et Ies-
ba patrem Eṣthamo
18 uxor quoque eius Iudaia peperit Iared patrem Gedor et Heber patrem
Soccho et Hicuthihel patrem Zano
hii autem filii Beththiae filiae Pharaonis quam accepit Mered
19 et filii uxoris Odaiae sororis Naham
patris Ceila
Garmi et Esthamo qui fuit de Machathi
20 filii quoque Simon Amnon et Rena
filius Anan et Thilon
et filii Iesi Zoeth et Benzoeth
21 filii Sela filii Iuda Her pater Lecha
et Laada pater Maresa
et cognationes Domus operantium
byssum in domo Iuramenti
22 et Qui stare fecit solem virique Mendacii et Securus et Incendens
qui principes fuerunt in Moab et qui
reversi sunt in Leem
haec autem verba vetera
23 hii sunt figuli habitantes in plantati-
onibus et in praesepibus apud regem in operibus eius commorati-
que sunt ibi
Gn 46,10; Ex 6,15; Nm 26,12.13 24 filii Symeon Namuhel et Iamin Iarib
Zara Saul
25 Sellum filius eius Mabsam filius eius
Masma filius eius
26 filii Masma Amuhel filius eius Zacchur filius eius Semei filius eius
27 filii Semei sedecim et filiae sex
fratres autem eius non habuerunt filios multos
et universa cognatio non potuit
adaequare summam filiorum Iuda
28—32: Ios 15,26–32 28 habitaverunt autem in Bersabee et
28—33: Ios 19,2–9 Molada et Asarsual 29 et in Ballaa
et in Asom et in Tholad 30 et in Ba-
thuhel et in Orma et in Siceleg 31 et
in Bethmarchaboth et in Asarsusim
et in Bethberai et in Saarim
hae civitates eorum usque ad regem
David
32 villae quoque eorum Etham et Aen
et Remmon et Thochen et Asan civitates quinque
33 et universi viculi eorum per circuitum civitatum istarum usque ad
Baal
haec est habitatio eorum et sedum
distributio
34 Masobab quoque et Iemlech
et Iosa filius Amasiae 35 et Iohel
et Ieu filius Iosabiae filii Saraiae filii
Asihel
36 et Helioenai et Iacoba et Isuaia et
Asaia et Adihel et Isimihel et Banaia
37 Ziza quoque filius Sephei filii Allon
filii Idaia filii Semri filii Samaia
38 isti sunt nominati principes in cognationibus suis
et in domo adfinitatum suarum multiplicati sunt vehementer
39 et profecti sunt ut ingrederentur in
Gador usque ad orientem vallis
et ut quaererent pascua gregibus suis
40 inveneruntque pascuas uberes et valde bonas
et terram latissimam et quietam et
fertilem
in qua ante habitaverunt de stirpe
Ham
41 hii ergo venerunt quos supra de-
scripsimus nominatim in diebus
Ezechiae regis Iuda
et percusserunt tabernacula eorum
et habitatores qui inventi fuerant
ibi
et deleverunt eos usque in praesentem diem habitaveruntque pro eis
quoniam uberrimas ibidem pascuas
reppererunt
42 de filiis quoque Symeon abierunt in

AGC ΣΛDSΦ cr 22 et[3]] est GΦ.; *om.* C. | incedens CΛΦ | ~ uetera uerba AΦ | 23 in[2] *om.* CΣ. | sepibus c | 31 haec GCΣS | 32 et[2] *om.* c. | 38 in domum CΣ. | 40 habitauerant ΣD SΦc | 41 eos] eum G; eam Φ | ~ pascuas ibidem c. |

montem Seir viri quingenti
habentes principes Phaltiam et Na-
hariam et Raphaiam et Ozihel filios Iesi
43 et percusserunt reliquias quae evadere potuerant Amalechitarum
et habitaverunt ibi pro eis usque ad
diem hanc
5 filii quoque Ruben primogeniti Israhel
ipse quippe fuit primogenitus eius
Gn 49,4 sed cum violasset torum patris sui
data sunt primogenita eius filiis Ioseph filii Israhel
et non est ille reputatus in primogenitum
2 porro Iudas qui erat fortissimus inter fratres suos de stirpe eius principes germinati sunt
primogenita autem reputata sunt Ioseph
Gn 46,9; Ex 6,14; Nm 26,5.6 3 filii ergo Ruben primogeniti Israhel
Enoch et Phallu Esrom et Charmi
4 filii Iohel Samaia filius eius Gog filius eius Semei filius eius 5 Micha
filius eius Reeia filius eius Baal filius eius 6 Beera filius eius
quem captivum duxit Theglathphalnasar rex Assyriorum
et fuit princeps in tribu Ruben
7 fratres autem eius et universa cognatio quando numerabantur per
familias suas
habuerunt principes Ielhel et Zacchariam
8 porro Bala filius Azaz filii Samma
filii Iohel ipse habitavit in Aroer
usque ad Nebo et Beelmeon
9 contra orientalem quoque plagam
habitavit usque ad introitum heremi et flumen Eufraten
multum quippe iumentorum numerum possidebat in terra Galaad
10 in diebus autem Saul proeliati sunt
contra Agareos et interfecerunt illos
habitaveruntque pro eis in tabernaculis eorum
in omni plaga quae respicit ad orientem Galaad
11 filii vero Gad e regione eorum habitaverunt in terra Basan usque Selcha
12 Iohel in capite et Saphan secundus
Ianai autem et Saphat in Basan
13 fratres vero eorum secundum domos cognationum suarum
Michahel et Mosollam et Sebe et
Iori et Iachan et Zie et Heber septem
14 hii filii Abiahil filii Uri filii Iaro filii
Galaad filii Michahel filii Iesesi filii
Ieddo filii Buz
15 fratres quoque filii Abdihel filii Guni
princeps domus in familiis suis
16 et habitaverunt in Galaad et in Basan et in viculis eius
et in cunctis suburbanis Saron usque
ad terminos
17 omnes hii numerati sunt in diebus
Ioatham regis Iuda et in diebus Hieroboam regis Israhel
18 filii Ruben et Gad et dimidiae tribus
Manasse
viri bellatores scuta portantes et gladios
et tendentes arcum eruditique ad
proelia quadraginta quattuor milia
et septingenti sexaginta
procedentes ad pugnam 19 dimica-
verunt contra Agarenos
Iturei vero et Naphei et Nodab
20 praebuerunt eis auxilium
traditique sunt in manus eorum Aga-
reni
et universi qui fuerant cum eis
quia Deum invocaverunt cum proe-
liarentur
et exaudivit eos eo quod credidis-

42 filios] filius ΛS; filium CΣ | 43 potuerunt CS; poterant ADΦ | ibi *om.* S; ~ pro eis ibi CΣ || **5**,1 israhelis[1] A | 4 eius[1] *om.* GΣ. | 7 cognatio + eius c | 9 possidebant c | 10 agarenos CΣ | 11 in terram CΣS. | 15 principes ACΣ | 18 quadraginta + et AD | 19 agareos c. | naphis c. | 20 in manibus CΣS | agarei c. | et[2] *om.* A |

AGC ΣΛDSΦ cr

sent in eum
21 ceperuntque omnia quae possederant
camelorum quinquaginta milia et
ovium ducenta quinquaginta milia
asinos duo milia et animas hominum centum milia
22 vulnerati autem multi corruerunt
fuit enim bellum Domini
habitaveruntque pro eis usque ad
transmigrationem
23 filii quoque dimidiae tribus Manasse
possederunt terram
a finibus Basan usque Baalhermon
et Sanir et montem Hermon
ingens quippe numerus erat
24 et hii fuerunt principes domus cognationis eorum
Epher et Iesi et Helihel Ezrihel et
Hieremia et Odoia et Iedihel
viri fortissimi et potentes et nominati duces in familiis suis
Idc 10,13! IV Rg 17,8! 15; II Par 28,6 25 reliquerunt autem Deum patrum suorum
et fornicati sunt post deos populorum terrae quos abstulit Dominus
coram eis
IV Rg 15,29; 17,6; 18,11 26 et suscitavit Deus Israhel spiritum
Ful regis Assyriorum
et spiritum Theglathphalnasar regis
Assur
et transtulit Ruben et Gad et dimidium tribus Manasse
et adduxit eos in Alae et Abor et
Ara et fluvium Gozan usque ad
diem hanc
6,16! Ex 6,16; Nm 3,17! 18; 23,12; Nm 3,19! **6** filii Levi Gersom Caath Merari
2 filii Caath Amram Isaar Hebron et
Ozihel
23,13; Nm 26,59.60 24,1; Ex 6,23! Nm 3,2 3 filii Amram Aaron Moses et Maria
filii Aaron Nadab et Abiu Eleazar
et Ithamar
4—9: 50–53 **4—14:** I Esr 7,1–5 4 Eleazar genuit Finees et Finees genuit Abisue
5 Abisue vero genuit Bocci et Bocci
genuit Ozi
6 Ozi genuit Zaraiam et Zaraias genuit Meraioth
7 porro Meraioth genuit Amariam et
Amarias genuit Ahitob
8 Ahitob genuit Sadoc Sadoc genuit II Sm 8,17; III Rg 4,2
Achimaas
9 Achimaas genuit Azariam Azarias
genuit Iohanan 10 Iohanan genuit
Azariam
ipse est qui sacerdotio functus est in
domo quam aedificavit Salomon in
Hierusalem
11 genuit autem Azarias Amariam et
Amarias genuit Ahitob
12 Ahitob genuit Sadoc et Sadoc genuit
Sellum
13 Sellum genuit Helciam et Helcias
genuit Azariam
14 Azarias genuit Saraiam et Saraias
genuit Iosedec
15 porro Iosedec egressus est quando
transtulit Dominus Iudam et Hie- IV Rg 24,14
rusalem per manus Nabuchodo-
nosor
16 filii ergo Levi Gersom Caath et Me- 1! 23,6 **16—19:**
rari Ex 6,16–19! Nm 26,57.58!
17 et haec nomina filiorum Gersom Lo- 23,7
beni et Semei
18 filii Caath Amram et Isaar et Heb- 2! 23,12
ron et Ozihel
19 filii Merari Mooli et Musi
hae autem cognationes Levi secundum familias eorum
20 Gersom Lobeni filius eius Iaath filius eius Zamma filius eius 21 Ioaa
filius eius Addo filius eius Zara filius
eius Iethrai filius eius
22 filii Caath Aminadab filius eius Core
filius eius Asir filius eius 23 Helcana Ex 6,24
filius eius Abiasaph filius eius Asir
filius eius 24 Thaath filius eius Urihel filius eius Ozias filius eius Saul
filius eius

AGC ΣΛDSΦ cr

21 milia2 + et c. | 23 et sanir et montem hermon *om.* C | 24 helihel + et ΣΛDΦ c | 25 dominus] deus c. | 26 dimidiam tribum c | alae] lalae G.; lahela c. | et in abor Λ c || **6,** 1 caath + et c | 3 abiu + et GΛ | 5 et bocci] bocci A; *om.* S. | 7 et *om.* A | 8 sadoc1 + et AΣ c | achimaas—12 genuit2 *om.* A | 13 et *om.* CΦ | 16 [*hic incip. cap.* 6 𝔐] | 19 haec GCDS |

25 filii Helcana Amasai et Ahimoth
26 Helcana
filii Helcana Sophai filius eius Naath
filius eius 27 Heliab filius eius Hie-
34; I Sm 1,1 roam filius eius Helcana filius eius
28 filii Samuhel primogenitus Vasseni
et Abia
29 filii autem Merari Mooli Lobeni filius eius Semei filius eius Oza filius
eius 30 Samaa filius eius Aggia filius
eius Asaia filius eius
16,4 31 isti sunt quos constituit David super
cantores domus Domini ex quo
conlocata est arca
32 et ministrabant coram tabernaculo
testimonii canentes
donec aedificaret Salomon domum
Domini in Hierusalem
stabant autem iuxta ordinem suum
in ministerio
33 hii vero sunt qui adsistebant cum
filiis suis
15,17 de filiis Caath Heman cantor filius
27; I Sm 1,1 Iohel filii Samuhel 34 filii Helcana
filii Hieroam filii Helihel filii Thou
35 filii Suph filii Helcana filii Maath
filii Amasai 36 filii Helcana filii Iohel filii Azariae filii Sophoniae 37 fi-
lii Thaath filii Asir filii Abiasaph
filii Core 38 filii Isaar filii Caath filii
Levi filii Israhel
15,17 39 et fratres eius Asaph qui stabat a
dextris eius
Asaph filius Barachiae filii Samaa
40 filii Michahel filii Basiae filii Melchiae 41 filii Athnai filii Zara filii
Adaia 42 filii Ethan filii Zamma filii
Semei 43 filii Ieth filii Gersom filii
Levi
15,17 44 filii autem Merari fratres eorum ad
sinistram
Ethan filius Cusi filii Abdi filii Maloch 45 filii Asabiae filii Amasiae
filii Helciae 46 filii Amasai filii Bonni filii Somer 47 filii Mooli filii Musi
filii Merari filii Levi
48 fratres quoque eorum Levitae
qui ordinati sunt in cunctum ministerium tabernaculi domus Domini
49 Aaron vero et filii eius adolebant in- 23,13! Ex 30,7!
censum super altare holocausti
et super altare thymiamatis in omne
opus sancti sanctorum
et ut precarentur pro Israhel iuxta
omnia quae praecepit Moses servus Dei
50 hii sunt autem filii Aaron Eleazar 50—53: 4–9;
filius eius Finees filius eius Abisue 1 Esr 7,2–5
filius eius 51 Bocci filius eius Ozi
filius eius Zaraia filius eius 52 Meraioth filius eius Amaria filius eius
Ahitob filius eius 53 Sadoc filius eius
Achimaas filius eius
54 et haec habitacula eorum per vicos 54—60: Ios 21,9–19
atque confinia
filiorum scilicet Aaron iuxta cognationes Caathitarum
ipsis enim sorte contigerat
55 dederunt igitur eis Hebron in terra
Iuda et suburbana eius per circuitum
56 agros autem civitatis et villas Chaleb filio Iephonne
57 porro filiis Aaron dederunt civitates
ad confugiendum
Hebron et Lobna et suburbana eius
58 Iether quoque et Esthmo cum suburbanis suis
sed et Helon et Dabir cum suburbanis suis
59 Asan quoque et Bethsemes et suburbana eorum
60 de tribu autem Beniamin Gabee et
suburbana eius et Almath cum suburbanis suis
Anathoth quoque cum suburbanis
suis
omnes civitates tredecim per cogna-

26 helcana¹] *praem.* et c | 27 ∼ helcana filius eius hieroam CΣ. | 29 filii] filius C | 31 conlata est A | 32 in ministerium CΣ. | 35 filii³—36 helcana *om.* A | 39 fratris CΣ.; frater c | stabant CΛ | 49 praeceperat c. | dei] domini AΣ. | 50 autem *om.* CΣ. | 54 habitacula] tabernacula CΣ. | contigerat ACD r. 𝔐𝔊] contigerant *cet.* | 59 earum CΛ c |

AGC ΣΛDSΦ cr

tiones suas
61—64: Ios 21,5-8 61 filiis autem Caath residuis de cognatione sua
dederunt ex dimidia tribu Manasse
in possessionem urbes decem
62 porro filiis Gersom per cognationes
suas de tribu Isachar et de tribu
Aser et de tribu Nepthali et de tribu
Manasse in Basan urbes tredecim
63 filiis autem Merari per cognationes
suas de tribu Ruben et de tribu Gad
et de tribu Zabulon
dederunt sorte civitates duodecim
64 dederunt quoque filii Israhel Levitis
civitates et suburbana earum
65 dederuntque per sortem ex tribu filiorum Iuda et ex tribu filiorum Symeon et ex tribu filiorum Beniamin
urbes has quas vocaverunt nominibus suis
66 et his qui erant ex cognatione filiorum Caath
fueruntque civitates in terminis eorum de tribu Ephraim
67 dederunt ergo eis urbes ad confugiendum
Sychem cum suburbanis suis in
monte Ephraim et Gazer cum suburbanis suis
68 Hicmaam quoque cum suburbanis
suis et Bethoron similiter
69 nec non et Helon cum suburbanis
suis et Gethremmon in eundem
modum
70 porro ex dimidia tribu Manasse
Aner et suburbana eius
Balaam et suburbana eius
his videlicet qui de cognatione filiorum Caath reliqui erant
71—81: Ios 21,27-40 71 filiis autem Gersom de cognatione
dimidiae tribus Manasse
Dt 4,43 Gaulon in Basan et suburbana eius
et Astharoth cum suburbanis suis
72 de tribu Isachar
Cedes et suburbana eius et Dabereth cum suburbanis suis
73 Ramoth quoque et suburbana illius
et Anem cum suburbanis suis
74 de tribu vero Aser
Masal cum suburbanis suis et Abdon similiter
75 Acac quoque et suburbana eius et
Roob cum suburbanis suis
76 porro de tribu Nepthali
Cedes in Galilea et suburbana eius
Amon cum suburbanis suis et Cariathaim et suburbana eius
77 filiis autem Merari residuis
de tribu Zabulon
Remmono et suburbana eius et Thabor cum suburbanis suis
78 trans Iordanem quoque ex adverso
Hiericho contra orientem Iordanis Dt 4,43
de tribu Ruben
Bosor in solitudine cum suburbanis
suis et Iasa cum suburbanis suis
79 Cademoth quoque et suburbana eius
et Miphaath cum suburbanis suis
80 nec non de tribu Gad Dt 4,43
Ramoth in Galaad et suburbana
eius et Manaim cum suburbanis
suis
81 sed et Esbon cum suburbanis eius et
Iezer cum suburbanis suis
7 porro filii Isachar Thola et Phua Iasub et Samaron quattuor Gn 46,13 1—5: Nm 26,23-25
2 filii Thola Ozi et Raphaia et Ierihel
et Iemai et Iebsem et Samuhel
principes per domos cognationum
suarum de stirpe Thola viri fortissimi numerati sunt in diebus David
viginti duo milia sescenti
3 filii Ozi Iezraia de quo nati sunt Michahel et Obadia et Iohel et Iesia

AGC ΣΛDSΦ cr

61 filii GDS | de cognatione sua] cognationibus suis CΣ. | 62 et^{3} *om.* CΣ. | 63 sortem CΣSΦ; sortes A | 64 eorum GDS | 65 et$^{1.2}$ *om.* C | 66 ex] de c. | 70 eius^{2}] illius Λ DSΦr | 73 illius] eius A c | 75 eius + ramoth quoque et suburbana eius et anem cum suburbanis suis A, *ex v.* 73 | 78 aduerso] transuerso CΣ. | in solitudinem AS | et—suis^{2} *om.* G | 80 nec non + et GΣDSΦ c | 81 eius] suis GCΣΦ c || 7,1 filiis G | 2 princeps G | 3 obadia] madia A |

quinque omnes principes
4 cumque eis per familias et populos
suos accincti ad proelium viri fortissimi triginta sex milia
multas enim habuere uxores et filios
5 fratresque eorum per omnem cognationem Isachar robustissimi ad
pugnandum octoginta septem milia
numerati sunt
,1–5: Gn 46,21 6 Beniamin Bale et Bochor et Iadihel
6—10: Nm 26,38–40 tres
7 filii Bale Esbon et Ozi et Ozihel et
Ierimoth et Urai quinque
principes familiarum et ad pugnandum robustissimi
numerus autem eorum viginti duo
milia et triginta quattuor
8 porro filii Bochor Zamira et Ioas et
Eliezer et Helioenai et Amri et Ierimoth et Abia et Anathoth et Al-
mathan
omnes hii filii Bochor
9 numerati sunt autem per familias
suas principes cognationum ad bella fortissimi viginti milia et ducenti
10 porro filii Iadihel Balan
filii autem Balan Hieus et Beniamin
et Ahoth et Chanana et Iothan et
Tharsis et Haisaar
11 omnes hii filii Iadihel
principes cognationum suarum viri
fortissimi decem et septem milia
et ducenti ad proelium procedentes
12 Sephan quoque et Apham filii Hir
et Asim filii Aer
Gn 46,24.25; Nm 26,48.49 13 filii autem Nepthali Iasihel et Guni
et Asar et Sellum filii Balaa
14—19: Nm 26,29–33; Ios 17,1–3 14 porro filius Manasse Esrihel
concubinaque eius syra peperit Ma-
chir patrem Galaad
15 Machir autem accepit uxores filiis
suis Happhim et Sepham
et habuit sororem nomine Maacha
nomen autem secundi Salphaad
nataeque sunt Salphaad filiae
16 et peperit Maacha uxor Machir filium vocavitque nomen eius Phares
porro nomen fratris eius Sares et filii
eius Ulam et Recem
17 filius autem Ulam Badan
hii sunt filii Galaad filii Machir filii
Manasse
18 soror autem eius Regina peperit virum Decorum et Abiezer et Moola
19 erant autem filii Semida Ahin et Sechem et Leci et Aniam
20 filii autem Ephraim Suthala Bareth Nm 26,35
filius eius Thaath filius eius Elada
filius eius Thaath filius eius
et huius filius Zabad 21 et huius filius
Suthala et huius filius Ezer et Elad
occiderunt autem eos viri Geth indigenae
quia descenderant ut invaderent possessiones eorum
22 luxit igitur Ephraim pater eorum
multis diebus
et venerunt fratres eius ut consolarentur eum
23 ingressusque est ad uxorem suam
quae concepit et peperit filium
et vocavit nomen eius Beria eo quod
in malis domus eius ortus esset
24 filia autem eius fuit Sara
quae aedificavit Bethoron inferiorem et superiorem et Ozensara
25 porro filius eius Rapha et Reseph et
Thale de quo natus est Thaan 26 qui
genuit Laadan
huius quoque filius Ammiud genuit
Elisama
27 de quo ortus est Nun qui habuit fi-

4 cumque] et cum CΣ; cum S | habuerunt ϲ | 5 fratres quoque A ϲ; et fratres S. | robustissimi + atque CΣ. | 6 beniamin] *praem.* filii ACΣ ϲ; *praem.* filii quoque S. | 7 triginta + et A | 8 et abia et anathoth *om.* G | 9 autem *om.* AC | cognationum + et A.; + suarum ϲ | 10 iothan] zethan ϲ. | 11 et[2] *om.* A | 13 asar] ieser ϲ. | 15 uxorem G | 16 filii] filius AS. | 20 suthala] sunt thala GDΦ | et *om.* ϲ. | 21 filius[1] *om.* A | filius[2] *om.* AS. | indigne CDΦ | quia + geth A | descenderunt A; ascenderant Λ | 23 ortus est ADΦ | 24 filii GD | 26 ammiud + qui ϲ; + ammiud S. |

AGC ΣΛDSΦ ϲr

lium Iosue
28 possessio autem eorum et habitatio
Bethel cum filiabus suis
et contra orientem Noran
ad occidentalem plagam Gazer et
filiae eius
Sychem quoque cum filiabus suis
usque Aza et filias eius
Ios 17,11! 29 iuxta filios quoque Manasse Bethsan
et filias eius Thanach et filias eius
Mageddo et filias eius Dor et filias
eius
in his habitaverunt filii Ioseph filii
Israhel
30.31: Gn 46,17; Nm 26,44–46 30 filii Aser Iomna et Iesua et Isui et
Baria et Sara soror eorum
31 filii autem Baria Heber et Melchihel
ipse est pater Barzaith
32 Heber autem genuit Iephlat et Somer
et Otham et Suaa sororem eorum
33 filii Iephlat Phosech et Chamaal et
Asoth
hii filii Iephlat
34 porro filii Somer Ahi et Roaga et
Iaba et Aram
35 filii autem Helem fratris eius Supha
et Iemna et Selles et Amal
36 filii Supha Sue Arnaphed et Sual et
Beri et Iamra
37 Bosor et Od et Samma et Salusa et
Iethran et Bera
38 filii Iether Iephonne et Phaspha et
Ara
39 filii autem Olla Aree et Anihel et
Resia
40 omnes hii filii Aser
principes cognationum electi atque
fortissimi duces ducum
numerus autem eorum aetatis quae
apta esset ad bellum viginti sex
milia
1—5: 7,6.7; Gn 46,21; Nm 26,38–40 **8** Beniamin autem genuit Bale primogenitum
suum Asbal secundum
Ohora tertium 2 Nuaha quartum
et Rapha quintum
3 fueruntque filii Bale Addaor et Gera
et Abiud
4 Abisue quoque et Neman et Ahoe
5 sed et Gera et Sephuphan et Uram
6 hii sunt filii Aod principes cognationum
habitantium in Gabaa
qui translati sunt in Manath
7 Nooman autem et Achia et Gera
ipse transtulit eos et genuit Oza et
Ahiud
8 porro Saarim genuit in regione Moab
postquam dimisit Usim et Bara
uxores suas
9 genuit autem de Edes uxore sua Iobab
et Sebia et Mosa et Molchom
10 Iehus quoque et Sechia et Marma
hii sunt filii eius principes in familiis
suis
11 Meusim vero genuit Abitob et Elphaal
12 porro filii Elphaal Heber et Misaam
et Samad
hic aedificavit Ono et Lod et filias
eius
13 Bara autem et Samma principes cognationum
habitantium in Aialon
hii fugaverunt habitatores Geth
14 et Haio et Sesac et Ierimoth 15 et Zabadia
et Arod et Eder
16 Michahel quoque et Iespha et Ioaa
filii Baria
17 et Zabadia et Mosollam et Ezeci et
Heber 18 et Iesamari et Iezlia et Iobab
filii Elphaal
19 et Iacim et Zechri et Zabdi 20 et Helioenai
et Selethai et Helihel 21 et
Adaia et Baraia et Samarath filii
Semei
22 et Iesphan et Heber et Helihel 23 et
Abdon et Zechri et Hanan 24 et Anania
et Ailam et Anathothia 25 et
Iephdaia et Phanuhel filii Sesac

AGC ΣΛDSΦ cr 28 contra orientalem CΣ. | ad] ac c. | usque + ad c. | et filias ACr] et filius Σ; et filiabus GΛDSΦ; cum filiabus c | 29 thanach et filias eius *om.* AS | 34 roaga] goaza CΣ | 40 bellum] proelium CΣ. || **8**,4 et neman] eneman AD. | et² *om.* CΣ. | 8 in regionem C | 10 iebus ACΣ; iesus S. | 15 et arod — 17 zabadia *om.* A |

26 et Samsari et Sooria et Otholia 27 et
Iersia et Helia et Zechri filii Ieroam
28 hii patriarchae et cognationum principes qui habitaverunt in Hierusalem
29—38: 9,35–44 29 in Gabaon autem habitaverunt Abi-
gabaon et nomen uxoris eius Ma-
acha
30 filiusque eius primogenitus Abdon
et Sur et Cis et Baal et Nadab
31 Gedor quoque et Ahio et Zacher
32 et Macelloth genuit Samaa
habitaveruntque ex adverso fratrum suorum in Hierusalem cum
fratribus suis
I Sm 9,2! 33 Ner autem genuit Cis et Cis genuit
Saul
I Sm 14,49; 31,2 porro Saul genuit Ionathan et Melchisuae et Abinadab et Esbaal
9,40; II Sm 4,4! 9,12 34 filius autem Ionathan Meribbaal et
Meribbaal genuit Micha
35 filii Micha Phithon et Melech et
Thara et Ahaz
36 et Ahaz genuit Ioada et Ioada genuit Almoth et Azmoth et Zamari
porro Zamari genuit Mosa
37 et Mosa genuit Baana cuius filius
fuit Rapha
de quo ortus est Elasa qui genuit
Asel
38 porro Asel sex filii fuere his nominibus Ezricam Bochru Ismahel Saria
Abadia Anan
omnes hii filii Asel
39 filii autem Esec fratris eius
Ulam primogenitus et Us secundus
et Eliphalet tertius
40 fueruntque filii Ulam viri robustissimi et magno robore tendentes arcum
et multos habentes filios ac nepotes
usque ad centum quinquaginta
omnes hii filii Beniamin
9 universus ergo Israhel dinumeratus
est et summa eorum scripta est in II Par 16,11!
libro regum Israhel et Iuda
translatique sunt in Babylonem prop- IV Rg 24,16
ter delictum suum
2 qui autem habitaverunt primi in pos- 2—17: II Esr 11,3–19
sessionibus et in urbibus suis Isra-
hel et sacerdotes Levitae et Nathinnei
3 commorati sunt in Hierusalem de
filiis Iuda et de filiis Beniamin
de filiis quoque Ephraim et Manasse
4 Othei filius Amiud filius Emri filii
Omrai filii Bonni
de filiis Phares filii Iuda 5 et de Siloni
Asaia primogenitus et filii eius
6 de filiis autem Zara Ieuhel et fratres
eorum sescenti nonaginta
7 porro de filiis Beniamin Salo filius
Mosollam filii Oduia filii Asana
8 et Iobania filius Hieroam
et Hela filius Ozi filii Mochori
et Mosollam filius Saphatiae filii
Rahuhel filii Iebaniae
9 et fratres eorum per familias suas
nongenti quinquaginta sex
omnes hii principes cognationum
per domos patrum suorum
10 de sacerdotibus autem Iedaia Ioiarib
et Iachin
11 Azarias quoque filius Helciae filii
Mosollam filii Sadoc filii Maraioth
filii Ahitob pontifex domus Dei
12 porro Adaias filius Hieroam filii
Phasor filii Melchia
et Masaia filius Adihel filii Iezra filii
Mosollam filii Mosollamoth filii
Emmer
13 fratres quoque eorum principes per

27 ieroam] eorum ACΣD. | 29 abigabaon + et iaihel CΣ, *cf. infra* 9,35 | 30 filius quoque GC | baal + et ner CΣ., *cf. infra* 9,36 | 32 macelloth + et macelloth A c; + machelloth quoque CΣ. | 36 et azmoth et] et halmoth genuit C | 37 raphaim CΣ.; raphaia Φ | 38 fuerunt CΛS c | abadia] obdia et c | 39 et us] et iehus c.; eius et us A | 40 fuerunt quoque D.: fuerunt AΣ. | quinquaginta cr 𝔐𝔊] + milia *cet.* || **9**,1 translati sunt A | in babylone CΣ. | 2 sacerdotes + et CΣΛ c | 3 et¹ *om.* CΣ | 4 filius²] filii Φ c | filii¹] filius A | 5 filius AD | 7 beniamin + in AD. | 10 (ioi)aribus CΣD | 11 dei] domini A |

AGC ΣΛDSΦ cr

familias suas mille septingenti sexaginta fortissimi robore
ad faciendum opus ministerii in domo Dei
14 de Levitis autem Semeia filius Assub
filii Ezricam filii Asebiu de filiis
Merari
15 Bacbacar quoque carpentarius et
Galal
et Mathania filius Micha filii Zechri
filii Asaph
16 et Obdia filius Semeiae filii Galal
filii Idithun
et Barachia filius Asa filii Helcana
qui habitavit in atriis Netophathi
I Esr 2,42 17 ianitores autem Sellum et Acub et
Telmon et Ahiman
et frater eorum Sellum princeps
18 usque ad illud tempus in porta Regis
ad orientem observabant per vices
suas de filiis Levi
19 Sellum vero filius Core filii Abiasaph
filii Core cum fratribus suis et domo patris sui
hii sunt Coritae super opera ministerii
custodes vestibulorum tabernaculi
et familiae eorum per vices castrorum Domini custodientes introitum
Ios 22,13! 20 Finees autem filius Eleazar erat dux
eorum coram Domino
26,2 21 porro Zaccharias filius Mosollamia
ianitor portae tabernaculi testimonii
22 omnes hii electi in ostiarios per portas ducenti duodecim et descripti
in villis propriis
quos constituerunt David et Samuhel videns in fide sua
23 tam ipsos quam filios eorum in ostiis
domus Domini et in tabernaculo
vicibus suis
24 per quattuor ventos erant ostiarii id
est ad orientem et ad occidentem
ad aquilonem et ad austrum
25 fratres autem eorum in viculis morabantur
et veniebant in sabbatis suis de tempore usque ad tempus
26 his quattuor Levitis creditus erat
omnis numerus ianitorum
et erant super exedras et thesauros
domus Domini
27 per gyrum quoque templi Domini
morabantur in custodiis suis
ut cum tempus fuisset ipsi mane aperirent fores
28 de horum grege erant et super vasa
ministerii
ad numerum enim et inferebantur
vasa et efferebantur
29 de ipsis et qui credita habebant utensilia sanctuarii praeerant similae et
vino et oleo et turi et aromatibus
30 filii autem sacerdotum unguenta ex
aromatibus conficiebant
31 et Matthathias Levites primogenitus
Sellum Coritae praefectus erat eorum quae in sartagine frigebantur
32 porro de filiis Caath fratribus eorum
super panes erant propositionis
ut semper novos per singula sab- Lv 24,8
bata praepararent
33 hii sunt principes cantorum per familias Levitarum qui in exedris morabantur
ita ut die et nocte iugiter suo ministerio deservirent
34 capita Levitarum per familias suas
principes manserunt in Hierusalem
35 in Gabaon autem commorati sunt 35—44: 8,29–38
pater Gabaon Iaihel
et nomen uxoris eius Maacha
36 filius primogenitus eius Abdon et
Sur et Cis et Baal et Ner et Nadab
37 Gedor quoque et Ahio et Zaccharias
et Macelloth

AGC ΣΛDSΦ cr 13 dei] domini AΣSΦ | 14 filii[1] Σ cr 𝔐] et filii *cet.* | 21 mosollam ACΣ | 24 occidentem + et AG c | 25 et inueniebant A | 26 erant] erat A | 27 domini *om.* AD. | 28 grege] genere GΦ c | 31 eorum] omnium A | 33 ita *om.* c. | et] ac c. | suo *om.* C |

38 porro Macelloth genuit Semmaam
isti habitaverunt e regione fratrum suorum in Hierusalem cum fratribus suis
I Sm 9,2! 39 Ner autem genuit Cis et Cis genuit Saul
I Sm 14,49; 31,2 et Saul genuit Ionathan et Melchisuae et Abinadab et Esbaal
8,34; II Sm 4,4! 40 filius autem Ionathan Meribbaal et Meribbaal genuit Micha
41 porro filii Micha Phiton et Malech et Thara
42 Ahaz autem genuit Iara
et Iara genuit Alamath et Azmoth et Zamri
et Zamri genuit Mosa 43 Mosa vero genuit Baana
cuius filius Raphaia genuit Elasa de quo ortus est Esel
44 porro Esel sex filios habuit his nominibus Ezricam Bochru Ismahel Saria Obdia Anan
hii filii Esel
1–12: I Sm 31,1–13 **10** Philisthim autem pugnabant contra Israhel
fugeruntque viri Israhel Palestinos
II Sm 1,19! et ceciderunt vulnerati in monte Gelboe
2 cumque adpropinquassent Philisthei persequentes Saul et filios eius
percusserunt Ionathan et Abinadab et Melchisuae filios Saul
3 et adgravatum est proelium contra Saul
inveneruntque eum sagittarii et vulneraverunt iaculis
Idc 9,54 4 et dixit Saul ad armigerum suum
evagina gladium tuum et interfice me
ne forte veniant incircumcisi isti et inludant mihi
noluit autem armiger eius hoc facere timore perterritus
arripuit igitur Saul ensem et inruit in eum
5 quod cum vidisset armiger eius videlicet mortuum esse Saul
inruit etiam ipse in gladium suum et mortuus est
6 interiit ergo Saul et tres filii eius et omnis domus illius pariter concidit
7 quod cum vidissent viri Israhel qui habitabant in campestribus fugerunt
et Saul ac filiis eius mortuis dereliquerunt urbes suas et huc illucque dispersi sunt
veneruntque Philisthim et habitaverunt in eis
8 die igitur altero detrahentes Philisthim spolia caesorum
invenerunt Saul et filios eius iacentes in monte Gelboe
9 cumque spoliassent eum et amputassent caput armisque nudassent miserunt in terram suam
ut circumferretur et ostenderetur idolorum templis et populis
10 arma autem eius consecraverunt in fano dei sui
et caput adfixerunt in templo Dagon
11 hoc cum audissent viri Iabesgalaad
omnia scilicet quae Philisthim fecerunt super Saul
12 consurrexerunt singuli virorum fortium
et tulerunt cadavera Saul et filiorum eius
adtuleruntque ea in Iabes
et sepelierunt ossa eorum subter quercum quae erat in Iabes
et ieiunaverunt septem diebus
13 mortuus est ergo Saul propter iniquitates suas
eo quod praevaricatus sit mandatum Domini quod praeceperat et I Sm 13,13

41 thara + et achaz CΣc, *cf. supra* 8,35 | 42 et zamri2] zamri autem c.; *om.* Φ | 44 hii + sunt c. || **10**,1 pugnabat CΣD. | uiri] filii CΣS; *om.* D. | 3 eum + uiri CΣ | 4 igitur] ergo c. | 5 ~ mortuum uidelicet esse CΣ.; ~ uidelicet esse mortuum DΦ | 6 omnes CS | 7 filius eius mortuus C; filii eius mortui A; filios eius mortuos Σ. | reliquerunt CΣ. | 9 circumferrentur CD | 11 fecerant GCΣc | 12 cadauer AΣ |

AGC ΣΛDSΦ cr

non custodierit illud
I Sm 28,7 sed insuper etiam pythonissam con-
suluerit
14 nec speraverit in Domino
12,23! II Sm 3,10! propter quod et interfecit eum
et transtulit regnum eius ad David
filium Isai
1—3: II Sm 5,1–3 **11** congregatus est igitur omnis Israhel ad David in Hebron dicens
Gn 2,23! os tuum sumus et caro tua
2 heri quoque et nudius tertius cum
adhuc regnaret Saul tu eras qui
educebas et introducebas Israhel
tibi enim dixit Dominus Deus tuus
Ez 34,23! tu pasces populum meum Israhel et
tu eris princeps super eum
3 venerunt ergo omnes maiores natu
Israhel ad regem in Hebron
et iniit David cum eis foedus coram
Domino
unxeruntque eum regem super Israhel iuxta sermonem Domini quem
locutus est in manu Samuhel
4—9: II Sm 5,5–10 4 abiit quoque David et omnis Israhel
Idc 19,10! in Hierusalem haec est Iebus
Ios 15,63! ubi erant Iebusei habitatores terrae
5 dixeruntque qui habitabant in Iebus
ad David
non ingredieris huc
porro David cepit arcem Sion quae
est civitas David
6 dixitque omnis qui percusserit Iebuseum in primis erit princeps et
dux
18,15; II Sm 8,16 ascendit igitur primus Ioab filius
Sarviae et factus est princeps
7 habitavit autem David in arce
et idcirco appellata est civitas David
8 aedificavitque urbem in circuitu a
Mello usque ad gyrum
Ioab autem reliqua urbis extruxit
9 proficiebatque David vadens et crescens
et Dominus exercituum erat cum eo

10 hii principes virorum fortium David 10—41: II Sm 23,8–39
qui adiuverunt eum ut rex fieret su-
per omnem Israhel
iuxta verbum Domini quod locutus
est ad Israhel
11 et iste numerus robustorum David
Iesbaam filius Achamoni princeps
inter triginta
iste levavit hastam suam super trecentos vulneratos una vice
12 et post eum Eleazar filius patrui eius
Ahoites qui erat inter tres potentes
13 iste fuit cum David in Aphesdom- I Sm 17,1!
mim quando Philisthim congregati
sunt ad locum illum in proelium
et erat ager regionis illius plenus
hordeo
fugeratque populus a facie Philisthinorum
14 hic stetit in medio agri et defendit
eum
cumque percussisset Philistheos dedit Dominus salutem magnam populo suo
15 descenderunt autem tres de triginta
principibus ad petram in qua erat
David ad speluncam Odollam
quando Philisthim fuerant castra- 14,9; II Sm 5,1
metati in valle Raphaim
16 porro David erat in praesidio et statio Philisthinorum in Bethleem
17 desideravit igitur David et dixit
o si quis daret mihi aquam de cisterna Bethleem quae est in porta
18 tres ergo isti per media castra Philisthinorum perrexerunt
et hauserunt aquam de cisterna Bethleem quae erat in porta
et adtulerunt ad David ut biberet
qui noluit sed magis libavit illam
Domino 19 dicens
absit ut in conspectu Dei mei hoc faciam et sanguinem virorum istorum bibam

AGC ΣΛDSΦ cr 14 et[1] *om.* c ‖ **11**,2 pascis AS. | meum] tuum C.; *om.* AS. | 3 domini *om.* A | 9 proficiebat dauid CΣ. | 14 hi steterunt … defenderunt c | percussissent Σ c | 15 speluncam mo-dollam AΣΦ | castrametati] congregati CΣ. | 17 aqua G.; *om.* A | 19 ~ istorum uirorum c |

quia in periculo animarum suarum adtulerunt mihi aquam
et ob hanc causam noluit bibere
haec fecerunt tres robustissimi
[20] Abisai quoque frater Ioab ipse erat princeps trium
et ipse levavit hastam suam contra trecentos vulneratos
et ipse erat inter tres nominatissimus
[21] inter tres secundos inclitus et princeps eorum
verumtamen usque ad tres primos non pervenerat
27,5.6! [22] Banaia filius Ioiadae viri robustissimi qui multa opera perpetrarat de Capsehel
ipse percussit duos Arihel Moab
et ipse descendit et interfecit leonem in media cisterna tempore nivis
[23] et ipse percussit virum aegyptium cuius statura erat quinque cubitorum
et habebat lanceam ut liciatorium texentium
descendit ergo ad eum cum virga
et rapuit hastam quam tenebat manu
et interfecit eum hasta sua
27,5.6! [24] haec fecit Banaia filius Ioiada
qui erat inter tres robustos nominatissimus [25] inter triginta primus
verumtamen ad tres usque non pervenerat
posuit autem eum David ad auriculam suam
[26] porro fortissimi in exercitu
Asahel frater Ioab
et Eleanan filius patrui eius de Bethleem
[27] Semmoth Arorites
Helles Phallonites
[28] Iras filius Acces Thecuites
27,11; II Sm 21,18; 23,27 Abiezer Anathothites
[29] Sobbochai Asothites
Ilai Ahoites
[30] Marai Netophathites
Heled filius Baana Netophathites
[31] Ethai filius Ribai de Gabaath filiorum Beniamin
Banaia Pharathonites
[32] Uri de torrente Gaas
Abial Arabathites
Azmoth Bauramites
Eliaba Salabonites
[33] filii Asom Gezonites
Ionathan filius Sega Ararites
[34] Ahiam filius Sachar Ararites
[35] Eliphal filius Ur
[36] Apher Mechurathites
Ahia Phellonites
[37] Asrai Carmelites
Noorai filius Azbi
[38] Iohel frater Nathan
Mabar filius Agarai
[39] Sellec Ammonites
Noorai Berothites armiger Ioab filii Sarviae
[40] Iras Iethreus
Gareb Iethreus
[41] Urias Ettheus
Zabad filius Ooli
[42] Adina filius Seza Rubenites princeps Rubenitarum et cum eo triginta
[43] Hanan filius Maacha
et Iosaphat Mathanites
[44] Ozias Astharothites
Semma et Iaihel filii Hotam Aroerites
[45] Iedihel filius Samri et Ioha frater eius Thosaites
[46] Elihel Maumites
et Ieribai et Iosaia filii Elnaem
et Iethma Moabites
Elihel et Obed et Iasihel de Masobia
12 hii quoque venerunt ad David in Siceleg cum adhuc fugeret Saul filium Cis
qui erant fortissimi et egregii pugna-

20 in tres AD. | 21 et inter c. | secundos AΣ cr 𝔐] secundus *cet.* | primus GDS | 23 ergo] igitur c | 24 ioiadae GΣSΦ c | nominatissimos CΣD | 25 primos CΛD | ~ usque ad tres G | 26 fortissimi + uiri DΦ c | elchanan c | 29 asothites] husathites c. | 32 uri] uiri AG | 37 asrai] hesro c. | 39 filius CΦ ||

AGC ΣΛDSΦ cr

tores 2 tendentes arcum
et utraque manu fundis saxa iacientes et dirigentes sagittas
de fratribus Saul ex Beniamin
3 princeps Ahiezer et Ioas filii Sammaa Gabathites
et Iazihel et Phallet filii Azmoth
et Baracha et Ieu Anathothites
4 Samaias quoque Gabaonites fortissimus inter triginta et super triginta
Hieremias et Iezihel et Iohanan et
Iezbad Gaderothites
5 Eluzai et Ierimuth et Baalia et Samaria et Saphatia Aruphites
6 Helcana et Iesia et Azrahel et Ioezer
et Iesbaam de Careim
7 Ioeela quoque et Zabadia filii Ieroam de Gedor
8 sed et de Gaddi transfugerunt ad
David cum lateret in deserto
viri robustissimi et pugnatores optimi tenentes clypeum et hastam
facies eorum quasi facies leonis
et veloces quasi capreae in montibus
9 Ezer princeps Obdias secundus
Eliab tertius 10 Masmana quartus
Hieremias quintus 11 Hetthi sextus
Helihel septimus 12 Iohanan octavus
Helzebad nonus 13 Hieremias decimus Bachannai undecimus
14 hii de filiis Gad principes exercitus
novissimus centum militibus praeerat et maximus mille
Ios 3,15! 15 isti sunt qui transierunt Iordanem
mense primo
quando inundare consuevit super ripas suas
et omnes fugaverunt qui morabantur in vallibus ad orientalem plagam et occidentalem
16 venerunt autem et de Beniamin et de
Iuda ad praesidium in quo morabatur David
17 egressusque est David obviam eis et
ait
si pacifice venistis ad me ut auxilie-
mini mihi cor meum iungatur vobis
si autem insidiamini mihi pro adversariis meis cum ego iniquitatem in
manibus non habeam
videat Deus patrum nostrorum et
iudicet
18 spiritus vero induit Amessai princi- IV Rg 19,7! II Par 20,14; 24,20
pem inter triginta et ait
tui sumus o David et tecum fili Isai
pax
pax tibi et pax adiutoribus tuis
te enim adiuvat Deus tuus
suscepit ergo eos David et constituit
principes turmae
19 porro de Manasse transfugerunt ad
David
quando veniebat cum Philisthim adversum Saul ut pugnaret
et non dimicavit cum eis
quia inito consilio remiserunt eum
principes Philisthinorum dicentes
periculo capitis nostri revertetur ad I Sm 29,4
dominum suum Saul
20 quando igitur reversus est in Siceleg I Sm 30,1.26
transfugerunt ad eum de Manasse
Ednas et Iozabad et Iedihel et Michahel et Iozabad et Heliu et Sa-
lathi
principes milium in Manasse
21 hii praebuerunt auxilium David adversum latrunculos
omnes enim erant viri fortissimi et
facti sunt principes in exercitu
22 sed et per singulos dies veniebant ad
David ad auxiliandum ei
usque dum fieret grandis numerus
quasi exercitus Dei
23 iste quoque est numerus principum
exercitus qui venerunt ad David

AGC ΣΛDSΦ cr **12**,2 ex] et A | 3 principes C | 4 et super triginta *om.* G | 5 et luzai CΣ; et eluzai c. | 8 caprae A; capra S. | 13 bachannai] machannai Λ.; machbanai c. | 14 princeps A | 15 et² + ad GΦ | 17 pacifici GC | uenitis GΛDΦ | ~ iniquitatem ego CΣ. | 18 amasai c. | 20 michahel + et nas DΦ; + et ednas c. | milium] militum GCΣΦ | 21 in exercitum GD | 23 uenerant CS |

cum esset in Hebron
10,14; I Sm 15,28! ut transferrent regnum Saul ad eum
28,17! II Sm 3,10 iuxta verbum Domini
24 filii Iuda portantes clypeum et hastam sex milia octingenti expediti ad
proelium
25 de filiis Symeon virorum fortissimorum ad pugnandum septem milia
centum
26 de filiis Levi quattuor milia sescenti
27 Ioiada quoque princeps de stirpe Aaron et cum eo tria milia septingenti
28 Sadoc etiam puer egregiae indolis et
domus patris eius principes viginti
duo
29 de filiis autem Beniamin fratribus
Saul tria milia
magna enim pars eorum adhuc sequebatur domum Saul
30 porro de filiis Ephraim viginti milia
octingenti
fortissimi robore viri nominati in
cognationibus suis
31 et ex dimidia parte tribus Manasse
decem et octo milia singuli per nomina sua
venerunt ut constituerent regem David
32 de filiis quoque Isachar viri eruditi
qui norant singula tempora ad prae-
cipiendum quid facere deberet Israhel principes ducenti
omnis autem reliqua tribus eorum
consilium sequebatur
33 porro de Zabulon qui egrediebantur
ad proelium
et stabant in acie instructi armis bellicis quinquaginta milia
venerunt in auxilium non in corde
duplici
34 et de Nepthali principes mille
et cum eis instructa clypeo et hasta
triginta septem milia
35 de Dan etiam praeparata ad proelium viginti octo milia sescentorum
36 et de Aser egredientes ad pugnam
et in acie provocantes quadraginta
milia
37 trans Iordanem autem de filiis Ruben et Gad et dimidia parte tribus
Manasse instructa armis bellicis
centum viginti milia
38 omnes isti viri bellatores et expediti
ad pugnandum corde perfecto venerunt in Hebron
ut constituerent regem David super
universum Israhel
sed et omnes reliqui ex Israhel uno
corde erant ut rex fieret David
39 fueruntque ibi apud David tribus
diebus comedentes et bibentes
praeparaverunt enim eis fratres sui
40 sed et qui iuxta eos erant usque ad
Isachar et Zabulon et Nepthalim
adferebant panes
in asinis et camelis et mulis et bubus
ad vescendum
farinam palatas uvam passam vinum oleum boves arietes ad omnem copiam
gaudium quippe erat in Israhel
13 iniit autem consilium David cum
tribunis et centurionibus et universis principibus
2 et ait ad omnem coetum Israhel
si placet vobis et a Domino Deo
nostro egreditur sermo quem loquor
mittamus ad fratres nostros reliquos
in universas regiones Israhel
et ad sacerdotes et Levitas qui habitant in suburbanis urbium ut congregentur ad nos
3 et reducamus arcam Dei nostri ad

23 transferret GC | 25 septem] sex C | 27 tria] septem A | 31 parte tribus] tribu c. | 32 nouerant ΛDSΦ c | sequebantur ACr | 34 mille + centum CΣ. | instructi ACΣ cr; structa D. | triginta + et c | 35 praeparati ACΣ cr | uiginti] triginta CΣ. | sexcenti c | 37 et¹ + de GΛDSΦ c | instructi ACΣ cr | 38 ~ uiri isti CΣ. | et¹ *om.* c | et constituerunt CΣ. | 39 praeparauerant GDSΦ c | 40 boues + et A || **13**,2 et⁴ + ad G | ut] et CΣ. | 3 nostri *om.* CΦ |

AGC ΣΛDSΦ cr

nos
non enim requisivimus eam in diebus Saul
4 et respondit universa multitudo ut
ita fieret
placuerat enim sermo omni populo
5—14: II Sm 6,1–11 5 congregavit ergo David cunctum Israhel a Sior Aegypti usque dum
ingrediaris Emath
ut adduceret arcam Dei de Cariathiarim
6 et ascendit David et omnis vir Israhel ad collem Cariathiarim quae
est in Iuda
ut adferrent inde arcam Dei Domini
sedentis super cherubin ubi invocatum est nomen eius
I Sm 6,11 7 inposueruntque arcam Dei super
plaustrum novum de domo Amina-
dab
Oza autem et fratres eius minabant
plaustrum
8 porro David et universus Israhel ludebant coram Deo omni virtute
I Sm 10,5! in canticis et in citharis et psalteriis
et tympanis et cymbalis et tubis
9 cum autem pervenissent ad aream
Chidon
tetendit Oza manum suam ut susten-
taret arcam
bos quippe lasciviens paululum in-
clinaverat eam
10 iratus est itaque Dominus contra
Ozam
et percussit eum eo quod contigisset
arcam
et mortuus est ibi coram Deo
11 contristatusque David eo quod di-
visisset Dominus Ozam
vocavit locum illum Divisio Oza usque in praesentem diem
12 et timuit Deum tunc temporis dicens
quomodo possum ad me introducere arcam Dei
13 et ob hanc causam non eam adduxit
ad se hoc est in civitatem David
sed avertit in domum Obededom
Getthei
14 mansit ergo arca Dei in domo Obededom tribus mensibus
et benedixit Dominus domui eius et
omnibus quae habebat
14 misit quoque Hiram rex Tyri nun- II Par 2,3; II Sm 5,11.12; III Rg 5,1
tios ad David
et ligna cedrina et artifices parietum
lignorumque ut aedificarent ei domum
2 cognovitque David eo quod confirmasset eum Dominus in regem super Israhel
et sublevatum esset regnum suum
super populum eius Israhel
3 accepit quoque David alias uxores 3—7: II Sm 5,13–16
in Hierusalem genuitque filios et
filias
4 et haec nomina eorum qui nati sunt 4—7: 3,5–8
ei in Hierusalem
Sammu et Sobab Nathan et Salomon 5 Iebar et Helisu et Eliphaleth
6 Noga quoque et Napheg et Iaphiae
7 Elisama et Baliada et Eliphaleth
8 audientes autem Philisthim eo quod 8—16: II Sm 5,17–25
unctus esset David in regem super
universum Israhel
ascenderunt omnes ut quaererent
eum
quod cum audisset David egressus
est obviam eis
9 porro Philisthim venientes diffusi 11,15!
sunt in valle Raphaim
10 consuluitque David Deum dicens
si ascendam ad Philistheos si trades
eos in manu mea
et dixit ei Dominus

AGC ΣΛDSΦ cr

5 cunctum + populum CΣ. | 6 omnes uiri CΣDΦ; omnis G | quae] qui c | adferret GΛΦc; auferret DS. | ~ domini dei CΣΦc | 7 abinadab Sc. | frater Sc. | 8 in² *om.* GCΣ | 10 tetigisset DΦc | coram deo AG𝔐] coram domino *cet.* | 11 contristatusque + est Σc | uocauitque c | ozae c | 12 deum] dominum CΣ | 13 ~ adduxit eam c. | in ciuitate ACD | 14 in domum CΦ || **14**,1 aedificaret G | 2 eo *om.* c | israhel² *om.* C | 7 et elisama CΣ. | 10 deum] dominum ΣΦc | philistheos + et CΛc | ei *om.* CΣ. |

ascende et tradam eos in manu tua
11 cumque illi ascendissent in Baalpharasim percussit eos ibi David et
dixit
Is 28,21 divisit Deus inimicos meos per manum meam sicuti dividuntur aquae
et idcirco vocatum est nomen loci
illius Baalpharasim
12 dereliqueruntque ibi deos suos quos
David iussit exuri
13 alia etiam vice Philisthim inruerunt
et diffusi sunt in valle
14 consuluitque rursum David Deum
et dixit ei Deus
non ascendas post eos recede ab eis
et venies contra illos ex adverso pirorum
15 cumque audieris sonitum gradientis
in cacumine pirorum
tunc egredieris ad bellum
egressus est enim Deus ante te ut
percutiat castra Philisthim
16 fecit ergo David sicut praeceperat ei
Deus
et percussit castra Philisthinorum de
Gabaon usque Gazera
17 divulgatumque est nomen David in
universis regionibus
et Dominus dedit pavorem eius super omnes gentes
15 fecit quoque sibi domos in civitate
David
II Sm 6,17! et aedificavit locum arcae Dei teten-
ditque ei tabernaculum
2 tunc dixit David
Dt 10,8! inlicitum est ut a quocumque portetur arca Dei
nisi a Levitis quos elegit Dominus ad
portandum eam et ad ministrandum sibi usque in aeternum
II Sm 6,2! 3 congregavitque universum Israhel in
Hierusalem
12; I Sm 5,11! II Par 1,4 ut adferretur arca Dei in locum suum quem praeparaverat ei

4 nec non et filios Aaron et Levitas
5 de filiis Caath Urihel princeps fuit et
fratres eius centum viginti
6 de filiis Merari Asaia princeps et
fratres eius ducenti viginti
7 de filiis Gersom Iohel princeps et
fratres eius centum triginta
8 de filiis Elisaphan Semeias princeps
et fratres eius ducenti
9 de filiis Hebron Elihel princeps et
fratres eius octoginta
10 de filiis Ozihel Aminadab princeps et
fratres eius centum duodecim
11 vocavitque David Sadoc et Abiathar
sacerdotes
et Levitas Urihel Asaiam Iohel Semeiam Elihel et Aminadab
12 et dixit ad eos
vos qui estis principes familiarum
leviticarum sanctificamini cum fratribus vestris
et adferte arcam Domini Dei Israhel 3!
ad locum qui ei praeparatus est
13 ne ut a principio quia non eratis
praesentes percussit nos Dominus
sic et nunc fiat
inlicitum quid nobis agentibus
14 sanctificati sunt ergo sacerdotes et Dt 31,9!
Levitae ut portarent arcam Domini
Dei Israhel
15 et tulerunt filii Levi arcam Dei sicut
praeceperat Moses iuxta verbum
Domini umeris suis in vectibus
16 dixit quoque David principibus Levitarum ut constituerent de fratribus
suis cantores in organis musicorum I Sm 10,5! II Esr 12,27; I Mcc 13,51
nablis videlicet et lyris et cymbalis
ut resonaret in excelsum sonitus laetitiae
17 constitueruntque Levitas Heman fi- 6,33
lium Iohel
et de fratribus eius Asaph filium Ba- 6,39
rachiae
de filiis vero Merari fratribus eorum 6,44

11 ascenderent A | ~ illius loci ¢. | 12 dereliquerunt autem CΣ.; dereliquerunt SΦ | 13 etiam] autem CΣ | 14 ueniens GC. ‖ **15**,5 centum] ducenti GΦ | 10 centum duodecim] octoginta A | 12 paratus GCΣ | 16 dixitque GDΦ¢ | in excelso S; in excelsis ¢ |

AGC ΣΛDSΦ cr

Ethan filium Casaiae
18 et cum eis fratres eorum in secundo ordine
Zacchariam et Ben et Iazihel et Semiramoth et Iahihel et Ani
Eliab et Banaiam et Maasiam et Matthathiam et Eliphalu et Macheniam et Obededom et Ieihel ianitores
19 porro cantores Heman Asaph et Ethan in cymbalis aeneis concrepantes
20 Zaccharias autem et Ozihel et Semiramoth et Iahihel et Ani et Eliab et Maasias et Banaias in nablis arcana cantabant
21 porro Matthathias et Eliphalu et Machenias et Obededom et Ieihel et Ozaziu in citharis pro octava canebant επινικιον
26,29 22 Chonenias autem princeps Levitarum prophetiae praeerat ad praecinendam melodiam
erat quippe valde sapiens
23 et Barachias et Helcana ianitores arcae
24 porro Sebenias et Iosaphat et Nathanahel et Amasai et Zaccharias et Banaias et Eliezer sacerdotes
16,6; Nm 10,8! II Par 5,12; 7,6 clangebant tubis coram arca Dei
et Obededom et Ahias erant ianitores arcae
25—16,3: II Sm 6,12–19 25 igitur David et maiores natu Israhel et tribuni
ierunt ad deportandam arcam foederis Domini de domo Obededom cum laetitia
26 cumque adiuvisset Deus Levitas qui portabant arcam foederis Domini
immolabantur septem tauri et septem arietes
27 porro David erat indutus stola byssina et universi Levitae qui portabant arcam
cantoresque et Chonenias princeps prophetiae inter cantores
David autem indutus erat etiam ephod lineo I Sm 2,18
28 universusque Israhel deducebant arcam foederis Domini
in iubilo et sonitu bucinae et tubis et cymbalis et nablis et citharis concrepantes
29 cumque pervenisset arca foederis Domini usque ad civitatem David
Michol filia Saul prospiciens per fenestram
vidit regem David saltantem atque ludentem et despexit eum in corde suo
16 adtulerunt igitur arcam Dei et constituerunt eam in medio tabernaculi quod tetenderat ei David
et obtulerunt holocausta et pacifica coram Deo II Sm 6,17.18!
2 cumque conplesset David offerens holocausta et pacifica benedixit populo in nomine Domini
3 et divisit universis per singulos a viro usque ad mulierem
tortam panis et partem assae carnis bubulae et frixam oleo similam
4 constituitque coram arca Domini de Levitis qui ministrarent et recordarentur operum eius 6,31.32
et glorificarent atque laudarent Dominum Deum Israhel
5 Asaph principem et secundum eius Zacchariam
porro Iahihel et Semiramoth et Ieihel et Matthathiam et Eliab et Banaiam et Obededom et Ieihel super organa psalterii et lyras
Asaph autem ut cymbalis personaret
6 Banaiam vero et Azihel sacerdotes canere tuba iugiter coram arca foederis Domini 15,24!
7 in illo die fecit David principem ad

AGC ΣΛDSΦ cr 18 ani + et CΣ | 20 et ani] et anani C.; et ethani A | 21 επινικιον *om.* A | 22 praeerat + et GCΣΦ | 24 in tubis A | arcae + dei CΣ. | 25 et[1] + omnes Φc | 26 deus] dominus G | 27 cantoresque—cantores] cantatores C. | ~ etiam indutus erat DΦc | 28 deducebat GCΛ || **16**,5 et[8] *om.* c. |

confitendum Domino Asaph et
fratres eius
8 confitemini Domino invocate nomen   Is 12,4
eius   8—22: Ps 104,1–15
notas facite in populis adinventiones   24! Ps 9,12
illius
9 canite ei et psallite et narrate omnia   29,13! Idc 5,3! Tb 12,18! 20! Ps 26,6! 94,2; 99,4!
mirabilia eius
10 laudate nomen sanctum eius laetetur cor quaerentium Dominum
11 quaerite Dominum et virtutem eius
quaerite faciem eius semper
12 recordamini mirabilium eius quae   Dt 6,22! Iob 5,9!
fecit signorum illius et iudiciorum
oris eius
13 semen Israhel servi eius filii Iacob   Is 41,8!
electi illius
14 ipse Dominus Deus noster in universa terra iudicia eius
15 recordamini in sempiternum pacti
eius sermonis quem praecepit in
mille generationes
16 quem pepigit cum Abraham et iuramenti illius cum Isaac
17 et constituit illud Iacob in praeceptum et Israhel in pactum sempiternum
18 dicens tibi dabo terram Chanaan   Ex 32,13!
funiculum hereditatis vestrae
19 cum essent pauci numero parvi et   Gn 34,30!
coloni eius
20 et transierunt de gente in gentem et
de regno ad populum alterum
21 non dimisit quemquam calumniari
eos sed increpuit pro eis reges
22 nolite tangere christos meos et in   Ps 104,15!
prophetis meis nolite malignari
23 canite Domino omnis terra adnun-   Ps 65,1! 97,4; 99,2
tiate ex die in diem salutare eius   23—33: Ps 95,1–13
24 narrate in gentibus gloriam eius in   8! Ps 104,1; 106,21! II Mcc 3,34
cunctis populis mirabilia illius
25 quia magnus Dominus et laudabilis
nimis et horribilis super omnes deos
26 omnes enim dii populorum idola
Dominus autem caelos fecit
27 confessio et magnificentia coram eo
fortitudo et gaudium in loco eius
28 adferte Domino familiae populorum   Dt 32,3! Ps 21,28! 28,2; 95,7.8
adferte Domino gloriam et impe-
rium
29 date Domino gloriam nomini eius   Ios 7,19! Mal 2,2
levate sacrificium
et venite in conspectu eius et adorate
Dominum in decore sancto
30 commoveatur a facie illius omnis
terra ipse enim fundavit orbem in-
mobilem
31 laetentur caeli et exultet terra et dicant in nationibus Dominus regnavit
32 tonet mare et plenitudo eius exultent agri et omnia quae in eis sunt
33 tunc laudabunt ligna saltus coram
Domino quia venit iudicare terram   I Sm 2,10!
34 confitemini Domino quoniam bonus   41! II Par 5,13; I Esr 3,11! Idt 13,21; Ps 105,1!
quoniam in aeternum misericordia
eius
35 et dicite salva nos Deus salvator nos-   Ps 105,47.48! Is 45,20
ter et congrega nos et erue de gen-
tibus
ut confiteamur nomini sancto tuo   II Sm 22,50! II Esr 9,5; Ps 7,18! 68,31! 95,2
et exultemus in carminibus tuis
36 benedictus Dominus Deus Israhel
ab aeterno usque in aeternum
et dicat omnis populus amen et hymnus Domino
37 dereliquit itaque ibi coram arca foederis Domini Asaph et fratres eius
ut ministrarent in conspectu arcae
iugiter per singulos dies et vices
suas
38 porro Obededom et fratres eius sexaginta octo et Obededom filium
Idithun et Osa constituit ianitores
39 Sadoc autem sacerdotem et fratres
illius sacerdotes coram tabernaculo

8 domino + et CΣSc | illius GCΛ] eius *cet.* | 9 canite ACSr] cantate *cet.* | psallite + ei c | 10 nomine sancto C.; in nomine sancto S. | 13 illius GΛDΦ] eius *cet.* | 19 esset C | 21 increpauit AΛΦ cr | 23 cantate c | 24 illius GΛ] eius *cet.* | 25 et² *om.* C | 30 illius] eius Sc. | 35 ~ tuo sancto A; sancto *om.* DΦ | 36 hymnos A.; hymnum Φc | 37 reliquit Ac. | ibi *om.* C | 38 octo] nouem A; septe D. | 39 illius] eius c. |

AGC ΣΛDSΦ cr

21,29! III Rg 3,4! Domini in excelso quod erat in
Gabaon
Lv 10,19! Nm 28,3.4! 40 ut offerrent holocausta Domino super altare holocaustomatis iugiter
mane et vespere
iuxta omnia quae scripta sunt in lege
Domini quam praecepit Israheli
41 et post eum Heman et Idithun et reliquos electos unumquemque vocabulo suo
34! II Par 5,13! 7,3.6! 20,21 ad confitendum Domino quoniam in
aeternum misericordia eius
42 Heman quoque et Idithun canentes
tuba et quatientes cymbala et omnia musicorum organa ad canendum Deo
filios autem Idithun fecit esse por-
tarios
II Sm 6,19.20! 43 reversusque est omnis populus in
domum suam
et David ut benediceret etiam domui suae
1—27: II Sm 7,1–29 **17** cum autem habitaret David in domo sua dixit ad Nathan prophe-
tam
ecce ego habito in domo cedrina arca autem foederis Domini sub pellibus est
2 et ait Nathan ad David
omnia quae in corde tuo sunt fac
Deus enim tecum est
3 igitur nocte illa factus est sermo Dei
ad Nathan dicens
4 vade et loquere David servo meo
haec dicit Dominus non aedificabis
tu mihi domum ad habitandum
5 neque enim mansi in domo ex eo
I Sm 8,8! tempore quo eduxi Israhel usque
ad hanc diem
sed fui semper mutans loca tabernaculi et in tentorio 6 manens cum
omni Israhel
numquid locutus sum saltim uni iu-
II Sm 6,21! dicum Israhel quibus praeceperam
ut pascerent populum meum et dixi
quare non aedificastis mihi domum
cedrinam
7 nunc itaque sic loqueris ad servum
meum David
haec dicit Dominus exercituum
ego tuli te cum in pascuis sequere-
ris gregem ut esses dux populi mei
Israhel
8 et fui tecum quocumque perrexisti
et interfeci omnes inimicos tuos coram te
fecique tibi nomen quasi unius magnorum qui celebrantur in terra
9 et dedi locum populo meo Israhel
plantabitur et habitabit in eo et ultra
non commovebitur
nec filii iniquitatis adterent eos sicut
a principio
10 ex diebus quibus dedi iudices populo
meo Israhel
et humiliavi universos inimicos tuos
adnuntio ergo tibi quod aedificatu- I Sm 2,35!
rus sit domum tibi Dominus
11 cumque impleveris dies tuos ut vadas ad patres tuos
suscitabo semen tuum post te quod III Rg 8,19
erit de filiis tuis
et stabiliam regnum eius
12 ipse aedificabit mihi domum et fir- 22,10; 28,6.7!
mabo solium eius usque in aeter-
num
13 ego ero ei in patrem et ipse erit mihi IV Esr 1,29
in filium
et misericordiam meam non auferam ab eo sicut abstuli ab eo qui
ante te fuit
14 et statuam eum in domo mea et in
regno meo usque in sempiternum
et thronus eius erit firmissimus in
perpetuum
15 iuxta omnia verba haec et iuxta universam visionem istam sic locutus
est Nathan ad David

AGC ΣΛDSΦ cr 39 domino G | 40 ~ uespere et mane CΣ. || **17**,3 dei] domini CΣDSΦ | 5 eduxi + filios CΣ. | israhel + de terra aegypti CΣ | ~ diem hanc G c | 6 aedificasti ΑΛDΦr | 8 quocumque] ubicumque CΣ. | 9 nec] neque AD. | 10 ~ tibi dominus domum c |

16 cumque venisset rex David et sedisset
coram Domino dixit
quis ego sum Domine Deus et quae
domus mea ut praestares mihi talia
17 sed et hoc parum visum est in conspectu tuo
ideoque locutus es super domum
servi tui etiam in futurum
et fecisti me spectabilem super omnes homines Domine Deus meus
18 quid ultra addere potest David cum
ita glorificaveris servum tuum et
cognoveris eum 19 Domine propter
famulum tuum
iuxta cor tuum fecisti omnem magnificentiam hanc
et nota esse voluisti universa magnalia
20 Domine non est similis tui et non
est alius deus absque te ex omnibus
quos audivimus auribus nostris
21 quis autem est alius ut populus tuus
Israhel gens una in terra ad quam
perrexit Deus ut liberaret et faceret
populum sibi
et magnitudine sua atque terroribus
eiceret nationes a facie eius quem
de Aegypto liberarat
22 et posuisti populum tuum Israhel tibi
in populum usque in aeternum
et tu Domine factus es Deus eius
23 nunc igitur Domine sermo quem locutus es famulo tuo et super domum eius confirmetur in perpetuum
et fac sicut locutus es
II Sm 7,26! 24 permaneatque et magnificetur nomen tuum usque in sempiternum
et dicatur Dominus exercituum Deus
Israhel
et domus David servi eius permanens coram eo
25 tu enim Domine Deus meus revelasti auriculam servi tui ut aedificares ei domum
et idcirco invenit servus tuus fiduciam ut oret coram te
26 nunc ergo Domine tu es Deus et locutus es ad servum tuum tanta beneficia
27 et coepisti benedicere domui servi
tui ut sit semper coram te
te enim Domine benedicente benedicta erit in perpetuum
18 factum est autem post haec ut per- 1—13: II Sm 8,1–14
cuteret David Philisthim et humili-
aret eos
et tolleret Geth et filias eius de manu
Philisthim
2 percuteretque Moab et fierent Moabitae servi David offerentes ei munera
3 eo tempore percussit David etiam
Adadezer regem Suba regionis
Emath
quando perrexit ut dilataret imperium suum usque ad flumen Eufraten
4 cepit ergo David mille quadrigas
eius et septem milia equites ac viginti milia virorum peditum
subnervavitque omnes equos curruum exceptis centum quadrigis quas
reservavit sibi
5 supervenit autem et Syrus damasce-
nus ut auxilium praeberet Adadezer regi Suba
sed et huius percussit David viginti
duo milia virorum
6 et posuit milites in Damasco
ut Syria quoque serviret sibi et offerret munera
adiuvitque eum Dominus in cunctis
ad quae perrexerat
7 tulit quoque David faretras aureas
quas habuerant servi Adadezer
et adtulit eas in Hierusalem
8 nec non de Thebath et Chun urbibus
Adadezer aeris plurimum

16 deus + meus CΣ. | 17 paruum AGΛS | expectabilem CΣDS | meus *om.* G c | 21 autem est] enim est Φ c; est autem C.; est enim Σ. | eicerent CD. | liberarat] liberaret A; liberaueras C.; liberasti S | 23 super domo AGΛ | in perpetuo GS. | 25 oraret A | 27 domine *om.* AΣ. || **18**,4 equitum c | 6 in damascum A | 8 nec non + et CΣ | chun] cunctis CΣ |

AGC ΣΛDSΦ cr

de quo fecit Salomon mare aeneum
et columnas et vasa aenea
9 quod cum audisset Thou rex Emath
percussisse videlicet David omnem
exercitum Adadezer regis Suba
10 misit Aduram filium suum ad regem
David ut postularet ab eo pacem
et congratularetur ei eo quod expugnasset et percussisset Adadezer
adversarius quippe Thou erat Adadezer
11 sed et omnia vasa aurea et argentea
et aenea consecravit rex David Domino
cum argento et auro quod tulerat ex
universis gentibus
tam de Idumea et Moab et filiis Ammon quam de Philisthim et Amalech
III Rg 11,15; II Par 25,11! 12 Abisai vero filius Sarviae percussit
Edom in valle Salinarum decem et
octo milia
13 et constituit in Edom praesidium ut
serviret Idumea David
salvavitque Dominus David in cunctis ad quae perrexerat
14—17: II Sm 8,15–18! III Rg 4,1–6 14 regnavit ergo David super universum Israhel
et faciebat iudicium atque iustitiam
cuncto populo suo
11,6 15 porro Ioab filius Sarviae erat super
15—17: II Sm 20,23–26 exercitum et Iosaphat filius Ahilud
a commentariis
24,6 16 Sadoc autem filius Ahitob et Ahimelech filius Abiathar sacerdotes
et Susa scriba
17 Banaias vero filius Ioiada super legiones Cherethi et Felethi
porro filii David primi ad manum
regis
1—19: II Sm 10,1–19 **19** accidit autem ut moreretur Naas
rex filiorum Ammon et regnaret
filius eius pro eo
2 dixitque David faciam misericordiam cum Hanon filio Naas
praestitit enim pater eius mihi gratiam
misitque David nuntios ad conso-
landum eum super morte patris sui
qui cum pervenissent in terram filiorum Ammon ut consolarentur Hanon
3 dixerunt principes filiorum Ammon
ad Hanon
tu forsitan putas quod David honoris causa in patrem tuum miserit
qui consolentur te
nec animadvertis quod ut explorent
et investigent et scrutentur terram
tuam venerint ad te servi eius
4 igitur Hanon pueros David decalva-
vit et rasit
et praecidit tunicas eorum a natibus
usque ad pedes et dimisit eos
5 qui cum abissent et hoc mandassent
David
misit in occursum eorum
grandem enim contumeliam susti-
nuerant
et praecepit ut manerent in Hiericho
donec cresceret barba eorum et
tunc reverterentur
6 videntes autem filii Ammon quod
iniuriam fecissent David tam Hanon quam reliquus populus
miserunt mille talenta argenti ut
conducerent sibi de Mesopotamia
et de Syria Macha et de Suba currus et equites
7 conduxeruntque triginta duo milia
curruum et regem Macha cum populo eius

AGC ΣΛDSΦ cr

9 ~ dauid uidelicet G | 10 eo[2] *om.* c. | et percussisset *om.* CD.; ~ percussisset et expugnasset c. | ~ erat thou CΣc | 11 rex *om.* AG.; ~ dauid rex c | 12 octo] nouem ΛΦ | 13 edom] eodem CD. | 14 suo *om.* A | 16 sacerdotis AD | 17 uero] autem A; quoque c | ioiadae CΣc || **19**,1 ~ pro eo filius eius A | 2 ~ mihi pater eius Cc | super mortem CΣ; post mortem DΦ | in terra ACΣS. | 3 consolarentur ΛDΦr; consolaretur C | ut *om.* AC. | uenerunt CΣΦ | 4 rasit + eis dimidias barbas C | et[2] *om.* GC. | 5 sustinuerunt C | 6 de[3] *om.* C | 7 eius] suo CΣ |

qui cum venissent castrametati sunt
e regione Medaba
filii quoque Ammon congregati de
urbibus suis venerunt ad bellum
8 quod cum audisset David misit Ioab
et omnem exercitum virorum fortium
9 egressique filii Ammon direxerunt
aciem iuxta portam civitatis
reges autem qui ad auxilium venerant separatim in agro steterunt
10 igitur Ioab intellegens bellum et ex
adverso et post tergum contra se
fieri
elegit viros fortissimos de universo
Israhel et perrexit contra Syrum
11 reliquam autem partem populi dedit
sub manu Abisai fratris sui
et perrexerunt contra filios Ammon
12 dixitque si vicerit me Syrus auxilio
eris mihi
sin autem superaverint te filii Ammon ero tibi in praesidium
13 confortare et agamus viriliter pro
populo nostro et pro urbibus Dei
nostri
Dominus autem quod in conspectu
suo bonum est faciet
14 perrexit ergo Ioab et populus qui
cum eo erat contra Syrum ad proelium et fugavit eos
15 porro filii Ammon videntes quod fugisset Syrus
ipsi quoque fugerunt Abisai fratrem
eius et ingressi sunt civitatem
reversusque est etiam Ioab in Hierusalem
16 videns autem Syrus quod cecidisset coram Israhel
misit nuntios et adduxit Syrum qui
erat trans Fluvium
Sophach autem princeps militiae
Adadezer erat dux eorum
17 quod cum nuntiatum esset David
congregavit universum Israhel
et transivit Iordanem inruitque in
eos
et direxit ex adverso aciem illis contra pugnantibus
18 fugit autem Syrus Israhel
et interfecit David de Syris septem
milia curruum et quadraginta milia
peditum et Sophach exercitus principem
19 videntes autem servi Adadezer se ab
Israhel esse superatos
transfugerunt ad David et servierunt ei
noluitque ultra Syria auxilium praebere filiis Ammon
20 factum est autem post anni circu- II Sm 11,1
lum eo tempore quo solent reges
ad bella procedere
congregavit Ioab exercitum et robur II Sm 12,26
militiae et vastavit terram filiorum
Ammon
perrexitque et obsedit Rabba
porro David manebat in Hierusalem
quando Ioab percussit Rabba et
destruxit eam
2 tulit autem David coronam Mel- **2.3:** II Sm 12,30.31
chom de capite eius
et invenit in ea auri pondo talentum
et pretiosissimas gemmas
fecitque sibi inde diadema
manubias quoque urbis plurimas
tulit
3 populum autem qui erat in ea eduxit
et fecit super eos tribulas et trahas et
ferrata carpenta transire ita ut dis-
sicarentur et contererentur
sic fecit David cunctis urbibus filiorum Ammon
et reversus est cum omni populo suo
in Hierusalem
4 post haec initum est bellum in Gazer II Sm 5,25; 8,1!
adversus Philistheos **4–8:** II Sm 21,18–22
in quo percussit Sobbochai Usathi-

7 e] in GS. | 9 auxilium + eius c | uenerunt AS | separati ACΦ. | 10 et[1] GCΣ] *om. cet.* | 12 si autem CΣD c | 13 uiriliter] fiducialiter CΣ. | 19 nolueruntque AS; noluit D. | ultra syri A; syri ultra S. || **20**,1 autem *om.* AS. | obsedit] possedit AS. | 3 dissicerentur GΛDΦ | suo *om.* A |

AGC ΣΛDSΦ cr

tes Saphai de genere Raphaim et
humiliavit eos
5 aliud quoque bellum gestum est adversum Philistheos
in quo percussit Adeodatus filius
Saltus Lehemites fratrem Goliath
Getthei
cuius hastae lignum erat quasi liciatorium texentium
6 sed et aliud bellum accidit in Geth
in quo fuit homo longissimus habens
digitos senos id est simul viginti
quattuor
qui et ipse de Rapha fuerat stirpe
generatus
7 hic blasphemavit Israhel
et percussit eum Ionathan filius Sammaa fratris David
hii sunt filii Rapha in Geth qui ceciderunt in manu David et servorum
eius
1—26: II Sm 24,1-25 **21** consurrexit autem Satan contra Israhel et incitavit David ut numeraret Israhel
2 dixitque David ad Ioab et ad principes populi
ite et numerate Israhel a Bersabee
usque Dan et adferte mihi numerum
ut sciam
3 responditque Ioab
augeat Dominus populum suum centuplum quam sunt
nonne domine mi rex omnes servi
tui sunt
quare hoc quaerit dominus meus
quod in peccatum reputetur Israheli
4 sed sermo regis magis praevaluit
egressusque est Ioab et circuivit universum Israhel
et reversus est Hierusalem 5 deditque
David numerum eorum quos circumierat
et inventus est omnis Israhel numerus mille milia et centum milia virorum educentium gladium
de Iuda autem trecenta septuaginta
milia bellatorum
6 nam Levi et Beniamin non numeravit eo quod invitus exsequeretur regis imperium 27.24
7 displicuit autem Deo quod iussum
erat et percussit Israhel
8 dixitque David ad Deum
peccavi nimis ut hoc facerem
obsecro aufer iniquitatem servi tui
quia insipienter egi
9 et locutus est Dominus ad Gad videntem David dicens
10 vade et loquere ad David et dic
haec dicit Dominus trium tibi optionem do
unum quod volueris elige et faciam
tibi
11 cumque venisset Gad ad David dixit ei I Sm 22,5! II Sm 24,18
haec dicit Dominus elige quod volueris
12 aut tribus annis pestilentiam
aut tribus mensibus fugere te hostes
tuos et gladium eorum non posse
evadere
aut tribus diebus gladium Domini et
mortem versari in terra et angelum
Domini interficere in universis finibus Israhel
nunc igitur vide quid respondeam ei
qui misit me
13 et dixit David ad Gad
ex omni parte me angustiae premunt II Sm 24,14; Dn 13,22.23; Sir 2,22
sed melius mihi est ut incidam in
manus Domini quia multae sunt

AGC ΣΛDSΦ cr

5 bethleemites CΣΛ c | 6 ~ senos habens digitos c | raphaim CΣ, *item v.* 7 || **21**,1 concitauit c. | 2 ad[2] *om.* GS. | 3 ioab + et dixit CΣ. | israhel GCDΦ | 5 dauidi c. | ~ israhel mille milia numerus D.; ~ numerus israel mille millia c | trecenta] quadringenta c. | 6 quod + ioab c. | 7 iussum erat] iusserat GΣΦ | 8 deum] dominum AΛS | obsecro + domine CΣ. | 9 dauidis GDc; *om.* Σ. | 10 et dic *om.* G; + ei Φc | 12 pestilentiam] famem cr; + famis CΣ | ~ te fugere CΣc. | et[1]] ut AS | possis AS | morte C; pestilentiam c. | in terram CΣ | 13 ~ est mihi G |

miserationes eius quam in manus hominum
14 misit ergo Dominus pestilentiam in Israhel
et ceciderunt de Israhel septuaginta milia virorum
15 misit quoque angelum in Hierusalem ut percuteret eam
cumque percuteretur vidit Dominus et misertus est super magnitudinem mali
et imperavit angelo qui percutiebat sufficit iam cesset manus tua
porro angelus Domini stabat iuxta aream Ornan Iebusei
16 levansque David oculos suos vidit angelum Domini stantem inter terram et caelum
et evaginatum gladium in manu eius et versum contra Hierusalem
et ceciderunt tam ipse quam maiores natu vestiti ciliciis et proni in terram
17 dixitque David ad Deum
nonne ego sum qui iussi ut numeraretur populus
II Sm 24,17! ego qui peccavi ego qui malum feci iste grex quid commeruit
Domine Deus meus vertatur obsecro manus tua in me et in domum patris mei
populus autem tuus non percutiatur
II Sm 24,11.12 18 angelus autem Domini praecepit
I Sm 22,5! Gad ut diceret David
II Par 3,1! et ascenderet extrueretque altare Domino Deo in area Ornan Iebusei
19 ascendit ergo David iuxta sermonem Gad quem locutus fuerat ex nomine Domini
20 porro Ornan cum suspexisset et vidisset angelum quattuorque filii eius cum eo absconderunt se
nam eo tempore terebat in area triticum
21 igitur cum venisset David ad Ornan conspexit eum Ornan et processit ei obviam de area et adoravit illum pronus in terram
22 dixitque ei David
da mihi locum areae tuae ut aedificem in ea altare Domini
ita ut quantum valet argenti accipias et cesset plaga a populo
23 dixit autem Ornan ad David
tolle et faciat dominus meus rex quodcumque ei placet
sed et boves do in holocaustum et tribulas in ligna et triticum in sacrificium omnia libens praebeo
24 dixitque ei rex David
nequaquam ita fiet sed argentum dabo quantum valet
neque enim tibi auferre debeo et sic offerre Domino holocausta gratuita
25 dedit ergo David Ornan pro loco siclos auri iustissimi ponderis sescentos
26 et aedificavit ibi altare Domino II Sm 24,25!
obtulitque holocausta et pacifica et invocavit Dominum
et exaudivit eum in igne de caelo super altare holocausti Lv 9,24!
27 praecepitque Dominus angelo et convertit gladium suum in vaginam
28 protinus ergo David videns quod exaudisset eum Dominus in area Ornan Iebusei immolavit ibi victimas
29 tabernaculum autem Domini quod fecerat Moses in deserto et altare holocaustorum 16,39.40! II Par 1,3
ea tempestate erat in excelso Gabaon
30 et non praevaluit David ire ad altare ut ibi obsecraret Deum
nimio enim fuerat timore perterritus videns gladium angeli Domini

AGC ΣΛDSΦ(l) cr

15 super magnitudine Λ c | 16 inter] in GDS | ∼ caelum et terram Φ c | et[5] *om.* CΛΦ cr | 17 deum] dominum AΛ | numeraret AS. | 18 dauidi c. | et] ut c | 19 locutus + ei AΛS cr | 21 ueniret GΦ c | illum] eum DSΦ c | 22 areae tuae] in area CΣ. | domino Σ c | [*adest* l] | 23 faciet A | in[3] *om.* AG. | praebebo c.; offero Σ. | 24 argento A | 29 ea] eadem AS | 30 deum] dominum CΣS l | fuerat + in c. ||

22 dixitque David haec est domus Dei
et hoc altare in holocaustum Israhel
II Par 2,17 2 et praecepit ut congregarentur omnes proselyti de terra Israhel
II Par 2,18! et constituit ex eis latomos ad cae-
dendos lapides et poliendos ut
aedificaretur domus Dei
3 ferrum quoque plurimum ad clavos
ianuarum et ad commissuras atque
iuncturas praeparavit David
et aeris pondus innumerabile
4 ligna quoque cedrina non poterant
aestimari quae Sidonii et Tyrii de-
portaverant ad David
5 et dixit David
29,1.2; III Rg 3,7! Salomon filius meus puer parvulus
est et delicatus
domus autem quam aedificari volo
Domino talis esse debet ut in cunctis regionibus nominetur
14 praeparabo ergo ei necessaria
et ob hanc causam ante mortem suam omnes paravit inpensas
6 vocavitque Salomonem filium suum
et praecepit ei ut aedificaret domum
Domino Deo Israhel
7 dixitque David ad Salomonem
28,2; III Rg 5,5! 8,17.18! II Par 6,7 fili mi voluntatis meae fuit ut aedificarem domum nomini Domini Dei
mei
8 sed factus est ad me sermo Domini
dicens
multum sanguinem effudisti et plurima bella bellasti
28,3; III Rg 5,3 non poteris aedificare domum nomini meo tanto effuso sanguine co-
ram me
9 filius qui nascetur tibi et erit vir quie-
tissimus
II Sm 7,1! III Rg 4,24; 5,4 faciam enim eum requiescere ab
omnibus inimicis suis per circuitum
et ob hanc causam pacificus vocabitur
et pacem et otium dabo in Israhel
cunctis diebus eius
10 ipse aedificabit domum nomini meo 17,12.13! 28,6.7!
et ipse erit mihi in filium et ego ero III Rg 5,5! 8,19
ei in patrem
firmaboque solium regni eius super
Israhel in aeternum
11 nunc ergo fili mi sit Dominus tecum
et prosperare et aedifica domum
Domino Deo tuo sicut locutus est
de te
12 det quoque tibi Dominus prudenti- Dt 4,6!
am et sensum
ut regere possis Israhel et custodire
legem Domini Dei tui
13 tunc enim proficere poteris si custodieris mandata et iudicia
quae praecepit Dominus Mosi ut do- I Esr 7,10
ceret Israhel
confortare viriliter age ne timeas ne- Dt 31,6! Ios 1,7!
que paveas
14 ecce ego in paupertatula mea prae- 5; 29,2.19
paravi inpensas domus Domini
auri talenta centum milia et argenti
mille milia talentorum
aeris vero et ferri non est pondus
vincitur enim numerus magnitudine
ligna et lapides praeparavi ad universa inpendia
15 habes quoque plurimos artifices latomos et cementarios
artificesque lignorum et omnium ar-
tium ad faciendum opus pruden- II Par 2,7
tissimos
16 in auro et argento aere et ferro cuius
non est numerus
surge igitur et fac et erit Dominus
tecum
17 praecepit quoque David cunctis
principibus Israhel ut adiuvarent
Salomonem filium suum
18 cernitis inquiens quod Dominus De-

AGC ΣΛDSΦl cr **22**,2 eis] his AS | ad edendos AS. | 4 deportauerunt A1 | 5 aedificare CSΦ | parauit AGS1] praeparauit *cet.* | 7 nomine D.; *om.* AS. | 8 ∼ sermo domini ad me ¢; ad me *om.* Σ | 9 filius + autem CΣ. | et[1] AGS] *om. cet.* | 10 ei] illi ¢. | 13 confortare + et ¢ | 14 in paupertacula D; in paupertaticula Φ; in paupertate ¢ | in inpensas G | 15 habens A | 16 argento + et CΣS¢; + in A. |

us vester vobiscum sit
et dederit vobis requiem per circuitum
et tradiderit omnes inimicos in manu vestra
et subiecta sit terra coram Domino
et coram populo eius
19 praebete igitur corda vestra et animas vestras ut quaeratis Dominum
Deum vestrum
III Rg 8,6! et consurgite et aedificate sanctuarium Domino Deo
ut introducatur arca foederis Domini et vasa Domino consecrata in domum quae aedificatur nomini Domini
III Rg 1,1! **23** igitur David senex et plenus dierum
III Rg 1,35! 43 regem constituit Salomonem filium suum super Israhel
2 et congregavit omnes principes Israhel et sacerdotes atque Levitas
Nm 4,46.47! 3 numeratique sunt Levitae a triginta annis et supra
et inventa sunt triginta octo milia virorum
4 ex his electi sunt et distributi in ministerium domus Domini viginti quattuor milia
praepositorum autem et iudicum sex milia
5 porro quattuor milia ianitores et totidem psaltae canentes Domino in organis quae fecerat ad canendum
II Par 23,18! 6,16! Ex 6,16; Nm 3,17! 26,57 6 et distribuit eos David per vices filiorum Levi Gersom videlicet et Caath et Merari
6,17! Ex 6,17 7 Gersom Leedan et Semei
8 filii Leedan princeps Ieihel et Zetham et Iohel tres
9 filii Semei Salomith et Ozihel et Aran tres
isti principes familiarum Leedan
10 porro filii Semei Ieeth et Ziza et Iaus et Baria
isti filii Semei quattuor
11 erat autem Ieeth prior Ziza secundus
porro Iaus et Baria non habuerunt plurimos filios
et idcirco in una familia unaque domo conputati sunt
12 filii Caath Amram et Isaar Hebron et Ozihel quattuor 6,2.18! Ex 6,18
13 filii Amram Aaron et Moses 6,3! 49!
separatusque est Aaron ut ministraret in sancto sanctorum ipse et filii eius in sempiternum Ex 28,1
et adoleret incensum Domino secundum ritum suum Lc 1,8.9
ac benediceret nomini eius in perpetuum Dt 10,8!
14 Mosi quoque hominis Dei filii adnumerati sunt in tribu Levi
15 filii Mosi Gersom et Eliezer Ex 18,3.4
16 filii Gersom Subuhel primus
17 fuerunt autem filii Eliezer Roobia primus
et non erant Eliezer filii alii
porro filii Roobia multiplicati sunt nimis
18 filii Isaar Salumith primus
19 filii Hebron Ieriau primus Amarias secundus Iazihel tertius Iecmaam quartus
20 filii Ozihel Micha primus Iesia secundus
21 filii Merari Mooli et Musi 24,26
filii Mooli Eleazar et Cis **21—24:** 24,28–31
22 mortuus est autem Eleazar et non habuit filios sed filias
acceperuntque eas filii Cis fratres earum
23 filii Musi Mooli et Eder et Ierimuth tres
24 hii filii Levi in cognationibus et fa- 24,19; 28,21; Nm 4,46.47!

18 inimicos *om.* G; + uestros c | in manus uestras CΣc. | 19 ut[2]] et ADS | aedificabitur CΣ. || **23**,5 psalterium C | canentes] concinentes CΣ. | 7 filii gersom CΣc.; et gersom Φ | 8 principes CΣS | 9 aran] erant A | 10 ieeth Sr𝔐, *cf. v. seq.*] leheth c.; leeth *cet.* | 11 ieeth AGDSr𝔐, *cf. v. praeced.*] leheth c.; leeth *cet.* | 12 isaar + et C | 13 in sancta CΣDΦl | adolerent CΣ | benedicerent C.; benedicere A | nomen C | 17 ∼ eliezer filii CΣ. | roobia[1]] roob AS | 22 [*deest* D *usque ad* 24,6] |

AGC ΣΛ(D)SΦl cr

II Par 31,17; I Esr 3,8 miliis suis
principes per vices et numerum capitum singulorum
qui faciebant opera ministerii domus
Domini a viginti annis et supra
25 dixit enim David
requiem dedit Dominus Deus Israhel populo suo et habitationem
Hierusalem usque in aeternum
26 nec erit officii Levitarum ut ultra
portent tabernaculum et omnia vasa
eius ad ministrandum
27 iuxta praecepta quoque David novissima supputabitur numerus filiorum Levi a viginti annis et supra
Nm 1,50! 28 et erunt sub manu filiorum Aaron in
cultum domus Domini
in vestibulis et in exedris et in loco
purificationis et in sanctuario
et in universis operibus ministerii
templi Domini
29 sacerdotes autem super panes propositionis et ad similae sacrificium
et ad lagana et azyma et sartaginem
et ad ferventem similam
et super omne pondus atque mensuram
Nm 10,10! II Par 8,14; 23,18! 30 Levitae vero ut stent mane ad confitendum et canendum Domino
similiterque ad vesperam
31 tam in oblatione holocaustorum Domini
quam in sabbatis et kalendis et sollemnitatibus reliquis
iuxta numerum et caerimonias uniuscuiusque rei iugiter coram Domino
Nm 1,50! 3,6–8 32 et custodiant observationes tabernaculi foederis et ritum sanctuarii
et observationem filiorum Aaron
fratrum suorum ut ministrent in
domo Domini

24 porro filiis Aaron hae partitiones 6,3; Ex 6,23! Nm 3,2; 26,60
erunt
filii Aaron Nadab et Abiu et Eleazar
et Ithamar
2 mortui sunt autem Nadab et Abiu Nm 3,4!
ante patrem suum absque liberis
sacerdotioque functus est Eleazar et
Ithamar
3 et divisit eos David id est Sadoc de
filiis Eleazar et Ahimelech de filiis
Ithamar secundum vices suas et
ministerium
4 inventique sunt multo plures filii
Eleazar in principibus viris quam
filii Ithamar
divisit autem eis hoc est filiis Eleazar
principes per familias sedecim
et filiis Ithamar per familias et domos suas octo
5 porro divisit utrasque inter se familias sortibus
erant enim principes sanctuarii et
principes Dei tam de filiis Eleazar
quam de filiis Ithamar
6 descripsitque eos Semeias filius Nathanahel scriba Levites coram rege
et principibus et Sadoc sacerdote et 18,16; II Sm 8,17; 20,25; III Rg
Ahimelech filio Abiathar
principibus quoque familiarum sacerdotalium et leviticarum
unam domum quae ceteris praeerat
Eleazar
et alteram domum quae sub se habebat ceteros Ithamar
7 exivit autem sors prima Ioiarib secunda Iedeiae
8 tertia Arim quarta Seorim
9 quinta Melchia sexta Maiman
10 septima Accos octava Abia
11 nona Hiesu decima Sechenia
12 undecima Eliasib duodecima Iacim
13 tertiadecima Oppa quartadecima Is-

AGC ΣΛ(D)SΦl cr 24 suis + et AS | numero A | 25 habitatione GC. | aeternum] sempiternum AS | 28 in[6] *om.* A | 29 et[2] *om.* GΣΛΦl | et[3] *om.* Λc. | azyma et] azymae A | feruentem similam] torrendum c | 30 ad uesperum CΣ. | 32 ut *om.* A | ministrarent AΛS || **24**,1 partitiones GΣlc] partiones ASr; portiones CΛ; portitiones Φ | erant c | 3 eleazari c. | 5 principes[2] + domus CΣ | 6 [*iterum adest* D] | 7 ioiaribus AD | 13 decimaquarta c., *et sic deinceps usque ad v.* 16 decimanona |

baal
14 quintadecima Belga sextadecima Emmer
15 septimadecima Ezir octavadecima Hapses
16 nonadecima Phetheia vicesima Iezecel
17 vicesima prima Iachin vicesima secunda Gamul
18 vicesima tertia Dalaiau vicesima quarta Mazziau
23,24! 19 hae vices eorum secundum ministeria sua ut ingrediantur domum Domini
et iuxta ritum suum sub manu Aaron patris eorum sicut praecepit Dominus Deus Israhel
20 porro filiorum Levi qui reliqui fuerant
de filiis Amram erat Subahel
et filiis Subahel Iedeia
21 de filiis quoque Roobiae princeps Iesias
22 Isaaris vero Salemoth filiusque Salemoth Iaath
23 filiusque eius Ieriahu Amarias secundus Iazihel tertius Iecmaam quartus
24 filius Ozihel Micha
filius Micha Samir
25 frater Micha Iesia
filiusque Iesiae Zaccharias
23,21 26 filii Merari Mooli et Musi
filius Ioziau Benno
27 filius quoque Merari Oziau et Soem et Zacchur et Hebri
28—31: 23,21–24 28 porro Mooli filius Eleazar qui non habebat liberos
29 filius vero Cis Ierahemel
30 filii Musi Mooli Eder et Ierimoth
isti filii Levi secundum domos familiarum suarum
31 miseruntque et ipsi sortes contra fratres suos filios Aaron coram David rege et Sadoc et Ahimelech
et principibus familiarum sacerdotalium et leviticarum
tam maiores quam minores omnes sors aequaliter dividebat
25 igitur David et magistratus exercitus secreverunt in ministerium 6; II Par 29,25
filios Asaph et Heman et Idithun II Par 5,12
qui prophetarent in citharis et psalteriis et cymbalis I Sm 10,5!
secundum numerum suum dedicato sibi officio servientes
2 de filiis Asaph Zacchur et Ioseph et Nathania et Asarela
filii Asaph sub manu Asaph prophetantis iuxta regem
3 porro Idithun filii Idithun Godolias Sori Iesaias et Sabias et Matthathias sex sub manu patris sui Idithun
qui in cithara prophetabat super confitentes et laudantes Dominum
4 Heman quoque filii Heman Bocciau Matthaniau Ozihel Subuhel et Ierimoth
Ananias Anani Elietha Geddelthi et Romemthiezer
et Iesbacasa Mellothi Othir Mazioth
5 omnes isti filii Heman videntis regis in sermonibus Dei ut exaltaret cornu
deditque Deus Heman filios quattuordecim et filias tres
6 universi sub manu patris sui ad cantandum in templo Domini distributi erant 1! II Par 29,25
in cymbalis et psalteriis et citharis in ministeria domus Domini iuxta regem
Asaph videlicet et Idithun et Heman
7 fuit autem numerus eorum cum fratribus suis qui erudiebant canticum

19 haec CDl | domini GCΣc] dei *cet.* | et *om.* CΣΛ. | praeceperat lc. | 20 et filiis] et filius CΣΛr; et filii GDSΦl; de filiis A; et de filiis c | 22 uero + filius c. | 23 ieriahu] *praem.* primus CΣ.; + primus c | 25 filius quoque C; filius D | 27 filii CΣΛ || **25**,1 [*usque ad* 27,1 *adsunt in* l, *qui legi nequit, nonnisi 6 vel 7 versus*] | segregauerunt CΣΛSΦc | 2 prophetantis cr.𝔐] prophetantes *cet.* | 3 domino S.; deum C | 5 uidentes ACΣSΦ |

AGC ΣΛDSΦl cr

Domini cuncti doctores ducenti
octoginta octo
26,13 8 miseruntque sortes per vices suas ex
aequo tam maior quam minor doc-
tus pariter et indoctus
9 egressaque est sors prima Ioseph qui
erat de Asaph
secunda Godoliae ipsi et filiis eius et
fratribus duodecim
10 tertia Zacchur filiis et fratribus eius
duodecim
11 quarta Isari filiis et fratribus eius
duodecim
12 quinta Nathaniae filiis et fratribus
eius duodecim
13 sexta Bocciau filiis et fratribus eius
duodecim
14 septima Israhela filiis et fratribus
eius duodecim
15 octava Isaiae filiis et fratribus eius
duodecim
16 nona Matthaniae filiis et fratribus
eius duodecim
17 decima Semeiae filiis et fratribus
eius duodecim
18 undecima Ezrahel filiis et fratribus
eius duodecim
19 duodecima Asabiae filiis et fratribus
eius duodecim
20 tertiadecima Subahel filiis et fratribus eius duodecim
21 quartadecima Matthathiae filiis et
fratribus eius duodecim
22 quintadecima Ierimoth filiis et fratribus eius duodecim
23 sextadecima Ananiae filiis et fratribus eius duodecim
24 septimadecima Iesbocasae filiis et
fratribus eius duodecim
25 octavadecima Anani filiis et fratribus
eius duodecim
26 nonadecima Mellothi filiis et fratribus eius duodecim
27 vicesima Eliatha filiis et fratribus
eius duodecim
28 vicesima prima Othir filiis et fratribus eius duodecim
29 vicesima secunda Godollathi filiis et
fratribus eius duodecim
30 vicesima tertia Maziuth filiis et fratribus eius duodecim
31 vicesima quarta Romamthiezer filiis
et fratribus eius duodecim
26 divisiones autem ianitorum de Co-
ritis Mesellemia filius Core de filiis
Asaph
2 filii Mesellemiae 9,21
Zaccharias primogenitus Iadihel secundus Zabadias tertius Iathanahel
quartus 3 Ahilam quintus Iohanan
sextus Helioenai septimus
4 filii autem Obededom
Semeias primogenitus Iozabad secundus Iohaa tertius Sachar quartus Nathanahel quintus 5 Amihel
sextus Isachar septimus Phollathi
octavus quia benedixit illi Dominus
6 Semeiae autem filio eius nati sunt
filii praefecti familiarum suarum
erant enim viri fortissimi
7 filii ergo Semeiae Othni et Raphahel
et Obedihel Zabad fratres eius viri
fortissimi
Heliu quoque et Samachias
8 omnes hii de filiis Obededom
ipsi et filii et fratres eorum fortissimi
ad ministrandum sexaginta duo de
Obededom
9 porro Mesellamiae filii et fratres robustissimi decem et octo
10 de Hosa autem id est de filiis Merari
Semri princeps
non enim habuerat primogenitum et
idcirco posuerat eum pater eius in
principem
11 Helchias secundus Tabelias tertius
Zaccharias quartus
omnes hii filii et fratres Hosa tredecim
12 hii divisi sunt in ianitores ut semper

AGC 8 per uicos suos A | 9 asaph + filiis et fratribus eius duodecim CΣ | fratribus + eius CΛ
ΣΛDSΦl Φc || **26**,7 obed elzabad c | 8 de filiis] filii A | eorum + uiri CΣ | 9 fratres + eius S;
cr + eorum c. |

principes custodiarum sicut et fratres eorum ministrarent in domo
Domini
25,8 13 missae sunt autem sortes ex aequo
et parvis et magnis per familias suas
in unamquamque portarum
14 cecidit igitur sors orientalis Selemiae
porro Zachariae filio eius viro pru-
dentissimo et erudito sortito obti-
git plaga septentrionalis
15 Obededom vero et filiis eius ad austrum in qua parte domus erat seniorum concilium
16 Sepphima et Hosa ad occidentem
iuxta portam quae ducit ad viam
ascensionis custodia contra custodiam
17 ad orientem vero Levitae sex et ad
aquilonem quattuor per diem
atque ad meridiem similiter in die
quattuor et ubi erat concilium bini
et bini
18 in cellulis quoque ianitorum ad occidentem quattuor in via binique
per cellulas
19 hae sunt divisiones ianitorum filiorum Core et Merari
20 porro Achias erat super thesauros domus Dei ac vasa sanctorum
21 filii Ledan filii Gersonni de Ledan
principes familiarum Ledan et Gersonni Ieiheli
22 filii Ieiheli Zathan et Iohel frater
eius super thesauros domus Domini
23 Amramitis et Isaaritis et Hebronitis
et Ozihelitibus
24 Subahel autem filius Gersom filii
Mosi praepositus thesauris
25 fratres quoque eius Eliezer cuius filius Raabia et huius filius Isaias et
huius filius Ioram
huius quoque filius Zechri sed et huius filius Selemith
26 ipse Selemith et fratres eius super
thesauros sanctorum II Par 5,1;
quae sanctificavit David rex et prin- II Sm 8,11;
cipes familiarum et tribuni et cen- III Rg 7,51
turiones et duces exercitus
27 de bellis et manubiis proeliorum
quae consecraverant ad instaurationem et supellectilem templi Domini
28 haec autem universa sanctificavit Samuhel videns et Saul filius Cis et I Sm 9,2!
Abner filius Ner et Ioab filius Sarviae
omnes qui sanctificaverunt ea per
manum Salemith et fratrum eius
29 Saaritis vero praeerat Chonenias et 15,22
filii eius ad opera forinsecus super
Israhel ad docendum et ad iudicandum eos
30 porro de Hebronitis Asabias et fratres eius viri fortissimi mille septingenti praeerant Israheli trans Iordanem contra occidentem
in cunctis operibus Domini et in ministerium regis
31 Hebronitarum autem princeps fuit
Hieria secundum familias et cognationes eorum
quadragesimo anno regni David recensiti sunt et inventi viri fortissimi
in Iazer Galaad
32 fratresque eius robustioris aetatis
duo milia septingenti principes familiarum
praeposuit autem eos David rex Rubenitis et Gadditis et dimidio tribus
Manasse in omne ministerium Dei
et regis

13 autem] ergo DΦ c | 14 igitur] ergo c | sortito] sorte CΣ | 16 custodiam[1] ACΣ. | 17 et[1] *om.* ADS. | ad[3] *om.* GCDS | 18 binique per cellulas] per cellulas bini CΣ. | 19 haec CΣD | 20 ac] et c. | sanctorum + filiorum chore et merari CΣ | 22 frater GΛ𝔐] et fratres S.; fratres *cet.* | 23 ozihelitis Λ c | 24 thesauri A | 25 frater C | sed *om.* c. | 27 [*deest* S *usque ad* 27,19] | consecrauerat CΣ. | 28 sanctificauerant[2] GΛ c | 29 operas A | ad ducendum A; ad occidendum CΣ. | ad[3] *om.* CΣ c | 30 israheliti D.; israhel G | in[2] *om.* A | 31 inuenit D.; + sunt c | 32 robustiores CΣ | dimidiae tribus CΣΛ; dimidio tribu Φ.; dimidiae tribui c ||

AGC ΣΛD(S)Φl cr

II Par 1,2 **27** filii autem Israhel secundum numerum suum principes familiarum
tribuni et centuriones et praefecti qui
ministrabant regi iuxta turmas suas
ingredientes et egredientes per singulos menses in anno
viginti quattuor milibus singuli praeerant
2 primae turmae in primo mense Is-
boam praeerat filius Zabdihel
et sub eo viginti quattuor milia
3 de filiis Phares princeps cunctorum
principum in exercitu mense primo
4 secundi mensis habebat turmam Du-
di Ahohites
et post se alterum nomine Macelloth
qui regebat partem exercitus viginti
quattuor milium
5 dux quoque turmae tertiae in mense
11,22.24.25; II Sm 8,18! 23,22.23 tertio erat Banaias filius Ioiadae
sacerdos
et in divisione sua viginti quattuor
milia
6 ipse est Banaias fortissimus inter triginta et super triginta
praeerat autem turmae ipsius Ami-
zabad filius eius
II Sm 23,24 7 quartus mense quarto Asahel frater
Ioab et Zabadias filius eius post
eum
et in turma eius viginti quattuor
milia
8 quintus mense quinto princeps Sa-
maoth Iezarites
et in turma eius viginti quattuor
milia
9 sextus mense sexto Hira filius Acces
Thecuites
et in turma eius viginti quattuor
milia
II Sm 23,26 10 septimus mense septimo Helles Phallonites de filiis Ephraim
et in turma eius viginti quattuor
milia

11 octavus mense octavo Sobochai Aso- 11.12: 11,29: II Sm 21,18; 23,27
thites de stirpe Zarai
et in turma eius viginti quattuor
milia
12 nonus mense nono Abiezer Anathothites de filiis Iemini
et in turma eius viginti quattuor
milia
13 decimus mense decimo Marai et ipse
Netophathites de stirpe Zarai
et in turma eius viginti quattuor
milia
14 undecimus mense undecimo Banaias II Sm 23,30
Pharathonites de filiis Ephraim
et in turma eius viginti quattuor
milia
15 duodecimus mense duodecimo Hol-
dai Netophathites de stirpe Gothonihel
et in turma eius viginti quattuor
milia
16 porro tribubus praeerant Israhel
Rubenitis dux Eliezer filius Zechri
Symeonitis dux Saphatias filius Macha
17 Levitis Asabias filius Camuhel
Aaronitis Sadoc
18 Iuda Heliu frater David
Isachar Amri filius Michahel
19 Zabulonitis Iesmaias filius Abdiae
Nepthalitibus Ierimoth filius Ozihel
20 filiis Ephraim Osee filius Ozaziu
dimidio tribus Manasse Iohel filius
Phadiae
21 et dimidio tribus Manasse in Galaad
Iaddo filius Zacchariae
Beniamin autem Iasihel filius Abner
22 Dan vero Ezrihel filius Hieroam
hii principes filiorum Israhel
23 noluit autem David numerare eos a
viginti annis inferius
quia dixerat Dominus ut multipli-
caret Israhel quasi stellas caeli
24 Ioab filius Sarviae coeperat nume- 21,6.7; II Sm 24,4

AGC ΣΛD(S)Φl cr **27**,1 regredientes C | 3 principes[1] CΣΦ | 4 alter ϲ. | 6 et super triginta *om.* G | 8 iezarites *om.* CΣ. | 11 husathites ϲ. | 18 iudae CΣ. | 19 [*iterum adest* S] | 20 dimidio tribu C.; dimidiae tribus ΣΛΦ; dimidiae tribui ϲ | 21 dimidiae tribus CΛ; dimidiae tribu Σ; dimidiae tribui Φϲ | 23 dixit CS. |

II Sm 24,1 rare nec conplevit quia super hoc
ira inruerat in Israhel
et idcirco numerus eorum qui fuerant recensiti non est relatus in fastos regis David
25 super thesauros autem regis fuit Azmoth filius Adihel
his autem thesauris qui erant in urbibus et in vicis et in turribus praesidebat Ionathan filius Oziae
26 operi autem rustico et agricolis qui exercebant terram praeerat Ezri filius Chelub
27 vinearumque cultoribus Semeias Ramathites
cellis autem vinariis Zabdias Aphonites
28 nam super oliveta et ficeta quae erant in campestribus Balanan Gaderites
super apothecas autem olei Ioas
29 porro armentis quae pascebantur in Sarona praepositus fuit Setrai Saronites
et super boves in vallibus Saphat filius Adli
30 super camelos vero Ubil Ismahelites
et super asinos Iadias Meronathites
31 super oves quoque Iaziz Agarenus
omnes hii principes substantiae regis David
32 Ionathan autem patruus David consiliarius vir prudens et litteratus
ipse et Iaihel filius Achamoni erant cum filiis regis
II Sm 15,12 33 Ahitophel etiam consiliarius regis et
II Sm 15,37; 16,16 Husi Arachites amicus regis
34 post Ahitophel fuit Ioiada filius Banaiae et Abiathar
princeps autem exercitus regis erat Ioab
28 convocavit igitur David omnes principes Israhel
duces tribuum et praepositos turmarum qui ministrabant regi
tribunos quoque et centuriones et qui praeerant substantiae et possessionibus regis
filiosque suos cum eunuchis et potentes et robustissimos quosque in exercitu Hierusalem
2 cumque surrexisset rex et stetisset ait
audite me fratres mei et populus meus
cogitavi ut aedificarem domum in qua requiesceret arca foederis Domini et scabillum pedum Dei nostri 22,7; III Rg 5,5! 8,17; II Par 6,7
et ad aedificandum omnia praeparavi
3 Deus autem dixit mihi
non aedificabis domum nomini meo eo quod sis vir bellator et sanguinem fuderis 22,8; III Rg 5,3
4 sed elegit Dominus Deus Israhel me de universa domo patris mei ut essem rex super Israhel in sempiternum II Sm 5,2! II Par 6,6; Ps 77,70.71!
de Iuda enim elegit principes
porro de domo Iuda domum patris mei
et de filiis patris mei placuit ei ut me eligeret regem super cunctum Israhel
5 sed et de filiis meis
filios enim multos dedit mihi Dominus
elegit Salomonem filium meum ut sederet in throno regni Domini super Israhel III Rg 1,35! 5,5! 8,20! II Par 1,9! II Esr 13,26
6 dixitque mihi
Salomon filius tuus aedificabit domum meam et atria mea 17,12.13! 22,10! II Sm 7,13.14!
ipsum enim elegi mihi in filium et ego ero ei in patrem
7 et firmabo regnum eius usque in aeternum
si perseveraverit facere praecepta mea et iudicia sicut et hodie Dt 4,5.6!

24 in fastus AS; in fasto CΣ | 25 praesidebant CΣ. | 30 iadias] iudas DΦ; madias CΣ. | 31 azarenus G; agareus c. | 32 et[2]] est AS | achamoni + hii AS || **28**,1 filios quoque ΛAS | quosque] quoque AS | 2 ad *om.* G | 4 elegerit[1] ADS. | de iudaea GC. | 5 ~ mihi multos dedit c. |

AGC ΣΛDSΦl cr

8 nunc igitur coram universo coetu Israhel audiente Deo nostro custodite
et perquirite cuncta mandata Domini Dei nostri
ut possideatis terram bonam et re-
linquatis eam filiis vestris post vos
usque in sempiternum
9 tu autem Salomon fili mi scito Deum patris tui et servi ei corde perfecto et animo voluntario
29,17! Ps 7,10! Ier 17,10! Rm 8,27 omnia enim corda scrutatur Dominus et universas mentium cogita-
tiones intellegit
II Par 15,2; Ier 29,13! si quaesieris eum invenies
si autem dereliqueris illum proiciet
te in aeternum
10 nunc ergo quia elegit te Dominus ut
aedificares domum sanctuarii confortare et perfice
11 dedit autem David Salomoni filio
suo descriptionem porticus et templi
et cellariorum et cenaculi et cubi-
culorum in adytis et domus propitiationis
12 nec non et omnium quae cogitaverat
atriorum et exedrarum per circuitum in thesauros domus Domini et
in thesauros sanctorum
13 divisionumque sacerdotalium et leviticarum in omnia opera domus
Domini et in universa vasa ministerii templi Domini
14 aurum in pondere per singula vasa
ministerii
argenti quoque pondus pro vasorum
ad opera diversitate
15 sed et ad candelabra aurea et ad lucernas eorum aurum pro mensura
uniuscuiusque candelabri et lucer-
narum
similiter et in candelabris argenteis
et in lucernis eorum pro diversitate
mensurae pondus argenti tradidit
16 aurum quoque dedit in mensas propositionis pro diversitate mensa-
rum
similiter et argentum in alias mensas
argenteas
17 ad fuscinulas quoque et fialas et turibula ex auro purissimo et leunculos aureos
pro qualitate mensurae pondus distribuit in leunculum et leunculum
similiter et in leones argenteos diversum argenti pondus separavit
18 altari autem in quo adoletur incensum aurum purissimum dedit
ut ex ipso fieret similitudo quadrigae Ex 25,20!
cherubin extendentium alas et ve-
lantium arcam foederis Domini
19 omnia inquit venerunt scripta manu
Domini ad me ut intellegerem universa opera exemplaris
20 dixit quoque David Salomoni filio
suo
viriliter age et confortare et fac ne
timeas et ne paveas
Dominus enim Deus meus tecum
erit et non dimittet te nec derelinquet
donec perficias omne opus ministerii domus Domini
21 ecce divisiones sacerdotum et Levita- 23,24!
rum in omne ministerium domus
Domini adsistunt tibi
et parati sunt et noverunt tam principes quam populus facere omnia
praecepta tua
29 locutusque est David rex ad om- 22,5
nem ecclesiam
Salomonem filium meum unum ele-
git Deus adhuc puerum et tenellum III Rg 3,7!

AGC ΣΛDSΦl cr

8 igitur] ergo ¢. | deo] domino G; domino deo AS | ea GDΦ | 9 seruito ei ¢. | illum] eum AG ¢ | 11 ~ filio suo salomoni CΣ. | in abditis CS | 12 et[3] *om.* A | thesauris[2] A | 14 ad operum Φ; atque operum Λ.; et operum C ¢ | 15 ad[1]] in ¢.; *om.* CDS | ad[2] *om.* CS | in candelabra argentea ¢. | in[2] *om.* C | lucernis] lucernas ¢. | 16 mensarum] mensurarum A; mensurae DΦ | 18 altario CΣ.; altaria D | adoleretur C; adolebat Φ | dedit + et CΣΛ | 20 erit] est AΛS || **29**,1 ~ rex dauid C | rex + et AG | et *om.* AS | tenerolum C.; tenerum AS |

opus autem grande est neque enim
homini praeparatur habitatio sed
Deo
19; 22,14 2 ego autem totis viribus meis praeparavi inpensas domus Dei mei
aurum ad vasa aurea et argentum in
argentea aes in aenea ferrum in ferrea lignum ad lignea
lapides onychinos et quasi stibinos
et diversorum colorum
omnem pretiosum lapidem et mar-
mor parium abundantissime
3 et super haec quae obtuli in domum
Dei mei de peculio meo aurum et
argentum do in templum Dei mei
exceptis his quae paravi in aedem
sanctam
III Rg 9,28; II Par 8,18 4 tria milia talenta auri de auro Ophir
et septem milia talentorum argenti
probatissimi
ad deaurandos parietes templi
5 ut ubicumque opus est aurum de
auro
et ubicumque opus est argentum argenti opera fiant per manus artificum
et si quis sponte offert impleat manum suam hodie et offerat quod
voluerit Domino
6 polliciti sunt itaque principes familiarum et proceres tribuum Israhel
tribuni quoque et centuriones et
principes possessionum regis
7 dederuntque in opera domus Dei
auri talenta quinque milia et solidos
decem milia
argenti talenta decem milia et aeris
talenta decem et octo milia
ferri quoque centum milia talentorum
8 et apud quemcumque inventi sunt
lapides dederunt in thesaurum domus Domini per manum Ieihel
Gersonitis
9 laetatusque est populus cum vota
sponte promitterent quia corde toto
offerebant ea Domino
sed et David rex laetatus est gaudio
magno 10 et benedixit Domino coram universa multitudine et ait
benedictus es Domine Deus Israhel I Esr 7,27; II Esr 9,5;
patris nostri ab aeterno in aeternum Tb 8,17; Dn 3,52!
11 tua est Domine magnificentia et po-
tentia et gloria atque victoria et tibi
laus
cuncta enim quae in caelo sunt et in Ps 88,12!
terra tua sunt
tuum Domine regnum et tu es super
omnes principes
12 tuae divitiae et tua est gloria
tu dominaris omnium II Par 20,6; Est 13,11
in manu tua virtus et potentia Sir 10,4
in manu tua magnitudo et imperium
omnium
13 nunc igitur Deus noster confitemur 16,9! I Esr 10,11!
tibi et laudamus nomen tuum in- Ps 29,13! 117,28! 144,2; Is 25,1
clitum
14 quis ego et quis populus meus ut possimus haec tibi universa promittere
tua sunt omnia et quae de manu tua
accepimus dedimus tibi
15 peregrini enim sumus coram te et Gn 23,4!
advenae sicut omnes patres nostri Ps 38,13; Hbr 11,13
dies nostri quasi umbra super ter- Iob 8,9! Ecl 7,1!
ram et nulla est mora Sap 2,5; 5,9; Iac 4,14!
16 Domine Deus noster omnis haec copia quam paravimus ut aedificaretur domus nomini sancto tuo de
manu tua est et tua sunt omnia
17 scio Deus meus quod probes corda 28,9! Ps 65,10!
et simplicitatem diligas
unde et ego in simplicitate cordis mei
laetus obtuli universa haec
et populum tuum qui hic reppertus

1 autem] enim GDΦ; namque c. | 2 in inpensas G; inmensas C. | domus + domini CΣ | lignum] ligna ΛDΦc | lignea + et c. | omnemque c. | 3 domum + domini CΣ | paraui CΣlr] parui A.; praeparaui *cet.* | sanctorum A | 5 ut] et AΛDΦcr; *om.* S | aurum—est² *om.* G | argenti] de argento Σc.; de argenti C. | ~ offert sponte CΣ. | 7 dei] domini ACΣS | 8 in thesauros Sc. | 13 confitebimur ACS | laudabimus C | 14 et¹] aut CS. | damus CΣ. | 15 super terra GC | 16 aedificetur C | 17 simplicitate] simplicitatem G |

AGC ΣΛDSΦl cr

est vidi cum ingenti gaudio tibi offerre donaria
18 Domine Deus Abraham et Isaac et
Israhel patrum nostrorum
custodi in aeternum hanc voluntatem cordis eorum
et semper in venerationem tui mens
ista permaneat
III Rg 8,61! 19 Salomoni quoque filio meo da cor
perfectum ut custodiat mandata
tua testimonia tua caerimonias tuas
2; 22,14 et faciat universa et aedificet aedem
cuius inpensas paravi
20 praecepit autem David universae ecclesiae benedicite Domino Deo
nostro
et benedixit omnis ecclesia Domino
Deo patrum suorum
et inclinaverunt se et adoraverunt
Deum et deinde regem
III Rg 8,62! 21 immolaveruntque victimas Domino
Nm 7,15! I Sm 7,9! et obtulerunt holocausta die sequenti
tauros mille arietes mille agnos mille
cum libaminibus suis et universo
ritu abundantissime in omnem Israhel
22 et comederunt et biberunt coram
Domino in die illo cum grandi laetitia
et unxerunt secundo Salomonem filium David
III Rg 1,39! 2,35! unxerunt autem Domino in principem et Sadoc in pontificem
III Rg 2,12! 23 seditque Salomon super solium Domini in regem pro David patre suo
et cunctis placuit et paruit illi omnis
Israhel
24 sed et universi principes et potentes
et cuncti filii regis David dederunt
manum et subiecti fuerunt Salomoni regi
25 magnificavit ergo Dominus Salomo- III Rg 10,23; II Par 1,1; 9,22
nem super omnem Israhel
et dedit illi gloriam regni qualem nul- III Rg 3,13! II Par 1,12
lus habuit ante eum rex Israhel
26 igitur David filius Isai regnavit super universum Israhel
27 et dies quibus regnavit super Israhel II Sm 2,11; III Rg 2,11.12
fuerunt quadraginta anni
in Hebron regnavit septem annis et 3,4; II Sm 5,4.5
in Hierusalem triginta tribus
28 et mortuus est in senectute bona ple- Gn 25,8! Idc 8,32
nus dierum et divitiis et gloria
regnavitque Salomon filius eius pro
eo
29 gesta autem David regis priora et II Par 9,29; 29,25
novissima
scripta sunt in libro Samuhel videntis et in libro Nathan prophetae atque in volumine Gad videntis
30 universique regni eius et fortitudinis
et temporum quae transierunt sub
eo
sive in Israhel sive in cunctis regnis
terrarum

II Paralipomenon Confortatus est
ergo Salomon filius David in regno III Rg 2,12! 3,
suo
et Dominus erat cum eo et magnifi- III Rg 10,23; I Par 29,25
cavit eum in excelsum
2 praecepitque Salomon universo Is- I Par 27,1
raheli
tribunis et centurionibus et ducibus
et iudicibus omnis Israhel et principibus familiarum
3 et abiit cum universa multitudine in 3–13: III Rg 3,4–15 III Rg 3,4; I Par 21,29!
excelsum Gabaon
ubi erat tabernaculum foederis Dei
quod fecit Moses famulus Dei in
solitudine
4 arcam autem Dei adduxerat David

AGC ΣΛDSΦl cr

18 in ueneratione C | 19 tua[1] + et ACΣSΦ | tua[2] + et CΣΦc | 20 dauid + et AΛ | 21 mille[1] + et CDΦ | 22 autem + eum CΣΛc | 23 regem + et A | parauit A | 24 ~ regi salomoni A | 27 hierusalem + annis GΛDSΦlc | 28 et regnauit c. | 29 samuelis c | et[2] *om.* A | 30 quae] quaeque G ||

II Paralipomenon. *Tit.* liber secundus paralipomenon hebraice dibre haiamim c || **1**,1 est *om.* GS. | dominus + deus eius c. | 2 israhel[1] GΛDS | 3 dei[1]] domini ACr | 4 autem *om.* CΣ. |

de Cariathiarim
I Par 15,3! in locum quem paraverat ei et ubi
fixerat illi tabernaculum hoc est in
Hierusalem
5 altare quoque aeneum quod fabrica-
Ex 31,2–4 tus fuerat Beselehel filius Uri filii
Ur ibi erat coram tabernaculo Do-
mini
quod et requisivit Salomon et omnis
ecclesia
6 ascenditque Salomon ad altare aeneum coram tabernaculo foederis Do-
Idc 2,5! III Rg 3,4! mini et obtulit in eo mille hostias
7 ecce autem in ipsa nocte apparuit ei
Deus dicens
postula quod vis ut dem tibi
8 dixitque Salomon Deo
tu fecisti cum David patre meo misericordiam magnam et constituisti
me regem pro eo
9 nunc igitur Domine Deus impleatur
sermo tuus quem pollicitus es David patri meo
I Par 28,5! Sap 9,7 tu enim fecisti me regem super populum tuum multum
qui tam innumerabilis est quam pulvis terrae
10 da mihi sapientiam et intellegentiam
ut egrediar coram populo tuo et ingrediar
quis enim potest hunc populum tuum digne qui tam grandis est iudicare
11 dixit autem Deus ad Salomonem
quia hoc magis placuit cordi tuo et
non postulasti divitias et substantiam et gloriam
neque animas eorum qui te oderunt sed nec dies vitae plurimos
petisti autem sapientiam et scientiam ut iudicare possis populum meum super quem constitui te regem
12 sapientia et scientia data sunt tibi
17,5! III Rg 3,13! divitias autem et substantiam et gloriam dabo tibi I Par 29,25!
ita ut nullus in regibus nec ante te
nec post te fuerit similis tui
13 venit ergo Salomon ab excelso Gabaon in Hierusalem coram tabernaculo foederis et regnavit super
Israhel
14 congregavitque sibi currus et equites **14—17:** III Rg 10,26–29
et facti sunt ei mille quadringenti 9,25; III Rg 4,26
currus et duodecim milia equitum
et fecit eos esse in urbibus quadrigarum et cum rege in Hierusalem
15 praebuitque rex argentum et aurum 9,27.28; Sir 47,20
in Hierusalem quasi lapides
et cedros quasi sycomoros quae nascuntur in campestribus multitudine
magna
16 adducebantur autem ei et equi de
Aegypto et de Coa a negotiatoribus
regis
qui ibant et coemebant pretio 17 quad-
rigam equorum sescentis argenteis
et equum centum quinquaginta
similiter de universis regnis Cetthe-
orum et a regibus Syriae emptio ce-
lebrabatur
2 decrevit autem Salomon aedificare III Rg 5,5!
domum nomini Domini et pala-
tium sibi
2 et numeravit septuaginta milia viro- 18; III Rg 5,15.16
rum portantium umeris
et octoginta milia qui caederent lapides in montibus
praepositosque eorum tria milia sescentos
3 misit quoque ad Hiram regem Tyri II Sm 5,11; I Par 14,1
dicens **3—16:** III Rg 5,2–11
sicut egisti cum David patre meo et
misisti ei ligna cedrina ut aedificaret sibi domum in qua et habitavit
4 sic fac mecum ut aedificem domum
nomini Domini Dei mei
et consecrem eam ad adolendum in- 13,11; Ex 30,7!
censum coram illo et fumiganda

4 praeparauerat SΦ c | 5 ibi] ubi D; qui AΛ; quod S. | 9 igitur] ergo c. | ~ me fecisti GDSΦ c | 10 ~ ingrediar et egrediar coram populo tuo c | 11 ad salomon G; salomoni S | oderant GΣΛΦ c | 15 multitudinem magnam CΣS. | 16 ei et] ei c; et AD | emebant A Φ c | 17 ettaeorum G.; hethaeorum c. || **2**,3 et[2] *om.* AΛ | 4 et[1]] ut c. |

AGC ΣΛDSΦl cr

aromata
Nm 28,3.4! I Esr 3,5; II Esr 10,33; Ez 45,17 et ad propositionem panum sempiternam et holocaustomata mane et
vespere
8,13 sabbatis quoque et neomeniis et sollemnitatibus Domini Dei nostri in
sempiternum quae mandata sunt
Israheli
5 domus autem quam aedificare cupio
magna est
Ex 18,11! Ps 94,3; 95,4; 96,9 magnus est enim Deus noster super
omnes deos
6 quis ergo poterit praevalere ut aedificet ei dignam domum
III Rg 8,27 si caelum et caeli caelorum capere
eum non queunt
quantus ego sum ut possim ei aedificare domum
sed ad hoc tantum ut adoleatur incensum coram illo
7 mitte igitur mihi virum eruditum qui
I Par 22,15.16 noverit operari in auro et argento
aere ferro purpura coccino et hya-
cintho
et qui sciat scalpere celata cum his
artificibus quos mecum habeo in
Iudaea et in Hierusalem quos praeparavit David pater meus
8 sed et ligna cedrina mitte mihi et
arceuthina et pinea de Libano
scio enim quod servi tui noverint
caedere ligna de Libano
et erunt servi mei cum servis tuis 9 ut
parentur mihi ligna plurima
domus enim quam cupio aedificare
magna est nimis et inclita
10 praeterea operariis qui caesuri sunt
ligna servis tuis dabo in cibaria
tritici choros viginti milia et hordei
choros totidem olei quoque sata viginti milia
11 dixit autem Hiram rex Tyri per litteras quas miserat Salomoni
quia dilexit Dominus populum suum 9,8; III Rg 10,9!
idcirco te regnare fecit super eum
12 et addidit dicens Idt 13,24!
benedictus Dominus Deus Israhel qui
fecit caelum et terram
qui dedit David regi filium sapientem et eruditum et sensatum atque
prudentem
ut aedificaret domum Domino et
palatium sibi
13 misi ergo tibi virum prudentem et III Rg 7,13.14
scientissimum Hiram patrem meum
14 filium mulieris de filiabus Dan cuius
pater Tyrius fuit
qui noverit operari in auro et ar- Ex 35,32.33.35!
gento et aere et ferro et marmore
et lignis
in purpura quoque et hyacintho et
bysso et coccino
et qui sciat celare omnem scalpturam
et adinvenire prudenter quodcumque in opere necessarium est
cum artificibus tuis et cum artificibus domini mei David patris tui
15 triticum ergo et hordeum et oleum
et vinum quae pollicitus es domine
mi mitte servis tuis
16 nos autem caedemus ligna de Libano
quot necessaria habueris
et adplicabimus ea ratibus per mare
in Ioppe
tuum erit transferre ea in Hierusalem
17 numeravit igitur Salomon omnes vi- I Par 22,2
ros proselytos qui erant in terra Israhel
post dinumerationem quam dinu-

AGC ΣΛDSΦl cr

4 ad[2] *om.* AΛ | sempiternum[1] GCDS | et[4] + ad c. | sollemnitatibus + nomini CΣ. | israhel ADSΦ | 5 autem] enim CΣΦ c | est[2] *om.* A | 6 non queunt] nequeunt c | ~ aedificare ei c. | 7 igitur] ergo c. | argento + et GD | aere + et DSΦ c | sculpere C c | celatura DΦ; caelaturas c | in[3] *om.* GΣΛD c | 8 mihi + et cypressina CΣ. | serui tui cum seruis meis CΣ. | 10 milia[2] + et uini metretas uiginti milia CΣ.; *eadem habet* c. *supra post* totidem | 12 ~ regi dauid C | 14 tyrus fuit ADSΦ; fuit tyrius c | nouit c. | et[2] *om.* GΦ c | et[8] *om.* CΛ | sciet D.; scit c. | sculpturam CDS c | tuis] suis C | 16 quot cr] quod GΛDSΦl; quae ACΣ | tuum + autem c | 17 dinumerauit ΛΦl cr] dinumerauerat C.; denumeraret et A.; numerauit GDS; numerauerat Σ. |

meravit David pater eius
et inventi sunt centum quinquaginta
milia et tria milia sescenti
2; III Rg 5,15.16 18 fecitque ex eis septuaginta milia qui
umeris onera portarent
I Par 22,2 et octoginta milia qui lapides in montibus caederent
tria milia autem et sescentos praepositos operum populi
II Sm 24,18 **3** et coepit Salomon aedificare domum
Domini in Hierusalem in monte
Moria
qui demonstratus fuerat David patri
eius
I Par 21,18 in loco quem paraverat David in
area Ornan Iebusei
2—4: III Rg 6,1–3 2 coepit autem aedificare mense secundo anno quarto regni sui
3 et haec sunt fundamenta quae iecit
Salomon ut aedificaret domum Dei
longitudinis cubitos in mensura prima sexaginta latitudinis cubitos viginti
4 porticum vero ante frontem quae
tendebatur in longum iuxta mensuram latitudinis domus cubitorum viginti
porro altitudo centum viginti cubitorum erat
et deauravit eam intrinsecus auro
mundissimo
5 domum quoque maiorem texit tabulis ligneis abiegnis
et lamminas auri obrizi adfixit per
totum
III Rg 6,29! scalpsitque in ea palmas et quasi catenulas se invicem conplectentes
6 stravit quoque pavimentum templi
pretiosissimo marmore decore multo
7 porro aurum erat probatissimum de
cuius lamminis texit domum et trabes eius et postes et parietes et ostia
et celavit cherubin in parietibus
8 fecit quoque domum sancti sancto- 8.9: III Rg 6,19–21
rum
longitudinem iuxta latitudinem domus cubitorum viginti
et latitudinem similiter viginti cubitorum
et lamminis aureis texit eam quasi
talentis sescentis
9 sed et clavos fecit aureos ita ut singuli clavi siclos quinquagenos ad-
penderent
cenacula quoque texit auro
10 fecit etiam in domo sancti sanctorum 10—13: III Rg 6,23–28
cherubin duo opere statuario et te-
xit eos auro
11 alae cherubin viginti cubitis extendebantur
ita ut una ala haberet cubitos quinque et tangeret parietem domus
et altera quinque cubitos habens
alam tangeret alterius cherub
12 similiter cherub alterius ala quinque
habebat cubitos et tangebat parietem
et ala eius altera quinque cubitorum
alam cherub alterius contingebat
13 igitur alae utriusque cherubin ex- Ex 37,8.9
pansae erant et extendebantur per
cubitos viginti
ipsi autem stabant erectis pedibus et
facies eorum versae erant ad exteri-
orem domum
14 fecit quoque velum ex hyacintho pur- Ex 26,1!
pura coccino et bysso et intexuit ei
cherubin
15 ante fores etiam templi duas colum- III Rg 7,15.16!
nas quae triginta et quinque cubi-
tos habebant altitudinis
porro capita earum quinque cubitorum
16 nec non et quasi catenulas in oraculo
et superposuit eas capitibus colum- III Rg 7,18!

18 ∼ autem milia c. ‖ **3**,1 in montem oria GCD; in monte oria ΛS | praeparauerat C | 3 cubitorum[1.2] CΣ. | 4 qua tendebantur AΛ | 5 sculpsitque S c | 8 longitudine GCΣΛ DΦ | 10 duos c | 11 cherubin + in hutriusque C.; + utrisque Σ. | alam *om.* C | cherub] cherubin CΛS | 12 cherub[1]] cherubin CS | eius] eiusdem CΣ. | 13 ∼ erant uersae c | ad interiorem CΣ | 14 coccino] cocco Φ c |

AGC ΣΛDSΦl cr

narum
malagranata etiam centum quae catenulis interposuit
III Rg 7,21; Ez 40,49 17 ipsas quoque columnas posuit in vestibulo templi unam a dextris et alteram a sinistris
eam quae a dextris erat vocavit Iachin et quae ad levam Booz
4 fecit quoque altare aeneum viginti cubitorum longitudinis et viginti cubitorum latitudinis et decem cubitorum altitudinis
2—5: III Rg 7,23–26 2 mare etiam fusile decem cubitis a labio usque ad labium rotundum per circuitum
quinque cubitos habebat altitudinis
et funiculus triginta cubitorum ambiebat gyrum eius
3 similitudo quoque boum erat subter illud
et decem cubitis quaedam extrinsecus celaturae quasi duobus versibus alvum maris circuibant
boves autem erant fusiles
4 et ipsum mare super duodecim boves inpositum erat
quorum tres respiciebant aquilonem
et alii tres occidentem
porro tres alii meridiem et tres qui reliqui erant orientem
mare habentes superpositum
posteriora autem boum erant intrinsecus sub mari
5 porro vastitas eius habebat mensuram palmi
et labium illius erat quasi labium calicis vel repandi lilii
capiebatque mensurae tria milia metretas
III Rg 7,39 6 fecit quoque concas decem
et posuit quinque a dextris et quinque a sinistris
ut lavarent in eis omnia quae in holocaustum oblaturi erant Ez 40,38
porro in mari sacerdotes lavabantur
7 fecit autem et candelabra aurea decem secundum speciem qua iussa erant fieri III Rg 7,49
et posuit ea in templo quinque a dextris et quinque a sinistris
8 nec non et mensas decem
posuitque eas in templo quinque a dextris et quinque a sinistris
fialas quoque aureas centum
9 fecit etiam atrium sacerdotum et basilicam grandem
et ostia in basilica quae texit aere
10 porro mare posuit in latere dextro contra orientem ad meridiem III Rg 7,39
11 fecit autem Hiram lebetas quoque et creagras et fialas 11—22: III Rg 7,40–50
et conplevit omne opus regis in domo Dei III Rg 7,14
12 hoc est columnas duas et epistylia et capita et quasi quaedam retiacula quae capita tegerent super epistylia
13 malagranata quoque quadringenta et retiacula duo
ita ut bini ordines malagranatorum singulis retiaculis iungerentur
quae protegerent epistylia et capita columnarum
14 bases etiam fecit et concas quas superposuit basibus
15 mare unum bovesque duodecim sub mari III Rg 7,25!
16 et lebetas et creagras et fialas
omnia vasa fecit Salomoni Hiram pater eius in domo Domini ex aere mundissimo
17 in regione Iordanis fudit ea rex in argillosa terra inter Socchoth et Saredatha
18 erat autem multitudo vasorum in-

AGC ΣΛDSΦl cr

16 malogranata CΣc | 17 ipsasque AGΛ || **4**,4 respiciebant + ad DΦc | tres[2] + ad DΦc | ∼ habentes mare c | 5 mensurae *om.* c. | metras GΦ. | 7 iussa erant GΣΛ cr] iussi erant S.; iusserant C.; iusserat DΦl(*vid.*); ius erat A. | 8 et posuit c. | 11 autem] etiam Λ; + etiam A | lebetes c | quoque *om.* c | 13 malogranata CΣc | quadraginta GΦ | ordinis CD | malogranatorum CΣc | 15 boues quoque Σc | 16 lebetes c | salomon A |

numerabilis ita ut ignoraretur pondus aeris
19 fecitque Salomon omnia vasa domus Dei et altare aureum et men-
Ex 25,30! sas et super eas panes propositionis
20 candelabra quoque cum lucernis suis
ut lucerent ante oraculum iuxta ritum ex auro purissimo
21 et florentia quaedam et lucernas et
forcipes aureos
omnia de auro mundissimo facta
sunt
22 thymiamateria quoque et turibula et
fialas et mortariola ex auro purissimo
et ostia celavit templi interioris id
est in sancto sanctorum et ostia
templi forinsecus aurea
sicque conpletum est omne opus
quod fecit Salomon in domo Domini
III Rg 7,51 **5** intulit igitur Salomon omnia quae
voverat David pater suus
II Sm 8,10.11; I Par 26,26 argentum et aurum et universa vasa
posuit in thesauris domus Dei
2—11: III Rg 8,1–10 2 post quae congregavit maiores natu
Israhel et cunctos principes tribu-
um et capita familiarum de filiis Israhel in Hierusalem
ut adducerent arcam foederis Domini de civitate David quae est
Sion
3 venerunt igitur ad regem omnes viri
Israhel in die sollemni mensis septimi
4 cumque venissent cuncti seniorum
Israhel portaverunt Levitae arcam
5 et intulerunt eam et omnem paratu-
ram tabernaculi
porro vasa sanctuarii quae erant in
tabernaculo portaverunt sacerdotes cum Levitis
6 rex autem Salomon et universus coetus Israhel et omnes qui fuerant
congregati ante arcam
immolabant arietes et boves absque II Sm 6,13!
ullo numero
tanta enim erat multitudo victima-
rum
7 et intulerunt sacerdotes arcam foe- II Sm 6,17!
deris Domini in locum suum
id est ad oraculum templi in sancta
sanctorum subter alas cherubin
8 ita ut cherubin expanderent alas suas Ex 25,20!
super locum in quo posita erat arca
et ipsam arcam tegerent cum vectibus eius
9 vectium autem quibus portabatur
arca quia paululum longiores erant
capita parebant ante oraculum
si vero quis paululum fuisset extrinsecus eos videre non poterat
fuit itaque arca ibi usque in praesentem diem
10 nihilque erat aliud in arca nisi duae 6,11; Dt 10,5!
tabulae quas posuerat Moses in
Horeb
quando legem dedit Dominus filiis
Israhel egredientibus ex Aegypto
11 egressis autem sacerdotibus de sanctuario
omnes enim sacerdotes qui ibi potuerant inveniri sanctificati sunt
nec adhuc illo tempore vices et minis-
teriorum ordo inter eos divisus erat
12 tam Levitae quam cantores
id est et qui sub Asaph erant et qui I Par 25,1!
sub Heman et qui sub Idithun
filii et fratres eorum
vestiti byssinis cymbalis et psalteriis
et citharis concrepabant
stantes ad orientalem plagam altaris I Par 15,24!

19 dei] domini CΣ | 21 mundissimo] purissimo C | 22 thymiateria GΦ c; tymiamaria C. | sancto] sancta CΣΦ c | in domum G; in templo CΣ. || **5**,1 dei] domini C | 2 et capita] ac CΣ. | 3 igitur] itaque c; *om.* S. | 5 ~ tabernaculi paraturam CΣ. | 6 [*deest partim* D *usque ad* 6,2] | fuerunt c | enim *om.* C | 7 in² *om.* AS | 8 expanderet CS. | eius] suis c | 9 portabant arcam AΛ | [*adest* i *usque ad* 6,8] | 10 fuit aliud Λ.; aliud erat G i | 11 potuerunt GCl | adhuc + in Φ c | 12 et qui¹] qui et AΛ | qui² *om.* AΛ | byssinis + et CΣS i | citharis + et A |

AGC ΣΛ(D)SΦ(i)l cr

cumque eis sacerdotes centum viginti
canentes tubis
I Par 16,41.42! I Esr 3,11! 13 igitur cunctis pariter et tubis et voce et
cymbalis et organis et diversi gene-
ris musicorum concinentibus
et vocem in sublime tollentibus longe
sonitus audiebatur
ita ut cum Dominum laudare coepissent et dicere
I Par 16,34! confitemini Domino quoniam bonus quoniam in aeternum misericordia eius
Ex 40,32.33! impleretur domus Domini nube
III Rg 8,11! 14 nec possent sacerdotes stare et ministrare propter caliginem
conpleverat enim gloria Domini domum Dei
1—39: III Rg 8,12–49 **6** tunc Salomon ait
Ex 19,9! Dominus pollicitus est ut habitaret
in caligine
2 ego autem aedificavi domum nomini
eius ut habitaret ibi in perpetuum
3 et convertit faciem suam et benedixit
universae multitudini Israhel
nam omnis turba stabat intenta et ait
4 benedictus Dominus Deus Israhel
qui quod locutus est David patri
meo opere conplevit
I Sm 8,8! dicens 5 a die qua eduxi populum
meum de terra Aegypti
non elegi civitatem de cunctis tribubus Israhel
ut aedificaretur in ea domus nomini
meo
neque elegi quemquam alium virum
ut esset dux in populo meo Israhel
12,13; 33,7; III Rg 11,36! 6 sed elegi Hierusalem ut sit nomen
meum in ea
I Par 28,4! Ps 77,70.71! et elegi David ut constituerem eum
super populum meum Israhel
III Rg 8,17; I Par 22,7! 28,2 7 cumque fuisset voluntatis David patris mei ut aedificaret domum no-
mini Domini Dei Israhel
8 dixit Dominus ad eum
quia haec fuit voluntas tua ut aedificares domum nomini meo
bene quidem fecisti habere huiuscemodi voluntatem
9 sed non tu aedificabis domum
verum filius tuus qui egredietur de
lumbis tuis
ipse aedificabit domum nomini meo
10 conplevit ergo Dominus sermonem
suum quem locutus fuerat
et ego surrexi pro David patre meo
et sedi super thronum Israhel sicut
locutus est Dominus
et aedificavi domum nomini Domini
Dei Israhel
11 et posui in ea arcam in qua est pac- 5,10!
tum Domini quod pepigit cum filiis
Israhel
12 stetit ergo coram altare Domini ex
adverso universae multitudinis Israhel
et extendit manus suas
13 siquidem fecerat Salomon basem
aeneam et posuerat eam in medio
basilicae
habentem quinque cubitos longitudinis et quinque cubitos latitudinis
et tres cubitos in altum
stetitque super eam
et deinceps flexis genibus contra uni- **13—21:** Sir 52,1–13
versam multitudinem Israhel
et palmis in caelum levatis 14 ait
Domine Deus Israhel non est similis Dt 3,24!
tui Deus in caelo et in terra
qui custodis pactum et misericordi- Dt 7,9!
am cum servis tuis qui ambulant
coram te in toto corde suo
15 qui praestitisti servo tuo David patri
meo quaecumque locutus fueras ei
et quae ore promiseras opere con-

AGC ΣΛ(D)SΦ(i)l cr

12 cumque eis AGilr] cum eisque Σ.; et cum eis CΛ c; cum eis SΦ | 13 diuersis AΛS | dicerent CΣS. | domini ACΛr𝔐] domini dei l(*vid.*); dei *cet.* | 14 possint Φ; poterant CΣ. | et ministrare *om.* A | dei] domini CΛS ‖ **6**,3 [*iterum adest* D] | conuertit + rex c | multitudinis CDl | intente CΣ. | 8 ~ habere uoluntatem huiuscemodi A; ~ huiuscemodi habere uol. DΦ c | [*deest* i *usque ad* 7,13] | 12 coram altari ΣΛDΦ c | 13 in altum] altitudinis Φ c | eleuatis C.; leuans A |

plesti sicut et praesens tempus probat
II Rg 2,4! 16 nunc ergo Domine Deus Israhel
imple servo tuo patri meo David
quaecumque locutus es dicens
Ier 33,17 non deficiet ex te vir coram me qui
sedeat super thronum Israhel
ita tamen si custodierint filii tui vias
suas et ambulaverint in lege mea
sicut et tu ambulasti coram me
17 et nunc Domine Deus Israhel firmetur sermo tuus quem locutus es servo tuo David
18 ergone credibile est ut habitet Deus
cum hominibus super terram
si caelum et caeli caelorum non te
capiunt quanto magis domus ista
quam aedificavi
19 sed ad hoc tantum facta est ut respicias orationem servi tui
et obsecrationem eius Domine Deus
meus audias
et preces quas fundit famulus tuus
coram te
III Rg 8,29! 20 ut aperias oculos tuos super domum
istam diebus et noctibus
super locum in quo pollicitus es ut
invocaretur nomen tuum
21 et exaudires orationem quam servus
tuus orat in eo
exaudi preces famuli tui et populi
tui Israhel
quicumque oraverit in loco isto
et exaudi de habitaculo tuo id est de
caelis et propitiare
22 si peccaverit quispiam in proximum
suum
et iurare contra eum paratus venerit
seque maledicto constrinxerit coram
altari in domo ista
23 tu audies de caelo et facies iudicium
servorum tuorum
ita ut reddas iniquo viam suam in
caput proprium
et ulciscaris iustum retribuens ei secundum iustitiam suam
24 si superatus fuerit populus tuus Israhel ab inimicis
peccabunt enim tibi
et conversi egerint paenitentiam et 7,14!
obsecraverint nomen tuum et fuerint deprecati in loco isto
25 tu exaudi de caelo et propitiare pec- III Rg 8,49.50!
cato populi tui Israhel
et reduc eos in terram quam dedisti
eis et patribus eorum
26 si clauso caelo pluvia non fluxerit
propter peccata populi
et deprecati te fuerint in loco isto et
confessi nomini tuo
et conversi a peccatis suis cum eos
adflixeris
27 exaudi de caelo Domine et dimitte
peccata servis tuis et populi tui Israhel
et doce eos viam bonam per quam I Sm 12,23! Is 2,3; Mi 4,2
ingrediantur
et da pluviam terrae quam dedisti
populo tuo ad possidendum
28 fames si orta fuerit in terra et pesti- **28—30:** 20,9!
lentia erugo et aurugo et lucusta et
brucus
et hostes vastatis regionibus portas
obsederint civitatis
omnisque plaga et infirmitas presse-
rit
29 si quis de populo tuo Israhel fuerit
deprecatus cognoscens plagam et
infirmitatem suam
et expanderit manus suas in domo
hac
30 tu exaudi de caelo de sublimi scilicet
habitaculo tuo et propitiare

15 et² *om.* A | 16 ~ dauid patri meo CΣ | suas] meas CΛl | et² *om.* AD | 18 ergo nec C | ista] haec CΣ. | 19 audias et] audias Φ; ut audias CΣ; et audias c | fudit GΦ | 20 et] ac CSc | 21 exaudieris AS; exaudias ΣΛ | quam] qua GΛDl | exaudi¹] exaudias c; *praem.* et Dc | et³ *om.* CΛDΦ cr | 23 et²] ut ACD. | 24 superatus] suspiratus C | 25 exaudies Φc | 26 populi + tui AS | te *om.* G; ~ fuerint te D | 28 et¹ *om.* AΛS | erugo] eruca CΣ; *om.* AΛS | uastitatis G; uastitates l | 30 exaudies CΣΛΦ c |

AGC ΣΛDSΦl cr

et redde unicuique secundum vias
suas quas nosti eum habere in corde suo
tu enim solus nosti corda filiorum
hominum
Sir 2,18! 31 ut timeant te et ambulent in viis tuis
cunctis diebus quibus vivunt super
faciem terrae quam dedisti patribus
nostris
32 externum quoque qui non est de populo tuo Israhel si venerit de terra
longinqua
propter nomen tuum magnum et
propter manum tuam robustam et
brachium tuum extentum
et adoraverit in loco isto
33 tu exaudies de caelo firmissimo habitaculo tuo
et facies cuncta pro quibus invoca-
verit te ille peregrinus
ut sciant omnes populi terrae nomen
tuum et timeant te sicut populus
tuus Israhel
et cognoscant quia nomen tuum invocatum est super domum hanc
quam aedificavi
34 si egressus fuerit populus tuus ad
bellum contra adversarios suos per
viam in qua miseris eos
adorabunt te contra viam in qua civitas haec est quam elegisti
et domus quam aedificavi nomini tuo
35 ut exaudias de caelo preces eorum et
obsecrationem et ulciscaris
36 si autem et peccaverint tibi
III Rg 8,46! neque enim est homo qui non peccet
et iratus fueris eis et tradideris hostibus
et captivos eos duxerint in terram
longinquam vel certe quae iuxta est
7,14! III Rg 8,4 37 et conversi corde suo in terra ad
quam captivi ducti fuerant egerint
paenitentiam
et deprecati te fuerint in terra captivitatis suae dicentes
peccavimus inique fecimus iniuste
egimus
38 et reversi fuerint ad te in toto corde
suo et in tota anima sua in terra
captivitatis suae ad quam ducti sunt
adorabunt te contra viam terrae suae
quam dedisti patribus eorum et urbis quam elegisti et domus quam
aedificavi nomini tuo
39 ut exaudias de caelo hoc est de firmo
habitaculo tuo preces eorum
et facias iudicium et dimittas populo
tuo quamvis peccatori
40 tu es enim Deus meus
aperiantur quaeso oculi tui et aures 7,15; IV Rg 19,16! II Esr 1,6!
tuae intentae sint ad orationem
quae fit in loco isto
41 nunc igitur consurge Domine Deus
in requiem tuam
tu et arca fortitudinis tuae
sacerdotes tui Domine Deus indu- 7,10! Is 61,10! Ps 131,8–10.16
antur salute et sancti tui laetentur
in bonis
42 Domine Deus ne averseris faciem
christi tui memento misericordia- Ps 131,1
rum David servi tui
7 cumque conplesset Salomon fundens III Rg 8,54
preces
ignis descendit de caelo et devoravit Lv 9,24! II Mcc 2,10
holocausta et victimas
et maiestas Domini implevit domum Ex 40,32.33!
2 nec poterant sacerdotes ingredi
templum Domini
eo quod implesset maiestas Domini
templum Domini
3 sed et omnes filii Israhel videbant
descendentem ignem et gloriam

AGC ΣΛDSΦl cr

32 exterum Λ; externus CΣ | 33 et[2]] ut AS | aedificaui + nomini tuo AΛS | 34 tuus + israhel CΣ. | domum AS | 35 ut exaudies G; tu exaudies c; exaudies C. | 36 et[1] *om.* ADSΦ cr | ~ duxerint eos c | 37 conuersi + in c | fuerant + et CΣ | iniuste] impie CΣ. | egimus] gessimus CΣDΦ | 38 in[2] *om.* GΛDSΦ | 39 ut exaudias] tu exaudies G c | de[2] *om.* AS. | facies A | 41 salutem Φ c; salutare l; iustitiam C.; iustitia Σ. | 42 aduerseris G.; auerteris ADSΦ cr || 7,2 templum[1]—templum[2]] templum AS; domum C. | domini[3] *om.* CΣ. |

Domini super domum
Lv 9,24 et corruentes proni in terram super
pavimentum stratum lapide adoraverunt
I Par 16,41! et laudaverunt Dominum quoniam
bonus quoniam in aeternum misericordia eius
4—10: III Rg 8,62–66 4 rex autem et omnis populus immolabant victimas coram Domino
Lv 9,4! 5 mactavit igitur rex Salomon hostias
boum viginti duo milia arietum
centum viginti milia
I Esr 6,16 et dedicavit domum Dei rex et universus populus
6 sacerdotes autem stabant in officiis
suis
20,21; 29,27; I Esr 3,10 et Levitae in organis carminum Do-
I Par 16,41! mini quae fecit David rex ad laudandum Dominum quoniam in
aeternum misericordia eius
hymnos David canentes per manus
suas
I Par 15,24! porro sacerdotes canebant tubis ante
eos cunctusque Israhel stabat
7 sanctificavit quoque Salomon medium atrii ante templum Domini
II Sm 6,17.18! obtulerat enim ibi holocausta et adipes pacificorum
quia altare aeneum quod fecerat non
poterat sustinere holocausta et sacrificia et adipes
8 fecit ergo Salomon sollemnitatem in
tempore illo septem diebus
et omnis Israhel cum eo ecclesia
magna valde
ab introitu Emath usque ad torrentem Aegypti
9 fecitque die octavo collectam eo
quod dedicasset altare septem diebus et sollemnitatem celebrasset
diebus septem
10 igitur in die vicesimo tertio mensis
septimi dimisit populos ad tabernacula sua
laetantes atque gaudentes super bo- 6,41; Ex 18,9; Ps 91,5!
no quod fecerat Dominus David et
Salomoni et Israhel populo suo
11 conplevitque Salomon domum Do- **11—22:** III Rg 9,1–9
mini et domum regis
et omnia quae disposuerat in corde
suo ut faceret in domo Domini et
in domo sua et prosperatus est
12 apparuit autem ei Dominus nocte et
ait
audivi orationem tuam et elegi locum istum mihi in domum sacrificii
13 si clausero caelum et pluvia non fluxerit
et mandavero et praecepero lucustae ut devoret terram
et misero pestilentiam in populum
meum
14 conversus autem populus meus su- 6,37
per quos invocatum est nomen meum deprecatus me fuerit
et exquisierit faciem meam et egerit 6,24.25; Lv 5,5; Ez 18,30! Act 8,22
paenitentiam a viis suis pessimis
et ego exaudiam de caelo et propi- III Rg 8,49.50!
tius ero peccatis eorum et sanabo
terram eorum
15 oculi quoque mei erunt aperti et au- 6,40!
res meae erectae ad orationem eius
qui in loco isto oraverit
16 elegi enim et sanctificavi locum is- Dt 12,5
tum ut sit nomen meum ibi in sempiternum
et permaneant oculi mei et cor meum
ibi cunctis diebus
17 tu quoque si ambulaveris coram me
sicut ambulavit David pater tuus
et feceris iuxta omnia quae praecepi
tibi et iustitias meas iudiciaque servaveris
18 suscitabo thronum regni tui sicut III Rg 8,25!
pollicitus sum David patri tuo di-
cens
non auferetur de stirpe tua vir qui
sit princeps in Israhel

AGC ΣΛDSΦ(i)l cr

3 aeternum] saeculum DΦ c | 4 immolabat G | 5 boum—milia[2]] xii l. | uiginti[2] + duo G | 6 cantantes AGS; adcanentes C. | 10 uicesima et tertia CΣ. | populum[1] Φ.; populus AS | super bona quae AΛS | dauidi c. | israheli CΣΛ c | 14 [*adest* i *usque ad* 8,6] | sanabo] saluabo AS. | 16 cor meum] ero CΣ. |

Lv 26,15! 19 si autem aversi fueritis et dereliqueritis iustitias meas et praecepta mea
quae proposui vobis
et abeuntes servieritis diis alienis et adoraveritis eos
20 evellam vos de terra mea quam dedi vobis
et domum hanc quam sanctificavi nomini meo proiciam a facie mea
Dt 28,37! et tradam eam in parabolam et in exemplum cunctis populis
21.22: Dt 29,24–27; Ier 22,8.9 21 et domus ista erit in proverbium universis transeuntibus
et dicent stupentes quare fecit Dominus sic terrae huic et domui huic
Idc 2,12! 22 respondebuntque quia dereliquerunt Dominum Deum patrum suorum
qui eduxit eos de terra Aegypti
et adprehenderunt deos alienos et adoraverunt eos atque coluerunt
idcirco venerunt super eos universa haec mala
III Rg 3,1! 9,1 **8** expletis autem viginti annis postquam aedificavit Salomon domum Domini et domum suam
2 civitates quas dederat Hiram Salomoni aedificavit et habitare ibi fecit filios Israhel
3 abiit quoque in Emath Suba et obtinuit eam
III Rg 9,17.18 4 et aedificavit Palmyram in deserto
et alias civitates munitissimas aedificavit in Emath
III Rg 9,17 5 extruxitque Bethoron superiorem et Bethoron inferiorem
civitates muratas habentes portas et vectes et seras
6—10: III Rg 9,19–23 6 Baalath etiam et omnes urbes firmissimas quae fuerunt Salomonis
cunctasque urbes quadrigarum et urbes equitum
omnia quae voluit Salomon atque disposuit aedificavit
in Hierusalem et in Libano et in universa terra potestatis suae
7 omnem populum qui derelictus fuerat de Hettheis et Amorreis et Ferezeis et Eveis et Iebuseis qui non erant de stirpe Israhel Ios 9,1!
8 de filiis eorum et de posteris quos non interfecerant filii Israhel
subiugavit Salomon in tributarios usque in diem hanc Ios 17,13; Idc 1,28
9 porro de filiis Israhel non posuit ut servirent operibus regis
ipsi enim erant viri bellatores et duces primi et principes quadrigarum et equitum eius
10 omnes autem principes exercitus regis Salomonis fuerunt ducenti quinquaginta qui erudiebant populum
11 filiam vero Pharaonis transtulit de civitate David in domum quam aedificaverat ei **11.12:** III Rg 9,24.25 III Rg 7,8!
dixit enim non habitabit uxor mea in domo David regis Israhel
eo quod sanctificata sit quia ingressa est eam arca Domini
12 tunc obtulit Salomon holocausta Domino super altare Domini quod extruxerat ante porticum 15,8
13 ut per singulos dies offerretur in eo iuxta praeceptum Mosi 2,4!
in sabbatis et in kalendis et in festis diebus
ter per annum id est in sollemnitate azymorum et in sollemnitate ebdomadarum et in sollemnitate tabernaculorum
14 et constituit iuxta dispositionem David patris sui officia sacerdotum in ministeriis suis 23,18! I Par 23,30.31 II Esr 12,24!
et Levitas in ordine suo ut laudarent et ministrarent coram sacerdotibus

AGC ΣΛDSΦ(il) cr 19 ~ auersi autem AΛS | 20 [*deest* l *usque ad* 18,5] | sanctificaui cr𝔐𝔊] aedificasti S; aedificaui *cet.* | 22 atque] et c || **8**,3 eum Σ.; *om.* A | 6 quae[2]] quaecumque DΦ c | et in[1]] et AS. | et in[2]] et C; *om.* AS. | [*deest* i *usque ad* 36,23] | 7 et[1] *om.* CΣ. | erat CΣ | 8 posteris] potestatibus AS. | 9 enim *om.* AD. | 10 regis *om.* CΣ. | fuere CΣ. | 11 enim + rex Φ c | in eam SΦ c; ad eam C | 13 ut] et CΣ. | offertur CΣ. | in[5] *om.* AS | sollemnitatem[1] CS | sollemnitatem[2] C |

iuxta ritum uniuscuiusque diei
et ianitores in divisionibus suis per
portam et portam
sic enim praeceperat David homo
Dei
15 nec praetergressi sunt de mandatis
regis tam sacerdotes quam Levitae
ex omnibus quae praeceperat
et in custodiis thesaurorum 16 omnes
inpensas praeparatas habuit Salomon
ex eo die quo fundavit domum Domini usque in diem quo perfecit
eam
17.18: III Rg 9,26–28 17 tunc abiit Salomon in Hesiongaber
et in Ahilath ad oram maris Rubri
quae est in terra Edom
II Rg 10,11.22! 18 misit autem ei Hiram per manum
servorum suorum naves et nautas
gnaros maris
9,10; III Rg 22,49 et abierunt cum servis Salomonis in
Ophir
I Par 29,4 tuleruntque inde quadringenta quinquaginta talenta auri et adtulerunt
ad regem Salomonem
1—12: III Rg 10,1–13 **9** regina quoque Saba cum audisset
famam Salomonis venit ut tempta-
ret eum enigmatibus in Hierusalem
cum magnis opibus et camelis qui
portabant aromata et auri plurimum gemmasque pretiosas
cumque venisset ad Salomonem locuta est ei quaecumque erant in corde suo
2 et exposuit ei Salomon omnia quae
proposuerat
nec quicquam fuit quod ei non perspicuum fecerit
3 quod postquam vidit sapientiam scilicet Salomonis et domum quam
aedificaverat
4 nec non cibaria mensae eius et habitacula servorum et officia minis-
trorum eius et vestimenta eorum
pincernas quoque et vestes eorum III Rg 8,62!
et victimas quas immolabat in do-
mo Domini
non erat prae stupore ultra in ea spiritus
5 dixitque ad regem
verus sermo quem audieram in terra
mea de virtutibus et sapientia tua
6 non credebam narrantibus donec
ipsa venissem et vidissent oculi mei
et probassem vix medietatem mihi
sapientiae tuae fuisse narratam
vicisti famam virtutibus tuis
7 beati viri tui et beati servi tui hii qui
adsistunt coram te in omni tempore
et audiunt sapientiam tuam
8 sit Dominus Deus tuus benedictus 2,11.12! III Rg 5,7
qui voluit te ordinare super thro-
num suum regem Domini Dei tui
quia diligit Deus Israhel et vult servare eum in aeternum
idcirco posuit te super eum regem II Sm 8,15!
ut facias iudicia atque iustitiam
9 dedit autem regi centum viginti talenta auri et aromata multa nimis
et gemmas pretiosissimas
non fuerunt aromata talia ut haec
quae dedit regina Saba regi Salomoni
10 sed et servi Hiram cum servis Salo- 8,18! III Rg 9,27.28!
monis adtulerunt aurum de Ophir
et ligna thyina et gemmas pretiosissimas
11 de quibus fecit rex de lignis scilicet
thyinis gradus in domo Domini et
in domo regia
citharas quoque et psalteria cantoribus
numquam visa sunt in terra Iuda
ligna talia

14 in diuisionibus suis] iuxta dispositionibus suis C.; iuxta dispositiones suas Σ. | 17 ad ora G; ad orem D. | quae] quod Σ.; qui C. | 18 ei] et C | per manus ΛDΦ c || **9**,1 eum + in CΣ c | 2 prespicuum CΣ. | ~ non perspicuum ei c | 3 quod] quae c | 4 nec non + et Φ c | eius2 *om.* A | quoque eius et uestimenta CΣ. | 5 uerus + est c | 6 probassent AGΛS | ~ sapientiae tuae mihi c | 7 hii *om.* c | in *om.* c | 8 seruare] saluare CΣ | 11 ~ talia ligna CΣ. |

AGC ΣΛDSΦ cr

12 rex autem Salomon dedit reginae Saba cuncta quae voluit et quae postulavit
multo plura quam adtulerat ad eum
quae reversa abiit in terram suam
cum servis suis
13—28: III Rg 10,14–28 13 erat autem pondus auri quod adfere-
batur Salomoni per annos singulos
sescenta sexaginta sex talenta auri
14 excepta ea summa quam legati di-
versarum gentium et negotiatores
adferre consueverant
omnesque reges Arabiae et satrapae
terrarum qui conportabant aurum
et argentum Salomoni
15 fecit igitur rex Salomon ducentas
hastas aureas de summa sescentorum aureorum qui in hastis singulis expendebantur
16 trecenta quoque scuta aurea trecentorum aureorum quibus tegebantur
scuta singula
posuitque ea rex in armamentario
quod erat consitum nemore
17 fecit quoque rex solium eburneum
grande et vestivit illud auro mundissimo
18 sexque gradus quibus ascendebatur
ad solium et scabillum aureum
et brachiola duo altrinsecus et duos
leones stantes iuxta brachiola
19 sed et alios duodecim leunculos
stantes super sex gradus ex utraque
parte
non fuit tale solium in universis regnis
20 omnia quoque vasa convivii regis
erant aurea
et vasa domus saltus Libani ex auro
purissimo
argentum enim in diebus illis pro nihilo reputabatur
21 siquidem naves regis ibant in Thar- 20,36; III Rg 10,22!
sis cum servis Hiram semel in an-
nis tribus
et deferebant inde aurum et argentum et ebur et simias et pavos
22 magnificatus est igitur Salomon su- III Rg 3,13! I Par 29,25!
per omnes reges terrae divitiis et
gloria
23 omnesque reges terrarum desidera- III Rg 4,34; Ps 44,13
bant faciem videre Salomonis
ut audirent sapientiam quam dederat
Deus in corde eius
24 et deferebant ei munera vasa argen- Ps 67,30!
tea et aurea et vestes et arma et aromata equos et mulos per singulos
annos
25 habuit quoque Salomon quadraginta 1,14; III Rg 4,2[6]; 10,26
milia equorum in stabulis et cur-
ruum equitumque duodecim milia
constituitque eos in urbibus quadrigarum et ubi erat rex in Hierusalem
26 exercuit etiam potestatem super III Rg 4,21
cunctos reges a fluvio Eufraten usque ad terram Philisthinorum id
est usque ad terminos Aegypti
27 tantamque copiam praebuit argenti 1,15.16
in Hierusalem quasi lapidum
et cedrorum tantam multitudinem
velut sycaminorum quae gignuntur
in campestribus
28 adducebantur autem ei equi de Aegypto cunctisque regionibus
29 reliqua vero operum Salomonis prio- **29—31:** III Rg 11,41–4[3]
rum et novissimorum
scripta sunt in verbis Nathan pro- 12,15; 13,22; I Par 29,29
phetae et in libris Ahiae Silonitis
in visione quoque Iaddo videntis
contra Hieroboam filium Nabath
30 regnavit autem Salomon in Hierusalem super omnem Israhel quadra-

AGC ΣΛDSΦ cr

12 quae² *om.* C | postulauit + et c. | quam] quae Σ.; + quae C. | 13 ~ singulos annos c | sex + milia CΣΛ. | 14 et¹ *om.* GC. | consuerant Σ.; consuerunt A. | 15 qui — 16 aureorum *om.* AS. | ~ singulis hastis c | expendebantur + trecenti CΣ. | 16 ~ singula scuta c. | in armamentarium AS | 18 sex quoque DΦc | 19 regnis] regionibus CΣ. | 20 quoque] quaeque AΣS | 22 terrarum AS; terrae prae Φc; et prae D. | 23 ~ uidere faciem c | et audire CΣ. | 25 et equitumque C.; equitum AΛS | 26 fluuio] flumine DΦc | eufraten GΣDΦ] euphrates C.; eufrate *cet.* | id est] et Φc | ad terminum AS | 27 sicomorum CΣSΦ; sycomororum c | gignitur AΛS | 29 uero] autem c | opera AS |

ginta annis
31 dormivitque cum patribus suis et sepelierunt eum in civitate David
regnavitque pro eo Roboam filius
eius
1—19: III Rg 12,1–19 **10** profectus est autem Roboam in Sychem
illuc enim cunctus Israhel convenerat ut constituerent eum regem
III Rg 11,40 2 quod cum audisset Hieroboam filius
Nabath qui erat in Aegypto
fugerat quippe illuc ante Salomonem statim reversus est
3 vocaveruntque eum et venit cum
universo Israhel
et locuti sunt ad Roboam dicentes
4 pater tuus durissimo iugo nos pressit
tu leviora impera patre tuo qui nobis
gravem inposuit servitutem
et paululum de onere subleva ut serviamus tibi
5 qui ait post tres dies revertimini ad
me
cumque abisset populus
6 iniit consilium cum senibus qui steterant coram patre eius Salomone
dum adviveret dicens
quid datis consilii ut respondeam populo
7 qui dixerunt ei
si placueris populo huic et lenieris eos
verbis clementibus servient tibi omni tempore
8 at ille reliquit consilium senum
et cum iuvenibus tractare coepit qui
cum eo nutriti fuerant et erant in
comitatu illius
9 dixitque ad eos
quid vobis videtur vel respondere
quid debeo populo huic
qui dixit mihi subleva iugum quod
inposuit nobis pater tuus
10 at illi responderunt ut iuvenes et nutriti cum eo in deliciis atque dixerunt
sic loqueris populo qui dixit tibi pater tuus adgravavit iugum nostrum
tu subleva
et sic respondebis eis
minimus digitus meus grossior est
lumbis patris mei
11 pater meus inposuit vobis iugum
grave et ego maius pondus adponam
pater meus cecidit vos flagellis ego
vero caedam scorpionibus
12 venit ergo Hieroboam et universus
populus ad Roboam die tertio sicut
praeceperat eis
13 responditque rex dura derelicto consilio seniorum
14 locutusque est iuxta iuvenum voluntatem
pater meus grave vobis inposuit iugum quod ego gravius faciam
pater meus cecidit vos flagellis ego
vero caedam scorpionibus
15 et non adquievit populi precibus III Rg 12,15!
erat enim voluntatis Dei ut conple-
retur sermo eius quem locutus fuerat per manum Ahiae Silonitis ad
Hieroboam filium Nabath
16 populus autem universus rege du-
riora dicente sic locutus est ad eum
non est nobis pars in David neque II Sm 20,1
hereditas in filio Isai
revertere in tabernacula tua Israhel
tu autem pasce domum tuam David
et abiit Israhel in tabernacula sua
17 super filios autem Israhel qui habitabant in civitatibus Iuda regnavit
Roboam
18 misitque rex Roboam Aduram qui II Sm 20,24; III Rg 4,6; 5,14

31 ~ roboam filius eius pro eo c ‖ **10**,1 constitueret GCΣD | 3 israheli C | 4 nos oppressit AS; nos conpressit GΦ | impera + a AS. | ~ imposuit grauem c | 6 steterunt A | aduiueret] adhuc uiueret CΣΛΦ c | 7 leniueris c.; linieris Σ; linueris C. | 8 et erant *om.* GDΦ | 10 eis] ei c; *om.* Σ. | grassior ACΣ. | 11 ~ uobis graue iugum c.; ~ iugum uobis graue D | caedit GΣΛDS | caedam] uos S.; + uos c; *om.* A | 13 senum AS | 14 locutus est C | caedit ΣΛDS | caedam + uos Σ c | 15 precibus] principibus AS. | 16 regi C | dicentes sic GDS | 18 rex[1] *om.* AΣΛ. ‖

AGC ΣΛDSΦ cr

praeerat tributis
et lapidaverunt eum filii Israhel et
mortuus est
porro rex Roboam currum festinavit
ascendere et fugit in Hierusalem
19 recessitque Israhel a domo David
usque ad diem hanc
1—4: III Rg 12,21–24 **11** venit autem Roboam in Hierusalem
et convocavit universam domum Iuda et Beniamin in centum octoginta
milibus electorum atque bellantium
ut dimicaret contra Israhel et converteret ad se regnum suum
12,5.7 2 factusque est sermo Domini ad Semeiam hominem Dei dicens
3 loquere ad Roboam filium Salomonis regem Iuda et ad universum Israhel qui est in Iuda et Beniamin
4 haec dicit Dominus non ascendetis
neque pugnabitis contra fratres
vestros
revertatur unusquisque in domum
suam quia mea hoc gestum est voluntate
qui cum audissent sermonem Domini reversi sunt nec perrexerunt
contra Hieroboam
5 habitavit autem Roboam in Hierusalem et aedificavit civitates muratas in Iuda
6 extruxitque Bethleem et Aetham et
Thecue
7 Bethsur quoque et Soccho et Odollam
8 nec non Geth et Maresa et Ziph 9 sed
et Aduram et Lachis et Azecha
10 Saraa quoque et Ahilon et Hebron
quae erant in Iuda et Beniamin civitates munitissimas
11 cumque clausisset eas muris posuit
in eis principes
ciborumque horrea hoc est olei et
vini
12 sed et in singulis urbibus fecit arma-
mentaria scutorum et hastarum
firmavitque eas multa diligentia et
imperavit super Iudam et Beniamin
13 sacerdotes autem et Levitae qui erant
in universo Israhel venerunt ad
eum de cunctis sedibus suis
14 relinquentes suburbana et possessiones suas
et transeuntes ad Iudam et Hierusalem
eo quod abiecisset eos Hieroboam et 13,9
posteri eius ne sacerdotio Domini
fungerentur
15 qui constituit sibi sacerdotes excel- III Rg 12,31!
sorum et daemonum vitulorumque III Rg 12,28!
quos fecerat
16 sed et de cunctis tribubus Israhel
quicumque dederant cor suum ut
quaererent Dominum Deum Israhel
venerunt Hierusalem ad immolan- 15,10.11; III Rg 8,62!
das victimas Domino Deo patrum
suorum
17 et roboraverunt regnum Iuda et con- 12,1
firmaverunt Roboam filium Salomonis per tres annos
ambulaverunt enim in viis David et
Salomonis annis tantum tribus
18 duxit autem Roboam uxorem Maa-
lath filiam Hierimuth filii David
Abiail quoque filiam Heliab filii Isai
19 quae peperit ei filios Ieus et Somo-
riam et Zoom
20 post hanc quoque accepit Maacha III Rg 15,2
filiam Absalom
quae peperit ei Abia et Ethai et Ziza
et Salumith

AGC ΣΛDSΦ cr **11**,1 uenit autem] uenitque A.; uenit G. | iudam C | in^2 *om.* ASc | milium G.; milia c | conuerterent AS. | 2 domini] dei AD | 4 neque] et non AS. | 8 nec non + et CΣc | 10 et in beniamin GΛ; et beniamin in C | munitas AΛS | 11 eis] eas CΣ. | 12 armamentarium Ac. | multa] summa Φc | 14 posteriora AS | domini *om.* GD. | 15 daemoniorum D Φc | 16 uenerunt + in CSc | ad immolandum uictimas suas coram domino c | 17 confirmauerunt] corroborauerunt C | 20 post *om.* AS. | maacham AΛSΦ |

21 amavit autem Roboam Maacha filiam Absalom super omnes uxores suas et concubinas
nam uxores decem et octo duxerat concubinasque sexaginta
et genuit viginti octo filios et sexaginta filias
22 constituit vero in capite Abiam filium Maacha ducem super fratres suos
ipsum enim regem facere cogitabat
23 qui sapientior fuit et potentior super omnes filios eius
et in cunctis finibus Iuda et Beniamin et in universis civitatibus muratis
praebuitque eis escas plurimas et multas petivit uxores
11,17; 26,16 **12** cumque roboratum fuisset regnum Roboam et confortatum
dereliquit legem Domini et omnis Israhel cum eo
III Rg 14,25 2 anno autem quinto regni Roboam
III Rg 11,40! ascendit Sesac rex Aegypti in Hierusalem quia peccaverunt Domino
3 cum mille ducentis curribus et sexaginta milibus equitum
nec erat numerus vulgi quod venerat cum eo ex Aegypto
Lybies scilicet et Trogoditae et Aethiopes
4 cepitque civitates munitissimas in Iuda et venit usque Hierusalem
11,2.3; III Rg 12,22.23 5 Semeias autem propheta ingressus est ad Roboam et principes Iuda qui congregati fuerant in Hierusalem fugientes Sesac
dixitque ad eos haec dicit Dominus
Ios 22,16; Ier 2,19; 15,6 vos reliquistis me et ego reliqui vos in manu Sesac
6 consternatique principes Israhel et rex dixerunt iustus est Dominus
7 cumque vidisset Dominus quod humiliati essent factus est sermo Domini ad Semeiam dicens 11,2; III Rg 12,22
quia humiliati sunt non disperdam eos daboque eis pauxillum auxilii
et non stillabit furor meus super Hierusalem per manum Sesac
8 verumtamen servient ei ut sciant distantiam servitutis meae et servitutis regni terrarum
9 recessit itaque Sesac rex Aegypti ab III Rg 11,40!
Hierusalem sublatis thesauris domus Domini et domus regis **9—11:** III Rg 14,26–28
omniaque secum tulit et clypeos aureos quos fecerat Salomon III Rg 10,16
10 pro quibus fecit rex aeneos
et tradidit illos principibus scutariorum qui custodiebant vestibulum palatii
11 cumque introiret rex domum Domini veniebant scutarii et tollebant eos
iterumque referebant ad armamentarium suum
12 verumtamen quia humiliati sunt aversa est ab eis ira Domini nec deleti sunt penitus
siquidem et in Iuda inventa sunt opera bona
13 confortatus est igitur rex Roboam in Hierusalem atque regnavit **13.14:** III Rg 14,21.22
quadraginta autem et unius anni erat cum regnare coepisset
et decem septemque annis regnavit
in Hierusalem urbe quam elegit Dominus 6,6!
ut confirmaret nomen suum ibi de cunctis tribubus Israhel
nomenque matris eius Naama Ammanitis
14 fecit autem malum et non praeparavit cor suum ut quaereret Domi-

21 maacham AS | filia CD. | concubinasque] concubinas autem Φ c; concubinas D. | et[4]] ac GΛ | ~ filias sexaginta CΣΛ. | 22 super + omnes Φ c | 23 qui] quia ΣΛΦ c; qua S. || **12**,2 peccauerant GΛDS c | 3 et[2] *om.* AD. | 4 usque + in Φ c | 6 ~ et rex israhel CΣ. | 7 per manus CD. | 8 seruitutem[2] C | 11 referebant + eos c | 13 igitur] ergo c | et[2] *om.* C | decem et septem Φ c | urbem quam Φ r; urbem quem CΣ. | nomenque—ammanitis *om.* C. | nomen quoque Σ.; nomen autem c ||

AGC ΣΛDSΦ cr

num
15.16: III Rg 14,29–31 15 opera vero Roboam prima et novissima
9,29; 13,22 scripta sunt in libris Semeiae prophetae et Addo videntis et diligenter exposita
pugnaveruntque adversum se Roboam et Hieroboam cunctis diebus
16 et dormivit Roboam cum patribus suis sepultusque est in civitate David
et regnavit Abia filius eius pro eo
1.2: III Rg 15,1.2 **13** anno octavodecimo regis Hieroboam regnavit Abia super Iudam
2 tribus annis regnavit in Hierusalem
nomenque matris eius Michaia filia Urihel de Gabaa
III Rg 15,7 et erat bellum inter Abia et Hieroboam
3 cumque inisset Abia certamen et haberet bellicosissimos viros et electorum quadringenta milia
Hieroboam instruxit e contra aciem octingenta milia virorum qui et ipsi electi erant et ad bella fortissimi
4 stetit igitur Abia super montem Someron qui erat in Ephraim et ait
audi Hieroboam et omnis Israhel
5 num ignoratis quod Dominus Deus Israhel dederit regnum David super Israhel in sempiternum
Nm 18,19! ipsi et filiis eius pactum salis
III Rg 11,26 6 et surrexit Hieroboam filius Nabath servus Salomonis filii David et rebellavit contra dominum suum
7 congregatique sunt ad eum viri vanissimi et filii Belial
et praevaluerunt contra Roboam filium Salomonis
porro Roboam erat rudis et corde pavido nec potuit resistere eis
8 nunc ergo vos dicitis quod resistere possitis regno Domini quod possidet per filios David
habetisque grandem populi multitudinem atque vitulos aureos quos fecit vobis Hieroboam in deos III Rg 12,28! Tb 1,5
9 et eiecistis sacerdotes Domini filios Aaron atque Levitas 11,14.15
et fecistis vobis sacerdotes sicut omnes populi terrarum III Rg 12,31! 13,33!
quicumque venerit et initiaverit manum suam in tauro in bubus et in arietibus septem
fit sacerdos eorum qui non sunt dii
10 noster autem Dominus Deus est quem non relinquimus Ios 24,16
sacerdotesque ministrant Domino de filiis Aaron et Levitae sunt in ordine suo
11 holocausta quoque offerunt Domino per singulos dies mane et vespere 2,4! Nm 28,3.4!
et thymiama iuxta legis praecepta confectum
et proponuntur panes in mensa mundissima Lv 24,6!
estque apud nos candelabrum aureum et lucernae eius ut accendantur semper ad vesperam Lv 24,2.3!
nos quippe custodimus praecepta Domini Dei nostri quem vos reliquistis
12 ergo in exercitu nostro dux Deus est
et sacerdotes eius qui clangunt tubis et resonant contra vos Nm 10,8!
filii Israhel nolite pugnare contra Dominum Deum patrum vestrorum quia non vobis expedit
13 haec illo loquente Hieroboam retro moliebatur insidias
cumque ex adverso hostium staret ignorantem Iudam suo ambiebat exercitu
14 respiciensque Iudas vidit instare bellum ex adverso et post tergum
et clamavit ad Dominum ac sacer-

AGC ΣΛDSΦ cr **13**,2 abiam c | 3 quadringenta] quadraginta GCΣSΦ | octingenta] octoginta GCΦ | et[4] *om.* AG | 4 igitur] ergo c. | 5 filii eius G; + in GΦc | salis] solis GΦ.; salutis CΣ | 7 congregati sunt CΣ | 9 terrae A | in[2]] et in S; de c. | et[4] *om.* CΣ | sint GΦ. | 10 sacerdotes qui A; + eius CΣ. | 11 uesperam] uesperum CΣS | 12 clangent CΣ | 14 iuda GC | ex aduersum CS.; *praem.* et GΣD |

Nm 10,8! dotes tubis canere coeperunt
15 omnesque viri Iuda vociferati sunt
et ecce illis clamantibus perterruit
Deus Hieroboam
et omnem Israhel qui stabat ex adverso Abia et Iuda
16 fugeruntque filii Israhel Iudam et
tradidit eos Deus in manu eorum
17 percussit ergo eos Abia et populus
eius plaga magna
et corruerunt vulnerati ex Israhel
quingenta milia virorum fortium
Idc 6,6! 18 humiliatique sunt filii Israhel in tempore illo
et vehementissime confortati filii Iuda eo quod sperassent in Domino
Deo patrum suorum
19 persecutus est autem Abia fugientem Hieroboam et cepit civitates
eius
Bethel et filias eius et Hiesena cum
filiabus suis Ephron quoque et filias
eius
20 nec valuit ultra resistere Hieroboam
in diebus Abia
quem percussit Dominus et mortuus
est
21 igitur Abia confortato imperio suo
accepit uxores quattuordecim
procreavitque viginti duos filios et
sedecim filias
III Rg 15,7 22 reliqua autem sermonum Abia via-
9,29; 12,15 rumque et operum eius
scripta sunt diligentissime in libro
prophetae Addo
III Rg 15,8 **14** dormivit autem Abia cum patribus
suis et sepelierunt eum in civitate
David
regnavitque Asa filius eius pro eo
in cuius diebus quievit terra annis
decem
III Rg 15,11 2 fecit autem Asa quod bonum et placitum erat in conspectu Dei sui
et subvertit altaria peregrini cultus
et excelsa
3 et confregit statuas lucosque succidit
4 ac praecepit Iudae ut quaereret Do- 15,12; 19,3!
minum Deum patrum suorum
et faceret legem et universa mandata Dt 11,22!
5 et abstulit e cunctis urbibus Iuda
aras et fana et regnavit in pace
6 aedificavit quoque urbes munitas in
Iuda
quia quietus erat et nulla temporibus
eius bella surrexerant pacem Domino largiente
7 dixit autem Iudae aedificemus civitates istas
et vallemus muris et roboremus turribus et portis et seris
donec a bellis quieta sunt omnia eo
quod quaesierimus Dominum Deum patrum nostrorum
et dederit nobis pacem per gyrum 15,15! 20,30
aedificaverunt igitur et nullum in extruendo inpedimentum fuit
8 habuit autem Asa in exercitu suo
portantium scuta et hastas de Iuda
trecenta milia
de Beniamin vero scutariorum et sagittariorum ducenta octoginta milia
omnes isti viri fortissimi
9 egressus est autem contra eos Zara
Aethiops cum exercitu decies centena milia et curribus trecentis et
venit usque Maresa
10 porro Asa perrexit obviam et instruxit aciem ad bellum in valle Sephata quae est iuxta Maresa
11 et invocavit Dominum Deum et ait
Domine non est apud te ulla distan- I Sm 14,6; I Mcc 3,18
tia utrum in paucis auxilieris an in
pluribus
adiuva nos Domine Deus noster

AGC ΣΛDSΦ cr

14 cecinere CΣ. | 15 clamantibus] uociferantibus A | stabant CΛD. | 16 fugerunt filii ADS | deus] dominus CΣ | 17 quinquaginta milia GΦ | 19 et^{2} + castella CΣ. | 21 procreauit CΣD | uiginti et duos DΦ; duodecim CΣS. | et sedecim] et decem CΣ.; decemque D. | 22 ~ addo prophetae c || **14**,4 ac] et c. | facere G | 5 e] de ΛΦ c; a CΣ.; *om.* D | 6 surrexerunt CΣ | 8 scutatorum G | 9 exercitu + suo Φ c | milium GΛDΦ | trecentis] trecenta milia CΣ. | 10 obuiam + ei c | in uallem Σ.; et uallem C. |

in te enim et in tuo nomine habentes
fiduciam venimus contra hanc multitudinem
Ps 9,20! Domine Deus noster tu es non prae-
valeat contra te homo
12 exterruit itaque Dominus Aethiopas
coram Asa et Iuda
fugeruntque Aethiopes 13 et persecu-
Dt 7,2! tus est eos Asa et populus qui cum
eo erat usque Gerar
et ruerunt Aethiopes usque ad internicionem
quia Domino caedente contriti sunt
et exercitu illius proeliante
tulerunt ergo spolia multa 14 et percusserunt omnes civitates per circuitum Gerare
Gn 35,5! grandis quippe cunctos terror invaserat
et diripuerunt urbes et multam praedam asportaverunt
15 sed et caulas ovium destruentes tulerunt pecorum infinitam multitudinem et camelorum
reversique sunt Hierusalem

15 Azarias autem filius Oded facto in
se spiritu Dei 2 egressus est in occursum Asa et dixit ei
audite me Asa et omnis Iuda et Beniamin
Idc 6,12! Dominus vobiscum quia fuistis cum
eo
I Par 28,9! Ier 29,13! Am 5,4 si quaesieritis eum invenietis si au-
24,20 tem dereliqueritis derelinquet vos
3 transibunt autem multi dies in Israhel absque Deo vero et absque sacerdote doctore et absque lege
4 cumque reversi fuerint in angustia
sua ad Dominum Deum Israhel et
quaesierint eum repperient
Za 8,10 5 in tempore illo non erit pax egredi-
enti et ingredienti 5.6: IV Esr 15,15–17
sed terrores undique in cunctis habitatoribus terrarum
6 pugnabit enim gens contra gentem Is 19,2! Mt 24,7 Mc 13,8;
et civitas contra civitatem Lc 21,10
quia Dominus conturbabit eos in
omni angustia
7 vos ergo confortamini et non dissolvantur manus vestrae
erit enim merces operi vestro
8 quod cum audisset Asa verba scilicet et prophetiam Oded prophetae
confortatus est et abstulit idola de
omni terra Iuda et Beniamin
et ex urbibus quas ceperat montis 17,2
Ephraim
et dedicavit altare Domini quod erat 8,12
ante porticum Domini
9 congregavitque universum Iuda et
Beniamin
et advenas cum eis de Ephraim et de
Manasse et de Symeon
plures enim ad eum confugerant ex
Israhel videntes quod Dominus
Deus illius esset cum eo
10 cumque venissent Hierusalem mense 11,16
tertio anno quintodecimo regni Asa
11 immolaverunt Domino in die illa de
manubiis et praeda quam adduxe-
rant
boves septingentos et arietes septem II Sm 6,13!
milia
12 et intravit ex more ad corroboran- 23,16; IV Rg 11,17
dum foedus ut quaererent Domi- 14,4!
num Deum patrum suorum in toto
corde et in tota anima sua
13 si quis autem inquit non quaesierit
Dominum Deum Israhel moriatur
a minimo usque ad maximum a viro
usque ad mulierem
14 iuraveruntque Domino voce magna

AGC ΣΛDSΦ cr

11 domine[3]] dominus GΦ | 12 aethiopes[1] c | 13 erant C | gerara CΣc | 14 ~ ciuitates omnes c. | gerarae GCc; gerar Λ. | ~ terror cunctos AΛ | 15 sunt + in DSΦc || **15**,1 dei] domini CΣ. | 2 dereliqueritis + eum DΦc; + et A. | 4 repperientque Φ; nec repperierint C.; + eum Φc | 5 egrediendi et ingrediendi GΦ | 6 enim *om.* G | 7 ergo] autem C | 8 prophetiam + azariae filii ΣΛΦc; + zaccharie filii C. | et[3] + de GCΣDSc | quas susceperat A | porticum + domus AΛ | 9 iudam GΛSΦc | ex + hierusalem et ex A | 10 uenissent + in c | decimo quinto c. | 13 deum + suum A |

in iubilo et in clangore tubae et in sonitu bucinarum
15 omnes qui erant in Iuda cum execratione
in omni enim corde suo iuraverunt
et in tota voluntate quaesierunt eum et invenerunt
14,7; 20,30; II Sm 7,1! praestititque eis Dominus requiem per circuitum
16—19: III Rg 15,13–16 16 sed et Maacham matrem Asa regis ex augusto deposuit imperio
eo quod fecisset in luco simulacrum Priapi
quod omne contrivit et in frusta comminuens conbusit in torrente Cedron
17 excelsa autem derelicta sunt in Israhel
attamen cor Asa erat perfectum cunctis diebus eius
18 ea quae voverat pater suus et ipse intulit in domum Domini
argentum et aurum vasorumque diversam supellectilem
19 bellum vero non fuit usque ad tricesimum quintum annum regni Asa
1—6: III Rg 15,17–22 **16** anno autem tricesimo sexto regni eius ascendit Baasa rex Israhel in Iudam et muro circumdabat Rama
ut nullus tute posset egredi et ingredi de regno Asa
2 protulit ergo Asa argentum et aurum de thesauris domus Domini et de thesauris regis
misitque ad Benadad regem Syriae qui habitabat in Damasco dicens
3 foedus inter me et te est
pater quoque meus et pater tuus habuere concordiam
quam ob rem misi tibi argentum et aurum
ut rupto foedere quod habes cum Baasa rege Israhel facias eum a me recedere
4 quo conperto Benadad misit principes exercituum suorum ad urbes Israhel
qui percusserunt Ahion et Dan et Abelmaim et universas urbes muratas Nepthalim
5 quod cum audisset Baasa desivit aedificare Rama et intermisit opus suum
6 porro Asa rex adsumpsit universum Iudam
et tulerunt lapides Rama et ligna quae aedificationi praeparaverat Baasa
aedificavitque ex eis Gabaa et Maspha
7 in tempore illo venit Anani propheta ad Asam regem Iuda et dixit ei
quia habuisti fiduciam in rege Syriae et non in Domino Deo tuo
idcirco evasit Syriae regis exercitus de manu tua
8 nonne Aethiopes et Lybies multo plures erant quadrigis et equitibus et multitudine nimia
quos cum Domino credidisses tradidit in manu tua
9 oculi enim eius contemplantur universam terram Prv 15,3! Sir 23,28!
et praebent fortitudinem his qui corde perfecto credunt in eum
stulte igitur egisti et propter hoc ex praesenti tempore contra te bella consurgent
10 iratusque Asa adversus videntem iussit eum mitti in nervum 18,26; III Rg 22,27; Ier 20,2; 29,26
valde quippe super hoc fuerat indig-

15 ∼ corde enim CΣ. | uoluntate + sua CΣΛ | 16 maacha matrem GΣ; maacha mater C | in loco ΣD; in loci C. | in torrentem AΣΦ | 17 eius] uitae eius Φ.; *om.* C | 18 eaque quae GΛS𝔠 | 19 quintum 𝔠𝔯𝔐𝔊] *om. cet.* ‖ **16**,1 israhel *om.* G | possit GCDSΦ | ∼ possit tute C.; ∼ posset tute Σ | de *om.* CΣ. | 3 habuere] habere AΛ | eum *om.* CΣ. | 4 ∼ nephthali muratas 𝔠. | 5 desiit 𝔠; demisit A | 6 lapides + de Φ𝔠 | 7 ananias CΣΛ. | ad asa AΦ𝔠 | rege] regem ACΣ | ∼ regis syriae C.; rex siriae Σ. | 8 et[3] *om.* G | 9 eius] domini Φ𝔠 | contra] aduersum DΦ𝔠 |

AGC ΣΛDSΦ 𝔠𝔯

natus
et interfecit de populo in tempore
illo plurimos
11—14: III Rg 15,23.24 25,26; 27,7; 36,8; I Par 9,1 11 opera autem Asa prima et novissima
scripta sunt in libro regum Iuda et
Israhel
12 aegrotavit etiam Asa anno tricesimo
nono regni sui dolore pedum vehementissimo
et nec in infirmitate sua quaesivit
Dominum sed magis in medicorum
arte confisus est
13 dormivitque cum patribus suis et
mortuus est anno quadragesimo
primo regni sui
Gn 50,5! 14 et sepelierunt eum in sepulchro suo
quod foderat sibi in civitate David
posueruntque eum super lectulum
suum plenum aromatibus et unguentis meretriciis quae erant pig-
mentariorum arte confecta
et conbuserunt super eum ambitione
nimia
III Rg 15,24; 22,41 **17** regnavit autem Iosaphat filius eius
pro eo et invaluit contra Israhel
2 constituitque militum numeros in
cunctis urbibus Iudae quae erant
vallatae muris
praesidiaque disposuit in terra Iuda
15,8 et in civitatibus Ephraim quas ceperat Asa pater eius
3 et fuit Dominus cum Iosaphat quia
III Rg 22,43 ambulavit in viis David patris sui
primis
et non speravit in Baalim 4 sed in Deo
patris sui
et perrexit in praeceptis illius et non
iuxta peccata Israhel
5 confirmavitque Dominus regnum in
manu eius
et dedit omnis Iuda munera Iosaphat
1,12! 18,1 factaeque sunt ei infinitae divitiae et
multa gloria
6 cumque sumpsisset cor eius audaciam propter vias Domini etiam excelsa et lucos de Iuda abstulit
7 tertio autem anno regni sui misit de
principibus suis Benail et Obdiam
et Zacchariam et Nathanahel et Micheam
ut docerent in civitatibus Iuda
8 et cum eis Levitas Semeiam et Natha-
niam et Zabadiam
Asahel quoque et Semiramoth et Ionathan
Adoniam et Tobiam et Tobadoniam
Levitas
et cum eis Elisama et Ioram sacerdotes
9 docebantque in Iuda habentes librum legis Domini
et circuibant cunctas urbes Iuda atque erudiebant populum
10 itaque factus est pavor Domini super
omnia regna terrarum quae erant
per gyrum Iuda
nec audebant bellare contra Iosaphat
11 sed et Philisthei Iosaphat munera deferebant et vectigal argenti
Arabes quoque adducebant pecora
arietum septem milia septingentos
et hircos totidem
12 crevit ergo Iosaphat et magnificatus
est usque in sublime
atque aedificavit in Iuda domos ad
instar turrium urbesque muratas
13 et multa opera patravit in urbibus
Iuda
viri quoque bellatores et robusti erant
in Hierusalem
14 quorum iste numerus per domos atque familias singulorum
in Iuda principes exercitus Ednas

AGC ΣΛDSΦ cr

10 interfecit + asa CΣ. | 11 iudae G | 12 etiam] autem G | dominum] deum CΣ. | 14 lectum DΦ c | conbuserunt + et conposuerunt A | super eo AΛ | ambitione] ambustione C || **17**,2 iuda[1] Φ c | 3 quia] qui ADΦ | 4 et non *om.* C | 5 ei *om.* A | 7 ~ regni sui anno A | 8 adoniamque et Φ c; et adoniam et Λ | et tobadoniam] adon CΣ. | eis *om.* C | 9 docebantque + populum Φ c | in iudam C | 11 septingenta D c. | hircorum c. | 13 parauit GDSΦ c | 14 iste + est CΣΛ | princeps ACΣΦ |

dux et cum eo robustissimorum trecenta milia
15 post hunc Iohanan princeps et cum
eo ducenta octoginta milia
16 post istum quoque Amasias filius
Zechri consecratus Domino et cum
eo ducenta milia virorum fortium
17 hunc sequebatur robustus ad proelia Heliada et cum eo tenentium
arcum et clypeum ducenta milia
18 post istum etiam Iozabath et cum eo
centum octoginta milia expeditorum militum
19 hii omnes erant ad manum regis
exceptis aliis quos posuerat in urbibus muratis et in universo Iuda
17,5! **18** fuit ergo Iosaphat dives et inclitus
multum
et adfinitate coniunctus est Ahab
2—34: III Rg 22,2–35 2 descenditque post annos ad eum
in Samariam
ad cuius adventum mactavit Ahab
arietes et boves plurimos et populo
qui venerat cum eo
persuasitque illi ut ascenderet in Ramoth Galaad
3 dixitque Ahab rex Israhel ad Iosaphat regem Iuda
veni mecum in Ramoth Galaad
cui ille respondit
ut ego et tu sicut populus tuus sic et
populus meus tecumque erimus in
bello
4 dixitque Iosaphat ad regem Israhel
consule obsecro inpraesentiarum
sermonem Domini
5 congregavitque rex Israhel prophetarum quadringentos viros et dixit
ad eos
in Ramoth Galaad ad bellandum ire
debemus an quiescere
at illi ascende inquiunt et tradet Deus in manu regis
IV Rg 3,11 6 dixitque Iosaphat
numquid non est hic prophetes Domini ut ab illo etiam requiramus
7 et ait rex Israhel ad Iosaphat
est vir unus a quo possumus quaerere Domini voluntatem
sed ego odi eum quia non prophetat
mihi bonum sed malum omni tempore
est autem Micheas filius Iembla
dixitque Iosaphat
ne loquaris rex hoc modo
8 vocavit ergo rex Israhel unum de eunuchis et dixit ei
voca cito Micheam filium Iembla
9 porro rex Israhel et Iosaphat rex Iuda uterque sedebant in solio suo
vestiti cultu regio
sedebant autem in area iuxta portam Samariae
omnesque prophetae vaticinabantur
coram eis
10 Sedecias vero filius Chanana fecit sibi cornua ferrea et ait
haec dicit Dominus his ventilabis Syriam donec conteras eam
11 omnesque prophetae similiter prophetabant atque dicebant
ascende in Ramoth Galaad et pro-
speraberis et tradet eos Dominus in
manu regis
12 nuntius autem qui ierat ad vocan-
dum Micheam ait illi
en verba omnium prophetarum uno
ore bona regi adnuntiant
quaeso ergo te ut et sermo tuus ab
eis non dissentiat loquarisque prospera
13 cui respondit Micheas
vivit Dominus quia quodcumque di- Nm 24,13!
xerit Deus meus hoc loquar
14 venit ergo ad regem
cui rex ait Michea ire debemus in
Ramoth Galaad ad bellandum an
quiescere

AGC ΣΛDSΦ(l) cr

14 robustissimi uiri Φ c | 19 et *om.* ΑΛ c. || **18**,2 ~ ad eum post annos ΑΛ | plurimos + ipsi CΣ c. | 5 [*adest* l *usque ad* 21,14] | congregauit igitur Φ c | at] et CΣ. | inquit A | 7 israhel *om.* A | 9 sedebat[1] AGD | in aream GCΣΦ. | 11 in manum regis Σ.; in manus tuas A | 12 et *om.* CΣDΦl | 13 dixerit + mihi Σ c | deus] dominus CΣD | 14 requiescere G |

cui ille respondit ascendite
cuncta enim prospera evenient et
tradentur hostes in manus vestras
15 dixitque rex iterum atque iterum te
adiuro ut non mihi loquaris nisi
quod verum est in nomine Domini
III Rg 22,17! Ez 34,5! 6; Na 3,18; Za 10,2 — 16 at ille ait vidi universum Israhel dispersum in montibus sicut oves abs-
que pastore
et dixit Dominus non habent isti dominos revertatur unusquisque ad
domum suam in pace
17 et ait rex Israhel ad Iosaphat
nonne dixi tibi quod non propheta-
ret iste mihi quicquam boni sed ea
quae mala sunt
18 at ille idcirco ait audite verbum Domini
vidi Dominum sedentem in solio suo
et omnem exercitum caeli adsisten-
tem ei a dextris et sinistris
19 et dixit Dominus quis decipiet Ahab
regem Israhel ut ascendat et cor-
ruat in Ramoth Galaad
cumque diceret unus hoc modo et
alter alio
20 processit spiritus et stetit coram Domino et ait ego decipiam eum
cui Dominus in quo inquit decipies
21 at ille respondit egrediar et ero spiritus mendax in ore omnium prophetarum eius
dixitque Dominus decipies et prae-
valebis egredere et fac ita
22 nunc igitur ecce dedit Dominus spiritum mendacii in ore omnium prophetarum tuorum et Dominus locutus est de te mala
23 accessit autem Sedecias filius Chanana et percussit Micheae maxillam et ait
per quam viam transivit spiritus Domini a me ut loqueretur tibi
24 dixitque Micheas
tu ipse videbis in die illo quando ingressus fueris cubiculum de cubiculo ut abscondaris
25 praecepit autem rex Israhel dicens
tollite Micheam et ducite eum ad
Amon principem civitatis et ad
Ioas filium Ammelech 26 et dicetis
haec dicit rex 16,10!
mittite hunc in carcerem et date ei
panis modicum et aquae pauxillum
donec revertar in pace
27 dixitque Micheas si reversus fueris in
pace non est locutus Dominus in
me
et ait audite populi omnes
28 igitur ascenderunt rex Israhel et Iosaphat rex Iuda in Ramoth Galaad
29 dixitque rex Israhel ad Iosaphat
mutabo habitum et sic ad pugnandum vadam tu autem induere vestibus tuis
mutatoque rex Israhel habitu venit
ad bellum
30 rex autem Syriae praeceperat ducibus equitatus sui dicens
ne pugnetis contra minimum aut
contra maximum nisi contra solum
regem Israhel
31 itaque cum vidissent principes equitatus Iosaphat dixerunt rex Israhel
iste est
et circumdederunt eum dimicantes
at ille clamavit ad Dominum et auxiliatus est ei atque avertit eos ab
illo
32 cum enim vidissent duces equitatus
quod non esset rex Israhel reliquerunt eum
33 accidit autem ut unus e populo sagittam in incertum iaceret

AGC ΣΛ(D)SΦl cr

14 prospera uenient A; prosperae uenient D. | 15 [*deest* D *passim usque ad v.* 31] | ~ non loquaris mihi Φ; ~ mihi non loquaris c. | 16 at] et CΣ. | ad] in Alc | 18 et² + a GΣD Φc | 19 corruat] cadat AS. | 21 eius] suorum Σ.; suarum C. | 22 ~ dominus dedit CΣc. | 26 hunc] eum A | pauxillulum GSl; paululum A. | reuertatur AG | 27 ~ dominus locutus C | ~ omnes populi c | 29 pugnandum] pugnam CΦc | 31 ~ est iste Φc; iste *om.* D; est *om.* A. | eum *om.* AΣ. | [*iterum adest* D] | 33 in *om.* AG |

et percuteret regem Israhel inter cervicem et scapulas
at ille aurigae suo ait
converte manum tuam et educ me
de acie quia vulneratus sum
34 et finita est pugna in die illo
porro rex Israhel stabat in curru suo
contra Syros usque ad vesperam et
mortuus est occidente sole
19 reversus est autem Iosaphat rex Iuda domum suam pacifice in Hierusalem
III Rg 16,1.7 2 cui occurrit Hieu filius Anani videns
et ait ad eum
impio praebes auxilium et his qui
oderunt Dominum amicitia iungeris
et idcirco iram quidem Domini mere-
baris 3 sed bona opera inventa sunt
in te
eo quod abstuleris lucos de terra Iu-
14,4! 22,9 da et praeparaveris cor tuum ut re-
quireres Dominum
4 habitavit ergo Iosaphat in Hierusalem
rursumque egressus est ad populum
de Bersabee usque ad montem Ephraim
et revocavit eos ad Dominum Deum
patrum suorum
5 constituitque iudices terrae in cunctis civitatibus Iuda munitis per singula loca
6 et praecipiens iudicibus videte ait
quid faciatis
non enim hominis exercetis iudicium
sed Domini
et quodcumque iudicaveritis in vos
redundabit
7 sit timor Domini vobiscum et cum
diligentia cuncta facite
10,17! Ps 5,5; Iob 34,19; Sap 6,8; Sir 35,15.16 non est enim apud Dominum Deum
nostrum iniquitas nec personarum
acceptio nec cupido munerum
8 in Hierusalem quoque constituit Iosaphat Levitas et sacerdotes et prin- Dt 17,9
cipes familiarum ex Israhel
ut iudicium et causam Domini iudi-
carent habitatoribus eius
9 praecepitque eis dicens sic agetis in
timore Dei fideliter et corde perfecto
10 omnem causam quae venerit ad vos
fratrum vestrorum qui habitant in
urbibus suis inter cognationem et
cognationem
ubicumque quaestio est de lege de
mandato de caerimoniis de iustificationibus ostendite eis
ut non peccent in Dominum et ne veniat ira super vos et super fratres
vestros
sic ergo agetis et non peccabitis
11 Amarias autem sacerdos et pontifex
vester in his quae ad Dominum
pertinent praesidebit
porro Zabadias filius Ismahel qui est
dux in domo Iuda super ea opera
erit quae ad regis officium pertinent
habetisque magistros Levitas coram
vobis
confortamini et agite diligenter et
erit Dominus cum bonis
20 post haec congregati sunt filii Moab et filii Ammon et cum eis de
Ammanitis ad Iosaphat ut pugnarent contra eum
2 veneruntque nuntii et indicaverunt
Iosaphat dicentes
venit contra te multitudo magna de
his locis quae trans mare sunt et de
Syria
et ecce consistunt in Asasonthamar
quae est Engaddi
3 Iosaphat autem timore perterritus

33 suo] suae AC | ait + uulneratus A | 34 porro—suo *om.* CΣ. || **19**, 1 est *om.* GS | iuda + in Λ c | 3 dominum] deum Σ; + deum patrum tuorum Φ c | 7 enim *om.* CΣ. | 8 et¹ *om.* CΣ. | eius] suis CΣ. | 9 dei] domini CΣΦ c | 10 quaesitio AΣD. | dominum] deum CΣ | ne *om.* CΣ | agentes et DΦ; agentes c | 11 dominum ADS r 𝔐] deum *cet.* | cum bonis GDSΦ l r, *cf.* 𝔐] uobiscum AΛ; uobiscum in bonis c; uobiscum in bono CΣ. ||

AGC ΣΛDSΦl cr

totum se contulit ad rogandum Dominum
I Esr 8,21; Ier 36,9 et praedicavit ieiunium universo Iuda
13 4 congregatusque Iudas ad precandum
Dominum
sed et omnes de urbibus suis venerunt ad obsecrandum eum
5 cumque stetisset Iosaphat in medio
coetu Iudae et Hierusalem in domo
Domini ante atrium novum 6 ait
Domine Deus patrum nostrorum tu
I Par 29,12! Sap 11,22! es Deus in caelo et dominaris cunctis regnis gentium
in manu tua est fortitudo et potentia
Gn 50,19! Est 13,9! nec quisquam tibi potest resistere
7 nonne tu Deus noster interfecisti
omnes habitatores terrae huius coram populo tuo Israhel
Idt 8,22! Is 41,8! et dedisti eam semini Abraham amici
tui in sempiternum
8 habitaveruntque in ea et extruxerunt
in illa sanctuarium nomini tuo dicentes
6,28–30 III Rg 8,37–39 9 si inruerint super nos mala gladius
iudicii pestilentia et fames
stabimus coram domo hac in conspectu tuo in qua invocatum est nomen tuum
et clamabimus ad te in tribulationibus nostris et exaudies salvosque
facies
10 nunc igitur ecce filii Ammon et Moab et mons Seir
Nm 20,21 per quos non concessisti Israheli ut
transirent quando egrediebantur de
Aegypto
sed declinaverunt ab eis et non interfecerunt illos
11 e contrario agunt et nituntur eicere
nos de possessione quam tradidisti
nobis 12 Deus noster
ergo non iudicabis eos
in nobis quidem non tanta est fortitudo ut possimus huic multitudini
resistere quae inruit super nos
sed cum ignoremus quid agere debeamus
hoc solum habemus residui ut oculos
nostros dirigamus ad te
13 omnis vero Iuda stabat coram Do- 4
mino cum parvulis et uxoribus et
liberis suis
14 erat autem Hiazihel filius Zacchariae filii Banaiae filii Hiehihel filii
Mathaniae Levites de filiis Asaph
super quem factus est spiritus Do- 24,20; I Par 12,18!
mini in medio turbae 15 et ait
adtendite omnis Iuda et qui habitatis Hierusalem et tu rex Iosaphat
haec dicit Dominus vobis
nolite timere nec paveatis hanc multitudinem
non est enim vestra pugna sed Dei
16 cras descendetis contra eos
ascensuri enim sunt per clivum nomine Sis
et invenietis illos in summitate torrentis qui est contra solitudinem
Hieruhel
17 non eritis vos qui dimicabitis sed Dt 20,3.4!
tantummodo confidenter state et Gn 26,24; Nm 14,9
videbitis auxilium Domini super
vos
o Iuda et Hierusalem nolite timere
nec paveatis
cras egredimini contra eos et Dominus erit vobiscum
18 Iosaphat ergo et Iuda et omnes habi-
tatores Hierusalem ceciderunt proni II Esr 8,6; Idt 6,14;
in terram coram Domino et adora- Sir 50,19; I Mcc 4,55
verunt eum
19 porro Levitae de filiis Caath et de filiis Core laudabant Dominum De-
um Israhel voce magna in excel-

AGC ΣΛDSΦl cr **20,**3 dominum] deum CΛ | 4 congregatusque + est CΣΦlc | ad deprecandum Cc | dominum] deum CΣ. | et *om.* AD | eum] deum CΣ. | 5 iuda c; iudaea D. | 6 ~ potest tibi A | 7 tu + domine C | 9 facias A | 10 israhel ΣDSlc(*et* r *lapsu*); filiis israhel Φ | transiret GΣΛDSl | egrediebatur G | 11 e] et GS | 12 ~ est tanta c | 14 leuitis AC | 15 rex + o CΣ. | 16 enim *om.* G | qui] quae CΦ | hieruhel] hierusalem AG | 17 confidentes Al | egrediemini ΛDSΦc | 18 eum *om.* A |

sum
20 cumque mane surrexissent egressi sunt per desertum Thecuae
profectisque eis stans Iosaphat in medio eorum dixit
audite me Iuda et omnes habitatores Hierusalem
Ex 14,31; Io 14,1 credite in Domino Deo vestro et securi eritis
credite prophetis eius et cuncta evenient prospera
7,6! 21 deditque consilium populo et statuit cantores Domini ut laudarent eum in turmis suis
et antecederent exercitum ac voce consona dicerent
I Par 16,41! confitemini Domino quoniam in aeternum misericordia eius
22 cumque coepissent laudes canere vertit Dominus insidias eorum in semet ipsos
filiorum scilicet Ammon et Moab et montis Seir qui egressi fuerant ut pugnarent contra Iudam et percussi sunt
23 namque filii Ammon et Moab consurrexerunt adversum habitatores montis Seir ut interficerent et delerent eos
cumque hoc opere perpetrassent etiam in semet ipsos versi mutuis concidere vulneribus
24 porro Iudas cum venisset ad speculam quae respicit solitudinem
vidit procul omnem late regionem plenam cadaveribus
nec superesse quemquam qui necem potuisset evadere
25 venit ergo Iosaphat et omnis populus cum eo ad detrahenda spolia mortuorum
inveneruntque inter cadavera variam supellectilem
vestes quoque et vasa pretiosissima
et diripuerunt
ita ut omnia portare non possent
nec per tres dies spolia auferre pro praedae magnitudine
26 die autem quarto congregati sunt in valle Benedictionis
etenim quoniam ibi benedixerant Domino vocaverunt locum illum vallis Benedictionis usque in praesentem diem
27 reversusque est omnis vir Iuda et habitatores Hierusalem
et Iosaphat ante eos in Hierusalem cum laetitia magna
eo quod dedisset eis Dominus gaudium de inimicis suis
28 ingressique sunt Hierusalem cum psalteriis et citharis et tubis in domum Domini
29 inruit autem pavor Domini super universa regna terrarum
cum audissent quod pugnasset Dominus contra inimicos Israhel
30 quievitque regnum Iosaphat et praebuit ei Deus pacem per circuitum 14,7; 15,15!
31 regnavit igitur Iosaphat super Iudam 31—37: III Rg 22,41–50
et erat triginta quinque annorum cum regnare coepisset
viginti autem et quinque annis regnavit in Hierusalem
nomen matris eius Azuba filia Selachi
32 et ambulavit in via patris sui Asa nec declinavit ab ea faciens quae placita erant coram Domino
33 verumtamen excelsa non abstulit
et adhuc populus non direxerat cor suum ad Dominum Deum patrum suorum
34 reliqua autem gestorum Iosaphat priorum et novissimorum
scripta sunt in verbis Hieu filii Anani
quae digessit in libro regum Israhel
35 post haec iniit amicitias Iosaphat

20 me + uiri c. | 21 quoniam + bonus quoniam A | 23 mutuis se conciderunt A | 24 iuda c | ad speluncam GΦ | necem] nec est D.; nec C | 25 possint CΣ. | pro] prae CΣΛ c | 26 uallem[2] CΣ | 28 sunt + in SΦ c | 30 deus] dominus CDΦ | 31 super iuda A | et nomen Φ c | 34 primorum AC | uerbis] libris DΦ; libro A | in libros c.; in librum CΣ. |

AGC ΣΛDSΦl cr

rex Iuda cum Ochozia rege Israhel
cuius opera fuerunt impiissima
9,21; III Rg 10,22! 36 et particeps fuit ut facerent naves
quae irent in Tharsis
feceruntque classem in Asiongaber
37 prophetavit autem Eliezer filius Dodoau de Maresa ad Iosaphat dicens
quia habuisti foedus cum Ochozia
percussit Dominus opera tua
contritaeque sunt naves nec potuerunt ire in Tharsis
III Rg 22,51 **21** dormivit autem Iosaphat cum patribus suis et sepultus est cum eis in civitate David
IV Rg 8,16 regnavitque Ioram filius eius pro eo
2 qui habuit fratres filios Iosaphat
Azariam et Hiahihel et Zacchariam
et Azariam et Michahel et Saphatiam
omnes hii filii Iosaphat regis Israhel
3 deditque eis pater suus multa munera argenti et auri et pensitationes
cum civitatibus munitissimis in Iuda
regnum autem tradidit Ioram eo quod esset primogenitus
4 surrexit ergo Ioram super regnum patris sui
cumque se confirmasset occidit omnes fratres suos gladio et quosdam de principibus Israhel
20 5 triginta duo annorum erat Ioram
5—10: IV Rg 8,17–22 cum regnare coepisset
et octo annis regnavit in Hierusalem
22,3 6 ambulavitque in viis regum Israhel
sicut egerat domus Ahab
filia quippe Ahab erat uxor eius
et fecit malum in conspectu Domini
7 noluit autem Dominus disperdere domum David propter pactum quod inierat cum eo
III Rg 15,4! et quia promiserat ut daret illi lucernam et filiis eius omni tempore
8 in diebus illis rebellavit Edom ne esset subditus Iudae et constituit sibi regem
9 cumque transisset Ioram cum principibus suis et cuncto equitatu qui erat secum
surrexit nocte et percussit Edom qui se circumdederat et omnes duces equitatus eius
10 attamen rebellavit Edom ne esset sub dicione Iuda usque ad hanc diem
eo tempore et Lobna recessit ne esset sub manu illius
dereliquerat enim Dominum Deum patrum suorum
11 insuper et excelsa fabricatus est in urbibus Iuda
et fornicari fecit habitatores Hierusalem et praevaricari Iudam 33,9
12 adlatae sunt autem ei litterae ab Helia propheta in quibus scriptum erat
haec dicit Dominus Deus David patris tui
quoniam non ambulasti in viis Iosaphat patris tui et in viis Asa regis Iuda
13 sed incessisti per iter regum Israhel
et fornicari fecisti Iudam et habitatores Hierusalem imitatus fornicationem domus Ahab
insuper et fratres tuos domum patris tui meliores te occidisti
14 ecce Dominus percutiet te plaga magna cum populo tuo et filiis et uxoribus tuis universaque substantia tua
15 tu autem aegrotabis pessimo languore uteri donec egrediantur vitalia 18
tua paulatim per dies singulos
16 suscitavit ergo Dominus contra Ioram spiritum Philisthinorum et Arabum qui confines sunt Aethiopibus

AGC ΣΛDSΦ(l) cr

36 faceret GCΣΛl | fecerunt GΣ. || **21**,2 et azariam *om.* CS | israhel] iuda AΛc | 3 in *om.* CΣD. | 5 duo] duorum c; *om.* D. | 7 illi] ei ASc. | 9 secum] cum eo A | circumdederant A | 10 et tamen GC | 11 et[1] *om.* C | 12 autem *om.* GΣS | ei *om.* AD. | deus *om.* A | 13 fornicare GS | 14 [*deest* l *usque ad* 36,23] | tua *om.* GCΣ | 15 uteri + tui c. | ~ singulos dies Σc |

17 et ascenderunt in terram Iuda et vastaverunt eam
diripueruntque cunctam substantiam quae inventa est in domo regis
insuper et filios eius et uxores
nec remansit ei filius nisi Ioachaz qui minimus natu erat
18 et super haec omnia percussit eum Dominus alvi languore insanabili
Ier 34,5 19 cumque diei succederet dies et temporum spatia volverentur duorum annorum expletus est circulus
et sic longa consumptus tabe ita ut egereret etiam viscera sua languore pariter et vita caruit
mortuusque est in infirmitate pessima
et non fecit ei populus secundum morem conbustionis exequias sicut fecerat maioribus eius
20 triginta duum annorum fuit cum regnare coepisset
et octo annis regnavit in Hierusalem
ambulavitque non recte
24,25; 28,27 et sepelierunt eum in civitate David verumtamen non in sepulchro regum

1—6: IV Rg 8,25–29 **22** constituerunt autem habitatores Hierusalem Ochoziam filium eius minimum regem pro eo
omnes enim maiores natu qui ante eum fuerant interfecerant latrones Arabum qui inruerant in castra
IV Rg 9,29 regnavitque Ochozias filius Ioram regis Iuda
2 filius quadraginta duo annorum erat Ochozias cum regnare coepisset
et uno anno regnavit in Hierusalem
nomen matris eius Otholia filia Amri
21,6 3 sed et ipse ingressus est per vias domus Ahab
mater enim eius inpulit eum ut impie ageret
4 fecit igitur malum in conspectu Domini sicut domus Ahab
ipsi enim fuerunt ei consiliarii post mortem patris sui in interitum eius
5 ambulavitque in consiliis eorum
et perrexit cum Ioram filio Ahab rege Israhel in bellum contra Azahel regem Syriae in Ramoth Galaad
vulneraveruntque Syri Ioram
6 qui reversus est ut curaretur in Hiezrahel
multas enim plagas acceperat in supradicto certamine
igitur Azarias filius Ioram rex Iuda descendit ut inviseret Ioram filium Ahab in Hiezrahel aegrotantem
7 voluntatis quippe fuit Dei adversum Ochoziam ut veniret ad Ioram
et cum venisset egrederetur cum eo adversum Hieu filium Namsi IV Rg 9,21
quem unxit Dominus ut deleret domum Ahab IV Rg 9,6.7
8 cum ergo subverteret Hieu domum Ahab
invenit principes Iuda et filios fratrum Ochoziae qui ministrabant ei et interfecit illos IV Rg 10,13
9 ipsumque perquirens Ochoziam conprehendit latentem in Samaria
adductumque ad se occidit
et sepelierunt eum eo quod esset filius Iosaphat qui quaesierat Dominum in toto corde suo 19,3!
nec erat ultra spes aliqua ut de stirpe regnaret Ochoziae
10 siquidem Otholia mater eius videns quod mortuus esset filius suus 10—12: IV Rg 11,1–3
surrexit et interfecit omnem stirpem regiam domus Ioram

17 iudam DS; iudae C | ei *om.* CΣ. | in natu G.; natus CΛDSΦ | 19 consumptus + est AGDSΦ | in *om.* AGΣ | fecerat] fecerant CΣ. | eius *om.* AS. | 20 duum] duorum CΣΦ c | fuerat S; erat C || **22,** 1 interfecerunt A | inruerunt A | regnauit autem CΣ.; regnauit DS | 2 filius AGDr𝔐] *om. cet.* | duorum Σ c | et nomen c | 4 in interitu ΛD.; interitum A | 5 rege] regis AS | uulnerauerunt A | 6 azarias ADr𝔐] ochozias *cet.* | 7 egrederetur ASr, *cf.* 𝔐] *praem.* et *cet.* | 8 cum—ahab *om.* C | euerteret DΦ c | ei *om.* A | 9 ipsum quoque c. | latitantem c. | in samariam A | dominum] deum C | stirpe + quis c. | 10 suus] eius CΣ |

AGC ΣΛDSΦ cr

11 porro Iosabeth filia regis tulit Ioas
filium Ochoziae
et furata est eum de medio filiorum
regis cum interficerentur
absconditque cum nutrice sua in cubiculo lectulorum
Iosabeth autem quae absconderat
eum erat filia regis Ioram uxor Ioiadae pontificis soror Ochoziae
et idcirco Otholia non interfecit eum
12 fuit ergo cum eis in domo Dei absconditus sex annis quibus regnavit
Otholia super terram
1—15: IV Rg 11,4–16 **23** anno autem septimo confortatus
Ioiadae adsumpsit centuriones
Azariam videlicet filium Hieroam et
Ismahel filium Iohanan
Azariam quoque filium Oded et Maasiam filium Adaiae et Elisaphat
filium Zechri
et iniit cum eis foedus
2 qui circumeuntes Iudam congregaverunt Levitas de cunctis urbibus Iuda et principes familiarum Israhel
veneruntque in Hierusalem
3 iniit igitur omnis multitudo pactum
in domo Domini cum rege
dixitque ad eos Ioiadae
ecce filius regis regnabit sicut locutus est Dominus super filios David
4 iste est ergo sermo quem facietis
5 tertia pars vestrum qui veniunt ad
sabbatum sacerdotum et Levitarum
et ianitorum erit in portis
tertia vero pars ad domum regis
et tertia in porta quae appellatur
Fundamenti
omne vero reliquum vulgus sit in atriis domus Domini
6 nec quisquam alius ingrediatur domum Domini nisi sacerdotes et qui
ministrant de Levitis
ipsi tantummodo ingrediantur quia
sanctificati sunt
et omne reliquum vulgus observet
custodias Domini
7 Levitae autem circumdent regem habentes singuli arma sua
et si quis alius ingressus fuerit templum interficiatur
sintque cum rege et intrante et egrediente
8 fecerunt igitur Levitae et universus
Iuda iuxta omnia quae praeceperat
Ioiadae pontifex
et adsumpserunt singuli viros qui
sub se erant et veniebant per ordinem sabbati
cum his qui iam impleverant sabbatum et egressuri erant
siquidem Ioiadae pontifex non dimiserat abire turmas quae sibi per singulas ebdomadas succedere consueverant
9 deditque Ioiadae sacerdos centurionibus lanceas clypeosque et peltas
regis David quas consecraverat in
domo Domini
10 constituitque omnem populum tenentium pugiones
a parte templi dextra usque ad partem templi sinistram
coram altari et templo per circuitum
regis
11 et eduxerunt filium regis et inposuerunt ei diadema
dederuntque in manu eius tenendam Dt 17,18!
legem et constituerunt eum regem
unxit quoque illum Ioiadae pontifex
et filii eius
inprecatique sunt atque dixerunt vivat rex
12 quod cum audisset Otholia vocem
scilicet currentium atque laudan-

AGC ΣΛDSΦ cr 11 ioam CΣ. | absconditque + eum ΛΦ c | lecticulorum CΣ.; lectorum D. || **23**, 1 ioiada ΛΦ c | 3 igitur] ergo c | multitudo + israhel AΛS | domini] dei c. | dixit ad AS. | ioiada CΛΦ c | regnauit ACΣΛS | 5 in porta] ad portam DΦ c; in parte C. | 6 quispiam c. | in domum C | ingrediatur² A | 7 egrediente] ingrediente AΣ. | 8 igitur] ergo c. | ioiada¹ CΛΦ c | iam *om.* S c. | ioiada² Φ c | consuerant AG. | 9 ioiada CΣΛ Φ c | 11 diadema + et testimonium c | unxitque GΦ | ioiada CΣΛΦ c | sunt + ei c |

tium regem
ingressa est ad populum in templum
Domini
13 cumque vidisset regem stantem super gradum in introitu et principes
turmasque circa eum
omnem quoque populum terrae gaudentem atque clangentem tubis
et diversi generis organis concinentem vocemque laudantium
scidit vestimenta sua et ait insidiae
insidiae
14 egressus autem Ioiadae pontifex ad
centuriones et principes exercitus
dixit eis
educite illam extra septa templi et
interficiatur foris gladio
praecepitque sacerdos ne occideretur in domo Domini
15 et inposuerunt cervicibus eius manus
cumque intrasset portam Equorum
domus regis interfecerunt eam ibi
15,12 16 pepigit autem Ioiadae foedus inter
16—21: IV Rg 11,17–20 se universumque populum et regem ut esset populus Domini
IV Rg 10,26.27! 17 itaque ingressus est omnis populus
domum Baal et destruxerunt eam
et altaria ac simulacra illius confregerunt
Matthan quoque sacerdotem Baal
interfecerunt ante aras
8,14; 31,2; 35,4.5; I Par 23,6.30.31! I Esr 6,18! 18 constituit autem Ioiadae praepositos
in domo Domini et sub manibus
sacerdotum ac Levitarum
quos distribuit David in domo Domini ut offerrent holocausta Domino
sicut scriptum est in lege Mosi
in gaudio et canticis iuxta dispositionem David
19 constituit quoque ianitores in portis
domus Domini
ut non ingrederetur eam inmundus
in omni re
20 adsumpsitque centuriones et fortissimos viros ac principes populi et
omne vulgus terrae
et fecerunt descendere regem de domo Domini et introire per medium
portae superioris in domum regis
et conlocaverunt eum in solio regali
21 laetatusque est omnis populus terrae
et urbs quievit
porro Otholia interfecta est gladio
24 septem annorum erat Ioas cum regnare coepisset 1—14: IV Rg 11,21–12,14
et quadraginta annis regnavit in Hierusalem
nomen matris eius Sebia de Bersabee
2 fecitque quod bonum est coram Domino cunctis diebus Ioiadae sacerdotis
3 accepit autem ei Ioiadae uxores duas
e quibus genuit filios et filias
4 post quae placuit Ioas ut instauraret
domum Domini
5 congregavitque sacerdotes et Levitas
et dixit eis
egredimini ad civitates Iuda et colligite de universo Israhel pecuniam
ad sarta tecta templi Dei vestri per
singulos annos
festinatoque hoc facite
porro Levitae egere neglegentius
6 vocavitque rex Ioiadae principem et
dixit ei
quare non tibi fuit curae ut cogeres
Levitas inferre de Iuda et de Hierusalem pecuniam quae constituta est Ex 30,16
a Mose servo Domini
ut inferret eam omnis multitudo Israhel in tabernaculum testimonii Nm 31,54
7 Otholia enim impiissima et filii eius
destruxerunt domum Domini
et de universis quae sanctificata fu-

13 in introitum CD | omnemque C𝔠 | 14 ioiada CΣΛΦ𝔠 | illam] eam C | 16 ioiada CΣΛΦ𝔠 | 17 ac] et C | 18 ioiada CΣΛΦ𝔠 | et[1]] ut D; *om.* 𝔠 | ac] et DΦ𝔠 | 19 constituitque C | in eam AS || **24**,3 ei ΣΛ𝔠r𝔐] *om. cet.* | ioiada CΣΛ𝔠; ioas Φ | 5 egerunt ACΣS | 6 rex + iuda AS. | ioiada Φ; ioiadam CΣΛ𝔠 | et dixit] dixitque CΣ. | ~ non fuit tibi DΦ; ~ tibi non fuit AS𝔠 | de[2] *om.* AGΛS | 7 destruxerant ADΦ | domini AG CΣ] dei *cet.* |

AGC ΣΛDSΦ 𝔠r

erant templo Domini ornaverunt
fanum Baalim
8 praecepit ergo rex et fecerunt arcam
posueruntque eam iuxta portam domus Domini forinsecus
9 et praedicatum est in Iuda et Hierusalem ut deferrent singuli pretium Domino
quod constituit Moses servus Dei super omnem Israhel in deserto
10 laetatique sunt cuncti principes et omnis populus
et ingressi contulerunt in arcam Domini atque miserunt ita ut impleretur
11 cumque tempus esset ut deferrent arcam coram rege per manus Levitarum
videbant enim multam pecuniam
ingrediebatur scriba regis et quem primus sacerdos constituerat
effundebantque pecuniam quae erat in arca
porro arcam reportabant ad locum suum
sicque faciebant per singulos dies
et congregata est infinita pecunia
IV Rg 22,5.6 12 quam dederunt rex et Ioiada his qui praeerant operibus domus Domini
at illi conducebant ex ea caesores lapidum et artifices operum singulorum ut instaurarent domum Domini
fabros quoque ferri et aeris ut quod cadere coeperat fulciretur
13 egeruntque hii qui operabantur industrie
et obducebatur parietum cicatrix per manus eorum
ac suscitaverunt domum Domini in statum pristinum et firme eam stare fecerunt
14 cumque conplessent omnia opera detulerunt coram rege et Ioiadae reliquam partem pecuniae
de qua facta sunt vasa templi in ministerium et ad holocausta
fialae quoque et cetera vasa aurea et argentea
et offerebantur holocausta in domo Domini iugiter cunctis diebus Ioiadae
15 senuit autem Ioiadae plenus dierum
et mortuus est cum centum triginta esset annorum
16 sepelieruntque eum in civitate David cum regibus
eo quod fecisset bonum cum Israhel et cum domo eius
17 postquam autem obiit Ioiada ingressi sunt principes Iuda et adoraverunt regem
qui delinitus obsequiis eorum adquievit eis
18 et dereliquerunt templum Domini Dei patrum suorum
servieruntque lucis et sculptilibus
et facta est ira contra Iudam et Hierusalem propter hoc peccatum 29,6.8; 32,25
19 mittebatque eis prophetas ut reverterentur ad Dominum 36,15.16; II Esr 9,26! 30; Ier 7,25.26!
quos protestantes illi audire nolebant
20 spiritus itaque Dei induit Zacchariam filium Ioiadae sacerdotem 20,14; I Par 12,18!
et stetit in conspectu populi et dixit eis
haec dicit Dominus
quare transgredimini praeceptum Domini quod vobis non proderit
et dereliquistis Dominum ut derelinqueret vos 15,2
21 qui congregati adversus eum miserunt lapides iuxta regis imperium in atrio domus Domini
22 et non est recordatus Ioas rex mise-

AGC ΣΛDSΦ cr
7 fuerant + in c | ornauerant G; ornauerat DΦ | 8 domus C cr.𝔐𝔊] *om. cet.* | 9 dei] domini AC | 10 ingressi] uniuersi CΣ. | 11 instituerat CΣ. | 12 ioiadae A | 13 firmiter c | 14 ioiada¹ CΣΛ c | offerebatur G | 15 ioiada CΣΛ c | ~ centum esset et triginta DΦ; ~ esset centum triginta c. | 16 israhel + et cum deo r𝔐 | 20 sacerdotis A | dominus + deus c. | relinqueret GS |

ricordiae quam fecerat Ioiadae pater illius secum
sed interfecit filium eius
qui cum moreretur ait videat Dominus et requirat
IV Rg 12,17 23 cumque evolutus esset annus ascendit
contra eum exercitus Syriae
venitque in Iudam et Hierusalem et
interfecit cunctos principes populi
atque universam praedam miserunt
regi Damascum
24 et certe cum permodicus venisset numerus Syrorum
tradidit Dominus manibus eorum infinitam multitudinem
eo quod reliquissent Dominum Deum patrum suorum
in Ioas quoque ignominiosa exercu-
ere iudicia
25—27: IV Rg 12,19–21 25 et abeuntes dimiserunt eum in lan-
guoribus magnis
surrexerunt autem contra eum servi
sui in ultionem sanguinis filii Ioiadae sacerdotis
25,3 et occiderunt eum in lectulo suo et
mortuus est
21,20; 28,27 sepelieruntque eum in civitate David
sed non in sepulchris regum
26 insidiati vero sunt ei Zabath filius
Semath Ammanitidis
et Iozabath filius Semarith Moabiti-
dis
27 porro filii eius ac summa pecuniae
quae adunata fuerat sub eo et instauratio domus Dei
scripta sunt diligentius in libro regum
regnavitque Amasias filius eius pro
eo
1—4: IV Rg 14,2–6 **25** viginti quinque annorum erat Amasias cum regnare coepisset
et viginti novem annis regnavit in
Hierusalem
nomen matris eius Ioaden de Hierusalem
2 fecitque bonum in conspectu Domini
verumtamen non in corde perfecto
3 cumque roboratum sibi videret imperium
iugulavit servos qui occiderant re- 24,25
gem patrem suum
4 sed filios eorum non interfecit
sicut scriptum est in libro legis Mosi
ubi praecepit Dominus dicens
non occidentur patres pro filiis neque Dt 24,16!
filii pro patribus suis
sed unusquisque in suo peccato morietur
5 congregavit igitur Amasias Iudam et
constituit eos per familias
tribunosque et centuriones in universo Iuda et Beniamin
et recensuit a viginti annis sursum Nm 1,18!
invenitque triginta milia iuvenum
qui egrederentur ad pugnam et te-
nerent hastam et clypeum
6 mercede quoque conduxit de Israhel
centum milia robustorum centum
talentis argenti
7 venit autem homo Dei ad illum et ait
o rex ne egrediatur tecum exercitus
Israhel
non est enim Dominus cum Israhel
et cunctis filiis Ephraim
8 quod si putas in robore exercitus
bella consistere superari te faciet
Deus ab hostibus
Dei quippe est et adiuvare et in fugam vertere
9 dixitque Amasias ad hominem Dei
quid ergo fiet de centum talentis
quae dedi militibus Israhel

AGC ΣΛDSΦ cr

22 ioiada CΣS c | 23 regi + in CΣ c. | 24 in manibus CΦ c | dereliquissent AΛ c | ignominiose exercuerunt CΣ. | 25 sepelierunt ADΦ | eum[4]] illum GΛ | 26 ~ sunt uero C | 27 instaurata CΣ | dei] domini AΛS | regnauit autem DΦ c || **25**,2 domini] dei GΣDS | 3 uidisset CΣ. | occiderunt GDΦ | 4 ~ peccato suo CΛ | 5 sursum CDΦ r] sursumque Σ.; et sursum AS; rursum G; supra c.; et supra Λ | triginta] trecenta cr 𝔐𝔊 | 6 centum[2] + milia CΣ. | 7 ~ ad illum homo dei AΣ | 8 hostibus + tuis A | et[1] *om.* CΣDΦ | conuertere c | 9 fiat A | talentis + argenti CΣ. |

et respondit ei homo Dei
habet Dominus unde tibi dare possit multo his plura
10 separavit itaque Amasias exercitum qui venerat ad eum ex Ephraim ut reverteretur in locum suum
at illi contra Iudam vehementer irati reversi sunt in regionem suam
11 porro Amasias confidenter eduxit populum suum
II Sm 8,13; IV Rg 14,7; I Par 18,12! Ps 59,2 — et abiit in vallem Salinarum percussitque filios Seir decem milia
12 et alia decem milia virorum ceperunt filii Iuda
et adduxerunt ad praeruptum cuiusdam petrae
praecipitaveruntque eos de summo in praeceps qui universi crepuerunt
13 at ille exercitus quem remiserat Amasias ne secum iret ad proelium
diffusus est in civitatibus Iuda a Samaria usque Bethoron
et interfectis tribus milibus diripuit praedam magnam
14 Amasias vero post caedem Idumeorum et adlatos deos filiorum Seir statuit illos in deos sibi
et adorabat eos et illis adolebat incensum
15 quam ob rem iratus Dominus contra Amasiam misit ad illum prophetam qui diceret ei
cur adorasti deos qui non liberaverunt populum suum de manu tua
16 cumque haec ille loqueretur respondit ei
num consiliarius regis es quiesce ne interficiam te
discedensque propheta scio inquit quod cogitaverit Dominus occidere te
qui et fecisti hoc malum et insuper non adquievisti consilio meo

17 igitur Amasias rex Iuda inito pessimo consilio misit ad Ioas filium Ioachaz filii Hieu regem Israhel dicens — 17—24: IV Rg 14,8–14
veni videamus nos mutuo
18 at ille remisit nuntium dicens
carduus qui est in Libano misit ad cedrum Libani dicens
da filiam tuam filio meo uxorem
et ecce bestiae quae erant in silva Libani transierunt et conculcaverunt carduum
19 dixisti percussi Edom et idcirco erigitur cor tuum in superbiam
sede in domo tua
cur malum adversum te provocas ut cadas et tu et Iudas tecum
20 noluit audire Amasias
eo quod Domini esset voluntas ut traderetur in manibus hostium propter deos Edom
21 ascendit igitur Ioas rex Israhel et mutuos sibi praebuere conspectus
Amasias autem rex Iuda erat in Bethsames Iudae
22 corruitque Iudas coram Israhel et fugit in tabernacula sua
23 porro Amasiam regem Iuda filium Ioas filii Ioachaz cepit Ioas rex Israhel in Bethsames et adduxit in Hierusalem
destruxitque murum eius a porta Ephraim usque ad portam Anguli quadringentis cubitis
24 omne quoque aurum et argentum et universa vasa quae reppererat in domo Dei et apud Obededom in thesauris etiam domus regiae
nec non et filios obsidum reduxit Samariam — 28,8!
25 vixit autem Amasias filius Ioas rex Iuda postquam mortuus est Ioas filius Ioachaz rex Israhel quinde- — 25—26,2: IV Rg 14,17–2

AGC ΣΛDSΦ cr 10 itaque] autem CΣ. | ad eum *om.* CΣ. | 13 quem miserat G; qui remanserat C. | ad] in A | usque + ad c | 14 illos] eos CDΦ | 16 discendensque A | dominus] deus c. | qui et] quia A c | 17 ueni + et CΣ. | 18 at—nuntium] remisitque ioas rex israhel ad amasiam regem iuda CΣ. | nuntios DΦ c | in siluam A | 19 et² *om.* ADΦ | iuda C c. | 20 in manus CΣΛ c | 21 mutuo AΣ | iuda² c. | 22 iuda c. | 24 dei GCΣS c𝔐] domini *cet.* | in samariam ADSΦ c |

cim annis
16,11! 26 reliqua vero sermonum Amasiae priorum et novissimorum scripta sunt
in libro regum Iuda et Israhel
27 qui postquam recessit a Domino tetenderunt ei insidias in Hierusalem
cumque fugisset Lachis miserunt et
interfecerunt eum ibi
28 reportantesque super equos sepelierunt eum cum patribus suis in civitate David
1.2: IV Rg 14,21.22 **26** omnis autem populus Iuda filium
eius Oziam annorum sedecim con-
stituit regem pro patre suo Amasia
2 ipse aedificavit Ahilath et restituit
eam dicioni Iudae postquam dormivit rex cum patribus suis
3.4: IV Rg 15,2.3 3 sedecim annorum erat Ozias cum
regnare coepisset
et quinquaginta duobus annis regnavit in Hierusalem
nomen matris eius Hiechelia de Hierusalem
27,2 4 fecitque quod erat rectum in oculis
Domini iuxta omnia quae fecerat
Amasias pater eius
5 et exquisivit Deum in diebus Zacchariae intellegentis et videntis
Deum
cumque requireret Dominum direxit eum in omnibus
6 denique egressus est et pugnavit
contra Philisthim
et destruxit murum Geth et murum
Iabniae murumque Azoti
aedificavit quoque oppida in Azoto
et in Philisthim
7 et adiuvit eum Deus contra Philisthim et contra Arabas qui habitabant in Gurbaal et contra Amma-
nitas
8 pendebantque Ammanitae munera
Oziae
et divulgatum est nomen eius usque
ad introitum Aegypti propter cre-
bras victorias
9 aedificavitque Ozias turres in Hieru- II Esr 3,13; Ier 31,38
salem super portam Anguli et super
portam Vallis
et reliquas in eodem muri latere firmavitque eas
10 extruxit etiam turres in solitudine et
fodit cisternas plurimas
eo quod haberet multa pecora tam
in campestribus quam in heremi
vastitate
vineas quoque habuit et vinitores in
montibus et in Carmelo
erat quippe homo agriculturae de-
ditus
11 fuit autem exercitus bellatorum eius
qui procedebant ad proelia
sub manu Hiehihel scribae Maasiae-
que doctoris
et sub manu Ananiae qui erat de ducibus regis
12 omnisque numerus principum per
familias virorum fortium duum
milium sescentorum
13 et sub eis universus exercitus trecentorum et septem milium quingentorum
qui erant apti ad bella et pro rege
contra adversarios dimicabant
14 praeparavit quoque eis Ozias id est
cuncto exercitui clypeos et hastas
et galeas et loricas
arcusque et fundas ad iaciendos lapides
15 et fecit in Hierusalem diversi generis
machinas
quas in turribus conlocavit et in angulis murorum
ut mitterent sagittas et saxa grandia

26 uero] autem AΛc | primorum A | 27 ei *om.* A | in lachis c. || **26**,1 ~ amasia patre suo c. | 2 iuda c. | 4 ~ rectum erat A | 5 deum[1]] dominum AGΦc | dominum] deum CΣDΦ | 6 aedificauitque C | 7 arabes Cc | 8 appendebantque Λc; expandebantque Φ.; praebebantque C. | 9 aedificauit quoque CΣS | 10 in solitudinem CΣ | et effodit Φc | heremis C | 11 erant C | 12 duum milium GΛ] duorum milium CΣc; duo milium S.; duo milia DΦr; LII milia A. | 13 septem] octo CΣ. | 15 mitteret G |

AGC ΣΛDSΦ cr

egressumque est nomen eius procul
eo quod auxiliaretur ei Dominus et
corroborasset illum
12,1 [16]sed cum roboratus esset elevatum
est cor eius in interitum suum et
neglexit Dominum Deum suum
Ex 30,7! ingressusque templum Domini adolere voluit incensum super altare
thymiamatis
[17]statimque ingressus post eum Azarias sacerdos
et cum eo sacerdotes Domini octoginta viri fortissimi [18]restiterunt
regi atque dixerunt
Nm 16,40 non est tui officii Ozia ut adoleas incensum Domino
sed sacerdotum hoc est filiorum Aaron qui consecrati sunt ad huiuscemodi ministerium
egredere de sanctuario ne contempseris
quia non reputabitur tibi in gloriam
hoc a Domino Deo
[19]iratusque est Ozias et tenens in manu
turibulum ut adoleret incensum
minabatur sacerdotibus
statimque orta est lepra in fronte
eius coram sacerdotibus in domo
Domini super altare thymiamatis
[20]cumque respexisset eum Azarias
pontifex et omnes reliqui sacerdotes
viderunt lepram in fronte eius et festinato expulerunt eum
sed et ipse perterritus adceleravit
egredi eo quod sensisset ilico plagam Domini
21—23: IV Rg 15,5–7 [21]fuit igitur Ozias rex leprosus usque
ad diem mortis suae
Lv 13,46! et habitavit in domo separata plenus
lepra
ob quam et eiectus fuerat de domo
Domini
porro Ioatham filius eius rexit domum regis et iudicabat populum
terrae
[22]reliqua autem sermonum Oziae priorum et novissimorum scripsit
Esaias filius Amos propheta
[23]dormivitque Ozias cum patribus suis
et sepelierunt eum in agro regalium
sepulchrorum eo quod esset leprosus
regnavitque Ioatham filius eius pro
eo
27 viginti quinque annorum erat Ioatham cum regnare coepisset 1—9: IV Rg 15,33–38
et sedecim annis regnavit in Hierusalem
nomen matris eius Hierusa filia Sadoc
[2]fecitque quod rectum erat coram Domino iuxta omnia quae fecerat 26,4!
Ozias pater suus
excepto quod non est ingressus
templum Domini et adhuc populus
delinquebat
[3]ipse aedificavit portam domus Domini Excelsam et in muro Ophel
multa construxit
[4]urbes quoque aedificavit in montibus Iuda et in saltibus castella et
turres
[5]ipse pugnavit contra regem filiorum
Ammon et vicit eos
dederuntque ei filii Ammon in tempore illo centum talenta argenti
et decem milia choros tritici ac totidem choros hordei
haec ei praebuerunt filii Ammon in
anno secundo et tertio
[6]corroboratusque est Ioatham eo
quod direxisset vias suas coram
Domino Deo suo
[7]reliqua autem sermonum Ioatham
et omnes pugnae eius et opera
scripta sunt in libro regum Israhel 16,11!
et Iuda
[8]viginti quinque annorum erat cum

AGC ΣΛDSΦ cr 18 in gloria A; ad gloriam CΣ. | 19 est[1] *om.* c | et *om.* c | 21 rex *om.* CΣ; ~ rex ozias A. | et iectus A.; eiectus CΣΦc | 22 primorum AΣ | ~ propheta filius amos A || **27**,1 annos[2] GS | 5 ac] et GΛ. |

regnare coepisset
et sedecim annis regnavit in Hierusalem
9 dormivitque Ioatham cum patribus
suis et sepelierunt eum in civitate
David
et regnavit Achaz filius eius pro eo
1—5: IV Rg 16,2–5 **28** viginti annorum erat Achaz cum
regnare coepisset
et sedecim annis regnavit in Hierusalem
non fecit rectum in conspectu Domini sicut David pater eius
2 sed ambulavit in viis regum Israhel
insuper et statuas fudit Baalim
3 ipse est qui adolevit incensum in valle Benennon
IV Rg 16,3! 17,17! et lustravit filios suos in igne iuxta
ritum gentium quas interfecit Dominus in adventu filiorum Israhel
4 sacrificabat quoque et thymiama
succendebat in excelsis et in collibus et sub omni ligno frondoso
5 tradiditque eum Dominus Deus eius
in manu regis Syriae
qui percussit eum magnamque praedam de eius cepit imperio et adduxit in Damascum
manibus quoque regis Israhel traditus est et percussus plaga grandi
6 occiditque Phacee filius Romeliae de
Iuda centum viginti milia in die uno
omnes viros bellatores
I Par 5,25! eo quod reliquissent Dominum Deum patrum suorum
7 eodem tempore occidit Zechri vir
potens ex Ephraim Masiam filium
regis et Ezricam ducem domus eius
Helcanam quoque secundum a rege
29,9 8 ceperuntque filii Israhel de fratribus
suis ducenta milia mulierum puerorum et puellarum et infinitam
praedam

pertuleruntque eam in Samariam 25,24
9 ea tempestate erat ibi propheta Domini nomine Oded
qui egressus obviam exercitui venientium in Samariam dixit eis
ecce iratus Dominus Deus patrum
vestrorum contra Iudam tradidit
eos manibus vestris
et occidistis illos atrociter ita ut caelum pertingeret vestra crudelitas
10 insuper filios Iuda et Hierusalem vultis vobis subicere in servos et ancillas
quod nequaquam facto opus est
peccatis enim super hoc Domino
Deo vestro
11 sed audite consilium meum et reducite captivos quos adduxistis de
fratribus vestris
quia magnus furor Domini inminet
vobis
12 steterunt itaque viri de principibus
filiorum Ephraim
Azarias filius Iohanan Barachias
filius Mosollamoth
Hiezechias filius Sellum et Amasa
filius Adali
contra eos qui veniebant de proelio
13 et dixerunt eis
non introducetis huc captivos ne
peccemus Domino
quare vultis adicere super peccata
nostra et vetera cumulare delicta
grande quippe peccatum est et ira
furoris Domini inminet super Israhel
14 dimiseruntque viri bellatores praedam et universa quae ceperant coram principibus et omni multitudine
15 steteruntque viri quos supra memoravimus
et adprehendentes captivos omnes-

9 ioatham *om.* CΣ. ‖ **28**,4 et[1] *om.* CΣ. | 5 deus eius *om.* CΣ. | in manus GD | ~ cepit de eius c | in damasco CΣ. | 8 puerorumque et C; et S. | infinitam] infantium A | 9 uenienti c | iuda c | eos + deus in D.; + in CΣΦ c | illos] eos DΦ c | ut + ad C c | 10 insuper + et A | [*deest* D *usque ad v.* 23] | peccastis CΣΦ cr | 12 steterunt igitur Λ; steteruntque CΣ. | 13 introducitis AS | 15 omnesque *om.* CΣ. |

AGC ΣΛ(D)SΦ cr

que qui nudi erant vestierunt de
spoliis
cumque vestissent eos et calciassent
et refecissent cibo ac potu
unxissent quoque propter laborem
et adhibuissent eis curam
quicumque ambulare non poterant
et erant inbecillo corpore inposuerunt eos iumentis
Idc 1,16! 3,13 et adduxerunt Hierichum civitatem
Palmarum ad fratres eorum
ipsique reversi sunt Samariam
IV Rg 16,7 16 tempore illo misit rex Achaz ad regem Assyriorum auxilium postu-
lans
17 veneruntque Idumei et percusserunt
multos ex Iuda et ceperunt praedam magnam
18 Philisthim quoque diffusi sunt per
urbes campestres et ad meridiem
Iuda
ceperuntque Bethsames et Ahilon et
Gaderoth
Soccho quoque et Thamnam et Gam-
zo cum viculis suis et habitaverunt
in eis
Idc 6,6! 19 humiliaverat enim Dominus Iudam
propter Achaz regem Iuda
eo quod nudasset eum auxilio et
contemptui habuisset Dominum
20 adduxitque contra eum Thaglath-
phalnasar regem Assyriorum
qui et adflixit eum et nullo resistente
vastavit
IV Rg 16,8! 21 igitur Achaz spoliata domo Domini
et domo regum et principum
dedit regi Assyriorum munera et tamen nihil ei profuit
22 insuper et in tempore angustiae suae
auxit contemptum in Dominum
ipse per se rex Achaz 23 immolavit
diis Damasci victimas percussori-
bus suis et dixit
dii regum Syriae auxiliantur eis quos
ego placabo hostiis et aderunt mihi
cum e contrario ipsi fuerint ruina
eius et universo Israhel
24 direptis itaque Achaz omnibus vasis
domus Dei atque confractis clusit 29,7
ianuas templi Dei
et fecit sibi altaria in universis angu- 30,14
lis Hierusalem
25 in omnibus quoque urbibus Iuda extruxit aras ad cremandum tus 34,25! I Esr 5,12!
atque ad iracundiam provocavit Do- Is 65,3
minum Deum patrum suorum
26 reliqua autem sermonum eius et om- IV Rg 16,19.20
nium operum priorum et novissi-
morum
scripta sunt in libro regum Iuda et
Israhel
27 dormivitque Achaz cum patribus
suis et sepelierunt eum in civitate 21,20; 24,25
Hierusalem
neque enim receperunt eum in sepulchra regum Israhel
regnavitque Ezechias filius eius pro IV Rg 18,1
eo
29 igitur Ezechias regnare coepit cum **1.2:** IV Rg 18,1–3
viginti quinque esset annorum
et viginti novem annis regnavit in
Hierusalem
nomen matris eius Abia filia Zacchariae
2 fecitque quod erat placitum in con- 31,20; IV Rg 20,3; Sir 48,25
spectu Domini
iuxta omnia quae fecerat David pater eius
3 ipse anno et mense primo regni sui
aperuit valvas domus Domini et
instauravit eas
4 adduxitque sacerdotes atque Levitas
et congregavit eos in plateam orientalem 5 dixitque ad eos
audite me Levitae et sanctificamini
mundate domum Domini Dei pat-

AGC ΣΛ(D)SΦ cr unxissentque C c | adduxerunt + eos A | hiericho CΛS c | ipsi quoque A | sunt + in c | 16 ~ postulans auxilium Φ c | 19 dominum] deum CS. | 21 et[2]] ac c | 22 in[1] *om.* Φ c | 23 ~ uictimas diis damasci A | syriae] assyriae CΣ. | [*iterum adest* D] | ruinae eius ΛDΦ; ruinae ei c | israheli C | 24 dei[1]] domini CΣD | 26 operum + suorum c | primorum G | 27 receperant GΣΛS || **29**,3 ipse GD cr𝔐] *om.* A.; ipso *cet.* |

rum vestrorum
auferte omnem inmunditiam de sanctuario
Lv 26,40! Dt 4,25! Is 59,12.13 6 peccaverunt patres nostri et fecerunt
malum in conspectu Domini Dei nostri derelinquentes eum
24,18 averterunt facies suas a tabernaculo Domini et praebuerunt dorsum
28,24 7 cluserunt ostia quae erant in porticu
et extinxerunt lucernas
incensumque non adoleverunt et holocausta non obtulerunt in sanctuario Deo Israhel
24,18; 32,25 8 concitatus est itaque furor Domini
super Iudam et Hierusalem
tradiditque eos in commotionem et in interitum et in sibilum sicut ipsi cernitis oculis vestris
9 en corruerunt patres nostri gladiis
28,8! filii nostri et filiae nostrae et coniuges captivae ductae sunt propter hoc scelus
10 nunc igitur placet mihi ut ineamus
foedus cum Domino Deo Israhel
et avertat a nobis furorem irae suae
11 filii mi nolite neglegere
Nm 18,6! vos elegit Dominus ut stetis coram eo et ministretis illi
colatis eum et cremetis incensum
12 surrexerunt ergo Levitae Maath filius
Amasiae et Iohel filius Azariae de filiis Caath
porro de filiis Merari Cis filius Abdai et Azarias filius Iallelel
de filiis autem Gersom Ioha filius Zemma et Eden filius Ioaha
13 at vero de filiis Elisaphan Samri et
Iahihel
de filiis quoque Asaph Zaccharias et Mathanias
14 nec non de filiis Heman Iahihel et
Semei
sed et de filiis Idithun Semeias et Ozihel
15 congregaveruntque fratres suos et
sanctificati sunt
et ingressi iuxta mandatum regis et imperium Domini ut expiarent domum Dei
16 sacerdotes quoque ingressi templum
Domini ut sanctificarent illud
extulerunt omnem inmunditiam quam intro reppererant in vestibulum domus Domini
quam tulerunt Levitae et asportaverunt ad torrentem Cedron foras
17 coeperunt autem prima die mensis
primi mundare
et in die octava eiusdem mensis ingressi sunt porticum templi Domini
expiaveruntque templum diebus octo
et in die sextadecima mensis eiusdem quod coeperant impleverunt
18 ingressi quoque sunt ad Ezechiam
regem et dixerunt ei
sanctificavimus omnem domum Domini et altare holocaustoseos vasaque eius
nec non et mensam propositionis cum omnibus vasis suis
19 cunctamque templi supellectilem
quam polluerat rex Achaz in regno suo postquam praevaricatus est
et ecce exposita sunt omnia coram altari Domini
20 consurgensque diluculo Ezechias rex
adunavit omnes principes civitatis
et ascendit domum Domini 21 obtu-
leruntque simul tauros septem arie- Lv 5,15! Nm 7,15.16! I Esr 6,17!
tes septem agnos septem et hircos septem
pro peccato pro regno pro sanctua-

5 uestrorum + et CΣc | 6 domini² + dei nostri GΦ | 7 in porticum CΣD | dei C | 10 igitur] ergo c. | auertet c; auferat CΣ. | 11 fili mi CΣΛSΦ; filii mei c | colatisque c | cremetis + ei c | 12 amasai c. | 14 ozihel + hii fuerunt (fuere C) quattuordecim C ΣΛ.; + quinquaginta D. | 15 ingressi + sunt c. | dei] domini A | 16 in uestibulo ΑΛDΦ cr | 17 coeperunt autem] coeperuntque CΣ. | in die octauo CΣc | 18 holocaustoseos A G r] olocaustos eius D.; holocausti eius ΛΦ; holocausti CΣc; holocauste S. | suis] eius CΣ | 19 coram altare CSΦc | 20 ascendit + in c | ~ ascendit domum domini et adunauit omnes principes ciuitatis CΣ. | 21 septem¹ + et ΛDSΦc | et *om.* G |

AGC ΣΛDSΦ cr

rio pro Iuda
dixit quoque sacerdotibus filiis Aaron ut offerrent super altare Domini
22 mactaverunt igitur tauros et susceperunt sacerdotes sanguinem et fuderunt illud super altare
mactaverunt etiam arietes et illorum
sanguinem super altare fuderunt
immolaverunt agnos et fuderunt super altare sanguinem
Lv 4,23.24! 23 adplicaverunt hircos pro peccato coram rege et universa multitudine
inposueruntque manus suas super
eos 24 et immolaverunt illos sacerdotes
et asperserunt sanguinem eorum altari pro piaculo universi Israhelis
pro omni quippe Israhel praeceperat
Lv 10,19! Ez 40,39! rex ut holocaustum fieret et pro
peccato
1 Par 25,1! 6 25 constituit quoque Levitas in domo
Domini cum cymbalis et psalteriis
et citharis
1 Par 29,29 secundum dispositionem David et
Gad videntis regis et Nathan prophetae
siquidem Domini praeceptum fuit
per manum prophetarum eius
26 steteruntque Levitae tenentes organa
David et sacerdotes tubas
27 et iussit Ezechias ut offerrent holocaustum super altare
31! 30,22! Nm 10,10! Sir 50,18 cumque offerrentur holocausta coeperunt laudes canere Domino et
clangere tubis
7,6! atque in diversis organis quae David
rex Israhel reppererat concrepare
28 omni autem turba adorante cantores
et hii qui tenebant tubas erant in
officio suo donec conpleretur holocaustum
29 cumque finita esset oblatio incurvatus est rex et omnes qui erant cum
eo et adoraverunt
30 praecepitque Ezechias et principes
Levitis ut laudarent Dominum sermonibus David et Asaph videntis
qui laudaverunt eum magna laetitia
et curvato genu adoraverunt Est 3,2; Dn 6,10
31 Ezechias autem etiam haec addidit
implestis manus vestras Domino ac- Ex 32,29
cedite et offerte victimas et laudes 27! I Mcc 4,56
in domo Domini
obtulit ergo universa multitudo hostias et laudes et holocausta mente
devota
32 porro numerus holocaustorum quae
obtulit multitudo hic fuit
tauros septuaginta arietes centum Nm 7,15!
agnos ducentos
33 sanctificaveruntque Domino boves Nm 15,3!
sescentos et oves tria milia
34 sacerdotes vero pauci erant nec pot- 30,3; 35,11
erant sufficere ut pelles holocaus-
torum detraherent
unde et Levitae fratres eorum adiuverunt eos
donec impleretur opus et sanctifica-
rentur antistites
Levitae quippe faciliori ritu sanctificantur quam sacerdotes
35 fuerunt igitur holocausta plurima Lv 23,37!
adipes pacificorum et libamina holocaustorum
et conpletus est cultus domus Domini
36 laetatusque est Ezechias et omnis populus eo quod ministerium Domini
esset expletum
de repente quippe hoc fieri placuerat

AGC ΣΛDSΦ cr 21 dixitque c | 22 ~ sanguinem sacerdotes c | illud] illum ΣΛ c; *om.* GS. | immolaueruntque c | 23 adplicuerunt GDΦ c | posueruntque CΣ. | 24 illos] eos C | altari] coram altari ΛΦ; coram altare c | et³ *om.* C | 25 regi GDS.; *om.* Σ; ~ regis et gad uidentis C c | ~ praeceptum domini G | per manus CΣ | 27 holocausta CΣΛ c | reppererat] reparauerat D.; praeparauerat Φ c | 28 omnia autem CDS | et *om.* G | 30 eum] cum C | incuruato DΦ c | 31 etiam haec] haec etiam G; etiam A.; haec CΣD | addit GDS | 32 quae] quem GC.; quam Φ. | 35 igitur] ergo c. ||

30 misit quoque Ezechias ad omnem
Israhel et Iudam scripsitque epistulas ad Ephraim et Manassem
ut venirent ad domum Domini in
Hierusalem et facerent phase Domino Deo Israhel
2 inito ergo consilio regis et principum
et universi coetus Hierusalem
Nm 9,10.11! decreverunt ut facerent phase mense
secundo
3 non enim occurrerant facere in tempore suo
29,34 quia sacerdotes qui possent sufficere
sanctificati non fuerant
et populus necdum congregatus erat
in Hierusalem
4 placuitque sermo regi et omni multitudini
II Sm 17,11! 5 et decreverunt ut mitterent nuntios
in universum Israhel de Bersabee
usque Dan
ut venirent et facerent phase Domino
Deo Israhel in Hierusalem
multi enim non fecerant sicut lege
praescriptum est
6 perrexeruntque cursores cum epistulis ex regis imperio et principum
eius in universum Israhel et Iudam
iuxta quod rex iusserat praedicantes
Idt 5,23; Is 19,22! 35,10; 51,11; Os 14,2! filii Israhel revertimini ad Dominum
Deum Abraham et Isaac et Israhel
et revertetur ad reliquias quae effu-
gerunt manum regis Assyriorum
7 nolite fieri sicut patres vestri et fratres
qui recesserunt a Domino Deo patrum suorum
et tradidit eos in interitum ut ipsi
cernitis
8 nolite indurare cervices vestras sicut
patres vestri
tradite manus Domino et venite ad
sanctuarium eius quod sanctificavit
in aeternum
servite Domino Deo patrum vestrorum et avertetur a vobis ira furoris
eius
9 si enim vos reversi fueritis ad Dominum
fratres vestri et filii habebunt misericordiam coram dominis suis qui illos duxere captivos
et revertentur in terram hanc
pius enim et clemens est Dominus
Deus vester
et non avertet faciem suam a vobis
si reversi fueritis ad eum
10 igitur cursores pergebant velociter
de civitate in civitatem per terram
Ephraim et Manasse usque Zabulon
illis inridentibus et subsannantibus
eos
11 attamen quidam viri ex Aser et Manasse et Zabulon adquiescentes
consilio venerunt Hierusalem
12 in Iuda vero facta est manus Domini
ut daret eis cor unum III Rg 8,61!
et facerent iuxta praeceptum regis et
principum verbum Domini
13 congregatique sunt in Hierusalem
populi multi
ut facerent sollemnitatem azymorum in mense secundo
14 et surgentes destruxerunt altaria 28,24.25
quae erant in Hierusalem
atque universa in quibus idolis ado-
lebatur incensum subvertentes proiecerunt in torrentem Cedron
15 immolaverunt autem phase quarta- Nm 9,10.11! I Esr 6,20
decima die mensis secundi
sacerdotes quoque atque Levitae tandem sanctificati obtulerunt holocausta in domo Domini

30, 2 principum et] uniuersorum principum CΣ. | 3 occurrerunt A.; potuerant c | in[1] *om.* AΛ | possint CΣDSΦ | necdum] nondum c | erat] fuerat DΦc | 4 regis C | 5 israhel[2] *om.* A | fecerant] fecerunt A; fuerant DΦ.; ferunt C. | 6 iuxta + id GΣΛSc | filiis A | et[3] *om.* CΣ | manus CΣ; manu D. | 7 et[2]] qui c. | 8 auertitur S.; auferetur CΣ. | 9 duxerunt ΣDΦc; duxerit S. | 10 usque + ad c. | 11 uenerunt + in A | 12 in iudea C | et[1]] ut Cc. | 13 in[1] *om.* GDΦ | in[2] *om.* C | 15 autem *om.* C | leuitas A |

AGC ΣΛDSΦ cr

16 steteruntque in ordine suo iuxta dispositionem et legem Mosi hominis
Dei
sacerdotes vero suscipiebant effundendum sanguinem de manibus Levitarum
17 eo quod multa turba sanctificata non
esset
et idcirco Levitae immolarent phase
his qui non occurrerant sanctificari
Domino
18 magna etiam pars populi de Ephraim et Manasse et Isachar et Zabulon quae sanctificata non fuerat
comedit phase non iuxta quod scriptum est
et oravit pro eis Ezechias dicens
Dominus bonus propitiabitur
IV Rg 23,25 19 cunctis qui in toto corde requirunt Dominum Deum patrum su-
orum
et non inputabit eis quod minus
sanctificati sunt
20 quem exaudivit Dominus et placatus
est populo
35,17; Ex 34,18! I Esr 6,22 21 feceruntque filii Israhel qui inventi
sunt in Hierusalem sollemnitatem
azymorum septem diebus in laetitia
magna
laudantes Dominum per singulos
dies
Levitae quoque et sacerdotes per organa quae suo officio congruebant
22 et locutus est Ezechias ad cor omnium Levitarum qui habebant intellegentiam bonam super Domino
et comederunt septem diebus sollemnitatis
29,27! 33,16; Gn 46,1! immolantes victimas pacificorum et
laudantes Dominum Deum patrum
suorum
23 placuitque universae multitudini ut
celebrarent etiam alios dies septem
quod et fecerunt cum ingenti gaudio
24 Ezechias enim rex Iuda praebuerat 35,7
multitudini mille tauros et septem
milia ovium
principes vero dederant populo tau- 35,8.9
ros mille et oves decem milia
sanctificata ergo est sacerdotum
plurima multitudo
25 et hilaritate perfusa omnis turba Iuda
tam sacerdotum et Levitarum quam
universae frequentiae quae venerat
ex Israhel
proselytorum quoque de terra Israhel et habitantium in Iuda
26 factaque est grandis celebritas in
Hierusalem
qualis a diebus Salomonis filii David
regis Israhel in ea urbe non fuerat
27 surrexerunt autem sacerdotes atque
Levitae benedicentes populo
et exaudita est vox eorum pervenitque oratio in habitaculum sanctum
caeli
31 cumque haec fuissent rite celebrata
egressus est omnis Israhel qui inventus fuerat in urbibus Iuda
et fregerunt simulacra succiderunt- 34,4; IV Rg 18,4
que lucos
demoliti sunt excelsa et altaria de- Is 36,7!
struxerunt
non solum de universo Iuda et Beniamin sed de Ephraim quoque et
Manasse donec penitus everterent
reversique sunt omnes filii Israhel in
possessiones et civitates suas
2 Ezechias vero constituit turmas sa- 23,18! 35,4.5; I Esr 6,18!
cerdotales et leviticas per divisiones
suas
unumquemque in officio proprio
tam sacerdotum videlicet quam Levitarum ad holocausta et pacifica
ut ministrarent et confiterentur ca-
nerentque in portis castrorum Do-

AGC ΣΛDSΦ cr 17 ~ immolarent leuitae DΦ c | 18 etiam] enim CS. | 19 inputabitur AGΦ | 21 in[1] *om.* A | 22 et locutus] locutusque CΣ. | 23 etiam *om.* CΣ | et *om.* CΣ | 24 dederunt ACΣ S | est *om.* C.; ~ est ergo ΣDΦ c | 25 perfusa + est CΣ. | turba] terra CΣ || **31**, 1 sed + et CDΦ c | 2 uero] autem c; *om.* A. | uidelicet *om.* CΣ. | et[2] + ad AS | et[3]] ei CΣ. |

mini
3 pars autem regis erat ut de propria
Nm 28,3.4! eius substantia offerretur holocaustum mane semper et vespere
sabbatis quoque et kalendis et sollemnitatibus ceteris sicut scriptum
est in lege Mosi
4 praecepit etiam populo habitantium
Hierusalem
Nm 18,21! ut darent partes sacerdotibus et Levitis et possent vacare legi Domini
5 quod cum percrebruisset in auribus
multitudinis
Lv 27,30! Dt 26,2! Esr 10,35.39; 13,5.12 plurimas obtulere primitias filii Israhel frumenti vini et olei
mellis quoque et omnium quae gignit humus decimas obtulerunt
6 sed et filii Israhel et Iuda qui habita-
Lv 27,32 bant in urbibus Iuda obtulerunt decimas boum et ovium
decimasque sanctorum quae voverant Domino Deo suo
atque universa portantes fecerunt
acervos plurimos
7 mense tertio coeperunt acervorum
iacere fundamenta
et mense septimo conpleverunt eos
8 cumque ingressi fuissent Ezechias et
principes eius
viderunt acervos et benedixerunt Domino ac populo Israhel
9 interrogavitque Ezechias sacerdotes
et Levitas cur ita iacerent acervi
10 respondit illi Azarias sacerdos primus de stirpe Sadoc dicens
ex quo coeperunt offerri primitiae in
domo Domini comedimus et saturati sumus
remanseruntque plurima eo quod
benedixerit Dominus populo suo
reliquiarum autem copia est ista
quam cernis

11 praecepit igitur Ezechias ut praepararent horrea in domo Domini
quod cum fecissent 12 intulerunt tam
primitias quam decimas et quae- Ex 22,29!
cumque voverant fideliter
fuit autem praefectus eorum Chonenias Levita et Semei frater eius secundus
13 post quem Ieihel et Azazias et Naath
et Asahel et Ierimoth
Iozabath quoque et Helihel et Ies-
machias et Maath et Banaias praepositi
sub manibus Choneniae et Semei
fratris eius
ex imperio Ezechiae regis et Azariae
pontificis domus Domini ad quos
omnia pertinebant
14 Core vero filius Iemna Levites et ianitor orientalis portae
praepositus erat his quae sponte offerebantur Domino
primitiisque et consecratis in sancta
sanctorum
15 et sub cura eius Eden et Meniamin
Hiesue et Sameias
Amarias quoque et Sechenias in civitatibus sacerdotum
ut fideliter distribuerent fratribus
suis partes minoribus atque maioribus
16 exceptis maribus ab annis tribus et Nm 4,46.47!
supra cunctis qui ingrediebantur
templum Domini
et quicquid per dies singulos condu-
cebat in ministerio atque observa-
tionibus iuxta divisiones suas
17 sacerdotibus per familias I Par 23,14!
et Levitis a vicesimo anno et supra
per ordines et turmas suas
18 universaeque multitudini tam uxoribus quam liberis eorum utriusque

4 et[2]] ut ASc | possint CΣDSΦ | uacari C; uagare S. | 5 filiis CD | 6 uouerunt C; uocarent A. | 8 ac] et CΣ | 10 et remanserunt DΦc | reliquarum AΛS | ~ autem est copia CΦ; ~ est autem copia Σ. | cernitis AS | 12 tulerunt CΣ. | uouerunt AC. | 13 azazias GS𝔐] azarias *cet.* | domus dei c.; *om.* C. | 14 leuitis C | iis c. | in sancto AGΣD; in consancto S. | 15 meniamin Λ.𝔐] beniamin *cet.* | suis *om.* CΣ. | 16 maribus] maioribus A | supra] super ADΦ | ~ singulos dies ACΣc | conducebant ACΣΛ |

AGC ΣΛDSΦ cr

sexus
fideliter cibi de his quae sanctificata
fuerant praebebantur
19 sed et filiorum Aaron per agros et
suburbana urbium singularum dispositi erant viri
qui partes distribuerent universo se-
xui masculino de sacerdotibus et
Levitis
20 fecit ergo Ezechias universa quae diximus in omni Iuda
29,2; IV Rg 18,3! 20,3 operatusque est bonum et rectum et
verum coram Domino Deo suo
Dt 26,16! 21 in universa cultura ministerii domus
Domini iuxta legem et caerimonias
volens requirere Deum suum in
toto corde suo
fecitque et prosperatus est
IV Rg 18,13; Sir 48,20; Is 36,1 **32** post quae et huiuscemodi veritatem venit Sennacherib rex Assyri-
orum
et ingressus Iudam obsedit civitates
munitas volens eas capere
2 quod cum vidisset Ezechias
venisse scilicet Sennacherib et totum
belli impetum verti contra Hierusalem
3 inito cum principibus consilio viris-
que fortissimis ut obturarent capita
fontium quae erant extra urbem
et hoc omnium decernente sententia
4 congregavit plurimam multitudinem
et obturaverunt cunctos fontes et rivum qui fluebat in medio terrae dicentes
ne veniant reges Assyriorum et inveniant aquarum abundantiam
5 aedificavit quoque agens industrie
omnem murum qui fuerat dissipatus
et extruxit turres desuper et forinsecus alterum murum
III Rg 9,15! instauravitque Mello in civitate David
et fecit universi generis armaturam
et clypeos
6 constituitque principes bellatorum
in exercitu
et convocavit universos in platea
portae civitatis ac locutus est ad cor
eorum dicens
7 viriliter agite et confortamini nolite
timere
nec paveatis regem Assyriorum et
universam multitudinem quae est
cum eo
multo enim plures nobiscum sunt IV Rg 6,16
quam cum illo
8 cum illo est brachium carneum no- Ier 17,5
biscum Dominus Deus noster
qui auxiliator est noster pugnatque
pro nobis
confortatusque est populus huiuscemodi verbis Ezechiae regis Iuda
9 quae postquam gesta sunt misit Sen- IV Rg 18,17; Is 36,2
nacherib rex Assyriorum servos su-
os Hierusalem
ipse enim cum universo exercitu obsidebat Lachis
ad Ezechiam regem Iuda et ad omnem populum qui erat in urbe dicens
10 haec dicit Sennacherib rex Assyrio- IV Rg 18,19; Is 36,4.5
rum
in quo habentes fiduciam sedetis ob-
sessi in Hierusalem
11 num Ezechias decipit vos ut tradat
morti in fame et siti
adfirmans quod Dominus Deus ves-
ter liberet vos de manu regis Assy- IV Rg 20,6! Is 38,6
riorum
12 numquid non iste est Ezechias qui IV Rg 18,22; Is 36,7
destruxit excelsa illius et altaria
et praecepit Iudae et Hierusalem dicens
coram altari uno adorabitis et in ipso conburetis incensum
13 an ignoratis quae ego fecerim et pat-

AGC ΣΛDSΦ cr

19 singulorum C | 20 omni] domo CΣ.; *om.* A. | 21 deum GDS c𝔐𝔊] dominum deum *cet.* || **32,**1 post quae et] et post Σ.; post C | 3 quae] qui c | 4 ne *om.* C | 5 industria A | 8 illo + enim c | 9 suos AGΣS] + in *cet.* | 10 habetis CΣD | 11 decepit GΛSΦ | regis assyriorum] mea CΣ. | 12 iuda Σc |

res mei cunctis terrarum populis
IV Rg 18,33; 19,12 numquid praevaluerunt dii gentium
omniumque terrarum liberare regi-
onem suam de manu mea
IV Rg 18,35; Is 36,18.20! 14 quis est de universis diis gentium
quas vastaverunt patres mei qui po-
tuerit eruere populum suum de manu mea
ut possit etiam Deus vester eruere
vos de hac manu
IV Rg 18,29; Is 36,14.15! 15 non vos ergo decipiat Ezechias nec
vana persuasione deludat neque
credatis ei
si enim nullus potuit deus cunctarum
gentium atque regnorum liberare
populum suum de manu mea et de
manu patrum meorum
consequenter nec Deus vester poterit eruere vos de hac manu
16 sed et alia multa locuti sunt servi
eius contra Dominum Deum et
contra Ezechiam servum eius
17 epistulas quoque scripsit plenas blasphemiae in Dominum Deum Isra-
hel et locutus est adversus eum
sicut dii gentium ceterarum non potuerunt liberare populos suos de
manu mea
sic et Deus Ezechiae eruere non poterit populum suum de manu ista
IV Rg 18,27.28; Is 36,13 18 insuper et clamore magno lingua iu-
daica contra populum qui sedebat
in muris Hierusalem personabat
ut terreret eos et caperet civitatem
19 locutusque est contra Deum Hierusalem
Ps 113,12! sicut adversum deos populorum terrae opera manuum hominum
20 oraverunt igitur Ezechias rex et Esaias filius Amos prophetes adversum
hanc blasphemiam ac vociferati
sunt usque in caelum
IV Rg 19,35! Is 37,36–38 21 et misit Dominus angelum qui percussit omnem virum robustum et
bellatorem et principem exercitus
regis Assyriorum
reversusque est cum ignominia in IV Rg 19,7; Is 37,7
terram suam
cumque ingressus esset domum dei IV Rg 19,37
sui filii qui egressi fuerant de utero Tb 1,24!
eius interfecerunt eum gladio
22 salvavitque Dominus Ezechiam et IV Rg 18,35!
habitatores Hierusalem de manu
Sennacherib regis Assyriorum et de
manu omnium
et praestitit ei quietem per circuitum
23 multi etiam deferebant hostias et Ex 40,27! Ps 67,30!
sacrificia Domino Hierusalem et Is 18,7; Am 5,25
munera Ezechiae regi Iuda
qui exaltatus est post haec coram
cunctis gentibus
24 in diebus illis aegrotavit Ezechias us- IV Rg 20,1; Is 38,1
que ad mortem
et oravit Dominum exaudivitque
eum et dedit ei signum
25 sed non iuxta beneficia quae acceperat retribuit quia elevatum est cor
eius
et facta est contra eum ira et contra 24,18; 29,8
Iudam ac Hierusalem
26 humiliatusque est postea eo quod
exaltatum fuisset cor eius tam ipse
quam habitatores Hierusalem
et idcirco non venit super eos ira Is 39,8
Domini in diebus Ezechiae
27 fuit autem Ezechias dives et inclitus Gn 13,2; 36,7
valde
et thesauros sibi plurimos congregavit argenti auri et lapidis pretiosi
aromatum et armorum universi ge- IV Rg 20,13; Is 39,2
neris et vasorum magni pretii
28 apothecas quoque frumenti vini et
olei
et praesepia omnium iumentorum
caulasque pecoribus 29 et urbes ex-
aedificavit

14 eruere[1]] eripere A | 15 meorum] suorum A | de hac manu] de manu mea c | 17 ~ plenas scripsit A | populum suum[1] c | 19 deum] dominum A; dominum deum Λ | 22 regis assyriorum *om.* CΣ. | ei] eis Φ c | 23 in hierusalem ACΣΛcr | regis C | 25 ac] et CΣ Λ c | 26 fuisset] est C | 27 argenti + et A c | 28 pecorum C c | 29 exaedificauit ΣDr, *cf.* 𝔐] sex aedificauit AΦ; aedificauit GCΛS; aedificauit sibi c. |

AGC ΣΛDSΦ cr

Gn 13,5.6; Nm 32,1 habebat quippe greges ovium et armentorum innumerabiles
eo quod dedisset ei Dominus substantiam multam nimis
3; IV Rg 20,20! 30 ipse est Ezechias qui obturavit superiorem fontem aquarum Gion
et avertit eas subter ad occidentem
urbis David
in omnibus operibus suis fecit prospere quae voluit
31 attamen in legatione principum Babylonis qui missi fuerant ad eum
ut interrogarent de portento quod
acciderat super terram.
dereliquit eum Deus ut temptaretur
et nota fierent omnia quae erant in
corde eius
32.33: IV Rg 20,20.21 32 reliqua autem sermonum Ezechiae
et misericordiarum eius
scripta sunt in visione Esaiae filii
Amos prophetae et in libro regum
Iuda et Israhel
33 dormivitque Ezechias cum patribus
suis et sepelierunt eum supra sepulchra filiorum David
et celebravit eius exequias universus
Iuda et omnes habitatores Hierusalem
regnavitque Manasses filius eius pro
eo
1–10: IV Rg 21,1–10 **33** duodecim annorum erat Manasses
cum regnare coepisset
et quinquaginta quinque annis regnavit in Hierusalem
2 fecit autem malum coram Domino
iuxta abominationes gentium quas
subvertit Dominus coram filiis Israhel
IV Rg 21,3! 3 et conversus instauravit excelsa quae
demolitus fuerat Ezechias pater
eius
construxitque aras Baalim et fecit
lucos
et adoravit omnem militiam caeli et
coluit eam
4 aedificavit quoque altaria in domo
Domini de qua dixerat Dominus in III Rg 8,29!
Hierusalem erit nomen meum in
aeternum
5 aedificavit autem ea cuncto exercitui
caeli in duobus atriis domus Domini
6 transireque fecit filios suos per ig- IV Rg 17,17!
nem in valle Benennon
observabat somnia sectabatur auguria maleficis artibus inserviebat
habebat secum magos et incantato-
res
multaque mala operatus est coram
Domino ut inritaret eum
7 sculptile quoque et conflatile signum
posuit in domo Domini
de qua locutus est Dominus ad David et ad Salomonem filium eius dicens
in domo hac et in Hierusalem quam
elegi de cunctis tribubus Israhel po- 6,6!
nam nomen meum in sempiternum
8 et movere non faciam pedem Israhel IV Rg 21,8!
de terra quam tradidi patribus eo-
rum
ita dumtaxat si custodierint facere Ios 22,2!
quae praecepi eis
cunctamque legem et caerimonias
atque iudicia per manum Mosi
9 igitur Manasses seduxit Iudam et ha- 21,11
bitatores Hierusalem
ut facerent malum super omnes gentes quas subverterat Dominus a
facie filiorum Israhel
10 locutusque est Dominus ad eum et
ad populum illius et adtendere noluerunt
11 idcirco superinduxit eis principes exercitus regis Assyriorum
ceperuntque Manassen et vinctum
catenis atque conpedibus duxerunt Ier 20,4
Babylonem

AGC ΣΛDSΦ cr

33 sepelieruntque CΣ. | super CΣΛS c || **33**,4 quoque *om.* A | 5 aedificauitque ea CΣ. | 6 transire quoque CΣ. | somnia] omnia G; omina D. | maleficiis AS | 7 domini] dei ADSΦ c | dominus] deus GDΦ c | 8 moueri CΣ c. | 11 duxeruns + in CS c |

Or Man 1 12 qui postquam coangustatus est oravit Dominum Deum suum
et egit paenitentiam valde coram
Deo patrum suorum
13 deprecatusque est eum et obsecravit
intente
et exaudivit orationem eius reduxitque eum Hierusalem in regnum
suum
et cognovit Manasses quod Dominus ipse esset Deus
14 post haec aedificavit murum extra
civitatem David ad occidentem Gion in convalle
ab introitu portae Piscium per circuitum usque ad Ophel
et exaltavit illum vehementer
constituitque principes exercitus in
cunctis civitatibus Iuda munitis
15 et abstulit deos alienos et simulacrum de domo Domini
aras quoque quas fecerat in monte
domus Domini et in Hierusalem
et proiecit omnia extra urbem
16 porro instauravit altare Domini et
30,22! immolavit super illud victimas et
pacifica et laudem
praecepitque Iudae ut serviret Domino Deo Israhel
17 attamen adhuc populus immolabat
in excelsis Domino Deo suo
18—20: IV Rg 21,17.18 18 reliqua autem gestorum Manasse et
obsecratio eius ad Deum suum
verba quoque videntium qui loquebantur ad eum in nomine Domini
Dei Israhel continentur in sermonibus regum Israhel
19 oratio quoque eius et exauditio et
cuncta peccata atque contemptus
loca etiam in quibus aedificavit excelsa et fecit lucos et statuas antequam ageret paenitentiam scripta
sunt in sermonibus Ozai
20 dormivit ergo Manasses cum patribus
suis et sepelierunt eum in domo sua
regnavitque pro eo filius eius Amon
21 viginti duo annorum erat Amon **21—25:** IV Rg 21,19–24
cum regnare coepisset
et duobus annis regnavit in Hierusalem
22 fecitque malum in conspectu Domini
sicut fecerat Manasses pater eius
et cunctis idolis quae Manasses fuerat fabricatus immolavit atque
servivit
23 et non est reveritus faciem Domini
sicut reveritus est Manasses pater
eius
et multo maiora deliquit
24 cumque coniurassent adversus eum IV Rg 12,20!
servi sui interfecerunt eum in domo
sua
25 porro reliqua populi multitudo caesis his qui Amon percusserant constituit regem Iosiam filium eius pro
eo
34 octo annorum erat Iosias cum reg- **1.2:** IV Rg 22,1.2!
nare coepisset
et triginta et uno annis regnavit in
Hierusalem
2 fecitque quod erat rectum in conspectu Domini
et ambulavit in viis David patris sui
non declinavit neque ad dexteram
neque ad sinistram
3 octavo autem anno regni sui cum
adhuc esset puer coepit quaerere
Deum patris sui David
et duodecimo anno postquam coeperat mundavit Iudam et Hierusalem ab excelsis et lucis simulacris-
que et sculptilibus

12 angustatus CΣΛ | orauit + ad AS | 13 ~ eum est et A.; eum est G. | obsecrauit] obseruauit C | eum² + in AS | esset] est AGΣS | 14 per circuitum *om.* CΣ. | 15 in² *om.* A | 16 seruirent CΣ. | 18 gestorum] sermonum CΣ. | deum] dominum ΣS; dominum deum AC | 19 peccata] praecepta AS. | 20 sepelieruntque CΣ. | 21 duo] duum A.; duorum Φ c | amon *om.* CΣ; ~ cum regnare coepisset ammon S. | 23 domini] dei CΣ. | 24 sui *om.* GD. | 25 his] iis c | percusserunt AS || **34**,1 annis] anno ΣΛDΦ cr | 2 ~ rectum erat AS | 3 postquam + regnare C c | hierusalem + usque CΣ. |

AGC ΣΛDSΦ cr

Idc 6,25! 4 destruxeruntque coram eo aras Baa-
31,1; IV Rg 18,4! lim et simulacra quae superposita
fuerant demoliti sunt
lucos etiam et sculptilia succidit atque comminuit
et super tumulos eorum qui eis immolare consueverant fragmenta dispersit
III Rg 13,2; IV Rg 23,20 5 ossa praeterea sacerdotum conbusit
in altaribus idolorum
mundavitque Iudam et Hierusalem
IV Rg 23,19! 6 sed et in urbibus Manasse et Ephraim et Symeon usque Nepthalim
cuncta subvertit
7 cumque altaria dissipasset et lucos et
sculptilia contrivisset in frusta
cunctaque delubra demolitus esset
de universa terra Israhel reversus
est Hierusalem
8—11: IV Rg 22,3–6 8 igitur anno octavodecimo regni sui
mundata iam terra et templo Do-
mini
misit Saphan filium Eseliae et Maasiam principem civitatis et Ioha
filium Ioachaz a commentariis
ut instaurarent domum Domini Dei
sui
9 qui venerunt ad Helciam sacerdotem magnum
acceptamque ab eo pecuniam quae
inlata fuerat in domum Domini
et quam congregaverant Levitae ianitores de Manasse et Ephraim et
universis reliquiis Israhel
ab omni quoque Iuda et Beniamin
et habitatoribus Hierusalem
10 tradiderunt in manibus eorum qui
praeerant operariis in domo Domini
ut instaurarent templum et infirma
quaeque sarcirent
11 at illi dederunt eam artificibus et
cementariis
ut emerent lapides de lapidicinis et
ligna ad commissuras aedificii
et ad contignationem domorum
quas destruxerant reges Iuda
12 qui fideliter cuncta faciebant
erant autem praepositi operantium
Iaath et Abdias de filiis Merari
Zaccharias et Mosollam de filiis Caath qui urguebant opus
omnes Levitae scientes organis canere
13 super eos vero qui ad varios usus
onera portabant erant scribae et
magistri de Levitis ianitores
14 cumque efferrent pecuniam quae inlata fuerat in templum Domini
repperit Helcias sacerdos librum legis Domini per manum Mosi
15 et ait ad Saphan scribam librum le- 15—28: IV Rg 22,8–20
gis inveni in domo Domini et tra-
didit ei
16 at ille intulit volumen ad regem et
nuntiavit ei dicens
omnia quae dedisti in manu servorum tuorum ecce conplentur
17 argentum quod reppertum est in domo Domini conflaverunt
datumque est praefectis artificum et
diversa opera fabricantium
18 praeterea tradidit mihi Helcias sacer- Dt 17,18!
dos hunc librum
quem cum rege praesente recitasset
19 audissetque ille verba legis scidit
vestimenta sua
20 et praecepit Helciae et Ahicam filio
Saphan et Abdon filio Micha
Saphan quoque scribae et Asaiae
servo regis dicens
21 ite et orate Dominum pro me et pro
reliquiis Israhel et Iuda

AGC ΣΛDSΦ cr 4 destruxitque AS. | quae + eis CΣ. | consuerant G; consuerunt A. | 5 praeterea] quoque CΣ. | 6 et¹ *om.* GD. | 7 est + in CSΦc | 8 dei *om.* GΣD | 9 uenerant A | in domo GC | leuitae + et Φc | 10 operariis] operibus CΛ; operi D. | 11 eam] ea ADS. | artificibus] sacerdotibus AS. | lapicidinis c. | 12 in organis AΛS | 13 super eis AS. | uarios] diuersos c | 14 in templo C | legis + in domo CΣ. | 15 in domum GD | 16 in manum G.; in manus ΣΛDΦ | 17 est² *om.* AS. | 21 dominum pro me] pro me dominum deum AS |

super universis sermonibus libri istius qui reppertus est
magnus enim furor Domini stillavit
super nos
eo quod non custodierint patres
nostri verba Domini
ut facerent omnia quae scripta sunt
in isto volumine
22 abiit igitur Helcias et hii qui simul a
rege missi fuerant
ad Holdan propheten uxorem Sellum filii Thecuath filii Hasra custodis vestium
quae habitabat Hierusalem in secunda
et locuti sunt ei verba quae supra
narravimus
23 at illa respondit eis
haec dicit Dominus Deus Israhel
dicite viro qui misit vos ad me
24 haec dicit Dominus
ecce ego inducam mala super locum
istum et super habitatores eius
cunctaque maledicta quae scripta
sunt in libro hoc quem legerunt coram rege Iuda
:8,25! Dt 32,16! Is 1,20! Ier 7,18! 25 quia dereliquerunt me et sacrificaverunt diis alienis
ut me ad iracundiam provocarent in
cunctis operibus manuum suarum
idcirco stillavit furor meus super locum istum et non extinguetur
26 ad regem autem Iuda qui misit vos
pro Domino deprecando sic loquimini
haec dicit Dominus Deus Israhel
quoniam audisti verba voluminis
27 atque emollitum est cor tuum et
humiliatus es in conspectu Dei
super his quae dicta sunt contra locum hunc et habitatores Hierusalem
reveritusque faciem meam scidisti
vestimenta tua et flevisti coram me
ego quoque exaudivi te dicit Dominus
28 iam enim colligam te ad patres tuos
et infereris in sepulchrum tuum in
pace
nec videbunt oculi tui omne malum
quod ego inducturus sum super locum istum et super habitatores eius
rettulerunt itaque regi cuncta quae
dixerat
29 at ille convocatis universis maiori- 29—31: IV Rg 23,1–3
bus natu Iuda et Hierusalem 30 a-
scendit domum Domini
unaque omnes viri Iuda et habitatores Hierusalem
sacerdotes et Levitae et cunctus populus a minimo usque ad maximum
quibus audientibus in domo Domini
legit rex omnia verba voluminis
31 et stans in tribunali suo percussit
foedus coram Domino
ut ambularet post eum et custodiret Dt 26,16!
praecepta et testimonia et iustificationes eius
in toto corde suo et in tota anima sua
faceretque quae scripta sunt in volumine illo quem legerat
32 adiuravit quoque super hoc omnes
qui repperti fuerant in Hierusalem
et Beniamin
et fecerunt habitatores Hierusalem
iuxta pactum Domini Dei patrum
suorum
33 abstulit ergo Iosias cunctas abominationes de universis regionibus filiorum Israhel
et fecit omnes qui residui erant in Israhel servire Domino Deo suo
cunctis diebus eius non recesserunt
a Domino Deo patrum suorum

21 stillabit C | 22 igitur] ergo c. | prophetam S.; prophetidem c. | uestimentorum AS. | habitabat + in Λc | 24 ego *om.* G | 25 stillabit DΦc | 27 mollitum GD. | 28 effereris CΣ; in inferis D. | in[1] *om.* G | eius] suos CΣ. | regi] ei CΣ. | 29 conuocatis] congregatis CΣ. | 30 in domum[1] c; in domo C | unaque] atque CΣ. | 31 quem] quod CΣc | 33 israhel[2]] hierusalem G; *praem.* hierusalem ex C. | deo patrum suorum *om.* CΣ. ||

AGC ΣΛDSΦ cr

Nm 9,2.3! 1—19: III Esr 1,1–22 **35** fecit autem Iosias in Hierusalem
phase Domino
quod immolatum est quartadecima
die mensis primi
2 et constituit sacerdotes in officiis
suis
hortatusque est eos ut ministrarent
in domo Domini
3 Levitis quoque ad quorum eruditio-
nem omnis Israhel sanctificabatur
Domino locutus est
ponite arcam in sanctuario templi
quod aedificavit Salomon filius David rex Israhel
nequaquam enim eam ultra portabitis
nunc autem ministrate Domino Deo
vestro et populo eius Israhel
4.5: 23,18! 31,2; I Esr 6,18! 4 et praeparate vos per domos et cognationes vestras in divisionibus
singulorum
sicut praecepit David rex Israhel et
descripsit Salomon filius eius
5 ministrate in sanctuario per familias
turmasque leviticas 6 et sanctificati
immolate phase
fratres etiam vestros ut possint iuxta
verba quae locutus est Dominus in
manu Mosi facere praeparate
30,24 7 dedit praeterea Iosias omni populo
qui ibi fuerat inventus in sollemnitatem phase
agnos et hedos de gregibus et reliqui
pecoris triginta milia boumque tria
milia
haec de regis universa substantia
8 duces quoque eius sponte quod vo-
luerant obtulerunt
tam populo quam sacerdotibus et
Levitis
porro Helcias et Zaccharias et Iehihel principes domus Domini dede- 30,24
runt sacerdotibus ad faciendum
phase
pecora commixtim duo milia sescenta et boves trecentos
9 Chonenias autem Semeias etiam et
Nathanahel fratres eius
nec non Asabias et Iahihel et Iozabath principes Levitarum 30,24
dederunt ceteris Levitis ad celebran-
dum phase quinque milia pecorum
et boves quingentos
10 praeparatumque est ministerium et
steterunt sacerdotes in officio suo
Levitae quoque in turmis iuxta regis
imperium
11 et immolatum est phase asperserunt- Ex 24,8
que sacerdotes manu sua sanguinem
et Levitae detraxerunt pelles holo- 29,34
caustorum
12 et separaverunt ea ut darent per domos et familias singulorum
et offerrentur Domino sicut scrip- Lv 1,5!
tum est in libro Mosi
de bubus quoque fecere similiter
13 et assaverunt phase super ignem iux- Ex 12,8
ta quod lege praeceptum est
pacificas vero hostias coxerunt in le-
betis et caccabis et ollis
et festinato distribuerunt universae
plebi
14 sibi autem et sacerdotibus postea paraverunt
nam in oblatione holocaustorum et
adipum usque ad noctem sacerdotes fuerant occupati
unde Levitae et sibi et sacerdotibus
filiis Aaron paraverunt novissimis
15 porro cantores filii Asaph stabant in
ordine suo
iuxta praeceptum David et Asaph et

AGC ΣΛ(D)SΦ cr

35,1 in hierusalem *om.* CΣ. | 3 eam *om.* A; ~ ultra eam S. | eius + in G | 5 et ministrate c | 6 sanctificate ADSΦ | etiam] autem C | 7 in sollemnitate ACΣS c | boum quoque CΣΛ c | 8 [*deest* D *usque ad* 36,23] | uoluerant] uouerant CΣ c | conmixtum C; mixtim Σ. | 9 autem + et GΦ c | et¹ *om.* c. | frater ACS | 11 phase + domino CΣ | manus suas GΣΦ | 12 libro] lege AΣΛ | fecere GΣ] facere C.; fecerunt *cet.* | ~ similiter fecerunt AS. | 13 in lege S c | praeceptum] scriptum c | in lebetibus c. | 14 fuerunt SΦ c | et³ *om.* Σ c | parauere² GΛ. |

Heman et Idithun prophetarum regis
ianitores vero per portas singulas observabant
ita ut ne puncto quidem discederent a ministerio
quam ob rem et fratres eorum Levitae paraverunt eis cibos
16 omnis igitur cultura Domini rite conpleta est in die illa ut facerent phase
et offerrent holocausta super altare Domini iuxta praeceptum regis Iosiae
30,21! I Esr 6,22 17 feceruntque filii Israhel qui repperti fuerant ibi phase in tempore illo et sollemnitatem azymorum septem diebus
18.19: IV Rg 23,22.23 18 non fuit phase simile huic in Israhel a diebus Samuhelis prophetae
sed nec quisquam de cunctis regibus Israhel fecit phase sicut Iosias
sacerdotibus et Levitis et omni Iuda et Israhel qui reppertus fuerat et habitantibus in Hierusalem
19 octavodecimo anno regni Iosiae hoc phase celebratum est
20—27: III Esr 1,25–33 20 postquam instauraverat Iosias templum
IV Rg 23,29; Ier 46,2 ascendit Nechao rex Aegypti ad pugnandum in Charchamis iuxta Eufraten
et processit in occursum eius Iosias
21 at ille missis ad eum nuntiis ait
quid mihi et tibi est rex Iuda non adversum te hodie venio
sed contra aliam pugno domum ad quam me Deus festinato ire praecepit
desine adversum Deum facere qui mecum est ne interficiat te
22 noluit Iosias reverti sed praeparavit contra eum bellum
nec adquievit sermonibus Nechao ex ore Dei
verum perrexit ut dimicaret in campo Mageddo
23 ibique vulneratus a sagittariis dixit pueris suis III Rg 22,34
educite me de proelio quia oppido vulneratus sum
24 qui transtulerunt eum de curru in alterum currum qui sequebatur eum more regio
et asportaverunt in Hierusalem IV Rg 23,30
mortuusque est et sepultus in mausoleo patrum suorum
et universus Iuda et Hierusalem luxerunt eum
25 Hieremias maxime cuius omnes cantores atque cantrices usque in praesentem diem lamentationes super Iosia replicant Ier 9,17.18
et quasi lex obtinuit in Israhel
ecce scriptum fertur in Lamentationibus
26 reliqua autem sermonum Iosiae et misericordiarum eius quae lege praecepta sunt Domini IV Rg 23,28
27 opera quoque illius prima et novissima scripta sunt in libro regum Israhel et Iuda
36 tulit ergo populus terrae Ioachaz filium Iosiae **1—5:** IV Rg 23,30–37 **1—21:** III Esr 1,34–58
et constituit regem pro patre suo in Hierusalem
2 viginti trium annorum erat Ioachaz cum regnare coepisset
et tribus mensibus regnavit in Hierusalem
3 amovit autem eum rex Aegypti cum venisset Hierusalem
et condemnavit terram centum talentis argenti et talento auri
4 constituitque regem pro eo Eliacim fratrem eius super Iudam et Hieru-

15 ne] nec CΦϲ | et[4] *om.* G | 16 illo CΣ. | 18 phase[1] + domini AS | iudae Φϲ | in[2] *om.* AΣS | 21 ~ domum pugno CΣ. | deus] dominus AS | ~ deus me CΣΦ | ~ te interficiat AS | 22 parauit C | 24 asportauerunt + eum Σϲ | 25 cantrices GΛSr] cantatrices *cet.* | super iosiam CΣΦϲ | 27 ~ iuda et israhel AΣSϲ || **36**,2 ioachaz *om.* CΣ. | 3 eum *om.* CS | uenisset + in ϲ | 4 ~ pro eo regem ϲ. |

AGC ΣΛSΦ ϲr

salem
et vertit nomen eius Ioacim
ipsum vero Ioachaz tulit secum et
adduxit in Aegyptum
5 viginti quinque annorum erat Ioacim cum regnare coepisset
et undecim annis regnavit in Hierusalem
fecitque malum coram Domino Deo
suo
IV Rg 24,1.12.13; Dn 1,1.2 6 contra hunc ascendit Nabuchodonosor rex Chaldeorum
et vinctum catenis duxit in Babylonem
I Esr 1,7! 7 ad quam et vasa Domini transtulit
et posuit ea in templo suo
IV Rg 24,5.6 8 reliqua autem verborum Ioacim et
abominationum eius quas operatus
est et quae inventa sunt in eo
16,11! continentur in libro regum Israhel
et Iuda
regnavitque Ioachin filius eius pro eo
9.10: IV Rg 24,8–10 9 octo annorum erat Ioachin cum regnare coepisset
et tribus mensibus ac decem diebus
regnavit in Hierusalem
fecitque malum in conspectu Domini
10 cumque anni circulus volveretur mi-
Ez 17,12 sit Nabuchodonosor rex qui et adduxerunt eum in Babylonem
asportatis simul pretiosissimis vasis
domus Domini
IV Rg 24,17; Ier 37,1; Est 2,6! regem vero constituit Sedeciam fratrem eius super Iudam et Hierusa-
lem
11—13: IV Rg 24,18–20; Ier 52,1–3 11 viginti et unius anni erat Sedecias
cum regnare coepisset
et undecim annis regnavit in Hierusalem
Ier 37,2 12 fecitque malum in oculis Domini
Dei sui
nec erubuit faciem Hieremiae prophetae loquentis ad se ex ore Domini
13 a rege quoque Nabuchodonosor re- Ier 52,3; Ez 17,18
cessit qui adiuraverat eum per De-
um
et induravit cervicem suam et cor ut IV Rg 17,14!
non reverteretur ad Dominum De-
um Israhel
14 sed et universi principes sacerdotum
et populus praevaricati sunt inique
iuxta universas abominationes gentium
et polluerunt domum Domini quam
sanctificaverat sibi in Hierusalem
15 mittebat autem Dominus Deus pat- 24,19! Ier 7,25!
rum suorum ad illos per manum
nuntiorum suorum
de nocte consurgens et cotidie com-
monens eo quod parceret populo
et habitaculo suo
16 at illi subsannabant nuntios Dei et
parvipendebant sermones eius in-
ludebantque prophetis
donec ascenderet furor Domini in I Esr 5,12!
populum eius et esset nulla curatio
17 adduxit enim super eos regem Chaldeorum
et interfecit iuvenes eorum gladio in
domo sanctuarii sui
non est misertus adulescentis et vir- Ier 51,22; Lam 2,21
ginis et senis nec decrepiti quidem
sed omnes tradidit manibus eius
18 universaque vasa domus Domini
tam maiora quam minora
et thesauros templi et regis et princi- IV Rg 24,13!
pum transtulit in Babylonem
19 incenderunt hostes domum Dei de- IV Rg 25,9.10! Ps 73,7; Is 64,11
struxerunt murum Hierusalem
universas turres conbuserunt et quic- II Esr 1,3!
quid pretiosum fuerat demoliti sunt
20 si quis evaserat gladium ductus in
Babylonem servivit regi et filiis eius
donec imperaret rex Persarum 21 et
conpleretur sermo Domini ex ore

AGC ΣΛSΦ cr

4 abduxit GΣΛc; duxit C. | 5 deo *om.* A | 8 inuentae AGCΣS | ~ iuda et israhel c. | regnauit ergo Φ; regnauit autem c | ioachin] ioachim GS; ioiachim A. | 9 ioachim GS; ioiachim A. | 10 circulum CΣ. | et[1] *om.* Cc | abduxerunt AS. | fratrem] patruum Φc | 12 in oculis] in conspectu CΣ | 17 nec] ne AΣ; *om.* G. | in manibus Cc | 19 dei] domini AG | destruxeruntque c. | 20 gladio CΣ | ductus + est C |

Hieremiae
Lv 26,34.35. 42.43 et celebraret terra sabbata sua
cunctis enim diebus desolationis egit sabbatum usque dum conplerentur septuaginta anni
22.23: I Esr 1,1–3; III Esr 2,1–5 22 anno autem primo Cyri regis Persarum
ad explendum sermonem Domini quem locutus fuerat per os Hieremiae
suscitavit Dominus spiritum Cyri regis Persarum
qui iussit praedicari in universo regno suo etiam per scripturam dicens
23 haec dicit Cyrus rex Persarum I Esr 5,13; 6,3! Is 44,28
omnia regna terrae dedit mihi Dominus Deus caeli
et ipse praecepit mihi ut aedificarem ei domum in Hierusalem quae est in Iudaea
quis ex vobis est in omni populo eius sit Dominus Deus suus cum eo et ascendat

EXPLICIT LIBER DABREIAMIN

ID EST VERBA DIERUM

AGC ΣΛSΦ cr

22 fuerat] est CΣ. | 23 quis] quisquis AS | in[3]] ex AS | suus] eius AS ||

INCIPIT PROLOGUS EUSEBII HIERONYMI IN LIBRO EZRAE

Utrum difficilius sit facere quod poscitis an negare necdum statui; nam neque vobis aliquid imperantibus abnuere sententiae est, et magnitudo oneris inpositi ita cervices premit, ut ante sub fasce ruendum sit quam levandum. Accedunt ad hoc invidorum studia, qui omne quod scribimus reprehendendum putant et, interdum contra se conscientia repugnante, publice lacerant quae
Ps 119,2 occulte legunt, in tantum· ut clamare conpellar et dicere: «Domine, libera animam meam a labiis iniquis et a lingua dolosa.» Tertius annus est quod semper scribitis atque rescribitis, ut Ezrae librum vobis de hebraeo transferam, quasi non habeatis graeca et latina volumina, aut quicquid illud est quod a nobis vertitur, non statim ab omnibus
Sallust Iug. 3 conspuendum sit. «Frustra autem,» ut ait quidam, «niti neque aliud fatigando nisi odium quaerere, extremae dementiae est.» Itaque obsecro vos, mi Domnion et Rogatiane carissime, ut privata lectione contenti librum non efferatis in publicum nec fastidiosis ingeratis cibos vitetisque eorum supercilium qui iudicare tantum de aliis et ipsi facere nil noverunt. Si qui autem fratrum sunt quibus nostra non displicent, his tribuatis exemplar, admonentes ut hebraea nomina, quorum grandis in hoc volumine copia est, distincte et per intervalla transcribant. Nihil enim proderit emendasse librum, nisi emendatio librariorum diligentia conservetur.

Nec quemquam moveat, quod unus a nobis editus liber est, nec apocriforum tertii et quarti libri somniis delectetur; quia et apud Hebraeos Ezrae Neemiaeque sermones in unum volumen coartantur, et quae non habentur apud illos nec de viginti quattuor senibus sunt, procul abicienda. Si quis autem Septuaginta vobis opposuerit interpretes, quorum exemplaria varietas ipsa lacerata et eversa demonstrat, nec potest utique verum adseri quod diversum est, mittite eum ad Evangelia, in quibus multa ponuntur quasi de Veteri Testamento, quae apud Septuaginta interpretes non habentur, velut
Mt 2,23.15 illud: «Quoniam Nazareus vocabitur», et: «Ex Aegypto vocavi filium meum», et:
Io 19,37 «Videbunt quem conpunxerunt», multaque alia quae latiori operi reservamus; et quaerite ab eo ubi scripta sint, cumque proferre non potuerit, vos legite de his exemplaribus quae nuper a nobis edita maledicorum cotidie linguis confodiuntur.

Sed, ut ad conpendium veniam, certe quod inlaturus sum aequissimum est. Edidi aliquid quod non habetur in graeco vel aliter habetur quam a me versum est. Quid interpretem laniant? Interrogent Hebraeos et ipsis auctoribus translationi meae vel adrogent vel derogent fidem. Porro aliud est, si clausis, quod dicitur, oculis mihi volunt maledicere et non imitantur Graecorum studium et benivolentiam, qui post Sep-

AGC ΣΛKSMΦ cr **Prologus.** *Citantur* AG(= N *apud* r)C *et* ΣΛKSMΦ *ac* c(*edd.* 1593 *et* 1598)r. *Tit.* eiusdem ad domnionem et rogatianum in esdram et nehemiam praefatio c | 5 quod c | 6 et dicere *om.* A | 7 scriptis AΛM | 8 rescriptis M; scriptis A. | librum + et esther c | 10 ut *om.* AΛ. | 12 carissimi ΛKSMΦc | libros c | 13 ~ cibos ingeratis c | 14 nil Ar] nihil *cet.* | 18 ~ liber editus est c.; ~ editus est liber KS | 19 libri *om.* c | 22 inuersa c. | 24 uelut] uel A; ut CΣ. | 26 uidebunt + in ΛKSMΦcr | 30 uel] aut c. | 33 et[2]] ac GKSc |

tuaginta translatores iam Christi Evangelio coruscante Iudaeos et Hebionitas legis veteris interpretes, Aquilam videlicet, Symmachum et Theodotionem, et curiose legunt et per Origenis laborem in εξαπλοις ecclesiis dedicarunt. Quanto magis Latini grati esse deberent, quod exultantem cernerent Graeciam a se aliquid mutuari. Primum enim magnorum sumptuum est et infinitae difficultatis exemplaria posse habere omnia, deinde etiam qui habuerint et hebraei sermonis ignari sunt, magis errabunt ignorantes quis e multis verius dixerit. Quod etiam sapientissimo cuidam nuper apud Graecos accidit, ut interdum Scripturae sensum relinquens uniuscuiuslibet interpretis sequeretur errorem. Nos autem, qui hebraeae linguae saltim parvam habemus scientiam et latinus nobis utcumque sermo non deest, et de aliis magis possumus iudicare et ea quae ipsi intellegimus in nostra lingua expromere. Itaque licet excetra sibilet «victorque Sinon incendia iactet», numquam meum iuvante Christo silebit eloquium, etiam praecisa lingua balbuttiet. Legant qui volunt, qui nolunt abiciant. Eventilent apices, litteras calumnientur, magis vestra caritate provocabor ad studium, quam illorum detractione et odio deterrebor. EXPLICIT PROLOGUS Vergil Aen. 2,329

INCIPIT LIBER EZRAE

1—3: II Par 36,22.23 1—11: III Esr 2,1–15 In anno primo Cyri regis Persarum
ut conpleretur verbum Domini ex ore Hieremiae
suscitavit Dominus spiritum Cyri regis Persarum
et transduxit vocem in universo regno suo etiam per scripturam dicens
5,13; 6,3! Is 44,28 2 haec dicit Cyrus rex Persarum
omnia regna terrae dedit mihi Dominus Deus caeli
et ipse praecepit mihi ut aedificarem ei domum in Hierusalem quae est in Iudaea
3 quis est in vobis de universo populo eius
sit Deus illius cum ipso
ascendat Hierusalem quae est in Iudaea
et aedificet domum Domini Dei Israhel
ipse est Deus qui est in Hierusalem
4 et omnes reliqui in cunctis locis ubicumque habitant
adiuvent eum viri de loco suo
argento et auro et substantia et pecoribus
excepto quod voluntarie offerunt templo Dei quod est in Hierusalem
5 et surrexerunt principes patrum de Iuda et Beniamin
et sacerdotes et Levitae
omnis cuius suscitavit Deus spiritum
ut ascenderent ad aedificandum templum Domini quod erat in Hierusalem
6 universique qui erant in circuitu
adiuverunt manus eorum
in vasis argenteis et aureis
in substantia in iumentis in supellectili
exceptis his quae sponte obtulerunt
7 rex quoque Cyrus protulit vasa templi Domini quae tulerat Nabuchodonosor de Hierusalem 5,14; 6,5; II Par 36,7! Dn 5,2; III Esr 4,44!

35 et symmachum ΣΜΦ c; simmacumque Λ. | et[2] *om.* A | 37 mutari C | 38 exemplar Φ; exemplari M.; exempla CKS; exapla G.; εξαπλα A. | 41 uniuscuiusque c | 44 expromere GKS r] exprimere CΣΛ; promere AMΦ c | excetra] extra A.; hydra c | 46 etiam + si CΣ | euentilent] et uentilent A || AGC ΣΛKSMΦ cr

Ezras. *Citantur* AG(= N *apud* r)C *et* ΣΛLKSMΦ *ac* cr. *Tit.* liber primus esdrae c || **1,** 1 [*deest* L *usque ad* 3,9] | impleretur AΦ | uniuerso] omni c | 3 ascendat + in K c | 4 uir GCΣ | 5 de iudaea ACΣ. | et[2]] de CΣ. | leuitae + et S c | ~ deus suscitauit c | ascenderet GΛ | 6 in[4]] et ASΦ c | obtulerant GKΦ c; adtulerunt A.; adtulerant S |

et posuerat ea in templo dei sui
8 protulit autem ea Cyrus rex Persarum
per manum Mitridatis filii Gazabar
et adnumeravit ea Sasabassar principi Iudae
9 et hic est numerus eorum
fialae aureae triginta
fialae argenteae mille
cultri viginti novem
scyphi aurei triginta
10 scyphi argentei secundi quadringenti decem
vasa alia mille
11 omnia vasa aurea et argentea quinque milia quadringenta
universa tulit Sasabassar
cum his qui ascendebant de transmigratione Babylonis in Hierusalem

1—70: II Esr 7,6–73; III Esr 5,7–46
2 hii sunt autem filii provinciae
qui ascenderunt de captivitate quam transtulerat Nabuchodonosor rex Babylonis in Babylonem
et reversi sunt in Hierusalem et Iudam unusquisque in civitatem suam
3,2! II Esr 12,1
2 qui venerunt cum Zorobabel
Hiesua Neemia Saraia
Rahelaia Mardochai Belsan Mesphar
Beguai Reum Baana
numerus virorum populi Israhel
3 filii Pharos duo milia centum septuaginta duo
4 filii Sephetia trecenti septuaginta duo
5 filii Area septingenti septuaginta quinque
6 filii Phaethmoab filiorum Iosue Ioab duo milia octingenti duodecim
7 filii Helam mille ducenti quinquaginta quattuor
8 filii Zeththua nongenti quadraginta quinque
9 filii Zacchai septingenti sexaginta
10 filii Bani sescenti quadraginta duo
11 filii Bebai sescenti viginti tres
12 filii Azgad mille ducenti viginti duo
13 filii Adonicam sescenti sexaginta sex
14 filii Beguai duo milia quinquaginta sex
15 filii Adin quadringenti quinquaginta quattuor
16 filii Ater qui erant ex Hiezechia nonaginta octo
17 filii Besai trecenti viginti tres
18 filii Iora centum duodecim
19 filii Asom ducenti viginti tres
20 filii Gebbar nonaginta quinque
21 filii Bethleem centum viginti tres
22 viri Netupha quinquaginta sex
23 viri Anathoth centum viginti octo
24 filii Azmaveth quadraginta duo
25 filii Cariathiarim Caephira et Beroth septingenti quadraginta tres Ios 9,17!
26 filii Arama et Gaba sescenti viginti unus
27 viri Machmas centum viginti duo
28 viri Bethel et Gai ducenti viginti tres
29 filii Nebo quinquaginta duo
30 filii Megbis centum quinquaginta sex
31 filii Helam alterius mille ducenti quinquaginta quattuor
32 filii Arim trecenti viginti
33 filii Lod Adid et Ono septingenti viginti quinque
34 filii Hiericho trecenti quadraginta quinque
35 filii Sennaa tria milia sescenti triginta
36 sacerdotes
filii Idaia in domo Hiesue nongenti septuaginta tres
37 filii Emmer mille quinquaginta duo
38 filii Phessur mille ducenti quadraginta septem
39 filii Arim mille decem et septem

AGC ΣΛΚSMΦ cr

8 ea²] eas C | iuda Λ *c* || **2**,1 ~ prouinciae filii *c* | iuda AΦ; iudeam Λ | 5 septuaginta] quinquaginta CΣM.; uiginti A. | 6 octingenti] nongenti AKSΦ | 7 ducenti] septingenti CΣ. | 11 sescenti] septingenti A | 26 arama] rama ACΣSΦ *c* | unum GC; duo M. | 28 hai CΣ*c* | 31 quattuor] tres AM. | 35 sescenti] nongenti CΣ | 36 sacerdotes *om.* CΣ. |

II Esr 12,24 40 Levitae
filii Hiesue et Cedmihel filiorum
Odevia septuaginta quattuor
41 cantores
filii Asaph centum viginti octo
I Par 9,17 42 filii ianitorum
filii Sellum filii Ater
filii Telmon filii Accub
filii Atita filii Sobai
universi centum triginta novem
43 Nathinnei
filii Sia filii Asupha
filii Tebbaoth 44 filii Ceros
filii Siaa filii Phadon
45 filii Levana filii Agaba
filii Accub 46 filii Agab
filii Selmai filii Anan
47 filii Gaddel filii Gaer
filii Rahaia 48 filii Rasin
filii Nechoda filii Gazem
49 filii Aza filii Phasea
filii Besee 50 filii Asenaa
filii Munim filii Nephusim
51 filii Becbuc filii Acupha
filii Arur 52 filii Besluth
filii Maida filii Arsa
53 filii Bercos filii Sisara
filii Thema 54 filii Nasia
filii Atupha
55 filii servorum Salomonis
filii Sotei filii Suphereth
filii Pharuda 56 filii Iala
filii Dercon filii Gedel
57 filii Saphatia filii Athil
filii Phocereth qui erant de Asebaim
filii Ammi
Esr 7,60; 11,3 58 omnes Nathinnei et filii servorum
Salomonis trecenti nonaginta duo
59 et hii qui ascenderunt de Thelmela
Thelarsa
Cherub et Don et Mer
et non potuerunt indicare domum
patrum suorum et semen suum
utrum ex Israhel essent
60 filii Delaia filii Tobia
filii Necoda sescenti quinquaginta
duo
61 et de filiis sacerdotum
filii Obia filii Accos
filii Berzellai qui accepit de filiabus
Berzellai Galaditis uxorem
et vocatus est nomine eorum
62 hii quaesierunt scripturam genealogiae suae et non invenerunt
et eiecti sunt de sacerdotio
63 et dixit Athersatha eis ut non comederent de sancto sanctorum
donec surgeret sacerdos doctus atque perfectus
64 omnis multitudo quasi unus quadraginta duo milia trecenti sexaginta
65 exceptis servis eorum et ancillis
qui erant septem milia trecenti triginta septem
et in ipsis cantores atque cantrices
ducentae
66 equi eorum septingenti triginta sex
muli eorum ducenti quadraginta
quinque
67 cameli eorum quadringenti triginta
quinque
asini eorum sex milia septingenti viginti
68 et de principibus patrum
cum ingrederentur templum Domini
quod est in Hierusalem
sponte obtulerunt in domum Dei
ad extruendam eam in loco suo
69 secundum vires suas dederunt in inpensas operis
auri solidos sexaginta milia et mille
argenti minas quinque milia
et vestes sacerdotales centum
70 habitaverunt ergo sacerdotes et Levitae et de populo
et cantores et ianitores et Nathinnei

40 leuitae *om.* CΣ. | odeuiae AΦ; odouiae c. | 41 octo] nouem CΣ; quattuor S | 42 triginta] uiginti C | 43 nathinnei *om.* CΣ. | 57 filio⁴ GΛ | 59 ascenderant G | adon et emer c. | 63 de sancta CΣKΦ | 64 sexaginta] quadraginta AΦ | 65 cantatrices ΣSMΦ c | ducenti S c | 66 septingenti Λ cr 𝔐𝔊] sescenti *cet.* | 68 et *om.* CΣ. | dei] domini A | 69 in *om.* ΣΛ M c | sexaginta cr 𝔐𝔊] quadringenta CΣ; quadraginta *cet.* | mnas A c | 70 et² *om.* ASΦ ||

AGC ΣΛKSMΦ cr

in urbibus suis
universusque Israhel in civitatibus
suis
II Esr 8,1 **3** iamque venerat mensis septimus
1–13: III Esr 5,47–65 et erant filii Israhel in civitatibus suis
congregatus est ergo populus quasi
vir unus in Hierusalem
8; 2,2; 5,2! Agg 1,1! 14 2 et surrexit Iosue filius Iosedech et
fratres eius sacerdotes
Lc 3,27! et Zorobabel filius Salathihel et fratres eius
et aedificaverunt altare Dei Israhel
ut offerrent in eo holocaustomata
sicut scriptum est in lege Mosi viri
Dei
3 conlocaverunt autem altare super
bases suas
4,4 deterrentibus eos per circuitum populis terrarum
Nm 28,3.4! et obtulerunt super illud holocaustum Domino mane et vespere
Lv 23,34! 4 feceruntque sollemnitatem tabernaculorum sicut scriptum est
et holocaustum diebus singulis per
ordinem secundum praeceptum
opus diei in die suo
II Par 2,4! 5 et post haec holocaustum iuge
tam in kalendis quam in universis
sollemnitatibus Domini quae erant
consecratae
et in omnibus in quibus ultro offere-
batur munus Deo
6 a primo die mensis septimi coeperunt offerre holocaustum Domino
porro templum Dei fundatum necdum erat
7 dederunt autem pecunias latomis et
cementariis
cibum quoque et potum et oleum Si-
doniis Tyriisque
ut deferrent ligna cedrina de Libano
ad mare Ioppes

iuxta quod praeceperat Cyrus rex 4,3
Persarum eis
8 anno autem secundo adventus eorum ad templum Dei in Hierusalem mense secundo
coeperunt Zorobabel filius Salathi- 2!
hel et Iosue filius Iosedech
et reliqui de fratribus eorum sacerdotes et Levitae
et omnes qui venerant de captivitate
in Hierusalem
et constituerunt Levitas a viginti an- I Par 23,24!
nis et supra ut urguerent opus Do-
mini
9 stetitque Iosue filii eius et fratres eius
Cedmihel et filii eius et filii Iuda
quasi unus
ut instarent super eos qui faciebant
opus in templo Dei
filii Enadad filii eorum et fratres eorum Levitae
10 fundato igitur a cementariis templo
Domini
steterunt sacerdotes in ornatu suo II Par 7,6!
cum tubis
et Levitae filii Asaph in cymbalis
ut laudarent Deum per manus David regis Israhel
11 et concinebant in hymnis et confes- II Par 5,13; Ps 99,4! 146,7
sione Domino I Mcc 4,24.33 II Mcc 10,38
quoniam bonus I Par 16,34!
quoniam in aeternum misericordia
eius super Israhel
omnis quoque populus vociferabatur clamore magno in laudando
Dominum
eo quod fundatum esset templum
Domini
12 plurimi etiam de sacerdotibus et Levitis
et principes patrum seniores
qui viderant templum prius Agg 2,4

AGC ΣΛ(L)KSMΦ cr **3**,3 altare + dei c. | 4 diei] dei CΣ | 5 offerebantur A | deo] domino KSMΦ c | 6 non-
dum fundatum c | 7 ioppen K; ioppe c | eis *om.* AΛ | 9 stetitque] fecitque C; fecit
quoque Σ | iosue + et ΣM c | filius[1] AGΛKS | quasi unus] quasi uir unus c; uni-
animiter ΛM | ut instaurarent A.; ut indicarent S; *om.* ΛM | in *om.* CΣ. | dei] domini
AΛMr | enadad + et c. | 10 [*incipit* L] | 11 aeternum] saeculum AΣL | 12 patrum
GΛKM𝔐] + et *cet.* | uiderunt CΣΛ. |

cum fundatum esset et hoc templum in oculis eorum
flebant voce magna
et multi vociferantes in laetitia elevabant vocem
[13] nec poterat quisquam agnoscere vocem clamoris laetantium et vocem fletus populi
commixtim enim populus vociferabatur clamore magno
et vox audiebatur procul
1—5: III Esr 5,66–73 **4** audierunt autem hostes Iudae et Beniamin
quia filii captivitatis aedificarent templum Domino Deo Israhel
[2] et accedentes ad Zorobabel et ad principes patrum dixerunt eis
aedificemus vobiscum quia ita ut vos
IV Rg 17,32 quaerimus Deum vestrum
ecce nos immolamus victimas ex diebus Asoraddan regis Assur qui adduxit nos huc
[3] et dixit eis Zorobabel et Iosue et reliqui principes patrum Israhel
II Esr 2,20 non est vobis et nobis ut aedificemus domum Deo nostro
sed nos ipsi soli aedificabimus Domino Deo nostro
3,7 sicut praecepit nobis rex Cyrus rex Persarum
3,3 [4] factum est igitur ut populus terrae inpediret manus populi Iudae
et turbaret eos in aedificando
[5] conduxerunt quoque adversum eos consiliatores ut destruerent consilium eorum
omnibus diebus Cyri regis Persarum et usque ad regnum Darii regis Persarum
[6] in regno autem Asueri principio regni eius
scripserunt accusationem adversum habitatores Iudae et Hierusalem
[7] et in diebus Artarxersis 7—24: III Esr 2,16–31
scripsit Beselam Mitridatis et Tabel
et reliqui qui erant in consilio eorum
ad Artarxersen regem Persarum
epistula autem accusationis scripta erat syriace
et legebatur sermone syro
[8] Reum Beelteem et Samsai scriba
scripserunt epistulam unam de Hierusalem
Artarxersi regi huiuscemodi
[9] Reum Beelteem et Samsai scriba
et reliqui consiliatores eorum
Dinei et Apharsathei Terphalei Apharsei
Erchuei Babylonii
Susannechei Deaei Aelamitae
[10] et ceteri de gentibus quas transtulit Asennaphar magnus et gloriosus
et habitare eas fecit in civitatibus Samariae IV Rg 17,24
et in reliquis regionibus trans Flumen in pace
[11] hoc est exemplar epistulae quam miserunt ad eum
Artarxersi regi servi tui viri qui sunt trans Fluvium salutem dicunt
[12] notum sit regi quia Iudaei qui ascenderunt a te ad nos
venerunt in Hierusalem civitatem rebellem et pessimam quam aedificant
extruentes muros eius et parietes conponentes
[13] nunc igitur notum sit regi quia si civitas illa aedificata fuerit et muri eius instaurati
tributum et vectigal et annuos reditus non dabunt
et usque ad reges haec noxa perveniet

AGC ΣΛLKSMΦ cr

12 et[3] *om.* GCΣK || **4**,2 immolavimus AL cr; immolabimus SΦ; sacrificamus ΛM | ex] a ΛLM c | 3 domum + domino CΣ | aedificauimus ALK; aedificamus M. | rex cyrus rex G.𝔐] rex cyrus L; cyrus rex *cet.* | 4 ~ populus terrae ut AΦ | 5 quoque] autem ASΦ c | et usque—persarum[2] *om.* G | 6 in principio c | 7 mithridates GΛ c | 8 scriba + artarxerxes CΣ. | 9 apharsathei] apharsathachaei c. | dieui et c. | 11 uiri *om.* AGC |

14 nos ergo memores salis quod in palatio comedimus
et quia laesiones regis videre nefas
ducimus
idcirco misimus et nuntiavimus regi
5,17; 6,1; Est 2,23; 6,1 15 ut recenseas in libris historiarum
patrum tuorum
et invenies scriptum in commentariis
et scies
quoniam urbs illa urbs rebellis est
et nocens regibus et provinciis
et bella concitant in ea ex diebus antiquis
quam ob rem et civitas ipsa destructa
est
16 nuntiamus nos regi
quoniam si civitas illa aedificata fuerit
et muri ipsius instaurati
possessionem trans Fluvium non habebis
17 verbum misit rex ad Reum Beelteem
et Samsai scribam
et ad reliquos qui erant in consilio
eorum habitatores Samariae et ceteris trans Fluvium
salutem dicens et pacem
18 accusationem quam misistis ad nos
manifeste lecta est coram me
19 et a me praeceptum est et recensuerunt inveneruntque
quoniam civitas illa a diebus antiquis adversum reges rebellat
et seditiones et proelia concitantur
in ea
20 nam et reges fortissimi fuerunt in
Hierusalem
qui et dominati sunt omni regioni
quae trans Fluvium est
tributum quoque et vectigal et reditus accipiebant
21 nunc ergo audite sententiam
ut prohibeatis viros illos et urbs illa
non aedificetur
donec si forte a me iussum fuerit
22 videte ne neglegenter hoc impleatis
et paulatim crescat malum contra
reges
23 itaque exemplum edicti Artarxersis
regis lectum est coram Reum et
Samsai scriba et consiliariis eorum
et abierunt festini in Hierusalem ad
Iudaeos
et prohibuerunt eos in brachio et robore
24 tunc intermissum est opus domus III Esr 5,73
Dei in Hierusalem
et non fiebat usque ad annum secundum regni Darii regis Persarum
5 prophetaverunt autem Aggeus pro- 6,14; Agg 1,1; Za 1,1!
pheta et Zaccharias filius Addo **1–17:** III Esr 6,1–22
prophetantes ad Iudaeos qui erant in
Iudaea et Hierusalem
in nomine Dei Israhel
2 tunc surrexerunt Zorobabel filius 3,2! Sir 49,13.14
Salathihel et Iosue filius Iosedech
et coeperunt aedificare templum Dei
in Hierusalem
et cum eis prophetae Dei adiuvantes
eos
3 in ipso tempore venit ad eos Tatan- 6,6.13
nai qui erat dux trans Flumen
et Starbuzannai et consiliarii eorum
sicque dixerunt eis
quis dedit vobis consilium ut domum
hanc aedificaretis
et muros hos instauraretis
4 ad quod respondimus eis
quae essent nomina hominum auctorum illius aedificationis
5 oculus autem Dei eorum factus est
super senes Iudaeorum
et non potuerunt inhibere eos
placuitque ut res ad Darium refer-
retur
et tunc satisfacerent adversus accu-

AGC ΣΛLKSMΦ cr
14 ergo] autem c. | 15 concitantur SM c | 18 accusationem quam ACΣKS r] accusatio quam *cet.* | 21 ut *om.* c. | et] ut CΣΛ c | 22 ne *om.* A | 23 reum + beelteem CΣLS c | scribam AGCLM; scribis S | et in robore CΣ. | 24 domus *om.* GK | dei] domini A c || **5**,1 dei] domini C.; domini dei ΛM | 2 dei[1]] domini CΣ. | 3 ipso + autem SΦ c | hos] eius c. | instauretis ASM | 4 ~ aedificationis illius c |

sationem illam
6 exemplar epistulae quam misit Tatannai dux regionis trans Flumen
et Starbuzannai et consiliatores eius Apharsacei qui erant trans Flumen ad Darium regem
7 sermo quem miserant ei sic scriptus erat
Dario regi pax omnis
8 notum sit regi isse nos ad Iudaeam provinciam
ad domum Dei magni quae aedificatur lapide inpolito
et ligna ponuntur in parietibus
opusque illud diligenter extruitur
et crescit in manibus eorum
9 interrogavimus ergo senes illos et ita diximus eis
quis dedit vobis potestatem ut domum hanc aedificaretis et muros instauraretis
10 sed et nomina eorum quaesivimus ab eis ut nuntiaremus tibi
quae scripsimus nomina virorum qui sunt principes in eis
11 huiuscemodi autem sermonem responderunt nobis dicentes
nos sumus servi Dei caeli et terrae
et aedificamus templum quod erat extructum ante hos annos multos
quodque rex Israhel magnus aedificaverat et extruxerat
II Par 28,25! 36,16.17; Bar 4,6; Za 8,14 12 postquam autem ad iracundiam provocaverunt patres nostri Deum caeli
et tradidit eos in manu Nabuchodonosor regis Babylonis Chaldei
domum quoque hanc destruxit et populum eius transtulit in Babylonem
1,2; 6,3! II Par 36,23! 13 anno autem primo Cyri regis Babylonis
Cyrus rex proposuit edictum
ut domus Dei aedificaretur
14 nam et vasa templi Dei aurea et argentea 1,7.8! 6,5
quae Nabuchodonosor tulerat de templo quod erat in Hierusalem
et asportaverat ea in templum Babylonis
protulit Cyrus rex de templo Babylonis
et data sunt Sasabassar vocabulo
quem et principem constituit 15 dixitque ei
haec vasa tolle et vade et pone ea in templo quod est in Hierusalem
et domus Dei aedificetur in loco suo
16 tunc itaque Sasabassar ille venit
et posuit fundamenta templi Dei in Hierusalem
et ex eo tempore usque nunc aedificatur et necdum conpletum est
17 nunc ergo si videtur regi bonum
recenseat in bibliotheca regis quae est in Babylone 4,15; 6,1
utrumnam a Cyro rege iussum sit 6,3!
ut aedificaretur domus Dei in Hierusalem
et voluntatem regis super hac re mittat ad nos
6 tunc Darius rex praecepit et recensuerunt in bibliotheca librorum qui erant repositi in Babylone 4,15; 5,17 **1—12:** III Esr 6,23–34
2 et inventum est in Ecbathanis quod est castrum in Madena provincia volumen unum
talisque scriptus erat in eo commentarius
3 anno primo Cyri regis Cyrus rex decrevit 1,2! 5,13.17; II Par 36,23!
ut domus Dei quae est in Hierusalem aedificaretur in loco ubi immolent hostias

7 sermonem quem A | sic *om.* GCΣΛMΦ | 9 aedificetis A. | muros + hos AΛK c | instauretis ALSM | 10 tibi scripsimusque c | uirorum] eorum SMΦ; eorum uirorum c | 11 sermones L.; sermone CΣ. | ~ dei serui CΣ. | 12 et¹ *om.* c | in manus ASΦ c | in² *om.* GΛΦ | 13 in anno A | preposuit CL. | dei + haec A c | 14 dei *om.* CΣ. | in templum] in templo AKM | 17 sit] fuerit c. | aedificetur ALS ‖ **6**,1 in babylonem C | 3 in anno A | aedificetur CΣ. | ~ aedificaretur quae est in ierusalem c. |

AGC ΣΛKSMΦ cr

et ut ponant fundamenta subportantia
altitudinem cubitorum sexaginta et latitudinem cubitorum sexaginta
III Rg 6,36; 7,12 4 ordines de lapidibus inpolitis tres
et sic ordines de lignis novis
sumptus autem de domo regis dabuntur
1,7! 5,14 5 sed et vasa templi Dei aurea et argentea
quae Nabuchodonosor tulerat de templo Hierusalem
et adtulerat ea in Babylonem
reddantur et referantur in templo Hierusalem in locum suum
quae et posita sunt in templo Dei
13; 5,3 6 nunc ergo Tatannai dux regionis quae est trans Flumen
Starbuzannai et consiliarii vestri Apharsacei qui estis trans Flumen
procul recedite ab illis
7 et dimittite fieri templum Dei illud a duce Iudaeorum et a senioribus eorum
domum Dei illam aedificent in loco suo
8 sed et a me praeceptum est quid oporteat fieri a presbyteris Iudaeorum illis
ut aedificetur domus Dei
scilicet ut de arca regis
id est de tributis quae dantur de regione trans Flumen
studiose sumptus dentur viris illis ne inpediatur opus
9 quod si necesse fuerit et vitulos et agnos et hedos in holocaustum Deo caeli
frumentum sal vinum et oleum
secundum ritum sacerdotum qui sunt in Hierusalem
detur eis per dies singulos ne sit in aliquo querimonia

10 et offerant oblationes Deo caeli Lv 7,38! Sir 14,11; Mal 1,11; Bar 1,10.11; I Mcc 7,33; I Tim 2,1.2
orentque pro vita regis et filiorum eius
11 a me ergo positum est decretum
ut omnis homo qui hanc mutaverit iussionem
tollatur lignum de domo ipsius et erigatur et configatur in eo
domus autem eius publicetur
12 Deus autem qui habitare fecit nomen suum ibi III Rg 9,3!
dissipet omnia regna et populum qui extenderit manum suam
ut repugnet et dissipet domum Dei illam quae est in Hierusalem
ego Darius statui decretum quod studiose impleri volo
13 igitur Tatannai dux regionis trans Flumen 6; 5,3 **13—22:** III Esr 7,1–15
et Starbuzannai et consiliarii eius
secundum quod praeceperat Darius rex
sic diligenter exsecuti sunt
14 seniores autem Iudaeorum aedificabant et prosperabantur 5,1! Za 4,8.9
iuxta prophetiam Aggei prophetae et Zacchariae filii Addo
et aedificaverunt et construxerunt Za 1,16
iubente Deo Israhel
et iubente Cyro et Dario et Artarxerse regibus Persarum
15 et conpleverunt domum Dei istam usque ad diem tertium mensis adar
qui est annus sextus regni Darii regis
16 fecerunt autem filii Israhel
sacerdotes et Levitae
et reliqui filiorum transmigrationis
dedicationem domus Dei in gaudio III Rg 8,63; II Par 7,5
17 et obtulerunt in dedicationem domus Dei
vitulos centum II Par 29,21!
arietes ducentos
agnos quadringentos

AGC ΣΛLKSMΦ cr 5 ea *om.* A | in templo[1]] in templum L c; in A; + in c. | 6 illis] eis CΣ | 7 eorum + ut c | loco + sancto CΣ. | 8 quid] quod CΣΛKS | 9 dei A | et[4] *om.* A | ~ per singulos dies M c | 10 dei A | 12 facit ΛM r; *om.* A. | 14 deo] domino deo CΣ. | dario et regibus persarum et artarxerxe CΣ. | 15 tertiam AL. | regni *om.* CΣ. | 17 in dedicatione GKM; in die dedicationis L. | centum + et A |

8,35; Ez 43,22 hircos caprarum pro peccato totius
Israhel duodecim
iuxta numerum tribuum Israhel
II Par 23,18! 31,2; 35,4.5; II Esr 13,30 18 et statuerunt sacerdotes in ordinibus
suis
et Levitas in vicibus suis
super opera Dei in Hierusalem
sicut scriptum est in libro Mosi
Nm 9,2.3! 19 fecerunt autem filii transmigrationis
pascha
quartadecima die mensis primi
20 purificati enim fuerant sacerdotes et
Levitae quasi unus
II Par 30,15 omnes mundi ad immolandum pascha
universis filiis transmigrationis et
fratribus suis sacerdotibus et sibi
21 et comederunt filii Israhel
qui reversi fuerant de transmigratione
10,11; II Esr 9,2! 10,28 et omnis qui se separaverat a coinquinatione gentium terrae ad eos
ut quaererent Dominum Deum Israhel
II Par 30,21! 35,17 22 et fecerunt sollemnitatem azymorum
septem diebus in laetitia
quoniam laetificaverat eos Dominus
7,27 et converterat cor regis Assur ad eos
ut adiuvaret manus eorum in opere
domus Domini Dei Israhel
1—5: I Par 6,4–14; IV Esr 1,1–3 7 post haec autem verba
in regno Artarxersis regis Persarum
1—28: III Esr 8,1–30 Ezras filius Saraiae
2—5: I Par 6,50–53 filii Azariae filii Helciae 2 filii Sellum
filii Sadoc filii Achitob 3 filii Ama-
riae
filii Azariae filii Maraioth 4 filii Za-
raiae
filii Ozi filii Bocci 5 filii Abisue filii
Finees filii Eleazar
filii Aaron sacerdotis ab initio
6 ipse Ezras ascendit de Babylone
II Esr 8,1 et ipse scriba velox in lege Mosi
quam dedit Dominus Deus Israhel

et dedit ei rex secundum manum Do- I Sm 1,17! II Esr 2,8; Est 5,8
mini Dei eius super eum omnem
petitionem eius
7 et ascenderunt de filiis Israhel
et de filiis sacerdotum 24; II Esr 10,28
et de filiis Levitarum
et de cantoribus
et de ianitoribus
et de Nathinneis in Hierusalem
anno septimo Artarxersis regis
8 et venerunt in Hierusalem mense
quinto
ipse est annus septimus regis
9 quia in primo die mensis primi coe- 8,31
pit ascendere de Babylone
et in primo mensis quinti venit in
Hierusalem
iuxta manum Dei sui bonam super se
10 Ezras enim paravit cor suum ut in- III Rg 8,61! Sir 38,39
vestigaret legem Domini
et faceret et doceret in Israhel prae- I Par 22,13
ceptum et iudicium
11 hoc est autem exemplar epistulae
edicti
quod dedit rex Artarxersis Ezrae sacerdoti
scribae erudito in sermonibus et
praeceptis Domini
et caerimoniis eius in Israhel
12 Artarxersis rex regum
Ezrae sacerdoti scribae legis Dei
caeli doctissimo salutem
13 a me decretum est
ut cuicumque placuerit in regno meo
de populo Israhel et de sacerdotibus
eius et de Levitis
ire in Hierusalem tecum vadat
14 a facie enim regis et septem consilia- Est 1,14
torum eius missus es
ut visites Iudaeam et Hierusalem
in lege Dei tui quae est in manu tua
15 et ut feras argentum et aurum 8,25
quod rex et consiliatores eius sponte
obtulerunt Deo Israhel

19 filii + israel c | die *om.* GLKΦ | 21 omnes qui se separauerant KSc; omnis qui separauerat ΣΛ | 22 domini *om.* AS || 7,6 ∼ dominus deus dedit c. | 7 in anno A | 9 primo[2]] prima AKr; primo die ΛSc; *stichum om.* C. | 11 est] erat CΣ. | autem] enim L.; *om.* AM. |

AGC
ΣΛLKSMΦ
cr

cuius in Hierusalem tabernaculum
est
8,28 16 et omne argentum et aurum
quodcumque inveneris in universa
provincia Babylonis
et populus offerre voluerit
et de sacerdotibus qui sponte obtulerint domui Dei sui quae est in
Hierusalem
17 libere accipe et studiose eme de hac
pecunia
Lv 3,7! II Sm 6,13! vitulos arietes agnos et sacrificia et
libamina eorum
et offer ea super altare templi Dei
vestri quod est in Hierusalem
18 sed et si quid tibi et fratribus tuis
placuerit
de reliquo argento et auro ut faciatis
iuxta voluntatem Dei vestri facite
Ier 27,22 19 vasa quoque quae dantur tibi in ministerium domus Dei tui
trade in conspectu Dei Hierusalem
20 sed et cetera quibus opus fuerit in
domo Dei tui
quantumcumque necesse est ut ex-
pendas
dabis de thesauro et de fisco regis
21 et a me
ego Artarxersis rex statui atque de-
crevi
omnibus custodibus arcae publicae
qui sunt trans Flumen
ut quodcumque petierit a vobis Ezras sacerdos scriba legis Dei caeli
absque mora detis
22 usque ad argenti talenta centum
et usque ad frumenti choros centum
et usque ad vini batos centum
et usque ad batos olei centum
sal vero absque mensura
23 omne quod ad ritum Dei caeli pertinet
tribuatur diligenter in domo Dei
caeli
ne forte irascatur contra regnum regis et filiorum eius
24 vobisque notum facimus
de universis sacerdotibus et Levitis 7!
cantoribus ianitoribus Nathinneis et
ministris domus Dei huius
ut vectigal et tributum et annonas
non habeatis potestatem inponendi
super eos
25 tu autem Ezras secundum sapientiam
Dei tui quae est in manu tua
constitue iudices et praesides ut iudi- Ex 18,21.22! Dt 16,18
cent omni populo qui est trans Flu-
men
his videlicet qui noverunt legem Dei
tui
sed et inperitos docete libere
26 et omnis qui non fecerit legem Dei
tui et legem regis diligenter
iudicium erit de eo
sive in mortem sive in exilium
sive in condemnationem substantiae
eius vel certe in carcerem
27 benedictus Dominus Deus patrum I Par 29,10!
nostrorum
qui dedit hoc in corde regis 6,22
ut glorificaret domum Domini quae
est in Hierusalem
28 et in me inclinavit misericordiam co- 9,9
ram rege et consiliatoribus eius
et universis principibus regis potentibus
et ego confortatus manu Domini Dei
mei quae erat in me
congregavi de Israhel principes qui
ascenderent mecum
8 hii sunt ergo principes familiarum 1–36: III Esr 8,31–68
et genealogia eorum qui ascenderunt
mecum
in regno Artarxersis regis de Babylone
2 de filiis Finees Gersom
de filiis Ithamar Danihel
de filiis David Attus

AGC ΣΛKSMΦ cr 16 qui] quae c. | obtulerunt ACΣLr | 19 tibi *om.* A | trade—20 dei tui *om.* AΛ | dei[2] + in CΣLSc | 20 in domum c | dabitur c. | 24 uobis quoque Lc | cantoribus] *praem.* et c.; + et Ac | 25 ezra AΦ; esdra c | ut] et A | et[2] *om.* AL | 28 misericordiam + suam AΛKSΦc | consiliariis CΣ. ||

3 de filiis Secheniae et de filiis Pharos
Zaccharias
et cum eo numerati sunt viri centum
quinquaginta
4 de filiis Phaethmoab Helioenai filius
Zareae et cum eo ducenti viri
5 de filiis Secheniae filius Hiezihel et
cum eo trecenti viri
6 de filiis Adden Abeth filius Ionathan
et cum eo quinquaginta viri
7 de filiis Helam Isaias filius Athaliae
et cum eo septuaginta viri
8 de filiis Saphatiae Zebedia filius Michahel et cum eo octoginta viri
9 de filiis Ioab Obedia filius Iehihel et
cum eo ducenti decem et octo viri
10 de filiis Selomith filius Iosphiae et
cum eo centum sexaginta viri
11 de filiis Bebai Zaccharias filius Bebai
et cum eo viginti octo viri
12 de filiis Ezgad Iohanan filius Ec-
cetan et cum eo centum decem viri
13 de filiis Adonicam qui erant novissimi
et haec nomina eorum
Helifeleth et Heihel et Samaias et
cum eis sexaginta viri
14 de filiis Beggui Uthai et Zacchur et
cum eo septuaginta viri
15 congregavi autem eos ad fluvium
qui decurrit ad Ahavva
et mansimus ibi diebus tribus
quaesivique in populo et in sacerdotibus de filiis Levi et non inveni ibi
16 itaque misi Heliezer et Arihel et Se-
meam
et Helnathan et Iarib et alterum Helnathan
et Nathan et Zacchariam et Meso-
lam principes
et Ioarib et Helnathan sapientes
17 et misi eos ad Heddo qui est primus
in Casphiae loco
et posui in ore eorum verba quae loquerentur ad Addom et ad fratres
eius Nathinneos in loco Casphiae
ut adducerent nobis ministros domus Dei nostri
18 et adduxerunt nobis per manum Dei
nostri bonam super nos
virum doctissimum de filiis Moolli
filii Levi filii Israhel
et Sarabiam et filios eius et fratres
eius decem et octo
19 et Asabiam et cum eo Isaiam de filiis
Merari fratres eius et filios eius viginti
20 et de Nathinneis quos dederat David
et principes ad ministeria Levitarum
Nathinneos ducentos viginti
omnes hii suis nominibus vocabantur
21 et praedicavi ibi ieiunium iuxta flu- II Par 20,3!
vium Ahavva
ut adfligeremur coram Domino Deo
nostro
et peteremus ab eo viam rectam nobis et filiis nostris
universaeque substantiae nostrae
22 erubui enim petere regem auxilium
et equites
qui defenderent nos ab inimico in
via
quia dixeramus regi manus Dei
nostri est super omnes qui quaerunt
eum in bonitate
et imperium eius et fortitudo eius et
furor super omnes qui derelinquunt
eum
23 ieiunavimus autem et rogavimus Deum nostrum pro hoc
et evenit nobis prospere

AGC ΣΛLKSMΦ cr

8,3 et de *om.* c.; de *om.* SΦ | 10 filius LS cr 𝔐𝔊] filii *cet.* | 12 ezgad r, *cf.* 𝔐] azgad c.; ezegat K.; ezeat L; ezeath CΣ; ezead *cet.* | centum + et S c. | 14 eo] eis AΣS c | 15 ~ tribus diebus c | 16 iarib et] iaribeth Φ.; iaribel A.; zarib et M.; iaribus et CΣL. | ioarib] ioaribus CΣL. | 17 heddo ... addom] eddo ... eddo c | et ad fratrem G; et fratres CΣ c. | dei nostri] domini CΣL. | 19 fratresque c | 20 uocitabantur CΣ. | 22 regem] regi L; a rege CΣ c | est *om.* AK. | 23 deum] dominum S.; dominum deum CΣ | pro] per c. | et uenit AΣΛK |

24 et separavi de principibus sacerdotum duodecim
Sarabian Asabian et cum eis de fratribus eorum decem
7,15 25 adpendique eis argentum et aurum
et vasa consecrata domus Dei nostri
quae obtulerat rex et consiliatores
eius
et principes eius universusque Israhel eorum qui inventi fuerant
26 et adpendi in manibus eorum argenti
talenta sescenta quinquaginta
et vasa argentea centum
auri centum talenta
27 et crateras aureos viginti
qui habebant solidos millenos
et vasa aeris fulgentis optimi duo
pulchra ut aurum
28 et dixi eis
Lv 21,6! vos sancti Domini et vasa sancta
7,16 et argentum et aurum quod sponte
oblatum est Domino Deo patrum
vestrorum
29 vigilate et custodite
donec adpendatis coram principibus
sacerdotum et Levitarum
et ducibus familiarum Israhel
in Hierusalem et thesaurum domus
Domini
30 susceperunt autem sacerdotes et Levitae
pondus argenti et auri et vasorum
ut deferrent in Hierusalem in domum
Dei nostri
7,9 31 promovimus ergo a flumine Ahavva
duodecimo die mensis primi
ut pergeremus Hierusalem
et manus Dei nostri fuit super nos
et liberavit nos de manu inimici et
insidiatoris in via
II Esr 2,11 32 et venimus Hierusalem
et mansimus ibi diebus tribus

33 die autem quarta adpensum est argentum et aurum et vasa in domo
Dei nostri
per manum Meremoth filii Uriae II Esr 3,3!
sacerdotis
et cum eo Eleazar filius Finees
cumque eis Iozaded filius Iosue et
Noadaia filius Bennoi Levitae
34 iuxta numerum et pondus omnium
descriptumque est omne pondus in
tempore illo
35 sed et qui venerant de captivitate
filii transmigrationis
obtulerunt holocaustomata Deo Israhel
vitulos duodecim pro omni Israhel
arietes nonaginta sex
agnos septuaginta septem
hircos pro peccato duodecim 6,17!
omnia in holocaustum Domino
36 dederunt autem edicta regis satrapis II Esr 2,7; Est 3,12
qui erant de conspectu regis et du-
cibus trans Flumen
et elevaverunt populum et domum
Dei
9 postquam autem haec conpleta sunt **1—15:** III Esr 8,69–91
accesserunt ad me principes dicen-
tes
non est separatus populus Israhel
et sacerdotes et Levitae a populis terrarum
et de abominationibus eorum
Chananei videlicet et Hetthei et Ferezei
et Iebusei et Ammanitarum et Moabitarum
et Aegyptiorum et Amorreorum
2 tulerunt enim de filiabus eorum sibi 10,2! Idc 3,6! Ps 105,35; Mal 2,11
et filiis suis
et commiscuerunt semen sanctum
cum populis terrarum
manus etiam principum et magistra-

AGC ΣΛLKSMΦ cr

24 sarabian + et c | 26 et auri CΣ | 27 crateres c | aureos AG cr] aureas *cet.* | 28 nostrorum CΣSΦ c | 29 et thesaurum GCΣ] et in thesaurum A.; in thesaurum KSΦ cr; in thesauro ΛM; in thesauris L | domini] dei ASΦ | 30 in[1] *om.* GSΦ c | 32 uenimus + in AK | ~ tribus diebus c | 33 quarto AΛKM r | dei] domini A | meremoth cr., *cf.* 𝔐 *et* II Esr 3,3.21] remmoth S; remoth *cet.* | 34 descriptum est A | 35 omni + populo c | 36 qui—regis[2] *om.* CΣ. || **9**,1 et[1] *om.* c. | de *om.* c. | et moabitarum *om.* GM. |

tuum fuit in transgressione hac
prima
3 cumque audissem sermonem istum
scidi pallium meum et tunicam
et evelli capillos capitis mei et barbae et sedi maerens
4 convenerunt autem ad me omnes qui
timebant verbum Dei Israhel
pro transgressione eorum qui de captivitate venerant
et ego sedebam tristis usque ad sacrificium vespertinum
5 et in sacrificio vespertino surrexi de
adflictione mea
et scisso pallio et tunica
Gn 14,22! III Rg 8,54; II Esr 8,6 curvavi genua mea et expandi manus meas ad Dominum Deum me-
um 6 et dixi
Deus meus confundor et erubesco
levare Deus meus faciem meam
ad te
Ps 37,5! 39,13! Ez 33,10 quoniam iniquitates nostrae multiplicatae sunt super caput
et delicta nostra creverunt usque in
caelum
7 a diebus patrum nostrorum
sed et nos ipsi peccavimus granditer
usque ad diem hanc
Idt 5,18! 22; Tb 3,4 et in iniquitatibus nostris traditi sumus
ipsi et reges nostri et sacerdotes
nostri
in manum regum terrarum
in gladium in captivitatem in rapinam et in confusionem vultus
sicut et die hac
8 et nunc quasi parum et ad momentum facta est deprecatio nostra
apud Dominum Deum nostrum
ut dimitterentur nobis reliquiae
et daretur paxillus in loco sancto eius Sir 14,25; Is 22,23
et inluminaret oculos nostros Deus Ps 12,4; Sir 34,20
noster
et daret nobis vitam modicam in servitute nostra
9 quia servi sumus et in servitute nostra non dereliquit nos Deus noster
et inclinavit super nos misericordiam 7,28
coram rege Persarum
ut daret nobis vitam
et sublimaret domum Dei nostri
et extrueret solitudines eius
et daret nobis sepem in Iuda et in
Hierusalem
10 et nunc quid dicemus Deus noster
post haec
quia dereliquimus mandata tua
11 quae praecepisti in manu servorum tuorum prophetarum dicens
terram ad quam vos ingredimini ut
possideatis eam
terra inmunda est
iuxta inmunditiam populorum ce-
terarumque terrarum
abominationibus eorum qui repleverunt eam ab ore usque ad os in
coinquinatione sua
12 nunc ergo filias vestras ne detis filiis Dt 7,2.3! II Esr 10,30
eorum
et filias eorum non accipiatis filiis
vestris
et non quaeratis pacem eorum et
prosperitatem eorum usque in aeternum
ut confortemini et comedatis quae
bona sunt terrae
et heredes habeatis filios vestros usque in saeculum
13 et post omnia quae venerunt super
nos

2 in transmigratione hac CΣL.; in hac transmigratione A. | 3 barbam CΣL | 4 conuenerunt ergo CΣ.; et conuenerunt A. | 6 deus meus^{2} *om.* CΣLSΦ c; ~ deus meus leuare Λ. | caput + nostrum S c | usque ad CΣΛKM cr | 7 granditer] grauiter ΛLSMΦ c | in manu CΣKMΦ r | in$^{3.4}$] et in SΦ c | in^{5}] et in c | et^{5} *om.* A | in confusione ACK r; in confusiones S; in confessionem Λ. | et^{6}] est Λ; *om.* CL. | 8 daretur + nobis ΛK c | paxillus S cr 𝔐] pax illius *cet.* | modicum A | in seruitutem nostram GΛLKΦ | 9 et^{2}] sed c. | sepem] spem CΣLMΦ; partem S | in iudeam A | et in hierusalem *om.* G. | in^{3} *om.* CΣM c | 11 terram] terra GΣΛSM c | in abominationibus AK; abominatione S | 12 non^{1}] ne A c |

AGC ΣΛLKSMΦ cr

in operibus nostris pessimis et in delicto nostro magno
II Sm 22,3! quia tu Deus noster liberasti nos de
iniquitate nostra
et dedisti nobis salutem sicut est hodie
14 ut non converteremur et irrita face-
remus mandata tua
neque matrimonia iungeremus cum
populis abominationum istarum
numquid iratus es nobis usque ad
consummationem
ne dimitteres nobis reliquias et salutem
II Esr 9,33! Ier 12,1; 23,6; Lam 1,18 15 Domine Deus Israhel iustus tu
quoniam derelicti sumus qui salva-
remur sicut die hac
Est 14,6.7; Ps 50,6! ecce coram te sumus in delicto nostro
non enim stari potest coram te super
hoc
1—44: III Esr 8,92–9,36 **10** sic ergo orante Ezra et inplorante
eo
II Esr 1,4 et flente et iacente ante templum Dei
collectus est ad eum de Israhel coe-
tus grandis nimis
virorum et mulierum puerorumque
et flevit populus multo fletu
2 et respondit Sechenia filius Iehihel
de filiis Helam et dixit Ezrae
nos praevaricati sumus in Deum
nostrum
10; 9,2! II Esr 13,27 et duximus uxores alienigenas de
populis terrae
et nunc si est paenitentia Israhel super hoc
3 percutiamus foedus cum Deo nostro
ut proiciamus universas uxores et
eos qui de his nati sunt
iuxta voluntatem Domini et eorum
qui timent praeceptum Dei nostri
secundum legem fiat
4 surge tuum est decernere
nosque erimus tecum
confortare et fac
5 surrexit ergo Ezras et adiuravit principes sacerdotum Levitarum et omnem Israhel
ut facerent secundum verbum hoc
et iuraverunt
6 et surrexit Ezras ante domum Dei
et abiit ad cubiculum Iohanan filii
Eliasib
et ingressus est illuc
panem non comedit et aquam non Ex 34,28!
bibit
lugebat enim in transgressione eorum qui de captivitate venerant
7 et missa est vox in Iuda et in Hierusalem
omnibus filiis transmigrationis
ut congregarentur in Hierusalem
8 et omnis qui non venerit in tribus
diebus
iuxta consilium principum et seniorum
auferetur universa substantia eius
et ipse abicietur de coetu transmigrationis
9 convenerunt igitur omnes viri Iuda
et Beniamin in Hierusalem tribus
diebus
ipse est mensis nonus vicesimo die
mensis
et sedit omnis populus in platea domus Dei
trementes pro peccato et pluviis
10 et surrexit Ezras sacerdos et dixit ad
eos
vos transgressi estis et duxistis uxo- 2!
res alienigenas
ut adderetis super delictum Israhel
11 et nunc date confessionem Domino II Sm 22,50! I Par 29,13! Ps 9,2! Dn 2,23
Deo patrum vestrorum
et facite placitum eius

AGC ΣΛLKSMΦ 𝔠r

14 es] est AL. | et^2] ad L𝔠. | 15 iustus + es 𝔠 | stare CΣΛLSM || **10**,1 plorante A | eo S𝔠r, *cf.* 𝔐] eum *cet.* | est *om.* CΣM. | et puerorum 𝔠 | ~ fletu multo A𝔠. | 2 ~ alienigenas uxores CΣ. | israhel] *praem.* in ASΦ𝔠; *om.* G. | 3 cum domino deo SΦ𝔠 | ut] et ASΦ | dei] domini dei 𝔠 | 5 sacerdotum G𝔐] + et *cet.* | 6 in transgressionem CΣM; transgressionem SΦ𝔠; in transmigrationem L. | uenerunt CΣ. | ~ uenerant de captiuitate 𝔠 |

6,21! et separamini a populis terrae et ab
uxoribus alienigenis
12 et respondit universa multitudo dixitque voce magna
iuxta verbum tuum ad nos sic fiat
13 verumtamen quia populus multus
est et tempus pluviae
et non sustinemus stare foris
et opus non est diei unius vel duorum
vehementer quippe peccavimus in
sermone isto
14 constituantur principes in universa
multitudine
et omnes in civitatibus nostris qui
duxerunt uxores alienigenas
veniant in temporibus statutis
et cum his seniores per civitatem et
civitatem et iudices eius
donec avertatur ira Dei nostri a nobis super peccato hoc
15 igitur Ionathan filius Asahel et Iaazia
filius Thecuae steterunt super hoc
et Mesollam et Sebethai Levites adiuverunt eos
16 feceruntque sic filii transmigrationis
et abierunt Ezras sacerdos et viri
principes familiarum in domum
patrum suorum
et omnes per nomina sua
et sederunt in die primo mensis de-
cimi ut quaererent rem
17 et consummati sunt omnes viri qui
duxerant uxores alienigenas usque
ad diem primam mensis primi
18 et inventi sunt de filiis sacerdotum
qui duxerant uxores alienigenas
de filiis Iosue filii Iosedech
et fratres eius Maasia et Eliezer et
Iarib et Godolia
19 et dederunt manus suas ut eicerent
uxores suas
Lv 5,15! et pro delicto suo arietem de ovibus
offerrent

20 et de filiis Emmer Anani et Zebedia
21 et de filiis Erim Masia et Helia et
Semeia et Hiehihel et Ozias
22 et de filiis Phessur Helioenai Maasia
Ismahel Nathanahel Iozabeth et
Elasa
23 et de filiis Levitarum Iozabeth et Semei et Celaia ipse est Calita Pha-
taia Iuda et Eliezer
24 et de cantoribus Eliasub
et de ianitoribus Sellum et Telem et
Uri
25 et ex Israhel
de filiis Pharos Remia et Ezia et Melchia et Miamin et Eliezer et Melchia et Banea
26 et de filiis Helam Mathania Zaccharias et Hiehil et Abdi et Irimoth et
Helia
27 et de filiis Zethua Helioenai Eliasib
Mathania et Ierimuth et Zabeth et
Aziza
28 et de filiis Bebai Iohanan Anania
Zabbai Athalai
29 et de filiis Bani Mosollam et Melluch et Adaia Iasub et Saal et Ramoth
30 et de filiis Phaethmoab Edna et Cha-
lal Banaias Maasias Mathanias Beselehel et Bennui et Manasse
31 et de filiis Erem Eliezer Iesue Melchias Semeias Symeon 32 Beniamin
Maloch Samarias
33 de filiis Asom Matthanai Matthetha
Zabed Elipheleth Iermai Manasse
Semei
34 de filiis Bani Maaddi Amram et
Huhel
35 Baneas et Badaias Cheiliau 36 Van-
nia Marimuth et Eliasib
37 Matthanias Mathanai et Iasi 38 et
Bani
et Bennui Semei 39 et Salmias et Nathan

14 ~ alienigenas uxores CΣ. | cum his senioribus AL. | 16 in domo A.; in domos SΦ c | prima A | 17 duxerunt ASMΦ; deduxerant L. | 24 et[1] *om.* CΣ. | 27 et[1] *om.* CΣ | 30 banaias + et M c | et[3] *om.* c | 31 et *om.* CΣ. | 33 et de AK c | 34 uel Σ c. |

AGC ΣΛLKSMΦ cr

et Adaias 40 Mechnedabai Sisai Sarai
41 Ezrel et Selemau Semeria 42 Sellum
Amaria Ioseph
43 de filiis Nebu Iaihel Matthathias Zabed Zabina Ieddu et Iohel Banaia
44 omnes hii acceperunt uxores alienigenas
et fuerunt ex eis mulieres quae pepe-
rerant filios

II Esdrae Verba Neemiae filii Echliae
et factum est in mense casleu
Dn 8,2 anno vicesimo et ego eram in Susis
castro
7,2 2 et venit Anani unus de fratribus meis
ipse et viri ex Iuda
et interrogavi eos de Iudaeis qui remanserant et supererant de captivitate
et de Hierusalem
3 et dixerunt mihi
qui remanserunt et derelicti sunt de
captivitate ibi in provincia
2,17 in adflictione magna sunt et in obprobrio
2,3.13; IV Rg 25,10; II Par 36,19 et murus Hierusalem dissipatus est
et portae eius conbustae sunt igni
4.5: Dn 9,4.5 4 cumque audissem verba huiuscemodi
I Esr 10,1 sedi et flevi et luxi diebus
et ieiunabam et orabam ante faciem
Dei caeli 5 et dixi
9,32; Dt 7,9! 21! quaeso Domine Deus caeli fortis
magne atque terribilis
qui custodis pactum et misericordiam
cum his qui te diligunt et custodiunt
mandata tua
11; II Par 6,40! Ps 5,2.3! 16,6; 129,2 6 fiat auris tua auscultans
et oculi tui aperti
ut audias orationem servi tui
I Sm 12,19! quam ego oro coram te hodie nocte
et die pro filiis Israhel servis tuis
et confiteor pro peccatis filiorum Israhel quibus peccaverunt tibi
et ego et domus patris mei peccavimus
7 vanitate seducti sumus
et non custodivimus mandatum
et caerimonias et iudicia quae praecepisti Mosi servo tuo
8 memento verbi quod mandasti Mosi
famulo tuo dicens
cum transgressi fueritis ego disper- Dt 28,64!
gam vos in populos
9 et si revertamini ad me et custodiatis Dt 30,8!
mandata mea et faciatis ea
etiam si abducti fueritis ad extrema
caeli inde congregabo vos
et inducam in locum quem elegi ut
habitaret nomen meum ibi
10 et ipsi servi tui et populus tuus quos
redemisti
in fortitudine tua magna et in manu
tua valida
11 obsecro Domine sit auris tua adten- 6!
dens ad orationem servi tui
et ad orationem servorum tuorum
qui volunt timere nomen tuum
et dirige servum tuum hodie
et da ei misericordiam ante virum Gn 39,21!
hunc
ego enim eram pincerna regis
2 factum est autem in mense nisan
anno vicesimo Artarxersis regis
et vinum erat ante eum
et levavi vinum et dedi regi Gn 40,11
et non eram quasi languidus ante
faciem eius
2 dixitque mihi rex
quare vultus tuus tristis cum te aegro- Gn 40,7; IV Esr 5,16
tum non videam
non est hoc frustra

AGC ΣΛLKSMΦ cr 40 mechnedabai] *praem.* et c | 41 selemau + et CΣ. | 43 iohel + et c. | 44 acceperant c | peperant KΦ; pepererunt AC; peperunt Σ.; pepererent M. || **II Esdrae**. *Tit.* liber nehemiae qui et esdrae secundus dicitur c || **1**,2 et de] et CΣc; *om.* A. | 3 remanserant CL | et[2] + qui CΣ. | relicti AKc | 4 diebus + tribus CΣ; + multis Λ KSc | et[3] *om.* c. | 6 fiant aures tuae auscultantes SΦc | quam] qua GLSΦ; quae ΛM. | et[4] *om.* c. | 7 mandatum + tuum SΦc | seruo] famulo c | 8 famulo] seruo c | cumque CΣL. | 9 mandata] praecepta c | adducti CΣLSΦ | adducam K; reducam c; ducam SΦ | in loco AΦ | 11 eis GL || **2**,1 non AGK𝔐] *om. cet.* | 2 tristis + est ΛKSΦc |

sed malum nescio quid in corde tuo est
et timui valde ac nimis
[3]et dixi regi
III Rg 1,31; Dn 2,4! rex in aeternum vive
quare non maereat vultus meus
17; 1,3; Is 64,10 quia civitas domus sepulchrorum patris mei deserta est
et portae eius conbustae sunt igni
[4]et ait mihi rex
pro qua re postulas
et oravi Deum caeli [5]et dixi ad regem
si videtur regi bonum
et si placet servus tuus ante faciem tuam
ut mittas me in Iudaeam
ad civitatem sepulchri patris mei
et aedificabo eam
[6]dixitque mihi rex et regina quae sedebat iuxta eum
usque ad quod tempus erit iter tuum
et quando reverteris
et placuit ante vultum regis
et misit me
et constitui ei tempus
[7]et dixi regi
si regi videtur bonum
I Esr 8,36! III Esr 4,48 epistulas det mihi ad duces regionis trans Flumen
ut transducant me donec veniam in Iudaeam
[8]et epistulam ad Asaph custodem saltus regis
ut det mihi ligna et tegere possim portas turris domus
et muri civitatis
et domum quam ingressus fuero
I Esr 7,6! et dedit mihi rex iuxta manum Dei mei bonam mecum
[9]et veni ad duces regionis trans Flumen
dedique eis epistulas regis
miserat autem mecum rex principes militum et equites
[10]et audierunt Sanaballat Horonites et 19!
Tobias servus ammanites
et contristati sunt adflictione magna
quod venisset homo qui quaereret prosperitatem filiorum Israhel
[11]et veni Hierusalem I Esr 8,32
et eram ibi diebus tribus
[12]et surrexi nocte ego et viri pauci mecum
et non indicavi cuiquam
quid Deus dedisset in corde meo ut facerem in Hierusalem
et iumentum non erat mecum nisi animal cui sedebam
[13]et egressus sum per portam Vallis nocte 12,31
et ante fontem Draconis
et ad portam Stercoris
et considerabam murum Hierusalem dissipatum 1,3!
et portas eius consumptas igni
[14]et transivi ad portam Fontis 12,36
et ad aquaeductum Regis
et non erat locus iumento cui sedebam ut transiret
[15]et ascendi per torrentem nocte
et considerabam murum
et reversus veni ad portam Vallis et redii
[16]magistratus autem nesciebant quo abissem aut quid ego facerem
sed et Iudaeis et sacerdotibus et optimatibus et magistratibus
et reliquis qui faciebant opus
usque ad id locorum nihil indicaveram
[17]et dixi eis
vos nostis adflictionem in qua sumus 1,3!
quia Hierusalem deserta est 3; Is 64,10
et portae eius consumptae sunt igni
venite et aedificemus muros Hieru-

2 quid] quod GΛLM c | ~ in corde tuo nescio quid est CΣ. | 3 mereatur AK. | 6 constituit mihi CΣ.; constitui GL | 8 et[2]] ut c | turres CΣLK; templi SΦ | muros c | 9 ei A | ~ rex mecum c | principem A | 11 ~ tribus diebus c | 12 ~ dedisset deus A | 13 per noctem CΣL. | 14 ad[2] *om.* CΣL | 16 nesciebat CΣKM | quo] quod AC; quid Λ. | id loci ΛM c | 17 consumptae] conbustae AΣ. |

AGC ΣΛLKSMΦ cr

salem
et non simus ultra obprobrium
[18]et indicavi eis manum Dei mei quod
esset bona mecum
et verba regis quae locutus est mihi
et aio
surgamus et aedificemus
et confortatae sunt manus eorum in
bono
10; 4,7; 6,1 [19]audierunt autem Sanaballat Horonites
et Tobias servus ammanites
6,6 et Gosem Arabs
et subsannaverunt nos et despexerunt dixeruntque
quae est haec res quam facitis
numquid contra regem vos rebellatis
[20]et reddidi eis sermonem dixique ad
eos
Deus caeli ipse nos iuvat
et nos servi eius sumus
I Esr 4,3 surgamus et aedificemus
vobis autem non est pars et iustitia
et memoria in Hierusalem
3 et surrexit Eliasib sacerdos magnus
et fratres eius sacerdotes
12,38 et aedificaverunt portam Gregis
ipsi sanctificaverunt eam
et statuerunt valvas eius
et usque ad turrem centum cubitorum sanctificaverunt eam
usque ad turrem Ananehel
[2]et iuxta eum aedificaverunt viri Hiericho
et iuxta eum aedificavit Zecchur filius Amri
[3]portam autem Piscium aedificaverunt filii Asanaa
6.13.14.15 ipsi texerunt eam et statuerunt valvas eius et seras et vectes
21; I Esr 8,33 et iuxta eos aedificavit Marimuth filius Uriae filii Accus
6,18 [4]et iuxta eos aedificavit Mosollam
filius Barachiae filii Mesezebel
et iuxta eos aedificavit Sadoc filius
Baana
[5]et iuxta eos aedificaverunt Thecueni
optimates autem eorum non subpo-
suerunt colla sua in opere Domini
sui
[6]et portam Veterem aedificaverunt Ioiada filius Fasea
et Mosollam filius Besodia
ipsi texerunt eam et statuerunt val- 3!
vas eius et seras et vectes
[7]et iuxta eos aedificavit Meletias Gabaonites
et Iadon Meronathites
viri de Gabaon et Maspha
pro duce qui erat in regione trans
Flumen
[8]et iuxta eum aedificavit Ezihel filius
Araia aurifex
et iuxta eum aedificavit Anania filius
pigmentarii
et dimiserunt Hierusalem usque ad
murum plateae latioris
[9]et iuxta eum aedificavit Rafaia filius
Ahur
princeps vici Hierusalem
[10]et iuxta eos aedificavit Ieiada filius
Aromath contra domum suam
et iuxta eum aedificavit Attus filius
Asebeniae
[11]mediam partem vici aedificavit Melchias filius Erem
et Asub filius Phaethmoab
et turrem Furnorum
[12]iuxta eum aedificavit Sellum filius
Alloes
princeps mediae partis vici Hierusalem
ipse et filiae eius
[13]et portam Vallis aedificavit Anun et II Par 26,9
habitatores Zanoe
ipsi aedificaverunt eam

AGC ΣΛLKSMΦ cr

17 sumus ultra in A | 18 est AΣSΦr] esset *cet.* | 19 rebellastis AM. | 20 uobiscum CΣ. || **3**,1 gregis] regis CΣLKS | sanctificauerunt[1]] aedificauerunt A | 3 marimuth—4 aedificauit[1] *om.* G | 4 eos[1]] eum Φc | 5 in opera LS; in operibus A. | 7 aedificauerunt Λ SΦc | et[3] + de CΣ. | 8 aedificauit[2] + rafaia filius ahur et iuxta eum aedificauit CΣL., *ex v. seq.* | 9 hur c. | 10 eos] eum SΦc | 12 et iuxta AKSΦc | ipse AKcr𝔐𝔊] osee *cet.* |

3! et statuerunt valvas eius et seras et
vectes
et mille cubitos in muro usque ad
portam Sterquilinii
14 et portam Sterquilinii aedificavit Melchias filius Rechab
princeps vici Bethaccharem
3! ipse aedificavit eam et statuit valvas
eius et seras et vectes
12,36 15 et portam Fontis aedificavit Sellum
filius Choloozai
princeps pagi Maspha
3! ipse aedificavit eam et texit
et statuit valvas eius et seras et vectes
et muros piscinae Siloae in hortum
regis
et usque ad gradus qui descendunt
de civitate David
16 post eum aedificavit Neemias filius
Azboc
princeps dimidiae partis vici Bethsur
usque contra sepulchra David
et usque ad piscinam quae grandi
opere constructa est
et usque ad domum Fortium
17 post eum aedificaverunt Levitae Reum filius Benni
post eum aedificavit Asebias princeps dimidiae partis vici Ceilae in
vico suo
18 post eum aedificaverunt fratres eorum
Behui filius Enadad princeps dimidiae partis Ceila
19 et aedificavit iuxta eum Azer filius
Iosue princeps Maspha mensuram
secundam
contra ascensum firmissimi anguli
20 post eum in monte aedificavit Baruch filius Zacchai mensuram secundam
ab angulo usque ad portam domus
Eliasib sacerdotis magni
3! 21 post eum aedificavit Meremuth filius
Uriae filii Accus
mensuram secundam a porta domus
Eliasib
donec extenderetur domus Eliasib
22 et post eum aedificaverunt sacerdotes viri de campestribus Iordanis
23 post eum aedificavit Beniamin et
Asub contra domum suam
et post eum aedificavit Azarias filius
Maasiae filii Ananiae contra domum suam
24 post eum aedificavit Bennui filius
Enadda mensuram secundam
a domo Azariae usque ad flexuram
et usque ad angulum
25 Falel filius Ozi contra flexuram et
turrem
quae eminet de domo regis excelsa Ier 32,2
id est in atrio carceris
post eum Phadaia filius Pheros
26 Nathinnei autem habitabant in Ofel 11,21
usque contra portam Aquarum ad
orientem
et turrem quae prominebat
27 post eum aedificaverunt Thecueni
mensuram secundam e regione
a turre magna et eminenti usque ad
murum templi
28 sursum autem a porta Equorum
aedificaverunt sacerdotes
unusquisque contra domum suam
29 post eos aedificavit Seddo filius Emmer contra domum suam
et post eum aedificavit Semeia filius I Par 3,22
Secheniae custos portae orientalis
30 post eum aedificavit Anania filius
Selemiae
et Anon filius Selo sextus mensuram
secundam
post eum aedificavit Mosollam filius
Barachiae contra gazofilacium suum
post eum aedificavit Melchias filius
aurificis

15 sellum + aedificauit CΣ. | 16 sepulchrum ASΦ c | 18 bauai c. | 18—19 ceila et] ceilae et K c; ceilae CΣLM; ceilei Λ. | 20 ~ aedificauit in monte A | 21 filii] filius AKS. | 29 sadoc c. | 30 eum¹] eam M.; *om.* A | selo] seleph c. |

AGC ΣΛΚSMΦ cr

usque ad domum Nathinneorum et scruta vendentium
contra portam Iudicialem
et usque ad cenaculum Anguli
[31] et inter cenaculum Anguli in porta Gregis
aedificaverunt artifices et negotiatores
4 factum est autem cum audisset Sanaballat quod aedificaremus murum
iratus est valde
et motus nimis subsannavit Iudaeos
[2] et dixit
coram fratribus suis et frequentia Samaritanorum
quid Iudaei inbecilli faciunt
num dimittent eos gentes
num sacrificabunt et conplebunt in una die
numquid aedificare poterunt lapides de acervis pulveris qui conbusti sunt
[3] sed et Tobias Ammanites proximus eius ait aedificent
si ascenderit vulpis transiliet murum eorum lapideum
[4] audi Deus noster
quia facti sumus despectio
Ioel 3,4! converte obprobrium super caput eorum
et da eos in despectionem in terra captivitatis
[5] ne operias iniquitatem eorum
et peccatum eorum coram facie tua non deleatur
quia inriserunt aedificantes
[6] itaque aedificavimus murum
et coniunximus totum usque ad partem dimidiam
et provocatum est cor populi ad operandum
[7] factum est autem cum audisset Sanaballat et Tobias 2,19! 6,1
et Arabes et Ammanitae et Azotii
quod obducta esset cicatrix muri Hierusalem
et quod coepissent interrupta concludi
irati sunt nimis [8] et congregati omnes pariter
ut venirent et pugnarent contra Hierusalem et molirentur insidias
[9] et oravimus Deum nostrum
et posuimus custodes super murum die et nocte contra eos
[10] dixit autem Iudas
debilitata est fortitudo portantis
et humus nimia est
et nos non poterimus aedificare murum
[11] et dixerunt hostes nostri
nesciant et ignorent
donec veniamus in medio eorum et interficiamus eos
et cessare faciamus opus
[12] factum est autem venientibus Iudaeis qui habitabant iuxta eos
et dicentibus nobis per decem vices
ex omnibus locis quibus venerant ad nos
[13] statui in loco post murum per circuitum populum in ordine cum gladiis suis et lanceis et arcis
[14] perspexi atque surrexi
et aio ad optimates et ad magistratus
et ad reliquam partem vulgi
nolite timere a facie eorum
Domini magni et terribilis mementote
et pugnate pro fratribus vestris filiis vestris et filiabus vestris

AGC ΣΛLKSMΦ cr

30 scruta L cr] scuta *cet.* | et[3] *om.* C | 31 gregis] regis CΣLKM | artifices] aurifices c. || **4**,2 quid] quod CΣ.; qui A. | inbecilles CΣ c; inbecilla SΦ | ~ faciunt imbecilles c | dimittunt AΛK | potuerunt AΛΦ | 4 despectio] despectui ASΦ c | 5 et peccatum eorum *om.* CΣ. | 6 operandum] aedificandum CΣ.; aedificandum murum L. | 7 [*hic incip. cap.* 4 𝔐] | 8 congregati + sunt K c | molierunt CΣ. | 9 et[3]] ac c | 10 portantis] operantis CΣL. | 11 in medium c | 12 ex] et CΣM. | 13 et statui CΣ. | in ordinem ΛLKMΦ c | et arcubus CΣLS c; *om.* A. | 14 perspexi] *praem.* et AK c | ad[2] *om.* ΛSΦ c | filiis—uestris[3] *om.* A |

uxoribus vestris et domibus
15 factum est autem cum audissent inimici nostri nuntiatum esse nobis
Iob 5,12.13; Ps 32,10; Is 8,10 dissipavit Deus consilium eorum
et reversi sumus omnes ad muros
unusquisque ad opus suum
16 et factum est a die illa
5,16 media pars iuvenum eorum faciebant opus
et media parata erat ad bellum
et lanceae et scuta et arcus et loricae
et principes post eos in omni domo Iuda
17 aedificantium in muro et portantium onera et inponentium
una manu sua faciebat opus
et altera tenebat gladium
18 aedificantium enim unusquisque gladio erat accinctus renes
et aedificabant et clangebant bucina iuxta me
19 et dixi ad optimates et ad magistratus
et ad reliquam partem vulgi
opus grande est et latum
et nos separati sumus in muro procul alter ab altero
20 in loco quocumque audieritis clangorem tubae illuc concurrite ad nos
Dt 1,30! Deus noster pugnabit pro nobis
21 et nos ipsi faciamus opus
et media pars nostrum teneat lanceas
ab ascensu aurorae donec egrediantur astra
22 in tempore quoque illo dixi populo
unusquisque cum puero suo maneat in medio Hierusalem
et sint vobis vices per noctem et diem ad operandum
23 ego autem et fratres mei et pueri mei
et custodes qui erant post me
non deponebamus vestimenta nostra
unusquisque tantum nudabatur ad baptismum

5 et factus est clamor populi et uxorum eius magnus
adversus fratres suos iudaeos
2 et erant qui dicerent 2—5: Gn 47,18.19
filii nostri et filiae nostrae multae sunt nimis
accipiamus pro pretio eorum frumentum
et comedamus et vivamus
3 et erant qui dicerent
agros nostros et vineas et domos nostras opponamus
et accipiamus frumentum in fame
4 et alii dicebant
mutuo sumamus pecunias in tributa regis
demusque agros nostros et vineas
5 et nunc sicut carnes fratrum nostrorum sic carnes nostrae sunt
sicut filii eorum ita filii nostri
ecce nos subiugamus filios nostros et filias nostras in servitutem
et de filiabus nostris sunt famulae
nec habemus unde possint redimi
et agros nostros et vineas alii possident
6 et iratus sum nimis
cum audissem clamorem eorum secundum verba haec
7 cogitavitque cor meum mecum
et increpui optimates et magistratus et dixi eis
usurasne singuli a fratribus vestris exigatis
et congregavi adversus eos contionem magnam 8 et dixi eis
nos ut scitis redemimus fratres nostros iudaeos qui venditi fuerant gentibus
secundum possibilitatem nostram
et vos igitur vendite fratres vestros et

14 et uxoribus uestris et domibus (+ uestris c) ALSΦ c; et domibus uxoribusque uestris Λ; et domibus uxoribus M. | 16 faciebat GΛLM c | 18 gladium CL | 21 nostrorum AK; nostra CΣΛLM | astra] castra A | 22 uobis] nobis c | 23 erunt AG. || **5**,2 uiuamus] bibamus AΣSΦ | 5 sunt[1] + et SΦ c | ita + et CΣK c | uineas + nostras Λ c | 7 mecum *om.* CΣ | increpaui CΣLK c | exigitis GCΣΛM c | contionem] contentionem AKΦ; congregationem S | 8 redimimus CΣLKM | uendetis Λ c | uestros CL cr 𝔐] nostros *cet.* |

AGC ΣΛLKSMΦ cr

emimus eos
et siluerunt nec invenerunt quid responderent
9 dixique ad eos
non est bona res quam facitis
quare non in timore Dei nostri ambulatis
ne exprobretur nobis a gentibus inimicis nostris
10 et ego et fratres mei et pueri mei
commodavimus plurimis pecuniam et frumentum
non repetamus in commune istud aes alienum
concedamus quod debetur nobis
11 reddite eis hodie agros suos vineas suas oliveta sua et domos suas
quin potius et centesimam pecuniae frumenti vini et olei
quam exigere soletis ab eis date pro illis
12 et dixerunt reddimus
et ab eis nihil quaerimus
sicque faciemus ut loqueris
et vocavi sacerdotes
et adiuravi eos ut facerent iuxta quod dixeram
13 insuper et sinum meum excussi et dixi
sic excutiat Deus omnem virum qui non conpleverit verbum istud
de domo sua et de laboribus suis
sic excutiatur et vacuus fiat
et dixit universa multitudo amen
et laudaverunt Deum
fecit ergo populus sicut dictum erat
14 a die autem illa qua praeceperat mihi
ut essem dux in terra Iuda
ab anno vicesimo usque ad annum tricesimum secundum Artarxersis regis per annos duodecim
ego et fratres mei annonas quae ducibus debebantur non comedimus
15 duces autem primi qui fuerant ante me
gravaverunt populum
et acceperunt ab eis in pane vino et pecunia cotidie siclos quadraginta
sed et ministri eorum depresserant populum
ego autem non feci ita propter timorem Dei
16 quin potius in opere muri aedificavi
et agrum non emi
et omnes pueri mei congregati ad opus erant 4,16
17 Iudaei quoque et magistratus centum quinquaginta viri
et qui veniebant ad nos de gentibus quae in circuitu nostro sunt
in mensa mea erant
18 parabatur autem mihi per dies singulos
bos unus arietes sex electi exceptis volatilibus
et inter dies decem vina diversa
et alia multa tribuebam
insuper et annonas ducatus mei non quaesivi
valde enim erat adtenuatus populus
19 memento mei Deus meus in bonum 13,14.22.31
secundum omnia quae feci populo huic
6 factum est autem cum audisset Sanaballat et Tobia et Gosem Arabs 2,19! 4,7
et ceteri inimici nostri
quod aedificassem ego murum
et non esset in ipso residua interruptio
usque ad tempus autem illud valvas non posueram in portis
2 miserunt Sanaballat et Gosem ad me dicentes
veni et percutiamus foedus pariter in

AGC ΣΛLKSMΦ cr

8 ememus GΣΦ; redimemus ΛM c | 10 alienum + et AK | debetur] detur AM. | 11 et uineas suas et c. | centesimum G | 12 reddemus AGΛΦ c | quaeremus GΛΦ c | 13 et[1] *om.* L c | ~ excussi sinum meum c | ~ erat dictum c | 14 qua] quae AL | praeceperat + rex c | ~ duodecim annos CΣ. | 15 fuerunt AGSΦ | me *om.* GK | grauauerant GΣ. | acceperant AGΣK. | pane + et ΛM c | depresserunt ALSΦ c | 18 ~ attenuatus erat c. || **6,**1 non inposueram CΣ |

viculis in campo Ono
ipsi autem cogitabant ut facerent mihi malum
3 misi ergo ad eos nuntios dicens
opus grande ego facio
et non possum descendere ne forte neglegatur cum venero et descendero ad vos
4 miserunt autem ad me secundum verbum hoc per quattuor vices
et respondi eis iuxta sermonem priorem
5 et misit ad me Sanaballat iuxta verbum prius quinta vice puerum suum
et epistulam habebat in manu scriptam hoc modo
2,19 6 in gentibus auditum est et Gosem dixit
quod tu et Iudaei cogitetis rebellare
et propterea aedifices murum
et levare te velis super eos regem
propter quam causam 7 et prophetas posueris
qui praedicent de te in Hierusalem dicentes
rex in Iudaea est
auditurus est rex verba haec
idcirco nunc veni ut ineamus consilium pariter
8 et misi ad eos dicens
non est factum secundum verba haec quae tu loqueris
de corde enim tuo tu conponis haec
9 omnes autem hii terrebant nos cogitantes
quod cessarent manus nostrae ab opere et quiesceremus
quam ob causam magis confortavi manus meas
10 et ingressus sum domum Samaiae filii Dalaiae filii Metabehel secreto
qui ait
tractemus nobiscum in domo Dei in medio templi
et claudamus portas aedis
quia venturi sunt ut interficiant te
et nocte venturi sunt ad occidendum te
11 et dixi
num quisquam similis mei fugit
et quis ut ego ingredietur templum et vivet
non ingrediar
12 et intellexi quod Deus non misisset eum
sed quasi vaticinans locutus esset ad me
et Tobia et Sanaballat conduxissent eum
13 acceperat enim pretium
ut territus facerem et peccarem
et haberent malum quod exprobrarent mihi
14 memento Domine mei pro Tobia et Sanaballat
iuxta opera eorum talia
sed et Noadiae prophetae et ceterorum prophetarum qui terrebant me
15 conpletus est autem murus vicesimo quinto die mensis elul quinquaginta duobus diebus
16 factum est ergo cum audissent omnes inimici nostri
ut timerent universae gentes quae erant in circuitu nostro
et conciderent intra semet ipsos
et scirent quod a Deo factum esset opus hoc
17 sed et in diebus illis multae optimatium Iudaeorum epistulae mittebantur ad Tobiam
et a Tobia veniebant ad eos
18 multi enim erant in Iudaea habentes iuramentum eius
quia gener erat Secheniae filii Orei
et Iohanan filius eius acceperat filiam Mosollam filii Barachiae 3,4
19 sed et laudabant eum coram me

2 in uiculis ꞓr, *cf.* 𝔐] in uitulis *cet.* | ono G ꞓr 𝔐] uno *cet.* | 5 manu + sua A ꞓ | 8 ~ secundum uerba haec factum CΣ. | conpones AC | 9 autem] enim Φ ꞓ | manum meam ASΦ | 11 fugit] fuit AΛSΦ | 14 domine mei AGΣ] mei domine *cet.* | 16 ergo] autem AΣΛKS | 17 multi C | 18 filii orei K r] fili ihorei C; filii area ꞓ.; filii iorei *cet.* ||

AGC ΣΛLKSMΦ ꞓr

et verba mea nuntiabant ei
et Tobias mittebat epistulas ut terreret me
Sir 49,15 **7** postquam autem aedificatus est murus et posui valvas
et recensui ianitores et cantores et Levitas
1,2 2 praecepi Aneni fratri meo
et Ananiae principi domus de Hierusalem
ipse enim quasi vir verax et timens Deum plus ceteris videbatur
3 et dixi eis
non aperiantur portae Hierusalem usque ad calorem solis
cumque adhuc adsisterent
clausae portae sunt et oppilatae
et posui custodes de habitatoribus Hierusalem
singulos per vices suas
et unumquemque contra domum suam
4 civitas autem erat lata nimis et grandis
Dt 28,62! et populus parvus in medio eius
et non erant domus aedificatae
5 dedit autem Deus in corde meo
et congregavi optimates et magistratus et vulgum
ut recenserem eos
et inveni librum census eorum qui ascenderant primum
et inventum est scriptum in eo
6—73: I Esr 2,1–70 6 isti filii provinciae qui ascenderunt de captivitate migrantium
quos transtulerat Nabuchodonosor rex Babylonis
et reversi sunt in Hierusalem et in Iudaeam unusquisque in civitatem suam
7 qui venerunt cum Zorobabel
Hiesuae Neemias Azarias
Raamias Naamni Mardocheus
Belsar Mespharath
Beggoai Naum Baana
numerus virorum populi Israhel
8 filii Pharos duo milia centum septuaginta duo
9 filii Saphatiae trecenti septuaginta duo
10 filii Area sescenti quinquaginta duo
11 filii Phaethmoab filiorum Hiesuae et Ioab duo milia octingenti decem et octo
12 filii Helam mille octingenti quinquaginta quattuor
13 filii Zethua octingenti quadraginta quinque
14 filii Zacchai septingenti sexaginta
15 filii Bennui sescenti quadraginta octo
16 filii Bebai sescenti viginti octo
17 filii Azgad duo milia trecenti viginti duo
18 filii Adonicam sescenti sexaginta septem
19 filii Baggoaim duo milia sexaginta septem
20 filii Adin sescenti quinquaginta quinque
21 filii Ater filii Ezechiae nonaginta octo
22 filii Asem trecenti viginti octo
23 filii Besai trecenti viginti quattuor
24 filii Areph centum duodecim
25 filii Gabaon nonaginta quinque
26 viri Bethleem et Netupha centum octoginta octo
27 viri Anathoth centum viginti octo
28 viri Bethamoth quadraginta duo
29 viri Cariathiarim Cephira et Beroth septingenti quadraginta tres Ios 9,17!
30 viri Rama et Geba sescenti viginti unus
31 viri Machmas centum viginti duo
32 viri Bethel et Hai centum viginti tres
33 viri Nebo alterius quinquaginta duo
34 viri Helam alterius mille ducenti quinquaginta quattuor
35 filii Arem trecenti viginti

AGC ΣΛ(L)KSMΦ cr 7,2 enim + erat CΣΛK | 5 ~ deus autem dedit L c | uulgus SΦ c | recenserent C; recensirent Σ. | 6 [*deest* L *usque ad* 8,5] | in² *om.* GΛM | iudaea CΣ. | 7 uenerant G | 12 octingenti] ducenti c𝔐𝔊 *et* I Esr 2,7 | 26 uiri] filii Φ c | 30 unum GM |

36 filii Hiericho trecenti quadraginta quinque
37 filii Lod Adid et Ono septingenti viginti unus
38 filii Senaa tria milia nongenti triginta
39 sacerdotes
filii Idaia in domo Iosua nongenti septuaginta tres
40 filii Emmer mille quinquaginta duo
41 filii Phassur mille ducenti quadraginta septem
42 filii Arem mille decem et septem
Levitae
43 filii Iosue et Cadmihel filiorum 44 O-
duia septuaginta quattuor
cantores
45 filii Asaph centum quadraginta octo
46 ianitores
filii Sellum filii Ater filii Telmon filii Accub
filii Atita filii Sobai centum triginta octo
47 Nathinnei
filii Soa filii Asfa filii Tebaoth
48 filii Ceros filii Siaa
filii Fado filii Lebana filii Agaba
filii Selmon 49 filii Anan
filii Geddel filii Gaer
50 filii Raaia filii Rasim
filii Necoda 51 filii Gezem
filii Aza filii Fasea
52 filii Besai filii Munim
filii Nephusim 53 filii Becbuc filii Acupha
filii Arur 54 filii Besloth
filii Meida filii Arsa
55 filii Bercos filii Sisara
filii Thema 56 filii Nesia filii Atipha
57 filii servorum Salomonis
filii Sotai filii Sophereth
filii Pherida 58 filii Iahala filii Dercon
filii Geddel 59 filii Saphatia
filii Athil filii Phocereth
qui erat ortus ex Sabaim filio Amon
60 omnes Nathinnei et filii servorum Salomonis trecenti nonaginta duo 11,3; I Esr 2,58
61 hii sunt autem qui ascenderunt de Thelmella Thelarsa
Cherub Addon et Emmer
et non potuerunt indicare domum patrum suorum
et semen suum utrum ex Israhel essent
62 filii Dalaia filii Tobia
filii Necoda sescenti quadraginta duo
63 et de sacerdotibus
filii Abia filii Accos
filii Berzellai qui accepit de filiabus Berzellai Galaditis uxorem
et vocatus est nomine eorum
64 hii quaesierunt scripturam suam in censu
et non invenerunt
et eiecti sunt de sacerdotio
65 dixitque Athersatha eis
ut non manducarent de sanctis sanctorum
donec staret sacerdos doctus et eruditus
66 omnis multitudo quasi unus quadraginta duo milia sescenti sexaginta
67 absque servis et ancillis eorum
qui erant septem milia trecenti triginta et septem
et inter eos cantores et cantrices ducentae quadraginta quinque
69 cameli quadringenti triginta quinque
asini sex milia septingenti viginti
70 nonnulli autem de principibus fami-

37 unum GM | 39 sacerdotes *om.* CΣ. | tres] quattuor AΦ; septem S | 42 leuitae *om.* CΣ. | 44 oduiae ϲ. | 46 triginta] quinquaginta CΣ.; decem K | 47 asfa] hasupha ϲ | 48 selmon] selmai ϲ | 59 ex sabaim G ϲr, *cf.* 𝔐] ex abiam KS; ex abaim *cet.* | 62 quadraginta] quinquaginta CΣ | 64 in censum ASΦ | et iecti A | 65 de sancta CΣSΦ | staret] surgeret CΣΛ; surgeret taret G. | 66 quasi + uir ϲ | sescenti] trecenti ϲ𝔐𝔊 *et* I Esr 2,64 | 67 et[2] *om.* GSΦ ϲ | cantatrices ΣSM ϲ | ducenti SM ϲ | quinque + 68 equi eorum septingenti trigintasex muli eorum ducenti quadragintaquinque ϲ., *cf.* I Esr 2,66 | 69 cameli + eorum ϲ | uiginti + hucusque refertur quid (quod M.) in commentario scriptum fuerit · exin (ex hinc S) neemiae historia texitur ΛSM ϲ |

AGC
ΣΛKSMΦ
ϲr

liarum dederunt in opus
Athersatha dedit in thesaurum auri dragmas mille
fialas quinquaginta
tunicas sacerdotales quingentas triginta
71 et de principibus familiarum dederunt in thesaurum operis auri dragmas viginti milia
et argenti minas duo milia ducentas
72 et quod dedit reliquus populus
auri dragmas viginti milia
et argenti minas duo milia
et tunicas sacerdotales sexaginta septem
73—8,12: III Esr 9,37–56 — 73 habitaverunt autem sacerdotes et Levitae
et ianitores et cantores
et reliquum vulgus et Nathinnei et omnis Israhel in civitatibus suis
I Esr 3,1 — **8** et venerat mensis septimus
filii autem Israhel erant in civitatibus suis
congregatusque est omnis populus quasi vir unus ad plateam quae est ante portam Aquarum
I Esr 7,6 — et dixerunt Ezrae scribae ut adferret librum legis Mosi
quam praecepit Dominus Israheli
2 adtulit ergo Ezras sacerdos legem
Dt 31,11.12! — coram multitudine virorum et mulierum
cunctisque qui poterant intellegere
in die prima mensis septimi
7.8! — 3 et legit in eo aperte
in platea quae erat ante portam Aquarum
de mane usque ad mediam diem in conspectu virorum et mulierum et sapientium
et aures omnis populi erant erectae ad librum
4 stetit autem Ezras scriba super gradum ligneum quem fecerat ad loquendum
et steterunt iuxta eum
Matthathia et Sema et Ania et Uria
et Helcia et Maasia ad dextram eius
et ad sinistram Phadaia Misahel et Melchia et Asum
et Asephdana Zaccharia et Mosollam
5 et aperuit Ezras librum coram omni populo
super universum quippe populum eminebat
et cum aperuisset eum stetit omnis populus
6 et benedixit Ezras Domino Deo magno
et respondit omnis populus amen amen elevans manus suas — I Esr 9,5!
et incurvati sunt et adoraverunt Deum proni in terram — II Par 20,18!
7 porro Hiesue et Baani et Serebia
Iamin Accub Septhai
Odia Maasia Celita
Azarias Iozabed Anam Phalaia Levitae
silentium faciebant in populo ad audiendam legem — 7.8: 3! 9,3; 13,1
populus autem stabat in gradu suo
8 et legerunt in libro legis Dei
distincte et adposite ad intellegendum
et intellexerunt cum legeretur
9 dixit autem Neemias — 10,1; 12,26
ipse est Athersatha
et Ezras sacerdos scriba
et Levitae interpretantes universo populo
dies sanctificatus est Domino Deo nostro
nolite lugere et nolite flere
flebat enim omnis populus cum audiret verba legis
10 et dixit eis

AGC ΣΛ(L)KSMΦ cr

71 mnas A c, *item v. seq.* | 72 et[3] *om.* CΣ. | 73 suis *om.* CΣM. || **8**,1 erant *om.* CΣ. | quam] quem ASΦ | praeceperat c | 2 ergo] autem AΦ | 3 in plateam CΣ. | ad medium G CΣ | 4 et[1] *om.* ASΦ | asephdana] hasbadana c. | 5 [*iterum adest* L] | 6 magno] uoce magna ASΦ | 7 phalaia + et CΣK | 8 adposite] aperte c | 9 sacerdos + et L c | enim] autem AΦ | ~ legis uerba CΣ. |

ite comedite pinguia
et bibite mulsum
et mittite partes ei qui non praeparavit sibi
quia sanctus dies Domini est
et nolite contristari
gaudium enim Domini est fortitudo nostra
11 Levitae autem silentium faciebant in omni populo dicentes
tacete quia dies sanctus est et nolite dolere
12 abiit itaque omnis populus ut comederet et biberet
et mitteret partes
et faceret laetitiam magnam
quia intellexerant verba quae docuerat eos
13 et in die secundo congregati sunt principes familiarum universi populi
sacerdotes et Levitae ad Ezram scribam
ut interpretaretur eis verba legis
14 et invenerunt scriptum in lege
praecepisse Dominum in manu Mosi
Lv 23,43 ut habitent filii Israhel in tabernaculis
in die sollemni mense septimo
15 et ut praedicent et divulgent vocem
in universis urbibus suis et in Hierusalem dicentes
egredimini in montem et adferte frondes olivae
et frondes ligni pulcherrimi
frondes myrti et ramos palmarum
et frondes ligni nemorosi
ut fiant tabernacula sicut scriptum est
16 et egressus est populus
et adtulerunt feceruntque sibi tabernacula
unusquisque in domate suo
et in atriis suis et in atriis domus Dei
et in platea portae Aquarum et in platea portae Ephraim
17 fecit ergo universa ecclesia eorum qui redierant de captivitate tabernacula
et habitaverunt in tabernaculis
non enim fecerant a diebus Iosue filii Nun taliter filii Israhel usque ad diem illum
et fuit laetitia magna nimis
18 legit autem in libro legis Dei per dies singulos Dt 31,11!
a die primo usque ad diem novissimum
et fecerunt sollemnitatem septem diebus Lv 23,36!
et in die octavo collectum iuxta ritum
9 in die autem vicesimo quarto mensis huius
convenerunt filii Israhel
in ieiunio et in saccis et humus super eos
2 et separatum est semen filiorum Israhel ab omni filio alienigena 10,28; 13,3.30; I Esr 6,21!
et steterunt et confitebantur peccata sua Lv 26,40! Ier 7,10
et iniquitates patrum suorum
3 et consurrexerunt ad standum 8,7.8!
et legerunt in volumine legis Domini Dei sui quater in die
et quater confitebantur et adorabant Dominum Deum suum
4 surrexit autem super gradum Levitarum
Iosue et Bani Cedmihel Sebnia Bani Sarebias
Bani Chanani
et inclamaverunt voce magna Dominum Deum suum
5 et dixerunt Levitae
Iosue et Cedmihel
Bonni Asebia Serebia
Odoia Sebna Fataia

10 comedite] et edite ASΦ | ei] eis K; his c.; et G. | praeparauerunt c | etenim SΦc | 18 et² *om.* CΣ. | collectum ACΛLr.] collecta K; collectam *cet.* || **9**,1 in³ *om.* CΣΛL Mr | 3 et adorabant *om.* AM. | 4 surrexerunt Kc; stetit ΛM | bani¹ + et c. | bani²] bonni c.; + et ASΦ | bani³ + et c | et clamauerunt SΦc | magna + ad SΦc | 5 serebia + arebia ASΦ |

AGC ΣΛLKSMΦ cr

I Par 29,10! surgite benedicite Domino Deo
vestro
ab aeterno usque in aeternum
I Par 16,35! Ps 68,31 et benedicant nomini gloriae tuae
excelso
in omni benedictione et laude
Ex 20,11! Act 4,24! 17,24; Apc 10,6! 6 tu ipse Domine solus tu fecisti caelum
caelum caelorum et omnem exercitum eorum
terram et universa quae in ea sunt
maria et omnia quae in eis sunt
et tu vivificas omnia haec
et exercitus caeli te adorat
7 tu ipse Domine Deus
Gn 11,31! IV Esr 3,13 qui elegisti Abram et eduxisti eum
de igne Chaldeorum
Gn 17,5 et posuisti nomen eius Abraham
8 et invenisti cor eius fidele coram te
Ex 6,4 et percussisti cum eo foedus
Gn 15,20.21! ut dares ei terram Chananei Chetthei
Amorrei
et Ferezei et Iebusei et Gergesei
ut dares semini eius
et implesti verba tua quoniam iustus
es
Ex 3,7! IV Rg 13,4! 9 et vidisti adflictionem patrum nostrorum in Aegypto
clamoremque eorum audisti super
mare Rubrum
Dt 11,3! Ier 32,20 10 et dedisti signa et portenta
in Pharao et in universis servis eius
et in omni populo terrae illius
cognovisti enim quia superbe ege-
rant contra eos
et fecisti tibi nomen sicut et in hac
die
Ex 14,21.22! 11 et mare divisisti ante eos
et transierunt per medium maris in
sicca
Ex 15,5 persecutores autem eorum proiecisti
in profundum
quasi lapidem in aquas validas
Ex 13,21! 12 et in columna nubis ductor eorum
fuisti per diem
et in columna ignis per noctem
ut appareret eis via per quam ingrediebantur
13 ad montem quoque Sinai descendisti Ex 19,20!
et locutus es cum eis de caelo
et dedisti eis iudicia recta et legem
veritatis
caerimonias et praecepta bona
14 et sabbatum sanctificatum tuum ostendisti eis
et mandata et caerimonias et legem
praecepisti eis
in manu Mosi servi tui
15 panem quoque de caelo dedisti eis in Ex 16,8!
fame eorum
et aquam de petra eduxisti eis sitien- Ex 17,6! Ps 77,16!
tibus
et dixisti eis ut ingrederentur et pos- Ex 6,8!
siderent terram
super quam levasti manum tuam ut
traderes eis
16 ipsi vero et patres nostri superbe ege- 29
runt
et induraverunt cervices suas IV Rg 17,14!
et non audierunt mandata tua 17 et
noluerunt audire
et non sunt recordati mirabilium tuorum quae feceras eis
et induraverunt cervices suas et dederunt caput
ut converterentur ad servitutem suam quasi per contentionem
tu autem Deus propitius clemens et 31; Ex 34,6! Sir 2,13; Dn 9
misericors Ioel 2,13! Ion
longanimis et multae miserationis
non dereliquisti eos
18 et quidem cum fecissent sibi vitulum Ex 32,4!
conflatilem
et dixissent iste est Deus tuus qui
eduxit te de Aegypto
feceruntque blasphemias magnas
19 tu autem in misericordiis tuis multis
non dimisisti eos in deserto

AGC ΣΛL(K)SMΦ cr 5 surgite + et CΣL | 6 caelum[2] AGr𝔐] et caelum Λc; *om. cet.* | sunt[2] *om.* G | [*deest* K *usque ad v.* 20] | 7 dominus AΛMr | abram] abraham GCΣΛLMΦ | 8 chetthei + et CΣL c | et[5] *om.* ASΦ | 10 et[2]] atque c. | in pharaone ΣLc | 11 in sicco c; in siccum CΣ | 14 tuum *om.* ASΦ | 15 in famem CΣ. |

Dt 1,33! columna nubis non recessit ab eis
per diem
ut duceret eos in via
et columna ignis in nocte
ut ostenderet eis iter per quod ingrederentur
Nm 11,25! Ps 142,10 20 et spiritum tuum bonum dedisti qui
doceret eos
et manna tuum non prohibuisti ab
ore eorum
et aquam dedisti eis in siti
Ex 16,35! Dt 2,7! 8,4; 29,5 21 quadraginta annis pavisti eos in deserto
nihilque eis defuit
vestimenta eorum non inveteraverunt
et pedes eorum non sunt adtriti
22 et dedisti eis regna et populos
et partitus es eis sortes
Nm 21,33.34! Ps 134,11.12; 135,19–22 et possederunt terram Seon et terram regis Esebon
et terram Og regis Basan
Gn 26,4! 23 et filios eorum multiplicasti sicut
stellas caeli
et adduxisti eos ad terram de qua
dixeras patribus eorum
ut ingrederentur et possiderent
24 et venerunt filii et possederunt terram
et humiliasti coram eis habitatores
terrae Chananeos
et dedisti eos in manu eorum
et reges eorum et populos terrae
ut facerent eis sicut placebat illis
25 ceperunt itaque urbes munitas et humum pinguem
et possederunt domos plenas cunctis
bonis
cisternas ab aliis fabricatas
vineas et oliveta et ligna pomifera
multa
et comederunt et saturati sunt
et inpinguati sunt et abundavere deliciis in bonitate tua magna
26 provocaverunt autem te ad iracun- Is 30,9!
diam
et recesserunt a te
et proiecerunt legem tuam post terga
sua
et prophetas tuos occiderunt III Rg 19,10! II Par 24,19! Mt 23,37! Act 7,52!
qui contestabantur eos ut reverte-
rentur ad te
feceruntque blasphemias grandes
27 et dedisti eos in manu hostium suorum
et adflixerunt eos
et in tempore tribulationis suae cla- Idc 3,9!
maverunt ad te
et tu de caelo audisti
et secundum miserationes tuas multas
dedisti eis salvatores qui salvaverunt
eos de manu hostium suorum
28 cumque requievissent reversi sunt ut
facerent malum in conspectu tuo Idc 2,11!
et dereliquisti eos in manu inimico- Idc 2,14!
rum suorum et possederunt eos
conversique sunt et clamaverunt ad
te
tu autem de caelo audisti
et liberasti eos in misericordiis tuis
multis temporibus
29 et contestatus es eos ut reverterentur
ad legem tuam
ipsi vero superbe egerunt 16.17; IV Rg 17,14!
et non audierunt mandata tua
et in iudiciis tuis peccaverunt
quae faciet homo et vivet in eis Lv 18,5!
et dederunt umerum recedentem
et cervicem suam induraverunt
nec audierunt
30 et protraxisti super eos annos multos
et contestatus es eos in spiritu tuo II Par 24,19!
per manum prophetarum tuorum et
non audierunt
et tradidisti eos in manu populorum

19 in uiam ASΦ c | in noctem A; per noctem SΦ c | egrederentur A | 20 dedisti[1] + eis CΣ | doceret] duceret AΦ | [*iterum adest* K] | 22 et[5] *om.* ASΦ | 23 ~ multiplicasti filios eorum c. | de qua] quam CΣ. | 24 in manibus K; in manus GL | 25 abundauere GΛLM r] abundauerunt *cet.* | 27 saluarent CΣΛLM c | 28 exaudisti SΦ c | 30 es *om.* GΣΛ | in spiritu suo A.; in spiritum tuum CΣ. |

AGC ΣΛL(K)SMΦ cr

terrarum
Lam 3,22 31 in misericordiis autem tuis plurimis
non fecisti eos in consumptione nec
17! dereliquisti eos
quoniam Deus miserationum et clemens tu es
1,5; Dt 7,9! 32 nunc itaque Deus noster Deus magne fortis et terribilis
custodiens pactum et misericordiam
Ex 4,31! ne avertas a facie tua omnem laborem qui invenit nos
reges nostros principes nostros et sacerdotes nostros
prophetas nostros et patres nostros et omnem populum tuum
a diebus regis Assur usque in diem hanc
I Esr 9,15! Tb 3,2! Bar 2,9; Dn 3,27.28! 9,7! 33 et tu iustus in omnibus quae venerunt super nos
quia veritatem fecisti
nos autem impie egimus
Dn 9,6 34 reges nostri principes nostri sacerdotes nostri et patres nostri
non fecerunt legem tuam
et non adtenderunt mandata tua et testimonia tua
quae testificatus es in eis
35 et ipsi in regnis suis bonis
et in bonitate tua multa quam dederas eis
et in terra latissima et pingui quam tradideras in conspectu eorum
non servierunt tibi nec reversi sunt ab studiis suis pessimis
36 ecce nos ipsi hodie servi sumus
et terram quam dedisti patribus nostris
ut comederent panem eius et quae bona sunt eius
et nos ipsi servi sumus in ea
Dt 28,33! 37 et fruges eius multiplicantur regibus
quos posuisti super nos propter peccata nostra
et in corporibus nostris dominantur
et in iumentis nostris
secundum voluntatem suam
et in tribulatione magna sumus
38 super omnibus ergo his
nos ipsi percutimus foedus et scribimus
et signant principes nostri Levitae nostri et sacerdotes nostri
10 signatores autem fuerunt 1—9: 12,1–8
Neemias Athersatha filius Achelai 8,9
et Sedecias 2 Saraias
Azarias Hieremias
3 Phessur Amaria
Melchia 4 Attus Sebenia
Melluc 5 Arem Mermuth
Obdias 6 Danihel Genton
Baruch 7 Mosollam
Abia Miamin 8 Mazia
Belga Semaia hii sacerdotes
9 porro Levitae
Iosue filius Azaniae
Bennui de filiis Enadad
Cedmihel 10 et fratres eorum
Sechenia Odevia
Celita Phalaia Anan
11 Micha Roob Asebia
12 Zacchur Serebia
Sabania 13 Odia Bani Baninu
14 capita populi
Pheros Phaethmoab
Helam Zethu Bani
15 Bonni Azgad Bebai
16 Adonia Beggoai Adin
17 Ater Ezechia Azur
18 Odevia Asum Besai
19 Ares Anathoth Nebai
20 Mecphia Mosollam
Azir 21 Mesizabel Sadoc
Ieddua 22 Felthia Anan
Ania 23 Osee Anania
Asub 24 Aloes Phaleam
Sobec 25 Reum Asebna

AGC ΣΛLKSMΦ cr 31 in consumptionem c; in consummationem CΣKS | ~ es tu ΛM c | 32 deus2 *om.* ΛSM Φ c | a facie tua] faciem tuam CΣLK | in omni labore CΣL | nostros1 + et c | nostros3 + et AK c | 33 iustus + es Λ c | 34 et reges nostri et A. | 35 bonis *om.* c. | et in pingui CΣ | 36 terra quam AGL c | 37 in1 ACΣK r, *cf.* 𝔐] *om. cet.* | in2 ACΣ r, *cf.* 𝔐] *om. cet.* | magna + nos AK | **10,** 10 sebenia odaia c. | 18 odaia c. | 19 hareph K c |

Madsia 26 et Haia Hanam
Anan 27 Melluc Arem Baana
I Esr 7,7! 28 et reliqui de populo
sacerdotes Levitae ianitores et cantores
9,2! I Esr 6,21! Nathinnei et omnes qui se separaverunt de populis terrarum ad le-
gem Dei
uxores eorum filii eorum et filiae
eorum
29 omnis qui poterat sapere
spondentes pro fratribus suis
optimates eorum et qui veniebant ad
pollicendum et iurandum
III Rg 11,38! ut ambularent in lege Dei quam dederat in manu Mosi servi Dei
Ps 118,106; Ez 44,24 ut facerent et custodirent universa
mandata Domini Dei nostri
et iudicia eius et caerimonias eius
Dt 7,3! I Esr 9,12 30 et ut non daremus filias nostras populo terrae
et filias eorum non acciperemus filiis
nostris
3,15; Ier 17,21 31 populi quoque terrae qui inportant
venalia et omnia ad usum
per diem sabbati ut vendant
non accipiemus ab eis in sabbato et
in die sanctificata
et dimittemus annum septimum et
exactionem universae manus
32 et statuemus super nos praecepta
ut demus tertiam partem sicli per
annum
ad opus domus Dei nostri
II Par 2,4! 33 ad panes propositionis
et ad sacrificium sempiternum
et in holocaustum sempiternum
in sabbatis in kalendis in sollemnitatibus et in sanctificatis
et pro peccato ut exoretur pro Israhel
et in omnem usum domus Dei nostri
34 sortes ergo misimus super oblatione
lignorum
inter sacerdotes et Levitas et populos
ut inferrentur in domum Dei nostri
per domos patrum nostrorum
per tempora a temporibus anni usque ad annum
ut arderent super altare Domini Dei Lv 6,12
nostri
sicut scriptum est in lege Mosi
35 et ut adferremus primogenita terrae II Par 31,5!
nostrae
et primitiva universi fructus omnis
ligni
ab anno in annum in domo Domini
36 et primitiva filiorum nostrorum et Ex 13,12!
pecorum nostrorum
sicut scriptum est in lege
et primitiva boum nostrorum et ovium nostrarum
ut offerrentur in domo Dei nostri
sacerdotibus qui ministrant in domo
Dei nostri
37 et primitias ciborum nostrorum Nm 15,20.21!
et libaminum nostrorum
et poma omnis ligni
vindemiae quoque et olei
adferemus sacerdotibus ad gazofilacium Dei nostri
et decimam partem terrae nostrae Nm 18,21!
Levitis
ipsi Levitae decimas accipient ex omnibus civitatibus operum nostrorum
38 erit autem sacerdos filius Aaron cum
Levitis in decimis Levitarum
et Levitae offerent decimam partem Nm 18,21!
decimae suae
in domum Dei nostri ad gazofilacium in domo thesauri

AGC ΣΛLKSMΦ cr

25 maasia c. | 26 et haia] echaia c. | 27 haran Λc. | 28 sacerdotes + et CΣK; + autem et L. | 29 omnes qui poterant ALK c | 30 et ut] ut SΦ; et CΣ. | acciperimus A.; accipiemus CL. | 31 qui portant A | sanctificato ΛSMΦ c | exactione GK | 32 statuimus CΣ KM | 33 et ad panes CΣ. | et in holocaustum sempiternum *om.* GCΣLSΦ | 34 super oblatione AGSΦ] super orationes Λ.; super oblationem *cet.* | populum c | inferrent MΦ; inferremus CΣ. | a *om.* CΣ | 35 adferamus A | in¹] ad GCΣ | in domum CΣ | 36 ministrabant CΣL. | 37 nostrarum² K; *om.* GSΦ | 38 in domum] in domo KΦ c | in domo] in domum AL c; *om.* Σ. |

13,5 39 ad gazofilacium enim deportabunt
13,12; II Par 31,5! filii Israhel et filii Levi
primitias frumenti vini et olei
et ibi erunt vasa sanctificata
et sacerdotes et cantores et ianitores et ministri
et non dimittemus domum Dei nostri
11 habitaverunt autem principes populi in Hierusalem
reliqua vero plebs misit sortem ut tollerent unam partem de decem
qui habitaturi essent in Hierusalem in civitate sancta
novem vero partes in civitatibus
2 benedixit autem populus omnibus viris qui se sponte obtulerunt ut habitarent in Hierusalem
3—19: I Par 9,2–17 3 hii sunt itaque principes provinciae qui habitaverunt in Hierusalem
et in civitatibus Iuda habitavit unusquisque in possessione sua in urbibus suis
7,60; I Esr 2,58 Israhel sacerdotes Levitae Nathinnei et filii servorum Salomonis
4 et in Hierusalem habitaverunt
de filiis Iuda et de filiis Beniamin
de filiis Iuda
Athaias filius Aziam
filii Zacchariae filii Amariae
filii Saphatia filii Malelehel
de filiis Phares
5 Imaasia filius Baruch
filius Coloza filius Azia filius Adaia
filius Ioiarib filius Zacchariae filius Silonites
6 omnes filii Phares qui habitaverunt in Hierusalem quadringenti sexaginta octo viri fortes
7 hii sunt autem filii Beniamin
Sellum filius Mosollam filius Ioed
filius Phadaia filius Colaia filius Masia
filius Ethehel filius Isaia
8 et post eum Gabbai Sellai nongenti viginti octo
9 et Iohel filius Zechri praepositus eorum
et Iuda filius Sennua super civitatem secundus
10 et de sacerdotibus
Idaia filius Ioarib Iachin 11 Saraia filius Elcia filius Mesollam
filius Sadoc filius Meraioth filius Ahitub
princeps domus Dei
12 et fratres eorum facientes opera templi octingenti viginti duo
et Adaia filius Ieroam
filius Felelia filius Amsi filius Zacchariae
filius Phessur filius Melchiae
13 et fratres eius principes patrum ducenti quadraginta duo
et Amassai filius Azrihel filius Aazi
filius Mosollamoth filius Emmer
14 et fratres eorum potentes nimis centum viginti octo
et praepositus eorum Zabdihel filius potentium
15 et de Levitis
Sebenia filius Asob
filius Azaricam filius Asabia filius Boni
16 et Sabathai et Iozabed
super opera quae erant forinsecus in domo Dei a principibus Levitarum
17 et Mathania filius Micha filius Zebdaei filius Asaph 12,8
princeps ad laudandum et confitendum in oratione
et Becbecia secundus de fratribus eius

AGC ΣΛLKSMΦ cr

39 deportabant AG. | frumenti + et GK | dimittimus CΣLKSMΦ || **11**,1 plebs] sors CΣ. | in[3] *om.* ACΣ c | ciuitatem sanctam CΣL. | nouem—ciuitatibus *om.* CΣ. | 2 obtulerant CΣLSΦ c | 3 habitauit + autem ASΦ c | suis + in AK | israhel] hierusalem A | 4 saphatiae LK c | 5 silonitis c | 6 omnes + hi c. | 9 iudas AΦ c | 11 helciae CΣLK c | princeps ΣLSMΦ cr, *cf.* 𝔐] principes *cet.* | 13 eius] eorum L; *om.* A | 15 sebenia] semeia c | 16 super opera] superiora K; super omnia opera c. | erat A; sunt M. | 17 principes ACΣL | et[2] + ad Φ c | eius] suis CΣ. |

et Abda filius Sammua
filius Galal filius Idithun
18 omnes Levitae in civitate sancta ducenti octoginta quattuor
19 et ianitores
Accob Telmon et fratres eorum qui
custodiebant ostia centum septuaginta duo
20 et reliqui ex Israhel
sacerdotes et Levitae
in universis civitatibus Iuda
unusquisque in possessione sua
3,26 21 et Nathinnei qui habitabant in Ofel
et Siaha et Gaspha de Nathinneis
22 et episcopus Levitarum in Hierusalem
Azzi filius Bani filius Asabiae filius
Matthaniae filius Michae
de filiis Asaph cantores in ministerio
domus Dei
23 praeceptum quippe regis super eos
erat
et ordo in cantoribus per dies singulos
24 et Fataia filius Mesezebel de filiis
Zera filii Iuda
in manu regis iuxta omne verbum
populi
25 et in domibus per omnes regiones
eorum
de filiis Iuda habitaverunt in Cariatharbe et in filiabus eius
et in Dibon et in filiabus eius
et in Capsel et in viculis eius
26 et in Iesue et in Molada
et in Bethfaleth 27 et in Asersual
et in Bersabee et in filiabus eius
28 et in Siceleg et in Mochona et in filiabus eius
29 et in Ainremmon et in Sara et in
Irimuth
30 Zanoa Odollam et villis earum
Lachis et regionibus eius
Azeca et filiabus eius
et manserunt in Bersabee usque ad
vallem Ennom
31 filii autem Beniamin
a Geba Mechmas et Aia et Bethel et
filiabus eius
32 Anathoth Nob Anania
33 Asor Rama Getthaim
34 Adid Seboim Neballa
Loth 35 et Ono valle Artificum
36 et de Levitis partitiones Iuda et Beniamin
12 hii autem sacerdotes et Levitae 1—8: 10,1–9
qui ascenderunt cum Zorobabel filio 1 Esr 2,2!
Salathihel et Iosue
Saraia Hieremias Ezra
2 Amaria Melluch Attus
3 Sechenia Reum Meremuth 4 Addo
Genthon Abia 5 Miamin
Madia Belga 6 Semaia
et Ioarib Idaia Sellum
Amoc Elceia 7 Idaia
isti principes sacerdotum et fratres
eorum
in diebus Iosue
8 porro Levitae
Iesua Bennui Cedmihel
Sarabia Iuda Mathanias super hym- 11,17
nos
ipsi et fratres eorum
9 et Becbecia atque et Hanni fratres
eorum
unusquisque in officio suo
10 Hiesue autem genuit Ioachim
et Ioachim genuit Eliasib 22
et Eliasib genuit Ioiada 13,28
11 et Ioiada genuit Ionathan

22 de filiis] filius CΣM. | cantatores M; cantoris CΣ | 23 cantatoribus C | 25 uiculis] filiabus A | 29 in ainremmon Lr𝔐] ainremmon AG; nainremmon C.; naimremmon Σ.; in remmon *cet.* | et in irimuth S𝔐] et in ierimuth Φ c; et in rimuth CΛLM; et in rimath Σ.; et rimuth G; et hirimuth A; et irimuth K r | 30 et[1] + in CΣLSΦ c | eorum GΛ | et[2]] in K; et in CΣLSΦ | azeca] et zeca Λ.; et zecha S.; et azeca c. | 31 et[2] *om.* CΣ. | 34 seboim + et c. | 36 partitiones GCΛ] partitionis M; partiones AΣΦ r; portiones KS c; portionis L. | iudae c || **12**,1 hii autem] hii L.; et hii CΣ; hii sunt autem S c | et[2] *om.* ASΦ | 3 sebenias c. | 6 helcias c. | 9 atque et hanni] atque hanni et c.; et anni et CΣ.; et anni K | 10 et[2] *om.* CΣΛM r | 11 et[1] *om.* G |

AGC ΣΛKSMΦ cr

et Ionathan genuit Ieddoa
12 in diebus autem Ioachim erant sacerdotes principes familiarum
Saraiae Amaria
Hieremiae Anania
13 Ezrae Mosollam
Amariae Iohanan
14 Milico Ionathan
Sebeniae Ioseph
15 Arem Edna
Maraioth Elci
16 Addaiae Zaccharia
Genthon Mosollam
17 Abiae Zecheri
Miamin et Moadiae Felti
18 Belgae Sammua
Semaiae Ionathan
19 Ioiarib Matthanai
Iadaiae Azzi
20 Sellaiae Celai
Amoc Eber
21 Elciae Asebia
Idaiae Nathanahel
10.11! 22 Levitae in diebus Eliasib et Ioiada et Ionan et Ieddoa
scripti principes familiarum
et sacerdotes in regno Darii Persae
23 filii Levi principes familiarum
scripti in libro verborum dierum
et usque ad dies Ionathan filii Eliasib
45; II Par 8,14! 24 et principes Levitarum Asebia Serebia
I Esr 2,40 et Iesue filius Cedmihel
et fratres eorum per vices suas
ut laudarent et confiterentur
iuxta praeceptum David viri Dei
et observarent aeque per ordinem
25 Matthania et Becbecia Obedia
Mosollam Thelmon Accub
custodes portarum et vestibulorum ante portas
26 hii in diebus Ioachim filii Iesue filii Iosedech
8,9 et in diebus Neemiae ducis
et Ezrae sacerdotis scribaeque
27 in dedicatione autem muri Hierusalem
requisierunt Levitas de omnibus locis suis
ut adducerent eos in Hierusalem
et facerent dedicationem et laetitiam I Par 15,16!
in actione gratiarum et in cantico
in cymbalis psalteriis et citharis
28 congregati sunt ergo filii cantorum
et de campestribus circa Hierusalem
et de villis Netuphati
29 et de domo Galgal
et de regionibus Geba et Azmaveth
quoniam villas aedificaverunt sibi cantores in circuitu Hierusalem
30 et mundati sunt sacerdotes et Levitae
et mundaverunt populum et portas et murum
31 ascendere autem feci principes Iuda super murum
et statui duos choros laudantium magnos
et ierunt ad dexteram super murum ad portam Sterquilinii 2,13
32 et ivit post eos Osaias et media pars principum Iuda
33 et Azarias Ezras et Mosollam
Iuda et Beniamin et Semeia et Hieremia
34 et de filiis sacerdotum in tubis
Zaccharias filius Ionathan
filius Semeiae filius Mathaniae filius Michaiae
filius Zecchur filius Asaph
35 et fratres eius Semeia et Azarel Malalai Galalai
Maai Nathanel et Iuda et Anani
in vasis cantici David viri Dei
et Ezras scriba ante eos in porta Fontis
36 et contra eos ascenderunt in gradibus civitatis David 3,15

AGC ΣΛLKSMΦ cr 11 et[2] *om.* CΣSΦr | 12 sacerdotes + et ASΦc | hieremia CΣΛK | ananiae ASMΦ | 13 ezra CΣK | 15 arem] haran c. | 16 zacchariae ACΣSΦ | 22 iohanan c | 26 et[1] *om.* A | 27 et[2]] in A | in[4] *om.* c | in[5]] et G.; et in Sc | 28 ergo] autem Lc | et[1] *om.* c. | 29 aedificarunt CΣ | 31 ~ magnos choros laudantium Kc | 35 azarel + et CΣ. | iudas c. | canticis CΣ |

in ascensu muri super domum David
2,14 et usque ad portam Aquarum ad orientem
37 et chorus secundus gratias referentium ibat ex adverso
et ego post eum et media pars populi
super murum et super turrem Furnorum
et usque ad murum latissimum
38 et super portam Ephraim et super portam Antiquam
3,1 et super portam Piscium et turrem Ananehel et turrem Ema
et usque ad portam Gregis
et steterunt in porta Custodiae
39 steteruntque duo chori laudantium in domo Dei
et ego et dimidia pars magistratuum mecum
40 et sacerdotes Eliachim Maasia Miniamin
Michea Elioenai Zaccharia Anania in tubis
41 et Maasia et Semea et Eleazar et Azi et Iohanan et Melchia
et Elam et Ezer
et clare cecinerunt cantores
et Iezraia praepositus
III Rg 8,62! 42 et immolaverunt in die illa victimas magnas et laetati sunt
Deus enim laetificaverat eos laetitia magna
sed et uxores eorum et liberi gavisi sunt
et audita est laetitia Hierusalem procul
13,4.5 43 recensuerunt quoque in die illa viros super gazofilacia thesauri
ad libamina et ad primitias et ad decimas
ut introferrent per eos principes civitatis
in decore gratiarum actionis
sacerdotes et Levitas
quia laetatus est Iuda in sacerdotibus et Levitis adstantibus
44 et custodierunt observationem Dei sui
et observationem expiationis
et cantores et ianitores
iuxta praeceptum David et Salomonis filii eius
45 quia in diebus David et Asaph 24!
ab exordio erant principes constituti cantorum in carmine
laudantium et confitentium Deo
46 et omnis Israhel in diebus Zorobabel et in diebus Neemiae
dabat partes cantoribus et ianitoribus per dies singulos
et sanctificabant Levitas
et Levitae sanctificabant filios Aaron
13 in die autem illo lectum est in volumine Mosi audiente populo 8,7.8! 1.2: Dt 23,3–5
et inventum est scriptum in eo
quod non debeat introire Ammanites et Moabites in ecclesiam Dei usque in aeternum
2 eo quod non occurrerint filiis Israhel cum pane et aqua
et conduxerint adversum eum Balaam ad maledicendum ei
et convertit Deus noster maledictionem in benedictionem
3 factum est autem cum audissent legem
separaverunt omnem alienigenam ab Israhel 9,2!
4 et super hoc erat Eliasib sacerdos 12,43
qui fuerat positus in gazofilacio domus Dei nostri
et proximus Tobiae
5 fecit ergo sibi gazofilacium grande 10,39
et ibi erant ante eum reponentes munera et tus et vasa

36 in ascensum ASMΦr | 37 latissimum] altissimum AS. | 38 emath c | in porta] in portam CΣ; in portas K; ad portam L. | 39 et steterunt AS. | 43 actiones CΣL | laetatus] laetificatus Kc | et⁴ + in ACΣ. | 45 deum GCΣ | 46 dabant Σc ‖ **13**,1 debeant CΣΦc | 2 eum] eos ASΦc; *om.* L. | ei] eis SΦc; *om.* C. | 4 positus] praepositus Λc | 5 grandem CLM |

AGC ΣΛLKSMΦ cr

II Par 13,5! et decimam frumenti et vini et olei
partes Levitarum et cantorum et
ianitorum
et primitias sacerdotales
6 in omnibus autem his non fui in Hierusalem
quia in anno tricesimo secundo Artarxersis regis Babylonis veni ad
regem
et in fine dierum rogavi regem
7 et veni in Hierusalem
et intellexi malum quod fecerat Eliasib Tobiae
ut faceret ei thesaurum in vestibulis
domus Dei
8 et malum mihi visum est valde
et proieci vasa domus Tobiae foras
de gazofilacio
9 praecepique et mundaverunt gazofilacia
et rettuli ibi vasa domus Dei sacrificium et tus
10 et cognovi quoniam partes Levitarum
non fuissent datae
et fugisset unusquisque in regionem
suam
de Levitis et de cantoribus et de his
qui ministrabant
11 et egi causam adversus magistratus
et dixi
quare dereliquimus domum Dei
et congregavi eos et feci stare in stationibus suis
10,39; II Par 13,5! 12 et omnis Iuda adportabat decimam
frumenti et vini et olei in horrea
13 et constituimus super horrea Selemiam sacerdotem
et Sadoc scribam
et Phadaiam de Levitis
et iuxta eos Anan filium Zacchur filium Matthaniae
quoniam fideles conprobati sunt
et ipsis creditae sunt partes fratrum
suorum
14 memento mei Deus meus pro hoc 22,31; 5,19
et ne deleas miserationes meas
quas feci in domo Dei mei et in caerimoniis eius
15 in diebus illis vidi in Iuda
calcabant torcularia in sabbato portantes acervos
et onerantes super asinos vinum et
uvas et ficus et omne onus
et inferentes Hierusalem in die sabbati 10,31!
et contestatus sum ut in die qua vendere liceret venderent
16 et Tyrii habitaverunt in ea
inferentes pisces et omnia venalia
et vendebant in sabbatis filiis Iuda
et in Hierusalem
17 et obiurgavi optimates Iuda et dixi
eis
quae est res haec mala quam vos facitis
et profanatis diem sabbati
18 numquid non haec fecerunt patres
nostri
et adduxit Deus noster super nos
omne malum hoc
et super civitatem hanc
et vos additis iracundiam super Israhel violando sabbatum
19 factum est itaque cum quievissent Ier 17,2
portae Hierusalem die sabbati
dixi et cluserunt ianuas
et praecepi ut non aperirent eas usque post sabbatum
et de pueris meis constitui super portas
ut nullus inferret onus in die sabbati
20 et manserunt negotiatores et vendentes universa venalia
foris Hierusalem semel et bis

AGC ΣΛLKSMΦ cr

5 et[5] *om.* ΑΛΚΦ cr | 6 fuit AG | in[3] *om.* GΛLSMΦ c | 9 et demundauerunt Λ; et emundauerunt MΦ cr | 10 quoniam] quod c. | de[2] *om.* CΣKS c | et[4] *om.* CΣ. | 12 et[2] *om.* ALKMΦ c | 15 calcantes CΣK c | sabbato + et CΣK | inferentes + in CΣLKSMΦ c | in die[1]] die K c; *om.* M | ut *om.* CΣ. | 16 iudae A | et in] in GΣ c; et CΛKM | 17 ~ haec res GKS c | 18 noster *om.* CΣ. | 19 itaque] autem CΣΦ c | hierusalem + in S c. | usque in post CΣ. |

21 et contestatus sum eos et dixi eis
quare manetis ex adverso muri
si secundo hoc feceritis manum mittam in vos
itaque ex tempore illo non venerunt
in sabbato
22 dixi quoque Levitis ut mundarentur
et venirent
ad custodiendas portas et sanctifi-
candum diem sabbati
14.31; 5,19 et pro hoc ergo memento mei Deus
Ps 50,3! meus et parce mihi secundum multitudinem miserationum tuarum
23 sed et in diebus illis vidi Iudaeos ducentes uxores
azotias ammanitidas et moabitidas
24 et filii eorum ex media parte loquebantur azotice
et nesciebant loqui iudaice
et loquebantur iuxta linguam populi
et populi
25 et obiurgavi eos et maledixi
et cecidi ex ipsis viros
et decalvavi eos
et adiuravi in Deo
Dt 7,3! ut non darent filias suas filiis eorum
et non acciperent de filiabus eorum
filiis suis et sibimet ipsis dicens
26 numquid non in huiuscemodi re peccavit Salomon rex Israhel
et certe in gentibus multis non erat
rex similis ei
et dilectus Deo suo erat
et posuit eum Deus regem super om- I Par 28,5!
nem Israhel
et ipsum ergo ad peccatum duxerunt Dt 17,17; III Rg 11,4!
mulieres alienigenae
27 numquid et nos inoboedientes I Sm 15,24
faciemus omne malum grande hoc
ut praevaricemur in Deo nostro I Esr 10,2!
et ducamus uxores peregrinas
28 de filiis autem Ioiada filii Eliasib sa- 12,10!
cerdotis magni
gener erat Sanaballat Horonitis
quem fugavi a me
29 recordare Domine Deus meus adversum eos qui polluunt sacerdotium
iusque sacerdotale et leviticum
30 igitur mundavi eos ab omnibus alie- 9,2!
nigenis
et constitui ordines sacerdotum et I Esr 6,18!
Levitarum
unumquemque in ministerio suo 31 et
in oblatione lignorum
in temporibus constitutis et in primitiis
memento mei Deus meus in bonum 14.22; 5,19

EXPLICIT LIBER EZRAE

21 eos *om.* AC | 22 sanctificandam c. | 23 azotidas AΣLΦ c | 24 et populi *om.* CΣK | 25 ex ipsis] ex eis c | deo] domino GCΣLS | et[6]] ut CΣ | 26 in[1] *om.* CΣL | adduxerunt K; perduxerunt CΣ | ~ duxerunt ad peccatum c | 27 et[1] *om.* CΣL. | 28 horonites CΣLK c | 30 igitur] et CΣK | 31 in primitiuis CΣKSΦ c | bonum + amen Φ c ||

AGC ΣΛLKSMΦ cr

INCIPIT PROLOGUS TOBIAE

Cromatio et Heliodoro episcopis Hieronymus in Domino salutem.

Mirari non desino exactionis vestrae instantiam. Exigitis enim, ut librum chaldeo sermone conscriptum ad latinum stilum traham, librum utique Tobiae, quem Hebraei de catalogo divinarum Scripturarum secantes, his quae Agiografa memorant manciparunt. Feci satis desiderio vestro, non tamen meo studio. Arguunt enim nos Hebraeorum studia et inputant nobis, contra suum canonem latinis auribus ista transferre. Sed melius esse iudicans Pharisaeorum displicere iudicio et episcoporum iussionibus deservire, institi ut potui, et quia vicina est Chaldeorum lingua sermoni hebraico, utriusque linguae peritissimum loquacem repperiens, unius diei laborem arripui et quicquid ille mihi hebraicis verbis expressit, haec ego accito notario, sermonibus latinis exposui.

Orationibus vestris mercedem huius operis conpensabo, cum gratum vobis didicero me quod iubere estis dignati conplesse. EXPLICIT PROLOGUS

INCIPIT LIBER TOBIAE

Tobias ex tribu et civitate Nepthalim
quae est in superioribus Galileae supra Naasson post viam quae ducit ad occidentem in sinistro habens civitatem Sephet
IV Rg 17,3! 2 cum captus esset in diebus Salmanassar regis Assyriorum
in captivitate tamen positus viam veritatis non deseruit
3 ita ut omnia quae habere poterat cotidie concaptivis fratribus qui erant ex genere inpertiret
4 cumque esset iunior omnibus in tribu Nepthalim nihil tamen puerile gessit in opere
II Par 13,8! 5 denique cum irent omnes ad vitulos aureos quos Hieroboam fecerat rex Israhel
hic solus fugiebat consortia omnium
6 et pergebat ad Hierusalem ad templum Domini
et ibi adorabat Dominum Deum suum Israhel
omnia primitiva sua et decimas suas fideliter offerens Ex 22,29!
7 ita ut in tertio anno proselytis et advenis ministraret omnem decimationem
8 haec et his similia secundum legem Dei puerulus observabat
9 cum vero factus esset vir accepit uxorem Annam ex tribu sua Nm 36,7
genuitque ex ea filium nomen suum inponens ei
10 ab infantia timere Deum docuit et

C **Prologus.** *Citantur* C *et* ΑΣΛΚS(= U *apud* ꝛ) Φ *ac* ¢(*edd.* 1593 *et* 1598)ꝛ. *Tit.* eiusdem ad
ΑΣΛΚSΦ chromatium et eliodorum in tobiam praefatio ¢ | 1 cromatio—salutem *om.* ¢. | in domi-
cr no *om.* CΣ. | 5 ~ uestro desiderio CΣ. | 6 enim] et ¢. | 10 haec] hoc ¢ ||

C **Tobias.** *Citantur* LC *et* ΑΣΚS(= U *apud* ꝛ) Φ *ac* ¢ꝛ. [*Codd.* G (= N *apud* ꝛ) *et* Λ *in hoc libro tex-*
ΑΣΚSΦ *tum ant. vers. lat. praebent*] *Tit.* liber tobiae ¢ || **1**,1 [*deest* L *usque ad* 4,22] | 3 ex eius ge-
cr nere A ¢; ex genere suo S | 5 omnium] hominum C | 6 et^{1}] sed ¢. | ad^{1}] in A ¢. | su-
um *om.* SΦ ¢ | 9 ex^{1}] de Φ ¢ | 10 ab CΣΚΦꝛ] quem ab *cet.* |

abstinere ab omni peccato
7,3 11 igitur cum per captivitatem devenis-
set cum uxore sua et filio in civitatem Nineve cum omni tribu sua
Idt 12,2; ɛ4,13; Dn 1,8; Os 9,3 12 et omnes ederent ex cibis gentilium
iste custodivit animam suam
et numquam contaminatus est in escis eorum
13 et quoniam memor fuit Domini in
toto corde suo
Gn 39,21! dedit illi Dominus gratiam in conspectu Salmanassar regis
14 et dedit ei potestatem quocumque
vellet ire habens libertatem quaecumque facere voluisset
15 pergebat ergo per omnes qui erant
in captivitate et monita salutis dabat eis
16 cum autem venisset in Rages civitatem Medorum
et ex his quibus honoratus fuerat a
4,21 rege habuisset decem talenta argenti
17 et cum multa turba generis sui Gabelum egentem videret qui erat ex
tribu eius
sub chirografo dedit illi memoratum
pondus argenti
18 post multum vero temporis mortuo
Salmanassar rege
cum regnaret Sennacherim filius eius
pro eo
et filios Israhel exosos haberet in
conspectu suo
19 Tobias pergebat per omnem cognationem suam et consolabatur eos
Act 4,35 dividebatque unicuique prout poterat de facultatibus suis
20 esurientes alebat nudis vestimenta
praebebat
12,12 et mortuis atque occisis sepulturam
sollicitus exhibebat
IV Rg 19,36 21 denique cum reversus esset rex Sennacherim fugiens a Iudaea plagam IV Rg 19,35!
quam circa eum Deus fecerat prop-
ter blasphemiam suam
et iratus multos occideret ex filiis Israhel Tobias sepeliebat corpora eorum
22 at ubi nuntiatum est regi iussit eum 2,8
occidi et tulit ei omnem substantiam eius
23 Tobias vero cum filio suo et cum
uxore fugiens nudus latuit quia
multi diligebant eum
24 post dies vero quadraginta et quin- IV Rg 19,37; II Par 32,21; Is 37,38
que occiderunt regem filii ipsius
25 et reversus est Tobias ad domum
suam
omnisque facultas eius restituta est ei
2 post haec vero cum esset dies festus
Domini
et factum esset prandium bonum in Sir 9,22
domo Tobis
2 dixit filio suo vade et adduc aliquos
ex tribu nostra timentes Deum et
epulentur nobiscum
3 cumque abisset reversus nuntiat
unum ex filiis Israhel iugulatum
iacere in platea
statimque exiliens de accubitu suo 12,12
relinquens prandium ieiunus pervenit ad corpus
4 tollensque illud portavit ad domum
suam occulte
ut dum sol occubuisset caute sepeliret eum
5 cumque occultasset corpus manducavit panem cum luctu et tremore
6 memorans illum sermonem quem
dixit Dominus per Amos prophetam
dies festi vestri convertentur in la- Iob 30,31! Am 8,10; I Mcc 1,41
mentationem et luctum
7 cum vero sol occubuisset abiit et se-

11 in ciuitate CΣSΦ | nineuen A; niniuen c | 12 et[1]] cum c. | 13 dominus] deus Φ c | 14 ei] illi c | 15 per] ad c. | 17 cum + in AS c | 18 sennacherib CΣΦ c, *item v.* 21 | 19 tobias + quotidie c | 20 nudisque Φ c | 21 ~ fecerat deus c | 22 adubi CK | tulit ei] tulit SΦ c; tolli A | eius *om.* CΣ | 24 et *om.* SΦ c | 25 ad] in K c. || **2**,1 in domum CΣ | tobiae AΣS c | 2 ex] de Φ c | et[2]] ut KS c | 3 nuntiauit S c; + ei c | 6 in lamentatione et luctu C; in luctum et (+ in A) lamentationem AS |

C
AΣKSΦ
cr

pelivit eum
8 arguebant autem illum omnes proximi sui dicentes
1,22 iam huius rei causa interfici iussus
es et vix effugisti mortis imperium
et iterum sepelis mortuos
9 sed Tobias plus timens Deum quam
regem
rapiebat corpora occisorum et oc-
cultabat in domo sua
et mediis noctibus sepeliebat ea
10 contigit autem ut quadam die fatiga-
tus a sepultura veniens domum
iactasset se iuxta parietem et obdormisset
11 ex nido hirundinum dormienti illi calida stercora insiderent super oculos eius fieretque caecus
12 hanc autem temptationem ideo permisit Dominus evenire illi
ut posteris daretur exemplum pa-
tientiae eius sicut et sancti Iob
13 nam cum ab infantia sua semper
Dt 5,29! Deum timuerit et mandata eius custodierit
non est contristatus contra Deum
quod plaga caecitatis evenerit ei
14 sed inmobilis in Dei timore permansit agens gratias Deo omnibus diebus vitae suae
15 nam sicut beato Iob insultabant reges ita isti parentes et cognati eius
Iob 12,4! et inridebant vitam eius dicentes
22 16 ubi est spes tua pro qua elemosynas
et sepulturas faciebas
17 Tobias vero increpabat eos dicens
nolite ita loqui 18 quoniam filii sanc-
8,5; Iob 19,25–27! torum sumus et vitam illam expec-
tamus quam Deus daturus est his
qui fidem suam numquam mutant
ab eo
19 Anna vero uxor eius ibat ad textri-
num opus cotidie
et de labore manuum suarum victum quem consequi poterat defe-
rebat
20 unde factum est ut hedum caprarum
accipiens detulisset domi
21 cuius cum vocem balantis vir eius
audisset dixit
videte ne forte furtivus sit reddite
eum dominis suis
quia non licet nobis ex furto aliquid
aut edere aut contingere
22 ad haec uxor eius irata respondit
manifeste vana facta est spes tua et 16
elemosynae tuae modo paruerunt
23 atque his et aliis huiusmodi verbis
exprobrabat ei
3 tunc Tobias ingemuit et coepit orare
cum lacrimis 2 dicens
iustus es Domine et omnia iudicia II Esr 9,33! Ps 10,8! 144,17!
tua iusta sunt Dn 3,27
et omnes viae tuae misericordia et Ps 24,10
veritas et iudicium
3 et nunc Domine memor esto mei
ne vindictam sumas de peccatis meis Dt 9,27! Ps 24,7; 102,10
neque reminiscaris delicta mea vel Is 43,25!
parentum meorum
4 quoniam non oboedivimus praeceptis tuis
et traditi sumus in direptionem et I Esr 9,7!
captivitatem et mortem
et in fabulam et in inproperium om- Dt 28,37!
nibus nationibus in quibus dispersisti nos
5 et nunc Domine magna iudicia tua
quia non egimus secundum praecepta tua
et non ambulavimus sinceriter coram te
6 et nunc Domine secundum volunta- Lc 1,38
tem tuam fac mecum
et praecipe in pace recipi spiritum Iob 7,15.16! Ion 4,3

C AΣKSΦ cr
8 illum] eum ΣKS c | sui] eius c | 9 deum] dominum CΣ | 10 in domum A c; + suam AS c | 11 et ex c | inciderent c | 15 et[2] *om.* c | 19 ∼ ad opus textrinum c. | 21 nobis aliquid ex furto edere A.; ∼ nobis aut edere ex furto aliquid Φ c; ∼ aliquid ex furto nobis aut edere S. | 22 irata] ita Σ; ista C. | apparuerunt c | 23 huiuscemodi CΣ c || **3**,3 mei + et AK c | 4 et[1]] ideo K c | et in fabulam *om.* CΣ | et inproperium CΣK; et in obprobrium AS |

meum
Ier 8,3 expedit enim mihi mori magis quam
vivere
7 eadem itaque die contigit ut Sarra
6,11 filia Raguhel in civitate Medorum
ut et ipsa audiret inproperium ab
una ex ancillis patris sui
6,14; 7,11! 8 quoniam tradita fuerat septem viris
et daemonium nomine Asmodeus
occiderat eos mox ut ingressi fuissent ad eam
9 ergo cum pro culpa sua increparet
puellam respondit ei dicens
amplius ex te non videamus filium
aut filiam super terram
interfectrix virorum tuorum 10 numquid et me occidere vis sicut et iam
septem occidisti
ad hanc vocem perrexit in superiori
cubiculo domus suae
et tribus diebus et tribus noctibus
non manducavit neque bibit
11 sed in oratione persistens lacrimis
15! deprecabatur Dominum
I Sm 10,19! ut ab isto inproperio liberaret eam
12 factum est autem tertia die dum conpleret orationem benedicens Dominum 13 dixit
23; Ps 112,2! benedictum est nomen tuum Deus
patrum nostrorum
qui cum iratus fueris misericordiam
facies
et in tempore tribulationis peccata
dimittis his qui invocant te
Iob 22,26 14 ad te Domine faciem meam converto ad te oculos meos converto
11! Gn 30,23! Ps 118,22.39 15 peto Domine ut de vinculo inpro-
perii huius absolvas me
aut certe desuper terra eripias me
16 tu scis Domine quia numquam concupivi virum

et mundam servavi animam meam Sir 23,6!
ab omni concupiscentia
17 numquam cum ludentibus miscui
me
neque cum his qui in levitate ambulant participem me praebui
18 virum autem cum timore tuo non
libidine mea consensi suscipere
19 et aut ego indigna fui illis aut illi mi- 7,12!
hi forsitan digni non fuerunt
quia forsitan viro alio conservasti
me
20 non est enim in hominis potestate Iob 15,8! Sap 9,13! I Cor 2,11
consilium tuum
21 hoc autem certum habet omnis qui
colit te
quia vita eius si in probatione fuerit
coronabitur
si autem in tribulatione fuerit libera- Iob 5,19; I Sm 10,19! Ps 24,22!
bitur
et si in correptione fuerit ad misericordiam tuam pervenire licebit
22 non enim delectaris in perditionibus
nostris
quia post tempestatem tranquillum
facis
et post lacrimationem et fletum ex-
ultationem infundis
23 sit nomen tuum Deus Israhel bene- 13; Ps 112,2!
dictum in saecula
24 in illo tempore exauditae sunt pre- 7,13; Ps 17,7
ces amborum in conspectu gloriae
summi Dei
25 et missus est angelus Domini sanctus
Rafahel ut curaret ambos
quorum uno tempore fuerat oratio
in conspectu Domini recitata
4 igitur cum Tobias putaret orationem
suam exaudiri ut mori potuisset
vocavit ad se Tobiam filium suum
2 dixitque ei

7 raguelis c | in + rages c | ut² *om.* A c | 10 ~ occidere me c | et² *om.* CAΣS c | ~ occidisti iam septem Σ.; iam occidisti septem uiros Φ c | in superius cubiculum c | 11 cum lacrimis c | dominum] deum AΣS c | 12 tertio die AS; die tertia c | 14 conuerto²] dirigo c. | 15 desuper terra CAΣr] desuper terram *cet.* | 18 non + cum Φ c | 19 mihi] me c. | ~ forsitan me non fuerunt digni c; ~ fors. mihi digni non fuer. Φ | alio] alii c | 21 certum] pro certo Φ c | colet te C; te colit A c. | quia] quod c. | peruenire] uenire Φ c | 25 ambos] eos CΣK; eos ambos Φ c | sunt orationes … recitatae Φ c || **4,1** ~ filium suum tobiam CK; filium tobiam Σ. |

C
AΣKSΦ
cr

Prv 2,1! audi fili mi verba oris mei et ea in
corde tuo quasi fundamentum con-
strue
3 cum acceperit Deus animam meam
corpus meum sepeli
Ex 20,12! et honorem habebis matri tuae omnibus diebus vitae eius
Sir 7,29 4 memor enim esse debes quae et
quanta pericula passa sit propter
te in utero suo
5 cum autem et ipsa conpleverit tem-
14,12 pus vitae suae sepelies eam circa me
6 omnibus autem diebus vitae tuae
Deum in mente habe
et cave ne aliquando peccato con-
sentias et praetermittas praecepta
Dei nostri
7 ex substantia tua fac elemosynam et
Dt 15,9! Sir 4,4; 7,10; 14,13 noli avertere faciem tuam ab ullo
paupere
ita enim fiet ut nec a te avertatur facies Domini
8 quomodo potueris ita esto misericors
9 si multum tibi fuerit abundanter tribue
Mt 19,21! I Tim 6,18.19 si exiguum fuerit etiam exiguum libenter inpertire stude
10 praemium enim tibi bonum thesau-
rizas in die necessitatis
12,9! Dn 4,24 11 quoniam elemosyna ab omni peccato et a morte liberat
et non patietur animam ire in tenebras
Prv 14,21! 19,17! Sir 17,18 12 fiducia magna erit coram summo
Deo elemosyna omnibus qui faci-
unt eam
Ex 20,14! Act 15,20! 13 adtende tibi fili mi ab omni fornica-
tione
et praeter uxorem tuam numquam
patiaris crimen scire
14 superbiam numquam in tuo sensu
aut in tuo verbo dominari permittas
in ipsa enim initium sumpsit omnis Sir 10,15
perditio
15 quicumque aliquid tibi operatus fuerit statim mercedem ei restitue
et merces mercennarii apud te om- Lv 19,13!
nino non maneat
16 quod ab alio odis fieri tibi vide ne Sir 31,18; Mt 7,12; Lc 6,31
alteri tu aliquando facias
17 panem tuum cum esurientibus et Is 58,7! Ez 18,7.16
egenis comede
et de vestimentis tuis nudos tege
18 panem tuum et vinum super sepulturam iusti constitue
et noli ex eo manducare et bibere Mt 9,11!
cum peccatoribus
19 consilium semper a sapiente perquire Sir 37,20!
20 omni tempore benedic Deum 14,11; Ps 33,2
et pete ab eo ut vias tuas dirigat et
omnia consilia tua in ipso permaneant
21 indico etiam tibi fili mi dedisse me 1,16.17
decem talenta argenti dum infan-
tulus esses Gabelo in Rages civitate 5,8! 9,3
Medorum
et chirografum eius apud me habeo
22 et ideo perquire quomodo ad eum
pervenias
et recipias ab eo supra memoratum 5,3; 9,3!
pondus argenti
et restituas ei chirografum suum
23 noli timere fili mi pauperem quidem
vitam gerimus
sed multa bona habemus si timueri-
mus Deum et recesserimus ab omni
peccato et fecerimus bene
5 tunc Tobias respondit patri suo et
dixit

(L)C ΑΣΚSΦ cr 2 fundamenta CΣΦ; in fundamentum S. | 5 sepelias c; sepelis AS | 6 autem *om.* CΣ | in mente habeto deum (dominum Φ) Φ c; habe deum in mente AS. | peccato *om.* CΣ | praecepta + domini c. | nostri] tui CΣK | 9 exiguum[1] + tibi c | impertiri c | 10 ~ bonum tibi thesaurizas CΣΦ c; ~ bonum thes. tibi A. | 12 ab omnibus AK. | qui faciunt] facientibus Φ c | 15 ~ tibi aliquid KS c | ~ ei mercedem K c | mercennarii + tui KΦ c | remaneat K c | 16 oderis c | ~ ne tu aliquando alteri c | 17 et[1] *om.* CΣ | 18 uinum + tuum SΦ c | 21 dum + adhuc AS c | esses SΦ cr] essem CAΣK | ciuitatem CAΣK | 22 [*adest* L] | restitues CΣKr; restitus L. | 23 habebimus ASΦ c ‖ **5**,1 ~ respondit tobias c | suo *om.* CΣ. |

omnia quaecumque praecepisti mihi
faciam pater
2 quomodo autem hanc pecuniam inquiram ignoro
ille me nescit neque ego illum
Ios 2,12 quod signum dabo illi
sed neque viam qua pergatur illuc
aliquando cognovi
3 tunc pater suus respondit illi et dixit
4,22; 9,3! chirografum quidem eius penes me
habeo
quem dum illi ostenderis statim restituet
4 sed perge nunc et inquire tibi aliquem fidelem virum
qui eat tecum salva mercede sua dum
adhuc vivo ut recipias ea
5 tunc egressus Tobias invenit iuvenem
splendidum stantem praecinctum
et quasi paratum ad ambulandum
6 et ignorans quod angelus Dei esset
salutavit eum et dixit
unde te habemus bone iuvenis
7 at ille respondit ex filiis Israhel
et Tobias dixit ei nosti viam quae
ducit in regionem Medorum
8 cui respondit novi et omnia itinera
eius frequenter ambulavi
14; 4,21; 9,3 et mansi apud Gabelum fratrem
nostrum
qui moratur in Rages civitate Medorum quae posita est in monte
Exbathanis
9 cui Tobias ait sustine me obsecro donec haec ipsa nuntiem patri meo
10 tunc ingressus indicavit universa
haec patri suo
super quae admiratus pater rogat ut
introiret ad eum
11 ingressus itaque salutavit eum et dixit
gaudium tibi semper sit
12 et Tobias ait quale mihi gaudium erit
qui in tenebris sedeo et lumen caeli
non video
13 cui ait iuvenis forti animo esto in
proximo est ut a Deo cureris
14 dixit itaque illi Tobias numquid poteris perducere filium meum ad
Gabelum in Rages Medorum 8!
et cum redieris restituam tibi mercedem tuam
15 et dixit ei angelus ego eum ducam et 20! 12,3
reducam ad te
16 cui Tobias respondit rogo te indica
mihi de qua domo aut de qua tribu
es tu
17 cui Rafahel angelus dixit
genus quaeris mercennarii an ipsum
mercennarium qui cum filio tuo eat
18 sed ne forte sollicitum te reddam ego
sum Azarias Ananiae magni filius
19 et Tobias respondit ex magno genere
es tu
sed peto ne irascaris quod voluerim
cognoscere genus tuum
20 dixit autem illi angelus 15; 12,3; Idt 13,20
ego sanum ducam et sanum tibi
reducam filium tuum
21 respondens autem Tobias dixit
bene ambuletis et sit Deus in itinere
vestro et angelus eius comitetur 27; 10,11
vobiscum
22 tunc paratis omnibus quae erant in
via portanda
fecit Tobias vale patri et matri suae
et ambulaverunt ambo simul
23 cumque profecti essent coepit flere 10,4
mater eius et dicere
baculum senectutis nostrae tulisti et
transmisisti a nobis
24 numquam esset ipsa pecunia pro qua
misisti eum

2 pecuniam hanc requiram c. | neque ego illum] et ego illum (eum c) ignoro Φc | illi] ei LΦc | qua] per quam Φc | 3 eius] illius Φc; *om.* Σ. | quem] quod AΣΦc | 4 ~ ut dum adhuc uiuo A c. | eam ASΦc | 6 eum *om.* CΣ | 7 in regione CAΦ | 10 ingressus + tobias ASΦc | admiratur L.; admirans CΣ. | rogauit LΣKc | 11 ~ sit semper ASc | 12 ~ ait tobias c. | ~ gaudium mihi c | 14 in rages LCΣr.] + ciuitate Φ.; + ciuitatem *cet.* | 15 ~ ducam et reducam eum Φc | 17 quaeres CΣ; requiris A. | 21 dixit] ait c (*et* r *lapsu*) | 22 tunc *om.* CΣ. | tobis CK. | patri + suo ASΦc | suae *om.* AS | 23 ~ mater eius flere c. | 24 fuisset c. |

LC
AΣKSΦ
cr

25 sufficiebat enim nobis paupertas
nostra
ut divitias conputaremus hoc quod
videbamus filium nostrum
10,6 26 dixitque ei Tobias noli flere
salvus perveniet filius noster et salvus
revertetur ad nos
et oculi tui videbunt eum
21! 27 credo enim quoniam angelus Dei bonus comitetur ei
et bene disponat omnia quae circa
ipsum geruntur
ita ut cum gaudio revertatur ad nos
28 ad hanc vocem cessavit mater eius
flere et tacuit
11,9 **6** profectusque est Tobias et canis secutus est eum
Dn 10,4 et mansit prima mansione iuxta fluvium Tigris
2 et exivit ut lavaret pedes suos et ecce
piscis inmanis exivit ad devorandum eum
3 quem expavescens clamavit voce
magna dicens
Domine invadet me
4 et dixit ei angelus
adprehende brancia eius et trahe eum
ad te
quod cum fecisset adtraxit eum in
sicco et palpitare coepit ante pedes eius
5 tunc dixit ei angelus extentera hunc
piscem
et cor eius et fel eius et iecur repone
tibi
sunt enim haec necessaria ad medi-
camenta utiliter
6 quod cum fecisset assavit carnes eius
et secum sustulerunt in via
cetera salierunt quae sufficerent eis
quousque pervenirent in Rages civitatem Medorum
7 tunc interrogavit Tobias angelum et
dixit ei
obsecro te Azarias frater ut dicas
mihi quod remedium habebunt ista
quae de pisce servare iussisti
8 respondensque dixit ei
cordis eius particulam si super car- 19; 8,2
bones ponas
fumus eius extricat omne daemonium
sive a viro sive a muliere ita ut ultra
non accedat ad eos
10 et dixit ei ubi vis ut maneamus
11 respondensque angelus ait
est hic Raguhel nomine propinquus 3,7
vir de tribu tua
et hic habet filiam nomine Sarram
sed neque masculum neque feminam
ullum habet alium praeter eam
12 tibi debetur omnis substantia eius 7,12; Nm 36,8
et oportet te eam accipere coniugem 12,3
13 pete ergo eam a patre eius et dabit
tibi eam uxorem
14 tunc respondit Tobias et dixit
audio quia tradita est viris septem et 3,8!
mortui sunt
sed et haec audivi quia daemonium
illos occidit
15 timeo ergo ne forte mihi haec eve-
niant
et cum sim unicus parentibus meis
deponam senectutem illorum cum Gn 42,38!
tristitia ad infernum
16 tunc angelus Rafahel dixit ei
audi me et ostendam tibi qui sunt
quibus praevalere potest daemo-

LC 26 eum] illum c | 27 quoniam] quod KS c | ipsum] eum AΣS c || **6**,1 profectus est ergo
AΣKSΦ A.; prof. est autem SΦ c | 3 expauescens + tobias AS c; + tobis KΦ | inuadit ASΦ c |
cr 4 branciam AKSΦ c (*et* r *lapsu*) | in siccum AS c | 5 eius² *om.* AΦ c; ~ et iecur eius S |
6 secum tulerunt A c. | ciuitate CSΦ | 7 ei *om.* L | azaria c | seruari L; reponi A. |
8 et respondens S c; + angelus A c | particula A | omne genus daemoniorum Φ c | eos +
9 et fel ualet ad ungendos oculos in quibus fuerit albugo et sanabuntur c | 10 dixit autem S.;
dixit C | ei + tobias ΣS c; + tobi C. | 11 ~ uir propinquus c | ullam c; nullum S; filium
K. | aliam c | 12 ~ eam te Φ c | 13 eam² + in c. | 14 ~ septem uiris c. | haec L
CΣ r] hoc *cet.* | ~ occidit illos c | 15 forte + et AKSΦ c | illorum] eorum CΣ | ad
inferos SΦ c; ad feros A. | 16 quid sunt L; *om.* A |

nium
17 hii namque qui coniugium ita susci-
piunt ut Deum a se sua mente excludant
et suae libidini ita vacent sicut equus
Ps 31,9 et mulus in quibus non est intellectus
habet potestatem daemonium super
eos
18 tu autem cum acceperis eam ingressus cubiculum per tres dies continens esto ab ea
et nihil aliud nisi orationibus vacabis
cum ea
8; 8,2.3 19 ipsa autem nocte incenso iecore piscis fugabitur daemonium
20 secunda vero nocte in copulatione
sanctorum patriarcharum admit-
teris
21 tertia autem nocte benedictione con-
sequeris ut filii ex vobis incolomes
procreentur
8,9 22 transacta autem tertia nocte accipies
virginem cum timore Domini
amore filiorum magis quam libidinis
ductus
ut in semine Abrahae benedictionem
in filiis consequaris
7 ingressi sunt autem ad Raguhelem
et suscepit eos Raguhel cum gaudio
2 intuensque Tobiam Raguhel dixit
Annae uxori suae
quam similis est iuvenis iste consob-
rino meo
3 et cum haec dixisset ait unde estis
iuvenes fratres nostri
at illi dixerunt
1,11 ex tribu Nepthalim sumus ex captivitate Nineven
4 dixit illis Raguhel nostis Tobiam
fratrem meum
qui dixerunt novimus
5 cumque multa bona loquerentur de
eo dixit angelus ad Raguhel
Tobias de quo interrogas pater huius
est
6 et misit se Raguhel et cum lacrimis Gn 29,11
osculatus est eum
et plorans super collum eius 7 dixit
benedictio sit tibi fili mi quia boni et 9,9
optimi viri filius es
8 et Anna uxor eius et Sarra filia ipsorum lacrimatae sunt
9 postquam autem locuti sunt praecepit Raguhel occidi arietem et parari
convivium
cumque hortaretur eos discumbere
ad prandendum 10 Tobias dixit
hic ego hodie non manducabo neque
bibam nisi prius petitionem meam
confirmes
et promittas mihi dare Sarram filiam
tuam
11 quo audito verbo Raguhel expavit
sciens quid evenerit illis septem viris 3,8; 8,12
et timere coepit ne forte et huic similiter accideret
et cum nutaret et non daret ullum
petenti responsum
12 dixit ei angelus noli timere dare illam isti
quoniam huic timenti Deum debetur 3,19; 6,12! 12,3
coniux filia tua
propterea alius non potuit habere
illam
13 tunc dixit Raguhel
non dubito quod Deus preces et lac- 3,24!
rimas meas in conspectu suo ad-
miserit
14 et credo quoniam ideo vos fecit ad
me venire ut ista coniungeretur co-
gnationi suae secundum legem Mosi Nm 36,7

17 se *om.* CΣ; + et a c | in *om.* A c | 21 benedictionem AKSΦ c | ~ procreentur incolumes c | 22 amorem LΦ | libidine AS c || 7,3 nineue Φ; niniue KS c | 4 dixitque ASΦ c | 5 loqueretur AKSΦ c | raguelem Σ c | huius] istius c | 6 est *om.* CΣ | supra Φ c | 8 filia ipsius AS; ipsorum filia c. | 9 ad prandium Φ c | 11 euenisset C.; prouenisset AS. | uiris + qui ingressi sunt ad eam c | acciderit K; accederet LC.; contingeret c | ~ petenti ullum AS c. | 12 illam[1]] eam A c | 13 [*deest* L *usque ad* 14,17] | preces meas et AS; praecesserit uos CΣ. | 14 ~ fecit uos c | ~ uenire ad me C c |

(L)C
AΣKSΦ
cr

et nunc noli dubium gerere quod tibi
eam non tradam
15 et adprehendens dexteram filiae suae
dexterae Tobiae tradidit dicens
Deus Abraham et Deus Isaac et
Deus Iacob sit vobiscum
et ipse coniungat vos impleatque benedictionem suam in vobis
16 et accepta carta fecerunt conscriptionem coniugii
17 et post haec epulati sunt benedicentes Deum
18 vocavitque ad se Raguhel Annam
uxorem suam et praecepit ei ut praepararet alterum cubiculum
19 et introduxit in eum Sarram filiam
suam et lacrimata est
20 dixitque ei forti animo esto filia mi
Dominus caeli det tibi gaudium pro
taedio quo perpessa es
8 postquam vero cenaverunt introduxerunt iuvenem ad eam
2 recordatus itaque Tobias sermonem
angeli
6,8.19 protulit de cassidile suo partem iecoris posuitque eam super carbones vivos
12,3! Apc 20,2 3 tunc Rafahel angelus adprehendit
daemonium et religavit eum in deserto superioris Aegypti
4 tunc hortatus est virginem Tobias
dixitque ei
Sarra exsurge deprecemus Deum hodie et cras et secundum cras
quia istis tribus noctibus Deo iungimur
tertia autem transacta nocte in nostro erimus coniugio
2,18 5 filii quippe sanctorum sumus

et non possumus ita coniungi sicut I Th 4,4.5
et gentes quae ignorant Deum
6 surgentes autem pariter
instanter orabant ambo ut sanitas
daretur eis
7 dixitque Tobias
Domine Deus patrum nostrorum
benedicant te caeli et terra et mare Ps 68,35; Ier 51,48; Dn 3,77–79
fontes et flumina et omnis creatura
tua quae in eis sunt
8 tu fecisti Adam de limo terrae dedistique ei adiutorium Evam Gn 2,7; Sir 17,1! Gn 2,18; Sir 17,5; 36,26
9 et nunc Domine tu scis quia non luxuriae causa accipio sororem meam 6,22
sed sola posteritatis dilectione in qua
benedicatur nomen tuum in saecula saeculorum
10 dixit itaque Sarra
miserere nobis Domine miserere nobis et consenescamus ambo pariter Ps 56,2
sani
11 et factum est circa pullorum cantum
accersiri iussit Raguhel servos suos
et abierunt pariter ut foderent sepulchrum
12 dicebat enim ne simili modo evenerit 7,11!
ei quod et ceteris illis septem qui
sunt ingressi ad eam
13 cumque parassent fossam reversus
ad uxorem suam Raguhel dixit
14 mitte unam ex ancillis tuis et videat
si mortuus est ut sepeliam illum
antequam inlucescat
15 at illa mittens unam ex ancillis suis
ingressa cubiculum repperitque eos
incolomes secum pariter dormientes
16 reversa nuntiavit bonum nuntium
et benedixerunt Deum Raguhel vide-

C
ΑΣKSΦ
cr

14 non *om.* ASΦc | 15 ~ uobiscum sit c | 18 ~ raguel ad se c | 19 in eo KS; illuc c. | 20 mi] mea c; *om.* ΣS. | quo] quod ΣSc || **8**,2 sermonis CΣS; sermonum c | 3 tunc *om.* CΣ. | eum] illud c. | 4 exsurge + et ASc | deprecemur Σc; oremus AS | istis] his Kc | in *om.* CΣ. | 5 et² *om.* ASΦc | 6 ambo + simul ASΦc | 7 terrae Φc | et mare et ASΦ; mareque et c. | omnes creaturae tuae c; omnis creatura Φ. | 9 meam + coniugem c; + uxorem A. | in quo C | 10 itaque] quoque c. | 11 accersire CΣK | pariter] cum eo SΦ; *praem.* cum eo c. | 12 ne + forte Sc. | quod] quo c | septem + uiris c | 13 ~ raguhel ad uxorem suam Φc | dixit + ei Φc | 14 illum] eum c | inlucescat + dies Kc. | 15 misit Φc | suis + quae ASΦc | reperit eos c; inuenit eos AS. | incolomes] saluos A.; *praem.* saluos et SΦc | 16 reuersa Kr] reuersaque CΣ.; et reuersa *cet.* | deum] dominum c |

licet et Anna uxor eius [17]et dixerunt
I Par 29,10! benedicimus te Domine Deus Israhel
quia non contigit nobis quemad-
modum putabamus
[18]fecisti enim nobiscum misericordiam
tuam
et exclusisti a nobis inimicum persequentem nos
[19]misertus es autem duobus unicis
fac eos Domine in plenius benedicere te
Lv 7,38! Ps 26,6; 106,22; 115,17 et sacrificium tibi laudis tuae et suae
sanitatis offerre
III Rg 8,60! ut cognoscat universitas gentium
quia tu es Deus solus in universa
terra
[20]statimque praecepit servis suis Raguhel ut replerent fossam quam fecerant priusquam lucesceret
[21]uxori autem suae dixit ut instrueret
convivium
et praepararet omnia quae in cibos
erant iter agentibus necessaria
[22]duas quoque vaccas pingues et quattuor arietes occidi fecit
Gn 29,22 et parari epulas omnibus vicinis suis
et cunctis amicis
9,5 [23]et adiuravit Raguhel Tobiam ut duas
ebdomadas moraretur apud eum
10,10 [24]de omnibus autem quae possidebat
Raguhel dimidiam partem dedit
Tobiae
et fecit hanc scripturam
ut pars dimidia quae supererat post
obitum eorum Tobis dominio de-
veniret
9 tunc vocavit ad se Tobias angelum
quem quidem hominem aestimabat
et dixit ei Azarias frater peto ut aus-
cultes verba mea
[2]si me ipsum tradam tibi servum non
ero condignus providentiae tuae
[3]tamen obsecro ut adsumas tibi ani- 6
malia sive servitia
et vadas ad Gabelum in Rages Me- 4,21; 5,8!
dorum
reddasque ei chirografum suum et 4,22; 5,3
recipias ab eo pecuniam
et roges eum venire ad nuptias meas Mt 22,3
[4]scis enim ipse quoniam numerat dies
pater meus
et si tardavero una die plus contris-
tatur anima eius
[5]et certe vides quomodo Raguhel 8,23
coniuraverit me
cuius adiuramentum spernere non
possum
[6]tunc Rafahel adsumens quattuor ex 3!
servis Raguhelis et duos camelos in
Rages Medorum perrexit
et inveniens Gabelum dedit ei chiro- 12,3
grafum suum
et recepit omnem pecuniam
[7]indicavitque ei de Tobia filio Tobiae
omnia quae gesta sunt
fecitque eum secum venire ad nuptias
[8]cumque ingressus esset domum Raguhelis invenit Tobiam discumben-
tem
et exiliens osculati sunt se alterutrum
flevit itaque Gabelus et benedixit
Deum [9]et dixit
benedicat te Dominus Deus Israhel 7,7
quia filius es viri optimi et iusti et ti-
mentis Deum et elemosynas facien-
tis
[10]et dicatur benedictio super uxorem
tuam et super parentes vestros

17 nobis *om.* c. | 19 in[1] *om.* c | 20 elucesceret K c. | 22 ~ pingues uaccas c | cunctis- C
que amicis AΦ c; + suis A | 23 apud se c. | 24 hanc *om.* A c. | tobiae dominio Σ c; AΣKSΦ
in illorum dominium A.; ad dominium ipsorum S. || **9**,1 ~ tobias angelum ad se c | ex- cr
istimabat S c | dixitque AΦ c | azaria c | 3 obsecro + te AKSΦ c | rages + ciuitatem c;
+ ciuitate Φ | recipias] accipias S; accipies C | 4 ~ numerat pater meus dies c; ~ pater
meus num. dies K | 5 coniurauit C; adiurauerit AS; adiurauit c. | ~ adiur. me raguhel
AS c. | 6 ex] de CΣ | rages + ciuitatem Φ c | deditque ei Φ; reddidit ei AS c | recepit
+ ab eo c | 8 alterutrum] inuicem AKSΦ c | fleuit—deum *om.* CΣ | fleuit itaque] et
flens A.; et fleuit SΦ c | benedixitque Φ c | 9 dominus *om.* c | ~ optimi uiri c |

14,15; Gn 50,22; Iob 42,16! 11 et videatis filios vestros et filios filiorum vestrorum usque in tertiam et
quartam generationem
13,1.23; Ex 15,18! Ps 9,37; 28,10; 47,15; 65,7; 73,12 et sit semen vestrum benedictum a
Deo Israhel qui regnat in saecula
saeculorum
12 cumque omnes dixissent amen accesserunt ad convivium
sed et cum timore Domini nuptiarum convivium exercebant
10 cum vero moras faceret Tobias causa nuptiarum
sollicitus erat pater eius Tobias dicens
putas quare moratur filius meus aut
quare detentus est ibi
2 putasne Gabelus mortuus est et nemo illi reddet pecuniam
3 coepit autem contristari nimis ipse et
Anna uxor eius cum eo
et coeperunt ambo simul flere eo
quod die statuto minime reverteretur filius eorum ad eos
5,23 4 flebat igitur mater eius inremediabi-
libus lacrimis atque dicebat
heu heu me fili mi ut quid te misimus
peregrinari
lumen oculorum nostrorum
baculum senectutis nostrae
solacium vitae nostrae
spem posteritatis nostrae
5 omnia in te uno habentes
te non debuimus dimittere ire a
nobis
5,26 6 cui dicebat Tobias tace et noli turbari sanus est filius noster
satis fidelis est vir ille cum quo misimus eum
7 illa autem nullo modo consolari poterat
11,5 sed cotidie exiliens circumspiciebat
et circuibat vias omnes per quas
spes remeandi videbatur
ut procul videret eum si fieri possit
venientem
8 at vero Raguhel dicebat ad generum
suum
mane hic et ego mittam nuntium
salutis de te ad Tobiam patrem
tuum
9 cui Tobias dixit
ego novi quia pater meus et mater
mea modo dies conputant
et cruciatur spiritus eorum in ipsis
10 cumque verbis multis rogaret Raguhel Tobiam et ille eum nulla ratione
vellet audire
tradidit ei Sarram et dimidiam par- 8,24
tem omnis substantiae suae
in pueris et in puellis et in pecudibus
et in camelis et in pecunia multa
et salvum atque gaudentem dimisit
eum a se 11 dicens
angelus Domini sanctus sit in itinere 5,21!
vestro
perducatque vos incolomes et inve-
niatis omnia recte circa conparen-
tes vestros
et videant oculi mei filios vestros
priusquam moriar
12 et adprehendentes parentes filiam suam osculati sunt eam
et dimiserunt ire 13 monentes eam
honorare soceros Tit 2,4.5
diligere maritum regere familiam
gubernare domum
et se ipsam inreprehensibilem exhi-
bere
11 cumque reverterentur pervenerunt
ad Charram
quae est in medio itinere contra Nineven undecimo die
2 dixit angelus Tobias frater
scis quemadmodum reliquisti patrem tuum
3 si placet itaque tibi praecedamus

C AΣKSΦ cr 11 et[1]] ut CΣK. ‖ **10**,2 illi reddit Φ; reddet illi c. | 4 spes CAΣS | 5 omnia + simul ASΦc | ire *om.* SΦc | 7 possit] posset AΦc | 9 dixit] ait c | 10 et in[1]] et A.; in SΦc | et in[2]] in ASΦc | et in[3]] et A.; in SΦc | camelis + et in uaccis Φc; + in uaccis AS | et in[4]] et ASΦ | 11 conparentes] parentes Ac | 12 ire *om.* CΣK | 13 socros CΣ.; socrus Φ.; soros S. | exiberi CΣ. ‖ **11**,2 dixitque Φc; dixit autem AS | tobia c |

et lento gradu insequentur iter nostrum familiae simul cum coniuge
tua et cum animalibus
4 cumque hoc placuisset ut irent
dixit Rafahel ad Tobiam
tolle tecum ex felle piscis erit enim
necessarium
tulit itaque Tobias ex felle illo et abierunt
10,7 5 Anna vero sedebat secus viam in supercilio montis
unde respicere poterat de longinquo
6 et dum ex eodem loco specularetur
adventum eius vidit a longe
et ilico agnovit venientem filium suum et currens nuntiavit viro suo
dicens
ecce venit filius tuus
7 dixitque Rafahel ad Tobiam
adubi introieris domum tuam statim
adora Dominum Deum tuum
et gratias agens ei accede ad patrem
tuum et osculare eum
13 8 statimque lini super oculos eius ex
felle isto piscis quod portas tecum
scias enim quoniam mox aperientur
oculi eius
12,3 et videbit pater tuus lumen caeli et in
aspectu tuo gaudebit
6,1 9 tunc praecucurrit canis qui simul fuerat in via
et quasi nuntius adveniens blandi-
mento suae caudae gaudebat
10 unde contigit ut exsurgens caecus
pater coepit offendens pedibus currere
et data manu puero occurrit in obviam filio suo
11 et suscipiens osculatus est eum cum
uxore sua et coeperunt flere prae
gaudio
12 cumque adorassent Dominum et
gratias egissent consederunt
13 tunc sumens Tobias de felle piscis 8
linivit oculos patri suo
14 et sustinens quasi dimidiam fere horam
coepit albugo ex oculis eius quasi
membrana ovi egredi
15 quem adprehendens Tobias traxit ab
oculis eius statimque visum recepit
16 et glorificabant Deum ipse videlicet
et uxor eius et omnes qui sciebant
eum
17 dicebatque Tobias benedico te Domine Deus Israhel quoniam tu cas- 13,2!
tigasti me
et tu sanasti me et ecce video Tobiam filium meum
18 ingressa est etiam post septem dies
Sarra uxor filii eius et omnes familiae
et pecora sana et cameli et pecunia
multa uxoris
sed et alia pecunia quam receperat a
Gabelo
19 et narravit parentibus suis omnia beneficia Dei
quae fecisset circa eum per hominem
qui eum duxerat
20 veneruntque Achior et Nabath con- Lc 1,58
sobrini Tobiae gaudentes ad Tobin
congratulantes ei de omnibus bonis
quae circa illum ostenderat Deus
21 et per septem dies epulantes omnes
gaudio magno gavisi sunt
12 tunc vocavit ad se Tobias filium suum dixitque ei
quid possumus dare viro isti sancto
qui venit tecum
2 respondens Tobias dixit
pater quam mercedem dabimus ei

C AΣKSΦ cr

3 sequantur ASΦ c | 5 uero] autem S c | uiam + cotidie ASΦ c | 6 cognouit AKSΦ | currensque Φ c | 7 at ubi AΣΦ cr | 8 scies C; sciens AΣ. | 10 unde contigit exsurgeret S.; quapropter exsurgens A.; et consurgens c.; exsurgens Φ | pater + eius A c | in *om.* AΦ c | 11 coeperunt + ambo S c | 12 dominum] deum AΦ c | 13 patris sui K c | 14 et sustinuit Φ c | horam + et c | 15 quam ΣS c; quod A. | 17 quoniam] quia c | sanasti] saluasti ASΦ c | ecce + ego c. | 18 omnes familia S; omnis familiae K.; omnis familia AΣ c | ~ sana et pecora AS c | alia] illa A c.; *om.* Φ | 20 ad tobiam ΣS c; + et c. | 21 omnes] cum Φ; + cum c. || **12**,2 dixit + patri A; + patri suo Φ c |

aut quid dignum poterit esse beneficiis eius
5,15.20! 3 me duxit et reduxit sanum
9,6 pecuniam a Gabelo ipse suscepit
6,12! 7,12 uxorem ipse me habere fecit et dae-
8,3! monium ab ea conpescuit
gaudium parentibus eius fecit
11,8 me ipsum a devoratione piscis eripuit
te quoque fecit videre lumen caeli et bonis omnibus per eum repleti sumus
quid illi ad haec dignum poterimus dare
4 sed peto te pater mi ut roges eum
si forte dignabitur medietatem de omnibus quae adlata sunt sibi adsumere
5 et vocantes eum pater scilicet et filius tulerunt eum in partem
et rogare coeperunt ut dignaretur dimidiam partem omnium quae adtulerant acceptam habere
6 tunc dixit eis occulte
benedicite Deum caeli et coram omnibus viventibus confitemini illi
quoniam fecit vobiscum misericordiam suam
7 etenim sacramentum regis abscondere bonum est
opera autem Dei revelare et confiteri honorificum est
Idt 4,12! Sir 7,10 8 bona est oratio cum ieiunio et elemosyna magis quam thesauros auri condere
4,11! Sir 3,33; 29,15; Lc 11,41 9 quoniam elemosyna a morte liberat
et ipsa est quae purgat peccata
et faciet invenire vitam aeternam
Ps 10,6 10 qui autem faciunt peccatum et iniquitatem hostes sunt animae suae
Iob 4,12; Sap 6,24 11 manifesto ergo vobis veritatem et non abscondam a vobis sermonem occultum

12 quando orabas cum lacrimis et sepe- 1,20; 2,3.4
liebas mortuos et derelinquebas prandium
et mortuos abscondebas per diem
in domo tua et nocte sepeliebas
ego obtuli orationem tuam Domino
13 et quia acceptus eras Deo necesse Idt 8,23; Prv 3,12!
fuit ut temptatio probaret te Sap 3,5!
14 et nunc misit me Dominus ut curarem te et Sarram uxorem filii tui a daemonio liberarem
15 ego enim sum Rafahel angelus unus ex septem qui adstamus ante Dominum
16 cumque haec audissent turbati sunt et trementes ceciderunt super faciem suam
17 dixitque eis angelus pax vobis nolite Gn 43,23; Idc 6,23;
timere Lc 24,36!
18 etenim cum essem vobiscum per voluntatem Dei
ipsum benedicite et cantate illi 13,3! I Par 16,9!
19 videbar quidem vobiscum manducare et bibere
sed ego cibo invisibili et potu qui ab Io 4,32
hominibus videri non potest utor
20 tempus est ergo ut revertar ad eum Io 7,33!
qui me misit
vos autem benedicite Deum et nar- 13,4! I Par 16,9!
rate omnia mirabilia eius Ps 9,2! 144,5!
21 et cum haec dixisset ab aspectu eo- Act 1,9
rum ablatus est Idc 6,21
et ultra eum videre non potuerunt
22 tunc prostrati per horas tres in faciem benedixerunt Deum
et exsurgentes narraverunt omnia mirabilia eius
13 aperiens autem Tobias senior os suum benedixit Dominum et dixit
magnus es Domine in aeternum et in 23; 9,11!
omnia saecula regnum tuum Ps 47,2!
2 quoniam tu flagellas et salvas 11,17; Dt 32,39!

C
ΑΣΚSΦ
cr
3 suscepit] recepit c | ea + ipse AΦ c | ~ fecit lumen caeli uidere A.; ~ uidere fecit lumen caeli C c. | ~ poterimus dignum c. | 4 rogetis A.; rogemus CΣ | medietatem] dimidiam partem S.; *om.* CΣ. | 6 tunc dixit] dixitque Σ.; dixit C | illi] ei AKΦ c | quoniam] quia A c | 7 est² *om.* CΣ. | 8 recondere K c | 9 facit AK c | inuenire + misericordiam et AS c | 11 ~ occultum sermonem c | 12 prandium + tuum K c | sepeliebas² + eos K c | 16 in facies suas AS; super terram in faciem suam K c | 18 dei + eram AS c ||

I Sm 2,6; Sap 16,13 deducis ad infernum et reducis
Iob 10,7; Sap 16,15! et non est qui effugiat manum tuam
12,18! Ps 29,5! 3 confitemini Domino filii Israhel et in
conspectu gentium laudate eum
4 quoniam ideo dispersit vos inter gentes quae ignorant eum
12,20; Sir 36,2! 13; III Rg 8,60! ut vos narretis mirabilia eius
et faciatis scire eos quia non est alius
Deus omnipotens praeter eum
11; Ps 38,12; Sap 1,9; Os 10,10 5 ipse castigavit nos propter iniquitates nostras
Ps 6,5! Za 10,6 et ipse salvabit nos propter misericordiam suam
6 aspicite ergo quae fecit vobiscum
Iob 37,22! Ps 2,11! et cum timore et tremore confitemini
illi
regemque saeculorum exaltate in
operibus vestris
7 ego autem in terra captivitatis meae
confitebor illi
quoniam ostendit maiestatem suam
in gentem peccatricem
Dt 30,8! 8 convertimini itaque peccatores et facite iustitiam coram Deo
credentes quod faciat vobiscum misericordiam suam
9 ego autem et anima mea in eo laetabimur
10 benedicite Dominum omnes electi
eius
agite dies laetitiae et confitemini illi
5! 11 Hierusalem civitas Dei castigavit te
Dominus in operibus manuum tua-
rum
12 confitere Domino in bonis et benedic Deum saeculorum
14,7 ut reaedificet in te tabernaculum su-
14,6; Bar 4,37! Is 11,12! 27,13 um et revocet ad te omnes captivos
et gaudeas in omnia saecula saecu-
lorum
Ps 21,28! 65,4; 66,8 13 luce splendida fulgebis et omnes fines
terrae adorabunt te

14 nationes ex longinquo ad te venient 14,8.9! Is 60,5; Ier 16,19
et munera deferentes adorabunt Do- Ps 67,30! Is 2,3! 49,7; 60,6
minum in te
et terram tuam in sanctificatione habebunt
15 nomen magnum invocabunt in te
16 maledicti erunt qui contempserint te
et condemnati erunt omnes qui blasphemaverint te
benedictique erunt qui aedificaverint
te
17 tu autem laetaberis in filiis tuis
quoniam omnes benedicentur et con- Ps 101,23; Za 2,11
gregabuntur ad Dominum
18 beati omnes qui diligunt te et qui
gaudent super pace tua
19 anima mea benedic Dominum quon- Ps 102,1!
iam liberavit Hierusalem civitatem
suam
20 beatus ero si fuerint reliquiae seminis mei ad videndam claritatem Hierusalem
21 portae Hierusalem ex sapphyro et Is 54,11.12; Apc 21,19
zmaragdo aedificabuntur
et ex lapide pretioso omnis circuitus
murorum eius
22 ex lapide candido et mundo omnes
plateae eius sternentur
et per vicos eius alleluia cantabitur
23 benedictus Dominus qui excitavit
eam
ut sit regnum eius in saecula saecu- 1; 9,11!
lorum super eam amen
14 et consummati sunt sermones Tobi
et posteaquam inluminatus est vixit
annis quadraginta duobus
et vidit filios nepotum suorum
2 conpletis itaque annis centum duobus sepultus est honorifice in Nineven
3 quinquaginta namque et sex annorum oculorum lumen amisit

13,2 ad inferos AΣΦ c | 4 enarretis c | 5 saluauit C | 6 nobiscum c | 7 in gente peccatrice CΣ | 12 bonis + tuis AΣS c | suum] tuum CΣ | 14 ~ in te dominum c | in sanctificationem c | 15 nomen + enim AS c | 19 suam + a cunctis tribulationibus eius dominus deus noster Φ c | 22 cantabunt CΣKS | 23 excitauit] exaltauit AΣΦ c | ut] et A c || **14**,1 tobin KSΦ; thobis A.; tobiae c | postquam A c | est + tobias c. | 2 duo CK.; duodecim AΣΦ | in nineue Φ; in niniue KS c | 3 ~ lumen oculorum S c |

C AΣKSΦ cr

sexagenarius vero recepit
4 reliquum vero vitae suae in gaudio
fuit et cum bono profectu timoris
Dei perrexit in pace
5 in hora autem mortis suae vocavit
ad se Tobiam filium suum et septem iuvenes filios eius nepotes suos
Ion 3,4 dixitque eis 6 prope erit interitus Nineven
non enim excidit verbum Dei
13,12! et fratres nostri qui dispersi sunt a
terra Israhel revertentur ad eam
7 omnis autem deserta terra eius replebitur
13,12 et domus Dei quae in ea incensa est
iterum reaedificabitur
ibique revertentur omnes timentes
Deum
Sap 14,11 8 et relinquent gentes idola sua et ve-
13,14! Za 8,22; 14,16 nient in Hierusalem et inhabitabunt
in ea
9 et gaudebunt in ea omnes adorantes
regem Israhel
Gn 49,2; Ps 33,12! 10 audite ergo filii mei patrem vestrum
Prv 1,8! Ios 24,14! servite Domino in veritate et inqui-
rite ut faciatis quae sunt placita illi
11 et filiis vestris mandate ut faciant iustitias et elemosynas
4,20; Ps 33,2 ut sint memores Dei et benedicant
eum in omni tempore
in veritate et in tota virtute sua
12 nunc ergo filii audite me et nolite
manere hic
sed quacumque die sepelieritis mat- 4,5
rem vestram circa me in uno sepulchro
ex eo dirigite gressus vestros ut exea-
tis hinc
13 video enim quoniam iniquitas eius
finem dabit ei
14 factum est autem post obitum matris
suae Tobias abscessit ex Nineven
cum uxore sua et filiis
et reversus est ad soceros suos
15 invenitque eos incolomes in senectute bona et curam eorum gessit
et ipse clausit oculos eorum et omnem hereditatem domus Raguhel
ipse percepit
viditque quintam generationem filios 9,11!
filiorum suorum
16 et conpletis annis nonaginta et novem in timore Domini
cum gaudio sepelierunt eum 17 omnis
cognatio eius
et omnis generatio eius in bona vita
et sancta conversatione permansit
ita ut accepti essent tam Deo quam I Sm 2,26! Sap 4,1
hominibus et cunctis habitatoribus
terrae

EXPLICIT LIBER TOBIAE

C ΑΣΚSΦ cr 6 nineue A; niniue c; in nineue Φ | dei] domini ASc | 7 dei *om.* CΣ | 8 et[1] — sua *om.* CΣ. | 9 omnes + reges terrae Φc | 10 ~ quae placita sunt illi c; quod illi placet A. | 12 uno *om.* CΣ. | 13 quoniam] quia AΦc | 14 ex nineue AΦ; ex niniue c | filiis + suis C.; + eius (*om.* A) et filiorum filios AS; + et filiorum filiis Φc | 15 raguhelis Σc | 16 et[2] *om.* Kc | 17 omnis[1] + autem c | et[2] + in KΦc | habitantibus Φc | in terra c. ||

INCIPIT PROLOGUS IUDITH

Apud Hebraeos liber Iudith inter Agiografa legitur; cuius auctoritas ad roboranda illa quae in contentione veniunt, minus idonea iudicatur. Chaldeo tamen sermone conscriptus inter historias conputatur. Sed quia hunc librum sinodus nicena in numero Sanctarum Scripturarum legitur conputasse, adquievi postulationi vestrae, immo exactioni, et sepositis occupationibus quibus vehementer artabar, huic unam lucubratiunculam dedi, magis sensum e sensu quam ex verbo verbum transferens. Multorum codicum varietatem vitiosissimam amputavi; sola ea quae intellegentia integra in verbis chaldeis invenire potui, latinis expressi.

Accipite Iudith viduam, castitatis exemplum, et triumphali laude perpetuis eam praeconiis declarate. Hanc enim non solum feminis, sed et viris imitabilem dedit, qui, castitatis eius remunerator, virtutem talem tribuit, ut invictum omnibus hominibus vinceret, insuperabilem superaret. EXPLICIT PROLOGUS

INCIPIT LIBER IUDITH

Arfaxat itaque rex Medorum subiugaverat multas gentes imperio suo
et ipse aedificavit civitatem potentissimam quam appellavit Igbathanis
2 ex lapidibus quadratis et sectis fecit muros eius
in altitudine cubitorum septuaginta et in latitudine cubitorum triginta
turres vero eius posuit in altitudinem cubitorum centum
3 per quadrum vero earum latus utrumque vicenorum pedum spatio tendebatur
posuitque portas eius in altitudine turrium
4 et gloriabatur quasi potens in potentia exercitus sui et in gloria quadrigarum suarum 4,13
5 anno igitur duodecimo regni sui Nabuchodonosor rex Assyriorum
qui regnabat in Nineven civitatem magnam pugnavit contra Arfaxat
et obtinuit eum 6 in campo magno qui appellatur Ragau
circa Eufraten et Tigrin et Hyadas in campo Erioch regis Elicorum
7 tunc exaltatum est regnum Nabuchodonosor et cor eius elatum est
et misit ad omnes qui habitabant in Cilicia et Damasco et Libano
8 et ad gentes quae sunt in Carmelo et Cedar

Prologus. *Citantur* AC *et* ΣΛΚΦ *ac* c(*edd.* 1593 *et* 1598)r. *Tit.* eiusdem praefatio in librum iudith c | 2 in contentionem c; in contradictionem Λ. | 11 uirtutem + ei c | 12 uinceret + et C c; + in Σ. || AC ΣΛΚΦ cr

Iudith. *Citantur* LAC *et* ΣKS(= U *apud* r)Φ *ac* cr. [*Codd.* G(= N *apud* r) *et* Λ *in hoc libro textum ant. vers. lat. praebent*] *Tit.* liber iudith c || **1**,1 [*deest* L *usque ad* 2,12] | 2 in altitudinem[1] Φ; in latitudinem c.; multitudine C. | in latitudinem K; in altitudinem c. | in altitudine[2] CΣr | 3 earum S cr] eorum *cet.* | in altitudinem K c; in latitudine A; ex latitudine S. | 5 in nineue Φ c | ciuitate magna KSΦ c | 6 et yadasan Φ; et iadason c. | 7 elatum] eleuatum Φ c | in ciliciam CΣ | AC ΣKSΦ cr

et inhabitantes Galileam in campo
magno Hesdraelon
9 et ad omnes qui erant in Samaria et
trans flumen Iordanem usque Hierusalem et omnem terram Iesse
quousque perveniatur ad montes
Aethiopiae
10 ad hos omnes misit nuntios Nabuchodonosor rex Assyriorum
11 qui omnes uno animo contradixe-
runt
et remiserunt eos vacuos ac sine honore abiecerunt
12 tunc indignatus est Nabuchodonosor rex ad omnem terram illam
et iuravit per regnum et thronum
suum
2,1 quod defenderet se de omnibus regionibus his
2 anno tertiodecimo Nabuchodonosor
regis
vicesima et secunda die mensis primi
factum est verbum in domo Nabu-
1,12 chodonosor regis Assyriorum ut
defenderet se
2 vocavitque omnes maiores omnesque duces bellatores suos
et habuit cum eis mysterium consilii
sui
3 dixitque cogitationem suam in eo
esse
ut omnem terram suo subiugaret imperio
4 quod dictum cum placuisset omnibus
vocavit Nabuchodonosor rex Holofernem principem militiae suae 5 et
dixit
egredere adversum omne regnum occidentis
et contra eos praecipue qui contempserunt imperium meum

6 non parcet oculus meus ulli regno
omnemque urbem munitam subiu-
gabis mihi
7 tunc Holofernis vocavit duces et magistratus virtutis Assyriorum
et dinumeravit viros in expeditione
sicut praecepit ei rex
centum viginti milia peditum pugna- 7,2
torum
et equites sagittarios duodecim milia
8 omnemque expeditionem suam fecit
praeire multitudinem innumerabi-
lium camelorum
cum his quae exercitibus sufficerent
copiose
boum quoque armenta gregesque
ovium quorum non erat numerus
9 frumentum ex omni Syria in transitu
suo parari constituit
10 aurum vero et argentum de domo
regis adsumpsit multum nimis
11 et profectus est ipse et omnis exercitus cum quadrigis et equitibus et
sagittariis
qui cooperuerunt faciem terrae sicut Idc 6,5! 7,12
lucustae
12 cumque pertransisset fines Assyriorum
venit ad magnos montes Angae qui
sunt a sinistro Ciliciae
ascenditque omnia castella eorum
et obtinuit omnem munitionem
13 effregit autem civitatem opinatissi-
mam Meluthi
praedavitque omnes filios Tharsis et
filios Ismahel
qui erant contra faciem deserti et ad
austrum terrae Celeon
14 et transiit Eufraten et venit ad Mesopotamiam
et fregit omnes civitates excelsas

(L)AC ΣKSΦ cr

9 usque + in C; + ad c | montes] terminos c.; omnes terminos AK | 11 et miserunt CΣ. | ac] et c. | abiecerunt] abierunt AKS. | 12 est *om.* SΦ c | ad omnem] aduersum S.; aduersus omnem c | et[1] *om.* c | ~ thronum et regnum c. | regionibus his AKS c] his CΣ r; *om.* Φ || **2**,2 maiores + natu c | duces + et AKS c | suos *om.* AKS. | 5 dixit + ei KΦ c | omnem AΦ r | 6 meus] tuus AS c | ulli] illi CΣ. | 7 in expeditionem KS c | equitum sagittariorum c. | 8 in multitudine CΣΦ c | 9 parare CΣ; praeparare S. | 11 cooperuerant K; cooperuerat A. | 12 [*adest* L] | 13 et fregit LK | ismahel cr 𝔊] israhel *cet.* | ad *om.* L | teleon ACΣK; et celeon L r; cellon c. | 14 ad[1]] in c | et effregit CΣ. |

quae erant ibi
a torrente Mambre usquequo perveniatur ad mare
15 et occupavit terminos eius a Cilicia
usque ad fines Iafeth qui sunt ad
austrum
16 abduxitque omnes filios Madian ac
praedavit omnem locupletationem
eorum
omnesque resistentes sibi occidit in
ore gladii
17 et post haec descendit in campos Da-
Idc 15,5; II Sm 14,30 masci in diebus messis
IV Rg 3,25! et succendit omnia sata omnesque
arbores ac vineas fecit incidi
18 et cecidit timor illius super omnes
inhabitantes terram
3 tunc miserunt legatos suos universarum urbium et provinciarum reges ac principes
Syriae scilicet Mesopotamiae et Syriae Sobal et Lybiae atque Ciliciae
qui venientes ad Holofernem dixerunt
2 desinat indignatio tua circa nos
7,16 melius est enim ut viventes serviamus Nabuchodonosor regi magno
et subditi simus tibi
quam morientes cum interitu nostro
ipsi servitutis nostrae damna patia-
mini
3 omnis civitas nostra omnisque possessio
omnes colles et montes et campi
armenta boum greges ovium capra-
rumque equorum camelorumque
et universae facultates nostrae atque
familiae in conspectu tuo sunt
4 sint omnia sub lege tua
5 nos iam et filii nostri servi tui sumus
6 veni nobis pacificus dominus

et utere servitia nostra sicut placuerit tibi
7 tunc descendit de montibus cum
equitibus in virtute magna
et obtinuit omnem civitatem et omnem inhabitantem terram
8 de universis autem urbibus adsump- 7,2
sit sibi auxiliarios viros fortes et
electos ad bellum
9 tantusque metus provinciis illius incubuit
ut universarum urbium habitatores
principes et honorati simul cum populis exirent in obviam venienti
10 excipientes eum cum coronis et lam- I Sm 18,6!
padibus ducentes choros in tibiis et
tympanis
11 nec ista tamen facientes ferocitatem
eius pectoris mitigare potuerunt
12 nam et civitates eorum destruxit et
lucos eorum excidit
13 praeceperat enim illi Nabuchodonosor rex ut omnes deos terrae ex- 5,29; 6,2.4
terminaret
videlicet ut ipse solus diceretur deus
ab his nationibus quae potuissent
Holofernis potentia subiugari
14 pertransiens autem Syriam Subal et
omnem Apamiam omnemque Mesopotamiam
venit ad Idumeos in terra Gabaa
15 accepitque civitates eorum
et sedit ibi per triginta dies
in quibus diebus adunari praecepit
universum exercitum virtutis suae
4 tunc audientes haec filii Israhel qui
habitabant in terra Iudaeae
timuerunt valde a facie eius
2 tremor etiam et horror invasit sensus
eorum
ne hoc faceret Hierusalem et templo

14 ueniatur AK | 15 eius *om.* AK. | 16 adduxitque LS | ac] et c | 17 ac] et c | incidi] incendi LS. || **3**,1 et] ac c. | syrii sobal CΣ; syriis iobal LΦ. | 2 sumus A | patiamur c | 3 ~ montes et colles AΣK c | campi + et c | gregesque c | caprarum AK; et caprarum c | equarum CΣK.; equorumque c | et camelorum AK c | 4 omnia + nostra S c | 5 iam LACr] autem Σ.; etiam SΦ; autem iam K.; *om.* c. | 6 seruitio nostro AS c | 9 illius] illis AΣS c | in *om.* c | 10 tympanis] organis AKS. | ~ tympanis et tibiis c. | 14 in terram c; inter A. || **4**,1 iudaeae ACΣK, *cf.* 𝔊] iudae LSr; iuda Φ c | 2 etiam *om.* c. | LAC ΣKSΦ cr

Domini
quod fecerat ceteris civitatibus et
templis earum
3 et miserunt in omnem Samariam per
circuitum usque Hiericho
6; 5,1 et praeoccupaverunt omnes vertices
montium
4 et muris circumdederunt vicos suos
et congregaverunt frumenta in
praeparatione pugnae
7,3 5 sacerdos etiam Heliachim scripsit ad
universos qui erant contra Hesdraelon
quae est contra faciem campi magni
iuxta Dothain
et universis per quos transitus esse
poterat
3; 5,1; 7,5 6 ut obtinerent ascensus montium per
quos via esse poterat ad Hierusa-
lem
ut illic custodirent ubi angustum iter
esse poterat inter montes
7 et fecerunt filii Israhel secundum
quod constituerat eis sacerdos Domini Heliachim
12! II Mcc 13,12 8 et clamavit omnis populus ad Dominum instantia magna
Est 14,2; Ps 34,13! Dn 9,3 et humiliaverunt animas suas in ieiuniis ipsi et mulieres eorum
9 et induerunt se sacerdotes ciliciis
et infantes prostraverunt contra faciem templi Domini
et altare Domini operuerunt cilicio
10 et clamaverunt ad Deum Israhel unianimiter ne darentur in praedam
infantes eorum
et uxores eorum in divisionem
et civitates eorum in exterminium et
sancta eorum in pollutionibus
11 tunc Heliachim sacerdos Domini
magnus circuivit omnem Israhel
adlocutusque est eos 12 dicens
scitote quoniam exaudivit Dominus
preces vestras
si manentes permanseritis in ieiuni- 8! Tb 12,8! Bar 1,5;
is et orationibus in conspectu Do- Ioel 2,12; Lc 2,37!
mini
13 memores estote Mosi servi Domini
qui Amalech confidentem in virtute 1,4
sua et in potentia sua et in exercitu
suo
et in clypeis suis et in curribus suis et
in equitibus suis
non ferro pugnando
sed precibus sanctis orando deiecit
14 sic erunt universi hostes Israhel si
perseveraveritis in hoc opere quo
coepistis
15 ad hanc igitur exhortationem eius
deprecantes Dominum
permanebant in conspectu Domini
16 ita ut etiam hii qui holocausta Do- Ex 40,27!
mino offerebant
praecincti ciliciis offerrent sacrificia 9,1; Est 4,1!
Domino
et erat cinis super capita eorum 7,4; Ios 7,6!
17 et ex toto corde suo omnes orabant
Deum ut visitaret populum suum Ps 105,4
Israhel
5 nuntiatumque est Holoferni principi
militiae Assyriorum
quod filii Israhel praepararent se ad 4,3.4.6
resistendum
ac montium itinera conclusissent
2 et furore nimio exarsit iracundia
magna
vocavitque omnes principes Moab
et duces Ammon 3 et dixit eis
dicite mihi quid sit populus iste qui
montana obsidet

LAC ΣKSΦ cr

4 in praeparationem LKc | 5 uniuersos[2] Σc; uniuersus L. | quos + uiae c. | potuerat LΦ | 6 ut[2]] et c | illuc CΣ.; illi L | 8 ieiuniis + et orationibus c. | eorum] illorum CΣΦ | 10 ad dominum deum Sc | israhel *om.* LΣ. | in diuisione CΣ; in direptionem K. | sanctam L | in pollutionibus LCΣΦ] in pullutiones A.; in pollutione S.; in pollutionem Kcr; + et fierent opprobrium gentibus c; + et inproperium et obprobrium gentibus r. | 12 exaudiet ASc | 13 domini] dei L | 14 quo] quod ACKSc | 16 ~ offerebant domino holocausta c. | 17 et *om.* LΣ. | omnes *om.* AK. | deum] dominum AKS || **5**,1 praeparassent ASΦ | 2 exarsit + in ASc | 3 quid] quis AΦc; qui K |

aut quae et quales et quantae sint
civitates eorum
quae etiam sit virtus eorum aut quae
sit multitudo eorum
vel quis rex militiae illorum
4 quare prae omnibus qui habitant in
oriente isti contempserunt
et non exierunt in obviam nobis ut
susciperent nos cum pace
5 tunc Achior dux omnium filiorum
Ammon respondens ait
si digneris audire domine meus dicam veritatem in conspectu tuo
de populo isto qui in montanis habitat
et non egredietur verbum falsum ex
ore meo
6 populus iste ex progenie Chaldeorum est
7 hic primum in Mesopotamiam habitavit
Ios 24,14! quoniam noluerunt sequi deos patrum suorum
qui erant in terra Chaldeorum
8 deserentes itaque caerimonias patrum suorum
quae in multitudine deorum erant
Ion 1,9 9 unum Deum caeli coluerunt
Gn 11,31 qui et praecepit eis ut exirent inde
et habitarent in Charam
cumque cooperuisset omnem terram
Gn 12,10! fames descenderunt in Aegyptum
Ex 12,40 illicque per quadringentos annos sic
Gn 16,10! multiplicati sunt ut dinumerari eorum non possit exercitus
Ex 1,11! 10 cumque gravaret eos rex Aegypti
Ex 1,14 atque in aedificationibus urbium suarum in luto et latere subiugasset
eos
I Sm 4,8; Is 19,22 clamaverunt ad Deum suum et per-
cussit totam terram Aegypti plagis
variis

11 cumque eiecissent eos a se Aegyptii Ex 12,33!
et cessasset plaga ab eis
et iterum eos vellent capere
et ad suum servitium revocare
12 fugientibus his Deus caeli mare ape- Ex 14,21.22!
ruit
ita ut hinc inde aquae quasi murus
solidarentur
et isti pede sicco fundum maris per-
ambulando transirent
13 in quo loco dum innumerabilis ex- Ex 14,28
ercitus Aegyptiorum eos persequeretur
ita aquis coopertus est ut non remaneret vel unus qui factum posteris
nuntiaret
14 egressis etiam mare Rubrum deserta Ex 19,2; Nm 33,15
Sina montis occurrerunt
in quibus numquam homo habi- Sap 11,2
tare potuit vel filius hominis requievit
15 illic fontes amari obdulcati sunt eis Ex 15,25!
ad bibendum
et per annos quadraginta annonam Ex 16,35!
de caelo consecuti sunt
16 ubicumque ingressi sunt sine arcu et
sagitta et absque scuta et gladio
Deus eorum pro eis pugnavit et vicit Ios 10,14!
17 et non fuit qui insultaret populo isti
nisi quando recessit a cultura Domini Dei sui
18 quotienscumque autem praeter ip- 8,18.19; Dt 28,36.37
sum Deum suum alterum coluerunt
dati sunt in praedam et in gladium I Esr 9,7!
et in obprobrium
19 quotienscumque autem paenituerunt
se recessisse a cultura Dei sui
dedit eis Deus caeli virtutem resis-
tendi
20 denique Chananeum regem et Iebu- Dt 7,1!
seum et Ferezeum
et Hettheum et Eveum et Amorreum

3 sint] sunt L | 4 et quare c | contempserunt + me AKS; + nos c. | in[2] *om.* SΦ c | 5 respondit et ait AK | meus] mi c | 7 in mesopotamia ΣS c | 9 operuisset AKS c | posset c | 10 et[1] + in LS | deum] dominum L c | 11 ~ aegyptii a se c | 12 hinc + et L | muros LK; muro S; muri Φ | 13 persequerentur LS | 14 egressis CΣr] egressi c; egressus *cet.* | etiam] uero c. | currerunt S.; occupauerunt K c | 16 scuta LCΦr] scutu ΣK.; scuto AS c | ~ pugnauit pro eis K c | 17 cultura] cultu c | 20 et amorreum *om.* AK |

LAC ΣKSΦ cr

et omnes potentes in Esebon prostraverunt
et terras eorum et civitates eorum ipsi possederunt
21 et usque dum non peccarent in conspectu Dei sui erant cum illis bona
Ps 5,7! Deus enim illorum odit iniquitatem
22 nam et ante hos annos cum recessissent a via quam dederat illis Deus
ut ambularent in eam
I Esr 9,7! exterminati sunt proeliis multis nationibus
et plurimi eorum captivi abducti
sunt in terram non suam
II Par 30,6! Is 35,10; 51,11 23 nuper autem reversi ad Deum suum
ex dispersione qua dispersi fuerant
adunati sunt
et ascenderunt montana haec omnia
et iterum possident Hierusalem ubi
sunt sancta eorum
24 nunc ergo meus domine perquire
si est aliqua iniquitas eorum in conspectu Dei eorum
ascendamus ad illos quoniam tradens tradet illos Deus eorum tibi
et subiugati erunt sub iugo potentiae tuae
25 si autem non est offensio populi huius coram Deo suo
non poterimus resistere illis
6,13 quoniam Deus eorum defendet illos
et erimus in obprobrium universae
terrae
26 et factum est cum cessasset loqui
Achior verba
irati sunt omnes magnates Holofernis
6,12 et cogitabant interficere eum dicentes ad alterutrum
27 quis iste est qui filios Israhel posse
dicat resistere regi Nabuchodonosor et exercitibus eius
homines inermes et sine virtute et
sine peritia artis pugnae
28 ut ergo agnoscat Achior quoniam
fallit nos ascendemus in montana
et cum capti fuerint potentes eorum 6,3
tunc cum eisdem gladio transverbe-
rabitur
29 ut sciat omnis gens quoniam Nabuchodonosor deus terrae est 3,13; 6,2.4
et praeter ipsum alius non est
6 factum est autem cum cessassent loqui
indignatus Holofernis vehementer
dixit ad Achior
2 quoniam prophetasti nobis dicens
quod gens Israhel defendatur a Deo
suo
ut ostendam tibi quia non est deus 3,13; 5,29
nisi Nabuchodonosor
3 cum percusserimus eos omnes sicut 5,28
hominem unum
tunc et ipse cum illis Assyriorum
gladio interibis
et omnis Israhel tecum perditione
disperiet
4 et probabis quoniam Nabuchodono- 3,13; 5,29
sor dominus sit universae terrae
tuncque gladius militiae meae trans- 13,28
iet per latera tua
et confixus cades inter vulneratos Israhel
et non respirabis ultra donec exter- Or Man 10
mineris cum illis
5 porro autem si prophetiam tuam ve-
ram existimas
non concidat vultus tuus
et pallor qui faciem tuam obtinuit
abscedat a te
si verba mea haec putas impleri non
posse
6 ut autem noveris quia simul cum illis
haec experieris

LAC ΣKSΦ cr 22 in ea AKΦ c | proeliis + a c | adducti LSΦ; ducti K | 23 ad dominum deum Φ c | 24 meus] mi c | eorum¹ *om.* AK. | 25 autem] uero c | 26 uerba haec KΦ c; haec uerba AS | 27 ~ est iste ΣK c | 28 quoniam] quia non AK | ascendamus AKS c; ascendimur L. | in *om.* AK | 29 sciant omnes gentes LKS || **6**,1 cessasset LK | indignatus + est AK | 2 quia] quoniam c. | 4 probabit CΣ. | quoniam] quia AK | transit AK. | 5 obtinet K c. |

ecce ex hac hora illorum populo so-
ciaberis
ut dum dignas mei gladii poenas ex-
ceperint
ipse simul ultioni subiaceas
13 7 tunc Holofernis praecepit servis suis
ut conprehenderent Achior
ut ducerent eum in Bethuliam
et traderent eum in manu filiorum
Israhel
8 et accipientes eum servi Holofernis
profecti sunt per campestria
sed cum adpropinquassent ad montana
exierunt contra eos fundibalarii
9 illi autem divertentes a latere montis
ligaverunt Achior ad arborem manibus et pedibus
et sic vinctum de restibus dimiserunt
eum
et reversi sunt ad dominum suum
10 porro filii Israhel descendentes de
Bethulia venerunt ad eum
quem solventes duxerunt ad Bethuliam atque in medio populi illum
statuentes
percontati sunt quid rerum esset
quod illum vinctum Assyrii reliquissent
11 in diebus illis erant illic principes
Ozias filius Micha de tribu Symeon
et Carmi qui et Gothonihel
12 in medio itaque seniorum et in conspectu omnium Achior dixit omnia
quae locutus ipse fuerat ab Holoferne interrogatus
5,26 et qualiter populus Holofernis voluisset propter hoc verbum interficere eum
7 13 quemadmodum ipse Holofernis iratus iusserit eum Israhelitis hac de
causa tradi
ut dum vinceret filios Israhel
tunc etiam ipsum Achior diversis iubeat suppliciis interire
propter hoc quod dixisset Deus caeli 5,25
defensor eorum est
14 cumque universa Achior exposuisset
omnis populus cecidit in faciem II Par 20,18!
adorantes Dominum
et communi lamentatione et fletu
unianimes preces suas Deo effude- I Sm 1,15! Ps 141,3
runt 15 dicentes
Domine Deus caeli et terrae intuere
superbiam illorum
et respice ad nostram humilitatem Gn 29,32! Ps 9,14; 112,5.6!
et faciem tuorum sanctorum adtende
et ostende quia non derelinquis prae- Ps 9,11
sumentes de te
et praesumentes de se et de sua virtute gloriantes humilias
16 finito itaque fletu et per totum diem
populorum oratione conpleta
consolati sunt Achior 17 dicentes
Deus patrum nostrorum cuius tu virtutem praedicasti
ipse tibi hanc dabit vicissitudinem
ut eorum magis tu interitum videas
18 cum vero Dominus Deus noster de- 14,6
derit hanc libertatem servis suis
sit et tecum Deus in medio nostri
ut sicut placuerit tibi ita cum tuis
omnibus converseris
19 tunc Ozias finito consilio suscepit
eum in domum suam et fecit cenam Gn 19,3!
magnam
20 et vocatis omnibus presbyteris simul
expleto ieiunio refecerunt
21 postea vero convocatus omnis populus et per totam noctem intra ec-

7 ut² LCΣr] et *cet.* | perducerent AKSc | in manus KSc | 8 cum] dum AK. | 9 deuertentes LKS | de *om.* c. | 10 in medium c | percunctati Sc | 12 ab] ad LS | propter hoc uerbum *om.* CΣ. | 13 et quemadmodum AKSc | hac] ac LKΦ; haec S. | uicerit AKc | etiam] et c. | ~ interire suppliciis c. | hoc *om.* CΣ | 14 uniuersa achior] achior uniuersa haec c. | adorans AKS | deo LAKr] domino *cet.* | 15 illorum] eorum Kc | ~ sanctorum tuorum LΣKc | quia] quoniam AKc | derelinques CΣKSΦ | 16 finitoque AK.; finito iam Σ. | totam Sc | ~ oratione populorum c | 17 tu¹ *om.* LΣ | ~ dabit hanc L | 18 sit] sic LKS | ut] *post* ita *transpon.* Φ; *om.* L | conuerseris + nobiscum Kc | 19 fecit + eis AK.; + ei c | 21 conuocatus + est c ||

LAC ΣKSΦ cr

clesiam oraverunt
petentes auxilium a Deo Israhel
7 Holofernis autem altera die praecepit exercitibus suis ut ascenderent contra Bethuliam
2,7; 3,8 2 erant autem pedites bellatorum centum viginti milia et equites viginti duo milia
praeter praeparationes virorum illorum quos occupaverat captivitas
et adducti fuerant de provinciis et urbibus universae iuventutis
3 omnes pariter paraverunt se ad pugnam contra filios Israhel
et venerunt per crepidinem montis
4,5 usque ad apicem
qui respicit super Dothain a loco qui dicitur Belma usque Chelmo qui est contra Hesdraelon
4 filii autem Israhel ut viderunt multitudinem illorum
prostraverunt se super terram mit-
4,16! 9,1 tentes cinerem super capita sua
unianimes orantes ut Deus Israhel misericordiam suam ostenderet super populum suum
5 et adsumentes arma sua bellica se-
4,6 derunt per loca
quae angusti itineris tramitem dirigunt inter montuosa
et erant custodientes ea tota die et nocte
6 porro Holofernis dum circuit per gyrum
repperit quod fons qui influebat aquaeductum illorum
a parte australi extra civitatem dirigeret
incidi praecepit aquaeductum eorum
7 erant tamen non longe a muris fontes ex quibus furtim videbantur haurire aquam
ad refocilandum potius quam ad potandum
8 sed filii Ammon et Moab accesserunt ad Holofernem dicentes
filii Israhel non in lancea nec in sagitta confidunt
sed montes defendunt illos
et muniunt illos colles in praecipitio constituti
9 ut ergo sine congressione pugnae possis superare eos
pone custodes fontium ut non hauriant ex eis et sine gladio interficies eos
vel certe fatigati tradent civitatem suam quam putant civitatem montibus positam superari non posse
10 et placuerunt verba haec coram Holoferne et coram omnibus satellitibus eius
et constituit per gyrum centenarios per singulos fontes
11 cumque ista custodia per dies viginti fuisset expleta
defecerunt cisternae et collectiones aquarum omnibus inhabitantibus in Bethuliam
ita ut non esset intra civitatem unde satiarentur vel una die
quoniam ad mensuram dabatur populis aqua cotidie
12 tunc ad Oziam congregati omnes viri feminaeque iuvenes et parvuli
simul omnes una voce 13 dixerunt
iudicet Deus inter nos et te Gn 16,5!
quoniam fecisti in nos mala nolentes loqui pacifice cum Assyriis
et propter hoc vendidit nos Deus in manibus eorum
14 et ideo non est qui adiuvet cum pro-

LAC ΣKSΦ cr
7,2 bellatores AK. | et1—milia2 *om.* AKS. | abducti A c | iuuentutes CΣ | 3 ~ parauerunt se pariter c. | usque2 + ad Φ c | 5 quae + ad c. | 6 influebat + in AKS | dirigeret + et cr | eorum] illorum K c | 9 hauriant + aquam c. | ciuitatem2 *om.* AKS c; + in c | superpositam AKS | superare LS | 10 omnibus *om.* c | 11 expleta] impleta CΣ. | habitantibus Σ c | in *om.* A c | saturarentur CΣ. | 12 uiri et feminae AK | iuuenes + senes CΣ | ~ omnes simul c | 13 fecistis K. | nolens Σ cr, *sed cf.* 𝔊 | uendidit] tradidit AS | 14 adiuuet + nos AS. |

sternamur ante oculos eorum in siti
et perditione magna
15 et nunc congregate universos qui in
civitate sunt
ut sponte nos tradamus omnes populo Holofernis
3,2 16 melius est enim ut captivi benedica-
mus Deum viventes
quam moriamur et simus obprobrium omni carni
cum videamus uxores nostras et infantes nostros mori ante oculos
nostros
Dt 31,28! I Mcc 2,37 17 contestamur hodie caelum et terram
et Deum patrum nostrorum qui
ulciscitur nos secundum peccata
nostra
ut iam tradatis civitatem in manu
militiae Holofernis
11,10 et sit finis noster brevis in ore gladii
qui longior efficitur in ariditate sitis
18 et cum haec dixissent
factus est fletus et ululatus magnus
in ecclesia omnibus
et per multas horas una voce clamaverunt ad Deum dicentes
III Rg 8,47! Ps 105,6! 19 peccavimus cum patribus nostris iniuste egimus iniquitatem fecimus
20 tu quia pius es miserere nostri
aut in tuo flagello vindica iniquitates
nostras
et noli tradere confitentes te populo
qui ignorat te
Ps 78,10! 113,10! 21 ut non dicant inter gentes ubi est
Deus eorum
22 et cum fatigati his clamoribus et his
fletibus lassati siluissent
23 exsurgens Ozias infusus lacrimis dixit
aequo animo estote fratres et hos
8,32 quinque dies expectemus a Domino
misericordiam
24 forsitan enim indignationem suam
abscidet
et dat gloriam nomini suo
25 si autem transactis quinque diebus 8,9.10
non venerit adiutorium
faciemus haec verba quae locuti estis

8 et factum est cum audisset haec Iudith vidua
quae erat filia Merari filii Idox filii 16,8
Ioseph
filii Oziae filii Elai filii Iamnor
filii Gedeon filii Rafoin filii Acitob
filii Melchiae filii Enam filii Nathaniae
filii Salathihel filii Symeon filii Ruben
2 et vir eius fuit Manasses
qui mortuus est in diebus messis hor-
diariae
3 instabat enim super alligantes manipulos in campo
et venit aestus super caput eius
et mortuus est in Bethuliam civitatem suam
et sepultus est illic cum patribus suis
4 erat autem Iudith relicta eius vidua
iam annis tribus et mensibus sex
5 et in superioribus domus suae fecit
sibi secretum cubiculum
in quo cum puellis suis clausa morabatur
6 et habens super lumbos suos cilicium
ieiunabat omnibus diebus vitae suae
praeter sabbata et neomenia et festa
domus Israhel
7 erat autem eleganti aspectu nimis Gn 29,17!
cui vir suus reliquerat divitias multas
et familiam copiosam
ac possessiones armentis boum et
gregibus ovium plenas
8 et erat haec in eo omnibus famosis-
sima quoniam timebat Dominum

15 ~ tradamus nos ¢ | populi AKSΦ | holofernis Σ¢r] holoferni *cet.* | 16 deum] dominum LSΦ¢ | uiderimus AKS¢ | et infantes nostros *om.* LCΣ. | 18 ab omnibus ¢. | 20 te[1]] in te L | ignorant te AKr; inorante L. | 21 ut] et AS | inter *om.* AK | 24 abscidit KS.; abscindet ¢. | dabit Φ¢ | 25 transactis] transitis CΣ ‖ **8**,1 haec + uerba Φ¢ | acitob + filii heli CΣ. | 2 hordeaceae K¢ | 3 stabat CΣ. | in bethulia ciuitate sua S¢; in ciuitate bethulia K | 4 erat autem] et erat AK | 6 sabbatum AK | neomenias S¢ | 7 autem] enim AK; *om.* S. | reliquerat] dimiserat AK | armenta LKS | greges LK. | 8 eo *om.* ΣSΦ¢ | dominum] deum AK |

LAC ΣKSΦ ¢r

valde
nec erat qui loqueretur de illa verbum malum
9 haec itaque cum audisset quoniam Ozias promisisset
7,25 quod transacto quinto die traderet civitatem
misit ad presbyteros Chabri et Carmin
10 et venerunt ad illam et dixit illis
quod est hoc verbum in quo consensit Ozias ut tradat civitatem Assyriis
7,25 si intra quinque dies non venerit vobis adiutorium
11 et qui estis vos qui temptatis Dominum
12 non est iste sermo qui misericordiam provocet
sed potius qui iram excitet et furorem accendat
13 posuistis vos tempus miserationis Domini et in arbitrium vestrum diem constituistis ei
14 sed quia patiens est Dominus in hoc ipso paeniteamur
et indulgentiam eius lacrimis postulemus
15 non enim quasi homo Deus sic comminabitur
neque sicut filius hominis ad iracundiam inflammabitur
16 et ideo humiliemus illi animas nostras
et in spiritu constituti humiliato servientes illi
17 dicamus flentes Domino ut secundum voluntatem suam sic faciat nobiscum misericordiam suam
ut sicut conturbatum est cor nostrum in superbia eorum
ita etiam de nostra humilitate gloriemur
18 quoniam non sumus secuti peccata patrum nostrorum
qui dereliquerunt Deum suum et adoraverunt deos alienos 5,18!
19 pro scelere quo dati sunt in gladium et in rapinam et in confusionem inimicis suis
nos autem alterum deum nescimus praeter ipsum
20 expectemus humiles consolationem eius
et exquiret sanguinem nostrum de adflictionibus inimicorum nostrorum
et humiliabit omnes gentes quaecumque insurgunt contra nos
et faciet illas sine honore Dominus Deus noster
21 et nunc fratres quoniam vos qui estis presbyteri in populo Dei
ex vobis pendet anima illorum
adloquio vestro corda eorum erigite
ut memores sint quia temptati sunt patres nostri ut probarentur Dt 13,3
si vere colerent Deum suum
22 memores esse debent quomodo pater noster Abraham temptatus est I Mcc 2,52!
et per multas tribulationes probatus Dei amicus effectus est II Par 20,7! Iac 2,23
23 sic Isaac sic Iacob
sic Moses et omnes qui placuerunt Deo Prv 3,12!
per multas tribulationes transierunt fideles Tb 12,13!
24 illi autem qui temptationes non susceperunt cum timore Domini et patientia sua
inproperium murmurationis suae contra Dominum protulerunt Nm 11,1! 14,36.37; I Cor 10,9.10

(L)AC ΣKSΦ cr 10 hoc *om.* L | 11 dominum] deum LK | 13 in] ad AK | dies CΣ. | 14 ~ dominus est c | paeniteamus c | eius + fusis c | 15 ~ sic deus c | comminatur A; condemnabitur CΣ. | 16 in *om.* AK. | 17 ut2] et AK | eorum] illorum AK | 18 [*deest* L *usque ad* 14,13] | secuti] sicuti CK. | 19 quo] quod AK | ~ quo scelere c | in gladio CΣ | ipsum] eum CΣ. | 20 humiliabit Φcr] humiliat *cet.* | illos AK. | 21 qui *om.* c. | dei + et c | adloquio uestro] ad eloquium uestrum Φc | eorum] illorum CΣK | 24 patientia sua AS] patientia sed r.; patientiam suam CΣKΦ; impatientiam suam c | inproperium] *praem.* in CΣ; *praem.* et Φc |

25 exterminati sunt ab exterminatore et
a serpentibus perierunt
26 et nos ergo non ulciscamur nos pro
his quae patimur
27 sed reputantes peccatis nostris haec
ipsa minora esse supplicia
flagella Domini quasi servi qui cor-
ripimur ad emendationem non ad
perditionem nostram evenisse cre-
damus
28 et dixerunt illi Ozias et presbyteri
omnia quae locuta es vera sunt
et non est in sermonibus tuis ulla re-
prehensio
29 nunc ergo ora pro nobis quoniam
mulier sancta es et timens Dominum
30 et dixit illis Iudith
sicut quod loqui potui Dei esse co-
gnoscitis
I Io 4,1 31 ita quod facere disposui probate si
ex Deo est
et orate ut firmum faciat consilium
meum Deus
10,6.10 32 stabitis vos ad portam nocte ista et
ego exeam cum abra mea
7,23 et orate ut sicut dixistis in diebus
quinque respiciat Dominus populum suum Israhel
10,8 33 vos autem nolo scrutemini actum
meum
et usque dum renuntiem vobis nihil
aliud fiat
nisi oratio pro me ad Dominum Deum nostrum
34 et dixit ad eam Ozias princeps Iudaeae
vade in pace et Dominus sit tecum in
ultione inimicorum nostrorum
et revertentes abierunt
9 quibus abscedentibus Iudith ingressa
est oratorium suum
et induens se cilicio posuit cinerem 4,16! 7,4
super caput suum
et prosternens se Domino clamavit
ad Dominum dicens
2 Domine Deus patris mei Symeon qui
dedisti illi gladium in defensione
alienigenarum
qui violatores extiterunt in coinquinatione sua
et denudaverunt femur virginis in
confusionem
3 et dedisti mulieres eorum in prae- Gn 34,29
dam et filias eorum in captivitatem
et omnem praedam in divisionem
servis tuis qui zelaverunt zelum tuum
subveni quaeso te Domine Deus meus mihi viduae
4 tu enim fecisti priora et illa post illa
cogitasti
et hoc factum est quod ipse voluisti
5 omnes enim viae tuae paratae sunt
et tua iudicia in providentia tua posuisti
6 respice castra Assyriorum nunc
sicut tunc castra videre Aegyptiorum
dignatus es
quando post servos tuos armati cur- Ex 14,9!
rebant
confidentes in quadrigis et in equi- Ex 14,9! Is 31,1!
tatu suo et in multitudine bellato-
rum
7 sed aspexisti super castra eorum et
tenebrae fatigaverunt eos
8 tenuit pedes eorum abyssus et aquae Ex 15,5
operuerunt eos
9 sic fiant et isti Domine
qui confidunt in multitudine sua et
in curribus suis
et in contis et in sagittis suis et in lan-

27 ~ supplicia minora esse c | domini + quibus c. | qui *om.* c | non] et non c | ue- AC
nisse ACΣK; uenire S. | 28 illi] ei S.; *om.* AK | 29 dominum] deum CΣ c | 30 ~ potui ΣKSΦ
loqui c. | cognoscetis S.; cognoscitur CΣ. | 31 deus *om.* AK; ~ deus consilium meum c | cr
33 nolo + ut Φ c | scrutamini KS; inscrutemini C | 34 iudae AKS; iuda c | dominus]
deus CΣ. | in ultionem c. || **9**,1 clamabat c. | 2 in defensionem c | extiterant AK |
3 et[1] *om.* AK. | eorum[1]] illorum Φ c | eorum[2]] illorum c | praedam[2]] plebem AK. |
4 et illa] illa et illa AK | 5 ~ tua prouidentia c | 6 ~ aegyptiorum uidere dignatus es
CΣ c; ~ aeg. dign. es uidere A. | 9 contis + et in scutis c |

ceis gloriantur
10 et nesciunt quia tu ipse es Deus nos-
16,3! Ex 15,3 Lxx ter qui conteris bella ab initio
et Dominus nomen est tibi
Ps 88,11 11 erige brachium tuum sicut ab initio
et adlide virtutem eorum in virtute tua
cadat virtus eorum in iracundiam tuam
qui promittunt se violare sancta tua
et polluere tabernaculum honoris tui
et deicere gladio suo cornu altaris tui
12 fac Domine ut gladio proprio eius superbia amputetur
10,17; 16,8.11 13 capiatur laqueo oculorum suorum in me et percuties eum ex labiis caritatis meae
14 da mihi in animo constantiam ut contemnam illum
et virtutem ut evertam illum
15 erit enim memoriale nominis tui
13,19; 16,7; Idc 4,9; 9,53! cum manus feminea deiecerit eum
16 non enim in multitudine est virtus tua Domine
neque in equorum viribus voluntas tua
Iob 13,16 nec superbi ab initio placuerunt tibi
Ps 101,18 sed humilium et mansuetorum tibi semper placuit deprecatio
17 Deus caelorum creator aquarum et dominus totius creaturae
exaudi me miseram deprecantem
et de tua misericordia praesumentem
18 memento Domine testamenti tui
10,8 et da verbum in ore meo et in corde meo consilium corrobora
ut domus tua in tua sanctificatione permaneat
IV Rg 19,19! 19 et omnes gentes agnoscant quoniam
tu es Deus et non est alius praeter te

10 factum est autem cum cessasset clamare ad Dominum
surrexit de loco quo iacuerat prostrata Domino
2 vocavitque abram suam
et descendens in domum suam abstulit a se cilicium
et exuit se vestimentis viduitatis suae 16,9
3 et lavit corpus suum et unxit se myr- 16,10; Rt 3,3
ro optimo
et discriminavit crinem capitis sui et inposuit mitram super caput suum
et induit se vestimentis iucunditatis suae induitque sandalia pedibus suis
adsumpsitque dextraliola et lilia et inaures et anulos
et omnibus ornamentis suis ornavit se
4 cui etiam Dominus contulit splendorem
quoniam omnis ista conpositio non ex libidine
sed ex virtute pendebat Est 2,15
et ideo Dominus hanc in illam pulchritudinem ampliavit
ut inconparabili decore omnium oculis appareret
5 inposuit itaque abrae suae ascopam vini et vas olei et pulenta
et palatas et panes et caseum et profecta est
6 cumque venisset ad portas civitatis 8,32
invenerunt expectantem Oziam et presbyteros civitatis
7 qui cum vidissent eam stupentes mirati sunt nimis pulchritudinem eius
8 nihil tamen interrogantes eam dimi- 8,33
serunt transire dicentes

AC ΣKSΦ cr

10 conteres AΣKS | 11 eorum[1]] illorum AKc | in iracundia tua AKc; in iracundia S. | honoris] nominis Φc | 13 laqueo] gladio CΣ. | percutes C; percutis KS.; percute A | 14 et in uirtute AK; + eius CΣ | ut *om.* AK. | illum[2]] eum AK | 15 erit enim hoc c.; et erit hoc K | cum] quod AK | feminea AKr] feminae *cet.* | abiecerit CΣ. | 16 tua[2] + est c. | ~ semper tibi c | 18 ~ in sanctificatione tua c; sanctificata K | 19 cognoscant CΣ | quoniam] quia c || **10**,1 quo] in quo Sc; suo quo K | domino] ad dominum c | 3 discrinauit CΣ.; descrinauit K; decrinanauit S. | et lilia *om.* AK. | 4 in *om.* AK | 5 ascopiam Σ.; ascoperam c. | polentam c; polentum AK. | palatas Σr .] palathas c.; palates C.; lapastas S.; lapatas *cet.* | 6 uenissent c | portam AΣKc | 8 eam + et CΣ. |

Deus patrum nostrorum det tibi gratiam
9,18 et omne consilium tui cordis sua virtute corroboret
ut glorietur super te Hierusalem
Sap 5,5 et sit nomen tuum in numero sanctorum et iustorum
9 et dixerunt hii qui illic erant omnes
una voce fiat fiat
10 Iudith vero orans Dominum transiit
8,32 portas ipsa et abra eius
11 factum est autem cum descenderet
montem circa ortum diei
occurrerunt ei exploratores Assyriorum
Gn 32,17; Idc 19,17 et tenuerunt illam dicentes unde venis aut quo vadis
12 quae respondit filia sum Hebraeorum
ideo ego fugi a facie eorum
quoniam futurum agnovi quod dentur vobis in depraedationem
pro eo quod contemnentes vos noluerunt ultro tradere se ipsos
ut invenirent misericordiam in conspectu vestro
13 hac de causa cogitavi mecum dicens
vadam ad faciem principis Holofernis ut indicem illi secreta illorum
et ostendam illi quo aditu possit obtinere eos
ita ut non cadat unus vir de exercitu
eius
14 et cum audissent viri verba eius con-
siderabant faciem eius
et erat in oculis eorum stupor
quoniam mirabantur pulchritudinem eius nimis
15 et dixerunt ad eam conservasti animam tuam
eo quod tale repperisti consilium ut
descenderes ad dominum nostrum
16 hoc autem scias quoniam cum steteris in conspectu eius bene tibi faciet
et eris gratissima in corde eius
duxeruntque illam ad tabernaculum
Holofernis et nuntiantes eam
17 cumque intrasset ante faciem eius
statim captus est in suis oculis Ho- 9,13; 16,8.11
lofernis
18 dixeruntque ad eum satellites eius
quis contemnat populum Hebraeorum qui tam decoras mulieres habent
ut non pro his merito pugnare contra
eos debeamus
19 videns itaque Holofernem Iudith se- 13,19
dentem in conopeo
quod erat ex purpura et auro et zmaragdo
et lapidibus pretiosis intextum
20 et cum in faciem eius intendisset adoravit eum prosternens se super terram
et levaverunt illam servi Holofernis
iubente domino suo
11 tunc Holofernis dixit ei
aequo animo esto et noli pavere in
corde tuo
quoniam ego numquam nocui virum
qui voluit servire Nabuchodonosor
regi
2 populus autem tuus si non contemp-
sisset me
non adlevassem lanceam meam super illum
3 nunc autem dic mihi qua ex causa
recessisti ab illis
et placuit tibi ut venires ad nos
4 et dixit illi Iudith
sume verba ancillae tuae

8 sanctarum CΣ. | et iustorum] suorum AK | 10 per portas ¢ | 11 illam] eam SΦ ¢ | 12 noluerint AK. | 13 haec AS | holoferni CΣ | adito CS.; audito Σ.; auditu K | unus *om.* AK; ~ uir unus ¢ | 14 uiri *om.* AK.; + illi Φ ¢ | ~ pulchritudinem eius mirabantur ¢ | 15 talem CΣKSΦ r | descenderis AKS. | 16 et[2] *om.* AS ¢ | annunciantes ¢ | 18 contemnit CΣΦ | ut] et AKS | ~ merito pro his CΣ. | pugnari A | contra eos debemus S; debeat contra eos AK | 19 ~ iudith holofernem AK ¢ | 20 et eleuauerunt ¢ | illam] eam CK ¢ || **11**,1 uiro ¢ | 2 non leuassem AK ¢ | illum] eum ¢ |

AC ΣKSΦ ¢r

quoniam si secutus fueris verba ancillae tuae
perfectam rem faciet Dominus tecum
5 vivit enim Nabuchodonosor rex terrae
et vivit virtus eius quae est in te ad correptionem omnium animarum errantium
quoniam non solum homines serviunt illi per te
sed et bestiae agri obtemperant illi
6 nuntiatur enim industria animi tui universis gentibus
et indicatum est omni saeculo
quoniam tu solus bonus et potens es in omni regno eius
et disciplina tua omnibus provinciis praedicatur
7 nec hoc latet quod locutus est Achior
nec illud ignoratur quod ei iusseris evenire
8 constat enim Deum nostrum sic peccatis offensum
ut mandaverit per prophetas suos ad populum quod tradat eos pro peccatis suis
9 et quoniam sciunt se offendisse Deum suum filii Israhel
tremor tuus super ipsos est
10 insuper etiam fames invasit eos et ab
7,17 ariditate aquae iam inter mortuos conputantur
11 denique hoc ordinant ut interficiant pecora sua et sanguinem eorum bibant
Lv 22,15.16 12 et sancta Domini sui quae praecepit Deus non contingi
in frumento vino et oleo haec cogitaverunt inpendere
et volunt consumere quae nec manibus deberent contingere
ergo quoniam haec faciunt certum est quod in perditione dabuntur
13 quod ego ancilla tua cognoscens fugi ab illis
et misit me Dominus haec ipsa nuntiare tibi
14 ego enim ancilla tua Deum colo etiam nunc apud te
et exiet ancilla tua et orabo Deum
15 et dicet mihi quando eis reddat peccatum suum
et veniens nuntiabo tibi
ita ut ego adducam te per mediam Hierusalem
et habebis omnem populum Israhel III Rg 22,17!
sicut oves quibus non est pastor
et non latrabit vel unus contra te
16 quoniam haec mihi dicta sunt per providentiam Dei
17 et quoniam iratus est illis Deus
hoc ipsa missa sum nuntiare tibi
18 placuerunt autem omnia verba haec coram Holoferne et coram pueris eius
et mirabantur ad sapientiam eius
et dicebant alter ad alterum
19 non est talis mulier super terram
in aspectu in pulchritudine et in sensu verborum
20 et dixit ad illam Holofernis
bene fecit Deus qui misit te ante populum ut des illum tu in manibus nostris
21 et quoniam bona est promissio tua
si fecerit mihi hoc Deus tuus erit et meus Deus
et tu in domo Nabuchodonosor magna eris
et nomen tuum nominabitur in universa terra
12 tunc iussit eam introire ubi repositi erant thesauri eius

AC ΣKSΦ cr

4 dominus] deus AK | 5 eius *om.* CΣ. | correctionem CΣΦ r | et[2] + ipsae AKS | 6 ~ animi tui industria c | 8 eos] eum ΣΦ c | 11 ~ bibant sanguinem eorum c. | 12 domini + dei c | et nolunt C | debent C; debere K | in perditionem KS c | 14 deum[2]] dominum CΣ | 15 dicit AKS | uel unus canis c.; uel canis unus A.; canis uel unus S.; unus K | 17 hoc] haec c | ipsum C; ipsud Σ. | 18 ad[1] *om.* c. | 19 aspectu + et AK | 21 ~ deus meus c ||

et iussit illic manere eam
IV Rg 25,30; Dn 1,5 et constituit quid daretur illi de convivio suo
2 cui respondens Iudith dixit
Tb 1,12! Dn 1,8 nunc non potero manducare ex his quae mihi praecipis tribui
ne veniat super me offensio
ex his autem quae mihi detuli manducabo
3 cui Holofernis ait
si defecerint tibi ista quae tecum detulisti
quid faciemus tibi
4 et dixit Iudith
vivit anima tua domine meus
quoniam non expendet omnia haec ancilla tua
13,7 donec faciat Deus in manu mea haec quae cogitavi
et induxerunt illam servi eius in tabernaculo quo praeceperat
5 et petiit dum introiret ut daretur ei copia nocte et ante lucem egrediendi foras ad orationem et deprecandi Dominum
6 et praecepit cubiculariis suis
ut sicut placeret illi exiret et introiret ad orandum Deum suum per triduum
7 et exiebat noctibus in vallem Bethuliae
et baptizabat se in fontem aquae
8 et ut ascendebat orabat Dominum Deum Israhel
ut dirigeret viam eius ad liberationem populi sui
9 et introiens munda manebat in tabernaculum
usque dum acciperet escam suam in vesperam
Gn 40,20! 10 et factum est quarto die Holofernis fecit cenam servis suis
et dixit ad Bagao eunuchum
vade et suade Hebraeam illam
ut sponte consentiat habitare mecum
11 foedum est enim apud Assyrios si femina inrideat virum
agendo ut inmunis transeat ab eo
12 tunc introivit Bagao ad Iudith et dixit
non vereatur bona puella introire ad dominum meum
ut honorificetur ante faciem eius et manducet cum eo et bibat vinum in iucunditate 17
13 cui Iudith respondit
quae ego sum ut contradicam domino meo
14 omne quod erit ante oculos eius bonum et optimum faciam
quicquid autem illi placuerit hoc mihi erit optimum omnibus diebus vitae meae
15 et surrexit et ornavit se vestimento suo
et ingressa stetit ante faciem eius
16 cor autem Holofernis concussum est
erat enim ardens in concupiscentia eius Dn 13,8!
17 et dixit ad eam Holofernis
bibe nunc et accumbe in iucunditate 12
quoniam gratiam invenisti coram me
18 et dixit Iudith
bibam domine quoniam magnificata est anima mea hodie prae omnibus diebus meis
19 et accepit et manducavit et bibit coram ipso
ea quae paraverat illi ancilla eius
20 et iucundus factus est Holofernis ad illam

12,2 respondit iudith et KΦ c | praecepisti AKS | 4 uiuat C | faciet CS | in tabernaculum ASΦ c | quo] quod A c | 5 ei] illi AK | copia] fiducia AK. | 6 ad adorandum AKΦ c | 7 in fonte c | 8 orabat + ad A | 9 in tabernaculo AKΦ c | in uesperum C ΣΦ; in uespere c.; uesperi K. | 10 in quarto c.; in quarta A.; quarta K | eunuchum + suum c | mecum] nobiscum AK | 11 inmunes S.; inmunem K.; inmune CΣ. | ~ ab eo transeat c | 12 et²] ut c. | in] cum AK | 17 ~ inuenisti gratiam K c | 20 illam] eam c | AC ΣKSΦ cr

bibitque vinum nimis multum quantum numquam biberat in vita sua
13 ut autem sero factum est
festinaverunt servi illius ad hospitia
sua
et conclusit Bagao ostia cubiculi et
abiit
2 erant autem omnes fatigati a vino
3 eratque Iudith sola in cubiculo
4 porro Holofernis iacebat in lecto nimia ebrietate sopitus
5 dixitque Iudith puellae suae ut staret
foras ante cubiculum et observaret
6 stetitque Iudith ante lectum orans
cum lacrimis
et labiorum motu in silentio 7 dicens
confirma me Domine Deus Israhel
et respice in hac hora ad opera manuum mearum
IV Rg 19,34! ut sicut promisisti Hierusalem civitatem tuam erigas
12,4 et hoc quod credens per te posse fieri
cogitavi perficiam
8 et haec cum dixisset accessit ad columnam quae erat ad caput lectuli
eius
et pugionem eius qui in ea ligatus
pendebat exsolvit
9 cumque evaginasset illud adprehendit comam capitis eius et ait
confirma me Domine Deus Israhel
in hac hora
16,11 10 et percussit bis in cervicem eius et
Ps 151,7 abscidit caput eius
16,23 et abstulit conopeum eius a columnis
et evolvit corpus eius truncum
11 et post pusillum exivit
et tradidit caput Holofernis ancillae
suae
et iussit ut mitteret illud in peram
suam
12 et exierunt duae secundum consuetudinem suam quasi ad orationem
et transierunt castra
et gyrantes vallem venerunt ad portam civitatis
13 et dixit Iudith a longe custodibus
murorum
aperite portas quoniam nobiscum Ps 117,19
est Deus qui fecit virtutem in Israhel
14 et factum est cum audissent viri vocem eius
vocaverunt presbyteros civitatis
15 et concurrerunt ad eam omnes a minimo usque ad maximum
quoniam speraverunt eam iam non
esse venturam
16 et accendentes luminaria
congyraverunt circa eam universi
illa autem ascendens in eminentiori
loco iussit fieri silentium
cumque omnes tacuissent 17 dixit Iudith
laudate Dominum Deum nostrum Dn 13,60
qui non deseruit sperantes in se
18 et in me ancillam suam adimplevit Lc 1,54.55!
misericordiam suam quam promi-
sit domui Israhel
et interfecit in manu mea hostem populi sui in hac nocte
19 et proferens de pera caput Holofernis ostendit illis dicens
ecce caput Holofernis principis militiae Assyriorum
et ecce conopeum illius in quo recum- 10,19
bebat in ebrietate sua
ubi et per manum feminae percussit 9,15! 16,7! Idc 9,53!
illum Dominus Deus noster
20 vivit autem ipse Dominus quoniam
custodivit me angelus eius Tb 5,20.21!
et hinc euntem et ibi commorantem
et inde huc revertentem
et non permisit me ancillam suam
Dominus coinquinari

AC ΣKSΦ cr

20 nimis *om.* AK; ~ multum nimis Φ c ‖ **13**,5 foris c | 6 lectulum AK | 8 ~ cum haec K c | 9 illum AK c | confirma] conforta AK | israhel *om.* Φ c | 10 corporis CΣ. | eius⁴ *om.* AK. | 12 duae *om.* AK. | 15 sperauerant S; sperabant c | 16 in eminentiorem locum K c | 18 ancilla sua c | adimpleui S.; impleuit CΣ. | suam² *om.* A | in³ *om.* c. | 19 et² *om.* CΣ | ubi et] ubi S c; obiit CΣ. | 20 ~ dominus ancillam suam ΣK c |

sed sine pollutione peccati
revocavit me vobis gaudentem in
victoria sua in evasione mea in li-
beratione vestra
I Par 16,34! 21 confiteamur illi omnes quoniam bonus quoniam in saeculum miseri-
cordia eius
22 universi autem adorantes Dominum
dixerunt ad eam
benedixit te Dominus in virtute sua
Ps 14,4; 58,9! 59,14 quia per te ad nihilum redegit inimicos nostros
23 porro Ozias princeps populi Israhel
dixit ad eam
31; Idc 5,24! Ps 113,23 benedicta es tu filia a Domino Deo
excelso prae omnibus mulieribus
super terram
Gn 1,1! II Par 2,12 24 benedictus Dominus qui creavit caelum et terram
qui te direxit in vulnere capitis principis inimicorum nostrorum
25 quia hodie nomen tuum ita magnificavit
ut non recedat laus tua de ore hominum
qui memores fuerint virtutis Domini
in aeternum
pro quibus non pepercisti animae
tuae propter angustias et tribulationem generis tui
sed subvenisti ruinae ante conspectum Dei nostri
15,12; Ps 105,48 26 et dixit omnis populus fiat fiat
27 porro Achior vocatus venit et dixit ei
Deus Israhel cui tu testimonium dedisti quod ulciscatur de inimicis
suis
ipse caput omnium incredulorum in-
cidit in hac nocte in manu mea
28 ut probes quia ita est
ecce caput Holofernis qui in con-
temptu superbiae suae Deum Israhel contempsit
et tibi interitum minabatur dicens
cum captus fuerit populus Israhel
gladio perforari praecipiam latera 6,4
tua
29 videns autem Achior caput Holofernis
angustiatus prae pavore cecidit in faciem suam super terram et aestua-
vit anima eius
30 postea vero quam resumpto spiritu
recreatus est
procidit ad pedes eius et adoravit
eam et dixit
31 benedicta tu Deo tuo in omni taber- 23!
naculo Iacob
quoniam in omni gente quae audierit nomen tuum
magnificabit Deum Israhel super te
14 dixit autem Iudith ad omnem populum
audite me fratres
suspendite caput hoc super muros 7
nostros
2 et erit cum exierit sol accipiat unusquisque arma sua et exite cum impetu
non ut descendatis deorsum sed quasi impetum facientes
3 tunc exploratores necesse erit ut fu- 8
giant ad principem suum excitan-
dum ad pugnam
4 cumque duces eorum cucurrerint ad
tabernaculum Holofernis
et invenerint eum truncum in suo
sanguine volutatum
decidet super eos timor
5 cumque cognoveritis fugere illos
ite post illos securi
quoniam Dominus conteret eos sub

20 mea + et AΣc | 21 confitemini SΦc | 22 quia] qui AKS | redigit AKS | 24 in uulnera AΦc | principis *om.* AK. | 25 quia] qui AK | ita *om.* CΣ. | hominis AK. | uirtutes ASΦ | domini] tuae CΣ. | tribulationes AKS | 27 ei + iudith Sc | tu *om.* CΣS | ulciscatur + se AKc | in[1] *om.* Kc. | 28 ut] et ut Ac | 29 suam *om.* AK. | 31 tu + a AKSc | magnificauit AKS; magnificabitur c | deus Sc | ~ super te deus israel c || **14**,1 fratres + et AS | 5 illos[1]] eos c | illos[2]] eos CΣ | dominus] deus C; + noster K | eos] illos C |

AC ΣKSΦ cr

pedibus vestris
6,18 6 tunc Achior videns virtutem quam
fecit Deus Israhel
relicto gentilitatis ritu credidit Deo
Gn 17,24 et circumcidit carnem praeputii sui
et adpositus est ad populum Israhel
et omnis successio generis eius usque
in hodiernum diem
7 mox autem ut ortus est dies
1.2 suspenderunt super muros caput Holofernis
accepitque unusquisque vir arma sua
et egressi sunt cum grandi strepitu et
ululatu
3 8 quod videntes exploratores ad tabernaculum cucurrerunt
9 porro hii qui in tabernaculo erant
venientes et ante ingressum cubiculi perstrepentes
excitandi gratia inquietudinem arte
moliebantur
ut non ab excitantibus sed a sonantibus Holofernis evigilaret
10 nullus enim audebat cubiculum virtutis Assyriorum pulsando aut intrando aperire
11 sed cum venissent duces eius et tribuni
et universi maiores exercitus Assyriorum
dixerunt cubiculariis
12 intrate et excitate illum
quoniam egressi mures de cavernis
suis
ausi sunt provocare ad proelium
13 tunc ingressus Bagao cubiculum eius
stetit ante cortinam et plausum fecit manibus suis
suspicabatur enim illum cum Iudith
dormire
14 sed cum nullum motum iacentis sensu aurium caperet
accessit proximans ad cortinam
et elevans eam videns iacens cadaver Idc 3,25
absque capite Holofernis
in suo sanguine tabefactum iacere
super terram
et clamavit voce magna cum fletu et
scidit vestimenta sua
15 et ingressus tabernaculum Iudith non
invenit eam
et exilivit foras ad populum 16 et dixit
una mulier hebraea fecit confusionem in domo regis Nabuchodonosor
ecce enim Holofernis iacet in terra et
caput ipsius non est in illo
17 quod cum audissent principes virtutis Assyriorum
sciderunt omnes vestimenta sua
et intolerabilis timor et tremor cecidit super eos Iob 4,14; Ps 47,6.7; 54,5
et turbati sunt animi eorum valde Ps 6,4
18 et factus est clamor inconparabilis in 16,13
media castra eorum

15 cumque omnis exercitus decollatum Holofernem audisset
fugit mens et consilium ab eis
et solo tremore et metu agitati fugae
praesidium sumunt
2 ita ut nullus loqueretur cum proximo suo
sed inclinato capite relictis omnibus
evadere Hebraeos quos armatos venire super se audierant
fugientes per vias camporum et semitas collium
3 videntes itaque filii Israhel fugientes
illos
descenderunt clangentes tubis et ululantes post ipsos
4 et quoniam Assyrii non adunati in

(L)AC ΣKSΦ cr

6 populum] dominum deum AK | 8 tabernaculum + holofernis c | 9 inquietudine CΣK | 10 inpulsando AKS | 11 ~ eius duces c | et[1]] ac c. | exercitus + regis c | 12 prouocare + nos Φ c | 13 [*iterum adest* L] | 14 sensus AS | uidensque c; uidit CΣKS | iacens] iacere S.; *om.* Φ c | et clamauit] exclamauit ΣΦ c | et excidit AK | 16 ipsius] eius c | 18 in medio castrorum eorum c. || **15**,2 euadere + festinabant c. | ~ super se uenire AK c | audiebant AK c; + conarentur CΣ | collium] callium KS; uallium CΣ | 3 fugientes + secuti sunt c | descenderuntque clangentes c.; descendentes clangentesque Φ |

fuga ibant praecipites
filii autem Israhel uno agmine persequentes
debilitabant omnes quos invenire potuissent
5 misitque Ozias nuntios per omnes civitates et regiones Israhel
6 omnis itaque regio omnisque urbs electam iuventutem misit armatam post eos
et persecuti sunt eos in ore gladii
quousque pervenirent ad extremitatem finium suarum
7 reliqui autem qui erant in Bethulia
ingressi sunt castra Assyriorum
et praedam quam fugientes Assyrii reliquerant abstulerunt
et honestati sunt valde
8 hii vero qui victores reversi sunt ad Bethuliam
omnia quaeque erant illorum abstulerunt secum
ita ut non esset numerus in pecoribus in iumentis et universis mobilibus eorum
ut a minimo usque ad magnum
omnes divites fierent de praedationibus eorum
9 Ioachim autem summus pontifex de Hierusalem venit in Bethuliam
cum universis presbyteris suis ut videret Iudith
10 quae cum exisset ad illum
benedixerunt illam omnes una voce dicentes
tu gloria Hierusalem
tu laetitia Israhel
tu honorificentia populi nostri
Ps 26,14! 11 quia fecisti viriliter et confortatum est cor tuum
eo quod castitatem amaveris
et post virum tuum alterum non scieris
ideo et manus Domini confortavit te
et ideo eris benedicta in aeternum
12 et dixit omnis populus fiat fiat 13,26!
13 per dies autem triginta vix collecta est spolia Assyriorum a populo Israhel
14 porro autem universa quae Holofernis peculiaria fuisse probata sunt dederunt Iudith 16,23
in auro et argento et vestibus et gemmis et omni supellectile
et tradita sunt illi omnia a populo
15 et omnes populi gaudebant cum mulieribus et virginibus et iuvenibus in organis et citharis
16 tunc cantavit canticum hoc Domino Iudith dicens Ex 15,1!
2 incipite Domino in tympanis Ps 150,4!
cantate Deo in cymbalis Ps 150,5
modulamini illi psalmum novum 15; Ps 32,3; 95,1! 97,1!
exaltate et invocate nomen eius
3 Dominus conterens bella Dominus nomen est illi 9,10; Ex 15,3 Lxx; Ps 45,10!
4 qui posuit castra sua in medio populi sui Lv 26,11!
ut eriperet nos de manu omnium inimicorum nostrorum
5 venit Assur ex montibus ab aquilone in multitudine fortitudinis suae
cuius multitudo obturavit torrentes Idc 5,21
et equi eorum cooperuerunt valles
6 dixit se incensurum fines meos
et iuvenes meos occisurum gladio
infantes meos dare in praedam et virgines in captivitatem
7 Dominus autem omnipotens nocuit eum et tradidit eum in manus fe- 9,15! 13,19; Idc 4,9

4 in fuga LCr] in fugam *cet.* | 5 misit quoque CΣ.; misit itaque c; misit K | 6 urbis LAKS | ~ armatam misit c | peruenissent AKS | suorum CΣc | 7 reliquerunt C | honestati] onustati Φc | 8 omnia *om.* CΣ. | quaeque] quae AKSc | attulerunt c. | in[2]] et Ac; et in K | et] in L.; et in CΣr | ad magno L; ad maximum c | de depraedationibus A | 9 uiderent L | 10 illam] eam c. | 11 non scieris] nescieris Φc | ~ et ideo AK | ideo[2]] a deo L.; propter hoc AS | 13 est] sunt AKΦc | 14 illi *om.* L.; ~ omnia illi c | 15 omnis populus gaudebat AKS | et[4] + in LS || **16**,2 deo] domino AKc | 5 ex] rex a CΣ. | cooperunt L | 6 occisurum Acr] occisurus ΣK; occisuros *cet.* | in gladio A |

LAC ΣKSΦ cr

minae
et confudit eum
8 non enim cecidit potens eorum a iuvenibus
nec filii Titan percusserunt eum
nec excelsi gigantes inposuerunt se
illi
11; 8,1; 9,13; 10,17 sed Iudith filia Merari in specie faciei suae dissolvit eum
10,2 9 exuit enim se vestimenta viduitatis
Sir 6,32! et induit se vestimenta laetitiae
in exultatione filiorum Israhel
10,3 10 unxit faciem suam unguento
conligavit cincinnos suos mitra ad
decipiendum illum
11 sandalia eius rapuerunt oculos eius
8; 9,13; 10,17 pulchritudo eius captivam fecit animam eius
13,10 amputavit pugione cervicem eius
12 horruerunt Persae constantiam eius
et Medi audaciam eius
14,18 13 tunc ululaverunt castra Assyriorum
quando apparuerunt humiles mei
arescentes in siti
14 filii puellarum conpunxerunt eos et
sicut pueros fugientes occiderunt
eos
perierunt in proelio a facie Domini
mei
15 hymnum cantemus Domino
2! hymnum novum cantemus Deo
nostro
Ps 88,9 16 Adonai Domine magnus es tu et
praeclarus in virtute et quem superare nemo potest
17 tibi serviat omnis creatura tua
Est 13,9! quia dixisti et facta sunt
Ps 32,9; 103,30; 148,5 misisti spiritum tuum et creata sunt
et non est qui resistat voci tuae
II Sm 22,8! IV Esr 16,12 18 montes a fundamentis movebuntur
cum aquis
petrae sicut cera liquescent ante fa- Ps 96,5!
ciem tuam
19 qui autem timent te magni erunt
apud te prae omnia
20 vae genti insurgenti super genus meum
Dominus enim omnipotens vindica- Dt 32,43! Ier 51,56
bit in eis
in die iudicii visitabit illos
21 dabit enim ignem et vermes in car- Sir 7,19; Is 66,24!
nes eorum
ut urantur et sentiant usque in sempiternum
22 et factum est post haec omnis populus post victoriam venit ad Hierusalem adorare Dominum
et mox ut purificati sunt obtulerunt
omnes holocausta et vota et repro-
missiones suas
23 porro Iudith universa vasa bellica 15,14
Holofernis quae dedit illi populus
et conopeum quod ipsa sustulerat in 13,10
anathema oblivionis
24 erat autem populus iucundus secundum faciem sanctorum
et per tres menses gaudium huius
victoriae celebratum est cum Iudith
25 post dies autem illos unusquisque
rediit in sua
et Iudith magna facta est in Bethulia
et praeclarior erat universae terrae
Israhel
26 erat etiam virtuti castitatis adiuncta
ita ut non cognosceret virum omnibus diebus vitae suae
ex quo defunctus est Manasses vir
eius
27 erat autem diebus festis procedens
cum gloria magna
28 mansit autem in domo viri sui annos
centum quinque

LAC ΣKSΦ cr 7 confodit C c; confodiuit Σ. | 8 inposuerunt] opposuerunt c. | 9 se[1] *om.* A | uestimento[1] c; uestimentis AKS | uestimento[2] c; ueste AKS | in exultationem A | 10 unguento + et c | in mitra AK.; + accepit stolam nouam AS c | 11 pugionem LAΦ | 14 domini dei mei c. | 16 uirtute + tua c | 17 tua *om.* L | 19 prae] per K c; *om.* A. | 20 uindicauit LΣKS | uisitauit LAΣKS | illos] in uos AK. | 22 ad] in AKS c | adorare] orare CΣ. | 23 uasa *om.* LΣ | sustulerat + de cubili ipsius obtulit c. | obliuionis] oblationis r. | 25 in sua] in domum suam c | magna facta] magnificata AK | 26 castitas c | 27 autem + in L | ~ magna gloria c | 28 annis CΣ |

et dimisit abram suam liberam
et defuncta est ac sepulta cum viro suo in Bethuliam
Gn 50,10; I Sm 25,1! Sir 22,13 29 luxitque illam omnis populus diebus septem
30 in omni autem spatio vitae eius non fuit qui perturbaret Israhel
et post mortem eius annis multis
31 dies autem victoriae huius festivitatem ab Hebraeis Est 16,22!
in numero dierum sanctorum accepit
et colitur a Iudaeis ex illo tempore usque in praesentem diem

EXPLICIT LIBER IUDITH

28 in bethulia AKS c | 31 festiuitatis Φ c | in numerum L | dierum *om.* L; ~ sanctorum dierum c | accipit L.; accipitur Φ c || LAC ΣKSΦ cr

INCIPIT PROLOGUS HESTER

Librum Hester variis translatoribus constat esse vitiatum. Quem ego de archivis Hebraeorum elevans verbum e verbo pressius transtuli. Quem librum editio vulgata laciniosis hinc inde verborum funibus trahit, addens ea quae ex tempore dici poterant et audiri, sicut solitum est scolaribus disciplinis sumpto themate excogitare, quibus verbis uti potuit qui iniuriam passus est vel ille qui iniuriam fecit.

Vos autem, o Paula et Eustochium, quoniam et bibliothecas Hebraeorum studuistis intrare et interpretum certamina conprobastis, tenentes Hester hebraicum librum, per singula verba nostram translationem aspicite, ut possitis agnoscere me nihil etiam augmentasse addendo, sed fideli testimonio simpliciter, sicut in hebraeo habetur, historiam hebraicam latinae linguae tradidisse. Nec affectamur laudes hominum nec vituperationes expavescimus. Deo enim placere curantes minas hominum penitus non timemus,
Ps 52,6 quoniam «dissipat Deus ossa eorum qui hominibus placere desiderant» et secundum
Gal 1,10 Apostolum qui huiusmodi sunt «servi Christi esse non possunt». EXPLICIT PROLOGUS

INCIPIT LIBER HESTER

8,9; 13,1; 16,1 In diebus Asueri qui regnavit ab
III Esr 3,2 India usque Aethiopiam super centum viginti septem provincias
2 quando sedit in solio regni sui
Susa civitas regni eius exordium fuit
3 tertio igitur anno imperii sui
2,18; Gn 40,20! Dn 5,1 fecit grande convivium cunctis principibus
et pueris suis fortissimis Persarum et Medorum
inclitis et praefectis provinciarum coram se
4 ut ostenderet divitias gloriae regni sui
ac magnitudinem atque iactantiam potentiae suae multo tempore
centum videlicet et octoginta diebus
5 cumque implerentur dies convivii
invitavit omnem populum qui inventus est Susis
a maximo usque ad minimum
et septem diebus iussit convivium praeparari in vestibulo horti et nemoris
quod regio cultu et manu consitum

AC ΣΛΚΦ 𝔠𝔯 **Prologus.** *Citantur* AC *et* ΣΛΚΦ *ac* 𝔠(*edd.* 1593 *et* 1598)𝔯. *Tit.* eiusdem in librum esther praefatio 𝔠 | 1 librum *om.* CΣ. | translationibus CΣ | archiuiis 𝔠. | 2 releuans ΛΚΦ𝔠 (*ed.* 1593); reuelans 𝔠(*ed.* 1598) | expressius A𝔠 | 3 finibus ΛΚΦ𝔠(*ed.* 1598); sinibus 𝔠(*ed.* 1593). | 5 ille *om.* 𝔠. | 7 autem *om.* CΣ. | 10 historia hebraica ACΣ | 11 affectamus ΛΚΦ𝔠 | 13 ~ deus dissipat 𝔠 | 14 huiuscemodi CΣ.; eiusmodi 𝔠 | possunt ACΣ𝔯] + rufini (rursum 𝔠) in libro hester. alfabetum ex minio usque ad thetam (teth 𝔠.) litteram fecimus diuersis in locis, uolentes scilicet septuaginta interpretum ordinem per haec (hoc 𝔠.) insinuare studioso lectori. nos enim iuxta morem hebraicum ordinem persequi (prosequi 𝔠) etiam in septuaginta editione maluimus ΛΚΦ𝔠 ||

LAG CΣΛΚSΦ 𝔠𝔯 **Hester.** *Citantur* LAG(= N *apud* 𝔯) *et* CΣΛΚS(= U *apud* 𝔯)Φ *ac* 𝔠𝔯. *Tit.* liber esther 𝔠 || **1,**1 in] *praem.* 𝔊 *quae infra* 11,2—12,6 *habentur* | 2 susan 𝔠. | 5 conplerentur ACΣ. | in susis K; in susan 𝔠. | ~ iussit septem diebus 𝔠 |

erat
6 et pendebant ex omni parte tentoria
aerii coloris et carpasini et hyacin-
thini
sustentata funibus byssinis atque
purpureis
qui eburneis circulis inserti erant et
columnis marmoreis fulciebantur
lectuli quoque aurei et argentei super pavimentum zmaragdino et pa-
rio stratum lapide dispositi erant
quod mira varietate pictura decora-
bat
7 bibebant autem qui invitati erant
aureis poculis
et aliis atque aliis vasis cibi inferebantur
vinum quoque ut magnificentia regia dignum erat
abundans et praecipuum ponebatur
8 nec erat qui nolentes cogeret ad bibendum
sed sic rex statuerat praeponens mensis singulos de principibus suis
ut sumeret unusquisque quod vellet
9 Vasthi quoque regina fecit convivium feminarum
in palatio ubi rex Asuerus manere
consueverat
10 itaque die septimo cum rex esset hilarior
et post nimiam potionem incaluisset
mero
praecepit Mauman et Bazatha et Ar-
7,9 bona et Bagatha et Abgatha et Za-
rath et Charchas
septem eunuchis qui in conspectu
eius ministrabant
11 ut introducerent reginam Vasthi coram rege
2,17; 6,8; 8,15; Ps 20,4! posito super caput eius diademate
et ostenderet cunctis populis et prin-
cipibus illius pulchritudinem
erat enim pulchra valde II Sm 11,2!
12 quae rennuit et ad regis imperium
quod per eunuchos mandaverat venire contempsit
unde iratus rex et nimio furore succensus
13 interrogavit sapientes qui ex more
regio semper ei aderant
et illorum faciebat cuncta consilio
scientium leges ac iura maiorum
14 erant autem primi et proximi
Charsena et Sethar et Admatha et
Tharsis et Mares et Marsana et Ma-
mucha
septem duces Persarum atque Me- I Esr 7,14
dorum qui videbant faciem regis
et primi post eum residere soliti erant
15 cui sententiae Vasthi regina subia-
ceret
quae Asueri regis imperium quod
per eunuchos mandaverat facere
noluisset
16 responditque Mamuchan audiente
rege atque principibus
non solum regem laesit regina Vasthi
sed omnes principes et populos
qui sunt in cunctis provinciis regis
Asueri
17 egredietur enim sermo reginae ad
omnes mulieres ut contemnant viros suos et dicant
rex Asuerus iussit ut regina Vasthi
intraret ad eum et illa noluit
18 atque hoc exemplo omnes principum
coniuges Persarum atque Medorum parvipendent imperia marito-
rum
unde regis iusta est indignatio
19 et si tibi placet egrediatur edictum a 8,8
facie tua
et scribatur iuxta legem Persarum Dn 6,8.12.15
atque Medorum
quam praeteriri inlicitum est

6 et[3]] ac c. | hyacinthinis LKΦ | pario] uario AK | depositi A; posite S | 8 sic] sicut c. | 9 consuerat AG. | 10 potationem c | zarath] zethar c. | 11 et[1]] ut c | ~ pulchritudinem illius c. | enim] autem AK | 13 consilia L | 16 respondit AK | sed + et Φc | ~ populos et principes c. | 17 enim] ergo L | 18 omnes *om.* AK | 19 et si] ut si KS; si LΦc |

LAG CΣΛKSΦ cr

ut nequaquam ultra Vasthi ingrediatur ad regem
sed regnum illius altera quae melior illa est accipiat
[20]et hoc in omne quod latissimum est provinciarum tuarum divulgetur imperium
et cunctae uxores tam maiorum quam minorum deferant maritis suis
Gn 41,37 [21]placuit consilium eius regi et principibus
fecitque rex iuxta consultum Mamuchan
3,12; 8,9 [22]et misit epistulas ad universas provincias regni sui
ut quaeque gens audire et legere poterat diversis linguis et litteris
esse viros principes ac maiores in domibus suis
et hoc per cunctos populos divulgari
2 his itaque gestis postquam regis Asueri deferbuerat indignatio
recordatus est Vasthi et quae fecisset vel quae passa esset
III Rg 1,2 [2]dixeruntque pueri regis ac ministri eius
quaerantur regi puellae virgines ac speciosae
III Rg 1,3 [3]et mittantur qui considerent per universas provincias puellas speciosas et virgines
8 et adducant eas ad civitatem Susan
et tradant in domum feminarum sub
15 manu Aegaei eunuchi
qui est praepositus et custos mulierum regiarum
et accipiant mundum muliebrem et cetera ad usus necessaria
[4]et quaecumque inter omnes oculis regis placuerit ipsa regnet pro Vasthi
placuit sermo regi et ita ut suggesserant iussit fieri

[5]erat vir iudaeus in Susis civitate vocabulo Mardocheus 11,2
filius Iair filii Semei filii Cis de stirpe Iemini
[6]qui translatus fuerat de Hierusalem
eo tempore quo Iechoniam regem 11,4; IV Rg 24,15! II Par 36,10!
Iuda Nabuchodonosor rex Babylonis transtulerat
[7]qui fuit nutricius filiae fratris sui 15,2
Edessae
quae altero nomine Hester vocabatur
et utrumque parentem amiserat
pulchra nimis et decora facie I Sm 16,12!
mortuisque patre eius ac matre Mar- 15
docheus sibi eam adoptavit in filiam
[8]cumque percrebuisset regis imperium
et iuxta mandata illius multae virgines pulchrae adducerentur Susan 3
et Aegaeo traderentur eunucho
Hester quoque inter ceteras puellas ei tradita est
ut servaretur in numero feminarum
[9]quae placuit ei et invenit gratiam in conspectu illius ut adceleraret mundum muliebrem
et traderet ei partes suas
et septem puellas speciosissimas de domo regis
et tam ipsam quam pedisequas eius ornaret atque excoleret
[10]quae noluit indicare ei populum et patriam suam
Mardocheus enim praeceperat ut de hac re omnino reticeret
[11]qui deambulabat cotidie ante vestibulum domus
in qua electae virgines servabantur
curam agens salutis Hester
et scire volens quid ei accideret
[12]cum autem venisset tempus singularum per ordinem puellarum ut in-

LAG CΣΛKSΦ cr

19 illa *om.* CΣ; ~ est illa c | 20 in omne] nomine AK; omne G. | minorum + honorem Λ | suis + honorem ΣΦc | 21 consultum] consilium CΣΛSΦc || **2**,1 itaque] ita AGΛ Φc | ~ indignatio deferbuerat c | quae[2] *om.* AK | 3 tradant + eas c | accipiat L | 5 et erat LS | in susan c. | ciuitatem GK | 7 ~ uocabatur esther c | 8 mandatum c | ~ pulchrae uirgines c | 9 illius + et praecepit eunucho Λc | 10 ~ ei indicare GΦ | praeceperat + ei c | 11 in qua lectae GC. | acciderit ACΣK; acciderat G.; accederet LΛS |

trarent ad regem
expletis omnibus quae ad cultum
muliebrem pertinebant
mensis duodecimus vertebatur
ita dumtaxat ut sex menses oleo un-
guerentur myrtino
et aliis sex quibusdam pigmentis et
aromatibus uterentur
13 ingredientesque ad regem quicquid
postulassent ad ornatum pertinens
accipiebant
et ut eis placuerat conpositae de triclinio feminarum ad regis cubiculum transiebant
14 et quae intraverat vespere egrediebatur mane
atque inde in secundas aedes dedu-
cebatur
quae sub manu Sasagazi eunuchi
erant qui concubinis regis praesidebat
nec habebat potestatem ad regem
ultra redeundi
nisi voluisset rex et eam venire iussis-
set ex nomine
15 evoluto autem tempore per ordinem
instabat dies
9,29 quo Hester filia Abiahil fratris Mar-
7 dochei quam sibi adoptaverat in filiam
intrare deberet ad regem
quae non quaesivit muliebrem cultum
3 sed quaecumque voluit Aegaeus eunuchus custos virginum
haec ei ad ornatum dedit
Idt 10,4 erat enim formonsa valde
et incredibili pulchritudine omnium
oculis gratiosa et amabilis videbatur
16 ducta est itaque ad cubiculum regis
Asueri mense decimo
qui vocatur tebeth septimo anno
regni eius
17 et amavit eam rex plus quam omnes
mulieres
habuitque gratiam et misericordiam
coram eo super omnes mulieres
et posuit diadema regni in capite 1,11! 6,8
eius
fecitque eam regnare in loco Vasthi
18 et iussit convivium praeparari per- 1,3!
magnificum
cunctis principibus et servis suis pro
coniunctione et nuptiis Hester
et dedit requiem in universis provinciis
ac dona largitus est iuxta magnificentiam principalem
19 cumque et secundo quaererentur virgines et congregarentur
Mardocheus manebat ad regis ia- 5,9.13; 6,10.12
nuam
20 necdumque prodiderat Hester patriam et populum suum iuxta mandatum eius
quicquid enim ille praecipiebat observabat Hester
et ita cuncta faciebat ut eo tempore
solita erat quo eam parvulam nutriebat
21 eo igitur tempore quo Mardocheus 21—23: 6,2; 12,1–4
ad regis ianuam morabatur
irati sunt Bagathan et Thares duo
eunuchi regis qui ianitores erant 3,2.3
et in primo palatii limine praesidebant
volueruntque insurgere in regem et
occidere eum
22 quod Mardocheum non latuit
statimque nuntiavit reginae Hester
et illa regi ex nomine Mardochei qui
ad se rem detulerat
23 quaesitum est et inventum
et adpensus uterque eorum in pati- 7,10! Gn 40,22!

12 sex mensibus ¢ | myrrhino ¢. | alios AK | 14 deducebatur AΛ cr] deducebantur *cet.* | sub manus asagazi LCS | praesidebant GK | 15 quo] quod LΦ | adoptarat LG; optauerat A | ~ deberet intrare ¢ | quacumque S.; quae AK | 17 et adamauit K¢ | super capite A.; super caput K | 18 magnificum L | in *om.* CΣS¢ | 19 et[1] *om.* Σ¢ | ianuas AS.; ~ ianuam regis ¢. | 20 necdum AKS¢ | 21 regis[2]] regii G.; regi Φ | in[1] *om.* A | 23 uterque eorum] *praem.* est ¢; + est Λ |

LAG
CΣΛKSΦ
cr

bulo
6,1; I Esr 4,15 mandatumque historiis et annalibus
traditum coram rege
3 post haec rex Asuerus exaltavit
10; 9,24 Aman filium Amadathi
qui erat de stirpe Agag
5,11 et posuit solium eius super omnes
principes quos habebat
2,21 2 cunctique servi regis qui in foribus
palatii versabantur
Gn 41,43; II Par 29,30; Dn 6,10 flectebant genu et adorabant Aman
sic enim eis praeceperat imperator
5; 5,9; 13,12 solus Mardocheus non flectebat genu
neque adorabat eum
2,21 3 cui dixerunt regis pueri qui ad fores
palatii praesidebant
cur praeter ceteros non observas
mandata regis
4 cumque hoc crebrius dicerent et ille
nollet audire
nuntiaverunt Aman scire cupientes
utrum perseveraret in sententia
dixerat enim eis se esse Iudaeum
5,9 5 quod cum audisset Aman et experimento probasset
2! quod Mardocheus non sibi flecteret
genu nec se adoraret
iratus est valde
6 et pro nihilo duxit in unum Mardocheum mittere manus suas
audierat enim quod esset gentis iudaeae
12,6 magisque voluit omnem Iudaeorum
qui erant in regno Asueri perdere
nationem
7 mense primo cuius vocabulum est
nisan
anno duodecimo regni Asueri missa
9,24.26 est sors in urnam
quae hebraice dicitur phur coram
Aman
quo die et quo mense gens Iudaeorum deberet interfici
et exivit mensis duodecimus qui vocatur adar
8 dixitque Aman regi Asuero
est populus per omnes provincias 13,4
regni tui dispersus
et a se mutuo separatus
novis utens legibus et caerimoniis
insuper et regis scita contemnens
et optime nosti quod non expediat
regno tuo ut insolescat per licentiam
9 si tibi placet decerne ut pereat
et decem milia talentorum adpen- 4,7
dam arcariis gazae tuae
10 tulit ergo rex anulum quo utebatur 8,2; Gn 41,42
de manu sua
et dedit eum Aman filio Amadathi 1; 9,24
de progenie Agag hosti Iudaeorum
11 dixitque ad eum argentum quod polliceris tuum sit
de populo age quod tibi placet
12 vocatique sunt scribae regis mense **12.13:** 8,9.10
primo nisan tertiadecima die eius
et scriptum est ut iusserat Aman ad 1,22; I Esr 8,36!
omnes satrapas regis
et iudices provinciarum diversarum-
que gentium
ut quaeque gens legere poterat et
audire pro varietate linguarum ex
nomine regis Asueri
et litterae ipsius signatae anulo 13 missae sunt per cursores regis ad universas provincias
ut occiderent atque delerent omnes 8,11! 13,6
Iudaeos a puero usque ad senem
parvulos et mulieres
uno die hoc est tertiodecimo mensis 8,12; 9,1!
duodecimi qui vocatur adar
et bona eorum diriperent

LAG
CΣΛKSΦ
cr
23 mandatumque + est c ‖ **3**,2 cunctisque G | genu¹] genua ΛS c; genuam L. | eis *om.* L; ~ praeceperat eis K c | genu²] genua L | 3 ~ pueri regis S c | ad foras G | prae ceteros LS | mandatum c | 4 se *om.* G.; ~ esse se KS | 5 ~ sibi non flecteret L.; ~ non flecteret sibi c. | 6 duxit] dixit A | in¹—mittere] ut in mardocheum unus mitteret L | 10 hostis A | 11 quod¹ + tu Λ c | 12 eius] eiusdem mensis Φ c; mensis eiusdem S | ~ signatae ipsius LSΦ c | 13 tertiodecimo + die LS | diriperent] *add.* 𝔊 *quae infra* 12,6—13,7 *leguntur* |

14 summa autem epistularum haec fuit
ut omnes provinciae scirent et para-
rent se ad praedictam diem
15 festinabant cursores qui missi erant
explere regis imperium
4,8; 8,14; 9,14 statimque in Susis pependit edictum
rege et Aman celebrante convivium
et cunctis qui in urbe erant flentibus
Gn 37,34! I Mcc 3,47! **4** quae cum audisset Mardocheus scidit vestimenta sua
II Sm 13,19! Idt 4,16! Ier 6,26! et indutus est sacco spargens cinerem capiti
et in platea mediae civitatis voce
magna clamabat
ostendens amaritudinem animi sui
2 et hoc heiulatu usque ad fores palatii
gradiens
non enim erat licitum indutum sacco
aulam regis intrare
3 in omnibus quoque provinciis oppidis ac locis ad quae crudele regis
dogma pervenerat
9,31 planctus ingens erat apud Iudaeos
ieiunium ululatus et fletus
sacco et cinere multis pro strato
utentibus
4 ingressae sunt autem puellae Hester
et eunuchi nuntiaveruntque ei
quod audiens consternata est
et misit vestem ut ablato sacco indu-
erent eum
quam accipere noluit
5 accitoque Athac eunucho quem rex
ministrum ei dederat
praecepit ut iret ad Mardocheum et
disceret ab eo cur hoc faceret
6 egressusque Athac ivit ad Mardocheum stantem in platea civitatis
ante ostium palatii
7 qui indicavit ei omnia quae accide-
rant
3,9 quomodo Aman promisisset

ut in thesauros regis pro Iudaeorum
nece inferret argentum
8 exemplarque edicti quod pendebat 3,15!
in Susis dedit ei
ut reginae ostenderet et moneret eam 15,1
ut intraret ad regem
et deprecaretur eum pro populo suo 7,3
9 regressus Athac nuntiavit Hester omnia quae Mardocheus dixerat
10 quae respondit ei et iussit ut diceret
Mardocheo
11 omnes servi regis et cunctae quae
sub dicione eius sunt norunt provinciae
quod sive vir sive mulier invocatus
interius atrium regis intraverit 5,1!
absque ulla cunctatione statim interficiatur
nisi forte rex auream virgam ad eum 5,2; 8,4
tetenderit pro signo clementiae
atque ita possit vivere
ego igitur quomodo ad regem intrare potero
quae triginta iam diebus non sum
vocata ad eum
12 quod cum audisset Mardocheus
13 rursum mandavit Hester dicens
ne putes quod animam tuam tantum
liberes
quia in domo regis es prae cunctis
Iudaeis
14 si enim nunc silueris per aliam occasionem liberabuntur Iudaei
et tu et domus patris tui peribitis
et quis novit utrum idcirco ad regnum veneris ut in tali tempore pa-
rareris
15 rursumque Hester haec Mardocheo
verba mandavit
16 vade et congrega omnes Iudaeos II Mcc 13,12
quos in Susis reppereris et orate
pro me

14 scirent] susciperent K; susciperint A. | 15 ∼ regis imperium explere c | in susan c. | cunctis + iudaeis Φc || **4**,1 est *om.* A | 2 aula A | 3 ad quae] ad quem Λ.; atque GK | crudelis LK | 4 ∼ autem sunt c. | ∼ uestem misit c | 5 praecepit + ei c. | 6 egressus AS. | in plateam LK. | 7 in thesauro AGCΣ | 8 exemplar quoque c | in susan c. | et¹—suo] *in* 𝔊 *leguntur quae infra* 15,1—3 *habentur* | pro *om.* G | 11 inuocatus] non uocatus c | 13 quia] quod AK; quae CΣ. | 16 in susan c. |

LAG
CΣΛKSΦ
cr

non comedatis et non bibatis tribus
diebus ac noctibus
et ego cum ancillulis meis similiter
ieiunabo
et tunc ingrediar ad regem contra
legem faciens invocata
tradensque me morti et periculo
13,7 17 ivit itaque Mardocheus
et fecit omnia quae ei Hester praeceperat
15,4 **5** die autem tertio induta est Hester
regalibus vestimentis
4,11; 6,4; 15,9 et stetit in atrio domus regiae
quod erat interius contra basilicam
regis
at ille sedebat super solium in consis-
torio palatii contra ostium domus
2 cumque vidisset Hester reginam
stantem placuit oculis eius
4,11; 8,4 et extendit contra eam virgam auream quam tenebat manu
quae accedens osculata est summitatem virgae eius
3 dixitque ad eam rex
6! 7,2 quid vis Hester regina
quae est petitio tua
etiam si dimidiam regni partem petieris dabitur tibi
4 at illa respondit
8! si regi placet obsecro ut venias ad
me hodie et Aman tecum ad convivium quod paravi
7,1.2 5 statimque rex vocate inquit cito
Aman ut Hester oboediat voluntati
venerunt itaque rex et Aman ad convivium quod eis regina paraverat
6 dixitque ei rex postquam vinum biberat abundanter
3; Mc 6,23 quid petis ut detur tibi et pro qua re
postulas
etiam si dimidiam partem regni mei
petieris inpetrabis
7 cui respondit Hester
petitio mea et preces istae sunt
8 si inveni gratiam in conspectu regis 7,3; 8,5
et si regi placet ut det mihi quod pos- I Esr 7,6!
tulo et meam impleat petitionem
veniat rex et Aman ad convivium 4.12; 6,14
quod paravi eis
et cras regi aperiam voluntatem meam
9 egressus est itaque illo die Aman laetus et alacer
cumque vidisset Mardocheum seden- 3,5
tem ante fores palatii 13; 2,19!
et non solum non adsurrexisse sibi 3,2!
sed nec motum quidem de loco sessionis suae
indignatus est valde
10 et dissimulata ira reversus in domum
suam
convocavit ad se amicos et Zares 6,13
uxorem suam
11 et exposuit illis magnitudinem divitiarum suarum filiorumque turbam
et quanta eum gloria super omnes 3,1
principes et servos suos rex elevasset
12 et post haec ait
regina quoque Hester nullum alium
vocavit cum rege ad convivium 8!
praeter me
apud quam etiam cras cum rege pran-
surus sum
13 et cum haec omnia habeam nihil me
habere puto
quamdiu videro Mardocheum Iu- 9; 2,19!
daeum sedentem ante fores regias
14 responderuntque ei Zares uxor eius
et ceteri amici
iube parari excelsam trabem haben- 7,9
tem altitudinem quinquaginta cu-

LAG CΣΛKSΦ cr

16 non² *om.* A | ac] et K c; + tribus LCΣΛK cr | ancillulis LΛΦ r] ancillis *cet.* | inuocata] non uocata AΛ c | 17 praeceperat] *add.* 𝔊 *quae infra* 13,8—14,19 *exhibentur* || **5**,1 die—2 eius] *in* 𝔊 *leguntur quae infra* 15,4—19 *praebentur* | solium + suum SΦ c | 3 regni mei partem AK; partem regni c; partem regni mei Σ | 5 eis] ei GCΣ. | 7 ~ sunt istae c | 8 ~ in conspectu regis gratiam c. | et²] ut AΛK | ~ aperiam regi c | 9 est¹ *om.* LA. | ~ aman illo die AΣK | sedentem *om.* G. | nec] ne GCΣΛS | motu GS. | 10 amicos + suos L c | 12 ~ ad conuiuium cum rege c | 13 me habere me S.; habere me A. | 14 altitudinem LCΣK r] altitudinis *cet.* ||

bitos
6,4 et dic mane regi ut adpendatur super
eam Mardocheus
et sic ibis cum rege laetus ad convivium
placuit ei consilium et iussit excelsam parari crucem
6 noctem illam rex duxit insomnem
2,23; I Esr 4,15 iussitque adferri sibi historias et an-
nales priorum temporum
qui cum illo praesente legerentur
2,21–23; 12,1–4 2 ventum est ad eum locum ubi
scriptum erat
quomodo nuntiasset Mardocheus
insidias Bagathan et Thares eunu-
chorum
regem Asuerum iugulare cupientium
3 quod cum rex audisset ait
quid pro hac fide honoris ac praemii
Mardocheus consecutus est
dixeruntque ei servi illius ac ministri
nihil omnino mercedis accepit
4 statimque rex quis est inquit in atrio
5,1! Aman quippe interius atrium domus
regiae intraverat
5,14; 7,9 ut suggereret regi et iuberet Mardocheum adfigi patibulo quod ei
fuerat praeparatum
5 responderunt pueri Aman stat in
atrio
dixitque rex ingrediatur
6 cumque esset ingressus ait illi
quid debet fieri viro quem rex honorare desiderat
cogitans Aman in corde suo et reputans quod nullum alium rex nisi se
vellet honorare 7 respondit
homo quem rex honorare cupit 8 de-
8.9: 11; 8,15 bet indui vestibus regiis
et inponi super equum qui de sella
regis est
1,11! 2,17 et accipere regium diadema super
caput suum

9 et primus de regis principibus ac ty-
rannis teneat equum eius
et per plateam civitatis incedens clamet ac dicat
sic honorabitur quemcumque rex
voluerit honorare
10 dixitque ei rex festina et sumpta stola
et equo
fac ita ut locutus es Mardocheo Iudaeo qui sedet ante fores palatii 2,19!
cave ne quicquam de his quae locutus es praetermittas
11 tulit itaque Aman stolam et equum 8.9
indutumque Mardocheum in platea
civitatis et inpositum equo praecedebat atque clamabat
hoc honore condignus est quemcumque rex voluerit honorare
12 reversus est Mardocheus ad ianuam 2,19
palatii
et Aman festinavit ire in domum suam lugens et operto capite
13 narravitque Zares uxori suae et ami- 5,10
cis omnia quae evenissent sibi
cui responderunt sapientes quos habebat in consilio et uxor eius
si de semine Iudaeorum est Mardocheus ante quem cadere coepisti
non poteris ei resistere sed cades in
conspectu eius
14 adhuc illis loquentibus
venerunt eunuchi regis et cito eum 5,8!
ad convivium quod regina paraverat pergere conpulerunt
7 intravit itaque rex et Aman ut bibe- 1.2: 5,5.6!
rent cum regina
2 dixitque ei rex etiam in secundo die
postquam vino incaluerat
quae est petitio tua Hester ut detur 5,3!
tibi
et quid vis fieri
etiam si dimidiam regni mei partem
petieris inpetrabis

6,1 ~ duxit rex c | ~ sibi afferri c | qui] quae CΣc | 2 eum] illum c | 3 ~ audisset rex c. | dixerunt c. | ei *om.* AKS | 4 et] ut AKΦ | 6 cogitans + autem Kc | ~ in corde suo aman c. | 8 regiis] regis G | 9 regiis GCΣSΦc | ac[2]] et ΣSΦc | ~ uoluerit rex c | 10 ita] itaque Σ.; *om.* KSΦc | 12 reuersusque CΣc | 13 ante quem] antequam LΣK || **7**,2 in *om.* c. | secunda Φc | uinum AS. | ~ partem regni mei Sc |

LAG CΣΛKSΦ cr

3 ad quem illa respondit
5,8 si inveni gratiam in oculis tuis o rex
et si tibi placet
dona mihi animam meam pro qua
rogo
4,8! et populum meum pro quo obsecro
4 traditi enim sumus ego et populus
meus ut conteramur iugulemur et
pereamus
atque utinam in servos et famulas
venderemur
esset tolerabile malum et gemens ta-
cerem
nunc autem hostis noster est cuius
crudelitas redundat in regem
5 respondensque rex Asuerus ait
quis est iste et cuius potentiae ut
haec audeat facere
6 dixit Hester
hostis et inimicus noster pessimus
iste est Aman
quod ille audiens ilico obstipuit
vultum regis ac reginae ferre non
sustinens
7 rex autem surrexit iratus
et de loco convivii intravit in hortum
arboribus consitum
Aman quoque surrexit ut rogaret
Hester reginam pro anima sua
intellexit enim a rege sibi paratum
malum
8 qui cum reversus esset de horto ne-
moribus consito et intrasset convivii locum
repperit Aman super lectulum cor-
ruisse in quo iacebat Hester et ait
etiam reginam vult opprimere me
praesente in domo mea
necdum verbum de ore regis exierat
et statim operuerunt faciem eius
1,10 9 dixitque Arbona unus de eunuchis
qui stabant in ministerio regis
5,14; 6,4 en lignum quod paraverat Mardocheo qui locutus est pro rege
stat in domo Aman habens altitudinis quinquaginta cubitos
cui dixit rex adpendite eum in eo 8,7
10 suspensus est itaque Aman in pati- 2,23; 16,18; Gn 40,22!
bulo quod paraverat Mardocheo
et regis ira quievit
8 die illo dedit rex Asuerus Hester reginae domum Aman adversarii Iu- 7
daeorum
et Mardocheus ingressus est ante faciem regis
confessa est enim ei Hester quod esset patruus suus
2 tulitque rex anulum quem ab Aman 3,10; Gn 41,42
recipi iusserat
et tradidit Mardocheo
Hester autem constituit Mardoche- Gn 41,40!
um super domum suam
3 nec his contenta procidit ad pedes
regis
flevitque et locuta ad eum oravit ut
malitiam Aman Agagitae
et machinationes eius pessimas quas
excogitaverat contra Iudaeos
iuberet irritas fieri
4 at ille ex more sceptrum aureum pro- 4,11; 5,2
tendit manu
quo signum clementiae monstraba-
tur
illaque consurgens stetit ante eum
5 et ait
si placet regi et inveni gratiam co- 5,8!
ram oculis eius
et deprecatio mea non ei videtur esse
contraria
obsecro ut novis epistulis veteres
Aman litterae insidiatoris et hostis
Iudaeorum
quibus eos in cunctis regis provinciis
perire praeceperat corrigantur
6 quomodo enim potero sustinere necem et interfectionem populi mei
7 responditque rex Asuerus Hester reginae et Mardocheo Iudaeo

LAG 4 in rege GΛS | 6 dixitque LCΣc | 7 ~ iratus surrexit c. | 8 lectulum + suum L |
CΣΛKSΦ 9 stabat GΛS | in domu S; in domum GK | 10 requieuit GCΣΛΦ || **8**,1 illa AK |
cr rex *om.* L | ei *om.* A | 3 malitia LAS | 5 et2 + si c | coram] in c | ueteris LKS |
eos] eis AK |

1 domum Aman concessi Hester et ip-
7,9 sum iussi adfigi cruci
qui ausus est manum in Iudaeos mittere
8 scribite ergo Iudaeis sicut vobis placet ex regis nomine
signantes litteras anulo meo
1,19! haec enim consuetudo erat ut epistulis quae ex regis nomine mittebantur et illius anulo signatae erant
nemo auderet contradicere
9,10: 3,12.13 9 accitisque scribis et librariis regis
erat autem tempus tertii mensis qui
appellatur siban
vicesima et tertia illius die scriptae
sunt epistulae
ut Mardocheus voluerat ad Iudaeos
et ad principes procuratoresque et
iudices
1,1; 13,1; 16,1 qui centum viginti septem provinciis
ab India usque Aethiopiam praesi-
debant
1,22 provinciae atque provinciae populo
et populo iuxta linguas et litteras
suas
et Iudaeis ut legere poterant et audire
10 ipsaeque epistulae quae ex regis nomine mittebantur anulo illius ob-
signatae sunt
et missae per veredarios qui per omnes provincias discurrentes veteres
litteras novis nuntiis praevenirent
9,2.16 11 quibus imperavit rex ut convenirent
Iudaeos per singulas civitates
et in unum praeciperent congregari
ut starent pro animabus suis
3,13; 13,6 et omnes inimicos suos cum coniugibus ac liberis et universis domibus
interficerent atque delerent
12 et constituta est per omnes provincias una ultionis dies
id est tertiadecima mensis duodecimi 3,13; 9,1!
adar
13 summaque epistulae fuit ut in omnibus terris ac populis qui regis
Asueri imperio subiacebant notum
fieret
paratos esse Iudaeos ad capiendam
vindictam de hostibus suis
14 egressique sunt veredarii celeres nun- 3,15
tios perferentes
et edictum regis pependit in Susis 9,14
15 Mardocheus autem de palatio et de
conspectu regis egrediens fulgebat 6,8
vestibus regiis
hyacinthinis videlicet et aerinis
coronam auream portans capite 1,11!
et amictus pallio serico atque purpureo
omnisque civitas exultavit atque laetata est
16 Iudaeis autem nova lux oriri visa est
gaudium honor et tripudium
17 apud omnes populos urbes atque
provincias quocumque regis iussa
veniebant
mira exultatio epulae atque convivia 9,17.19.22
et festus dies
in tantum ut plures alterius gentis et
sectae eorum religioni et caerimoniis iungerentur
grandis enim cunctos iudaici nominis terror invaserat
9 igitur duodecimi mensis quem adar 3,13; 8,12; 16,20
vocari ante iam diximus
tertiadecima die quando cunctis Iudaeis interfectio parabatur
et hostes eorum inhiabant sanguini
versa vice Iudaei superiores esse coeperunt
et se de adversariis vindicare
2 congregatique sunt per singulas civi- 8,11!

7 qui] quia GCΣΛ c | ~ manum mittere in iudaeos c; ~ in iudaeos manum mittere LΛ | 8 ex[1]] et ex CΣ.; *om.* c. | 9 ~ die illius c | usque + ad c | et populo *om.* L | ut[2]] prout c | 10 ex *om.* c | illius] ipsius c | signatae GCΣ | 11 delerent + et spolia eorum diriperent c. | 12 adar] *add.* 𝔊 *quae infra* 16,1—24 *habentur* | 13 epistulae + haec L c | ~ subiacebant imperio c. | 14 nuncia c. | in susan c. | 15 fulgebat + in LΛ | regiis] regis LG | aerinis] aeriis c | in capite c; *om.* A. | ~ serico pallio c | 17 ueniebat G || **9**,2 congregati sunt L |

LAG CΣΛKSΦ cr

tates oppida et loca
ut extenderent manum contra inimicos et persecutores suos
nullusque ausus est resistere eo quod
omnes populos magnitudinis eorum formido penetrarat
[3] nam et provinciarum iudices duces
et procuratores
omnisque dignitas quae singulis locis
et operibus praeerat extollebant
Iudaeos
timore Mardochei [4] quem principem
esse palatii et plurimum posse cognoverant
fama quoque nominis eius crescebat
cotidie
et per cunctorum ora volitabat
[5] itaque percusserunt Iudaei inimicos
suos plaga magna et occiderunt eos
reddentes eis quod sibi paraverant
facere
12.15 [6] in tantum ut etiam in Susis quingentos viros interficerent
et decem extra filios Aman Agagitae
hostis Iudaeorum quorum ista sunt
nomina
[7] Pharsandatha et Delphon et Esphata
[8] et Phorata et Adalia et Aridatha
[9] et Ephermesta et Arisai et Aridai
et Vaizatha
15.16 [10] quos cum occidissent praedas de
substantiis eorum agere noluerunt
[11] statimque numerus eorum qui occisi
erant in Susis ad regem relatus est
6 [12] qui dixit reginae in urbe Susis inter-
fecere Iudaei quingentos viros
et alios decem filios Aman
quantam putas eos exercere caedem
in universis provinciis
quid ultra postulas et quid vis ut fieri
iubeam
[13] cui illa respondit
si regi placet detur potestas Iudaeis
ut sicut hodie fecerunt in Susis sic
et cras faciant
et decem filii Aman in patibulis sus- 16,18
pendantur
[14] praecepitque rex ut ita fieret
statimque in Susis pependit edictum 3,15; 8,14
et decem Aman filii suspensi sunt 25
[15] congregatis Iudaeis quartadecima a-
dar mensis die
interfecti sunt in Susis trecenti viri 6
nec eorum ab illis direpta substantia 10
est
[16] sed et per omnes provincias quae di- 8,11!
cioni regis subiacebant
pro animabus suis stetere Iudaei interfectis hostibus ac persecutoribus
suis
in tantum ut septuaginta quinque
milia occisorum implerentur
et nullus de substantiis eorum quic- 10
quam contingeret
[17] dies autem tertiusdecimus mensis
adar
unus apud omnes interfectionis fuit
et quartodecimo die caedere desie- 21.22
runt
quem constituerunt esse sollemnem 16,22!
ut in eo omni deinceps tempore va- 8,17
carent epulis gaudio atque conviviis
[18] at hii qui in urbe Susis caedem exer-
cuerant
tertiodecimo et quartodecimo eiusdem mensis die in caede versati
sunt
quintodecimo autem die percutere
desierunt
et idcirco eandem diem constituere 22!
sollemnem epularum atque laetitiae

LAG
CΣΛK(S)Φ
cr
2 et[1] *om.* AK | penetrarat LG cr] penetrabat CΣ.; penetraret *cet.* | 3 iudices + et CΣ c. | et[3]] ac c.; *om.* CΣ. | 6 in susan c. | et decem extra] et decem AKS; extra decem Φ c | quorum—10,3 praenotauimus *om.* S. | 9 et aridai *om.* AK | uaizatha] iezatha c. | 10 agere] tangere K c | 11 susan c., *item vv.* 12.13.14.15.18 | 12 interfecerunt c; interficere LAC | quantum GΣKΦ; tum L. | eos *om.* A | 13 ~ fecerunt hodie c | 14 ~ filii aman K c | 15 ~ die mensis adar AK c | 16 steterunt c | 17 unus] primus c. | quartadecima c. | omnis ... uacaret AK | ~ tempore deinceps c. | 18 die[1]] diei L | ~ die eiusdem mensis c | desierant G; destiterunt Λ | eundem LΦ c | constituerunt K c |

19 hii vero Iudaei qui in oppidis non
muratis ac villis morabantur
22! 8,17 quartumdecimum diem mensis adar
conviviorum et gaudii decreverunt
ita ut exultent in eo et mittant sibi
mutuo partes epularum et ciborum
20 scripsit itaque Mardocheus omnia
haec et litteris conprehensa misit
ad Iudaeos
qui in omnibus regis provinciis morabantur
tam in vicino positis quam procul
17; 16,21.22! 21 ut quartamdecimam et quintamde-
cimam diem mensis adar pro festis
susciperent
et revertente semper anno sollemni
honore celebrarent
22 quia in ipsis diebus se ulti sunt Iudaei de inimicis suis
13,17! et luctus atque tristitia in hilaritatem
gaudiumque conversa sint
18.19; 8,17 essentque istae dies epularum atque
laetitiae
et mitterent sibi invicem ciborum
partes et pauperibus munuscula
largirentur
23 susceperuntque Iudaei in sollemnem
ritum
cuncta quae eo tempore facere coeperant
et quae Mardocheus litteris facienda
mandaverat
3,1.10 24 Aman enim filius Amadathi stirpis
Agag hostis et adversarius Iudaeorum
3,7 cogitavit contra eos malum ut occideret illos atque deleret
et misit phur quod nostra lingua vertitur in sortem
25 et postea ingressa est Hester ad regem obsecrans
ut conatus eius litteris regis irriti fierent
et malum quod contra Iudaeos co- Ps 7,17
gitaverat reverteretur in caput eius
denique et ipsum et filios eius adfixe- 14
runt cruci
26 atque ex illo tempore dies isti appel-
lati sunt Phurim id est Sortium
eo quod phur id est sors in urnam 3,7
missa fuerit
et cuncta quae gesta sunt epistulae
id est libri huius volumine continentur
27 quaeque sustinuerint et quae deinceps inmutata sint
suscepere Iudaei super se et semen
suum
et super cunctos qui religioni eorum
voluerint copulari
ut nulli liceat duos hos dies absque
sollemnitate transigere
quam scriptura testatur et certa ex-
petunt tempora
annis sibi iugiter succedentibus
28 isti sunt dies quos nulla umquam delebit oblivio
et per singulas generationes cunctae
in toto orbe provinciae celebrabunt
nec est ulla civitas in qua dies Phurim id est Sortium non observentur
a Iudaeis
et ab eorum progenie quae his caerimoniis obligata est
29 scripseruntque Hester regina filia 2,15
Abiahil et Mardocheus Iudaeus
etiam secundam epistulam
ut omni studio dies ista sollemnis
sanciretur in posterum
30 et miserunt ad omnes Iudaeos qui in
centum viginti septem regis Asueri
provinciis versabantur
ut haberent pacem et susciperent
veritatem

21 pro festis] profectis L; perfecte Λ | ~ sollemni celebrarent honore ¢; sollemnia celebrarent CΣ. | 22 sunt¹] sint G. | conuersae sint LΦ.; conuersa sunt Λ¢; conuersi sunt K | essentque dies isti Λ¢.; essetque ista dies Σ.; essetque iste dies ACK | 23 coeperunt AΛK | 24 illos] eos LΛ | 26 fuerat A | 27 sustinuerunt Λ¢ | sunt ¢ | susceperunt ¢; suscipere LCΣK | iudaeis G | et² + super LC | uoluerunt G¢; uoluerant ΣΦ | quam] quos Φ¢ | certa] cetera ACΣKΦ | 30 ~ prouinciis regis asueri ¢ |

LAG
CΣΛKΦ
cr

31 observantes dies Sortium et suo tempore cum gaudio celebrarent
sicut constituerat Mardocheus et
Hester
4,3 et illi observanda susceperant a se et
a semine suo
ieiunia atque clamores et Sortium
dies
32 et omnia quae libri huius qui vocatur Hester historia continentur
10 rex vero Asuerus omnem terram et
cunctas maris insulas fecit tribu-
tarias
2 cuius fortitudo et imperium et dignitas atque sublimitas qua exaltavit
Mardocheum
scripta sunt in libris Medorum atque
Persarum
3 et quomodo Mardocheus iudaici ge-
13,3! Gn 41,43 neris secundus a rege Asuero fuerit
et magnus inter Iudaeos et accepta-
Ps 121,8.9 bilis plebi fratrum suorum
quaerens bona populo suo
Ps 84,9 et loquens ea quae ad pacem sui seminis pertinerent

QUAE HABENTUR IN HEBRAEO PLENA FIDE EXPRESSI · HAEC AUTEM QUAE SEQUUNTUR SCRIPTA REPPERI IN EDITIONE VULGATA QUAE GRAECORUM LINGUA ET LITTERIS CONTINENTUR ET INTERIM POST FINEM LIBRI HOC CAPITULUM FEREBATUR QUOD IUXTA CONSUETUDINEM NOSTRAM OBELO ID EST VERU PRAENOTAVIMUS

Ps 117,23! ÷ 4 dixitque Mardocheus a Deo facta
÷ sunt ista
11,2 5 recordatus sum somnii quod vide-
÷ ram haec eadem significantis
÷ nec eorum quicquam irritum fuit
11,10.11 6 parvus fons qui crevit in fluvium
÷ et in lucem solemque conversus est
÷ et in aquas plurimas redundavit
÷ Hester est quam rex accepit uxorem
÷ et voluit esse reginam
7 duo autem dracones ego sum et
÷ Aman
8 gentes quae convenerant hii sunt qui 11,7
÷ delere nomen conati sunt Iudaeo-
÷ rum
9 gens autem mea Israhel est qui cla- Ps 105,21; Sap 16,8;
÷ mavit ad Deum et salvum fecit Do- Sir 33,1! Dn 6,27!
÷ minus populum suum liberavitque II Tim 4,18
÷ nos de omnibus malis
÷ et fecit signa magna atque portenta II Sm 7,23! Ps 97,1
÷ inter gentes
10 et duas sortes esse praecepit
÷ unam populo Dei et alteram cunc-
÷ tarum gentium
11 venitque utraque sors in statutum
÷ ex illo iam tempore diem coram
÷ Deo universis gentibus
12 et recordatus est Dominus populi Ps 97,3; Ier 44,21
÷ sui ac misertus hereditati suae
13 et observabuntur dies isti in mense 16,22!
÷ adar quartadecima et quintadeci-
÷ ma die eiusdem mensis
÷ cum omni studio et gaudio in unum
÷ coetum populi congregati
÷ in cunctas deinceps generationes
÷ populi Israhel
11 anno quarto regnantibus Ptolomeo I Mcc 10,57
÷ et Cleopatra
÷ adtulerunt Dositheus qui se sacer-
÷ dotem et levitici generis ferebat
÷ et Ptolomeus filius eius hanc epistu-
÷ lam Phurim
÷ quam dixerunt interpretatum esse
÷ Lysimachum Ptolomei filium in
÷ Hierusalem

HOC QUOQUE PRINCIPIUM ERAT IN EDITIONE VULGATA QUOD NEC IN HEBRAEO NEC APUD ULLUM FERTUR

(L)AG CΣΛK(S)Φ cr

31 cum *om.* AK | constituerant GΛΦ c | susceperunt c; susceperat L.; susciperent CΣ | a² *om.* GΣΛ | atque] et c. || **10**,1 mari LΦ | 2 qua] quae ACΣK; quia Λ. | 3 inter] apud Φ c | ~ seminis sui c | continetur AGCΛK | uerum AΣΛK | 4 dixit AΣ | 6 [*deest* L *usque ad* 16,24] | 8 ~ conati sunt delere nomen CΣ c | 9 qui] quae ΣS c | deum] dominum CΣΛKΦ c | de] ab c. | 10 populi GSΦ c; populum Λ. | 11 diem *om.* AΣKΦ | 12 misertus + est Λ c | hereditatis GΣ c | 13 ~ mensis eiusdem AK || **11**,1 anno—13,7 interpretum *om.* S. | ullum] illum AΣ |

INTERPRETUM
÷ 2 anno secundo regnante Artarxerse
÷ maximo
÷ prima die mensis nisan
2,5; 10,5 ÷ vidit somnium Mardocheus filius
÷ Iahiri filii Semei filii Cis de tribu
÷ Beniamin
3 homo iudaeus qui habitabat in urbe
12,5 ÷ Susis vir magnus et inter primos
÷ aulae regiae
; IV Rg 24,15! 4 erat autem de eo numero captivo-
÷ rum
÷ quos transtulerat Nabuchodonosor
÷ rex Babylonis de Hierusalem cum
÷ Iechonia rege Iudaeae
5 et hoc eius somnium fuit
÷ apparuerunt voces et tumultus et
÷ tonitrua et terraemotus et contur-
÷ batio super terram
6 et ecce duo dracones magni parati-
÷ que contra se in proelium
10,8 7 ad quorum clamorem cunctae con-
÷ citatae sunt nationes
÷ ut pugnarent contra gentem iusto-
÷ rum
8 fuitque dies illa tenebrarum et dis-
÷ criminis tribulationis et angustiae
÷ et ingens formido super terram
9 conturbataque est gens iustorum ti-
÷ mentium mala sua et praeparata
÷ ad mortem
10 clamaveruntque ad Deum
10,6 ÷ et illis vociferantibus fons parvus
÷ crevit in fluvium maximum et in
÷ aquas plurimas redundavit
Iob 5,11! 11 lux et sol ortus est et humiles exal-
÷ tati sunt et devoraverunt inclitos
12 quod cum vidisset Mardocheus et
÷ surrexisset de stratu
÷ cogitabat quid Deus facere vellet et
÷ fixum habebat in animo
÷ scire cupiens quid significaret som-
÷ nium
1–4: 2,21–23; 6,2 **12** morabatur autem eo tempore in
÷ aula regis cum Gabatha et Thara
÷ eunuchis regis qui ianitores erant
÷ palatii
2 cumque intellexisset cogitationes
÷ eorum et curas diligentius pervi-
÷ disset
÷ didicit quod conarentur in regem
÷ Artarxersen manus mittere
÷ et nuntiavit super eo regi 3 qui de
÷ utroque habita quaestione confes-
÷ sos duci iussit ad mortem
4 rex autem quod gestum erat scripsit
÷ in commentariis
÷ sed et Mardocheus rei memoriam
÷ litteris tradidit
5 praecepitque ei rex ut in aula palatii 11,3
÷ moraretur datis ei pro delatione
÷ muneribus
6 Aman vero filius Amadathi Bugeus
÷ erat gloriosissimus coram rege
÷ et voluit nocere Mardocheo et po- 3,6
÷ pulo eius pro duobus regis eunu-
÷ chis qui fuerant interfecti
HUCUSQUE PROEMIUM
QUAE SEQUUNTUR IN EO LOCO POSITA
ERANT UBI SCRIPTUM EST IN VOLU-
MINE et diripuerunt bona VEL sub-
stantias eorum QUAE IN SOLA VUL-
GATA EDITIONE REPPERIMUS
÷ epistulae autem hoc exemplar fuit
13 rex maximus Artarxerses ab India 1,1; 16,1
÷ usque Aethiopiam centum viginti 8,9
÷ septem provinciarum principibus
÷ et ducibus qui eius imperio sub-
÷ iecti sunt salutem dicit
2 cum plurimis gentibus imperarem
÷ et universum orbem meae dicioni
÷ subiugassem
÷ volui nequaquam abuti potentiae
÷ magnitudine
÷ sed clementia et lenitate gubernare
÷ subiectos
÷ ut absque ullo terrore vitam silentio 16,8
÷ transigentes optata cunctis morta-

2 anno] *cf. supra* 1,1 | 3 in urbe *om.* AK | 4 iudae CΣΛK; iuda c | 10 clamauerunt G CΣ | plurimas] multas AK. | 12 stratu + suo CΣ || **12**,1 gabatha] bagatha AΦc | regis 2] regiis G | 3 utraque AGK. | ~ iussit duci Kc | 6 ~ eunuchis regis Ac | eorum] *cf. supra* 3,13 || **13**,1 dicit *om.* c. |

AG
CΣΛKΦ
cr

÷ libus pace fruerentur
3 quaerente autem me a consiliariis
÷ meis quomodo hoc posset impleri
÷ unus qui sapientia et fide ceteros
÷ praecellebat
6; 10,3! 15,2; 16,11; III Esr 3,7! ÷ et erat post regem secundus Aman
÷ nomine
3,8 4 indicavit mihi in toto orbe terrarum
÷ populum esse dispersum
÷ qui novis uteretur legibus et contra
÷ omnium gentium faciens consuetu-
÷ dinem regum iussa contemneret
÷ et universarum concordiam natio-
÷ num sua dissensione violaret
5 quod cum didicissemus
÷ videntes unam gentem rebellem ad-
÷ versum omne hominum genus per-
÷ versis uti legibus
÷ nostrisque iussionibus contraire
÷ et turbare subiectarum nobis pro-
÷ vinciarum pacem atque concor-
÷ diam
6 iussimus ut quoscumque Aman qui
÷ omnibus provinciis praepositus est
3! 15,2; 16,11 ÷ et secundus a rege et quem patris
÷ loco colimus monstraverit
3,13; 8,11! ÷ cum coniugibus ac liberis deleantur
÷ ab inimicis suis nullusque eorum
÷ misereatur
÷ quartadecima die duodecimi mensis
÷ adar anni praesentis
7 ut nefarii homines uno die ad infe-
÷ ros descendentes reddant imperio
÷ nostro pacem quam turbaverunt
HUCUSQUE EXEMPLAR EPISTULAE
QUAE SEQUUNTUR POST EUM LOCUM
SCRIPTA REPPERI UBI LEGITUR per-
4,17 gensque Mardocheus fecit omnia
quae ei mandaverat Hester NEC
TAMEN HABENTUR IN HEBRAICO ET
APUD NULLUM PENITUS FERUNTUR
INTERPRETUM
÷ 8 Mardocheus autem deprecatus est
÷ Dominum

÷ memor omnium operum eius 9 et
÷ dixit
÷ Domine Domine rex omnipotens in Sap 9,1; Dn 2,38
÷ dicione enim tua cuncta sunt po-
÷ sita
÷ et non est qui possit tuae resistere Gn 50,19! II Par 20,6! Idt 16,17!
÷ voluntati
÷ si decreveris salvare Israhel
10 tu fecisti caelum et terram et quic- Gn 1,1! IV Rg 19,15; Is 37,16; Dn 14,4
÷ quid caeli ambitu continetur
11 Dominus omnium es nec est qui re- I Par 29,12
÷ sistat maiestati tuae
12 cuncta nosti et scis quia non pro su- 14,14.15
÷ perbia et contumelia et aliqua glo-
÷ riae cupiditate fecerim hoc ut non
÷ adorarem Aman superbissimum 3,2!
13 libenter enim pro salute Israhel et-
÷ iam vestigia pedum eius deosculari
÷ paratus essem
14 sed timui ne honorem Dei mei trans-
÷ ferrem ad hominem
÷ et ne quemquam adorarem excepto
÷ Domino meo
15 et nunc Domine rex Deus Abraham
÷ miserere populi tui
÷ quia volunt nos inimici perdere et 14,9; Ps 78,1
÷ hereditatem tuam delere
16 ne despicias partem tuam quam red- II Sm 7,23!
÷ emisti tibi de Aegypto
17 exaudi deprecationem meam et pro-
÷ pitius esto sorti et funiculo tuo
÷ et converte luctum nostrum in gau- 9,22; 16,21; Ps 29,12!
÷ dium
÷ ut viventes laudemus nomen tuum Ps 113,26; Sir 17,25
÷ Domine
÷ et non claudas ora te canentium
18 omnis quoque Israhel pari mente et
÷ obsecratione clamavit ad Domi-
÷ num eo quod eis certa mors inpen-
÷ deret
14 Hester quoque regina confugit ad
÷ Dominum pavens periculum quod
÷ inminebat
2 cumque deposuisset vestes regias

AG CΣΛK(S)Φ cr 3 ~ posset hoc c. | 4 ~ consuetudinem faciens c | 7 turbauerant GΛΦ c | hester] *cf. supra* 4,17 | 13 deosculare CΣKS.; osculari A | 14 domino meo] dominum meum K; deo meo CΣΛΦ c | 15 inimici + nostri c; + tui S. | 17 conuertere AK. | non] ne c ||

÷ fletibus et luctui apta indumenta
÷ suscepit
Idt 4,8.9! ÷ et pro unguentis variis cinere et ster-
÷ core implevit caput et corpus suum
÷ humiliavit ieiuniis
÷ omniaque loca in quibus laetari ante
÷ consueverat crinium laceratione
÷ conplevit
3 et deprecabatur Dominum Deum
÷ Israhel dicens
14; Ps 78,9 ÷ Domine mi qui rex noster es solus
÷ adiuva me solitariam
÷ et cuius praeter te nullus auxiliator
÷ est alius
4 periculum meum in manibus meis
÷ est
5 audivi a patre meo quod tu Domine
Dt 4,20! ÷ tulisses Israhel de cunctis gentibus
÷ et patres nostros ex omnibus retro
÷ maioribus suis
÷ ut possideres hereditatem sempiter-
÷ nam
÷ fecistique eis sicut locutus es
I Esr 9,15! 6 peccavimus in conspectu tuo et id-
÷ circo tradidisti nos in manibus ini-
÷ micorum nostrorum
7 coluimus enim deos eorum
÷ iustus es Domine
8 et nunc non eis sufficit quod duris-
÷ sima nos opprimunt servitute
÷ sed robur manuum suarum idolo-
÷ rum potentiae deputantes
9 volunt tua mutare promissa
13,15 ÷ et delere hereditatem tuam et clau-
÷ dere ora te laudantium atque ex-
÷ tinguere gloriam templi et altaris
÷ tui
10 ut aperiant ora gentium
÷ et laudent idolorum fortitudinem
÷ et praedicent carnalem regem in
÷ sempiternum
Bar 4,3! 11 ne tradas Domine sceptrum tuum
÷ his qui non sunt
÷ ne rideant ad ruinam nostram
÷ sed converte consilium eorum super
÷ eos et eum qui in nos coepit sae-
÷ vire disperde
12 memento Domine et ostende te no-
÷ bis in tempore tribulationis nos-
÷ trae
÷ et mihi da fiduciam rex deorum et
÷ universae Domine potestatis
13 tribue sermonem conpositum in ore
÷ meo in conspectu leonis
÷ et transfer cor illius in odium hostis
÷ nostri
÷ ut et ipse pereat et ceteri qui ei con-
÷ sentiunt
14 nos autem libera manu tua
÷ et adiuva me nullum alium haben- 3
÷ tem auxilium nisi te Domine
÷ habes omnium scientiam 15 et nosti 13,12
÷ quia oderim gloriam iniquorum et
÷ detester cubile incircumcisorum et
÷ omnis alienigenae
16 tu scis necessitatem meam quod ab-
÷ ominer signum superbiae et glo-
÷ riae meae quod est super caput
÷ meum
÷ in diebus ostentationis meae
÷ et detester illud quasi pannum men- Is 30,22
÷ struatae
÷ et non portem in diebus silentii mei
17 et quod non comederim in mensa
÷ Aman
÷ nec mihi placuerit convivium regis
÷ et non biberim vinum libaminum
18 et numquam laetata sit ancilla tua
÷ ex quo huc translata sum usque in
÷ praesentem diem
÷ nisi in te Domine Deus Abraham
÷ 19 Deus fortis super omnes
÷ exaudi vocem eorum qui nullam ali-
÷ am spem habent
÷ et libera nos de manu iniquorum et
÷ erue me a timore meo

14,2 antea K c.; *om.* CΣ. | ~ antea laetari K c | consuerat AG. | 3 ~ est auxiliator c. | 6 in manibus CΣΛK r] in manus *cet.* | 9 ~ laudantium te c | 11 in nos] nos Φ.; *om.* AK. | 12 ~ da mihi fiduciam domine rex deorum et uniuersae c. | 13 ut et] ut AK; et Λ. | 14 aliud c; *om.* Λ. | ~ auxilium habentem c | habes GΦ r] hebes Λ.; habens CΣ; qui habes AKS c | 15 oderam ASΦ. | 19 de manibus AKS. ||

AG CΣΛKSΦ cr

15 HAEC QUOQUE ADDITA REPPERI IN
EDITIONE VULGATA
4,8! ÷ 1 et mandavit ei
÷ haut dubium quin Hesteri Mardo-
÷ cheus
÷ ut ingrederetur ad regem et rogaret
÷ pro populo suo et pro patria sua
2 memor inquit dierum humilitatis
2,7 ÷ tuae quomodo nutrita sis in manu
÷ mea
13,3! 6 ÷ quia Aman secundus a rege locutus
÷ est contra nos in mortem
3 et tu invoca Dominum et loquere
÷ regi pro nobis et libera nos de
÷ morte
NEC NON ET ISTA QUAE SUBDITA SUNT
5,1 ÷ 4 die autem tertio deposuit vestimen-
÷ ta ornatus sui et circumdata est
÷ gloria sua
5 cumque regio fulgeret habitu et in-
÷ vocasset omnium rectorem et sal-
÷ vatorem Deum adsumpsit duas fa-
÷ mulas
6 et super unam quidem innitebatur
÷ quasi prae deliciis et nimia teneri-
÷ tudine corpus suum ferre non sus-
÷ tinens
7 altera autem famularum sequebatur
÷ dominam
÷ defluentia in humum indumenta sus-
÷ tentans
8 ipsa autem roseo vultu colore per-
÷ fusa et gratis ac nitentibus oculis
÷ tristem celabat animum et nimio
÷ timore contractum
5,1! 9 ingressa igitur cuncta per ordinem
÷ ostia stetit contra regem
÷ ubi ille residebat super solium regni
÷ sui indutus vestibus regiis auroque
÷ fulgens et pretiosis lapidibus erat-
÷ que terribilis aspectu
10 cumque elevasset faciem et ardenti-
÷ bus oculis furorem pectoris indi-
÷ casset
÷ regina corruit et in pallorem colore
÷ mutato lassum super ancillulam
÷ reclinavit caput
11 convertitque Deus spiritum regis in
÷ mansuetudinem
÷ et festinus ac metuens exilivit de
÷ solio
÷ et sustentans eam ulnis suis donec
÷ rediret ad se his verbis blandieba-
÷ tur
12 quid habes Hester ego sum frater
÷ tuus noli metuere 13 non morieris
÷ non enim pro te sed pro omnibus
÷ haec lex constituta est
14 accede igitur et tange sceptrum
15 cumque illa reticeret tulit auream
÷ virgam et posuit super collum eius
÷ et osculatus est eam et ait
÷ cur mihi non loqueris
16 quae respondit vidi te domine quasi II Sm 14,17! 19,27
÷ angelum Dei
÷ et conturbatum est cor meum prae
÷ timore gloriae tuae
17 valde enim mirabilis es domine et
÷ facies tua plena est gratiarum
18 cumque loqueretur rursum corruit
÷ et paene exanimata est
19 rex autem turbabatur et omnes mi-
÷ nistri eius consolabantur eam
16 EXEMPLAR EPISTULAE REGIS ARTAR-
XERSIS QUAM PRO IUDAEIS AD TOTAS
REGNI SUI PROVINCIAS MISIT QUOD
ET IPSUM IN HEBRAICO VOLUMINE
NON HABETUR
÷ 1 rex magnus Artarxerses ab India 1,1; 13,1
÷ usque Aethiopiam centum viginti 8,9
÷ septem provinciarum ducibus ac
÷ principibus qui nostrae oboediunt
÷ iussioni salutem dicit
2 multi bonitate principum et honore
÷ qui in eos conlatus est abusi sunt
÷ in superbiam
3 et non solum subiectos regibus ni-
÷ tuntur opprimere

AG
CΣΛK(S)Φ
cr

15,1 et mandauit] *cf. supra* 4,8 | hester ΛKS; esset c. | 2 memorare c. | 4 die—19 eam] *cf. supra* 5,1—2 | 7 dominam + et AK. | 8 uultum colore GΦ; colore uultum c | 10 ancillam ACΣΛK | 11 solio + suo AKS | 17 gratia AKS || **16** exemplum A; *om.* S. | 1 rex—24 inoboedientiae *om.* S.; *cf. supra* 8,12 | ~ iussioni obediunt c. |

÷ sed datam sibi gloriam non ferentes
÷ in ipsos qui dederunt moliuntur
÷ insidias
4 nec contenti sunt gratias non agere
÷ beneficiis et humanitatis in se iura
÷ violare
÷ sed Dei quoque cuncta cernentis ar-
÷ bitrantur se fugere posse senten-
÷ tiam
5 et in tantum vesaniae proruperunt
÷ ut eos qui credita sibi officia dili-
÷ genter observant
÷ et ita cuncta agunt ut omnium laude
÷ sint digni
÷ mendaciorum cuniculis conentur
÷ subvertere
6 dum aures principum simplices et
÷ ex sua natura alios aestimantes cal-
÷ lida fraude decipiunt
7 quae res et ex veteribus probatur
÷ historiis et ex his quae geruntur co-
÷ tidie quomodo malis quorundam
÷ suggestionibus regum studia de-
÷ praventur
13,2 8 unde providendum est paci omni-
÷ um provinciarum
9 nec putare debetis si diversa iube-
÷ amus
÷ ex animi nostri venire levitate
÷ sed pro qualitate et necessitate tem-
÷ porum
÷ ut reipublicae poscit utilitas ferre
÷ sententiam
10 et ut manifestius quod dicimus in-
÷ tellegatis
÷ Aman filius Amadathi et animo et
÷ gente Macedo alienusque a Persa-
÷ rum sanguine
÷ et pietatem nostram sua crudelitate
÷ commaculans
÷ peregrinus susceptus a nobis est
11 et tantam in se expertus humanita-
÷ tem ut pater noster vocaretur
÷ et adoraretur ab omnibus post re- 13,3! 6
÷ gem secundus
12 qui in tantum arrogantiae tumore
÷ sublatus est
÷ ut regno nos privare niteretur et spi-
÷ ritu
13 nam Mardocheum cuius fide et be-
÷ neficiis vivimus
÷ et consortem regni nostri Hester
÷ cum omni gente sua novis quibus-
÷ dam atque inauditis machinis ex-
÷ petivit in mortem
14 hoc cogitans ut illis interfectis insi-
÷ diaretur nostrae solitudini
÷ et regnum Persarum transferret in
÷ Macedonas
15 nos autem a pessimo mortalium Iu-
÷ daeos neci destinatos in nulla pe-
÷ nitus culpa repperimus
÷ sed e contrario iustis utentes legibus
÷ 16 et filios altissimi et maximi sem-
÷ perque viventis Dei
÷ cuius beneficio et patribus nostris et
÷ nobis regnum est traditum et us-
÷ que hodie custoditur
17 unde eas litteras quas sub nomine
÷ nostro ille direxerat sciatis esse ir-
÷ ritas
18 pro quo scelere ante portas huius
÷ urbis id est Susis et ipse qui ma-
÷ chinatus est et omnis cognatio eius
÷ pendet in patibulis 7,10! 9,13
÷ non nobis sed Deo ei reddente quod
÷ meruit
19 hoc autem edictum quod nunc mit-
÷ timus in cunctis urbibus propona-
÷ tur
÷ ut liceat Iudaeis uti legibus suis
20 quibus debetis esse adminiculo
÷ ut eos qui se ad necem eorum para-
÷ verant possint interficere

3 datum G | 4 ~ posse fugere c. | 5 ~ digni sint c | cuniculis] funiculis Λ; uinculis AK | conentur Σ cr] conantur GΛΦ; conatur A; conuentur C.; noscuntur K. | 7 et[1] *om.* AΣΛ | 9 utilitatis AK. | 10 susceptus a nobis est CΣK r] susc. est a nobis Λ; susc. a nobis G; a nobis susc. est AΦ c | 12 tumorem c | ~ priuare nos c. | 17 direxerat] dixerat A; miserat Σ. | 18 susan c. | ~ reddente ei Λc. | 20 parauerunt CΣ; parauerint A. |

AG CΣΛΚΦ cr

9,1! ÷ tertiadecima die mensis duodecimi
÷ qui vocatur adar
21 hanc enim diem omnipotens Deus
9,21.22! 13,17! ÷ maeroris et luctus eis vertit in gau-
÷ dium
9,17; 10,13; Idt 16,31 22 unde et vos inter ceteros festos dies
÷ hanc habetote diem et celebrate
÷ eam cum omni laetitia
÷ ut et in posterum cognoscatur 23 om-
÷ nes qui fideliter Persis oboediunt
÷ dignam pro fide recipere mercedem
÷ qui autem insidiantur regno eorum
÷ perire pro scelere
24 omnis autem provincia et civitas
÷ quae noluerit sollemnitatis huius
÷ esse particeps gladio et igne pereat
÷ et sic deleatur ut non solum homini-
÷ bus sed etiam bestiis invia sit in
÷ sempiternum pro exemplo con-
÷ temptus et inoboedientiae

EXPLICIT LIBER HESTER

AG 20 die *om.* GCΣ | 21 hunc CΛr | ~ deus omnipotens Λc. | eis] eius G; *om.* CΣ |
CΣΛKΦ 22 hunc AC | eum AC ||
cr

INCIPIT PROLOGUS SANCTI HIERONYMI IN LIBRO IOB

Cogor per singulos Scripturae divinae libros adversariorum respondere maledictis, qui interpretationem meam reprehensionem Septuaginta interpretum criminantur, quasi non et apud Graecos Aquila, Symmachus et Theodotion vel verbum e verbo, vel sensum de sensu, vel ex utroque commixtum et medie temperatum genus translationis expresserint, et omnia Veteris Instrumenti volumina Origenes obelis asteriscisque distinxerit, quos vel additos vel de Theodotione sumptos translationi antiquae inseruit, probans defuisse quod additum est. Discant igitur obtrectatores mei recipere in toto quod in partibus susceperunt aut interpretationem meam cum asteriscis suis radere. Neque enim fieri potest, ut quos plura intermisisse susceperint, non eosdem etiam in quibusdam errasse fateantur, praecipue in Iob, cui si ea quae sub asteriscis addita sunt subtraxeris, pars maxima detruncabitur. Et hoc dumtaxat apud Graecos. Ceterum apud Latinos ante eam translationem quam sub asteriscis et obelis nuper edidimus, septingenti ferme aut octingenti versus sunt, ut decurtatus et laceratus conrosusque liber foeditatem sui publice legentibus praebeat.

Haec autem translatio nullum de veteribus sequitur interpretem, sed ex ipso hebraico arabicoque sermone et interdum syro, nunc verba, nunc sensus, nunc simul utrumque resonabit. Obliquus enim etiam apud Hebraeos totus liber fertur et lubricus et quod graece rethores vocant εσχηματισμενος, dumque aliud loquitur aliud agit, ut si velis anguillam aut murenulam strictis tenere manibus, quanto fortius presseris, tanto citius elabitur. Memini me ob intellegentiam huius voluminis lyddeum quemdam praeceptorem qui apud Hebraeos primas habere putabatur, non parvis redemisse nummis, cuius doctrina an aliquid profecerim nescio, hoc unum scio non potuisse me interpretari nisi quod ante intellexeram.

A principio itaque voluminis usque ad verba Iob apud Hebraeos prosa oratio est. Porro a verbis Iob in quibus ait: «Pereat dies in qua natus sum et nox in qua dictum [Iob 3,3] est: Conceptus est homo» usque ad eum locum, ubi ante finem voluminis scriptum est: «Idcirco ipse me reprehendo et ago paenitentiam in favilla et cinere», exametri [Iob 42,6] versus sunt, dactilo spondeoque currentes et propter linguae idioma crebro recipientes et alios pedes non earundem syllabarum, sed eorundem temporum. Interdum quoque rithmus ipse dulcis et tinnulus fertur numeris lege solutis, quod metrici magis quam [Hor. Carm. 4,2, 11] simplex lector intellegunt. A supradicto autem versu usque ad finem libri parvum comma quod remanet prosa oratione contexitur. Quod si cui videtur incredulum,

Prologus. *Citantur* VLA *et* CΣΛKSΦs(= n *apud* r) *ac* c(*edd.* 1593 *et* 1598)r. *Tit.* eiusdem in librum iob praefatio c | 4 de] e CΛSΦsc | 5 instrumenta V.; testamenti L; *praem.* testamenti A. | 8 susceperunt] receperunt A | 12 translationem] editionem LA. | 13 sunt] desunt c | 15 sequetur L | 16 et *om.* Ls. | 17 resonauit VACΣ r; renouabit L.; sonauit K. | 18 graeci LΣc | εσχηματισμενος *om.* L | dum qui c. | 19 aut] uel c | 21 primas habere Ls] primus habere VKSΦ; primus haberi ACΣΛcr | 25 qua] quo A | 30 lege resolutis VΛΦs; lege solutus K.; pedum solutis c. | 32 si cui] sic LΣ. |

VLA CΣΛKSΦs cr

metra scilicet esse apud Hebraeos et in morem nostri Flacci graecique Pindari et Alchei et Saffo vel Psalterium vel Lamentationes Hieremiae vel omnia ferme Scripturarum cantica conprehendi, legat Filonem, Iosepphum, Origenem, caesariensem Eusebium, et eorum testimonio me verum dicere conprobabit.

Audiant quapropter canes mei idcirco me in hoc volumine laborasse, non ut interpretationem antiquam reprehenderem, sed ut ea quae in illa aut obscura sunt aut omissa aut certe scriptorum vitio depravata, manifestiora nostra interpretatione fierent, qui et hebraeum sermonem ex parte didicimus et in latino paene ab ipsis incunabulis inter grammaticos et rethores et philosophos detriti sumus. Quod si apud Graecos, post Septuaginta editionem, iam Christi Evangelio coruscante, iudaeus Aquila, et Symmachus ac Theodotion iudaizantes heretici sunt recepti, qui multa mysteria Salvatoris subdola interpretatione celarunt et tamen in εξαπλοις habentur apud ecclesias et explanantur ab ecclesiasticis viris, quanto magis ego christianus, de parentibus christianis et vexillum crucis in mea fronte portans, cuius studium fuit omissa repetere, depravata corrigere et sacramenta Ecclesiae puro et fideli aperire sermone, vel a fastidiosis vel a malignis lectoribus non debeo reprobari? Habeant qui volunt veteres libros vel in membranis purpureis auro argentoque descriptos, vel uncialibus, ut vulgo aiunt, litteris onera magis exarata quam codices, dum mihi meisque permittant pauperes habere scidulas et non tam pulchros codices quam emendatos. Utraque editio, et Septuaginta iuxta Graecos et mea iuxta Hebraeos, in latinum meo labore translata est. Eligat unusquisque quod vult et studiosum se magis quam malivolum probet. EXPLICIT PROLOGUS

INCIPIT LIBER IOB

Vir erat in terra Hus nomine Iob et erat vir ille simplex
8; 2,3! Prv 14,2 et rectus ac timens Deum
I Th 5,22 et recedens a malo
42,12.13 2 natique sunt ei septem filii et tres filiae
Gn 30,43! 3 et fuit possessio eius septem milia ovium et tria milia camelorum
quingenta quoque iuga boum et quingentae asinae ac familia multa nimis
eratque vir ille magnus inter omnes Orientales
4 et ibant filii eius et faciebant convivium per domos unusquisque in die suo
et mittentes vocabant tres sorores suas ut comederent et biberent cum eis
5 cumque in orbem transissent dies convivii
mittebat ad eos Iob et sanctificabat illos
consurgensque diluculo offerebat holocausta per singulos
dicebat enim
ne forte peccaverint filii mei et benedixerint Deo in cordibus suis 8,4
sic faciebat Iob cunctis diebus
6 quadam autem die cum venissent filii Dei ut adsisterent coram Domino 6–8: 2,1–3
adfuit inter eos etiam Satan Ps 108,6; Za 3,1
7 cui dixit Dominus unde venis
qui respondens ait

VLA CΣΛKSΦs cr 34 sapphus c. | 35 legant LΣ | 37 me *om.* A | 39 qui] quia LK; ut qui c. | 40 et[1] *om.* A c | hebraeorum LΣS s c | cunabulis KSΦ s c | 42 et *om.* L | 44 celauerunt AΣ | 45 de] et de C c | christianis + natus C c | 50 dummodo mihi ΛKSΦ s c | 51 utraque + autem c | 53 se] me ΣΛK c ||

VLA CΣΛDKSΦ cr **Iob.** *Citantur* VLA *et* CΣΛDKSΦs(= n *apud* r) *ac* cr. [*Phil.*, *Iul.*, *Greg.*, = *Philippi presbyteri, Iuliani Eclanensis, Gregorii Magni commentaria in Iob*] *Tit.* liber iob c || **1**,1 [*deest* s *usque ad* 38,16] | a] ab omni A | 5 orbem] urbem A | per singulis L; pro singulis c |

Za 1,11; 6,7 circuivi terram et perambulavi eam
8 dixitque Dominus ad eum
numquid considerasti servum meum Iob quod non sit ei similis in
terra
1! homo simplex et rectus et timens
Deum ac recedens a malo
9 cui respondens Satan ait
numquid frustra timet Iob Deum
10 nonne tu vallasti eum ac domum eius
universamque substantiam per circuitum
operibus manuum eius benedixisti
et possessio illius crevit in terra
11.12: 2,5–7 11 sed extende paululum manum tuam
et tange cuncta quae possidet
nisi in facie tua benedixerit tibi
12 dixit ergo Dominus ad Satan
ecce universa quae habet in manu
tua sunt
tantum in eum ne extendas manum
tuam
egressusque est Satan a facie Domini
13 cum autem quadam die filii et filiae
eius comederent et biberent vinum
in domo fratris sui primogeniti
14 nuntius venit ad Iob qui diceret
boves arabant et asinae pascebantur
iuxta eos
15 et inruerunt Sabei tuleruntque omnia
et pueros percusserunt gladio
et evasi ego solus ut nuntiarem tibi
16 cumque adhuc ille loqueretur venit
alter et dixit
ignis Dei cecidit e caelo et tactas oves
puerosque consumpsit
et effugi ego solus ut nuntiarem tibi
17 sed et illo adhuc loquente venit alius
et dixit
Chaldei fecerunt tres turmas et invaserunt camelos et tulerunt eos
nec non et pueros percusserunt gladio
et ego fugi solus ut nuntiarem tibi
18 loquebatur ille et ecce alius intravit
et dixit
filiis tuis et filiabus vescentibus et bibentibus vinum in domo fratris sui
primogeniti
19 repente ventus vehemens inruit a re- Is 21,1!
gione deserti
et concussit quattuor angulos domus
quae corruens oppressit liberos tuos
et mortui sunt
et effugi ego solus ut nuntiarem tibi
20 tunc surrexit Iob et scidit tunicam
suam et tonso capite corruens in Ier 7,29
terram adoravit 21 et dixit
nudus egressus sum de utero matris Ecl 5,14; I Tim 6,7
meae
et nudus revertar illuc
Dominus dedit Dominus abstulit sit
nomen Domini benedictum Ps 112,2!
22 in omnibus his non peccavit Iob 2,10
neque stultum quid contra Deum locutus est
2 factum est autem cum quadam die 1—3: 1,6–8
venissent filii Dei et starent coram
Domino
venisset quoque Satan inter eos et
staret in conspectu eius
2 ut diceret Dominus ad Satan unde
venis
qui respondens ait
circuivi terram et perambulavi eam
3 et dixit Dominus ad Satan
numquid considerasti servum meum
Iob quod non sit ei similis in terra
vir simplex et rectus timens Deum ac 1,1! 33,9; Prv 14,2
recedens a malo et adhuc retinens 9; 27,5
innocentiam
tu autem commovisti me adversus

8 et²] ac Σ c; *om.* C | ac] et CΣ c | 9 ~ frustra iob timet CΣ; ~ iob frustra timet c. | 10 operibusque LDSΦ | illius] eius CΣDSΦ c | 11 in faciem tuam L; in facie CΣ; in faciem ΛKS c | 13 in domum L | 14 eos] illos L | 16 de caelo LCΛS | 18 loquebatur] *praem.* adhuc LDSΦ c | 20 tunicam suam] uestimenta sua LCS c | 21 et² *om.* CΛKS | abstulit + sicut domino placuit ita factum est CΛSΦ c | 22 iob + labiis AS; + labiis suis L c || **2**,1 quoque + et A | 3 rectus + ac CD c; + et VΣΛKΦ | deum] dominum VL. | ac] et CD c |

VLA CΣΛDKSΦ cr

eum ut adfligerem illum frustra
4 cui respondens Satan ait
pellem pro pelle et cuncta quae habet homo dabit pro anima sua
5—7: 1,11.12 5 alioquin mitte manum tuam et tange os eius et carnem
et tunc videbis quod in facie benedicat tibi
6 dixit ergo Dominus ad Satan
ecce in manu tua est
verumtamen animam illius serva
7 egressus igitur Satan a facie Domini
Dt 28,35! percussit Iob ulcere pessimo a planta pedis usque ad verticem eius
8 qui testa saniem deradebat sedens in sterquilinio
9 dixit autem illi uxor sua
3! 27,5 adhuc tu permanes in simplicitate tua
benedic Deo et morere
10 qui ait ad illam quasi una de stultis locuta es
si bona suscepimus de manu Domini quare mala non suscipiamus
1,22 in omnibus his non peccavit Iob labiis suis
11 igitur audientes tres amici Iob omne malum quod accidisset ei venerunt singuli de loco suo
Eliphaz Themanites et Baldad Suites et Sophar Naamathites
condixerant enim ut pariter venientes visitarent eum et consolarentur
12 cumque levassent procul oculos suos non cognoverunt eum et exclamantes ploraverunt
Ios 7,6! I Mcc 4,39 scissisque vestibus sparserunt pulverem super caput suum in caelum
Ez 3,15 13 et sederunt cum eo in terram septem diebus et septem noctibus
et nemo loquebatur ei verbum
videbant enim dolorem esse vehementem

3 post haec aperuit Iob os suum et maledixit diei suo 2 et locutus est
3 pereat dies in qua natus sum et nox in qua dictum est conceptus est homo Sir 23,19; Ier 20,14.15
4 dies ille vertatur in tenebras
non requirat eum Deus desuper et non inlustret lumine
5 obscurent eum tenebrae et umbra mortis
occupet eum caligo et involvatur amaritudine
6 noctem illam tenebrosus turbo possideat
non conputetur in diebus anni nec numeretur in mensibus
7 sit nox illa solitaria nec laude digna
8 maledicant ei qui maledicunt diei qui parati sunt suscitare Leviathan
9 obtenebrentur stellae caligine eius
expectet lucem et non videat nec ortum surgentis aurorae
10 quia non conclusit ostia ventris qui portavit me nec abstulit mala ab oculis meis
11 quare non in vulva mortuus sum 10,18.19; Ier 20,17!
egressus ex utero non statim perii
12 quare exceptus genibus cur lactatus uberibus
13 nunc enim dormiens silerem et somno meo requiescerem
14 cum regibus et consulibus terrae qui aedificant sibi solitudines
15 aut cum principibus qui possident aurum et replent domos suas argento
16 aut sicut abortivum absconditum non subsisterem vel qui concepti non viderunt lucem
17 ibi impii cessaverunt a tumultu et ibi requieverunt fessi robore

VLA CΣΛDKSΦ cr

3 illum] eum AD c | 5 in faciem LΛKS c | benedicet Σ.; benedicit L.; benedixerit ASΦ | 6 anima LA | 8 radebat CΛKS c; radiebat A.; reddebat Σ. | 9 permanens tu L.; permanes ΣΛDK | 10 ex stultis Σ; + mulieribus CΣDSΦ c | domini] dei V c | mala *om.* Σ.; ~ mala quare DK c | 12 leuarent A.; eleuassent LSΦ c | 13 in terram VL r] in terra *cet.* || 3,2 locutus est] dixit A | 4 inlustretur ΣD c | 5 umbrae LCSΦ | 10 non clusit VDS | ostium A |

18 et quondam vincti pariter sine mo-
lestia non audierunt vocem exactoris
19 parvus et magnus ibi sunt et servus
liber a domino suo
20 quare data est misero lux et vita his
qui in amaritudine animae sunt
Apc 9,6 21 qui expectant mortem et non venit
quasi effodientes thesaurum
22 gaudentque vehementer cum invenerint sepulchrum
23 viro cuius abscondita est via et circumdedit eum Deus tenebris
24 antequam comedam suspiro et quasi
inundantes aquae sic rugitus meus
25 quia timor quem timebam evenit
mihi et quod verebar accidit
26 nonne dissimulavi nonne silui nonne
quievi et venit super me indignatio
4 respondens autem Eliphaz Themanites dixit
2 si coeperimus loqui tibi forsitan mo-
leste accipias
sed conceptum sermonem tenere
quis possit
Is 35,3! 3 ecce docuisti multos et manus lassas
roborasti
4 vacillantes confirmaverunt sermones
tui et genua trementia confortasti
5 nunc autem venit super te plaga et
defecisti
tetigit te et conturbatus es
6,11; 17,15 6 timor tuus fortitudo tua patientia
tua et perfectio viarum tuarum
Ps 36,25! Sir 2,12 7 recordare obsecro te quis umquam
innocens perierit aut quando recti
deleti sint
8 quin potius vidi eos qui operantur
Prv 22,8; Sir 7,3; Os 8,7; 10,13 iniquitatem et seminant dolores et
metunt eos
Sap 5,24; 11,21; Is 11,4! 9 flante Deo perisse et spiritu irae eius
esse consumptos
10 rugitus leonis et vox leaenae et dentes catulorum leonum contriti sunt
11 tigris periit eo quod non haberet
praedam et catuli leonis dissipati
sunt
12 porro ad me dictum est verbum abs- Tb 12,11; Sap 6,24
conditum et quasi furtive suscepit
auris mea venas susurri eius
13 in horrore visionis nocturnae quando 33,15!
solet sopor occupare homines
14 pavor tenuit me et tremor et om- Idt 14,17; Ps 6,3! 47,6.7; 54,6
nia ossa mea perterrita sunt
15 et cum spiritus me praesente transiret inhorruerunt pili carnis meae
16 stetit quidam cuius non agnoscebam
vultum
imago coram oculis meis et vocem
quasi aurae lenis audivi
17 numquid homo Dei conparatione 9,2! 22,2; 25,4
iustificabitur aut factore suo purior
erit vir
18 ecce qui serviunt ei non sunt stabiles 15,15
et in angelis suis repperit pravita-
tem
19 quanto magis hii qui habitant domos luteas qui terrenum habent
fundamentum
consumentur velut a tinea
20 de mane usque ad vesperum succi- Is 38,12
dentur
et quia nullus intellegit in aeternum
peribunt
21 qui autem reliqui fuerint auferentur
ex eis
morientur et non in sapientia
5 voca ergo si est qui tibi respondeat
et ad aliquem sanctorum convertere
2 vere stultum interficit iracundia et
parvulum occidit invidia
3 ego vidi stultum firma radice et ma- Ps 36,35
ledixi pulchritudini eius statim
4 longe fient filii eius a salute et con- Ps 118,155
terentur in porta et non erit qui

20 ~ data misero est D.; ~ misero data est c | 22 gaudetque L.; gaudent CD | 24 quasi] tamquam c | inundantis VS || **4**,2 accipias VKr *Phil. Iul.*] accipies *cet.* | poterit Λc | 3 roborasti] laborasti L | 4 confortasti] confirmasti LS | 6 timor] *praem.* ubi est DKΦ c | 7 periit CΛDSΦc | sint VLr] sunt *cet.* | 11 perit AD. | 12 uena AΦ. | susurrii AS | 20 uesperam ACΛKSΦc ||

VLA CΣΛDKSΦ cr

eruat
5 cuius messem famelicus comedet et
ipsum rapiet armatus et ebibent sitientes divitias eius
6 nihil in terra sine causa fit et de humo non orietur dolor
7 homo ad laborem nascitur et avis ad
volatum
8 quam ob rem ego deprecabor Dominum et ad Deum ponam eloquium
meum
9,10; 37,5; I Par 16,12! 9 qui facit magna et inscrutabilia et
mirabilia absque numero
Dt 28,12! 10 qui dat pluviam super faciem terrae
et inrigat aquis universa
12,21! 22,29! I Sm 2,7! 11 qui ponit humiles in sublimi et mae-
Est 11,11; Lc 1,52 rentes erigit sospitate
II Esr 4,15! 12 qui dissipat cogitationes malignorum ne possint implere manus eo-
rum quod coeperant
I Cor 3,19 13 qui adprehendit sapientes in astutia
II Esr 4,15! eorum et consilium pravorum dissipat
12,25; Dt 28,29; Is 59,10! 14 per diem incurrent tenebras et quasi
in nocte sic palpabunt in meridie
Ps 34,10; 71,12! Ier 15,21; 20,13; 21,12! 31,11 15 porro salvum faciet a gladio oris eorum et de manu violenti pauperem
16 et erit egeno spes iniquitas autem
contrahet os suum
Ps 93,12 17 beatus homo qui corripitur a Domino
Prv 3,11! increpationem ergo Domini ne re-
probes
Os 6,2 18 quia ipse vulnerat et medetur percutit et manus eius sanabunt
Tb 3,21! Prv 24,16 19 in sex tribulationibus liberabit te et
in septima non tanget te malum
20 in fame eruet te de morte et in bello
de manu gladii
21 a flagello linguae absconderis et non
timebis calamitatem cum venerit

22 in vastitate et fame ridebis et bestiam terrae non formidabis
23 sed cum lapidibus regionum pactum Ez 34,25!
tuum et bestiae terrae pacificae
erunt tibi
24 et scies quod pacem habeat tabernaculum tuum et visitans speciem
tuam non peccabis
25 scies quoque quoniam multiplex erit Gn 16,10!
semen tuum et progenies tua quasi
herba terrae
26 ingredieris in abundantia sepulchrum
sicut infertur acervus in tempore
suo
27 ecce hoc ut investigavimus ita est
quod auditum mente pertracta
6 respondens autem Iob dixit
2 utinam adpenderentur peccata mea
quibus iram merui et calamitas
quam patior in statera
3 quasi harena maris haec gravior appareret
unde et verba mea dolore sunt plena
4 quia sagittae Domini in me sunt qua- Ps 37,3! 87,17
rum indignatio ebibit spiritum me-
um et terrores Domini militant 10,17
contra me
5 numquid rugiet onager cum habuerit herbam aut mugiet bos cum
ante praesepe plenum steterit
6 aut poterit comedi insulsum quod
non est sale conditum
aut potest aliquis gustare quod gus-
tatum adfert mortem
7 quae prius tangere nolebat anima
mea nunc prae angustia cibi mei
sunt
8 quis det ut veniat petitio mea et quod
expecto tribuat mihi Deus
9 et qui coepit ipse me conterat solvat
manum suam et succidat me

VLA CΣΛDKSΦ cr

5,5 comedit LKS | et bibent ΣΛDSΦ c | 6 oritur AΣΛ c; egredietur C; egreditur S. | 7 ~ nascitur ad laborem c. | ad uolandum ACΣ | 8 deum + meum A | 9 fecit VLΣK r | 11 ponet ACK | in sublime LΣΛKS c | 15 faciat L; + egenum ΣΦ c | 17 a domino] a deo ΣDKSΦ c | 19 liberauit ACΣΛKS | in septimo A | 22 bestias D c | 25 et scies quoque LΛΦ; et scies CS | 26 aceruus + tritici c || **6**,3 apparet LΣ; apparent KS | 5 rugit AS | 6 adferet LΦ | mortem + animae enim esurienti etiam amara dulcia esse (*om.* Σ) uidentur LΣΦ | 7 ~ nolebat tangere c | 8 deus] dominus LAC |

10 et haec mihi sit consolatio ut adfli-
gens me dolore non parcat nec contradicam sermonibus Sancti
4,6 11 quae est enim fortitudo mea ut sustineam aut quis finis meus ut pa-
tienter agam
12 nec fortitudo lapidum fortitudo mea
nec caro mea aerea est
13 ecce non est auxilium mihi in me et
19,13.14! necessarii quoque mei recesserunt
a me
14 qui tollit ab amico suo misericordiam timorem Domini derelinquit
15 fratres mei praeterierunt me sicut
torrens qui raptim transit in convallibus
16 qui timent pruinam inruet super eos
nix
17 tempore quo fuerint dissipati peribunt et ut incaluerit solventur de
loco suo
18 involutae sunt semitae gressuum eorum ambulabunt in vacuum et peribunt
19 considerate semitas Theman itinera
Saba et expectate paulisper
20 confusi sunt quia speravi venerunt
quoque usque ad me et pudore co-
operti sunt
21 nunc venistis et modo videntes plagam meam timetis
22 numquid dixi adferte mihi et de substantia vestra donate mihi
23 vel liberate me de manu hostis et de
manu robustorum eruite me
24 docete me et ego tacebo et si quid
forte ignoravi instruite me
25 quare detraxistis sermonibus verita-
Io 8,46 tis cum e vobis nullus sit qui possit
arguere
15,2; Ier 5,13 26 ad increpandum tantum eloquia con-
cinnatis et in ventum verba profer-
tis

27 super pupillum inruitis et subvertere
nitimini amicum vestrum
28 verumtamen quod coepistis explete
praebete aurem et videte an mentiar
29 respondete obsecro absque contentione et loquentes id quod iustum Dt 1,16!
est iudicate
30 et non invenietis in lingua mea ini- Ps 16,3; Sir 14,1!
quitatem nec in faucibus meis stul-
titia personabit
7 militia est vita hominis super terram 14,14
et sicut dies mercennarii dies eius 14,6
2 sicut servus desiderat umbram et sicut mercennarius praestolatur finem
operis sui
3 sic et ego habui menses vacuos et
noctes laboriosas enumeravi mihi
4 si dormiero dico quando consurgam
et rursum expectabo vesperam et re-
plebor doloribus usque ad tenebras
5 induta est caro mea putredine et sor- Hab 3,16
dibus pulveris
cutis mea aruit et contracta est
6 dies mei velocius transierunt quam 9,25
a texente tela succiditur et con- Is 38,12
sumpti sunt absque ulla spe
7 memento quia ventus est vita mea
et non revertetur oculus meus ut
videat bona
8 nec aspiciet me visus hominis
oculi tui in me et non subsistam
9 sicut consumitur nubes et pertransit
sic qui descenderit ad inferos non 10,21; 16,23; Sap 2,1
ascendet
10 nec revertetur ultra in domum suam II Sm 12,23
neque cognoscet eum amplius locus Ps 102,16
eius
11 quapropter et ego non parcam ori
meo
loquar in tribulatione spiritus mei 10,1; 23,2
confabulabor cum amaritudine ani-
mae meae

12 aenea CΣΛDKΦ c | 13 me[2] + auersa est a me misericordia et uisitatio domini mei (*om.* S) me dispexit AS | 16 timet VL. | 17 incaluerit ΛK c 𝔐] incaluerint *cet.* | 19 thema c | 22 mihi[1] *om.* A | 25 arguere + me DΦ c | 27 nitemini AC | 30 personauit LAC || **7**,4 dicam LCΣΛS c; *om.* D. | resurgam ΑΣ.; surgam CΛ. | 6 uelociores A | 7 reuertitur VS | 9 ascendit VAKS | 10 reuertitur AKS | 11 confabulor L |

VLA
CΣΛDKSΦ
cr

12 numquid mare sum ego aut cetus
quia circumdedisti me carcere
13 si dixero consolabitur me lectulus
meus et relevabor loquens mecum
in strato meo
14 terrebis me per somnia et per visiones horrore concuties
Tb 3,6; Ier 8,3; Ion 4,3 15 quam ob rem elegit suspendium anima mea et mortem ossa mea
9,21! 16 desperavi nequaquam ultra iam vivam
parce mihi nihil enim sunt dies mei
Ps 8,5! 143,3; Sir 18,7 17 quid est homo quia magnificas eum
aut quia ponis erga eum cor tuum
Ps 16,3 18 visitas eum diluculo et subito probas illum
19 usquequo non parces mihi nec dimittis me ut gluttiam salivam meam
20 peccavi quid faciam tibi o custos hominum
quare posuisti me contrarium tibi et factus sum mihimet ipsi gravis
21 cur non tolles peccatum meum et quare non auferes iniquitatem meam
20,11; 21,26 ecce nunc in pulvere dormiam et si mane me quaesieris non subsistam
8 respondens autem Baldad Suites dixit
2 usquequo loqueris talia et spiritus multiplex sermones oris tui
34,12 3 numquid Deus subplantat iudicium et Omnipotens subvertit quod iustum est
1,5 4 etiam si filii tui peccaverunt ei et dimisit eos in manu iniquitatis suae
5 tu tamen si diluculo consurrexeris ad Deum et Omnipotentem fueris deprecatus
6 si mundus et rectus incesseris statim evigilabit ad te et pacatum reddet
habitaculum iustitiae tuae
7 in tantum ut priora tua fuerint parva et novissima tua multiplicentur nimis
8 interroga enim generationem pristinam et diligenter investiga patrum memoriam Dt 32,7!
9 hesterni quippe sumus et ignoramus
quoniam sicut umbra dies nostri sunt super terram 14,2! I Par 29,15! Ps 108,23; 143,4
10 et ipsi docebunt te loquentur tibi et de corde suo proferent eloquia Dt 32,7!
11 numquid vivere potest scirpus absque humore aut crescet carectum sine aqua
12 cum adhuc sit in flore nec carpatur manu ante omnes herbas arescit
13 sic viae omnium qui obliviscuntur
Deum et spes hypocritae peribit 27,8; Prv 10,28! Sap 5,15
14 non ei placebit vecordia sua et sicut tela aranearum fiducia eius Is 59,5
15 innitetur super domum suam et non stabit
fulciet eam et non consurget
16 humectus videtur antequam veniat sol et in horto suo germen eius egreditur
17 super acervum petrarum radices eius densabuntur et inter lapides commorabitur
18 si absorbuerit eum de loco suo negabit eum et dicet non novi te
19 haec est enim laetitia viae eius ut rursum de terra alii germinentur
20 Deus non proiciet simplicem nec porriget manum malignis
21 donec impleatur risu os tuum et labia tua iubilo
22 qui oderunt te induentur confusione Ps 131,18
et tabernaculum impiorum non 15,34; 18,21! Ps 68,26

VLA CΣΛDKSΦ cr 12 ~ ego sum c. | carcerem L | 13 reuelabor LCΣΦ | 15 eligit A | 16 iam *om.* L | 17 quia pones ACS; quid apponis c | 19 parcis VΣΛDSΦ c | me] mihi LD.; *om.* Σ | 21 tolles VLK r] tollis *cet.* | auferes ACΣ r] auferis LK; aufers *cet.* | in puluerem C r; puluerem L. | me *om.* L; ~ quaesieris me S || **8**,2 sermonis VCΣDS | 3 et] aut Λ c | 5 deum] dominum LΛ | 6 si—incesseris *om.* L | pacatum] peccatum L | 7 ut + si c | 10 te + et AΛ | 11 uiuere VLACK r *Phil.*] uirere ΣΛDS c *Iul.*; uirescere Φ | crescit D; crescere CKS c | 16 horto r. 𝔐] hortu LACS; ortu *cet.* | egredietur AΣD c | 17 densebuntur VΦ | 19 uiae] uitae VA | 20 porrigit LK | 22 confusionem LK. ||

subsistet
9 et respondens Iob ait
2 vere scio quod ita sit et quod non
4,17! Ps 142,2! Sir 7,5 iustificetur homo conpositus Deo
3 si voluerit contendere cum eo non
poterit ei respondere unum pro
mille
4 sapiens corde est et fortis robore
quis restitit ei et pacem habuit
5 qui transtulit montes et nescierunt
hii quos subvertit in furore suo
Is 13,13! 6 qui commovet terram de loco suo et
26,11 columnae eius concutiuntur
7 qui praecipit soli et non oritur et
stellas claudit quasi sub signaculo
Ps 103,2! Is 44,24! 45,12! Mt 14,25! 8 qui extendit caelos solus et graditur
super fluctus maris
38,31.32; Am 5,8 9 qui facit Arcturum et Oriona et Hyadas et interiora austri
5,9! 10 qui facit magna et inconprehensibilia
et mirabilia quorum non est nume-
rus
11 si venerit ad me non videbo si abierit non intellegam eum
12 si repente interroget quis respondebit
Ecl 8,4! Sap 12,12! ei vel quis dicere potest cur facis
Na 1,6! 13 Deus cuius resistere irae nemo potest et sub quo curvantur qui por-
tant orbem
14 quantus ergo sum ego qui respondeam ei et loquar verbis meis cum
eo
10,15 15 qui etiam si habuero quippiam iustum non respondebo sed meum iudicem deprecabor
16 et cum invocantem exaudierit me
non credo quod audierit vocem
meam
17 in turbine enim conteret me et multiplicabit vulnera mea etiam sine
causa
18 non concedit requiescere spiritum
meum et implet me amaritudinibus Rt 1,20; Lam 3,15
19 si fortitudo quaeritur robustissimus
est
si aequitas iudicii nemo pro me au-
det testimonium dicere
20 si iustificare me voluero os meum 15,6; II Sm 1,16!
condemnabit me
si innocentem ostendere pravum me I Io 1,8
conprobabit
21 etiam si simplex fuero hoc ipsum i-
gnorabit anima mea et taedebit me 7,16! 10,1; Ecl 2,17
vitae meae
22 unum est quod locutus sum et in- 21,26! Ez 21,3; Ecl 2,14; 9,2
nocentem et impium ipse consumit
23 si flagellat occidat semel et non de
poenis innocentum rideat
24 terra data est in manu impii vultum
iudicum eius operit
quod si non ille est quis ergo est
25 dies mei velociores fuerunt cursore 7,6
fugerunt et non viderunt bonum
26 pertransierunt quasi naves poma
portantes sicut aquila volans ad
escam
27 cum dixero nequaquam ita loquar
commuto faciem meam et dolore
torqueor
28 verebar omnia opera mea sciens
quod non parceres delinquenti
29 si autem et sic impius sum quare
frustra laboravi
30 si lotus fuero quasi aquis nivis et
fulserint velut mundissimae manus Prv 30,12
meae
31 tamen sordibus intingues me et abo-
minabuntur me vestimenta mea
32 neque enim viro qui similis mei est
respondebo nec qui mecum in iudicio ex aequo possit audiri
33 non est qui utrumque valeat arguere
et ponere manum suam in ambo-
bus

9,1 respondens autem A; respondens CΛDK | ait] dixit ACΣΛ | 4 resistit VAKSΦ | 7 orietur LA | 11 ~ eum et (*om.* c) si abierit non intellegam C c | 12 quis¹] qui L | cur + ita CΛS c; + sic A. | 13 ~ irae resistere nemo Λ; ~ irae nemo res. c. | 14 qui] ut CΛ c | 16 audierit] exaudierit VAS | 18 implebit Λ.; impleuit A. | 19 ~ audet pro me L c | 20 ostendere VAΣΛD r *Phil. Iul.*] ostendero *cet.* | 24 in manus LCD c | iudicium VAΛK | 30 fulserunt A; fuerint K |

VLA
CΣΛDKSΦ
cr

34 auferat a me virgam suam et pavor
13,21; 23,6 eius non me terreat
35 loquar et non timebo eum neque
enim possum metuens respondere
9,21! **10** taedet animam meam vitae meae
dimittam adversum me eloquium
meum
7,11; 23,2 loquar in amaritudine animae meae
2 dicam Deo noli me condemnare indica mihi cur me ita iudices
3 numquid bonum tibi videtur si ca-
lumnieris et opprimas me opus manuum tuarum
et consilium impiorum adiuves
4 numquid oculi carnei tibi sunt aut
sicut videt homo et tu videbis
5 numquid sicut dies hominis dies tui
et anni tui sicut humana sunt tempora
6 ut quaeras iniquitatem meam et peccatum meum scruteris
7 et scias quia nihil impium fecerim
Dt 32,39! Tb 13,2! cum sit nemo qui de manu tua possit eruere
Ps 118,73 8 manus tuae plasmaverunt me et fecerunt me totum in circuitu et sic
repente praecipitas me
13,12; Gn 3,19! 33,6; 34,15; Ps 102,14 Sir 17,2; Is 64,8! 9 memento quaeso quod sicut lutum
feceris me et in pulverem reduces
me
Sap 7,2 10 nonne sicut lac mulsisti me et sicut
caseum me coagulasti
11 pelle et carnibus vestisti me et ossibus et nervis conpegisti me
12 vitam et misericordiam tribuisti mihi
et visitatio tua custodivit spiritum
meum
13 licet haec celes in corde tuo tamen
scio quia universorum memineris
14 si peccavi et ad horam pepercisti mihi cur ab iniquitate mea mundum
me esse non pateris
15 et si impius fuero vae mihi est
9,15 et si iustus non levabo caput saturatus adflictione et miseria
16 et propter superbiam quasi leaenam
capies me reversusque mirabiliter
me crucias
17 instauras testes tuos contra me et
multiplicas iram tuam adversum Ps 77,49; 87,17
me et poenae militant in me 6,4
18 quare de vulva eduxisti me qui uti- 3,11! Ier 20,18
nam consumptus essem ne oculus
me videret
19 fuissem quasi qui non essem de utero
translatus ad tumulum
20 numquid non paucitas dierum meo- 14,1! 16,23; 17,1; Ps 38,5
rum finietur brevi
dimitte ergo me ut plangam paululum dolorem meum
21 antequam vadam et non revertar ad 7,9! 16,23
terram tenebrosam et opertam Ps 87,7!
mortis caligine
22 terram miseriae et tenebrarum ubi
umbra mortis et nullus ordo et
sempiternus horror inhabitans
11 respondens autem Sophar Naamathites dixit
2 numquid qui multa loquitur non et
audiet
aut vir verbosus iustificabitur
3 tibi soli tacebunt homines et cum
ceteros inriseris a nullo confuta-
beris
4 dixisti enim purus est sermo meus et 33,3!
mundus sum in conspectu tuo
5 atque utinam Deus loqueretur tecum et aperiret labia sua tibi
6 ut ostenderet tibi secreta sapientiae
et quod multiplex esset lex eius
et intellegeres quod multo minora
exigaris a Deo quam meretur iniquitas tua
7 forsitan vestigia Dei conprehendes Ps 76,20; Sap 9,13!
et usque ad perfectum Omnipoten- Rm 11,33
tem repperies
8 excelsior caelo est et quid facies pro- 22,12
fundior inferno et unde cognosces

VLA CΣΛDKSΦ 𝔠𝔯 35 respondere + ei A || **10**,1 in amaritudinem LK. | 3 calumnieris + me D𝔠. | 8 ~ fecerunt me et plasmauerunt me DS𝔠 | 11 et² *om.* CΣ𝔠 | 13 quia] quod A | 19 qui *om.* ACΣΛDS𝔠 | 22 et³] sed Σ𝔠 | inhabitat 𝔠 || **11**,6 multa LCΛ; multum S | a deo] ab eo SΦ𝔠 | 7 conprehendis LKS |

9 longior terrae mensura eius et latior
mari
10 si subverterit omnia vel in unum co-
artaverit quis contradicet ei
11 ipse enim novit hominum vanitatem
et videns iniquitatem nonne considerat
12 vir vanus in superbiam erigitur et
tamquam pullum onagri se liberum
natum putat
13 tu autem firmasti cor tuum et ex-
Gn 14,22! pandisti ad eum manus tuas
36,10 14 si iniquitatem quod est in manu tua
abstuleris a te et non manserit in
tabernaculo tuo iniustitia
15 tum levare poteris faciem tuam absque macula et eris stabilis et non
timebis
16 miseriae quoque oblivisceris et quasi
aquarum quae praeterierint recordaberis
Is 58,10! 17 et quasi meridianus fulgor consurget
tibi ad vesperam
et cum te consumptum putaveris
orieris ut lucifer
Ps 4,9.10 18 et habebis fiduciam proposita tibi
spe et defossus securus dormies
Lv 26,6! 19 requiesces et non erit qui te exterreat
et deprecabuntur faciem tuam plu-
rimi
17,5 20 oculi autem impiorum deficient et
effugium peribit ab eis et spes eorum abominatio animae

12 respondens autem Iob dixit
2 ergo vos estis soli homines et vobiscum morietur sapientia
13,2; 15,9 3 et mihi est cor sicut et vobis nec inferior vestri sum
quis enim haec quae nostis ignorat
30,1; Tb 2,15; Ps 21,8! 43,14! Ier 9,5 4 qui deridetur ab amico suo sicut ego
invocabit Deum et exaudiet eum
21,3 deridetur enim iusti simplicitas
5 lampas contempta apud cogitationes divitum parata ad tempus statutum
6 abundant tabernacula praedonum
et audacter provocant Deum
cum ipse dederit omnia in manibus
eorum
7 nimirum interroga iumenta et docebunt te et volatilia caeli et indicabunt tibi
8 loquere terrae et respondebit tibi et
narrabunt pisces maris
9 quis ignorat quod omnia haec ma- Is 41,20; 66,2!
nus Domini fecerit
10 in cuius manu anima omnis viventis Sap 7,16; Act 17,28
et spiritus universae carnis hominis Nm 16,22!
11 nonne auris verba diiudicat et fau- 34,3
ces comedentis saporem
12 in antiquis est sapientia et in multo 32,7
tempore prudentia
13 apud ipsum est sapientia et forti- 16
tudo ipse habet consilium et intellegentiam
14 si destruxerit nemo est qui aedificet
et si incluserit hominem nullus est Is 22,22!
qui aperiat
15 si continuerit aquas omnia siccabun-
tur et si emiserit eas subvertent terram
16 apud ipsum est fortitudo et sapien- 13
tia ipse novit et decipientem et eum
qui decipitur
17 adducit consiliarios in stultum finem Is 29,14! 40,23; 44,25; Ier 10,14!
et iudices in stuporem
18 balteum regum dissolvit et praecingit fune renes eorum
19 ducit sacerdotes inglorios et optimates subplantat
20 commutans labium veracium et doctrinam senum auferens
21 effundit despectionem super princi- Ps 106,40; Sir 10,17!
pes et eos qui oppressi fuerant re- 5,11!

VLA CΣΛDKSΦ cr

9 terrae LACΦr] terra *cet.* | 14 quod VLr *Phil.*] quae *cet.* | 15 tum] tunc LAΛKS c; *om.* C | 16 praeterierunt ΣΛD c | 18 propositam K; praeposita AΣ | defessus AΣS | 20 eorum] illorum C c || **12**,2 morietur VLD cr𝔐] moratur CΣ; oritur Λ.; orietur AKSΦ | 6 in manus D c; in manu Λ. | 11 comedentes VL | 14 et si LASΦr *Iul.*] si *cet.* | 15 et si LASΦ cr] si *cet.* | 17 abducit A.; abducet V. | in stupore A | 18 praecinget AC | 19 ingloriosos LΣΛK; inglorioso S. | 21 et *om.* c. |

levans
22 qui revelat profunda de tenebris et
producit in lucem umbram mortis
23 qui multiplicat gentes et perdet eas
et subversas in integrum restituet
Ps 106,40 24 qui inmutat cor principum populi
terrae et decipit eos ut frustra incedant per invium
5,14; Dt 28,29; Is 59,10! 25 palpabunt quasi in tenebris et non
in luce et errare eos faciet quasi
ebrios
13 ecce omnia et vidit oculus meus et
audivit auris mea et intellexi singula
12,3; 15,9 2 secundum scientiam vestram et ego
novi nec inferior vestri sum
31,35 3 sed tamen ad Omnipotentem loquar
23,4; 33,13! et disputare cum Deo cupio
4 prius vos ostendens fabricatores
mendacii et cultores perversorum
dogmatum
Prv 17,28 5 atque utinam taceretis ut putaremini
esse sapientes
6 audite ergo correptiones meas et iudicium labiorum meorum adtendite
7 numquid Deus indiget vestro mendacio ut pro illo loquamini dolos
8 numquid faciem eius accipitis et pro
Deo iudicare nitimini
9 aut placebit ei quem celare nihil potest aut decipietur ut homo vestris
fraudulentiis
10 ipse vos arguet quoniam in abscondito faciem eius accipitis
11 statim ut se commoverit turbabit
vos et terror eius inruet super vos
12 memoria vestra conparabitur cineri
10,9! et redigentur in lutum cervices
vestrae
13 tacete paulisper ut loquar quodcumque mihi mens suggesserit
14 quare lacero carnes meas dentibus
meis et animam meam porto in Idc 12,3! Ps 118,109
manibus meis
15 etiam si occiderit me in ipso sperabo
verumtamen vias meas in conspectu
eius arguam 16 et ipse erit salvator Ps 24,5; 61,7; Is 12,2!
meus
non enim veniet in conspectu eius Idt 9,16
omnis hypocrita
17 audite sermonem meum et enigmata 21,2
percipite auribus vestris
18 si fuero iudicatus scio quod iustus 32,2!
inveniar
19 quis est qui iudicetur mecum veniat Is 50,8
quare tacens consumor
20 duo tantum ne facias mihi et tunc a
facie tua non abscondar
21 manum tuam longe fac a me et formido tua non me terreat 9,34; 23,6
22 et voca me et respondebo tibi aut 14,15; 38,3; 40,2; 42,4
certe loquar et tu responde mihi
23 quantas habeo iniquitates et peccata
scelera mea et delicta ostende mihi
24 cur faciem tuam abscondis et arbit- Ps 12,1! Is 64,7!
raris me inimicum tuum 19,11; 33,10
25 contra folium quod vento rapitur
ostendis potentiam tuam et stipulam siccam persequeris
26 scribis enim contra me amaritudines
et consumere me vis peccatis adulescentiae meae
27 posuisti in nervo pedem meum et 23,10! 31,4! 33,11
observasti omnes semitas meas et Ps 138,3.4; Prv 5,21
vestigia pedum meorum conside-
rasti
28 qui quasi putredo consumendus
sum et quasi vestimentum quod Ps 101,27! Is 50,9!
comeditur a tinea
14 homo natus de muliere brevi vivens 5; 10,20! Ecl 2,23; Sir 40,1
tempore repletus multis miseriis
2 quasi flos egreditur et conteritur et Ps 101,12! 102,15! Iac 1,10
fugit velut umbra et numquam in 8,9!

VLA
CΣΛDKSΦ
cr

22 umbras L.; umbra A | 23 perdet ... restituet LAΛKS r *Iul.*] perdit ... restituit *cet.* || **13**, 1 omnia et] omnia haec S c; haec omnia ΣD.; haec omnia et Λ; omnia A | 6 correctiones meas C; correptionem meam A c. | 17 aenigmate L | 21 formido] fortitudo VS | 22 et[1] *om.* CΛSΦ c | et[2] + ego c. | 23 delicta + mea A | 26 scribes LAK | me[2] *om.* V || **14**, 1 repletur VLΦ c; replebitur D. | 2 quasi] *praem.* qui CΛ c | conteretur LK | et fugiet LΦ; effugit K; effugiet A. |

eodem statu permanet
3 et dignum ducis super huiuscemodi
aperire oculos tuos et adducere
22,4; 34,23 eum tecum in iudicium
4 quis potest facere mundum de inmundo conceptum semine nonne
tu qui solus es
1! 5 breves dies hominis sunt numerus
mensuum eius apud te est
constituisti terminos eius qui praeterire non poterunt
6 recede paululum ab eo ut quiescat
7,1 donec optata veniat sicut mercennarii dies eius
7 lignum habet spem si praecisum fuerit rursum virescit et rami eius pul-
lulant
8 si senuerit in terra radix eius et in
pulvere emortuus fuerit truncus
illius
9 ad odorem aquae germinabit et faciet comam quasi cum primum
plantatum est
20,7 10 homo vero cum mortuus fuerit et
nudatus atque consumptus ubi
quaeso est
Is 19,5! 11 quomodo si recedant aquae de mari
et fluvius vacuefactus arescat
12 sic homo cum dormierit non resurget
donec adteratur caelum non evigilabit nec consurget de somno suo
13 quis mihi hoc tribuat ut in inferno
protegas me
Is 26,20 ut abscondas me donec pertranseat
furor tuus
et constituas mihi tempus in quo
recorderis mei
14 putasne mortuus homo rursum vivet
7,1 cunctis diebus quibus nunc milito
expecto donec veniat inmutatio
mea
13,22! 15 vocabis et ego respondebo tibi operi
manuum tuarum porriges dexte- Ps 137,8
ram
16 tu quidem gressus meos dinumerasti 31,4!
sed parces peccatis meis
17 signasti quasi in sacculo delicta mea
sed curasti iniquitatem meam
18 mons cadens defluet et saxum trans-
fertur de loco suo
19 lapides excavant aquae et adluvione
paulatim terra consumitur
et homines ergo similiter perdes
20 roborasti eum paululum ut in perpetuum pertransiret
inmutabis faciem eius et emittes eum
21 sive nobiles fuerint filii eius sive ignobiles non intelleget
22 attamen caro eius dum vivet dolebit
et anima illius super semet ipso lu-
gebit
15 respondens autem Eliphaz Themanites dixit
2 numquid sapiens respondebit quasi 6,26; Ier 5,13
in ventum loquens et implebit ar-
dore stomachum suum
3 arguis verbis eum qui non est aequalis tui et loqueris quod tibi non expedit
4 quantum in te est evacuasti timorem
et tulisti preces coram Deo
5 docuit enim iniquitas tua os tuum et
imitaris linguam blasphemantium
6 condemnabit te os tuum et non ego 9,20; II Sm 1,16!
et labia tua respondebunt tibi
7 numquid primus homo tu natus es
et ante colles formatus Prv 8,25
8 numquid consilium Dei audisti et Tb 3,20! Is 40,13! Ier 23,18
inferior te erit eius sapientia
9 quid nosti quod ignoremus quid in- 12,3; 13,2
tellegis quod nesciamus
10 et senes et antiqui sunt in nobis multo vetustiores quam patres tui
11 numquid grande est ut consoletur te

3 in iudicio AS | 5 praeteriri D c | 8 in puluerem LCS | emortuus VΛDΦ cr *Phil.*] emortuum S; mortuus *cet.* | 12 consurget] consurgit VCKS | 13 ut²] et ΛD c | 14 uiuat D c | 15 uocabis VLAK r *Phil.*] uocabis me *cet.* | porrigis LCS | 16 parcis LCΣΛDKS; parce c | 18 defluit CΣΛS c | transferetur LD | 19 hominem D c. | 20 transiret A c | emittis AS | 22 semet ipsum AΣK; ipso C. || **15**,2 ardorem LK | 3 argues AS | tui] tibi AC c | 5 lingua LKΦ | 9 intelleges A |

VLA CΣΛDKSΦ cr

Deus sed verba tua prava hoc prohibent
12 quid te elevat cor tuum et quasi magna cogitans adtonitos habes oculos
13 quid tumet contra Deum spiritus
tuus ut proferas de ore huiuscemodi
sermones
14—16: 25,4–6 14 quid est homo ut inmaculatus sit et
ut iustus appareat natus de muliere
4,18 15 ecce inter sanctos eius nemo inmuta-
bilis et caeli non sunt mundi in conspectu eius
16 quanto magis abominabilis et inuti-
Prv 4,17 lis homo qui bibit quasi aquas iniquitatem
17 ostendam tibi audi me quod vidi narrabo tibi
18 sapientes confitentur et non abscon-
dunt patres suos
19 quibus solis data est terra et non
transibit alienus per eos
20 cunctis diebus suis impius superbit
et numerus annorum incertus est
tyrannidis eius
21 sonitus terroris semper in auribus
illius et cum pax sit ille insidias su-
spicatur
22 non credit quod reverti possit de
tenebris circumspectans undique
gladium
23 cum se moverit ad quaerendum panem novit quod paratus sit in manu eius tenebrarum dies
24 terrebit eum tribulatio et angustia
vallabit eum sicut regem qui praeparatur ad proelium
25 tetendit enim adversus Deum manum suam et contra Omnipotentem roboratus est
26 cucurrit adversus eum erecto collo
et pingui cervice armatus est
27 operuit faciem eius crassitudo et de
lateribus eius arvina dependet
28 habitavit in civitatibus desolatis et
in domibus desertis quae in tumulos sunt redactae
29 non ditabitur nec perseverabit substantia eius nec mittet in terra radicem suam
30 non recedet de tenebris
ramos eius arefaciet flamma et auferetur spiritu oris sui
31 non credat frustra errore deceptus
quod aliquo pretio redimendus sit
32 antequam dies eius impleantur peri- 22,16; 36,14
bit et manus eius arescet
33 laedetur quasi vinea in primo flore
botrus eius et quasi oliva proiciens
florem suum
34 congregatio enim hypocritae sterilis
et ignis devorabit tabernacula eo- 8,22!
rum qui munera libenter accipiunt
35 concepit dolorem et peperit iniqui- Ps 7,15; Is 59,4
tatem et uterus eius praeparat do-
los

16 respondens autem Iob dixit
2 audivi frequenter talia
consolatores onerosi omnes vos estis
3 numquid habebunt finem verba ven-
tosa aut aliquid tibi molestum est
si loquaris
4 poteram et ego similia vestri loqui
atque utinam esset anima vestra pro
anima mea
5 consolarer et ego vos sermonibus et Ps 21,8! IV Rg 19,21;
moverem caput meum super vos Ps 108,25; Is 37,22
6 roborarem vos ore meo et moverem
labia quasi parcens vobis
7 sed quid agam
si locutus fuero non quiescet dolor
meus et si tacuero non recedet a me
8 nunc autem oppressit me dolor meus
et in nihili redacti sunt omnes ar- 17,7; 30,15; Ps 72,22
tus mei
9 rugae meae testimonium dicunt
contra me

(V)LA CΣΛDKSΦ cr

13 ore VLK ꝛ] ore tuo *cet.* | sermonem L | 14 ut2 *om.* LD | 16 aquam KSΦ c | 18 abscondent LΣΛS | 19 transiuit ACDK c | 21 ille + semper Φ c | 22 tenebris + ad lucem VΛΦ c | 25 [*deest* V *usque ad* 42,16] | 30 ramus L | sui] eius ADK | 31 credet Σ c; credit S | 32 arescit CΣS; arescent Φ c | 34 deuorauit AΛ || **16**,6 labia + mea AK c | 8 in nihili ꝛ *Phil., cf. infra* 17,7; 26,7; 30,15] ad nihilum A; in nihilum *cet.* |

et suscitatur falsiloquus adversus faciem meam contradicens mihi
10 collegit furorem suum in me et com-
Ps 34,16! 36,12! minans mihi infremuit contra me dentibus suis
hostis meus terribilibus oculis me intuitus est
Ps 21,14 11 aperuerunt super me ora sua exprob-
III Rg 22,24; Lc 22,64 rantes percusserunt maxillam meam satiati sunt poenis meis
12 conclusit me Deus apud iniquum et manibus impiorum me tradidit
13 ego ille quondam opulentus repente contritus sum
tenuit cervicem meam confregit me et posuit sibi quasi in signum
14 circumdedit me lanceis suis convulneravit lumbos meos
Lam 2,11 non pepercit et effudit in terra viscera mea
15 concidit me vulnere super vulnus inruit in me quasi gigans
16 saccum consui super cutem meam et operui cinere cornu meum
17 facies mea intumuit a fletu et palpebrae meae caligaverunt
18 haec passus sum absque iniquitate manus meae cum haberem mundas ad Deum preces
Is 26,21 19 terra ne operias sanguinem meum neque inveniat locum in te latendi clamor meus
20 ecce enim in caelo testis meus et conscius meus in excelsis
21 verbosi mei amici mei ad Deum stillat oculus meus
22 atque utinam sic iudicaretur vir cum Deo quomodo iudicatur filius hominis cum collega suo
10,20! 23 ecce enim breves anni transeunt et
7,9! 10,21 semitam per quam non revertar ambulo

17 spiritus meus adtenuabitur dies mei
breviabuntur et solum mihi superest sepulchrum 10,20!
2 non peccavi et in amaritudinibus moratur oculus meus
3 libera me et pone iuxta te et cuius- Ps 118,122
vis manus pugnet contra me
4 cor eorum longe fecisti a disciplina et propterea non exaltabuntur
5 praedam pollicetur sociis et oculi
filiorum eius deficient 11,20
6 posuit me quasi in proverbium vulgi 30,9; Ps 21,7; 43,15; 68,12
et exemplum sum coram eis
7 caligavit ab indignatione oculus me-
us et membra mea quasi in nihili 16,8; 30,15; Ps 72,22
redacta sunt
8 stupebunt iusti super hoc et inno- Is 52,14
cens contra hypocritam suscitabitur
9 et tenebit iustus viam suam et mun- Is 26,7! Os 14,10
dis manibus addet fortitudinem
10 igitur vos omnes convertimini et venite et non inveniam in vobis ullum sapientem
11 dies mei transierunt cogitationes meae dissipatae sunt torquentes cor meum
12 noctem verterunt in diem et rursum post tenebras spero lucem
13 si sustinuero infernus domus mea 30,23; Ecl 12,5!
est in tenebris stravi lectulum meum
14 putredini dixi pater meus es mater mea et soror mea vermibus
15 ubi est ergo nunc praestolatio mea 4,6
et patientiam meam quis considerat
16 in profundissimum infernum descendent omnia mea putasne saltim ibi erit requies mihi

18 respondens autem Baldad Suites dixit

11 super] in A | sua + et DK c | 13 sibi] me sibi c; me Φ | 16 consuit LDKSΦ | operuit LDSΦ | cornu meum r. *Phil.* 𝔐] corpus meum ΣK; carnem meam *cet.* | 17 caliginauerunt L | 19 ~ in te locum latendi ΣΛS c; ~ in te latendi locum D. | 20 ecce — conscius meus *om.* L | 21 mei[1] LAΛΦ r *Phil. Iul.*] *om. cet.* | 23 reuertor A; reuertam L. || **17**,3 me[1] + domine Φ c | pone + me CΣΛDKSΦ c | cuiusuis] cuius uult C; cuius LK | 4 et *om.* CΛ c | 6 sum] suum LCΣSΦ | 7 ad indignationem LK | in nihili Lr *Phil.*, *cf. supra* 16,8] in nihilo Σ.; in nihilum *cet.* | 9 addit ASΦ | 10 ~ omnes uos c | 13 in] et in CΣΛ c; *om.* L. | lectum LCΣΛDS ||

LA CΣΛDKSΦ cr

2 usque ad quem finem verba iacta-
bitis
intellegite prius et sic loquamur
Ps 72,23 3 quare reputati sumus ut iumenta et
sorduimus coram vobis
4 qui perdis animam tuam in furore
tuo
numquid propter te derelinquetur
terra et transferentur rupes de loco
suo
5 nonne lux impii extinguetur nec
splendebit flamma ignis eius
6 lux obtenebrescet in tabernaculo il-
21,17; Prv 13,9! lius et lucerna quae super eum est
extinguetur
7 artabuntur gressus virtutis eius et
praecipitabit eum consilium suum
8 inmisit enim in rete pedes suos et in
maculis eius ambulat
22,10 9 tenebitur planta illius laqueo et exardescet contra eum sitis
Ps 139,6! 10 abscondita est in terra pedica eius
et decipula illius super semitam
22,10 11 undique terrebunt eum formidines
et involvent pedes eius
12 adtenuetur fame robur eius et inedia
invadat costas illius
13 devoret pulchritudinem cutis eius
consumat brachia illius primogenita mors
14 avellatur de tabernaculo suo fiducia
eius et calcet super eum quasi rex
interitus
15 habitent in tabernaculo illius socii
eius qui non est aspergatur in tabernaculo eius sulphur
Ps 20,11 16 deorsum radices eius siccentur sursum autem adteratur messis eius
Ps 33,17! 108,15; Sap 4,19 17 memoria illius pereat de terra et non
Prv 10,7! celebretur nomen eius in plateis
18 expellet eum de luce in tenebras et
de orbe transferet eum
19 non erit semen eius neque progenies Is 14,22
in populo suo nec ullae reliquiae
in regionibus eius
20 in die eius stupebunt novissimi et
primos invadet horror
21 haec sunt ergo tabernacula iniqui et 8,22! 21,28
iste locus eius qui ignorat Deum
19 respondens autem Iob dixit
2 usquequo adfligitis animam meam
et adteritis me sermonibus
3 en decies confunditis me et non eru-
bescitis opprimentes me
4 nempe et si ignoravi mecum erit i-
gnorantia mea
5 at vos contra me erigimini et argui-
tis me obprobriis meis
6 saltim nunc intellegite quia Deus
non aequo iudicio adflixerit me et
flagellis suis me cinxerit
7 ecce clamabo vim patiens et nemo 30,20; Is 38,14; Hab 1,2!
audiet vociferabor et non est qui
iudicet
8 semitam meam circumsepsit et transire non possum et in calle meo tenebras posuit
9 spoliavit me gloria mea et abstulit
coronam de capite meo
10 destruxit me undique et pereo et
quasi evulsae arbori abstulit spem
meam
11 iratus est contra me furor eius et sic
me habuit quasi hostem suum 13,24; 33,10
12 simul venerunt latrones eius et fecerunt sibi viam per me et obsederunt Lam 3,5
in gyro tabernaculum meum
13 fratres meos longe fecit a me et noti 6,13; Ps 30,12! 68,9; 87,19!
mei quasi alieni recesserunt a me
14 dereliquerunt me propinqui mei et
qui me noverant obliti sunt mei
15 inquilini domus meae et ancillae

LA CΣΛDKSΦ cr **18**,2 iactabitis intellege S.; iactatis intelligite D.; iactatis intellege L.; iactabis intellege AC | 4 qui] quid AC | perdes LCK | derelinquitur AK; relinquetur D | transferuntur LK | 5 extinguitur AS | 6 obtenebrescit ACΛS | illius] eius A | 9 exardescit LΛKS | 11 inuoluent + eum L | 12 adtenuatur LS.; attenuabitur D. | illius] eius LΣ | 15 illius] eius L; *om.* S. | 18 de urbe LK; orbe A. | 20 inuadit AΛKS | 21 ignorant A || **19**,3 confundetis S; confudistis ACΣ | 4 erit] est L | 5 at] aut LSΦ | 7 uociferabo A | 9 gloriam meam L; galea mea Λ. | 10 arboris DSΦr; arbores A. | 14 nouerunt LDS |

meae sicut alienum habuerunt me
et quasi peregrinus fui in oculis eorum
16 servum meum vocavi et non respondit ore proprio deprecabar illum
17 halitum meum exhorruit uxor mea
et orabam filios uteri mei
18 stulti quoque despiciebant me et
cum ab eis recessissem detrahebant
mihi
19 abominati sunt me quondam consi-
Sir 6,9; 37,2 liarii mei et quem maxime diligebam aversatus est me
Ps 101,6; Lam 4,8 20 pelli meae consumptis carnibus adhesit os meum et derelicta sunt tan-
tummodo labia circa dentes meos
21 miseremini mei miseremini mei saltim vos amici mei quia manus Domini tetigit me
Ps 26,2 22 quare persequimini me sicut Deus
et carnibus meis saturamini
31,35 23 quis mihi tribuat ut scribantur sermones mei
quis mihi det ut exarentur in libro
24 stilo ferreo et plumbi lammina
vel certe sculpantur in silice
25—27: Tb 2,18 25 scio enim quod redemptor meus vi-
II Mcc 7,14! vat et in novissimo de terra surrecturus sim
26 et rursum circumdabor pelle mea et
II Cor 3,18 in carne mea videbo Deum
I Cor 13,12! 27 quem visurus sum ego ipse et oculi
mei conspecturi sunt et non alius
reposita est haec spes mea in sinu
meo
28 quare ergo nunc dicitis persequamur
eum et radicem verbi inveniamus
contra eum
29 fugite ergo a facie gladii quoniam
Ps 57,12 ultor iniquitatum gladius est et scitote esse iudicium

20 respondens autem Sophar Naamathites dixit
2 idcirco cogitationes meae variae suc-
cedunt sibi et mens in diversa rapitur
3 doctrinam qua me arguis audiam et
spiritus intellegentiae meae respondebit mihi
4 hoc scio a principio ex quo positus
est homo super terram
5 quod laus impiorum brevis sit et
gaudium hypocritae ad instar puncti
6 si ascenderit usque ad caelum superbia eius et caput eius nubes tetigerit
7 quasi sterquilinium in fine perdetur 14,10
et qui eum viderant dicent ubi est
8 velut somnium avolans non invenie- Ps 72,20; Is 29,7
tur transiet sicut visio nocturna
9 oculus qui eum viderat non videbit
neque ultra intuebitur eum locus
suus
10 filii eius adterentur egestate et ma- 27,14; Ps 108,10;
nus illius reddent ei dolorem suum Ecl 5,13
11 ossa eius implebuntur vitiis adulescentiae eius et cum eo in pulverem 7,21!
dormient
12 cum enim dulce fuerit in ore eius
malum abscondet illud sub lingua
sua
13 parcet illi et non derelinquet illud et
celabit in gutture suo
14 panis eius in utero illius vertetur in
fel aspidum intrinsecus
15 divitias quas devoravit evomet et de
ventre illius extrahet eas Deus
16 caput aspidum suget occidet eum
lingua viperae
17 non videat rivulos fluminis torrentes
mellis et butyri
18 luet quae fecit omnia nec tamen con-

16 respondit + mihi LΛ | 19 me²] a me LD.; mei CK; mihi Φ | 21 mei² *om.* AD | 24 certe] celte c | 25 uiuit LSΦc | nouissimo + die c | resurrecturus AΣ | sum LΣDc | 26 deum + meum c. | 27 ~ et non alius et oculi mei conspecturi sunt LK ‖ **20**,3 doctrina qua me S; doctrinam quam me LK; doctrinam quam Σ. | argues LS | 7 uiderunt LD. | 8 inuenitur A | 9 suus] eius A | 10 ei] illi LCΛ | 11 in puluerem LACr] in puluere *cet.* | dormiunt LA. | 13 illi] illius L | 14 eius] illius L | illius] eius L | 16 sugit KS; surget LΣ; surgit C; + et CΣΛDKSc | occidit LSΦ | 17 torrentis LΣKS |

LA CΣΛDKSΦ cr

sumetur
iuxta multitudinem adinventionum suarum sic et sustinebit
[19]quoniam confringens nudavit pauperes domum rapuit et non aedifi-
Ecl 5,9! cavit eam [20]nec est satiatus venter eius
et cum habuerit quae cupierat possidere non poterit
[21]non remansit de cibo eius et propterea nihil permanebit de bonis eius
[22]cum satiatus fuerit artabitur aestuabit et omnis dolor inruet in eum
[23]utinam impleatur venter eius ut emittat in eum iram furoris sui et pluat super illum bellum suum
[24]fugiet arma ferrea et inruet in arcum aereum
[25]eductus et egrediens de vagina sua et fulgurans in amaritudine sua
vadent et venient super eum horribiles
[26]omnes tenebrae absconditae sunt in occultis eius
devorabit eum ignis qui non succenditur adfligetur relictus in tabernaculo suo
[27]revelabunt caeli iniquitatem eius et terra consurget adversus eum
[28]apertum erit germen domus illius detrahetur in die furoris Dei
27,13; Ier 13,25 [29]haec est pars hominis impii a Deo et hereditas verborum eius a Domino
21 respondens autem Iob dixit
13,17 [2]audite quaeso sermones meos et agetis paenitentiam
[3]sustinete me ut et ego loquar et post
12,4! mea si videbitur verba ridete
[4]numquid contra hominem disputatio mea est ut merito non debeam contristari
[5]adtendite me et obstupescite et su-
29,9; 39,34 perponite digitum ori vestro

[6]et ego quando recordatus fuero pertimesco et concutit carnem meam tremor
[7]quare ergo impii vivunt sublevati Ecl 7,16! Ier 12,1!
sunt confortatique divitiis Hab 1,13
[8]semen eorum permanet coram eis propinquorum turba et nepotum in conspectu eorum
[9]domus eorum securae sunt et pacatae et non est virga Dei super illos
[10]bos eorum concepit et non abortit vacca peperit et non est privata fetu suo
[11]egrediuntur quasi greges parvuli eo- Ps 106,41
rum et infantes eorum exultant lusibus
[12]tenent tympanum et citharam et gaudent ad sonitum organi
[13]ducunt in bonis dies suos et in punc- 34,20
to ad inferna descendunt
[14]qui dixerunt Deo recede a nobis et 22,17; Is 30,11
scientiam viarum tuarum nolumus
[15]quid est Omnipotens ut serviamus Mal 3,14
ei et quid nobis prodest si oraverimus illum
[16]verumtamen quia non sunt in manu
eorum bona sua consilium impio- 22,18
rum longe sit a me
[17]quotiens lucerna impiorum extin- 18,6; Prv 13,9!
guetur et superveniet eis inundatio et dolores dividet furoris sui
[18]erunt sicut paleae ante faciem venti Ps 1,4! 82,14! Sap 5,15!
et sicut favilla quam turbo dispergit
[19]Deus servabit filiis illius dolorem Ex 34,7! Nm 14,18
patris et cum reddiderit tunc sciet
[20]videbunt oculi eius interfectionem suam et de furore Omnipotentis bibet
[21]quid enim ad eum pertinet de domo sua post se et si numerus mensuum eius dimidietur
[22]numquid Deum quispiam docebit Is 40,14

LA CΣΛDKSΦ cr 19 nudabit LS | pauperis ACΛDS; pauperem K. | 20 concupierat CSc | 22 in] super c. | 26 occultis] oculis ACΣΛ | deuorauit LACΣΛ | affligitur AS. || **21**,2 agetis CΛSr] agitis LA; agite *cet.* | 3 ut et] ut A; et c | uidetur LA | 10 abortet A.; abortiuit DSΦc | 12 ad sonum L | 15 quid[1]] quis CDc; qui A | 17 furores L | 19 seruauit AK | 21 numerum AΣ. | 22 ~ docebit quispiam c |

scientiam qui excelsos iudicat
23 iste moritur robustus et sanus dives
et felix
24 viscera eius plena sunt adipe et me-
dullis ossa illius inrigantur
25 alius vero moritur in amaritudine
animae absque ullis opibus
7,21! 9,22! Is 14,11! 26 et tamen simul in pulverem dormient
Ecl 2,16! et vermes operient eos
27 certe novi cogitationes vestras et
sententias contra me iniquas
28 dicitis enim ubi est domus principis
18,21! et ubi tabernacula impiorum
29 interrogate quemlibet de viatoribus
et haec eadem eum intellegere cognoscetis
30 quia in diem perditionis servabitur
malus et ad diem furoris ducitur
31 quis arguet coram eo viam eius et
quae fecit quis reddet illi
32 ipse ad sepulchra ducetur et in con-
gerie mortuorum vigilabit
33 dulcis fuit glareis Cocyti et post se
omnem hominem trahet et ante se
innumerabiles
34 quomodo igitur consolamini me
frustra cum responsio vestra repugnare ostensa sit veritati
22 respondens autem Eliphaz Themanites dixit
4,17! 2 numquid Deo conparari potest homo etiam cum perfectae fuerit scientiae
35,7 3 quid prodest Deo si iustus fueris aut
quid ei confers si inmaculata fuerit
via tua
4 numquid timens arguet te et veniet
14,3; 34,23 tecum in iudicium
5 et non propter malitiam tuam plurimam et infinitas iniquitates tuas
6 abstulisti enim pignus fratrum tuorum sine causa et nudos spoliasti
vestibus
7 aquam lasso non dedisti et esurienti Mt 25,42
subtraxisti panem
8 in fortitudine brachii tui possidebas
terram et potentissimus obtinebas
eam
9 viduas dimisisti vacuas et lacertos
pupillorum comminuisti
10 propterea circumdatus es laqueis et 18,9.11
conturbat te formido subita
11 et putabas te tenebras non visurum
et impetu aquarum inundantium
non oppressurum
12 an cogitas quod Deus excelsior caelo 11,8
et super stellarum vertices subli-
metur
13 et dicis quid enim novit Deus et Ps 9,32! 34! 72,11!
quasi per caliginem iudicat
14 nubes latibulum eius nec nostra considerat et circa cardines caeli per-
ambulat
15 numquid semitam saeculorum custodire cupis quam calcaverunt viri
iniqui
16 qui sublati sunt ante tempus suum 15,32; 36,14
et fluvius subvertit fundamentum
eorum
17 qui dicebant Deo recede a nobis et 21,14!
quasi nihil possit facere Omnipotens aestimabant eum
18 cum ille implesset domos eorum bonis quorum sententia procul sit a 21,16
me
19 videbunt iusti et laetabuntur et in- Ps 57,11! 106,42
nocens subsannabit eos
20 nonne succisa est erectio eorum et
reliquias eorum devoravit ignis
21 adquiesce igitur ei et habeto pacem
et per haec habebis fructus optimos
22 suscipe ex ore illius legem et pone Prv 4,4!

25 animae + suae LCS | 26 in puluerem LACr] in puluere *cet.* | 29 eum] illum CΛc | 30 seruabitur LASΦr] seruatur *cet.* | ducitur LACKSr] ducetur *cet.* | 31 uias AS | reddit LS | 32 ducitur AK | in congeriem LΣD || **22**,2 ~ potest comparari c | 3 uia Acr𝔐] uita *cet.* | 4 timens + te ΣDSΦr | in iudicio AΣK | 6 expoliasti AΣS | 8 in fortitudinem LΣK | 11 opprimendum ΣΛ; oppressum iri DΦc | 12 an + non c | caelo] *praem.* est D.; + sit ACΛSΦc | uerticem Λc; uertice Φ. | 13 dices A | 16 fundamenta AΣD | 17 posset Λc; posse A. | 21 ei *om.* LD. |

LA
CΣΛDKSΦ
cr

23,12 sermones eius in corde tuo
23 si reversus fueris ad Omnipotentem
aedificaberis et longe facies iniquitatem a tabernaculo tuo
24 dabit pro terra silicem et pro silice
torrentes aureos
25 eritque Omnipotens contra hostes
tuos et argentum coacervabitur tibi
Is 58,14! 26 tunc super Omnipotentem deliciis
Tb 3,14 afflues et elevabis ad Deum faciem
tuam
33,26; Dt 23,21! Ps 49,14.15! 27 rogabis eum et exaudiet te et vota
tua reddes
28 decernes rem et veniet tibi et in viis
tuis splendebit lumen
5,11! Prv 3,34! 29,23! 29 qui enim humiliatus fuerit erit in
gloria et qui inclinaverit oculos su-
os ipse salvabitur
Ps 17,21! 30 salvabitur innocens salvabitur autem munditia manuum suarum
23 respondens autem Iob dixit
7,11; 10,1 2 nunc quoque in amaritudine est sermo meus et manus plagae meae ad-
gravata est super gemitum meum
3 quis mihi tribuat ut cognoscam et
inveniam illum et veniam usque ad
solium eius
13,3; 33,13! 4 ponam coram eo iudicium et os meum replebo increpationibus
5 ut sciam verba quae mihi respondeat et intellegam quid loquatur mihi
6 nolo multa fortitudine contendat
9,34; 13,21 mecum nec magnitudinis suae mole
me premat
7 proponat aequitatem contra me et
perveniat ad victoriam iudicium
meum
8 si ad orientem iero non apparet si ad
occidentem non intellegam eum
9 si ad sinistram quid agat non adpre-
hendam eum
si me vertam ad dextram non videbo
illum
10 ipse vero scit viam meam et probavit 13,27! Ps 1,6! 138,23; Ier 6,27
me quasi aurum quod per ignem Ps 16,3! Prv 17,3! Sap 3,6!
transit
11 vestigia eius secutus est pes meus 11.12: Dt 5,32.33!
viam eius custodivi et non declinavi
ex ea
12 a mandatis labiorum eius non recessi
et in sinu meo abscondi verba oris 22,22!
eius
13 ipse enim solus est et nemo avertere
potest cogitationem eius
et anima eius quodcumque voluerit Ps 113,11! 134,6;
hoc facit Is 46,10
14 cum expleverit in me voluntatem suam et alia multa similia praesto
sunt ei
15 et idcirco a facie eius turbatus sum
et considerans eum timore sollicitor
16 Deus mollivit cor meum et Omnipotens conturbavit me
17 non enim perii propter inminentes
tenebras nec faciem meam operuit
caligo
24 ab Omnipotente non sunt abscondita tempora qui autem noverunt
eum ignorant dies illius
2 alii terminos transtulerunt diripuerunt greges et paverunt eos
3 asinum pupillorum abigerunt et abstulerunt pro pignore bovem viduae Dt 24,17
4 subverterunt pauperum viam et op- Am 2,7!
presserunt pariter mansuetos terrae
5 alii quasi onagri in deserto egrediuntur ad opus suum vigilantesque
ad praedam praeparant panem liberis
6 agrum non suum demetunt et vineam eius quem vi oppresserunt vindemiant

LA CΣΛDKSΦ cr 26 et leuabis LAD | ad dominum LΛ | 28 decernis LACKSr | et eueniet AS | splendebit + tibi LA. | 29 erit] exaltabitur D.; *om.* L | oculos suos LCΣΛr *Phil. Greg.*] oculo suo A.; oculos *cet.* | 30 autem + in c || **23,** 1 dixit] ait ΣKSΦc | 2 sermo meus] anima mea A | 6 nolo + in A | 7 perueniet ΛΦ; superueniet L. | 9 agat LΣΦr *Phil. Iul.*, *cf.* 𝔐] agam *cet.* | uertero A | 10 probabit SΦ; prouabit LACΣ. | 13 cogitationes LCΛDS | uoluerit hoc facit LA *Iul.*] uoluerit hoc fecit *Phil.*; uoluit hoc fecit *cet.* || **24,** 5 uigilant usque L.; uigilant itaque S.; uigilantes Φc; uigilant C | 6 oppresserint Φc; oppresserant K |

7 nudos dimittunt homines indumenta
tollentes quibus non est operimentum in frigore
8 quos imbres montium rigant et non
habentes velamen amplexantur lapides
9 vim fecerunt depraedantes pupillos
et vulgum pauperem spoliaverunt
10 nudis et incedentibus absque vestitu
et esurientibus tulerunt spicas
11 inter acervos eorum meridiati sunt
qui calcatis torcularibus sitiunt
12 de civitatibus fecerunt viros gemere
et anima vulneratorum clamavit et
Deus inultum abire non patitur
Io 3,20 13 ipsi fuerunt rebelles luminis nescierunt vias eius nec reversi sunt per
semitas illius
14 mane primo consurgit homicida interficit egenum et pauperem per
noctem vero erit quasi fur
Sir 23,25.26; Is 29,15 15 oculus adulteri observat caliginem
dicens non me videbit oculus et
operiet vultum suum
16 perfodit in tenebris domos sicut in
die condixerant sibi et ignorave-
runt lucem
17 si subito apparuerit aurora arbitran-
Ps 138,11; Io 3,19 tur umbram mortis et sic in tenebris quasi in luce ambulant
18 levis est super faciem aquae
maledicta sit pars eius in terra nec
ambulet per viam vinearum
19 ad nimium calorem transeat ab
aquis nivium et usque ad inferos
peccatum illius
20 obliviscatur eius misericordia dulcedo illius vermes
non sit in recordatione sed contera-
tur quasi lignum infructuosum
21 pavit enim sterilem et quae non parit
et viduae bene non fecit
22 detraxit fortes in fortitudine sua et
cum steterit non credet vitae suae
23 dedit ei Deus locum paenitentiae et Sap 12,10! 19; Apc 2,21
ille abutitur eo in superbiam Ps 33,17; Prv 15,3!
oculi autem eius sunt in viis illius
24 elevati sunt ad modicum et non subsistent
et humiliabuntur sicut omnia et auferentur et sicut summitates spicarum conterentur
25 quod si non est ita quis me potest
arguere esse mentitum et ponere
ante Deum verba mea
25 respondens autem Baldad Suites
dixit
2 potestas et terror apud eum est qui
facit concordiam in sublimibus suis
3 numquid est numerus militum eius Is 40,26
et super quem non surget lumen
illius
4 numquid iustificari potest homo con- 4,17!
paratus Deo aut apparere mundus **4–6**: 15,14–16
natus de muliere
5 ecce etiam luna non splendet et stellae non sunt mundae in conspectu
eius
6 quanto magis homo putredo et filius Ps 21,7; I Mcc 2,62!
hominis vermis
26 respondens autem Iob dixit
2 cuius adiutor es numquid inbecilli
et sustentas brachium eius qui non
est fortis
3 cui dedisti consilium forsitan illi qui
non habet sapientiam et prudentiam tuam ostendisti plurimam
4 quem docere voluisti nonne eum qui Za 12,1; Act 17,25
fecit spiramen tuum
5 ecce gigantes gemunt sub aquis et Prv 9,18
qui habitant cum eis
6 nudus est inferus coram illo et nul- Prv 15,11; Hbr 4,13

9 pupillum L; pupillo A. | expoliauerunt ACS | 12 patiatur LΣ. | 13 lumini c | illius] eius c. | 14 interfecit LAΛ c(*ed.* 1598); *praem.* et A | 17 arbitratur A.; arbitrat L. | in lucem LCK r | 21 et[1] *om.* A c | 22 credit KS; redit L. | 23 abutetur LΦ | 24 eleuatus est A; et leuati sunt Φ. | subsistit A. | humiliabitur A.; humiliabunt L. | auferetur A.; auferuntur L || **25**,2 concordiam] misericordiam L | 5 ~ luna etiam c. || **26**,1 et respondens iob dixit L | 2 inbecillis ΣD c | 4 spiramen tuum D r *Phil.*, *cf.* 𝔐 *Iul.*] inspiramentum C; spiramentum *cet.* | 6 infernus AΛD c |

LA CΣΛDKSΦ cr

lum est operimentum perditioni
Prv 8,29; Is 40,22 7 qui extendit aquilonem super vacuum et adpendit terram super nihili
8 qui ligat aquas in nubibus suis ut
non erumpant pariter deorsum
9 qui tenet vultum solii sui et expandit
super illud nebulam suam
38,10; Prv 8,29 10 terminum circumdedit aquis usque
dum finiantur lux et tenebrae
9,6; Is 13,13! 11 columnae caeli contremescunt et pa-
vent ad nutum eius
Or Man 3 12 in fortitudine illius repente maria
congregata sunt et prudentia eius
percussit superbum
13 spiritus eius ornavit caelos et obse-
tricante manu eius eductus est coluber tortuosus
14 ecce haec ex parte dicta sunt viarum
eius
et cum vix parvam stillam sermonis
eius audierimus
quis poterit tonitruum magnitudinis illius intueri
27 addidit quoque Iob adsumens parabolam suam et dixit
34,5 2 vivit Deus qui abstulit iudicium meum et Omnipotens qui ad amaritudinem adduxit animam meam
3 quia donec superest halitus in me et
Is 2,22 spiritus Dei in naribus meis
33,3! 36,4! Ps 16,4; 33,14; Prv 4,24; Sap 1,6; Sir 1,37 4 non loquentur labia mea iniquitatem nec lingua mea meditabitur
mendacium
5 absit a me ut iustos vos esse iudicem
2,3! 9 donec deficiam non recedam ab innocentia mea
6 iustificationem meam quam coepi tenere non deseram
nec enim reprehendit me cor meum
in omni vita mea
7 sit ut impius inimicus meus et adversarius meus quasi iniquus

8 quae enim spes est hypocritae si ava- 8,13!
re rapiat et non liberet Deus animam eius
9 numquid clamorem eius Deus au- Prv 1,27.28
diet cum venerit super illum angustia
10 aut poterit in Omnipotente delecta-
ri et invocare Deum in omni tempore
11 docebo vos per manum Dei quae
Omnipotens habeat nec abscondam
12 ecce vos omnes nostis et quid sine
causa vana loquimini
13 haec est pars hominis impii apud 20,29; Ier 13,25
Deum et hereditas violentorum
quam ab Omnipotente suscipient
14 si multiplicati fuerint filii eius in gla- 20,10! Dt 28,41! Os 9,12
dio erunt et nepotes eius non satu-
rabuntur pane
15 qui reliqui fuerint ex eo sepelientur
in interitu et viduae illius non plo- Ps 77,64
rabunt
16 si conportaverit quasi terram argen- Za 9,3
tum et sicut lutum praeparaverit
vestimenta
17 praeparabit quidem sed iustus vesti- Prv 13,22
etur illis et argentum innocens divi-
det
18 aedificavit sicut tinea domum suam
et sicut custos fecit umbraculum
19 dives cum dormierit nihil secum au- Ps 48,18; 75,6; Sir 11,20
feret aperit oculos suos et nihil in-
veniet
20 adprehendit eum quasi aqua inopia
nocte opprimet eum tempestas
21 tollet eum ventus urens et auferet et Ier 18,17
velut turbo rapiet eum de loco suo
22 et mittet super eum et non parcet de
manu eius fugiens fugiet
23 stringet super eum manus suas et
sibilabit super illum intuens locum
eius

LA CΣΛDKSΦ cr

7 super nihilo D; super nihilum C c | 9 expandet AΣ | 10 finiatur AK | 14 sermonum ACΛD; sermones KS || **27**,6 nec] neque CΛ c | reprehendet A; conpraehendit L. | 7 sit ut] sicut LΣDS; sicuti C. | 8 ~ enim est spes C; ~ est enim spes c | 9 ~ deus audiet clamorem eius c | illum] eum ASΦ c | 10 in omnipotentem LA | in[2] *om.* c | 15 plorabuntur LC | 17 praeparauit ACΣΛΦ | 19 aperiet LDΦ c | 20 adprehendit LA KS r *Iul.*] adprehendet *cet.* | 22 et mittit Λ; emittet AΣ; emittit C | 23 illum] eum AΣ ||

28 habet argentum venarum suarum
principia et auro locus est in quo
conflatur
2 ferrum de terra tollitur et lapis so-
lutus calore in aes vertitur
3 tempus posuit tenebris et universorum finem ipse considerat
lapidem quoque caliginis et umbram
mortis
Is 11,15; IV Esr 13,44! 4 dividit torrens a populo peregri-
nante eos quos oblitus est pes egen-
tis hominum et invios
5 terra de qua oriebatur panis in loco
suo igne subversa est
6 locus sapphyri lapides eius et glebae
illius aurum
7 semitam ignoravit avis nec intuitus
est oculus vulturis
8 non calcaverunt eam filii institorum
nec pertransivit per eam leaena
9 ad silicem extendit manum suam
subvertit a radicibus montes
10 in petris rivos excidit et omne pretiosum vidit oculus eius
11 profunda quoque fluviorum scrutatus est et abscondita produxit in
lucem
20; Bar 3,14.15.31 12 sapientia vero ubi invenitur et quis
est locus intellegentiae
13 nescit homo pretium eius nec invenitur in terra suaviter viventium
14 abyssus dicit non est in me et mare
loquitur non est mecum
Prv 3,14! 16,16; Sap 7,9 15 non dabitur aurum obrizum pro ea
nec adpendetur argentum in com-
mutatione eius
16 non conferetur tinctis Indiae colo-
Prv 8,11! Sap 7,9 ribus nec lapidi sardonico pretiosissimo vel sapphyro
17 non adaequabitur ei aurum vel vit-
rum nec commutabuntur pro ea vasa auri
18 excelsa et eminentia non memora- Prv 8,11! Sap 7,8
buntur conparatione eius
trahitur autem sapientia de occultis
19 non adaequabitur ei topazium de
Aethiopia nec tincturae mundissimae conponetur
20 unde ergo sapientia veniet et quis 12!
est locus intellegentiae
21 abscondita est ab oculis omnium viventium volucres quoque caeli latet
22 perditio et mors dixerunt auribus
nostris audivimus famam eius
23 Deus intellegit viam eius et ipse no- Sap 7,15
vit locum illius
24 ipse enim fines mundi intuetur et Bar 3,32
omnia quae sub caelo sunt respicit
25 qui fecit ventis pondus et aquas adpendit mensura
26 quando ponebat pluviis legem et 38,25
viam procellis sonantibus
27 tunc vidit illam et enarravit et praeparavit et investigavit
28 et dixit homini ecce timor Domini
ipsa est sapientia et recedere a malo Ps 110,10! Prv 15,33; Sir 1,34; 19,18
intellegentia
29 addidit quoque Iob adsumens parabolam suam et dixit
2 quis mihi tribuat ut sim iuxta menses pristinos secundum dies quibus
Deus custodiebat me
3 quando splendebat lucerna eius super caput meum et ad lumen eius
ambulabam in tenebris
4 sicut fui in diebus adulescentiae meae quando secreto Deus erat in tabernaculo meo
5 quando erat Omnipotens mecum et
in circuitu meo pueri mei
6 quando lavabam pedes meos butyro
et petra fundebat mihi rivos olei Dt 32,13
7 quando procedebam ad portam ci- Rt 4,1! II Sm 15,2!
vitatis et in platea parabant cathed- Prv 1,21! 31,23

28,3 umbra L; umbrae SΦ | 4 homines ΣΛ; hominis CDΦ c | 7 est + eam Φ c; + eum D. | 8 institorum ΛDK cr *Phil.*] instutorum C.; institutoris Σ.; institutorum *cet.* | 11 ~ in lucem produxit c. | 12 inuenietur A | 14 dicet LAΦ r | loquetur AΦ | 15 adpenditur AKS | 16 confertur LACΣS. | [*deest* L *usque ad* 32,3] | 19 topaziom S.; tophazion Λ.; topazius c | conponitur K.; conponentur ACΛS | 20 uenit c | 25 adpendit + in c || **29**,5 ~ omnipotens erat A |

(L)A CΣΛDKSΦ cr

ram mihi
8—11: Sap 8,10–12 8 videbant me iuvenes et absconde-
bantur et senes adsurgentes stabant
9 principes cessabant loqui et digitum
21,5; 39,34 superponebant ori suo
10 vocem suam cohibebant duces et
Ps 21,16; 136,6; Ez 3,26 lingua eorum gutturi suo adherebat
11 auris audiens beatificabat me et ocu-
lus videns testimonium reddebat
mihi
Ps 71,12! 12 quod liberassem pauperem vocife-
rantem et pupillum cui non esset
adiutor
13 benedictio perituri super me veniebat et cor viduae consolatus sum
14 iustitia indutus sum et vestivit me
sicut vestimento et diademate iudicio meo
15 oculus fui caeco et pes claudo
16 pater eram pauperum et causam
quam nesciebam diligentissime in-
vestigabam
17 conterebam molas iniqui et de den-
Ps 3,8; 57,7 tibus illius auferebam praedam
18 dicebamque in nidulo meo moriar
et sicut palma multiplicabo dies
Ier 17,8! 19 radix mea aperta est secus aquas et
ros morabitur in messione mea
20 gloria mea semper innovabitur et
arcus meus in manu mea instaura-
bitur
21 qui me audiebant expectabant sententiam et intenti tacebant ad consilium meum
22 verbis meis addere nihil audebant et
Dt 32,2! super illos stillabat eloquium meum
23 expectabant me sicut pluviam et os
suum aperiebant quasi ad imbrem
serotinum
24 si quando ridebam ad eos non cre-
debant et lux vultus mei non cade-
bat in terram
25 si voluissem ire ad eos sedebam primus
cumque sederem quasi rex circumstante exercitu eram tamen maeren-
tium consolator
30 nunc autem derident me iuniores 12,4!
tempore quorum non dignabar
patres ponere cum canibus gregis
mei
2 quorum virtus manuum erat mihi
pro nihilo et vita ipsa putabantur
indigni 3 egestate et fame steriles
qui rodebant in solitudine squalen-
tes calamitate et miseria
4 et mandebant herbas et arborum
cortices et radix iuniperorum erat
cibus eorum
5 qui de convallibus ista rapientes
cum singula repperissent ad ea cum
clamore currebant
6 in desertis habitabant torrentium et
in cavernis terrae vel super glaream
7 qui inter huiuscemodi laetabantur
et esse sub sentibus delicias conpu-
tabant
8 filii stultorum et ignobilium et in
terra penitus non parentes
9 nunc in eorum canticum versus sum 17,6! Ps 68,12
et factus sum eis proverbium
10 abominantur me et longe fugiunt a
me et faciem meam conspuere non
verentur
11 faretram enim suam aperuit et adflixit me et frenum posuit in os meum
12 ad dexteram orientis calamitatis meae ilico surrexerunt
pedes meos subverterunt et oppresserunt quasi fluctibus semitis suis
13 dissipaverunt itinera mea insidiati
sunt mihi et praevaluerunt et non Ps 21,12; 106,7 Sir 51,10
fuit qui ferret auxilium
14 quasi rupto muro et aperta ianua
inruerunt super me et ad meas mi-
serias devoluti sunt
15 redactus sum in nihili abstulisti qua- 16,8; 17,7; Ps 72,22

A CΣΛDKSΦ cr

12 eo quod CΛS c | 14 uestiui ADSΦ c | 17 de *om.* A ‖ **30**,2 ~ mihi erat c | 7 putabant A | 9 eis + in A (*vid.*) c | 12 orientis calamitates A c; orientes calamitates CΛ | 15 in nihilo C; in nihilum S c |

si ventus desiderium meum et velut
nubes pertransiit salus mea
16 nunc autem in memet ipso marces-
cit anima mea et possident me dies
adflictionis
17 nocte os meum perforatur doloribus
et qui me comedunt non dormiunt
18 in multitudine eorum consumitur
vestimentum meum et quasi capitio
tunicae sic cinxerunt me
Gn 18,27! Sir 17,31 19 conparatus sum luto et adsimilatus
favillae et cineri
19,7! 20 clamo ad te et non exaudis me sto
et non respicis me
21 mutatus es mihi in crudelem et in
duritia manus tuae adversaris mihi
22 elevasti me et quasi super ventum
ponens elisisti me valide
17,13; Ecl 12,5! 23 scio quia morti tradas me ubi constituta domus est omni viventi
24 verumtamen non ad consumptionem
eorum emittis manum tuam et si
corruerint ipse salvabis
25 flebam quondam super eum qui ad-
Sir 7,38! flictus erat et conpatiebatur anima
mea pauperi
26 expectabam bona et venerunt mihi
mala
praestolabar lucem et eruperunt tenebrae
27 interiora mea efferbuerunt absque
ulla requie praevenerunt me dies
adflictionis
28 maerens incedebam sine furore consurgens in turba clamavi
Mi 1,8 29 frater fui draconum et socius strutionum
Lam 3,4! 30 cutis mea denigrata est super me et
Ps 101,4 ossa mea aruerunt prae caumate
2,6! Bar 4,34; Lam 5,15 31 versa est in luctum cithara mea et
organum meum in vocem flentium

31 pepigi foedus cum oculis meis ut
ne cogitarem quidem de virgine Sir 9,5
2 quam enim partem haberet Deus in
me desuper et hereditatem Omnipotens de excelsis
3 numquid non perditio est iniquo et
alienatio operantibus iniustitiam
4 nonne ipse considerat vias meas et 13,27! 14,16; 34,21
cunctos gressus meos dinumerat
5 si ambulavi in vanitate et festinavit
in dolo pes meus
6 adpendat me in statera iusta et sciat
Deus simplicitatem meam
7 si declinavit gressus meus de via
et si secutum est oculos meos cor
meum et in manibus meis adhesit
macula
8 seram et alius comedat et progenies Lv 26,16!
mea eradicetur
9 si deceptum est cor meum super mulierem et si ad ostium amici mei
insidiatus sum
10 scortum sit alteri uxor mea et super
illam incurventur alii
11 hoc enim nefas est et iniquitas ma- 28
xima
12 ignis est usque ad perditionem devorans et omnia eradicans genimina
13 si contempsi subire iudicium cum
servo meo et ancillae meae cum
disceptarent adversum me
14 quid enim faciam cum surrexerit ad
iudicandum Deus et cum quaesierit quid respondebo illi
15 numquid non in utero fecit me qui 33,6; Prv 22,2; Mal 2,10
et illum operatus est et formavit in
vulva unus
16 si negavi quod volebant pauperibus
et oculos viduae expectare feci
17 si comedi buccellam meam solus et

15 pertransiuit D.; pertransibit A.; pertransiet S | 18 sic cinxerunt] succinxerunt C ¢ | 19 adsimilatus + sum CΛKSΦ ¢ | 20 exaudies ACS | respicies AK. | 23 trades CΣΛ ¢ | ~ est domus KS ¢ | 24 consummationem AΣD.; corruptionem C | 25 super eum AKS r] super eo *cet.* | 26 praestolabam A | 28 clamabam Φ ¢ || **31**,2 ~ in me deus ΛS ¢ | 3 iniustitiam] iniquitatem ACΣΛS | 7 secutum est oculos meos A cr *Phil.* 𝔐] secutus est oculus meus *cet.* | in] si in C; si ¢. | 9 super muliere CΣΛK ¢ | 10 alteri AΣΛ r] alterius *cet.* | ~ alterius sit ¢ | 13 ancilla mea ΣΛD ¢ | 15 formauit Λ r *Phil. Greg.*] qui formauit C; formauit me *cet.* |

A
CΣΛDKSΦ
cr

non comedit pupillus ex ea
18 quia ab infantia mea crevit mecum
miseratio et de utero matris meae
egressa est mecum
19 si despexi pereuntem eo quod non
habuerit indumentum et absque
operimento pauperem
20 si non benedixerunt mihi latera eius
et de velleribus ovium mearum ca-
lefactus est
21 si levavi super pupillum manum me-
Prv 31,23 am etiam cum viderem me in porta
superiorem
22 umerus meus a iunctura sua cadat
et brachium meum cum suis ossibus confringatur
23 semper enim quasi tumentes super
me fluctus timui Deum et pondus
eius ferre non potui
24 si putavi aurum robur meum et ob-
rizae dixi fiducia mea
25 si laetatus sum super multis divitiis
meis et quia plurima repperit manus mea
26 si vidi solem cum fulgeret et lunam
incedentem clare
27 et lactatum est in abscondito cor
meum et osculatus sum manum
meam ore meo
11 28 quae est iniquitas maxima et negatio
contra Deum altissimum
Prv 17,5; 24,17; Sir 8,8 29 si gavisus sum ad ruinam eius qui
me oderat et exultavi quod invenis-
set eum malum
30 non enim dedi ad peccandum guttur meum ut expeterem maledicens
animam eius
31 si non dixerunt viri tabernaculi mei
quis det de carnibus eius ut sature-
mur
32 foris non mansit peregrinus ostium
meum viatori patuit
33 si abscondi quasi homo peccatum
meum et celavi in sinu meo iniquitatem meam
34 si expavi ad multitudinem nimiam
et despectio propinquorum terruit
me
et non magis tacui nec egressus sum
ostium
35 quis mihi tribuat auditorem ut desi- 13,3
derium meum Omnipotens audiat
et librum scribat ipse qui iudicat 19,23
36 ut in umero meo portem illum et
circumdem illum quasi coronam
mihi
37 per singulos gradus meos pronuntiabo illum et quasi principi offeram eum
38 si adversum me terra mea clamat et
cum ipsa sulci eius deflent
39 si fructus eius comedi absque pecunia et animam agricolarum eius ad-
flixi
40 pro frumento oriatur mihi tribulus Gn 3,18; Hbr 6,8
et pro hordeo spina
finita sunt verba Iob
32 omiserunt autem tres viri isti respondere Iob eo quod iustus sibi 34,5
videretur
2 et iratus indignatusque Heliu filius
Barachel Buzites de cognatione
Ram
iratus est autem adversus Iob eo
quod iustum se esse diceret coram 13,18; 35,2
Deo
3 porro adversum amicos eius indignatus est eo quod non invenissent
responsionem rationabilem sed tantummodo condemnassent Iob
4 igitur Heliu expectavit Iob loquentem eo quod seniores se essent qui
loquebantur
5 cum autem vidisset quod tres respondere non potuissent iratus est
vehementer
6 respondensque Heliu filius Barachel
Buzites dixit

(L)A CΣΛDKSΦ cr

21 in portis AK | 24 obrizo ΣKSΦ c; obrizum D. | 27 lactatum r. 𝔐, *cf.* Prv 1,10; 16,29; 24,28; Os 2,14; Ps iuxta Hebr 78,36] laetatum *cet.* | 30 ad peccatum A | 35 ~ audiat omnipotens c || **32**,2 indignatusque + est ΛD c | autem *om.* AS | 3 [*iterum adest* L] | 4 se *om.* LCDKΦ c |

iunior sum tempore vos autem anti-
quiores
idcirco dimisso capite veritus sum
indicare vobis meam sententiam
7 sperabam enim quod aetas prolixior
12,12 loqueretur et annorum multitudo
doceret sapientiam
33,4; 38,36; Prv 2,6! Sap 7,25; IV Esr 16,62.63 8 sed ut video spiritus est in hominibus et inspiratio Omnipotentis dat
intellegentiam
9 non sunt longevi sapientes nec senes
intellegunt iudicium
10 ideo dicam audite me ostendam vobis etiam ego meam scientiam
11 expectavi enim sermones vestros audivi prudentiam vestram donec dis-
ceptaremini sermonibus
12 et donec putabam vos aliquid dicere
considerabam
sed ut video non est qui arguere possit Iob et respondere ex vobis sermonibus eius
13 ne forte dicatis invenimus sapientiam Deus proiecit eum non homo
14 nihil locutus est mihi et ego non secundum vestros sermones respondebo illi
15 extimuerunt non responderunt ultra
abstuleruntque a se eloquia
16 quoniam igitur expectavi et non
sunt locuti steterunt nec responderunt ultra
17 respondebo et ego partem meam et
ostendam scientiam meam
18 plenus sum enim sermonibus et co-
artat me spiritus uteri mei
19 en venter meus quasi mustum absque spiraculo quod lagunculas novas disrumpit
20 loquar et respirabo paululum aperiam labia mea et respondebo

21 non accipiam personam viri et De- Dt 1,17!
um homini non aequabo
22 nescio enim quamdiu subsistam et
si post modicum tollat me factor
meus
33 audi igitur Iob eloquia mea et omnes sermones meos ausculta
2 ecce aperui os meum loquatur lingua mea in faucibus meis
3 simplici corde meo sermones mei et
sententiam labia mea puram lo- 11,4; 27,4! Prv 22,18; 23,16
quentur
4 spiritus Dei fecit me et spiraculum 32,8; IV Esr 16,62.63
Omnipotentis vivificavit me
5 si potes responde mihi et adversus
faciem meam consiste
6 ecce et me sicut et te fecit Deus et de 10,9! 31,15!
eodem luto ego quoque formatus
sum
7 verumtamen miraculum meum non
te terreat et eloquentia mea non sit
tibi gravis
8 dixisti ergo in auribus meis et vocem
verborum audivi
9 mundus sum ego absque delicto in- 2,3!
maculatus et non est iniquitas in
me
10 quia querellas in me repperit ideo
arbitratus est me inimicum sibi 13,24; 19,11
11 posuit in nervo pedes meos custodi- 13,27!
vit omnes semitas meas
12 hoc est ergo in quo non es iustifica-
tus
respondebo tibi quia maior sit Deus
homine
13 adversum eum contendis quod non 13,3; 23,4; 39,32
ad omnia verba responderit tibi
14 semel loquitur Deus et secundo id Ps 61,12
ipsum non repetit
15 per somnium in visione nocturna 4,13; Nm 12,6!
quando inruit sopor super homines

6 demisso CDc | ~ uobis indicare Sc | 10 etiam *om.* LΣ. | scientiam] sententiam CD; sapientiam SΦc | 12 ~ possit arguere Lc | 14 ~ sermones uestros Cc | 15 non AKSΦr 𝔐𝔊] nec CΛc; et non LΣD | eloquium ACK | 16 ~ ultra responderunt c. | 20 respirabo] respondebo LDS. || **33**,3 labia mea puram Λ, *cf.* 𝔐] puram labia mea c; labia mea pura AΣ; mea labia mea pura L.; meam labia mea pura CDr; meam labia mea puram KΦ; meam puram S | 8 uerborum + tuorum AΣΛSc | 9 ego + et Cc | 12 es] est L | 14 loquetur CΦ; loqueretur L. | repetet AΣΦ |

LA
CΣΛDKSΦ
cr

et dormiunt in lectulo
36,10 [16] tunc aperit aures virorum et erudi-
ens eos instruit disciplinam
[17] ut avertat hominem ab his quae facit
et liberet eum de superbia
24.28; Ps 102,4! 106,20! [18] eruens animam eius a corruptione et
vitam illius ut non transeat in gla-
dium
[19] increpat quoque per dolorem in lectulo et omnia ossa eius marcescere
facit
[20] abominabilis ei fit in vita sua panis
et animae illius cibus ante desidera-
bilis
[21] tabescet caro eius et ossa quae tecta
fuerant nudabuntur
[22] adpropinquabit corruptioni anima
eius et vita illius mortiferis
[23] si fuerit pro eo angelus loquens
unum de milibus ut adnuntiet hominis aequitatem
[24] miserebitur eius et dicet libera eum
18! et non descendat in corruptionem
inveni in quo ei propitier
Ps 27,7 [25] consumpta est caro eius a suppliciis
revertatur ad dies adulescentiae
suae
22,27! [26] deprecabitur Deum et placabilis ei
erit et videbit faciem eius in iubilo
et reddet homini iustitiam suam
[27] respiciet homines et dicet peccavi et
vere deliqui et ut eram dignus non
recepi
18! [28] liberavit animam suam ne pergeret
in interitum sed vivens lucem videret
[29] ecce haec omnia operatur Deus tribus vicibus per singulos
[30] ut revocet animas eorum a corruptione et inluminet luce viventium
[31] adtende Iob et audi me et tace dum
ego loquar

[32] si autem habes quod loquaris re- 34,33
sponde mihi loquere volo enim te
apparere iustum
[33] quod si non habes audi me tace et
docebo te sapientiam
34 pronuntians itaque Heliu etiam
haec locutus est
[2] audite sapientes verba mea et eru- 16
diti auscultate me
[3] auris enim verba probat et guttur 12,11
escas gustu diiudicat
[4] iudicium eligamus nobis et inter nos
videamus quid sit melius
[5] quia dixit Iob iustus sum et Deus 27,2; 32,1
subvertit iudicium meum
[6] in iudicando enim me mendacium
est violenta sagitta mea absque ullo
peccato
[7] quis est vir ut est Iob qui bibit subsannationem quasi aquam
[8] qui graditur cum operantibus iniquitatem et ambulat cum viris impiis
[9] dixit enim non placebit vir Deo 35,3
etiam si cucurrerit cum eo
[10] ideo viri cordati audite me
absit a Deo impietas et ab Omni- 36,23
potente iniquitas
[11] opus enim hominis reddet ei et iuxta Ier 17,10!
vias singulorum restituet
[12] vere enim Deus non condemnabit 8,3
frustra nec Omnipotens subvertet
iudicium
[13] quem constituit alium super terram
aut quem posuit super orbem quem
fabricatus est
[14] si direxerit ad eum cor suum spiritum illius et flatum ad se trahet
[15] deficiet omnis caro simul et homo in
cinerem revertetur 10,9!
[16] si habes ergo intellectum audi quod 2
dicitur et ausculta vocem eloquii
mei

LA CΣΛDKSΦ cr 16 disciplina LCΛD c | 18 a] de LCS | 22 adpropinquauit ACΦ c | 23 unus Φ c | 24 et[2]] ut CΣKΦ c | in corruptione A | 27 dereliqui L | recipi LA | 30 lucem L; in luce Φ; lumine Σ. | 31 loquar ADK r] loquor *cet.* | 33 tace et] et DK.; et tace et LC || **34**,4 uideamus] eligamus L | 11 restituet + eis C c | 12 condemnauit LACK | subuertit LCDKS | 13 constituet A | 14 direxerit] dixerit LAΣKS | 15 reuertitur AS |

17 numquid qui non amat iudicium sa-
nare potest et quomodo tu eum qui
iustus est in tantum condemnas
18 qui dicit regi apostata qui vocat duces impios
II Par 19,7! Sap 6,8 19 qui non accipit personas principum
nec cognovit tyrannum cum dis-
ceptaret contra pauperem
opus enim manuum eius sunt universi
21,13 20 subito morientur et in media nocte
turbabuntur populi et pertransibunt
et auferent violentum absque manu
31,4! 21 oculi enim eius super vias hominum
et omnes gressus eorum considerat
22 non sunt tenebrae et non est umbra
mortis ut abscondantur ibi qui operantur iniquitatem
23 neque enim ultra in hominis potes-
14,3; 22,4 tate est ut veniat ad Deum in iudicium
24 conteret multos innumerabiles et
stare faciet alios pro eis
25 novit enim opera eorum et idcirco
inducet noctem et conterentur
26 quasi impios percussit eos in loco
videntium
27 qui quasi de industria recesserunt ab
eo et omnes vias eius intellegere
noluerunt
Sir 4,6! 28 ut pervenire facerent ad eum clamorem egeni et audiret vocem paupe-
rum
29 ipso enim concedente pacem quis
est qui condemnet
ex quo absconderit vultum quis est
qui contempletur eum et super gentem et super omnes homines
30 qui regnare facit hominem hypocritam propter peccata populi
31 quia ergo ego locutus sum ad Deum
te quoque non prohibeo
32 si erravi tu doce me si iniquitatem
locutus sum ultra non addam
33 numquid a te Deus expetit eam quia
displicuit tibi
tu enim coepisti loqui et non ego
quod si quid nosti melius loquere 33,32
34 viri intellegentes loquantur mihi et
vir sapiens audiat me
35 Iob autem stulte locutus est et verba 35,16; 42,3
illius non sonant disciplinam
36 pater mi probetur Iob usque ad finem ne desinas in hominibus iniquitatis
37 quia addit super peccata sua blasphemiam
inter nos interim constringatur et
tunc ad iudicium provocet sermonibus suis Deum
35 igitur Heliu haec rursum locutus
est
2 numquid aequa tibi videtur tua cogitatio ut diceres iustior Deo sum 32,2!
3 dixisti enim non tibi placet quod rec- 34,9
tum est vel quid tibi proderit si ego
peccavero
4 itaque ego respondebo sermonibus
tuis et amicis tuis tecum
5 suspice caelum et intuere et contemplare aethera quod altior te sit
6 si peccaveris quid ei nocebis et si
multiplicatae fuerint iniquitates tuae quid facies contra eum
7 porro si iuste egeris quid donabis ei 22,3
aut quid de manu tua accipiet 41,2!
8 homini qui similis tui est nocebit
impietas tua et filium hominis adiuvabit iustitia tua
9 propter multitudinem calumniato-
rum clamabunt et heiulabunt propter vim brachii tyrannorum
10 et non dixit ubi est Deus qui fecit me
qui dedit carmina in nocte
11 qui docet nos super iumenta terrae
et super volucres caeli erudit nos

17 sanare LK𝔯 *Phil. Iul., cf.* 𝔐] sanari *cet.* | 19 uniuersa LΦ | 23 potestatem LA. | in iudicio ΣΦ; iudicium LAK | 24 multos + et CΛDK𝔠 | 28 faceret A | 29 gentes CD S𝔠 | 31 prohibebo ACDS𝔠 | 35 autem *om.* L | 36 in hominibus LA𝔯] ab hominibus ΣK; ab homine *cet.* | iniquitates LΣK | 37 quia LDΦ𝔠] qui *cet.* || **35**,2 ~ sum deo 𝔠. | 6 ei] eum LΛΦ𝔯 | 11 erudiet LΦ; erudient A |

LA
CΣΛDKSΦ
𝔠𝔯

12 ibi clamabunt et non exaudiet propter superbiam malorum
13 non ergo frustra audiet Deus et Omnipotens singulorum causas intuebitur
14 etiam cum dixeris non considerat
iudicare coram eo et expecta eum
15 nunc enim non infert furorem suum
nec ulciscitur scelus valde
34,35; 42,3 16 ergo Iob frustra aperit os suum et
absque scientia verba multiplicat

36 addens quoque Heliu haec locutus
est
2 sustine me paululum et indicabo tibi
adhuc enim habeo quod pro Deo
loquar
3 repetam scientiam meam a principio
et operatorem meum probabo iustum
27,4! So 3,13! 4 vere enim absque mendacio sermones mei et perfecta scientia proba-
bitur tibi
5 Deus potentes non abicit cum et ipse
sit potens
Ps 71,4.13 6 sed non salvat impios et iudicium
pauperibus tribuit
Ps 33,16! 7 non aufert a iusto oculos suos et re-
I Sm 2,8 ges in solio conlocat in perpetuum
et illi eriguntur
8 et si fuerint in catenis et vinciantur
funibus paupertatis
9 indicabit eis opera eorum et scelera
eorum quia violenti fuerint
33,16 10 revelabit quoque aurem eorum ut
11,14 corripiat et loquetur ut revertantur
ab iniquitate
11 si audierint et observaverint conplebunt dies suos in bono et annos
suos in gloria
12 si autem non audierint transibunt
per gladium et consumentur in
stultitia
13 simulatores et callidi provocant
iram Dei neque clamabunt cum
vincti fuerint
14 morietur in tempestate anima eorum 15,32; 22,16
et vita eorum inter effeminatos Os 4,14
15 eripiet pauperem de angustia sua et I Sm 26,24!
revelabit in tribulatione aurem eius
16 igitur salvabit te de ore angusto la- I Sm 26,24!
tissime et non habentis fundamen-
tum subter se
requies autem mensae tuae erit plena pinguedine
17 causa tua quasi impii iudicata est
causam iudiciumque recipies
18 non te ergo superet ira ut aliquem
opprimas nec multitudo donorum
inclinet te
19 depone magnitudinem tuam absque
tribulatione et omnes robustos fortitudine
20 ne protrahas noctem ut ascendant
populi pro eis
21 cave ne declines ad iniquitatem hanc
enim coepisti sequi post miseriam
22 ecce Deus excelsus in fortitudine sua 37,23 LXX; Ex 15,11!
et nullus ei similis in legislatoribus Nm 14,17; I Sm 2,2!
23 quis poterit scrutari vias eius aut
quis ei dicere operatus es iniquita- 34,10; Sap 9,1[illegible]
tem
24 memento quod ignores opus eius de
quo cecinerunt viri
25 omnes homines vident eum unusquisque intuetur procul
26 ecce Deus magnus vincens scientiam
nostram numerus annorum eius Ps 101,28!
inaestimabilis
27 qui aufert stillas pluviae et effundit
imbres ad instar gurgitum
28 qui de nubibus fluunt quae praete-
xunt cuncta desuper

LA
CΣΛDKSΦ
cr

13 ~ causas singulorum Kc | 14 eo] illo Cc | 15 furorem] iudicium L | 16 aperuit AD || **36**,2 me *om.* A | 5 et *om.* AK | 6 tribuet LΑΣΛr | 7 auferet AΦc | 9 fuerunt LCΣΛΦc | 10 reuelauit LΛKS | loquentur CΣ.; loquitur AK | 12 sin autem ΣΛKr | in stultitiam LK; stultitia CS | 13 uicti AK. | 14 et uita eorum *om.* A | 15 ~de angustia sua pauperem c. | 16 habentes L; habente Λc; habens K. | 18 donorum] dolorum L; locorum C | 23 quis ei dicere Cr] quis dicere Λ.; dicere ei K.; quis ei dicere poterit LΣ; quis ei dicere potest ADS; quis potest ei dicere c | 25 eum + et LΦ | 27 effundet LCΦ; infundit D.; infundet Σ. |

29 si voluerit extendere nubes quasi
tentorium suum 30 et fulgurare lumine suo desuper
cardines quoque maris operiet
31 per haec enim iudicat populos et dat
Ps 135,25 escas multis mortalibus
32 in manibus abscondit lucem et praecipit ei ut rursus adveniat
33 adnuntiat de ea amico suo quod possessio eius sit et ad eam possit a-
scendere
37 super hoc expavit cor meum et
emotum est de loco suo
2 audite auditionem in terrore vocis
eius et sonum de ore illius proce-
dentem
3 subter omnes caelos ipse considerat
et lumen illius super terminos terrae
Ps 28,3 4 post eum rugiet sonitus tonabit voce
magnitudinis suae
et non investigabitur cum audita fuerit vox eius
Ps 17,14! 28,4 5 tonabit Deus in voce sua mirabiliter
5,9! qui facit magna et inscrutabilia
Sir 43,14 6 qui praecipit nivi ut descendat in
terram et hiemis pluviis et imbri
fortitudinis suae
7 qui in manu omnium hominum sig-
nat ut noverint singuli opera sua
8 ingredietur bestia latibulum et in
antro suo morabitur
IV Esr 5,37 9 ab interioribus egreditur tempestas
et ab Arcturo frigus
38,29; Ps 147,18 10 flante Deo concrescit gelu et rursum
latissimae funduntur aquae
11 frumentum desiderat nubes et nubes
spargunt lumen suum
12 quae lustrant per circuitum quo-
Ps 148,8 cumque eas voluntas gubernantis
duxerit
ad omne quod praeceperit illis super
faciem orbis terrarum
13 sive in una tribu sive in terra sua sive
in quocumque loco misericordiae
suae eas iusserit inveniri
14 ausculta haec Iob sta et considera
miracula Dei
15 numquid scis quando praeceperit
Deus pluviis ut ostenderent lucem
nubium eius
16 numquid nosti semitas nubium magnas et perfectas scientias
17 nonne vestimenta tua calida sunt
cum perflata fuerit terra austro
18 tu forsitan cum eo fabricatus es caelos qui solidissimi quasi aere fusi
sunt
19 ostende nobis quid dicamus illi nos
quippe involvimur tenebris
20 quis narrabit ei quae loquor etiam si
locutus fuerit homo devorabitur
21 at nunc non vident lucem subito aer
cogitur in nubes et ventus transiens
fugabit eas
22 ab aquilone aurum venit et ad Deum
formidolosa laudatio Tb 13,6! Sir 1,11!
23 digne eum invenire non possumus 36,22!
magnus fortitudine et iudicio et
iustitia et enarrari non potest
24 ideo timebunt eum viri et non aude-
bunt contemplari omnes qui sibi Prv 3,7! 26,12
videntur esse sapientes
38 respondens autem Dominus Iob de 40,1
turbine dixit
2 quis est iste involvens sententias ser- 42,3
monibus inperitis
3 accinge sicut vir lumbos tuos inter- 40,2! Ex 12,11! Prv 31,17; Is 32,11!
rogabo te et responde mihi 13,22!
4 ubi eras quando ponebam funda- Prv 8,29.30
menta terrae indica mihi si habes
intellegentiam
5 quis posuit mensuras eius si nosti
vel quis tetendit super eam lineam
6 super quo bases illius solidatae sunt
aut quis dimisit lapidem angula-
rem eius

32 praecepit AΛ ‖ **37**,1 et motum ACΛKS; et emortuum L. | 5 fecit AK | 9 egredietur CΣΛDK c | 13 inuenire CDS; euenire A. | 14 miracula] mirabilia K c | 16 scientia L | 21 cogetur LCΣDΦ c | 23 et[3] *om.* LCΦ ‖ **38**,1 ad iob L | 6 illius + solius A.; + solium S | demisit K c |

LA CΣΛDKSΦ cr

7 cum me laudarent simul astra matutina et iubilarent omnes filii Dei
8 quis conclusit ostiis mare quando
erumpebat quasi de vulva procedens
9 cum ponerem nubem vestimentum
eius et caligine illud quasi pannis
infantiae obvolverem
26,10; Prv 8,29 10 circumdedi illud terminis meis et posui vectem et ostia
11 et dixi usque huc venies et non pro-
cedes amplius et hic confringes tumentes fluctus tuos
12 numquid post ortum tuum praecepisti diluculo et ostendisti aurorae
locum suum
13 et tenuisti concutiens extrema terrae et excussisti impios ex ea
14 restituetur ut lutum signaculum et
stabit sicut vestimentum
15 auferetur ab impiis lux sua et brachium excelsum confringetur
16 numquid ingressus es profunda maris et in novissimis abyssi deam-
bulasti
17 numquid apertae tibi sunt portae
mortis et ostia tenebrosa vidisti
18 numquid considerasti latitudines
terrae
indica mihi si nosti omnia 19 in qua
via habitet lux et tenebrarum quis
locus sit
20 ut ducas unumquodque ad terminos
suos et intellegas semitas domus
eius
21 sciebas tunc quod nasciturus esses
et numerum dierum tuorum nove-
ras
22 numquid ingressus es thesauros ni-
Is 30,30! vis aut thesauros grandinis aspexisti
23 quae praeparavi in tempus hostis in
diem pugnae et belli
24 per quam viam spargitur lux dividitur aestus super terram
25 quis dedit vehementissimo imbri 28,26
cursum et viam sonantis tonitrui
26 ut plueret super terram absque homine in deserto ubi nullus mortalium commoratur
27 ut impleret inviam et desolatam et
produceret herbas virentes
28 quis est pluviae pater vel quis genuit
stillas roris
29 de cuius utero egressa est glacies et 37,10
gelu de caelo quis genuit
30 in similitudinem lapidis aquae du- Ps 147,17
rantur et superficies abyssi con-
stringitur
31 numquid coniungere valebis mican- 31.32: 9,9; Am 5,8
tes stellas Pliadis aut gyrum Arc-
turi poteris dissipare
32 numquid producis luciferum in tempore suo et vesperum super filios
terrae consurgere facis
33 numquid nosti ordinem caeli et pones rationem eius in terra
34 numquid elevabis in nebula vocem
tuam et impetus aquarum operiet te
35 numquid mittes fulgura et ibunt et
revertentia dicent tibi adsumus
36 quis posuit in visceribus hominis sa- 32,8!
pientiam vel quis dedit gallo intellegentiam
37 quis enarravit caelorum rationem et
concentum caeli quis dormire faciet
38 quando fundebatur pulvis in terram
et glebae conpingebantur
39 numquid capies leaenae praedam et Ps 103,21
animam catulorum eius implebis
40 quando cubant in antris et in specu- Ps 103,22
bus insidiantur
41 quis praeparat corvo escam suam Ps 103,21; 146,9; Lc 12,24

LA
CΣΛDKSΦ
(s) cr

16 [*hic incipit in* s (= n *apud* r) *pars textus quae ad Vulgatam versionem pertinet*] | abyssis *lapsu* r *et nos in edd. prima et secunda* | 17 ~ sunt tibi CΛDKSsc | 18 latitudinis K.; latitudinem CΣΛDSΦc | 19 ~ lux habitet Sc | 20 unumquemque Φ.; unum quoque L | 21 quod] quando A | 23 praeparauit L | hosti L | in die As | 27 inuia et desolata Φ; inuia L. | 31 pliades CDΦ; pliadas Λc | 32 produces LKΦr; deducis Ss | 35 mittis LACDSsr | dicunt LD | 37 enarrabit CSΦc; enarrauerit s. | facit AD. | 38 in terra Cc |

quando pulli eius ad Deum clamant
vagantes eo quod non habeant cibos
39 numquid nosti tempus partus hibi-
cum in petris vel parturientes cer-
vas observasti
2 dinumerasti menses conceptus earum et scisti tempus partus earum
3.4: Ier 14,5 3 incurvantur ad fetum et pariunt et
rugitus emittunt
4 separantur filii earum pergunt ad
pastum egrediuntur et non revertuntur ad eas
5 quis dimisit onagrum liberum et vincula eius quis solvit
Ier 17,6! 6 cui dedi in solitudine domum et tabernacula eius in terra salsuginis
7 contemnit multitudinem civitatis
clamorem exactoris non audit
8 circumspicit montes pascuae suae et
virentia quaeque perquirit
9 numquid volet rinoceros servire tibi
aut morabitur ad praesepe tuum
10 numquid alligabis rinocerota ad
arandum loro tuo aut confringet
glebas vallium post te
11 numquid fiduciam habebis in magna
fortitudine eius et derelinques ei labores tuos
12 numquid credes ei quoniam reddat
sementem tibi et aream tuam congreget
13 pinna strutionum similis est pinnis
herodii et accipitris
14 quando derelinquit in terra ova sua
tu forsitan in pulvere calefacis ea
15 obliviscitur quod pes conculcet ea
aut bestiae agri conterant
16 duratur ad filios suos quasi non sint
sui frustra laboravit nullo timore
cogente
17 privavit enim eam Deus sapientia
nec dedit illi intellegentiam
18 cum tempus fuerit in altum alas erigit deridet equitem et ascensorem
eius
19 numquid praebebis equo fortitudinem aut circumdabis collo eius hin-
nitum
20 numquid suscitabis eum quasi lucustas gloria narium eius terror
21 terram ungula fodit exultat audacter in occursum pergit armatis
22 contemnit pavorem nec cedit gladio
23 super ipsum sonabit faretra vibrabit
hasta et clypeus
24 fervens et fremens sorbet terram nec
reputat tubae sonare clangorem
25 ubi audierit bucinam dicet va
procul odoratur bellum exhortationem ducum et ululatum exercitus
26 numquid per sapientiam tuam plu-
mescit accipiter expandens alas suas ad austrum
27 aut ad praeceptum tuum elevabitur
aquila et in arduis ponet nidum suum
28 in petris manet et in praeruptis silicibus commoratur atque inaccessis
rupibus
29 inde contemplatur escam et de longe
oculi eius prospiciunt
30 pulli eius lambent sanguinem et ubi- Mt 24,28; Lc 17,37
cumque cadaver fuerit statim adest
31 et adiecit Dominus et locutus est ad
Iob
32 numquid qui contendit cum Deo 33,13!
tam facile conquiescit
utique qui arguit Deum debet respondere ei

41 ~ clamant ad deum c | uagentes L.; uagientes ΣΛ || **39**,4 earum + et ACΣSΦ c | 7 ciuitatis + et L | 8 circuminspicit AC; et cum inspicit K | 12 credis LAKs r | ei] illi c | quoniam] quod ΛD c. | ~ sementem reddat K c | 13 strutionis CΛ c | 14 derelinquet L; dereliquit AΛs | ~ oua sua in terra c | calefacis LAΛSs r] calefacies *cet.* | 15 obliuiscetur AK. | bestia agri conterat CΣΛS c; bestiae agri conculcet s | 17 sapientiam LKs | 18 equum ΛDKΦ c; aequitatem L. | 21 ungulas L; ungulam s | 23 sonauit LACKs r; *om.* Σ. | uibrauit LΣKs r; uibratur A. | 25 bucina A | dicit CΣK c | 26 expandit K; expandens expandit LΦ. | 27 aut] numquid C c | 28 et *om.* L | 30 lambunt ADK; lambant L. | 31 [*hic incip. cap.* 40 𝔐] | 32 debet + et L r |

LA
CΣΛDKSΦs
cr

33 respondens autem Iob Domino dixit
34 qui leviter locutus sum respondere
quid possum
21,5; 29,9 manum meam ponam super os meum
35 unum locutus sum quod utinam non
dixissem et alterum quibus ultra
non addam
38,1 **40** respondens autem Dominus Iob de
turbine ait
38,3! Ier 13,11 2 accinge sicut vir lumbos tuos inter-
13,22! 42,4 rogabo te et indica mihi
3 numquid irritum facies iudicium meum et condemnabis me ut tu iustificeris
4 et si habes brachium sicut Deus et si
voce simili tonas
5 circumda tibi decorem et in sublime
erigere et esto gloriosus et speciosis
induere vestibus
6.7: Is 2,12 6 disperge superbos furore tuo et respiciens omnem arrogantem hu-
milia
7 respice cunctos superbos et confunde
eos et contere impios in loco suo
8 absconde eos in pulvere simul et facies eorum demerge in foveam
9 et ego confitebor quod salvare te possit dextera tua
10 ecce Behemoth quem feci tecum faenum quasi bos comedet
11 fortitudo eius in lumbis eius et virtus illius in umbilicis ventris eius
12 constringit caudam suam quasi cedrum nervi testiculorum eius per-
plexi sunt
13 ossa eius velut fistulae aeris cartilago
illius quasi lamminae ferreae
14 ipse principium est viarum Dei qui
fecit eum adplicabit gladium eius
15 huic montes herbas ferunt omnes
bestiae agri ludent ibi
16 sub umbra dormit in secreto calami
et locis humentibus
17 protegunt umbrae umbram eius circumdabunt eum salices torrentis
18 ecce absorbebit fluvium et non mira-
bitur habet fiduciam quod influat
Iordanis in os eius
19 in oculis eius quasi hamo capiet eum
et in sudibus perforabit nares eius
20 an extrahere poteris Leviathan hamo et fune ligabis linguam eius
21 numquid pones circulum in naribus
eius et armilla perforabis maxillam
eius
22 numquid multiplicabit ad te preces
aut loquetur tibi mollia
23 numquid feriet tecum pactum et accipies eum servum sempiternum
24 numquid inludes ei quasi avi aut ligabis illum ancillis tuis
25 concident eum amici divident illum
negotiatores
26 numquid implebis sagenas pelle eius
et gurgustium piscium capite illius
27 pone super eum manum tuam memento belli nec ultra addas loqui
28 ecce spes eius frustrabitur eum et videntibus cunctis praecipitabitur
41 non quasi crudelis suscitabo eum
quis enim resistere potest vultui meo
2 quis ante dedit mihi ut reddam ei 35,7; Rm 11,35
omnia quae sub caelo sunt mea sunt Dt 10,14!
3 non parcam ei et verbis potentibus
et ad deprecandum conpositis
4 quis revelavit faciem indumenti eius
et in medium oris eius quis intrabit
5 portas vultus eius quis aperiet per
gyrum dentium eius formido
6 corpus illius quasi scuta fusilia et
conpactum squamis se prementibus

LA CΣΛDKSΦs cr

34 ponam *om.* A | 35 non²] nihil AΣDΦ; nihil non S. || **40**,1 ait] dixit ACDS c | 3 facis AΣ. | condemnaris me K.; condemnaris L. | 5 erige LCK | 6 in furore c | 11 in umbilicis As r *Phil., cf.* 𝔐] in umbilico *cet.* | eius³] illius LΣ. | 12 stringit C c; stringet Λ. | 14 ~ est principium c | adplicauit LCΣKS r; amplificauit A | 16 et] et in Σ c; in CSs | 18 et habet ΛK c; habet enim Σ | 19 in² *om.* L | 20 poterit LC. | 21 ponis LK. | et] aut C c | 22 loquitur LAKs | 24 inludis As | illum] eum LDK c | 25 illum] eum LKSs || **41**,1 poterit L | ~ potest resistere AK | 4 reuelauit LKΦs] reuelabit *cet.* | intrauit LCKs | 5 aperiet + et LAs | 6 illius] eius L | et *om.* C c |

7 una uni coniungitur et ne spiraculum quidem incedit per eas
8 una alteri adherebunt et tenentes se nequaquam separabuntur
9 sternutatio eius splendor ignis et oculi eius ut palpebrae diluculi
10 de ore eius lampades procedunt sicut taedae ignis accensae
11 de naribus eius procedit fumus sicut ollae succensae atque ferventis
12 halitus eius prunas ardere facit et flamma de ore eius egreditur
13 in collo eius morabitur fortitudo et faciem eius praecedet egestas
14 membra carnium eius coherentia sibi mittet contra eum fulmina et ad locum alium non ferentur
15 cor eius indurabitur quasi lapis et stringetur quasi malleatoris incus
16 cum sublatus fuerit timebunt angeli et territi purgabuntur
17 cum adprehenderit eum gladius subsistere non poterit neque hasta neque torax
18 reputabit enim quasi paleas ferrum et quasi lignum putridum aes
19 non fugabit eum vir sagittarius in stipulam versi sunt ei lapides fundae
20 quasi stipulam aestimabit malleum et deridebit vibrantem hastam
21 sub ipso erunt radii solis sternet sibi aurum quasi lutum
22 fervescere faciet quasi ollam profundum mare ponet quasi cum unguenta bulliunt
23 post eum lucebit semita aestimabit abyssum quasi senescentem
24 non est super terram potestas quae conparetur ei qui factus est ut nullum timeret
25 omne sublime videt
ipse est rex super universos filios superbiae

42 respondens autem Iob Domino dixit
2 scio quia omnia potes et nulla te latet cogitatio
3 quis est iste qui celat consilium absque scientia — 38,2
ideo insipienter locutus sum et quae ultra modum excederent scientiam meam — 34,35; 35,16
4 audi et ego loquar interrogabo et ostende mihi — 13,22! 40,2
5 auditu auris audivi te nunc autem oculus meus videt te — II Sm 22,45; Ps 17,45; Abd 1
6 idcirco ipse me reprehendo et ago paenitentiam in favilla et cinere — Mt 11,21
7 postquam autem locutus est Dominus verba haec ad Iob
dixit ad Eliphaz Themaniten
iratus est furor meus in te et in duos amicos tuos
quoniam non estis locuti coram me rectum sicut servus meus Iob
8 sumite igitur vobis septem tauros et septem arietes
et ite ad servum meum Iob et offerte holocaustum pro vobis — Lv 8,18! 9,3!
Iob autem servus meus orabit pro vobis
faciem eius suscipiam ut non vobis inputetur stultitia
neque enim locuti estis ad me recta sicut servus meus Iob
9 abierunt ergo Eliphaz Themanites et Baldad Suites et Sophar Naamathites
et fecerunt sicut locutus fuerat ad eos Dominus et suscepit Dominus faciem Iob

LA CΣΛDKSΦs cr

8 adherebit D c; herebunt Σ. | 10 lampadas L | 13 praecedit CDKs c | 14 mittit LCK; mittat s; mitte A. | 15 quasi[1]] tamquam c. | stringitur AKs | 18 reputauit LΛKs | 19 fugauit AΣΛKs; fatigauit L. | in stipula LC | ei] et A; *om.* C | 21 sternit ACDKs r; sternat L.; et sternet Σ c | 22 facit LAΦs c | mare + et SΦ c | ponit LK | ~ unguenta cum L | 23 lucebit] lugebit L; luebit Σ. | 25 omnes sublime AΛK | uniuersos] omnes LCΦ || **42**,4 interrogabo + te CΛDS c | ostende] responde K c | 8 igitur] ergo DK c | offeret LΛ; offerat C; offert s | 9 ad eos] eis D.; *om.* LK | ~ dominus ad eos Σ c |

10 Dominus quoque conversus est ad
paenitentiam Iob cum oraret ille
pro amicis suis
Dt 21,17; Is 40,2! 61,7; Za 9,12 et addidit Dominus omnia quaecumque fuerant Iob duplicia
11 venerunt autem ad eum omnes fratres sui et universae sorores suae et
cuncti qui noverant eum prius
et comederunt cum eo panem in domo eius
et moverunt super eum caput et consolati sunt eum super omni malo
quod intulerat Dominus super eum
et dederunt ei unusquisque ovem
unam et inaurem auream unam
12 Dominus autem benedixit novissi-
1,2.3! mis Iob magis quam principio eius
et facta sunt ei quattuordecim milia
ovium et sex milia camelorum et
mille iuga boum et mille asinae
13 et fuerunt ei septem filii et filiae tres
14 et vocavit nomen unius Diem et nomen secundae Cassia et nomen tertiae Cornu stibii
15 non sunt autem inventae mulieres
speciosae sicut filiae Iob in universa terra
deditque eis pater suus hereditatem
inter fratres earum
16 vixit autem Iob post haec centum
quadraginta annis
et vidit filios suos et filios filiorum Ps 127,6; Tb 9,11!
suorum usque ad quartam genera-
tionem
et mortuus est senex et plenus die- Gn 25,8!
rum

EXPLICIT LIBER IOB

LA CΣΛDKSΦs cr

10 ~ duplicia iob L | 11 super omne malo quod L; super omne malum quod Cs; super omnia mala quae K | 12 in nouissimis L. | in principio s.; principia L; principium Φ | 13 ~ tres filiae CΣDc | 14 cassiam CΛKSc | 16 annis + et omnes anni uitae eius fuerunt ducenti quadraginta octo (+ anni C) AC | dierum + amen A ||

INCIPIT PRAEFATIO EUSEBII HIERONYMI IN LIBRO PSALMORUM

Psalterium Romae dudum positus emendaram et iuxta Septuaginta interpretes, licet cursim, magna illud ex parte correxeram. Quod quia rursum videtis, o Paula et Eustochium, scriptorum vitio depravatum plusque antiquum errorem quam novam emendationem valere, cogitis ut veluti quodam novali scissum iam arvum exerceam et obliquis sulcis renascentes spinas eradicem, aequum esse dicentes, ut quod crebro male pullulat, crebrius succidatur. Unde consueta praefatione commoneo tam vos quibus forte labor iste desudat, quam eos qui exemplaria istiusmodi habere voluerint, ut quae diligenter emendavi, cum cura et diligentia transcribantur. Notet sibi unusquisque vel iacentem lineam vel signa radiantia, id est vel obelos vel asteriscos, et ubicumque virgulam viderit praecedentem, ab ea usque ad duo puncta quae inpressimus sciat in Septuaginta translatoribus plus haberi; ubi autem stellae similitudinem perspexerit, de hebraeis voluminibus additum noverit, aeque usque ad duo puncta, iuxta Theodotionis dumtaxat editionem qui simplicitate sermonis a Septuaginta interpretibus non discordat. Haec ego et vobis et studioso cuique fecisse me sciens, non ambigo multos fore qui vel invidia vel supercilio «malint contemnere videri praeclara quam discere», et e turbulento magis rivo quam de purissimo fonte potare. EXPLICIT PRAEFATIO

locus incertus

Praefatio. *Citantur* RF *et* WKΦ *ac* c(*edd.* 1593 *et* 1598)r. *Tit.* eiusdem in psalterium quod secundum septuaginta editionem correxit praefatio c | 2 illud] tamen c. | 4 ualere + me c | 9 ~ radiantia signa c. | uel[3] *om.* c. | 10 ~ uiderit uirgulam WKΦc | 12 ~ perspexerit stellae similitudinem c. | 14 ego] ergo WKΦc | et[1] *om.* WKΦ | 15 me *om.* R | malent Φ; mallent RW | 16 e] de Fc; *om.* WKΦ ||

RF
WKΦ
cr

INCIPIT ALIA EIUSDEM PRAEFATIO

Eusebius Hieronymus Sofronio suo salutem.

Scio quosdam putare Psalterium in quinque libros esse divisum, ut ubicumque apud Septuaginta interpretes scriptum est γενοιτο γενοιτο, id est fiat fiat, finis librorum sit, pro quo in hebraeo legitur amen amen. Nos autem cf. Lc 20,42; Act 1,20 Hebraeorum auctoritatem secuti et maxime Apostolorum qui semper in Novo Testamento Psalmorum librum nominant, unum volumen adserimus. Psalmos quoque omnes eorum testamur auctorum qui ponuntur in titulis, David scilicet et Asaph et Idithun, filiorum Core, Eman Ezraitae, Mosi et Salomonis et reliquorum, quos Ezras uno volumine conprehendit. Si enim amen, pro quo Aquila transtulit πεπιστωμενως, in fine tantum librorum ponitur et non interdum aut in exordio aut in calce sermonis Io 1,51 etc. sive sententiae, numquam et Salvator in Evangelio loqueretur: «Amen amen dico vobis», et Pauli epistulae in medio illud opere continerent, Moses quoque et Hieremias et ceteri in hunc modum multos haberent libros, qui in mediis voluminibus suis amen frequenter interserunt, sed et numerus viginti duorum hebraicorum librorum et mysterium eiusdem numeri commutabitur. Nam et titulus ipse hebraicus Sephar Thallim, quod interpretatur Volumen hymnorum, apostolicae auctoritati congruens, non plures libros, sed unum volumen ostendit.

Quia igitur nuper cum Hebraeo disputans quaedam pro Domino Salvatore de Psalmis testimonia protulisti, volensque ille te eludere, per sermones paene singulos adserebat non ita haberi in hebraeo ut tu de Septuaginta interpretibus opponebas, studiosissime postulasti ut post Aquilam, Symmachum et Theodotionem novam editionem latino sermone transferrem. Aiebas enim te magis interpretum varietate turbari et amore quo laberis vel translatione vel iudicio meo esse contentum. Unde inpulsus a te, cui et quae non possum negare non possum, rursum me obtrectatorum latratibus tradidi, maluique te vires potius meas quam voluntatem in amicitia quaerere. Certe confidenter dicam et multos huius operis testes citabo, me nihil dumtaxat scientem de hebraica veritate mutasse. Sicubi ergo editio mea a veteribus discreparit, interroga quemlibet Hebraeorum et liquido pervidebis me ab aemulis frustra lacerari, locus incertus qui «malunt contemnere videri praeclara quam discere», perversissimi homines. Nam cum semper novas expetant voluptates, et gulae eorum vicina maria non sufficiant, cur in solo studio Scripturarum veteri sapore contenti sunt? Nec hoc dico, quo praecessores meos mordeam, aut quicquam de his arbitrer detrahendum quorum trans-

RFC ΣASL rs **Alia praefatio.** *Citantur* RFC *et* ΣAS(= G *apud* rs) L *ac* rs. [*Adv. Ruf.* = *Hieronymus, Apologia adv. Rufinum* II, 30]. *Tit.* incipit praefatio s | 1 eusebius—salutem *om.* FΣ | eusebius *om.* A. | sofronio suo salutem *om.* R. | 6 psalmosque omnes RC. | 7 et[1] *om.* FC SL | 8 ezraitae] hesdra item C | 9 transtulit *om.* F | 14 uiginti et duo hebreorum C | 19 inludere ΣL *adv. Ruf.*; cludere C | 20 ut] quod C | 23 et pro amore *adv. Ruf.* | 24 quae non possum negare non possum RCArs *adv. Ruf.* (*sec. codd. Vat. lat.* 360 *et* 361)] quae possum negare non possum ΣL; quae non possum negare non F.: quae non possum debeo S | 25 in amicitiam FCA | 27 discrepauerit CA; discrepat *adv. Ruf.* | 29 uidere C | peruersissime RA. | 30 ~ nouas semper *adv. Ruf.* | expectant FS; extant Σ. | 31 quo] quod C |

lationem diligentissime emendatam olim meae linguae hominibus dederim; sed quod aliud sit in ecclesiis Christo credentium Psalmos legere, aliud Iudaeis singula verba calumniantibus respondere.

Quod opusculum meum si in graecum ut polliceris transtuleris, αντιφιλονεικων τοις διασυρουσιν, et inperitiae meae doctissimos quoque viros testes facere volueris, dicam tibi illud Oratianum: «In silvam ne ligna feras». Nisi quod hoc habebo solamen, si in labore communi intellegam mihi et laudem et vituperationem tecum esse communem. Valere te in Domino Iesu cupio et meminisse mei. EXPLICIT PRAEFATIO

Hor. Sat. 1,10,34

33 dedi *adv. Ruf.* | 37 quosque C; ~ uiros quoque AS. | uolueris *om.* FCAS | 40 ualere — mei *om.* C ||

RFC ΣASL rs

INCIPIT LIBER PSALMORUM
IUXTA SEPTUAGINTA EMENDATUS

Beatus vir qui non abiit in consilio impiorum
et in via peccatorum non stetit
25,4! 5 et in cathedra pestilentiae non sedit
2 sed in lege Domini voluntas eius
118,15! 70! Dt 17,19! Ios 1,8; Sir 6,37 et in lege eius meditabitur die ac
nocte
3 et erit tamquam lignum
Nm 24,6; Ier 17,8! Ez 47,12! quod plantatum est secus decursus
aquarum
Ps 91,15 H quod fructum suum dabit in tempore
suo
et folium eius non defluet
Gn 39,2! et omnia quaecumque faciet pro-
sperabuntur
4 non sic impii ÷ non sic:
34,5; Iob 21,18! Is 17,13 sed tamquam pulvis quem proicit
ventus ÷ a facie terrae:
5 ideo non resurgent impii in iudicio
neque peccatores in consilio iustorum
36,18; Iob 23,10! 6 quoniam novit Dominus viam iustorum
et iter impiorum peribit

2 PSALMUS DAVID

1.2: Act 4,25.26 Quare fremuerunt gentes
et populi meditati sunt inania
2 adstiterunt reges terrae
47,5! Mt 26,3.4! Apc 19,19! et principes convenerunt in unum
adversus Dominum et adversus
christum eius

DIAPSALMA

3 disrumpamus vincula eorum Ier 5,5!
et proiciamus a nobis iugum ipsorum
4 qui habitat in caelis inridebit eos 36,13; 58,9; Prv 1,26; Sap 4,18
et Dominus subsannabit eos
5 tunc loquetur ad eos in ira sua
et in furore suo conturbabit eos
6 ego autem constitutus sum rex ab
eo
super Sion montem sanctum eius
praedicans praeceptum eius
7 Dominus dixit ad me filius meus es Mt 3,17! Act 13,33; Hbr 1,5; 5,5
tu
ego hodie genui te
8 postula a me et dabo tibi gentes he- Apc 2,26.27
reditatem tuam
et possessionem tuam terminos terrae
9 reges eos in virga ferrea Apc 12,5; 19,15
tamquam vas figuli confringes eos Is 30,14; Ier 19,11!
10 et nunc reges intellegite Sap 6,2
erudimini qui iudicatis terram
11 servite Domino in timore Tb 13,6! Sir 19,18; Hbr 12,28
et exultate ei in tremore
12 adprehendite disciplinam
nequando irascatur Dominus et pereatis de via iusta
13 cum exarserit in brevi ira eius
beati omnes qui confidunt in eo 33,9! 83,13!

RFI WSKΦ cr **Psalmi iuxta Septuaginta emendati** (*id est Psalterium Gallicanum*). *Citantur* RFH (= C *apud* r) I *et* LWS (= G *apud* r) KΦk *ac* cr. *Citantur etiam Psalt. iuxta Hebr.* [= *He*] *et ep.* 106 *Hieronymi ad Sunniam et Fretelam* (*in* r *p.* 8—42 *edita*), *et quidem ea ratione ut lectioni a Sunnia prolatae siglum Su, lectioni vero ab Hieronymo corrigente inductae siglum Hi tribuatur. Signa* ※ *et* ÷ *in textu, nisi aliter notetur, ea sunt quae praebet* R. *Tit.* liber psalmorum c ‖ **1**,1 [*desunt* H *usque ad* 30,10, L *usque ad* 10,7 *et* k *usque ad* 93,19] | 3 defluit RF. | 4 ÷ *utr. loco om.* R, *spatio tamen relicto* | 5 resurgent F cr 𝔊 *He*] resurgunt *cet.* | concilio c. ‖ **2**,1 *tit. om.* c | 2 diapsalma *om.* WSK c | 4 subsannauit R | 9 ferrea + et c | 11 in[2]] cum RF c ‖

INCIPIT LIBER PSALMORUM
IUXTA HEBRAICUM TRANSLATUS

Beatus vir qui non abiit in
consilio impiorum
et in via peccatorum non
stetit
in cathedra derisorum non sedit
2 sed in lege Domini voluntas eius
et in lege eius meditabitur die ac
nocte
3 et erit tamquam lignum transplanta-
tum iuxta rivulos aquarum
quod fructum suum dabit in tempore suo
et folium eius non defluet
et omne quod fecerit prospera-
bitur
4 non sic impii
sed tamquam pulvis quem proicit
ventus
5 propterea non resurgent impii in iudicio
neque peccatores in congregatione
iustorum
6 quoniam novit Dominus viam iustorum et iter impiorum peribit
2 Quare turbabuntur gentes
et tribus meditabuntur inania
2 consurgent reges terrae
et principes tractabunt pariter
adversum Dominum et adversum
christum eius
3 disrumpamus vincula eorum
et proiciamus a nobis laqueos eorum
4 habitator caeli ridebit
Dominus subsannabit eos
5 tunc loquetur ad eos in ira sua
et in furore suo conturbabit eos
6 ego autem orditus sum regem meum
super Sion montem sanctum suum
adnuntiabo Dei praeceptum
7 Dominus dixit ad me filius meus es
tu
ego hodie genui te
8 postula a me et dabo tibi gentes hereditatem tuam
et possessionem tuam terminos terrae
9 pasces eos in virga ferrea
ut vas figuli conteres eos
10 nunc ergo reges intellegite
erudimini iudices terrae
11 servite Domino in timore
et exultate in tremore
12 adorate pure ne forte irascatur et
pereatis de via
13 cum exarserit post paululum furor
eius
beati omnes qui sperant in eum

Psalmi iuxta Hebraicum translati (*id est Psalterium iuxta Hebraeos*). *Citantur* RFCI *et* ΣAK ΘS (= G *apud* ꞩ) L *ac* 𝔥ꞩ. *In codd. et apud nos psalmi iuxta* 𝔊, *in edd. vero iuxta* 𝔐 *numerantur*. *Tit.* incipit liber psalterii ꞩ; psalterium iuxta hebraeos hieronymi 𝔥 ‖ **1**,1 stetit + et FCΣΘS𝔥 | 5 resurgunt RIAKS𝔥 | in iudicium C ‖ **2**,3 a nobis *om.* FL | 4 subsannauit FK. | 5 loquitur RFL | eos[2] + semper C | 6 suum] meum Θ; eius CIL | 8 tibi *om* R. | et[2]] ut ꞩ., *lapsu* ‖

RFCI
ΣAKΘSL
𝔥ꞩ

3 PSALMUS DAVID CUM FUGERET A FACIE ABESSALON FILII SUI

24,19! 118,157 [2]Domine quid multiplicati sunt qui tribulant me
55,3 multi insurgunt adversum me
[3]multi dicunt animae meae
non est salus ipsi in Deo ÷ eius :
DIAPSALMA
61,8 [4]tu autem Domine susceptor meus es
Sir 11,13 gloria mea et exaltans caput meum
17,7! [5]voce mea ad Dominum clamavi
et exaudivit me de monte sancto suo
DIAPSALMA
4,9.10! [6]ego dormivi et soporatus sum
exsurrexi quia Dominus suscipiet me
26,3 [7]non timebo milia populi circumdantis me
exsurge Domine salvum me fac Deus meus
[8]quoniam tu percussisti omnes adversantes mihi sine causa
57,7; Iob 29,17 dentes peccatorum contrivisti
Prv 21,31 [9]Domini est salus et super populum tuum benedictio tua

4 IN FINEM IN CARMINIBUS PSALMUS DAVID

117,5 [2]Cum invocarem exaudivit me Deus iustitiae meae
17,20! in tribulatione dilatasti mihi
miserere mei et exaudi orationem meam
[3]filii hominum usquequo gravi corde
ut quid diligitis vanitatem et quaeritis mendacium
DIAPSALMA
30,22 [4]et scitote quoniam mirificavit Dominus sanctum suum
Dominus exaudiet me cum clamavero ad eum
Eph 4,26 [5]irascimini et nolite peccare
quae dicitis in cordibus vestris
in cubilibus vestris conpungimini
DIAPSALMA
[6]sacrificate sacrificium iustitiae et sperate in Domino 50,21; Dt 33,19; Sir 7,35; Mal 3,3
multi dicunt quis ostendet nobis bona
[7]signatum est super nos lumen vultus tui Domine 66,2; Nm 6,26
dedisti laetitiam in corde meo
[8]a fructu frumenti et vini et olei sui multiplicati sunt
[9]in pace in id ipsum dormiam et requiescam 3,6; Prv 3,24; Iob 11,18
[10]quoniam tu Domine singulariter in spe constituisti me

5 IN FINEM PRO EA QUAE HEREDITATEM CONSEQUITUR PSALMUS DAVID

[2]Verba mea auribus percipe Domine IV Esr 8,19
intellege clamorem meum **2.3:** 16,1; 53,4! 83,9; 85,6; 140,1! 142,1; II Esr 1,6!
[3]intende voci orationis meae
rex meus et Deus meus 43,5!
[4]quoniam ad te orabo Domine 87,14!
mane exaudies vocem meam
[5]mane adstabo tibi et videbo
quoniam non deus volens iniquitatem tu es II Par 19,7
[6]neque habitabit iuxta te malignus
neque permanebunt iniusti ante oculos tuos
[7]odisti omnes qui operantur iniquitatem 30,7; 44,8! Idt 5,21; Sap 14,9
perdes ÷ omnes : qui loquuntur mendacium
virum sanguinum et dolosum abominabitur Dominus 54,24
[8]ego autem in multitudine misericordiae tuae
introibo in domum tuam 131,7
adorabo ad templum sanctum tuum in timore tuo 27,2! 137,2
[9]Domine deduc me in iustitia tua
propter inimicos meos 26,11

RFI WSKΦ cr **3**,1 absalon WSK; absalom c. | 3 ÷ *om.* R, *spatio tamen relicto* | diapsalma *om.* WSK c, *item v.* 5 | 6 exsurrexi RF r. 𝔊, *cf. He*] et exsurrexi *cet.* | suscipiet I r. 𝔊] suscepiet F.; suscepit *cet.* | 7 circumdantes RW | 9 tua + diapsalma R || **4**,1 in carminibus psalmus dauid F (*om.* in) SΦ cr] in hymnis canticum huic dauid R; psalmus cantici dauid WK; psalmus dauid canticum I. | 2 exaudiuit] exaudisti I | 3 diapsalma *om.* IWSK c, *item v.* 5 | 6 ostendet RI r 𝔊] ostendit *cet.* | 8 et[1] *om.* c || **5**,7 ÷ *om.* R, *spatio relicto* | 9 ~ in tua iustitia RI. |

3 CANTICUM DAVID CUM FUGERET A FACIE ABESSALON FILII SUI
2 Domine quare multiplicati sunt hostes mei
multi consurgunt adversus me
3 multi dicunt animae meae
non est salus huic in Deo
SEMPER
4 tu autem Domine clipeus circa me
gloria mea et exaltans caput meum
5 voce mea ad Dominum clamabo
et exaudiet me de monte sancto suo
SEMPER
6 ego dormivi et soporatus sum
evigilavi quia Dominus sustentavit me
7 non timebo milia populi quae circumdederunt me
surge Domine salvum me fac Deus meus
8 quia percussisti omnium inimicorum meorum maxillam
dentes impiorum confregisti
9 Domini est salus super populum tuum benedictio tua
SEMPER

4 VICTORI IN PSALMIS CANTICUM DAVID
2 Invocante me exaudi me Deus iustitiae meae
in tribulatione dilatasti mihi
miserere mei et exaudi orationem meam
3 filii viri usquequo incliti mei ignominiose diligitis vanitatem quaerentes mendacium
SEMPER
4 et cognoscite quoniam mirabilem reddidit Dominus sanctum suum
Dominus exaudiet cum clamavero ad eum
5 irascimini et nolite peccare
loquimini in cordibus vestris super cubilia vestra et tacete
SEMPER
6 sacrificate sacrificium iustitiae et fidite in Domino
multi dicunt quis ostendit nobis bonum
7 leva super nos lucem vultus tui Domine
dedisti laetitiam in corde meo
8 in tempore frumentum et vinum eorum multiplicata sunt
9 in pace simul requiescam et dormiam
10 quia tu Domine specialiter securum habitare fecisti me

5 VICTORI PRO HEREDITATIBUS CANTICUM DAVID
2 Verba mea audi Domine
intellege murmur meum
3 rex meus et Deus meus 4 quia te deprecor
Domine mane audies vocem meam
5 mane praeparabor ad te et contemplabor
quoniam non es deus volens iniquitatem tu
6 nec habitabit iuxta te malignus
non stabunt iniqui in conspectu oculorum tuorum
7 odisti omnes operantes iniquitatem
perdes loquentes mendacium
virum sanguinum et dolosum abominabitur Dominus
8 ego autem in multitudine misericordiae tuae introibo in domum tuam
adorabo in templo sancto tuo in timore tuo
9 Domine deduc me in iustitia tua
propter insidiatores meos

3,1 absalon IΣAKΘSϧ | 3 deo] domino C | semper *om.* IΣK | 4 clipeus + meus FΣL | 5 semper *om.* IΣK | 6 et uigilaui CAKS; et euigilaui Θ | sustentabit F | 9 semper *om.* RIΣAK || **4**,1 cantici FΘ | 2 inuocantem me CIΣKΘ; inuocantem S | exaudi[1]] exaudisti IAK | me[2] *om.* C | 3 diligentes C | uanitatem + et CΣ | semper *om.* IΣK | 4 et *om.* C | cum] dum C | 5 irascemini IA. | et[2] *om.* IAKΘ | semper *om.* IΣK | 6 fidete FAK. | 10 quia] quoniam FI || **5**,8 in multitudinem FΣAL | 9 deduc] duc F | ~ in tua iustitia RC |

RFCI ΣAKΘSL ϧs

dirige in conspectu meo viam tuam
10 quoniam non est in ore eorum veritas
cor eorum vanum est
13,3! Rm 3,13 11 sepulchrum patens est guttur eorum
Is 59,3 linguis suis dolose agebant iudica illos Deus
decidant a cogitationibus suis
68,28 secundum multitudinem impietatum eorum expelle eos
quoniam inritaverunt te Domine
12 et laetentur omnes qui sperant in te
in aeternum exultabunt et habitabis in eis
et gloriabuntur in te omnes qui diligunt nomen tuum
13 quoniam tu benedices iusto
Domine ut scuto bonae voluntatis coronasti nos

11,1 **6** IN FINEM IN CARMINIBUS PRO OCTAVA PSALMUS DAVID

37,2; Ier 10,24 2 Domine ne in furore tuo arguas me
neque in ira tua corripias me
40,5 3 miserere mei Domine quoniam in-
30,11 firmus sum
Iob 4,14; Ier 23,9 sana me Domine quoniam conturbata sunt ossa mea
Idt 14,17! 4 et anima mea turbata est valde
89,13 et tu Domine usquequo
5 convertere Domine eripe animam meam
30,17; 108,26; Tb 13,5! Or Man 14 salvum me fac propter misericordiam tuam
113,25! Is 38,18; Bar 2,17 6 quoniam non est in morte qui memor sit tui
29,10! in inferno autem quis confitebitur tibi
37,9; 68,4; Ier 45,3 7 laboravi in gemitu meo
lavabo per singulas noctes lectum meum
in lacrimis meis stratum meum rigabo
30,10 8 turbatus est a furore oculus meus
inveteravi inter omnes inimicos meos
9 discedite a me omnes qui operamini iniquitatem 118,115! Mt 7,23! Lc 13,27
quoniam exaudivit Dominus vocem fletus mei
10 exaudivit Dominus deprecationem meam
Dominus orationem meam suscepit
11 erubescant et conturbentur vehementer omnes inimici mei 34,4! 39,15; 82,18; Is 41,11!
convertantur et erubescant valde velociter

7 PSALMUS DAVID QUEM CANTAVIT DOMINO PRO VERBIS CHUSI FILII IEMINI

2 Domine Deus meus in te speravi 17,3! 30,2.15
salvum me fac ex omnibus perse- 30,16! 108,31
quentibus me et libera me
3 nequando rapiat ut leo animam meam 9,30; 16,12; Is 5,29!
dum non est qui redimat neque qui salvum faciat
4 Domine Deus meus si feci istud
si est iniquitas in manibus meis I Sm 24,12
5 si reddidi retribuentibus mihi mala
decidam merito ab inimicis meis inanis
6 persequatur inimicus animam meam et conprehendat
et conculcet in terra vitam meam
et gloriam meam in pulverem deducat Os 4,7

DIAPSALMA

7 exsurge Domine in ira tua
exaltare in finibus inimicorum meorum
et exsurge Domine Deus meus in praecepto quod mandasti
8 et synagoga populorum circumdabit te
et propter hanc in altum regredere
9 Dominus iudicat populos Is 3,13!
iudica me Domine secundum iustitiam meam 17,21! 25,1; 34,24; II Sm 22,21!

RFI W(S)KΦ cr 9 tuo uiam meam K c, *cf. Su* | 10 [*deest* S *usque ad* 8,5] | 13 benedicis RF. | uoluntatis + tuae c || **6**,1 in carminibus] in hymnis RI | ~ pro octaua in carminibus W. | psalmus *om.* IW. | ~ psalmus dauid pro octaua K c | 4 et[2]] sed c | 5 domine + et R c | 7 in lacrimis meis F. 𝔊] in lacrimis R r.; lacrimis I; lacrimis meis *cet.* || **7**,6 diapsalma *om.* WK c | 7 tua + et I c | et *om.* F |

dirige ante faciem meam viam tuam
10 non est enim in ore eorum rectum
interiora eorum insidiae
11 sepulchrum patens guttur eorum
linguam suam levificant
condemna eos Deus decidant a consiliis suis
iuxta multitudinem scelerum eorum
expelle eos quoniam provocaverunt te
12 et laetentur omnes qui sperant in te
in perpetuum laudabunt et proteges eos
et laetabuntur in te qui diligunt nomen tuum
13 quia tu benedices iusto
Domine ut scuto placabilitatis coronabis eum

6 VICTORI IN PSALMIS SUPER OCTAVA CANTICUM DAVID

2 Domine ne in furore tuo arguas me
neque in ira tua corripias me
3 miserere mei Domine quoniam infirmus sum
sana me Domine quoniam conturbata sunt ossa mea
4 et anima mea turbata est valde
et tu Domine usquequo
5 revertere Domine erue animam meam
salva me propter misericordiam tuam
6 quoniam non est in morte recordatio tui
in inferno quis confitebitur tibi
7 laboravi in gemitu meo natare faciam tota nocte lectulum meum
lacrimis meis stratum meum rigabo
8 caligavit prae amaritudine oculus meus
consumptus sum ab universis hostibus meis
9 recedite a me omnes qui operamini iniquitatem
quia audivit Dominus vocem fletus mei
10 audivit Dominus deprecationem meam
Dominus orationem meam suscipiet
11 confundantur et conturbentur vehementer omnes inimici mei
revertantur et confundantur subito

7 PRO IGNORATIONE DAVID QUOD CECINIT DOMINO SUPER VERBIS AETHIOPIS FILII IEMINI

2 Domine Deus meus in te speravi
salva me ab omnibus persequentibus me et libera me
3 ne forte capiat ut leo animam meam
laceret et non sit qui eruat
4 Domine Deus meus si feci istud
si est iniquitas in manibus meis
5 si reddidi retribuentibus mihi malum
et dimisi hostes meos vacuos I Sm 15,9
6 persequatur inimicus animam meam
et adprehendat et conculcet in terra vitam meam
et gloriam meam in pulverem conlocet

SEMPER

7 surge Domine in furore tuo
elevare indignans super hostes meos
et consurge ad me iudicio quod mandasti
8 et congregatio tribuum circumdet te
et pro hac in altum revertere
9 Dominus iudicabit populos
iudica me Domine secundum iustitiam meam

11 leuificabant F | te + domine IAKS | 13 quia] quoniam R | benedicis RFΣ || **6**,3 sum + ego Θ 𝔥 | 5 domine + et RFΣ | 7 lectulum RSL 𝔥𝔰.] lectum *cet.* | 10 suscipiet ΣSL 𝔥𝔰, *cf.* 𝔐] suscipit A.; suscepit *cet.* | 11 et turbentur C || **7**,1 iemini RFS𝔰] gemini *cet.* | 3 eruat] eripiat IAK | 5 mala F | 6 semper *om.* IK | 8 pro hanc A.; propter hanc Σ; propter hac C. | 9 iudicat IS | domine] deus C |

RFCI ΣAKΘSL 𝔥𝔰

et secundum innocentiam meam super me
10 consummetur nequitia peccatorum
I Par 28,9! Ier 11,20! et diriges iustum
Apc 2,23 et scrutans corda et renes Deus
11 iustum adiutorium meum a Deo
qui salvos facit rectos corde
12 Deus iudex iustus et fortis et patiens
numquid irascitur per singulos dies
Lc 13,3 13 nisi conversi fueritis gladium suum
vibrabit
10,3! 36,14; Is 5,28! arcum suum tetendit et paravit illum
IV Esr 16,13 14 et in eo paravit vasa mortis
Dt 32,23! sagittas suas ardentibus effecit
15 ecce parturiit iniustitiam
Iob 15,35; Is 59,4 ※et: concepit dolorem et peperit
iniquitatem
16 lacum aperuit et effodit eum
56,7; Prv 26,27; Ecl 10,8; Sir 27,29 et incidet in foveam quam fecit
Est 9,25 17 convertetur dolor eius in caput eius
et in verticem ipsius iniquitas eius
descendet
I Par 16,35! 18 confitebor Domino secundum iustitiam eius
9,3; 12,6; 91,2 et psallam nomini Domini altissimi
80,1; 83,1 **8** IN FINEM PRO TORCULARIBUS PSAL-
MUS DAVID
10 2 Domine Dominus noster quam ad-
56,6! Hab 3,3! mirabile est nomen tuum in universa terra
Sir 43,32 quoniam elevata est magnificentia
tua super caelos
Mt 21,16 3 ex ore infantium et lactantium perfecisti laudem
propter inimicos tuos
ut destruas inimicum et ultorem
4 quoniam videbo caelos ※tuos: opera
digitorum tuorum
lunam et stellas quae tu fundasti
143,3; Iob 7,17; Sir 18,7 5 quid est homo quod memor es eius
5—8: Hbr 2,6–8 aut filius hominis quoniam visitas
eum

6 minuisti eum paulo minus ab angelis
gloria et honore coronasti eum 20,6
7 et constituisti eum super opera ma- Sap 9,2!
nuum tuarum
8 omnia subiecisti sub pedibus eius I Cor 15,26; Eph 1,22
oves et boves universas
insuper et pecora campi Gn 1,28
9 volucres caeli et pisces maris
qui perambulant semitas maris
10 Domine Dominus noster quam ad- 2!
mirabile est nomen tuum in universa terra
9 IN FINEM PRO OCCULTIS FILII PSAL-
MUS DAVID
2 Confitebor tibi Domine in toto corde 85,12! I Esr 10,11!
meo Eph 5,19; Col 3,16
narrabo omnia mirabilia tua 74,2! Tb 12,20!
3 laetabor et exultabo in te
psallam nomini tuo Altissime 7,18!
4 in convertendo inimicum meum retrorsum
infirmabuntur et peribunt a facie tua 67,3! Idc 5,31!
5 quoniam fecisti iudicium meum et 34,23; 42,1; Lam 3,58
causam meam
sedisti super thronum qui iudicas IV Esr 7,33
iustitiam
6 increpasti gentes ÷et: periit impius 37; 36,28! Idc 5,31!
nomen eorum delisti in aeternum et Prv 10,7; Sir 41,14!
in saeculum ÷saeculi:
7 inimici defecerunt frameae in finem
et civitates destruxisti
periit memoria eorum cum sonitu
8 et Dominus in aeternum perma- 101,13! Ex 15,18! Lam 5,19
net
paravit in iudicio thronum suum 44,7! 88,15! Is 16,5
9 et ipse iudicabit orbem terrae in 95,10.13! 97,9! I Sm 2,10!
aequitate Act 17,31
iudicabit populos in iustitia 71,2!
10 et factus est Dominus refugium pauperi
adiutor in oportunitatibus in tribulatione
11 et sperent in te qui noverunt nomen 90,14

RFI W(S)KΦ 𝔠𝔯 10 consumetur FW𝔠 | et[2] *om.* 𝔠 | 11 deo FΦ𝔯𝔊, *cf. He*] domino *cet.* | 12 et[1] *om.* R𝔠 | irascetur FWKΦ | 13 uibrauit RFWKΦ | 15 parturit RIWKΦ | et[1] *om.* WK𝔠 | 16 incidet R𝔯.𝔊 *He*] incedit F.; incidit *cet.* | 17 descendit FIWKΦ || **8**,3 lactentium 𝔠 | 4 ※ *Hi*] *om.* R | 5 [*iterum adest* S] || **9**,3 altissimi RF𝔯 | 6 perit RFIΦ | et[2] *sub* ÷ R | 7 framea RI | ciuitates + eorum 𝔠 | perit RFI |

et secundum simplicitatem meam quae est in me
10 consumatur malum iniquorum
et confirmetur iustitia
probator cordis et renum Deus iustus
11 clipeus meus in Deo qui salvat rectos corde
12 Deus iudex iustus et fortis comminans tota die
13 non convertenti gladium suum acuet
arcum suum tetendit et paravit illum
14 et in ipso praeparavit vasa mortis
sagittas suas ad conburendum operatus est
15 ecce parturit iniquitatem et concepto dolore peperit mendacium
16 lacum aperuit et effodit eum
et incidet in interitum quem operatus est
17 revertetur dolor suus in caput eius
et super verticem eius iniquitas sua descendet
18 confitebor Domino secundum iustitiam eius
et cantabo nomini Domini altissimi

8 VICTORI PRO TORCULARIBUS CANTICUM DAVID

2 Domine Dominator noster quam grande est nomen tuum in universa terra
qui posuisti gloriam tuam super caelos
3 ex ore infantium et lactantium perfecisti laudem
propter adversarios meos ut quiescat inimicus et ultor
4 videbo enim caelos tuos opera digitorum tuorum
lunam et stellas quae fundasti
5 quid est homo quoniam recordaris eius
vel filius hominis quoniam visitas eum
6 minues eum paulo minus a Deo
gloria et decore coronabis eum
7 dabis ei potestatem super opera manuum tuarum
8 cuncta posuisti sub pedibus eius
oves et armenta omnia insuper et animalia agri
9 aves caeli et pisces maris qui pertranseunt semitas ponti
10 Domine Dominator noster quam grande est nomen tuum in universa terra

9 VICTORI PRO MORTE FILII CANTICUM DAVID

2 Confitebor Domino in toto corde meo
narrabo omnia mirabilia tua
3 laetabor et gaudebo in te
canam nomini tuo Altissimi
4 cum ceciderint inimici mei retrorsum
et corruerint et perierint a facie tua
5 fecisti enim iudicium meum et causam meam
sedisti super solium iudex iustitiae
6 increpuisti gentes periit impius
nomen eorum delisti in sempiternum et iugiter
7 completae sunt solitudines in finem Ier 4,7!
et civitates subvertisti
periit memoria eorum cum ipsis
8 Dominus autem in sempiternum sedebit
stabilivit ad iudicandum solium suum
9 et ipse iudicat orbem in iustitia
iudicat populos in aequitatibus
10 et erit Dominus elevatio oppresso I Sm 2,8!
elevatio oportuna in angustia
11 et confident in te qui noverunt no-

RFCI ΣAKΘSL ḫs

10 consumetur Σ.; consummetur IAK | probatur FL | 12 et *om.* C | tota die] cotidie C | 14 et *om.* FΣLḫ | 15 parturiit s.; parturiuit Θ | et *om.* IAK | 16 lacum] laqueum C | incidit CΣKS | 17 reuertitur IAK. | descendit RFIAK. ‖ **8**,4 quae + tu FΣΘ | 6 minuens FΣL | 7 super + omnia CΣ | 9 qui transeunt IAK. ‖ **9**,3 altissimi RFAS s.] altissime *cet.* | 6 increpasti F(*vid.*)IΣAKΘ ḫ | perit RFIAL; et perit C | 7 perit RFC AL | 10 oppresso eleuatio *om.* C | 11 confidunt RΘ |

tuum
Idt 6,15 quoniam non dereliquisti quaerentes
te Domine
64,2; 67,17! Is 12,6 12 psallite Domino qui habitat in Sion
I Par 16,8! adnuntiate inter gentes studia eius
Gn 9,5! 13 quoniam requirens sanguinem eorum recordatus est
non est oblitus clamorem pauperum
Idt 6,15! 14 miserere mei Domine vide humilitatem meam de inimicis meis
15 qui exaltas me de portis mortis
ut adnuntiem omnes laudationes tuas in portis filiae Sion
12,6! I Sm 2,1! 16 exultabo in salutari tuo
infixae sunt gentes in interitu quem fecerunt
34,8 in laqueo isto quem absconderunt
conprehensus est pes eorum
17 cognoscitur Dominus iudicia faciens
in operibus manuum suarum conprehensus est peccator

CANTICUM DIAPSALMATIS

18 convertantur peccatores in infernum
omnes gentes quae obliviscuntur Deum
19 quoniam non in finem oblivio erit pauperis
patientia pauperum non peribit in finem
81,8; Prv 12,3; II Par 14,11 20 exsurge Domine non confortetur homo
iudicentur gentes in conspectu tuo
21 constitue Domine legislatorem super eos
sciant gentes quoniam homines sunt

DIAPSALMA

22 (1) ut quid Domine recessisti longe
dispicis in oportunitatibus in tribulatione
23 (2) dum superbit impius incenditur pauper
conprehenduntur in consiliis quibus cogitant
24 (3) quoniam laudatur peccator in desideriis animae suae
et iniquus benedicitur
25 (4) exacerbavit Dominum peccator 35,3
secundum multitudinem irae suae non quaeret
26 (5) non est Deus in conspectu eius
inquinatae sunt viae illius in omni tempore
auferuntur iudicia tua a facie eius
omnium inimicorum suorum dominabitur
27 (6) dixit enim in corde suo 29,7
non movebor a generatione in generationem sine malo
28 (7) cuius maledictione os plenum est 13,3! Rm 3,14
et amaritudine et dolo
sub lingua eius labor et dolor
29 (8) sedet in insidiis cum divitibus 36,32!
in occultis ut interficiat innocentem
30 (9) oculi eius in pauperem respiciunt
insidiatur in abscondito quasi leo in spelunca sua 7,3! 16,12
insidiatur ut rapiat pauperem
rapere pauperem dum adtrahit eum
31 (10) in laqueo suo humiliabit eum
inclinabit se et cadet cum dominatus fuerit pauperum
32 (11) dixit enim in corde suo oblitus est Deus Iob 22,13! Sir 23,26! Ez 8,12!
avertit faciem suam ne videat in finem
33 (12) exsurge Domine Deus exaltetur manus tua
ne obliviscaris pauperum
34 (13) propter quid inritavit impius Deum
dixit enim in corde suo non requiret 93,7! Iob 22,13! Ez 8,12!
35 (14) vides quoniam tu laborem et dolorem consideras Gn 31,42!
ut tradas eos in manus tuas

RFI W(S)KΦ cr 17 cognoscitur RFIΦrG] cognoscetur *cet.* | canticum diapsalmatis *om.* IWSK c | 21 eos + ut c | diapsalma *om.* W c | 22 ut] *praem.* psal. X secundum Hebr. c, *litteris inclinatis, qui et novam versuum numerationem incipit* | 24 [*deest* S *usque ad* 10,8] | benedicetur F | 25 quaerit R | 31 humiliauit F | cum] dum I |

men tuum
quoniam non dereliquisti quaerentes te Domine
12 cantate Domino habitatori Sion
adnuntiate in populis commutationes eius
13 quoniam quaerens sanguinem eorum recordatus est
nec oblitus est clamoris pauperum
14 misertus est mei Dominus vidit adflictionem meam ex inimicis meis
15 qui exaltat me de portis mortis
ut narrem omnes laudes tuas in portis filiae Sion
16 exultabo in salutari tuo
demersae sunt gentes in interitu quem fecerunt
in rete quod absconderant captus est pes eorum
17 agnitus est Dominus iudicium faciens
in opere manuum suarum corruit impius
SONITU SEMPITERNO
18 convertantur impii in infernum
omnes gentes quae oblitae sunt Deum
19 quoniam non in aeternum oblivioni erit pauper
expectatio pauperum non peribit in perpetuum
20 surge Domine non confortetur homo
iudicentur gentes ante faciem tuam
21 pone Domine terrorem eis
sciant gentes homines se esse
SEMPER
22 (1) quare Domine stas a longe
dispicis in temporibus angustiae
23 (2) in superbia impii ardet pauper
capiantur in sceleribus quae cogitaverunt
24 (3) quia laudavit impius desiderium animae suae
et avarus adplaudens sibi
25 (4) blasphemavit Dominum Ez 33,31; II Pt 2,14
impius secundum altitudinem furoris sui non requiret
26 (5) nec est Deus in omnibus cogitationibus eius
parturiunt viae eius in omni tempore
longe sunt iudicia tua a facie eius
omnes inimicos suos dispicit
27 (6) loquitur in corde suo non movebor
in generatione et generatione
ero sine malo
28 (7) maledictione os eius plenum est et dolis et avaritia
sub lingua eius dolor et iniquitas
29 (8) sedet insidians iuxta vestibula
in absconditis ut interficiat innocentem
30 (9) oculi eius robustos tuos circumspiciunt
insidiatur in abscondito quasi leo in cubili
insidiatur ut rapiat pauperem
rapiet pauperem cum adtraxerit eum ad rete suum
31 (10) et confractum subiciet
et inruet viribus suis valenter
32 (11) dixit in corde suo oblitus est Deus
abscondit faciem suam non respiciet in perpetuum
33 (12) surge Domine Deus leva manum tuam
noli oblivisci pauperum
34 (13) quare blasphemat impius Deum
dicens in corde suo quod non requirat
35 (14) vides quia tu laborem et furorem
respicis ut detur in manu tua

RFCI ΣΑΚΘSL 𝔥𝔰

12 commutationes L𝔰 (*in praef. p.* XIX)] cogitationes *cet.* (*et* 𝔰 *in textu*) | 13 clamorem FL.; clamores Σ | 14 mei] mihi C | 16 in interitum quem CΘL𝔥; in foueam quam S. | absconderunt ΣΘSL; habscondiderunt C. | 17 sonitum sempiternum F.; diapsalma I; *om.* AK | 18 deum] dominum CΘ | 19 obliuio FA. | 21 homines se esse FC𝔰] homines esse RΣ; homines esse se *cet.* | semper *om.* IΘ | 22 (𝔐 **10**,1) a *om.* C | 24 laudabit FCS; laudabitur Θ | 25 altitudinem] multitudinem RΣ. | 28 dolis] dolus FC. | 30 cum] dum C | 33 pauperem CΘ | 35 quia] quoniam CΘ |

tibi derelictus est pauper
orfano tu eras adiutor
36,17 36 (15) contere brachium peccatoris et maligni
quaeretur peccatum illius et non invenietur
Tb 9,11! 37 (16) Dominus regnabit in aeternum et in saeculum ÷ saeculi :
6! peribitis gentes de terra illius
38 (17) desiderium pauperum exaudivit Dominus
praeparationem cordis eorum audivit auris tua
39 (18) iudicare pupillo et humili
ut non adponat ultra magnificare se homo super terram

10 IN FINEM PSALMUS DAVID

2 In Domino confido quomodo dicitis animae meae
Prv 27,8 transmigra in montes sicut passer
7,13.14; 63,4.5 3 quoniam ecce peccatores intenderunt arcum
paraverunt sagittas suas in faretra
ut sagittent in obscuro rectos corde
4 quoniam quae perfecisti destruxerunt
iustus ÷ autem : quid fecit
32,13.14! 102,19! 112,5.6! Hab 2,20 5 Dominus in templo sancto suo Dominus in caelo sedis eius
oculi eius ÷ in pauperem : respiciunt
palpebrae eius interrogant filios hominum
Ecl 3,17 6 Dominus interrogat iustum et impium
Tb 12,10 qui autem diligit iniquitatem odit animam suam
Gn 19,24! 7 pluet super peccatores laqueos
ignis et sulphur et spiritus procellarum pars calicis eorum
44,8! 118,137! Tb 3,2! So 3,5 8 quoniam iustus Dominus ÷ et : iustitias dilexit
aequitatem vidit vultus eius

6,1 **11** IN FINEM PRO OCTAVA PSALMUS DAVID

2 Salvum me fac Domine quoniam defecit sanctus Mi 7,2
quoniam deminutae sunt veritates a filiis hominum Os 4,1
3 vana locuti sunt unusquisque ad proximum suum 37,13! 40,7
labia dolosa in corde et corde locuti sunt
4 disperdat Dominus universa labia dolosa
linguam magniloquam
5 qui dixerunt linguam nostram magnificabimus
labia nostra a nobis sunt
quis noster dominus est
6 propter miseriam inopum et gemitum pauperum
nunc exsurgam dicit Dominus Is 33,10
ponam in salutari Is 12,2!
fiducialiter agam in eo
7 eloquia Domini eloquia casta 17,31! II Sm 22,31
argentum igne examinatum probatum terrae
purgatum septuplum
8 tu Domine servabis nos et custodies nos
a generatione hac et in aeternum
9 in circuitu impii ambulant
secundum altitudinem tuam multiplicasti filios hominum

12 IN FINEM PSALMUS DAVID

Usquequo Domine oblivisceris me in finem 43,24; Lam 5,20
usquequo avertis faciem tuam a me 87,15; Iob 13,24!
2 quamdiu ponam consilia in anima mea
dolorem in corde meo per diem
3 usquequo exaltabitur inimicus meus super me
4 respice exaudi me Domine Deus meus
inlumina oculos meos ne umquam obdormiam in mortem I Esr 9,8!
5 nequando dicat inimicus meus prae- 24,3; 37,17!

RFI (L)W(S)KΦ cr

35 eras] eris Wc | 37 regnauit FΦ || **10**,2 in montes RFr. 𝔊] in montem *cet.* | 7 pluit RIWΦ | [*incipit* L] || **11**,1 [*iterum adest* S] | octauo LK.; + die IL. | 4 dolosa + et c | 8 et² *om.* WSKΦ c | 9 ambulabunt IL. || **12**,2 dolore FL. | 4 exaudi Rr. 𝔊 *He*] et exaudi *cet.* | in morte ISK c |

tibi relinquuntur fortes tui
pupillo tu es factus adiutor
36 (15) contere brachium impii et maligni
quaeres impietatem eius et non invenies
37 (16) Dominus rex saeculi et aeternitatis
perierunt gentes de terra eius
38 (17) desiderium pauperum audit Dominus
praeparasti ut cor eorum audiat auris tua
39 (18) ut iudices pupillum et oppressum
et nequaquam ultra superbiat homo de terra

10 VICTORI DAVID

2 In Domino speravi quomodo dicitis animae meae
transvola in montem ut avis
3 quia ecce impii tetenderunt arcum
posuerunt sagittam suam super nervum
ut sagittent in abscondito rectos corde
Ps 118,126 4 quia leges dissipatae sunt
iustus quid operatus est
5 Dominus in templo sancto suo
Dominus in caelo thronus eius
oculi eius vident
palpebrae eius probant filios hominum
6 Dominus iustum probat
impium autem et diligentem iniquitatem odit anima eius
7 pluet super peccatores laqueos
ignis et sulphur et spiritus tempestatum pars calicis eorum
8 quoniam iustus Dominus iustitias dilexit
rectum videbunt facies eorum

11 VICTORI PRO OCTAVA CANTICUM DAVID

2 Salva Domine quoniam defecit sanctus
quoniam inminuti sunt fideles a filiis hominum
3 frustra loquuntur unusquisque proximo suo
labium subdolum in corde et corde locuti sunt
4 disperdat Dominus omnia labia dolosa linguam magniloquam
5 qui dixerunt linguam nostram roboremus
labia nostra nobiscum sunt quis dominus noster est
6 propter vastitatem inopum et gemitum pauperum
nunc consurgam dicit Dominus
ponam in salutari auxilium eorum
7 eloquia Domini eloquia munda
argentum igne probatum separatum a terra colatum septuplum
8 tu Domine custodies ea
servabis nos a generatione hac in aeternum
9 in circuitu impii ambulabunt
cum exaltati fuerint vilissimi filiorum hominum Dn 11,20

12 VICTORI CANTICUM DAVID

Usquequo Domine oblivisceris mei penitus
usquequo abscondes faciem tuam a me
2 usquequo ponam consilia in anima mea
dolorem in corde meo per diem
3 usquequo exaltabitur inimicus meus super me
4 convertere exaudi me Domine Deus meus
inlumina oculos meos ne umquam obdormiam in mortem
5 nequando dicat inimicus meus prae-

38 audit RAK𝔰] audiuit *cet.* ‖ **10** (𝔐 **11**), 2 in monte IA. | 7 pluit RFΘSL𝔥 | et[1] *om.* CAΘ | tempestatis Θ; tempestates F. | 8 dominus + et RCΣ ‖ **11** (𝔐 **12**), 2 salua + me R ΣΘS | 3 cum proximo C | locuti sunt *om.* IAK. | 6 inopum] impiorum CΣ | in salutare FA. | 7 septuplo C | 9 ambulant RFSL ‖ **12** (𝔐 **13**), 1 domine *om.* IAK. | mei] me ΣΘS𝔥 | abscondis RIAKS | 2 in animam meam IAK. | 4 conuertere + et RCΣΘ | in morte CIΣAKΘS𝔥 |

RFCI ΣAKΘSL 𝔥𝔰

valui adversus eum
qui tribulant me exultabunt si motus fuero
6 ego autem in misericordia tua speravi
9,16! 19,5.6; 20,2.3 exultabit cor meum in salutari tuo
cantabo Domino qui bona tribuit mihi
7,18! et psallam nomini Domini altissimi

13 IN FINEM PSALMUS DAVID

IV Esr 7,23; 8,58 Dixit insipiens in corde suo non est Deus
1—3: 52,1–4; Rm 3,10–18 corrupti sunt et abominabiles facti sunt in studiis ÷ suis:
non est qui faciat bonum ÷ non est usque ad unum:
32,13! 2 Dominus de caelo prospexit super filios hominum
ut videat si est intellegens ÷ aut: requirens Deum
3 omnes declinaverunt simul inutiles facti sunt
non est qui faciat bonum non est usque ad unum
5,11! ÷ sepulchrum patens est guttur eorum
9,28; 49,19! ÷ linguis suis dolose agebant
139,4 ÷ venenum aspidum sub labiis eorum
÷ quorum os maledictione et amaritudine plenum est
Prv 1,16; 6,18; Is 59,7.8; IV Esr 1,26 ÷ veloces pedes eorum ad effundendum sanguinem
÷ contritio et infelicitas in viis eorum
÷ et viam pacis non cognoverunt
35,2 ÷ non est timor Dei ante oculos eorum:
4—6: 52,5–7 4 nonne cognoscent omnes qui operantur iniquitatem
Mi 3,3 qui devorant plebem meam sicut escam panis
5 Dominum non invocaverunt
illic trepidaverunt timore ÷ ubi non erat timor:
6 quoniam Deus in generatione iusta
consilium inopis confudistis
quoniam Dominus spes eius est
7 quis dabit ex Sion salutare Israhel
cum averterit Dominus captivitatem plebis suae 84,2! 125,1.2!
exultabit Iacob et laetabitur Israhel

14 PSALMUS DAVID

Domine quis habitabit in tabernaculo tuo 26,4; 60,5!
aut quis requiescet in monte sancto tuo
2 qui ingreditur sine macula et operatur iustitiam Is 33,15
3 qui loquitur veritatem in corde suo
qui non egit dolum in lingua sua
nec fecit proximo suo malum
et obprobrium non accepit adversus proximos suos
4 ad nihilum deductus est in conspectu eius malignus Idt 13,22!
timentes autem Dominum glorificat
qui iurat proximo suo et non decipit 23,4
5 qui pecuniam suam non dedit ad usuram Lv 25,37
et munera super innocentes non accepit Ex 23,8! Is 33,15
qui facit haec non movebitur in aeternum 29,7; 111,6

15 TITULI INSCRIPTIO IPSI DAVID

Conserva me Domine quoniam in te speravi 30,15
2 dixi Domino Dominus meus es tu 139,7
quoniam bonorum meorum non eges
3 sanctis qui sunt in terra eius
mirificavit ※mihi: omnes voluntates meas in eis
4 multiplicatae sunt infirmitates eorum
postea adceleraverunt
non congregabo conventicula eorum de sanguinibus
nec memor ero nominum eorum per labia mea
5 Dominus pars hereditatis meae et 72,26; 118,57; Lam 3,24

RFI LW(S)KΦ cr 6 exultauit F ‖ **13**,3 ÷ *om.* R, *sed testatur Hieron. in prol. libri XVI in Is.* | 5 [*deest* S *usque ad* 15,4] | 6 deus] dominus c | iusta R r. 𝔊] iusta est *cet.* ‖ **14**,1 requiescit RFLW | 4 glorificat] magnificat IL. | decepit RFL | 5 innocentem c ‖ **15**,1 in te speraui RIL r. 𝔊] speraui in te *cet.* | 2 dominus RF r. 𝔊 *He*] deus *cet.* | 3 mihi RFIL r., *cf.* 𝔐] *om. cet.* | 4 [*iterum adest* S] | eorum[3]] illorum IL. |

valui adversus eum
hostes mei exultabunt cum motus fuero
6 ego autem in misericordia tua confido
exultabit cor meum in salutari tuo
cantabo Domino quia reddidit mihi

13 VICTORI DAVID
Dixit stultus in corde suo non est Deus
corrupti sunt et abominabiles facti sunt studiose
non est qui faciat bonum
2 Dominus de caelo prospexit super filios hominum
ut videret si esset intellegens requirens Deum
3 omnes recesserunt simul conglutinati sunt
non est qui faciat bonum non est usque ad unum
4 nonne cognoscent omnes qui operantur iniquitatem
qui devorant populum meum ut cibum panis
5 Dominum non invocaverunt
ibi timebunt formidine
6 quoniam Deus in generatione iusta est
consilium pauperum confudistis
quoniam Dominus spes eius est
7 quis dabit de Sion salutem Israhel
quando reduxerit Dominus captivitatem populi sui
exultabit Iacob et laetabitur Israhel

14 CANTICUM DAVID
Domine quis peregrinabitur in tentorio tuo
et quis habitabit in monte sancto tuo
2 qui ingreditur sine macula et operatur iustitiam
3 loquiturque veritatem in corde suo
qui non est facilis in lingua sua
neque fecit amico suo malum
et obprobrium non sustinuit super vicino suo
4 dispicitur oculis eius inprobus
timentes autem Dominum glorificat
iurat ut se adfligat et non mutat
5 pecuniam suam non dedit ad usuram
et munera adversum innoxium non accepit
qui facit haec non movebitur in aeternum

15 HUMILIS ET SIMPLICIS DAVID
Custodi me Deus quoniam speravi in te
2 dicens Deo Dominus meus es tu
bene mihi non est sine te
3 sanctis qui in terra sunt et magnificis
omnis voluntas mea in eis
4 multiplicabuntur idola eorum post tergum sequentium
non litabo libamina eorum de sanguine
neque adsumam nomina eorum in labiis meis
5 Dominus pars hereditatis meae et

RFCI ΣAKΘSL 𝔥𝔰

5 cum] si RA. | motus] mortuus C | 6 exultauit FIAK. | quia] qui IAKΘL; qua F. || **13** (𝔐 **14**), 1 instudiose IAKΘ | 2 esset] est IΣAKΘS | intellegens R𝔰𝔐] + aut *cet.* | 5 dominum] deum FΣ | 6 confudisti FCΘ | dominus] deus C || **14** (𝔐 **15**), 2 iustitias C | 3 loqueturque AK.; loquitur RΘ | in linguam suam IAK. | neque] nec FAK. | 4 oculus IΣ | 5 noxium C || **15** (𝔐 **16**), 1 deus] domine CΘ | 3 et *om.* C | 4 libabo ΘS𝔥 | libamina] libana L.; limina FIAK. |

calicis mei
tu es qui restitues hereditatem meam
mihi
6 funes ceciderunt mihi in praeclaris
etenim hereditas mea praeclara est
mihi
III Esr 4,60 7 benedicam Domino qui tribuit mihi
intellectum
72,21 insuper et usque ad noctem increpa-
verunt me renes mei
8—11: Act 2,25–28 8 providebam Dominum in conspectu
meo semper
108,31; 109,5 quoniam a dextris est mihi ne commovear
9 propter hoc laetatum est cor meum
et exultavit lingua mea
insuper et caro mea requiescet in spe
29,4! I Sm 2,6! Act 2,31 10 quoniam non derelinques animam
meam in inferno
Ion 2,7; Act 13,35 non dabis sanctum tuum videre corruptionem
notas mihi fecisti vias vitae
20,7 adimplebis me laetitia cum vultu tuo
103,34 delectatio in dextera tua usque in
finem

16 ORATIO DAVID

Exaudi Domine iustitiam meam
5,2.3! 85,6; 142,1 intende deprecationem meam
auribus percipe orationem meam
non in labiis dolosis
2 de vultu tuo iudicium meum prodeat
oculi tui videant aequitates
25,2; 65,10! Ier 9,7 3 probasti cor meum visitasti nocte
Iob 6,30; 7,18; 23,10! igne me examinasti et non est inventa in me iniquitas
Iob 27,4! 4 ut non loquatur os meum opera hominum
propter verba labiorum tuorum
ego custodivi vias duras
Prv 3,23 5 perfice gressus meos in semitis tuis
ut non moveantur vestigia mea
6 ego clamavi quoniam exaudisti me
Deus
inclina aurem tuam mihi 30,3; 85,1; 87,3; 101,3; II Esr 1,6!
et exaudi verba mea
7 mirifica misericordias tuas 30,22
qui salvos facis sperantes in te 85,2
8 a resistentibus dexterae tuae
custodi me ut pupillam oculi Dt 32,10
sub umbra alarum tuarum proteges
me
9 a facie impiorum qui me adflixerunt
inimici mei animam meam circum- 21,27
dederunt ※super me:
10 adipem suum concluserunt 72,8.9; I Sm 2,3; Sir 13,26
os eorum locutum est superbia
11 proicientes me nunc circumdederunt
me
oculos suos statuerunt declinare in
terram
12 susceperunt me sicut leo paratus ad 7,3! 9,30
praedam
et sicut catulus leonis habitans in
abditis
13 exsurge Domine praeveni eum et
subplanta eum
eripe animam meam ab impio
frameam tuam 14 ab inimicis manus
tuae
Domine a paucis de terra divide eos
in vita eorum
de absconditis tuis adimpletus est
venter eorum
saturati sunt filiis
et dimiserunt reliquias suas parvulis
suis
15 ego autem in iustitia apparebo con-
spectui tuo
satiabor cum apparuerit gloria tua

17 IN FINEM PUERO DOMINI DAVID QUAE
LOCUTUS EST DOMINO VERBA CAN- II Sm 22,1
TICI HUIUS IN DIE QUA ERIPUIT EUM
DOMINUS DE MANU OMNIUM INIMI-

RFI (L)WSKΦ cr 7 domino RFSΦr] dominum *cet.* | ~ mihi tribuit IL | [*deest* L *usque ad* v. 10] | increpauerunt RIΦr] increpuerunt *cet.* | 9 requiescit FI | 10 derelinquis RFS | non² RFr.] nec *cet.* | [*iterum adest* L] | delectatio Fr.] dilectatio RI.; dilectationes K; delectationes *cet.* || **16**,1 oratio] *praem.* in finem FS. | 3 meum + et LWSΦc | 8 proteges Rr. 𝔊] protege *cet.* | 9 super me Rr. 𝔐] *om. cet.* | 10 superbia FLr] in superbia RI.; superbiam *cet.* | 14 [*deest* L *usque ad* 17,8] | 15 in conspectu FIΦ || **17**,1 quae] qui Ic |

calicis mei
tu possessor sortis meae
6 lineae ceciderunt mihi in pulcherrimis
et hereditas speciosissima mea est
7 benedicam Domino qui dedit consilium mihi
insuper et noctibus erudierunt me renes mei
8 proponebam in conspectu meo semper
quia a dextris meis est ne commovear
9 propterea laetatum est cor meum
et exultavit gloria mea
et caro mea habitavit confidenter
10 non enim derelinques animam meam in inferno
nec dabis sanctum tuum videre corruptionem
ostendes mihi semitam vitae
plenitudinem laetitiarum ante vultum tuum
decores in dextera tua aeternos

16 ORATIO DAVID

Audi Deus iustum intende deprecationem meam
auribus percipe orationem meam
absque labiis mendacii
2 de vultu tuo iudicium meum prodeat
oculi tui videant aequitates
3 probasti cor meum visitasti nocte
conflasti me et non invenisti
4 cogitationes meas transire os meum
in opere hominum
propter verbum labiorum tuorum ego observavi vias latronis
5 sustenta gressus meos in callibus tuis
et non labentur vestigia mea
6 ego invocavi te quia exaudies me Deus
inclina aurem tuam mihi
audi eloquium meum
7 mirabilem fac misericordiam tuam salvator sperantium
8 a resistentibus dexterae tuae
custodi me quasi pupillam intus in oculo
in umbra alarum tuarum protege me
9 a facie impiorum vastantium me
inimici mei animam meam circumdederunt
10 adipe suo concluserunt
et ore locuti sunt superbe
11 incedentes adversum me nunc circumdederunt me
oculos suos posuerunt declinare in terram
12 similitudo eius quasi leonis desiderantis praedam
et quasi catuli leonis sedentis in absconditis
13 surge Domine praeveni faciem eius incurva eum
salva animam meam ab impio
qui est gladius tuus
14 a viris manus tuae Domine qui mortui sunt in profundo
quorum pars in vita
et quorum de absconditis tuis replesti ventrem
qui satiabuntur filiis et dimittent reliquias suas parvulis eorum
15 ego in iustitia videbo faciem tuam
implebor cum evigilavero similitudine tua

17 VICTORI SERVO DOMINI DAVID QUAE LOCUTUS EST DOMINO VERBA CANTICI HUIUS IN DIE QUA LIBERAVIT EUM DOMINUS DE MANU OMNIUM

7 ~ mihi consilium RIAK. | 8 proponebam + dominum Θ 𝔥; + domino SL | 9 habitabit FΘ 𝔥 | 10 derelinquis RF.; relinques Σ | anima mea RC. | in infernum C; inferno K. | ostendis FΣAKL; ostendisti Θ | laetitiarum] diuitiarum FΣ || **16**(𝔐 **17**),1 exaudi C | 4 in opera CΣ | 5 labantur F; labuntur Θ | 6 mihi + et C | 8 intus oculo R.; intus oculi Θ | 11 in terra C | 12 catuli ... sedentes C; catulus ... sedens Θ. | 14 a uiris] auris CΣΘ | qui²] quia R | saturabuntur IAKS | dimittunt C | reliquas F | 15 iustitia + tua C ||

RFCI ΣAKΘSL 𝔥𝔰

CORUM EIUS ET DE MANU SAUL ET
DIXIT
Ier 16,19 2 Diligam te Domine fortitudo mea
3—51: II Sm 22,2–51 3 Dominus firmamentum meum et re-
30,4; 143,2 fugium meum et liberator meus
7,2! Hbr 2,13 Deus meus adiutor meus et sperabo
in eum
19; 27,7! Lc 1,69 protector meus et cornu salutis meae
et susceptor meus
Idc 10,12! 4 laudans invocabo Dominum et ab
inimicis meis salvus ero
54,5 5 circumdederunt me dolores mortis
5—7: 114,3.4 et torrentes iniquitatis conturbaverunt me
6 dolores inferni circumdederunt me
praeoccupaverunt me laquei mortis
119,1; Ion 2,8 7 cum tribularer invocavi Dominum
3,5 et ad Deum meum clamavi
exaudivit de templo ÷sancto: suo
vocem meam
Ex 2,23; Tb 3,24! et clamor meus in conspectu eius introibit in aures eius
76,19; II Sm 22,8! Sir 16,19! 8 et commota est et contremuit terra
et fundamenta montium conturbata
sunt
et commota sunt quoniam iratus est
eis
Is 30,27 9 ascendit fumus in ira eius
49,3! Dt 32,22! et ignis a facie eius exarsit
carbones succensi sunt ab eo
143,5 10 inclinavit caelos et descendit
et caligo sub pedibus eius
11 et ascendit super cherubin et volavit
103,3 volavit super pinnas ventorum
12 et posuit tenebras latibulum suum
in circuitu eius tabernaculum eius
96,2; Dt 4,11! tenebrosa aqua in nubibus aeris
13 prae fulgore in conspectu eius nubes
※eius: transierunt
grando et carbones ignis
I Sm 2,10! Iob 37,5! 14 et intonuit de caelo Dominus

et Altissimus dedit vocem suam Sir 46,20; Is 30,30!
※grando et carbones ignis: Ex 9,24!
15 et misit sagittas et dissipavit eos 143,6; Dt 32,23!
et fulgora multiplicavit et conturba-
vit eos
16 et apparuerunt fontes aquarum
et revelata sunt fundamenta orbis
terrarum
ab increpatione tua Domine
ab inspiratione spiritus irae tuae
17 misit de summo et accepit me 143,7
adsumpsit me de aquis multis
18 eripiet me de inimicis meis fortissi- II Sm 22,18!
mis
et ab his qui oderunt me quoniam
confirmati sunt super me
19 praevenerunt me in die adflictionis
meae
et factus est Dominus protector 3!
meus
20 et eduxit me in latitudinem 4,2; 30,9; 117,5
salvum me faciet quoniam voluit me 21,9
21 ÷et: retribuet mihi Dominus se- 25; 7,9! I Sm 26,23!
cundum iustitiam meam Iob **22,30**
÷et: secundum puritatem manuum
mearum retribuet mihi
22 quia custodivi vias Domini nec impie gessi a Deo meo
23 quoniam omnia iudicia eius in conspectu meo sunt
et iustitias eius non reppuli a me 118,102
24 et ero inmaculatus cum eo
et observabo ab iniquitate mea
25 et retribuet mihi Dominus secundum 21!
iustitiam meam
et secundum puritatem manuum mearum
in conspectu oculorum eius
26 cum sancto sanctus eris
et cum viro innocente innocens eris
27 et cum electo electus eris

RFI (L)WSKΦ 𝔠𝔯

1 et dixit *om.* IWS. | 7 cum tribularer RFI𝔯. 𝔊] in tribulatione mea *cet.* | exaudiuit I𝔯. 𝔊, *cf. He*] exaudiuit me F.; et exaudiuit *cet.* | introibit IWK𝔯𝔊, *cf. He*] introiuit *cet.* | 8 et[1] RI𝔯. 𝔊] *om. cet.* | et[3] *om.* 𝔠 | [*iterum adest* L] | 10 et inclinauit RL. | 13 ※ 𝔯., *cf.* 𝔐] ÷ R | eius[2] RΦ𝔯 𝔐] *om. cet.* | 15 sagittas RΦ𝔯𝔊] sagittas suas *cet.* | et[3] *om.* WSK𝔠 | 17 de[1]] e FL. | me[1] + et LS𝔠 | 18 eripiet RF(*vid.*)Φ𝔯𝔊] et eripuit L.; eripuit *cet.* | confirmati FILΦ𝔯] confortati *cet.* | 20 fecit RL𝔠 | 21 retribuit *bis* R | 23 sunt RFI𝔯] *om. cet.* | iustitia R; iustitiam L. | 24 obseruabo + me WSKΦ𝔠 | 25 retribuit R |

INIMICORUM SUORUM ET DE MANU
SAUL ET AIT
2 Diligam te Domine fortitudo mea
3 Domine petra mea et robur meum
et salvator meus
Deus meus fortis meus sperabo in eo
scutum meum et cornu salutis meae
susceptor meus
4 laudatum invocabo Dominum et ab
inimicis meis salvus ero
5 circumdederunt me funes mortis
et torrentes diabuli terruerunt me
6 funes inferi circumdederunt me
praevenerunt me laquei mortis
7 in tribulatione mea invocabo Dominum
et ad Deum meum clamabo
exaudiet de templo suo vocem meam
et clamor meus ante faciem eius veniet in aures eius
8 commota est et contremuit terra
et fundamenta montium concussa
sunt
et conquassata quoniam iratus est
9 ascendit fumus de furore eius
et ignis ex ore eius devorans
carbones incensi sunt ab eo
10 inclinavit caelos et descendit
et caligo sub pedibus eius
11 et ascendit super cherub
et volavit super pinnas venti
12 posuit tenebras latibulum suum
in circuitu eius tabernaculum eius
tenebrosas aquas in nubibus aetheris
13 prae fulgore in conspectu eius nubes
transierunt
grando et carbones ignis
14 et intonuit de caelo Dominus
et Altissimus dedit vocem suam
grandinem et carbones ignis
15 et emisit sagittas suas et dissipavit
eos
fulgora multiplicavit et conturbavit
illos
16 et apparuerunt effusiones aquarum
et revelata sunt fundamenta orbis
ab increpatione tua Domine
ab inspiratione spiritus furoris tui
17 misit de alto et accepit me
extraxit me de aquis multis
18 liberavit me de inimicis meis poten-
tissimis
et de his qui oderant me quoniam
robustiores me erant
19 praevenerunt me in die adflictionis
meae
et factus est Dominus firmamentum
meum
20 et eduxit me in latitudinem
liberavit me quia placuit ei
21 retribuit mihi Dominus secundum
iustitiam meam
et secundum munditiam manuum
mearum reddidit mihi
22 quia custodivi vias Domini
et non egi impie a Deo meo
23 omnia enim iudicia eius in conspectu
meo
et praecepta eius non amovi a me
24 et fui inmaculatus cum eo
et custodivi me ab iniquitate mea
25 et restituit Dominus mihi secundum
iustitiam meam
et secundum munditiam manuum
mearum in conspectu oculorum
eius
26 cum sancto sanctus eris
cum viro innocente innocenter ages
27 cum electo electus eris

17 (𝔐 **18**), 1 ait] dixit CΣS | 3 in eum RCIΣΘSL𝔥 | 6 inferni IAK | 7 in¹] *praem.* et RΣ. | inuocaui IAKS | clamabo + et CΘ | 9 incensi] succensi FCΣ; accensi Θ | 11 cherubin RFCΣΘ | 12 tenebrosa aqua RIΣAK | aetheris] aeris CΣΘ | 15 et misit RΣ; et emittit L. | 16 domine + et C | 17 et traxit AK; et extraxit CΣ | 18 et liberauit C | oderunt CKΘ | 20 quia] quoniam CΘ | placui IL | 25 restituet FΣΘS𝔥 | ~ mihi dominus RCIAKΘS | 26 eris + et FIΣAKΘL𝔥 | 27 cum¹] *praem.* et IAK. |

RFCI ΣAKΘSL 𝔥𝔰

et cum perverso perverteris
28 quoniam tu populum humilem salvum facies
Is 2,11! 5,15 et oculos superborum humiliabis
29 quoniam tu inluminas lucernam meam Domine
Deus meus inluminas tenebras meas
30 quoniam in te eripiar a temptatione
et in Deo meo transgrediar murum
144,17! Dt 32,4! 31 Deus meus inpolluta via eius
11,7; Prv 30,5! eloquia Domini igne examinata
protector est omnium sperantium in eum
II Sm 22,32! 32 quoniam quis deus praeter Dominum
et quis deus praeter Deum nostrum
33 Deus qui praecingit me virtute
et posuit inmaculatam viam meam
Hab 3,19 34 qui perfecit pedes meos tamquam cervorum
26,6! et super excelsa statuens me
143,1 35 qui doces manus meas in proelium
et posuisti arcum aereum brachia mea
36 et dedisti mihi protectionem salutis tuae
et dextera tua suscepit me
et disciplina tua correxit me in finem
et disciplina tua ipsa me docebit
37 dilatasti gressus meos subtus me
et non sunt infirmata vestigia mea
38 persequar inimicos meos et conprehendam illos
et non convertar donec deficiant
39 confringam illos nec poterunt stare
cadent subtus pedes meos
40 et praecinxisti me virtute ad bellum
subplantasti insurgentes in me subtus me
20,13; II Sm 22,41! 41 et inimicos meos dedisti mihi dorsum
et odientes me disperdisti
42 clamaverunt nec erat qui salvos faceret
ad Dominum nec exaudivit eos
43 et comminuam illos ut pulverem ante faciem venti
ut lutum platearum delebo eos Is 10,6; Mi 7,10
44 eripe me de contradictionibus populi
constitues me in caput gentium
45 populus quem non cognovi servivit mihi
in auditu auris oboedivit mihi Iob 42,5!
46 filii alieni mentiti sunt mihi
filii alieni inveterati sunt
et claudicaverunt a semitis suis
47 vivit Dominus et benedictus Deus meus 143,1
et exaltetur Deus salutis meae
48 Deus qui dat vindictas mihi
et subdidit populos sub me 46,4; 143,2
liberator meus de gentibus iracundis II Sm 22,49!
49 et ab insurgentibus in me exaltabis me
a viro iniquo eripies me 139,2!
50 propterea confitebor tibi in nationibus Domine 56,10; 107,4; II Sm 22,50! Rm 15,9
et psalmum dicam nomini tuo 60,9! 65,2!
51 magnificans salutes regis eius 143,10; II Sm 22,51
et faciens misericordiam christo suo 19,7
David et semini eius usque in saeculum III Rg 2,33!

18 IN FINEM PSALMUS DAVID

2 Caeli enarrant gloriam Dei 49,6! 88,6; 148, Sir 43,1
et opera manuum eius adnuntiat firmamentum
3 dies diei eructat verbum Dn 3,71
et nox nocti indicat scientiam
4 non sunt loquellae neque sermones
quorum non audiantur voces eorum
5 in omnem terram exivit sonus eorum Rm 10,18
et in fines orbis terrae verba eorum

RFI LW(S)KΦ 𝔠𝔯

27 peruerteres I.; peruertes F.; subuerteris L. | 29 inluminas2 RF𝔯., *cf.* 𝔊 *He*] inlumina *cet.* | 30 [*deest* S *usque ad v.* 45] | 31 in eum RFI𝔯.] in se *cet.* | 32 et] aut 𝔠 | 33 praecingit FL𝔯., *cf.* 𝔊 *He*] praecinxit *cet.* | 35 doces RI𝔯.] docet *cet.* | in proelium RIL𝔯.] in proelio F.; ad proelium *cet.* | posuit F | arcum R𝔯. 𝔐𝔊] ut arcum *cet.* | 36 tuae] meae FL., *cf. Su* | 40 bellum + et 𝔠 | 41 disperdisti RF𝔯.] disperdidisti *cet.* | 43 illos RIL𝔯.] eos *cet.* | 44 eripe RFI𝔯.] eripies *cet.* | 45 [*iterum adest* S] | 48 dat RFI𝔯.] das *cet.* | subdidit RFI𝔯.] subdidisti L.; subdes WK; subdis SΦ𝔠 | de gentibus RFIL𝔯. *Su*] de inimicis meis *cet. Hi* | 50 ~ nomini tuo psalmum dicam IWSKΦ𝔠 || **18**,4 audientur R |

et cum perverso pervertes
28 quia tu populum pauperem salvabis
et oculos excelsos humiliabis
29 quia tu inluminabis lucernam meam
Domine
Deus meus inlustrabis tenebras meas
30 in te enim curram accinctus
et in Deo meo transiliam murum
31 Deus inmaculata via eius
eloquium Domini igne examinatum
scutum est omnium sperantium in se
32 quis est deus praeter Dominum
et quis fortis praeter Deum nostrum
33 Deus qui accingit me fortitudine
et posuit inmaculatam viam meam
34 coaequans pedes meos cervis
et super excelsa statuens me
35 docens manus meas ad proelium
et conponens quasi arcum aereum
brachia mea
36 dedisti mihi clipeum salutis tuae
et dextera tua confortavit me
et mansuetudo tua multiplicavit me
37 dilatabis gressus meos subtus me
et non deficient tali mei
38 persequar inimicos meos et adpre-
hendam
et non revertar donec consumam eos
39 caedam eos et non poterunt surgere
cadent sub pedibus meis
40 accinxisti me fortitudine ad proelium
incurvabis resistentes mihi sub me
41 inimicorum meorum dedisti mihi
dorsum
et odientes me disperdidisti
42 clamabunt et non erit qui salvet
ad Dominum et non exaudiet eos
43 delebo eos ut pulverem ante faciem
venti
ut lutum platearum proiciam eos
44 salvabis me a contradictionibus populi
pones me in caput gentium
45 populus quem ignoravi serviet mihi
auditione auris oboediet mihi
46 filii alieni mentientur mihi
filii alieni defluent et contrahentur
in angustiis suis
47 vivit Dominus et benedictus Deus
meus
et exaltabitur Deus salutis meae
48 Deus qui das vindictas mihi
et congregas populos sub me
qui servas me ab inimicis meis
49 et a resistentibus mihi elevas me
a viro iniquo libera me
50 propterea confitebor tibi in gentibus
Domine
et nomini tuo cantabo
51 magnificanti salutes regis sui
et facienti misericordiam christo suo
David et semini eius usque in aeternum

18 VICTORI CANTICUM DAVID

2 Caeli enarrant gloriam Dei
et opus manus eius adnuntiat firmamentum
3 dies diei eructat verbum
et nox nocti indicat scientiam
4 non est sermo et non sunt verba
quibus non audiatur vox eorum
5 in universam terram exivit sonus
eorum
et in finibus orbis verba eorum

29 inluminas IAKΘ | inlustrabis] inluminabis IAKΘ. | 32 deum] dominum FΣ | 33 fortitudinem FΘL | 36 tuae] meae RΣ. | 39 poterint F.; potuerunt IAK | 40 fortitudinem F | 41 disperdisti C.; dispersisti FΣL | 42 clamauerunt FK. | 46 mentiuntur IAK | deflent FΘ. | 47 exaltetur FL | 49 liberas C | 51 salutem CΘ; salutis F. || **18** (𝔐 **19**), 2 eius *om.* IAK. | 4 et *om.* FΣ |

RFCI ΣAKΘSL 𝔥𝔰

[6]in sole posuit tabernaculum suum
et ipse tamquam sponsus procedens
de thalamo suo
exultavit ut gigans ad currendam
viam ÷ suam:
Dt 4,32 [7]a summo caeli egressio eius
et occursus eius usque ad summum
eius
Sir 43,3 nec est qui se abscondat a calore eius
[8]lex Domini inmaculata convertens
animas
110,8; 118,130 testimonium Domini fidele sapientiam praestans parvulis
[9]iustitiae Domini rectae laetificantes
corda
118,130 praeceptum Domini lucidum inluminans oculos
[10]timor Domini sanctus permanens in
saeculum saeculi
iudicia Domini vera iustificata in semet ipsa
118,127! [11]desiderabilia super aurum et lapidem pretiosum multum
Sir 24,27 et dulciora super mel et favum
118,112 [12]etenim servus tuus custodit ea
in custodiendis illis retributio multa
[13]delicta quis intellegit
ab occultis meis munda me
[14]et ab alienis parce servo tuo
si mei non fuerint dominati
tunc inmaculatus ero
et emundabor a delicto maximo
103,34; 118,108 [15]et erunt ut conplaceant eloquia oris
mei
et meditatio cordis mei in conspectu
tuo semper
Domine adiutor meus et redemptor
meus

19 IN FINEM PSALMUS DAVID

85,7 [2]Exaudiat te Dominus in die tribulationis
protegat te nomen Dei Iacob
[3]mittat tibi auxilium de sancto
et de Sion tueatur te
[4]memor sit omnis sacrificii tui
et holocaustum tuum pingue fiat
DIAPSALMA
[5]tribuat tibi secundum cor tuum 12,6! 36,4!
et omne consilium tuum confirmet
[6]laetabimur in salutari tuo
et in nomine Dei nostri magnificabimur
[7]impleat Dominus omnes petitiones 36,4! I Sm 1,17 Phil 4,19
tuas
nunc cognovi quoniam salvum fecit 17,51! II Sm 22,51!
Dominus christum suum
exaudiet illum de caelo sancto suo
in potentatibus salus dexterae eius
[8]hii in curribus et hii in equis Is 31,1!
nos autem in nomine Domini Dei
nostri invocabimus
[9]ipsi obligati sunt et ceciderunt
nos vero surreximus et erecti sumus
[10]Domine salvum fac regem 27,8
et exaudi nos in die qua invocaverimus te

20 IN FINEM PSALMUS DAVID

[2]Domine in virtute tua laetabitur rex 62,12
et super salutare tuum exultabit vehementer 12,6!
[3]desiderium animae eius tribuisti ei 36,4
et voluntate labiorum eius non fraudasti eum
DIAPSALMA
[4]quoniam praevenisti eum in benedictionibus dulcedinis
posuisti in capite eius coronam de II Sm 12,30! Est 1,11! Sap 5,17
lapide pretioso
[5]vitam petiit a te et tribuisti ei
longitudinem dierum in saeculum et 60,7; 90,16; Prv 9,11!

RFI LWSKΦ cr

6 procidens R; *om.* W. | suam RFISr *Hi* 𝔊] *om. cet., cf. Su* | 7 caeli Rr. *He, cf.* 𝔊] caelo *cet.* | 10 domini2] dei I || **19**,4 diapsalma *om.* WKc | 5 tibi + dominus IL, *cf. Su* | 7 faciet R | 8 inuocabimus] magnificabimur IL. | 9 uero RFILr.] autem *cet.* | resureximus IL. || **20**,2 salutarem tuum L.; salutari tuo FWK | 3 animae RFILr. 𝔊] cordis *cet.* | uoluntatem IWKΦ | diapsalma *om.* WKc | 5 petit RIL. |

6 soli posuit tabernaculum in eis
et ipse quasi sponsus procedens de thalamo suo
exultavit ut fortis ad currendam viam
7 a summitate caeli egressus eius
et cursus eius usque ad summitatem illius
nec est qui se abscondat a calore eius
8 lex Domini inmaculata convertens animam
testimonium Domini fidele sapientiam praestans parvulis
9 praecepta Domini recta laetificantia cor
mandatum Domini lucidum inluminans oculos
10 timor Domini mundus perseverans in saecula
iudicia Domini vera iustificata in semet ipsis
11 desiderabilia super aurum et lapidem pretiosum multum
et dulciora super mel et favum redundantem
12 unde et servus tuus docebit ea
in custodiendis eis fructus multus
13 errores quis intelleget
ab occultis munda me
14 a superbis quoque libera servum tuum
si non fuerint dominati mei tunc inmaculatus ero
et mundabor a delicto maximo
15 sint placentes sermones oris mei
meditatio cordis mei in conspectu tuo
Domine fortitudo mea et redemptor meus

19 VICTORI CANTICUM DAVID
2 Exaudiat te Dominus in die tribulationis
protegat te nomen Dei Iacob
3 mittat tibi auxilium de sancto
et de Sion roboret te
4 memor sit omnis sacrificii tui
et holocaustum tuum pingue fiat
SEMPER
5 det tibi secundum cor tuum
et omnem voluntatem tuam impleat
6 laudabimus in salutari tuo
et in nomine Dei nostri ducemus choros
7 impleat Dominus omnes petitiones tuas
nunc scio quoniam salvabit Dominus christum suum
exaudiet eum de caelo sancto suo
in fortitudine salutis dexterae suae
8 hii in curribus et hii in equis
nos autem nominis Domini Dei nostri recordabimur
9 ipsi incurvati sunt et ceciderunt
nos autem resurreximus et erecti sumus
10 Domine salva
rex exaudiet nos in die qua invocaverimus

20 VICTORI CANTICUM DAVID
2 Domine in fortitudine tua laetabitur rex
et in salutari tuo exultabit vehementer
3 desiderium cordis eius dedisti ei
et voluntate labiorum eius non fraudasti eum
SEMPER
4 quoniam praevenies eum benedictionibus bonitatis
pones in capite eius coronam de lapide pretioso
5 vitam petivit te et dedisti ei
longitudinem dierum in saeculum

6 procidens RA. | de] e C | 7 egressio C | eius[3]] illius RΘ. | 8 animas IAKΘ. | domini[2]] dei C | 10 domini[2]] dei C | in semet ipsa IAK | 11 desiderabiliora CΣ | 13 intelleget RILꞩ] intellegit *cet.* | occultis + meis IAKS. | me + domine CΣ | 14 et emundabor RF | 15 mei[1] + et C || **19**(𝔐 **20**),4 semper *om.* I | 6 nomine + domini CΘ | 8 in nomine RΘL | 9 surreximus IΣKΘL𝔥 | 10 exaudi KS.; audiet C | inuocauerimus + te FIΣAK; + eum Θ || **20**(𝔐 **21**),2 et *om.* IAK. | exultauit FAK | 3 uoluntatem FIΣAKS | semper *om.* IAK | 4 praeuenisti CΣAK | eum + in FΣAKS𝔥 | 5 petit C | te *om.* CΘ | dedisti] tribuisti C |

RFCI ΣΑΚΘSL 𝔥ꞩ

in saeculum saeculi
6 magna gloria eius in salutari tuo
8,6 gloriam et magnum decorem inpones super eum
44,3 7 quoniam dabis eum benedictionem in saeculum saeculi
15,11! laetificabis eum in gaudio cum vultu tuo
8 quoniam rex sperat in Domino
et in misericordia Altissimi non commovebitur
9 inveniatur manus tua omnibus inimicis tuis
dextera tua inveniat ÷ omnes : qui te oderunt
Os 7,7; Mal 4,1 10 pones eos ut clibanum ignis
in tempore vultus tui
Dominus in ira sua conturbabit eos
Is 26,11! et devorabit eos ignis
36,28! Iob 18,16 11 fructum eorum de terra perdes
et semen eorum a filiis hominum
12 quoniam declinaverunt in te mala
cogitaverunt consilia quae non potuerunt ÷ stabilire :
17,41; II Sm 22,41! 13 quoniam pones eos dorsum
in reliquis tuis praeparabis vultum eorum
14 exaltare Domine in virtute tua
58,17; 70,8 cantabimus et psallemus virtutes tuas

21 IN FINEM PRO ADSUMPTIONE MATUTINA PSALMUS DAVID

Mt 27,46; Mc 15,34 2 Deus Deus meus ÷ respice me : quare me dereliquisti
longe a salute mea verba delictorum meorum
87,2.10; Lam 3,8; Hab 1,2! 3 Deus meus clamabo per diem et non exaudies
et nocte et non ad insipientiam mihi
Is 57,15! Ioel 3,17 4 tu autem in sancto habitas Laus Israhel
5 in te speraverunt patres nostri
speraverunt et liberasti eos
6 ad te clamaverunt et salvi facti sunt
in te speraverunt et non sunt confusi **24,3!**
7 ego autem sum vermis et non homo **Iob 25,6!**
obprobrium hominum et abiectio plebis **Iob 17,6!**
8 omnes videntes me deriserunt me 43,14! Sir 13,8! Iob 12,4! 16,5!
locuti sunt labiis moverunt caput Mt 27,39! Lc 23,35!
9 speravit in Domino eripiat eum Mt 27,43
salvum faciat eum quoniam vult eum 17,20; Sap 2,18
10 quoniam tu es qui extraxisti me de ventre 70,5.6!
spes mea ab uberibus matris meae
11 in te proiectus sum ex utero
de ventre matris meae Is 44,2
Deus meus es tu
12 ne discesseris a me
quoniam tribulatio proxima est Iob 30,13
quoniam non est qui adiuvet 106,12; Sir 51,10
13 circumdederunt me vituli multi Is 34,7
tauri pingues obsederunt me
14 aperuerunt super me os suum Iob 16,11
sicut leo rapiens et rugiens
15 sicut aqua effusus sum Gn 49,4; II Sm 14,14
et dispersa sunt universa ossa mea
factum est cor meum tamquam cera liquescens in medio ventris mei
16 aruit tamquam testa virtus mea
et lingua mea adhesit faucibus meis 136,6; Iob 29,1 Ez 3,26
et in limum mortis deduxisti me
17 quoniam circumdederunt me canes multi
concilium malignantium obsedit me 16,9; 30,14
foderunt manus meas et pedes meos
18 dinumeraverunt omnia ossa mea
ipsi vero consideraverunt et inspexerunt me
19 diviserunt sibi vestimenta mea Mc 15,24; Lc 23,34; Io **19,24**
et super vestem meam miserunt sortem
20 tu autem Domine ne elongaveris auxilium tuum 39,12
ad defensionem meam conspice 39,14
21 erue a framea animam meam 143,10; Ex 18,

RFI LWSKΦ cr 6 magna + est L c | 7 benedictionem RFr𝔊] in benedictionem *cet.* | 10 deuorauit F | 13 reliquiis WSK c | 14 cantauimus FL. | psallimus RLΦ || **21**,1 adsumptione] susceptione I c. | 2 me¹] in me c | 8 mouerunt FIr. 𝔊, *cf. He*] et mouerunt *cet.* | 9 faciet I | 15 uniuersa RF Ir] omnia *cet.* | 16 in limum RIr.] in puluere FLΦ; in puluerem *cet.* | deduxerunt FL. | 20 auxilium tuum] auxilium meum *Hi*; *praem.* a me K.; + a me c *Su* | 21 framea + deus c |

et in aeternum
6 magna gloria eius in salutari tuo
gloriam et decorem pones super eum
7 pones enim eum benedictionem sempiternam
et hilarabis eum laetitia apud vultum tuum
8 quia rex confidet in Domino
et in misericordia Excelsi non decipietur
9 inveniet manus tua omnes inimicos tuos
dextera tua inveniet odientes te
10 pones eos ut clibanum ignis in tempore vultus tui
Dominus in furore suo praecipitabit eos et devorabit eos ignis
11 fructum eorum de terra perdes
et semen eorum de filiis hominum
12 quoniam inclinaverunt super te malum
cogitaverunt scelus quod non potuerunt
13 quia pones eos umerum
funes tuos firmabis contra facies eorum
14 exaltare Domine in fortitudine tua
cantabimus et psallemus fortitudines tuas

21 VICTORI PRO CERVO MATUTINO CANTICUM
2 Deus Deus meus quare dereliquisti me
longe a salute mea verba rugitus mei
3 Deus meus clamabo per diem et non exaudies
et nocte nec est silentium mihi
4 et tu sancte habitator Laus Israhel
5 in te confisi sunt patres nostri
confisi sunt et salvasti eos
6 ad te clamaverunt et salvati sunt
in te confisi sunt et non sunt confusi
7 ego autem sum vermis et non homo
obprobrium hominum et dispectio plebis
8 omnes videntes me subsannant me
dimittunt labium movent caput
9 confugit ad Dominum salvet eum
liberet eum quoniam vult eum
10 tu autem propugnator meus ex utero
fiducia mea ab uberibus matris meae
11 in te proiectus sum ex vulva
de ventre matris meae Deus meus es tu
12 ne longe fias a me quoniam tribulatio proxima est
quoniam non est adiutor
13 circumdederunt me vituli multi
tauri pingues vallaverunt me
14 aperuerunt super me os suum
quasi leo capiens et rugiens
15 sicut aqua effusus sum et separata sunt omnia ossa mea
factum est cor meum sicut cera liquefacta in medio ventris mei
16 aruit velut testa fortitudo mea
et lingua mea adhesit palato meo
et in pulverem mortis detraxisti me
17 circumdederunt me venatores
concilium pessimorum vallavit me
vinxerunt manus meas et pedes meos
18 numeravi omnia ossa mea
quae ipsi respicientes viderunt in me
19 diviserunt vestimenta mea sibi
et super vestimentum meum miserunt sortem
20 tu autem Domine ne longe fias
fortitudo mea in auxilium meum festina
21 erue a gladio animam meam

RFCI ΣΑΚΘSL 𝔥𝔰

6 inpones C; superpones Θ. | 8 confidit FΣS | 13 quia] quoniam IAK || **21** (𝔐 **22**), 1 pro *om.* C | 5 confisi² — 6 sunt² *om.* C | 6 saluati] salui facti RAKΘ. | 8 subsannabat F.; subsannabant CΘS | 10 propugnator] expugnator C | 11 es *om.* F | 12 longe fias FΣ L𝔥𝔰] recedas S.; longe facias *cet.* | 15 effusum est C | 16 in puluere FΘL | 17 consilium CAKΘ | 18 numeraui CIS𝔰] numerauit Θ.; numera AK.; numerauerunt RFΣL𝔥 | quae *om.* F | 20 ne e longe IΣ | facias FIAK |

et de manu canis unicam meam
I Mcc 2,60! 22 salva me ex ore leonis
et a cornibus unicornium humilitatem meam
Hbr 2,12 23 narrabo nomen tuum fratribus meis
26! 25,12 in media ecclesia laudabo te
24 qui timetis Dominum laudate eum
universum semen Iacob magnificate eum
25 timeat eum omne semen Israhel
quoniam non sprevit neque dispexit deprecationem pauperis
nec avertit faciem suam a me
et cum clamarem ad eum exaudivit ÷ me:
23! 34,18! 26 apud te laus mea in ecclesia magna
115,14.18; Dt 23,21! vota mea reddam in conspectu timentium eum
67,4; 68,33; Is 65,13.14 27 edent pauperes et saturabuntur
et laudabunt Dominum qui requirunt eum
vivent corda eorum in saeculum saeculi
28 reminiscentur et convertentur ad Dominum
universi fines terrae
71,11! 85,9; 95,7; Is 66,23; I Par 16,28! Tb 13,13.14! et adorabunt in conspectu eius
universae familiae gentium
46,8.9! Abd 21 29 quoniam Dei est regnum
et ÷ ipse: dominabitur gentium
30 manducaverunt et adoraverunt omnes pingues terrae
in conspectu eius cadent omnes qui descendunt in terram
31 et anima mea illi vivet
et semen meum serviet ipsi
70,18.19; 101,19 32 adnuntiabitur Domino generatio ventura
et adnuntiabunt iustitiam eius
populo qui nascetur quem fecit ÷ Dominus:

22 PSALMUS DAVID

Dominus reget me et nihil mihi deerit Is 49,9.10!
2 in loco pascuae ÷ ibi: me conlocavit Ez 34,14
super aquam refectionis educavit me Apc 7,17
3 animam meam convertit
deduxit me super semitas iustitiae
propter nomen suum
4 nam et si ambulavero in medio umbrae mortis 137,7
non timebo mala quoniam tu mecum es
virga tua et baculus tuus
ipsa me consolata sunt
5 parasti in conspectu meo mensam
adversus eos qui tribulant me
inpinguasti in oleo caput meum 103,15
et calix meus inebrians quam praeclarus est
6 et misericordia tua subsequitur me
omnibus diebus vitae meae 26,4!
et ut inhabitem in domo Domini
in longitudinem dierum

23 PSALMUS DAVID PRIMA SABBATI

Domini est terra et plenitudo eius 49,12; 88,12! Ex 19,5! 97,7; I Cor 10,26
orbis terrarum et ÷ universi: qui habitant in eo
2 ※quia: ipse super maria fundavit eum 135,6
et super flumina praeparavit eum
3 quis ascendit in montem Domini
aut quis stabit in loco sancto eius
4 innocens manibus et mundo corde
qui non accepit in vano animam suam
nec iuravit in dolo proximo suo 14,4
5 hic accipiet benedictionem a Domino
et misericordiam a Deo salvatore suo
6 haec est generatio quaerentium eum 26,8; 104,4
quaerentium faciem Dei Iacob

DIAPSALMA

7 adtollite portas principes vestras 9

RFI LWSKΦ cr 22 unicornorum I.; unicornuorum L. | 23 in medio ecclesiae WSKΦ c | 24 magnificate RFILr. *Hi*] glorificate *cet.*, *cf. Su* | 29 dei RFIr.] domini *cet.* | 32 adnuntiabunt + caeli c | nascitur RIL. || **22**,1 reget RIΦr] regit *cet.* | 2 ÷ *post* ibi *ponit* R | 5 praeclarum RL. | 6 subsequetur LWS c | in longitudine IS || **23**,1 prima sabbati *om.* W.; ~ prima sabbati psalmus dauid c. | 3 ascendet c | 5 saluatore Rr.] salutare F; salutari *cet.* | 6 requirentium1 FL. | diapsalma *om.* WK c |

de manu canis solitariam meam
22 salva me ex ore leonis
et de cornibus unicornium exaudi me
23 narrabo nomen tuum fratribus meis
in medio ecclesiae laudabo te
24 qui timetis Dominum laudate eum
omne semen Iacob glorificate eum
25 et metuite eum universum semen Israhel
quoniam non dispexit neque contempsit modestiam pauperis
et non abscondit faciem suam ab eo
et cum clamaret ad eum audivit
26 apud te laus mea in ecclesia multa
vota mea reddam in conspectu timentium eum
27 comedent mites et saturabuntur
laudabunt Dominum quaerentes eum
vivet cor vestrum in sempiternum
28 recordabuntur et convertentur ad Dominum omnes fines terrae
et adorabunt coram eo universae cognationes gentium
29 quia Domini est regnum et dominabitur gentibus
30 comederunt et adoraverunt omnes pingues terrae
ante faciem eius curvabunt genu universi qui descendunt in pulverem
31 et anima eius ipsi vivet
semen serviet ei
32 narrabitur Domino in generatione
venient et adnuntiabunt iustitias eius
populo qui nascetur quas fecit

22 CANTICUM DAVID

Dominus pascit me nihil mihi deerit
2 in pascuis herbarum adclinavit me
super aquas refectionis enutrivit me
3 animam meam refecit
duxit me per semitas iustitiae propter nomen suum
4 sed et si ambulavero in valle mortis
non timebo malum quoniam tu mecum es
virga tua et baculus tuus ipsa consolabuntur me
5 pones coram me mensam ex adverso hostium meorum
inpinguasti oleo caput meum
calix meus inebrians
6 sed et benignitas et misericordia subsequetur me omnibus diebus vitae meae
et habitabo in domo Domini in longitudine dierum

23 DAVID CANTICUM

Domini est terra et plenitudo eius
orbis et habitatores eius
2 quia ipse super maria fundavit eum
et super flumina stabilivit illum
3 quis ascendet in montem Domini
et quis stabit in loco sancto eius
4 innocens manibus et mundo corde
qui non exaltavit frustra animam suam
et non iuravit dolose
5 accipiet benedictionem a Domino
et iustitiam a Deo salutari suo
6 haec generatio quaerentium eum
quaerentium faciem tuam Iacob

SEMPER

7 levate portae capita vestra

22 unicornuum S.; unicornorum IAK.; unicornuorum Θ | 27 uestrum] eorum FΣL | 31 uiuet RFΣ𝔥𝔰𝔐] uiuet et *cet.* | 32 narrabunt IAK | uenient] uiuenti C | nascitur RAK. | fecit + dominus FCΣΘL || **22** (𝔐 **23**), 1 me + et RFΘL | 3 deduxit IK. | per] super FA | 4 me] mei C | 5 meum + et FΣL | 6 subsequetur CI𝔰] subsequentur ΣΘ; subsequitur *cet.* | in longitudinem FL || **23** (𝔐 **24**), 1 ~ canticum dauid IΣAKSL𝔥 | 2 quia] qui A.; *om.* FΣL | 3 ascendit RFΣKSL | 6 haec FCΘ𝔰𝔐] haec est *cet.* | semper *om.* IK |

RFCI ΣAKΘSL 𝔥𝔰

et elevamini portae aeternales
et introibit rex gloriae
10 8 quis est iste rex gloriae
Ier 32,18 Dominus fortis et potens Dominus
potens in proelio
7 9 adtollite portas principes vestras
et elevamini portae aeternales
et introibit rex gloriae
8 10 quis est iste rex gloriae
Ier 32,18! Dominus virtutum ipse est rex gloriae
DIAPSALMA

24 PSALMUS DAVID

85,4; 142,8; Lam 3,41 Ad te Domine levavi animam meam 2 Deus meus
in te confido non erubescam
12,5; 37,17! 3 neque inrideant me inimici mei
21,6; Rm 5,5 etenim universi qui sustinent te non confundentur
4 confundantur ÷ omnes : iniqua agentes supervacue
85,11; 142,8 vias tuas Domine demonstra mihi
÷ et : semitas tuas doce me
5 dirige me in veritatem tuam
Iob 13,16! et doce me quoniam tu es Deus salvator meus
et te sustinui tota die
Sir 51,11 6 reminiscere miserationum tuarum Domine
102,17! et misericordiarum tuarum quia a saeculo sunt
Tb 3,3! 7 delicta iuventutis meae et ignorantias meas ne memineris
secundum misericordiam tuam memento mei ※ tu :
propter bonitatem tuam Domine
8 dulcis et rectus Dominus
propter hoc legem dabit delinquentibus in via
9 diriget mansuetos in iudicio
I Sm 12,23! docebit mites vias suas
Tb 3,2! 10 universae viae Domini misericordia
et veritas
requirentibus testamentum eius et testimonia eius
11 propter nomen tuum Domine 78,9! 108,21!
et propitiaberis peccato meo multum est enim III Rg 8,50!
12 quis est homo qui timet Dominum
legem statuet ei in via quam elegit
13 anima eius in bonis demorabitur
et semen ipsius hereditabit terram 111,2
14 firmamentum est Dominus timentibus eum
et testamentum ipsius ut manifestetur illis
15 oculi mei semper ad Dominum 140,8.9
quoniam ipse evellet de laqueo pedes meos 30,5
16 respice in me et miserere mei 85,16
quia unicus et pauper sum ego
17 tribulationes cordis mei multiplicatae sunt 33,20! 106,6!
de necessitatibus meis erue me 30,8
18 vide humilitatem meam et laborem meum Gn 31,42!
et dimitte universa delicta mea
19 respice inimicos meos quoniam multiplicati sunt 3,2! 37,20; 68,
et odio iniquo oderunt me 34,19!
20 custodi animam meam et erue me
non erubescam quoniam speravi in te
21 innocentes et recti adheserunt mihi
quia sustinui te
22 libera Deus Israhel ex omnibus tribulationibus suis 33,5! 53,9; 129,8; 142,11; Tb 3,21!

25 PSALMUS DAVID

Iudica me Domine quoniam ego in innocentia mea ingressus sum 7,9!
et in Domino sperans non infirmabor
2 proba me Domine et tempta me 16,3! Ier 9,7
ure renes meos et cor meum

RFI LWSKΦ cr 9 tollite IL. | 10 diapsalma] *ad tit. seq. trahunt* FKΦ; *om.* IL𝔠 || **24**,1 psalmus] diapsalma FKΦ; *om.* S.; *praem.* in finem ILW𝔠 | 4 edoce L𝔠 | 5 in ueritatem tuam RI𝔯. 𝔊] in ueritate tua *cet.* | quoniam RF𝔯.] quia *cet.* | 6 quia RL𝔯 𝔊 *He*] qui F.; quae *cet.* | 7 ※ 𝔯., *cf.* 𝔐] ÷ R | 9 dirigit FL. | 11 et RL𝔯. 𝔊] *om. cet.* | 12 statuet RIL𝔯. 𝔊] statuit *cet.* | 13 ipsius RF𝔯.] eius *cet.* | 16 quia] quoniam FL. | 17 multiplicati R || **25**,1 psalmus *om.* R.; ~ dauid psalmus Φ; *praem.* in finem K𝔠 |

et elevamini ianuae sempiternae
et ingrediatur rex gloriae
8 quis est iste rex gloriae
Dominus fortis et potens Dominus fortis in proelio
9 levate portae capita vestra
et erigite ianuae sempiternae
et ingrediatur rex gloriae
10 quis est iste rex gloriae
Ier 32,18! Dominus exercituum ipse est rex gloriae
SEMPER

24 DAVID
Ad te Domine animam meam levabo
2 Deus meus in te confisus sum ne confundar
3 ne laetentur inimici mei
sed et universi qui sperant in te non confundantur
4 confundantur qui iniqua gerunt frustra
vias tuas Domine ostende mihi
semitas tuas doce me
5 deduc me in veritate tua
et doce me quia tu Deus salvator meus
te expectavi tota die
6 recordare miserationum tuarum Domine
et misericordiarum tuarum quia ex sempiterno sunt
7 peccatorum adulescentiae meae et scelerum meorum ne memineris
secundum misericordiam tuam recordare mei
propter bonitatem tuam Domine
8 bonus et rectus Dominus
propterea docebit peccatores in via
9 deducet mansuetos in iudicio
et docebit modestos viam suam
10 omnes semitae Domini misericordia et veritas
his qui custodiunt pactum eius et testificationem eius
11 propter nomen tuum propitiare iniquitati meae quoniam grandis est
12 quis est iste vir timens Dominum
quem docebit in via quam elegerit
13 anima eius in bono commorabitur
et semen eius hereditabit terram
14 secretum Domini timentibus eum
et pactum suum ostendet eis
15 oculi mei semper ad Dominum
quia ipse educet de rete pedes meos
16 respice in me et miserere mei
quoniam solus et pauper sum ego
17 tribulationes cordis mei multiplicatae sunt
de angustiis meis educ me
18 vide adflictionem meam et laborem meum
et porta omnia peccata mea
19 vide inimicos meos quia multiplicati sunt
et odio iniquo oderunt me
20 custodi animam meam et libera me
non confundar quia speravi in te
21 simplicitas et aequitas servabunt me quia expectavi te III Rg 9,4; Prv 11,3
22 redime Deus Israhelem ex omnibus angustiis suis

25 DAVID
Iudica me Deus quoniam ego in simplicitate mea ambulavi
et in Domino confidens non deficiam
2 proba me Domine et tempta me
ure renes meos et cor meum

7 et reuelamini C | 10 semper *om.* RI || **24** (𝔐 **25**), 1 leuaui Θ.; leuo RL | 5 tu CS𝔰𝔐] tu es *cet.* | 6 quia RFL𝔥𝔰𝔐] quae *cet.* | 10 testificationes CAK | 11 iniquitatis IAK. | 12 elegit IAK | 14 ostendit RFIΣΘL𝔥 | 15 educit CIA | 20 quia] quoniam CKΘ | 22 israhel RΘ; hierusalem S. || **25** (𝔐 **26**), 1 deus] domine R |

RFCI ΣAKΘSL 𝔥𝔰

3 quoniam misericordia tua ante oculos meos est
et conplacui in veritate tua
1,1; Ier 15,17 4 non sedi cum concilio vanitatis
et cum iniqua gerentibus non introibo
5 odivi ecclesiam malignantium
1,1 et cum impiis non sedebo
72,13 6 lavabo inter innocentes manus meas
et circumdabo altare tuum Domine
7 ut audiam vocem laudis
70,17; 74,2! et enarrem universa mirabilia tua
8 Domine dilexi decorem domus tuae
et locum habitationis gloriae tuae
27,3; 138,19; Gn 18,25 9 ne perdas cum impiis animam meam
et cum viris sanguinum vitam meam
10 in quorum manibus iniquitates sunt
dextera eorum repleta est muneribus
11 ego autem in innocentia mea ingressus sum
redime me et miserere mei
Sir 51,20 12 pes meus stetit in directo
21,23! in ecclesiis benedicam ÷ te: Domine

26 DAVID PRIUSQUAM LINIRETUR

Mi 7,8 Dominus inluminatio mea et salus mea quem timebo
Dominus protector vitae meae a quo trepidabo
Iob 19,22 2 dum adpropiant super me nocentes
ut edant carnes meas
qui tribulant me et inimici mei
ipsi infirmati sunt et ceciderunt
3,7 3 si consistant adversus me castra
non timebit cor meum
si exsurgat adversus me proelium
in hoc ego sperabo
4 unam petii a Domino hanc requiram
14,1; 22,6; 41,5; 60,5! 64,5; Lc 2,49 ut inhabitem in domo Domini omnes dies vitae meae
62,3 ut videam voluntatem Domini
et visitem templum eius
5 quoniam abscondit me in tabernaculo in die malorum 30,21; 60,5
protexit me in abscondito tabernaculi sui
6 in petra exaltavit me 17,34; 39,3; 60,
et nunc exaltavit caput meum super inimicos meos
circuivi et immolavi in tabernaculo eius hostiam vociferationis Tb 8,19!
cantabo et psalmum dicam Domino 32,2! 56,8; 58,18 I Par 16,9!
7 exaudi Domine vocem meam qua clamavi 27,2! 30,23; 54,2.3!
miserere mei et exaudi me
8 tibi dixit cor meum exquisivit facies mea 23,6; 104,4
faciem tuam Domine requiram
9 ne avertas faciem tuam a me 50,13!
ne declines in ira a servo tuo
adiutor meus esto ne derelinquas me 37,22.23; 70,12
neque dispicias me Deus salvator meus
10 quoniam pater meus et mater mea dereliquerunt me Ier 12,6
Dominus autem adsumpsit me
11 legem pone mihi Domine in via tua
et dirige me in semita recta propter inimicos meos 5,9
12 ne tradideris me in animas tribulantium me 40,3
quoniam insurrexerunt in me testes iniqui 34,11
et mentita est iniquitas sibi
13 credo videre bona Domini in terra viventium 114,9! Is 38,11
14 expecta Dominum viriliter age 30,25! Dt 31,6! Idt 14,11; Is 25,
et confortetur cor tuum et sustine Dominum

27 HUIC DAVID

Ad te Domine clamabo Deus meus
ne sileas a me 34,22

RFI LWSKΦ cr 6 circumdabo] circuibo I | 9 impiis + deus c | 11 in innocentiam meam IL | 12 pes + enim RL || **26**,1 dauid] *praem.* psalmus ILW c. | liniretur] ungueretur IW. | 2 et¹ *om.* WSK c | 4 omnibus diebus RLWSK c | uoluptatem c. | 5 tabernaculo + suo WSKΦ c | 7 clamaui + ad te L c | 8 exquisiuit + te Φ c, *cf. Su* | 9 saluator R r. *He*] salutaris *cet.* | 11 in semitam rectam c | 14 sustine] expecta I || **27**,1 huic] psalmus L; psalmus ipsi c.; in finem psalmus I. |

3 quia misericordia tua in conspectu oculorum meorum est
et ambulabo in veritate tua
4 non sedi cum viris vanitatis
et cum superbis non ingrediar
5 odivi ecclesiam pessimorum
et cum iniquis non sedebo
6 lavabo in innocentia manus meas
et circuibo altare tuum Domine
7 ut clara voce praedicem laudem
et narrem omnia mirabilia tua
8 Domine dilexi habitaculum domus tuae
et locum tabernaculi gloriae tuae
9 ne auferas cum peccatoribus animam meam
cum viris sanguinum vitam meam
10 in quorum manibus scelus est
et dextera eorum repleta est muneribus
11 ego autem in simplicitate mea gradiar
redime me et miserere mei
12 pes meus stetit in recto
in ecclesiis benedicam Domino

26 DAVID
Dominus lux mea et salutare meum quem timebo
Dominus fortitudo vitae meae quem formidabo
2 cum adpropinquarent mihi maligni ut comederent carnem meam
hostes mei et inimici mei ipsi inpigerunt et ceciderunt
3 si steterint adversus me castra non timebit cor meum
si surrexerit contra me bellum in hoc ego confidam
4 unum petivi a Domino hoc requiram
ut habitem in domo Domini omnibus diebus vitae meae
ut videam pulchritudinem Domini
et adtendam templum eius
5 abscondet enim me in umbra sua in die pessima
abscondet me in secreto tabernaculi sui
6 in petra exaltabit me
nunc quoque exaltabit caput meum super inimicos meos qui sunt in circuitu meo
et immolabo in tabernaculo eius hostias iubili
cantabo et psallam Domino
7 audi Domine vocem meam invocantis
miserere mei et exaudi me
8 tibi dixit cor meum
quaesivit vultus meus faciem tuam Domine et requiram
9 ne abscondas faciem tuam a me
ne declines in furore tuo a servo tuo
auxilium meum fuisti ne derelinquas me
et ne dimittas me Deus salvator meus
10 pater enim meus et mater mea dereliquerunt me
Dominus autem collegit me
11 ostende mihi Domine viam tuam
et deduc me in semita recta propter insidiatores meos
12 ne tradas me Domine animae tribulantium me
quoniam surrexerunt contra me testes falsi et apertum mendacium
13 ego autem credo quod videam bona Domini in terra viventium
14 expecta Dominum confortare et roboretur cor tuum
et sustine Dominum

27 DAVID
Ad te Domine clamabo Fortis meus ne obsurdescas mihi

RFCI ΣAKΘSL 𝔥s

3 quia] quoniam C | 6 circumibo F𝔥; circumdabo RSL | 9 meam[1] + et FΣL𝔥 | 10 et *om.* RΘ | 11 grediar AK; gradior C; egrediar F. | 12 dominum C || **26**(𝔐 **27**), 3 surrexerit] subrepserit C | 4 unam I | 5 abscondit[1] RFKL | abscondit[2] FAKL; + enim RIAKS. | 6 exaltauit[1] FCΣAL | exaltauit[2] FCIAKΘL | et[1] *om.* C | in tabernaculum RF. | hostiam RCΘ | 10 collexit IAKΘS | 12 domine *om.* I | 14 et confortare Θ.; *om.* IAK. ||

nequando taceas a me
87,5; 142,7; Prv 1,12; Bar 3,11 et adsimilabor descendentibus in lacum
26,7! 87,10! 2 exaudi vocem deprecationis meae
dum oro ad te
5,8! 133,2! III Rg 8,38.39! Sir 48,22! dum extollo manus meas ad templum sanctum tuum
25,9! 3 ne simul tradas me cum peccatoribus
et cum operantibus iniquitatem ÷ ne perdideris me:
61,5; Ier 9,8 qui loquuntur pacem cum proximo suo
mala autem sunt in cordibus eorum
61,13! 136,8; Prv 24,12! 4 da illis secundum opera ipsorum
et secundum nequitiam adinventionum ipsorum
Sir 17,19; 35,24; Lam 3,64; Ioel 3,4! II Tim 4,14 secundum opera manuum eorum tribue illis
redde retributionem eorum ipsis
Is 5,12! 5 quoniam non intellexerunt opera Domini
et in opera manuum eius
destrues illos et non aedificabis eos
6 benedictus Dominus quoniam exaudivit vocem deprecationis meae
17,3! 32,20; 39,18! 113,17-19; 118,114 7 Dominus adiutor meus et protector meus
in ipso speravit cor meum et adiutus sum
Iob 33,25 et refloruit caro mea
et ex voluntate mea confitebor ei
8 Dominus fortitudo plebis suae
19,10 et protector salvationum christi sui est
28,11; Ier 31,7 9 salvam fac plebem tuam et benedic hereditati tuae
et rege eos et extolle eos usque in aeternum

28 PSALMUS DAVID IN CONSUMMATIONE TABERNACULI

Adferte Domino filii Dei
adferte Domino filios arietum
95,7.8; I Par 16,28.29! 2 adferte Domino gloriam et honorem
adferte Domino gloriam nomini eius
adorate Dominum in atrio sancto eius 95,9
3 vox Domini super aquas
Deus maiestatis intonuit Iob 37,4
Dominus super aquas multas
4 vox Domini in virtute
vox Domini in magnificentia Iob 37,5!
5 vox Domini confringentis cedros
et confringet Dominus cedros Libani
6 et comminuet eas tamquam vitulum Libani
et dilectus quemadmodum filius unicornium
7 vox Domini intercidentis flammam ignis
8 vox Domini concutientis desertum
et commovebit Dominus desertum Cades
9 vox Domini praeparantis cervos
et revelabit condensa
et in templo eius omnis dicet gloriam
10 Dominus diluvium inhabitare facit
et sedebit Dominus rex in aeternum Tb 9,11!
11 Dominus virtutem populo suo dabit 27,9
Dominus benedicet populo suo in pace

29 PSALMUS CANTICI IN DEDICATIONE DOMUS DAVID

2 Exaltabo te Domine quoniam suscepisti me
nec delectasti inimicos meos super me 37,17!
3 Domine Deus meus clamavi ad te et sanasti me
4 Domine eduxisti ab inferno animam meam 15,10! 48,16; 55,13! 70,20; 85,13!
salvasti me a descendentibus in lacum
5 psallite Domino sancti eius 139,14; Tb 13,3! Dn 3,90
et confitemini memoriae sanctitatis eius 96,12

RFI (L)WSKΦ cr

2 exaudi + domine WSKΦ c, *cf. Su* | 3 tradas] trahas F c. | perdas LWSKΦ c | sunt *om.* WSKΦ c | 4 illis + domine r *lapsu* | ipsorum[1]] eorum c | 5 intellexerunt + in FL. | destrue RILWK | ÷ eos: R | 7 [*deest* L *usque ad* 30,22] | 9 saluam fac plebem tuam RFI r.] saluum fac populum tuum WSKΦ c; + domine Φ c | eos[2]] illos c ‖ **28**,9 reuelauit FI | omnes dicit R.; omnes dicent ISΦ c ‖

ne forte tacente te mihi conparer his qui descendunt in lacum
2 audi Domine deprecationem meam cum clamavero ad te
cum levavero manus meas ad oraculum sanctum tuum
3 ne trahas me cum impiis et cum operantibus iniquitatem
qui loquuntur pacem cum amicis suis et est malum in corde eorum
4 da eis secundum opus suum
et secundum malum adinventionum suarum
iuxta opus manuum suarum da eis
redde retributionem suam illis
5 quoniam non intellegunt opera Domini
et opus manuum eius
destrues eos et non aedificabis
6 benedictus Dominus qui audivit vocem deprecationis meae
7 Dominus fortitudo mea et scutum meum
in ipso confisum est cor meum et habui adiutorium
gavisum est cor meum et in cantico meo confitebor illi
8 Dominus fortitudo mea et robur salutarium christi sui est
9 salva populum tuum et benedic hereditati tuae
et pasce eos et subleva eos usque in sempiternum

28 CANTICUM DAVID

Adferte Domino filios arietum
2 adferte Domino gloriam et imperium
adferte Domino gloriam nomini eius
adorate Dominum in decore sancto
3 vox Domini super aquas
Deus gloriae intonuit
Dominus super aquas multas
4 vox Domini in fortitudine
vox Domini in decore
5 vox Domini confringentis cedros
et confringet Dominus cedros Libani
6 et disperget eas quasi vitulus Libani
et Sarion quasi filius rinocerotis
7 vox Domini dividens flammas ignis
8 vox Domini parturire faciens desertum Cades
9 vox Domini obsetricans cervis et revelans saltus
et in templo eius omnis loquetur gloriam
10 Dominus diluvium inhabitat
et sedebit Dominus rex in aeternum
11 Dominus fortitudinem populo suo dabit
Dominus benedicet populo suo in pace

29 PSALMUS CANTICI PRO DEDICATIONE DOMUS DAVID

2 Exaltabo te Domine quoniam salvasti me
et non delectasti inimicos meos super me
3 Domine Deus meus clamavi ad te et sanasti me
4 Domine eduxisti de inferno animam meam
vivificasti me ne descenderem in lacum
5 cantate Domino sancti eius
et confitemini memoriae sanctitatis eius

27(𝔐 **28**),1 te² *om.* IΘS | 3 trahas] tradas IAKΘS | 5 intellexerunt R | destrue R | 6 qui] quia RIAS𝔥; quoniam K. || **28**(𝔐 **29**),2 domino³ RF. | 6 uitulum RΘL; uituli F. | filios F. | 7 flammam FKΘ | 9 ceruis] seruis F | loquitur RL | gloria IAK || **29**(𝔐 **30**),4 de] ex AK.; ab C |

RFCI ΣAKΘSL 𝔥s

6 quoniam ira in indignatione eius
et vita in voluntate eius
ad vesperum demorabitur fletus
et ad matutinum laetitia
9,27 7 ego autem dixi in abundantia mea
14,5! non movebor in aeternum
8 Domine in voluntate tua praestitisti
decori meo virtutem
avertisti faciem tuam et factus sum
conturbatus
9 ad te Domine clamabo et ad Deum
meum deprecabor
6,6! 87,12 10 quae utilitas in sanguine meo
dum descendo in corruptionem
numquid confitebitur tibi pulvis
aut adnuntiabit veritatem tuam
11 audivit Dominus et misertus est mei
Dominus factus est adiutor meus
Est 13,17! Is 61,3; Ier 31,13 12 convertisti planctum meum in gaudium mihi
conscidisti saccum meum et circumdedisti me laetitia
13 ut cantet tibi gloria mea et non conpungar
51,11; 78,13! 103,33; 145,2; I Par 29,13! Is 38,20 Domine Deus meus in aeternum
confitebor tibi

30 IN FINEM PSALMUS DAVID

18; 7,2! 2 In te Domine speravi non confundar
2–4: 70,1–3 in aeternum
in iustitia tua libera me
16,6! 3 inclina ad me aurem tuam
adcelera ut eruas me
esto mihi in Deum protectorem
et in domum refugii ut salvum me
facias
17,3! 4 quoniam fortitudo mea et refugium
meum es tu
et propter nomen tuum deduces me
et enutries me
24,15; 140,9 5 educes me de laqueo hoc quem absconderunt mihi
quoniam tu es protector meus
Lc 23,46; Act 7,58 6 in manus tuas commendabo spiritum
meum
redemisti me Domine Deus veritatis
7 odisti observantes vanitates supervacue 5,7!
ego autem in Domino speravi
8 exultabo et laetabor in misericordia Sir 51,37
tua
quoniam respexisti humilitatem meam 118,153
salvasti de necessitatibus animam 24,17!
meam
9 nec conclusisti me in manibus inimici
statuisti in loco spatioso pedes meos 17,20!
10 miserere mei Domine quoniam tribulor
conturbatus est in ira oculus meus 6,8
anima mea et venter meus
11 quoniam defecit in dolore vita mea 101,4! Ier 20,18
et anni mei in gemitibus
infirmata est in paupertate virtus 6,3!
mea
et ossa mea conturbata sunt
12 super omnes inimicos meos factus
sum obprobrium 43,14! 79,7; 87,9
et vicinis meis valde et timor notis
meis
qui videbant me foras fugerunt a me Iob 19,13!
13 oblivioni datus sum tamquam mortuus a corde
factus sum tamquam vas perditum Ier 22,28
14 quoniam audivi vituperationem multorum Ier 20,10
commorantium in circuitu
in eo dum convenirent simul adversus me 21,17!
accipere animam meam consiliati
sunt
15 ego autem in te speravi Domine 7,2! 15,1.2
dixi Deus meus es tu 139,7
16 in manibus tuis sortes meae Gn 47,25
eripe me de manu inimicorum meorum 7,2! 58,2! 108,3
et a persequentibus me
17 inlustra faciem tuam super servum 118,135; Nm 6,25!
tuum
salvum me fac in misericordia tua 6,5!

RF(H)I WSKΦ cr **29**,8 tuam + a me IWSKΦ c ‖ **30**,1 dauid + pro extasi c | 6 commendo FI c | 10 [*incipit* H] | 12 uiderunt HI. | foris HISK. | 13 obliuione RF. |

Is 54,8 6 quoniam ad momentum est ira eius
et vita in repropitiatione eius
ad vesperum commorabitur fletus
et in matutino laus
7 ego autem dixi in abundantia mea
non commovebor in sempiternum
8 Domine in voluntate tua posuisti
monti meo fortitudinem
abscondisti faciem tuam et factus
sum conturbatus
9 ad Dominum clamabo et Dominum
deprecabor
10 quae est utilitas in sanguine meo cum
descendero in corruptionem
numquid confitebitur tibi pulvis
aut adnuntiabit veritatem tuam
11 audi Domine et miserere mei
Domine esto adiutor
12 convertisti planctum meum in chorum mihi
solvisti saccum meum et accinxisti
me laetitia
13 ut laudet te gloria et non taceat
Domine Deus meus in sempiternum
confitebor tibi

30 VICTORI CANTICUM DAVID

2 In te Domine speravi non confundar
in aeternum
in iustitia tua salva me
3 inclina ad me aurem tuam velociter
libera me
esto mihi in lapidem fortissimum
et in domum munitam ut salves me
4 quia petra mea et munitio mea tu es
et propter nomen tuum dux meus
eris et enutries me
5 educes me de rete quod absconderunt mihi
quia tu fortitudo mea es
6 in manu tua commendabo spiritum
meum
redemisti me Domine Deus veritatis
7 odisti custodientes vanitates frustra
ego autem in Domino confisus sum
8 exultabo et laetabor in misericordia
tua
quia vidisti adflictionem meam
cognovisti tribulationes animae meae
9 et non conclusisti me in manibus inimici
posuisti in latitudine pedes meos
10 miserere mei Domine quoniam tribulor
caligavit in furore oculus meus
anima mea et venter meus
11 quia consumptae sunt in maerore vitae meae et anni mei in gemitu
infirmata est in iniquitate fortitudo
mea
et ossa mea contabuerunt
12 apud omnes hostes meos factus sum
obprobrium
et vicinis meis nimis et timor notis
meis
qui videbant me in plateis fugiebant
me
13 oblivioni traditus sum quasi mortuus a corde
factus sum quasi vas perditum
14 audivi enim obprobrium multorum
congregationem in circuitu
cum inirent consilium adversum me
et ut auferrent animam meam cogi-
tarent
15 ego autem in te speravi Domine
dixi Deus meus es tu
16 in manu tua tempora mea
libera me de manu inimicorum meorum et persequentium me
17 ostende faciem tuam super servum
tuum
salva me in misericordia tua

8 tuam + a me IAKS. | 9 et dominum FΣAKS𝔰] et deum C; et ad dominum RIL𝔥; et ad deum meum Θ. | 10 descendo IL || **30** (𝔐 **31**),4 ~ es tu C | 6 commendo FI | 7 uanitatis F.; uanitatem C | 12 me[1] *om.* I | 14 cogitauerunt ΣΘ𝔥; *om.* IAK. | 15 es tu *om.* I |

RFCI ΣAKΘSL 𝔥𝔰

2! 18 Domine ne confundar quoniam invocavi te
62,10! erubescant impii et deducantur in infernum
19 muta fiant labia dolosa
quae loquuntur adversus iustum iniquitatem
in superbia et in abusione
20 quam magna multitudo dulcedinis tuae ÷ Domine :
Is 64,4! quam abscondisti timentibus te
perfecisti eis qui sperant in te
in conspectu filiorum hominum
26,5! 21 abscondes eos in abdito faciei tuae
a conturbatione hominum
proteges eos in tabernaculo a contradictione linguarum
4,4; 16,7; 65,20! 22 benedictus Dominus quoniam mirificavit misericordiam suam mihi in civitate munita
115,11; Ion 2,5 23 ego autem dixi in excessu mentis meae
proiectus sum a facie oculorum tuorum
26,7! ideo exaudisti vocem orationis meae
dum clamarem ad te
24 diligite Dominum omnes sancti eius ÷ quoniam : veritates requirit Dominus
93,2; Dt 32,41! Sir 35,23 et retribuit abundanter facientibus superbiam
26,14! I Cor 16,13 25 viriliter agite et confortetur cor vestrum
omnes qui speratis in Domino

31 HUIC DAVID INTELLECTUS

Rm 4,7.8 Beati quorum remissae sunt iniquitates
et quorum tecta sunt peccata
Act 7,59; II Cor 5,19 2 beatus vir cui non inputabit Dominus peccatum
Io 1,47 nec est in spiritu eius dolus
3 quoniam tacui inveteraverunt ossa mea
dum clamarem tota die
4 quoniam die ac nocte gravata est super me manus tua 37,3
conversus sum in aerumna ※mea :
dum configitur ÷ mihi : spina

DIAPSALMA

5 delictum meum cognitum ※tibi : feci 37,19; 50,5.6! 68,6; Nm 5,7!
et iniustitiam meam non abscondi
dixi confitebor adversus me iniustitiam meam Domino Prv 28,13!
et tu remisisti impietatem peccati mei

DIAPSALMA

6 pro hac orabit ad te omnis sanctus in tempore oportuno
verumtamen in diluvio aquarum multarum
ad eum non adproximabunt 90,7
7 tu es refugium meum a tribulatione quae circumdedit me
exultatio mea erue me a circumdantibus me

DIAPSALMA

8 intellectum tibi dabo et instruam te in via hac qua gradieris
firmabo super te oculos meos
9 nolite fieri sicut equus et mulus quibus non est intellectus Tb 6,17
in camo et freno maxillas eorum constringe Prv 26,3; Iac 3,3
qui non adproximant ad te
10 multa flagella peccatoris Prv 13,21; Ecl 2,26
sperantem autem in Domino misericordia circumdabit 32,22
11 laetamini in Domino et exultate iusti 32,1; 63,11; 96,12; Ioel 2,23
et gloriamini omnes recti corde

32 PSALMUS DAVID

Exultate iusti in Domino rectos decet laudatio 31,11! 63,11

RFHI (L)WSKΦ cr

18 ne] nec I; non F c | 19 in² *om.* FI | 21 abscondis RF | in abscondito WSK c | tabernaculo + tuo c | 22 mirificabit R | [*iterum adest* L] | 24 ueritatem LSK c | requirit FIL r. 𝔊] requiret *cet.* | retribuit FL r. 𝔊] retribuet *cet.* || **31**,1 huic] ipsi W c; *om.* IL | 2 inputauit LK c | 4 mea *om.* FL. | confringitur I; confringetur F. | mihi RFI r.] in Φ.; *om.* *cet.* | diapsalma] *ante* conuersus *transponit* R.; *om.* WSK c | 5 diapsalma *om.* WSK c | 6 orauit FLK | ad eum] ad illum L.; *om.* HI. | proximabunt FL | 7 diapsalma *om.* WSK c | 8 qua ingredieris L.; quam ingradieris R. | 9 proximant FL. | 10 sperantes RK; sperante L. || **32**,1 conlaudatio IL c |

18 Domine ne confundar quia invocavi
te
confundantur impii taceant in inferno
19 muta fiant labia mendacii
quae loquuntur contra iustum vetera in superbia et despectione
20 quam multa est bonitas tua quam
absconditi timentibus te
operatus es sperantibus in te in conspectu filiorum hominum
21 abscondes eos in protectione vultus
tui a duritia viri
abscondes eos in umbra a contradictione linguarum
22 benedictus Dominus qui mirabilem
fecit misericordiam suam mihi in civitate munita
23 ego autem dixi in stupore meo proiectus sum de conspectu oculorum eius
ergone audisti vocem deprecationis meae cum clamarem ad te
24 diligite Dominum omnes sancti eius
fideles servat Dominus et retribuet his qui satis operantur superbiam
25 confortamini et roboretur cor vestrum omnes qui expectatis Dominum

31 DAVID ERUDITI
Beatus cui dimissa est iniquitas
et absconditum est peccatum
2 beatus homo cui non inputabit Dominus iniquitatem
nec est in spiritu eius dolus
3 quia tacui adtrita sunt ossa mea in rugitu meo tota die
4 die enim et nocte gravatur super me manus tua
versatus sum in miseria mea cum exardesceret messis iugiter
5 peccatum meum notum facio tibi
et iniquitatem meam non abscondo
dixi confitebor scelus meum Domino
et tu dimisisti iniquitatem peccati mei

SEMPER

6 pro hoc orat omnis sanctus ad te tempus inveniens
ut cum inundaverint aquae multae ad illum non accedant
7 tu es protectio mea ab hoste custodies me
laus mea salvans circumdabis me

SEMPER

8 doceam te et monstrabo tibi viam per quam ambules
cogitabo de te oculo meo
9 nolite fieri sicut equus et mulus quibus non est intellegentia
in camo et freno maxillas eorum constringe qui non accedunt ad te
10 multi dolores impii
confidentem autem in Domino misericordia circumdabit
11 laetamini in Domino et exultate iusti
et laudate omnes recti corde

32 Laudate iusti Dominum rectos decet laudatio

18 ne] non CΘ | quia] quoniam F | 20 tua FΘ𝔰𝔐] *om. cet.* | 21 abscondis[1] RF. | 22 mihi *om.* IΘ. | in ciuitatem munitam C | 23 cum] dum C | 24 retribuit R; tribuit Θ | superba F || **31** (𝔐 **32**), 2 inputauit RCΣL | 5 semper *om.* IAKS | 7 semper *om.* IK | 8 doceam FΘS𝔰] docebo *cet.* | 9 in quibus IAKΘS𝔥 || **32** (𝔐 **33**), 1 laudate] *praem.* psalmus dauid F.; *praem.* canticum dauid L.; *praem.* dauid eruditi Σ |

RFCI ΣAKΘSL 𝔥𝔰

26,6! 42,4! 91,4! 143,9; 149,3! 2 confitemini Domino in cithara
in psalterio decem cordarum psallite
illi
3 cantate ei canticum novum
97,5! 108,30! Idt 16,2! bene psallite in vociferatione
4 quia rectum est verbum Domini
et omnia opera eius in fide
5 diligit misericordiam et iudicium
118,64 misericordia Domini plena est terra
6 verbo Domini caeli firmati sunt
et spiritu oris eius omnis virtus eorum
77,13 7 congregans sicut in utre aquas maris
ponens in thesauris abyssos
8 timeat Dominum omnis terra
ab eo autem commoveantur omnes
inhabitantes orbem
148,5; Idt 16,17! 9 quoniam ipse dixit et facta sunt
Is 48,13 ipse mandavit et creata sunt
II Esr 4,15! 10 Dominus dissipat consilia gentium
reprobat autem cogitationes popu-
lorum
÷ et reprobat consilia principum:
Prv 19,21; Is 46,10 11 consilium autem Domini in aeternum manet
cogitationes cordis eius in generatione et generationem
64,5; 143,15! Dt 4,20! 33,29 12 beata gens cuius est Dominus Deus
eius
populus quem elegit in hereditatem
sibi
10,5; 13,2; 52,3; Dt 26,15! 13 de caelo respexit Dominus vidit omnes filios hominum
14 de praeparato habitaculo suo
65,7; 101,20; 112,5.6! respexit super omnes qui habitant
terram
15 qui finxit singillatim corda eorum
Sir 15,20! IV Esr 16,55! qui intellegit omnia opera illorum
16—18: 146,10.11 16 non salvatur rex per multam virtutem
I Mcc 3,19 et gigans non salvabitur in multitudine virtutis suae

17 fallax equus ad salutem
in abundantia autem virtutis suae
non salvabitur
18 ecce oculi Domini super metuentes 33,16! Sir 15,20!
eum
qui sperant super misericordia eius
19 ut eruat a morte animas eorum
et alat eos in fame 36,19
20 anima nostra sustinet Dominum 27,7!
quoniam adiutor et protector noster
est
21 quia in eo laetabitur cor nostrum
et in nomine sancto eius speravimus
22 fiat misericordia tua Domine super 31,10
nos
quemadmodum speravimus in te

33 DAVID CUM INMUTAVIT VULTUM
SUUM CORAM ABIMELECH ET DI-
MISIT EUM ET ABIIT
2 Benedicam Dominum in omni tem- Tb 4,20; 14,11
pore
semper laus eius in ore meo
3 in Domino laudabitur anima mea
audiant mansueti et laetentur
4 magnificate Dominum mecum
et exaltemus nomen eius in id ipsum
5 exquisivi Dominum et exaudivit me 7,18; 80,8
et ex omnibus tribulationibus meis 24,22! Act 7,10
eripuit me
6 accedite ad eum et inluminamini
et facies vestrae non confundentur
7 iste pauper clamavit et Dominus ex- 5!
audivit ÷ eum:
et de omnibus tribulationibus eius
salvavit eum
8 vallabit angelus Domini in circuitu Ex 14,19; Za 9,
timentium eum et eripiet eos
9 gustate et videte quoniam suavis est Hbr 6,5; I Pt 2,3
Dominus
beatus vir qui sperat in eo 2,13! 39,5
10 timete Dominum ÷ omnes: sancti
eius

RFHI LWSKΦ cr

2 illi] ei FL. | 3 in FLr. 𝔊 *He*] ei in *cet.* | 7 in utrem HILWK; in utris F. | 10 *signum*: *post* et *ponit* R | 11 ~ manet in aeternum RHIL. | in generationem F; a generatione HI. | et generatione IS | 15 illorum RFILr.] eorum *cet.* | 16 saluabitur[1] IL. | saluatur[2] RHI. | 18 eum + et in eis WSKc || **33**,1 dauidi c.; *praem.* psalmus ILW | cum mutauit L; commotauit I.; cum commotauit W. | 2 domino F | 7 saluabit FHI; liberauit L. | 8 uallabit r., *cf.* 𝔊] uallauit R.; inmittit H(*vid.*)I; inmittet *cet.* |

2 confitemini Domino in cithara
in psalterio decacordo cantate ei
3 cantate ei canticum novum
diligenter psallite in iubilo
4 quia rectum est verbum Domini
et omne opus eius in fide
5 diligit iustitiam et iudicium
misericordia Domini plena est terra
6 verbo Domini caeli facti sunt
et spiritu oris eius omnis ornatus eorum
7 congregans quasi in utre aquas maris
ponens in thesauris abyssos
8 timeat Dominum omnis terra
ipsum formident universi habitatores orbis
9 quia ipse mandavit et factus est
ipso praecipiente stetit
10 Dominus dissolvit consilium gentium
irritas fecit cogitationes populorum
11 consilium Domini in aeternum stabit
cogitationes cordis eius in generatione et generatione
12 beata gens cuius Dominus Deus eius
populus quem elegit in hereditatem sibi
13 de caelo respexit Dominus vidit omnes filios Adam
14 de firmissimo solio suo prospexit ad universos habitatores terrae
15 fingens pariter cor eorum
intellegens omnia opera eorum
16 non salvatur rex in multitudine exercitus
nec fortis liberabitur in multiplicatione virtutis
17 fallax equus ad salutem
et in multitudine roboris sui non salvabit
18 ecce oculus Domini super timentes eum
et expectantes misericordiam eius
19 ut eruat de morte animam eorum
et vivificet eos in fame
20 anima nostra expectavit Dominum
auxilium nostrum et clipeus noster est
21 in ipso enim laetabitur cor nostrum
quia in nomine sancto eius speravimus
22 sit misericordia tua Domine super nos sicut expectavimus te

33 DAVID QUANDO COMMUTAVIT OS SUUM CORAM ABIMELECH ET EIECIT EUM ET ABIIT

2 Benedicam Domino in omni tempore
semper laus eius in ore meo
3 in Domino laetabitur anima mea
audiant mites et laetentur
4 magnificate Dominum mecum et exaltemus nomen eius pariter
5 quaesivi Dominum et exaudivit me
et de omnibus angustiis meis liberavit me
6 respicite ad eum et confluite
et vultus vestri non confundentur
7 hic pauper clamavit et Dominus exaudivit
de omnibus tribulationibus salvabit eum
8 circumdat angelus Domini in gyro timentes eum et eruet eos
9 gustate et videte quoniam bonus Dominus
beatus vir qui sperat in eo
10 timete Dominum sancti eius

3 psallite + ei C; + et R. | 6 facti] firmati IAKΘ | 7 in utrem CL | 10 consilia RIA KL | 12 in *om.* C | 13 respexit] prospexit FCΣΘL𝔥 | 16 in multitudinem FΣ | 18 oculi FIAKS | 19 animas IAKΘ | 20 expectabit CΘ | 22 sit] fiat IAK. | te] in te IAK ‖ **33** (𝔐 **34**), 2 dominum RΣΘL | 3 laetabitur RΣΘL𝔰] laudabitur *cet.* | 4 exultemus F | 7 saluauit CΣSL𝔥 | 9 quoniam] quia F | in eum C | 10 dominum + omnes I |

RFCI ΣAKΘSL 𝔥𝔰

quoniam non est inopia timentibus
eum
Lc 1,53 11 divites eguerunt et esurierunt
inquirentes autem Dominum non
minuentur omni bono

DIAPSALMA

Gn 49,2; Tb 14,10! Prv 8,32! 12 venite filii audite me
timorem Domini docebo vos
13–17: I Pt 3,10–12 13 quis est homo qui vult vitam
cupit videre dies bonos
Prv 4,24; Iob 27,4! 14 prohibe linguam tuam a malo
et labia tua ne loquantur dolum
36,27 15 deverte a malo et fac bonum
inquire pacem et persequere eam
32,18! Iob 36,7 16 oculi Domini super iustos
et aures eius in precem eorum
Iob 18,17! I Mcc 3,35 17 facies Domini super facientes mala
Iob 24,23; Prv 15,3! ut perdat de terra memoriam eorum
5! 18 clamaverunt iusti et Dominus exaudivit
et ex omnibus tribulationibus eorum
liberavit eos
19 iuxta est Dominus his qui tribulato
sunt corde
et humiles spiritu salvabit
24,17! II Tim 3,11! 20 multae tribulationes iustorum
et de omnibus his liberavit eos
21 Dominus custodit omnia ossa eorum
unum ex his non conteretur
22 mors peccatorum pessima
et qui oderunt iustum delinquent
23 redimet Dominus animas servorum
suorum
et non delinquent omnes qui sperant
in eum

34 HUIC DAVID

Is 49,25 Iudica Domine nocentes me
expugna expugnantes me
2 adprehende arma et scutum
et exsurge in adiutorium mihi
3 effunde frameam et conclude
adversus eos qui persequuntur me Ier 15,15
dic animae meae salus tua ego sum
4 confundantur et revereantur 26; 6,11! 39,15; 70,13! 82,18; Ier 17,18!
quaerentes animam meam
avertantur retrorsum et confundantur
cogitantes mihi mala
5 fiant tamquam pulvis ante faciem 1,4!
venti
et angelus Domini coartans eos
6 fiat via illorum tenebrae et lubricum Ier 23,12
et angelus Domini persequens eos
7 quoniam gratis absconderunt mihi 139,6!
interitum laquei sui
supervacue exprobraverunt animam
meam
8 veniat illi laqueus quem ignorat 9,16
et captio quam abscondit conprehendat eum
et in laqueo cadat in ipso
9 anima autem mea exultabit in Domino I Sm 2,1! Hab 3,18; Lc 1,47
delectabitur super salutari suo
10 omnia ossa mea dicent Domine quis 70,19!
similis tui
eripiens inopem de manu fortiorum Iob 5,15!
eius
egenum et pauperem a diripientibus
eum
11 surgentes testes iniqui 26,12
quae ignorabam interrogabant me
12 retribuebant mihi mala pro bonis 37,21; 108,5; Gn 44,4; Ier 18,20
sterilitatem animae meae
13 ego autem cum mihi molesti essent
induebar cilicio
humiliabam in ieiunio animam meam 68,11; 108,24! Idt 4,8.9! Is 58,3
et oratio mea in sinum meum convertetur

RFHI LWSKΦ cr 11 diapsalma *om.* WSK c | 13 uitam + et FL. | cupit uidere dies RFHIL r.] diligit dies uidere *cet.* | 15 diuerte c | sequere HIL | 16 in] ad R | precem FΦ r 𝔊] preces *cet.* | 17 facies RFI r.] uultus L.; uultus autem *cet.* | memoria RF | 18 exaudiuit RFI r. 𝔐 *He*] + eos *cet.* | 19 his] iis c. | 20 liberabit WS c | eos RHI r. 𝔊] + dominus *cet.* | 21 ~ custodit dominus WSKΦ c | 23 delinquent] derelinquet RL. | in eo IWSK c ‖ **34**,1 huic] ipsi IL c | inpugnantes RHILK c | 6 fiant F | 7 in interitum FΦ | superuacuo FΦ.; uanae L. | 8 conprehendat RHI r.] adprehendat *cet.* | in laqueum LWSK c | in ipsum L c | 9 exultauit RL. | domino + et H(*vid.*)ISK c | 10 tui] tibi L c. | fortioris HIL. | eius + et H(*vid.*)I. | 13 humiliabar F.; *praem.* et IL | in sinu meo LWSKΦ c |

quoniam non est inopia timentibus eum
11 leones indiguerunt et esurierunt
quaerentibus autem Dominum non deerit omne bonum
12 venite filii audite me timorem Domini docebo vos
13 quis est vir qui velit vitam
diligens dies videre bonos
14 custodi linguam tuam a malo
et labia tua ne loquantur dolum
15 recede a malo et fac bonum
quaere pacem et persequere eam
16 oculi Domini ad iustos
et aures eius ad clamorem eorum
17 vultus Domini super facientes malum
ut perdat de terra memoriam eorum
18 clamaverunt et Dominus exaudivit
et ex omnibus tribulationibus eorum liberavit eos
19 iuxta est Dominus contritis corde
et confractos spiritu salvabit
20 multae tribulationes iusti
et ex omnibus illis liberabit eum Dominus
21 custodit omnia ossa eius
unum ex eis non confringetur
22 interficiet impium malitia
et odientes iustum superabuntur
23 redimet Dominus animam servorum suorum
et non peccabunt omnes sperantes in eo

34 DAVID

Iudica Domine adversarios meos
pugna contra pugnantes me
2 adprehende scutum et hastam
et consurge in auxilium meum
3 evagina gladium et praeoccupa ex adverso persequentem me
dic animae meae salus tua ego sum
4 confundantur et revereantur qui quaerunt animam meam
convertantur retrorsum et confundantur qui cogitant malum mihi
5 fiant sicut pulvis ante faciem venti
et angelus Domini inpellat
6 sit via eorum tenebrae et lubricum
et angelus Domini persequatur eos
7 quia frustra absconderunt mihi insidias retis sui
sine causa foderunt animae meae
8 veniat ei calamitas quam ignorat
et rete suum quod abscondit conprehendat eum et cadat in laqueum
9 anima autem mea exultabit in Domino
et laetabitur in salute sua
10 omnia ossa mea dicent Domine quis similis tui
eruens inopem a validiore
et pauperem et mendicum a violento
11 surgentes testes iniqui
quae nesciebam interrogabant me
12 reddebant mihi mala pro bono
sterilitatem animae meae
13 ego autem cum infirmarer ab eis induebar cilicio
humiliabam in ieiunio animam meam
et oratio mea ad sinum meum revertetur

11 bonum + semper CΣAKL𝔰 | 17 mala RIAKΘL | memoria F | 19 est *om.* C | 20 liberauit RFΘL | 23 animas IΣAKΘS𝔥 | in eum CΣL || **34** (𝔐 **35**), 1 expugnantes CΣ; inpugnantes Θ | 2 et hastam] hastam et clypeum C; et clypeum Θ | exsurge FΣ; surge Θ | in auxilium mihi CΘS; in adiutorium mihi F | 3 persequentes FCΣ𝔥; sequentes Θ. | 9 exultauit RFA | sua] tua RIAK | 13 humiliabar FΣ. |

RFCI ΣAKΘSL 𝔥𝔰

14 quasi proximum quasi fratrem nostrum sic conplacebam
quasi lugens et contristatus sic humiliabar
15 et adversum me laetati sunt et convenerunt
congregata sunt super me flagella et ignoravi
16 dissipati sunt nec conpuncti
temptaverunt me subsannaverunt me subsannatione
36,12! Iob 16,10; Act 7,54 frenduerunt super me dentibus suis
17 Domine quando respicies
restitue animam meam a malignitate eorum
a leonibus unicam meam
21,26! 39,10; 67,27; 106,32 18 confitebor tibi in ecclesia magna
in populo gravi laudabo te
19 non supergaudeant mihi qui adversantur mihi inique
24,19! Sir 27,25; Prv 10,10! Io 15,25 qui oderunt me gratis et annuunt oculis
20 quoniam mihi quidem pacifice loquebantur
et in iracundia ※ terrae loquentes: dolos cogitabant
Is 57,4; Lam 2,16! 21 et dilataverunt super me os suum
dixerunt euge euge viderunt oculi nostri
27,1 22 vidisti Domine ne sileas
Domine ne discedas a me
9,5! 42,1 23 exsurge et intende iudicio meo
Deus meus et Dominus meus in causam meam
7,9! 24 iudica me secundum iustitiam tuam Domine Deus meus
et non supergaudeant mihi
25 non dicant in cordibus suis euge euge animae nostrae
Lam 2,16! nec dicant devoravimus eum
4! 26 erubescant et revereantur simul qui gratulantur malis meis
induantur confusione et reverentia
qui magna loquuntur super me
27 exultent et laetentur qui volunt iustitiam meam 39,17
et dicant semper magnificetur Dominus
qui volunt pacem servi eius
28 et lingua mea meditabitur iustitiam tuam 50,16; 70,24
tota die laudem tuam

35 IN FINEM SERVO DOMINI DAVID

2 Dixit iniustus ut delinquat in semet ipso
non est timor Dei ante oculos eius 13,3; Rm 3,18
3 quoniam dolose egit in conspectu eius 9,25
ut inveniatur iniquitas eius ad odium
4 verba oris eius iniquitas et dolus
noluit intellegere ut bene ageret
5 iniquitatem meditatus est in cubili suo Mi 2,1
adstitit omni viae non bonae
malitiam autem non odivit
6 Domine in caelo misericordia tua 56,11; 107,5
et veritas tua usque ad nubes
7 iustitia tua sicut montes Dei 70,19
iudicia tua abyssus multa
homines et iumenta salvabis Domine
8 quemadmodum multiplicasti misericordiam tuam Deus
filii autem hominum in tegmine alarum tuarum sperabunt 56,2; 62,8
9 inebriabuntur ab ubertate domus tuae 64,5
et torrente voluntatis tuae potabis eos
10 quoniam apud te fons vitae Io 4,14
in lumine tuo videbimus lumen
11 praetende misericordiam tuam scientibus te
et iustitiam tuam his qui recto sunt corde
12 non veniat mihi pes superbiae
et manus peccatoris non moveat me

RFHI LWSKΦ cr

14 proximum + et c. | 15 et[2] *om.* HI. | congregati F | 20 ※ R[2]] *om.* r | 21 super] in RL. | 23 exsurge + domine RL. | in causa mea RF | 26 magna L cr. 𝔊] maligna *cet.* | super] aduersus I.; aduersum HL. || **35**,1 seruo] puero R | dauid] *praem.* ipsi c.; *praem.* psalmus IL; + psalmus W. | 3 ad] et HIL.; *om.* R. | 9 uoluptatis Φ c; uoluptates F | 10 te RFL r. 𝔊] + est *cet.* | uitae + et SKΦ c | 11 his] eis IΦ ||

14 quasi ad amicum quasi ad fratrem
meum sic ambulabam
quasi lugens mater tristis incurvabar
15 et in infirmitate mea laetabantur et
congregabantur
collecti sunt adversum me percutientes et nesciebam
16 scindentes et non tacentes
in simulatione verborum fictorum
frendebant contra me dentibus suis
17 Domine quanta aspicies converte
animam meam a calamitatibus suis
a leonibus solitariam meam
18 confitebor tibi in ecclesia grandi
in populo forti laudabo te
19 non laetentur super me inimici mei
mendaces
odientes me frustra coniventes oculo
20 non enim pacem loquuntur
sed in rapina terrae verba fraudu-
lenta concinnant
21 et dilataverunt super me os suum
dixerunt va va vidit oculus noster
22 vidisti Domine ne taceas Domine ne
elongeris a me
23 consurge et evigila in iudicium meum
Deus meus et Domine in causam
meam
24 iudica me secundum iustitiam meam
Domine Deus meus
et ne insultent mihi
25 ne dicant in corde suo va va va animae nostrae
ne dicant absorbuimus eum
26 confundantur et revereantur pariter
qui laetantur in adflictione mea
induantur confusione et verecundia
qui magnificantur super me
27 laudent et laetentur qui volunt iustitiam meam
et dicant semper magnificetur Dominus qui vult pacem servi sui
28 et lingua mea meditabitur iustitiam
tuam tota die laudem tuam

35 PRO VICTORIA SERVI DOMINI DAVID

2 Dixit scelus impii in medio cordis
eius
non esse timorem Dei ante oculos
eius
3 quia dolose egit adversum eum in
oculis suis
ut inveniret iniquitatem eius ad
odiendum
4 verba oris eius iniquitas et dolus
cessavit cogitare benefacere
5 iniquitatem cogitat in cubili suo stabit in via non bona
malum non abiciet
6 Domine in caelo misericordia tua
fides tua usque ad nubes
7 iustitia tua quasi montes Domine
iudicium tuum abyssus multa
homines et iumenta salvos facies Domine
8 quam pretiosa est misericordia tua
Domine
et filii Adam in umbra alarum tuarum sperabunt
9 inebriabuntur de pinguidine domus
tuae
et torrente deliciarum tuarum potabis eos
10 quoniam tecum est fons vitae
in lumine tuo videbimus lumen
11 adtrahe misericordiam tuam scientibus te
et iustitiam tuam rectis corde
12 ne veniat mihi pes superbiae
et manus impiorum non me commoveat

15 percutientes] persequentes C | 19 coniuentes] coniuuentes R.; connuentes Σ; conuenientes F; conibentes S.; cohibentes C; *om.* A. | 23 surge FL | euigila FCΣ𝔰] uigila *cet.* | domine] dominus S; dominus meus IAK. | in causa mea FΘ; causa mea L | 25 ua[3] *om.* IAKΘS𝔥 | ne[2]] nec IAKL | obsorbuimus CAKΘ | 26 confusionem L | uerecundiam FL | 27 uult RΘL𝔥𝔰𝔐] uolunt *cet.* | sui] eius FCIΣ || **35**(𝔐 **36**),4 eius *om.* IAK. | cessabit F | 12 me moueat Σ.; mecum moueat L.; commoueat me C |

RFCI ΣAKΘSL 𝔥𝔰

13 ibi ceciderunt qui operantur iniquitatem
expulsi sunt nec potuerunt stare
36 IPSI DAVID
Prv 24,1! Noli aemulari in malignantibus
72,3; Sir 9,16 neque zelaveris facientes iniquitatem
101,12! 128,6! Is 51,12 2 quoniam tamquam faenum velociter
arescent
et quemadmodum holera herbarum
cito decident
27.34 3 spera in Domino et fac bonitatem
et inhabita terram et pasceris in divitiis eius
Is 58,14! 19,5.7; 20,3; I Sm 1,17! 4 delectare in Domino et dabit tibi petitiones cordis tui
Prv 16,3 5 revela Domino viam tuam
et spera in eum et ipse faciet
Sir 32,20; Is 58,10! 6 et educet quasi lumen iustitiam tuam
Ier 51,10 et iudicium tuum tamquam meri-
diem
61,6 7 subditus esto Domino et ora eum
noli aemulari in eo qui prosperatur
in via sua
in homine faciente iniustitias
8 desine ab ira et derelinque furorem
noli aemulari ut maligneris
38! 9 quoniam qui malignantur extermi-
nabuntur
29! Is 57,13 sustinentes autem Dominum ipsi
hereditabunt terram
10 et adhuc pusillum et non erit peccator
36; Is 41,12! et quaeres locum eius et non invenies
29! Mt 5,4 11 mansueti autem hereditabunt terram
et delectabuntur in multitudine pacis
32! 111,10; Iob 16,10; 34,16! Lam 2,16 12 observabit peccator iustum
et stridebit super eum dentibus suis
2,4! 13 Dominus autem inridebit eum
quia prospicit quoniam veniet dies
eius
14 gladium evaginaverunt peccatores
7,13! intenderunt arcum suum

ut decipiant pauperem et inopem
ut trucident rectos corde
15 gladius eorum intret in corda ipsorum
et arcus ipsorum confringatur I Sm 2,4!
16 melius est modicum iusto super di- Prv 15,16! 16,8; Ecl 4,6
vitias peccatorum multas
17 quoniam brachia peccatorum con- 9,36
terentur
confirmat autem iustos Dominus
18 novit Dominus dies inmaculato- 1,6!
rum
et hereditas eorum in aeternum erit
19 non confundentur in tempore malo
et in diebus famis saturabuntur 32,19
20 quia peccatores peribunt 28!
inimici vero Domini mox honorifi- 67,3
cati fuerint et exaltati
deficientes quemadmodum fumus
defecerunt
21 mutuabitur peccator et non solvet
iustus autem miseretur et tribuet 26; 111,5!
22 quia benedicentes ei hereditabunt
terram
maledicentes autem ei disperibunt
23 apud Dominum gressus hominis di- Prv 16,9! 20,24; Is 26,8; Ier 10,23
rigentur
et viam eius volet
24 cum ceciderit non conlidetur 144,14; Prv 24,16
quia Dominus subponit manum su-
am
25 iunior fui et senui et non vidi iustum Iob 4,7; Sir 2,12
derelictum
nec semen eius quaerens panes Prv 10,3
26 tota die miseretur et commodat 21!
et semen illius in benedictione erit 111,2
27 declina a malo et fac bonum 3! 33,15
et inhabita in saeculum saeculi
28 quia Dominus amat iudicium
et non derelinquet sanctos suos 144,20!
in aeternum conservabuntur IV Esr 7,17
iniusti punientur 9,6!
et semen impiorum peribit 20; 20,11

RFHI (L)WSKΦ cr

36,1 [*deest* L *usque ad* 37,12] | ipsi] *praem.* psalmus c. | 5 in eo HIWc | 6 meridie HKΦ | 7 domine HK | 13 quoniam prospicit quod WSKΦc | 14 decipiant] deiciant cr. | trucidant I | 15 ipsorum2 RFr.] eorum *cet.* | 20 mox + ut c | defecerunt RFIr. 𝔊] deficient *cet.* | 21 tribuit RF | 25 et1] etenim WSKΦc | panes RFr. 𝔊] panem *cet.* |

13 ibi ceciderunt operantes iniquitatem
expulsi sunt et non potuerunt surgere

36 DAVID

ALEPH Noli contendere cum malignis
neque aemuleris facientes iniquitatem
2 quoniam sicut herba velociter conterentur
et sicut holus viride arescent
3 BETH spera in Domino et fac bonum
peregrinare in terra et pascere fide
4 et delectare in Domino
et dabit tibi petitiones cordis tui
5 GIMEL volve super Dominum viam tuam
et confide in eo et ipse faciet
6 et educet sicut lumen iustitiam tuam
et iudicium tuum sicut meridiem
7 DELETH tace Domino et expecta eum
noli contendere adversum eum qui proficit in via sua
adversum virum qui facit quae cogitat
8 HE dimitte iram et relinque furorem
noli contendere ut malefacias
9 quoniam qui malefaciunt interibunt
expectantes autem Dominum ipsi hereditabunt terram
10 VAV adhuc enim modicum et non erit impius
et cogitabis de loco eius et non subsistet
11 mites autem hereditabunt terram
et delectabuntur in multitudine pacis
12 ZAI cogitat impius de iusto
et frendet adversum eum dentibus suis
13 Dominus deridebit eum videns quod venit dies eius
14 HETH gladium evaginaverunt impii
tetenderunt arcum suum
ut percutiant egenum et pauperem
et interficiant rectos in via
15 gladius eorum ingrediatur in cor eorum
et arcus eorum confringantur
16 TETH melius est parum iusto quam divitiae impiorum multae
17 quia brachia impiorum confringentur
sublevat autem iustos Dominus
18 IOTH novit Dominus diem inmaculatorum
et hereditas eorum aeterna erit
19 non confundentur in tempore malo
et in diebus famis saturabuntur
20 CAPH quia impii peribunt et inimici Domini gloriantes ut monocerotes
consumentur sicut fumus consumitur
21 LAMETH fenus accipit impius et non reddit
iustus autem donat et tribuit
22 quia qui benedicti fuerint ab eo hereditabunt terram
et qui maledicti interibunt
23 MEM a Domino gressus viri firmantur
et viam eius volet
24 cum ceciderit non adlidetur
quia Dominus sustentat manum eius
25 NUN puer fui siquidem senui
et non vidi iustum derelictum
neque semen eius quaerens panem
26 tota die donat et commodat
et semen eius in benedictione
27 SAMECH recede a malo et fac bonum
et habita in sempiterno
28 quia Dominus diligit iudicium
et non derelinquet sanctos suos
AIN in aeternum custoditi sunt
et semen impiorum periit

13 poterunt CΘ. | surgere] stare F || **36**(𝔐 **37**),1 *litteras hebr. om.* FIΣL𝔥 | 2 uiride arescent Σ𝔰] uiride arescunt C; uiridem arescent RFL.; uiride marcescent IAKΘS𝔥 | 6 meridie C | 7 tace + a FΣ. | 12 frendit FL | 13 quod] quoniam FΣΘ | uenit RL𝔰] ueniat F; ueniet *cet.* | 14 rectos + corde IAKS | 15 confringantur CIA𝔰𝔐] conteretur Σ.; confringatur *cet.* | 16 paruum IΣAKS | 17 quia] quoniam IAKS. | 18 dies AΘ; uiam FΣ | 21 accepit I | reddet CΘSL | donat] dat C | 23 firmabuntur FΣL | 27 et inhabita FC IAK | in sempiternum FCΣΘ𝔥 | 28 peribit IAKS𝔥 |

RFCI ΣAKΘSL 𝔥𝔰

9! 11! Prv 2,21! 29 iusti autem hereditabunt terram
et inhabitabunt in saeculum ÷ sae-
culi: super eam
48,4; Prv 10,31 30 os iusti meditabitur sapientiam
et lingua eius loquetur iudicium
39,9; 118,11; Is 51,7 31 lex Dei eius in corde ipsius
et non subplantabuntur gressus eius
12; 9,29; Gn 37,18! 32 considerat peccator iustum
et quaerit mortificare eum
33 Dominus autem non derelinquet
eum in manus eius
nec damnabit eum cum iudicabitur
illi
3! 34 expecta Dominum et custodi viam
eius
et exaltabit te ut hereditate capias
terram
57,11! 90,8; Prv 29,16 cum perierint peccatores videbis
Iob 5,3 35 vidi impium superexaltatum
et elevatum sicut cedros Libani
36 et transivi et ecce non erat
10! et quaesivi eum et non est inventus
locus eius
37 custodi innocentiam et vide aequitatem
quoniam sunt reliquiae homini paci-
fico
9! 38 iniusti autem disperibunt simul
Prv 2,22! reliquiae impiorum peribunt
39 salus autem iustorum a Domino
et protector eorum in tempore tribulationis
Ier 39,18! 40 et adiuvabit eos Dominus et liberabit eos
et eruet eos a peccatoribus
et salvabit eos quia speraverunt in eo

37 PSALMUS DAVID IN REMEMORATIO-
NEM DE SABBATO

6,2; Ier 10,24 2 Domine ne in furore tuo arguas me
neque in ira tua corripias me
Dt 32,23! Iob 6,4; Lam 3,13 3 quoniam sagittae tuae infixae sunt
mihi
31,4 et confirmasti super me manum tuam
8; Is 1,6! 4 non est sanitas carni meae a facie
irae tuae
non est pax ossibus meis a facie peccatorum meorum
5 quoniam iniquitates meae super- 39,13; I Esr 9,6! Lam 1,14
gressae sunt caput meum
sicut onus grave gravatae sunt super me
6 putruerunt et corruptae sunt cica-
trices meae
a facie insipientiae meae
7 miser factus sum et curvatus sum usque ad finem
tota die contristatus ingrediebar
8 quoniam lumbi mei impleti sunt in- Is 21,3
lusionibus
et non est sanitas in carne mea 4!
9 adflictus sum et humiliatus sum ni- 43,20; 115,10; 118,107; 141,7; Idc 6,6! Rt 1,21
mis
rugiebam a gemitu cordis mei 6,7!
10 Domine ante te omne desiderium
meum
et gemitus meus a te non est absconditus
11 cor meum conturbatum est 39,13
dereliquit me virtus mea
et lumen oculorum meorum et ipsum non est mecum
12 amici mei et proximi mei
adversus me adpropinquaverunt et
steterunt
et qui iuxta me erant de longe stete- 87,19! Mt 27,55! Lc 23,49
runt
13 et vim faciebant qui quaerebant animam meam
et qui inquirebant mala mihi locuti 11,3; 40,7; 108,3
sunt vanitates
et dolos tota die meditabantur Lam 3,62
14 ego autem tamquam surdus non au-
diebam
et sicut mutus non aperiens os suum 38,3.10; Is 53,7!
15 et factus sum sicut homo non au-
diens
et non habens in ore suo redarguti-
ones

RFHI (L)WSKΦ cr 33 in manibus RHSc | 38 peribunt RFHIr.] interibunt *cet.* | 39 eorum + est RHI | 40 liberauit F | in eum RΦ || **37**,1 in rememoratione WSKΦ; in commemorationem F(*vid.*)I. | de] die FKΦ.; diei H; *om.* W | 4 carni meae RFIr.] in carne mea *cet.* | 5 meum + et c | 7 ad RFr.] in *cet.* | 10 te[1] + est F | 12 [*iterum adest* L] |

29 iusti hereditabunt terram
et habitabunt in saeculum super eam
30 FE os iusti meditabitur sapientiam
et lingua eius loquetur iudicium
31 lex Dei eius in corde eius non deficient gressus eius
32 SADE considerat impius iustum
et quaerit ut occidat eum
33 Dominus non derelinquet eum in
manu eius
et non condemnabit eum cum iudicatur
34 COPH expecta Dominum et custodi
viam eius
et exaltabit te ut possideas terram
cum interibunt impii videbis
35 RES vidi impium robustum et fortissimum sicut indigenam virentem
36 et transivi et ecce non erat
et quaesivi eum et non est inventus
37 SEN custodi simplicitatem et vide
rectum
quia erit ad extremum viro pax
38 iniqui autem delebuntur pariter
et novissimum impiorum peribit
39 THAV salus iustorum a Domino
fortitudo eorum in tempore tribulationis
40 et auxiliabitur eis Dominus
et salvabit eos ab impiis quia speraverunt in eo

37 CANTICUM DAVID IN COMMEMORA-
TIONE
2 Domine ne in ira tua arguas me
neque in furore tuo corripias me
3 quia sagittae tuae infixae sunt mihi
et tetigit me manus tua
4 non est sanitas in carne mea a facie
indignationis tuae
non est pax ossibus meis a facie peccati mei
5 quia iniquitates meae transierunt caput meum
quasi onus grave adgravatae sunt
super me
6 conputruerunt et tabuerunt cicatri-
ces meae a facie insipientiae meae
7 adflictus sum et incurvatus nimis
tota die maerens ambulabam
8 quia lumbi mei repleti sunt ignominia
et non est sanitas in carne mea
9 evigilavi et adflictus sum nimis
rugiebam a gemitu cordis mei
10 Domine in conspectu tuo omne desiderium meum
et gemitus meus a te non est absconditus
11 cor meum fluctuabat dereliquit me
fortitudo mea
et lux oculorum meorum etiam ipsa
non est mecum
12 cari mei et amici mei quasi contra
lepram meam steterunt
et vicini mei longe steterunt
13 et inruebant quaerentes animam meam et investigantes mala mihi
loquebantur insidias et dolos tota
die meditabantur
14 ego autem quasi surdus non audie-
bam
et quasi mutus non aperiebam os
meum
15 et eram quasi homo non audiens
nec habens in ore suo redarguti-
ones

29 et inhabitabunt CAKΘ | 31 eius2 + et C | 33 in manus IAKS𝔥. | iudicabitur CΣ | 34 exaltauit F | 35 indigena CL || **37**(𝔐 **38**),1 in commemorationem RL. | ~ dauid in comm. canticum CΣ | 7 incuruatus FCΣ𝔰] + sum *cet.* | 15 redargutiones] increpationes C |

RFCI ΣAKΘSL 𝔥𝔰

16 quoniam in te Domine speravi
tu exaudies Domine Deus meus
12,5; 24,3; 29,2; Sir 23,3 17 quia dixi nequando supergaudeant
mihi inimici mei
93,18 et dum commoventur pedes mei
super me magna locuti sunt
18 quoniam ego in flagella paratus
et dolor meus in conspectu meo semper
31,5! 50,5! 19 quoniam iniquitatem meam adnuntiabo
÷ et : cogitabo pro peccato meo
24,19! 68,5 20 inimici autem mei vivent et firmati
sunt super me
et multiplicati sunt qui oderunt me
inique
34,12! 21 qui retribuunt mala pro bonis detrahebant mihi
quoniam sequebar bonitatem
26,9! 22 non derelinquas me Domine Deus
meus ne discesseris a me
69,2 23 intende in adiutorium meum Domine salutis meae

38 IN FINEM IDITHUN CANTICUM DAVID
2 Dixi custodiam vias meas
Sir 22,33 ut non delinquam in lingua mea
140,3 posui ori meo custodiam
cum consisteret peccator adversum
me
37,14; Ier 20,9 3 obmutui et humiliatus sum et silui
a bonis
et dolor meus renovatus est
Lc 24,32 4 concaluit cor meum intra me
et in meditatione mea exardescet ignis
5 locutus sum in lingua mea
notum fac mihi Domine finem meum
Iob 10,20! et numerum dierum meorum quis
est
ut sciam quid desit mihi
Sir 37,28 6 ecce mensurabiles posuisti dies meos
et substantia mea tamquam nihilum
ante te
verumtamen universa vanitas omnis 61,10; 143,4; Ecl 1,2!
homo vivens
DIAPSALMA
7 verumtamen in imagine pertransit 72,20! Ecl 2,18.19
homo
sed et frustra conturbatur
thesaurizat et ignorat cui congregabit ea Lc 12,20
8 et nunc quae est expectatio mea nonne Dominus
et substantia mea apud te est
9 ab omnibus iniquitatibus meis erue II Sm 22,3!
me
obprobrium insipienti dedisti me
10 obmutui ÷ et : non aperui os meum 37,14!
quoniam tu fecisti
11 amove a me plagas tuas
12 a fortitudine manus tuae ego defeci
in increpationibus propter iniquitatem corripuisti hominem Tb 13,5!
et tabescere fecisti sicut araneam
animam eius
verumtamen vane ÷ conturbatur :
omnis homo
DIAPSALMA
13 exaudi orationem meam Domine 53,4!
et deprecationem meam
auribus percipe lacrimas meas
ne sileas quoniam advena sum apud I Par 29,15!
te et peregrinus
sicut omnes patres mei
14 remitte mihi ut refrigerer
priusquam abeam et amplius non
ero

39 IN FINEM DAVID PSALMUS
2 Expectans expectavi Dominum et
intendit mihi
3 et exaudivit preces meas
et eduxit me de lacu miseriae et de 68,15
luto fecis
et statuit super petram pedes meos 26,6!
et direxit gressus meos

RFHI LWSKΦ cr

16 exaudies + me R c | 18 paratus + sum RHI c | 20 uiuunt LWS c | firmati RFL r.] confirmati *cet.* | 21 retribuebant F | 22 non] ne FW c | 23 domine + deus c || **38**,1 finem + pro FHWK; + ipsi c. | canticum dauid] psalmus HW. | 4 exardescit RK | 6 diapsalma *om.* WS c | 7 in imaginem H; imagine K. | 12 aranea RL. | diapsalma *om.* IWSK c | 13 aduena + ego WSKΦ c || **39**,1 dauid psalmus] psalmus dauid RIWK; psalmus ipsi dauid c. |

16 te enim Domine expectabam
tu exaudies Domine Deus meus
17 quia dixi ne forte insultent mihi
et cum vacillaverint pedes mei super me magnificentur
18 quia ego ad plagas paratus
et dolor meus contra me est semper
19 quia iniquitatem meam adnuntio
sollicitus ero pro peccato meo
20 inimici autem mei viventes confortati sunt
et multiplicati sunt odientes me mendaciter
21 et qui reddunt malum pro bono adversabantur mihi
quia sequebar bonum
22 ne derelinquas me Domine Deus meus ne elongeris a me
23 festina in auxilium meum Domine salutis meae

38 PRO VICTORIA IDITHUN CANTICUM DAVID

2 Dixi custodiam vias meas ne peccem in lingua mea
custodiam os meum silentio donec est impius contra me
3 obmutui silentio tacui de bono
et dolor meus conturbatus est
4 incaluit cor meum in medio mei
in meditatione mea incensus sum igni
5 locutus sum lingua mea
ostende mihi Domine finem meum
et mensuram dierum meorum quae sit
ut sciam quid mihi desit
6 ecce breves posuisti dies meos
et vita mea quasi non sit in conspectu tuo
omnia enim vanitas omnis homo stans

SEMPER

7 tantum in imagine ambulat homo
tantum frustra turbatur
congregat et ignorat cui dimittat ea
8 nunc ergo quid expecto Domine
praestolatio mea tu es
9 ab omnibus iniquitatibus meis libera me
obprobrium stulto ne ponas me
10 obmutui non aperiam os meum quia tu fecisti
11 tolle a me plagas tuas
12 a contentione manus tuae ego consumptus sum
in increpationibus pro iniquitate corripuisti virum
et posuisti quasi tineam desiderabilia eius
verumtamen vanitas omnis homo

SEMPER

13 audi orationem meam Domine et clamorem meum exaudi
ad lacrimam meam ne obsurdescas
quia advena ego sum apud te
et peregrinus sicut omnes patres mei
14 parce mihi ut rideam
antequam vadam et non subsistam

39 PRO VICTORIA DAVID CANTICUM

2 Expectans expectavi Dominum et inclinatus est ad me
3 et audivit clamorem meum
et eduxit me de lacu famoso de luto caeni
et statuit super petram pedes meos
stabilivit gressus meos

22 me[1] *om.* RCL. || **38** (𝔐 **39**), 5 mihi deest IAK.; desit mihi FΣL | 6 semper *om.* I | 7 in imaginem RFC.; imagine K | dimittet C | 10 non] et non IΘ | aperui FΘ | 12 propter iniquitatem CS | tinea FΣΘ | semper *om.* IK || **39** (𝔐 **40**), 3 fumoso R; sonitus Θ; + et FAL | super petra R.; supra petram SL; supra petra C | meos[1] + et I |

RFCI ΣAKΘSL 𝔥𝔰

4 et inmisit in os meum canticum novum
carmen Deo nostro
51,8; 63,9.10 videbunt multi et timebunt
et sperabunt in Domino
33,9! 5 beatus vir cuius est nomen Domini
spes ipsius
100,3 et non respexit in vanitates et insa-
nias falsas
70,19! 76,14.15! 6 multa fecisti tu Domine Deus meus
mirabilia tua
91,6! Is 55,9 et cogitationibus tuis non est qui similis sit tibi
adnuntiavi et locutus sum
multiplicati sunt super numerum
50,18! Os 6,6! 7 sacrificium et oblationem noluisti
Is 50,5 aures autem perfecisti mihi
7—9: I Sm 15,22! Hbr 10,5–7 holocaustum et pro peccato non
postulasti
8 tunc dixi ecce venio
in capite libri scriptum est de me
9 ut facerem voluntatem tuam Deus
meus volui
36,31! et legem tuam in medio cordis mei
34,18! 10 adnuntiavi iustitiam in ecclesia magna
ecce labia mea non prohibebo Domine tu scisti
11 iustitiam tuam non abscondi in corde
meo
veritatem tuam et salutare tuum dixi
non abscondi misericordiam tuam
et veritatem tuam a concilio multo
21,20 12 tu autem Domine ne longe facias
miserationes tuas a me
misericordia tua et veritas tua semper susceperunt me
I Esr 9,6! 13 quoniam circumdederunt me mala
quorum non est numerus
37,5! Or Man 9 conprehenderunt me iniquitates meae et non potui ut viderem
multiplicatae sunt super capillos capitis mei
37,11 et cor meum dereliquit me

14 conplaceat tibi Domine ut eruas me 14—18: 69,2–6
Domine ad adiuvandum me respice 21,20; 70,12.13!
15 confundantur et revereantur simul 6,11! 34,4! 82,18
qui quaerunt animam meam ut au-
ferant eam
convertantur retrorsum
et revereantur qui volunt mihi mala
16 ferant confestim confusionem suam
qui dicunt mihi euge euge
17 exultent et laetentur super te omnes 34,27
quaerentes te
et dicant semper magnificetur Dominus
qui diligunt salutare tuum
18 ego autem mendicus sum et pauper 68,30! 85,1; 108,22
Dominus sollicitus est mei
adiutor meus et protector meus tu es 27,7! Sir 51,2
Deus meus ne tardaveris

40 IN FINEM PSALMUS DAVID

2 Beatus qui intellegit super egenum et
pauperem
in die mala liberabit eum Dominus
3 Dominus conservet eum et vivificet
eum
et beatum faciat eum in terra
et non tradat eum in animam inimi- 26,12
corum eius
4 Dominus opem ferat illi super lectum doloris eius
universum stratum eius versasti in
infirmitate eius
5 ego dixi Domine miserere mei 6,3
sana animam meam quoniam peccavi tibi
6 inimici mei dixerunt mala mihi
quando morietur et peribit nomen
eius
7 et si ingrediebatur ut videret vane 11,3; 37,13!
loquebatur
cor eius congregavit iniquitatem sibi
egrediebatur foras et loquebatur 8 in
id ipsum
adversum me susurrabant omnes ini- 55,6!
mici mei

RFHI LWSKΦ cr 5 ipsius FHILr.] eius *cet.* | 6 qui] quis FILWKΦ | 10 iustitiam + tuam WSKΦc | 12 ne e longe I. | 18 tu *om.* HI. || **40**,1 psalmus + ipsi c. | 2 liberauit FLSK | 5 quoniam] quia Ic | 7 uane RFLKΦr. 𝔊] uana *cet.* |

4 et dedit in ore meo canticum novum
laudem Deo nostro
videbunt multi et timebunt et sperabunt in Domino
5 beatus vir qui posuit Dominum confidentiam suam
et non est aversus ad superbias pompasque mendacii
6 multa fecisti tu Domine Deus meus
mirabilia tua
et cogitationes tuas pro nobis
non invenio ordinem coram te si narrare voluero et numerare
plura sunt quam ut narrari queant
7 victima et oblatione non indiges
aures fodisti mihi holocaustum et pro peccato non petisti
8 tunc dixi ecce venio
in volumine libri scriptum est de me
9 ut facerem placitum tibi Deus meus volui
et legem tuam in medio ventris mei
10 adnuntiavi iustum in ecclesia multa
ecce labia mea non prohibebo Domine tu nosti
11 iustitiam tuam non abscondi in medio cordis mei
fidem tuam et salutare tuum dixi
non abscondi misericordiam tuam et veritatem tuam in ecclesia multa
12 tu Domine non prohibebis misericordias tuas a me
misericordia tua et veritas iugiter servabunt me
13 circumdederunt enim me mala quorum non est numerus
conprehenderunt me iniquitates meae et non potui videre
plures factae sunt quam capilli capitis mei
et cor meum dereliquit me
14 placeat tibi Domine ut liberes me
Domine ad adiuvandum me festina
15 confundantur et revereantur simul quaerentes animam meam ut auferant eam
convertantur retrorsum et confundantur qui volunt mala mihi
16 pereant post confusionem suam qui dicunt mihi va va
17 gaudeant et laetentur in te qui quaerunt te
dicant iugiter magnificetur Dominus
qui diligunt salutare tuum
18 ego autem sum egens et pauper
Dominus sollicitus erit pro me
auxilium meum et salutare meum tu Deus meus ne moreris

40 PRO VICTORIA CANTICUM DAVID

2 Beatus qui cogitat de paupere
in die mala salvabit eum Dominus
3 Dominus custodiet eum et vivificabit eum
et beatus erit in terra
et non tradet eum animae inimicorum suorum
4 Dominus confortabit eum in lecto infirmitatis
totum stratum eius vertisti in aegrotatione sua
5 ego dixi Domine miserere mei
sana animam meam quoniam peccavi tibi
6 inimici mei loquentur malum mihi
quando morietur et periet nomen eius
7 et si venerit ut visitet vana loquetur cor eius
congregabit iniquitatem sibi
et egrediens foras detrahet
8 simul adversum me murmurabant omnes odientes me

5 dominum] deum IΘL | 6 meus *om.* FΣ | inueni RΘ | et enumerare FCΣS𝔥 | 7 uictimam et oblationem CΣ; uictimam et oblationes Θ | 9 et *om.* F | 10 iustum] iustitiam tuam RΘ | 12 et ueritas F𝔰] *om.* R.; et ueritas tua *cet.* | 13 facti FΘL | 15 ~ mihi mala RFΣKSL𝔥 | 18 egenus FCΣΘ | tu + es FΣAKS𝔥 || **40** (𝔐 **41**), 3 tradat RFIAK | 4 confortauit FΣΘ. | uersasti F | 7 uane RFΣ | loquitur C | congregauit FΣΘ |

RFCI ΣAKΘSL 𝔥𝔰

adversus me cogitabant mala mihi
9 verbum iniquum constituerunt adversus me
numquid qui dormit non adiciet ut resurgat
54,14.15; Ier 20,10; Abd 7 10 etenim homo pacis meae in quo speravi
Mt 26,23; Mc 14,18; Lc 22,21; Io 13,18 qui edebat panes meos magnificavit super me subplantationem
11 tu autem Domine miserere mei
et resuscita me et retribuam eis
12 in hoc cognovi quoniam voluisti me
quoniam non gaudebit inimicus meus super me
13 me autem propter innocentiam suscepisti
et confirmasti me in conspectu tuo in aeternum
71,18; 88,53; 105,48! I Sm 25,32! 14 benedictus Dominus Deus Israhel
a saeculo et in saeculum fiat fiat

41 IN FINEM IN INTELLECTUM FILIIS CORE

Ioel 1,20 2 Quemadmodum desiderat cervus ad fontes aquarum
ita desiderat anima mea ad te Deus
62,2; 142,6 3 sitivit anima mea ad Deum ※fortem: vivum
Apc 22,4 quando veniam et parebo ante faciem Dei
79,6 4 fuerunt mihi lacrimae meae panis die ac nocte
11; 78,10! Ioel 2,17; Mi 7,10 dum dicitur mihi cotidie ubi est Deus tuus
I Sm 1,15! 5 haec recordatus sum et effudi in me animam meam
26,4! quoniam transibo in loco tabernaculi admirabilis usque ad domum Dei
in voce exultationis et confessionis sonus epulantis
12; 42,5; I Sm 1,8! Mt 26,38! 6 quare tristis es anima mea et quare conturbas me
spera in Deo quoniam confitebor illi
salutare vultus mei 7 Deus meus
ad me ipsum anima mea conturbata est Lam 1,20!
propterea memor ero tui
de terra Iordanis et Hermoniim a monte modico
8 abyssus ※ad: abyssum invocat
in voce cataractarum tuarum
omnia excelsa tua et fluctus tui super me transierunt 87,8; Ion 2,4
9 in die mandavit Dominus misericordiam suam
et nocte canticum eius
apud me oratio Deo vitae meae
10 dicam Deo susceptor meus es quare oblitus es mei 42,2
quare contristatus incedo
dum adfligit me inimicus
11 dum confringuntur ossa mea exprobraverunt mihi qui tribulant me
dum dicunt mihi per singulos dies ubi est Deus tuus 4!
12 quare tristis es anima mea et quare conturbas me 6! 42,5
spera in Deum quoniam ※adhuc: confitebor illi
salutare vultus mei ※et: Deus meus

42 PSALMUS DAVID

Iudica me Deus et discerne causam meam de gente non sancta 9,5! 34,23
ab homine iniquo et doloso erue me 139,2!
2 quia tu es Deus fortitudo mea quare me reppulisti 41,10
quare tristis incedo dum adfligit me inimicus
3 emitte lucem tuam et veritatem tuam
ipsa me deduxerunt et adduxerunt in montem sanctum tuum
et in tabernacula tua
4 et introibo ad altare Dei

RFHI LWSKΦ 𝔠𝔯 14 et + usque 𝔠 ‖ **41**,1 in intellectum 𝔯. 𝔊] intellectum RLΦ; intellectus *cet.* | 3 apparebo RI𝔠 | 4 panis RFL𝔯𝔊 *He*] panes *cet.* | 5 in loco RF𝔯. 𝔊] in locum *cet.* | 6 quoniam + adhuc HIWSKΦ𝔠 | 7 deus] *praem.* et 𝔠, *cf. Su* | 8 ad RLΦ𝔯, *cf.* 𝔐] *om. cet.* | 9 et in nocte HI. | 10 mei + et 𝔠 | 11 me + inimici mei WSKΦ𝔠, *cf. Su* | 12 in deum RLΦ𝔯. 𝔊] in deo *cet.* ‖ **42**,1 psalmus] *praem.* in finem I | 2 reppulisti + et W𝔠 | 3 adduxerunt + me HL. | 4 et *om.* F |

contra cogitabant malum mihi
9 verbum diabuli infundebant sibi
qui dormivit non addet ut resurgat
10 sed et homo pacificus meus in quo habui fiduciam
qui manducabat panem meum levavit contra me plantam
11 tu autem Domine miserere mei
et leva me ut reddam eis
12 in hoc cognovi quod velis me
quia non insultavit inimicus meus mihi
13 ego autem in simplicitate mea adiutus sum a te
et statues me ante faciem tuam in perpetuum
14 benedictus Dominus Deus Israhel
a saeculo et usque in saeculum amen amen

41 PRO VICTORIA DOCTISSIMI FILIORUM CORE

Ps 142,6 2 Sicut areola praeparata ad inrigationes aquarum
sic anima mea praeparata est ad te Deus
3 sitivit anima mea Deum fortem viventem
quando veniam et parebo ante faciem tuam
4 fuerunt mihi lacrimae meae panis per diem ac noctem
cum diceretur mihi tota die ubi est Deus tuus
5 horum recordatus sum et effudi in me animam meam
quia veniam ad umbraculum tacebo usque ad domum Dei
in voce laudis et confessionis multitudinis festa celebrantis
6 quare incurvaris anima mea et conturbas me
expecta Dominum quia adhuc confitebor ei salutaribus vultus eius
7 Deus meus in memet ipso anima mea incurvatur
propterea recordabor tui de terra Iordanis et Hermoniim de monte minimo
8 abyssus abyssum vocat in voce cataractarum tuarum
omnes gurgites tui et fluctus tui super me transierunt
9 per diem mandavit Dominus misericordiam suam et in nocte canticum eius
mecum oratio Deo vitae meae
10 dicam Deo petra mea quare oblitus es mei
quare tristis incedo adfligente inimico
11 cum me interficerent in ossibus meis
exprobraverunt mihi hostes mei
dicentes tota die ubi est Deus tuus
12 quare incurvaris anima mea et conturbas me
expecta Dominum quoniam adhuc confitebor ei salutibus vultus mei et Deo meo

42 Iudica me Deus et discerne causam meam a gente non sancta
a viro doloso et iniquo salva me
2 tu enim Deus fortitudo mea quare proiecisti me
quare tristis incedo adfligente inimico
3 mitte lucem tuam et veritatem tuam
ipsae ducent me et introducent ad montem sanctum tuum et ad tabernaculum tuum
4 et introibo ad altare tuum

8 contra *om.* C; + me FΣLђ | 9 qui] quia FΣL | 10 leuabit R | 11 et eleua IAK | ut] et R | 12 quia] quoniam C | insultabit CIAKSђ | 13 in simplicitatem meam IA. | 14 et *om.* C || **41** (𝔐 **42**), 3 ad deum RFΣΘLђ | fortem] fontem C | et apparebo RΣ | 4 panes RIAKSLђ | 5 celebrantes RΘ. | 6 dominum] deum ISђ | eius] mei I | 7 in me ipso RΣAKΘLђ | 8 inuocat CΣΘ | 10 deo + meo C | 12 dominum] deum RF | salutaribus CΣΘLђ || **42** (𝔐 **43**), 1 iudica] *praem.* psalmus dauid FΣ; *praem.* dauid L. | a[1]] de FΣΘ | salua] libera FL | 2 enim + es RFCΘLђ | 3 ad[2]] in IAK |

RFCI ΣAKΘSL ђs

ad Deum qui laetificat iuventutem
meam
32,2! 70,22; 97,5! 146,7 confitebor tibi in cithara Deus Deus
meus
41,6! 12 5 quare tristis es anima mea et quare
conturbas me
spera in Deum quoniam ※adhuc:
confitebor illi
salutare vultus mei ※et: Deus meus

43 IN FINEM FILIIS CORE AD INTELLECTUM

77,3 2 Deus auribus nostris audivimus
Dt 32,7! patres nostri adnuntiaverunt nobis
76,12! opus quod operatus es in diebus eorum in diebus antiquis
79,9; Sir 10,18.20 3 manus tua gentes disperdit et plantasti eos
adflixisti populos et expulisti eos
4 nec enim in gladio suo possederunt terram
et brachium eorum non salvavit eos
sed dextera tua et brachium tuum
et inluminatio faciei tuae
quoniam conplacuisti in eis
5,3; 73,12! 5 tu es ipse rex meus et Deus meus
qui mandas salutes Iacob
Dt 33,17! 6 in te inimicos nostros ventilabimus cornu
et in nomine tuo spernemus insurgentes in nobis
7 non enim in arcu meo sperabo
et gladius meus non salvabit me
8 salvasti enim nos de adfligentibus nos
et odientes nos confudisti
9 in Deo laudabimur tota die
et in nomine tuo confitebimur in saeculum

DIAPSALMA

59,3.12; 88,39 10 nunc autem reppulisti et confudisti nos
et non egredieris in virtutibus nostris
11 avertisti nos retrorsum post inimicos nostros
et qui oderunt nos diripiebant sibi
12 dedisti nos tamquam oves escarum 22!
et in gentibus dispersisti nos 105,27; Dt 4,27!
13 vendidisti populum tuum sine pretio Is 52,3!
et non fuit multitudo in commutationibus nostris
14 posuisti nos obprobrium vicinis nostris 30,12! 78,4! Ier 20,7! 8
subsannationem et derisum his qui in circuitu nostro 21,8! Iob 12,4!
15 posuisti nos in similitudinem gentibus 68,12; Iob 17,6!
commotionem capitis in populis
16 tota die verecundia mea contra me est
et confusio faciei meae cooperuit me 68,8; Ier 3,25!
17 a voce exprobrantis et obloquentis
a facie inimici et persequentis
18 haec omnia venerunt super nos nec obliti sumus te
et inique non egimus in testamento tuo
19 et non recessit retrorsum cor nostrum
et declinasti semitas nostras a via tua
20 quoniam humiliasti nos in loco adflictionis 37,9!
et cooperuit nos umbra mortis
21 si obliti sumus nomen Dei nostri
et ÷ si: expandimus manus nostras ad deum alienum
22 nonne Deus requiret ista
ipse enim novit abscondita cordis
quoniam propter te mortificamur omni die Rm 8,36; II Cor 4,11
aestimati sumus sicut oves occisionis 12; Is 53,7!
23 exsurge quare dormis Domine
exsurge ÷ et: ne repellas in finem
24 quare faciem tuam avertis 12,1! 87,15
oblivisceris inopiae nostrae et tribulationis nostrae

RFHI LW(S)KΦ cr

5 in deo WK c ‖ **43**,2 eorum + et F c | 3 disperdet H.; disperdidit Φ c | 4 nec] non HI | faciei tuae] uultus tui WSKΦ c | 6 cornu *om.* FL. | spernimus FHSKΦ | in nos F; nobis SΦ | 8 de] ex I | 9 in² *om.* RL. | diapsalma *om.* WS c | 10 egredieris + deus W c, *cf. Su* | 13 nostris] eorum WSKΦ c | 14 qui + sunt HIWSKΦ c | 19 retro WSKΦ c | 22 omni] tota WSKΦ c | ouis FS. | 23 [*deest* S *usque ad* 45,7] | obdormis HIK c | et *om.* F |

ad Deum laetitiae et exultationis
meae
et confitebor tibi in cithara Deus
Deus meus
5 quare incurvaris anima mea et quare
conturbas me
expecta Dominum quoniam adhuc
confitebor ei salutibus vultus mei
et Deo meo

43 PRO VICTORIA FILIORUM CORE ERUDITIONIS

2 Deus auribus nostris audivimus
patres nostri narraverunt nobis
opus quod operatus es in diebus eorum in diebus antiquis
3 tu manu tua gentes delisti et plantasti eos
adflixisti populos et emisisti eos
4 non enim in gladio suo possederunt
terram
neque brachium eorum salvavit eos
sed dextera tua et brachium tuum et
lux vultus tui
quia conplacuisti tibi
5 tu es rex meus Deus praecipe pro
salutibus Iacob
6 in te hostes nostros ventilabimus
in nomine tuo conculcabimus adversarios nostros
7 non enim in arcu meo confidam
neque gladius meus salvabit me
8 quia salvasti nos de hostibus nostris
et eos qui oderant nos confudisti
9 in Domino gaudebimus tota die
et in nomine tuo in aeternum confitebimur

SEMPER

10 verum tu proiecisti et confudisti nos
et non egredieris in exercitibus nostris
11 vertisti terga nostra hosti
et qui oderant nos diripuerunt nos
12 dedisti nos quasi gregem ad vorandum
et in gentibus dispersisti nos
13 vendidisti populum tuum sine pretio
nec grandis fuit commutatio eorum
14 posuisti nos obprobrium vicinis
nostris
subsannationem et inrisum his qui
erant in circuitu nostro
15 posuisti nos similitudinem in gentibus
commotionem capitis in tribubus
16 tota die confusio mea contra me
et ignominia faciei meae cooperuit
me
17 a voce exprobrantis et blasphemantis
a facie inimici et ultoris
18 omnia haec venerunt super nos et
non sumus obliti tui
nec mentiti fuimus in pacto tuo
19 non est conversum retro cor nostrum
nec declinaverunt gressus nostri a
semita tua
20 quoniam deiecisti nos in loco draconum
et operuisti nos umbra mortis
21 si obliti sumus nominis Dei nostri et
expandimus manus nostras ad deum alienum
22 numquid non Deus investigabit istud
ipse enim novit cogitationes cordis
quoniam propter te mortificati sumus tota die
reputati sumus ut grex occisionis
23 consurge quare dormitas Domine
evigila quare proicis nos in sempiternum
24 quare faciem tuam abscondis
oblivisceris adflictiones et angustias
nostras

5 dominum] deum RIS𝔥 | salutaribus ΣΘ𝔥; salutare C | et deus meus F; *om.* Σ. || **43** (𝔐 **44**), 3 eos[1]] eas RFCL | 5 pro *om.* F | 6 uentilauimus CL; + et RC | conculcauimus FL | 8 oderunt ΣAKS𝔥 | 9 in deo CΘ | semper *om.* I | 11 oderunt FΣAKΘS𝔥 | 18 ∼ obliti non sumus IAKS. | in pactu IΣ; in conspectu AK | 19 non] nec C | 20 operuit CIAKS | 21 nomen FC | et + si IAK | 22 inuestigauit FΣA; inuestigat R. | 23 euigilare IAK.; uigila Θ | proiecis AK.; proiecisti SL𝔥 | 24 abscondes FL | adflictionis R ||

RFCI ΣAKΘSL 𝔥s

118,25; 142,3 [25]quoniam humiliata est in pulvere
anima nostra
conglutinatus est in terra venter noster
[26]exsurge adiuva nos
et redime nos propter nomen tuum

44 IN FINEM PRO HIS QUI COMMUTABUN-
TUR FILIIS CORE AD INTELLECTUM
CANTICUM PRO DILECTO

[2]Eructavit cor meum verbum bonum
dico ego opera mea regi
lingua mea calamus scribae velociter scribentis
[3]speciosus forma prae filiis hominum
Sir 21,19! diffusa est gratia in labiis tuis
20,7 propterea benedixit te Deus in aeternum
[4]accingere gladio tuo super femur tuum potentissime
[5]specie tua et pulchritudine tua
et intende prospere procede et regna
propter veritatem et mansuetudinem
et iustitiam
et deducet te mirabiliter dextera tua
Is 5,28! [6]sagittae tuae acutae
populi sub te cadent
in corde inimicorum regis
9,8! 88,5! 92,2 [7]sedis tua Deus in saeculum saeculi
7.8: Hbr 1,8.9 virga directionis virga regni tui
5,7! 10,8; Is 61,8 [8]dilexisti iustitiam et odisti iniquitatem
propterea unxit te Deus Deus tuus
oleo laetitiae prae consortibus tuis
Ct 4,11 [9]murra et gutta et cassia a vestimentis
tuis
a domibus eburneis ex quibus delec-
taverunt te
[10]filiae regum in honore tuo
adstitit regina a dextris tuis in vestitu deaurato circumdata varietate
[11]audi filia et vide et inclina aurem
tuam
et obliviscere populum tuum et do- Gn 41,51
mum patris tui
[12]et concupiscet rex decorem tuum
quoniam ipse est dominus tuus et
adorabunt eum
[13]※et: filiae Tyri in muneribus
vultum tuum deprecabuntur divites III Rg 10,24; II Par 9,23
plebis
[14]omnis gloria eius filiae regis ab intus
in fimbriis aureis [15]circumamicta varietatibus
adducentur regi virgines post eam
proximae eius adferentur tibi
[16]adferentur in laetitia et exultatione Ct 1,3
adducentur in templum regis
[17]pro patribus tuis nati sunt tibi filii
constitues eos principes super om- Gn 41,41!
nem terram
[18]memor ero nominis tui
in omni generatione et generatione
propterea populi confitebuntur tibi 78,13!
in aeternum et in saeculum saeculi

45 IN FINEM PRO FILIIS CORE PRO AR-
CANIS PSALMUS

[2]Deus noster refugium et virtus
adiutor in tribulationibus quae invenerunt nos nimis
[3]propterea non timebimus dum turbabitur terra
et transferentur montes in cor maris
[4]sonaverunt et turbatae sunt aquae Idc 5,5!
eorum
conturbati sunt montes in fortitu- Is 5,25
dine eius

DIAPSALMA

[5]fluminis impetus laetificat civitatem
Dei
sanctificavit tabernaculum suum Al- III Rg 9,7
tissimus

RFHI (L)WKΦ cr

26 exsurge FLKΦr *Hi*] + domine *cet. Su* ‖ **44**,1 his] iis c. | qui] quae RF. | 3 benedixit] unxit FL | 5 et intende et FL; intende Rc | deducit RF. | 6 in corda c | 9 ~ te delectauerunt F | 12 dominus + deus HIKc | et adorabunt] adora HI. | 13 ※ et: *om.* R, *sed cf. vers. syro-hexapl.* | filia Rr. | deprecabuntur + omnes c | 15 [*deest* L *usque ad* 45,2] | proximi FW | 18 memores erunt c | et generationem c ‖ **45**,1 pro[1] RIKr] *om. cet.* | psalmus + dauid FΦ. | 2 [*iterum adest* L] | 3 turbatur RH. | 4 sonuerunt Ic | diapsalma *om.* HWKc |

25 quoniam incurvata est in pulvere anima nostra
adhesit terrae venter noster
26 surge auxiliare nobis
et redime nos propter misericordiam tuam

44 VICTORI PRO LILIIS FILIORUM CORE ERUDITIONIS CANTICUM AMANTISSIMI

2 Eructavit cor meum verbum bonum
dico ego opera mea regi
lingua mea stilus scribae velocis
3 decore pulchrior es filiis hominum
effusa est gratia in labiis tuis
propterea benedixit tibi Deus in aeternum
4 accingere gladio tuo super femur fortissime
5 gloria tua et decore tuo
decore tuo prospere ascende
propter veritatem et mansuetudinem iustitiae
et docebit te terribilia dextera tua
6 sagittae tuae acutae populi sub te cadent
in corde inimicorum regis
7 thronus tuus Deus in saeculum et in aeternum
sceptrum aequitatis sceptrum regni tui
8 dilexisti iustitiam et odisti iniquitatem
propterea unxit te Deus Deus tuus
oleo exultationis prae participibus tuis
9 zmyrna et stacte et cassia in cunctis vestimentis tuis de domibus eburneis
quibus laetificaverunt te 10 filiae re-
gum in honore tuo
stetit coniux in dextera tua in diademate aureo
11 audi filia et vide et inclina aurem tuam
et obliviscere populi tui et domus patris tui
12 et concupiscet rex decorem tuum
quia ipse est dominus tuus et adora eum
13 et o filia fortissimi
in muneribus faciem tuam deprecabuntur divites populi
14 omnis gloria filiae regis intrinsecus
fasceis aureis vestita est
15 in scutulatis ducetur ad regem
virgines sequentur eam
amicae eius ducentur illuc
16 ducentur in laetitiis et exultatione
ingredientur thalamum regis
17 pro patribus tuis erunt filii tibi
pones eos principes in universa terra
18 recordabor nominis tui in omni generatione et generatione
propterea populi confitebuntur tibi
in saeculum et in aeternum

45 VICTORI FILIORUM CORE PRO IUVENTUTIBUS CANTICUM

2 Deus nostra spes et fortitudo
auxilium in tribulationibus inventus es validum
3 ideo non timebimus cum fuerit translata terra
et concussi montes in corde maris
4 sonantibus et intumescentibus gurgitibus eius
et agitatis montibus in potentia eius
SEMPER
5 fluminis divisiones laetificant civitatem Dei
sanctum tabernaculum Altissimi

44 (𝔐 **45**), 1 liliis] filiis FCΣL | 3 es] est IA. | 4 femur + tuum F | fortissimo IAK.; potentissime L | 5 decore tuo[2] *om.* CASL | iustitiae] et iustitiae F.; et iustitiam IAKS. | terribiliter IAKS. | 9 zmyrna] smyrra S.; myrra CKΘ; murra A.; mirra Σ | stacten CΣΘ | 12 dominus] deus Θ; dominus deus CIΣAK | adorabunt C | 13 et o] esto CΣ; et ΘS. | 15 ducetur] ducitur L.; ducentur RK.; deducetur S. | 17 filiae tibi R.; tibi filii I; filii tui A || **45** (𝔐 **46**), 2 noster FIAK | 3 in cor RIA. | 4 semper *om.* I | 5 laetificat FL. |

RFCI ΣAKΘSL 𝔥𝔰

6 Deus in medio eius non commovebitur
89,14; 142,8 adiuvabit eam Deus mane diluculo
7 conturbatae sunt gentes inclinata sunt regna
75,9 dedit vocem suam mota est terra
8 Dominus virtutum nobiscum
susceptor noster Deus Iacob
DIAPSALMA
65,5; Nm 14,22! 9 venite et videte opera Domini
quae posuit prodigia super terram
67,31; Idt 16,3! Os 2,18! 10 auferens bella usque ad finem terrae
75,4; I Sm 2,4! Ez 39,9 arcum conteret et confringet arma
et scuta conburet in igne
Ex 8,22! 11 vacate et videte quoniam ego sum Deus
exaltabor in gentibus exaltabor in terra
12 Dominus virtutum nobiscum
susceptor noster Deus Iacob

46 IN FINEM PRO FILIIS CORE PSALMUS

66,4.6; 67,33! 2 Omnes gentes plaudite manibus
iubilate Deo in voce exultationis
Dt 7,21! Mal 1,14 3 quoniam Dominus excelsus terribilis
rex magnus super omnem terram
17,48! 4 subiecit populos nobis
et gentes sub pedibus nostris
Dt 32,9! 5 elegit nobis hereditatem suam
speciem Iacob quam dilexit
DIAPSALMA
6 ascendit Deus in iubilo
Dominus in voce tubae
67,33; Idc 5,3! Ier 20,13 7 psallite Deo nostro psallite
97,6! psallite regi nostro psallite
21,29! Is 54,5; Za 14,9 8 quoniam rex omnis terrae Deus
psallite sapienter
9 regnavit Deus super gentes
Apc 7,10! Deus sedit super sedem sanctam suam
47,5! 10 principes populorum congregati sunt
cum Deo Abraham
quoniam Dei fortes terrae vehementer elevati sunt

47 CANTICUM PSALMI FILIIS CORE SECUNDA SABBATI

2 Magnus Dominus et laudabilis nimis 95,4! 144,3; Tb 13,1
in civitate Dei nostri in monte sancto eius 98,2!
3 fundatur exultatione universae terrae
montes Sion latera aquilonis Is 14,13
civitas regis magni
4 Deus in domibus eius cognoscitur
cum suscipiet eam
5 quoniam ecce reges congregati sunt 2,2! 46,10
convenerunt in unum
6 ipsi videntes sic admirati sunt **6.7:** 54,5.6; Iob 4,14
conturbati sunt commoti sunt Idt 14,17
7 tremor adprehendit eos Dt 2,25; Is 13,8! Sir 48,21
ibi dolores ut parturientis
8 in spiritu vehementi conteres naves Tharsis
9 sicut audivimus sic vidimus
in civitate Domini virtutum
in civitate Dei nostri
Deus fundavit eam in aeternum
DIAPSALMA
10 suscepimus Deus misericordiam tuam
in medio templi tui
11 secundum nomen tuum Deus sic et laus tua in fines terrae
iustitia plena est dextera tua
12 laetetur mons Sion 96,8
exultent filiae Iudaeae propter iudicia tua ÷ Domine:
13 circumdate Sion et conplectimini eam
narrate in turribus eius
14 ponite corda vestra in virtute eius
et distribuite domus eius

RFHI LW(S)KΦ cr

6 adiuuauit I | 7 gentes + et HIWK c | [*iterum adest* S] | dederunt RFHIL. *cum erroneo archetypo* | 8 diapsalma *om.* HSK c | 10 ad fines FL. | in igne RL r.] *om.* I.; igne F; igni *cet.* | 11 deus] dominus HI | gentibus + et HIWSK c || **46**,1 *tit. om.* H | 3 dominus] deus RI. | 5 diapsalma *om.* HWS c | 6 iubilo + et c | 9 regnabit HIKΦ c | sedet FSKΦ c | 10 dei FL r. 𝔊 *He*] die R.; dii *cet.* || **47**,1 canticum psalmi] psalmus cantici H (*vid.*) IW c | 3 fundator IL | monte HI.; monti W; mons c | [*deest* S *usque ad* 48,20] | 4 cognoscitur RFL r. 𝔊] cognoscetur *cet.* | 5 reges + terrae HL c, *cf. Hi* | 6 sunt^2 + et I | 7 parturientes RFΦ. | 8 in *om.* HI. | 9 diapsalma *om.* HW c | 10 suscipimus RFH | 12 sion + et HI WKΦ c | iudae RHIKΦ c | 13 conplectemini HI |

6 Dominus in medio eius non commovebitur
auxiliabitur ei Deus in ipso ortu matutino
7 conturbatae sunt gentes concussa sunt regna
dedit vocem suam prostrata est terra
8 Dominus exercituum nobiscum protector noster Deus Iacob
SEMPER
9 venite et videte opera Domini
quantas posuerit solitudines in terra
10 conpescuit bella usque ad extremum terrae
arcum confringet et concidet hastam
plaustra conburet igni
11 cessate et cognoscite quoniam ego sum Deus
exaltabor in gentibus exaltabor in terra
12 Dominus exercituum nobiscum fortitudo nostra Deus Iacob
SEMPER

46 VICTORI FILIORUM CORE CANTICUM
2 Omnes populi plaudite manibus
iubilate Deo in voce laudis
3 quoniam Dominus altissimus terribilis
rex magnus super omnem terram
4 congregavit populos subter nos
et tribus sub pedibus nostris
5 elegit nobis hereditatem nostram
gloriam Iacob quam dilexit
SEMPER
6 ascendit Deus in iubilo Deus in voce bucinae
7 canite Deo canite
canite regi nostro canite
8 quia rex universae terrae Deus canite erudite
9 regnavit Deus super gentes
Deus sedet super thronum sanctum suum
10 principes populorum congregati sunt
populus Dei Abraham
quoniam Dei scuta terrae vehementer elevata sunt

47 CANTICUM PSALMI FILIORUM CORE
2 Magnus Dominus et laudabilis nimis
in civitate Dei nostri in monte sancto suo
3 specioso germini gaudio universae terrae
monti Sion lateribus aquilonis civitatulae regis magni
4 Deus in domibus eius agnitus est in auxiliando
5 quia ecce reges congregati sunt venerunt simul
6 ipsi videntes sic obstipuerunt
conturbati sunt admirati sunt
7 horror possedit eos
ibi dolor quasi parturientis
8 in vento uredinis confringes naves maris
9 sicut audivimus ita vidimus
in civitate Dei exercituum in civitate Dei nostri
Deus fundavit eam usque in aeternum
SEMPER
10 aestimavimus Deus misericordiam tuam in medio templi tui
11 secundum nomen tuum Deus sic
laus tua usque ad extremum terrae
iustitia repleta est dextera tua
12 laetetur mons Sion exultent filiae Iudae propter iudicia tua
13 circumdate Sion et circumite eam
numerate turres eius
14 ponite cor vestrum in moenibus separate palatia eius

8 semper *om.* I | 10 hastam + et FΣ | 11 deus] dominus FΣL; + et RCΣAKΘSL𝔥 | 12 semper *om.* IAKΘ || **46** (𝔐 **47**), 1 uictoria ΘS; uictoriam R. | 5 quem CΣ. | semper *om.* RIΣ | 6 deus[2]] dominus AΘ𝔥 | 9 sedit RΣ | 10 dei[2]] dii AS; deus RΘ | eleuati sunt RIAΘS || **47** (𝔐 **48**), 1 psalmus RCS | 2 in[2] *om.* IA | suo] eius IA | 5 reges + terrae IA. | 7 possidet IAKL | dolores RIA | 8 confringens CΘ | 9 ea RKL. | aeternum] sempiternum C | semper *om.* RCI | 11 sic + et IAΘS𝔥 | repleta] plena C | 12 sion + et CIΣAΘS | iudeae F | 14 moenibus + eius IAS |

RFCI ΣAKΘSL 𝔥𝔰

ut enarretis in progeniem alteram
15 quoniam hic est Deus Deus noster
Tb 9,11! in aeternum et in saeculum saeculi
ipse reget nos in saecula

48 IN FINEM FILIIS CORE PSALMUS

Is 34,1! 2 Audite haec omnes gentes
Ioel 1,2 auribus percipite omnes qui habitatis orbem
3 quique terriginae et filii hominum
in unum dives et pauper
36,30; Prv 10,31 4 os meum loquetur sapientiam
et meditatio cordis mei prudentiam
77,2 5 inclinabo in parabolam aurem meam
aperiam in psalterio propositionem meam
6 cur timebo in die malo
Os 7,2 iniquitas calcanei mei circumdabit me
7 qui confidunt in virtute sua
51,9! et in multitudine divitiarum suarum gloriantur
8.9: Mt 16,26; Mc 8,37 8 frater non redimit redimet homo
non dabit Deo placationem suam
9 et pretium redemptionis animae suae
et laboravit in aeternum 10 et vivet ※adhuc: in finem
11 non videbit interitum cum viderit sapientes morientes
simul insipiens et stultus peribunt
et relinquent alienis divitias suas
Ecl 12,5! 12 ÷et: sepulchra eorum domus illorum in aeternum
tabernacula eorum in progeniem et progeniem
vocaverunt nomina sua in terris suis
21 13 et homo cum in honore esset non intellexit
conparatus est iumentis insipientibus
Ecl 3,18 et similis factus est illis
14 haec via illorum scandalum ipsis
et postea in ore suo conplacebunt
DIAPSALMA
15 sicut oves in inferno positi sunt
mors depascet eos
et dominabuntur eorum iusti in matutino
et auxilium eorum veterescet in inferno a gloria eorum
16 verumtamen Deus redimet animam meam
de manu inferi cum acceperit me 29,4!
DIAPSALMA
17 ne timueris cum dives factus fuerit homo
et cum multiplicata fuerit gloria domus eius
18 quoniam cum interierit non sumet omnia 75,6; Iob 27,19; Sir 11,20
neque descendet cum eo ※pone: gloria eius
19 quia anima eius in vita ipsius benedicetur
confitebitur tibi cum benefeceris ei
20 introibit usque in progenies patrum suorum
usque in aeternum non videbit lumen
21 homo in honore cum esset non intellexit 13!
conparatus est iumentis ÷insipientibus:
et similis factus est illis

49 PSALMUS ASAPH

Deus deorum Dominus locutus est Is 1,2!
et vocavit terram
a solis ortu usque ad occasum
2 ex Sion species decoris eius
3 Deus manifeste veniet Deus noster Is 66,15
et non silebit Is 65,6!

RFHI LW(S)KΦ cr

14 in progeniem alteram RLr.𝔊] in progenie altera *cet.* ‖ **48**,3 hominum + simul c | 5 in parabola RHI. | 6 mala W c | 8 redimit redimet FL cr 𝔊] redimit redimit R.; redemit redimet W; redimet redimet KΦ; redemet redemet HI | 9 laborabit FKΦ c | 10 ※ r] ÷ R, *sed cf. vers. syro-hexapl.* | 12 ÷ et: r] et ÷ R, *sed cf. vers. syro-hexapl.* | domos F | illorum] eorum R | in progenie et progeniem K.; in progenie et progenie Φ c | 13 et[1] *om.* I, *cf. Su* | 14 diapsalma *om.* RHW c | 15 in infernum RH. | ueterascet c | eorum[3]] sua RHI. | 16 diapsalma *om.* RHW c | 18 pone RFHILr., *cf.* 𝔐 *He*] *om. cet.* | 20 suorum + et c | 21 [*iterum adest* S] | in honore cum RHLr *Hi*] cum in honore *cet.* ‖ **49**,1 psalmus asaph] in finem filiis chore psalmus W.; in finem ***** H. |

ut narretis in generatione novissima
15 quia ipse Deus Deus noster in saeculum et in perpetuum
ipse erit dux noster in morte

48 VICTORI FILIORUM CORE CANTICUM
2 Audite hoc omnes populi
auribus percipite universi habitatores occidentis
3 tam filii Adam quam filii singulorum
simul dives et pauper
4 os meum loquitur sapientias
et meditatio cordis mei prudentias
5 inclino ad parabulam aurem meam
aperiam in cithara enigma meum
6 quare timebo in diebus mali
iniquitas calcanei mei circumdabit me
7 qui fiduciam habent in fortitudine sua
et in multitudine divitiarum suarum superbiunt
8 fratrem redimens non redimet vir
nec dabit Deo propitiationem pro eo
9 neque pretium redemptionis animae eorum
sed quiescet in saeculo
10 et vivet ultra in sempiternum
11 et non videbit interitum cum viderit sapientes morientes
simul insipiens et indoctus peribunt
et derelinquent alienis divitias suas
12 interiora sua domus suas in saeculo
tabernacula sua in generatione et generatione
vocaverunt nominibus suis terras suas
13 et homo in honore non commorabitur
adsimilatus est iumentis et exaequatus est
14 haec est via insipientiae eorum
et post eos iuxta os eorum current SEMPER
15 quasi grex in inferno positi sunt mors pascet eos
et subicient eos recti in matutino
et figura eorum conteretur in inferno
post habitaculum suum
16 verumtamen Deus redimet animam meam
de manu inferi cum adsumpserit me SEMPER
17 noli timere cum ditatus fuerit vir
cum multiplicata fuerit gloria domus eius
18 neque enim moriens tollet omnia
nec descendet post eum gloria eius
19 quia animae suae in vita sua benedicet
laudabunt inquient te cum benefeceris tibi
20 intrabit usque ad generationes patrum suorum
usque ad finem non videbunt lucem
21 homo cum in honore esset non intellexit
conparavit se iumentis et silebitur

49 CANTICUM ASAPH
Fortis Deus Dominus locutus est et vocavit terram
ab ortu solis usque ad occasum eius
2 de Sion perfecta decore Deus apparuit
3 veniet Deus noster et non tacebit

14 enarretis RIA | 15 ipse[1] + est RA | deus deus] dominus deus C; deus Σ | in mortem FΣΘ || **48** (𝔐 **49**), 1 uictori *om.* CΣ | 2 hoc RIAΘ𝔰. 𝔐] haec *cet.* | 3 tam ... quam si filii IA.; tunc ... cum filiis Θ | 4 loquetur FCΣKΘSL𝔥 | 5 inclinabo CIΣL | enigmam meam IA. | 6 malis CIΘ | 8 frater RΣ | redimet uir] redimetur FΣS | 9 pretio F | quiescit RL | 11 derelinquet C; relinquent Θ | 12 nominis sui IAK. | in terras suas RA.; in terris suis K. | 13 adsimulatus FIL𝔰; et simulatus AK. | 14 semper *om.* IAK | 16 semper *om.* I | 18 tollit R | 20 intrabunt IΣAKS | uidebit RSL | 21 conparauit se] conparatus est CIAK ||

RFCI ΣAKΘSL 𝔥𝔰

17,9! 96,3 ignis in conspectu eius exardescet
et in circuitu eius tempestas valida
Mi 6,2! 4 advocabit caelum desursum
et terram discernere populum suum
5 congregate illi sanctos eius
qui ordinant testamentum eius super sacrificia
18,2! 96,6 6 et adnuntiabunt caeli iustitiam eius
74,8 quoniam Deus iudex est
DIAPSALMA
80,9; Os 4,1 7 audi populus meus et loquar tibi
Israhel et testificabor tibi
80,11; Ex 20,2 Deus Deus tuus ego sum
8 non in sacrificiis tuis arguam te
holocausta autem tua in conspectu meo sunt semper
Is 1,11! 9 non accipiam de domo tua vitulos
neque de gregibus tuis hircos
10 quoniam meae sunt omnes ferae silvarum
iumenta in montibus et boves
11 cognovi omnia volatilia caeli
et pulchritudo agri mecum est
12 si esuriero non dicam tibi
23,1! meus est enim orbis terrae et plenitudo eius
13 numquid manducabo carnes taurorum
aut sanguinem hircorum potabo
115,17.18; Os 14,3; Ion 2,10 14 immola Deo sacrificium laudis
Iob 22,27! et redde Altissimo vota tua
90,15! Iac 5,13 15 et invoca me in die tribulationis
et eruam te et honorificabis me
DIAPSALMA
16 peccatori autem dixit Deus
quare tu enarras iustitias meas
et adsumis testamentum meum per os tuum
17 tu vero odisti disciplinam
et proiecisti sermones meos retrorsum
18 si videbas furem currebas cum eo
et cum adulteris portionem tuam ponebas
19 os tuum abundavit malitia 13,3! Prv 10,11! 15,28
et lingua tua concinnabat dolos 51,4
20 sedens adversus fratrem tuum loquebaris Ier 9,4
et adversus filium matris tuae ponebas scandalum
21 haec fecisti et tacui Is 57,11
existimasti inique quod ero tui similis
arguam te et statuam contra faciem tuam
22 intellegite nunc haec qui obliviscimini Deum
nequando rapiat et non sit qui eripiat
23 sacrificium laudis honorificabit me
et illic iter quod ostendam illi salutare Dei 90,16

50 IN FINEM PSALMUS DAVID 2 CUM VENIT AD EUM NATHAN PROPHETA QUANDO INTRAVIT AD BETHSABEE

3 Miserere mei Deus secundum ÷ magnam : misericordiam tuam Nm 14,19! II Esr 13,22
÷ et : secundum multitudinem miserationum tuarum Mi 7,18.19
dele iniquitatem meam 11; Is 6,7! 43,25!
4 amplius lava me ab iniquitate mea Ez 36,25!
et a peccato meo munda me
5 quoniam iniquitatem meam ego cognosco 31,5! 37,19; Or Man 12
et peccatum meum contra me est semper
6 tibi soli peccavi et malum coram te feci Dt 4,25! I Esr 9,15! IV Esr 1,34; 2,3
ut iustificeris in sermonibus tuis Rm 3,4
et vincas cum iudicaris
7 ecce enim in iniquitatibus conceptus sum
et in peccatis concepit me mater mea
8 ecce enim veritatem dilexisti

RFHI LW(S)KΦ cr

3 exardescit FS.; ardebit HI. | et[2] *om.* RL. | 4 aduocauit RHILSKΦ | 5 supra HIL. | 6 diapsalma *om.* WSK c | 7 tibi[1] *om.* WSKΦ c | ~ sum ego R | 15 et[2] *om.* c | diapsalma *om.* WS c | 16 [*deest* S *usque ad* 50,7] | adsumes FHIL | 19 malitiam RΦ. | 21 inique] iniquitatem HI. | tui] tibi RFLr. | 22 nunc RHILr., *cf.* 𝔊] *om. cet.* | obliuiscemini HI. | deum] dominum RHI. | 23 honorificauit FHIWK | quod] quo F c || **50**,2 quando] cum IW | bersabe I | 6 iudicabis I.; iudicaberis R | 7 [*iterum adest* S] |

ignis coram eo vorabit
et in circuitu eius tempestas valida
4 vocabit caelum desursum
et terram ut iudicet populum suum
5 congregate mihi sanctos meos
qui feriunt pactum meum in sacrificio
6 et adnuntiabunt caeli iustitiam eius
quia Deus iudex est
SEMPER
7 audi popule meus et loquar Israhel
et contestabor te
Deus Deus tuus ego sum
8 non propter victimas tuas arguam te
et holocaustomata tua coram me sunt semper
9 non accipiam de domo tua vitulum
neque de gregibus tuis hircos
10 mea sunt enim omnia animalia silvarum
pecudes in montibus milium
11 scio omnes aves montium
et universitas agri mecum est
12 si esuriero non dicam tibi
meus est enim orbis et plenitudo eius
13 numquid comedam carnem taurorum
aut sanguinem hircorum bibam
14 immola Deo laudem et redde Altissimo vota tua
15 et invoca me in die tribulationis
liberabo te et glorificabis me
16 impio autem dixit Deus
quid tibi est cum narratione praeceptorum meorum
et ut adsumas pactum meum in ore tuo
17 qui odisti disciplinam et proiecisti verba mea post te
18 si videbas furem consentiebas ei
et cum adulteris erat pars tua
19 os tuum dimisisti ad malitiam
et lingua tua concinnavit dolum
20 sedens adversum fratrem tuum loquebaris
et adversum filium matris tuae fabricabaris obprobrium
21 haec fecisti et tacui
existimasti futurum me similem tui
arguam te et proponam te ante oculos tuos
22 intellegite hoc qui obliviscimini Deum
ne forte capiam et non sit qui liberet
23 qui immolat confessionem glorificat me
et qui ordinate ambulat ostendam ei salutare Dei

50 VICTORI CANTICUM DAVID 2 CUM VENISSET AD EUM NATHAN PROPHETA QUANDO INGRESSUS EST AD BETHSABEE
3 Miserere mei Deus secundum misericordiam tuam
iuxta multitudinem miserationum tuarum dele iniquitates meas
4 multum lava me ab iniquitate mea
et a peccato meo munda me
5 quoniam iniquitates meas ego novi
et peccatum meum contra me est semper
6 tibi soli peccavi et malum coram te feci
ut iustificeris in sermonibus tuis et vincas cum iudicaveris
7 ecce in iniquitate conceptus sum
et in peccato peperit me mater mea
8 ecce enim veritatem diligis

49(𝔐 **50**),4 uocabit Fs, *cf.* 𝔐] uocauit *cet.* | ut iudicet] ut uideret I.; uideret AK. | 5 qui ferunt R | meum] mecum IAS | 6 semper *om.* I | 7 populus CΘ | ~ sum ego CΣ. | 15 me² + semper CΣAKL𝔥 | 16 et ut] ut CKL; et RΣS. | 21 ~ me futurum IAK | te²] ea Θ.; *om.* FΣSL𝔥 | 22 deum] dominum C | 23 dei] meum IAKL ‖ **50**(𝔐 **51**),3 secundum + magnam IAKS.; + magna R. | 5 iniquitatem meam R | 6 iudicaberis IKSL𝔥; iudicaris CΘ |

RFCI ΣAKΘSL 𝔥s

incerta et occulta sapientiae tuae manifestasti mihi
9 asparges me hysopo et mundabor
Is 1,18 lavabis me et super nivem dealbabor
Is 35,10! 10 auditui meo dabis gaudium et laetitiam
exultabunt ossa humiliata
Dt 9,27! 11 averte faciem tuam a peccatis meis
3! et omnes iniquitates meas dele
I Sm 10,9 12 cor mundum crea in me Deus
Ez 11,19! 36,26; Eph 4,23! et spiritum rectum innova in visceribus meis
26,9 13 ne proicias me a facie tua
et spiritum sanctum tuum ne auferas a me
14 redde mihi laetitiam salutaris tui
et spiritu principali confirma me
15 docebo iniquos vias tuas
et impii ad te convertentur
16 libera me de sanguinibus Deus Deus salutis meae
34,28; 70,24 exultabit lingua mea iustitiam tuam
17 Domine labia mea aperies
62,6! 70,8 et os meum adnuntiabit laudem tuam
39,7! 18 quoniam si voluisses sacrificium dedissem utique
Ier 6,20! holocaustis non delectaberis
Sir 35,2 19 sacrificium Deo spiritus contribulatus
Is 57,15; 66,2; Dn 3,39 cor contritum et humiliatum Deus non spernet
68,36 20 benigne fac Domine in bona voluntate tua Sion
146,2 et aedificentur muri Hierusalem
4,6! 21 tunc acceptabis sacrificium iustitiae oblationes et holocausta
Lv 1,5! tunc inponent super altare tuum vitulos

51 IN FINEM INTELLECTUS DAVID 2 CUM
I Sm 22,9! VENIT DOEC IDUMEUS ET ADNUNTIAVIT SAUL ET DIXIT VENIT DAVID IN DOMO ACHIMELECH

3 Quid gloriatur in malitia qui potens est iniquitate
4 tota die iniustitiam cogitavit lingua tua 49,19!
sicut novacula acuta fecisti dolum
5 dilexisti malitiam super benignitatem
iniquitatem magis quam loqui aequitatem
DIAPSALMA
6 dilexisti omnia verba praecipitationis
linguam dolosam
7 propterea Deus destruet te in finem
evellet te et emigrabit te de tabernaculo
et radicem tuam de terra viventium Ier 11,19!
DIAPSALMA
8 videbunt iusti et timebunt 39,4; 63,9.10
et super eum ridebunt et dicent
9 ecce homo qui non posuit Deum adiutorem suum
sed speravit in multitudine divitiarum suarum 48,7; Prv 11,28!
et praevaluit in vanitate sua
10 ego autem sicut oliva fructifera in domo Dei Ier 11,16; Os 14,7
speravi in misericordia Dei in aeternum et in saeculum saeculi
11 confitebor tibi in saeculum quia fecisti 29,13! 53,8! 78,13
et expectabo nomen tuum quoniam bonum
in conspectu sanctorum tuorum

52 IN FINEM PRO MELECH INTELLEGENTIAE DAVID

Dixit insipiens in corde suo non est Deus 1—4: 13,1–3
2 corrupti sunt et abominabiles facti

RFHI (L)WSKΦ cr

9 aspargis FHI | 10 laetitiam + et WSKΦ c | 16 meae + et WSKΦ c | exultauit RL; exaltabit HI | 19 spernet RFLr. 𝔊] spernit HI.; despicies *cet.* | 20 domine *om.* FL. | et] ut c ‖ **51**,2 et nunciauit sauli c | et dicit LW.; *om.* c; + ei RLΦ; + illi I. | in domum FI LSΦ c | abimelech FIWSK | 3 gloriatur RFHLr.] gloriaris *cet.* | est RFLr.] *om.* HI.; es *cet.* | in iniquitate FΦ c; iniquitatem H | 4 iniustitia RFL. | 5 diapsalma *om.* IK c | 6 lingua dolosa ISKΦ c | 7 ~ destruet te deus F | emigrauit RFW | tabernaculo + tuo I c | [*deest* L *usque ad* 111,7] | diapsalma *om.* IS c | 11 bonum + est c ‖ **52**,1 melech WKr.] mele*h H.; meleth R.; maeleth c.; amelech S; amalech FIΦ | intellegentia RW.; intellectus I |

absconditum et arcanum sapientiae
manifestasti mihi
9 asparges me hysopo et mundabor
lavabis me et super nivem dealbabor
10 auditum mihi facies gaudium et laetitiam
ut exultent ossa quae confregisti
11 absconde faciem tuam a peccatis meis
et omnes iniquitates meas dele
12 cor mundum crea mihi Deus
et spiritum stabilem renova in visceribus meis
13 ne proicias me a facie tua
et spiritum sanctum tuum ne auferas a me
14 redde mihi laetitiam Iesu tui
et spiritu potenti confirma me
15 docebo iniquos vias tuas
et peccatores ad te revertentur
16 libera me de sanguinibus Deus Deus salutis meae
laudabit lingua mea iustitiam tuam
17 Domine labia mea aperies
et os meum adnuntiabit laudem tuam
18 non enim vis ut victimam feriam
nec holocaustum tibi placet
19 sacrificium Dei spiritus contribulatus
cor contritum et humiliatum Deus non dispicies
20 benefac Domine in voluntate tua Sion
et aedificentur muri Hierusalem
21 tunc suscipies sacrificium iustitiae oblationes et holocausta
tunc inponent super altare tuum vitulos

51 VICTORI AB ERUDITO DAVID 2 CUM VENISSET DOEC IDUMEUS ET ADNUNTIASSET SAUL DICENS EI VENIT DAVID IN DOMUM ACHIMELECH
3 Quid gloriaris in malitia potens
misericordia Dei tota est die
4 insidias cogitat lingua tua
quasi novacula acuta faciens dolum
5 dilexisti malum magis quam bonum
mendacium magis quam loqui iustitiam
SEMPER
6 dilexisti omnia verba ad devorandum lingua dolosa
7 sed Deus destruet te in sempiternum
terrebit et evellet te de tabernaculo
et eradicabit te de terra viventium
SEMPER
8 videbunt iusti et timebunt
et super eum ridebunt
9 ecce vir qui non posuit Deum fortitudinem suam
sed speravit in multitudine divitiarum suarum
confortatus est in insidiis suis
10 ego sicut oliva virens in domo Dei
speravi in misericordia Dei in saeculum sempiternum
11 confitebor tibi in saeculo quoniam fecisti
et expectabo nomen tuum quoniam bonum in conspectu sanctorum tuorum

52 VICTORI PER CHORUM ERUDITI DAVID
Dixit stultus in corde suo non est Deus
2 corrupti sunt et abominabiles facti

8 sapientiae + tuae IAKΘS. | 19 dispiciet IAK. || **51** (𝔐 **52**), 2 sauli CΣΘ | ei *om.* RFΣ | in domo RCL | abimelech CΣS | 5 semper *om.* IΘ | 6 linguam dolosam RFSL. | 7 torrebit IAK.; + te IAKS | eradicauit F.; radicauit R. | te[3] *om.* IΣ | semper *om.* IS | 9 in[2] *om.* RA. | 10 ego + autem FΣΘLђ ||

RFCI ΣAKΘSL ђs

sunt in iniquitatibus
non est qui faciat bonum
32,13! 3 Deus de caelo prospexit in filios ho-
3.4: Rm 3,11.12 minum
ut videat si est intellegens ÷ aut : requirens Deum
4 omnes declinaverunt simul inutiles
facti sunt
non est qui faciat bonum non est
usque ad unum
5—7: 13,4–6 5 nonne scient ÷ omnes : qui operantur iniquitatem
Mi 3,3 qui devorant plebem meam ut cibum panis
6 Deum non invocaverunt
illic trepidabunt timore ubi non fuit
timor
140,7; Ier 8,1! Ez 6,5 quoniam Deus dissipavit ossa eorum qui hominibus placent
confusi sunt quoniam Deus sprevit
eos
7 quis dabit ex Sion salutare Israhel
125,1.2! dum convertit Deus captivitatem
plebis suae
exultabit Iacob et laetabitur Israhel

53 IN FINEM IN CARMINIBUS INTELLEC-
I Sm 23,19; 26,1 TUS DAVID 2 CUM VENISSENT ZIPHEI
ET DIXISSENT AD SAUL NONNE DAVID
ABSCONDITUS EST APUD NOS
3 Deus in nomine tuo salvum me fac
et in virtute tua iudica me
5,2.3! 38,13; 54,2.3! 83,9 4 Deus exaudi orationem meam
auribus percipe verba oris mei
85,14 5 quoniam alieni insurrexerunt adversum me
et fortes quaesierunt animam meam
non proposuerunt Deum ante conspectum suum
DIAPSALMA
117,7 6 ecce enim Deus adiuvat me
Dominus susceptor animae meae
7 avertet mala inimicis meis 93,23; 142,12
in veritate tua disperde illos
8 voluntarie sacrificabo tibi
confitebor nomini tuo Domine quon- 51,11! 91,2; 134,3!
iam bonum
9 quoniam ex omni tribulatione eri- 24,22! 58,11.12
puisti me
et super inimicos meos despexit ocu- 91,12; 111,8
lus meus

54 IN FINEM IN CARMINIBUS INTELLEC-
TUS DAVID
2 Exaudi Deus orationem meam 26,7! 53,4! 60,2
et ne despexeris deprecationem me-
am
3 intende mihi et exaudi me
contristatus sum in exercitatione
mea et conturbatus sum
4 a voce inimici et a tribulatione peccatoris
quoniam declinaverunt in me iniquitatem
et in ira molesti erant mihi
5 cor meum conturbatum est in me 108,22
et formido mortis cecidit super me 17,5; 114,3; II Sm 22,5
6 timor et tremor venit super me 47,6.7; Iob 4,14 Idt 14,17!
et contexit me tenebra
7 et dixi quis dabit mihi pinnas sicut
columbae
et volabo et requiescam
8 ecce elongavi fugiens
et mansi in solitudine
DIAPSALMA
9 expectabam eum qui salvum me fecit
a pusillanimitate spiritus et a tempestate
10 praecipita Domine divide linguas Gn 11,7
eorum
quoniam vidi iniquitatem et contra- Ier 6,7
dictionem in civitate
11 die et nocte circumdabit eam super
muros eius

RFHI W(S)KΦ ϲr

3 in FHIr] super *cet.* | 6 trepidabunt Fr. 𝔊] trepidauerunt *cet.* | fuit] erat ϲ | 7 dum RF HIr.] cum *cet.* | conuertit FHIr.] conuerterit *cet.* | deus] dominus F | exultauit R || **53**,2 ad saulem HI. | nonne + ecce RI. | 5 meam + et HIϲ | diapsalma *om.* IWSKϲ | 6 me + et ϲ | susceptor + est ϲ | 7 auertet WΦr𝔊, *cf. He*] auertit HI.; auerte *cet.* | meis + et ϲ | disperdes RF. | 8 [*deest* S *usque ad* 55,3] | tibi + et ϲ | domine *om.* R | bonum + est FWKΦϲ | 9 meus] tuus HI. || **54**,1 *tit. om.* I | 4 iniquitates WKϲ | 6 uenerunt ϲ | contexerunt me tenebrae Φϲ | 8 diapsalma *om.* RWKϲ | 9 a[2] RFr.] *om. cet.* | 10 in ciuitatem H | 11 et[1]] ac ϲ |

sunt in iniquitate
non est qui faciat bonum
3 Deus de caelo prospexit super filios hominum
ut videret si esset intellegens requirens Deum
4 omnes aversi sunt pariter adheserunt
non est qui faciat bonum non est usque ad unum
5 numquid non cognoverunt qui operantur iniquitatem
qui comedunt populum meum ut cibum panis
6 Deum non invocaverunt
ibi timuerunt timore ubi non est timor
quoniam Deus dispersit ossa circumdantium te
confunderis quia Deus proiecit eos
7 quis dabit ex Sion salutare Israhel
cum reduxerit Deus captivitatem populi sui
exultabit Iacob laetabitur Israhel

53 VICTORI IN PSALMIS ERUDITI DAVID
2 QUANDO VENERUNT ZIPHEI ET DIXERUNT SAUL NONNE DAVID ABSCONDITUS EST APUD NOS

3 Deus in nomine tuo salva me
I Sm 24,13 et in fortitudine tua ulciscere me
4 Deus exaudi orationem meam
auribus percipe verba oris mei
5 quia alieni insurrexerunt adversus me
et fortes quaesierunt animam meam
et non posuerunt Deum in conspectu suo
SEMPER
6 ecce Deus auxiliatur mihi
Dominus sustentans animam meam
7 reddet malum insidiatoribus meis
in veritate tua disperde eos
8 voluntarie sacrificabo tibi
confitebor nomini tuo Domine quoniam bonum est
9 quoniam ex omni tribulatione liberavit me
et inimicos meos dispexit oculus meus

54 VICTORI IN PSALMIS ERUDITI DAVID
2 Exaudi Deus orationem meam
et ne dispicias deprecationem meam
3 adtende mihi et exaudi me
humiliatus sum in meditatione mea et conturbatus
4 a voce inimici a facie persequentis impii
quoniam proiecerunt super me iniquitatem
et in furore adversabantur mihi
5 cor meum doluit in vitalibus meis
et terrores mortis ceciderunt super me
6 timor et tremor venit super me
et operuit me caligo
7 et dixi quis dabit mihi pinnas columbae ut volem et requiescam
8 ut procul abeam et commorer in deserto
SEMPER
9 festinabo ut salver ab spiritu tempestatis et turbinis
10 praecipita Domine divide linguas eorum
quoniam vidi iniquitatem et contradictionem in civitate
11 die et nocte circumeuntes muros eius

52 (𝔐 **53**), 3 esset] est RFCΣΘ | 6 quia] quoniam RC. | 7 iacob + et RFCΣΘS ‖ **53** (𝔐 **54**), 2 sauli CΣ | 5 proposuerunt RFIKS; praeposuerunt A. | semper *om.* I | 6 auxiliabitur IAK.; auxiliator RL | 7 reddet RΘ 𝔰. 𝔐] reddit IAK.; redde *cet.* | mala FΣL | 8 est *om.* IAK | 9 liberabit C; eripuisti Θ. | inimicus meus F (meos) IAK. | oculos meos K.; oculos tuos I. ‖ **54** (𝔐 **55**), 3 conturbatus + sum FCΣΘ | 8 semper *om.* I | 9 festinabor R | turbidinis IAK |

RFCI ΣΑΚΘSL 𝔥𝔰

et iniquitas et labor in medio eius
12 et iniustitia
et non defecit de plateis eius usura
et dolus
13 quoniam si inimicus maledixisset
mihi
sustinuissem utique
et si is qui oderat me super me magna locutus fuisset
abscondissem me forsitan ab eo
40,10! 14 tu vero homo unianimis
dux meus et notus meus
139,10 H 15 qui simul mecum dulces capiebas cibos
in domo Dei ambulavimus cum con-
sensu
16 veniat mors super illos
62,10! Nm 16,30.33 et descendant in infernum viventes
quoniam nequitiae in habitaculis
eorum
in medio eorum
17 ego ÷ autem: ad Deum clamavi et
Dominus salvabit me
Dn 6,10 18 vespere et mane et meridie narrabo
et adnuntiabo
et exaudiet vocem meam
19 redimet in pace animam meam
ab his qui adpropinquant mihi
quoniam inter multos erant mecum
20 exaudiet Deus et humiliabit illos qui
est ante saecula
DIAPSALMA
non enim est illis commutatio et non
timuerunt Deum
21 extendit manum suam in retribu-
endo
contaminaverunt testamentum eius
22 divisi sunt ab ira vultus eius
et adpropinquavit cor illius
molliti sunt sermones eius super oleum
et ipsi sunt iacula
I Pt 5,7 23 iacta super Dominum curam tuam
et ipse te enutriet
non dabit in aeternum fluctuationem 111,6
iusto
24 tu vero Deus deduces eos in puteum
interitus
viri sanguinum et doli non dimidia- 5,7
bunt dies suos
ego autem sperabo in te Domine

55 IN FINEM PRO POPULO QUI A SANC-
TIS LONGE FACTUS EST DAVID IN
TITULI INSCRIPTIONE CUM TENU-
ERUNT EUM ALLOPHILI IN GETH

2 Miserere mei Deus quoniam conculcavit me homo
tota die inpugnans tribulavit me
3 conculcaverunt me inimici mei tota
die
quoniam multi bellantes adversum 3,2!
me
4 ab altitudine diei timebo
ego vero in te sperabo
5 in Deo laudabo sermones meos 11
in Deo speravi non timebo quid fa- 117,6!
ciat mihi caro
6 tota die verba mea execrabantur 40,8.9
adversum me omnia consilia eorum 70,10; 139,3; Ier 11,19; Lam 3,60
in malum
7 inhabitabunt et abscondent
ipsi calcaneum meum observabunt
sicut sustinuerunt animam meam
8 pro nihilo salvos facies illos
in ira populos confringes
Deus 9 vitam meam adnuntiavi tibi
posuisti lacrimas meas in conspectu
tuo
sicut et in promissione tua
10 tunc convertentur inimici mei retrorsum
in quacumque die invocavero te
ecce cognovi quoniam Deus meus es Ex 8,22!
11 in Deo laudabo verbum 5!
in Domino laudabo sermonem
in Deo speravi non timebo quid fa-

RFHI W(S)KΦ cr

11 et[2] *om.* c | 12 de] in F | 13 inimicus + meus Fc | 16 et *om.* HI. | 17 saluauit RHΦ | 20 humiliauit RΦ | illos] eos HI. | diapsalma *om.* WKc | 24 eos] illos RFr | doli RHIr. 𝔊] dolosi *cet.* ‖ **55**,1 inscriptionem RΦc | 3 [*iterum adest* S] | 5 caro] homo HI | 6 omnia consilia RFHIr.] omnes cogitationes *cet.* | 8 confringes] deicies *Hi* | 9 nuntiaui H | et *om.* HI | 10 es + tu FH |

scelus et dolorem in medio eius
12 insidiae in vitalibus eius
et non recedet de plateis eius damnum et fraudulentia
13 non enim inimicus exprobravit mihi ut sustineam
neque is qui me oderat super me magnificatus est ut abscondar ab eo
14 sed tu homo unianimis meus dux meus et notus meus
15 qui simul habuimus dulce secretum
in domo Dei ambulavimus in terrore
16 veniat mors super eos descendant in infernum viventes
quia nequitiae in congregatione eorum et in medio eorum
17 ego ad Deum clamabo et Dominus salvabit me
18 vespere et mane et meridie eloquar et resonabo
et exaudiet vocem meam
19 redimet in pace animam meam ab adpropinquantibus mihi
multi enim fuerunt adversum me
20 exaudiet Deus et humiliabit eos qui iudex est ab initio
SEMPER
non enim mutantur neque timent Deum
21 extendit manum suam ad pacifica sua
contaminabit pactum suum
22 nitidius butyro os eius
pugnat autem cor illius
molliores sermones eius oleo cum sint lanceae
23 proice super Dominum caritatem tuam et ipse enutriet te
non dabit in aeternum fluctuationem iusto
24 tu autem Deus deduces eos in puteum interitus
viri sanguinum et dolosi non dimidiabunt dies suos
ego autem fiduciam habeo tui

55 VICTORI PRO COLUMBA MUTA EO QUOD PROCUL ABIERIT DAVID HUMILIS ET SIMPLEX QUANDO TENUERUNT EUM PALESTINI IN GETH
2 Miserere mei Deus quoniam conculcavit me homo
tota die pugnans tribulavit me
3 conculcaverunt me insidiatores mei tota die
multi enim qui pugnant contra me Altissime
4 quacumque die territus fuero ego in te confidam
5 in Deo laudavi verbum in Deo speravi
non timebo quid faciat caro mihi
6 tota die sermonibus me adfligebant
contra me omnes cogitationes eorum in malum
7 congregabuntur abscondite
plantas meas observabunt
expectantes animam meam 8 quia nullus est salvus in eis
in furore populos detrahet Deus
9 secretiora mea numerasti
pone lacrimam meam in conspectu tuo
sed non in narratione tua
10 tunc convertentur inimici mei retrorsum
in quacumque die invocavero
hoc scio quia Deus meus es
11 in Deo laudabo verbum in Domino praedicabo sermonem
in Deo speravi non timebo quid fa-

12 recedit IAKΘL𝔥 | 15 cum terrore CΘS | 16 eos + et RAΘS | quia] quoniam I | et *om.* C | 18 eloquar FIΣ𝔰] loquebar C.; loquar *cet.* | ~ loquebar et meridie C | 20 humiliauit RS. | semper *om.* I | 21 contaminauit CS; contaminauerunt R. | 22 mollierunt sermones suos (eius Σ) RΣ | 23 dominum] deum CΘS || **55** (𝔐 **56**),3 me¹ *om.* FC | 7 obseruabunt + et C | 11 uerbum + et RΘS. |

RFCI ΣAKΘSL 𝔥𝔰

ciat mihi homo
12 in me sunt Deus vota ※tua: ÷quae:
reddam laudationes tibi
29,4! 114,8.9; Dn 3,88 13 quoniam eripuisti animam meam de
morte
et pedes meos de lapsu
ut placeam coram Deo in lumine viventium

57,1; 58,1 **56** IN FINEM NE DISPERDAS DAVID IN
141,1; I Sm 22,1! TITULI INSCRIPTIONE CUM FUGERET
A FACIE SAUL IN SPELUNCA

Tb 8,10 2 Miserere mei Deus miserere mei
quoniam in te confidit anima mea
35,8; 62,8 et in umbra alarum tuarum sperabo
donec transeat iniquitas
3 clamabo ad Deum altissimum
Deum qui benefecit mihi
I Mcc 12,15 4 misit de caelo et liberavit me
dedit in obprobrium conculcantes
me

DIAPSALMA

misit Deus misericordiam suam et
veritatem suam
5 et eripuit animam meam de medio
catulorum leonum
dormivi conturbatus
Prv 25,18 filii hominum dentes eorum arma et
sagittae
58,8 et lingua eorum gladius acutus
12; 8,2; Hab 3,3! 6 exaltare super caelos Deus
112,4 et in omnem terram gloria tua
7 laqueum paraverunt pedibus meis
et incurvaverunt animam meam
7,16! Ier 18,22 foderunt ante faciem meam foveam
118,85 H et inciderunt in eam

DIAPSALMA

111,7! 8 paratum cor meum Deus paratum
8—12: 107,2–6 cor meum
26,6! cantabo et psalmum dicam
9 exsurge gloria mea exsurge psalterium et cithara exsurgam diluculo
10 confitebor tibi in populis Domine 17,50!
psalmum dicam tibi in gentibus
11 quoniam magnificata est usque ad 35,6
caelos misericordia tua
et usque ad nubes veritas tua
12 exaltare super caelos Deus 6!
et super omnem terram gloria tua

57 IN FINEM NE DISPERDAS DAVID IN 56,1; 58,1
TITULI INSCRIPTIONE

2 Si vere utique iustitiam loquimini
recta iudicate filii hominum
3 etenim in corde iniquitates operamini in terra
iniustitiam manus vestrae concinnant
4 alienati sunt peccatores a vulva Is 48,8
erraverunt ab utero locuti sunt falsa
5 furor illis secundum similitudinem 139,4
serpentis
sicut aspidis surdae et obturantis
aures suas
6 quae non exaudiet vocem incantantium
et venefici incantantis sapienter Ier 8,17
7 Deus conteret dentes eorum in ore 3,8; Iob 29,17
ipsorum
molas leonum confringet Dominus
8 ad nihilum devenient tamquam aqua
decurrens
intendit arcum suum donec infirmentur 63,4
9 sicut cera quae fluit auferentur
supercecidit ignis et non viderunt
solem
10 priusquam intellegerent spinae vestrae ramnum
sicut viventes sicut in ira absorbet
vos
11 laetabitur iustus cum viderit vindictam 36,34! 106,42; Iob 22,19
manus suas lavabit in sanguine peccatoris

RFHI WSKΦ 𝔠𝔯 12 ※ tua: ÷ quae: 𝔯] ※ tua ※ quae R | laudationes HIΦ𝔠] laudationis *cet.* | 13 deo] domino F || **56**,1 ne disperdas] psalmus H. | in tituli inscriptione *om.* H. | inscriptionem 𝔠 | fugisset H. | in speluncam S𝔠 | 2 confidet RF. | 4 diapsalma *om.* W𝔠 | 5 et[1] *om.* HI | linguae RW. | 7 foueam *om.* F | diapsalma *om.* IW𝔠 | 10 domine + et 𝔠 || **57**,1 inscriptionem 𝔠. | 3 iniustitias WSKΦ𝔠 | 5 obdurantes R. | 6 exaudit I.; exaudiuit H. | incantantes[2] R | 8 intendet FSK. | 10 sicut[2]] sic 𝔠 | uos RHI𝔯. 𝔊] eos *cet.* | 11 peccatorum R |

ciat homo mihi
12 in me sunt Deus vota tua
reddam gratiarum actiones tibi
13 quia liberasti animam meam de morte et pedes meos de lapsu
ut ambulem coram Deo in luce viventium

56 PRO VICTORIA UT NON DISPERDAS DAVID HUMILEM ET SIMPLICEM QUANDO FUGIT A FACIE SAUL IN SPELUNCA

2 Miserere mei Deus miserere mei
quoniam in te sperat anima mea
in umbra alarum tuarum sperabo donec transeant insidiae
3 invocabo Deum altissimum Deum ultorem meum
4 mittet de caelo et salvabit me
exprobrabit conculcantibus me
SEMPER
mittet Deus misericordiam suam et veritatem suam
5 anima mea in medio leonum dormivit ferocientium
filii hominum dentes eorum lancea et sagittae et lingua eorum gladius acutus
6 exaltare super caelos Deus in omni terra gloria tua
7 rete paraverunt gressibus meis ad incurvandam animam meam
foderunt ante me foveam ceciderunt in medium eius
SEMPER
8 paratum cor meum Deus paratum cor meum cantabo et psallam
9 surge gloria mea surge psalterium et cithara surgam mane
10 confitebor tibi in populis Domine cantabo tibi in gentibus
11 quia magna usque ad caelos misericordia tua
et usque ad nubes veritas tua
12 exaltare super caelos Deus in omni terra gloria tua

57 VICTORI UT NON DISPERDAS DAVID HUMILEM ET SIMPLICEM

2 Si vere utique iustitiam loquimini recta iudicate filii hominum
3 etenim in corde iniquitates operamini
in terra iniquitatis manus vestras adpendite
4 alienati sunt peccatores a vulva
erraverunt ab utero loquentes mendacium
5 furor eorum sicut furor serpentis
sicut reguli surdi obturantis aurem suam
6 ut non audiat vocem murmurantium
nec incantatoris incantationes callidas
7 Deus excute dentes eorum ex ore eorum
molares leonum confringe Domine
8 dissolvantur quasi aquae quae defluent
intendet arcum suum donec conterantur
9 quasi vermis tabefactus pertranseant I Mcc 2,62.63!
quasi abortivum mulieris quod non vidit solem Nm 12,12
10 antequam crescant spinae vestrae in ramnum
quasi viventes quasi in ira tempestas rapiet eas
11 laetabitur iustus cum viderit ultionem
pedes suos lavabit in sanguinem impii

11 ~ mihi homo RIAKΘS | 13 de[2]] a C || **56**(𝔐 **57**),1 in speluncam FΘ | 2 sperauit RIAKΘ | 3 deum[2]] dominum C | 4 exprobrauit FAΘSL𝔥; *praem.* et C; + me FΣ. | semper *om.* I | 5 lancea RF𝔰.𝔐] lanceae *cet.* | 7 in medio FΣΘL𝔥 | semper] diapsalma I. | 12 deus + et IAKΘ || **57**(𝔐 **58**),3 iniquitatis[1] R. | iniquitatis[2] IΣAK𝔰, *cf.* 𝔐] iniquitates *cet.* | 5 obturantes FCL; obdurantis ΣAKΘS. | 6 ut] et I | 7 molares] molas CΘS | 8 defluunt RIAKΘS𝔥 | intendit RIAKΘ; intendent CΣ | 9 pertranseat F. | 10 eos RIAKΘ | 11 in sanguinem RFC𝔰.] in sanguine *cet.* |

RFCI ΣAKΘSL 𝔥𝔰

Is 3,10! 12 et dicet homo si utique est fructus iusto
Iob 19,29 utique est Deus iudicans eos in terra

56,1; 57,1 **58** IN FINEM NE DISPERDAS DAVID IN
I Sm 19,11 TITULI INSCRIPTIONE QUANDO MISIT SAUL ET CUSTODIVIT DOMUM EIUS UT INTERFICERET EUM

30,16! II Sm 22,49! 2 Eripe me de inimicis meis Deus
et ab insurgentibus in me libera me
70,4; 96,10; Sap 10,13 3 eripe me de operantibus iniquitatem
et de viris sanguinum salva me
93,21 4 quia ecce ceperunt animam meam
inruerunt in me fortes
5 neque iniquitas mea neque peccatum meum
Domine sine iniquitate cucurri et direxi
6 exsurge in occursum meum et vide
et tu Domine Deus virtutum Deus Israhel
intende ad visitandas omnes gentes
non miserearis omnibus qui operantur iniquitatem

DIAPSALMA

15 7 convertentur ad vesperam
et famem patientur ut canes
et circuibunt civitatem
8 ecce loquentur in ore suo
56,5! et gladius in labiis eorum quoniam quis audivit
2,4! 9 et tu Domine deridebis eos
Idt 13,22! Is 30,28! ad nihilum deduces omnes gentes
10 fortitudinem meam ad te custodiam
quia Deus susceptor meus
53,9! 11 Deus meus voluntas eius praeveniet me
12 Deus ostendet mihi super inimicos meos
ne occidas eos nequando obliviscantur populi mei
disperge illos in virtute tua
et depone eos protector meus Domine
13 delictum oris eorum sermonem labiorum ipsorum
et conprehendantur in superbia sua
et de execratione et mendacio adnuntiabuntur 14 in consummatione
in ira consummationis et non erunt
et scient quia Deus dominatur Iacob finium terrae Ex 8,22!

DIAPSALMA

15 convertentur ad vesperam 7
et famem patientur ut canes
et circuibunt civitatem
16 ipsi dispergentur ad manducandum
si vero non fuerint saturati et murmurabunt
17 ego autem cantabo fortitudinem tuam 20,14!
et exultabo mane misericordiam tuam 91,3
quia factus es susceptor meus 90,2; 93,22; II Sm 22,3!
et refugium meum in die tribulationis meae
18 adiutor meus tibi psallam quia Deus susceptor meus es Deus meus misericordia mea 26,6! 80,2; 94,1; Sir 51,2

59 IN FINEM HIS QUI INMUTABUNTUR IN TITULI INSCRIPTIONE DAVID IN DOCTRINA 2 CUM SUCCENDIT SYRIAM
MESOPOTAMIAM ET SYRIAM SOBA ET II Sm 10,18
CONVERTIT IOAB ET PERCUSSIT VALLEM SALINARUM DUODECIM MILIA II Sm 8,13; IV Rg 14,7; II Par 25,11!

3 Deus reppulisti nos et destruxisti nos 43,10!
iratus es et misertus es nobis
4 commovisti terram et turbasti eam
sana contritiones eius quia commota est
5 ostendisti populo tuo dura

RFHI WSKΦ cr

12 dicit RF ‖ **58**,1 inscriptionem c | ~ eum interficeret I c. | 2 deus RHI r. 𝔊] deus meus *cet.* | 6 diapsalma *om.* WS c | 7 conuertantur FS. | 10 meus + es c; + es tu *Su* | 11 uoluntas RFHI r. *Su*] misericordia *cet. Hi* | 12 ostendet RF cr. 𝔊] ostendit *cet.* | 14 sciant FIΦ | dominator IΦ; dominabitur WSK c | iacob + et WSKΦ c *Su* | diapsalma *om.* W c | 15 conuertantur F | 17 exaltabo I | in misericordia tua RΦ ‖ **59**,1 his] in his R.; pro his HWS K c | commutabuntur HIW | in tituli] tituli I.; testimonium HW. | inscriptionem c; + ipsi c | in doctrinam RIΦ c | 2 syriam mesopotamiam] mesopotamiam syriae HIW c; syriam Φ | et syriam soba *om.* Φ | syriam² *om.* c. | soba RS r] sabba H.; sabal I.; sobal FWK c | uallem] edom in ualle IS; idumaeam in ualle c. | 4 conturbasti RWSKΦ c |

12 et dicet homo vere fructus est iusto
vere est Deus iudicans in terra

58 VICTORI UT NON DISPERDAS DAVID
HUMILEM ET SIMPLICEM QUANDO
MISIT SAUL ET CUSTODIERUNT DO-
MUM UT OCCIDERENT EUM

2 Erue me de inimicis meis Deus meus
et a resistentibus mihi protege me
3 libera me ab operariis iniquitatis
et a viris sanguinum salva me
4 quia ecce insidiati sunt animae meae
congregantur adversum me fortissimi
5 absque iniquitate mea et absque peccato meo Domine
non egi inique et illi currunt et praeparantur
6 surge ex adverso pro me et respice
et tu Domine Deus exercituum Deus
Israhel
evigila ut visites omnes gentes
non miserearis universis qui operantur iniquitatem

SEMPER

7 revertantur ad vesperam et latrent
ut canis et circumeant civitatem
8 ecce loquuntur in ore suo gladii in
labiis eorum quasi nemo audiat
9 tu autem Domine deridebis eos sub-
sannabis omnes gentes
10 fortitudinem meam ad te servabo
quoniam tu Deus elevator meus
11 Dei mei misericordia praeveniet me
12 Deus ostendit mihi in insidiatoribus
meis
ne occidas eos ne forte obliviscantur
populi mei
disperge eos in fortitudine tua
et destrue eos protector noster Domine
13 in peccato oris sui in sermone labiorum suorum
et capiantur in superbia sua
maledictionem et mendacium narrantes
14 consume in furore consume ut non
subsistant
et sciant quoniam Deus dominatur
Iacob in finibus terrae

SEMPER

15 et convertantur ad vesperam et latrent ut canis
et circumeant civitatem
16 ipsi vagabuntur ut comedant
et cum saturati non fuerint murmurabunt
17 ego autem cantabo imperium tuum
et laudabo mane misericordiam
tuam
quoniam factus es fortitudo mea
et refugium in die tribulationis meae
18 tibi cantabo quoniam Deus adiutor
meus
fortitudo mea Deus misericordia
mea

59 VICTORI PRO LILIIS TESTIMONIUM HU-
MILIS ET PERFECTI DAVID AD DO-
CENDUM 2 QUANDO PUGNAVIT AD-
VERSUM SYRIAM MESOPOTAMIAE ET
ADVERSUM SYRIAM SUBA ET REVER-
SUS EST IOAB ET PERCUSSIT EDOM IN
VALLE SALINARUM DUODECIM MILIA

3 Deus proiecisti nos et scidisti iratus
convertisti nos
4 commovisti terram et disrupisti eam
sana contritiones eius quoniam commota est
5 ostendisti populo tuo duritiam

12 dicit RF.; dicat S. | in terra *om.* C || **58** (𝔐 **59**),1 occideret CS | 5 iniqui FK. | 6 semper *om.* I | 7 canis FC𝔰𝔐] canent I.; canes *cet.* | 8 loquentur FΘS | 12 ostende RCΘS | pro insidiatoribus meis Θ.; insidiatoribus meis FL; insidiatores meos IAKS | 14 dominabitur Θ; dominator IAKS | semper] diapsalma R.; *om.* I | 15 et[1] *om.* IAK. | conuertentur IAK. | canis FC𝔰𝔐] canes *cet.* || **59** (𝔐 **60**),3 iratus + es RIAK. |

RFCI ΣAKΘSL 𝔥𝔰

potasti nos vino conpunctionis
6—14: 107,7–14 6 dedisti metuentibus te significatio-
nem
ut fugiant a facie arcus
DIAPSALMA
ut liberentur dilecti tui
7 salvum fac dextera tua et exaudi me
8 Deus locutus est in sancto suo
laetabor et partibor Sicima
et convallem tabernaculorum meti-
bor
9 meus est Galaad et meus ÷ est : Manasses
et Effraim fortitudo capitis mei
Iuda rex meus 10 Moab olla spei
meae
Is 11,14 in Idumeam extendam calciamentum meum
Nm 24,18! mihi alienigenae subditi sunt
11 quis deducet me in civitatem munitam
quis deducet me usque in Idumeam
43,10! 12 nonne tu Deus qui reppulisti nos
et non egredieris Deus in virtutibus
nostris
13 da nobis auxilium de tribulatione
145,3 et vana salus hominis
14 in Deo faciemus virtutem
Idt 13,22! et ipse ad nihilum deducet tribulantes nos

60 IN FINEM IN HYMNIS DAVID

54,2.3! 2 Exaudi Deus deprecationem meam
intende orationi meae
3 a finibus terrae ad te clamavi
26,6! dum anxiaretur cor meum in petra
exaltasti me
deduxisti me 4 quia factus es spes
mea
Prv 18,10 turris fortitudinis a facie inimici
14,1; 26,4! 5! 5 inhabitabo in tabernaculo tuo in
saecula
protegar in velamento alarum tuarum
DIAPSALMA
6 quoniam tu Deus meus exaudisti
orationem meam
dedisti hereditatem timentibus nomen tuum
7 dies super dies regis adicies annos 20,5!
eius
usque in diem generationis et generationis
8 permanet in aeternum in conspectu
Dei
misericordiam et veritatem quis re- 106,43; Or Man 6
quiret eius
9 sic psalmum dicam nomini tuo in 17,50! 144,1
saeculum saeculi
ut reddam vota mea de die in diem

61 IN FINEM PRO IDITHUN PSALMUS DA-
VID

2 Nonne Deo subiecta erit anima mea 6
ab ipso enim salutare meum
3 nam et ipse Deus meus et salutaris 7
meus
susceptor meus non movebor amplius
4 quousque inruitis in hominem
interficitis universi vos
tamquam parieti inclinato et maceriae depulsae
5 verumtamen pretium meum cogitaverunt repellere
cucurri in siti
ore suo benedicebant et corde suo 27,3!
maledicebant
DIAPSALMA
6 verumtamen Deo subiecta esto ani- 2; 36,7
ma mea
quoniam ab ipso patientia mea
7 quia ipse Deus meus et salvator 3; Iob 13,16!
meus
adiutor meus non emigrabo
8 in Deo salutare meum et gloria mea 3,4!
Deus auxilii mei et spes mea in Deo Is 26,4
est
9 sperate in eo omnis congregatio populi

RFHI WSKΦ cr 6 diapsalma *om.* c | 8 sicimam RWSKΦ; sichimam c | 10 olla] aula FHI. | 13 et] quia c. || **60**,1 in hymni R.; hymnis F.; psalmus H.; + psalmus W | 5 diapsalma *om.* W c | 6 meus *om.* FI, *cf. Su* | 8 ~ eius quis requiret WKΦ c | 9 de die in die RF. || **61**,4 inruetis FI. | uniuersi uos] uniuersos RHI | inpulsae HI. | 5 diapsalma *om.* WSK c | 9 in eum RHI. |

potasti nos vino consopiente
6 dedisti timentibus te signum ut fugerent a facie arcus
SEMPER
ut liberentur amici tui
7 salva dextera tua et exaudi me
8 Deus locutus est in sanctuario suo laetabor
dividam Sicimam et vallem Soccoth dimetiar
9 meus est Galaad et meus Manasse
et Efraim fortitudo capitis mei Iudas legifer meus
10 Moab olla lavacri mei
super Idumeam incedam calciamento meo
mihi Palestina foederata est
11 quis deducet me ad civitatem munitam
quis deducet me usque ad Idumeam
12 nonne tu Deus qui proiecisti nos
et non egredieris Deus in exercitibus nostris
13 da nobis auxilium in tribulatione
vana est enim salus ab homine
14 in Deo faciemus virtutem
et ipse conculcabit tribulantes nos

60 VICTORI IN PSALMIS DAVID

2 Exaudi Deus laudationem meam
intende orationi meae
3 de novissimo terrae ad te clamabo
cum triste fuerit cor meum
cum fortis elevabitur adversum me tu eris ductor meus
4 fuisti spes mea turris munitissima a facie inimici
5 habitabo in tabernaculo tuo iugiter
sperabo in protectione alarum tuarum
SEMPER
6 tu enim Deus exaudisti orationem meam
dedisti hereditatem timentibus nomen tuum
7 dies super dies regis adicies annos eius
donec est generatio et generatio
8 sedebit semper ante faciem Dei Prv 20,28!
misericordia et veritas servabunt eum
9 sic canam nomini tuo iugiter
reddens vota mea per singulos dies

61 VICTORI PER IDITHUN CANTICUM DAVID

2 Attamen apud Deum silebit anima mea ex eo salus mea
3 attamen ipse est scutum meum et salus mea
fortitudo mea non commovebor amplius
4 usquequo insidiamini contra virum
interficitis omnes
quasi murus inclinus et maceria corruens
5 partem enim eius cogitaverunt expellere
placuerunt sibi in mendacio
ore suo singuli benedicunt et corde suo maledicunt
SEMPER
6 verumtamen Deo retice anima mea
ab ipso enim praestolatio mea
7 ipse est fortitudo mea et salus mea
susceptor meus non timebo
8 in Deo salutare meum et gloria mea
robur fortitudinis meae salus mea in Deo
9 sperate in eo omni tempore populi

6 timentibus] metuentibus CIAKΘ | semper *om.* I | 8 sicima F | 9 meus² *om.* S.; + est RCAKΘ𝔥 | 10 incidam RAK. || **60** (𝔐 **61**), 3 doctor RIAK. | 5 semper *om.* CI || **61** (𝔐 **62**), 2 ut tamen Θ | 3 et tamen R; ut tamen Θ | est *om.* C | 5 in mendacium I | semper *om.* I | 8 meae + et RIAK |

RFCI ΣAKΘSL 𝔥𝔰

I Sm 1,15! effundite coram illo corda vestra
Deus adiutor noster in aeternum
38,6! 10 verumtamen vani filii hominum
115,11! mendaces filii hominum in stateris
ut decipiant ipsi de vanitate in id ipsum
11 nolite sperare in iniquitate
Sir 5,1! 31,8 et rapinas nolite concupiscere
divitiae si affluant nolite cor adponere
Iob 33,14 12 semel locutus est Deus duo haec audivi
quia potestas Dei 13 et tibi Domine
Sir 16,15! 27,4! I Sm 26,23! Mt 16,27; Rm 2,6; I Cor 3,8; Apc 2,23! misericordia
quia tu reddes unicuique iuxta opera sua

62 PSALMUS DAVID CUM ESSET IN DESERTO IUDAEAE

2 Deus Deus meus ad te de luce vigilo
41,3 sitivit in te anima mea
quam multipliciter tibi caro mea
3 in terra deserta et invia et inaquosa
sic in sancto apparui tibi
26,4! ut viderem virtutem tuam et gloriam tuam
4 quoniam melior est misericordia tua super vitas
labia mea laudabunt te
103,33! 144,2 5 sic benedicam te in vita mea
in nomine tuo levabo manus meas
6 sicut adipe et pinguidine repleatur anima mea
50,17! 125,2 et labia exultationis laudabit os meum
76,7; 118,55 7 si memor fui tui super stratum meum
in matutinis meditabar in te
8 quia fuisti adiutor meus
35,8; 56,2 et in velamento alarum tuarum exultabo
72,28; Dt 4,4 9 adhesit anima mea post te
me suscepit dextera tua
10 ipsi vero in vanum quaesierunt animam meam
introibunt in inferiora terrae 30,18; 54,16!
11 tradentur in manus gladii
partes vulpium erunt
12 rex vero laetabitur in Deo 20,2
laudabitur omnis qui iurat in eo
quia obstructum est os loquentium iniqua

63 IN FINEM PSALMUS DAVID

2 Exaudi Deus orationem meam cum deprecor
a timore inimici eripe animam meam
3 protexisti me a conventu malignantium
a multitudine operantium iniquitatem
4 quia exacuerunt ut gladium linguas suas Ier 9,3
intenderunt arcum rem amaram 10,3! 57,8
5 ut sagittent in occultis inmaculatum
6 subito sagittabunt eum et non timebunt
firmaverunt sibi sermonem nequam
narraverunt ut absconderent laqueos
dixerunt quis videbit eos Prv 1,11! Sir 23,25!
7 scrutati sunt iniquitates
defecerunt scrutantes scrutinio
accedet homo et cor altum 8 et exaltabitur Deus
sagittae parvulorum factae sunt plagae eorum
9 et infirmatae sunt contra eos linguae eorum
conturbati sunt omnes qui videbant eos **9.10:** 39,4; 51,8
10 et timuit omnis homo
et adnuntiaverunt opera Dei
et facta eius intellexerunt
11 laetabitur iustus in Domino et sperabit in eo 31,11! 32,1
et laudabuntur omnes recti corde

RFHI WSKΦ cr 9 aeternum + diapsalma FISKΦ | 12 dei + est ISK𝔠 | 13 reddis HIS. || **62**,1 iudaeae] idumeae HΦ𝔠; idumea I. | 3 inaquoso F | apparuit tibi RFΦ | 4 super uita F | 5 mea + et IWSKΦ𝔠 | 6 et[1] + in HI. | labiis 𝔠 | 7 si] sic F | supra RH. | meditabar Rr. 𝔊] meditabor *cet.* | 12 laudabuntur omnes qui iurant HIWSK𝔠 || **63**,7 et] ad 𝔠 | 8 et *om.* HI. | 11 sperauit RHS ||

effundite coram eo cor vestrum Deus spes nostra est
SEMPER
10 verumtamen vanitas filii Adam mendacium filii uiri in stateris dolosis
fraudulenter agunt simul
11 nolite confidere in calumnia
et in rapina ne frustremini
divitiae si fluxerint ne adponatis cor
12 unum locutus est Deus duo haec audivi
quia imperium Dei est
13 et tibi Domine misericordia
quia tu reddes unicuique secundum opus suum

62 CANTICUM DAVID CUM ESSET IN DESERTO IUDA

2 Deus fortitudo mea tu es de luce consurgam ad te
sitivit te anima mea desideravit te caro mea
3 in terra invia et conficiente ac sine aqua
sic in sancto apparui tibi ut videam fortitudinem tuam et gloriam tuam
4 melior est enim misericordia tua quam vitae
labia mea laudabunt te
5 sic benedicam tibi in vita mea
in nomine tuo levabo manus meas
6 quasi adipe et pinguidine implebitur anima mea
et labiis laudantibus canet os meum
7 recordans tui in cubili meo
per singulas vigilias meditabor tibi
8 quia fuisti auxilium meum
in umbra alarum tuarum laudabo
9 adhesit anima mea post te
me suscepit dextera tua
10 ipsi vero interficere quaerunt animam meam
ingrediantur in extrema terrae
11 congregentur in manus gladii pars vulpium erunt
12 rex autem laetabitur in Deo
laudabitur omnis qui iurat in eo
quia obstruetur os loquentium mendacium

63 VICTORI CANTICUM DAVID

2 Audi Deus vocem meam loquentis
a timore inimici serva vitam meam
3 absconde me a consilio malignorum
a tumultu operantium iniquitatem
4 qui exacuerunt quasi gladium linguam suam
tetenderunt sagittam suam verbum amarissimum
5 ut sagittarent in absconditis simplicem
6 subito sagittabunt eum et non timebunt
confortaverunt sibi sermonem pessimum
narraverunt ut absconderent laqueos
dixerunt quis videbit nos
7 scrutati sunt iniquitates
defecerunt scrutantes scrutinio
cogitationibus singulorum et corde profundo
8 sagittabit ergo eos Deus iaculo repentino
inferentur plagae eorum
9 et corruent in semet ipsos linguis suis
fugient omnes qui viderint eos
10 et timebunt omnes homines et adnuntiabunt opus Dei
et opera eius intellegent
11 laetabitur iustus in Domino et sperabit in eo
et exultabunt omnes recti corde

9 semper] diapsalma K.; *om.* I | 10 filii[2] + enoch CΣ. | 13 reddis RIAK. || **62** (𝔐 **63**), 3 et inconficiente IAK. | apparuit R; aperui A. | 4 uita FΘL𝔥; uita et S. | 5 mea + et C | 6 et[1] *om.* FΣ | 8 meum + et FCΣΘSL𝔥 | 9 suscipit FAK𝔰.; suscipiet Θ | 10 quaesierunt R | 12 deo] domino FΣL | quia—mendacium *om.* IAK. || **63** (𝔐 **64**), 2 serua uita mea A.; serua animam meam ΣS; seruauit animam meam RC. | 4 qui CSL𝔰𝔐] quia *cet.* | 6 nos] eos IΘ | 8 sagittauit RC. ||

RFCI ΣAKΘSL 𝔥𝔰

64 IN FINEM PSALMUS DAVID ※CANTI-
CUM : HIEREMIAE ET AGGEI DE VER-
BO PEREGRINATIONIS QUANDO IN-
CIPIEBANT PROFICISCI
9,12; Is 12,6 2 Te decet hymnus Deus in Sion
et tibi reddetur votum in Hierusalem
Is 66,23 3 exaudi orationem ad te omnis caro
veniet
4 verba iniquorum praevaluerunt super nos
et impietatibus nostris tu propitiaberis
32,12! 5 beatus quem elegisti et adsumpsisti
26,4! 83,5 inhabitabit in atriis tuis
35,9 replebimur in bonis domus tuae
sanctum est templum tuum 6 mirabile in aequitate
exaudi nos Deus salutaris noster
spes omnium finium terrae et in mari
longe
7 praeparans montes in virtute tua accinctus potentia
Lc 21,25 8 qui conturbas profundum maris
sonum fluctuum eius
turbabuntur gentes 9 et timebunt
qui inhabitant terminos a signis tuis
exitus matutini et vespere delectabis
10 visitasti terram et inebriasti eam
multiplicasti locupletare eam
flumen Dei repletum est aquis
parasti cibum illorum
quoniam ita est praeparatio eius
11 rivos eius inebria
multiplica genimina eius
in stillicidiis eius laetabitur germinans
84,13! 12 benedices coronae anni benignitatis
tuae
et campi tui replebuntur ubertate
13 pinguescent speciosa deserti
et exultatione colles accingentur
14 induti sunt arietes ovium
et valles abundabunt frumento
clamabunt etenim hymnum dicent

65 IN FINEM CANTICUM PSALMI RESUR-
RECTIONIS
Iubilate Deo omnis terra 4; 67,5; 95,1; 97,4! I Par 16,23!
2 psalmum dicite nomini eius 17,50!
date gloriam laudi eius Dt 32,3! Is 42,12!
3 dicite Deo quam terribilia sunt ope- 144,6; Ex 34,10!
ra tua Domine
in multitudine virtutis tuae menti- 80,16
entur tibi inimici tui
4 omnis terra adorent te et psallant 1,2! Tb 13,13!
tibi
psalmum dicant nomini tuo
DIAPSALMA
5 venite et videte opera Dei 45,9; Ier 32,19
terribilis in consiliis super filios hominum
6 qui convertit mare in aridam Ex 14,21! Sir 39,29
in flumine pertransibunt pede Ios 3,17!
ibi laetabimur in ipso
7 qui dominatur in virtute sua in ae- Tb 9,11!
ternum
oculi eius super gentes respiciunt 32,14!
qui exasperant non exaltentur in semet ipsis
DIAPSALMA
8 benedicite gentes Deum nostrum
et auditam facite vocem laudis eius
9 qui posuit animam meam ad vitam
et non dedit in commotionem pedes 120,3!
meos
10 quoniam probasti nos Deus 16,3! Prv 17,3! I Par 29,17!
igne nos examinasti sicut examina- Is 48,10! Ier 12,3
tur argentum
11 induxisti nos in laqueum
posuisti tribulationes in dorso nostro 128,3
12 inposuisti homines super capita
nostra
transivimus per ignem et aquam Is 43,2
et eduxisti nos in refrigerium

RFHI WSKΦ 𝔠𝔯

64,1 aggei] ezechiel I.; ezechielis 𝔠. | de *om.* 𝔠. | uerbo—incipiebant] populo transmigrationis cum inciperent I𝔠. | proficisci] exire 𝔠. | 3 orationem + meam WSKΦ𝔠 | ueniat R | 9 habitant SKΦ𝔠 | terminos + terrae HI. ‖ **65**,1 in—resurrectionis] psalmus dauid HW | canticum psalmus K.; psalmi canticum S.; psalmus dauid canticum I | 4 adorent... psallant... dicant FHI𝔯. 𝔊] adoret... psallat... dicat *cet.* | diapsalma *om.* IW𝔠 | 7 in aeternum] *sub* ※ R | diapsalma *om.* HIW𝔠 | 9 in commutatione R.; commotione F. |

64 VICTORI CARMEN DAVID CANTICI
2 Tibi silens laus Deus in Sion et tibi
reddetur votum
3 exaudi orationem donec ad te omnis
caro veniat
4 verba iniquitatum praevaluerunt adversum me
sceleribus nostris tu propitiaberis
5 beatus quem elegeris et susceperis
habitabit enim in atriis tuis
replebimur bonis domus tuae sanctificatione templi tui
6 terribilis in iustitia exaudi nos Deus
salvator noster
confidentia omnium finium terrae
et maris longinqui
7 praeparans montes in virtute tua
accinctus fortitudine
8 conpescens sonitum maris
fremitum fluctuum eius et multitudinem gentium
9 et timebunt qui habitant in extremis
a signis tuis
egressus matutinos et vespere laudantes facies
10 visita terram et inriga eam ubertate
dita eam
rivus Dei plenus aqua
praeparabis frumentum eorum quia
sic fundasti eam
11 sulcos eius inebria multiplica fruges
eius
pluviis inriga eam et germini eius
benedic
12 volvetur annus in bonitate tua
et vestigia tua rorabunt pinguidine
13 pinguescent pascua deserti
et exultatione colles accingentur
14 vestientur agnis greges et valles plenae erunt frumento
coaequabuntur et canent

65 VICTORI CANTICUM PSALMI
Iubilate Deo omnis terra
2 cantate
gloriam nomini eius
date gloriam laudi eius
3 dicite Deo quam terribile opus tuum
in multitudine fortitudinis tuae mentientur tibi inimici tui
4 omnis terra adoret te et cantet tibi
cantet nomini tuo
SEMPER
5 venite et videte opera Dei
terribilia consilia super filiis hominum
6 convertit mare in aridam
in flumine pertransibunt pede
ibi laetabimur in eo
7 qui dominatur in fortitudine sua saeculo
oculi eius gentes aspiciunt
qui increduli sunt non exaltentur in
semet ipsis
SEMPER
8 benedicite populi Deo nostro
et auditam facite vocem laudis eius
9 qui posuit animam nostram in vitam
et non dedit in commotione pedes
nostros
10 probasti enim nos Deus
igne nos conflasti sicut conflatur argentum
11 introduxisti nos in obsidione
posuisti stridorem in dorso nostro
12 inposuisti homines super caput nostrum
transivimus per ignem et aquam et
eduxisti nos in refrigerium

64 (𝔐 **65**), 1 canticum CΘ | 2 redditur IA. | 5 atriis] tabernaculis IAK. | replebitur IK; + in IAK | 6 saluator] salutaris IΣ | confidentium IAK. | 9 matutino IAK.; matutini Θ | uesperae C.; uesperis Θ. | 12 rorabunt] roburabunt IA; roborabunt RCKΘS | 13 pascuae IAK | 14 plenae] planae RAK. ‖ **65** (𝔐 **66**), 1 iubilet CL | 4 cantet tibi cantet RCI𝔰] canet tibi canet FΣAK; canet tibi cantet ΘSL; canat tibi cantet 𝔥. | semper] diapsalma I. | 6 conuertet IAKS | 7 in saeculo IAK.; a saeculo CΘ | semper] diapsalma I. | 9 in uita FΘL; ad uitam IAK | in commotionem ΣSL𝔥 | 11 in obsidionem RΣL𝔥 |

RFCI ΣAKΘSL 𝔥𝔰

13.14: Nm 23,23; Ier 17,16 13 introibo in domum tuam in holocaustis
reddam tibi vota mea 14 quae distin-
xerunt labia mea
et locutum est os meum in tribulatione mea
15 holocausta medullata offeram tibi
cum incensu arietum
Lv 9,3! offeram tibi boves cum hircis
DIAPSALMA
16 venite audite et narrabo omnes qui
timetis Deum
Mc 5,19! quanta fecit animae meae
17 ad ipsum ore meo clamavi
et exaltavi sub lingua mea
18 iniquitatem si aspexi in corde meo
non exaudiat Dominus
19 propterea exaudivit Deus
114,1 adtendit voci deprecationis meae
30,22; Gn 24,27 20 benedictus Deus qui non amovit
orationem meam
II Mcc 6,16! et misericordiam suam a me

66 IN FINEM IN HYMNIS PSALMUS CAN-
TICI

Nm 6,24.25 2 Deus misereatur nostri et benedicat
nobis
4,7 inluminet vultum suum super nos et
misereatur nostri
DIAPSALMA
97,2! 3! 3 ut cognoscamus in terra viam tuam
in omnibus gentibus salutare tuum
46,2! 4 confiteantur tibi populi Deus
confiteantur tibi populi omnes
5 laetentur et exultent gentes
97,9! quoniam iudicas populos in aequitate
et gentes in terra diriges
DIAPSALMA
46,2! 6 confiteantur tibi populi Deus
confiteantur tibi populi omnes
84,13! Lv 25,19! 7 terra dedit fructum suum
benedicat nos Deus Deus noster
8 benedicat nos Deus
et metuant eum omnes fines terrae Tb 13,13!

67 IN FINEM DAVID PSALMUS CANTICI

2 Exsurgat Deus et dissipentur inimici Nm 10,35
eius
et fugiant qui oderunt eum a facie
eius
3 sicut deficit fumus deficiant
sicut fluit cera a facie ignis
sic pereant peccatores a facie Dei 9,4! 36,20; Mi 1,4!
4 et iusti epulentur 21,27!
exultent in conspectu Dei
delectentur in laetitia
5 cantate Deo psalmum dicite nomini 65,1.2!
eius
iter facite ei qui ascendit super oc- Is 40,3!
casum Dominus nomen illi 82,19!
et exultate in conspectu eius
turbabuntur a facie eius
6 patris orfanorum et iudicis vidua- 145,9!
rum
Deus in loco sancto suo
7 Deus inhabitare facit unius moris
in domo
qui educit vinctos in fortitudine Is 42,7!
similiter eos qui exasperant qui habitant in sepulchris
8 Deus cum egredereris in conspectu Hab 3,13
populi tui
cum pertransieris in deserto
DIAPSALMA
9 terra mota est etenim caeli distilla- Idc 5,4.5!
verunt
a facie Dei Sinai a facie Dei Israhel
10 pluviam voluntariam segregabis Deus hereditati tuae
et infirmata est tu vero perfecisti eam
11 animalia tua habitant in ea
parasti in dulcedine tua pauperi
Deus

RFHI WSKΦ cr

15 incenso RF𝔠 | diapsalma *om.* RW𝔠 | 17 exultaui RWS | 18 exaudiat R𝔯. 𝔊] audiat F.; exaudiet *cet.* | dominus] deus HI. | 19 deus] dominus HIS.; + et WSK𝔠 || **66**,1 psalmus cantici] psalmus cantici dauid 𝔠; psalmus dauid cantici K.; psalmus dauid W | 2 diapsalma *om.* IK𝔠 | 5 dirigis 𝔠 | diapsalma *om.* RWK𝔠 | 8 nos] nobis F.; *om.* H || **67**,1 dauid *om.* W; ∼ psalmus cantici (+ ipsi 𝔠.) dauid I𝔠 | 3 deficit] defecit FHIK | 4 epulentur + et 𝔠 | dei + et WSK𝔠 | laetitia + diapsalma I | 5 nomen + est F | et *om.* RKΦ𝔠 *Su* | 6 patres HΦ | iudices FHΦ | 7 deus + qui 𝔠 | 8 egredieris WSKΦ | pertransiris R.; pertransires 𝔠 | diapsalma *om.* W𝔠 | 11 habitabunt HIWSK𝔠 |

13 ingrediar domum tuam in holocaustis
reddam tibi vota mea 14 quae promi-
serunt tibi labia mea
et locutum est os meum cum tribularer
15 holocausta medullata offeram tibi
cum incensu arietum
faciam boves cum hircis
SEMPER
16 venite audite et narrabo omnes qui
timetis Deum
quanta fecerit animae meae
17 ipsum ore meo invocavi et exaltavi
in lingua mea
18 iniquitatem si vidi in corde meo non
exaudiat Dominus
19 ideo exaudivit Deus et adtendit vocem deprecationis meae
20 benedictus Deus qui non abstulit
orationem meam et misericordiam
suam a me

66 VICTORI IN PSALMIS CANTICUM CAR-
MINIS
2 Deus misereatur nostri et benedicat
nobis
inlustret faciem suam super nos
SEMPER
3 ut nota fiat in terra via tua
in universis gentibus salus tua
4 confiteantur tibi populi Deus
confiteantur tibi populi omnes
5 laetentur et laudent gentes
quoniam iudicas populos in aequitate
et gentium quae in terra sunt ductor
es sempiternus
6 confiteantur tibi populi Deus
confiteantur tibi populi omnes
7 terra dedit germen suum
benedicat nobis Deus Deus noster
8 benedicat nobis Deus
et timeant eum omnes fines terrae

67 VICTORI DAVID PSALMUS CANTICI
2 Exsurgat Deus et dissipentur inimici
eius
et fugiant qui oderunt eum a facie
eius
3 sicut deficit fumus deficiant
sicut tabescit cera a facie ignis
pereant impii a facie Dei
4 iusti autem laetentur exultent in
conspectu Dei et gaudeant in laetitia
5 cantate Deo canite nomini eius
praeparate viam ascendenti per deserta
in Domino nomen eius et exultate
coram eo
6 patri pupillorum et defensori vidua-
rum
Deus in habitaculo sancto suo
7 Deus habitare facit solitarios in domo
educit vinctos in fortitudine
increduli autem habitaverunt in sic-
citatibus
8 Deus cum egredereris ante populum
tuum et ambulares per desertum
SEMPER
9 terra commota est et caeli stillaverunt a facie tua Deus
hoc est in Sinai a facie Dei Dei Israhel
10 pluviam voluntariam elevasti Deus
hereditatem tuam laborantem tu
confortasti
11 animalia tua habitaverunt in ea
praeparasti in bonitate tua pauperi
Deus

14 tibi *om.* IAKΘS𝔥 | 15 incenso FCΣΘSL𝔥 | semper *om.* I | 16 uenite + et RC | deum] dominum FΣ | 17 exultaui RCΣΘ | in *om.* IAK. | 19 uoci C || **66**(𝔐 **67**),2 nobis] nos RAKΘ | semper *om.* IAK | 3 uia] uita CA | tua² + semper CΣ. || **67**(𝔐 **68**),2 dissipentur] dispergantur SL𝔥 | et²—eius² *om.* F | 3 defecit¹ FIAKS | tabescet IAK. | 4 laetentur + et RΘSL | laetitia + semper CΣ. | 5 canite] cantate FΣΘS | et *om.* CS | 7 inhabitare IAK | educit] et ducit FΣ | 8 egredireris IA.; egredieris KΘSL | semper *om.* I | 9 mota est FCΣ | distillauerunt RIAK | dei dei ISL𝔥𝔰𝔐] dei *cet.* |

RFCI ΣAKΘSL 𝔥𝔰

12 Dominus dabit verbum evangelizantibus virtute multa
13 rex virtutum dilecti
※dilecti: et speciei domus dividere spolia
14 si dormiatis inter medios cleros
pinnae columbae deargentatae
et posteriora dorsi eius in pallore auri
15 dum discernit Caelestis reges super eam
nive dealbabuntur in Selmon
16 mons Dei mons pinguis
mons coagulatus mons pinguis
17 ut quid suspicamini montes coagulatos
9,12; 73,2; 75,3; 131,13 mons in quo beneplacitum est Deo habitare in eo
etenim Dominus habitabit in finem
18 currus Dei decem milibus multiplex
milia laetantium Dominus in eis in Sina in sancto
Eph 4,8 19 ascendisti in altum cepisti captivitatem
accepisti dona in hominibus
etenim non credentes inhabitare Dominum
144,2 Deus 20 benedictus Dominus die cotidie
prosperum iter faciet nobis Deus salutarium nostrorum

DIAPSALMA

21 Deus noster Deus salvos faciendi
et Domini Domini exitus mortis
109,6; Sir 36,12 22 verumtamen Deus confringet capita inimicorum suorum
verticem capilli perambulantium in delictis suis
23 dixit Dominus ex Basan convertam
convertam in profundis maris
24 ut intinguatur pes tuus in sanguine
lingua canum tuorum ex inimicis ab ipso
25 viderunt ingressus tui Deus
ingressus Dei mei regis mei qui est in sancto
26 praevenerunt principes coniuncti psallentibus
in medio iuvencularum tympanistriarum
27 in ecclesiis benedicite Deum 34,18!
Dominum de fontibus Israhel
28 ibi Beniamin adulescentulus in mentis excessu
principes Iuda duces eorum
principes Zabulon principes Nepthali
29 manda Deus virtutem tuam
confirma Deus hoc quod operatus es nobis
30 a templo tuo in Hierusalem 71,10; Tb 13,14! III Rg 10,25; II Par 9,24; 32,23!
tibi adferent reges munera
31 increpa feras harundinis
congregatio taurorum in vaccis populorum
ut excludant eos qui probati sunt argento
dissipa gentes quae bella volunt 45,10!
32 venient legati ex Aegypto Is 45,14
Aethiopia praeveniet manus eius Deo So 3,10!
33 regna terrae cantate Deo psallite Domino 46,2! 7! 137,4; Ier 20,13

DIAPSALMA

÷psallite Deo: 34 qui ascendit super caelum caeli ad orientem Dt 33,26
ecce dabit voci suae vocem virtutis
35 date gloriam Deo super Israhel magnificentia eius Dt 32,3!
et virtus eius in nubibus
36 mirabilis Deus in sanctis suis II Th 1,10!
Deus Israhel ipse dabit virtutem

RFHI WSKΦ cr 14 auri + diapsalma FI | 15 regis IWKΦ | 17 montes coagulatus FWK | habitauit F | 19 deus] deum WSKΦ c | 20 diapsalma *om.* W c | 22 in dilectis FHK. | 23 in profundis R r 𝔊] in profundo W; in profundum *cet.* | 25 uiderunt ingressus tui FHWSKΦ r *Su*] uiderunt ingressus tuos I c *Hi*; uisi sunt ingressus tui R., *cf. Su* | 26 tympanistriarum + diapsalma I | 27 deum dominum RI r. 𝔊] dominum dominum F.; deo domino *cet.* | 29 uirtuti tuae WK c | ~ hoc deus c. | es + in c | 30 adferent] offerent Φ c | 31 quae] qui FW | 33 diapsalma *om.* WK c | 34 uocis suae F |

12 Domine dabis sermonem adnuntiatricibus fortitudinis plurimae
13 reges exercituum foederabuntur
foederabuntur et pulchritudo domus dividet spolia
14 si dormieritis inter medios terminos
pinnae columbae deargentatae et posteriora eius in virore auri
15 cum divideret Robustissimus reges in ea
nive dealbata est in Selmon
16 mons Dei mons pinguis mons excelsus mons pinguis
17 quare contenditis montes excelsi adversum montem quem dilexit Deus ut habitaret in eo
siquidem Dominus habitabit semper
18 currus Dei innumerabilis
milia abundantium Dominus in eis in Sina in sancto
19 ascendisti in excelsum captivam duxisti captivitatem accepisti dona in hominibus
insuper et non credentes habitare Dominum Deum
20 benedictus Dominus per singulos dies
portabit nos Deus salutis nostrae
SEMPER
21 Deus noster Deus salutis et Domini Dei mortis egressus
22 verumtamen Deus confringet capita inimicorum suorum
verticem crinis ambulantis in delictis suis
23 dixit Dominus de Basan convertam
convertam de profundis maris
24 ut calcet pes tuus in sanguine
lingua canum tuorum ex inimicis a temet ipso
25 viderunt itinera tua Deus itinera Dei mei regis mei in sancto
26 praecesserunt cantores eos qui post tergum psallebant
in medio puellarum tympanistriarum
27 in ecclesiis benedicite Deo Domino de fontibus Israhel
28 ibi Beniamin parvulus continens eos
principes Iuda in purpura sua
principes Zabulon principes Nepthali
29 praecepit Deus tuus de fortitudine tua
conforta Deus hoc quod operatus es nobis
30 de templo tuo quod est in Hierusalem
tibi offerent reges munera
31 increpa bestiam calami congregatio fortium in vitulis populorum
calcitrantium contra rotas argenteas
disperge populos qui bella volunt
32 offerant velociter ex Aegypto
Aethiopia festinet dare manus Deo
33 regna terrae cantate Deo canite Domino
SEMPER
34 qui ascendit super caelum caeli a principio
ecce dabit voci suae vocem fortitudinis
35 date gloriam Deo
super Israhel magnificentia eius
et fortitudo eius in caelis
36 terribilis Deus de sanctuario suo
Deus Israhel ipse dabit fortitudinem

RFCI ΣAKΘSL ḫs

12 dominus dabit I | 13 foederabuntur[2] *om.* RFΣΘ | 14 auri + semper CΣ | 15 diuiderit R; uiderit KL; discernit Θ | robustissimos FCSL; omnipotens Θ | in selmoni CΣ | 17 habitabit] habitauit F | 18 innumerabiles IAKS. | sinai CΣΘ | 20 portauit IA.; portabis Θ | semper *om.* I | 21 mortis] nostri C | 22 ambulantes L; ambulantium IAK; perambulantis FΣ | 23 de[1]] ex C | 26 cantatores IΣAKΘSḫ | 28 princeps[1] C | 29 praecipit FAK. | 31 calcantium RΘ; calcitantium FL. | 32 offerantur IAKL. | manus] munus RCAKL | 33 semper *om.* IAK | 34 uocis suae FL.; uocem suam Θ |

et fortitudinem plebi suae benedictus Deus

68 IN FINEM PRO HIS QUI COMMUTA-
BUNTUR DAVID

2 Salvum me fac Deus quoniam intra-
Is 8,7; Lam 3,54! Ion 2,6 verunt aquae usque ad animam
meam
Ier 38,6 3 infixus sum in limum profundi et
non est substantia
123,4.5 veni in altitudines maris et tempestas demersit me
6,7! 4 laboravi clamans raucae factae sunt
fauces meae
defecerunt oculi mei dum spero in
Deum meum
24,19! 37,20 5 multiplicati sunt super capillos capitis mei
qui oderunt me gratis
confortati sunt qui persecuti sunt
me inimici mei iniuste
quae non rapui tunc exsolvebam
6 Deus tu scis insipientiam meam
31,5 et delicta mea a te non sunt abscondita
7 non erubescant in me qui expectant
te Domine Domine virtutum
non confundantur super me qui
quaerunt te Deus Israhel
Ier 15,15 8 quoniam propter te sustinui obprobrium
43,16! operuit confusio faciem meam
Iob 19,13! 9 extraneus factus sum fratribus meis
Ct 1,5 et peregrinus filiis matris meae
Io 2,17 10 quoniam zelus domus tuae comedit
me
Rm 15,3 et obprobria exprobrantium tibi ceciderunt super me
34,13! 11 et operui in ieiunio animam meam
et factum est in obprobrium mihi
12 et posui vestimentum meum cilicium
43,15; Iob 17,6! 30,9 et factus sum illis in parabolam
13 adversum me exercebantur qui sede-
bant in porta

et in me psallebant qui bibebant vinum
14 ego vero orationem meam ad te Domine
tempus beneplaciti Deus Is 49,8!
in multitudine misericordiae tuae
exaudi me in veritate salutis tuae
15 eripe me de luto ut non infigar 39,3
liberer ab his qui oderunt me II Sm 22,18!
et de profundis aquarum
16 non me demergat tempestas aquae
neque absorbeat me profundum
neque urgeat super me puteus os
suum
17 exaudi me Domine quoniam benig- 108,21
na est misericordia tua
secundum multitudinem miserationum tuarum respice me
18 et ne avertas faciem tuam a puero 101,3; 142,7
tuo
quoniam tribulor velociter exaudi
me
19 intende animae meae et libera eam
propter inimicos meos eripe me
20 tu scis inproperium meum
et confusionem et reverentiam meam
21 in conspectu tuo sunt omnes qui tribulant me
inproperium expectavit cor meum et
miseriam
et sustinui qui simul contristaretur Is 63,5!
et non fuit
et qui consolaretur et non inveni
22 et dederunt in escam meam fel Mt 27,34
et in siti mea potaverunt me aceto Mt 27,48!
23 fiat mensa eorum coram ipsis in la- **23.24:** Rm 11,9.10
queum
et in retributiones et in scandalum
24 obscurentur oculi eorum ne videant
et dorsum eorum semper incurva
25 effunde super eos iram tuam 78,6! So 3,8; Apc 16,1
et furor irae tuae conprehendat eos
26 fiat habitatio eorum deserta Mt 23,38!

RFHI WSKΦ cr 36 plebis suae FΦ ‖ **68**,1 his quae RF.; iis qui c. | dauid *om.* W.; *praem.* psalmus H | 3 in limo WSKΦc | altitudines Ir. 𝔊] altitudinis R.; altitudinem *cet.* | 9 filius RS. | 11 in obprobria HIW. | 13 exercebantur RFHIr., *cf.* 𝔊] loquebantur *cet.* | 15 liberer HIr. 𝔊] liberar R. (*vid.*); libera me *cet.* | ab iis c | 16 obsorbeat RISΦ | 17 me[2]] in me WSKΦc | 20 confusionem + meam WSKΦc | 21 et[4] *om.* R | 23 in retributionem I. |

et robur populo benedictus Deus

68 VICTORI PRO LILIIS DAVID

2 Salva me Deus quoniam venerunt aquae usque ad animam
3 infixus sum in limo profundi et non possum consistere
veni in profundum aquarum et flumen operuit me
4 laboravi clamans exasperatum est guttur meum
defecerunt oculi mei expectantes Deum meum
5 multiplicati sunt super capillos capitis mei qui oderunt me gratis
confortati sunt qui persequebantur me inimici mei iniuste
quae non rapueram tunc reddebam
6 Deus tu scis stultitiam meam
et peccata mea a te non sunt abscondita
7 non confundantur in me qui expectant te Domine Deus exercituum
non confundantur in me qui quaerunt te Deus Israhel
8 quia propter te portavi obprobrium
operuit confusio faciem meam
9 alienus factus sum fratribus meis
et peregrinus filiis matris meae
10 quia zelus domus tuae comedit me
et obprobrium exprobrantium tibi cecidit super me
11 et flevi in ieiunio animam meam
et factum est in obprobria mihi
12 et posui vestimentum meum saccum
et factus sum eis in parabulam
13 contra me loquebantur qui sedebant in porta
et cantabant bibentes vinum
14 mea autem oratio ad te Domine
tempus reconciliationis est
Deus in multitudine misericordiae tuae
exaudi me in veritate salutaris tui
15 erue me de luto ut non infigar
libera me ab his qui oderunt me et de profundis aquis
16 ne operiat me fluvius aquae et ne absorbeat me profundum
et non coronet super me puteus os suum
17 exaudi me Domine quoniam bona est misericordia tua
secundum multitudinem miserationum tuarum respice ad me
18 et ne abscondas faciem tuam a servo tuo
quoniam tribulor cito exaudi me
19 accede ad animam meam redime eam
propter inimicos meos libera me
20 tu scis obprobrium meum
et confusionem meam et ignominiam meam
21 coram te sunt omnes hostes mei
obprobrio contritum est cor meum
et desperatus sum
et expectavi qui contristaretur et non fuit
et qui consolaretur et non inveni
22 et dederunt in esca mea fel et in siti mea potaverunt me aceto
23 sit mensa eorum coram eis in laqueum et in retributiones ad corruendum
24 contenebrentur oculi eorum ne videant
et dorsum eorum semper incurva
25 effunde super eos indignationem tuam
et ira furoris tui conprehendat eos
26 fiat commoratio eorum deserta

68 (𝔐 **69**),1 pro filiis F; preliis Σ. | 2 animam F𝔰𝔐] animam meam *cet.* | 3 in limum C | consistere] subsistere CΘ | 11 in obprobria RL𝔰.𝔐] in obprobrium *cet.* | 12 in parabulam] parabola C | 14 in multitudinem RF. | salutis tuae IAKΘ | 15 erue] eripe R | 16 obsorbeat IΣA | 19 meam + et CAΘS | 26 commemoratio FΣK | deserta + et RΘS |

RFCI ΣAKΘSL 𝔥𝔰

Iob 8,22! Act 1,20 et in tabernaculis eorum non sit qui
inhabitet
27 quoniam quem tu percussisti persecuti sunt
et super dolorem vulnerum meorum
addiderunt
5,11 28 adpone iniquitatem super iniquitatem eorum
Mt 5,20! et non intrent in iustitia tua
Ex 32,33! Apc 3,5 29 deleantur de libro viventium
Ez 13,9; Apc 13,8! et cum iustis non scribantur
39,18! 69,6; 87,16 30 ego sum pauper et dolens
salus tua Deus suscepit me
I Par 16,35! II Esr 9,5; 31 laudabo nomen Dei cum cantico
Sir 51,15 magnificabo eum in laude
32 et placebit Deo super vitulum novellum
cornua producentem et ungulas
21,27! 33 videant pauperes et laetentur
quaerite Deum et vivet anima vestra
34 quoniam exaudivit pauperes Dominus
et vinctos suos non despexit
Tb 8,7; Dn 3,78.79 35 laudent illum caeli et terra
mare et omnia reptilia in eis
50,20; Am 9,14 36 quoniam Deus salvam faciet Sion
Is 44,26! Ez 36,10! et aedificabuntur civitates Iudaeae
36.37: Is 65,9 et inhabitabunt ibi et hereditate ad-
quirent eam
37 et semen servorum eius possidebunt
eam
et qui diligunt nomen eius habitabunt in ea

69 IN FINEM DAVID IN REMEMORATIONE
EO QUOD SALVUM ME FECIT DOMI-
NUS

37,23 2 Deus in adiutorium meum intende
2–4: 70,12.13! ※Domine ad adiuvandum me fes-
2–6: 39,14–18 tina:
3 confundantur et revereantur
qui quaerunt animam meam
4 avertantur retrorsum et erubescant
qui volunt mihi mala
avertantur statim erubescentes
qui dicunt ÷ mihi: euge euge
5 exultent et laetentur in te omnes qui
quaerunt te
et dicant semper magnificetur Deus
qui diligunt salutare tuum
6 ego vero egenus et pauper Deus ad- 68,30!
iuva me
adiutor meus et liberator meus es tu
Domine ne moreris

70 DAVID PSALMUS FILIORUM IONADAB
ET PRIORUM CAPTIVORUM

In te Domine speravi non confundar Sir 2,11; I Mcc 2,61
in aeternum **1–3:** 30,2–4
2 in iustitia tua libera me et eripe me
inclina ad me aurem tuam et salva
me
3 esto mihi in Deum protectorem
et in locum munitum ut salvum me
facias
quoniam firmamentum meum et refugium meum es tu
4 Deus meus eripe me de manu pec- 58,3!
catoris
de manu contra legem agentis et iniqui
5 quoniam tu es patientia mea Domine
Domine spes mea a iuventute mea **5.6:** 21,10.11
6 in te confirmatus sum ex utero 138,13; Is 44,2; 49,1!
de ventre matris meae tu es protec-
tor meus
in te cantatio mea semper
7 tamquam prodigium factus sum
multis
et tu adiutor fortis
8 repleatur os meum laude 50,17!
ut cantem gloriam tuam 20,14
tota die magnitudinem tuam

RFHI WSKΦ cr 28 ~ in tua iustitia HI.; in iustitiam tuam Sc | 31 cantico + et ISc | 36 iudae ISKΦ; iuda c. | 37 possidebit WSKc || **69**,1 dauid] *praem.* psalmus HWc | in rememorationem Φc | eo *om.* HIWc | me fecit] fecit R.; fecit eum HW; fecerit eum c. | 2 ※ r] ÷ R. | 5 deus FHΦr𝔊 *He*] dominus *cet.* | 6 pauper + sum WSKΦc || **70**,1 dauid psalmus] psalmus dauid Wc; psalmus ipsi dauid K.; psalmus H.; *praem.* in finem HWK | et *om.* HW. | 2 ~ tua iustitia RHI. | 3 et[1] *om.* HI. | 4 peccatoris + et ISc | 6 cantio R.; decantatio HI. | 7 tu + domine HI. | 8 laude + tua HI. |

in tabernaculis eorum non sit qui habitet
27 quoniam quem tu percussisti persecuti sunt
et ut adfligerent vulneratos tuos narrabant
28 da iniquitatem super iniquitatem eorum
et non veniant in iustitia tua
29 deleantur de libro viventium et cum iustis non scribantur
30 ego autem pauper et dolens salus tua Deus suscipiet me
31 laudabo nomen Dei in cantico
et magnificabo eum in confessione
32 et placebit Domino super vitulum novellum
cornua efferentem et ungulas
33 videntes mansueti laetabuntur qui quaeritis Deum vivet anima vestra
34 quoniam exaudivit pauperes Dominus et vinctos suos non dispexit
35 laudent eum caeli et terra
maria et omne quod movetur in eis
36 quia Deus salvabit Sion et aedificabit civitates Iuda
et habitabunt ibi et possidebunt eam
37 et semen servorum eius possidebit eam
et qui diligunt nomen eius habitabunt in ea

69 VICTORI DAVID AD RECORDANDUM
2 Deus ut liberes me Domine ut auxilieris mihi festina
3 confundantur et erubescant qui quaerunt animam meam
4 convertantur retrorsum et erubescant qui volunt malum mihi
revertantur ad vestigium confusionis suae qui dicunt va va
5 gaudeant et laetentur in te omnes qui quaerunt te
et dicant semper magnificetur Deus qui diligunt salutare tuum
6 ego autem egenus et pauper Deus festina pro me
auxilium meum et salvator meus tu Domine ne moreris

70 In te Domine speravi ne confundar in aeternum
2 iustitia tua erue me et libera
inclina ad me aurem tuam et salva me
3 esto mihi robustum habitaculum ut ingrediar iugiter
praecepisti ut salvares me
quia petra mea et fortitudo mea es tu
4 Deus meus salva me de manu impii
de manu iniqui et nocentis
5 quia tu es expectatio mea Deus Domine fiducia mea ab adulescentia mea
6 a te sustentatus sum ex utero
de ventre matris meae tu es protector meus
in te laus mea semper
7 quasi portentum factus sum multis
et tu spes mea fortissima
8 impleatur os meum laude tua
tota die magnitudine tua

27 narrabunt RΘL | 30 suscipit A.; suscepit IKL | 33 deum] dominum C | 35 mare FIAKL | omnia quae mouentur IAK | 36 iudae et C; iudaei R. | 37 possidebunt R | inhabitabunt RΘ || **69**(𝔐 **70**), 6 tu] es tu R || **70**(𝔐 **71**), 1 ne CL𝔰] non *cet.* | 2 in iustitia IAKΘSL𝔥 | libera + me AKΘS𝔥 | 4 salua] adiuua C | 5 deus domine F𝔰, *cf.* 𝔐] deus dominus Σ; domine deus *cet.* |

RFCI ΣAKΘSL 𝔥𝔰

18 [9]non proicias me in tempore senectutis
cum deficiet virtus mea ne derelinquas me
[10]quia dixerunt inimici mei mihi
55,6.7! et qui custodiebant animam meam
consilium fecerunt in unum
[11]dicentes Deus dereliquit eum
persequimini et conprehendite eum
quia non est qui eripiat
26,9! [12]Deus ne elongeris a me
12.13: 39,14.15! 69,2–4 Deus meus in adiutorium meum respice
34,4! [13]confundantur et deficiant detrahentes animae meae
24;108,29; 131,18! Dn 3,44 operiantur confusione et pudore qui quaerunt mala mihi
[14]ego autem semper sperabo et adiciam super omnem laudem tuam
[15]os meum adnuntiabit iustitiam tuam
tota die salutem tuam
quoniam non cognovi litteraturam
[16]introibo in potentiam Domini
Domine memorabor iustitiae tuae solius
Sir 47,15! [17]Deus docuisti me ex iuventute mea
25,7! et usque nunc pronuntiabo mirabilia tua
9 [18]et usque in senectam et senium
21,32 Deus ne derelinquas me donec adnuntiem brachium tuum
generationi omni quae ventura est
potentiam tuam [19]et iustitiam tuam
35,7 Deus usque in altissima
39,6; 76,14.15! 34,10 quae fecisti magnalia Deus quis similis tibi
[20]quantas ostendisti mihi tribulationes multas et malas
84,7 et conversus vivificasti me
29,4! I Sm 2,6! et de abyssis terrae iterum reduxisti me
[21]multiplicasti magnificentiam tuam
et conversus consolatus es me
[22]nam et ego confitebor tibi in vasis psalmi veritatem tuam Deus
psallam tibi in cithara Sanctus Israhel 42,4! 97,5!
[23]exultabunt labia mea cum cantavero tibi 118,171
et anima mea quam redemisti
[24]sed et lingua mea tota die meditabitur iustitiam tuam 34,28; 50,16
cum confusi et reveriti fuerint qui quaerunt mala mihi 13!

71 IN SALOMONEM

[2]Deus iudicium tuum regi da Is 32,1!
et iustitiam tuam filio regis
iudicare populum tuum in iustitia 9,9! 134,14! Sir 45,31
et pauperes tuos in iudicio
[3]suscipiant montes pacem populo
et colles iustitiam
[4]iudicabit pauperes populi 13; Iob 36,6; Is 11,4
et salvos faciet filios pauperum
et humiliabit calumniatorem
[5]et permanebit cum sole 88,38
et ante lunam generationes generationum
[6]descendet sicut pluvia in vellus Os 6,3!
et sicut stillicidia stillantia super terram
[7]orietur in diebus eius iustitia Is 9,7; 32,17! 45,8; 54,13.14
et abundantia pacis donec auferatur luna
[8]et dominabitur a mari usque ad mare 88,26; Ex 23,31! Sir 44,23; Za 9,10
et a flumine usque ad terminos orbis terrarum I Sm 2,8!
[9]coram illo procident Aethiopes
et inimici eius terram lingent Is 49,23; Mi 7,17
[10]reges Tharsis et insulae munera offerent 67,30!

RFHI W(S)KΦ cr 9 non] ne WSKΦ c | defecerit c | 11 persequemini HI | 12 adiutorium RFHIr.] auxilium *cet.* | 15 adnuntiauit RI | salutem tuam RHIr.] salutare tuum *cet.* | 16 in potentias c | 17 ex] a c | 18 in senecta RF. | 19 [*deest* S *usque ad* 71,10] ‖ **71**,1 in] *praem.* psalmus HKc | salomone W; salamone H.; solomon R.; + psalmus I.; + psalmus dauid W. | 4 humiliauit R | 5 generationes generationum RFr. 𝔊] in generationes generationum HI; generationis et generationum Φ.; in generatione generationum WK; in generatione et generationem c | 6 descendit RHI | 9 procedent RHI. |

9 ne proicias me in tempore senectutis
cum defecerit fortitudo mea ne derelinquas me
10 quia dixerunt inimici mei mihi
et qui observabant animam meam inierunt consilium pariter
11 dicentes Deus dereliquit eum
persequimini et conprehendite eum
quia non est qui eruat
12 Deus ne elongeris a me Deus meus
ad auxiliandum mihi festina
13 confundantur et consumantur adversarii animae meae
operiantur obprobrio et confusione qui quaerunt malum mihi
14 ego autem iugiter expectabo et adiciam super omnes laudationes tuas
15 os meum narrabit iustitiam tuam tota die salutare tuum
quia non cognovi litteraturas
16 ingrediar in fortitudine Domini Dei
recordabor iustitiae tuae solius
17 Deus docuisti me ab adulescentia mea
et usque nunc adnuntiabo mirabilia tua
18 insuper et usque ad senectutem et canos Deus ne derelinquas me
donec adnuntiem brachium tuum generationi
cunctisque qui venturi sunt fortitudines tuas
19 et iustitiam tuam Deus usque in excelsum
quanta fecisti magnalia Deus quis similis tibi
20 qui ostendisti mihi tribulationes plurimas et adflictiones
conversus vivificabis nos
et de abyssis terrae rursum educes nos
21 multiplicabis magnitudinem meam
et conversus consolaberis me
22 ego autem confitebor tibi in vasis psalterii veritatem tuam Deus meus
cantabo tibi in cithara Sancte Israhel
23 laudabunt labia mea cum cantavero tibi
et anima mea quam redemisti
24 insuper et lingua mea tota die meditabitur iustitiam tuam
quia confusi sunt et dehonestati quaerentes malum mihi

71 SALOMONIS

2 Deus iudicium regi da et iustitiam tuam filio regis
iudicabit populum tuum in iustitia
et pauperes tuos in iudicio
3 adsument montes pacem populo et colles iustitiam
4 iudicabit pauperes populi salvabit filios pauperis
et confringet calumniatorem
5 et timebunt te quamdiu erit sol et ultra lunam in generatione generationum
6 descendet ut pluvia super vellus
ut stillae inrorantes terram
7 germinabit in diebus eius iustitia
et multitudo pacis donec non sit luna
8 et dominabitur a mari usque ad mare
et a flumine usque ad terminos terrae
9 ante eum procident Aethiopes
et inimici eius pulverem lingent
10 reges Tharsis et insulae munera offerent

12 ad auxiliandum me Σ; ad auxilium mihi I.; auxilium meum (mihi K) AK | 13 ∼ consumantur et confundantur C | 14 omnes *om.* IAK. | 15 narrauit RIAKΘ | 16 in fortitudinem C | 18 usque in IAK. | 19 qui similis F | 20 educis RC.; reduces F | 21 meam] tuam IK ‖ **71** (𝔐 **72**), 2 iudicium + tuum ΣAKΘS 𝔥 | iustitia] iustitiam C | 4 pauperis] pauperes FIAK.; pauperum Θ | 5 luna RΣ | in generationes C; + et FΣ. | 6 descendit RIAKL | ut[2]] et C; et ut RΘS | 8 terrae] orbis terrae RΣ | 9 procedent L; procedunt RI |

RFCI ΣAKΘSL 𝔥s

Is 60,6! reges Arabum et Saba dona adducent
21,28! IV Esr 15,20 11 et adorabunt eum omnes reges
Sap 8,14 omnes gentes servient ei
Iob 5,15! 29,12 12 quia liberavit pauperem a potente
et pauperem cui non erat adiutor
4; Iob 36,6 13 parcet pauperi et inopi
et animas pauperum salvas faciet
14 ex usuris et iniquitate redimet animas eorum
et honorabile nomen eorum coram illo
15 et vivet et dabitur ei de auro Arabiae
et orabunt de ipso semper
tota die benedicent ei
16 erit firmamentum in terra in summis montium
superextolletur super Libanum fructus eius
et florebunt de civitate sicut faenum terrae
17 sit nomen eius benedictum in saecula
ante solem permanet nomen eius
Gn 12,3! et benedicentur in ipso omnes tribus terrae
omnes gentes beatificabunt eum
40,14! Dt 10,21! 18 benedictus Dominus Deus Deus Israhel qui facit mirabilia solus
135,4!
19 et benedictum nomen maiestatis eius in aeternum
Nm 14,21; Is 6,3; Hab 3,3! et replebitur maiestate eius omnis terra fiat fiat
20 DEFECERUNT LAUDES DAVID FILII IESSE

72 PSALMUS ASAPH

Quam bonus Israhel Deus his qui recto sunt corde
2 mei autem paene moti sunt pedes
paene effusi sunt gressus mei
36,1! 3 quia zelavi super iniquis
pacem peccatorum videns
4 quia non est respectus morti eorum
et firmamentum in plaga eorum
5 in labore hominum non sunt
et cum hominibus non flagellabuntur
6 ideo tenuit eos superbia
operti sunt iniquitate et impietate sua
7 prodiet quasi ex adipe iniquitas eorum
transierunt in affectum cordis
8 cogitaverunt et locuti sunt in nequitia 8.9: 16,10!
iniquitatem in excelso locuti sunt
9 posuerunt in caelum os suum
et lingua eorum transivit in terra
10 ideo convertetur populus meus hic
et dies pleni invenientur in eis
11 et dixerunt quomodo scit Deus Iob 22,13!
et si est scientia in Excelso Sir 16,16
12 ecce ipsi peccatores et abundantes
in saeculo obtinuerunt divitias
13 ÷ et dixi: ergo sine causa iustificavi cor meum
et lavi inter innocentes manus meas 25,6
14 et fui flagellatus tota die
et castigatio mea in matutino
15 si dicebam narrabo sic
ecce nationem filiorum tuorum reprobavi
16 et existimabam cognoscere
hoc labor est ante me
17 donec intrem in sanctuarium Dei
intellegam in novissimis eorum
18 verumtamen propter dolos posuisti eis
deiecisti eos dum adlevarentur
19 quomodo facti sunt in desolationem
subito defecerunt
perierunt propter iniquitatem suam
20 velut somnium surgentium 38,7; Iob 20,8; Is 29,7
Domine in civitate tua imaginem ip-

RFHI W(S)KΦ cr 11 [*iterum adest* S] | reges + terrae c. *Su* | 12 liberabit HIΦ c | 15 adorabunt HWSK c | 16 et erit R c. | superextollitur FI. | 17 beatificabunt R r. 𝔊 *He*] magnificabunt *cet.* | 18 deus deus R r 𝔊 *Hi*] deus *cet. Su* || **72**,3 super iniquos WSK c | 7 prodiet R r. 𝔊 *Hi*] prodit FΦ; prodiit *cet.*; prodient *Su* | in affectu FI. | 8 in nequitia RHIΦ r 𝔊, *cf. He*] nequitia F; nequitiam *cet.* | 14 in matutinis WKΦ c | 16 et *om.* R c | ut cognoscerem WSKΦ c | 17 dei + et WSKΦ c, *cf. Su* | eorum + diapsalma I | 19 in desolatione HI | 20 tua *om.* R |

reges Arabiae et Saba tributum con-
ferent
11 et adorabunt eum omnes reges
universae nationes servient ei
12 quia eruet pauperem a potente
et inopem cui non est adiutor
13 parcet inopi et pauperi et animas
pauperum salvabit
14 ab usura et iniquitate redimet animam eorum
I Sm 26,21; Ps 115,15 et pretiosus erit sanguis eorum coram oculis eius
15 et vivet et dabitur ei de auro Saba
et orabunt de eo iugiter tota die benedicent ei
16 erit memorabile triticum in terra in
capite montium
elevabitur sicut Libani fructus eius
et florebunt de civitate sicut faenum
terrae
17 erit nomen eius in aeternum
ultra solem perseverabit nomen eius
et benedicentur in eo omnes gentes
et beatificabunt eum
18 benedictus Dominus Deus Deus Israhel qui facit mirabilia solus
19 et benedictum nomen gloriae eius in
sempiternum
et implebitur gloria eius universa
terra amen amen
20 CONPLETAE SUNT ORATIONES DAVID
FILII IESSE

72 CANTICUM ASAPH
Attamen bonus est Israhel Deus his
qui mundo sunt corde
2 mei autem paene vacillaverunt pedes
paene effusi sunt gressus mei
3 quia aemulatus sum contra iniquos
pacem impiorum videns
4 quod non recogitaverint de morte
sua
et firma sint vestibula eorum
5 in labore hominum non sunt et cum
hominibus non flagellabuntur
6 ideo nutriti sunt ad superbiam
circumdederunt iniquitatem sibi
7 processerunt a pinguidine oculi eorum
transierunt cogitationes cordis
8 inriserunt et locuti sunt in malitia
calumniam de excelso loquentes
9 posuerunt in caelo os suum
et lingua eorum deambulavit in terra
10 propterea convertetur populus eius
hic
et quis plenus invenietur in eis
11 et dixerunt quomodo novit Deus et
si est scientia in Excelso
12 ecce isti impii et abundantes in saeculo multiplicaverunt divitias
13 ergone frustra mundavi cor meum
et lavi in innocentia manus meas
14 et fui flagellatus tota die
et increpatio mea in matutinis
15 dixi si narravero sic
ecce generationem filiorum tuorum
reliqui
16 et cogitavi ut intellegerem istud labor est in oculis meis
17 donec veniam ad sanctuaria Dei
intellegam in novissimo eorum
18 verumtamen in lubrico posuisti eos
deiecisti eos ad interitum
19 quomodo vastati sunt subito defecerunt consumpti sunt quasi non
sint
20 quasi somnium evigilantis
Domine in civitate tua imaginem eo-

12 eruit RΣ | 14 eorum[2] R𝔰𝔐] *om. cet.* | 15 de eo] deo C | 17 eius[2] *om.* C | 18 deus deus RS𝔰𝔐] *om.* AK.; deus *cet.* | 20 conpletae—iesse] defecerunt laudes dauid filii iesse IAK.; *om.* CΣ || **72** (𝔐 73), 1 est *om.* FC | 4 recogitauerunt IAKΘS | 8 in malitiam C | 9 in caelum FIAKS𝔥 | 13 in innocentiam F; innocentia IAK. | 17 ad sanctuarium FCΣΘ |

RFCI ΣAKΘSL 𝔥𝔰

sorum ad nihilum rediges
[21]quia inflammatum est cor meum
15,7 et renes mei commutati sunt
Iob 16,8; 17,7; 30,15 [22]et ego ad nihilum redactus sum et
nescivi
Iob 18,3 [23]ut iumentum factus sum apud te
et ego semper tecum
[24]tenuisti manum dexteram meam
et in voluntate tua deduxisti me
et cum gloria suscepisti me
[25]quid enim mihi est in caelo
et a te quid volui super terram
[26]defecit caro mea et cor meum Deus
cordis mei
15,5! et pars mea Deus in aeternum
Is 1,28 [27]quia ecce qui elongant se a te peribunt
perdidisti omnem qui fornicatur
abs te
62,9; Dt 4,4 [28]mihi autem adherere Deo bonum
est
ponere in Domino Deo spem meam
ut adnuntiem omnes praedicationes
tuas
÷ in portis filiae Sion:

73 INTELLECTUS ASAPH

76,8; 78,5! 88,47 Ut quid Deus reppulisti in finem
iratus est furor tuus super oves pascuae tuae
[2]memor esto congregationis tuae
Ex 15,16 quam possedisti ab initio
redemisti virgam hereditatis tuae
67,17! mons Sion in quo habitasti in eo
[3]leva manus tuas in superbias eorum
in finem
78,1! Is 63,18! Ier 51,51; II Mcc 6,4 quanta malignatus est inimicus in
sancto
[4]et gloriati sunt qui oderunt te
in medio sollemnitatis tuae
posuerunt signa sua signa [5]et non
cognoverunt
sicut in exitu super summum
quasi in silva lignorum Ier 46,22
securibus [6]exciderunt ianuas eius in Lam 2,9
id ipsum
in securi et ascia deiecerunt ÷ eam:
[7]incenderunt igni sanctuarium tuum II Par 36,19! Is 64,11
in terra polluerunt tabernaculum no- 78,1!
minis tui
[8]dixerunt in corde suo cognatio eorum simul
quiescere faciamus omnes dies festos
Dei a terra
[9]signa nostra non vidimus
iam non est propheta et nos non I Sm 3,1; Lam 2,9! Dn 3,38; I Mcc 9,27
cognoscet amplius
[10]usquequo Deus inproperabit inimi- 18!
cus
inritat adversarius nomen tuum in
finem
[11]ut quid avertis manum tuam Lam 2,3
et dexteram tuam de medio sinu tuo
in finem
[12]Deus autem rex noster ante saecu- 43,5! Tb 9,11! Is 33,22; 63,16
lum
operatus est salutes in medio terrae
[13]tu confirmasti in virtute tua mare 88,10!
contribulasti capita draconum in Is 51,9
aquis
[14]tu confregisti capita draconis Is 27,1!
dedisti eum escam populis Aethiopum
[15]tu disrupisti fontem et torrentes
※tu siccasti fluvios Aetham:
[16]tuus est dies et tua est nox
tu fabricatus es auroram et solem
[17]tu fecisti omnes terminos terrae
aestatem et ver tu plasmasti ea
[18]memor esto huius 22; 78,12
inimicus inproperavit Dominum 10
et populus insipiens incitavit nomen
tuum
[19]ne tradas bestiis animam confiten-
tem tibi

RFHI WSKΦ cr 24 eduxisti F.; adduxisti R. | 27 omnes qui fornicantur c | 28 ÷ *om.* R, *sed testatur Euseb.* || **73**,1 intellectus] pro idithun psalmus H.; *praem.* in finem HW | 3 in sanctum HI. | 5 in exitum WΦ; in exitus F | 7 ignis R | 10 inproperauit RF | 12 saecula SKΦc | salutem Wc | 15 diripuisti HI | fontes RWSKΦc | ※ *om.* R, *sed habet vers. syro-hexapl.* | 17 eam FIΦ | 18 domino WSKΦc | 19 animas confitentes c; animam confugientem F. | tibi + et c |

rum ad nihilum rediges
21 quia contractum est cor meum
et lumbi mei velut ignis fumigans
22 et ego insipiens et nescius
23 quasi iumentum factus sum apud te
et eram semper tecum
24 et tenebas manum dexteram meam
in consilium tuum deduces me
et postea in gloria suscipies me
25 quid mihi est in caelo et tecum nolui
in terra
26 consumpta est caro mea et cor meum
robur cordis mei et pars mea Deus in
aeternum
27 quia ecce qui elongant se a te peribunt
perdidisti omnem fornicantem a te
28 mihi autem adpropinquare Deo bonum est
posui in Domino Deo spem meam
ut narrem omnes adnuntiationes tuas

73 ERUDITIONIS ASAPH
Ut quid Deus reppulisti in finem
fumavit furor tuus in gregem pascuae tuae
2 recordare congregationis tuae quam
possedisti ab initio
et redemisti virgam hereditatis tuae
montis Sion in quo habitasti
3 sublimitas pedum tuorum dissipata
est usque ad finem
omnia mala egit inimicus in sanctuario
4 fremuerunt hostes tui in medio pacti
tui
posuerunt signa sua in tropeum
5 manifesta in introitu desuper in saltu
lignorum secures
6 et nunc scalpturas eius pariter bipin-
ne et dolatoriis deraserunt
7 miserunt ignem in sanctuarium tuum
in terram contaminaverunt habitaculum nominis tui
8 dixerunt in cordibus suis posteri eorum simul
incenderunt omnes sollemnitates Dei
in terra
9 signa nostra non vidimus non est ultra propheta
et non est nobiscum qui sciat usquequo
10 usquequo Deus exprobrabit adversarius
blasphemabit inimicus nomen tuum
in finem
11 quare convertis manum tuam
et dexteram tuam ad medium sinum
tuum consume
12 Deus autem rex meus ab initio operatur salutes in medio terrae
13 tu dissipasti in fortitudine tua mare
contrivisti capita draconum in aquis
14 tu confregisti capita Leviathan
dedisti eum in escam populo Aethiopum
15 tu disrupisti fontem et torrentem
tu exsiccasti flumina fortia
16 tua est dies et tua est nox tu ordinasti
luminaria et solem
17 tu statuisti omnes terminos terrae
aestatem et hiemem tu plasmasti
18 memento huius inimicus exprobravit Domino
et populus insipiens blasphemavit
nomen tuum
19 ne tradas bestiis animam eruditam
lege tua

25 noluit F.; uolui AΘ || **73** (𝔐 **74**), 1 eruditiones R; eruditio Θ | fumabit IAKL𝔥 | 2 et *om.* FΣ | montes R.; montem Θ; mons FL | 3 ad] in CΣS | 6 sculpturas IΘL𝔥; sculturas AK | 7 in terra CΣKSL𝔥 | habitaculum] tabernaculum IAK | 8 in²] de CΣ; a K | 10 exprobrauit RΘSL | blasphemauit RFCAΘSL | 11 consumet CΣ; consumens Θ | 14 aethiopo CΣ | 15 fontes RFΘSL | torrentes FΘS |

RFCI ΣAKΘSL 𝔥𝔰

animas pauperum tuorum ne obliviscaris in finem
20 respice in testamentum tuum
Ez 8,17 quia repleti sunt qui obscurati sunt
terrae domibus iniquitatum
Bar 2,18 21 ne avertatur humilis factus confusus
pauper et inops laudabunt nomen
tuum
22 exsurge Deus iudica causam tuam
18! memor esto inproperiorum tuorum
eorum qui ab insipiente sunt tota die
23 ne obliviscaris voces inimicorum tuorum
superbia eorum qui te oderunt a-
scendit semper

74 IN FINEM NE CORRUMPAS PSALMUS ASAPH CANTICI

2 Confitebimur tibi Deus
9,2! 77,4 confitebimur et invocabimus nomen
tuum
25,7! narrabimus mirabilia tua
3 cum accepero tempus ego iustitias
iudicabo
92,1! 4 liquefacta est terra et omnes qui habitant in ea
ego confirmavi columnas eius
DIAPSALMA
5 dixi iniquis nolite inique facere
et delinquentibus nolite exaltare
cornu
6 nolite extollere in altum cornu vestrum
nolite loqui adversus Deum iniquitatem
7 quia neque ab oriente neque ab occidente
neque a desertis montibus
49,6 8 quoniam Deus iudex est
I Sm 2,7! hunc humiliat et hunc exaltat
Is 51,17; Ier 25,15; Apc 14,10! 9 quia calix in manu Domini
vini meri plenus mixto
et inclinavit ex hoc in hoc
verum fex eius non est exinanita
bibent omnes peccatores terrae
10 ego autem adnuntiabo in saeculum
cantabo Deo Iacob 80,2; Idc 5,3!
11 et omnia cornua peccatorum confringam
et exaltabuntur cornua iusti 91,11; 111,9; I Sm 2,1

75 IN FINEM IN LAUDIBUS PSALMUS ASAPH CANTICUM AD ASSYRIUM

2 Notus in Iudaea Deus
in Israhel magnum nomen eius
3 et factus est in pace locus eius 67,17!
et habitatio eius in Sion
4 ibi confregit potentias arcuum 45,10! I Sm 2,4!
scutum et gladium et bellum
DIAPSALMA
5 inluminas tu mirabiliter de montibus aeternis
6 turbati sunt omnes insipientes corde
dormierunt somnum suum et nihil 48,18; Sir 11,20; Ier 51,39.57! Iob 27,19
invenerunt
omnes viri divitiarum manibus suis
7 ab increpatione tua Deus Iacob
dormitaverunt qui ascenderunt equos Is 43,17
8 tu terribilis es et quis resistet tibi ex Na 1,6!
tunc ira tua
9 de caelo auditum fecisti iudicium 45,7
terra timuit et quievit
10 cum exsurgeret in iudicium Deus
ut salvos faceret omnes mansuetos Is 11,4!
terrae
DIAPSALMA
11 quoniam cogitatio hominis confitebitur tibi
et reliquiae cogitationis diem festum
agent tibi
12 vovete et reddite Domino Deo
vestro
omnes qui in circuitu eius adferent
munera

RFHI WSKΦ cr 22 qui] quae IWKc | 23 uocis RW || **74**,1 asaph cantici] cantici asaph c; asaph HW; *om.* R. | 4 diapsalma *om.* WSc | 5 facere RHIr.] agere *cet.* | 9 uerum FHIr] uerumtamen *cet.* | 10 in saeculo H; in saecula S. || **75**,1 in2 *om.* FΦ | laudibus] carminibus FK | assyrios IKΦc | 4 confringit R; confringet Φ | potentia HI. | arcum (*sed fort. gen. plur. casu*) FHKr; + et H | et1 *om.* RSc | diapsalma *om.* WSKc | 5 inluminans WSKΦc | de] a WSKΦc | 6 diuitiarum + in WSKΦc, *cf. Su* | 8 quis] qui F | 9 timuit] tremuit Rc | 10 diapsalma *om.* Wc | 11 cogitationis] cogitationum R | 12 affertis c |

vitae pauperum tuorum ne obliviscaris in perpetuum
20 respice ad pactum quia repletae sunt
tenebris terrae habitationes iniquae
subrutae
21 ne revertatur confractus et confusus
egenus et pauper laudabunt nomen
tuum
22 surge Deus iudica causam tuam
memento obprobrii tui ab insipiente
tota die
23 ne obliviscaris vocis hostium tuorum
sonitus adversariorum tuorum ascendit iugiter

74 VICTORI UT NON DISPERDAS PSALMUS
ASAPH CANTICI

2 Confitebimur tibi Deus confitebimur
et iuxta nomen tuum narrabunt mirabilia tua
3 cum accepero tempus ego iustitias
iudicabo
4 dissolvetur terra cum omnibus habitatoribus suis
ego adpendi columnas eius
SEMPER
5 dixi inique agentibus nolite inique
agere
et impiis nolite exaltare cornu
6 nolite exaltare in excelsum cornu
vestrum loquentes in cervice veteri
7 quia nec ab oriente neque ab occidente neque a solitudine montium
8 sed Deus iudex hunc humiliabit et
hunc exaltabit
9 quia calix in manu Domini est et
vino meraco usque ad plenum mix-
tus et propinabit ex eo
verumtamen feces eius epotabunt
bibentes omnes impii terrae
10 ego autem adnuntiabo in sempiternum cantabo Deo Iacob
11 et omnia cornua impiorum confringam
exaltabuntur cornua iusti

75 VICTORI IN PSALMIS CANTICUM ASAPH
CARMINIS

2 Cognoscetur in Iudaea Deus
in Israhel magnum nomen eius
3 et erit in Salem tabernaculum eius
et habitatio eius in Sion
4 ibi confringet volatilia arcus
scutum et gladium et bellum
SEMPER
5 lumen tu es Magnifice a montibus
captivitatis
6 spoliati sunt superbi corde
dormitaverunt somnum suum et non
invenerunt omnes viri exercitus
manus suas
7 ab increpatione tua Deus Iacob
consopitus est et currus et equus
8 tu terribilis es et quis stabit adversum te ex tunc ira tua
9 de caelo adnuntiabis iudicium terra
timens tacebit
10 cum surrexerit ad iudicandum Deus
ut salvos faciat omnes mites terrae
SEMPER
11 quia ira hominis confitebitur tibi
reliquiis irae accingeris
12 vovete et reddite Domino Deo vestro
omnes qui in circuitu eius sunt offerent dona terribili

20 inique RFS; + et CΣ | 21 ne auertatur FΣ | 23 uoces FIAKL || **74** (𝔐 **75**), 1 canticum CΘ. | 2 et *om.* C | 4 semper *om.* I | 6 exaltare] extollere IAKS. | cornum C; cor FL. | ueteri + semper CΣ | 7 nec] neque IAKΘL𝔥 | neque[1]] nec CΣ | neque[2]] nec Σ | 8 humiliauit RΣ; humiliat IA | exaltauit F; exaltat A. | 9 et[1] *om.* IAK. | merato CΣL | et[2]] est FC; est et Σ | propinauit RFAΘS | expotabunt Σ; et potabunt RK.; potabunt Θ | 11 confringam R𝔰𝔐] + et *cet.* || **75** (𝔐 **76**), 2 cognoscitur IΣAKL𝔥 | in[2] *om.* R | 4 semper *om.* I | 8 qui stabit FS. | tunc + in CΣ | 10 semper *om.* IS | 11 ira] maeror ΣΘS L𝔥 | irae] maeroris ΣΘSL𝔥 | 12 uouite FCL ||

RFCI ΣAKΘSL 𝔥𝔰

terribili 13 et ei qui aufert spiritus
principum
terribili apud reges terrae

76 IN FINEM PRO IDITHUN PSALMUS
ASAPH

141,2 2 Voce mea ad Dominum clamavi
voce mea ad Deum et intendit me
3 in die tribulationis meae Deum exquisivi
manibus meis nocte contra eum et
non sum deceptus
rennuit consolari anima mea
4 memor fui Dei et delectatus sum
141,4; 142,4 exercitatus sum et defecit spiritus
meus

DIAPSALMA

5 anticipaverunt vigilias oculi mei
turbatus sum et non sum locutus
142,5; Dt 32,7! 6 cogitavi dies antiquos
et annos aeternos in mente habui
62,7; 118,55 7 et meditatus sum nocte cum corde
meo
exercitabar et scobebam spiritum
meum
73,1! 8 numquid in aeternum proiciet Deus
et non adponet ut conplacitior sit
adhuc
84,6 9 aut in finem misericordiam suam
abscidet
a generatione in generationem
10 aut obliviscetur misereri Deus
aut continebit in ira sua misericordias suas

DIAPSALMA

11 et dixi nunc coepi haec mutatio dexterae Excelsi
43,2! 12 memor fui operum Domini
12.13: 142,5 quia memor ero ab initio mirabilium
tuorum
13 et meditabor in omnibus operibus
tuis
et in adinventionibus tuis exercebor

14 Deus in sancto via tua
quis deus magnus sicut Deus noster **14.15:** 39,6; 70,19! 85,10! II Sm 7,21.22!
15 tu es Deus qui facis mirabilia
notam fecisti in populis virtutem
tuam
16 redemisti in brachio tuo populum Dt 9,29!
tuum
filios Iacob et Ioseph

DIAPSALMA

17 viderunt te aquae Deus
viderunt te aquae et timuerunt 113,3; IV Esr 3,18
et turbatae sunt abyssi
18 multitudo sonitus aquarum
vocem dederunt nubes
etenim sagittae tuae transeunt
19 vox tonitrui tui in rota Is 5,28
inluxerunt coruscationes tuae orbi 96,4
terrae
commota est et contremuit terra 17,8!
20 in mari via tua et semitae tuae in Sap 14,3! Is 43,16!
aquis multis
et vestigia tua non cognoscentur Iob 11,7!
21 deduxisti sicut oves populum tuum 77,52; 79,2; Is 63,11
in manu Mosi et Aaron

77 INTELLECTUS ASAPH

Adtendite populus meus legem me- Dt 4,1! Bar 3,9; Is 28,23! 51,4; IV Esr 9,30
am
inclinate aurem vestram in verba
oris mei
2 aperiam in parabola os meum 48,5; Mt 13,3! 35
eloquar propositiones ab initio
3 quanta audivimus et cognovimus ea 43,2!
et patres nostri narraverunt nobis
4 non sunt occultata a filiis eorum
in generationem alteram
narrantes laudes Domini et virtutes 74,2!
eius
et mirabilia eius quae fecit
5 et suscitavit testimonium in Iacob Dt 32,46! Sir 24,33! IV Esr 3,19
et legem posuit in Israhel
quanta mandavit patribus nostris
nota facere ea filiis suis

RFHI W(S)KΦ cr

13 spiritum SKc ‖ **76**,2 deum] dominum HI | me] mihi HIWc | 4 sum[1] + et HIW SKc *Su* | diapsalma *om.* WSKc | 7 meo + et IWSKc *Hi* | 8 et] aut c | 9 abscindet c. | 10 miserere F | diapsalma *om.* HWSKc | 11 coepit HI. | 12 [*deest* S *usque ad* 77,4] | 13 aduentionibus RF | 16 diapsalma *om.* WKc ‖ **77**,1 populе c | 2 in parabolis WKc | eloquar HIr] et loquar F.; loquar *cet.* | 4 in generatione altera HIWKc | [*iterum adest* S] | 5 ea *om.* HI. |

13 auferenti spiritum ducum terribili
regibus terrae

76 VICTORI PER IDITHUN PSALMUS
ASAPH

2 Voce mea ad Dominum clamavi
voce mea ad Dominum et exaudivit
me
3 in die tribulationis meae Dominum
requisivi
manus mea nocte extenditur et non
quiescit
noluit consolari anima mea
4 recordans Dei conturbabar
loquebar in memet ipso et deficiebat
spiritus meus

SEMPER

5 prohibebam suspectum oculorum
meorum
stupebam et non loquebar
6 recogitabam dies antiquos annos
pristinos
7 recordabar psalmorum meorum
in nocte cum corde meo loquebar et
scobebam spiritum meum
8 ergone in aeternum proiciet Dominus
et non repropitiabitur ultra
9 ergone conplebit usque in finem misericordiam suam
consummabit verbum de generatione et generatione
10 numquid oblitus est misereri Deus
aut conplebit in furore misericordias
suas

SEMPER

11 et dixi inbecillitas mea est haec commutatio dexterae Excelsi
12 recordabor cogitationum Domini
reminiscens antiqua mirabilia tua
13 et meditabor in omni opere tuo
et adinventiones tuas loquar
14 Deus in sanctuario via tua
quis deus magnus ut Deus
15 tu es Deus faciens mirabilia
ostendens in populis potentiam tuam
16 redemisti in brachio populum tuum
filios Iacob et Ioseph

SEMPER

17 videntes te aquae Deus videntes te
aquae parturierunt
et commotae sunt abyssi
18 excusserunt aquas nubila
vocem dederunt nubes et sagittae
tuae discurrebant
19 vox tonitrui tui in rota
apparuerunt fulgora tua orbi
concussa est et commota est terra
20 in mari via tua et semitae tuae in
aquis multis
et vestigia tua non sunt agnita
21 deduxisti quasi gregem populum tuum in manu Mosi et Aaron

77 ERUDITIONIS ASAPH

Ausculta populus meus legem meam
inclinate aurem vestram ad verba
oris mei
2 aperiam in parabula os meum
loquar enigmata antiqua
3 quae audivimus et cognovimus
et patres nostri narraverunt nobis
4 non sunt abscondita a filiis eorum a
generatione sequenti
narrante laudes Domini et potentiam eius et mirabilia eius quae
fecit
5 statuit contestationem Iacob
et legem posuit in Israhel
quae mandavit patribus nostris ut
docerent filios suos

76(𝔐 77),1 per] pro F; super Θ | 2 dominum[1]] deum SL𝔥. | dominum[2] RCL𝔰] deum *cet.* | 3 dominum] deum CΣAK | exquisiui IΣAKS𝔥 | 4 et *om.* C | semper *om.* IK | 5 suspectus 𝔥. | 6 antiquos + et RΘ | 7 scobebam] scrobebam S.; excolebam C; abscondebam Σ; scrutabar Θ | 9 conpleuit RΣΘ | consummauit RFL; consummabitur Θ | et] in IAKS. | 10 miserere FL | semper *om.* I | 12 cogitationem R | 13 meditabar IΣ | 16 brachio + tuo FIΣΘ | semper *om.* I | 20 agnita] cognita I || **77**(𝔐 **78**),2 in parabulis R | 4 narrante RI𝔰.] narrate C; narrantes *cet.* |

RFCI ΣAKΘSL 𝔥𝔰

6 ut cognoscat generatio altera
Ioel 1,3 filii qui nascentur et exsurgent
et narrabunt filiis suis
7 ut ponant in Deo spem suam
et non obliviscantur opera Dei
et mandata eius exquirant
8 ne fiant sicut patres eorum
Dt 32,5! Za 1,4 generatio prava et exasperans
generatio quae non direxit cor suum
et non est creditus cum Deo spiritus
eius
9 filii Effrem intendentes et mittentes
arcus
conversi sunt in die belli
10 non custodierunt testamentum Dei
et in lege eius noluerunt ambulare
11 et obliti sunt benefactorum eius
et mirabilium eius quae ostendit eis
43! 12 coram patribus eorum quae fecit mirabilia
in terra Aegypti in campo Taneos
Ex 14,21.22! 13 interrupit mare et perduxit eos
32,7 statuit aquas quasi utrem
Dt 1,33! 14 et deduxit eos in nube diei
et tota nocte in inluminatione ignis
15.16: Ex 17,6! 15 interrupit petram in heremo
et adaquavit eos velut in abysso
multa
20! II Esr 9,15; Is 48,21 16 et eduxit aquam de petra
et deduxit tamquam flumina aquas
17 et adposuerunt adhuc peccare ei
40; Dt 9,7! in ira excitaverunt Excelsum in inaquoso
94,9! 105,14 18 et temptaverunt Deum in cordibus
suis
Sap 19,11 ut peterent escas animabus suis
19 et male locuti sunt de Deo
dixerunt numquid poterit Deus parare mensam in deserto
16! 104,41! Is 48,21 20 quoniam percussit petram et fluxerunt aquae
et torrentes inundaverunt
numquid et panem potest dare
aut parare mensam populo suo
21 ideo audivit Dominus et distulit 59; Nm 11,1
et ignis accensus est in Iacob
et ira ascendit in Israhel
22 quia non crediderunt in Deo
nec speraverunt in salutare eius
23 et mandavit nubibus desuper
et ianuas caeli aperuit Gn 7,11!
24 et pluit illis manna ad manducan- Ex 16,4! Io 6,31 IV Esr 1,19
dum
et panem caeli dedit eis
25 panem angelorum manducavit homo Sap 16,20; I Cor 10,3
cibaria misit eis in abundantiam 105,15
26 transtulit austrum de caelo
et induxit in virtute sua africum
27 et pluit super eos sicut pulverem **27.28:** Nm 11,31!
carnes
et sicut harenam maris volatilia pinnata
28 et ceciderunt in medio castrorum
eorum
circa tabernacula eorum
29 et manducaverunt et saturati sunt
nimis
et desiderium eorum adtulit eis
30 non sunt fraudati a desiderio suo
adhuc escae eorum erant in ore ip- **30.31:** Nm 11,33
sorum
31 et ira Dei ascendit in eos
et occidit pingues eorum
et electos Israhel inpedivit
32 in omnibus his peccaverunt adhuc
et non crediderunt mirabilibus eius Nm 14,11
33 et defecerunt in vanitate dies eorum
et anni eorum cum festinatione
34 cum occideret eos quaerebant eum
et revertebantur et diluculo veniebant ad Deum
35 et rememorati sunt quia Deus adiu- Is 41,14!

RFHI WSKΦ cr 6 et[1] *om.* HI | 7 operum Φ c | 9 arcus RFr.] arcum *cet.* | 12 quae RFHIr.𝔊] *om. cet.* | 13 eos + et SK c | utrem FHIr.𝔊] in utrem RWK; in utre SΦ c | 14 et eduxit I | 16 deduxit] eduxit F | 17 in iram c | 19 deo + et R | 20 potest RHIr 𝔊] poterit *cet.* | 21 et[1] + non HI | accensus] ascensus FK. | 22 in salutari WSKΦ c | 24 mannam RF. | 25 cibariam H | in abundantia Φ c | 27 harena RFWKΦ | 30 esca eorum erat HI. | 31 in eos RFr.] in eis HI.; super eos *cet.* | 32 crediderunt + in RW c | 34 deum] eum c |

6 ut cognosceret generatio subsequens
filii nascituri surgent et narrabunt filiis suis
7 ut ponant in Deo spem suam
et non obliviscantur cogitationum eius
et mandata eius custodiant
8 ut non sint sicut patres eorum
generatio declinans et provocans
generatio quae non praeparavit cor suum
et non credidit Deo spiritus eius
9 filii Efraim intendentes et mittentes arcum
terga verterunt in die belli
10 non custodierunt pactum Dei sui
et in lege eius noluerunt ingredi
11 et obliti sunt commutationum eius
et mirabilium eius quae ostendit eis
12 coram patribus eorum fecit mirabilia
in terra Aegypto in regione Taneos
13 divisit mare et transduxit eos
et stare fecit aquas quasi acervum
14 et duxit eos in nube per diem et tota nocte in lumine ignis
15 scidit petram in deserto
et potum dedit quasi de abyssis magnis
16 et eduxit rivos de petra
et elicuit quasi flumina aquas
17 et addiderunt ultra peccare ei
ut provocarent Excelsum in invio
18 et temptaverunt Deum in cordibus suis
petentes cibum animae suae
19 et loquentes contra Deum dicebant
numquid poterit Deus ponere mensam in solitudine
20 ecce percussit petram et fluxerunt aquae
et torrentes inundaverunt
numquid et panem poterit dare aut praeparare carnem populo suo
21 ideo audivit Dominus et non distulit
et ignis accensus est in Iacob et furor ascendit in Israhel
22 quia non crediderunt Deo
nec habuerunt fiduciam in salutari eius
23 et praecepit nubibus desuper et portas caeli aperuit
24 et pluit super eos man ut comederent
et triticum caeli dedit eis
25 panem fortium comedit vir
cibaria misit eis in saturitatem
26 abstulit eurum de caelo et induxit in fortitudine sua africum
27 et pluit super eos quasi pulverem carnes
et quasi harenam maris volatilia pinnata
28 et ceciderunt in medio castrorum eius
in circuitu tabernaculorum eius
29 et comederunt et saturati sunt nimis
et desiderium eorum adtulit eis
30 non indiguerunt de cupiditate sua
cum adhuc cibus esset in ore eorum
31 furor ergo Dei ascendit super eos
et occidit pingues eorum et electos Israhel incurvavit
32 in omnibus his peccaverunt ultra
et non crediderunt mirabilibus eius
33 et consumpsit in vanitate dies eorum
et annos eorum velociter
34 si occidebat eos tunc requirebant eum
et convertebantur et diluculo consurgebant ad Deum
35 et recordabantur quia Deus fortitu-

7 in domino FΣΘ | et[1]] uti C | 8 ut] et RFΣΘLƀ | 9 effrem IAK. | 10 in legem CΘ. | 11 commutationem F; cogitationum ΣΘ | 12 aegypti FCΣKΘSLƀ | 13 aquas quasi] aquasi Σ.; aquas in C; quasi L. | 14 et deduxit F | in[1] *om.* IAK. | in lumine] inluminatione IAK | 17 ei et ut prouocarent F.; et ut prouocarent R.; ei et prouocauerunt Θ. | 20 praeparare] parare RFΣΘ | 22 in deo FAKL | in salutare FCΣ | 24 manna KΘ; mannam F. | 25 cibariam FIΣAKΘ | 26 eurum] eorum RF | 27 carnis R | harena RFL; harenas CΣS | 34 inquirebant C; quaerebant Θ. | ad deum] ad eum CΘ |

RFCI ΣAKΘSL ƀs

tor est eorum
et Deus excelsus redemptor eorum
est
36.37: Is 29,13! 36 et dilexerunt eum in ore suo
et lingua sua mentiti sunt ei
Act 8,21 37 cor autem ipsorum non erat rectum
cum eo
nec fideles habiti sunt in testamento
eius
38 ipse autem est misericors
78,9! 102,3; III Rg 8,50! Lc 18,13 et propitius fiet peccatis eorum et
non perdet eos
et abundabit ut avertat iram suam
et non accendet omnem iram suam
Gn 6,3 39 et recordatus est quia caro sunt
spiritus vadens et non rediens
40 quotiens exacerbaverunt eum in deserto
17; Dt 9,7! in ira concitaverunt eum in inaquoso
56 41 et conversi sunt et temptaverunt
Deum
et Sanctum Israhel exacerbaverunt
42 non sunt recordati manus eius
die qua redemit eos de manu tribu-
lantis
12; 105,21.22! Ex 7,3! 43 sicut posuit in Aegypto signa sua
43—48: 104,27–35 et prodigia sua in campo Taneos
Ex 7,20! 44 et convertit in sanguine flumina eorum
et imbres eorum ne biberent
Ex 8,21! Sap 16,9 45 misit in eos cynomiam et comedit
eos
Ex 8,2! et ranam et disperdit eos
46 et dedit erugini fructus eorum
et labores eorum lucustae
47 et occidit in grandine vineam eorum
et moros eorum in pruina
Ex 9,25! 48 et tradidit grandini iumenta eorum
et possessionem eorum igni
87,17; Iob 10,17 49 misit in eos iram indignationis suae
indignationem et iram et tribulatio-
nem
inmissionem per angelos malos
50 viam fecit semitae irae suae
non pepercit a morte animarum eorum
et iumenta eorum in morte conclusit Ex 9,6; 11,5!
51 et percussit omne primitivum in 104,36; 134,8
terra Aegypti
primitias laborum eorum in tabernaculis Cham
52 et abstulit sicut oves populum suum 76,21; 79,2
et perduxit eos tamquam gregem in
deserto
53 et deduxit eos in spe et non timuerunt
et inimicos eorum operuit mare Ex 14,28!
54 et induxit eos in montem sanctifica- Ex 15,17
tionis suae
montem quem adquisivit dextera
eius
et eiecit a facie eorum gentes Act 13,19
et sorte divisit eis terram in funiculo Ios 23,4!
distributionis
55 et habitare fecit in tabernaculis eorum tribus Israhel
56 et temptaverunt et exacerbaverunt 41
Deum excelsum
et testimonia eius non custodierunt
57 et averterunt se et non servaverunt Os 7,16
pactum quemadmodum patres eo-
rum
conversi sunt in arcum pravum
58 et in ira concitaverunt eum in colli- Dt 32,16!
bus suis
et in sculptilibus suis ad aemulatio-
nem eum provocaverunt
59 audivit Deus et sprevit 21
et ad nihilum redegit valde Israhel
60 et reppulit tabernaculum Selo Ier 7,12
tabernaculum suum ubi habitavit in

RFHI WSKΦ cr

37 ipsorum] eorum Φ𝔠 | in testamentum RW | 38 perdet RHIr. *Hi*] disperdit F; disperdet *cet.* | abundabit r.𝔊] abundauit *cet.* | auerteret WSK𝔠 | accendit FHISK𝔠 | 40 in iram 𝔠 | 42 redimit R.; redimet F. | 44 in sanguinem RWSK𝔠 | 45 coenomyam R.; coenomyiam 𝔠., *cf. Hi* (*p.* 42,10) | disperdidit HISKΦ𝔠 | 47 uineam RHr. 𝔊] uineas *cet.* | morus R.; murus FH. | 49 immissiones 𝔠 | 50 suae + et FS | animabus F𝔠 | 51 primitiuum RFr.] primitium HI.; primogenitum *cet.* | in terra aegypti] in aegypto HISK | laboris F.; omnis laboris W𝔠 | 58 et[1] *om.* IWSK𝔠 | in iram 𝔠 | 59 redigit FISK |

do eorum
et Deus excelsus redemptor eorum
36 et lactaverunt eum in ore suo et lingua sua mentiti sunt ei
37 cor autem eorum non erat firmum cum eo
nec permanserunt in pacto eius
38 ipse vero misericors propitiabitur iniquitati et non disperdet
multumque avertit iram suam
et non suscitavit totum furorem suum
39 sed recordatus est quia caro essent
spiritus vadens et non revertens
40 quotiens provocaverunt eum in deserto
adflixerunt eum in solitudine
41 et conversi sunt et temptaverunt Deum
et Sanctum Israhel concitaverunt
42 non sunt recordati manus eius
diei qua redemit eos a tribulante
43 qui fecit in Aegypto signa sua
et ostenta sua in regione Taneos
44 qui convertit in sanguine fluvios eorum
et rivos eorum ut non biberent
45 qui inmisit eis genus omne muscarum ut comederent eos
et ranas ut disperderent eos
46 qui dedit brucho germen eorum
et laborem eorum lucustae
47 qui occidit in grandine vineas eorum
et sycomoros eorum in frigore
48 qui tradidit grandini pascua eorum
et iumenta eorum volucribus
49 qui misit in eos iram furoris sui
indignationem et comminationem et angustiam
inmissionem angelorum malorum
50 munivit semitam furori suo
non pepercit morti animae eorum
et animantia eorum pesti tradidit
51 et percussit omne primogenitum in Aegypto
principium partus in tabernaculis Cham
52 et tulit veluti oves populum suum
et minavit eos sicut gregem in deserto
53 et duxit eos cum fiducia et absque timore
inimicos autem eorum operuit mare
54 et adduxit eos ad terminum sanctificatum suum
montem istum quem possedit dextera eius
et eiecit a facie eorum gentes
et possidere eos fecit in funiculo hereditatem
55 et conlocavit in tabernaculis eorum tribus Israhel
56 et temptaverunt et provocaverunt Deum excelsum
et testimonia eius non custodierunt
57 et aversi sunt et praevaricati sunt ut patres eorum
incurvati sunt quasi arcus inutilis
58 et provocaverunt eum in excelsis suis
et in sculptilibus suis ad aemulandum concitaverunt
59 audivit Deus et non distulit et proiecit vehementer Israhel
60 et reliquit tabernaculum Selo
tentorium quod conlocavit inter ho-

35 eorum[2] + est FΘS | 37 cor] os IAK. | 38 iniquitate RF. | auertet FC | suscitabit FC | 42 die qua RΣΘSL | 43 ostensa RΘ | 44 in sanguinem KΘS𝔥 | 45 inmisit + in CIΣAK | ~ omne genus IΣAKΘS𝔥 | 48 pascuam IAK. | 50 morte Θ.; mortem R.; a morte IAK𝔥 | 51 omnem CΣ | 52 uelut RIAKΘSL𝔥 | 53 et adduxit Σ.; et eduxit IAKΘS𝔥 | 57 et[1] *om.* CIAK. | 59 deus] dominus RCΣΘL |

RFCI ΣAKΘSL 𝔥s

hominibus
61 et tradidit in captivitatem virtutem
eorum
et pulchritudinem eorum in manus
inimici
62 et conclusit in gladio populum suum
105,40; Ier 12,7 et hereditatem suam sprevit
63 iuvenes eorum comedit ignis
et virgines eorum non sunt lamen-
tatae
64 sacerdotes eorum in gladio ceciderunt
Iob 27,15 et viduae eorum non plorabuntur
65 et excitatus est tamquam dormiens
Dominus
tamquam potens crapulatus a vino
I Sm 5,6! 66 et percussit inimicos suos in posteriora
obprobrium sempiternum dedit illis
67.68: 86,2 67 et reppulit tabernaculum Ioseph
et tribum Effrem non elegit
131,13 68 et elegit tribum Iuda
montem Sion quem dilexit
69 et aedificavit sicut unicornium sanc-
tificium suum
in terra quam fundavit in saecula
88,21! IV Esr 3,23; Am 7,15 70 et elegit David servum suum
et sustulit eum de gregibus ovium
70.71: II Sm 7,8! I Par 28,4! II Par 6,6; Mi 7,14 de post fetantes accepit eum
71 pascere Iacob servum suum
et Israhel hereditatem suam
72 et pavit eos in innocentia cordis sui
et in intellectibus manuum suarum
deduxit eos

78 PSALMUS ASAPH

Est 13,15; Lam 1,10 Deus venerunt gentes in hereditatem tuam
73,3! 7! II Mcc 6,4 polluerunt templum sanctum tuum
posuerunt Hierusalem in pomorum
custodiam
Dt 28,26! Ier 7,33 2 posuerunt morticina servorum tuorum escas volatilibus caeli
carnes sanctorum tuorum bestiis terrae
3 effuderunt sanguinem ipsorum tam- I Mcc 7,17
quam aquam
in circuitu Hierusalem et non erat
qui sepeliret
4 facti sumus obprobrium vicinis nos- 43,14! 88,42
tris
subsannatio et inlusio his qui circum
nos sunt
5 usquequo Domine irasceris in fi- 73,1! 84,6; 88,47
nem
accendetur velut ignis zelus tuus Na 1,6
6 effunde iram tuam in gentes quae te 68,25! Ier 10,25; Sir 36,3; Za 1,15
non noverunt
et in regna quae nomen tuum non
invocaverunt
7 quia comederunt Iacob et locum Is 1,7!
eius desolaverunt
8 ne memineris iniquitatum nostrarum Is 64,9; Bar 3,5
antiquarum
cito anticipent nos misericordiae
tuae
quia pauperes facti sumus nimis
9 adiuva nos Deus salutaris noster Est 14,3
propter gloriam nominis tui Domine
libera nos
et propitius esto peccatis nostris 24,11! 77,38! Ier 33,8.9
propter nomen tuum
10 ne forte dicant in gentibus ubi est 41,4! 113,10! Idt 7,21
Deus eorum
et innotescat in nationibus coram
oculis nostris
ultio sanguinis servorum tuorum qui Dt 32,43!
effusus est
11 introeat in conspectu tuo gemitus 101,21
conpeditorum
secundum magnitudinem brachii tui
posside filios mortificatorum
12 et redde vicinis nostris septuplum in Sir 40,8; Is 65,6!
sinu eorum
inproperium ipsorum quod exprob- 73,18!
raverunt tibi Domine
13 nos autem populus tuus et oves pas- 94,7! IV Esr 5,26.27
cuae tuae
confitebimur tibi in saeculum 29,13! 44,18; 51,11

RFHI WSKΦ cr 64 plorabantur c | 65 potans I | 67 effraim W; ephraim c. | 68 et] sed WSKΦ c | 72 in² *om.* FW ‖ **78**,3 ipsorum] eorum Φ c | 4 circum nos] in circuitu nostro WSKΦ c | 5 accenditur HI. | 9 noster + et c | 12 quod] quo R |

mines
61 tradidit in captivitatem gloriam suam
et decorem suum in manu hostis
62 et conclusit in gladio populum suum
et in hereditate sua non distulit
63 iuvenes eius devoravit ignis
et virgines eius nemo luxit
64 sacerdotes eius gladio ceciderunt
et viduae eius non sunt fletae
65 et evigilavit quasi dormiens Dominus
quasi fortis post crapulam vini
66 et percussit hostes suos retrorsum
obprobrium sempiternum dedit eos
67 et proiecit tabernaculum Ioseph
et tribum Efraim non elegit
68 sed elegit tribum Iuda montem Sion quem dilexit
69 et aedificavit in similitudinem monoceroton sanctuarium suum
quasi terram fundavit illud in saeculum
70 et elegit David servum suum
et tulit eum de gregibus ovium
sequentem fetas adduxit eum
71 ut pasceret Iacob populum eius
et Israhel hereditatem eius
72 qui pavit eos in simplicitate cordis sui
et in prudentia manuum suarum dux eorum fuit

78 CANTICUM ASAPH
Deus venerunt gentes in hereditatem tuam
polluerunt templum sanctum tuum
posuerunt Hierusalem in acervis lapidum
2 dederunt cadavera servorum tuorum escam volatilibus caeli
carnes sanctorum tuorum bestiis terrae
3 effuderunt sanguinem eorum quasi aquam
in circuitu Hierusalem et non erat qui sepeliret
4 facti sumus obprobrium vicinis nostris
subsannatio et derisio his qui in circuitu nostro sunt
5 usquequo Domine irasceris in finem
ardebit quasi ignis zelus tuus
6 effunde furorem tuum super gentes quae non cognoverunt te
et super regna quae nomen tuum non invocaverunt
7 quia comederunt Iacob et decorem eius desolaverunt
8 ne recorderis iniquitatum nostrarum veterum
cito occupent nos misericordiae tuae
quia adtenuati sumus nimis
9 auxiliare nobis Deus Iesus noster propter gloriam nominis tui
et libera nos et propitiare peccatis nostris propter nomen tuum
10 quare dicunt gentes ubi est Deus eorum
nota fiat in gentibus ante oculos nostros ultio sanguinis servorum tuorum qui effusus est
11 ingrediatur coram te gemitus vinctorum
in magnitudine brachii tui relinque filios interitus
12 et redde vicinis nostris septuplum in sinu eorum
obprobrium suum quo exprobraverunt tibi Domine
13 nos enim populus tuus et grex pascuae tuae
confitebimur tibi in sempiternum

61 in captiuitate CΣ | 64 in gladio RΘ | 69 in similitudine S; in solitudine IAK. | monoceronton S.; monoceron CΣ; monocerontis Θ | 71 eius[1]] suum FΣ | 72 in prudentiam RA.; prudentia FΘ.; in sensu Σ. || **78** (𝔐 **79**), 1 lapidum] custodiam IAK. | 2 escas RAS | 5 domine] deus R | 8 nos ΘS𝔥𝔰𝔐] *om. cet.* | quia] qui RΣ. | 10 quare] quia IAK. | sanguinum IAK. | 11 in magnitudinem RC | 12 quo RF𝔰.] quod *cet.* | 13 enim] autem IA. | sempiternum + et C ||

RFCI ΣAKΘSL 𝔥𝔰

in generationem et generationem ad-
nuntiabimus laudem tuam

79 IN FINEM PRO HIS QUI COMMUTABUN-
TUR TESTIMONIUM ASAPH PSALMUS

2 Qui regis Israhel intende
76,21; 77,52 qui deducis tamquam oves Ioseph
98,1! qui sedes super cherubin manifestare
3 coram Effraim et Beniamin et Manasse
excita potentiam tuam et veni ut salvos facias nos
84,5 4 Deus converte nos
Nm 6,25! et ostende faciem tuam et salvi erimus
5 Domine Deus virtutum
quousque irasceris super orationem
servi tui
6 cibabis nos pane lacrimarum
41,4; 101,10 et potum dabis nobis in lacrimis in
mensura
30,12! 7 posuisti nos in contradictionem vicinis nostris
et inimici nostri subsannaverunt nos
8 Deus virtutum converte nos
et ostende faciem tuam et salvi erimus
9 vineam de Aegypto transtulisti
43,3! eiecisti gentes et plantasti eam
Ex 13,21 10 dux itineris fuisti in conspectu eius
IV Rg 19,30; Is 27,6; 37,31 et plantasti radices eius et implevit
terram
11 operuit montes umbra eius
et arbusta eius cedros Dei
12 extendit palmites suos usque ad mare
et usque ad Flumen propagines eius
88,42; Prv 24,31; Is 5,5! 13 ut quid destruxisti maceriam eius
et vindemiant eam omnes qui prae-
tergrediuntur viam
14 exterminavit eam aper de silva
et singularis ferus depastus est eam
15 Deus virtutum convertere
respice de caelo et vide et visita vineam istam
16 et perfice eam quam plantavit dextera tua
et super filium quem confirmasti tibi
17 incensa igni et suffossa
ab increpatione vultus tui peribunt
18 fiat manus tua super virum dexterae
tuae
et super filium hominis quem confirmasti tibi
19 et non discedimus a te
vivificabis nos et nomen tuum invocabimus
20 Domine Deus virtutum converte nos
et ostende faciem tuam et salvi erimus

80 IN FINEM PRO TORCULARIBUS ASAPH 8,1; 83,1

2 Exultate Deo adiutori nostro 58,18!
iubilate Deo Iacob 74,10; Idc 5,3!
3 sumite psalmum et date tympanum 91,4! 149,3!
psalterium iucundum cum cithara
4 bucinate in neomenia tuba
in insigni die sollemnitatis nostrae
5 quia praeceptum Israhel est Dt 33,10
et iudicium Dei Iacob
6 testimonium in Ioseph posuit illud
cum exiret de terra Aegypti
linguam quam non noverat audivit
7 devertit ab oneribus dorsum eius
manus eius in cofino servierunt
8 in tribulatione invocasti me et libe- 33,5!
ravi te
exaudivi te in abscondito tempestatis
probavi te apud aquam Contradic- Dt 33,8
tionis

DIAPSALMA

9 audi populus meus et contestabor te 49,7!
Israhel si audias me 10 non erit in te
deus recens
nec adorabis deum alienum Dt 5,7

RFHI WSKΦ cr 13 in generatione FKΦ ‖ **79**,1 pro iis c. | asaph psalmus] psalmus asaph I; asaph HΦ; + asiriorum W. | 2 deduces RI. | tamquam oues] uelut ouem c | 3 et[1] *om.* c | 7 in contradictione R | 8 erimus + diapsalma I | 10 et[1] *om.* c. | 16 filium + hominis c ‖ **80**,1 torcularibus + domini W.; + psalmus HK; + psalmus ipsi c. | asaph + psalmus quarta sabbati W.; + quinta sabbati I. | 4 nostrae] uestrae c | 5 praeceptum + in R c | deo WSKΦ c | 7 diuertit FWSΦ c | 8 diapsalma *om.* W c | 9 contestificabor HI | audieris WS KΦ c | 10 nec] neque c |

in generatione et generatione narrabimus laudes tuas

79 VICTORI PRO LILIIS TESTIMONII ASAPH CANTICUM

2 Qui pascis Israhel ausculta qui ducis quasi gregem Ioseph
qui sedes super cherubin ostendere
3 ante Efraim et Beniamin et Manasse
suscita fortitudinem tuam et veni ut salvos facias nos
4 Deus converte nos et ostende faciem tuam et salvi erimus
5 Domine Deus exercituum usquequo fumabis ad orationem populi tui
6 cibasti nos pane flebili et potasti nos in lacrimis tripliciter
7 posuisti nos contentionem vicinis nostris
et inimici nostri subsannaverunt nos
8 Deus exercituum converte nos et ostende faciem tuam et salvi erimus
9 vineam de Aegypto tulisti eiecisti gentes et plantasti eam
10 praeparasti ante faciem eius
et stabilisti radices eius et implevit terram
11 operti sunt montes umbra eius
et ramis illius cedri Dei
12 expandit comas suas usque ad mare
et usque ad Flumen germina sua
13 quare dissipasti maceriam eius
et vindemiaverunt eam omnes qui transeunt per viam
14 vastavit eam aper de silva
et omnes bestiae agri depastae sunt eam
15 Deus exercituum revertere obsecro
respice de caelo et vide et visita vineam hanc
16 et radicem quam plantavit dextera tua
et filium quem confirmasti tibi
17 succensam igni et deramatam
ab increpatione faciei tuae pereant
18 fiat manus tua super virum dexterae tuae
et super filium hominis quem confirmasti tibi
19 et non recedemus a te vivificabis nos
et nomine tuo vocabimur
20 Domine Deus exercituum converte nos
et ostende faciem tuam et salvi erimus

80 VICTORI IN TORCULARIBUS ASAPH

2 Laudate Deum fortitudinem nostram
iubilate Deo Iacob
3 adsumite carmen et date tympanum
citharam decoram cum psalterio
4 clangite in neomenia bucina
et in medio mense die sollemnitatis nostrae
5 quia legitimum Israhel est et iudicium Dei Iacob
6 testimonium in Ioseph posuit cum egrederetur terra Aegypti
labium quod nesciebam audivi
7 amovi ab onere umerum eius
manus eius a cofino recesserunt
8 in tribulatione invocasti et erui te
exaudivi te in abscondito tonitrui
probavi te super aquam Contradictionis

SEMPER

9 audi populus meus et contestor te Israhel si audieris me
10 non sit in te deus alienus et non adores deum peregrinum

79(𝔐 **80**),1 testimonia F; testimonium IAKΘLƀ | 2 deducis CΣL; deduces R. | 6 in *om.* CΣ | 7 contentione CΣΘ; contemptionem L; in contentionem S.; contradictionem I.; in contradictione AK. | 8 erimus + semper CΣ | 10 repleuit K.; replebit IA. | 11 rami FCΣΘSLƀ | 13 per *om.* F | 19 recedimus IΣKS; redimus A. || **80**(𝔐 **81**),2 deum] dominum RCΘ | 4 diei C | 5 deo IΣAKLƀ | 6 terra RFs.] terram L; de terra *cet.* | nesciebat IAKS | audiuit IKS; *om.* F. | 8 inuocasti + me CΣS | super aquas C | semper *om.* IA | 9 contestabor C |

RFCI ΣAKΘSL ƀs

49,7! [11]ego enim sum Dominus Deus tuus
qui eduxi te de terra Aegypti
Dt 5,6! dilata os tuum et implebo illud
Ier 7,24! [12]et non audivit populus meus vocem meam
Is 1,3! et Israhel non intendit mihi
[13]et dimisi illos secundum desideria cordis eorum
ibunt in adinventionibus suis
III Rg 11,38! [14]si populus meus audisset me
Israhel si in viis meis ambulasset
[15]pro nihilo forsitan inimicos eorum humiliassem
et super tribulantes eos misissem manum meam
65,3 [16]inimici Domini mentiti sunt ei
et erit tempus eorum in saeculo
147,14; Dt 32,13 [17]et cibavit illos ex adipe frumenti
et de petra melle saturavit illos

81 PSALMUS ASAPH

Deus stetit in synagoga deorum
in medio autem Deus deiudicat
[2]usquequo iudicatis iniquitatem
et facies peccatorum sumitis

DIAPSALMA

Prv 31,9 [3]iudicate egenum et pupillum
3.4: Is 1,17; Ier 22,3! humilem et pauperem iustificate
[4]eripite pauperem et egenum
Sir 4,9! Ier 21,12! de manu peccatoris liberate
Prv 2,13! [5]nescierunt neque intellexerunt in tenebris ambulant
Sir 16,19! Is 24,18 movebuntur omnia fundamenta terrae
Io 10,34 [6]ego dixi dii estis et filii Excelsi omnes
[7]vos autem sicut homines moriemini
et sicut unus de principibus cadetis
9,20 [8]surge Deus iudica terram
quoniam tu hereditabis in omnibus gentibus

Ex 15,11! Ier 10,6! Mi 7,18 **82** CANTICUM PSALMI ASAPH

[2]Deus quis similis erit tibi
ne taceas neque conpescaris Deus Is 64,12
[3]quoniam ecce inimici tui sonaverunt
et qui oderunt te extulerunt caput
[4]super populum tuum malignaverunt consilium
et cogitaverunt adversus sanctos tuos Ier 18,18
[5]dixerunt venite et disperdamus eos de gente
et non memoretur nomen Israhel ultra
[6]quoniam cogitaverunt unianimiter simul
adversum te testamentum disposuerunt
[7]tabernacula Idumeorum et Ismahelitae
Moab et Aggareni
[8]Gebal et Ammon et Amalech
alienigenae cum habitantibus Tyrum
[9]etenim Assur venit cum illis
facti sunt in adiutorium filiis Loth

DIAPSALMA

[10]fac illis sicut Madiam et Sisarae
sicut Iabin in torrente Cison
[11]disperierunt in Endor
facti sunt ut stercus terrae Ier 8,2! 9,22!
[12]pone principes eorum sicut Oreb Idc 8,3
et Zeb et Zebee et Salmana Idc 8,21
omnes principes eorum
[13]qui dixerunt hereditate possideamus sanctuarium Dei
[14]Deus meus pone illos ut rotam Iob 21,18! Is 17,13; 40,24! Ier 13,24!
sicut stipulam ante faciem venti
[15]sicut ignis qui conburit silvam
sicut flamma conburens montes
[16]ita persequeris illos in tempestate tua
et in ira tua turbabis eos
[17]imple facies illorum ignominia
et quaerent nomen tuum Domine
[18]erubescant et conturbentur in saeculum saeculi 6,11! 34,4! 39,15

RFHI WSKΦ cr

12 mihi] me F | 13 illos] eos WSKΦ c | aduentionibus F | 16 in saecula IΦ c | 17 cibabit FS. | illos[1]] eos c | melli S.; mellis HI. | illos[2]] eos WSKΦ c || **81**,1 in finem psalmus H. | deus[2] RFH r] deos *cet.* | diiudicat WSKΦ c | 2 diapsalma *om.* WS c | 3 egeno et pupillo WK c | 7 caditis RH. || **82**,3 sonuerunt c | 6 te *om.* RHIWSK | testamentum + tuum FWSK | 7 tabernaculum HI. | 8 amalech + et HI | 9 diapsalma] *post* illis *pon.* W.; *om.* IK c | 10 madiam RFH r. 𝔊] madian *cet.* | in torrentem FH | 14 rotam + et c | 15 conburet R | siluam + et c | conburet R. | 17 illorum RHI r] eorum *cet.* |

11 ego sum Dominus Deus tuus qui
eduxi te de terra Aegypti
dilata os tuum et implebo illud
12 et non audivit populus meus vocem
meam
et Israhel non credidit mihi
13 et dimisi eum in pravitate cordis
sui
ambulabunt in consiliis suis
14 utinam populus meus audisset me
Israhel in viis meis ambulasset
15 quasi nihilum inimicos eius humiliassem
et super hostes eorum vertissem
manum meam
16 qui oderunt Dominum negabunt
eum
et erit tempus eorum in saeculo
17 et cibavit eos de adipe frumenti et de
petra mellis saturavit eos

81 CANTICUM ASAPH

Deus stetit in coetu Dei in medio
Deus iudicat
2 usquequo iudicatis iniquitatem et
facies impiorum suscipitis
SEMPER
3 iudicate pauperi et pupillo
egeno et inopi iuste facite
4 salvate inopem et pauperem de manu impiorum liberate
5 non cognoscunt nec intellegunt in
tenebris ambulant
movebuntur omnia fundamenta terrae
6 ego dixi dii estis et filii Excelsi omnes vos
7 ergo quasi Adam moriemini
et quasi unus de principibus cadetis
8 surge Domine iudica terram quoniam hereditabis omnes gentes

82 CANTICUM PSALMI ASAPH

2 Deus ne taceas ne sileas et non quies-
cas Deus
3 quia ecce inimici tui tumultuati sunt
et qui oderunt te levaverunt caput
4 contra populum tuum nequiter tractaverunt
et inierunt consilium adversum arcanum tuum
5 dixerunt venite et conteramus eos de
gente
et non sit memoria nominis Israhel
ultra
6 quoniam tractaverunt pariter
contra te foedus pepigerunt
7 tabernacula Idumeae et Ismahelitarum
Moab et Aggareni 8 Gebal et Ammon et Amalech
Palestina cum habitatoribus Tyri
9 sed et Assur venit cum eis
facti sunt brachium filiorum Loth
SEMPER
10 fac illis sicut Madian et Sisarae
sicut Iabin in torrente Cison
11 contriti sunt in Aendor fuerunt quasi sterquilinium terrae
12 pone duces eorum sicut Oreb et Zeb
et Zebee et Salmana omnes principes eorum
13 qui dixerunt possideamus nobis pulchritudinem Dei
14 Deus meus pone eos ut rotam quasi
stipulam ante faciem venti
15 quomodo ignis conburit silvam
et sicut flamma devorat montes
16 sic persequere eos in tempestate tua
et in turbine tuo conturba eos
17 imple facies eorum ignominia et
quaerent nomen tuum Domine
18 confundantur et conturbentur usque
in saeculum

13 dimisit F | 16 in saeculum CΘ | 17 cibabit RFC | melli F.; melle CΣΘ | saturabit CI || **81** (𝔐 **82**), 1 deus[2] RFΣKL 𝔥] deos *cet.* | 2 semper *om.* IA | 3 iuste facite] iustificate RΘ | 7 caditis IA. | 8 quoniam + tu IAKΘS 𝔥 || **82** (𝔐 **83**), 1 psalmus F | 3 eleuauerunt FIΣAKSL 𝔥 | 9 et *om.* IΣ. | sunt + in C | semper *om.* I | 10 in (*om.* F.) torrentem FC | 15 conburet RCL | 16 persequeris FΘ |

RFCI ΣAKΘSL 𝔥𝔰

et confundantur et pereant
67,5; Ex 7,5! Is 42,8; Dn 3,45; Ier 16,21 19 et cognoscant quia nomen tibi Dominus
96,9! tu solus Altissimus in omni terra
8,1; 80,1 **83** IN FINEM PRO TORCULARIBUS FILIIS
CORE PSALMUS
Nm 24,5 2 Quam dilecta tabernacula tua Domine virtutum
3 concupiscit et defecit anima mea in
atria Domini
I Sm 2,1! cor meum et caro mea exultavit in
Deum vivum
4 etenim passer invenit ÷ sibi : domum
et turtur nidum sibi ubi ponat pullos
suos
altaria tua Domine virtutum rex meus et Deus meus
64,5! 5 beati qui habitant in domo tua
in saecula saeculorum laudabunt te
DIAPSALMA
6 beatus vir cui est auxilium abs te
ascensiones in corde suo disposuit
7 in valle lacrimarum in loco quem
posuit
8 etenim benedictiones dabit legis da-
tor
ibunt de virtute in virtutem
videbitur Deus deorum in Sion
5,2.3! 53,4! 9 Domine Deus virtutum exaudi orationem meam
auribus percipe Deus Iacob
DIAPSALMA
10 protector noster aspice Deus
131,10 et respice in faciem christi tui
11 quia melior est dies una in atriis tuis
super milia
elegi abiectus esse in domo Dei mei
magis quam habitare in tabernaculis
peccatorum
12 quia misericordiam et veritatem
÷ diligit : Deus
gratiam et gloriam dabit Dominus
13 non privabit bonis eos qui ambulant Prv 16,20!
in innocentia
Domine virtutum beatus vir qui spe- 2,13! 145,5; Is 30,18; Ier 17,7
rat in te
84 IN FINEM FILIIS CORE PSALMUS
2 Benedixisti Domine terram tuam
avertisti captivitatem Iacob 13,7; 125,1! Ez 39,25!
3 remisisti iniquitates plebis tuae Ex 34,9! Is 22,14; 27,9! 38,17!
operuisti omnia peccata eorum
DIAPSALMA
4 mitigasti omnem iram tuam
avertisti ab ira indignationis tuae
5 converte nos Deus salutum nostra- 79,4
rum
et averte iram tuam a nobis
6 numquid in aeternum irasceris nobis 78,5!
aut extendes iram tuam a generati- 76,9
one in generationem
7 Deus tu conversus vivificabis nos 70,20!
et plebs tua laetabitur in te
8 ostende nobis Domine misericordiam tuam
et salutare tuum da nobis
9 audiam quid loquatur ÷ in me : Dominus Deus
quoniam loquetur pacem in plebem 121,8; Est 10,3!
suam
et super sanctos suos
et in eos qui convertuntur ad cor
10 verumtamen prope timentes eum sa- Is 46,13! 56,1
lutare ipsius
ut inhabitet gloria in terra nostra
11 misericordia et veritas obviaverunt
÷ sibi :
iustitia et pax osculatae sunt
12 veritas de terra orta est IV Esr 7,114
et iustitia de caelo prospexit
13 etenim Dominus dabit benignitatem 64,12; Za 8,12; Os 2,21.22
et terra nostra dabit fructum suum 66,7!
14 iustitia ante eum ambulabit Is 58,8

RFHI WSKΦ cr 19 quia] quoniam FHIr. ‖ **83**,1 ~ psalmus filiis (filiorum W) chore HW. | 3 deficit Wcr | domini] dei I | exultauit HIr *Hi*] exultauerunt *cet.*, *cf. Su* | 4 reponat F | 5 tua + domine c | diapsalma *om.* Wc | 6 cui FHIr. *Hi*] cuius *cet.* | 8 benedictionis F; benedictionem c | legis dator RFIr.] legislator *cet.* | 9 diapsalma] *post* 10 tui *pon.* I.; *om.* Kc | 11 habitarem HI. | 12 ÷ *om.* R, *spatio relicto* | 13 in innocentiam FH | domine + deus R | uir RFHIr.] homo *cet.* ‖ **84**,3 iniquitatem IWSKΦc | plebi F | diapsalma *om.* HWSKc | 5 salutum nostrarum RFHIr. 𝔊] salutaris noster *cet.* | 9 ÷ in me: dominus deus r] in me ÷ dominus deus: R | 11 ÷ r*Hi*] *om.* R | sunt + se RHI ‖

et erubescant et pereant
19 et sciant quia nomen tuum est Dominus
solus tu Excelsus super omnem terram

83 VICTORI PRO TORCULARI FILIORUM CORE CANTICUM

2 Quam dilecta tabernacula tua Domine exercituum
3 desiderat et defecit anima mea in atria Domini
cor meum et caro mea laudabunt Deum viventem
4 siquidem avis invenit domum et passer nidum sibi ubi ponat pullos suos
altaria tua Domine exercituum rex meus et Deus meus
5 beati qui habitant in domo tua adhuc laudabunt te
SEMPER
6 beatus homo cuius fortitudo est in te
semitae in corde eius
7 transeuntes in valle fletus
fontem ponent eam
8 benedictione quoque amicietur doctor
ibunt de fortitudine in fortitudinem
parebunt apud Deum in Sion
9 Domine Deus exercituum exaudi orationem meam
ausculta Deus Iacob
SEMPER
10 clipeus noster vide Deus et adtende faciem christi tui
11 quoniam melior est dies in atriis tuis super milia
elegi abiectus esse in domo Dei mei
magis quam habitare in tabernaculis impietatis
12 quia sol et scutum Dominus Deus
gratiam et gloriam dabit Dominus
13 nec prohibebit bonum ab his qui ambulant in perfectione
Domine exercituum beatus homo qui confidet in te

84 VICTORI FILIORUM CORE CANTICUM

2 Placatus es Domine terrae tuae
reduxisti captivitatem Iacob
3 dimisisti iniquitatem populo tuo
operuisti omnes iniquitates eorum
SEMPER
4 continuisti omnem indignationem tuam
conversus es ab ira furoris tui
5 converte nos Deus Iesus noster
et solve iram tuam adversum nos
6 noli in aeternum irasci nobis extendens iram tuam in generationem et generationem
7 nonne tu revertens vivificabis nos
et populus tuus laetabitur in te
8 ostende nobis Domine misericordiam tuam
et salutare tuum da nobis
9 audiam quid loquatur Dominus Deus
loquetur enim pacem ad populum suum et ad sanctos suos
ut non convertantur ad stultitiam
10 verumtamen prope est his qui timent eum salutare eius
ut habitet gloria in terra nostra
11 misericordia et veritas occurrerunt
iustitia et pax deosculatae sunt
12 veritas de terra orta est et iustitia de caelo prospexit
13 sed et Dominus dabit bonum et terra nostra dabit germen suum
14 iustitia ante eum ibit et ponet in via

19 tu *om.* IAK. || **83** (𝔐 **84**), 1 pro torcularibus FIAKΘSL𝔥 | 3 deficit CΘS | 5 semper *om.* I | 8 a benedictione I.; benedictionem RΣΘL𝔥 | de] in IAK. | fortitudine[2] R | 9 meam *om.* IAK. | semper *om.* I | 11 dies + una RΣ | habitarem IA. | 12 quia] qui R | 13 confidet RCΘ𝔰] confidit *cet.* || **84** (𝔐 **85**), 3 semper *om.* IΘ | 4 es] est I | 6 in generatione et FCΣΘL; a generatione in S. | 9 audiant FΣ | 10 ut inhabitet FC ||

RFCI ΣAKΘSL 𝔥𝔰

et ponet in via gressus suos
85 ORATIO IPSI DAVID
16,6! Inclina Domine aurem tuam ÷ et:
exaudi me
39,18! quoniam inops et pauper sum ego
2 custodi animam meam quoniam
sanctus sum
16,7 salvum fac servum tuum Deus meus
sperantem in te
3 miserere mei Domine quoniam ad
te clamabo tota die
4 laetifica animam servi tui
24,1; 142,8; Lam 3,41 quoniam ad te Domine animam meam levavi
15! 144,9 5 quoniam tu Domine suavis et mitis
et multae misericordiae omnibus invocantibus te
5,2.3! 16,1 6 auribus percipe Domine orationem
meam
et intende voci orationis meae
19,2 7 in die tribulationis meae clamavi
ad te
quia exaudisti me
88,7; Ex 15,11! III Rg 8,23 8 non est similis tui in diis Domine
et non est secundum opera tua
21,28! Is 25,1; Ioel 2,26 9 omnes gentes quascumque fecisti
venient
Apc 15,4 et adorabunt coram te Domine
et glorificabunt nomen tuum
76,14.15! 10 quoniam magnus es tu et faciens mirabilia
tu es Deus solus
24,4.5 11 deduc me Domine in via tua et ingrediar in veritate tua
laetetur cor meum ut timeat nomen
tuum
9,2! 110,1; 118,7; 137,1 12 confitebor tibi Domine Deus meus
in toto corde meo
II Sm 7,26! Sir 51,1.2! et glorificabo nomen tuum in aeternum
102,4! 13 quia misericordia tua magna est super me
et eruisti animam meam ex inferno 29,4!
inferiori
14 Deus iniqui insurrexerunt super me 53,5
et synagoga potentium quaesierunt
animam meam
et non proposuerunt te in conspectu
suo
15 et tu Domine Deus miserator et mi- 5! 102,8; 110,4; Ex 34,6! Sap 15,1; IV Esr 2,31
sericors
patiens et multae misericordiae et
verax
16 respice in me et miserere mei 24,16
da imperium tuum puero tuo 115,16!
et salvum fac filium ancillae tuae
17 fac mecum signum in bono
et videant qui oderunt me et confundantur
quoniam tu Domine adiuvasti me et
consolatus es me
86 FILIIS CORE PSALMUS CANTICI
Fundamenta eius in montibus sanctis
2 diligit Dominus portas Sion 77,67.68
super omnia tabernacula Iacob
3 gloriosa dicta sunt de te civitas Dei
DIAPSALMA
4 memor ero Raab et Babylonis scientibus me
ecce alienigenae et Tyrus et populus
Aethiopum
hii fuerunt illic
5 numquid Sion dicet homo et homo
natus est in ea
et ipse fundavit eam Altissimus 101,17; Is 14,32
6 Dominus narrabit in scriptura populorum
et principum horum qui fuerunt in ea
DIAPSALMA
7 sicut laetantium omnium habitatio
in te
87 CANTICUM PSALMI FILIIS CORE IN FI-
NEM PRO MAELETH AD RESPONDEN-
DUM INTELLECTUS EMAN EZRAITAE

RFHI WSKΦ cr **85**,1 ipsi *om.* HIW | dauid *om.* H. | 3 clamaui c | 6 orationis] deprecationis WSKΦ c | 7 quia] quoniam HI. | 8 in diis] in dies RF. | 10 facies HI. | 11 timeam RF. | 14 surrexerunt F | 17 in bonum c | et[1]] ut HIS c | adiuuisti c || **86**,1 in finem filiis HW | 3 diapsalma *om.* WK c | 4 scientium c | 5 dicit H | 6 narrauit RFHISK | scripturis SK c | diapsalma *om.* K c | 7 habitatio + est c || **87**,1 pro melech HSK; pro choro R.; pro F. | ad—ezraitae *om.* I. | intellectus *om.* HW. | ※aeman: R. | ezrahelitae W.; israhelitae H |

gressus suos

85 ORATIO DAVID

Inclina Domine aurem tuam exaudi me
quia egenus et pauper ego sum
2 custodi animam meam quia sanctus sum
salva servum tuum tu Deus meus qui confidit in te
3 miserere mei Domine quoniam ad te clamabo tota die
4 laetifica animam servi tui quia ad te animam meam levo
5 tu enim es Domine bonus et propitiabilis
et multus misericordia omnibus qui invocant te
6 exaudi Domine orationem meam et ausculta vocem deprecationum mearum
7 in die tribulationis meae invocabo te quia exaudies me
8 non est similis tui in diis Domine non est iuxta opera tua
9 omnes gentes quas fecisti venient et adorabunt coram te Domine
et glorificabunt nomen tuum
10 quia magnus tu et faciens mirabilia tu Deus solus
11 doce me Domine viam tuam ut ambulem in veritate tua
unicum fac cor meum ut timeat nomen tuum
12 confitebor tibi Domine Deus meus in toto corde meo
et glorificabo nomen tuum in sempiternum
13 quia misericordia tua magna super me
et eruisti animam meam de inferno extremo
14 Deus superbi surrexerunt adversus me
et coetus robustorum quaesivit animam meam
et non posuerunt te in conspectu suo
15 tu autem Domine Deus misericors et clemens
patiens et multae misericordiae et verus
16 respice ad me et miserere mei
da fortitudinem tuam servo tuo et salva filium ancillae tuae
17 fac mecum signum in bonitate
et videant qui oderunt me et confundantur
quia tu Domine auxiliatus es mihi et consolatus es me

86 FILIORUM CORE PSALMUS CANTICI

Fundamentum eius in montibus sanctuarii
2 diligit Dominus portas Sion super omnia tabernacula Iacob
3 gloriosa dicta sunt in te civitas Dei
SEMPER
4 commemorabo superbiae et Babylonis scientes me
ecce Palestina et Tyrus cum Aethiopia iste natus est ibi
5 ad Sion autem dicetur vir et vir natus est in ea
et ipse fundavit eam Excelsus
6 Dominus numerabit scribens populos ipse natus est in ea
SEMPER
7 et cantabunt quasi in choris omnes fontes mei in te

87 CANTICUM CARMINIS FILIORUM CORE VICTORI PER CHORUM AD PRAECINENDUM ERUDITIONIS EMAN EZRAITAE

85 (𝔐 **86**), 1 tuam + et RCΣΘS | 2 tu *om.* RFΘS; + domine FL | 3 clamaui R | 5 propitiabis IAK. | multum misericordia IAK.; multae misericordiae Θ; multe misericordia R. | 8 est^{1} *om.* C | non^{2} FC𝔰] et non *cet.* | 10 magnus + es RIAKΘ | tu^{2} + es R | 14 quaesierunt IAKΘ | non proposuerunt IΣAK | 17 et^{1}] ut IΣΘ ‖ **86** (𝔐 **87**), 1 fundamenta CIΣAKΘ𝔥 | 3 in] de CΣ | semper *om.* I | 4 commemorabor FΣ | et^{1} *om.* CΣ | scientis CIΘ; scientibus ΣAK𝔥 | 5 dicitur RL | 6 numerauit FIΣKSL𝔥 | in eam C; ibi Θ. | semper *om.* I ‖

RFCI ΣAKΘSL 𝔥𝔰

2 Domine Deus salutis meae
10; 21,3! die clamavi et nocte coram te
3 intret in conspectu tuo oratio mea
16,6! inclina aurem tuam ad precem meam
4 quia repleta est malis anima mea
93,17; 106,18! Sir 51,9 et vita mea in inferno adpropinquavit
27,1! 142,7 5 aestimatus sum cum descendentibus
in lacum
factus sum sicut homo sine adiutorio
6 inter mortuos liber
sicut vulnerati dormientes in sepulchris
quorum non es memor amplius
et ipsi de manu tua repulsi sunt
142,3! Iob 10,21 7 posuerunt me in lacu inferiori
in tenebrosis et in umbra mortis
8 super me confirmatus est furor tuus
41,8! et omnes fluctus tuos induxisti super me

DIAPSALMA

19! 30,12! 9 longe fecisti notos meos a me
posuerunt me abominationem sibi
Lam 3,7 traditus sum et non egrediebar
10 oculi mei languerunt prae inopia
2; 21,3; 27,2! clamavi ad te Domine
142,6 tota die expandi ad te manus meas
11 numquid mortuis facies mirabilia
aut medici suscitabunt et confitebuntur tibi

DIAPSALMA

29,10! 12 numquid narrabit aliquis in sepulchro misericordiam tuam
et veritatem tuam in perditione
13 numquid cognoscentur in tenebris
mirabilia tua
et iustitia tua in terra oblivionis
5,4 14 et ego ad te Domine clamavi
118,147 et mane oratio mea praeveniet te
15 ut quid Domine repellis orationem
meam
avertis faciem tuam a me 12,1! 43,24
16 pauper sum ego et in laboribus a 68,30!
iuventute mea
exaltatus autem humiliatus sum et
conturbatus
17 in me transierunt irae tuae 77,49; Iob 6,4; 10,17
et terrores tui conturbaverunt me
18 circuierunt me sicut aqua
tota die circumdederunt me simul
19 elongasti a me amicum et proximum 9; 37,12! Iob 19,13!
et notos meos a miseria

88 INTELLECTUS AETHAN EZRAITAE

2 Misericordias Domini in aeternum
cantabo
in generationem et generationem adnuntiabo veritatem tuam in ore meo
3 quoniam dixisti in aeternum misericordia aedificabitur
in caelis praeparabitur veritas tua
※in eis:
4 disposui testamentum electis meis
iuravi David servo meo **4.5**: 131,11!
5 usque in aeternum praeparabo se- 30.37
men tuum
et aedificabo in generationem et ge- 44,7! II Sm 7,13!
nerationem sedem tuam Sir 24,34

DIAPSALMA

6 confitebuntur caeli mirabilia tua Do- 18,2!
mine
etenim veritatem tuam in ecclesia 149,1
sanctorum
7 quoniam quis in nubibus aequabitur 85,8! III Rg 8,23!
Domino
similis erit Domino in filiis Dei
8 Deus qui glorificatur in consilio 149,1
sanctorum
magnus et horrendus super omnes
qui in circuitu eius sunt
9 Domine Deus virtutum quis similis II Sm 22,32! Idt 16,16
tibi
potens es Domine et veritas tua in

RFHI WSKΦ cr 2 die RFr. 𝔊] in die *cet.* | 4 ad infernum F.; inferno c | 6 es] est RFIΦ | 8 diapsalma *om.* Wc | 10 expandi] extendi HI. | ~ manus meas ad te I | 11 resuscitabunt RHI. | diapsalma *om.* WSc | 12 in perditionem RH(*vid.*)W. | 18 circuierunt] circumdederunt WSKΦc || **88**,1 hiezrahelitae W.; israhelitae HI | 5 in generatione F | diapsalma *om.* IWc | 6 etenim] et F | 7 domino2] deo c | 8 gloriatur HI. | horrendus RFHIr. *Hi*] terribilis *cet.* *Su* |

[2]Domine Deus salutis meae per diem
clamavi in nocte coram te
[3]ingrediatur ante te oratio mea
inclina aurem tuam ad laudationem
meam
[4]quia repleta est malis anima mea
et vita mea ad infernum descendit
[5]reputatus sum cum descendentibus
lacum
factus sum quasi homo invalidus
[6]inter mortuos liber
sicut interfecti et dormientes in sepulchro quorum non recordaris amplius
et qui a manu tua abscisi sunt
[7]posuisti me in lacu novissimo in tenebris in profundis
[8]super me confirmatus est furor tuus
et cunctis fluctibus tuis adflixisti me
SEMPER
[9]longe fecisti notos meos a me
posuisti me abominationem eis
clausum et non prodeuntem
[10]oculus meus infirmatus est ab adflictione
invocavi te Domine tota die expandi
ad te palmas meas
[11]numquid mortuis facies mirabilia
aut gigantes surgent et confitebuntur
tibi
SEMPER
[12]numquid narrabitur in sepulchro
misericordia tua
et veritas tua in perditione
[13]numquid noscentur in tenebris mirabilia tua
et iustitia tua in terra quae oblivioni
tradita est
[14]ego autem ad te Domine clamavi et
mane oratio mea praeveniet te
[15]quare Domine abicis animam meam
abscondis faciem tuam a me
[16]pauper ego et aerumnosus ab adulescentia
portavi furorem tuum et conturbatus
sum
[17]per me transierunt irae tuae
terrores tui oppresserunt me
[18]circumdederunt me quasi aquae tota
die
vallaverunt me pariter
[19]longe fecisti a me amicum et sodalem
notos meos abstulisti

88 ERUDITIONIS AETHAN EZRAITAE

[2]Misericordias Domini in aeternum
cantabo
in generatione et generatione adnuntiabo veritatem tuam in ore meo
[3]quia dixisti sempiterna misericordia
aedificabitur
caelos fundabis et veritas tua in eis
[4]percussi foedus cum electo meo iuravi David servo meo
[5]usque in aeternum stabiliam semen
tuum
et aedificabo in generationem et generationem thronum tuum
SEMPER
[6]confitebuntur caeli mirabilia tua
Domine
et veritatem tuam in ecclesia sanctorum
[7]quis enim in nubibus adaequabitur
Domino
adsimilabitur Domino de filiis Dei
[8]Deus inclitus in arcano sanctorum
nimio
et terribilis in cunctis qui circum
eum sunt
[9]Domine Deus exercituum quis similis tui
fortissime Domine et veritas tua in

RFCI ΣΑΚΘSL 𝔥𝔰

87(𝔐 **88**),2 in R𝔰.𝔐] et in FΣΘ; et *cet.* | 5 in lacum RCΣAKS𝔥 | 6 et[1] *om.* C | 7 in tenebrosis IKS | in[3]] et Σ; et in IAKS.; *om.* F. | 8 et cunctis *om.* C | semper *om.* I | 11 surgunt I.; resurgent S.; resurgunt AK. | semper *om.* IAK | 13 noscuntur Θ.; cognoscentur IAK; cognoscetur Σ. | 16 sum *om.* C | 17 tuae + et FCΣΘS | 18 ualluerunt IAK || **88**(𝔐 **89**),2 in generationem FL. | et generationem RFΣΘSL | 3 ~ misericordia sempiterna I | 5 in generatione et generatione CIAKΘS𝔥 | semper] diapsalma I. | 7 aequabitur IAKΘSL𝔥 | 9 tui] tibi CΘ |

circuitu tuo
73,13; Mt 8,26 10 tu dominaris potestatis maris
motum autem fluctuum eius tu mitigas
Is 51,9 11 tu humiliasti sicut vulneratum superbum
Idt 9,11 in brachio virtutis tuae dispersisti inimicos tuos
94,4; Dt 10,14! I Par 29,11 12 tui sunt caeli et tua est terra
23,1! Ion 1,9 orbem terrae et plenitudinem eius tu fundasti
13 aquilonem et mare tu creasti
Thabor et Hermon in nomine tuo exultabunt
Ex 15,6! 14 tuum brachium cum potentia
firmetur manus tua et exaltetur dextera tua
9,8! 96,2! Is 16,5 15 iustitia et iudicium praeparatio sedis tuae
misericordia et veritas praecedent faciem tuam
16 beatus populus qui scit iubilationem
Domine in lumine vultus tui ambulabunt
17 et in nomine tuo exultabunt tota die
et in iustitia tua exaltabuntur
18 quoniam gloria virtutis eorum tu es
25; 148,14; I Sm 2,1! et in beneplacito tuo exaltabitur cornu nostrum
19 quia Domini est adsumptio ⋇nostra:
et Sancti Israhel regis nostri
20 tunc locutus es in visione sanctis tuis et dixisti
20.21: Sir 24,34 posui adiutorium in potentem
exaltavi electum de plebe mea
77,70! Act 13,22 21 inveni David servum meum
I Sm 16,13! in oleo sancto meo linui eum
22 manus enim mea auxiliabitur ei
et brachium meum confirmabit eum
IV Esr 2,28 23 nihil proficiet inimicus in eo
II Sm 7,10 et filius iniquitatis non adponet nocere eum

24 et concidam a facie ipsius inimicos eius
et odientes eum in fugam convertam
25 et veritas mea et misericordia mea cum ipso Prv 20,28!
et in nomine meo exaltabitur cornu eius 18!
26 et ponam in mari manum eius 71,8! Sir 44,23; Za 9,10
et in fluminibus dexteram eius
27 ipse invocabit me pater meus es tu I Pt 1,17
Deus meus et susceptor salutis meae
28 et ego primogenitum ponam illum
excelsum prae regibus terrae
29 in aeternum servabo illi misericordiam meam
et testamentum meum fidele ipsi
30 et ponam in saeculum saeculi semen eius 5! Sir 45,19
et thronum eius sicut dies caeli
31 si dereliquerint filii eius legem meam
et in iudiciis meis non ambulaverint
32 si iustitias meas profanaverint
et mandata mea non custodierint
33 visitabo in virga iniquitates eorum II Sm 7,14
et in verberibus peccata eorum
34 misericordiam autem meam non dispergam ab eo II Sm 7,15; Is 54,10
neque nocebo in veritate mea
35 neque profanabo testamentum meum
et quae procedunt de labiis meis non faciam irrita
36 semel iuravi in sancto meo si David mentiar Am 4,2 **36—38:** Ier 33,20.21!
37 semen eius in aeternum manebit 5!
38 et thronus eius sicut sol in conspectu meo 71,5
et sicut luna perfecta in aeternum
et testis in caelo fidelis Apc 1,5

DIAPSALMA

39 tu vero reppulisti et despexisti 43,10!
distulisti christum tuum
40 evertisti testamentum servi tui

RFHI WSKΦ cr 10 potestates Φ; potestati R c | 11 superbum + et HI. | 17 ~ in tua iustitia RHI | 20 in potente RSKΦ c; + et HISKΦ c | 21 in FH r 𝔊] *om. cet.* | linui HI.] lenui R.; leui F r.; unxi *cet.* | 22 confirmauit FSΦ; confortabit c; confortauit R | 23 eum] ei I c | 26 dextera R | 31 si + autem WSK c | 35 irritam RF. | 38 diapsalma *om.* W c | 39 dispexisti FS; destruxisti H.; distruxisti I. |

circuitu tuo
10 tu dominaris superbiae maris
et elationes gurgitum eius tu conprimis
11 tu confregisti quasi vulneratum superbum
in brachio forti tuo dispersisti inimicos tuos
12 tui sunt caeli et tua est terra
orbem et plenitudinem eius tu fundasti
13 aquilonem et dexteram tu creasti
Thabor et Hermon nomen tuum laudabunt
14 tuum brachium cum fortitudine
roboretur manus tua exaltetur dextera tua
15 iustitia et iudicium firmamentum throni tui
misericordia et veritas praecedent faciem tuam
16 beatus populus qui novit iubilum
Domine in lumine vultus tui ambulabunt
17 in nomine tuo exultabunt tota die
et in iustitia tua exaltabuntur
18 quia gloria fortitudinis eorum tu es
et in misericordia tua elevabis cornu nostrum
19 quia a Domino est protectio nostra
et a Sancto Israhel rege nostro
20 tunc locutus es per visionem sanctis tuis et dixisti
posui adiutorium super robustum
exaltavi electum de populo
21 inveni David servum meum oleo sancto meo unxi eum
22 cum quo manus mea firma erit et brachium meum roborabit eum
23 non decipiet inimicus eum
et filius iniquitatis non adfliget eum
24 sed concidam ante faciem eius hostes illius
et qui eum oderunt percutiam
25 veritas autem mea et misericordia mea erit cum eo
et in nomine meo exaltabitur cornu eius
26 et ponam in mari manum eius
et in fluminibus dexteram eius
27 ipse vocabit me pater meus es tu
Deus meus et fortitudo salutis meae
28 ego autem primogenitum ponam eum excelsum regibus terrae
29 in aeternum custodiam ei misericordiam meam
et pactum meum fidele ei erit
30 et ponam perpetuum semen eius
et thronum eius sicut dies caeli
31 si autem dereliquerint filii eius legem meam
et in iudiciis meis non ambulaverint
32 si caerimonias meas profanaverint
et praecepta mea non custodierint
33 visitabo in virga scelera eorum
et in plagis iniquitatem eorum
34 misericordiam autem meam non auferam ab eo
nec mentiar in veritate mea
35 non violabo pactum meum
et quod egressum est de labiis meis non mutabo
36 semel iuravi in sancto meo ne David mentiar
37 semen eius in sempiternum erit
38 et thronus eius sicut sol in conspectu meo
sicut luna stabilietur in sempiternum
et testis in caelo fidelis

SEMPER

39 tu autem reppulisti et proiecisti
iratus es adversum christum tuum
40 adtenuasti pactum servi tui

11 in] et in IAKS. | 12 orbem + terrae FIΣ | 13 dextrum CΣL | 14 tua[1] F𝔰.𝔐] tua et *cet.* | 16 nouit] scit IAK. | 17 in[1]] et in FCI | 18 cornum C; cor A. | 19 a domino] domino F; domini Θ. | 20 robustum + et CIΣAKΘ | populo + meo IAKS | 22 roborauit F; probabit A.; probauit RIK. | 27 uocabit ΣΘ𝔰] uocauit RCL; inuocabit AS𝔥; inuocauit FIK | 29 ~ erit ei CIAKΘS𝔥 | 36 ne] si RIAK. | 38 meo + et CΣΘ | semper *om.* I |

RFCI ΣAKΘSL 𝔥𝔰

Ez 24,21; Lam 2,2 profanasti in terram sanctuarium
eius
Is 5,5! 41 destruxisti omnes sepes eius
posuisti firmamenta eius formidinem
79,13 42 diripuerunt eum omnes transeuntes
viam
78,4 factus est obprobrium vicinis suis
43 exaltasti dexteram deprimentium
eum
laetificasti omnes inimicos eius
44 avertisti adiutorium gladii eius
et non es auxiliatus ei in bello
45 destruxisti eum a mundatione
sedem eius in terram conlisisti
46 minorasti dies temporis eius
perfudisti eum confusione

DIAPSALMA

73,1! 78,5! 47 usquequo Domine avertis in finem
exardescet sicut ignis ira tua
48 memorare quae mea substantia
numquid enim vane constituisti omnes filios hominum
Lc 2,26! 49 quis est homo qui vivet et non videbit mortem
eruet animam suam de manu inferi

DIAPSALMA

50 ubi sunt misericordiae tuae antiquae
Domine
sicut iurasti David in veritate tua
Lam 5,1 51 memor esto Domine obprobrii servorum tuorum
quod continui in sinu meo multarum gentium
52 quod exprobraverunt inimici tui Domine
quod exprobraverunt commutationem christi tui
40,14! 53 benedictus Dominus in aeternum
fiat fiat

Dt 33,1 **89** ORATIO MOSI HOMINIS DEI

Domine refugium tu factus es nobis
in generatione et generatione
2 priusquam montes fierent et formaretur terra et orbis Prv 8,25.26
a saeculo usque in saeculum tu es
Deus 92,2; 101,28! Hab 1,12
3 ne avertas hominem in humilitatem
et dixisti convertimini filii hominum
4 quoniam mille anni ante oculos tuos II Ptr 3,8
tamquam dies hesterna quae praeteriit
et custodia in nocte
5 quae pro nihilo habentur eorum anni 102,15!
erunt
6 mane sicut herba transeat mane floreat et transeat
vespere decidat induret et arescat
7 quia defecimus in ira tua
et in furore tuo turbati sumus
8 posuisti iniquitates nostras in conspectu tuo Os 7,2
saeculum nostrum in inluminatione
vultus tui
9 quoniam omnes dies nostri defecerunt 101,4!
in ira tua defecimus
anni nostri sicut aranea meditabantur
10 dies annorum nostrorum in ipsis Sir 18,8
septuaginta anni
si autem in potentatibus octoginta
anni
et amplius eorum labor et dolor
quoniam supervenit mansuetudo et
corripiemur
11 quis novit potestatem irae tuae
et prae timore tuo iram tuam 12 dinumerare
dexteram tuam sic notam fac
et conpeditos corde in sapientia
13 convertere Domine usquequo 6,4
et deprecabilis esto super servos tuos Dt 32,36!

RFHI WSKΦ cr

40 in terram RIr. 𝔊] in terra *cet.* | 41 firmamenta Rr𝔊] firmamentum *cet.* | 44 es] est F | 45 ab emundatione et HIWSKc | in terram Fcr. 𝔊] in terra *cet.* | 46 temporum HI. | diapsalma *om.* WKc | 47 auertes RΦ. | 49 diapsalma *om.* WSc || **89**,1 tu *om.* Rc | in generationem F.; a generatione c | et generationem F; in generationem c | 2 et[1]] aut Rc | saeculo + et HIWSKΦc | 3 conuertemini FH. | 7 deficimus RF | 9 defecerunt + et RWSKΦc | meditabuntur FWSKΦc | 12 conpeditos] eruditos WΦc |

profanasti in terra diadema eius
41 dissipasti omnes macerias eius
posuisti munitiones eius pavorem
42 diripuerunt eum omnes qui transeunt per viam
factus est obprobrium vicinis suis
43 elevasti dexteram hostium eius
laetificasti omnes inimicos illius
44 avertisti robur gladii eius et non sublevasti eum in proelio
45 quiescere fecisti munditiam eius
et thronum illius in terram detraxisti
46 adbreviasti dies adulescentiae eius
operuisti eum ignominia sempiterna
47 usquequo Domine absconderis in finem
succendetur quasi ignis indignatio tua
48 memento mei de profundo
alioquin quare frustra creasti filios hominum
49 quis est vir qui vivat et non videat mortem
salvans animam suam de manu inferi

SEMPER

50 ubi sunt misericordiae tuae antiquae Domine
quas iurasti David in veritate tua
51 recordare Domine obprobrii servorum tuorum
quia portavi in sinu meo omnes iniquitates populorum
52 quas exprobraverunt inimici tui Domine
quibus exprobraverunt vestigia christi tui
53 benedictus Dominus in sempiternum
amen et amen

89 ORATIO MOSI VIRI DEI
Domine habitaculum tu factus es nobis
in generatione et generatione
2 antequam montes nascerentur et parturiretur terra et orbis
a saeculo et usque in saeculum tu es
3 convertes hominem usque ad contritionem
et dices revertimini filii Adam
4 quia mille anni in oculis tuis
sicut dies hesterna quae pertransiit
et vigilia nocturna
5 percutiente te eos somnium erunt
6 mane quasi herba pertransiens
mane floruit et abiit
ad vesperam conteretur atque siccabitur
7 consumpti enim sumus in furore tuo
et in indignatione tua conturbati sumus
8 posuisti iniquitates nostras coram te
neglegentias nostras in luce vultus tui
9 omnes enim dies nostri transierunt in furore tuo
consumpsimus annos nostros quasi sermonem loquens
10 dies annorum nostrorum in ipsis septuaginta anni
si autem multum octoginta anni
et quod amplius est labor et dolor
quoniam transivimus cito et avolavimus
11 quis novit fortitudinem irae tuae
et secundum timorem tuum indignationem tuam
12 ut numerentur dies nostri sic ostende
et veniemus corde sapienti
13 revertere Domine usquequo et exorabilis esto super servis tuis

40 in terram RL | 44 in proelium IAK. | 45 in terra RIAKSL𝔥 | detraxisti] destruxisti CΣ | 47 succenditur IAKΘ | 49 inferni CΘ | semper] diapsalma RF; *om.* I | 50 quasi iurasti IA. | 53 amen et amen F𝔰𝔐] amen amen *cet.* || **89** (𝔐 **90**), 2 a saeculo usque in saeculum C.; ab aeterno et usque in sempiternum ΣL𝔥 | tu es RΣΘ𝔰] tu es deus *cet.* | 3 conuertis L; conuertens CIΣAKΘ𝔥 | dicis CL𝔰; dicens Θ | 4 hesterna] externa CΘ | pertransit FCIA. | 6 ad uesperum IAKL. | 7 in[2] *om.* RF. | 10 anni[1]] annis RCKΘS | transibimus C | auolabimus C; uolauimus Θ | 12 ut] et IAK | 13 et *om.* R |

RFCI ΣAKΘSL 𝔥𝔰

45,6; 142,8 14 repleti sumus mane misericordia tua
et exultavimus et delectati sumus in
omnibus diebus nostris
15 laetati sumus pro diebus quibus nos
humiliasti
annis quibus vidimus mala
16 et respice in servos tuos et in opera
tua
et dirige filios eorum
17 et sit splendor Domini Dei nostri
super nos
et opera manuum nostrarum dirige
super nos
※et opus manuum nostrarum dirige:

90 LAUS CANTICI DAVID

Qui habitat in adiutorio Altissimi
in protectione Dei caeli commorabitur
58,17! 2 dicet Domino susceptor meus es tu
et refugium meum Deus meus sperabo in eum
123,7! Sir 51,3! 3 quoniam ipse liberabit me de laqueo
venantium
Prv 2,12 et a verbo aspero
4 in scapulis suis obumbrabit te
et sub pinnis eius sperabis
5 scuto circumdabit te veritas eius
non timebis a timore nocturno
6 a sagitta volante in die
a negotio perambulante in tenebris
ab incursu et daemonio meridiano
7 cadent a latere tuo mille
et decem milia a dextris tuis
31,6 ad te autem non adpropinquabit
8 verumtamen oculis tuis considerabis
36,34! et retributionem peccatorum videbis
9 quoniam tu Domine spes mea
Altissimum posuisti refugium tuum
Sir 33,1! Is 54,14 10 non accedent ad te mala
et flagellum non adpropinquabit tabernaculo tuo
11 quoniam angelis suis mandabit de te 11.12: Mt 4,6;
ut custodiant te in omnibus viis tuis Lc 4,10.11
12 in manibus portabunt te
ne forte offendas ad lapidem pedem
tuum
13 super aspidem et basiliscum ambu- Lc 10,19
labis
÷et: conculcabis leonem et draconem
14 quoniam in me speravit et liberabo 9,11
eum
protegam eum quia cognovit nomen
meum
15 clamabit ad me et exaudiam eum 49,15; Is 30,19!
cum ipso sum in tribulatione
eripiam eum et clarificabo eum
16 longitudine dierum replebo eum 20,5!
et ostendam illi salutare meum 49,23

91 PSALMUS CANTICI IN DIE SABBATI

2 Bonum est confiteri Domino 146,1
et psallere nomini tuo Altissime 7,18! 53,8!
3 ad adnuntiandum mane misericor- 58,17
diam tuam
et veritatem tuam per noctem
4 in decacordo psalterio cum cantico 32,2! 80,3!
in cithara
5 quia delectasti me Domine in fac- II Par 7,10! Is 65,18
tura tua
et in operibus manuum tuarum exultabo
6 quam magnificata sunt opera tua 103,24
Domine
nimis profundae factae sunt cogita- 39,6; Is 55,9
tiones tuae
7 vir insipiens non cognoscet
et stultus non intelleget haec
8 cum exorti fuerint peccatores sicut I Mcc 9,23!
faenum
et apparuerint omnes qui operantur
iniquitatem
ut intereant in saeculum ÷saeculi:

RFHI WSKΦ cr 14 et[1] *om.* RISK | in *om.* c. | 16 et[1] *om.* WSKΦ c | 17 ※ *om.* R, *sed testatur Aug. in loc.* || **90**,1 laudes I.; psalmus W. | cantici + ipsi RKΦ | 2 dicit R | 3 liberabit W r 𝔊] liberauit *cet.* | 4 in *om.* c | obumbrauit RFH | te] tibi WSKΦ c | 6 in diem F.; per diem R | 7 adpropinquauit FHI | 9 tu HI r 𝔊] tu es *cet.* | 10 accedet ad te malum WSK c | adpropinquauit H | 11 mandabit W r 𝔊] mandauit *cet.* | 14 sperabit FS | et *om.* c | quia RF r .] quoniam *cet.* | 15 clamauit RHIWSΦ | et[1] + ego c | clarificabo] glorificabo WSKΦ c | 16 longitudinem FWΦ. || **91**,1 psalmus—sabbati] laus cantici dauid H. | cantici] dauid W. | 3 ad adnuntiandam I | 7 intellegit FS |

14 imple nos matutina misericordia tua
et laudabimus et laetabimur in cunctis diebus nostris
15 laetifica nos pro diebus quibus adflixisti nos
et annis in quibus vidimus mala
16 appareat apud servos tuos opus tuum
et gloria tua super filios eorum
17 et sit decor Domini Dei nostri super nos
et opus manuum nostrarum fac stabile super nos
opus manuum nostrarum confirma

90 Qui habitat in abscondito Excelsi
in umbraculo Domini commorabitur
2 dicens Domino spes mea et fortitudo mea
Deus meus confidam in eum
3 quia ipse liberabit te de laqueo venantium de morte insidiarum
4 in scapulis suis obumbrabit tibi
et sub alis eius sperabis
5 scutum et protectio veritas eius
non timebis a timore nocturno
6 a sagitta volante per diem
a peste in tenebris ambulante
a morsu insanientis meridie
7 cadent a latere tuo mille et decem milia a dextris tuis
ad te autem non adpropinquabit
8 verumtamen oculis tuis videbis
et ultionem impiorum cernes
9 tu enim es Domine spes mea
Excelsum posuisti habitaculum tuum
10 non accedet ad te malum
et lepra non adpropinquabit tabernaculo tuo
11 quia angelis suis mandabit de te ut custodiant te in omnibus viis tuis
12 in manibus portabunt te ne forte offendat ad lapidem pes tuus
13 super aspidem et basiliscum calcabis
conculcabis leonem et draconem
14 quoniam mihi adhesit et liberabo eum
exaltabo eum quoniam cognovit nomen meum
15 invocabit me et exaudiam eum
cum ipso ero in tribulatione eruam eum et glorificabo
16 longitudine dierum implebo illum
et ostendam ei salutare meum

91 PSALMUS CANTICI IN DIE SABBATI
2 Bonum est confiteri Domino
et psallere nomini tuo Altissime
3 ad adnuntiandam mane misericordiam tuam et fidem tuam in nocte
4 in decacordo et in psalterio in cantico in cithara
5 quoniam laetificasti me Domine in opere tuo
in facturis manuum tuarum laudabo
6 quam magnificata sunt opera tua Domine
satis profundae factae sunt cogitationes tuae
7 vir insipiens non cognoscet
et stultus non intelleget istud
8 germinaverunt impii quasi faenum
et floruerunt omnes qui operantur iniquitatem
ut contererentur usque in sempiternum

14 tua *om.* C | in *om.* FΣL | 17 et[2]—super nos[2] *om.* IAK. | nos[2] + et AKΘS𝔥 || **90**(𝔐 **91**),2 et *om.* CΣ | in eo IAKΘS𝔥 | 3 liberauit FSL | 4 obumbrauit RFL | 7 adpropinquauit RFIA | 11 mandauit FCAKS | 13 calcabis] ambulabis RΘ | 15 inuocauit RCΣΘS | 16 longitudinem FL | illum] eum AKΘS𝔥 | ei] illi CΣAΘS || **91**(𝔐 **92**),2 nomine RF. | 3 ad adnuntiandum RIΣAKΘSL𝔥 | 4 in[4]] et CΘ; et in KS. | 5 laetificas IΣ | 7 cognoscit CΘ | intellegit RFΘSL | 8 conterentur FIA; conterantur ΣKΘ |

RFCI ΣAKΘSL 𝔥s

9 tu autem Altissimus in aeternum Domine
10 ※quoniam ecce inimici tui Domine:
Idc 5,31! quoniam ecce inimici tui peribunt
et dispergentur omnes qui operantur iniquitatem
74,11! 11 et exaltabitur sicut unicornis cornu meum
et senectus mea in misericordia uberi
53,9! 12 et despexit oculus meus inimicis meis
et insurgentibus in me malignantibus audiet auris mea
Prv 11,28! 13 iustus ut palma florebit
ut cedrus Libani multiplicabitur
14 plantati in domo Domini
in atriis Dei nostri florebunt
15 adhuc multiplicabuntur in senecta uberi
et bene patientes erunt 16 ut adnuntient
Dt 32,4! quoniam rectus Dominus Deus noster
Rm 9,14! et non est iniquitas in eo

92 LAUS CANTICI DAVID IN DIE ANTE SABBATUM QUANDO INHABITATA EST TERRA

95,10; 103,1 Dominus regnavit decore indutus est
Prv 31,25 indutus est Dominus fortitudine et praecinxit se
74,4; I Sm 2,8! etenim firmavit orbem terrae qui non commovebitur
44,7! 89,2! 2 parata sedis tua ex tunc a saeculo tu es
3 elevaverunt flumina Domine
elevaverunt flumina vocem suam
※elevabunt flumina fluctus suos:
4 a vocibus aquarum multarum
mirabiles elationes maris
mirabilis in altis Dominus
5 testimonia tua credibilia facta sunt nimis
domum tuam decet sanctitudo Domine
in longitudine dierum

93 PSALMUS DAVID QUARTA SABBATI

Deus ultionum Dominus Dt 32,35! Ier 50,15; 51,56; I Th 4,6
Deus ultionum libere egit
2 exaltare qui iudicas terram
redde retributionem superbis 30,24!
3 usquequo peccatores Domine
usquequo peccatores gloriabuntur Is 23,12
4 effabuntur et loquentur iniquitatem
loquentur omnes qui operantur iniustitiam
5 populum tuum Domine humiliaverunt Is 3,15
et hereditatem tuam vexaverunt
6 viduam et advenam interfecerunt
et pupillos occiderunt
7 et dixerunt non videbit Dominus 9,34! Is 47,10
nec intelleget Deus Iacob
8 intellegite qui insipientes estis in populo
et stulti aliquando sapite
9 qui plantavit aurem non audiet Prv 20,12
aut qui finxit oculum non considerat
10 qui corripit gentes non arguet
qui docet hominem scientiam
11 Dominus scit cogitationes hominum 138,3; Mt 9,4! I Cor 3,20; IV Esr 16,55!
quoniam vanae sunt
12 beatus homo quem tu erudieris Domine Iob 5,17
et de lege tua docueris eum
13 ut mitiges ei a diebus malis
donec fodiatur peccatori fovea
14 quia non repellet Dominus plebem suam I Sm 12,22; Lam 3,31; Rm 11,2
et hereditatem suam non derelinquet
15 quoadusque iustitia convertatur in iudicium
et qui iuxta illam omnes qui recto sunt corde

RFHI WSKΦ cr 12 inimicos meos HIWSKΦc | et² + in HISKΦc | mea] tua HI. | 13 ut²] sicut c | 14 atriis + domus Ic || **92**,1 cantici + ipsi Ic. | in die] die H.; *om.* W. | habitata R; fundata Ic | terra + eius H. | decorem RHIc | fortitudinem IΦc | 3 eleuabunt RF Ir., *cf.* 𝔊 (*codd.*)] eleuauerunt *cet.* | 4 eleuationes HI | mirabiles² FHW | 5 in longitudinem FWKΦc || **93**,1 psalmus + ipsi IWc | 4 iniustitiam] iniquitatem FK. | 7 intellegit R | 8 qui insipientes estis RFHIr] insipientes *cet.* | 12 erudies HI. | 15 iuxta illa F.; iuxta illa sunt HI. |

[9]tu autem Excelsus in aeternum Domine
[10]ecce enim inimici tui Domine ecce
inimici tui peribunt
et dissipabuntur omnes qui operantur iniquitatem
[11]et exaltabitur quasi monocerotis
cornu meum
et senecta mea in oleo uberi
[12]et dispiciet oculus meus eos qui insidiantur mihi
de his qui consurgunt adversum me
malignantibus audit auris mea
[13]iustus ut palma florebit
ut cedrus in Libano multiplicabitur
[14]transplantati in domo Domini in
atriis Dei nostri germinabunt
Ps 1,3! [15]adhuc fructificabunt in senectute
pingues et frondentes erunt
[16]adnuntiantes quia rectus Dominus
fortitudo mea et non est iniquitas in
eo
92 Dominus regnavit gloria indutus est
indutus est Dominus fortitudine et
accinctus est
insuper adpendit orbem qui non
commovebitur
[2]firmum solium tuum ex tunc ab aeterno tu es
[3]levaverunt flumina Domine
levaverunt flumina voces suas
levaverunt flumina gurgites suos
[4]a vocibus aquarum multarum
grandes fluctus maris grandis in excelso Dominus
[5]testimonia tua fidelia facta sunt nimis
domum tuam decet sanctitas Domine in longitudine dierum
93 Deus ultionum Domine Deus ultionum ostendere
[2]elevare qui iudicas terram redde
vicissitudinem superbis
[3]usquequo impii Domine usquequo
impii exultabunt
[4]fluent loquentes antiquum
garrient omnes qui operantur iniquitatem
[5]populum tuum Domine conterent et
hereditatem tuam adfligent
[6]viduam et advenam interficient et
pupillos occident
[7]et dixerunt non videbit Dominus et
non intelleget Deus Iacob
[8]intellegite stulti in populo et insipientes aliquando discite
[9]qui plantavit aurem non audiet
aut qui finxit oculum non videbit
[10]qui erudit gentes non arguet qui docet hominem scientiam
[11]Dominus novit cogitationes hominum quia vanae sunt
[12]beatus vir quem erudieris Domine et
de lege tua docueris eum
[13]ut quiescat a diebus adflictionis donec fodiatur impio interitus
[14]non enim derelinquet Dominus populum suum
et hereditatem suam non deseret
[15]quoniam ad iustitiam revertetur iudicium
et sequentur illud omnes recti corde

10 enim *om.* RIΣAKΘSђ | 11 senectus RCΣ | 12 eos *om.* C | audiuit Σ; audiet RΘ | 13 ut[1] *om.* IA. | in *om.* RAK | 14 atriis + domus IAK. | 15 fructificabuntur FIAKL | pingui F; pingue L || **92** (𝔐 **93**), 1 dominus[1]] deus F | fortitudinem RC | 4 grandis[1] IAKL | 5 in longitudinem F || **93** (𝔐 **94**), 1 domine] dominus CA | 3 exaltabunt R; exaltabuntur FΣL | 7 intellegit RKL | 10 scientia CI. | 12 quem + tu IAK | 14 deserit IAKS. | 15 corde + semper CΣ |

RFCI ΣAKΘSL ђs

DIAPSALMA
16 quis consurget mihi adversus malig-
nantes
aut quis stabit mecum adversus operantes iniquitatem
123,1 17 nisi quia Dominus adiuvit me
87,4! paulo minus habitavit in inferno anima mea
37,17 18 si dicebam motus est pes meus
misericordia tua Domine adiuvabat
me
II Cor 1,5 19 secundum multitudinem dolorum
meorum in corde meo
consolationes tuae laetificaverunt
animam meam
20 numquid aderit tibi sedis iniquitatis
qui fingis dolorem in praecepto
58,4 21 captabunt in animam iusti
et sanguinem innocentem condemnabunt
58,17! 22 et factus est Dominus mihi in refugium
et Deus meus in adiutorem spei meae
53,7! 23 et reddet illis iniquitatem ipsorum
et in malitia eorum disperdet eos
disperdet illos Dominus Deus noster

94 LAUS CANTICI DAVID
Venite exultemus Domino
58,18! iubilemus Deo salutari nostro
2 praeoccupemus faciem eius in confessione
99,4! I Par 16,9! et in psalmis iubilemus ei
95,4; 96,9; 134,5! II Par 2,5! 3 quoniam Deus magnus Dominus
et rex magnus super omnes deos
88,12! 4 quia in manu eius fines terrae
et altitudines montium ipsius sunt
5 quoniam ipsius est mare et ipse fecit
illud
Is 48,13 et siccam manus eius formaverunt
6 venite adoremus et procidamus
et ploremus ante Dominum qui fecit
nos
7 quia ipse est Deus noster 99,3; Is 25,9
et nos populus pascuae eius 78,13; Ez 34,31
et oves manus eius
8 hodie si vocem eius audieritis Hbr 3,15; 4,7
nolite obdurare corda vestra 8—11: Hbr 3,7–11
9 sicut in inritatione
secundum diem temptationis in de- 77,18; 105,14; Dt 6,16; Ex 17,7!
serto
ubi temptaverunt me patres vestri
probaverunt ※me : et viderunt opera
mea
10 quadraginta annis offensus fui gene- Nm 14,34
rationi illi
et dixi semper errant corde
11 et isti non cognoverunt vias meas IV Esr 7,23
ut iuravi in ira mea Hbr 4,3
si intrabunt in requiem meam Hbr 4,5

95 QUANDO DOMUS AEDIFICABATUR
POST CAPTIVITATEM CANTICUM 1—13: I Par 16,23–33
HUIC DAVID
Cantate Domino canticum novum 97,1! Idt 16,2! Is 42,10!
cantate Domino omnis terra 65,1!
2 cantate Domino benedicite nomini I Par 16,35!
eius
adnuntiate diem de die salutare eius
3 adnuntiate inter gentes gloriam eius 104,1
in omnibus populis mirabilia eius
4 quoniam magnus Dominus et lau- 47,2! 94,3; 96,9; II Par 2,5!
dabilis valde
terribilis est super omnes deos
5 quoniam omnes dii gentium dae- I Cor 10,20
monia
at vero Dominus caelos fecit
6 confessio et pulchritudo in conspectu
eius
sanctimonia et magnificentia in
sanctificatione eius
7 adferte Domino patriae gentium 21,28!

RFHI WSKΦ(k) cr 15 diapsalma *om.* FWS𝔠 | 17 habitabit I.; habitasset 𝔠 | 19 [*adest* k *passim usque ad* 103,30] | 20 aderit RF𝔯., *cf.* 𝔊] adherit k; adheret *cet.* | dolorem] laborem WSKk𝔠 | 22 ~ mihi dominus k𝔠 | adiutorem RHI𝔯. 𝔊] adiutorium *cet.* | 23 iniquitates R ‖ **94**,1 *tit. om.* k | cantici + ipsi I𝔠 | 3 deos + quoniam non repellet dominus plebem suam H | 4 eius + sunt omnes 𝔠 | 5 sicca IWKΦk | firmauerunt HI. | 6 procedamus RHIk. | 7 est + dominus K𝔠 | 10 semper + hi 𝔠 | 11 introibunt 𝔠 ‖ **95**,1 *tit. om.* k | quando—captiuitatem] *post* dauid *transpon.* WSKΦ𝔠; *om.* H (*vid.*). | huic] ipsi 𝔠.; *om.* W | 2 domino + et WS𝔠 | nomen HIΦ | diem de die RFHI𝔯. 𝔊] de die in diem *cet.* | 4 ualde R𝔯] nimis ualde F.; nimis *cet.* | 5 at uero dominus RHI𝔯] uero dominus autem F.; dominus autem *cet.* |

16 quis stabit pro me adversum malos
quis stabit pro me adversum operarios iniquitatis
17 nisi quia Dominus auxiliator meus
paulo minus habitasset in inferno anima mea
18 si dicebam commotus est pes meus
misericordia tua Domine sustentabat me
19 in multitudine cogitationum mearum
quae sunt in me intrinsecus
consolationes tuae delectabunt animam meam
20 numquid particeps erit tui thronus insidiarum fingens laborem in praecepto
21 copulabuntur adversus animam iusti
et sanguinem innocentem condemnabunt
22 erit autem Dominus mihi in refugium
et Deus meus quasi petra spei meae
23 et restitues super eos iniquitatem suam
et in malitia sua perdes eos
perdet eos Dominus Deus noster

94 Venite laudemus Dominum iubilemus petrae Iesu nostro
2 praeoccupemus vultum eius in actione gratiarum
in canticis iubilemus ei
3 quoniam fortis et magnus Dominus
et rex magnus super omnes deos
4 in cuius manu fundamenta terrae
et excelsa montium ipsius sunt
5 cuius est mare ipse enim fecit illud
et siccam manus eius plasmaverunt
6 venite adoremus et curvemur
flectamus genua ante faciem Domini factoris nostri
7 quia ipse est Deus noster et nos populus pascuae eius et grex manus eius
8 hodie si vocem eius audieritis
nolite indurare corda vestra
9 sicut in contradictione
sicut in die temptationis in deserto
ubi temptaverunt me patres vestri
probaverunt me et viderunt opus meum
10 quadraginta annis displicuit mihi generatio illa
et dixi populus errans corde est
11 et non cognoscens vias meas
et iuravi in furore meo ut non introirent in requiem meam

95 Canite Domino canticum novum
canite Domino omnis terra
2 canite Domino benedicite nomini eius
adnuntiate de die in diem salutare eius
3 narrate in gentibus gloriam eius
in universis populis mirabilia eius
4 quia magnus Dominus et laudabilis nimis terribilis est super omnes deos
5 omnes enim dii populorum sculptilia
Dominus autem caelos fecit
6 gloria et decor ante vultum eius
fortitudo et exultatio in sanctuario eius
7 adferte Domino familiae populorum

18 motus est RIAK | 19 consulationes IA.; consultationes F. | 20 tui] tibi RC | 22 ~ mihi dominus RΣ | 23 restituet CΣ𝔥 | perdes] perdet RΣΘ𝔥; disperdet C | perdet eos] perdes eos S.; *om.* RC || **94** (𝔐 **95**), 2 ~ gratiarum actione FL; agnitione gratiarum IAK. | 5 sicca RIΣAKΘ | 6 curbemus R; curemur A. | 7 manus] magnus FC. | 8 obdurare IΣΘ | 9 in contradictionem F | me[2] *om.* IAK || **95** (𝔐 **96**), 1 canite[1]] cantate FΣAKΘSL𝔥 | 2 domino + et R | in diem] in die F | 5 scalptilia C |

RFCI ΣAKΘSL 𝔥s

7.8: 28,2; I Par 16,28.29! adferte Domino gloriam et honorem
8 adferte Domino gloriam nomini eius
tollite hostias et introite in atria eius
28,2 9 adorate Dominum in atrio sancto
eius
commoveatur a facie eius universa
terra
92,1! 10 dicite in gentibus quia Dominus regnavit
9,9! 97,9! etenim correxit orbem qui non movebitur
iudicabit populos in aequitate
Is 44,23; 49,13 11 laetentur caeli et exultet terra
97,7 commoveatur mare et plenitudo eius
12 gaudebunt campi et omnia quae in
eis sunt
Is 44,23! tunc exultabunt omnia ligna silvarum
97,9 13 a facie Domini quia venit
9,9! Sap 9,3 quoniam venit iudicare terram
iudicabit orbem terrae in aequitate
et populos in veritate sua

96 HUIC DAVID QUANDO TERRA EIUS RESTITUTA EST

Dominus regnavit exultet terra
laetentur insulae multae
17,12; Dt 4,11! II Sm 22,12 2 nubes et caligo in circuitu eius
88,15! Prv 16,12! iustitia et iudicium correctio sedis
eius
49,3! 3 ignis ante ipsum praecedet
et inflammabit in circuitu inimicos
eius
76,19! 4 adluxerunt fulgora eius orbi terrae
vidit et commota est terra
Idc 5,5! Idt 16,18 5 montes sicut cera fluxerunt ※a facie
Domini:
Sir 43,17! Mi 1,4! a facie Domini omnis terrae
49,6! 6 adnuntiaverunt caeli iustitiam eius
Is 40,5! et viderunt omnes populi gloriam
eius
7 confundantur omnes qui adorant Is 1,29! Bar 6,25.38
sculptilia
qui gloriantur in simulacris suis Ps 151,6
adorate eum omnes angeli eius 102,20! Hbr 1,6 Dt 32,43 Lxx
8 audivit et laetata est Sion 47,12
et exultaverunt filiae Iudaeae
propter iudicia tua Domine
9 quoniam tu Dominus Altissimus su- 82,19; Or Man
per omnem terram
nimis superexaltatus es super omnes 94,3; 95,4; II Par 2,5!
deos
10 qui diligitis Dominum odite malum Prv 8,13; Am 5,15!
custodit animas sanctorum suorum 144,20! Prv 2,8
de manu peccatoris liberabit eos 58,3!
11 lux orta est iusto 111,4!
et rectis corde laetitia
12 laetamini iusti in Domino 31,11!
et confitemini memoriae sanctifica- 29,5
tionis eius

97 PSALMUS DAVID

Cantate Domino canticum novum 95,1! 143,9; 149,1; Idt 16,2! Apc 5,9!
quoniam mirabilia fecit Est 10,9! Is 12,5
salvavit sibi dextera eius Is 59,16; 63,5
et brachium sanctum eius
2 notum fecit Dominus salutare suum 66,3; Is 49,6
in conspectu gentium revelavit iustitiam suam
3 recordatus est misericordiae suae Est 10,12! Lc 1,54!
et veritatem suam domui Israhel
viderunt omnes termini terrae salu- 66,3; Is 52,10! Lc 2,30!
tare Dei nostri
4 iubilate Domino omnis terra 65,1.2! 99,2; I Par 16,23!
cantate et exultate et psallite 107,2
5 psallite Domino in cithara 42,4! 70,22; 150,3
in cithara et voce psalmi 32,3! Sir 39,20!
6 in tubis ductilibus et voce tubae cor-
neae
iubilate in conspectu regis Domini 46,7! 99,2
7 moveatur mare et plenitudo eius 95,11
orbis terrarum et qui habitant in eo 23,1
8 flumina plaudent manu simul

RFHI WSKΦk cr 10 regnabit HI | orbem + terrae HIkc | non commouebitur HIWSKΦkc || **96**,1 *tit. om.* k | huic] ipsi I; psalmus HW | quando] cum I | restaurata FI. | regnabit HI. | 3 praecedit R.; procedet H.; pr*cedit F. | inflammauit Fk | 4 illuxerunt c | 5 *tot. v. om.* k. | terra SKΦc | 7 sculptilia + et c | 8 iudae RIWSKΦkc | 9 superexaltatus RF Ir. 𝔊] exaltatus *cet.* | 10 custodit + dominus IWSKΦc | peccatorum FWSKΦ | liberauit FSΦ || **97**,1 psalmus + ipsi IWc | quoniam RHIr.] quia *cet.* | saluabit RHIWSΦ. | dexteram RF | 2 reuelabit FWΦ. | 3 ueritatem suam RHr] ueritati suae Φ.; ueritatis suae *cet.* | domus R | 4 domino] deo Ic | 6 domino HISK ||

adferte Domino gloriam et fortitudinem
8 adferte Domino gloriam nomini eius
levate munera et introite in atria
eius
9 adorate Dominum in decore sanctuarii
paveat a facie eius omnis terra
10 dicite in gentibus Dominus regnavit
siquidem adpendit orbem inmobi-
lem
iudicabit populos in aequitate
11 laetamini caeli et exultet terra
tonet mare et plenitudo eius
12 gaudeat ager et omnia quae in eo
sunt
tunc laudabunt universa ligna saltus
13 ante faciem Domini quoniam venit
quoniam venit iudicare terram
iudicabit orbem in iusto et populos
in fide sua

96 Dominus regnavit exultabit terra
laetabuntur insulae multae
2 nubes et caligo in circuitu eius
iustitia et iudicium firmamentum solii eius
3 ignis ante faciem eius ibit
et exuret per circuitum hostes eius
4 apparuerunt fulgora eius orbi
vidit et contremuit terra
5 montes sicut cera tabefacti sunt a
facie Domini
a facie dominatoris omnis terrae
6 adnuntiaverunt caeli iustitiam eius
et viderunt omnes populi gloriam
eius
7 confundantur universi qui serviunt
sculptili
qui gloriantur in idolis
adorate eum omnes dii
8 audivit et laetata est Sion
et exultaverunt filiae Iudae propter
iudicia tua Domine
9 tu enim Dominus Excelsus super
omnem terram
vehementer elevatus es super universos deos
10 qui diligitis Dominum odite malum
custodit animas sanctorum suorum
de manu impiorum eruet eos
11 lux orta est iusto et rectis corde laetitia
12 laetamini iusti in Domino
et confitemini memoriae sanctae
eius

97 CANTICUM
Cantate Domino canticum novum
quia mirabilia fecit
salvavit sibi dextera eius et brachium sanctum eius
2 notum fecit Dominus salutare suum
in conspectu gentium revelavit iustitiam suam
3 recordatus est misericordiae suae et
veritatis suae domui Iacob
viderunt omnes fines terrae salutare
Dei nostri
4 iubilate Domino omnis terra
vociferamini et laudate et canite
5 cantate Domino in cithara in cithara et voce carminis
6 in tubis et clangore bucinae iubilate
coram rege Domino
7 tonet mare et plenitudo eius orbis et
habitatores eius
8 flumina plaudent manu

10 regnabit I | 13 iudicauit² RK; iudicare S. | orbem + terrae IΣAKS𝔥 || **96** (𝔐 **97**), 1 regnabit IΣKS | exultauit R; exultet IAKL | 7 scalptili CΣ; sculptilia IAKL | idolis + suis FΣ | 8 iudeae FK. | 9 uniuersos] omnes IAKΘ | 10 malum] malignum C || **97** (𝔐 **98**), 1 saluabit RFIΘL | dexteram RΣ. | 2 reuelabit IAS | 3 ueritati suae CΘL | 5 cantate] canite FΣAK𝔥 | in cithara² *om.* IAK. ||

RFCI ΣAKΘSL 𝔥𝔰

Is 44,23! 95,13! montes exultabunt 9 a conspectu Domini
9,9! 95,10 quoniam venit iudicare terram
iudicabit orbem terrarum in iustitia
66,5 et populos in aequitate

98 PSALMUS DAVID

Dominus regnavit irascantur populi
79,2; I Sm 4,4! Dn 3,55 qui sedet super cherubin moveatur
terra
47,2; Is 24,23; Mi 4,7 2 Dominus in Sion magnus
112,4 et excelsus est super omnes populos
3 confiteantur nomini tuo magno
110,9! Or Man 3 quoniam terribile et sanctum est
4 et honor regis iudicium diligit
tu parasti directiones
iudicium et iustitiam in Iacob tu fecisti
5 exaltate Dominum Deum nostrum
et adorate scabillum pedum eius
quoniam sanctum est
Ier 15,1 6 Moses et Aaron in sacerdotibus eius
et Samuhel inter eos qui invocant
nomen eius
invocabant Dominum et ipse exau-
diebat illos
Ex 33,9! 7 in columna nubis loquebatur ad eos
Lv 25,18! custodiebant testimonia eius
et praeceptum quod dedit illis
8 Domine Deus noster tu exaudiebas
illos
Lv 23,28! Deus tu propitius fuisti eis
et ulciscens in omnes adinventiones
eorum
9 exaltate Dominum Deum nostrum
et adorate in monte sancto eius
quoniam sanctus Dominus Deus
noster

99 PSALMUS IN CONFESSIONE

97,4! I Par 16,23! 2 Iubilate Domino omnis terra
servite Domino in laetitia
97,6! introite in conspectu eius in exultatione
3 scitote quoniam Dominus ipse est 94,7! Ex 8,22! Ez 34,31
Deus
ipse fecit nos et non ipsi nos
populus eius et oves pascuae eius
4 introite portas eius in confessione
atria eius in hymnis 94,2; I Par 16,9! I Esr 3,11!
confitemini illi
laudate nomen eius 5 quoniam suavis Dominus
in aeternum misericordia eius
et usque in generationem et genera- 116,2
tionem veritas eius

100 DAVID PSALMUS

Misericordiam et iudicium cantabo
tibi Domine
psallam 2 et intellegam in via inmaculata
quando venies ad me
perambulabam in innocentia cordis
mei
in medio domus meae
3 non proponebam ante oculos meos 39,5
rem iniustam
facientes praevaricationes odivi
non adhesit mihi 4 cor pravum
declinante a me maligno non co-
gnoscebam
5 detrahentem secreto proximo suo
hunc persequebar
superbo oculo et insatiabili corde
cum hoc non edebam
6 oculi mei ad fideles terrae ut sederent mecum
ambulans in via inmaculata hic mi- Prv 2,20
hi ministrabat
7 non habitabat in medio domus meae
qui facit superbiam
qui loquitur iniqua non direxit in
conspectu oculorum meorum
8 in matutino interficiebam omnes
peccatores terrae
ut disperderem de civitate Domini

RFHI WSKΦk cr **98**,1 psalmus] ipsi W.; + ipsi c. | sedes RHIWSK | 2 est *om.* IWSKΦc | 6 illos FΦr] eos *cet.* | 8 illos RΦr] illis F.; eos *cet.* || **99**,1 in confessionem I.; dauid HW. | 2 domino[1]] deo HIc | 5 suauis + est c || **100**,1 dauid psalmus FSΦr.𝔊] psalmus dauid RHWK; psalmus ipsi dauid Ic; *om.* k | 2 in innocentiam HI; innocentia F. | 4 declinantem a me maligno K.; declinantem a me malignum HIWc | 6 sedeant WSKΦc; seant k. | 7 habitabat Fr𝔊] habitat RHI.; habitabit *cet.* ||

simul montes laudabunt
9 ante Dominum quia venit iudicare terram
iudicabit orbem in iustitia et populos in aequitatibus
98 Dominus regnavit commoveantur populi
sessor cherubin concutiatur terra
2 Dominus in Sion magnus et excelsus est super omnes populos
3 confiteantur nomini tuo magno et terribili sanctoque
4 imperium regis iudicium diligit
tu fundasti aequitates
iudicium et iustitiam in Iacob tu fecisti
5 exaltate Dominum Deum nostrum
et adorate scabillum pedum eius quia sanctus est
6 Moses et Aaron in sacerdotibus eius
et Samuhel in his qui invocant nomen eius
invocabant Dominum et ipse exaudivit eos
7 in columna nubis loquebatur ad eos
custodierunt testimonia eius et praeceptum dedit eis
8 Domine Deus noster tu exaudisti eos
Domine propitius fuisti eis
et ultor super commutationibus eorum
9 exaltate Dominum Deum nostrum
et adorate in monte sancto eius quia sanctus Dominus Deus noster
99 CANTICUM IN GRATIARUM ACTIONE
2 Iubilate Domino omnis terra servite Domino in laetitia
ingredimini coram eo in laude
3 scitote quoniam Dominus ipse est Deus
ipse fecit nos et ipsius sumus populus eius et grex pascuae eius
4 ingredimini portas eius in gratiarum actione
atria eius in laude
confitemini ei benedicite nomini eius
5 quia bonus Dominus
in sempiternum misericordia eius
et usque ad generationem et generationem fides eius
100 DAVID CANTICUM
Misericordiam et iudicium cantabo tibi Domine psallam
2 erudiar in via perfecta quando venies ad me
ambulabo in simplicitate cordis mei in medio domus meae
3 non ponam coram oculis meis verbum Belial
facientem declinationes odivi nec adhesit mihi
4 cor pravum recedet a me malum nesciam
5 loquentem in abscondito contra proximum suum hunc interficiam
superbum oculis et altum corde cum hoc esse non potero
6 oculi mei ad fideles terrae ut habitent mecum
ambulans in via simpliciter hic ministrabit mihi
7 non habitabit in medio domus meae faciens dolum
loquens mendacium non placebit in conspectu oculorum meorum
8 mane perdam omnes impios terrae
ut interficiam de civitate Domini

98 (𝔐 **99**), 1 regnabit IS | 6 exaudiebat RCΣΘL𝔥 | 7 praeceptum + quod F(*vid.*)ΣSL𝔥 || **99** (𝔐 **100**), 2 domino[1]] deo CIΣAKS | in laudem C | 4 ei] et F || **100** (𝔐 **101**), 3 ponebam C; proponebam IAK. | nec] non FIΣ | 4 nesciebam CI | 5 interficiebam CΘ | poteram CΣ | 6 ministrabit ΣΘ𝔰, *cf.* 𝔐] ministrabat *cet.* | 7 habitauit RL. ||

RFCI ΣAKΘSL 𝔥𝔰

omnes operantes iniquitatem

101 ORATIO PAUPERIS CUM ANXIUS FUERIT ET CORAM DOMINO EFFUDERIT PRECEM SUAM

2 Domine exaudi orationem meam
II Sm 22,7! et clamor meus ad te veniat
68,18! 3 non avertas faciem tuam a me
in quacumque die tribulor
16,6! inclina ad me aurem tuam
in quacumque die invocavero te
velociter exaudi me
30,11! 89,9 4 quia defecerunt sicut fumus dies mei
Iob 30,30! et ossa mea sicut gremium aruerunt
12! 5 percussum est ut faenum et aruit cor meum
quia oblitus sum comedere panem meum
6 a voce gemitus mei
Iob 19,20; Lam 4,8 adhesit os meum carni meae
7 similis factus sum pelicano solitudinis
factus sum sicut nycticorax in domicilio
8 vigilavi et factus sum sicut passer solitarius in tecto
9 tota die exprobrabant mihi inimici mei
et qui laudabant me adversus me iurabant
10 quia cinerem tamquam panem manducavi
79,6 et poculum meum cum fletu miscebam
11 a facie irae et indignationis tuae
quia elevans adlisisti me
Iob 14,2! 12 dies mei sicut umbra declinaverunt
5; 36,2! Is 51,12! et ego sicut faenum arui
27; 9,8! Ex 3,15! 13 tu autem Domine in aeternum permanes
134,13 et memoriale tuum in generationem et generationem
14 tu exsurgens misereberis Sion Sir 36,15; Is 14,1
quia tempus miserendi eius
quia venit tempus
15 quoniam placuerunt servis tuis lapides eius
et terrae eius miserebuntur
16 et timebunt gentes nomen Domini III Rg 8,43; Is 59,19
et omnes reges terrae gloriam tuam
17 quia aedificabit Dominus Sion 86,5; Is 14,32
et videbitur in gloria sua
18 respexit in orationem humilium Idt 9,16
et non sprevit precem eorum
19 scribantur haec in generationem alteram
et populus qui creabitur laudabit Dominum **21,32**
20 quia prospexit de excelso sancto suo 32,14! 112,5.6; Is 63,15
Dominus de caelo in terram aspexit
21 ut audiret gemitum conpeditorum 78,11
ut solvat filios interemptorum
22 ut adnuntiet in Sion nomen Domini
et laudem suam in Hierusalem
23 in conveniendo populos in unum Tb 13,17; Za 2,11
et reges ut serviant Domino
24 respondit ei in via virtutis suae
paucitatem dierum meorum nuntia mihi
25 ne revoces me in dimidio dierum meorum
in generationem et generationem anni tui
26 initio tu Domine terram fundasti Gn 1,1! Is 45,12!
et opera manuum tuarum sunt caeli **26–28:** Hbr 1,10–12
27 ipsi peribunt tu autem permanes 13! Mt 24,35!
et omnes sicut vestimentum veterescent Iob 13,28; Sir 14,17 Lxx; Is 50,9; 51,6
et sicut opertorium mutabis eos et mutabuntur
28 tu autem idem ipse es et anni tui non deficient 89,2! Iob 36,26
29 filii servorum tuorum habitabunt

RFHI W(S)KΦk cr **101**,1 *tit. om.* k | anxiatus fuerit HI; anxiaretur W | coram domino] in conspectu domini c | 5 percussum est HISKk.] percussum Rr; percussus sum *cet.* | 6 [*deest* S *usque ad v.* 23] | 10 manducabam HIWKc | poculum] potum c | 11 et *om.* I | 15 terra eius RF. | 16 domini] tuum domine c | 17 aedificauit Fc | 18 in oratione RF | 19 in generatione altera HIc | 21 gemitus c | ut soluat HI.] et soluat Fr.; et saluat R.; et solueret W; ut solueret KΦkc | 22 ut] et F | adnuntiet HIΦr] adnuntietur R.; adnuntient *cet.* | suam] eius WKc | 23 [*iterum adest* S] | 25 in generatione et generationem WK; in generatione et generatione HIΦ | 27 ueterascent c ||

universos qui operantur iniquitatem

101 ORATIO PAUPERIS QUANDO SOLLI-
CITUS FUERIT ET CORAM DOMINO
FUDERIT ELOQUIUM SUUM

2 Domine audi orationem meam et
clamor meus ad te veniat
3 ne abscondas faciem tuam a me
in die tribulationis meae inclina ad
me aurem tuam
in quacumque die invocavero velociter exaudi me
4 quoniam consumpti sunt sicut fumus dies mei
et ossa mea quasi frixa contabuerunt
5 percussum est quasi faenum et are-
factum est cor meum
quia oblitus sum comedere panem
meum
6 a voce gemitus mei adhesit os meum
carni meae
7 adsimilatus sum pelicano deserti
factus sum quasi bubo solitudinum
8 vigilavi et fui sicut avis solitaria super tectum
9 tota die exprobrabant mihi inimici
mei
exultantes per me iurabant
10 quia cinerem sicut panem comedi
et potum meum cum fletu miscui
11 a facie indignationis et irae tuae
quia elevasti me et adlisisti me
12 dies mei quasi umbra inclinati sunt
et ego quasi faenum arui
13 tu autem Domine in aeternum permanes
memoriale tuum in generatione et
generatione
14 tu suscitans misereberis Sion
quia tempus est ut miserearis eius
quoniam venit tempus quoniam
venit pactum
15 quoniam placitos fecerunt servi tui
lapides eius et pulverem eius mise-
rabilem
16 et timebunt gentes nomen Domini
et universi reges terrae gloriam
tuam
17 quia aedificavit Dominus Sion
apparuit in gloria sua
18 respexit ad orationem vacui
et non dispexit orationem eorum
19 scribatur hoc in generatione novissima
et populus qui creabitur laudabit
Dominum
20 quoniam prospexit de excelso sanctuario suo
Dominus de caelo terram contemplatus est
21 ut audiret gemitum vincti
ut solveret filios mortis
22 ut narretur in Sion nomen Domini
et laudatio eius in Hierusalem
23 cum congregati fuerint populi simul
et regna ut serviant Domino
24 adflixit in via fortitudinem meam
adbreviavit dies meos
25 dicam Deus meus ne rapias me in
dimidio dierum meorum
in generatione generationum anni
tui
26 a principio terram fundasti
et opus manuum tuarum caeli
27 ipsi peribunt tu autem stabis
et omnes quasi vestimentum adterentur
et quasi pallium mutabis illos et mutabuntur
28 tu autem ipse es et anni tui non deficient
29 filii servorum tuorum habitabunt

101 (𝔐 **102**), 1 effuderit CΣ | 2 exaudi RAK | 3 ne] non FAK. | inuocauero + te FI RFCI
AKS | 5 percussus sum F | 11 me[1] *om.* CΣ | 14 est *om.* CΣ | ut *om.* 𝔥. | 15 placito ΣAKΘSL
IAK. | miserabilem] mirabilem R | 17 aedificabit IAKSL | 19 scribantur RA | 21 ut[2]] 𝔥𝔰
et C | 25 dimedio IA.; medio RK. | in generationem F | generationum] et generatio-
nem FK; et generationum S | 27 illos] eos CΘ | 28 es *om.* C |

et semen eorum in saeculum dirigetur

102 IPSI DAVID

2.22; 103,1.35; 145,2! Tb 13,19 Benedic anima mea Domino
et omnia quae intra me sunt nomini
sancto eius
1! 2 benedic anima mea Domino
et noli oblivisci omnes retributiones
eius
77,38! 3 qui propitiatur omnibus iniquitatibus tuis
qui sanat omnes infirmitates tuas
85,13! Iob 33,18! 4 qui redimit de interitu vitam tuam
qui coronat te in misericordia et miserationibus
5 qui replet in bonis desiderium tuum
Is 40,31 renovabitur ut aquilae iuventus tua
6 faciens misericordias Dominus
145,7 et iudicium omnibus iniuriam patientibus
7 notas fecit vias suas Mosi
filiis Israhel voluntates suas
85,15! 144,8; Iac 5,11; IV Esr 7,132 ss; Or Man 7 8 miserator et misericors Dominus
longanimis et multum misericors
Is 57,16! Ier 3,5.12 9 non in perpetuum irascetur
Or Man 13 neque in aeternum comminabitur
Tb 3,3! 10 non secundum peccata nostra fecit
nobis
nec secundum iniustitias nostras retribuit nobis
Is 55,9 11 quoniam secundum altitudinem caeli
a terra
corroboravit misericordiam suam
super timentes se
12 quantum distat ortus ab occidente
longe fecit a nobis iniquitates nostras
Mal 3,17 13 quomodo miseretur pater filiorum
misertus est Dominus timentibus se
Iob 10,9! 14 quoniam ipse cognovit figmentum
nostrum
recordatus est quoniam pulvis sumus
Sir 14,18; Is 40,6! 51,12! 15 homo sicut faenum dies eius
tamquam flos agri sic efflorebit 89,5.6; Iob 14,2!
16 quoniam spiritus pertransivit in illo
et non subsistet
et non cognoscet amplius locum su- Iob 7,10
um
17 miscricordia autem Domini ab ae- 24,6! Lc 1,50!
terno
et usque in aeternum super timentes
eum
et iustitia illius in filios filiorum
18 his qui servant testamentum eius
et memores sunt mandatorum ipsius ad faciendum ea
19 Dominus in caelo paravit sedem 10,5; Is 66,1!
suam
et regnum ipsius omnibus dominabitur
20 benedicite Domino angeli eius 96,7! 148,2! Dn 3,58
potentes virtute facientes verbum il-
lius
ad audiendam vocem sermonum eius
21 benedicite Domino omnes virtutes 148,2! Dn 3,61
eius
ministri eius qui facitis voluntatem
eius
22 benedicite Domino omnia opera eius 144,10; Dn 3,57
in omni loco dominationis ipsius
benedic anima mea Domino 1!

103 IPSI DAVID

Benedic anima mea Domino 102,1!
Domine Deus meus magnificatus es 138,14; II Sm 7,22!
vehementer
confessionem et decorem induisti 92,1!
2 amictus lumine sicut vestimento
extendens caelum sicut pellem Iob 9,8! Is 40,22 IV Esr 16,60
3 qui tegis in aquis superiora eius
qui ponis nubem ascensum tuum Is 19,1; Am 9,6
qui ambulas super pinnas vento- 17,11
rum
4 qui facis angelos tuos spiritus Hbr 1,7
et ministros tuos ignem urentem IV Esr 8,22
5 qui fundasti terram super stabilita-
tem suam

RFHI WSKΦk cr **102,**1 *tit. om.* k | 3 propitiabitur RHI. | 4 redimet Φ.; redemit HIW | 9 irascitur RF. | 10 nec] neque WSKΦ c | iniustitias RFI r.] iniquitates *cet.* | 11 se] eum RF. | 15 florebit HI.; et florebit RF. | 16 pertransibit FSKΦ c | subsistit R. | cognoscit R | 20 domino + omnes c | 22 dominationes F | ipsius] eius WSKΦ c || **103,**3 in *om.* WSKΦ c | pones FH WK | 4 tuos[2]] suos RFk |

et semen eorum ante faciem eorum
perseverabit

102 DAVID

Benedic anima mea Domino
et omnia viscera mea nomini sancto
eius
2 benedic anima mea Domino
et noli oblivisci omnium retributio-
num eius
3 qui propitiatur cunctis iniquitatibus
tuis
et sanat omnes infirmitates tuas
4 qui redimit de corruptione vitam
tuam
et coronat te misericordia et miserationibus
5 qui replet bonis ornamentum tuum
innovabitur sicut aquilae iuventus
tua
6 faciens iustitias Dominus
et iudicia cunctis qui calumniam
sustinent
7 notas fecit vias suas Mosi
filiis Israhel cogitationes suas
8 misericors et clemens Dominus
patiens et multae miserationis
9 non in sempiternum iudicabit
neque in aeternum irascetur
10 non secundum peccata nostra fecit
nobis
neque secundum iniquitates nostras
retribuit nobis
11 quantum enim excelsius est caelum
terra
tantum confortata est misericordia
eius super timentes eum
12 quantum longe est oriens ab occidente
tantum longe fecit a nobis scelera
nostra
13 sicut miseretur pater filiorum
misertus est Dominus timentibus se
14 ipse enim novit plasmationem nostram
recordatus est quia pulvis sumus
15 homo quasi herba dies eius
sicut flos agri sic florebit
16 quia spiritus pertransiit eum et non
subsistet
et non cognoscet eum ultra locus
eius
17 misericordia autem Domini ab aeterno
et usque in aeternum super timentes
eum
et iustitia eius in filios filiorum
18 his qui custodiunt pactum eius
et recordantur praeceptorum eius ad
facienda ea
19 Dominus in caelo stabilivit thronum
suum
et regnum illius omnium dominatur
20 benedicite Domino angeli eius
fortes robore facientes verbum eius
oboedientes voci sermonis eius
21 benedicite Domino omnes exercitus
eius
ministri eius qui facitis placitum illius
22 benedicite Domino universa opera
eius in omnibus locis potestatis eius
benedic anima mea Domino

103 Benedic anima mea Domino
Domine Deus meus magnificatus es
nimis
gloria et decore indutus es
2 amictus luce quasi vestimento
extendens caelos ut pellem
3 qui tegis aquis cenacula eius
qui ponis nubes currum tuum
qui ambulas super pinnas venti
4 qui facis angelos tuos spiritus
ministros tuos ignem urentem
5 qui fundasti terram super basem suam

29 perseuerauit RA.; dirigetur Θ ‖ **102** (𝔐 **103**), 3 et] qui CI | 4 redemit K; redimet CIAL | 6 calumnias IAK. | 9 iudicauit F | irascitur RA. | 10 retribuet CS | 11 confortata] confirmata IΣAKSL𝔥 | 16 pertransiet IAKS | 18 ad faciendum IΘ. | 19 dominabitur RΣΘL | 20 sermonum RIAK | 21 omnis RCΘSL𝔰 | illius] eius IL | 22 potestates FΘ.; potestas Σ. ‖ **103** (𝔐 **104**), 3 teges FI. | pones RFIAKS |

RFCI ΣAKΘSL 𝔥𝔰

non inclinabitur in saeculum saeculi
6 abyssus sicut vestimentum amictus eius
super montes stabunt aquae
7 ab increpatione tua fugient
a voce tonitrui tui formidabunt
8 ascendunt montes et descendunt campi
in locum quem fundasti eis
Prv 8,29 9 terminum posuisti quem non transgredientur
neque convertentur operire terram
10 qui emittis fontes in convallibus
inter medium montium pertransibunt aquae
11 potabunt omnes bestiae agri
expectabunt onagri in siti sua
Ez 31,13 12 super ea volucres caeli habitabunt
de medio petrarum dabunt vocem
13 rigans montes de superioribus suis
de fructu operum tuorum satiabitur terra
14 producens faenum iumentis
146,8 et herbam servituti hominum
ut educas panem de terra
Idc 9,13; Sir 31,35; 40,20; III Esr 3,20 22,5 15 et vinum laetificat cor hominis
ut exhilaret faciem in oleo
et panis cor hominis confirmat
16 saturabuntur ligna campi
et cedri Libani quas plantavit
17 illic passeres nidificabunt
erodii domus dux est eorum
18 montes excelsi cervis
Prv 30,26 Lxx petra refugium erinaciis
Sir 43,6 19 fecit lunam in tempora
sol cognovit occasum suum
Am 5,8 20 posuisti tenebras et facta est nox
in ipsa pertransibunt omnes bestiae silvae
Iob 38,39.41! I Mcc 3,4 21 catuli leonum rugientes ut rapiant
Ioel 1,20 et quaerant a Deo escam sibi
22 ortus est sol et congregati sunt
Iob 38,40 et in cubilibus suis conlocabuntur

23 exibit homo ad opus suum
et ad operationem suam usque ad vesperum
24 quam magnificata sunt opera tua Domine 91,6
omnia in sapientia fecisti Prv 3,19!
impleta est terra possessione tua
25 hoc mare magnum et spatiosum ※manibus:
illic reptilia quorum non est numerus
animalia pusilla cum magnis
26 illic naves pertransibunt
draco iste quem formasti ad inludendum ei
27 omnia a te expectant ut des illis escam in tempore Mt 24,45; Lc 12,42 **27.28:** 144,15.16
28 dante te illis colligent
aperiente te manum tuam omnia implebuntur bonitate
29 avertente autem te faciem turbabuntur
auferes spiritum eorum et deficient 145,4! Ecl 12,7! Sap 2,3
et in pulverem suum revertentur
30 emittes spiritum tuum et creabuntur Idt 16,17
et renovabis faciem terrae
31 sit gloria Domini in saeculum
laetabitur Dominus in operibus suis
32 qui respicit terram et facit eam tremere
qui tangit montes et fumigant 143,5
33 cantabo Domino in vita mea 29,13! 62,5! 145,2; Is 38,20
psallam Deo meo quamdiu sum
34 iucundum sit ei eloquium meum 18,15; 118,108
ego vero delectabor in Domino 15,11!
35 deficiant peccatores a terra
et iniqui ita ut non sint
benedic anima mea Domino 102,1!

104 ALLELUIA
Confitemini Domino et invocate nomen eius Is 12,4 **1—15:** I Par 16,8–22
adnuntiate inter gentes opera eius 95,3; I Par 16,24!
2 cantate ei et psallite ei

RFHI WSKΦ(k) cr 10 emittes F; inmittis HI. | 12 uoces c | 15 laetificet c | confirmet c; firmat R. | 19 in tempore RF | 20 siluarum F | 23 ad uesperam FWKΦk | 27 a *om.* RF | 30 emittis W; emitte RF | [*deest* k *usque ad* 104,24] ||

non commovebitur in saeculum et in saeculum
6 abysso quasi vestimento operuisti eam
super montes stabunt aquae
7 ab increpatione tua fugient
a voce tonitrui tui formidabunt
8 ascendent montes et descendent campi ad locum quem fundasti eis
9 terminum posuisti quem non pertransibunt
nec revertentur ut operiant terram
10 qui emittis fontes in convallibus
ut inter medios montes fluant
11 ut bibant omnia animalia regionum
et reficiat onager sitim suam
12 super ea volucres caeli morabuntur
de medio nemorum dabunt vocem
13 qui inrigas montes de cenaculis tuis
de fructu operum tuorum implebitur terra
14 germinans herbam iumentis
et faenum servituti hominum
ut educat panem de terra
15 et vinum laetificat cor hominis
ad exhilarandam faciem oleo
panis autem cor hominis roborat
16 saturabuntur ligna Domini cedri Libani quas plantasti
17 ibi aves nidificabunt milvo abies domus eius
18 montes excelsi cervis petra refugium ericiis
19 fecit lunam per tempora sol cognovit occubitum suum
20 posuisti tenebras et facta est nox
in ipsa moventur omnes bestiae silvae
21 leones rugientes ad praedam
et quaerentes a Deo escam sibi
22 oriente sole recedent
et in speluncis suis cubabunt
23 egreditur homo ad opus suum
et ad servitutem suam usque ad vesperam
24 quam multa sunt opera tua Domine
omnia in sapientia fecisti
impleta est terra possessione tua
25 hoc mare magnum et latum manibus
ibi reptilia innumerabilia
animalia parva cum grandibus
26 ibi naves pertranseunt
Leviathan istum plasmasti ut inluderet ei
27 omnia in te sperant ut des cibum eis in tempore suo
28 dante te illis colligent
aperiente manum tuam replebuntur bono
29 abscondes vultum tuum et turbabuntur
auferes spiritum eorum et deficient
et in pulverem suum revertentur
30 emittes spiritum tuum et creabuntur
et instaurabis faciem terrae
31 sit gloria Domini in sempiternum
laetabitur Dominus in operibus suis
32 qui respicit terram et tremet
tangit montes et fumabunt
33 cantabo Domino in vita mea
psallam Deo quamdiu sum
34 placeat ei eloquium meum
ego autem laetabor in Domino
35 deficiant peccatores de terra et impii ultra non sint
benedic anima mea Domino

104 ALLELUIA
Confitemini Domino invocate nomen eius
notas facite populis cogitationes eius
2 canite ei et psallite illi

RFCI ΣAKΘSL ђs

7 tui *om.* RAK. | 8 ascendunt IΣAKΘSLђ | descendunt CIΣAKΘSLђ | 10 emittes RFL; inmittis IAK. | ut *om.* I | 18 petrae C | erinacis IA.; erinaces K.; cuniculi Θ | 20 mouebuntur IAK | 22 sol F | et *om.* C | 23 egredietur ΣASђ; egrediatur C | 27 in te] a te CΣ | 28 illi I | aperiente + te AKSђ | bonum C | 30 emitte RFC; emittis Σ | creabuntur] renouabuntur C | 32 tremet IAKΘSђs] tremit *cet.* | tanget IAK. | fumigabunt C | 33 deo + meo FIΣSLђ | 34 ei] deo C || **104** (𝔐 **105**), 1 domino + et RΘ | 2 canite] cantate FCIΘ | ei *om.* C |

narrate omnia mirabilia eius
3 laudamini in nomine sancto eius
laetetur cor quaerentium Dominum
23,6; 26,8 4 quaerite Dominum et confirmamini
quaerite faciem eius semper
5 mementote mirabilium eius quae fecit
prodigia eius et iudicia oris eius
Is 41,8! 6 semen Abraham servi eius
filii Iacob electi eius
7 ipse Dominus Deus noster
in universa terra iudicia eius
105,45; 110,5; Gn 9,15! **8.9:** 42; Lc 1,72.73 **8—10:** Dt 7,8 8 memor fuit in saeculum testamenti sui
verbi quod mandavit in mille generationes
9 quod disposuit ad Abraham
et iuramenti sui ad Isaac
10 et statuit illud Iacob in praeceptum
et Israhel in testamentum aeternum
Ex 32,13! 11 dicens tibi dabo terram Chanaan
funiculum hereditatis vestrae
Gn 34,30! Dt 26,5 12 cum essent numero breves
paucissimos et incolas eius
13 et pertransierunt de gente in gentem
et de regno ad populum alterum
Gn 31,7 14 non reliquit hominem nocere eis
et corripuit pro eis reges
I Sm 24,7! I Par 16,22 15 nolite tangere christos meos
et in prophetis meis nolite malignari
IV Rg 8,1! Sir 48,2 Lv 26,26! Ez 5,16; 14,13! 16 et vocavit famem super terram
omne firmamentum panis contrivit
Gn 45,5 17 misit ante eos virum
in servum venundatus est Ioseph
18 humiliaverunt in conpedibus pedes eius
ferrum pertransiit anima eius
19 donec veniret verbum eius
eloquium Domini inflammavit eum
20 misit rex et solvit eum
princeps populorum et dimisit eum
Gn 41,40! 21 constituit eum dominum domus suae
et principem omnis possessionis suae
22 ut erudiret principes eius sicut semet ipsum
et senes eius prudentiam doceret
23 et intravit Israhel in Aegyptum Gn 46,6!
et Iacob accola fuit in terra Cham
24 et auxit populum eius vehementer Gn 17,20!
et firmavit eum super inimicos eius
25 convertit cor eorum ut odirent populum eius
ut dolum facerent in servos eius
26 misit Mosen servum suum IV Esr 1,13
Aaron quem elegit ipsum
27 posuit in eis verba signorum suorum **27—35:** 77,43–48
et prodigiorum in terra Cham
28 misit tenebras et obscuravit Ex 10,22
et non exacerbavit sermones suos
29 convertit aquas eorum in sanguinem Ex 7,20!
et occidit pisces eorum Ex 7,18
30 dedit terra eorum ranas Ex 8,2!
in penetrabilibus regum ipsorum
31 dixit et venit cynomia Ex 8,24!
et scinifes in omnibus finibus eorum Ex 8,16
32 posuit pluvias eorum grandinem Ex 9,23! Sap 16,16
ignem conburentem in terra ipsorum
33 et percussit vineas eorum et ficulneas eorum Ier 5,17
et contrivit lignum finium eorum Ex 9,25!
34 dixit et venit lucusta Ex 10,13.14
et bruchus cuius non erat numerus
35 et comedit omne faenum in terra eorum Ex 10,15
et comedit omnem fructum terrae eorum
36 et percussit omne primogenitum in terra eorum 77,51!
primitias omnis laboris eorum
37 et eduxit eos in argento et auro
et non erat in tribubus eorum infirmus Is 5,27
38 laetata est Aegyptus in profectione eorum
quia incubuit timor eorum super eos Ex 15,16!

RFHI WSKΦ(k) cr **104**,12 breuis R; breui WSKc | paucissimos et incolas RFr, *cf.* 𝔊] paucissimi et incolae *cet.* | 15 in profetas meos HI. | 16 terram + et WSKΦc | 18 animam c | 24 eius¹ RFH Ir.] suum *cet.* | [*adest* k *usque ad* 105,31] | 25 ut²] et c | 30 dedit RFHIkr. *Hi*] edidit *cet.* | terram HI | penetralibus c | 31 coenomyia c., *cf. Hi* (*p.* 42,10) | 32 in grandinem F; grandine R. | 36 omnes laboris FH.; omnes labores Rk. | 37 in¹] cum WSKkc |

loquimini in universis mirabilibus eius
3 exultate in nomine sancto eius
laetetur cor quaerentium Dominum
4 quaerite Dominum et virtutem eius
quaerite faciem eius iugiter
5 recordamini mirabilium eius quae fecit
signorum et iudiciorum oris eius
6 semen Abraham servi eius
filii Iacob electi eius
7 ipse Dominus Deus noster in universa terra iudicia eius
8 recordatus est in aeternum pacti sui
verbi quod praecepit in mille generationes
9 quod pepigit cum Abraham
et iuramenti sui cum Isaac
10 et firmavit illud cum Iacob in lege
cum Israhel pactum sempiternum
11 dicens tibi dabo terram Chanaan
funiculum hereditatis vestrae
12 cum essent viri pauci modici et advenae in ea
13 et transierunt de gente in gentem
de regno ad populum alterum
14 non dimisit hominem ut noceret eis
et corripuit pro eis reges
15 nolite tangere christos meos
et prophetas meos nolite adfligere
16 et vocavit famem super terram
omnem virgam panis contrivit
17 misit ante faciem eorum virum
in servum venundatus est Ioseph
18 adflixerunt in conpede pedes eius
in ferrum venit anima eius
19 usque ad tempus donec veniret sermo eius
eloquium Domini probavit eum
20 misit rex et solvit eum
princeps populorum et dimisit illum
21 posuit eum dominum domus suae
et principem in omni possessione sua
22 ut erudiret principes eius secundum voluntatem suam
et senes eius sapientiam doceret
23 et ingressus est Israhel Aegyptum
et Iacob advena fuit in terra Ham
24 et crescere fecit populum suum nimis
et roboravit eum super hostes eius
25 convertit cor eorum ut odio haberent populum eius
ut dolose agerent contra servos illius
26 misit Mosen servum suum Aaron
quem elegit sibi
27 posuit in eis verba signorum suorum
et portentorum in terra Ham
28 misit tenebras et contenebravit
et non fuerunt increduli verbis eius
29 commutavit aquas eorum in sanguinem
et occidit pisces eorum
30 ebullivit terra eorum ranas
in cubiculis regum eorum
31 dixit et venit musca omnimoda
scinifes in universis terminis eorum
32 dedit pluvias eorum grandinem
ignem flammantem in terra eorum
33 et percussit vineam eorum et ficum eorum
et confregit lignum finium eorum
34 dixit et venit lucusta et bruchus cuius non erat numerus
35 et comedit omne faenum terrae eorum
et devoravit fructum terrae eorum
36 et percussit omne primogenitum in terra eorum
primitias universi partus eorum
37 et eduxit eos cum argento et auro
et non erat in tribubus eorum infirmus
38 laetata est Aegyptus cum egrederentur
quoniam inruerat terror eorum super eos

10 pactum Fs.𝔐] in pactum *cet.* | 12 in eam C | 13 gentem + et RIAKℌ | 16 terram + et RΘL | 18 in conpedes RIAKSLℌ; in conpedibus F | 19 ad] id C | 23 ingressus] egressus IAK. | israhel + in RΣS | 24 eius] suos FL | 25 dolos RΘ. | 28 creduli CΣ | uerbi RΘ | 29 in sanguine F | 30 cubiculis RLs] cubilibus *cet.* | 32 eorum[1] + in C | 33 et[3] *om.* FL | 36 omnem C |

RFCI ΣAKΘSL ℌs

Dt 1,33! 39 expandit nubem in protectionem eorum
et ignem ut luceret eis per noctem
Ex 16,13! IV Esr 1,15 40 petierunt et venit coturnix
Ex 16,8! et panem caeli saturavit eos
77,20! 41 disrupit petram et fluxerunt aquae
106,35! Is 43,19 abierunt in sicco flumina
8.9! 42 quoniam memor fuit verbi sancti sui
quod habuit ad Abraham puerum suum
Is 55,12; Bar 5,9 43 et eduxit populum suum in exultatione
÷ et : electos suos in laetitia
44 et dedit illis regiones gentium
et labores populorum possederunt
Lv 18,26! 45 ut custodiant iustificationes eius
et legem eius requirant

105 ALLELUIA
106,1; 117,1.29; 134,3; 135,1; I Par 16,34! Ier 33,11! Confitemini Domino quoniam bonus
quoniam in saeculum misericordia eius
Sir 18,2.3.4! 2 quis loquetur potentias Domini
auditas faciet omnes laudes eius
Lv 18,26! Prv 21,15! 3 beati qui custodiunt iudicium
et faciunt iustitiam in omni tempore
Idt 4,17 4 memento nostri Domine in beneplacito populi tui
visita nos in salutari tuo
5 ad videndum in bonitate electorum tuorum
ad laetandum in laetitia gentis tuae
et lauderis cum hereditate tua
III Rg 8,47! Idt 7,19; Dn 9,5! 6 peccavimus cum patribus nostris
iniuste egimus iniquitatem fecimus
IV Esr 14,29.30! 7 patres nostri in Aegypto non intellexerunt mirabilia tua
non fuerunt memores multitudinis misericordiae tuae
et inritaverunt ascendentes in mare
※ mare : Rubrum
108,21! 8 et salvavit eos propter nomen suum
ut notam faceret potentiam suam
9 et increpuit mare Rubrum et exsiccatum est Ex 14,21.22! Na 1,4
et deduxit eos in abyssis sicut in deserto Is 63,13
10 et salvavit eos de manu odientium II Sm 22,18! Lc 1,71
et redemit eos de manu inimici
11 et operuit aqua tribulantes eos Ex 14,28!
unus ex eis non remansit
12 et crediderunt in verbis eius
et laudaverunt laudem eius
13 cito fecerunt obliti sunt operum eius
non sustinuerunt consilium eius
14 et concupierunt concupiscentiam in deserto
et temptaverunt Deum in inaquoso 77,18; 94,9
15 et dedit eis petitionem ipsorum I Sm 1,17!
et misit saturitatem in anima eorum 77,25
16 et inritaverunt Mosen in castris
Aaron sanctum Domini
17 aperta est terra et degluttivit Dathan Dt 11,6!
et operuit super congregationem Abiron
18 et exarsit ignis in synagoga eorum Nm 16,35!
flamma conbusit peccatores
19 et fecerunt vitulum in Choreb
et adoraverunt sculptile
20 et mutaverunt gloriam suam Ier 2,11; Rm 1,23
in similitudine vituli comedentis faenum
21 obliti sunt Deum qui salvavit eos Est 10,9!
qui fecit magnalia in Aegypto **21.22:** 77,43!
22 mirabilia in terra Cham Act 7,36
terribilia in mari Rubro
23 et dixit ut disperderet eos si non Moses electus eius stetisset in confractione in conspectu eius Ier 15,1
ut averteret iram eius ne disperderet eos Dt 9,25!
24 et pro nihilo habuerunt terram desiderabilem
non crediderunt verbo eius **24.25:** Dt 1,26.27!
25 et murmurabant in tabernaculis suis
non exaudierunt vocem Domini

RF(H)I WSKΦk cr 39 in protectione FK | 40 pane HISΦ c || **105**,1 alleluia *om.* K; + alleluia F | 5 et FIS KΦ] ut *cet.* | 7 ※ *om.* R, *sed testatur Aug. in loc.* | 9 increpauit HIWSK | et eduxit R | 10 saluabit Rk. | 12 in *om.* RIS c | 13 fecerunt + et F | eius[1] + et c | 14 [*deest* H *usque ad* 150,6] | 15 in anima RF r] in animam Φ.; in animas *cet.* | 20 in similitudinem FISKk c | 21 dominum F. | 24 in uerbo FW; in uerbis k | 25 murmurauerunt WSKΦk c |

39 expandit nubem in tentorium et ignem ut luceret nocte
40 petierunt et adduxit ortygometran
et pane caelesti saturavit eos
41 aperuit petram et fluxerunt aquae
cucurrerunt in aridis flumina
42 quia recordatus est verbi sancti sui cum Abraham servo suo
43 et eduxit populum suum in laetitia
laudantes electos suos
44 et dedit eis terras gentium
et laborem tribuum possederunt
45 ut custodirent caerimonias eius et leges eius servarent

ALLELUIA

105 ALLELUIA
Confitemini Domino quoniam bonus
quoniam in aeternum misericordia eius
2 quis loquetur fortitudines Domini
auditas faciet omnes laudes eius
3 beati qui custodiunt iudicium
et faciunt iustitiam in omni tempore
4 recordare mei Domine in repropitiatione populi tui
visita me in salutari tuo
5 ut videam bona electorum tuorum
et laeter in laetitia gentis tuae
et exultem cum hereditate tua
6 peccavimus cum patribus nostris
inique fecimus impie egimus
7 patres nostri in Aegypto non intellexerunt mirabilia tua
non sunt recordati multitudinis misericordiae tuae
et ad iracundiam provocaverunt super mare in mari Rubro
8 salvavit autem eos propter nomen suum
ut ostenderet fortitudinem suam
9 et comminatus est mari Rubro et aruit
et transduxit eos per abyssos quasi in deserto
10 et salvavit eos de manu odientis
et redemit eos de manu inimici
11 et operuit aqua hostes eorum
unus de ipsis non superfuit
12 et crediderunt verbis eius cecineruntque laudem eius
13 cito obliti sunt operum illius
nec expectaverunt voluntatem eius
14 et desideraverunt desiderium in deserto
et temptaverunt Deum in solitudine
15 dedit ergo eis petitionem eorum
et misit tenuitatem in animam eorum
16 et zelati sunt Mosen in castris Aaron sanctum Domini
17 aperta est terra et devoravit Dathan
et operuit synagogam Abiram
18 et succensus est ignis in synagoga eorum
flamma exusit impios
19 fecerunt vitulum in Horeb
et adoraverunt conflatile
20 et mutaverunt gloriam suam in similitudine bovis comedentis faenum
21 obliti sunt Dei salvatoris sui
qui fecit magnalia in Aegypto
22 mirabilia in terra Ham
terribilia super mare Rubrum
23 dixit ergo ut contereret eos
nisi Moses electus eius stetisset medius contra faciem illius
ut converteret indignationem eius et non interficeret
24 et dispexerunt terram desiderabilem
nec crediderunt sermoni eius
25 et murmuraverunt in tabernaculis suis
non audierunt vocem Domini

40 pane caeli IAKL; panem caeli F. | 45 legem IAK.; lege R | alleluia Lϛ.] *om. cet.* || **105** (𝔐 **106**), 4 in repropitiationem C | 5 ut] et C | 7 tua + et C | et *om.* RF. | 8 saluabit RF | 9 in desertum CΣ | 12 et *om.* C | laudes ΣΘS𝔥 | 15 in anima RIAL | 17 synagoga R; super synagogam F | 18 in synagogam CIAK | eorum + et C | excussit R | 20 in similitudinem ΣΘS𝔥 | 23 ut conteret FAK | et] ut IAK | 25 exaudierunt RIAK. |

RFCI ΣAKΘSL 𝔥ϛ

26 et elevavit manum suam super eos ut
Nm 26,65! prosterneret eos in deserto
27 et ut deiceret semen eorum in nationibus
43,12! et dispergeret eos in regionibus
Nm 25,2.3! 28 et initiati sunt Beelphegor
et comederunt sacrificia mortuorum
29 et inritaverunt eum in adinventionibus suis
et multiplicata est in eis ruina
Nm 25,7.8! 30 et stetit Finees et placavit et cessavit
quassatio
Gn 15,6! 31 et reputatum est ei in iustitiam
in generatione et generationem usque in sempiternum
Nm 20,13! 32 et inritaverunt ad aquam Contradictionis
et vexatus est Moses propter eos
33 quia exacerbaverunt spiritum eius
et distinxit in labiis suis
34 non disperdiderunt gentes quas dixit
Dominus illis
I Esr 9,2! 35 et commixti sunt inter gentes et di-
35.36: Idc 3,5.6! dicerunt opera eorum
36 et servierunt sculptilibus eorum
et factum est illis in scandalum
Dt 12,31! Ier 32,35; Ez 16,21; 23,39 37 et immolaverunt filios suos et filias
suas daemoniis
38 et effuderunt sanguinem innocentem
sanguinem filiorum suorum et filiarum ※suarum:
Dt 12,31! quas sacrificaverunt sculptilibus
Chanaan
Is 24,5 et interfecta est terra in sanguinibus
38.39: Ier 3,2 39 et contaminata est in operibus eorum
et fornicati sunt in adinventionibus
suis
40 et iratus est furore Dominus in populo suo
77,62! et abominatus est hereditatem suam
41 et tradidit eos in manus gentium
et dominati sunt eorum qui oderant
eos
42 et tribulaverunt eos inimici eorum
et humiliati sunt sub manibus eorum
43 saepe liberavit eos
ipsi autem exacerbaverunt eum in
consilio suo
et humiliati sunt in iniquitatibus
suis
44 et vidit cum tribularentur
et audiret orationem eorum
45 et memor fuit testamenti sui 104,8! 110,5
et paenituit eum secundum multitudinem misericordiae suae
46 et dedit eos in misericordias III Rg 8,50!
in conspectu omnium qui ceperant
eos
47 salvos fac nos Domine Deus noster II Mcc 1,27
et congrega nos de nationibus 106,2! Dt 30,3!
ut confiteamur nomini tuo sancto **47.48:** I Par 16,35.36!
et gloriemur in laude tua
48 benedictus Dominus Deus Israhel 40,14!
a saeculo et usque in saeculum
et dicet omnis populus fiat fiat Idt 13,26!

106 ALLELUIA
Confitemini Domino quoniam bonus 105,1!
quoniam in saeculum misericordia
eius
2 dicant qui redempti sunt a Domino
quos redemit de manu inimici 105,47!
de regionibus congregavit eos **2.3:** Is 43,5! 49,12; Mt 8,11; Lc 13,29
3 a solis ortu et occasu et ab aquilone
et mari
4 erraverunt in solitudine in inaquoso
viam civitatis habitaculi non invenerunt
5 esurientes et sitientes
anima eorum in ipsis defecit
6 et clamaverunt ad Dominum cum 13.19.28; 24,17!
tribularentur
et de necessitatibus eorum eripuit
eos
7 et deduxit eos in viam rectam Gn 24,27
ut irent in civitatem habitationis

RFI WSKΦ(k) cr

29 in aduentionibus R | 30 placuit FIW | 31 in iusticia F; ad iustitiam R | in generationem ISKΦkc | et generacione F | [*deest* k *usque ad* 106,8] | 32 inritauerunt + eum Sc | ad aquas c | 34 dixerat R | 38 interfecta] infecta c | 40 in populum suum c | 41 oderunt ISKc | 44 audiuit WSKc*Su* | 47 ~ nos fac c | nomine RF. | tuo sancto FIr.] sancto tuo *cet.* | 48 dicit FW || **106**,2 inimici + et c. | 3 et[2] *om.* WSKΦc |

26 et levavit manum suam super eos ut deiceret eos in deserto
27 et ut deiceret semen eorum in gentibus
et dispergeret eos in terris
28 et consecrati sunt Beelphegor
et comederunt victimas mortuorum
29 et concitaverunt eum in studiis suis
et percussit eos plaga
30 stetit autem Finees et deiudicavit
et est retenta percussio
31 et reputatum est ei in iustitia
in generatione et generatione usque in aeternum
32 et provocaverunt super aquam Contradictionis
et adflictus est Moses propter eos
33 quia provocaverunt spiritum eius
et praecepit labiis suis
34 non exterminaverunt populos quos dixit Dominus eis
35 et commixti sunt gentibus et didicerunt opera eorum
36 et servierunt sculptilibus eorum
et factum est eis in scandalum
37 et immolaverunt filios suos et filias suas daemonibus
38 et effuderunt sanguinem innocentem
sanguinem filiorum suorum et filiarum suarum
quos immolaverunt sculptilibus Chanaan
et polluta est terra sanguinibus
39 et coinquinati sunt in operibus suis
et fornicati sunt in studiis suis
40 iratus est itaque furor Domini in populum suum
et abominatus est hereditatem suam
41 et dedit eos in manu gentium
et dominati sunt eorum qui oderant eos
42 et adflixerunt eos inimici sui
et humiliati sunt sub manu eorum
43 multis vicibus liberavit eos
ipsi vero provocabant in consiliis suis
et humiliati sunt propter iniquitates suas
44 et vidit tribulationem eorum cum audiret eos rogantes
45 et recordatus est pacti sui cum eis
et paenituit eum secundum multitudinem misericordiae suae
46 et dedit eos miserabiles coram omnibus qui ceperant eos
47 salva nos Domine Deus noster
et congrega nos de gentibus
ut confiteamur nomini sancto tuo
et canamus laudantes te
48 benedictus Dominus Deus Israhel ab aeterno et usque in aeternum
et dicet omnis populus amen

ALLELUIA

106 Confitemini Domino quoniam bonus
quoniam in aeternum misericordia eius
2 dicant qui redempti sunt a Domino
quos redemit de manu hostis
et de terris congregavit eos
3 ab oriente et ab occidente ab aquilone et mari
4 erraverunt in solitudine in deserta via
civitatem quae habitaretur non repperverunt
5 esurientes et sitientes anima eorum in ipsis deficiebat
6 et clamaverunt ad Dominum in tribulatione sua
de adflictione eorum eripuit eos
7 et duxit illos per viam rectam
ut venirent in civitatem habitabilem

26 leuauit Σ𝔰] leuabit F; eleuauit *cet.* | 30 diiudicauit CΣAKS𝔥; exorauit Θ | 31 in iustitiam CΘSL𝔥 | et generationem IAKΘSL | 34 non] et non FΣL𝔥 | 36 eis] illis I | 37 daemoniis CΘS | 38 quas RFI | 41 oderunt IΣAKΘ𝔥 | 43 iniquitatem suam Σ𝔥 | 47 ~ tuo sancto IAΘ | 48 dicit F | amen amen FCΣΘS; fiat fiat K. | alleluia RCIA𝔰𝔐] *ad initium ps. seq. trahunt cet.* ‖ **106** (𝔐 **107**),2 et *om.* IΘ | 3 ab² *om.* IΣAKΘL𝔥 | 4 repperierunt IAKS. | 6 sua + et ΣΘSL𝔥 | 7 illos] eos RS |

RFCI ΣAKΘSL 𝔥𝔰

15.21! 31 8 confiteantur Domino misericordiae
eius
et mirabilia eius filiis hominum
Ier 31,25! 9 quia satiavit animam inanem
Lc 1,53 et animam esurientem satiavit bonis
Is 42,7! Lc 1,79 10 sedentes in tenebris et umbra mortis
vinctos in mendicitate et ferro
IV Esr 1,7 11 quia exacerbaverunt eloquia Dei
et consilium Altissimi inritaverunt
12 et humiliatum est in laboribus cor
eorum
21,12; Iob 30,13; Sir 51,10 infirmati sunt nec fuit qui adiuvaret
6! 13 et clamaverunt ad Dominum cum
tribularentur
et de necessitatibus eorum liberavit
eos
14 et eduxit eos de tenebris et umbra
mortis
et vincula eorum disrupit
8! 15 confiteantur Domino misericordiae
eius
et mirabilia eius filiis hominum
Is 45,2 16 quia contrivit portas aereas
Ier 51,30 et vectes ferreos confregit
17 suscepit eos de via iniquitatis eorum
propter iniustitias enim suas humiliati sunt
18 omnem escam abominata est anima
eorum
87,4! Is 38,10 et adpropinquaverunt usque ad portas mortis
6! 19 et clamaverunt ad Dominum cum
tribularentur
et de necessitatibus eorum liberavit
eos
Sap 16,12; Act 13,26 20 misit verbum suum et sanavit eos
Iob 33,18! Sir 50,4! et eripuit eos de interitionibus eorum
8! 21 confiteantur Domino misericordiae
eius
I Par 16,24! et mirabilia eius filiis hominum
Tb 8,19! 22 et sacrificent sacrificium laudis
et adnuntient opera eius in exultatione
23 qui descendunt mare in navibus Is 42,10
facientes operationem in aquis multis **23.24:** Sir 43,26.27
24 ipsi viderunt opera Domini
et mirabilia eius in profundo
25 dixit et stetit spiritus procellae
et exaltati sunt fluctus eius
26 ascendunt usque ad caelos
et descendunt usque ad abyssos
anima eorum in malis tabescebat
27 turbati sunt et moti sunt sicut ebrius
et omnis sapientia eorum devorata
est
28 et clamaverunt ad Dominum cum 6!
tribularentur
et de necessitatibus eorum eduxit eos
29 et statuit procellam ÷ eius : in auram
et siluerunt fluctus eius
30 et laetati sunt quia siluerunt
et deduxit eos in portum voluntatis
eorum
31 confiteantur Domino misericordiae 8!
eius
et mirabilia eius filiis hominum
32 exaltent eum in ecclesia plebis 34,18!
et in cathedra seniorum laudent eum
33 posuit flumina in desertum Is 19,6!
et exitus aquarum in sitim
34 terram fructiferam in salsuginem Ier 17,6!
a malitia inhabitantium in ea
35 posuit desertum in stagna aquarum 104,41! 113,8; IV Esr 16,61
et terram sine aqua in exitus aqua- Is 35,6.7; 41,18; 43,20
rum
36 et conlocavit illic esurientes
et constituerunt civitatem habitationis
37 et seminaverunt agros et plantave-
runt vineas
et fecerunt fructum nativitatis
38 et benedixit eis et multiplicati sunt Gn 17,20!
nimis
et iumenta eorum non minoravit
39 et pauci facti sunt et vexati sunt Gn 34,30!

RFI WSKΦ(k) cr 8 misericordia RW | [*adest* k *usque ad v.* 33] | 15 misericordia F | 21 misericordia RF | 27 omnes F.; omnia R | 31 misericordia F | 32 et exaltent IWSKkc | 33 [*hic desinit* k] |

8 confiteantur Domino misericordiam eius
et mirabilia eius in filios hominum
9 quia saturavit animam vacuam
et animam esurientem implevit bonis
10 habitantes in tenebris et umbra mortis
alligatos inopia et ferro
11 quia provocaverunt sermones Dei
et consilium Excelsi blasphemaverunt
12 et humiliavit in labore cor eorum
ceciderunt et non erat qui adiuvaret
13 et clamaverunt ad Dominum in tribulatione sua
et de angustiis eorum salvavit eos
14 et eduxit eos de tenebris et umbra mortis
et vincula eorum disrupit
15 confiteantur Domino misericordiam eius
et mirabilia eius in filios hominum
16 quia contrivit portas aereas
et vectes ferreos confregit
17 stultos propter viam sceleris eorum
et propter iniquitates adflictos
18 omnem cibum abominata est anima eorum
et accesserunt ad portas mortis
19 et clamaverunt ad Dominum in tribulatione sua
de angustiis eorum salvavit eos
20 misit verbum suum et sanavit eos
et salvavit de interitu
21 confiteantur Domino misericordiam eius
et mirabilia eius in filios hominum
22 et immolent hostias gratiarum
et narrent opera eius in laude
23 qui descendunt in mare navibus
facientes opus in aquis multis
24 ipsi viderunt opera Domini et mirabilia eius in profundo
25 dixit et surrexit ventus tempestatis
et elevavit gurgites eius
26 ascendunt in caelum et descendunt in abyssos
anima eorum in adflictione consumitur
27 obstipuerunt et intremuerunt quasi ebrius
et universa sapientia eorum absorta est
28 clamabunt autem ad Dominum in tribulatione sua
et de angustia educet eos
29 statuet turbinem in tranquillitatem
et silebunt fluctus eius
30 laetabuntur quoniam quieverunt
et deducet eos ad portum quem voluerunt
31 confiteantur Domino misericordiam eius
et mirabilia eius in filios hominum
32 et exaltent eum in ecclesia populi
et in cathedra seniorum laudent eum
33 ponet flumina in desertum
et fontes aquarum in sitim
34 terram fructiferam in salsuginem
prae malitia habitatorum eius
35 ponet desertum in paludes aquarum
et terram inviam in fontes aquarum
36 et conlocabit ibi esurientes
et fundabunt urbem ad habitandum
37 et serent agros et plantabunt vineas
et facient fruges genimina
38 et benedicet eis et multiplicabuntur nimis
et pecora eorum non inminuet
39 inminuta sunt autem et adflicta

8 misericordias IAK.; misericordiae ΘS𝔥 | in filiis Σ; filiis R | 9 repleuit F | 10 alligatus R | 13 saluauit AK𝔥𝔰] saluabit C; liberauit *cet.* | 15 misericordias IAK; misericordiae ΣΘS𝔥 | in filiis F; filios R. | 17 stultus RFL. | 19 sua + et CΣAΘSL𝔥 | saluabit F | 20 saluabit FS; + eos FCΣΘ | 21 misericordiam CL𝔰𝔐] misericordia R; misericordias IAK.; misericordiae *cet.* | 23 in mari F; mare in Θ | 29 statuit F(*vid.*)IΣKL | in tranquillitate CΘL | 30 uoluerint CΣL | 31 misericordiam RCL𝔰𝔐] misericordia FS; misericordias IAK; misericordiae Σ𝔥 | in filiis R; filios Σ.; filiis S. | 32 senum R. | 36 conlocauit RFCAKS; locabit Σ. | fundabunt] formabunt IAK. | 37 genimina FCKS𝔰] germina *cet.* | 38 inminuentur Θ; minuet RAK. |

RFCI ΣAKΘSL 𝔥𝔰

a tribulatione malorum et dolore
Iob 12,21! 40 effusa est contemptio super principes
Iob 12,24 et errare fecit eos in invio et non in via
41 et adiuvit pauperem de inopia
Iob 21,11 et posuit sicut oves familias
57,11! Iob 22,19 42 videbunt recti et laetabuntur
Prv 10,6! et omnis iniquitas oppilabit os suum
Ier 9,12; Os 14,10 43 quis sapiens et custodiet haec
60,8; Or Man 6 et intellegent misericordias Domini

107 CANTICUM PSALMI DAVID

III Rg 8,61 2 Paratum cor meum Deus paratum cor meum
2—6: 56,8–12 97,4! cantabo et psallam in gloria mea
3 exsurge psalterium et cithara
exsurgam diluculo
17,50! 4 confitebor tibi in populis Domine
et psallam tibi in nationibus
35,6 5 quia magna super caelos misericordia tua
et usque ad nubes veritas tua
6 exaltare super caelos Deus
et super omnem terram gloria tua
7—14: 59,6–14 7 ut liberentur dilecti tui
salvum fac dextera tua et exaudi me
8 Deus locutus est in sancto suo
exaltabor et dividam Sicima
et convallem tabernaculorum dimetiar
9 meus est Galaad et meus est Manasse
et Effraim susceptio capitis mei
Iuda rex meus
Is 11,14 10 Moab lebes spei meae
in Idumeam extendam calciamentum meum
mihi alienigenae amici facti sunt
11 quis deducet me in civitatem munitam
quis deducet me usque in Idumeam
12 nonne tu Deus qui reppulisti nos
et non exibis Deus in virtutibus nostris
13 da nobis auxilium de tribulatione
quia vana salus hominis
14 in Deo faciemus virtutem
et ipse ad nihilum deducet inimicos nostros

108 IN FINEM DAVID PSALMUS

2 Deus laudem meam ne tacueris
quia os peccatoris et os dolosi super me apertum est
3 locuti sunt adversum me lingua dolosa 37,13!
et sermonibus odii circuierunt me et expugnaverunt me gratis
4 pro eo ut me diligerent detrahebant mihi
ego autem orabam
5 et posuerunt adversus me mala pro bonis 34,12! Gn 44,4
et odium pro dilectione mea
6 constitue super eum peccatorem
et diabulus stet a dextris eius Iob 1,6; Za 3,1
7 cum iudicatur exeat condemnatus
et oratio eius fiat in peccatum Prv 28,9
8 fiant dies eius pauci
et episcopatum eius accipiat alter Act 1,20
9 fiant filii eius orfani
et uxor eius vidua Ier 18,21
10 nutantes transferantur filii eius et mendicent Iob 20,10! Ecl 5,13
eiciantur de habitationibus suis
11 scrutetur fenerator omnem substantiam eius
et diripiant alieni labores eius
12 non sit illi adiutor
nec sit qui misereatur pupillis eius
13 fiant nati eius in interitum Ier 18,21; IV Esr 15,57
in generatione una deleatur nomen eius
14 in memoriam redeat iniquitas patrum eius in conspectu Domini Lam 1,22
et peccatum matris eius non deleatur Ier 18,23
15 fiant contra Dominum semper

RFI WSKΦ cr 41 adiuuauit IWK; adiuuabit S. | 42 oppilauit RFISK | 43 quis] qui RI | intellegent Fr. 𝔊] intellegit S; intelleget *cet.* || **107**,1 psalmi + ipsi 𝔠 | 3 exsurge[1] + gloria mea exsurge 𝔠. *Su* | 5 magna + est 𝔠 | 8 exaltabor Fr𝔊] exaltabo W.; exultabor R; exultabo ISKΦ𝔠 | sicimam WSKΦ; sichimam 𝔠 || **108**,1 ~ psalmus dauid IWKΦ𝔠 | 2 os[2] *om.* RISK | 3 circuierunt RIr.] circumierunt F.; circumdederunt *cet.* | 6 stit R.; stetit FW | 10 mendicent + et W𝔠 | 11 feneratur RF | alieni + omnes R |

propter angustiam mali et doloris
40 et effundet despectionem super principes
et errare eos faciet in solitudine devia
41 et sublevabit pauperem de inopia
et ponet quasi gregem familias
42 videbunt recti et laetabuntur
et omnis iniquitas contrahet os suum
43 quis sapiens et custodiet haec
et intellegent misericordias Domini

107 CANTICUM PSALMI DAVID

2 Paratum cor meum Deus cantabo
et psallam sed et gloria mea
3 consurge psalterium et cithara
consurgam mane
4 confitebor tibi in populis Domine
et cantabo te in nationibus
5 quoniam magna super caelos misericordia tua
et usque ad aethera veritas tua
6 exaltare super caelos Deus
et super omnem terram gloria tua
7 ut liberentur dilecti tui
salva dextera tua et exaudi me
8 Deus locutus est in sanctuario suo
gaudebo dividam Sychem
et vallem Socchoth dimetiar
9 meus est Galaad et meus est Manasse
et Efraim hereditas capitis mei
Iuda dux meus 10 Moab lebes pelvis meae
super Idumeam proiciam calciamentum meum
cum Philisthim foederabor
11 quis deducet me in civitatem munitam
quis deducet me usque in Idumeam
12 nonne tu Deus qui proieceras nos
et non exieras Deus in exercitibus nostris
13 da nobis auxilium in tribulatione
vana est enim salus ab homine
14 in Deo erimus fortes et ipse conculcabit hostes nostros

108 PRO VICTORIA DAVID CANTICUM

2 Deus laudabilis mihi ne taceas
quia os impii et os dolosi contra me apertum est
3 locuti sunt de me lingua mendacii
verbis odii circumdederunt me
et expugnaverunt me frustra
4 pro eo quod eos diligebam adversabantur mihi
ego autem orabam
5 et posuerunt contra me malum pro bono
et odium pro dilectione mea
6 constitue super eum impium
et Satan astet a dextris eius
7 cum fuerit iudicatus exeat condemnatus
et oratio eius sit in peccatum
8 fiant dies eius parvi episcopatum eius accipiat alter
9 sint filii eius pupilli et uxor eius vidua
10 instabiles vagentur liberi eius et mendicent
et quaerantur in parietinis suis
11 scrutetur exactor universa quae habet
et diripiant alieni laborem eius
12 non sit qui eius misereatur
nec qui clemens sit in pupillos eius
13 fiat novissimum eius interitus
in generatione altera deleatur nomen eius
14 redeat in memoria iniquitas patrum eius apud Deum
et iniquitas matris eius ne deleatur
15 sit contra Dominum semper

41 subleuauit RF | 43 qui sapiens FAK | intellegent FIL𝔰𝔐] intellegens Θ; intelleget *cet.* || **107**(𝔐 **108**),1 psalmus F | 2 canto RF. | 4 et *om.* F | 8 sychimam C | 11 deducit[1] RF. | deducit[2] R. | 14 conculcauit F || **108**(𝔐 **109**),2 os[2] *om.* IAKΘ | 3 mendaci F | 6 constitues F | satan astet FL𝔰.] sathanas istet C.; satanan stet AK.; satan stet *cet.* | 7 diiudicatus ΣSL𝔥 | 8 parui] pauci RΘ; + et RFΣΘSL𝔥 | 9 sint] fiant IA | 11 exactor] foenerator C | et diripiantur ab alienis IAK. | labores IΣAKSL𝔥 | 14 in memoriam FCΣKΘSL𝔥 | ne FΣS𝔥𝔰] non *cet.* | 15 sint Σ𝔥 |

RFCI ΣAKΘSL 𝔥𝔰

Iob 18,17! et dispereat de terra memoria eorum
16 pro eo quod non est recordatus facere misericordiam
17 et persecutus est hominem inopem et mendicum
et conpunctum corde mortificare
18 et dilexit maledictionem et veniet ei
et noluit benedictionem et elongabitur ab eo
et induit maledictionem sicut vestimentum
Nm 5,22 et intravit sicut aqua in interiora eius
et sicut oleum in ossibus eius
19 fiat ei sicut vestimentum quo operitur
et sicut zona qua semper praecingitur
20 hoc opus eorum qui detrahunt mihi apud Dominum
et qui loquuntur mala adversus animam meam
24,11! 68,17; 105,8; 142,11! Ez 20,9 21 et tu Domine Domine fac mecum propter nomen tuum
quia suavis misericordia tua
39,18! libera me 22 quia egenus et pauper ego sum
54,5; 142,4 et cor meum turbatum est intra me
143,4; Iob 8,9! 23 sicut umbra cum declinat ablatus sum
excussus sum sicut lucustae
34,13! I Mcc 3,17 24 genua mea infirmata sunt a ieiunio
et caro mea inmutata est propter oleum
25 et ego factus sum obprobrium illis
Iob 16,5! viderunt me moverunt capita sua
26 adiuva me Domine Deus meus
6,5! salvum fac me secundum misericordiam tuam
27 et sciant quia manus tua haec
tu Domine fecisti eam
I Cor 4,12 28 maledicent illi et tu benedices
qui insurgunt in me confundantur
servus autem tuus laetabitur
29 induantur qui detrahunt mihi pudore 70,13!
et operiantur sicut deploide confusione sua
30 confitebor Domino nimis in ore meo 32,3! Sir 39,20!
et in medio multorum laudabo eum
31 quia adstitit a dextris pauperis 15,8!
ut salvam faceret a persequentibus animam meam 7,2; 30,16!

109 DAVID PSALMUS

Dixit Dominus Domino meo sede a dextris meis Mt 22,44! Mc 12,36; Lc 20,42.43; Act 2,34.35
donec ponam inimicos tuos scabillum pedum tuorum Hbr 1,13; 10,12.13; I Cor 15,25
2 virgam virtutis tuae emittet Dominus ex Sion
dominare in medio inimicorum tuorum
3 tecum principium in die virtutis tuae
in splendoribus sanctorum
ex utero ante luciferum genui te Is 49,1! 5
4 iuravit Dominus et non paenitebit eum 131,11; Hbr 7,21
tu es sacerdos in aeternum secundum ordinem Melchisedech Za 6,13; Hbr 5,6! 7,17!
5 Dominus a dextris tuis confregit in die irae suae reges 15,8!
6 iudicabit in nationibus implebit cadavera
conquassabit capita in terra multorum 67,22!
7 de torrente in via bibet
propterea exaltabit caput

110 ALLELUIA REVERSIONIS AGGEI ET ZACCHARIAE

Confitebor tibi Domine in toto corde meo 85,12!
in consilio iustorum et congregatione
2 magna opera Domini

RFI WSKΦ cr 19 quo operietur WSKΦ; quod operietur R. | 21 suauis + est IΦ c | 22 conturbatum c | intra] in R | 23 sum¹ + et IWSKΦ c | 25 me + et WSKΦ c | 26 ∼ me fac WSKΦ c | 27 haec + et W c | eam] ea I | 28 confundentur S || **109**,1 ∼ psalmus dauid RWK c | 2 emittit RW. | 5 confrigit F.; confringit R. | 6 cadauera R r. 𝔐, *cf.* 𝔊] ruinas *cet.* | conquassauit RFΦ || **110**,1 reuersionis—zacchariae *om.* I c ||

et intereat de terra memoria eorum
16 eo quod non est recordatus facere misericordiam
17 et persecutus est virum inopem et pauperem
et conpunctum corde ut interficeret
18 et dilexit maledictionem quae veniet ei
et noluit benedictionem quae elongabitur ab eo
et indutus est maledictione quasi vestimento suo
et ingredietur quasi aqua in viscera eius
et quasi oleum in ossa eius
19 sit ei quasi pallium quo circumdatur
et quasi cingulum quo semper accingitur
20 haec est retributio his qui adversantur mihi a Domino
et qui loquuntur malum contra animam meam
21 tu autem Deus Domine fac mecum propter nomen tuum
quoniam bona est misericordia tua libera me
22 quoniam egenus et pauper sum
et cor meum vulneratum est intrinsecus
23 quasi umbra cum inclinatur abductus sum et excussus quasi lucusta
24 genua mea vacillaverunt a ieiunio
et caro mea mutata est absque oleo
25 et ego factus sum obprobrium eis
videntes me moverunt caput suum
26 adiuva me Domine Deus meus
salva me secundum misericordiam tuam
27 et sciant quoniam manus tua haec
tu Domine fecisti eam
28 maledicent illi et tu benedices
restiterunt et confundentur
servus autem tuus laetabitur
29 induantur adversarii mei confusione
et operiantur quasi indumento confusione sua
30 confitebor Domino vehementer in ore meo
et in medio populorum laudabo eum
31 quoniam stabit a dextris pauperis
ut salvet a iudicibus animam eius

109 DAVID CANTICUM

Dixit Dominus Domino meo sede a dextris meis
donec ponam inimicos tuos scabillum pedum tuorum
2 virgam fortitudinis tuae emittet Dominus ex Sion
dominare in medio inimicorum tuorum
3 populi tui spontanei erunt in die fortitudinis tuae
in montibus sanctis quasi de vulva orietur tibi ros adulescentiae tuae
4 iuravit Dominus et non paenitebit eum
tu es sacerdos in aeternum secundum ordinem Melchisedech
5 Dominus ad dexteram tuam percussit in die furoris sui reges
6 iudicabit in gentibus implebit valles
percutiet caput in terra multa
7 de torrente in via bibet propterea exaltabit caput

110 ALLELUIA

ALEPH Confitebor Domino in toto corde
BETH in consilio iustorum et congregatione
2 GIMEL magna opera Domini

15 eorum] eius C | 16 ~ recordatus est C | 18 uenit F | maledictionem FIA | 21 ~ domine deus ΣΘS𝔥; deus *om.* AK. | 23 adductus sum CΘ; *praem.* ad occasum L; + ad occasum F. | 27 eam] ea IAK. | 29 indumento] uestimento IAK.; pallio Θ || **109** (𝔐 **110**), 1 tuos *om.* IK. | 3 spontanei] duces spontanei FΣL𝔥; iudices Θ | tuae¹] suae IAK. | 4 iurabit FΘ | 5 a dextram tuam RF.; a dextera tua IAKS. | 6 iudicauit CK | impleuit CΣAK | capita CΣ | in terram multam C || **110** (𝔐 **111**), 1 aleph] *litt. hebr. omnes om.* RFΣ𝔥 | corde + meo CIΣAKΘS𝔥 | 2 domini] dei C |

RFCI ΣAKΘSL 𝔥s

exquisita in omnes voluntates eius
3 confessio et magnificentia opus eius
111,3.9! et iustitia eius manet in saeculum
saeculi
4 memoriam fecit mirabilium suorum
85,15! misericors et miserator Dominus
5 escam dedit timentibus se
104,8! 105,45 memor erit in saeculum testamenti
sui
6 virtutem operum suorum adnuntiabit populo suo
7 ut det illis hereditatem gentium
opera manuum eius veritas et iudicium
18,8 8 fidelia omnia mandata eius
148,6! confirmata in saeculum saeculi
facta in veritate et aequitate
Lc 1,68 9 redemptionem misit populo suo
mandavit in aeternum testamentum
suum
98,3! Lc 1,49 sanctum et terribile nomen eius
Iob 28,28! Prv 1,7; 9,10; Sir 1,16! 10 initium sapientiae timor Domini
intellectus bonus omnibus facienti-
bus eum
laudatio eius manet in saeculum
÷ saeculi :

145,1 **111** ALLELUIA REVERSIONIS AGGEI ET ZACCHARIAE

Beatus vir qui timet Dominum
in mandatis eius volet nimis
24,13; 36,26 2 potens in terra erit semen eius
generatio rectorum benedicetur
Prv 3,16! 3 gloria et divitiae in domo eius
9! 110,3 et iustitia eius manet in saeculum
saeculi
96,11; Is 58,10! 4 exortum est in tenebris lumen rectis
misericors et miserator et iustus
36,21! Prv 14,21! 5 iucundus homo qui miseretur et
commodat
disponet sermones suos in iudicio
6 quia in aeternum non commovebitur 14,5! 54,23
7 in memoria aeterna erit iustus Prv 10,7! Sap 4,1
ab auditione mala non timebit Prv 28,1; Sir 34,16
paratum cor eius sperare in Do- 56,8; 129,5; Dn 13,35
mino
8 confirmatum est cor eius non commovebitur
donec dispiciat inimicos suos 53,9!
9 dispersit dedit pauperibus II Cor 9,9
iustitia eius manet in saeculum sae- 3; 110,3
culi
cornu eius exaltabitur in gloria 74,11!
10 peccator videbit et irascetur 36,12!
dentibus suis fremet et tabescet
desiderium peccatorum peribit Prv 11,7!

112 ALLELUIA

Laudate pueri Dominum 133,1! 134,1
laudate nomen Domini
2 sit nomen Domini benedictum Tb 3,13.23; Iob 1,21;
ex hoc nunc et usque in saeculum Dn 2,20
3 a solis ortu usque ad occasum lau- Is 59,19! Mal 1,11!
dabile nomen Domini
4 excelsus super omnes gentes Domi- 98,2
nus
super caelos gloria eius 56,6!
5 quis sicut Dominus Deus noster Idt 6,15! Is 57,15
qui in altis habitat 6 et humilia re- 10,5; 32,14! 101,20; 137,6
spicit
in caelo et in terra
7 suscitans a terra inopem I Sm 2,8
et de stercore erigens pauperem
8 ut conlocet eum cum principibus
cum principibus populi sui
9 qui habitare facit sterilem in domo Is 54,1!
matrem filiorum laetantem

113 ALLELUIA

RF(I) (L)WSKΦ cr **111**,7 [*iterum adest* L] | paratum + est I | 10 fremit R; fremebit I. | [*deest* I *usque ad* 113, 11] || **112**,4 dominus + et Φ c ||

DELETH exquirenda in cunctis voluntatibus suis
3 HE gloria et decor opus eius
VAV et iustitia eius perseverans semper
4 ZAI memoriam fecit mirabilium suorum
HETH clemens et misericors Dominus
5 TETH escam dedit timentibus se
IOTH memor erit in sempiternum pacti sui
6 CAPH fortitudinem operum suorum adnuntiabit populo suo
7 LAMETH ut det eis hereditatem gentium
MEM opus manuum eius veritas et iudicium
8 NUN fidelia omnia praecepta eius
SAMECH firmata in sempiternum iugiter
AIN facta in veritate et aequitate
9 FE redemptionem misit populo suo
SADE mandavit in aeternum pactum suum
COPH sanctum et terribile nomen eius
10 RES principium sapientiae timor Domini
SEN doctrina bona cunctis qui faciunt ea
THAV laus eius perseverans iugiter

ALLELUIA

111 ALEPH Beatus vir qui timet Dominum
BETH in mandatis eius volet nimis
2 GIMEL potens in terra erit semen eius
DELETH generatio iustorum benedicetur
3 HE substantia et divitiae in domo eius
VAV et iustitia eius perseverans semper
4 ZAI ortum est in tenebris lumen iustis
HETH clemens et misericors et iustus
5 TETH bonus vir clemens et fenerans
IOTH dispensabit verba sua in iudicio
6 CAPH quia in aeternum non commovebitur
7 LAMETH in memoria sempiterna erit iustus
MEM ab auditu malo non timebit
NUN paratum cor eius confidens in Domino
8 SAMECH firmum cor eius non timebit
AIN donec aspiciat hostibus suis
9 PHE dispersit dedit pauperibus
SADE iustitia eius permanet in aeternum
COPH cornu eius exaltabitur in gloria
10 RES impius videbit et irascetur
SEN dentibus suis frendet et tabescet
THAV desiderium impiorum peribit

112 ALLELUIA
Laudate servi Dominum laudate nomen Domini
2 sit nomen Domini benedictum amodo et usque in aeternum
3 ab ortu solis usque ad occasum eius laudabile nomen Domini
4 excelsus super omnes gentes Dominus
super caelum gloria eius
5 quis ut Dominus Deus noster
qui in excelsis habitans
6 humilia respicit in caelo et in terra
7 suscitans de terra inopem et de stercore elevat pauperem
8 ut eum sedere faciat cum principibus
cum principibus populi sui
9 qui conlocat sterilem in domo
matrem filiorum laetantem

ALLELUIA

2 cunctis] omnibus C | suis] eius RCL; *om.* I | 5 erit] est FL | 6 [*deest* I *usque ad* 111, 10] | 8 praecepta] opera C | 9 redemptione misit R | mandabit R | 10 ea] eam CΣAKSђ | perseuerat CAKS | alleluia] *ad initium ps. seq. trahunt* FΣΘSLђ || **111** (𝔐 **112**),1 aleph] *litt. hebr. omnes om.* RFΣђ | 5 dispensauit R; dispensabitur F. | 7 paratum + est RC. | 8 aspiciat + in ΣAKΘSLђ || **112** (𝔐 **113**),1 [*iterum adest* I] | 4 super²] supra IAK. | 9 alleluia] *ad initium ps. seq. trahunt* FΣKΘSLђ ||

RFC(I) ΣAKΘSL ђs

In exitu Israhel de Aegypto
domus Iacob de populo barbaro
2 facta est Iudaea sanctificatio eius
Israhel potestas eius
76,17 3 mare vidit et fugit
Ios 4,7! Iordanis conversus est retrorsum
Sap 19,9 4 montes exultaverunt ut arietes
colles sicut agni ovium
Ios 4,7! 5 quid est tibi mare quod fugisti
et tu Iordanis quia conversus es retrorsum
Sap 19,9 6 montes exultastis sicut arietes
et colles sicut agni ovium
7 a facie Domini mota est terra
a facie Dei Iacob
106,35! 8 qui convertit petram in stagna aquarum
et rupem in fontes aquarum
9 (1) non nobis Domine non nobis
Dn 3,43 sed nomini tuo da gloriam
10 (2) super misericordia tua et veritate tua
78,10! Idt 7,21; Ioel 2,17! nequando dicant gentes ubi est Deus eorum
134,6; Iob 23,13! Sap 12,18; Ion 1,14 11 (3) Deus autem noster in caelo
omnia quaecumque voluit fecit
II Par 32,19; Sap 13,10; Bar 6,3! 50 **12—14:** Dt 4,28 **12—19:** 134,15–20 **13.14:** Mt 13,13! **13—15:** Sap 15,15 12 (4) simulacra gentium argentum et aurum
opera manuum hominum
13 (5) os habent et non loquentur
oculos habent et non videbunt
14 (6) aures habent et non audient
nares habent et non odorabuntur
15 (7) manus habent et non palpabunt
pedes habent et non ambulabunt
non clamabunt in gutture suo
16 (8) similes illis fiant qui faciunt ea
et omnes qui confidunt in eis
17—19: 27,7! 17 (9) domus Israhel speravit in Domino
adiutor eorum et protector eorum est
18 (10) domus Aaron speravit in Domino
adiutor eorum et protector eorum est
19 (11) qui timent Dominum speraverunt in Domino
adiutor eorum et protector eorum est
20 (12) Dominus memor fuit nostri et benedixit nobis
benedixit domui Israhel
benedixit domui Aaron
21 (13) benedixit omnibus qui timent Dominum pusillis cum maioribus Apc 19,5
22 (14) adiciat Dominus super vos
super vos et super filios vestros
23 (15) benedicti vos Domino qui fecit caelum et terram 133,3! I Sm 23,21; Idt 13,23.24!
24 (16) caelum caeli Domino
terram autem dedit filiis hominum
25 (17) non mortui laudabunt te Domine 6,6! Is 38,18; Bar 2,17
neque omnes qui descendunt in infernum
26 (18) sed nos qui vivimus benedicimus Domino Est 13,17; Sir 17,25
ex hoc nunc et usque in saeculum

114 ALLELUIA

Dilexi quoniam exaudiet Dominus 65,19
vocem orationis meae
2 quia inclinavit aurem suam mihi
et in diebus meis invocabo te Bar 4,20
3 circumdederunt me dolores mortis 54,5 **3.4:** 17,5–7; II Sm 22,5–7
pericula inferni invenerunt me
tribulationem et dolorem inveni 119,1!
4 et nomen Domini invocavi
o Domine libera animam meam
5 misericors Dominus et iustus
et Deus noster miseretur
6 custodiens parvulos Dominus
humiliatus sum et liberavit me
7 convertere anima mea in requiem tuam
quia Dominus benefecit tibi
8 quia eripuit animam meam de morte 55,13!
oculos meos a lacrimis
pedes meos a lapsu

RF(I) LWSKΦ cr **113**,4 arietes RL.] + et *cet.* | 12 [*iterum adest* I] | 14 odorabuntur RL.] odorabunt *cet.* | 23 uos + a I c || **114**,1 exaudiuit I | 2 te *om.* R c *Hi* | 3 mortis + et FSKΦ c | 7 animam meam LΦ ||

113 Cum egrederetur Israhel de Aegypto
domus Iacob de populo barbaro
2 factus est Iudas in sanctificatione
eius
Israhel potestas eius
3 mare vidit et fugit
Iordanis conversus est retrorsum
4 montes subsilierunt quasi arietes
colles quasi filii gregis
5 quid tibi est mare quia fugisti
Iordanis quia conversus es retrorsum
6 montes sussultastis quasi arietes
colles quasi filii gregis
7 a facie Domini contremesce terra a
facie Dei Iacob
8 qui convertit petram in paludes
aquarum
silicem in fontes aquarum
9 (1) Non nobis Domine non nobis
sed nomini tuo da gloriam
10 (2) propter misericordiam tuam et
veritatem tuam
ne dicant gentes ubi est Deus eorum
11 (3) Deus autem noster in caelo universa quae voluit fecit
12 (4) idola gentium argentum et aurum
opus manuum hominum
13 (5) os habent et non loquentur
oculos habent et non videbunt
14 (6) aures habent et non audient
nasum habent et non odorabuntur
15 (7) manus habent et non palpabunt
pedes habent et non ambulabunt
nec sonabunt in gutture suo
16 (8) similes illis fiant qui faciunt ea
omnis qui confidit in eis
17 (9) Israhel confidet in Domino auxiliator et protector eorum est
18 (10) domus Aaron confidet in Domino
auxiliator et protector eorum est
19 (11) timentes Dominum confident in
Domino
auxiliator et protector eorum est
20 (12) Dominus recordatus nostri benedicet
benedicet domui Israhel benedicet
domui Aaron
21 (13) benedicet timentibus Dominum
parvis et magnis
22 (14) addat Dominus super vos super
vos et super filios vestros
23 (15) benedicti vos Domino qui fecit
caelos et terram
24 (16) caelum caelorum Domino terram
autem dedit filiis hominum
25 (17) non mortui laudabunt Dominum
nec omnes qui descendunt in silentium
26 (18) sed nos benedicimus Domino a-
modo et usque in aeternum

ALLELUIA

114 Dilexi quoniam audies Domine
vocem deprecationis meae
2 inclinavit aurem suam mihi et in diebus meis invocabo
3 circumdederunt me funes mortis
et munitiones inferni invenerunt me
angustiam et dolorem repperi
4 et nomen Domini invocavi
obsecro Domine salva animam meam
5 clemens Dominus et iustus et Deus
noster misericors
6 custodit parvulos Dominus
adtenuatus sum et salvavit me
7 revertere anima mea in requiem tuam quia Dominus reddet tibi
8 quia eruit animam meam de morte
oculos meos a lacrimis pedes meos
ab offensa

113 (𝔐 **114**),4 subsiluerunt RIAKSL𝔥 | 5 quia[1]] quod IΘ.; quare CΣ | 6 subsaltastis C ΣΘL𝔥 | 7 contremesce *restituimus cum* 𝔐] contremescet FIAK𝔰; contremescat R.; contremescit CΣΘSL𝔥 | 8 silices RS | 9 (𝔐 **115**,1) | 11 fecit + semper C | 12 opera FL | 16 omnes qui confidunt RIAKS | 18 confidit FΣL | 19 confident CΣΘ𝔥𝔰] confidunt *cet.* | 22 super uos[2] *om.* RΣ | 23 caelum RΣΘ | 24 terra R | 26 benedicemus IAK. | et *om.* IAK. | alleluia *om.* RK; *ad initium ps. seq. trahunt* FΣΘSL𝔥 || **114** (𝔐 **116**),1 exaudies domine CΣA; exaudivit dominus Θ | 6 saluabit RΣ | 8 eruet IAKS𝔥.; eripuit ΘL | ab offensu C ||

RFCI
ΣAKΘSL
𝔥𝔰

26,13; 141,6 9 placebo Domino in regione vivorum

115 ALLELUIA

II Cor 4,13 10 Credidi propter quod locutus sum
37,9! ego autem humiliatus sum nimis
30,23 11 ego dixi in excessu meo
61,10; Rm 3,4 omnis homo mendax
12 quid retribuam Domino pro omnibus quae retribuit mihi
13 calicem salutaris accipiam et nomen Domini invocabo
18; 21,26! 14 vota mea Domino reddam coram omni populo eius
15 pretiosa in conspectu Domini mors sanctorum eius
85,16; Sap 9,5 16 o Domine quia ego servus tuus
ego servus tuus et filius ancillae tuae
disrupisti vincula mea
49,14.15! Tb 8,19! 17 tibi sacrificabo hostiam laudis
I Mcc 4,56; Hbr 13,15 et in nomine Domini invocabo
14; 21,26! 18 vota mea Domino reddam
in conspectu omnis populi eius
19 in atriis domus Domini
in medio tui Hierusalem

116 ALLELUIA

Rm 15,11 Laudate Dominum omnes gentes
laudate eum omnes populi
2 quoniam confirmata est super nos misericordia eius
99,5; III Esr 4,38 et veritas Domini manet in saeculum

117 ALLELUIA

29; 105,1! Confitemini Domino quoniam bonus
quoniam in saeculum misericordia eius
2–4: 134,19.20! 2 dicat nunc Israhel quoniam bonus
quoniam in saeculum misericordia eius
3 dicat nunc domus Aaron
quoniam in saeculum misericordia eius
4 dicant nunc qui timent Dominum
quoniam in saeculum misericordia eius
4,2; 119,1! 5 de tribulatione invocavi Dominum
et exaudivit me in latitudinem Dominus 17,20!
6 Dominus mihi adiutor Is 50,7! Hbr 13,6
non timebo quid faciat mihi homo 55,5!
7 Dominus mihi adiutor 53,6
et ego despiciam inimicos meos
8 bonum est confidere in Domino 145,2.3
quam confidere in homine
9 bonum est sperare in Domino
quam sperare in principibus
10 omnes gentes circumierunt me
et in nomine Domini ※quia: ultus sum in eos
11 circumdantes circumdederunt me
in nomine autem Domini ※quia: ultus sum in eos
12 circumdederunt me sicut apes Dt 1,44
et exarserunt sicut ignis in spinis
et in nomine Domini ※quia: ultus sum in eos
13 inpulsus eversus sum ut caderem
et Dominus suscepit me
14 fortitudo mea et laudatio mea Dominus Ex 15,2! Is 12,2
et factus est mihi in salutem 21.28
15 vox exultationis et salutis
in tabernaculis iustorum
16 dextera Domini fecit virtutem Ex 15,6!
dextera Domini exaltavit me 137,7
dextera Domini fecit virtutem
17 non moriar sed vivam **17.18:** II Mcc 3,34;
et narrabo opera Domini II Cor 6,9
18 castigans castigavit me Dominus Ier 30,11
et morti non tradidit me
19 aperite mihi portas iustitiae Idt 13,13; Is 26,2
ingressus in eas confitebor Domino
20 haec porta Domini iusti intrabunt in eam
21 confitebor tibi quoniam exaudisti me 28!
et factus es mihi in salutem 14!
22 lapidem quem reprobaverunt aedificantes Mt 21,42; Mc 12,10.11; Lc 20,17;
hic factus est in caput anguli Act 4,11; I Pt 2,7

RFI LWSKΦ cr **115**,17 in nomine] nomine W; nomen SK c || **116**,2 saeculum FL ꝛ.] aeternum *cet.* || **117**,5 in latitudinem FL ꝛ 𝔊] in latitudine *cet.* | 10 ※ ꝛ *Hi*] *om.* R, *spatio relicto* | 11 in nomine autem RL ꝛ.] et in nomine autem F.; et in nomine *cet.* | ※ ꝛ *Hi*] *om.* R, *item v.* 12 | 12 in[3] *om.* FΦ. | 14 laudatio] laus c | 19 iustitiae + et RI | 21 tibi + domine I |

9 deambulabo coram Domino in terris
viventium
115 10 Credidi propter quod locutus
sum
ego adflictus sum nimis
11 ego dixi in stupore meo omnis homo
mendacium
12 quid reddam Domino pro omnibus
quae tribuit mihi
13 calicem salutis accipiam et nomen
Domini invocabo
14 vota mea Domino reddam coram
omni populo eius
15 gloriosa in conspectu Domini mors
sanctorum eius
16 obsecro Domine quia ego servus
tuus
ego servus tuus filius ancillae tuae
dissolvisti vincula mea
17 tibi immolabo hostiam laudis
et in nomine Domini invocabo
18 vota mea Domino reddam in conspectu omnis populi eius
19 in atriis domus Domini in medio tui
Hierusalem

ALLELUIA

116 Laudate Dominum omnes gentes
conlaudate eum universi populi
2 quia confortata est super nos misericordia eius
et veritas Domini in aeternum

ALLELUIA

117 Confitemini Domino quoniam
bonus
quoniam in aeternum misericordia
eius
2 dicat nunc Israhel quoniam in aeternum misericordia eius
3 dicat domus Aaron quoniam in aeternum misericordia eius
4 dicant qui timent Dominum quoniam in aeternum misericordia eius
5 cum tribularer invocavi Dominum
et exaudivit me in latitudine Dominus
6 Dominus meus es non timebo quid
faciat mihi homo
7 Dominus mihi auxiliator et ego despiciam odientes me
8 melius est sperare in Domino quam
sperare in homine
9 melius est sperare in Domino quam
sperare in principibus
10 omnes gentes circumdederunt me
et in nomine Domini ultus sum eas
11 circumdederunt me et obsederunt me
sed in nomine Domini ultus sum
eas
12 circumdederunt me quasi apes
extinctae sunt quasi ignis spinarum
in nomine Domini quia ultus sum
eas
13 inpulsus pellebar ut caderem
et Dominus sustentavit me
14 fortitudo mea et laus mea Dominus
et factus est mihi in salutem
15 vox laudis et salutis in tabernaculis
iustorum
16 dextera Domini fecit fortitudinem
dextera Domini excelsa
dextera Domini fecit fortitudinem
17 non moriar sed vivam et narrabo
opera Domini
18 corripiens arguit me Dominus et
morti non tradidit me
19 aperite mihi portas iustitiae
ingressus eas confitebor Domino
20 haec est porta Domini iusti intrabunt in eam
21 confitebor tibi quoniam exaudisti
me et factus es mihi in salutem
22 lapis quem reprobaverunt aedificantes
factus est in caput anguli

115,10(𝔐 **116**,10) credidi] *praem.* alleluia IAKSL𝔥 | 12 tribuit RS𝔰] retribuet Θ.; retribuit *cet.* | 13 salutaris RCΘ | 16 tuus^2 + et RC | desoluisti AK.; disrupisti RΘ. | 19 alleluia] *ad initium ps. seq. trahunt* FCΣAKΘSL𝔥 || **116**(𝔐 **117**),2 alleluia] *ad initium ps. seq. trahunt* FCΣKΘSL𝔥 || **117** (𝔐 **118**), 1 bonus + est CΣ | 3 dicat + nunc RFAKΘSL𝔥 | 4 dicant + nunc AKΘ𝔥 | 5 dominus *om.* C | 6 meus es] meus FΣL; mecum est Θ | ~ mihi faciat C | 12 apes + et R | 14 domine C | est] es RC | 19 in eas RCΘ | confitear C | 20 in ea R; per eam Σ | 21 tibi + domine IΘ. | 22 lapidem IAKΘ |

RFCI ΣAKΘSL 𝔥𝔰

Est 10,4 23 a Domino factum est istud
hoc est mirabile in oculis nostris
24 haec est dies quam fecit Dominus
exultemus et laetemur in ea
25 o Domine salvum fac
o Domine prosperare
Mt 21,9; 23,39; Mc 11,10; Lc 13,35; 19,38; Io 12,13 26 benedictus qui venturus est in nomine Domini
128,8 benediximus vobis de domo Domini
27 Deus Dominus et inluxit nobis
constituite diem sollemnem in con-
densis
usque ad cornua altaris
I Par 29,13! Is 25,1! 28 Deus meus es tu et confitebor tibi
Deus meus ÷ es tu : et exaltabo te
21; 137,1 confitebor tibi quoniam exaudisti
me
14! et factus es mihi in salutem
1; 105,1! 29 confitemini Domino quoniam bonus
quoniam in saeculum misericordia
eius

118 ALLELUIA

ALEPH

127,1; Prv 8,32; 29,18 Dt 10,12! Beati inmaculati in via qui ambulant in lege Domini
2 beati qui scrutantur testimonia eius
in toto corde exquirent eum
3 non enim qui operantur iniquitatem
in viis eius ambulaverunt
4 tu mandasti mandata tua custodire
nimis
III Rg 8,61! 5 utinam dirigantur viae meae ad custodiendas iustificationes tuas
6 tunc non confundar cum perspexero
in omnibus mandatis tuis
85,12! 7 confitebor tibi in directione cordis
in eo quod didici iudicia iustitiae
tuae
8 iustificationes tuas custodiam non
me derelinquas usquequaque

BETH

9 In quo corriget adulescentior viam
suam in custodiendo sermones tuos
10 in toto corde meo exquisivi te non
repellas me a mandatis tuis
11 in corde meo abscondi eloquia tua 36,31! Is 51,7
ut non peccem tibi
12 benedictus es Domine doce me ius- 26! 64.68
tificationes tuas
13 in labiis meis pronuntiavi omnia iudicia oris tui
14 in via testimoniorum tuorum delec- 127! 162
tatus sum sicut in omnibus divitiis
15 in mandatis tuis exercebor et consi- 24! 47! 1,2!
derabo vias tuas
16 in iustificationibus tuis meditabor 23.117
non obliviscar sermones tuos 30

GIMEL

17 Retribue servo tuo vivifica me et custodiam sermones tuos
18 revela oculos meos et considerabo 129; II Mcc 1,4
mirabilia de lege tua
19 incola ego sum in terra non abscondas a me mandata tua
20 concupivit anima mea desiderare 40.131
iustificationes tuas in omni tempore
21 increpasti superbos maledicti qui Dt 27,26!
declinant a mandatis tuis
22 aufer a me obprobrium et contemp- 39; Tb 3,15
tum quia testimonia tua exquisivi
23 etenim sederunt principes et adversum me loquebantur servus autem
tuus exercebatur in iustificationi- 16!
bus tuis
24 nam et testimonia tua meditatio mea 15! 99
et consilium meum iustificationes
tuae

DELETH

25 Adhesit pavimento anima mea vivi- 43,25!
fica me secundum verbum tuum 154
26 vias meas enuntiavi et exaudisti me
doce me iustificationes tuas 12! 124.135
27 viam iustificationum tuarum instrue I Sm 12,23!
me et exercebor in mirabilibus tuis

RFI (L)WSKΦ cr

23 hoc] et c | 25 saluum + me c | prospera RF.; *praem.* bene RIc | 26 uenturus est] uenturus WSΦ; uenit Kc | 27 cornua RLr. 𝔊] cornu *cet.* | 28 ÷ r] ※ R | tibi² + domine I ‖ **118**,1 aleph *om.* RK | 2 exquirent FLr. 𝔊] exquirunt *cet.* | 4 custodiri FIL Φc | 6 respexero R.; spexero F. | 9 beth *om.* R | corriget FLΦr. 𝔊] corregit R.; corrigit *cet.* | 10 non] ne c | 17 gimel *om.* RK | uiuifica me] uiuam I | 24 mea + est c | 25 deleth *om.* R | 26 [*deest* L *usque ad v.* 40] |

23 a Domino factum est istud et hoc
mirabile in oculis nostris
24 haec est dies quam fecit Dominus
exultemus et laetemur in ea
25 obsecro Domine salva obsecro
obsecro Domine prosperare obsecro
26 benedictus qui venit in nomine Domini
benediximus vobis de domo Domini
27 Deus Dominus et apparuit nobis
frequentate sollemnitatem in frondosis usque ad cornua altaris
28 Deus meus es tu et confitebor tibi
Deus meus es tu exaltabo te
29 confitemini Domino quoniam bonus
quoniam in aeternum misericordia eius

ALEPH

118 Beati inmaculati in via qui ambulant in lege Domini
2 beati qui custodiunt testimonia eius
in toto corde requirunt eum
3 nec enim qui operantur iniquitatem
in viis eius ambulaverunt
4 tu mandasti praecepta tua custodire nimis
5 utinam dirigantur viae meae ad custodienda praecepta tua
6 tunc non confundar cum respexero
ad omnia mandata tua
7 confitebor tibi in directione cordis
cum didicero iudicia iustitiae tuae
8 praecepta tua custodiam ne derelinquas me nimis

BETH

9 In quo corrigit iuvenis semitam suam cum custodierit verba tua
10 in toto corde meo exquisivi te ne
errare me facias a mandatis tuis
11 in corde meo abscondi eloquium
tuum ut non peccem tibi
12 benedictus tu Domine doce me praecepta tua
13 in labiis meis narravi omnes iustitias oris tui
14 in via testimoniorum tuorum laetatus sum quasi in omnibus divitiis
15 in praeceptis tuis meditabor et contemplabor semitas tuas
16 iustitiis tuis delectabor non obliviscar verba tua

GIMEL

17 Tribue servo tuo vivam et custodiam verba tua
18 revela oculos meos et videbo mirabilia in lege tua
19 advena ego sum in terra ne abscondas a me mandata tua
20 desideravit anima mea desiderare
iudicia tua in omni tempore
21 increpasti superbos maledicti qui
recedunt a mandatis tuis
22 aufer a me obprobrium et contemptum quoniam testimonia tua custodivi
23 etenim sedentes principes adversum
me loquebantur servus autem tuus
meditabatur praecepta tua
24 sed et testimonia tua voluntas mea
quasi viri amicissimi mei

DELETH

25 Adhesit pulveri anima mea vivifica
me iuxta verbum tuum
26 vias meas exposui et exaudisti doce
me iustitiam tuam
27 viam praeceptorum tuorum fac me
intellegere et loquar in mirabilibus tuis

RFCI ΣAKΘSL 𝔥𝔰

23 factus est IAS. | et hoc] hoc A; + est IΣKΘS 𝔥 | 25 obsecro[3] *om.* RΣ | domine[2] + et IAK. | prosperae C | 26 uobis] uos CΘ | 27 ad cornu FCΣΘSL 𝔥 | 28 tu[2] F𝔰., *cf.* 𝔐] tu et *cet.* | 29 confitemini Θ𝔥𝔰𝔐] confitebor *cet.* || **118**(𝔐 **119**),1 aleph] *litt. hebr. omnes om.* Σ, *usque ad* teth (*v.* 65) *om.* R, *usque ad* beth (*v.* 9) *om.* A; *praem.* alleluia FSL 𝔥. | 4 custodiri CIΣKL 𝔥 | 14 laetatus] delectatus IAK | 16 in iustitiis FIAKSL 𝔥 | 17 retribue CΣA | 18 uideam Θ; considerabo FA. | 22 custodiui] exquisiui IAK. | 23 sederunt IAK | 24 uolumptas FI.; uoluptas R. | 26 exaudisti + me R |

28 dormitavit anima mea prae taedio
confirma me in verbis tuis
29 viam iniquitatis amove a me et lege
tua miserere mei
16 30 viam veritatis elegi iudicia tua non
sum oblitus
31 adhesi testimoniis tuis Domine noli
me confundere
32 viam mandatorum tuorum cucurri
Is 60,5; II Cor 6,11 cum dilatasti cor meum

HE

33 Legem pone mihi Domine viam iustificationum tuarum et exquiram
eam semper
73.125 34 da mihi intellectum et scrutabor legem tuam et custodiam illam in to-
to corde meo
35 deduc me in semita mandatorum tuorum quia ipsam volui
III Rg 8,58 36 inclina cor meum in testimonia tua
et non in avaritiam
Is 33,15 37 averte oculos meos ne videant vanitatem in via tua vivifica me
38 statue servo tuo eloquium tuum in
timore tuo
22; Tb 3,15! 39 amputa obprobrium meum quod
suspicatus sum quia iudicia tua iucunda
20.131 40 ecce concupivi mandata tua in ae-
88! 149.156 quitate tua vivifica me

VAV

41 Et veniat super me misericordia tua
Domine salutare tuum secundum
eloquium tuum
Prv 27,11 42 et respondebo exprobrantibus mihi
114 verbum quia speravi in sermonibus
tuis
43 et ne auferas de ore meo verbum veritatis usquequaque quia in iudiciis
tuis supersperavi
Dt 5,29! 44 et custodiam legem tuam semper in
saeculum et in saeculum saeculi
45 et ambulabam in latitudine quia
mandata tua exquisivi
46 et loquebar in testimoniis tuis in Mt 10,18
conspectu regum et non confunde-
bar
47 et meditabar in mandatis tuis quae 15! 143!
dilexi 97!
48 et levavi manus meas ad mandata
quae dilexi et exercebar in iustificationibus tuis

ZAI

49 Memor esto verbi tui servo tuo in
quo mihi spem dedisti
50 haec me consolata est in humilitate
mea quia eloquium tuum vivificavit
me
51 superbi inique agebant usquequa- 69.78
que a lege autem tua non declinavi
52 memor fui iudiciorum tuorum a saeculo Domine et consolatus sum
53 defectio tenuit me prae peccatoribus
derelinquentibus legem tuam
54 cantabiles mihi erant iustificationes
tuae in loco peregrinationis meae
55 memor fui in nocte nominis tui Do- 62,7; 76,7
mine et custodivi legem tuam
56 haec facta est mihi quia iustificationes tuas exquisivi

HETH

57 Portio mea Dominus dixi custodire 15,5! Lam 3,24
legem tuam
58 deprecatus sum faciem tuam in toto
corde meo miserere mei secundum
eloquium tuum
59 cogitavi vias meas et avertisti pedes
meos in testimonia tua
60 paratus sum et non sum turbatus ut
custodiam mandata tua
61 funes peccatorum circumplexi sunt
me et legem tuam non sum oblitus
62 media nocte surgebam ad confiten-

RFI (L)WSKΦ cr

29 legem tuam K.; *lege tua I.; de lege tua c | 31 adhaesit F | 33 he *om.* RK | uiae FI. | 35 in semitam c. | 41 [*iterum adest* L] | uau *om.* RK | 43 supersperaui] semper speraui I.; speraui R | 46 in[1]] de c (*edd.* 1593 *et* 1598, *sed in indice errorum ed.* 1598 *corr.*) | 47 meditabor FWSK | dilexi + uehementer FL., *cf. Su* | 48 mandata RLr. *Su*] mandata tua *cet.* | 49 zai *om.* R | 53 prae] pro IKc | 55 in *om.* Wc | 57 heth *om.* R | dominus RFILr.] domine *cet.* | 59 auertisti FILr. *Su*] auerti RKΦ, *cf. Su;* conuerti WSc |

28 destillavit anima mea prae stultitia serva me iuxta eloquium tuum
29 viam mendacii aufer a me et legem tuam dona mihi
30 viam fidei elegi iudicia tua proponebam
31 adhesi testimoniis tuis Domine ne confundas me
32 viam mandatorum tuorum curram quoniam dilatasti cor meum

HE

33 Ostende mihi Domine viam praeceptorum tuorum et custodiam eam per vestigium
34 doce me et observabo legem tuam et custodiam eam in toto corde
35 deduc me in semita mandatorum tuorum quia ipsam volui
36 inclina cor meum ad testimonia tua et non ad avaritiam
37 averte oculos meos ne videant vanitatem in via tua vivifica me
38 suscita servo tuo eloquium tuum in timorem tuum
39 averte obprobrium meum quod reveritus sum iudicia tua bona
40 ecce desideravi praecepta tua iustitia tua vivifica me

VAV

41 Et veniant mihi misericordiae tuae Domine et salus tua iuxta eloquium tuum
42 et respondebo exprobranti mihi sermonem quia speravi in sermone tuo
43 et ne auferas de ore meo verbum veritatis usque nimis quoniam iudicia tua expectavi
44 et custodiam legem tuam iugiter in sempiternum et ultra
45 et ambulabo in spatioso quia praecepta tua quaesivi
46 et loquar in testimoniis tuis coram regibus et non confundar
47 et delectabor in mandatis tuis quae dilexi
48 et levabo manus meas ad mandata tua quae dilexi et loquar in praeceptis tuis

ZAI

49 Memento sermonis servo tuo quem me sperare fecisti
50 haec est consolatio mea in adflictione mea quia eloquium tuum vivificavit me
51 superbi deridebant me nimis a lege tua non declinavi
52 recordatus sum iudiciorum tuorum a saeculo Domine et consolatus sum
53 horror obtinuit me ab impiis qui dereliquerunt legem tuam
54 carmina erant mihi praecepta tua in domo peregrinationis meae
55 recordatus sum in nocte nominis tui Domine et custodivi legem tuam
56 hoc factum est mihi quia praecepta tua custodivi

HETH

57 Pars mea Domine dixi ut custodiam verbum tuum
58 deprecatus sum vultum tuum in toto corde miserere mei secundum eloquium tuum
59 recogitavi vias meas et converti pedes meos ad testimonia tua
60 festinavi et non neglexi custodire mandata tua
61 funes impiorum inplicaverunt me legem tuam non sum oblitus
62 medio noctis surgam ad confitendum

31 adhesit FAΘ | 34 corde + meo CΣ | 35 in semitam F | 37 uideam C | 40 iustitia C𝔰] in iustitia *cet.* | tua[2] *om.* IA. | 48 leuaui IAK. | 53 qui] quia CΣK | 55 tui domine] domini AK.; domine I. | 57 mea *om.* IAK. | ut *om.* CΣS | 58 corde + meo IAK | 59 conuertisti IAK. | 61 legem + autem CΣ | 62 surgebam CΣΘS |

RFCI ΣAKΘSL 𝔥𝔰

dum tibi super iudicia iustificationis
tuae
79; Dt 5,29! 63 particeps ego sum omnium timentium te et custodientium mandata
tua
32,5 64 misericordia Domini plena est terra
12! iustificationes tuas doce me

TETH

65 Bonitatem fecisti cum servo tuo Domine secundum verbum tuum
66 bonitatem et disciplinam et scientiam doce me quia mandatis tuis credidi
Is 28,19 67 priusquam humiliarer ego deliqui
propterea eloquium tuum custodivi
68 bonus es tu et in bonitate tua doce
12! me iustificationes tuas
51.78 69 multiplicata est super me iniquitas
superborum ego autem in toto cor-
de scrutabor mandata tua
70 coagulatum est sicut lac cor eorum
77! 1,2! ego vero legem tuam meditatus sum
71 bonum mihi quia humiliasti me ut
discam iustificationes tuas
127! 72 bonum mihi lex oris tui super milia
auri et argenti

IOTH

Iob 10,8 73 Manus tuae fecerunt me et plasma-
34! verunt me da mihi intellectum et
discam mandata tua
74 qui timent te videbunt me et laetabuntur quia in verba tua supersperavi
75 cognovi Domine quia aequitas iudicia tua et veritate humiliasti me
76 fiat misericordia tua ut consoletur
me secundum eloquium tuum servo
tuo
77 veniant mihi miserationes tuae et vi-
70! 92.174 vam quia lex tua meditatio mea est
51.69 78 confundantur superbi quia iniuste
iniquitatem fecerunt in me ego autem exercebor in mandatis tuis

79 convertantur mihi timentes te et qui 63!
noverunt testimonia tua
80 fiat cor meum inmaculatum in iustificationibus tuis ut non confundar

CAF

81 Defecit in salutare tuum anima mea
in verbum tuum supersperavi
82 defecerunt oculi mei in eloquium Gn 27,1! Is 38,14
tuum dicentes quando consolabe-
ris me
83 quia factus sum sicut uter in pruina
iustificationes tuas non sum oblitus
84 quot sunt dies servo tuo quando fa- II Sm 19,34
cies de persequentibus me iudicium
85 narraverunt mihi iniqui fabulatio-
nes sed non ut lex tua
86 omnia mandata tua veritas inique
persecuti sunt me adiuva me
87 paulo minus consummaverunt me
in terra ego autem non dereliqui 110
mandata tua
88 secundum misericordiam tuam vivi- 40! 159
fica me et custodiam testimonia
oris tui

LAMED

89 In aeternum Domine verbum tuum Is 40,8! Mt 24,35!
permanet in caelo
90 in generationem et generationem
veritas tua fundasti terram et permanet
91 ordinatione tua perseverat dies quoniam omnia serviunt tibi
92 nisi quod lex tua meditatio mea est 77!
tunc forte perissem in humilitate
mea
93 in aeternum non obliviscar iustificationes tuas quia in ipsis vivificasti me
94 tuus sum ego salvum me fac quon- 145.146. 173.174
iam iustificationes tuas exquisivi
95 me expectaverunt peccatores ut perderent me testimonia tua intellexi
96 omni consummationi vidi finem latum mandatum tuum nimis

RFI LWSKΦ cr 62 iustificationis] iustitiae I | 64 domini] tua domine W c | 65 teth *om.* R | 66 quia + in I | 69 corde + meo IW c, *cf. Su* | 73 ioth *om.* R | et[2]] ut RW | 74 speraui RL. | 75 et ueritate FL r. 𝔊] et ueritate tua WSΦ; et in ueritate tua RIK c | 80 ~ tuis iustificationibus R | 81 mea + et R c | speraui RW. | 82 consolaueris RFL | 84 quot] quod RFLΦ | serui tui WSK c | 86 inique LW cr 𝔊] iniqui *cet.* | 96 omnis consummationis c |

tibi super iudicia iustificationis tuae

63 particeps ego sum omnium timentium te et custodientium praecepta tua

64 misericordia tua conpleta est terra praecepta tua doce me

TETH

65 Benefecisti servo tuo Domine secundum verbum tuum

66 bonum sermonem et scientiam doce me quia mandatis tuis credidi

67 antequam audirem ego ignoravi nunc autem eloquium tuum custodivi

68 bonus tu et beneficus doce me praecepta tua

69 adplicabant mihi mendacium superbi ego autem in toto corde servabam praecepta tua

Ier 5,28! Act 28,27! 70 incrassatum est velut adeps cor eorum et ego in lege tua delectabar

71 bonum mihi quia adflictus sum ut discerem praecepta tua

72 melior mihi est lex oris tui super milia auri et argenti

IOTH

73 Manus tuae fecerunt me et firmaverunt me doce me et discam mandata tua

74 qui timent te videbunt me et laetabuntur quia sermonem tuum expectavi

75 scio Domine quia iustum iudicium tuum et vere adflixisti me

76 sit obsecro misericordia tua in consolatione mea sicut locutus es servo tuo

77 veniant mihi misericordiae tuae et vivam quia lex tua delectatio mea

78 confundantur superbi quoniam inique contriverunt me ego autem loquar in praeceptis tuis

79 revertantur ad me qui timent te et qui sciunt testimonium tuum

80 fiat cor meum perfectum in praeceptis tuis ut non confundar

CAPH

81 Defecit in salutare tuum anima mea verbum tuum expectavi

82 consumpti sunt oculi mei in verbum tuum dicentes quando consolaberis me

83 et cum essem quasi uter in pruinam praecepta tua non sum oblitus

84 quot sunt dies servi tui quando facies in persequentibus me iudicium

85 foderunt mihi superbi foveas quae non erant iuxta legem tuam Ps 56,7!

86 omnia mandata tua vera falso persecuti sunt me auxiliare mihi

87 paulo minus consumpserunt me in terra ego autem non dimisi praecepta tua

88 secundum misericordiam tuam vivifica me et custodiam testimonium oris tui

LAMETH

89 In aeternum Domine verbum tuum perstat in caelo

90 in generatione et generatione fides tua fundasti terram et stat

91 iudicio tuo stant usque hodie quia omnia serviunt tibi

92 nisi quod lex tua delectatio mea forte perissem in pressura mea

93 in sempiternum non obliviscar praeceptorum tuorum quia per ipsa vivificasti me

94 tuus ego sum salva me quoniam praecepta tua quaesivi

95 me expectaverunt impii ut perderent me testimonium tuum considerabo

96 omni consummationi vidi finem latum mandatum tuum nimis

64 tua[1] + domine ΘSϸ | 65 ~ domine seruo tuo C | 70 eorum] meum IAK. | et *om.* IΘ. | delectabor IAK | 71 qui adflictus IΣ | 73 me[2] *om.* C | et[2]] ut CΣ; *om.* AK. | 74 me *om.* RΣ. | 77 et] ut R | delectatio] dilectio A.; meditatio R | 78 iniqui FA. | 83 in pruina CIΣKSLϸ | 84 quot] quod RFCAs | 88 et] ut C | testimonia IΘ | 89 lameth *om.* R | 91 stat CΣ | 92 delectatio] meditatio C | 94 ~ sum ego C |

RFCI ΣAKΘSL ϸs

MEM

159.167 97 Quomodo dilexi legem tuam tota
47! die meditatio mea est
98 super inimicos meos prudentem me
fecisti mandato tuo quia in aeternum mihi est
99 super omnes docentes me intellexi
24! quia testimonia tua meditatio mea
est
100 super senes intellexi quia mandata
tua quaesivi
Prv 1,15! 101 ab omni via mala prohibui pedes
meos ut custodiam verba tua
17,23; II Sm 22,23 102 a iudiciis tuis non declinavi quia tu
legem posuisti mihi
103 quam dulcia faucibus meis eloquia
tua super mel ori meo
128 104 a mandatis tuis intellexi propterea
odivi omnem viam iniquitatis

NUN

Prv 6,23 105 Lucerna pedibus meis verbum tuum
et lumen semitis meis
II Esr 10,29! 106 iuravi et statui custodire iudicia iustitiae tuae
37,9! 107 humiliatus sum usquequaque Domine vivifica me secundum verbum tuum
18,15; 103,34 108 voluntaria oris mei beneplacita fac
Domine et iudicia tua doce me
Iob 13,14! 109 anima mea in manibus meis semper et legem tuam non sum oblitus
110 posuerunt peccatores laqueum mihi
87 et de mandatis tuis non erravi
111 hereditate adquisivi testimonia tua
in aeternum quia exultatio cordis
mei sunt
18,12 112 inclinavi cor meum ad faciendas
iustificationes tuas in aeternum
propter retributionem

SAMECH

113 Iniquos odio habui et legem tuam
dilexi
27,7! 114 adiutor meus et susceptor meus es
42 tu in verbum tuum supersperavi
115 declinate a me maligni et scrutabor 6,9! 138,19
mandata Dei mei
116 suscipe me secundum eloquium tu- Phil 1,20!
um et vivam et non confundas me
ab expectatione mea
117 adiuva me et salvus ero et meditabor in iustificationibus tuis semper 16!
118 sprevisti omnes discedentes a iustitiis tuis quia iniusta cogitatio eorum
119 praevaricantes reputavi omnes peccatores terrae ideo dilexi testimonia tua
120 confige timore tuo carnes meas a
iudiciis ÷ enim : tuis timui

AIN

121 Feci iudicium et iustitiam non tra- Lv 25,18!
das me calumniantibus me 134
122 suscipe servum tuum in bonum non Iob 17,3
calumnientur me superbi
123 oculi mei defecerunt in salutare tuum et in eloquium iustitiae tuae
124 fac cum servo tuo secundum miseri- Sir 50,24; Dn 3,42
cordiam tuam et iustificationes 26!
tuas doce me
125 servus tuus sum ego da mihi intel- 34!
lectum et sciam testimonia tua
126 tempus faciendi Domino dissipa- 10,4 H
verunt legem tuam
127 ideo dilexi mandata tua super au- 14! 72; 18,11!
rum et topazion
128 propterea ad omnia mandata tua 104
dirigebar omnem viam iniquam
odio habui

FE

129 Mirabilia testimonia tua ideo scru- 18
tata est ea anima mea
130 declaratio sermonum tuorum inlu- 18,9
minat et intellectum dat parvulis 18,8
131 os meum aperui et adtraxi spiritum
quia mandata tua desiderabam 20.40
132 aspice in me et miserere mei secundum iudicium diligentium nomen
tuum

RFI LWSKΦ cr 97 tuam + domine WK c | 100 exquisiui I | 111 hereditatem I | 114 meus[1] *om.* IWSKΦ c | tu + et c | 118 discendentes FI.; discendentis L. | iustitiis] iudiciis c | 121 me[1] + a FW | 122 me] mihi I | 123 in salutare tuo L; in salutari tuo R. | 125 et] ut RW c | 126 domino RFLΦ r 𝔊] domine *cet.* |

MEM

97 Quam dilexi legem tuam tota die haec meditatio mea
98 super inimicos meos instruis me mandata tua quia in sempiternum hoc est mihi
99 super omnes qui docebant me eruditus sum quia testimonia tua meditatio mea
100 super senes intellexi quia praecepta tua servavi
101 ab omni semita mala prohibui pedes meos ut custodirem verba tua
102 a iudiciis tuis non recessi quia tu inluminasti me
103 quam dulce gutturi meo eloquium tuum super mel ori meo
104 praecepta tua considerabam propterea odivi omnem semitam mendacii

NUN

105 Lucerna pedi meo verbum tuum et lux semitae meae
106 iuravi et perseverabo ut custodiam iudicia iustitiae tuae
107 adflictus sum usque nimis Domine vivifica me iuxta verbum tuum
108 voluntaria oris mei conplaceant tibi Domine et secundum iudicia tua doce me
109 anima mea in manu mea semper et legis tuae non sum oblitus
110 posuerunt impii laqueum mihi et a praeceptis tuis non aberravi
111 hereditas mea testimonia tua in sempiternum quia gaudium cordis mei sunt
112 inclinavi cor meum ut facerem iustitias tuas propter aeternam retributionem

SAMECH

113 Tumultuosos odivi et legem tuam dilexi
114 protectio mea et scutum meum tu es verbum tuum expectavi
115 recedite a me maligni et custodiam mandata Dei mei
116 confirma me secundum verbum tuum et vivam et noli me confundere ab expectatione mea
117 auxiliare mihi et salvus ero et delectabor in praeceptis tuis iugiter
118 abiecisti omnes qui adversantur praecepta tua quia mendax cogitatio eorum
119 quasi scoriam conputasti omnes impios terrae propterea dilexi testimonia tua
120 horripilavit a timore tuo caro mea et iudicia tua timui

AIN

121 Feci iudicium et iustitiam ne derelinquas me his qui calumniantur me
122 sponde pro servo tuo in bonum ne calumnientur me superbi
123 oculi mei defecerunt in salutare tuum et in eloquium iustitiae tuae
124 fac cum servo tuo iuxta misericordiam tuam et praecepta tua doce me
125 servus tuus ego instrue me et cognoscam testimonia tua
126 tempus est ut facias Domine praevaricati sunt legem tuam
127 propterea dilexi mandata tua super aurum et topazium
128 propterea in universa praecepta direxi omnem semitam mendacii odio habui

FE

129 Mirabilia testimonia tua idcirco custodivit ea anima mea
130 ostium sermonum tuorum lucidum doce parvulos
131 os meum aperui et respiravi quia mandata tua desiderabam
132 respice ad me et miserere mei iuxta iudicium diligentium nomen tuum

108 conplacent R | 113 odii Σ; odit F. | 122 pro seruum tuum IAK. | in bono IAKΘ | 127 topaziom A; tupaziom I.; topazion KS; tupation R. | 128 in *om.* ΘLɧ | praecepta + tua RIΣAKΘSLɧ |

RFCI ΣAKΘSL ɧs

[133]gressus meos dirige secundum eloquium tuum et non dominetur
mei omnis iniustitia
121! [134]redime me a calumniis hominum et
custodiam mandata tua
30,17! [135]faciem tuam inlumina super servum
26! tuum et doce me iustificationes
tuas
Ier 9,18; 13,17; Lam 3,48! [136]exitus aquarum deduxerunt oculi
mei quia non custodierunt legem
tuam

SADE

10,8! So 3,5; Apc 16,5.7! [137]Iustus es Domine et rectum iudicium tuum
[138]mandasti iustitiam testimonia tua
et veritatem tuam nimis
[139]tabescere me fecit zelus meus quia
obliti sunt verba tua inimici mei
Prv 30,5! [140]ignitum eloquium tuum vehementer et servus tuus dilexit illud
[141]adulescentulus sum ego et contemptus iustificationes tuas non sum
oblitus
[142]iustitia tua iustitia in aeternum et
lex tua veritas
I Mcc 2,53 [143]tribulatio et angustia invenerunt
47! me mandata tua meditatio mea
[144]aequitas testimonia tua in aeternum
intellectum da mihi et vivam

COF

[145]Clamavi in toto corde exaudi me
94! Domine iustificationes tuas requiram
[146]clamavi te salvum me fac et custodiam mandata tua
87,14! [147]praeveni in maturitate et clamavi
in verba tua supersperavi
[148]praevenerunt oculi mei ad diluculum
ut meditarer eloquia tua
156 [149]vocem meam audi secundum misericordiam tuam Domine secun-
40! dum iudicium tuum vivifica me
[150]adpropinquaverunt persequentes
me iniquitate a lege autem tua
longe facti sunt
[151]prope es tu Domine et omnes viae 144,18!
tuae veritas
[152]initio cognovi de testimoniis tuis
quia in aeternum fundasti ea

RES

[153]Vide humilitatem meam et eripe me 30,8!
quia legem tuam non sum oblitus
[154]iudica iudicium meum et redime
me propter eloquium tuum vivifica 25
me
[155]longe a peccatoribus salus quia ius- Iob 5,4
tificationes tuas non exquisierunt
[156]misericordiae tuae multae Domine 149
secundum iudicia tua vivifica me 40!
[157]multi qui persequuntur me et tribu- 3,2!
lant me a testimoniis tuis non declinavi
[158]vidi praevaricantes et tabescebam
quia eloquia tua non custodierunt
[159]vide quoniam mandata tua dilexi 97!
Domine in misericordia tua vivi- 88!
fica me
[160]principium verborum tuorum veri- Io 17,17
tas et in aeternum omnia iudicia
iustitiae tuae

SEN

[161]Principes persecuti sunt me gratis
et a verbis tuis formidavit cor meum
[162]laetabor ego super eloquia tua sicut 14! Is 9,3!
qui invenit spolia multa
[163]iniquitatem odio habui et abominatus sum legem autem tuam dilexi
[164]septies in die laudem dixi tibi super
iudicia iustitiae tuae
[165]pax multa diligentibus legem tuam Is 54,13!
et non est illis scandalum
[166]expectabam salutare tuum Domine Gn 49,18! Lc 2,25!
et mandata tua dilexi
[167]custodivit anima mea testimonia

RFI LWSKΦ cr 134 et] ut W c | 143 angustiae RLW | mandata + autem I | mea + est I c | 144 aeternum + et I | 145 corde + meo R c | 146 te RFL r. 𝔊] ad te *cet.* | et] ut RW c | 147 clamaui + quia c | 148 ad diluculum RFIL r. 𝔊] ad te diluculum Φ; ad te diluculo *cet.* | 149 domine + et c | 150 iniquitate FWSK r] in iniquitate L.; iniquitatem RΦ; iniquitati I c | 156 iudicia tua FL r *He*] iudicium tuum *cet.* | 160 et *om.* c | 161 formidabit RIS | 164 in diem FL. |

133 gressus meos firma in sermone tuo et non des potestatem in me universae iniquitati
134 redime me a calumnia hominis et custodiam praecepta tua
135 vultum tuum ostende servo tuo et doce me praecepta tua
136 rivi aquarum fluebant de oculis meis quia non custodierunt legem tuam

SADE

137 Iustus es Domine et rectum iudicium tuum
138 praecepisti iustitiam testimonii tui et veritatem nimis
139 consumpsit me zelus meus quia obliti sunt verborum tuorum hostes mei
140 probatus sermo tuus nimis et servus tuus dilexit illum
141 parvulus ego sum et contemptibilis sed praecepta tua non sum oblitus
142 iustitia tua iustitia sempiterna et lex tua veritas
143 tribulatio et angustia invenerunt me mandata tua voluntas mea
144 iusta testimonia tua semper doce me et vivam

COPH

145 Clamavi in toto corde exaudi me Domine praecepta tua custodiam
146 invocavi te salvum me fac et custodiam testimonia tua
147 surgebam adhuc in tenebris et clamabam verbum tuum expectans
148 praeveniebant oculi mei vigilias ut meditarer in sermonibus tuis
149 vocem meam audi iuxta misericordiam tuam Domine secundum iudicium tuum vivifica me
150 adpropinquaverunt persecutores mei sceleri et a lege tua procul facti sunt
151 prope es tu Domine et omnia mandata tua veritas
152 a principio novi de testimoniis tuis quod in aeternum fundaveris ea

RES

153 Vide adflictionem meam et eripe me quia legis tuae non sum oblitus
154 iudica causam meam et redime me sermone tuo vivifica me
155 longe ab impiis salus quia praecepta tua non quaesierunt
156 misericordiae tuae multae Domine iuxta iudicia tua vivifica me
157 multi qui persequuntur me et adfligunt me a testimoniis tuis non declinavi
158 vidi praevaricatores tuos et maerebam qui verbum tuum non custodierunt
159 vide quoniam praecepta tua dilexi Domine iuxta misericordiam tuam vivifica me
160 caput verborum tuorum veritas et sempiternum omne iudicium iustitiae tuae

SEN

161 Principes persecuti sunt me sine causa verba autem tua timuit cor meum
162 gaudens ego sum in eloquio tuo sicut qui invenit spolia multa
163 mendacium odio habui et detestatus sum legem autem tuam dilexi
164 septies in die laudavi te super iudiciis iustitiae tuae
165 pax multa diligentibus legem tuam et non est illis scandalum
166 expectavi salutare tuum Domine et mandata tua feci
167 custodivit anima mea testimonia

134 hominum FSL | 136 defluebant FΣL | 140 illud FK | 144 iusta] iuxta R | 145 corde + meo CΣAΘ | 149 exaudi R | 157 qui *om.* CΣAΘ | a] et IA. | 158 qui] quia FCΣΘ SL𝔥 |

RFCI ΣAKΘSL 𝔥𝔰

97! tua et dilexi ea vehementer
168 servavi mandata tua et testimonia
tua quia omnes viae meae in conspectu tuo

THAV

169 Adpropinquet deprecatio mea in
conspectu tuo Domine iuxta eloquium tuum da mihi intellectum
170 intret postulatio mea in conspectu
tuo secundum eloquium tuum eripe me
70,23 171 eructabunt labia mea hymnum cum
docueris me iustificationes tuas
172 pronuntiabit lingua mea eloquium
tuum quia omnia mandata tua aequitas
94! 173 fiat manus tua ut salvet me quoniam mandata tua elegi
Gn 49,18! 174 concupivi salutare tuum Domine
77! et lex tua meditatio mea
175 vivet anima mea et laudabit te et
iudicia tua adiuvabunt me
Is 53,6! 176 erravi sicut ovis quae periit quaere
servum tuum quia mandata tua non sum oblitus

119 CANTICUM GRADUUM

17,7! 114,3.4; 117,5! I Sm 1,10! Bar 3,1! Ion 2,3 Ad Dominum cum tribularer clamavi et exaudivit me
Sir 51,3! 2 Domine libera animam meam
a labiis iniquis a lingua dolosa
3 quid detur tibi et quid adponatur
tibi ad linguam dolosam
Is 5,28! 4 sagittae potentis acutae cum carbonibus desolatoriis
5 heu mihi quia incolatus meus prolongatus est
habitavi cum habitationibus Cedar
6 multum incola fuit anima mea
7 cum his qui oderant pacem eram
pacificus
cum loquebar illis inpugnabant me gratis

120 CANTICUM GRADUUM

Levavi oculos meos in montes
unde veniet auxilium mihi
2 auxilium meum a Domino qui fecit 123,8
caelum et terram Gn 1,1!
3 non det in commotionem pedem tuum 65,9; I Sm 2,9; Prv 3,23
neque dormitet qui custodit te
4 ecce non dormitabit neque dormiet Is 5,27
qui custodit Israhel
5 Dominus custodit te Dominus protectio tua
super manum dexteram tuam
6 per diem sol non uret te neque luna Is 49,10!
per noctem
7 Dominus custodit te ab omni malo
custodiat animam tuam Dominus
8 Dominus custodiat introitum tuum Dt 28,6; IV Rg 19,27; Is 37,28
et exitum tuum
ex hoc nunc et usque in saeculum

121 CANTICUM GRADUUM HUIC DAVID

Laetatus sum in his quae dicta sunt mihi
in domum Domini ibimus
2 stantes erant pedes nostri in atriis
tuis Hierusalem
3 Hierusalem quae aedificatur ut civitas
cuius participatio eius in id ipsum
4 illic enim ascenderunt tribus tribus
Domini testimonium Israhel
ad confitendum nomini Domini
5 quia illic sederunt sedes in iudicium
sedes super domum David
6 rogate quae ad pacem sunt Hierusalem Ier 15,5
et abundantia diligentibus te
7 fiat pax in virtute tua
et abundantia in turribus tuis
8 propter fratres meos et proximos 84,9; Est 10,3!
meos loquebar pacem de te
9 propter domum Domini Dei nostri
quaesivi bona tibi

122 CANTICUM GRADUUM

Ad te levavi oculos meos qui habitas

RFI LWSKΦ 𝔠𝔯

167 dilexi FIL𝔯 *He*] dilexit *cet.* | 172 pronuntiauit RLS | 174 mea + est IW𝔠 || **119**,2 a[2] FL𝔯 *He Su*] et I.; et a *cet.*, *cf. Su* | 3 et FL.] aut *cet.* | 5 habitationibus FL𝔯., *cf.* 𝔊 *et He*] habitantibus *cet.* | 7 oderunt IWSK𝔠 || **120**,4 dormitauit RFS. | obdormiet RL.; dormitet F. || **121**,1 huic dauid *om.* IWSK𝔠 | 3 eius *om.* L | 4 illuc 𝔠 | 5 in iudicium RIL𝔯. 𝔊] in iudicio *cet.* | 9 dei *om.* F ||

tua et dilexi ea nimis
168 custodivi praecepta tua et testimonia tua quia omnes viae meae in
conspectu tuo

THAV

169 Ingrediatur laus mea coram te Domine secundum verbum tuum doce
me
170 veniat deprecatio mea ante vultum
tuum secundum eloquium tuum
libera me
171 fundant labia mea hymnum docebis enim me praecepta tua
172 loquetur lingua mea sermonem tuum quia omnia mandata tua iusta
173 sit manus tua auxiliatrix mea quia
praecepta tua elegi
174 desideravi salutare tuum Domine
et lex tua voluntas mea
175 vivet anima mea et laudabit te et
iudicia tua auxiliabuntur mihi
176 erravi quasi ovis perdita quaere servum tuum quia mandatorum tuo-
rum non sum oblitus

119 CANTICUM GRADUUM

Ad Dominum in tribulatione mea
clamavi et exaudivit me
2 Domine libera animam meam a labio
mendacii a lingua dolosa
3 quid detur tibi aut quid adponatur
tibi ad linguam dolosam
4 sagittae potentis acutae cum carbonibus iuniperorum
5 heu mihi quia peregrinatio mea pro
longata est
habitavi cum tabernaculis Cedar
6 multum peregrinata est anima mea
7 cum odientibus pacem
ego pacifica loquebar et illi bellantia

120 CANTICUM GRADUUM

Levavi oculos meos in montes unde
veniet auxilium meum
2 auxilium meum a Domino factore
caeli et terrae
3 non det in commotionem pedem tuum nec dormitet qui custodit te
4 ecce non dormitabit neque dormiet
qui custodiet Israhel
5 Dominus custodiet te Dominus protectio tua super manum dexteram
tuam
6 per diem sol non percutiet te neque
luna per noctem
7 Dominus custodiet te ab omni malo
custodiat animam tuam
8 Dominus custodiat exitum tuum et
introitum tuum amodo et usque in
aeternum

121 CANTICUM GRADUUM DAVID

Laetatus sum eo quod dixerint mihi
in domum Domini ibimus
2 stantes erant pedes nostri in portis
tuis Hierusalem
3 Hierusalem quae aedificaris ut civitas
cuius participatio eius simul
4 quia ibi ascenderunt tribus tribus
Domini
testimonium Israhel ad confitendum
nomini Domini
5 quia ibi sederunt sedes in iudicio sedes domui David
6 rogate pacem Hierusalem sit bene
his qui diligunt te
7 sit pax in muris tuis abundantia in
domibus tuis
8 propter fratres meos et amicos meos
loquar pacem tibi
9 propter domum Domini Dei nostri
quaeram bona tibi

122 CANTICUM GRADUUM

Ad te levavi oculos meos qui habitas

RFCI ΣAKΘSL 𝔥𝔰

167 dilexit RCΣKL𝔥 | 175 uiuit FL | laudauit F || **119** (𝔐 **120**), 1 exclamaui FL | 4 potentes RCIAK | 5 tabernaculis] habitantibus C | 7 pacifice CΣ || **120** (𝔐 **121**), 1 meum FΣ𝔰𝔐] mihi *cet.* | 2 factorem RCL; factores A. | 3 in commotione CIAKΘ | 4 dormitauit RFΘ | custodiet RFS𝔰.] custodit *cet.* | 5 custodit CΣK | 8 aeternum] saeculum C || **121** (𝔐 **122**), 1 dixerunt RC | in domo C | 3 aedificatur IAK | 8 loquebar CΣΘS | 9 quaerebam CΣ; inquiram Θ ||

in caelo
144,15 [2]ecce sicut oculi servorum in manibus dominorum suorum
sicut oculi ancillae in manibus dominae eius
ita oculi nostri ad Dominum Deum nostrum
donec misereatur nostri
[3]miserere nostri Domine miserere nostri
quia multum repleti sumus despectione
[4]quia multum repleta est anima nostra
obprobrium abundantibus et despectio superbis

123 CANTICUM GRADUUM HUIC DAVID

93,17 Nisi quia Dominus erat in nobis dicat nunc Israhel
[2]nisi quia Dominus erat in nobis
Lam 2,16! cum exsurgerent in nos homines
[3]forte vivos degluttissent nos
cum irasceretur furor eorum in nos
68,3; Lam 3,54! [4]forsitan aqua absorbuisset nos
[5]torrentem pertransivit anima nostra
forsitan pertransisset anima nostra aquam intolerabilem
[6]benedictus Dominus qui non dedit nos in captionem dentibus eorum
90,3! Prv 6,5 [7]anima nostra sicut passer erepta est de laqueo venantium
laqueus contritus est et nos liberati sumus
120,2! [8]adiutorium nostrum in nomine Domini
qui fecit caelum et terram

124 CANTICUM GRADUUM

Qui confidunt in Domino sicut mons Sion
non commovebitur in aeternum
qui habitat [2]in Hierusalem
montes in circuitu eius et Dominus in circuitu populi sui
ex hoc nunc et usque in saeculum
[3]quia non relinquet virgam peccatorum super sortem iustorum Is 14,5.6
ut non extendant iusti ad iniquitatem manus suas
[4]benefac Domine bonis et rectis corde
[5]declinantes autem in obligationes
adducet Dominus cum operantibus iniquitatem
pax super Israhel 127,6; Gal 6,16

125 CANTICUM GRADUUM

In convertendo Dominum captivitatem Sion 4; 84,2
facti sumus sicut consolati 13,7; 52,7
[2]tunc repletum est gaudio os nostrum 62,6!
et lingua nostra exultatione
tunc dicent inter gentes
magnificavit Dominus facere cum eis
[3]magnificavit Dominus facere nobiscum Lc 1,49; Ioel 2,21
facti sumus laetantes
[4]converte Domine captivitatem nostram 1!
sicut torrens in austro
[5]qui seminant in lacrimis in exultatione metent
[6]euntes ibant et flebant portantes semina sua
venientes autem venient in exultatione portantes manipulos suos

126 CANTICUM GRADUUM SALOMONIS

Nisi Dominus aedificaverit domum
in vanum laboraverunt qui aedificant eam
nisi Dominus custodierit civitatem
frustra vigilavit qui custodit
[2]vanum est vobis ante lucem surgere
surgere postquam sederitis
qui manducatis panem doloris
cum dederit dilectis suis somnum
[3]ecce hereditas Domini filii mercis fructus ventris
[4]sicut sagittae in manu potentis ita

RFI LWSKΦ cr **122**,1 in caelis WSKΦ c | 2 eius RFL r.] suae *cet.* || **123**,1 huic dauid *om.* IWK c | 2 ~ homines in nos ILWSKΦ c | 4 obsorbuisset I | 6 in captione I || **124**,3 relinquet + dominus W c || **125**,1 dominum RL r. 𝔊] dominus *cet.* | 4 conuertere R | 6 portantes[1]] mittentes c | in] cum c || **126**,1 salomonis *om.* IWSK | uigilauit FL r. 𝔊] uigilabit RI.; uigilat *cet.* | custodit + eam IWSKΦ c | 2 surgere[2]] surgite c |

in caelis
2 ecce sicut oculi servorum ad manum
dominorum suorum
sicut oculi ancillae ad manum dominae suae
sic oculi nostri ad Dominum Deum
nostrum donec misereatur nostri
3 miserere nostri Domine miserere
nostri quoniam multum repleti sumus despectione
4 multum repleta est anima nostra
obprobrii abundantium et despectionis superborum

123 CANTICUM GRADUUM DAVID

Nisi Dominus fuisset in nobis dicat
nunc Israhel
2 nisi Dominus fuisset in nobis
cum exsurgerent super nos homines
3 forsitan vivos absorbuissent nos
cum irasceretur furor eorum super
nos
4 forsitan aquae circumdedissent nos
5 torrens transisset super animam
nostram
forsitan transissent super animam
nostram aquae superbae
6 benedictus Dominus qui non dedit
nos in praedam dentibus eorum
7 anima nostra quasi avis erepta est
de laqueo venantium
laqueus contritus est et nos liberati
sumus
8 auxilium nostrum in nomine Domini qui fecit caelum et terram

124 CANTICUM GRADUUM

Qui confidunt in Domino quasi
mons Sion inmobilis in aeternum
habitabilis
2 Hierusalem montes in circuitu eius
et Dominus in circuitu populi sui
amodo et usque in aeternum
3 quia non requiescet virga impietatis
super sortem iustorum
ut non mittant iusti in iniquitatem
manus suas
4 benefac Domine bonis et rectis corde
5 qui autem declinant ad pravitates
suas
deducet eos Dominus cum his qui
operantur iniquitatem pax super
Israhel

125 CANTICUM GRADUUM

Cum converteret Dominus captivitatem Sion facti sumus quasi somniantes
2 tunc implebitur risu os nostrum et
lingua nostra laude
tunc dicent in gentibus magnificavit
Dominus facere cum istis
3 magnificavit Dominus facere nobiscum facti sumus laetantes
4 converte Domine captivitatem nostram sicut rivum in austro
5 qui seminant in lacrimis in exultatione metent
6 qui ambulans ibat et flebat portans
ad seminandum sementem
veniens veniet in exultatione portans manipulos suos

126 CANTICUM GRADUUM SALOMONIS

Nisi Dominus aedificaverit domum
in vanum laboraverunt qui aedificant eam
nisi Dominus custodierit civitatem
frustra vigilat qui custodit eam
2 frustra vobis est de mane consurgere
postquam sederitis qui manducatis
panem idolorum
sic dabit diligentibus se somnum
3 ecce hereditas Domini filii mercis
fructus ventris
4 sicut sagittae in manu potentis ita

122 (𝔐 **123**), 2 ad manus[1] FΣ | 4 obprobrium RIAKS; obprobrio ΣΘ 𝔥 | dispectiones L; dispectio R; despectione ΣΘS 𝔥 || **123** (𝔐 **124**), 1 dauid *om.* CΣS | 3 obsorbuissent AKΘ L 𝔥 | 5 torrentem IK. | transisset[2] IAKS | superbiae RFKΘ || **124** (𝔐 **125**), 2 et[2] *om.* IAK. | aeternum] sempiternum C | 3 in iniquitate F; in iniquitates R.; iniquitatem AK || **125** (𝔐 **126**), 6 portantes[1] R || **126** (𝔐 **127**), 2 idolorum C𝔰] doloris Θ; dolorum *cet.* | somnium CIΘ; sonum F. |

RFCI ΣΑΚΘSL 𝔥𝔰

filii excussorum
5 beatus vir qui implebit desiderium
suum ex ipsis
non confundentur cum loquentur
inimicis suis in porta

127 CANTICUM GRADUUM

118,1! Beati omnes qui timent Dominum
qui ambulant in viis eius
Is 3,10 2 labores manuum tuarum ※quia:
manducabis
beatus es et bene tibi erit
Ez 19,10 3 uxor tua sicut vitis abundans in lateribus domus tuae
143,12 filii tui sicut novella olivarum in circuitu mensae tuae
4 ecce sic benedicetur homo qui timet
Dominum
133,3 5 benedicat te Dominus ex Sion
et videas bona Hierusalem
omnibus diebus vitae tuae
Iob 42,16! 6 et videas filios filiorum tuorum
124,5! pax super Israhel

128 CANTICUM GRADUUM

Saepe expugnaverunt me a iuventute mea
dicat nunc Israhel
2 saepe expugnaverunt me a iuventute
mea
etenim non potuerunt mihi
65,11 3 supra dorsum meum fabricabantur
peccatores
prolongaverunt iniquitatem suam
4 Dominus iustus concidet cervices
peccatorum
5 confundantur et convertantur retrorsum
omnes qui oderunt Sion
36,2! Is 37,27; IV Rg 19,26 6 fiant sicut faenum tectorum
quod priusquam evellatur exaruit
7 de quo non implevit manum suam
qui metit
et sinum suum qui manipulos col-
ligit
8 et non dixerunt qui praeteribant
benedictio Domini super vos
benediximus vobis in nomine Do- 117,26
mini

129 CANTICUM GRADUUM

De profundis clamavi ad te Domine Lam 3,55; Ion 2,3
2 Domine exaudi vocem meam
fiant aures tuae intendentes in vo- II Esr 1,6!
cem deprecationis meae
3 si iniquitates observabis Domine 142,2!
Domine quis sustinebit
4 quia apud te propitiatio est Dn 9,9
propter legem tuam sustinui te Domine
sustinuit anima mea in verbum eius
5 speravit anima mea in Domino 111,7!
6 a custodia matutina usque ad noctem speret Israhel in Domino 130,3
7 quia apud Dominum misericordia
et copiosa apud eum redemptio
8 et ipse redimet Israhel ex omnibus 24,22!
iniquitatibus eius

130 CANTICUM GRADUUM DAVID

Domine non est exaltatum cor meum
neque elati sunt oculi mei Sir 23,5
neque ambulavi in magnis Sir 3,22!
neque in mirabilibus super me
2 si non humiliter sentiebam
sed exaltavi animam meam
sicut ablactatum super matrem suam
ita retributio in anima mea
3 speret Israhel in Domino 129,6
ex hoc nunc et usque in saeculum

131 CANTICUM GRADUUM

Memento Domine David et omnis II Par 6,42
mansuetudinis eius
2 sicut iuravit Domino votum vovit
Deo Iacob
3 si introiero in tabernaculum domus
meae
si ascendero in lectum strati mei

RFI LWSKΦ cr 5 impleuit LKΦ c *Su* | confundetur cum loquetur c || **127**,2 quia] qui I | 3 nouellae c | 5 te] tibi WSK c | 6 pacem IWSKΦ c || **128**,3 fabricabant R.; fabricabunt L.; fabricauerunt WSK c | 4 concidit IW c | 7 impleuit RL c 𝔊] implebit *cet.* || **129**,3 obseruaberis RW.; obseruaueris c | 4 est + et RΦ c | in uerbo c | 6 in domino *om.* RI. | 8 redemet I; redemit R || **130**,1 dauid FL c r] huic dauid KΦ; *om. cet.* | 2 ablactatus Φ; ablactatus est c | super matre sua RLSKΦ c || **131**,3 stratus I |

filii iuventutis
5 beatus vir qui implevit faretram suam ex ipsis
non confundentur cum loquentur inimicis in porta

127 CANTICUM GRADUUM

Beatus omnis qui timet Dominum qui ambulat in viis eius
2 laborem manuum tuarum cum comederis beatus tu et bene tibi erit
3 uxor tua sicut vitis fructifera in penetrabilibus domus tuae
filii tui sicut germina olivarum in circuitu mensae tuae
4 ecce sic benedicetur viro qui timet Dominum
5 benedicat tibi Dominus ex Sion et videas bona Hierusalem omnibus diebus vitae tuae
6 et videas filios filiorum tuorum pacem super Israhel

128 CANTICUM GRADUUM

Saepe expugnaverunt me ab adulescentia mea dicat nunc Israhel
2 saepe expugnaverunt me ab adulescentia mea sed non potuerunt mihi
3 super cervicem meam arabant arantes prolongaverunt sulcum suum
4 Dominus iustus concidet laqueos impiorum
5 confundantur et revertantur retrorsum omnes qui oderunt Sion
6 fiant sicut faenum tectorum quod statim ut viruerit arescet
7 de quo non implebit manum suam messor et sinum suum manipulos faciens
8 de quo non dixerunt transeuntes
benedictio Domini super vos
benediximus vobis in nomine Domini

129 CANTICUM GRADUUM

De profundis clamavi ad te Domine
2 Domine exaudi vocem meam
fiant aures tuae intendentes ad vocem deprecationis meae
3 si iniquitates observabis Domine Domine quis sustinebit
4 quia tecum est propitiatio cum terribilis sis
sustinui Dominum sustinuit anima mea et verbum eius expectavi
5 anima mea ad Dominum 6 a vigilia matutina usque ad vigiliam matutinam
expectet Israhel Dominum 7 quia apud Dominum misericordia et multa apud eum redemptio
8 et ipse redimet Israhel ex omnibus iniquitatibus eius

130 CANTICUM GRADUUM

Domine non est exaltatum cor meum neque elati sunt oculi mei
et non ambulavi in magnis et in mirabilibus super me
2 si non proposui et silere feci animam meam
sicut ablactatus ad matrem suam ita ablactata ad me anima mea
3 expecta Israhel Dominum amodo et usque in aeternum

131 CANTICUM GRADUUM

Memento Domine David et omnis adflictionis eius
2 qui iuravit Domino votum vovit Deo Iacob
3 si intravero in tabernaculum domus meae
si adsedero super lectum straminis mei

4 iuuentatis RFs. | 5 implebit FAL | inimicis + suis CΘS || **127** (𝔐 **128**), 1 [*deest* C *usque ad* 150, 6] | beati omnes RKS | timent KS | 3 penetralibus F || **128** (𝔐 **129**), 4 concidit RΘ | 5 reuertantur 𝔥s, *cf.* 𝔐] reuereantur *cet.* | 6 arescit ΣAKΘL𝔥 | 7 impleuit RΘ || **129** (𝔐 **130**), 3 obseruaueris F; obseruaberis ΣΘ || **130** (𝔐 **131**), 1 graduum + dauid ΣΘ𝔥 | 2 ad[1]] a F; super ΘL | 3 et *om.* IΣ ||

RF(C)I ΣAKΘSL 𝔥s

Prv 6,4 4 si dedero somnum oculis meis
et palpebris meis dormitationem
5 et requiem temporibus meis
Act 7,46 donec inveniam locum Domino tabernaculum Deo Iacob
6 ecce audivimus eam in Efrata
invenimus eam in campis silvae
7 introibimus in tabernacula eius
5,8; Is 60,13 adorabimus in loco ubi steterunt pedes eius
8—10: II Par 6,41.42! 8 surge Domine in requiem tuam
tu et arca sanctificationis tuae
16; Is 61,10! 9 sacerdotes tui induentur iustitia
et sancti tui exultabunt
10 propter David servum tuum
83,10 non avertas faciem christi tui
88,4.5! 109,4; Act 2,30 11 iuravit Dominus David veritatem et non frustrabit eum
de fructu ventris tui ponam super sedem tuam
III Rg 8,25! 12 si custodierint filii tui testamentum meum
et testimonia mea haec quae docebo eos
et filii eorum usque in saeculum sedebunt super sedem tuam
77,68 13 quoniam elegit Dominus Sion
67,17! elegit eam in habitationem sibi
Is 28,12 14 haec requies mea in saeculum saeculi
hic habitabo quoniam elegi eam
15 viduam eius benedicens benedicam
pauperes eius saturabo panibus
9; II Par 6,41; Is 61,10! 16 sacerdotes eius induam salutari
et sancti eius exultatione exultabunt
I Sm 2,10; Ez 29,21; Lc 1,69 17 illic producam cornu David
paravi lucernam christo meo
70,13! Iob 8,22 18 inimicos eius induam confusione
super ipsum autem efflorebit sanctificatio mea

132 CANTICUM GRADUUM DAVID

Sir 25,1.2 Ecce quam bonum et quam iucundum habitare fratres in unum
2 sicut unguentum in capite
quod descendit in barbam barbam Aaron
quod descendit in ora vestimenti eius
3 sicut ros Hermon qui descendit in montes Sion
quoniam illic mandavit Dominus benedictionem
et vitam usque in saeculum

133 CANTICUM GRADUUM

Ecce nunc benedicite Dominum omnes servi Domini 112,1; 134,1.2; Dn 3,85; Apc 19,5
qui statis in domo Domini ÷ in atriis domus Dei nostri:
2 in noctibus extollite manus vestras in sancta 27,2! 140,2; Sir 50,22
et benedicite Domino
3 benedicat te Dominus ex Sion 113,23! 127,5
qui fecit caelum et terram Gn 1,1! III Esr 6,13

134 ALLELUIA

Laudate nomen Domini 112,1
laudate servi Dominum 133,1!
2 qui statis in domo Domini in atriis domus Dei nostri
3 laudate Dominum quia bonus Dominus 53,8! 105,1!
psallite nomini eius quoniam suave
4 quoniam Iacob elegit sibi Dominus Is 41,8!
Israhel in possessionem sibi
5 quia ego cognovi quod magnus est Dominus 94,3! Ex 18,11!
et Deus noster prae omnibus diis
6 omnia quae voluit Dominus fecit 113,11! Iob 23,13!
in caelo et in terra in mare et in omnibus abyssis
7 educens nubes ab extremo terrae Ier 10,13; 51,16
fulgora in pluviam fecit
qui producit ventos de thesauris suis
8 qui percussit primogenita Aegypti 77,51! Ex 11,5!
ab homine usque ad pecus

RFI (L)WSKΦ cr

4 [*deest* L *usque ad v.* 11] | 6 eam[1]] ea FΦ | eam[2]] ea F | 7 introiuimus FIW | tabernaculum c | adorauimus FIW | 9 induantur FSKΦc | iustitiam Φc | exultent WSKΦc | 11 frustrauit FKΦ.; frustrabitur IWc | eam c. | [*iterum adest* L] | 17 illuc c; illi R. | 18 confusionem RL. || **132**,1 dauid] *praem.* huic Φ; *om.* IWSK | 2 in oram LSc | 3 qui] quod FW | in montes FLr.𝔊] in monte I; in montem *cet.* || **133**,1 domino[1] IW | 2 dominum FLKΦc || **134**,6 quae] quaecumque WSKΦc | et[1] *om.* c. |

4 si dedero somnum oculis meis et palpebris dormitationem
5 donec inveniam locum Domino tabernacula Deo Iacob
6 ecce audivimus illum in Ephrata invenimus illum in regione saltus
7 intremus in tabernacula eius adoremus scabillum pedum eius
8 surge Domine in requiem tuam tu et arca fortitudinis tuae
9 sacerdotes tui induantur iustitia et sancti tui laudent
10 propter David servum tuum ne avertas faciem christi tui
11 iuravit Dominus David veritatem non avertetur ab ea
de fructu ventris tui ponam super sedem tuam
12 si custodierint filii tui pactum meum et testificationem meam quam docuero eos
et filii eorum usque in aeternum sedebunt super thronum tuum
13 quia elegit Dominus Sion desideravit eam in habitaculum suum
14 haec est requies mea in sempiternum hic habitabo quia desideravi eam
15 venationem eius benedicens benedicam
pauperes eius saturabo pane
16 sacerdotes eius induam salutari
et sancti eius laude laudabunt
17 ibi oriri faciam cornu David
paravi lucernam christo meo
18 inimicos eius induam confusione
super ipsum autem florebit sanctificatio eius

132 CANTICUM GRADUUM DAVID

Ecce quam bonum et quam decorum habitare fratres in uno
2 sicut unguentum optimum in capite
quod descendit in barbam barbam Aaron
quod descendit super oram vestimentorum eius
3 sicut ros Hermon qui descendit super montana Sion
quoniam ibi mandavit Dominus benedictionem vitam usque in aeternum

133 CANTICUM GRADUUM

Ecce benedicite Domino omnes servi Domini qui statis in domo Domini
2 in noctibus levate manus vestras ad sanctum et benedicite Domino
3 benedicat tibi Dominus ex Sion factor caeli et terrae

134 ALLELUIA

Laudate nomen Domini laudate servi Dominum
2 qui statis in domo Domini in atriis domus Dei nostri
3 laudate Dominum quoniam bonus Dominus
cantate nomini eius quoniam decens
4 quia Iacob elegit sibi Dominus Israhel in peculium suum Mal 3,17!
5 quia ego scio quod magnus Dominus
et Dominus noster prae omnibus diis
6 omnia quae voluit Dominus fecit
in caelo et in terra in mari et in cunctis abyssis
7 levans nubes de summitatibus terrae
fulgura in pluviam fecit
educens ventos de thesauris suis
8 qui percussit primitiva Aegypti ab homine usque ad pecus

131 (𝔐 **132**), 4 palpebris + meis IΣAKΘSL𝔥 | 9 induant IAK. | 11 ueritate F | auertatur RS. | 13 quia] quoniam I | suum] sibi IAK | 14 est *om.* IA | habitaui IAK.; inhabitabo Θ. | quia] quoniam FΘL | 18 sanctificatio mea IAKS; diadema meum Θ || **132** (𝔐 **133**), 1 in uno RF𝔰] uno IA.; una K.; in unum *cet.* | 2 super ora FΣKΘL | 3 qui] quod FΣΘL || **133** (𝔐 **134**), 1 dominum[1] FL ||

RFI ΣAKΘSL 𝔥𝔰

Dt 11,3! 9 emisit signa et prodigia in medio tui
Aegypte
in Pharaonem et in omnes servos eius
Dt 1,4! **10—12:** 135,17–22 10 qui percussit gentes multas et occidit
reges fortes
11.12: Nm 21,33.34! II Esr 9,22 11 Seon regem Amorreorum et Og regem Basan
et omnia regna Chanaan
12 et dedit terram eorum hereditatem
hereditatem Israhel populo suo
Ex 3,15! 13 Domine nomen tuum in aeternum
101,13 Domine memoriale tuum in generationem et generationem
71,2! Dt 32,36! Sir 45,31; Hbr 10,30 14 quia iudicabit Dominus populum
suum
et in servis suis deprecabitur
15—17: Dt 4,28 **15—20:** 113,12–19 15 simulacra gentium argentum et aurum
opera manuum hominum
16 os habent et non loquentur
Sap 15,15 oculos habent et non videbunt
17 aures habent et non audient
Bar 6,24 neque enim est spiritus in ore eorum
18 similes illis fiant qui faciunt ea
et omnes qui sperant in eis
19.20: 117,2–4; Dn 3,83–86 19 domus Israhel benedicite Domino
domus Aaron benedicite Domino
20 domus Levi benedicite Domino
qui timetis Dominum benedicite Domino
21 benedictus Dominus ex Sion
qui habitat in Hierusalem

135 ALLELUIA
105,1! Confitemini Domino quoniam bonus
quoniam in aeternum misericordia
eius
2.3: 26 2 confitemini Deo deorum
quoniam in aeternum misericordia
eius
3 confitemini Domino dominorum
quoniam in aeternum misericordia
eius
4 qui facit mirabilia magna solus 71,18! Sir 11,4
quoniam in aeternum misericordia
eius
5 qui fecit caelos in intellectu Prv 3,19; Ier 10,12; 51,15
quoniam in aeternum misericordia
eius
6 qui firmavit terram super aquas 23,2; IV Esr 16,59
quoniam in aeternum misericordia
eius
7 qui fecit luminaria magna **7—9:** Gn 1,16; Ier 31,35
quoniam in aeternum misericordia
eius
8 solem in potestatem diei
quoniam in aeternum misericordia
eius
9 lunam et stellas in potestatem noctis
quoniam in aeternum misericordia
eius
10 qui percussit Aegyptum cum primo- Ex 11,5!
genitis eorum
quoniam in aeternum misericordia
eius
11 qui eduxit Israhel de medio eorum Dt 26,8!
quoniam in aeternum misericordia
eius
12 in manu potenti et brachio excelso
quoniam in aeternum misericordia
eius
13 qui divisit Rubrum mare in divisi- Ex 14,21.22!
ones
quoniam in aeternum misericordia
eius
14 et duxit Israhel per medium eius
quoniam in aeternum misericordia
eius
15 et excussit Pharaonem et virtutem Ex 14,27! 15,4!
eius in mari Rubro
quoniam in aeternum misericordia
eius
16 qui transduxit populum suum in de- Ex 13,18
serto
quoniam in aeternum misericordia
eius

RFI LWSKΦ cr 9 emisit] et misit R c | aegypti RI | 12 terra F | 14 iudicauit RFL. | 17 audient + nares habent et non odorabunt manus habent et non palpabunt pedes habent et non ambulabunt non clamabunt in gutture suo RL. | eorum] ipsorum IWSK c | 18 sperant RFIL r.] confidunt *cet.* | 19 domino[1]] dominum FSΦ || **135**,4 fecit I | 5 in intellectum FL. | 13 ~ mare rubrum RWSKΦ c | 14 et eduxit WSKΦ c | 16 per desertum c |

9 misit signa et portenta in medio tui
Aegypte
in Pharao et in cunctos servos eius
10 qui percussit gentes multas et occidit
reges fortes
11 Seon regem Amorreorum et Og
regem Basan et omnia regna Chanaan
12 et dedit terram eorum hereditatem
hereditatem Israhel populo suo
13 Domine nomen tuum in aeternum
Domine memoriale tuum in generatione et generatione
14 quia iudicabit Dominus populum
suum
et in servos suos erit placabilis
15 idola gentium argentum et aurum
opera manuum hominum
16 os habent et non loquentur oculos
habent et non videbunt
17 aures habent et non audient
sed nec spiritus in ore eorum
18 similes illis fiant qui faciunt ea omnis
qui confidit in eis
19 domus Israhel benedicite Domino
domus Aaron benedicite Domino
20 domus Levi benedicite Domino
timentes Dominum benedicite Domino
21 benedictus Dominus ex Sion qui
habitat in Hierusalem

ALLELUIA

135 Confitemini Domino quoniam
bonus
quoniam in aeternum misericordia
eius
2 confitemini Deo deorum
quoniam in aeternum misericordia
eius
3 confitemini Domino dominorum
quoniam in aeternum misericordia
eius
4 qui facit mirabilia magna solus
quoniam in aeternum misericordia
eius
5 qui fecit caelos in sapientia
quoniam in aeternum misericordia
eius
6 qui firmavit terram super aquas
quoniam in aeternum misericordia
eius
7 qui fecit luminaria magna
quoniam in aeternum misericordia
eius
8 solem in potestatem diei
quoniam in aeternum misericordia
eius
9 lunam et stellas in potestatem noctis
quoniam in aeternum misericordia
eius
10 qui percussit Aegyptum cum primitivis suis
quoniam in aeternum misericordia
eius
11 et eduxit Israhel de medio eorum
quoniam in aeternum misericordia
eius
12 in manu valida et in brachio extento
quoniam in aeternum misericordia
eius
13 qui divisit mare Rubrum in divisiones
quoniam in aeternum misericordia
eius
14 et eduxit Israhel in medio eius
quoniam in aeternum misericordia
eius
15 et convolvit Pharao et exercitum eius
in mari Rubro
quoniam in aeternum misericordia
eius
16 qui duxit populum suum per desertum
quoniam in aeternum misericordia
eius

RF(I) ΣAKΘSL 𝔥𝔰

134 (𝔐 **135**), 9 emisit IAK. | 13 in generationem FAL. | et generationem FIAΘL | 14 iudicauit FK | 18 omnes qui confidunt RIAKS | 19 dominum[1.2] F | 20 [*deest* I *usque ad* 135,25] | dominum[1] F | 21 alleluia R𝔰𝔐] *om.* A; *ad initium ps. seq. trahunt cet.* || **135** (𝔐 **136**), 5 facit RL | 9 in potestate R | 12 in[2] FS𝔥𝔰𝔐] *om. cet.* | 16 eduxit FΣSL𝔥; perduxit Θ |

IV Esr 1,10 17 qui percussit reges magnos
17—20: Dt 1,4! **17—22:** 134,10–12 quoniam in aeternum misericordia
eius
18 et occidit reges fortes
quoniam in aeternum misericordia
eius
19—22: Nm 21,33.34! II Esr 9,22 19 Seon regem Amorreorum
quoniam in aeternum misericordia
eius
20 et Og regem Basan
quoniam in aeternum misericordia
eius
21 et dedit terram eorum hereditatem
quoniam in aeternum misericordia
eius
22 hereditatem Israhel servo suo
quoniam in aeternum misericordia
eius
23 quia in humilitate nostra memor fuit
nostri
quoniam in aeternum misericordia
eius
24 et redemit nos ab inimicis nostris
quoniam in aeternum misericordia
eius
Iob 36,31 25 qui dat escam omni carni
quoniam in aeternum misericordia
eius
2.3 26 confitemini Deo caeli
quoniam in aeternum misericordia
eius
confitemini Domino dominorum
quoniam in aeternum misericordia
eius

136 DAVID HIEREMIAE

Super flumina Babylonis
illic sedimus et flevimus
cum recordaremur Sion
2 in salicibus in medio eius suspendimus organa nostra
3 quia illic interrogaverunt nos qui
captivos duxerunt nos verba cantionum
et qui abduxerunt nos hymnum
cantate nobis de canticis Sion
4 quomodo cantabimus canticum Domini in terra aliena
5 si oblitus fuero tui Hierusalem
oblivioni detur dextera mea
6 adhereat lingua mea faucibus meis 21,16; Iob 29,10; Ez 3,26
si non meminero tui
si non praeposuero Hierusalem
in principio laetitiae meae
7 memor esto Domine filiorum Edom Abd 11!
diem Hierusalem
qui dicunt exinanite exinanite usque
ad fundamentum in ea
8 filia Babylonis misera
beatus qui retribuet tibi retributionem tuam quam retribuisti nobis 27,4!
9 beatus qui tenebit et adlidet parvulos Is 13,16! Os 14,1; Na 3,10; Lc 19,44
tuos ad petram

137 IPSI DAVID

Confitebor tibi Domine in toto corde 85,12! 117,28!
meo
quoniam audisti verba oris mei
in conspectu angelorum psallam tibi
2 adorabo ad templum sanctum tuum 5,8!
et confitebor nomini tuo
super misericordia tua et veritate tua
quoniam magnificasti super omne
nomen sanctum tuum
3 in quacumque die invocavero te exaudi me
multiplicabis me in anima mea virtute
4 confiteantur tibi Domine omnes reges terrae 67,33!
quia audierunt omnia verba oris tui
5 et cantent in viis Domini
quoniam magna gloria Domini
6 quoniam excelsus Dominus et humilia respicit 112,5.6!
et alta a longe cognoscit

RF(I) LWSKΦ cr 23 in humilitatem nostram F | 26 [*deest* I *usque ad* 137,2] || **136**,1 dauid RFSr] psalmus dauid c; dauid psalmus ILKΦ; ipsi dauid lamentatio W. | hieremiae *om.* I | flebimus FS | 4 cantauimus F | 6 proposuero Wc | 7 diem RFLr. 𝔊] in diem WΦ; in die SKc | 8 tuam *om.* F || **137**,1 mei + et RLKΦ | 2 [*iterum adest* I] | super[1]] supra FL. | 3 me[2] FLr. 𝔊] *om. cet.* | uirtute RLr, *cf.* 𝔊] uirtutem *cet.* | 4 quia] qui RW | 5 magna + est c |

17 qui percussit reges magnos
quoniam in aeternum misericordia eius
18 et occidit reges magnificos
quoniam in aeternum misericordia eius
19 Seon regem Amorreorum
quoniam in aeternum misericordia eius
20 et Og regem Basan
quoniam in aeternum misericordia eius
21 et dedit terram eorum in hereditatem
quoniam in aeternum misericordia eius
22 hereditatem Israhel servo suo
quoniam in aeternum misericordia eius
23 quia in humilitate nostra memor fuit nostri
quoniam in aeternum misericordia eius
24 et redemit nos de hostibus nostris
quoniam in aeternum misericordia eius
25 qui dat panem omni carni
quoniam in aeternum misericordia eius
26 confitemini Deo caeli
quoniam in aeternum misericordia eius

136 Super flumina Babylonis ibi sedimus et flevimus cum recordaremur Sion
2 super salices in medio eius suspendimus citharas nostras
3 quoniam ibi interrogaverunt nos qui captivos duxerunt nos verba carminis
et qui adfligebant nos laeti canite nobis de canticis Sion
4 quomodo cantabimus canticum Domini in terra aliena
5 si oblitus fuero tui Hierusalem
in oblivione sit dextera mea
6 adhereat lingua mea gutturi meo si non recordatus fuero tui
si non praeposuero Hierusalem in principio laetitiae meae
7 memento Domine filiorum Edom in diem Hierusalem
dicentium evacuate evacuate usque ad fundamentum eius
8 filia Babylon vastata
beatus qui retribuet tibi vicissitudinem tuam quam retribuisti nobis
9 beatus qui tenebit et adlidet parvulos tuos ad petram

137 DAVID
Confitebor tibi in toto corde meo
in conspectu deorum cantabo tibi
2 adorabo in templo sancto tuo et confitebor nomini tuo
super misericordia tua et super veritate tua
quia magnificasti super omne nomen tuum eloquium tuum
3 in die invocabo et exaudies me
dilatabis animae meae fortitudinem
4 confiteantur tibi Domine omnes reges terrae
quoniam audierunt eloquia oris tui
5 et cantent in viis Domini quoniam magna gloria Domini
6 quoniam excelsus Dominus et humilem respicit
et excelsa de longe cognoscit

RF(I) ΣAKΘSL ℌ𝔰

21 *tot. v. om.* AK. | in[1] 𝔰, *cf.* 𝔐] *om. cet.* | 26 [*iterum adest* I] || **136** (𝔐 **137**), 3 quoniam] quia FL | cantate FL | 4 cantauimus F | 5 in obliuionem R | 6 proposuero FIΣAΘL | 7 in diebus Σ.; in die AKΘSℌ | 8 babylonis ΣAΘℌ || **137** (𝔐 **138**), 1 tibi[1] R𝔰𝔐] tibi domine *cet.* | 2 super[2] *om.* IAKS | tuum[1] RFL𝔰𝔐] sanctum tuum Θ.; *om. cet.* | 6 humilem FL𝔰𝔐] humilia *cet.* |

22,4 [7]si ambulavero in medio tribulationis
vivificabis me
super iram inimicorum meorum extendisti manum tuam
117,16 et salvum me fecit dextera tua
[8]Dominus retribuet propter me
Domine misericordia tua in saeculum
Iob 14,15 opera manuum tuarum ne dispicias

138 IN FINEM DAVID PSALMUS

Ier 12,3! [2]Domine probasti me et cognovisti
me
Lam 3,63 tu cognovisti sessionem meam et surrectionem meam
93,11! [3]intellexisti cogitationes meas de
longe
Iob 13,27! semitam meam et funiculum meum
investigasti
IV Rg 19,27 [4]et omnes vias meas praevidisti
quia non est sermo in lingua mea
Sir 23,29 [5]ecce Domine tu cognovisti omnia
novissima et antiqua
tu formasti me et posuisti super me
manum tuam
[6]mirabilis facta est scientia tua ex me
confortata est non potero ad eam
[7]quo ibo ab spiritu tuo et quo a facie
tua fugiam
Ier 23,24 8—10: Am 9,2 [8]si ascendero in caelum tu illic es
si descendero ad infernum ades
[9]si sumpsero pinnas meas diluculo
et habitavero in extremis maris
[10]etenim illuc manus tua deducet me
et tenebit me dextera tua
Iob 24,17! [11]et dixi forsitan tenebrae conculcabunt me
et nox inluminatio in deliciis meis
Dn 2,22! [12]quia tenebrae non obscurabuntur
a te
et nox sicut dies inluminabitur
sicut tenebrae eius ita et lumen eius
[13]quia tu possedisti renes meos
suscepisti me de utero matris meae 70,6!
[14]confitebor tibi quia terribiliter magnificatus es 103,1; II Sm 7,22!
mirabilia opera tua et anima mea
cognoscit nimis
[15]non est occultatum os meum a te
quod fecisti in occulto
et substantia mea in inferioribus terrae
[16]inperfectum meum viderunt oculi
tui
et in libro tuo omnes scribentur Is 4,3! Dn 12,1!
die formabuntur et nemo in eis
[17]mihi autem nimis honorificati sunt
amici tui Deus
nimis confirmati sunt principatus
eorum
[18]dinumerabo eos et super harenam
multiplicabuntur
exsurrexi et adhuc sum tecum
[19]si occideris Deus peccatores 25,9!
et viri sanguinum declinate a me 118,115!
[20]quia dices in cogitatione
accipient in vanitate civitates tuas
[21]nonne qui oderunt te Domine oderam
et super inimicos tuos tabescebam
[22]perfecto odio oderam illos
inimici facti sunt mihi
[23]proba me Deus et scito cor meum
interroga me et cognosce semitas
meas Iob 23,10! Ier 6,27
[24]et vide si via iniquitatis in me est
et deduc me in via aeterna

139 IN FINEM PSALMUS DAVID

[2]Eripe me Domine ab homine malo 5; 17,49! 42,1; II Th 3,2!
a viro iniquo eripe me
[3]qui cogitaverunt iniquitates in corde 55,6!
tota die constituebant proelia
[4]acuerunt linguam suam sicut ser- 57,5

RFI LWSKΦ cr

7 me[1] + et S𝔠 | 8 propter] pro IWS𝔠 || **138**,1 ~ psalmus dauid RIWK𝔠 | 2 surrectionem RL𝔯. *He*] resurrectionem *cet.* | 5 tu[1] *om.* RL.; ~ tu domine I | 6 non FL𝔯. 𝔊] et non *cet.* | 8 ad] in R𝔠 | 11 inluminatio + mea 𝔠 | 14 cognoscit RL𝔠𝔯𝔊] cognoscet *cet.* | 16 dies WSK𝔠; dii RΦ. | 17 confirmati sunt FL𝔯, *cf.* 𝔊] confortati sunt RW; confortatus est ISKΦ𝔠 | 19 et FIL𝔯𝔐] *om. cet.* | 20 dices F𝔯. 𝔊] dicis RIL.; dicitis *cet.* | accipiant I | tuas] suas RIW | 22 illos + et S𝔠. || **139**,3 qui] quia I | 4 linguas suas L𝔠 |

7 si ambulavero in medio tribulationis
vivificabis me
super furorem inimicorum meorum
mittes manum tuam
et salvabit me dextera tua
8 Dominus operabitur pro me
Domine misericordia tua in aeternum
opera manuum tuarum ne dimittas

138 PRO VICTORIA DAVID CANTICUM

Domine investigasti me et cognovisti
2 tu cognovisti sessionem meam et
surrectionem meam
3 intellexisti malum meum de longe
semitam meam et accubitionem meam eventilasti
4 et omnes vias meas intellexisti
quia non est eloquium in lingua mea
5 ecce Domine nosti omnia
retrorsum et ante formasti me et posuisti super me manum tuam
6 super me est scientia et excelsior est
non potero ad eam
7 quo ibo ab spiritu tuo et quo a facie
tua fugiam
8 si ascendero in caelum ibi es tu
si iacuero in inferno ades
9 si sumpsero pinnas diluculo habitavero in novissimo maris
10 etiam ibi manus tua deducet me et
tenebit me dextera tua
11 si dixero forte tenebrae operient me
nox quoque lux erit circa me
12 nec tenebrae habent tenebras apud
te
et nox quasi dies lucet
similes sunt tenebrae et lux
13 quoniam tu possedisti renes meos
orsusque es me in utero matris meae
14 confitebor tibi quoniam terribiliter
magnificasti me
mirabilia opera tua et anima mea
novit nimis
15 non sunt operta ossa mea a te quibus factus sum in abscondito
imaginatus sum in novissimis terrae
16 informem adhuc me viderunt oculi
tui
et in libro tuo omnes scribentur
dies formatae sunt et non est una in
eis
17 mihi autem quam honorabiles facti
sunt amici tui Deus
quam fortes pauperes eorum
18 dinumerabo eos et harena plures
erunt
evigilavi et adhuc sum tecum
19 si occideris Deus impium
viri sanguinum declinate a me
20 qui contradicent tibi scelerate
elati sunt frustra adversarii tui
21 nonne odientes te Domine odivi
et contra adversarios tuos distabui
22 perfecto odio oderam illos
inimici facti sunt mihi
23 scrutare me Deus et cognosce cor
meum
proba me et scito cogitationes meas
24 et vide si via idoli in me est
et deduc me in via aeterna

139 PRO VICTORIA CANTICUM DAVID

2 Erue me Domine ab homine malo
a viris iniquis serva me
3 qui cogitaverunt malitias in corde
tota die versati sunt in proeliis
4 exacuerunt linguam suam quasi ser-

7 mittis R ‖ **138** (𝔐 **139**), 1 cognouisti + me FΣΘS | 2 surrectionem RI𝔰.] resurrectionem *cet.* | 6 non] et non FΣΘ | 20 qui] quia RΣAK | 24 idoli] doli IΣKΘS𝔥 ‖ **139** (𝔐 **140**), 2 serua] salua IAK. | 3 qui] quia FΣAKL𝔥 |

RFI ΣAKΘSL 𝔥𝔰

pentis
13,3; Rm 3,13 venenum aspidum sub labiis eorum
DIAPSALMA
2! 5 custodi me Domine de manu peccatoris
ab hominibus iniquis eripe me
qui cogitaverunt subplantare gressus meos
34,7; 141,4; Iob 18,10 6 absconderunt superbi laqueum mihi
et funes extenderunt in laqueum
iuxta iter scandalum posuerunt mihi
DIAPSALMA
15,2; 30,15 7 dixi Domino Deus meus es tu
140,1! exaudi Domine vocem deprecationis
meae
8 Domine Domine virtus salutis meae
obumbrasti super caput meum in die
belli
9 non tradas Domine desiderio meo
peccatori
cogitaverunt contra me ne derelinquas me
ne forte exaltentur
DIAPSALMA
10 caput circuitus eorum
Prv 12,13! labor labiorum ipsorum operiet eos
Prv 25,22! 11 cadent super eos carbones
in igne deicies eos
in miseriis non subsistent
12 vir linguosus non dirigetur in terra
virum iniustum mala capient in interitu
145,7! 13 cognovi quia faciet Dominus iudicium inopis
et vindictam pauperum
29,5! 14 verumtamen iusti confitebuntur
nomini tuo
habitabunt recti cum vultu tuo

140 PSALMUS DAVID

5,2.3! 139,7 Domine clamavi ad te exaudi me
141,7! intende voci meae cum clamavero
ad te
Apc 8,4; IV Esr 12,7 2 dirigatur oratio mea sicut incensum
in conspectu tuo
elevatio manuum mearum sacrifici- 133,2!
um vespertinum
3 pone Domine custodiam ori meo 38,2; Sir 22,33
et ostium circumstantiae labiis meis
4 non declines cor meum in verba malitiae
ad excusandas excusationes in peccatis
cum hominibus operantibus iniquitatem
et non communicabo cum electis
eorum
5 corripiet me iustus in misericordia
et increpabit me
oleum ÷ autem : peccatoris non inpinguet caput meum
quoniam adhuc et oratio mea in be-
neplacitis eorum
6 absorti sunt iuncti petrae iudices eorum
audient verba mea quoniam potuerunt
7 sicut crassitudo terrae erupta est super terram
dissipata sunt ossa nostra secus in- 52,6!
fernum
8 quia ad te Domine Domine oculi mei 24,15
in te speravi non auferas animam
meam
9 custodi me a laqueo quem statue- 30,5
runt mihi
et ab scandalis operantium iniquitatem
10 cadent in retiaculo eius peccatores
singulariter sum ego donec transeam

141 INTELLECTUS DAVID CUM ESSET IN SPELUNCA ORATIO 56,1!

2 Voce mea ad Dominum clamavi 76,2
voce mea ad Dominum deprecatus
sum
3 effundo in conspectu eius deprecati- Idt 6,14!
onem meam

RFI (L)WSKΦ cr

4 serpentis W c r 𝔊] serpentes *cet.* | diapsalma *om.* IWK c | 5 peccatoris + et c | [*deest* L *usque ad* 150,6] | 6 diapsalma *om.* WK c | 9 non] ne K c. | tradas + me c | a desiderio c | diapsalma *om.* IW c | 11 in ignem RSΦ c; igne W. | 14 nomine F | tuo[1] + et W c, *cf. Su* || **140**,1 in finem psalmus IK | intendi I | 5 increpauit RFIWSKΦ | 7 super terra RF. || **141**,3 deprecationem] orationem WSKΦ c | meam[1] + et c |

pens
venenum aspidis sub labiis eorum
SEMPER
5 custodi me Domine de manu impii a
viro iniquitatum serva me
qui cogitaverunt subplantare gressus meos
6 absconderunt superbi laqueum mihi
et funibus extenderunt rete
iuxta semitam offendiculum posuerunt mihi
SEMPER
7 dixi Domino Deus meus tu
audi Domine vocem deprecationis
meae
8 Domine Deus fortitudo salutis meae
protexisti caput meum in die belli
9 ne des Domine desideria impii
scelera eius ne effundantur et ele-
ventur
SEMPER
Ps 54,15.16 10 amaritudo convivarum meorum
labor labiorum eorum operiat eos
11 cadent super eos carbones ignis
deicies eos in foveas ut non consurgant
12 vir linguosus non dirigetur in terra
virum iniquum mala capient in interitu
13 scio quod faciet Dominus causam
inopis iudicia pauperum
14 attamen iusti confitebuntur nomini
tuo
habitabunt recti cum vultu tuo

140 CANTICUM DAVID
Domine clamavi ad te festina mihi
exaudi vocem meam clamantis ad te
2 dirigatur oratio mea sicut incensum
in conspectu tuo
elevatio manuum mearum sacrificium vespertinum
3 pone Domine custodem ori meo
serva paupertatem labiorum meorum
4 ne declines cor meum in verbum malum
volvere cogitationes impias cum viris operantibus iniquitatem
neque comedere in deliciis eorum I Cor 5,11
5 corripiat me iustus in misericordia
et arguat me
oleum amaritudinis non inpinguet
caput meum
quia adhuc et oratio mea pro mali-
tiis eorum
6 sublati sunt iuxta petram iudices
eorum
et audient verba mea quoniam decora sunt
7 sicut agricola cum scindit terram
sic dissipata sunt ossa nostra in ore
inferi
8 quia ad te Domine Deus oculi mei
in te speravi ne evacues animam
meam
9 custodi me de manibus laquei quod
posuerunt mihi
et de offendiculis operantium iniquitatem
10 incident in rete eius impii simul
ego autem transibo

141 ERUDITIO DAVID CUM ESSET IN SPE-
LUNCA ORATIO
2 Voce mea ad Dominum clamavi
voce mea ad Dominum deprecatus
sum
3 effundam in conspectu eius eloquium meum

4 aspidum IΣAK | semper *om.* IΣA | 6 funes F | semper *om.* IΣA | 7 domine[1] R | tu R𝔰𝔐] es tu *cet.* | exaudi IΣAK | 9 impiis RIAKS | effundantur] offendantur AK.; offendentur I. | semper *om.* IΣA | 10 meorum RFΘ𝔰.𝔐] eorum *cet.* | labiorum meorum RF. | operiet ΣAKΘS𝔥 || **140** (𝔐 **141**), 3 custodiam RAKΘ𝔥; custo Σ. | 5 et[2] *om.* IΣAK | 6 audientur IAK. | 10 incedent I || **141** (𝔐 **142**), 1 eruditi RSL. |

RFI ΣAKΘSL 𝔥𝔰

tribulationem meam ante ipsum pro-
nuntio
76,4; 142,4 4 in deficiendo ex me spiritum meum
et tu cognovisti semitas meas
139,6! in via hac qua ambulabam absconderunt laqueum mihi
Sir 51,10! 5 considerabam ad dexteram et videbam
et non erat qui cognosceret me
periit fuga a me et non est qui requirit animam meam
6 clamavi ad te Domine dixi tu es spes
mea
114,9! portio mea in terra viventium
140,1! 7 intende ad deprecationem meam
37,9! quia humiliatus sum nimis
II Sm 22,18! libera me a persequentibus me
quia confortati sunt super me
8 educ de custodia animam meam
ad confitendum nomini tuo
me expectant iusti donec retribuas
mihi

142 PSALMUS DAVID QUANDO FILIUS
EUM PERSEQUEBATUR

16,1 Domine exaudi orationem meam
5,2.3! auribus percipe obsecrationem meam in veritate tua
exaudi me in tua iustitia
129,3 2 et non intres in iudicio cum servo
tuo
Iob 9,2! Rm 3,20! quia non iustificabitur in conspectu
tuo omnis vivens
3 quia persecutus est inimicus animam
meam
43,25! humiliavit in terra vitam meam
87,7! Lam 3,6! conlocavit me in obscuris sicut mortuos saeculi
76,4; 141,4 4 et anxiatus est super me spiritus
meus
108,22! in me turbatum est cor meum
76,6! 12.13! 5 memor fui dierum antiquorum
meditatus sum in omnibus operibus
tuis
in factis manuum tuarum meditabar
6 expandi manus meas ad te 87,10!
anima mea sicut terra sine aqua tibi 41,3; 41,2 H
DIAPSALMA
7 velociter exaudi me Domine defecit 68,18!
spiritus meus
non avertas faciem tuam a me 27,1!
et similis ero descendentibus in la- 87,5
cum
8 auditam mihi fac mane misericor- 45,6; 89,14
diam tuam
quia in te speravi
notam fac mihi viam in qua ambu- 24,4
lem
quia ad te levavi animam meam 24,1.2! 85,4
9 eripe me de inimicis meis Domine
ad te confugi
10 doce me facere voluntatem tuam
quia Deus meus es tu
spiritus tuus bonus deducet me in II Esr 9,20
terra recta
11 propter nomen tuum Domine vivi- 108,21! Bar 2,14
ficabis me in aequitate tua
educes de tribulatione animam me- 24,22!
am
12 et in misericordia tua disperdes ini- 53,7
micos meos
et perdes omnes qui tribulant animam meam
quoniam ego servus tuus sum

143 DAVID ADVERSUS GOLIAD

Benedictus Dominus Deus meus 17,47; II Sm 22,47
qui docet manus meas ad proelium 17,35; II Sm 22,35
digitos meos ad bellum
2 misericordia mea et refugium meum 17,3!
susceptor meus et liberator meus
protector meus et in eo speravi 17,48! II Sm 22,48!
qui subdis populum meum sub me
3 Domine quid est homo quia inno- 8,5! Iob 7,17; Sir 18,7
tuisti ei
aut filius hominis quia reputas eum

RFI WSKΦ 𝔠𝔯

5 perit RFΦ | requirit F.𝔊] requiret RI𝔯; requirat *cet.* || **142**,1 quando] cum I | filius eum persequebatur FΦ𝔯] filius suus eum perseq. RS.; eius filius eum perseq. K.; perseq. eum absalom filius eius I𝔠.; perseq. filius suus absalon W | 2 in iudicium 𝔠 | 5 meditabar] meditabor I | 6 diapsalma *om.* WK𝔠 | 8 ~ fac mihi IWSKΦ𝔠 | in quam R | 10 in terram rectam 𝔠 || **143**,1 psalmus dauid 𝔠 | ad goliam I | proelium R𝔯.𝔊] proelium et *cet.* | 2 in eo RF𝔯.] in ipso *cet.* | subdit 𝔠 |

tribulationem meam coram illo adnuntiabo
4 cum anxius in me fuerit spiritus meus
tu enim nosti semitam meam
in via hac qua ambulabo absconderunt laqueum mihi
5 respice ad dexteram et vide quia non sit qui cognoscat me
periit fuga a me non est qui quaerat animam meam
6 clamavi ad te Domine dixi tu spes mea
pars mea in terra viventium
7 ausculta deprecationem meam quoniam infirmatus sum nimis
libera me a persecutoribus quoniam confortati sunt super me
8 educ de carcere animam meam ut confiteatur nomini tuo
me expectant iusti cum retribueris mihi

142 CANTICUM DAVID

Domine exaudi orationem meam
ausculta deprecationem meam in veritate tua
exaudi me in iustitia tua
2 et non venias ad iudicandum cum servo tuo
quia non iustificabitur in conspectu tuo omnis vivens
3 persecutus est enim inimicus animam meam
confregit in terra vitam meam
posuit me in tenebris quasi mortuos antiquos
4 et anxius fuit in me spiritus meus
in medio mei sollicitum fuit cor meum
5 recordabar dierum antiquorum
meditabar omnia opera tua
facta manuum tuarum loquebar
6 expandi manus meas ad te
anima mea quasi terra sitiens ad te SEMPER
7 cito exaudi me Domine defecit spiritus meus
ne abscondas faciem tuam a me et conparabor descendentibus in lacum
8 fac me audire mane misericordiam tuam quoniam in te confido
notam fac mihi viam in qua ambulo quoniam ad te levavi animam meam
9 libera me de inimicis meis Domine a te protectus sum
10 doce me ut faciam voluntatem tuam quia tu Deus meus
spiritus tuus bonus deducet me in terra recta
11 propter nomen tuum Domine vivificabis me
in iustitia tua educes de angustia animam meam
12 et in misericordia tua dissipabis inimicos meos
et perdes omnes ligantes animam meam
ego enim sum servus tuus

143 DAVID

Benedictus Dominus fortis meus
qui docet manus meas ad proelium
digitos meos ad bellum
2 misericordia mea et fortitudo mea
auxiliator meus et salvator meus
scutum meum et in ipso speravi qui subiecit populos mihi
3 Domine quid est homo quia cognoscis eum
filius hominis quia conputas eum

4 ~ fuerit in me ΣΘL𝔥 | ambulabam K; ambulo FL | 5 perit FL | non] et non IΣAK; *om.* R. | requirat RIAK | 6 tu I𝔰𝔐] tu es *cet.* | 7 a persequentibus (+ me K) ΣKS𝔥 || **142** (𝔐 **143**), 3 enim *om.* IAK | in terram FΣ | 6 semper *om.* IK | 7 in lacu IA. || **143** (𝔐 **144**), 3 quid] quis RΘ. |

RFI ΣAKΘSL 𝔥𝔰

38,6! 4 homo vanitati similis factus est
108,23; Iob 8,9! dies eius sicut umbra praetereunt
17,10; Is 64,1! II Sm 22,10 5 Domine inclina caelos tuos et descende
103,32 tange montes et fumigabunt
6 fulgora coruscationem et dissipabis
17,15; Dt 32,23! eos
II Sm 22,15 emitte sagittas tuas et conturbabis
eos
17,17; II Sm 22,17 7 emitte manum tuam de alto
eripe me et libera me de aquis multis
11 de manu filiorum alienorum
8 quorum os locutum est vanitatem
Is 44,20 et dextera eorum dextera iniquitatis
97,1! 9 Deus canticum novum cantabo tibi
32,2! in psalterio decacordo psallam tibi
17,51! 10 qui das salutem regibus
21,21; Ex 18,4 qui redimit David servum suum
de gladio maligno 11 eripe me
7.8 et eripe me de manu filiorum alienigenarum
quorum os locutum est vanitatem
et dextera eorum dextera iniquitatis
127,3 12 quorum filii sicut novella plantatio-
nis in iuventute sua
filiae eorum conpositae circumor-
natae ut similitudo templi
13 promptuaria eorum plena eructan-
tia ex hoc in illud
Is 30,23 oves eorum fetosae abundantes in
egressibus suis
14 boves eorum crassi
non est ruina maceriae neque transitus
neque clamor in plateis eorum
Dt 33,29 15 beatum dixerunt populum cui haec
sunt
32,12; 145,5 beatus populus cuius Dominus Deus
eius

144 LAUDATIO DAVID

Ex 15,2! Exaltabo te Deus meus rex
60,9! et benedicam nomini tuo in saeculum et in saeculum saeculi
2 per singulos dies benedicam tibi 62,5! 67,20; I Par 29,13!
et laudabo nomen tuum in saecu-
lum et in saeculum saeculi
3 magnus Dominus et laudabilis ni- 47,2! Sir 43,31!
mis
et magnitudinis eius non est finis
4 generatio et generatio laudabit opera
tua
et potentiam tuam pronuntiabunt
5 magnificentiam gloriae sanctitatis Sir 17,8
tuae loquentur
et mirabilia tua narrabunt Tb 12,20!
6 et virtutem terribilium tuorum di- 65,3!
cent
et magnitudinem tuam narrabunt
7 memoriam abundantiae suavitatis Is 63,7
tuae eructabunt
et iustitia tua exultabunt
8 miserator et misericors Dominus 102,8!
patiens et multum misericors
9 suavis Dominus universis 85,5!
et miserationes eius super omnia
opera eius
10 confiteantur tibi Domine omnia 102,22; Dn 3,57
opera tua
et sancti tui confiteantur tibi
11 gloriam regni tui dicent et potentiam
tuam loquentur
12 ut notam faciant filiis hominum potentiam tuam
et gloriam magnificentiae regni tui
13 regnum tuum regnum omnium sae- 145,10; Ex 15,18!
culorum Dn 3,100! 4,31
et dominatio tua in omni generatione et progenie
fidelis Dominus in omnibus verbis
suis
et sanctus in omnibus operibus suis
14 adlevat Dominus omnes qui corru- 36,24!
unt
et erigit omnes elisos 145,8

RFI WSKΦ cr 10 dat r. | redimit RF.𝔊] redemisti c; redemit *cet.* | suum] tuum c | 11 eripe2 RFI.] erue *cet.* | alienigenarum] alienorum WSKc | 12 nouellae WSc | plantationes WKc | 13 in gressibus RI(*vid.*); in cressibus F. | 14 crassae WSKc || **144**,1 laudatio + ipsi Ic | 6 terribiliorum FW | 10 confiteantur2 RFI.] benedicent W; benedicant *cet.* | 12 facient I | 13 et progenie RFIr.] et generatione SKΦ; et generationem Wc | 14 eriget RΦ |

4 homo vanitati adsimilatus est
dies eius quasi umbra pertransiens
5 Domine inclina caelos tuos et descende
tange montes et fumigabunt
6 mica fulmine et dissipa eos
mitte sagittam tuam et interfice illos
7 extende manum tuam de excelso
libera me et erue me de aquis multis
de manu filiorum alienorum
8 quorum os locutum est vanitatem
et dextera eorum dextera mendacii
9 Deus canticum novum cantabo tibi
in psalterio decacordo psallam tibi
10 qui dat salutem regibus
qui eruit David servum suum de gladio pessimo
11 libera me et erue me de manu filiorum alienorum
quorum os locutum est vanitatem et dextera eorum dextera mendacii
12 ut sint filii nostri quasi plantatio crescens in adulescentia sua
filiae nostrae quasi anguli ornati ad similitudinem templi
13 promptuaria nostra plena et supereffundentia ex hoc in illud
pecora nostra in milibus et innumerabilia in conpitis nostris
14 tauri nostri pingues
non est interruptio et non est egressus
et non est ululatus in plateis nostris
15 beatus populus cuius talia sunt
beatus populus cuius Dominus Deus suus

144 HYMNUS DAVID

ALEPH Exaltabo te Deus meus rex et benedicam nomini tuo in aeternum et ultra
2 BETH in omni die benedicam tibi et laudabo nomen tuum in sempiternum iugiter
3 GIMEL magnus Deus et laudabilis nimis et magnificentiae eius non est inventio
4 DELETH generatio ad generationem laudabit opera tua et fortitudines tuas adnuntiabunt
5 HE decorem gloriae magnitudinis tuae et verba mirabilium tuorum loquar
6 VAV et fortitudinem horribilium tuorum loquentur et magnitudines tuas narrabo
7 ZAI memoriam multae bonitatis tuae loquentur et iustitias tuas laudabunt
8 HETH clemens et misericors Dominus patiens et multae miserationis
9 TETH bonus Dominus omnibus et misericordiae eius in universa opera eius
10 IOTH confiteantur tibi Domine omnia opera tua et sancti tui benedicant tibi
11 CAPH gloriam regni tui dicent et fortitudines tuas loquentur
12 LAMETH ut ostendant filiis hominum fortitudines eius et gloriam decoris regni eius
13 MEM regnum tuum regnum omnium saeculorum et potestas tua in omni generatione et generatione
14 SAMECH sustentat Dominus omnes corruentes et erigit universos iacentes

RFI ΣAKΘSL 𝔥𝔰

6 fulmina Σ; flumine RA. | 10 qui das IAK | 15 cuius[2] + est IAK. || **144**(𝔐 **145**),1 aleph] *litt. hebr. omnes om.* RIΣ, *omnes praeter primam om.* F, *duas priores om.* K | 3 deus] dominus IAΘS𝔥 | 9 misericordia FΣL𝔥 | in *om.* IA. | 12 eius[1]] tuas IAKΘS.; *om.* Σ | eius[2]] tui IAKS. | 13 generationem[2] KL; + nun (*om.* FΣ𝔥) fidelis dominus in omnibus uerbis (seruis F.) suis et sanctus in omnibus operibus suis FΣSL𝔥 | 14 uniuersos] omnes IAKΘ𝔥 |

122,2 15 oculi omnium in te sperant
15.16: 103,27.28 et tu das escam illorum in tempore
oportuno
16 aperis tu manum tuam
et imples omne animal benedictione
17,31; Dt 32,4! II Sm 22,31; 17 iustus Dominus in omnibus viis suis
Tb 3,2! Bar 2,9; Dn 9,14 et sanctus in omnibus operibus suis
Dt 4,7; Io 4,23; Phil 4,5 18 prope est Dominus omnibus invocantibus eum
118,151 omnibus invocantibus eum in veritate
Prv 10,24 19 voluntatem timentium se faciet
et deprecationem eorum exaudiet et
salvos faciet eos
36,28; 96,10! Dn 14,37 20 custodit Dominus omnes diligentes
se
et omnes peccatores disperdet
21 laudationem Domini loquetur os
meum
et benedicat omnis caro nomini sancto eius in saeculum et in saeculum
saeculi

111,1 **145** ALLELUIA AGGEI ET ZACCHARIAE
102,1! Lc 1,46 2 Lauda anima mea Dominum
103,33; Sir 51,8 laudabo Dominum in vita mea
29,13! Is 38,20; Or Man 15 psallam Deo meo quamdiu fuero
117,8.9 nolite confidere in principibus
59,13 3 in filiis hominum quibus non est salus
103,29! I Mcc 2,63 4 exibit spiritus eius et revertetur in
terram suam
in illa die peribunt omnes cogitationes eorum
143,15! 5 beatus cuius Deus Iacob adiutor eius
83,13! spes eius in Domino Deo ipsius
Ex 20,11! 6 qui fecit caelum et terram mare et
omnia quae in eis
7 qui custodit veritatem in saeculum
102,6; 139,13 facit iudicium iniuriam patientibus
dat escam esurientibus
Is 42,7! Dominus solvit conpeditos
8 Dominus inluminat caecos
Dominus erigit adlisos 144,14
Dominus diligit iustos
9 Dominus custodit advenas Dt 10,18
pupillum et viduam suscipiet 67,6; Sir 35,17
et viam peccatorum disperdet
10 regnabit Dominus in saecula 144,13!
Deus tuus Sion in generationem et
generationem

146 ALLELUIA AGGEI ET ZACCHARIAE
Laudate Dominum quoniam bonum 91,2!
psalmus
Deo nostro sit iucunda ※decoraque:
laudatio
2 aedificans Hierusalem Dominus 50,20
dispersiones Israhel congregabit Is 11,12! 56,8
3 qui sanat contritos corde Is 61,1
et alligat contritiones illorum
4 qui numerat multitudinem stellarum Is 40,26! IV Esr 16,57
et omnibus eis nomina vocans
5 magnus Dominus noster et magna
virtus eius
et sapientiae eius non est numerus Is 40,28
6 suscipiens mansuetos Dominus I Sm 2,7! Sir 10,17!
humilians autem peccatores usque
ad terram
7 praecinite Domino in confessione I Esr 3,11!
psallite Deo nostro in cithara 42,4!
8 qui operit caelum nubibus
et parat terrae pluviam
qui producit in montibus faenum
et herbam servituti hominum 103,14
9 et dat iumentis escam ipsorum
et pullis corvorum invocantibus eum Iob 38,41!
10 non in fortitudine equi voluntatem 10.11: 32,16–18
habebit
nec in tibiis viri beneplacitum erit ei
11 beneplacitum est Domino super timentes eum 149,4
et in eis qui sperant super misericordia eius

RFI WSKΦ cr 15 sperant + domine c | 16 benedictionem F | 21 nomen sanctum RI. ‖ **145**,2 dominum2] deum I | 3 hominum + in c | 4 eius] eorum RΦ | in terra sua RI. | 6 eis + sunt IWSKΦc | 7 soluet I | 8 elisos c | 9 uias c | 10 regnauit FISΦ | et generatione FS ‖ **146**,1 aggei et zacchariae *om.* IWc | bonum Rr. 𝔊] bonus FIWSΦ; bonus est Kc | ※ *om.* R, *sed testatur vers. syro-hexapl.* | 2 dispersionis RF | israhelis WΦc | 3 illorum RFr.] eorum *cet.* | 4 uocat c | 8 herba RW. | 9 et dat RFr.] qui dat *cet.* ‖

15 AIN oculi eorum in te sperant et tu
das eis escam suam in tempore suo
16 FE aperis manus tuas et imples omne
animal refectione
17 SADE iustus Dominus in omnibus
viis suis et sanctus in omnibus operibus suis
18 COPH iuxta est Dominus omnibus
qui invocant eum omnibus qui invocant eum in veritate
19 RES placitum timentium se faciet et
clamorem eorum audiet et salvabit
eos
20 SEN custodit Dominus omnes diligentes se et universos impios conteret
21 THAV laudem Domini loquetur os
meum et benedicet omnis caro nomini sancto eius in aeternum et iugiter

145 ALLELUIA
2 Lauda anima mea Dominum
laudabo Dominum in vita mea
cantabo Deo meo quamdiu sum
nolite confidere in principibus 3 in
filio hominis cui non est salus
4 egredietur spiritus eius et revertetur
in humum suam
in die illa peribunt cogitationes eius
5 beatus cuius Deus Iacob auxiliator
eius
spes eius in Domino Deo suo
6 qui fecit caelos et terram mare et
omnia quae in eis sunt
7 et custodit veritatem in sempiternum
qui facit iudicium calumniam susti-
nentibus
et dat panem esurientibus
Dominus solvit vinctos
8 Dominus inluminat caecos
Dominus erigit adlisos
Dominus diligit iustos
9 Dominus custodit advenas
pupillum et viduam suscipiet
et viam impiorum conteret
10 regnabit Dominus in aeternum
Deus tuus Sion in generationem et
generationem

146 ALLELUIA
Laudate Dominum quoniam bonum
est canticum Dei nostri
quoniam decorum est pulchra laudatio
2 aedificabit Hierusalem Dominus
eiectos Israhel congregabit
3 qui sanat contritos corde et alligat
plagas eorum
4 qui numerat multitudinem stellarum et omnes nomine suo vocat
5 magnus Dominus noster et multus
fortitudine
prudentiae eius non est numerus
6 suscipiens mansuetos Dominus humilians impios usque ad terram
7 canite Domino in confessione canite
Deo nostro in cithara
8 qui operit caelos nubibus
et praebet terrae pluviam
et oriri facit in montibus germen
9 qui dat iumentis panem suum filiis
corvi clamantibus
10 non est in fortitudine equi voluntas
eius
neque in tibiis viri placetur ei
11 placetur Domino in his qui timent
eum et expectant misericordiam
eius

RFI ΣΑΚΘSL 𝔥𝔰

15 eis] illis S.; *om.* IAKΘ | 18 qui[1]—eum[1]] qui inuocant illum IAKS𝔥.; inuocantibus se Θ | omnibus[2] *om.* FΣΘL | qui inuocant[2]] qui quaerunt FΣL; *om.* Θ | eum[2]] illum IAKS𝔥.; *om.* Θ | ~ in ueritate qui quaerunt eum FΣ | 19 exaudiet IAK. | 21 benedicat RK. | et[2] *om.* F || **145** (𝔐 **146**), 4 in humum suum IA; in domum suam FΣ | peribunt + omnes IAKS | 6 caelum I | 7 qui *om.* RAK | 8 eriget IA. | 10 regnauit RFIΣASL | in generatione ΣΘS𝔥 | et generatione FΣS𝔥 || **146** (𝔐 **147**), 1 bonus FΣΘ | 2 aedificauit RFI; aedificans Σ𝔥 | congregauit RF | 7 cantate[1] F | cantate[2] R | 10 beneplacetur RΣ | 11 misericordia RF ||

147 ALLELUIA
12 Lauda Hierusalem Dominum
lauda Deum tuum Sion
13 quoniam confortavit seras portarum
tuarum
benedixit filiis tuis in te
Is 60,17 14 qui posuit fines tuos pacem
80,17 et adipe frumenti satiat te
15 qui emittit eloquium suum terrae
velociter currit sermo eius
16 qui dat nivem sicut lanam
nebulam sicut cinerem spargit
Iob 38,30 17 mittit cristallum suum sicut buccellas
ante faciem frigoris eius quis sustinebit
18 emittet verbum suum et liquefaciet
ea
Iob 37,10 flabit spiritus eius et fluent aquae
Sir 45,6! Bar 3,37; Rm 3,2 19 qui adnuntiat verbum suum Iacob
iustitias et iudicia sua Israhel
Dt 4,8 20 non fecit taliter omni nationi
et iudicia sua non manifestavit eis

148 ALLELUIA
Mt 21,9; Mc 11,10; Laudate Dominum de caelis
Lc 2,14; 19,38 laudate eum in excelsis
102,20! 2 laudate eum omnes angeli eius
102,21! Or Man 15 laudate eum omnes virtutes eius
Dn 3,62.63 3 laudate eum sol et luna
laudate eum omnes stellae et lumen
18,2! 4 laudate eum caeli caelorum
Dn 3,59.60 et aqua quae super caelum est 5 laudent nomen Domini
32,9; Idt 16,17! quia ipse dixit et facta sunt
ipse mandavit et creata sunt
110,8; Sir 16,27 6 statuit ea in saeculum et in saeculum
saeculi
praeceptum posuit et non praeteribit
Dn 3,74 7 laudate Dominum de terra dracones
et omnes abyssi
Dn 3,66–70 8 ignis grando nix glacies
spiritus procellarum quae faciunt Iob 37,12
verbum eius
9 montes et omnes colles Is 55,12! Dn 3,75.76
ligna fructifera et omnes cedri
10 bestiae et universa pecora Dn 3,80.81
serpentes et volucres pinnatae
11 reges terrae et omnes populi
principes et omnes iudices terrae
12 iuvenes et virgines
senes cum iunioribus laudent nomen
Domini
13 quia exaltatum est nomen eius solius Is 12,4
14 confessio eius super caelum et terram
et exaltabit cornu populi sui 88,18!
hymnus omnibus sanctis eius Lv 10,3
filiis Israhel populo adpropinquanti
sibi

149 ALLELUIA
Cantate Domino canticum novum 97,1!
laus eius in ecclesia sanctorum 88,6.8
2 laetetur Israhel in eo qui fecit eum
et filii Sion exultent in rege suo
3 laudent nomen eius in choro 150,3.4!
in tympano et psalterio psallant ei 32,2! 80,3!
4 quia beneplacitum est Domino in 146,11
populo suo
et exaltabit mansuetos in salute
5 exultabunt sancti in gloria
laetabuntur in cubilibus suis
6 exaltationes Dei in gutture eorum
et gladii ancipites in manibus eorum
7 ad faciendam vindictam in nationibus
increpationes in populis
8 ad alligandos reges eorum in conpedibus
et nobiles eorum in manicis ferreis
9 ut faciant in eis iudicium conscriptum
gloria haec est omnibus sanctis eius

RF(I) WSKΦ 𝔠𝔯

147,12 alleluia + aggei et zacchariae F | 17 suam I𝔠 | 18 emittit IW | 20 eis + alleluia 𝔠. || **148**,1 alleluia *om.* S; + alleluia F | 4 aqua quae super caelum est R𝔯., *cf.* 𝔊] aquae quae super caelum sunt F.; aquae (+ omnes 𝔠.) quae super caelos sunt *cet.* | 6 saeculum[1]] aeternum 𝔠 | 8 quae] qui IW | 14 [*deest* I *usque ad* 150,6] | exaltauit RFKΦ𝔠 | sibi + alleluia 𝔠. || **149**,1 alleluia *om.* S; + alleluia FΦ | 4 in salute RΦ𝔯𝔊] in salutem *cet.* | 6 exaltationes R𝔠𝔯.𝔊] exultatione F.; exultationes *cet.* | 9 eius + alleluia 𝔠. ||

147 12 Lauda Hierusalem Dominum
cane Deum tuum Sion
13 quia confortavit vectes portarum
tuarum benedixit filiis tuis in medio
tui
14 qui posuit terminum tuum pacem
adipe frumenti saturavit te
15 qui emittit eloquium suum terrae
velociter curret verbum eius
16 qui dat nivem quasi lanam pruinas
quasi cinerem spargit
17 proicit glaciem suam quasi buccellas
ante faciem frigoris eius quis stabit
18 mittet verbum suum et solvet illa
spirabit spiritu suo et fluent aquae
19 qui adnuntiat verbum suum Iacob
praecepta sua et iudicia sua Israhel
20 non fecit similiter omni genti et iudicia eius non cognoscent

ALLELUIA

148 ALLELUIA
Laudate Dominum de caelis laudate
eum in excelsis
2 laudate eum omnes angeli eius laudate eum omnes exercitus eius
3 laudate eum sol et luna laudate eum
omnes stellae luminis
4 laudate eum caeli caelorum et aquae
quae super caelos sunt
5 laudent nomen Domini quoniam
ipse mandavit et creata sunt
6 et statuit ea in saeculum et in saeculum
praeceptum dedit et non praeteribit
7 laudate Dominum de terra dracones
et omnes abyssi
8 ignis et grando nix et glacies ventus
turbo
quae facitis sermonem eius
9 montes et omnes colles lignum fructiferum et universae cedri
10 bestiae et omnia iumenta reptilia et
aves volantes
11 reges terrae et omnes populi principes et universi iudices terrae
12 iuvenes et virgines senes cum pueris
laudent nomen Domini
13 quoniam sublime nomen eius solius
14 gloria eius in caelo et in terra
et exaltavit cornu populi sui
laus omnibus sanctis eius
filiis Israhel populo adpropinquanti
sibi

ALLELUIA

149 ALLELUIA
Cantate Domino canticum novum
laus eius in congregatione sanctorum
2 laetetur Israhel in factore suo
filii Sion exultent in rege suo
3 laudent nomen eius in choro
in tympano et cithara cantent ei
4 quia conplacet sibi Dominus in populo suo
exaltabit mansuetos in Iesu
5 exultabunt sancti in gloria
laudabunt in cubilibus suis
6 exaltationes Dei in gutture eorum et
gladii ancipites in manibus eorum
7 ad faciendam vindictam in gentibus
increpationes in populis
8 ut alligent reges eorum catenis et inclitos eorum conpedibus ferreis
9 ut faciant in eis iudicium scriptum
decor est omnium sanctorum eius

ALLELUIA

RF(I) ΣAKΘSL 𝔥𝔰

147,12 (𝔐 **147**,12) lauda] *praem.* alleluia FIAKS | 14 suum RI. | pacem + et R | 15 emittet RA𝔰 | curret RFL𝔰, *cf.* 𝔐] currit *cet.* | 16 [*deest* I *usque ad* 148,13] | 18 spirauit RASL | 19 iacob + et FL | sua² *om.* 𝔥. | 20 alleluia RA𝔰𝔐] *ad initium ps. seq. trahunt* FΣ; *om. cet.* || **148**,2 omnis² ΣAΘ𝔰 | 5 mandabit R | 6 et² *om.* F | 8 uentus + et RΘL | 14 [*iterum adest* I] | exaltabit AS𝔥. | fili RF. | alleluia R𝔰𝔐] *ad initium ps. seq. trahunt* FΣL; *om. cet.* || **149**,3 canent RAΘ. | 4 sibi] tibi F | exaltauit RFΣ | 6 exaltationes RI𝔰.𝔐] exultationes *cet.* | 9 alleluia 𝔰𝔐] *ad initium ps. seq. trahunt* FL.; *om. cet.* ||

150 ALLELUIA
Laudate Dominum in sanctis eius
Dn 3,56 laudate eum in firmamento virtutis eius
[2] laudate eum in virtutibus eius
laudate eum secundum multitudinem magnitudinis eius
[3] laudate eum in sono tubae
laudate eum in psalterio et cithara 97,5! 149,3!
[4] laudate eum in tympano et choro Idt 16,2
laudate eum in cordis et organo
[5] laudate eum in cymbalis bene sonantibus Idt 16,2
laudate eum in cymbalis iubilationis
[6] omnis spiritus laudet Dominum

EXPLICIT LIBER PSALMORUM

RF WSKΦ cr

150,1 alleluia *om.* S; + alleluia FΦ | uirtutes RS | 6 dominum + alleluia c. || *praebent ps.* 151 Pusillus eram . . . RKΦr, *quem nos infra p.* 1975 *exhibemus* ||

150 ALLELUIA
Laudate Deum in sancto eius
laudate eum in fortitudine potentiae eius
2 laudate eum in fortitudinibus eius
laudate eum iuxta multitudinem magnificentiae suae
3 laudate eum in clangore bucinae
laudate eum in psalterio et cithara
4 laudate eum in tympano et choro
laudate eum in cordis et organo
5 laudate eum in cymbalis sonantibus
laudate eum in cymbalis tinnientibus
6 omne quod spirat laudet Dominum
ALLELUIA

EXPLICIT PSALTERIUM

150,1 deum RFL𝔰.𝔐] dominum *cet.* | 2 suae] eius I | 6 alleluia R𝔰.] *om. cet.* || *sequitur in* A *ps.* 151, *quem nos infra p.* 1975 *praebemus* ||

RFI ΣΑΚΘSL 𝔥𝔰